Kommunikations-Management

Werner Pepels

Kommunikations-Management

Marketing-Kommunikation vom Briefing
bis zur Realisation

4., vollständig überarbeitete und erweiterte Auflage

2001
Schäffer-Poeschel Verlag Stuttgart

Prof. *Werner Pepels*, zuvor geschäftsführender Gesellschafter in einer großen Werbeagentur-Gruppe, lehrt Marketing an der Fachhochschule Gelsenkirchen/Bocholt

Die Deutsche Bibliothek – CIP-Einheitsaufnahme

Pepels, Werner:
Kommunikations-Management : Marketing-Kommunikation
vom Briefing bis zur Realisation / Werner Pepels
– 4., vollst. überarb. und erw. Aufl.
– Stuttgart : Schäffer-Poeschel, 2001
   ISBN 3–7910–1948–1

Gedruckt auf chlorfrei gebleichtem, säurefreiem und alterungsbeständigem Papier

Dieses Werk einschließlich aller seiner Teile ist urheberrechtlich geschützt. Jede Verwertung außerhalb der engen Grenzen des Urheberrechtsgesetzes ist ohne Zustimmung des Verlages unzulässig und strafbar. Das gilt insbesondere für Vervielfältigungen, Übersetzungen, Mikroverfilmungen und die Einspeicherung und Verarbeitung in elektronischen Systemen.

© 2001 Schäffer-Poeschel Verlag für Wirtschaft · Steuern · Recht GmbH & CoKG.
www.schaeffer-poeschel.de
info@schaeffer-poeschel.de
Einbandgestaltung: Willy Löffelhardt
Satz: DTP + TEXT Eva Burri, Stuttgart
Druck und Bindung: Franz Spiegel Buch GmbH, Ulm-Jungingen
Printed in Germany
August/2001

Schäffer-Poeschel Verlag Stuttgart
Ein Tochterunternehmen der Verlagsgruppe Handelsblatt

Vorwort

Die vorliegende vierte Auflage des Werks »Kommunikationsmanagement« ist in allen Kapiteln gegenüber der erfreulich rasch abverkauften dritten Auflage gründlich überarbeitet worden. Vor allem die Kapitel zur Definition der Zielpersonengruppe und zum Einsatz Neuer Medien (jetzt Multimedia) sind komplett neu erstellt worden. Aber auch in allen anderen Kapiteln haben erhebliche Aktualisierungen stattgefunden. Manche Inhalte sind gegenüber den Vorauflagen ganz weggefallen, andere sind neu hinzugekommen wie die Darstellungen der Informationsgewinnung für die Werbung. Kurz: diese vierte Auflage weist wiederum vielfältige Veränderungen gegenüber den Vorauflagen auf, die dem Ziel dienen, die Inhalte auf der Höhe der rapiden Entwicklungen in der Werbepraxis zu halten. Beibehalten wurde hingegen die bewährte Struktur der zentralen neun Gliederungspunkte im Kommunikationsmanagement: Kommunikationsvoraussetzungen, Elemente des Briefing, Elemente des Konzepts, Mediaplanung für Klassische Werbemittel, Arten Nicht-klassischer Werbemittel, Kommunikations-Mix, Mehrwertleistungen der Kommunikation, Organisation der Werbung und Spezialaspekte der Kommunikation.

Dieses Werk richtet sich an alle Führungskräfte in Markt orientierten Unternehmen, die für die Planung und Kontrolle von Kommunikationsaktivitäten verantwortlich sind. Außerdem wendet es sich an alle Fachkräfte, die an entscheidender Stelle bei der Organisation und Realisierung dieser Kommunikationsaktivitäten mitwirken. Dabei ist sowohl an Manager mit Marketingausbildung gedacht, die ihren fachspezifischen Wissensstand erweitern und updaten wollen als auch an Manager ohne einschlägige Ausbildung, etwa aus anderen betriebswirtschaftlichen Disziplinen oder auch nicht-betriebswirtschaftlichen Bereichen, wie der Technik, die sich in diese komplexe Materie konzentriert und fundiert einarbeiten wollen.

Weiterhin ist dieses Werk für alle Studierenden im Schwerpunkt Marketing an Universitäten und Fachhochschulen empfehlenswert, da es nicht nur als Studienmaterial die üblichen und klausurrelevanten Inhalte gängiger Veranstaltungen abdeckt, sondern durch seinen Praxisbezug auch konkret auf den Berufseinstieg in Marketing und Kommunikation vorbereitet. Es wendet sich aber auch an alle Studierenden im Schwerpunkt Marketing an Akademien und Instituten, z. B. Berufsakademie, Verwaltungs- und Wirtschaftsakademie, Qualifizierungseinrichtungen der Werbebranche, die sich durch Anwendung der Inhalte in ihrer praktischen Arbeit weiterentwickeln wollen.

Dieses Werk ist an der Schnittstelle zwischen Wissenschaft und Management positioniert. Von wissenschaftlichen Werken übernimmt es die Strukturierung und Analytik der Wissensaufbereitung. Im Unterschied zu diesen richtet sich die Absicht der Darstellung aber immer auf die konkrete Umsetzbarkeit dieser Inhalte und dient nicht primär dem rein akademischen Erkenntnisgewinn. Von gängiger Praktikerliteratur zu diesem Thema unterscheidet sich dieses Werk durch seinen systematischen Aufbau und die erprobte didaktische Konzeption, es hat jedoch, wie diese, einen strikten Auftrag zur Erhöhung des Beitrags der Werbung zum Unternehmenserfolg.

Diese Schnittstellenpositionierung entspricht auch dem Erfahrungshintergrund des Autors. Nach der Hochschulreife im zweiten Bildungsweg folgten ein FH- und Uni-Studium der BWL mit Schwerpunkt Marketing. Nach neun Jahren als Marketingberater in internationalen Werbeagenturen, und über die Stationen als Junior-Kontakter, Senior-Kontakter, Strategischer Planer, Etatdirektor und Prokurist hinweg, war er drei Jahre als geschäftsführender Gesellschafter, zuletzt in einer der seinerzeit größten rein deutschen Agenturgruppen, aktiv. Dabei ging es um die werbliche Betreuung renommierter Markenartikler wie Agfa-Gevaert, Nixdorf, Blendax, Volkswagen, Conti-Reifen, Black&Decker, Ciba-Geigy, Elf, Bayer, 3 M, Telerent, Churrasco, Sony, Nissan etc. Darauf folgten mittlerweile zwölf Jahre als Hochschullehrer im Hauptstudium für Werbewirtschaft und Marketing.

Diese theoretischen und fachpraktischen Erfahrungen sind zu großen Teilen in dieses Werk eingeflossen. Mit Erreichen dieser vierten Auflage darf man in diesem Zusammenhang wohl von einem der Standardwerke sprechen. Zu diesem Erfolg hat seit 1994 vor allem auch der Schäffer-Poeschel Verlag, Stuttgart, namentlich Michael Justus und Frank Katzenmayer mit ihrem Team, beigetragen. Ihnen sei daher an dieser Stelle für ihre Unterstützung herzlich gedankt.

Nun aber sei Ihnen als Leser aller erdenkliche Erfolg bei der Nutzung des vorliegenden Werks für die Erreichung Ihrer beruflichen oder studentischen Ziele gewünscht. Trotz aller Optimierungsbemühungen verbleibende Verbesserungshinweise werden naturgemäß gern gesehen und sind bitte an den Verlag (katzenmayer@schaeffer-poeschel.de) zu richten. Vielen Dank dafür bereits im Voraus. Und alles Gute.

Krefeld, im April 2001   Werner Pepels

Inhaltsübersicht

1.	Kommunikationsvoraussetzungen	3
1.1	Grundlagen der Kommunikation	3
1.2	Begrifflichkeiten der Kommunikation	16
1.3	Kommunikative Wirkungen	26
2.	Elemente des Briefing	33
2.1	Inhalt und Form des Briefing	33
2.2	Darstellung des Angebotsumfelds	45
2.3	Basis der Marketingstrategie	54
2.4	Abgrenzung des Marktes	64
2.5	Einfluss von Marktfaktoren	73
2.6	Bestimmung der Werbeziele	82
2.7	Bestimmung der Werbeobjekte	91
2.8	Bestimmung des Werbebudgets	98
2.9	Beurteilungskriterien der Werbung	114
3.	Elemente des Konzepts	208
3.1	Definition der Absatzquelle	208
3.2	Definition der Zielpersonengruppe	220
3.3	Festlegung der Positionierung	354
3.4	Festlegung des Kampagnenformats	372
3.5	Kreative Umsetzung	393
3.6	Anforderungen an »gute« Werbung	400
4.	Mediaplanung für Klassische Werbemittel	423
4.1	Budgetbewertung	423
4.2	Intermediavergleich	431
4.3	Intramediavergleich	497
4.4	Business to Business-Media	530
4.5	Problemfelder der Mediaplanung	533
5.	Arten Nicht-klassischer Werbemittel	537
5.1	Multimedia	537
5.2	Schauwerbung	575
5.3	Produktausstattung	587
5.4	Verkaufsförderung	592
5.5	Direktwerbung	612
5.6	Öffentlichkeitsarbeit	653
5.7	Persönliche Kommunikation	690

5.8	Verkaufsliteratur	720
5.9	Vergleich der Werbemittelgattungen	730
6.	Kommunikations-Mix	733
6.1	Medieneinsatz	733
6.2	Werbegebiet	760
63	Werbeperiode	765
6.4	Werbeintensität	771
6.5	Mediadurchführung	774
7.	Mehrwertleistungen der Kommunikation	805
7.1	Marktbesonderheiten	805
7.2	Global Advertising	814
7.3	Integrierte Kommunikation	825
7.4	System der Mehrwertleistungen	845
8.	Organisation der Werbung	847
8.1	Interne Werbeabteilung	847
8.2	Externe Werbeberatung	853
9.	Spezialaspekte der Kommunikation	904
9.1	Informationserhebung für die Werbung	904
9.2	Informationsgewinnung durch Befragung	917
9.3	Informationsgewinnung durch Beobachtung	946
9.4	Informationsgewinnung durch Experiment	950
9.5	Auswahl von Informationseinheiten	956
9.6	Wahrheitsgehalt von Aussagen	967
9.7	Relevante Rechtsvorschriften der Werbung	970
9.8	Ethik in der Werbung	998
9.9	Verbände der Werbung	1005
9.10	Ausbildungswege in der Werbebranche	1012
9.11	Jobeinstieg in die Werbeagentur	1017

Inhaltsverzeichnis

Vorwort		V
Inhaltsübersicht		VII
Inhaltsverzeichnis		IX
Abkürzungsverzeichnis		XXVI
Abbildungsverzeichnis		XXXII
Zum Aufbau dieses Buches		1
1.	**Kommunikationsvoraussetzungen**	**3**
1.1	Grundlagen der Kommunikation	3
1.1.1	Bedingungen der Mediengesellschaft	3
1.1.1.1	Medienlandschaft	3
1.1.1.2	Umfeldbedingungen	5
1.1.2	Kommunikationselemente	6
1.1.3	Kommunikationsprozess	10
1.1.4	Störungen im Kommunikationsprozess	12
1.1.5	Kommunikationskanäle	14
1.2	Begrifflichkeiten der Kommunikation	16
1.2.1	Definitionsansatz	16
1.2.2	Anlässe, Formen und Inhalte der Kommunikation	17
1.2.3	Anforderungen an die Kommunikation	18
1.2.4	Kategorien der Kommunikation	21
1.3	Kommunikative Wirkungen	26
1.3.1	Stufenmodelle der Werbung	26
1.3.2	Phasen der Kommunikationswirkung	27
1.3.3	Dynamisierung der Kommunikation	28
1.3.4	Informationsverarbeitung	29
2.	**Elemente des Briefing**	**33**
2.1	Inhalt und Form des Briefing	33
2.1.1	Anlage des Briefing	33
2.1.1.1	Dauer der Zusammenarbeit	33
2.1.1.2	Art der Werbeaktivitäten	34
2.1.1.3	Umfang der Werbeaktivitäten	35
2.1.1.4	Anzahl der Auftragnehmer	35
2.1.2	Durchführung des Briefing	36
2.1.2.1	Art des Briefing	36
2.1.2.2	Teilnehmer am Briefing	36
2.1.2.3	Erteilung des Briefing	37

2.1.2.4	Briefingtaktik	38
2.1.3	Inhalte des Briefing	38
2.1.3.1	Briefingstrategie	38
2.1.3.2	Rahmendaten	39
2.1.3.3	Konzeptionelle Daten	40
2.1.3.4	Umsetzungsleitlinien	40
2.1.4	Abfolge der Briefings	42
2.1.4.1	Briefing-Gespräch	42
2.1.4.2	Re-Briefing	42
2.1.4.3	De-Briefing	43
2.1.5	Hinweise für Agenturen	43
2.1.6	Hinweise für Werbungtreibende	44
2.2	Darstellung des Angebotsumfelds	45
2.2.1	Markt	46
2.2.2	Wettbewerb	47
2.2.3	Abnehmer	49
2.2.4	Lieferanten	50
2.2.5	Kommunikation	50
2.2.6	Beworbenes Angebot	50
2.2.6.1	Stärken-Schwächen-Profil	50
2.2.6.2	Ressourcen-Analyse	52
2.2.7	Datenquellen	53
2.3	Basis der Marketingstrategie	54
2.3.1	Marktfeld	54
2.3.2	Lebenszyklus-Analyse	55
2.3.2.1	Phaseneinteilung	55
2.3.2.2	Einflussgrößen	58
2.3.3	Marktstimulierung	58
2.3.3.1	Präferenz-Position	59
2.3.3.2	Preis-Mengen-Position	61
2.3.3.3	Kostenwirtschaftlichkeit	62
2.3.3.4	Marktpolarisierung	63
2.4	Abgrenzung des Marktes	64
2.4.1	Relevanter Markt	65
2.4.2	Marktbearbeitung	65
2.4.3	Marktabdeckung	66
2.4.4	Produkt-Markt-Kombinationen	66
2.4.5	Marktsegmentierung	71
2.4.5.1	Segmentierungsvoraussetzungen	71
2.4.5.2	Segmentierungskriterien	72
2.5	Einfluss von Marktfaktoren	73
2.5.1	Wahlentscheid	73
2.5.2	Gütertypen	74
2.5.3	Angebotswahrnehmung	75

2.5.4	Preis-Leistungs-Quotient	76
2.5.5	Nachfrageeffekte	76
2.5.6	Angebotsinteresse	77
2.5.7	Erlebniskauf vs. Versorgungskauf	77
2.5.8	Auswahlprogramme	79
2.5.9	Kaufvereinfachung	81
2.5.10	Kaufkraft	81
2.6	Bestimmung der Werbeziele	82
2.6.1	Anforderungen	82
2.6.2	Zieldimensionen	83
2.6.2.1	Vertikale Einordnung	83
2.6.2.2	Horizontale Einordnung	84
2.6.2.3	Zeitbezug	84
2.6.2.4	Ausmaß	84
2.6.2.5	Richtung	85
2.6.2.6	Raumerstreckung	86
2.6.2.7	Inhalt	87
2.6.2.8	Gewichtung	90
2.7	Bestimmung der Werbeobjekte	91
2.7.1	Markenartikel	91
2.7.1.1	Markeninhalte	91
2.7.1.2	Markeneigenschaften	92
2.7.1.3	Markenstrategien	92
2.7.2	Markenzuordnung	95
2.7.3	Beziehung Absender/Marke	97
2.8	Bestimmung des Werbebudgets	98
2.8.1	Erfahrungsbasierte, monovariable Budgetierungstechniken	100
2.8.1.1	Bezugsgröße Ergebnisanteil	100
2.8.1.2	Bezugsgröße Umsatz/Absatz	100
2.8.1.3	Bezugsgröße Fixbetrag	101
2.8.1.4	Bezugsgröße Ziel-Aufgaben-Maßstab	101
2.8.1.5	Bezugsgröße Konkurrenz	102
2.8.1.6	Konkurrenz abhängige Budgetierung nach Weinberg	103
2.8.2	Erfahrungsbasierte, polyvariable Budgetierungstechniken	104
2.8.2.1	Bezugsgröße Restwert	104
2.8.2.2	Bezugsgröße Fortschreibung	104
2.8.2.3	Bezugsgröße Makrogrößen	104
2.8.2.4	ADBUG-Modell	105
2.8.2.5	Kuehn-Modell	105
2.8.3	Modell gestützte, monovariable Budgetierungstechniken	106
2.8.3.1	Little-Modell	106
2.8.3.2	Koyck-Modell	107
2.8.3.3	Share-of-Advertising-/Share-of-Market-Anteil	107
2.8.3.4	Investitionstheoretisches Modell	108

2.8.4	Modell gestützte, polyvariable Budgetierungstechniken	108
2.8.4.1	Vidale/Wolfe-Modell	108
2.8.4.2	Fischerkoesen-Modell	109
2.8.4.3	Dorfman/Steiner-Modell	109
2.8.4.4	Optimierungsmodell	110
2.8.5	Kritik erfahrungsbasierter Budgetierungstechniken	110
2.8.6	Kritik Modell gestützter Budgetierungstechniken	111
2.8.7	Budgetrestriktionen	112
2.9	Beurteilungskriterien der Werbung	114
2.9.1	Effizienzmessung	115
2.9.1.1	Werbewirkung und Werbeerfolg	115
2.9.1.2	Effizienzprognose und Effizienzkontrolle	117
2.9.1.3	Werbetests	119
2.9.1.4	Messmodelle	121
2.9.1.5	Messempirie	122
2.9.2	Messverfahren	127
2.9.2.1	Messung	127
2.9.2.2	Kombinationen	128
2.9.3	Verfahren der Werbeerfolgskontrolle	129
2.9.3.1	Verbraucher-Panel	129
2.9.3.2	Bestellung unter Bezugnahme auf Werbung	132
2.9.3.3	Direktbefragung	133
2.9.3.4	Werbeelastizität	134
2.9.3.5	Netapps-Modell	135
2.9.3.6	Noreen-Modell	136
2.9.3.7	Handelsplatz bezogene Erhebungen	137
2.9.4	Verfahren der Werbeerfolgsprognose	138
2.9.4.1	Befragungs-Experiment	138
2.9.4.2	Gebiets-Verkaufstest	142
2.9.4.3	Testmarkt-Ersatzverfahren	144
2.9.4.4	Elektronischer Mikro-Markttest	148
2.9.4.5	Prognosemodelle	153
2.9.5	Verfahren der Werbewirkungsprognose	157
2.9.5.1	Explorative Testverfahren	157
2.9.5.2	Aktualgenetische Testverfahren	159
2.9.5.3	Psychomotorische Testverfahren	161
2.9.5.4	Mechanische Testverfahren	164
2.9.5.5	Projektiv-assoziative Testverfahren	167
2.9.5.6	Kommunikationstests	169
2.9.5.7	Expertensysteme	170
2.9.5.8	Testverfahren der Praxis	172
2.9.5.9	Kontaktbewertungskurven	173
2.9.6	Verfahren der Werbewirkungskontrolle	174
2.9.6.1	Ad-hoc-Erhebungen	174
2.9.6.2	Wellenerhebungen	176

2.9.6.3	Kontaktanalysen	181
2.9.6.4	Empfängeranalysen	188
2.9.7	Weitere Analysen der praktischen Werbeeffizienzforschung	197
2.9.8	Problematik des Posttest	199
2.9.9	Problematik des Pretest	201
2.9.10	Praxisbeispiele	205
3.	**Elemente des Konzepts**	**208**
3.1	Definition der Absatzquelle	208
3.1.1	Inhalt	208
3.1.2	Optionen	208
3.1.2.1	Marktfeld I	208
3.1.2.2	Marktfeld II	210
3.1.2.3	Marktfeld III	212
3.1.2.4	Marktfeld IV	214
3.1.2.5	Marktfeld V	215
3.1.2.6	Marktfeld VI	217
3.2	Definition der Zielpersonengruppe	220
3.2.1	Kennzeichnung	220
3.2.2	Entscheidungssituation beim Kauf	220
3.2.2.1	Kaufprozess	220
3.2.2.2	Kaufbasis	221
3.2.2.3	Entscheidungsart	222
3.2.2.4	Informationsangebot	224
3.2.2.5	Markenbewusstsein	226
3.2.3	Kaufverhalten von Konsumenten	228
3.2.3.1	Systematisierung	228
3.2.3.2	Erklärungsansätze	229
3.2.4	Mechanikansätze	230
3.2.4.1	Zufallsmodelle	230
3.2.4.2	Lernmodelle	231
3.2.4.2.1	Kontiguitätsprinzip	232
3.2.4.2.2	Verstärkerprinzip	232
3.2.4.2.3	Generalisierung und Diskriminierung	233
3.2.5	Strukturansätze	235
3.2.6	Einfache Partialmodelle	236
3.2.7	Aktivierende Determinanten	238
3.2.7.1	Emotion	238
3.2.7.2	Motivation	240
3.2.7.2.1	Motive	240
3.2.7.2.2	Motivkonflikte	241
3.2.7.2.3	Motivfaktoren	241
3.2.7.3	Einstellung	245
3.2.7.3.1	Einstellungskomponenten	245
3.2.7.3.2	Image	247

3.2.8	Individuelle Determinanten	248
3.2.8.1	Involvement	249
3.2.8.1.1	High Involvement und Low Involvement	249
3.2.8.1.2	Lernhierarchie und Penetrationsfolge	250
3.2.8.2	Risikoempfinden	253
3.2.8.2.1	Risikostruktur	253
3.2.8.2.2	Kognitive Dissonanz	254
3.2.8.3	Werte	256
3.2.8.3.1	Lebensstil	256
3.2.8.3.2	Lebensstiltypologien	259
3.2.8.3.2.1	Lifestyle-Typologie	259
3.2.8.3.2.2	Typologie Sozialer Milieus	261
3.2.8.3.2.3	Weitere Typologieansätze	266
3.2.8.3.2.4	Kritische Bewertung	274
3.2.8.3.3	Wertewandel	274
3.2.9	Wahrnehmung	277
3.2.9.1	Inhalt	277
3.2.9.2	Effekte	279
3.2.9.3	Gesetzmäßigkeiten	282
3.2.9.4	Informationsverarbeitungsmodelle	285
3.2.9.5	Bildkommunikation	286
3.2.10	Kultur	287
3.2.10.1	Normen	287
3.2.10.2	Subkultur	288
3.2.10.3	Soziale Schicht	289
3.2.10.4	Demografische Abgrenzung	292
3.2.11	Gruppe	293
3.2.11.1	Gruppenstruktur	293
3.2.11.1.1	Mitgliedschaftsgruppe	293
3.2.11.1.2	Bezugsgruppe	295
3.2.11.2	Primärgruppe Familie	296
3.2.11.2.1	Kaufentscheidungsanteil	296
3.2.11.2.2	Familienlebenszyklus	297
3.2.11.3	Rolle	298
3.2.11.4	Macht	300
3.2.11.4.1	Soziale Macht	300
3.2.11.4.2	Konfliktentwicklung	301
3.2.12	Meinungsführerschaft	303
3.2.12.1	Two-Steps-Flow-Ansatz	303
3.2.12.2	Charakterisierung und Identifizierung	304
3.2.12.3	Two-Cycles-Ansatz	305
3.2.13	Kognitive Ansätze	306
3.2.13.1	Lernen	306
3.2.13.1.1	Lernen durch Einsicht	306
3.2.13.1.2	Lernen am Modell	306
3.2.13.1.3	Lernen durch Rezeption	307

3.2.13.2	Gedächtnis	308
3.2.13.2.1	Gedächtnisstruktur	308
3.2.13.2.1.1	Mehrspeichermodell	308
3.2.13.2.1.2	Biostruktur	310
3.2.13.2.2	Vergessen	315
3.2.14	Situative Faktoren	316
3.2.15	Komplexe Partialmodelle	317
3.2.16	Totalmodelle	319
3.2.16.1	Howard/Sheth-Ansatz	319
3.2.16.2	Engel/Blackwell/Kollat-Ansatz	321
3.2.16.3	Nicosia-Ansatz	321
3.2.17	Prozessmodelle	323
3.2.17.1	Entscheidungsnetz	323
3.2.17.2	Adoption von Neuerungen	323
3.2.17.3	Diffusion	325
3.2.18	Simulationsansätze	327
3.2.18.1	Detailanalytische Verfahren	328
3.2.18.1.1	Eigenständige Simulationsmodelle	328
3.2.18.1.2	Prognose des Kaufverhaltens	329
3.2.18.2	Globalanalytische Verfahren	330
3.2.19	Kaufverhalten in Organisationen	331
3.2.19.1	Gewerbliche Beschaffung	331
3.2.19.2	Kennzeichen gewerblicher Transaktionen	332
3.2.19.3	Marktsegmente	333
3.2.19.4	Kaufsituation	335
3.2.19.4.1	Kaufklassenansatz	335
3.2.19.4.2	Struktur- und Prozessansätze	336
3.2.20	Vertikale Partialmodelle	339
3.2.20.1	Buying-Center-Konzept	339
3.2.20.2	Potenzialkonzept	341
3.2.20.3	Reagiererkonzept	343
3.2.21	Horizontale Partialmodelle	344
3.2.21.1	Relationenkonzept	344
3.2.21.2	Selling-Center-Konzept	346
3.2.22	Komplexe Partialmodelle	347
3.2.22.1	Bonoma/Zaltman/Johnston-Modell	347
3.2.22.2	Netzwerkkonzept	348
3.2.23	Totalmodelle	350
3.2.23.1	Webster/Wind-Modell	350
3.2.23.2	Sheth-Modell	351
3.2.23.3	Choffray/Lilien-Modell	352
3.3	Festlegung der Positionierung	354
3.3.1	Alleinstellung	354
3.3.1.1	Unique Selling Proposition (USP)	354
3.3.1.2	Unique Advertising Proposition (UAP)	355

3.3.2	Positionsanlässe	358
3.3.2.1	Erstpositionierung	358
3.3.2.2	Positionsaktualisierung	359
3.3.2.3	Umpositionierung	360
3.3.2.4	Positionsverstärkung	360
3.3.3	Positionsentwicklung	361
3.3.3.1	Vorgehensweise	361
3.3.3.2	Copy-Analyse	365
3.3.4	Positionsoptionen	367
3.3.4.1	Dominanz bestehenden Angebots	367
3.3.4.2	Kombination an der Marktschnittstelle	367
3.3.4.3	Ausweichen in der Marktnische	368
3.3.4.4	Partizipation am bestehenden Angebot	369
3.3.4.5	Nachahmung erfolgreichen Angebots	370
3.3.4.6	Subjektive Neuerung	370
3.3.4.7	Prägnante Fokussierung	371
3.3.4.8	Omnipotente Generalisierung	371
3.4	Festlegung des Kampagnenformats	372
3.4.1	Positioning Statement	372
3.4.1.1	Angebotsanspruch	372
3.4.1.2	Anspruchsbegründung	373
3.4.1.3	Positionierungsanforderungen	373
3.4.2	Creative Platform	374
3.4.2.1	Nutzenversprechen	374
3.4.2.2	Nutzenbeweis	377
3.4.2.3	Stilkomponente	378
3.4.2.4	Kampagnenabbinder	382
3.4.3	Konzeptdesign	385
3.4.3.1	Anlage	385
3.4.3.2	Verbund	386
3.5	Kreative Umsetzung	393
3.5.1	Ideenquellen	393
3.5.2	Kreativitätstechniken	394
3.5.2.1	Logisch-diskursive Kreativitätstechniken	394
3.5.2.1.1	Morphologischer Kasten	394
3.5.2.1.2	Funktional-Analyse	395
3.5.2.2	Intuitiv-laterale Kreativitätstechniken	395
3.5.2.2.1	Brainstorming	395
3.5.2.2.2	Methode 6 3 5	396
3.5.2.2.3	Synektik	396
3.5.2.3	Systematische Kreativitätstechniken	398
3.5.2.3.1	Eigenschaftsliste	398
3.5.2.3.2	Fragenkatalog	398
3.5.2.3.3	Mind Mapping	398

3.5.2.3.4	Metaplan-Technik	399
3.5.3	Ideenbewertung	399
3.6	Anforderungen an »gute« Werbung	400
3.6.1	Anhaltspunkte	400
3.6.2	Umsetzungstechniken	405
	Exkurs	410
4.	**Mediaplanung für Klassische Werbemittel**	**423**
4.1	Budgetbewertung	423
4.1.1	Abgrenzung relevanten Marktes	423
4.1.2	Medialeistung des Mitbewerbs	424
4.1.2.1	Quantitätsdimension	424
4.1.2.2	Qualitätsdimension	425
4.1.3	Ableitung Mediataktik	426
4.1.3.1	Wettbewerbsverhalten	426
4.1.3.2	Medien-Mix	427
4.1.3.3	Werbeperiode und Werbegebiet	428
4.1.3.4	Medienauswahl (Intermediavergleich)	428
4.1.3.5	Medienausstattung	429
4.1.3.6	Werbeträgerauswahl (Intramediavergleich)	430
4.2	Intermediavergleich	431
4.2.1	Mediagattungen	432
4.2.1.1	Anzeige	432
4.2.1.1.1	Zeitungsanzeige	432
4.2.1.1.2	Zeitschriftenanzeige	435
4.2.1.1.3	Sonstige Printwerbung	444
4.2.1.1.4	Leser- und Auflagenbegriffe	448
4.2.1.2	Spot	450
4.2.1.2.1	Fernsehspot	450
4.2.1.2.2	Werberichtlinien in TV	455
4.2.1.2.3	Programm- und Senderarten	459
4.2.1.2.3	Hörfunkspot	465
4.2.1.2.5	Sonderformen	470
4.2.1.2.6	Kinospot	472
4.2.1.3	Plakat	476
4.2.1.3.1	Stationäre Außenwerbung	476
4.2.1.3.2	Mobile Außenwerbung	481
4.2.1.3.3	Sonstige Außenwerbung	484
4.2.1.4	Transparenz der Werbemittel	484
4.2.2	Kriterien der Bewertung	487
4.2.2.1	Quantitative Beurteilung	487
4.2.2.1.1	Technikkriterien	487
4.2.2.1.2	Ökonomiekriterien	488
4.2.2.1.3	Leistungskriterien	489

4.2.2.2	Qualitative Beurteilung	490
4.2.3	Medienprofil	494
4.3	Intramediavergleich	497
4.3.1	Datenbasis	497
4.3.2	Zielgruppenoperationalisierung	510
4.3.2.1	Validierung	510
4.3.2.2	Segmentierung	511
4.3.2.3	Gewichtung	511
4.3.2.4	Verrechnung	512
4.3.2.5	Ergebnisausgabe	512
4.3.3	Rangreihung	514
4.3.3.1	Computerverfahren	514
4.3.3.2	Medialeistungswerte	516
4.3.3.2.1	Reichweite	516
4.3.3.2.2	Kontaktintensität	518
4.3.3.2.3	Affinität	519
4.3.3.2.4	Wirtschaftlichkeit	520
4.3.3.2.5	TV-Besonderheiten	522
4.3.4	Plankombination	524
4.3.4.1	Qualitätssicht	524
4.3.4.2	Evaluierung	525
4.3.4.3	Bruttokontaktsumme	528
4.3.4.4	Kalkülisierung	529
4.4	Business to Business-Media	530
4.5	Problemfelder der Mediaplanung	533
5.	**Arten Nicht-klassischer Werbemittel**	**537**
5.1	Multimedia	537
5.1.1	Neue Medien-Technik	537
5.1.1.1	Übertragungsnetze	538
5.1.1.2	Informationstechniken	539
5.1.1.3	Speichermedien	545
5.1.2	Multimedia-Merkmale	546
5.1.3	Internet-Werbung	547
5.1.3.1	Funktionale Basis	547
5.1.3.2	Technologische Grundlagen	552
5.1.3.3	Internet-Dienste	554
5.1.3.4	Präsenzen im Internet	557
5.1.3.5	Website als Werbeträger	559
5.1.3.6	Funktion der Suchmaschinen	561
5.1.3.7	Internet-Werbeformen	562
5.1.3.7.1	Häufigste Formen	562
5.1.3.7.2	Andere Werbeformen	564
5.1.3.8	Chancen und Risiken der Internet-Werbung	565

5.1.3.9	Erfolgsmessung der Internet-Werbung	567
5.1.3.9.1	Messbasis	567
5.1.3.9.2	Online-Kennzahlen	568
5.1.3.9.3	Grenzen und Konventionen der Ermittlung	570
5.1.3.10	Rechtsaspekte der Internet-Werbung	573
5.1.3.11	Richtlinien für Internet-Werbung	574
5.2	Schauwerbung	575
5.2.1	Abgrenzung	575
5.2.2	Arten der Schauwerbung	575
5.2.2.1	Messen und Ausstellungen	575
5.2.2.1.1	Bedeutung	575
5.2.2.1.2	Ausprägungen	577
5.2.2.1.3	Beurteilung	578
5.2.2.1.4	Organisation	581
5.2.2.1.5	Vor- und Nachbereitung	583
5.2.2.2	Handelsplatzauftritt	585
5.2.2.3	Events	586
5.3	Produktausstattung	587
5.3.1	Packung	587
5.3.2	Design und Styling	591
5.4	Verkaufsförderung	592
5.4.1	Absatzkanal	592
5.4.2	Abgrenzung	598
5.4.3	Maßnahmengliederung	600
5.4.3.1	Erzeugung von Aufmerksamkeit/Kontakt	601
5.4.3.2	Ausbau von Interesse/Motivation	603
5.4.3.3	Auslösung und Umsetzung des Kaufakts	607
5.4.4	POS-Werbung	610
5.5	Direktwerbung	612
5.5.1	Abgrenzung	612
5.5.2	Mikrogeografische Segmentierung	621
5.5.3	Arten der Direktwerbung	626
5.5.3.1	Mailing	626
5.5.3.1.1	Konzipierung	626
5.5.3.1.2	Abwicklung	630
5.5.3.2	Verteilung	638
5.5.3.3	Responsemedien	639
5.5.3.4	Katalog	642
5.5.3.5	Telefonwerbung	645
5.5.4	Direktwerbung und Recht	648
5.6	Öffentlichkeitsarbeit	653
5.6.1	Abgrenzung	653
5.6.2	Inhalte der Öffentlichkeitsarbeit	653

5.6.3	Arten der Öffentlichkeitsarbeit	655
5.6.3.1	Externe PR	655
5.6.3.2	Interne PR	657
5.6.3.3	Multiplikatoren-PR	658
5.6.3.4	Neue Formen der PR	658
5.6.3.4.1	Networking	658
5.6.3.4.2	Programm-Bartering	666
5.6.3.4.3	Licensing	667
5.6.3.4.4	Placement	669
5.6.3.4.5	Sponsoring	673
5.6.3.4.5.1	Kultur-, Sozio- und Umweltsponsoring	673
5.6.3.4.5.2	Sportsponsoring	677
5.6.3.4.5.3	Programmsponsoring	687
5.7	Persönliche Kommunikation	690
5.7.1	Einflussfaktoren	690
5.7.1.1	Käufer- und Verkäuferprofile	690
5.7.1.2	Transaktionsanalyse	694
5.7.2	Gesprächseinstieg	697
5.7.3	Fragetechniken	703
5.7.4	Einwandbehandlung	709
5.7.5	Konfliktüberwindung	712
5.7.6	Preisargumentation	714
5.7.7	Abschlussphase	716
5.7.8	Nachbereitung	718
5.8	Verkaufsliteratur	720
5.8.1	Abgrenzung	720
5.8.2	Gestaltung	720
5.8.3	Arten der Verkaufsliteratur	727
5.8.3.1	Dokumentation	727
5.8.3.2	Vorverkauf	730
5.9	Vergleich der Werbemittelgattungen	730
6.	**Kommunikations-Mix**	**733**
6.1	Medieneinsatz	733
6.1.1	Medienspektrum	733
6.1.2	Kommunikative Marktspezifika	734
6.1.3	Chancen-Risiken-Analyse	736
6.1.4	Stärken-Schwächen-Analyse	738
6.1.5	Potenzial-Analyse	741
6.1.6	Kommunikations-Instrumental-Matrix	743
6.1.7	Vorteils-Kurve	746
6.1.8	Portfolio-Analyse	747
6.1.9	Marktabdeckung	749
6.1.10	Wettbewerbspositions-Matrix	751

6.1.11	Strategisches Spielbrett	753
6.1.12	Wettbewerbsvorteils-Matrix	756
6.1.13	Positionierung	758
6.2	Werbegebiet	760
6.2.1	Intranationale Marktbearbeitung	760
6.2.2	Supranationale Marktbearbeitung	760
6.2.3	Einsatzbandbreite	762
6.2.4	Raumabdeckung	764
6.3	Werbeperiode	765
6.3.1	Operative Aktivierbarkeit	765
6.3.2	Taktische Aktivierbarkeit	765
6.3.3	Einsatzreagibilität	766
6.3.4	Einsatzabfolge	768
6.3.5	Einsatzzeitpunkt	769
6.4	Werbeintensität	771
6.5	Mediadurchführung	774
6.5.1	Media-Daten und Tarif	774
6.5.2	Streuplan	780
6.5.3	Einkaufspläne	783
6.5.4	Mediaoptimierung	786
6.6	Produktion	788
6.6.1	Druckvorlagen	788
6.6.2	Desktop Publishing	791
6.6.3	Sendevorlagen	803
7.	**Mehrwertleistungen der Kommunikation**	**805**
7.1	Marktbesonderheiten	805
7.1.1	Konsumentenmarkt	805
7.1.2	Produzentenmarkt	807
7.1.3	Wiederverkäufermarkt	809
7.1.4	Institutionenmarkt	810
7.1.5	Idealgütermarkt	811
7.1.6	Dienstleistungsmarkt	812
7.2	Global Advertising	814
7.2.1	Konzept des Global Advertising	814
7.2.2	Zuordnung	822
7.2.3	Internationale Marktbearbeitung	824
7.3	Integrierte Kommunikation	825
7.3.1	Von der Medien- zur Problemorientierung	825
7.3.2	Absenderidentität	826
7.3.3	Arbeitsteilung der Medien	830
7.3.3.1	Medienangebot	830

7.3.3.2	Medienprogramm	831
7.3.3.3	Medienelemente	832
7.3.3.4	Medienauswahl	833
7.3.3.5	Mediengewichtung	834
7.3.3.6	Medienanzahl	835
7.3.4	Integration der Medien	836
7.3.4.1	Teilzielgruppen	836
7.3.4.2	Integrationsfähigkeit	837
7.3.4.3	Integrationsgrad	840
7.3.4.4	Kommunikations-Mix	843
7.4	System der Mehrwertleistungen	845
8.	**Organisation der Werbung**	**847**
8.1	Interne Werbeabteilung	847
8.1.1	Aufbauorganisation	847
8.1.1.1	Organisationsformen	847
8.1.1.2	Funktions- und objektorientierte Einteilungen	849
8.1.2	Ablauforganisation	850
8.2	Externe Werbeberatung	853
8.2.1	Geschäftsdefinition	853
8.2.2	Rechtsbeziehung	854
8.2.3	Werbeagenturvertrag	855
8.2.4	Historische Entwicklung	864
8.2.5	Besonderheiten des Werbeagenturgeschäfts	867
8.2.6	Leistungsgrundsätze von Werbeagenturen	870
8.2.7	Vergütung von Werbeagenturen	872
8.2.8	Auswahl einer Werbeagentur	875
8.2.8.1	Agenturtypen	875
8.2.8.2	Auswahlkriterien	877
8.2.8.3	Vorgehensweise	881
8.2.8.3.1	Shortlist	881
8.2.8.3.2	Kontaktaufnahme	884
8.2.8.3.3	Agenturbesuch	886
8.2.8.3.4	Wettbewerbspräsentation	887
8.2.8.3.5	Ergebnisse	889
8.2.9	Wertschöpfung einer Werbeagentur	891
8.2.10	Werbeagenturanbindung	895
8.2.11	Erfolgsfaktor Beratungsqualität	898
8.2.12	Kundenzufriedenheits-Management	901
9.	**Spezialaspekte der Kommunikation**	**904**
9.1	Informationserhebung für die Werbung	904
9.1.1	Grundlagen	904
9.1.1.1	Arbeitsphasen zur Informationsgewinnung	904

9.1.1.2	Institutsforschung als Träger	906
9.1.1.3	Betriebliche Forschung als Träger	909
9.1.2	Datengewinnung	911
9.1.2.1	Anforderungen an Daten	911
9.1.2.1.1	Informationsstruktur	911
9.1.2.1.2	Informationsumfang	913
9.1.2.2	Sekundärerhebung	914
9.1.2.2.1	Bewertung	914
9.1.2.2.2	Datenquellen	916
9.1.2.3	Primärerhebung	916
9.2	Informationsgewinnung durch Befragung	917
9.2.1	Informationen aus mündlicher Befragung	917
9.2.1.1	Gruppeninterview	918
9.2.1.1.1	Gruppendiskussion	918
9.2.1.1.2	Gruppenexploration	918
9.2.1.1.3	Bewertung	919
9.2.1.2	Einzelinterview	921
9.2.1.2.1	Interviewarten	921
9.2.1.2.1.1	Abstufungsgrade	921
9.2.1.2.1.2	Bewertung	924
9.2.1.2.2	Fragearten	925
9.2.1.2.2.1	Einteilung	925
9.2.1.2.2.2	Offene Fragen	926
9.2.1.2.2.3	Geschlossene Fragen	927
9.2.1.2.3	Frageformulierung	928
9.2.1.2.4	Fragefunktionen	929
9.2.1.2.4.1	Instrumentalfragen	929
9.2.1.2.4.2	Ergebnisfragen	930
9.2.1.2.4.3	Sonderfragen	930
9.2.1.2.5	Fragetaktik	931
9.2.1.2.6	Interviewerbedeutung	932
9.2.1.2.6.1	Interviewerauswahl	932
9.2.1.2.6.2	Interviewereinsatz	933
9.2.1.2.6.3	Interviewerkontrolle	933
9.2.1.2.6.4	Interviewerqualifizierung	934
9.2.2	Informationen aus telefonischer Befragung	935
9.2.3	Informationen aus schriftlicher Befragung	936
9.2.3.1	Bewertung	936
9.2.3.2	Rücklauf	938
9.2.4	Informationen aus computergestützter Befragung	939
9.2.4.1	Bildschirmbefragung	939
9.2.4.2	Computerbefragung	941
9.2.4.3	Telefonbefragung	943
9.2.4.4	Internetbefragung	944
9.2.5	Sonderform Omnibusbefragung	945

9.3	Informationsgewinnung durch Beobachtung	946
9.3.1	Beobachtungsarten	946
9.3.2	Bewertung	947
9.3.3	Sonderform Panel	948
9.4	Informationsgewinnung durch Experiment	950
9.4.1	Testverfahren	950
9.4.2	Konzepttest	951
9.4.2.1	Einteilung	951
9.4.2.2	Werbemittel-Pretests	951
9.5	Auswahl von Informationseinheiten	956
9.5.1	Vollerhebung	956
9.5.2	Teilerhebung	957
9.5.2.1	Zufallsauswahl	957
9.5.2.1.1	Reine Zufallsauswahl	957
9.5.2.1.2	Systematische Zufallsauswahl	957
9.5.2.1.3	Geschichtete Zufallsauswahl	958
9.5.2.1.4	Klumpenauswahl	959
9.5.2.1.5	Sonderformen	959
9.5.2.2	Bewusstauswahl	960
9.5.2.2.1	Quota-Verfahren	961
9.5.2.2.2	Konzentrationsverfahren	963
9.5.2.2.3	Typische Fälle	963
9.5.2.2.4	Auswahl aufs Geratewohl	964
9.5.3	Stichprobengüte	964
9.5.4	Auswahlverzerrungen	966
9.6	Wahrheitsgehalt von Aussagen	967
9.6.1	Kriterium Reliabilität	967
9.6.2	Kriterium Validität	968
9.6.3	Kriterium Objektivität	969
9.6.4	Kriterium Signifikanz	969
9.7	Relevante Rechtsvorschriften der Werbung	970
9.7.1	Formale Bestimmungen	970
9.7.2	Materielle Bestimmungen	971
9.7.3	Schutzgesetze	974
9.7.3.1	Markengesetz	974
9.7.3.2	Urheberrechtschutz in der Werbung	976
9.7.4	Werbeverbote	977
9.7.5	Vergleichende Werbung	978
9.7.6	TV-AGB's	983
9.7.7	Verhaltensstandards in der Direktwerbung	985
9.7.8	Werbegebote	987
9.7.8.1	Richtlinien	987
9.7.8.2	Internationale Verhaltensregeln	992
9.7.9	PR-Gebote	996

9.8	Ethik in der Werbung	998
9.9	Verbände der Werbung	1005
9.10	Ausbildungswege in der Werbebranche	1012
9.11	Jobeinstieg in die Werbeagentur	1017
Literaturverzeichnis		1025
Stichwortverzeichnis		1034

Abkürzungsverzeichnis

Abb.	Abbildung
ABL	Alte Bundesländer
abzgl.	abzüglich
ACD	Automatic Call Distribution
ADC	Art Directors' Club
AE	Annoncen-Expedition
AFG	Alkoholfreie Erfrischungsgetränke
AGB	Allgemeine Geschäftsbedingungen
AG.MA	Arbeitsgemeinschaft Media-Analyse
AIDA	Attention, Interest, Desire, Action
AIO	Activities, Interests, Opinions
AMA	American Marketing Association
ARD	Arbeitsgemeinschaft der Rundfunkanstalten Deutschlands
ASCII	American Standard Code for Information Interchange
AUMA	Ausstellungs- und Messe-Ausschuss der Deutschen Wirtschaft
AV	Audio-Video
AWA	Allensbacher Werbeträger-Analyse
B	Breite
BDSG	Bundesdatenschutzgesetz
b. e. p.	Break Even Point
BIP	Bruttoinlandsprodukt
BRD	Bundesrepublik Deutschland
B-t-B	Business to Business
B-t-C	Business to Consumer
BWL	Betriebswirtschaftslehre
bzw.	beziehungsweise
ca.	circa
CAAS	Computer Aided Advertising System
CAD	Computer Aided Design
CATI	Computer Aided Telephone Interviewing
CB	Corporate Behavior
CBT	Computer Based Training
CC	Compact Cassette
CC	Corporate Culture
CCD	Charge Coupled Device
C&C	Cash and Carry
CD	Corporate Design
CD-I	Compact Disc Interactive
CD-ROM	Compact Disc Read Only Memory
CI	Corporate Identity
cm	Zentimeter
c. p.	ceteris paribus

DAB	Digital Audio Broadcasting
DAR	Day After Recall
DAT	Digital Audio Tape
Datex	Data Exchange
DCC	Digital Compact Cassette
DDV	Deutscher Direktmarketing-Verband
d. h.	das heißt
DIHT	Deutscher Industrie- und Handelstag
DIN	Deutsche Industrie-Norm
DINKS	Double Income, No Kids
DM	Deutsche Mark
DNS	Domain Name Server
dpi	Dots per Inch
DPP	Direkte Produkt-Profitabilität
DPRG	Deutsche Public Relations-Gesellschaft
DSP	Digital Signal Processor
DSR	Deutsche Städte-Reklame
DTP	Desktop Publishing
DVI	Digital Video Interactive
€	Euro
EAN	Europäische Artikel-Nummerierung
EB	Electronic Book
EBV	Elektronische Bild-Verarbeitung
EDI	Electronic Data Interchange
EDR	Elektrodermale Reaktion
EDV	Elektronische Daten-Verarbeitung
EEG	Elektroenzophalogramm
EKSt	Einkommensteuer
e-mail	Electronic Mail
etc.	et cetera
EU	Europäische Union
E-V	Einstellung-Verhalten
FFF	Film Funk Fernsehen
FH	Fachhochschule
FKM	Gesellschaft zur freiwilligen Kontrolle von Messe- und Ausstellungszahlen
FMCG	Fast Moving Consumer Goods/Produkte des täglichen Bedarfs
FSK	Freiwillige Selbstkontrolle der Filmwirtschaft
FTP	File Transfer Protocol
FZ	Fachzeitschrift
GB	Gigabyte
GBG	Geschlossene Benutzer-Gruppe
GG	Grundgesetz
ggf.	gegebenenfalls
GI	General Interest

gr	Gramm
GRP	Gross Rating Points
GWA	Gesamtverband Werbeagenturen
GWWS	Geschlossenes Waren-Wirtschafts-System
H	Höhe
HF	Hörfunk
HHNE	Haushaltsnettoeinkommen
HiFi	High Fidelity
Hrsg	Herausgeber
HTML	Hypertext Markup Language
HTTP	Hypertext Transfer Protocol
Hz	Hertz
incl.	inclusive
ID	Identität
IDN	Integrated Digital Network
IKP	Interessentenkontaktprogramm
IRC	Internet Relay Chat
i. S. d.	im Sinne des
ISDN	Integrated Services Digital Network
i. S. v.	im Sinne von
I-TV	Interactive Television
IVW	Informationsgemeinschaft zur Feststellung der Verbreitung von Werbeträgern
J	Jahre
KB	Kilobyte
Kfz	Kraftfahrzeug
kHz	Kilohertz
KKP	Kundenkontaktprogramm
K.O.	Knock Out
KVA	Kostenvoranschlag
KW	Kalenderwoche
KZS	Kurzzeitspeicher
LA	Leser-Analyse
LAN	Local Area Network
LCD	Liquid Crystal Display
LEH	Lebensmitteleinzelhandel
LKW	Lastkraftwagen
LpA	Leser pro Ausgabe
LpE	Leser pro Exemplar
LpN	Leser pro Nummer
LpS	Leser pro Seite
lt.	laut
LZS	Langzeitspeicher
m	Meter
MA	Media-Analyse

MAZ	Magnetaufzeichnung
MB	Megabyte
MD	Minidisc
MDE	Mobile Daten-Erfassung
MHz	Megahertz
MIDI	Musical Devices Digital Interface
Min	Minute
Mio	Million
MIS	Management-Informations-System
mm	Millimeter
Modem	Modulator-Demodulator
Mrd	Milliarde
NBL	Neue Bundesländer
o. ä.	oder ähnliches
OCR	Optical Character Recognition
OEM	Original Equipment Manufacturing
ÖPNV	Öffentlicher Personennahverkehr
OTC	Over the Counter
OTH	Opportunity to Hear
OTS	Opportunity to See
OVA	Overhead Value Analysis
p. a.	per anno
PC	Personal Computer
PDA	Personal Digital Assistant
Pf.	Pfennig
PGR	Psychogalvanische Reaktion
PI	Professional Interest
PIN	Persönliche Identifikations-Nummer
Pkt	Punkt
Pkw	Personenkraftwagen
PL	Plakat
PLZ	Postleitzahlenzone
p. M.	pro Monat
PMA	Plakat-Media-Analyse
POP	Point of Purchase
POS	Point of Sale
PPC	Pay per Channel
PPM	Pre Production Meeting
PPV	Pay per View
PR	Public Relations
PS	Pferdestärke
PZ	Publikumszeitschrift
qm	Quadratmeter

RAM	Random Access Memory
RDS	Radio Daten System
RFMR	Recency Frequency Monetary Ratio
RGB	Rot Grün Blau
RIP	Rasterbildprozessor
RISC	Research Institute on Social Change
ROI	Return on Investment
ROM	Read Only Memory
RP	Rangplatz
RW	Reichweite
S.	Seite
SB	Selbstbedienung
SDR	Same Day Recall
Sek	Sekunde
SFE	Soziale Fremdeinschätzung
SI	Special Interest
SIM	Subscriber Identity Module
SIS	Sensorischer Informationsspeicher
SMS	Short Message Service
s. o.	siehe oben
SoA	Share of Advertising
SoM	Share of Market
SoMi	Share of Mind
S-O-R	Stimulus-Organism-Response
SoV	Share of Voice
Sp.	Spalte
S-R	Stimulus-Response
SS	Special Segment
S-R	Stimulus-Response
Std	Stunde
s. u.	siehe unten
SWOT	Strengths, Weaknesses, Opportunities, Threats
t	Zeit
TCP/IP	Transmission Control Protocol/Internet Protocol
TDM	Tausend Deutsche Mark
TV	Television/Fernsehen
TZ	Tageszeitung
u. a.	unter anderem
u. ä.	und ähnliche
UAP	Unique Advertising Proposition
UCP	Unique Communications Proposition
UMP	Unique Marketing Proposition
URL	Uniform Resource Locator
USP	Unique Selling Proposition

u. U.	unter Umständen
u. v. a. m.	und viele andere mehr
UWG	Gesetz gegen unlauteren Wettbewerb
VA	Verbraucher-Analyse
VADM	Verkaufs-Außendienst-Mitarbeiter
VALS	Value and Lifestyle
VCR	Video Cassette Recorder
VDP	Video Disc Player
VHS	Video Home System
VIP	Very Important People
VKF	Verkaufsförderung
vs	versus
VTR	Video Track Recorder
WAN	Wide Area Network
WKZ	Werbekostenzuschuss
WWW	World Wide Web (Teil des Internet)
WYSIWYG	What you see is what you get
ZAW	Zentralverband der Deutschen Werbewirtschaft
z. B.	zum Beispiel
ZBB	Zero Base Budgeting
ZDF	Zweites Deutsches Fernsehen
ZG	Zielgruppe

Abbildungsverzeichnis

Abb. 1:	Zum Aufbau des Buches	1
Abb. 2:	Bruttoinlandsprodukt und Werbevolumen im Zeitablauf (Quelle: ZAW)	5
Abb. 3:	Signalübermittlung	10
Abb. 4:	Kommunikationskanal	11
Abb. 5:	Analyse von Zeichen	11
Abb. 6:	Kommunikationswege	12
Abb. 7:	Störungen im Kommunikationsprozess	13
Abb. 8:	Botschaftstransfer	14
Abb. 9:	Kommunikationssubjekte	15
Abb. 10:	Einflussverkettung	15
Abb. 11:	Kommunikationsabgrenzung	16
Abb. 12:	Kommunikationsanlass	17
Abb. 13:	Kommunikationsform	17
Abb. 14:	Kommunikationsinhalt	18
Abb. 15:	Anforderungen an die Kommunikation	19
Abb. 16:	Kommunikationsgrund	21
Abb. 17:	Kommunikationsobjekt	21
Abb. 18:	Werbungtreibende	22
Abb. 19:	Formen der Kollektivwerbung	23
Abb. 20:	Kommunikationsabsender	23
Abb. 21:	Kommunikationsempfänger	23
Abb. 22:	Kommunikationsabsicht	24
Abb. 23:	Kommunikationstiefe	24
Abb. 24:	Wahrnehmungssinne	24
Abb. 25:	Wahrnehmungskanäle	25
Abb. 26:	Kommunikationswirkung	25
Abb. 27:	Phasen der Kommunikationswirkung	27
Abb. 28:	Komplexitätsgrad der Zusammenarbeit zwischen Werbungtreibenden und Werbeagentur	35
Abb. 29:	Checklist Briefing-Inhalte	41
Abb. 30:	Elemente des Briefing	45
Abb. 31:	Darstellung des Angebotsumfelds	46
Abb. 32:	Markt-Analysen	46
Abb. 33:	Chancen-Risiken-Analyse	46
Abb. 34:	Wettbewerbs-Analyse	47
Abb. 35:	Abnehmer-Analyse	49
Abb. 36:	Analyse des beworbenen Angebots	50
Abb. 37:	Stärken-Schwächen-Profil	51
Abb. 38:	SWOT-Analyse	51
Abb. 39:	Potenzial-Analyse	52
Abb. 40:	Basis der Marketingstrategie	54
Abb. 41:	Marktfeldstrategie	54
Abb. 42:	Diversifikation	55

Abb. 43:	Lebenszyklus-Analyse	56
Abb. 44:	Beeinflussung des Phasenablaufs im Lebenszyklus	58
Abb. 45:	Marktstimulierungsstrategie in der Präferenz-Position	59
Abb. 46:	Marktstimulierungsstrategie in der Preis-Mengen-Position	61
Abb. 47:	Porter-Kurve der Marktpolarisierung	64
Abb. 48:	Produkt-Markt-Kombinationen (I)	67
Abb. 49:	Produkt-Markt-Kombinationen (II)	68
Abb. 50:	Produkt-Markt-Kombinationen (III)	69
Abb. 51:	Produkt-Markt-Kombinationen (IV)	70
Abb. 52:	Voraussetzungen zur Marktsegmentierung	72
Abb. 53:	Einfluss des Käuferverhaltens	73
Abb. 54:	Einflussgrößen für Gütertypen	74
Abb. 55:	Angebotswahrnehmung	75
Abb. 56:	Preis-Leistungs-Quotient	76
Abb. 57:	Nachfrageeffekte	76
Abb. 58:	Angebotsinteresse	77
Abb. 59:	Erlebnis- und Versorgungskauf	78
Abb. 60:	Auswahlprogramme	79
Abb. 61:	Werbezieldimensionen	83
Abb. 62:	Vertikale Zieleinordnung	83
Abb. 63:	Ausmaß von Werbezielen	85
Abb. 64:	Richtung von Werbezielen	85
Abb. 65:	Raumerstreckung von Werbezielen	86
Abb. 66:	Inhalt von Werbezielen	87
Abb. 67:	Objekte ökonomischer Werbeziele	88
Abb. 68:	Gewichtung von Werbezielen	90
Abb. 69:	Werbeobjekte	91
Abb. 70:	Markenstrategien	93
Abb. 71:	Anzahl der beworbenen Marken 1985–1996	96
Abb. 72:	Markenzuordnung	97
Abb. 73:	Beziehung Marke/Firma	98
Abb. 74:	Budgetierungstechniken	99
Abb. 75:	Größte Werbungtreibende in Deutschland 1999 (Quelle: Nielsen)	100
Abb. 76:	Größte Werbebranchen in Deutschland (1999) (Quelle: Nielsen)	101
Abb. 77:	Brutto-Werbeinvestitionen nach Branchen 1986–1996	102
Abb. 78:	Dynamik der Branchen-Werbeaufwendungen (Quelle: ZAW)	103
Abb. 79:	Theoretische Werbebudgetierungsmodelle	106
Abb. 80:	Optionen bei Budgetrestriktionen	112
Abb. 81:	Werbemaßnahmen, Werbewirkung und Werbeerfolg	127
Abb. 82:	Effizienz und Effektivität	128
Abb. 83:	Messdimensionen der Werbebeurteilung	129
Abb. 84:	Verfahren der Werbeerfolgskontrolle	130
Abb. 85:	Verfahren der Werbeerfolgsprognose	139
Abb. 86:	Testsituationen	141
Abb. 87:	Testmarkt-Ersatzverfahren	144
Abb. 88:	Verfahren der Werbewirkungsprognose	157

Abb.	89:	Explorative Verfahren	158
Abb.	90:	Apparative Verfahren	159
Abb.	91:	Verfahren der Werbewirkungskontrolle	174
Abb.	92:	Werbetestverfahren	175
Abb.	93:	Reichweiten- und Marktanteilsmessung in TV (Beispiel: Ran SAT 1 Fußball)	193
Abb.	94:	Problematik der Werbebeurteilung	200
Abb.	95:	Elemente des Konzepts	208
Abb.	96:	Absatzquellenoptionen	209
Abb.	97:	Käufer-Verwender-Matrix (Beispiele)	221
Abb.	98:	Entscheider-Nutzer-Matrix (Beispiele)	222
Abb.	99:	Kaufbedeutungs- und Kaufneuigkeits-Matrix	222
Abb.	100:	Selektive Markenwahl	227
Abb.	101:	Alternative Lernmodelle	231
Abb.	102:	Maslowsche Bedürfnishierarchie	242
Abb.	103:	Involvement-Hierarchien im Vergleich	251
Abb.	104:	Sinus-Milieus in Deutschland 2000	262
Abb.	105:	Musikpräferenzen nach Milieus (Quelle: TdW)	263
Abb.	106:	Kommunikationseffekte	279
Abb.	107:	Demografische Kriterien	293
Abb.	108:	Kaufentscheidungsanteile	296
Abb.	109:	Alternative Theorien zur Meinungsführerschaft	303
Abb.	110:	Diffusionsprozess	326
Abb.	111:	Funktionen im Buying Center	340
Abb.	112:	Grundsätzliche Positionierungsalternativen	355
Abb.	113:	Festlegung der Positionierung	359
Abb.	114:	Bestandteile der Copy-Analyse	366
Abb.	115:	Positionsoptionen	367
Abb.	116:	Positioning Statement	372
Abb.	117:	Positionierungsforderungen	374
Abb.	118:	Creative Platform	375
Abb.	119:	Konzeptdesign	385
Abb.	120:	Stufen der Werbekonzeption	386
Abb.	121:	Botschaftstransfer	387
Abb.	122:	Kreativitätstechniken	394
Abb.	123:	Mediastrategie	423
Abb.	124:	Storyboard	426
Abb.	125:	Wettbewerbsverhalten	427
Abb.	126:	Medien-Mix	428
Abb.	127:	Medienauswahl	429
Abb.	128:	Medienausstattung	429
Abb.	129:	Werbeträgerauswahl	430
Abb.	130:	Überdeckung, Überschneidung und Unterdeckung	431
Abb.	131:	Intermediavergleich	432
Abb.	132:	Netto-Werbeeinnahmen der Medien 1999	433
Abb.	133:	Media-Mix in Europa in % 1999	433

Abb. 134:	Netto-Werbeeinnahmen der Klassischen Mediengattungen 1985 – 1996 (Quelle: ZAW)	433
Abb. 135:	Werbemarktanteile der Medien im Zeitablauf	434
Abb. 136:	Zeitungsanzeige	434
Abb. 137:	Große Zeitungen in Deutschland	435
Abb. 138:	Tageszeitungs-Tarif (Beispiel: Pforzheimer Zeitung)	436
Abb. 140:	Leserschaftsstruktur von Tageszeitungen (Quelle: A.C. Nielsen Werbeforschung S+P GmbH)	437
Abb. 139:	Zeitungen – Titelanzahl und Auflagen 1985 – 1996 (Quelle: A.C. Nielsen Werbeforschung S+P GmbH)	437
Abb. 141:	Zeitschriftenarten	438
Abb. 142:	Sachgruppen für Special Interest-Titel	438
Abb. 144:	Heftauflagen Focus und Spiegel im Vergleich	439
Abb. 143:	Einige Special Interest-Titel	439
Abb. 146:	Größte deutsche Fachverlage 1999 (Quelle: Horizont)	440
Abb. 145:	Sachgruppen für Professional Interest-Titel	440
Abb. 147:	Größte deutsche Fachtitel 1999 (Quelle: Horizont)	440
Abb. 148:	Zeitschriften – Titelanzahl und Auflagen 1985–1996	441
Abb. 149:	Zeitschriften-Tarif	441
Abb. 150:	Anzeigenformate (Beispiele)	442
Abb. 151:	Anzeigenformate (Beispiele) (Forts.)	443
Abb. 152:	Große Kundenmagazine	444
Abb. 153:	VDZ-Anzeigenpreise 1999	449
Abb. 154:	Anzeigenstärkste Verlage in Deutschland 1999 (Quelle: Horizont)	450
Abb. 155:	Zeitschriften mit den höchsten Anzeigenumsätzen 1999 (Quelle: Kress)	450
Abb. 156:	Spots	451
Abb. 157:	Altersstruktur der Werbeinselzuschauer	453
Abb. 158:	TV-Sehdauer an einem durchschnittlichen Tag (in Min.) (Quelle: GfK/IP Deutschland)	454
Abb. 159:	Programmschema TV (Beispiel: ZDF)	456
Abb. 160:	Sendestart deutscher TV-Sender	464
Abb. 161:	Werbeumsätze der TV-Sender	465
Abb. 162:	Durchschnittliche Hördauer und gehörte Programme 1987–1997 (Quelle: MA 87 – 97 Hörer Gestern BRD Gesamt)	466
Abb. 163:	Mediennutzung und Tätigkeiten im Tagesverlauf (in Prozent) (Quelle: MA 97/PC#TV Easy)	467
Abb. 164:	Senderinformation	468
Abb. 165:	Wichtige Programmformate und Anwender (Quelle: PBM/HORIZONT)	469
Abb. 166:	Demografie der Kinobesucher (Quelle: MA)	473
Abb. 167:	Kino-Werbeverwaltungen 1999 (Quelle WerbeWeischer)	474
Abb. 168:	Laufzeit, Bildzahl und Meterlänge im Film	475
Abb. 169:	Plakatformate	477
Abb. 170:	Plakate	478
Abb. 171:	Terminplan Großflächen und Ganzstellen 1998	479
Abb. 172:	Klebeteilung bei Großflächenplakaten	480
Abb. 173:	Nettoumsätze der Außenwerbung 1999 (Quelle: ZAW)	480

Abb. 174: Plakatanbieter in Deutschland 1996 (Quelle: Interpublic) 481
Abb. 175: Werbemöglichkeiten an und in Straßenbahnen und Omnibussen 482
Abb. 176: Bewertung der Mediagattungen 487
Abb. 177: Technikkriterien zur Medienbewertung 488
Abb. 178: Ökonomiekriterien zur Medienbewertung 489
Abb. 179: Leistungskriterien zur Medienbewertung 489
Abb. 180: Kontaktqualität 491
Abb. 181: Intramediavergleich 497
Abb. 182: Reichweite der Pressemedien lt. MA 1999 498
Abb. 183: Reichweite der Pressemedien lt. MA 1999 (Forts.) 499
Abb. 184: MA 98 – Methoden-Steckbrief 502
Abb. 185: AWA '98 – Allensbacher Werbeträger Analyse und AWA '98 »First Class« 503
Abb. 186: VA 98 – Verbraucher Analyse 504
Abb. 187: Kids Verbraucher Analyse/Allensbacher Computer- und
 Telekommunikations-Analyse 505
Abb. 188: Markt-Media-Studien – Grundgesamtheiten und Fallzahlen 506
Abb. 189: Demografie der deutschen Wohnbevölkerung 1999 507
Abb. 190: Zielgruppenoperationalisierung 510
Abb. 191: Struktur der MDS-Programmbereiche und ihre Menüzeilen
 (Quelle: Springer) 513
Abb. 192: Horizontal prozentuierte Ergebnisausgabe 514
Abb. 193: Werbeträgerauswahl 514
Abb. 194: Vertikal prozentuierte Ergebnisausgabe 515
Abb. 195: Ergebnisausgabe in absoluten Zahlen 516
Abb. 197: Reichweitenwerte 517
Abb. 196: Leistungswerte 517
Abb. 198: Typischer Reichweitenzuwachs einer Special-Segment-Zeitschrift
 (Beispiel: Brigitte) 518
Abb. 199: Typischer Reichweitenzuwachs einer Programm-Zeitschrift
 (Beispiel: Hör Zu) 518
Abb. 200: Ergebnisausgabe als Hochrechnung 519
Abb. 201: Ergebnisausgabe als Index 520
Abb. 202: Tarif-Kombinationen (Auswahl) 521
Abb. 203: Kontaktintensitätswerte 522
Abb. 204: Affinitätswerte 522
Abb. 205: Wirtschaftlichkeitswerte 523
Abb. 206: Plankombination 524
Abb. 207: Beispiel Rangreihung 526
Abb. 208: Beispiel Rangreihung (Forts.) 527
Abb. 209: Beispiel Evaluierung 528
Abb. 210: Reichweitenstruktur 529
Abb. 211: Gross-Rating-Point-Werte 529
Abb. 212: Optimierungsmodelle 530
Abb. 213: Profil von Professional Interest-Titeln 532
Abb. 214: Nicht-klassische Werbemittel 537
Abb. 215: Wichtige Kommunikationserfindungen 538

Abb. 216:	Informationstechniken	540
Abb. 217:	Wichtige Begriffe zur Internet-Werbung	548–550
Abb. 218:	Meistverkaufte Produktarten im Internet (Quelle: ZAW)	557
Abb. 219:	Große Online-Agenturen 1999 (Quelle: ZAW)	566
Abb. 220:	Schauwerbung	575
Abb. 221:	Große Messen in Deutschland (Quelle: AUMA)	579
Abb. 222:	Messen und Ausstellungen	580
Abb. 223:	Messestand	582
Abb. 224:	Produktausstattung	587
Abb. 225:	Große Designagenturen in Deutschland	592
Abb. 226:	Absatzkanal	599
Abb. 227:	Zielgruppenoperationalisierung	600
Abb. 228:	Direktwerbung i. w. S.	613
Abb. 229:	Direktmarketingagenturen in Deutschland 1997 (Quelle: Horizont)	621
Abb. 230:	Beispiel für Mietadressen	622–623
Abb. 231:	Direktwerbung (i. e. S)	627
Abb. 232:	Typischer Blickverlauf auf einem Anschreiben	629
Abb. 233:	Papierformate nach DIN A (Hauptreihe)	633
Abb. 234:	Papierformate nach DIN B (Nebenreihe)	633
Abb. 235:	Papierformate nach DIN C (Nebenreihe)	633
Abb. 236:	Papiersorten	634
Abb. 237:	Praxisbeispiel Mailing (Standard-Package)	635
Abb. 238:	Praxisbeispiel Mailing (Package mit mehreren personalisierten Teilen)	636
Abb. 239:	Praxisbeispiel Mailing (Package mit mehreren personalisierten Teilen)	637
Abb. 240:	Öffentlichkeitsarbeit	653
Abb. 241:	Zielgruppen der Öffentlichkeitsarbeit	656
Abb. 242:	PR-Agenturen in Deutschland 1999	659
Abb. 243:	Formen und Arten des Placement	670
Abb. 244:	Formen des Sponsoring	673
Abb. 245:	Dimensionen des Kultursponsoring	674
Abb. 246:	Botschaftstransfer	675
Abb. 247:	Dimensionen des Sozio- und Ökosponsoring	676
Abb. 248:	Dimensionen des Sportsponsoring	678
Abb. 249:	Sponsoren der Fußball-Bundesliga 1999/2000 (Quelle: Horizont)	681
Abb. 250:	Programmsponsoring bei ARD, ZDF, RTL und Sat 1 1995	688
Abb. 251:	Botschaftstransfer	695
Abb. 252:	Phasen der Persönlichen Kommunikation	702
Abb. 253:	Verkaufsliteratur	720
Abb. 254:	Intermediavergleich Nicht-klassischer Werbung	731
Abb. 255:	Kommunikative Marktspezifika	734
Abb. 256:	ABC-Analyse	735
Abb. 257:	Chancen-Risiken-Analyse	736
Abb. 258:	Stärken-Schwächen-Profil	740
Abb. 259:	SWOT-Analyse	741
Abb. 260:	Potenzial-Analyse	742
Abb. 261:	Lebenszyklus-Stadium	743

Abb. 262:	Gap-Analyse	744
Abb. 263:	Kommunikations-Instrumental-Matrix	745
Abb. 264:	Vorteils-Kurve	746
Abb. 265:	Portfolio-Analyse	748
Abb. 266:	Marktabdeckung der Kommunikationsinstrumente	750
Abb. 267:	Wettbewerbspositions-Matrix	752
Abb. 268:	Strategisches Spielbrett	754
Abb. 269:	Wettbewerbsvorteils-Matrix	757
Abb. 270:	Positionierung	758
Abb. 271:	Alternativen supranationaler Werbung	761
Abb. 272:	Einsatzbandbreite	763
Abb. 273:	Raumabdeckung	764
Abb. 274:	Einsatzreagibilität	767
Abb. 275:	Einsatzabfolge	768
Abb. 276:	Einkaufskurve: Wer geht wann einkaufen? (Quelle: MA 96/IP Deutschland)	770
Abb. 277:	TV- und Radionutzung im Tagesverlauf	771
Abb. 278:	Zeitungs- und Zeitschriftennutzung im Tagesverlauf	772
Abb. 279:	Werbeintensität	773
Abb. 280:	Zeitschriften-Tarif (Beispiel: Anzeigenformate und Preise Der Spiegel)	776–779
Abb. 281:	Streuplan (Beispiel)	781
Abb. 282:	Kostenübersicht (fiktives Beispiel)	781
Abb. 283:	Streu- und Projektplan (fiktives Beispiel)	782
Abb. 284:	Kostenplan (Beispiel)	784
Abb. 285:	Produktionsplan (Beispiel)	786
Abb. 286:	Mediaagenturen in Deutschland 1999	787
Abb. 287:	Schriftlinien (Beispiel: Times)	789
Abb. 288:	Muster einer Projektliste	790
Abb. 289:	Elemente des DTP-Systems	791
Abb. 290:	Marktbesonderheiten	805
Abb. 291:	Konzept des Global Advertising	814
Abb. 292:	Internationale Werbeaufwendungen 1998	820
Abb. 293:	Internationale Werbeaufwendungen im Zeitablauf	821
Abb. 294:	Supranationale Marktbearbeitung	822
Abb. 295:	Problemorientierung in der Kommunikation	826
Abb. 296:	Medienprogramm	831
Abb. 297:	Medienauswahl	833
Abb. 298:	Komplementarität nach dem Inhalt	837
Abb. 299:	Komplementarität nach dem Auftritt	838
Abb. 300:	Komplementarität nach dem Zeiteinsatz	838
Abb. 301:	Komplementarität nach dem Raumeinsatz	839
Abb. 302:	Komplementarität nach Medien	839
Abb. 303:	Integrationsgrad	840
Abb. 304:	Integration nach Teilzielgruppen	841
Abb. 305:	Integration nach Medien	842
Abb. 306:	Kommunikations-Mix und Integrierte Kommunikation	844

Abb. 307:	System der Mehrwertleistungen	845
Abb. 308:	Organisation der internen Werbeabteilung	847
Abb. 309:	Werbeagenturvertrag	856
Abb. 310:	Agenturentwicklung	864
Abb. 311:	Besonderheiten des Werbeagenturgeschäfts	868
Abb. 312:	Leistungsgrundsätze von Werbeagenturen	871
Abb. 313:	Vergütung einer Werbeagentur	873
Abb. 314:	Auswahl einer Werbeagentur	877
Abb. 315:	Beurteilungskriterien bei der Auswahl einer Werbeagentur	880
Abb. 316:	Kostenbeispiele für Kampagnen (Quelle: W&V)	892
Abb. 317:	Kostenbeispiele für Kampagnen (Quelle: W&V) (Forts.)	893
Abb. 318:	Wertschöpfungskette der Werbeagentur	894
Abb. 319:	Arbeitsteilung zwischen Werbeabteilung und Werbeagentur	896
Abb. 320:	Werbeagenturen in Deutschland 1999	897
Abb. 321:	Inhalte der Marketingforschung	905
Abb. 322:	Marktforschungsinstitute im Arbeitskreis Deutsche Markt- und Sozialforschungs-Institute (ADM)	906
Abb. 323:	Arten der Befragung	917
Abb. 324:	Werbeaufwendungen je Neuwagen 1999	983
Abb. 325:	Umstrittene Argumente für die Werbung	999

Zum Aufbau dieses Buches

Dem Marketing-Kommunikations-Management kommt eine zentrale Bedeutung in der Unternehmenspolitik zu. Im Folgenden wird versucht, die Schlüsselfaktoren für ein erfolgreiches Marketing-Kommunikations-Management aufzuzeigen. Dabei werden die Aspekte der eher Fakten orientierten Wissensvermittlung mit denen der eher führungsorientierten Kenntnisanwendung verbunden. Insofern deckt dieses Buch sowohl den Anspruch des Fachbuchs für Interessenten ab, die sich in das Marketing-Kommunikations-Management einlesen wollen, also BWL-Studierende, aber auch Manager mit Non-Marketer-Ausbildung, wie auch den des Sachbuchs für Führungskräfte, die dieses Instrument anwenden wollen oder eine Aktualisierung ihres Know-hows anstreben.

Die Arbeit umfasst dazu die folgenden Inhaltspunkte (Abb. 1):

- Kommunikationsvoraussetzungen,
- Briefingelemente,
- Konzeptelemente,
- Mediaplanung für Klassische Werbemittel,
- Arten Nicht-klassischer Werbemittel,
- Kommunikations-Mix,
- Mehrwertleistungen der Kommunikation,
- Werbeorganisation,
- Spezialaspekte der Werbung.

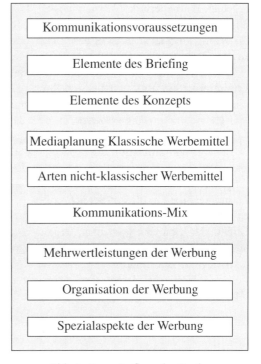

Abb. 1: Zum Aufbau des Buches

Im Einzelnen befassen sich die **Kommunikationsvoraussetzungen** mit der Untersuchung der Inhalte und Grundlagen des Kommunikationsbegriffes und den kommunikativen Beeinflussungen und Wirkungen. Dies ist erforderlich, da es sich bei der Kommunikation um einen äußerst komplexen Begriff handelt, der oft leichtfertig verwendet wird und in der betrieblichen Praxis zu Irritationen führen kann.

Die **Briefingelemente** betreffen den Input der Kommunikationspolitik, also die Darstellung des Angebotsumfelds, die Basis der Marketingstrategie, die Abgrenzung des relevanten Marktes, den Einfluss des Käuferverhaltens, die Bestimmung der Werbeziele, die Bestimmung der Werbeobjekte, die Bestimmung des Werbebudgets und die Beurteilungskriterien der Werbung. Zur Ergebnis bezogenen Arbeit ist nämlich mindestens die Festlegung dieser Inhalte erforderlich.

Die **Konzeptelemente** betreffen den Output der Kommunikationspolitik mit den Teilmengen der Definition der Absatzquelle, der Definition der Zielpersonengruppe, der Festlegung der

Positionierung, der Festlegung der Copy Platform und schließlich der kreativen Umsetzung. Dies stellt den Kernpunkt im Kommunikations-Management dar und führt in der Verdichtung zum sichtbaren Ausdruck der Werbung.

Die **Mediaplanung für Klassische Werbemittel** betrifft die Ableitung der Mediastrategie, die Durchführung sowohl des Intermedia- als auch des Intramediavergleichs, die Besonderheiten der B-t-B-Kommunikation und mögliche Problemfelder der Mediaplanung. Dabei handelt es sich um einen durch quantitative Erhebungen recht ordentlich abgesicherten Teilbereich innerhalb einer ansonsten doch eher durch intuitives Vorgehen gekennzeichneten Politik.

Die **Arten Nicht-klassischer Werbemittel** umfassen eine höchst vielfältige Palette, so vor allem Multimedia, die Schauwerbung, die Produktausstattung, die Verkaufsförderung, die Direktwerbung, die Öffentlichkeitsarbeit, das Kontaktmarketing und die Verkaufsliteratur sowie deren Beiträge zur Durchführung der Kommunikation. Diese Medien sind gerade in neuerer Zeit angesichts der Leistungsgrenzen Klassischer Werbung in das Blickfeld gerückt.

Der **Kommunikations-Mix** beinhaltet die Festlegung der Teilgrößen Medieneinsatz, Werbegebiet, Werbeperiode, Werbeintensität, Mediadurchführung und Produktion sowie deren Zusammenführung zu einem Mix. Hierbei geht es um den operativen Bereich der Durchsetzung der Politik am Markt und bei den Zielgruppen. Durch geschicktes Vorgehen können dabei etwaige Ressourcennachteile ausgeglichen oder gar überkompensiert werden.

Die in neuerer Zeit dramatisch an Bedeutung gewinnenden **Mehrwertleistungen der Kommunikation** umfassen die Betrachtung der Marktbesonderheiten, des Global Advertising und der Integrierten Kommunikation. Nurmehr dadurch lassen sich noch wettbewerbsdifferenzierende Vorsprünge erreichen, die über das hinausgehen, was sich selbst durch elaborierte Ausführung der Basisleistungen der Kommunikation noch erreichen lässt.

Die **Werbeorganisation** kann sowohl in Form einer internen Werbeabteilung als auch durch externe Werbeberatung erfolgen. Erstere bedarf vor allem der ablauforganisatorischen Gestaltung, letztere der Beachtung einer Reihe von Spezifika, die Grundlage jeder partnerschaftlichen Zusammenarbeit in diesem Bereich sind.

Spezialaspekte der Werbung schließlich betreffen die Ethik in der Werbung, die in der Öffentlichkeit äußerst kontrovers diskutiert wird, und relevante Rechtsvorschriften, wie sie hierzulande in einer Dichte vorhanden sind, wie in kaum einem anderen.

Bei der Behandlung dieser Punkte wird, von Ausnahmen abgesehen, immer die externe Kommunikation betrachtet, also diejenige zu den Marktpartnern hin, nicht hingegen die interne innerhalb einer organisatorischen Einheit.

1. Kommunikationsvoraussetzungen

1.1 Grundlagen der Kommunikation

1.1.1 Bedingungen der Mediengesellschaft

1.1.1.1 Medienlandschaft

Das Kommunikationsangebot hat sich innerhalb einer Generation vervierfacht, die menschliche Informationsverarbeitungskapazität ist demgegenüber aber konstant geblieben. Das heißt es strömt immer mehr Information auf Menschen ein, die diese überhaupt nicht mehr adäquat wahrnehmen können. Man spricht in diesem Zusammenhang zurecht von einem Information Overload. Daraus gibt es drei prinzipielle Auswege:

- Erstens eine konsequente **Selektivität** in der Mediennutzung, d. h. die bewusste und radikale Ausblendung aller mutmaßlich als nicht relevant angesehenen Informationen, wobei das, was jeweils relevant erscheint, situativ bestimmt wird. So kann der immense Informationsüberfluss auf ein beherrschbares Maß reduziert werden.
- Zweitens die Bündelung von **Informationspaketen** anhand dominanter Eindrücke, d. h., einzelne Schlüsselelemente (Irradiation) bestimmen stellvertretend den Gesamteindruck eines Objekts, was eine detailliertere Auseinandersetzung mit weiteren Informationen erspart.
- Drittens die Auswertung von **Metamedien**, d. h. Veröffentlichungen über Veröffentlichungen wie Quellendatenbanken, Informationsdienste o. ä., die entweder als Zusammenfassung oder als Wegweiser gegenüber den beiden erstgenannten Punkten die Verweigerungsgefahr verringern.

Der erforderliche Informationsumfang ist im Einzelnen abhängig von Art und Menge der bereits im Gedächtnis abgespeicherten Daten, vom wahrgenommenen Kaufrisiko, von der Komplexität der Entscheidung und dem Aufwand zur Informationsbeschaffung. Die Orientierungsreaktion als Wahrnehmung ist dabei angeboren. Sie löst bei neuartigen Stimuli außerhalb des Bewusstseins einen Mechanismus aus, der die Aufmerksamkeit reflexiv auf diese Reize in Abhängigkeit von ihrer Intensität, Größe, Farbigkeit oder Bewegung richtet (z. B. durch Kopfwenden). Dabei sind jeweils nicht die absoluten Werte ausschlaggebend, sondern deren Kontrast zum Umfeld.

Aufgrund der Unvollkommenheit der menschlichen Sinnesorgane und der begrenzten Informationsverarbeitungskapazität kommt es zu Information Chunks. Dabei handelt es sich um die Zusammenfassung einzelner Informationen zu Blöcken. Diese Schlüsselinformationen sorgen für den Transfer des gebündelten Eindrucks auf einzelne Objektmerkmale, von denen anderweitig keine aussagefähigen Informationen vorliegen. An die Stelle einer umfassenden Verarbeitung aller relevanten Informationen tritt damit die Orientierung an wenigen, als zentral vermuteten Kriterien. Dazu wird eine verlässliche Beziehung zwischen diesen Schlüsselinformationen und der ganzheitlichen Objektbewertung unterstellt. Die **Imagery-These** vertritt dabei die Auffassung, dass Bilder früher wahrgenommen werden als Texte, mehr Aktivierung auslösen, größere Gedächtnisleistung bereitstellen und höhere Beeinflussungswirkung haben.

Eine wachsende Medienvielfalt bedeutet aber auch, dass das, was an Informationen wahrgenommen, und das, was daraus interpretiert wird, intersubjektiv immer stärker voneinander abweicht. Damit sinkt zugleich die Chance der Konsensfindung, weil eine gleiche Wissensbasis, also der gleiche Informationsstand bei verschiedenen Entscheidern, immer unwahrscheinlicher wird. Dieser Entwicklung kann man nun ganz und gar nicht durch Medienabstinenz entgehen, denn damit wird der Informationsstand ja noch unvollständiger, sondern nur durch eine bessere individuelle Organisation des Medienkonsums, mithin über stärkere Selektivität. Dem tragen spezialisierte Medienangebote Rechnung, wie z. B. Rezensionsdienste, welche die Medienvielfalt aber ihrerseits nochmals weiter vergrößern und damit die richtige Selektion weiter erschweren.

Die Entwicklung der Medien ist durch eine kontinuierliche Fragmentierung der Angebote und ihrer Nutzerschaften charakterisiert und tendiert in Richtung Individualisierung. Das beginnt bereits mit Erfindung der Buchdruckkunst. War vorher die Bibel das einzige Buch mit massenhafter Verbreitung, das handschriftlich übertragen wurde und klerikalen Kreisen vorbehalten blieb, so war es mit Erfindung beweglicher Lettern möglich, beliebige Texte zu drucken und in ausreichender Zahl zu vervielfältigen. In den letzten zehn Jahren hat sich die Anzahl der Zeitschriftentitel mehr als verdoppelt (1984: 337, 1994: 697, wobei die diversen Flops bereits abgezogen sind). Die durchschnittliche Verkaufsauflage sank jedoch in der gleichen Zeit um 64 % (1984: 277.000, 1994: 178.000). Dies ist vor allem auf eine Inflation kleinauflagiger Special Interest-Titel zurückzuführen. Das Fernsehen hingegen war lange Zeit, durch die strenge hoheitliche Regulierung des Marktes, klar strukturiert. Im Wesentlichen gab es nur drei Programme (ARD/seit 1952, ZDF/seit 1963, ARD III/seit 1964). Doch seit der Liberalisierung und Zulassung privater Senderbetreiber ist es zu einer erheblichen Erweiterung des Angebots gekommen. Derzeit sind etwa 33 Sender im Kabel eingespeist, über Satelliten sind weitere zu empfangen (allein über Astra bis zu 200). So gab es schon 1995 1,3 Mio. Spots für ca. 3.400 beworbene Produkte, zusammen 24,25 Stunden pro Tag Werbung. Und das, ohne dass die Dauer des täglichen Fernsehkonsums wesentlich gestiegen wäre, d. h., die beinahe gleiche Sehdauer verteilt sich, rein statistisch gesehen, auf immer mehr Sender (alle 13,2 Minuten wird ein Senderwechsel vollzogen). Insofern kommt es auch hier zu einer Fragmentierung des Marktes. Und weitere Sender kommen hinzu, ausnahmslos Zielgruppen spezifische Spartenprogramme, denn bei Vollprogrammen dürfte dauerhaft nur Platz für max. fünf Sender vorhanden sein (neben ARD, ZDF noch RTL, SAT 1, PRO 7). Allerdings verschwinden Sender auch wieder (Nickelodeon, Wetterkanal). Der nächste Schritt ist bereits absehbar. Das Publikum kann durch Kommunikation unterschiedlichste Medienangebote über multifunktionale Endgeräte beliebig auswählen und zeitlich mehr oder minder unabhängig abrufen (Video on Demand/VOD: beliebige Nutzung durch Speicherbarkeit, beliebiger Abruf vom Anbieter, Video Near Demand/VND: beliebige Nutzung durch Speicherbarkeit, eng getaktetes Programmraster). Vor allem, weil diese Angebote auf Beitragsbasis (Pay Per View/PPV: einmalige Nutzung, festes Programmraster, oder Subscriber-TV/STV: nutzungsunabhängige Gebühr, festes Programmraster) erfolgen, d. h. werbefrei. Dann jedoch wird es extrem schwierig, ein solchermaßen atominisiertes Auditorium noch wirtschaftlich zu erreichen. Dies gilt vor allem für solche Güter, die für breite Zielgruppen konzipiert und nur in hohen Stückzahlen rentabel zu vermarkten sind. Hier fehlen der Werbewirtschaft bislang überzeugende Konzepte, wie man diesem fundamentalen Wandel gerecht werden kann.

Analog zum Segment of One-Marketing (Customized Marketing) kommt es so zu einer Individualisierung des Medienangebots mit auf die jeweiligen Bedürfnisse maßgeschneiderten

Informationen. Die Integration von Computertechnologie, Telekommunikation und TV führt zu einer weitgehend zeitlich unabhängigen Mediennutzung ganz nach den Wünschen der Nachfrager. Was dem Einzelnen zu größerer Freiheit und Flexibilität im Umgang mit den Medien verhilft, erweist sich für die werbungtreibende Wirtschaft freilich als großes Problem. Denn es wird immer schwieriger, Zielgruppen über geeignete Werbeträger noch effizient zu erreichen. Mithin stellt die Kommunikation den Engpass für den Vermarktungserfolg dar.

1.1.1.2 Umfeldbedingungen

Kommunikation ist das kleinste soziale System, das alle komplexeren Systeme (wie Organisationen, erst recht Gesellschaften) hervorbringt und stabilisiert. Die Informationslogistik, also die tatsächliche Verfügbarmachung vorhandenen Wissens, ist in Zukunft nur durch die Vernetzung von Information und die Verstärkung von Mechanismen der Integration, also durch Kommunikation und Medien, darstellbar. Die Vermittlungsprobleme der Kommunikation wachsen dabei schneller als die Spezialisierungsprobleme. Die Integrationsleistung muss demnach immer stärker werden. Das stetig steigende Informationsangebot zwingt damit zu ständig verstärkter Auswahl durch die Nachfrager, sodass, paradoxerweise, Informationsknappheit trotz Überfluss herrscht. Denn mit steigendem Medienangebot, das so nicht mehr sinnvoll verarbeitet werden kann, wächst die Gefahr der Fehlorientierung, d. h. der Wahrnehmung sich einerseits posthum als irrelevant herausstellender Botschaften und der Auslassung relevanter Botschaften andererseits. Damit steigt der Anteil der Informationen, die zwar relevant sind, aber nicht wahrgenommen werden. Gleichzeitig fördert diese Entwicklung die Ungleichverteilung von Wissen in der Gesellschaft (Abb. 2).

Wenn nur die bewusste Ausblendung von Informationen zu einer Bewältigung dieser Probleme führen kann, besteht für werbliche Kommunikation, deren Nutzen nicht unmittelbar einsehbar ist, zuvörderst die Gefahr einer solchen Ausblendung. Damit wird es immer zweifelhafter, inwieweit werbliche Botschaften Zielpersonen noch wirklich erreichen. Man denke nur an das Wegzappen auf einen anderen TV-Kanal zu Beginn eines Werbeblocks, das bewusste Überblättern (meist doppelseitiger) Anzeigen als Unterbrechung der redaktionellen Seiten in Zeitschriften oder an das achtlose Passieren von Plakaten mit dort aufgebrachten Aufdrucken. Gleichermaßen droht Hörfunkwerbung als Hintergrundgeräusch im allgemeinen Grundrauschen unterzugehen, Kinos werden im Wissen um die Werbevorfilme von Besuchern erst später betreten, und sogar in Nachschlagewerken wird Werbeplatz eher als störend empfunden.

Gleichzeitig ergibt sich aber die Notwendigkeit für

Jahr	Bruttoinlandsprodukt in Mrd. DM	Werbeinvestitionen in Mrd. DM	Anteil in %
1991	2.938,0	43,6	1,48
1992	3.155,2	47,2	1,50
1993	3.235,4	48,4	1,50
1994	3.394,4	48,4	1,50
1995	3.523,0	53,6	1,52
1996	3.586,0	54,9	1,53
1997	3.666,6	56,6	1,54
1998	3.784,2	59,0	1,56
1999	3.877,1	61,5	1,59

Abb. 2: Bruttoinlandsprodukt und Werbevolumen im Zeitablauf (Quelle: ZAW)

Werbungtreibende, vor allem im Konsumgüterbereich, verstärkt und nachhaltig in Kontakt mit Kunden und Interessenten zu treten. Dafür gibt es gleich eine ganze Reihe guter Gründe. Zu denken ist nur an die zunehmende objektive Austauschbarkeit von Angeboten, die zudem auf immer höherem Niveau stattfindet. Eine adäquate Absetzung vom Mitbewerb und positive Profilierung gegenüber der Nachfrage ist damit aus dem Produktbestand heraus allein nicht mehr möglich. Vielmehr bedarf es der offensiven Auslobung der Angebote über kommunikative Maßnahmen. Hinzu kommt der intensivierte Wettbewerb, der sich im Zuge der Öffnung nationaler Märkte aus immer zahlreicheren, immer potenteren Anbietern rekrutiert, die zudem oft noch preislich oder produktlich überlegene Angebote offerieren. Dagegen ist nurmehr mit Kommunikation anzukommen. Aber selbst in den seltenen Fällen solcher objektiv überlegenen Angebote ist die Markttransparenz seitens der Nachfrager zu gering, um diese zuverlässig zu erkennen. Dies liegt auch in der mangelnden Beurteilungsfähigkeit über viele, hochkomplexe Produkte begründet. Und in der mangelnden Zeit, oder auch Bereitschaft, sich für einen intensiven Angebotsvergleich zu engagieren. Hier substituiert die Kommunikation die Sachebene. Insofern erscheint Kommunikation (Meta-Ebene) in vielen Fällen schon als viel wichtiger als die Ware selbst (Real-Ebene).

1.1.2 Kommunikationselemente

Kommunikation gehört, wie den wenigsten Personen außerhalb der Branche bewusst ist, zu den kompliziertesten Vorgängen überhaupt und führt oft geradewegs ins Chaos. Das große Problem ist, dass man sich ihr nicht entziehen kann, **denn man kann eben nicht nicht kommunizieren** (doppelte Negation nach P. Watzlawick). Somit gibt es auch nicht die Wahl zwischen Kommunikation oder Nicht-Kommunikation, denn auch die Nicht-Kommunikation ist in sich wiederum Kommunikation. Wobei diese nicht nur verbal, sondern durchaus, und tatsächlich zum weitaus größeren Teil, non-verbal durch Mimik, Gestik, Körperhaltung etc. erfolgt. Diese non-verbale Kommunikation ist sogar noch aufschlussreicher als die verbale. Doch auch sie birgt Gefahren. Denn jede Kommunikation hat nach Watzlawick einen Inhalts- und einen Beziehungsaspekt derart, dass Letzterer ersteren bestimmt und daher eine Metakommunikation ist. Genauer handelt es sich um eine Inhalts- und drei Beziehungsebenen, also vier Ebenen gleichzeitig. Bei der Sachinformationsebene geht es um die wertfreie Kommunikation eines Sachverhalts. Diese ist jedoch nicht von den anderen Beziehungsebenen zu lösen. Bei der Selbstoffenbarungsebene geht es um die wertende Interpretation des Sachverhalts aus subjektiver Sicht. Bei der Fremdeinschätzungsebene geht es um die soziale Relation von Botschaftsabsender und -empfänger zueinander. Und bei der Appellationsebene geht es um die Absicht der Kommunikation zu einer anderen Person.

So hat die an sich einfache und eindeutige Botschaft eines Beifahrers an den Autofahrer »Du, die Ampel da vorn ist grün!« gleich mehrere Interpretationsebenen.

Auf einer **Sachinhaltsebene** geht es um die objektive Darstellung der Fakten. In diesem Fall also um die simple Tatsache, dass die Ampel grünes Licht zeigt.

Auf einer **Selbstoffenbarungsebene** geht es um die Selbsterklärung des Kommunikators; in diesem Fall wohl um den Hinweis, dass der Beifahrer es eilig hat, es ihm also wichtig ist, die Grünphase der Ampelschaltung nicht zu verpassen.

Auf einer **Fremdeinschätzungsebene** geht es um ein Abbild der Beziehungen zwischen Botschaftsabsender und -empfänger. In diesem Fall signalisiert die Äußerung, dass der Sprecher glaubt, seine Hilfe anbieten zu sollen, damit der Fahrer besser zurechtkommt.

Auf einer **Appellationsebene** schließlich geht es um die Wirkung, die durch die Aussage erreicht werden soll. In diesem Fall also die Aufforderung, nicht so lange zu trödeln, bis die Ampel wieder auf Rot umspringt.

Je nachdem, auf welcher Ebene diese Aussage beim Zuhörer ankommt, meldet er auf einer dieser Ebenen zurück:

- Sachbezogen bedeutet etwa, durch ein harmloses »Ja, wirklich praktisch diese grüne Welle.«
- Partnerschaftlich etwa, durch eine beruhigende Äußerung wie »Keine Sorge, wir liegen gut in der Zeit.«
- Emotional etwa, durch den an sich selbstverständlichen Hinweis »Das sehe ich selbst, schließlich fahre ich ja nicht zum ersten Mal Auto.«
- Ausführend etwa, durch einen pflichtgemäßen Satz wie »Ja, da werde ich wohl mal etwas mehr Gas geben.«

Kommt die Botschaft nun falsch über, d. h., meldet der Adressat auf einer Ebene zurück, die nicht in der Intention des Absenders lag, kommt es, je nach Lage der Dinge, zum Konflikt, der durch Anhäufung von Fehlinterpretationen im Zeitablauf leicht eskalieren kann. Im privaten Bereich bedeutet dies schlechtestenfalls Frustration auf beiden Seiten, im geschäftlichen Bereich konkrete wirtschaftliche Ineffektivität, und im werblichen Bereich schlichtweg verlorenes Geld.

Dazu zwei weitere Beispiele:

1. Aussage: »Ich möchte Sie nicht mit zu vielen Informationen belasten.«
   - Sachebene: Ich gebe Ihnen keine Detailinformationen, weil sie in diesem Fall nicht nötig sind.
   - Selbstoffenbarungsebene: Ich habe es nicht nötig, Ihnen Informationen zu geben, kann den Informationsfluss steuern.
   - Fremdeinschätzungsebene: Ich bin überlegen in einer distanzierten Beziehung.
   - Appellationsebene: Suchen Sie sich die erforderlichen Informationen gefälligst selbst, wenn Sie welche benötigen.

2. Aussage: »Von der Auftragsabteilung erhalte ich immer nur unvollkommene Informationen.«
   - Sachebene: Welche Informationen fehlen ihnen denn noch?
   - Selbstoffenbarungsebene: Können Sie sich da nicht richtig durchsetzen?
   - Fremdeinschätzungsebene: Sie sollten zu mir kommen und Vertrauen haben.
   - Appellationsebene: Ich spreche direkt mit dem Abteilungsleiter.

Gelegentlich sind solche Aussagen auch auf allen angesprochenen Ebenen wirksam, z. B.:

- »Ich bin ganz schön geschlaucht (Selbstoffenbarung), jetzt ist da noch ein Vorgang, der unbedingt erledigt werden muss (Sache). Ich kann mich doch da mit einer Bitte an Sie wenden (Fremdeinschätzung), dass Sie das heute ausnahmsweise für mich übernehmen (Appell).«
- »Die Dringlichkeit des Vorgangs sehe ich durchaus ein (Sache) und grundsätzlich können Sie auch immer auf mich zählen (Fremdeinschätzung), aber heute kann ich keine Überstunden machen (Selbstoffenbarung), da müssen Sie sich schon jemand anderen suchen (Appell).«

Neben den beiden genannten Axiomen (**Axiom 1**: Man kann nicht nicht kommunizieren, **Axiom 2**: Jede Kommunikation hat einen Inhalts- und einen Beziehungsaspekt derart, dass

Letzterer Ersteren bestimmt und daher eine Metakommunikation ist), kennt Watzlawick noch drei weitere Axiome der Kommunikation, die jedoch für die Werbung weniger zentral sind:

- **Axiom 3**: Die Natur einer Beziehung ist durch die Interpunktion der Kommunikationsabläufe seitens der Partner bedingt.
- **Axiom 4**: Menschliche Kommunikation bedient sich digitaler (schriftlich/mündlich) und analoger (non-verbaler) Modalitäten. Digitale Kommunikationen haben eine komplexe und vielseitige logische Syntax, aber eine auf dem Gebiet der Beziehungen unzulängliche Semantik. Analoge Kommunikationen dagegen besitzen dieses semantische Potenzial, ermangeln aber die für eindeutige Kommunikation erforderliche Syntax.
- **Axiom 5**: Zwischenmenschliche Kommunikationsabläufe sind entweder symmetrisch oder komplementär, je nachdem, ob die Beziehung zwischen den Partnern auf Gleichheit oder Unterschiedlichkeit beruht.

Ein typischer Dialog im Verkaufsgespräch könnte etwa wie folgt ablaufen:

Kunde: »Eigentlich ist der neue Kopierer uns zu teuer, denn im Grunde sind wir auch mit dem kleinen Tischgerät ganz gut zurecht gekommen.« (Sachinhaltsebene)

- Selbstoffenbarungsebene: Ich bin enttäuscht, dass sie mir kein günstigeres Angebot machen.
- Fremdeinschätzungsebene: Wir sind jetzt schon so lange Kunde bei Ihnen, dass wir etwas mehr Entgegenkommen erwarten können.
- Appellationsebene: Machen Sie mir ein besseres Angebot, dann können wir neu verhandeln.

Anbieter: »So wie ich Ihren Betrieb kennen gelernt habe, werden sich die Zusatzfunktionen, die das neue Gerät bietet, rasch für Sie wieder bezahlt machen.« (Sachinhaltsebene)

- Selbstoffenbarungsebene: Ich nehme Ihnen übel, dass Sie so tun, als könne ich Ihren Bedarf nicht richtig einschätzen.
- Fremdeinschätzungsebene: Bisher sind Sie mit meiner Beratung doch ganz gut gefahren.
- Appellationsebene: Vertrauen Sie mir, kaufen Sie das neue Gerät und Sie werden zufrieden sein.

Kunde: »Aber die Wartungskosten liegen mir im Magen, wissen Sie, bei uns im Betrieb hat sich in letzter Zeit eine Menge geändert.« (Sachinhaltsebene)

- Selbstoffenbarungsebene: Mein Entscheidungsspielraum ist geringer geworden, ich kann nicht mehr ohne weiteres über höhere Kosten entscheiden.
- Fremdeinschätzungsebene: Unsere Kunden-Lieferanten-Beziehung ist nicht so sicher, wie Sie vielleicht glauben.
- Appellationsebene: Kommen Sie mir entgegen, und ich werde Ihnen entgegenkommen.

Anbieter: »Was halten Sie von einem länger laufenden Wartungsvertrag, dann fallen die Kosten pro Jahr entsprechend geringer aus?« (Sachinhaltsebene)

- Selbstoffenbarungsebene: Ich bin bereit, Ihnen soweit wie möglich entgegenzukommen.
- Fremdeinschätzungsebene: Ich habe verstanden und werde um Sie als Kunden kämpfen.
- Appellationsebene: Stimmen Sie zu, und wir haben eine für beide Seiten sinnvolle Lösung.

Ein weiterer Kernsatz zum Verständnis der Kommunikation lautet (nach Spiegel): »**Nicht die Realität ist die Realität im Markt, sondern die Vorstellungen der Zielpersonen darüber.**« Dies besagt, dass Marketing-Kommunikation sich auf einer Meta-Ebene vollzieht, welche die darunter liegende Real-Ebene mehr oder minder überlagert. Beide Ebenen können nun, vorübergehend oder auch dauerhaft, voneinander abweichen. Ein Beispiel dafür bildet die Zigarettenbranche. Auf der Realebene handelt es sich bei deren Produkten um nichts anderes als in weißes Papier eingewickelte Tabakröllchen mit Faservorsatz, die zu 20 Stück in Packungen abgefüllt sind, und durch Anzünden abgebrannt werden, wobei der dabei entstehende, extrem gesundheitsschädliche Rauch inhaliert wird und Unterschiede zwischen verschiedenen Zigarettenmarken nur schwer bis gar nicht auszumachen sind. Auf Basis dieser Beschreibung wäre aber wohl kaum jemand bereit, für eine Packung um die fünf Mark auszugeben, Tendenz steigend. Erst die Überlagerung durch die Meta-Ebene der Kommunikation lässt aus diesen profanen Produkten Objekte der Begierde werden, wobei die einzelnen Zigarettenarten dann auch als keineswegs mehr untereinander austauschbar angesehen werden. Statt über eingerollten Schnitttabak wird über die Rocky Mountains, den Urwalddschungel, über Weltanschauung und multikulturellen Austausch kommuniziert. Dass zwischen beiden Ebenen dauerhaft Welten klaffen, beeinträchtigt nicht nur nicht den Markterfolg, sondern ist sogar strikte Voraussetzung dafür. Nun sind Zigaretten sicher ein extremes Beispiel, aber ähnlich, nur nicht ganz so krass, ist diese Diskrepanz bei praktisch allen Marktangeboten gegeben, und wenn nicht, liegt das eher daran, dass noch keine geeignete Auslobung dafür gefunden wurde. Die Gründe liegen auf der Hand. Erstens ist die Realität der weit überwiegenden Mehrzahl der Marktangebote ähnlich langweilig wie die der Zigaretten. Diese auszuloben, lohnt sich daher erst gar nicht. Zweitens sind die Angebote verschiedener Marktteilnehmer sich meist objektiv zum Verwechseln ähnlich, sodass eine Auslobung auf Real-Ebene kaum Wettbewerbsvorteile zeitigt, auf die es aber angesichts stagnierender Märkte bei Konkurrenzverdrängung gerade ankommt. Und drittens sind Unterschiede selbst dort, wo sie denn tatsächlich gegeben sind, für Nachfrager meist nicht mehr ohne weiteres nachvollziehbar, sodass eine reale Auslobung diese leicht in ihrer Verarbeitungskapazität überfordert. Deshalb ist es geradezu unausweichlich, bei der Kommunikation auf die Meta-Ebene abzuzielen.

Ebenfalls von immenser Bedeutung für die Kommunikation ist die Aussage: »**Der Wurm muss dem Fisch schmecken und nicht dem Angler**.« Sie besagt, dass der Wert einer Botschaft sich allein aus der Sicht deren potenzieller Empfänger her definiert. Das heißt nicht das Bedürfnis des Absenders darf im Vordergrund der Kommunikation stehen, sondern ausschließlich die mutmaßlichen Bedarfe der Adressaten. Dies wäre nicht weiter tragisch, wenn nicht dieses Interesse der Botschaftsempfänger zumeist signifikant vom Interesse des Botschaftsabsenders abwiche. In der Produktwerbung will dieser die Abnehmer davon überzeugen, sein Produkt anstelle eines anderen oder zusätzlich zu diesem zu kaufen und dafür Kaufkraft als Gegenleistung herzugeben, damit sein Geschäft stimmt. Den Abnehmern aber ist genau dies ziemlich gleichgültig, sie sind vielmehr daran interessiert, nur solche Nutzen zu erwerben, die sie höher einschätzen als das Geldopfer, das sie dafür erbringen müssen. Argumentiert der Botschaftsabsender nun aus seiner Sicht heraus, trifft er damit nicht den Nerv, d. h. die Aufmerksamkeit und das Interesse, seiner Abnehmer, und die Kommunikation verpufft. Für eine erfolgversprechende Kommunikation bedarf es daher vielmehr der Regression eigener Bedürfnisse zugunsten der Bedarfe anderer, nämlich der potenziellen Kunden. Obgleich Kommunikation also das eigene Geld kostet, darf man damit nicht den eigenen, sondern muss fremden Interessen dienen. Nur in dem Maße, wie es gelingt, in der Kommunikation solche

Nutzen anzubieten, die Abnehmer attraktiv finden, weil sie ihren Bedürfnissen entsprechen, kann Erfolg erreicht werden. Kommunikation, die primär das Bedürfnis des Anbieters im Auge hat, wird dagegen zwangsläufig scheitern. Oft ist dieser Fehler in Branchen zu finden, in denen die Marketingdenkhaltung noch nicht stabil verankert ist, so z. B. in der Investitionsgüterwerbung, die allzu oft noch den Stolz der Produzenten über ihre, zugegeben beachtliche Leistung widerspiegelt, statt zu zeigen, dass man sich erfolgreich in die Motivation der Anwender hineinversetzen und dazu maßgeschneiderte Problemlösungen anbieten kann.

1.1.3 Kommunikationsprozess

Kommunikation im Marketing kann auch als Vorgang der akquisitorischen Nachrichten- bzw. Informationsübermittlung bezeichnet werden und findet in mehreren Phasen statt (Abb. 3).

Den Ausgangspunkt jeder Signalübermittlung bildet das **Kommunikationsziel**. Es geht von einer natürlichen oder juristischen Person aus, die für gewöhnlich der Werbungtreibende ist. Dabei handelt es sich um den **Sender**, der diese **Signale** ausstrahlt. Dieser will eine von ihm intendierte **Botschaft** als Inhalt der Kommunikation verbreiten. Die Übermittlung dieser Werbebotschaft vom Sender an seine Zielgruppe erfordert jedoch vorher deren kommunikationsgerechte **Encodierung** in Schrift, Bild, Zeichen und Wort.

Erst dann kann die eigentliche **Übertragung** erfolgen. Dazu benötigt man ein **Sendegerät**. Das ist das Werbemittel, also z. B. der Spot, das Plakat oder die Anzeige im Rahmen der Klassischen Werbung. Zur Übertragung bedarf es weiterhin eines **Transmissionskanals** (Werbeträger) wie z. B. Elektronik- oder Printmedien zum Transport der verschlüsselten Botschaft. Auf der Adressatenseite ist zudem ein **Empfangsgerät** erforderlich. Dies sind die fünf Sinne der Optik, Akustik, Olfaktorik, Gustation, Haptik, im übertragenen Sinne auch Emotion (Bauch/Gefühl) und Ratio (Kopf/Verstand) zur Wahrnehmung der Signale.

Im gleichen Zuge erfolgt die **Decodierung** der Werbebotschaft in subjektiv zu bewältigende Informationseinheiten zu deren Verständnis. Dazu bedarf es eines **Empfängers**. Dies ist in der Kommunikation letztlich immer ein Mensch, der möglichst zur Zielgruppe gehört. Den Endpunkt bildet dann die **Verarbeitung** der übermittelten Botschaft idealerweise in Form deren **Abspeicherung**.

Das ist ein typisches Beispiel der **Einwegkommunikation**, wie sie für Klassische Werbung gilt (= Simplexkanal). Aber natürlich gibt es auch **Zweiwegkommunikation**, wo-

Abb. 3: Signalübermittlung

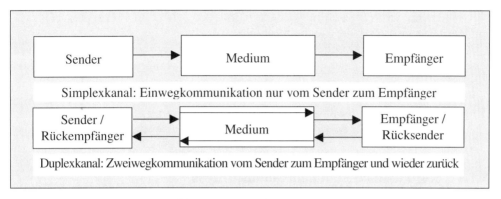

Abb. 4: Kommunikationskanal

bei der Signalaustausch wechselseitig, d. h. unter abwechselndem Senden und Empfangen (= Halbduplexkanal) oder parallelem Senden und Empfangen (= Vollduplexkanal) erfolgt (Abb. 4). Dies ist bei modernen Formen der Responsewerbung, z. B. in der Direkt- sowie Telefonwerbung, gegeben. Zweiwegkommunikation ist in neuerer Zeit vor allem deshalb aufgekommen, weil die Grenzen der Wirksamkeit der Einwegkommunikation deutlich in Erscheinung treten. So werden Anzeigen als Störung im redaktionellen Umfeld von Zeitschriften und Zeitungen empfunden und überblättert oder allenfalls extrem kurz wahrgenommen, Fernseh-Spots werden durch Zapping auf der Fernbedienung in eine gerade werbefreie Sendung ausgeblendet, Hörfunk-Spots werden als Hintergrundgeräuschkulisse überhört und Plakate durch zunehmend hektisches Passieren nicht mehr wahrgenommen. Hier scheint Zweiwegkommunikation ein probater Ausweg, da durch Reaktion leicht festgestellt werden kann, ob Signale bei Zielpersonen als relevant angekommen sind oder nicht.

Kommunikation beruht also auf Signalen und deren Übermittlung bzw. Austausch. Als **Signale** werden dabei alle wahrnehmbaren Reize gewertet (z. B. Sprechton). Signale mit Bedeutungsinhalt sind **Zeichen** (z. B. Wörter). Werden diese Zeichen unter Einhaltung bestimmter Verknüpfungsregeln sinnvoll untereinander kombiniert, ergeben sie eine **Nachricht** (z. B. Text). Ist diese Nachricht darüber hinaus von Bedeutung für Adressaten, indem ihr Neuigkeitscharakter für diese zukommt, handelt es sich um **Information** (z. B. Ankündigung). Information ist also zweckbezogenes Wissen, mit dessen bestmöglicher Vermittlung Marketing-Kommunikation sich beschäftigt (Abb. 5). **Was als zweckbezogenes Wissen zu bezeichnen ist, definiert sich allerdings allein vom Empfänger der Nachricht her und nicht vom Absender** Dies wird in der Praxis oft übersehen, wenn Werbungtreibende egozentrisch Botschaften definieren, ohne dabei deren Relevanz für potenzielle Zielpersonen genügend im Auge zu behalten. Kommunikation vollzieht sich auf einer

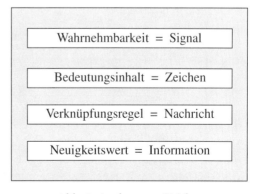

Abb. 5: Analyse von Zeichen

Meta-Ebene, die der Real-Ebene mehr oder minder entrückt ist. Und nur auf diese Wahrnehmungsebene kommt es in der Kommunikation an.

Zeichen, also Signale mit Bedeutungsinhalt, können semiotisch auf vier Ebenen untersucht werden. Zunächst hinsichtlich ihrer **Syntaktik**, d. h. der formalen Zusammensetzung der Zeichen nach Verknüpfungsregeln. Dann in Bezug auf ihre **Semantik**, d. h. die Codierung der Zeichen nach Art und Umfang ihres Bedeutungsinhalts. Weiterhin nach ihrer **Pragmatik**, d. h. der Wirkung der Zeichen, die ihnen aufgrund ihres Relevanzwertes zukommt. Und schließlich in ihrer **Sigmatik**, d. h. der Beziehung der Zeichen zum realen Werbeobjekt (Abb. 6).

1.1.4 Störungen im Kommunikationsprozess

Kommunikation ist nun ein unerhört komplizierter Prozess, der dementsprechend zahlreichen Störquellen unterliegt. Syntaktische Störungen sind technisch verursacht, semantische Störungen sind von der Wahrnehmung her verursacht, pragmatische Störungen sind psychologisch verursacht, sigmatische Störungen sind von der Interpretation her verursacht. Intrakommunikative Störungen beruhen auf mangelhafter Abstimmung zwischen Zielsetzung, Verschlüsselung und Sendung, interkommunikative Störungen beruhen auf mangelhafter Abstimmung zwischen Sender und Empfänger. Wahrscheinlich ist gelungene Kommunikation sogar eines der schwierigsten Unterfangen überhaupt. Mögliche Fehlerquellen innerhalb der Kommunikation liegen in der (Abb. 7):

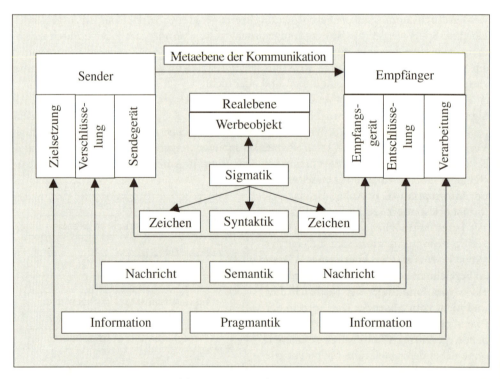

Abb. 6: Kommunikationswege

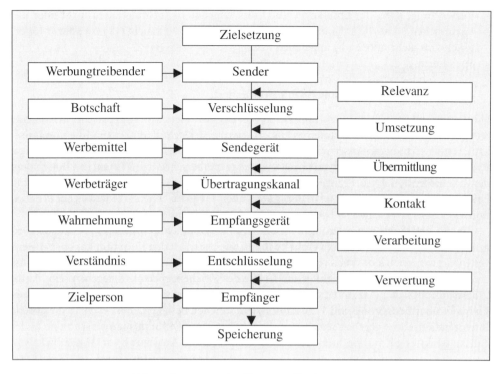

Abb. 7: Störungen im Kommunikationsprozess

- **Zielsetzung**, d. h., ein gegebenes Problem ist durch Kommunikation nicht adäquat lösbar. Dann sind werbliche Maßnahmen von vornherein zum Scheitern verurteilt. Vielmehr müssen andere Unternehmensparameter, im Marketing die anderen Mix-Instrumente, aktiviert werden.
- **Relevanz**, d. h. der Sender hat bewusst oder unbewusst Informationen vorenthalten oder verfälscht. In diesem Fall bewirkt quantitativ und/oder qualitativ mangelnder Input, dass auch der Output begrenzt bleiben muss. Insofern liegt hier ein gravierender Engpass.
- **Umsetzung**, d. h., der Sender hat Nachrichten so verschlüsselt, dass sie die beabsichtigte Botschaft nicht korrekt wiedergeben. Von daher kann die Botschaft auch nicht korrekt an die Zielpersonen überkommen und und dort die gewünschten Wirkungen hinterlassen.
- **Übermittlung**, d. h., die gewählten Werbemittel weisen Transfermängel in ihrer Eignung auf. Jedes Medium hat spezifische Leistungsschwerpunkte und ist für andere Anforderungen weitgehend ungeeignet. Werden die Stärken nicht genutzt, schlagen die Schwächen voll auf das Ergebnis durch.
- **Kontakt**, d. h., der Empfänger gerät durch unzweckmäßige Werbeträgerwahl nicht oder nicht ausreichend in Berührung mit der Botschaft. Dies aber ist die notwendige Voraussetzung, damit Kommunikation überhaupt zum Erfolg führen kann.
- **Verarbeitung**, d. h., der Empfänger interpretiert die Nachricht unzutreffend oder nimmt Informationen nicht richtig auf. Hier führt vor allem ein zwischen Sender und Empfänger abweichender kultureller Background zu Irritationen.

– **Verwertung**, d. h., der Empfänger nutzt ihm angebotene Informationen nicht oder nur unzureichend. Dies liegt daran, dass deren Bedeutung generell nicht erkannt oder vorübergehend als nicht notwendig angesehen wird.
– **Speicherung**, d. h., der Empfänger bearbeitet die Information nicht richtig, speichert sie falsch ab oder vergisst sie ganz einfach. Dann ist der Lernerfolg und damit der Erfolg der gesamten Kommunikationsmaßnahme verhindert.

Die Kommunikationskette muss nun kumulativ frei von diesen Störungen sein. Bereits eine Störung auf einer dieser Prozessstufen verhindert, dass die nächste Stufe erreicht und die Kommunikation erfolgreich abgeschlossen wird oder mindert zumindest deren Effizienz entscheidend. Diese Probleme werden noch dadurch potenziert, dass eine unüberschaubare Vielzahl von Botschaften der verschiedensten Art aus gänzlich unterschiedlichen Quellen auf die Zielpersonen einströmt. Und dies mit steigender Intensität in Bezug auf Dauer, Frequenz und Stärke werblicher Penetration. Dies führt zu erschwerter Speicherung bzw. hoher Vergessensquote von Informationen.

Zudem sind einige Anforderungen an das Zustandekommen werblicher Botschaftswirkungen zu stellen. Zunächst muss ein **einheitlicher Code** zwischen den Kommunikationspartnern vereinbart werden, wie das auch von der Maschinenkommunikation her bekannt ist. Dann muss eine **Übereinstimmung und genügende Größe des Zeichenrepertoires** gegeben sein, damit Wahrnehmungsadäquanz und differenzierte Inhalte gewährleistet sind. Darüber hinaus muss **Einigkeit über Bedeutung und Verwendung von Zeichen** bestehen, d. h., es muss die gleiche Interpretationsebene gegeben sein, was etwa bei abweichenden Kulturräumen schon nicht der Fall ist. Gleiches gilt für die Anforderung der **zielgerechten Auslegung vor dem subjektiven Erfahrungshintergrund** (= Kontext). Schließlich helfen **assoziative Gemeinsamkeiten zwischen Sender und Empfänger**, denn durch Strukturähnlichkeit wird die Wirkung werblicher Botschaften verstärkt (Abb. 8). Vor allem muss einer Nachricht **Beachtung und Involvement** zukommen, da sie ansonsten den Filter der selektiven Wahrnehmung nicht durchdringen kann. Für werbliche Botschaften ist wichtig, dass die Inhalte lernbar sind, um zum Kaufentscheidungszeitpunkt **erinnert** werden zu können.

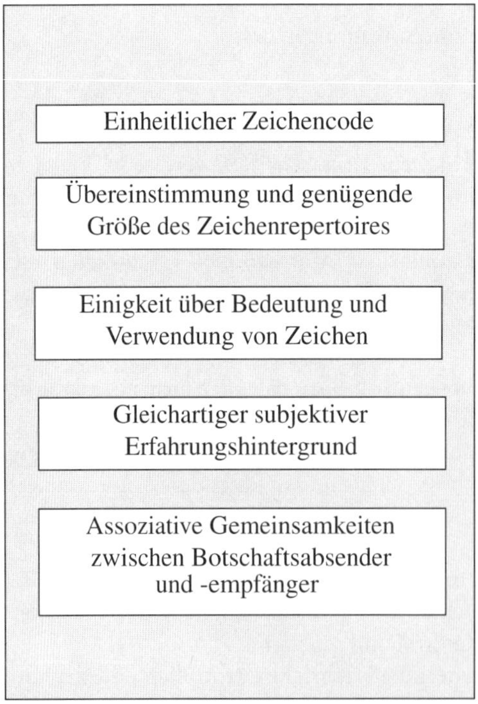

1.1.5 Kommunikationskanäle

Die Beeinflussung erfolgt über **personale Kanäle** durch Promotoren, z. B. Meinungsbildner, durch Berater, z. B. Verkäufer, und soziales Umfeld, z. B. Nachbarn, Kollegen, Bekannte etc., sowie über **apersonale Kanäle** wie Massenmedien, z. B. Presse, Atmosphären, z. B. Erlebnisumfeld im Handel, und Ereignisse, z. B. Schlussverkauf (Abb. 9).

Einheitlicher Zeichencode

Übereinstimmung und genügende Größe des Zeichenrepertoires

Einigkeit über Bedeutung und Verwendung von Zeichen

Gleichartiger subjektiver Erfahrungshintergrund

Assoziative Gemeinsamkeiten zwischen Botschaftsabsender und -empfänger

Abb. 8: Botschaftstransfer

Marketing-Kommunikation soll dabei **Mangelempfinden** wecken (= Bedarf, z. B. Durst) und **mit Aktivierungszustand versehen** (= Emotion, z. B. in Gastwirtschaft gehen). Kommt ein Antriebsmoment hinzu, entsteht **Motivation**. Ist diese auf ein bestimmtes Objekt gerichtet, entsteht **Einstellung** (z. B. alkoholfreies Bier). Einstellung plus Handlungsabsicht schließlich ergibt **Intention** (z. B. Lokalbesuch), die Vorstufe zum **Kaufentscheid** (= Umsetzung, z. B. Bestellung). Dabei handelt es sich um eine klassische Verkettung von Einflüssen (Abb. 10).

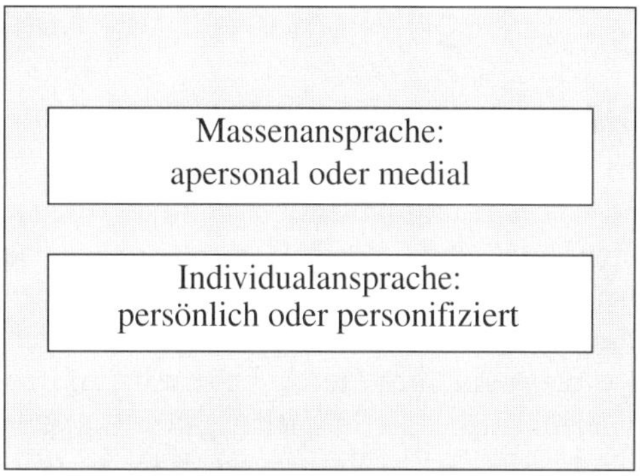

Sollen zahlreiche Zielpersonen diese Phasen der werblichen Ansprache durchlaufen, so spricht man von **Massenkommunikation**. Ihre wesentlichen Kennzeichen sind, dass sie:

– **öffentlich** durch technische Übertragungshilfsmittel stattfindet,
– bei **räumlicher und/oder zeitlicher Distanz zwischen Kommunikator und Rezipienten**,
– an ein **disperses Publikum** gerichtet und
– überwiegend **einseitig** ausgelegt.

Massenkommunikation ist heute in den meisten Märkten die einzige Chance, rentabel Zielpersonen zu erreichen. Durch die zunehmende Anonymisierung der Marktkontakte geht der Bezug zwischen Hersteller und Endabnehmer verloren. Zwischengeschaltete Absatzmittler wirken dabei als Filter, konkurrierende Anbieter als Störgröße und allgemeiner Zeitmangel als Hindernis.

Individualkommunikation läuft unter weitgehend entgegengesetzten Vorzeichen ab. Das heißt sie erfolgt persönlich ohne Übertragungshilfsmittel, bei räumlicher und/oder zeitlicher Einheit zwischen den Partnern, an eine präsente Person/Gruppe gerichtet und überwiegend dialogisch ausgelegt. Auf einen gemeinsamen Nenner gebracht, bedeutet Kommunikation die Beantwortung der Frage: **Wer, sagt was, über welchen Kanal, zu wem, mit welchem Ziel** (lt. Lasswell)?

Abb. 9: Kommunikationssubjekte

Abb. 10: Einflussverkettung

1.2 Begrifflichkeiten der Kommunikation

1.2.1 Definitionsansatz

Nun deckt Kommunikation bis hierin ein so extrem breites Spektrum ab, dass es nützlich ist, eine Unterteilung zu schaffen, z. B. in **sachorientierte Kommunikation** einerseits und zweckorientierte andererseits. Die damit verbundene Trennung der Realkommunikation ist allerdings gleitend und durchaus unscharf. Bei Ersterer steht die Informationskomponente im Vordergrund. Ihre Absicht besteht darin, Inhalte quasi wertfrei, neutral, ohne Manipulation überzubringen (als Beispiel mag die »Tagesschau« gelten). Genau diese Komponente fehlt der **zweckorientierten Kommunikation**. Sie will vielmehr mit der Abgabe von Information die Rezipienten gleichzeitig hinsichtlich ihrer Meinung bewusst oder unbewusst beeinflussen. Und dies erreicht sie durch die Art ihrer Gestaltung. Hierzu gehört auch Werbung, d. h., Werbung ist allgemein zweckorientierte Kommunikation, die sich speziell als **Wirtschaftswerbung** auf den Bereich der Ökonomie richtet.

Sie ist abzugrenzen von **Propaganda**, die weltanschaulichen Zwecken dient statt wirtschaftlichen, und **Reklame**, die bei alledem marktschreierisch auftritt und damit nicht überzeugend wirkt. Unterformen hingegen bilden **Public Relations** als Werbung um öffentliches Vertrauen statt konkreter Angebote sowie Absatzwerbung, die sich von der **Beschaffungswerbung**, die auf Betriebsmittel, Finanzen, Personal etc. ausgerichtet ist, abgrenzt (Abb. 11).

Als eigene Definition folgt daraus: **Wirtschaftswerbung ist die bewusste Beeinflussung von marktwirksamen Meinungen mittels Instrumentaleinsatz und mit der Absicht, die Meinungsrealität im Markt den eigenen Zielvorstellungen darüber anzupassen.** Darin stecken mehrere Erklärungselemente:

- »die bewusste Beeinflussung«, also die strategisch so gewollte Einflussnahme ohne Rücksicht auf deren Wirksamkeit sowie permanent stattfindende zufällige Einflussnahmen,
- »von marktwirksamen Meinungen«, d. h., es handelt sich um eine intellektuelle, freie Beeinflussung hinsichtlich Faktoren, die für Marktwirkungen entscheidend sind, wie Einstellung, Verhalten, Bekanntheit etc.,
- »mit der Absicht«, demnach als gestalterische, politische Maßnahme verstanden, die korrigierend und dynamisch eingreift,
- »die Meinungsrealität den eigenen Zielvorstellungen darüber anzupassen«, also aktive Beeinflussung statt passiver Übernahme der Marktgegebenheiten,

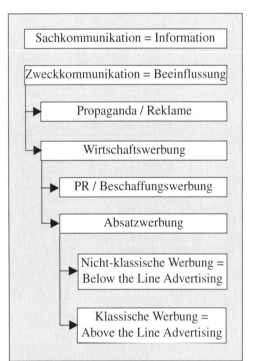

Abb. 11: Kommunikationsabgrenzung

– »mittels Instrumentaleinsatz«, d. h. über die Instrumente des Kommunikations-Mix im Marketing.

Eines dieser Instrumente ist die Klassische Werbung. Daneben gibt es weitere Instrumentalvariable (Nicht-klassische Werbung) wie Direktwerbung, Neue Medien-Technik, Verkaufsförderung etc., auf die ebenfalls die Definition von Wirtschaftswerbung zutrifft, nämlich die Beeinflussung von Meinungen im Sinne des Absenders der Maßnahmen. Kommunikation in diesem engeren Sinne ist somit definiert als ein Instrument des Marketing-Mix. Zur Vereinfachung wird im folgenden Kommunikation im Allgemeinen jedoch gleichbedeutend mit Werbung benutzt.

1.2.2 Anlässe, Formen und Inhalte der Kommunikation

Hinsichtlich der Anlässe der Kommunikation können, allerdings mit fließenden Übergängen, unterschieden werden (Abb. 12):

– **Basiswerbung**, d. h., solche Maßnahmen, die dem Aufbau bzw. der Festigung von Produkt/Marke und Unternehmen/Organisation in der Zielgruppe dienen und formale Bekanntheit und inhaltliche Vertrautheit mit dem Angebot, der Leistung und der Idee, die sie ausloben, für gezielte Absatzwirkungen und profilierte Imagedimensionen schaffen. Sie laufen zeitlich kontinuierlich, räumlich umfassend und mit nennenswerten Finanzmitteln dotiert ab.
– **Ereigniswerbung**, d. h., solche Maßnahmen, die eher fallweisen Charakter aufweisen. Sie betreffen absolute oder relative Neuheiten im Programm bzw. Sortiment mit Ankündigungs- und Aufklärungswert. Das neue Angebot wird zum Anlass genommen, darüber werbliche Botschaften zu verbreiten.
– **Überbrückungswerbung**, d. h., solche Maßnahmen, denen aktualisierende Wirkung zukommt, wenn im Angebot selbst sachlich kein Anlass für auslobende Maßnahmen zu finden ist, man aber einen punktuellen Akzent setzen will oder muss, um spezifische Attraktivität auszustrahlen. Auf diese Weise werden vor allem langlaufende Angebote aktualisiert.

Die Meinungsbildung durch Werbung geschieht in verschiedenen Formen als (Abb. 13):

– **Transmissionswerbung**, d. h., die Übertragung von Signalen an anonyme Empfänger mit dem Ziel deren Einstellungs- und Verhaltensbeeinflussung in gewünschter Weise (= Einweg-

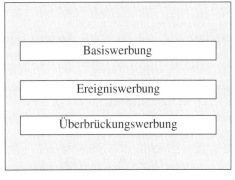

Abb. 12: Kommunikationsanlass

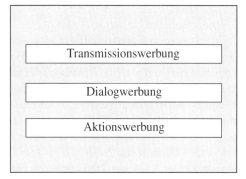

Abb. 13: Kommunikationsform

kommunikation). Diese wird alternativ als Klassische Werbung bezeichnet und bedient sich der Werbemittel Anzeige, Spot und Plakat.
- **Dialogwerbung**, d. h., die Aufnahme des Dialogs über relevante Themen mit den Zielpersonen in gesteuerter Weise zu deren planmäßiger Aktivierung. Sie umfasst alle Maßnahmen zur Erzeugung definierter Reaktionen sowie zur Identifizierung von Interessenten als Vorbereitung zu Information und/oder Absatz über mediale oder persönliche Ansprachekanäle.
- **Aktionswerbung**, d. h., Aktionen mit der Absicht der vor allem punktuellen, also sachlich und raumzeitlich begrenzten Unterstützung von Unternehmens- und Marketingzielen. Sie umfasst zugleich alle Maßnahmen zum Direktverkauf von Waren/Diensten im Absatzkanal.

Unter Berücksichtigung der Inhalte der Kommunikation können unterschieden werden (Abb. 14):

Abb. 14: Kommunikationsinhalt

- **Angebotswerbung**, d. h., alle von der physischen Präsenz eines Produkts bzw. dessen Informationsmaterials und akquisitorischer Aufmachung ausgehenden Wirkungen. Diese ist konstitutiv und untrennbar mit dem Angebot verbunden.
- **Leistungswerbung**, d. h., Maßnahmen, die auf die Erreichung nennenswerter Breitenbekanntheit und positiver Imageprofilierung für Marke und Produkt abzielen. Sie umfasst alle Maßnahmen, die einen Anbieter und/oder ein Angebot bekanntmachen sowie als Folge davon Vertrautheit und Profil für dieses schaffen. Sie ist ihrer Natur nach kontinuierlich angelegt.
- **Ideenwerbung**, d. h., Möglichkeiten zur attraktiven Darstellung eines Organisationszweckes und -selbstverständnisses sowie deren Durchsetzung und Akzeptanz am Meinungsmarkt. Dies betrifft vor allem Bereiche des Non Profit-Marketing.

1.2.3 Anforderungen an die Kommunikation

Zur Zielerreichung sind bestimmte Anforderungen an Werbemaßnahmen zu stellen, die im Folgenden ausgeführt werden (Abb. 15).

Werbung muss **eigenständig und unverwechselbar sein**, um das eigene Angebot vom relevanten Wettbewerb positiv zu differenzieren. Jede Verwechslungsfähigkeit der Kommunikationsmaßnahmen eines Werbungtreibenden mit solchen anderer, insb. konkurrierender Werbungtreibender, muss weitestgehend ausgeschlossen werden können. Denn sonst bedeutet Werbung bestenfalls unproduktive Mittelverwendung, schlechtestenfalls – bei Übereinstimmung innerhalb einer Produktgattung – sogar Unterstützung des direkten Wettbewerbs. Die positive Differenzierung wird nur durch die Eigenständigkeit des werblichen Auftritts erreicht. Dadurch bekommt das Angebot Profil und wird unverwechselbar. Kurz: die Werbung gibt Persönlichkeit. Mit Charakterisierungen, die durchaus menschliche Züge annehmen können. Mit bestimmten Vorzügen, um deren Willen man z. B. sogar bereit ist, bestimmte Nachteile in

Kauf zu nehmen (wie Preis, Verfügbarkeit, Styling etc.).

Werbung muss **kontinuierlich angelegt** sein, da nur stete, konsistente Einwirkung Lernerfolge zeitigt. Damit sich das Profil eines Angebots (Produkt und/oder Marke) entwickeln und halten kann, in Konkurrenz zu allen anderen täglich zu verarbeitenden und im Regelfall wichtigeren Informationen, müssen die Werbemaßnahmen längerfristig, gleichartig angelegt sein. Dauert es schon, bis ein Hersteller sein formales Profil aufgebaut und durchgesetzt hat, so sollte der weitere Zeitablauf der inhaltlichen Verfeinerung und Intensivierung dieses Eindrucks dienen und nicht mit fallweiser »Profilchirurgie« vertan werden.

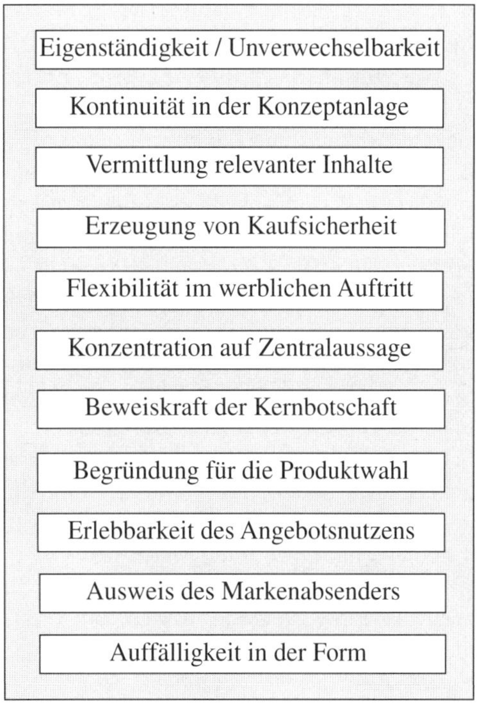

Werbung muss **Inhalte vermitteln**, die plausibel, attraktiv, interpersonell argumentierbar sind. Es reicht nicht, jedenfalls nicht auf Dauer, nur ein schönes »Gesicht« zu zeigen. Spätestens, wenn die Zielgruppe feststellt, dass sich dahinter nur wenig Substanzielles verbirgt oder etwas ganz anderes als eigentlich erwartet, lässt die Begeisterung spürbar nach. Auf Dauer vermögen nur Inhalte, für die Interesse und womöglich auch Sympathie empfunden werden, zu binden. Inhalte, mit denen sich die Zielgruppe identifizieren kann und die vielleicht sogar zur persönlichen Imagebildung nach außen beitragen.

- Eigenständigkeit / Unverwechselbarkeit
- Kontinuität in der Konzeptanlage
- Vermittlung relevanter Inhalte
- Erzeugung von Kaufsicherheit
- Flexibilität im werblichen Auftritt
- Konzentration auf Zentralaussage
- Beweiskraft der Kernbotschaft
- Begründung für die Produktwahl
- Erlebbarkeit des Angebotsnutzens
- Ausweis des Markenabsenders
- Auffälligkeit in der Form

Abb. 15: Anforderungen an die Kommunikation

Werbung muss vor allem **Kaufsicherheit als Äquivalent zum gezahlten Geldbetrag** erzeugen. Und zwar umso mehr, je höher der Kaufpreis ist. Aus den Aspekten der Kontinuität und Persönlichkeitsbildung folgt ein gewisser Gewöhnungseffekt mit der Ware/Dienstleistung. Es entsteht ein Vertrautheitsverhältnis zwischen Abnehmer und Produkt, fast wie zwischen »alten Bekannten«. Vertrauen, das so weit geht, dass die Käuferschaft den Anfechtungen konkurrierender, partiell oder total überlegener Produkte widersteht und »ihrem« Produkt treu bleibt. Grundlegende Voraussetzung dafür ist aber, dass das Verbraucherpublikum nicht über die Persönlichkeit des Angebots in Zweifel gerät. Etwa indem es sich fragen muss, ob das Produkt wirklich noch das alte ist, ob es noch die von ihm besonders geschätzten und bewusst gesuchten Eigenschaften hat oder vielleicht doch schon nicht mehr. Dies kann sehr schnell geschehen, etwa wenn ein Produkt sich plötzlich und/oder häufiger anders darstellt als gewohnt.

Werbung muss **flexibel angelegt** sein, um zwanglos auf aktuelle Marktströmungen und Nachfragetrends eingehen zu können. Die Werbung muss auf zeitablaufbedingte Veränderungen adaptiv reagieren können, ohne ihre Typik zu verlieren. Starrheit wäre hier gefährlich und würde das Angebot schnell veralten lassen. Die Anforderung der Konfliktreduktion erfordert dabei jedoch in jedem Einzelfall ein schrittweises, überlegtes, ja beinahe unmerkliches Vorgehen, sodass Veränderungen vollzogen werden können, ohne die Zielgruppe zu irritieren. Dies gibt die gewünschte Sicherheit und das Gefühl, bei der Wahlentscheidung zugunsten des beworbenen Angebots kein Risiko einzugehen.

Werbung muss sich **auf eine zentrale Aussage konzentrieren**, denn bei der weit verbreitet zu unterstellenden, kurzen Betrachtungszeit haben mehrere Botschaften kaum eine nennenswerte Chance, wirksam überzukommen. Gestalterische Anpassungsfähigkeit darf jedoch nicht mit konzeptioneller Unstetigkeit verwechselt werden. Denn Unsicherheitsreduktion setzt neben der profilierten Persönlichkeit des Anbieters (Angebots) eine charakterisierende Merkmalseigenschaft voraus, die typbestimmend, dominant und relevant ist. Kurz: die Kernaussage der Kommunikation. Sie ist das Konzentrat aller werblichen Bemühungen mit dem Ziel, die typprägenden Eigenschaften eines Angebots im Verbraucherbewusstsein zu verfestigen, um ein besseres Verständnis und die Erinnerbarkeit der Werbeaussage zu erzeugen.

Werbung sollte die **Kernaussage beweisen**, weil man geneigt ist, werblichen Aussagen skeptisch gegenüber zu treten. Nicht erst seit Verstärkung konsumeristischer Tendenzen im Markt ist es notwendig, die Kernaussage durch solche Beweise abzustützen. So ohne weiteres glaubt man Behauptungen schließlich nur selten, erst recht, wenn es sich dabei offensichtlich um Werbung handelt. Der Beweis muss glaubhaft und stimmig geführt werden, d. h. auch wirklich der vollständigen Unterstützung dessen dienen, was behauptet wird. Hilfreich ist es, wenn die Beweise umfassend und abwechslungsreich sind.

Werbung muss eine **Begründung für die Produktwahl** liefern, die überzeugend und nachvollziehbar ist, damit sie glaubhaft wirkt. Oft reicht die Anführung von Beweisen allein nicht aus. Zur Rationalisierung eines möglichen positiven Wahlentscheids zugunsten des eigenen Produkts muss darüber hinaus eine nachvollziehbare und einleuchtende Erläuterung geliefert werden, warum und evtl. wie die besonders vorteilhaften Eigenschaften eines Angebots zustande kommen. Damit wird der Wahlentscheid zugleich kommunizierbar, weil nun im Rahmen der Mund zu Mund-Propaganda rationalisierte Argumente genannt werden können. Das schafft Glaubwürdigkeit und Überzeugung.

Werbung muss den **Angebotsnutzen erlebbar machen**, denn nur das Nutzenversprechen reizt zur Auseinandersetzung mit dem Angebot. Dieser Nutzen muss durch Werbung begehrenswert dargestellt werden, damit davon hohe Anziehungskraft am Markt ausgeht. Letztlich ist für das Publikum nur der Nutzen aus der Wahl eines bestimmten Angebots interessant. Je unmittelbarer, einleuchtender sich dieser Nutzenaspekt demonstriert, desto höher wird er vom potenziellen Kunden bewertet, desto eher fällt die persönliche Preis-Leistungs-Rechnung positiv aus. Allerdings darf die Auslobung nicht überzogen oder gar unglaubwürdig sein. Die Werbung muss vielmehr »ehrlich« bleiben, dabei nicht unbedingt objektiv wahr, sondern vielmehr ehrlich im Sinne von nicht subjektiv augenfällig täuschend. Die Auslobungen dürfen vor allem keinen Zweifel über die Integrität des Absenders aufkommen lassen.

Werbung muss die **Marke als Absender deutlich** machen, um die affektive Zuwendung auf das richtige Angebot zu kanalisieren. Alle zugeschriebenen positiven Eigenschaften müssen eindeutig auf den Namen des Absenders zurückgeführt werden können. So wie man Menschen durch Namen voneinander unterscheidbar macht und nicht durch vage Beschreibungen von Eigenschaften, die zudem auf mehrere Personen zutreffen können und daher missverständlich sind, so werden Produkte erst durch den Markennamen differenzierbar und bewusst wählbar. Daher hat die Marke zentrale Bedeutung schlechthin innerhalb der Kommunikation.

Und schließlich und vor allem muss Werbung **auffallen**, denn das ist die notwendige Voraussetzung für jeden Werbeerfolg. Alle Bemühungen, die Werbung unter Marketingaspekten optimal zu gestalten, bleiben allerdings weitgehend erfolglos, wenn es nicht gelingt, mit der

Botschaft in das Bewusstsein der Zielperson einzudringen bzw. zur weiteren Beschäftigung mit den Werbeinhalten anzuregen. Aufmerksamkeit allein ist aber zu vordergründig. Über die Aufnahme der Werbebotschaften hinaus muss die Umsetzung so gehalten sein, dass sie zur Auseinandersetzung mit den Werbeinhalten anreizt. Erst dies führt zur nachhaltigen Verarbeitung der Kernaussage von Marke und Produkt.

1.2.4 Kategorien der Kommunikation

Nach dem **Grund** lässt sich Werbung zur:

- Einführung eines Angebots,
- Erhaltung der Marktpräsenz und zum
- Relaunch als Variation

unterscheiden (Abb. 16).
Nach dem **Objekt** gibt es (Abb. 17):

- Produktwerbung für Konsumgüter,
- Produktwerbung für Investitionsgüter,
- Dienstleistungswerbung und
- Werbung für öffentliche und ideelle Güter (Non Profit/Non Business).

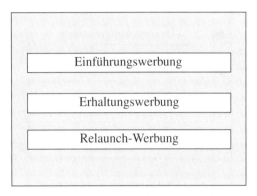

Abb. 16: Kommunikationsgrund

Diese unterscheiden sich signifikant hinsichtlich zahlreicher Dimensionen, die im Weiteren dargestellt werden.

Nach dem **Werbungtreibenden** gibt es Alleinwerbung und Kollektivwerbung (Abb. 18):

- **Alleinwerbung** kann dabei
    - namentlich erfolgen, was regelmäßig wohl der Fall ist, oder
    - anonym (z. B. »T« für Tankstelle an der Autobahn oder »A« für Apotheke an der Hausfront).
- **Kollektivwerbung** ist mehrheitlich als Gemeinschaftswerbung oder Sammelwerbung möglich.
  Gemeinschaftswerbung ist dadurch charakterisiert, dass sie anonym für die Beteiligten und branchenweit stattfindet. Als Beispiele gelten die Kampagnen der Interessenverbände, so der Landwirtschaft, der Pharmazeutischen Industrie, der Chemischen Industrie, der Tabakindustrie etc.
  Sammelwerbung ist dadurch charakterisiert, dass jeder Beteiligte namentlich erwähnt, die Teilnehmerzahl begrenzt ist und die beworbenen Angebote nur in loser Beziehung zueinander stehen. Als Beispiel kann die Werbung von Einkaufszentren, Ladenpassagen oder Stadtteilzentren gelten, die in gemeinsamen Werbemitteln, aber individuell ausgewiesen, erfolgt.

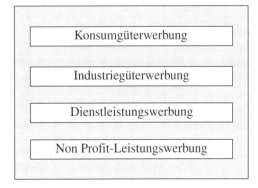

Abb. 17: Kommunikationsobjekt

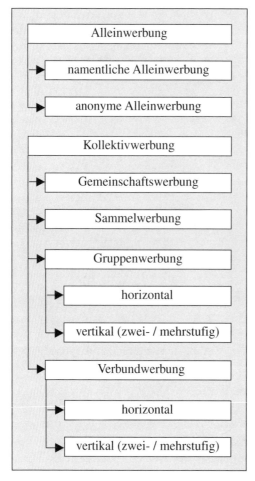

Abb. 18: Werbungtreibende

Gruppenwerbung ist ein Sonderfall der Kollektivwerbung, bei der branchenweit alle Anbieter substitutive Angebote kollektiv unter ihrer Namensnennung bewerben.

Sie kann horizontal oder vertikal angelegt sein:

- Horizontal handelt es sich um Aktivitäten mehrerer, potenzieller Wettbewerber, die stufengleich agieren, um die dadurch generierte Wirkung unter sich aufzuteilen.
- Vertikal sind zwei- oder mehrstufige Ausprägungen gegeben. Dies ist etwa bei der Händlergemeinschaftswerbung der Automobilhersteller der Fall. Dort sind in einem Werbemittel nicht selten alle Händler eines Marktverantwortungsgebiets mit dem Angebot ihrer Marke aufgeführt.

Verbundwerbung ist derjenige Sonderfall der Kollektivwerbung, bei dem branchenverschiedene Anbieter komplementäre Produkte kollektiv unter ihrem Namen bewerben. Sie kann ebenfalls horizontal oder vertikal angelegt sein:

- Horizontal handelt es sich um Aktivitäten gleicher oder verschiedener Betriebsformen einer Wirtschaftsstufe. Dies ist etwa der Fall, wenn mehrere Hersteller oder Absatzmittler unterschiedliche Produkte für einen gemeinsamen Einsatzzweck bewerben, z. B. Wohnungseinrichtung, Gartenparty, Geschenkanlass.
- Vertikal sind zwei- oder mehrstufige Ausprägungen innerhalb eines gemeinsamen Bedarfsbereichs gegeben. Das heißt das Angebot erfolgt parallel durch Hersteller und Großhandel und/oder Einzelhandel (Abb. 19).

Hinsichtlich der Stellung im Wirtschaftsprozess kann als **Absender** der Werbung (Abb. 20):

- der Hersteller oder Importeur (= Herstellerwerbung) fungieren bzw.
- der Absatzmittler oder Absatzhelfer (= Handelswerbung).

Als **Empfänger** der Werbung kommen in Betracht (Abb. 21):

- Haushalte oder einzelne natürliche Personen (= Publikumswerbung) bzw. wiederum
- Absatzmittler und/oder -helfer (= Fachwerbung).

Eine weitere Unterscheidung betrifft nach die Absicht (Abb. 22):

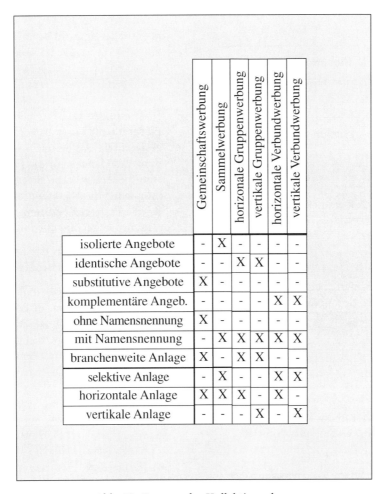

Abb. 19: Formen der Kollektivwerbung

Hersteller / Importeur = Herstellerwerbung
Absatzmittler / -helfer = Handelswerbung

Abb. 20: Kommunikationsabsender

Haushalte / Personen = Publikumswerbung
Absatzmittler / -helfer = Fachwerbung

Abb. 21: Kommunikationsempfänger

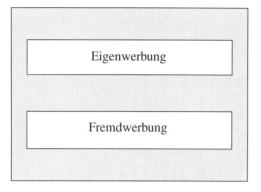

Abb. 22: Kommunikationsabsicht

Abb. 23: Kommunikationstiefe

Abb. 24: Wahrnehmungssinne

- Eigenwerbung, die der Absender autonom für das eigene Angebot betreibt, und
- Fremdwerbung, die der Absender im Eigennutz für Angebote anderer, ihm meist geschäftlich verbundener Anbieter betreibt. Diese kann sowohl auf gleicher Stufe erfolgen (z. B. Renault empfiehlt Elf Motorenöl) als auch vor- oder nachgelagert sein. Als Beispiel kann die Werbung des Handels für die Präferenz bestimmter Herstellerprodukte gelten oder umgekehrt die Werbung der Hersteller für die Präferenz bestimmter Einkaufsstätten, die von ihm distribuiert werden.

Weiterhin gilt es, nach der **Stufigkeit** (= Tiefe) zu unterscheiden zwischen (Abb. 23):

- Stufen übergreifender Publikumswerbung vom Hersteller an Endabnehmer als passive Elemente im Absatzkanal (Pull-Effekt durch Sprungwerbung) oder
- zwischenstufige Fachwerbung vom Hersteller (Push-Effekt durch Folgewerbung) an
  - primär aktive Elemente im Absatzkanal (Absatzmittler),
  - sekundär aktive Elemente im Absatzkanal (Absatzhelfer),
  - tertiär aktive Elemente im Absatzkanal (professionelle Promotoren).

Nach den **Anzahl** der umworbenen Subjekte (= Breite) unterscheidet man in:

- Massenansprache (Mehrheitsumwerbung/apersönlich),
- Individualansprache (Einzelumwerbung/persönlich).

Als **Wahrnehmungssinne** für werbliche Ansprachen kommen in Betracht (Abb. 24):

- visuelle/optische,
- akustische/auditive,
- olfaktorische (Geruch),
- gustative (Geschmack),
- haptische (Tastsinn).

Nach den angesprochenen **Wahrnehmungskanälen** gibt es (Abb. 25):

- unisensorische Werbung, die nur an einen Wahrnehmungssinn appelliert,
- multisensorische Werbung, die an zwei oder mehr Wahrnehmungssinne simultan appelliert.

Durch die Wahl unterschiedlicher unisensorischer Wahrnehmungskanäle kann sukzessiv ebenfalls ein multisensorischer Eindruck erreicht werden.

Nach der **Wirkung** wird (Abb. 26):

- informative (sachorientierte) und
- suggestive (zweckorientierte)

Abb. 25: Wahrnehmungskanäle

Werbung unterschieden. Innerhalb der suggestiven Werbung gibt es die unterschwellige (subliminale) Werbung. Sie erreicht Rezipienten, ohne dass diese sich der Wahrnehmung der Werbung bewusst sind. Das klassische Beispiel (lt. Vicary/Packard) ist die Kurzzeitdarbietung von Werbeeinblendungen für Softdrinks und Popcorn während einer Kinofilmvorführung. Die Darbietungszeiten waren dabei so kurz bemessen, dass die Trägheit des Auges die Einblendungen nicht wahrnehmen konnte. Dennoch soll die Nachfrage nach Softdrinks und

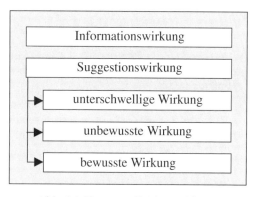

Abb. 26: Kommunikationswirkung

Popcorn am Ende der Vorstellung signifikant höher gewesen sein als bei einer Vergleichsgruppe ohne diese Kurzzeitdarbietungen. Nachgewiesen wurden zwischenzeitlich Mängel in der Testanlage. Neue Meinung ist, dass man auf diese Weise allenfalls generischen Bedarf wecken, diesen jedoch nicht auf bestimmte Marken lenken kann.

Davon sehr zu unterscheiden ist die:

- unbewusste Werbung,

bei der die Botschaft zwar wahrnehmbar ist, aber nicht als Werbung erkannt wird. Dies gilt etwa für die Bereiche der Schleichwerbung, des Sponsoring und des Placement. Hier ist Werbung integrativer Bestandteil von Redaktion oder Ereignissen und partizipiert an deren Aufmerksamkeit.

Schließlich gibt es die bewusste Werbung, die falls sie nicht auf Anhieb als solche erkennbar ist, in den Medien zum Schutz des Publikums mit einem entsprechenden, deutlichen Hinweis versehen werden muss, damit klar wird, dass sie letztlich Kaufwirkungen verfolgt.

1.3 Kommunikative Wirkungen

1.3.1 Stufenmodelle der Werbung

Es gibt vielfältige Versuche, die Werbewirkung in Stufenmodellen zu erfassen. Dem liegt die Anschauung zugrunde, dass werbliche Wirkungen erst das Ende einer Kette von Wirkungen bilden, die aufeinander aufbauen und alle in dieser Folge und vollständig durchlaufen werden müssen. Ist eine vorlaufende Stufe nicht gegeben, wird auch die nachfolgende nicht erreicht. Der Wirkungsgrad einer vorgelagerten Stufe begrenzt damit den Wirkungsgrad der nachgelagerten.

Die wichtigsten traditionellen **Phasenmodelle** sind im Folgenden aufgeführt:

- Attention, Interest, Desire, (Conviction), Action (Satisfaction) (Lewis/1898 und Hotchkiss bzw. Rowse Fish/1945),
- Want, Solution, Action, Satisfaction (Strong/1938),
- Aufmerksamkeit, Interesse, Wunsch, Vertrauen, Entscheidung, Handlung, Zufriedenheit (Kitson/1940),
- Berührungs- und Streuerfolg, Aufmerksamkeitswirkung, Gefühlswirkung, Erinnerungswirkung, positive Hinstimmung und Interesseweckung, Auslösung der Kaufhandlung (Hill/1950),
- Sinnenergreifung, Seelengewinnung, Seelenformung, Seelenentladung (Lisowsky/1951),
- Definition, Identifikation, Beweis, Annahme, Begierde, Abschluss (Goldmann/1953),
- Sinneswirkung, Aufmerksamkeitswirkung, Gedächtniswirkung, Vorstellungs- und Gefühlswirkung, Willens- und Weiterpflanzungswirkung, Kauf-, Umsatz-, Gewinnwirkung (Sundhoff/1954).
- Aufmerksamkeitserregung, Aufmerksamkeitsführung, Werbeinhaltsweitergabe, Stimmungsaufbau, Kaufhandlungsauslösung (Koch/1958),
- Aufmerksamkeitswirkung, Gedächtniswirkung, Gefühls- und Willenswirkung, Handlung (Machill/1960),
- Awareness, Knowledge, Liking, Preference, Conviction, Purchase (Lavidge Steiner/1961),
- Awareness, Comprehension, Conviction, Action (Colley/1961),
- Bekanntmachung, Information, Hinstimmung, Handlungsanstoß (Meyer/1963),
- Sinneswirkung, Aufmerksamkeitswirkung, Vorstellungswirkung, Gefühlswirkung, Gedächtniswirkung, Willenswirkung (Jaspert/1963),
- Berührungserfolg, Beeindruckungserfolg, Erinnerungserfolg, Interesseweckungserfolg, Aktionserfolg (Behrens/1963),
- Aufmerksamkeit, Gedächtniswirkung, Hinstimmung, Verkettung (Gutenberg/1965)
- Sinneswirkung, Aufmerksamkeitswirkung, Vorstellungswirkung, Gefühlswirkung, Gedächtniswirkung, Willenswirkung (Seyffert/1966),
- Bekanntheit, Image, Nutzenerwartung, Präferenz, Handlung (Fischerkoesen/1967),
- Bewusstsein, Wissen, Bevorzugung, Loyalität (Kotler/1967),
- Aufmerksamkeit, Kenntnis, Einverständnis, Einstellung, Verhalten (McGuire/1969),
- Produktkenntnis, Erstkauf, Wiederholungskauf (Claycamp Liddy/1969),
- Brand Attention, Comprehension, Attitude, Intention, Purchase (Howard/Sheth/1969),
- Exposure, Awareness, Attitude, Sales, Profits (Montgomery Urban/1969),

- Awareness, Comprehension, Attitude, Legitimation, Trial, Adoption (Robertson/1971),
- Bekanntheit, Verständnis, Einstellung, Motivation, Kaufakt (Junk/1973),
- Awareness, Trial Purchase, Repeat Purchase, Reinforcement (Ehrenberg/1974),
- Presentation, Attention, Comprehension, Yielding, Retention, Behavior (Aaker Myers/ 1975),
- Bedürfnisweckung, Informationsstandsverbesserung, Präferenzbildung, Kaufinteresseweckung, Kaufhandlungsauslösung (Bidlingmaier/1975),
- Bewusstsein, Aufmerksamkeit, Verstehen, Einstellung, Lernen, Handlung (de Lozier/ 1976),
- Aufmerksamkeit, affektive Handlung, rationale Beurteilung, Kaufabsicht, Kauf (Kroeber-Riel/1980),

1.3.2 Phasen der Kommunikationswirkung

An dieser Stelle sollen folgende Phasen der Beeinflussungswirkung auf den Kaufentscheid durch Werbung unterschieden werden (Abb. 27):

- **Aufmerksamkeit**. Zunächst muss die grundsätzliche Bereitschaft zur Auseinandersetzung mit dem beworbenen Angebot geweckt werden. Dies erfolgt über die Setzung von Reizsignalen, die erst zur Beschäftigung mit einer problemlösenden Botschaft motivieren und in der Bereitschaft zur weiteren Informationsaufnahme resultieren. Voraussetzung für den Erfolg dieser Stufe ist also in erster Linie die Provozierung von Aufmerksamkeit. Schafft es ein Produkt/ Dienst nicht, auf sich aufmerksam zu machen, sei es durch Medienwerbung im Vorfeld, durch Mund zu Mund-Propaganda oder auch erst am POS, bleiben alle weiteren Akquisitionsversuche fruchtlos.
- **Akzeptanz**. Erst nach wiederholter Wahrnehmung der Botschaft kann es dann zu Marken bezogenen, Image aufbauenden Wirkungen kommen. Und nach einer Vielzahl von Werbeanstößen schließlich zu einer Verarbeitung oder gar Übernahme der werblichen Botschaftsinhalte. Dies schafft in der Summe eine grundlegende Akzeptanz vornehmlich für den Anbieter und seine Markenkernaussage. Diese Einstellung wirkt konditionierend. Formale Bekanntheit reicht also allein nicht aus. Die Zielgruppe muss vielmehr inhaltlich

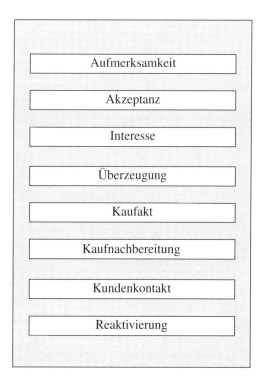

Abb. 27: Phasen der Kommunikationswirkung

mit den Eigenschaften/Besonderheiten des Angebots vertraut sein und jene als attraktiv erachten. Wobei diese Akzeptanz entweder durch rationale Elemente begründet sein kann, wie Preis-Leistungs-Verhältnis, oder durch emotionale, wie Identifizierung mit Markeninhalten.
- **Interesse.** Nun bedarf es weiterhin der Bereitschaft zur Auseinandersetzung mit einem spezifischen, klar umrissenen Angebot, für das Interesse geweckt werden soll. Dazu muss zunächst verständlich werden, was das Angebot will, welchen Anspruch es erhebt, wie es sich gegenüber Abnehmer und Wettbewerb positioniert. Werbliche Aussagen bedürfen darüber hinaus meist der inhaltlichen Begründung, damit sie bei prinzipiellem Misstrauen dennoch glaubhaft werden.
- **Überzeugung.** Daran schließt sich bei erfolgreich ablaufendem Kommunikationsprozess in der nächsten Stufe die Überzeugung an. Vor allem indem der Angebotsnutzen emotional wirksam dargestellt und die präsentierte Nutzenableitung außerdem einleuchtend bewiesen bzw. abgesichert wird. Bei vielen, insb. hochwertigen, langlebigen Gebrauchsgütern, ist diese allgemeine Sympathie zu ergänzen durch Überzeugung vom Angebot, um das mit dem Kaufentscheid verbundene subjektive Risiko auszugleichen, wie Geldbetrag, Bindungsdauer, Außenwirkung etc. Das heißt es muss eine wesentliche Verstärkung des emotionalen und intellektuellen Engagements erreicht werden, gerade auch durch Informationen, die der Absicherung dienen.
- **Kaufakt.** Bei erfolgreicher Kommunikation kommt es schließlich zum auslösenden Faktor in Form des Kaufakts. Zur Einleitung dieses entscheidenden Schrittes dient normalerweise ein stillschweigendes oder ausdrückliches Verhandlungsangebot, das sich konkret auf ein individuell festgelegtes Produkt bezieht. Dies ist nur ausnahmsweise durch Massenmedien möglich (Direktvertrieb), ansonsten durch Persönlichen Verkauf. In den meisten Fällen ist damit der Kaufentscheidungsprozess keineswegs abgeschlossen, da ja Folge- bzw. Ersatzkäufe gewünscht werden. Insofern mündet diese Phase in einen neuen Durchgang des Kreislaufs. Eine Erkenntnis, die noch allzu oft vernachlässigt wird.
- **Kaufnachbereitung.** Damit sind die kaufanbahnenden Aktivitäten beendet. Es beginnen die, lange Zeit vernachlässigten, aber extrem bedeutsamen, kaufnachbereitenden Aktivitäten. Dazu gehören sachlich z. B. After Sales Services. Etwaigen kognitiven Dissonanzen wird informell durch Bestätigung der Richtigkeit der getroffenen Entscheidung vorgebeugt. Es beginnt die Anbahnung der Folgeakquisition mit der Reaktivierung des Kaufwunsches und damit der nächste Zyklus der Kommunikation.
- **Kundenkontakt.** Eine kontinuierliche Kontaktbrücke zum Kunden sollte aufrecht erhalten werden, welche die Marke/den Absender präsent hält, also immer wieder in Erinnerung ruft, damit dann zum gegebenen Zeitpunkt potenzielle Käufer leichter zugänglich sind.
- **Reaktivierung.** Die Reaktivierung schließlich stellt genau genommen schon die erste Phase des Folgezyklusses dar. Der Bedarf wird aktuell, die vorher aufgrund selektiver Wahrnehmung ausgefilterten Informationen zu einem Produktbereich werden wieder registriert bzw. sogar bewusst gesucht.

1.3.3 Dynamisierung der Kommunikation

Bei jedem Kaufakt durchlaufen alle Produkte und Dienste die Phasen eines subjektiven Kaufentscheidungsprozesses, der sich mehr oder minder intensiv und bewusst vollzieht. Natürlich wird die Bedeutung der einzelnen Phasen je nach Art des Produkts/Dienstes stark variieren. Etwa bei Convenience Goods, also Spontan- und Gewohnheitskäufen, anders, nämlich kürzer und weniger intensiv, als bei Speciality Goods, wo eine bewusste Auseinandersetzung mit dem Angebot erfolgt. Die einzelnen Stufen sind allerdings weder überschneidungsfrei, noch nach objektiven Maßstäben eindeutig zuzuordnen. Dennoch sind diese Phasen nachvollziehbar und von elementarer Bedeutung für die Werbewirkung. Deshalb können Operationalisierungsprobleme allein kein Hindernis für deren Auswertung darstellen.

Offensichtlich ist, dass in jeder der genannten Phasen eine andere Interessenlage seitens der Zielpersonen vorliegt. Zu Beginn besteht Bedarf nach allgemeinen Marken- und Angebotsinformationen, die der Orientierung dienen. Mit fortschreitender zeitlicher und sachlicher Entwicklung werden diese Anforderungen immer konkreter und umfassender, verdichtet bis zum Kaufentscheid und wieder verbreitert danach. Informationsangebote, die zu früh oder zu spät kommen, haben dabei das Nachsehen. Optimal wäre es daher, wenn der Absender (Werbungtreibender) im Zeitablauf jeweils diejenige Art von Informationen übermittelte, die für die Zielpersonen typischerweise gerade von Interesse sind. Und zwar zu Beginn des Phasenzyklusses nun einmal andere als zu dessen Ende. Das Ziel muss also sein, in jeder Phase eine optimal nach Form und Inhalt abgestimmte Kommunikation zu betreiben, denn damit besteht die größtmögliche Chance erfolgreicher Verkettung bis hin zum Kaufakt, modellhaft zumindest. Dem gilt es, sich unter pragmatischen Gesichtspunkten wegen der hohen Relevanz des Käuferverhaltens für die Werbeeffizienz anzunähern. Und dies führt weg von der bislang praktizierten Strategie des Mengendenkens (Share of Mind) hin zu differenziertem Medieneinsatz in den einzelnen Phasen.

Nun können die Zielpersonen für bestimmte Botschaften chronologisch nicht identifiziert werden. Weil man aber weiß, dass alle Zielpersonen sich zu jedem Zeitpunkt in einer der genannten Phasen befinden, nur ist unbekannt, in welcher, können Werber Botschaften so konzipieren und gestalten, dass sie für Abnehmer in definierter Disposition/Interessenlage attraktiv und überzeugend wirken, und zwar genau dann, wenn Informationsbedarf und -angebot subjektiv kongruent sind. Das bedeutet, dass zeit- und raumgleich unterschiedliche Botschaftsschwerpunkte innerhalb desselben Konzeptrahmens gesetzt werden.

Das heißt die einzelnen Botschaften suchen sich durch Inhalt, Umsetzung und Ansprachekanal ihre jeweilige Teilzielgruppe als Adressaten selbst. Vorausgesetzt, diese Maßnahmen sind lückenlos, mögen sie zu einer sukzessiven Verkettung im Zeitablauf bis hin zum Kaufakt führen. Dies erfordert allerdings die Aktivierung über die Klassische Werbung hinausgehender Instrumente mit Interaktionsangebot. Als Parameter stehen dafür Informationsmenü, Visualität, Tonalität und Medienwahl zur Verfügung.

1.3.4 Informationsverarbeitung

Jedes Signal, das von einem Absender abgegeben wird bzw. von diesem motorisch reflexiv ausgeht, führt im Falle erfolgter Wahrnehmung bei Empfängern zu einer Informationsverarbeitung, die deren Einstellung und Verhalten beeinflussen kann. Ziel jedes Absenders ist es normalerweise, solche Signale auszustrahlen, die geeignet sind, die Aufmerksamkeit der gemeinten Empfängergruppe zu erregen und dort wahrgenommen zu werden, sowie aktive Beeinflussung in der gewünschten Art und Intensität zu erreichen. Außerdem soll die beabsichtigte Botschaft auch so schnell und präzise wie möglich überkommen. Beeinflussungsgrößen der Signale sind deren Form, die primär den Absender sofort und unzweifelhaft identifiziert, deren Inhalt, der primär die eigentliche Nachricht übermittelt, sowie deren Intensität, die den Lernerfolg erst sichert.

Form, Inhalt und Intensität sind als Kommunikationselemente untereinander partiell substituierbar. Zum Beispiel hat die Form eine mehr oder minder starke Kraft der Anmutung (Ästhetik), während der Inhalt eine möglicherweise signalhafte Komponente der Tonalität aufweist. Die maximale Übertragungseffizienz wird erreicht, wenn alle drei Größen harmonisch aufeinander abgestimmt sind. Dann kann die Intensität, weil meist mit Kosten verbunden, zurückgenommen bzw. bei gleicher Intensität eine bessere Mittelausstattung erreicht werden. Dies verbessert wiederum das Kosten-Leistungs-Verhältnis von Maßnahmen und motiviert damit zu einer ausgewogenen Abstimmung der Einzelelemente. Die Erfolgsaussichten für Kommunikation steigen durch eine optimale Aufbereitung der Botschaften bei Wahrnehmung und Verarbeitung, durch ihre Konsistenz, d. h. sachliche Widerspruchsfreiheit, und Kontinuität, d. h. raumzeitliche Durchgängigkeit. Das bedeutet im Effekt, dass eine Botschaft bei unterstellter Nutzenrelevanz für die gegebene Zielgruppe und geeignetem Medieneinsatz verspricht, umso wirkungsvoller zu sein, je wahrnehmungsfreundlicher sie aufbereitet wird, je einheitlicher sie den Absender übermittelt und je langfristiger und raumübergreifender sie angelegt ist.

Jeder Meinungsgegenstand strahlt permanent über vielfältige, persönliche und unpersönliche, beherrschbare und unkontrollierte, direkte und indirekte Sendekanäle Signale ab, die Wirkungen hinterlassen. Wobei raum- und zeitgleich einander überschneidende Zielgruppen verschiedenartige Botschaften des gleichen Absenders gewahr werden. Um daraus resultierende Irritationen bei den Empfängern zu vermeiden, müssen daher alle Kommunikationsaktivitäten harmonisiert sein, d. h. überall und jederzeit aufeinander abgestimmte Signale verbreiten. Dies wird gemeinhin im übergreifenden Konzept der Corporate Identity zusammengefasst und gesteuert. Die Kommunikationsmittel treten grundsätzlich an allen Schnittstellen des Unternehmens/der Organisation mit der sozialen Umwelt, insb. den Zielgruppen, auf. Vor allem im Wege faktischer Mittel als durch sachliche Umstände manifestierter Medien, persönlicher Mittel als durch Mitarbeiter verkörperter Medien und formaler Mittel als durch Schrift-/Wort- und/oder Zeichen-/Bildform bedingter Medien. Was deren inhaltliche und formale Ausgestaltung anbelangt, sind aus Effizienzgründen die Ziele der Validität, d. h. Stimmigkeit und Richtigkeit von Aussagen, der Konsistenz und Kontinuität zu verfolgen.

Als Gegenreaktion zur Informationslawine (Information Overload) hat sich der Mensch mit der Gabe zu selektiver Wahrnehmung ausgestattet, die es ihm erlaubt, in der unendlichen Vielfalt der Signale wenigstens subjektiv und hinlänglich den Überblick zu behalten. Diese wirkt als Empfangssperre, sodass die weitaus meisten Signale auf Bewusstseinsebene ausgefiltert werden. Dass dabei immer wieder auch wichtige Signale als potenziell uninteressant ausgeblendet werden, gehört zu den akzeptierten Ungerechtigkeiten dieses Verfahrens. Werbliche Beeinflussung kommt erst zustande, wenn Signale bewusst oder unbewusst, also unter Umgehung der kognitiven Filterung, wahrgenommen, also empfangen, und verarbeitet, also reflektiert, werden. Nur dann kann ein bewusster Response erfolgen. Ausnahmen stellen unwillkürliche Reaktionen dar, die auf psychomotorischer Ebene erfolgen und sich damit der Körper- und Geisteskontrolle entziehen. Aus dieser Abfolge entstehen alle folgenden Limitationen der Verfolgung von Kommunikationseffizienz:

– Die Wahrnehmung eines Signals ist nicht nachvollziehbar, z. B. wenn sie auf unterbewusster Ebene erfolgt und daher nicht kontrollierbar bleibt.

- Die Verarbeitung eines Signals ist nicht nachprüfbar, z. B. wenn rein kognitive oder affektive Reaktionen vorliegen, die keine konative Wirkung zeitigen.
- Es gibt Time Lags zwischen erfolgter Wahrnehmung und Verarbeitung eines Signals, z. B. wenn Depotinformationen erst eines bestimmten Kontextes zur Einstellungsrevision bedürfen.
- Es gibt Time Lags zwischen Verarbeitung und beobachteter Reaktion auf ein Signal, z. B. wenn Depoteinstellungen erst eines gegebenen Anlasses zur Verhaltensauslösung bedürfen.

Untersucht man nun die Beeinflussung, die ein Signal hinterlässt, so ergeben sich vier verschiedene Gruppen, der:

- **Informationseffekt**, d. h., ein Signal überwindet zwar den Wahrnehmungsfilter, führt aber ansonsten weder zur Signalverarbeitung noch zur Reaktionsbildung.
- **Kommunikationseffekt**, d. h., ein Signal überwindet nicht nur den Wahrnehmungsfilter, sondern führt zusätzlich zu Depotaufbau oder Sofortverarbeitung, jeweils mit erkennbarer oder nicht erkennbarer Reaktionsbildung zu einem späteren Zeitpunkt, oder zur Sofortverarbeitung mit erkennbarer oder nicht erkennbarer unmittelbarer Reaktionsbildung.
- **Suggestionseffekt**, d. h., ein Signal scheitert zunächst zwar am Wahrnehmungsfilter, führt dann jedoch auf unbewusstem Wege zum Depotaufbau oder zur Sofortverarbeitung, jeweils mit erkennbarer oder nicht erkennbarer Reaktionsbildung zu einem späteren Zeitpunkt, oder zur Sofortverarbeitung mit erkennbarer oder nicht erkennbarer unmittelbarer Reaktionsbildung.
- **Reflexeffekt**, d. h., ein Signal wirkt nicht auf dem Wahrnehmungswege, sondern führt zu einer sofortigen, unkontrollierbaren, motorischen Körperreaktion, die mit Hilfe apparativer Methoden gemessen werden soll.

Für diese vier Gruppen können Normaussagen hinsichtlich ihrer Kommunikationseffizienz getroffen werden. Im ersten Fall kommt Kommunikation nicht zustande, da das Signal zwar technisch-rezeptiv wahrgenommen wird, jedoch zu keinerlei Involvement führt. Damit ist jeder mit der Signalaussendung verbundene Aufwand zwar nicht umsonst, so aber doch vergebens.

Im zweiten Fall kommt Kommunikation zustande, die jedoch nicht zu unmittelbarer, nachvollziehbarer Reaktion führen muss. So können Signalinhalte zunächst ohne oder nur mit begrenzter Reflektion im Gedächtnis abgespeichert werden, um sie dann zu gegebenem Anlass oder in einem neuen Kontext abzurufen und zu verarbeiten, z. B. bei Ersatzbeschaffung eines langlebigen Gebrauchsguts. Solche Reaktionen müssen dabei nicht einmal erkennbar sein. Alternativ können Signalinhalte zwar sofort verarbeitet werden, jedoch zu keiner unmittelbaren Reaktion führen, sondern ebenfalls erst zu einem gegebenen Anlass oder in einem neuen Kontext aktualisiert werden und in erkennbarer oder nicht erkennbarer Reaktion resultieren, z. B. bei größeren Anschaffungen mit Zielsparerfordernis. Schließlich können Signalinhalte nicht nur sofort verarbeitet werden, sondern auch zu einer unmittelbaren Reaktion führen, die erkennbar ist, z. B. beim Spontankaufentscheid. Für den Fall des Depotaufbaus mit Signalen, die sich erst später auswirken, ist wegen des Verbundes mit weiteren Gedächtnisleistungen nicht mehr zurechenbar, auf Grund welcher Signalinhalte in welchem Zeitpunkt/Kontext es zu einer Reaktion kommt. Das gleiche gilt, wenn Signalinhalte zwar sofort verarbeitet werden, sich aber erst später und mittelbar in Reaktionen manifestiert. Inwieweit Gedächtnisleistungen aktivierbar sind, hängt zudem von der subjektiven Virilität der Zielperson ab, von der Zeitdifferenz zwischen Signalabgabe und Reaktionszusammenhang sowie von der Tiefe (Impact) des Signals.

Im dritten Fall kommt Kommunikation zustande, die jedoch vom Intellekt unbeeinflusst stattfindet und damit womöglich umso wirksamer ist. So können Signale durchaus am bewussten Wahrnehmungsfilter scheitern, jedoch auf anderen, nicht bewusst kontrollierbaren Wegen zu Reaktionen führen. Auch hier gilt, dass es sowohl Signalinhalte gibt, die im Gedächtnis unbearbeitet oder nur oberflächlich bearbeitet abgelegt werden, um sie dann zu gegebenem Anlass oder in einem neuen Kontext abzugreifen, z. B. bei Affektions- oder Motivationsreaktionen, wobei beide auch nicht erkennbar sein können. Ebenso Signale, die zwar sofort in die Gefühlsebene eingehen, dort aber erst zu späteren Reaktionen führen, z. B. in Abhängigkeit von sozialem Umfeld oder psychologischer Verankerung, ebenfalls als erkennbare oder nicht erkennbare Reaktionen. Sowie Signalinhalte, die nicht nur sofort genutzt werden, sondern auch zu einer unmittelbaren, erkennbaren oder nicht erkennbaren Reaktion führen, z. B. bei Impulsentscheiden in Abhängigkeit von Instinkten. Damit sind sich Personen einer Werbewirkung aber gar nicht bewusst, wobei die Extreme zwischen völliger Ablehnung der Möglichkeit einer solchen Form der kommunikativen Beeinflussung (Souveränitätsthese) und der Unterstellung der völligen Auslieferung an sie liegen (Manipulationsthese).

Im vierten Fall kommt Kommunikation zwar zustande, da das Signal technisch-rezeptiv wahrgenommen wird, jedoch handelt es sich lediglich um eine generische, physiologische Reaktion, die den Anforderungen der Marketingvalidität nicht standhält. Evtl. Aufwand, der mit der Signalaussendung verbunden ist, bleibt insofern ineffektiv, da die Ursächlichkeit eines ermittelten Signalinhalts für ein vorher beabsichtigtes Verhalten nicht gegeben ist. Zumal ein Signal nicht unbedingt zu einer erkennbaren Reaktion führen und kumulativ dazu diese Reaktion nicht in engem zeitlichen Zusammenhang mit der Signalaussendung stehen muss.

2. Elemente des Briefing

2.1 Inhalt und Form des Briefing

Jedes werbungtreibende Unternehmen steht in Bezug auf die Marketingkonzeption, die kreative Umsetzung, die Mediaplanung und die Produktionsumsetzung vor der Wahl des »Make or Buy«, d. h., diese Aktivitäten im eigenen Haus durchzuführen oder sie an Externe zu vergeben. Im Werbebereich hat sich bereits sehr frühzeitig ein Outsourcing durchgesetzt, d. h. die Beauftragung externer Berater. Entsprechend hat sich eine umsatz- und noch viel profilierungsstärkere Werbeagenturbranche gebildet.

Die Werbeagenturen stammen historisch gesehen aus dem Bereich des Mediaeinsatzes. Im Verlauf ihrer Entwicklung kamen die Beratung in Sachen Kreation, Produktion und Marketing hinzu. In neuerer Zeit lassen sich vor allem zwei Trends erkennen, zum einen der Trend zur Internationalisierung der Werbung, dem die Werbeagenturen mit der Internationalisierung ihres Geschäfts entsprechen, und zum anderen der Trend zur Integration der Medien, dem die Werbeagenturen durch Ausbau der vorgehaltenen Kommunikationsinstrumente entsprechen. So gehört heute für viele Agenturen neben der Klassischen Werbung die Öffentlichkeitsarbeit, die Verkaufsförderung und die Direktwerbung ganz selbstverständlich zum Arbeitsrepertoire. Zugleich entwickeln sich die Kommunikationsinstrumente aber auch immer komplexer, sodass sich zunehmend professionelle Spezialisten für die einzelnen Disziplinen herausbilden.

Aus Sicht des Prozessmanagement entsteht nunmehr eine Informationsschnittstelle zwischen dem werbungtreibenden Unternehmen als Auftraggeber und der Werbeagentur als Auftragnehmer, die es gilt, möglichst verlustarm zu überwinden. Wie das im Einzelfall geschehen muss, hängt von den jeweils dabei beteiligten Partnern ab. Insofern gibt es (leider) kein Patentrezept für das Briefing der Werbeagentur, aber durchaus einige relevante Anhaltspunkte.

Der Begriff »Briefing« stammt aus dem Angelsächsischen und dort wiederum aus dem Militärwesen und meint eine Befehlserteilung, die Unterrichtung über und Einweisung in eine Thematik sowie die Einsatz- oder Lagebesprechung. Da die in den 50er Jahren auflebende Werbebranche in den USA noch stark von Militarismen durchsetzt war, wurde dieser Begriff in die Werbung übernommen und dort für eine kurze, exakte Auftragserteilung eingesetzt. Im deutschsprachigen Raum wurde der Begriff dann mangels einer prägnanteren deutschen Alternative übernommen. Die Umstände des Briefing sind von einer Reihe von Faktoren abhängig, vor allem von der Dauer der Zusammenarbeit, der Art der zu briefenden Werbeaktivitäten, dem Umfang der Werbeaktivitäten und der Anzahl potenzieller Auftragnehmer.

2.1.1 Anlage des Briefing

2.1.1.1 Dauer der Zusammenarbeit

Zunächst kommt es darauf an, ob die Partner **erstmals** zusammen arbeiten oder ob es sich um eine bereits **laufende** Zusammenarbeit handelt. Bei einer erstmaligen Zusammenarbeit ist notwendigerweise ein größerer Wissenstransfer zwischen den Beteiligten zu leisten. Denn es gilt, der Agentur die Rahmendaten des Unternehmens zu vermitteln, d. h., die unterliegende

Unternehmensphilosophie, die übergeordneten Unternehmensziele und die generalistischen Marketingziele. Diese brauchen im Verlauf der weiteren Zusammenarbeit normalerweise nicht mehr vermittelt zu werden, da sie längerfristigen Bestand haben, sondern erst wieder, wenn sich diese Rahmendaten ändern. Zusätzlich zu diesen Rahmendaten sind dann die jeweils spezifischen Projektdaten zu vermitteln.

Bei einer laufenden Zusammenarbeit hingegen reicht es im Allgemeinen aus, nur die spezifischen Projektdaten zu vermitteln, da vorausgesetzt werden kann, dass die umfangreichen Rahmendaten bekannt und vertraut sind.

Häufig wird von beauftragenden Werbungtreibenden für die erstmalige Zusammenarbeit gerade die notwendige Vermittlung der Rahmendaten versäumt. Dies liegt nahe, handelt es sich doch aus Sicht der Briefenden um Selbstverständlichkeiten der täglichen Arbeit, wobei ihnen aber nicht bewusst ist, dass sie von Anderen nicht in dem Maße gekannt und auch nicht ohne weiteres recherchiert werden können. Gerade das Nichtgesagte führt daher im Briefing zu vielfältigen Missverständnissen. Deshalb ist es im Sinne der Effizienz erforderlich, bei erstmaliger Zusammenarbeit intensiv auf die Rahmendaten einzugehen, zumal es sich dabei zumeist um »weiche« Faktoren handelt, die ansonsten in den Briefinginhalten kaum zum Ausdruck kommen, das Ergebnis der Arbeiten aber enorm beeinflussen.

Aus Gründen der Schnittstelleneffizienz ist es zweckmäßig, die Beratungsfirmen nicht unnötig häufig zu wechseln. Denn jeder Wechsel von Beratern zieht Informationsverluste nach sich. So geht das einmal vermittelte Know-how des Grundlagenbriefing verloren. Ebenso geht das im Betreuungsverlauf aufgebaute Know-how verloren und kommt später vielleicht sogar Mitbewerbern zugute. Es ist freilich einfach, bei mangelndem Erfolg die Verursachung bei Externen zu suchen, vielleicht zu einfach. Vor allem sollte man sich als Auftraggeber immer wieder vor Augen führen, dass der Output nur so gut sein kann wie der Input, das Briefing, dies zulässt.

2.1.1.2 Art der Werbeaktivitäten

Auch hinsichtlich der spezifischen Projektdaten ist Umsicht erforderlich. Das Briefing hat umso umfangreicher und detaillierter zu sein, je weitreichendere Werbeaktivitäten als Ergebnis der Arbeiten erwartet werden. Handelt es sich etwa um eine **laufende Kampagne**, die lediglich um aktuelle Maßnahmen ergänzt werden soll, können viele der notwendigen Briefinginhalte als aus dem ursprünglichen Briefing der Werbekampagne bereits bekannt vorausgesetzt werden. Handelt es sich hingegen erst um die Beauftragung einer solchen **neuen** Kampagne, muss weitaus mehr Informationshintergrund bereitgestellt werden.

In diesem Zusammenhang ist es ratsam, laufende Werbekampagnen nicht unnötig häufig zu wechseln. Es braucht eine nicht geringe Zeit, bis sich ein Angebot/Anbieter im allgemeinen Überfluss der Informationen bei seinen Zielpersonen bemerkbar gemacht hat, erst dann können nennenswerte Markterfolge erreicht werden. Wird eine Werbekampagne aber noch vor Erreichen dieses Stadiums »gekippt«, fängt die Nachfolgekampagne weitgehend wieder von vorn an, d. h., bereits aufgebaute Bekanntheit und Vertrautheit geht wieder verloren und muss neu zurückgewonnen werden.

Es ist daher wichtig, der werblichen Penetration eine Chance zu geben. Nur dann kann eine Treppe entstehen, bei der jeder Werbeanstoß auf dem Nächsten aufbaut und insgesamt ein immer höheres Niveau erreicht wird. Dem steht der Zwang nach immer kurzfristigeren Ergebnissen nur scheinbar entgegen. Denn ist die Aktionsbasis erst einmal fundiert, kann darauf aufbauend auch kurzfristig Erfolg erreicht werden.

2.1.1.3 Umfang der Werbeaktivitäten

Auch hinsichtlich des Umfangs der beauftragten Arbeiten ist zu unterscheiden. Zunehmend werden im Zuge **integrierter** Marketing-Kommunikation Instrumente übergreifende Aktivitäten eingesetzt. Das heißt, neben der Klassischen Werbung werden auch Direktwerbung, Verkaufsförderung und Öffentlichkeitsarbeit als Basisinstrumente, incl. aller üblichen Subinstrumente, gebrieft. Ein solches Briefing hat notwendigerweise weitreichender angelegt zu sein als ein Briefing nur für ein Kommunikationsinstrument oder gar ein Subinstrument.

Unternehmen, die es sich leisten können, mehrere Anprachekanäle parallel einzusetzen, profitieren dabei bei geschickter Anlage von synergetischen Effekten. Dazu können die verschiedenen Kanäle ihre Wirkung gegenseitig verstärken oder auch ergänzen. Voraussetzung ist dabei allerdings immer ein aufeinander abgestimmtes Konzept der Werbeaktivitäten. Dies führt dazu, dass isolierte Briefings nur für ein Kommunikationsinstrument immer seltener werden, sondern zunehmend alle Instrumente gemeinsam gebrieft werden.

Daher ist es ausgesprochen weitsichtig, im Briefing für ein Kommunikationsinstrument bereits eine Ausweitung auf andere Kommunikationsinstrumente als Option zu berücksichtigen. Auf diese Weise erhält man sich zumindest die Chance auf die Nutzung synergetischer Effekte, die konkret budgetschonend wirken.

2.1.1.4 Anzahl der Auftragnehmer

Ein weiterer Einflussfaktor auf die Briefing-Inhalte ist die Anlage der Auftragserteilung. Denkbar ist die **feste Zusammenarbeit** mit einem Agenturpartner, der weiß, dass er der einzige Auftragnehmer ist. Dies entspricht der in der Industrie weit verbreiteten Philosophie des Single Sourcing.

Zunehmend gehen werbungtreibende Unternehmen aber dazu über, in immer kürzeren Zeitabständen ihre Agenturbeziehungen auf den Prüfstand zu stellen. Dies kann durch verschiedene Formen erfolgen. Verbreitet ist die parallele Auftragserteilung an mehrere Agenturen mit der Maßgabe, dass die Agentur mit dem besten Ergebnis den Auftrag erhält (Pitch). Meist werden dazu drei Agenturen parallel zum Briefing eingeladen, häufig ufert diese Zahl aber auch aus. Vielfach werden zudem kostenlose Vorleistungen in Form der Briefing-Erfüllung verlangt, die als Vorqualifikation gelten, um für eine spätere Beauftragung überhaupt in Betracht zu kommen.

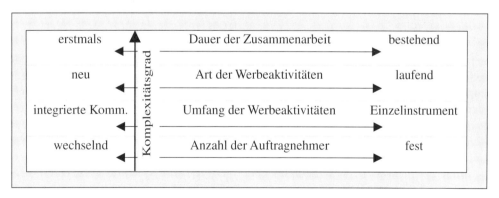

Abb. 28: Komplexitätsgrad der Zusammenarbeit zwischen Werbungtreibenden und Werbeagentur

Im Fall der Ausschreibung ist darauf zu achten, dass alle Agenturen identische Briefings erhalten, damit der Zweck einer Konkurrenzpräsentation auch erfüllt werden kann. Falls es eine bestehende Agenturbeziehung gibt, kann dies für die betreffende Agentur je nach Lage der Dinge durchaus ein Vor- oder Nachteil sein, ein Vorteil, weil ein Informationsvorsprung aus der Vergangenheit vor den Mitbewerbern besteht, ein Nachteil, weil erst Kundenunzufriedenheiten Auslöser für die Konkurrenzpräsentation gewesen sein mögen (aus diesem Grund, aber auch aus gekränkter Eitelkeit, verzichten Agenturen zunehmend auf eine Verteidigung ihres Etats in einem Pitch).

2.1.2 Durchführung des Briefing

2.1.2.1 Art des Briefing

Für die praktische Durchführung des Briefing muss nach der Art der Briefinginhalte unterschieden werden. Denkbar sind prinzipiell drei Briefinginhalte. Erstens kann es sich um ein **Strategiebriefing** handeln. Darunter versteht man ein Briefing mit der Erwartung einer (verbal) ausgearbeiteten Kommunikationsstrategie als Ergebnis. Bei exakter Vorgehensweise gibt die Kommunikationsstrategie bereits den Rahmen für das werbliche Ergebnis vor.

Zweitens kann es sich um ein **Gestaltungsbriefing** handeln. Darunter versteht man ein Briefing mit der Erwartung bereits ausgearbeiteter Werbemittel als Ergebnis. Dabei kann die Kommunikationsstrategie durch den Auftraggeber bereits ausgearbeitet worden sein oder vom potenziellen Auftragnehmer als Voraussetzung für die Erarbeitung einer werblichen Umsetzung geleistet werden.

Drittens kann es sich um ein reines **Mediabriefing** handeln. Darunter versteht man ein Briefing mit der Erwartung einer ausgearbeiteten Mediastrategie als Ergebnis. Dabei wird auf vorhandenen Werbemitteln aufgebaut, es geht lediglich um den Mediaeinsatz.

Da die genannten drei Inhalte sehr unterschiedliche Anforderungen an Dienstleister stellen, bildet sich zunehmend eine Spezialisierung hinsichtlich dieser drei Gruppen heraus. Kommunikationsstrategien werden etwa verstärkt von Unternehmens- und Marketingberatungen ausgearbeitet, werbliche Umsetzungen von auf Grafik- und Textkreation spezialisierten Agenturen (Hotshops) und Mediastrategien von selbstständigen Mediaagenturen.

2.1.2.2 Teilnehmer am Briefing

Bei den Teilnehmern am Briefing ist zwischen Teilnehmern auf der Auftraggeberseite und solchen auf der Auftragnehmerseite zu unterscheiden. Auf der **Auftraggeberseite** ist die Anzahl und Zusammensetzung der Teilnehmer von der Bedeutung des Briefing abhängig. Bei grundsätzlichen Briefings kann die Besetzung von der Geschäftsleitung über die Marketingleitung, das Produktmanagement bis hin zur Werbeleitung erfolgen. Mit abnehmender Bedeutung werden die oberen Hierarchieebenen immer seltener zu den Briefingteilnehmern auf Auftraggeberseite zählen.

Ähnlich verhält es sich bei den Teilnehmern auf der **Auftragnehmerseite**. Hier ist bei grundsätzlichen Briefings an Geschäftsleitung, Kundenberatung, Kreativberatung und evtl. Mediaberatung zu denken. Mit abnehmender Bedeutung werden auch hier die oberen Hierarchieebenen seltener auftreten. Allerdings zählt die Kundenberatung aufgrund ihrer Kontaktaufgabe immer zu den Teilnehmern und häufiger als vielleicht notwendig tritt auch die Geschäftsleitung auf, weil es (potenziellen) Kunden schmeichelt, wenn hochrangige Agenturmitarbeiter zum Briefing erscheinen.

Für Auftragnehmer ist es bedeutsam, sicherzustellen, dass erstens eine Kontinuität der Ansprechpartner vom Briefing über die Präsentation und im Erfolgsfall anschließende Job-Abwicklung bis zur Realisation in der Agentur gewährleistet ist und zweitens die Ansprechpartner unmittelbar auf die Umsetzung Einfluss nehmen können und nicht »über der Sache schweben« oder intern nur untergeordnete Bedeutung haben. Dann geht das Briefing an die Falschen.

2.1.2.3 Erteilung des Briefing

In Bezug auf die Form soll ein Briefing, außer es handelt sich um reine Routinearbeiten, die einzuleiten sind, **mündlich** erfolgen. Auch in Zeiten telekommunikativer Arbeitsmittel bleibt Werbung immer noch »People Business«, d. h., es kommt neben den Hard Facts der Briefinginhalte entscheidend auf den Fit zwischen Auftraggeber- und Auftragnehmerseite an. Wenn die Chemie dabei nicht stimmt, sind alle Bemühungen von vornherein limitiert, so sorgfältig sie auch ausgearbeitet sein mögen.

Daran ändern auch Techniken wie Videokonferenzschaltung oder Internet-Conferencing nichts. Die räumliche Distanz lässt eine Sperre entstehen, die eine emotionale Einschätzung der Partner nur schwer zulässt. Naturgemäß ist eine solche Einschätzung umso weniger erforderlich, je bekannter und vertrauter die Teilnehmer einander sind, sei es aufgrund laufender oder auch früherer Zusammenarbeit. Dann sind moderne Informations- und Kommunikationstechnologien, etwa zur Zwischenabstimmung oder Inhaltsergänzung, durchaus sehr effizient einsetzbar.

Generell schwierig ist die Briefingerteilung nur auf schriftlichem Weg, selbst wenn es sich um eine eingefahrene Zusammenarbeit handelt. Denn häufig sind schriftliche Briefings nicht selbsterklärend, sondern bedürfen der gemeinsamen Hinterfragung. Das führt dann nach kritischer Diskussion nicht selten bis zur totalen Umformulierung des Briefing.

Was keineswegs bedeutet, dass auf ein **schriftliches** Briefing verzichtet werden kann. Im Gegenteil, kein Briefing darf ohne schriftliche Grundlage erteilt oder entgegen genommen werden. Dies hat neben Gründen der Rechtssicherheit (Honorarabrechnung) auch didaktische Ursachen. Eine schriftliche Fixierung von Inhalten erfordert nämlich vom Auftraggeber ein sehr viel genaueres Durchdenken als das einfache mündliche Dahersagen. Zudem ist eine Verdichtung der Inhalte erforderlich, damit der Auftragnehmer »on strategy« arbeiten und dies auch kontrolliert werden kann.

Dies hat bei vielen Werbungtreibenden zur Einführung von Ein-Seiten-Briefings (Single Sheet Briefing) geführt. Dabei werden alle für das Briefing notwendigen Kerninformationen auf eine Seite, meist in Form eines Formulars oder einer Checkliste, zusammengefasst (s. u.). Dies sichert einerseits eine gewisse Vollständigkeit, erfordert andererseits aber auch eine Fokussierung der Inhalte auf die knappest mögliche Form.

Welche Inhalte zu einem solchen verknappten Briefing gehören, hängt wiederum von den Umständen des Einzelfalls ab. Bei neuer Zusammenarbeit, bei einer umfassenden Werbekampagne, bei Einsatz mehrerer Kommunikationsinstrumente etc. haben diese ausführlicher zu sein als bei laufender Zusammenarbeit, werblichen Einzelmaßnahmen, einem Instrumentaleinsatz etc. Außerdem hängt es davon ab, ob eine Strategie-, eine Umsetzung- oder eine Mediapräsentation erwartet wird.

Denkbar ist auch die Kombination zwischen einem konzentriertem Briefing und ergänzendem Informationsmaterial. Unter Effizienzgesichtspunkten nicht akzeptabel ist es hingegen, wenn dem Auftragnehmer (Agentur) selbst die Auswahl der relevanten Informationen überlassen wird, denn dies führt leicht zur Falschauswahl und damit zu nicht verwertbaren Ergebnissen. Außerdem ist das Arbeitsresultat immer nur so gut wie das ihm zugrunde liegende Briefing.

2.1.2.4 Briefingtaktik

Für Auftraggeber ist es unbedingt sinnvoll, darauf zu dringen, dass die unmittelbar Arbeitsausführenden zum Briefingtermin persönlich anwesend sind. Und das gleich aus mehreren Gründen. Erstens ist es von hohem Interesse zu erfahren, in wessen Hände man konkret sein Problem mit der Hoffnung auf eine adäquate Lösung legt. Zweitens dürfte die Motivation der Beteiligten höher sein, wenn sie sich unmittelbar ihrem Auftraggeber gegenüber in der Pflicht fühlen. Und drittens vermeidet man auf diese Weise das ärgerliche »Stille Post«-Prinzip mit erheblichen Informationsverzerrungen bei der Weitergabe von Briefinginhalten von Stelle zu Stelle.

Die Auftragnehmer haben hingegen meist eine andere Interessenlage. Sie schicken routinierte Kontakter vor, welche die Agentur geschliffen präsentieren, die Arbeit »Zuhause« aber im Wesentlichen von Anderen erledigen und sich fertiggestellt wieder übergeben lassen, um sie dann beim Kunden zu präsentieren. Gerade in dieser Praktik liegt häufig die Wurzel allen Übels bei Briefingmisserfolgen. Allerdings darf man bei der Konfrontation mit anderen Agenturmitarbeitern auch nicht verschreckt ob der Personen, die ansonsten vor allem als Kreativberater vorgestellt werden, reagieren. Denn Kreativität misst sich nicht an den üblichen Qualifikationsmaßstäben.

Außerdem ist es wichtig, beim Briefing soviel unmittelbares Erleben der relevanten Prozesse im Auftraggeberunternehmen zu vermitteln wie nur möglich. Es gilt, Produktionsanlagen zu zeigen, Abteilungsspezialisten zu Wort kommen zu lassen, Produktmuster bereitzustellen, kurz alles zu tun, um das gebriefte Problem so anschaulich wie nur möglich werden zu lassen. Diese Eindrücke können gar nicht hoch genug bewertet werden, liefern sie doch häufig bereits den Kern der Problemlösung. Dies gilt vor allem bei sachinformationslastigen Werbemitteln wie Katalogen, Prospekten, Bedienungsanleitungen etc.

2.1.3 Inhalte des Briefing

2.1.3.1 Briefingstrategie

Hinsichtlich der gängigen Inhalte des Briefing bestehen durchaus verschiedenartige Ansichten. Im Kern geht es darum, ob das Briefing sich auf die Rahmendaten beschränken soll, die dem Auftragnehmer ein Lösungsfeld freilassen, das er inhaltlich unter Nutzung seiner Kompetenzen ausfüllen kann, oder ob im Briefing bereits konkrete Vorgaben für die Lösung gegeben werden sollen, die anzeigen, wie genau der Auftraggeber sich »seine« Lösung vorstellt.

Beide Ansichten haben Vor- und Nachteile, sodass es letztlich auf die Unternehmenskultur ankommt, welche Ansicht man sich für das eigene Unternehmen zueigen macht. Die Beschränkung auf Vorgaben der Rahmendaten erlaubt es, das Leistungspotenzial der Agentur möglichst vollständig auszuschöpfen. Dafür muss man in Kauf nehmen, dass Arbeiten später zwar innerhalb des Lösungsfelds liegen, aber dennoch ganz anders »aussehen« als man sich das ursprünglich vorgestellt hätte. Die konkrete Vorgabe von Inhalten, die dann von der Agentur noch zu detaillieren und auszuschmücken sind, ergibt zwar mit viel höherer Wahrscheinlichkeit eine Lösung, wie man sie sich wünscht, nutzt aber die überlegene Kompetenz des Partners nur unvollkommen. Mit beiden Ansichten werden durchaus gute Lösungen erreicht, es kommt daher auf den Einzelfall an.

Bestimmte Agenturen sind auch dankbar für eine möglichst konkrete Vorgabe dessen, was von ihnen erwartet wird, weil sie dann zielgerichteter und mit weniger Umwegen arbeiten können. Andere Agenturen hingegen betrachten diese Vorgaben als Einengung ihrer beraterischen Souveränität und möchten bewusst mehr Freiraum eingeräumt erhalten oder lehnen Aufträge andernfalls ab.

2.1.3.2 Rahmendaten

Ein Briefing der Rahmendaten besteht wiederum im Einzelnen aus zwei Bausteinen, dem Vermarktungsumfeld und dem Marketingkonzept. Die Elemente des Vermarktungsumfelds sind die Folgenden:

– **Unternehmensdarstellung**. Hier geht es um das Selbstverständnis des Unternehmens, was naturgemäß nur bei erstmaliger Zusammenarbeit mit einer Agentur von Belang ist. Aber auch bei nur sporadischer Zusammenarbeit ist ein Update gerade bei der rapiden Fortschrittsgeschwindigkeit der Wirtschaftswirklichkeit von hoher Bedeutung. Vor allem geht es dabei um die Vermittlung der obersten Unternehmensziele (Mission Statement) und der übergeordneten Marketingziele, aus denen die Werbeziele logisch ableitbar sein müssen und dann in einzelnen Aktionszielen münden.
– **Werbeobjektdarstellung**. Hier geht es um die Art des zu bewerbenden Angebots. Gerade bei erklärungsbedürftigen, komplexen Produkten ist es wichtig, die Agentur möglichst genau darüber in Kenntnis zu setzen, worin deren Leistungsmerkmale bestehen. Dabei geht es wohlgemerkt nicht darum, wie eine Leistung technisch zustande kommt, sondern darum, worin diese Leistung besteht und welche Leistungsmerkmale sie potenziellen Nutzern bietet. Zum besseren Verständnis bieten sich Demonstrationen oder Betriebsbesichtigungen an, die schon häufig instruktive Eindrücke für mögliche Lösungen geboten haben.
– **Werbebudgetdarstellung**. Hier geht es darum zu spezifizieren, welche Geldmittel über welchen Zeitraum für welche Zwecke der Werbung zur Verfügung stehen. Wer im Briefing keine Budgetbegrenzung nennt, etwa aus falscher Scham über ein absolut geringes Budget oder aufgrund noch nicht abgeschlossener Budgetplanungen, darf sich nicht wundern, dass er zwar gute, für ihn aber mutmaßlich unbezahlbare Lösungen erhält. Denn natürlich denkt jede Agentur zuerst einmal »groß«. Allerdings ist die Aussage, dass es nur auf gute Ideen und nicht auf das Geld ankommt, auch unsinnig. Gute Ideen ohne angemessene Verbreitung und Penetration verpuffen kläglich.
– **Werbezieldarstellung**. Hier geht es darum, möglichst präzise das Werbeziel zu spezifizieren. Je exakter die Zielvorgabe ist, desto eher kann man erwarten, mit einer Problemlösung möglichst nahe des anvisierten Ziels zu landen. Punktlandungen sind ohnehin nur möglich, wenn das Werbeziel genau ausformuliert ist. Es ist darauf zu achten, dass Ziele (in Anbetracht der Ressourcen) realistisch sind und Maßstäbe verankert werden, anhand derer die, häufig qualitative, Zielerreichung später dann auch angemessen geprüft und beurteilt werden kann.

– Darstellung der **Randbedingungen**. Hier werden alle Elemente genannt, die allgemein auf die Zielerreichung einwirken. Dazu gehören etwa rechtliche Vorgaben (spezifische Gesetzgebung, Selbstbeschränkungsabkommen, Verbandsübereinkünfte etc.) oder auch unternehmenspolitische Maßgaben (Werbeträgerauswahl, Werbeaussagen, Werbemittelproduktionsmethoden etc.) und Rücksichten auf Anspruchsgruppen (wie Shareholder, Branchenräson, politische Gruppen etc.). Zentral für die Arbeit sind jedoch die Angaben des auszudeckenden Werbegebiets und des abzudeckenden Werbezeitraums.

2.1.3.3 Konzeptionelle Daten

Neben dem Vermarktungsumfeld ist die Konzeption der zweite obligatorische Baustein des Briefing. Dessen Elemente sind die Folgenden:

– **Absatzquelle**. Die Absatzquelle bestimmt, wo die Kaufkraft am Markt herkommen soll, von der ein Angebot existieren will. Klassische Beispiele betreffen die Gewinnung von Erstkäufern der Produktgattung, von Probierkäufern der Marke, die Stabilisierung der Wiederkaufrate, die Anregung zur ausschließlichen Nutzung durch Käufer, zur zeitlich verkürzten Nutzung des Werbeobjekts oder zur Nutzung höherpreisiger Formen des Objekts, die Induzierung von Mehrfachkäufen (Cross Buying) oder die Motivation zur Weiterempfehlung. Je nach Bestimmung der Absatzquelle kommen naturgemäß ganz verschiedenartige Werbeformen und -inhalte in Betracht. Daher ist eine zutreffende Bestimmung der Absatzquelle von erheblicher Bedeutung.
– **Zielgruppe**. Die Zielgruppe definiert, welche Personen (Entscheider) die vorher bestimmte Kaufkraft verkörpern. Dabei ist neben herkömmlichen funktionalen und abteilungsbezogenen Abgrenzungen vor allem an solche psychologischer oder soziologischer Art zu denken. Je aussagefähiger die Datenbasis in dieser Richtung ist, desto genauer können Zielpersonen im gewerblichen Bereich anvisiert werden. Neben allgemeinen Beschreibungen sind dazu konkrete Interaktionsdaten von Bedeutung, wie sie im Rahmen des Database-Management vorliegen sollten.
– **Positionierung**. Die Positionierung gibt darüber Auskunft, was das beworbene Angebot besser zu können behauptet als jedes andere (Claim). Ohne eine solche, glaubhafte und zumindest ansatzweise vorhandene, Alleinstellung haben neue Angebote kaum mehr eine Chance am Markt bzw. geraten bestehende Angebote in akute Gefahr der Verdrängung. Die Positionierung ist dabei erst Konzepttext und noch nicht Werbetext, es kommt also auf die präzise und buchstabengenaue Formulierung an. Bedeutsam ist auch die Angabe der Begründung für die Behauptung (Reason Why).

Die Elemente der Konzeption sind von essentieller Bedeutung für das Briefing. Um exakte Arbeitsvoraussetzungen zu schaffen, ist unbedingt der Versuchung zu widerstehen, diese Definitionen in blumige und langatmige Formulierungen zu verpacken. Ideal sind max. drei Sätze zu jedem Element. Um auf diese Formulierung zu kommen, bedarf es jedoch vieler Formulierungsansätze, denn je knapper die Fassung, desto exakter muss sie durchdacht sein.

2.1.3.4 Umsetzungsleitlinien

Im Bereich der konkreten Vorgaben handelt es sich um Umsetzungsleitlinien, die nicht disponibel sind. Diese können formale oder materieller Aspekte betreffen. **Formal** sind vor allem drei Bereiche zu nennen:

- **Visualität**. Hier geht es um die Vorgabe bestimmter visueller Gestaltungselemente, die sich etwa auf die Verwendung der Hausfarben, den Einsatz bestimmter Fotostile oder auch unterliegende einheitliche Layoutraster beziehen. Durch diese Vorgaben wird der Gestaltungsspielraum der Umsetzung bereits stark eingeschränkt. Jedoch kommt es zu einer stärkeren optischen Geschlossenheit des Auftritts.
- **Tonalität**. Hier geht es um die Vorgabe des Stils der Ansprache. Dies ist besonders wichtig, kommt darin doch das Verhältnis des Botschaftsabsenders zu seinen Zielpersonen zum Ausdruck. Unternehmen haben dafür häufig individuelle Ansprachestile bestimmt, die ihr Selbstverständnis zum Ausdruck bringen.
- **Stilkonstanten**. Hier geht es um die Vorgabe von Identitätselementen, die durchgängig berücksichtigt und eingesetzt werden müssen. Je nach Umfang dieser Elemente kann dadurch eine mehr oder minder starke Einschränkung der Gestaltungsfreiräume für die Agentur entstehen.

Weiter einschränkend wirken **materielle** Aspekte. Dabei belässt es der Auftraggeber nicht dabei, Negativabgrenzungen vorzunehmen, also das Feld der Möglichkeiten abzustecken, sondern er gibt dem Auftragnehmer positiv bestimmte Gestaltungen vor. Dies ist etwa der Fall, wenn ein Unternehmen unverrückbar an den Erfolg bestimmter Elemente glaubt und diese in jeder Umsetzung berücksichtigt wissen will.

Inwieweit es klug ist, im Briefing derartig weit reichende formale und materielle Einschränkungen zu machen, ist fraglich. Denn akzeptiert man die Werbeagentur als Berater, so ist einleuchtend, dass sie in ihrem Metier besser firm ist als man selbst, denn ansonsten bedürfte es ja keines Beraters. Wenn die Kompetenz aber auf Seiten des Beraters liegt, ist es zumindest unklug, vielleicht sogar schädlich, ihm konkrete Verhaltensweisen für seine Arbeit vorzugeben. Damit nutzt man gerade nicht das Potenzial des Beraters, den man bezahlt, sondern macht ihn zum Ausführungsgehilfen (in der Produktion nennt man das verlängerte Werkbank). Vielmehr ist es sinnvoll, das ausdifferenzierte Ziel, das man durch Werbemaßnahmen zu erreichen sucht, die realen Mittel, die zur Zielerreichung zur Verfügung stehen, und die Restriktionen, die auf dem Weg dahin einzuhalten sind, anzugeben und die Kompetenz des Beraters zu nutzen, um

---

- Unternehmen (wie ist der Charakter des Absenders, seine Historie, sein Oberziel?)
- Werbeobjekt (was genau soll beworben werden und warum?)
- Werbebudget (wieviel Geld steht zur Bewerbung konkret zur Verfügung?)
- Werbeziel (was genau soll durch die Bewerbung erreicht werden?)
- Randbedingungen (welche Restriktionen sind zwingend zu beachten, insb. Zeit und Raum?)

- Absatzquelle (wo ist die Kaufkraft am Markt, von der man existieren will?)
- Zielpersonen (welche Personen/Entscheider verkörpern diese Kaufkraft?)
- Positionierung (was kann man besser als jeder Andere und warum ist dies so?)

- Visualität (welche zentralen visuellen Elemente sollen/müssen eingesetzt werden?)
- Tonalität (welche zentralen verbalen Elemente sollen/nüssen eingesetzt werden?)
- Stilkonstanten (welche Corporate Identity-/CD-Elemente sind verbindlich?)

Abb. 29: Checklist Briefing-Inhalte

daraus eine bestmögliche Zielerreichung zu schaffen. Ebenso wie die verlängerte Werkbank in der Produktion »out« ist, so ist auch die Vorgabe von Umsetzungsleitlinien zunehmend als überholt erkannt.

2.1.4 Abfolge der Briefings

2.1.4.1 Briefing-Gespräch

Das Briefing soll, wie dargestellt, immer als mündliches Gespräch erfolgen. Diese Form bietet durch Dialog die Möglichkeit zur Hinterfragung der Ausführungen und zur Diskussion um das zutreffende Verständnis der Inhalte. Außerdem ist die Auftragserteilung immer auch eine Sache der »Chemie«, zumindest aber der Atmosphäre, und dafür ist das mündliche Gespräch am Besten geeignet.

Die Zeitdauer ist von der Art des Briefing im Einzelfall abhängig. Man sollte jedoch bedenken, dass Zeiteinsatz, der für eine präzise Auftragsformulierung eingesetzt wird, durch erhöhte Effizienz bei den nachfolgenden Arbeiten mehr als wieder herausgeholt werden kann. Allein, wenn es gelingt, unnötigen Arbeitsaufwand zu vermeiden, hat sich der Zeitaufwand für ein ausführliches Briefing schon bezahlt gemacht. Insofern sind enge Zeitbegrenzungen, wie sie im Management gern als Zeichen hoher Arbeitsbelastung ausgewiesen werden, in diesem Fall wenig sinnreich.

Was den Ort des Briefinggesprächs anbelangt, ist es unbedingt empfehlenswert, dieses beim Auftraggeber stattfinden zu lassen. Erstens kann die Agentur auf diese Weise vielfältig und unmittelbar die Unternehmenskultur des Auftraggebers wahrnehmen, eine wichtige Voraussetzung für die Stimmigkeit der Arbeiten. Zweitens können dort Unterlagen, deren Notwendigkeit sich im Verlauf des Briefing-Gesprächs herausstellt, unkompliziert beschafft werden. Und drittens ist ein Blick in relevante Abteilungen vor Ort möglich. Dabei treten nicht selten äußerst wertvolle Informationen zutage.

2.1.4.2 Re-Briefing

Es ist ein bekanntes Phänomen, dass ein und dieselben Botschaften von verschiedenen Empfängern durchaus verschiedenartig verstanden werden. So sind denn auch Briefing-Formulierungen meist nicht so eindeutig wie es wünschenswert wäre. Daher hat es sich, in der Sache zwar unnötig, doch bewährt, dass der Auftragnehmer (Agentur) im Re-Briefing die Briefinginhalte nach seinem Verständnis noch einmal explizit wiedergibt. Daraus kann der Auftraggeber (Werbungtreibende) zeitnah ersehen, ob er richtig verstanden worden ist und ggf. noch korrigierend eingreifen, bevor wertvolle Zeit verloren gegangen oder unnötiger Kosteneinsatz aufgelaufen ist.

Ein Re-Briefing ist auch dann sinnvoll, wenn die Briefing-Inhalte nicht so präzisiert sind wie das eigentlich wünschenswert wäre, ein Auftrag aber dennoch unbürokratisch ausgeführt werden soll. Auftraggeber verlassen sich oft aus Bequemlichkeit auf dieses Re-Briefing, weil dann die Arbeit der Fokussierung beim Auftragnehmer verbleibt. Dies ist allerdings fahrlässig, denn so erreicht regelmäßig der Andere seine Ziele zulasten der eigenen.

Häufig ergibt sich bei genauerem Durchdenken eines Briefing auch eine andere Sicht des Problems, vor allem sind erfahrungsgemäß weitreichendere Maßnahmen erforderlich als die vom Auftraggeber gebrieften. Insofern ist das »Falsche« gebrieft worden, d. h., die Arbeit nach Briefing führt womöglich nicht zur allseits gewünschten Problemlösung. Dann gibt das Re-Briefing die Chance, sich über die erweiterte (oder verengte) Problemsichtweise zu verständigen, noch bevor große Kosten für unzureichende Aktivitäten aufgelaufen sind.

Denkbar ist auch die Ausarbeitung einer »Pflichtlösung«, die sich exakt auf die eigentlich gebriefte Problemstellung bezieht, sowie einer »Kürlösung«, die das neuformulierte Problem zum Gegenstand hat. Das hilft etwa dem Auftraggeber, sein Gesicht zu wahren, erhöht die Chancen einer Agentur in Konkurrenzpräsentationen und sichert ihr die Bezahlung zumindest der Pflichtlösung.

2.1.4.3 De-Briefing

Vom Re-Briefing zu unterscheiden ist das De-Briefing. Dieses erfolgt seitens des Auftraggebers nach Ausführung und Beendigung der jeweils gebrieften Arbeiten. Dabei handelt es sich um eine ausgesprochen sinnvolle Vorgehensweise. Dazu werden die Arbeitsergebnisse aufgrund des Briefings in ihren späteren Erfolgen am Markt durch den Werbungtreibenden dargestellt. Daraus kann dann leicht der Erfolg oder auch Misserfolg der Arbeiten abgelesen werden. Auf dieser Basis kommt es zur Manöverkritik.

Nur auf diese Weise ist es möglich, fortgesetzt gemeinsam auf ein höheres Wissensniveau zu gelangen. Denn erfolgreiche Arbeiten geben der Agentur im De-Briefing Sicherheit in der Richtigkeit ihrer Herangehensweise für eine Problemlösung, und nicht erfolgreiche Arbeiten zeigen ihr, wie es nicht sein kann und erhöhen somit die Effektivität für Folgearbeiten.

Zwar erfordert das De-Briefing etwas Arbeitsaufwand beim Auftraggeber, dafür kommt es jedoch zum »Lernen des Lernens«. Kunde und Agentur erreichen auf diese Weise im Zeitablauf ein Wissensniveau, das die Chancen zukünftiger Projekte konkret erhöht. Wird hingegen auf das Deutero-Lernen verzichtet und die Agentur bei Misserfolg zügig gewechselt oder bei Erfolg nicht über die zugrunde liegenden Marktmechanismen aufgeklärt, bleibt Potenzial ungenutzt. Naturgemäß lohnt sich ein De-Briefing nur, wenn man gewillt ist, längerfristig mit einer Agentur zusammen zu arbeiten.

Dann kann dieser Vorgang auch als **Brand Review Meeting** institutionalisiert werden. Dazu treffen sich alle an den Kommunikationsaktivitäten beteiligten Personen in regelmäßigen Zeitabständen und tauschen ihre Erfahrungen über die Zusammenarbeit aus. Wichtig ist, dass dies konstruktiv und ohne Schuldzuweisungen erfolgt, wie dies unter professionellen Partnern aber selbstverständlich sein sollte.

2.1.5 Hinweise für Agenturen

Ein Briefing muss vorbereitet werden. Nur scheinbar liegt die Arbeit dabei primär beim Briefenden. Briefing bedeutet für die Agentur nämlich nicht, sich entspannt zurücklehnen zu können, sondern erfordert die Einholung von Vorabinformationen auf eigene Initiative hin, z. B. um keine »dummen« Fragen zu stellen. Denkbar ist etwa die Vorbereitung eines Fragenkatalogs, um eine gewisse Vollständigkeit der Briefinginhalte zu gewährleisten. Wichtig ist auch ein ehrliches Interesse für das Kundenunternehmen/sein Produkt. Dies fällt oft gerade im Business to Business-Bereich nicht leicht. Tatsächlich aber ist jedes Problem spannend und häufig lassen sich Parallelen in den Marktmechanismen erkennen.

Insofern ergibt es sich, dass das gebriefte, und meist vom Auftraggeber als besonders schwierig zu lösend, einmalig, kompliziert etc., dargestellte Problem in seiner Struktur durchaus Problemen sehr ähnelt, welche die Agentur bereits früher erfolgreich bearbeitet hat. Dennoch soll man unbedingt der Versuchung widerstehen, Lösungen »aus dem Handgepäck« zu präsentieren oder zu »recyclen«. Nicht nur, dass spontane oder abgelegte Lösungseinfälle seltenst zur wirklichen Problemlösung geeignet sind, darüber hinaus wird auch das Leistungsempfinden beim Auftraggeber empfindlich gemindert.

Das überlegene Wissen um die Lösung werbebezogener Spezialprobleme darf außerdem, auch nicht unbewusst, dazu verführen, eine gewisse Arroganz gegenüber Bedenken der in solchen Dingen weniger erfahrenen Kundenmanager durchscheinen zu lassen. Kundenmanager haben für solche Signale sehr feine Antennen und reagieren rigoros.

Pünktlichkeit zum Erscheinen im Briefing-Gespräch dürfte sich von selbst verstehen. Denn wenn man es nicht einmal schafft, pünktlich zur Auftragserteilung zu erscheinen, wie will man dann vermitteln, dass man in der Lage ist, in der Auftragsausführung zeitnah zu agieren? Bei Gruppengesprächen ist auch auf Rangadäquanz der Beteiligten zu achten. Die Struktur wird von der Auftraggeberseite vorgegeben, die Auftragnehmerseite hat sich entsprechend darauf einzustellen.

Bei angebotenem Informationsmaterial ist es für gewöhnlich sinnvoller, eher mehr Informationsmaterial mitzunehmen und dieses später detailliert zu sichten und nach Relevanz auszusortieren. Denn Information ist die wichtigste Ressource überhaupt, daher kann es davon selten genug geben.

Ohnehin ist die Umarbeitung des Briefing von einem externen (Kunden-)Briefing in ein internes Briefing der verschiedenen Fachabteilungen, wie Account Planning, Kreation und/oder Mediaplanung, erforderlich. Dabei kommt es zwangsläufig zu Umgewichtungen, Ergänzungen von Informationen oder Weglassen von Details. Wichtig ist, dass der Sinn des (Kunden-)Briefing dabei auf keinen Fall verzerrt wird.

2.1.6 Hinweise für Werbungtreibende

Aus der Beachtung der Hinweise für die Agentur können auftraggeberseitig bereits wertvolle Anhaltspunkte gewonnen werden, wenn es darum geht, ob eine neue Agentur die Richtige bzw. eine bestehende noch die Richtige ist: Erscheint die Agentur pünktlich zum Briefing? Ist die Zusammensetzung des Arbeitsteams adäquat? Haben sich die Personen entsprechend vorinformiert? Vermitteln sie den Eindruck, sich dem eigenen Problem zielführend anzunehmen? Melden sie sich mit einem Re-Briefing, wenn ja, ist der Inhalt sachverständig ausgeführt? Das alles sind wichtige Signale für eine anstehende Zusammenarbeit.

Dennoch liegt die Hauptlast unzweifelhaft beim Briefenden. Ein Briefing professionell aufzubereiten, erfordert denn auch viel Arbeit. Je nach Wichtigkeit der Arbeit kann das nicht durch Assistenten o. ä. geleistet werden. Vor allem ist dafür zu sorgen, dass die Briefinginhalte zuvor intern abgestimmt und insofern »endgültig« sind. Denn jede Briefingveränderung bedeutet Zeit- und Geldvernichtung, zumal sie auch der Motivation der Ausführenden allseits abträglich ist.

Wichtig ist ein sorgfältig ausgearbeitetes Briefing auch deshalb, weil es bei Vorlage der Problemlösung als Messlatte gilt, anhand deren die Eignung einer vorliegenden Problemlösung objektivierend beurteilt werden kann. Denn häufig herrscht nach der Präsentation große Ratlosigkeit, weil der eine diese Lösung, der andere aber jene Lösung präferiert, oder der eine diese Lösung für sehr gut, der andere aber für völlig unbrauchbar hält. Diese Ratlosigkeit rührt meist daher, dass kein Einvernehmen über die zugrunde gelegten Anforderungen herrscht. Vielmehr wird diffus nach Sympathie, subjektiver Erfahrung oder auch Abteilungstaktik argumentiert.

Gibt es hingegen ein aussagefähiges Briefing, löst sich diese Konfusion rasch auf, denn das Briefing enthält die Aufgabenbeschreibung. Anhand des Lösungsvorschlags kann nunmehr vergleichsweise einfach abgeglichen werden, ob die vorab genannten Anforderungen erfüllt werden oder nicht. Werden sie erfüllt, handelt es sich um eine im Sinne des Briefing arbeitsfähige Lösung, unabhängig davon, ob sie »anspricht« oder nicht. Erfüllt sie die Anforderungen nicht, kommt die Lösung nicht in Betracht, gleich wie ansprechend sie auch immer sein mag.

Das trägt zur rapiden Versachlichung und Verbesserung der Entscheidung bei, vorausgesetzt natürlich, das Briefing ist nicht leichtfertig gehandhabt worden, sondern liegt schriftlich, aussagefähig und gut durchdacht vor. Dann stellt sich allenfalls das Dilemma der Wahl zwischen mehreren »guten« Lösungen, aber das stellt sicherlich noch eines der angenehmeren Probleme dar.

Damit einwandfreie Arbeit geleistet werden kann, müssen mindestens folgende acht Voraussetzungen gegeben sein:

– Darstellung des Angebotsumfelds (2.2),
– Basis der Marketingstrategie (2.3),
– Abgrenzung des Marktes (2.4),
– Einfluss des Käuferverhaltens (2.5),
– Bestimmung der Werbeziele (2.6),
– Bestimmung der Werbeobjekte (2.7),
– Bestimmung des Werbebudgets (2.8)
– Beurteilungskriterien der Werbung (2.9).

Darauf wird im Folgenden detaillierter eingegangen (Abb. 30).

2.2 Darstellung des Angebotsumfelds

Um einen Auftrag Erfolg versprechend bearbeiten zu können, ist es dringend erforderlich, dass sich der Agierende mit dem Umfeld des zu bewerbenden Angebots intensiv auseinandersetzt und bestens auskennt. Dazu bedarf es mindestens der Analyse der folgenden Faktoren (Abb. 31):

– Der Markt (2.2.1),
– Der Wettbewerb (2.2.2),
– Die Abnehmer (2.2.3),
– Die Lieferanten (2.2.4),

Abb. 30: Elemente des Briefing

Abb. 31: Darstellung des Angebotsumfelds

– Die Kommunikation (2.2.5),
– Das beworbene Angebot (2.2.6),
– Die Randbedingungen (2.2.7).

Dazu werden sowohl deskriptive als auch analytische Verfahren eingesetzt. Diese werden im Folgenden dargestellt.

2.2.1 Markt

(Abb. 32). Inhalt der Chancen-Risiken-Analyse ist die Beschreibung der Umfeldfaktoren der Vermarktung des Angebots in der Zukunft, Hilfsmittel dazu kann die Szenario-Technik sein (Abb. 33).

Die Vorgehensweise ist dann wie folgt:

– Sichtung und Selektion der für den Unternehmenserfolg relevanten Umfeldfaktoren,
– Bestimmung der voraussichtlichen zukünftigen Entwicklung dieser Faktoren,
– Rückbezug auf den Markt/die Märkte, auf dem/denen das werbende Unternehmen tätig ist,
– Konkretisierung der generellen Entwicklung durch Ableitung möglicher Auswirkungen im Marktumfeld,
– Entwicklungen, die
  – positiv für das Marktumfeld sind, werden als Chancen definiert,
  – negativ für das Marktumfeld sind, werden als Risiken definiert,
– Katalogisierung der Chancen und Risiken in Form einer Tabelle,
– Zugaben von Eintrittswahrscheinlichkeiten und Gewichtungen der Faktoren sind möglich.

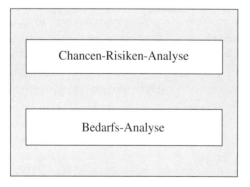

Abb. 32: Markt-Analysen

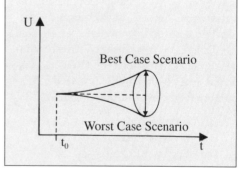

Abb. 33: Chancen-Risiken-Analyse

Die Bedarfs-Analyse hat vor allem drei Inhalte bezogen auf die Absatzsituation:

- Ermittlung des quantitativen Bedarfs in Bezug auf
  - Bedarfsumfang nach Menge und Wert,
    Problem: Dieser ist abhängig von der Abgrenzung des relevanten Marktes (s. u.).
  - Bedarfsträger nach deren Anzahl und Bedeutung (s. u.),
- Ermittlung des qualitativen Bedarfs in Bezug auf
  - Anforderungen an das Marktangebot,
    Problem: Die zutreffende Einschätzung der Erwartungen der Nachfrager hinsichtlich der Leistungen eines Angebots ist schwierig.
  - Nutzung von derzeitigen Ausweichlösungen (latente Marktnische),
- Ermittlung von bedarfsbeeinflussenden Faktoren wie
  - Marktpotenzial,
  - Angebotsbreite und -tiefe,
  - Charakterisierung des Gesamtmarkts und der Teilsegmente nach Entwicklungen, Eigenheiten, Schwerpunkten,
  - Einflussfaktoren in Form von Konjunktur- und Saisonzyklen,
  - Trends und Innovationen etc.

2.2.2 Wettbewerb

(Abb. 34) Der Einfluss durch **aktuelle Wettbewerber** des Unternehmens hängt ab von:

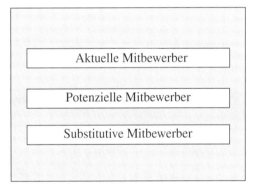

Abb. 34: Wettbewerbs-Analyse

- der Wettbewerbsintensität eines Marktes, die wiederum eng mit dem Konzentrationsgrad dort zusammenhängt.
- der Ansicht der Marktpartner (Kunden) über die Uniqueness von Angeboten hinsichtlich Qualität, Image, Preis etc.
- der Kapazitätsauslastung der Anbieter. Ist diese gering, besteht die Tendenz zu Teilkostenangeboten zur Vermeidung von Leerkosten.
- dem Leistungsgefälle zwischen den Mitbewerbern hinsichtlich Technologie, Innovation, Management etc.
- der Höhe der Marktaustrittsschranken. Diese bestimmen den Verteidigungszwang der bestehenden Anbieter zum Markterfolg.
- der Transparenz der Branche, um unbeabsichtigte Affronts zu vermeiden.
- dem Wachstum der Branche, da Stagnation Konkurrenzverdrängung zur Erfüllung individueller Expansionsziele erfordert.

Relevante Größen betreffen in diesem Zusammenhang etwa:

- die Marktanteile aktuell und im Zeitablauf,
- die Marktanteile nach Menge und Wert,

- die Anzahl der Mitbewerber und deren Gewichtung,
- die Mitbewerberprofile mit ihren Stärken und Schwächen,
- die Marketingeinstellung und Aktivität der Mitbewerber,
- die Bekanntheit und Vertrautheit der Wettbewerbsangebote,
- die Imagedimensionen und Kompetenzen der Wettbewerbsangebote,
- den Parametereinsatz im Marketing, insb. die Preisstellung,
- die Markenpolitik der Konkurrenz,
- den Beitrag ausländischer Wettbewerber etc.

Der Einfluss durch **potenzielle Wettbewerber** des Unternehmens hängt ab von:

- der Möglichkeit und dem Grad der Wahrscheinlichkeit deren Markteintritts,
- der Intensität der erwarteten Reaktionen der bisherigen Marktanbieter. Diese sind umso stärker,
  - je geringer das Marktwachstum ist,
  - je höher die Marktaustrittsbarrieren sind,
  - je größer die Finanzkraft der bisherigen Anbieter ist,
  - je höher die Profitabilität der Branche ist.
- der Höhe der Markteintrittsschranken. Diese sind umso höher,
  - je bedeutsamer die Größendegression ist,
  - je höher Umstellungskosten für Kunden beim Lieferantenwechsel sind,
  - je schwieriger der Distributionszugang ist.
- dem Grad der Produktdifferenzierung. Geringe Ausprägung verursacht hierbei mögliche Kundenfluktuation.
- der Ausschließungswirkung von Gewerblichen Schutzrechten, Standorten etc., welche die Konkurrenzgefahr relativieren.
- der Höhe des Kapitaleinsatzes, der im Misserfolgsfall verloren geht.
- der vermuteten Gewinnhöhe in der Branche, die gegen die dafür einzugehenden Risiken zu stellen ist.

Der Einfluss durch **Substitutionsgutanbieter** des Unternehmens hängt ab von:

- Ausmaß und Umsetzung des technischen Fortschritts. Kurze Innovationszyklen bergen hierbei Gefahren.
- Gewerblichen Schutzrechten, die eine prozessuale Monopolstellung gewährleisten.
- dem Preis-Leistungs-Verhältnis der zueinander in Beziehung stehenden Angebote (dies ist vor allem wichtig bei stagnierenden Nachfragereinkommen).
- der absoluten Preishöhe. Denn je höher der Preis ist, desto intensiver wird nach Alternativen gesucht.
- dem Grad der Produktloyalität/Markentreue am Markt. Ist diese z. B. durch intensive Werbung ausgeprägt, steigt die Marktplanbarkeit.
- der subjektiven Nähe der Substitutionsangebote, woraus sich deren Austauschbarkeit letztlich ergibt.
- dem Lebenszyklusstadium. Je weiter dieses fortgeschritten ist, desto wahrscheinlicher wird die Ablösung durch ein Neuprodukt.

2.2.3 Abnehmer

(Abb. 35). Der Einfluss der Abnehmer des Unternehmens hängt ab von:

- der Unternehmenskonzentration und damit der Möglichkeit des Ausweichens auf andere Lieferanten.
- dem Geschäftsumfang, der mit einzelnen Kunden getätigt wird. Vereinen relativ wenige Kunden hohe Absatzanteile auf sich, haben sie für den Unternehmenserfolg einen großen Stellenwert.
- der Abweichung der eigenen Produkte von denen der Konkurrenz. Dabei geht es weniger um objektive, als um subjektiv empfundene Unterschiede (= Kundenbindung).
- den Kosten eines Lieferantenwechsels auf Abnehmerseite. Diese bestehen aus Kosten der Organisation oder aus Einnahmeausfall bei der Umstellung.
- der Ertragslage der Abnehmer. Ist diese als eher schlecht einzuschätzen, sind ihre Möglichkeiten begrenzt.
- der Transparenz am Markt über Kosten und Preise. Je höher die Übersichtlichkeit, desto eher können alternative Lieferquellen ausgemacht werden.
- der Möglichkeit zur Eigenfertigung. Diese ist im Wesentlichen abhängig von Gewerblichen Schutzrechten und Know-how.
- der Rückwärtsintegration, mit der Abnehmer glaubhaft drohen können.
- der Preisempfindlichkeit auf Abnehmerseite.

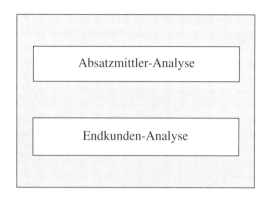

Abb. 35: Abnehmer-Analyse

Relevante Größen betreffen in Bezug auf **Absatzmittler** etwa:

- die Anzahl der Absatzmittler,
- die Autonomie der Handelsstufe,
- die Betriebsformen des Handels,
- die Distribution, nummerisch und gewichtet,
- die regionale Verteilung des Absatzes,
- die Organisation des Absatzes (Absatzsystem, -weg, -form),
- die Außendienststruktur,
- das Handelsmarketing,
- die Warenplatzierung etc.

Relevante Größen in Bezug auf **Endkunden** betreffen etwa:

- die Angebotskenntnis und -einstellung,
- das Informations- und Entscheidungsverhalten,
- die Qualitätserwartung und den Qualitätsbedarf,
- die Markenakzeptanz und -treue,
- die Käufer-/Verwenderschaftsstruktur,

- die Kaufsituation nach Person, Intervall, Intensität,
- die Lifestyle-Orientierung,
- die Einkaufsstättenwahl etc.

2.2.4 Lieferanten

Der Einfluss der Lieferanten des Unternehmens hängt ab von:

- dem Konzentrationsgrad, wenn sich die Bezugsbranche nur aus wenigen Unternehmen zusammensetzt, von denen die zu beziehende Leistung zu erhalten ist.
- der Substitutionsgefahr, wenn keine oder nur schlechte Chancen bestehen, auf ein Ersatzprodukt auszuweichen.
- der Produktbedeutung, wenn die bezogene Leistung mit hohem qualitativen und quantitativen Anteil in das eigene Angebot eingeht, vielleicht sogar bestimmend für dieses ist.
- den Umstellungskosten, wenn der Umstieg auf ein Ersatzprodukt zwar objektiv möglich, subjektiv aber mit erheblichen Anpassungskosten verbunden ist.
- der Vorwärtsintegration, mit der Lieferanten glaubhaft drohen können.
- der Wertschöpfung der Branche. Hohe Wertschöpfung macht relativ unabhängig von Zulieferern.

2.2.5 Kommunikation

Relevante Größen betreffen hier etwa:

- die Medienstruktur und -nutzung im relevanten Markt,
- die Mediastrategie und -selektion der Anbieter auf diesem Markt,
- die Werbeaufwendungen aktuell und im Trend dieser Anbieter,
- die Content-Analyse der Mitbewerberwerbung,
- der Einsatz nicht-klassischer Werbemittel nach Art, Umfang, Inhalt etc.

Diese Inhalte stellen eine wesentliche Erkenntnisquelle dar, die im Weiteren noch vertieft wird.

2.2.6 Beworbenes Angebot

2.2.6.1 Stärken-Schwächen-Profil

(Abb. 36). Dies betrifft die Gegenüberstellung der Ist-Position des Angebots/Unternehmens im Vergleich zu seinem(n) stärksten Wettbewerber(n) anhand eines Kriterienkatalogs (Abb. 37).

Die Vorgehensweise ist folgendermaßen:

- Auswahl der für die Beurteilung der relativen Position relevanten Kriterien,

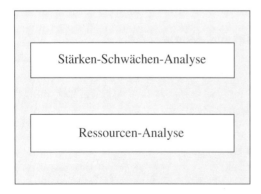

Abb. 36: Analyse des beworbenen Angebots

- Definition des stärksten/der stärksten Wettbewerber(s),
- Festlegung eines Bewertungssystems für die Skalierung (z. B. Schulnoten),
- Ermittlung der für jedes Kriterium relevanten Teilaspekte für die Position und deren Bewertung anhand von Fakten/Expertenurteil,
- Abtrag der Beurteilung für jedes Kriterium auf einer Skalierung als Wert für die eigene Position,
- Ermittlung und Bewertung derselben Kriterien für den/die ausgewählten Mitbewerber (dabei Bemühung um Objektivität),
- Abtrag der Wettbewerberbeurteilung als Wert auf einer Skalierung,
- Verbindung über alle Kriterien hinweg getrennt durch je eine Linie für das eigene und das Wettbewerbsangebot,
- Kriterien, bei denen das eigene Angebot besser beurteilt wird als das des/der Mitbewerb(s)er, zeigen eine Stärke. Kriterien, bei denen das eigene Angebot schlechter beurteilt wird als das des/der Mitbewerb(s)er, zeigen eine Schwäche.
- Der Abstand der Linien für das eigene und das Wettbewerbsangebot zeigt das Ausmaß dieser Stärken und Schwächen.

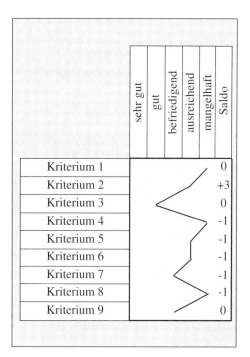

Abb. 37: Stärken-Schwächen-Profil

Es gibt zwei mögliche Konsequenzen:

- werblicher Abbau von komparativen Schwächen durch vermehrte Anstrengungen zum Gleichziehen mit der Konkurrenz,
- Halten/Ausbau der komparativen Stärken als generelle Empfehlung für die Werbung.

Es sind Kombinationen aus Stärken-Schwächen-Profil und Chancen-Risiken-Analyse möglich (**SWOT-Analyse**) (Abb. 38):

- Unternehmensstärken bei gleichzeitigen Umfeldchancen: Forcierung des Angebots zur Nutzung aller Chancen mit Hilfe der »eigenen« komparativen Stärken,
- Unternehmensstärken bei gleichzeitigen Umfeldrisiken: Absicherung der Position zur Vorbeugung gegen aus Umfeldrisiken resultierenden Rückschlägen,

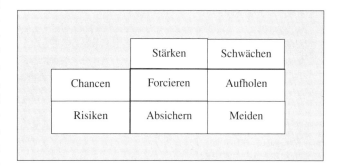

Abb. 38: SWOT-Analyse

- Unternehmensschwächen bei gleichzeitigen Umfeldchancen: Aufholen von Rückständen, damit sich für das Unternehmen bietende Chancen nicht entgehen,
- Unternehmensschwächen bei gleichzeitigen Umfeldrisiken: Meiden des Marktes zur Abwehr von Gefahren für das Unternehmen durch den Markt.

2.2.6.2 Ressourcen-Analyse

Dies ist die Beurteilung des Leistungspotenzials des eigenen Angebots/Unternehmens in Relation zu dessen wichtigstem(n) Konkurrenten anhand eines Kriterienkatalogs. Gegenstand ist hier also die potenzielle Situation, nicht die aktuelle, wie vorher.

Die Vorgehensweise ist wie folgt:

- wie beim Stärken-Schwächen-Profil, allerdings werden nicht die ausgeschöpften, sondern die ausschöpfbaren Potenziale zugrunde gelegt,
- es ergeben sich Kriterien, bei denen das Unternehmen besser beurteilt wird als der/die Mitbewerber, dies kennzeichnet einen Ressourcenvorsprung,
- es ergeben sich Kriterien, bei denen der/die Mitbewerber besser beurteilt werden als das Unternehmen, dies kennzeichnet einen Ressourcenrückstand,
- der Abstand der Linien zeigt das Ausmaß der jeweiligen Vorsprünge und Rückstände an.

Außerdem sind Kombinationen aus Stärken-Schwächen-Profil und Ressourcen-Analyse möglich (ähnlich der **Potenzial-Analyse**) (Abb. 39):

- Ressourcenvorsprung bei gleichzeitiger Angebotsstärke. Dieser Sektor ist jedenfalls nicht als Engpass zu betrachten und kann daher offensiv am Markt genutzt werden,
- Ressourcenvorsprung bei gleichzeitiger Angebotsschwäche. Dieser Sektor bietet sich unbedingt zur Forcierung an, da hier ansonsten Erfolge aus unausgeschöpftem Potenzial vergeben werden,

	Ressourcen-vorsprung	Ressourcen-nachteil
Angebotsstärke	Offensive	Vernachlässigung
Angebots-schwäche	Forcierung	Meidung

Abb. 39: Potenzial-Analyse

- Ressourcennachteil bei gleichzeitiger Angebotsstärke. In diesem Fall empfiehlt sich keine Betonung in der Marketingstrategie, um damit keine Gegenreaktionen zu provozieren,
- Ressourcennachteil bei gleichzeitiger Angebotsschwäche. Hier gilt die Meidung dieses Sektors, da damit ohnehin wohl nur Flops erreicht werden dürften.

Weitere Faktoren, die zu berücksichtigen sind, betreffen etwa:

- Angebotsphysis nach Eigenschaften und Anwendungen,
- Programmverbund,
- Packung/Ausstattung,

- Produktbeurteilung und komparative Vorteile,
- Lebenszyklusphase,
- Marketing-Mix-Allokation,
- Preis-Gegenwert-Relation etc.

Randbedingungen betreffen hier etwa:

- primäre und sekundäre Marktforschungserkenntnisse,
- Unternehmens- und Marketingziele (s. u.),
- rechtliche Restriktionen (s. u.),
- Gebiets- und Zeitrahmen,
- Ansprachedimensionen (klassisch/nicht-klassisch) etc.

2.2.7 Datenquellen

Es ergibt sich eine Vielzahl möglicher Datenquellen zur Ermittlung des Angebotsumfelds. Als Beispiele seien genannt:

- Statistisches Bundesamt/Statistische Landesämter für Bevölkerungsdaten, Wirtschaftswachstum (BIP), Zahl der Haushalte, privates Einkommen, Export/Import, Investitionen, Preisindex etc.
- Informationen von Markt orientierten Medien und Institutionen zu Markt- und Branchendaten, Pro-Kopf-Verbrauch, Handelsstruktur, Wertewandel, Firmeninformationen, Verbraucherzielgruppen, Produktinformationen, Marktanteil, Bekanntheitsgrad, Sympathie, Kaufbereitschaft, Mediaverhalten, Reichweite etc.
- Marktforschungs-Institute für Informationen über Konsumenten und Warengattungen, Handelsdaten und -strukturen, Panel-Daten, Markttestergebnisse etc.
- Werbeforschung zu Kommunikationsaufwendungen nach Märkten, Warengattungen, Medien etc.
- Außendienst, Handel, Lieferanten, Messen u. ä. zu Daten über Produktmuster, Preislisten, Verkaufsförderung und Werbematerial, Konditionen, Handels- und Produktinformationen etc.
- Werbeberater und Werbeabteilungen zu Sonderauswertungen, eigenen Studien, Auslandsinformationen etc.

Gelegentlich noch herrscht in Zusammenhang mit diesem Briefingpunkt helle Aufregung ob der Vielzahl von Fakten und Vorgaben, die dafür zusammenzustellen sind. Markenartikler legen daher zur Vermeidung ein **Brand Fact Book** an. Dieses enthält alle benötigten Informationen auf einen Griff, und zwar jeweils in der aktualisierten Fassung. Es hat sich bewährt, dafür eine verantwortliche Person zu bestimmen, die allein Zugriff auf das Brand Fact Book hat. Sie ist außerdem für dessen jederzeitige Vollständigkeit zuständig. Sind diese ablauforganisatorischen Vorkehrungen gewährleistet, stellt das Brand Fact Book eine ideale Datenquelle dar.

Im Rahmen kommunikativer Analysen wird auch gern auf spezielle Informationsdienste der Verlage zurückgegriffen wie:

- MARIA (Marketing Informationen für den Absatz), Gruner&Jahr,
- G&J Branchenbilder,

- Spiegel-Dokumentation,
- Springer Märkte * Informationen,
- Wirtschaftswoche (z. B. Profitravel).

2.3 Basis der Marketingstrategie

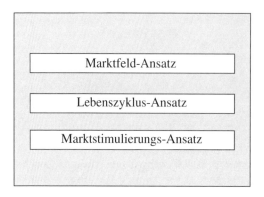

Abb. 40: Basis der Marketingstrategie

Ausgangspunkt aller kommunikationsstrategischen Überlegungen ist eine fundierte Marketingstrategie. Dazu stehen als Hilfsmittel mehrere Systematisierungsansätze zur Verfügung. Die wohl bedeutsamsten sind das Marktfeld, der Lebenszyklus und die Marktstimulierung (Abb. 40). Diese werden im Folgenden ausführlicher dargestellt.

2.3.1 Marktfeld

Die Gap-Analyse oder **Analyse der strategischen Lücke** hat eine Projektion der Erlös- bzw. Ertragsentwicklung im Zeitablauf zum Inhalt. Dazu wird im Planungszeitpunkt die mutmaßliche Entwicklung der Ergebnisse prognostiziert. Dies erfolgt in Abhängigkeit von Status quo oder marketingstrategischen Maßnahmen. Im Status quo, also ohne Einleitung marketingstrategischer Maßnahmen, dürften sich die Ergebniswerte monoton fallend entwickeln. Dies hängt vor allem damit zusammen, dass in einer dynamisch fortschreitenden Umwelt Stillstand Rückschritt bedeutet, ein passiver Anbieter also zwangsläufig an Boden verliert. Sofern bereits bekannte oder eingeleitete Maßnahmen dies verhindern können, handelt es sich um eine operative (geschlossene) Lücke. Offen bleibt hingegen eine strategische Lücke, die es zu schließen gilt. Dazu stehen vier Strategien zur Verfügung, die sich entsprechend dem Gesetz abnehmender Synergiepotenziale ableiten und Marktfeldstrategien genannt werden (Abb. 41).

Sie umfassen folgende Alternativen:

- **Marktdurchdringung** bedeutet, vorhandene Produkte auf vorhandenen Märkten intensiver anzubieten. Dies betrifft die unerlässliche Basisaktivität zu intensiver Marktbearbeitung.
- Bei der **Marktausweitung** geht es darum, vorhandene Produkte auf neuen Märkten anzubieten.
- Und bei der **Produktausweitung** werden neue Produkte auf vorhandenen Märkten angeboten.

Abb. 41: Marktfeldstrategie

- **Diversifikation** schließlich bedeutet, für das Unternehmen neue Produkte auf für das Unternehmen neuen Märkten anzubieten. Die praktische Bedeutung ist heutzutage jedoch eher gering

Nach dem Grad der Verschiedenartigkeit kann zwischen

- homogener (horizontaler oder vertikaler) Diversifikation und
- heterogener (konglomeraler) Diversifikation

unterschieden werden (Abb. 42).
Homogene Diversifikation beinhaltet:

- **horizontale** Diversifikation, d. h. die Aufnahme miteinander verwandter, neuer Tätigkeitsbereiche in das Unternehmensprogramm,
- **vertikale** Diversifikation, d. h. die branchengleiche Ausweitung in neue, vor- oder nachgelagerte Wirtschaftsstufen.

Hinsichtlich der **heterogenen Diversifikation** können wiederum verschiedene Ausprägungen unterschieden werden:

- **Mediale** Diversifikation, d. h. die Kombination aus verwandtem Tätigkeitsfeld und anderer (vor- bzw. nachgelagerter) Marktstufe,
- **Diagonale** Diversifikation, d. h. die Kombination aus unverbundenem Tätigkeitsfeld und gleicher Marktstufe.
- **Laterale** Diversifikation, d. h. die Kombination aus unverbundenem Tätigkeitsfeld und anderer (vor- bzw. nachgelagerter) Marktstufe.

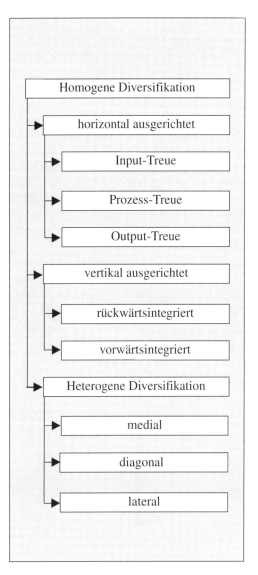

Abb. 42: Diversifikation

2.3.2 Lebenszyklus-Analyse

2.3.2.1 Phaseneinteilung

Die Lebenszyklus-Analyse betrachtet die Ergebnisentwicklung in Abhängigkeit vom Zeitablauf, wobei idealtypisch eine Normalverteilungskurve (Gauss'sche Glockenkurve) unterstellt wird. Es handelt sich also um ein zeitbezogenes Marktreaktionsmodell. Betrachtungsobjekt können ein Branchen-, ein Produktgruppen- oder ein Produktmarkt sein. Es entsteht folgende Einteilung in Phasen, die bereits typische Bestimmungsgrößen für Strategien enthalten (Abb. 43).

Zunächst ergibt sich die **Vorbereitungsphase**. Hier wird das Angebot noch nicht marktwirksam. Vielmehr arbeiten Anbieter an der Marktreifung ihrer Forschungs- und Entwicklungsvorhaben. Erste Ankündigungen werden in den Medien lanciert. Für das Unternehmen laufen jedoch zuerst einmal nur hohe Vorkosten auf.

In der **Innovationsphase** erfolgt die Marktetablierung bzw. Produkt-(gruppen-)einführung. Das Marktwachstum ist sehr hoch, wenngleich auf kleiner Basis. Die Preiselastizität der Nachfrage ist gering und bietet die Chance zu Abschöpfungspreisen. Die Zahl der Konkurrenten bleibt niedrig, wenn es sich nicht sogar um ein temporäres Monopol handelt. Das Betriebsergebnis der Anbieter ist infolge der Vorkosten noch negativ.

Zu Beginn gibt es allerdings kaum Wettbewerb. Die Nachfrager sind Innovatoren, die aus ihrem Selbstverständnis heraus immer das Neueste haben wollen. Andere Anbieter müssen den Marktzugang erzwingen. Das Preisniveau ist hoch, um die Konsumentenrente abzuschöpfen, zum Teil gibt es jedoch auch niedrige Probierpreise (Penetrationsstrategie). Die Distribution ist selektiv, da Produktions- und Absatzkapazitäten erst noch sukzessiv aufgebaut werden. Die Werbung richtet sich vorwiegend an die Meinungsbildner über Special-Interest-Presse, und den Handel zur Listungs- und Platzierungsunterstützung. Insgesamt sind die absatzpolitischen Aktivitäten eher hoch anzusetzen.

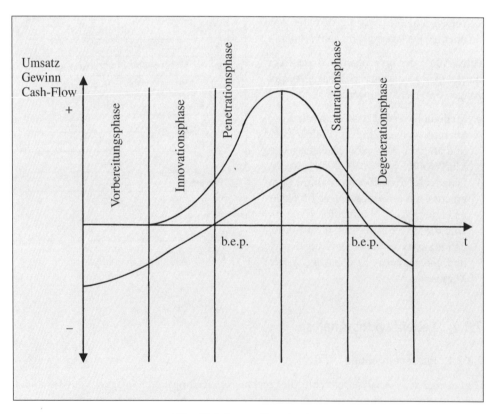

Abb. 43: Lebenszyklus-Analyse

Der Markt ist durch Übernachfrage gekennzeichnet. Noch sind hohe Produktionskosten bei niedrigerem Standardisierungsgrad gegeben. Produkte werden in die Großserienreife überführt. Der Absatz erfolgt über spezialisierte Absatzkanäle. Es kommt zu intensiver Produktverbesserung durch Design- und Werkstoffwechsel, mit der Folge hoher Forschungs- und Entwicklungs-Kosten. Es besteht ein großes Innovationsrisiko. Trotz Abschöpfungspreispolitik bleiben kaum Gewinne. Die Strategie ist auf Marktanteilswachstum gerichtet.

In der **Penetrationsphase** erfolgt eine weitere Marktentwicklung. Die Wachstumsrate des Marktes ist hoch, verläuft jedoch bald degressiv. Der Break-Even-Punkt wird erreicht. Die Gewinne steigen stark an, zugleich steigt jedoch auch die Preiselastizität der Nachfrage und die Zahl der Konkurrenten. Dadurch wird erstmalig ein positiver Cash-Flow erreichbar.

Der Wettbewerb ist noch nicht intensiv. Als Käufergruppe kommen nun die Frühadopter in Betracht. Ziel der am Markt beteiligten Unternehmen muss eine bessere Marktdurchdringung oder Marktausweitung sein. Das Preisniveau ist hoch, da ausreichend Nachfrage vorhanden ist. Die Frühadopter stellen ein weitaus größeres Potenzial dar als die Innovatoren. Die Distribution wird im Zuge des Produkterfolgs ausgeweitet. Die Kommunikation ist durch hohe Werbeanstrengungen gekennzeichnet. Durch die Pull-Strategie wird Nachfrage in den Handel gezogen, durch die Push-Strategie gleichzeitig Ware in den Absatzkanal gedrückt. Ziel ist es, ein Markenbewusstsein aufzubauen, um sich gegen spätere Mitbewerber profilieren zu können.

Die Kapazitäten werden infolge starker Nachfrage überbelastet. Es entstehen hohe Produktionskosten (z. B. durch Überstunden). Das Qualitätsniveau der Produkte ist latent gefährdet. Die Marketingkosten bleiben eher gering.

In der **Saturationsphase** normalisiert sich die Wachstumsrate, und es kommt schließlich zur Stagnation. Die Gewinne erreichen ihr Maximum und verfallen danach infolge hoher Nachfrageelastizität und Wettbewerbsintensität. Der Mittelrückfluss erreicht durch Aufwandsbeschnitt auf Reinvestitionen und hohe Abschreibungen sein Maximum.

Es herrscht starker Wettbewerb. Als Käufer sind die frühe bzw. späte Mehrheit zu bezeichnen. Ziel ist die Durchsetzung gegenüber dem Mitbewerb und eine Marktanteilserhaltungsstrategie. Das Preisniveau sinkt. Es werden zunehmend Zugeständnisse an den Handel erforderlich, da Hersteller auf einen gewissen Distributionsgrad angewiesen sind. Die Werbeaufwendungen steigen, die Werbeaussagen sind implizit auf Diskriminierung des Mitbewerbs ausgerichtet. Hinzu kommen häufige Aktionen. Die absatzpolitischen Aktivitäten intensivieren sich.

Es herrschen Massenproduktion und -vertrieb vor. Die Standardisierung der Produkte ist hoch. Es kommt zu Preiskämpfen. Hohe Werbekosten werden in die Induzierung von Wiederholungskäufen und in Marktsegmentierung gesteckt. Dies erfordert Produktdifferenzierung und hohen Distributionsaufwand. Es kommt zu Prozessinnovationen. Angesichts rückläufiger Margen/Gewinne werden Wettbewerbsvorteile aktiviert. Es herrscht Verdrängungswettbewerb. Importkonkurrenz aus Billiglohnländern verschärft diese Situation.

In der **Degenerationsphase** kommt es schließlich zum Umsatz- und Gewinneinbruch. Verluste laufen auf, der Cash-Flow sinkt schnell ab und Konkurrenten scheiden vom Markt aus. Ziel des Marketing ist die Vermeidung dieser misslichen Situation durch rechtzeitigen Relaunch (Produktvariation), durch Rückzug des Produkts (Produktelimination) oder durch Phasenablaufbeeinflussung. Der Markt ist durch Verdrängungswettbewerb gekennzeichnet. Als Käufer kommen die Spätadopter bzw. Nachzügler zum Zuge. Unternehmen bereiten die Produktelimination in Anschluss an das Ausmelken der Produkte vor. Das Preisniveau ist eher niedrig. Gleichzeitig sinkt die Distribution, da Handelsgeschäfte das Produkt zunehmend auslisten bzw. austauschen. Aus Kostengründen wird die Werbung reduziert. Die absatzpolitischen Aktivitäten sind eher niedrig einzuordnen.

Es herrschen Überkapazitäten und branchenweiter Umsatzrückgang trotz Massenproduktion und -vertrieb vor. Es kommt zum Preisverfall, worunter die Markentreue leidet. Statt technischen Fortschritts dominiert Kostenkontrolle. Es kommt zum Marktaustritt von Wettbewerbern, die sich auf die Entwicklung neuer Produkte konzentrieren.

2.3.2.2 Einflussgrößen

Zur Veränderung des Phasenablaufs ergeben sich verschiedene Ansatzpunkte für werbliche Absichten, so die folgenden (Abb. 44):

Abb. 44: Beeinflussung des Phasen-ablaufs im Lebenszyklus

– **Steiler Anstieg** der Diffusionskurve zur Forcierung des Umsatzerfolgs durch Maßnahmen profilierender Art (Produktneuheit) oder generischer Art (Marktneuheit). Dazu zählt vor allem die rasche Bekanntmachung des neuen Angebots und dessen frühe Übernahme durch aktive Personengruppen.
– **Gestreckter Verlauf** der Diffusionskurve, vor allem in der Penetrations- und Saturationsphase. Daraus resultiert ein positiver Cash-Flow, weil die Umsätze noch ansehnlich, gleichzeitig die Anlagen vorzeitig abgeschrieben und weitere Investitionen aufgrund des absehbaren Lebenszyklusendes eng begrenzt sind.
– **Verzögerter Abfall** der Diffusionskurve durch Maßnahmen der laufenden Angebotsaktualisierung zur kontinuierlichen Produktpflege (Product Care).
– **Höheres Niveau** der Diffusionskurve durch Maßnahmen zur produktlichen Aufwertung in Leistung bzw. Nutzen. Dazu gehören Face Lifts, die dem Markt immer wieder verhaltene Wachstumsschübe geben.
– **Relaunch** bei Umkehr der Wachstumsdynamik durch Produktmodifikationen in Form von Up bzw. Down Gradings. Dabei wird das bestehende zugunsten eines variierten Produkts vom Markt genommen.

Der **Substitutionszeitkurve** liegt zugrunde, dass die durch eine Innovation bewirkte Substitution bestimmten gleichförmigen Verhaltensmustern (logistische Funktion) folgt. Insofern kann bereits aus wenigen frühen Daten, welche die Bedingungen der jeweiligen Substitution enthalten, formal der zukünftige Substitutionsprozess prognostiziert werden. Problematisch ist, dass Trendbrüche dabei zu Fehlprognosen führen.

2.3.3 Marktstimulierung

Marktstimulierung betrifft die Art der Akquisition am Markt. Dabei ergeben sich die Alternativen der

- Präferenz-Position und der
- Preis-Mengen-Position.

Die Präferenz- sowohl als auch die Preis-Mengen-Position sind durch grundlegende Geschäftsprinzipien gekennzeichnet. Zunächst zur Umsetzung der Präferenz-Position (Abb. 45).

2.3.3.1 Präferenz-Position

Eine **Marke** ist unerlässliche Voraussetzung für jede Marketingstrategie, die nicht allein auf Preisvorteil aufbaut. Darüber ein Produkt zu verkaufen, ist jedoch das kleinere Problem. Wirklich interessant ist hingegen, Präferenzen im Markt aufzubauen, die fähig sind, sogar einen Preisnachteil zu kompensieren. Dies wiederum ist nur über einen Markenartikel möglich. Und dieser wird erst zu einem solchen durch Kommunikation.

Die Maxime **Gewinnpriorität** vor Umsatz-/Absatzorientierung impliziert Wert anstelle von Mengendenken. Dies mag selbstverständlich klingen, ist aber in einer vordergründig immer noch auf Wachstum fixierten Wirtschaftsordnung eher außergewöhnlich. Zudem wird oftmals fälschlich unterstellt, dass mit steigendem Um-/Absatz Gewinne parallel oder gar überproportional steigen. Dem steht jedoch wachsende Komplexität mit Zunahme organisatorischer, nicht wertschöpfender Aktivitäten entgegen, welche die Rentabilität belasten.

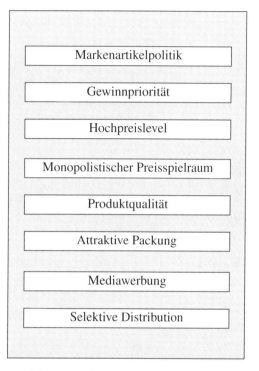

Abb. 45: Marktstimulierungsstrategie in der Präferenz-Position

Die Durchsetzung eines Hochpreislevels wird erst über Präferenzaufbau in der Nachfragerschaft möglich. **Prämienpreissetzung** bedeutet, dass der Preis eines Produkts durchgängig über dem durchschnittlichen Preis des Mitbewerbs angesetzt wird. Dadurch wird die Preisbereitschaft der Nachfrager ausgereizt, und es können hohe Stückgewinnspannen erzielt werden. Diese Preisforderung engt den Kreis der Nachfrager ein und führt zur angestrebten Exklusivität. So ist eine schnelle Amortisation des eingesetzten Kapitals erreichbar. Außerdem dient der Preis oft als Qualitätsindikator. Allerdings höhlen preisaggressive Mitbewerber die Marktstellung leicht aus, und es besteht die Gefahr, dass Nachfrager sich übervorteilt fühlen. Schließlich ist die Umsetzung nur bei optimiertem Marketing-Mix darstellbar.

Beim **monopolistischen Preisspielraum** geht es um die Erarbeitung eines Bereichs, innerhalb dessen die Preiselastizität der Nachfrage gering ist. Dem liegt das gedankliche Modell einer zweifach geknickten Preisabsatzfunktion zugrunde. Sie stellt damit eine Kombination aus der linear-negativ geneigten Preisabsatzfunktion des Monopols und der voll-elastischen Gerade des

Polypols dar und führt zu einem Verlauf, der negativ geneigt in je einen Abschnitt mit relativ geringer negativer Neigung, ähnlich der Situation im Polypol, einen Abschnitt mit großer negativer Neigung, ähnlich der Situation im Monopol, und einen weiteren Abschnitt mit relativ geringer negativer Neigung unterteilt werden kann. Dadurch entstehen zwei Knickstellen in der Preisabsatzfunktion, innerhalb deren ein monopolistischer Bereich liegt. Typisch für viele Märkte ist eine große Anzahl von Anbietern bei hoher Unvollkommenheit jedes Marktes. Diese fehlende Homogenität führt dazu, dass jeder dieser Anbieter eine quasi-monopolistische Stellung einnimmt. Die Grenzen werden durch einen oberen und unteren Grenzpreis markiert. Innerhalb dieser Grenzpreise ist jeder Anbieter relativ frei in der Setzung seiner individuellen Preis-Mengen-Kombination. Die Nachfrager ziehen einen bestimmten Anbieter anderen vor und sind deshalb bereit, einen höheren Preis zu akzeptieren. Marketing hat zum einen zum Ziel, den monopolistischen Bereich möglichst steil zu gestalten. Denn je steiler der Verlauf, desto geringer fällt ein Nachfragerückgang bei Preisanhebung aus. Die Steilheit der Kurve ist unmittelbar abhängig vom Ausmaß der Präferenzen. Je größer diese sind, desto inflexibler reagiert die Nachfrage. Zum anderen hat Marketing zum Ziel, die Grenzpreise so weit wie möglich zu spreizen. Dies gilt besonders für den oberen Grenzpreis, der den Preissetzungsspielraum des Anbieters limitiert. Darüber hinaus führen Preisanhebungen zu umfangreichem Absatzrückgang, weil dann die Preisbereitschaft der Nachfrager überstrapaziert wird. Der untere Grenzpreis ist demgegenüber wegen der sich dort ergebenden meist niedrigen Erlöse und etwaiger Kapazitätsrestriktionen weniger interessant. Der monopolistische Preisspielraum wird ganz entscheidend durch die Kommunikation geprägt.

Die Gewährleistung hoher **Produktqualität** ist unerlässliche Voraussetzung für den Präferenzaufbau. Durch ausgefuchste Qualitätssicherungssysteme sollte eine dramatische Senkung der Fehlerrate gelingen. Die potenzielle Schwachstelle ist allerdings nach wie vor der Mensch. Erst dessen Ambition setzt unternehmerische Ansprüche in die Realität um.

Einer **attraktiven Packung** kommen wichtige Kommunikationsfunktionen zu. Dazu gehört die adäquate Anmutung in der Zielgruppe, die wirksame Differenzierung und Identifizierung, eine hohe Auffälligkeit zur Selbstverkäuflichkeit, die Auslobung am Produkt durch eine Werbeaussage, die qualitätsabsichernde Markierung, Herkunftskennzeichnung und Produktbezeichnung. Allerdings gibt es auch Produkte ohne Packung, bei denen dem Produktäußeren an sich hohe Attraktivität zukommen muss. Dies wird durch Design und Styling zu erreichen versucht. Zu denken ist an alle technischen Gebrauchsgüter, vornehmlich solche, die sozial auffällig sind. Zudem steht die Packung aus ökologischer Sicht in der Kritik, sodass der Packungsaufwand eher reduziert und homogenisiert wird.

Umfangreiche **Mediawerbung** dient der Erreichung hoher Bekanntheit und Vertrautheit in der Zielgruppe, sowohl über Klassische als auch Nicht-klassische Medien. Dies stößt insofern auf nicht geringe Schwierigkeiten, als das allgemeine »Grundrauschen« der Werbung bereits so hoch ist, dass es besonderer Aufwendungen bedarf, sich daraus hervorzuheben. Ansonsten unterliegt man der Neutralisierungswirkung. Dies ist aber nur eine Seite der Medaille. Die andere ist, dass dort, wo eine solche Penetration gelingt, die Zielpersonen mit Reaktanz reagieren, da sie Manipulation wittern. Von daher sind die Erfolge der Mediawerbung fraglich. Die einzige Alternative liegt in der Substitution von Werbebudget durch schlagkräftige Ideen, mit denen die Rezipienten sich auseinanderzusetzen bereit sind und die bei ihnen Kompetenz und Sympathie aufbauen. Tatsächlich ist der Leistungsbeitrag der Werbung am wirtschaftlichen Erfolg eines Angebots nur sehr schwer bis gar nicht feststellbar.

Selektive Distribution unterstützt die Sicherung eines angebotsadäquaten Verkaufsumfelds. Dabei wird nur ein Absatzkanal mit ausgewählten Akteuren eingeschaltet. Dies entspricht zwar einer eher geringen Erhältlichkeit im gewählten Absatzgebiet, führt aber zur homogenen Struktur der Absatzmittler/-helfer (z. B. nur Fachhandel). Vorteile liegen in der Nutzung der Hebelwirkung bestgeeigneter Akteure und deren gesteigerten Geschäftsinteresses, in der Möglichkeit zu nachhaltiger Kontaktpflege dieser Abnehmer sowie in überschaubarer Absatzstruktur. Nachteile liegen im hohen Risiko bei Ausfällen und Verschiebungen im Absatzkanal, in niedrigerer Erhältlichkeit des Produkts mit der Gefahr geringerer Kapitalisierung dessen akquisitorischen Potenzials sowie in mangelnder Anpassung an die Dynamik der Absatzwege.

2.3.3.2 Preis-Mengen-Position

(Abb. 46). Das **Preiswettbewerbskonzept** drückt sich in aggressiver, kompetitiver Preissetzung durchgängig unter dem durchschnittlichen Preis des Mitbewerbs aus. Dabei handelt es sich um die wirksamste und zugleich für die Konkurrenz empfindlichste Waffe. Bestehende Mitbewerber können dadurch verdrängt, neue vom Markteintritt abgeschreckt werden. Preisbrecher können zudem auf Goodwill und Sympathie in der Öffentlichkeit rechnen. Ein Niedrigpreisimage bewirkt, dass ein Angebot in die engere Auswahl eines breiten Publikums gelangt. Allerdings sind große Mengen Voraussetzung, da ein gewinnbringendes Angebot nur bei Nutzung der Stückkostendegression darstellbar ist. Außerdem ist eine langsamere Verzinsung des eingesetzten Kapitals und damit ein erhöhtes Risiko hinzunehmen. Niedrigpreise sind zudem mit fehlendem Prestigewert und Qualitätszweifeln verbunden.

Abb. 46: Marktstimulierungsstrategie in der Preis-Mengen-Position

Absatzpriorität vor Gewinnorientierung, also Marktanteilsausbau, ist hier als primäres Ziel zu nennen. In der Marktform des Monopols wird dies bei halber Menge zwischen Kaufverhinderung und Verschenken erreicht, in der Marktform des Polypols an der Kapazitätsgrenze jedes Anbieters. Diese kann durch zeitliche und intensitätsmäßige Anpassung kurzfristig ausgedehnt werden. Dem liegt die Vermutung zugrunde, dass es einfacher ist, Markterfolg durch große Menge bei niedrigem Preis/Stückgewinn zu erreichen als durch geringe Menge bei hohem Preis/Stückgewinn. Tatsächlich steigt für gewöhnlich die Rendite mit steigendem Marktanteil überproportional. Dies haben umfangreiche empirische Analysen im Rahmen des PIMS-Projekts als Kernaussage ergeben.

Beim **Preis-Leistungs-Verhältnis** erfolgt die Kundengewinnung über eine vorteilhafte Kosten-Nutzen-Relation, das durch interne Kostenorientierung bei mittlerer Produktqualität realisierbar wird. Dabei handelt es sich um einen gedanklichen Quotienten aus Preis (im Zähler) und Leistung (im Nenner).

Absatzrationalisierung erfolgt durch Effizienzsteigerung bei Akquisition und Logistik. Ersteres impliziert im Wesentlichen den Verzicht auf Formen des Persönlichen Verkaufs, stattdessen die Nutzung medialer Formen der Direktwerbung. Letzteres betrifft die Optimierung von Transport und Lagerung. Einflussgrößen darauf sind Eigen- oder Fremdbetrieb von Transport und Lagerung sowie Wahl des Transportmittels und des Lagerstandorts.

Auch erfolgt eine **Grundnutzenargumentation** unter Verzicht auf profilierende Zusatznutzen. Grundnutzen ist dabei die Eignung eines Angebots, den gestellten Anforderungen gebrauchstechnisch, d. h. in Bezug auf die objektive Funktionserfüllung, gerecht zu werden. Diese Grundnutzen sind bei der heute allgemein vorauszusetzenden hohen Qualität des Marktangebots zwar überwiegend ohnehin gegeben, werden jedoch in Ermangelung anderer auslobungsfähiger Merkmale bedeutsam.

Damit ist ein insgesamt **geringerer Marketing-Mix-Einsatz** zur Kostenreduktion und deren Weitergabe im Preis verbunden. Denn Marketingkosten gehen über die weitverbreitete Mark-up-Kalkulation in den Angebotspreis ein. Jeder Aufwand im Marketingbereich verringert damit die Chance für einen Penetrationspreis. Oder umgekehrt, ein Penetrationspreis wird trotz Degressionseffekten nur durch Einsparung im Marketingbereich überhaupt möglich.

Die **Akzeptierung von Risiken** ist unerlässlich, da der Preis das gefährlichste Wettbewerbsinstrument darstellt. Dies betrifft vor allem die Preisuntergrenze, da es bei geringer Gewinnspanne durch Preisnachgiebigkeit rasch zu Verlusten kommt. Dabei ergeben sich mehrere Preisuntergrenzen, diejenige, die nicht nur die Deckung aller Kosten, sondern auch die Erzielung eines Mindestgewinns zulässt, diejenige, die zwar die Deckung aller Kostenelemente erlaubt, jedoch nicht mehr die Erzielung eines Gewinns, und diejenige (kurzfristige), die zwar keine Gewinnerzielung mehr erlaubt, aber wenigstens alle ausgabenwirksamen (meist variablen) Kosten abdeckt.

Breite Distribution bis hin zur Überallerhältlichkeit ist vorteilhaft, um Kontaktchancen zu erzeugen. Dabei sollen möglichst viele, mit vertretbarem Aufwand zu erfassende Akteure in den Absatzkanal einbezogen werden. Im Grenzfall der Ubiquität sollen alle objektiv überhaupt in Frage kommenden Akteure in den Absatzkanal einbezogen werden. Vorteile liegen in der weitgehenden bzw. vollständigen Marktausschöpfung, in umfassender Kapitalisierung der Verkaufsvorbereitungen, in der Initiierung ungeplanter Käufe durch zufälligen Kontakt zwischen Produkt und potenziellen Nachfragern und in der weitgehenden Vermeidung der Abhängigkeit von Absatzmittlern. Nachteile liegen jedoch im hohen Aufwand zum Aufbau und Erhalt, der kostentreibend wirkt, in der nachlassenden Effizienz zuwachsender Absatzstellen und der schwierigen Kontrolle der Präsentationsbedingungen mit Beeinträchtigung des Produktimages durch diffuse Geschäftsstättenimages.

2.3.3.3 Kostenwirtschaftlichkeit

Die Preis-Mengen-Position setzt die Nutzung von zwei Gruppen von Skaleneffekten voraus:

- statischen und
- dynamischen.

Statische Effekte wiederum drücken sich aus in:

- Fixkostendegression (Kapazitätsauslastung) und
- Betriebsgrößeneffekt (Kapazitätsausweitung).

Die **Fixkostendegression** beschreibt einen Stückzahl abhängigen Mengeneffekt (Büchersches Gesetz). Danach sinken die Stückkosten mit zunehmender Losgröße, weil sich die beschäftigungsgradunabhängigen Fixkosten auf eine größere Stückzahl umlegen und sich damit in immer geringerem Maße zu den stückzahlfixen variablen Kosten addieren. Und zwar bis an die Kapazitätsgrenze. Dort entstehen einmalige zusätzliche sprungfixe Kosten, die durch weitere Degression jedoch rasch überkompensiert werden.

Der **Betriebsgrößeneffekt** begründet sich darin, dass Großbetriebe kostengünstiger produzieren können als kleinere. Dies kommt durch multiple Aggregation von Fixkostendegressionseffekten zustande, sowie durch optimierte Abstimmung von Teilkapazitäten und relative Gemeinkostenreduktion (trotz absolut höherer Beträge).

Dynamische Effekte drücken sich aus in:

- technischem Fortschritt,
- Rationalisierung und
- Lernerfahrung.

Für Unternehmen hoher Ausbringung lohnt sich der frühzeitige Umstieg auf eine **leistungsfähigere Technologie** mit für gewöhnlich höheren Fixkosten und niedrigen variablen Stückkosten. Dadurch kommt es dort zu sprunghaftem technischen Fortschritt, während andere das hohe Investitionsrisiko noch scheuen und versuchen, bestehende Technologien auszureizen, die am Ende aber chancenlos bleiben.

Rationalisierungsvorsprünge erwachsen aus Mengenvorteilen bei Beschaffung, Fertigung und Absatz durch Substitution von Arbeit durch Kapital. Diese entstehen durch Spezialisierung auf einzelne Produkte oder Individualisierung auf Märkte, die eine konzentrierte Betriebsführung mit relativer Aufwandsreduktion erlauben.

Lernerfahrung beruht auf der individuellen Ansammlung von Wissen bei Experten infolge Transparenz der Produktions- und Vermarktungsbedingungen, Effizienz in Herstellung und Vertrieb sowie Kompetenz in der Einschätzung der Marktpartner. Hinzu kommen allgemeine Vorteile bei Entwicklung, Management und Information.

Die dynamischen Größeneffekte sollen mit kumulativer Mengenverdopplung jeweils ein Potenzial von 20–30% Stückkostenermäßigung erschließen, so sie bewusst angestrebt werden (lt. BCG).

2.3.3.4 Marktpolarisierung

Die genannten Erkenntnisse führen zu einem U-förmigen Zusammenhang (Porter-Kurve) zwischen Unternehmenserfolg, gemessen in Gewinn oder ROI, und Mengenoutput, gemessen in Absatz oder Marktanteil. Danach ist der Unternehmenserfolg hoch, wenn der Mengenoutput entweder sehr niedrig ist oder sehr hoch, und niedrig, wenn der Mengenoutput nur ein mittleres Niveau erreicht. Von daher muss ein Unternehmen entweder anstreben, einen hohen Grad an Exklusivität zu erreichen oder eine extrem hohe Verbreitung (Abb. 47). Ersteres ist aufgrund des geringeren Geschäftsvolumens zwar mit höheren Stückmargen, aber absolut mit geringeren Gewinnen verbunden als letzteres.

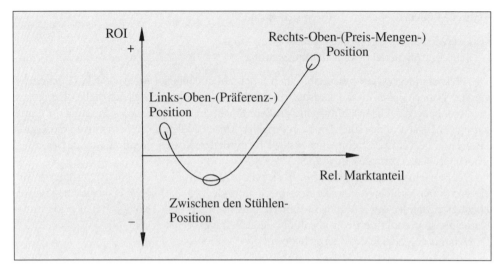

Abb. 47: Porter-Kurve der Marktpolarisierung

Diese Polarisierung führt zu einer Überlebensfähigkeit nur noch durch **Leistungsführerschaft** (Präferenzstrategie) oder **Kostenführerschaft** (Preis-Mengenstrategie), während der Bereich dazwischen durch den Wettbewerb aufgerieben wird (Stuck in the Middle). Erstere bedeutet damit Qualitätswettbewerb mit konsequentem Einsatz aller nicht-preislichen Marketing-Instrumente zur Beeinflussung des Marktes. Es handelt sich allerdings um eine »Langsamstrategie«, die kontinuierlichen Aufbau erfordert. Die dadurch gewonnenen Käufer dürften jedoch bei geschickter Markenpflege zum Kundenstamm gerechnet werden und Anfechtungen der Konkurrenz im hohen Maße widerstehen. Letztere stellt den Preis als zentrales Marketing-Instrument zur Marktbeeinflussung in den Mittelpunkt. Dabei handelt es sich um eine »Schnellstrategie«, die eine Marktposition kurzfristig aufbaut, allerdings kaum reversibel ist. Zumal sie sich an Käufer wendet, die ein Angebot nicht in erster Linie aus emotionaler Zuwendung heraus bevorzugen, sondern bei noch preisgünstigeren Angeboten leicht zum Mitbewerb abwandern. Sie repräsentieren damit in hohem Maße vagabundierende Kaufkraft.

Dazwischen ist weder der Leistungsvorteil am Markt ausgeprägt genug, um die höheren Preise zu akzeptieren, die aufgrund fehlender Degressionseffekte zur Kostendeckung erforderlich sind, noch der Kostenvorteil, um gegen aggressive Mitbewerber kostendeckend erfolgreich anbieten zu können. Man sitzt »**zwischen den Stühlen**«.

2.4 Abgrenzung des Marktes

Für die weitere Analyse ist es erforderlich, den Markt abzugrenzen, auf den sich die folgenden Erkenntnisse beziehen sollen. Teilweise ergibt sich die Marktabgrenzung von selbst aus dem Produkt heraus (z. B. Prothesenreiniger, Damenbinden, Mittel gegen Haarausfall), meist jedoch muss das Absatzfeld erst noch bewusst eingegrenzt werden.

2.4.1 Relevanter Markt

Theoretisch ergeben sich folgende Alternativen zur Abgrenzung des relevanten Marktes des beworbenen Angebots:

- **technisch-physikalische Übereinstimmung der Produkte** bzw. deren Nachfrage- und Verwendungsübereinstimmung nach dem Industriekonzept,
- **Kreuzpreiselastizitäten der Nachfrage** zwischen einer endlosen Kette von Märkten nach dem Substitutionslückenkonzept,
- **Leistungsfreiräume für aktuelle und potenzielle Tätigkeitsgebiete** von Unternehmen nach dem Produktionsflexibilitätskonzept.

Diese Erwägungen helfen allerdings praktisch nicht weiter. Als generelle Empfehlung ergibt sich jedoch die Tendenz zu einer eher weiten Abgrenzung von Märkten (keine »Marketing-Myopia«/Levitt). So können auch neue Einsichten über das Angebot gewonnen werden (z. B. Duplo als längste Praline der Welt). Ohne Abgrenzung des relevanten Marktes ist eine zielgerichtete Kommunikationsarbeit schwerlich möglich.

2.4.2 Marktbearbeitung

Zwei Arten der Marktbearbeitung können hier unterschieden werden:

- **Undifferenziert**, d. h., ein Markt bzw. vorhandene Segmente am Markt werden mit einem einheitlichen Marketing-Mix bearbeitet,
- **Differenziert**, d. h., vorhandene oder gebildete Segmente am Markt werden mit abweichenden Marketing-Mixes bearbeitet.

Die differenzierte Marktbearbeitung ist typisch für das Marketing. Ihre wesentlichen **Vorteile** liegen in Folgendem:

- Abweichende Käuferwünsche können durch hohe Entsprechung des Angebots mit dem Bedarf befriedigt werden, wodurch eine Fehljustierung durch nicht vollständige Entsprechung mit den Käuferwünschen vermieden wird (= hoher Aufforderungsgradient).
- Diese Differenzierung begünstigt die Bildung akquisitorischen Potenzials, wodurch wiederum der Freiraum für eine überdurchschnittliche Akzeptanz und Preissetzung am Markt entsteht.
- Die Marktstruktur kann durch die starke Angebotsstellung aktiv gesteuert werden, während ansonsten nur die passive Anpassung an von anderen Anbietern gesetzte Markttrends bleibt.
- Der Preis als dominanter Aktionsparameter kann zunehmend durch die Leistung ersetzt werden. Diese ist dabei sowohl objektiv als vor allem subjektiv, d. h. im Sinne der individuellen Bedarfsbefriedigung, wirksam.

Nachteile aus einer differenzierten Marktbearbeitung betreffen vor allem Folgendes:

- Etwaige Größendegressionsersparnisse in der Produktion können nur noch eingeschränkt genutzt werden, da die differenzierten Produkte meist fertigungsrelevante Abweichungen voneinander aufweisen.

– Der Marketing-Mix-Einsatz wird kompliziert und letztlich auch verteuert. Statt eines durchschnittsorientierten, vereinfachten Marketing-Mix ist die jeweilige Anpassung an Marktsegmente erforderlich. Dies erfordert zugleich großes Know-how.
– Das Potenzial gegebener Märkte wird bei partieller Abdeckung (s. u.) nur teilweise ausgeschöpft. Dadurch besteht die Gefahr, dass Zusatzerlöse aus differenzierter Marktbearbeitung durch Auslassung ganzer Segmente überkompensiert werden.
– Nur bei exakter Justierung auf Marktspezifika sind Segmentierungsvorteile wirklich nutzbar. Dazu aber bedarf es der aufwendigen, kontinuierlichen Anpassung an sich wandelnde Segmente.

Marktsegmentierung beabsichtigt die bessere Bearbeitung seither nicht optimal genutzter Segmente eines bestehenden Gesamtmarktes. Als Voraussetzung für eine solche Umsetzung gilt, dass Segmente überhaupt **feststellbar**, außerdem **zugänglich**, zeitlich **beständig** und wirtschaftlich **sinnvoll** sind. Ziel ist die Bildung von **Segmenten möglichst hoher interner Homogenität bei gleichzeitiger externer Heterogenität**. Gemäß diesen Segmenten kann dann ein spezielles Eignungsprofil erstellt werden, das eine möglichst hohe Übereinstimmung mit dem Anforderungsprofil der Nachfrager dieses Segments hat. Daraus wiederum resultiert ein hoher Aufforderungsgradient und damit die Chance zur Abschöpfung der Konsumentenrente über höheren Preis. Meist deckt ein Anbieter nicht alle Segmente eines Marktes ab, sondern nur das/die vielversprechendste(n). Über differenzierte Produkte kann somit in benachbarte Segmente eingedrungen und dort Umsatz abgeschöpft werden.

2.4.3 Marktabdeckung

Zwei Arten der Marktabdeckung können unterschieden werden:

– **Total**, d. h., alle möglichen Segmente eines Gesamtmarktes werden bearbeitet,
– **Partiell**, d. h., nur ausgewählte Segmente eines Gesamtmarktes werden bearbeitet.

Beide Dimensionen (Marktbearbeitung/Marktabdeckung) haben einen starken Bezug zum Konzeptteil und stehen in enger Interaktion mit diesem. So können im Vorfeld verschiedene Hypothesen für Marktbearbeitung und -abdeckung formuliert werden, unter denen dann später die Entscheidung fällt. Vor allem aber sind unterschiedliche Kombinationen aus relevanten Produkten/Märkten denkbar, die im Folgenden auszugsweise näher behandelt werden (Abb. 48–51).

2.4.4 Produkt-Markt-Kombinationen

Die **undifferenzierte totale Markterfassung** betrifft das Angebot:

– aller (mehrerer) Produkte
– in allen Marktsegmenten
  aber
– mit einem gemeinsamen Marketing-Mix.

Als Beispiel dafür kann Nivea Creme dienen. Nivea ist eine Universalcreme mit omnipotentem Anspruch. Sie ist ideal für Mann und Frau, für jung und alt, für feuchte und trockene Haut, für Tag und Nacht etc. Sie wird als die »Übercreme« dem Gesamtmarkt einheitlich angedient. Eine solche Position ist nur vor dem historischen Hintergrund erklärbar und wäre heute so gar nicht mehr aufzubauen. Es bedarf allerdings großen Geschicks, sie gegen leistungsoptimierte Spezialangebote zu verteidigen. Diese Form der Marktbearbeitung ist daher recht selten geworden.

Die **undifferenzierte partielle Markterfassung** betrifft das Angebot:

– aller (mehrerer) Produkte
– in einem (ausnahmsweise auch mehreren) Marktsegment(en) mit
– einem gemeinsamen Marketing-Mix
  (= **Marktunifizierung**).

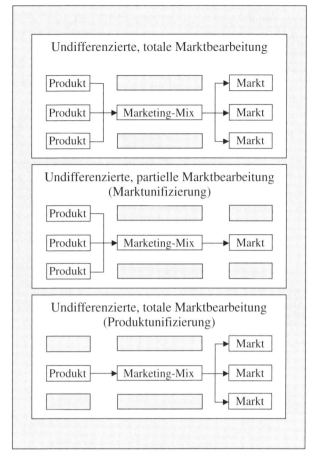

Abb. 48: Produkt-Markt-Kombinationen (I)

Ein Beispiel hierfür ist das Vorgehen der Zeitschriften-Verlage. So deckt der Bauer-Verlag das Marktsegment Funk- und Fernsehzeitschriften gleich durch zwei Titel ab (TV Hören und Sehen/Fernsehwoche). Das gleiche gilt für das Marktsegment Aktuelle Illustrierte durch die Bauer-Titel Quick (inzwischen eingestellt) und Neue Revue. Oder für das Marktsegment Funk- und Fernsehzeitschriften im Springer-Verlag (Hör Zu/Funkuhr). Durch diese Mehrfachbesetzung soll das vorhandene LeserPotenzial bestmöglich abgeschöpft werden.

Eine Alternative dazu stellt das Angebot:

– eines (ausnahmsweise auch mehrerer) Produkt(e)s
– in allen (mehreren) Marktsegmenten mit
– einem gemeinsamen Marketing-Mix
  (= **Produktunifizierung**) dar.

Ein Beispiel hierfür ist (ursprünglich) Oil of Olaz. Dabei handelte es sich um ein Beauty Fluid für die Frau ab 40. D.h. für jüngere Frauen war Oil of Olaz das falsche Produkt (neuerdings modifiziert). Damit wird nur ein Teilbereich des Gesamtmarktes abgedeckt (spezifiziert nach Alter und Geschlecht), der jedoch wiederum in vielfältige Segmente zerfällt (feuchte/trockene Haut, Tag-/Nachtpflege etc.). Diese Segmente werden allerdings nicht weiter differenziert, sondern im Übrigen gleichartig behandelt (= konzentrierte Segmentbearbeitung). In beiden Fällen können statt eines gemeinsamen Marketing-Mix auch mehrere Marketing-Mixes parallel zum Einsatz kommen.

Die **differenzierte totale Markterfassung** betrifft das Angebot:
- aller Produkte
- in allen Marktsegmenten
  mit
- jeweils einem eigenen Marketing-Mix.

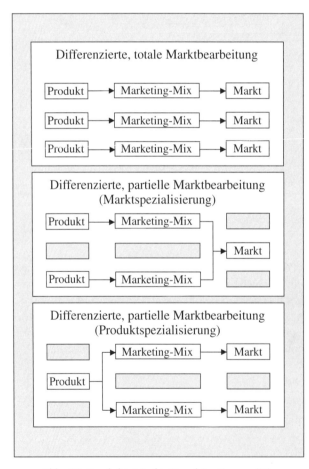

Als Beispiel kann der Volkswagen-Konzern gelten. Volkswagen, mit den Marken VW, Audi, Seat und Skoda, ist ein Volumenanbieter, der durch sein Programm eine breite Vielfalt von Bedarfen, vom Kleinstwagen bis zum Sportcoupé abdeckt. Das beginnt in der A_{oo}-Klasse (Lupo, Polo, Marbella), geht über die A_o-Klasse (Golf, A3, Ibiza, Fabia) über die B-Klasse (Bora, A4, Toledo) bis zur C-Klasse (Passat, A6) und endet erst in der D-Klasse (A 8). Da zugleich auch die verschiedenen Karosserieformen (Steilheck, Stufenheck, Fließheck, Cabrio, Kombi), Motorisierungsklassen (von 34 bis 250 PS), Motorenkonzepte (Otto, Diesel, Lader) und Antriebsformen (einachsig, zweiachsig) angeboten werden, wird der gesamte Markt mit einem differenzierten Angebot abgedeckt. Es fehlen lediglich (noch) eine Großraumlimou-

Abb. 49: Produkt-Markt-Kombinationen (II)

sine und ein Geländefahrzeug. Damit findet beinahe jeder Käufer, so er will, ein relevantes Angebot innerhalb des Volkswagen-Konzerns.

Die **differenzierte partielle Markterfassung** betrifft das Angebot:
- mehrerer Produkte
- in einem Marktsegment mit
- jeweils einem eigenen Marketing-Mix.
 (= **Marktspezialisierung**).

Als Beispiel seien die Effem-Produkte Sheba und Kitekat genannt. Bei beiden handelt es sich um Feuchtfutter für Katzen. Objektiv, also von der Konsistenz her, sind beide kaum zu unterscheiden. Subjektiv jedoch trennen sie Welten. Sheba ist für Katzenbesitzer gedacht, die ein verschmustes, gönnerhaftes Verhältnis zu ihrem Haustier haben, für die die Katze eher Kindersatz ist (daher primär Frauenansprache). Während Kitekat sich an Katzenbesitzer wendet, die ein rationales, sachlich-partnerschaftliches Verhältnis zu ihrem Haustier hegen. Durch die marketing-mix-bedingte Spreizung der Konzepte für an sich gleichartige Produkte kann der Markt besser ausgeschöpft und eine gegenseitige Kannibalisierung vermieden werden. Bei Hundefutter wird dieses Konzept durch Cesar (für kleine Hunde mit großen Ansprüchen) und Pal (die gesunde Vollnahrung) vom gleichen Hersteller kopiert.

Eine Alternative dazu besteht im Angebot:
- eines Produkts
- in mehreren Marktsegmenten mit
- jeweils einem eigenen Marketing-Mix.
 (= **Produktspezialisierung**).

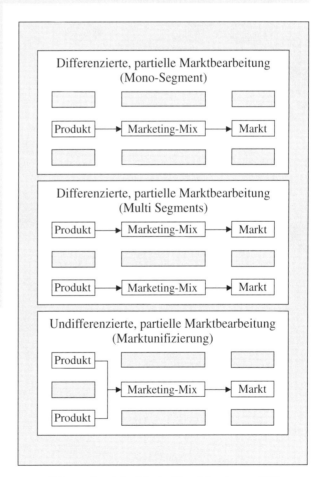

Abb. 50: Produkt-Markt-Kombinationen (III)

Als Beispiel sei die Entscheidung von Jägermeister im Heimatland Deutschland einerseits und im südeuropäischen Ausland andererseits genannt. So wird Jägermeister hierzulande eher als Quasi-Arzneimittel gesehen (Magenbitter), das die Verträglichkeit von Speisen und Getränken erhöht. Jenseits der Grenzen dient Jägermeister jedoch weitverbreitet als Mixzusatz für Longdrinks, also als Trendgetränk für junge Leute. Beide Konzepte sind jeweils erfolgreich, letztlich jedoch nicht kompatibel, wie der erfolglose Versuch gezeigt hat, Jägermeister auch in Deutschland als Mixgetränk zu popularisieren.

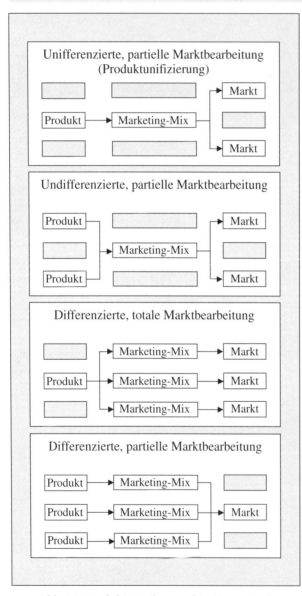

Abb. 51: Produkt-Markt-Kombinationen (IV)

Eine andere Alternative besteht im Angebot:

- eines Produkts
- in einem Marktsegment mit
- einem einzigen Marketing-Mix.

(= **Mono Segment**).

Ein Beispiel für derartige Monoprodukte ist Goldnuss Pärchen von Novesia/Trumpf. Dabei handelt es sich um eine Mono-Praline, also mehrere gleiche Pralinen je Packungseinheit, im Gegensatz zu Pralinenmischungen. Diese besteht aus zwei ganzen Haselnüssen, Nuss-Nougat-Füllung und Schokoladenüberzug, richtet sich also an eine ganz besondere Geschmackspräferenz. Vermarktet wird das Produkt als das zärtliche Geschenk für den lieben Partner, also weniger für den Selbstverzehr. Innerhalb dieses limitierten Segments ist es trotz scharfen Wettbewerbs (Ferrero Küßchen) recht erfolgreich. Alle Ausweitungen auf andere Produkte oder Zielgruppen sind jedoch bislang gescheitert.

Schließlich gibt es noch das Angebot:

- mehrerer Produkte
- in mehreren Marktsegmenten
  mit
- jeweils einem eigenen Marketing-Mix.
  (= **Multi Segments**).

Ein Beispiel dafür findet sich im Conti-Reifen-Konzern. Die Konzern-Marken Conti und Uniroyal werden (neben anderen) getrennt geführt. Während die Marke Conti sich als Allround-Reifen profiliert und auf das Segment der anspruchsvollen Autofahrer abzielt, ist Uniroyal sehr spitz als Regenreifen profiliert und wendet sich an das Segment der sicherheitsbewussten Autofahrer. Conti unterstreicht diese Zielrichtung durch gelegentliche Innovationen, wie den CTS-Zwillingsreifen oder den Ecocontact-Sparreifen, allerdings mit wechselndem Erfolg. Uniroyal setzt nach der aggressiven Werbung der 70er Jahre (Unfallszenen) seit geraumer Zeit auf spaßige Affenspots im Wege der Analogie des Nutzenbeweises (Haftung bei Nässe). Die beiden Marken bewegen sich damit in unterschiedlichen Märkten und setzen dazu jeweils abweichende Marketing-Mixes ein. Das schöpft den Markt aus und verhindert Kannibalisierung.

2.4.5 Marktsegmentierung

2.4.5.1 Segmentierungsvoraussetzungen

Zu den Voraussetzungen der Marktsegmentierung gehören folgende (Abb. 52):

- Vorliegen von **Abweichungen physikalisch-chemischer, funktional-reaktiver, ästhetischer, symbolischer oder Service gebundener Art** im Produkt, die objektiv gegeben sind oder subjektiv empfunden werden können.
- Ein Gesamtmarkt mit **mindestens zwei Teilmärkten** ohne Arbitrage, d. h. bei interner Homogenität der Segmente und gleichzeitiger externer Heterogenität.
- **Ökonomische Vorteilhaftigkeit** der Differenzierung, d. h., die zusätzlichen Erlöse aus der Marktaufspaltung müssen größer sein als die dazu erforderlichen zusätzlichen Aufwendungen.
- **Keine diskriminierende Wirkung** der Differenzierung (also nicht dem Gerechtigkeitsempfinden widersprechend, da ansonsten die Wettbewerbsgesetzgebung korrigierend eingreift).
- Die Marktspaltung muss **durchsetzbar** sein, bewirkt durch unterschiedliche Reaktionen der Nachfrager und eigene Marktmacht zu deren Kapitalisierung.
- Reaktionsunterschiede zwischen Segmenten müssen **messbar** sein, damit eine zielgerichtete, getrennte Bearbeitung überhaupt möglich wird.
- Vorgabe einer **hohen Trennschärfe des gewählten Segmentierungskriteriums**, damit einerseits keine Streulücken entstehen (Umsatzverlust) und andererseits keine Überlappungen (Kannibalisierung).
- Tatsächliche **Erreichbarkeit** der einzelnen Segmente, denn deren Zugänglichkeit ist Voraussetzung für ihre Ausschöpfung.
- Hinreichende **Stabilität** der Segmente, da ansonsten keine operationale Bearbeitung möglich wird.

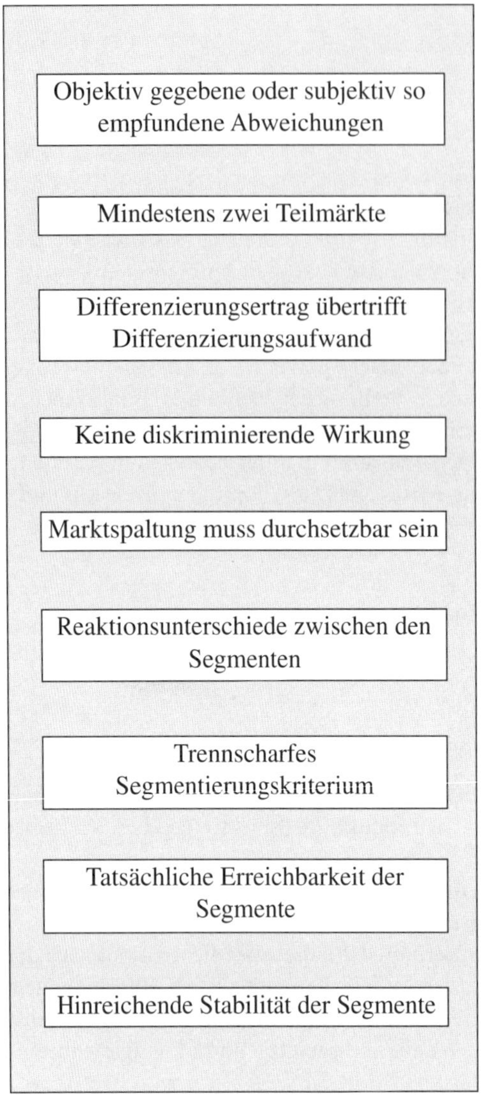

2.4.5.2 Segmentierungskriterien

Es sind zwei Arten von Segmentierungskriterien zu unterscheiden:

- Nachfrager determinierte Kriterien führen zu gegebenen Segmenten,
- Anbieter determinierte Kriterien führen erst eine Segmentierung herbei.

Nachfrager determinierte Kriterien sind in zwei Gruppen zu unterteilen:

- **objektiv-natürliche Kriterien** wie etwa (in Klammern Einsatzbeispiele):
    - Geschlecht (z. B. Lebensversicherungstarife),
    - Alter (z. B. Nahverkehrstarife),
    - Familienstand (z. B. Steuersplitting),
    - Kinderzahl/Haushaltsgröße (z. B. Familientarife),
    - Nationaler Wirtschaftsraum (z. B. Haftpflichtversicherungstarife),
    - Internationaler Wirtschaftsraum (z. B. Dumping),
    - Wohnortgröße (z. B. Energieversorgungstarife),
    - Ausbildung (z. B. Schülertarife),
    - Einkommen (z. B. Gold- und Platin-Credit Cards),
    - Beruf (z. B. Beamtentarife).
- **subjektiv-natürliche Kriterien** wie etwa (Einsatzbeispiele):
    - Preisverhalten (z. B. Aktionskäufer),
    - Mediennutzung (z. B. Meinungsbildner),
    - Einkaufsstättenwahl (z. B. Versorgungshandel),
    - Einkaufszeitpunkt (z. B. Saisonschlussverkäufe),
    - Produktwahl (z. B. Designerprodukte),
    - Produktvolumen (z. B. Großpackungen),
    - Verwendungsart (z. B. Heizöl/Diesel, Streu-/Speise-/Viehsalz),
    - Besitz (z. B. Immobilie/Garten/Haustier/Automobil).

Anbieter determinierte Kriterien sind ebenso in zwei Gruppen einteilbar:

- Objektiv gegebene oder subjektiv so empfundene Abweichungen
- Mindestens zwei Teilmärkte
- Differenzierungsertrag übertrifft Differenzierungsaufwand
- Keine diskriminierende Wirkung
- Marktspaltung muss durchsetzbar sein
- Reaktionsunterschiede zwischen den Segmenten
- Trennscharfes Segmentierungskriterium
- Tatsächliche Erreichbarkeit der Segmente
- Hinreichende Stabilität der Segmente

Abb. 52: Voraussetzungen zur Marktsegmentierung

- **Künstliche Fremdeinstufung** wie etwa (Einsatzbeispiele):
  - Einkaufsstättenzugang (z. B. C&C),
  - Personaleinkauf (z. B. Vorzugshandel),
  - Repartierung (z. B. Wartelisten),
  - Networking (z. B. Kundenclubs).
- **Künstliche Selbsteinstufung** (Lebensstil/Lebenswelt) wie etwa:
  - Soziografische Kriterien (Umwelt, Familie, Bezugsgruppe, Meinungsführung, Kultur, soziale Schicht, Sozialisation, Lebensstil).
  - Psychografische Kriterien (Aktivierung, Emotion, Motivation, Einstellung, Informationsaufnahme, Wahrnehmung, Lernen, Gedächtnis).

2.5 Einfluss von Marktfaktoren

Hierbei geht es um das Verhalten von Menschen beim Kauf und Konsum wirtschaftlicher Güter, das für die Kommunikation von hoher Bedeutung ist. Dabei spielen unterschiedliche Gesichtspunkte eine Rolle (Abb. 53).

2.5.1 Wahlentscheid

Kauf ist der freiwillige Austausch von Geld gegen Sachgüter, Dienstleistungen, Rechte und Vermögenswerte durch Personen, Personengruppen und Organisationen. Ausgeschlossen sind also Leistungen, die unentgeltlich sind (z. B. als Geschenk) oder gegen Entgelt in Anspruch genommen werden müssen (z. B. als Gebühren). Beinhaltet sind hingegen sowohl Entscheidungen, die zum Erwerb von Eigentumsrechten führen (der juristische Kauf), als auch solche, die nur zu Besitzrechten führen (z. B. als Miete). Der Kauf umfasst eine Reihe von Entscheidungen:

- Die **Budgetentscheidung** bezieht sich darauf, welcher Teil der zur Verfügung stehenden finanziellen Mittel für Käufe ausgegeben werden soll. Dabei geht es auch um die Aufteilung zwischen Sparen, Kreditaufnahme und Konsum, sowie um die Aufteilung des dem Konsum gewidmeten Budgets auf einzelne Lebensbereiche (wie Freizeit, Ernährung, Hobby etc.).

Abb. 53: Einfluss des Käuferverhaltens

- Die **Produktgruppenentscheidung** bezieht sich darauf, für welche Art von Leistung diese finanziellen Mittel verwendet werden sollen. Dabei stehen die Produktgruppen in mehr oder minder enger substitutionaler Beziehung zueinander um die Verwendung der knappen Budgetmittel.
- Die **Markenentscheidung** bezieht sich darauf, welche Leistung innerhalb der ausgewählten Art konkret gekauft werden soll. Auch die Marken innerhalb einer Produktgruppe stehen in mehr oder minder enger substitutionaler Beziehung zueinander, wobei allenfalls alleinstellende Positionierungen Abhilfe schaffen.
- Die **Mengenentscheidung** bezieht sich darauf, welche Menge des ausgewählten Angebots beschafft werden soll. Für kleine Mengen spricht der geringe Transport- und Lageraufwand, zudem die niedrige Mittelbindung, für große Mengen spricht der meist günstigere Preis je Einheit und die einfachere Einkaufsorganisation.
- Die **Zeitentscheidung** bezieht sich darauf, wann diese Menge der gegebenen Marke in der gegebenen Produktgruppe beschafft werden soll. Dabei kann je nach Produkt nach Jahreszeit, Monatsablauf, Wochentag und Tageszeit differenziert werden.
- Die **Einkaufsstättenentscheidung** bezieht sich darauf, wo die Beschaffung erfolgen soll. Dabei stehen nicht mehr die Produkte, sondern die Absatzmittler im Mittelpunkt der Wahl; aus der Interbrand Competition ist damit eine Intrabrand Competition geworden, der Wettbewerb der Händler darum, wo ein präferiertes Angebot nun konkret eingekauft wird.

2.5.2 Gütertypen

Hinsichtlich der der Bewerbung zugrunde liegenden Gütertypen kann unterschieden werden in (Abb. 54):

- **Speciality Goods, Shopping Goods, Preference Goods, Convenience Goods.** Dies basiert auf einer Einteilung nach empfundenem Kaufrisiko und Budgetanteil. Speciality Goods sind komplexe Güter, die mit beachtlichen Kaufanstrengungen verbunden sind. Shopping Goods sind relativ selten gekaufte Güter, bei denen meist nur Preis-Leistungs-Vergleiche vorgenommen werden. Preference Goods sind mit wenig Risiko und wenig Aufwand getätigte Routinekäufe. Convenience Goods sind auf programmiertem Entscheiden beruhende und normalerweise mit minimalem Aufwand gekaufte Produkte.
- **High Touch Goods, High Tech Goods.** Beide zeichnen sich durch ein hohes Maß an Attraktivität aus. High Tech Goods

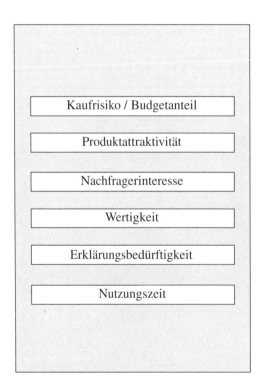

Abb. 54: Einflussgrößen für Gütertypen

strahlen produktliche Faszination aus und repräsentieren technischen Fortschritt (z. B. Unterhaltungs-Elektronik, Fotografie, Personal Computer, Automobile). High Touch Goods dienen der zutreffenden Profilierung des Individuums im sozialen Umfeld (z. B. Bekleidung, Schmuck, Genußmittel, Accessoires).
- **High Interest Goods, Low Interest Goods.** Der Unterscheidung liegt hier das Nachfragerinteresse zugrunde. High Interest Goods zeichnen sich durch ein hohes Maß an »Produkterotik« aus. Low Interest Goods sind solche, mit denen man sich zwar nur ungern oder oberflächlich beschäftigt, die aber gleichermaßen unverzichtbar scheinen.
- **Inferiore Güter, Superiore Güter.** Auch hier liegt die Unterscheidung nach der Akzeptanz zugrunde. Inferiore Güter sind solche untergeordneter Bedeutung, superiore Güter solche hoher Bedeutung. Entsprechend unterschiedlich ist die Auseinandersetzungsbereitschaft mit diesen, im ersten Fall eher gering, im zweiten eher hoch.
- **Erklärungsbedürftige Produkte, Problemlose Produkte.** Sie unterscheiden sich hinsichtlich ihrer Komplexität. Erklärungsbedürftige Produkte sind eher kompliziert und bedürfen der werblichen Informationsbegleitung. Problemlose Produkte sind auch ohne besondere Erläuterung marktfähig, weil ihre Leistung bekannt, zumindest aber als risikoarm einzuschätzen ist.
- **Langlebige Produkte, Kurzlebige Produkte.** Hier ist die Abhängigkeit von der Nutzungszeit bedeutsam. Langlebige Produkte haben durch die längere Bindungsdauer ein höheres empfundenes Kaufrisiko. Bei kurzlebigen Produkten fällt der Entscheid leichter, weil er schneller zu korrigieren ist.

2.5.3 Angebotswahrnehmung

Die Angebotswahrnehmung erfolgt hinsichtlich mehrerer Dimensionen (Abb. 55):
- als absolute Angebotswahrnehmung durch **Leistungsgünstigkeit**. Dabei wird ausschließlich die einseitige Preisdimension bewertet und das Angebot mit dem absolut niedrigsten Preis gewählt. Dies ist typisch für standardisierte Angebote und geringwertige Low-Interest-Produkte.
- als relative Angebotswahrnehmung durch **Leistungswürdigkeit**. Dabei wird die Preishöhe in dependenter Verbindung zur dafür gebotenen Gegenleistung bewertet und das Angebot ausgewählt, das die beste Preis-Leistungs-Relation aufweist.
- als **mittleres Leistungsempfinden**. Dieser Annahme liegt die Vorstellung zugrunde, dass die Nachfrage am höchsten bei einem Angebot innerhalb einer allgemein akzeptierten Angebotsnorm ist. Wird diese Zone nach oben oder unten verlassen, nimmt der Grad der Angebotszurückweisung zu.
- **bewusste Leistungskenntnis.** Dabei werden auftretende Angebote in Bezug zu eigener Erfahrung gesetzt. Dem liegt die

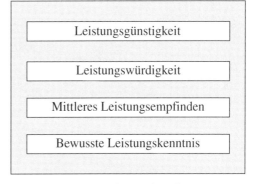

Abb. 55: Angebotswahrnehmung

Annahme zugrunde, dass es hinzunehmende Standards für jedes Angebot gibt, die als gültige und zuverlässige Beurteilungsreferenz für die Vorteilhaftigkeit eines Angebots dienen.

2.5.4 Preis-Leistungs-Quotient

Im Mittelpunkt jedes Kaufentscheids steht ein gedanklicher Quotient aus Preis (im Zähler) und Leistung (im Nenner). Der Wert dieses Quotienten schwankt zwischen Null und Unendlich. Null ist der Wert z. B. bei einem Geschenk, Unendlich z. B. bei sinnloser Verschwendung. Bis zum Wert = 1 ist der Kauf gerade noch vorteilhaft, denn dann entspricht die gebotene Leistung genau dem dafür geforderten Preis. Für Werte > 1 fehlt diese Äquivalenz, die gebotene Leistung wird als niedriger als der dafür geforderte Preis eingeschätzt. Ein Kauf unterbleibt folgerichtig. Innerhalb der angegebenen Grenzwerte für Preis und Leistung ergibt sich für jede zur Kaufentscheidung anstehende Ware ein individueller Quotient, der über deren Preis-Leistungs-Relation Aufschluss gibt (Abb. 56). Dieser Quotient unterliegt zwar mannigfachen Schwankungen, jedoch ist wichtig zu wissen, dass ein Preis keineswegs absolut, sondern immer relativ zu sehen ist. Je vorteilhafter die Relation (d. h. je niedriger der Quotient), desto attraktiver ist ein Kauf. Es kann gleich mehrfach auf diese Relation Einfluss genommen werden:

$$0 < PLQ = \frac{Preis}{Leistung} < 1$$

Abb. 56: Preis-Leistungs-Quotient

– Verbesserung der Leistung bei gleichem Preis,
– Senkung des Preises bei unveränderter Leistung,
– Verbesserung der Leistung bei sinkendem Preis,
– überproportionale Verbesserung der Leistung bei steigendem Preis,
– überproportionale Senkung des Preises bei niedrigerer Leistung.

2.5.5 Nachfrageeffekte

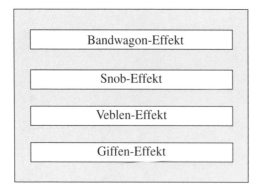

Abb. 57: Nachfrageeffekte

In seltenen Fällen ergeben sich externe, anomale Nachfrageeffekte (Abb. 57):

– Von einem **Bandwagon-Effekt** spricht man, wenn bestimmte Produkte gekauft werden, weil andere Personen sie kaufen. Vor allem solche der Referenzgruppe, der man sich subjektiv annähern kann, indem man sich der gleichen Produkte bedient.
– Der **Snob-Effekt** bedeutet genau das Gegenteil. Produkte werden von bestimmten Personenkreisen nicht mehr gekauft,

weil andere sie kaufen. Damit wiederum kann sich die ursprüngliche Käufergruppe nicht identifizieren.
- Der **Veblen-Effekt** besagt, dass bestimmte Produkte mit höherem Preis, entgegen der sonst üblichen negativen Preiselastizität der Nachfrage, verstärkt gekauft werden. Dies entspricht dem demonstrativen Konsum einer zunehmend dekadenten gesellschaftlichen Ordnung.
- Der **Giffen-Effekt** bezieht sich auf die Relation von Nachfrage und Einkommen. Danach nimmt der Anteil höherwertiger Produkte mit steigendem Einkommen zu Lasten der geringwertigeren zu. Denn Grundbedarfe bleiben absolut begrenzt und in dem Maße, wie sie befriedigt sind, wird in Zusatzbedarfe investiert, die in ihrem Anspruch nach oben offen sind.

2.5.6 Angebotsinteresse

Das Angebotsinteresse drückt die relative Bedeutung des Preis-Leistungs-Verhältnisses beim Wahlentscheid aus. Dafür gibt es mehrere Indizien (Abb. 58):

- Am deutlichsten geschieht dies durch die Wahl des Angebots mit dem günstigsten **Preis-Leistungs-Verhältnis.** Dazu erfolgt eine Bewertung aller relevanten Angebotsalternativen hinsichtlich ihres Leistungsnutzens und des dazu erforderlichen Preisopfers. Aus beiden Größen bildet sich der Preis-Leistungs-Quotient wie beschrieben. Das Angebot mit dem günstigsten Wert wird bevorzugt.
- Das Angebotsinteresse kommt auch durch die **Wahl großer Gebindegrößen** zum Ausdruck. Dabei wird freilich unterstellt, dass größere Mengen pro Einheit gerechnet billiger sind, was regelmäßig auch zutrifft. Ausnahmen bestätigen wie immer die Regel. Vielfach werden dafür sogar Unbequemlichkeiten in Kauf genommen.
- Ebenso kann durch die **Wahl** des **Einkaufszeitpunkts** Einfluss genommen werden. Damit sind zwar zugleich gewisse Nachteile verbunden, die jedoch wegen der dadurch erzielbaren Preisvorteile in Kauf genommen werden.
- Auch die **Wahl der Einkaufsstätte** ist bezeichnend. So kann zwischen Versorgungs- und Erlebnishandel unterschieden werden. Beim Ersteren steht deutlich das Preisinteresse im Vordergrund, bei Letzterem das Angebotsinteresse.

Abb. 58: Angebotsinteresse

2.5.7 Erlebniskauf vs. Versorgungskauf

Angesichts zunehmend restriktiver Umwelt- und insb. Wirtschaftsbedingungen mit anhaltend stagnierenden oder gar rückläufigen Realeinkommen sehen sich Verbraucher zu selektiver Reaktion hinsichtlich ihrer Kaufentscheidungen gezwungen, wollen sie ihren gewohnten und liebgewonnenen Lebensstandard halten, der bekanntlich äußerst schwer aufzugeben ist. Deshalb unterscheiden Nachfrager bei Anschaffungen in solche der Kategorie des Grundbedarfs einerseits und solche der Kategorie des Zusatzbedarfs andererseits. Für beide Gruppen entwickeln sie unterschiedliche Handlungsmuster, handeln also nicht mehr konsistent, sondern gespalten (man sagt auch hybrid, daher **Hybrider Verbraucher**). Im Bereich des Grundbedarfs wird dabei weit überwiegend nach dem Kriterium absoluter Preisgünstigkeit gekauft. Dafür kommen generell wenig erklärungsbedürftige (Low Interest-)Produkte in Betracht. Da hier meist keine gravierenden, objektiv nachvollziehbaren Leistungsunterschiede unterstellt bzw. diese, falls doch vorhanden, relativ leicht nachgeprüft und Nachteile daraus vermieden werden können, wird der Kauf von Markenartikeln dort leicht verzichtbar. Markenartikel gewinnen erst wieder an Boden, wenn es um objektiv oder subjektiv höherwertige Produktgattungen geht. Oder um besondere Nutzungsanlässe.

Diesem Grundbedarfsbereich mit seinem eher rational geprägten Käuferverhalten steht der Erlebnisbedarfsbereich gegenüber. Hier geht es um Produkte, die ein hohes Ego-Involvement und damit emotionale Wertigkeit beinhalten, also affektiv geführte Entscheidungen hervorrufen. Deren Bedeutung kann sowohl in der Eignung des betreffenden Produkts zur differenzierten Selbstdarstellung liegen als auch im vordergründigen Statuszweck (Abb. 59).

Bei gegebenem, weitgehend konstantem Haushaltsbudget ergibt sich eine Lösungsmöglichkeit nur derart, dass die Finanzierung des begehrten, an sich aber überflüssigen Zusatznutzen-Angebots durch Einsparung im ungeliebten, jedoch notwendigen Basisnutzen-Angebot umsetzbar wird. Daraus folgt ein »hybrides Verhalten« derart, dass beim Basisbedarf der problemlosen Güter No Names oder Handelsmarken bevorzugt werden, um die dabei eingesparten Geldmittel in profilierende Güter mit Statuscharakter zu investieren. Cleverness beim Einkauf von Grundnutzengütern wird damit emotional belohnt. Ziel der Kommunikation muss es sein, Produkte aus dem weitgehend austauschbaren Gattungsleistungsbereich heraus zu Markenartikeln zu stilisieren, die zur Profilierung ihres Anwenders/Besitzers in seinem sozialen Umfeld beitragen (Außenwirkung) und zur Identifizierung mit den Markeninhalten führen (Innenwirkung), damit also letztlich zur Selbstverwirklichung der Verbraucher beitragen. Das Preisniveau tritt dann bei der Kaufentscheidung in den Hintergrund, sofern hinreichende Produktqualität gegeben ist, was vorausgesetzt werden muss. Folglich dominiert beim Basisbedarf die Preisorientierung mit ökonomisch-rationalen Argumenten, insb. der absoluten Preishöhe, beim Zusatzbedarf jedoch die Erlebnisorientierung mit sozial-emotionalen Argumenten, insb. der relativen Erlebnisleistung.

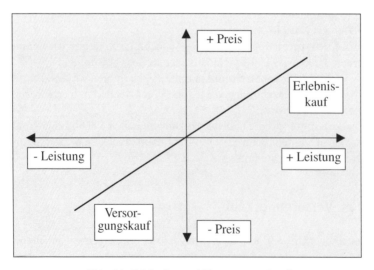

Abb. 59: Erlebnis- und Versorgungskauf

2.5.8 Auswahlprogramme

Entscheidungsregeln beim Kauf (Kaufheuristiken) sind vereinfachte Vorgehensweisen von Käufern angesichts begrenzter menschlicher Informationsverarbeitungskapazitäten. Der Kaufentscheid kann nach den Merkmalen Art der Bewertung von Alternativen, angelegte Wahlkriterien und Reihenfolge der Informationsverarbeitung charakterisiert werden. Von kompensatorischen Heuristiken spricht man, wenn die Nachteile einer zur Auswahl stehenden Alternative hinsichtlich einzelner Eigenschaften durch Vorteile bei anderen Eigenschaften ausgeglichen werden können. Man unterscheidet folgende **kompensatorischen Heuristiken**.

Das **Beurteilungsmodell** führt durch exakte Bewertung und Eigenschaftsgewichtung zur Wahl der absolut besten Alternative. Dabei werden alle zur Auswahl stehenden Alternativen einzeln hinsichtlich aller relevanten Eigenschaften bewertet. Diese Einzelbewertungen werden dann additiv-linear verknüpft. Die Alternative mit dem höchsten Wert wird präferiert. Dabei kann aber auch eine subjektive Gewichtung jedes Merkmals vorgenommen werden. Zum Beispiel werden für den beschriebenen Kaufentscheid bei Pkw alle relevanten Kriterien wie PS-Zahl, Kofferraumvolumen, Sicherheitselemente etc. festgelegt. Über diese Kriterien hinweg werden eine Reihe definierter Pkw-Modelle einzeln punktbewertet. Die einzelnen Punkte werden je Modell addiert. Gekauft wird das Modell mit der über alle Kriterien höchsten Punktzahl.

Abb. 60: Auswahlprogramme

Das **Auswahlmodell** legt eine Rangfolge der Alternativen zugrunde. Dabei gibt es drei Ausprägungen.

Wird keine Eigenschaftsgewichtung vorgenommen, kommt es zunächst zur Wahl der relativ besten Alternative (**Attribut-Dominanzregel**). Dabei sind einzelne, im Vorhinein als besonders bedeutsam festgelegte Kriterien für den Kauf ausschlaggebend. Diese werden durch Paarvergleiche von je zwei Alternativen verglichen. Es wird also betrachtet, ob die eine oder andere Alternative in Bezug auf die untersuchten Eigenschaften überlegen ist oder nicht. Die Präferenz ergibt sich durch Addition der Überlegenheitsurteile und Wahl der Alternative mit der Mehrheit der Vorzüge. Zum Beispiel werden Pkw-Modelle nur hinsichtlich der Kriterien PS-Zahl und Sicherheitselemente beurteilt und punktbewertet. Die Punkte der beiden Kriterien werden je Modell addiert. Gekauft wird das Modell mit der für diese ausgewählten Kriterien höchsten Punktzahl.

Sind, bei ansonsten gleichem Vorgehen, die als bedeutsam erachteten Eigenschaften zusätzlich gewichtet, so handelt es sich um die Anwendung der **Erwartungsregel**. Zum Beispiel wird bei den beiden ausgewählten Kriterien PS-Zahl (aktive Sicherheit) höher gewichtet als Sicherheitselemente (passive Sicherheit). Die Punkte je Modell werden entsprechend bei diesem ersten Kriterium mit einem Aufwertungsfaktor multipliziert. Gekauft wird das Modell mit der so gewichteten höchsten Punktzahl der ausgewählten Kriterien.

Werden Paarvergleiche von Alternativen derart durchgeführt, dass jedes Paar hinsichtlich relevanter Eigenschaften verglichen und dessen Bewertungsdifferenz festgehalten wird, handelt es sich um die **additive Differenzregel**. Die Differenzen werden dann analog der subjektiven Bedeutung der verschiedenen Eigenschaften gewichtet und addiert. In Abhängigkeit vom Vorzeichen des Ergebnisses wird die jeweils überlegene Alternative präferiert. Sie kann dann in der nächsten Stufe einer weiteren, noch nicht bewerteten Alternative im Paarvergleich gegenübergestellt werden. Dieser K.O.-Prozess setzt sich solange fort, bis die beste Alternative übrig bleibt. Zum Beispiel wird das Pkw-Modell gekauft, das hinsichtlich der gewichteten Punkte für ausgewählte Kriterien die höchste positive Differenz bzw. die niedrigste negative Differenz aufweist.

Bei **nicht-kompensatorischen Heuristiken** können die Nachteile einer zur Auswahl stehenden Alternative hinsichtlich einzelner Eigenschaften bereits zum Ausschluss von der Kaufentscheidung führen. Ein schlechter Eindruck bei einem Detail verdirbt also den Gesamteindruck. Man unterscheidet folgende nicht kompensatorischen Heuristiken.

Bei der Wahl einer befriedigenden Alternative wird für jede relevante Eigenschaft ein gerade noch akzeptables Minimalniveau bestimmt (**Konjunktionsregel**). Alternativen, die bereits eine dieser Mindestanforderungen nicht erfüllen, werden von der Kaufentscheidung ausgeschlossen. Es kann passieren, dass am Ende keine oder mehr als eine Alternative übrig bleiben. Erfüllen mehrere Optionen die gestellten Standards, wird deren Niveau solange erhöht, bis nur noch eine übrig bleibt, die dann realisiert wird. Zum Beispiel wird für ein Pkw-Modell eine bestimmte Mindest-PS-Zahl bestimmt, die nicht unterschritten werden darf. Damit entfallen alle Alternativen mit weniger als der bestimmten Mindest-PS-Zahl.

Die **Disjunktionsregel** legt weitergehend fest, dass nur solche Alternativen betrachtet werden, die mindestens einem festgelegten Ausschlusskriterium genügen. Dieses ist recht hoch angesetzt. Alternativen, die keines der definierten Akzeptanzniveaus erfüllen, scheiden bei der Kaufentscheidung aus. Es kann wiederum passieren, dass am Ende keine oder mehr als eine Alternative übrig bleiben. Erfüllt keine der Optionen die gestellten Standards, wird deren Niveau solange gesenkt, bis sich eine ergibt, die realisiert werden kann. Zum Beispiel wird für ein Pkw-Modell bestimmt, dass es über serienmäßige Seiten-Airbags verfügen soll. Gekauft wird nur eine Alternative, die dieser hohen Anforderung entspricht.

Bei der **Lexikografieregel** werden alle relevanten Eigenschaften nach ihrer Bedeutung gerangreiht. Die wichtigste von ihnen wird bezüglich aller Alternativen bewertet. Diejenige Alternative wird ausgewählt, die, unabhängig von den Ausprägungen der anderen, als weniger wichtig erachteten Eigenschaften, dabei am Besten abschneidet. Gibt es mehrere Angebote, welche die Anforderung gleich gut erfüllen, wird die Beurteilung auf das nächst wichtigste Attribut ausgedehnt. Somit wird die relativ beste Alternative ausgewählt. Zum Beispiel werden für ein Pkw-Modell PS-Zahl, Kofferraumvolumen, Sicherheitselemente in absteigender Folge für wichtig erachtet. Dann erfolgt die Beurteilung für eine Reihe definierter Pkw-Modelle nur nach dem Kriterium PS-Zahl. Gekauft wird das Modell mit der für dieses Kriterium höchsten Punktzahl.

Nach der **Eliminationsregel** kommt es zur Wahl einer befriedigenden Alternative. Sie besagt, dass bestimmende Eigenschaften als **sequenzielle** Ausschlusskriterien (Mindestniveau) definiert werden. Dabei wird sukzessiv derart vorgegangen, dass nacheinander alle relevanten Eigenschaften betrachtet und jeweils die Alternativen ausgeschieden werden, die nicht leistungsfähig genug sind. Zum Beispiel werden für ein Pkw-Modell für die Kriterien PS-Zahl, Kofferraumvolumen, Sicherheitselemente jeweils Minimalstandards bestimmt. Eine Reihe definierter Pkw-Modelle wird dann sukzessiv hinsichtlich jedes der Kriterien beurteilt, wobei diese gleichgewichtig sind. Auf jeder Stufe entfallen Alternativen. Die verbleibenden werden dann hinsichtlich eines anderen Kriteriums beurteilt usw. Wird dabei zusätzlich nach der Bedeutung der Eigenschaften vorgegangen, handelt es sich um eine **aspektweise** Elimination. Zum Beispiel werden die Kriterien PS-Zahl, Kofferraumvolumen, Sicherheitselemente in absteigender Folge für wichtig erachtet. Dann erfolgt die Beurteilung zunächst nach dem Kriterium PS-Zahl, die danach verbleibenden Alternativen werden dann nach dem Kriterium Kofferraumvolumen beurteilt, und danach noch verbleibende Alternativen werden nach dem Kriterium Sicherheitselemente beurteilt. Dadurch verringert sich die Zahl der Wahlalternativen rascher.

2.5.9 Kaufvereinfachung

Bei Produkten wird zudem eine Kaufvereinfachung angestrebt, wenn das empfundene Kaufrisiko gering bleibt. Praktische Techniken zur Kaufvereinfachung sind:

- **Informationssuche erst bei Kaufdurchführung**, nicht bereits zur Kaufvorbereitung. Also keine langwierige Recherche, sondern knappe, konzentrierte Informationsaufnahme.
- **passive Aufnahme von Angebotsinformationen**, vor allem, wenn der Zeitdruck beim Einkauf groß, die Einkaufsaufgabe komplex und die Markttransparenz gering ist.
- **Kauf gemäß Händlerempfehlung**, wenn die Einkaufsstätte nach Zutrauen und Leistungsfähigkeit ausgewählt ist und der Verkaufsberater als vertrauenswürdiger Experte gilt.
- **generalisierende Kaufregeln**, die zu Wiederholungskäufen führen und den Kaufentscheidungsprozess verknappen.
- **Normverhalten**, das sich an der Referenzgruppe ausrichtet und die unüberschaubare Vielzahl des Marktangebots auf Markenartikel reduziert.
- **Absicherung durch Angebotsattribute** wie Testergebnisse (da kann man nichts falsch machen), Garantiezusagen (Risikoreduktion) oder Anzahlung (Rückabwicklungsmöglichkeit).
- **preisabhängige Qualitätsbeurteilung**, vor allem dann, wenn Erfahrungen fehlen oder nicht zugänglich sind, die objektive Qualität schwer abschätzbar ist und erhebliche Qualitätsunterschiede wahrgenommen werden.

2.5.10 Kaufkraft

Unter Kaufkraft versteht man den ausgabefähigen Geldbetrag für Käufe. Dabei sind mehrere Größen zu unterscheiden:

- Die **disponible Kaufkraft** ergibt sich aus der Summe der laufenden Nettoeinkommen (z. B. Arbeitsentgelt, Nebenerwerb, Versorgungsbezug, Kapitalfonds, Vermögensverzehr, Kreditaufnahme).

– Die **diskretionäre Kaufkraft** ergibt sich als Saldo aus der Summe von laufenden Nettoeinkommen (z. B. Arbeitsentgelt, Nebenerwerb, Versorgungsbezug, Kapitalfonds, Vermögensverzehr, Kreditaufnahme) und festen Ausgabebeträgen (z. B. Steuern, Zwangsabgabe, Miete/Nebenkosten, Versicherungsprämie, Gebühren, Unterhaltskosten, Arbeitskosten).

Als Basis gilt das **Haushaltsnetto- oder das Persönliche Einkommen.** Ersteres beinhaltet die addierten Nettoeinkommen aller im Haushalt lebenden Personen, Letzteres das Nettoeinkommen einer einzelnen Person im Haushalt. Die Kaufkraft wird über sekundärstatistische Indikatoren wie Lohn-, Einkommen-, Umsatzsteueraufkommen gemessen. Diese Daten unterliegen erheblichen Ungenauigkeiten. Über Spar- und Kreditvolumen fehlt jede verlässliche Aussage. Zum Beispiel wird auf Befragen hin das Einkommen erfahrungsgemäß um ca. 200 € zu hoch angegeben, bei Auskunftsverweigerung soll der Befrager das Einkommen schätzen (SFE).

Unter diesen Vorbehalten geben **Kaufkraftkennziffern** (GfK) die regionale Verteilung der Kaufkraft auf Land- und Stadtkreise an. Dabei ist jedoch die Gebietsabgrenzung zwischen Einnahmeort und Ausgabeort fraglich.

2.6 Bestimmung der Werbeziele

Ohne eine operationale Zielvorgabe kann jede Arbeit, wenn sie nicht rein zufällig ins Schwarze trifft, eigentlich nur als Misserfolg enden. Ein großes Problem besteht denn auch darin, dass Ziele oft nicht eindeutig genug vorgegeben werden. Damit ist dann auch keine ordentliche Erfolgskontrolle möglich. Daher bedarf es der Gliederung der Werbeziele.

2.6.1 Anforderungen

Ziele sind gewünschte Zustände der Zukunft. Um operational zu sein, müssen sie den folgenden Anforderungen gehorchen:

– **Realitätsbezug**, d. h., Ziele müssen subjektiv und objektiv erreichbar sein,
– **Ordnung**, d. h., Ziele müssen systematisch aufbereitet und dargestellt sein,
– **Konsistenz**, d. h., mehrere Teilziele dürfen einander nicht ausschließen,
– **Aktualität**, d. h., Ziele müssen zeitbezogenen Entwicklungen angepasst sein,
– **Vollständigkeit**, d. h., ein komplexes Ziel soll komplett beschrieben sein,
– **Durchsetzbarkeit**, d. h., Ziele müssen an der Mittelausstattung ausgerichtet sein,
– **Kongruenz**, d. h., untergeordnete Ziele müssen zur Erreichung übergeordneter Ziele dienen,
– **Transparenz**, d. h., Ziele müssen für alle Beteiligten nachvollziehbar sein,
– **Überprüfbarkeit**, d. h., Ziele müssen so formuliert sein, dass ihre Erreichung gemessen werden kann.

2.6.2 Zieldimensionen

2.6.2.1 Vertikale Einordnung

(Abb. 61). Ziele sind vertikal eingebettet in eine Zielhierarchie, die sich mit abnehmendem Anteil der Disposition und zunehmendem Anteil der Exekution der betrieblichen Tätigkeiten systematisch aufbaut durch (Abb. 62):

- **Oberziele** des Unternehmens, normalerweise die Unternehmenserhaltung,
- **Bereichsziele** einzelner Funktions(-haupt-)Abteilungen (z. B. Marketing),
- **Aktionsziele** einzelner Produkt-Markt-Kombinationen (z. B. Divisions),
- **Unterziele** einzelner Instrumente (z. B. Marketing-Mix).

Kommunikationsziele sind nicht unabhängig zu betrachten, sondern leiten sich ihrerseits als Unterziele aus übergeordneten Zielsetzungen ab. Umgekehrt dient ihre Erreichung auch der Erreichung übergeordneter Ziele des Unternehmens. Diese betreffen etwa Angebotsleistung, Marktstellung, Rentabilität, Finanzwirtschaft, Sozialverantwortung, Prestigeförderung etc.

Zugleich bestimmt sich daraus die **Zieleinheit**, die für die Erreichung der jeweiligen Ziele zuständig ist. Dabei handelt es sich abstrakt gesehen um eine Stelle, konkret gesehen um den Stelleninhaber, an den sich eine Zielformulierung richtet.

Abb. 61: Werbezieldimensionen

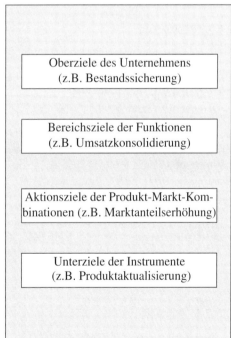

Abb. 62: Vertikale Zieleinordnung

2.6.2.2 Horizontale Einordnung

Dabei ergeben sich folgende Möglichkeiten:

- **Zielidentität**, d. h., zwei oder mehr Ziele verfolgen gemeinsam das gleiche Ergebnis,
- **Zielharmonie**, d. h., zwei oder mehr Ziele verfolgen Ergebnisse, die zueinander in einem komplementären Verhältnis stehen,
- **Zielneutralität**, d. h., zwei oder mehr Ziele verfolgen verbundene Ergebnisse, die sich gegenseitig aber weder begünstigen noch beeinträchtigen,
- **Zielindifferenz**, d. h., zwei oder mehr Ziele verfolgen unverbundene Ergebnisse, die voneinander völlig unabhängig sind,
- **Zielkonflikt**, d. h., zwei oder mehr Ziele verfolgen Ergebnisse, die in substitutivem Verhältnis zueinander stehen und zwischen denen ein Kompromiss angestrebt werden sollte (real wohl der häufigste Fall),
- **Zielantinomie**, d. h., zwei oder mehr Ziele schließen sich vom Ergebnis her gegenseitig aus und sind als Alternativen anzusehen.

Kommunikation steht hinsichtlich der Zielerreichung intern in Konkurrenz zu anderen betrieblichen Teilfunktionen. Allerdings haben sich viele Markt orientierte Unternehmen für einen Primat des Marketing als Engpass des Unternehmenserfolgs entschieden und räumen Marketingzielen daher Priorität ein.

2.6.2.3 Zeitbezug

Hierbei lassen sich unterscheiden:

- **kurzfristige, operative Ziele** mit einer Laufzeit von bis zu einem Jahr,
- **mittelfristige, taktische Ziele** mit einer Laufzeit von einem bis zu drei bzw. fünf Jahren,
- **langfristige, strategische Ziele** mit einer Laufzeit von drei bzw. fünf bis zu dreißig Jahren.

Operative Ziele betreffen meist die optimale Nutzung vorhandener Leistungspotenziale, taktische Ziele die Veränderung dieser Leistungspotenziale und strategische Ziele die Schaffung neuer Leistungspotenziale. Je höher Ziele innerhalb der Hierarchie eingeordnet sind, desto länger ist ihr Planungshorizont. Der Verbund mehrerer Ziele ist dabei möglich, indem diese Ziele

- **parallel**, d. h. zeitgleich nebeneinander,
- **sukzessiv**, d. h. zeitlich zueinander versetzt,
- **intermittierend**, d. h. zeitlich einander abwechselnd,
- **alternierend**, d. h. zeitlich einander ablösend,

verfolgt werden.

2.6.2.4 Ausmaß

Nach dem Ausmaß von Zielen lassen sich unterscheiden (Abb. 63):

- **Extremalziele** in Form der Maximierung oder Minimierung (z. B. als Gewinnmaximierung oder Kostenminimierung). Die dazu erforderlichen Grenzbetrachtungen entbehren jedoch des Realitätsbezugs. Von daher ist es Unternehmen tatsächlich unmöglich, Extremalziele zu verwirklichen.

- **Optimalziele** als Maximierung oder Minimierung unter Nebenbedingungen. Diese sind zwar praktikabel, erfordern jedoch gut strukturierte Entscheidungssituationen. Solche sind in der Kommunikation allenfalls bei Themen wie Mediaplanung gegeben, ansonsten dominieren jedoch schlecht strukturierte Situationen.
- **Satisfaktionsziele** als zufrieden stellender Grad der Zielerreichung (von – bis). Dies ist die real wohl verbreitetste Zielform. Das Unternehmen definiert ein für sich zufrieden stellendes Zielniveau und sieht dessen Einstellung als ausreichend an.

Abb. 63: Ausmaß von Werbezielen

- **Fixationsziele** als Vorgabe eines definierten Zielerreichungsgrads (relativ) oder einer definierten Zielerreichung (absolut). Dabei wird ein bestimmtes Ziel angestrebt, das unter Vermeidung von Streuungen möglichst exakt zu treffen ist (gleich).

Zugleich bestimmt sich daraus der **Zielmaßstab** als Messgröße für die Zieleinhaltung. Dabei handelt es sich um zweckmäßig abgegrenzte Wert- oder Mengengrößen.

2.6.2.5 Richtung

Nach der Zielrichtung kann unterteilt werden in (Abb. 64):

- **Ausweitung** als traditioneller Zielsetzung der Betriebswirtschaft und damit auch des Marketing. Dahinter stehen freilich eher fragliche Wachstumspostulate der Vergangenheit. Vor allem soll wohl das durchschnittliche Wachstum des Marktes bzw. des Mitbewerbs übertroffen werden. Ausweitung wird durch Einführungs- und Fortführungswerbung erreicht. Einführungswerbung soll als bedarfskreative Werbung die Nachfrage nach dem beworbenen Produkt wecken. Fortführungswerbung soll als bedarfsexpansive Werbung bestehende Nachfrage ausweiten bzw. als bedarfspartizipative Werbung vom Mitbewerb zehren. Sie richtet sich an bisherige Nachfrager im bestehenden Marktfeld durch Steigerung der Absatzmenge oder des Absatzpreises und kann jeweils in allen oder nur in Teilmärkten erfolgen. Es können aber auch neue Nachfrager im bestehenden Marktfeld bzw. neue Nachfrager in neuen Marktfeldern angesprochen werden. Basis dieser Möglichkeiten ist dabei immer das bestehende Produktangebot.
- **Konsolidierung** als Festschreibung des Status quo. Wenn eine zufrieden stellende Position erreicht ist oder Wachstumsgrenzen in Sicht sind, kann an die Stelle der Ausweitung die angestrebte Festschreibung des erreichten Zustands treten. Kon-

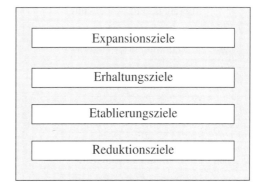

Abb. 64: Richtung von Werbezielen

solidierung erfolgt durch Kompensation von Verlusten infolge selektiver Ausweitung an anderer Stelle. Dies kann sich auf die bisherige Abnehmergruppe beziehen, indem deren Verhaltensweisen stabilisiert werden, oder auf den Ausgleich von Nachfragerückgang in einem Teilsegment dieser Abnehmergruppe durch Nachfragesteigerung in einem/mehreren anderen Teilsegment(en). Außerhalb der bestehenden Abnehmergruppe kann eine Kompensation durch Erschließung neuer Abnehmergruppen oder neuer Absatzregionen angestrebt werden.
- **Etablierung** zur Erreichung von Marktpräsenz. Hier geht es darum, ein Angebot erst einmal am Markt zu platzieren. Dies ist freilich innerhalb eines wachsenden Umfelds leichter als in einem stagnierenden.
- **Reduzierung** als selektive Zurücknahme des Aktivitätsniveaus. Dies repräsentiert zunehmend den Zielhorizont von Unternehmen, die mehr oder minder angreifbare Angebote vom Markt nehmen und die Nachfrage auf deren Nachfolger umlenken wollen, die eher in die Zeit passen, bevor Imagebeeinträchtigungen auftreten können. Dies ist erst in neuerer Zeit von großer Relevanz und betrifft Marktbereiche, die eine bewusste (Gesund-)Schrumpfung erfahren sollen. Dies ist unter den Begriffen De- oder Counter-Marketing bekannt und gilt vor allem für ökologisch exponierte Produktgruppen, z. B. Auslobung zum Umstieg auf KAT-Fahrzeuge beim Autokauf, zum Ersatz FCKW-haltiger Spraymittel, zum Einsatz von Waschmittelkonzentraten, zum Kauf von Nachfüllpacks.

2.6.2.6 Raumerstreckung

Hierbei ist zu unterscheiden in:

- intranationale Ziele,
- internationale Ziele (Abb. 65).

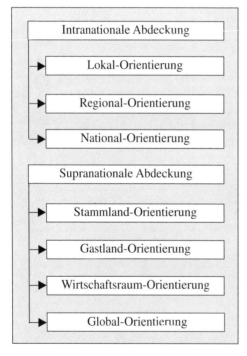

Abb. 65: Raumerstreckung von Werbezielen

Intranationale Ziele gelten nur innerhalb der Landesgrenzen des Sitzes des Unternehmens, internationale gelten über Landesgrenzen hinweg. Eine weitere Verfeinerung ergibt sich, wenn man den intranationalen Geltungsbereich nach:

- lokal,
- regional,
- national

unterteilt. Und den Geltungsbereich **internationaler Ziele** nach:

- ethnozentrisch, d. h. Stammland orientiert,
- polyzentrisch, d. h. Gastland orientiert,
- regiozentrisch, d. h. wirtschaftsraumorientiert,
- geozentrisch, d. h. global-orientiert.

Durch die Integration der Wirtschaftsräume verlieren nationale Ziele zugunsten internationaler immer mehr an Bedeutung.

2.6.2.7 Inhalt

Hier sind zwei Unterteilungen denkbar in:

- materiell,
- formell (Abb. 66).

Formell lassen sich Ziele einteilen in

- **Metaziele**, die abstrakte Steuerungsvorgaben betreffen (wie Wachstum, Existenzsicherung, Substanzerhaltung, Unabhängigkeit, Macht/Prestige, soziales Bewusstsein, ethisch-moralische Verantwortung, schöpferische Betätigung, Arbeitsplatzsicherheit, Umweltschutz, regionale Strukturpolitik, Betriebsklima etc.). Diese »Soft Factors« sind gerade neuerdings von erheblicher Bedeutung.
- **Sachziele**, die sich auf das faktische Handlungsprogramm des Unternehmens beziehen und Kosten und Leistungen involvieren (»Hard Factors«). Dabei stehen Erstere in konditionalem Verhältnis zu Letzteren, d.h. Metaziele sind bei erwerbswirtschaftlicher Ausrichtung nicht Selbstzweck, sondern Mittel zum Zweck der Erreichung der letztendlich dahinterstehenden Unternehmensmission.

Materiell lassen sich Ziele einteilen in:

- ökonomische Ziele, also quantitative, objektive Größen betreffend,
- psychografische Ziele, also qualitative, subjektive Größen betreffend.

Diese Zielsetzungen stehen ebenso in einem konditionalen Verhältnis zueinander. **Dabei sind psychografische Ziele ökonomischen vorgelagert. Erstere dienen damit zur Erreichung Letzterer**.

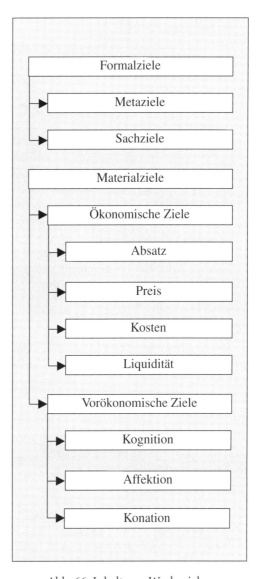

Abb. 66: Inhalt von Werbezielen

Nun sind sehr vielfältige **ökonomische Werbeziele** denkbar. Einer der ersten Versuche der Systematisierung (Bidlingmaier) geht von folgenden Größen aus:

- Geschäftsexpansion als Werbeziel ist durch Einführungs- oder Fortführungswerbung möglich. Einführungswerbung soll als bedarfskreative Werbung die Nachfrage nach dem beworbenen Angebot wecken. Fortführungswerbung soll als bedarfsexpansive Werbung bestehende Nachfrage ausweiten bzw. als bedarfspartizipative Werbung vom Mitbewerb abziehen.

Dies erfolgt im bisherigen Marktfeld bei bisherigen Käufern durch Absatzmengen- oder Absatzpreissteigerung sowie durch Erschließung neuer Käufer. Und in neuen Märkten im In- und Ausland.

– Geschäftserhaltung als Werbeziel richtet sich auf die Kompensation von Geschäftsverlusten durch selektive Geschäftsausweitungen. Dies kann mit bisherigen oder neuen Abnehmergruppen angestrebt werden. Im bisherigen Marktfeld geschieht dies mit Hilfe bisheriger Käufer innerhalb einer oder zwischen verschiedenen Käufergruppen sowie durch Gewinnung neuer Käuferschichten und durch Erschließung neuer Märkte im In- und Ausland.

– Aufwandsersparnis als Werbeziel soll den Bedarf gemäß der eigenen Absatzvoraussetzungen formen oder beeinflussen. Dies geschieht durch Lenkung der Nachfrage im Zeitablauf oder durch werbebedingte Rationalisierung. Ersteres wird erreicht durch Kontinuitätswerbung zur Glättung der Nachfragezyklen, durch Synchronisationswerbung zur Anpassung der Zyklen an die Produktion oder durch Emanzipationswerbung durch Verschiebung der Zyklen. Letzteres wird durch Großeinkäufe und Mindestauftragsgrößen, durch moderne Einkaufstechniken sowie durch bestimmte Zahlungsmodalitäten zu erreichen versucht.

– Selektive Geschäftsreduktion schließlich ist erst in neuerer Zeit relevant geworden. Sie betrifft Marktbereiche, die eine bewusste Schrumpfung erfahren sollen (im Rahmen des Marketing etwa ökologisch angreifbare Produkte).

Auf einer eher abstrakten Ebene bieten sich folgende Basisgrößen zur Definition von ökonomischen Werbezielen an (Abb. 67):

– Absatz als mengenmäßiger Output des Unternehmens im Markt,
– Preis als wertmäßige Bemessung der einzelnen Outputeinheiten,
– Kosten als bewerteter Güterverzehr zur Leistungserstellung des Outputs,
– Liquidität als Zahlungsmittelfluss im Unternehmen.

Aus diesen vier Eckpfeilern lassen sich durch Kombination weitere ökonomische Ziele des Marketing ableiten. Es handelt sich dabei um:

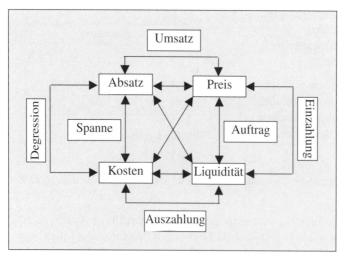

Abb. 67: Objekte ökonomischer Werbeziele

– Umsatz als Produkt aus Absatz und Preis,
– Einzahlung als monetärer Ertrag (Preis/Liquidität) der Unternehmensleistung am Markt,
– Auszahlung als monetärer Aufwand (Kosten/Liquidität) zur Marktreifmachung eines Angebots,
– Degression als Größenvorteil (Absatz/Kosten) bei der Erstellung eines erfolgreichen Angebots,

- Auftrag (Absatz/Liquidität) als Voraussetzung für jedweden Markterfolg,
- Spanne als gewinnbringende Differenz aus Preis und Kosten.

Auf einer konkreten Ebene bieten sich jedoch besser fassbare Zielgrößen des Marketing. Dabei wird nicht bei betrieblichen Größen angesetzt, sondern bei marktlichen, wie dies auch dem Primat des Kunden im Marketing entspricht. Dabei lassen sich verschiedene Käuferklassen unterscheiden:

- Erstkäufer sind Personen, die veranlasst werden sollen, ein neues Produkt erstmals zu wählen. Dabei kann es sich um eine Marktinnovation handeln, also ein Angebot, das es vorher noch nicht am Markt gab, oder um eine Unternehmensinnovation, also ein Angebot, das es vorher im Programm eines Unternehmens noch nicht gab.
- Probierkäufer sind Personen, die veranlasst werden sollen, ein bestehendes Produkt erstmals zu wählen. Dabei kann es sich um einen erstmaligen Kauf der Gattung überhaupt handeln oder um einen versuchsweisen Wechsel der Marke innerhalb einer bereits frequentierten Gattung.
- Wiederkäufer sind Personen, die veranlasst werden sollen, ein Produkt markentreu wiederzuwählen. Je nach Rhythmus der Berücksichtigung dieser Marke kann es sich um Stammkäufer (überwiegende Verwendung) oder Wechselkäufer (teilweise Verwendung) handeln.
- Exklusivkäufer sind Personen, die veranlasst werden sollen, ein Produkt einer bestimmten Marke ausschließlich wiederzuwählen. Dies setzt eine Alleinstellung in der Angebotswahrnehmung der Käufer voraus.
- Intensivkäufer sind Personen, die veranlasst werden sollen, ein Produkt vermehrt zu wählen. Dabei kann es sich sowohl um eine Verkürzung der Kaufabstände handeln, also eine höhere Kauffrequenz, als auch um eine Steigerung der Kaufmenge, also ein höheres Kaufvolumen.
- Aufstiegskäufer sind Personen, denen ein Anreiz dazu gegeben werden soll, eine markentreue Produktkarriere einzugehen, d. h. den Wert je Wahlakt zu steigern, sei es durch eine wertgesteigerte Grundleistung oder optionale Ergänzungen zu einer »normalen« Grundleistung.
- Mehrfachkäufer sind Personen, die innerhalb eines Marken- bzw. Herstellerangebots nicht nur ein Produkt wählen, sondern Angebote verschiedener Produktgruppen wahrnehmen und damit ein absatzsteigerndes Cross Selling ermöglichen.
- Empfehlungskäufer schließlich sind Personen, die nicht nur ein Produkt selbst wählen, sondern dafür auch innerhalb ihres sozialen Umfelds als Multiplikatoren wirken, indem sie anderen den Kauf empfehlen.

Psychografische Werbeziele richten sich auf Einstellungs- und Imagedimensionen. Sie werden meist in solche der Kognition, der Affektion und der Konation unterteilt:

- Kognitive Wirkungen beziehen sich auf Kenntnis und Verständnis von Angeboten. Werbung soll hier zu einer Bekanntmachung auf neuen Märkten bzw. zu einer Erhöhung oder Haltung des Bekanntheitsgrads auf bestehenden Märkten führen. Bekanntheit ist notwendige Voraussetzung für Erfolg, da nur die im Bewusstsein verankerten Angebote in der Kaufentscheidungssituation präsent und damit wählbar sind.
- Affektive Wirkungen beziehen sich auf die Sympathie zu einem Angebot oder Anbieter. Hier sollen weniger harte Fakten als emotionale Elemente übermittelt werden, welche die Einstellung zu einem Angebot oder Anbieter positiv beeinflussen. Denn bei zunehmender objektiver Gleichartigkeit und Komplexität der Angebotsparameter setzt der »Kopf« aus und der »Bauch« übernimmt die, oft genug irrationale, Evaluierung.

– Konative Wirkungen betreffen die beabsichtigte Handlungswirkung. Dies setzt Informationseinholung und -vertiefung voraus (z. B. durch Anforderung von Prospekten, Aufforderung zur Händlerberatung, Angebot fernmündlicher Kontaktierung). Dadurch ergibt sich eine Konditionierung der Interessenten und eine höhere Chance auf einen Kaufabschluss als »finaler« Handlung.

2.6.2.8 Gewichtung

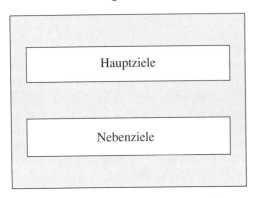

Abb. 68: Gewichtung von Werbezielen

Nach ihrer Gewichtung lassen sich Ziele unterscheiden in (Abb. 68):

– **Hauptziele**, denen hohe Priorität zukommt,
– **Nebenziele**, denen geringere Priorität zukommt.

Diese Einteilung ist erforderlich, um bei knappen Budgetmitteln zur Umsetzung der Zielvorgaben zu einer sachgerechten Zuteilung zu gelangen. Hauptziele werden zuerst mit Budget versehen, Nebenziele werden soweit dotiert, bis die Budgetgrenze erreicht ist. Erfahrung zeigt, dass Werbeziele bei restriktiven Rahmenbedingungen schnell mit geringer Priorität versehen werden, weil dort vermeintlich leichter verschmerzbare Wirkungen hinzunehmen sind.

Eine vollständige Zielformulierung enthält also die folgenden Elemente:

– Vertikale Einordnung, damit erkennbar wird, wo innerhalb einer Unternehmenshierarchie eine Zielformulierung angesiedelt ist,
– Horizontale Einordnung, um komplementäre, konflingente und isolierte Beziehungen zu anderen Zielen der gleichen Ebene deutlich zu machen,
– Zeitbezug, damit erkennbar wird, innerhalb welcher Zeitspanne das betreffende Ziel angestrebt wird,
– Ausmaß, d. h., die angestrebte Ausformung des Zielerreichungsgrades,
– Richtung, in welche die Zielgröße bewegt werden soll,
– Raumerstreckung, für die die Zielformulierung Gültigkeit haben soll,
– Inhalt materieller und formeller Art,
– Gewichtung, damit erkennbar wird, mit welcher Intensität das betreffende Ziel anzuvisieren ist.

Eine exakte Formulierung der Ziele ist notwendige Voraussetzung für die operationale Zielerreichung.

2.7 Bestimmung der Werbeobjekte

2.7.1 Markenartikel

2.7.1.1 Markeninhalte

Der Markenartikel ist von zentraler Bedeutung in der Kommunikation. Er wird durch folgende Inhalte charakterisiert (Abb. 69):

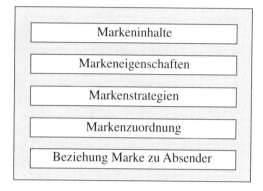

Abb. 69: Werbeobjekte

- **Einheitliche Aufmachung,** obgleich im Zeitablauf beinahe unmerklich variierend. Dies meint also keinesfalls Starrheit im Auftritt, sondern ganz im Gegenteil kontinuierliche Flexibilität, die sich elegant Zeitströmungen anpasst, ohne ihre Unverwechselbarkeit dabei zu verlieren (z. B. Nivea, Persil).
- **Gleichbleibende oder verbesserte Qualität, Quantität und Preisstellung.** Dies meint das Bemühen um eine stetig verbesserte Leistungsfähigkeit, eine Nachfrage gerechte Dimensionierung und damit ein günstiges Preis-Leistungs-Verhältnis für ein Angebot. Qualitätszweifel nagen verheerend unmittelbar am Vertrauen zur Marke (z. B. Birkel, Milupa).
- **Standardisierte Fertigware für den differenzierten Massenbedarf.** Dies meint, dass es sich um ein prinzipiell gleichartiges Serienprodukt handelt, dessen Profil auf bestimmte Marktsegmente zugeschnitten ist. Dies engt Roh- und Halbstoffe sowie Dienstleistungen als markenfähig ein.
- **Warenzeichen zur durchgängigen Kennzeichnung.** Dies meint, dass alle Kommunikationsaktivitäten konsequent mit einem eigenständigen Markenzeichen versehen sind, gleich ob auf der Ausstattung, dem Produkt selbst oder den dazugehörigen Werbemitteln. Dies ist oft schwierig durchzusetzen (z. B. Reifen).
- **Eigenschaftszusage über systematische Kommunikationsmaßnahmen.** Dies meint, dass durch substanzielle Werbeaktivitäten konsistente Botschaften über die spezifische Leistungsfähigkeit des Markenangebots verbreitet werden, die aus Publikumssicht als Garantieaussagen zu verstehen sind.
- **Dichte Distribution bis hin zur Ubiquität im gewählten Verbreitungsgebiet.** Dies meint die nennenswerte Verbreitung des Markenartikels innerhalb eines definierten Absatzraumes und/oder -kanals. Dieses Kriterium ist extern eher schwierig zu beurteilen.
- **Hohe Bekanntheit und Anerkennung im Markt.** Dies meint einen hinreichenden formalen Bekanntheitsgrad der Marke verbunden mit inhaltlicher Aufladung in Bezug auf Angebotsanspruch, Nutzenversprechen und Imageausstrahlung. Wichtig ist dabei die richtige Zuordnung der Inhalte zur Marke.

2.7.1.2 Markeneigenschaften

Aus den Inhalten des Markenartikels resultieren wichtige Eigenschaften:

- **Schaffung eines Kommunikationsmittels vom Hersteller zum Zwischen- und Endabnehmer.** Das Vorhandensein einer Marke ermöglicht erst den Dialog des Herstellers mit seinen Abnehmern.
- **Augenfällige Differenzierung zu Wettbewerbsangeboten.** Die Prägnanz einer Marke erlaubt die positive Abgrenzung des eigenen Angebots zu denen der Konkurrenz.
- **Präferenzbildung zugunsten des eigenen Angebots,** damit zugleich Diskriminierung des Mitbewerbs im fairen Parallelwettbewerb.
- **Orientierungshilfe in der Angebotsvielfalt.** Durch die Ausbildung einer Rangordnung innerhalb objektiv gleichartiger Angebote wird die Orientierung in der zunehmenden Vielfalt von Angeboten erleichtert.
- **Sicherheit beim Kauf.** Diese Übersicht erzeugt Kaufsicherheit insofern, als eine Marke anderen wegen ihres im Vorhinein bekannten Leistungsprofils vorgezogen wird.
- **Wiedererkennbarkeit und Wiederholungskaufchance.** Die Markierung eines bestimmten Angebots ermöglicht die Wiedererkennung und bietet damit erst die Chance zum Wiederkauf.
- **Aufbau von Markenbindung und Markentreue.** Dadurch wird eine bewusste Loyalität zu einem Angebot bei Übereinstimmung zwischen den subjektiven Erwartungen und der Markenleistung ermöglicht.
- **Erreichung eines Preissetzungsspielraums.** Diese Bindung ermöglicht die Nutzung der daraus resultierenden geringeren Preiselastizität der Nachfrage für die Ausschöpfung höherer Erlöse im Markt, ohne dass Kunden gleich abwandern.
- **Voraussetzung für Absatzsicherung bzw. -ausweitung.** Durch hohe Markenbindung und Marktausschöpfung kann die Absatzbasis nachhaltig gesichert, womöglich sogar ausgeweitet werden.
- **Marktplanbarkeit und Planerfüllungswahrscheinlichkeit.** Die hohen Aufwendungen zur Markenbildung werden erst vor dem Hintergrund der Planabsicherung durch die Marke tragbar.
- **Möglichkeit zu Zielgruppenmarketing.** Die Marke ermöglicht die Segmentierung des Gesamtmarkts über den Einsatz eines differenzierten Marketing-Instrumentariums.
- **Individuelle Bedarfsbefriedigung.** Daraus folgt auf der Nachfrageseite die Möglichkeit zur gezielten Nutzenwahl, indem unter mehreren, prägnant und kompetent profilierten Marken genau die wählbar wird, die den eigenen Zielvorstellungen am besten entspricht.

2.7.1.3 Markenstrategien

Hier sind innerhalb des Programms unterschiedliche Ausprägungen denkbar (Abb. 70):

- Eine **Dach-/Firmenmarke** bedeutet, dass das gesamte Angebotsprogramm unter einer Marke offeriert wird.
  Vorteile: Der Profilierungsaufwand der Marke wird von allen Produkten gemeinsam getragen, eine schnelle Akzeptanz für Neueinführungen im Handel scheint gesichert, die Markeninvestitionen sind nicht auf den Lebenszyklus einzelner Produkte beschränkt und gehen danach verloren.
  Nachteile: Bei hohem Diversifikationsgrad verwässert die Markenkompetenz im Kern, Entscheidungen für ein Produkt betreffen immer auch sämtliche anderen, es besteht das

Risiko negativer horizontaler Ausstrahlungseffekte, die einzelnen Produkte bleiben eher schwach profiliert, da das Markendach generalisierend wirkt.
- Eine **Familien-/Rangemarke** bedeutet, dass komplette Programmausschnitte eigene, selbstständige Marken tragen.
Vorteile: Die gegenseitige Unterstützung der Produkte sorgt für deren bessere Durchsetzung bei Handel und Endabnehmer, die Kosten der Markenbildung und -pflege können durch Synergieeffekte geringer gehalten werden, starke Produkte lassen sich durch Imagetransfer auf neue Produkte »melken«, durch Aufbau von »Satelliten« um die Basismarke herum kann diese leicht verjüngt werden.
Nachteile: Die spitze Profilierung der Rangemarke gerät mit jedem »Satelliten« in Gefahr, die Markenkompetenz lässt nurmehr die Aufnahme verwandter Produktbereiche unter die Markenfamilie zu, außenstehende Produkte sind kaum isoliert durchsetzbar.
- Eine **Produkt-Monomarke** bedeutet, dass das gesamte Angebotsprogramm nur aus einer Marke besteht.
Vorteile: Die volle Konzentration aller Aktivitäten auf eine Produktmarke ist möglich, durch Fehlen des »Bauchladeneffekts« von Multimarken-Anbietern entsteht ein klares Profil bei Absatzmittlern, eine gegenseitige Kannibalisierung differenzierter Produkte findet nicht statt.
Nachteile: Es besteht beinahe völlige Abhängigkeit des Unternehmenserfolgs von der Monomarke, es fehlt die Basis für den Ausgleich saisonaler oder geografischer Disparitäten, es ist eine potenzielle Erpressbarkeit durch Absatzmittler gegeben, wenn die Alleinstellung erodiert, die Ansprache unterschiedlicher Nachfragersegmente ist stark eingeschränkt, Synergieeffekte aus Gemeinsamkeiten zwischen Produktangeboten entfallen.
- **Produkt-Multimarke** bedeutet, dass das Angebotsprogramm aus mehreren unabhängigen Marken besteht.
Die **Einzelmarkenstrategie** verfolgt dabei das Ziel, je relevantem Markt eine eigene Marke zu platzieren. Bei der **Mehrmarkenstrategie** wird hingegen beabsichtigt, je relevantem

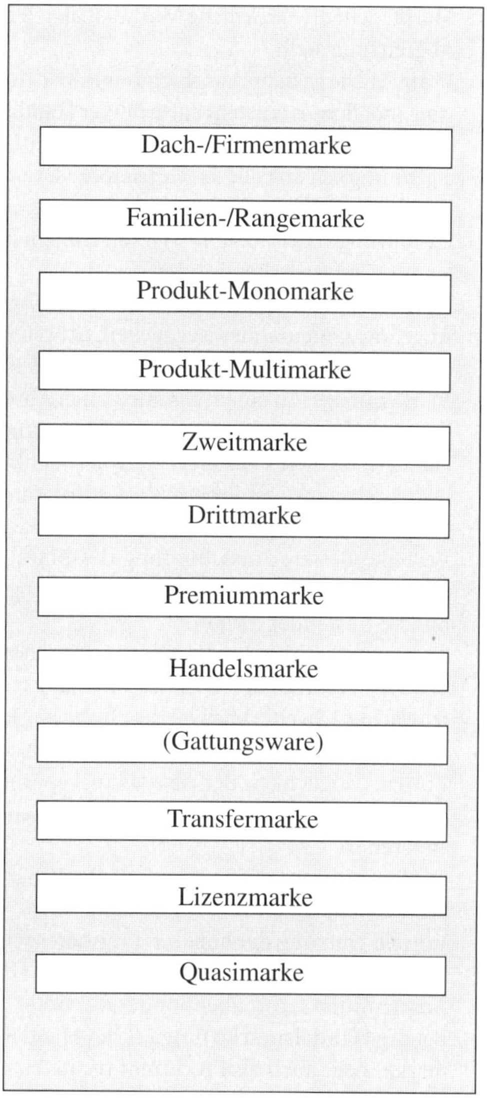

Abb. 70: Markenstrategien

- Dach-/Firmenmarke
- Familien-/Rangemarke
- Produkt-Monomarke
- Produkt-Multimarke
- Zweitmarke
- Drittmarke
- Premiummarke
- Handelsmarke
- (Gattungsware)
- Transfermarke
- Lizenzmarke
- Quasimarke

Markt mehr als eine eigene Marke zu platzieren, wobei sich dann das Problem der effizienten Abgrenzung stellt.

Vorteile: Die gezielte Ansprache einzelner Kundensegmente wird durch individuelle Profilierung möglich, es entsteht ein größerer Handlungsspielraum durch fehlende Verbundwirkung der Marken untereinander, es besteht keine Gefahr negativer Ausstrahlungseffekte auf andere eigene Marken im Falle des Flops einer Marke, Markenwechsler können durch Produktvarietät beim Unternehmen gehalten werden, ohne sie an Wettbewerber zu verlieren, durch die Einführung von Price-Off-Marken können die übrigen Marken weitgehend aus einem Preiskampf herausgehalten werden.

Nachteile: Die Gefahr von Kannibalisierungseffekten bei nicht ausreichender Trennung der Angebote voneinander ist gegeben, es besteht die Gefahr der Übersegmentierung, wodurch das jeweils ausbeutbare Marktpotenzial zu klein bleibt, es erfolgt keine Addition der Markenimages zu einem geschlossenen Absenderimage, jedes Produkt fordert für sich allein bereits hohe Kommunikationsaufwendungen, es drohen Restriktionen im Regalplatz des Handels, da dieser absenderorientiert denkt.

- Die **Zweitmarke** ist innerhalb des Programms eines Herstellers unterhalb der Erstmarke positioniert.

  Vorteile: Bessere Ausschöpfung des Marktpotenzials über zweigleisiges Angebot je nach individueller Preisbereitschaft, Realisierung von Kostenvorteilen durch statische und dynamische Kostendegression.

  Nachteile: Es besteht die Gefahr des negativen Imagetransfers von der Zweit- auf die Erstmarke, sofern deren Zusammenhang ruchbar wird, es erfolgt eine latente Verdrängung schwacher (Zweit-)Marken durch starke Handelsmarken.

- Die **Drittmarke** vertritt Gattungswaren ähnliche Angebote unterhalb der Zweitmarke.

  Vorteil: Möglichkeit der Absatzkanal spezifischen Abdeckung mit Produkten.

  Nachteil: Gefahr der Aufreibung zwischen Handelsmarken einerseits und Gattungsware andererseits.

- Die **Premiummarke** ist innerhalb des Programms eines Herstellers oberhalb der Erstmarke positioniert.

  Vorteil: Nutzung der höheren Preisbereitschaft Image determinierter Nachfragersegmente.

  Nachteil: Gefahr des Cascading, d. h. des »Herunterziehens« des Produkts im Markt durch Absatzmittler, etwa über Sonderangebote.

- Bei der **Handelsmarke** fungiert der Handel nur als Absender der Ware (unechte Handelsmarke) oder auch als Produzent (echte Handelsmarke).

  Vorteile (jeweils aus Herstellersicht): Bessere Auslastung vorhandener Produktionskapazitäten, Nutzung dynamischer Kostendegression auch für unter eigener Marke verkaufte Produkte.

  Nachteile: Verlust der preissensitiven Nachfragersegmente, möglicherweise unter Kannibalisierung eigener Zweit-/Drittmarken, kein Beitrag zum Aufbau von Markenbekanntheit und -vertrautheit zugunsten des eigenen Absenders.

- **Gattungsware** ist streng genommen nicht markenfähig, sondern firmiert als Generic/No Name/Weiße Ware.

  Vorteile: Gesteigerte Kostendegression für alle Erzeugnisse eines Auftragsloses durch einheitliche Produktion in großen Losen bei später Heterogenisierung, Vermeidung von Leerkapazitäten bzw. Auslastung großzügig dimensionierter Kapazitäten.

  Nachteile: Gefahr der Substitution der Nachfrage für erlösträchtigere eigene Produkte in

problemlosen Bedarfsbereichen, das Preisbewusstsein der Nachfrager wird allgemein unnötig geschärft.
- Eine **Transfermarke** entsteht infolge horizontaler Diversifikation im Herstellerprogramm. Nutzengeprägte (konnotative) Marken erleichtern einen Transfer, produktgeprägte (denotative) erschweren ihn.
Vorteil: Übertragung der Bekanntheit und Vertrautheit aus einem Produktbereich in einen verwandten anderen.
Nachteil: Es besteht die Gefahr, dass die Tragfähigkeit der Leader-Marke überstrapaziert wird.
- Die **Lizenzmarke** bietet das Recht der Verwendung einer Fremdmarke im Unternehmen.
Vorteile (jeweils für Lizenzgeber): Mehrfache Liquidation eines einmal aufgebauten Markenimages, wechselseitige Aktualisierung der Angebotsinhalte zwischen Original- und Lizenzprodukt.
Nachteile: Gefahr des Markenstress bei nicht zueinander passenden Angeboten, Bumerangeffekt auf die Lizenzgebermarke bei nicht imageadäquaten Lizenzprodukten.
- Bei der **Quasimarke** handelt es sich um eine Kollektiv- (mehrere Hersteller bedienen sich zur Vermarktung derselben Marke, z. B. Gütezeichen) oder Subsidiärmarke (im Wege der Veredelung im Endprodukt untergehendes Vorprodukt, z. B. Intel-Prozessor, Nutra-Sweet, Gore-Tex, Tetra Pak).

Bei der **Markenpiraterie** (Counterfeiting) handelt es sich um die illegale, eigene Ausbeutung eines fremden Markenwerts unter Verletzung Gewerblicher Schutzrechte.

Markenpflege betrifft die kontinuierliche Erhaltung von Wettbewerbsfähigkeit und Attraktivität der Marke durch sorgsamen, sachverständigen Umgang mit ihr. Dabei ist besonders zu berücksichtigen:

- Die Marke ist eine Persönlichkeit, die durch
  - Anatomie, d. h. Funktion und Problemlösung,
  - Erziehung, d. h. Kompetenz und Image,
  - Milieu, d. h. Angebotsumfeld,
  geprägt ist.
- Die Marke unterliegt einem Lebenszyklus mit der Phasenabfolge Etablierung/Aufbau, Absicherung/Stabilisierung, Differenzierung/Eigenständigkeit, Imitation/Me too, Spaltung/Aufgabe, Polarisierung/Versteinerung.
- Die Marke stellt einen unbezahlbaren Wert dar. Zu dessen näherungsweiser Ermittlung werden Markenwert-Modelle (Brand Equity) angewendet (z. B. Nielsen, Interbrand, Kaas).

2.7.2 Markenzuordnung

Auf der ersten Ebene kann zur Bewerbung jeweils ausgewählt werden:

- **Einzelprodukt/-marke**,
- **Produktgruppe/Rangemarke**,
- **Programmsparte/Division**.

Zur Erläuterung folgende Beispiele. Das Unternehmensprogramm von Beiersdorf besteht etwa aus den Sparten Kosmetik, Medizin, Pharmazeutik und Klebstoff. Die Kosmetik-Division wiederum enthält mehrere Produktgruppen, so für Körperpflege, Duft, Zahncreme etc. Die

Körperpflege-Range ihrerseits besteht aus mehreren Einzelprodukten unter der Marke Nivea, so Nivea-Creme, -Milk, -Seife, -Sonnenschutz, -Shampoo etc., die dann nochmals als verschiedene Einzelartikel angeboten werden.

Das Unternehmensprogramm von Procter&Gamble beinhaltet etwa mehrere Sparten, so auch die für Blendax-Produkte. Die Blendax-Division wiederum ist in mehreren Produktgruppen aktiv, vor allem Dentalmedizin, Körperpflege und Zahnmedizin. Die Zahnpflege-Range besteht ihrerseits u. a. aus der Marke Blend-a-med, die in verschiedenen Einzelartikeln angeboten wird, z. B. B-a-m-Zahncreme, -Mundwasser.

Mit der Bewerbung kann nun auf jeder der genannten Teilebenen angesetzt werden (Abb. 71).

Auf einer Folgeebene kann dann zur Bewerbung im Einzelnen vorgesehen werden:

- **Leitprodukt** mit einem das Programm prägenden, leitbildhaften Teilangebot,
- **Beispielprodukte** mit stellvertretendem Teilangebot des Programms,
- **Programm** mit gesamthafter Angebotsauslobung ohne Produkte.

Auch hierzu Erläuterungen. Ist das Programm zu umfangreich, um alle seine Bestandteile einzeln auszuloben, kann, hinreichende Homogenität vorausgesetzt, statt dessen ein Einzelprodukt (aber auch eine Produktgruppe oder eine Programmsparte) daraus ausgelobt werden. Im Falle des Leitprodukts steht dieses hervorgehoben für die Gesamtleistung des Markenprogramms. So bewarb Jacobs lange Zeit nur sein Produkt Krönung als Spitze eines Eisbergs weiterer Jacobs-Kaffeesorten.

Im Falle der Beispielprodukte stehen wechselweise einzelne Angebote repräsentativ für die Gesamtleistung eines großen Markenprogramms. So lobt Langnese in jedem Jahr nur einzelne

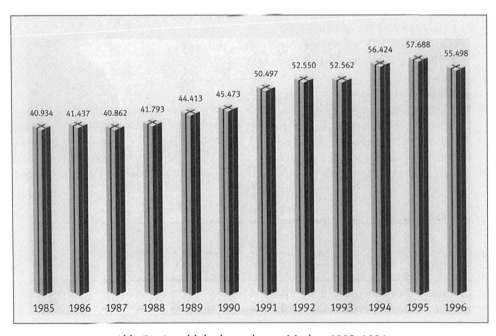

Abb. 71: Anzahl der beworbenen Marken 1985–1996

Quelle: A.C. Nielsen Werbeforschung S+P GmbHG

Produktangebote stellvertretend aus und lädt diese mittels Werbung mit Lebensfreude auf. Von diesen strahlt das Image dann auf alle anderen, den gleichen Markennamen tragenden Eissorten ab.

Schließlich kann das Programm auch abstrakt, also unter Vernachlässigung der einzelnen Produkte, ausgelobt werden. Dies bietet sich vor allem an, wenn diese individuell ausgeprägt und recht erklärungsbedürftig sind. Zu denken ist etwa an Finanzdienstleistungen (Banken, Versicherungen, Bausparkassen). Hier wird meist eine pauschale Vorteilhaftigkeit ohne nähere Konkretisierung behauptet.

Auf einer dritten Ebene schließlich wird die

– **Organisation/Firma**

zur Bewerbung ausgewählt (Abb. 72).

Dabei treten Programm und Produkte ganz in den Hintergrund. An deren Stelle wird die Leistungsfähigkeit des Absenders ausgelobt. Dies trifft auf die Imagewerbung zu. Sie ist besonders erforderlich, wenn das Angebot einer Organisation/Firma in Anspruch genommen werden muss (z. B. öffentliche Verkehrsbetriebe, Bundespost), wenn Zielgruppen deren Produkte nicht unmittelbar kaufen können (z. B. Investgüterhersteller) oder eine Notwendigkeit zur Imagepflege oder -verbesserung gesehen wird (z. B. Chemieindustrie, Mineralölbranche).

2.7.3 Beziehung Absender/Marke

Vertikal, also zwischen Hersteller (Absender) und Programm (Marke), sind folgende Beziehungen denkbar (Abb. 73):

Abb. 72: Markenzuordnung

– **Identität**, d. h. Einheit von Marke und Firma (z. B. Knorr, Oetker).
  Vorteile: Ein Konzept der integrierten Corporate Communications wird möglich. Es ergeben sich Synergieeffekte zwischen Öffentlichkeitsarbeit für das Unternehmen und Werbung für das Produktmarketing.
  Nachteile: Negative Unternehmensnachrichten schlagen unvermindert auf das Markenprodukt durch. Und negative Markennachrichten schlagen voll auf das Unternehmen durch.
– **Integration**, d. h. Verbundenheit von Marke und Firma (z. B. Persil von Henkel).
  Vorteile: Die Herstellerkompetenz wird voll in die Marke mit eingebracht. Ein Markenlaunch profitiert von Anfang an vom dahinterstehenden Image des Herstellerabsenders.
  Nachteile: Die Notwendigkeit der doppelten Namensnennung überlädt die Kommunikation und kompliziert diese. Hersteller und Produkt sind auf Gedeih und Verderb aneinandergekettet.

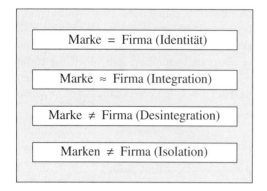

Abb. 73: Beziehung Marke/Firma

– **Desintegration**, d. h. Trennung von Marke und Firma (z. B. Jägermeister/Mast). Vorteile: Alle Marketingaktivitäten können auf eine Marke konzentriert werden. Die Separierung von Unternehmen und Produkt vermeidet negative vertikale Übertragungseffekte.
Nachteile: Einseitige Abhängigkeit des Unternehmens vom dominanten Erfolg einer Marke. Synergiewirkungen zwischen Absender und Marke mit gegenseitiger Stützung bleiben aus.

– **Isolation**, d. h. Trennung von mehreren Marken und Firma (z. B. P&G).
Vorteile: Individuelle Justierung jeder Marke auf das jeweilige Nachfragesegment für mehr Erfolg. Möglichkeit zur Abdeckung durchaus gegensätzlicher Märkte, ohne Gefahr zu laufen, die Corporate Identity zu verlieren.
Nachteile: Notwendigkeit zu einer anderweitig ungestützten Etablierung am Markt. Aufsplittung der Aktivitäten auf mehrere Märkte lässt eine geringe Effizienz bzw. hohen Marketingaufwand vermuten.

2.8 Bestimmung des Werbebudgets

Für die Budgetierung können verschiedenste Techniken eingesetzt werden. Dabei lassen sich zwei große Gruppen unterscheiden, erstens Techniken, welche die Budgethöhe Modell gestützt von der Erreichung der Werbeziele abhängig sehen wollen, bzw. solche, welche die Budgethöhe auf Erfahrung basierend bestimmen. Und zweitens Techniken, welche die Bestimmung der Budgethöhe von einem einzigen Einflussfaktor abhängig machen bzw. solche, die diese von mehr als einem Einflussfaktor abhängig sehen (*Meffert* 2000, S. 786 ff.). Nimmt man diese beiden Dimensionen mit je zwei Unterteilungen, so ergeben sich (Abb. 74):

a) Erfahrungsbasierte, monovariable Budgetierungstechniken,
b) Erfahrungsbasierte, polyvariable Budgetierungstechniken,
c) Modell gestützte, monovariable Budgetierungstechniken,
d) Modell gestützte, polyvariable Budgetierungstechniken.

Als erfahrungsbasierte, monovariable Budgetierungstechniken (a) sind vor allem folgende anzusehen:

– von dem Ergebnisanteil abhängige Budgetierung,
– vom Umsatz/Absatz abhängige Budgetierung,
– vom Fixbetrag abhängige Budgetierung,
– von den Ziel-Aufgaben abhängige Budgetierung,
– Konkurrenz abhängige Budgetierung,
– von der Konkurrenz abhängige Budgetierung nach Weinberg.

Als erfahrungsbasierte, polyvariable Budgetierungstechniken (b) sind vor allem folgende anzusehen:

- vom Restwert abhängige Budgetierung,
- Bezugsgröße Fortschreibung,
- von Makrogrößen abhängige Budgetierung,
- ADBUG-Modell,
- Kuehn-Modell.

Als Modell gestützte, monovariable Budgetierungstechniken (c) sind vor allem folgende anzusehen:

- Little-Modell,
- Koyck-Modell,
- Share of Advertising/Share of Market-Anteil,
- Investitionstheoretisches Modell.

Als Modell gestützte, polyvariable Budgetierungstechniken (d) sind vor allem folgende anzusehen:

- Vidale/Wolfe-Modell,
- Fischerkoesen-Modell,
- Dorfman/Steiner-Modell,
- Optimierungsmodell.

	Erfahrungsbasierte Budgetierungstechniken	Modell gestützte Budgetierungstechniken
Monovariable Budgetierungstechniken	Ergebnisanteil Umsatz/Absatz Fixbetrag Ziel-Aufgabe Konkurr./Weinberg-Mod.	Restwert Fortschreibung Makrogrößen ADBUG Kuehn-Modell
Polyvariable Budgetierungstechniken	Little-Modell Koyck-Modell Share of Advertising/ Share of Market Investitionsrechnung	Vidale/Wolfe-Modell Fischerkoesen-Modell Dorfmann/Steiner-Modell Optimierung

Abb. 74: Budgetierungstechniken

2.8.1 Erfahrungsbasierte, monovariable Budgetierungstechniken

2.8.1.1 Bezugsgröße Ergebnisanteil

Beim Ergebnisanteil wird ein Prozentsatz von Unternehmenserfolgsgrößen (Gewinn, ROI, Cash-Flow etc.) für Werbung aufgewandt.

Daraus folgt ein prozyklischer Verlauf, der so gar nicht zum theoretisch immer wieder postulierten antizyklischen Verlauf des Werbebudgets passt, der absatzbelebend in der Rezession und nachfragedämpfend im Boom wirkt. Dieses Ansinnen scheitert jedoch regelmäßig an der Realität, bei der in der Rezession nun einmal nicht genügend Mittel bereit stehen, um intensiv zu werben, und bei der es im Boom leichtfällt, ausreichendes Werbebudget locker zu machen. Vorteile dieses Verfahrens liegen in der Einfachheit der Berechnung und darin, dass dieses im Übrigen dem Prinzip kaufmännischer Vorsicht entspricht. Nachteilig ist zweifellos dieser prozyklische Werbeverlauf. Außerdem wird die Kausalität von Input und Output kurzerhand auf den Kopf gestellt.

Unternehmen	Werbeaufwendungen (in TDM)	Anteil TV (in %)
Procter&Gamble	651.156	90,5
Deutsche Telekom	532.874	47,5
Ferrero	440.301	92,2
Volkswagen	361.898	39,9
Adam Opel	329.830	50,5
Effem	312.354	96,7
L'Oréal	302.562	78,2
Media Markt / Saturn	301.855	12,8
Deutsche Renault	289.528	40,0
T-Mobil	271.993	46,8
Beiersdorf	267.045	68,3
Kraft Jacobs Suchard	264.321	85,9
Henkel	261.759	91,6
Ford Werke	240.456	39,4
Daimler Chrysler	225.565	21,3
Maggi	208.751	95,3
McDonald's Deutschl.	208.491	64,1
Mars	204.055	98,0
C&A Mode+Co	194.329	43,1
Mannesmann Mobilfunk	183.989	44,7
Coca-Cola	179.404	83,7
Rewe	168.916	0,8
Sparkassen-Giroverband	163.878	20,2
Fiat Automobil	159.245	43,3
Viag Interkom	158.698	50,4

Abb. 75: Größte Werbungtreibende in Deutschland 1999 (Quelle: Nielsen)

2.8.1.2 Bezugsgröße Umsatz/Absatz

Die Wahl dieser Bezugsgröße bedeutet die Orientierung an (zukünftig geplanter oder in der Vergangenheit realisierter) Absatzmenge bzw. Betrag je Einheit durch Umlage des Werbebudgets auf die abgesetzte Stückzahl.

In der Realität werden hier recht hohe Beträge je Einheit für Werbung ausgewiesen. Allerdings nivelliert die Aufschlagskalkulation die unterschiedliche Kostentragfähigkeit von Produkten und diese geraten mit zunehmender finanzieller Belastung an die Preisbereitschaftsgrenzen der Nachfrage. Die einfache Berechnung stellt wohl den einzigen Vorteil dar. Inhaltlich erfolgt jedoch eine Kausalitätsumkehr (der Output/Absatz bestimmt den Input/Werbebudget). Darüber hinaus besteht immer noch Ungewissheit über den angemessenen

Werbebetrag je Erzeugniseinheit (Kostentragfähigkeit).

2.8.1.3 Bezugsgröße Fixbetrag

Wird ein definierter Geldbetrag für Werbung zur Verfügung gestellt, spricht man in diesem Zusammenhang von Fixbetrag.

Dies geschieht meist durch diskretionäre Reservierung eines bestimmten Budgetanteils für Werbung innerhalb des Gesamtbudgets. Die Gefahr besteht bei nicht rechtzeitiger Infragestellung vor allem darin, dass dieser Betrag nicht mehr veränderbar ist, sobald er erst einmal die einschlägigen Gremien passiert hat. Von daher ist dies eine unbefriedigende Situation. Von Vorteil ist wohl die Einfachheit der Zuweisung. Nachteilig zu werten ist allerdings, dass kein sachlich begründeter Zusammenhang zwischen Werbebudget und Bezugsgröße besteht. Zudem schwankt das Werbebudget im Zeitablauf (Lebenszyklus, Konkurrenz etc.).

Branche	Werbeaufwendungen (in Mio DM)	Anteil TV (in %)
Automarkt	3.168	37,5
Massenmedien	2.667	19,2
Telekommunikation	2.514	42,2
Handels-Organisationen	1.887	11,3
Schokolade / Süßwaren	1.227	89,1
Pharmazie (OTC)	1.026	57,7
Banken / Sparkassen	966	35,6
Bier	743	65,6
Spezialversender	720	37,6
EDV Hardware / Software	688	15,0
Versicherungen	589	39,5
Unternehmenswerbung	540	29,9
Milchprodukte	519	85,8
Buchverlage	514	2,4
Alkoholfreie Getränke	488	62,5
Reisegesellschaften	486	18,0
Waschmittel	462	89,4
Haarpflege	452	75,7
Energieversorgung	399	25,7
Kaffee / Tee / Kakao	394	78,5
Möbel / Einrichtungen	379	23,0
Finanzanlagen / -beratung	355	25,6
Putz- und Pflegemittel	349	94,0
Pflegende Kosmetik	336	57,6

Abb. 76: Größte Werbebranchen in Deutschland (1999) (Quelle: Nielsen)

Ein eindeutiger Mediaschwerpunkt ist in TV erkennbar (Abb. 75). Die Entwicklung nach Branchen zeigt dabei ungebrochenes Wachstum (Abb. 76) bis hin zu den aktuell werbestärksten Branchen (Abb. 77 und 78).

2.8.1.4 Bezugsgröße Ziel-Aufgaben-Maßstab

Beim Ziel-Aufgaben-Maßstab bemisst sich das Werbebudget nach den angestrebten Werbezielen.

Dies scheitert meist schon daran, dass die Erfolgswirkungen von Werbemaßnahmen nur schwer prognostizierbar sind. Wenn aber Wirkzusammenhänge fehlen, kann auch kein valider finanzieller Ziel-Mittel-Bezug hergestellt werden. Allerdings wird diese Methode von der Theorie präferiert. Vordergründig mag zwar ein plausibler Bezug bestehen. Hintergründig können die zur Erreichung bestimmter Werbeziele notwendigen Mittel jedoch nicht zuverlässig quantifiziert werden (mangelnde Werbeerfolgsmessung). Außerdem erfolgt keine angemessene Berücksichtigung der Finanzmittelsituation im Unternehmen.

in Mio. DM	1986	1987	1988	1989	1990	1991	1992	1993	1994	1995	1996
Versand- und Handelsbetriebe	1.376	1.438	1.410	1.504	1.617	1.554	2.048	2.515	2.344	2.261	2.329
Nahrungsmittel	1.074	1.236	1.361	1.536	1.703	2.047	2.268	2.370	2.705	2.682	2.818
Straßenfahrzeuge	1.191	1.307	1.414	1.530	1.557	1.814	2.125	2.350	2.421	2.687	2.836
Körperpflege und Kosmetik	677	760	835	904	1.014	1.174	1.320	1.478	1.665	1.642	1.656
Medien	596	675	751	818	982	1.088	1.268	1.470	1.807	2.065	2.324
Geldgeschäfte	835	843	829	941	1.085	1.132	1.253	1.242	1.357	1.531	1.730
Verkehr und Touristik	438	441	480	566	608	617	782	863	915	1.007	1.059
Alkoholische Getränke	463	501	564	619	676	806	859	824	903	1.001	1.104
Büromaschinen und EDV	356	369	423	544	607	627	723	813	856	1.164	1.276
Alkoholfreie Getränke	410	525	550	544	675	705	800	825	912	843	821
Pharmazeutika	382	434	455	503	532	587	672	758	993	1.057	1.101
Wasch- und Putzmittel	306	352	367	347	429	480	632	747	961	796	810
Unternehmenswerbg. + Körperschaften	377	464	427	572	688	697	765	662	676	664	711
Freizeit und Unterhaltung	258	297	288	329	353	424	570	628	679	678	704
Sonst. Dienstleistungen	304	296	305	346	385	448	518	517	516	563	591
Haus – Bauen – Garten	266	251	261	322	319	370	432	446	543	619	601
Unterhaltungselektronik	241	230	277	339	341	457	477	427	406	410	413
Mode	256	280	302	328	346	373	409	391	438	468	521
Möbel und Einrichtung	282	292	294	308	316	322	379	391	377	399	407
Haarpflege	139	169	196	191	214	211	249	260	294	303	394
Industrielle Güter	130	124	146	170	169	194	209	209	238	233	187
Tabakwaren	248	221	204	173	238	250	190	169	131	158	181
Elektr. Haushaltsgeräte	117	121	140	134	139	159	173	170	186	201	171
Foto und Optik	130	119	118	140	143	155	154	137	137	148	187
Uhren und Schmuck	75	79	84	92	97	110	121	122	130	138	128
Hausrat	75	76	75	82	71	85	84	73	86	102	99
Gesamt	11.002	11.900	12.556	13.882	15.304	16.886	19.480	20.857	22.676	23.820	25.159

Abb. 77: Brutto-Werbeinvestitionen nach Branchen 1986–1996

2.8.1.5 Bezugsgröße Konkurrenz

Der Wettbewerbsmaßstab sieht vor, dass das eigene Werbebudget in Abhängigkeit von Wettbewerbswerbeaufwendungen fixiert wird (SoA).

Dies ist die in der Marketingpraxis von Markenartiklern mit Abstand am häufigsten angewandte Methode. Dahinter steht jedoch die Hypothese, dass man Markterfolg quasi über Werbebudget kaufen kann. Denn entsprechende Grafiken suggerieren einen validen Zusammenhang zwischen beiden Größen. Dies ist jedoch leider (oder glücklicherweise) nicht der Fall. Denn die anderen Input-Instrumente wirken ebenso auf den Output ein wie die Werbung. Tatsächlich führt diese falsche Fixierung dann zu spiralförmig steigenden Werbeaufwendungen, weil jeder Anbieter den Wettbewerbsmaßstab der Vorperiode übertreffen will und vom Mitbewerb seinerseits in der Folgeperiode übertroffen wird. Dies ist einer der wesentlichen Gründe für die rasant steigenden branchenweiten Werbeaufwendungen und spiegelt sich in der Realität der Werbung, wobei Menge oft Qualität zu ersetzen scheint. Es gibt aber ebenso Produkte, die gänzlich ohne Medienwerbung groß geworden sind (z. B. Swatch, Fisherman's Friend) wie auch solche, die trotz massiver Medienwerbung geflopt sind (z. B. die Printtitel Ja, Super).

Branchen-Werbeaufwand 1979 in Mio. DM		Branchen-Werbeaufwand 1999 in Mio. DM	
Handelsorganisationen	1.061	Automarkt	3.173
Automarkt	422	Massenmedien	2.674
Pharmazie/OTC	248	Telekommunikation	2.313
Banken/Sparkassen	245	Handelsorganisationen	1.893
Spirituosen	211	Schokolade/Süßwaren	1.227
Schokolade/Süßwaren	210	Pharmazie/OTC	1.028
Möbel/Einrichtungen	190	Banken/Sparkassen	966
Zigaretten	184	Bier	744
Körperschaften	167	Spezialversender	721
Audio-/Videogeräte	161	Versicherungen	589
Waschmittel	159	Unternehmenswerbung	544
Kaffee/Tee/Kakao	145	Buchverlage	527
Schönheitspflege	143	Computer/Zusatzgeräte	520
Alkoholfreie Getränke	132	Alkoholfreie Getränke	488
Bier	131	Reisegesellschaften	487

Abb. 78: Dynamik der Branchen-Werbeaufwendungen (Quelle: ZAW)

Auf jeden Fall können somit Wettbewerbswerbeanstrengungen neutralisiert werden. Zudem erfolgt ein produktiver Mitteleinsatz durch die Wahl einer sachgerechten Bezugsbasis. Allerdings ist die Datenermittlung oft schwierig (Nielsen-S&P-Werbestatistik), zumindest aber kostspielig.

2.8.1.6 Konkurrenz abhängige Budgetierung nach Weinberg

Diese Technik soll die Frage klären, wie hoch eine Werbeinvestition sein soll, um eine Marktanteilssteigerung von x Prozent zu erreichen. Als Antecedenzbedingungen werden genannt, dass der Werbeerfolg vom Ausmaß und der Qualität der eigenen Werbeanstrengungen und denen der Konkurrenz abhängig ist. Die relative Wirksamkeit der eigenen Werbeanstrengungen wird durch einen Koeffizienten ausgedrückt. Die Berechnung erfolgt durch Auswertung historischer Umsatzentwicklungen, Werbeausgaben und Marktanteilsverschiebungen (während acht Jahren) als logarithmisch-lineare Regressionsfunktion.

Der Ansatz Weinbergs geht damit vom impliziten Ziel der Marktanteilssteigerung aus. Darin liegt allerdings kaum eine zu verallgemeinernde Zielsetzung, denn eine übermäßige Steigerung des Marktanteils muss evtl. durch überhöhte Werbeaufwendungen mit sinkenden Gewinnen erkauft werden. Für eine Gewinnmaximierung müsste daher der Punkt bekannt sein, bis zu dem es sich lohnt, den Marktanteil durch verstärkte Werbung auszudehnen. Dies wird jedoch nicht explizert. Die Wirkung der anderen Marketinginstrumente wird vernachlässigt, d. h., es wird unterstellt, dass der Umsatz der Vergangenheit allein der Werbung zuzurechnen ist. Die Schätzung des Umsatzes und der Werbeausgaben der Konkurrenz unterliegt zwangsläufig großen Unsicherheiten. Immerhin werden Konkurrenten berücksichtigt, nicht jedoch (zeitliche) Überstrahlungseffekte der Werbung. Insofern handelt es sich um ein statisches Modell. Ebenso bleiben alle Rahmenbedingungen außer der Konkurrenz unberücksichtigt. Die Qualität der Budgetentscheidung hängt zudem von der Schätzung der Modellvariablen ab. Vor allem ist fraglich, ob Erfahrungswerte der Vergangenheit in einem sich schnell wandelnden Umfeld ohne weiteres auf die Zukunft übertragen werden können.

2.8.2 Erfahrungsbasierte, polyvariable Budgetierungstechniken

2.8.2.1 Bezugsgröße Restwert

Beim Restwert wird nach Verplanung aller verfügbaren Finanzmittel ein dann evtl. noch verbleibender, liquiditätsbezogener Restbetrag Werbemaßnahmen gewidmet. Dies ist natürlich eine sehr unbefriedigende Form der Bemessung. Sie ist vor allem bei Unternehmen anzutreffen, die in der Marketingdenkhaltung noch nicht fest verankert sind und daher den Stellenwert der Kommunikation zu gering schätzen. Denn darin kommt eine mindere Bedeutung der Werbung gegenüber anderen Investitionen im Unternehmen zum Ausdruck. Tatsächlich aber ist die Investition in Kundengewinnung und -bindung als die Wertvollste überhaupt anzusehen. Die Einfachheit der Bemessung stellt jedoch einen nennenswerten Vorteil dar. Von Nachteil ist das unverkennbare Willkürelement, weil es keinen begründbaren Zusammenhang zwischen Werbeziel und Finanzmitteleinsatz gibt.

2.8.2.2 Bezugsgröße Fortschreibung

Fortschreibung bedeutet, dass das wie immer auch zustande gekommene Werbebudget der Vorperiode weitergeführt wird.

Dabei werden Größen wie Tarifpreissteigerung der Medien, projektiertes Unternehmenswachstum etc. zugrunde gelegt, um die reale Kaufkraft bzw. Budgetbedeutung zu erhalten. Tatsächlich ist damit aber Unwirtschaftlichkeit festgeschrieben, die spätestens mit der Gemeinkostenwertanalyse (OVA) oder der Nullbasisbudgetierung (ZBB) in Frage gestellt wird. Der wichtigste Vorteil liegt sicherlich in der Einfachheit durch Indexierung. Von Nachteil ist, dass die Bemessung nicht verursachungsgerecht ist und bestehende Budgetverhältnisse zementiert, unabhängig davon, ob diese aktuell noch gerechtfertigt sind oder nicht. Außerdem besteht keinerlei Wettbewerbsorientierung in der Budgetierung.

2.8.2.3 Bezugsgröße Makrogrößen

Dabei werden erstmalig überbetriebliche Bezüge wie Branchenwachstumsindex, Inflationsrate, Bruttosozialproduktveränderung etc. hergestellt. Dadurch werden bei überdurchschnittlichen Erfolgspositionen eines Unternehmens allerdings leicht individuelle Marktchancen verpasst, wenn die aggregierten Größen Zurückhaltung signalisieren. Und umgekehrt bei unterdurchschnittlichen Erfolgspositionen Mittel gebunden, wenn die aggregierten Größen Engagement signalisieren. Als Vorteil ist die hinlänglich einfache Feststellung zu werten, als Nachteil die

Tatsache, dass es sich um Vergangenheitswerte/Zukunftsschätzungen handelt und dabei keine Berücksichtigung der unternehmensindividuellen Situation stattfindet.

In der Praxis dürfte eindeutig die Bestimmungsgrundlage in Prozent vom Planumsatz dominieren. Weit verbreitet sind noch die Ziel-Mittel-Methode und die konkurrenzorientierte Methode. Wenig angewendet werden die Bestimmung als Prozentsatz vom Gewinn, die »All you can afford«-Methode und die Bemessung als Werbeaufwand je Stück. Ersatzweise kommt auch der Bezug zum Vorjahresbudget zur Anwendung.

2.8.2.4 ADBUG-Modell

Das computergestützte ADBUG-Modell folgt dem Decision Calculus-Ansatz, der Marktanteilsveränderungen in Abhängigkeit vom Werbeaufwand simuliert. Dabei wird eine s-förmige (ertragsgesetzliche) Wirkungsfunktion unterstellt. Als Dateninput sind für die Simulation vier Informationen erforderlich:

- derjenige Marktanteil, wenn der Werbeaufwand in der Periode den Wert Null annimmt,
- derjenige Marktanteil, der die Sättigungsmenge darstellt und erst bei extrem hohem Werbeaufwand erreicht wird,
- derjenige Werbeaufwand, der zur Erhaltung des bisherigen Marktanteils notwendig ist,
- derjenige Marktanteil, der durch eine 50%-ige Erhöhung des Erhaltungsaufwands erreicht werden kann.

Diese Daten müssen, sofern nicht bereits vorliegend, qualifiziert subjektiv geschätzt werden. Außerdem können Carry Over-(Zeitübertragungs-)Effekte durch Erweiterung des Ansatzes berücksichtigt werden, ebenso wie eine Variation der Werbeträgerqualität, der Qualität der Werbebotschaft und der Wirkung anderer Marketinginstrumente als der Werbung.

Allerdings basieren alle Ergebnisse damit letztlich auf subjektiver Schätzung, da davon auszugehen ist, dass objektive Daten als Input nicht verfügbar sind. Insofern sind erhebliche Verzerrungsgefahren gegeben. Weiterhin wird der Marktanteil in diesem Modell als alleiniges Werbeziel unterstellt, was praktisch sicherlich zu kurz greift.

2.8.2.5 Kuehn-Modell

Das von Kuehn entwickelte Modell basiert auf einer Entscheidungsregel, die auch Basis von Markoff-Ketten die Summe aller gegenwärtigen und zukünftigen, diskontierten Gewinne hinsichtlich des gegenwärtigen Budgets maximiert. Die Umsätze einer Periode kommen danach durch Käufer der Vorperiode zustande, die mit Sicherheit die eigene Marke wieder kaufen, und dem Anteil aller potenziellen Markenwechsler, die sich durch den Einsatz des gesamten absatzpolitischen Instrumentariums der Branche für eine Marke entscheiden. Sind Vertrieb und Regalplatz sowie Attraktivität und Preis der eigenen Marke konkurrenzfähig und besteht eine konstante und für alle Marken gleiche Abgangsrate an Kunden, so besteht der Absatz einer Periode aus den markenloyalen Kunden der Vorperiode, den attrahierten neuen Kunden durch das Marketing-Mix des Unternehmens und aus den Interaktionseffekten aller Marketing-Mixes incl. Werbung. Unter Berücksichtigung einer Marktwachstumsrate mit Gewinnmaximierung als Zielfunktion und einer Werbekostenfunktion kann so zumindest theoretisch das optimale Werbebudget ermittelt werden. Es ist c. p. umso höher, je höher die Werbeausgaben der Konkurrenten sind, je höher die Gewinnspanne (vor Werbung) des Unternehmens ist, je höher der Gesamtumsatz der Branche ist, je höher der Anteil illoyaler Konkurrenzmarken-Käufer bzw. loyaler Käufer der eigenen Marke ist, je geringer die Werbekosten in Relation zu anderen Investitionen sind sowie je höher die Werbewirksamkeit ist.

2.8.3 Modell gestützte, monovariable Budgetierungstechniken

2.8.3.1 Little-Modell

Little versucht, bezogen auf ein bestimmtes Unternehmen in einer bestimmten Marktsituation, dessen Werbereaktionsfunktion zu ermitteln (Abb. 79). Begonnen wird mit einer Schätzung dieser Funktion, zweckmäßigerweise als konkave oder s-förmige Funktion. Das sich daraus ergebende Budget wird in der Periode t auf einem Testmarkt investiert. Auf einem ersten Kontrollmarkt wird für Werbung weniger Geld ausgegeben (Low Spending), auf einem zweiten Kontrollmarkt mehr Geld (High Spending). Die dabei erzielten Umsätze auf den Teilmärkten geben Aufschluss über die Werbeeffizienz. Für die nächste Werbeperiode steht nun die durch Erfahrung verbesserte Information zur Verfügung. Mit kontinuierlicher Anpassung bildet die Funktion die Werbeeffizienz immer genauer ab, der Budgeteinsatz nähert sich also dem Optimum.

Bei Little werden somit nur Vergangenheitswerte herangezogen und unbesehen in die Zukunft projiziert. Dies versagt dann, wenn plötzliche Änderungen der Konkurrenzaktivitäten oder anderer exogener Marktfaktoren (Diskontinuitäten) auftreten. Auch Veränderungen der eigenen absatzpolitischen Aktivitäten führen zu Variationen, die im Modell nicht berücksichtigt werden. Es wird ein ertragsgesetzlicher Verlauf der Reaktionskurve angenommen, der weithin unbewiesen bleibt, doch der die marginalanalytische Bestimmung erst ermöglicht. Die Konstanthaltung von weiteren Modellparametern ist eine unzulässige Vereinfachung und führt zu Fehlern. Die praktische Durchführbarkeit der Experimente ist wohl nur für große Märkte möglich, da ansonsten eine genügende Abgrenzbarkeit der Wirkungen entfällt. Die Experimentalkonstruktion mit Test- und Kontrollmärkten ist zudem sehr aufwendig wie auch die gesamte Informationsbeschaffung mit hohem Aufwand verbunden ist. Außerdem muss sichergestellt sein, dass die zugrunde liegenden Annahmen vollständig und realitätsgetreu sind, was eine deterministische Situation anstelle der real stochastischen Situationen erfordert.

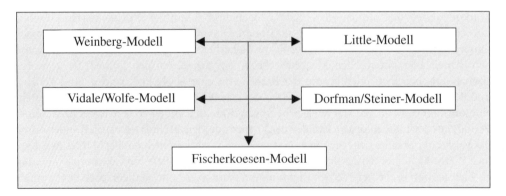

Abb. 79: Theoretische Werbebudgetierungsmodelle

2.8.3.2 Koyck-Modell

Dieses Modell dient zur dynamischen Werbebudgetierung unter Berücksichtigung eines Time Lag der Nachfragereaktion auf Werbeaktivitäten. Es berücksichtigt also den Faktor Zeit. Dabei wird für die Wirkungen des Einsatzes früherer Werbeaufwendungen auf den heutigen Absatz eine geometrische Folge als Funktion angenommen. Zugleich wird ein Grundabsatz unterstellt, der selbst dann anfällt, wenn gar keine Werbung eingesetzt wird. Außerdem wird eine konstante Wiederkaufrate berücksichtigt. Analog zum Time Lag ist weiterhin die Berücksichtigung eines Übertragungseffekts der Werbeaufwendungen vergangener Perioden auf die aktuelle Werbeperiode möglich.

2.8.3.3 Share-of-Advertising/Share-of-Market-Anteil

Unter Share of Advertising (SoA) versteht man den Anteil der eigenen Werbeaufwendungen an den gesamten Werbeaufwendungen aller Anbieter am relevanten Markt. Unter Share of Market (SoM) versteht man den Marktanteil des eigenen Unternehmens an diesem relevanten Markt. Die SoA/SoM-Budgetierungstechnik stellt beide Größen in Relation zueinander. Der eigene Marktanteil (Nenner des Quotienten) sollte aus entsprechender Marktforschung bekannt sein (Nielsen/GfK). Der eigene Werbeanteil (Zähler des Quotienten) ist ebenfalls aus entsprechender Marktforschung (Nielsen/S&P) bekannt oder kann näherungsweise geschätzt werden. Für den Wert des Quotienten ergeben sich prinzipiell zwei Möglichkeiten:

– SoA/SoM-Werte > 1 bedeuten, dass der Werbeaufwand bezogen auf den damit erreichten Umsatzanteil überproportional hoch ist, die Werbung also entweder vergleichsweise ineffizient scheint oder aber ein höherer Marktanteil erkauft werden soll.
– SoA/SoM-Werte < 1 bedeuten einen unterproportionalen Werbeaufwand bezogen auf den Umsatzanteil. Dies spricht für besonders effiziente Werbung oder aber freiwillige oder unfreiwillige Preisgabe von Marktanteilen.

Allerdings ist dieser Quotient auch abhängig von der Marktposition. So können sich alteingesessene, große Unternehmen sehr oft einen relativ geringen Werbeaufwand leisten, weil die Kompetenz ihrer Marke aus sich heraus akquisitorisch wirkt. Wird diese Markenstärke jedoch nicht kontinuierlich aufgeladen, besteht die Gefahr, dass der Markenkern ausgezehrt wird. Außerdem ist die SoA/SoM-Relation abhängig von der Lebenszyklusphase des beworbenen Produkts. So ist zu Beginn meist überproportionaler Werbeaufwand erforderlich, um dem Produkt eine entsprechende Position am Markt zu erkämpfen. Später kann die relative Medialeistung dann zurückgefahren werden.

Aus der SoA/SoM-Relation lässt sich hochrechnen, wie viel Werbeaufwand als Voraussetzung für die Erreichung eines bestimmten Marktanteils gilt. Praktisch gibt es zwar zahlreiche verzerrende Einflussfaktoren, eine regressionsanalytische Abhängigkeit ist jedoch problemlos berechenbar.

Statt des Share of Advertising wird oft auch der Share of Voice (SoV) als Anteil eines Anbieters am Bruttowerbedruck des Konkurrenzumfelds verwendet, oder der Share of Mind (SoMi) als Anteil eines Anbieters an der Werbebekanntheit innerhalb des Konkurrenzumfelds.

2.8.3.4 Investitionstheoretisches Modell

Dabei wird von einer langfristigen Überlegung ausgegangen, die Werbeaufwendungen richtigerweise als Investitionen zum Beitrag der Erzielung zukünftiger Umsätze interpretiert. Folglich kann das Werbebudget derart fixiert werden, dass die Differenz zwischen den kumulierten Werbeaufwendungen der Vergangenheit und den dadurch induzierten, kumulierten Erträgen der Zukunft maximiert wird. Als Rechenverfahren bietet sich dafür die Kapitalwertmethode an. Die vergangenen Werbeaufwendungen werden dazu auf den gegenwärtigen Entscheidungszeitpunkt aufgezinst, die zukünftig erwarteten Werbeerträge auf diesen gemeinsamen Zeitpunkt abgezinst. Werden alternative Werbeprogramme in ihren Aufwendungen und Erträgen bestimmt und in ihren Auswirkungen rechnerisch dynamisiert, so ist dasjenige Programm als das Beste anzusehen, das den höchsten Kapitalwert als Zielgröße aufweist.

Äußerst problematisch ist dabei vor allem die Zurechnung zukünftiger Werbeerträge auf vergangene Werbeaufwendungen. Auch ist die Prognose von Ertragsdaten ausgesprochen schwierig, wenngleich in diesem Fall wohl nicht allzu fern in Zukunft vorgeschaut zu werden braucht.

2.8.4 Modell gestützte, polyvariable Budgetierungstechniken

2.8.4.1 Vidale/Wolfe-Modell

Vidale/Wolfe führen (aufgrund empirischer Analysen) den Zusammenhang zwischen Werbung (Modellinput) und Umsatz (Modelloutput) auf drei Parameter zurück: die Umsatzverfallskonstante, die Marktsättigungskonstante und die Reaktionskonstante:

- Der Umsatzschwund ist der Wert, der sich bei Einstellung oder Einschränkung der Werbeaktivitäten ergibt (im Modell als linearer Trend unterstellt), ein hoher Wert bedeutet hier, dass der Umsatz ohne Werbung stark zurückgeht, et vice versa,
- die Sättigungsgrenze des Marktes gibt an, ab wann trotz werblicher Anstrengungen keine Umsatzzunahmen mehr zu verzeichnen sind,
- die Reaktionskonstante für das Verhältnis von Umsatzhöhe und Höhe der Werbeausgaben ist definiert als der Umsatzzuwachs, der bei einem Ausgangsumsatz von Null durch eine Geldeinheit Werbeausgaben erzielt wird.

Die Veränderung des Umsatzes ist nunmehr umso höher, je höher die Reaktionskonstante, je höher das ungenutzte Umsatzpotenzial, je höher die Werbeausgaben und je niedriger die Umsatzverfallskonstante ist. Die Messung der Parameter erfolgt am Zweckmäßigsten durch Testwerbung unter kontrollierten Bedingungen. Daraus lassen sich die Werbeausgaben ermitteln, die nötig sind, den Umsatz auf einem bestimmten Niveau zu halten oder eine bestimmte Umsatzzuwachsrate zu garantieren.

Die Werbeeffizienz nimmt danach mit steigendem Verkaufsvolumen ab. Dabei wird ein konstantes, damit vernachlässigbares Konkurrenzverhalten unterstellt. Das Modell ist ein dynamisches, in das die mit der Zeit nachlassende Werbeeffizienz eingeht. Die Bestimmung der Parameter Reaktionskonstante, Sättigungsniveau und Umsatzabnahme ist schwierig. Am Ehesten lässt sich die Umsatzabnahme als eine Art Vergessenskonstante interpretieren, die zu einem bestimmten Verlust an bisherigen Käufern führt. Dazu müsste ein Unternehmen aber mit der

Werbung aussetzen. Außerdem verändern sich alle drei Größen durch Veränderung der Marktverhältnisse. Die Konzentration auf die Umsatzerhaltung kann nicht als allgemein gültige unternehmerische Zielsetzung aufgefasst werden. Problematisch ist auch die alleinige Ansprache der potenziellen und die Vernachlässigung der aktuellen Käufer. Es wird von gleicher Bedeutung aller Käufer ausgegangen, d. h. Erwerb gleicher Produktmengen, wobei der Absatz pro Käufer nicht erhöht werden kann. Insofern kann das Modell nur für Marktbereiche mit konstanter Verbrauchsrate unterstellt werden. Der Einfluss von Konkurrenzaktivitäten wird nicht berücksichtigt, obgleich diesen im Marketing eine zentrale Bedeutung zukommt. Die unterstellten direkten Beziehungen zwischen Werbeaufwand und erzielten Umsätzen lassen sich in der Realität kaum nachweisen, hängen doch Erfolge und Misserfolge immer vom Einsatz aller Marketinginstrumente ab. Werbeerfolg, der erst nach der Planungsperiode eintritt, wird nicht berücksichtigt, erforderlich wäre es aber, diesen auf den Planungszeitpunkt zu diskontieren.

2.8.4.2 Fischerkoesen-Modell

Das Modell von Fischerkoesen enthält zwei Einflussgrößen:

– Verbreitungs- und Resonanzwirkung als relative Anzahl der Personen, die einen Werbeanstoß empfangen bzw. bewusst aufgenommen haben,
– Verkaufswirkung oder Effizienz als relative Anzahl der Personen, die durch die Werbemaßnahme zu Käufern eines Guts werden.

Effizienz und Resonanz sind miteinander verbunden. Werden in einem Experiment Versuchspersonen mit einem Werbemittel konfrontiert, so ergibt sich eine gewisse Effizienz, d. h., der Marktanteil erhöht sich. Die Effizienz ist maximal, wenn alle Personen vom eingesetzten Werbemittel erreicht werden, sie ist minimal, wenn keine Person erreicht wird. Die Realität liegt nun zwischen diesen beiden Extremen. Insofern besteht zwischen Effizienz und Resonanz eine multiplikative Verbindung. Ein Werbeanstoß, der alle Zielpersonen erreicht, ohne dort irgendeine Verkaufswirkung zu erreichen, bedeutet demnach, dass der bisherige Marktanteil unverändert bleibt. Dies gilt auch, wenn keine Zielperson durch Werbung erreicht worden ist. Nun gilt es allerdings, die Parameter Resonanz und Effizienz zu ermitteln. Die Effizienz wird durch die marginale Preisbereitschaft gemessen, die Resonanz durch Verfahren der experimentellen Lernpsychologie.
   Doch darin liegen die spezifischen Probleme. So ist es extrem schwierig, diese Werte zu ermitteln. Außerdem ergeben sich für jeden Markt jeweils andere Werte. Schließlich bleiben auch Wettbewerbsreaktionen, wie sie für Oligopolmärkte geradezu typisch sind, unberücksichtigt.

2.8.4.3 Dorfman/Steiner-Modell

Dorfman/Steiner beziehen das Werbebudget nur insofern ein, als es um die Optimierung des Marketing-Mix durch marginalanalytische Kalküle geht. Dabei gelten folgende Prämissen: Ein-Produkt-Unternehmen, Gewinnmaximierung als Ziel, Preis und Produktqualität als weitere Parameter neben der Werbung, kein Wirkverbund dieser Instrumente und vorhandene Informationen zu Erlösen und Kosten. Der optimale Marketing-Mix, und damit auch das optimale Werbebudget, sind danach erreicht, wenn die Preiselastizität der Nachfrage, der Grenzertrag der

Werbung und die mit dem Quotienten aus Preis und Durchschnittskosten multiplizierte Nachfrageelastizität in Bezug auf Qualitätsänderungen einander genau gleich sind.

Damit wird das optimale Werbebudget formal exakt abgeleitet. Voraussetzung dafür ist jedoch die Stetigkeit und mehrmalige Differenzierbarkeit der zugrunde liegenden Wirkungsfunktionen, was realiter hoch zweifelhaft ist. Außerdem können keine Restriktionen berücksichtigt werden, das angegebene Optimum kann also außerhalb des zulässigen Lösungsbereichs liegen. Als Zielfunktion dient nur die Gewinnmaximierung, der Einsatz anderer Marketinginstrumente als der Werbung wird negiert. Interdependenzen zwischen Nicht-Werbeparametern werden daher nicht berücksichtigt. Aus dem Rechnungswesen müssen die Einflüsse marginaler Änderungen des Werbebudgets erfassbar sein, was völlig unrealistisch ist. Der Ansatz geht von einem Einproduktunternehmen aus, substitutive und komplementäre Beziehungen im Programm werden also nicht erfasst. Auch dies ist einigermaßen unrealistisch. Es wird das ausschließliche Ziel der Gewinnmaximierung unterstellt, das in der Praxis sehr zweifelhaft ist. Das verwendete marginalanalytische Rechenverfahren ist dort gänzlich ungeeignet, da infinitesimal kleine Änderungen und deren Auswirkungen nicht realisierbar sind.

2.8.4.4 Optimierungsmodell

Die Werbebudgetierung erfolgt dabei durch Optimierung auf Basis von Grenzerlösen und Grenzkosten. Das gewinnmaximale Werbebudget liegt demnach dann vor, wenn die kombinierten Grenzkosten, d. h. Grenzwerbe- und andere Grenzproduktionskosten, exakt gleich dem Preis sind. Bei variablen Preisen führt der Einsatz der Werbung freilich dazu, dass sich die Form und Lage der Preisabsatzfunktion verändern. Insofern gibt es bei verschiedenen Konstellationen eine Werbebudgethöhe, bei der die gewinnmaximale Preis-Mengen-Kombination erreicht wird. Das Optimum ist dort gegeben, wo sich die partiellen Grenzerträge der Instrumente ausgleichen.

Dabei wird allerdings eine Stetigkeit und Differenzierbarkeit des funktionalen Zusammenhangs unterstellt. Ebenso sind keine Restriktionen berücksichtigt, die in anderen Unternehmensbereichen (etwa der Produktion) liegen können. Es wird die einseitige Zielsetzung der Gewinnmaximierung unterstellt. Ebenso werden nur quantitative Werbeziele berücksichtigt. Außerdem wird neben der Werbung nur die Preispolitik als absatzpolitisches Instrument einbezogen. Konkurrenzaktivitäten werden zudem völlig vernachlässigt.

2.8.5 Kritik erfahrungsbasierter Budgetierungstechniken

Einige dieser Verfahren unterliegen, wie ausgeführt, der Gefahr einer prozyklisch orientierten Budgetierung und eines logischen Zirkelschlusses.

Vielfach fehlt ein analytischer Zusammenhang zwischen der Werbung als Inputgröße und der Outputgröße des Verfahrens. So ist der Gewinn von zahlreichen anderen Faktoren mehr abhängig als von der Werbung, vor allem von den Kostenpositionen. Gleiches gilt für den Deckungsbeitrag, der ebenso wesentlich von den Kosten beeinflusst wird. Auch Absatz(-menge) und Umsatz(-wert) sind von zahlreichen anderen Faktoren abhängig, die außerhalb der Werbung verursacht sind, denn Werbung verkauft nicht, sondern hilft bekanntlich nur verkaufen.

Insofern besteht die Gefahr der Fehlallokation des Budgets, auf jeden Fall aber dürfte das Optimum der Werbebudgethöhe auf diese Weise mehr oder minder weit verfehlt werden. Auch der reine Konkurrenzbezug führt fehl, ist doch der Erfolg der Konkurrenz ebenso von vielfältigen anderen Größen abhängig als der Werbung wie das beim eigenen Unternehmen auch der Fall ist.

Die Bestimmung eines fixen Geldbetrags ist ebenso wenig zweckdienlich wie eine Ziel-Aufgaben-Sicht, die eine bekannte, funktionale Verbindung zwischen Werbeinput und Solloutput unterstellt.

Die Angaben sind meist recht grob und die der Aussage zugrunde liegenden Bezüge holzschnittartig vereinfacht. Beispielsweise werden keine Wirkungsverzögerungs-(direkte Carry-Over-)Effekte oder Wirkungsübertragungseffekte (indirekte Carry-Over-)Effekte berücksichtigt. Ebenso bleiben zeitliche Wirkungsverbünde (z. B. in Form von Marktwiderständen) unberücksichtigt.

2.8.6 Kritik Modell gestützter Budgetierungstechniken

Regelmäßig herrscht eine statische Betrachtungsweise nur einer kurzfristigen Werbeperiode vor. Tatsächlich jedoch ist es im Sinne einer vorausschauenden Planung erforderlich, Auswirkungen jetziger Aktivitäten auf zukünftige Perioden bzw. Einflüsse zukünftiger Perioden auf jetzige Aktivitäten in die Entscheidung über das Werbebudget mit einzubeziehen.

Häufig gilt auch die Gewinnmaximierung als einschränkende Zielsetzung des Unternehmens. Tatsächlich sind jedoch alle möglichen Formen der Zielsetzung anzutreffen, ganz gewiss nicht aber die Gewinnmaximierung. Dies scheitert schon allein an den dazu erforderlichen formalen Voraussetzungen. Deshalb kann gar kein Unternehmen Gewinn maximieren, selbst es dies wollte.

Zugleich wird das Vorhandensein vollkommener Information über alle relevanten Umfelddaten unterstellt. Auch dies ist angesichts zunehmend komplexer Vermarktungsbedingungen nicht annähernd gegeben. Zudem sprechen die begrenzten Verarbeitungskapazitäten des Entscheidungsträgers Mensch gegen das jemalige Erreichen dieser Prämisse.

Von den funktionalen Zusammenhängen zwischen Input und Output wird angenommen, dass sie stetig und differenzierbar sind. Statt dessen sind diese zu weiten Teilen nicht eimal bekannt, geschweige denn die Art ihres Zusammenhangs. Gerade Werbung ist durch elementar qualitative Kriterien charakterisiert, die sich einer quantifizierten Erfassung weitgehend entziehen.

Es werden Marktformen entweder des Monopols oder des Polypols vorausgesetzt, nicht jedoch die real weit verbreiteten Oligopole. Abgesehen davon, dass es absolute Monopole wohl in einer Welt der Alternativen nicht gibt, sind auch Polypole zumeist von monopolistischen Teilstrukturen durchzogen. Für diese praktischen Mischformen wird in den Modellen keine Aussage getroffen.

Im betrachteten Unternehmen wird eine Monoproduktion zugrunde gelegt. Dies ist heutzutage jedoch die krasse Ausnahme. Beinahe alle Anbieter stellen Produkte für mehrere Märkte zur Verfügung, um ihr angestammtes Know-how besser auszunutzen oder eine Minderung von Marktrisiken zu erreichen.

Es sollen keine weiteren Marketinginstrumente außer der Werbung vorhanden sein. Nun ist aber hinlänglich bekannt, dass die übrigen Marketing-Mix-Instrumente mindestens den gleichen Leistungsbeitrag zum Absatzerfolg von Produkten zu liefern imstande sind wie die Werbung. Von daher entbehrt diese Annahme des Realitätsbezugs.

Schließlich werden ein gegebenes Werbeverfahren in Kampagnenanlage, Medienauswahl und -einsatz unterstellt. Dies schließt aus, dass die Effizenz der Werbung durch Änderung der kreativen Umsetzung, durch Nutzung anderer Werbemittel und -träger sowie durch mediatechnische Maßnahmen erhöht werden kann. Gerade dies ist aber angesichts begrenzter Budgetmittel häufig das Ziel.

2.8.7 Budgetrestriktionen

In der Werbung ist es wie im richtigen Leben. Das vorhandene Budget reicht nicht aus, alle gewünschten werblichen Teilziele angemessen umzusetzen. Leider ist das Werbebudget bei restriktivem Umfeld besonders anfällig für Kürzungen, da dort scheinbar kurzfristig Mittel eingespart werden können, ohne auch die Konsequenzen daraus kurzfristig tragen zu müssen. Es steht jedoch zu vermuten, dass die Aufwendungen, die erforderlich sind, um bei Budgetkürzungen unvermeidlich auftretende Einbußen an Bekanntheit und Vertrautheit später wieder auszugleichen, ungleich höher liegen als der ursprünglich eingesparte Betrag. Andererseits sind in Krisensituationen schmerzhafte Einschnitte überall unvermeidlich. Da die Möglichkeiten zur Ausweitung des Finanzspielraums begrenzt bleiben, gibt es nur die Chance, die zur Verfügung stehenden Mittel geschickt aufzuteilen. Dabei ergeben sich mehrere Optionen, das Werbebudget möglichst effizient zu nutzen (Abb. 80).

Abb. 80: Optionen bei Budgetrestriktionen

So die der **gleichmäßigen Verteilung der Mittel** auf alle Produkte. Die Folge ist allerdings, dass selbst große Etatvolumina dadurch fraktioniert werden und bei jedem Teilziel eine wirksame positive Differenzierung vermissen lassen. Im Übrigen wird damit auch der unterschiedlichen Bedeutung der Produkte im Programm in keiner Weise Rechnung getragen. Ein positiver Effekt ist sicherlich, dass alle Produkte im Programm mit Mitteln dotiert werden. Dies geschieht aber um den Preis einer mutmaßlich ungenügenden Durchsetzungsfähigkeit gegen den Wettbewerbswerbedruck. Außerdem besteht keine Ursächlichkeit zwischen Input (Werbebudget) und Output (Markterfolg).

Bei der **Berücksichtigung nur ausgewählter Einzelprodukte** werden die Finanzmittel diesen ausgewählten Einzelprodukten so lange zugewiesen, bis die Budgetgrenze vollständig ausgeschöpft ist. Dabei stellt sich allerdings die Frage, nach welchen Kriterien die derart dotierten Werbeobjekte selektiert werden, und ob man es sich leisten kann, die nun nicht berücksichtigten gänzlich zu vernachlässigen. Bildet man eine Priorität zu Gunsten der Erfolgsprodukte im Programm, so werden alle übrigen Produkte, welche die kommunikative Stützung im Zweifel weitaus eher benötigen, vernachlässigt und drohen, in der Bedeutung weiter abzufallen. Wählt man hingegen gerade die Problemprodukte zur werblichen Unterstützung aus, ist dies wiederum leichtfertig, da die Erfolgssäulen nicht mehr bedacht werden und abzufallen drohen. Positiv zu werten ist die nachhaltige Unterstützung der ausgewählten Produkte. Extrem nachteilig bleibt dabei, dass wohl ganze Teile des Programms im Wettbewerb untergehen.

Bei der **Konzentration auf Produktereignisse** kann es sich um Neueinführungen, Modellaufwertungen, Relaunches etc. handeln. Werbung ist hier erforderlich, um diese Ereignisse angemessen bekannt zu machen und zu profilieren. Dies geht allerdings zu Lasten des regulären Angebots. Geht man jedoch davon aus, dass alle Produkte im Programm reihum früher oder später für Ereignisse gut sind, werden sie allerdings im Zeitablauf auch alle berücksichtigt. In jedem Fall können Neuheiten, Aufwertungen etc. prominent herausgestellt werden. Produkte ohne Ereignisse drohen jedoch zugleich, sang- und klanglos im Wettbewerb unterzugehen.

Bei der **Dachkampagne anstelle von Produktauslobung** werden nicht mehr die einzelnen Produkte beworben, sondern vielmehr der Herstellerabsender (nicht unbedingt die Firma), der diese Leistungen bereitstellt. Es wird auf die deduktive Abstrahlung der Imagewirkung des Markendachs auf alle diesen Markennamen tragenden Produkte gesetzt. Dies bietet sich vor allem für Hersteller mit schwer überschaubarem Programm an. Bestimmte Produkte stehen möglicherweise stellvertretend als Kompetenzbeweis und zur Konkretisierung. Damit gelingt es zwar, alle Produkte im Programm indirekt an der Kampagne partizipieren zu lassen. Allerdings scheint diese Version für heterogene Programme und High-Involvement-Produkte weniger geeignet.

Bei der **Zusammenfassung aller Produkte in einer Programmkampagne** werden nicht die Marke und auch nicht einzelne Produkte beworben, sondern das gesamte Programm. Dies bedeutet, dass alle Produkte gemeinsam ausgelobt werden, was relativ hohe Homogenität im Programm voraussetzt. Damit eignet sich diese Variante nicht für spitz positionierte Angebote. Im Übrigen wird auch die kreative Umsetzung leicht unübersichtlich, worunter die Eindrucksqualität aller Produkte wiederum leidet. Vorteile liegen einerseits in der Berücksichtigung aller Produkte im Programm und andererseits in einer manifesten Kostenersparnis. Der Preis dafür ist mit unzureichender Profilierung des einzelnen Angebots jedoch sehr hoch.

Passende Programmteile finden sich in einer **Bündelungskampagne** wieder. Dabei werden zwar nicht alle, wohl aber ausgewählte, möglichst verwandte Programmteile in einem Werbemittel zusammengefasst. Dabei stellt sich die Frage nach der Grundlage dieser Verwandtschaft, die wiederum nur aus Kundensicht zu beantworten ist. Gelten verschiedene Kaufkriterien, wird notwendigerweise immer an Teilen der Zielpersonengruppe vorbei argumentiert. Dennoch kommt eine verteilte Berücksichtigung aller Produkte im Programm zustande, dies wiederum bei einer manifesten Kostenersparnis. Auch diese Version scheint für heterogene Programme und High-Involvement-Produkte weniger geeignet.

Es können auch unterschiedliche Kampagnen mit **formaler Klammerwirkung durch Corporate Design** (CD) gefahren werden. Grafische Gemeinsamkeiten im Auftritt, die für alle Werbeobjekte einheitlich festgelegt werden, signalisieren somit in der Summe den Eindruck der Zusammengehörigkeit. Von daher addieren sich die einzelnen Werbemaßnahmen einer Marke im Bewusstsein der Zielpersonen zueinander und schaffen mehr Prägnanz. Trotz Einzelauftritten sind damit die gewünschten Synergieeffekte möglich. Allerdings handelt es sich um eine eher schwache Klammerwirkung.

Bei der **inhaltlichen Klammerwirkung durch Corporate Culture** handelt es sich um eine weniger vordergründige Klammerung als beim CD. Verbundeffekte durch gleiches Selbstverständnis in den Werbemitteln sind langsamer in ihrer Wirkung und arbeiten deshalb weniger effizient. Ihre Berechtigung ist aber im größeren Gestaltungsspielraum der kreativen Umsetzung und der nachhaltigeren Wirkung zu sehen. Trotz Einzelauftritten sind auch hier die gewünschten Synergieeffekte möglich. Wiederum handelt es sich nur um eine eher schwache Klammerwirkung.

Auch werden **sowohl gestalterische als konzeptionelle Gemeinsamkeiten** genutzt, um zu Synergieeffekten zu gelangen. Damit akkumuliert die gleiche formale und inhaltliche Umsetzung zu einem Gesamteindruck von Produkten und ihrem Herstellerabsender. Einerseits sollen dabei die einzelnen Produkte wirksam ausgelobt und gegenüber ihrer jeweiligen Konkurrenz abgegrenzt werden, andererseits müssen sie so offensichtliche Gemeinsamkeiten untereinander aufweisen, dass in der Zielgruppe ihre Zusammengehörigkeit realisiert wird. Dies stellt hohe Anforderungen an die kreative Umsetzung. Der wesentliche Vorteil liegt darin, dass hohe Synergieeffekte trotz Einzelauftritten wahrscheinlich sind. Als Wermutstropfen machen starke gestalterische Einschränkungen die Umsetzung jedoch ausgesprochen schwierig.

2.9 Beurteilungskriterien der Werbung

Eine Forderung, die verständlicherweise immer wieder gestellt wird, ist die nach der Beurteilung der Werbung. Henry Ford wird der Ausspruch zugeschrieben, wonach er zwar wisse, dass die Hälfte seines Werbebudgets verschwendet sei, nur wisse er eben nicht, welche Hälfte. So sind denn bis heute alle Versuche einer exakten Werbebeurteilungszurechnung unergiebig geblieben. Das muss jedem Management besonders unbefriedigend angesichts immens wachsender Werbebudgets erscheinen, ist aber nun einmal, zumindest bisher, nicht entscheidend zu ändern.

2.9.1 Effizienzmessung

2.9.1.1 Werbewirkung und Werbeerfolg

Für die Werbeeffizienzmessung ergeben sich zwei **Dimensionen**. Da die Werbeeffizienz sich an den definierten Werbezielen ausrichten muss, kann die Messung nach psychografischen oder ökonomischen Größen erfolgen. Dementsprechend bezieht sich die Messung der Werbeeffizienz einerseits auf die Erfüllung der psychografischen Teilziele, man spricht dann von der Werbewirkung, und andererseits auf die Erfüllung der ökonomischen Teilziele, man spricht dann vom Werbeerfolg. Beide Teilziele sind nicht gleichwertig, sondern stehen in einem konditionalen (prämissiven) Verhältnis zueinander, d. h. Werbewirkung ist notwendige, aber nicht hinreichende Bedingung für Werbeerfolg.

In der Literatur fehlt leider meist die deutliche Unterscheidung in Werbewirkung einerseits und Werbeerfolg andererseits. Diese ist jedoch von elementarer Bedeutung für jede Effizienzmessung. Kroeber-Riel (1993) spricht hier von diagnostischen Tests für die Werbewirkung und evaluativen für den Werbeerfolg. In der Werbeerfolgsmessung bleibt verborgen, warum und wie Werbung wirkt oder nicht wirkt, es zählt nur das Ergebnis. Man kann hier auch von einem mechanistischen Ansatz ausgehen (S-R), da nur die Beziehung zwischen Input (Einsatz der Werbemaßnahme) und Output (Erfüllung der Werbezielsetzung) untersucht wird. Was zwischen beiden stattfindet, interessiert nicht oder kann zumindest nicht analysiert werden. Dementsprechend ist auch keine Optimierung möglich, sondern nur eine Abfolge von Trial & Error, bei der bessere Ergebnisse zeitigende Maßnahmen andere verdrängen, ohne zu wissen, ob es nicht weitere, noch bessere Maßnahmen gibt. In der Werbewirkungsmessung geht es hingegen darum, das Zustandekommen von Wirkungen zu analysieren, also die Fragen nach dem Warum und Wie zu beantworten. Dafür wird eine reine Input-Output-Betrachtung als nicht ausreichend angesehen, vielmehr wird angestrebt, die Faktoren abzubilden, die zwischen beiden liegen und Werbeeffizienz erst ausmachen, wobei hingenommen wird, dass von diesen nicht zuverlässig auf den Absatz geschlossen werden kann. Dennoch ist eine isolierende Optimierung zumindest in Hinblick auf einzelne Faktoren, die für Werbewirkung verantwortlich sind, möglich.

Werbewirkung bedeutet demnach, dass eine kognitive, affektive und konative Beeinflussung der Einstellungen stattfindet, also:

- Bekanntheit (Wissen um die Werbung/Marke), Kenntnis (Vertrautheit mit den Angebotseigenschaften) als kognitive Dimensionen,
- Akzeptanz (positive Einstellung und emotionale Zuwendung zum Angebot) und Präferenz (Bevorzugung eines Angebots vor anderen) als affektive Dimensionen,
- Überzeugung (Aktivierungseffekt) und Kaufabsicht (Entschluss zur »finalen Handlung«) als konative Dimensionen.

Absatzwerbung kann die Dimensionen der Werbewirkung großenteils aktiv ansteuern. Einstellungen können allerdings auch durch vielfältige andere, nicht werblich bedingte Beeinflussungen entstehen und verändert werden. Das bedeutet aber nichts anderes, als dass Absatzwerbung nur einen, mehr oder minder geringen, Teil der Werbewirkung ausmacht, ein weiterer, mehr oder minder großer Teil ist von anderen, situativen Faktoren abhängig. Das heißt, Absatzwerbung führt, so sie wahrgenommen wird, immer zu einer (wie auch immer gearteten) Werbewirkung, aber Werbewirkung resultiert nicht zwangsläufig in gesteuerten Absatzerfolg, wenn dem nicht zu verhindernde, kontraproduktive Informationen aus anderen Quellen entgegenstehen.

Insofern gibt es zwei verschiedene Ansätze. Die Werbeerfolgsmessung folgt dem Paradigma, wonach Werbung verkaufen soll, d. h., warum und wie es zu diesem Erfolg kommt, ist weitgehend irrelevant. Wenn selbstgesetzte oder fremdvorgegebene (Benchmarking) Erfolgsraten nicht erreicht werden, wird solange nach Ermessen und Erfahrung verändert, bis sich eine bessere Erfolgsrate einstellt. Diese bleibt allerdings durch Umfeldänderungen nicht konstant, sondern erfordert früher oder später neuerliche Veränderungen usw. Die Werbewirkungsmessung folgt hingegen dem Paradigma, wonach Werbung nur verkaufen hilft, d. h. warum und wie es letztlich zum Erfolg kommt, kann nicht gesteuert werden, wohl aber kann der Beitrag, den Werbung dazu leistet, optimiert werden, indem die internalen Voraussetzungen für eine Kaufabsicht (Konation) geschaffen werden, welche die Chancen auf Werbeerfolg erhöhen. Ob das dann letztlich zum Erfolg ausreicht, bleibt dahingestellt.

Dabei ergeben sich allerdings zwei unüberwindliche Probleme. Zum einen ist die Vernetzung der Wirkfaktoren so vielfältig und komplex, dass keineswegs gesichert ist, dass gerade nicht betrachtete Faktoren kontraproduktiv auf das Gesamtergebnis wirken. Dem versucht man beizukommen, indem für einzelne Faktoren eine überragende Bedeutung auf die Werbewirkung reklamiert wird, die etwaige kontraproduktive Einwirkungen anderer Faktoren überkompensiert. Zum anderen ist die Validierung der Wirkfaktoren extrem schwierig, denn dabei handelt es sich um theoretische Konstrukte, die also nicht unmittelbar beobachtbar, sondern »unsichtbar« sind. Für ihre Messung müssen daher sichtbare Indikatoren gefunden werden, die eng mit den unsichtbaren Faktoren korrelieren. Auf Auskünfte von Testpersonen ist dabei wegen der unvermeidlichen kognitiven Verzerrungen (z. B. Gefälligkeitsantworten, soziale Erwünschtheit) wenig Verlass. Wenn überhaupt, kommen dafür wohl nur (assoziative) Projektionstechniken in Betracht. Also müssen Indikatoren gefunden werden, die keiner oder möglichst geringer kognitiver Verzerrung unterliegen. Dafür kommen wiederum nur physiologische Indikatoren in Betracht, also solche, die auf unwillkürlichen Reflexen beruhen, für Testpersonen also nicht bewusst steuerbar sind. Diese Erkenntnis hat zur Entwicklung von apparativen (aktualgenetischen, psychomotorischen und mechanischen) Testverfahren geführt.

Doch dabei entstehen zwei weitere Probleme. Zum einen ist fraglich, welche Indikatoren welche theoretischen Konstrukte indizieren. Vor allem ist unklar, ob diese Indikatoren (wie Blutdruck, Hautwiderstand, Pulsfrequenz etc.) nicht auch durch andere, allerdings nicht auf Werbemaßnahmen beruhende Ursachen zurückzuführen sind. Nur wenn dies verlässlich ausgeschlossen werden kann, ist ein solcher physiobiologischer Indikator gültig. Tatsächlich ist jedoch weitgehend unklar, was genau die festgestellten Indikatoren anzeigen. Dann aber wird tatsächlich nicht Werbewirkung (hinsichtlich des jeweils in Frage stehenden Faktors) gemessen, sondern ganz einfach Blutdruck, Hautwiderstand, Pulsfrequenz etc., gerade so wie beim Arzt. Zum anderen erfordern apparative Testverfahren in der weit überwiegenden Anzahl der Fälle (zumindest derzeit noch, dies wird sich womöglich in Zukunft ändern) eine Laborsituation, geradeso wie beim Arzt. Damit aber ist wieder eine gravierende Verzerrungsgefahr gegeben. Das heißt, womöglich wird die kognitive Verzerrung explorativer Testverfahren nur ersetzt durch die situative Verzerrung, die aus der künstlichen Umgebung der Messung resultiert (z. B. Beobachtungseffekt, Unsicherheit angesichts der ungewohnten Umgebung). Dann aber wäre gegenüber der Befragung nicht viel gewonnen, zumal man von dieser weiß, dass Testpersonen selbst beim besten Willen nicht valide imstande sind, über Zusammenhänge zwischen Werbung und Kauf Auskunft zu geben. Dann aber bleibt die Black Box Verbraucher auch weiterhin geschlossen, und man muss sich mit einem Input-Output-Vergleich begnügen. Angesichts horrender Werbeinvestitionen wahrlich eine wenig befriedigende Lösung.

Werbeerfolg bedeutet also, dass konkrete Größen wie Umsatz/Absatz, Kosten/Rationalisierung, Gewinn/Deckungsbeitrag, Marktanteil/Verfügbarkeit in absoluter Höhe bzw. relativer Veränderung beabsichtigt werden. Er ist nur zu einem mehr oder minder großen Teil auf Werbewirkung und zu einem noch geringeren Anteil auf Absatzwerbung zurückzuführen. Denn es gibt zahlreiche Kaufakte, die zustande kommen, ohne dass Werbewirkung vorliegt und noch mehr, die zustande kommen, ohne das Absatzwerbung überhaupt eine Rolle spielt.

2.9.1.2 Effizienzprognose und Effizienzkontrolle

Eine weitere Dimension der Werbeeffizienz ist die Unterscheidung nach der **Zeit** der Messung. Diese kann nämlich vor (ex ante) oder nach (ex post) dem Einsatz von Absatzwerbung erfolgen. Wenn man an der Überprüfung von Absatzwerbung interessiert ist, ist es unbefriedigend, erst im Nachhinein, also nach erfolgtem Markteinsatz, Anhaltspunkte über die mutmaßliche Effizienz dieser Maßnahmen zu erhalten. Denn dann ist das Werbebudget ja schon ausgegeben und allenfalls für Folgeperioden können noch Hinweise zur Optimierung übernommen werden. Dabei ist zu berücksichtigen, dass allein die Erstellung der Werbemittel bereits hohe Geldbeträge verschlingt. Man kann davon ausgehen, dass ein qualitativ gutes Photoshooting nicht unter 25.000 € (pagatorische Kosten/Fremdkosten) zu realisieren ist, ein Filmdreh mit einer Mindestqualität kostet nicht unter 125.000 €. Und dies gilt nur für ein Motiv. Sofern, was häufig der Fall ist, mehrere Motive parallel oder zeitversetzt eingesetzt werden, vervielfachen sich diese Beträge noch. Hinzu kommen die vor- und nachbereitenden Arbeiten externer oder interner Werbeberater, die oftmals nicht mehr durch Provisionen aus Schaltvolumen abgedeckt, sondern nach Zeitaufwand abgerechnet werden. Nimmt man dann noch die Overheads aus Management und Administration hinzu, laufen erhebliche Beträge auf, die einerseits vergeben und andererseits erneut aufzuwenden sind, wenn ein Posttest Veränderungszwänge indiziert.

Die Folge daraus ist, dass versucht wird, bevor große Teile dieser Kosten aufgelaufen sind, Anhaltspunkte über die mutmaßliche Effizienz von Werbemitteln zu erhalten. Ein solcher Pretest hat jedoch mit einigen Problemen zu kämpfen. Da ist vor allem das mangelnde Abstraktionsvermögen der Probanden zu nennen. Große Kampagnen zeichnen sich nicht nur durch eine exzellente Idee aus, sondern gerade auch durch eine exzellente Ausführung. Hier gilt der Spruch von den 10 % Inspiration (Idee) und den 90 % Transpiration (Umsetzung). Die Werbemittel beziehen dann gerade aus dieser Execution einen Großteil ihrer Faszination. Dieses Finish liegt aber im Pretest weit überwiegend noch nicht vor. Insofern muss man mit Hilfsmitteln arbeiten, welche die Execution ersetzen, naturgemäß aber nicht deren faszinative Ausstrahlung haben können. Dabei handelt es sich zumeist um Reinlayouts mit farbigen Illustrationen der Bildmotive und abgesetzten Texten (Headline/Copy/Logo-Slogan). Oder anstelle von Illustrationen auch um Abzüge von Stockfotos. Dies sind Motive, die in (elektronischen) Bildbanken so zahlreich verfügbar sind, dass leicht ein der späteren Umsetzung ähnliches Motiv gefunden werden kann. Natürlich können diese Reinlayouts heute problemlos über DTP-Systeme erstellt werden, doch wird gewohnheitsgemäß immer noch mit »Pappen«, also auf Präsentationskartons aufgezogenen Layouts, gearbeitet. Teilweise werden diese Motive auch formatgerecht auf Papier kaschiert und in Folder (z. B. reale oder künstliche Zeitschriften) eingeklebt, wo sich dann auch das Wettbewerbsumfeld tummelt.

Und dennoch geht dabei gerade das Eigenständige, Merkwürdige und Herausragende einer intendierten Umsetzung verloren. Hollywood hat viele blonde, üppige Schauspielerinnen hervorgebracht, aber eben nur eine Marilyn Monroe. Und genauso, wie keineswegs irgendeine gutgebaute Blondine auch nur annähernd die Wirkung einer Monroe erreichen kann, so erreicht auch irgendein noch so sorgfältig ausgewähltes und künstlerisch erstelltes Layout nicht die Wirkung eines echten »Finals«. Gerade diese wichtigen Unterschiede gehen also bei Tests zur Werbeeffizienzprognose verloren.

Noch dramatischer ist das Handicap bei Bewegtbildkommunikation mit Ton. Kann man eine Anzeige vielleicht noch hinreichend simulieren, so ist beim Spot die Chance dazu sehr gering. Traditionell werden Spots mittels Storyboards präsentiert. Dabei handelt es sich um überdimensionale »Leporellos«, die auf jeder Seite mehrere Bildschirmrahmen (TV-Cashes) tragen. In diese vielen Rahmen ist jeweils eingezeichnet, was sich später in einer bestimmten Sequenz auf dem Bildschirm zuträgt. Legt man nun alle paar Sekunden (abhängig von der »Action« des Spots) einen Schnitt durch des Spot und stellt die entsprechende Szene als Screenshot in einem Bildschirmrahmen dar, so ergibt sich eine Abfolge von Inhalten, die anschaulich machen, wie die Dramaturgie des Spots aussehen soll. Dazu wird in Textzeilen neben den Rahmen jeweils zugeordnet beschrieben, was sich im Tonteil gerade abspielt, also entweder Text oder Geräusche. Auf diese Weise ergibt sich bei genügend Übung und Abstraktionsvermögen ein guter Eindruck des Spots. Die Videotechnik wird heute dazu benutzt, daraus Animatics zu produzieren. Das heißt, die einzelnen Szenen des Storyboard werden nacheinander mit Überblendung abgefilmt, sodass sich der Eindruck eines Bewegtbilds ergibt. Dabei kann mit Perspektive, Zoom, Lichteinfall etc. eine lebensnähere Umsetzung realisiert werden. Hinzu kommt eine Ton- bzw. Geräuschuntermalung. Ein solches Animatic ist zwar erheblich teurer, stellt aber nicht so hohe Anforderungen an das Abstraktionsvermögen der Zielpersonen. Ersatzweise kommt ein »Stealomatic« zustande, indem für die intendierte Bildauffassung passend erscheinende Ausschnitte aus Spots oder Filmen ausgewählt und so zusammengeschnitten und nachbearbeitet werden, dass sich näherungsweise ein Eindruck des beabsichtigten Spots ergibt.

Doch auch hier gilt, dass das wirklich Prägende eines gutgemachten Spots erst durch eine exzellente filmtechnische Umsetzung zum Tragen kommt. Dazu ein Beispiel. 1995 wurde der Mercedes-Benz-Spot »Verspätung« vom ADC (Art Directors Club Deutschland) als bester Spot prämiert, was aufgrund der überragenden Umsetzung auch wirklich gerechtfertigt ist. Im Treatment stellt sich der Spot wie folgt dar:

> Spätabends wartet ein junge Frau in ihrer Wohnung ungeduldig auf ihren Mann. Sie schlägt die Zeit tot, geht im Zimmer auf und ab, legt sich aufs Bett und steht wieder auf. Als er endlich nach Hause kommt, bleibt er verlegen im Türrahmen stehen. Sie blickt ihn fest an. Er entschuldigt sich kleinlaut (»Tut mir leid, aber ich hatte eine Panne.«) Sie ist sichtlich skeptisch und fragt lauernd zurück: »Mit Deinem Mercedes?« Er nickt bestätigend. Daraufhin gibt sie ihm eine schallende Ohrfeige. Ein Textchart erscheint (»Laut ADAC-Pannenstatistik hat ein Mercedes erst nach über 1 Million Kilometer eine Panne.«). Dann folgt ein zweites Textchart (»Lassen Sie sich also was Besseres einfallen.«).

Wer den Spot nicht kennt, wird schwerlich verstehen, was denn so Besonderes daran ist, das man ihn völlig zurecht als besten Spot des Jahres auszeichnet. Wer ein Storyboard davon sieht, wird eher nur mäßig beeindruckt sein. Die Pretest-Ergebnisse können dementsprechend nicht berauschend ausfallen. Wer den Spot aber im Final gesehen hat, der ist begeistert. Von der tollen Schnittechnik, von der außergewöhnlichen Musikuntermalung, von der atmosphärischen

Lichtführung, von der Mimik und Gestik der Darsteller, vom Schallen der Ohrfeige, von der souveränen Art der Präsentation und und und. Alles Dinge also, die erst spürbar werden, nachdem der Spot abgedreht ist, und nicht vorher. Hier stoßen Versuche der Antizipation von Werbewirkung und -erfolg in Form von Tests an engste Grenzen.

2.9.1.3 Werbetests

Hinsichtlich der Tests unterscheidet man allgemein statistische und empirische. Statistische Tests versuchen zu beurteilen, inwieweit, d. h. mit welcher Sicherheit oder Signifikanz, die über die Ausgangsverteilung der erhobenen Merkmale und ihre Parameter aufgestellten Hypothesen bestätigt oder verworfen werden können. Empirische Tests betreffen hingegen die experimentelle Überprüfung der Auswirkung von Marketing-/Werbemaßnahmen.

Dabei können verschiedene Testverfahren unterschieden werden. Nach dem **Zeitpunkt** relativ zur Marktwirksamwerdung kann es sich, hier relevant, um einen Pretest, also vor erfolgter Marktpräsenz (z. B. einer neuen Werbekampagne) oder um einen Posttest handeln, also nach erfolgter Marktpräsenz.

Nach dem **Umfang** der Beurteilung von Objekten handelt es sich um einen Test zur Untersuchung der Gesamtleistung oder einzelner Teilleistungen (wie Farbe, Form, Gewicht etc.).

Nach der **Art** der Versuchspersonen kann es sich um Experten, Zielpersonen, aktuelle Kunden oder Interessenten handeln.

Nach der **Identifizierbarkeit** des untersuchten Objekts handelt es sich um einen Blindtest, bei dem das Untersuchungsobjekt anonym bleibt, oder um einen Brandingtest, bei dem es als Marke ausgewiesen ist.

Nach dem **Testablauf** handelt es sich um einen:

- monadischen Test, bei dem die Untersuchungsobjekte einzeln im Abgleich mit Kenntnissen und Erfahrungen der Probanden beurteilt werden,
- alternierenden Test, bei dem sie meist paarweise abwechselnd beurteilt werden (dies ist für gewöhnlich Voraussetzung für multivariate Auswertungsverfahren),
- simultanen Test, bei dem sie gleichzeitig beurteilt werden. Beim Triadevergleich werden drei Objekte sukzessiv verglichen.

Nach dem **Zeitraum** handelt es sich um eine Prüfung des Eindrucks (Kurzzeittest) oder der Erfahrung (Langzeittest). Ersterer erfolgt meist im Teststudio, auch mobil, Letzterer meist im Haushalt der Probanden. Beim Haushaltstest erhalten Probanden Testprodukte postalisch oder persönlich zugestellt, die sie dann in gewohnter häuslicher Umgebung nutzen. Die Beteiligungsrate ist meist vergleichsweise hoch. Beim Labortest werden Probanden hingegen »gebaggert« und an einen Testort gebracht. Dieser kann durchaus auch mobil sein (Caravan-Test). Dort erfolgt dann die Konfrontation mit dem Testobjekt.

Nach dem **Ergebnis** können folgende Dimensionen unterschieden werden:

- Beim Präferenztest werden Bevorzugungsurteile über Objekte im Vergleich abgegeben, d. h., Probanden geben an, ob, in welchem Maße und aus welchen Gründen sie die Testkampagne gegenüber Vergleichskampagnen bevorzugen oder auch nicht.
- Beim Deskriptionstest werden Ausprägungen beschrieben, oft im Vergleich zu einem gedachten Idealobjekt, d. h., Probanden geben an, welche Ausprägungen und Intensitäten

der Testkampagne sie wahrnehmen, wie wichtig diese ihnen sind und wie sie sich zu einer gedachten Idealkampagne verhalten.
- Beim Akzeptanztest werden Kaufabsichten abgefragt, d. h., Probanden äußern, ob und inwieweit sie eine Kaufabsicht für das beworbene Produkt hegen und welchen Preis sie bereit sind, dafür zu zahlen.
- Beim Diskriminationstest werden wahrgenommene Unterschiede zwischen Objekten angegeben, d. h., Probanden teilen mit, ob und welche Unterschiede sie bezüglich der Testkampagne als Ganzes oder in ihren einzelnen Eigenschaften sehen.
- Beim Evaluationstest werden einzelne oder alle Eigenschaften bewertet, d. h., Probanden geben Noten für Testkampagnen als Ganzes oder in ihren einzelnen Eigenschaften ab.

Die häufigsten Anwendungen von Tests sind Konzepttests, welche die Überprüfung der Anmutungs- und Verwendungsqualitäten von Werbemitteln mit dem Ziel testen zu klären, ob der vorgestellte Entwurf gegenüber dem Abnehmer bestehen kann, Kommunikationstests, welche die Werbewirkung von Maßnahmen testen, um eine Werbeergebnismessung zu ermöglichen, und Markttests, die den probeweisen Verkauf von Produkten auf einem räumlich mehr oder minder abgegrenzten Markt mit dem Ziel der Gewinnung von Erkenntnissen über die mutmaßliche Marktgängigkeit eines Produkts bzw. die Wirksamkeit von Marketingmaßnahmen vor deren großflächiger Einführung testen.

Nach dem **Inhalt** kann man Tests von Idee (Name, Packung, Geschmack etc.), Objekt (Leistung, Funktion, Qualität etc.) und Nachfrage (Akzeptanz, Preisbereitschaft, Kaufappetenz etc.) unterscheiden.

Nach der **Art** kann man einteilen in den Entwurfstest (meist komparativ und unternehmensintern), den Produkttest (meist monadisch und unternehmensintern), den Warentest (meist komparativ und markt-öffentlich) und den Markttest (meist monadisch und markt-öffentlich).

Nach der **Anzahl** unterscheidet man den Einzeltest und den Mehrfachtest. Beim Einzeltest wird nur ein Objekt (monadisch) bewertet. Eine Gefahr besteht darin, dass die Testpersonen das Objekt infolge einer gewissen Voreingenommenheit besser beurteilen als es in Wirklichkeit ist. Beim Mehrfachtest werden daher mehrere Objekte (parallel oder nacheinander) bewertet.

Nach dem **Umfang** handelt es sich um einen Volltest oder einen Partialtest. Beim Volltest interessiert die Akzeptanz des gesamten Produkts mit all seinen Konzeptelementen. Beim Partialtest sind nur einzelne Komponenten interessant (z. B. Leistung, Gestaltung). Allerdings besteht dabei das Problem, dass einzelne Komponenten auf andere überstrahlen (z. B. der Preis auf die Qualität).

Nach der **Vorgehensweise** unterscheidet man Eliminationsverfahren und Substitutionsverfahren. Beim Eliminationsverfahren wird ein Objekt sukzessiv anonymisiert, bis im Blindtest nur noch ein Element (z. B. die »nackte« Anzeige) zu beurteilen ist, ohne einen Hinweis auf Marke und/oder Hersteller zu geben. Beim Substitutionsverfahren wird die Anzahl der Komponenten nicht verringert, sondern variiert. Das jeweils interessierende Element wird den Testpersonen in mehreren Versionen zur Begutachtung vorgelegt.

Hinsichtlich des Wahrheitsgehalts von Testinformationen sind mehrere Kriterien von Bedeutung. Unter Reliabilität versteht man den Grad der formalen Genauigkeit, mit dem ein bestimmtes Merkmal gemessen wird, unabhängig davon, ob dieses Merkmal auch tatsächlich gemessen werden soll. Ein Messinstrument ist dann reliabel, wenn die Messwerte präzise und stabil, d. h. bei wiederholter Messung reproduzierbar sind. Unter Validität versteht man die Gültigkeit einer Messung in Bezug auf charakteristische Eigenschaften des Messobjekts. Sie gibt damit den Grad der Genauigkeit an, mit dem man dasjenige Merkmal misst, das gemessen werden soll oder angegeben wird, gemessen zu werden. Man unterscheidet die externe Validität als Übertragbarkeit spezifischer Ergebnisse auf andere Außenbedingungen und die interne Validität als Ausschaltung von Störeinflüssen auf den Untersuchungsplan und die Erhebungssituation. Unter Objektivität versteht man, dass Informationen frei von subjektiven Einflüssen und damit intersubjektiv nachprüfbar sind. Sie ist damit Ausdruck dafür, ob Unterschiede in der Realität in den Messergebnissen adäquat zum Ausdruck kommen. Und unter Signifikanz versteht man, dass Ergebnisse sich nicht nur aufgrund von Zufallsmechanismen einstellen, sondern auf zufällige Zusammenhänge zurückzuführen sind. Dies ist wichtig für die Generalisierbarkeit von Aussagen. Die genannten Kriterien sind eng miteinander verknüpft. So ist Signifikanz Voraussetzung für Objektivität, Objektivität Voraussetzung für Reliabilität, Reliabilität Voraussetzung für Validität. Zur Auswertung von Testergebnissen werden deren Objektivität, d. h. Eindeutigkeit und Konsistenz, und Stabilität, d. h. Sicherheit und Genauigkeit, herangezogen. Sie ergeben gemeinsam die Reliabilität, d. h. die Zuverlässigkeit der Ergebnisse. Zusammen mit der Sensitivität, d. h. der Zugänglichkeit, und der Reagibilität der Ergebnisse entsteht daraus die Validität, d. h. die Gültigkeit der Ergebnisse. Ergänzend kommt die Aktualität, d. h. der Zeitbezug und -vergleich der Ergebnisse, hinzu. Testinformationen sollen allen diesen Anforderungen zugleich entsprechen, was allerdings problematisch ist, da sie teilweise untereinander konfliktäre Anforderungen stellen. So sind etwa Feldexperimente sehr valide, dafür aber wenig reliabel, bei Laborexperimenten ist es genau umgekehrt.

Natürlich ist es wünschenswert, bereits vor Markteinsatz der Absatzwerbung Anhaltspunkte über die mutmaßliche Effizienz dieser Maßnahmen zu erhalten, um vor Investition des Werbebudgets Hinweise zur Optimierung zu erhalten und bereits proaktiv zu berücksichtigen. Aber realistisch ist erst die nachträgliche Beurteilung. Insofern unterscheidet man die Werbeeffizienzkontrolle als nachträgliche Messung und die Werbeeffizienzprognose als die vorlaufende Messung.

2.9.1.4 Messmodelle

Es gibt eine Reihe traditioneller **Modelle zur Messung der Werbeeffizienz.** Dazu gehören vor allem die folgenden:

- Nach dem **Reklame-Modell** sind Menschen problemlos beeinflussbar, wenn es gelingt, ihre Aufmerksamkeit für die Werbebotschaft zu wecken. Dieses Modell hat eine sehr enge Beziehung zur AIDA-Regel. Es stellt jedoch eine zu starke Vereinfachung dar und ist in der Reihenfolge letztlich willkürlich.
- Nach dem **Impact-Modell** treffen Menschen ihre Entscheidungen allein nach einer Bekanntheitshierarchie. Je höher das Werbeobjekt in dieser Hierarchie steht, desto größer ist die Wahrscheinlichkeit, dass sich die Zielperson für das Objekt entscheidet. Dies gilt jedoch allenfalls für Low-Involvement-Produkte.
- Nach dem **Einstellungs-Modell** treffen Menschen ihre Entscheidungen gemäß bewerteter Einstellungen, die sie zum Gegenstandsbereich haben. Es kommt in der Werbung zur Wirkung also vor allem auf die Änderung der Einstellung zugunsten des Gegenstands an.
- Nach dem **Image-Modell** entscheiden Menschen sich primär gemäß ihrer Idealimages. Gelingt es, den Gegenstand kommunikativ in ausreichende Nähe des Idealimages zu

bringen, so werden sich die Empfänger der Werbebotschaft für ihn entscheiden. Ein Produkt hat dann gute Chancen auf einen späteren Kauf, wenn es über die Werbung den Erwartungshaltungen der Personen möglichst nahe kommt.
- Nach dem **Motivationsmodell** organisieren sich Handlungen aufgrund von Motiven. Diese stehen als eine situationsabhängige Hierarchie auch hinter den werblich zu beeinflussenden Entscheidungen. Es kommt demnach in der Werbung darauf an, die jeweils relevante Motivationshierarchie aufzudecken und ein möglichst oben anstehendes Motiv anzusprechen. Dies lehnt sich etwa an die Maslow'sche Bedürfnishierarchie an.
- Nach dem **psychoanalytischen Modell** hat jeder Mensch so seine Probleme, Konflikte und Schwierigkeiten. Werbung verwirklicht ihre Ziele mit Hilfe einer Konfliktlösung in dieser misslichen Situation. Es kommt also vor allem darauf an, Lösungswege und Wiederholungszwänge bei Zielpersonen aufzudecken.
- Nach dem **faktoriellen Anzeigenmodell** gibt es nur eine kleine Zahl werblicher Ansprechmöglichkeiten. Deshalb kommt es darauf an, für das werbliche Anliegen eine angemessene Möglichkeit auszuwählen und die Werbenachricht mediengerecht zu gestalten (The Medium is the Message). Hier steht die Mediaplanung (der Printmedien) also im Mittelpunkt.
- Nach dem **Adoptionsmodell** kommt es in der Werbung darauf an, herauszufinden, welche Personen im Augenblick am ehesten bereit sind zu kaufen. Werbenachrichten haben sich dann an den historischen, kulturellen, sozialen und psychischen Eigenarten der gerade adoptionsbereiten Gruppe zu orientieren. Hier handelt es sich um eine Marktsegmentierung nach vermuteter augenblicklicher Ansprechbarkeit.

2.9.1.5 Messempirie

Diese theoretischen Modelle sind in der konkreten Anwendung jedoch recht unergiebig und untereinander ausgesprochen widersprüchlich. Daher sind hinsichtlich der empirischen Werbeeffizienzforschung erhebliche Anstrengungen unternommen worden. Daraus resultiert eine Reihe von basalen Erkenntnissen, deren wesentliche folgende sind:

- **Werbung wirkt** (Untersuchung des Verlages Das Beste, 1987). Als Kriterien dieser Untersuchung gelten im Einzelnen die spontane Markenbekanntheit, die gestützte Werbeerinnerung und die Markenpräferenz als zweistufige Befragung bei 257 Abonnenten nach Quotenauswahl. Das Ergebnis lautet stark vereinfacht: Bei allen in der Untersuchung geprüften Fallbeispielen lässt sich ein positiver Zuwachs durch Werbung feststellen, allerdings unterschiedlich stark.
- **Markenprofile** (Untersuchung des Verlages Gruner&Jahr, 1985). Als Kriterien gelten hierbei der gestützte Bekanntheitsgrad, die Sympathie und die Verwendung im Haushalt. Das Ergebnis lautet stark vereinfacht ebensowenig überraschend: Es gibt eine positive Korrelation zwischen Bekanntheitsgrad und Verwendungs- und Sympathieindex.
- **Effektivität der Werbung** (Untersuchung des Verlages Der Spiegel, 1971). Als Kriterien gelten hier die Markenbekanntheit, die Bekanntheit des Logos, die Prädisposition und der Image-Aufbau und deren Änderungen im Zeitablauf. Die Erhebung erfolgt durch Befragung bei insgesamt 7.408 Personen nach Randomauswahl. Das Ergebnis lautet stark

vereinfacht: Es gibt eine positive Korrelation zwischen (formaler) Bekanntheit und (inhaltlicher) Vertrautheit von Angeboten.
- **Agevis-Studie** (Untersuchung des Verlages Jahreszeiten, 1979). Als Kriterien gelten dabei die Markenbekanntheit, die Probierkaufneigung/Verwendung, die Werbebekanntheit und die Meinung über die Marke bei 1.205 Personen nach Zufallsauswahl aus der Abonnentenkartei. Das nicht unerwartete Ergebnis lautet stark vereinfacht: Je mehr Input (Werbung), desto mehr Output (Kauf).
- **Effizienz der Werbung** (Untersuchung des Gesamtverbandes Werbeagenturen, ab 1981 jährlich). Alle Kriterien werden dabei Kampagnen individuell bestimmt. Das Ergebnis lautet stark vereinfacht und tautologisch: Werbung wirkt immer positiv, da ansonsten keine Auszeichnung erfolgt (Preisträger der letzten Jahre sind z. B. Club Méditerranée, Schiesser, Honda, Fiat Panda, Platin Gilde, LBS, Bundesbahn, Audi, Nivea Creme, Milka, Timotei, Toyota, Opel Omega, Dr. Oetker, Bitburger Pils).
- **Anzeigen-Copytest** (Untersuchung der Verlagsgruppe GWP, 1983 – 1990). Als Kriterien gelten die Wiedererkennung auf Basis von Gestaltung, Platzierung und Anzeigengröße. Das Ergebnis lautet stark vereinfacht: Es besteht ein positiver Zusammenhang zwischen Gestaltung und Werbemittelausstattung (hier Anzeigengröße und -farbigkeit).
- **Kieler LEH-Anzeigen Test** (Untersuchung des Verlages Kieler Nachrichten, seit 1973). Die Erhebung erfolgt als Panel aus Lesern und Nichtlesern der Kieler Nachrichten. Das Ergebnis lautet stark vereinfacht: Anzeigen von Geschäften, in denen man einkauft, werden stärker beachtet als Anzeigen von Geschäften, in denen man nicht einkauft.
- **IMAS-Studie** (Marktforschungsinstitut). Nach dieser Studie zentrieren Konsumenten ihre Aufmerksamkeit auf max. zwei bis drei Angebote pro Produktfeld (Evoked Set). Für die Aufmerksamkeit ist daher der Share of Advertising in der Warengruppe erheblich. In Werbepausen werden bereits gelernte Werbeinhalte wieder vergessen.
- **Chevron-Studie** (Markenartikler). Als Kriterien gelten hierbei die Werbeerinnerung, die Einstellungsänderung und die Kaufbereitschaft. Das Ergebnis lautet stark vereinfacht: Es besteht ein positiver Zusammenhang zwischen Erinnerungsrate und Kauf.
- **Hoyer-Brown-Studie** (1990). Als Kriterien gelten hier die Nennung der ersten Wahl beim Kauf und der zweiten Wahl beim Kauf durch Verbraucher. Das Ergebnis lautet stark vereinfacht: Käufer entscheiden sich beim Kauf zu 94 % für eine ihnen aktiv bekannte Marke.
- **So wirkt Werbung im Marketing-Mix** (GWA). Die Ergebnisse lauten stark vereinfacht: Die Werbequalität beeinflusst den Marktanteil stärker als das Budget, Preisaktionen gefährden allerdings den Markenkern, Promotions-Aktivitäten wirken unterschiedlich stark in den jeweiligen Branchen.
- **Markenerfolg im Spannungsfeld von Markt, Marketing, Media** (MGM). Die Ergebnisse lauten stark vereinfacht: Die Erfolgschance einer Marke hängt von der Höhe des Mediabudgets ab, zu geringer monatlicher Druck und Werbepausen schaden, Innovationen fördern den Markenerfolg, 10 – 30 % am Werbeanteil an der Branche reichen aus. Preissenkungen sind sogar kontraproduktiv.
- **Einkaufs- und Informationsverhalten** (Regionalpresse Frankfurt a.M. 1995). Hier wird die Medialeistung von Presse, Hörfunk und Fernsehen in einer dreistufigen geschichteten Random-Auswahl durch Face-to-Face-Interviews bei 3.449 Personen untersucht.

- **Medienumfang & Werbewirkung** (Regionalpresse Frankfurt a.M. 1994). Hier werden die Wirkungsdimensionen von regionalen Abonnementzeitungen, Anzeigenblättern und elektronischen Medien durch Tiefeninterviews nach Quotenverfahren bei 120 Personen untersucht.
- **Anzeigenbeachtung in regionalen Abonnementzeitungen** (Regionalpresse Frankfurt a.M. 1994). Diese Untersuchung stellt die Ergebnisse von 430 Anzeigen-Copytests bei 250 Lesern nach Quotenverfahren in Stichtagsbefragung zusammen.
- **Sprache in der Foodwerbung** (Burda-Verlag 1994). Hier wird die Einstellung zur Foodwerbung und Werbesprache durch Inhaltsanalyse und eine qualitativ-psychologische Untersuchung bei 4 x 1.000 Personen erhoben.
- **Einflussgrößen der Anzeigenwirkung** (Verlagsgruppe Bauer 1993). Diese Untersuchung analysiert die Anzeigenwirkung bei je 200 Lesern durch Starch-Verfahren.
- **Aktion und Reaktion** (Verlagsgruppe Bauer 1993). Hier wird die Bekanntheit und Nutzung von Print-Sonderwerbeformen durch mündliche Interviews bei 2.500 Personen nach Random-Auswahl untersucht.
- **Werbewirkungsfaktoren in Zeitschriften** (Axel-Springer-Verlag 1993). Diese Untersuchung analysiert 46 Studien über Faktoren der Anzeigenwirkung und wertet diese aus.
- **TV- und Printwerbung: Einstellungen, Verhalten und Werberesonanz** (VDZ 1993). Hier erfolgt eine vergleichende Übersicht zu Studien verschiedener Verlage und Marktforschungsinstitute und deren Ergebnisse.
- **Kampagnen-Resonanz-Analyse** (Verlagsgruppe Bauer 1989). Diese Analyse untersucht die Anzeigenbeachtung, Markenpräsenz und Markenpräferenz bei 5.400 repräsentativ ausgesuchten Lesern durch mündliche Interviews.
- **Qualität trägt Werbung** (Gruner&Jahr 1980). Hier werden mediale und personale Einflüsse auf die Anzeigenbeachtung durch mündliche Interviews bei 1.264 Personen nach Quotenauswahl untersucht.
- **Zuwendung und Werbewirkung** (Gruner&Jahr 1980). Diese Analyse untersucht die Beeinflussung der Aufnahme und Verarbeitung von Werbekontakten durch mündliche Interviews bei 328 Frauen nach Quotenauswahl.

Abgesehen von den nicht unerwarteten Ergebnissen dieser Analysen ist immer zu berücksichtigen, dass eine bestimmte Intention des Trägers der Analyse vorhanden ist, welche die Erhebung nicht selten in eine solche Richtung verzerren, dass diese die von vornherein gewünschten Ergebnisse erbringt. So ist es nicht erstaunlich, dass Analysen von Verlagen immer wieder die hohe Wirksamkeit von Printwerbung bestätigen, Analysen von Sendern jedoch die viel höhere Wirksamkeit von Rundfunkwerbung (TV/HF). Insofern lohnt immer ein genauer Blick in die Versuchsanlage, um nicht intentionsgeleiteten Ergebnissen aufzusitzen, oder die Anlage wissenschaftlicher Messverfahren.

Typische Fragestellungen, die sich im Rahmen der Werbemessung ergeben, betreffen etwa:

- Kriterium **Aufmerksamkeit**:
  - Wird das Werbemittel von einer genügend großen Anzahl von Nutzern bemerkt?
  - Erregt das Werbemittel im Vergleich mit konkurrierenden Werbemitteln der gleichen Art genügend Aufmerksamkeit?

- Wie lange ist die Zuwendungsdauer zum Werbemittel?
- Wie liegt die Zuwendungsdauer zum Werbemittel im Vergleich mit konkurrierenden Werbemitteln im gleichen Werbeträger?
- Wie lange dauert es, bis die wesentlichen Aspekte der Werbebotschaft im Werbemittel erkannt werden?

- Kriterium **Wahrnehmung**:
  - Gibt es Schwerpunkte bei der Aufmerksamkeitszuwendung und wo liegen diese?
  - Wie lang ist die Beschäftigungsdauer mit einzelnen Elementen des Werbemittels?
  - Gibt es einen besonderen Verlauf bzw. eine Reihenfolge bei der Beschäftigung mit den Elementen des Werbemittels?
  - Bleiben bestimmte Teile nach Lage oder Gestaltungselementen völlig unbeachtet?
  - Mit welcher Häufigkeit werden die einzelnen Elemente beachtet und ist die Beachtungsdauer bzw. -intensität genügend hoch?

- Kriterium **Erinnerung**:
  - Welche Aussagen oder Gestaltungselemente werden besonders stark erinnert?
  - Gibt es einen Zusammenhang zwischen den erinnerten Elementen und dem Verständnis bzw. der Interpretation der eigentlichen Werbeaussage?
  - Wie häufig und genau werden wesentliche Merkmale wie Produktname oder Produkteigenschaften erinnert?
  - Welche Texte und mit welcher Genauigkeit werden erinnert?
  - Werden Bildinhalte erinnert und in welcher Weise werden sie reproduziert?
  - Wie hoch sind die Erinnerungswerte des Werbemittels im Vergleich mit konkurrierenden Werbemitteln der gleichen Art?

- Kriterium **Assoziation**:
  - Gibt es spontane Assoziationen aufgrund des Werbemittelkontakts und welcher Art sind diese?
  - Sind die Zuordnungen zum Produkt, zur Produktgattung oder zum Aufwendungsfeld richtig bzw. falsch?
  - Wie häufig sind Falschzuordnungen von Produkt und Marke?
  - Gibt es Zusammenhänge zwischen Fehlassoziationen und bestimmten Gestaltungselementen?
  - Welche Rolle spielt die Dauer des Kontakts bzw. der Zuwendung zum Werbemittel oder einzelnen Gestaltungselementen für das Auftreten von Fehlassoziationen?

- Kriterium **Anmutung**:
  - Sind besondere spontane Gefühle mit der Auseinandersetzung mit dem Werbemittel verbunden?
  - Welche erlebnismäßigen Eindrücke ruft das Werbemittel hervor und gibt es bestimmte Stimmungen, die das Werbemittel mehr oder weniger dauerhaft hervorruft?
  - Ist das Gefühls- und Stimmungsumfeld auf das Produkt bzw. die Marke bezogen?
  - Stehen die einzelnen Gestaltungselemente in einer Stimmungsharmonie oder in anmutungsmäßigem Widerspruch zueinander?

- Kriterium **Verständnis**:
  - Welche Vorstellungen von Produkt bzw. Botschaft werden durch das Werbemittel ausgelöst?

- Werden bestimmte Eigenschaften der angebotenen Leistung besonders gut erlebt?
- Wird der Nutzen der Leistung als genügend attraktiv und interessant empfunden?
- Hat die Botschaft einen entsprechenden Neuigkeitsgehalt?
- Sind die Aussagen glaubhaft und überzeugend?
- Ist die Aussage auf die Leistung bezogen bzw. für diese typisch?
- Entspricht die Art der Botschaft der Zielgruppe?
- Hebt sich die Aussage zur Leistung bzw. die Leistung genügend stark von konkurrierenden Leistungen ab?

- Kriterium **Text-/Bild-Beurteilung**:
  - Ist der Text nach Darstellung und Inhalt auf den ersten Eindruck leicht und eindeutig verständlich?
  - Ist der Text klar und einprägsam?
  - Ist der Informationsgehalt des Textes genügend groß?
  - Ist der Text mengenmäßig richtig auf die Zielgruppe und die anderen Gestaltungsbestandteile abgestimmt?
  - Haben die Bildelemente einen genügend starken Aussagewert?
  - Welche Stimmungsqualität haben die Bildbestandteile?
  - Ist das Verhältnis von Bild- und Textteilen bezogen auf die Gesamtaussage und die Zielgruppe ausgewogen?

- Kriterium **Akzeptanz/Identifikation**:
  - Wie werden die gezeigten Personen und Situationen beschrieben?
  - Werden die Situationen und Personen als natürlich und lebensnah erlebt?
  - Ist die Situation oder die Person glaubhaft mit der Verwendung der Leistung verbunden bzw. ist die Situation typisch für die Leistung?
  - Wird die Erlebniswelt der Leistung durch die Darstellung der Situation oder Person beeinflusst?
  - Identifizieren sich die Nutzer des Werbemittels mit der dargestellten Situation oder den gezeigten Personen?

- Kriterium **Kaufbereitschaft**:
  - Wird die Absicht, das Produkt bzw. die Leistung zu erwerben, durch die Auseinandersetzung mit dem Werbemittel beeinflusst?
  - Gibt es Unterschiede in der Auseinandersetzung mit dem Werbemittel in Abhängigkeit zur Nutzungsintensität der umworbenen Leistung?

- Kriterium **Gesamtwirkung/Handlung**:
  - Wird das Werbemittel in seiner Gesamtheit als Einheit empfunden?
  - Entspricht das Werbemittel in seiner Gesamtheit der Zielsetzung?
  - Gibt es Anhaltspunkte für mögliche Störfaktoren in der Gesamtbeurteilung?
  - Wird ein Kauf getätigt?
  - Wird eine Kaufoption ausgesprochen?
  - Wird eine Bestellung aufgegeben?

2.9.2 Messverfahren

2.9.2.1 Messung

Unter Messung versteht man ganz allgemein die Zuordnung von Zahlen (oder Symbolen) zu Objekten (Ereignissen, Personen, Gegenständen etc.). Zweckmäßigerweise verwendet man dafür Ziffern, die erst durch axiomatische Zuordnung Bedeutung erhalten und zu Zahlen werden. Dabei besteht die Forderung, dass bestimmten Relationen zwischen den Objekten analoge Relationen zwischen den Zahlen entsprechen (Isomorphie). Zunächst wird ein Reiz vorgegeben und eine Erhebung durchgeführt, wobei sich die Probanden in einer bestimmten Situation befinden. Entsprechend werden die Einflüsse der dargebotenen Reize, die charakteristischen Eigenschaften der Versuchsperson, die temporär und intern wirksamen (Stör-)Einflüsse und die externen Kontextwirkungen unterschieden. Werden die Reaktionen einer Person auf verschiedene Reize analysiert, wobei Störeinflüsse kontrolliert werden, so lassen sich Unterschiede in den Messwerten auf Unterschiede in den Reizen zurückführen (Reiz zentrierte Messung). Werden die Reaktionen verschiedener Personen auf ein und denselben Reiz betrachtet, so lassen sich unter kontrollierten Bedingungen diese Werte auf Unterschiede zwischen den Personen zurückführen (Personen zentrierte Messung). Liegen Wechselwirkungen zwischen Personen und Reizen vor, so handelt es sich um eine reaktionszentrierte Messung. Beim Messen geht es also darum, empirische Gegebenheiten oder Objektrelationen, die gegeben sind, durch quantitative Relationen abzubilden, die auf logisch-mathematischen Erkenntnissen des Menschen beruhen. Eine Vielzahl Marketing relevanter Merkmale sind sehr schwierig zu messen, weil es an klaren Kriterien für Zuordnungsregeln fehlt. Dies gilt vor allem für die für die Kommunikation bedeutsamen theoretischen Konstrukte wie Aufmerksamkeit, Interesse, Überzeugung etc.

Effizienz bedeutet ganz allgemein, die Dinge richtig zu tun, im Unterschied zur Effektivität, was bedeutet, die richtigen Dinge zu tun. Für die Beurteilung, ob man die Dinge richtig tut, ist jedoch ein Vergleichsmaßstab erforderlich, d. h., Effizienz misst sich immer an Benchmarks als Kontrollgrößen. Hinsichtlich des hauptsächlichen Augenmerks können zwei Arten von Kon-

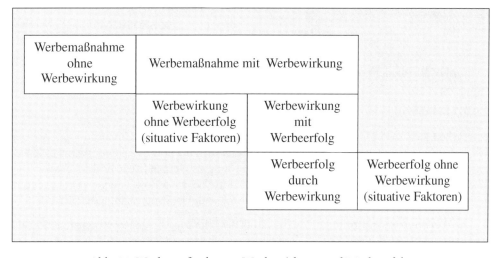

Abb. 81: Werbemaßnahmen, Werbewirkung und Werbeerfolg

trolle im Mittelpunkt stehen. Die Überprüfung der **Effektivität** betrifft die Erhebung der Frage, ob »die richtigen Dinge« getan werden. Sie ist also in erster Linie qualitativ und setzt bei den eingesetzten Verfahren an. Dieser Teil der Messung wird auch unter Revision zusammengefasst. Der gängige Begriff ist Auditing. Ein Kommunikations-Audit befasst sich also etwa mit der Frage, ob die zutreffenden Zielgruppen angepeilt sind, ob die richtigen Medien dazu eingesetzt werden, ob die Gestaltung dabei jeweils medienadäquat ist.

Der andere Aspekt, der der Überwachung der **Effizienz**, betrifft die Erhebung der Frage, ob »die Dinge richtig getan werden«. Er ist also in erster Linie quantitativ angelegt und setzt bei den resultierenden Ergebnissen an. Dieser Teil der Messung wird auch unter Überwachung zusammengefasst. Der gängige Begriff ist Controlling. Kommunikations-Controlling befasst sich vor allem mit dem Verhältnis zwischen Kommunikationsergebnis und -kosteneinsatz. Infolge steigenden Marktwiderstands und sinkender Grenzerträge der Kommunikation rückt das Bewusstsein für Effizienz immer stärker ins Bewusstsein. Die Effizienz wird zumeist durch Kennzahlen (-systeme und -vergleiche) dargestellt (Abb. 82).

Wichtig ist, hinsichtlich der Beurteilung des Werbeergebnisses Effektivität und Effizienz zu trennen. Einerseits wird ein Werbeergebnis, das mit den Vorgabewerten übereinstimmt, im Rahmen des Controlling zwar als hinreichend »abgehakt«, im Rahmen des Auditing wird aber hinterfragt, ob nicht bei zweckmäßigerer Ausgestaltung sogar ein besserer Erfolg möglich gewesen wäre. Andererseits wird ein Werbeergebnis, das unter den Vorgabewerten liegt, im Rahmen des Controlling als unzureichend reklamiert, im Rahmen des Auditing wird aber untersucht, ob nicht Rahmenbedingungen oder andere Widrigkeiten überhaupt verhindert haben, dass sich ein besseres Ergebnis einstellt. Der Kommunikations-Audit geht also wesentlich grundsätzlicher an die Frage der Werbeergebnisse heran, während das Kommunikations-Controlling diese Ergebnisse nur im Kontext mit bestehenden Vorgaben sieht.

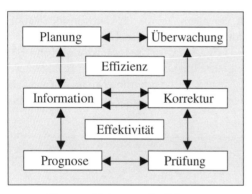

Abb. 82: Effizienz und Effektivität

Im Falle der Werbeeffizienzmessung wird dieser Vergleichsmaßstab durch die Werbeziele gebildet. Sie sind die Referenz dafür, Ergebnisse überhaupt als effizient oder ineffizient qualifizieren zu können.

2.9.2.2 Kombinationen

Es ergeben sich zwei Dimensionen mit je zwei Ausprägungen: die Dimension der Art der Werbeeffizienz, nämlich als (psychografische) Werbewirkung und als (ökonomischer) Werbeerfolg, sowie die Dimension des Zeitpunkts der Messung als Werbeeffizienzprognose (auch Pre-Test genannt) einerseits und als Werbeeffizienzkontrolle (auch Post-Test genannt) andererseits. Kombiniert man diese Elemente, ergeben sich folgende vier Untersuchungsfelder (Abb. 83):

— Die **Werbeerfolgskontrolle** zur Überwachung der Effizienz der Absatzwerbung in Bezug auf Kaufakte; oft wird dieser Begriff als generischer Oberbegriff verwendet, was aufgrund der konkreten Ausgestaltung allerdings nicht korrekt ist, sich aber so eingebürgert hat. Im

Folgenden soll jedoch genauer differenziert werden;
- die **Werbeerfolgsprognose** zur Vorhersage der Effizienz der Absatzwerbung in Bezug auf (ökonomische) Kaufakte;
- die **Werbewirkungsprognose** zur Vorhersage der Effizienz der Absatzwerbung in Bezug auf (psychografische) Einstellungen;
- die **Werbewirkungskontrolle** zur Überprüfung der Effizienz der Absatzwerbung in Bezug auf die Einstellungen potenzieller Käufer.

	Werbeeffizienz-vorhersage	Werbeeffizienz-überprüfung
psychografische Maßgrößen	Werbewirkungs-prognose	Werbewirkungs-kontrolle
ökonomische Maßgrößen	Werbeerfolgs-prognose	Werbeerfolgs-kontrolle

Abb. 83: Messdimensionen der Werbebeurteilung

Das Hauptproblem besteht nun in der Bestimmung der Zusammenhänge zwischen Werbemaßnahmen, Werbewirkung, und Werbeerfolg. Denn diese Größen bauen aufeinander auf, d. h., Werbeerfolg ist nur durch Werbewirkung erreichbar, die wiederum aus dem Einsatz von Werbemaßnahmen folgt. Dabei ist der Zusammenhang zwischen Werbemaßnahmen und Werbewirkung noch relativ eng, d. h., die von eingesetzten Werbemitteln ausgehenden psychografischen Wirkungen sind recht gut feststellbar, wenngleich auch bereits hier teilweise erhebliche Abstriche zu machen sind. Der Zusammenhang zwischen Werbewirkung und Werbeerfolg hingegen ist ambivalent. So kann hoher Werbeerfolg bei nur geringer Werbewirkung entstehen, allerdings kann sich auch ein geringer Werbeerfolg trotz hoher Werbewirkung ergeben. Insofern ist diese Verbindung nicht näher bestimmbar, da der werbebedingte ökonomische Erfolg schlichtweg nicht zu ermitteln ist. Damit aber bleibt auch der dritte Zusammenhang, der zwischen Werbemaßnahmen und Werbeerfolg, sehr schwer überprüfbar. Insofern ist jede Behauptung über die Effektivität von Werbung mehr oder minder spekulativ, und das wird wohl auch auf absehbare Zeit so bleiben.

Eine Zuordnung von Verfahren zu diesen Untersuchungsfeldern ist nicht immer überschneidungsfrei möglich. Vor allem können dieselben Verfahren sowohl als Pre-Test wie als Post-Test eingesetzt werden. Von daher wird im Folgenden eine schwerpunktmäßige Zuordnung versucht. So werden die Verfahren der Werbeerfolgskontrolle dargestellt, dann die der Werbeerfolgsprognose, die der Werbewirkungsprognose und schließlich die der Werbewirkungskontrolle. Zunächst zur Ex post-Werbeerfolgsmessung.

2.9.3 Verfahren der Werbeerfolgskontrolle

2.9.3.1 Verbraucher-Panel

(Abb. 84) Unter Panelerhebungen versteht man Untersuchungen, die bei einem bestimmten, gleichbleibenden Kreis von Untersuchungseinheiten, z. B. Personen, Haushalten, Handelsgeschäften, Unternehmen, in regelmäßigen zeitlichen Abständen wiederholt zum gleichen Unter-

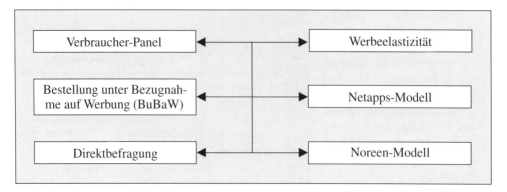

Abb. 84: Verfahren der Werbeerfolgskontrolle

suchungsgegenstand vorgenommen werden. Das Panel stellt damit eine Längsschnittanalyse in der Zeit dar. Das Kriterium des gleichbleibenden Personenkreises darf allerdings nicht zu eng ausgelegt werden. Ausfälle und Grundgesamtheitsveränderungen haben kontinuierliche Anpassungen in der Stichprobe zur Folge, sodass nach einem Jahr Laufzeit nur noch rund 80 % der ursprünglichen Teilnehmer unverändert dabei sind. Gleiches gilt für das Kriterium des gleichen Erhebungsgegenstands. Denn Veränderungen im Marktangebot führen dabei zwangsläufig auch zu Veränderungen im Zeitablauf.

Nach der zu untersuchenden **Warengruppe** wird zwischen Gebrauchsgüter- und Verbrauchsgüter-Panels differenziert. Gebrauchsgüter (wie Weiße und Braune Elektrogeräte etc.) werden infolge der größeren Anschaffungsintervalle nur in längeren Zeitabschnitten abgefragt. Verbrauchsgüter (wie Lebensmittel etc.) müssen hingegen wegen des begrenzten Erinnerungsvermögens der Abnehmer in kurzen Zeitabständen erhoben werden.

Das Verbraucherpanel erhebt quantitativen Bedarf und qualitative Einstellungen individuell und aggregiert, jeweils für Ge- und Verbrauchsgüter. Die Erfassung erfolgt durch Haushaltsbuchführung oder neuerdings durch Einscannen mit mobiler Datenerfassung (MDE über Home Scanner anhand der EAN-Codes auf Packungen/Talons). Die Genauigkeit der dabei gewonnenen Informationen hängt von den Eintragungen ab. Da die Erinnerung eine große Rolle spielt, werden die Eintragungen meist wöchentlich abgefragt. Die Auswahl der Teilnehmer gehorcht der Repräsentanzanforderung. Die Meldebögen werden, incl. sonstiger Unterlagen wie Rückumschlag, Gratifikation etc., vor jedem Berichtstermin verteilt. Die Auswertung der Ergebnisse erfolgt durch Übertragung der Daten aus den zurückgesandten Berichtsbögen auf EDV-Datenträger. Formale Fehler werden dabei korrigiert, wobei im Zweifel beim Panelhaushalt rückgefragt wird, logische Fehler werden durch Prüfprogramme identifiziert.

Allerdings hat das Verbraucherpanel mit zahlreichen Problemen zu kämpfen. Dies betrifft zunächst die **Panelsterblichkeit**. Darunter versteht man das Ausscheiden von Teilnehmern aus dem Panel infolge Fluktuation oder Ermüdung. Fluktuation ist durch Geburt, Todesfall, Heirat, Umzug etc. verursacht. Ermüdung führt zur Verweigerung der weiteren Teilnahme. Dies macht bis zu 50 % Ausfallrate p. a. aus. Es kommt zur **Panelroutine**, d. h., Einkaufsberichte werden nicht mehr tagesgenau ausgefüllt, nur noch oberflächlich durchdacht und sind damit ungenau und unvollständig. Durch beide Probleme kommt es zu Verzerrungen der Repräsentanz, die über die gesamte Laufzeit des Panels bestehen bleiben. Daher wird jedes Panel mit Reserve gefahren, d. h., es wird zusätzlich ein Personenkreis, der nach bewusster Auswahl die jeweils ausscheidenden Panelteilnehmer ersetzt, in genau gleicher Weise erhoben, deren Daten Lücken in der auswertungsrelevanten Panelbasismasse, die nach dem Zufallsprinzip ausgewählt wird, füllt. Das Zufallspanel wird damit jedoch sukzessiv zu einem Quotenmodell umgewandelt. Weitere Probleme entstehen durch das weitgehende Fehlen von Ausländerhaushalten (mangelnde deutsche Sprach- und Schreibkenntnisse) und Anstaltshaushalten (wie Kantinen etc.) ebenso wie durch die Nichterfassung des Außer-Haus-Konsums (Arbeitsplatz, unterwegs etc.).

Dann gibt es den **Paneleffekt**. Darunter versteht man die Veränderung des Kaufverhaltens unter dem Eindruck der Erfassung, d. h., Änderungen beruhen nicht auf Variation der Bedingungen, sondern auf dem Wissen um Beobachtung. Dies führt zu Lern- und Bewusstseinsprozessen, die ein Abweichen vom normalen, unbeobachteten Verhalten bewirken. Allein die Veranlassung zum kontinuierlichen Berichten führt dazu, dass der Einkauf in den Bewusstseinsvordergrund tritt. Lernprozesse entstehen durch die Reflektion über dokumentiertes vergangenes Einkaufsverhalten für die Zukunft. Evtl. kommt dem Berichtsbogen mit der Aufführung verschiedener Warengruppen sogar ein Aufforderungscharakter für Probierkäufe zu. Vor allem kommt es dabei zu zwei Effekten:

– Als **Overreporting** werden angegebene Käufe bezeichnet, die tatsächlich nicht getätigt worden sind. Ausschlaggebend dafür können die soziale Erwünschtheit solcher Käufe, z. B. Körperpflegeprodukte, oder auch Prestigegründe sein (z. B. demonstrativer Konsum).
– Als **Underreporting** werden nicht angegebene Käufe bezeichnet, die tatsächlich getätigt worden sind. Die Nichtangabe kann auf bewusstem Verschweigen (z. B. Tabuprodukte) oder einfachem Vergessen beruhen (z. B. Einkäufe auf Reisen oder während der Berufsausübung).

Diesen Problemen wird versucht, durch drei Ansätze entgegenzuwirken:

– Durch **Panelrotation** erfolgt ein periodischer, gewollter Austausch der Teilnehmer. Pro Jahr werden so ca. 10 % der Panelteilnehmer künstlich ausgetauscht. Allerdings führt dies zur Panelerstarrung, d. h., die soziodemografischen Merkmale des Panels entsprechen insgesamt immer weniger der Grundgesamtheit und erfüllen damit nicht mehr die Voraussetzungen statistischer Repräsentanz.
– Durch **Gratifikation** sollen Belohnungen und Anreize zur motivierten Mitarbeit gegeben werden (z. B. Entlohnung je Bericht). Allerdings können dadurch Verhaltensänderungen herbeigeführt werden, etwa durch das Gefühl der Dankbarkeit oder durch vermehrte Kaufkraft. Besser sind daher immaterielle Zuwendungen (z. B. Verlosungsteilnahme).
– Durch Vorsehen einer »**Anlernphase**« wird gehofft, dass sich die geschilderten verzerrenden Effekte währenddessen legen. Insofern setzt man auf ein Wiedereinkehren des Alltagstrotts nach einer mehr oder minder langen Bewusstseinsphase. Erst danach werden die Ergebnisse wirklich verwertet. Dies erhöht allerdings die Kosten.

Die Angaben eines Haushaltspanels betreffen im Einzelnen Größen wie Packung, Preis, Einkaufsstätte, Einkaufsort, Einkaufsanlass, Einkaufsperson, Anzahl der Käufe, Menge/Wert pro Kopf je Produktart und Marke, Erstkäufer/Wiederholungskäufer, Kauffrequenz, Marktanteile nach Menge/Wert für die eigene und konkurrierende Marken, Nichtkäufer, räumliche Abweichungen, Einkaufstage, Einkaufsdatum, Markentreue, Käuferwanderung, Sonderangaben wie Mediennutzung, soziodemografische Daten etc. Weitere Angaben betreffen die Anzahl einkaufender Haushalte an der stehenden Stichprobe, die Menge je Artikelgruppe, die im Berichtszeitraum eingekauft wird, das Preisniveau der jeweils eingekauften Waren, die Marken, die im

Berichtszeitraum eingekauft werden, die Marktanteile nach Marken, Produktgruppen, Herstellern, die Packungsgrößen, die Sorten, die im Berichtszeitraum eingekauft werden und die Einkaufsstätten. Diese Angaben sind jeweils strukturiert nach Gebieten, Ortsgrößen, Sozial- und Altersgruppen sowie Haushaltsgrößen ausgewiesen. Es erfolgt jeweils ein Ausweis von Käuferwanderungen und Markentreue, Einkaufshäufigkeit und -menge sowie Mehrfachkäufen, Einkaufstagen etc. Diese Angaben werden zu Standardauswertungen und Sonderauswertungen verarbeitet.

Wichtige wettbewerbsbezogene **Kennzahlen** aus Haushaltspaneldaten sind folgende:

- Anzahl der Käufer der Produktart im Erhebungsintervall,
- Anzahl der Nichtkäufer der Produktart im Erhebungsintervall,
- Anzahl der Käufer der betrachteten Marke,
- Anzahl der Käufer aller anderen Marken,
- Menge pro Kopf der Probierkäufer der betrachteten Marke,
- Menge pro Kopf der Wiederholungskäufer der betrachteten Marke,
- Anzahl der Probierkäufer der betrachteten Marke,
- Anzahl der Wiederholungskäufer der betrachteten Marke,
- Kauffrequenz der Wiederholungskäufer der betrachteten Marke,
- durchschnittliche Menge pro Kauf der betrachteten Marke,
- Anzahl der Käufe der betrachteten Marke,
- Absatzvolumen der betrachteten Marke,
- Käuferanteil der betrachteten Marke,
- mengenmäßiger Marktanteil der betrachteten Marke,
- Menge pro Käufer der betrachteten Marke,
- Pro Kopf-Verbrauch der betrachteten Marke,
- Menge pro Kauf der Probierkäufer aller anderen Marken,
- Anzahl der Probierkäufer aller anderen Marken,
- Menge pro Kauf der Wiederholungskäufer aller anderen Marken,
- Anzahl der Wiederholungskäufer aller anderen Marken,
- Kauffrequenz der Wiederholungskäufer aller anderen Marken,
- durchschnittliche Menge pro Kauf aller anderen Marken,
- Anzahl der Käufe aller anderen Marken,
- Absatzvolumen der Produktart,
- Anzahl der Käufe der Produktart,
- mengenmäßiges Marktvolumen der Produktart,
- Anteil der Käufe aller anderen Marken,
- Käuferanteil aller anderen Marken,
- Käuferpotenzial aller anderen Marken,
- Menge pro Käufer der Produktart,
- Pro Kopf-Verbrauch der Produktart.

2.9.3.2 Bestellung unter Bezugnahme auf Werbung

Das Kunstwort BuBaW steht als Akronym für »(Ausdrückliche Erfassung der) Bestellung unter Bezugnahme auf Werbung«. Diese Möglichkeit ist klassischerweise bei Bestellcoupons im Rahmen der Direktwerbung gegeben. Die Identifizierung des inserierten Werbeträgers, z. B.

über einen eingedruckten Code oder die Adressierung für eine Abteilung, erlaubt zudem einen Effizienzabgleich. Allerdings steht der ausschließliche Rückschluss auf den durch diesen verursachten Werbeerfolg auf sehr wackeligen Beinen.

Ein BuBaW-**Rechenbeispiel** zur Werbeerfolgskontrolle sieht etwa wie folgt aus:

- eine Anzeigenschaltung kostet € 80.000,–,
- die Couponrückläufe weisen für diese Anzeige Bestellungen für 2.000 Einheiten aus,
- der Produktpreis beträgt € 349,–,
- der Gewinn je Einheit beträgt € 99,–.

Daraus errechnen sich folgende Werte der Werbeerfolgskontrolle:

- der gesamte Umsatz beläuft sich auf € 698.000,– (349 x 2.000),
- der Gewinn vor Abzug der Werbekosten beträgt € 198.000,– (99 x 2.000),
- nach Abzug der Werbekosten verbleibt ein werbebedingter Gewinn von € 118.000,– (198.000–80.000),
- der Break-Even-Punkt liegt bei 80.000 : 99 = 808 Bestellungen:

Denn der werbebedingte Gewinn liegt bis 807 Bestellungen (€ 79.893,–) unter den Kosten der Anzeigenschaltung (€ 80.000,–), insofern wäre es bis dahin rentabler, zwar auf die zusätzlichen Bestellungen zu verzichten, dafür aber auch die Anzeigenkosten einzusparen.

2.9.3.3 Direktbefragung

Denkbar ist auch eine Direktbefragung der Werbeerreichten hinsichtlich des Einflusses der Werbung auf ihren Kaufentscheid. Dies erfordert gleich zweierlei, zum einen die Identifizierung der werbeerreichten Personen, zum anderen deren Meinungserhebung. Beides ist hoch bedenklich. So zeigt Marktforschung regelmäßig, dass es sehr schwierig ist, Werbeerreichte überhaupt auf repräsentativer Basis zu gewinnen. Und dann liegt zwischen geäußerter Meinung und tatsächlicher Begründung eine entscheidende Differenz. Einerseits aufgrund von bewussten Verzerrungen in der Meinungsäußerung, z. B. aus Gefälligkeit oder sozialer Erwünschtheit, andererseits aufgrund der subjektiven Unfähigkeit, aus den vielfältigen Einflussgrößen, die komplex vernetzt zum Kauf geführt haben, Einzelgrößen wie den Werbeeinfluss gültig und zuverlässig zu isolieren. Insofern führt dieser Ansatz zu wenig aussagefähigen Ergebnissen. Dennoch ist er geeignet, zumindest einen ersten, groben Überblick über den mutmaßlichen Werbeerfolg zu erhalten. Inwieweit der Anteil der werbebedingt zusätzlichen Käufer die Kosten der Werbung überkompensiert, hängt von diesen Werbekosten ebenso ab wie von der Umsatzrentabilität der zusätzlich verkauften Produkte.

Ein **Rechenbeispiel** zur Werbeerfolgskontrolle durch Direktbefragung lautet wie folgt:

- Es werden 800 Personen befragt.
- Von diesen 800 geben 480 Befragte an, einen Werbemittelkontakt gehabt zu haben.
- Die übrigen 320 Befragten geben an, ohne Werbemittelkontakt zu sein.
- 144 Befragte sind insgesamt Produktkäufer.
- 96 Befragte mit Werbemittelkontakt sind zugleich Produktkäufer (= 20 %).
- 48 Befragte ohne Werbemittelkontakt sind zugleich Produktkäufer (= 15 %).

Der Anteil der Produktkäufer bei den Personen mit Werbemittelkontakt liegt also um 5 % über dem Anteil der Produktkäufer bei den Personen ohne Werbemittelkontakt. Es ist zulässig, davon auszugehen, dass es sich bei diesen 5 % um durch Werbemittelkontakt induzierte Käufe handelt.

2.9.3.4 Werbeelastizität

Eine mögliche Auswertung der Werbeerfolgskontrolle erfolgt im Rahmen der Messung der (direkten) Werbeelastizität. Dies ist ein Erfolgskoeffizient, der sich als Quotient aus werbebedingter Umsatzänderung (als Folge im Zähler) zur Variation der Werbeausgaben (als Ursache im Nenner) ergibt. Er liegt zwischen Null und Unendlich. Bei 1 ist eine proportionale Änderung von Werbebudget und Umsatz gegeben, d. h. eine Erhöhung/Senkung der Werbeausgaben führt zu einer exakt gleichen Umsatzänderung, bei Werten < 1 liegt die Umsatzänderung unter der sie verursachenden Werbebudgetänderung, der Umsatz steigt/sinkt also weniger stark als die Werbeausgaben, bei Werten > 1 dagegen steigt/sinkt der Umsatz stärker als die Werbeausgaben.

Inwieweit sich eine erhöhte Werbeintensität lohnt, hängt von der Umsatzrendite ab, d. h. von dem verbleibenden Gewinn des Zusatzumsatzes. Weiterhin gibt es die Kreuzwerbeelastizität als relative Umsatzänderung des eigenen Produkts (im Zähler) zur relativen Werbeaufwandsänderung eines konkurrierenden Produkts (im Nenner). Der Quotient liegt zwischen 0 und −∞.

Bei einer Kreuzwerbeelastizität von −1 ist eine proportionale Änderung von konkurrierendem Werbebudget und eigenem Umsatz gegeben, d. h., eine Erhöhung/Senkung der Werbeausgaben führt zu einer exakt gleichen Umsatzverminderung/-erhöhung. Bei Werten < −1 liegt die Umsatzänderung über der sie verursachenden Werbebudgetänderung des konkurrierenden Produkts, der Umsatz steigt/sinkt also stärker als die Werbeausgaben sinken/steigen; bei Werten > −1 dagegen steigt/sinkt der Umsatz weniger stark als die Werbeausgaben sinken/steigen.

Je höher der negative Koeffizient ist, desto intensiver ist die Konkurrenzbeziehung. Die Ermittlung der Werbeelastizität ist allerdings einigermaßen unrealistisch, denn sie erfordert die Einhaltung der Ceteris-paribus-Bedingung: Alle anderen Größen, die auf das Ergebnis Einfluss nehmen könnten, außer der Absatzwerbung, sind zu eliminieren oder zumindest konstant zu halten. Vor allem wird von der Qualität der Werbung abstrahiert und nur auf das Budget abgestellt. Das mag sich zwar in der Theorie gut rechnen, in der Praxis ist dies jedoch nicht darstellbar. Insofern hat man nach pragmatischen Umsetzungen gesucht und die Modelle Netapps und Noreen entwickelt.

Dazu ein **Rechenbeispiel** für die Werbeerfolgsprognose auf Basis der direkten Werbeelastizität:

– Ausgangsumsatz: € 500.000,–,
– Ausgangswerbebudget: € 50.000,–
– Erhöhung des Werbebudgets um € 5.000,–,
– Erhöhung des Umsatzes um € 25.000,–.

Werbeelastizität = ((525.000–500.000) : 500.000) : ((55.000–50.000) : 50.000) = 0,5.

Das heißt, eine Erhöhung der Werbeausgaben führt zu einer unterproportionalen Erhöhung des Umsatzes. Eine Erhöhung der Werbeausgaben führt also nur zu einer Umsatzsteigerung, die, relativ betrachtet, geringer ist als diese.

Ebenso ein Rechenbeispiel für die indirekte (Kreuz-)Werbeelastizität:

- Ausgangsumsatz Produkt A: € 500.000,–,
- Ausgangswerbebudget Produkt B: € 50.000,–,
- Erhöhung des Werbebudgets Produkt B um € 5.000,–,
- Verringerung des Umsatzes Produkt A um € 25.000,–.

Kreuzwerbeelastizität = – ((475.000–500.000) : 500.000) : (55.000–50.000) : 50.000 = – 0,5

Das heißt, die Erhöhung der Werbeausgaben von B führt zu einer unterproportionalen Verringerung des Umsatzes von A. Es handelt sich nur um gering miteinander konkurrierende Produkte, weil die negative Hebelwirkung der Konkurrenzwerbung auf den eigenen Umsatz eher gering ist.

2.9.3.5 Netapps-Modell

Das Netapps-Modell (Akronym für Net Ad Produced Purchases, entwickelt von Starch) greift das Verhältnis von Werbeaufwand zu Werbeertrag auf, d. h. bezieht sich auf die Zahl der nur durch den Einsatz der Werbemittel hervorgerufenen Käufe. Zur Versuchsanlage erforderliche Informationen umfassen dabei die:

- Zahl der Personen, die das Werbemittel wahrnehmen,
- Zahl der Personen, die das Werbemittel wahrnehmen und die Marke, für die geworben wird, in einem bestimmten Zeitraum kaufen,
- Zahl der Personen, die das Werbemittel nicht wahrnehmen,
- Zahl der Personen, die das Werbemittel nicht wahrnehmen und die Marke nicht kaufen,
- Kosten des Werbemittels pro Person, die das Werbemittel wahrnehmen,
- Erträge in Form von Käufen, die aufgrund der Wahrnehmung des Werbemittels getätigt werden.

Als Datenbasis dienen dabei Panelbefragungen, die innerhalb eines angemessenen Zeitraums nach Erscheinen des Werbemittels durchgeführt werden. Kritisch ist anzumerken, dass nur der Anteil des Umsatzeffektes der Werbung erfasst wird, der unmittelbar nach deren Verbreitung auftritt, längerfristige Umsatzwirkungen, welche die gemessenen kurzfristigen Effekte verstärken oder abschwächen, bleiben hingegen unberücksichtigt. Außerdem ist es schwierig, bei Werbemitteln, die in relativ kurzen Zeitabständen folgen, eine Kausalität zwischen Werbung und Mehrkäufen herzustellen, insofern scheint die Zurechenbarkeit der Umsätze auf Werbemittel fraglich.

Ein **Rechenbeispiel** zur Werbeerfolgskontrolle durch Netapps sieht wie folgt aus:
Die Anzahl der Befragten ist 2.000 Personen, davon sind:

- Anzeigenleser und zugleich Käufer 360 Personen,
- Anzeigenleser aber Nichtkäufer 840 Personen,
- Käufer, aber nicht zugleich Anzeigenleser 100 Personen,
- Nichtkäufer und zugleich Nichtanzeigenleser 700 Personen.

Daraus errechnen sich folgende Werte der Werbeerfolgskontrolle:

- die Anzahl der Käufer ist total 460 Personen (davon 360 Anzeigenleser und 100 Nichtanzeigenleser),
- die Anzahl der Nichtkäufer ist total 1.540 (davon 840 Anzeigenleser und 700 Nichtanzeigenleser),

- die Anzahl der Anzeigenleser ist total 1.200 (davon 360 Käufer und 840 Nichtkäufer),
- die Anzahl der Nichtanzeigenleser ist total 800 (davon 100 Käufer und 700 Nichtkäufer),
- der Anteil der Käufer an den Anzeigenlesern ist 30 % (360 von 1.200 Personen),
- der Anteil der Nichtkäufer an den Anzeigenlesern ist: 70 % (840 von 1.200 Personen),
- der Anteil der Käufer an den Nichtanzeigenlesern ist 12,5 % (100 von 800 Personen),
- der Anteil der Nichtkäufer an den Nichtanzeigenlesern ist 87,5 % (700 von 800 Personen),
- der Anteil der Käufer an allen Befragten ist 23 % (460 von 2.000 Personen),
- der Anteil der Nichtkäufer an allen Befragten ist 77 % (1.540 von 2.000 Personen),

Es ist also die Schlussfolgerung zulässig, dass 150 Personen mit Werbemittelkontakt auch ohne diesen gekauft hätten (= 12,5 % von 1.200 Personen mit Werbemittelkontakt, dies entspricht der Rate für Käufer ohne Werbemittelkontakt).

Da 100 Personen ohne Werbemittelkontakt ohnehin gekauft haben, sind mithin 50 Käufe zusätzlich durch Werbemittelkontakt ausgelöst worden. Der Werbeerfolg beträgt also 10,9 % (50 zusätzliche von allen 460 Käufern). Diese Lösung ergibt sich auch durch eine entsprechende Kontingenztabelle.

2.9.3.6 Noreen-Modell

Beim Noreen-Modell sind in der Anlage vier verschiedene Werbeprogramme gegeben. Diese werden in vier räumlich voneinander getrennten Absatzmärkten eingesetzt. Pro Jahr werden so vier Werbeaktionen durchgeführt, die jeweils drei Monate dauern. Auf jedem Teilmarkt wird in jeder Saison nur eines der vier Werbeprogramme angewandt. Die verschiedenen Werbemaßnahmen laufen vier Jahre hindurch. Normwert ist der Mittelwert aller Programme, die Abweichung der einzelnen Programme nach oben oder unten zeugt von deren relativer Effektivität.

Es ist wohl unmittelbar einsichtig, dass dieses Modell unter dem Problem des viel zu langen Ermittlungszeitraums leidet, um hilfreich zu sein. Dafür müssen die Bedingungen auf den einzelnen Absatzmärkten zwar nicht konstant bleiben, da endogene und exogene Veränderungen aufgrund der Testanlage herausgerechnet werden können. Doch wirken zwischenzeitliche Marktveränderungen systematisch verzerrend. Das Modell liefert zudem nur Durchschnittswerte, somit also keine Informationen über exakte Ansatzpunkte. Auch wird nur eine Aussage über die relative Beurteilung der vier Programme getroffen, hingegen keine Aussage über deren absolute Erfolgspotenziale.

Ein **Rechenbeispiel** zur Werbeerfolgskontrolle mit Noreen lautet wie folgt:

- Werbeprogramm 1: 344 Käufe,
- Werbeprogramm 2: 384 Käufe,
- Werbeprogramm 3: 368 Käufe,
- Werbeprogramm 4: 408 Käufe.

Das arithmetische Mittel der Käufe je Quartal bei 16 Quartalen beträgt dann:

- Werbeprogramm 1: 21,50 (344 Käufe durch 16 Quartale),
- Werbeprogramm 2: 24,00 (384 Käufe durch 16 Quartale),
- Werbeprogramm 3: 23,00 (368 Käufe durch 16 Quartale),
- Werbeprogramm 4: 25,50 (408 Käufe durch 16 Quartale).

Das gesamte arithmetische Mittel beträgt 23,50 (94 durchschnittliche Käufe über 4 Programme).

Die relative Werbewirksamkeit der Programme ergibt sich als Differenz aus arithmetischem Mittel je Werbeprogramm und Gesamtdurchschnitt aller Werbeprogramme:

- Werbeprogramm 1: – 2,00 (21,50 – 23,50),
- Werbeprogramm 2: + 0,50 (24,00 – 23,50),
- Werbeprogramm 3: – 0,50 (23,00 – 23,50),
- Werbeprogramm 4: + 2,00 (25,50 – 23,50).

Die Rangfolge der Werbeprogramme nach deren Umsatzwirkung lautet dann also:

- Werbeprogramm 4 (+ 2,00) vor Werbeprogramm 2 (+ 0,50) vor Werbeprogramm 3 (– 0,50) vor Werbeprogramm 1 (– 2,00).

Die Werbekosten dieser Programme betragen für:

- Werbeprogramm 1: 0,75 Mio. €,
- Werbeprogramm 2: 1,25 Mio. €,
- Werbeprogramm 3: 1,00 Mio. €,
- Werbeprogramm 4: 1,25 Mio. €.

Der Werbeerfolg ergibt sich nun als Quotient aus arithmetischem Mittel und Werbekosten je Programm (in Mio. €):

- Werbeprogramm 1: 28,7 (21,50 durch 0,75),
- Werbeprogramm 2: 19,2 (24,00 durch 1,25)
- Werbeprogramm 3: 23,0 (23,00 durch 1,00)
- Werbeprogramm 4: 20,4 (25,50 durch 1,25)

Die Rangfolge der Werbeprogramme nach deren Gewinnwirkung lautet also:

- Werbeprogramm 1 (28,7) vor Werbeprogramm 3 (23,0) vor Werbeprogramm 4 (20,4) vor Werbeprogramm 2 (19,2).

2.9.3.7 Handelsplatz bezogene Erhebungen

Hier stehen mehrere Verfahren zur Verfügung.

InfoScan ist ein elektronisches Handelspanel (Scannerpanel) der GfK, das in mehr als 460 Verbrauchermärkten, Supermärkten, Discountern und Drogeriemärkten installiert ist. Dazu werden über Scannerkassen artikel- und wochengenaue Abverkäufe und Preise von allen EAN-codierten Produkten erfasst. Zusätzlich zu klassischen Handelspanel-Informationen werden auch Wochendaten ausgewiesen. Die Ergebnisse liegen ca. 15 Arbeitstage nach Ende der Erhebung vor. Dabei werden EAN-genaue Daten und echte Endverbraucherpreise ausgewiesen.

Dadurch ist ein schnelles Handelsmonitoring möglich. GfK-Mitarbeiter suchen die InfoScan-Geschäfte wöchentlich auf und erfassen für jedes EAN-codierte Produkt mittels speziell entwickelter Handscanner die POS-Maßnahmen. Die so gewonnenen Informationen werden zu den Informationen Preis, Zweitplatzierung, Werbung etc. in Beziehung gesetzt. Dadurch ist eine Trennung von Normal- und Aktionsgeschäft möglich, die Wirkung der unabhängigen Variablen (z. B. Verkaufsförderung) auf die abhängige Variable (hier: Abverkauf) kann untersucht werden (dabei gibt es den Base Share/Normalmarktanteil und den Incremental Share/Aktionsmarktanteil zusätzlich zum Normalmarktanteil).

Nielsen Scan*Pro ist ein Analyseverfahren, mit dessen Hilfe es auf Basis wöchentlicher Scanningdaten und zusätzlich wöchentlich erhobener Kausaldaten (z. B. Verkaufsförderungsmaßnahmen) möglich ist, die Effekte der Werbemaßnahmen, wie Aktionspreis, Bonuspacks, Doppelpacks, Displayeinsatz, Handzettelwerbung, TZ-Anzeigen etc., modellhaft nachzubilden und zu quantifizieren. Zusätzlich können Informationen über Propagandisteneinsatz, Plakatwerbung am POS und Ladenradio erfasst werden.

Das **Nielsen Preis-Promotion-Modell** ist ein Simulationsmodell, mit dessen Hilfe die Wirkung von Preissenkungen und Werbeaktivitäten (Handelsanzeige, Handzettel, Display) auf den Absatz eines Produkts festgestellt werden kann. Es ist auf der Erkenntnis aufgebaut, dass der Absatz eines Artikels bei Aktionen reagiert, wobei das Verhältnis zwischen Aktionsabsatz und Normalabsatz bei gleicher Maßnahmenkombination relativ konstant ist und somit zuverlässig modellhaft abgebildet werden kann. Dadurch können die Absatzwirkungen verschiedener Preissenkungen einerseits sowie verschiedener Werbeaktivitäten andererseits zueinander ausgewiesen werden (Matrix).

Bei **Madakom** handelt es sich um ein Joint Venture zwischen GfK und CCG. Die Datenbasis ist eine Stichprobe mit 250 Verkaufsstellen des scannenden Lebensmitteleinzelhandels aus ganz Deutschland von mehr als 30 wichtigen Handelsorganisationen. Erfasst werden über 700.000 Käufer pro Woche oder über 36,4 Mio. Kaufakte jährlich. Untersucht werden dazu elf verschiedene Werbe- und Verkaufsmaßnahmen: Bonuspack, Preisaktion, Display im Eingangs- oder Kassenbereich, Display am Regalgangende, Display an sonstigen Standorten, Propagandisten, Außenwerbung am POS, Innenwerbung am POS, Handzettel/Kundenhefte ohne Produktabbildung, Handzettel/Kundenhefte mit Produktabbildung, TZ-Handelsanzeige. Diese Daten werden wochengenau, verkaufsstellengenau und beliebig kombinierbar ausgewiesen.

2.9.4 Verfahren der Werbeerfolgsprognose

2.9.4.1 Befragungs-Experiment

(Abb. 85) Ein Experiment liegt vor, wenn in einer vorangegangenen Phase der Tatbestand, über den ermittelt wird, erst herbeigeführt wurde. Es soll Ursache-Wirkungsbeziehungen aufdecken, hier Werbeeinsatz und Markterfolg. Dabei hat man immer mit Störfaktoren zu kämpfen, die Ergebnisse verzerren, und diese nach Möglichkeit auszuschalten, sofern das nicht gelingt, aber wenigstens zu kontrollieren. Dies erfolgt meist durch den Vergleich der Experimentalgruppe mit einer strukturidentischen Kontrollgruppe, die dem experimentellen Stimulus (hier der Werbung) nicht ausgesetzt ist. Man spricht dann von einem mehrstufigen Experiment. Beim Befragungsexperiment wird die Wirkung eines Faktors auf einen anderen mittels Befragung erhoben. Um Störfaktoren dabei zu kontrollieren, werden mehrere Techniken angewandt. Bei Konstanthaltung der Störvariablen kann wenigstens ein verzerrender Einfluss aus deren Veränderung ausgeschaltet werden, allerdings sind der Informationsgehalt und die Generalisierbarkeit der Ergebnisse dann geringer. Bei Einbau der Störvariablen in das Experimentaldesign kann man diese zwar beherrschen, kommt aber zu recht komplexen mehrfaktoriellen Versuchsplänen. Beim Matching werden Paare von Untersuchungseinheiten mit gleicher Störvariablen-Ausprägung auf Experiment- und Kontrollgruppe verteilt. Bei der Randomisierung werden die Störvariablen nach dem Zufallsprinzip Untersuchungseinheiten zugewiesen. Voraussetzungen sind jeweils die Repräsentanz, d. h., die Ergebnisse müssen sich von der Experimentalgruppe auf

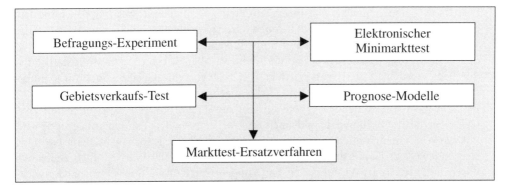

Abb. 85: Verfahren der Werbeerfolgsprognose

die Grundgesamtheit übertragen lassen, die Messbarkeit von Wirkungen durch geeignete Erfassungsinstrumente und die Isolierbarkeit solcher Außeneinflüsse (Störvariablen).

Neben den Störvariablen gibt es im Experiment die Testelemente, an denen Experimente ausgeführt werden sollen (Zielpersonen), unabhängige Variable, deren Einfluss gemessen werden soll (Kampagne), abhängige Variable, an denen die Wirkung gemessen werden soll (Umsatz) und kontrollierte Variable, die direkt beeinflussbar sind, die aber konstant gehalten werden (Gestaltung, Werbedruck). Man unterscheidet Feldexperimente, die sich in natürlicher Umgebung vollziehen, und Laborexperimente, die in künstlich geschaffener Umgebung erfolgen. Weiterhin gibt es projektive Experimente, die Veränderungen simultan zum Versuchsablauf erfassen, und Ex-post-facto-Experimente, die Veränderungen erst im Nachhinein erfassen. Und schließlich gibt es informale Experimente, die eine zeitliche Differenzbetrachtung vornehmen, und formale Experimente, die Einflussgrößen verursachungsgerecht differenzieren.

Informale oder **Quasi-Experimente** sind dadurch gekennzeichnet, dass keine Kontrolle über den Experimentfaktor besteht oder die Testeinheiten nicht nach dem Zufallsprinzip ausgewählt bzw. auf Gruppen verteilt werden können oder die experimentelle Behandlung nicht per Zufallsprinzip Gruppen zugewiesen werden kann oder keine Kontrollgruppe gegeben ist. Es wird unterstellt, dass die Störgrößen voneinander unabhängig sind, ihr Einfluss also additiv ist, und daß alle Testelemente von ihnen mit gleicher Intensität betroffen sind. Dafür ergeben sich verschiedene Designs, deren wesentliche folgende sind:

– Bei EBA-Anlage handelt es sich um ein Sukzessivexperiment mit einer Versuchsgruppe, die mit Werbung konfrontiert wird. An ihr werden zwei Messungen vorgenommen, eine zeitlich vor Eintritt des Werbeeinflusses und eine danach. Der Einfluss wird durch Vergleich der Größen vor und nach Beendigung des Tests gemessen. Es besteht jedoch die Gefahr störender Carry-Over-, Spill-Over- und Entwicklungs-Effekte.
– Bei CB-EA-Anlage handelt es sich um ein Sukzessivexperiment mit zwei Gruppen. Die Vormessung findet in einer Kontrollgruppe statt, sie liefert den Bezugswert. Die Nachmessung findet in der Versuchsgruppe statt, sie liefert den Endwert. Dazwischen liegt der Eintritt des Werbeeinflusses. Es besteht die Gefahr störender Entwicklungs-, nicht aber von Carry-Over-Effekten. Es ist auch eine Umkehrung zur EB-CA-Anlage denkbar.

- Bei EA-CA-Anlage handelt es sich um ein Simultanexperiment mit zwei Gruppen, ohne dass eine Vormessung stattfindet. Beide Gruppen werden jeweils ausschließlich nach Eintritt des Werbeeinflusses gemessen. Dies ist nur sinnvoll, wenn sichergestellt ist, dass beide Gruppen den gleichen Ausgangsbedingungen unterliegen, was aber, da keine Vormessung stattfindet, durchaus zweifelhaft ist (Gruppeneffekt). Es besteht keine Gefahr von Entwicklungs-Effekten, Carry-Over- und Spill-Over-Effekte machen sich nicht störend bemerkbar.
- Bei EBA-CBA-Anlage handelt es sich um ein simultanes Sukzessivexperiment mit zwei Gruppen, die drei Bezugswerte und einen Endwert ergeben. Die Experimentalgruppe wird mit den Werbemaßnahmen konfrontiert, die Kontrollgruppe jedoch nicht. Beide Gruppen werden jeweils zu Testbeginn und am Testende gemessen. Der Werbeeinfluss ergibt sich durch die Differenz der Wirkungen beider Gruppen. Carry-Over-, Spill-Over- und Entwicklungs-Effekte können zwar auftreten, machen sich jedoch nicht störend bemerkbar bzw. lassen sich berechnen.

Carry-Over-Effekt bedeutet im Übrigen, dass vorgelagerte Maßnahmen und Ereignisse in die Untersuchungsperiode nachwirken können, obgleich sie nicht auf den Einfluss der unabhängigen Variablen zurückzuführen sind, also einen nicht-kontrollierten Störfaktor darstellen. **Entwicklungs-Effekt** bedeutet, dass im Verlauf des Experiments Lernwirkungen eintreten können, die nicht allein auf die Wirkung der unabhängigen Variablen zurückzuführen sind. Dadurch ändern sich die Messvoraussetzungen. Dies ist bei Sukzessivexperimenten (before – after) problematisch. **Spill-Over-Effekt** bedeutet, dass parallele Maßnahmen und Ereignisse von anderen als der untersuchten Variablen, also außerhalb der experimentellen Anordnung, auf diese einwirken können. Dadurch kommt es zu Ergebnisverzerrungen. **Gruppen-Effekt** bedeutet, dass Experimental- und Kontrollgruppen bereits vor Beginn des Experiments strukturelle Unterschiede bezüglich relevanter Variabler aufgewiesen haben. Dann ist auch die Interpretation der Ergebnisse problematisch. Dies ist bei Simultanexperimenten (Kontroll- und Experimentgruppe) gegeben.

Es gibt noch weitere Experimentaldesigns nach zeitlicher Differenzbetrachtung, die allerdings kaum praktische Bedeutung haben. Diese Anlage ist jedoch keine Gewähr für eine exakte Messung des Werbeeinflusses, denn es wirken auch eine Vielzahl situativer Faktoren ein. Daher werden **formale Experimente** eingesetzt, deren Ziel eine genauere Untersuchung ist, indem bekannte Störvariable in die Versuchsanlage einbezogen werden. Durch komplexe Streuungsanalyse lassen sich Einflüsse von Störvariablen, Zufallseinflüsse und Auswirkungen der eingesetzten unabhängigen Variablen ausweisen. Bei Mehrfaktorenexperimenten werden zwei oder mehr (unabhängige) Experimentalvariable zugleich variiert, wobei jede Variable in mehreren Ausprägungen vorliegen kann. Die Anlage kann symmetrisch oder asymmetrisch sein, d.h jedes Merkmal besitzt die gleiche Anzahl von Ausprägungen oder nicht. Dabei werden alle Ausprägungen aller unabhängigen Variablen spezifischen Testeinheiten zugewiesen. Daraus ergibt sich die Schätzung der Haupt- und der Interaktionseffekte. Mit zunehmender Merkmals- und Ausprägungszahl wächst jedoch die Menge der Teststimuli erheblich und überfordert so bald die Urteilsfähigkeit und -willigkeit der Testpersonen. So ergeben sich bei drei unabhängigen Variablen mit je vier Ausprägungen auf die abhängige Variable bereits $4 \times 4 \times 4 = 64$ Zellen. Daher werden bei zwei und mehr Faktoren unvollständig faktorielle, fraktionelle Designs angelegt, die sich auf diejenigen Kombinationen beschränken, die aus Erkenntnissicht sinnvoll scheinen. Zwar besteht die Gefahr, dass gerade nicht untersuchte Kombinationen wichtige Erkenntnisse liefern, dafür aber wird die Durchführbarkeit (Feasability) dieser Experimente erhöht. Interaktionseffekte können, im Gegensatz zu Haupteffekten, den unabhängigen Variablen nicht zugerechnet werden. Am bekanntesten sind:

– Das Lateinische Quadrat mit drei unabhängigen Variablen mit jeweils drei Ausprägungen auf die abhängige Variable. Dabei können also zwei Störgrößen (anderes Werbegebiet, andere Medienwahl) berücksichtigt werden. In der Matrix kommt jede Variable nur je einmal in Zeile und Spalte vor (= 9 Zellen). Es erlaubt die Schätzung aller Faktoren-Haupteffekte auf die abhängige Variable.
– Das Griechisch-lateinische Quadrat mit vier unabhängigen Variablen mit jeweils vier Ausprägungen auf die abhängige Variable (= 16 Zellen). Dabei können also drei Störgrößen berücksichtigt werden. Eine weitere Ausdehnung ist das hyperlateinische Quadrat, das als Versuchsanlage aber rasch außerordentlich unübersichtlich und daher kaum angewendet wird.

Es gibt verschiedene Arten von Experimenten. Bei Kausalexperimenten werden die Auswirkungen der kontrollierten Veränderung einer oder mehrerer Einflussgrößen auf eine bekannte Ausgangssituation überprüft. Bei Vergleichsexperimenten werden Aussagen über die Unterschiede zwischen den Einflussgrößen angestrebt. Bei Suchexperimenten werden neuartige Lösungen für ein bestimmtes Problem gesucht. Bei Messexperimenten werden Informationen über den Zustand von Merkmalen angestrebt. Dabei können nach dem Wissen um das Untersuchungsziel und die Versuchspersoneneigenschaft bei Probanden in aufsteigender Wünschbarkeit verschiedene Situationen unterschieden werden (Abb. 86):

– Eine offene Testsituation ist eine solche mit Kenntnis sowohl des Untersuchungsziels als auch der Eigenschaft als Versuchspersonen bei den Teilnehmern.
– Eine quasi-biotische Testsituation ist eine solche mit Kenntnis des Untersuchungsziels, aber Unkenntnis der Eigenschaft als Versuchspersonen bei den Teilnehmern.
– Eine nicht-durchschaubare Testsituation ist eine solche mit Unkenntnis des Untersuchungsziels, aber Kenntnis der Eigenschaft als Versuchspersonen bei den Teilnehmern.
– Eine voll-biotische Testsituation ist eine solche mit Unkenntnis sowohl des Untersuchungsziels als auch der Eigenschaft als Versuchspersonen bei den Teilnehmern.

Eine voll-biotische Testsituation verspricht, am wenigsten Versuchseffekte zu verursachen, d. h., es kann am ehesten erwartet werden, dass die Ergebnisse der Versuchssituation mit solchen übereinstimmen, die sich ergeben würden, wäre eine Messung auch ohne Versuchssituation möglich. Allerdings ist eine solche Situation nur schwer herstellbar, und zwar umso weniger, je eher technische Verfahren der Werbeerfolgspro-

	Untersuchungsziele bekannt	Untersuchungsziel unbekannt
Versuchspersoneneigenschaft bewusst	Offene Testsituation	Nicht-durchschaubare Testsituation
Versuchspersoneneigenschaft unbewusst	Quasi-biotische Testsituation	Voll-biotische Testsituation

Abb. 86: Testsituationen

gnose zum Einsatz kommen, die Ergebnisse gleich beim Probanden erheben. Andererseits resultiert ein Verzicht auf diese personennahe Erhebung in weniger aussagefähigen Ergebnissen, weil z. B. Randbedingungen variieren, internale Faktoren nicht erkannt werden, Variationen der Testbedingungen nicht durchsetzbar sind.

Die Grenzen des Experiments ergeben sich durch die praktische Beschränkung auf die Messung kurzfristiger Wirkungen, durch die schwierige Kontrolle möglicher Störgrößen bei umfangreichen Experimentaldesigns und durch die nur unzureichende Nachempfindbarkeit der Komplexität der Realität der Märkte.

2.9.4.2 Gebiets-Verkaufstest

Testmärkte werden teils als regionale Anwendungsgebiete, teils als großflächige Anwendungen von Markttests verstanden. Es handelt sich also um umfassende Feldexperimente, bei denen Werbekonzepte, vor allem für Neueinführungen, auf einem realen Teilmarkt probeweise angeboten werden, um Aufschlüsse über die Zweckmäßigkeit einer endgültlichen Produkteinführung bzw. Marketing-Mix-Modifikation zu erhalten. Dabei sind Vergleiche mit einem Kontrollmarkt sinnvoll. Der Form nach kann zwischen dem traditionellen regionalen Testmarkt und modernen Testmarktersatzverfahren (Testmarktsimulation, Storetest bzw. Minimarkttest, elektronischer Mikromarkttest) unterschieden werden.

Als Datenbasis für den Absatzerfolg dienen Handelspanels, bei Verbrauchern Direktbefragungen, der Erfolgskoeffizient ergibt sich als Quotient aus werbebedingter Umsatzänderung zur Variation der Werbeausgaben. Als bevorzugte Testmarktgebiete gelten in Deutschland die Großräume Bremen, Saarland, Stuttgart, Hessen, Rheinland-Pfalz und Berlin. Im Gebietsverkaufstest lässt sich ermitteln, welche Umsätze voraussichtlich beim Einsatz bestimmter Werbemittel im Vergleich zu einer werbelosen Marketingpolitik erzielbar sind. Es kann geschätzt werden, ob eine neue Werbekonzeption erfolgreicher als die bisherige sein wird, deren Effizienz bekannt ist. Mehrere zur Auswahl stehende Werbestrategien können auf ihre Wirksamkeitsunterschiede hin getestet werden. Man kann feststellen, welche Umsätze bei Einsatz einer neuen marketingpolitischen Strategie im Vergleich zur bis dahin verfolgten Marketingpolitik erzielt werden können, welche quantitativen Umsatzunterschiede sich bei Einsatz verschiedener marketingpolitischer Strategien in vergleichbaren Gebieten ergeben und welche Umsätze bei Einsatz bestimmter Werbemittel im Vergleich zu einer Marketingpolitik ohne Werbung erzielt werden können.

Hierfür gilt jedoch die sehr restriktive Bedingung der Isomorphie:

- identische Nachfragesituation in Bezug auf Soziodemografie und Bedarf,
- identische Handelssituation in Bezug auf Struktur und Angebotssortiment,
- identische Wettbewerbssituation in Bezug auf Art und Größe der Mitbewerber,
- identische Medienstruktur in Bezug auf Verfügbarkeit und Nutzung von Werbeträgern,
- Abgrenzbarkeit des Testmarkts gegenüber dem Restmarktgebiet.

Ein Beispiel zur Berechnung des mutmaßlichen Umsatzerfolgs der Werbung sieht wie folgt aus:

    Umsatz im Testmarkt nach testweisem Einsatz der Werbeaktion
- Umsatz im Testmarkt vor testweisem Einsatz der Werbeaktion
- Umsatz im Kontrollmarkt nach Ablauf der Werbeaktion im Testmarkt
+ Umsatz im Kontrollmarkt vor Ablauf der Werbeaktion im Testmarkt
= prognostizierter Umsatzerfolg der Werbung

Ein Beispiel zur Berechnung der werbebedingten Umsatzänderung infolge Variation der Werbeausgaben (Erfolgskoeffizient) sieht wie folgt aus:

$$\begin{pmatrix} \text{Umsatz im Testmarkt nach testweisem Einsatz der Werbeaktion} \\ -\ \text{Umsatz im Testmarkt vor testweisem Einsatz der Werbeaktion} \\ -\ \text{Umsatz im Kontrollmarkt nach Ablauf der Werbeaktion} \\ +\ \text{Umsatz im Kontrollmarkt vor Ablauf der Werbeaktion} \end{pmatrix}$$

$$\div$$

$$\begin{pmatrix} \text{Werbekosten im Testmarkt nach testweisem Einsatz der Werbeaktion} \\ -\ \text{Werbekosten im Testmarkt vor testweisem Einsatz der Werbeaktion} \\ -\ \text{Werbekosten im Kontrollmarkt nach Ablauf der Werbeaktion im Testmarkt} \\ +\ \text{Werbekosten im Kontrollmarkt vor Ablauf der Werbeaktion im Testmarkt} \end{pmatrix}$$

$$=$$

prognostizierte, werbebedingte Umsatzänderung infolge Variation der Werbeausgaben.

Dazu ein **Rechenbeispiel**:

- Umsatz vor Einsatz einer Kampagne im Testmarkt: € 150.000,
- Umsatz nach Einsatz einer Kampagne im Testmarkt: € 200.000,
- Umsatz vor Einsatz dieser Kampagne im Kontrollmarkt: € 100.000,
- Umsatz nach Einsatz dieser Kampagne im Kontrollmarkt: € 110.000.
- Werbekosten im Testmarkt nach der Werbeaktion: € 20.000,
- Werbekosten im Testmarkt vor der Werbeaktion: € 15.000,
- Werbekosten im Kontrollmarkt nach der Werbeaktion: € 0,
- Werbekosten im Kontrollmarkt vor der Werbeaktion: € 0.

Umsatzerfolg = 200.000 − 150.000 − 110.000 + 100.000 = 40.000.

Werbekosten = 20.000 − 15.000 − 0 + 0 = 5.000.

Erfolgskoeffizient = 40.000 : 5.000 = 8.

Das heißt, € 1 Werbekosten erbringt € 8 Umsatz im Markt. Liegt die Umsatzrentabilität nun über 12,5 %, so lohnt der Einsatz der Werbung, denn jede zusätzliche Umsatzeinheit wird dann durch Kosten erreicht, die geringer sind als diese, liegt sie darunter, lohnt er aus dieser Sichtweise nicht.

Ein weiteres Rechenbeispiel:

- Umsatz vor Einsatz der Kampagne B im Testmarkt: € 150.000,
- Umsatz nach Einsatz der Kampagne B im Testmarkt: € 200.000,
- Umsatz vor Einsatz der Kampagne A im Kontrollmarkt: € 100.000,
- Umsatz nach Einsatz der Kampagne A im Kontrollmarkt: € 140.000.
- Werbekosten im Testmarkt nach der Werbeaktion: € 20.000,
- Werbekosten im Testmarkt vor der Werbeaktion: € 20.000,
- Werbekosten im Kontrollmarkt nach der Werbeaktion: € 20.000,
- Werbekosten im Kontrollmarkt vor der Werbeaktion: € 20.000.

Umsatzerfolg = 200.000 − 150.000 − 140.000 + 100.000 = 10.000.

Werbekosten = 20.000 − 20.000 − 20.000 + 20.000 = 0

Erfolgskoeffizient = 10.000 : 0 = Fehler!

Die Anlage der Analyse führt also nur zu sinnvollen Ergebnissen beim Vergleich zwischen unterschiedlichen Werbekosten beim Einsatz derselben Kampagne, nicht jedoch zwischen unterschiedlichen Kampagnen bei denselben Werbekosten. Unterschiedliche Werbekosten beim Einsatz unterschiedlicher Kampagnen können aufgrund der Analyseanlage nicht verursachungsgerecht in ihrem Umsatzerfolg ausgewiesen werden.

Es gibt erhebliche, reale Nachteile dieses Verfahrens, vor allem folgende. Die Anzahl geeigneter Testmarktgebiete ist gering, wegen der kumulativen Voraussetzungen der Strukturrepräsentanz für Nachfrage und Handel, der vergleichbaren Medienstruktur und vor allem der Ausstattung mit geeigneten Marktforschungseinrichtungen. Die relativ große Flächenabdeckung bedingt hohe Kosten für Mediaeinsatz, Produktvorrat und Logistik. Es ist nur eine mangelnde Geheimhaltung gegenüber Mitbewerbern möglich, mit der Gefahr des vorzeitigen Bekanntwerdens von Produktneuerungen und gezielter Störaktionen. Problematisch ist auch die mangelnde Isolation des Testmarkts, z. B. durch Pendler, Streuwerbung. Testmärkte können bei häufigem Einsatz übertestet werden. Oft bestehen regionale Abweichungen im Konsumverhalten zum späteren Distributionsgebiet. Der Einsatz der Marketingmaßnahmen ist nicht zielgenau zu steuern. Bei Produkten mit langen Kaufintervallen ist ein Testmarkt kaum sinnvoll, da die Gefahr besteht, dass der Wettbewerb »preempted« und ein Entwicklungsvorsprung vergeben wird. Daher liegt es nahe, an Testmarkt-Ersatzverfahren zu denken (Abb. 87).

2.9.4.3 Testmarkt-Ersatzverfahren

Die **Testmarktsimulation** ist die wirklichkeitsgetreue Nachbildung der Marktrealität in Modellform (z. B. durch im Labor nachempfundene Ladensituation) und dessen Durchspielen in realitätsnaher Weise (z. B. mit Einkaufsgutschein für Probanden). Es handelt sich also um einen Studiotest, in dem der Prozess der Wahrnehmung und des Kauf- und Wiederkaufverhaltens für ein beworbenes neues Produkt unter Ausschluss der Öffentlichkeit simuliert wird. Er wird vor allem im Konsumgüterbereich zum Testen neuer Verbrauchsgüter und zur Diagnose und Verbesserung bestehender Produkte eingesetzt. Innerhalb der Entwicklung neuer Kampagnen ist die Testmarktsimulation für gewöhnlich die letzte Stufe zur Go/No go-Entscheidung. Nachdem die Elemente der Werbegestaltung durch Partialtests überprüft worden sind, wird dann meist nur die schaltfertige Kampagne getestet. Bei On-Entscheidung werden eine Modifikation und ein erneuter Test für erforderlich gehalten. Die Simulation umfasst sowohl die Datenerhebung im Teststudio als auch computergestützte Methoden und Modelle für deren Analyse. Dabei geht es vor allem um die Simulation des Adoptionsprozesses neuer Produk-

	Punktmarkt für Test	Raummarkt für Test
Laborsituation für Test	Storetest	Testmarkt-simulation
Feldsituation für Test	Mikro-Markttest	Regionaler Testmarkt

Abb. 87: Testmarkt-Ersatzverfahren

te über Wahrnehmung, Erstkauf, Einstellungsbildung und Wiederkauf bzw. Verweigerung. Bekannte Verfahren sind etwa Assessor, Designer, Bases II, TESI (GfK) und Sensor.

Die einzelnen Phasen von Werbesimulation, Kaufsimulation, Home-Use-Test und Studio-Test laufen im Großen und Ganzen wie folgt ab:

- Zunächst erfolgt die Befragtenanwerbung, meist anhand des Quota-Verfahrens. Kriterien sind soziologische und psychologische Merkmale, die vorab ermittelt werden. Die Stichprobengröße beträgt ca. 200 – 400 Personen. Dabei werden Basisdaten wie Markenbekanntheit, Markenverwendung, Kaufverhalten, Präferenz- und Einstellungsdaten für existierende Angebote sowie soziodemografische Daten erhoben.
- Dann erfolgt das Erstinterview (hinsichtlich Konsumgewohnheiten, Markenpräferenzen, Demografie). Ermittelt wird der individuelle Relevant Set von Produkten, die dann jeweils im Paarvergleich bewertet werden. Basis ist dabei eine Konstantsummenskala, in der eine Wertsumme (11 Punkte) auf die beiden Alternativen verteilt werden soll. Damit erhält man dann eine Präferenzskala. Außerdem werden die demografischen Daten der Probanden festgestellt. Als Teststudio wird meist ein Hotel in der Einkaufszone gewählt, sofern nicht ein stationäres Teststudio zur Verfügung steht.
- Danach kommt es zur Konfrontation der Probanden mit Werbung für das getestete und konkurrierende Angebote (Penetration). Die Testwerbung ist in ein realistisches Umfeld verpackt. Meist wird per Video ein Werbeblock simuliert, in dem neben Spots für wichtige Konkurrenzprodukte auch der Spot für das Testprodukt einmontiert ist. So erfolgt die erste Wahrnehmung des neuen Angebots.
- Nach erfolgter Werbedarbietung kommt es zur Kaufsimulation im Testladen (mit Einkaufsgutschein). Die Produkte werden dabei mit Preisen ausgezeichnet, deren Relation den Marktverhältnissen entspricht. Dafür erhalten die Testpersonen Haushaltsgeld bis etwa 25 % des Produktpreises, um Erstkäufe zu stimulieren, den Rest müssen sie selbst bezahlen. Neben dem Testprodukt sind dort auch die konkurrierenden Produkte angeboten. Dadurch soll primär eine Schätzung der Erstkaufrate ermöglicht werden.
- Dann erfolgt das Nachkauf-Interview. Beim Kauf des Testprodukts erhalten die Testpersonen das Konkurrenzprodukt gratis hinzu, bei Nicht-Kauf des Testprodukts erhalten sie dieses ohne Hinweis ebenfalls gratis hinzu. Erfragt werden Kaufgründe bzw. Nichtkaufgründe. Dies ist vor allem wichtig für Produkte, die keiner existierenden Klasse zuzuordnen sind sowie für die Ableitung von Preis-Reaktions-Funktionen.
- Es kommt zur Anwendung des »gekauften« und/oder eines konkurrierenden Produkts zuhause (Home Use Test). Die Länge hängt von der zu veranschlagenden Wiederkaufzeitspanne ab, beträgt aber in jedem Fall mehrere Wochen. Dadurch haben die Testpersonen Gelegenheit, das neue Produkt unter realen Bedingungen kennen zu lernen und mit der Einstellung aus Werbebotschaften abzugleichen.
- Schließlich kommt es zum Folge-Interview nach normaler Nutzungsdauer zur Feststellung von Produktbeurteilung und Werbeeinfluss (telefonisch oder im Studio). Dabei werden die gleichen Themenkomplexe wie im Erstinterview erhoben. Nur dass sich die erhobenen Daten jetzt nicht mehr nur auf die Konkurrenzprodukte, sondern auch auf das Neuprodukt beziehen. Dadurch soll das Wiederkaufverhalten simuliert werden.
- Zur Abrundung wird eine zweite Kaufsimulation und Erfassung von Likes/Dislikes, also der relativen Stärken und Schwächen des Neuprodukts, vorgenommen. Dadurch ergeben sich

Anregungen für alternative Produktversionen oder Werbekonzeptionen sowie für Produktvariationen und Line Extensions.
- Zum Schluss erfolgt die Hochrechnung der Ergebnisse. Dabei können auch Substituierungs- und Kannibalisierungseffekte mit existierenden Angeboten bzw. bei simultaner Einführung mehrerer Produkte berücksichtigt werden.

Vorteile der Testmarktsimulation bestehen vor allem in folgenden Aspekten:

- Die Laufzeit des Tests ist recht kurz, da kein Distributionsaufbau im Handel erforderlich und damit eine schnelle Datenverfügbarkeit (meist innerhalb ca. zehn Wochen) möglich ist. Der Testablauf lässt sich flexibel gestalten, damit kann dieser durchaus auch international eingesetzt werden. Die Kosten des Tests sind vergleichsweise (gemessen an vermeidbaren Werbeausgaben) niedrig (ca. 50.000 €). Konkurrenzreaktionen können durch Geheimhaltung der Untersuchung weitestgehend ausgeschlossen werden. Die Kontrollmöglichkeiten sind sehr hoch. Außerdem können Konkurrenzprodukte bzw. -kampagnen sofort nach Markteinführung auf ihr Potenzial hin getestet werden.

Von Nachteil sind allerdings auch einige Aspekte:

- So sind nicht alle Marketing-Mix-Instrumente testbar (z. B. Kommunikationswirkung mit 100 % Reichweite, dafür aber nur einmalig, Distribution mit 100 % Ausdeckung). Dies betrifft also gerade die Werbeerfolgsprognose. Es besteht nur eine geringe externe Validität, da es sich um eine Laborsituation handelt und Ergebnisse untereinander schwerlich vergleichbar sind. Außerdem sind neue Produktgruppen durch fehlenden Rückgriff auf Erfahrungswerte nur schwierig zu testen. Die Anwendung beschränkt sich realiter auf Fast Moving Consumer Goods (FMCG). Die Mitwirkung des Handels ist zwar nicht erforderlich, kann aber auch nicht abgetestet werden.

Beim **Storetest** handelt es sich um den probeweisen Verkauf von neuen/veränderten Produkten unter Einsatz aller/ausgewählter Marketinginstrumente und weitgehend kontrollierten Bedingungen in einigen/wenigen (realen) Geschäften, die für den Test eigens angeworben und distribuiert werden. Dabei wird nur die Abverkaufsseite des Marktes erfasst.

Marktforschungsinstitute bieten Storetests mit Scanning-Unterstützung als Standarderhebung an. Die Anzahl der Geschäfte wird meist zwischen 30 und 50 justiert. Der Erfolg des testweisen Verkaufs von Produkten in ausgewählten Geschäften wird mittels experimenteller Beobachtung kontrolliert. Elemente des Marketing-Mix, hier vor allem die Werbung, können variiert und unter weitgehender Konstanthaltung aller anderen Variablen auf ihre Wirkungen hin untersucht werden. Als experimentelles Design kommen alle quasi-experimentellen Versuchsanordnungen in Betracht, wobei die Vergleichbarkeit der Gruppen durch das Abgleichen von Merkmalen wie Betriebsform, Geschäftsfläche, Organisationsform etc. hergestellt wird. Der Ablauf von Storetests beinhaltet meist Bevorratung von Geschäften mit dem Testprodukt, Einsatz der absatzpolitischen Instrumente, Ermittlung des Kaufumfangs etc.

Häufig wird das Latin-Square-Design eingesetzt (z. B. GfK Store-Test). Dabei bestehen zwei Testgruppen von Geschäften, die vergleichbar sind. In beiden wird abwechselnd ein bestehendes Sortiment und ein um das zu testende Neuprodukt ergänztes neues Sortiment während vier Wochen Testzeit angeboten. Durch die Kombination können die Effekte zwischen den beiden Testgruppen von Geschäften und zwischen dem bestehenden und dem neuen Sortiment herausgerechnet werden, sodass der Effekt des Neuprodukts isoliert werden kann. Dies erlaubt die Beantwortung der Fragestellung, welchen Abverkauf das neue Produkt im Vergleich zum bestehenden Sortiment erzielt und ob sich dieser Abverkauf durch Substitution oder zusätzlich zum bisherigen Sortiment ergibt.

Eine weiter entwickelte Form sind zweiseitige Storetests als **Mini-Markttests**, die neben den reinen Abverkaufszahlen auch die Reaktionen der Abnehmer durch Einbeziehung von Haushaltspanels realistisch erfassen. Beim Mini-Markttest handelt es sich um einfache oder komplexe Ansätze. Sie laufen allgemein in fünf Stufen ab:

– Handelsbevorratung,
– Verbraucherbeeinflussung durch Reizpräsentation, variiert nach Inhalt und Umfang dabei eingesetzter Medien (Werbeinput),
– Messung der Handelssituation über ein Handelspanel mit Scanner-Erfassung,
– Messung der Einkaufs- und Meinungssituation über ein Käuferpanel,
– Ergebnisinterpretation und Erfolgsprognose (Werbeoutput).

Das französische Institut Emploi Rationnel de l'Informatique en Marketing (ERIM) führt den Test in Berlin-Hermsdorf (Markt: Kaiser's, 2.000 qm), Hannover-Langenhagen (Markt: Topkauf, 1.000 qm), Nürnberg-Röthenbach (Markt: Kaufmarkt, 5.250 qm) und Waiblingen (Markt: Multi Center, 13.000 qm), jeweils in Geschäften am Stadtrand, die ein abgeschlossenes Viertel mit Verbrauchsgütern bedienen, durch. Dementsprechend decken die Testhaushalte ihren täglichen Einkaufsbedarf dort. Pro Geschäft gibt es ein angeschlossenes Haushaltspanel mit 600 Haushalten, zusammen also 2.400 Haushalten auf repräsentativer Basis. Die Haushalte erhalten Identifikationskarten mit Kennnummern, die beim Kauf vorgelegt werden. Außerdem ist ein Vergleich der Einkäufe in den Testgeschäften mit Nichttestgeschäften möglich.

Die Haushalte sind hinsichtlich ihrer Strukturdaten bekannt wie soziodemografische Struktur, Ausstattung mit bestimmten technischen Geräten (VCR, PC etc.), Gartenbesitz, Haustierhaltung, Pkw-Besitz und -Nutzung, Freizeitverhalten, Einstellung zu Ernährung und Umwelt etc.

Als Werbemaßnahmen können Verkaufsförderung, Anzeigenwerbung in ausgewählten Zeitschriften (z. B. Gong, durch Freieinweisung), Handzettel und Warenproben eingesetzt werden.

Vor Ort erfolgt eine laufende Kontrolle der Abverkaufsbedingungen in den Testgeschäften (nach Preis, Platzierung etc.) mit einem wöchentlichen Ergebnisbericht. Das Institut steuert auch den Warennachschub, um Vorratslücken zu schließen. Weiterhin ist die Überprüfung von Neuprodukten, Produktvariationen, Packungsänderungen, Preisaktionen, Zweitplatzierungen, Probieraktionen etc. möglich.

Die Ergebnisse werden nach Erstkäuferpenetration, Wiederkaufrate, Käuferverhalten hinsichtlich Kaufmenge und Kauffrequenz, Käuferstrukturen, Käuferwanderungen und Parallelverwendung von Produkten ausgewiesen. Zusätzlich sind Käuferbefragungen (Markenbekanntheit, Werbewahrnehmung, Zustimmung/Ablehnung von Produktaussagen, Produktverwendung etc.) möglich.

Ein weiteres Beispiel ist der Mini-Testmarkt von IVE, bei dem von einem Verkaufswagen Lebensmittel an Haushalte verkauft werden, die durch Kennnummern identifizierbar sind, sodass neben den Abverkaufszahlen Artikelart, Menge und Zeit des Kaufs einzelnen Haushalten zurechenbar sind.

Die Vorteile von Mini-Markttests liegen in folgenden Aspekten:

- Es entstehen gegenüber dem »normalen« Markttest erheblich geringere relative Kosten, sodass sich der Einsatz bereits für mittelständische Anbieter und bei kleineren zu erwartenden Produktmärkten rechnet. Auch ist der Test recht realitätsnah (vollbiotisch), da er am Point of Purchase stattfindet. Es handelt sich also nicht um eine der wenig zuverlässigen Studiosituationen. Das geringe Ausmaß der Testanlage macht eine Geheimhaltung wahrscheinlicher und verhindert somit kontraproduktive Konkurrenzeinflüsse. Durch zahlreiche Kaufakte wird eine genügend große Fallzahl zur Auswertung erreicht. Von daher ist eine sinnvolle Hochrechnung möglich. Der geringe Zeitbedarf führt zu schnellen Rückschlüssen und Entscheidungen. Dies ist gerade bei immer hektischeren Vermarktungsbedingungen und der Zeit als wichtigem Wettbewerbsparameter von hoher Bedeutung.

Die Nachteile liegen in folgenden Aspekten:

- Es besteht eine geringere Validität der Ergebnisse als beim Markttest, da die internen und externen Testbedingungen weniger gut kontrolliert und stabilisiert werden können. Die exakte Dauer des Storetest ist von der Umschlagsgeschwindigkeit der Produktgruppe abhängig. Es ist meist von zwei Monaten auszugehen, wobei die Testvariable wöchentlich erhoben wird. Eignung besteht praktisch nur für schnelllebige Konsumgüter. Auf jeden Fall muss gewartet werden, bis sich die Wiederkaufrate stabilisiert hat. Die vorausgesetzte 100 %-Distribution lässt keine Aussagen über die spätere Handelsakzeptanz zu. Die Kosten sind zwar relativ zu anderen Markttests niedrig, absolut jedoch hoch, so ist von € 75.000 als unterer Grenze auszugehen. Es mangelt unter Werbeerfolgsprognose-Gesichtspunkten gerade an einer adäquaten Reizpräsentation (z. B. TV-Werbung). Neuproduktwerbung ist nur durch Instore-Werbung, Haushaltsverteilung und speziell einmontierte Testanzeigen in HörZu (die in den Testgeschäften kostenlos erhältlich ist) gegeben. Der Storetest kann zwar gesplittet angelegt werden (Matched Samples), wobei eine Gruppe ohne Testmaßnahmen auskommt. Allerdings bestehen keine Informationen über individuelle Kaufentscheide. Die Handelsabdeckung (durch Käufe außerhalb der erfassten Läden) ist recht gering, sodass Störeinflüsse durch Käuferwanderungen oder Aktivitäten anderer Händler unkontrollierbar bleiben. Zudem ist der Test anfällig für gezielte Störmaßnahmen der Konkurrenz.

Diese Handicaps werden durch den Elektronischen Mikro-Markttest weitgehend überwunden.

2.9.4.4 Elektronischer Mikro-Markttest

Beim elektronischen (komplexen) Mikro-Markttest handelt es sich um eine Kombination von Haushaltspanel zur Erfassung des Konsumverhaltens, Scannerkasse am POS zur Abverkaufskontrolle in Geschäften (über EAN-Strichcode und Identitätskarte), örtlich gesteuertem TV- und Print-Werbeeinsatz sowie unterstützender Proben- und Handzettelverteilung in ausgewählten Orten (Haßloch, Bad Kreuznach, Buxtehude etc.). Dies ist das derzeit wohl elaborierteste Verfahren, das für die Werbeerfolgsprognose nutzbar ist. Die Ergebnisse werden in einem Management-Report präsentiert.

Bei **Telerim** (für Television Electronic Research for Insights into Marketing/Nielsen) sind spezielle TV-Spots im Rahmen des ZDF-Programms über eine Spezialantenne im Haushalt zu empfangen. Dabei werden neue Werbeblöcke für den Zuschauer nicht erkennbar in den normalen Werbeblock eingeschnitten (Cut in-Verfahren). Telerim arbeitet in:

- Bad Kreuznach, 44.000 Einwohner, 18.000 Haushalte, 12 Testgeschäfte, 1.000er Haushaltspanel,
- Buxtehude, 33.000 Einwohner, 16.000 Haushalte, 8 Testgeschäfte, 1.000er Haushaltspanel,

mit zusammen 20 Einkaufsstätten und 2.000 Käuferhaushalten von 34.000 Haushalten mit 77.000 Personen insgesamt. Sowohl Handel als auch Haushalte sind dort in ihren wesentlichen Strukturmerkmalen repräsentativ für Deutschland. Die Erfassung der Einkäufe der Testhaushalte erfolgt in den Testgeschäften durch Vorlage von Identifikationskarten, die beim Kassiervorgang am Scanner-Check Out eingelesen werden. Der testspezifische Mediaeinsatz ist neben dem Fernsehen über ZDF, in Print über die Titel TV Hören und Sehen, Auf einen Blick, Motorrad Reisen & Sport, Neue Post, Tina, Kochen & Genießen, Playboy, Selbst ist der Mann, Blitz Illu, TV Movie, TV Klar, Praline, Das Neue Blatt, Bella, Wohnidee, Auto-Zeitung, Mach mal Pause, Bravo, Fernsehwoche, Neue Revue, Wochenend, Das Neue, Maxi, Bauidee, KFT, Coupé und Bravo Girl möglich. TV ist dabei also schwächer, Print wesentlich stärker ausgeprägt als bei BehaviorScan, dem zweiten großen Mikromarkttest.

Das Kernstück bei GfK-**Behavior Scan** in Haßloch ist ein repräsentatives Panel mit 3.000 Haushalten (bei ca. 20.000 Einwohnern und 10.000 Haushalten), die jeweils mit einer Identifikationskarte ausgestattet sind, die beim Einkauf an der Kasse zusammen mit den jeweiligen Einkäufen jedes Testhaushalts eingelesen wird. Parallel besteht ein Handelspanel, sodass die Abverkäufe zugeordnet werden können. Es handelt sich also um einen Single-Source-Ansatz. Single Source bedeutet die Messung, Integration und Interpretation aller Verkaufs-, Media- und Marketingfaktoren, die das Konsumentenverhalten beeinflussen, und die daraus resultierenden Auswirkungen auf den Absatz. Wichtig ist, dass es sich bei diesen Einkäufen nicht um Testergebnisse handelt, sondern um reales Kaufverhalten zur Deckung des Lebensbedarfs. Es ist eine gezielte Ansprache des einzelnen verkabelten Haushalts über TV-Werbung möglich, außerdem sind die örtlichen Tageszeitungen und Anzeigenblätter ebenso einbeziehbar wie Verkaufsförderungsaktionen. Die verkabelten Haushalte können in Experimental- und Kontrollgruppen gesplittet und mit nicht-verkabelten in ihrem Konsumverhalten verglichen werden. Das Marktgebiet ist gut eingegrenzt, wirtschaftlich zu bearbeiten und in seiner Bevölkerungsstruktur hinreichend repräsentativ. Die Gründe, warum der Elektronische Mikro-Markttest nun ausgerechnet in Haßloch stattfindet, liegen in den einzigartigen Voraussetzungen dieses Testgebiets:

- Durch Einbezug in das deutsche Kabelpilotprojekt EPF, Erstes Privates Fernsehen, im Großraum Ludwigshafen ist eine hohe, beinahe flächendeckende Kabeldichte vorhanden.
- Es ist eine weitgehende Isolation gegenüber dem angrenzenden Wirtschaftsraum gegeben, d. h., der Haushaltsbedarf wird am Ort gedeckt, es gibt kaum zufließende oder abfließende Kaufkraft. Einzig der benachbarte Holiday Park ist da ein Problem.
- Die Mitwirkung des wichtigen Handels, insgesamt sechs Geschäfte, wird durch Kooperationsvereinbarungen dauerhaft sichergestellt.
- Die Mitwirkung der Haushalte wird durch Freieinweisungen von Programm- und Frauenzeitschriften, durch Erstattung der Kabelgebühr und durch unregelmäßige Abgabe von kleinen Geld- oder Sachpreisen motiviert.
- Die Repräsentanz der Bevölkerungs-, Handels-, Konkurrenz- und Mediastruktur zum Bundesgebiet, zumindest was die alten Bundesländer anbelangt, ist hinlänglich gegeben. Der Kaufkraftindex ist genau 100 (= Durchschnitt ABL-Deutschland).
- Eine mehrkanalige Ansprache ist möglich. Durch einen speziellen Media-Split sind Kabelfernsehen (ARD, ZDF, RTL, SAT 1, Pro 7) und Publikumszeitschriften (TV Hören + Sehen/

Tina) gezielt auf Haushalte steuerbar. Zwar nicht steuerbar, aber weiterhin einsetzbar, sind die Medien Tageszeitung (Rheinpfalz), Programm-Supplement (IWZ), Plakatanschlag, Handzettelverteilung/Haushalts-Sampling, POS-Werbung/Propagandisten und Anzeigenblätter.

Die Elemente des Haßloch-Projekts sind im Einzelnen folgende:

- Testgeschäfte mit einer Coverage von ca. 90 % (Real, 2 x Lidl, 2 x Penny, Nutzkauf, Aldi mit Einschränkung, Idea Drugstore mit Einschränkung),
- Scanner-Check Out zum Einlesen von EAN-(Strich-)Codes mit Zuordnung von Artikelnummern und Preisen zu eingekauften Waren,
- Zuordnung entsprechender Haushaltsinformationen durch eine Identifikationskarte (GfK-Korrespondenzkarte mit Strichcode),
- Anwerbung von 3.000 Testhaushalten, davon:
  - 2.000 Haushalte mit GfK-Box für Targetable TV zur haushaltsgenauen Ansteuerung mit speziellen Werbespots (Cut in-Verfahren) als wichtige Voraussetzung der Werbeerfolgsprognose,
  - 1.000 Haushalte ohne GfK-Box, also ohne spezielle Ansteuerung, die jedoch durch Klassische und Nicht-klassische Medien ansprechbar sind.

Durch strukturgleiches Splitting ist die Möglichkeit zum direkten Vergleich beider Gruppen gegeben (EBA oder EBA-CBA). Diese Aufteilung ist bis zu 50 : 50 variierbar. Zur Ermittlung des TV-Werbedrucks sind 200 Haushalte zusätzlich der Teleskopie angeschlossen. Dadurch sind High-Spending- und Low-Spending-Tests möglich. Haushaltsinformationen umfassen vor allem Käuferreichweite und -struktur, Wiederkaufrate, Einkaufsintensität und -menge.

- Es ist ein Handelspanel mit Inventurcharakter gegeben, d. h. Ermittlung des Saldos aus Warenanfangsbestand und Zugängen an Waren einerseits und Warenendbestand andererseits, aus dem sich die Abgänge an Waren ergeben, also der Periodenverkauf. Handelsinformationen umfassen vor allem Umschlaggeschwindigkeit, Bevorratungsdauer, Verkaufsanteil. Sonderauswertungen betreffen u. a. Regal- und Zweitplatzierung, Angebotsumfeld, Ad+Prom-Aktivitäten, Sonderangebot etc.

Typische Fragestellungen zur Werbeerfolgsprognose im Elektronischen Mikro-Markttest betreffen die Folgenden:

- Wirkung alternativen Werbedrucks für ein neues Produkt,
- Erfolgsbeitrag der TV-Werbung bei Einführung eines neuen Produkts,
- Erfolg bei alternativem Werbedruck zum Relaunch einer Marke,
- Grenzen kontinuierlicher Werbedruckerhöhung für eine bestehende Marke bei paralleler Unterstützung durch Handelspromotions.

Optionen aus dem elektronischen Mikromarkttest sind vor allem die Folgenden.

Es ergeben sich vielfältige Ansatzpunkte zum Test von Mix-Aktivitäten wie Neuprodukteinführung, Relaunch eines Produkts, Line Extension im Programm, Markierungsveränderung (Logo, Zusatz, CD etc.), Packungsveränderung (Gestaltung, Größe etc.), Preisveränderung (Anhebung, Senkung etc.), Absatzwirkung durch Aktionspreis, durch Zweit- oder Sonderplatzierung, durch Propagandisteneinsatz.

Als Variable speziell im Kommunikationsbereich kommen Media-Mix, Werbemittelgestaltung (Ausstattung, Layout/Text etc.) und Werbeeinsatz (Frequenz, Platzierung etc.) hinzu.

Es bestehen keine aussagebedingten Verzerrungen wie bei Haushaltspanels, also Overreporting oder Underreporting, denn es handelt sich um realisiertes anstelle nur geäußerten Verhaltens. Und dazwischen liegt für gewöhnlich eine sehr erhebliche Differenz.

Die Distribution der Testprodukte im Handel wird durch das Marktforschungsinstitut übernommen. Dies gilt auch für das Merchandising, also Platzierung, Auspreisung etc. der Waren. Dadurch sind eine jederzeitige Verfügbarkeit und ein zielgerechtes Vermarktungsumfeld der Testprodukte darstellbar.

Als Vorlauf für einen ohnehin geplanten regionalen Markttest können Flops bereits im Vorfeld identifiziert und entsprechende Testkosten eingespart werden.

Eine hohe Validität der Aussagen, sowohl intern durch weitgehend kontrollierte Versuchsbedingungen als auch extern durch eine reale Untersuchungssituation, ist gegeben. Gleichfalls ist eine hohe Objektivität gegeben, da es sich um Verfahren der Beobachtung und maschinellen Erfassung handelt und nicht um vielleicht als sozial wünschenswert angesehene Meinungen.

Verzerrungen, die durch das Erfordernis zur diskretionären Bestimmung eines Relevant Set von Konkurrenzprodukten anderweitig entstehen, sind ausgeschlossen, da die Produktwahl innerhalb eines ansonsten realen Umfelds stattfindet.

Die Nebenkosten des elektronischen Mikromarkttests sind eher gering, da sowohl die Anzahl der bereitzustellenden Testprodukte und die damit verbundene Logistik als auch die notwendigen Werbeaufwendungen auf den Ort Haßloch begrenzt bleiben. Ein regionaler Testmarkt ist demgegenüber mit noch erheblich höheren Kosten belastet.

Durch eine langlaufende Testdauer können Carry-Over-Effekte und durch variierten Mix-Einsatz Spill-Over-Effekte erfasst und ausgewertet werden.

Störende Wettbewerbsaktivitäten, die zur Verzerrung von Ergebnissen führen, sind durch ein Abkommen (IG BehaviorScan) der Haßloch-nutzenden Unternehmen ausgeschaltet. Es besagt, gegenseitig die Aktivitäten nicht zu stören und TV-Werbezeiten äquivalent zu tauschen. Ähnlich ist dies bei Nielsen durch den Telerim User Club geregelt.

Vorteile von GfK BehaviorScan gegenüber Nielsen Telerim liegen in folgenden Aspekten:

- Höhere Marktabdeckung im Handel des Testgebiets, damit weniger Käufe in außenstehenden Outlets,
- Größere Stichprobe von Haushalten, damit ist eine breitere Basis zur Auswertung gegeben,
- Größere Medienauswahl, denn bei Nielsen stehen nur ZDF und HörZu zur Verfügung, zudem erfolgt keine zusätzliche Reichweitenmessung,
- Targetable TV zur haushaltsindividuellen Ansteuerung, dadurch geringste Fehlstreuung der Ansprache.

Vorteile von GfK BehaviorScan gegenüber der Testmarktsimulation liegen in folgenden Aspekten:
- Höhere Objektivität durch Beobachtung anstelle von Befragung, damit entfallen systembedingte Verzerrungen,
- Höhere Reliabilität durch größeren Stichprobenumfang, also quantitative anstelle qualitativer Studien,
- Höhere externe Validität durch realen Markt, allerdings geringere interne Validität durch geringere Konstanz der Versuchsbedingungen,
- Berücksichtigung von Carry-Over-Effekten, Werbedruck, Promotionswirkung etc.

Vorteile von GfK BehaviorScan gegenüber des Storetest/Mini-Markttest liegen in folgenden Aspekten:

– Breitere Erfassungsbasis, damit aussagefähigere Ergebnisse.
– Elektronische Auslegung mit spezielleren Designmöglichkeiten.

Grenzen für den elektronischen Mikromarkttest ergeben sich aus folgenden Aspekten.

Von der Anlage her ist primär nur eine Eignung für Massengüter des täglichen Bedarfs im Lebensmitteleinzelhandel (Fast Moving Consumer Goods/FMCG's) gegeben. Zudem nur für solche Einkäufe, die von der haushaltsführenden Person selbst getätigt werden, welche die ID-Card besitzt, nicht jedoch von anderen Personen des Haushalts für den Eigen- oder auch Fremdbedarf (also Haushalts- nicht jedoch Individualpanel). Ebenso sind Auftragskäufe für andere Haushaltsmitglieder nicht erkennbar.

Bei Nischenprodukten leidet die Aussagefähigkeit unter der absolut zu geringen Fallzahl im elektronischen Mikromarkttest. Dies betrifft z. B. Premiumprodukte, Luxusbedarf.

Bei Produkten mit größeren Kaufabständen kommt es zu Verzerrungen, weil eine ausreichende Stabilisierung der Wiederkaufrate fehlt. Die Testlaufzeit beträgt 6 bzw. 12 Monate.

Regionale Besonderheiten auf Märkten, auf denen Unternehmen später anbieten wollen, können nicht nachgebildet werden (Klumpungseffekt). Außerdem ist dieser Markttest auf absehbare Zeit nur für Westdeutschland (ABL) aussagefähig.

Abverkäufe über nicht abgedeckte Absatzkanäle werden nicht offengelegt, z. B. über Verkaufsautomaten, Tankstellen. Dies gilt besonders für Impulswaren. Für diese kommt es zudem besonders durch die Umsatzkonzentration des ortsansässigen Verbrauchermarkts (Massa) mit bis zu 80 % Anteil bei einzelnen Warengruppen zu Verzerrungen.

Auch ist die Handelsakzeptanz für neue Produkte/Produktversionen nicht erfassbar, da die angeschlossenen Outlets verpflichtet werden, die Testprodukte für den Probezeitraum in ihr Sortiment aufzunehmen. Zudem sind Aldi/Schlecker als Absatzmittler nicht vollständig im Test enthalten.

Es besteht die Gefahr der Übertestung des Gebiets und damit von Paneleffekten, einerseits durch überlegtere Kaufentscheidungen unter dem Eindruck der Beobachtung. Dagegen spricht allerdings, dass sich Verhaltensänderungen meist nach einer Eingewöhnungszeit wieder nivellieren und außerdem eine begrenzte Panelrotation eingesetzt werden kann. Andererseits durch höhere Probierneigung für neue Produkte. Dagegen spricht allerdings, dass den Testhaushalten unbekannt ist, welche der angebotenen Produkte Testprodukte sind und bei welchen es sich um reguläre neue Angebote handelt.

Die Ausblendung des Werbedrucks durch nicht kontrollierte TV-Sender, wie DSF, Pro 7 etc. und Printtitel aller Art, außer TV Hören+Sehen/Tina, gelingt nicht und führt damit zu Verzerrungen. Auch die Tatsache der Zwangseinweisung der Titel dürfte zu verändertem Nutzungsverhalten führen. Außerdem ist bei Print kein Split in Test- und Kontrollhaushalte möglich.

Der elektronische Mikromarkttest selbst involviert absolut hohe Kosten, so 90.000 € für eine kleine Warengruppe (z. B. Fruchtnektare), 100.000 € für eine mittlere Warengruppe (z. B. Multivitaminsäfte) und 110.000 € für eine große Warengruppe (z. B. Fruchtsäfte).

Durch die rein quantitative Anlage erfolgt keine Aussage über Ursachen für Erfolg oder Misserfolg von Werbemaßnahmen (z. B. Likes/Dislikes). Qualitative Verbraucher- und Handelsdaten müssen vielmehr durch gesonderte Erhebungen untersucht werden. Ansonsten bleiben nur Indikatoren.

Es erfolgt meist ein erhebliches Overspending, d. h., in Relation zur späteren Verkaufsrealität werden überproportionale Werbebudgets eingesetzt. Daher ist eine Hochrechnung auf den

Gesamtmarkt nur sehr begrenzt möglich. Ein äquivalenter Werbedruck in der Zielgruppe ist meist national nicht durchhaltbar.

Der Konkurrenzausschluss je Warengruppe wirkt als Sperre für viele testwillige Anbieter, die in einem Teilmarkt tätig sind, der bereits von einem Mitbewerber im Markttest belegt ist.

Vorteile von Nielsen Telerim gegenüber GfK BehaviorScan liegen in folgenden Aspekten:

- Es ist keine Beschränkung auf Kabelfernsehhaushalte als Experimentalgruppe erforderlich.
- Ein paralleler Einsatz in mehreren Testgebieten für einen höheren Sicherheitsgrad der Ergebnisse ist möglich.
- Die absoluten Kosten sind je Testgebiet niedriger (ca. € 75.000).

Vorteile der Testmarktsimulation gegenüber GfK BehaviorScan liegen in folgenden Aspekten:

- Es ist eine fast vollständige Geheimhaltung möglich, wodurch Wettbewerbsvorsprünge erhalten bleiben.
- Es entstehen geringere Nebenkosten für Testprodukte, Logistik und Mediaeinsatz, da die Fallzahl wesentlich niedriger ist.
- Es entsteht ein geringerer Zeitbedarf, bei allerdings eingeschränkter Aussagefähigkeit.

Vorteile des Storetest/Mini-Markttest gegenüber GfK BehaviorScan liegen in folgenden Aspekten:

- Durch das experimentelle Design sind Störfaktoren besser kontrollierbar bzw. hinsichtlich ihrer Auswirkungen erfassbar.
- Es besteht ein geringerer Aufwand in der Durchführung, damit ist diese schneller und kostengünstiger.

Die High Tech-Anlage des Haßloch-Projekts verleitet oft zu übergroßem Vertrauen in die Mikromarkttest-Ergebnisse. Trotz aller elaborierten Verfahren bleibt jedoch die Relativierung durch den gesunden Menschenverstand, wie bei jeder anderen Marktforschung auch, unerlässlich.

2.9.4.5 Prognosemodelle

Aus der Vielzahl der Prognosemodelle haben sich vor allem zwei Gruppen von Modellen für Zwecke der Werbeeffizienzmessung qualifiziert, Markenwahlmodelle und Marktdurchdringungsmodelle.

Das bekannteste **Markenwahlmodell** ist das der Markoff-Ketten. Dieses geht von der Annahme aus, dass die Markenwahl im Konkurrenzumfeld bzw. die gegenwärtige Kaufwahrscheinlichkeit einer Marke durch die Käufe der letzten Periode bestimmt wird. Die Markenwahl wird als zufälliger Prozess angesehen, der sich aus einem Ausgangszustand entwickelt. Bei homogenen Markoff-Ketten bleiben die Übergangswahrscheinlichkeiten unabhängig von der Lebensdauer der Versuchsanordnung konstant. Durch die Marktanteile verschiedener Marken bezogen auf die Käufer in einer Periode lassen sich so mit Informationen über Kunden, die der Marke treu bleiben, und Kunden, die zu einer bestimmten anderen Marke wechseln, die Kaufwahrscheinlichkeiten der nächsten Periode berechnen. Dabei geben Übergangswahrscheinlichkeiten an, wie groß die Chance ist, dass ein Käufer nach der Wahl einer Marke in einer Periode in der folgenden Periode eine bestimmte andere Marke wählt. Diese errechnen sich invers aus der Wahrscheinlichkeit der Markentreue. Prämissen sind dabei allerdings, dass für die Markenwahl kein Lernverhalten gegeben ist (stochastischer Prozess 1. Ordnung), die Kaufwahrscheinlichkeit also nur durch das Ergebnis der Vorperiode und sonst nichts bestimmt wird, dass keine Änderung des Kaufverhaltens im Zeitablauf erfolgt (konstante Übergangswahrscheinlichkeiten), dass die Übergangswahrscheinlichkeiten für alle Käufer gleich sind, dass in jeder Periode nur eine Markenwahl bei gleicher Kaufintensität erfolgt und dass weder neue Marken noch neue Käufer im Beobachtungszeitraum auftreten. Grundlage sind immer Daten aus Haushaltspanels. Ist neben den Übergangswahrscheinlichkeiten eine Verteilung der Ausgangswahrscheinlichkeiten der einzelnen Marken für den Beginn der Beobachtungsperiode gegeben, so lassen sich die unbedingten Kaufwahrscheinlichkeiten für die einzelnen Marken und die folgenden Perioden bestimmen. Diese Annahmen sind jedoch recht realitätsfern. Dies bietet sich allenfalls für den Kauf problemloser Produkte an, bei denen so viele unkontrollierbare Einflussfaktoren im Spiel sind, dass man die Markenwahl getrost als zufallsbedingt ansehen kann. Zudem ist eine recht geringe verhaltenswissenschaftliche Fundierung gegeben.

Streben die für die einzelnen Marken resultierenden Kaufwahrscheinlichkeiten bei wiederholter Anwendung einem Grenzwert zu, so ist zusätzlich ein Gleichgewichtszustand erreicht, d. h., bei erneuter Anwendung der Übergangswahrscheinlichkeiten ergeben sich wieder dieselben Kaufwahrscheinlichkeiten (ergodische Markoff-Ketten).

Schließlich kann für jede einzelne Marke die Entwicklung der Gesamtmarktnachfrage ausgewiesen werden, indem die individuellen stochastischen Wahlprozesse bezüglich der einzelnen Marken jeweils aggregiert werden. Dabei ist zu beachten, welchem Markenwahlmodell das Käuferverhalten folgt, ob die Käuferschaft homogen bzw. heterogen ist und ob eine zahlenmäßig konstante oder variable Käuferschaft vorliegt.

Dazu ein **Rechenbeispiel** (*Meffert/Steffenhagen* 1977):
Es gibt drei Marken (A, B, C), die intensiv beworben werden:

– Marke A wird in Periode t von 500 Käufern gewählt. In Periode t+1 kaufen wiederum alle 500 die Marke A, davon sind 350 Käufer der Marke A in Periode t (markentreu), weitere 100 Käufer haben in Periode t Marke B gekauft und sind zugewandert, ebenso wie weitere 50 Käufer, die in Periode t Marke C gekauft haben.
– Marke B wird in Periode t von 300 Käufern gewählt. In Periode t+1 kaufen nur noch 250 die Marke B, davon sind 170 Käufer der Marke B in Periode t (markentreu), weitere 60 Käufer haben in Periode t Marke A gekauft und sind zugewandert, ebenso wie weitere 20 Käufer, die in Periode t Marke C gekauft haben. Die globale Käuferabwanderung beträgt 50.
– Marke C wird in Periode t von 200 Käufern gewählt. In Periode t+1 kaufen immerhin 250 die Marke C, davon sind 130 Käufer der Marke C in Periode t (markentreu), weitere 90 Käufer haben in Periode t Marke A gekauft und sind zugewandert, ebenso wie weitere 30 Käufer, die in Periode t Marke B gekauft haben. Die globale Käuferzuwanderung beträgt 50.

Die Gesamtzahl der Käufer bleibt in Periode t+1 gegenüber Periode t unverändert (1.000). Diese Daten werden zur Schätzung von Übergangswahrscheinlichkeiten herangezogen. Diese geben die Wahrscheinlichkeit dafür an, dass ein Käufer, der eine bestimmte Marke in Periode t gekauft hat, diese oder eine andere Marke in Periode t+1 wählt (wobei die restriktiven Modellannahmen zu berücksichtigen sind). Die Übergangswahrscheinlichkeiten sind:

– bei Marke A markentreu 0,70, von Marke A zu Marke B 0,12, von Marke A zu Marke C 0,18, von Marke B zu Marke A 0,33,
– bei Marke B markentreu B 0,57, von Marke B zu Marke C 0,10, von Marke C zu Marke A 0,25, von Marke C zu Marke B 0,10,
– bei Marke C markentreu 0,65.

Daraus lassen sich jetzt die voraussichtlichen Marktanteile für Periode t+2 errechnen. Und unter den Modellbedingungen die Marktanteile aller folgenden Perioden, wobei diese zu einem langfristigen Marktanteil konvergieren. Die Daten lauten:

- Marktanteil Marke A in Periode t+2: 49,6 %, in Periode t+3: 49,2 %, in Periode t+4: 48,9 %, konvergierend zu 48,6 %,
- Marktanteil Marke B in Periode t+2: 22,7 %, in Periode t+3: 21,6 %, in Periode t+4: 21,1 %, konvergierend zu 20,6 %,
- Marktanteil Marke C in Periode t+2: 27,8 %, in Periode t+3: 29,2 %, in Periode t+4: 30,0 %, konvergierend zu 30,8 %.

Die Übergangswahrscheinlichkeiten lassen sich in einer Matrix darstellen. Die Diagonalwerte bezeichnen die Wiederholungskaufwahrscheinlichkeit, die Nicht-Diagonalwerte die Wechselkaufwahrscheinlichkeit. Vorausgesetzt, diese Übergangsmatrix gilt für alle in die Betrachtung einbezogenen Käufer und hat im Zeitablauf Bestand, ergibt sich die angegebene Möglichkeit der Extrapolation auf weitere Perioden und damit zur Prognose künftiger Marktanteilswerte der einzelnen Marken. Werden die rigiden Modellvoraussetzungen verlassen, steigert sich der Rechenaufwand jedoch extrem.

Die Umsetzung von Käuferwanderungen erfolgt oft in **Gain&Loss**-Analysen. Sie haben Käuferwanderungen zum Inhalt, d. h. Mengenwanderungen aller Produkte untereinander zwischen zwei Zeiträumen. Dazu müssen entsprechende Paneldaten vorliegen.

Das bekannteste der **Marktdurchdringungsmodelle** ist das von Parfitt-Collins. Ziel dieses Ansatzes ist die Ermittlung des langfristig zu erzielenden Marktanteils durch Erfassung der unterschiedlichen Phasen des Adoptionsprozesses. Dabei wird eine globale Wiederkaufrate in Abhängigkeit vom Erstkaufzeitpunkt bestimmt. Der Marktanteil wird in die Komponenten Feldanteil, Wiederkaufrate und Kaufintensität zerlegt.

Der grundsätzliche Zusammenhang ist wie folgt:

- prognostizierter mengenmäßiger Marktanteil = geschätzte relative Reichweite multipliziert mit der geschätzten Wiederkaufrate multipliziert mit dem Kaufindex,
- geschätzte relative Reichweite = kumulativ erreichte Erstkäufer dividiert durch potenzielle Käufer,
- Kaufindex = Einkaufsintensität der Käufer eines Produkts dividiert durch Einkaufsintensität aller Käufer.

Die einzelnen Größen erklären sich wie folgt.

Der Feldanteil gibt die Marktpenetration eines Angebots in der relevanten Käuferschaft an, rechnerisch die Anzahl der Abnehmer, die ein Angebot mindestens einmal gekauft haben, dividiert durch die Anzahl der maximal möglichen Abnehmer. Man spricht auch von der Käuferreichweite oder -penetration, also der Erstkäuferanteil in Prozent des Gesamtmarkts (= zuwandernde Käufer). Dies entspricht dem Feldanteil des Produkts an der Produktgruppe (z. B.: X % aller Käufer der zugehörigen Produktgruppe haben mindestens einmal das Testprodukt gekauft). Eine Verbesserung lässt sich hier durch Erstkauf anregende Maßnahmen (wie Probieraktionen) erreichen.

Mit zunehmender Zeit stabilisiert sich der Übernahmeprozess, und es werden keine neuen Erstkäufer mehr hinzugewonnen. Der Absatz wird somit nur noch von Wiederkäufern getragen. Wiederkaufrate ist der Anteil der Erstkäufer, die innerhalb eines definierten Zeitraums nachkaufen. Die Bedarfsdeckung, also die Mengen bezogene Wiederkaufrate in Prozent aller

Haushalte (= abwandernde Käufer), ist abhängig von Nachkaufzufriedenheit, Markentreue, Geschäftsstättentreue etc. (z. B.: Die Käufer des Testprodukts geben je Periode Y % ihres Kaufvolumen wieder für das Testprodukt aus). Eine Verbesserung lässt sich hier also durch Wiederkauf anregende Maßnahmen erreichen.

Die Kaufintensität gibt die relative Bedeutung der Intensivkäufer am Umsatz an. Der Intensitätsfaktor, also die Relation von Käufern zu Nichtkäufern als Index (= Käuferreichweite), ist definiert als durchschnittliche wertbezogene Kaufmenge eines Produkts pro Käufer/Haushalt und Zeiteinheit, dividiert durch die durchschnittliche Kaufmenge pro Käufer/Haushalt im Gesamtmarkt (z. B.: Die Käufer des Testprodukts kaufen Z % der Menge eines durchschnittlichen Käufers der zugehörigen Produktgruppe). Eine Verbesserung lässt sich hier durch intensitätssteigernde Maßnahmen (wie neue Verwendungszwecke) erreichen.

Im Gleichgewichtszustand hat die Durchdringung ihren oberen Grenzwert erreicht, und es treten keine weiteren Erstkäufer mehr auf. Der prognostizierte Umsatz des Produkts ergibt sich aus dem wertmäßigen Marktvolumen der Produktgruppe multipliziert mit dem wertmäßigen Marktanteil des Produkts an der Produktgruppe. Der zweite Faktor lässt sich wiederum in die Faktoren Feldanteil des Produkts, dessen mengenbezogene Wiederkaufrate und den Wert bezogenen Kaufmengenindex auflösen.

Die Berechnung der Kenngrößen ergibt sich im Einzelnen wie folgt:

- Umsatz der Marke »m« in Produktgruppe »pg« = wertmäßiges Marktvolumen von Produktgruppe »pg« multipliziert mit dem wertmäßigen Marktanteil der Marke »m« in Produktgruppe »pg«.
- Wertmäßiger Marktanteil der Marke »m« in Produktgruppe »pg« = Feldanteil der Marke »m« in Produktgruppe »pg« (Anteil der Käufer irgendeiner Marke von Produktgruppe »pg«, welche die Marke »m« schon mindestens einmal gekauft) multipliziert mit der Mengen bezogenen Wiederkaufrate der Marke »m« in Produktgruppe »pg« (Anteil der Ausgaben der Käufer von Marke »m« für Marke »m« am gesamten Kaufvolumen von Produktgruppe »pg« in der Folgeperiode) multipliziert mit dem Wert bezogenen Kaufmengenindex der Marke »m« in Produktgruppe »pg« (Anteil der Menge, die Käufer der Marke »m« ausmachen an der Menge eines durchschnittlichen Käufers von Produktgruppe »pg«)
- Käuferanteil: Anzahl der Käufer des Produkts dividiert durch Anzahl der Käufer der Produktart,
- Kaufmengenindex: Kaufhäufigkeit des Produkts multipliziert mit der durchschnittlichen Menge pro Kauf des Produkts dividiert durch die Kaufhäufigkeit der Produktart multipliziert mit der durchschnittlichen Menge pro Kauf der Produktart,
- Kaufvolumenindex: Relation Absatzvolumen des Produkts dividiert durch die Anzahl der Käufer des Produkts zu mengenmäßiges Marktvolumen dividiert durch die Anzahl der Käufer der Produktart,
- Preisindex: durchschnittliche Ausgabe pro Mengeneinheit des Produkts dividiert durch die durchschnittliche Ausgabe pro Mengeneinheit der Produktart (oder mengenmäßiger Marktanteil dividiert durch wertmäßiger Marktanteil)
- Marktdurchdringungsrate: Anzahl der Erstkäufer des Produkts dividiert durch Anzahl der Käufer der Produktart,
- kumulierte Marktdurchdringungsrate (Feldanteil): Anzahl der Käufer, die das Produkt mindestens einmal gekauft haben, dividiert durch die Anzahl der Käufer der Produktart,

- mengenmäßige Wiederkaufrate: kumulierte Menge, welche die Wiederkäufer vom Produkt kaufen, dividiert durch die kumulierte Menge, welche die Wiederkäufer von der Produktart kaufen,
- wertmäßige Wiederkaufrate: kumulierte Ausgaben der Wiederkäufer für die Marke dividiert durch die kumulierten Ausgaben der Wiederkäufer für die Produktart,
- mengenmäßiger Marktanteil: Absatzvolumen des Produkts dividiert durch das mengenmäßige Marktvolumen,
- wertmäßiger Marktanteil: Umsatz des Produkts dividiert durch das wertmäßige Marktvolumen.

2.9.5 Verfahren der Werbewirkungsprognose

2.9.5.1 Explorative Testverfahren

Zum Test der mutmaßlichen Werbewirkung werden explorative, apparative und projektiv-assoziative Verfahren eingesetzt (Abb. 88). Explorative Verfahren bedienen sich der Befragung, der Gruppendiskussion und des Gedankenprotokolls als Mittel (Abb. 89). Die **Befragung** erfolgt mündlich, seltener auch schriftlich, fernmündlich oder fernschriftlich. Von den Befragungsmethoden ist hier praktisch nur die mündliche von Belang. Dabei handelt es sich um ein freies (qualitatives) Interview, auch Tiefeninterview genannt. Dazu bedarf es eines psychologisch geschulten Interviewers, der eine Anpassung des Gesprächs an die Individualität des Befragten zur Herstellung einer Vertrauensbeziehung erzielt. Das führt zu gesteigerter Aussagewilligkeit, zu spontanen Äußerungen und vermittelt so vielfältige Einsichten in die Denk-, Empfindungs- und Handlungsweise des Befragten. Dadurch können auch halbbewusste, sensible Themen angesprochen werden. Die Durchführung des Interviews ist damit einzelfallabhängig. Durch einen Interviewerleitfaden ist allenfalls eine Strukturierung möglich. Insofern entstehen auch Probleme bei

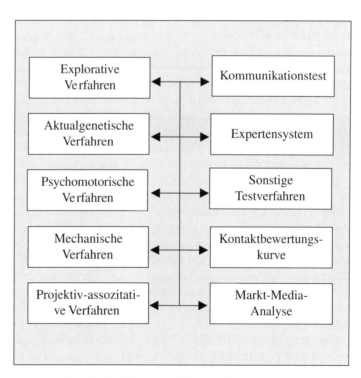

Abb. 88: Verfahren der Werbewirkungsprognose

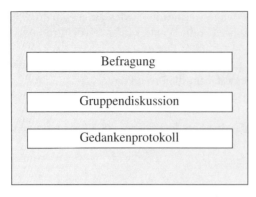

Abb. 89: Explorative Verfahren

der Protokollierung und Auswertung. Gedächtnisaufzeichnungen und Stichwortangaben können naturgemäß komplexe Äußerungen nicht erfassen. Eine wörtliche Protokollierung belastet dagegen die Gesprächskonzentration. Daher werden oft Tonbandaufzeichnungen gemacht. Ebenso ergeben sich Deutungsspielräume und Unsicherheitsmomente bei der Interpretation. Dennoch können Motivationsstrukturen gut erhellt und Widerstände gegen werbliche Aussagen identifiziert werden.

Die **Gruppendiskussion** ist ein qualitatives Verfahren, das keinerlei Anspruch auf Repräsentanz erhebt. Potenzielle oder aktuelle Käufer eines Produkts, Laien oder Experten werden dazu zu einem Round-Table-Gespräch eingeladen. Die Rekrutierung erfolgt aus der vorhandenen Adressdatei des Marktforschers oder durch Ansprache auf der Straße (»Baggern«) bzw. über Telefon. Die Teilnehmer kennen einander nicht. Das Gespräch steht unter der Leitung eines erfahrenen Psychologen, der ein bestimmtes Thema (Issue, hier Werbung) anspricht. Die Teilnehmer werden zu ihren Einstellungen und Verhaltensweisen befragt. In der Gruppe entsteht darüber ein Dialog. Meinungen werden ausgetauscht, prallen aufeinander, gruppendynamische Prozesse entstehen. Frauen sind dabei meist kommunikativer als Männer, weshalb es sich empfiehlt, geschlechtsspezifische Gruppen zu bilden. Dies gilt auch für Tabuthemen. Es besteht allerdings die Gefahr, dass Meinungsführer in der Gruppe den Verlauf der Diskussion zu steuern oder Meinungen anderer zu dominieren versuchen. Das Gespräch wird mit Einverständnis der Teilnehmer aufgezeichnet. Außerdem besteht die Möglichkeit der unbemerkten (Einwegspiegel, versteckte Kamera) bzw. unerkannten Teilnahme (als Diskutant) durch den Auftraggeber. Die Dauer beträgt meist nicht mehr als eine Stunde, da dann Ermüdungserscheinungen auftreten. Die Personenzahl sollte zwischen acht und zwölf liegen, bei einer niedrigeren Zahl entsteht wenig Gruppendynamik, bei einer größeren Zahl kommen die einzelnen Beiträge zu kurz. Gruppendiskussionen geben hervorragende Einblicke in die unvoreingenommene Sichtweise der Zielpersonen. Sie sind zudem kostengünstig und schnell darstellbar.

Beim **Think Aloud** gibt der Proband ein mündliches Protokoll derjenigen Gedanken, die ihn bei der Auswahl, Bewertung und Entscheidung über Werbebotschaften beschäftigen. Diese können (schriftlich oder elektroakustisch) aufgezeichnet werden und erlauben eine Auswertung des Wahlverhaltens. Insofern werden die mit der Meinungsbildung im Einzelnen verbundenen psychischen Vorgänge registriert. Dazu zeichnet ein Interviewer sämtliche Gedanken auf, die ausgewählten Konsumenten während ihres Einkaufswegs im Handelsgeschäft so durch den Kopf gehen. Aus den Angaben des Käufers und den getätigten bzw. nicht getätigten Käufen werden dann Kaufprotokolle zusammengestellt. Das heißt, während des Entscheidungsprozesses einer Versuchsperson werden nach Möglichkeit alle verwendeten Informationen, Schlussfolgerungen, Vorentscheidungen etc. ausgesprochen und auf Tonträger aufgezeichnet oder anderweitig protokolliert. Daraus lässt sich ein Entscheidungsnetz bilden, das ein System miteinander vernetzter Fragen und Antworten ist, die wiedergeben, wie die Testperson im Zeitablauf auf die Konfrontation mit einzelnen Werbeaussagen reagiert hat. Insofern liegt die mentale Struktur ihrer Meinungsbildung offen. Daraus wiederum lässt sich ein Prognosemodell bilden, das Kaufwahrscheinlichkeiten voraussagt. Problematisch ist dabei wiederum die geringe Reliabilität der Ergebnisse und die individuelle Codierung der Zuordnungen. Dem wird durch standardisierte Codierschemata entgegengewirkt, die jedoch Ergebnisse stark vergröbern.

2.9.5.2 Aktualgenetische Testverfahren

Die Aktualgenese arbeitet generell mit Mitteln der Wahrnehmungserschwerung für Werbemittel. Damit soll vor allem die Gestaltfestigkeit von Objekten getestet werden. Einzelne Mittel dazu betreffen die folgenden (Abb. 90).

Beim **Tachistoskop** wird durch einen Schnellverschluss eine extrem kurzzeitige optische Darbietung von Motiven ermöglicht. Wird dabei 1/20 Sekunde unterschritten, werden Abbildungen vom menschlichen Auge zwar nicht mehr bewusst erkannt, dennoch aber im Gehirn abgebildet. Ausgangspunkt der Aktualgenese ist die Annahme, dass im ersten Augenblick der Wahrnehmung eines Objekts (hier Werbemittel), auch wenn noch nicht erkannt wird, worum es sich handelt, emotionale Eindrücke evoziert werden, welche die anschließende kognitive Interpretation unbewusst beeinflussen. So wird unterstellt, dass diffuse Eindrücke über Anzeigen, Packungen etc., die ohne tatsächliches Erkennen des Inhalts entstehen, Emotionen auch im üblichen Alltagssehen unterschwellig beeinträchtigen. Dies folgt der Hypothese, dass bei optischer Wahrnehmung nicht sofort die gesamte Gestalt präsent ist, sondern diese erst aus einer Abfolge von Stufen heraus entsteht. Dieser Prozess läuft jedoch normalerweise so schnell ab, dass er vom Wahrnehmenden nicht bewusst erlebt und nachvollzogen werden kann. Von

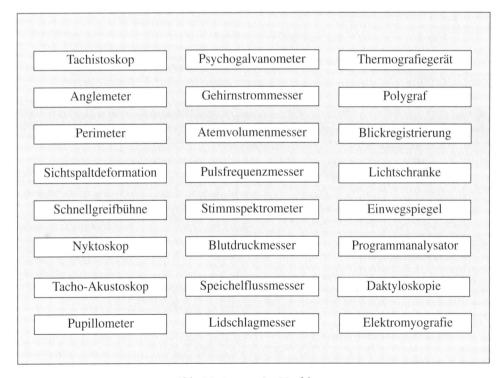

Abb. 90: Apparative Verfahren

daher werden die frühen, gefühlshaften Reaktionen, die nur die tieferen Schichten des Bewusstseins ansprechen, durch die bewussteren Schichten überlagert. Durch Kurzzeitdarbietung kann dieser normalerweise kontinuierlich verlaufende Prozess nun auf dieser tieferen Schicht gestoppt werden. Durch Erschwerung der Wahrnehmung sollen diese Stufen von den allerersten, diffusen Eindrücken bis zum letztgültigen Erkennen ausgewiesen werden.

Hinsichtlich der Technik gibt es das Projektionstachistoskop, das ähnlich einem Dia- oder Filmprojektor funktioniert, wobei die Verschlusszeiten beliebig kurz geschaltet werden können. Ein Aufsteckvorsatz mit Ansteuereinheit macht so aus normalen Diaprojektoren Tachistoskope. Bei der Projektion muss darauf geachtet werden, dass sich die natürliche Wahrnehmungsgröße und durchschnittliche Wahrnehmungsentfernung nicht verändern. Die Auswertung stellt auf die sprachliche Wiedergabe des Gesehenen bzw. Vermittelten, auf dessen zeichnerische Wiedergabe und die verbale Wiedergabe des gefühlshaften Eindrucks ab. Dabei können entweder die Expositionszeiten bei gleicher Reizvorlage oder die Reizvorlagen bei gleicher Expositionszeit variieren. Die Projektionszeiten werden vom ersten undifferenzierten Eindruck aus über das Erkennen einzelner Elemente bis zur differenzierten Wahrnehmung sukzessiv verlängert. Beim Einblick- (oder Durchsichts-)tachistoskop wird eine Originalvorlage in einem Kasten verborgen, in dem es völlig dunkel ist. Durch einen mehr oder weniger langen Lichtblitz wird das Objekt erst sichtbar. Der Einblick erfolgt durch fernglasähnliche Okkulare oder mattierte Fenster. Beim Spiegeltachistoskop wird jedem Auge eine andere Vorlage dargeboten. Auf diese Weise soll deren relative Durchsetzungsfähigkeit geprüft werden (auch als getrenntes Gerät, Dominanzmeter, gebräuchlich). Erfasst werden frühe Anmutungsqualitäten, Wahrnehmungsdominanzen, Gestaltungsprägnanzen und Markenauffälligkeiten. Das Tachistoskop liefert somit Informationen zum Aufmerksamkeitsgehalt (z. B. Produkt- oder Markenidentifikation). Es zeigt, wie schnell bestimmte Elemente erkannt und womit sie assoziiert werden. Die ermittelten Daten sind objektiv.

Kritik äußert sich dahingehend, dass aktualgenetische Befunde zu Kommunikationswirkung hochstilisiert werden, denn Wahrnehmung sagt nichts über Wirkung aus, sondern nur etwas über Aufmerksamkeit. So sind auffällige Wahrnehmungsobjekte nicht notwendigerweise erfolgreicher als »stille«. Außerdem ist der Testaufbau nicht lebensnah, da er nicht der natürlichen Wahrnehmungssituation entspricht (Forced Attention). Auch kann eine Motivation darin liegen, im Test möglichst gut abzuschneiden, möglichst viele Dinge in möglichst kurzer Zeit zu erkennen. Damit ist aber gerade nicht mehr eine unbewusste Wahrnehmung gegeben.

Beim **Anglemeter** handelt es sich um eine Vorrichtung, die eine perspektivisch verzerrte Wiedergabe des Werbemittels erlaubt. So kann in Seiten-, Drauf- und Druntersichten die jeweilige Erkennbarkeit des Objekts näher geprüft werden. Ziel ist die Ermittlung der Gestaltfestigkeit unter verwinkelten Sichtweisen, wie sie für die Realität des Marktes durchaus nicht ungewöhnlich sind.

Beim **Perimeter** handelt es sich um eine Vorrichtung, die das Werbemittel an den Rand des Sichtfelds der Augen rückt. Dadurch wird geprüft, inwieweit das Objekt dennoch eindeutig wahrgenommen wird. Ziel ist die Messung der Durchsetzungsfähigkeit außerhalb des Zentrums der Wahrnehmung. Auch diese Situation ist in der Realität durchaus häufig anzutreffen (z. B. Passieren von Plakatflächen).

Bei der **Sichtspaltdeformation** wird das Werbemittel nur als Ausschnitt des Gesamtmotivs erkennbar. Geprüft wird dessen gewünschte zutreffende Identifizierung. Ziel der Übung ist die Wiedererkennbarkeit auch unter erschwerten Bedingungen. Dieses Verfahren wird auch Zöllner-Verfahren genannt, weil es oft mit einem schlüssellochähnlichen Ausschnitt arbeitet.

Alternativ sind auch Teilabdeckungen möglich (Maskentest) bis hin zur Anonymisierung (Hidden-Logo-Test).

Die **Schnellgreifbühne** ist eine bühnenähnliche Apparatur, die für kurze Zeit mehrere Testobjekte (z. B. Packungen) freigibt, von denen der Proband bei einem von ihnen spontan zugreifen soll. Auf diese Weise wird vor allem die Durchsetzungsfähigkeit geprüft. Dabei handelt es sich meist um einen größeren Kasten, der eine Öffnung in Augenhöhe der Testperson aufweist. Zu Beginn des Versuchs ist die Bühne durch eine Vorrichtung (z. B. Vorhang) abgedeckt. Diese kann durch einen Stellmechanismus so geöffnet werden, dass ein Zugriff zu den dahinter befindlichen Objekten für einen Augenblick möglich ist. Die Darbietungszeit ist über eine Drucktaste steuerbar. Während dieser Öffnungszeit soll sich die Versuchsperson spontan für eines oder mehrere der exponierten Objekte entscheiden (Entscheidungsdruck als situativer Stresseinfluss). Es wird also eine konkrete Wahlhandlung provoziert, nicht nur Wahrnehmung gemessen. Allerdings ist auch dieses Verfahren heftiger Kritik ausgesetzt.

Das **Nyktoskop** bietet die Möglichkeit zur stufenlosen Steigerung der Umgebungshelligkeit für die Darbietung eines Werbemittels. Geprüft wird der Grad der Ausleuchtung, bei der das Testobjekt zuerst zutreffend erkannt wird. Je geringer die dazu erforderliche Helligkeit ist, desto besser wird die Identifizierbarkeit bewertet.

Bei der **Formatierung** werden Werbemittel über Linsensysteme verkleinert oder vergrößert, um die Wahrnehmung dabei festzustellen. Dies simuliert etwa die räumliche Annäherung/Entfernung von einem Objekt. Vor allem die Verkleinerung ist als Distanzmeter häufig anzutreffen. Bei der Verunschärfung wird ein Objekt zunächst kaum erkennbar unscharf dargeboten und dann über ein Linsensystem zunehmend scharf eingestellt. Interessant ist die Situation, ab der das Werbemittel zutreffend identifiziert wird. Je eher dies der Fall ist, als desto durchsetzungsstärker wird es bewertet.

Bei der **Elementenverringerung** wird ein Motiv unvollständig dargeboten und anschließend Element für Element zum Gesamtmotiv ergänzt. Je früher es dabei bereits richtig erkannt wird, desto besser.

Das **Torsionsstereoskop** bietet das gleiche Motiv über getrennte Okulare für jedes Auge an. Dann wird das eine Motiv um die Mittelachse gedreht, je später es in der Wahrnehmung »auseinanderspringt«, desto gestaltfester ist es.

Beim **Kuller-Kombinationsverfahren** wird ein Motiv in einzelne Puzzlestücke zerlegt und die Probanden aufgefordert, das Motiv daraus zusammen zu setzen. Je schneller dies gelingt, desto besser.

Das **Tacho-Akustoskop** hebt auf Sprache und Gehör ab, statt auf die Visualität. Dabei werden Tonausschnitte, z. B. aus TV- und HF-Commercials, vorgeführt, um festzustellen, ob anhand dieser Fragmente Absender, Marke und Produkt zutreffend zugeordnet werden oder nicht. Vor allem kann dabei die Darbietungszeit verkürzt werden, indem die Wiedergabe beschleunigt wird. Um belustigende Verzerrungen zu vermeiden, wird dabei die Tonhöhe elektronisch korrigiert.

2.9.5.3 Psychomotorische Testverfahren

Die Psychomotorik bedient sich der Messung von unwillkürlichen Körperreaktionen bei Wahrnehmung von Werbemitteln, um die kognitive Steuerung als Verzerrungsgröße auszuschließen. Einzelne Mittel dazu betreffen folgende.

Das **Pupillometer** ist eine Apparatur zur Messung der Pupillenfläche, die sich bei Beeindruckung (Impact) vergrößert. Dies gilt allerdings sowohl bei Erstaunen als auch bei Erschrecken. Dabei können gleichzeitig die Richtung und der Zeitraum der Veränderung sowie der Blickverlauf registriert werden. Durch die Pupillenveränderung kann gemessen werden, ob Aktivierung stattfindet, durch die Größe der Veränderung auf die Intensität der Aktivierung geschlossen werden. In Kombination mit einer Augenkamera kann zudem ermittelt werden, bei welchen Darbietungselementen die Pupille welche Veränderung zeigt. Problematisch ist hier, dass Aufmerksamkeit nur ein Teilkriterium der Werbewirkung ist und die Erhebung in einer extremen Laborsituation stattfindet. Zudem können emotionale Prozesse durchaus auch ohne Pupillengrößenveränderung vonstatten gehen. Ebenso wie externe Effekte eine Veränderung hervorrufen können, wie Lichteinfall, Nähe des Betrachtungsgegenstands, gedankliche Ablenkungen etc.

Das **Psychogalvanometer** betrifft die bioelektrische Messung des vegetativen Nervensystems über den Hautwiderstand, der sich bei Impact infolge Schweißabsonderung vom üblichen Normalwert (= tonisch, also dem allgemeinen Aktivierungsniveau) auf den reizinduzierten Messwert (= phasisch) verringert. Umgekehrt steigt ein auf die Hautoberfläche gegebener, induzierter Stromfluss. Dahinter steht die Vermutung, dass die Schweißdrüsen, vor allem an den Handinnenflächen und den Fußsohlen, weil diese dort am Dichtesten vertreten sind, auf psychische Erregung reagieren, wodurch es zu einer Verringerung des Hautwiderstands kommt. Die Messung erfolgt durch am Körper befestigte Elektroden, wobei die registrierten Impulse an einen Polygrafen geleitet und aufgezeichnet werden, der daneben noch weitere Funktionen misst. Gemessen werden Amplitude und Dauer des Ausschlags. Die Validität dieser Methode ist jedoch latent gefährdet. So ergibt sich eine individuell abweichende Anzahl der Schweißdrüsen. Der Grundwiderstandswert der Haut schwankt zwischen 10.000 und 500.000 Ω, während die Änderung Größenordnungen von +/−300 Ω betrifft. Externe thermische Umweltbelastungen führen zu Stress, der eine Veränderung der Leitfähigkeit der Haut zur Folge haben kann. Bei sehr hohen und sehr niedrigen thermischen Belastungen sowie bei Temperaturschwankungen versagt die Messung ganz. Außerdem schwankt die Leitfähigkeit mit der Tageszeit, ist nachts geringer als tagsüber, und mittags am höchsten. Ein weiterer Einflussfaktor ist der Gesundheitszustand beim Probanden. Bei mehrmaliger Verwendung eines Reizes verringert sich die Widerstandsänderung. Bei starker Erregung kompensiert das körpereigene Adrenalin zudem teilweise Widerstandsänderungen. Selbst wenn diese gravierenden Probleme gelöst sind, kann nur etwas über die Intensität der Erregung, nicht jedoch deren Qualität (positiv/negativ) ausgesagt werden. Der (exosomatische) Féré-Effekt betrifft die durch einen Stimulus ausgelöste Veränderung in der Leitfähigkeit der Haut (EDR/elektrodermale Reaktion mit Einpunktmessung), der (endosomatische) Tarchanoff-Effekt betrifft die Veränderung der durch Stimulierung auftretenden körpereigenen bioelektrischen Potenziale (PGR/psychogalvanische Reaktion mit Zweipunktmessung). Wichtige Werte betreffen die Differenz zwischen Startniveau und höchstem bzw. niedrigstem Reaktionswert, die Zeitspanne zwischen Start und erstem Aktivierungsmaximum, die Startreaktion in den ersten fünf Sekunden, den Steigerungswinkel der Regressionsgeraden der Werte, die Aktivierungssprünge bei Darbietung einzelner Elemente, den Flächenvergleich zwischen Alternativen etc.

Bei der **Gehirnstrommessung** (Elektroenzophalogramm/EEG) werden Messsonden auf der Kopfhaut angebracht, um die Veränderung der Gehirnströme, vor allem im Cortex, bei geistiger Aktivierung, hier interpretiert als intensive Auseinandersetzung mit der Testvorlage, zu messen. Basis der Anwendung in der Werbung ist also die Annahme, dass sich Emotionen in physiologischen Aktivitäten des Gehirns äußern, sodass auf Grund der Veränderung deren Potenzials auf das Vorhandensein und die Veränderung von Emotionen geschlossen werden kann. Außerdem wird eine positive Korrelation zwischen Aktiviertheit und Aufnahmebereitschaft unterstellt. Die Verlaufsformen sind folgende:

- Deltawellen (geringe Frequenz/hohe Amplitude) deuten auf extrem niedriges Aktivierungsniveau hin (max. 3 Hz),
- Thetawellen (geringe Frequenz/geringe Amplitude) deuten auf ein niedriges Aktivierungsniveau hin,
- Alphawellen (hohe Frequenz/hohe Amplitude) deuten auf entspannte Aufmerksamkeit hin,
- Betawellen (hohe Frequenz/geringe Amplitude) deuten auf hohe Aktiviertheit hin. Sie sind eigentlicher Meßgegenstand (bis zu 40 Hz).

Das **Atemvolumen** indiziert Anspannung und Erregung. Ausgehend vom Ruhevolumen kann damit auf den Grad der Aktivierung nach Wahrnehmung einer Testvorlage geschlossen werden.

Bei der **Pulsfrequenz** kann ausgehend von einer Ruhefrequenz aus einer Erhöhung der Pulsation auf den Grad der Aktivierung geschlossen werden. Dabei ist die Justierung der Ausgangsfrequenz wichtig, weil je nach Trainiertheit des Körpers der Ruhepuls unterschiedlich hoch liegen kann, absolute Werte also nicht aussagefähig sind, sondern nur relative Veränderungen.

Bei der biochemischen Messung wird eine **Blutanalyse** vorgenommen, etwa in Bezug auf Hormonausschüttungen vor, während und nach der Aktivierung durch Darbietung von Werbung. Dazu ist freilich eine Blutabnahme vor und nach der Konfrontation mit dem Testobjekt erforderlich.

Die **Stimmfrequenz** gilt als Indikator für den Grad innerer Anspannung. Denn bei Erregung verändert sich nicht nur die Lautstärke des gesprochenen Wortes, sondern auch dessen Tonhöhe (Voice Pitch) und insgesamt das Stimmspektrum, vor allem im Grundtonbereich. Dies ist wiederum auf Veränderungen von Atemfrequenz, Muskelspannung und Tremor zurückzuführen. Damit steht zumindest theoretisch ein berührungsfreies, anderen physiologischen Messverfahren überlegenes Verfahren zur Aktivierungsmessung zur Verfügung, wenn Probanden aufgefordert werden, sich zu ihrem Erleben eines Werbemittels zu äußern.

Der **Blutdruck** wird, ausgehend vom Ruhezustand, mit Veränderung der peripheren Durchblutung bei Vorlage eines Testobjekts gemessen, um daraus auf dessen Eindrucksstärke zu schließen. Aus der Höhe der Veränderung wird auf die Impactstärke des Testobjekts bei Exposition geschlossen.

Beim **Speichelfluss** macht man sich die Erfahrungstatsache zunutze, dass der Mundraum bei Anspannung austrocknet, und es bei Entspannung zu vermehrter Speichelabsonderung kommt. Genau dieser Effekt wird gemessen. Besonders geeignet ist dieses Verfahren zur Messung des Appetite Appeal von Werbemitteln zu Food-Produkten.

Der **Lidschlag** erhöht sich bei Anspannung und vermindert sich bei Entspannung. Dementsprechend ist er als Maß für die Aktivierung bei Exposition ansehbar. Dies lässt ihn für die Messung von Involvement geeignet erscheinen. Normal sind ca. 30 Lidschläge/Minute, die erforderlich sind, die Bindehaut ausreichend zu befeuchten.

Bei der **Thermografie** ist die Durchblutung der Körperoberfläche Messgegenstand, die in ihrer Intensität ebenfalls von der Aktivierung bei Exposition abhängig ist. Vermehrte Durchblutung führt zu leicht erhöhter Körperoberflächentemperatur, die über Infrarotsensoren als biothermische Analyse gemessen wird.

Die **Elektromyografie** ist ein Verfahren zur Erfassung der Aktivierung durch Registrierung von Muskeltonusveränderungen. Ausgangspunkt ist die Überlegung, dass sich mit zunehmender Muskelarbeit die gesamte elektrische Aktivität erhöht. Diese ist von der Intensität der Muskeltätigkeit, von der Anzahl tätiger Muskeln und der Gleichzeitigkeit ihrer Reizung abhängig. Neben der Intensität werden auch Richtung und Erlebnisqualität von Emotionen bestimmbar. Dies erfolgt etwa durch eine Messung der Änderungen der Gesichtsmuskeln bei Exposition von Werbemitteln.

Die **Polygrafie** ist eine kombinierte Messung mehrerer Parameter, welche die Aktivierung bei Exposition angeben. Im Einzelnen handelt es sich um Atmung (Atemvolumen), periphere Durchblutung (Blutdruck), Pulsfrequenz und Hautwiderstand. Populär ist diese Messmethode als Lügendetektor bekannt. Durch die mehrdimensionale Erfassung von Reaktionen kann so eine sicherere Aussage getroffen werden.

Elektroden an den Fingern messen die Schweißabsonderung, ein Fingerhut mit eingebauter Mini-Lampe misst die Durchblutung, ein elastisches Band um den Brustkorb misst die Atemtiefe, und eine Armmanschette misst den Blutdruck. Alle Werte werden als Kurven auf einem Papierschreiber (Plotter) ausgedruckt. Der Proband muss während der Messung absolut ruhig sitzen bleiben, die Ausschläge zeigen dann die Erregung des Probanden in Abhängigkeit von Reizen an.

Neuerdings wird das **Vitaport-System** propagiert. Dies ist ein unauffälliger kleiner Kasten zur physiologischen Messung bei Nutzern, ohne dass diese durch komplizierte Technik abgelenkt werden. Gemessen werden Hirnstrom, Herzfrequenz, Hautleitfähigkeit, Haut- und Umgebungstemperatur, Atemkurve, Bewegungsaktivität. Alle Reaktionen werden gleichzeitig erhoben und synchron aufgezeichnet (13 Messwandler, 18 Kanäle). Die Daten werden auf Steckmodulen gespeichert und per Datenfernübertragung abgerufen oder online überspielt. Die Testperson wird nicht der Laborumgebung ausgesetzt, das Vitaport-Gerät lässt sich problemlos am Körper tragen.

2.9.5.4 Mechanische Testverfahren

Die Mechanik bedient sich Verfahren der nicht-teilnehmenden Beobachtung bei der Wahrnehmung von Werbemitteln, um Beeinflussungseffekte zu minimieren. Einzelne Verfahren dazu betreffen folgende.

Die **Blickregistrierung** geht davon aus, dass das Abbild eines visuellen Reizes zur Wahrnehmung auf einen bestimmten Innenflächenbereich des Auges projiziert werden muss (Fovea). Stimuli außerhalb des Blickfelds der Fovea werden nur unscharf wahrgenommen. Das Gesichtsfeld stellt so den zu einem bestimmten Zeitpunkt wahrnehmbaren Umweltausschnitt dar. Stimuli, die außerhalb des Blickfelds liegen, aber innerhalb des Gesichtsfelds, können daher nur durch Augenbewegung richtig wahrgenommen werden. Diese erfolgt ruhend (Fixation) oder ruckartig (Saccade). Wahrnehmung ist nur während Fixationen möglich. Die Dauer der Fixation entspricht der Zeit, die der Betrachter eines Stimulus benötigt, die Abbildung zu dechiffrieren. Nur während der Phase der Fixation besteht also die Möglichkeit zur Informationsaufnahme, sodass deren Lokalisation Anhaltspunkte für die Kommunikationsleistung der Werbemittelvorlage gibt. Die zentrale Hypothese lautet nun, dass diese notwendige Voraussetzung für die weitere mentale Verarbeitung sind. Fixationen dauern 0,2 – 0,4 Sekunden, Saccaden nur 0,03 – 0,09 Sekunden. Man spricht auch von einer Erfassung des Mikroeffekts.

Die Cornea-Reflex-Methode bedient sich zur Erfassung einer vergleichsweise komplizierten Vorrichtung, ähnlich einer Skibrille (Eye Mark Recorder/NAC). Darin sind Kameras angebracht, die über Umlenkspiegel und Glasfaserkabel vor den Augen den Bewegungsablauf der Pupillen über einer Vorlage auf einen Monitor projizieren. Eine auf die Hornhaut des menschlichen Auges projizierte Licht- oder Infrarotstrahlung reflektiert je nach Veränderung der Blickrichtung unterschiedlich. Die reflektierten Strahlen werden über zwei seitlich befindliche Fotozellen bzw. Mikroobjektive erfasst und unter Verwendung eines Video- oder Schreibgeräts aufgezeichnet. Dazu wird mit einer dritten Kamera das Gesichtsfeld des Probanden aufgenommen. Die drei Aufzeichnungen werden übereinandergeblendet, es erscheint das Blickfeld der Versuchsperson mit einem Markierungspfeil für den Blickverlauf auf einem Bildschirm bzw. einer Aufsichtsvorlage. So wird erkennbar, ob einzelne Vorlagenelemente überhaupt betrachtet (Fixationsort) und welche vernachlässigt werden, wie lange (Fixationsdauer) und wie viel Zeit insgesamt aufgewandt wird, wie häufig und in welcher Reihenfolge (Saccadenlänge, -häufigkeit) etc. Probleme liegen darin, dass die Brille eine Erschwernis der Wahrnehmung darstellt, sie verwacklungsfrei fest am Kopf justiert werden muss, Brillenträger und (harte) Kontaktlinsenträger als Versuchspersonen ungeeignet sind, es sich um eine komplette Laborsituation handelt und eine aufwendige Datenauswertung durch viele Detailinformationen erforderlich ist.

Zwischenzeitlich gibt es Blickaufzeichnungsapparaturen auch in Form eines leichten Stirnbands mit darin integrierter Aufnahmetechnik. Die Daten werden kabellos per Funk übertragen. Eine Kamera, ähnlich der Position eines Mikros bei einem Headset, nimmt die Pupillenbewegung vor dem Kopf auf, eine weitere Kamera, ähnlich dem Spiegel beim Arzt, nimmt zum Abgleich das Blickfeld vor dem Kopf auf.

Eine andere Form der Blickregistrierung, die den Nachteil des hohen apparativen Aufwands und der extremen Laborsituation vermeidet, dafür aber nur einen Makroeffekt liefert, ist die Methode der **Kamera-Lesebeobachtung**. Dabei befindet sich zwischen der auf einem Lesepult dargebotenen optischen Werbemittelvorlage und einer Versuchsperson ein halbdurchlässiger Spiegel. Dieser behindert nicht beim Lesen, entwirft aber ein Spiegelbild der Augenpartie des Probanden, das von einer über dem Kopf angebrachten Videokamera aufgenommen wird. Dieses kann dann ausgewertet werden und gibt Aufschluss über den Blickverlauf auf einer Vorlage (Compagnon-Verfahren).

Eine weitere Version ist die **unbewusste Blickregistrierung**. Dabei wird der Proband in einem Zimmer gefilmt, in dem er vorgeblich nur auf die Teilnahme an einem Versuch wartet. Dabei wird durch eine Videokamera, die für gewöhnlich unter einem breiten Lampenschirm neben dem Sessel angebracht ist, aufgezeichnet, welche Vorlagen, z. B. in einer zur Zeitüberbrückung ausgelegten Zeitschrift, wie lange und wie häufig diese wahrgenommen werden. Der Blickwinkel spiegelt sich in einem Beistelltisch mit Spiegelplatte. Der große Vorteil liegt in der quasi-biotischen Situation des Tests, der Nachteil liegt darin, dass nicht der Blickverlauf auf einer Vorlage, sondern nur deren allgemeine Wahrnehmung festgestellt werden kann. So gibt allenfalls die Verweilzeit einen Indikator ab. Allerdings ist der Zusammenhang zum Interesse nur lose (z. B. kann eine lange Betrachtungsdauer auf Unverständlichkeit der Anzeige statt auf besonderem Interesse beruhen). Zudem schwanken die Ergebnisse mit dem redaktionellen Umfeld.

Mit der **Lichtschranke** kann die Passierfrequenz von Probanden vor einem Testobjekt (z. B. Packung) ermittelt werden, außerdem die Verweildauer und der Betrachtungsabstand. Dazu wird ein schwacher Lichtstrahl von einem Impulsgeber auf einen Sensor geschickt. Erhält der Sensor keinen Impuls mehr, weil der Lichtstrahl unterbrochen wird, löst er einen Schalter aus, der die Unterbrechung ins Testlabor weitermeldet. Einen ähnlichen Zweck, aber rustikaler, erfüllt das Zählkreuz.

Mit der **Infrarotmessung** wird ebenfalls die Annäherung und das Verweilen vor einem Testobjekt (z. B. Packung) ermittelt. Diesmal wird sehr kurzwelliges, für das menschliche Auge unsichtbares Licht von einem Impulsgeber ausgesandt und von einem Sensor empfangen. Wird der Infrarotstrahl unterbrochen, weil sich eine Person oder ein Gegenstand zwischen beiden befindet, löst dies im Testlabor eine Signalmeldung aus.

Über **Einwegspiegel** wird das Verhalten von Probanden durch nur einseitig durchsichtige Glasflächen beobachtet. Damit kann eine biotische Situation erzeugt werden. Dabei geht es vor allem um die Auswertung der Körpersprache, als Art, Reihenfolge und Intensität von Handlungen bzw. Nichthandlungen (z. B. bei Fernseh-Spots). Die Einwegdurchsicht wird technisch durch Aufbringen einer dünnen, spiegelnden Silberschicht auf eine Glasscheibe realisiert, sofern der Beobachtungsraum dunkler ist als der Testraum. Problematisch ist vor allem der juristische Aspekt (Eingriff in die Persönlichkeitsrechte) bei verdeckter Beobachtung.

Auch **Fotografieren** ist möglich. Hier geht es besonders um die Erfassung der Mimik bei Gewahrwerdung von Werbemitteln. Die Facial Action Scanning Technique (FAST) wertet das Ausdrucksverhalten von Augenbrauen, Stirn, Augen, Augenlidern, Nase, Wangen, Mund und Kinn aus. Die Ergebnisse werden mit standardisierten Vergleichsfotos aus dem FAST-Gesichtsatlas verglichen, die den jeweiligen primären Effekt besonders rein darstellen. Je nach Grad der Übereinstimmung werden Kennzahlen vergeben, deren Addition die Beeindruckung ausdrückt.

Der **Programmanalysator** ist ein Bediengerät (Signalgeber) ähnlich einem doppelten Joystick. Jeweils einer der beiden Joysticks wird bei Gefallen oder Missfallen während einer laufenden Testdarbietung (z. B. Werbe-Spot) ausgelöst. Das Ergebnis kann auf einem Plotter ausgedruckt werden. Durch Aggregation aller von Probanden ausgelösten positiven und negativen Impulse entsteht ein zweiseitiges Reaktionsprofil, das den zeitbezogenen Eindruck der Probanden von einer werblichen Darbietung widerspiegelt. Der Vorteil liegt vor allem darin, dass flüchtige Eindrücke sofort registriert werden können, die andernfalls überlagert und vergessen werden. Nachteilig ist, dass keine ungestörte Wahrnehmung des Testobjekts möglich ist und die Reaktionen nicht in affektive und kognitive Elemente aufgesplittet werden können. Zudem werden hohe Anforderungen an die Testperson gestellt (gleichzeitiges Beobachten, Reagieren und Handeln). Auch ergeben sich keine expliziten Anhaltspunkte für die Wertung des gemessenen Handelns.

Das **Daktyloskop** ist ein Verfahren zur Identifizierung von Fingerabdrücken. Dazu werden Testobjekte (z. B. Anzeigenseiten) derart präpariert, dass nach Konfrontation mit dem Probanden festgestellt werden kann, ob dieser das Werbemittel berührt hat oder nicht. Gleichen Zwecken dienen leichte Verklebungen (Nagellack) oder lichtempfindliche Markierungen. Dadurch ist eine nichtteilnehmende Beobachtung möglich.

Die **Antwortzeitmessung** gibt Auskunft darüber, wie lange es dauert, bis ein Proband auf einen Werbereiz reagiert. Zum Beispiel kann mit Hilfe eines Computers die Zeitspanne zwischen dem Aufscheinen einer Frage zum beworbenen Produkt auf dem Bildschirm und der Eingabe der Antwort über eine Tastatur gemessen und als Indikator dafür angesehen werden, wie sicher und überzeugt der Proband mit seiner Antwort ist. Die Reaktionszeit zeigt auch an, inwieweit jemand in seiner Meinung festgelegt oder Beeinflussungsversuchen zugänglich ist.

Beim **Randomized Response Model** werden Zufallsmechanismen zur Steuerung der Antworten bei Wahrung der Anonymität der Antwortenden genutzt. Insofern handelt es sich um ein spezielles Testverfahren. Es wird also die (anonyme, meist tabuisierte) Antwort zur Werbewirkung mit einer Zufallsgröße (z. B. Münzwurf) kombiniert. Zieht man diese Zufallsgröße vom Ergebnis ab, so macht der Rest näherungsweise die eigentliche Antwort aus, ohne dass Probanden sich offenbaren müssen.

2.9.5.5 Projektiv-assoziative Testverfahren

Die projektiv-assoziativen Verfahren arbeiten in der Drittpersonentechnik als Befragungsexperiment. Dies betrifft den Ersatz einer unterdrückten, meist inneren Wahrnehmung durch eine äußere Wahrnehmung, was dazu führt, dass die betroffene Person einer Reizgegebenheit Eigenschaften und Verhaltensweisen zuschreibt, die ihr selbst zukommen. Dadurch sollen Meinungen zutage treten, die ansonsten aus persönlichen oder gesellschaftlichen Gründen (Tabu, soziale Erwünschtheit, kognitive Kontrolle etc.) nicht geäußert werden oder ohne weiteres nicht zugänglich sind. Voraussetzungen projektiver Verfahren sind, dass die Externalisierung den Befragungspersonen weitgehend unklar bleibt und die rationale Zensur der Antwort erschwert, die Projektion Einblicke in psychologische Muster gibt, die ansonsten verborgen bleiben, und die Ergebnisse interpretationsfähig sind.

Die projektiven Verfahren bauen auf dem menschlichen Verhalten auf, eine unangenehme innere Wahrnehmung nach außen zu verlagern, also auf andere zu projizieren, und bieten in solchen vermuteten Situationen Projektionshilfen an. Dieser Zusammenhang ist für die Testpersonen weitgehend undurchschaubar. Damit hofft man, von befragten Personen Meinungen und Einschätzungen des zu untersuchenden Objekts zu erfahren, die durch direkte Befragung nicht herauszufinden wären.

Die assoziativen Verfahren versuchen, spontane, ungelenkte Verbindungen zwischen Ausgangsreizen und Gedächtnis- bzw. Gefühlsinhalten zu initiieren. Dadurch kann das Erlebnisumfeld ermittelt werden. Man unterscheidet freie Assoziationen mit und ohne Ausgangsreiz, die ungelenkt ablaufen, und gelenkte Assoziationen, die gesteuert ablaufen und von einem Ausgangsreiz ausgehen.

Zu denken ist dabei an figurale Verfahren, die eher Projektionscharakter haben, aber auch an verbale Verfahren, die eher Assoziationscharakter haben.

Zu den **figuralen Verfahren** gehören folgende.

Beim **Thematischen Apperzeptions-Test** (TAT) wird Probanden eine Reihe von mehr oder weniger verschwommenen Fotos, die typische Lebens- bzw. Kauf- und Konsumsituationen mit dem Testobjekt (hier beworbenes Produkt) darstellen, vorgelegt. Sie werden aufgefordert, jeweils zu erzählen, was auf den Bildern geschieht, wie es zu der angedeuteten Situation gekommen ist, wie sich diese weiterentwickeln wird etc. Dabei soll eine möglichst spannende Geschichte herauskommen. Interessant ist zu sehen, in welcher Weise das beworbene Produkt darin einbezogen ist. Die Validität und Reliabilität dieses Verfahrens ist jedoch stark umstritten.

Beim **Picture Frustration-Test** (PFT, Ballon- oder Rosenzweig-Test) werden einer Versuchsperson 24 karikaturartige Zeichnungen präsentiert, in denen sich zwei Personen über ein Konfliktthema, z. B. ein Missgeschick mit einem beworbenen Produkt, austauschen. Der Dialog ist in großen Sprechblasen wiedergegeben (wie bei Comics). Allerdings bleibt eine der Sprechblasen offen, die von der Testperson nach Gutdünken auszufüllen ist. Interessant ist zu sehen, ob das beworbene Produkt als Problemverursacher oder Problemlöser einbezogen wird.

Beim **Personenzuordnungs-Test** sind Portraitfotos von Personen unterschiedlichen Typs einem Testobjekt als typische Verwender/Verbraucher nach Sympathie zuzuordnen. Dabei kann auch auf die Vorlage von Portraits verzichtet und nur eine abstrakte Beschreibung gegeben werden. Denkbar sind aber auch die Zuordnung von Tiersymbolen, Zitaten, Automarken etc.

Zum Beispiel können Hausfrauentypen zugeordnet werden, die von tradiert-konservativ bis zu modern-fortschrittlich reichen. Interessant ist zu erfahren, welcher Typ von Hausfrau einem beworbenen Produkt zugeordnet wird, weil zu unterstellen ist, dass Imagekongruenz zwischen Produkt und Verwender angestrebt wird.

Beim **Rollenspiel** wird dem untersuchten Testobjekt durch die Testperson eine Rolle innerhalb einer sozialen Beziehung zugewiesen. Diese Rolle kann dann interpretiert werden. Je nach der Einordnung kann daraus auf dessen Autorität oder Subordination, Respekt, Kompetenz, Akzeptanz und Sympathie geschlossen werden.

Beim **Zeichen-Test** werden Probanden aufgefordert, das beworbene Produkt als Symbol zu zeichnen, so etwa als Tier oder Baum, abhängig von der Begabung auch als Person. Wiederum kann aus der Art der Darstellung auf das Image des Angebots geschlossen werden.

Beim **Hand-Test** sind undeutliche Fotografien einer Hand in vielerlei Gesten zu sehen. Dazu gibt es, in Verbindung mit dem Testobjekt, stets die Frage: Was tut die Hand? Aus der Art der Tätigkeit in Zusammenhang mit beworbenen Produkten kann so auf deren Sichtweise geschlossen werden.

Beim **Farb-Test** sollen Probanden dem Testobjekt Farben zuordnen, die dessen Anmutung und Gefühlswirkung widerspiegeln. Aus der Art und Intensität der Farben wird auf die subjektive Einschätzung eines beworbenen Produkts geschlossen. Dazu sind acht Farbtafeln nach Sympathie zum Testobjekt in Rangfolge zu ordnen.

Bei der **Produkt-Personifizierung** soll das beworbene Produkt anhand von Eigenschaften umschrieben werden, wie sie ansonsten eher Personen zukommen, wie Stärken/Schwächen, größte Leistungen, Werdegang etc. Dazu gehören auch soziale Relationen wie Förderer, Gegner, Entwicklungschancen etc.

Der **Rorschach-Test** ist ein projektives Verfahren, bei dem Testpersonen schwarz-weiße und farbige Tafeln mit symmetrischen Tintenklecksbildern vorgelegt erhalten, zu deren Deutung sie Stellung nehmen sollen. Auf dieser Basis kann die Zuordnung dieser Kleckse zu Testobjekten untersucht werden. Aus der Art der erlebten Eindrücke sind dann Rückschlüsse über das Image des beworbenen Produkts möglich.

Zu den **verbalen Verfahren** gehören folgende.

Beim **16 PF** (Personality Factors)-Test ist von Probanden ein sehr differenzierter Fragebogen auszufüllen, der Eigenschaftszuschreibungen zum Testobjekt (Marke, Produkt, Unternehmen etc.) enthält, denen man zustimmen oder die man ablehnen kann. Indifferente Antwortdimensionen bieten Ansatzpunkte zur kommunikativen Beeinflussung. Dieser Test stammt aus der Personalbeurteilung bei Einstellungen, wo 187 Fragen vorgesehen sind.

Weitere Möglichkeiten sind das **Freiburger Persönlichkeitsinventar** mit Fragen zum Testobjekt, die mit »stimmt« oder »stimmt nicht« zu beantworten sind, das Maudsley Personality Inventory (MPI) mit Fragen, die mit ja oder nein zu beantworten sind und der Edwards Personal Preference Schedule (EPPS), bei dem aus mehreren Alternativen zur Beschreibung eines Testobjekts die am ehesten für zutreffend gehaltenen zu wählen sind.

Beim **MMPI-Test** (Minnesota Multiphasic Personality Inventory) handelt es sich um Statements zu Testobjekten, die vom Probanden kategorial mit »stimmt«, »stimmt nicht« oder »weiß nicht« beantwortet werden sollen. Daraus sind Imagefacetten des beworbenen Produkts ableitbar. Auch dieser Test stammt ursprünglich aus der Personalbeurteilung bei Einstellungen, wo 560 Feststellungen zum Einsatz kommen.

Beim **Wort-Assoziations-Test** (WAT) wird der Proband aufgefordert, auf vorgegebene Reizworte jeweils die Begriffe zu nennen, die ihm spontan einfallen. Beim Reizwort kann es sich

z. B. um einen Markennamen handeln. Aus der Art der dabei assoziierten Wörter kann auf das Profil des Angebots geschlossen werden. Es können auch mehrere Wörter vorgegeben werden, die jeweils zu assoziieren sind, auch konflikttrachtige. Die Antwort muss schnell erfolgen und darf für die Befragungsperson nicht durchschaubar sein. Es kann sich dabei um neutrale Stimuli ohne (denotativen) Zusammenhang zum Untersuchungsgegenstand oder um kritische Stimuli mit einem solchen Zusammenhang handeln.

Beim **Satz-Ergänzungs-Test** (SET) werden Satzanfänge vorgegeben, die mit dem zu untersuchenden Objekt inhaltlich verbunden sind und die der Proband aus seiner Sicht vervollständigen soll. Meist geschieht dies unter Zeitdruck, um eher spontane Reaktionen abzufragen. Der Satzanfang kann z. B. von einem beworbenen Produkt handeln. Die Ergänzung dazu findet in freier Assoziation statt oder bezogen auf eine Lebenssituation.

Beim **Einkaufslisten-Test** soll eine fiktive Person anhand ihrer Einkaufsliste charakterisiert werden. Nimmt man zwei Einkaufslisten, die bis auf das Testprodukt ansonsten identisch sind, kann aus den Abweichungen auf dessen Image geschlossen werden. Berühmt ist hier das Beispiel zum löslichen Nestlé-Kaffee. Danach wurde eine fiktive Hausfrau mit Maxwell-Bohnenkaffee auf ihrer Einkaufsliste deutlich positiver beurteilt als eine andere mit Instantkaffee (wenig preisbewusst, bequem, wenig fürsorglich, qualitätsindifferent etc.).

Beim **Lückentext-Test** werden in vorformulierten Texten Lücken offengelassen, die durch die Testpersonen zu schließen sind. Meist handelt es sich um Adjektive oder Attribute, die beworbene Produkte betreffen. Aus der Art der gewählten Begriffe kann dann auf die Einstellung zum Testobjekt selbst geschlossen werden.

Beim **Wartegg-Test** (Erzähltest) geht es darum, dass die Auskunftsperson, ausgehend vom Beginn einer Geschichte um das beworbene Produkt, aufgefordert wird, diese Geschichte zu vervollständigen. Dann wird die Rolle analysiert, die das Produkt in dieser Geschichte spielt (z. B. Problemlöser, Nebenrolle). Dabei kommt es allerdings zu Überlagerungseffekten durch unterschiedliche Bekanntheitsniveaus von Produkten.

2.9.5.6 Kommunikationstests

Hierzu gehören unterschiedliche Verfahren. Beim **Theatre-Test** werden Probanden auf der Straße »gebaggert« und in ein Studiotheater eingeladen, wo sie vor Beginn einer Filmvorführung aufgefordert werden, aus einer Liste konkurrierender Produkte diejenigen auszuwählen, die sie bei einer späteren Verlosung gern gewinnen möchten (Pre Choice). Dann wird ihnen ein Programm mit Werbefilmen präsentiert, u. a. auch dem geplanten Kinospot zum Testprodukt. Nach der Vorführung werden sie dann nochmals aufgefordert, zu bestätigen bzw. neu anzugeben, welche der vorgegebenen Produkte sie gewinnen möchten (Post Choice). Untersucht wird die Veränderung der Präferenzen, die daraus abgeleitet wird, wie sich die Wahl der Produkte zwischen der Vor- und der Nachmessung verändert. Problematisch ist dabei allerdings u. a. der Laborcharakter (Forced Exposure).

Beim **Studio-Test** wird Probanden ein Werbeblock mit ca. zehn Spots vorgeführt, die aus dem Testspot sowie mehreren Konkurrenzspots der jeweiligen Produktgruppe bestehen. Zuweilen wird der Block als Unterbrecher-Werbung eines Spielfilms gezeigt. Nach der Vorführung werden die Recall-Werte (Erinnerung) gemessen. Die Teststichprobe kann dabei nach Größe und Struktur zielgruppengerecht zusammengestellt werden. Der direkte Konkurrenzvergleich der Erinnerung ist möglich, wobei Konkurrenten beliebig ausgewählt werden können (im Gegensatz zum On Air-Test). Zwar soll das reale TV-Sehverhalten nachempfunden werden, tatsächlich handelt es sich jedoch um eine Laborsituation. Auch ist nur ein Einmalkontakt mit dem Werbemittel gegeben, und die Handlungsappetenz der Anmutung bleibt fraglich.

Beim **Storyboard-Test** (Animatic-Test) werden unfertige Spots präsentiert. Die wesentlichen Szenen eines Spots werden gezeichnet, davon werden Dias gezogen, die projiziert und mit Ton unterlegt werden. Im Animatic werden die einzelnen Szenen abgefilmt und durch Bildmischer gezoomt, überblendet etc., sodass ein der Realität nahekommender Bewegungseffekt entsteht. Sprache und Geräusche werden synchronisiert unterlegt. Durch Computergrafik können Animatics auch elektronisch erzeugt werden. Die Vorteile liegen in geringen Kosten, einfacher und schneller Handhabung, hoher Diskretion und Praxisnähe. Die Nachteile sind in mangelndem Aufschluss über die Durchsetzungskraft gegen Konkurrenzspots, im fehlenden Charisma eines unfertigen Spots (Werkstattcharakter) und in der Probanden bewussten Testsituation zu sehen, die keine Aufmerksamkeitsaussage zulässt.

Beim **Impact-Test** (nach Gallup) wird eine eigens aufgelegte Testzeitschrift (namens Impact) an Probanden verteilt. Einige Zeit danach erfolgt die Ermittlung der Erinnerung an Anzeigen. Die Zielpersonen wissen nicht, dass es sich um eine Versuchssituation handelt und kennen auch die Testanzeigen nicht. Dadurch werden ein besonderes Bewusstsein der Befragten und eine künstlich erhöhte Aufmerksamkeit vermieden. Ergebnisse sind die Anzahl der Personen, die sich an eine Anzeige erinnert, die Anzahl der Personen, die einzelne Anzeigenelemente kennt, das Ausmaß der Erinnerung an einzelne Anzeigenelemente und die Anzahl der Personen, die auf eine Anzeige positiv reagiert.

Auf qualitativer Basis gibt es auch **Advertising Workshops**, die in Marktforschungsstudios stattfinden und als Gruppen- oder Einzelgespräche zwischen Zielpersonen (Konsumenten) und Werbeentscheidern (Experten) angelegt sind. Die Basis bilden Moodboards/Photoboards, also mehr oder minder unfertige Entwürfe von Bild- und Textideen, die präsentiert werden. Darauf erfolgt eine Rückkopplung durch Gedankenaustausch mit den Probanden. Dabei kann eine Ganzheits- oder auch nur eine Teilprüfung vorgenommen werden.

2.9.5.7 Expertensysteme

Expertensysteme sind Ausdruck künstlicher Intelligenz und können schlecht strukturierte Probleme lösen helfen, zu denen keine Lösungsalgorithmen bestehen. Dadurch kann geballtes Wissen genutzt und unabhängig von Personendeterminanten (Erfahrung, Tagesform, Neigungen etc.) bereitgestellt werden. Sie können auch zur Werbewirkungsprognose dienen.

Das bekannteste Expertensystem zur Werbegestaltung ist das **CAAS** (Akronym für Computer Aided Advertising System) des Instituts für Konsum- und Verhaltensforschung der Universität des Saarlands. Es besteht aus zwei Teilsystemen. Das erste Teilsystem hat die Aufgabe, Entwürfe für die Werbung (oder auch bereits eingesetzte Werbung) gesamthaft und in »Bausteinen« zu beurteilen. Dazu sind in einer Datenbank als Untersystem solche Daten gespeichert, die zur Beurteilung der Werbung benötigt werden, teils durch computergestütztes Marktforschungswissen. Als Eingabedaten werden das Werbeziel (Positionierung des beworbenen Produkts), die Art des Werbemittels (Print oder Elektronik) und die Bedingungen des Einsatzes (Involvierung) benötigt. Während der Konsultation werden Fragen zur Werbung gestellt, die der Benutzer beantworten muss. Das System setzt diese Angaben dann zu Expertenwissen über Werbung zusammen. Dabei werden ca. 300 Werbewirkungsregeln berücksichtigt, die laufend aktualisiert und individualisiert werden.

Das zweite Teilsystem erlaubt die Suche nach neuen Ideen und Bildern für die Werbung anstelle anderer, teils durch eine Bildbank als Untersystem und ein Bildbearbeitungsprogramm unterstützt, das visuelle Vorlagen beinahe beliebig manipulieren kann. Insofern kann ein Entwurf in mehrere Richtungen hin versuchsweise verändert oder auch grundlegend neu konzipiert werden, die dann ihrerseits wieder durch das Beurteilungssystem bewertet werden. Dem liegt als spezifische Systemphilosophie zugrunde, dass das System Bildmaterial für den kreativen Prozess liefert, es aber keine fertigen Lösungen, sondern Lösungswege bietet, die zu psychologisch wirksamen Bildern führen.

Ziel ist die Optimierung der Werbung auf der Grundlage einer detaillierten Stärken-Schwächen-Analyse, der Ersatz aufwendiger Pretests, die versachlichte Werbebeurteilung nach den neuesten Erkenntnissen der Werbewirkungsforschung und die Steigerung der Effizienz der Diskussion bei Werbungtreibenden und Werbemittlern. Beim Grobcheck werden die wesentlichen strategischen und sozialtechnischen Voraussetzungen für die Werbewirkung überprüft. Beim Feincheck erfolgt eine vertiefte Analyse zur Identifikation etwaiger Mängel. Dabei werden 50 bis 160 Fragen zum Werbemittel anhand im System abgespeicherter Werbewirkungsregeln und in Abhängigkeit von zugrunde liegender Zielsetzung, relevanten Rahmenbedingungen und gewähltem Verfahren beantwortet. Neben der insgesamt zu erwartenden Werbewirkung wird deren Entstehung detailliert erklärt.

Alle Bildideen wurden durch Befragung nach den bildlichen Primärassoziationen zu Schlüsselbegriffen gewonnen. Es sind kaleidoskopartig Tausende von Bildideen verfügbar, die durch Anleitungsregeln in fertige, dann wirksame Bilder umgesetzt werden können, falls von vorlegten Entwürfen eine eher geringe (oder falsche) Werbewirkung prognostiziert wird. Das CAAS geht also weit über die herkömmlichen Wege der Werbewirkungsprognose hinaus, indem nicht nur vorhandene Ansätze bewertet und Mängel aufgezeigt, sondern auch konkrete Hinweise für die Behebung etwaiger Mängel und deren Bewertung gegeben werden. Die Dauer des Tests beträgt ca. eine Woche.

Das System ermöglicht nach Aussage seiner Entwickler eine fundierte Beurteilung für Werbeentwürfe für Anzeigen, TV- und Radio-Spots und bezieht eine Vielzahl von Wirkungsfaktoren und deren wechselseitige Abhängigkeiten ein. Die Kosten betragen ca. 5.000 € (und liegen damit um 50 % unter denen herkömmlicher Pretests) bei Print und TV, ca. 3.800 € bei HF (Medienkombinationen kosten bis zu 10.000 €). Der Leistungsumfang beinhaltet im Einzelnen:

- die Erstellung einer Werbewirkungsexpertise für die zur Überprüfung zugestellten Werbemittel mit Hilfe der CAAS-Expertensysteme,
- die Verfassung eines Expertisenkommentars mit ergänzenden Erläuterungen und Empfehlungen durch das Beratungsteam des Instituts,
- die Lieferung der Expertisenmappe mit den Ergebnissen in bis zu fünffacher Ausfertigung,
- die mündliche Präsentation der Ergebnisse auf Wunsch im Hause des Auftraggebers,
- die kostenlose Vorabpräsentation der CAAS-Expertensysteme in den Instituten.

Weitere Expertensystemen neben CAAS sind folgende:

- ADCAD als regelbasiertes Expertensystem mit mehr als 200 Regeln zur Empfehlung einer Werbestrategie und entsprechenden Gestaltungsvorgaben,
- ADDUCE als Frame-basiertes Expertensystem mit Einschätzung der Reaktionen von Konsumenten auf Werbung,

– ADEXPECT als regelbasiertes Expertensystem mit Unterstützung bei der Gestaltung und Bewertung von Werbung,
– RAD als regelbasiertes System zur Planung und Gestaltung von Handelswerbung,

Eine gewisse Bedeutung hat aber nur noch das regelbasierte Expertensystem **ESWA** erlangt. Bei diesem System erfolgt die Beurteilung von Zeitschriften und Fernsehwerbung durch ein evaluatives System mit 200 Regeln zur Überprüfung der erreichten Wirkungsgrade. Entsprechende Fragen werden auf einer Intensitätsskala (1–100) beantwortet. Als Vergleichsmaßstab kann auf die Datenbank von Ad*vantage/GfK zurückgegriffen werden. Im ESWA-System sind die wichtigsten wissenschaftlichen Erkenntnisse zur Werbewirkung enthalten. Aufbauend auf diesem Wissen und ergänzt um praktische Erfahrungen wird ein verbales Gutachten erstellt. Als Teilziele werden Kaufabsicht und Aktualisierungswirkung unterstellt.

Doch eines bleibt unstreitig. Die Kreativität der Werbeexperten, ihr gesunder Menschenverstand und ihre Fähigkeit, sich vollkommen veränderten Situationen durch innovative Problemlösungen adäquat anzupassen, kann selbst vom bestgefütterten und verdrahteten Expertensystem nicht, oder zumindest noch nicht, geleistet werden. Dies gilt gerade für einen so komplexen, sachlogischen Erwägungen weitgehend verschlossen bleibenden Themenbereich wie den der Werbung. Von daher darf es nicht verwundern, dass Expertensysteme in der Werbung, jedenfalls nach heutigem Erkenntnisstand, immer nur zu wahrscheinlicherweise zwar sogar richtigen, aber eben uninspirierten Lösungen kommen. Solchen, die kein »Feuer im Bauch« (D. Ogilvy) entfachen, weil sie zu wenig originär sind, um ihre schematische Entstehung verbergen zu können. Es ist jedoch nicht auszuschließen, dass im Zuge fortschreitender technischer Entwicklung dieses Handicap überwunden werden kann. So wie man jahrzehntelang bezweifelt hat, dass Schachcomputer Großmeister aus Fleisch und Blut bezwingen könnten, obgleich ihnen dies heute fast nach Belieben gelingt, so darf man sich durch die eher bescheidene aktuelle Leistung nicht über das immense Potenzial dieses Ansatzes hinwegtäuschen lassen.

So bleibt die Hilfestellung von Expertensystemen letztlich eng begrenzt, da nur wenige Arten relevanter Fragen beantwortbar sind. Sie sind unflexibel, weil Erläuterungen nur in vorgefertigter Form in die Expertisen aufgenommen werden. Und sie sind oberflächlich, denn es werden keine tiefer gehende oder alternativen Erklärungen geliefert, wenn der Anwender die bereitgestellte Erklärung nicht nachvollziehen kann. So bleibt die Leistungsfähigkeit unzureichend im Vergleich zu Experten, die Details und Hintergründe aufzeigen können. Hinzu kommt die erhebliche Kostenbelastung mit ca. 5.000 €.

2.9.5.8 Testverfahren der Praxis

Nicht verschwiegen werden soll hier eine in der Praxis äußerst verbreitete Form der Werbewirkungsprognose. Darunter versteht man den Versuch, vom normalen »Mann auf der Straße« (Otto Normal und Lieschen Müller) zu erfahren, wie die spontane Anmutungswirkung einer Werbung, die er nicht kennt, auf ihn ist. Verhängnisvollerweise kommen nicht gerade wenige Chefs im Rahmen von Geschäftspräsentationen darauf, eben eine solche willkürliche Befragung vorzunehmen. Nur, dass man dort nicht auf den Mann auf der Straße zurückgreifen kann, sondern nur auf die Mitarbeiter in der unmittelbaren Umgebung. Da solche Meetings bis zur Entscheidungsannäherung oft in den frühen Abend hineinreichen, sind dann schon die Putzkolonnen unterwegs, um die Büros zu reinigen. Wie geschaffen für einen spontanen Test, der deshalb auch unprätentiöser **Putzfrauen-Test** genannt wird. Es ist schon verwunderlich, welche weitreichenden Entscheidungen von solchen willkürlichen Befragungen, wenn schon nicht abhängig gemacht, so doch zumindest erheblich beeinflusst werden. Gerade dabei wäre etwas theoretische Fundierung von Nutzen. Denn die Ergebnisse sind äußerst interpretationsbedürftig. Das liegt zum einen daran, dass die Befragten, oft unter Stress gesetzt, weil wichtige Personen ringsum zuschauen, in ihrer Artikulation gehemmt oder beschränkt sind, dann daran, dass sie nicht wissen können, welche Ziele durch die ihnen vorgehaltene Werbung erreicht werden sollen, und schließlich auch, weil sie meist gar nicht zur Zielgruppe gehören, es also für die Sache eigentlich völlig gleichgültig ist, was sie denken. So stehen denn sichtlich überforderte Menschen verdutzt vor einer komplexen Wahrnehmungssituation und sagen irgendetwas, um überhaupt etwas zu sagen und sich halbwegs achtbar aus der Affäre zu ziehen und wieder an ihre eigentliche Arbeit gehen zu können. Zurück bleibt oft genug ein kommunikatives Desaster.

2.9.5.9 Kontaktbewertungskurven

Kontaktbewertungskurven zeigen die prospektive Werbewirkung in Abhängigkeit vom Werbedruck (Impact) auf Basis empirischer Untersuchungen (bei der **Eff-Kurve** etwa 32 Kampagnen aus 10 Produktfeldern). Als Indikatoren für die zu erwartende Werbewirkung werden dabei Bekanntheit, Image-Komponenten und Wissen angesehen. Während der Kampagnenlaufzeit nehmen die Wirkungen zu, werden die Kampagnen ausgesetzt, sinken auch die Indikatoren für Wirkungen. Insgesamt zeigt sich eine Konvex-Konkav-Response-Funktion mit vier Abschnitten:

- Zunächst ein konvexer Anfangsanstieg bei geringen Kontaktzahlen. Jedoch verpufft die Wirkung dieses Anfangsanstoßes rasch, wenn sie nicht von weiteren Kontakten untermauert wird. Dann ein anschließender Bereich mäßiger, aber stetiger Wirkungssteigerung. Danach eine steile konkave Sequenz, in der bereits eine geringe Erhöhung der Kontaktdosis einen starken Wirkungszuwachs erzielt. Und schließlich eine Sättigungszone, in der kaum mehr eine Zunahme der Werbewirkung erreichbar ist.

Diesem generalisierenden Verlauf liegen allerdings zahlreiche Annahmen zugrunde. So die Annahme begrenzter, bekannter und definierter Wirkungskriterien. Die Annahme, dass der Lernprozess bei Null beginnt, obgleich der Kurvenverlauf davon abhängig ist, wie bekannt die Werbebotschaft bereits vor der Messung ist. Die Annahme, dass Erlerntes nicht mehr vergessen wird, diese statische Auslegung widerspricht jedoch der Realität. Die Abstraktion von anderen Einflussgrößen wie der Gestaltung der Werbebotschaft, also die Qualität der kreativen Umsetzung, des eingesetzten Mediums, also das Ausmaß der Aufmerksamkeit, der Art des beworbenen Produkts, also dem Grad der Betroffenheit der Zielpersonen, der Wirkung anderer Marketinginstrumente als der Werbung, der Anzahl der Kontakte der Zielpersonen mit konkurrierenden Werbebotschaften und dem Umfang anderer Umwelteinflüsse. Dann wird der Einfluss indirekter Kommunikation vernachlässigt ebenso wie alle Faktoren, die mit den Zielpersonen selbst zusammenhängen. Insofern darf also die Gültigkeit eines solchen generalisierenden Kontaktkurvenverlaufs stark bezweifelt werden.

Dies gilt etwa für die Eff-Kurve oder aber die EQ-Skala als Impact-Messung der emotionalen Dimension eines Werbemittels bzw. einer Anzeige. Drei Einzelskalen mit den Faktoren Attraktivität für Anziehungskraft der Anzeige, Engagement, also Bedeutsamkeit, Verständlichkeit und Akzeptanz der Werbebotschaft, und subjektive Klarheit, also Lebendigkeit und Frische der Anzeige, Dynamik, werden dabei angelegt.

2.9.6 Verfahren der Werbewirkungskontrolle

2.9.6.1 Ad-hoc-Erhebungen

(Abb. 91) Meist wird hier noch einmal in Inbetween-Test und Post-Test unterschieden. Inbetween-Tests erheben die Werbewirkung während des Einsatzes einer Kampagne, Post-Tests erheben die Werbewirkung nach Abschluss einer Kampagne. Diese Unterscheidung erscheint jedoch angesichts ohnehin begleitender Werbewirkungskontrolle nicht zweckmäßig, sodass hier beide Testarten dem Post-Test zugeordnet werden.

Für Foldertests werden speziell angefertigte Werbefolder zusammengestellt, in denen mehrere Anzeigen enthalten sind. Der **Recall-Test** untersucht die Erinnerung einer Zielperson an Produkt, Marke oder Kommunikation. Man unterscheidet dabei den Aided Recall und Unaided Recall. Vorab wird der Spontaneous Recall abgefragt, der auf jegliche Stützung der Erinnerung verzichtet. Die Messung des Aided Recall erfolgt durch die Abfrage an Personen, die angeben, die Kommunikation des Angebots zu kennen, unter Vorgabe der Botschaftsabsender (zunächst Produktart, später dann auch Marke) dahingehend, an welche Kommunikationsinhalte sie sich erinnern (Copy Recall, Visual Recall, Benefit Recall, Main Claim Recall). Die Messung des Unaided Recall verzichtet auf eine solche Stützung und gibt lediglich den Produktbereich vor, dem Marken zugeordnet werden sollen, stellt also den weitaus härteren Messwert dar. Erinnern bedeutet dabei, dass genügend Einzelheiten beschrieben werden können, um Verwechslungen der Anzeige zu anderen ausschließen zu können (Related Recall).

Die Angabe der gestützten, vor allem aber der ungestützten Erinnerung ist ein wichtiger Indikator für die Stellung eines Angebots im Relevant Set of Brands. Man spricht in diesem Zusammenhang auch vom Share of Mind als relativem Anteil der Bekanntheit eines Angebots im Vergleich zu allen jeweils relevanten Angeboten am Markt. Das bekannteste Angebot ist Top of Mind. Recall misst ausschließlich einen Lernvorgang, er sagt nichts über Intensität, Art und Richtung der Erinnerung aus.

Der **Print-Day After Recall** (DAR) arbeitet mit Originalheften (anstelle von Folders), in die Andrucke der Testanzeigen montiert werden. Diese werden an Testpersonen abgegeben, die Leser dieses oder eines ähnlichen Titels sind. Dabei wird angegeben, dass es darum geht, die Hefte informativer und interessanter zu gestalten. Daher werden zwei Tage Zeit zur Durchsicht gegeben. Am dritten Tag nach der Verteilung der Hefte werden Personen dann nach ihrer Werbeerinnerung befragt. Dazu wird zuerst festgestellt, ob die Testperson die Ausgabe wirklich genutzt hat oder nicht. Im positiven Fall wird das Heft Seite für Seite durchgegangen und zu jeder Seite erhoben, ob sie gesehen und gelesen worden ist. Vorteile sind das natürliche

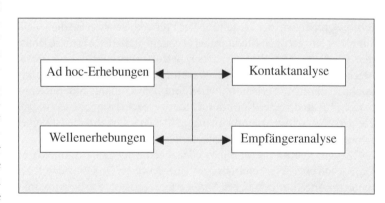

Abb. 91: Verfahren der Werbewirkungskontrolle

Leseumfeld und der Verzicht auf Forced Exposure, die Einfachheit in der Durchführung und die Schnelligkeit, Nachteile sind die Erinnerungsmessung nach 48 Stunden, die nichts über die Erinnerung im Kaufentscheidungszeitpunkt aussagt, die bloße Einfachkontaktchance, die Verzerrung durch das zufällig wechselnde, redaktionelle Umfeld, die absolut niedrigen Erinnerungswerte und die Beschränkung auf demografische Testpersonenkriterien anstelle von Konsum- und Verhaltenskriterien.

Beim **TV-DAR** wird die Erinnerung an am Vortag ausgestrahlte Spots gemessen (auch OAT für On Air-Test genannt). Die Wahrnehmung erfolgt in der gewohnten häuslichen Atmosphäre, die Abfrage per Telefoninterview. Die Aufmerksamkeit wird als Recall gemessen und das Verständnis als Übereinstimmung des Copy Recall mit der beabsichtigten Botschaft. Dadurch ergeben sich reelle Erinnerungswerte. Die Methode ist preiswert und relativ schnell. Sie macht an der notwendigen Voraussetzung der Aufmerksamkeit fest. Benchmarks zur Leistungs-

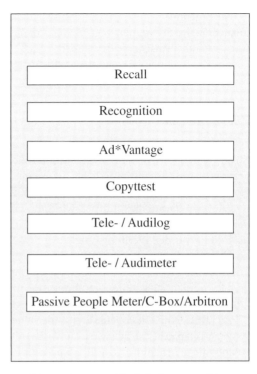

Abb. 92: Ausgewählte Werbetestverfahren

beurteilung sind verfügbar. Allerdings zeigen die Ergebnisse große Schwankungsbreiten. Gründe dafür sind mangelnde Repräsentanz durch kleine Stichproben und unkontrollierte Außenfaktoren wie Sendezeit, Stimmungslage etc. Weitere Probleme ergeben sich aus der mangelnden Chance, gegen Konkurrenzwerbung zu testen (da deren Platzierung unbekannt ist), aus dem Fehlen qualitativer Erkenntnisse wie Einstellung, Kaufabsicht etc. Außerdem ist die Rekrutierung der Auskunftspersonen schwierig, da nur 2 – 3 % der Angerufenen den Werbeblock gesehen haben. Zudem sind Haushalte nicht vollständig mit Telefonanschlüssen verzeichnet.

Denkbar ist auch der **Same Day Recall** (SDR). Dabei wird noch am gleichen Tag der Ausstrahlung von TV-Spots in den Haushalten nachgefragt, an welche Werbeinhalte man sich dort erinnert. Dies wirft die bekannten Rekrutierungsprobleme auf. Daher wird dieses Verfahren eher als Coincidental Check in Haushalten, die zur Werbeträgerkontaktmessung (Telemeter) herangezogen werden, verwendet. Dort wird dann, via Telefon, nachgefragt, an welche Inhalte des letzten Werbeblocks, den der Haushalt angibt, eingeschaltet zu haben, man sich erinnert. Werden keine oder falsche Inhalte genannt, ist dies ein Indiz dafür, dass auch die Werbeträgerkontaktmessung fehlerhaft sein dürfte.

Um diesen Problemen zu entgehen, wird der **CEDAR-Test** angewendet. Beim CEDAR (Controlled Exposure Day After Recall/Keppler) werden Personen im Studio scheininterviewt, während Fernsehwerbung über Video abläuft. Am Tag danach werden sie dann zu ihrer Werbeerinnerung befragt. Dadurch wird die Rekrutierung der Befragten erleichtert. Außerdem ist eine eher unbewusste Testsituation gegeben, das Testumfeld ist frei bestimmbar und Ergebnisse liegen rasch vor. Allerdings entstehen hohe Kosten durch den Doppelansatz (ca. 5.000 € für 50 Personen).

Die Ergebnisse von Recall-Tests sind jedoch, selbst unter kontrollierten Bedingungen, recht unzuverlässig. So werden regelmäßig Inhalte erinnert, die überhaupt nicht kommuniziert worden sind. Typischerweise handelt es sich dabei um die Botschaften des Marktführers, die andere überstrahlen. Recall-Werte allein sagen also wenig über Werbewirkung aus, wenn weitergehende qualitative Aspekte fehlen.

2.9.6.2 Wellenerhebungen

In Wellenerhebungen werden wechselnde repräsentative Personen der Zielgruppe in regelmäßigen Abständen zu ihrer Werbeerinnerung in **Tracking-Studien** befragt. Es handelt sich praktisch um die kontinuierliche Erfassung der Marktentwicklung auf Verbraucher- (und Handels-)Ebene mittels fester Stichproben verbunden mit kontinuierlichen Impact- bzw. Recall-Tests, die auf die Eindruckswirkung erinnerter Werbung und ihre Durchsetzungsfähigkeit im redaktionellen Umfeld abstellen und im Einzelnen spontane Werbeerinnerung, inhaltliche Kenntnis der Werbung, medienspezifische Erinnerung, zutreffende Markenzuordnung und Markenimage erheben. Dabei kann der im Zeitablauf eingetretene Share of Mind (Wirkungsmesswert) dem dazu erforderlichen Share of Advertising (Werbeaufwand) gegenüber gestellt werden. Bekannte Verfahren, die im Rahmen von Standardinformationsdiensten angeboten werden, sind die im Folgenden genannten.

AdTREK Icon. Dies ist eine kontinuierliche Verbraucherbefragung mit Hilfe des Computer Assisted Telephone Interviewing. Die Auswahl der Befragten erfolgt im Selbstwahlsystem durch wöchentliche Erhebung sowohl exklusiv für einen als auch parallel für mehrere Auftraggeber (Multi Client). Das Instrument zielt auf eine kundenindividuelle, maßnahmenorientierte Synthese von Media-Controlling und Werbeerfolgskontrolle unter Berücksichtigung der Höhe und zeitlichen Verteilung von Werbeinvestitionen ab. Als Zielgruppe wird das Potenzial i. w. S. definiert. Per Zufallsauswahl werden wöchentlich 50 – 100 Personen der Mediazielgruppe ausgewählt. Sofern die Erhebung exklusiv erfolgt, ist eine Anpassung an die Spendingphase möglich. Erhoben wird die gestützte Werbeerinnerung in letzter Zeit/in den letzten zehn Tagen. Dazu erfolgt eine nennungs- und kampagnenspezifische Codierung. Der Proven Recall gibt den Prozentsatz von Probanden an, von denen man mit Bestimmtheit sagen kann, dass sie eine bestimmte Kampagne wahrgenommen haben. Zur Stützung dienen Bildinhalte/Bilder und Claim/Slogan. Es wird keine Imageerhebung damit verbunden. Die Abfrage bezieht sich auf den Relevant Set akzeptierter Marken und die First Choice (Priorität) darin. Die Mediennutzung wird nicht erhoben. Dazu erfolgt ein wöchentliches und ein monatliches Reporting (Flightorientiert) der gestützten Werbeerinnerung. Der Werbedruck wird in Geld (Budget) bewertet. Auftraggeber sind ca. 30 Kunden aus der Konsum- und Gebrauchsgüterindustrie, dem Finanz- und Versicherungswesen, die eine Datenbank mit über 300 Kampagnen speisen. Die Kosten betragen 30 – 45 € je nach Zielgruppe und Fragebogenumfang/je Stimme (Teilnehmer pro Erhebung). Die Wellenerhebung ist Teil eines integrierten Marktforschungssystems. Ein Vergleich zur Konkurrenzwerbung erfolgt in den Kernkriterien (z. B. Durchsetzung) sowie indirekt über Referenzwerte, Markenbekanntheit, Kommunikationsleistung, Einstellung/Präferenz, Kaufabsicht, gestützten und ungestützten Recall (Bekanntheit). Die Messung der restlichen Wirkungsvariablen sowie der Medienzuordnung erfolgt durch telefonische Einzelinterviews von 15 – 20 Min. Dauer. Zusätzlich sind qualitative Diagnosen der Werbemittel, spezielle Mediaanalysen und Überprüfungen zur Markenanpassung möglich. Ziel ist die Messung kurzfristig beeinflussbarer Werbewirkungsgrößen (Wer und wie viele Personen erinnern sich an Werbung, welche Werbebotschaften werden erinnert und richtig verstanden, welche »Besitzstände« der Marke werden kommuniziert?).

Werbeindikator/GfK. Dabei handelt es sich um eine kontinuierliche Verbraucherbefragung mit standardisierten, computergestützten Telefoninterviews zur Überprüfung der kommunikativen und budgetären Effizienz einer Werbekampagne. Ziel ist die Bewertung der Leistung einer Kampagne unter Berücksichtigung des Werbebudgets und der erwarteten Wirkungsverläufe für alle Kampagnenphasen. Zusätzliche Hinweise werden zur Medienstrategie und für Gestaltungsvorschläge erarbeitet. Die Erhebung erfolgt Inhome in wöchentlichen oder monatlichen Abständen, exklusiv oder als Gemeinschaftsuntersuchung. Die Erhebung kontrolliert mit Hilfe ungestützter und gestützter Werbeerinnerung die Fähigkeit einer Kampagne, im Informationswettbewerb zum Verbraucher zu gelangen, zusätzlich erfolgt eine Analyse von Kausalzusammenhängen. Als Zielgruppe wird das Potenzial i. w. S. definiert. Die Stichprobengröße beträgt 200–300 Personen pro Woche, die auf Basis einer Quotenauswahl bestimmt werden. Eine Anpassung an die Spendingphase ist bei exklusiver Anlage möglich. Erhoben wird die Werbeerinnerung in der letzten Zeit auf Basis einer nennungsspezifische Codierung. Als Stützung für die Werbeinhalte dienen Slogans. Zusätzlich werden Images, Produkt- und Verwendungsverhalten sowie Mediennutzung erhoben. Das Reporting erfolgt nach jeder Welle, in Bezug auf die gestützte Werbeerinnerung monatlich. Als Werbedruckmaß dient Geld (Budget). Auftraggeber sind ca. 60 Kunden schwerpunktmäßig aus der Konsum- und Gebrauchsgüterindustrie. Die Kosten betragen 40 – 60 € je nach Zielgruppe und Fragebogenumfang/je Stimme. Es ist keine Vernetzung mit anderen Instrumenten vorgesehen. Dafür kann eine eigene Datenbank genutzt werden. Der Vergleich mit der Konkurrenzwerbung erfolgt indirekt über Referenzwerte, Aufmerksamkeitswirkung, Kommunikationsleistung/Überzeugung, Markenimage und Motivationsänderung. Außerdem werden ungestützter Recall (Aufmerksamkeit), gestützter Recall, Recognition und zutreffende Zuordnung der Marke erfasst.

Werbemonitor/IVE. Dabei handelt es sich um eine kontinuierliche Verbraucherbefragung auf Basis von standardisierten Face-to-Face-Interviews von ca. 45 Minuten Dauer Inhome, die wöchentlich bis quartalsweise exklusiv für einen Auftraggeber durchgeführt wird. Für jeden Kunden wird ein individueller Werbemonitor für ein Produktumfeld angelegt. Ziel ist die Information über Stärken und Schwächen aller wichtigen Kampagnen des Produktfelds, der Wirkungsweise klassischer Medien und der Budgethöhe und zeitlichen Verteilung. Als Zielgruppe dient das Potenzial i. w S. Als Auswahlverfahren liegt eine Quotenauswahl zugrunde. Die Stichprobengröße beträgt bei zwei Wellen je 1.000 Personen, bei vier Wellen je 400 – 700 Personen, bei sechs Wellen je 300 – 400 Personen und bei zwölf Wellen je 200 – 300 Personen pro Jahr je nach Produktfeld. Eine Anpassung an die Spendingphase ist vorgesehen. Es wird die gestützte Werbeerinnerung in der letzten Zeit erfasst, wobei eine nennungsspezifische Codierung erfolgt. Als Stützung der Werbeinhalte dienen Slogans. Es werden auch Images, Verwendungsverhalten und Mediennutzung erfasst. Das Reporting erfolgt durch Tabellen nach jeder Welle sowie in Bezug auf die gestützte Werbeerinnerung monatlich. Als Werbedruckmaß dient Geld (Budget), Werbeaufwand und Werbe-Awareness werden dabei, auch medienspezifisch, gegenübergestellt. Der Schwerpunkt der Auftraggeber liegt in der Konsumgüterindustrie. Die Kosten betragen 40 – 60 € je nach Zielgruppe und Fragebogenumfang/je Stimme. Eine Vernetzung mit anderen Instrumenten ist nicht vorgesehen. Der Vergleich mit der Konkurrenzwerbung erfolgt indirekt über Referenzwerte, Übermittlungsleistung (medienspezifische Awareness, Eigenständigkeit), Überzeugungsleistung (Image, Kaufabsicht) und gestützten Recall (Awareness). Zusätzlich werden Maskierungstests (zur Ermittlung der Uniqueness) und Einzelinterviews (zur Sloganzuordnung, für Werbemittelinhalte und Likes/Dislikes) durchgeführt. Verschiedene, nicht näher spezifizierte Verfahren dienen zur Messung der Kauf- bzw. Konsumbereitschaft. Zudem werden Eigenschafts- und Imageprofile im Zeitablauf verglichen.

ATP/Millward Brown. Dies erlaubt eine kontinuierliche Überprüfung der Werbeeffizienz durch Verbraucherbefragung mittels computergestützter Face-to-Face- oder Telefoninterviews Inhome, wobei die Einheiten nach Quotenauswahl bestimmt werden. Die Erhebung erfolgt wöchentlich Auftraggeber exklusiv oder schwerpunktmäßig für mehrere Kunden parallel. Multi Client-Befragungen erfolgen mit den Schwerpunkten auf Werbeerinnerung und Markenimage, Exklusivstudien werden daneben mit kleiner Stichprobe durchgeführt. Dabei liegt ein Medien spezifischer Awareness-Index zugrunde. Als Zielgruppe dient das Potenzial i. w. S. Die Stichprobengröße beträgt 100 Personen pro Woche, dabei ist bei Multi Client-Befragungen keine Anpassung an Spendingphasen möglich. Es wird die gestützte Werbeerinnerung in der letzten Zeit erhoben, wobei eine nennungsspezifische Codierung zugrunde liegt. Die Stützung der Werbeinhalte erfolgt durch Slogans. Erhoben werden auch Images, Verwendungsverhalten und Mediennutzung (Letzteres als gleitender 12-Wochen-Schnitt). Ein Reporting wird zum ersten Mal nach einem Monat, danach wöchentlich vorgenommen, zusätzlich wird die gestützte Werbeerinnerung als gleitender 4-Wochen-Schnitt ausgewiesen. Als Werbedruckmaß gelten Gross Rating Points/GRP's. Die Kosten betragen 45–65 € je nach Zielgruppe und Fragebogenumfang/je Stimme. Die Vernetzung mit einem hauseigenen kompatiblen Pretest ist möglich. Das Verfahren erlaubt ein langfristiges Monitoring des Markenwerts. Der Vergleich mit der Konkurrenzwerbung erfolgt direkt in der Befragung sowie indirekt über Referenzwerte. Zielgrößen sind Awareness bzw. Awareness-Zuwachs pro 100 GRP's, Kommunikationsleistung, Einstellung und gestützter Recall (Awareness). In Einzelinterviews werden Aussagen zur Kommunikationsleistung, Einstellung, Produkt-/Markennutzung, Imageleistung, Detailerinnerung und Bekanntheit erfasst. Maskierungstest dienen zur Ermittlung der Kommunikationsleistung, der Sloganzuordnung und der Markenzuordnung. Zusätzlich werden diverse Berechnungsmodelle zur Effizienz der eingesetzten Werbemittel hinsichtlich Awareness, Image und Absatz genutzt. Das Verfahren lässt viel Raum für Kunden individuelle Auswertungswünsche.

Niko-Werbeindex/Niko. Dabei handelt es sich um eine Kombination aus Werbe-Tracking und Mediaoptimierung durch Erhebung der Markenbekanntheit, der Werbeerinnerung (jeweils gestützt und ungestützt) sowie der Kauf- und Nutzungsbereitschaft. Großen Raum nimmt die Erfassung der individuellen Mediennutzung ein. Erhoben werden dazu die Medien Fernsehen, Hörfunk, Print (mit ca. 150 Zeitschriftentiteln), Plakat, Kino und Online. Es erfolgt eine kontinuierliche, wöchentliche Erhebung mit je 320 computergestützten persönlichen Interviews (CAPI) mit einer Dauer von je 75 Min. bei erwachsenen Personen. Die Auswahl der Erhebungseinheiten erfolgt nach Zufallsstichprobe. Die Kosten betragen ca. 10.000 € je Welle. Es handelt sich der Anlage nach um eine Single-Source-Untersuchung. Der Bezugszeitraum ist flexibel wählbar. Die Befragungspersonen sind auch nach Verbrauchsmerkmalen gruppierbar. Allerdings verursachen die verschieden hohen Ansprüche an die Zuwendung bei den einzelnen Medien Verzerrungen bei Media-Mix-Kampagnen, sodass Streuplananalysen nur eingeschränkt möglich sind. Dennoch ist ein gutes Kampagnen-Tracking darstellbar. Insgesamt werden ca. 370 Marken in 37 Produktgruppen erhoben.

Werbewirkungskompass/IP. Dabei werden direkte und indirekte Werbewirkungsparameter für 165 Marken in neun Produktgruppen erhoben. Die Datenbasis bildet eine repräsentative Random-Route-Auswahl der erwachsenen Bevölkerung auf Basis der ADM-Stichprobe, die viermal p. a. bei zusammen 2.000 Fällen durchgeführt wird. Dabei soll eine exakte Zuordnung der investierten Mediakosten auf die vom Mediaplan erreichten Personen vorgenommen werden. Die Anlage ist die einer Single-Source-Untersuchung, die detailliert und neutral die Mediennutzung durch permanentes Tracking innerhalb einer Produktgruppe erfasst. Die Ergebnisse werden als personenbezogener Bruttowerbeaufwand ausgewiesen und ermöglichen einen Vergleich der Performance einer bestimmten Kampagne relativ zum Branchendurchschnitt. Durch die starren Erhebungsrhythmen wird allerdings das Tracking einzelner Kampagnen erschwert, gleiches gilt für das starre Abfragegerüst. Daher besteht eine Eignung vor allem zur Bestimmung der Position einer Marke in ihrer Produktgruppe/Branche und zur Aufschlüsselung der Wirkungsanteile nach einzelnen Medien. Die Erfassung bezieht sich auf die Werbeerinnerung allgemein, die Werbeerinnerung an Details, die Beurteilung der Werbung, die Kampagnensympathie, die spontane und gestützte Markenbekanntheit, die Markenverwendung, die Kaufneigung, das Markenimage, die Nutzungsfrequenzen für Fernsehen, Hörfunk, Publikumszeitschriften, nationale Tageszeitungen, Einstellungen in Bezug auf Produktinteresse und -verwendung, die Einstellung zur Werbung, das Freizeitverhalten und TV-Genrepräferenzen. Die Auswertung erfolgt in Form von Geld bezogenem Werbeerfolg in Abhängigkeit von Personen individuellem Werbedruck, gesplittet nach Demografiedaten.

AdTrend/SAT 1. Die Erhebung erfolgt durch 300 computergestützte Telefoninterviews wöchentlich auf Basis einer repräsentativen Zufallsstichprobe der deutschsprachigen Bevölkerung im Alter von 14–64 Jahren. Die Erfassung bezieht sich auf über 60 Marken aus 24 Produktbereichen. Die Auswertung erfasst den gestützten Kampagnen-Recall, die Kampagnensympathie, die gestützte Markenbekanntheit, die Kaufbereitschaft, die Markenverwendung, die Fernsehnutzung nach Sendern und Zeitabschnitten sowie die Einstellung zur Werbung im Fernsehen. Der Ergebnisausweis ist nach demografischen Daten gesplittet. Die Auswertung lässt eine aufwendige Fusion mit GfK-Daten zu. Dadurch ist eine individuelle Verknüpfung der Planungskriterien mit den Wirkungsmaßen möglich. Die einzelnen Branchen werden allerdings mit jeweils zwei bis drei Marken nur unzureichend abgebildet. Effekte durch konkurrierende Kampagnen mit niedrigerem Budget oder Nicht-TV-Kampagnen bleiben Methoden bedingt unentdeckt. Daher ist eine Eignung eher nur für das Tracking von Top-Marken in TV-Monokampagnen gegeben. Die allgemeinen Ergebnisse lassen sich stark vereinfacht wie folgt zusammenfassen. Ältere Zielgruppen zeigen beim Kampagnen-Recall gleiche Lernzuwächse wie jüngere, eine hohe Kontaktdichte innerhalb eines Monats wirkt sich positiv auf die Markenverwendung aus, schon mit durchschnittlich einem Kontakt pro Kopf kann das Vergessen gestoppt und in eine positive Erinnerungsbilanz umgekehrt werden.

Media Observer/TPM. Die Erhebung bezieht sich hierbei auf die Bevölkerung im Alter von 14–49 Jahren (TV-Kernzielgruppe). Die Auswahl erfolgt nach Quotierung. In vier Erhebungswellen werden je 1.600 Personen durch computergestützte Face-to-Face-Interviews (CAPI) befragt. Die Anlage ist Single Source in Bezug auf 500 erfasste Marken innerhalb von 15 Produktgruppen. Der Analyseschwerpunkt liegt auf der Ermittlung der optimalen Kontaktzahl pro Zielgruppe. Als Inhalte der Untersuchung sind im Wesentlichen fünf Fragen zur Werbewirksamkeit zentral, die Brand Awareness (Welche Marken kennen Sie?), die Brand Evaluation (Wie beurteilen Sie diese Marken?), der Aided Recall (Für welche Marken haben Sie in den letzten drei Monaten Werbung gesehen?), die Recognition (Haben Sie die im Test beschriebene Werbung in den letzten drei Monaten gesehen?) und die Ad Evaluation (Wie beurteilen Sie diese Werbung?). Zusätzlich sind Fragen zur Mediennutzung sowie kundenindividuelle Fragen möglich. Außerdem werden die soziodemografischen Daten erfasst.

Effipub/Emnid. Dies ist ein Verfahren zur Überprüfung der Effizienz einer Werbekampagne auf Basis einer Quotenstichprobe mit n = 1.000 Personen repräsentativ für die alten Bundesländer in Bezug auf ihre soziodemografischen Merkmale. Außerdem können spezielle Zielgruppen oder solche in den neuen Bundesländern über Sonderstichproben erreicht werden. Kenngrößen sind dabei Markenbekanntheit, Markenimage, Nähe zur Marke, Impact, ungestützter Recall, Recognition und Top of Mind (Bekanntheit, Impact). Die Abfrage erfolgt auf Basis einer Thurstone-Skala (für das Markenimage) und Globalbewertungen (1 – 10) sowie Einkaufslisten (für die Markennähe). Alle Ergebnisse werden zu vier Wirkungsindices verrechnet, die in einem Gesamtindex und nach Segmenten getrennt ausgewiesen werden. Zusätzlich erfolgen die Ermittlung der Mediennutzungsgewohnheiten der Zielgruppe und die Berechnung von Kontaktchancen unter Verwendung aktueller Mediadaten und zielgruppenspezifischer Mediennutzungsdaten. Insofern wird die Kampagnenleistung kontrolliert und die Effizienz des Werbebudgeteinsatzes ermittelt.

GETAS-Impact-Profil. Dabei handelt es sich um die Kontrolle von Kommunikationsmaßnahmen bzgl. Wirkung und Awareness, Loyalität und Kommunikationsleistung in Relation zum eingesetzten Budget auf Basis einer Quoten- oder Random-Route-Stichprobe mit n = 400 bis 600 Personen. Aussagen werden im Einzelnen zur Stärken-Schwächen-Analyse für relevante Marken, zum Werbedruck, zur Markenbekanntheit, zum Markenimage, zu Impact sowie zu ungestütztem und gestütztem Recall (Bekanntheit, auch Medien spezifisch) getroffen. Die Erhebung erfolgt durch Einzelinterviews zu den Werbeinhalten, zu Likes/Dislikes, zu Loyalität und zum Kaufinteresse für alle relevanten Marken. Dazu erfolgt eine Gegenüberstellung von Werbeaufwand und -wirkung sowie eine detaillierte Media-Mix-Analyse auch unter Einbeziehung weiterer Kommunikationsinstrumente wie z. B. Verkaufsförderung zur Ermittlung von Verstärkungseffekten.

Weitere Wellenerhebungen, die im Einsatz sind, sind folgende:

- **AdvarTimer**/Inra. Dabei erfolgt eine ständige Messung der Durchsetzungsstärke, der Kommunikationsleistung und der kreativen Qualität der Kampagne. Auf eine Media-Optimierung wird verzichtet. Eine repräsentative Stichprobe soll ein Bild über alle Wirkungskriterien bei der Zielgruppe, der erweiterten Zielgruppe und der Gesamtbevölkerung liefern. Dazu werden 200 Personen pro Tag an sieben Tagen der Woche mit Hilfe von Telefoninterviews erhoben. Es handelt sich um einen Multi-Client-Ansatz. Die Kosten betragen 6.000 € pro Welle.
- **AdTrek**/Infratest. Dies ist ein Ad-hoc-Instrument mit einer Vielzahl von Variationsmöglichkeiten. Die Erhebung erfolgt in monatlichen bis halbjährlichen Erhebungswellen mit je 200 – 2.000 Fällen je Welle durch Face-to-Face- oder Telefoninterviews. Dabei liegt eine Zufallsstichprobe zugrunde. Optional ist auch die Erhebung der Mediennutzung per Tagebucheintrag möglich.
- **AdTrek**/Imas. Die Erhebung wird wahlweise als exklusive Ad hoc-Studie bei engen Zielgruppen oder bei breiteren Zielgruppen (ab 20 % der Gesamtbevölkerung) auch als Omnibus-Befragung durchgeführt. Sie läuft in vier Wellen je 400 Interviews pro Jahr auf Basis einer Face-to-Face-Erhebung. Optional kann auch die medienspezifische Werbe-Awareness gemessen werden, jedoch erfolgt keine Messung der Mediaeffizienz.
- **Ad-Effect**/RSG. Hierbei geht es um die Bewertung des spezifischen Beitrags der klassischen Werbung für den Markenerfolg, unabhängig von anderen Marketingaktivitäten, die Bewertung der kreativen Werbeleistung und der Mediastrategie. Außerdem ist eine Kampagnen-

verlaufsprognose bereits nach kurzem Schaltzeitraum möglich. Es erfolgen mindestens drei wöchentliche Erhebungen mit je 100 Interviews. Die Auswahl erfolgt nach Quota-Stichprobe bei spitzen oder nach Zufallsstichprobe bei breiten Zielgruppen. Die Erhebung erfolgt durch persönliche Inhome-Interviews von 45 Min. Bei vier Wellen betragen die Kosten 14.000 €.
- **Link-Ad-Track**/Link&Partner. Dieses Verfahren ist als Pre-Post-Test einsetzbar, da eine mehrwellige Untersuchung oder Kampagnen begleitende, wöchentliche Werbeeffizienzmessung vorgenommen wird. Dazu dienen 100 computergestützte Interviews (CAPI) pro Woche mit einer Dauer von je 15 Min. Dabei sind auch die medienspezifische Awareness sowie die Prognose der zukünftigen Werbewirkung ausweisbar. Die Kosten betragen ca. 64.000 € p. a.

Der **Finanzmarkt-Datenservice** (FMDS/Infratest) ist eine repräsentative Untersuchung zur kontinuierlichen Messung von Marktausschöpfung und Marktanteilen im Bereich der Finanzdienstleistungen. Zusätzlich wird der Recall für Versicherungswerbung ermittelt. Dazu werden 20.000 Interviews p. a. in ABL und 5.000 in NBL durchgeführt.

Das **Werbewirkungsmodell** von Sample ist eine Wellenbefragung zur Verbindung mehrerer Untersuchungsthemen in einem Instrument. Es wird zweimonatlich mit mindestens 300 Fällen im Wege des Random Route-Verfahrens erhoben.

Media and Advertising Diagnosis System (MAD/RSG Marketing Research) ermittelt für jede befragte Person die Kontaktchancen zur geschalteten Kampagne und analysiert diese Kontaktchance nach den Werbewirkungsindikatoren. Es handelt sich hierbei um eine In Home-Befragung in der Regel nach der Produktkategorie.

Im **Werbetracking Versicherungen** (Infratest) soll die Durchsetzungsfähigkeit einer Versicherungskampagne im Wettbewerbsumfeld ermittelt werden. Monatlich werden 1.000 computergestützte Telefoninterviews (CATI) in der BRD durchgeführt (davon 800 in ABL und 200 in NBL), die per Zufallsauswahl bestimmt werden.

Problematisch ist bei allen Verfahren die Kausalität zwischen Werbeaufwand und Werbewirkung zu beurteilen.

2.9.6.3 Kontaktanalysen

Die bloße formale Erinnerung ist aber noch nicht ausreichend. Wichtig ist vor allem zu erfahren, welche Inhalte durch Kommunikation transportiert und verankert worden sind.

Dies wird im **Recognition-Test** gemessen. Der Ursprung dieses Verfahrens liegt in der Anzeigenforschung. Dabei gehen Interviewer und Testperson eine reale Zeitschrift gemeinsam durch, wobei Probanden während des Durchblätterns jeweils gefragt werden, ob sie die gerade aufgeschlagene Anzeige wiedererkennen. Recognition bedeutet genauer die Wiedererkennung einzelner Elemente, es geht also darum, welche Botschaften durch Zielpersonen reproduziert werden können. Man unterscheidet dabei nach Starch:

- Noted Score: Anteil der Befragten, die angeben, dass sie eine den Gegenstand der Ermittlung darstellende Anzeige oder auch einen redaktionellen Beitrag in der Zeitschrift bemerkt haben (Beachtungswert).
- Seen/associated Score: Anteil derjenigen Leser der Zeitschrift, die in der Befragung angeben, dass sie die Anzeige bemerkt haben und in der Lage sind, in der Erinnerung auch das beworbene Produkt bzw. den Werbungtreibenden oder den Markennamen richtig anzugeben.

– Read Most Score: Anteil der Leser, die in der Befragung angeben, dass sie eine bestimmte Seite oder Anzeige gesehen und wenigstens die Hälfte ihres Textes gelesen haben.

Beim **kontrollierten Recognition-Test** (auch Portfolio- oder Dummy-Test) werden in einem Folder sowohl publizierte als auch nicht publizierte Anzeigen vorgelegt. Außerdem werden nicht nur Anzeigen-, sondern auch Redaktionsseiten einbezogen, um das natürliche Leseumfeld nachzubilden. Daher erfolgt die Prüfung anhand konkreter Vorlagen der Werbemittel. Fingierte Vorlagen sollen die Täuschungsquote aufdecken. Dadurch kann der Anteil von Fehlangaben annähernd kontrolliert werden. Die Vorteile liegen in der leichten Abwicklung des Verfahrens und in der Generierung von Durchschnittswerten (Benchmarks) zum Vergleich im Laufe mehrmaliger Anwendung, die Nachteile in der strikten Laborsituation, in der unterschiedlichen Lernkurve verschiedener Anzeigen und in der nur einmaligen Werbemittelkontaktchance.

Weitere Probleme sind folgende: Das Verfahren ist nicht valide, so behaupten bis zur Hälfte aller Befragten bei Vorlage eines fiktiven Titelblatts einer Zeitschrift, diese gelesen zu haben. Der Zeitabstand zwischen letztem Lesen und Befragen hat kaum Einfluss auf die Wiedererkennungswerte, insofern ist fraglich, ob wirklich die Wirkung der geprüften Einschaltung kontrolliert wird oder etwas ganz anderes. Das Verfahren misst aufgrund seiner Anlage primär die Aufmerksamkeitswirkung, weniger Einstellungen und Verhaltensintensionen. Bekannte Marken erhalten durchweg höhere Wiedererkennungswerte als weniger bekannte, sodass eher kumulierte Werbeinvestitionen kontrolliert werden als einzelne Einschaltungen. Intensiv beworbene Warengruppen erzielen höhere Wiedererkennungswerte als weniger intensiv beworbene, dies ist Folge des allgemeinen »Grundrauschens« der Kommunikation. Es ist überhaupt unklar, was genau gemessen wird, es spricht einiges dafür, dass letztlich die Bereitschaft der Befragten, sich mit der beworbenen Marke zu identifizieren, angegeben wird, nicht hingegen die Werbewirkung. Die Kampagnenwirkung kann nicht ermittelt werden, weil nur eine einzige Anzeige in einem einzigen Testheft beim ersten Kontakt gemessen wird, dies dürfte mit der realen Werbewirkung wenig zu tun haben.

Um die genannten Verfahren herum sind im Laufe der Zeit elaborierte Testdesigns entwickelt worden, die zu verfeinerten Ergebnissen führen sollen. Eine gute Möglichkeit speziell im Werbebereich besteht noch in **Copy-Tests**. Dabei handelt es sich um turnusmäßig ohnehin von den Pressehäusern durchgeführte Befragungen zu den redaktionellen Inhalten bei Lesern, die der Optimierung des journalistischen Angebots dienen. Verlage bieten Anzeigenkunden an, sich mit einigen wenigen Zusatzfragen kostenlos an diese Erhebungen anzuschließen. Dabei kann vor allem die relative Beachtung einzelner Anzeigen im Heftkontext ermittelt werden. Meist werden folgende Werte ausgewiesen:

– Anzeigen-Erinnerungswert, Produkt-Erinnerungswert, Marken-Erinnerungswert, Bild-Erinnerungswert, Text-Erinnerungswert, Allgemeine Beurteilung (Notenskala mit Begründung) und Anzeigen-Profil.

Beim (Doppel-)Seitenkontakt wird so im Testheft für jede Seite der Grad der Intensität der Nutzung festgehalten (irgendetwas auf der Seite gründlich gelesen, nichts gründlich gelesen, aber irgendetwas flüchtig gelesen, Seite nur aufgeschlagen, Seite nicht aufgeschlagen). In ähnlicher Weise erfolgt die Erhebung redaktioneller Beiträge nach dem Grad der Nutzung (Beitrag gelesen, Beitrag zur Hälfte und mehr gelesen, Beitrag weniger als zur Hälfte gelesen, nur Überschrift/Zwischenüberschriften gelesen).

Eine Variante stellt der Illustrierten-Versand-Test dar. Dabei werden reale Zeitschriftenhefte an Auskunftspersonen verschickt, die danach hinsichtlich ihrer Nutzung von Anzeigen befragt werden. Bekannte Copy-Tests sind folgende (Steckbrief):

– Copytest Stern Argus:
  200 Leser des jeweiligen Testheftes (Erstbezieher) aus den alten Bundesländern, je 100 Männer und 100 Frauen, Quotierung nach Alter, Bildung, Region, Erhebung am 5. + 6. Tag nach Erscheinen durch persönliche, mündliche Interviews, Messwerte sind Recall-Erinnerung, Recognition-Wiedererkennung, Anmutungsqualität, getestet werden 20–24 Anzeigen, die Recall-Messung erfolgt durch einfachen Impact als Erinnerung an eine Anzeige anhand einer Markenliste, geprüfter Impact als freie Erinnerung an Produkt/Farbe/Abbildung/Text/Schlagzeile, bei drei richtigen Elementen und mehr: geprüfter Impact, die Recognition-Messung erfolgt durch Wiedervorlage der Anzeige im Testheft, Markierung der beachteten Einzelelemente im Testheft, Auswertung in den drei klassischen Kategorien: Anzeige gesehen, Markt/Firma beachtet, Hälfte und mehr vom Text gelesen, Anzeigendetailbeachtung, Anmutungsqualität: Beschreibung der vorliegenden Anzeige anhand von 16 vorgegebenen Eigenschaften, Umfangsbegrenzung auf vier Anzeigen, Kundenzusatzfragen sind möglich, Anlage als Gemeinschaftsuntersuchung von Stern, Agenturen und Markenartiklern.

– Freundin Argus:
  200 Leserinnen des jeweiligen Testheftes (Erstbezieher), in den alten Bundesländern, Quotierung nach Alter, Bildung, Region, Erhebung am 8. + 9. Tag nach Erscheinen durch persönliche, mündliche Interviews, Messwerte sind Recall-Erinnerungswerte und Recognition-Wiedererkennungswerte, die Recall-Messung erfolgt durch einfachen Impact als Erinnerung an eine Anzeige anhand einer Markenliste, geprüfter Impact als freie Erinnerung an Produkt/Farbe/Abbildung/Text/Schlagzeile, bei drei richtigen Elementen und mehr: geprüfter Impact, Recognition durch Wiedervorlage der Anzeige im Testheft, Markierung der beachteten Einzelelemente im Testheft, Auswertung in den drei klassischen Starch-Kategorien: Anzeige gesehen, Marke/Firma beachtet, Hälfte und mehr vom Text gelesen, Anzeigendetailbeachtung, Anlage als Untersuchung des Burda Anzeigen Center.

– A-Test Brigitte/Young Miss:
  200 Käuferinnen der Brigitte-Ausgabe (14 – 39 Jahre), 200 Käuferinnen der Young Miss-Ausgabe (14 – 29 Jahre), Stichprobe disproportional mit zwei Altersgruppen pro Titel bzw. proportional in Bezug auf Schulbildung, Tätigkeit, Ortsgrößen, Nielsen-Gebiete, Erhebung in der zweiten Hälfte des Erscheinungsintervalls, Messwerte sind Recall-Erinnerungswerte und Recognition-Wiedererkennungswerte, Anzeigenanmutung, Recall-Erinnerung: Erinnerung an Anzeige anhand einer Markenliste, Recognition-Wiedererkennung: Wiedervorlage der Anzeige im Testheft, Markierung der beachteten Einzelelemente im Testheft, Auswertung in den drei Kategorien: Anzeige gesehen, Marke/Firma beachtet, Hälfte und mehr vom Text gelesen, Anzeigendetailbeachtung, Anzeigenanmutung (anhand von neun Items), Anlage als Untersuchung der Anzeigenabteilung Brigitte/Young Miss/G&J.

– Kampagnen-Resonanz-Test:
  250 Käufer des jeweiligen Testhefts von Schöner Wohnen, die Quotierung erfolgt nach Geschlecht, Alter, Bildung, Ortsgröße und Nielsen-Gebiete, Erhebung in der zweiten

Hälfte des Erscheinungsintervalls durch persönliche, mündliche Interviews, Messwerte sind Recall-Erinnerungswerte und Recognition-Wiedererkennungswerte, Anzeigenanmutung, die Basis bilden ca. 25 Testanzeigen, Recall-Erinnerung: Erinnerung an Anzeige anhand einer Markenliste, Recognition-Wiedererkennung: Wiedervorlage im Testheft, keine Markierung der beachteten Einzelelemente im Testheft, verbale Abfrage der drei Kategorien: Anzeige gesehen, Marke/Firma beachtet, Text ganz gelesen/teilweise gelesen, Markendreiklang (bekannt, sympathisch, kaufbereit) bei Anzeigenvorlagen, Anzeigenanmutung (neun Items), Anlagen als Untersuchung der Anzeigenabteilung von Schöner Wohnen/G&J.

- Capital Anzeigen-Resonanz-Untersuchung:
150 Käufer des jeweiligen Testhefts, in den alten Bundesländern, Quotierung nach Geschlecht, Alter, Berufstätigkeit, Berufsgruppen, Region, Käuferschaftsstrukturen aus der Käuferschaftsstrukturanalyse (G&J) und verlagsinternen Quellen, Erhebung am 14. – 25. Tag nach Erscheinen durch persönliche, mündliche Interviews, Messwerte sind Recall-Erinnerungswerte und Recognition-Wiedererkennungswerte, die Basis bilden 20 – 24 Testanzeigen, Recall-Erinnerungswerte: einfacher Impact: Erinnerung an Anzeige anhand einer Markenliste, geprüfter Impact: freie Erinnerung an Produkt/Farbe/Abbildung/Text/Schlagzeile, bei drei richtigen Elementen und mehr: geprüfter Impact, Recognition-Wiedererkennung: Wiedervorlage der Anzeige im Testheft, keine Markierung der Einzelelemente, der Interviewer fragt direkt: Wurde die Anzeige ganz gelesen? Wurde mehr als die Hälfte gelesen? Wurde gar nicht gelesen? Wurde Marken-/Firmenname beachtet? Wurde Marken-/Firmenname nicht beachtet? Auswertung in den drei Kategorien: Anzeige gesehen, Marke/Firma beachtet, Hälfte und mehr vom Text gelesen, Anlagen als Untersuchung des G&J-Verlags.

- Anzeigencopytest TV Today:
250 Käufer/Leser des jeweiligen Testheftes, in den alten und neuen Bundesländern, Quotierung nach Geschlecht, Alter, Bildung, Region, Erhebung in der zweiten Programmwoche durch persönliche, mündliche Interviews, Messwerte sind Recall-Erinnerungswerte und Recognition-Wiedererkennungswerte, die Basis bilden 20 – 24 Testanzeigen, Recall-Erinnerung: Skalierter Impact nach Erinnerung an Anzeige anhand einer Markenliste, Recognition-Wiedererkennung: Wiedervorlage der Anzeige im Testheft, keine Markierung der Einzelelemente, der Interviewer fragt direkt: Wurde die Anzeige gesehen? Wurde Marken-/Firmenname beachtet? Lesemenge: Fünfer-Skala? Wurde Slogan/Überschrift gelesen? Anmutungsqualität für alle Anzeigen: Auffällig/überzeugend/Informativ/sympathisch/gefallen (Viererskala), Anlagen als Untersuchung des Verlags Fleetrand (TV Today).

- Burda Copytests:
200 Käufer des jeweiligen Testhefts von Bunte, Focus, Das Haus, Elle, Freizeit Revue etc., in den alten Bundesländern, die Quotierung erfolgt nach Alter, Geschlecht, Bildung, Berufstätigkeit, Region, Haushaltsgröße, die Erhebung wird 4.–5. Tag nach Erscheinen mittels computergestützter, persönlich-mündlicher CAPI-Interviews durchgeführt, Recognition-Wiedererkennungswerte, 15 Testanzeigen, Recognition-Wiedererkennung: Wiedervorlage der Anzeige im Testheft, keine Markierung der Einzelelemente, der Interviewer fragt direkt: Haben Sie die Anzeige gesehen? Haben Sie die Überschrift/Schlagzeile gelesen? Haben Sie den Marken- bzw. Firmennamen bemerkt? Haben Sie den

Text gelesen? Auswertungen in den vier Kategorien: Anzeige beachtet, Marke/Firma beachtet, Text ganz gelesen, Text teilweise gelesen, Anmutungsqualität der Anzeige (sieben emotionale/rationale Statements), Anzeigenkunden haben die Möglichkeit von bis zu drei Zusatzfragen, Untersuchungsanlage im Auftrag des Burda Anzeigen Center/ BAC.
- Regionalpresse-Standard-Anzeigen-Copytest:
Gilt für regionale Abozeitungen, erhoben werden 250 Leser des jeweiligen Testheftes im Verbreitungsgebiet, die Quotierung erfolgt nach Geschlecht, Alter, Berufstätigkeit am ersten Tag nach dem Erscheinen (bei Samstagsausgaben am darauf folgenden Montag), Erhebung durch persönliche, mündliche Interviews, Seitenkontakt, Recognition-Wiedererkennungswerte, die Basis bilden 15 Testanzeigen, Recognition-Wiedererkennungswerte: Wiedervorlage der Anzeige im Testheft, Markierung der beachteten Einzelelemente im Testheft, Auswertung in den Kategorien: Anzeige gesehen: Seitenkontakt, Marke/Firma beachtet, Hälfte und mehr vom Text gelesen, Untersuchungsanlage im Auftrag der Zeitungs-Marketing-Gesellschaft/ZMG.
- CCT CATI-Copytest
Gilt für Zeitungen, Zeitschriften, Fachzeitschriften, erhoben werden 200 – 300 Leser/innen des jeweiligen Testheftes durch Zufallsauswahl unter den Abonnenten bzw. Käufern (ermittelt über vorgeschaltete Screening-Interviews), Erhebung durch computergestützte Telefoninterviews, je nach Erscheinungsintervall an den beiden letzten Tagen vor Erscheinen der Neuausgabe, bei Zeitungen am Abend des Erscheinungstages und am darauf folgenden Tag, Messwerte sind Recall-Erinnerungswerte und Recognition-Wiedererkennungswerte, die Basis bilden 10 – 15 Testanzeigen, Anzeigenerinnerung: offene Abfrage: erinnerte Anzeigen/Marken, gestützt über Vorgabe einer Markenliste, Recognition: Aufschlagen der Testanzeigen: Abfrage der genutzten Textmenge, Abfrage von Einzelelementen der Anzeige, Auswertung: Anzeige gesehen, Marke/Firma bemerkt, Hälfte und mehr vom Text gelesen, Anzeigendetails, Anzeigenbeurteilungswerte in Abhängigkeit vom beworbenen Produkt über Statement-Vorgaben (max. drei bis vier Anzeigen), Produktspezifische Zusatzfragen möglich, Untersuchungsanlage im Auftrag mehrerer Verlage.
- Spiegel Copytest:
Erhoben werden 150 Käufer/Leser des jeweiligen Testheftes (Erstbezieher), die Quotierung erfolgt nach Geschlecht, Alter, Bildung, Erhebung am 3. + 4. Tag nach Erscheinen durch persönliche, mündliche Interviews, Messwerte sind Recall-Erinnerungswerte und Recognition-Wiedererkennungswerte, die Basis bilden ca. 20 Testanzeigen, Recall-Erinnerung: einfacher Impact: Erinnerung an Anzeige anhand einer Markenliste, geprüfter Impact: freie Erinnerung an Produkt/Farbe/Abbildung/Text/Schlagzeile, Recognition: Wiedervorlage der Anzeige im Testheft, keine Markierung der Einzelelemente, der Interviewer fragt: Wurde Anzeige gesehen? Wurde Marke/Anzeige bemerkt? Wurde Hälfte und mehr Text gelesen?, Anzeigenanmutung, ausgewählte Eigenschaften der Anzeige, des werbenden Unternehmens, begrenzte Zahl von Anzeigen, Untersuchungsanlage im Auftrag des Spiegel-Verlags.

Hinsichtlich der Fernsehwerbung wird neuerdings das **STAS-Potenzial** (Akronym für Short Term Advertising Strength/Jones) angeführt. Es ermittelt die Differenz zwischen den Käufen einer bestimmten Marke durch Haushalte, die in den letzten sieben Tagen vor dem Kauf keine Werbung für die betreffende Marke gesehen haben, und den Haushalten, die in den letzten sieben Tagen vor dem Kaufakt Werbung für die betreffende Marke gesehen haben. Der Unterschied zwischen den beiden Werten ist das STAS-Potenzial. Es soll möglichst weit über dem Ausgangswert 100 liegen, Werte unter 100 bedeuten, dass sich eine Marke nicht gegen den Werbedruck der Konkurrenz durchsetzen kann. Als Basis für Untersuchungen dienen Panel-Daten, in denen das Fernsehverhalten von Haushalten ermittelt wird. Basis ist hierzulande ein Single Source-Panel mit 6.000 Haushalten nur für Fernsehwerbung.

Allerdings gibt es dabei viele Probleme. So ist unklar, welcher Anteil des STAS-Potenzials auf TV-Werbung, wie viel auf andere Mediagattungen und wie viel auf andere Kommunikationsinstrumente zurückzuführen ist. Nicht berücksichtigt werden die Leistungswerte des TV-Panels, die Dauer der Marktpräsenz des Produkts, der Mediadruck und das Konkurrenzverhalten. Wahrscheinlich ist, dass Haushalte, die in den letzten sieben Tagen keine Werbung für die Marke gesehen haben, generell ein anderes TV-Nutzungsverhalten haben als andere Haushalte (Vielseher vs. Wenigseher). Dabei können auch soziodemografische Unterschiede eine Rolle spielen. Dann wird aber nicht, wie behauptet, die Gestaltungsstärke der Spots (Creative Strenght), sondern die Auswirkung unterschiedlichen Sehverhaltens und unterschiedlicher Soziodemografie gemessen. Damit aber disqualifiziert sich auch dieser Ansatz.

Seit einiger Zeit wird die **Werbewert-Formel** des VDZ (Verband Deutscher Zeitschriftenverleger) propagiert. Sie basiert auf empirischen Daten von 195 Marken aus 81 Produktbereichen und stellt deren Marktanteile in Beziehung zu den zeitgleich eingesetzten Werbeaufwendungen sowie den Handelsaktivitäten (je Doppelmonat). Die Formel lautet:

Marktanteil = 0,97 x Marketinganteil $^{0,99}_{t-1}$ x (Distribution t : Distribution t-1) + 0,21 x Werbeanteil t für Print ^{0,72} + 0,20 x Werbeanteil t für TV ^{0,70}

Dazu ein Rechenbeispiel zur Veranschaulichung:

- Marktanteil Vorperiode: 22,88 %,
- Distribution Vorperiode: 96,00 %,
- Distribution aktuelle Periode: 100,00 %,
- Werbeanteil Print: 1,80 %,
- Werbeanteil TV: 11,00 %.

Nach der Werbewert-Formel ergibt sich 0,97 x 22,88 ^{0,99} x 100 : 96 + 0,21 x 1,8 ^{0,72} + 0,20 x 11,0 ^{0,70} = 23,80 % Marktanteil

Die durch die Formel aufgeklärte Varianz des Ergebnisses beträgt 98,3 % (davon durch Marktanteil erklärt: 93,3 %, durch Werbeeinsatz: 5,0 %). Die Ermittlung von Abhängigkeiten erfolgt dabei über nicht-lineare, multiple Regressionsanalysen. Die Marktanteile ergeben sich aus den Nielsen Handelspaneldaten, die Werbeanteile aus dem Share of Advertising (Nielsen S&P), die Distribution ist umsatzgewichtet. Im Ergebnis sollte also der tatsächliche aktuelle Marktanteil dem solcherart prognostizierten entsprechen, ist dies nicht der Fall, liegt eine positive (tatsächlicher Marktanteil liegt höher) oder negative (tatsächlicher Marktanteil liegt niedriger) Abweichung in der Kommunikationsleistung vor.

Print und TV steigern demnach bei gleichen Werbeaufwendungen die Marktanteile im Untersuchungszeitraum auf nahezu identische Weise (0,21 bzw. 0,20). Steigende Werbeaufwendungen führen bei beiden Medien zu unterproportionalen Marktanteilssteigerungen (Multiplikator < 1), hohe Werbeaufwendungen zu sinkenden Grenznutzen (Exponentialwirkung).

Der Media-Mix-Einsatz bringt im Durchschnitt (Produktgruppenabweichungen werden berücksichtigt) im Vergleich zu Mono-Media-Strategien einen 15 – 20 %igen Wirkungsvorsprung. Je höher der Etateinsatz, desto größer ist diese Überlegenheit. Werbung und Distributionserhöhung können einen zeitabhängigen Marktanteilsschwund überkompensieren, mindestens aber ausgleichen. Große Marken benötigen überproportional große Werbeetats zur Stabilisierung/Ausweitung von Marktanteilen.

Die Prognoseeignung der Formel bezieht sich darauf, wieviel Geld in welchem Medium bzw. im Media-Mix aufgewendet werden muss, um den Marktanteil eines Produkts zu halten oder zu erweitern. Ohne Werbung bleiben demnach 94 – 97 % des Marktanteils ohnehin erhalten, es geht also eigentlich nur um den Ausgleich der fehlenden 3 – 6 %. Jeweils 1 % zusätzlicher Werbeanteil Print schafft demnach 0,21 Prozentpunkte Marktanteilszuwachs, 1 % zusätzlicher Werbeanteil TV schafft 0,20 Prozentpunkte Marktanteilszuwachs.

Problematisch dabei ist, dass Wettbewerbsaktivitäten (außer beim SoA) außer acht bleiben, diese aber zweifellos einen entscheidenden Einfluss auf den eigenen Werbeerfolg haben. Von Below-the-Line-Aktivitäten wird im Übrigen angenommen, dass sie nur marginalen Einfluss auf den Werbeerfolg haben. Bei ubiquitärer Distribution (100 %) bleiben handelsplatzbezogene Aktivitäten zudem praktisch unberücksichtigt. Auch handelt es sich bei den in der Formel berücksichtigten Werten um Durchschnittswerte von Alkoholfreien Getränken bis Zwieback. Ob diese Werte in gleicher Weise für andere, nicht berücksichtigte Produktgruppen zutreffen, ist hingegen fraglich. Hinter der Größe Print verbergen sich zudem General Interest-, Special Interest- und Tageszeitungstitel. Eine Erklärung ist nur möglich, wenn alle diese Medien belegt werden, was allerdings wohl eher selten der Fall sein dürfte (ansonsten ist der Faktor 0,21 unzutreffend). Diese Werte berücksichtigen zudem nicht Plakat und Hörfunk, obgleich zumindest für Letzteres die Werbeaufwendungen verfügbar wären. Außerdem besteht eine Verzerrung darin, dass marktführende Marken wohl eher in TV werben, aber aufgrund ihres bereits erreichten hohen Niveaus dadurch ihren Marktanteil kaum mehr steigern können.

Diese Kritik konnte durch eine Modifikation der Werbewert-Formel 1997 (Basis: 147 Marken aus 69 FMCG-Produktgruppen zwischen 1991 und 1996) nicht wesentlich behoben werden.

Per Saldo besteht somit kaum ein Vorteil gegenüber früheren, erheblich kritisierten Ansätzen wie der Markt-Mechanik-Studie (Springer-Verlag) oder der Medien und Markterfolg-Studie (IPA/RTL). Erstere untersuchte bereits 1977 auf Basis von 225 Marken aus 32 Produktbereichen den Werbeeinfluss anhand von Werbeanteilen, Media-Mixes und Endverbraucherpreisen. 1978 kamen dann Preisveränderungen, Promotionsanteil und Distribution sowie 1983 der Einkaufsanteil im Handel hinzu. Das Ergebnis war eine Formel zur Bestimmung der Marktanteile auf Basis der errechneten Einflussgewichte.

Letztere wurde 1994 mit 203 Marken aus 105 Produktbereichen des Lebensmitteleinzelhandels anhand von Werbeanteilen und Marktanteilen (Nielsen Handelspanel) vorgenommen. Das Ergebnis war, dass TV-Werbung den Absatz von Marken stärker als Anzeigen in Publikumszeitschriften beeinflusst und die Höhe des Werbeerfolgs weniger vom absoluten Budget als vom Anteil der Werbeaufwendungen pro Marke abhängig ist. Damit wurde jedoch womöglich nicht die Werbeeffizienz, sondern ein abweichendes Planungsverhalten erhoben (die Studie wurde denn auch alsbald zurückgezogen).

In der **Funkwerbung** sind ähnliche Verfahren wie bei der TV-Spot-Messung anwendbar. Ein Problem ist jedoch die außerordentlich schwierige Ermittlung von Werbeblockhörern, was durch die Vielzahl der zur Auswahl stehenden Stationen und die nur beiläufige Wahrnehmung des Hörfunkprogramms begründet ist. Daher bleibt nur der Same Day Recall (SDR) oder die vorrekrutierte Stichprobe, beide allerdings mit geringerer Aussagefähigkeit. Beim SDR ist der Anteil der Hörer eines bestimmten Senders unter der ohnehin begrenzten Anzahl von Radiohörern sehr gering, bei der vorselektierten Stichprobe findet eine Konditionierung der Probanden hinsichtlich des Testthemas statt. Als Alternative bleibt die Studio-Anhörung mit Vorführung eines Werbeblocks, der den Testspot und direkte Konkurrenzspots enthält, mit der Feststellung der mutmaßlichen Werbewirkung des Ersteren. Hier jedoch wirkt die unrealistische Nutzungssituation (Forced Exposure) verzerrend.

Bei der **Lichtspielhauswerbung** können ähnliche Verfahren wie bei der TV-Spot-Messung angewendet werden. Hinzu kommt die Möglichkeit der **Besucherbefragung**. Dabei kann die Erinnerung an einzelne Spots ermittelt werden. Stattdessen kann man die Telefonnummern von Besuchern notieren, um diese einen Tag später (DAR) anzurufen und nach ihrer Erinnerung an Spots zu befragen. Dabei ist allerdings von einer geringen Bereitwilligkeit der Probanden zur Kooperation auszugehen.

Noch schwieriger ist die Abfrage der Wirkung von **Außenwerbung**. Als wesentliches Problem ist zu nennen, dass die Erinnerung nicht so genau ist wie bei Pressemedien und nicht so vergleichsweise gut messbar wie bei Elektronikmedien. Eine Möglichkeit ist die **Straßenbefragung**. Dabei postiert sich ein Interviewer in einiger Entfernung hinter der Anschlagstelle und befragt Passanten, welche die Anschlagstelle passiert haben, nach Einzelheiten, falls das Testmotiv erinnert wird. Allerdings ist der Anteil von Falschnennungen und Fehlerinnerungen hoch. Für gewöhnlich werden irgendwie aus der Werbung bekannte Marken/Produkte genannt, und bei vorgegebenen Produktgruppen meist die Marktführer, die im Relevant Set verankert sind. Zudem hat diese Befragungsart keinerlei Anspruch auf Repräsentanz. Eine andere Möglichkeit ist die **In Home-Befragung** unter geografischer Fixierung und Bündelung von Befragungspersonen mit Vorgabe von Quoten. Das Motiv wird als Foto/Andruck präsentiert. Schließlich ist auch die Vorführung einer **Plakatdiashow** (tachistoskopische Anlage) oder die **Simulation** einer Fahrt/eines Gangs durch die Straßen mit Video darstellbar, wobei jeweils die Abfrage nach Erinnerung an dabei passierte Anschlagstellen erfolgt. Allerdings ist die Wahrnehmung dann nicht mehr spontan, wie das werbemitteltypisch ist.

2.9.6.4 Empfängeranalysen

Im **Printbereich** erfolgt die Messung der technischen Reichweite durch die **IVW** (für Informationsgemeinschaft zur Feststellung der Verbreitung von Werbeträgern). Die IVW überprüft in regelmäßigen Abständen die Auflagen der ihr zugewiesenen Druckerzeugnisse. Damit wird die Berechtigung und Wahrheit der von den Verlagen in den Auflagenlisten/Tarifen genannten Verbreitungsangaben von Tages- und Wochenzeitungen, Zeitschriften (incl. Supplements, Kundentitel, Fachtitel), Kalendern, Anzeigenblättern und Hand- und Adressbüchern gewährleistet. Außerdem werden die Anschlagstellen und deren Zustand bei Plakatpächtern geprüft. Außerhalb des Printbereichs kommt noch die Prüfung von Besucherzahlen in Lichtspielhäusern hinzu. Diejenigen Werbedurchführenden (Verlage/Pächter), die sich der IVW-Satzung unterwerfen, dürfen das IVW-Zeichen, dem Gütesiegelcharakter zukommt, führen. Verlage sind berechtigt, das Zeichen auf ihren Verlagsobjekten, die geprüft werden, und auf den Werbemitteln, die auf solche Verlagsobjekte hinweisen, zu führen. Plakatpächter (und Unternehmen für Verkehrsmittelwerbung) sind berechtigt, das Zeichen auf ihren Anschlagstellen und in Werbemitteln, die auf bei der IVW gemeldete Werbeträger hinweisen, zu führen. Kinopächter sind berechtigt, das Zeichen auf ihren Werbemitteln, die auf IVW-geprüfte Lichtspielhäuser hinweisen, zu führen. Die IVW-Prüfung erlaubt auch eine Übersicht über die Verbreitungsgebiete regionaler oder lokaler Werbeträger. Fachtitel (Professional Interest) werden hinsichtlich der Struktur ihrer Leser gesondert ausgewertet.

Im **Elektronikbereich** wird in einer Reihe von Testhaushalten durch die GfK, Gesellschaft für Konsumforschung, die Fernsehnutzung erhoben. Von 1963 – 1974 war das Tammeter von Infratam geschaltet, von 1975 – 1984 der Teleskomat/Telemetron von Teleskopie, ab 1985 der Telecontrol 3 (auch für Privat-Sender), aktualisiert 1991 durch Telecontrol 6 (auch für NBL), von GfK. Aktuell wird zwischen Antennenbuchse und Fernsehgerät ein Zusatzgerät (Single Source auf Nutzerebene), das Telecontrol XL von GfK, geschaltet. Dieses erfasst, wann ein Fernsehgerät ein- und ausgeschaltet wird und welche Programme dabei aufgerufen sind (bis zu 98 Kanäle). Die Ergebnisse werden auf Datenträger zwischen gespeichert, dann summiert und nachts per Datenfernübertragung (PC-/ISDN-Modem) über Telefonkabel (Telemetrie) in einen Zentralrechner (Client Server) überspielt, von wo sie am nächsten Morgen (PC-TV aktuell, ab 9.30 Uhr) auswertungsbereit abgerufen werden können. Früher erfolgte die Datenspeicherung noch auf einem 65 mm-Papier- oder einem 16 mm-Filmstreifen, der zweiwöchentlich abgeholt wurde. Heute wird selbst die Inbetriebnahme von Telespiel, Videotext, Homecomputer etc. registriert. Aufnahmen von Fernsehsendungen per Videorecorder werden registriert, auch wenn das Fernsehgerät nicht eingeschaltet ist oder gleichzeitig ein anderes Programm läuft. Auch die Wiedergabe von Videocassetten wird automatisch registriert, Fremdcassetten werden erkannt. Bei der Wiedergabe einer per Video aufgezeichneten Fernsehsendung wird zusätzlich erkannt, um welche Sendung es sich handelt, unabhängig von der Zeitspanne zwischen Aufnahme und Wiedergabe, Häufigkeit der Wiedergaben und Einstellungen wie Zeitlupe, Zeitraffer etc. Durch einen Akku-Puffer bleiben die erfassten Daten auch bei Stromausfall erhalten. Die Anpassung an verschiedene TV-Normen ist durch Tuneraustausch möglich, dazu ist kein Öffnen des TV-Geräts erforderlich, weil der Tuner bereits im Zusatzgerät eingebaut ist.

> Die Empfängeranalyse nach dem Rahmenschema des ZAW für Werbeträgeranalysen enthält für die einzelnen Mediagattungen darüber hinaus folgende Vereinbarungen:
> - Presse (PZ/TZ):
>   - Kontakt mit dem Medium: Nachweis des Versands oder des Empfangs,
>   - kleinste Kontakteinheit: durchschnittliche Ausgabe oder eine bestimmte Ausgabe,
>   - Kontakt mit der Zielgruppe: Zugehörigkeit zur Grundgesamtheit, vorgegebener Auswahlschlüssel oder eindeutige Bestimmung,
>   - Ermittlung zum Medienkontakt: Nachweis des Versandintervalls bzw. Exemplar erhalten,
>   - Erinnerungshilfe: bei eigenem Titel keine, ansonsten Originalausgabe, evtl. ausgedünnt oder als Titelkarte mind. im Format A 7,
>   - Ermittlung des Kontakts mit der kleinsten Einheit: Nachweis des zuzuordnenden Versands einer bestimmten Ausgabe.
> - Lesezirkel:
>   - Kontakt mit dem Medium: Nachweis des Versands oder Empfangs,
>   - kleinste Kontakteinheit: eine durchschnittliche Zeitschrift in der Lesezirkelmappe, oder eine bestimmte Zeitschrift,

- Kontakt mit der Zielgruppe: wie oben,
- Ermittlung zum Medienkontakt: Nachweis des Versandintervalls oder Erhalt der Lesezirkelmappe,
- Erinnerungshilfe: Vorlage der Originalausgabe einer Lesezirkelmappe (auch ausgedünnt), oder eines Wiedererkennungsblatts mit Erscheinungsbildern von Zeitschriften in Lesezirkelmappen in Originalfarben, mind. A 4 Format,
- Ermittlung des Kontakts mit der kleinsten Einheit: Nachweis der Zustellung einer bestimmten Lesezirkelmappe.
- Fernsehen:
  - Kontakt mit dem Medium: Empfangsmöglichkeit des Programms bzw. Sender auf Empfang geschaltet,
  - kleinste Kontakteinheit: spezielle Sendung pro Tag bzw. Zeitabschnitt,
  - Kontakt mit der Zielgruppe: wie oben,
  - Ermittlung zum Medienkontakt: Empfangsmöglichkeit im Gerät vorhanden bzw. Gerät eingeschaltet,
  - Erinnerungshilfe: Sender/Programm/Kennung mit Zeitabschnitten, bei Dateianalyse keine,
  - Ermittlung des Kontakts mit der kleinsten Einheit: Messung bzw. Nachweis der Einschaltung eines bestimmten Programms an einem bestimmten Tag zu einer bestimmten Zeit.
- Hörfunk:
  - Kontakt mit dem Medium: Empfangsmöglichkeit des Programms bzw. Sender auf Empfang geschaltet,
  - kleinste Kontakteinheit: spezielle Sendung pro Tag bzw. Zeitabschnitt,
  - Kontakt mit der Zielgruppe: wie oben,
  - Ermittlung zum Medienkontakt: Empfangsmöglichkeit im Gerät vorhanden bzw. Gerät eingeschaltet,
  - Erinnerungshilfe: Sender/Programm/Kennung mit Zeitabschnitten, bei Dateianalyse keine,
  - Ermittlung des Kontakts mit der kleinsten Einheit: Messung bzw. Nachweis der Einschaltung eines bestimmten Programms an einem bestimmten Tag zu einer bestimmten Zeit.
- Plakat:
  - Kontakt mit dem Medium: Bereich von Anschlagstellen wurde durchquert bzw. man hat sich darin aufgehalten,
  - kleinste Kontakteinheit: eine Dekade (10/11 Tage),
  - Kontakt mit der Zielgruppe: wie oben,
  - Ermittlung zum Medienkontakt: Kontaktbereich von Anschlagstellen wurde durchquert bzw. man hat sich darin aufgehalten,
  - Erinnerungshilfe: Stadt- oder Lageplan,
  - Ermittlung des Kontakts mit der kleinsten Einheit: wann zuletzt durchquert, wann zuletzt darin aufgehalten, und/oder Passagefrequenzfrage oder Passagemessung/-beobachtung.
- Verkehrsmittel:
  - Kontakt mit dem Medium: im Kontaktbereich aufgehalten,

- kleinste Kontakteinheit: durchschnittliches oder bestimmtes mit Werbung belegtes Fahrzeug im Belegungszeitraum,
  - Kontakt mit der Zielgruppe: wie oben,
  - Ermittlung zum Medienkontakt: Aufenthalt im räumlich definierten Kontaktbereich nachgewiesen, Aufenthalt in bestimmtem Kontaktbereich nachgewiesen, Aufenthalt in durchschnittlichem Kontaktbereich nachgewiesen,
  - Erinnerungshilfe: Streckenabschnittsskizze und Foto bzw. Stadtplan,
  - Ermittlung des Kontakts mit der kleinsten Einheit: wann zuletzt durchquert, darin aufgehalten und/oder Passagefrequenz, unter Berücksichtigung der Zugfolge und der Aufenthaltsdauer.
- Kino:
  - Kontakt mit dem Medium: Nachweis des Kartenverkaufs bzw. des Kartenkaufs,
  - kleinste Kontakteinheit: Nachweis des Kartenverkaufs eines Kinos in einer Woche für alle Vorstellungen,
  - Kontakt mit der Zielgruppe: wie oben, konkretisiert durch z. B. Gesamtheit vorhandener Plätze bei durchschnittlicher Laufzeit in einer bestimmter Region,
  - Ermittlung zum Medienkontakt: Nachweis des Kartenverkaufs bzw. des Kartenkaufs,
  - Erinnerungshilfe: keine
  - Ermittlung des Kontakts mit der kleinsten Einheit: Abrechnungsunterlagen des Kinos.
- Adressbücher:
  - Kontakt mit dem Medium: Nachweis des Versands oder des Empfangs,
  - kleinste Kontakteinheit: durchschnittliche oder bestimmte Ausgabe eines Adressbuchs,
  - Kontakt mit der Zielgruppe: wie oben,
  - Ermittlung zum Medienkontakt: Nachweis des Versands, oder Exemplar erhalten,
  - Erinnerungshilfe: bei eigenem Titel: Originaltitel, ansonsten Originaltitelschriftzug und Originalseite je Adressbuchabschnitt, bei Dateianalyse keine.

Zu **Inmarkt** gehören 5.640 Haushalte repräsentativ für 72,98 Mio. Personen über sechs Jahre, wo automatisch im Sekundentakt die TV-Nutzung mit eindeutiger Programmerkennung über Frequenzen, Personen individuellen oder aggregierten Daten erfasst wird. Das Panel umfasst 440 Ausländerhaushalte, wobei es allerdings Probleme in der Rekrutierung gibt. Die Standardberichterstattung umfasst Tages-, Wochen-, Monats-, Quartals-, Halbjahres- und Jahresberichte mit Angaben in Prozent, in absoluten Werten, in Marktanteilen, jeweils aufgegliedert nach Zuschauerstruktur der Redaktion und der Werbeinseln für jede Sendung nach Tag, Datum, Uhrzeit, Dauer und demografischen Daten (Alter, Geschlecht, Schulabschluss), nicht jedoch nach sozio-psychologischen Daten. Sonderanalysen beinhalten die Sehintensität von Zuschauern, die Struktur der Seherschaft bestimmter Sendungen, Sendetypen oder Programme, Hitlisten der Einschaltungen, Seherwanderungen, Seherbindungen an Sendungen im Zeitablauf, Seherüberschneidungen bei mehreren Sendungen, Sendegattungs-, Konstellations- und Sehverlaufstrukturen. Die Auswertung erfolgt als Seher pro halbe Stunde (Maßzahl der Mediaanalysen), Seher pro Tag, Seher pro Werbeblock, Seher pro Minute und neuerdings auch Seher pro Sekunde. Sie ist tagesaktuell und mit individueller Software für Seheranalysen, Überschneidungen, Personenmerkmale etc. statistisch bearbeitbar. Zur Erhebungskontrolle wird eine Parallelprüfung (Coincidental Check) per Telefon durchgeführt. Dennoch hat man festgestellt, dass die

Seherzahlen nach GfK noch während Senderausfällen ansteigen, was Zweifel weckt. Ebenso wurde bekannt, dass ganze Senderprogramme bei der Erfassung unterschlagen wurden. Da die Daten von extremer Bedeutung für die werbungtreibende Wirtschaft sind (als Basis für die Mediaoptimierung), besteht ein hohes Maß an Sensibilität gegenüber solchen Missgeschicken, so zufällig und einmalig sie auch sein mögen. Insofern sind Werbungtreibende, Werbungdurchführende und Werberater bemüht, das Erfassungssystem sicherer zu machen.

Nun ist es jedoch nicht gleichgültig, wer fernsieht. Daher muss sich jede Person im Haushalt als Seher individuell am Telemeter an- und wieder abmelden. Es werden bis zu sieben Personen plus ein Gast über ein separat bedienbares Zusatzgerät individuell erfasst. Unter der Voraussetzung, dass die ausgewählten Haushalte repräsentativ sind, sich deren Fernsehnutzung unter dem Einfluss der Erfassung nicht verändert, jede Person sich immer ordnungsgemäß an- und wieder abmeldet und während der Meldezeit aufmerksam fernsieht, geben die gewonnenen Daten in der Tat Aufschluss über die qualitative Reichweite von TV-Spots (Abb. 93). Im Übrigen werden durch dieses Verfahren auch die Einschaltquoten redaktioneller Sendungen, die regelmäßig in der journalistischen Berichterstattung erwähnt werden, erhoben. Man spricht von Ratings. Gerade in den genannten Voraussetzungen liegen aber die Fallstricke. An die Repräsentanz der ausgewählten Testhaushalte mag man ja noch glauben. Bei deren unveränderter Fernsehnutzung sind jedoch bereits ernste Zweifel angebracht. So ist es mehr als wahrscheinlich, dass das Sehverhalten von dem in einer unbeobachteten Situation abweicht. Auch bei der ordnungsgemäßen An- und Abmeldung sind Zweifel berechtigt. Wird man sich wirklich immer melden, wenn man nur einmal kurz den Raum verlässt, um das berühmte Bier oder die Chips aus der Küche zu holen? Dann wird aber ein Sehkontakt nur vorgetäuscht, der sich in den Ratings als real gegeben widerspiegelt. Und auch an der Hinwendung zur Fernsehsendung, erst recht, wenn es sich dabei um Werbung handelt, ist zu zweifeln. So weiß man aus Beobachtungen, dass die als Seher gemeldeten Personen tatsächlich oftmals alles andere tun als sich dem Fernsehen zu widmen. Außerdem gibt es Messverzerrungen, z. B. wenn von einem auf einen anderen Sender umgeschaltet wird, die beide Werbeblöcke haben, aber vor dem einen Werbeblock weggeschaltet bzw. nach dem anderen aufgeschaltet wird. Von daher sind diese Ergebnisse zwar besser als gar nichts, aber doch recht weit von dem entfernt, was als reliabel und valide anzusehen ist.

Das gleiche Verfahren wird für die Hörfunknutzung als **Audimeter** eingesetzt. Noch ungenauer sind bloße Aufschreibungen der Probanden selbst über ihre Fernsehnutzung (Telelog) oder ihre Hörfunknutzung (Audilog). Dabei handelt es sich um ein Tagebuchverfahren, bei dem Personen oder Haushalte auf vorstrukturierten Fragebögen die tägliche Mediennutzung angeben und zurückmelden. Dabei sind die einzelnen Tage meist nach Viertelstunden unterteilt, um die Medienkontakte je Zeiteinheit auswerten zu können. Erfahrungsgemäß ist jedoch die Sorgfalt beim Ausfüllen solcher Fragebögen sehr gering.

Die wenig aussagefähigen demografischen Daten des Fernsehpanel können um die psychosozialen Daten der Sinus-Milieus (GfK) erweitert werden. Dazu werden die Panelhaushalte entsprechend der Basis der Milieubausteine befragt.

Zwischenzeitlich werden mehrere Alternativen zur GfK-Quotenmessung angeboten, nachdem der GfK-Messung Unzuverlässigkeit unterstellt wurde. Es handelt sich im Einzelnen um folgende:

– **Mediascanner**. Dies ist ein Gerät zur passiven Messung von Hörfunk- und Fernsehreichweiten. Es wird von den Panelteilnehmern ständig bei sich getragen und registriert automatisch, also ohne An- und Abmeldung, welchen Sender sie wann und wie lange sehen bzw. hören.

Beurteilungskriterien der Werbung 193

RAN - SAT.1 FUSSBALL   **SAT 1**
Zeitraum: 12.8.95–18.5.96

Sendungstitel	Tag	Datum	Zeit	Min	Z3+	E14+	Reichweite in Mio. Frau	Män	E14-49	F14-49	M14-49	Z3+	E14+	Marktanteil % Frau	Män	E14-49	F14-49	M14-49
RAN-SAT.1 FUßBALL	Sa	12.8.95	17:59	76	4,15	3,93	1,13	2,80	2,04	0,53	1,51	30,5	30,7	17,6	43,6	35,9	21,2	47,5
RAN-SAT.1 FUßBALL	Sa	19.8.95	17:59	75	4,98	4,78	1,28	3,51	2,48	0,62	1,86	38,1	38,5	20,8	56,0	44,4	26,3	57,8
RAN-SAT.1 FUßBALL	Sa	2.9.95	17:59	77	6,14	5,86	2,01	3,85	2,95	0,93	2,01	34,4	35,3	23,8	47,3	39,1	26,5	50,2
RAN-SAT.1 FUßBALL	Sa	9.9.95	18:00	79	6,01	5,68	1,90	3,78	2,89	0,92	1,96	33,2	33,5	21,5	46,4	37,1	24,5	48,9
RAN-SAT.1 FUßBALL	Sa	16.9.95	18:00	69	5,79	5,47	1,64	3,83	2,71	0,75	1,97	36,1	36,6	21,7	51,7	39,9	24,6	52,3
RAN-SAT.1 FUßBALL	Sa	23.9.95	18:01	77	6,07	5,78	1,76	4,01	2,82	0,77	2,05	34,6	35,0	21,0	49,6	39,5	23,9	52,5
RAN-SAT.1 FUßBALL	Sa	30.9.95	17:59	71	6,33	5,97	2,01	3,96	2,70	0,83	1,86	31,5	32,0	20,4	45,0	32,9	21,1	44,0
RAN-SAT.1 FUßBALL	Sa	14.10.95	18:00	76	7,59	7,11	2,45	4,66	3,54	1,11	2,43	36,8	37,1	24,8	50,1	41,3	27,9	52,8
RAN-SAT.1 FUßBALL	Sa	21.10.95	18:00	72	7,38	6,93	2,21	4,71	3,31	0,97	2,34	34,4	35,1	22,0	48,9	37,4	23,8	49,2
RAN-SAT.1 FUßBALL	Sa	28.10.95	18:00	69	8,27	7,74	2,70	5,04	3,68	1,16	2,52	36,9	37,4	25,6	49,7	39,2	26,5	50,1
RAN-SAT.1 FUßBALL	Sa	4.11.95	17:58	77	8,22	7,69	2,61	5,09	3,76	1,17	2,58	34,7	35,1	22,9	48,3	38,7	25,4	50,8
RAN-SAT.1 FUßBALL	Sa	11.11.95	18:01	72	7,65	7,15	2,52	4,63	3,35	1,10	2,25	33,5	34,0	22,7	46,7	36,3	24,7	47,1
RAN-SAT.1 FUßBALL	Sa	18.11.95	18:00	74	8,36	7,87	2,80	5,07	3,72	1,21	2,52	35,5	36,3	25,0	48,2	39,8	27,6	50,3
RAN-SAT.1 FUßBALL	Sa	25.11.95	18:00	72	8,16	7,66	2,58	5,08	3,65	1,07	2,58	35,2	35,9	23,6	48,7	39,0	24,7	51,3
RAN-SAT.1 FUßBALL	Sa	2.12.95	18:00	68	7,48	6,98	2,27	4,71	3,08	0,86	2,22	33,9	34,5	22,4	46,7	35,4	22,1	46,4
RAN-SAT.1 FUßBALL	Sa	9.12.95	18:00	63	7,41	7,01	2,20	4,80	3,31	0,99	2,33	33,3	33,8	21,0	47,0	36,9	23,9	48,0
RAN-SAT.1 FUßBALL	Sa	10.2.96	18:00	73	5,91	5,48	1,88	3,60	2,57	0,81	1,76	24,8	25,0	15,9	35,6	26,3	16,8	35,8
RAN-SAT.1 FUßBALL	Sa	17.2.96	18:00	41	6,99	6,58	2,30	4,28	3,02	1,04	1,99	32,4	32,9	21,5	45,9	34,5	23,5	45,8
RAN-SAT.1 FUßBALL	Sa	24.2.96	18:00	73	6,99	6,52	2,31	4,22	2,98	0,91	2,07	30,4	30,8	20,7	42,2	32,9	20,9	43,9
RAN-SAT.1 FUßBALL	Sa	2.3.96	18:00	72	7,52	6,99	2,31	4,68	3,37	1,06	2,32	34,2	34,6	22,4	47,3	37,7	25,6	48,1
RAN-SAT.1 FUßBALL	Sa	9.3.96	18:00	60	7,38	6,91	2,27	4,64	3,26	1,10	2,16	35,3	35,7	22,7	49,5	38,6	27,3	48,8
RAN-SAT.1 FUßBALL	Sa	16.3.96	18:00	71	6,99	6,49	2,18	4,31	2,93	0,96	1,98	33,4	33,5	21,7	46,1	33,9	22,8	44,2
RAN-SAT.1 FUßBALL	Sa	23.3.96	17:59	73	7,51	6,92	2,46	4,46	3,26	1,10	2,16	35,6	35,3	23,9	48,0	37,8	26,2	48,9
RAN-SAT.1 FUßBALL	Sa	30.3.96	18:00	72	6,86	6,48	2,18	4,30	3,02	0,95	2,07	32,5	32,8	21,5	44,9	35,6	24,0	45,6
RAN-SAT.1 FUßBALL	Sa	6.4.96	17:59	73	5,59	5,19	1,78	3,42	2,52	0,89	1,63	31,3	31,2	21,3	41,1	33,6	25,9	40,0
RAN-SAT.1 FUßBALL	Sa	13.4.96	17:59	72	7,01	6,75	2,22	4,53	3,09	0,93	2,16	36,2	37,0	23,8	50,8	38,3	24,3	50,9
RAN-SAT.1 FUßBALL	Sa	20.4.96	18:00	72	5,28	4,98	1,42	3,56	2,23	0,57	1,66	40,7	40,6	23,6	57,0	44,5	25,4	60,0
RAN-SAT.1 FUßBALL	Sa	27.4.96	18:01	60	5,74	5,41	1,61	3,80	2,32	0,62	1,70	41,5	41,8	25,0	58,5	42,5	24,6	57,8

Quelle: GfK Fernsehforschung

Abb. 93: Reichweiten- und Marktanteilsmessung in TV (Beispiel: Ran SAT 1 Fußball)

Trotz seiner geringen Größe erkennt der Mediascanner akustisch alle aktiven Satelliten und Kabel gestützten oder terrestrisch ausgestrahlten TV- und HF-Sender, gleich ob zu Hause, im Auto, im Büro oder Hotel. Die täglich in den Datenbank per Mobilfunknetz übermittelten Medianutzungsdaten werden mit den soziodemografischen Merkmalen der Panel-Teilnehmer verknüpft. Neben dem mobilen Mini besteht der Mediascanner aus einer stationären Einheit im Panel-Haushalt zur Sendererfassung und Kommunikation mit der Zentrale. Es ist nur eine Stromsteckdose sowie die Verbindung mit dem Fernsehgerät ohne zusätzliche Hardware nötig. Über ein Lesegerät kann der Mediascanner auch für die Erfassung der Printnutzung erweitert werden.

- **Telemeter**. Dieses Gerät steht in 4.500 Haushalten des Nielsen Single-Source-Panels und 500 Pay-TV-Haushalten (für Premiere). Durch eine Master-Slave-Konfiguration können auch Zweit- und Drittgeräte erfasst werden. Dabei sammelt das Hauptgerät kontinuierlich die Daten der Zusatzgeräte und gibt sie gesammelt an das Rechenzentrum weiter. Die Daten werden von den Telemetern selbstständig verschickt. Im Gegensatz zum GfK-Meter werden die Sender nicht über die Kanalbelegung registriert, sondern über ihre Country Network Identification. Diesen störungsunempfindlichen Code haben nahezu alle europäischen Sender. Darüber hinaus ist das Telemeter schon in der Lage, via Nutzung alternativer Sendererkennungsverfahren Digital-TV zu messen.

- **Quoter**. Dieses Gerät identifiziert die TV-Programme über zusätzlich zu Bild- und Tondaten übermittelte Codes. Das Gerät wird durch das Einschalten des Fernsehgeräts oder Videorecorders aktiviert. Über Display werden die Panel-Teilnehmer aufgefordert, sich über eine spezielle Fernbedienung anzumelden. Der Quoter registriert sämtliche Umschaltvorgänge. Die erfassten Daten gehen sofort online an das Rechenzentrum. Als Übertragungsmedium dient der Datenfunkdienst Modacom. Das Rechenzentrum archiviert die personenbezogenen Rohdaten. Parallel dazu werden sie in der Datenbank für den Abruf der aktuellen Einschaltquoten aufbereitet. Die Datenbezieher sind innerhalb von 1,5 Sek., nachdem ein Schaltvorgang stattgefunden hat, über die statistischen Auswirkungen auf das Gesamtpanel informiert. Der Quoter kann durch einen Barcode-Leser für die Erhebung von Konsumdaten innerhalb eines Single-Source-Panels erweitert werden. Auch die passive Zuschauererkennung über eine Chipkarte, welche die Panelteilnehmer bei sich tragen, ist möglich.

Um Verzerrungen vorzubeugen, werden neuerdings anstelle der aktiven (Push Button Meters) passive Apparaturen (Wearable Meters) eingesetzt. Das **Arbitron** ist eine solche Vorrichtung (gegossener Chip), die auf Audiosignale reagiert und selbsttätig registriert, wer sich zum Zeitpunkt der Ausstrahlung im Einzugsbereich von Fernseh- oder Hörfunkempfänger befindet. Dazu ist es allerdings erforderlich, dass Probanden das Arbitron ständig bei sich tragen und nicht ablegen. Beim **Passive People Meter** wird am TV-Gerät ein Infrarotmesser installiert, der auf die körpereigene Wärmeausstrahlung reagiert und damit feststellt, ob sich wirklich jemand im Raum mit dem TV-Gerät befindet, während dieses eingeschaltet ist. Damit wird verhindert, dass Seher ausgewiesen werden, die sich zum Zeitpunkt der Ausstrahlung gar nicht im Raum befinden. Bei der **C-Box** (C für Camera) ist zudem ein Camcorder eingebaut, der per Weitwinkelobjektiv den Raum vor dem TV-Gerät aufzeichnet. In einem Bildausschnitt wird bei der Kontrolle das gerade laufende Programm eingeblendet, sodass die Aufmerksamkeit für TV-Programme/Werbeblöcke zugeordnet werden kann. Hier stellt sich natürlich die Frage, inwieweit sich das Sehverhalten unter dem Eindruck der Beobachtung verändert. Es liegt zumindest nahe, anzunehmen, dass sich solche Veränderungen einstellen.

Für die Messung der Leistungswerte von **Plakaten** wird meist die **API-Formel** (für Institute of Practioneers in Advertising) zugrunde gelegt. Für die Reichweite lautet sie:

$$RW = \frac{\text{Faktor A x Anzahl der belegten Stellen x 90}}{\text{Faktor A x Anzahl der belegten Stellen + Faktor b}}$$

Faktor A ist der Messwert für die durchschnittliche Zahl der Kontaktchancen pro Kopf der Bevölkerung und pro Anschlagstelle im jeweiligen Gebiet. Dazu gibt es Tabellenwerte in Abhängigkeit von der Art des Plakatanschlags (Allgemeinstellen, Ganzstellen, Großflächen) und der Einwohnerzahl der Gemeinde. Faktor b ist ein additiver Beiwert zur Korrektur der Differenz zwischen Durchschnittskontaktchancen pro Kopf der Bevölkerung und Durchschnittskontaktchancen pro Kopf der Personen, die tatsächlich Kontaktchancen mit Anschlagstellen hatten. Der Wert liegt nach empirischen Erhebungen bei ca. 4. Der Multiplikator 90 unterstellt, dass 10 % der Bevölkerung entweder ihre Wohnung mindestens eine Dekade lang nicht verlassen oder für die gleiche Zeitspanne ortsabwesend sind, also nur 90 % eine Kontaktchance haben (früher wurde hier der Multiplikator 100 vorgesehen).

Man sieht, dass das Ergebnis von drei eher zweifelhaften Einflussgrößen abhängig ist, die jeweils einzeln nur sehr begrenzt einschätzbar sind, deren Abweichungen aber aufgrund des Rechenverfahrens kumulieren und so zu ganz erheblichen Fehleinschätzungen der Reichweite führen können.

Für die Kontaktintensität lautet die IPA-Formel:

$$KI = \text{Faktor A x Anzahl der belegten Stellen + Faktor b}$$

Auch hier werden also zwei Faktoren einbezogen, der Tabellenwert für die durchschnittliche Zahl der Kontaktchancen pro Kopf der Bevölkerung pro Anschlagstelle im Gebiet und der Faktor b als additiver Beiwert. Daher unterliegt auch dieses Ergebnis starken Vorbehalten.

Zwischenzeitlich werden andere Verfahren diskutiert. So die Plakatabfrage anhand **erinnerter Wege** (GfK/DSR). Sie basiert auf dem Grundgedanken, dass sich Plakate dem Passanten quasi in den Weg stellen. Abgefragt wird daher, zu welchen Anlässen Personen innerhalb der letzten sieben Tage außer Haus waren, welche Wege sie dafür zurückgelegt haben und an welche Anschlagstellen sie sich dabei erinnern, vorbeigekommen zu sein. Vollbelegung immer unterstellt, ergeben sich Daten zu Reichweite (Anteil der Personen, die mindestens eine Anschlagstelle einer Werbeträgerart gesehen haben), Anzahl der verschiedenen Anschlagstellen pro erreichter Person und Kontakte pro erreichter Person. Aus den Reichweiten und den Kontakten pro Person errechnen sich wiederum durch Multiplikation die Kontakte pro Person der Gesamtbevölkerung, von denen sich schließlich die Gross Rating Points (GRP's) ableiten lassen, also die Bruttoreichweite in Prozent. Doch solche Wochenreichweiten bei Vollbelegung sind völlig praxisfern. Allein Angaben pro Dekade bei vorgegebener Stellenzahl je Stadt sind sinnvoll. Diese sind jedoch nur näherungsweise aus den Grunddaten berechenbar (indem auf die tatsächliche Belegung, z. B. 1 : 3.000 heruntergerechnet wird).

Ein anderer Ansatz ist der **G-Wert** (Nielsen/FAW). Er gibt an, wie viele Passanten sich nach der Passage einer Großfläche an ein dort angebrachtes Plakat erinnern. Er wird ermittelt für eine durchschnittliche Tagesstunde zwischen 7.00 und 19.00 Uhr sowie für ein durchschnittlich aufmerksamkeitsstarkes Plakat. Daraus ergibt sich als berechenbarer Beachtungswert folgender: Passagefrequenz/Stunde x Erinnerer-Anteil = G-Wert. Der G-Wert drückt damit aus, wieviele Personen pro Tag nach der Passage eines Großflächenstandorts das Plakat dort wiedererkennen. Damit befindet man sich also auf der Ebene des Werbemittelkontakts.

Die Zählung der Passanten erfolgt viermal je 6 Minuten pro Stelle zu unterschiedlichen Tageszeiten und an unterschiedlichen Wochentagen, getrennt nach Verkehrsströmen (-richtungen) und getrennt nach Fußgängern, Fahrzeugpassagieren und Fahrgästen von öffentlichen Nahverkehrsmitteln.

Die Erinnerung ist u. a. abhängig vom Winkel der Tafel zum Verkehrsfluss, Kontaktchancendauer, Entfernung, Sichthindernissen, Ablenkung durch Blickfänge im Umfeld, Ablenkung durch weitere Plakatstellen, Ablenkung durch Verkehrsgeschehen, Höhe der Tafel und Beleuchtungsverhältnisse. Hohe Werte sind solche > 100, entsprechend gibt es eine gestaffelte Preisstruktur der Standorte. Zwischenzeitlich sind alle Städte über 100.000 Einwohner hinsichtlicher aller Standorte bewertet.

Wenn man zu aussagefähigen Ergebnissen kommen will, muss man vor allem berücksichtigen, dass Anschlagstelle nicht gleich Anschlagstelle ist. Viel mehr noch als bei anderen Mediagattungen ist hier die Platzierung von ausschlaggebender Bedeutung. Wer kennt nicht die Flächen in schattigen Toreinfahrten, hinter geparkten Lkw versteckt oder in schlecht beleuchteten Nebenstraßen. Insofern ist vor jeder Effizienzmessung der Außenwerbung zunächst diese sehr schwankende Qualität der Anschlagstellen zu korrigieren. Ganz abgesehen davon, dass jeder Werbungtreibende naturgemäß ein starkes Interesse daran hat, für sein gutes Werbegeld eine leistungsfähige Anschlagstelle zu mieten. Jedoch ist die Erhebung der Werbeträger bei Außenwerbung sehr viel schwieriger als bei Presse- oder Elektronikwerbung, denn diese liegen nicht in raum-zeitlich konzentrierter Form vor, sondern sind dispers über das ganze Land verstreut. Man muss also eine Erhebung für jede einzelne Fläche durchführen. Außerdem ist die Qualität einer Anschlagstelle von zahlreichen Einflussfaktoren abhängig, die systematisch ermittelt werden müssen. Daher gibt es erst seit neuerer Zeit Erhebungsverfahren zur Plakatbewertung. Darin werden Indikatoren erfasst, aus denen Rückschlüsse auf die mutmaßliche Qualität einzelner Anschlagstellen gezogen werden können (und damit auf deren Werbewirkung). Hier ist das Beispiel einer Plakatbewertung (nach Nielsen) angeführt:

– Statistische Daten (Standort, Ort, Standort-Nr., Stellenzahl, Stellenart, Ortsteil, Pächter, Koordinaten, Standort-Code),
– Skizze für Standort mit Position der Werbeanlage,
– Winkel des Werbeträgers zur Verkehrsachse,
– Höhe der Flächenunterkante,
– Linien des öffentlichen Personennahverkehrs, die den Standort passieren,
– geringster Abstand zwischen Verkehrsachse und Tafelmitte,
– Gesamtmeter der vollen Einsehbarkeit für den fließenden Verkehr ohne Sichtbehinderung vom Bewertungspunkt aus,
– weitere Großflächen in einer Entfernung von weniger als 7,2 m zum Standort (doppelte Großflächen-Breite),
– Anzahl der Werbe- und Informationsträger in einem Radius von 30 m,
– bei Verbrauchermarkt: Größe der Verkaufsfläche, Anzahl Stellplätze,
– Standort beleuchtet,
– Standort in einer Unterführung (Distanz zum Unterführungsanfang).

Meist dienen Straßenerhebungsbögen zur Annäherung an die Kontaktwahrscheinlichkeit. Diese berücksichtigen die folgenden Angaben:

- Straßenumfeld (nur Wohnen, überwiegend Wohnen mit Geschäften, überwiegend Wohnen mit Kleingewerbe und -industrie, überwiegend Wohnen mit Büro/Verwaltung/Behörden, überwiegend Einkaufen mit Wohnen),
- Geschäftsdichte,
- stadträumliche Lage (Innenstadt/City, Randbereich/Innenstadt, Stadtteil mit eigenem Zentrum, übriges Stadtgebiet, Stadtrand),
- Anzahl der Etagen,
- Bauweise (offen, geschlossen),
- Straßenfunktion (Ringstraße, Ein- und Ausfallstraße, Stadtteilverbinder, kleine Durchgangsstraße mit Sammelcharakter, Anlieger ohne Durchgangsverkehr, Privatstraße oder Straße für besonderen Personenkreis, Fußgängerbereich),
- Einbahnstraße/Sackgasse,
- zulässige Höchstgeschwindigkeit,
- Anzahl der Fahrstreifen,
- Steigung (eben, flach, hügelig, bergig),
- Länge der Steigung,
- Radwege (keine, auf der Fahrbahn, gemeinsam mit Fußgängerweg, auf dem Gehweg),
- Ampelanlage für Radfahrer,
- Breite des Bürgersteigs,
- Kreuzungsabstand im Straßenverlauf,
- Kreuzungen im Straßenverlauf,
- Vorfahrtsregelung im Straßenverlauf,
- Fahrtrichtungstrennung,
- Kurvigkeit (Überholen erlaubt, Überholen verboten),
- Entfernung zu Schulen und Universitäten,
- Entfernung zu Haltestellen des öffentlichen Personennahverkehrs,
- Entfernung zum Bahnhof,
- geschätztes Verkaufsaufkommen (Autos, ÖPNV, Fußgänger, Radfahrer),
- Standortbesonderheiten.

Aus diesen Faktoren wird über ein Punktbewertungsverfahren die Qualität jeder Anschlagstelle erhoben.

2.9.7 Weitere Analysen der praktischen Werbeeffizienzforschung

Als Analysen der praktischen Werbeeffizienzforschung im Feld, die beinahe unüberschaubar zahlreich sind, können exemplarisch folgende angeführt werden:

- **AFAP** (Gesellschaft für angewandte Psychologie, Köln). Dabei handelt es sich um eine Tracking-Studie zur Beachtung der Mediawerbung bei der Zielgruppe, ihrer Resonanz, der Eindrücke dort und des Vorstellungsbilds über das Unternehmen.
- **Burke Int'l** arbeitet mit einem Day-After-Recall-Test, primär für TV-Spots. Telefoninterviews mit Abfrage des Fernsehverhaltens am Vorabend werden bei 2.400 Haushalten vorgenommen. Es bleiben erfahrungsgemäß ca. 150 Personen/Seher übrig, die Fernsehwerbung gesehen haben. Dort erfolgt die Messung nach Spoterinnerung, Markenerinnerung und inhaltlichen Aussagen zum Produkt.

- **Burke Int'l: Systembausteine der Werbewirkungsforschung.** Dies ist ein Standard-Pretest zu den Elementen Durchsetzungsfähigkeit, Kommunikation und Diagnostik sowie ein Post-/In between-Test zu den Elementen Recall/richtige Erinnerung, qualitative Diagnostik/kommunikative Kompetenz nach den Dimensionen Gefallen, Dynamik, Unterhaltung, Humor, Interesse, Me Too, Involvement, Irritation und Produktbezug. Daraus ergibt sich der **Burke Persuasion Index** als protokollierte Kaufbereitschaft in der Test- und Kontrollgruppe. Dieser wird in die **Advisor Campaign Evaluation (ACE)** zur Ermittlung zentraler Wirkparameter nach Werbekontakten eingegeben und zu einer Optimierung der Mediastrategie genutzt.
- **Czaia Marktforschung Copytest.** Dieser berücksichtigt im Einzelnen die Elemente: Anzeige beachtet? Überschrift bemerkt? Markenzeichen bemerkt? Text ganz gelesen? Text teilweise gelesen?
- **Emnid Recall- und Recognition-Test.** Als Kriterien dienen dabei folgende. Zunächst werden Normwerte wie Interesse an der Warengruppe, Kaufinteresse der Marke, Kontaktzahl mit der Testzeitschrift, letzter Kontakt und Soziodemografie sowie die Aufmerksamkeitsleistung ermittelt. Eine Operationalisierung erfolgt durch die Kriterien: Anzeige gesehen, Marke gesehen, mehr als die Hälfte des Textes gelesen. Schließlich wird die Kommunikationsleistung ermittelt und durch die Werte für Recall (ungestützt, Produkt gestützt, Marken gestützt), Erinnerung an visuelle Darstellung, beworbener Produktnutzen, Main Claim und Impact operationalisiert.
- **Intermarket.** Eine Werbewirkungsforschung erfolgt anhand der Kriterien: Spontane Bekanntheit, gestützte Bekanntheit, Produkterfahrung, Verwendung und Mediennutzung.
- **Compagnon Psychologische Image-Studien.** Dabei handelt es sich um eine standardisierte und offene Befragung anhand projektiver Erhebungsmethoden (wie Satzergänzungstest, Assoziation, Situationsbilder, Farbwahl, Einkaufsliste) und psychometrischer Methoden (wie Polaritätenprofil, unipolare Skalierung, Rangreihen-Test, Paar-/Tripeltest, Multidimensionale Skalierung, Kaufbereitschafts-Skala, Kaufentscheidungs-Simulation oder Lotterie mit beworbenen Produkten als auszuwählendem Gewinnpreis).
- **Psyma Anzeigentest.** Auf Basis eines Thematischen Apperzeptions-Tests werden Ego-Involvement, Produkt-Involvement, Produktverankerung und Aktivierungspotenzial erhoben. In der ersten Phase geht es um die spontane Erzählung mit Kategorisierung der Geschichte, Personen-/Handlungsbeschreibung und Ort/Situation der Handlung, in der zweiten Phase um die eigene Rolle in dieser Handlung und in der dritten Phase um die Adäquanz des Produkts zur Geschichte
- **Alpha-Institut Alpha-SRT.** Dies ist ein Studio-Test mit Ausweis der Recall- und Recognition-Werte. Gleiches gilt für den Test von **Blähser&Partner (Final-Pretest-Studio-Test).**
- **Emnid Advertising Sell-Test.** Er ermöglicht die Einbeziehung aller Medien des Media-Mix (außer Plakat) unter Beachtung von Mehrfachkontakten und mit Untersuchung mehrerer Motive/Spots. Ermittelt werden der Einfluss auf den Relevant Set und auf das Kaufverhalten, ohne konditionierende Testsituation. Der Test umfasst max. 200 Testpersonen (Split Run) mit kombinierter Studio- und Home-Test-Anlage, ausgewiesen werden Markenwahl und Werbediagnostik (Recall, Likes/Dislikes, Anmutung etc.).
- **Psyma.** Hier werden die Ergebnisse durch Gruppendiskussionen über Werbung mit elektronischer Aufzeichnung und verdeckter Teilnahme der Initiatoren ermittelt. In gleicher Weise gibt es dieses Verfahren auch von **Compagnon** und **Ifuma**.

- **GFM-Getas Checkboard**. Kernpunkt ist hier ein Advertising Judgement Board als neutrale und kompetente Institution zur Überprüfung von Werbekampagnen durch Juroren nach den Kriterien Inhalt und Ausführung.
- **Meyer-Hentschel Experten-Gutachten zur Beurteilung von Anzeigen**. Dabei bewertet ein Kommunikationsexperte (wohl Herr Meyer-Hentschel) jede Anzeige nach einer vorgegebenen Kriterienliste aus 45 Fragen von 1 – 5 (Notenskala).
- **Infratest Foldertest**. Gemessen werden im Einzelnen Aufmerksamkeitsleistung, Kommunikationsleistung und Anmutung (TV-Spots, HF-Spots, Anzeigen).
- **Schaefer Marktforschung Competitive Advertising Test**. Hier wird ein Testspot unter Forced Exposure-Bedingungen gezeigt. Beurteilungskriterien sind die spontane Erinnerung, die Produkteigenschaften und die Werbemittelbeurteilung (Glaubwürdigkeit, Originalität, Auffälligkeit, Relevanz, Überzeugungskraft, Neuartigkeit, Informationswert etc.). Weiterhin erfolgt eine Abfrage der Kaufbereitschaft.

2.9.8 Problematik des Posttest

Der Posttest betrifft die Werbeeffizienzkontrolle. Hier ergeben sich letztlich unüberwindliche Schwierigkeiten durch Faktoren wie mangelnde (Abb. 94):

- **Zuordnung der Kommunikation innerhalb des Marketing-Mix**. So ist nicht bekannt, aufgrund welcher Marketingparameter ein Produkterfolg genau zustande gekommen ist und welchen Anteil die Kommunikation daran trägt. Eine sehr gute Kampagne mag gering wirken, weil gleichzeitig z. B. Produktqualität, Erhältlichkeit oder Preisstellung unzureichend sind. Umgekehrt kann selbst eine schlechte Kampagne den Erfolg eines Angebots nicht aufhalten, wenn die übrigen Parameter hervorragend arbeiten. Damit aber ist der Einfluss der Werbung innerhalb des Marketing-Mix nicht mehr nachvollziehbar.
- **zeitliche Abgrenzung der Werbewirkung**. So ist unbekannt, wann genau die Initiierung für einen Werbeerfolg stattgefunden hat, der sich irgendwann in Verhalten äußert. Es mag sein, dass länger zurückliegende Werbekontakte zum Einstellungsaufbau geführt haben, der sich aktuell erst in Handlung manifestiert und damit nicht derzeitigen Werbemaßnahmen zugerechnet werden darf. Umgekehrt können derzeitige Werbekontakte nicht spontan zur Handlung führen, sondern als Depotinformation gespeichert und erst zu einem späteren Zeitpunkt, z. B. bei Bedarfsanlass, abgerufen werden. Ein Erfolg, der aktuell nicht zu Buche schlägt. Insofern ist der zeitliche Einfluss der Werbung auf Einstellung und Kaufentscheid nicht nachvollziehbar.
- **räumliche Abgrenzung der Werbewirkung**. So ist nicht bekannt, wo genau die Kommunikation, die für einen Image- oder Absatzerfolg als ursächlich anzusehen ist, stattgefunden hat. Es mag sein, dass Werbekontakte in einem anderen Gebiet sich in diesem als Handlung auswirken. Und umgekehrt. Dies ist etwa regelmäßig der Fall, wenn Arbeits- und Wohnort auseinander fallen. Gleichfalls kann sich eine Werbeaktion in Ballungsräumen durch Abverkäufe in deren Vororten monetarisieren, wo großflächige Geschäftsstätten eine hohe Hebelwirkung ausüben. Deshalb ist eine genügende räumliche Abgrenzung der Werbewirkung nicht gegeben.
- **Abgrenzung der Werbung im Kommunikations-Mix**. Eine Einstellung oder Kaufhandlung kann sowohl aufgrund Klassischer wie Nicht-klassischer Werbemittel, innerhalb dieser

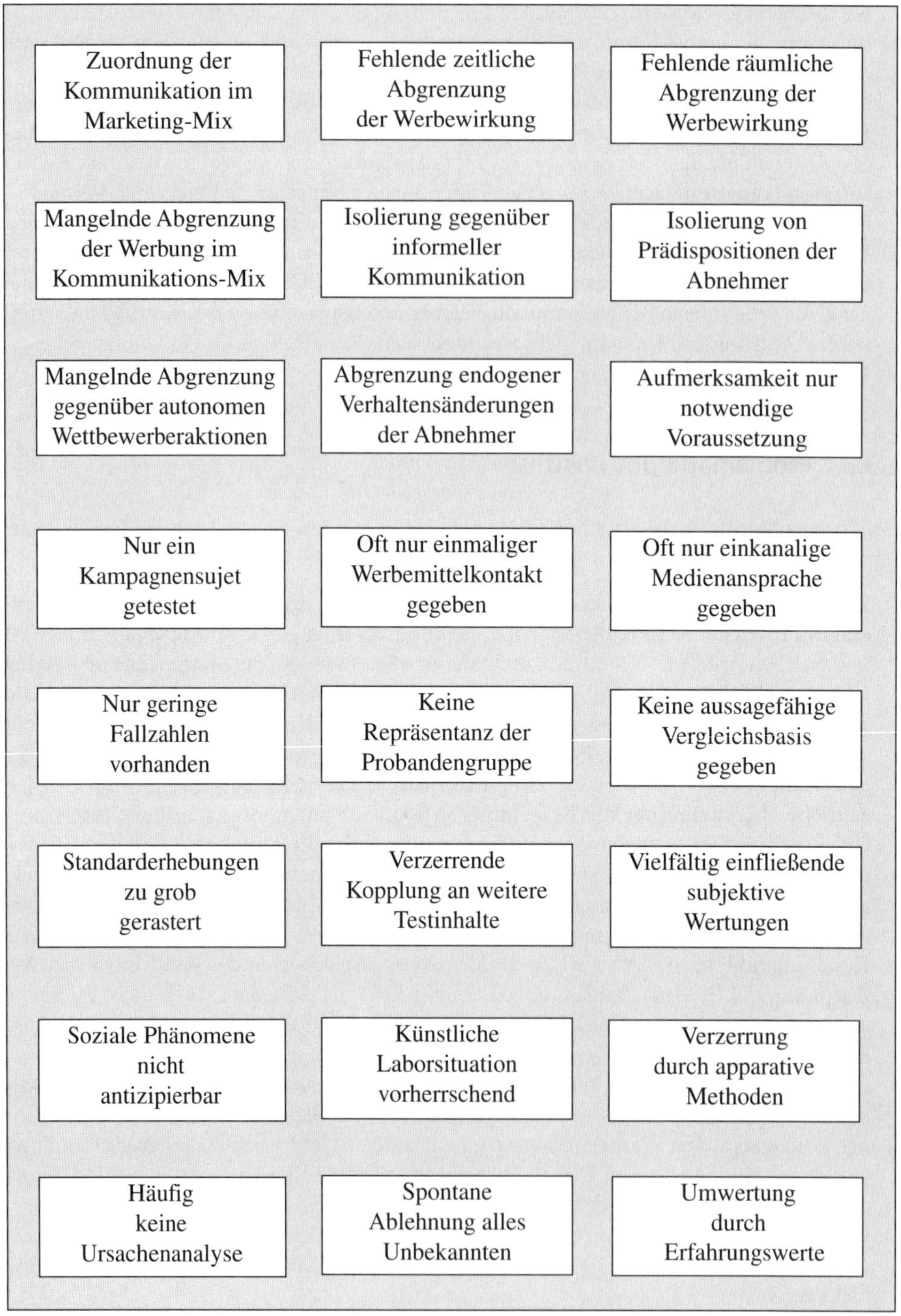

Zuordnung der Kommunikation im Marketing-Mix	Fehlende zeitliche Abgrenzung der Werbewirkung	Fehlende räumliche Abgrenzung der Werbewirkung
Mangelnde Abgrenzung der Werbung im Kommunikations-Mix	Isolierung gegenüber informeller Kommunikation	Isolierung von Prädispositionen der Abnehmer
Mangelnde Abgrenzung gegenüber autonomen Wettbewerberaktionen	Abgrenzung endogener Verhaltensänderungen der Abnehmer	Aufmerksamkeit nur notwendige Voraussetzung
Nur ein Kampagnensujet getestet	Oft nur einmaliger Werbemittelkontakt gegeben	Oft nur einkanalige Medienansprache gegeben
Nur geringe Fallzahlen vorhanden	Keine Repräsentanz der Probandengruppe	Keine aussagefähige Vergleichsbasis gegeben
Standarderhebungen zu grob gerastert	Verzerrende Kopplung an weitere Testinhalte	Vielfältig einfließende subjektive Wertungen
Soziale Phänomene nicht antizipierbar	Künstliche Laborsituation vorherrschend	Verzerrung durch apparative Methoden
Häufig keine Ursachenanalyse	Spontane Ablehnung alles Unbekannten	Umwertung durch Erfahrungswerte

Abb. 94: Problematik der Werbebeurteilung

wiederum durch vielfältige Medien, zustande gekommen sein. So können etwa Verkaufsförderung am POS, Persönliche Kommunikation oder redaktionelle Berichterstattung mehr oder minder großen Anteil daran haben. Oder Packungsausstattung oder Verkaufsliteratur. Da der Anteil Nicht-klassischer Werbemittel kontinuierlich steigt, sind mutmaßlich immer größere Anteile der Werbewirkung nicht mehr auf Klassische Werbemittel zurückzuführen.
- **Isolierung gegenüber informeller Kommunikation.** Ein Werbeerfolg muss nicht einmal aufgrund formaler Unternehmensaktivitäten zustande gekommen sein, sondern kann auch aus informellen Kontakten herrühren. Mund-zu-Mund-Propaganda, Erfahrungsaustausch unter Nachbarn, Bekannten, Verwandten etc. ist zudem womöglich weitaus wirksamer als Unternehmenskommunikation. Gleichfalls mag eine Kaufverweigerung trotz leistungsfähiger Werbemaßnahmen aus eben diesem Grund entstehen. Die Wirkungen strategischer Kommunikation sind somit notwendigerweise nicht von denen zufälliger Natur zu trennen.
- **Isolierung von Prädispositionen der Abnehmer.** Selbst eine leistungsfähige Werbung kann historisch bedingte, negative Prädisposition nicht immer kompensieren. Andererseits ist denkbar, dass schlechte Werbung, die auf vorhandene positive Prädispositionen trifft, diese lange Zeit nicht überkompensieren kann und so dennoch in Handlungserfolg resultiert. Zwar ist die Remanenz von Images außerordentlich hoch, allerdings darf nicht unterschätzt werden, dass erodierte ImageWerte nur durch langwierige, intensive Kommunikation wiederzubeleben sind.
- **Abgrenzung gegenüber autonomen Wettbewerbsaktionen.** Die Werbewirkung wird immer auch von erfolgreichen oder erfolglosen Aktivitäten der Mitbewerber beeinflusst. Eine an sich arbeitsfähige Kampagne kann zum Scheitern verurteilt sein, wenn der Mitbewerb dagegen Preissenkungen, Extraserviceleistungen (VAS) oder Sonderplatzierungen stellt. Umgekehrt kann sich ein Erfolg aber auch schon allein dadurch ergeben, dass der Mitbewerb Preiserhöhung, Distributionsabbau oder Qualitätsabwertung vornimmt. Eigener Werbeerfolg ist somit nicht unabhängig vom Mitbewerb zu beurteilen. Vielmehr wird immer nur der Saldo aus eigenen und konkurrierenden Aktivitäten am Markt wirksam.
- **Abgrenzung endogener Verbraucherverhaltensänderungen.** Die Werbewirkung hängt nicht nur von der Werbung selbst, sondern auch von autonomen Einstellungsänderungen der Abnehmer ab. Ein Angebot kann nicht nur aufgrund guter Werbung erfolgreich sein, sondern allein schon deshalb, weil ein starker Sozialtrend in der Abnehmerschaft darauf hinarbeitet. Dies gilt für Produkte besonderer Preisgünstigkeit ebenso wie für solche demonstrativen Konsums. Umgekehrt kann natürlich ein Produkt auch geächtet sein, z. B. wenn sozial wenig akzeptierte Gruppen es häufig verwenden, ohne dass dies unzulänglicher Werbung zugeschrieben werden kann.

2.9.9 Problematik des Pretest

Dieser betrifft die Werbeeffizienzprognose. Mit der Werbung verbundene Risiken sollen nach Möglichkeit im Vorfeld eliminiert werden. Auch hierbei ergeben sich beträchtliche Schwierigkeiten aufgrund falscher Entscheidungssignale:

- Das **zentrale Kriterium Aufmerksamkeitswirkung** ist nur eine, allerdings notwendige Voraussetzung für den Markterfolg, nicht jedoch als dafür hinreichend anzusehen. Denn Aufmerksamkeit allein schafft noch keinen Handlungserfolg. Dazwischen liegen psychologisch und sozial bedingte Wirkungen, die trotz hoher Aufmerksamkeit zur Kaufverweigerung führen können oder umgekehrt trotz geringer Auffälligkeit zum Kaufabschluss. Tests, die allein die Aufmerksamkeitswirkung zum Gegenstand haben, spielen demnach auch ausschließlich die Aufmerksamkeitswirkung zurück. Doch diese ist nur ein Element des Markterfolgs, praktisch der Auslöser, aber nicht die Gewähr dafür. Wobei eine für jedermann und leicht nachvollziehbare Schlüssigkeit zwischen beiden nicht gegeben sein muss.

− Aus Zeit- und Kostengründen wird **oft nur ein Sujet einer Werbekampagne** in den Werbemittel-Pretest einbezogen. Dies führt über Unzulänglichkeiten zur Verzerrung. Denn Erfahrungen zeigen, dass bereits vergleichsweise gering erscheinende gestalterische Veränderungen Ergebnisse unvorhersehbar und erheblich beeinflussen. Auf diese Weise kann es vorkommen, dass eine an sich arbeitsfähige Kampagne wegen eines schwächeren Motivs gekippt bzw. umgekehrt eine suboptimale Kampagne infolge eines überdurchschnittlichen Motivs, das zufälligerweise getestet wird, präferiert wird. Außerdem ist es typisch, dass eine Kampagne von ihren Machern im Zeitablauf immer ausgefeilter gestaltet und damit auch immer besser wird. Während der Test meist nur frühe Entwicklungsstadien von Kampagnen repräsentiert.

− Aus Zeit- und Kostengründen wird ein Sujet meist **nach nur einmaligem Werbemittelkontakt** beurteilt. Dies unterschlägt Lernerfolge, die im Zeitablauf beinahe zwangsläufig entstehen. Denn gerade mehrmalige, in mehr oder minder großen Zeitabständen und Intensitäten wiederholte Werbemittelkontakte führen zu erheblichen Veränderungen der Kampagnenbewertung. Das heißt, zunächst irrelevante Umsetzungselemente gewinnen im Zeitablauf an Bedeutung, während andere, vordergründig prominente Elemente zurücktreten. Diese Effekte werden in Pre-Tests unberechtigterweise vernachlässigt. So entlarven sich Gags nach einiger Zeit als vordergründige Effekthascherei während hintergründige Assoziationen immer mehr an Wirkung gewinnen.

− Testvorlagen werden **meist isoliert und nicht in ein mehrkanaliges Anspracheumfeld eingebunden** dargeboten. Dies ist unrealistisch. Gerade für eine Zeit, die durch Multimedialität und integrierte Kommunikation gekennzeichnet ist, ist der zeit- und raumgleiche Kontakt mit Botschaften über TV, Kino, Funk, Illu, TZ, Plakat etc. typisch und unvermeidlich. Da dem jeweiligen Medium innerhalb einer konzertierten Abstimmung des Konzepts definierte Aufgaben zugeordnet sind, kann die Berücksichtigung nur einer Werbemittelgattung diese komplexen Wirkzusammenhänge nicht annähernd erfassen. Gerade darauf beschränkt sich jedoch für gewöhnlich die Testanlage. Die Problematik wächst, wenn diese Vorlage isoliert und nicht lebensnah eingebunden innerhalb ihres organischen Umfelds dargeboten wird.

− Die zur Untersuchung herangezogenen **Fallzahlen sind im Allgemeinen zu gering,** um verlässlich zu sein. Dies führt zwangsläufig zu Verzerrungen. Bei demoskopischen Erhebungen wird durch elaborierte Auswahlverfahren und große Stichproben sorgsam auf die Aussagefähigkeit der Untersuchung hingearbeitet. Nur dadurch ist eine vertrauenswürdige Hochrechnung der Stichprobenergebnisse auf eine wie immer abgegrenzte Grundgesamtheit möglich. Bei Werbemittel-Pre-Tests hingegen sollen exemplarische (meist willkürlich ausgewählte) Fälle ausreichen, um mit subjektiv hinreichender Sicherheit auf Reaktionen der Zielpersonen schließen zu können. Eine Hypothese, die teuer zu stehen kommen und vom Argument der qualitativen Erhebung nicht annähernd aufgehoben werden kann.

− Die Struktur der **Probandengruppe ist häufig nicht repräsentativ** für die Zusammensetzung der Grundgesamtheit. Auch dies führt zu Verzerrungen. Zum quantitativen Mangel der Kopfzahl kommt regelmäßig der qualitative Mangel der falschen Quotierung. Dieses

Merkmal richtet sich in praxi eher an pragmatischen Verfügbarkeitskriterien, wie Adressenkartei, zeitlicher Zugriff, Auskunftsbereitschaft etc. aus als an demografischen und erst recht psychologischen Kriterien der strategischen Zielgruppe. Dass unter diesen Bedingungen die Aussagefähigkeit der Ergebnisse erheblich in Mitleidenschaft gezogen ist, bleibt unausweichlich. Um so verwunderlicher scheint es, dass von dieser brüchigen Basis dennoch weitreichende Entscheidungen abhängig gemacht werden.

- Jedes Testergebnis ist **individuell**, deshalb fehlt eine aussagefähige Vergleichsbasis als Beurteilungsstandard (Benchmark). Dies scheint hinsichtlich der Interpretation willkürlich. Ist jeder Werbemittel-Pre-Test auf die zu bewertende Aufgabe abgestellt, was als Vorteil angeführt und vielfach gefordert wird, so differieren damit Zeit, Ort, Institut, Verfahren, Teilnehmer, Fallzahl etc. kumuliert bei jedem Einzelprojekt von allen anderen vorher und nachher. Es fehlt ein zuverlässiger Bewertungsmaßstab, der objektiviert indizieren könnte, ob ein Test nun mit Erfolg absolviert wurde oder nicht. Gerade dies ist aber die Erwartungshaltung an einen Test.
- Standarderhebungen sind oft **zu grob gerastert** und zeitigen verzerrte Ergebnisse, da sie nicht mit genügender Detailliertheit und Gerechtigkeit auf die Individualität der Kampagne einzugehen vermögen. Beispiele zeigen, dass solche Verfahren zur Ablehnung ex post hervorragend im Markt arbeitender Kampagnen führen (z. B. Fiat Panda) bzw. zur Zulassung sich ex post als verfehlt herausstellender Ansätze (z. B. Skip von Unilever). Damit stellt auch die Standardisierung von Testbedingungen keine Lösungsmöglichkeit dar. Dies vernachlässigen mit klangvollen Namen versehene Verfahren der großen Marktforschungsinstitute.
- Eine **Kopplung mit weiteren Untersuchungsgegenständen**, die meist aus Kostenersparnis resultiert, führt zur unsachgemäßen Beeinflussung der Ergebnisse. Positive oder negative Anmutungen zu verwandten Issues, wie Qualitätseinschätzung, Packungsakzeptanz, Preisbereitschaft etc., irradieren, wie nicht anders zu erwarten, auf die Werbung und beeinflussen so deren Testresultat, ohne dass dies von den Probanden explizitiert und damit in der Auswertung nachvollzogen werden könnte. Hier wird zweifellos an der falschen Stelle gespart.
- Vielfältige, **subjektive Wertungen der Marktforscher** fließen als Interpretation in der Zusammenfassung (Management Summary) mit ein, die überwiegend nur genutzt wird. Selbst, wenn man unterstellt, dass das Testdesign einwandfrei ist, sind Datenerhebung und Schlussfolgerung daraus nicht eindeutig trennbar. Insofern spielen implizite Werturteile des Auswerters eine verhängnisvolle Rolle. Ein Blick in den Datenteil des Berichtsbands, den man sich regelmäßig wegen dessen beängstigenden Umfangs und der Unübersichtlichkeit der dort dargestellten Ursprungsinformationen erspart, offenbart Zwischentöne und Zusammenhänge, die sich im Kommentarteil oft ganz anders darstellen. Dies kann nicht allein mit der Verknappung der Information entschuldigt werden.
- **Soziale Phänomene können nicht antizipiert werden** und bleiben daher außer Acht. Gerade darin liegt aber eine Stärke der Werbung als Sozialtechnik. Dadurch werden wichtige Chancen vergeben. Denn viele Marktangebote werden weniger auf Grund ihrer objektiven Beschaffenheit oder Kampagnenqualität zum Erfolg, sondern weil gesellschaftliche Trends sie dazu machen. Solche Bezüge sind durch Tests üblicherweise in ihren Auswirkungen nicht determinierbar, weil die Laborsituation soziale Interdependenzen nicht simulieren kann, sondern diese sich erst evolutionär aus dem Marktgeschehen heraus ergeben.
- Die **künstliche Laborsituation** führt zu veränderten Reaktionen bei den Probanden. Diese fühlen sich aufgefordert, kritischer, involvierter, überlegter als sonst zu sein. Da die Proban-

den um ihre Funktion wissen, oft sogar um das zu beurteilende Meinungsobjekt, weicht ihre geäußerte oder in Handlung manifestierte Meinung natürlich von der einer unkonditionierten Konsumsituation im Feld erheblich ab. Reaktionen werden rationalisiert wie das später durch fehlenden Anlass meist nicht wieder geschieht. Dementsprechend sind auch die Ergebnisse von Werbemittel-Pre-Tests andere als a posteriori im Markt, der oftmals durch habituelle oder impulsive Entscheide dominiert ist.

- **Apparative Erhebungsmethoden** zur Ausschließung von Verzerrungen auf kognitiver Basis rufen erst recht Erhebungsverzerrungen durch ihre künstliche Umgebung hervor. Dies provoziert darüber hinaus aber auch unvollständige Ergebnisse durch hohe Testverweigerungsquoten bei den Probanden, die, obgleich als potenzielle Zielpersonen identifiziert, mit ihren Ergebnissen erst gar nicht in den auszuwertenden Datenstamm eingehen. Dies schafft schon prinzipbedingt unzulässige Ergebnisse. Das heißt, apparative Erhebungsmethoden bergen in sich das Übel, das sie zu bekämpfen vorgeben, nämlich den Erhebungs-Bias.
- Physiologische Testverfahren messen **nur physiologische Dimensionen**, nicht aber Anhaltspunkte für Markterfolge. Es fehlt an der Unterscheidbarkeit von Ursache und Anlass oder genauer, es mangelt an der unerlässlichen Stringenz zwischen dem beobachteten, gemessenen Reflex und seiner Bedingung. So kann das Eintreten eines Reflexes bei Erregung durch Ärger ebenso verursacht sein wie bei Erregung durch Freude. Damit muss der Anlass aber wiederum hinterfragt werden. Wenn aber ohnehin hinterfragt werden muss, bleibt offen, warum vorher auf unwillkürliche, nicht beherrschbare Reflexe rekurriert wird, deren Interpretation ohnehin ambivalent ist.
- **Spontane Ablehnung** für ungewöhnliche, kreative Umsetzungen kann sich häufig im Assimilationsprozess des realen Marktumfelds zur Zustimmung verändern. Werbemittel-Pre-Tests bevorzugen in der Beurteilung die Zustimmung für vertraute, bewährte, »normale« gegenüber neuartigen, gewöhnungsbedürftigen, »ausgefallenen« Sujets. Der Grund liegt darin, dass Menschen zur Vereinfachung ihre Umwelt kategorisieren und alles, was nicht auf Anhieb in dieses Denkschema passt, bei ihnen Unbehagen erzeugt. Erst nach näherer Auseinandersetzung mit der Materie steigen dann die Chancen auf Zustimmung. Dazu kann es im Labor aber kaum kommen. Insofern fördern Tests konventionelle Lösungen und führen zusätzlich zu immer gleichartigeren, austauschbaren Produkten zu immer gleichartigeren, langweiligen Kampagnen. Auftritte, die nicht mehr anecken, aber auch nicht mehr markant profilieren.
- **Erfahrungswerte** der Marktforschung bewirken unzulässige Umwertungen am Ergebnis des Pre-Tests. Die Objektivität, die gerade gewährleistet werden soll, ist dahin. Dadurch jedenfalls lassen sich die genannten und andere schwerwiegende Einwände gegen die Aussagefähigkeit von Werbemittel-Pre-Tests nicht ausräumen. Denn insoweit wird genau der Zweck von Tests aufgehoben, nämlich eine gültige und verlässliche Aussage über Meinungsgegenstände jenseits subjektiver Wertungen zu schaffen.

So haben sowohl Pre- als auch Post-Tests schon viele gute Kampagnenansätze von der Veröffentlichung vereitelt. Doch verwundert zumindest die unvermindert große Beliebtheit von Werbemittel-Pre-Tests. Der Grund liegt in der Notwendigkeit zur Absicherung von Investitionsentscheidungen auf schlecht strukturierter Grundlage im Management. Da Marketingentscheider weit überwiegend nicht mit ihrem eigenen Geld agieren, sondern dem fremder Geldgeber, sind sie über ihre Handlungen berichtspflichtig und müssen diese revisionsfest machen. Bei qualitativen Aufgaben, wie sie für Kommunikation typisch sind, sind Testergebnisse ein probates Mittel der Absicherung. Das heißt, Werbemittel-Pre-Tests dienen vornehmlich nicht dem Zweck, dem sie vorgeben zu dienen, sondern sind eher Mittel zur Erreichung verständlicher anderer Ziele, die eigene Arbeitsplatzsicherheit und Karrierechancen lauten. Da Tests nur vergleichsweise geringe Budgetmittel binden und wissenschaftlich fundierten Anspruch erheben, ist gegen ihren Einsatz nur schwer etwas einzuwenden. Sie bieten eben das perfekte Alibi. Andererseits erwächst gegen die genannten und andere Messverfahren daraus aber auch kein Vorwurf. Sie sind mit der prinzipbedingten Unzulänglichkeit verbunden, die Zukunft nicht mit Sicherheit vorwegnehmen zu können, wie das auch keine andere bekannte Prognose vermag. Ein Vorwurf ließe sich allenfalls insofern ableiten, als Marktforscher den unzutreffenden Anschein erweckten, und diesen durch elaborierte Techniken zu erhärten versuchten, sie seien dazu dennoch in der Lage. Eine große Bedeutung kommt in diesem Zusammenhang schließlich auch der Ästhetik zu. Denn wo objektive Verfahren mehr oder minder versagen, setzt das subjektive Empfinden wieder ein. Eine Objektivierung wird hier insofern versucht, als kompetente »Geschmacksinstanzen« mehrheitlich ästhetische Werbung identifizieren bzw. auszeichnen und von daher zu unterstellen ist, dass diese so ganz falsch nicht sein kann. Damit soll keinesfalls der unzutreffende Anschein erweckt werden, solche Auszeichnungen seien Garant für Werbeerfolg, aber sie stellen doch zumindest ein gewisses Indiz dafür dar.

2.9.10 Praxisbeispiele

Es gibt wenige, mutige Werbungtreibende, die konsequent auf Werbeeffizienzmessungen verzichten bzw. davon zumindest nicht die Entscheidung über Einsatz oder Fortführung einer Kampagne abhängig machen.

> Dazu ein Beispiel. Als der Fiat Panda Anfang der 80er-Jahre werblich am Markt eingeführt werden sollte, standen Werbungtreibender und Agentur (M.C.&L.B., Frankfurt) vor keiner leichten Aufgabe. Denn das Fahrzeug kam äußerst spartanisch daher, kastenförmig, mit viel blankem Metall, spärlicher Ausstattung, so gänzlich ohne Charme, und von Komfort gar nicht zu reden, dafür aber eben billig. Nun ist der Preis meist das schwächste Argument, das auszuloben man unbedingt zu vermeiden trachtet. So wurde eine Kampagne entwickelt, die aus den Nachteilen des Gefährts Vorteile machte, was, wenn es denn gelingt, ein besonders schöner Dreh ist. Das heißt, es wurde nicht verheimlicht, wie der Charakter des Autos ist, sondern im Gegenteil, dieser Charakter wurde noch betont, um alle diejenigen Zielpersonen anzusprechen, die nonkonformistisch keine gelackten Karossen wollten, sondern einen Typ mit Charakter, mit Ecken und Kanten, ganz so wie der Panda einer ist. So wurde das Modell in Anzeigen (1/1 S., 4-c.) nicht mit spiegelndem Lack, aus Weitwinkeloptik, mit Sandsäcken im Kofferraum und in schmeichelnder 7/8-Perspektive präsentiert, sondern in, für die Kategorie noch nicht erlebten, Situationen, im Wald, eingeschneit, in der Waschstraße, auf Schienen, in der Kiesgrube etc. Der Slogan dazu lautete: Fiat Panda. Die tolle Kiste. Die ersten Motive wurden in der Kleinwagenkäufer-Zielgruppe pre-getestet. Und es geschah etwas, was nicht anders zu erwarten war. Die große Mehrzahl der Probanden lehnte die Kampagne ab, weil sie so offensichtlich gegen alle Regeln verstieß, die man von Automobilwerbung erwartete. Wenige waren unentschlossen, und ebenso wenige fanden die Kampagne richtig gut. Normalerweise hätte dies dazu führen müssen, dass die Kampagne sofort gekippt und

gänzlich neu entwickelt wurde. Doch ein mutiges Team (um Werbeleiter Pläcking) schlug sich auf die Seite der wenigen, welche die Kampagne gut fanden und hoffte, diese dann auch als Käufer gewinnen zu können, denn so anspruchsvoll waren die Marktanteilserwartungen ohnehin nicht. So wurde diese Kampagne dann mit extrem positiver Resonanz geschaltet. Es gab über 100 Motive, zwischenzeitlich in einem Buch festgehalten. Hier einige Beispiele:

- Thema: Kraftstoffverbrauch. Bild: Fiat Panda neben Mann in Liegestuhl sitzend mit Sonnenschirm am Strand. Text: Während seines Urlaubs hieß es im Radio, er sei einstimmig für den Vorsitz der Energiesparkommission vorgeschlagen.
- Thema Liegesitze. Bild: Fiat Panda auf dunklem Waldweg, kleiner Junge schaut neugierig nach innen. Text: Was macht ihr da?
- Thema: Unterhaltskosten. Bild: Doppelgarage vor Luxusvilla, davor geparkt Straßenkreuzer und Fiat Panda. Text: Als der Scheidungsrichter ihm den Achtzylinder zusprach, fiel ihr ein Stein vom Herzen.
- Thema Anschaffungspreis. Bild: Fiat Panda mit jugendlichem Fahrer am Steuer, Dachschild mit Firmierung. Text: Schon seine erste Investitionsentscheidung verriet den geborenen Unternehmer.
- Thema: Zuladung. Bild: Fiat Panda vor Geschäft geparkt, daneben Stapel mit Warenkartons. Text: »Der 10.000ste Besucher darf mitnehmen, soviel in seinen Kofferraum passt.« Die Geschäftsleitung verwünschte den Tag, an dem sie das beschloss.
- Thema: Innenabmessung. Bild: Fiat Panda in Umkleideraum. Text: Die Vereinsführung beschloss, den Mannschaftsbus abzustoßen und dafür kleinere und schnellere Transportmittel sowie einen größeren Mittelstürmer einzukaufen.
- Thema: Technik. Bild: Fiat Panda parkt neben Ferrari. Text: Rekord! Serienmäßiger 13-Ventiler findet völlig legalen Parkplatz in 10,5 sec. (die 13 Ventile kommen durch Addition von 8 Motorventilen und 5 Reifenventilen zustande).
- Thema: Frauenauto. Bild: Fiat Panda parkt vor Straßencafé. Text: Elfi hatte oft von ihm geträumt: ein kantiger Typ, nicht groß, aber kräftig. Dazu bescheiden und praktisch veranlagt. Eines Tages stand er vor der Tür.
- Thema: Liegesitze. Bild: Fiat Panda mit abgestellten Schuhen vor der Tür. Text: Maria wachte auf. Sie lag in einem Bett. Und neben ihr lag ein Mann. Sie wußte nicht, wie sie in diese Situation gekommen war.
- Thema: Kraftstoffverbrauch. Bild: Panda vor Öltank. Text: Gesucht, Fahrer, die den Club of Rome nicht für eine neue, heiße Disco halten.

Wenn man sich nur etwas auf gesunden Menschenverstand verlassen kann, dann dürfte der Einsatz dieser Kampagne der Wertschätzung des Autotyps am Markt nicht nur nicht geschadet, sondern erheblich genutzt haben. Dies spielt sich allerdings in Regionen ab, die weit jenseits analytischer Werbeforschung liegen. Und doch sind sie pure Realität.

Ein weiteres Beispiel ist die legendäre Volkswagen-Käfer-Kampagne, die in den USA von Bill Bernbach konzipiert wurde. Sie wurde zum Glück zu keiner Zeit einem Pretest unterzogen, wäre das aber erfolgt, gehört nicht viel Phantasie dazu, vorauszusagen, dass diese Kampagne legendär gefloppt wäre. Denn zu einer Zeit chromblitzender Straßenkreuzer und protziger Reklame in den USA trat die Käfer-Kampagne, die das alles vom Fahrzeug her nicht einlösen konnte, bescheiden, mit Understatement, auf. Die Kampagne war hochargumentativ und hatte die technischen Besonderheiten des Käfers zum Inhalt, aber sie verzichtete darauf diese selbstzufrieden auszuloben, sondern umschrieben sie eher selbstironisch.

Eine lange Diskussion gibt es allerdings über die Präferenz unterhaltender oder informativer Werbung. Natürlich will jeder Werbungtreibende ein Maximum an Information über die diversen erstaunlichen Fähigkeiten, die sein Produkt auszeichnen, überbringen. Das Problem ist jedoch, dass sich außer ihm selbst dafür kaum jemand wirklich interessiert. Da das Zustandekommen von Kommunikation aber gerade davon abhängig ist, dass es Botschaftsempfänger gibt, und diese für Unterhaltung im Allgemeinen viel aufgeschlossener als für Information sind, muss es zwangsläufig immer eine unterhaltende Komponente geben. Strittig ist eigentlich nur der Anteil dieser Komponente. Denn Werbung hat definitionsgemäß immer auch einen Informationsanteil, im Unterschied zur reinen Unterhaltung. Insofern ist ein Kompromiss zwischen sowenig Unterhaltung wie als Mittel zum Zweck nötig und soviel Information wie möglich zu finden. Darüber, wo dieses Optimum auf einem Kontinuum anzusiedeln ist, gehen die Meinungen aber weit auseinander. Am Weitesten in Richtung Information ist sicherlich die Werbung für Investitionsgüter ausgelegt. Denn vermeintlich handelt es sich dabei um einen sehr rationalen, analytischen Entscheidungsprozess. Am Weitesten in Richtung Unterhaltung ist die Werbung für High Touch-Güter (wie Kosmetika, Modeartikel, Duftwässer etc.) angesiedelt, weil diese untereinander sachlich kaum differenzieren, also nur durch »Welten« zu trennen sind. Klar ist, dass der Mensch als Gefühlswesen immer einer unterhaltenden Komponente bedarf, diese aber wiederum nicht so ausgeprägt sein darf, dass die Produktinformation überdeckt wird. Die Gratwanderung dazwischen gelingt recht selten.

3. Elemente des Konzepts

Zu einem arbeitsfähigen Kommunikationskonzept gehören mindestens die folgenden Elemente (Abb. 95):

- Definition der Absatzquelle (3.1),
- Definition der Zielpersonengruppe (3.2),
- Festlegung der Positionierung (3.3),
- Festlegung des Kampagnenformats (3.4),

Darauf wird im Folgenden detaillierter eingegangen.

3.1 Definition der Absatzquelle

3.1.1 Inhalt

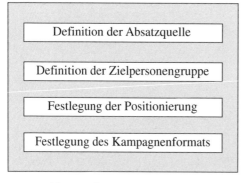

Abb. 95: Elemente des Konzepts

Die Definition der Absatzquelle bezieht sich auf die Aktivierung der für ein Angebot verfügbaren Kaufkraft. Es reicht heutzutage nicht mehr aus, ein Angebot ungezielt der Nachfrage zur Entscheidung über den Erfolg anzudienen und im Übrigen mit dem Risiko des Misserfolgs zu leben. Dies entspricht nicht der harten Realität der Märkte. Hohe Investitionsbeträge, lange Zeiten für Forschung und Entwicklung, immense Fixkosten durch Anlagen und Personal sowie große Fremdkapitalverpflichtungen erfordern vielmehr, aktiv strategische Nachfragepotenziale zu bestimmen, um einen annehmbaren Mittelrückfluss in absehbarer Zeit zu erreichen. Dazu gibt es mehrere Möglichkeiten, die allerdings nicht unbedingt alternativ, sondern auch additiv zueinander genutzt werden können (Abb. 96).

3.1.2 Optionen

3.1.2.1 Marktfeld I

Hier ergeben sich drei Optionen. **Kundenbindung** drückt die Loyalität vorhandener Nachfrager zum eigenen Angebot aus. Entscheidend ist dafür, in der konkreten Wahlsituation präsent und profiliert zu sein. Entscheidend dafür wiederum ist die Kundenzufriedenheit, die durch Herstellung einer Kontaktbrücke gefördert wird. Die eigenen Abnehmer werden dadurch hinsichtlich der Richtigkeit ihrer Nachfrageentscheidung bestärkt. Denn entscheidend für den Absatzerfolg ist

	gleiches (bestehendes) Produkt	anderes (bestehendes) Produkt	gleiches oder anderes best. Produkt	neues Produkt
eigene Kunden	Marktfeld I	Markfeld II		
fremde Käufer	Marktfeld III	Marktfeld IV		
bisherige Nichtkäufer			Marktfeld V	Marktfeld VI

Abb. 96: Absatzquellenoptionen

nicht der erstmalige Kauf eines Produkts, sondern die Gewährleistung einer hohen Wiederkaufrate. Diese soll unabhängig von den Phasen des Kaufentscheidungsprozesses und den Einwendungen der Konkurrenz zum eigenen Angebot führen.

So beschicken die großen Automobilhersteller ihre Kunden nach dem Kauf im Rahmen von Kundenkontaktprogrammen/KKP's mit Aussendungen, die den Kontakt zum Absender erhalten. Als Absender fungiert sinnvollerweise der Mitarbeiter des Vertragshändlers, bei dem das Fahrzeug gekauft wurde. In dessen Namen und unter Kostenbeteiligung des Händlerpartners werden Anlässe gefunden, mit Kunden in Verbindung zu bleiben (z. B. Gratulation zum Kauf, Erinnerung an die erste Inspektion, Garantieablaufzeit, Wintercheck zur Sicherheit, Urlaubscheck, Erinnerung an die ASU). Kundenbindung wird in der Praxis aber häufig auch auf anderem Weg erreicht, nämlich durch bewusste Inkompatibilität von Systemen. So werden Nutzer gezwungen, systemtreu zu bleiben, sollen einmal getätigte Investitionen nicht entwertet werden (Kundengebundenheit).

Intensitätssteigerung beabsichtigt die Verkürzung der Kaufabstände. Dafür gibt es zwei Ansatzpunkte:
– Erstens eine engere zeitliche Abfolge der Verwendung mit der Konsequenz höheren Verbrauchs und früherer Ersatzbeschaffung. Man denke an das Postulat der Zahncremehersteller, dreimal täglich die Zähne zu putzen. Gelingt es, diesen Anspruch durchzusetzen, zieht dies einen um 50 % steigenden Zahncremeverbrauch nach sich.
– Zweitens durch stärkeren Einsatz des Produkts, z. B. mittels direkten Auftrag des Flüssigwaschmittels auf verschmutzte Gewebestellen zusätzlich zur normalen Beigabedosierung in der Waschtrommel. Einmalige Effekte nutzen zudem das Gewohnheitsverhalten der Konsumenten. So wurde bei der amerikanischen Zahncreme Crest (von P&G) der Öffnungsquerschnitt der Tube vergrößert, worauf so lange überschüssig viel Zahnpasta auf die Zahnbürste gelangte, bis sich die Verbraucher an eine vorsichtigere Dosierung gewöhnt hatten.

Manipulative Intensitätssteigerung ist auch durch künstliche Veralterung (Planned Obsolescense) nach objektivem oder subjektivem Maßstab möglich. Objektiv bedeutet den Einbau von Sollbruchstellen, die im Rahmen der Wertanalyse als Einsparpotenziale eingeplant werden und die gesamte Produktlebensdauer auf die kürzeste Teillebensdauer begrenzen. Subjektiv bedeutet, dass an sich noch völlig gebrauchsfähige Produkte durch Sozialtechniken (z. B. Modediktat) gesellschaftlich inakzeptabel gemacht und durch neue, zeitgemäße ersetzt werden.

> Aus den 30er Jahren ist bekannt, dass sich die europäischen Glühbirnenhersteller hinsichtlich der Begrenzung der Lebensdauer der Glühfäden vertraglich vereinbarten. Denn neue Glühbirnen werden im Wesentlichen nur gekauft, wenn alte defekt sind. Heute darf vorausgesetzt werden, dass solche Praktiken, so sie denn stattfinden, wohl zumindest nicht mehr schriftlich fixiert werden. Erstaunlich ist jedoch dennoch, dass ein Bügeleisen nach einem Fall aus Tischhöhe technisch noch einwandfrei funktioniert, das Plastikgehäuse aber in zig Splitter zersprungen ist. Aus Sicherheitsgründen wagt man es nicht mehr, mit einem solchen Gerät zu hantieren, und kauft notgedrungen ein neues. Sicherlich wäre durch Versteifungsrippen im Gehäuse technisch problemlos eine höhere Festigkeit zu erreichen. Gelegentlich greifen jedoch tatsächlich Sicherheitsargumente, so bei Sollbruchstellen, die Verletzungen bei Unfall mit oder unsachgemäßer Handhabung von Geräten vermeiden helfen.

Eine Intensitätssteigerung kann auch dadurch erzielt werden, dass Käufer, die vordem zwei oder mehr Angebote wechselweise gekauft hatten, zum Exklusivkauf für das eigene Angebot gewonnen werden.

Präsenzstreckung betrifft die zeitliche Streckung des Angebots und beabsichtigt, unterjährige, saisonale Märkte in ganzjährige zu überführen. Gelingt es, diese zeitliche Restriktion aufzulösen, öffnet sich de facto ein neuer Markt.

> So schaffen es die niederländischen Obst- und Gemüseproduzenten durch perfektionierte Treibhaustechnik, selbst im Winter frische Ware anzubieten. Kinderüberraschung von Ferrero ist zwischenzeitlich von einem Saisonartikel (gestartet als Oster-Ei) zu einem ganzjährigen Angebot umgestellt worden. Die Speiseeishersteller propagieren den Verzehr von portioniertem Eis auch außerhalb der warmen Jahreszeit. Vor allem Langnese ist es mit Magnum gelungen, aus dem engen Korsett der zudem noch witterungsanfälligen Sommerzeit auszuscheren und Eis zum Selbstverzehr als Lebensstilmerkmal zu etablieren (was im Übrigen bei Eispackungen als Nachtisch schon vorher gelungen war). Darüber hinaus wurden bei Magnum erstmals ausschließlich Erwachsene als Zielgruppe definiert.

3.1.2.2 Marktfeld II

Auch hier ergeben sich drei Optionen. **Strukturbeeinflussung** erfolgt durch Erhöhung des Werts je Kaufakt. Dies wird infolge Aufstiegs zu einem höherwertigeren Angebot erreicht. On Top werden etwa Premiummarken an die Spitze des Programms gesetzt. Dem liegt die Erfahrung des Cascading zugrunde, d. h., Premiummarken werden im Laufe der Zeit popularisiert und verlieren ihre Klasse, wodurch an der Spitze wiederum Platz für eine noch hochwertigere Marke geschaffen wird. Doch auch diese wird popularisiert werden etc. Bottom Off werden damit an der Basis der Pyramide Produkte verdrängt, weil sie keine angemessene Nachfrage mehr finden oder das Image der übrigen eigenen Marken beeinträchtigen. Hierbei liegt das primäre Ziel also nicht in einer Erhöhung der quantitativen Kaufrate. Wenn es gelingt,

Kunden beim Kaufentscheid ein höherwertigeres Produkt anzudienen, resultiert daraus meist auch höherer Ertrag. Dadurch wird dem Kunden eine markentreue Produktkarriere ermöglicht. Dabei darf allerdings seine finanzielle Leistungsfähigkeit nicht überzogen werden (wie z. B. in der Automobilindustrie).

Zu denken ist in diesem Zusammenhang an die Einführung von Kontoführungspaketen durch die Kreditinstitute. Hier wird von Sparkassen etwa in die Gruppen Giro-Konto, Giro-Konto EC, Giro-Konto Classic und Giro-Konto Gold unterteilt. Die einzelnen Pakete unterscheiden sich durch den Umfang der Serviceleistungen und dementsprechend auch den Preis. Es bleibt aber naturgemäß bei einem Giro-Konto je Auftraggeber. Nur wird angestrebt, aus diesem Giro-Konto ein Mehr an Umsatz herauszuholen. Gelingt es, Kunden zum Umsteigen auf das höherwertigere Paket zu überzeugen, kann damit als Folge ein höherer Betrag berechnet werden. Mithin liegt Strukturbeeinflussung vor.

Ein anderes Beispiel sind die nicht zu übersehenden Bemühungen der Telekom bei Kunden zur Umstellung der Anschlusses von Analog- auf Digitaltechnik im Rahmen von (T-) ISDN oder (T-)ADSL. Auch hierbei bleibt es bei einem Anschluss, der nunmehr nur für mehrere Mehrwertdienste parallel genutzt werden kann und/oder eine höhere Übertragungsgeschwindigkeit je Dienst bietet. Diese Zusatzleistung ist vielen Kunden eine höhere Grundgebühr wert, sodass ihr Geldeinsatz steigt. Auf diese Weise kann je Abrechnung zusätzlicher Umsatz realisiert werden.

Zusatzverkäufe beabsichtigen eine Absatzsteigerung, indem das Ausgangsprodukt durch zahlreiche Aufwertungen in seinem Gebrauchswert gesteigert wird. Der dadurch mögliche, optisch attraktive Preis dient nur als Einstieg und ist oftmals intern subventioniert (Ausgleichsnehmer). Das Folgegeschäft jedoch wird zu Preisen abgewickelt, die nicht nur einen angemessenen Gewinn erwirtschaften, sondern darüber hinaus auch die entgangenen Deckungsbeiträge des Ausgangsprodukts (Ausgleichsgeber).

Als Beispiel dient etwa der Markt für Videospiele. Die Gerätekonsole als Basis wird vergleichsweise preisgünstig offeriert und suggeriert ein lohnendes Angebot. Deren volle Leistungsfähigkeit ist jedoch erst nutzbar, wenn Spielemodule dazu gekauft werden. Da sich jedes Spiel emotional schnell abnutzt, steigt im Zeitablauf die Nachfrage nach Spielemodulen, und deren Wert übertrifft schnell den Anschaffungspreis der Konsole. Ähnliches gilt für Sofortbildkameras. Die Hardware wird zu extrem niedrigen Preisen in den Markt gebracht. Schnell wird jedoch klar, dass sich die verbrauchten Filme zu erheblichen laufenden Kosten hochaddieren. Somit ist das Folgegeschäft das eigentlich interessante. Derzeit ist die Entwicklung auch bei Mobilfunk-Anbietern zu beobachten. Die Endgeräte (Handys) werden zu extrem niedrigen Preisen angeboten, weil die Netzbetreiber diese in Kombinationsangeboten über Einnahmen aus daran gekoppeltem Gesprächsaufkommen (Telefonie) subventionieren.

Unter **Cross-Selling**-Angebot ist die Aktivierung von Kunden, die bereits ein anderes Produkt des eigenen Programms kaufen, zu verstehen. Dem liegt die Erkenntnis zugrunde, wonach die Marktrealität durch Mehrproduktunternehmen geprägt ist. Damit besteht ein mehrfacher Zugriff auf Nachfrager. So liegt es nahe, diese Zugriffsmöglichkeiten zu nutzen, um diesen nachdrücklich gleich mehrere Angebote zu unterbreiten.

Als Beispiel kann das Allfinanzangebot der Banken, Versicherungen, Bausparkassen gelten. Personen, die bereits in einem dieser Bereiche Kunde sind, sollen somit gleichfalls für die anderen gewonnen werden. Der Erfolg ist zumindest bis zur Assimilation der Systeme noch bescheiden. Auch die Mediengruppe Kirch verfolgt diesen Ansatz, da sie eine Verkettung von Zeitungen (Bild/Welt u. a.), Programmzeitschriften (HörZu/Funkuhr u. a.), Privatfernsehen (SAT 1/Pro 7 u. a.), Privathörfunk, Pay-TV-Kanal (Premiere), Kaufvideos (Taurus) und Leihvideos anstrebt. Dabei können sich die einzelnen Angebote gegenseitig im Absatz wirkungsvoll unterstützen. Weitere Beispiele sind die Gaststätte im Warenhaus, die als Frequenzbringer vor allem zur Mittagszeit zum längeren Verweilen animiert, oder die Tankstelle am Verbrauchermarkt, die ebenfalls als Traffic Builder dient und zeitsparende Bequemlichkeit bietet. Bei beiden kann im Wege der Mischkalkulation ein optimal akquisitorisch wirkendes Angebot erreicht werden.

3.1.2.3 Marktfeld III

Hierfür ergeben sich drei Optionen. Für die **Konkurrenzverdrängung** bestehen wiederum mehrere Möglichkeiten:

– relativ bei Marktexpansion durch schnelleres Wachstum als der Mitbewerb bzw. bei Marktkontraktion durch langsameres Schrumpfen als dieser; indirekt durch Wachstum des eigenen Marktanteils bei Marktstagnation gegen den Misserfolg des Mitbewerbs (dies ist für heutige Märkte charakteristisch); absolut bei Marktexpansion durch schnelleres Wachstum als der Markt, bei Marktkontraktion durch langsameres Schrumpfen als der Markt (auch dies geht nur zu Lasten des Mitbewerbs); direkt bei stagnierenden, wachsenden oder schrumpfenden Märkten zu Lasten eines bestimmten Mitbewerbers als frontaler Angriff auf einzelne Konkurrenten (Marketing Warfare).

Dies erfordert die Aufweichung vorhandener Kundenbindung und Markenloyalität, was gewiss das schwierigste Unterfangen darstellt. Immerhin hält der Mitbewerb dagegen. Von daher ist diese an sich naheliegendste Möglichkeit zwar die Spannendste, aber auch die Gefahrenträchtigste. Beim »Angriff« kann dann noch zwischen ausweichendem Vorgehen, z. B. durch Besetzung latenter Marktnischen, oder frontalem Vorgehen unterschieden werden.

Als Beispiel kann der Erfolg der Dr. Best-Zahnbürsten (SmithKline Beecham) gelten. Der Zahnbürstenmarkt ist ausgesprochen gering involvierend, die Produkte sind weitgehend homogen, und der Wettbewerb wurde daher im Wesentlichen über den Preis geführt. Dr. Best gelang jedoch eine Konkurrenzverdrängung bis zur Erreichung der Marktführerschaft durch eine überlegene Leistungspositionierung. Dazu wurde die Bedeutung einer »intelligenten« Zahnbürste für die Pflege von Zähnen und Zahnfleisch betont. Durch spezielle Ausstattungen wurde die Zahnbürste so verändert, dass diese Intelligenz im Produkt offensichtlich und nachvollziehbar wurde (rutschfester Griff, Schwingkopfelement zum Druckausgleich, unterschiedlich lange Borsten, verwindbarer Bürstenkopf, Sensorgelenk im Bürstenkopf etc.). Zugleich wurde dieser Anspruch durch ein überzeugendes Key Visual (Tomate und Zahnbürstendruck), durch ein glaubwürdiges Testimonial (Prof. Dr. James Best) und einen merkfähigen Slogan (Die klügere Zahnbürste gibt nach) penetriert. Im Ergebnis kam es zu einer Zweiteilung im Markt in gewöhnliche Zahnbürsten ohne Zusatzleistung einerseits und die intelligente Zahnbürste von Dr. Best andererseits. Dies führte zu einer erfolgreichen Konkurrenzverdrängung dieser Marke zulasten des Restmarktes.

Angesichts stagnierender oder gar rückläufiger Märkte ist die einseitige Postulierung von Umsatzzuwächsen freilich umstritten. Nicht selten wären Anbieter bereits völlig zufrieden, gelänge es ihnen, ihren bestehenden Umsatz auch nur zu halten. Dabei ist es von zentraler Bedeutung, ehemalige Kunden, die zur Konkurrenz abgewandert sind oder nicht mehr kaufen, zurückzugewinnen. Für die **Kundenrückgewinnung** ist zunächst eine Analyse dahingehend notwendig, welche Gründe diese Kunden veranlasst haben, den Anbieter zu wechseln bzw. den Kauf einzustellen. Als problematisch erweist sich dabei die Tatsache, dass der Zugriff auf bestehende Kunden zwar hinlänglich vorhanden, der Zugriff auf ehemalige Kunden aber durchaus schwierig ist. Selbst wenn Kontaktmöglichkeiten bestehen, gilt es immer noch, einen plausiblen Anlass für die neuerliche Kontaktierung zu finden, besonders, wenn Unzufriedenheit zum Kundenverlust geführt hat. Denn dann sehen ehemalige Kunden subjektiv berechtigterweise wenig Anlass, sich erneut mit einem früheren Anbieter zu beschäftigen. Zumal sie wahrscheinlich anderweitig bestens bedient werden. Chancenreicher ist die Situation jedoch, wenn ein Kundenverlust auf den Wunsch nach Abwechslung (Variety Seeking) zurückzuführen ist. Diese ehemaligen Kunden können durch ein verändertes Angebot (Produktdifferenzierung) durchaus aus den gleichen Gründen wieder zurückgewonnen werden, aus denen sie ehemals verloren gegangen sind. Allerdings ist ihre Bindungsfähigkeit begrenzt. Unzufriedene Kunden sind allenfalls durch ein neuerliches Testangebot, evtl. versehen mit Garantiezusagen, zum Kauf zu bewegen.

Ein geradezu klassisches Beispiel bot vor Jahren die Rückgewinnungsaktion von Tchibo nach dem Scheitern einer großen Produktumstellung. Durch ein neues Röstverfahren war es Tchibo nämlich Anfang der 80-er Jahre gelungen, die Aromaergiebigkeit von Kaffeebohnen erheblich zu steigern. Durch Einsatz von Luftdruck wurde es technisch möglich, die »Übertragungsfläche« für Kaffeearoma zu umgebendem Wasser so zu vergrößern, dass die »Leistung« von 500 gr. Kaffeebohnen sich mit tatsächlich nur 400 gr. Kaffeebohnen ergab. Diese Idee schien den Erfindern besonders chancenreich, konnte doch der Wareneinsatz um 20 % gesenkt werden. Der Verkaufspreis blieb hingegen im Wesentlichen gleich, da ja auch ein gegenüber 500 gr. unveränderter Nutzen geboten wurde. Mit diesem Konzept wurde das Produkt intensiv beworben. Und entwickelte sich dabei zu einem der größten Flops der Markenartikelgeschichte. Denn Verbraucher akzeptierten eben gefühlsmäßig nur 500 gr. als Kaffeepfund, und nicht 400 gr., obgleich diese so ergiebig sind wie ansonsten 500 gr. Marktforschung zeigte, dass die Argumentation zwar rein rational von Verbrauchern nachvollzogen werden konnte, sie sich jedoch entgegen deren vorherigen, hypothetischen Äußerungen in Pretests im Zweifel doch für das »echte« Kaffeepfund der Konkurrenz, vor allem von Jacobs oder Aldi, entschieden. Mit dem Effekt, dass sie sich mit der Qualität dieser Marken anfreundeten und von Tchibo wegwechselten (in der Branche glaubt man im Übrigen, dass diese Wanderung sich bis zum heutigen Tage in den Marktanteilen niederschlägt). Tchibo entschied sich angesichts dieser desaströsen Entwicklung zum raschen Stop der gesamten Aktion. Im Rahmen einer Kampagne trat sogar der Mehrheitsteilhaber der Firma, Herz, in Fernsehspots auf und entschuldigte sich bei seinen Kunden für das Missgeschick und versprach ihnen die Wiedereinführung des »echten« Kaffeepfunds mit 500 gr. Inhalt. Dadurch sollten Markenwechsler zur Rückkehr zu Tchibo bewegt werden.

Es ist ein Zeichen der Zeit, dass die Anbieter-/Markentreue der Nachfrager erodiert. Statt dessen wechseln sie zwischen verschiedenen Anbietern/Marken. Und dies durchaus nicht deshalb, weil sie mit ihrem ursprünglichen Angebot unzufrieden wären, sondern selbst bei Zufriedenheit aufgrund der Suche nach Abwechslung. Angesichts dieses unvermeidlichen Trends ist eine Positionierung auch denkbar als Alternative zu einem bisherigen Angebot (**Set-Alternative**), also im Wechsel mit dem Stammangebot. Dabei besteht immer noch die Chance, Nachfrager zu gewinnen, die nicht bereit wären, ausschließlich ein Angebot zu nutzen, dies aber sehr wohl im Wechsel tun. Dies setzt freilich voraus, dass das eigene Angebot sich im Set der akzeptierten Kaufalternativen befindet.

Als klassisches Beispiel kann das alkoholfreie Clausthaler-Bier gelten. Da nicht zu erwarten ist, dass Konsumenten ausschließlich alkoholfreies Bier trinken, denn der Anreiz besteht gerade im Alkoholanteil des Bieres, wurde es als gute Lösung angesehen, Clausthaler als Alternative zu normalem (alkoholisiertem) Bier auszuloben, etwa, wenn man einen klaren Kopf behalten muss oder noch Autofahren will. Der Slogan (Angebotsanspruch) »Nicht immer, aber immer öfter« suggerierte gerade diesen Wechselkonsum und schaffte damit den Einbruch in den traditionellen Biermarkt. Dieser Slogan ist zwischenzeitlich sogar zum geflügelten Wort geworden.

3.1.2.4 Marktfeld IV

Auch hier ergeben sich drei Optionen. **Systemwechsel** meint den Wechsel zwischen substitutiven Produktgruppen. Denn meist sind zwei oder mehr Systeme am Markt ähnlich gut zu einer Problemlösung geeignet. Vor der Markenentscheidung hat daher die Systementscheidung zu erfolgen. Dies bietet sich vor allem an, wenn innerhalb eines gemeinsamen Marktes zwei qualitativ unterschiedliche Produktgruppen vorhanden sind und Kaufkraft von der einen in die andere Kategorie abgezogen werden soll. Dies kann aufwärts oder abwärts gerichtet erfolgen. Wird hier die Weiche falsch gestellt, läuft die Nachfrage am eigenen Angebot vorbei.

Als Beispiel kann der Markt für Monatshygieneprodukte gelten. Hier konkurrieren die Systeme Binde und Tampon miteinander. Es schien bereits so, als gehe der Trend eindeutig in Richtung des moderneren Systems Tampon, das vor allem von jüngeren Frauen präferiert wird. Neuerdings sind jedoch wieder Binden dominant, nicht zuletzt durch gravierende Produktverbesserungen und die werbliche Penetration einzelner Produkte, namentlich Always/P&G. Die Tamponwerbung, vornehmlich o.b./J&J, hält mit der Auslobung ihrer Systemvorteile bestmöglich dagegen.

Ein weiteres Beispiel ist der Erfolg von Punica/P&G. Punica ist innerhalb der Kategorie Fruchtsäfte/Nektare ein eher unterlegenes Produkt, dies wegen seines geringen Fruchtanteils. Insofern kommt Konkurrenzverdrängung, trotz eines Preisvorteils, kaum in Betracht. Innerhalb des Marktes für alkoholfreie Erfrischungsgetränke (AFG) gibt es jedoch weitere Kategorien, vor allem Limonaden kommen der Nutzung von Fruchtsäften recht nahe. Die Idee von Punica bestand nun darin, statt Kaufkraft von notwendigerweise leistungsüberlegenen Fruchtsäften abzuziehen, was gerade wegen des gesundheitssensiblen Charakters schwierig ist, eher Kaufkraft von der unterlegenen Kategorie Limonade abzuziehen. Dies gelingt allerdings nur dann, wenn man den hohen Zuckeranteil von Limonaden als potenziellen Gefährdungsfaktor ausmacht. Dies spricht vor allem Mütter an, die latente Bedenken gegen den Genuss von Limonade durch ihre Kinder haben, diesen aber doch, vor allem mangels preisgünstiger Alternative, dulden. Im Vergleich zu diesen »bedenklichen« Limonaden ist aber selbst der einfachste Fruchtsaft das vorteilhaftere Produkt, bei vergleichbarem Preisniveau. Also kommt es zum Überwechseln aus der Kategorie Limonaden in die Kategorie Fruchtsaft innerhalb des Erfrischungsgetränkemarkts, von dem Punica profitiert.

Bundling betrifft die Zusammenfügung von seither selbstständigen Angeboten zu einem neuen Gesamtangebot, das ein neuartiges Erlebnis hervorbringt. Der daraus resultierende Vorteil kann ein Leistungsnutzen sein, indem das synergetische Zusammenwirken von Einzelkomponenten zu mehr Leistung bei gleichem Preis führt, oder es stellt sich ein Preisnutzen ein, wo die insgesamt höhere Abnahmemenge eine Realisierung der gleichen Leistung zu einem geringeren Preis zeitigt. Dies betrifft sowohl Produkte als auch Produkt-Dienstleistungs-Kombinationen (Systems Selling).

Als Beispiel dient die Bündelung von Einzelgeräten als Paketangebot bei Computern, wobei PC, Drucker, Bildschirm(karte), Maussteuerung, Betriebssystem-/Anwendungs-Software etc. gemeinsam mit Preisersparnis abgegeben werden. Weit verbreitet ist diese Anwendung auch bei Industriegütern. Hier geht es bei den Turn Key Projects vor allem darum, eine betriebsfertige Anlage zu erstellen, weshalb sich wegen der Verschiedenartigkeit der dazu benötigten Teile meist mehrere Hersteller in Konsortien zusammenschließen, um als Sublieferanten je ein individuelles Produkt abzuliefern. Dadurch lassen sich bedeutsame Wettbewerbsvorteile erzielen.

Das **Unbundling** bedeutet die Auftrennung von bisher gemeinsam angebotenen Produkten zu Einzelangeboten. So besteht nicht immer Bedarf nach einer Komplettlösung, vielmehr reichen Teillösungen als Ersatz oder Einstieg völlig aus. Zerlegt man ein Komplettangebot nun in solche selbstständigen Teilangebote, kann dadurch neue Nachfrage generiert werden.

Als Beispiel sei die Auftrennung eines HiFi-Turms in Einzelkomponenten und deren separates Angebot genannt. So besteht immer dann, wenn schon einzelne taugliche HiFi-Komponenten vorhanden sind, kein Bedarf nach einer anderen vollständigen Gerätelösung, sondern vielmehr eher nach deren Ergänzung. Damit kann ein Anbieter, der bisher nur HiFi-Türme angeboten hat, ein neues Programm attraktiver Angebote offerieren.

3.1.2.5 Marktfeld V

Hier gibt es ebenfalls drei Optionen. **Gebietsausdehnung** erfolgt durch Nutzung neuer Märkte im In- und Ausland. Dabei sind die Fragen der Marktwahl, des Marktzugangs und der Marktführung zu klären. Dabei geht es um das Bestreben, durch Ausweitung des Absatzgebiets einer größeren Zahl von Nachfragern Zugang zum Produkt zu verschaffen und dadurch zusätzliche Kaufkraft zu mobilisieren. Die Gebietsausdehnung vollzieht sich intranational oder supranational, Ersteres innerhalb des Hoheitsgebiets eines Staates, Letzteres Ländergrenzen übergreifend. Intranational kann die Gebietsausdehnung vor sich gehen, indem ein lokaler Anbieter seinen Absatzraum auf regionaler Ebene ausweitet oder ein regionaler Anbieter seinen

Absatzraum auf nationaler Ebene vergrößert. Supranational geschieht die Gebietsausdehnung, wenn ein nationaler Anbieter seinen Absatzraum auf internationaler Ebene ausdehnt.

> Als Beispiel kann das Eindringen des größten amerikanischen Handelskonzerns, Wal-Mart, in den europäischen Markt angeführt werden. Durch Übernahme der Wertkauf-Kette konnte so etwa auf dem hoch kompetitiven deutschen Markt ein Standbein geschaffen werden. Zugleich wird nunmehr die Wal-Mart-typische Positionierung der totalen Kundenorientierung (Total Customer Care) dort umgesetzt. Dazu gehören z. B. der Greeter, meist ein pensionierter Mitarbeiter, der die Kunden am Eingang freundlich im Laden willkommen heißt, oder die 10-Feet-Regel, die besagt, dass jeder Mitarbeiter auf einen Kunden zugehen und ihn fragen soll, womit man ihm helfen kann, sobald er sich in weniger als 10 Fuß Entfernung (etwa drei Meter) befindet. Ob damit allerdings eine Kopie der Erfolgsgeschichte im Heimatmarkt bei abweichender Konsumkultur hierzulande möglich ist, bleibt abzuwarten. Immerhin zeichnet sich Wal-Mart durch eine äußerst aggressive Preispolitik aus.

Produktwechsel bedeutet, neue Einsatzmöglichkeiten bei Gewinnung neuer Angebotsnutzer aufzuzeigen. Dies erfolgt etwa beim Ausbau herkömmlicher Textverarbeitungsprogramme um DTP-Funktionen. Dadurch werden neue Anwendungen erschlossen, wie etwa Seitengestaltung, die diese Software auch für Personen interessant macht, für die reines Word Processing irrelevant ist. Dadurch werden neue Marktpotenziale erschlossen. Ein ähnliches Ziel verfolgt Jägermeister mit seiner Etablierung als Longdrink (Jägermeister Tonic), wie dies in Südeuropa vielfach üblich ist. An die Stelle des gesunden, aber doch betulichen Kräuterlikörs soll damit das moderne, lifestylige Mixgetränk treten. Ein erster Anlauf zur Verhaltensänderung ist hierzulande allerdings kläglich gescheitert, was bei näherem Hinsehen auch nicht weiter verwundert. Weitere gescheiterte Beispiele sind z. B. Stofftiere zum Verschenken unter Erwachsenen/Steiff und Kräuterjoghurt als Brotaufstrich/Lünebest. Mit durchschlagendem Erfolg werden hingegen für gesundheits- und kalorienbewusste Konsumenten Light-Versionen aller möglichen Produkte lanciert (Zigaretten, Softdrinks, Kaffees, Wurstwaren etc.). Oft dient das Light-Argument auch als Alibi zur Überwindung kognitiver Dissonanzen beim Kaufentscheid.

> Ein mittlerweile klassisches Beispiel für generischen Produktwandel ist das Fahrrad. War es früher nur Fortbewegungsmittel für sozial eher niedere Klassen, die sich kein Automobil oder wenigstens ein Motorrad leisten konnten, ist es heute weniger Fortbewegungsmittel als vielmehr Fitnessgerät für viel Freizeitspaß. Und durchaus nicht mehr ein »Arme Leute«-Fahrzeug, sondern meist in aufgerüsteten Versionen anzutreffen. Etwas ähnliches ist bei Kombi-Pkw zu beobachten. Waren sie früher noch als Kleintransporter für Handwerker und Kinderreiche stigmatisiert, so sind sie heute Mittel für Freizeitspaß, etwa bei raumbedürftigen Hobbies. Moderne Kombis (wie BMW Touring, Audi Avant, Mercedes-Benz T etc.) sind daher zwischenzeitlich nicht nur edel ausgestattet und teuer in der Anschaffung, sondern auch hoch angesehen im sozialen Umfeld.

Bei der Aktivierung seitheriger Nichtkäufer (»**Eroberung**«) handelt es sich um generische Maßnahmen an Abnehmer, die aufgrund ihrer objektiven Merkmale zwar als Käufer in Frage kommen, ein entsprechendes Angebot aber bisher dankend ablehnen, um ihnen die Attraktivität des Ge- oder Verbrauchs nahe zu bringen. Die Ablehnung kann im Mangel an Bekanntheit oder Interesse liegen. Gelingt es nun, dieses Nachfragepotenzial zu aktivieren, kann der Markt besser ausgeschöpft werden (Rationalisierung/Hebelwirkung).

> Als Beispiel kann das Produkt Milchschnitte/Ferrero dienen. Seit der Einführung war es als gesunde Aufbaunahrung für Kinder (z. B. in den Schulpausen) positioniert. Durch die geburtenschwachen Jahrgänge erodiert diese Zielgruppe jedoch. Daher war es erforderlich, neue Nachfrager für dieses Produkt zu interessieren. So wird Milchschnitte heute als moderne, gesunde Zwischenmahlzeit für junge, sportliche Erwachsene ausgelobt. Damit wird einerseits gewohnter Konsum fortgeschrieben, andererseits die stigmatisierende Aura des Kinderprodukts beseitigt (ähnlich Bébé Creme von Penaten).
> Als Beispiel kann auch das von Duplo als der »wahrscheinlich längsten Praline der Welt« gelten. Ursprünglich war Duplo ein normaler Schokoriegel, vorwiegend zum Selbstverzehr und für Kinder gedacht. Die neue Einsatzmöglichkeit liegt im Anbietprodukt, was durch die Analogie zur Praline als ebenfalls typischem Anbietprodukt dramatisiert wird. Als Verbraucher werden dabei nunmehr junge Erwachsene angepeilt. Das gleiche gilt auch für andere Ferrero-Produkte wie Kinder-Schokolade oder Kinder-Country, die nun auch von Erwachsenen verzehrt werden sollen.

3.1.2.6 Marktfeld VI

Hier gibt es schließlich die drei letzten Optionen. Die **Problemweckung** hat tatsächlich zwei Zielrichtungen. Sie zielt erstens auf potenzielle Nachfrager ab, die, obwohl sie ihren objektiven Merkmalen nach als Käufer prädestiniert sind, ein Angebot nicht kennen und es deshalb auch nicht wahrnehmen können. Falls eine gewisse Anzahl von ihnen bei Kenntnis marktaktiv wird, stellt dies ein beträchtliches Nachfragepotenzial dar.

> Als Beispiel mag das Angebot von Softdrinks in Dosen gelten, die damit auch für den Unterwegsgebrauch tauglich wurden. Man braucht nun nicht mehr mit Verschlüssen, die potenziell undicht sind, zu hantieren, mit ungünstigen Packungsproportionen (Standfläche zu Höhe) und hohem Taragewicht. Auch die Gebindegröße ist auf den Einmalkonsum ausgelegt, was den Convenience-Aspekt verstärkt. Zu denken ist hier weiterhin an Eierlikör, dem als Getränk, wohl unberechtigterweise, unterstellt wird, dass es eher von ältlichen Damen mit spitzen Fingern zum nachmittäglichen Nostalgieplausch eingenommen wird. All jenen, die sich nicht dazu zählen, eröffnet sich eine ganz neue Produktperspektive im Einsatz als exquisite Zugabe zu Desserts wie Gebäck, Pudding oder Eiscreme. Dadurch werden Modernität und Akzeptanz gefördert, was in Kaufneigung resultiert (ähnlich bei Klosterfrau Melissengeist, das nunmehr als Stärkungsmittel auch für junge Leute ausgelobt wird).

Sie zielt zweitens auf potenzielle Nachfrager ab, die ein Angebot zwar kennen, aber nicht als relevant empfinden, weil sie glauben, es nicht zu benötigen bzw. sie etwas brauchen, was das Angebot vorgeblich nicht zu leisten imstande ist. Diese sollen für ihr Problem und die sich ergebende Problemlösungsmöglichkeit sensibilisiert werden. Dies enthält zugleich einen ernstzunehmenden Vorwurf gegen das Marketing, wonach dieses eine Komplizierung des Umfelds hervorruft, indem es Probleme überhaupt erst generiert oder zumindest bewusst macht, um sie dann durch in ihrem Absatz zu fördernde Produkte, deren Berechtigung ansonsten schwer einsehbar ist, aufzulösen.

Bezeichnend sind in dieser Hinsicht so schwerwiegende Probleme wie, Schokodrops, die nicht in der Hand schmilzen (M & M's), Männer, die im Kern ihres Wesens nur domestizierte Abenteurer sind (Camel), und Boden und Möbel, die in der Küche frühlingsfrisch duften (Der General). Ähnliches gilt für das Tiefbrühen von Kaffee oder die Vermeidung von Gefrierbrand (beide Melitta).

Bei **Marktwachstum** wird auf kompetitive Aktivitäten gegenüber dem direkten Mitbewerb verzichtet und statt dessen darauf gesetzt, am Zuwachs des Marktes mindestens proportional, möglichst aber überproportional, zu partizipieren. Dies wird durch generische Aktivitäten erreicht, die für eine allgemeine Potenzialsteigerung sorgen. Damit müssen oft marktmächtige Mitbewerber nicht durch Frontalangriff provoziert werden. Nachteilig ist jedoch, dass Märkte mit originärem Wachstum kaum mehr anzutreffen sind. Vielmehr ist die Realität durch weithin stagnierende oder gar schrumpfende Märkte gekennzeichnet. Daher bleibt der Einsatz dieser Alternative letztlich eng begrenzt.

> Als Beispiele können die Positionierungen der diversen Online-Dienste gelten. Sie betonen jeweils gattungsmäßige Vorteile des Internet und wollen damit Interessenten zu ihrem Provider-Service ziehen. Auf komparative Vorteile des eigenen Angebots wird hingegen kaum eingegangen. Zumal als wohl einziger Differenzierungspunkt die Tarife in Betracht kommen, denn die technische Vermittlungsleistung ist bei allen Online-Diensten gleich. Die Tarife sind aber gleichzeitig so intransparent, dass sie als Konkurrenzvorteil kaum instrumentalisierbar scheinen. Allerdings handelt es sich um einen stark wachsenden Markt, in dem es noch reicht, eher holzschnittartig die allgemeinen Nutzen des »Online-Seins« zu dramatisieren und im Übrigen einen möglichst großen Anteil am Werbevolumen (Share of Voice) einzunehmen. Denn wer im Bewusstsein der Zielpersonen am präsentesten ist (Share of Mind), hat die Chance, am Marktwachstum am meisten zu partizipieren.

Marktschaffung erfolgt durch das Angebot völlig neuartiger Problemlösungen. Dies ist allerdings äußerst selten der Fall. Denn meist ersetzen neue Produkte lediglich alte. Zum Beispiel CD-Player, die Analogplattenspieler ablösen, Camcorder, die an die Stelle von Super 8-Kameras treten, Telefaxtechnik, die Telextechnik folgt usw. Viel seltener gelingt es, originär neue Märkte zu etablieren, die Angebotsmerkmale aufweisen, die es bis dato noch nicht gab, beispielsweise PC's, Videorecorder oder portionierte Joghurts, aber auch Post it-Zettel (3 M). Nur im Hinblick auf derartige Produktkategorien liegt wirklich ein neuer Markt vor, der in der Lage ist, zusätzliche Kaufkraft hervorzubringen. Leider sind solche Quantensprünge recht selten.

> Derartige Maßnahmen bieten sich vor allem in Monopolmärkten an. So versuchte die damalige Bundespost mit Erfolg jahrelang, die Anzahl der Telefonanschlüsse voranzutreiben. Und so unternehmen Bundesbahn und öffentliche Personennahverkehrsbetriebe starke Anstrengungen, notorische Autofahrer zum Umsteigen auf ihre Verkehrsmittel zu bewegen, wobei sie die Ergebnisse ihrer Bemühungen allerdings zugleich wohl durch Unzulänglichkeiten in ihrem Leistungsangebot wieder neutralisieren oder gar konterkarieren.
>
> Ein anderes Beispiel ist der Mobilfunkmarkt. Hier wird in der Tat seit einiger Zeit ein Nutzen geboten, der in dieser Form vorher in keiner Weise verfügbar war. Dieses Angebot wird nunmehr aber erstaunlicherweise nicht nur durch Telekommunikationsunternehmen vertreten, sondern auch von vordem völlig branchenfremden Anbietern.

Folgende Beispiele zeigen die konkrete Ausformulierung der Absatzquellendefinition auf:
- Neue medizinische Zahncreme gegen Zahnbelag (zur Prophylaxe):
  – Gewinnung von Nichtverwendern mit dem Ziel, sie zu Zahncreme-Verwendern zu machen, damit Induzierung von Erstkäufen der eigenen Marke (= Marktausweitung),
  – Gewinnung von Extensivverwendern mit dem Ziel, sie zu regelmäßigen Verwendern zu machen, indem bei ihnen eine höhere Kaufrate der eigenen Marke realisiert wird (= Intensitätssteigerung),
  – Gewinnung von Intensivverwendern, soweit sie zu den Marktsegmenten kosmetischer, Karies oder Parodontose bekämpfender Zahncremes gehören, mit dem Ziel, sie zu einem Segmentwechsel zu motivieren, also zur Realisierung von Probierkäufen der eigenen Marke (= Konkurrenzverdrängung),
  – Gewinnung von Intensivverwendern aus dem Prophylaxesegment mit dem Ziel, sie zum Markenwechsel zu veranlassen, also direkte Wettbewerberverdrängung.
- Hochwertige Herrenoberbekleidung:
  – primär: Marktanteilsausweitung (= Konkurrenzverdrängung), also Ausweitung des eigenen Absatzanteils im Segment gehobener HaKa-Marken zu Lasten des direkten Mitbewerbs,
  – sekundär: Stammverwendertreue als Bindung seitheriger Markenkundschaft an die eigene Marke,
  – tertiär: Marktausweitung, indem durch attraktive Auslobung des Produktnutzens solche Verwender zum Kauf motiviert werden, die eigentlich nicht so anspruchsvolle Kleidung suchten.
- Videospielcomputer mit Lern-Software für TV-Anschluss:
  – Überproportionale Partizipation am bestehenden positiven Trend (primär). Im wachsenden Markt der Elektronikspiele soll die Marktentwicklung überholt und Konkurrenten damit Absatzpotenzial entzogen werden (= Konkurrenzverdrängung),
  – Marktausweitung (sekundär) durch Beschleunigung dieses Markttrends. Ansprache breiter Kreise der Bevölkerung über attraktive Darstellung des Produkt-Gattungsnutzens mit Weckung von Interesse und Kaufwunsch. Partizipation daran im Verhältnis der Marktanteile der Anbieter.
- Professionelles Foto-Verbrauchsmaterial:
  – Verdrängung von Konkurrenzherstellern im Marktsegment professioneller bzw. semiprofessioneller Anwendung,
  – Marktausweitung über Induzierung von Probekäufen professionellen Materials im Segment anspruchsvoller Amateurnachfrage, das bislang nicht nach Profimaterial verlangte, sowie durch Einkaufserhöhung professionellen Materials im Segment der Semi-Professionals, das auch seither schon ab und an Profimaterial nachfragte.

3.2 Definition der Zielpersonengruppe

3.2.1 Kennzeichnung

Die Definition der Zielpersonengruppe beschreibt die Personen, welche die vorher definierte Kaufkraft verkörpern. Denn das Geschäft im Marketing wird glücklicherweise immer noch mit Menschen gemacht. Obgleich rein gar niemand vom Kauf eines Produkts oder Dienstes ausgeschlossen werden soll, ist es dennoch nicht ratsam, ein Angebot ungezielt an den Markt zu geben, sondern statt dessen ein sehr genaues Bild der Zielgruppe vor Augen zu haben, die das Angebot auf jeden Fall annehmen soll. Eine solche Abgrenzung ist jedoch immer im Sinne einer Kernzielgruppe zu verstehen, die im Streubereich nicht gemeinte Personen automatisch mit einschließt. Der Analyse liegen umfangreiche Datenerhebungen und Erkenntnisse aus dem privaten und gewerblichen Käuferverhalten zugrunde.

Die Erkenntnisse des Käuferverhaltens als Grundlage für die schlüssige Definition der Zielpersonengruppe sind von besonders hoher Bedeutung für das Kommunikationsmanagement. Dabei wird deutlich, dass immer die Menschen mit all ihren Unvollkommenheiten als Adressaten werblicher Botschaften im Mittelpunkt zu stehen haben. Um diese zu erreichen, bedarf es jedoch der Berücksichtigung weitreichender Zusammenhänge über das Käuferverhalten. Daher wird im Folgenden ausführlicher auf diese Thematik eingegangen.

3.2.2 Entscheidungssituation beim Kauf

3.2.2.1 Kaufprozess

Jeder Kauf ist der freiwillige Austausch von Geld gegen Sachgüter, Dienstleistungen, Rechte und Vermögenswerte durch Personen, Personengruppen oder Organisationen. Ausgeschlossen sind also Leistungen, die unentgeltlich sind (z. B. als Geschenk) oder gegen Entgelt in Anspruch genommen werden müssen (z. B. als Zwangsgebühren). Beinhaltet sind hingegen sowohl Entscheidungen, die zum Erwerb von Eigentumsrechten führen (juristischer Kauf) als auch solche, die nur zu Besitzrechten führen (z. B. Miete). Der Kauf umfasst eine Reihe von Entscheidungen.

Die **Budgetentscheidung** bezieht sich darauf, welcher Teil der zur Verfügung stehenden finanziellen Mittel für Käufe ausgegeben werden soll. Dabei geht es auch um die Aufteilung zwischen Sparen, Kreditaufnahme und Konsum, sowie weiterhin um die Aufteilung des dem Konsum gewidmeten Budgets auf einzelne Lebensbereiche (wie Freizeit, Ernährung, Hobby etc.).

Die **Produktgruppenentscheidung** bezieht sich darauf, für welche Art von Leistung diese finanziellen Mittel verwendet werden sollen. Dabei stehen die einzelnen Produktgruppen in mehr oder minder enger substitutionaler Beziehung zueinander um die Verwendung der knappen Budgetmittel.

Die **Markenentscheidung** bezieht sich darauf, welche Leistung innerhalb der ausgewählten Art konkret gekauft werden soll. Auch die Marken innerhalb einer Produktgruppe stehen in mehr oder minder enger substitutionaler Beziehung zueinander, wobei allenfalls alleinstellende Positionierungen Abhilfe schaffen.

Die **Mengenentscheidung** bezieht sich darauf, welche Menge des ausgewählten Angebots beschafft werden soll. Für kleine Mengen spricht der geringe Transport- und Lageraufwand, zudem die niedrige Mittelbindung, für große Mengen spricht der meist günstigere Preis je Einheit und die einfachere Einkaufsorganisation.

Die **Zeitentscheidung** bezieht sich darauf, wann diese Menge der gegebenen Marke in der gegebenen Produktgruppe beschafft werden soll. Dabei kann je nach Produkt nach Jahreszeit, Monatsablauf, Wochentag und Tageszeit differenziert werden.

Die **Einkaufsstättenentscheidung** bezieht sich darauf, wo die Beschaffung erfolgen soll. Dabei stehen dann nicht mehr die Produkte, sondern die Absatzmittler im Mittelpunkt der Wahl, d. h., aus der Interbrand Competition ist eine Intrabrand Competition geworden, der Wettbewerb der Händler darum, wo ein präferiertes Angebot nun konkret eingekauft wird.

3.2.2.2 Kaufbasis

Hinsichtlich der Entscheidungssituation für den Kauf sind mehrere Kriterien von Bedeutung. Zunächst die Beziehungen zwischen Verwender und Käufer nach **Personenidentität** oder nicht. Dabei können vier Kombinationen unterschieden werden (Abb. 97):

- Der Käufer ist zugleich Verwender. Dies ist etwa in Einpersonen-Haushalten gegeben und der einfachste Fall, denn wer einkauft, muss dann auch mit dem leben, was er einkauft.
- Ein Nichtkäufer ist Verwender. Dies ist z. B. im gewerblichen Bereich der Fall, wo der Einkauf durch Funktionsträger erfolgt. Der Verwender

	Verwender	Nicht-Verwender
Käufer	Eigenbedarf	Auftragskauf
Nicht-Käufer	Geschenk	Kaufberater

Abb. 97: Käufer-Verwender-Matrix (Beispiele)

ist dabei von der Wahl des Einkäufers abhängig bzw. muss den Einkäufer in eine Richtung konditionieren, dass dieser Produkte einkauft, die für den Verwender optimal geeignet sind.
- Der Käufer ist Nichtverwender. Dies ist etwa bei Auftragskäufen gegeben, welche die haushaltsführende Person für ihre Familie tätigt. Zwar wird immer noch der Großteil der Haushaltseinkäufe von der haushaltsführenden Person selbst bestimmt, jedoch steigt der Anteil der Käufe, bei denen der Verwender vorgibt, welches Produkt für ihn zu beschaffen ist.
- Ein Nichtkäufer ist Nichtverwender. Dies gilt z. B. für externe Berater oder Meinungsbildner. Dabei ist als gefährlich einzuschätzen, dass diese Personen nicht unbedingt mit den Konsequenzen ihrer Empfehlung leben müssen. Insofern bedarf es eines hohen Verantwortungsbewusstseins auf deren Seite.

Nach den **Beziehungen** zwischen Entscheidungsträger und Entscheidungsumfeld können folgende Kombinationen unterschieden werden (Abb. 98):

	Privatsphäre	Organisations-sphäre
Individual-entscheid	Haushalts-führung	Einkaufs-abteilung
Kollektiv-entscheid	Familien-entscheid	Buying Center

Abb. 98: Entscheider-Nutzer-Matrix (Beispiele)

- Ein Individualentscheid erfolgt in der Privatsphäre. Dies ist etwa der Fall, wenn ein Konsument allein einkauft. Hier liegt das Schwergewicht der Untersuchungen im Rahmen des Konsumentenverhaltens.
- Ein Individualentscheid erfolgt in der Organisationssphäre. Dies ist etwa bei Funktionsträgern des Einkaufs im gewerblichen Bereich der Fall.
- Ein Kollektiventscheid erfolgt in der Privatsphäre. Dies ist etwa bei Einkäufen, die der Familienentscheidung unterliegen, der Fall. Hier wirken mehrere Personen mit zum Teil divergierenden Interessen auf den Kaufentscheid ein.
- Ein Kollektiventscheid erfolgt in der Organisationssphäre. Dies ist bei Einkaufsgremien im gewerblichen Bereich gegeben. Darauf liegt ein Schwerpunkt der Untersuchung des organisationalen Beschaffungsverhaltens.

3.2.2.3 Entscheidungsart

Es können vier Arten von Kaufentscheidungen unterschieden werden (Abb. 99). Kommen geringe Bedeutung und geringe Neuartigkeit des Kaufs zusammen, finden **habitualisierte Käufe** statt. Sie sind typisch für den sich häufig wiederholenden Erwerb von Gütern des täglichen Bedarfs. Ihnen ist einmal ein echter, komplexer Entscheidungsprozess vorausgegangen, dessen Ergebnis nunmehr unverändert beibehalten wird. Das Ausmaß der damit verbundenen Informationsbeschaffung und -verarbeitung ist sehr gering. Auf die Einbeziehung neuer Alternativen wird verzichtet, die kognitive Steuerung ist wenig ausgeprägt. Häufig wird Markentreue eingehalten, es können aber auch wechselnde Angebote, die sich im Evoked Set qualifiziert haben, gewählt werden. Ursachen dafür sind positive Erfahrungen mit Angeboten, die Vermeidung von Kaufrisiken, der Wunsch, nicht jedesmal neu nachdenken zu müssen, die Bestätigung der »Weisheit« vergangener Wahlen oder die initiative Übernahme von Verhaltensmustern anderer. Im Ergebnis führt dies zu Markentreue. Markentreue ist das überzufällige Verhalten einer Entscheidungseinheit im Zeitablauf hinsichtlich einer oder

	hohe Kaufbedeutung	geringe Kaufbedeutung
hohe Kaufneuartigkeit	Extensive Kaufentscheide	Impulsive Kaufentscheide
geringe Kaufneuartigkeit	Limitierte Kaufentscheide	Habitualisierte Kaufentscheide

Abb. 99: Kaufbedeutungs- und Kaufneuigkeits-Matrix

mehrerer Marken aus einer Gattung. Es muss eine systematische Verhaltenstendenz aufweisen, mit dem tatsächlichen Verhalten konsistent und im Zeitablauf relativ stabil sein, einen Wahlakt beinhalten und auf Entscheidung und Bewertung beruhen.

Kommen geringe Bedeutung und hohe Neuartigkeit des Kaufs zusammen, finden **impulsive Käufe** statt. Sie sind durch ein sehr geringes Ausmaß kognitiver Steuerung bei gleichzeitig großem Einfluss von Emotionen als spontanen Eindrücken gekennzeichnet. Impulskäufe sind ungeplant und finden ohne bewusste Informationssuche sehr schnell statt. Sie betreffen eine unmittelbare und situationsbedingte, quasi automatisch ablaufende Reaktion und werden durch die Ausweitung der Kaufkraft der Nachfrager begünstigt. Ausschlaggebend sind Reize vom Produkt selbst oder am Einkaufsort (POS). Meist handelt es sich um Produkte, die nicht unbedingt benötigt werden, aber die Lebensqualität steigern. Man unterscheidet im Einzelnen:

- **reine** Impulskäufe, die ausschließlich reizgesteuert sind,
- **impulsive** Erinnerungskäufe, die auf spontaner Aktualisierung latenten Bedarfs beruhen,
- **suggestive** Impulskäufe, die aus der Kaufsituation heraus gleich beim ersten Kontakt zum Kaufakt führen (impulsives Reiz-Reaktions-Verhalten),
- »**geplante**« Impulskäufe, die nur nach der Warengruppe geplant sind und für die ein Rahmenbudget bereitsteht.

Solche Entdeckungskäufe haben eine starke emotionale Aufladung, eine geringe gedankliche Steuerung und werden durch eine besondere Reizsituation mit weitgehend automatischem Handeln ausgelöst.

Kommen hohe Bedeutung und geringe Neuartigkeit des Kaufs zusammen, finden **limitierte Kaufentscheidungen** statt. Sie zeichnen sich durch bewährte Problemlösungsmuster und Erfahrungen aus früheren ähnlichen Käufen aus, aus denen Entscheidungskriterien resultieren, sodass nur wenige Alternativen beurteilt werden. In der konkreten Kaufsituation muss daher gemäß dieser Kriterien nur noch die Auswahl unter den real verfügbaren Alternativen getroffen werden. Da ein gespeichertes Auswahlprogramm vorliegt, kann die Prozedur verkürzt und bei Vorliegen eines den Ansprüchen gerecht werdenden Angebots abgebrochen werden. Grundlage sind also gespeicherte Regeln entsprechend spezifischer Erfahrung, Markenkenntnis, Prädisposition, geringem Risiko, geringem Qualitätsunterschied etc. Wesentliche Kennzeichen sind zudem, dass die Nachfrager über ausgeprägte Markeneinstellungen verfügen. Sie präferieren einen Evoked Set, aber noch nicht ausschließlich eine bestimmte Marke. Sie verfügen über Bewertungskriterien und bewährte Problemlösungsmuster, die sie entweder selbst erprobt oder übernommen haben, sowie Kauferfahrungen, sodass nur wenige Alternativen beurteilt werden. Sie konzentrieren ihre Informationssuche vor allem auf die Alternativen, die sie kennen und miteinander vergleichen wollen. Sie engagieren sich nur mäßig, da sie bereits über eigene oder übernommene Kauferfahrungen verfügen und somit grundsätzlich wissen, was sie wollen.

Kommen hohe Bedeutung und hohe Neuartigkeit des Kaufs zusammen, finden **extensive Kaufentscheidungen** statt. Sie zeichnen sich durch umfassende, zum großen Teil bewusst ablaufende Problemlösungsprozesse mit hoher kognitiver Beteiligung und großem Informationsbedarf aus. Beides führt zu langer Entscheidungsdauer. Die kognitive Beteiligung ist deshalb so stark ausgeprägt, weil sich die generelle Kaufabsicht erst während des Entscheidungsprozesses herausbildet. Dies ist typisch für Käufe, die erstmals getätigt werden, für Bedürfnisse, die neuartig erlebt werden, bei großer persönlicher Bedeutung, veränderter Beschaffungssituation, unbekanntem Anspruchsniveau, langer Bindungsdauer, hohem Wert etc. Dennoch kommen sie insgesamt eher selten vor. Sie sind durch ein hohes Involvement, große wahrgenommene

Produktunterschiede, seltenes Vorkommen und geringen Zeitdruck bei der Entscheidung gekennzeichnet. Wichtige Bedingungen sind schwache Prädispositionen, fehlendes Kaufkonzept, geringe Markenpräferenzen, hoher Informationsbedarf und lange Reaktionszeit.

Als Beispiel eines extensiven Kaufentscheids kann der für einen Pkw gelten. Er dauert im Durchschnitt an die zwei Jahre. An dessen Anfang steht die unstrukturierte, passive Informationsaufnahme, erste Anregungen durch Freunde, Bekannte, Familie, Medienberichte und Werbung erfolgen. Darauf folgt die strukturierte Informationssuche, das Kaufinteresse entwickelt sich, es kommt zur bewussten (aktiven) Informationsbeschaffung und -aufnahme, woraus sich Marken- und Modellpräferenzen bilden. Dann konkretisiert sich die Kaufabsicht, das Angebot wird differenziert nach Nutzenerwartung, Preis, Servicenetz etc. betrachtet, erste Händlerkontakte erfolgen, zunächst mit Verkaufsliteraturbeschaffung, dann mit Gesprächen mit Meinungsführern bzw. professionellen Experten. Bei der Entscheidungsfindung erfolgen konkrete Händlerkontakte, Gespräche mit Kfz-Fachleuten, Preisverhandlungen etc. mit der Folge einer Informationsverdichtung. Erst dann kommt es zum Kaufabschluss. Damit setzt die Suche nach Informationen aus personalen und medialen Quellen zur Kaufbestätigung ein. Das erste Produkterlebnis entsteht, Erkenntnisse werden im Familien- und Bekanntenkreis weitergegeben, auch erste Händler-Servicekontakte entstehen. Im Verlaufe der weiteren Nutzung werden Erfahrungen über die Alltagstauglichkeit und den Kundendienst gesammelt, es erfolgt eine unbewusste Stärken-Schwächen-Analyse, hinzu kommen bestätigende oder irritierende Gespräche im Freundes- und Bekanntenkreis, bis ein neuer Zyklus für den Kaufentscheid entsteht (nach durchschnittlich vier bis fünf Jahren).

Die Informationsbeschaffung von Käufern bezieht sich primär auf extensive und limitierte Kaufentscheidungen und dient dem Erwerb von zum Kauf als notwendig erachtetem Wissen. Dabei kann es sich um aktive oder passive Informationsaufnahme handeln und um endogene oder exogene Informationssuche. Die stärkste Ausprägung repräsentiert die aktive, exogene Informationsbeschaffung. Sie ist durch Art und Menge der betrachteten Alternativen, Produkteigenschaften (oft zu Schlüsselinformationen verdichtet), Informationsquellen (Selbsterfahrung, Beratung durch Dritte, Medieninformationen etc.), Einzelinformationen und deren Reihenfolge charakterisiert. In Bezug auf den letzten Aspekt werden im Übrigen Entscheidungsregeln zugrunde gelegt.

3.2.2.4 Informationsangebot

In der **Informations-Display-Matrix** wird das Informationsangebot einer Entscheidungssituation in einer zweidimensionalen Matrix mit Alternativen und Eigenschaften dargestellt (evtl. kommt eine dritte Dimension für Informationsquellen hinzu). Jedes Feld enthält die durch Zeile und Spalte festgelegte Information über Art, Menge und Reihenfolge der Informationsaufnahme von Versuchspersonen. Fasst man nun das Informationsangebot in einer Matrix mit Alternativen (gleich/verschieden) und Eigenschaften (gleich/verschieden), evtl. noch Informationsquellen, zusammen, ergibt sich eine solche Informations-Display-Matrix. In der Kopfzeile sind dann die Kaufalternativen aufgeführt, in der Kopfspalte die relevanten Eigenschaften. Der Rest ist abgedeckt. Auf jedem Matrixfeld liegt ein Stapel mehrerer identischer verdeckter Karten, die nacheinander aufgedeckt werden, wenn weitere Informationen gewünscht sind. Alternativ ist auch eine offen gelegen Matrix mit Denkprotokoll in Nummernreihenfolge der abgerufenen Informationen üblich oder die Registrierung des Blickverlaufs über die einzelnen Felder.

Daraus lassen sich vier Transitionen, d. h. Übergänge von einem Informationszugriff zum nächsten, ermitteln:

- (1) Gleiche Alternative und gleiche Eigenschaft, z. B. Vergleich aller deutschen Kleinwagen hinsichtlich des Kriteriums Benzinverbrauch,
- (2) Gleiche Alternative, aber verschiedene Eigenschaft, z. B. Vergleich aller deutschen Kleinwagen hinsichtlich Benzinverbrauch, Kaufpreis und Zuverlässigkeit,
- (3) Verschiedene Alternativen, aber gleiche Eigenschaft, z. B. Vergleich von deutschen und japanischen Kleinwagen hinsichtlich des Kriteriums Benzinverbrauch,
- (4) Verschiedene Alternativen und verschiedene Eigenschaft, z. B. Vergleich von deutschen und japanischen Kleinwagen hinsichtlich Benzinverbrauch, Kaufpreis und Zuverlässigkeit.

Daraus lassen sich Aussagen über die attributweise bzw. alternativenweise Informationsaufnahme ableiten. Erstere bedeutet, dass die einzelnen Informationen in der Weise aufgenommen werden, dass nacheinander Einzelinformationen zum Kaufentscheid verwendet werden, die sich jeweils auf die gleiche Produkteigenschaft bei verschiedenen Alternativen beziehen. Danach findet der Übergang von einer zur nächsten Eigenschaft statt, hinsichtlich derer wiederum mehrere Alternativen betrachtet werden (von 2 nach 4). Letztere bedeutet, dass erst alle Informationen über interessierende Produkteigenschaften hinsichtlich einer Alternative aufgenommen werden, bevor zur nächsten Alternative übergegangen wird, die dann wiederum nach allen Eigenschaften beurteilt wird (von 1 nach 3).

Kongruenz bedeutet dabei, dass Informationsquellen entsprechend der von Konsumenten geäußerten hohen Einschätzung auch tatsächlich genutzt bzw. entsprechend niedriger Einschätzung gemieden werden. Divergenz bedeutet, dass Informationsquellen entgegen der von Konsumenten geäußerten hohen Einschätzung tatsächlich nicht genutzt bzw. entgegen niedriger Einschätzung doch genutzt werden.

Schließlich lässt sich zur Systematisierung noch eine **Kauftypologie** anlegen, die nach den beiden Kriterien

- Bewertungszeitpunkt des Kaufobjekts (vor dem Kauf oder nach dem Kauf) und
- Leistungsbewertung des Kaufobjekts (möglich oder nicht möglich)

unterscheidet. Dem liegt das Phänomen zugrunde, dass es Leistungen gibt, die schon vor dem Kauf, erst während des Gebrauchs oder auch nicht einmal danach durch Käufer beurteilt werden können:

- **Sucheigenschaften** beruhen auf Inaugenscheinnahme, daher spricht man auch von Inspektionsgütern (Inspection Goods). Dies setzt voraus, dass die Leistungsmerkmale dem Abnehmer zum Zeitpunkt des Kaufentscheids (und auch danach) zugänglich sind, d. h., ihr Vorhandensein oder Fehlen kann vor dem Kauf festgestellt werden. Dies gilt für alle Produkte, deren Eigenschaften eindeutig messbar sind. Die Wahrscheinlichkeit negativer Konsequenzen für den Käufer ist gering, da insgesamt gute Beurteilungsmöglichkeiten gegeben sind, z. B. durch Prospekt, Datenblatt, Messebesuch, Fachwerbungsanzeige, Betriebsbesichtigung. Sucheigenschaften sind somit dadurch gekennzeichnet, dass sie von dem Nachfrager durch Inspektion des Leistungsangebots oder durch eine entsprechende Informationssuche bereits vor dem Kauf vollständig beurteilt werden können. Die Informationssuche wird dann abgebrochen, wenn der Nachfrager ein subjektiv als ausreichend wahrgenommenes Informationsniveau erreicht hat oder eine weitere Informationssuche als zu

kostspielig empfindet. Anbieterseitig sind die Produkt- und Qualitätspolitik sowie die Preispolitik dominant, Kontakte werden durch Werbemittelstreuung oder Produktverteilung erreicht.
- **Erlebniseigenschaften** beruhen auf der Nutzung der in Frage stehenden Produkte in der Vergangenheit, daher spricht man auch von Erfahrungsgütern (Experience Goods). Diese Erfahrung ist zum Zeitpunkt des Kaufentscheids aber noch nicht zugänglich, d. h., ihr Vorhandensein kann zwar nicht vor dem Kauf, wohl aber danach festgestellt werden. Anstelle eigener Erfahrung können auch Erfahrungsberichte anderer Käufer als Beurteilungshilfen dienen oder z. B. Referenznachweis, User-Zirkel, Empfehlung durch Berater, Seminarbesuch/Fachkonferenz. Erfahrungseigenschaften sind somit dadurch gekennzeichnet, dass eine Beurteilung durch den Nachfrager erst nach dem Kauf erfolgt, wobei die Beurteilung entweder erst nach dem Kauf möglich ist oder aufgrund der subjektiven Wahrnehmung eines Nachfragers bewusst erst auf die Erfahrung bei Ge- bzw. Verbrauch eines Produkts verlagert wird. Anbieterseitig sind die Produkt- und Qualitätspolitik dominant, der Preis dient als Qualitätssignal. Markt ergänzende Institutionen haben eine mittlere Bedeutung.
- **Hoffnungseigenschaften** beruhen auf Glaubwürdigkeit, daher spricht man auch von Vertrauensgütern (Credence Goods). Diese sind nicht nur nicht zum Zeitpunkt des Kaufs, sondern nicht einmal nach dem Kauf zugänglich. Man muss sich insofern auf die Zusicherung des Anbieters verlassen. Vor allem die Kompetenz des Anbieters dient als Anhaltspunkt für die Leistungsvermutung. Kompetenzen sind Fertigkeiten und Fähigkeiten, die einem Anbieter zugeordnet werden, um Probleme des Kunden zu lösen, und werden z. B. durch Aussagen anderer Käufer oder Kompetenzzentren erhärtet. Vertrauenseigenschaften sind somit dadurch gekennzeichnet, dass sie durch den Nachfrager weder vor noch nach dem Kauf vollständig beurteilt werden. Dieses Unvermögen des Nachfragers ist darauf zurückzuführen, dass er nicht über ein entsprechendes Beurteilungs-Know-how verfügt und dieses auch nicht in einer vertretbaren Zeit aufbauen kann bzw. will oder die Kosten der Beurteilung subjektiv als zu hoch einstuft. Anbieterseitig sind die Produkt- und Qualitätspolitik sowie die Preispolitik bedeutsam. Markt ergänzende Institutionen haben angesichts hoher Glaubwürdigkeitsprobleme hingegen eine dominante Bedeutung.

Jedes Produkt hat immer Anteile aller drei Eigenschaftsparameter, d. h. sowohl Such- als auch Erlebnis- und Hoffnungseigenschaften, jedoch jeweils in unterschiedlichem Ausmaß. So sind bei einer PC-Software die Programmfunktionen Sucheigenschaft, die intuitive Benutzerführungen Erlebniseigenschaft und Up Dating bzw. Up Grading Hoffnungseigenschaft.

3.2.2.5 Markenbewusstsein

Von zentraler Bedeutung im Käuferverhalten ist bei der Wichtigkeit des Markenartikels das Markenbewusstsein. Der selektiven Markenauswahl liegt der Evoked Set of Brands zugrunde (Abb. 100).

Ausgangsbasis ist der **Available Set** aller in einem gegebenen Zeitpunkt an einem gegebenen Ort innerhalb einer gegebenen Produktgruppe verfügbaren Marken. Zum **Unawareness Set** gehören alle Marken, die dem Käufer unbekannt sind. Diese fallen für den Kaufentscheid schon einmal aus. Zum **Awareness Set** gehören alle Marken, die dem Käufer bekannt sind. Z.B. stellt das Available Set im Falle Pkw die Gesamtheit aller überhaupt angebotenen Pkw-Marken dar.

Von diesem ist aber nur ein Teil physisch verfügbar (Händlernetz) oder gar vorhanden (Vorratswagen). Diese verbleibenden Marken stellen den Awareness Set dar, der Rest den Unawareness Set.

Erstere unterteilen sich in solche, die dem Käufer nicht näher vertraut und damit für ihn unwichtig sind, den **Foggy Set**, und solche, die dem Käufer vertraut und wichtig sind, den **Processed Set**. Nur diese Marken kommen im Weiteren für einen Kaufentscheid in Betracht. Selbst Personen mit hoher Markttransparenz ist nur ein Teil der tatsächlich verfügbaren bzw. vorhandenen Pkw-Marken präsent. Nur diese bilden den Processed Set, der Rest verschwindet im Foggy Set.

Erstere unterteilen sich wiederum in abgelehnte Marken, die den **Reject Set** ausmachen, und akzeptierte Marken, die den **Accept Set** darstellen. Aber nicht alle Angebote darin sind gleichermaßen für einen möglichen Kauf akzeptiert. Das heißt, von den präsenten Pkw-Marken werden nur begrenzt viele als subjektiv für kauffähig erachtet. Nur diese bilden den Accept Set, der Rest stellt den Reject Set dar.

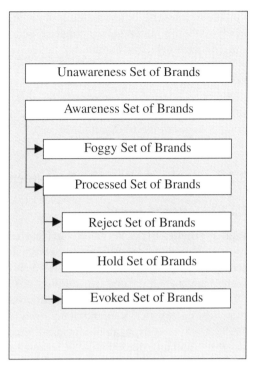

Abb. 100: Selektive Markenwahl

Ersterer unterteilt sich seinerseits wieder in vorläufig zurückgestellte Marken, die den **Hold Set** ausmachen, und schließlich in präferierte Marken, die den **Evoked Set** of Brands ausmachen. Nur unter diesen wenigen Marken fällt die tatsächliche Kaufentscheidung. Das heißt, innerhalb der präsenten und grundsätzlich akzeptierten Pkw-Marken sind solche, die man lieber und solche, die man weniger gern kauft. Die solcherart präferierten Pkw-Marken machen den Evoked Set aus, die anderen den Hold Set.

Das Problem besteht nun darin, dass Käufer aufgrund ihrer begrenzten Datenaufnahme-, Datenverarbeitungs- und Datenspeicherungskapazitäten erfahrungsgemäß allenfalls einige wenige Marken je Warengruppe im Evoked Set präsent haben. Da aber nur unter diesen letztlich der Kaufentscheid fällt, ist es für Anbieter überlebenswichtig, zu diesen wenigen Marken bei einer möglichst großen Anzahl von potenziellen Käufern in jedem Zeitpunkt und an jedem Ort der Verbreitung zu gehören. Dazu bedarf es intensiver Marketinganstrengungen wie:

– Schaffung von Verfügbarkeit (Available Set) durch geeignete Distributionsmaßnahmen,
– Verbesserung des Bekanntheitsgrads (Awareness Set) durch Wahl geeigneter Medien,
– Erhöhung des Vertrautheitsgrads (Processed Set) durch Wahl geeigneter inhaltlicher Botschaften,
– Steigerung der Akzeptanz/Kompetenz (Accept Set) durch nachhaltige, oft persönliche Kommunikation,
– Aufbau der Präferenz/Respektierung (Evoked Set) durch Angebot konkreter, attraktiver Nutzen.

Vor allem neue Angebote haben nur dann eine Chance, in den Evoked Set aufgenommen zu werden, wenn es ihnen gelingt, zugleich eine dort präsente Marke zu verdrängen, oder aber einen neuen Markt, und damit einen neuen Evoked Set of Brands, zu etablieren, was allerdings außerordentlich selten gelingt. Dagegen wiederum setzen sich die bestehenden Anbieter zur Wehr. Die größte Absicherung gegen Verdrängung besteht für den Marktführer (jeder erinnert sich, wer als Erster die Mondoberfläche betrat, aber keiner weiß, wer der dritte war, dem dies gelang). Markenpräferenzen beruhen auf Sympathie, Überzeugung, Gewohnheit, Risikomeidung, Sozialisation oder Tradition, aber auch auf Distribution/Logistik.

3.2.3 Kaufverhalten von Konsumenten

3.2.3.1 Systematisierung

Käuferverhalten ist das Verhalten von Haushalten/Betrieben und Personen in Zusammenhang mit dem Kauf und Konsum. Das Käuferverhalten setzt sich im Einzelnen aus dem **Konsumentenverhalten** privater Entscheider und dem **organisationalem Beschaffungsverhalten** von Unternehmen, Handel und Institutionen zusammen.

Ziel der Erforschung des Konsumentenverhaltens ist die Erklärung, Prognose und Beeinflussung von privaten Kaufentscheidungen (als Standardwerk dazu Kroeber-Riel/Weinberg 1999). Diese sind explikativ, d. h. die Wirkung erklärend, empirisch, d. h. an der Realität orientiert, und interdisziplinär, d. h. weitere Erkenntnisquellen als die der Ökonomie nutzend, z. B. Soziologie, Psychologie. Jeder Kauf ist streng genommen nur eine Episode in einem permanenten Prozess des Kaufens und Konsumierens. Er ist das Ergebnis einer vorgelagerten Phase der Informationssuche und führt zu einer mehr oder minder ausgeprägten Phase des Nachkaufverhaltens. Das Konsumentenverhalten ist also dynamisch, allein schon deshalb, weil es sich im Zuge des Wandels des Umfelds verändert. Dabei kann es sich um externe Einflüsse handeln (z. B. Gesellschaft) oder um interne, die aus dem Einsatz den Marketingaktivitäten von Unternehmen resultieren. Es ist außerdem zweckorientiert, indem es auf die Befriedigung von Bedürfnissen abzielt. Dabei sind im Einzelnen die Episoden der Auswahl, des Erwerbs, der Lagerung, der Verwendung und der Entsorgung gegeben. Es hat Prozesscharakter durch die Entscheidungsfindung im Zeitablauf. Es umfasst aktivierende und kognitive Prozesse, also solche, die interne Erregungen und Spannungen betreffen wie auch die gedankliche Informationsverarbeitung. Es kann bei verschiedenen Personen, in verschiedenen Situationen etc. unterschiedlich ausfallen und sich auch auf immaterielle Güter beziehen, wie Rechte, Vermögenswerte, Dienste etc.

Wesentlicher Bestimmungsgrund des Konsumentenverhaltens ist die **Kaufkraft**. Darunter ist der Geldbetrag je Einwohner oder Haushalt zu verstehen, der für konsumptive Zwecke in einem bestimmten Zeitraum zur Verfügung steht. Die Kaufkraft setzt sich zusammen aus Bruttoeinkommen und Zugängen aus Vermögensverzehr und Kreditaufnahme, bereinigt um Abgänge aus Steuern, Sparbeträgen und Schuldentilgung. Daraus ergibt sich die verfügbare (disponible) Kaufkraft. Bereinigt man diese um die Kaufkraft für elementare Bedarfe, z. B. für Miete, Energieverbrauch, Entsorgung, Risikovorsorge, ergibt sich die frei verfügbare (diskretionäre) Kaufkraft. Kaufkraftkennziffern weisen die Kaufkraft je Region aus. Kaufkraftströme betreffen den Fluss der Kaufkraft zwischen diesen Regionen.

3.2.3.2 Erklärungsansätze

Zur konkreten Erklärung des Konsumentenverhaltens werden verschiedenste Ansätze, auch interdisziplinär, herangezogen. Ein wesentlicher Unterschied ergibt sich hinsichtlich Struktur- (oder S-O-R-)Ansätzen und Mechanik-(oder S-R-)Ansätzen. Bei den **Mechanikansätzen** werden zwei Gruppen von Modellen unterschieden, **Lernmodelle** und **Zufallsmodelle**. Bei beiden handelt es sich um **behavioristische** Ansätze. Der Behaviorismus beruht auf einem Paradigmawechsel, weg von Bewusstseinsprozessen und hin zum Verhalten. Er lehnt Aussagen ab, die auf subjektiven Erfahrungen und Erlebnissen beruhen und akzeptiert nur objektive, beobachtbare Reize, also feststellbare und messbare Aktivitäten des lebenden Organismus als Reaktion auf innere und/oder äußere Reize. Dies sind die ältesten Versuche zur Erklärung des Konsumentenverhaltens. Strukturen im Kaufverhalten sind danach nicht erkennbar und damit auch nicht untersuchbar. Das Verhalten wird vielmehr durch Stimuli (z. B. Packung) und Reaktionen darauf (z. B. Kauf) bestimmt. Die Prozesse, die dazu führen, dass aus der Wahrnehmung des Erlebnisses dann auch wirklich ein Kaufakt wird, finden in der **Black Box** der Psyche des Menschen statt und verschließen sich somit einer Analyse. Sie werden entweder als unbekannt akzeptiert oder aber als irrelevant angesehen. Ergebnis ist immer eine Aussage darüber, mit welcher Wahrscheinlichkeit ein Individuum in einer bestimmten Art und Weise auf Reize reagiert, nicht wie es reagieren wird. Der Ansatz ist also eigentlich theorielos. Die Verknüpfung kann durch Abhängigkeit oder Zufälligkeit erklärt werden. Abhängigkeiten werden in regressionsanalytischen Modellen dargestellt. Als Beispiel dienen Marktreaktionsfunktionen (z. B. Preis-Absatz-Funktion). Die Verknüpfung kann linear-additiv oder multiplikativ erfolgen, sowie statisch oder dynamisch (mit Einbeziehung von Carry-Over-Effekten). Zufallsprozesse werden in stochastischen Modellen dargestellt.

Bei den **Strukturansätzen** hingegen handelt es sich um **neo-behavioristische** Ansätze. Dies sind neuere Versuche zur Erklärung des Konsumentenverhaltens. Sie stellen neben den direkt beobachtbaren und daher messbaren Variablen auf intervenierende Variable ab, die allenfalls indirekt über Indikatoren gemessen werden können. Das heißt, die im Organismus ablaufenden Vorgänge sollen über hypothetische Konstrukte geordnet werden. Sie kennzeichnen den Organismus Mensch durch Zustandsvariable und zwischen diesen herrschenden Beziehungen. Man spricht von S-O-R-Modellen. Dadurch wird versucht, die Black Box des **Organismus** zu erhellen. Zwischen Stimuli (z. B. Werbemaßnahme) und Reaktionen darauf (z. B. Produktkauf, Diensteinanspruchnahme, Ideenübernahme) werden hypothetische Konstrukte als Verbindung gesehen (z. B. Wahrnehmungsprozesse, Lernprozesse, Einstellungen, Motivationen), die den Zusammenhang zwischen diesen Stimuli und Reaktionen erklären. Diese sollen über Erhebungen (z. B. Befragung) erfasst werden. Hypothetische Konstrukte sind nicht direkt beobachtbar und erfordern deshalb ihre Messung zur Operationalisierung. Erst dadurch wird ein theoretisches System zu einer testbaren Theorie mit empirischer Interpretation und Überprüfbarkeit. Da hypothetische Konstrukte zunächst keinen nachweisbaren Wirklichkeitsbezug haben, muss (über Indikatoren) bestimmt werden, wie sie zu den beobachteten Phänomenen in Beziehung stehen. Mit empirischen Sachverhalten verknüpft erhalten sie somit einen zumindest indirekten Wirklichkeitsbezug. Dazu müssen Korrespondenzregeln für eine operationale Beziehung zugeordnet werden, die Messmöglichkeiten angeben, die auf Validität und Reliabilität geprüft sind. Dies erfolgt meist über Skalierungsverfahren.

Innerhalb der Strukturansätze gibt es **Systemmodelle**, welche die im Individuum ablaufenden Vorgänge auf der aktivierenden, kognitiven und individuellen Ebene untersuchen. Von dieser wird dann auf das Verhalten geschlossen (deduktive Vorgehensweise). Die Systemmodelle wiederum lassen sich in Total- und Partialmodelle unterteilen. Die **Totalmodelle** des Konsumentenverhaltens weisen eine umfassende, die Partialmodelle nur eine einseitige verhaltenswissenschaftliche Fundierung auf. Totalmodelle beabsichtigen also, das Kaufverhalten unter Einbeziehung aller relevanten Variablen in allen möglichen Situationen zu erklären. Die durch die vollständige Abbildung bedingten hoch komplexen Aussagesysteme sind nur sehr bedingt validierbar und somit für die praktische Umsetzung kaum geeignet. Die empirische Fundierung ist bei allen Totalmodellen allenfalls hinreichend gegeben. Die Partialmodelle sind uneingeschränkt empirisch fundiert. **Partialmodelle** bilden nur einen Ausschnitt des Kaufverhaltens ab, sie untersuchen also einen Einflussfaktor vertieft und vernachlässigen die weiteren. Auch sie sind nur begrenzt validierbar, dafür aber anschaulich genug, konkret in Marketingmaßnahmen umgesetzt zu werden. Bei den Partialmodellen lassen sich je nach Art der berücksichtigten Variablen psychologisch orientierte Ansätze und soziologisch orientierte Ansätze unterscheiden. Psychologische Variable sind vor allem Größen wie Emotion, Motivation, Einstellung, Wahrnehmung, Lernen, Gedächtnis, Involvement, wahrgenommenes Risiko und Werte, soziologische Variable sind vor allem Kultur, Gruppenstruktur, Familie, Rollenbeziehungen, Meinungsführerschaft und Diffusion. Die Aggregierbarkeit des einzelnen Verhaltens ist unterschiedlich ausgeprägt, die Berücksichtigung eigener und konkurrierender Marketingmaßnahmen ist gering, alle Ansätze sind primär nur für kurzlebige Konsumgüter einsetzbar.

Außerdem gibt es noch die klassische **Haushaltstheorie.** Sie bildet die mikroökonomische Grundlage zur Beurteilung des Käuferverhaltens. **Prozessmodelle** befassen sich mit dem Zustandekommen von Kaufentscheidungen und ihren Voraussetzungen. Unter **Simulationsansätzen** versteht man Techniken zur nummerischen Auswertung eines quantitativen Modells. Anwendung finden Simulationen, wenn der Komplexitätsgrad eines Modells eine analytische Auswertung verhindert, das Modellverhalten bei unterschiedlichen Instrumentalkombinationen interessiert oder das Modellverhalten im Zeitablauf in zeitsparender Weise analysiert werden soll. Mit Hilfe einer Simulation werden auf experimentelle Weise alternative Systemzustände erzeugt, indem Inputdaten systematisch variiert werden. Die praktische Relevanz dieser Ansätze ist jedoch deutlich eingeschränkt.

3.2.4 Mechanikansätze

3.2.4.1 Zufallsmodelle

Mechanikansätze verzichten auf die Modellierung der Variablen im Organismus (= O). Die Zusammenhänge zwischen Reizinput (= S für Stimulus) und Reaktionsoutput (= R für Response) werden vielmehr nicht untersucht und ersatzweise stattdessen durch Wahrscheinlichkeitskomponenten dargestellt. Bei den Stimuli kann es sich um vom Betrieb kontrollierte Variable (z. B. Werbekampagne) oder vom Betrieb nicht kontrollierte Variable handeln (z. B. Kaufkraft). Hinzu kommen situative Variable (z. B. Zeitdruck). Es entspricht der Ökonomie des Denkens, sich auf die wesentlichen Zusammenhänge zu konzentrieren und konkrete Größen anstelle psychologischer und soziologischer Konstrukte anzunehmen. Man unterscheidet im Einzelnen Zufallsmodelle und Lernmodelle.

Nur die wesentlichen Zusammenhänge in der Mechanik werden im Zufallsmodell explizit abgebildet, alle anderen werden vernachlässigt und ersatzweise durch Wahrscheinlichkeitskomponenten erfasst. Bei Zufallsmodellen handelt es sich je nach dem Ausmaß des Zufalls um quasi-deterministische oder objektiv-stochastische Ansätze. Beiden ist gemein, dass sie aus den Ergebnissen erst im Nachhinein auf Wirkungen schließen.

Bei **quasi-deterministischen** Ansätzen stellen Funktionsgleichungen einen sicheren (ökonometrischen) Zusammenhang zwischen Stimulus und Response her, wobei nicht erfasste Wirkgrößen durch eine Zufallsgröße (Störglied) erfasst werden. Insofern wird ein im Prinzip deterministisches Modell an die Realität angepasst. Kennzeichnend dafür sind Reaktionsfunktionen, die Beziehungen zwischen Reizen (unabhängige Variable) und Reaktionen (abhängige Variable) darstellen. Bei diesen Reizen handelt es sich meist um Marketinginstrumente (z. B. Preissetzung, Werbeaufwand, Distributionsgrad, Produktqualität), bei den Reaktionen um Konsumentenverhalten (also Kauf/Nichtkauf). Dies setzt freilich bereits existentes Vorwissen über diese Beziehungen voraus. Da dieses aber nicht gegeben ist, handelt es sich tatsächlich um ein Trial & Error-Verfahren, in dem das Modell schrittweise (iterativ) über Tests den realen Gegebenheiten angenähert wird. Fraglich ist jedoch, welche Einflussfaktoren einbezogen und wie diese funktional verknüpft werden. Nicht aufgenommene Einflussfaktoren und nicht funktional bestimmbare Beziehungen werden durch eine Restgröße (Störglied) repräsentiert. Die Funktionsform kann linear-additiv sein (z. B. Preis-Absatzfunktion) oder nicht-linear (multiplikativ oder gemischt).

Bei **objektiv-stochastischen** Ansätzen wird eine Reaktionswahrscheinlichkeit der Käufer auf Veränderungen im Umfeld (also bei nicht kontrollierten Variablen) mittels Zufallssteuerung der Kaufprozesse (vollstochastisch) bestimmt. Es wird also die Kaufentscheidung in ihrer Gesamtheit als Zufallsmechanismus interpretiert (diese werden entsprechend ihrer häufigsten Ausprägung im Rahmen der Simulation von Mechanikansätzen näher betrachtet).

3.2.4.2 Lernmodelle

Bei Lernmodellen handelt es sich um subjektiv-stochastische Ansätze. Hier wird eine Beziehung zwischen Reizinput und Reaktionsoutput aufgrund von Erfahrung hergestellt. Dabei wird von der Art des Inputs (Stimulus) auf die Art des Outputs (Reaktion) geschlossen. Es sind also in gewisser Weise Prognosen möglich. Lernen beinhaltet die systematische Änderung des Verhaltens aufgrund erworbener Erfahrungen. Lernen kann zur Generalisierung oder zur Diskriminierung genutzt werden. Beide können sich auf Reize (Stimuli) oder Reaktionen (Response) beziehen. Lerntheorien, die dem S-R-Ansatz folgen, sind die klassische (Kontiguitätsprinzip) und die instrumentelle Konditionierung (Verstärkerprinzip) (Abb. 101).

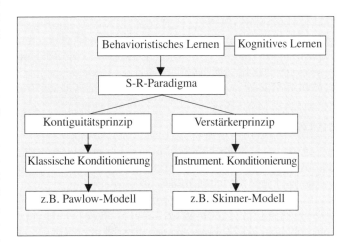

Abb. 101: Alternative Lernmodelle

3.2.4.2.1 Kontiguitätsprinzip

Die **klassische Konditionierung** entspricht dem Lernen durch enges raum-zeitliches Zusammentreffen verschiedener Erlebnisinhalte (Reizverknüpfung). Wird ein Reiz, der für das Individuum zunächst keine Bedeutung hat und auch keine Reaktion auslöst (= neutraler Reiz), wiederholt kurz vor und während der Darbietung eines Reizes, der aufgrund angeborener Reiz-Reaktions-Verknüpfung eine reflexive Reaktion auslöst (= unbedingter Reiz), dargeboten, so löst schließlich auch bereits der ursprünglich neutrale Reiz diese Reaktion aus. Das Individuum hat also gelernt, auf den ursprünglich neutralen Reiz zu reagieren, der Reiz wurde damit konditioniert. Das heißt, Organismen lernen, dass der konditionierte Reiz das Eintreten des unkonditionierten Reizes signalisiert. Grundlage dieses Lernprozesses ist die räumliche und zeitliche Nähe (= Kontiguität) der beiden Reize. So findet nach häufiger Wiederholung eine Kopplung zwischen einen originären, unbedingten und einem derivativen, bedingten Reiz zur Reaktion durch Lernen derart statt, dass das gewünschte Resultat nicht mehr nur beim ursprünglichen, sondern ebenso bereits allein beim derivativen Reiz eintritt. Im Experiment von Pawlow wurde dazu einem Hund zusammen mit seinem Futter immer auch ein Glockenzeichen gegeben (Stimulus). Der Hund zeigte Speichelfluss aus Vorfreude (Response). Nachdem der Zusammenhang zwischen beiden ursprünglich unverbundenen Signalen gelernt war, reagierte der Hund mit Speichelfluss auch nur allein beim Glockenzeichen, also schon ohne Futter. Sein Reflex war darauf konditioniert. Der Akzent der klassischen Konditionierung liegt also auf der Stimulus-Seite. Der unkonditionierte Stimulus wird unabhängig vom Verhalten des Organismus vorgegeben und bestimmt später dessen Verhalten. Der Zeitintervall zwischen konditionierter Reaktion und unkonditioniertem Stimulus ist fest, beide sind ähnlich und Reaktionen laufen reflexartig ab. Alte Reaktionen werden mit neuen Reizen verknüpft. Von einer Konditionierung zweiter oder höherer Ordnung spricht man, wenn zwei oder mehr Reize kettenartig verknüpft werden.

Den Effekt der klassischen Konditionierung kann jeder beobachten, der ein Haustier hält. So empfangen schlaue Katzen ihren Halter freudig erregt bereits an der Kühlschranktür, weil sie im Laufe der Zeit gelernt haben, dass dessen Erscheinen in Kühlschranknähe (derivativer Reiz) meist dazu führt, dass es etwas zu Fressen gibt (originärer Reiz). Die Freude über das Essen stellt sich also nicht erst angesichts des Futters selbst ein, wie ursprünglich zu erwarten ist, sondern bereits bei Annäherung an den Kühlschrank als bedingter Reiz. Geradeso »funktionieren« auch Menschen, etwa bei der Rummarke Bacardi. Da war am Anfang eine nette Musik, die penetrant mit weißem Rum gekoppelt ertönte. Und die Marke trat ebenso penetrant im Südsee-Sonne-Strand-Model-Umfeld auf. Im Laufe der Zeit wurden Zielpersonen nun darauf konditioniert, allein schon beim Anblick der Flasche oder beim Ertönen der Musik an die relaxte Atmosphäre der Werbung zu denken und dieser angenehmen Stimmung durch Kauf oder Konsum des Produkts nachzugeben.

3.2.4.2.2 Verstärkerprinzip

Bei der **instrumentellen Konditionierung** liegt der Akzent hingegen auf der Response-Seite. Die instrumentelle Konditionierung, auch operante Konditionierung genannt, entspricht dem Lernen nach dem Verstärkerprinzip als Wiederholung erfolgreichen freiwilligen Versuchs- und Irrtumshandelns. Im Experiment von Skinner wurden dazu Ratten als Versuchstiere mit einem Hebelmechanismus konfrontiert, dessen richtige Betätigung ihnen dann Futter freigab. Nach Ausprobieren (Trial & Error) fanden die schlauen Tiere bald den richtigen Dreh heraus. Diese Belohnung führte zum Lernen des Zusammenhangs (Law of Effect) und damit bei Wiederholung des Vorgangs gleich zum richtigen, erfahrungsgemäß erfolgreichen Handeln. Wenn Kinder, aber auch Frauen, etwa gelernt haben, dass Weinen ihnen erhöhte Aufmerksamkeit oder Durchsetzung ihrer Interessen einbringt, so erhöht sich die Häufigkeit seines Auftretens. Die Belohnung kann Objekt-, Sozial- oder Selbstbelohnung sein. Nicht erfolgreiche Lösungen werden also revidiert, erfolgreiche hingegen perpetuiert. Die Wahrscheinlichkeit dafür, dass ein bestimmtes Verhalten als Reaktion auf Reize auftritt, ist umso größer, je ähnlicher ein bestimmter Reizkomplex dem Reizkomplex ist, bei dem in der Vergangenheit dasselbe oder ein ähnliches Verhalten belohnt worden ist, je häufiger dieses in einem bestimmten Zeitabschnitt Belohnungen einbringt, die höher als die Aufwendungen sind und je höher der Wert der daraufhin erhaltenen globalen Belohnung ist. Der Wert einer solchen Belohnung ist umso geringer, je häufiger man sie zuvor bereits erhalten hat. Treffen Verhalten und Belohnung wiederholt in kürzeren Zeitabständen nicht mehr gemeinsam ein, so kommt es zur Extinktion der gelernten Reaktion. Das Verhalten des Organismus bestimmt, ob der unkonditionierte Stimulus vorgegeben wird oder nicht. Der Zeitintervall zwischen konditionierter Reaktion und unkonditioniertem Stimulus hängt vom Verhalten des Organismus ab. Beide sind eher unähnlich, Reaktionen laufen eher kontrolliert ab und neue Reaktionsmuster werden entwickelt.

Gelerntes Verhalten wird auch dann beibehalten, wenn es nicht mehr ausdrücklich belohnt oder bestraft wird, dafür aber implizit, z. B. durch Vermeidung anstrengenden Nachdenkens (Habitualisierung). Außerdem auch dann, wenn es nicht mehr extern belohnt oder bestraft wird, dafür aber intern, z. B. durch Übereinstimmung mit verinnerlichten Normen (Internalisierung). So weiß jeder Elternteil mit Kleinkind in der Familie, dass, wenn Kinder erst einmal gelernt haben, dass Weinen ihnen erhöhte Aufmerksamkeit und die Erfüllung ihrer Wünsche einbringt, sie die Tränen gezielt einsetzen, um ihre Ziele zu erreichen. Tränen werden also von ihnen instrumentalisiert. Das wiederum führt zu gehäuftem Auftreten, bis irgendwann diese Handlung wegen ihrer Inflationierung keinen Erfolg mehr zeitigt, oder weil man als Vater oder Mutter den Effekt durchschaut hat (Extinktion). Dann wird vom Kleinkind im Versuchs- und Irrtumshandeln wieder solange probiert, bis ein neuer Erfolg versprechender Effekt gefunden ist. Und mit diesem verhält es sich dann gerade genauso.

3.2.4.2.3 Generalisierung und Diskriminierung

Bei beiden Lernprinzipien ergeben sich Generalisierungs- und Diskriminierungstendenzen sowohl hinsichtlich Reiz als auch Reaktion. Generalisierung bedeutet, dass das Individuum versucht, in Situationen ein Verhalten zu zeigen, das sich schon in subjektiv als ähnlich empfundenen anderen Situationen bewährt hat. Diskriminierung bedeutet, dass, wenn sich belohntes/Bestrafung vermeidende Verhalten nur auf spezielle Bedingungen bezieht, eine Verstärkung sich nur unter solchen Bedingungen ergibt, die von anderen unterschieden werden. Bezieht sich die Belohnung/Bestrafungsvermeidung nur auf bestimmte Aspekte/Elemente des Verhaltens, so wird das Individuum selektiv mit differenziertem Verhalten darauf reagieren.

Von **Stimulusgeneralisierung** spricht man, wenn ein Käufer lernt, auf ähnliche Reize gleichartig zu reagieren. Durch Generalisierung kann der Imitator an der Verwechslungsfähigkeit seines Angebots mit dem des Imitierten partizipieren (z. B. Milka- und Alpia-Schokolade). Durch Wahrnehmungsüberlastung wird nur ein vergleichsweise geringer Teil der tatsächlichen Reize adäquat wahrgenommen. Daher reichen geringe Unterschiede auch nicht zur Erreichung unterschiedlicher Reaktionen aus. Sondern die Unterschiede müssen erst eine gewisse, situationsabhängige Wahrnehmungsschwelle überschreiten, um wirksam zu werden. Dazu werden oft an sich eher unwichtige Spezifika unverhältnismäßig dramatisiert oder auch erst nachträglich in Produkte »eingebaut« (als Marketing Ingredients). Eine unzulässige Nachahmung solcher Spezifika durch Wettbewerber kann im Rahmen gewerblicher Schutzrechte verhindert werden. Gelingt es nun, unter Beachtung dieser Verbote mit einem Angebot in einer Vielzahl von Reizen mit einem anderen, überlegenen verwechslungsfähig zu sein, so partizipiert man an dessen Marktstellung.

Von **Stimulusdiskriminierung** spricht man, wenn ein Käufer lernt, auf ähnliche Reize unterschiedlich zu reagieren. Bei der Diskriminierung muss erst die Grenze der Generalisierung durchbrochen werden, bevor eine Eigenständigkeit erreicht werden kann, auf die Nachfrager anders als in generalisierter Weise reagieren. So werden Produkte, die den gleichen Grundnutzen, aber verschiedenartige Zusatznutzen bieten (z. B. Golf Diesel und Golf GTI) trotz weit überwiegend gleicher Wahrnehmung erheblich unterschiedlich beurteilt. Dieses Phänomen wird bei der Angebotsdifferenzierung genutzt. Dazu muss allerdings in der Kommunikation ein erhebliches Maß an Lerneinheiten transportiert werden, um subtile Signalunterschiede zuverlässig erkennbar zu machen. Dies erlaubt vor allem ein Trennung innerhalb homogener Produktgruppen. Zu denken ist an Zigaretten (Atika, es war schon immer etwas teurer, einen besonderen Geschmack zu haben), Mineralöl (Aral, alles Super), Weinbrand (Chantré, groß sind die Unterschiede zwischen Weinbränden nicht, aber fein), Whisky (Jack Daniels, lange gelagert und in Ruhe gereift), Dosenmilch (Bärenmarke, mit der Original Alpenmilch), Schokocreme (Nutella, nicht irgendeine Nuss-Nougat-Creme) etc. Daran scheitert letztlich auch der weitere Erfolg von Pepsi gegenüber Coke bei Cola-Getränken.

Von **Responsegeneralisierung** spricht man, wenn ein Käufer lernt, auf gleichartige Reize ähnlich zu reagieren. Dies wird etwa beim Imagetransfer umgesetzt, wo die Bekanntheit und Vertrautheit einer Marke genutzt wird, um sie in einem anderen Umfeld, möglichst mit hinreichend engem Zusammenhang, mit Erfolg einzusetzen (z. B. Joop Parfüm, Davidoff-Zigaretten, Nivea Shampoo). Die Lerninhalte werden dazu von einem Marktbereich in einen anderen transferiert. Das Auftauchen der gleichen Marke, freilich isoliert vom ursprünglichen Produkt, als Derivat in einem anderen, hinreichend damit verbundenen Zusammenhang, führt zur gleichen positiven Reaktion wie beim Ursprungsreiz. Das heißt, der neue Reiz durch das Derivat wird nicht als eigenständig neu aufgefasst und dementsprechend unvoreingenommen beurteilt, sondern als subjektiv bekannt und vertraut, obwohl dies objektiv nicht zutrifft. Durch diese Hebelwirkung lassen sich Derivate weitaus eher erfolgreich am Markt platzieren als Marken, die letztlich ein »unbeschriebenes Blatt« sind.

Von **Responsediskriminierung** spricht man, wenn ein Käufer lernt, auf unterschiedliche Reize ähnlich zu reagieren. Dies entspricht der verbreitetsten Art des Lernens. Darauf beruht die Marktsegmentierung, nach der sich Käufergruppen deutlich voneinander abtrennen. So sprechen bestimmte Argumente (z. B. Prestige) immer nur bestimmte Zielgruppen an (z. B. Statusorientierte), während sie andere völlig kalt lassen, und umgekehrt. Das erlaubt nicht nur die Durchsetzung von Aufpreisen (z. B. Business Class vs. Economy Class), sondern auch die entsprechende Abgrenzung von Zielgruppen durch Marktsegmentation. Letztlich resultiert die Angebots- und Nachfragevielfalt aus diesem Lernprozess, denn nur die Tatsache, dass Konsumenten unterschiedliche Reize als solche erkennen, sichert einerseits die Existenzfähigkeit einer Vielzahl von Produkten der Anbieter und andererseits die Befriedigung einer Vielzahl von Bedürfnissen der Nachfrager.

Zusammenfassend kann das Lernen als Konstrukt im Käuferverhalten wie folgt charakterisiert werden. Wird ein Verhalten belohnt, steigt die Wahrscheinlichkeit, dass dieses in Zukunft wieder auftritt, sofern das Individuum depriviert ist. Wird ein Verhalten weder belohnt noch bestraft, wird es gelöscht. Wird ein Verhalten bestraft, sinkt die Wahrscheinlichkeit seines

Auftretens. Bei hoher Bedürfnisstärke wird der Strafreiz zu umgehen versucht. Gelingt dies, steigt die Wahrscheinlichkeit, dass das betreffende Verhalten wieder auftritt. Je häufiger ein Reiz zusammen mit einem Verstärker auftritt, desto höher ist die Wahrscheinlichkeit, dass dieser Reiz eine Verstärkungswirkung erhält. In subjektiv ähnlichen Situationen versucht das Individuum, bewährtes Verhalten zu zeigen, in subjektiv gleichen Situationen versucht es, sein Verhalten noch erfolgreicher zu gestalten. Wirkt das Verhalten nur in bestimmten Situationen belohnend, wird es nur dann verstärkt, wenn der betreffende diskriminierende Stimulus tatsächlich vorliegt. Werden nur bestimmte Aspekte des Verhaltens belohnt, so geht das Individuum entsprechend selektiv vor. Sind Verhaltensweisen erst einmal nachhaltig eingeübt oder verinnerlicht, werden sie beibehalten auch wenn keine Belohnung oder Bestrafungsvermeidung mehr daraus resultieren. Verhaltensweisen werden umso besser gelernt, je stärker der Zusammenhang zwischen diskriminierten oder generalisierten bzw. gespeicherten Reizen und dem daraus resultierenden Verhalten ist. Die Wahrscheinlichkeit des Auftretens eines Verhaltens ist abhängig von der Belohnungshöhe sowie der subjektiven Wahrscheinlichkeit, dass die Belohnung aus dem Verhalten folgt bzw. das Verhalten Erfolg versprechend ausgeführt werden kann. Der Wert der Belohnung unterliegt dabei dem Vergleich mit vorausgegangenen Situationen, anderen Personen und alternativen Verhaltensweisen. Jeweils wird Konsistenz angestrebt.

3.2.5 Strukturansätze

Die Strukturansätze zielen darauf ab, die im Organismus ablaufenden Vorgänge über hypothetische Konstrukte zu ordnen. Sie kennzeichnen den Organismus Mensch durch Zustandsvariable und zwischen diesen herrschenden Beziehungen. Man unterscheidet im Einzelnen Ansätze der Haushaltstheorie, der Systeme und der Prozesse.

Die **Haushaltstheorie** ist im Wesentlichen mikroökonomisch basiert. Sie bedient sich im Einzelnen des mikroökonomischen Ansatzes, in Verfeinerung in Form des Lancaster-Modells und der Haushaltsproduktion. Einen ersten Erklärungsansatz für das Konsumentenverhalten liefert die klassische Haushaltstheorie im Rahmen der **Mikroökonomik**. Dabei wird auf Basis ökonomisch streng rationaler Entscheidungsfindung (Homo Oeconomicus) theoretisch untersucht, für welche Mengen welcher Güter sich ein Haushalt entscheiden soll, wenn er bei gegebenem Budget und gegebenen Güterpreisen seinen Nutzen maximieren bzw. ein als sinnvoll erachtetes Nutzenniveau mit geringst möglichem Budget zu niedrigsten Güterpreisen realisieren will. Die traditionelle mikroökonomische Theorie geht dabei von der Fiktion der Nutzen maximalen Gütermenge aus. Nutzen ist der Grad der Befriedigung von Bedürfnissen, den ein Wirtschaftsgut beim Verbraucher/Verwender erbringt. Diese Bedürfnisse werden nach ihrer Zahl, ihrem Intensitätsgrad, ihrer Interdependenz, ihrem Bewusstheitsgrad, ihrer Zielorientierung, ihrer Realisierungschance und ihrer Planbarkeit unterschieden.

Für den Nutzen sind sowohl die individuelle Nützlichkeit (subjektive Bedürfnisse) als auch die objektive Knappheit relevant (marktliche Seltenheit). Freie Güter (wie Luft) sind zwar nützlich, aber nicht marktfähig. Der Nutzen wird in Abhängigkeit von Gütermengen in Nutzenfunktionen dargestellt (z. B. Indifferenzkurve mit kardinaler Nutzenzuweisung, Pareto-Optimum), die Grenznutzenfunktion hat einen fallenden Verlauf. Die Nutzenmaximierung ist bei der höchsten Grenzrate der Substitution gegeben, der Nutzenausgleich bei gleicher Grenzrate der Substitution aller Güter (Gossen'sche Gesetze). Im Marketing wird meist zwischen Grundnutzen (inferiore Güter) und Zusatznutzen (superiore Güter) unterschieden, zunehmend aber auch in Präferenzen, z. B. in der Theorie der faktischen Präferenz (Revealed Preference) für ordinale Präferenzen bzw. in der Risikotheorie für kardinale Präferenzen.

Die Kritik an der mikroökonomischen Haushaltstheorie ist jedoch vielfältig. Ausgegangen wird von einem völlig rational handelnden Individuum, das bewusste ökonomische Wahlakte durchführt, denn daraus leiten sich erst die Bedingungen für optimale Beschaffungsmengen ab. Zudem wird eine vollständige Information der Nachfrager über alle Einflussfaktoren ihres Kaufverhaltens unterstellt. Die Einkommen, sämtliche relevanten Beschaffungsgüter und deren Preise werden als mit Sicherheit bekannt vorausgesetzt. Es wird eine konsistente, transitive, stationäre und komparative Präferenzstruktur angenommen, die durch Aggregation zu einer Preisabsatzfunktion für einen Gesamtmarkt wird. Diese Annahmen entbehren allerdings des Realitätsbezugs ebenso wie die Ergebnisse, die unter diesen Prämissen zustande kommen.

Eine Modifizierung erfolgt im **Lancaster-Modell**. Dieses geht davon aus, dass die Haushalte am Markt verschiedene Produkte kaufen, um sie zur Herstellung von Gütern zu verwenden. Die vom Haushalt erstellten Güter lassen sich nach Eigenschaftsarten (wie Kalorienzahl, Eiweißgehalt, Geschmack etc.) beschreiben. Im Gegensatz zur Haushaltstheorie werden nicht die Produktmengen, sondern die Eigenschaftsmengen bewertet, denen Nutzenwerte zugeordnet werden. Eine gewisse Aussagekraft erhält das Modell durch die Ermittlung individueller und aggregierter Nachfragefunktionen, der zugehörigen Absatzmengen und der Auswirkung absatzpolitischer Maßnahmen. Allerdings liegt gleichermaßen der Homo Oeconomicus als Modellannahme zugrunde. Die Verbindung zwischen der über Produkteigenschaften definierten Nutzenfunktion und der über Gütermengen definierten Budgetrestriktion stellt die Konsumtechnologie dar. Dies ist eine Matrix, die angibt, wie viel eine Mengeneinheit eines Produkts an Eigenschaften enthält. Multipliziert mit der Bedeutung des Produkts im Warenkorb ergibt sich die Eigenschaftsmenge. Eine Weiterentwicklung stellen dazu die Kaufmodelle dar.

Ein weiterer Ansatz betrifft die **Theorie der Haushaltsproduktion**, welche die Erstellung elementarer Güter untersucht. Allerdings liegen dabei gleichermaßen realitätsarme Bedingungen zugrunde. Daher ist es erforderlich, wenn ökonomische Erklärungsansätze allein schon nicht ausreichen, andere Disziplinen hinzuziehen, wie Erkenntnisse aus der Soziologie und der Psychologie.

Die **Systemansätze** setzen sich aus psychologisch-basierten und soziologisch-basierten Teilmodellen sowie Totalmodellen zusammen. Die soziologischen sind den psychologischen Aspekten des Käuferverhaltens vorgelagert. Sie stellen praktisch die Außeneinflüsse dar, die dann in Inneneinflüssen verarbeitet werden. Psychologisch-basierte Teilmodelle stellen intrapersonelle Faktoren in den Mittelpunkt ihrer Betrachtung, soziologisch-basierte stellen hingegen interpersonelle Faktoren in den Mittelpunkt. Bei diesen Faktoren handelt es sich um zahlreiche unterschiedliche Einflussgrößen.

Die **Prozessmodelle** gehen in ihrer Betrachtung über Strukturmodelle hinaus, indem sie nicht nur das Ergebnis eines Wahlaktes analysieren, sondern bereits dessen Zustandekommen. Auch hierfür gibt es unterschiedliche Ansatzpunkte zur Betrachtung.

3.2.6 Einfache Partialmodelle

Partialmodelle bilden jeweils nur einen Ausschnitt der Variablen des Käuferverhaltens ab, d. h., sie untersuchen einen Einflussfaktor vertieft und vernachlässigen zugleich die weiteren. **Es wird also jeweils nur ein Konstrukt zentral behandelt, weil für dieses ein überragender Erklärungsbeitrag angenommen wird.** Das bedeutet, keine Reaktion ist möglich, ohne dass dieses

Hauptkonstrukt nicht einen dominierenden Einfluss darauf gehabt hätte. Zwar sind ihre Aussagen nur bedingt gültig, weil immer mehrere Faktoren auf eine Reaktion einwirken dürften, also neben dem Haupt- auch weitere Nebenkonstrukte, dafür bieten sie aber zahlreiche Ansätze für die Umsetzung in konkrete Marketingmaßnahmen. Partialmodelle zeichnen sich eher durch ihre Erklärungstiefe aus, Totalmodelle eher durch ihre Erklärungsbreite. Ihre empirische Relevanz ist jedoch ungleich höher einzuschätzen.

Einfache psychologische Partialmodelle versuchen, sich den normalerweise verborgenen Ursachen für den privaten Kaufentscheid (Covert Behaviour) zu nähern. Dafür gibt es vielfältige Kriterien, deren wichtigste im Folgenden skizziert werden. So unterscheidet man aktivierende Determinanten, individuelle Determinanten und das Wahrnehmungskonstrukt. Die psychologisch-basierte Betrachtung steht traditionell im Mittelpunkt des Konsumentenverhaltens. Sie ist zugleich Ausdruck einer nicht unumstrittenen Entwicklung im Marketing weg von einem rein betriebswirtschaftlichen Fokus hin zu einer Öffnung zu sozialwissenschaftlichen Nachbardisziplinen, hier die Psychologie. Verfechter einer rein betriebswirtschaftlichen Ausrichtung des Marketing kritisieren dabei den Verlust an Trennschärfe und die Gefahr der Trivialisierung. Die weit überwiegende Zahl der Anhänger einer interdisziplinären Ausrichtung betonen demgegenüber den erheblichen Erkenntniszugewinn, der aus der Nutzung hier psychologischer Aspekte resultiert.

Einfache soziologische Partialmodelle verfolgen den Ansatz, dass in Zeiten zunehmender Anonymisierung des sozialen Umfelds der Anpassung an den bzw. der Absetzung innerhalb des gesellschaftlichen Status quo eine wachsende Bedeutung zukommt. Deshalb ist es angebracht, private Käufer verstärkt unter soziologischen Aspekten (Overt Behaviour) zu betrachten. Dies wird auch der Tatsache gerecht, dass der Mensch ein Gemeinschaftswesen ist. Konsumenten treffen daher ihre Einkaufsentscheidungen nur selten aus einer isolierten Position heraus. Menschen sind aber nicht nur passives Produkt ihres sozialen Umfelds, sondern gestalten dieses auch aktiv mit. Die Soziologie befasst sich mit dem Zusammenleben von Menschen, ihrem interindividuellen Handeln und Verhalten und sucht dabei die gesellschaftlichen Ordnungsmuster und Verknüpfungszusammenhänge, also die Strukturen und Prozesse verschiedener Systeme und deren Rückwirkungen auf Menschen, zu beschreiben, zu analysieren und zu erklären. Soziale Einheiten sind Zweierbeziehungen, wiederkehrende Gruppen und Individuen in der Gesellschaft. Dort wird dann die Sozialisation analysiert, denn der Mensch wird nicht als Mensch geboren, sondern er hat nur die Anlagen zum Menschsein, die erst durch seine soziale Umwelt entwickelt werden und ihn lebensfähig machen. Sozialisation erfolgt durch geplante (Erziehung) und ungeplante Einwirkung (Zufall), primär innerhalb der Familie und sekundär außerhalb dieser.

Kognitive Ansätze unterstellen, dass zwischen Stimulus und Response im Organismus intervenierende Variable tätig werden. Es erfolgt kein An- und Ausschalten einer festgelegten Verbindung von Reiz und Reaktion. Vielmehr ändert sich die durch einen Reiz geprägte Situation bereits während des Ablaufs der sie beantwortenden Handlung und führt mit jeder Situationsänderung zur Aufnahme neuer Reize. Aus der Verbindung der Reize formt sich ein Orientierungsplan, ausschlaggebend sind also kognitive Strukturen. Danach werden dann keine Handlungen verarbeitet, sondern Sachverhalte.

Situative Ansätze berücksichtigen neben den psychologisch-basierten, soziologisch-basierten und kognitiven Ansätzen situative Umfeldfaktoren, die auf den privaten Kaufentscheid einwirken. Dies ist zweifellos in vielfältiger Weise gegeben. So kann das Käuferverhalten bei ansonsten gleicher Disposition der Beteiligten erheblich unter dem Einfluss situativer Faktoren variieren. Zwar ist deren Einflussnahme unbestritten, jedoch führen die Vielzahl dieser Faktoren und ihre vielfältigen Ausprägungen dazu, dass die getroffenen Aussagen nur unwesentlich präziser sind, dafür aber eine erhebliche Schwankungsbreite aufweisen. Zumal auch die Auswahl der in Betracht gezogenen situativen Faktoren einer gewissen Willkür nicht entbehrt.

Komplexe Partialmodelle stellen das Bindeglied zwischen Partialmodellen und Totalmodellen des Konsumentenverhaltens dar. Sie erachten mehr als nur ein Konstrukt als zentral, verzichten jedoch auf den Versuch, alle einwirkenden Konstrukte erfassen zu wollen. Vielmehr werden aus allen möglichen Variablen jene betrachtet, die für wichtiger als die anderen erachtet werden. Damit ist dieser Ansatz leicht angreifbar, er hat weder die Konsequenz der bewussten Konzentration auf eine Einflussgröße, wie bei den Partialmodellen, noch den Anspruch einer umfassenden Analyse, wie bei den Totalmodellen. Insofern kann dieser Ansatz als gescheitert angesehen werden und wird heute auch nicht mehr nachhaltig verfolgt.

3.2.7 Aktivierende Determinanten

Aktivierende Determinanten beschreiben innere Erregungszustände, die den Organismus in einen Zustand der Aufmerksamkeitsbereitschaft und Leistungsfähigkeit versetzen. Man unterscheidet das allgemeine Aktivierungsniveau (tonische Aktivierung) und interimsmäßige Aktivierungsschwankungen (phasische Aktivierung). Das Aktivierungsniveau bestimmt die allgemeine Leistungsfähigkeit und verändert sich nur langsam, etwa mit dem Biorhythmus, die Aktivierungsschwankungen steuern die Aufmerksamkeitsbereitschaft für Reize und treten ebenso rasch auf wie sie wieder abklingen. Die zunehmende Sensibilisierung für einen Reiz ist zugleich mit der Herabsetzung der Verarbeitung anderer Reize verbunden. Mit steigender phasischer Aktivierung steigt auch das tonische Aktivierungsniveau und umgekehrt. Auslöser für Reize sind innere Vorgänge (z. B. Suchtstoffe) oder äußere Vorgänge (z. B. Wahrnehmungen). Aktivierende Determinanten bestehen im Einzelnen aus Emotion, Motivation und Einstellung.

3.2.7.1 Emotion

Emotion ist jene psychische Erregung, die subjektiv wahrgenommen wird und sich durch Interesse, Freude, Überraschung, Kummer, Zorn, Ehre, Geringschätzung, Furcht, Scham, Schuldgefühl etc. äußert. Sie versorgt das Verhalten mit Energie und treibt es an, führt also zu einer physiologischen Aktivierung.

Emotion wird ausgelöst durch:

- **affektive** Schlüsselreize (z. B. Kindchenschema, Erotik), die biologisch programmiert sind und daher automatisch und weitgehend unbewusst wirken. Auch deren Nachbildung durch Attrappen (z. B. Bilder) wirkt verstärkend. Sie initiieren angeborene Auslösungsmechanismen.
- **kognitive** Schlüsselreize, welche die Informationsverarbeitung stimulieren (z. B. Widerspruch, Überraschung, Konflikt, Mehrdeutigkeit),
- **physische** Schlüsselreize, im Marketing vor allem Duft, Farbe, Gestaltung, Design etc. Diese lösen gemeinhin die stärksten Reize aus.

Die Messung von Emotion erfolgt auf drei Ebenen:

- **Motorisch** durch Beobachtung körperlicher Veränderungen wie Gesichtsmuskulatur, Extremitätenhaltung, Körperbewegung, Hautveränderung etc., dabei wird von den beobachtbaren körperlichen Veränderungen auf die im Inneren ablaufenden psychischen Prozesse geschlossen,
- **Physiologisch** durch Indikatoren für die Stärke der inneren Erregung, dabei kann allerdings nicht deren Richtung ermittelt werden, d. h., es wird nur festgestellt, dass eine Erregung gegeben ist, offen bleibt, welche Empfindung damit verbunden ist,
- **Subjektiv-verbal** durch sprachliche Äußerungen zu inneren Vorgängen, die allerdings bereits kognitiv durchdrungen sind, dabei handelt es sich um Erkenntnisse, die durch Befragungen, aber auch durch Zuordnungsverfahren, erhoben werden.

Die Leistung ist bei mittlerer Erregung (Arousal Level) am höchsten. Geringe Erregung führt zur Lethargie (Schlaf, Entspannung), hohe Erregung zur Hektik (Panik, Chaos). Beides ist der Leistung nicht förderlich. Marketing muss daher diesen mittleren Erregungsgrad bei Maßnahmen anpeilen, weder darf eine zu geringe Aktivierung entstehen (z. B. bloße Unterhaltung durch Werbung), da es dann an Verhaltensreaktion fehlt, noch darf eine zu hohe Aktivierung entstehen (z. B. Angstappelle in der Werbung), da es dann zu Überreaktionen mit der Folge von Widerständen (Reaktanzen) kommt. Dieser Zusammenhang wird als umgekehrte U-Funktion oder Lambda-Hypothese bezeichnet (Aktivationstheorie). Die Wirksamkeit von Angstappellen ist abhängig von der Unmittelbarkeit der Botschaftsübermittlung (Face to Face), der Reaktionsmöglichkeit des Empfängers (Ausweichen), der Themenrelevanz für den Empfänger (persönliche Betroffenheit), seinem Selbstvertrauen (Persönlichkeitsstärke), seiner Furchtschwelle (Empfindlichkeit) und der Glaubwürdigkeit des Absenders (Kompetenz). Typische Anwendungen solcher Angstappelle finden sich bei Werbung in Sachen Verkehrssicherheit, Gesundheitsvorsorge oder Ökologie.

Die Reaktanzbildung ist abhängig von der Unmittelbarkeit der Botschaft, den Reaktionsmöglichkeiten des Empfängers, der Themenrelevanz für den Empfänger, dem Selbstvertrauen des Empfängers, dem Ausgangsniveau an Angstempfindlichkeit und der Glaubwürdigkeit des Senders. Sowohl im euphorischen Zustand als auch im Panikzustand ist das Individuum dabei in seiner Leistungsfähigkeit reduziert.

Die Erregung bestimmt sich nach den **Dimensionen**:

- **Art** als Richtung der Aktivierung. Appetenz bedeutet dabei ein auf Annäherung an ein Ziel gerichtetes Verhalten, Aversion ein auf Vermeidung dieses Ziels gerichtetes Verhalten.
- **Erlebnis** als Qualität der Aktivierung, bei als angenehm empfundener Emotion entsteht eine positive Art, bei als unangenehm empfundener Emotion eine negative Art der Aktivierung.
- **Wahrnehmung** als Bewusstsein der Aktivierung, die bewusst wahrnehmbar und erkennbar (offen) oder bewusst wahrnehmbar, aber nicht erkennbar (getarnt) oder weder bewusst wahrnehmbar noch erkennbar sein kann (unterschwellig).

Emotion ist Aktiviertheit plus Interpretation. Emotionen begünstigen den Erwerb vieler Informationen und tragen zur Bildung bestimmter Beziehungen bei. Sie beschleunigen oder hemmen bestimmte Prozesse und wirken selektiv, indem sie das Auftreten von Assoziationen fördern. Sie sind für die Anregung von Entscheidungs- und Problemlösungsprozessen bedeutsam. Und sie steigern zunächst die psychische Leistung und hemmen sie danach wieder.

3.2.7.2 Motivation

3.2.7.2.1 Motive

Motivation ist mit Antrieb versehener und auf Behebung gerichteter Bedarf. Je dringlicher dieser Bedarf ist, desto eher soll er befriedigt werden. Mit der Befriedigung eines Bedürfnisses erhält automatisch das nächstfolgende Priorität. Motivation sind alle aktuellen Beweggründe des Verhaltens, Motivation ist also Emotion plus Zielorientierung.

Als Motiv wird hingegen die Bereitschaft eines Individuums zu einem bestimmten Verhalten bezeichnet, es betrifft die Disposition und Latenz. Motive sind Kräfte, die den menschlichen Organismus in eine bestimmte Richtung (Wissenskomponente) zu bestimmten Zwecken (Gefühlskomponente) drängen, um einen Spannungszustand zu beseitigen. Die Gefühlskomponente ist für die Auslösung von Handlungen ursächlich (Aktivierung), die Wissenskomponente für die Richtung der Handlung (Bedarf). Man unterscheidet ihrer **Art** nach:

- **Primäre** (physiologische) Motive, die angeboren sind, wie z. B. Versorgung, Arterhaltung, Nachteilsvermeidung, Hunger, Durst, Sclaf, Wärme, und mit dem Überleben des Menschen in Verbindung stehen sowie **sekundäre** (psychologische) Motive, die erworben sind, wie z. B. Prestige, Macht, Lebensqualität, Selbsterfüllung, Zufriedenheit, die erst aus den primären Motiven abgeleitet sind. Die sekundären Motive konkretisieren die Erfüllung der primären (z. B. Gelderwerb für Wohnung).
- **Intrinsische** Motive, die eine Selbstbelohnung bzw. Vermeidung von Bestrafung zum Inhalt haben, sowie **extrinsische** Motive, die außengeleitet sind, also der Gesellschaft entspringen, wobei der Kauf ein und desselben Produkts für manche Käufer intrinsisch und für andere extrinsisch wirkt.
- **unbewusste** (latente) Motive, die unterhalb der persönlichen Wahrnehmungsschwelle angesiedelt sind, und deshalb nicht spezifiziert werden können, sowie **bewusste** (manifeste) Motive, die sich oberhalb der Wahrnehmungsschwelle befinden, also spezifizierbar sind.

Weitere Unterscheidungen betreffen die:

- **Zahl** der Motive (monothematische Theorien gehen hier von einem Basismotiv aus, polythematische von mehreren gleichrangigen oder aber meist einander über- bzw. untergeordneten Motiven),
- **Intensität** der Motive (einzeln im Sinne der Umsetzungswirkung in Emotion, bei mehreren zugrunde gelegten Motiven stellt sich zudem eine Hierarchie der Motive dar),
- **Interdependenz** der Motive (mehrere Motive, die zueinander konvergent sind, führen zu einer gemeinsamen Zielorientierung, mehrere Motive, die zueinander divergent sind, implizieren hingegen einen Zielkonflikt),
- **Realisierungschance** der Motive (nahe Ziele, die erreichbar sind oder scheinen, oder ferne Ziele, die wohl eher Träume bleiben, womit unmittelbar die Verfolgung und Befriedigung in Konsum zusammenhängt),
- **Planbarkeit** der Motive (beherrschte, durch das Individuum kontrollierte Motive, die steuerbar sind, und unbeherrschte, durch das Individuum nicht kontrollierte Motive, die unwiderstehlich einwirken).

3.2.7.2.2 Motivkonflikte

Jeder Mensch verfügt über eine gewisse Anzahl von Motiven. Diese werden nur unter bestimmten inneren und äußeren Bedingungen wirksam. Es bestehen interindividuelle Unterschiede in der Motivstärke. Nicht alle Motive sind komplementär oder zumindest ambivalent. Sind Motivantriebe widersprüchlich, entstehen Motivkonflikte als Intrapersonen-Konflikte. Appetenz bezeichnet dabei das auf Annäherung an ein Ziel gerichtete Verhalten, Aversion das auf Vermeidung gerichtete Verhalten. Dabei kommt es zu folgenden Situationen.

Ein **Appetenz-Appetenz-Konflikt** liegt vor, wenn ein Käufer zwei oder mehr Motive positiv wahrnimmt, sich dann aber für eines von ihnen entscheiden muss (»Qual der Wahl«). Dies ist etwa der Fall, wenn zwei verschiedene Produkte ähnlich positiv eingeschätzt werden, aber nur für eines von ihnen Kaufkraft verfügbar ist. So kann ein gegebener Geldbetrag für Wohnungsrenovierung oder für Urlaubsreise ausgegeben werden. Beides ist erstrebenswert, aber nur eines auch finanzierbar. Die Entscheidung zugunsten der Wohnungsrenovierung bedeutet Verzicht auf Erholung im Ferienumfeld, die Entscheidung zugunsten der Urlaubsreise Verzicht auf häusliche Gediegenheit. Die höhere Appetenz entscheidet, feldtheoretisch gesehen die geringere Distanz und der größere Vektor des Objekts zum Subjekt.

Ein **Appetenz-Aversions-Konflikt** liegt vor, wenn ein identisches Ziel sowohl positive als auch negative Erregungen auslöst, die gegeneinander abzuwägen sind (»Hin- und hergerissen«). So kann der Kauf eines Schmuckstücks sowohl positive Valenzen haben (z. B. Besitzwunsch, Produkterotik, Hedonismus) als auch negative (z. B. Kostenaufwand, Nutzlosigkeit, Diebstahlgefahr). Die positiven Werte (bewundert werden) müssen gegen die negativen (sein ganzes Geld hergeben) abgewogen werden. Ein positiver Saldo führt dann zum Kauf, ein negativer Saldo zum Nichtkauf. Ein anderer, häufig verwendeter Begriff dafür ist Ambivalenz-Konflikt.

Ein **Aversions-Aversions-Konflikt** liegt vor, wenn ein Käufer sich zwischen zwei oder mehr, von ihm sämtlichst als negativ empfundenen Alternativen entscheiden soll (»Das geringere Übel«). Dies spielt im Rahmen der Kundenzufriedenheit bzw. -unzufriedenheit eine Rolle. So kann beim Kauf eines qualitativ unzureichenden Produkts einerseits auf eine Reklamation verzichtet werden, was zwar einfacher ist, aber eben eine Fehlinvestition zur Konsequenz hat, oder andererseits reklamiert werden, was zwar zur Durchsetzung der Gewährleistungsrechte führt, dafür aber mit einigem Aufwand an Zeit und Geld verbunden ist. Die geringere Aversion entscheidet, fehltheoretisch gesehen die größere Distanz und der kleinere Vektor des Objekts zum Subjekt.

Allerdings bestehen auch andere **Lösungsmöglichkeiten** bei diesen Konflikten. So etwa durch die Extensivierung des Lösungsraums, d. h. die Findung neuer, bisher nicht bekannter oder in Betracht gezogener Lösungen, durch Kompromissbildung, d. h. Wahl der innerhalb bestehender Restriktionen bestmöglichen Lösung, durch Beeinflussung, d. h. Einwirkung auf die Alternativen, oder Koalitionsbildung, d. h. Herbeiführung von Gruppenentscheidungen.

3.2.7.2.3 Motivfaktoren

Obgleich die Bedürfnisse zwischenmenschlich verschieden sind, gibt es von Maslow den Versuch einer generalisierenden Klasseneinteilung in der **Maslowschen Bedürfnishierarchie** (Abb. 102). Sie unterscheidet Bedarfe der:

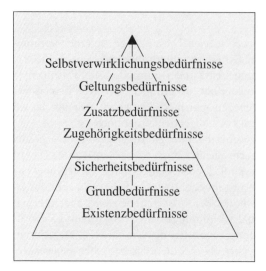

Abb. 102: Maslowsche Bedürfnishierarchie

- **Existenz**, also Grundbedarfe wie Nahrung, Kleidung, Wohnung, Schlaf, Fortpflanzung, Witterungsschutz etc.,
- **Sicherheit**, also Konsolidierungsbedarfe wie Beschäftigung, Einkommen, Kranken- und Altersvorsorge, Gefahrenschutz, wirtschaftliche Absicherung, beherrschbare und geordnete Lebensumstände etc.,
- **Zugehörigkeit**, also Sozialbedarfe wie Liebe, Freundschaft, Gruppenkontakt, Teamgeist etc.,
- **Geltung**, also Egobedarfe wie Selbstvertrauen, gesellschaftliches Ansehen, Anerkennung, Beachtung, Kompetenz, Unabhängigkeit etc.,
- **Selbstverwirklichung**, also Kreativbedarfe wie Selbsterfüllung, Hobbys, schöpferische Tätigkeit, Nutzung und Entwicklung der eigenen Anlagen, anspruchsvolle Aufgaben, Bestleistung etc.

Maslow behauptet nun, dass diese Bedürfnisse streng hierarchisch aufgebaut sind, d. h., die jeweils nächste Stufe erst relevant wird, wenn alle vorherigen Stufen zufriedenstellend abgedeckt sind (dazu *Maslow* 1984). Allerdings gibt es keine Ausschließlichkeit, sondern es liegen immer mehrere Motive zugrunde, die fließend ineinander übergehen. Es wirken aber jeweils nur die unbefriedigten Bedürfnisse verhaltensrelevant. So ist eine Ansprache als umso motivierender anzusehen, je höher sie innerhalb der Motivhierarchie angesiedelt ist. Die Basisbedürfnisse der Physiologie und Sicherheit gelten in entwickelten Gesellschaften, als von Ausnahmen einmal abgesehen, durchgängig abgedeckt. Eine Ansprache im Markt ist daher meist erst auf den Folgestufen sinnvoll. So werden Personen angesprochen, deren Bedürfnis nach Zugehörigkeit nicht gedeckt ist (z. B. bei Mundgeruch, der durch den Gebrauch einer bestimmten Zahncreme vermieden werden kann) oder deren Geltungsbedürfnis nicht gedeckt ist (z. B. durch einen Küchenreiniger, der nicht nur Schmutz entfernt, sondern auch die Anerkennung der Hausfrau in der Familie verbessert). In letzter Konsequenz geht es um die Selbstverwirklichung, z. B. bei hedonistischen Produkten wie Automobil, Credit Card, HiFi/Video (z. B. in der LBS-Kampagne mit dem Motto: Ein Haus zu bauen, liegt in der Natur des Menschen.).

Damit bieten sich gute Ansatzpunkte für die Umsetzung im Marketing, obgleich das Modell hochumstritten ist, weil es auf einem streng humanistischen Konzept basiert, unter mangelnder Operationalität leidet und durch Gegenbeispiele (so treiben Künstler oft unter Verzicht auf Grundbedarfsdeckung Selbstverwirklichung/der arme Poet) zur Genüge widerlegt wird. Zudem wird die individuelle Komplexität und Instabilität menschlichen Verhaltens letztlich von nicht fest verankerten Motiven gesteuert, ist formbar und entwicklungsfähig. Auch gibt es keine natürliche Rangordnung einzelner Motive zu einem bestimmten Zeitpunkt. Zumal Motive nicht nur Personen, sondern zumindest auch situationsbedingt sind. Die verwendeten Konzepte sind mehrdeutig und nur unzureichend abgrenzbar. Sie besitzen nur eine sehr geringe Operationalität, weil zuverlässige Messkriterien fehlen. Die zugrunde gelegten Annahmen sind trivial. Es ist nur eine geringe Eignung zur gültigen Verhaltensvorhersage von Individuen gegeben, da Motive oft nicht erkennbar sind. Zudem besteht eine hohe Kulturgebundenheit in der Rangfolge der Bedürfnisse, so sind hedonistische Motive nur in Überflussgesellschaften spürbar. Der Ansatz leidet unter mangelnder inhaltlicher Logik. Auch die theoretische Einordnung ist ungeklärt, da der Ansatz eigentlich aus der Selbstkonzeptforschung stammt.

Es besteht die Möglichkeit, die Motive derart zu verketten, dass Motive unterer Ebenen als Mittel zum Zweck der Erfüllung von Motiven oberer Ebenen angesehen werden. Diese Sichtweise wird in der **Means-End-Chain** durch sechs Ebenen konkretisiert. Die erste Gruppe der Motive besteht (hier am Beispiel Telekommunikation) aus der Erfüllung konkreter Nutzen (z. B. schnelle Internetverbindung). Darauf bauen abstrakte Nutzen (z. B. Zeit- und Wissensvorteil) auf, die in funktionalen Nutzen enden (z. B. Effektivität der Arbeit). Auf dieser Gruppe setzt dann eine selbst erkennende Reflektion auf, die über die psychosoziale Konsequenz (z. B. Karriereverbesserung) und die instrumentale Werthaltung (z. B. Leistungsorientierung) schließlich in einer terminalen Werthaltung endet (z. B. Selbstverwirklichung in der Arbeit). Motive auf den unteren Ebenen dieser Kette werden damit dahingehend bewertet, ob sie zur Erreichung der obersten Ebene beitragen können. Dies dies der Fall, werden sie mit Aktivität versehen.

Alfelder hat die fünf Bedürfnisse nach Maslow in drei Klassen (ERG) stärker zusammengefasst. Existence Needs(E) sind physiologische Bedürfnisse und der physisch materielle Teil der Sicherheitsbedürfnisse, Relatedness Needs (R) sind soziale Bedürfnisse und der interpersonelle Teil der Sicherheitsbedürfnisse, und Growth Needs (G) sind Wertschätzung, Selbstverwirklichung und Wachstum. Daraus leiten sich dann vier Prinzipien ab. Die Frustrationshypothese besagt, dass unbefriedigte Bedürfnisse dominant sind, die Befriedigungs-Regressionshypothese besagt, dass mit der Befriedigung das nächstwichtigere Bedürfnis dominant wird, die Frustrations-Regressionshypothese besagt, dass mit der Nichtbefriedigung das nächstgeringere Bedürfnis dominant wird, und die Frustrations-Progressionshypothese besagt, dass die Nichtbefriedigung das nächstwichtigere Bedürfnis dominant werden lässt.

Neben diesem polythematischen Ansatz gibt es durchaus auch **mono- und dualthematische**. So das Instinktkonzept, nach welchem dem Menschen ein angeborenes, invariates Verhalten für fest programmierbare Reaktionen durch Erbanlage eigen ist. Diese Verhaltensweisen werden Instinkte genannt oder homöostatische Triebe (wie Fortpflanzung). Danach kommt solchen Schlüsselreizen eine besondere Bedeutung für die Orientierungsreaktion zu, also eine sich reflexartig einstellende Zuwendung zu bestimmten Umweltreizen. Nach der Trieblehre (Freud) ist der Mensch durch zwei Triebe gesteuert, Liebe (Sexualität) und Tod (Aggression), die sich in einer dynamischen Balance befinden. Danach stammt unbewusste Triebhaftigkeit aus dem Es (Unbewusstes über unbefangene kindliche Suche nach Spiel/Unterhaltung), intelligente Realitätsbewältigung aus dem Ich (Bewusstes) und die eher lustfeindliche Befolgung von Pflichten und Verboten aus dem Über-Ich (Vorbewusstes). Bei Frustration kommt es zu vielfältigen Abwehrmechanismen in Form von Unterdrückung (Realitätsleugnung), Verdrängung (ins Unterbewusste), Sublimation (Anhebung auf ein sozial höheres Niveau), Konversion, Reaktionsbildung (Verkehrung ins Gegenteil), Projektion (auf Drittpersonen gerichtet), Introjektion (gegen die eigene Person gerichtet), Ersatzbefriedigung (»Blitzableiter« Zuhause für Stress im Büro), Kompensation (Umkehrung), Rationalisierung oder Regression. Abwandlungen der Psychoanalyse finden sich bei Adler (Individualpsychologie) und Jung (analytische Psychologie). Diese, und weitere Ansätze sind jedoch wenig zur Operationalisierung im Marketing geeignet. Dies gilt auch für **athematische** Motivationstheorien, die auf Dimensionen wie Gewinn, Zeitersparnis, Bequemlichkeit, Sicherheit, Geltung, Nachahmung, Emotion oder Ökologie aufbauen.

Ein weiterer Ansatz beruht auf den Säulen Kompetenz, Respekt, Vertrauen und Akzeptanz. Solange Kompetenz vorhanden ist, sind auch Respekt und Akzeptanz gegeben. Wird eine Person/Organisation für kompetent gehalten und man zeugt ihr keinen Respekt, ist Missachtung die Folge. Verdient eine Person/Organisation Respekt, hat sie automatisch auch die besten Chancen auf Akzeptanz. Will man nun die Akzeptanz (z. B. eines Konkurrenten) erschüttern, muss man zuerst seine Kompetenz angreifen, denn dann leidet auch der Respekt, und ohne Respekt gibt es keinen Grund mehr für Akzeptanz. Denn Angriffe auf den Respekt ohne vorherige Kompetenzuntergrabung werden als unschicklich angesehen. Und ohne Respektminderung ist die Akzeptanz nicht zu knacken. Oder umgekehrt, will man die Akzeptanz verbessern, muss man zuerst die Kompetenz stützen, damit Respekt entsteht, der dann zur Akzeptanz führt. Das alleinige Verlangen nach Respekt ohne vorherige Kompetenzstützung wird nicht honoriert, dann ist aber auch die Akzeptanz nicht hochzufahren.

Weitere Motivationstheorien stammen u. a. von:

- **Mayo**: Soziale Bedürfnisse sind so wichtig wie Sicherheit und Einkommen. Die Bildung informaler Gruppen sollte nicht verhindert, sondern angeregt werden. Besondere Aufmerksamkeit gegenüber Gruppen wirkt leistungsfördernd. Im Konsumentenverhalten folgt dem der Gedanke des Networking, d. h., des Zusammenschlusses von Kunden oder Interessenten unter einem gemeinsamen Dachgedanken, der meist in der Vorteilsgewährung durch den Initiator liegt. Der Ausweis der Zugehörigkeit erfolgt für gewöhnlich durch Mitgliedskarte o. ä. Dadurch fühlen sich die Teilnehmer bevorzugt und präferieren den Absender im Zweifel gegenüber anderen.
- **Vroom**: Die Anstrengungsbereitschaft einer Person ergibt sich aus der subjektiven Wertigkeit von Zielen (Valenz) und deren Realisierbarkeit (Erwartung). Dabei handelt es sich um eine Prozesstheorie, deren Grundgedanke es ist, dass das Individuum danach strebt, von mehreren Möglichkeiten diejenige Verhaltensalternative zu wählen, deren subjektiv erwarteter Nutzen am höchsten ist. Der Wert eines Handlungsergebnisses ergibt sich als Summe der Produkte aus Wert des Endzieles und Instrumentalität des Handlungsergebnisses. Die Realisierbarkeit ergibt sich als Summe der Produkte aus Wert der Handlungsergebnisse und subjektiver Wahrscheinlichkeit, diese erreichen zu können.
- **Argyris**: Es besteht ein Konflikt zwischen persönlicher Freiheit und hoheitlicher Kontrolle. Zu starke Einschränkungen führen zur Frustration. Dadurch wird die Ursache-Wirkungs-Kette in Frage gestellt (z. B. können Verkehrsverstöße von Autofahrern Resultat von Frustration über zunehmende Restriktionen sein und sich durch weitere Restriktionen, die solche Verstöße eindämmen sollen, wie Tempolimits, nur noch verstärken statt abschwächen).
- **Herzberg**: Es gibt Zufriedenheitsstifter (Motivatoren) und Unzufriedenheitsverhinderer (Hygienefaktoren). Die Abwesenheit von Hygienefaktoren, die nicht mit dem Objekt selbst zusammenhängen, sondern mit seinen Bedingungen (wie Kontrolle, Politik, Status, Arbeitsmittel, Sicherheit, Imageschwächen etc.) und die Anwesenheit von Motivatoren (wie Anerkennung, Verantwortung, Aufstieg, Leistung, Selbstverwirklichung etc.) tragen besonders zur Zufriedenheit bci. Auch dieser Ansatz ist heftig umstritten. Die Abwesenheit von Imageschwächen ist eine ganz wesentliche Voraussetzung für die Produktwahl, ebenso wie das Vorhandensein oder Zutrauen von Leistungsmerkmalen.

- **Locke:** Wenn konkrete Ziele gesetzt werden, wird die Leistung besser sein als wenn diese Ziele fehlen. Ziele müssen erreichbar sein, Partizipation in der Zielsetzung (Zielvereinbarung) erhöht die Motivation. Ziele sollen immer ein klein wenig über dem in der Vergangenheit bereits Erreichten liegen, aber nicht so weit darüber, dass sie für unrealistisch gehalten werden. Im Konsumentenverhalten wird dies durch die Darstellung hochgestochener, doch nicht überdrehter Erlebnisumfelder in der Kommunikation von Produkten genutzt. Zielpersonen wird suggeriert, dass der Besitz dieser Produkte ein Mittel zur Realisierung ihrer persönlichen Ziele ist.
- **McClelland:** Motivation entsteht aus den Faktoren des Strebens nach Macht (Versuch, eine Position der Überlegenheit zu realisieren), Erfolg (Ziel, Begeisterung, Leistung), Vermeidung (Misserfolg und Ablehnung) und Zugehörigkeit (Gruppenbestandteil, Konfliktfreiheit). Die Menschen streben in unterschiedlichem Grad nach deren Erfüllung. Produkte, die diese Ziele besser erreichbar machen, werden bevorzugt gewählt (z. B. eine Automarke, die Erfolg signalisiert).

Daneben gibt es unzählige weitere Ansätze, die aber alle zu speziell sind, um allgemeine Gültigkeit zu haben. Daher geht man verstärkt dazu über, Motive mittlerer Reichweite, also größere Komplexe zu definieren. Dazu gehören vielfältige Elemente wie Sparsamkeit, Rationalität, Prestige, soziale Anerkennung, soziale Wünschbarkeit, Normenunterwerfung, Lust, Neugier, Sex, Erotik, Angst, Risikoneigung, Konsistenz, Konflikt etc. Dies ist vor allem unter dem Aspekt des Wertewandels und der Trendforschung von Belang. Dabei wird versucht, die sich immer schneller wandelnden Vermarktungsbedingungen durch Voraussage der gesellschaftlichen und individuellen Werteströmungen transparenter zu machen.

3.2.7.3 Einstellung

3.2.7.3.1 Einstellungskomponenten

Einstellungen sind relativ stabile, organisierte und erlernte innere Bereitschaften (Prädispositionen) eines Käufers, auf bestimmte Stimuli (= Einstellungsobjekte) konsistent positiv oder negativ zu reagieren. Als Synonym wird oft der Begriff »Image« verwendet, wenn es sich um mehrdimensionale Bereitschaften handelt. Einstellung bezieht sich dann nur auf eindimensionale Bereitschaften. Einstellungen wohnt eine Verhaltenstendenz inne, sie gehen also über den rein gedanklichen Bereich hinaus. Konsistenz bezieht sich sowohl darauf, dass im Zeitablauf in mehreren gleichartigen Situationen auch gleich reagiert wird oder dass unterschiedliche Reaktionen miteinander verträglich sind. Einstellungen basieren auf Erfahrungen. Sie reduzieren die unendlich vielfältig möglichen Verhaltensweisen eines Individuums auf wenige, erprobte Tendenzen. Einstellungen zu sich selbst nennt man Selbstkonzept.

Einstellungen führen zu organisierten Überzeugungen, Vorurteilen, Meinungen etc. über Angebote. Sie sind untereinander harmonisiert. Positive Einstellungen erhöhen die Kaufchance, negative vermindern sie. Einstellungen haben damit eine hohe Bedeutung als Orientierungsfunktion bei der Wahrnehmung und Interpretation der Umwelt. Es wird unterstellt, dass der Mensch sich in einer ansonsten chaotischen Umwelt nur zurechtfinden kann, wenn es Vorstellungen gibt, die eine selektive Funktion bei der Bewertung von Objekten und beim Handeln ausüben. Einstellung ist also Motivation plus Objektbeurteilung, oder genauer, Aktivierung plus Interpretation der Erregung plus Handlungsorientierung plus Gegenstandsbeurteilung.

Die Relevanz von Einstellungen für das Marketing resultiert daraus, dass eine Prognose des Konsumentenverhaltens möglich wird, wenn es den vermuteten Zusammenhang zwischen Einstellung und Verhalten (E-V-Hypothese) gibt, ebenso die Abgrenzung von Marktsegmenten als Zielrichtungen des Marketing-Mix und die Überprüfung von Marketingkonzepten durch Tests. Theoretische Grundlagen zur Erklärung von Einstellungen sind einerseits Kommunikationstheorien zur Akzeptanz- und Reaktionsbildung, andererseits Gleichgewichtstheorien zur Dissonanz und Konsistenz.

Zwischen der objektiven Realität und dem »Bild«, das sich eine Person von einem Meinungsgegenstand macht, können aber erhebliche Abweichungen bestehen. Dabei ist stets wichtig zu beachten, dass nicht die objektive Realität die Realität im Markt ist, sondern die Vorstellungen des Publikums über diese Realität (Metaebene).

Einstellungen haben mehrere **Dimensionen**, so die:

- des **Objektbezugs**, d. h., sie sind auf ein Bezugsobjekt (Sache, Person, Thema) gerichtet. Dabei können auch die Einstellungen gegenüber bestimmten Verhaltensweisen anderer ihrerseits wieder Einstellungsobjekt sein.
- der **Erworbenheit**, d.h., sie entspringen dem Sozialisierungsprozess. Einstellungen werden also nicht vererbt, sondern sozialisiert. Wenngleich dabei enge Zusammenhänge vermutet werden.
- des **Systemcharakters**, d. h., sie sind vielfältig untereinander derart verknüpft, dass die Änderung einer Einstellung dazu führen kann, dass auch andere Einstellungen geändert werden. Mit diesem Phänomen beschäftigen sich die Konsistenztheorien.

Zu Einstellungen gibt es die Ein- und die Dreikomponenten-Auffassung. Nach der Einkomponentenauffassung ist Einstellung die affektive Zu- bzw. Abneigung eines Individuums gegenüber dem Einstellungsobjekt. Einstellungen sind demnach also Affekte. Nach der Dreikomponentenauffassung unterteilen sich Einstellungen hingegen in eine:

- **affektive** Komponente, welche die gefühlsmäßige Einschätzung betrifft und primär ist, sie führt zur emotionalen Zu- oder Abneigung,
- **kognitive** Komponente, welche die verstandesmäßige Einschätzung betrifft, also das Wissen, das ein Individuum über ein Einstellungsobjekt hat, sie führt zur kategorisierenden Wahrnehmung von Objekten,
- **konative** Komponente, welche die Bereitschaft zur Umsetzung in handlungsmäßige Konsequenzen betrifft, sie führt zur Verhaltensdisposition.

Die Organisation der Komponenten untereinander ist weitgehend offen. Die Lernhierarchie unterstellt hier jedoch die Abfolge Kognition, Affektion und Konation.

Ziel im Marketing ist die Veränderung negativer Einstellungen und die Verstärkung positiver Einstellungen, um Kaufchancen zu verbessern. Uneinigkeit herrscht allerdings darüber, ob eine Einstellungsänderung Voraussetzung für neues Verhalten ist oder nicht. Ein Ansatz (Involvementtheorie) geht davon aus, dass es ohne Einstellungsänderung zu keiner Verhaltensänderung kommen kann (**E-V-Hypothese**). Er legt eine Hierarchie der dargestellten Effekte zugrunde, beginnend bei der Wissenskomponente (Kognition) über die Beurteilungskomponente (Affektion) und endend in der Intentionskomponente (Konation). Einstellungen beeinflussen demnach psychische Prozesse, steuern die Interaktion und sind selbst von Verhaltensweisen abhängig. Einstellung und Verhalten gegenüber einem Objekt befinden sich damit stets im Einklang. Ein anderer Ansatz (Dissonanztheorie) geht hingegen davon aus, dass es ohne neues Verhalten zu keiner Einstellungsänderung kommen kann. Die Hierarchie wird also genau entgegengesetzt gesehen. Die Abfolge ist also Konation, Affektion und Kognition. Hingegen kann eine enge Beziehung zwischen einer (affektiven) Einstellungsänderung und einer Wissensänderung als gesichert angesehen werden.

Das Verhalten ist neben der Einstellung noch von situativen Bedingungen, Urteilssicherheit, Bedeutung etc. abhängig, sodass wohl keine generelle E-V-Korrelation zulässig ist. Abweichungsquellen sind Fehler in der Einstellungsmessung, der Objektdefinition, der Verhaltensmessung und das Zusammenwirken konfliktärer Einstellungen. Einstellungen sind also keineswegs hinreichende Gründe für Verhalten, sie lassen sich lediglich als entscheidungskanalisierend bezeichnen. Ob es zu einem Verhalten in Richtung der Einstellung kommt, hängt von Normen, Gewohnheiten und Verstärkungserwartungen ab. Normen können sowohl persönliche als auch gruppenorientierte Normen sein, die modifizierend oder gar blockierend wirken. Gewohnheiten resultieren aus verbreiteter Verhaltensträgheit und Gedankenlosigkeit. Verstärkungserwartungen beziehen sich auf Belohnungen bzw. Vermeidung von Bestrafungen.

Der Zusammenhang zwischen Kaufabsicht (Konation) und Verhalten ist darüber hinaus aus mehreren Gründen eingeschränkt. So können positive Einstellungen zu mehreren Produkten einer Gattung bestehen. Von diesen wird aber nur ein Produkt gewählt, die übrigen werden trotz positiver Einstellung verworfen. Situative Einflüsse können Einstellungen überlagern. So kann z. B. trotz hoher positiver Einstellung und gering empfundener Distanz zum Idealprodukt ein Kauf im Handel dennoch nicht vollzogen werden, wenn Bestandslücken beim Produkt gegeben sind. Fehlende Kaufkraft verhindert, dass sich positive Einstellung etwa zu Premiumprodukten in Käufen niederschlägt. Soziale Einflüsse wirken korrigierend auf Kaufakte, die positive Sozialwirkungen trotz negativer Einstellung zu zeitigen versprechen. So wird nicht unbedingt das Produkt gekauft, zu dem die positivste Einstellung besteht, sondern dasjenige, das die positivsten Sozialwirkungen verspricht (d. h. von dem man glaubt, das andere es am positivsten sehen). Positive Einstellungen können sich erst mit großem zeitlichen Abstand in Kaufentscheiden umsetzen, z. B. erst zum Zeitpunkt des Ersatzbedarfs. Während dieser Periode unterliegen sie möglichen Beeinflussungswirkungen.

Ein Problem liegt in der Messung von Einstellungen. Denn als hypothetisches Konstrukt können sie nur über beobachtbare Indikatoren erschlossen werden, die ihrerseits messbar sind. Messbare abhängige Variable sind vor allem Reaktionen des autonomen Nervensystems, verbale Äußerungen über Gefühle (Affektion), Wahrnehmungsurteile, verbal geäußerte Meinungen (Kognition) und offen zutage tretendes Verhalten sowie Auskünfte über eigenes Verhalten (Konation).

3.2.7.3.2 Image

Images sind Anmutungsqualitäten von Meinungsgegenständen. Die ökonomische Imagetheorie sieht das Image als objektbezogenes Konzept. Es hilft dabei, Markterfolge, die nicht durch objektive Faktoren bestimmt werden können, zu erklären. Images dienen der Orientierung in der komplexen Wirklichkeit. Gestaltpsychologisch wird das Image als ganzheitliches, unthematisches Eindruckssystem über alles gesehen, was sich ein Individuum in Bezug auf ein Objekt einbildet. Dazu werden Versuchspersonen meist aufgefordert, ihre inneren Vorstellungsbilder anhand von Wortreizen zu beschreiben, z. B. als Polaritätenprofil. Der Vielschichtigkeit des Images wird versucht, gerecht zu werden, indem nicht nur produktbezogene (denotative) Erklärungskomponenten berücksichtigt werden, sondern auch nicht produktbezogene (konnotative). Zum Wesen des Image gehören, aus gestaltpsychologischer Sicht, vor allem dessen:

- Prägnanz, d. h., die Bemerkbarkeit, Richtigkeit, Vorteilhaftigkeit und eindeutige Zurechenbarkeit von Eigenschaften zu einem Absender.
- Konstanz, d. h., die gleich bleibende, wiederholte Darbietung von Lernanstößen bei Zielpersonen zwischen Wahrnehmungsschwelle und Reaktanzgrenze.
- Distanz, d. h., die Abhebung eines Absenders von anderen, vergleichbaren, denn aufgrund der Reizgeneralisierung führt die Ähnlichkeit von Erscheinungsbildern meist zur Verwechslung mit Wettbewerbern.
- Originalität, d. h., die Abhebung vom Normalen, Üblichen, Alltäglichen, wobei man nicht zu avantgardistisch werden darf (analog zur MAYA-Schwelle, Most Advanced Yet Available).

Bemerkenswert ist die **Remanenz** von Images. Darunter versteht man die Tatsache, dass es zwar einer erheblich langen Zeitspanne bedarf, um ein Image aufzubauen, wenn dieses aber erst einmal geschaffen ist, es beinahe ebenso langer Zeit bedarf, es zu verändern. Dies gilt sowohl in positiver als auch in negativer Richtung, jede Korrektur ist sehr schwierig und aufwendig. So hat Porsche jahrzehntelang erfolgreich von seinem positiven Hochleistungsimage profitiert, obgleich die Realität der Modelle (924, 944, 928 etc.) schon längst andere Signale setzte. Diese schlugen aber nicht durch, weil das Image die Realität in der Wahrnehmung der Zielpersonen überdeckte. Es bedurfte einer langen Zeitspanne, bis die Diskrepanz zwischen verinnerlichtem Image und tatsächlich erlebter Realität von einem relevanten Teil der Zielgruppe als so groß empfunden wurde, dass man sich daran gewöhnte, bei der Beurteilung der Modelle erhebliche Abstriche vom Image in Richtung Fakten vorzunehmen. Sobald dies aber geschah, kam die Marke schlagartig in extreme Schwierigkeiten, aus der sie nur mit einem Kraftakt des Management befreit werden konnte. Ehe man die Tücken eines Images erkennt, ist es regelmäßig schon zu spät zur Korrektur. Hinzu kommt, dass die Vorlaufzeiten für Reorganisationsmaßnahmen so lang sind, dass eine rasche Korrektur der Fakten kaum möglich ist, und diese ist erst Voraussetzung für eine Korrektur des Images. Ein anderes Beispiel aus der Automobilbranche ist Opel. Verbreitet hört man noch vom Opelfahrer mit Hosenträger und Hut, dem Abbild einer Werbung, die jahrzehntelang schon nicht mehr geschaltet wird. Vergleicht man dieses Image mit der Realität der aktuellen Modelle, so stellt man fest, dass diese keinerlei Anhaltspunkte zur Bestätigung dafür bieten, denn Opel-Fahrzeuge sind, jenseits aller Markenpräferenzen, unstreitig genauso modern und intelligent konstruiert wie die anderer etablierter Marken auch. Und das schon seit mindestens zwei Jahrzehnten. Doch erst in neuerer Zeit werden erste positive Image-Veränderungen erkennbar. Allerdings werden diese Ansätze jetzt bereits wieder aufs Spiel gesetzt, indem die Modellpolitik der Konkurrenz erheblich hinterher hinkt und damit Opel-Fahrer dem wiederauflebenden Vorurteil der Genügsamkeit und Biederkeit aussetzt, was eine relevante Anzahl von ihnen mit Markenwechsel quittiert.

3.2.8 Individuelle Determinanten

Individuelle Determinanten bestimmen als relativ stabile Denk- und Verhaltensmuster die Persönlichkeit. Als Einflussgrößen darauf ergeben sich Involvement, Risikoempfinden und Werte.

3.2.8.1 Involvement

3.2.8.1.1 High Involvement und Low Involvement

Involvement ist der Grad wahrgenommener persönlicher Wichtigkeit und/oder persönlichen Interesses, der durch einen oder mehrere Stimuli in einer bestimmten Situation hervorgerufen wird, also die Ich-Beteiligung der Person gegenüber Objekten oder Sachverhalten. Dies berücksichtigt aber nur den Persönlichkeitsbezug als generelle Disposition eines Menschen. Darüber hinaus gibt es auch äußere Reize des Objekts oder der persönlichen Situation. Beim Objekt kann es sich um Werbemittel, Produktart, Marke, Gestaltung etc. handeln, bei der Situation um physisches und soziales Umfeld, Zeitpunkt, gestellte Aufgabe, Ausgangszustand etc. Innere Faktoren (Prädispositionen) sind zudem wahrgenommene Wichtigkeit der Produktart, Markenbindung, wahrgenommenes Risiko etc.

Es handelt sich also beim Involvement um einen inneren Zustand der Aktivierung, welche die Informationsaufnahme, -speicherung und -verarbeitung beeinflusst. Dabei kann ein Objekt dauerhaft gering involvierend sein, temporär hoch involvierend (z. B. vor einer Anschaffung), temporär gering involvierend (z. B. bis zur Ersatzanschaffung) oder dauerhaft hoch involvierend (z. B. im Hobbybereich). **High-Involvement-Käufe** sind durch ein höheres Aktivierungsniveau und eine intensivere Informationssuche gekennzeichnet als Low-Involvement-Käufe. Es sind solche, die für den Käufer wichtig sind (Persönlichkeitsbezug) und ein finanzielles, soziales oder psychologisches Risiko bergen. Die Persönlichkeitsdimension ergibt sich durch die Bedeutung des Produkts zur Selbsteinschätzung der Person. Das finanzielle Risiko ergibt sich aus Größen wie Preishöhe, Bindungsdauer, Gebrauchseignung etc. Das soziale Risiko ergibt sich aus der Fremdeinschätzung des Produktbesitzers durch seine Bezugsgruppen. Das psychologische Risiko ergibt sich aus dem Aufkommen von Dissonanzen vor und nach dem Kauf. Man spricht hier auch von High Touch- oder sozial auffälligen Produkten (Conspicuous Consumption) wie Automobil, Bekleidung, Schmuck, Wohnungseinrichtung, Zigaretten, Spirituosen, Unterhaltungselektronik etc.

High-Involvement-Käufe sind gekennzeichnet durch

> umfassende kognitive Informationsverarbeitung, sorgfältige Abwägung, Vergleich vieler Alternativen, Verwendung vieler Informationen, aktive, gezielte und bewusste Informationssuche, Auseinandersetzung mit informativer, verbal intensiver Werbung und rationaler Argumentation, Widerstand gegen diskrepante Information und Verwendung von Gegenargumenten, Informationsverarbeitung auf verschiedenen Stufen, kaum möglicher Einstellungsänderung, Suche nach der besten Alternative, starke Ego-Beziehung der Produkte zu Persönlichkeit, Lebensstil etc., stabile, treue Überzeugung (Markenbindung) und starken Einfluss von Bezugsgruppen, Experten, Opinion Leaders zur Dissonanzreduktion.

Die Werbung will dementsprechend überzeugen, der Botschaftsinhalt enthält alle wichtigen Argumente, die Botschaftsmenge ist hoch, die Kommunikationsmittel sind multisensorisch angelegt, die Frequenz ist gering, das Timing anlassbezogen und die Interaktion intensiv.

Low-Involvement-Käufe sind hingegen weniger wichtig und risikoreich, sodass es aus Konsumentensicht nicht sinnvoll ist, sich intensiv mit ihnen auseinander zu setzen. Low Involvement-Käufe sind gekennzeichnet durch

Lernen über Botschaftswiederholung, oberflächliche Informationsverarbeitung, Verwendung weniger Informationen, zufällige, passiv-rezeptive Informationsaufnahme, Berieselung durch aufmerksamkeitsschaffende, motorisch-aktivierende Werbung, begrenzte Suche nach Informationen, begrenzte Gegenargumentation bei diskrepanten Informationen, vereinfachtem Übergang von Aufmerksamkeit zu Ausprobieren, häufige, vorübergehende Einstellungsänderung, emotionale, Bild intensive Ansprache, einfache Auswahl einer akzeptablen Produktalternative, geringe Bedeutung der Produkte für Persönlichkeit, Lebensstil etc., labile, fluktuierende Überzeugung (Routinekäufe ohne Treue) und hohen Einfluss von Vorbildern (Testimonials).

Die Werbung will hier penetrieren, der Botschaftsinhalt enthält Einzelaspekte, die Botschaftslänge ist gering, die Kommunikationsmittel sind unisensorisch angelegt (vorzugsweise Bild), die Frequenz ist hoch, das Timing kontinuierlich und die Interaktion schwach.

Ausgangspunkt dieser Unterscheidung war der Widerspruch bei der Messung des Einflusses von Fernsehwerbung, der meist nur schwache Einstellungs- und Verhaltenswirkungen zeigt, während aggregierte Marktdaten eine deutliche Abhängigkeit des Absatzes von der Werbeintensität zeigen. Dies dürfte aber nicht so sein, wenn die Hypothese stimmt, das Werbebotschaften Lernprozesse auslösen, die ihrerseits erst zu Einstellungs- und dann zu Verhaltensänderungen führen. Diese Lernhierarchie setzt allerdings eine aktive, bewusste Auseinandersetzung voraus, also High Involvement. Tatsächlich gibt es aber zahlreiche Werbebotschaften, die Konsumenten momentan nicht interessieren, weil sie sich nicht betroffen fühlen, also ein Low Involvement haben. Diesen Botschaften wird wenig Abwehr entgegengesetzt. Sie vermögen daher, bei häufiger Wiederholung kognitive Veränderungen zu bewirken.

3.2.8.1.2 Lernhierarchie und Penetrationsfolge

Daraus ergeben sich zwei Pole. Nach der Lernhierarchie des High Involvement muss nach Bewusstseinsreaktionen (Kognition) zuerst eine Einstellungsbildung (Affektion) vorgenommen werden, bevor entsprechendes Verhalten (Konation) erfolgen kann. Das bedeutet, es kommt nach der Aufnahme von Information über deren Verständnis zu einer Veränderung von Meinungen und Einstellungen mit daraus resultierender Kaufverhaltensänderung. Dies betrifft alle Angebote, die ohnehin hoch involviert sind sowie gering involvierte Angebote, die infolge entsprechender werblicher Auslobung durch inhaltsreiche Botschaften zu hoch involvierten werden (z. B. durch Dramatisierung, Verfremdung, Argumentation). Man wählt einen zentralen Weg, starke Aufmerksamkeit führt zu Verständnis, zur Einstellung und dann zum Verhalten.

Nach der Penetrationsfolge des Low Involvement folgt auf Bewusstseinsreaktionen (Kognition) zuerst das entsprechende Verhalten (Konation) und dann erst eine Einstellungsänderung (Affektion). Das bedeutet, der häufige Kontakt zu Informationen wirkt sich auf das Kaufverhalten aus, ohne dass dabei schon Einstellungen beeinflusst werden. Einstellungen sind demnach also nicht verhaltensbestimmend, sondern ergeben sich erst durch Erfahrungen mit dem gekauften Produkt. Demnach ist es sinnvoll, darauf zu verzichten, gering involvierte Angebote zu dramatisieren und stattdessen die dabei regelmäßig auftretenden Widerstände und Gegenargumente zu unterlaufen. Man wählt einen peripheren Weg, schwache Aufmerksamkeit führt zu Verständnis, zum Verhalten und dann zur Einstellung.

Folgt man der Lernhierarchie, so ist es bedeutsam, Low-Involvement-Bereiche zunächst in High-Involvement-Bereiche zu überführen, bevor sie verhaltenswirksam behandelt werden kön-

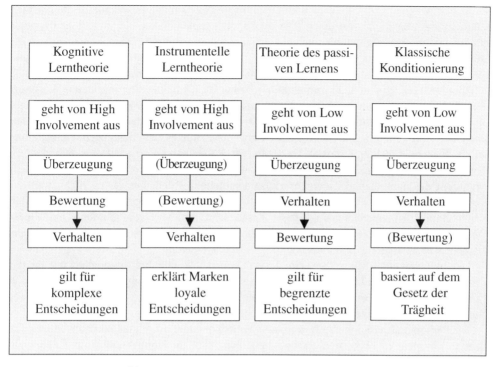

Abb. 103: Involvement-Hierarchien im Vergleich

nen. Denn die Realität der Angebote ist weniger durch stark involvierende Produkte gekennzeichnet als eher durch gering involvierende. Diese führen aber, ohne Verhalten, zu keiner Einstellungsänderung, denn diese ist ja Voraussetzung für Verhalten. Folgt man aber der Penetrationsfolge, ist im Gegenteil eine Überführung in den High-Involvement-Bereich wenig sinnvoll, da damit erst bewusste Blockaden aufgetürmt werden, die durch einfaches, stetes Wiederholen unterlaufen werden können. Und gleich zwei positive Effekte haben, den Erstkauf als Umsatzwirkung und die Einstellungsbildung als Werbewirkung, die, bei Zufriedenheit, zu Folgekäufen führt.

Daneben gibt es noch das Dissonanz-Attributions-Modell zur Erklärung. Es geht von der Hierarchie Verhalten, Affektion und Kognition aus, sowie das modifizierte Low-Involvement-Modell, das nur Kognition (1. Ebene) und Konation (2. Ebene) kennt. Der Grad der Aktivierung, der durch Involvement gegenüber einem Sachverhalt ausgelöst wird, ist dabei Objekt, Medien-, Personen-, situations- und botschaftsabhängig (Abb. 103).

Für die Anwendung der Lernhierarchie gibt es vielfältige Beispiele. So gab es Zeiten, als die Entscheidung für den Kauf einer Zahnbürste eher wenig Betroffenheit auslöste. Die Auswahl erfolgte nach purer Preisgünstigkeit, weil Zahnbürsten als unwichtig und in ihrer Leistung austauschbar galten. Bis intelligente Hersteller ihre Zahnbürsten differenzierten, indem sie sie mit Zusatznutzen ausstatteten (z. B. einem Griff, der angewinkelt ist, um auch die hinteren Zahnreihen erreichen zu können, einer Feder, die zu starken Druck auf das Zahnfleisch ausgleicht, unterschiedlich langen Borsten, die auch Zahnzwischenräume erreichen, farbige Markierungen, die den Verschleißgrad der Borsten anzeigen etc.). Durch entsprechende werbliche Auslobung wurde Nachfragern vermittelt, dass es nun nicht mehr gleichgültig war, welche Zahnbürste man wählt, sondern dass jede von ihnen eine spezifische Problemlösung bot. Damit erfolgte eine intensivere Auseinandersetzung und eine erhöhte Wertanmutung. Diese wiederum machte höhere Preise am Markt durchsetzbar und beugte der Austauschbarkeit vor. Aus dem Low-Involvement-Produkt Zahnbürste ist auf diese Weise ein High-Involvement-Produkt geworden.

Allerdings gelingt dies nicht immer. So weiß man aus dem Filtertütenmarkt, dass Verbraucher dieser Produkte mehrheitlich nach absoluter Preisgünstigkeit einkaufen. Das kann einem Markenartikler wie Melitta nicht recht sein, der daraufhin versuchte, Zielpersonen von den Vorteilen der Aromaporen in Melitta Filtertüten (Zusatznutzen) zu überzeugen. Freilich ohne durchschlagenden Erfolg. Krups als Hersteller von Kaffeemaschinen wollte aus dem gleichen Ansinnen heraus potenzielle Käufer vom Kauf irgendwelcher No-Name-Geräte mit dem Argument des hauseigenen Tiefbrühverfahrens abhalten. Auch dies gelang nicht, weil das Kaffeearoma weder der Filtertüte noch der Kaffeemaschine attribuiert wird, sondern nur den Kaffeebohnen. Andererseits gelingt dieser Ansatz sehr wohl bei Damenbinden (Dry Weave-Oberfläche, extra dünn, Seitenführung etc.), bei Frischhaltefolie (Gefrierbrand) und bei Papiertaschentüchern (reißfest, Einhandentfaltung, schneuzfest etc.).

Das Involvement wirkt auf verschiedenen Ebenen. Die **Objektabhängigkeit** gilt für das Involvement bei Produktart (z. B. Hobbybereich), Kauf (z. B. Aufgabe) und Marke (z. B. Loyalität). Die **Medienabhängigkeit** bezieht sich darüber hinaus auch auf Werbemittel (z. B. Anzeige) und Werbeträger (z. B. Zeitschrift).

Die **Personenabhängigkeit** gilt für die Persönlichkeitsmerkmale und Wertestrukturen, die inneres Engagement (Ego-Involvement) bewirken (z. B. im Hobbybereich) und damit ein besonderes Informationsinteresse im Zusammenhang mit dem Involvement auslösenden Objekt zur Folge haben. Allgemein können nach der Persönlichkeit unterschieden werden, wobei die Realität klar durch Mischtypen gekennzeichnet ist:

- Richtungstypen nach Jung (und zwar extravertiert/progressiv-regressiv, introvertiert/progressiv-regressiv, ambivalent)
- Konstitutionstypen (und zwar Gefühlsmensch/zyklothym, Tatmensch/viskös, Verstandesmensch/schizothym),
- Temperamentstypen nach Hippokrates (und zwar Sanguiker/lebhaft und temperamentvoll, Choleriker/reizbar und jähzornig, Phlegmatiker/träge und antriebsarm, Melancholiker/trübsinnig und schwermütig),
- Werttypen (und zwar theasisch, ästhetisch, religiös, mächtig, sozial, ökonomisch),
- Körperbautypen nach Kretschmer (und zwar leptosom/schmalgebaut bzw. ectomorph, pyknisch/korpulent bzw. endomorph, athletisch/muskulös bzw. mesomorph).

Die **Situationsabhängigkeit** gilt für die Umfeldfaktoren, die einwirken (z. B. Kaufdruck). Dies kann etwa der Ersatzzeitpunkt sein. Unter gleich akzeptierten Angeboten entscheidet dann die bessere Verfügbarkeit. **Botschaftsabhängigkeit** gilt für Wahrnehmungen und Prädispositionen (z. B. in Bezug auf die Werbeaussage).

Es gibt zudem verschiedene Arten von Involvement. Das Task-Involvement bezieht sich auf das Engagement und die Freude, die durch eine gestellte Aufgabe hervorgerufen werden. Das Message-Involvement besteht in der Art und Weise, wie Werbeobjekte in den Medien dargestellt werden. Das Self-Involvement betrifft die intrapersonelle Motivkonstellation.

Die Messung des Involvement erfolgt in zwei Gruppen. Erstens als Status- bzw. Prozessvariable, zweitens als Richtung dieser Variablen in Abhängigkeit der verursachten Reizobjekte.

Statusvariable sind leicht zu erfassen. Sie geben zu einem bestimmten Zeitpunkt die Höhe der Ich-Beteiligung an einem Denk- oder Kaufprozess wieder und werden anhand von Globalurteilen erfragt (zeitpunktbezogene Messung). Prozessvariable unterstellen einen Ablauf in zwei Phasen, zunächst ist eine passive Informationsverarbeitung mit geringem kognitiven Aufwand gegeben, dann findet keine Alternativensuche, sondern gleich der Kaufentscheid statt (zeitraumbezogene Messung). Je höher der Involvierungsgrad, desto mehr Anstrengungen zur Verarbeitung werden unternommen und desto mehr Assoziationen zwischen unbekanntem und bekanntem Material finden statt.

3.2.8.2 Risikoempfinden

3.2.8.2.1 Risikostruktur

Risiko ist ein kognitives Konstrukt, das die Ungewissheit hinsichtlich des Eintretens bestimmter nachteiliger Konsequenzen einer Entscheidung (= Risikoinhalt) und den Umfang dieser Konsequenzen (= Risikoausmaß) betrifft. Zur Messung müssen die möglichen Kauffolgen erfasst werden. Anhand einer metrischen Skala wird dazu meist die Unsicherheit der Person bezüglich des Eintritts der möglichen Kauffolgen beim Kaufobjekt und die empfundene Wichtigkeit der einzelnen möglichen Kauffolgen gemessen. Das empfundene Risiko ist eine Funktion dieser beiden Komponenten, die separat erhoben und dann multiplikativ verknüpft werden. Wirtschaften heißt allgemein Entscheiden. Dazu gehört es, Wahlalternativen zu definieren und zu bewerten sowie die Alternative mit dem besten Aufwand-Nutzen-Verhältnis auszuwählen. Ist das Umfeld deterministisch, fällt dies leicht, doch meist ist es stochastisch, also mit Risiken verbunden. Diese können bei Produkten endogen, also in Qualität, Eignung etc., oder exogen, also in Akzeptanz, Respekt etc., begründet sein.

Das Konzept des empfundenen Risikos beschreibt die als nachteilig empfundenen Folgen des Kaufs (oder Nichtkaufs), die nicht vorhersehbar sind, und betrachtet den Konsumenten als ein Subjekt, das sich bei seinen Kaufentscheidungen mit dem Problem konfrontiert sieht, diese Konsequenzen einer Wahlhandlung nicht genau antizipieren zu können. Die dadurch verursachten Risiken sollen durch Reduktion abgebaut werden. Der Grad des empfundenen Risikos ist von der individuellen Risikobereitschaft und vom Selbstvertrauen abhängig, aber auch von Faktoren wie Neuheitsgrad, technischer Kompliziertheit, Komplexität, Preishöhe, Mindestabnahmemenge, sozialer Bedeutung etc. Das Risiko teilt sich dabei auf in einen:

- **finanziellen** Aspekt, der die Angemessenheit des Preises und die Tragbarkeit der finanziellen Belastungen betrifft, denn mit jedem Wahlakt verringert sich die Zahl der Freiheitsgrade beim weiteren Konsum, da die Kaufkraft absolut begrenzt ist,
- **funktionalen** Aspekt, der die Funktionstüchtigkeit des zu kaufenden Produkts betrifft und auf seine Gebrauchseignung abzielt,
- **sozialen** Aspekt, der die gesellschaftliche Akzeptanz des Produkts betrifft und damit die immer wichtiger werdende Außenwirkung,
- **psychologischen** Aspekt, der die persönliche Identifikation mit dem Produkt betrifft,
- **physischen** Aspekt, der eine mögliche Gefährdung durch das Produkt betrifft und durch Produkthaftung reglementiert wird.

Diese Unsicherheiten können nunmehr zu verschiedenen Zeitpunkten, bereits nach Aufnahme von Informationen, vor dem Kauf (Vorkaufdissonanzen), nach dem Kauf (Nachkaufdissonanzen) oder erst in der Anwendung, auftreten. Dabei gelten drei Grundannahmen. Menschen streben nach konsistenten, kognitiven Systemen, eine Inkonsistenz kognitiver Elemente wird daher als unangenehm empfunden, und es wird versucht, das innere Gleichgewicht wieder herzustellen. Kognitionen sind elementare Einheiten wie Meinungen, Ansichten, Erwartungen einer Person über sich selbst oder ihre Umwelt auf Basis der subjektiv wahrgenommenen, nicht unbedingt auch der objektiv so gegebenen Realität. Kognitionen stehen in Beziehung zueinander. Sofern diese Beziehungen relevant sind, kann es sich um konsistente Beziehungen handeln, d. h., die Elemente passen zueinander, harmonieren. Oder um dissonante, d. h., die Elemente sind widersprüchlich, daraus resultiert dann Unbehagen und Unsicherheit. Dissonanz bedeutet also ein empfundenes Ungleichgewicht, das bei Entscheidungen aus den nachteilig empfundenen Folgen eines Kaufs bzw. Nichtkaufs, die nicht vorhersehbar sind, auftritt und das zu reduzieren gesucht wird.

3.2.8.2.2 Kognitive Dissonanz

Am bekanntesten sind kognitive Dissonanzen, also solche, die sich aus der Verarbeitung widersprüchlicher Informationen (Kognitionen) ergeben. Zweifel an der Richtigkeit einer zu treffenden/getroffenen Kaufentscheidung entstehen dennoch und sollen, weil dem Menschen das Streben nach Gleichgewicht (Konsonanz) innewohnt, reduziert werden. Konsonanz bedeutet ein Gleichgewicht von Wissen, Denken, Wahrnehmen, Empfinden und Handeln. Dissonante Kognitionen sind durch nachträgliches Bedauern begründet, wenn die negativen Aspekte einer gewählten Alternative mit den positiven verworfener Alternativen verglichen werden (Qualitätsenttäuschung), und durch neue Informationen, die negativ für das gewählte Produkt sind, aber positiv für verworfene Produkte, durch fehlende soziale Würdigung (Social Support), Zugang zu besseren Informationsquellen oder zu überlegenen Entscheidungsregeln. Je mehr Elemente dem Individuum widersprüchlich erscheinen und je größere Bedeutung diesen Elementen zugemessen wird, desto stärker sind die Spannungsempfindungen und die Antriebskräfte zu deren Abbau. Verhaltenswirksam werden sie dann, wenn ihre Stärke über eine individuell unterschiedliche Toleranzschwelle hinausgeht.

Das **Ausmaß** der Dissonanzen ist umso stärker, je:

- größer die Anzahl der abgelehnten Kaufalternativen ist,
- höher die Attraktivität der zurückgewiesenen Alternativen ist bzw. je geringer die Überlegenheit der gewählten Alternative ist,
- länger/höher die Bindung nach Dauer und Wert ist, d. h., je wichtiger die Entscheidung ist und je mehr sie den Entscheidungsträger festlegt,
- geringer die Abweichung der Alternativen untereinander ist, je ähnlicher sich also Angebote sind,
- höher die soziale Bedeutung des Kaufs ist,
- weniger freiwillig die zugrunde gelegte Entscheidung ist,
- leichter die Entscheidungskonsequenzen hätten vorhergesehen werden können,
- dringlicher die Entscheidung zu treffen war.

Die gewünschte **Reduktion** kognitiver Dissonanzen erfolgt durch Änderung in Umfang oder Inhalt der Kognitionen.

Änderungen im Umfang der Kognitionen erfolgen durch **Hinzufügung neuer Kognitionen** oder **Ausschaltung dissonanter Kognitionen**, um die Anzahl konsonanter Elemente jeweils zu erhöhen. Im ersten Fall können z. B. Raucher sich Personen vergegenwärtigen, die, obwohl sie rauchen, ein hohes Lebensalter erreicht haben. Im zweiten Fall kann die Aussagefähigkeit epidemiologischer Studien zur Schädlichkeit des Rauchens angefochten werden.

Änderungen von Inhalten der Kognitionen erfolgen durch:

- **selektive Wahrnehmung** nur bestätigender Informationen. So ist bekannt, dass Raucher die vorgeschriebenen Warnhinweise auf Werbemitteln und Packungen nicht wahrnehmen, wohl aber die dort dargebotenen Lifestyle-Botschaften, weshalb die Tabakindustrie die gesetzlichen Warnhinweise nur halbherzig bekämpft.
- **nachträgliche Aufwertung** der gewählten Alternative. Raucher können sich auch einreden, obgleich sie schon an den einschlägigen Krankheitsanzeichen leiden, zwar möglicherweise kürzer, dafür aber genussreicher gelebt zu haben als Nichtraucher.
- **nachträgliche Abwertung** der verworfenen Alternativen. Alternative Anlagen für in Rauchen investierte Geldbeträge werden von Rauchern als wenig erstrebenswert dargestellt. Damit ist auch der Geldmittelabfluss irrelevant.
- **Unterstellung der Gleichartigkeit** der gewählten zu der/den verworfenen Alternative(n). Das Passivrauchen wird als gleich gefährlich wie das Aktivrauchen gesehen. Insofern macht es wenig Unterschied, ob man eine leichte Zigarette raucht, oder unvermeidlich, passiv mitraucht.
- **Rückgängigmachung des Kaufs** als Ultima Ratio. Erst dann wird die Aufgabe des Rauchens in Aussicht genommen, weil damit die Ursache der Dissonanzen neutralisiert wird.

Käufer präferieren demnach Leistungen, von denen sie aufgrund ihrer Erwartungen oder aufgrund vorliegender Erfahrungen keine spürbaren Dissonanzen folgern. Dies fördert Produkt- und Anbietertreue. Eine weitere Risikoreduzierung entsteht durch allgemeine Kaufzurückhaltung, Kauf von Kleinmengen oder Probierkauf, Aushandeln von Rückgaberecht und Garantieerklärung, Kauf nur bei bekannten Lieferanten, Händlern, nur bekannter Produkte (Markentreue, Anbietertreue, Geschäftsstättentreue), Kauf nur entsprechend gütebezeichneter Produkte (z. B. Handelsklasse, Testergebnis) oder Kauf der teuersten Alternative oder aber der billigsten. Weitere Möglichkeiten sind die Beschaffung zusätzlicher Informationen aus Werbung und/oder Redaktion, Meinungseinholung von Beratern, Neuproduktmeidung und Normverhalten (Ausrichtung an informellen Konventionen/»wird gern genommen«).

Ausnahmsweise kann auch die bewusste Erzeugung von Dissonanzen sinnvoll sein, etwa wenn es um die Veranlassung zum Umstieg auf ein verbessertes Nachfolgeprodukt, den Wechsel von leistungsunterlegenen eigenen Produkten oder den Einstieg von Nichtkonsumenten geht.

Nach dem produktbezogenen empfundenen Risiko kann man zwischen Convenience Goods, die in kurzen Abständen, kurzerhand und mit minimalem Aufwand für Vergleiche und Einkauf beschafft werden, Shopping Goods, die ungleich mehr Mühe bei Auswahl und Vergleich hinsichtlich Eignung, Qualität, Preis und Stil unterliegen, Preference Goods, die wenig Aufwand bei mittlerem Risiko repräsentieren, sowie Speciality Goods, die nur unter Hinnahme erheblichen Aufwands ausgewählt werden, unterscheiden. Am Bedeutsamsten sind Shopping Goods. Sie lassen sich charakterisieren als

> Gebrauchsgüter, Waren des periodischen oder aperiodischen Bedarfs, häufig erklärungs-, beratungs-, anprobebedürftig etc., höherwertig, Individualerzeugnisse, stark gestaltet, modisch, technisch rasch wandelnd und mit Zusatznutzen.

Der Kauf erfolgt erst einige Zeit nach Bedarf und nach Abwägung der Dringlichkeit der Anschaffung mit anderen geplanten Käufen, nach Preis- und Qualitätsvergleichen verschiedener potenzieller Kaufobjekte. Das wahrgenommene Kaufrisiko ist hoch und folglich wird Zeit und Einkaufsmühe für die Suche nach der besten Alternative aufgewendet. Convenience Goods als Gegenpol sind demgegenüber durch eher geringe Beschaffungsmühe gekennzeichnet. Es handelt sich primär um Verbrauchsgüter für den laufenden Bedarf, meist auch als geringwertige Objekte, außerdem um Massenware, die Grundnutzen befriedigt und keinen modischen Reizen unterliegt.

Handelsbezogen gibt es die Unterteilung in Rote Güter, die durch eine hohe Umschlaghäufigkeit, eine niedrige Spanne und geringe Such- und Konsumzeit gekennzeichnet sind (z. B. Lebensmittel), Orange Güter, die bei allen genannten Kriterien mittlere Werte aufweisen, sowie Gelbe Güter, bei denen die Umschlaghäufigkeit niedrig, die Spanne hoch, Such- und Konsumzeit lang sind und eine Endanpassung erfolgen muss (z. B. technische Gebrauchsgüter).

Anstelle des Strebens nach Konsonanz stellt die **Attributionstheorie** die Suche nach Konsistenz und das Streben nach veridikaler Einsicht in Ursache-Wirkungs-Zusammenhänge als maßgebliches Prinzip dar. Demnach wird nach Einsicht und Wahrheit geforscht, es besteht das Verlangen, Erkenntnisse anzuwenden bzw. umzusetzen und nach Gründen für Verhalten zu suchen. Dabei wird unterstellt, es gebe ein Motiv nach Rückführung beobachteter Ereignisse auf ihnen zugrunde liegende Sachverhalte, also Attributionen. Dieses entspringt dem Bedürfnis nach Vorhersagbarkeit und Kontrollierbarkeit der Umwelt und bestimmt die Reaktion auf Reize. Ausgangspunkt ist dabei die Beobachtung eigenen oder fremden Verhaltens bzw. bestimmter Ereignisse, die neuartig oder ungewöhnlich sind. Durch Suche nach Einsicht und Wahrheit wird die Intention der handelnden Personen zu beurteilen versucht. Diese Attribuierung führt zur Änderung der Kognition und damit dann zur Beeinflussung künftigen Handelns. Ansatzpunkt sind dabei neuartige Situationen und ungewöhnliche Verhaltensweisen.

Im Rahmen der Kongruenztheorie sind zwei in einer positiven gegenseitigen Beziehung wahrgenommene Einstellungsobjekte konsistent, wenn sie auf einer Skala gleich eingestuft werden. Tritt aufgrund neuer Informationen zwischen zwei Einstellungsobjekten Inkongruenz auf, so ergeben sich Verschiebungen auf der Beurteilungsskala, die umgekehrt proportional zur Intensität der ursprünglich vertretenen Einstellungen sind.

3.2.8.3 Werte

3.2.8.3.1 Lebensstil

Werte sind allgemein Auffassungen von Wünschenswertem, die explizit oder implizit für ein Individuum oder für eine Gruppe kennzeichnend sind und die Auswahl der zugänglichen Weisen, Mittel und Ziele des Handelns beeinflussen. Man unterscheidet:

- **Globalwerte** als überdauernde Überzeugungen, die sich auf gewünschte Existenzialzustände bzw. Verhaltensweisen beziehen. Dabei handelt es sich um wenige Basiswerte und Grundorientierungen (z. B. Beachtung der Ökologie beim Kauf).
- **Bereichswerte** als kaufbezogene Aspekte, die Auskunft über Lebens- und Gesellschaftsbereiche geben (z. B. Bevorzugung von Qualität). Dies sind einige Indikatoren.
- **Angebotswerte** als produktliche Attribute und deren bewertende Überzeugungen. Dies sind viele Kriterien.

Bei diesen Werthaltungen handelt es sich je nach Lage der Dinge etwa um folgende:

> Freiheit (Unabhängigkeit/Freizügigkeit), Ausgeglichenheit (Harmonie/Konfliktfreiheit), nationale Sicherheit (Schutz gegen Angriffe), Vergnügen/Spaß (Unterhaltung/Muße), Selbstachtung (eigene Wertschätzung), gute Freundschaft (Kameradschaft), religiöses Leben (Erlösung), soziale Anerkennung, Weisheit (Reife), angenehmes Leben (komfortabel/wohlhabend), interessantes Leben (anregend/aktiv), erfülltes Leben (sinnhaft), friedvolles Zusammenleben (Konfliktfreiheit), Zufriedenheit (Glück/Freude), Liebe (sexuelle/geistige Vertrautheit), schöne Welt (Natur/Künste), Gleichheit (Chancengleichheit/Gleichberechtigung), Sicherung der Familie.

Werte unterliegen stetiger bis sprunghafter Veränderung. Solche Wertestrukturen kommen vor allem in Lebensstilen zum Ausdruck. Dabei gibt es zwei wesentliche Ansätze. Der **AIO**-(für Activities, Interests, Opinions-)**Ansatz** untersucht:

– beobachtbare Aktivitäten (<u>A</u>ctivities), wie Arbeit, Hobbys, soziale Ereignisse, Urlaub, Unterhaltung, Vereinsmitgliedschaft, Gemeinschaften, Einkaufen, Sport,
– emotionale Interessen (<u>I</u>nterests), wie Familie, Zuhause, Beruf, Gemeinschaften, Erholung, Mode, Essen, Medien, Leistungserreichung,
– kognitive Meinungen (<u>O</u>pinions), wie Einstellungen zu sich selbst, soziale Belange, Politik, Geschäftswelt, Wirtschaft, Erziehung/Bildung, Produkte, Zukunft, Kultur.

Zusätzlich werden demografische Merkmale erfasst (wie Alter, Ausbildung, Einkommen, Beruf, Familiengröße, Wohnverhältnisse, geografischer Standort, Einwohnerzahl, Lebensabschnitt). Dies führt zu griffigen, wenngleich recht folkloristischen Typen wie den folgenden:

– Dobys (Daddy older, Baby younger), Fruppies (Frustrated Urban Professionals), Global Kids, Mobys (Mummy older, Baby younger), New Health Age Adults, Puppies (Poor Urban Professionals), Sandwichers, Selpies (Second Life People), Skippies (School Kids with Income and Purchasing Power), Woofs (Well-off Older Folks), Yiffies (Young, Individualistic, Freedom-minded and Few).

Der **VALS**-(für Value and Lifestyle-)**Ansatz** hebt zusätzlich zu den Aktivitäten, Interessen und Meinungen noch auf die Werthaltungen ab, die durch Fragenkataloge erfasst werden, und alle Elemente gemeinsam bilden mit der Soziodemografie dann Lebensstiltypen. So ergibt sich etwa auf Basis erwachsener Amerikaner die folgende Typologie (mit entsprechenden Charakterisierungen). Zu den Gruppen mit größeren persönlichen Ressourcen gehören die:

– **Actualizers** (Verwirklicher): erfolgreich, gebildet, aktiv, anpackend, Einkäufe spiegeln häufig einen kultivierten Geschmack für relativ hochwertige Nischenprodukte wider,
– **Fulfills** (Erfüllte): reif, zufrieden gestellt, sorgenfrei, reflektiv, favorisieren Dauerhaftigkeit, Funktionalität und Wert in Produkten,
– **Achievers** (Erreicher): erfolgreich, Karriere und arbeitsorientiert, bevorzugen etablierte Prestigeprodukte, die Erfolg gegenüber ihren Bezugsgruppen demonstrieren,
– **Experiencers** (Erleber): jung, lebendig, enthusiastisch, impulsiv, rebellierend, geben einen relativ hohen Anteil ihres Einkommens für Kleidung, Fastfood, Musik, Kino und Video aus.

Zu den Gruppen mit geringeren persönlichen Ressourcen gehören die:

- **Believers** (Gefestigte): konservativ, konventionell und traditionell, favorisieren bekannte Produkte und etablierte Marken,
- **Strivers** (Aufstrebende): unbestimmt, ihrer selbst nicht sicher, nach Bestätigung suchend, in ihren Mitteln eingeschränkt, bevorzugen modische Produkte, welche die Produkte von wohlhabenden Personen nachahmen,
- **Makers** (Selbermacher): selbstversorgend, traditionell, Familien orientiert, favorisieren Produkte, die praktisch und funktional sind, z. B. Werkzeuge,
- **Strugglers** (Überlebensbemühte): ältlich, resigniert, passiv, besorgt, in ihren Mitteln eingeschränkt, vorsichtige Konsumenten, bleiben bei ihren bevorzugten Marken.

Eine andere Unterteilung ergibt sich nach der Orientierung dieser Gruppen:

- prinzipienorientiert sind die Fulfills (Erfüllte) und die Believers (Gefestigte).
- statusorientiert sind die Actualizers (Verwirklicher), die Achievers (Erreicher), die Strivers (Aufstrebende) und die Strugglers (Überlebensbemühte).
- Handlungsorientiert sind die Experiencers (Erleber) und die Makers (Selbermacher).

Ein weiterer Ansatz hebt auf die ursprünglichen, unverfälschten Werte ab, die jeder Mensch in sich trägt und die seine Einstellung wie sein Verhalten bestimmen, indem zur Messung ausgewählte Wörter verwendet werden (**Semiometrie**). Dabei werden potenzielle Käufer oder Zuschauer nicht nach Alter, Geschlecht oder Einkommen eingegrenzt, vielmehr wird davon ausgegangen, dass Wörter bestimmte Werte, angenehme oder unangenehme Gefühle vermitteln und wecken. Personen mit gleichen Einstellungen, Meinungen und Motiven werden daher auch die einzelnen Wörter ähnlich bewerten.

Dem liegt die Hypothese zugrunde, dass sich Werte in der Sprache widerspiegeln und unterschiedliche Werthaltungen durch die Interpretation von Wörtern zum Ausdruck kommen. Emnid verwendet dazu 210, durch Vorstudien reduzierte, ausgewählte Wörter (Substantive, Verben, Adjektive), die im Zeitablauf konstant bleiben. Jedes Wort wird von Probanden auf repräsentativer Basis auf einer siebenstufigen Skala von »sehr angenehm« bis »sehr unangenehm« bewertet. Aus den kumulierten Bewertungen ergibt sich durch multivariate Analyse die Position jedes Wortes in einem mehrdimensionalen Raum, zweidimensional reduziert kann es sich z. B. um die Dimensionen »Sozialität« vs. »Individualität« und »Lebensfreude« vs. »Pflicht« handeln.

Für die Gesamtbevölkerung liegt diese Anordnung der Wörter im Raum also repräsentativ vor (durch regelmäßige Erhebung wird der Wertewandel berücksichtigt). Probanden, stellvertretend für dahinter stehende Zielgruppen, bilden nun eine vom Durchschnitt abweichende Anordnung dieser Wörter im Raum ab. So finden sich Wörter, die von Probanden übereinstimmend abweichend zum Durchschnitt über- oder unterbewertet werden. Diese Personen stellen dann im System ein gemeinsames Segment dar. Selektiert man bei den so gefundenen Segmenten Gemeinsamkeiten der Personen, ergibt sich daraus ein wertebezogenes Zielgruppenprofil.

Ein wesentliche Gemeinsamkeit kann z. B. in der Verwendung einer Marke liegen, sodass sich Zielgruppenprofile verschiedener Marken vergleichen lassen. Mit Hilfe dieses Ansatzes kristallisieren sich somit »psychokulturelle Wertmuster« von Produktverwendern, Fernsehzuschauern oder auch Zeitschriftenlesern heraus. Jeder dieser Typen kann als eigenes Marktsegment verstanden und durch Aktivitäten angegangen werden.

3.2.8.3.2 Lebensstiltypologien

Lebensstiltypologien erfassen Aktivitäten, Interessen und Meinungen gegenüber Freizeit, Arbeit und Konsum einer Person allein oder mehrerer Personen zusammen mit anderen in Bezug auf allgemeines Verhalten oder spezifische Produktklassen. Ziel ist es dabei jeweils, herauszufinden, »how people spend their time at work and leisure (activities), what is important to them in their immediate surrounding (interests) and how they feel about themselves and the larger world (opinions).« (Werbeagentur M.C.&Leo Burnett). Die Typologien werden durch multivariate, statistische Reduktionsverfahren konkretisiert. Zusätzlich werden jeweils auch soziodemografische Merkmale erhoben und ausgewertet.

3.2.8.3.2.1 Lifestyle-Typologie

Die Lifestyle-Typologie von M.C.&L.B. erfasst 27 Lebensstilbereiche für 91 Produktfelder und 74 Medien. Hinzu kommen Kunden/Produkt spezifische Items. Befragt werden 2.000 Personen ab 14 Jahre mündlich, anhand von Selbstbeschreibung und Soziodemografie, sowie schriftlich, anhand von Haushaltsbuch und Mediennutzung über 250 AIO-Items, 25 demografische Items und 50 Konsumitems nach Produktkategorien getrennt. Bereits vor über 30 Jahren hat Leo Burnett mit der Chicago University den Lebensstilforschungs-Ansatz begründet. Damit wollte er die Schwächen der rein demografischen Zielgruppenbeschreibung durch die Einbeziehung von Lebensstilen überwinden. Abgefragt werden dabei u. a. folgende Statements:

- Freizeit und soziales Leben: Freizeitaktivitäten, Freizeitmotive, Ausübung verschiedener Sportarten, bevorzugte Urlaubs-/Reiseart, soziales Netzwerk,
- Interessen: Musikinteressen, Themeninteressen, Gruppenmitgliedschaften,
- Stilpräferenzen: bevorzugter Wohnstil (bildgestützt), bevorzugter Kleidungsstil (verbal und optisch präsentiert),
- Konsum: Öko-Einstellungen, Einstellung zu Essen und Trinken, Einstellung zu Geld und Konsum,
- Outfit: Einstellung zum Outfit, Body-Image,
- Grundorientierung: Lebensphilosophie und Moral, Zukunftsoptimismus, soziale Milieus,
- Arbeit: Arbeitszufriedenheit, Arbeitseinstellungen, Berufserwartungen,
- Familie: Einstellungen zu Familie, Partnerschaft und Emanzipation, Rollenbilder, Wohnsituation,
- Politik: Politisches Interesse und Parteiinteresse, Politikwahrnehmung.

Als Output der Analyse ergeben sich Personentypen, die mit Namen und Foto versehen sind, um ihre Prägnanz zu erhöhen. Männliche Namen zeigen an, dass dieser Typ überwiegend, wenngleich nicht ausschließlich, bei Männern vertreten ist, weibliche Namen analog. Pärchen zeigen an, dass die Ausprägung ungefähr gleichermaßen männlich wie weiblich besetzt ist. Die aktuelle Erhebung stammt immerhin schon aus 1990 und unterscheidet folgende Typen.

Zu den traditionellen Lebensstilen, die 37 % der Befragten ausmachen, gehören:

- **Erika** – Die aufgeschlossene Häusliche (10 % der Befragten). Erika blickt auf ein Pflicht erfülltes Leben als traditionelle Hausfrau und Mutter zurück. Sie legt Wert auf ein gepflegtes, bürgerliches Heim und hält mit Umsicht ihre Familie zusammen. Ihre Haltung ist bestimmt von konservativen Werten wie Gehorsam, Fleiß, Sparsamkeit. Sie möchte nicht aus dem Rahmen fallen, ist aber doch offen für neue Erfahrungen und aktuelle Themen der Zeit.

- **Erwin** – Der Bodenständige (13 %). Erwin hat in Jahrzehnten harter Berufsarbeit als Facharbeiter, Meister oder Landwirt für sich und die Seinen einen bescheidenen Wohlstand aufgebaut. Er ist der Ernährer und damit das Oberhaupt seiner Familie. Für sich selbst ist er eher anspruchslos, steht mit beiden Beinen mitten im Leben und hat zu allem seine unverrückbare Meinung.
- **Wilhelmine** – Die bescheidene Pflichterfüllte (14 %). Wilhelmines Grundeinstellungen sind von den tugendhaften Werten der guten alten Zeit und den Verzichtserfahrungen der Kriegs- und Nachkriegszeit geprägt. Sie hat sich immer gottergeben in ihr Schicksal gefügt und ist mit dem, was sie hat, zufrieden.

Zu den gehobenen Lebensstilen, die 20 % der Befragten ausmachen, gehören:

- **Frank und Franziska** – Die Arrivierten (7 %). Frank und Franziska repräsentieren die erfolgreichen, angesehenen und von sich selbst überzeugten Bildungsbürger. Vor dem Hintergrund ausgeprägter Leistungsbereitschaft sind sie mit ihrem hohen Kenntnis- und Erfahrungsstand die Stützen von Wirtschaft, Politik, Technik und Forschung. Ihre konservativ-vernunftsbezogene Weltsicht hat sich durch neue An- und Einsichten erweitert. Umwelt und gesundheitsbewusstes Verhalten sowie ein dezent-modisches Auftreten sind ebenso wichtig wie Toleranz in der Partnerschaft, geistige Beweglichkeit und materieller Erfolg.
- **Claus und Claudia** – Die neue Familie (7 %). Für Claus und Claudia ist ein partnerschaftliches und lebendiges Familienleben der Sinn stiftende Lebensinhalt. Das gesellschaftspolitische Engagement ihrer alternativen Vergangenheit bestimmt ihre Ideale von einer neuen Qualität des Privatlebens, die sie selbstbewusst und unverkrampft zu verwirklichen suchen. Dies betrifft die eigene Selbstentfaltung ebenso wie die Beziehung zum Lebensgefährten, zu den Kindern und zu Freunden oder die gelebte Rücksichtnahme auf Natur und Umwelt.
- **Stefan und Stefanie** – Die jungen Individualisten (6 %). Stefan und Stefanie sind Intellektuelle eines neuen Typs. Ökologiebewusstsein und kritische Beobachtung des gesellschaftlichen Geschehens auf der einen sowie ein extravertierter Lebensstil, lustvolle Freizeit und frech-extravagantes Outfit auf der anderen Seite erleben sie nicht als Widerspruch. Haben, Sein und Genießen ist ihr selbstverständlicher Anspruch, trotz ihres zum Teil noch niedrigen Studenteneinkommens. Im Vordergrund steht die intensive Beschäftigung mit sich selbst, d. h. die Ich-Suche, die originelle Selbstdarstellung und die zielstrebige Verfolgung ihrer Lebenspläne.

Zu den modernen Lebensstilen, die 42 % der Befragten ausmachen, gehören:

- **Michael und Michaela** – Die Aufstiegsorientierten (8 %). Michael und Michaela sind die selbstbewussten Vertreter der modernen Konsum- und Leistungsgesellschaft. Sie eröffnet ihnen die Chance, sich aus ihren ursprünglichen »kleinen Verhältnissen« empor zu arbeiten und damit materielle Unabhängigkeit und sozialen Status zu erreichen. Deshalb sind Erfolg und Selbstverwirklichung im Beruf wichtiger als Familie und Freizeit, die vorwiegend der Erholung dient. Doch ihr Ehrgeiz ist keineswegs verbissen, sie möchten ihr Leben auch genießen.
- **Tim und Tina** – Die fun-orientierten Jugendlichen (7 %). Tim und Tina sind als Nach-68er-Generation in gesichertem Wohlstand und in einem liberalen Klima aufgewachsen, sehen sich aber auch mit Endzeitvisionen konfrontiert. Nachdenklichkeit ist dennoch nicht ihre Sache, sie leben ganz im Hier und Jetzt. Das Leben, inklusive Job, soll Spaß machen. Verstaubte Moralvorstellungen lehnen sie ab. Selbstbewusstsein, eine eigene Meinung oder Lebensperspektive sind noch wenig ausgeprägt. Arbeit und Ausbildung sind weniger wichtig als erlebnisintensive Freizeit und Unterhaltung.

- **Monika** – Die Angepasste (8 %). Monika begeistert sich für alles, was mit Mode und Kosmetik zu tun hat. Auch für Lovestories, den neuesten Hit oder Rat in Ehe- und Erziehungsfragen zeigt sie großes Interesse. Sie möchte gerne dazugehören, d. h. die neuesten Trends kennen, viele Dinge besitzen und stets jugendlich kokett gekleidet sein. Dabei achtet sie mehr auf Aktualität und Preis als auf Qualität. Ein Einkaufsbummel, Träume von der Luxusjacht, der Prachtvilla oder dem Märchenprinzen und andere kleine »Fluchten aus dem Alltag« sind die willkommene Abwechslung in ihrem oft unscheinbaren Alltag, der sich meist um die klassischen weiblichen Aufgaben wie Hausfrauen- und Mutterpflichten dreht.
- **Eddi** – Der Coole (7 %). Eddi möchte sich von Niemanden etwas sagen lassen, so wie es sich für einen richtigen Mann gehört. Er liebt Action und Abenteuer, sei es nun im Kino oder vor dem Fernseher. In seiner Freizeit lebt er auch gern in den Tag hinein und tut einfach gar nichts. Seine Interessen gelten Auto und Motorrad, Computer und anderen technischen Spielereien sowie Bodybuilding und Sportveranstaltungen. Er hat zwar nicht sehr viel Geld, aber was er hat, gibt er locker aus.
- **Ingo und Inge** – Die Geltungsbedürftigen (7 %). Ingo und Inge sind mit ihrem Leben nicht besonders zufrieden. Sie haben zahlreiche berufliche und private Enttäuschungen hinter sich und sehen kaum Zukunftsperspektiven. Sie fühlen sich als Versager, sehen die Schuld aber oft bei den Anderen. Materiell geht es ihnen, gemessen an ihrem eher niedrigen Bildungs- und Berufsstatus, zwar nicht schlecht, sie drohen jedoch zu vereinsamen, sind resigniert und werden von Selbstzweifeln geplagt.

3.2.8.3.2.2 Typologie Sozialer Milieus

Der Typologie Sozialer Milieus (Sinus Institut) liegt die Hypothese zugrunde, dass der Mensch in seinem Wesen nicht genetisch codiert, sondern ein Produkt seiner Sozialisation ist. Dies unterstellt, kann der Umkehrschluss gewagt werden, nämlich aus der Umgebung auf den Menschen, der sich darin wohlfühlt, zu schließen.

Mit der Lebensweltforschung wird seit 1979 versucht, Veränderungen in Einstellungen und Verhaltensweisen als Abbild des gesellschaftlichen Wertewandels zu beschreiben und zu prognostizieren. Dabei werden alle wichtigen Erlebnisbereiche erfasst. Die empirisch ermittelten Wertprioritäten und Lebensstile werden zu einer Basis-Typologie verdichtet. Sie enthält derzeit in Westdeutschland zehn, in Ostdeutschland neun Gruppen. Die Anteile der einzelnen Milieus an der Bevölkerung werden jährlich aktualisiert. Gleichzeitig wird versucht, dem Wertewandel auf der Spur zu bleiben. Bei Bedarf werden neue Milieus aufgenommen bzw. bestehende verändert oder weggelassen. Durch die hohen Fallzahlen werden auch kleinere Milieugruppen valide erhoben.

Die Typologie Sozialer Milieus der Sinus Marktforschung erfasst in 4.000 Interviews verschiedene, nach Vorstudien als relevant erachtete Bausteine der Lebenswelten mit folgenden Inhalten:

- Lebensziel, d. h. Werte, Lebensgüter, Lebensstrategie, Lebensphilosophie,
- Soziale Lage, d. h. Anteil an der Grundgesamtheit, soziodemografische Struktur der Milieus,
- Arbeit/Leistung, d. h. Arbeitsethos, Arbeitszufriedenheit, gesellschaftlicher Aufstieg, Prestige, materielle Sicherheit,
- Gesellschaftsbild, d. h. politisches Interesse, Engagement, Systemzufriedenheit, Wahrnehmung und Verarbeitung gesellschaftlicher Probleme,
- Familie/Partnerschaft, d. h. Einstellung zu Partnerschaft, Familie, Kindern, Geborgenheit, emotionale Sicherheit, Vorstellung vom privaten Glück,
- Freizeit, d. h. Freizeitgestaltung, Freizeitmotive, Kommunikation und soziales Leben,

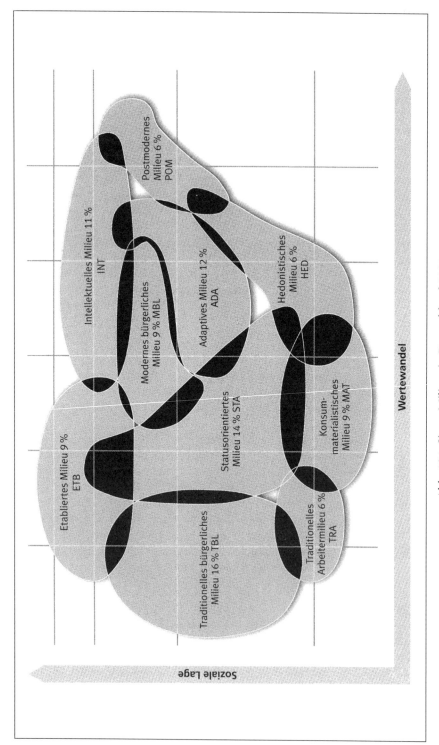

Abb. 104: Sinus-Milieus in Deutschland 2000 (Quelle: AGF/GfK-Fernsehpanel)

Milieu	Hip Hop	Klassik, Oper, Operette	Oldies Evergreens	Deutsche Schlager
Etabliertes Milieu	58	204	118	95
Intellektuelles Milieu	70	179	95	74
Postmodernes Milieu	185	59	81	70
Adaptives Milieu	209	48	62	41
Status orientiertes Milieu	154	66	103	93
Modernes bürgerliches Milieu	46	134	110	117
Traditionelles bürgerl. Milieu	11	104	101	138
Traditionelles Arbeitermilieu	12	39	123	129
Konsum-materialistisches Milieu	88	63	111	122
Hedonistisches Milieu	139	79	95	109

Abb. 105: Musikpräferenzen nach Milieus (Quelle: TdW)

− Wunsch-/Leitbilder, d. h. Wünsche, Tagträume, Phantasien, Sehnsüchte, Leitbilder, Vorbilder, Identifikationsobjekte,
− Lebensstil, d. h. ästhetische Grundbedürfnisse (Alltagsästhetik), milieuspezifische Stil- und Wohnwelten.

Daraus entstehen zehn Soziale Milieus (2000) (Abb. 105). Diese werden näher in vier Gruppen eingeteilt. Zunächst zu den gesellschaftlichen Leitmilieus:

− **Etabliertes Milieu** (vorher: Konservativ-technokratisches Milieu, 10 %): Erfolgsorientierte Konsumelite mit Exklusivitätsanspruch,
Beispiel: Lebensziele: Bewahren gewachsener Strukturen, anerkannte Stellung in der Gesellschaft (Elitebewusstsein), erfülltes Privatleben, harmonisches Familienleben, materieller Erfolg, distinguierter Lebensrahmen. Soziale Lage: Überdurchschnittlich hohe Formalbildung, viele leitende Angestellte und Beamte sowie Selbstständige und Freiberufler, hoher Anteil von Rentnern, hohe und höchste Einkommensklassen. Lebensstil: Ablehnung alles Übertriebenen und Oberflächlichen, hohe Qualitätsansprüche, Traditionsbezug, Kennerschaft, Eigenheim in aufgelockerter Bebauung an der Stadtperipherie oder auf dem Land, Freizeit mit Heim- und Gartenpflege. Kultur: Rege Anteilnahme am kulturellen Leben, oft aktive Mitarbeit in Gruppen und Vereinen. Fernsehverhalten: Eine Stunde und weniger, sieht am liebsten Hochkultur, Dokumentarfilme, Nachrichten und Informationssendungen. Dominante Werte: Familien- und Privatheitsethos, konservativer Humanismus, soziales Engagement, Glaube, Pflichtbewusstsein, soziale Verantwortung, Harmonie, ethisches Selbstverständnis, Leistung, Selbstverwirklichung im Beruf, materieller Erfolg, Prestige. Grundmotive des Lebensstils: Harmonie und Ausgewogenheit, nichts Übertriebenes, Protziges, Schreiendes, hohe Qualitätsansprüche, Stilsicherheit, Kennerschaft, das Echte muss es sein, dezent, Abgrenzung zum Traditionsbezug, Dinge mit biografischen Bezügen, Erbstücke, »Ahnengalerie«, Bevorzugung natürlicher Materialien wie Holz, Leder, Seide, Wolle.
− **Intellektuelles Milieu** (vorher: Liberal-intellektuelles Milieu, 10 %): Aufgeklärt, postmateriell orientierte Werte-Avantgarde,

- **Post-modernes Milieu** (6 %): Extrem individualistisch, multi-optionale Lifestyle-Avantgarde.

Eine weitere Gruppe stellt der moderne Mainstream dar:

- **Adaptives Milieu** (vorher: Modernes Arbeitsmilieu, 8 %): Gut ausgebildet, mobil, pragmatisch, Mainstream der jungen Mitte,
- **Statusorientiertes Milieu** (vorher: Aufstiegsorientiertes Milieu, 18 %): Beruflich und sozial aufstrebende untere Mitte,
  Beispiel: Lebensziele: Überdurchschnittlicher beruflicher und sozialer Aufstieg, vorzeigbare Erfolge haben, Ansehen genießen. Soziale Lage: Häufig mittlerer Abschluss mit abgeschlossener Berufsausbildung, meist mittlere bis hohe Einkommen, viele Facharbeiter und mittlere Angestellte, auch kleinere Selbstständige/Freiberufler. Lebensstil: Orientierung an den Standards gehobener Schichten, Erfüllung der Rollenerwartungen im Beruf und im sozialen Leben, nicht unangenehm auffallen, Prestige orientierter Konsumstil, hohe Wertschätzung von Statussymbolen. Kultur: Lebhaftes kulturelles Interesse, aber kein bildungsbürgerlicher Anspruch. Fernsehverhalten: Sieht wenig fern, wenn, dann härtere Filme und Sport. Dominante Werte: Materielle Sicherheit, sozialer Aufstieg, Prestige, Erfolg, berufliche Leistung, soziale Anpassung, hoher Lebensstandard, Konsum, Selbstverwirklichung, mehr Menschlichkeit in der Gesellschaft. Grundmotive des Lebensstils: Konformismus auf gehobenem Niveau, Orientierung an den Standards der Mittelschicht, Prestigedemonstration, Stilunsicherheit, fehlender Bildungshintergrund, mangelnde ästhetische Kompetenz, überzogene Inszenierung, Neigung zur Überperfektion, sowohl moderne als auch nostalgische Stilrichtungen.
- **Modernes bürgerliches Milieu** (8 %): konventionelle neue Mitte, strebt nach Harmonie.

Dann gibt es die Gruppe des traditionellen Mainstream:

- **Traditionelles bürgerliches Milieu** (vorher: Kleinbürgerliches Milieu, 14 %): Sicherheits- und Status quo-orientierte Nachkriegsgeneration,
  Beispiel: Lebensziele: Festhalten an traditionellen Werten wie Pflichterfüllung, Verlässlichkeit, Ordnung und Disziplin, Schaffung bleibender Werte als Ziel, Absicherung des Erreichten, in geordneten Verhältnissen leben, Orientierung am Status quo, es im Leben zu etwas bringen. Soziale Lage: Überwiegend Hauptschule mit abgeschlossener Berufsausbildung, viele kleine und mittlere Angestellte und Beamte sowie kleine Selbstständige und Landwirte, hoher Anteil von Rentnern und Pensionären, meist kleine bis mittlere Einkommen. Lebensstil: Konventionalismus, Anpassung, Sicherheit, Selbstbeschränkung, Bereitschaft zum Verzicht, Bevorzugung zeitlos gediegener Produkte, Ordnung und Sauberkeit als wichtigstes Stilprinzip, Wohnung zur Miete oder kleineres Eigenheim, gewachsene Wohngebiete am Stadtrand, Freizeit als Sammler, im Verein, als Heimwerker. Kultur: Intensives soziales Leben, sekundäre Karrieren, viele Milieuangehörige geben sich kulturbeflissen, zwingen sich zu regelmäßigem Kulturkonsum. Fernsehverhalten: Deutlich über vier Stunden, bevorzugt leichte Unterhaltung, Dokumentationen, Nachrichten, Krimiserien. Dominante Werte: Familienharmonie, Konventionalismus, Besitz, materielle Sicherheit, Status, Prestige, Ehrfurcht, Sauberkeit, Ordnung, Arbeitsethos, Sparsamkeit und Zielstrebigkeit. Grundmotive des Lebensstils: Nicht unangenehm auffallen, keine Extravaganzen, Anpassung an die Geschmackskultur der Mehrheit, Gemütlichkeit, Geborgenheit, Sehnsucht nach Idylle, Sauberkeit und Ordnung, alles an seinen Platz, alles aus einem Guss, nicht nur schön, sondern auch praktisch soll es sein, knitterfrei, schmutzabweisend, langlebig, zeitlos, gediegen.

- **Traditionelles Arbeitermilieu** (4 %): Traditionelle Arbeiterkultur (Eckkneipen, Schützenvereine).

Und schließlich die Gruppe der modernen Unterschicht:

- **Konsum-materialistisches Milieu** (vorher: Traditionsloses Arbeitermilieu, 11 %): Stark materialistisch geprägte Unterschicht, die Anschluss hält,
Beispiel: Lebensziele: Anschluss an die Konsumstandards der breiten Mittelschicht und »Dazugehören« wollen. Soziale Lage: Geringe Formalbildung, hohe Arbeitslosigkeit, untere Einkommensschichten deutlich überrepräsentiert, viele ungelernte/angelernte Arbeiter. Lebensstil: Verdrängung der Zukunft, Konzentration auf das Hier und Jetzt, beschränkte finanzielle Mittel, spontaner Konsumstil, lebt häufig über seine Verhältnisse. Kultur: Geringe Integration in das etablierte Kulturleben, Besuch von Sportveranstaltungen und Rockkonzerten. Fernsehverhalten: Sieht gerne härtere Filme, leichte Unterhaltung, Kinder-/Zeichentrickfilme, Nachrichten und Informationssendungen. Dominante Werte: Gefühl der Normenlosigkeit, Machtlosigkeit, Sinnlosigkeit, Auflösung allgemein verbindlicher Normen und Werte, Verlust der traditionellen Arbeitskultur, Konsum, Geld, Offenheit, Direktheit, körperliche Attraktivität. Grundmotive des Lebensstils: Man will mithalten, Wunschbild ist die repräsentative Gemütlichkeit, kein ästhetisches Konzept, Sammelsurium verschiedener Stilrichtungen, dekorieren und ausschmücken mit Nippes und Kitsch.
- **Hedonistisches Milieu** (12 %): Unangepasste junge Unterschicht, die Spaß haben will.

Zwischenzeitlich ist dieser Ansatz Europa weit ausgedehnt worden. Es ergeben sich dabei folgende Soziale Milieus in Westeuropa:

- **Technocratic Elite**: Leistungs- und Erfolgsorientierung, Statusbewusstsein, ausgeprägte Exklusivitätsbedürfnisse, Stilsicherheit und Kennerschaft,
- **Traditional Segment**: Sicherheits- und Status quo-Orientierung, Festhalten an traditionellen Sitten und Gebräuchen, Ordnung und Sauberkeit als Stil bildende Prinzipien,
- **Modern Lower Class**: Sozial benachteiligt, ohne Verwurzelung in einem festen Wertesystem, Leben im Hier und Jetzt,
- **Modern Mainstream**: Ausgeprägte Komfort- und Wohlstandsorientierung, offen für neue Moden und Trends, soziale Mobilität,
- **Established Intellectuals**: Aufgeklärt-liberale, kosmopolitische Orientierung, Ziel der Selbstverwirklichung im Beruf und Privatleben, vielfältige kulturelle Interessen,
- **Experimentalists**: Freiheit von Zwängen, Suche nach neuen Erlebnissen und Erfahrungen, multioptionaler Verbraucher.

Entsprechende Soziale Milieus in Ost- und Mitteleuropa sind die folgenden:

- **Humanist Culture**: Humanistische, häufig christlich geprägte Wertvorstellungen, bildungsbürgerliche Ideale,
- **Traditional Working Class**: Stolz auf das »mit eigenen Händen« Erarbeitete, Festhalten an sozialer Gleichheit und Solidarität, Respekt vor (staatlichen) Autoritäten,
- **Traditional Popular Culture**: Materialistisch-sicherheitsorientiert, Festhalten an traditionellen (häufig prä-sozialistischen) Lebensweisen,
- **Uprooted Proletarian Culture**: Marginalisiert, ohne Verwurzelung in einem festen Wertesystem, individuelle Überlebensstrategien,
- **Modern Elite**: Wirtschaftsliberale, pro-westliche Haltungen, Führungsanspruch und Machtbewusstsein, Status orientiert,

- **Modern Mainstream**: Allmähliche, bereitwillige Anpassung an die neuen post-sozialistischen Verhältnisse, Wunsch nach Teilhabe an einem gehobenen Lebensstandard (nach westlichen Vorbildern),
- **Indulgent Players**: Hoch qualifiziert und mobil, auf der Suche nach neuen Chancen, genuss- und trendorientiert, hohe Risikobereitschaft,
- **Hedonistic Modern Workers**: Optimistische Grundhaltung, Wunsch, den eigenen Lebensstandard zu verbessern, Suche nach Spaß, Abwechslung und Unterhaltung.

2000 erfolgte eine Neujustierung der Sozialen Milieus in Anbetracht des gesellschaftlichen Wandels. Die Sozialen Milieus lauten nunmehr, nach vier Leitmilieus eingeteilt, wie folgt (Bevölkerungsanteil in %):

- Gesellschaftliche Leitmilieus:
  Etabliertes Milieu (vorher: Konservativ-technokratisches Milieu): 10 %, die erfolgsorientierte Konsumelite mit Exklusivitätsanspruch,
  Intellektuelles Milieu (vorher: Liberal-intellektuelles Milieu): 10 %, die aufgeklärte, postmateriell orientierte Wert-Avantgarde,
  Postmodernes Milieu: 6 %, die extrem individualistisch und multi-optionale Lifestyle-Avantgarde,
- Moderner Mainstream:
  Adaptives Milieu (vorher: Modernes Arbeitermilieu): 8 %, die gut ausgebildete, mobile, pragmatische junge Mitte im Mainstram
  Status orientiertes Milieu (vorher: Aufstiegsorientiertes Milieu): 18 %, die beruflich und sozial aufstrebende Mitte,
  Modernes bürgerliches Milieu: 8 %, die konventionelle neue Mitte, die nach Harmonie strebt,
- Traditioneller Mainstream:
  Traditionell bürgerliches Milieu (vorher: Kleinbürgerliches Milieu): 14 %, die sicherheits- und Status quo-orientierte Nachkriegsgeneration,
  Traditionelles Arbeitermilieu: 4 %, die traditionelle Arbeiterkultur mit Eckkneipen und Schützenvereinen,
- Moderne Unterschicht:
  Konsummaterialistisches Milieu (vorher: Traditionsloses Arbeitermilieu): 11 %, die stark materialistisch geprägte Unterschicht, die Anschluss hält,
  Hedonistisches Milieu: 12 %, die unangepasste junge Unterschicht, die Spaß haben will.

3.2.8.3.2.3 Weitere Typologieansätze

Die **Euro Socio Styles** (GfK) streben ein komplexes, dynamisches Portrait von Menschen mit der Synthese einer Vielzahl von Lebensfacetten in unterschiedlichen wirtschaftlichen und gesellschaftlichen Bereichen an. Sie basieren auf 24.000 (meist telefonischen) Interviews in 15 europäischen Ländern (Belgien, Dänemark, Deutschland, Frankreich, Griechenland, Großbritannien, Irland, Italien, Niederlande, Norwegen, Österreich, Portugal, Schweden, Schweiz und Spanien), repräsentativ für die Bevölkerung ab 15 Jahren beinahe jedes dieser Länder.

Die Forscher der Gesellschaft für Konsumforschung wollen mit ihren 16 Euro-Socio-Styles ein Instrumentarium bereitstellen, um gesellschaftliche Trends und Entwicklungen frühzeitig zu erkennen und deren Einfluss auf den Konsum abzuschätzen. Charakteristisch ist der europäische Anspruch. Jeder Socio-Style ist in jedem europäischen Land anzutreffen, weil, so die These, die westeuropäischen Gesellschaften in der Neuzeit parallel eine gleichartige soziale Entwicklung vollzogen haben. Insofern können Zielgruppen Ländergrenzen übergreifend gleichartig definiert werden. Ziel ist die Erhebung psychologischer Variabler, demografischer Variabler, psychosozialer, symbolischer und praktischer Variabler, beruhend auf generellen Lifestyle-Statements:

- Mein Privatleben (meine Philosophie, meine Werte, meine Freizeit, meine Zeit, mein Heim, meine Familie),
- Mein Berufsleben (meine Stelle, meine Arbeit, meine ideale Firma, meine Karriere, meine Firma, mein Vorgesetzter),
- Mein gesellschaftliches Leben (meine gesellschaftlichen Aussichten, meine Wurzeln und Bande, meine gesellschaftliche Wahl, meine Helden, meine Umwelt),
- Mein kulturelles Leben (meine Kunst, meine Medien, meine Welt, mein Europa, mein Medienideal, meine Nachrichten und Informationen),
- Mein Geschäftsleben (meine Werbung, meine Produkte, mein Einkaufen, meine Geschäfte, meine Verkaufspolitik),
- Mein Leben als Verbraucher (mein Haushalt, mein Geld, mein Verbrauch, mein Aussehen, mein Wagen, Essen, Trinken, Rauchen),
- Mein politisches Leben (Meine Sicht der Wirtschaft, meine Wahlen und Führer, meine Überzeugungen, meine Diagnose, meine Prognose, mein politisches Programm).

Als Basis dienen dabei 3.500 AIO-Variable für jede Befragungsperson. Die Aufnahme kunden-/produktspezifischer Items ist möglich. Erfasst werden ansonsten Besitz, Verbrauchs- und Kaufverhalten sowie Mediennutzung. Die grafische Darstellung erfolgt in einem zweidimensionalen Koordinatensystem mit den Achsen:

- Ich-Orientierung bzw. als Gegenpol Gesellschafts-Orientierung,
- Gegenwarts-Orientierung bzw. als Gegenpol Vergangenheits-Orientierung.

Im Ergebnis entstehen daraus folgende Euro-Socio-Styles (1998):

- **Upright**: Provinzielle, konformistische Senioren und Personen mittleren Alters mit bescheidenem Einkommen, die auf Werte und Traditionen bestehen und die gute alte Zeit wieder aufleben lassen wollen,
- **Guardians**: Personen mittleren Alters und junge Senioren, offensiv, aus der ländlichen Provinz, mit bescheidenem bis mittlerem Einkommen, auf der Suche nach Ordnung und Moral, zunehmd protektionistisch eingestellt,
- **Isolated**: Zurückgezogen lebende Senioren, Landbewohner, mit bescheidenem Einkommen, die sich mehr und mehr auf ihre familiäre Welt konzentrieren und auf ihre Wurzeln zurückbesinnen,
- **Safety-Oriented**: Zurückhaltende Senioren aus bescheidenem Milieu, die immer radikaler in ihrem defensiven Verhalten werden,
- **Cocooners**: Menschen aus behütetem Elternhaus, aus bescheidenem Milieu, die sich mehr und mehr an der (Groß-)Familie orientieren,
- **Easy-Going**: Junge Opportunisten mit durchschnittlichem, teils hohem Einkommen, modern, materialistisch, die entschieden dafür eintreten, dass jeder selbst seines Glückes Schmied ist,

- **Optimists**: Hedonisten jungen und mittleren Alters, mit mittlerem Einkommen, zukunftsoptimistisch, fast schon verträumt, die auf Zuhören, Dialog und gegenseitigen Austausch setzen,
- **Swifters**: Junge, innovative Menschen aus gut situiertem Milieu, immer auf der Suche nach neuen Lösungen, sehr weltoffen, bereit, jede Gelegenheit zu nutzen, um bei den Ereignissen der Zeit vorn dabei zu sein und sich dennoch rechtzeitig zurück zu ziehen,
- **Free-Thinkers**: Wohlhabende, fortschrittliche Intellektuelle jungen und mittleren Alters, in Großstädten lebend, Individualisten, die sich verstärkt in eine Welt der Ideen, der Kreativität und der persönlichen Verwirklichung einbringen,
- **Moderates**: Haushalte überwiegend mittleren Alters, teils auch jung, Nestbauer, modern, die sich zunehmend auf ein harmonisches Leben ausrichten inmitten einer moralischen und menschlichen Gesellschaft,
- **Formalists**: Mittelständische Haushalte, die vorsorgen, Traditionalisten, die Anhaltspunkte fordern und eine klare Vorstellung des Gesellschaftsbilds haben,
- **Architects**: Wohlhabende Entscheider mittleren und teils höheren Alters, in Städten lebend, kultiviert, verantwortlich handelnd, zwischen Tradition und Fortschritt navigierend, überzeugt davon, dass es von Nutzen ist, für das Gelingen des sozialen Miteinanders ein klares, schlüssiges Szenario zu haben,
- **Referees**: Junge Senioren und Personen mittleren Alters von Rang und Namen, wohlhabend, in Städten lebend, Befürworter einer ethischen Gesellschaft, welche Tradition und Moderne vereint.
- **Irreproachables**: Mustergültige Senioren aus bürgerlichem Milieu, klassisch, zunehmend offen für Dialog und Verständigung, solange man sich in einem strengen moralischen Rahmen bewegt.

Das Pariser Research Institute on Social Change (**RISC-Typologie**) untersucht seit 15 Jahren gesellschaftliche Trends in ganz Europa, um daraus Typologien zu entwickeln. Der entsprechende Fragebogen umfasst 100 soziokulturelle Fragen und Statements, wie »Unsere Kultur und viele Werte unseres Landes sind heute in Gefahr«, die graduell beantwortet werden. Jeder Befragte wird daraufhin auf Basis seiner Antworten dreidimensional positioniert:

- Eine Dimension bewegt sich zwischen Aufbruch und Stabilität (dabei wird die Offenheit für neue Ideen erhoben).
- Die soziale Dimension stellt die Antipole »Streben nach Harmonie«, »höhere Werte« und »profaner Lustgewinn« gegenüber (Beispiel: Lehrer, die an einer Waldorfschule unterrichten als Gegenpol zu ausgemachten Techno-Freaks).
- Die dritte Dimension erfasst die globale vs. lokale Orientierung. Entweder fühlen sich die Interviewten als Teil einer »Weltgemeinschaft Gleichgesinnter« oder sind eher ihrer direkten Umgebung verbunden (Beispiel: Globetrotter vs. Kegelclub-Ausflug an die Mosel).

Die Position der Befragten wird nicht in Koordinaten umgesetzt, sondern in »Euroscan«, einer dreidimensionalen Abbildung der zehn RISC-Typen. Für jedes dieser Segmente werden spezielle Merkmale abgefragt. Die Antworten für jeden einzelnen Typ werden sodann anhand der Gesamtbevölkerung indiziert. Werte über 100 sprechen daher für eine überproportionale Ausprägung. Mit der speziellen Software MicroRISC können die Umfragen ausgewertet und im Euroscan dargestellt werden. Die RISC-Typen sind folgende:

- Explorer,
- Moral Guides,
- Care Givers,
- Mobile Networker,
- High Energy Pleasure Seekers,
- Guardians,
- Rooted Traditionals,
- Social Climbers,
- Avid Consumers,
- Survivors.

Schulze unterscheidet in seiner **Milieu gestützten Typologie** nach Alter (jung bis mittelalt/mittelalt bis alt) und Ausbildung (besser/mittel/schlechter) fünf Gruppen, die wie folgt beschrieben sind:

- Mittelalt bis alt bei besserer Ausbildung als Niveaumilieu,
- mittelalt bis alt bei schlechterer Ausbildung als Harmoniemilieu,
- mittelalt bis alt bei mittlerer Ausbildung als Integrationsmilieu,
- jung bis mittelalt bei besserer Ausbildung als Selbstverwirklichungsmilieu,
- jung bis mittelalt bei schlechterer Ausbildung als Unterhaltungsmilieu.

Dieser Ansatz zeigt jedoch zugleich die größte Gefahr der Typologien, nämlich die Banalisierung ihrer Aussagefähigkeit, wie sie weit verbreitet ist. Daher ist eine kritische Bewertung der Nützlichkeit von Typologien erforderlich.

> Eine der bekanntesten Typologien stammt aus der Outfit-Studie, die sich mit dem Kaufverhalten für Bekleidung bei Damen und Herren beschäftigt. Dort werden die folgenden Typen für **Damen** unterschieden:
>
> - **Die Altmodische** (10 % der Frauen) ist bescheiden, anti-hedonistisch und bedürfnislos. Sie hat Angst, aufzufallen. Ihre Kleidung muss daher zeitlos und zurückhaltend sowie durch Festhalten an traditionellen Werten charakterisiert sein. Zu diesen Werten gehören vor allem Pflichterfüllung, Fleiß, Ordnung und Anstand, Wunsch nach materieller Sicherheit, harmonisches Familienleben, häusliche Tätigkeiten etc. Sie nutzt Medien intensiv und pflegt die familiären Kontakte. Beim Einkauf achtet sie auf die Merkmale Preise, Haltbarkeit und Strapazierfähigkeit. Bevorzugte Einkaufsstätten sind Kauf- und Warenhäuser, Verbrauchermärkte und der Versandhandel. Sie ist durch ein vorsichtiges Kaufverhalten gekennzeichnet und orientiert sich dabei an einfacher und mittlerer Qualität. Ihr Markenbewusstsein ist gering ausgeprägt. Sie stammt zumeist aus den sozialen Umfeldern des traditionellen Arbeitermilieus und des kleinbürgerlichen Milieus.
> - Für **die Konventionelle** (12 %) zählen innere Werte mehr als Äußerlichkeiten. Daher hat sie kein ausgeprägtes Interesse an Kleidung, Besitzstandswahrung, Anpassung und Sicherheit. Sie ist durch traditionelle Rollenvorstellungen geprägt, bleibende Werte haben dabei Vorrang. Beim Einkauf orientiert sie sich an guter Qualität und Funktionalität, Tragekomfort und Haltbarkeit, bei alledem achtet sie auf ein gutes Preis-Leistungs-Verhältnis. Wichtig sind ihr generell ein dosierter Genuss, die Pflege sozialer Kontakte

und die Freude an der Natur. Sie nutzt Fernsehen zur Unterhaltung und kauft vorwiegend im Bekleidungs- und Kauf-/Warenhaus ein. Ihr Kaufverhalten ist vernunftorientiert, sie bevorzugt mittlere Preisniveaus. Ihre generelle Unsicherheit beim Kauf führt zu einem hohen Beratungsbedürfnis, insofern besteht keine Markengläubigkeit. Sie stammt aus den sozialen Umfeldern des kleinbürgerlichen Milieus und des traditionellen Arbeitermilieus.

- Für **die Anspruchsvolle** (17 %) hat die äußere Erscheinung einen hohen Stellenwert. Sie ist immer gut gekleidet und hat eine konservativ-vernunftsbetonte Weltsicht mit großer Bedeutung von Bildung und Information. Im Vordergrund stehen die Pflege familiärer Beziehungen, materieller Erfolg und ein kultivierter Lebensstil. Sie hat hohe Qualitätsansprüche und akzeptiert dafür auch einen hohen Preis, ihre Stilsicherheit leitet sie zur Überzeugung, dass weniger mehr ist. Ihre Freizeit verbringt sie familienbezogen sowie mit sozialen und kulturellen Aktivitäten. Die Kaufhäufigkeit liegt im Durchschnitt, aber die Ausgabenbereitschaft ist überdurchschnittlich. Wichtige Argumente sind Spitzenqualität und Hautverträglichkeit der Kleidung. Sie kauft in Fachgeschäften und Boutiquen überlegt und zielsicher ein. Von Anbietern erwartet sie Fachkompetenz und vertraut auf Marken, will aber nicht damit angeben. Sie stammt aus den sozialen Umfeldern des konservativ gehobenen Milieus und des kleinbürgerliches Milieus.
- **Die Modebegeisterte** (16 %) hat ein ausgeprägtes Körperbewusstsein, Outfit und Mode sind unbedingt wichtig. Sie zeichnen Exklusivitäts- und Luxusbedürfnisse und die Lust am Experimentieren aus. Sie will gleichzeitig berufliche Karriere machen und Familie haben. Ihr Bemühen, Ansehen zu genießen, führt zur Vorsicht, im Zweifel nichts falsch zu machen. Ihre Orientierung erfolgt an den Standards gehobener Schichten durch Kauf von In- und Prestige-Marken. Ihre Freizeit verbringt sie bevorzugt mit Outdoor-Aktivitäten. Ihr Medienkonsum dient sowohl zur Information als auch zur Unterhaltung. Beim Kleidungskauf ist bei ihr modische Aktualität, Qualität und Exklusivität gefragt. Sie kauft in Fachgeschäften, Boutiquen, Jeans-Läden, Sportartikelgeschäften und Shopping Centers. Der Kleidungskauf dient als Konsumerlebnis, sie tätigt viele Spontankäufe, hat ein hohes Anspruchsniveau und meint, alles besser zu wissen. Insofern ist sie auf Beratung kaum angewiesen. Sie stammt aus dem sozialen Umfeld des aufstiegsorientierten Milieus.
- **Die Lockere** (22 %) will sich nicht dem »Schönmachen« unterwerfen, das Outfit hat dennoch eine wichtige Bedeutung, um die Persönlichkeit durch Kleidung zu unterstreichen. Sie hat eine Vorliebe für unkomplizierte, lässige, androgyne Mode, ist aufgeschlossen, hat Toleranz, Kreativität und übernimmt Verantwortung. Ihre Selbstverwirklichung sucht sie in Beruf und Familie. Sie hat ein hohes Kommunikationsbedürfnis. Ihre Freizeit verbringt sie mit Outdoor-Aktivitäten und Relaxen. Sie hat eine überdurchschnittliche Kaufhäufigkeit bei High-Interest-Produkten mit mittlerer Ausgabenbereitschaft. Sie kauft in Boutiquen, Jeans-Läden und Shopping Centers, Kleidung kaufen macht ihr Spaß, sofern sie ungestört bleibt. Sie hat wenig Vertrauen in Marken und hegt keine Abgrenzungsbestrebungen. Sie stammt aus den sozialen Umfeldern des neuen Arbeitnehmermilieus, des aufstiegsorientierten Milieus, des technokratisch-liberalen Milieus und des hedonistischen Milieus.
- **Die Geltungsbedürftige** (14 %) hält sich an keine Bekleidungskonventionen, sondern hat das Bedürfnis, sich abzuheben und Provokation und Aufmerksamkeit zu erreichen. Sie zeichnet eine hohe Außenorientierung und Experimentierfreudigkeit aus, zugleich

leidet sie unter ihrer Stilunsicherheit. Die Suche nach Individualität führt immer wieder zur Identifikation mit neuen Mode-Trends und spontaner Begeisterung. Ihre Interessen sind durch Fun- und Action-Orientierung, Suche nach Abwechslung sowie Leben im Hier und Jetzt gekennzeichnet. Sie weist bürgerliche Normen zurück, hat jedoch zugleich Sehnsucht nach Harmonie und Geborgenheit. Sie nutzt moderne Freizeitangebote und Aktivitäten mit ihrer Clique, zeitweilig aber auch den Rückzug ins Heim. Ihr Medienkonsum ist ausgeprägt, ihr Kaufverhalten an preisgünstigen Angeboten orientiert. Sie kauft eher viel, aber dafür billig (Schnäppchen). Die Kleidung muss im Trend liegen. Bevorzugte Einkaufsstätten sind Kauf-, Waren- und Versandhaus. Sie stammt aus den sozialen Umfeldern des hedonistischen Milieus und des traditionslosen Arbeitermilieus.
- **Die Nonkonformistin** (9 %) lehnt die traditionelle Vorstellung eines modisch-gepflegten Outfits ab und zeigt eine demonstrative Geringschätzung »reiner«Äußerlichkeiten. Ihr Outfit soll ihre innere Einstellung widerspiegeln und zur Entwicklung eines authentischen Stils beitragen. Daher kommt ein individueller Stil-Mix zustande, mit Unabhängigkeit von modischen Trends. Neue modische Elemente werden spielerisch oder verfremdet in das Outfit integriert. Es besteht der Wunsch nach intensivem Leben, Individualität und Authenzität. Wichtige Merkmale sind auch die Ablehnung traditioneller Lebensvorstellungen, der Zuspruch zur Ökologieorientierung und zu individualistischem Konsum. Daraus folgen die Ablehnung alles Massenhaften und Durchschnittlichen sowie die Relativierung materieller Güter. Sie will kreativ sein, am sozialen Leben teilnehmen, entspannen. Ihr Konsumverhalten ist eher zurückhaltend, die Ausgabenbereitschaft gering ausgeprägt. Sie hat hohe Ansprüche an die Umwelt- und Gesundheitsverträglichkeit von Produkten, kauft in Jeans-Läden, Second-Hand-Shops und auf Flohmärkten. Der Kleidungskauf macht ihr wenig Spaß, der Stil ist ihr wichtiger als die Marke, am Wichtigsten aber ist die Abgrenzung zum Massenkonsum. Sie stammt aus den sozialen Umfeldern des technokratisch-liberalen Milieus, des alternativen Milieus und des hedonistischen Milieus.

Die entsprechende Charakterisierung für **Herren** führt zu folgenden Outfit-Typen:

- **Dem Desinteressierten** (4 % aller Männer) ist seine äußere Erscheinung unwichtig. Er lehnt jeden modischem »Schnickschnack« pauschal ab. Er hat eine konventionelle Lebensstrategie und strebt nach sozialer Absicherung. Er ist sparsam und einfach, materielle Bedürfnisse werden daher pauschal abgewertet. Er ist durch ausgiebigen Medienkonsum gekennzeichnet, hat ausgeprägte soziale Aktivitäten und verdient nebenher Geld hinzu. Er weist eine geringe Kauffrequenz aus und hat die niedrigste Ausgabenbereitschaft aller Typen. Sein wichtigstes Kaufkriterium ist der Preis, er kauft in Verbrauchermärkten und SB-Märkten. Er stammt aus den sozialen Umfeldern des traditionellen Arbeiter-Milieus, des kleinbürgerlichen Milieus und des traditionslosen Arbeitermilieus.
- **Der Konventionelle** (14 %) lehnt eine intensive Beschäftigung mit seiner Kleidung ab. Stattdessen sind Einfachheit und Bequemlichkeit ihm wichtig. Er bleibt bei seinen alten Gewohnheiten, ist sparsam, lebt in geregelten Verhältnissen im Beruf und zuhause. Das dominante Kennzeichen ist Konventionalismus. Ihm ist an sozialer Integration und finanzieller Sicherheit gelegen. Überflüssigen Konsum versagt er sich, zu seinen Hobbies gehört

Heimwerken. Mediale Unterhaltung verschafft er sich durch Fernsehen und Zeitschriften, seine Freizeit verbringt er bevorzugt mit der Familie. Zentrale Kaufkriterien sind für ihn das Preis-Leistungs-Verhältnis, die Bequemlichkeit und die Haltbarkeit, er kauft in Kaufhäusern, Warenhäusern, Bekleidungshäusern und SB-Märkten. Dabei sieht er den Kleidungskauf als Last an. Er bevorzugt einfache bis mittlere Qualität und misstraut Marken. Er stammt aus den sozialen Umfeldern des kleinbürgerlichen Milieus, des traditionellen Arbeitermilieus und des traditionslosen Arbeitermilieu.

- **Der Korrekte** (24 %) legt auf gepflegtes Auftreten wert. Er ist Kenner im klassisch-seriösen Rahmen und passt sich an situative Erfordernisse an. Er hat eine Vorliebe für hochwertige, natürliche Materialien und eine zurückhaltende Akzeptanz von Mode. Er pflegt seinen eigenen Stil, hat eine anerkannte Stellung in der Gesellschaft und ein ausgeprägtes Leistungsethos. Wichtig sind ihm ein harmonisches Familienleben, die Ablehnung alles Oberflächlichen und Übertriebenen, und familiäre Aktivitäten. Zentralen Stellenwert haben Information und Bildung sowie Geselligkeit. Er achtet auf hohe Qualität und stimmiges Preis-Leistungs-Verhältnis, er kauft in Fachgeschäften und bei Herrenausstattern. Seine Einkäufe sind überlegt, Beratung ist dabei erwünscht. Er hat hohes Vertrauen in die Qualität von Marken. Er stammt aus den sozialen Umfeldern des konservativ gehobenen Milieus, des kleinbürgerlichen Milieus und des aufstiegsorientierten Milieus.
- **Der Modebewusste** (19 %) hat ein ausgeprägtes Körperbewusstsein. Der Kleidung kommt dementsprechend ein hoher Stellenwert zu. Er achtet darauf, immer Anlass entsprechend gekleidet zu sein. Dabei spielen Prestige- und Luxusbedürfnisse zur angemessenen sozialen Positionierung eine wichtige Rolle. Er identifiziert sich mit der Mode, beruflicher und sozialer Aufstieg sind ihm wichtig. Er strebt nach Anerkennung und will nicht unangenehm auffallen. Große Bedeutung kommt Konsumwerten zu, vor allem zur Abgrenzung nach »unten«. Seine Freizeit verbringt er mit Outdoor-Aktivitäten, technischen Hobbies und durch Mediennutzung, renommierte Markenwaren sind ihm ebenso wichtig wie modische Aktualität. Er kauft in Fachgeschäften, bei Herrenausstattern, in Boutiquen, Jeans-Läden, Shopping Centers. Seine Einstellung zu Einkäufen ist positiv, und er ist an hochpreisigen Angeboten orientiert, wobei er der Bedienung tendenziell misstraut. Er stammt aus dem sozialen Umfeld des aufstiegsorientierten Milieus.
- **Der Legere** (18 %) beschäftigt sich wenig mit dem eigenen Körper, sein Outfit ist ihm weniger wichtig. Orientierungen erfolgen am Mainstream, er favorisiert jugendlich-lässige und sportliche Kleidung. Er hat keine modische Kompetenz und keine demonstrativen Abgrenzungsbedürfnisse. Ihn zeichnet wenig Interesse an aktuellen Trends aus, dafür ist er leistungsmotiviert, aber ohne Verkrampftheiten. Wichtig sind ihm kommunikative Werte und lebenslanges Lernen. In seiner Freizeit sucht er Entspannung, vorwiegend durch Outdoor-Aktivitäten, handwerkliche und kreative Arbeiten. Beim Einkauf sind ihm Bequemlichkeit und Preis wichtig. Er kauft in Jeans-Läden, größeren Bekleidungshäusern und beim Hersteller. Der Kleidungskauf macht ihm allerdings wenig Spaß, vor allem wegen seiner Unsicherheiten. Er wählt eher keine aktuellen und exklusiven Marken und hat ein ausgeprägtes Misstrauen gegenüber Markenkleidung. Er stammt aus den sozialen Umfeldern des alternativen Milieus und des neuen Arbeitnehmermilieus.
- **Der Geltungsbedürftige** (13 %) zeigt eine demonstrative Geringschätzung gegenüber etablierten Bekleidungsnormen. Kleidung ist für ihn Mittel der Selbstdarstellung und der Abgrenzung. Sein Outfit dient ihm als Identitätssignal. Er ist durch Experimentierfreude

und Individualität gekennzeichnet und findet gut, was »in« ist. Wichtige Werte sind für ihn Freiheit, Ungebundenheit, Spontaneität, demonstrative Unangepasstheit. Seine Freizeit verbringt er gruppenorientiert oder durch Rückzug ins Heim, seine Hobbies sind Auto und Technik. Er hat eine hohe Ausgabenbereitschaft nur bei High-Interest-Produkten (Jeans, Schuhe etc.) und kauft in Kauf- und Warenhäusern und »In«-Boutiquen. Der Kauf ist für ihn ein Konsumerlebnis, aus dieser hohen Bedeutung entstehen Unsicherheiten und Nachkaufdissonanzen. Sein Wunsch nach Prestige führt zur Zurschaustellung von Marken. Er stammt aus den sozialen Umfeldern des hedonistischen Milieus und des traditionslosen Arbeitermilieus.

- Für **den Individualisten** (8 %) soll sein Outfit seine innere Haltung und Stimmung zum Ausdruck bringen. Daher dominieren ein spielerischer Umgang mit der Kleidung und die Abgrenzung zur Masse. Er hat eine Vorliebe für Lässigkeit und zeigt Distanz zur aktuellen Mode. Sein Individualismus unterstützt die Entfaltung der eigenen Persönlichkeit durch Mode. Wichtige Werte sind für ihn Freiheit, Ungebundenheit, intensiv leben. Geld hingegen ist nicht so wichtig, dafür aber kreative Tätigkeiten, soziales Leben und Relaxen. In einzelnen Bereichen zeigt er eine hohe Kauffrequenz und eine hohe Ausgabenbereitschaft für High-Interest-Produkte, sonst verhält er sich eher zurückhaltend. Er kauft in Jeans- und Sportswear-Geschäften, Boutiquen, Shopping Centers, auf Flohmärkten und in Second Hand-Läden. Er stammt aus den sozialen Umfeldern des hedonistischen Milieus, des alternativen Milieus, des neuen Arbeitnehmer-Milieus und des technokratisch-liberalen Milieus.

Ein weiteres Beispiel eines werbeverwertbaren Lifestyle-Ansatzes ist die Konsumtypologie der Markt-Media-Analyse Kommunikationsanalyse. Sie unterscheidet dabei folgende weiblichen Konsumtypen:

- Conservatives (5,25 Mio. Frauen): Resignierte Konsummuffel, sie glauben nicht, an neue Konsummöglichkeiten teilhaben zu können, sie zeigen gefestigte Konsumgewohnheiten mit traditioneller Haushaltsführung, ärgern sich über komplizierte Bedienungsanleitungen und hohe Preise, die Angebotsvielfalt überfordert sie, sie haben eine konsumkritische Einstellung.
- Smart Consumers (4,8 Mio.): Aufgeschlossene Profi-Shopper, sie nutzen die Möglichkeiten der modernen Konsumwelt wie Kreditkarten, Online-Shopping, freie Wahl von Strom- und Telefonieanbietern, sie navigieren sicher durch Angebote, Marken und Absatzkanäle, sie weisen ein positives Konsumverhältnis auf, Shopping bedeutet für sie ein Stück Lebensqualität.
- Convenience Addicts (4,0 Mio.): Die Devise lautet, das Leben durch Nutzung aller Angebote und Dienstleistungen, die das Leben angenehmer machen, zu genießen, der Haushalt ist ein notwendiges Übel, wenn schon kochen unvermeidlich ist, dann reduzieren Fertiggerichte und moderne Technik den Aufwand, Mode wird per Katalog geordert.
- High Comfort (3,9 Mio.): Qualität und Beratung sind wichtig, sie wollen ihren Lebensstandard durch hohes Einkommen genießen und nutzen die Vorteile des modernen technischen Komforts, Marken sind Garanten für hohe Standards.
- Consulting Seekers (3,9 Mio.): Sie sind verloren in der Konsumwelt und unsicher gegenüber neuen Entwicklungen wie Online-Shopping, die moderne Technik überfordert sie, Neuerungen werden als zu teuer empfunden, sie bleiben lieber bei Altbewährtem.

– Modern Pragmatics (3,9 Mio.): Sind jung, clever und brauchen keine Beratung, Selbstorientierung in der Konsumwelt ist gesichert, sie stehem dem Internet aufgeschlossen gegenüber, Marken erleichtern ihnen die Auswahl, Shopping und Konsum sind nicht allzu wichtig, die Haushaltsführung ist unkompliziert, sie essen lieber auswärts als aufwendig selber kochen.

3.2.8.3.2.4 Kritische Bewertung

Typologien haben eine Reihe von Vor- und Nachteilen. Als **Vorteile** sind vor allem die Folgenden zu nennen. Es besteht eine hohe Marketingrelevanz, da beobachtbares Verhalten oder zumindest mehrfach abgesicherte Indikatoren für dieses Verhalten die Grundlage der Ergebnisse bilden. Typologien erleichtern den Beteiligten durch ihre Anschaulichkeit die Arbeit, denn ansonsten abstrakt und wenig greifbar erscheinende Zielgruppenbeschreibungen werden prägnant und transparent. Die Plastizität der Ergebnisse erleichtert die Ableitung zielgerichteter Marketingaktivitäten, um die identifizierten und anzusteuernden Segmente bearbeiten zu können. Produkte bzw. Dienste können hinreichend an das Profil der Lebensstile angepasst werden und erreichen damit eine höhere Akzeptanz am Markt. Die Aussagen der Typologien erleichtern die Übersetzung in werbliche Botschaften, die zur Auslobung geeignet sind. Typologien sind recht differenziert in ihren Aussagen, sodass Segmente sehr Ziel genau abgegrenzt und angesteuert werden können. Es handelt sich um Ableitungen aus realen Gegebenheiten, nicht um leicht angreifbare Hypothesen oder theoretische Erwägungen. Typologien sind, sachgerecht erhoben und ausgewertet, ein exaktes Spiegelbild der tatsächlichen Nachfrageverhältnisse am Markt.

Diesen Vorteilen stehen jedoch auch erhebliche **Nachteile** gegenüber. Typologien spiegeln womöglich eine Scheinexaktheit vor, die so nicht gegeben ist und auch nicht erreichbar scheint. Dies ist vor allem bei einem unreflektierten Umgang mit den Ergebnissen problematisch. Die Praktikabilität des Erhebungsumfangs verhindert die Berücksichtigung spezieller Inhalte, allerdings gibt es zwischenzeitlich eine inflationierende Vielzahl spezialisierter Typologien. Die Merkmale, die der Typologie zugrunde liegen, sind nicht allgemein klassifizierbar, weil sie als qualitative Daten wenig trennscharf und exakt bleiben. Da Typologien jeweils individuelle Forschungsdesigns zugrunde liegen, sind ihre Ergebnisse untereinander nicht vergleichbar. Dadurch ist ihre Anwendung erheblich begrenzt. Die forscherische Fundierung der Typologien ist im Einzelfall eher zweifelhaft, zudem werden die Forschungsdesigns gelegentlich wohl so angelegt, dass sie die Ergebnisse zu liefern vermögen, die ihre Auftraggeber von ihnen erwarten (z. B. Verlagstypologien). Für die entstehenden Typen ergeben sich Identifikationsschwierigkeiten, da die Ursprungsdaten mathematisch-statistisch reduziert werden und dadurch ihre Rückbeziehbarkeit auf die Ausgangseinheiten unmöglich wird. Zudem entstehen in Typologien regelmäßig Kunsttypen, die so in der Wirtschaftswirklichkeit überhaupt nicht vorhanden, sondern bloße Artefakte quantitativer Verfahren sind. Wegen des hohen Erhebungsaufwands werden Typologien häufig nur in größeren Zeitabständen ermittelt, sodass sie den dazwischen stattfindenden Wertewandel nur unvollkommen wiedergeben können.

3.2.8.3.3 Wertewandel

Werte sind in andauerndem Wandel begriffen. Daher gibt es zahlreiche Trendreports, die versuchen, den Wertewandel aktuell zu erfassen oder gar zu antizipieren. Dazu gehört auch der

Popcorn-Report (hier beispielhaft dargestellt an den Auswirkungen für den Nonfood-Einzelhandel):

- **Cashing Out**. Darunter versteht man den Drang der Konsumenten zu einem weniger hektischen und damit eher lohnenswerten Leben. Dem kann durch Bequemlichkeit im Handel trefflich Rechnung getragen werden. Dazu gehören jegliche Art von Kundendiensten, angefangen von der Auftragsannahme und Parkplatzbereitstellung über die Warengruppenkennzeichnung und Ausgabe von Leih-/Testgeräten bis zum Lieferservice und zur Nachbetreuung über Kontakterhaltung mit Kunden. Wichtig ist dabei in jedem Fall, dass diese Dienste, so sie nutzenrelevant für Kunden sind, durchaus entgeltlich angeboten werden sollen, denn etwas, was Nutzen stiftet, löst bei Kunden eine entsprechende Preisbereitschaft aus. Oder anders: Etwas, für das Kunden nicht bereit sind, Geld auszugeben, stiftet auch keinen Nutzen, schafft dem Anbieter also auch keinen Marktvorsprung und ist daher als Service verzichtbar.
- **Cocooning**: Dies ist der Ausdruck des Bedürfnisses, sich in sein Heim zurückzuziehen, wenn es »draußen«, also im richtigen Leben, allzu rauh wird. Darauf kann der Handel in zweierlei Richtung reagieren, erstens durch das Angebot besonderer Attraktionen am Handelsplatz (und damit sind nicht Sonderangebote gemeint) und zweitens durch die Nutzung telekommunikativer (interaktiver) Angebotswege. Insofern liegt hier eine wesentliche Triebfeder der explodierenden Entwicklung des E-Commerce. Sofern mit dem Einkauf aber ein besonderes Erlebnis verbunden ist, werden sich Interessenten, zumindest auf absehbare Zeit, weiterhin gern auf den Weg zum Handelsplatz machen. Je unattraktiver dieser Handelsplatz aber aufgemacht ist, desto leichter wird es ihnen fallen, die zukünftig immer komfortableren elektronischen Einkaufsmöglichkeiten für sich zu nutzen.
- **Down Aging**. Dies meint die weit verbreitete Tendenz der Löslösung von Lebensalter und Einstellung. Man fühlt sich jünger als man tatsächlich ist und verhält sich entsprechend dieser subjektiven Einstellung und nicht entsprechend dem rein rechnerischen Lebensalter. Daher sind alle Arten traditioneller Seniorenansprache zweifelhaft, hingegen ist jede Art von Berücksichtigung altersbedingter Unzulänglichkeiten (z. B. Sehunschärfe bei Preisauszeichnung, Blickfeldeinschränkung bei Warenpräsentation, Kraftschwund bei Selbstbedienung am Regal) von erheblicher akquisitorischer Bedeutung. Wichtig ist auch, die Warenvielfalt klar zu rubrizieren, damit die immer zahlreicheren älteren Menschen mit immer besserer Kaufkraft auch das Angebot finden, für das sie Geld ausgeben wollen. Dies wird allerdings angesichts ausufernder Sortimente immer schwieriger.
- **Egonomics**. Hierbei liegt der verständliche Wunsch zugrunde, sich als Person zu individualisieren und entsprechend im Markt behandelt zu werden. Dem werden vielfältige Aktivitäten am Handelsplatz gerecht, besonders jegliche Form der Beratung. Da die Anzahl der Verkaufsberater betriebswirtschaftlich an enge Grenzen stößt, ist vor allem ihre Qualität zu betonen, d. h. ihre Kompetenz (durch Schulungsmaßnahmen) und Sympathie (durch Trainingsmaßnahmen). Sie haben zum Ziel, Kunden den Eindruck zu vermitteln als Mensch, und nicht nur als Geldbörsenträger, behandelt und ernst genommen zu werden, kurz: sich wohl zu fühlen. Und wo man sich wohl fühlt, da kommt man im Zweifel gern wieder zurück. Und das trotz manch vordergründig verlockender Sonderangebote der Konkurrenz.
- **Fantasy Adventure**. Hierunter ist die Flucht vor zermürbenden Routineabläufen in realistische Fantasien (Eskapismus) zu verstehen. Dies kennt man aus der Werbung für Konsumgüter,

etwa bei Zigaretten (Marlboro, Camel). Im Handel bedeutet dies vor allem die Betonung des Einkaufserlebnisses. Wichtig ist dabei das Wechselspiel zwischen Entspannung und Überraschung, da ansonsten ein ununterbrochen erhöhtes Aktivitätsniveau rasch stresst. Entspannung wird durch Ruhe- und Kommunikationszonen geboten, Faszination durch überlegte Inszenierung des Waren- und Diensteangebots (gekonnte Lichteffekte, dezente Musik, Dekoration im Verwendungszusammenhang etc.). Das bedeutet, es kommt nicht nur darauf an, was man anbietet, sondern vor allem auch, wie man es anbietet und dramatisiert.

- **99 Lives.** Jede Person nimmt demnach im Rahmen ihres privaten und gesellschaftlichen Lebens unterschiedliche Rollen wahr. Zu denken ist an Prosumer, die als Co-Produzenten das Angebot mitbestimmen. In weiteres Indiz sind hybride Verbraucher, die im ungeliebten Grundnutzenbereich strikt nach Preis, im präferierten Zusatznutzenbereich jedoch generell nach Leistung entscheiden. Das führt dazu, dass Zielgruppen immer weniger nach traditionellen Mechanismen zu bestimmen sind, sondern multioptional handeln, also verschiedene »Leben« spiegeln.
- **Save our Society.** Wachsendes Ethikbewusstsein und Sozialverantwortung sind unverzichtbare Grundwerte im zukünftigen Lebensgefühl. Dabei geht es über das altruistische Anliegen nach Bewahrung hinaus ganz profan darum, diesen Trend zu bedienen. Etwa durch die Betonung ökologischer Aspekte (Recyclingfähigkeit/Warenkreislauf, Stromverbrauchsargument, Haltbarkeitshinweis etc.), aber auch anderweitiger gesellschaftlicher Verantwortung (Kultursponsoring, Social-PR etc.). Hinzu kommen bewusst einfache (hoch intelligente) Geräte ohne (aufdringlichen) technischen Schnickschnack, aus natürlichen Materialien, ergonomisch (weich) geformt, mit mehrfachen Funktionen. Unternehmen müssen in diesem Zusammenhang auch über ihren Geschäftszweck nachdenken und ihn gesellschaftlich relevant definieren.
- **Small Indulgences.** Gelegentliche Selbstbelohnung wird als notwendig erachtet, um einerseits erbrachte Leistungen zu honorieren und andererseits die weitere Leistungserbringung zu motivieren. Diese Selbstbelohnung wird vor allem im Konsumerlebnis gesucht. Wegen der hohen emotionalen Besetzung kommt es für den Entscheid daher primär nicht auf den Preis an, sondern auf die Motivation. Betrachtet man die weit verbreitet noch vorhandene »Massenwarendarbietung« im Handel, kommen Bedenken auf, ob dieser Aspekt genügend gewürdigt wird. Ebenso sollte das Denken in Sonderangeboten, die ohnehin keine Geschäftsstättenbindung aufzubauen imstande sind, denn besonders Preis sensible Käufergruppen werden immer dort einkaufen, wo es gerade am billigsten ist, und kein Betrieb kann dauerhaft am billigsten sein, abgelöst werden durch das Denken in Nutzenversprechen.
- **Staying Alive.** Hierbei geht es um das Bemühen des Menschen, länger zu leben und vor allem gesund zu bleiben, daher wird verstärkt auf gesunde Ernährung, Sport etc. geachtet. Im Handel betrifft dies das Angebot von Gesundheitssortimenten, die geeignet sind, das körperliche Wohlbefinden zu steigern und der Gesundheitsvorsorge zu dienen oder auch der Abwehr von Gefahren, z. B. durch Schulungen zur Handhabung gefahrengeneigter Produkte.
- **Viligant Consumer.** Dies bezeichnet die unnachsichtige Reaktion der Kunden auf schlechte Qualität von Waren und Dienstleistungen. Bei den Waren haben die maßgeblichen Hersteller seit geraumer Zeit durch Total Quality Management darauf hingewirkt, Null-Fehler-Standards zu erstellen. Im Handel aber, wo der Anteil von Dienstleistungen dominant ist, die wiederum Personen abhängig sind, ist die Leistungsqualität noch dramatisch verbesserungsfähig. Zu denken ist vor allem an ein völlig kostenloses Qualitätsmerkmal, das leider noch viel zu selten genutzt ist, die Freundlichkeit der Kundenkontaktmitarbeiter.

3.2.9 Wahrnehmung

3.2.9.1 Inhalt

Die Wahrnehmung gehört zu den kognitiven Determinanten, die der gedanklichen Organisation des Käufers in seinem Umfeld dienen. Sie betreffen daneben noch das Lernen und das Gedächtnis.

Wahrnehmung umfasst den Prozess der Aufnahme und Selektion von Informationen sowie deren Organisation und Interpretation durch den Käufer. Dabei sind vier **Dimensionen** zu berücksichtigen:

- **Aktivität** meint in diesem Zusammenhang, dass Wahrnehmung ein vom Käufer initiativ ausgehender Prozess ist, der von Neuartigkeit, Intensität, Interesse etc. bestimmt wird.
- **Subjektivität** meint, dass gleiche Objekte individuell abweichend wahrgenommen werden können, so gibt es generalisierend wirkende Schlüsselreize (z. B. Kindchenschema, Erotik), aber auch nur spezifisch wirksame (z. B. den Hobbybereich betreffende).
- **Kontextualität** meint, dass gleiche Objekte in Abhängigkeit von ihrem objektiven Darstellungszusammenhang abweichend wahrgenommen werden. Es kommt zu gegenseitigen Beeinflussungseffekten.
- **Selektivität** meint, dass infolge der Wahrnehmungsbeschränkung einzelne Informationen herausgefiltert werden, sodass nur ein kleiner Ausschnitt aller Umweltinformationen durch die Rezeptoren der Sinnesorgane aufgenommen wird (wovon wiederum nur ein kleiner Ausschnitt verarbeitet wird, wovon wiederum nur ein kleiner Ausschnitt behalten wird, wovon wiederum nur ein kleiner Ausschnitt abgerufen wird, und nur darauf kommt es an).

Wahrnehmung bezieht sich auf alles, was dem Subjekt »entgegen steht«. Das Ergebnis sind Empfindungen und Vorstellungen über die Umwelt und die eigene Person. Wahrnehmung bezieht sich vor allem auf Stimulus, Form und Farbe. Bei der Stimuluswahrnehmung geht es um eine spontane, quantitative Reaktion, die ausgelöst wird. Bei der Transformation der objektiven Stimuli in subjektive Wahrnehmung treten Verzerrungen auf, die durch meist unbewusste Ergänzungen, Modifikationen oder Weglassungen entstehen. Ursachen sind Halluzination, Illusion oder optische Täuschung. So werden gebrochene Preise knapp unterhalb von Preisschwellen eher der niedrigeren Preisklasse zugeordnet, obwohl sie davon rein rechnerisch viel weiter entfernt sind als von der Preisschwelle selbst. Ursache ist dabei immer eine zweckmäßige Anpassung an die Umwelt im Laufe der Evolution. Bei der Formwahrnehmung geht es nicht nur um einzelne Stimuli, sondern um Reizmengen. Dabei spielen die Gestaltgesetze eine große Rolle, in allgemeinster Form die Prägnanz der Stimuli, d. h. wiedererkennbare, invariate und unverwechselbare Merkmale. Diese lassen sich durch mehrdimensionale Skalierung in Wahrnehmungsräumen positionieren, d. h. abgrenzen und hervorheben. Dabei wird eine attributive Wahrnehmung unterstellt, obgleich eine Umwelt bezogene Wahrnehmung durchaus eher wahrscheinlich ist. Bei der Farbwahrnehmung geht es um visuelle Stimuli. Farben erfüllen Zeichenfunktion (z. B. Rot bei Gefahr), Ordnungsfunktion (z. B. Funktionalität) und Beeinflussungsfunktion (z. B. Anmutung). Farben lösen Emotionen aus. Bedeutsam ist auch die soziale Wahrnehmung, d. h., die Wahrnehmung bzw. die Wahrnehmungswahrscheinlichkeit hängt vom sozialen Wert eines Objekts ab.

Wahrnehmung ist nur oberhalb einer **minimalen Reizschwelle** möglich. Reize darunter können nur noch unterschwellig wahrgenommen werden (man sagt subliminal) und führen zur unkontrollierten Steuerung des Individuums. Daher besteht über deren absichtliche Herbeiführung ein moralisches Unwerturteil. Eine **relative Reizschwelle** ist der Unterschied zwischen zwei Reizen, der gerade noch wahrgenommen werden kann.

Wahrnehmung als Informationsgewinn aus Umwelt- und Körperreizen setzt Aufnahmeorgane (Rezeptoren) voraus, ebenso Transportleitungen (Nerven) und Speicherkapazitäten (Gehirn). Es herrscht ein immenser Informationsüberfluss (Information Overload). Das subjektive Abbild der Marktrealität ist daher reduziert (selektiv) und gefärbt. Forschung hat ergeben, dass nur ein Bruchteil der Reize wahrgenommen wird, davon werden wiederum nur ein Bruchteil verarbeitet und gespeichert. Insofern kann möglichst viel Information, wie sie etwa im Rahmen der Verbraucherpolitik gefordert wird, nicht unbedingt zu einer Verbesserung der Entscheidungsqualität, sondern im Gegenteil zu einer Verringerung durch Überlast führen. Der erforderliche Informationsumfang ist abhängig von Art und Menge der bereits im Gedächtnis abgespeicherten Daten, vom wahrgenommenen Kaufrisiko, von der Komplexität der Entscheidung und dem Aufwand zur Informationsbeschaffung.

Die Orientierungsreaktion als Wahrnehmung ist angeboren. Sie löst bei neuartigen Stimuli außerhalb des Bewusstseins einen Mechanismus aus, der die Aufmerksamkeit reflexiv auf diese Reize in Abhängigkeit von deren Intensität, Größe, Farbigkeit oder Bewegung richtet (z. B. durch Kopfwenden). Dabei sind nicht die absoluten Werte ausschlaggebend, sondern deren Kontrast zum Umfeld. Die Wahrnehmung selbst erfolgt durch Sehen, Hören, Riechen, Schmecken und Tasten.

Auf Grund der Unvollkommenheit der menschlichen Sinnesorgane und der begrenzten Informationsverarbeitungskapazität kommt es zu Information Chunks. Dies ist eine Zusammenfassung einzelner Informationen zu Blöcken. Diese **Schlüsselinformationen** sorgen für den Transfer des gebündelten Eindrucks auf einzelne Objektmerkmale, von denen keine aussagefähigen Informationen vorliegen. Typische Information Chunks sind Markenname, Testergebnis, Produktpreis, Herkunftskennzeichnung etc. Dadurch wird eine extensive Informationssuche vermeidbar und eine entscheidende Kaufvereinfachung erreicht. An die Stelle einer umfassenden Verarbeitung aller relevanten Informationen tritt damit die Orientierung an wenigen, als zentral vermuteten Kriterien. Dazu wird eine verlässliche Beziehung zwischen diesen Schlüsselinformationen und der ganzheitlichen Objektbewertung unterstellt. Es handelt sich stets um komprimierte, die begrenzte Informationsverarbeitungskapazität wenig beanspruchende Informationseinheiten. Die Imagery-These vertritt dabei die Auffassung, dass Bilder früher wahrgenommen werden als Texte, mehr Aktivierung auslösen, größere Gedächtnisleistung bereitstellen und höhere Beeinflussungswirkung haben. Sie sorgen demnach für eine schnellere Kommunikation, haben mehr emotionale Kraft und eine überlegene Manipulationskraft.

Reaktanz beschreibt den Widerstand im Publikum gegen ein penetrantes Übermaß an manipulativer Bevormundung und ist eine auf die Wiederherstellung der eigenen Freiheit gerichtete motivationale Erregung. Je massiver ein Individuum sich bedrängt und damit in seinem Entscheidungsfreiraum eingeengt fühlt, in desto stärkerem Maße bildet sich bei ihm die Motivation heraus, sich der Einengung zu widersetzen und den gefährdeten/verlorenen Freiraum zu verteidigen/wiederzugewinnen. Voraussetzung ist dabei, dass die Kommunikationsempfänger den auf sie ausgeübten Druck wahrnehmen und der bedrohte Freiheitsspielraum ihnen subjektiv wichtig ist. Reaktanzen sind umso größer, als je stärker der wahrgenommene Beeinflussungsdruck auf Verhaltensweise/Meinung empfunden wird, je größer die Bedeutung der beschränkten oder von Beschränkung bedrohten Verhaltensweise/Meinung ist, je mehr die eigene von der kommunizierten Verhaltensweise/Meinung abweicht, je größer deren Anteil am gesamten Verhaltens-/Meinungsrepertoire ist und je mehr der Freiheitsspielraum eingeschränkt wird.

3.2.9.2 Effekte

Bei der Wahrnehmung treten zahlreiche verzerrende Effekte auf (Abb. 106). Der **Halo-Effekt** meint die Überstrahlung des gesamten Objekteindrucks auf die Beurteilung der einzelnen Eigenschaften dieses Objekts. Die Vorgehensweise ist also deduktiv. Einem Produkt, das ein erstklassiges Image hat, spricht man diese Überlegenheit auch für dessen einzelne Leistungsdimensionen zu, die man nicht kennt und auch nicht nachprüfen kann oder will.

Bei der **Irradiation** wird von einem Attribut, das man kennt oder beurteilen zu können glaubt, auf ein anderes geschlossen, das man nicht kennt. Zwei Eindrücke werden also als nicht unabhängig voneinander erlebt. Einem Produkt, das in einer Leistungsdimension hervorsticht, spricht man leicht eine Überlegenheit ebenso hinsichtlich anderer Kriterien zu. So wird:

- von der Farbe des Speiseeises auf dessen Geschmack,
- vom Geruch eines Reinigungsmittels auf dessen Reinigungskraft,
- von der Stärke der Rückholfeder des Gaspedals auf das Beschleunigungsvermögen eines Autos,
- von der Farbe einer Margarine auf deren Streichfähigkeit,
- von der Farbe der Innenlackierung eines Kühlschranks auf dessen Kühlleistung

geschlossen. Solche Eigenschaften nennt man auch Information Chunks.

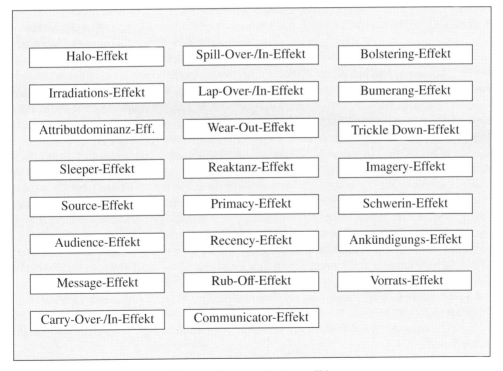

Abb. 106: Kommunikationseffekte

Mit der **Attributdominanz** wird ein Beurteilungsprogramm umschrieben, das von einer Eigenschaft auf das gesamte Angebot schließt. Dieser einzig relevante Eindruck dient als Schlüsselinformation und vereinfacht die Realitätsabbildung durch Prädispositionen, die sowohl im positiven wie im negativen Sinne remanent sind. Von einer Eigenschaft, die bekannt ist oder die man zu kennen glaubt, wird dabei also induktiv auf das Profil des Beurteilungsobjekts insgesamt geschlossen.

Beim **Sleeper-Effekt** lässt die Behinderung der Glaubwürdigkeit durch eine als nicht vertrauenswürdig geltende Informationsquelle im Zeitablauf nach, weil Personen nach einiger Zeit nicht mehr so genau wissen, ob die Information nun von einer glaubwürdigen oder nicht glaubwürdigen Quelle stammt. Der Botschaftsinhalt wird also länger erinnert als die Botschaftsquelle. Das erklärt das hartnäckige Verweilen böswilliger Gerüchte aus dubiosen Quellen, deren Herkunft nach einiger Zeit verschwimmt (z. B. Wirksamkeit unterschwelliger Werbung).

Der **Source-Effekt** beschreibt den Einfluss des Absenderimages auf den Botschaftsinhalt. Denn die Botschaft hat immer eine Konnotation zum Absender, sie ist spontan umso glaubwürdiger, je glaubwürdiger dieser eingeschätzt wird. Wird umgekehrt die Quelle gering glaubwürdig geschätzt, überträgt sich dies auch auf den Informationsinhalt. So verzeiht man es renommierten Absendern selbst, wenn sie fragwürdige Statements von sich geben (z. B. Franz Beckenbauer), umgekehrt finden selbst Wahrheiten aus zweifelhaften Quellen keine breite Resonanz (z. B. PDS).

Unter **Audience-Effekt** versteht man den Einfluss der Empfängereinstellung auf die Botschaftswirkung. Eine Botschaft, die mit der subjektiven Disposition des Empfängers übereinstimmt, fällt auf fruchtbaren Boden. Verunsichernde Botschaftsinhalte werden hingegen eher verdrängt. Menschen nehmen also wahr, was sie wahrnehmen wollen, nicht was wahr ist. Darauf bauten alle Wahlkämpfe der Kohl-Ära auf, Reformbedarf, der zweifelsfrei gegeben war, aber zu Verunsicherung der Bevölkerung geführt hätte, wurde einfach negiert. Statt dies zu hinterfragen, wurde die Botschaft vom Wahlvolk erleichtert und zustimmend aufgenommen.

Der **Message-Effekt** betrifft die Wirkung einer Botschaft allein, ohne dass dabei das Absenderimage oder die Empfängereinstellung eine Rolle spielen. Es handelt sich quasi um den neutralen Botschaftsinhalt, der so aber kaum vorkommt und im Marketing erst recht nicht gewünscht ist. Dies entspricht der Sachebene des Kommunikationsmodells unter Negierung der Beziehungsebenen, die aber untrennbar mit jeder Botschaft verbunden sind.

Beim **Carry-Over-/In-Effekt** handelt es sich um eine Beeinflussung zukünftiger Reaktionen durch aktuelle Erfahrungen bzw. aktueller Reaktionen durch vergangene Erfahrungen. Der Carry Over-Koeffizient gibt an, welcher Anteil der Reaktion auf diese zeitliche Verkettung zurückzuführen ist. Aktuelles Verhalten ist immer nur auf dem Hintergrund der Erfahrung zu interpretieren, vergangene Erfahrungen beeinflussen gegenwärtiges Verhalten, und gegenwärtige Erfahrungen werden zukünftiges Verhalten beeinflussen.

Beim **Spill-Over-/In-Effekt** handelt es sich um den sachlichen Übertrag zwischen verwandten Wahrnehmungsobjekten. So hängen Nachrichten zum Produkt mit der Einstellung zum Unternehmensabsender zusammen, sofern zwischen beiden kommunikative Gemeinsamkeiten bestehen. Die Tatsache etwa, dass ein Unternehmen ein Flaggschiff-Produkt herstellt (z. B. Mercedes S-Klasse) beeinflusst die Wahrnehmung auch anderer Produkte desselben Absenders (z. B. Mercedes A-Klasse), obgleich zwischen beiden tatsächlich nur sehr begrenzt Gemeinsamkeiten bestehen.

Beim **Lap-Over-/In-Effekt** handelt es sich um den räumlichen Übertrag zwischen benachbarten Verbreitungsgebieten. Informationen aus einem Gebiet werden mit denen, die man aus oder in einem anderen Gebiet erhalten hat, abgeglichen und führen zur Bestärkung (bei Übereinstimmung) oder Irritation (bei Diskrepanz). Dies gewinnt angesichts des Trends zur Internationalisierung rapide an Bedeutung, Botschaften aus einem Raummarkt können kaum mehr von anderen Raummärkten abgeschottet werden. Dies ist positiv, wenn es sich um erwünschte Übertragungen handelt, aber negativ, wenn es sich um unerwünschte handelt.

Der **Wear Out-Effekt** besagt, dass nach einer bestimmten Anzahl von Botschaftskontakten zusätzliche Frequenz nicht nur keine zusätzliche Wirkung mehr zeitigt, sondern im Gegenteil die Wirkung mindert, weil sie hypertrophiert ist. Es kommt zu Abnutzungserscheinungen infolge überhöhter Penetration. Problematisch ist dabei die Aussteuerung dieser Wear-Out-Grenze, da Personen durch vielfältige Faktoren unterschiedlich häufig in Kontakt zu einer Botschaft geraten. So kann weitere Penetration für einige Personen bereits kontraproduktiv wirken, während sie für andere noch hilft, die Durchdringung zu verbessern.

Bei den **Positionseffekten** besagt der Primacy-Effekt, dass sich in einer Botschaftsfolge die erste »Dosis« stärker durchsetzt, weil ihr noch am ehesten Aufmerksamkeit zuteil wird und die Zuhörer noch relativ unvoreingenommen sind. Dies gilt vor allem für eher kurze Botschaftsfolgen. Der Recency-Effekt hingegen besagt, dass sich in einer Botschaftsfolge die letzte »Dosis« stärker durchsetzt, weil sie besser im Gedächtnis haften bleibt als die anfänglich dargebotenen Aussagen. Dies gilt vor allem für eher lange Botschaftsfolgen.

Unter **Rub Off-Effekt** versteht man die Abhängigkeit der Kommunikation vom mit ihr verbundenen Medienumfeld. Kompetente Medien stützen die Kompetenz der unternehmerischen Botschaften, Impact starke Medien stützen den Impact dieser Botschaften. Insofern ist es nicht unerheblich, innerhalb welchen Umfelds man als Absender eine Botschaft platziert, denn dieses hat wesentlichen Einfluss auf die Glaubwürdigkeit der in Frage stehenden Botschaft.

Unter **Communicator-Effekt** versteht man die Abhängigkeit der Überzeugungswirkung vom Eindruck der individuellen Präsentation. Hier weiß man aus der Imagery-Forschung, dass Bilder Texten in vielfacher Hinsicht überlegen sind. Es kommt also darauf an, Botschaften möglichst wahrnehmungsfreundlich zu präsentieren, wobei die rechte Gehirnhälfte (bei Rechtshändern) generell eine höhere Fähigkeit hat, komplexe, holistische Informationen aufzunehmen, zu verarbeiten, abzuspeichern und zum gegebenen Anlass wieder abzurufen.

Der **Bolstering-Effekt** besagt, dass Informationen, die bestätigend wirken, bewusst gesucht werden, und solche, deren Inhalte abgelehnt werden, gerade diese Ablehnung gegen sie verstärken. Dadurch können Vorurteile erhalten werden, denn man wird nur noch bestätigende Inhalte gewahr und hält sie für unerschütterliche Wahrheit. Daran scheitern immer wieder gut gemeinte Versuche, pädagogisch auf Konsumenten einzuwirken (z. B. Warnaufdruck auf Zigaretten). Es wird immer der bequeme Weg eingeschlagen, auch wenn er zur Ausblendung gewisser Teile der Realität führt.

Der **Inertia-Effekt** besagt, dass die Glaubwürdigkeit von Informationen, die eigene Präferenzen untermauern, überschätzt wird bzw. umgekehrt, die Glaubwürdigkeit den eigenen Werten entgegengesetzter Informationen unterschätzt wird. Auch dies führt zu einer Bestärkung der eigenen Vorurteile. Die Realität wird dabei zwar nicht ausgeblendet, aber so zurechtgestutzt, dass sie der eigenen Disposition entspricht, z. B. indem Aussagen zur Gesamtheit bewusst an Ausnahmen festgemacht werden.

Beim **Bumerangeffekt** reagieren Empfänger in einer Weise, die den Absichten des Kommunikators zuwiderläuft. Ursache ist meist eine falsch eingesetzte Aktivierung. In der Werbung ist z. B. der Vampire-Effekt, bei dem ein starker Blickfang die eigentliche Botschaft überdeckt, zu erwähnen. Dies gilt etwa bei erotischen Reizen, die aufgrund eines kontinuierlichen Libidoüberschusses zu starker Aktivierung führen, die aber von der eigentlichen Botschaft ablenkt. Am Ende erinnert sich daher jeder an den Attrappenreiz, aber kaum einer mehr an die damit dramatisierte Aussage.

Der **Trickle Down-Effekt** besagt, dass die soziale Ausbreitung von Informationen von den höheren sozialen Schichten auf die niederen erfolgt, eine Hypothese, die angesichts einer zunehmend von Lebensstilen geprägten Gesellschaft ausgesprochen fragwürdig ist. Vielmehr ist von aktiven »Kernen« in verschiedenen Sozialen Schichten auszugehen. Die Ausbreitung erfolgt dann innerhalb dieser Schichten vom »Kern« nach außen, wobei dies allerdings von Schicht zu Schicht unterschiedlich rasch erfolgen kann.

Bei den **Ankündigungs- und Vorrats-Effekten** besagt Ersterer, dass die Nachfrage auf die Ankündigung neuer Produkte mit Kaufzurückhaltung bei den bestehenden reagiert, Letzterer besagt, dass ein Nachfrageschub einsetzt, wenn sich die so aufgestaute Nachfrage dann bei der Präsentation entlädt. Daher ist ein Prä-Marketing, also die Vorvermarktung noch nicht marktpräsenter Produkte nur dann sinnvoll, wenn dadurch nicht bestehende eigene Produkte blockiert werden. In allen anderen Fällen ist eine möglichst lange Geheimhaltung bis zur Marktpräsenz anzustreben (z. B. »Erlkönige« in der Automobilbranche).

3.2.9.3 Gesetzmäßigkeiten

Hinsichtlich der Gesetzmäßigkeiten der Wahrnehmung bestehen zahlreiche Theorien. Bei der **Selektiven Wahrnehmung** geht das Individuum mit subjektiven Erwartungen an die Umwelt heran. Die Umwelt aber liefert objektive Informationen. Die Wahrnehmung ist nun ein Kompromiss aus beidem. Wahrgenommen wird die Schnittmenge aus subjektiven Erwartungen und den entsprechenden objektiven Informationen. Dafür gibt es mehrere Gründe, so gezielte Informationssuche bei extensiven Kaufentscheidungen, Bestätigung vorhandener Meinungen/Einstellungen, subjektive Beeinflussung der Reizinterpretation und Vermeidung irrelevanter Informationsaufnahme.

Nach der soziologischen **Feldtheorie** bestimmt die Relation zwischen Umfeld und Person die Wahrnehmung. Wird ein Diskriminanzintervall durch Reize unterschritten und liegen sie gleichzeitig über einer Minimumschwelle, werden diese als persönlich relevant identifiziert. Dies nutzen Segmentationsmodelle (latente/manifeste Marktnische). Kongruenz zwischen Werbeobjekt und Einstellung ist demnach die wichtigste Wahrnehmungsdeterminante.

Von ausschlaggebender Bedeutung ist dabei der Aufforderungsgradient (= Steigungswinkel) zwischen Werbesubjekt (= Zielperson) und Werbeobjekt (= Angebot). Der Aufforderungswert unterteilt sich in einen Grundaufforderungswert (gattungstypischer Grundnutzen), der die Entscheidung hinsichtlich der Produktgruppe bestimmt, und einen Zusatzaufforderungswert (spezifischer Zusatznutzen), der die Entscheidung für ein Angebot innerhalb der Produktgruppe bestimmt. Dieser Zusatzaufforderungswert kann positiv sein (bei Übereinstimmung mit dem Bedarf) oder negativ (bei Abweichung vom Bedarf). Eine Erhöhung des Aufforderungswerts und damit eine Verbesserung der Akquisitionschance kann durch drei Möglichkeiten erreicht werden:

– Präferenzumwertung bei Nachfragern, d. h. Veränderung der relativen Position der Nachfrager zum Angebot, das ansonsten unverändert bleibt,
– Veränderung beim Angebot, d. h. der wahrgenommenen Position am Markt, also eine Veränderung der relativen Position des Angebots zur Nachfrage, die ansonsten unverändert bleibt,

- Erhöhung der Zusatzaufforderung (evtl. auch Grundaufforderung), d. h. Angebotsveränderung.

Alle Maßnahmen können jeweils isoliert oder auch kombiniert eingesetzt werden. Dies bezieht sich nur auf die Betrachtung zwischen einer Nachfragergruppe und einer Angebotsgruppe, ebenso sind Betrachtungen zwischen mehreren Nachfragergruppen und einer Angebotsgruppe (Marktsegmentierung) bzw. einer Nachfragergruppe und mehreren Angebotsgruppen (Lamellierung/Positionierung) bzw. mehreren Nachfragergruppen und mehreren Angebotsgruppen möglich. Dann handelt es sich um wettbewerbsbezogene Handlungen, die im Rahmen der Konzeptdefinitionen (s. u.) von Bedeutung sind.

Nach der **Elementenpsychologie** setzt sich die Wahrnehmung aus einzelnen Elementen zusammen. Die einzigen Einflussfaktoren auf die Wahrnehmung sind daher die Reize der äußeren, physikalischen Umwelt. Jedes Element wird getrennt wahrgenommen. Die Wahrnehmung bildet sich aus der Summe aller Empfindungen, die sich aus kleinsten wahrnehmbaren Elementen gleich einem Mosaik zusammensetzt und maximal gleich der Summe ihrer Teile ist. Die Empfindungsstärke wächst dabei berechenbar unterproportional mit der Reizstärke. Zum Beispiel verdoppelt sich danach die Wahrnehmung einer Anzeige mit der Vervierfachung ihres Formats. Die einzelnen Elemente sind getrennt optimierbar. Folglich sollen Anzeigen groß, bunt, laut, also reklamig, sein. Tatsächlich aber hängt die Wahrnehmungswirkung nicht nur von den Elementen selbst, sondern auch von deren innerer und äußeren Qualität ab (z. B. Anzeigenlayout, Insertionsumfeld). Folglich kommt es zu widersprüchlichen Ergebnissen. Die Prüfung erfolgt durch Experiment. Dieser Zusammenhang ist als Weber-Fechner'sches Gesetz bekannt und stammt aus der Psychophysik. In Versuchssituationen mag das annähernd hinreichen, in realen Situationen wirken aber zahlreiche Einflussfaktoren auf die Wahrnehmung ein, so Erfahrungen, andere Wahrnehmungen, situative Faktoren etc. Die AIDA-Formel (Lewis) basiert auf solche elementpsychologischen Annahmen (A = to capture attention, I = to maintain interest, D = to create desire, A = to get action, später ergänzt um C = to gain conviction zur AIDCA-Formel).

Nach der **Gestaltpsychologie** (Berliner Schule) ist das Ganze hingegen mehr als die Summe seiner Teile. Ihm kommen Eigenschaften zu, die seinen Teilen abgehen (der Beweis dafür wird oft durch optische Täuschungen angetreten). Man kann also nicht einfach Einzelwahrnehmungen zu einer Gesamtwahrnehmung aufaddieren. Vielmehr handelt es sich bei Wahrnehmungen um eigenständig strukturierte Gestalten, die mehr sind als die Summe der Empfindungen. Alle Teile wirken dabei als Einheit. Zwischen Reizen und Empfindungen besteht demnach keine eindeutige und konstante Beziehung, da jede Wahrnehmung durch den Gesamtzusammenhang bedingt ist. Wahrnehmungsgegebenheiten unterliegen der Tendenz zur Organisation in Gestalten. Bei kurzfristiger Darbietung und im Gedächtnis tendieren unvollkommene, schlechte Gestalten zu guten, meist einfachen und symmetrischen Gestalten, die als bedeutungsvoll erlebt werden. Bereits Veränderungen eines Teils einer Einheit führen somit zur Veränderung der Wahrnehmung des Ganzen.

Die Wahrnehmung wird verbessert, wenn die Gestalten bestimmten Gesetzmäßigkeiten folgen. Dazu gehört die:

- **Figur-Grund-Differenzierung**, d. h., der Vordergrund eines Motivs sollte sich deutlich von dessen undifferenzierten Hintergrund abheben,
- **Prägnanz**, d. h., Elemente werden vorzugsweise als einfache Muster und Konfigurationen als stabile Strukturen wahrgenommen,

- **Kontinuität**, d. h., Elemente, die ein »gemeinsames Schicksal« teilen, werden als zusammengehörig angenommen,
- **Geschlossenheit**, d. h., fehlende Elemente werden nach Wahrnehmungserfahrung vom Betrachter ergänzt, sodass für ihn bekannte Gestalten erkennbar sind,
- **Nähe**, d. h., räumlich näher beieinander liegende Elemente werden eher als zusammengehörig erkannt als räumlich weiter auseinander liegende Elemente,
- **Richtung**, d. h., Formen mit fortlaufenden Konturen wirken harmonischer und werden zu Gestalten gebildet besser wahrgenommen.

Je kontrastierter, geschlossener, regelmäßiger etc. eine Gestalt ist, desto besser wird sie wahrgenommen. »Schlechte« Gestalten werden langsamer gelernt und schneller vergessen als »gute«. Die Prüfung der Gestaltfestigkeit erfolgt durch Deformationsverfahren. Die Ergebnisse sind jedoch unbefriedigend, da die Veränderung eines Teils ja zur Veränderung des Ganzen führt, also unendlich viele Messungen erforderlich sind, um zu schlüssigen Ergebnissen zu kommen, was unrealistisch ist.

Nach der **Ganzheitspsychologie** (Leipziger Schule) sprechen Signale immer zunächst die Gefühlsebene an. Gefühle wirken auf alle psychischen Vorgänge. Die Wahrnehmung entsteht aus ersten, gefühlsmäßig gefärbten Anmutungen erst allmählich aus »Vorgestalten«. Man nennt diesen Prozess Aktualgenese. Für die Wahrnehmung sind nun der Kontext aus spontaner Anmutung und subjektiven Gegebenheiten ausschlaggebend. Spontane Anziehung oder Ablehnung hat darin ihre Ursachen. Die Messung der Anmutungsqualität und damit des Wahrnehmungserfolgs erfolgt durch aktualgenetische Verfahren der Wahrnehmungserschwerung.

Nach der **Assoziationspsychologie** entsteht Wahrnehmung aus Assoziationen. Diese entstehen wiederum durch zeitliches und räumliches Zusammentreffen von Reizen. Der Lernerfolg wird dann durch Zahl und Intensität dieser Reize bestimmt.

Nach der **Motivationspsychologie** besteht eine Abhängigkeit zwischen dem Empfinden bei der Wahrnehmung und dem Grad des Behaltens des Wahrgenommenen. Die Schwerin-Kurve besagt dabei, dass besonders positiv und besonders negativ Empfundenes besser behalten wird als Indifferentes. Außerdem wird negativ Besetztes (z. B. Angst) schlechter erinnert als positiv Besetztes.

Nach der **Sozialpsychologie** ist Wahrnehmung gruppengesteuert. Wahrgenommen wird, was der sozialen Situation entspricht. Als Beeinflusser treten dabei Meinungsbildner auf. Außerdem ist bekannt, dass verschiedene Menschen bei den gleichen Objekten Unterschiedliches wahrnehmen. Weil nicht die Realität die Realität im Markt ist, sondern die Vorstellungen des Publikums darüber, die abhängig sind von deren Erwartungen, Einstellungen, Bedürfnissen etc.

Theorien der Wiedererkennung beschäftigen sich mit den Voraussetzungen für die schnelle und gute Identifizierung gelernter Inhalte. Nach der **Schablonentheorie** werden gleiche Elemente wieder erkannt, d. h., die Wiedererkennung wird durch weitestgehende Übereinstimmung zwischen wahrgenommenen und gelernten Situationen begünstigt. Beispiele sind hochpenetrierte Stereotype (Clementine/Ariel, Frau Sommer/Jacobs Kaffee, Herr Kaiser/Hamburg-Mannheimer), da Lernen durch Rückbezug auf Bekanntes erfolgt.

Nach der **Attributtheorie** werden demgegenüber bereits charakteristische Elemente wiedererkannt, d. h. Wiedererkennung wird durch weitgehende Redundanz von Schlüsselreizen nach Form und Inhalt begünstigt. Lernen erfolgt demnach auch schon durch Rückbezug auf Ähnliches und vermeidet damit schnelle Wear-Out-Effekte.

Wahrnehmung spielt vor allem bei der Kommunikation eine bedeutende Rolle. So erfolgt die Wahrnehmung dort selektiv über verschiedene Stufen des Gedächtnisses und nur Informationen, die alle Hürden überstehen, haben einigermaßen Bestand. Es sind solche Reize zu bevorzugen, die von sich aus Aufmerksamkeit bringen, weil sie assoziativ wirken. Es können nur schwer gleichzeitig unterschiedliche Informationen erfasst werden. Raum- und zeitgleiche Reize treten in Konkurrenz zueinander und beeinträchtigen sich gegenseitig, daher ist es besser, sich auf einen Reiz zu konzentrieren. Die Wirkung ist dabei größer, wenn auf verschiedene Sinnesorgane identische Informationen eingehen (Integrierte Kommunikation). Je leichter Elemente verarbeitbar sind, desto eher werden sie wahrgenommen. Assoziationen erleichtern die Verarbeitung von Informationen, daher sollte man Eselsbrücken anbieten (z. B. Alliteration wie Mars macht mobil ..., bildhafte Namen wie Zewa wisch&weg). Die Relevanz von Botschaften und ihre Glaubwürdigkeit sind zentral für die Gedächtnisverankerung.

3.2.9.4 Informationsverarbeitungsmodelle

In der Wahrnehmungsforschung sind unterschiedliche Informationsverarbeitungsmodelle entwickelt worden. Als kurzer Überblick dazu folgende Angaben:

- Das **Elaboration Likelihood Model** (Petty/Cacioppo) geht von zwei Routen der Wahrnehmung aus, einer zentralen Informationsverarbeitung bei hohem Involvement sowie einer periferen Informationsverarbeitung bei niedrigem Involvement. Bei zentraler Informationsverarbeitung erfolgt eine intensive kognitive Verarbeitung von Produkt relevanten Informationen, die Einstellungen sind relativ dauerhaft und mit hoher Verhaltensrelevanz versehen. Bei periferer Informationsverarbeitung erfolgt eine Verarbeitung mit niedrigem kognitiven Aufwand, Einstellungen sind temporär und von geringer Verhaltensrelevanz.
- Das **Heuristic Systematic Model** (Chalken) unterscheidet systematische und heuristische Prozesse der Informationsverarbeitung. Systematische Prozesse erfolgen bei hohem kognitiven Aufwand, heuristische Prozesse bei niedrigem kognitiven Aufwand. Beide Prozesse können gleichzeitig ablaufen. Bei niedriger Motivation zu systematischen Verarbeitungsprozessen dominieren heuristische Beurteilungen die Einstellungsbildung, bei hoher Motivation (und Fähigkeit) sinkt der Einfluss von Einstellungen, die aufgrund von Heuristiken entstanden sind.
- Das **Brand Processing Model** (Mitchell) unterscheidet ein Brand Processing bei hohem Involvement sowie ein Brand Processing oder Non Brand Processing bei niedrigem Involvement. Bei Brand Processing mit hohem Involvement erfolgt eine intensive Verarbeitung markenrelevanter Werbeinformationen, bei Brand Processing mit niedrigem Involvement erfolgt eine Aktivierung schematarelevanten Wissens und Verständnisses der Werbebotschaft ohne kritische Analyse, bei Non Brand Processing eine geringe kognitive Auseinandersetzung mit den Werbeinformationen.
- Das **Audience Involvement in Advertising Model** (Greenwald/Leavitt) unterscheidet hierarchisch aufsteigend Preatention (auf niedrigster Verarbeitungsstufe), Focal Attention, Comprehension und Elaboration (auf höchster Verarbeitungsstufe) als unterschiedliche Stufen der Analyse eintreffender Stimuli und verwendeter kognitiver Kapazitäten. Verschiedene Stufen des Involvement sind mit qualitativ unterschiedlichen Formen kognitiver Aktivitäten verbunden, die ein unterschiedliches Maß an Verarbveitungskapazität verlangen sowie mit zunehmender Verarbeitungsintensität stärkere kognitive Wirkungen haben.

- Das **Attitude towards the Ad Model** (Lutz) unterscheidet vier verschiedene Prozesse der Informationsverarbeitung mit unterschiedlichen Auswirkungen auf die Einstellung zur Marke, beeinflusst von der Einstellung zum Werbemittel. Dabei handelt es sich um Pure Affect Transfer, Contextual Evaluation Transfer, Message-based Persuasion oder Dual Mode Persuasion, jeweils in Abhängigkeit von der Ausprägung der zwei Involvementarten mit abweichenden Auswirkungen affektiver und kognitiver Komponenten bei der Bildung der Einstellung zu einem Werbemittel.
- Das **Integrative Attitude Formation Model** (MacInis/Jaworski) unterscheidet sechs Ebenen der Informationsverarbeitung (Feature Analysis, Basic Categorization, Meaning Analysis, Information Integration, Role-taking, Constructive Processes). Bei unterschiedlichen Konstellationen von Motivation, Fähigkeit und Möglichkeit zur Informationsverarbeitung werden verschiedene Ebenen der Verarbeitung gewählt, die einen unterschiedlichen Einfluss auf kognitive und emotionale Reaktionen und den Prozess der Einstellungsbildung haben.

3.2.9.5 Bildkommunikation

Besonders ist die überlegene Wahrnehmung von Bildinformationen beachtenswert. Informationen werden in der Reihenfolge zuerst Bild, dann Text erworben. Daher spielen Bilder die Rolle von Interpretationshilfen für die nachfolgende Textinformation. Der bildliche Informationserwerb ist wesentlich schneller, 0,1 Sek. reichen bereits aus, um sich eine inhaltliche Vorstellung eines Bildes mit hoher Informationsdichte zu machen, nach 2 Sek. ist ein sicheres Wiedererkennen möglich. Bildlicher Informationserwerb läuft bei nur schwacher kognitiver Kontrolle ab. Die Glaubwürdigkeit bildlicher Inhalte ist daher größer als die gleicher textlicher Inhalte, zumal die bildliche Argumentation überwiegend nicht bewusst wird. Die Merkmalserfassung geschieht direkt, ohne begriffliche Codierung (die in der anderen Gehirnhälfte abläuft).

Bilder können also Informationen schneller, wirksamer und mit weniger kognitiver Kontrolle als Sprache vermitteln und fiktive Wirklichkeiten und Emotionen besser als Sprache erzeugen. Werbebilder werden von gering wie auch von stark involvierten Personen vor dem Text und länger als dieser betrachtet, das bedeutet, dass Bilder meist besser als Texte kommunizieren. Bilder werden im Gedächtnis in der rechten Hirnhälfte gleichzeitig und wenig bewusst verarbeitet, das bedeutet, dass Bildinformationen die kognitive Relevanzprüfung unterlaufen können. Sie werden nach einer räumlichen Grammatik verarbeitet und besser gespeichert als sprachliche Informationen.

Innere Gedächtnisbilder können durch äußere Reize unterschiedlicher Modalitäten (wie Melodien, Situationen, Geräusche, Gerüche etc.) sowie durch innere Suchvorgänge aktiviert und gefunden werden. Die schnelle Aufnahme und Verarbeitung von Bildinformationen werden durch einen schematischen Wahrnehmungsvorgang ermöglicht, der automatisch abläuft. Beim Betrachten eines Bildes greift man unbewusst auf gespeicherte und verfestigte typische Merkmale des relevanten Sachverhalts zurück (Schemata) und vergleicht diese mit dem aktuellen Bild.

Der Blick wird von den Bildelementen angezogen, die durch das Bildmotiv ein inhaltliches Ereignis oder durch ihre Gestaltung ein visuelles Ereignis schaffen. Konkrete Bilder mit mehr Details und emotionaler Tönung sind einprägsamer (Gedächtniswirkung) als einfache Zeichnungen. Bildmotive, die persönliche Betroffenheit auslösen und assoziationsreich sind, verstärken die Einprägsamkeit, ebenso wirken interaktive und dynamische Abbildungen. Bilder haben besondere Manipulationswirkungen, sie werden meist als wahr beurteilt, da Bilder real vor Augen sind und ihr Zustandekommen nicht oder wenig bewusst kognitiv kontrolliert wird.

Anforderungen an Bilder sind daher folgende. Sie sollen etwa:

> aktivieren, um sich gegen die Informationsüberlastung durchzusetzen, unterhalten, also eine Geschichte erzählen, Schlüsselbotschaften enthalten, die für das Verständnis zentral sind, Assoziationen hervorrufen, um die Wahrnehmungs- und Gedächtniswirkung zu steigern, Analogien erzeugen, um typische Botschaftseigenschaften zu vermitteln, in vorhandene Wahrnehmungsschemata passen, um leicht interpretierbar zu bleiben, sachliche Informationen in ein emotionales Umfeld verpacken, um Zielgruppen spezifisch zu wirken, und Impact stark und ganzheitlich sein, um nicht austauschbar oder mehrdeutig zu werden.

Andererseits gibt es auch genügend Beispiele für die Unvollkommenheit unserer Sinnesorgane bzw. Verzerrungen, die durch subjektive Erfahrungshintergründe, vor denen das jeweils Wahrgenommene bewertet wird, oder durch situative Umstände, die den Wahrnehmungsprozess steuern, zustande kommen. Wohl jeder kennt die Kippbilder, die mal eine alte Frau und mal ein junges Mädchen zeigen, oder den Vergleich zweier gleich langer Striche, einmal mit zulaufenden, ein andermal mit weglaufenden Pfeilen an den Enden. Dies beweist, dass das, was wir als Realität wahrnehmen, oftmals gar nicht die Realität ist, sondern auf schlichter Wahrnehmungsverzerrung durch Einschränkungen unserer Sinnesorgane beruht. Daraus folgt die Manipulierbarkeit des Menschen aufgrund von (vor allem Bild-)Wahrnehmungen (die sich z. B. neuerdings auch die Politik in Wahlkämpfen zunutze macht).

3.2.10 Kultur

3.2.10.1 Normen

Unter Kultur wird ein kollektives Wertesystem verstanden, das durch Normen Toleranzgrenzen für konformes Verhalten innerhalb der Gesellschaft festlegt. Es verkörpert ein System von Leitvorstellungen, das sich im Rahmen des menschlichen Zusammenlebens entwickelt hat und Vielen gemein ist. Es umfasst neben Vorstellungen und Verhaltensweisen auch materielle Güter und Geräte (z. B. Einrichtungsgegenstände). Kultur ist allgemein von Menschen geschaffen, also das Ergebnis des gesellschaftlichen Handelns und Denkens einzelner Menschen. Sie ist überindividuell und ein soziales Phänomen, das den Einzelnen überdauert. Sie wird erlernt und durch Symbole übermittelt. Sie wirkt durch Normen (Regeln und Anweisungen) verhaltenssteuernd. Sie strebt nach innerer Konsistenz und Integration, ist tradiert, wandlungsfähig und vielschichtig.

Normen sind kulturelle Auffassungen darüber, wie das Verhalten der einzelnen Gesellschaftsmitglieder in einzelnen Situationen sein sollte. Sie sind durch soziale Kontrolle sanktionierte Verhaltensregeln. Damit sind Rechte und Pflichten verbunden. Bei diesen Normen handelt es sich um Muss-, Soll- oder Kannnormen:

- **Mussnormen** sind durch Ge- und Verbote gestützt (z. B. Kfz-Haftpflichtversicherung für Autohalter). Sie müssen eingehalten werden, will man sich nicht außerhalb der Gesellschaft (oder gar außerhalb des Rechts) stellen.
- **Sollnormen** betreffen gesellschaftlich erwünschtes Verhalten, stellen also Konformität her. Ihre Einhaltung ist erwünscht, ihre Nichteinhaltung wird auf informeller Ebene sanktioniert, ist jedoch nicht Gegenstand von Ge- und Verboten.

- **Kannnormen** vergrößern den individuellen Gestaltungsspielraum durch Alternativen. Sie geben dem Individuum die Chance unter mehreren, jeweils sozial akzeptierten Verhaltensweisen diejenige zu wählen, die ihm am ehesten entspricht.

Normen werden von der Gesellschaft »gemacht«, damit unterscheiden sie sich von Werten, die durch den eigenen Willen determiniert sind. Zu unterscheiden sind sie weiterhin von Tabus, die Verhaltensweisen darstellen, die von der Gesellschaft als ekelhaft, widerlich, schrecklich, obszön, empörend etc. erachtet werden, von Bräuchen, die aus alltäglicher Interaktion abgeleitetes Gewohnheitsverhalten sind und allgemeiner Übung entsprechen, von Sitten, welche die Gesellschaft so hoch einstuft, dass ihre Einhaltung als wichtig empfunden wird und Nichtbeachtung zu Missbilligung, Ermahnung, Ächtung, Boykott etc. führen, sowie von Rechten, die bewusst zu bestimmten Zwecken gemacht sind und rationale Inhalte betreffen, die durch hoheitliche Organe durchgesetzt werden. Rechte sind zwar mit Strafen bewehrt, führen aber nicht unbedingt zur Ächten, z. B. Kavaliersdelikt. Sie sind legalisierte Normen, meist durch Negativabgrenzung.

Normen unterliegen auch dem gesellschaftlichen Wandel. Dieser führt je nachdem zu Ritualisierung (Verfestigung), Rückzug (Flucht), Neuerung (Evolution) oder Rebellion (Auflehnung). Zur Konfliktvermeidung werden Nachahmung und Konformität betrieben. Profilierung ist allenfalls als normierte Abweichung toleriert. Die Einhaltung von Normen wird durch Sanktionen gewährleistet. Sanktionen schaffen damit eine in weiten Maßen berechenbare Umwelt. Dabei handelt es sich um **Sanktionen** durch:

- Bestrafung bzw. Entzug von Belohnung bei Normenverstoß.
- Belohnung bzw. Vermeidung von Bestrafung bei Normeneinhaltung.

Im Einzelnen betrifft dies die Vergabe oder Vorenthaltung von Gratifikationen, in Unternehmen etwa Handlungsfreiraum, in Familien etwa finanzielle Zuwendungen, und den Vollzug oder Vorenthalt von Deprivationen, in Unternehmen etwa Handlungseinschränkung, in Familien etwa Finanzmittelentzug.

3.2.10.2 Subkultur

Die Kultur ist aber kein homogenes Gebilde, vielmehr formen sich Subkulturen als in sich relativ geschlossene Gruppen der Gesellschaft, die sich z. B. nach ethnischen Gesichtspunkten, wie Rasse, Religion, Nationalität etc., nach altersmäßigen Gesichtspunkten, wie Kinder, Jugendliche, Senioren etc., oder nach räumlichen Gesichtspunkten, wie Stadt, Vorort, Land etc., abtrennen. Sie gliedern die Gesellschaft horizontal und werden von spezifischen, von der allgemeinen Wertestruktur teilweise abweichenden Normen geeint. So wie Kultur allgemein ein intergesellschaftlicher Begriff ist, so ist Subkultur ein intragesellschaftlicher. Er ist geprägt durch die Identität der Mitglieder, die Gleichartigkeit ihrer Interessen und die Andersartigkeit von den Interessen Anderer. Die Stärke des Einflusses hängt ab von der Besonderheit der Subkultur, d. h. ihrer jeweiligen Identität, ihrer Homogenität, d. h. der Gleichartigkeit der Situation der Mitglieder, und ihrer Abgeschlossenheit, d. h. der Trennung von anderen Gruppen der Gesellschaft. Kultur und Subkultur interagieren im Zeitablauf, d. h., es kommt zu einer Assimilation subkulturellen Verhaltens (z. B. Gebrauch von Haschisch) in die (allgemeine) Kultur und zur Neuentstehung von Subkulturen (z. B. Designerdrogen). Diese Änderungen dürfen allerdings weder zu schnell erfolgen, dann kommt es zur Anarchie, noch zu langsam, dann kommt es zur Erstarrung in der Gesellschaft.

Subkulturen sind durch eine mentale Programmierung gekennzeichnet. Diese umfasst spezifische Elemente als das ethisch Richtige und das von der Mehrheit der Subkultur Gewünschte in Bezug auf:

- **Symbole**, d. h. Worte, Fachsprache, Gesten, Bilder, Objekte mit bestimmter Bedeutung, die nur von denjenigen als solche sicher erkannt und verstanden werden, die der gleichen Subkultur angehören, dazu gehören bei In-Jugendlichen etwa Kleidung und Haartracht, die von anderen Out Group nachgeahmt werden.
- **Helden**, d. h. Personen, tot oder lebendig, echt oder fiktiv, die Eigenschaften besitzen, die in einer Kultur hoch angesehen werden und als Verhaltensvorbilder dienen, dabei ist gelegentlich das äußere Erscheinungsbild bestimmend, etwa wenn es um Sexsymbole oder Popstars geht.
- **Rituale**, d. h. kollektive Tätigkeiten, die für die Zielerreichung eigentlich überflüssig sind, innerhalb der Subkultur aber als um ihrer selbst willen sozial notwendig gelten, dazu gehören Grüßen, Ehrerbietung, Zeremonien etc., besonders ausgeprägt etwa in Sekten.
- **Werte**, d. h. die allgemeine Neigung, bestimmte wünschenswerte Umstände anderen vorzuziehen, sie sind diskutabel, nicht immer wahrnehmbar und haben eine wichtige Orientierungsfunktion, etwa wenn es um professionelle Subkulturen bei Angehörigen von Unternehmensorganisationen geht.

3.2.10.3 Soziale Schicht

Die Soziale Schicht führt zu einer vertikalen Gliederung der Gesellschaft, mit einer großen Zahl von Individuen oder Haushalten, die den gleichen Status aufweisen und durch die Gleichartigkeit ihrer Lebensumstände charakterisiert sind. Sie ist zu unterscheiden von der sozialen Kategorie, die eine Personenmehrheit ist, die nur Gemeinsamkeiten aufweist, von einem sozialen Aggregat, das eine Personenmehrheit ist, die raum-zeitlich zusammengehört, und von einer sozialen Gruppe, die eine Personenmehrheit ist, die Beziehungen zueinander hat. Verwandtschaft besteht zur sozialen Klasse, die durch Indikatoren innerhalb der Sozialpyramide bestimmt ist.

Eine soziale Schicht ist ein Personenkollektiv, das mit gleichen oder ähnlichen Statusmerkmalen (wie Abstammung, Vermögen, Beruf etc.) ausgestattet ist. Dabei kommt es meist zu subtilen Einstufungen wie Oberschicht (Großfinanz, Adel), obere Mittelschicht (Manager, Wissenschaftler, Freiberufler), mittlere Mittelschicht (Angestellte, Meister, Facharbeiter, Händler), untere Mittelschicht (einfache Beamte, Bauern), obere Unterschicht (Handwerker, Kleingewerbetreibende, Arbeiter), untere Unterschicht (Hilfsarbeiter) und sozial Verachtete (Asoziale). Davon zu unterscheiden sind eindimensionale Einteilungen wie Kasten, die nur von der Familienzugehörigkeit abhängen, strikte Aufstiegsbeschränkungen haben und das Gebot der Endogamie tragen, sowie Stände, die nur von der Berufstätigkeit abhängen und privilegiert sind, und Klassen, die nur vom materiellen Besitz (wirtschaftliche Situation) ausgehen. Soziale Schichten unterscheiden sich demgegenüber mehrdimensional und werden von Menschen gebildet, die sich durch umfangreiche Gleichförmigkeiten etwa in Kenntnissen und Fähigkeiten, Einstellungen und Werten, Sprache und Mediennutzung, Kauf- und Verbrauchsverhalten, Lebens- und Konsumstil auszeichnen.

Die Soziale Schicht ist also homogen hinsichtlich vielfältiger, konsumrelevanter Kriterien. Diese werden etwa durch Punktbewertung operationalisiert und auf einem Punktekontinuum abgetragen, in das dann Schichtenschnitte gelegt werden können. Die Einordnung möglichst vieler Menschen in das vertikale Schichtengefüge erfolgt also durch diese operationalen Merkmale. Sie zeigen vorwiegend den eigen erworbenen sozialen Status (im Gegensatz zum ererbten) an. Die Anzahl der Sozialen Schichten ist von der Gesellschaftsstruktur abhängig. Beispiele sind die Zwei Klassen-Gesellschaft im Schichtmodell von Marx, wobei das Eigentum an Produktionsmitteln das einzige Unterscheidungskriterium ist, oder die Ständegesellschaft des Mittelalters mit Adel, Geistlichkeit, Bürgertum und Bauern. Eine moderne Form der Schichteneinteilung in der Gesellschaft ist folgende:

Obere Oberschicht (unter 1 % der Bevölkerung), gebildet aus Großunternehmern, Hochadel, Spitzenfinanz und gekennzeichnet durch Machtgefühl, elitäres Selbstbewusstsein, Individualismus und Konservatismus. Die soziale Elite verfügt häufig über ererbten Wohlstand und berühmte Familiennamen. Diese Personen spenden große Summen für wohltätige Zwecke, veranstalten Debütantinnenbälle, haben mehr als einen Wohnsitz und schicken ihre Kinder auf die besten Schulen. Sie kaufen Schmuck, Antiquitäten, Immobilien und Ferienreisen. Auftreten und Kleidung dieser Personen sind oft zurückhaltend, weil sie nicht an protziger Zurschaustellung interessiert sind. Trotz der begrenzten Gruppengröße fungiert diese Schicht als Bezugsgruppe für darunter liegende Schichten. Ihre Kaufentscheidungen »sickern nach unten durch« und werden imitiert. Überwiegend ist großer Haus- bzw. Eigentumswohnungsbesitz gegeben, sehr häufig mit Garten. Es besteht eine überdurchschnittliche Neigung zu hochpreisigen Produkten. Überwiegend handelt es sich um kinderlose Paare, die sehr reisefreudig sind, besonders Fernreisen, und sich sehr aktiv in Politik und Gesellschaft engagieren. Überdurchschnittlich gute Ausstattung mit Freizeit-Equipment ist vorhanden.

Untere Oberschicht (ca. 2 % der Bevölkerung), gebildet aus leitenden Angestellten, Ärzten, Professoren und gekennzeichnet durch starke Berufs- und Fachorientierung, Erfolgsstreben, Optimismus, Weltverbesserungsziel und Dynamik. Zu dieser Schicht zählen Personen, die durch ihre außerordentlichen Leistungen in Beruf und Wirtschaft zu hohem Einkommen und Wohlstand gekommen und meist aus der Mittelschicht aufgestiegen sind. Sie neigen zu ausgeprägtem gesellschaftlichen und staatsbürgerlichen Engagement und streben nach Statussymbolen für sich und ihre Sprösslinge, z. B. teure Häuser, Yachten, Swimming-Pools, Luxuswagen, bestmögliche Ausbildung. Dazu gehören auch die Neureichen, die mit ihrem auffälligen Konsumverhalten die sozial niedriger Stehenden zu beeindrucken suchen. Diese Personen streben danach, in die obere Oberschicht aufgenommen zu werden, doch diesen Status erreichen meist erst ihre Kinder. Eigenheim und Wohnung in (eigenen) Zwei- bis Vierfamilienhäusern sind vorhanden. Es besteht eine deutliche Tendenz zu hochpreisigen Produkten, auch zu Familienartikeln. Überwiegend handelt es sich um Ehepaare mit Kindern, die als Kulturkonsumenten gelten und überdurchschnittlich viele Vereinsmitgliedschaften aufweisen.

Obere Mittelschicht (ca. 12 % der Bevölkerung), gebildet aus höheren Angestellten, Ingenieuren, mittelständischen Geschäftsinhabern und gekennzeichnet durch bürgerliche Einstellung, Bindung an Institution und Ordnung, Betonung der Strebsamkeit, Pünktlichkeit und Zuverlässigkeit. Diese Personen besitzen weder statusträchtige Familiennamen noch außergewöhnlichen Reichtum. Ihr Hauptanliegen ist es, Karriere zu machen, und sie sind als Selbstständige, Unternehmer oder Manager in hohe Positionen aufgerückt. Sie legen großen Wert auf gute Ausbildung und wollen, dass ihre Kinder auf eine erfolgreiche berufliche Karriere vorbereitet werden, damit sie nicht in eine tieferliegende soziale Schicht abrutschen. Sie beschäftigen sich viel mit Ideen und Kultur und sie sind bereit, bei vielen Dingen mitzumachen und sich staatsbürgerlich zu engagieren. Sie zählen zur Klientel für hochwertige Wohnungen, Bekleidung, Möbel und technische Gebrauchsgüter. Ihr Ehrgeiz ist ein kultiviertes Zuhause, in dem sie persönliche und geschäftliche Freunde entsprechend bewirten können. Dazu werden Eigentums- oder gehobene Mietwohnungen in attraktiver Lage genutzt. Die Einstellung ist Prestige orientiert (ausgeprägtes Markeninteresse, aber auch Einkauf bei Discountern). Es handelt sich überwiegend um kinderlose Paare oder Singles, die urlaubsfreudig und kulturell interessiert sind.

Untere Mittelschicht (ca. 31 % der Bevölkerung), gebildet aus mittleren Angestellten, Meistern, kleinständischen Händlern und gekennzeichnet durch Mittelstandsbewusstsein, Abgrenzung gegenüber der Arbeiterschaft, Gefühl der Schwäche und Bedrohung, Identifikation mit Betrieb und Technik. Diese Personen verfügen über ein durchschnittliches Einkommen und bemühen sich, »immer alles richtig zu machen«. Sie kaufen oft Dinge, die gerade populär sind, um »mit der Zeit zu gehen«. Viele fahren ausländische Automarken, die Mehrzahl interessiert sich für modische Kleidungstrends, wobei Prestige trächtige Marken bevorzugt werden. Unter besseren Lebensumständen versteht diese Gruppe ein hübsches Zuhause in netter Umgebung in einem besseren Stadtviertel, wo es »gute« Schulen gibt. Mit Überzeugung wird in lohnenswerte Erfahrungen für die Kinder investiert, die einmal die Hochschule besuchen sollen. Sie wohnen in Einfamilienhäusern in gewachsenen Wohnvierteln. Der Konsum erfolgt qualitätsorientiert, aber preisbewusst. Es handelt sich überwiegend um Ehepaare mit Kindern, u. a. sind ein überdurchschnittlicher Haustierbesitz, ein starkes Interesse an Heimwerkern und rege Vereinstätigkeit gegeben.

Obere Unterschicht (ca. 38 % der Bevölkerung), gebildet aus unteren Angestellten, Gesellen, Facharbeitern und gekennzeichnet durch ein unklares Gesellschaftsbild, Bindung an Objekte des Berufs, Selbstbild des einfachen Menschen, Identifikation mit der Industrie und den Glauben an die Zukunft. Diese Personen sind stark auf wirtschaftliche und emotionale Unterstützung angewiesen. Der Urlaub wird nicht selten Zuhause verbracht und unter »wegfahren« verstehen sie einen Abstecher an einen Erholungsort, der nicht weiter als zwei Fahrstunden entfernt liegt. Zwischen den Geschlechtern besteht eine klare Rollentrennung mit stereotypen Rollenbildern. Beim Autokauf werden normale bis große Modelle bevorzugt, Kleinwagen inländischer und ausländischer Produktion hingegen eher abgelehnt. Bewohnt werden ältere Reihenhäuser bzw. Mietwohnungen in größeren Häusern. Der Konsum erfolgt sehr preisbewusst. Es handelt sich überwiegend um Ehepaare mit Kindern, die reisefreudig, vorwiegend innerhalb Europas, sind.

Untere Unterschicht (ca. 9 % der Bevölkerung), gebildet aus Hilfsarbeitern, Tagelöhnern, Gelegenheitsarbeitern und gekennzeichnet durch rauhe Männlichkeit, Bindung an Kameraden, Ansehung der Arbeiterschaft als das Fundament des Staates. Der Lebensstandard dieser Personen liegt nur knapp über der Armutsgrenze. Sie verrichten schlecht bezahlte Tätigkeiten, versuchen aber, auf der sozialen Leiter nach oben zu klettern. Ihre Schulbildung ist häufig unzureichend. Zwar leben diese Personen finanziell betrachtet in einer sehr angespannten Situation, doch gelingt es ihnen immer noch, Selbstdisziplin und Sauberkeit auszustrahlen. Sie wohnen in Mietwohnungen innerhalb von Wohnblocks. Es besteht eine Neigung zum Konsum preiswerter Handelsmarken. Meist sind Ehepaare mit höchstens zwei Kindern gegeben, die Freizeitbeschäftigung ist eher anspruchslos, z. B. als Schrebergärtner.

Bodensatz (ca. 7 % der Bevölkerung), gebildet aus Langzeitarbeitslosen, Nichtsesshaften und gekennzeichnet durch das Selbstbild des armen Schluckers, soziale Isolation und Aggressivität. Diese Personen sind überwiegend auf Sozialhilfe angewiesen und leben auch äußerlich erkennbar in Armut. Sie sind selten daran interessiert, Arbeit zu finden und permanent abhängig von finanziellen Hilfen des Staates und von Wohlfahrtsorganisationen. Ihre Wohnungen, Kleidungsstücke und Habseligkeiten sind schmutzig, zerlumpt und kaputt. Sie bewohnen Mietwohnungen innerhalb von Wohnblocks. Es besteht eine deutliche Konsumneigung zu billigen Gattungswaren. Es handelt sich überwiegend um Singles oder kinderlose Paare ohne Perspektive. In der Freizeit sind Kneipenbesuche und Sport wichtig.

3.2.10.4 Demografische Abgrenzung

Die heute wohl gebräuchlichste Form der Definition der Zielpersonengruppe ist die demografische. Ihr liegen durch deskriptive Statistik feststellbare Daten zugrunde. Dabei handelt es sich im Einzelnen um (Abb. 107):

- **Region/Gebiet** (Nielsen-Gebiet, Bundesland, Postleitzahlgebiet),
- **Ortsgröße** (5.000 – 20.000, 20.001 – 50.000, 50.001 – 100.000, 100.001 – 200.000, 200.001 –500.000, 500.001 – 1.000.000, über 1.000.000 Einwohner),
- **Bevölkerungsdichte** (Großstadt, Nielsen-Ballungsraum, kreisfreie Stadt, Landkreis),
- **Alter** (unter 6 Jahre, 6 – unter 14 Jahre, 14 – 19 Jahre, 20 – 24 Jahre, 25 –…, … über 70 Jahre,
- **Geschlecht** (männlich/weiblich),
- **Familiengröße** (1, 2, 3, 4, 5, mehr als 5 Personen im Haushalt lebend),
- **Familienstand** (ledig, verheiratet, geschieden, verwitwet, zusammen/getrennt lebend),
- **Einkommen** (Haushaltsnetto-, persönliches, verfügbares, frei verfügbares, Pro-Kopf-Einkommen),
- **Berufsgruppe** (einfache Arbeiter, Facharbeiter, Landwirte, einfache Angestellte und Beamte, mittlere/gehobene Angestellte und Beamte, freie Berufe, Selbstständige, leitende/höhere Angestellte und Beamte),
- **Berufsausübung** (in Ausbildung/Schule/Lehre/Hochschule, ganztags berufstätig, teilzeitbeschäftigt, nicht berufstätig, Hausfrau),
- **Schulbildung** (Hauptschule ohne/mit Abschluss, Realschulabschluss, Gymnasialabschluss oder gleichwertig, Lehre, Anlernabschluss, Fachschulabschluss, Fachhochschulabschluss, Hochschulabschluss),
- **Nationalität** (Deutsch, deutschstämmig, europäisch, …, Abstammung),
- **Rolle im Haushalt** (haushaltsführend, Haushaltungsvorstand).

Konsumenten innerhalb einer bestimmten Sozialen Schicht orientieren sich häufig am Konsum der in der Sozialpyramide über ihrer eigenen Schicht stehenden Gruppe, in die sie aufzusteigen wünschen. Die Konsumenten jeder Sozialen Schicht werden von soziologisch benachbarten Gruppen beeinflusst, deren Impulse Konsumreaktionen auslösen. Auf Konsumveränderungen Anderer wird nur bei Überschreiten einer gewissen Reizschwelle reagiert. Dies führt zu einer sozialen Rangordnung mit Zugehörigkeit ihrer Mitglieder. Die soziale Mobilität einer Gesellschaft gibt an, inwieweit diese Grenzen übersprungen werden können. In nivellierten Mittelstandsgesellschaften ist der Diagnose- und Prognosewert der Schichtenzugehörigkeit eher gering. Eine denkbare Aussage ist, dass Angehörige unterer Sozialer Schichten eher in Fachgeschäften einkaufen, wo die persönliche Beratung ihr Manko fehlender Markttransparenz durch mangelnden Zugang zu aussagefähigen Informationsquellen ausgleicht, allerdings mit einem höheren Preis (Poor-pay-more-These).

Andererseits vollzieht sich ganz zweifellos ein Wandel von der Schichten- zu einer Lebensstil-Gesellschaft. Zielpersonengruppen vereint damit nicht mehr eine ähnliche Demografie, sondern ein gleicher Lebensstil bei heterogener Demografie. Damit aber wird diese Form der Abgrenzung stumpf. Sie ist sehr indirekt und zeigt lediglich Ausprägungen, nicht aber Beweggründe.

3.2.11 Gruppe

3.2.11.1 Gruppenstruktur

3.2.11.1.1 Mitgliedschaftsgruppe

Eine Gruppe ist eine Mehrzahl von Personen, die in wiederholten und nicht nur zufälligen wechselseitigen Beziehungen zueinander stehen. Das heißt, die bloße Ansammlung von

Abb. 107: Demografische Kriterien

Menschen ist noch keine Gruppe, sondern eine unorganisierte Anhäufung von Elementen (soziales Aggregat). Menschen mit ähnlichen Merkmalen sind eine soziale Kategorie, eine soziale Gruppe werden sie aber erst durch Beziehungen untereinander. Gruppen sind als soziale Einheiten anzusehen, die durch ähnliche Werte und Ziele geformt werden. Sie sind durch eine Struktur innerhalb der Elemente, auf Weisung oder freiwillig, gekennzeichnet und weisen eine soziale Ordnung auf, die ihren Mitgliedern Positionen zuweist. Sie teilen eine eigene Identität, soziale Ordnung, Verhaltensnormen und Werte. Man unterscheidet verschiedene Gruppenorganisationen:

- entfremdete Zwangsorganisationen (z. B. Gefängnisinsassen),
- berechnende Zwangsorganisationen (z. B. Schiffsbesatzung auf See),
- moralische Zwangsorganisationen (z. B. Streitkräfte im Krieg),
- utilaristisch berechnende Organisationen (z. B. Mitarbeiter in Unternehmen),
- utilaristisch moralische Organisationen (z. B. Mitglieder von Gewerkschaften),
- normativ moralische Organisationen (z. B. Angehörige von Parteien oder Kirchen).

Eine Gruppe hat gemeinsame Ziele, Motive, Interessen, ein »Wir«-Bewusstsein nach innen und außen, ein Werte- und Normengefüge und eine Rollenstruktur und Statusdifferenzierung. Man unterscheidet Kleingruppen (auf der Mikroebene), Organisationen (auf der Mesoebene), Gesellschaften (auf der Makroebene) und Ideologien (auf der Metaebene). Überforderte Einzelne orientieren sich zur Vereinfachung an der Gruppe. Gruppen sind umso stabiler, je größer der Nutzen ist, den die einzelnen Mitglieder aus der Gruppe ziehen, je höher die Abhängigkeit voneinander durch Arbeitsteilung ist und je weniger Alternativen die Mitglieder einer Gruppe nach außen haben. Gruppen üben einen starken Druck aus, sich konform zu den Gruppennormen zu verhalten. Am konformsten sind die Mitglieder dicht unterhalb der Gruppenführung (infolge Aufstiegsmotivation), am wenigsten konform sind die Gruppenführer selbst und die Außenseiter, die jede Gruppe kennt.

Gruppen zeichnen mehrere Charakteristika aus, so eine Tendenz zur Befangenheit in Bezug auf die Illusion ihrer Unverwundbarkeit, eine kollektive Rationalisierung, den Glauben an überlegene Moral, die Stereotypisierung anderer Gruppen, den Druck auf Abweichler, eine Selbstzensur, die vermeintliche Einmütigkeit und Informationsfilterung. Dies führt zu Entscheidungsdefekten (Groupthink-Phänomen). Merkmale von Entscheidungsdefekten beziehen sich auf die unvollständige Prüfung der Alternativen, den einseitigen Überblick über Ziele, ein mangelhaftes Abwägen der Risiken der bevorzugten Entscheidung, eine unzureichende Informationssuche, die selektive Auswertung vorhandener Informationen und die fehlende Ausarbeitung von Ausweichplänen. Bekannt ist, dass Gruppen zu anderen Entscheidungen kommen als Einzelpersonen. Beim Risiko-Schub-Phänomen geht man dabei davon aus, dass in Gruppen risikoreichere Entscheidungen getroffen werden, weil die Konsequenzen einer Fehlentscheidung und die Verantwortung daraus nicht allein zu tragen sind. Außerdem gilt Wagemut in der Gruppe meist als profilierende Eigenschaft des Einzelnen. Allerdings kann es auch zur Wahl risikoärmerer Entscheidungen kommen, weil Gruppen eher zu Kompromissen neigen und sich niemand unnötig mit seiner Ansicht exponieren will. Man kann zwischen aufgabenorientierten und stimmungsorientierten Gruppenführern unterscheiden. Erstere konzentrieren sich auf die sachlichen Aspekte der anstehenden Entscheidung, Letztere bemühen sich um kommentierende Stellungnahmen (analog zum Grid-Modell von Blake/Mouton).

Man unterscheidet **informelle Gruppen**, die sich durch ein ausgeprägtes »Wir-Gefühl« und enge Interaktion auszeichnen und antreibend oder hemmend wirken, und **formelle Gruppen**, deren Mitglieder in einem rechtlich begründeten, meist eher distanzierten, vorwiegend zweckorientierten Verhältnis zueinander stehen, sich nicht oder kaum richtig kennen. Weiterhin wird nach der:

- Zahl der Mitglieder (allerdings nicht ganz überschneidungsfrei) unterschieden in **Kleingruppen** (Face-to Face-Gruppen, deren Mitglieder untereinander personenbekannt sind) und eher anonyme **Großgruppen**,
- Dauerhaftigkeit der Beziehungen in **temporäre** und **dauerhafte Gruppen**,
- Intensität der Beziehungen in **Primärgruppe** (z. B. die Familie) und **Sekundärgruppe** (als Zweckzusammenschluss). Primärgruppen haben eine enge Beziehung untereinander und sind selbstgesucht, Sekundärgruppen haben nur eine lose Beziehung untereinander und sind meist fremdbestimmt.

Das Ausmaß des Gruppeneinflusses auf Kaufentscheidungen hängt von der Identifikation des Individuums mit der Gruppe zusammen (Zusammengehörigkeitsgefühl). Der Einfluss ist umso stärker, je häufiger es zu Gruppeninteraktionen kommt (abhängig von der Kommunikation), je größer die Zahl der durch die Gruppe befriedigten Bedürfnisse ist (abhängig von der Motivation), je höher der Gemeinsamkeitsgrad der verfolgten Ziele ist (abhängig von der Zielkohäsion), je höher das Prestige der Gruppenzugehörigkeit (abhängig von der Lokomotion) ist und je geringer die Antinomiesituation innerhalb der Gruppe ist (abhängig von der Konkurrenz). Die Gruppenleistung hängt im Einzelnen ab vom Zusammengehörigkeitsgefühl, Aufgabenart, Führung, Disziplin/Moral, Ort- und Zeitumständen sowie Teilnehmerart.

Gruppenmitglieder sind ihrer Art nach Anführer, d. h. sympathisch und aktiv (Alpha-Typ), Mitläufer, d. h. sympathisch, aber passiv, Außenseiter, d. h. antipathisch, aber aktiv, oder Sündenböcke, d. h. antipathisch und passiv (Omega-Typen).

3.2.11.1.2 Bezugsgruppe

Bei den bisher dargestellten Gruppenstrukturen handelt es sich um Mitgliedschaftsgruppen. Die Mitgliedschaft kann faktisch, also durch bloße Teilnahme am Gruppenleben, oder nominell, also durch Aufnahme und Eingliederung, begründet sein. Im Unterschied dazu können Bezugsgruppen Gruppen sein, in denen (noch) keine Mitgliedschaft besteht, mit denen eine Person sich aber in starkem Maße identifiziert. Sie setzen Normen, die das Verhalten lenken, und liefern Informationen für wirkungsvolle Urteile in denjenigen Situationen, in denen einem Individuum eigene Sachkenntnis fehlt oder ihm objektive Vergleichsmaßstäbe nicht zugänglich sind. Das bedeutet, sie haben normative Funktion durch ihren Weisungscharakter über Sanktionen.

Anhaltspunkt für das Verhalten sind die Wertungen der komparativen Bezugsgruppe (**Peer Group**). Produkte, die diese Peer Group nutzt oder empfiehlt, haben daher eine besondere Attraktivität, weil sie helfen, konsumptiv Mitglied einer sozial höheren Schicht zu werden (= demonstrativer Konsum), und diese liegt für gewöhnlich eine halbe Stufe über der eigenen. Der Abstand hat jedoch eine Toleranzgrenze. Ansonsten kommt es zur Frustration (= relative Deprivation). Relative Deprivation entsteht, wenn jemand Anderes etwas hat, was man sich selbst wünscht, worauf man ein Recht zu haben glaubt, das man auch für erreichbar hält oder dessen Nichterreichen man nicht zu vertreten hat. Sie ergibt sich, wenn die objektiven Lebensbedingungen schlecht sind und auch das subjektive Wohlbefinden darunter leidet. Als Ausgleich kommt es zu Verwöhnkonsum. Diese Unzufriedenheit hat mehrere Ursachen, z. B. erlaubt wachsender Wohlstand immer mehr und vielfältigere Produkte zu erwerben, wodurch auch das Risiko von Enttäuschungen wächst, mangelnde Information führt dazu, dass Risiken unterschätzt werden, die sich aus dem Gebrauch von Gütern ergeben, und auf hohem Wohlstandsniveau ist es kaum mehr möglich, durch Konsum weiteren Lustgewinn zu erfahren.

Referenzgruppen werden häufig zum Vergleich mit der eigenen Lebenssituation herangezogen, wobei der Abstand möglichst gering zu halten ist. Das bedeutet, sie haben eine komparative Funktion durch Orientierung der individuellen Ansicht an der des sozial Üblichen. Zur Konfliktvermeidung werden Nachahmung und Konformität betrieben. Dem liegt die Tatsache zugrunde, dass man die Einordnung anderer in die soziale Schichtung mangels besserer Indikatoren anhand dessen zu bestimmen geneigt ist, mit dem man sich konsumptiv umgibt. Aber nicht alle Mitgliedschaftsgruppen brauchen Referenzgruppen zu sein. Eine positive Referenzgruppe dient somit der Absetzung gegenüber der Mitgliedschaftsgruppe. Und nicht alle Referenzgruppen brauchen als Mitglied angestrebt zu werden, eine negative Referenzgruppe dient vielmehr der Absetzung als Nichtmitgliedschaftsgruppe. Die Ausrichtung an der Bezugsgruppe kann also zur Konformität oder auch zur Anti-Konformität führen. Damit hat die Referenzgruppe eine Vergleichsfunktion, aber auch eine Normativfunktion, d. h., sie ist Quelle für Wertvorstellungen und bewirkt eine antizipatorische Sozialisation.

Marketing nutzt dies z. B. in der Werbung durch Einsatz von Celebrities in Testimonials ebenso aus wie durch die Präsentation hochgestochener Umfelder. Steuernd wirken aber auch gesellschaftliche Trends als Normierung. Eine wichtige Aufgabe besteht darin, solche Trends frühzeitig aufzuspüren und akquisitorisch zu nutzen. Gelegentlich schafft Marketing es sogar, diese Trends erst zu schaffen, wie das für Schauspieler, Musiker, Spitzensportler etc. zwischenzeitlich fast selbstverständlich scheint.

3.2.11.2 Primärgruppe Familie

Die wohl am intensivsten erlebte Gruppe ist die Familie. Familien sind multipersonale soziale Systeme, in denen Familienmitglieder aufgrund vielfältiger Interaktionen den Ausgang von Kaufentscheidungen mitbestimmen. Die Kernfamilie umfasst dabei Ehemann, Ehefrau und Kinder, die Großfamilie umfasst weitere Generationen und nicht in gerader Linie verwandte Personen. Diese Primärgruppe kann nach dem Entscheidungsanteil der Familienmitglieder und dem Stadium im Familienlebenszyklus näher untersucht werden. Die Familienmitglieder stehen untereinander neben verwandtschaftlichen in finanziellen, wohnungswirtschaftlichen und versorgungswirtschaftlichen Beziehungen.

3.2.11.2.1 Kaufentscheidungsanteil

Nach dem relativen Anteil an der Kaufentscheidung durch Familienmitglieder sind Produkte zu unterteilen, deren Kauf eher:

- **männlich dominiert** ist. Dabei handelt es sich traditionell vor allem um komplexe Produkte, häufig auch technischer Art, z. B. Unterhaltungselektronik, Automobile oder auch Heimwerkergeräte. Der Mann ist immer noch eher auf haushaltsexterne Güter spezialisiert, dementsprechend ist er dafür primäre Ansprechperson im Marketing.
- **weiblich dominiert** ist. Dies sind traditionell meist hauswirtschaftliche Produkte, z. B. Haushaltsgeräte, aber auch kinderbezogene Produkte. Die Frau ist eher auf den internen Haushaltsbereich, auf soziale und ästhetische Merkmale spezialisiert und stärker emotional motiviert. Demzufolge ist sie für diese Güter primäre Ansprechperson im Marketing. Infolge der Emanzipation sind hier jedoch bereits erhebliche Zeichen des Wandels zu beobachten.
- **partizipativ getätigt** wird. Dies gilt vor allem für gemeinsam wahrgenommene Interessen, z. B. Urlaub, Möblierung, Schulbedarf. Der Anteil dieser Produkte steigt erheblich. Daher sind hier beide Partner gleichermaßen für die Vermarktung anzusprechen.
- **autonom betätigt** wird. Bezogen auf die Frau sind dies immer noch eher schmückende, hedonistische Sphären, z. B. Kleidung, Kosmetik, bezogen auf den Mann eher handwerkliche, z. B. Hobbys, oder vorsorgliche Domänen, z. B. Geldanlage (Abb. 108).

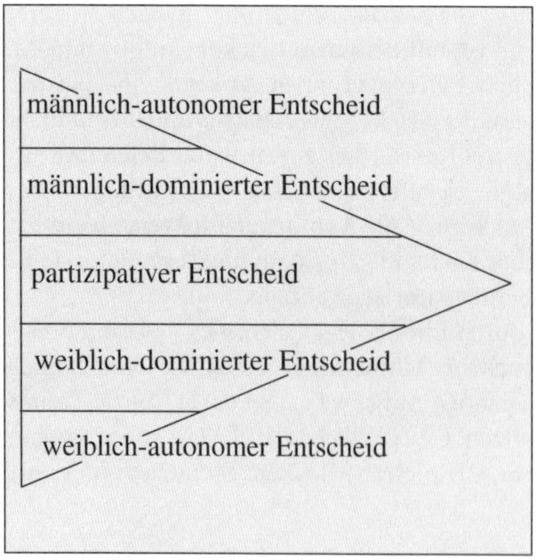

Die Zuordnung ist allerdings auch von der Sozialen Schicht abhängig. So besteht in der Oberschicht ein größerer autonomer Verantwortungsbereich, der weniger Abstimmung und Rücksichtnahme mit anderen Familienmitgliedern erfordert. In der Mittelschicht nimmt schon der Anteil partizipativer Kaufentscheide zu, weil die finanziellen Ressourcen begrenzt sind. In der Unterschicht hingegen ist die Rollenverteilung angesichts engerer finanzieller Ressourcen am ausgeprägtesten.

Mögliche Konflikte in der Kaufentscheidung können durch Aufschub und weiteres

Abb. 108: Kaufentscheidungsanteile

- männlich-autonomer Entscheid
- männlich-dominierter Entscheid
- partizipativer Entscheid
- weiblich-dominierter Entscheid
- weiblich-autonomer Entscheid

Suchen bis zum Auffinden einer die verschiedenen Vorstellungen gemeinsam erfüllenden Leistung, durch Überreden bzw. Überzeugen des jeweils anderen Partners, durch Gewährung von Zugeständnissen im Gegenzug zur Zustimmung oder durch Koalitionsbildung mit Dritten, etwa den Kindern, gelöst werden.

Durch die **Beteiligung von Kindern** ergibt sich eine Rollenveränderung in der familiären Kaufentscheidung. Während zunächst beide, Mann und Frau, relativ gleichberechtigt auf den Kauf Einfluss nehmen, vergrößert sich im Zeitablauf der relative Anteil des Mannes, weil er als oftmaliger Alleinverdiener, bei Kindern im Haushalt, den größten Einfluss geltend macht. Danach steigt der Einfluss der Kinder, nicht nur bei Eigenbedarf, wo er sehr manifest ist, sondern auch bei anspruchsvollen Produkten im Haushalt. Dann treten schnell die geschlechtsspezifischen Differenzierungen auf. Bei kleineren Kindern beschränkt sich die Einflussnahme auf Bereiche, die ihrem eigenen Bedarf dienen, und vollzieht sich durch Kaufanregung geliebter oder auch Konsumverweigerung ungeliebter Produkte (z. B. Süßwaren). Bei Jugendlichen bezieht sich der Einfluss auf Produkte, die im eigenen Interesse liegen und nicht durch eigene finanzielle Mittel erworben werden können (z. B. Mobiltelefon). Der Einfluss ist umso größer, je mehr der Jugendliche in der Lage ist, seine Eltern mit entscheidungsrelevanten und ihnen bislang unbekannten Informationen zu versorgen.

3.2.11.2.2 Familienlebenszyklus

Im Familienlebenszyklus werden gemeinhin folgende Phasen in Abhängigkeit von Altern der Partner, Familienstand, Alter der Kinder und Haushaltsgröße unterteilt.

Ledige I sind junge, alleinstehende, nicht mehr im elterlichen Haushalt lebende Personen. Ihre finanziellen Verpflichtungen sind gering, daher bleibt ein substanzielles frei verfügbares Einkommen. Sie sind freizeitorientiert, oft Meinungsführer für Trendprodukte, vor allem Fashion Leaders. Gekauft werden vorwiegend Basismobiliar, Auto, Kleidung, Urlaubsreisen, Außer-Haus-Essen, alkoholische Getränke etc.

Ledige II sind unverheiratete oder geschiedene Personen mittleren Alters, die aufgrund der Single-Tendenzen immer häufiger anzutreffen sind. **Ledige III** sind unverheiratete oder geschiedene Personen höheren Alters, die ihr Kaufverhalten bewusst dem Alleinleben angepasst haben.

Unter **Lebensabschnittgemeinschaft** versteht man zwei Ledige, die ihre Haushalte zumindest vorübergehend zu einem gemeinsamen zusammenlegen. Die finanzielle Lage verbessert sich infolge Einsparmöglichkeiten bei den Ausgaben bei gleichbleibenden Einnahmen.

Ein **Junges Paar** sind frisch verheiratete, berufstätige, kinderlose Personen. Sie sind finanziell meist besser gestellt als zuvor und danach, haben die höchste Kaufrate, vor allem für langlebige, hochwertige Produkte (z. B. Kücheneinrichtung), aber auch Urlaubsreisen. Die Empfänglichkeit für Konsumbotschaften ist zudem sehr hoch.

Ein **Paar ohne Kinder** sind verheiratete Personen mittleren Alters ohne Kinder. Sie werden oft als DINKS (Double Income, No Kids) umschrieben. Ein **Älteres kinderloses Paar** sind verheiratete Personen höheren Alters ohne Kinder. Sie zeichnet ein spezifischer Vorsorge- und Sicherheitsbedarf aus.

Volles Nest I sind Familien mit ein oder mehreren Kindern, wobei das jüngste Kind unter sechs Jahre alt ist. Ihre finanziellen Reserven werden stark strapaziert, denn der Konsum- und Lebensunterhaltsbedarf ist hoch. Die Folge ist Unzufriedenheit mit den Ersparnissen. Gekauft werden technische Geräte im Haushalt, Kinderausstattung und Spielzeug. Die Mutter muss ihre

Berufstätigkeit meist zumindest vorübergehend aufgeben. Oft wird eine größere Wohnung oder ein eigenes Haus bezogen, daraus resultieren finanzielle Belastungen.

Einzelner Elternteil I wird das Stadium der Haushalte mit Kind(ern) im Vorschulalter genannt, die aufgrund Scheidung, Trennung oder unehelicher Geburt mit nur einem Elternteil leben. Ein **Verzögertes volles Nest** ist ein Paar, das erst im mittleren Alter eine Familie gründet. Dies resultiert meist aus Karriereaspekten bei der Frau. Entsprechend sind Rücklagen und höheres Einkommen des weiter arbeitenden Partners häufig anzutreffen.

Beim **Vollen Nest II** handelt es sich um Familien mit Kind(ern), wobei das jüngste bereits älter als sechs Jahre ist. Ihre finanzielle Situation bleibt weiterhin angespannt. Oft wird jedoch die Ehefrau wieder berufstätig, dann sieht es besser aus. Gekauft werden Lebensmittel-Großpackungen und Gebrauchsgegenstände, vor allem im Freizeitbereich, außerdem Ersatzbedarfe. Die Kinder entwickeln eigene Konsumstile und steuern Konsumerfahrungen bei.

Einzelner Elternteil II wird eine allein erziehende Person genannt, deren Kind(er) sich im Schulalter befinden.

Volles Nest III ist ein älteres Paar mit im Haushalt lebenden, abhängigen Kindern. Ihre finanzielle Situation entspannt sich meist durch doppelte Berufstätigkeit, nachlassenden Investitionsbedarf und Kostendeckungsbeitrag der Kinder wieder. Gekauft werden hochwertigere Produkte, wiederum im Freizeitbereich. Diese Situation ist durch die Tendenz zu »Nesthockern« immer häufiger anzutreffen. Hohe Einkommensanteile werden in die Ausbildung der Kinder investiert.

Einzelner Elternteil III ist dementsprechend eine Person, deren Kind(er) sich im Nachschulalter befinden.

Beim **Leeren Nest I** ist ein älteres Paar gegeben, dessen Kinder den gemeinsamen Haushalt bereits verlassen haben. Es herrscht die Phase des Nachholkonsums vor. Das Eigenheim ist bezahlt, es werden Reisen unternommen und Geschenke und Spenden gemacht. Der Neuproduktbedarf ist gering, wenn, dann aber auf Premiumniveau angesiedelt.

Beim **Leeren Nest II** ist der Haushaltungsvorstand aus dem Erwerbsleben ausgeschieden, wodurch das Familienbudget wieder schrumpft. Man bleibt Zuhause, gekauft werden medizinische Produkte und Geräte. Es besteht ein hoher Bedarf nach Vorsorge, Ausruhen und Entspannen. Evtl. erfolgt auch ein Wohnungswechsel.

Ledige IV sind allein stehende Überlebende. Das Einkommen bleibt knapp zufriedenstellend. Der Bedarf an Aufmerksamkeit, Zuneigung und Sicherheit als Folge des Alleinseins steigt. Der Erlebniswert von Anschaffungen ist jedoch eingeschränkt.

3.2.11.3 Rolle

Rolle bezeichnet allgemein jenes Bündel von Erwartungen, das andere Gruppenmitglieder an den Rolleninhaber stellen. Rollen sind Verhaltensweisen, die an eine bestimmte soziale Position gebunden sind. Das daraus resultierende spezifische Wertbewusstsein nennt man Status. Rollen sind die Summe aller Verhaltensweisen, die an eine bestimmte soziale Position gebunden sind. Positionen normieren also Rollen. Rolle und Status sind meist kongruent, können aber im Einzelfall auch auseinanderfallen, z. B. bedeutet Bescheidenheit, dass der Status in der Rolle unterrepräsentiert ist, oder Aufschneiderei, dass der Status in der Rolle überzogen ist. Die soziale Rolle ergibt sich ohne eigenes Zutun durch angeborene Faktoren (ererbt) oder mit eigenem Zutun durch erworbene Faktoren. Im Übrigen verschiebt sich die relative Rolle mit der Sozialen Schicht und der Interaktion der Gruppenmitglieder. Die Einhaltung von Rollen wird in der

Gesellschaft durch Sanktionen gesteuert, deren Stärke vom Grad der Verbindlichkeit der Rolle abhängt. Rollenabweichungen werden durch Normen, Regeln und Gesetze identifiziert. Sie führen zur Stigmatisierung der Abweichungen und zur Diskriminierung der Abweichenden. Dies führt bei diesen zur Frustration bis hin zur Aggression. Kontrollierte Abweichungen sind bedeutsam als Ventil (z. B. Prostitution), als Anlass zur Mahnung über die Einhaltung der Normen, zum Zusammenhalt der »Normalen« und als Motor für Veränderungen.

Hinsichtlich der Interaktion von Rollen können Positions-, Kommunikations- und Machtbeziehungen unterschieden werden.

Bei **Positionsbeziehungen** treten Interrollen-Konflikte auf, wenn durch die gleichzeitige Zugehörigkeit zu unterschiedlichen Gruppen abweichende Erwartungen von außen (soziales Umfeld) an eine Person, die dort Mitglied ist oder sein möchte, herangetragen werden, die betreffende Person also über eine inkonsistente Rollenausstattung verfügt. Intrarollen-Konflikte treten auf, wenn unterschiedliche Motive in der Rollenentsprechung einer Person vorliegen, die sie abweichende Ziele verfolgen lässt (Intersender-Konflikt) bzw. der Rolleninhaber einander widersprechenden oder unklaren Erwartungen an sich selbst ausgesetzt ist (Intrasender-Konflikt). Person-Rolle-Konflikte sind gegeben, wenn Personen sich in ihrer Rolle unwohl fühlen, weil sie nicht ihrem Selbstbild entspricht. Konflikte sind immer Interessengegensätze zwischen Personen und Gruppen, die aus unvereinbaren Vorstellungen über die Zielverwirklichung und unterschiedliche Wahrnehmungen der Realität folgen.

Ein **Interrollen-Konflikt** liegt etwa vor, wenn ein Mann sich als Manager seiner beruflichen Aufgabe gegenüber verpflichtet sieht, als Vater aber seiner Familie vorzustehen hat. Wenn es jetzt um die Ableistung von Überstunden geht, entsteht zwangsläufig ein Konflikt zwischen der Rollenerwartung vom Seiten des Arbeitgebers, die der beruflichen Aufgabe Priorität einräumt, und der Rollenerwartung seitens Frau und Kind, die der familiären Pflicht Priorität einräumt. Je nachdem wie man sich dabei entscheidet, verletzt man die Rollenerwartungen einer Gruppe.

Ein **Intersender-Konflikt** liegt etwa vor, wenn ein Vater seinen Sohn verantwortungsvoll erziehen will, damit er fürsorglich aufwächst, dieser aber von seinem Vater elterliches Entgegenkommen statt Prinzipientreue einfordert. Zum Beispiel, wenn es darum geht, noch die Verlängerung des Fußballspiels im Fernsehen anzuschauen, obwohl es bereits spät am Abend ist und am nächsten Morgen die Schule hohe Aufmerksamkeit fordert.

Ein **Intrasender-Konflikt** liegt etwa vor, wenn ein Vorgesetzter von seinen Mitarbeitern entsprechend seinen Vorgaben durch die Geschäftsleitung sowohl hohe Schnelligkeit in der Arbeitserledigung als auch hohe Sorgfalt beim Vollzug der Arbeiten (z. B. bei Reparaturdiensten) fordern muss. Hat ein Mitarbeiter dann zwar schnell, aber fehlerhaft gearbeitet, oder zwar fehlerfrei, dafür aber langsam, entsteht bei ihm ein Konflikt dahingehend, wie diese Arbeit im Einzelfall zu beurteilen ist.

Ein **Person-Rolle-Konflikt** liegt etwa umgekehrt vor, wenn der Mitarbeiter sowohl besonders rasch als auch fehlerfrei arbeiten soll. In einer konkreten Aufgabe bedeutet dies, dass er entweder eine Reparatur eher oberflächlich, dafür aber schnell erledigen kann, was seinem Selbstverständnis als qualifizierter Fachkraft widerspricht, oder er diese gründlich, dafür aber zeitaufwendiger ausführen kann, was seiner Zielvereinbarung zumindest partiell widerspricht.

Als Lösungsmöglichkeiten bieten sich die Diskussion der Rollenerwartungen und die Prüfung ihrer sachlichen Berechtigung oder Notwendigkeit an oder die Bildung von Rollenhierarchien, d. h., einzelne Rollen werden gegenüber anderen priorisiert. Ausschlaggebend dafür dürfte der Umfang möglicher Sanktionen sein. Positive Sanktionen entstehen durch Anspruchserfüllung (Rollenklischee), negative durch Anspruchsenttäuschung (Rollenverletzung).

Weitere Lösungsmöglichkeiten der Konflikte sind etwa die Handlungsverzögerung (in der Hoffnung, das die Zeit für eine Lösung arbeitet), die Handlungsbeugung gegenüber sozialer Macht, eine wechselweise Handlung, um mehreren Anspruchsgruppen gerecht zu werden, oder eine legitimitätstreue Handlung (»Dienst nach Vorschrift«) bzw. sanktionstreue Handlung (gemäß relativer Sanktionsstärke). Eine große Rolle spielt dabei auch die mögliche Entsprechung zu oder der bewusste Bruch mit tradierten Rollenstereotypen.

Kommunikationsbeziehungen betreffen den Informationsfluss zwischen Personen. Dabei kann es sich um formale oder informelle Kommunikation handeln. Formale Kommunikation ist zweckbezogen, sie kann aufwärts oder abwärts gerichtet sein, also in der Hierarchie von unten nach oben (Bottom Up) oder von oben nach unten (Top Down). Informelle Kommunikation ist demgegenüber zweckfrei angelegt. Kommunikation hat immer vier Ebenen, die Sachinhaltsebene der objektiven Sachdarstellung, die Selbstdarstellungsebene der Offenbarung des Botschaftsabsenders, die Fremdeinschätzungsebene der Beziehung zwischen Botschaftsabsender und -empfänger und die Appellationsebene der beabsichtigten Wirkung der Botschaft. Diese Ebenen dürfen einander nicht kreuzen, da es sonst zu Kommunikationsstörungen kommt, die vielfältig sein können. Solche Fehler betreffen die Zielsetzung, Relevanz, Umsetzung, Übermittlung, Kontaktierung, Verarbeitung, Verwertung und Speicherung von Informationen.

Machtbeziehungen basieren auf unterschiedlichen Ausprägungen. Belohnungsmacht hat, wer Andere für rollenspezifisches Verhalten gratifizieren kann, Bestrafungsmacht hat, wer andere für nicht rollenadäquates Verhalten bestrafen kann, Legitimationsmacht hat, wer kraft organisationaler Hierarchie andere anweisen kann, Identifikationsmacht hat, wer von anderen als informelle Autorität geachtet wird, und Expertenmacht hat, wer einen Wissensvorsprung vor anderen hat. Soziale Macht betrifft also die Fähigkeit, andere zu einem Verhalten zu bewegen, das von diesen ursprünglich so nicht beabsichtigt war, jedoch im Interesse des Machtausübenden liegt. Dabei müssen die Machtmittel nicht tatsächlich eingesetzt oder nicht einmal vorhanden sein, es reicht vielmehr schon die bloße Androhung ihres Einsatzes.

3.2.11.4 Macht

3.2.11.4.1 Soziale Macht

Untersucht man die Machtbeziehungen näher, so stellt man fest, dass jemand Belohnungs- bzw. Bestrafungsmacht hat, wenn der Andere glaubt, dass er ihn für ein gewünschtes Verhalten bzw. für die Unterlassung eines unerwünschten Verhaltens belohnen oder für die Unterlassung eines gewünschten Verhaltens bzw. ein unerwünschtes Verhalten bestrafen kann und er im Besitz der dazu erforderlichen Belohnungs- bzw. Bestrafungsmittel ist oder glaubhaft macht, es zu sein. Expertenmacht hat jemand, wenn der Andere dessen überlegene Kenntnisse, Fähigkeiten und Fertigkeiten anerkennt und in bestimmten Situationen dessen Rat und Hilfe sucht. Informationsmacht hat jemand, wenn er mit Hilfe der ihm verfügbaren Sprache, Mimik, Gestik und der von ihm einsetzbaren Medien auf den anderen einwirken kann. Und Identifikationsmacht hat jemand, wenn er ein soziales Modell darstellt, dessen Verhalten und Verhaltensdispositionen andere möglichst weitgehend zu übernehmen bestrebt sind. Dies betrifft etwa die Einflussnahmemöglichkeit von Eltern auf ihre Kinder, aber auch die werbliche Präsentation vermögender Personen der Oberschicht und erfolgreicher Aufsteiger als soziale Vorbilder. Macht bedarf zu ihrer Wirkung einer Basis, auf die sie sich stützt, Mittel, mit denen sie durchgesetzt wird, und

Geld, das den Einsatz dieser Mittel finanziert. Die Macht ist in ihrer Reichweite begrenzt, ebenso auch in ihrem Umfang. Sie erstreckt sich immer nur auf bestimmte Personen, die über weniger Macht verfügen und ist oft im Zeitraum ihrer Wirksamkeit limitiert.

Macht ist Folge der Sozialisation. Sozialisation wiederum ist ein sozialer Einfluss im Verhalten von Personen und Institutionen, der auf Kenntnisse, Einstellungen und Werte von Konsumenten derart einwirkt, dass deren Informations-, Kauf-, Spar-, Ge-, Verbrauchs- und Entsorgungsverhalten anders verläuft als es ohne diese Einflussnahme der Fall gewesen wäre. Abzugrenzen ist Macht von Manipulation, Antizipation und Assimilation. Manipulation liegt beim Einsatz von vom Beeinflussten nicht erkannten Machtmitteln zur Verhaltens- und Dispositionsänderung vor. Antizipation betrifft einen noch nicht erfolgten, aber erwarteten Machtmitteleinsatz und wird scheinbar freiwillig vorgenommen (vorauseilender Gehorsam). Assimilation bedeutet die weitgehende Anpassung des Einzelnen an die Verhaltensweisen seiner sozialen Umgebung. So kann es selbst in einem fast machtfreien Raum allein aufgrund häufiger Interaktion und Harmoniebedürfnis zu Verhaltensangleichungen kommen.

Soziale Macht betrifft die Fähigkeit einer Person, Personengruppe oder Organisation, andere Personen zu einem Verhalten zu bewegen, das von diesen ursprünglich so nicht beabsichtigt war, jedoch im Interesse des Machtausübenden liegt. Dabei müssen die Machtmittel nicht wirklich im Einflussbereich des Mächtigen vorhanden sein, es genügt vielmehr, wenn der Machtunterworfene sie dort vorhanden wähnt. So kommt es auch nicht auf den tatsächlichen Einsatz, sondern nur auf die bloße Androhung des Einsatzes an. Direkte Erfahrungen sind dabei allgemein wirkungsvoller als symbolische (Sprache, Bilder etc.), personale wirkungsvoller als mediale und freiwilliger Erwerb wirkungsvoller als erzwungener.

Macht führt automatisch auch zu Konflikten. Personale Identität und Einzigartigkeit eines Menschen (das »I«) und gesellschaftliche Identität nach Normen in sozialer Interaktion (das »Me«) können auseinanderfallen, wenn der Mensch Rollen spielt, die nicht seinem Ich entsprechen. Dabei liegt eine pathologische oder asoziale Tendenz vor. Diese Konflikte werden etwa in der **Transaktionsanalyse** aufgedeckt. Sie beruht auf einer Dreiteilung des Bewusstseins in Eltern-Ich (ähnlich Über-Ich nach Freud), Erwachsenen-Ich (Ich) und Kindheits-Ich (Es).

3.2.11.4.2 Konfliktentwicklung

Konflikte entstehen aus Konkurrenz über Interessengegensätze zwischen Personen und Gruppen, die aus unvereinbaren Vorstellungen über die Zielverwirklichung und unterschiedlichen Wahrnehmungen der Realität, d. h. Verteilungen, Machtformen, Beurteilungen, Beziehungen und Kompetenzen, resultieren. Die Konkurrenz ist eine gesellschaftlich sanktionierte Form der Austragung dieser Zielkonflikte zwischen Wirtschaftseinheiten. Die Entwicklungsstufen eines Konflikts sind regelmäßig folgende:

− Am Anfang stehen noch Kooperationsbemühungen bei gelegentlichem Abgleiten in Reibungen und Spannungen, aber bei Wahrung der überwiegenden Gemeinsamkeiten der Beteiligten.
− Dann entsteht ein latenter Konflikt, wobei sich die beteiligten Parteien der konfliktären Situation noch nicht bewusst sind, obgleich diese unterschwellig bereits ihr Verhalten bestimmt.
− Es kommt zu einer Polarisierung und Debatte, wobei die unterschiedlichen Standpunkte deutlich werden, aber noch Verständigungsbereitschaft signalisiert wird.

- Es erfolgt eine zunehmende Projektion negativer Eigenschaften und Verhaltensweisen auf die Gegenpartei bei wechselnder Selbstfrustration infolge unbeherrschter eigener Aktionen.
- Den Worten folgen Taten, indem der jeweils anderen Seite in Abrede gestellt wird, dass sie an einer gütlichen Einigung überhaupt noch interessiert ist.
- Der Konflikt wird perzipiert, wobei der Spannungszustand zumindest von einer Partei bereits bewusst wahrgenommen oder sogar geschürt wird.
- Bemühungen um Reputation und Unterstützung laufen an, wobei vorsorglich die Rechtmäßigkeit des eigenen Standpunkts betont und nach Verbündeten gesucht wird.
- Es kommt zu einer Ausweitung des strittigen Themas bei gleichzeitiger kognitiver Komplexitätsreduktion auf leicht fassbare Vorurteile.
- Wechselseitige Verflechtungen von Ursachen und Wirkungen bei gleichzeitiger Simplifizierung von Kausalitäten treten auf, die Realität wird gemäß den eigenen Vorurteilen verzerrt und zurechtgestutzt.
- Der Spannungszustand wird von allen Betroffenen erlebt und als emotional belastend empfunden, Gemeinsamkeiten und Verständigungsbereitschaft werden aufgegeben.
- Drohstrategien werden eingesetzt, d. h., der jeweils anderen Seite werden die Konsequenzen ihrer Uneinsichtigkeit mit dem Ziel dargestellt, sie zum Einlenken auf die eigene Position zu bewegen, wozu es aber regelmäßig bereits zu spät ist.
- Es kommt zu einer Ausweitung der sozialen Dimension bei gleichzeitiger Tendenz zur Personalisierung des Konflikts über den Aufbau eines einfachen Feindbildes.
- Es werden systematische Zerstörungsschläge gegen das Sanktionspotenzial des Gegners mit dem Ziel seiner Isolierung und damit der Schwächung seiner Position durch Angriffe auf dessen Umfeld geführt.
- Es kommt zu einer Beschleunigung der Eskalation durch pessimistische Antizipation von Aktionen und Reaktionen der Gegenpartei, damit zu einer Aufschaukelung zu immer drastischeren Maßnahmen.
- Ein manifester Konflikt ist entstanden, wobei offenes Konfliktverhalten einsetzt und vorherrscht, also strikte Antinomie.
- Gezielte Angriffe auf das »Nervensystem« des Gegners erfolgen als punktuelle Aktivitäten, die den Feind entscheidend treffen sollen.
- Das Vernichtungsziel wird unter Mobilisierung aller Verbündeter und Helfer sowie eigener Ressourcen im offenen Kampf verfolgt.
- Die Nachwirkungen des Konfliktausgangs beeinflussen die Verhaltensweisen aller Beteiligten auf unabsehbare Zeit.

Man unterscheidet mikrosoziale Konflikte zwischen Personen, mesosoziale Konflikte zwischen Kleingruppen bzw. Systemen und makrosoziale Konflikte zwischen mesosozialen Gebilden. Der Art nach kann es sich um Reibungskonflikte aus auftretende Friktionen, Positionskonflikte aus der Rollenverteilung oder Strategiekonflikte durch limitierende Rahmenbedingungen handeln. Dabei können konkrete oder abstrakte Konfliktgegenstände vorliegen. Weiterhin unterscheidet man zwischen Interessenkonflikten aus der Beurteilung von Situationen, Wertkonflikten aus der Evaluation von Denkweisen und Anteilskonflikten aus der Verteilung von Ressourcen. Konflikte können allgemein formgebunden oder formfrei ablaufen. Je nach Ausprägung sind sie heiße (offen ausgetragen) oder kalte Konflikte (verdeckt gestaltet).

3.2.12 Meinungsführerschaft

3.2.12.1 Two-Steps-Flow-Ansatz

Meinungsführerschaft ist die Ausübung von Einfluss innerhalb interpersoneller Kommunikationsprozesse. Im Rahmen der persönlichen Kommunikation in sozialen Gruppen haben bestimmte Personen stärkeren Einfluss auf Einstellungen, Meinungen, Verhaltensweisen anderer Gruppenmitglieder, sie werden daher als Opinion Leaders bezeichnet. Dabei ist von einer graduellen Ausprägung auszugehen.

Frühe Untersuchungen zu diesem Phänomen stammen aus dem Wahlverhalten von US-Bürgern. Danach fließen Informationen in einer ersten Stufe von den Massenmedien zu den Meinungsführern und in einer zweiten Stufe erst von diesen zu den Meinungsfolgern. Bei Meinungsführern wird also davon ausgegangen, dass sich die Kommunikation zwischen Botschaftsabsender und Rezipienten nicht nur direkt und diffus, sondern vor allem auch zweistufig vollzieht. Nämlich vom Botschaftsabsender an bestimmte Meinungsbildner in der Gesellschaft und von diesen dann an weitere Personengruppen.

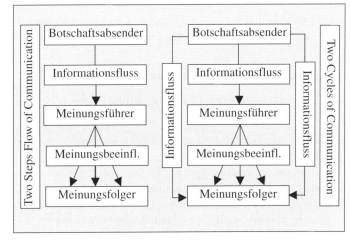

Abb. 109: Alternative Theorien zur Meinungsführerschaft

Der Botschaftsfluss geht demnach zunächst einstufig vom Absender an Meinungsführer. Diese nehmen die Botschaft auf und versuchen, etwaige Informationsdefizite durch Kontaktsuche zu Promotoren (professionellen Experten) zu füllen. Gleichzeitig suchen weitere Personengruppen infolge psychischer Inkonsistenzen Kontakt zu diesen Meinungsbildnern, die auf sie dann in der zweiten Stufe ihren Einfluss ausüben.

Als Meinungsführer werden generell jene Mitglieder einer Gruppe bezeichnet, die im Rahmen des Kommunikationsprozesses einen stärkeren persönlichen Einfluss als andere ausüben und daher die Meinung anderer zu beeinflussen oder auch zu ändern imstande sind. Professionelle Experten als Beeinflusser werden meist im Rahmen der Fachkommunikation intensiv bearbeitet. Ihr Beeinflussungspotenzial bestimmt sich aus der Relaisfunktion, ihrer Verzerrungs-, Verstärkungs- bzw. Abschwächungswirkung, ihrer Selektionsfunktion für weiterzuleitende Informationen und ihrer Resistenzfunktion zur Abwehr nicht wertkonformer Informationen.

Diese Meinungsbildner nehmen insofern eine exponierte Stellung ein, weil sie besser informiert, stärker interessiert und aktiver sind als andere. Dies macht sie aufnahmefähig für Herstellernachrichten mit Niveau und Gehalt, die sie bei Gelegenheit ihrerseits an ihr soziales Umfeld weitergeben. Man unterscheidet institutionelle Meinungsbildner (z. B. Journalisten, Ärzte, Lehrer) und funktionale Meinungsbildner (im Publikum).

Diese Eigenschaft beruht auf informeller Kompetenz, selten auch auf Macht, und wechselt interpersonell je nach Themenstellung. Die Kommunikation kommt also nicht nur durch Medien, sondern auch durch Personen zustande, die über Themen kommunizieren. Meinungsführer haben daher eine Multiplikatorwirkung in ihrem sozialen Umfeld. Marketing nutzt dies, indem selektierte Informationen zuerst an meinungsbildende Personen gegeben werden, die diese dann weitertragen (Two Steps Flow of Communication) (Abb. 109).

3.2.12.2 Charakterisierung und Identifizierung

Problematisch ist dabei die Charakterisierung solcher Meinungsführer. Generell ist festzuhalten, dass sie:

- **in allen sozialen Schichten** anzutreffen sind und nicht, wie früher angenommen, nur in hohen sozialen Schichten,
- **kommunikationsfreudiger** als der Durchschnitt sind und sich durch geselliges Verhalten und starke soziale Interaktion auszeichnen, z. B. Mitgliedschaft in Verein/Verband,
- vorwiegend **auf ein bestimmtes Thema spezialisiert** und dort besser informiert sind als andere, allenfalls sind Überschneidungen bei Meinungsgebieten gegeben, die sehr ähnlich sind, d. h. aber, dass Personen je nach Thema verschiedene Rollen einnehmen, nämlich zum einen als Ratgeber und zum anderen als Ratnehmer,
- **risikofreudiger** als der Durchschnitt der Zielgruppe sind, was aus ihrem besseren Informationsstand resultiert,
- häufig **Nutzer von Fachmedien** sind (Special-Interest-Titel), die daher für die werbliche Ansprache ausgewählt werden,
- generell an ein **höheres Anspracheniveau** gewöhnt sind,
- mit **informeller Kompetenz** ausgestattet sind.

Solche Personen sind besonders wichtig im Marketing, weil sie einerseits als Heavy Users ein großes Nachfragepotenzial auf sich vereinen (**Eigeneffekt**) und andererseits als Multiplikatoren kostenlose Akquisitionsanstöße geben, die sogar glaubwürdiger und effizienter sind als Werbeaussagen, weil man unterstellt, dass die Person aus ihrer Empfehlung keinen Vorteil zieht (**Vermittlungseffekt**), sowie als Induktoren zur Einstellungsveränderung von Meinungsfolgern beitragen (**Beeinflussungseffekt**). Solche Personengruppen werden etwa bei Produktneueinführungen erklärungsbedürftiger oder anderer High-Interest-Produkte angesprochen, z. B. technische Gebrauchsgüter, Modeartikel, Genussmittel, Sportbedarf. Und zwar meist additiv zur Breitenzielgruppe bzw. bei geringer Budgethöhe auch allein. Zur Identifizierung solcher Personen sind drei Ansätze gebräuchlich.

Der **Soziometrie**-Ansatz versucht, das Kommunikationsgefüge in gesellschaftlichen Gruppen grafisch sichtbar zu machen. Dazu wird der Informationsfluss zwischen den Mitgliedern untersucht und als Netzwerk mit Knoten für die Mitglieder und Pfaden für den Informationsfluss dargestellt. Dabei ergeben sich Knoten, bei denen mehr und solche, bei denen weniger Pfade zusammenlaufen. Die Kristallisationspunkte im ermittelten Kommunikationsnetz werden als Meinungsführer interpretiert. Voraussetzung ist dabei, dass alle wesentlichen Beziehungen erfasst werden, was wiederum die Kenntnis der Gruppenstruktur bedingt.

Der **Schlüsselinformanten**-Ansatz zielt darauf ab, Personen zu identifizieren, die einen besonders guten Überblick über die Gruppe haben. Diese sollen dann angeben, wer ihrer Meinung nach Meinungsführer hinsichtlich bestimmter Themen ist. Dabei ersetzt man die

Unsicherheit über die Person des Meinungsführers allerdings möglicherweise nur durch die Unsicherheit über die Person des Schlüsselinformanten.

Der **Selbsteinschätzungs**-Ansatz geht von einem subjektiven Punktbewertungsverfahren aus, das mutmaßliche Kennzeichen von Meinungsführern umfasst. Dazu werden umfangreiche Itembatterien eingesetzt, anhand derer Befragte eine Selbsteinstufung nach Gesprächsintensität, Ratgeber- und Ratnehmerverhalten vornehmen, deren Werte auf einem eindimensionalen Kontinuum verrechnet werden. Jedes Gruppenmitglied bewertet sich dann selbst hinsichtlich dieser Kriterien. Dabei kann es aber zu krassen Fehleinschätzungen kommen. Daher ist die Zuverlässigkeit der Ergebnisse stark anzuzweifeln. Ein denkbarer Itemkatalog umfasst folgende Fragen (Rogers-Skala):

− Haben Sie in den vergangenen sechs Monaten mit jemandem über (Thema X) gesprochen?
− Werden Sie im Vergleich zu anderen Personen Ihres Freundeskreises seltener um einen Rat über (Thema X) angesprochen?
− Wenn Sie sich einmal an Ihr letztes Gespräch über (Thema X) erinnern, wurden Sie über Ihre Meinung dazu befragt?
− Wenn Sie mit Ihren Freunden über neue Ideen auf dem Gebiet (Thema X) diskutieren, welche Rolle spielen Sie dabei: Hören Sie hauptsächlich zu oder versuchen Sie, Ihre Freunde von Ihren Ideen zu überzeugen?
− Welche der beiden folgenden Möglichkeiten passiert Ihnen öfter: Sie berichten Ihren Nachbarn über (Thema X) oder Ihre Nachbarn berichten Ihnen darüber?
− Haben Sie das Gefühl, dass Ihre Nachbarn Sie als einen guten Ratgeber über (Thema X) ansehen?

3.2.12.3 Two-Cycles-Ansatz

In einem weiteren Ansatz, dem Informationsfluss-Konzept (Two Cycles of Communication) wird zwischen Informationsfluss einerseits und Meinungsbeeinflussung andererseits getrennt. Der Informationsfluss erfolgt demnach nicht nur zweistufig, sondern sowohl einstufig vom Absender (Hersteller/Handel) direkt an Endabnehmer als auch zweistufig (s. o.). Die Beeinflussung erfolgt aber nur zweistufig, vom Absender an Meinungsbildner und von diesen an Endabnehmer. Man unterscheidet vor allem:

− Opinion-Givers, und zwar Meinungsbildner 2. Grades, die ihrerseits durch Meinungsbildner 1. Grades beeinflusst werden,
− Opinion-Askers als Informationssucher und aktive Informationsempfänger,
− Inactives als passive Informationsempfänger und sozial isolierte Konsumenten.

Dabei werden mehrstufige Kommunikationswege unterstellt, in denen auch Einflussbeziehungen zwischen verschiedenen Meinungsbildnern und zwischen Massenmedien und Meinungsfolgern berücksichtigt werden. Dieser parallele Informationsfluss zwischen Absender und Empfänger wird durch Simulation persönlicher Kommunikation in der Werbung (z. B. Slice of Life- und Testimonial-Ansätze), durch Stimulation interpersoneller Kommunikation über Response-Mechanismen (wie Coupons, Member get Member etc.) und aktive Teilnahme an interpersoneller Kommunikation durch Gesprächslenkung (etwa im Persönlichen Verkauf, durch Home Parties etc.) zu verstärken gesucht. Typisch sind werbliche Darstellungen, bei denen ein Meinungsbildner ein Produkt empfiehlt, die andere Person aber Zweifel an dessen

Leistungsfähigkeit anmeldet. Die Werbegemeinten versetzen sich automatisch in die Situation dieses Zweiflers. Das Produkt überzeugt durch Leistung, der Meinungsbildner ist in seiner Kompetenz gestärkt, die zweifelnde Person ist, stellvertretend für die Werbegemeinten, überzeugt.

3.2.13 Kognitive Ansätze

Die kognitiven Ansätze beschäftigen sich mit dem verstandesmäßigen Lernen anstelle des Lernens durch Repetition (S-R). Dabei wird insbesondere auf Gedächtnisinhalte zurückgegriffen. Man spricht auch von S-I-R-Modellen (I für Information). Zu diesen Ansätzen gehören das Lernen durch Einsicht, das Lernen am Modell, das Lernen durch Rezeption und das Gedächtnis als Lernspeicher.

3.2.13.1 Lernen

3.2.13.1.1 Lernen durch Einsicht

Lernen durch Einsicht, auch Lernen durch Verstehen genannt, geht von der Annahme aus, dass das Verhalten der Menschen durch die geistige Bewältigung vorhandener Situationen, vor allem durch das Erkennen deren jeweiliger Zusammenhänge, also der Ziel-Mittel-Beziehungen, gelenkt wird. Ist diese Einsicht vorhanden, können auch Situationen, die neuartig oder ungewohnt sind, rasch und erfolgreich bewältigt werden. Gewonnene Einsichten sind erfahrungsbedingt und werden im Gedächtnis abgespeichert, sodass sie für ähnliche Situationen abrufbar bleiben. Ist ein Organismus in der Lage, die in einer bestimmten Situation relevanten Kaufalternativen mit seinen Zielvorstellungen zu verknüpfen, kann er also die Konsequenzen seiner Entscheidung antizipieren und so seine Lage bewältigen. Maßstab ist ihm dabei seine Nutzenmaximierung. Es entsteht eine strukturierte Umweltwahrnehmung und Identifikation, die es erlauben, Lösungskonzepte nicht nur auf gleiche, sondern auch auf ähnliche Situationen anzuwenden. Es wird also keine Reiz-Reaktions-Verknüpfung angenommen. Dabei wird vornehmlich auf die aktuelle Problemstruktur abgestellt, gewohnheitsmäßiges Verhalten ist dadurch hingegen kaum erklärbar. Haben Konsumenten etwa den Zusammenhang zwischen Abfallaufkommen und Umweltproblematik anhand der Mehrwegverpackung bei Getränken gelernt, so können sie diesen Zusammenhang ohne weiteres auch auf den Vorteil von Nachfüllpackungen bei Waschmitteln übertragen.

3.2.13.1.2 Lernen am Modell

Lernen am Modell, auch Lernen durch Leitbild genannt, ist eher imitativ fundiert. Ein Individuum (Nachahmer) beobachtet dabei ein anderes (Modell) in einer neuartigen Situation und ahmt dessen Verhalten in ihm geeignet erscheinenden Situationen nach. Dabei geht es um die Nachahmung vorbildlicher Leitfiguren, die aus verschiedensten Bereichen des sozialen Umfelds stammen können. Beobachter lernen, die vorgeführte Verhaltenssequenz selbst auszuführen. Das Verhalten muss nicht direkt beobachtet sein, es kann auch über Medien oder durch Beschreibung vermittelt werden. Vor allem Personen mit geringer Selbstwerteinschätzung und solche, die zwischen dem Vorbild und sich selbst eine Ähnlichkeit zu erkennen glauben, zeigen hohe Nachahmungsbereitschaft. Insofern kommt es hierbei zu einer Verknüpfung mit soziologischen Aspekten. Art und Ausmaß des Erlernten sind vom Beobachter, von der beobachteten Situation und von der beobachteten Person abhängig. Der Beobachter steuert die Situation durch den Grad seiner Bereitschaft zur Aufnahme von Informationen. Die beobachtete Situation hat umso mehr Einfluss, je ähnlicher sie solchen ist, die auch für den Beobachter gelten oder gelten können. Von der beobachteten Person kann umso eher Verhalten übernommen werden, je besser dieses beobachtbar ist. Lernen stellt somit einen aktiv gesteuerten Prozess erlebter Erfahrung dar. Für das Lernen ist es jedoch nicht erforderlich, dass der Beobachtende eine Handlung selbst ausführt oder für die Nachahmung belohnt wird. Es vollzieht sich selbst ohne Verstärkung, der reine enge Zusammenhang reicht aus. Das Lernen erfolgt über bildliche und sprachliche Kommunikation, die zu dauerhaften und abrufbaren Vorstellungen vom beobachteten Verhalten führt und vom Individuum gespeichert werden kann. Wichtig sind die Aufmerksamkeit beim Betrachter, Gedächtnisleistung, Reproduktion der Ausführung und Verstärkung. Lernen erfolgt also durch die Übernahme von Gebrauchserfahrungen. Wird etwa in Redaktion oder Werbung suggeriert, die Verwendung bestimmter Kosmetika oder Kleidungsstücke führe zu erhöhter sexueller Anziehungskraft, so können Konsumenten, für die dies erstrebenswert ist, versuchen, diesen Erfolg durch Kauf dieser Produkte auf sich zu übertragen. Dabei werden leicht moralische Grenzen überschritten. So ist die Darstellung von Alkoholprodukten in Zusammenhang mit sexuellem Erfolg verboten, ebenso die Aufforderung zum Rasen mit Autos in Anlehnung an das Verhalten modellhafter Autorennfahrer. Gleichermaßen führt die Darbietung ungewöhnlicher Formen der Gewalt in den Medien zur Fähigkeit der Rekonstruktion, wobei die Ausführung von der Zweckmäßigkeit (z. B. erwartete Verstärkungen durch Bewunderung in der Gruppe) abhängt.

Diese Form des Lernens ist auch entscheidend für die Sozialisation des Menschen. Er lernt von frühester Kindheit an, Bezugspersonen, im Regelfall die Eltern, als Modelle zu beobachten und nachzuahmen. Oder sich, als Ausdruck des Protests, von diesen abzusetzen. Sozialisation betrifft das Erlernen von sozialen Spielregeln, deren Verinnerlichung erfolgt durch Internalisierung. Das daraus resultierende Handeln kann zweckrational, d. h. auf Erfolg gerichtet, wertrational, d. h. auf Erhaltung von Moral, Sitte, Anstand gerichtet, affektional, d. h. gefühlsmäßig und spontan, oder traditional, d. h. gewohnheitsmäßig wie immer, sein.

3.2.13.1.3 Lernen durch Rezeption

Weiterhin gibt es das Lernen durch Rezeption (wie in der Schule). Es ist im Unterschied zum Lernen durch Einsicht oder am Modell kein unbeabsichtigtes Lernen, sondern die bewusste Informationsaufnahme, Datenverarbeitung und Verhaltensänderung. Dieses erfolgt durch Unterweisung und ist von der Intelligenz abhängig. Intelligenz drückt sich in räumlichem Vorstellungsvermögen, Auffassungsgeschwindigkeit, Rechengewandtheit, Sprachverständnis, Wortgewandtheit, Gedächtnis und Schlussfolgerungen aus. Im Marketing führt dies zu, meist pseudowissenschaftlichen, Erklärungen, so über die Entstehung und die Gefahren von Parodontose und die Möglichkeiten zu ihrer Vorbeugung. Dabei wird darüber referiert, dass Zahnverlust weniger durch Karies, sondern vielmehr durch Zahnfleischschwund verursacht ist, dass dieser schmerzlos und unmerklich vonstatten geht, aber irreversibel ist. Dadurch lockern sich Zähne und fallen schließlich aus. Dagegen hilft nur regelmäßige Pflege mit der richtigen Zahncrememarke (in diesem Fall Blend-a-med). Diese Art der Penetration empfiehlt sich freilich nur für Produktgruppen, die, weil sie Low Interest sind, einer hohen Kompetenzabsicherung zur Dramatisierung bedürfen (wie bei Zahncremes durchaus gegeben, zu denken ist aber auch an Tiefbrühen bei Filtertüten/Melitta oder Gefrierbrand bei Frischhaltefolie/Toppits).

3.2.13.2 Gedächtnis

Das Gedächtnis hat die Fähigkeit, Ereignisse zu behalten und mehr oder weniger originalgetreu zu reproduzieren. Von Datenspeichern, die in diesem Sinne auch ein Gedächtnis haben, unterscheidet sich das menschliche Gedächtnis dadurch, dass Ereignisse nicht nur passiv abgespeichert, sondern auch aktiv bearbeitet werden können. Denken besteht im Einzelnen aus Beurteilen, Ordnen, Abstrahieren, Weiterentwickeln. Es bedarf zum Erinnern, Umstrukturieren, Schlussfolgern jedoch nicht des Rückgriffs auf aktuelle Wahrnehmungen, sondern wird aus Gedächtnisinhalten gespeist. Denken ist von den Denkumständen, also situativen Faktoren wie Zeitdruck, Sozialdruck etc. abhängig, sowie von Produktkategorien in Bezug auf deren Neuigkeit, Wert, Kauffrequenz, Verwendungsdauer, Verwendungszweck etc. und den Prädispositionen, also Risikoneigung, Impulshaftigkeit, Informationsbedürfnis, Ich-Beteiligung etc.

Das Gedächtnis hebt auf Informationsverarbeitungsprozesse im Lang- und Kurzzeitgedächtnis der Käufer ab. Das heißt, zwischen Stimulus (z. B. Packung) und Reaktion darauf (z. B. Kauf) werden verstandesmäßig gesteuerte Prozesse gesehen (z. B. Bewusste Informationsverarbeitung), die den Zusammenhang erklären. Dazu bedarf es der Informationsgewinnungsaktivitäten der Käufer.

3.2.13.2.1 Gedächtnisstruktur

3.2.13.2.1.1 Mehrspeichermodell

Interessant ist, wie Gelerntes im Gedächtnis abgespeichert wird und wie Informationen und Persönlichkeit interagieren. Dafür gibt es mehrere Ansätze. Ausgangspunkt des Mehrspeichermodells ist eine unstreitig unübersehbare Flut von Informationen optischer, akustischer, haptischer, olfaktorischer und degustativer Art. Das Mehrspeichermodell, das wohlgemerkt nicht physiologische Gegebenheiten im Gehirn darstellt, gliedert das Gedächtnis, allerdings nicht ganz überschneidungsfrei, in zwei Speicher mit sehr großer Aufnahmekapazität und eher begrenzter Speicherdauer sowie einen Speicher mit begrenzter Kapazität und langer Speicherdauer, oder genauer, in Langzeit-, Kurzzeit- und Ultrakurzzeitgedächtnis der Käufer. Es stellt dar, wie Informationen auf zwei Wegen, durch die Umwelt und durch das Gedächtnis, zur Verarbeitung gelangen. Der Ultrakurzzeitspeicher dient der Informationsaufnahme, der Kurzzeitspeicher der Informationsverarbeitung und der Langzeitspeicher der Informationsablage.

Im **Ultrakurzzeitgedächtnis** (sensorischer Informationsspeicher/SIS) werden Eindrücke nur kurzzeitig zwischengespeichert und zu Reizkonstellationen kombiniert (z. B. optische und akustische Signale). Dies erfolgt durch Umwandlung der Reizkonstellation in bioelektrische Signale und deren Weiterverarbeitung. Dazu bedarf es noch keiner gerichteten Aufmerksamkeit, d. h., es werden beliebige Signale aufgenommen. Die Speicherkapazität ist dort sehr groß und die Zugriffsgeschwindigkeit sehr hoch. Die Speicherdauer liegt allerdings unter einer Sekunde, erste kognitive Weiterverarbeitungsprozesse bei als relevant erachteten Reizen werden eingeleitet. Dies betrifft vor allem die Weiterleitung an den Kurzzeitspeicher. Der Ultrakurzzeitspeicher betrifft also nur die Aufnahme von Informationen.

Dann erfolgt die Weiterleitung an das **Kurzzeitgedächtnis** (Kurzzeitspeicher/KZS). Dort werden die Reize in Abhängigkeit vom Aktivierungspotenzial ausgewählt und zu gedanklich verarbeiteten Informationen umgewandelt. Je nach Bedeutung, die im Wesentlichen auf Rückgriff auf Erfahrung beruht, werden mehr oder weniger Informationen gespeichert und miteinander verknüpft. Irrelevante Reize werden hier bereits gelöscht, denn die Kapazität dieses Speichers ist eng begrenzt. Durch Memorieren kann die Verweilzeit von normalerweise einigen Sekunden bewusst (auf bis zu 15 Sekunden) verlängert werden, um Reize zu entschlüsseln und in kognitiv verwertbare Informationen umzuwandeln, mit weiteren Informationen in Beziehung zu setzen und zu größeren Informationseinheiten zu organisieren. Die Verarbeitung umfasst also die Verdichtung der Informationseinheiten, ihre Verknüpfung mit bereits vorhandenen Informationen, den Zugriff auf abgespeicherte Informationen und die Steuerung des beobachtbaren Verhaltens. Der Kurzzeitspeicher ist zugleich ein Arbeitsspeicher (aktives Gedächtnis) und die zentrale Einheit zur Informationsanalyse. Dabei werden relativ kleine Informationsmengen kurzfristig gespeichert, durch Denkprozesse verarbeitet und auf das Wesentliche reduziert. Die Funktionen werden teils unbewusst durchgeführt. Die einzelnen Verarbeitungsmöglichkeiten umfassen also neben dem Memorieren:

– das Kodieren von Informationen, d. h. Verdichtung der Informationseinheiten und Weiterverarbeitung des Sinninhalts,
– das Verknüpfen neuer mit im Gedächtnis bereits vorhandenen Informationen,
– den Zugriff auf im Gedächtnis abgespeicherte Informationen,
– die Steuerung beobachtbaren Verhaltens als Umsetzung.

Im **Langzeitgedächtnis** (Langzeitspeicher/LZS) werden die verarbeiteten Informationen langfristig gesichert. Es kommt jedoch zum Absinken (in Abhängigkeit von der Zeit) oder zur Überlagerung (in Abhängigkeit von der Eindrucksstärke) der Daten, sodass diese im Entscheidungszeitpunkt nicht mehr verfügbar sein können, obwohl sie rein biologisch noch vorhanden sind. Hilfreich sind hier Ähnlichkeit, Kontrast und Kontinuität von Reizen. Außerdem haben mehrkanalige Signale eine höhere Chance der Erinnerung als einkanalige. Der Langzeitspeicher ist als aktives Netzwerk zu verstehen, das aus Knoten und gerichteten Verbindungslinien besteht. Die Knoten stehen für Objekte und Objekteigenschaften bzw. Ursachen und Ereignisse, wie Begriffe, Situationen etc., die Verbindungslinien geben die Beziehungen zwischen diesen Knoten nach Art, Richtung und Intensität an. Der Langzeitspeicher betrifft also die Ablage von Informationen.

Einiges spricht dafür, dass die Speicher nicht so eindeutig abgrenzbar sind, wie hier modellhaft dargestellt. Daher sind Prognosen kaum möglich. Dennoch kann eine Pyramide wie folgt unterstellt werden. Die Grundgesamtheit stellen alle Informationen über alle Angebote dar, die jedoch so zahlreich sind, dass sie sinnlich nicht erfasst werden können. Durch Anbieterkommunikation wird daraus die übermittelte Information, welche die Sinnesorgane erreichen kann. Durch selektive Wahrnehmung kommt jedoch nur ein Ausschnitt relevanter Information (Umsetzung) im SIS an. Daraus werden die wichtigen Informationen identifiziert und in den KZS überführt (dabei hilft ein prägnantes Positioning). Von diesen Informationen wird wiederum nur ein Teil im LZS gespeichert, und zwar in Abhängigkeit von Impact und Frequenz der Botschaften. Dort wiederum sind nur Teile der Information auch tatsächlich abrufbar, wenn akuter Bedarf danach besteht. Von diesen wiederum ist nur ein Teil wirklich objektiv zutreffende Information in Bezug auf Marke und Anbieter. Doch allein diese, übrig bleibende Information entscheidet letztlich über Kauf oder Nichtkauf von Produkten, sogar über die Existenz von Unternehmen.

Wenn es so ist, dass nur ein Teil der Informationen, die wahrgenommen werden, ins Ultrakurzzeitgedächtnis gelangt, und von diesen nur ein Teil ins Kurzzeitgedächtnis, und von diesen wiederum nur ein Teil ins Langzeitgedächtnis, worauf es allein ankommt, dann stellt sich im Marketing die Frage, wie Kommunikation beschaffen sein muss, die eine möglichst hohe Chance hat, diese Filter zu überwinden. Dafür gibt es zwei Erfolg versprechende Ansätze.

Möglichst ungewöhnliche, kreative Kommunikation wird eher kognitiv wahrgenommen als andere (SIS), im Kurzzeitgedächtnis als neuartig qualifiziert und, falls relevant, im Langzeitgedächtnis auch verankert. Damit ist kreative Kommunikation ein sicherer Weg ins Gedächtnis, vorausgesetzt, die Botschaft wird als relevant erachtet, also nicht ungezielte Kreativität, sondern punktgenaue Umsetzung. Dieser Weg wird in der Werbung, oft von Marktherausforderern eingeschlagen, die nicht über genügend Budgetmittel verfügen, den Marktführer qua Penetration zu überholen, aber eine Chance sehen, durch eine spektakulärere Umsetzung mangelnde Masse mindestens wieder auszugleichen. Das gelingt aber nur dann, wenn die Relevanz beachtet wird. Dies ist leider in vielen Fällen nicht gegeben (z. B. Kampagnen für Mode, Sportartikel, Duftwasser, Kosmetik).

Möglichst häufige Wiederholung wird unvermeidlich irgendwann kognitiv wahrgenommen (SIS), im Kurzzeitgedächtnis als ähnlich mit bereits unbewusst wahrgenommenen Informationen qualifiziert und, falls angenehm, im Langzeitgedächtnis verankert. Danach ist also Form und Inhalt der Kommunikation eher sekundär, es kommt vielmehr auf die Steigerung der Durchsetzungschancen durch viele Kontakte an. Dieser Weg wird in der Werbung oft von Marktführern eingeschlagen, die erstens über genügend Budgetmittel verfügen, um Penetration erreichen zu können, und zweitens ein höheres Sicherheitsbedürfnis haben, das mit neuartigen, risikoreichen Umsetzungen nicht vereinbar ist. Dies gilt vor allem für Low-Interest-Produkte, für die anderweitig kaum Aufmerksamkeit und Interesse zu erzielen sind (z. B. Wasch- und Reinigungsmittel, Papierwaren, Hygieneprodukte).

Die **Theorie der Verarbeitungsebenen** geht wegen der Überschneidungen der einzelnen Speicher nicht von diesen, sondern stattdessen von Verarbeitungsprozessen aus, die verschiedene Tiefen haben können. Tiefe Verarbeitung liegt z. B. vor, wenn ein Objekt intensiv interpretiert und kategorisiert wird, flache Verarbeitung, wenn es nur oberflächlich wahrgenommen wird.

Ein weiterer Ansatz ist die **Hemisphärentheorie**, wonach die beiden Hirnhälften ganz verschiedenartig angelegt sind und die rechte Hirnhälfte eher holistische (ganzheitliche) Informationen verarbeitet. Das Denken ist eher unbewusst, intuitiv, imaginativ, konzeptionell, das Handeln mitfühlend, musisch, mitteilsam und emotional. Schwerpunkte sind analoges Denken, Visualität, Körpersprache, Rhythmus, Räumlichkeit, Stimulanz. Die linke Hirnhälfte ist dann für rationale (analytische) Denkoperationen zuständig (diese Angaben gelten für Rechtshänder). Das Denken ist logisch, linear und quantitativ, das Handeln strukturiert, kontrolliert, auf Fakten ausgerichtet und geplant. Schwerpunkt sind digitales Denken, Sprache/Lesen, Organisation, Mathematik, Planung, Details. Oder kurz: Links sitzt die Verwaltung, rechts die Kreativität.

3.2.13.2.1.2 Biostruktur

Im Folgenden soll exemplarisch auf einen weiteren Ansatz eingegangen werden, die Biostruktur. Dieser Ansatz wird in vielen Branchen der Konsumgüterindustrie, wie Automobilhersteller, Mineralölkonzerne etc., weit verbreitet im Rahmen der internen und externen Kommunikationsmaßnahmen. Das menschliche Gehirn kann demnach anthropologisch in drei Primärbereiche unterteilt werden, die zugleich Schlüssel zum Verständnis vielen Marktgeschehens sind. Es handelt sich um das:

- Stammhirn (R-Komplex/Limbisches System). Es steuert die unbewussten Lebensvorgänge, also »automatische« Gewohnheiten, Gefühle, Stimmungen, Instinkte etc.
- Zwischenhirn (Hypothalamus). Ihm entspringen spontanes Reagieren, Antriebskräfte, Betätigungsdrang, Statusbewusstsein, Selbstbehauptung etc.
- Großhirn (Großhirnrinde/Neocortex). Es ist zuständig für rationale Logik, planvolle Vorausschau, systematische Ordnung, Abstraktionsvermögen etc.

Unterschiedliche Reaktionen von Personen in gleichen Situationen resultieren u. a. aus der individuell verschiedenen Verteilung dieser drei Primärbereiche. Zwar arbeiten immer alle Gehirnteile zusammen an der Entscheidungsfindung und Verhaltensbestimmung, aber je nach »Gehirntyp« dominiert jeweils ein Primärbereich. Charakteristisch sind dafür die folgenden Kennzeichen.

Das **Stammhirn** steuert über starre Programme Begierden, auch den Arterhaltungstrieb, und fungiert darüber hinaus als Erfahrungsspeicher. Stammhirndominierte suchen daher instinktiv soziale Kontakte (Gesellungstendenz), Geborgenheit (menschliche Wärme), Sympathie (wollen beliebt sein). Gemäß ihren Erfahrungen orientieren sie sich an Vertrautem (Vergangenheitssicht), meiden möglichst jedes Risiko und neigen zu konservativem Sicherheitshandeln. Im Zweifel verlassen sie sich auf ihre Intuition, ihren Spürsinn und treffen reinrassige »Bauchentscheidungen«. Stammhirndominanz steht also für gesellige Kontakte, lebhaftes Interesse an Menschen und ihren Eigenheiten. Die Kontaktaufnahme fällt leicht, da andere, angezogen durch Ausstrahlung und Sympathie, entgegenkommen und aufnahmebereit sind.

Stammhirndominierte suchen beim Kauf Wohlbehagen, Gediegenheit und Beständigkeit. Demotivierend wirkt alles, was Probleme und Schwierigkeiten verheißt, demnach alles Ungewohnte, Unerprobte, Neuartige. Dieser Personenkreis steht Experimenten daher ablehnend gegenüber. Statt dessen gelten Bequemlichkeit, Gewohnheit, Tradition als vorherrschende Ordnungsmuster. Im Konsum wird Gemeinsamkeit mit Anderen gesucht, ein »Wir«-Gefühl. Abweichung von Gruppennormen wird vermieden, Sicherheit in Konformität und Harmonie mit möglichst vielen Anderen gesucht. Meinungen, Erfahrungen von Freunden, Bekannten spielen eine große Rolle bei der Präferenzbildung. Ebenso vertrauensvolle Berater und Medien. Das gesprochene Wort rangiert über dem geschriebenen. Ein Kaufanstoß geht meist von den Umständen aus, z. B. bei Ersatzbedarf, oder der sozialen Umgebung, z. B. durch Empfehlung. Druck erzeugt dabei Kaufwiderstand. Nach dem Kauf ist die Bestätigung der Richtigkeit der getroffenen Entscheidung wichtig. Gewohnheitsdenken und Abneigung gegen neue Entscheidungen führen zu Markentreue. Und Markenartikel bieten implizit mehr Sicherheit, die den Mehrpreis Wert ist.

Das **Zwischenhirn** bringt Freund-Feind-Schemata hinzu, fordert Distanz und Willensstärke. Zwischenhirndominierte sind daher von Emotionen und Spontanreaktionen gesteuert, leben Aggressionen aus, sind ehrgeizig, stellen sich kompromisslos dem Wettbewerb und der sich daraus ergebenden Hierarchie. Allein mit dem Ziel, im Mittelpunkt und selbst ganz oben zu stehen. Die dazu erforderliche Dynamik und Entschlusskraft führt zu pragmatischen Problemlösungen (Gegenwartssicht). Für Zwischenhirndominanz ist der Wunsch charakterisierend, im Mittelpunkt zu stehen und die (intellektuellen) Kräfte mit Anderen zu messen. Verstellung und Diplomatie kommen dabei zu kurz. Führungsstärke und Willensdrang gewähren schnell natürliche Autorität. Allerdings besteht auch die Gefahr zu leerer Hektik, Imponiergehabe und Vorurteilen.

Zwischenhirndominierte kaufen eigentlich Erfolgserlebnisse. Produkte werden in erster Linie danach bewertet, ob sie geeignet sind, den persönlichen Erfolg zu steigern. Dementsprechend wird alles Alltägliche, Herkömmliche als langweilig disqualifiziert. Argumente also, die Stammhirntypen entgegen kommen, stoßen Zwischenhirntypen geradezu ab. Sie suchen positive Abhebung von Anderen, wollen größer, schneller, besser sein als diese. Deshalb sind sie oft Trendsetter und Konsumpioniere. Faszination geht von Produktdemonstration und konkretem Erleben aus. Vergleichsdaten spielen als »Benchmarks« eine große Rolle. Kaufimpulse resultieren aus der animierenden Atmosphäre des Augenblicks. Langes Abwägen ist verzichtbar. Spontane Begeisterung für ein Angebot wird oft schnell durch noch größere für ein anderes abgelöst. Daraus folgt wenig Markentreue, oft handelt es sich um Wechselkunden.

Das **Großhirn** ist wiederum ganz anders strukturiert, zwingt zu interpretativer Analytik mit Planung der Zusammenhänge und Prüfung möglicher Alternativen sowie lästigem Perfektionismus. Großhirndominierte halten daher soziale Distanz, sie zeichnet Kritikbewusstsein mit der Absicht fortschreitender Verbesserung von Lösungen aus (Zukunftssicht). Sie sind sensible Individualisten, die sich und Anderen das Leben schwerer machen als es auf den ersten Blick nötig wäre. Kennzeichnend für Großhirndominanz ist der zurückhaltende Kontakt zu Fremden, der »Verletzungsgefahren« birgt, ebenso wie das distanzierte Verhältnis zu sich selbst, das oft Ironie und Sarkasmus verbreitet. Überpünktlichkeit, Vorsorgedenken und abwägende Vorsicht sind weit verbreitet.

Großhirndominierte kaufen Perfektion, suchen immer und überall das günstigste Preis-Leistungs-Verhältnis oder gleich die anspruchsvollste Lösung, auch wenn das zeitraubend und anstrengend ist. Sachfremde Argumente wie Design, Farbe, Prestige, Sympathie zum Verkäufer, Nähe der Geschäftsstätte etc. sind sekundär. Jene Signale also, für die Zwischenhirntypen offen sind, laufen hier ins Leere. Standardlösungen werden als nicht gut genug deklassiert, Extravaganzen als nicht vernünftig genug abgelehnt. Kennziffern und Fakten dienen der Alternativenbewertung, Angebotsvergleiche schaffen Überblick. Werbung wird als nicht objektiv und unkritisch abgewertet. Spontankäufe sind selten. Meist wird nach dem Entscheidungsbaum-Verfahren durch Aussonderung weniger geeigneter Alternativen und Verfolgung leistungsfähigerer Pfade vorgegangen. Die Bindung an ein Angebot ist durchweg rein rational, der Kauf ist Zweckkauf.

Praktisch hinsichtlich aller verhaltensrelevanten Dimensionen ergeben sich also erhebliche Unterschiede im Wirkpotenzial. Das bedeutet, ein und dasselbe Argument kann bei verschiedenen Personengruppen zu ganz unterschiedlichen Reaktionen führen. Die Dominanz eines dieser Primärbereiche hat keinerlei qualitative Wertung zum Inhalt, sondern leitet sich allein aus der Evolution des Menschen her. Daraus ergeben sich allerdings unmittelbar Käufercharakterisierungen.

> Hier spielt der **Technikaspekt** eine große Rolle. Dabei muss man berücksichtigen, dass Stammhirndominierte von Natur aus ein distanziertes Verhältnis zur Technik haben, sie für kompliziert, störanfällig, problemvoll und widerspenstig halten. Daraus resultiert der Wunsch nach bewährter, ausgereifter Konstruktion und reibungslosem Funktionieren. Sowie ein Desinteresse daran, wie diese Leistung technisch im Einzelnen zustande kommt. Eine Auslobung in Bezug auf oben liegende Nockenwelle, Ladeluftkühler, Kennfeldzündung etc. geht in diesem Fall völlig fehl. So stolz ein Hersteller darauf im Einzelfall zu Recht auch sein mag. Selbst viele Bedienungselemente und Anzeigeinstrumente schrecken ab, indizieren sie doch Komplexität. Dagegen sind Servicefreundlichkeit, Wartungsfreiheit, lange Inspektionsintervalle hoch relevant. Anders sind die Erwartungen bei Zwischenhirndominierten.

Hier ist Technik Fortsetzung der Physis mit anderen Mitteln. Hochleistung muss nach außen hin signalisiert werden, Kilowattwert, Beschleunigung und Höchstgeschwindigkeit sind wichtig. Hoch erwünscht ist eine ausführliche Technikauslobung, die materielle Überlegenheit belegt. Gleiches gilt für Großhirndominierte. Jedoch nicht im Sinne vordergründiger Angabe, sondern möglichst raffinierter, reizvoller, ingeniöser Umsetzung. Damit einher geht eine höhere Preisbereitschaft für Lösungen nach dem neuesten Stand der Technik (State of the Art). In Bezug auf das Kriterium Wirtschaftlichkeit sind Stammhirndominierte oft bereit, für mehr Qualität auch mehr zu investieren, um später Ärger und Risiken zu vermeiden. Geringe Reparaturanfälligkeit und dichtes Kundendienstnetz sind daher gute Argumente, in geringerem Maße auch praktische Ausstattung oder niedriger Verbrauch. Zwischenhirndominierte sind durch ihre stark emotionale Triebkraft weniger für Ökonomieargumente aufgeschlossen. Im Gegenteil, etwaige Unwirtschaftlichkeiten werden durch dialektische Umgewichtung wegargumentiert. Wobei im Einzelfall sportlicher Ehrgeiz in Verhandlungstaktik und Preisgespräch gelegt wird, aber nicht aus Sparsamkeitsgründen, sondern wegen des Erfolgserlebnisses. Großhirndominierte sind demgegenüber prinzipiell sparsam veranlagt. Das liegt an ihren hohen Ansprüchen, die nur bei diszipliniertem Ausgabenverhalten finanzierbar sind. Hier schlagen Preis-Leistungs-Argumente am ehesten durch, weniger absolute Preisgünstigkeit oder Ausprägungen verzichtbaren Luxus mit Aufpreisfolge.

Man weiß schon lange um die Bedeutung von **Farbe und Design** für Automobilkäufer. Viele Fahrzeuge sehen wirklich nur gut in Rot aus oder ganz von vorn betrachtet. Für Stammhirndominierte geht Farbe vor Form. Und beides gemeinsam vor Technik und Sparsamkeit. Es wird auf ein gefälliges Äußeres geachtet, unaufdringliche Farben, konventionelle Formen. Beides vertraut und weit verbreitet anzutreffen. Zwischenhirndominierte haben hingegen ein Faible für kräftige, aggressive Farben und starke, gewagte Kontraste. Auch das Design soll auffällig und ausgefallen sein, eher kantig-markant als weich-fließend. Allenfalls aktuelle Modeeinflüsse können dies verändern. Davon sind Großhirndominierte wiederum völlig frei. Sie sind farbenscheu, meiden grelle, kräftige Farben, bevorzugen blau, schwarz, weiß. Starke Kontraste wirken auf sie ebenso irritierend wie überzogene Formen, denn Funktion bestimmt Form. Extravaganzen werden nur insofern akzeptiert, als es dafür plausible Gründe gibt, und die Leistungsfähigkeit dadurch nicht beeinträchtigt wird.

Betrachtet man das **Sicherheitsargument**, so verdrängen Stammhirndominierte gern die Möglichkeit eines Unfalls, werden durch Crashtest-, Knautschzonen- und Sicherheitskäfig-Argumente nur abgeschreckt. Vergleichsweise harmlose Details wie Kindersicherung, Lenkradpolsterung oder Kopfstützen bleiben in der Auslobung unverfänglicher. Zwischenhirndominierte sind demgegenüber risikofreudig. Passive Sicherheitselemente wie die zuletzt genannten, überzeugen sie nicht. Sie sprechen lieber von aktiver Sicherheit, reagieren auf Spurtschnelligkeit zum zügigen Überholen, auf Allradantrieb in Extremsituationen oder sportive Fahrwerkstechnik. Großhirndominierte sind sowohl für passive wie aktive Sicherheit zu begeistern, weil sie sachlich kühl die Gefahr eines Unfalls einkalkulieren und für diesen Fall gut geschützt sein wollen. Was sie nicht akzeptieren, sind Funktionseinschränkungen durch ein Übermaß an Sicherheit, wie große Außenabmessungen, hohes Fahrzeuggewicht, breite Stoßfänger etc., oder überharte Sportlichkeit, wie straffe Dämpfung, hohe Lenkkräfte, geringe Bodenfreiheit etc.

Komfort wird von Stammhirndominierten eher in Richtung bequem, kommod, entlastend interpretiert, weniger in Richtung luxuriöser Details. Sie sind vergleichsweise anspruchslos, akzeptieren aber keine Komfort beeinträchtigenden Merkmale wie kurze Federwege. Zwischenhirndominierte schätzen Sportlichkeit höher ein als Komfort. Asketische Innenausstattung ist ihnen lieber als Luxus oder Plüsch, harte Federung besser als weiche, ABS wichtiger als Getriebeautomatik. Großhirndominierte sind Komfort betont nicht i. S. v. vordergründiger Gemütlichkeit (wie Stammhirntypen) oder von Fahrerlebnis (wie Zwischenhirntypen), sondern i. S. v. Konzentration auf das Wesentliche, das aber bestmöglich umgesetzt. Wobei lästige Nebeneffekte leicht irritierend wirken (wie Windgeräusche, Auspuffröhren, Sichtbehinderung etc.), zeugen sie doch von konstruktiven Unvollkommenheiten.

Stammhirndominierte brauchen viel **Raum** im Automobil, da das Fahrzeug für sie eigentlich ein Heim auf Rädern darstellt. Entsprechend sind die Ansprüche an großen Stauraum, bequemen Einstieg, üppige Beinfreiheit im Fond etc. Zwischenhirndominierte sind in Bezug auf das Raumangebot unkritisch, insofern auch für Raumargumente nicht zu begeistern. Bei den gewünschten großen Außenabmessungen ist genügend Platz ohnehin häufig vorhanden, bei markigen Sportwagen ist die Funktion wichtiger und werden Kompromisse daher gern eingegangen. Großhirndominierte sehen im Auto im Grunde ein Fluchtmittel. Viele Personen auf engem Raum sind ihnen ein Greuel. Also sollte Marketing möglichst keine voll besetzten Fahrzeuge zeigen oder mit Platz für viele Personen argumentieren.

Zubehör schließlich wirkt auf Stammhirndominierte attraktiv, wenn es Annehmlichkeiten mit sich bringt, wie Schiebedach, Bodenteppich, Ablagefläche etc. Technische Zusatzausrüstung wird demgegenüber gering geschätzt. Umgekehrt verhält es sich bei Zwischenhirndominierten. Hier ist pseudosportliches Zubehör gefragt, wie Spoiler, Breitreifen, Drehzahlmesser, Extrascheinwerfer, LM-Felgen etc., alles hauptsächlich aus Imponiergehabe. Großhirndominierte setzen demgegenüber eher auf Understatement. Demnach ist Zubehör nur insofern willkommen, als es sachliche Vorteile bietet, aber nicht unangenehm auffällt (z. B. Klimaanlage, Airbag, Diebstahlsicherung). Das geht bis zur Demontage der herstellerseitigen Typenbezeichnung als unnützer Verzierung, wie man dies allseits beobachten kann.

Die Dominanz eines der Primärbereiche hat keinerlei qualitative Wertung zum Inhalt, sondern leitet sich allein aus der Evolution des Menschen her. Ganz grob und beinahe unzulässig vereinfacht datiert die Entwicklung des Stammhirns aus der anthropologischen Phase der Trennung von Hominiden in die späteren Menschen und Menschenaffen. In dieser Zeit suchten die Primaten die Erschließung neuer Nahrungsquellen, mussten aber gleichzeitig darauf achten, nicht selbst Opfer wilder Tiere zu werden. Daraus ist vor allem das Motiv des Schutzes zu erklären. Dabei war die Aufrichtung des Körpers zur Überschauung der Steppe nach Nahrungsquellen, Wasserläufen, aber auch Feinden von großem Vorteil. Der aufrechte Gang setzte sich im Zuge der Adaptation überlegener Verhaltensweisen durch. Damit verbunden war die Möglichkeit, die Arme »frei« zu bewegen. Diese konnten dann Werkzeuge halten, aber auch Waffen zur Selbstverteidigung. Und schließlich Offensivwaffen zur Hatz auf Wild. Die Vorfahren des Menschen deckten ihren Nahrungsbedarf verstärkt als Fleischfresser, was ihnen wohl den entscheidenden Durchbruch in der Entwicklungsgeschichte verschaffte. In dieser Phase entwickelte sich das Zwischenhirn. Es bildeten sich die ersten Sozialgruppen mit der Notwendigkeit zu gesellschaftlicher Einordnung, unterschiedliche Talente führten zur Arbeitsteilung, aber auch zum Wettbewerb untereinander und zur Hierarchiebildung. Daher die Motive der Jagd, des Vorsprungs vor anderen, der Antinomie. Die komplexen Beziehungen der Stammesangehörigen erforderten schließlich eine Sesshaftwerdung. Nicht mehr alle Gruppenmitglieder gingen auf Jagd, einige wurden Verwalter der Vorräte, betreuten die Waffenherstellung, planten Jagdzeiten und -gebiete, legten dazu Taktiken zurecht. Dies setzte logisches Vorgehen, überlegte Abwägung und Antizipation alternativer Konsequenzen voraus. In dieser Phase entstand im Zuge des allgemeinen Hirnvolumen-Wachstums das Großhirn. Daher die Talente der Analyse, Planung und Organisation.

3.2.13.2.2 Vergessen

Dem Behalten steht allerdings unweigerlich das Vergessen entgegen. Vergessen geht anfangs sehr rasch vor sich, nimmt aber mit der Anzahl der verstrichenen Zeiteinheiten immer mehr ab. Dafür gibt es zwei Ansätze.

Nach der **Theorie des autonomen Verfalls** löschen sich die zeitlich am Weitesten zurückliegenden Informationen aus. Das bedeutet, die Erinnerung eines Stimulus ist abhängig von dem Zeitabstand zwischen Wahrnehmung und Abruf der Information. Demnach ist es bedeutsam, eine hohe Penetration von Botschaften (z. B. durch hohe Kontaktintensität in der Werbung) zu erreichen, wobei die Impactstärke dann sekundär ist (z. B. kurze Reminder-Spots). Vergessen ist insofern ein rein passiver Vorgang als Funktion der Zeit. Die gestalterische Qualität der Botschaft hat demnach keinen Einfluss auf das Behalten. Dem folgt die allbekannte Hypothese, wonach Budget gute Ideen zu substituieren vermag, denn danach hat derjenige Absender die besten Aussichten, der den geringsten zeitlichen Abstand zwischen Botschaft und Kaufentscheid hat, weitgehend unabhängig von der Eindrucksqualität. Dies stellt einen impliziten Nachteil etwa für gebührenfinanzierte Hörfunksender dar, die relevante Zielgruppen aufgrund zeitlicher Werbebeschränkungen seltener erreichen und daher mit ihrer Botschaft einen vergleichsweise größeren zeitlichen Abstand zum Kaufentscheid hinnehmen als andere. Für die Botschaftsgestaltung bedeutet dies, dass es weniger auf herausragende Kreativität ankommt als auf Schaltfrequenz. Dass dies nicht ohne Wirkung bleibt, beweisen die geschmacklich zurecht umstrittenen Werbemittel für diverse Waschmittelmarken, die im Gedächtnis jedoch so verhaftet sind, dass sie in der konkreten Kaufsituation zweifellos präsent sind, wohingegen ob ihrer kreativen Umsetzung hoch gelobte Werbemittel mangels Nachhaltigkeit schnell in Vergessenheit geraten.

Nach der **Interferenztheorie** geht im Gedächtnis zwar nicht die Information selbst, wohl aber der Zugriff auf deren Speicherplatz durch Überlagerung anderer Signale verloren. Das bedeutet, die Erinnerung eines Stimulus ist abhängig von der Impactstärke anderer, in unmittelbarer zeitlicher Umgebung befindlicher Stimuli. Dabei kann es zu einer proaktiven Hemmung durch Informationen vorher oder zu einer retroaktiven Hemmung durch Informationen nachher kommen. Demnach ist es bedeutsam, impactstarke werbliche Umsetzungen zu nutzen, um die Beeindruckungswirkung konkurrierender Reize zu übertreffen (z. B. durch hohe Ziel gerichtete Kreativität). Vergessen ist hierbei ein aktiver Vorgang als Funktion der Konkurrenz. Dies ist in der Kommunikation von hoher Bedeutung etwa bei Klassischen Werbemitteln. Die einzelne Anzeige, der einzelne Hörfunk- oder Fernsehspot steht immer in Konkurrenz zur Umgebung der anderen Werbemittel, also der weiteren Anzeigen in der Zeitschrift/Zeitung, der weiteren Spots im Hörfunk- oder Fernsehwerbeblock auch zu den vorhergehenden und nachfolgenden redaktionellen Inhalten. Daraus folgt, dass die Behaltenschance umso geringer ist, je mehr und eindrucksvollere Informationen in dieser Umgebung stattfinden, also je mehr Anzeigen im Heft oder je mehr Spots im Werbeblock vorhanden sind, aber auch je impactstärker das redaktionelle Umfeld ist. So bewirken hochwertig gemachte Zeitschriftenbeiträge, vor allem mit hohem Fotoanteil, eine implizite Abwertung von Anzeigen, da Letztere als weniger impactstark erlebt werden als Erstere. Sogar Einfügungen wie die beliebten Mainzelmännchen im ZDF beeinträchtigen danach die Wirksamkeit der vorher und nachher geschalteten Spots, weshalb werbefinanzierte Sender konsequent auf solche Gimmicks, welche die Leistung für ihre Kunden gefährden, verzichten.

Die Wahrheit wird wohl zwischen beiden Polen liegen, d. h., es kommt sowohl darauf an, eine hinreichende Nachhaltigkeit in der Verbreitung von Botschaften zu gewährleisten, um stets präsent zu sein, als auch in der Umsetzung möglichst merkfähig zu bleiben. Wer beides zusammen schafft, ist hier beinahe unschlagbar.

3.2.14 Situative Faktoren

Neben den soziologischen, psychologischen und kognitiven Einflussgrößen stellen sich beim Kaufverhalten aber auch zunächst banal erscheinende Umfeldfaktoren dar, die umfassend als situative Faktoren bezeichnet werden. Dabei handelt es sich um solche, die aus den äußeren Einflüssen der Kaufsituation entstehen. Beispielhaft dafür seien im Folgenden genannt:

- **Physische Umgebung**, wie Geräusch, Licht, Klima, räumliche Lage, Dekoration etc. In neuerer Zeit wird u. a. die Einkaufsatmosphäre in der Geschäftsstätte dahingehend untersucht, inwieweit sie Einfluss auf Art und Ausmaß von Käufen hat. Die Hypothese ist dabei, dass anregende atmosphärische Bedingungen kaufstimulierend wirken. Dem folgen etwa die aufwendigen Einkaufspassagen an den besten Standorten der Großstädte. Im Einzelnen gibt es weitere Beeinflussungsmöglichkeiten. So werden Duftstoffe, etwa bei Einsprühen von Leder, genutzt, um gerade unterhalb der Wahrnehmungsschwelle penetriert, weitgehend unbewusste Kaufimpulse zu setzen. Geräusche werden etwa im Rahmen der Hintergrundmusik am Handelsplatz eingesetzt, um Entspannung und Unterhaltung zu schaffen. Licht sorgt für Dramatisierung der Angebotsdarbietung, etwa bei Frischfleisch im Lebensmittelhandel. Dort werden oft auch Degustationen geboten, die eine geschmackliche Beurteilung ansonsten nicht bekannter Lebensmittel zulassen.
- **Soziale Umgebung**, wie Gegenwart anderer Personen, Interaktion mit Personen, Sozialeinfluss etc. Zu denken ist etwa an die Anwesenheit von Kaufbeeinflussern, die steuernd auf Geschäftsstätten-, Produkt- und Markenentscheide einwirken. Ein anderer wichtiger Aspekt ist hier das Beratungs- und Verkaufsgespräch, in dem Käufe erheblich in die eine oder andere Richtung gelenkt werden können. Dabei ist der Charakter von Produktgruppen von großer Bedeutung. Über tabuisierte Produkte (z. B. Körperhygiene) wird in der sozialen Umgebung weniger kommuniziert als über profilierende Produkte (z. B. Bekleidung). Ebenso spielt Kaufberatung bei problemlosen, selbsterklärenden Produkten kaum eine Rolle, sie ist hingegen wichtig bei komplexen, erklärungsbedürftigen Produkten.
- **Zeitbezogene Merkmale**, wie Tageszeit, Entscheidungs- und Zeitdruck, Zeitabstand zu Ereignissen etc. Vor allem wird hier das weit verbreitete Phänomen des Kaufstress behandelt. Die immer noch reglementierten Ladenöffnungszeiten, die vielfältigen aufzusuchenden Einkaufsstätten, der differenzierte Einkaufsbedarf und das begrenzte Zeitbudget, meist infolge beruflicher Belastung, führen hier zu einer massiven Beeinflussung der Käufe. Kurze Entscheidungsfristen veranlassen zur Kaufvereinfachung, also einer geringeren Anzahl

beurteilter Alternativen von Einkaufsstätten, Produktgruppen, Marken und Produkten, zu deren oberflächlicherer Beurteilung und zur Ausrichtung an Gewohnheiten, am Bekanntheitsgrad oder spontanen Eindrücken (Schlüsselinformationen) sowie zu weniger Nutzung an sich verfügbarer (neutraler) Informationsquellen.

- **Art der Aufgabe**, wie Einkaufszweck, Einkaufsmenge, Produktart etc. Zu denken ist hier an Auftragskäufe, die nach mehr oder minder starrer Vorgabe erfolgen, oder an Käufe für besondere Anlässe (Geschenke etc.) oder mit hoher Bedeutung (Kaufpreis, Bindungsdauer). Diese Faktoren beeinflussen erheblich das Kaufentscheidungsverhalten. Der Anteil der Auftragskäufe am gesamten Kaufvolumen, etwa eines Haushalts, ist heftig umstritten. In vielen Fällen entscheidet die haushaltsführende Person, bei traditioneller Rollenverteilung also die Hausfrau, selbst, was gut für ihre Familie ist und was nicht (z. B. Haushaltsverbrauchsartikel), in anderen Fällen erfolgt nur die Vorgabe der Produktgruppen, innerhalb derer der Haushaltsführer dann die Marken- und Produktentscheidung trifft (z. B. Weinbrand für die Hausbar), in wieder anderen Fällen erfolgt eine detaillierte Vorgabe des einzukaufenden Produkts, wobei ein Zuwiderhandeln Stress für den Haushaltsführer bedeutet (z. B. dekorative Kosmetika). Unklar ist auch, inwieweit eine Vorgabe der Einkaufsstätte erfolgt, die über die dort distribuierten Produkte eine Vorgabe des Available Set bedeutet.
- **Vorhergehender Zustand**, wie Stimmung, Müdigkeit, Hunger, mitgeführter Geldbetrag etc. Dabei werden Carry-Over-Effekte wirksam, also Erlebnisse aus der meist nahen Vergangenheit, die in die Gegenwart hinein wirken und verstärkend oder abschwächend sind. Zu denken ist etwa an Werbeanstöße wie sie durch Ladendurchsagen, POS-Radio, Shopping-Center-Plakate, POS-Werbemittel etc. entstehen. Im starken Maße davon betroffen sind Produkte mit Impulscharakter. Hier führen situative Faktoren dominant zur Determinierung von Kauf oder Nichtkauf. Insofern sind Elemente wie aufmerksamkeitsstarke Packungsgestaltung, gut erkennbare Platzierung, Bedürfnis adäquater Standort und Sonderpreishinweise von Bedeutung.

3.2.15 Komplexe Partialmodelle

Unter komplexen Partialmodellen sind solche zu verstehen, die zwar mehr nur eine Determinante als für das Käuferverhalten relevant ansehen, nicht aber eine Vielzahl wie die (nachfolgenden) Totalmodelle. Dazu gehören vor allem zwei Ansätze, das Modell des Beurteilungsraums und das allgemeine Kaufentscheidungsmodell.

Das **Modell des Beurteilungsraums** (Mazanec) unterscheidet vier Hauptkonstrukte, und zwar Einstellung, Image, erlebtes Risiko und kognitive Dissonanz, denen ein überdurchschnittlicher Beitrag zur Erklärung des Entscheidungsverhaltens beigemessen wird. Außerdem gibt es Nebenkonstrukte, welche die Hauptkonstrukte erklären. Einstellung ist ihrer Natur nach mehrdimensional und drückt die Markenbewertung auf der Grundlage von Produktwissen aus. Vorgelagerte Nebenkonstrukte sind Emotionen, Motive und das Produktwissen selbst, gleichgelagert ist das Selbstvertrauen, nachgelagert sind Kaufabsicht und Markenpräferenz. Unter Image wird hier die Entlastung von kognitiven Prozessen als Wissensersatz verstanden. Images sind durch schematisierte Vorstellungen gekennzeichnet, stabil, vereinfachen die Wahrnehmung und sind mehrdimensional. Vorgelagerte Konstrukte sind Emotionen, Motive, Markenbekanntheit, nachgelagert sind Markenpräferenz und Kaufabsicht. Das erlebte Risiko gliedert sich in zwei Komponenten, die Unsicherheit über die Kauffolgen und deren Wichtigkeit, die multiplikativ verknüpft sind. Vorgelagert sind das allgemeine und das spezifische Selbstvertrauen, gleich gelagert das Vertrauen in das eigene Informationsverarbeitungsvermögen und nachgelagert Markentreue, Informationssuche, Beeinflussbarkeit etc. Kognitive Dissonanz kennzeichnet einen Konflikt, der durch widersprüchliche kognitive Elemente entsteht und zu einem motivational bedeutsamen Spannungszustand derart führt, dass das Individuum um Ausgleich oder Abbau bemüht ist. Vorgelagert sind Ego-Involvement und Selbstbindung, nachgelagert sind Einstellungen und Präferenzen.

Daraus leiten sich mehrere Auswahlentscheidungen ab. Dem erlebten Risiko kommt demnach die größte Bedeutung hinsichtlich der Erklärung von Kaufabsichten zu, falls entweder die als negativ wahrgenommenen Produktwirkungen überwiegen oder der Konsument ein besonderes Informationsdefizit empfindet. Je mehr die Konsumenten über Produktwissen verfügen, desto stärker trägt die Einstellung zur Erklärung der Kaufabsichten bei. Kognitive Dissonanzen vermögen Änderungen des Kaufverhaltens in der Nachkaufphase umso besser zu erklären, als je wichtiger die Käufe eingeschätzt werden und je weniger Präferenzunterschiede zwischen den Alternativen vor dem Kauf wahrgenommen worden sind. Daraus leiten sich drei Hypothesen ab.

Die erste spezifiziert einen Zusammenhang zwischen Beurteilungsraum und Markenwahlabsichten. Die zweite betrifft die Übersetzung verbal geäußerter Verhaltensabsichten in reales Verhalten. Die dritte lautet, dass mit zunehmendem Anteil der Erstkäufer das Ausmaß ansteigt, in dem sich die relativen Positionen der Produktmarken im Beurteilungsraum nach dem Kauf ändern. Ein Problem stellt hier vor allem die schwache Berücksichtigung emotionaler Aspekte dar.

Im **allgemeinen Kaufentscheidungsmodell** (Backhaus et. al.) geht es um eine Reökonomisierung der Erklärung des Konsumentenverhaltens. Dem liegen als Ausgangshypothesen zugrunde, dass die Wahrscheinlichkeit, dass der Käufer eine bestimmte Kaufentscheidung trifft, umso höher ist, je größer:

– die Stärke aller aus der Sicht des Käufers für eine bestimmte Kaufentscheidung relevanten Zielvorstellungen über eine zukünftige Situation, die dieser zu verwirklichen bzw. zu vermeiden sucht, insgesamt ist. Zielvorstellung des Käufers sind seine Vorstellungen über eine zukünftige Situation, die dieser zu verwirklichen bzw. zu vermeiden sucht. Die Stärke der Zielvorstellungen repräsentiert den Grad, in dem ein Käufer seine Zielvorstellungen in einer konkreten Entscheidungssituation in die Realität umsetzen möchte.
– die Stärke der für eine bestimmte Kaufentscheidung und die Zielvorstellungen relevanten Mittelvorstellungen des Käufers insgesamt ist, die von ihm als zur unmittelbaren Verwirklichung offenstehend erkannt werden. Unter Mittelvorstellungen des Käufers sind alle Vorstellungen über die von ihm als ihm offenstehend perzeptierten Handlungsmöglichkeiten zur unmittelbaren Verwirklichung seiner Zielvorstellungen zu verstehen.
– nach der Meinung des Käufers die Eignung seines (für wahr gehaltenen) Wissens für seine Zielerreichung und die Realisierung der für eine bestimmte Kaufentscheidung relevanten Mittelvorstellung insgesamt ist. Die Wissenskomponente enthält eine entschlusssteuernde Rolle. Wissen sind von einem Käufer für wahr gehaltene und von ihm für die Realisierung seiner Ziel- und Mittelvorstellungen als sachlich relevant empfundene konditionale Aussagen.
– nach Meinung des Käufers die Eignung der Objekte für Zielerreichung und Kaufentscheidung ist, die von materiellen Gegenständen oder Personen der unmittelbaren Umwelt abhängt. Die Kaufentscheidung erscheint als abhängig vom Grad, in dem der Käufer

materielle Gegenstände oder Personen in seiner unmittelbaren Umwelt bzw. Merkmale von diesen als für die Realisierung seiner Ziel- und Mittelvorstellungen relevant wahrnimmt.

Diese vier Hypothesen werden zu einer einzigen rechenbaren Größe integriert. Daraus lassen sich dann Entscheidungswahrscheinlichkeiten ableiten. Ein Problem stellt hier vor allem die Vernachlässigung sozialer Aspekte dar. Dies ist jedoch hingenommene Konsequenz von Partialmodellen. Will man dies vermeiden, muss man auf Totalmodelle ausweichen, die dafür allerdings weniger prägnant sind.

3.2.16 Totalmodelle

Totalmodelle beabsichtigen, das Käuferverhalten unter simultaner Einbeziehung aller relevanten Variablen in allen möglichen Situationen zu erklären. Dem liegt die Annahme zugrunde, dass der Organismus in einer bestimmten Weise modelliert ist. Wird er nun mit einem Reiz konfrontiert, lässt sich der Prozess seiner Verarbeitung, d. h., sein Weg durch die Black Box, daran ablesen, wie sich einzelne intervenierende Variable verändern. Die durch diese vollständige Abbildung bedingten hoch komplexen Aussagen werden jedoch rasch unübersichtlich und sind daher für die Praxis nur sehr bedingt geeignet. Außerdem ist die Verknüpfung der einzelnen intervenierenden Variablen durchaus strittig. Die bekanntesten Modelle stammen von Engel/Kollat/Blackwell, von Howard/Sheth und von Nicosia. Dabei können die Variablen stufenweise aufeinander aufbauend (z. B. Engel/Blackwell/Kollat) oder zu Gruppen zusammengefasst werden (z. B. Howard/Sheth). Totalmodelle erheben den Anspruch, die extensive Kaufentscheidung eines Konsumenten umfassend zu erklären, also von der Wahrnehmung einer Reizkonfiguration bis zur Formulierung einer Kaufabsicht. Die empirische Relevanz von Totalmodellen ist eng begrenzt, da die Komplexität der Variablenbeziehungen unüberschaubar bleibt. Sie sind meist induktiv aus einer Vielzahl empirischer Bausteine konstruiert.

3.2.16.1 Howard/Sheth-Ansatz

Im Systemansatz von Howard/Sheth werden zur Realisierung eine Reihe vernetzter hypothetischer Konstrukte als gegeben unterstellt. Soziale, soziokulturelle, demografische, situative und persönliche Faktoren werden (als exogene Variable) nicht explizit betrachtet. Ziel des Modells ist es, die Struktur und den Prozess der Kaufentscheidung für eine bestimmte Marke in Abhängigkeit aller Marken aufzuzeigen und zu erklären. Dies führt zu einem extensiven Problemlösungsprozess. Dabei wird zwischen hypothetischen Konstrukten, die zusätzliche Bedeutungsinhalte erhalten und sich nicht oder nur teilweise empirisch interpretieren lassen, und intervenierenden Variablen, die der Beobachtung zugänglich und grundsätzlich messbar sind, unterschieden. Außerdem werden exogene Variable, deren Entstehen und Änderung im Modell nicht erklärt wird, und endogene Variable unterschieden.

Zu den **intervenierenden Variablen** gehören die folgenden. **Inputvariable** sind eine Vielzahl von signifikanten und symbolischen Stimuli, die auf das Produkt bzw. einzelne Merkmale hinweisen. Dabei handelt es sich etwa um Qualität, Preis, Eigenart, Service, Erhältlichkeit etc. Informationen aus sozialen Quellen betreffen Familie, Referenzgruppe, soziale Klasse etc.

Als **Outputvariable** sind fünf Variable zu unterscheiden. Aufmerksamkeit wird als Reaktion der Sinnesorgane auf Umwelteinflüsse verstanden. Markenkenntnis ist die Kenntnis des Käufers über Angebote und deren Eigenschaften (denotative Bedeutung). Einstellung betrifft die konnotative Bedeutung der Marke mit deren Bewertung und Beurteilung. Kaufabsicht beinhaltet die vom Käufer bekundete Intention des Kaufs. Kauf ist die Selbstverpflichtung des Käufers zur Handlung.

Zu den **hypothetischen Konstrukten** gehören die folgenden. **Lernkonstrukte** dienen zur Bildung des Programms, das zur Lösung des Problems geeignet ist. Diese bestehen aus sieben Elementen. Motive haben physiologischen und psychologischen Ursprung und beinhalten eine richtungsweisende Komponente. Markenkenntnis dient zur Beschreibung und Identifizierung der Angebote. Entscheidungskriterien sind kognitive Regeln des Käufers, die ein zielgerichtetes Verhalten gewährleisten. Einstellung repräsentiert eine Präferenzordnung in kognitiver, affektiver und konativer Hinsicht. Kaufabsicht ist das Ergebnis des Entscheidungsprogramms unter Berücksichtigung von Beschränkungsfaktoren wie Preishöhe, Einkommen, Zeitbudget, Erhältlichkeit, soziale Einflüsse etc. Sicherheitsgrad betrifft die Notwendigkeit zur Einholung weiterer Informationen. Befriedigung ist von der Fähigkeit einer Marke abhängig, den tatsächlichen Erwartungen zu entsprechen bzw. diese sogar zu übertreffen.

Wahrnehmungskonstrukte übernehmen die Funktion der Informationsgewinnung und -verarbeitung. Diese bestehen aus vier Elementen. Aufmerksamkeit betrifft die Aufnahmebereitschaft der Wahrnehmungsorgane des Individuums gegenüber Reizen in der Umwelt. Stimulusmehrdeutigkeit betrifft die Klarheit und Transparenz von Reizen, die Voraussetzung für Aufmerksamkeit sind. Wahrnehmungsverzerrung gilt für die Veränderung empfangener Informationen in Richtung der eigenen Einstellung. Suchverhalten ist dann notwendig, wenn die Informationen, die der Käufer empfangen hat, ohne sich darum zu bemühen, nicht zur Problemlösung ausreichen.

Zu den **exogenen Variablen** gehören folgende. Die Bedeutung des Kaufs ermisst sich nach dem Grad der Ich-Beteiligung. Der Zeitdruck entspricht der für den Kauf aufgewendeten Zeitspanne. Einkommen bzw. finanzielle Lage betrifft das Anspruchsniveau beim Kauf. Persönlichkeitsmerkmale bzw. Charakterzüge des Käufers betreffen z. B. Selbstvertrauen und Risikofreudigkeit. Gruppeneinflüsse durch Referenzgruppen wirken ebenfalls kaufsteuernd. Die soziale Klasse setzt Konsumverhaltensnormen. Die Kultur bzw. Gesellschaft beeinflusst ebenfalls die Entscheidung.

Inputvariable wirken von außen ein und verursachen eine Erregung des Organismus. Für die Transformation werden Wahrnehmung und Lernen als zentral angesehen. Durch die Wahrnehmung werden die auf den Organismus treffenden Informationen individuell umgeformt. Die Quantität der aufgenommenen Informationen hängt von den Ausprägungen der Konstrukte Suchverhalten, Stimulus-Mehrdeutigkeit und Aufmerksamkeit ab. Durch das Konstrukt Wahrnehmungsverzerrung, das eng mit Einstellungen, Wahlkriterien und Motiven zusammenhängt, werden hingegen die im Stimulus enthaltenen Informationen qualitativ verändert. Durch Lernen kann ein Programm zur Lösung des Kaufentscheidungsproblems bereitgestellt werden. Der Input besteht in einem intrapersonalen Reiz, der vom ursprünglichen Reiz mehr oder minder abweicht. Die weitere Verarbeitung hängt davon ab, ob der Organismus dazu motiviert ist und welches kaufentscheidungsrelevante Wissen über Marke und Wahlkriterien verfügbar ist. Motive, Wahlkriterien und Bedürfnisbefriedigung verdichten sich zu einem Urteil über die Eignung des Produkts zur Bedürfnisbefriedigung (= Einstellung), und, sofern keine endogenen (Sicherheit etc.) oder exogenen Faktoren (Zeitmangel, Preis etc.) dem entgegenwirken, zur Kaufabsicht. Damit ist man bei den Outputvariablen angelangt.

Dieses Kaufentscheidungsmodell ist der umfassendste und detaillierteste allgemeine Ansatz. Problematisch ist der Umfang der exogenen, nicht erklärten Variablen. Dazu gehören die kognitive Dissonanzen ebenso wie der Preis und das Einkommen. Außerdem sind nur die intervenierenden Variablen messbar. Die übrigen Variablen entziehen sich somit der Verifizierung oder Falsifizierung, sodass die Aussagefähigkeit realistischerweise begrenzt bleibt, was aber wohl für alle Totalmodelle gilt.

3.2.16.2 Engel/Blackwell/Kollat-Ansatz

Das stufenbezogene Prozessmodell von Engel/Blackwell/Kollat unterscheidet im Einzelnen die Entscheidungsphasen Problemerkenntnis, Informationssuche, Alternativenbewertung, Wahl und Ergebnis. Dieser Ansatz bietet, freilich ohne empirische Verankerung, ein anschauliches Denkmodell über die Einflussgrößen, die bei der Kaufentscheidung relevant sind. Der prognostische Aussagewert ist jedoch gering, da die Verknüpfung der intervenierenden Variablen kaum bekannt ist.

Das Modell beschreibt die psychischen Vorgänge von Konsumenten während des Kaufentscheidungsprozesses. Der Informationsinput besteht dabei aus Reizen und Suchverhalten, die Informationsverarbeitung erfolgt durch Exposition, Aufmerksamkeit, Aufnahme, Erfahrung, Zufriedenheit und Dissonanz. Dabei werden die den Konsumenten beeinflussenden Variablen aufgezählt und miteinander in Beziehung gesetzt. Das Modell baut auf drei Hauptkomponenten auf, dem Entscheidungs-, Informations- und Bewertungsprozess.

Der Entscheidungsprozess beginnt mit der Problemerkenntnis, wenn das Individuum Abweichungen zwischen einem Ideal- und dem Ist-Zustand bemerkt. Diese Erkenntnis wird durch aktivierende Motive und auf das Individuum einwirkende Stimuli ausgelöst. Ist dem Konsumenten das Problem bewusst geworden und hat er keine unmittelbare Problemlösung, setzt die Informationssuche ein. Die Intensität der Informationssuche hängt von den Informationskosten und dem antizipierten Informationsnutzen ab. Die Suche ist beendet, wenn die zusammen getragenen Informationen eine Alternativenbewertung erlauben. Die aufgenommenen Informationen werden laufend selektiert, wobei Informationsverluste und -verzerrungen auftreten. Die ankommenden Informationen werden bei Aufmerksamkeit mit den eigenen Überzeugungen, Meinungen und Verhaltensabsichten abgeglichen. Diese bilden die Grundlage für Bewertungen von Produktalternativen anhand der persönlichen Zielsetzungen. Die Ziele stehen in Beziehung zu Variablen des externen Umfelds, zu kulturellen Normen und Werten sowie Bezugspersonen. Das Ergebnis kann zu Zufriedenheit oder Unzufriedenheit führen. Bei Zufriedenheit wird das Ergebnis für künftige Käufe abgespeichert, bei Unzufriedenheit wird eine Reduktion versucht. Die Bewertungsvorgänge betreffen also Überzeugungen, Einstellungen und Verhaltensabsichten als Urteilskriterien. Die allgemeine Motivierung leitet sich aus den Bedürfnissen, der Persönlichkeit (Lebensstil) und der Normenübereinstimmung ab. Wahrgenommene Umwelteinflüsse betreffen kulturelle Normen (Werte), Bezugsgruppen (Familie), antizipierte und nicht antizipierte Situationen.

3.2.16.3 Nicosia-Ansatz

Ausgangspunkt ist dabei die Überlegung, dass es nicht möglich ist, eine Einteilung der Variablen in unabhängige, intervenierende und abhängige vorzunehmen, da es sich bei der Kaufentscheidung um ein Netzwerk zirkulärer Beziehungen handelt. Dieses Modell basiert auf den Konstrukten Prädisposition, Einstellung und Motivation.

Prädispositionen stellen dabei passive, kognitive Strukturen dar, als Wahrnehmungen und Informationen zu allgemeinen und speziellen Objekten, die das Individuum in seinem Gleichgewichtszustand belassen, es folglich nicht zu Aktivitäten veranlassen. Einstellungen bezeichnen Kräfte, die das Individuum zu schwacher Aktivität veranlassen und insofern aus seinem Ruhezustand herausführen. Motivationen sind starke Triebkräfte, die das Individuum in einen Ungleichgewichtszustand bringen.

Ausgangspunkt der Überlegungen ist die Einführung einer neuen Marke, die durch Werbung unterstützt wird. Dabei ist nur eine Prädisposition beim Konsumenten gegeben. Gelingt es nun, über die Werbebotschaft die Prädisposition in Einstellung zu überführen, kommt es zu einer Bewertung der einzelnen Marken der Produktkategorie und im Erfolgsfall zur Ausbildung einer auf die beworbene Marke gerichteten Motivation. Diese ist ihrerseits Voraussetzung für die Transformation in einen Kaufakt. Aus dem Kauf wiederum resultiert ein Rückkopplungseffekt auf die Prädisposition. Außerdem resultieren daraus Erfahrungen, die auf die Einstellung einwirken und damit Folgemotivationen und Nachkaufakte beeinflussen.

Beim Kontakt des Konsumenten mit der Werbebotschaft (Feld I) kann die ursprüngliche Prädisposition in eine Einstellung gegenüber dem Produkt bzw. der Marke umgewandelt werden. Diese geht in die Suche nach einer Mittel-Zweck-Relation ein (Feld II). Hier wird nach weiteren Alternativen gesucht und eine Bewertung und Beurteilung der einzelnen bisher unbekannten Marken der Produktklasse vorgenommen. Dabei kann das Individuum den Entscheidungsprozess abbrechen, wenn keine Marke gefunden wird, die dem Anspruchsniveau genügt. Das bis zu diesem Zeitpunkt erworbene Wissen wird im Gedächtnis gespeichert. Oder der Konsument sieht sich veranlasst, seine Kriterien zu überprüfen und die Such- und Bewertungsaktivitäten fortzusetzen. Oder die Einstellung wird in eine handlungsorientierte Motivation gegenüber der beworbenen oder einer anderen Marke umgewandelt, wenn diese den Kriterien entspricht und den ersten Platz in der entwickelten Rangordnung einnimmt. Das Ergebnis dieser Aktivitäten kann eine Motivation gegenüber der zuerst wahrgenommenen Marke sein und zu einer Kaufentscheidung führen (Feld III). Unter der Voraussetzung, dass die ursprünglich favorisierte Marke erhältlich ist, kann das Individuum den Entscheidungsprozess abbrechen und sich entschließen, den Kauf nicht durchzuführen, vom Kauf vorübergehend Abstand nehmen und zuerst zusätzliche Informationen sammeln oder die favorisierte Marke kaufen, wenn bei der Beschaffung keine Störgrößen auftreten. Danach kann der Käufer das Produkt lagern bzw. ge- und verbrauchen. Die Erfahrung mit dem Produkt beeinflusst die Eigenschaften des Konsumenten und damit den Neukauf (Subfeld I b). Die Botschaft kann dabei zurückgewiesen oder als relevant erkannt und gespeichert werden. Auch das Unternehmen erhält durch Rückkopplung Kenntnis vom durchgeführten Kauf, die in die Eigenschaften der Werbebotschaft bzw. Marke eingeht (Subfeld I a).

Dieser Ansatz ist heftig kritisiert worden. Zum einen wegen der eigenwilligen Interpretation des Konstrukts Einstellung, das sich hier nur auf allgemeine Objekte, also Produktkategorien bezieht, nicht aber auf Marken, zum anderen durch die Unklarheit über die Kriterien zur alternativen Bewertung von Objekten. Ebenso setzt Kritik bei den Eigenschaften des Unternehmens, den Eigenschaften der Konsumenten, der Alternativenbewertung, der Kaufentscheidung und dem Gebrauch an. Allerdings handelt es sich hierbei auch um einen der ersten Versuche eines Totalmodells des Käuferverhaltens überhaupt.

3.2.17 Prozessmodelle

3.2.17.1 Entscheidungsnetz

Prozessmodelle befassen sich mit dem Zustandekommen von Kaufentscheidungen und ihren Voraussetzungen. Dafür gibt es mehrere Ansätze, so das Entscheidungsnetz, die Adoption von Neuerungen, die Diffusion, die Kundenzufriedenheit und -unzufriedenheit sowie die Einkaufsstättenwahl.

Der Entscheidungsnetzansatz geht induktiv vor und setzt bei der Analyse tatsächlicher Entscheidungsprozesse durch Protokolle des latenten Denkens an. Dabei werden bei Testpersonen mit Hilfe von **Kaufprotokollen** die mit der Kaufentscheidung im Einzelnen verbundenen psychischen Vorgänge registriert (Think Aloud Technique). Dazu zeichnet ein Interviewer sämtliche Gedanken auf, die ausgewählten Konsumenten während ihres Einkaufswegs im Handelsgeschäft durch den Kopf gehen. Außerdem registriert er, welche Produkte gekauft und welche Produkte verworfen werden. Aus den Angaben des Käufers und den getätigten bzw. nicht getätigten Käufen werden dann Kaufprotokolle zusammengestellt. Während des Entscheidungsprozesses einer Versuchsperson werden also nach Möglichkeit alle verwendeten Informationen, Schlussfolgerungen, Vorentscheidungen etc. ausgesprochen und auf Tonträger aufgezeichnet oder anderweitig protokolliert.

Diese individuellen Kaufprotokolle werden in ein Entscheidungsnetz überführt, das ein System miteinander vernetzter Fragen und Antworten ist, die wiedergeben, wie die Testperson im Zeitablauf auf die Konfrontation mit einzelnen Produkten, z. B. im Regal des Geschäfts, reagiert. Da zudem bekannt ist, wie sich jene Person verhalten hat, liegt die mentale Struktur ihres Kaufverhaltens offen. Daraus wiederum lässt sich ein Prognosemodell bilden, das Kaufwahrscheinlichkeiten voraussagt.

Die Darstellung der Inhalte in Form von Entscheidungsnetzen, aus denen das Käuferverhalten ersichtlich ist, scheitert jedoch meist an geringer Reliabilität und individueller Codierung. Daher werden standardisierte Codier-Schemata angewandt, die jedoch Ergebnisse stark vergröbern.

Das Entscheidungsnetz wird auch als Element (Protokollanalyse) eines umfassenderen induktiven Systems eingesetzt. Dazu gehören dann noch die Elemente der Analyse direkter Beobachtungen, d. h., während der Entscheidungsfindung wird das beobachtbare Verhalten des/der Entscheider(s) registriert, sowie der Dokumentenanalyse, d. h., die Erkenntnisse werden um die Durchsicht und Auswertung einschlägiger Unterlagen (wie Werbeprospekte, Angebote, Preislisten, Geschäftsbedingungen etc.) ergänzt.

3.2.17.2 Adoption von Neuerungen

Unter Adoption versteht man allgemein die erstmalige Übernahme von Neuerungen durch Erstkäufer im Zeitablauf. Im Adoptionsprozess kommt es kumulativ zu folgenden Stufen.

Am Anfang steht die **Neuheitserkennung** durch Aufmerksamkeit. Innovatoren reagieren dabei unabhängig von der Übernahmeentscheidung anderer. Hier erfährt ein Individuum erstmalig von der Existenz des für ihn neuen Produkts, ohne dass es sich um die Gewinnung dieser Informationen bemüht hat. Es kennt noch keine Einzelheiten des Produkts und ist zunächst auch nicht motiviert, weitere Informationen einzuholen.

Teilweise folgt daraus **Neuheitsinteresse** durch Einstellungsbildung. Hier bemüht sich der Konsument um Informationen über die wichtigsten Merkmale des neuen Angebots. Passive sind Personen, die sich für die Innovation nicht interessieren. Sie scheiden im Folgenden aus.

Darauf folgt die **Neuheitsbewertung** und Entscheidung. Hier erfolgt ein gedankliches Experiment über die Konsequenzen finanzieller, psychologischer und sozialer Art und den Vergleich des neuen Produkts mit der möglichen Substitution anderer Produkte. Rejektoren sind Personen, welche die Innovation ablehnen, Adoptoren solche, welche die Innovation annehmen.

Es kommt zum **Neuheitsversuch** mit Implementierung. Die Neuheit wird bei positiver Einstellung übernommen. Unzufriedene Adopter sind potenzielle Quellen für negative Informationen. Falls möglich, kommt es zuerst zu einer Erprobung auf kleiner Basis (Pilot).

Schließlich erfolgt die **Neuheitsumsetzung** und Bestätigung. Imitatoren orientieren sich am Verhalten der Innovatoren und folgen ihnen in der Übernahme der Neuerung. Bei Gebrauchsgütern ist der Kauf die Adoption, bei Verbrauchsgütern die Erschöpfung.

Auf jeder dieser Stufen kann es zur Ablehnung kommen, bei Erfolg entsteht ein Wiederholungskauf, ansonsten nicht. Die Dauer des Adoptionsprozesses hängt von einer Reihe Personen-, umfeld- und produktbedingter sowie adoptionsexogener Einflussgrößen ab.

Die Übernahme ist in Bezug auf **Personen bedingte** Einflüsse umso erfolgreicher, je:

– höher die Risikofreudigkeit für die Übernahme ist, diese ist individuell stark abweichend ausgeprägt,
– größer die Aufgeschlossenheit im Hinblick auf Änderungen ist,
– jünger die angesprochenen Altersklassen sind, weil damit eine höhere Flexibilität unterstellt wird,
– besser der Ausbildungsgrad der angesprochenen Altersklassen ist, damit eng korrelierend das Einkommen,
– höher sozialer Status und soziale Mobilität sind,
– intensiver das Informationsverhalten und je höher die Informationsoffenheit ist,
– geringer die Einbindung des Individuums in die soziale Umwelt ist, wodurch externe Risiken gemindert werden.

Die Übernahme ist in Bezug auf **umfeldbedingte** Einflüsse umso erfolgreicher, je:

– liberaler die Normen des sozialen Systems sind, die Neuerungen zulassen und fördern, zu denken ist etwa an rechtliche Rahmenbedingungen,
– innovationsfreundlicher die ökonomischen, politischen, technischen Rahmenbedingungen sind,
– intensiver der bereits erlebte technische Fortschritt ist.

Die Übernahme ist in Bezug auf **produktbedingte** Einflüsse umso erfolgreicher, je:

– höher der relative technische und/oder wirtschaftliche Vorteil der Innovation gegenüber der bestehenden Problemlösung ist, neue Produkte werden sich umso schneller durchsetzen, je höher die Nachfrager ihren relativen Vorteil bewerten,
– geringer das finanzielle und technische Risiko eingeschätzt wird, das mit der Implementierung verbunden ist, dies ist mit der Teilbarkeit eines Produkts verbunden, z. B. mit der Möglichkeit, das alte Produkt sukzessiv zu substituieren (Probiermöglichkeit),
– leichter die Innovation für den Entscheider zu verstehen bzw. anzuwenden ist, was nur bei geringer Komplexität der Fall ist, eine hohe Erklärungsbedürftigkeit erfordert von Konsumenten die Bereitschaft und Fähigkeit zu Lernprozessen,
– mehr die Innovation sich komplementär zum Werte- und Normensystem verhält, also mit Gewohnheiten eines sozialen Systems oder einzelner Subsysteme übereinstimmt (Kompatibilität),

– leichter die Beobachtbarkeit bzw. Mitteilbarkeit der Innovation ist, vor allem bei Zufriedenheit, dies ist etwa dann der Fall, wenn das neue Produkt zur Bildung von Images beiträgt (Sichtbarkeit der Neuheit ist/Sozialeffekt),
– geringer das wahrgenommene Risiko, das mit der Übernahme der Neuheit verbunden ist, eingeschätzt wird.

Daneben gibt es **adoptionsexogene** Einflussgrößen als:

– Erfahrungsfundus aus steigender Information über die Neuerung und sinkendem Risiko,
– Übernahmedruck seitens der Gesellschaft auf die Nicht-Übernehmer.

Allgemein adoptionsfördernd wirken eine hohe Glaubwürdigkeit des Botschaftsabsenders, eine leichte Überprüfbarkeit der behaupteten Werbeaussage, ein gering eingeschätztes endogenes und exogenes Risiko, ein hohes Ego-Involvement bei erfolgter Übernahme, eine Profilierung durch das Produkt im sozialen Umfeld und eine hohe Übereinstimmung mit dem eigenen Anforderungsprofil.

Problematisch ist die Übertragung dieser, ursprünglich einmal für die Agrarsoziologie erdachten, Ergebnisse auf die Marketingpraxis. So ist unklar, wann es zum Übergang zur nächsten Stufe im Adoptionsprozess oder zum Abbruch im Prozess kommt. Ebenso unklar bleibt, ob immer alle Stufen durchlaufen werden müssen. Auch scheint es möglich, dass eine Stufe mehrfach durchlaufen wird. Zudem bleiben Reaktionen nach der Übernahme unberücksichtigt.

Bei der Ausbreitung von Neuerungen kommt es meist zunächst zur offenen Negation und Bekämpfung durch strikte Opposition, dann zur Bewertung als denkbare Alternative und Vision, danach zur pragmatischen Formulierung und Implementierung in Planungen, dann zur versuchsweisen Umsetzung und Optimierung, schließlich bei Erfolg zur Akzeptanz und sukzessiven Verbreitung bis hin zur Popularität und Etablierung durch individuelle Übernahme. Diese Phasen lassen sich bei allen Neuerungen nachvollziehen, selbst bei den bahnbrechenden Innovationen Dampferzeugung (Elektrizität, Mechanik), Elektronik (Datenverarbeitung, Steuerung), Telekommunikation (Raum- und Zeitüberwindung) und Gentechnologie (Naturmanipulation).

3.2.17.3 Diffusion

Bei der Diffusion geht es um die Durchsetzung von Marktneuheiten im Zeitablauf. Ein Diffusionsprozess liegt vor, wenn die Adoptoren im sozialen System zu unterschiedlichen Zeiten im Ablauf auftreten, was regelmäßig der Fall ist. Sie stellt damit ein Zeit bezogenes Marktreaktionsmodell mit einer unabhängigen Variablen, nämlich der Zeit, dar.

Diffusion ist somit die chronologische Verbreitung neuer Informationen, Ideen, Verfahren oder Produkte durch verschiedene Kommunikationskanäle bei Individuen, Gruppen oder Kultureinheiten. Neu ist dabei alles, was als neu wahrgenommen wird, unabhängig davon, ob es auch wirklich neu ist. Durch diskontinuierliche Innovation kommt es zur Bildung einer neuen Produktklasse und zur Änderung bestehender Verhaltensmuster. Dynamisch-kontinuierliche Innovationen gliedern sich in eine bereits bestehende Produktklasse ein. Kontinuierliche Innovationen führen zu keiner beachtenswerten Änderung bestehender Verhaltensmuster, da der Produktkern unverändert bleibt und lediglich Randelemente modifiziert werden. Idealtypisch ergibt sich dabei die Form einer Glockenkurve. Sie repräsentiert die kumulierte oder einfache Zahl der Adopter, die in einem bestimmten Zeitraum die Innovation übernehmen. Eine Diffusion ist umso erfolgreicher, je größer die erreichte Marktverbreitung ist. Die Diffusion erfolgt umso schneller, je besser das Potenzial an Übernehmern ausgeschöpft wird.

Unterstellt man eine Normalverteilung innerhalb der Zielgruppe, so ergeben sich im Zeitablauf anteilig folgende idealtypischen **Klassen** des Diffusionsprozesses (Abb. 110).

Die **Innovatoren** (2,5 % aller Bedarfsträger) sind die ersten Übernehmer von Neuerungen und durch eine geringe Risikoscheu gekennzeichnet. Es handelt sich entweder um Trendsetter oder soziale Außenseiter, welche die Ausbreitung dynamisch vorantreiben. Sie werden auch Neophile, Konsumpioniere, Fashion Leaders etc. genannt. Ihre typischen Charaktereigenschaften sind modern, progressiv, zukunftsorientiert. Es sind eine hohe soziale Mobilität und eine geringe Gruppenbildung gegeben. Das Informationsverhalten ist kosmopolitisch. Gelegentlich wird davon die Gruppe der Induktoren unterschieden, die den Innovatoren unmittelbar nachfolgen.

Frühe Übernehmer (13,5 %) sind die nächste Gruppe, die nach anfänglichem Abwarten Neuerungen positiv aufnimmt und bereitwillig ausprobiert. Auch hier sind Meinungsbildner enthalten. Daraus resultiert dann die Möglichkeit zu hohen Auflagen und Kostendegression in der Warenbereitstellung.

Die **Frühe Mehrheit** (34 %) wartet ab, bis die Neuerung eine gewisse Marktbreite erreicht hat und folgt dann dem offensichtlichem Trend. Die Marktwachstumsrate sinkt, die Nachfrage erreicht ihr Maximum.

Die **Späte Mehrheit** (34 %) zögert mit der Übernahme in der Hoffnung auf ein weiter verbessertes Preis-Leistungs-Verhältnis und noch mehr Kaufsicherheit. Die Nachfrage ist insgesamt bereits rückläufig und erschöpft sich.

Späte Übernehmer (13,5 %) und **Nachzügler** (2,5 %) sind kaum mehr vom Kauf zu überzeugen und stellen deshalb ein nur schwer realisierbares Nachfragepotenzial dar. Ihre

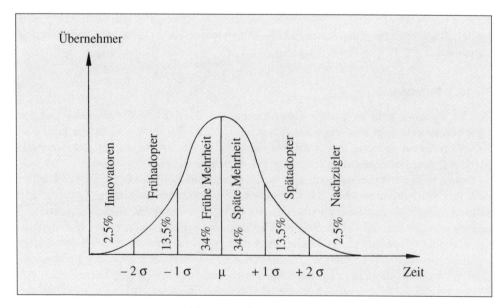

Abb. 110: Diffusionsprozess

typischen Charaktereigenschaften sind skeptisch, konservativ, zurückhaltend. Es handelt sich um Traditionalisten. Zugleich treten neue Angebote in den nächsten Diffusionszyklus ein. Parallel dazu vollzieht sich bereits der Diffusionsprozess dieser anderen Neuerungen.

Die Zielpersonen stellen der Übernahme im Zeitablauf steigenden Widerstand entgegen, der meist parallel zu deren Risikobewusstsein zu sehen ist.

Der Diffusionsprozess hat erhebliche Bedeutung für den Marketingeinsatz, z. B. in der Werbung. Als Anfang der 80er-Jahre die ersten Camcorder mit begrenzter Praxistauglichkeit, aber hohem Preisniveau auf den Markt kamen, war in der Kommunikation im Wesentlichen die Rede von technischen Facts & Figures wie CCD-Chip, High Speed Shutter, Zeitraffer/-lupe etc. Dies war sicherlich auch die richtige Ansprache für die damals als erste Übernehmer zu gewinnenden Video-Freaks. Die Masse der potenziellen Videonutzer wurde durch solche Begriffe jedoch eher abgeschreckt. Später änderten sich die Auslobungen erheblich. Es war die Rede von verwacklungsfreier Aufnahme, Kompaktformat, Einknopfbedienung etc. Dies war dann sicherlich die richtige Ansprache für die noch ausstehenden Übernehmer der Mehrheit, die sich nicht für Technikfans halten, sondern eher an praktischen Produktvorteilen interessiert sind. Ähnliche Entwicklungen lassen sich bei anderen, rasch diffundierenden Produktgruppen wie CD-Player oder PC's feststellen.

3.2.18 Simulationsansätze

Unter Simulation versteht man allgemein Techniken zur nummerischen Auswertung quantitativer Modelle. Anwendung findet sie meist, wenn der Komplexitätsgrad eines Modells eine anderweitige, analytische Auswertung verhindert, das Modellverhalten bei unterschiedlichen Parameterkombinationen untersucht oder das Modellverhalten im Zeitablauf überprüft werden soll. Es geht also um die Durchführung von Experimenten mit Modellen, die ein Abbild realer Systeme mit ihren wesentlichen Eigenschaften darstellen, indem Bedingungen oder Variable verändert werden. Dabei wird versucht, Wirkungen auf das abgebildete System zu erkennen und sich ergebende neue Zustände, bedingt durch Verflechtungen zwischen Variablen, Parametern und anderen Komponenten auszuwerten. Durch systematische Variation der Inputdaten werden somit auf experimentelle Weise alternative Systemzustände erzeugt. Insofern lassen sich realitätsnahe Konstellationen mit differenzierten Aussagen im »Zeitraffer«-Effekt durchspielen.

Es lassen sich sowohl Struktur- als auch Mechanikansätze des Käuferverhaltens simulieren. Daneben gibt es eigenständigen Simulationsmodelle. Um **Strukturansätze** zu simulieren, müssen diese zuerst in eine quantitative Form gebracht werden.

Bei **Systemmodellen** müssen plausible Verknüpfungen als funktionale Beziehungen zwischen Variablen vorgenommen werden. Wenn bei einzelnen Modellvariablen Ausprägungen nicht deterministisch, sondern stochastisch sind, erfolgt die Simulation mit Hilfe der Monte Carlo-Methode. Zufallsmodelle können unmittelbar in Computer berechenbare Form umgesetzt werden. Dies gilt sowohl für ökonometrische als auch vollstochastische Modelle. Bei der digitalen Simulation unterscheidet man diskrete und kontinuierliche Systeme, diskrete weisen sprunghafte Zustandsänderungen auf und sind meist im Marketing relevant, kontinuierliche gehen inkremental vor.

3.2.18.1 Detailanalytische Verfahren

3.2.18.1.1 Eigenständige Simulationsmodelle

Eigenständige Simulationsmodelle versuchen, durch eine Berücksichtigung einer Vielzahl von Variablen die Realität vollständig abzubilden. Dabei sind vor allem die Modelle von Lavington, Klenger/Krautter und Amstutz zu nennen.

Mikroökonomische Modelle beziehen sich dabei auf die Unternehmensebene, makroökonomische Modelle auf globale Zusammenhänge. Innerhalb der Simulationsmodelle versuchen die detailanalytischen Ansätze, die Entscheidungsmechanismen analog zum S-O-R-Ansatz im Einzelnen abzubilden. Globalanalytische Ansätze verzichten auf die Untersuchung mentaler Prozesse vor und nach dem Kauf. Sie beruhen auf dem beobachtbaren Verhalten, sind also dem Grunde nach S-R-Ansätze.

Das Modell von **Lavington** ist ein Kaufneigungsmodell, welche das Konsumentenverhalten von Individuen beschreibt. Es untersucht die Wirkung von Marketingaktivitäten auf die gewohnheitsmäßigen Kaufentscheidungen von Konsumenten bei häufig gekauften Verbrauchsgütern mit niedrigem Preis unter Berücksichtigung der Kaufneigung vor dem Kauf und der Wirkung der Kaufsituation als Phasen des Kaufentscheidungsprozesses, jeweils auf der Grundlage der Lerntheorie. Im Mittelpunkt steht die Identifizierung der Marketinginstrumente Distribution, Preis, Verkaufsförderung und Werbung als besonders geeignet. Die Kaufneigung der Konsumenten ist bei jeder Geschäftsstätte unterschiedlich ausgeprägt und abhängig von Preis, Verkaufsförderung, Werbung, früherem Gebrauch, gestellten Anforderungen, persönlicher Empfehlung, Auslagengestaltung am POS und Packungssignalisation. Unterstellt wird dabei, dass ein Kauf erfolgt, wenn eine bestimmte Menge von Reizelementen konditioniert ist. In einem Zeitpunkt ist jedes Reizelement nur auf eine bestimmte Marke hin konditioniert, im Zeitablauf verändert sich diese Konditionierung. Die Kaufwahrscheinlichkeit hängt von der vorhandenen Kaufneigung gegenüber verschiedenen Marken ab und von deren Wechselwirkung mit POS-bezogenen Reizen. Simulationen erlauben nunmehr sowohl Aussagen über die geeignete Wahl des absatzpolitischen Instrumentariums als auch über den zukünftige Absatz von Produkten. Die Wahrscheinlichkeit des Kaufs wird aus einer Vielzahl von ihn beeinflussenden Faktoren ermittelt. Die quantitative Beschreibung dieser Einzelfaktoren ermöglicht die Berechnung individueller Kaufwahrscheinlichkeiten. Problematisch ist dabei allerdings die Vernachlässigung soziologischer Faktoren. Außerdem ist die Praktikabilität durch die Vielzahl zu erhebender Daten eingeschränkt.

Das Modell von **Klenger/Krautter** untersucht die Wirkungen von Marketingaktivitäten auf die gewohnheitsmäßigen Kaufentscheidungen des Konsumenten bei preiswerten Gütern des täglichen Bedarfs, bei Gliederung des Entscheidungsprozesses in Bezug auf die Wahl der Produktart, des Geschäfts und der Marke nach Entstehen des Bedürfnisses, Suche nach Alternativen, Bewertung dieser Alternativen und Entscheidung mit Kaufrealisation, dies auf Basis der kognitivistischen Verhaltenstheorie. Es erfolgt sowohl eine Bestimmung der Produktarten als auch der Einkaufsstätten- und Markenwahl. Dafür gibt es drei Erklärungsgrößen. Einstellungen zu Marken bzw. Markenimages resultieren aus der Gegenüberstellung von Realimages und Idealimage. Dabei wird Gleichgewichtigkeit und Unabhängigkeit aller Komponenten unterstellt, was im Übrigen recht zweifelhaft ist. Mediacharakteristika betreffen die Wahrscheinlichkeit des Kontakts mit verschiedenen Medien (Werbeträgerkontakt) und Werbemitteln (nur bei Print). Kauf- und Konsumcharakteristika betreffen die Verbrauchs- und (Mindest-)Vorratsmengen, sowie die Geschäftstypen- und Packungsgrößenpräferenz. Problematisch ist hier die Informationsbeschaffung zur Modellstruktur und der Informationsbedarf zu Management- und Konsumentendaten. Dazu muss im Wesentlichen auf mehr oder minder plausible Hypothesen zurückgegriffen werden. Daher ist die Leistungsfähigkeit dieses Modells zurückhaltend einzuschätzen.

Das Modell von **Amstutz** untersucht ebenfalls Wirkungen von Marketingaktivitäten auf Kaufentscheidungen des Konsumenten, diesmal beim Kauf von langlebigen Ge- und Verbrauchsgütern bei Einteilung des Kaufentscheidungsprozesses in die Phasen Entstehung des Bedürfnisses, Suche nach Produktinformation, Kaufentscheidung mit Ausführung und Reaktionen nach dem Kauf, dies auf Basis der kognitivistischen Verhaltenstheorie. Einflussgrößen sind hier die Einstellung gegenüber Produkt und Marke, die Gelegenheit zum Ge- und Verbrauch des Produkts für Konsumenten, der Zeitraum seit dem letzten Kauf dieses Produkts, weiterhin die Intensität des wahrgenommenen Bedürfnisses, das Einkommen des Käufers, die Einstellung gegenüber bestimmten Einzelhandelsgeschäften, und schließlich die Vorrätigkeit des betreffenden Produkts im Handel, absolute und relative Preise, Umfang und Intensität der Verkaufsbemühungen. Dabei wird die Produktartenentscheidung bereits als gegeben vorausgesetzt, bevor die Analyse einsetzt. Bei der Entscheidung über den Einkauf geht es darum, ob überhaupt eine der Marken der Produktart gekauft werden soll. Dies ist abhängig von der Intensität des wahrgenommenen Bedürfnisses. Bei der Markenwahl geht es darum, welche der Marken einer Produktgattung gewählt wird. Dies ist abhängig von Preis, Verkäuferengagement, Einstellung/Kenntnis und Verfügbarkeit/Präsenz der Marken. Bei der Reaktion nach der Kaufentscheidung geht es darum, wie die Ausbreitung der Kaufentscheidung erfolgt. Probleme liegen in der Beschaffung der Ausgangsdaten, die unvollständig, wie bei soziologischen Aspekten, und teils wenig operationalisierbar, wie beim Verkäuferengagement, bleiben. Ebenso fehlen die soziologischen Aspekte des Käuferverhaltens, auch qualitative Faktoren (wie Verkäuferengagement) sind kaum quantifizierbar.

Für den Einsatz von Simulationen spricht generell, dass sie die Einbeziehung einer großen Zahl von Variablen und deren Zusammenhänge ermöglichen und daher realitätsnahe Abbilder versprechen, dass sich durch planmäßige Variation relevanter Einflussfaktoren eine Vielzahl von Konstellationen durchspielen lässt und dadurch differenzierte Aussagen ermöglicht werden, und dass die Rechenkapazitäten in Computern mittlerweile leistungsfähige Realitätsnachbildungen realistisch zulassen. Sie eignen sich also gut für komplexe Probleme, erfordern allerdings eine große Zahl von Berechnungsdurchgängen (Modellläufen).

3.2.18.1.2 Prognose des Kaufverhaltens

Die Simulationen laufen im Übrigen rechentechnisch recht kompliziert ab. Vor allem ist die Beschaffung der notwendigen Daten aufwendig. Auch die Validierung der funktionalen Zusammenhänge ist recht problematisch. Hilfe kommt da verstärkt von computergestützten Modellen, die vor allem zur Prognose des Produkterfolgs dienen.

Sprinter ist ein solches computergestütztes Modell zur Prognose neuer, häufig gekaufter Konsumgüter. Seine Ziele sind die frühzeitige Marktanteilsprognose vor Markteinführung, die Analyse der Wirkung der Marketing-Mix-Instrumente auf die das Kaufverhalten beeinflussenden Variablen, die Unterstützung bei der Entscheidung, die Findung der besten Markteinführungsstrategie, das frühzeitige Erkennen und Diagnostizieren von Problemen in der Einführungsphase sowie die Entwicklung und Bewertung angepasster Alternativstrategien. Als Dateninput fungieren dabei Testmarktdaten, Paneldaten, Recall-Abfragen, Außendienstberichte und

Managementeinschätzungen. Diese werden in Hunderte von Gleichungen verpackt. Der Kern ist ein dynamisches Modell zur Abbildung und Klassifizierung von Kaufmustern anhand von Kaufsequenzen als potenzielle Käufer, Erstkäufer, loyale Käufer, markentreue Käufer und illoyale Käufer. Daraus ergibt sich dann die Marktanteilsprognose auf Basis der Variablen Markenbekanntheit, Kaufabsicht, Kaufentschluss und Nachkaufverhalten. Dadurch ist eine umfangreiche Erfassung der verhaltensrelevanten Variablen und ihrer Veränderung bei einzelnen Käufen möglich. Eine Zielfunktion repräsentiert Gewinn und Return on Investment. Marketingkosten stammen aus dem Rechnungswesen.

Steam ist ein quantitatives (stochastisches) Modell zur frühzeitigen, langfristigen Marktanteilsprognose eines häufig gekauften Neuprodukts aus Paneldaten. Die Daten über Erst- und Wiederkauf stammen aus Haushaltspanels oder Markttestexperimenten. Daraus wird die Wahrscheinlichkeit geschätzt, mit der ein Haushalt weitere Käufe dieser oder anderer Marken der betreffenden Produktklasse tätigt. Die Funktion enthält Parameter über Anzahl bisheriger Käufe, Zeitpunkt des letzten Kaufs und Zeitdauer seit dem letzten Kauf. Die Prognose erfolgt durch Simulation auf Basis empirischen Kaufverhaltens. Allerdings ist das Modell sehr komplex und mathematisch anspruchsvoll, damit verbunden sind oftmals die emotionale Ablehnung durch potenzielle Anwender, die mangelnde Nachvollziehbarkeit des Rechenweges sowie ein hoher Zeit- und Kostenaufwand.

3.2.18.2 Globalanalytische Verfahren

Hierbei geht es um theoretische, mathematisch-statistische Erklärungsmöglichkeiten des Käuferverhaltens, die jedoch recht realitätsfremd sind. Die Eintrittswahrscheinlichkeiten für Kaufentscheide errechnen sich aus der Vergangenheit (Paneldaten). Es können im Einzelnen Markenwahl- und Kaufeintrittsmodelle unterschieden werden. Daneben gibt es noch Geschäftsstätten- und Einkaufsmengenwahlmodelle, die analog gestaltet sind.

Zu den **Markenwahlmodellen** gehören neben den Markoff-Ketten lerntheoretische und Kaufneigungsmodelle. Bei **Lerntheoretischen Modellen** wird angenommen, dass die Wiederkaufwahrscheinlichkeit für eine Marke neben dem Kauf auch von Produkterfahrungen und dem Einsatz des marketingpolitischen Instrumentariums abhängt. Es wird nur eine Marke betrachtet und eine zufällige Abhängigkeit des aktuellen Kaufs der Marke von allen vorausgegangenen Käufen der Marke angenommen. Ist somit in einem beliebigen Zeitpunkt ein gewisser Wert der Kaufwahrscheinlichkeit gegeben, so ändert sich diese dadurch, dass in der Folgeperiode die Marke gekauft oder eben nicht gekauft wird. Dabei werden lineare und nicht-lineare Ansätze unterschieden. Lineare Wahlmodelle gehen von einer binären Wahlsituation aus, d. h., der Käufer hat die Wahl zwischen zwei Marken bzw. zwischen einer Marke und der Gesamtheit aller anderen, nicht lineare Wahlmodelle gehen von einer komplexen Wahlsituation aus. Dabei wird unterstellt, dass die Wahrscheinlichkeit für Wiederholungskäufe umso mehr steigt, je häufiger dieser Markenkauf bereits in der Vergangenheit vollzogen worden ist et vice versa. Der stärkste Effekt geht von der jeweils letzten Kaufentscheidung aus. Wichtige Annahme ist dabei jedoch, dass jede Kaufentscheidung die folgende beeinflusst, jedes Verhalten also Lernspuren hinterlässt und völliges Vergessen ausgeschlossen ist. So ist es möglich, dass Nichtkäufe keine Veränderung der Wiederkaufwahrscheinlichkeit bedeuten, etwa wenn die Stammmarke nicht verfügbar ist, Käufe einer Marke zu Dissonanzen führen, die einen Wiederkauf weniger wahrscheinlich werden lassen und Markenwechsel aus Gründen der Abwechslung oder des Ausprobierens erfolgen.

Kaufneigungsmodelle hingegen gehen vereinfachend davon aus, dass konstante Markenwahlwahrscheinlichkeiten bestehen. Das bedeutet, der Kauf einer bestimmten Marke in einer Folgeperiode ist unabhängig vom Kauf einer bestimmten Marke in den Vorperioden (Bernoulli-Prozess). Dadurch kommt es zwar zu einer extremen Rechenvereinfachung, aber zugleich auch zu recht realitätsfernen Aussagen.

Bei **Kaufeintrittsmodellen** wird die Wahrscheinlichkeit, dass Kunden zu einem bestimmten Zeitpunkt einen Kaufvertrag für eine bestimmte, am Markt bereits eingeführte Produktgattung abschließen, untersucht. Dabei können schon länger eingeführte Produkte oder aber Produktneueinführungen zugrunde gelegt werden. Dementsprechend handelt es sich um Wiederkauf- oder Durchdringungsmodelle. Bei **Wiederkaufmodellen** wird die Wahrscheinlichkeit, dass Kunden zu einem bestimmten Zeitpunkt einen Kaufvertrag für eine bestimmte, am Markt bereits eingeführte Produktgattung abschließen, untersucht. Sie stellen eine Fortführung der Durchdringungsmodelle dar und versuchen, das Volumen der Wiederkäufe zu quantifizieren.

Durchdringungsmodelle untersuchen den Kaufeintritt bei Neueinführungen. Die Anzahl der Käufer, die das Testprodukt erworben haben, wird meist als von der Zeit abhängig angesehen. Dazu werden Erstkäufer und (zweite, dritte usw.) Wiederholungskäufer unterschieden. Die Wiederkaufrate wird durch Panelerhebung ermittelt, die Erstkaufrate als Penetrationskurve auf Schätzbasis berechnet. Als wichtigster Ansatz gilt der von Parfitt-Collins. Daneben gibt es folgende. Der Ansatz von **Eskin** gehört zur Gruppe der auf Paneldaten basierenden Modelle. Die Gesamtabsatzmenge wird dabei pro Periode in Erst- und Wiederkaufmenge aufgespalten, Letztere wird noch hinsichtlich der Häufigkeit des Wiederkaufs und den zwischen den Wiederkaufakten liegenden Intervallen differenziert.

Der Ansatz von **Fourt/Woodlock** unterteilt den Absatz in Erstkäufe und Wiederkäufe mehrerer Ordnungen, die sukzessiv bestimmt werden. Für Erstkäufe gilt, dass in jeder Periode ein konstanter Anteil potenzieller Erstkäufer das Produkt erwirbt. Für Wiederkäufer gilt, dass ein stets konstanter Anteil der Erstkäufer einen bzw. mehrere Wiederkäufe tätigt. Problematisch ist dabei die Bestimmung der Wiederkaufperiode. Praktisch ergeben sich Schwierigkeiten bei der Messung des Wiederkaufverhaltens höherer Ordnung, da dazu relativ lange Erhebungszeiträume erforderlich sind.

3.2.19 Kaufverhalten in Organisationen

3.2.19.1 Gewerbliche Beschaffung

Die Bedeutung des Kaufverhaltens privater Konsumenten ist sicherlich ohne weiteres einleuchtend. Weite Teile der Kommunikation vollziehen sich jedoch nicht zwischen gewerblichen Anbietern und privaten Nachfragern (B-t-C), sondern zwischen gewerblichen Anbietern und organisationalen Nachfragern (B-t-B). Für letzteren Bereich werden Erkenntnisse allerdings zumeist vernachlässigt, statt dessen findet eine Konzentration auf den ersten Bereich statt. An dieser Stelle wird jedoch vergleichsweise ausführlich auf die Besonderheiten des Kaufverhaltens in Organisationen eingegangen. Zwar kann man allgemein unterstellen, dass sich Analogien finden, da es auch im gewerblichen Bereich, zumindest auf absehbare Zeit, immer Menschen sind, an die sich Kommunikationsanliegen zur Erzeugung von Käufen richten. Und diese Menschen haben, weil sie dieselben Menschen sind, das gleiche Entscheidungsverhalten wie im privaten Bereich. Vielleicht sind ihre Maßstäbe im privaten Bereich sogar noch strenger, denn schließlich ist es dort ihr eigenes Geld, über das sie disponieren, während das in der Organisation fremdes Budget ist. Und mit Geld, das einem nicht gehört, ist man geneigt, weniger sorgfältig umzugehen als mit eigenem Geld. Insofern fällt eine Kaufentscheidung womöglich sogar leichter.

Aber im B-t-B-Sektor sind dennoch eine Reihe von Besonderheiten des Kaufverhaltens anzutreffen, die es sich lohnt, näher zu betrachten, weil hier aus professionellen Gründen Wert auf eine besonders rationale Kaufentscheidung gelegt wird. Während man im privaten Bereich gern und oft emotionale Käufe tätigt, ist dies im organisationalen Bereich verpönt. Die Ernsthaftigkeit und Tragweite solcher Entscheidungen lässt es opportun erscheinen, strikt sachbezogene Erwägungen zu treffen. Zumeist werden dazu Kriterien-Checklists angelegt und alternative Angebote kritisch miteinander verglichen. Ob die Entscheidung dann letztendlich aber so rational getroffen wird, wie das zumeist vorgegeben wird, kann in Zweifel gezogen werden. Vielmehr schlagen sich ganz selbstverständlich emotionale Aspekte in der Entscheidung nieder. Letztlich handelt es sich häufig umso etwas wie ein Spiel. Da man denkt, dass Andere in der Geschäftssphäre rationale Überlegungen anstellen, macht man sich selbst diese Vorgehensweise zueigen. Dazu werden emotionale Beweggründe in rational anmutende Argumente verpackt. Für Andere entsteht damit der Eindruck einer kühl abgewogenen Entscheidung. Doch dabei handelt es sich häufig nur um eine Verbrämung. Die Anderen fühlen sich jedoch aufgefordert, ebenso streng kalkulierend vorzugehen. So kann es sein, dass reihum ein Spiel gespielt wird, das jeder für Realität hält, das aber nur Fiktion ist.

3.2.19.2 Kennzeichen gewerblicher Transaktionen

Große Teile der Werbung richten sich an nicht-private Zielgruppen, also professionelle Entscheider. Obgleich diese Personen den gleichen Erwägungen unterliegen, wie sie für den privaten Bereich dargestellt wurden, gelten doch im gewerblichen Bereich einige Besonderheiten.

Gewerbliche Transaktionen sind allgemein dadurch gekennzeichnet, dass ein Kontakt zwischen mindestens zwei Individuen, auch stellvertretend für Organisationen, in einer zeitlichen Abfolge von Aktionen und Reaktionen bei Interdependenz der Handlungen dieser Partner gegeben ist. Sie sind überwiegend Kosten-Nutzen orientiert und werden von den Partnern nur fortgesetzt, wenn beide Seiten aus der Erfahrung bereits vollzogener Interaktionen heraus für dieses oder ein ähnliches Verhalten belohnt worden sind (ausführlich dazu Backhaus 1999).

Für das Kaufverhalten in Organisationen sind folgende grundlegenden Merkmale typisch:

- **Multitemporalität**, d. h., der Kaufentscheid läuft in mehreren Phasen ab, diese sind oft nicht eindeutig voneinander abzugrenzen, sondern gehen fließend ineinander über, werden aber bei Bedarf auch übersprungen oder wiederholt.
- **Multioperativität**, d. h., es ergibt sich zumeist eine längere Transaktionsperiode über den Kauf hinaus, die sich (etwa bei Anlagen) durchaus über mehrere Jahre hinziehen kann, und zwar umso länger, je komplexer das jeweils zur Beschaffung anstehende Objekt ist.
- **Multiorganisationalität**, d. h., es sind mehrere Stellen im Unternehmen daran beteiligt, wobei im Einzelnen mehr oder minder unklar bleibt, in welcher Funktion und mit welchem Einfluss diese auf die Entscheidung einwirken.
- **Multipersonalität**, d. h., es sind auch mehrere Personen im Unternehmen daran beteiligt, die wiederum divergente Ziele verfolgen können, die sich in ihrer Stellung zum anstehenden Beschaffungsentscheid ausdrücken.

Für die Analyse der dabei stattfindenden Interaktion gibt es prototypisch folgende Ansätze:

- **Personale** Ansätze analysieren den Einfluss von personellen Eigenschaften von Verkäufern und Käufern (z. B. Ähnlichkeit, Machtsaldo). So geht z. B. der dyadische Ansatz von Ähnlichkeiten in ökonomischen, sozialen und physischen Merkmalen zwischen Anbieter und Nachfrager als wesentlicher Erfolgsvoraussetzung aus. Der multipersonale Ansatz stellt Hierarchiestrukturen und Machtverhältnisse in den Mittelpunkt der Untersuchung, wobei auch die Möglichkeit von Koalitionen auf einer Seite denkbar ist.
- **Organisationale** Ansätze sind auf bestimmte Rollen ausgerichtet, die in Einkaufsgremien (Buying Centers) und Verkaufsgremien (Selling Centers) eingenommen werden. Der dyadisch-organisationale Interaktionsansatz bezieht daher auch Rollenerwartungen und Beziehungsmuster sowie die Aspekte von Macht, Konflikt und Kooperation mit ein.
- **Strukturelle** Ansätze stellen Organisationsmerkmale in den Vordergrund und nehmen Beziehungen zwischen Organisationen und deren Umweltbeziehungen in die Untersuchung mit auf. Dadurch wird der Komplexität der Wirtschaftsrealität besser Rechnung getragen.
- **Prozessuale** Ansätze richten ihr Interesse auf bestimmte Phasen des Transaktionsprozesses, die sich gegeneinander abgrenzen. Sie stellen eine Abfolge von Episoden dar. Dabei ist z. B. auch der Ablauf bezogene Verhandlungsstil von Bedeutung.
- **Monolaterale** Ansätze gehen davon aus, dass die Verhandlungsseiten jeweils ungebunden, d. h. rechtlich und wirtschaftlich selbstständig sind. Dies ist in einer zunehmend verflochtenen Wirtschaftsstruktur allerdings immer seltener der Fall.
- **Multilaterale** Ansätze hingegen berücksichtigen die Einbindung mehrerer Beteiligter auf beiden Seiten. Die dadurch entstehenden Beziehungen werden in Netzwerkansätzen untersucht, die Organisationen als Systeme auffassen, die durch ihre Elemente Beziehungen untereinander und zur Umwelt haben, wobei mehrere Transaktionsperioden vorausgesetzt werden.

3.2.19.3 Marktsegmente

Für Marktsegmente im gewerblichen Bereich finden sich eine ganze Reihe von Anhaltspunkten, die zu berücksichtigen sind, so vor allem:

- Umwelt bezogene Merkmale wie organisationsdemografische Kriterien, z. B. Standort, Betriebsform, Kauf- und Verwendungsverhalten, z. B. Auftragsgrößen, Zahlungsbereitschaft, Position der Organisation in der Umwelt, z. B. politische Rahmenbedingungen, technische Gegebenheiten,
- Innerorganisatorische Merkmale wie Zielsystem der Organisation, Restriktionensystem, z. B. Know-how-Begrenzung, Finanzlimitationen,
- Merkmale der Mitglieder des Buying Center wie Alter, Beruf, Schichtenzugehörigkeit etc.

Daraus lassen sich Ansätze zur Bestimmung von Marktsegmenten ableiten, die wohl wichtigsten sind die folgenden. Beim **einstufigen** Ansatz wird nur ein Kriterium zur Segmentierung zugrunde gelegt. Insofern wird eher unsystematisch differenziert, z. B. nach objektiven Kriterien wie:

- Abnehmerbranche, Unternehmensgröße, Standort des Unternehmens,
- Anwenderstatus, Kundenkompetenz, Technologiestand, spezifische Produktanwendungen,

- Organisationsform der Beschaffungsfunktion, allgemeine Beschaffungspolitik, Auftragsumfang.

Sowie subjektiven Kriterien wie:
- Dringlichkeit des Bedarfs, vorgefundene Machtstrukturen, bestehende Beziehungen,
- Ähnlichkeit zwischen Käufer und Verkäufer, angewendete Kaufkriterien,
- Risikobereitschaft, Lieferantentreue.

Beim **mehrstufig sukzessiven** Ansatz wird die jeweils nachfolgende Stufe nur innerhalb der bereits gewählten vorausgehenden Stufe bestimmt. Ein Beispiel dafür ist der hierarchische Ansatz (Gröne). Hierbei wird nacheinander unterschieden in die:

- 1. Ebene der **organisationsbezogenen Merkmale**, etwa Organisationsdemografische Merkmale wie Standort, Betriebsform etc., Institutionalisierung der Einkaufsfunktion durch Zentralisation/Dezentralisation, Aufgabenbereich etc., Organisatorische Beschaffungsregeln wie Angebotsbewertung, computergestützte Einkaufshilfsmittel etc.,
- 2. Ebene der **Merkmale des Entscheidungskollektivs**, etwa Größe des Buying Center, Zusammensetzung des Buying Center etc.,
- 3. Ebene der **Merkmale des konkret entscheidungsbeteiligten Individuums**, etwa Informationsverhalten, Einstellungen etc.

Beim **mehrstufig simultanen** Ansatz werden Segmentierungskriterien gleichzeitig angelegt. Ein Beispiel dafür ist der Schalenansatz (Bonoma/Shapiro 1991). Hierbei sind folgende Dimensionen grundlegend:

- **Demografische Merkmale** (Welche Branchen, die ein Produkt benötigen, stehen im Mittelpunkt? Unternehmen welcher Größe stehen dabei im Mittelpunkt? Welche geografischen Gebiete stehen im Mittelpunkt?),
- **Leistungsbezogene** (operative) **Merkmale** wie Technologien, technische Ausstattung, finanzielle Möglichkeiten etc. (Auf welche Kundentechnologien soll man sich konzentrieren? Soll man sich auf Intensiv-, Medium- oder Extensivverwender oder aber auf seitherige Nichtverwender konzentrieren? Soll man sich auf Kunden konzentrieren, die viele produktbegleitenden Dienstleistungen benötigen oder auf solche, die wenige benötigen?),
- **Beschaffungsmerkmale** wie formale Organisation, Beschaffungsrichtlinien, Machtstrukturen etc. (Soll man sich auf Unternehmen mit stark zentralisierter oder dezentralisierter Beschaffungsfunktion konzentrieren? Soll man sich auf Unternehmen konzentrieren, bei denen die Technikabteilung dominiert, oder auf solche, wo die Finanzabteilung dominiert oder wieder andere? Soll man sich auf Unternehmen konzentrieren, zu denen bereits intensive Geschäftsbeziehungen unterhalten werden, oder aber die attraktivsten Kunden ansprechen? Soll man sich auf Kunden konzentrieren, die Leasing, Wartungsverträge, Systemkäufe oder die Beschaffung mittels Ausschreibungen bevorzugen? Soll man sich auf Kunden konzentrieren, die in erster Linie Wert auf Qualität legen, oder auf Kundendienst, oder auf niedrige Preise?),
- **Situative Faktoren** wie Dringlichkeit des Kaufs, Spezialwünsche, Auftragsvolumen etc. (Soll man sich auf Unternehmen konzentrieren, die auf schnelle und kurzfristige Lieferungen angewiesen sind? Soll man sich auf bestimmte Anwendungen eines Produkts konzentrieren, statt auf alle? Soll man sich auf hohe oder geringe Auftragsgrößen konzentrieren?),
- **Individuelle Charakteristika** wie Risikoverhalten, Toleranz, Image-/Faktenreagierer etc. (Soll man sich auf Unternehmen konzentrieren, deren Mitarbeiter und Wertvorstellungen

Ähnlichkeit mit den eigenen aufweisen? Soll man sich auf eher risikofreudige oder aber auf vorsichtige Kunden konzentrieren? Soll man sich auf Unternehmen konzentrieren, die ihren Lieferanten gegenüber besonders loyal sind?).

Die einstufige Marktsegmentierung ist angesichts komplexer Marktstrukturen wohl überfordert und kann allenfalls zur ersten Orientierung dienen. Die mehrstufige sukzessive Marktsegmentierung bietet den Vorteil, bei einer zweckmäßigen Drill-Down-Stufe stoppen zu können, allerdings werden Potenziale auf Folgestufen möglicherweise bereits auf den Vorstufen ausgeschlossen. Die mehrstufige simultane Marktsegmentierung bietet zweifellos die exakteste Abgrenzung, führt jedoch leicht zu unnötig kleinen Marktsegmenten mit limitiertem Geschäftsumfang.

3.2.19.4 Kaufsituation

3.2.19.4.1 Kaufklassenansatz

Nach Robinson/Faris/Wind ist jede Kaufsituation durch drei Merkmale charakterisiert:

- Erstens den Neuheitsgrad des Problems für die am Kaufprozess beteiligten Personen. Zweitens den Informationsbedarf der am Kaufprozess beteiligten Personen. Und drittens neuen Alternativen, denen von den Entscheidungsträgern ernsthaft Aufmerksamkeit geschenkt wird.

Aus der ordinalen Abstufung dieser Dimensionen lassen sich drei Klassen von Kaufentscheiden ableiten. Beim **Erstkauf** (New Task) stehen die Beteiligten vor einer völlig neuen Problemstellung, bei der bisherige Erfahrungen wenig helfen. Erstkäufe lassen sich insofern durch folgende Merkmale kennzeichnen:

- Es liegen individuelle Kaufprozesse vor, die neuartig sind. Der Leistungsinhalt und -umfang des Kaufs muss jeweils neu und einzeln festgelegt werden. Es sind extensive Entscheidungsprozesse gegeben. Es liegt regelmäßig ein vergleichsweise hoher Auftragswert vor. Es erfolgt eine vom Einzelfall abhängige Lieferantenbewertung. Der Bedarf ist oft nur mehr oder minder unzureichend strukturiert.

Der Anstoß zum Kauf kann von außerhalb des Unternehmens kommen oder auf interne Anregung zurückgehen. Es gibt nur geringe oder keine einschlägige Käufererfahrung. Daraus resultieren ein hohes Maß an Informationsbedürfnis und die Notwendigkeit, alternative Problemlösungen und alternative Anbieter zu suchen. Erstkäufe treten unregelmäßig auf, sind aber von großer Bedeutung für nachgelagerte Entscheide und weisen nur eine geringe Wiederholungshäufigkeit in derselben Auslegung auf.

Der **modifizierte Wiederholungskauf** (Modified Rebuy) ist seiner Art nach zwar nicht neu, weicht jedoch von bisherigen Erkenntnissen ab. Daher müssen ergänzende Informationen eingeholt werden. Der Kaufentscheid ist nicht innovativ wie beim Erstkauf, aber auch nicht routinisiert, wie beim reinen Wiederholungskauf. Man kann daher von einem adaptiven Kaufverhalten sprechen. Es liegen also bekannte Kaufalternativen vor, die sich aufgrund äußerer Ereignisse oder interner Einflüsse geändert haben, sodass ein zusätzlicher Informationsbedarf erforderlich wird. Der Kaufprozess wird dazu aber nur teilweise wieder aufgerollt. Insofern ist der Informationsbedarf auf die Unterschiede zu den bereits bekannten Produkten reduziert.

Beim **reinen Wiederholungskauf** (Straight Rebuy) handelt es sich um wiederkehrende Problemstellungen bei völlig ausreichender Informationslage. Solche Routinetransaktionen sind durch folgende Merkmale charakterisiert. Es handelt sich um:

- habitualisierte Kaufprozesse, die sich vergleichsweise häufig wiederholen, Nachfrage nach denselben normierten und ggf. vorproduzierten Leistungen, eher geringe Komplexität des Kaufobjekts, vergleichsweise geringen Auftragswert, weitgehenden Verzicht auf die Neubewertung von Lieferanten, statt dessen Nachbestellungen, geringe Informationssuche aufgrund von Erfahrungen.

Der Lieferant stammt für gewöhnlich aus dem Kreis von Anbietern, mit denen bereits Geschäftsbeziehungen bestehen. Insofern liegt eine geschlossene Listung möglicher Lieferanten vor, neue Anbieter haben daher kaum eine Chance auf Berücksichtigung. Das Kaufobjekt und seine Parameter können in diesem Rahmen durchaus variieren, und zwar graduell solange, bis sich die Aufgabe so nachhaltig verändert, dass eine neue Lieferquelle in die Überlegungen aufgenommen wird.

Inwieweit die Einteilung in Kaufklassen jedoch eine grundlegende Gültigkeit für sich beanspruchen kann, scheint fraglich. So sind wohl zumindest Produktarten, Preisniveaus und situative Faktoren gleichermaßen ausschlaggebend für die Erklärung des Kaufverhaltens. Empirische Überprüfungen bieten daher ein durchaus uneinheitliches Bild.

Zentral bedeutsam sind die Kaufklassen vor allem für Anbieter als In Supplier und Out Supplier. Der **In Supplier** ist naturgemäß an der Aufrechterhaltung bestehender Geschäftsverbindungen interessiert, an der Erhöhung der Lieferantentreue seitens des Nachfragers und an der mengen- und wertmäßigen Ausweitung des Transaktionsvolumens. Der **Out Supplier** ist an der Änderung des Interaktionsverhaltens zwischen Nachfrager und Anbieter interessiert. Er will eine In Supplier-Position erst noch erreichen und deshalb bestehende In Suppliers verdrängen. Er ist an einer Bekanntheitsgradsteigerung seines Angebots und an dessen positiver Beurteilung interessiert. Er wirkt demnach auf die Neubewertung der Lieferanten hin und auf eine zumindest probeweise Aufnahme von Geschäftsbeziehungen.

3.2.19.4.2 Struktur- und Prozessansätze

Strukturansätze stellen die Organisationsmerkmale in den Vordergrund und geben den Beziehungen zwischen Organisationen und deren Umweltbeziehungen zentrale Bedeutung. Demgegenüber richten prozessuale Ansätze ihr Interesse auf bestimmte Phasen des Transaktionsprozesses. Zunächst zu den Strukturansätzen.

Beim **Buygrid-Ansatz** handelt es sich um einen zweidimensionalen Ansatz mit den folgenden Kaufphasen in der einen Dimension:

- Problemerkennung,
- Festlegung der Produkteigenschaften,
- Beschreibung der Produktionseigenschaften,
- Lieferantensuche,
- Beurteilung der Lieferanteneigenschaften,
- Einholung von Angeboten,
- Bewertung von Angeboten,
- Auswahl von Lieferanten,
- Bestell- und Abwicklungstechnik,
- Ausführungskontrolle/-beurteilung.

Die andere Dimension wird durch die Kaufklassen (analog Robinson/Faris/Wind, also Erstkauf, modifizierter Wiederholungskauf, reiner Wiederholungskauf) gebildet. Im Ergebnis können dann die Funktionsträger im Unternehmen (also Geschäftsführung, Techniker, Einkäufer, Lieferant etc.) gemäß diesen Phasen und Kaufklassen zugeordnet werden. Freilich ändert sich der Durchlauf der Kaufphasen je nach dem gerade anstehenden Kaufentscheid. Daraus entsteht eine 10 x 3-Matrix (30 Felder), die zwar eine strenge Klassifikation zulässt, jedoch zulasten der Übersichtlichkeit geht, ohne dabei wirklich hohe Realitätsnähe zu bewirken. In jedes Feld aus Kaufphase und Kaufklasse wird dabei die jeweilige Zuständigkeit eingetragen.

Eine weitergehende Typologisierung (nach Kirsch/Kutschker 1978) besteht aus drei Dimensionen, nämlich:

- Neuartigkeit der Problemdefinition (wiederum analog Robinson/Faris/Wind, also Erstkauf, modifizierter Wiederholungskauf, reiner Wiederholungskauf),
- Wert des Kaufobjekts,
- Einfluss auf die betrieblichen Abläufe, vor allem den erforderlichen organisationalen Wandel infolge des Entscheids zugunsten des Kaufobjekts.

Dabei werden jeweils die ordinalen Ausprägungen gering, mittel und hoch unterschieden, sodass sich ein 3 x 3 x 3 = 27-Möglichkeiten-Würfel ergibt. Daraus bilden sich wiederum vereinfachend drei Typen von Beschaffungsentscheidungen:

- **Entscheidungen vom Typ A** für sehr einfache Beschaffungsvorgänge. Es handelt sich hier um einen reinen Wiederholungskauf mit geringem Einfluss auf die betrieblichen Abläufe und geringem Wert des Beurteilungsobjekts.
- **Entscheidungen vom Typ C** für außerordentlich komplexe, hoch bedeutsame Beschaffungsvorgänge. Es handelt sich hier um Erstkäufe mit großem Einfluss auf die betrieblichen Abläufe und hohem Wert des Beurteilungsobjekts.
- **Entscheidungen vom Typ B** für alle Zwischenformen von Beschaffungsvorgängen, die jedoch real am häufigsten vorkommen.

Ein weiterer, warentypologischer Ansatz, der allerdings nicht nur für Industriegüter gilt, stammt von Miracle (1971). Er unterscheidet nach neun Produktcharakteristika:

- Wert der Produkteinheit, Bedeutung jedes einzelnen Kaufs für den Abnehmer, Für den Kauf aufgewendete Zeit und Mühe, Rate der technischen Änderungen, Technische Komplexität, Servicebedürftigkeit, Kaufabstände, Ver-/Gebrauchsdauer, Nutzungsspezifität.

Für jedes Merkmal wird jeweils eine Intensitätsabstufung vorgenommen. Daraus ergeben sich dann fünf Gruppen:

- Produkte mit sehr geringer Ausprägung in den genannten Merkmalen bilden die **Gruppe I**,
- Produkte mit geringer Ausprägung in den genannten Merkmalen bilden die **Gruppe II**,
- Produkte mit mittlerer Ausprägung in den genannten Merkmalen bilden die **Gruppe III**,
- Produkte mit hoher Ausprägung in den genannten Merkmalen bilden die **Gruppe IV**,
- Produkte mit sehr hoher Ausprägung in den genannten Merkmalen bilden die **Gruppe V**.

Für jede dieser Gruppen werden dann in sich konsistente Marketingmaßnahmenpakete als empfehlenswert angesehen. Inwieweit diese Typologien jedoch angemessen für ein modernes Marketingverständnis sind, scheint fraglich, denn ausschlaggebend ist nicht die Warentypologie sondern die Art der Nutzung der Produkte durch Nachfrager.

Eine weitere Unterscheidung betrifft:

- **Produkte vom Typ 1**, die häufig bestellt werden, keine besonderen Analysen erfordern und keine nennenswerten Probleme erwarten lassen,
- **Produkte vom Typ 2**, die nach Auffassung der Entscheider für den jeweiligen Zweck klar geeignet sind, für deren Einsatz im Unternehmen aber besondere Maßnahmen (z. B. Schulung) notwendig sind,
- **Produkte vom Typ 3**, bei denen Zweifel an ihrer technischen Eignung und Leistungsfähigkeit für den Einsatzzweck bestehen,
- **Produkte vom Typ 4**, die interne Probleme mit sich bringen können (z. B. in Bezug auf Kultur und Politik).

Die Prozessansätze gehen nach zahlreichen **Kaufphasen** vor und unterscheiden sich dabei nur in Details. Meist werden acht Stufen unterschieden:

- Antizipation der Wahrnehmung eines Problems und einer allgemeinen Lösung, Feststellung der Eigenschaften und Mengen der benötigten Artikel, Beschreibung der Eigenschaften und Mengen der benötigten Artikel, Suche und Qualifikation potenzieller Bezugsquellen, Einholung und Analyse von Angeboten, Bewertung der Angebote und Auswahl der Lieferanten, Festlegung eines Bestellverfahrens und Leistungs-Feedback mit Neubewertung.

Alle Prozessmodelle leiden jedoch an dem Mangel, dass die Kaufphasen weder frei von Überschneidungen und Rückkopplungen noch in dieser Form generalisierbar sind. Die Bedeutung der einzelnen Phasen hängt von den Umständen der Beschaffung im Einzelfall ab. Jedoch ist die Chronologie der Abfolge recht anschaulich und zumindest für didaktische Zwecke gut geeignet.

Für den Ablauf kann dennoch je nach Kaufsituation etwa folgende Vorgehensweise in Betracht gezogen werden:

- Die Identifizierung potenzieller Anbieter ist bei Wiederholungskäufen im allgemeinen unproblematisch, da von den bisherigen Anbietern ausgegangen werden kann, deren Anzahl zu ergänzen bzw. zu bereinigen ist. Bei erstmaligem Kauf werden hingegen verschiedene Aspekte herangezogen, wie Orientierung am Kauf ähnlicher Produkte, Befragung von Experten, Auswertung von Fachinformationen etc.
- Bei der anschließenden Detailbewertung potenzieller Anbieter werden alle Anbieter bereinigt, die Mindestvorgaben bzgl. wichtiger Kriterien wie Auswahl, Erreichbarkeit, Qualität nicht einhalten.
- Für die Einholung eines Angebots wird auf eine begrenzte Anzahl qualifizierter Anbieter zurückgegriffen. Die Untergrenze einzuholender Angebote liegt für gewöhnlich bei drei, die Obergrenze bei sechs. Kommen mehr Anbieter in Betracht, werden die Anforderungskriterien entsprechend verschärft. Dabei wird meist die lexikographische Methode angewendet.
- Liegt nur ein Angebot vor, wird dieses nachverhandelt, ohne dem Anbieter seine Alleinstellung zu offenbaren. Bei mehreren Angeboten erfolgt ein Angebotsvergleich. Dabei wird versucht, eine gemeinsame Preisbasis herzustellen (dazu werden bei abweichender Ausgangsbasis entsprechende Zu- und Abschläge vorgenommen), unzureichende Angebote zu eliminieren (dafür werden Ausschlusskriterien formuliert) und die verbleibenden Angebote zu rangreihen (dabei spielen die Konditionen eine wichtige Rolle).
- Soll nur ein einziger Lieferant für die Zuschlagserteilung berücksichtigt werden, kommt es, bei ähnlicher Preisbasis der Angebote, auf das beste Gesamtangebot an. Oft wird einem bestehenden Lieferanten (In Supplier) die Chance gegeben, auf den niedrigeren Preis bzw.

die bessere Leistung eines Mitbewerbers einzusteigen und sein Angebot entsprechend nachzubessern. Sollen mehrere Lieferanten den Zuschlag erhalten (Order Split), wird das Gesamtvolumen des Auftrags gemäß ihrer Preisdifferenzen auf diese präferierten Lieferanten aufgeteilt (70:30). Dabei soll ein neuer Lieferant im Allgemeinen nicht gleich Hauptlieferant werden (< 50 % des Auftragsvolumens).

3.2.20 Vertikale Partialmodelle

Zur Erklärung des Kaufverhaltens in Organisationen werden, analog zum Kaufverhalten von Konsumenten, sowohl Partialmodelle eingesetzt, die nur Ausschnitte der Entscheidungsfindung erklären und für diese jeweils eine überragende Bedeutung auf das gesamte Entscheidungsergebnis unterstellen, als auch Totalmodelle, die anstreben, alle Determinanten der Entscheidung simultan zu erklären. Die Partialmodelle können wiederum vertikal (also nur auf eine Partei in der Interaktion, Anbieter- oder Nachfragerseite, bezogen) oder horizontal (also auf beide Parteien, Anbieter- und Nachfragerseite, bezogen) ausgelegt sein.

3.2.20.1 Buying-Center-Konzept

Einkaufsentscheidungen einer gewissen Größenordnung werden typischerweise nicht mehr von Einzelpersonen getroffen, sondern von Einkaufsgremien (Buying-Centers). Diese bestehen aus unterschiedlichen Personen, die verschiedene Funktionen wahrnehmen. Denkbar ist auch, dass ein Mitglied mehrere Funktionen gleichzeitig oder nacheinander übernimmt oder mehrere Mitglieder sich eine Funktion teilen. Einzelne Funktionen können fallweise oder dauerhaft auch von Externen übernommen werden.

Bei der Analyse geht es um die Identifikation der Mitglieder des Buying-Center, die Untersuchung des Informationsverhaltens der Teilnehmer, ihres Entscheidungsfindungsprozesses und des Einflusses der einzelnen Mitglieder auf diesen Entscheid. Dabei geht es auch um Rollenerwartungen, die von anderen Teilnehmern an das einzelne Buying Center-Mitglied gestellt werden, die Ansprechbarkeit der einzelnen Mitglieder und die Informationsinhalte für einen Kontakt. Folgende Typen lassen sich modellhaft im Buying-Center (Webster/Wind 1972) als hybrider Organisationsform, die im Übrigen nicht eigens aufbauorganisatorisch verankert ist, unterscheiden (Abb. 111):

- **Vorselektierer** (Gatekeeper). Diese Person übernimmt die Informationssammlung, die Identifikation der in Betracht kommenden Kaufalternativen und trifft damit die Entscheidungsvorbereitung. Informationen, die diese Schleuse nicht passieren, gelangen damit erst gar nicht zur engeren Beurteilung. Daher ist es für jeden Anbieter hoch bedeutsam, sicherzustellen, dass Informationen, die Entscheidungsgrundlage sind, auch tatsächlich im Buying Center ankommen. Die Funktion des Gatekeeper wird häufig von einer Stabsstelle übernommen, dies kann auch das Sekretariat sein.
- **Verwender** (User). Er bringt den Kaufentscheidungsprozess in Gang, indem er einen empfundenen Mangelzustand signalisiert. Er definiert Anforderungsmaßstab und Verfügbarkeitstermin. Außerdem beurteilt er nachher die Eignung der gekauften Betriebsmittel. Denn er ist Erfahrungsträger im Hinblick auf die (Mindest-)Produktqualität, sein Einsatzverhalten ist wichtig für die gesamte Beschaffungsaktion. Er ist persönlich durch die

Anschaffung betroffen, sowohl bei Erfolg als auch bei Misserfolg. Folglich konzentriert er sich auf die Funktionserfüllung und will konkrete Nutzen haben. Gelegentlich wird hiervon die Funktion des Auslösers (Initiator) unterschieden. Dies ist immer dann der Fall, wenn die Bedarfsmeldung nicht vom Verwender selbst, sondern von einer anderen Stelle ausgeht.
- **Beeinflusser** (Influencer). Er nimmt durch Fachkompetenz Einfluss auf die Beurteilung der Kaufobjekte und die Entscheidung zugunsten einer Alternative. Oft handelt es sich dabei um einen externen Berater oder Mitarbeiter einer internen Serviceabteilung, der nicht unmittelbar von den Konsequenzen des Kaufs betroffen ist und deshalb vermeintlich vorurteilsfrei werten kann.
- **Einkäufer** (Buyer). Er trifft die Vorauswahl der Lieferanten, indem ein Projekt ausgeschrieben und potenzielle Partner zur Angebotsabgabe aufgefordert werden. Er schließt außerdem formal den Kaufvertrag ab, führt die Nachverhandlungen en detail und überwacht die Kaufabwicklung incl. aller Vor- und Nacharbeiten. Oft hat der Einkäufer bei hoch spezialisierten Kaufobjekten auch nur administrative Funktion. Er gehört organisatorisch der Einkaufsabteilung an und erledigt Routinetransaktionen auch allein. Dennoch steigt die Bedeutung des Einkäufers mit zunehmendem Beschaffungsvolumen.
- **Entscheider** (Decider). Er übernimmt die Letztauswahl des Kaufobjekts bzw. dessen Lieferanten. Dabei handelt es sich meist um eine Person in leitender Stellung (Positionsmacht), welche die vorgeleistete Gremiumsarbeit durch ihr Votum sanktioniert. Je nach Einmischungsgrad in die operative Ebene übt sie mehr oder minder großen formalen Einfluss auf die Beschaffungsentscheidung aus. Sie erteilt die Kaufgenehmigung, verwaltet einen eigenen Etat und verfügt über Budgets, sie kann Mittel freigeben und hat eine Veto-Macht. Der Entscheider konzentriert sich tendenziell eher auf die Auswirkungen des Kaufs für das Unternehmen und das Geschäftsergebnis.

Problematisch ist dabei zumeist, dass die den einzelnen Funktionen zugehörigen Personen nicht vorab identifiziert werden können und deren tatsächlicher Entscheidungsanteil verschwommen bleibt, obgleich diese Informationen gerade von höchster Bedeutung sind. Gemeinhin wird auch eine eher rationale Entscheidungsfindung unterstellt, obgleich dies in der Praxis mehr oder minder stark anzuzweifeln ist.

Eine Reduktion des mit der Entscheidung für einen Anbieter bzw. für ein Angebot verbundenen Risikos der Falschentscheidung wird im Buying Center vor allem durch vier Möglichkeiten betrieben:

- extern antizipativ, z. B. durch die Besichtigung einer bereits bestehenden Referenzanlage des Anbieters bzw.
- prospektiv, z. B. durch Order Split auf zwei/mehrere Lieferanten,

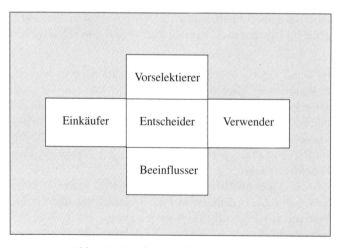

Abb. 111: Funktionen im Buying Center

- intern antizipativ, z. B. durch Kontaktaufnahme zu früheren Kunden des potenziellen Lieferanten, bzw.
- prospektiv, z. B. durch interne Entscheidungsdelegation an Vorgesetzte.

3.2.20.2 Potenzialkonzept

Bei Kaufentscheidungen in Organisationen lassen sich unterschiedliche Rollenauffassungen feststellen. Das Promotoren-Opponenten-Konzept (Witte) unterscheidet dabei zwischen Personen, die innovative Einkaufsentscheidungen gegen technologische, ökonomische und Umfeld bezogene Widerstände unterstützen, und solchen, die sie blockieren wollen, und zwar wegen Willensbarrieren oder aus weltanschaulichen, sachlichen oder persönlichen Gründen. Erstere sind Promotoren, also Personen, die Veränderungen fördern, letztere Opponenten, also Personen, die Veränderungen behindern, verzögern oder zumindest fraktionieren. Beide Gruppen stützen sich auf bestimmte Positionen. Promotoren (Champion Power) initiieren den neuen Beschaffungsprozess und fördern ihn aktiv und intensiv bis zum Abschluss. Sie treten auf als:

- **Machtpromotoren**, die aufgrund ihrer hierarchischen Stellung in der Organisation über Entscheidungsmacht verfügen. Sie sind intern legitimiert, Vertragsabschlüsse bindend zu tätigen und Ziele festzulegen. Sie können dadurch Vorgänge mittels Anordnung, Sanktion gegenüber »Bremsern« und Unterstützung treibender Kräfte in Richtung und Tempo maßgeblich beeinflussen. Sie haben dabei weniger technisch-organisatorische Details im Sinn als vielmehr deren Auswirkungen auf das Unternehmen insgesamt. Machtpromotoren fördern den Innovationsprozess durch ihre hierarchische Stellung aktiv und intensiv, indem sie entsprechende Ressourcen bereitstellen. Sie nehmen also eine herausgehobene Position in der Aufbauorganisation ein und zeigen eine aufgeschlossene Verhaltensweise. Die Position gibt ihnen hinreichenden formalen Einfluss, um Opponenten, also Personen, die den Innovationsprozess unterminieren, mit Sanktionen zu belegen und Innovationswillige vor Benachteiligungen durch diese zu schützen bzw. durch Anreize zu fördern.
- **Fachpromotoren** zeichnen sich, unabhängig von ihrer hierarchischen Stellung, durch spezifisches Sachwissen aus. Sie nehmen somit aufgrund fachlicher Legitimation auf die Entscheidung Einfluss. Fachpromotoren sind typischerweise im Middle Management angesiedelt. Fachpromotoren fördern den Innovationsprozess durch Objekt spezifisches Fachwissen aktiv und intensiv. Die prozesstreibende Energie wird von ihrem Fachwissen gespeist, das sie ständig weiter vermehren und gegenüber Innovationswilligen (pro) wie Opponenten (contra) als Argumentationsmittel einsetzen. Der Fachpromotor ist nicht nur selbst ein fortlaufend Lernender, sondern auch ein Lehrender, d. h. er initiiert fachspezifische Lernprozesse. Damit trägt er dazu bei, evtl. Fähigkeitsbarrieren der Innovation durch Problemlösung zu überwinden, indem er neuartige und komplexe Situationen evaluiert und Lösungsvorschläge entwickelt.

Promotoren sind demnach eher Personen, die Initiative ergreifen, sich engagieren, als solche, die nur mit Umsicht und Gelassenheit ihre Pflicht erfüllen und alle einschlägigen Vorschriften einhalten. Selten treten Macht- und Fachpromotoren in Personalunion auf. Häufiger treten sie aber als Team auf, was ihnen eine besonderen Effektivität verleiht (z. B. seinerzeit Reuter/Niefer bei Mercedes-Benz). Der Fachpromotor leistet die Arbeit im Detail, der Machtpromotor treibt die Dinge voran. Beiden können hierarchisch durchaus weit voneinander getrennt sein, sie haben keine Verpflichtung zur Zusammenarbeit, sondern verbünden sich rein zweckgebunden.

Gelegentlich wird davon der **Prozesspromotor** unterschieden, der für die Durchsetzung von Entscheidungen in der Organisation Sorge trägt. Diese Personen sind mit den abwicklungstechnischen Prozessen im Unternehmen bestens vertraut und wirken mittels dieser Kenntnis auf die Durchsetzung der Entscheidung in der Organisation ein. Sie kennen die organisationsinternen Kommunikationswege, sammeln, filtern und interpretieren Informationen und leiten diese gezielt an die Akteure weiter. Außerdem fördern sie Kommunikationsbeziehungen und Koalitionen zwischen den Akteuren um des Projektfortschritts willen.

Im Gegensatz dazu stehen die Opponenten (Veto Power). Sie hemmen die Innovation bei der erstmaligen Anschaffung neuer Einkaufsobjekte ebenso wie Promotoren sie fördern. Analog zu diesen unterscheidet man **Machtopponenten**, also Personen, die Entscheidungen kraft hierarchischer Stellung behindern, **Fachopponenten**, also Personen, die Entscheidungen kraft Spezialistenwissen behindern, sowie **Prozessopponenten**, also Personen, die Entscheidungen kraft Kenntnis interner organisatorischer Abläufe behindern.

Im Wesentlichen bleibt der Einfluss der einzelnen Beteiligten am Beschaffungsvorgang jedoch verborgen. Wahrscheinlich wechselt er auch von Fall zu Fall. Als Indikatoren dafür können etwa das Gewicht, das der Meinung eines Teilnehmers zugemessen wird, seine Einwirkung auf die Kaufkriterien und die Rangfolge der Anbieter/Angebote sowie die Übernahme von Verantwortung für das Ergebnis angesehen werden. Wer im spezifischen Fall freilich Opponent ist und wer Promoter, hängt vom jeweiligen Standpunkt des Betrachters ab. Oft sind sowohl Promoter wie Opponenten auch bemüht, ihre Absicht zu verschleiern, um Gegenpotenziale nicht heraus zu fordern. Insofern handeln sie subversiv.

Eine andere Form der Verfeinerung resultiert aus der Unterscheidung in Entscheidungsorientierte, Faktenorientierte und Sicherheitsorientierte (Spiegel-Verlag 1988). Dabei handelt es sich im Wesentlichen um eine Kombination der Erkenntnisse des Promotorenkonzepts mit Arten der Informationsverarbeitung:

- **Entscheidungsorientierte** sind souverän und zügig in ihrem Vorgehen, sie entscheiden meist allein oder haben zumindest die höchste Entscheidungsbeteiligung. Sie kümmern sich wenig um Details, sondern konzentrieren sich auf die Kernfakten. Vorarbeiten werden delegiert, der Informationsstand ist bei näherem Hinsehen lückenhaft. Images spielen für ihre Entscheidung keine Rolle, Qualitätsaspekte sind hingegen vorrangig. Der Führungsstil ist eher kooperativ, das Informationsverhalten ist vorwiegend persönlich und interaktiv.
- **Faktenorientierte** sind detailbesessen und ausgesprochen umsichtig in ihrem Vorgehen, sie wirken an Entscheidungen meist nur in begrenztem Umfang mit. Sie haben ein breites Wissensspektrum und treiben Entscheidungen durch vorbereitende Aktivitäten voran. Images spielen für ihre Einschätzung der Dinge keine Rolle, der Preis ist vielmehr vorrangig. Das hierarchische Denken ist ausgeprägt, das Informationsverhalten vorwiegend dokumentär, also unpersönlich ausgerichtet.
- **Sicherheitsorientierte** sind risikoscheu und zaudernd in ihrem Verhalten, sie halten sich oft aus Entscheidungen heraus oder haben eine sehr geringe Entscheidungsbeteiligung. Sie interessieren sich weniger für Details als vielmehr für das Ganze. Dabei haben Sicherheitsaspekte einen hohen Stellenwert (wie Service, Total Cost of Ownership etc.). Images kommt eine hohe absichernde Bedeutung zu, Qualitätsaspekte sind primär. Das Gruppendenken ist wegen der Verteilung der Verantwortung ausgeprägt. Durch intensive Information werden alle in Frage kommenden Quellen genutzt.

3.2.20.3 Reagiererkonzept

Das Reagiererkonzept (Strothmann 1979) unterscheidet im Spezialfall von Innovationen zwischen den Prototypen des Faktenreagierers (Clarifier) und des Imagereagierers (Simplifier):

- Dem »Fakten zerlegenden« **Clarifier** (Cox) ist für die Einkaufsentscheidung an möglichst viel Information gelegen, die er dann für sich sichtet und verarbeitet, um zu einem fundierten Ergebnis zu gelangen. Er ist an einer möglichst vollständigen, abgerundeten Beurteilung hinsichtlich der angebotenen Produkte für sich selbst interessiert. Dabei werden alle für die Anwendung im Unternehmen relevanten Gesichtspunkte geprüft, um das Entscheidungsrisiko zu senken. Wichtig ist daher in der Akquisition eine detaillierte, aussagefähige schriftliche und/oder mündliche Argumentation.
- Der »Image sammelnde« **Simplifier** (Cox) ist hingegen gleich an verdichteten Informationen interessiert, die für ihn einfach zu verarbeiten sind. Es kommt ihm also nicht auf die Vollständigkeit seines Informationsstands an, sondern nur auf die Vorlage als wichtig erachteter Schlüsselinformationen, die einen Gesamteindruck über die angebotenen Alternativen erlauben. Dabei ist in der Akquisition jeweils der Nutzen aus dem Einsatz der anzuschaffenden Produkte zu betonen.

Beachtenswert ist, dass dieselben Argumente, die für den Clarifier von höchstem Interesse sind, nämlich detaillierte Angaben zu Leistungsmerkmalen, Konstruktionselementen, Materialien etc., Simplifier langweilen. Und umgekehrt diejenigen Argumente, die für Simplifier hoch interessant sind, nämlich Kostenersparnis, Wettbewerbsvorteil, Motivationssteigerung etc., dem Clarifier viel zu allgemein gehalten sind. Daher ist es in der Akquisition wichtig, sich zu verdeutlichen, welchem Reagierertyp der Gesprächspartner auf der Einkaufsseite angehört, um die Argumentation entsprechend darauf abzustimmen. Hinweise darauf erhält man etwa aus Signalen der Körpersprache oder der Arbeitsplatzumgebung.

Als Mischtyp gibt es noch den **Reaktionsneutralen**, dem eine ausgewogene Relation aus punktuell vertiefenden Informationen bei gleichzeitiger Wahrung eines gesamthaften Überblicks zuzuschreiben ist.

Ähnlich ist die dreifache Unterteilung in den »literarisch-wissenschaftlichen« Typ (Strothmann 1979), der schriftliche Informationen bevorzugt und Fachmedien intensiv nutzt. Das verschafft ihm ein erhebliches Vorwissen bereits bei bei Angebotseinholung. Und den »objektivwertenden« Typ, der sich erst bei Anstehen eines konkreten Beschaffungsprojekts produktorientiert informiert und sowohl gedruckte wie auch persönliche Medien für seine Entscheidungsfindung nutzt. Daraus folgt ein phasenorientiertes Verhalten, häufig mit Nutzung von Anzeigeninformationen, Fachzeitschriften oder Prospekten. Sowie den »spontanen, passiven« Typ, der im Wesentlichen ohne eigene Vorinformation auskommt, sondern sich gerade zugängliche Informationen von den jeweiligen Anbietern einholt. Er hat nur ein begrenztes Interesse an der Eigenrecherche und sucht früh den persönlichen Kontakt zu Herstellern, Messen etc.

Eine Verfeinerung dieses Ansatzes (Droege/Backhaus/Weiber 1993) unterscheidet einschränkend nach:

- Faktenorientierten, die eher an der Darstellung der Fähigkeiten eines Anbieters interessiert sind als an dessen Reputation, wobei der Reputation dennoch ein gewisser Stellenwert zukommt,

- Imagereagierern, die eher an der Reputation eines Anbieters interessiert sind als an der Darstellung seiner Fähigkeiten, wobei den Fähigkeiten dennoch ein gewisser Stellenwert zukommt,
- Inspekteuren, die nur an Fakten interessiert sind (praktisch die ursprünglichen Faktenreagierer),
- Sicherheitsmaximierern, denen gleichermaßen an der Darstellung der Fähigkeiten eines Anbieters wie seiner Reputation gelegen ist.

Schließlich versucht eine andere Einteilung, die Erkenntnisse des Potenzial- und des Reagiererkonzepts zu kombinieren. Daraus folgen folgende Typen ab:

- Typ 1 kombiniert die Merkmale des begrenzten Faktenreagierers und des begrenzten Imagereagierers mit Tendenz zum Machtpromotor. Er ist durch zügige Entscheidung, kausales Denken und eine fehlende Bevorzugung »großer« Anbieter gekennzeichnet.
- Typ 2 kombiniert die Merkmale des dominanten Faktenreagierers und des begrenzten Imagereagierers mit Tendenz zum Fachpromotor. Er ist durch bedächtige Entscheidung, fachlich versiertes, klärendes Denken und eine leichte Bevorzugung »großer« Anbieter gekennzeichnet.
- Typ 3 kombiniert die Merkmale des begrenzten bis dominanten Faktenreagierers und dominanten Imagereagierers mit Tendenz zum Sicherheitspromotor. Er ist durch extrem zögerliche Entscheidung, sicherheitsorientiertes, konzeptionelles Denken und eine grundsätzliche Bevorzugung »großer« Anbieter gekennzeichnet.

Inwiefern diese Typologien allerdings wirklich hilfreich sind und zu einer aussagefähigen Einordnung von Akteuren führen, darf mit bezweifelt werden.

3.2.21 Horizontale Partialmodelle

Bei den horizontalen Partialmodellen des Kaufverhaltens in Organisationen wird nicht mehr von einseitigen Aktions-Reaktions-Schemata (S-R, S-O-R) ausgegangen, sondern von wechselseitigen Beeinflussungen. Dabei stehen die Interaktionen von Anbieter- und Nachfragerseite im Mittelpunkt der Betrachtung, die simultan vorgehen. Aus der Abfolge dieser Interaktionen entstehen Geschäftsbeziehungen, die von zwei oder mehr Partnern unterhalten werden, die ihre Aktivitäten aneinander orientieren, wobei ihre Aktionen und Reaktionen interdependent sind. Deren Analyse kann als Querschnitts- (episodenbezogene Struktur) oder Längsschnittanalyse (Episoden übergreifender Prozess) erfolgen. Diese Ansätze sind eher deskriptiv ausgelegt.

3.2.21.1 Relationenkonzept

Werden im Relationenkonzept zwei Partner analysiert, handelt es sich um ein dyadisches Beziehungsmuster, bei mehr als zwei Parteien um ein multilaterales. Sind die Parteien durch Personen verkörpert, handelt es sich um personale Ansätze, sind Organisationen gegeben, um organisationale. Daraus entstehen dann durch Kombination vier Ausprägungen von Relationen als Struktur- und Prozessmodelle.

Bei **dyadisch-personalen** Relationenansätzen wird vor allem die persönliche Kommunikation im Verkauf betrachtet. Dabei stehen Matching-Studien im Vordergrund, d. h. Ähnlichkeiten zwischen Käufer und Verkäufer. Hierbei besteht die Hypothese, dass derjenige Verkäufer am erfolgreichsten ist, der dem jeweiligen Käufer am ähnlichsten ist. Daraus kann man schließen, sich im Verkaufsgespräch durch kongruentes Rollenverhalten an den Käufer anzupassen (Adaptive Selling) oder Verkäufer organisatorisch Einkäufern nach vermuteter Affinität zuzuordnen (Kundenorganisation). Es können aber auch die Machtbeziehungen in der personalen Dyade untersucht werden. Dabei erfolgt die Beeinflussung durch eine Kombination aus Kompetenz und Sympathie. Nur Kompetenz (»Der ekelhafte Könner«) oder nur Sympathie (»Der nette Taugenichts«) reichen nicht aus. Vielmehr kommt es auf eine hinlängliche Kombination beider Dimensionen an. Auch ist der Verkaufserfolg vom Involvement der Verhandlungspartner abhängig. Je höher dieses ist, sei es aus Eigenmotivation oder durch äußeren Druck, desto wahrscheinlicher ist ein Erfolg. Allerdings berücksichtigen dyadisch-personale Relationenansätze nicht den Einfluss von Einkaufsgremien bzw. Verkaufsteams.

Bei **multilateral-personalen** Relationenansätzen wird vor allem untersucht, inwieweit Statusprobleme mit der hierarchischen Organisation der Beteiligten auf beiden Seiten entstehen können und inwieweit es zur Bildung von Koalitionen (horizontal) und/oder Absprachen (vertikal) der Beteiligten kommt. Wichtig ist demnach die Kompetenz-, Sozial- und Rangadäquanz zwischen den Angehörigen der potenziell kaufenden und verkaufenden Seite. Außerdem sind meist bestimmte Rollen verteilt. Vor allem treten bei multilateralen-personalen Interaktionen sogleich Formen von Koalitionsbildung auf. Allerdings werden die organisationalen Einflussgrößen, vor allem in Bezug auf Sanktion und Machtausübung, nicht berücksichtigt (siehe dazu Selling Center-Konzept).

Die **dyadisch-organisationalen** Relationenansätze untersuchen die intra-organisationalen und die inter-organisationalen Beziehungen zwischen Käufer und Verkäufer. Danach ist vor allem die Kongruenz von Erwartungen an und Erlebnissen in der Interaktion in Bezug auf Verhandlungsrahmen und -inhalt bedeutsam (Korrespondenzhypothese). Es geht um die Problemlösungsaufgabe der Entwicklung und Auswahl einer neuartigen technisch-organisatorischen Konzeption sowie die Konflikthandhabungsaufgabe zur Erzielung von Konsens über die von beiden Seiten zu erbringenden Leistungen und Gegenleistungen. Nach dem **Delegationsmodell** macht dabei der Anbieter autonom Vorschläge, die der Abnehmer annimmt oder ablehnt, der eine Partner unterlässt es, seinen Informationsnachteil aufzuheben und vertraut statt dessen seinem Partner in der Ausführung. Nach dem **Zusammenarbeitsmodell** erarbeiten Anbieter und Abnehmer gemeinsam tragfähige Lösungen, ein beidseitiger Lernprozess führt so zur Aufhebung von Informationsasymmetrien bei gegenseitigem Vertrauen (Gemünden). Ersteres ist für den Käufer bei relativ anspruchslosen Problemlösungen mit frühzeitiger Bindung an einen Lieferanten effizient, denn beide betreiben überschaubaren Aufwand, Letzteres bei eher anspruchsvollen Problemlösungen mit Verhandlungen bei mehreren Anbietern, was allerdings einen aufwendigen Lernprozess, eine intensive Konfliktbehandlung und adäquate Arbeitspartner erfordert.

Die **multilateral-organisationalen** Relationenansätze betrachten meist chronologisch Episoden als kollektive Planungs-, Entscheidungs- und Verhandlungsprozesse zwischen und innerhalb von Organisationen in Bezug auf die Anbahnung, den Abschluss und die Realisation einer Transaktion. Eine Episode ist dabei eine Phase des Beschaffungsprojekts. Die Abgrenzung der Episoden zueinander ist allerdings nicht unproblematisch. Episodeninformationen sind alle, die in der konkreten Einzeltransaktion zur Gestaltung des Leistungserstellungsprozesses im Hinblick auf die Erzielung von Kundenvorteilen von Bedeutung sind. Dazu gehören so verschiedenartige Elemente wie Lastenheft, Pflichtenkatalog, Buying-Center-Analyse, Promotoren oder Wertkettengestaltung. Zeitlich vorgelagerte Episoden schaffen dabei Chancen- und Risikopotenziale für ihnen nachfolgende (Kirsch/Kutschker). Eine Transaktionsepisode umfasst die Gesamtheit aller Interaktionen, die mit der Anbahnung, Vereinbarung und Realisation der interessierenden Transaktion verbunden sind. Potenziale wie Macht, Wissen, Konsens etc. beeinflussen als zweite Einflussgröße den Ablauf des Transaktionsprozesses. Hersteller, Verwender und Drittparteien legen in Verhandlungen die Entscheidungsgrößen des Einkaufs für das betrachtete Objekt fest. Unabhängig von dieser Transaktion setzen Hersteller und Verwender Marketingmaßnahmen zur Pflege von Potenzialen ein. Andererseits beeinflussen auch die Verhandlungen selbst die Potenziale der Beteiligten bzw. die Potenziale der Beteiligten die Verhandlungen (Interaktion). Weiterhin wirken situative Faktoren (exogene Einflüsse) auf die Potenziale ein.

3.2.21.2 Selling-Center-Konzept

Dem bereits betrachteten Buying-Center auf der Einkaufsseite steht meist ein Selling-Center auf der Verkaufsseite gegenüber. Zum Selling Center gehören für gewöhnlich folgende **Teilnehmer**:

- Geschäftsführer (als Äquivalent zum Decider im Buying-Center),
- Schlüsselkundenberater (als Äquivalent zum Buyer),
- Anwendungsberater (als Äquivalent zum Influencer),
- Techniker (als Äquivalent zum User),
- Außendienstler (als Äquivalent zum Gatekeeper).

Auf Handelsseite sieht sich ein derart besetztes Selling-Center meist einem folgendermaßen besetzten Buying Center gegenüber:

- Geschäftsführer (in der Funktion des Decider im Buying-Center).
- Chefeinkäufer (in der Funktion des Buyer),
- Vertriebsleiter (in der Funktion des Influencer),
- Ressorteinkäufer (in der Funktion des User),
- Verkaufsförderer (in der Funktion des Gatekeeper),

Bei der Zusammensetzung des Selling-Center ist also besonders auf äquivalente Fach-, Sozial- und Methodenkompetenzen zu achten (Schlüsselqualifikationen). Die Fachkompetenz ist unerlässlich, um eine sachkundige Erfüllung der Informationsansprüche der Einkaufsseite zu gewährleisten. Die Sozialkompetenz hebt auch die stimmige »Chemie« zwischen Verkaufs- und Einkaufsseite ab. Ob diese in einem konkreten Fall herstellbar ist oder nicht, stellt sich freilich immer erst im Nachhinein heraus. Dies ist vor allem deswegen bedauerlich, weil es sich letztlich um ein »People Business« handelt, d. h., angesichts objektiv zunehmend austauschbarer Kaufobjekte spielt die interpersonale Adäquanz eine große Rolle. Die Methodenkompetenz kommt vor allem in der Entscheidungsfindung zum Ausdruck. Dies setzt voraus, dass bei den Beteiligten eine entsprechende Entscheidungsfähigkeit (Rangadäquanz) vorhanden ist. Die Ranghöhe der Teilnehmer im Selling-Center ist auch ein implizites Zeichen für die Wertschätzung des Abnehmers.

Außerdem sind meist bestimmte Rollen verteilt. So gibt es den Angreifer, der aggressiv in das Gespräch einsteigt, den Nachfasser, der unterstützend in die gleiche Kerbe haut, den Moderator, der das Gespräch leitet, den Ausgleicher, der Standpunkte wieder aufeinander zuführt, und den Faktenkenner, der die Munition bei Gegenargumenten liefert.

Konflikte können dabei allerdings nicht nur zwischen Anbieter- und Nachfragerseite auftreten, sondern auch innerhalb der Anbieter- oder innerhalb der Nachfragerpartei. In Bezug auf Anbieter- und Nachfragerseite bestehen dabei als strategische Verhaltensalternativen, je nach relativer Stärke der Seite, folgende Optionen:

- Bei beiderseitigem Dominanzstreben kommt es unweigerlich zum Kampf. Ein solches **Competing** bedeutet, dass jeder seine eigenen Ziele ohne Rücksicht auf die andere Seite durchsetzen will.
- Bei beiderseitiger Subordination kommt es zu einer fairen Interessenabstimmung. Ein solches **Accomodating** bedeutet, dass die eigenen Ziele zugunsten der Akzeptanz der Ziele des/der anderen zurückgestellt werden.
- Bei einseitiger Dominanz bzw. Subordination kommt es zur Anpassung an oder Umgehung des Anderen. Ersteres wird auch **Collaborating** genannt und bedeutet, dass der Versuch der Bündelung möglichst vieler Ziele unternommen wird. Letzteres wird auch **Avoiding** genannt und bedeutet, dass sowohl die Zielerreichung anderer wie auch die eigene Zielerreichung zugunsten einer möglichen dritten Lösung vermieden wird.
- **Compromising** bedeutet, dass der kleinste gemeinsame Nenner als Verhandlungsergebnis akzeptiert wird, sofern erkennbar ist, dass weder eigene noch fremde Ziele vollständig durchsetzbar sind.

3.2.22 Komplexe Partialmodelle

3.2.22.1 Bonoma/Zaltman/Johnston-Modell

Bonoma/Zaltman/Johnston (1978) fassen ihr horizontales Partialmodell als Abbildung eines multilateralen Austauschprozess auf. Dabei wird unterstellt, dass Personen in sozialen Austauschbeziehungen solchen Transaktionen den Vorzug geben, bei denen sie auf kurze oder lange Sicht eine äquivalente Gegenleistung zur eigenen Leistung zu erhalten erwarten. Das Modell unterscheidet vier Austauschbeziehungen:

- Die Mitglieder des Buying-Center erbringen für ihr Unternehmen die Leistung, den Einkauf Ziel adäquat durchzuführen und damit zur Lösung des anstehenden Problems beizutragen. Dafür beziehen sie Gehalt.
- Die Austauschbeziehung zwischen Verkäufer und dem Unternehmen, für das er tätig ist, besteht darin, dass der Verkäufer im Sinne des Unternehmens Verkaufsanstrengungen unternimmt und dafür entlohnt wird.
- Der Verkäufer bietet den Mitgliedern des Buying Center Information und Beratung an. Wenn es zum Kauf kommt, wird ihm dafür der Abschluss als Erfolg zugerechnet, was wiederum direkt einkommenswirksam ist.
- Zwischen verkaufendem und beschaffendem Unternehmen schließlich findet der Austausch von zu erbringender Leistung und vereinbarter Bezahlung statt.

Diese Beziehungen werden noch durch wechselseitige Vorstellungen beeinflusst. Es handelt sich also eigentlich um ein kombiniertes vertikales und horizontales Modell. Ziel ist die Erreichung einer Win-Win-Situation, d. h. einer Lösung, bei der alle Beteiligten, Einkäufer und Verkäufer, einkaufendes und verkaufendes Unternehmen, Vorteile haben. Ein opportunistisches Verhalten kann hingegen keine Win-Win-Situation herbeiführen und führt damit zur Instabilität der Geschäftsbeziehungen.

3.2.22.2 Netzwerkkonzept

Das Netzwerkkonzept ist Episoden übergreifend angelegt und betrachtet ein zeitlich begrenztes, Aufgaben orientiertes Zwischensystem aus Organisationen auf der kaufenden und der verkaufenden Seite als Transaction Center. Dabei werden mehrere dieser Organisationen als soziale Systeme durch ihre Elemente, die Beziehungen zwischen den Elementen und durch die Beziehungen zur Umwelt charakterisiert. Daraus entstehen als Hauptelemente der Interaktionsprozess selbst, die beteiligten Personen, die Umwelt und die Atmosphäre. Das Verhalten von Personen ist nicht nur durch sie selbst geprägt, sondern vor allem durch ihre Beziehungen zu anderen Personen. Diese Beziehungsstrukturen sollen für Zwecke des Anbieters genutzt bzw. Veränderungen zu seinen Gunsten daran bewirkt werden (Hakansson 1982).

Dabei lassen fünf Ebenen unterscheiden:

- die einzelne Person, die mit ihren individuellen Einstellungen und Motiven sowie ihrer Art, Informationen nachzusuchen und zu verarbeiten (Reagierer-, Entscheidertypologien) am Beschaffungsprozess teilnimmt,
- die Funktion, die eine Person in einem Unternehmen ausübt,
- die hierarchische Position, die eine Person in einer Organisation innehat,
- die Beziehungsstruktur, innerhalb derer sich die verschiedenen Personen im Rahmen des Beschaffungsprozesses bewegen und die sie für ihre Zwecke zu nutzen versuchen, sowie ihre Veränderungen im Zeitablauf,
- die Art der Einflussnahme (Promotoren/Opponenten), die eine Person aufgrund ihrer Netzwerkposition auf den Beschaffungsprozess ausübt.

Instrumentelle/formale Netzwerke sind durch Beziehungen gekennzeichnet, die im Rahmen der Arbeit entstehen und den Austausch aufgabenbezogener Ressourcen beinhalten. Expressive/primäre Netzwerke hingegen enthalten Beziehungen privater Art, unabhängig von der formalen Organisation. Am wichtigsten sind bei diesen Netzwerken die Kommunikationsbeziehungen zum Austausch Zweck bezogenen Wissens. Dabei können verschiedene Typen von Aktoren unterschieden werden:

- **Isolierte** (Isolated) im Netzwerk sind Personen, die höchstens mit einer einzigen anderen Person kommunizieren, nicht aber mit weiteren Personen des Netzwerks. Sie sind als Ansatzpunkt für Akquisitionsmaßnahmen denkbar ungeeignet, es sei denn, sie sind zugleich Entscheider.
- **Verbinder** (Liaison) sind Positionen, die zwei oder mehr Untergruppen (Cliquen) miteinander verbinden, ohne dort selbst Mitglied zu sein. Sie ermöglichen damit den Informationsfluss zwischen Untergruppen (z.B Abteilungen eines Unternehmens). Entfallen sie, fallen auch die Untergruppen in Gruppen auseinander.
- **Brücken** (Bridge) sind Personen, die als Mitglied einer Clique Beziehungen zu einem oder mehreren Mitgliedern einer anderen Clique unterhalten. Diesen Personen kommt eine wichtige Funktion im internen Informationsfluss zu.
- **Überlapper** (Linking Pins) sind Personen, die zugleich Mitglied in mehr als einer Clique sind und somit den Informationsfluss zwischen beiden herstellen können. Daraus resultieren aber nicht selten Konflikte hinsichtlich der Identifikation bei einander widerstrebenden Zielen in den Untergruppen.
- **Grenzgänger** (Boundary Role) sind Personen, welche die Verbindung des Unternehmens zur Umwelt herstellen. Sie sind psychologisch, organisational und meist auch physisch von

der Gruppe entfernt angesiedelt und für den Informationsfluss zwischen Organisation und Umwelt von hoher Bedeutung.
- **Zentralen** (Star) sind Personen, die zu vielen anderen Mitgliedern der eigenen Clique durch Information verbunden sind. Sie bieten sich als Ansatzpunkt für Akquisitionsmaßnahmen an, da sie einerseits ein hohes Gespür für Organisationsbedürfnisse haben und andererseits vielfältigen Einfluss nehmen können.
- **Pförtner** (Gatekeeper) sind Personen, die den Informationsfluss von der Umwelt oder einer anderen Clique in die eigene Clique hinein öffnen. Sie sind praktisch die Sensoren der Clique, die Änderungen in den Beschaffungsbedingungen aufnehmen und in die Untergruppe weitergeben.
- **Meinungsführer** (Opinion Leader) sind Personen, die innerhalb einer Clique den Ton angeben. Dies kann auf hierarchischer Stellung, öfter aber auf informeller Kompetenz beruhen. Meist wechselt die Meinungsführereigenschaft mit dem anstehenden Beschaffungsobjekt (s. o.).

Von der Position einer Person im Netzwerk hängt es nun ab, inwieweit sie auf Entscheidungen der Gruppe Einfluss nehmen kann. Dabei stehen ihr Ressourcen zur Verfügung, die sie unmittelbar kontrollieren kann (wie Fachwissen, Budget etc.), diese dienen ihr als Machtbasis, sowie Ressourcen, die sie nur mittelbar kontrollieren kann (wie Kontakte zu anderen Personen).

Der Einfluss ist somit umso größer, je vielfältiger die Beziehungen sind, die eine Person zu einer anderen in der eigenen Gruppe und zu fremden Gruppen unterhält. Dies gilt sowohl für aufgabenbezogene als auch informelle Beziehungen. Er ist weiterhin umso größer, je zentraler die Position einer Person im Netzwerk ist.

Die akquisitorische Einflussnahme auf das Netzwerk kann durch verschiedene Vorgehensweisen erfolgen:

- Gatekeeping stellt die Beeinflussung des »Pförtners« im Netzwerk im eigenen Sinne in den Vordergrund. Dies kann sich auf den Informationsfluss von außen in das Netzwerk hinein beziehen oder den Informationsfluss zwischen verschiedenen Bereichen des Netzwerks selbst (Verbinder/Grenzgänger).
- Advocacy Behaviour zielt auf die Gewinnung eines Opinion Leader für die eigene Idee ab. Dies beruht auf Lobbying, d. h., man befürwortet eine Alternative, sucht andere zur Unterstützung und bildet einen Meinungszirkel. Dessen Durchsetzungsfähigkeit hängt im Wesentlichen vom Anteil der Promotoren darin ab.
- Koalitionsbildung beinhaltet vor allem die Herbeiführung internaler Interessengemeinsamkeiten zu Lasten Externaler. Akteure, die normalerweise unterschiedliche Ziele verfolgen, diese aber allein nicht erreichen können, schließen sich dabei temporär zu Koalitionen zusammen. Ihr Erfolg ist abhängig von den Ressourcen, über die sie disponieren können.

Problematisch ist dabei generell, dass es bislang keine geschlossene Interaktionstheorie gibt, sondern nur Fragmente. Ein beachtenswerter Ansatz stammt u. a. von der International Marketing und Purchasing Group (IMP). Er stellt vor allem auf die dauerhaften Geschäftsbeziehungen zwischen Anbieter und Nachfrager ab. Organisationen werden darin als soziale Systeme durch ihre Elemente, die Beziehungen zwischen diesen Elementen und durch die Beziehungen zur Umwelt gekennzeichnet. Bei den Elementen handelt es sich um den Interaktionsprozess, die beteiligten Parteien, die Atmosphäre und die Umwelt. Aus Episoden entwickelt sich im Interaktionsprozess ein Beziehungsgeflecht, das Macht- und Abhängigkeitsbeziehungen enthält und konfliktär oder kooperativ ausgelegt sein kann. Bei den beteiligten Parteien handelt es sich um die Anbieter- und Nachfragerseite, jeweils als Individuen oder für Organisationen. Die Atmosphäre ist der »Kitt« zwischen den Elementen (»weiche« Faktoren) und kann nicht näher gemessen werden. Zur Umwelt gehören u. a. die Marktstruktur und -dynamik, die soziale Umwelt und die Internationalität.

3.2.23 Totalmodelle

Totalmodelle streben allgemein eine vollständige Erfassung aller relevanten Faktoren an, welche die unternehmerische Kaufentscheidung beeinflussen. Dies gelingt freilich nur um den Preis erheblicher Komplexität.

3.2.23.1 Webster/Wind-Modell

Das Modell von Webster/Wind (1972) unterscheidet vier hierarchische Ebenen:

- Zu den **umweltbedingten** Determinanten gehören Außeneinflüsse durch physikalische, technologische, ökonomische, politische, gesetzliche und kulturelle Faktoren. Deren Einfluss geht von Institutionen aus, die Macht ausüben wie Lieferanten, Abnehmer, Konkurrenten, Staat, Gewerkschaften, Verbände, Parteien etc. Physische, technologische und ökonomische Umweltvariablen bestimmen vor allem die Nachfrage nach Gütern und Diensten. Die ökonomischen und politischen Faktoren sind bestimmend für die allgemeine Geschäftslage. Außerdem stellen Werte und Normen als kulturelle Faktoren Restriktionen dar, vor allem in Form von Gesetzen.
Die Umweltfaktoren beeinflussen die Erhältlichkeit der Güter und Dienste, die Vermarktungsbedingungen und die Nachfragebedingungen. Insofern sind Unternehmen von den Wert- und Präferenzordnungen, den Wahlentscheidungen und (Kauf-)Aktionen der Entscheidungsträger abhängig, die als Beschränkungen auf ihre Zielerreichung wirken.
- **Organisationale** Bedingungen berücksichtigen die Einbindung der Kaufentscheider in Strukturen, die von Zielen gelenkt und von finanziellen, technologischen und menschlichen Ressourcen begrenzt werden. Zu diesen Organisationsbedingungen gehören insofern Arbeitsklima, Technologie, Ökonomie und Unternehmenskultur.
Die Organisationsfaktoren ergeben sich aus den finanziellen, technologischen und personellen Ressourcen des Unternehmens und deren spezifischer Nutzung. Die formale Organisationsstruktur bestimmt u. a. die Einkaufsentscheidungen durch systemimmanente Belohnungen, Status- und Machtzuweisungen. Das Ergebnis des Entscheidungsprozesses besteht aus Kommunikationsaktivitäten (Informationssuche, Kommunikation mit Lieferanten, Verhandlungsprozesse) und Beschaffungsaktivitäten (Make-or-Buy-Entscheidung, Lieferantenauswahl).
- **Gruppenstrukturelle** Determinanten ergeben sich aus den Gruppenprozessen des verantwortlichen Einkaufsgremiums. Die Rolleninhaber haben individuelle Zielvorstellungen, die sie zu realisieren suchen. Dabei werden Macht- und Autoritätsverhältnisse wirksam. Zu diesen Gruppenbedingungen gehören Ziele und Aufgaben der Mitarbeiter, Gruppenverhalten in Entscheidungssituationen und Gefühle.
Die gruppenstrukturellen Faktoren ergeben sich aus den Funktionen des Buying-Center, dessen Mitglieder durch individuelle Normen geprägt sind, sich gegenseitig beeinflussen und dabei auch außerbetriebliche Einflussgrößen einbringen.

- **Einzelpersönliche** Determinanten betreffen das Individualverhalten, das hinter dem Gruppenverhalten steht. Es ist von der Motivation gekennzeichnet, die von einer komplexen Kombination individueller und organisationaler Ziele ausgeht. Zu diesem Individuumsbedingungen gehören Einstellungen, Wissen, Lernfähigkeit, Rollenverhalten und Persönlichkeit. Individuelle Faktoren wirken sich auf bestimmte Kaufsituationen sowie die von Verkäufern gebotenen Marketingstimuli aus.

Diese Faktoren werden in einem Strukturbild mit ihren Grundverknüpfungen untersucht. Dabei wird nochmals zwischen Faktoren unterschieden, die sich unmittelbar auf die Kaufaufgabe beziehen, und solchen, die nur indirekt mit ihr zusammenhängen.

Dieser mehrstufige Erklärungsansatz macht deutlich, dass eine Beeinflussung des organisationalen Beschaffungsverhaltens nur möglich ist, wenn das Einkaufs- und Informationsverhalten transparent gemacht wird. Dabei reicht eine bloße Betrachtung des Ergebnisses nicht aus, vielmehr muss der Ablauf analysiert werden, der zu dieser Wahlhandlung führt.

Als Fazit dieses Ansatzes bleibt, dass zwar viele Einflussfaktoren richtigerweise dargestellt werden, die Aussagefähigkeit der Analyse dennoch stark eingeschränkt bleibt, weil letztlich alles mit jedem irgendwie zusammenhängt, was man aber auch schon vorher geahnt hat. Daher wollen Webster/Wind in weiser Voraussicht ihren Ansatz auch keineswegs als deterministisches Erklärungsmodell verstanden wissen, zumal die Operationalisierung der einzelnen Größen kaum lösbar sein dürfte. Das Modell systematisiert zwar die (potenziellen) Einflussfaktoren organisationaler Beschaffungsentscheide zutreffend, bringt sie auch in einen Beziehungszusammenhang, hat aber einen rein deskriptiven Charakter.

3.2.23.2 Sheth-Modell

Sheth (1973) berücksichtigt in seinem Strukturmodell als Weiterentwicklung des Konsumentenverhaltens auf die organisationale Beschaffung (Howard/Sheth-Modell) neben der Kollektiventscheidung auch die Möglichkeit der Individualentscheidung. Verschiedene Partialmodelle sollen dabei in einem Systemansatz realistisch, umfassend und deskriptiv integriert werden.

Sheth geht in seinem Modell von der Existenz mehrerer Entscheidungsträger aus, deren Erwartungen durch ihre Erfahrungen und ihr Informationsverhalten beeinflusst werden, Letzteres hängt von der aktiven Informationssuche und der Selektivität der Wahrnehmung der Informationen ab. Der Erfahrungshorizont der Entscheidungsträger wird durch ihre Ausbildung, ihr Rollenverhalten und ihren Lebensstil geprägt. Solche kollektiven Entscheidungsprozesse sind typisch bei hohem wahrgenommenen Risiko, bei einem Erstkauf, bei Zeitdruck, bei fehlender Dominanz einer Abteilung/Stelle und bei dezentraler Aufbauorganisation.

Das organisationale Beschaffungsverhalten wird also als von der psychologischen Weltsicht der an der Entscheidung mitwirkenden Personen, den Bedingungen, die zu gemeinsamen Entscheidungen der Beteiligten führen und von der Konflikthandhabung abhängig gesehen:

- Die **personenbezogenen** Faktoren sind genauer durch Sozialisierung, Informationsquellen, Wahrnehmungsverzerrungen und Kaufzufriedenheit bei den mitwirkenden Personen beschreibbar.
- Die **interpersonellen** Faktoren sind produktspezifisch determiniert. Je stärker Faktoren wie hohes Kaufrisiko, komplexe Kaufklasse und empfundener Zeitdruck ins Gewicht fallen, desto größer ist die Tendenz zum Gremiumsentscheid. Sowie organisationsspezifisch determiniert. denn je stärker dabei Faktoren wie ausgeprägte Unternehmensphilosophie, breite

Entscheidungsdezentralisation und große Betriebsgröße ins Gewicht fallen, desto größer ist wiederum die Tendenz zum Gremiumsentscheid.
- Die **Konflikt handhabenden** Faktoren sind durch unterschiedliche Wahrnehmungen der Realität begründet. Sie führen zur rationalen Lösung mit Überzeugung der Partner oder zu verhandlungstaktischen Lösungen mit mehr oder minder faulen Kompromissen.

Der Kaufprozess wird danach von Erwartungen verschiedener Personen beeinflusst, die von ihrer persönlichen Ausbildung, ihrem Rollenverhalten und ihrem Lebensstil geprägt sind. Daneben wirken die für die aktive Informationssuche zur Verfügung stehenden Quellen und die Zufriedenheit mit den bisherigen Käufen auf die Erwartungen ein. Konfliktlösungen sind im Einzelnen möglich durch Informationssammlung und -verarbeitung, Überreden, Verhandeln oder Austricksen. Hinzu kommen situative Faktoren wie Lieferengpässe, Streiks, technische Produktionsstörungen etc. Als Entscheidungskriterien werden explizite, unmittelbar mit dem Kaufobjekt verbundene Kriterien und implizite, mit der Organisation des Lieferanten bzw. der Persönlichkeit des Verkäufers verbundene Kriterien berücksichtigt.

Auch dieser Ansatz liefert wertvolle Orientierungshilfen, die allerdings auch ohne modelltheoretische Fundierung nahegelegen hätten, allerdings wird weder eine hinreichende Operationalisierung der Faktoren noch eine notwendige Klärung der einzelnen Zusammenhänge zwischen ihnen geleistet. Zudem wird die zeitliche Erstreckung des Kaufprozesses nicht berücksichtigt. Leistungsspezifische Bestimmungsfaktoren (z. B. Kundendienste) gehen nicht in das Modell mit ein, und als Phasen des Kaufprozesses sind nur Informationssuche und Entscheidung expliziert. Die Gewichtung der Einflussfaktoren ist unklar. Ebenso bleibt die Messung der Faktoren unscharf. Schließlich fehlt auch die Berücksichtigung der Interaktion zwischen Anbieter und Nachfrager.

Das Modell beschreibt somit zwar vergleichsweise detailliert die Einflussfaktoren der Beschaffungsentscheidung in Organisationen, eine Erklärung und Prognose des Beschaffungsverhaltens ist damit aber nicht möglich. Denn die interpersonalen und sozialen Einflussfaktoren werden kaum berücksichtigt, lediglich die Vorstellung der Multipersonalität der Entscheidung wird angedeutet, nicht aufgabenbezogene Variable spielen im Modell keine Rolle. Auch ist die Zusammensetzung des Einkaufsgremiums ungeklärt. Die situativen Faktoren sind nicht theoretisch fundiert und schlüssig in das Modell eingebunden.

3.2.23.3 Choffray/Lilien-Modell

Das Prozessmodell von Choffray/Lilien (1976, 1978) besteht aus zwei Elementen, erstens dem Ablauf des organisationalen Beschaffungsverhaltens und zweitens der Reaktion (Marketing Response). Ziel ist dabei die Isolation der Haupteinflussgrößen organisationaler Entscheide und ihre Beziehung zu Marketingvariablen.

Das erste Element ist bewusst vereinfacht und stellt auf die Eliminierung von Alternativen ab, die den Unternehmensanforderungen, die in Kriterien formuliert sind, nicht entsprechen, auf die Präferenzbildung bei den einzelnen Entscheidungsträgern aufgrund persönlicher Bewertungskriterien sowie auf die Präferenzbildung bei der Organisation insgesamt, die sich aus der Interaktion der Gruppenmitglieder herausbildet. Als Komponenten sind die Menge der in Betracht gezogenen Alternativen, die Umweltrestriktionen, die Anforderungen der Organisation, die Bildung individueller Präferenzen, die Bildung organisationaler Präferenzen und die organisationale Entscheidung zu nennen.

Das zweite Element ist hingegen recht komplex und besteht aus einem Bewusstseinsmodell, einem Akzeptanzmodell, einem individuellen Bewertungsmodell und einem Gruppenentscheidungsmodell. Das Bewusstseinsmodell bestimmt die Wahrscheinlichkeit, zum Awareness Set der erwogenen Alternativen zu gehören. Diese kann durch Erhebungen bei Entscheidungsträgern operationalisiert werden. Das Akzeptanzmodell verkleinert diese Alternativenzahl auf den Satz der präferierten Alternativen (Evoked Set). Dies erfolgt durch Vorgabe von Annahme-/Ablehnungskriterien, die ein Angebot erfüllt oder verabsäumt. Das individuelle Bewertungsmodell bestimmt die Chance zur Wahl einer präferierten Alternative durch den einzelnen Entscheidungsträger. Dies wird ebenfalls durch Erhebungen und deren statistische Auswertung zu operationalisieren gesucht. Und das Gruppenentscheidungsmodell schließlich bestimmt die Chance zur Wahl dieser Alternative durch die Gruppenmehrheit. Dies wird durch die qualifizierte Einschätzung der Interaktion im Entscheidungsgremium operationalisiert.

Dieses Modell weist zumindest konkrete Ansätze zur Operationalisierung der behaupteten Einflussgrößen auf. Fraglich ist jedoch, wieso gerade die, zudem wenigen, betrachteten Einflussgrößen von den Autoren mit überragender Bedeutung für den Entscheid qualifiziert werden, andere Einflussfaktoren, vor allem »weiche« schwierig operationalisierbare, aber gar nicht erst auftauchen. Vor allem bleibt die Auswahl der Submodelle dem Modellanwender überlassen, viele Informationen resultieren aus schwer nachprüfbaren Erfahrungswerten, und der Kaufeinfluss wird nur eindimensional operationalisiert. Allerdings unterscheidet das Modell immerhin verschiedene aufeinander aufbauende Phasen, und die einzelnen Elemente werden ansatzweise empirisch fundiert.

Folgende Beispiele zeigen die konkrete Ausformulierung der Definition der Zielpersonengruppen im B-t-l-Sektor auf:

- Hochpreisige Kinderzahncreme zum Schutz der Milchzähne:
  - Kernzielgruppe:
    Frauen mit Kindern im Alter von 2 – 6 Jahren als Kaufentscheider bzw. Kinder im Alter von 4 – 8 Jahren als Entscheidungsbeeinflusser,
  - Randzielgruppe:
    demographisch:
    Entscheider in Haushalten mit überdurchschnittlichem Nettoeinkommen (Preisbereitschaft), in Großstädten (Aufgeschlossenheit), mit höherer Schulbildung/Berufstätigkeit (Innovationsneigung),
    psychologisch:
    - ängstliche Mütter, die überall Umweltgefahren für ihr Kind vermuten und daher übervorsichtig sind,
    - Mütter, deren Kind es an nichts mangeln soll, die es mit dem Besten umgeben, was verfügbar ist,
    - moderne Mütter, die Zahnpflege für Kinder als eine Selbstverständlichkeit ansehen.
- Hochwertige Herrenoberbekleidung (psychologische Umschreibung):
  - Einstellung: Männer, die tragbare Mode wollen und von einem Kleidungsstück feine Qualität, Verarbeitung und Ausstattung verlangen,
  - Verhalten: Männer, die bereit sind, sich ihren besonderen Anspruch etwas mehr kosten zu lassen, also eine höhere Preisbereitschaft auszeichnet,

- Persönlichkeit: Personen im besten Mannesalter, die als erfolgreich, gepflegt, anspruchsvoll, genießerisch und wählerisch charakterisiert werden können.
- Marke für Farbfotopapier zum Abzug nach der Bildentwicklung:
  - Demographie: Männer und Frauen im Alter zwischen 20 und 50 Jahren in gehobener Ausbildungs-, Berufs- und Einkommensschichtung als ausgewiesenes Segment der Fotoamateure, außerdem Personen, die mehr als vier Negativfilme in den letzten 12 Monaten gekauft haben (Intensivverwender),
  - Psychologie: Menschen, für die Fotografieren weder engagiert betriebene Manie noch beiläufiges Knipsen ist, sondern die es als lebensbegleitendes Hobby auffassen, mit dem sie herausragende Geschehnisse festhalten. Die Bedeutung des Fotografierens und der Bildqualität orientiert sich am hohen emotionalen Stellenwert dieser Lebensereignisse.
- High-End-Lautsprecher auf hohem Preisniveau:
  - alle HiFi-Freaks, d. h. Fans mit starkem hobbybezogenen Interesse und gewisser Ernsthaftigkeit, für die HiFi als Selbstzweck und nicht nur als bloßes Mittel zur Tonwiedergabe dient,
  - alle Personen/Haushalte mit genügend hohem verfügbaren Einkommen, um für die Anschaffung hochwertiger Lautsprecher, oft als Zeichen demonstrativen Konsums, in Frage zu kommen,
  - besonders die Schnittmenge der HiFi-Freaks, die zugleich über ein hohes diskretionäres Einkommen verfügen, und sich als Hochverdiener engagiert der besseren Tonwiedergabe hingeben (= primäre Zielgruppe),
  - außerdem die Restmenge der Hochverdiener, die zwar nicht HiFi-Freaks sind, aber durch allgemein überaus hohen Qualitätsanspruch auch für die Anschaffung hochwertiger Lautsprecher in Frage kommen (= sekundäre Zielgruppe).

3.3 Festlegung der Positionierung

3.3.1 Alleinstellung

3.3.1.1 Unique Selling Proposition (USP)

Unter Positionierung versteht man die Abgrenzung eines Angebots zum Mitbewerb und seine Hervorhebung gegenüber Abnehmern. Das heißt, es geht sowohl um die Einordnung auf der eigenen wie auch durch die gegenüberliegende Marktseite.

Jede Positionierung beinhaltet immer einen Kompromiss zwischen möglichst breiter Anlage einerseits, um keine Nachfragepotenziale vermeidbar von der Wahrnehmung eines Angebots auszuschließen, und möglichst prägnanter Zuspitzung andererseits, um die Profilierung des Produkts zu unterstützen. Eine spitze Positionierung grenzt notwendigerweise Nachfragepotenziale aus, eine breite Positionierung führt beinahe zwangsläufig zur Diffusität des Profils.

Dabei wird generell die Forderung eines USP (Unique Selling Proposition, lt. Rosser Reeves, auch als **UMP**/Unique Marketing Proposition bezeichnet) erhoben. Dies meint, dass eine

Positionierung unbedingt alleinstellend sein soll. Der Ursprung dieser zunächst einleuchtend erscheinenden Forderung liegt freilich in den 50er Jahren begründet, als das Marktangebot durchaus noch so lückenhaft war, dass es möglich wurde, für ein Angebot eine alleinstellende Positionierung zu finden. Dadurch konnte dann eine teilmonopolartige Stellung aufgebaut werden, die Nachfrage unausweichlich auf die Marke zu trieb (= akquisitorisches Potenzial). Dies mag zu Zeiten der Erfindung begründet gewesen sein, als die Märkte noch offen waren. Die Realität sieht heute leider anders aus. Praktisch alle Märkte sind dicht besetzt und damit alle USP's hinlänglich vergeben. Deshalb gelingt es kaum mehr, eine solche alleinstellende Positionierung durchzusetzen. Vielmehr handelt es sich heute überwiegend um **Me too**-Angebote, die gleichartig zu denen der Konkurrenz sind und sich im alltäglichen Kleinkampf behaupten müssen, statt monopolartig zu glänzen.

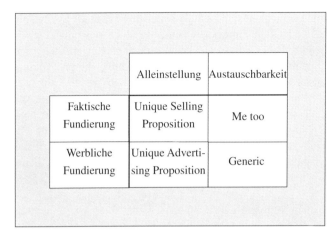

Abb. 112: Grundsätzliche Positionierungsalternativen

Die Suche nach USP's führt heute sogar zu gefährlichen Konsequenzen. Nämlich zur Besetzung von Positionen, die zwar unique sein mögen, die gleichzeitig aber auch so wenig relevant sind, dass ihr Erfolg fraglich wird, weil ihre Marktberechtigung nicht ohne weiteres einleuchtet (Abb. 112).

Zwei Beispiele mögen dies belegen. Mars ließ vor Jahren die hierzulande an sich erfolgreiche Marke Treets sang- und klanglos sterben, um sie durch die internationale Marke M & M's zu ersetzen. Man wollte weg vom Kinderimage und in den Teenagermarkt eindringen. Auf der Suche nach einem USP für dieses Low-Interest-Produkt verfiel man auf die Auslobung, dass M & M's im Mund schmilzen und nicht in der Hand. Intensive Werbung unterstützte diese Aussage durch geeignete Lifestyle-Szenen. Allerdings fragt sich, ob das Versprechen, im Mund zu schmilzen und nicht in der Hand, beim Kauf von Schokopastillen ausschlaggebend oder auch nur relevant sein kann. Ähnliches gilt für die Sport-Signal von Elida Gibbs (Unilever). Hier wird als USP die Aussage des Trainings für die Zähne gewählt. Auch dies wird in der Werbung durch geeignete Sport-Szenen unterstützt. Es bleibt jedoch verborgen, was diese keineswegs ungewöhnliche Zahncreme zur Sportzahncreme qualifiziert. Allein die Tatsache, dass noch keine solche Auslobung erfolgt, sie also unique ist, deutet darauf hin, dass es dafür auch gute Gründe gibt.

3.3.1.2 Unique Advertising Proposition (UAP)

In gewisser Weise impliziert die USP-Denkhaltung, dass man sich von der Konkurrenz vorgeben lässt, in welchen Feldern des Marktes man zu suchen hat und in welchen nicht. Doch das ist ganz und gar nicht einsichtig. Statt dessen greift eher der UAP (Unique Advertising Proposition) oder besser **UCP** (Unique Communications Proposition). Dieser hebt bei häufigst anzutreffender produktlicher Austauschbarkeit auf eine bloße werbliche Alleinstellung ab. Dabei handelt es sich also um eine rein kommunikative Technik, die produktmäßig riskiert, Me too zu sein, also austauschbar zu anderen bestehenden Angeboten am Markt, aber durch eine intelligente werbliche Umsetzung in der Meinung der Nachfrager eine Alleinstellung erreicht. Denn wer hier als Erster eine Position besetzt, und sei sie noch so austauschbar, sperrt sie zugleich für die Konkurrenz und schafft damit eine Quasi-Alleinstellung. Ausschlaggebend ist also nicht eine reale Alleinstellung (= USP), sondern die emotionale Alleinstellung (= UAP/UCP) in der Vorstellung der Zielpersonen. Zweifellos erleichtert eine reale Alleinstellung deren Emotionalisierung, ist aber nicht notwendige Voraussetzung dafür.

> Als berühmtes Beispiel gilt Amselfelder Wein. Dieser Rotwein war ganz und gar austauschbar zu anderen guten Rotweinen (und eher etwas schlechter als diese). Er behauptete aber in der Werbung von sich, ohne Stiele und Stengel gekeltert zu sein, suggerierte damit unausgesprochen, denn alles andere ist verboten, dass bei anderen Weinen zumindest das Risiko besteht, einen solchen zu erwischen, der noch Reste von Stielen und Stengeln enthält. Damit hatte Amselfelder diese Position am Markt für sich besetzt. Denn für andere Anbieter ist es undenkbar, diese Aussage zu wiederholen. Sie wären damit unweigerlich Me too.

Eine andere Möglichkeit besteht in der bewussten Veränderung eines Angebots derart, dass es durch einen Produktzusatz (Marketing Ingredient) einzigartig wird. So kann selbst ein austauschbares Produkt USP-fähig werden.

> Ein berühmtes Beispiel dafür sind die Jod-S-11-Körnchen in Trill (Effem). Sittichfutter ist an sich austauschbares Schüttgut, das nicht USP-fähig ist. Deshalb ersann man ein Marketing Ingredient, das eine Alleinstellung herbeizuführen in der Lage war, eben die Jod-S-11-Körnchen. Sie schützen nämlich den Sittich gegen die lebensbedrohende Schilddrüsenerkrankung, d. h. die krankhafte Vergrößerung der Schilddrüse, die unweigerlich zum Erstikken führt. Da kein Sittichliebhaber dies wirklich riskieren will, gab es nun einen triftigen Grund, Trill anstelle namenlosen Vogelfutters zu kaufen. Dadurch eröffneten sich die willkommenen Chancen der Markenbindung und des Preissetzungsspielraums, die ohne diesen USP wohl kaum gegeben wären. Diese Technik wurde später von zahlreichen Produkten, vor allem Waschmitteln (z. B. TAED-System/Sunil, zwei Weißmacher/Persil, Flecklöser/Ariel) kopiert.

Schließlich kann bei einem als austauschbar angesehenen Produkt auch nur eine alleinstellende Wirkung propagiert werden. Dadurch wird eine deutliche Absetzung von der Konkurrenz erreicht.

> Ein Beispiel ist Blend-a-med (gegen Parodontose). Sie war noch in den 60er Jahren eine reine Apothekenzahncreme von geringer Bedeutung, aber mit hohen Ambitionen. Am Markt waren zunächst Universalzahncremes mit undifferenziertem Nutzenversprechen dominant. Diese wurden im Zuge zunehmender Segmentierung durch Spezialzahncremes abgelöst. Und zwar in erster Linie durch solche mit kosmetischem Wirkversprechen hinsichtlich

Attraktivität und Wohlbefinden. Dabei standen zunächst weiße Zähne (z. B. Strahler 70) für gutes Aussehen im Vordergrund, dann frischer Atem (z. B. Ganz nah) für Sozialakzeptanz durch Abwesenheit von Mundgeruch. Als dort kaum noch Expansionsmöglichkeiten gegeben schienen und die Zahngesundheit durch unvorteilhafte Wohlstandsernährung dramatisch sank, entstanden quasi-medizinische Zahncremes, d. h. solche mit zahngesundheitserhaltender bzw. krankheitsvorbeugender Wirkung. Und zwar zunächst zur Vermeidung von Karies, also Kavitäten infolge Säureeinwirkung durch Zersetzung von Speiseresten auf den Zahnschmelz (z. B. Signal). In dieser Situation machte B-a-m eine neue bedrohliche Erkrankung aus, gegen die das eigene Produkt positioniert wurde, die Parodontose. Diese fängt schmerzfrei mit Zahnfleischbluten an, die ihm zugrunde liegende Entzündung führt zur Rückbildung des Zahnfleisches, die irreversibel ist, und schließlich zur Lockerung des Wurzelapparates der Zähne. Dann bleibt nur noch die Extraktion, selbst wenn der Zahn sonst noch völlig gesund ist. Wenn eine Krankheit noch unbekannt ist, was Parodontose Anfang der 70er Jahre war, dann musste die Bedrohung erst noch werblich dramatisiert werden. So wurde ausgelobt, dass weltweit mehr Zähne durch Parodontose verloren gehen als durch Karies (weil diese meist durch Füllungen repariert werden können), also der gerade erst gelernten Bedrohung. Außerdem wurde aufgeklärt, dass die Krankheit harmlos beginnt, unmerklich fortschreitet und oft erst bewusst wird, wenn es zu spät ist. Im Gegenteil, zunächst erscheinen die Zähne schöner, weil länger, was durch das sich zurückbildende Zahnfleisch bedingt ist. Erst dann spürt man die erhöhte Schmerzempfindlichkeit am Zahnhals, wo das Dentin nicht mehr vom Zahnschmelz geschützt wird. Doch dann ist es bereits zu spät. Diese Gefahr kann durch B-a-m eingedämmt werden. Die werbliche Umsetzung erfuhr mehrfache konzeptionelle Unterstützung, die als vorbildlich zu gelten hat. Daher hier eine kurze Erwähnung:

– Es wurde die Zahnarztkompetenz zur Unterstreichung des medizinischen Anspruchs genutzt. Nun dürfen freie Berufe nicht in der Werbung auftreten. Daher wurde ein »Weißkittel« aus der b-a-m-Forschung suggeriert, kenntlich am am Revers sichtbaren B-a-m-Forschungs-Logo. Für die Abnehmer machte dies allerdings keinen Unterschied. Es wurde die Zahnarztpraxis als hoch emotional geladene Szenerie verwendet. Ein(e) Patient(in) wurde nach der Befundaufnahme mit dem Ergebnis beschieden: Herzlichen Glückwunsch, alle Ihre Zähne sind prima in Ordnung! (spontane Erleichterung), versehen mit dem Nachsatz: Aber Ihr Zahnfleisch geht zurück! (spontanes Erschrecken). Dadurch fand eine enorme Dramatisierung des Ausgangsproblems statt.
Es folgte eine Aufklärung durch den »Zahnarzt« über Ursachen und Symptome der Erkrankung sowie deren Abhilfe durch B-a-m, unterstützt durch eine Prinzip-Visualisierung und den Packshot.
Dann sah man die Person von vorher, die als Beweis für gesundes Zahnfleisch kräftig in einen grasgrünen Apfel biss und die Bissstelle stolz vorzeigte, die keinerlei Spuren von Blut aufwies. Indiz für Freiheit von Zahnfleischbluten, damit von Entzündung und Schwund.
Als letzte Absicherung wurde noch ausgesagt, dass die meisten Zahnärzte ihrer Familie B-a-m geben (später, als dies juristisch nicht mehr haltbar war: Die gibt der Zahnarzt seiner Familie). Und die wissen schließlich Bescheid und werden ihren Familien wohl nur das Allerbeste in Sachen Zahngesundheit geben. Eben b-a-m.

Per Saldo sind UCP's sogar wirkungsvoller als USP's, weil diese durch Nachahmung der Konkurrenz bis an die Grenze des rechtlich Zulässigen schnell obsolet werden können. Dann werden die Karten neu gemischt und meist setzt sich der Anbieter mit der größeren Penetrationskraft erfolgreich durch. Ist hingegen ein UAP penetriert, so kann dieser selbst durch produktidentische fremde Angebote nicht ohne weiteres ausgehebelt werden. Den wirkungsvolleren Konkurrenzschutz bietet also zumeist ein UCP, selbst wenn ein USP schon allein auslobbar wäre. Ideal schließlich ist die, allerdings recht seltene, Kombination aus USP im Produkt und UCP in der Werbung.

> In ähnlicher Weise überzeugend gelang die Dramatisierung im Audi-Quattro-Spot. Man sieht eine tiefverschneite Berglandschaft. Darin steht, ebenfalls eingeschneit, ein Auto, dessen Umrisse man zwar erkennen kann, von dem man aber noch nicht weiß, dass es ein Audi-Quattro ist. Aber das Umfeld ist wie geschaffen für die Qualitäten eines allradgetriebenen Automobils. Denn schließlich weiß jeder, dass das automobile Fortkommen auf Schnee zu einem äußerst schwierigen Unterfangen werden kann.
>
> Dann steigt ein Mann in das Auto ein. Der Motor startet. Die Scheinwerfer leuchten unter dem Schnee auf. Die Scheibenwischer machen die Frontscheibe frei. Dabei tastet die Kamera die Karosserie ab, auch das Typenschild, man erkennt, es handelt sich um einen Audi Quattro. Das Ganze ist untermalt von futurischer Musik.
>
> Schließlich fährt das Auto an. Die Räder erscheinen in Nahaufnahme, und man sieht, kein Durchdrehen, sofortiger Kraftschluss. Das allein ist auf Schnee schon ungewöhnlich genug. Zudem fährt das Auto leicht bergauf. Die Kamera zoomt zurück und man erkennt, dass die Auffahrt immer mehr ansteigt. Aber der Audi fährt ohne die geringste Irritation aufwärts.
>
> Die Kamera fährt noch weiter zurück. Zuerst erkennt man, dass die Wegstrecke immer steiler wird. Noch glaubt der Betrachter an eine Serpentine in den Bergen. Die Kamera fährt noch weiter zurück. Man erkennt den extremen Anstieg des Weges. Und plötzlich wird klar, es handelt sich gar nicht um einen Bergweg. Der Audi fährt vielmehr geradewegs den Sprungtisch einer Skischanze hoch.
>
> Die Kamera zeigt nun die Totale. Man sieht die imposante Konstruktion einer riesig hoch aufragenden Sprungschanze. Und mitten darauf der unbeeindruckt aufwärtsfahrende Audi. Dazu werden das Audi-Logo und der Slogan (Vorsprung durch Technik) eingesupert.
>
> Natürlich kommt buchstäblich niemand in die Verlegenheit, eine Skisprungschanze hochfahren zu sollen. Aber dennoch ist die offensichtliche Fähigkeit eines Audi, selbst diese Tücke zu meistern, absolut überzeugend auch für seine Fähigkeit, im alltäglichen Betrieb stetiges Fortkommen zu sichern. Zwar leisten dies, prinzipbedingt, andere allradgetriebene Fahrzeuge gleichermaßen, aber Audi hat diese Position überzeugend als Erster für sich besetzt (UCP).

3.3.2 Positionsanlässe

3.3.2.1 Erstpositionierung

(Abb. 113). Die Notwendigkeit, oder besser Chance, zur Positionierung ergibt sich aus unterschiedlichen Anlässen. Diese werden im Folgenden dargestellt.

Beim Launch besteht die Möglichkeit, erstmalig und frei von historischen Zwängen eine Positionierung zu bestimmen. Daraus folgt insofern eine hohe Verantwortung, als später erforderlich werdende Änderungen nurmehr mit größerem Aufwand zu bewerkstelligen sind. Die Positionierung neuer Produkte in meist dicht besetzten Märkten ist eine große Herausforderung, denn in aller Regel handelt es sich eben nicht um das reißerische Angebot, auf das jedermann schon immer gewartet hat, sondern viel eher um eine weitere, mehr oder minder austauschbare Variante, der erst aufwendig durch Kommunikation eine emotionale Alleinstellung zu verschaffen ist. Extrem schwierig ist dies bei irrationalen Produkten wie Zigaretten zu bewerkstelligen.

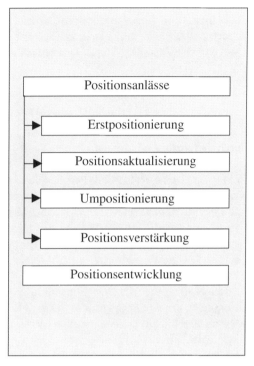

Abb. 113: Festlegung der Positionierung

Ein Beispiel für eine erfolgreiche Erstpositionierung ist nach wie vor die Du darfst-Produktrange. Sie besteht aus kalorienreduzierten Nahrungsmitteln, die nicht, wie vordem, als vornehmlich zur Gewichtsreduktion geeignet ausgelobt wurden, sondern vielmehr zum Halten des Gewichts schlanker Menschen. Die Schlankheit ist vor allem für Frauen in entwickelten Kulturen ein bedeutender Wert, denn Schlankheit wird mit Schönheit assoziiert, und beides wiederum mit sozialer Attraktivität. Als Key Visual der Kampagne wurden denn auch schlanke Frauen gezeigt, die ihr Spiegelbild in Fensterscheiben sehen und für sich beschließen: »Ich will so bleiben, wie ich bin.« Der Start der Produktrange erfolgte durch fettarme Margarine, zwischenzeitlich gibt es ein annähernd komplettes Programm fettarmer Lebensmittel.

3.3.2.2 Positionsaktualisierung

Hier steht das Bemühen im Vordergrund, die einmal gewonnene Position zu nutzen und offensiv auszubauen. Dabei geht es um die Kapitalisierung von Markenbekanntheit und -Goodwill. Meist geschieht dies durch Produktdifferenzierung. In horizontaler Richtung wird dabei etwa eine Einzelmarke zur Range ausgebaut, indem neue Präsentationsformen (z. B. Deluxe, Light) oder Konsistenzen (z. B. Geschmack, Geruch) angeboten werden. In vertikaler Richtung folgt daraus die Diversifikation in andere Produktbereiche (z. B. Set-Gedanke, Zubehör). Selbst wenn dies durch Lizenzvergabe an Dritte erfolgt, entsteht bei hinreichender denotativer Verwandtschaft im Rückbezug eine Aktualisierung für die Transfermarke.

Ein Beispiel für Line Extensions (horizontal) ist blend-a-med (Parodontose, Kariesschutz, Zahnstein, Mint, Gel, Mundwasser). Ein Beispiel für Diversifikation (vertikal durch Transfer) ist Porsche (Brillengestell, Armbanduhr, Füllfederhalter, Pilotenkoffer). Ein Beispiel für

Diversifikation (horizontal) ist Du darfst (z. B. Margarine, Wurstwaren, Konfitüre, Joghurt). Allerdings gibt es auch genügend negative Beispiele (z. B. Hipp Fitnessnahrung, Mövenpick Salatsoße, Natreen Diätwurstwaren), sodass Vorsicht geboten scheint.

3.3.2.3 Umpositionierung

Eine Produktvariation soll ein bestehendes Produkt neu erleben lassen, indem die gegebene Positionierung obsolet wird. Dies geschieht meist, mangels großer Neuerungsmöglichkeiten, durch marginale Änderungen.

Ein Beispiel dafür ist Persil als Persil '59 (als synthetisches Waschmittel), Persil '65 (mit zwei Weißmachern für noch mehr Reinigungskraft), Persil '70 (biologisch aktiv durch Enzyme), ab 1973 mit dem Slogan »Da weiß man, was man hat«, ab 1975 eine kompetitive Qualitätsauslobung (den Wert der Wäsche nicht durch billige Waschmittel gefährden), ab 1981 energieverstärkt, ab 1986 unter Ökologieaspekten phosphatfrei, 1990 ergänzt durch Persil supra (Kompaktwaschmittel), 1992 ergänzt durch Persil mit Colorschutz (speziell für Farbwäsche).

Gelegentlich aber wird die Umpositionierung auch auf Basis einer völligen Produktänderung vollzogen. Ein Beispiel dafür ist Opel (Fahrer mit Hut und Hosenträger, Manta-Witze). Die neuen Modellreihen folgen einer modernen Automobiltechnik (Umweltschutz, Sicherheit, Sportlichkeit) und sind auch in den Typbezeichnungen verändert (Astra statt Kadett, Vectra statt Ascona, Omega statt Rekord. Der Verkauf bestätigt den Erfolg dieser Umpositionierung, in den Köpfen der Zielpersonen ist das muffige Image der alten Marke aber so schnell dennoch nicht auszurotten.

3.3.2.4 Positionsverstärkung

Hier steht die defensive Verteidigung der einmal gewonnenen Position gegen Konkurrenten, die oft genug Erfolgsrezepte nur kopieren, im Vordergrund. Eine Marke muss ständig gehegt und gepflegt werden, damit ihre Profilierung erhalten bleibt. Denn nur dies sichert ihren Erfolg. Dabei geht es letztlich darum, die gleiche Geschichte immer wieder abwechslungsreich zu inszenieren. Dadurch können Angriffe wirksam abgewehrt werden.

Ein Beispiel dafür ist Nivea. Abgesehen davon, dass die Marke durch Transfer in benachbarte Produktbereiche stetig ausgeweitet wurde, ist doch der Markenkern der Creme als Ausgangsprodukt über die Jahre unverändert geblieben. Nivea hat über die Jahrzehnte hinweg nichts anderes getan, als den Anspruch, die Creme de la Creme für alles und jeden zu sein, zu bestätigen und auf abwechslungsreiche Art zu kommunizieren. Dadurch ist die Kompetenz trotz zahlreicher Angriffe (z. B. Creme 21 von Henkel) unangefochten geblieben. Eine Arrondierung des Terrains wurde zudem durch Line Extensions vorgenommen (Sonnenschutz, Duschbad, Kinderpflege, Milk, Seife etc.). Dies gelingt freilich nur, wenn die Marke stetig betreut und Irritationen durch eine kontinuierliche Politik von ihr ferngehalten bleiben. Dabei scheint allerdings allmählich die Grenze der Tragfähigkeit erreicht zu sein.

3.3.3 Positionsentwicklung
3.3.3.1 Vorgehensweise
Nach der Klärung der Zielrichtung der Positionierung geht es um die praktische Vorgehensweise der Findung einer Positionierung. Folgende Arbeitsschritte sind angebracht:

- **Abgrenzung des relevanten Markts.** Die Hypothese der totalen Konkurrenz, d. h., alles steht mit jedem in Wettbewerb um die Verwendung knapper Finanzmittel, führt zu keiner wünschenswerten Einengung des Marktumfelds. Dabei kommt es weniger auf die objektive Ähnlichkeit von Angeboten an (= Angebotskonkurrenz), als vielmehr auf ihre Eignung, ähnliche Bedarfe zu befriedigen (= Bedarfskonkurrenz). Das ist meist aber alles andere als eindeutig. So kann etwa der Bedarf Pausensnack durch so verschiedenartige Produkte wie Schokoriegel, Joghurt/Quark, Obst/Gemüse, Gebäck etc. gleichermaßen gedeckt werden. Nachlässigkeiten bei der Marktabgrenzung wirken sich aber schädlich aus. So werden Sachbuchverlage, die ihren Markt als durch die Darbietungsform Buch abgegrenzt definieren, in dem Maße Probleme erleben, wie neue Medienformen (etwa Diskette, CD-ROM, CD-I, Online) an Boden gewinnen. Zutreffend ist vielmehr die Abgrenzung durch Wissensvermittlung gleich in welcher Form. Die amerikanischen Eisenbahngesellschaften hatten ihren Markt als schienengebundene Transportmittel ebenfalls viel zu eng abgegrenzt und konnten somit nicht rechtzeitig auf die Substitution durch Straßen- und vor allem Lufttransport reagieren, was zum Niedergang vieler Anbieter führte (Marketing Myopia/Levitt). Im Zweifel ist daher eher eine weite Marktabgrenzung zu fassen als von vornherein Marktchancen auszugrenzen. Theoretisch ist dieses Problem ungelöst. Praktisch werden relevante Märkte zumeist nach räumlichen, zeitlichen, sachlichen oder persönlichen Kriterien abgegrenzt.
- **Angebotsdimensionen auf diesem Markt.** Dabei geht es nicht nur um eine bloße deskriptive Fleißarbeit, sondern vor allem um die Darlegung der Anbieterqualität. Allerdings sollte die Betrachtung auf aktuelle Anbieter beschränkt bleiben, da ansonsten leicht die Übersicht verlorengeht. Dazu steht auch umfangreiches sekundärstatistisches Material zur Verfügung (z. B. Verbandsverzeichnisse, Messekataloge). Oder aber einfach ein Store Check im Handel, um einen Eindruck von der Präsenz der Anbieter am Ort des Verkaufs zu gewinnen. Dies hilft bei der Einschätzung deren tatsächlicher Marktbedeutung, die von der reinen Marktanteilsbetrachtung erheblich abweichen kann. In gut organisierten Unternehmen liegt für diese Fälle ein Brand Fact Book bereit, das die zur Analyse erforderlichen Informationen vollständig und aktuell enthält, sodass Hektik und Stress beim Zusammentragen der Datengrundlage gänzlich entfallen. Freilich verlangt dieses Hilfsmittel eine kontinuierliche Pflege.

Aus diesen Daten erwächst die Erkenntnis über die **Wahrnehmungs- und Beurteilungsdimensionen**, hinsichtlich derer Zielpersonen ein Objekt einschätzen. Nach der Festlegung dieser Dimensionen wird zumeist versucht, die beiden als kaufbestimmend erscheinenden Produktdimensionen festzulegen, um diese grafisch darstellen zu können. Sie bilden dann die Achsen eines Koordinatensystems. Dabei repräsentiert meist eine Dimension Preis bzw. Wert und die andere Leistung bzw. Funktion. So können als für die Beurteilung einer Sportcoupé-Marke entscheidend die Dimensionen Motorleistung und Überholprestige angesehen werden, für die Beurteilung einer Porzellanmarke Design und Preis, für die Beurteilung einer Seifenmarke Pflege und Duft, für die Beurteilung von Zigaretten Geschmack und Image etc.

Sinnvollerweise werden in einer Vorstudie zunächst alle infrage kommenden Dimensionen bei Zielpersonen abgefragt. Diejenigen Dimensionen, die häufiger genannt werden als andere, werden dann bei einer größeren Zahl von Zielpersonen nach ihrer Relevanz abgefragt.

- **Auswahl der strategischen Mitbewerber.** Die einzelnen Angebote am Markt werden dann hinsichtlich ihrer **Wahrnehmungs- und Präferenzurteile** erhoben. Aus dieser Bewertung ergibt sich die relative Position im Koordinatensystem. Dabei kommt es in der Praxis nicht so sehr auf Feinheiten an, vielmehr werden die Beurteilungen verschiedener Entscheider voneinander abweichen. Solange es dabei gelingt, die wesentlichen Dimensionen und Positionen herauszuarbeiten, ist die Aussage aber durchaus brauchbar.

Natürlich sind aber nicht alle Anbieter gleichermaßen interessant, sondern nur wenige ausgewählte von ihnen. Meist handelt es sich um die größten Anbieter (Leverage-Effekte) oder solche, die Arbitrage-Effekte aus anderen Märkten nutzen können, oder die man für das eigene Angebot als sehr gefährlich werdend hält. Dabei ist im Zuge der Internationalisierung der Märkte auch das ausländische Angebot einzubeziehen. Die weitere Analyse konzentriert sich auf diese relevanten Mitbewerber.

Die Positionierung von Realobjektpositionen kann in Clustern (Segmenten) nach Nachfragerpräferenzen derart ausgewiesen werden, dass Positionierungen innerhalb eines Clusters untereinander eine höhere Austauschbarkeit haben als zu Positionierungen anderer Cluster. Dadurch entsteht ein **Gruppenwettbewerb**. Die Konkurrenz zwischen den Segmenten gibt dabei die Intensität der Wettbewerbsbeziehungen eines Markts aufgrund der Analyse der Überschneidungen der Angebotspräferenzen unter den Segmenten an (Intersegment-Konkurrenz). Die Konkurrenz innerhalb eines Segments gibt die Intensität der Wettbewerbsbeziehungen aufgrund der Analyse der Überschneidungen der Angebotspräferenzen innerhalb eines Segments an (Intrasegment-Konkurrenz).

Die Intersegment-Konkurrenz gibt damit die Intensität der Wettbewerbsbeziehungen zwischen den Segmenten eines Markts aufgrund der Analyse der Überschneidungen der Präferenzen unter den Segmenten an. Die Intrasegment-Konkurrenz gibt die Intensität der Wettbewerbsbeziehungen innerhalb eines Segments aufgrund der Analyse der Überschneidungen der Präferenzen innerhalb eines Segments an. Insofern besteht gleich ein doppelter Gruppenwettbewerb, zum einen zwischen einem Angebot und allen Angeboten im selben Segment, zum anderen zwischen diesem Angebot und Angeboten anderer Segmente (Gruppenwettbewerb).

Zu berücksichtigen ist dabei, dass die Angebote an einem Markt sich zumeist in Strategischen Gruppen anordnen. Ein Teilmarkt ist also meist nicht homogen, sondern besteht aus zwei oder mehr Gruppen, die in sich relativ homogen sind, untereinander aber mehr oder minder große Abweichungen aufweisen. Von daher bietet es sich an, das Marktumfeld in der eigenen oder angepeilten strategischen Gruppen genauer zu untersuchen.

Ähnlich wie es Barrieren zwischen einzelnen Märkten gibt, die einen beliebigen Ein- und Ausstieg aus Märkten behindern, gibt es auch Mobilitätsbarrieren innerhalb eines Marktes, die einen Wechsel von Gruppe zu Gruppe behindern, wenngleich nicht ganz verunmöglichen. Die Relevanz der Mitbewerber in einem Markt ist umso größer, je höher die Anzahl der Gruppen und je geringer die Größenunterschiede der Anbieter innerhalb einer Gruppe sind.

Gruppen sind in steter Entwicklung begriffen, ruhen also keineswegs passiv in sich, sondern bewegen sich aufeinander zu oder voneinander weg. Diese erratischen Veränderungen von Märkten lassen es unvermeidlich werden, dass man sich stetig wechselnden strategischen

Mitbewerbern gegenübersieht, d. h. Anbieter, die in der Vergangenheit noch weniger bedeutsam schienen, werden plötzlich relevant, und Anbieter, die hochbedeutsam schienen, verlieren an Relevanz.

- **Positionierung der wichtigen Mitbewerber**. Bei der **Ausfüllung des Produktmarktraums** handelt es sich um das Kernstück der Positionsentwicklung durch Erhebung der als nachfragewirksam angesehenen, voneinander unabhängigen Entscheidungsdimensionen (z. B. durch Ranking).

  Die Erhebung erfolgt am besten durch Ratingskalen für jede Dimension einzeln, da ansonsten eine Überforderung der Befragten vorliegen kann (Profildarstellung). Zugleich werden diese Zielpersonen dahingehend befragt, wie sie die Position konkurrierender Angebote relativ zum eigenen einordnen. Schließlich werden die Zielpersonen auch dahingehend abgefragt, wie ein aus ihrer Sicht ideales Angebot hinsichtlich der zugrunde gelegten Dimensionen einzuordnen wäre. Es wird unterstellt, dass diese Idealposition die Position der Kunden im Markt wiedergibt. Anders als diese kompositionelle Methode könnte auch dekompositionell (Verbundmessung) versucht werden, aus der subjektiven Mitbewerberwahrnehmung die Eigenschaftsdimensionen und deren Anteile am Gesamteindruck abzuleiten. Allerdings ist auf diese Weise keine Idealposition konstruierbar. Zur Erhebung werden verschiedene Techniken eingesetzt.

- **Datenauswertung und -darstellung**. Bei der **Interpretation** der Erhebungsergebnisse wird wie folgt vorgegangen. Die Elemente der Positionierung, also die bestimmenden Eigenschaftsdimensionen, die eigene Realposition des Angebots, die Realpositionen konkurrierender Angebote und die Idealposition der Kunden, werden in einem möglichst gering dimensionierten Merkmalsraum, meist einem zwei- oder dreidimensionalen Koordinatensystem, gemeinsam so abgetragen, dass ihre Koordinaten den Ausprägungen wesentlicher Merkmale entsprechen. Dazu dienen multivariate statistische Verfahren.

  Danach wird überprüft, ob die eigene Istposition und die Zielposition bereits hinlänglich übereinstimmen. Eine mögliche Hypothese besagt nämlich, dass nur das Angebot von Kunden gekauft wird, das am nächsten an deren Idealposition liegt, d. h. jeder Konsument akzeptiert nur seine als nutzenmaximal wahrgenommene Leistung.

  Danach erfolgt die Prüfung der Abstände konkurrierender und eigener Istpositionen relativ zur Idealposition. Eine andere Hypothese besagt nämlich, dass dasjenige Angebot die größte Chance hat, gekauft zu werden, das am nächsten an der Idealposition potenzieller Kunden liegt. Allerdings kann sich mit Einführung eines neuen Angebots die Kaufwahrscheinlichkeit aller vorhandenen Angebote verändern, obgleich die Rangordnung der Wahrscheinlichkeiten erhalten bleibt.

  Schließlich erfolgt eine Prüfung der Abstände der eigenen Position von denen konkurrierender Angebote (Interdistanzen). Dies kann als Maß für die jeweilige Wettbewerbsintensität am Markt angenommen werden.

- **Marktsegmentierung**. Für gewöhnlich ergeben sich nunmehr Produktmarkträume, die dichter besetzt, und solche, die weniger dicht besetzt sind. Es liegt nahe, sich Letzteren zuzuwenden. Vorher aber sollte geprüft werden, ob diese freien Marktnischen/-felder nicht nur deshalb nicht besetzt sind, weil dort kein sinnvolles Angebot zu machen ist. So ergeben sich freie Marktfelder gewöhnlich aus der Kombination aus hohem Preis/Wert bei niedriger Leistung/Funktion und umgekehrt, was offensichtlich wenig Erfolgspotenzial birgt. Andererseits kann es sinnvoll sein, sich in Marktfelder zu positionieren, die von anderen Anbieter bereits vorbereitet worden sind und genügend Potenzial zur parallelen Bearbeitung

hergeben. Geballte Markträume stehen insofern zumindest für nennenswertes Marktvolumen, Nischen signalisieren hingegen ein begrenztes Marktvolumen, und Leerfelder zeigen kein aktuelles Marktvolumen an.
- **Schätzung der Segmentpotenziale.** Für die praktische Umsetzung ist entscheidend, die die Marktnischen/-felder repräsentierende Kaufkraft zu bestimmen. Basis ist entweder eine qualifizierte Schätzung, oder statistische Erhebung, ökoskopisch, wenn die Umsatzzahlen der in einem Segment versammelten Angebote bekannt sind, demoskopisch, wenn es sich um ein innovatives Angebot handelt. Entscheidendes Kriterium ist dabei weiterhin der Ausschöpfungsgrad dieser Segmente, der freilich schwerlich zu bestimmen ist und dem man sich nur durch Vermutung annähern kann.

Hinsichtlich der Markterwartungen kann nach den Dimensionen der Markt- oder Unternehmenssicht sowie nach maximaler, latenter, manifester und minimaler Nachfrage unterschieden werden.

> Ein eindrucksvolles Beispiel für den Erfolg intuitiven Vorgehens ist in diesem Zusammenhang die Modemarke Jil Sander. Die Modebranche steht sicherlich nicht unbedingt im Ruf, Positionierungsstrategien einen hohen Stellenwert in ihrer Arbeit einzuräumen. Aber dennoch hängt auch hier der Erfolg entscheidend von einer gescheiten Positionierung ab. Jil Sander hatte Mitte der 70er Jahre in Hamburg erkannt, dass es nur Designer-Mode gab, die zwar angemessen hochwertig verarbeitet war, in der sich Frauen aber fühlten wie »Pralinen« (Zitat), d. h., wer als Käuferin Wert auf hochqualitative Materialien und Verarbeitung legte, musste gleichzeitig damit leben, »aufgetakelt« herumzulaufen. Denn schlichte, funktionelle und formal reduzierte Kleidungsstücke waren damals durchweg nur in schlechten Materialien und liebloser Verarbeitung am Markt zu haben.
>
> Dies regte Jil Sander dazu an, in Pöseldorf eine Boutique mit eigengeschneiderter Mode zu eröffnen, die zwar schlicht und funktionell gestaltet war, aber gleichzeitig so gut verarbeitet und in hochwertigen Materialien ausgeführt wie ansonsten nur die Designer-Mode. Kleidung eben, in der sich Frauen wohlfühlten und sich und andere nicht unangenehm an Ausstellungsstücke erinnerten. Dieser Positionierung war durchschlagender Erfolg beschieden, sodass Jil Sander heute ein Markenzeichen für diesen Stil reduzierter, aber hochqualitativer Mode auf internationalem Niveau ist.
>
> Sicher lag dieser Überlegung damals wie heute keine Positionierungsstrategie zugrunde, wohl aber ein feines Gefühl dafür, was die Kundschaft verlangte und was die Marken abweichend davon anboten (latente Marktnische).

- **Festlegung der Zielpositionierung.** In diesem Zusammenhang muss zwischen der Istpositionierung, d. h. der aktuellen Wahrnehmung des eigenen Angebots durch Zielpersonen, und der Zielpositionierung, d. h. der gewünschten Wahrnehmung dieses Angebots, unterschieden werden. Dazu ist modelltheoretisch eine Verschiebung im Positionierungsraum näher hin zum Idealpunkt (bei Unterstellung von Idealpunktmodellen) bzw. weiter entfernt auf dem Vektor (bei Unterstellung von Idealvektormodellen) notwendig. Dabei handelt es sich um eine Vergrößerung des Aufforderungsgradienten, d. h. eine höhere (Wahlaxiommodell) oder die alleinige Kaufchance (Single-Choice-Modell). Dafür gibt es im Wesentlichen drei Ansatzpunkte:
- Man kann versuchen, dafür zu sorgen, dass der **Grundaufforderungswert** des Angebots steigt. Dies betrifft die gattungstypischen Leistungen. Davon profitieren jedoch gleichermaßen alle Angebote, die ebenfalls diese generischen Leistungen bieten. Das schafft aber keinen

individuellen Konkurrenzvorsprung mehr, sodass solche Aktivitäten immer auch den Wettbewerb unterstützen. Das ist nur dann einzusehen, wenn es sich um ein völlig neuartiges Angebot handelt, die Produktgattung also erst noch als solche am Markt etabliert und profiliert werden muss (z. B. mobile Kommunikation durch Mobiltelefone).
- Man kann versuchen, dafür zu sorgen, dass der **Zusatzaufforderungswert** des Angebots steigt. Dies betrifft die angebotsspezifischen Leistungen. Dabei kommt es allerdings auf die Präferenzen der Zielpersonen an, ob dieser positiv wirkt, also die Kaufchancen verbessert, oder negativ, also Kaufchancen verschlechternd. Die Basisleistungen werden dabei immer als gegeben unterstellt. Die Zusatzleistungen werden ein oder mehrere Marktsegmente anziehen und gleichzeitig andere abstoßen. Die Aktivität ist immer sinnvoll, wenn dieser Saldo positiv ist (z. B. verbrauchsarmer Dieselmotor in einem bestimmten Automodell).
- Man kann versuchen, den (feldtheoretischen) Standort der Zielpersonen in die Richtung des eigenen Angebots zu verändern. Man spricht dann von einer **Präferenzumwertung**. Dies ist der anspruchsvollste Versuch, denn die Wertvorstellungen (Einstellungen) der Nachfrager sind zumeist gewachsen und verfestigt und daher nur schwer zu bewegen. Ziel ist dabei, das Anforderungsprofil der Zielpersonen mit dem Leistungsprofil des Angebots möglichst weitgehend in Übereinstimmung zu bringen (z. B. Weckung eines sozialen Bewusstseins im Social-Marketing).

3.3.3.2 Copy-Analyse

Die Festlegung der Positionierung einer Wettbewerbsmarke kann nur aus der Sicht der Abnehmer erfolgen. Denn nicht die Realität des Angebots ist die Realität im Marketing, sondern die Vorstellung der Kunden über die Realität des Angebots (lt. Spiegel). Man bewegt sich also auf einer Meta-Ebene.

Dazu versetzt man sich am besten in die Lage eines unvoreingenommenen Abnehmers und versucht, anhand vorliegender Werbebeispiele, die repräsentativ für einen längeren Zeitraum der Marktpräsenz sind, zu bestimmen, welche Position ein Angebot am Markt einnehmen will.

Die Werbemittel der relevanten Mitbewerber werden hinsichtlich mehrerer Kriterien analysiert. Sinnvoll ist folgende Vorgehensweise (Abb. 114):

- **Markenname/Produktbezeichnung.** Dies identifiziert das gerade analysierte Angebot. Oft geben Namenszusätze auch bereits Anhaltspunkte für die bestimmungsgemäße Nutzung eines Produkts.
- **Monoprodukt/Range.** Hierdurch wird festgelegt, ob es sich beim betrachteten Produkt um ein singuläres Angebot oder um eine Version einer differenzierten Angebotsfamilie handelt.
- **Main Claim** (Angebotsanspruch). Der Main Claim definiert, was ein Angebot zu können behauptet. Es handelt sich also um eine Absender orientierte Botschaft. Sie findet sich meist im Slogan einer Kampagne (s. u.).
- **Slogan.** Hier wird der Slogan explizit zitiert. Er soll die Zusammenfassung der Leistungen eines Angebots darstellen (z. B. Vorsprung durch Technik/Audi).
- **Reason Why** (Anspruchsbegründung). Der Reason Why definiert, wie die beanspruchte Position untermauert wird. Dies geschieht meist durch eine sachliche Argumentation. In der Print-Werbung ist sie für gewöhnlich in der Copy zu finden (s. u.).
- **Main Benefit** (Nutzenversprechen). Der Main Benefit definiert, welchen Nutzen ein Kunde aus der Wahrnehmung des Angebots ziehen kann. Es handelt sich also um die Abnehmer

Abb. 114: Bestandteile der Copy-Analyse

orientierte Fassung des Anspruchs. Sie erfolgt meist in Headline (Print) oder Catch Phrase (Elektronik) (s. u.).
– **Headline/Catch Phrase.** Hier wird die Headline (Print) oder der Catch Phrase (Elektronik) explizit zitiert. Er/sie soll den Nutzen prägnant formulieren (z. B. Neid und Missgunst für 99 Mark/Sixt).
– **Proof** (Nutzenbeweis). Der Proof kann den Nutzen durch Dramatisierung unterstützen, ist jedoch nicht obligatorisch. Dazu gibt es verschiedene Techniken (s. u.).
– **Key Visual.** Hierbei handelt es sich um den visuellen Kerneindruck (Big Picture), der erinnert und mit dem beworbenen Angebot in Verbindung gebracht werden soll. Dies ist besonders angesichts der Erkenntnisse der Imagery-Forschung von Bedeutung, die vereinfacht besagt, dass Bildinformationen besser wahrgenommen, länger behalten und einfacher aktiviert werden können als Textinformationen.
– **CD-Konstanten.** Hier handelt es sich um eine ganze Reihe von Elementen, die eine präzise Identifizierung des Absenders und seine leichte Wiedererkennung gewährleisten sollen (s. u.).
– **Tonalität.** Dies meint die Art der Sprache, über die ein Absender mit den gemeinten Empfängern kommuniziert. Daraus lassen sich wichtige Rückschlüsse auf das Selbstverständnis der Marke ziehen (s. u.).
– **Zielgruppe/Typus.** Dies betrifft die Hypothese darüber, wer sich durch eine Werbung angesprochen fühlen soll. Auch hierbei ist man auf begründete Vermutungen angewiesen.
– **Net Impression.** Dies ist die Zusammenfassung aller Eindrücke der analysierten Werbemittel zu einer Schlüsselinformation (Information Chunk). Letztlich bleibt infolge der allgemeinen Informationsüberlastung allenfalls diese Net Impression im Gedächtnis der Zielpersonen haften, die dann leistungsfähig genug sein soll, Käufe zu induzieren.

3.3.4 Positionsoptionen

3.3.4.1 Dominanz bestehenden Angebots

(Abb. 115). Für die Wahl der Positionierung stellen sich verschiedene Alternativen, die im Folgenden dargestellt werden. Sofern man beschließt, in einem bereits durch Mitbewerber belegten Segment anzubieten, spekuliert man darauf, diese durch eine geschicktere Umsetzung der Positionierung in den Marketinginstrumenten, durch quantitativ überlegenen Aktivitäteneinsatz oder schlicht durch bessere Angebotsleistung zu übertreffen.

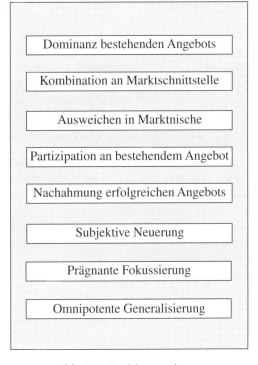

Abb. 115: Positionsoptionen

Ein Beispiel kann die Positionierung der IBM-PC's bieten. Bis zu deren Einführung 1981 galt Nixdorf als der Pionier der am Arbeitsplatz orientierten Computerkapazität. Vordem hatten nämlich riesige Zentraleinheiten in klimatisierten Räumen fernab der operativen Arbeit ihren Dienst verrichtet. Nixdorf brachte kleine, hinreichend leistungsfähige Einheiten ins Büro und erhöhte durch schnellere Zugriffszeiten dort die Effizienz des Einsatzes. Häufig benutzte Daten wurden in dezentralen PC's abgelegt, für sel-ten benutzte Daten griff dieser hingegen auf die Zentraleinheit zu. Dadurch wurde dort zugleich wertvolle Rechenzeit für komplexe Aufgaben frei. IBM lobte nun genau diesen Anspruch aus und konnte ihn mittels überlegener Kompetenz und Geldmittel für sich okkupieren. Nixdorf hatte dagegen keine Chance, was letztlich zum Niedergang des Unternehmens führte (später SINIX, heute Siemens).

3.3.4.2 Kombination an der Marktschnittstelle

Man kann sich auch entschließen, ein neues Angebot an die Schnittstelle zweier (oder neuerdings auch dreier) Segmente zu positionieren. Damit vermeidet man einerseits, in vergleichsweise kleine Marktnischen abgedrängt zu werden, und andererseits, potenten Konkurrenten frontal entgegengetreten zu müssen. Denn die neuartige Zusammenführung von Angebotsmerkmalen zweier unterschiedlicher Märkte konstituiert wiederum ein neues Angebot.

Beispiele dafür finden sich zunehmend häufiger. So entstand der Knusperriegelmarkt (Banjo, Raider, Lion etc.) aus der Kombination der Angebotsmerkmale Riegel und Keks.

Feuchtriegel (Yes) entsprangen der Kombination der Angebotsmerkmale Riegel und Kuchen. Weitere Beispiele betreffen die Kombination aus Praline und Bonbon in Form von Rolo, die Kombination von Schokotafel und Praline in Form von Merci, oder die Kombination von Schokolade und Knabbergebäck in Form von Chocolait Chips. »Rinpoo«-Produkte (Vidal Sassoon, Shamtu Two in One etc.) kamen durch die Kombination der Angebotsmerkmale Shampoo und Spülung zustande. Im Eiscrememarkt entstehen Kombinationsprodukte aus Riegel und portionierter Packung (Sky, Joker etc.). Im Kfz-Markt werden Großraumlimousinen als Kombination aus Kleinbus und Pkw offeriert. Auch Off Roader sind eine solche Kombination, nämlich aus Jeep und Pkw. Weitere Beispiele sind Bahlsen Petite (eine Gebäckpraline) und Onkiss/Onken (eine Quarkpraline).

3.3.4.3 Ausweichen in der Marktnische

Man entschließt sich, eine Marktnische zu besetzen. Dabei kann es sich um eine mani-feste Nische handeln, d. h., die dort repräsentierten Nachfrager verweigern mangels geeigneter Kaufobjekte den Kauf, oder um eine latente Nische, d. h., Nachfrager dort weichen widerwillig auf andere Angebote aus, ohne dass diese ihren Anforderungen voll entsprechen. Durch das Nischenangebot hofft man, diese Kaufkraft aktivieren zu können.

Legendär ist das Nischenangebot von BMW. Anfang der 60er Jahre war es um die Bayerische Motorenwerke AG (BMW) wirtschaftlich sehr schlecht bestellt. Das Modellprogramm war überaus heterogen und bestand einerseits aus sehr großen und andererseits sehr kleinen Fahrzeugen. Bei den großen ist der V 8 ein Klassiker und wird heute in gutem Zustand nicht unter 30.000 Mark gehandelt, bei den kleinen ist die Isetta mindestens ebenso populär. Da jedoch der mittlere Marktausschnitt (B-Klasse) völlig fehlte, wurde einerseits das größte Marktsegment nicht bedient und konnte es andererseits zu keinerlei Synergieeffekten im Programm kommen (Gleichteile). Die BMW-Strategie, die Mittelklasse wegen ihrer Überbesetzung mit Konkurrenzprodukten zu meiden, war gründlich gescheitert. Dem damaligen Verkaufs-Vorstand, Paul Hahnemann, schien es aber zu gefährlich, ohne sorgfältige Recherche dort einzudringen und so beauftragte er den Marktpsychologen Bernt Spiegel mit einer Analyse. Spiegel arbeitet nach der von ihm wesentlich mitverantworteten Feldtheorie, die ihren Ursprung in Lewins Reiz-Reaktions-Konzept hat. Diese besagt, stark verkürzt, dass sich jeder Markt in Marktfelder aufteilt, in die jeweils Angebote positioniert sind, die Nachfrage für sich absorbieren. Nur selten aber sind die vorhandenen Angebote in der Lage, die Nachfrage völlig abzuschöpfen. Meist bleiben Marktnischen. Manifeste Marktnischen sind gegeben, wenn kein Angebot am Markt in der Lage ist, dort vorhandene Nachfrage für sich zu aktivieren, latente Marktnischen sind gegeben, wenn ein Angebot zwar Nachfrage aktiviert, der Aufforderungscharakter (Gradient) dieses Angebots für Nachfrager aber so gering ist, dass das Angebot nur mangels geeigneter Alternativen wahrgenommen wird, nicht hingegen aus Überzeugung. Nach Analyse der für den Kaufentscheid eines Automobils damals ausschlaggebenden Faktoren wurden die Merkmale Fahrzeuggröße und Motorisierung extrahiert.

Der Markt wurde in Form eines zweidimensionalen Koordinatensystems dargestellt. Eben mit einer Achse für die Karosseriegröße und einer für die Motorisierung. Es entstand ein Vektoren-Modell. Nun wurden alle relevanten Automodelle am Markt betrachtet und entsprechend ihrer Fahrzeuggröße und Motorisierung in das Koordinatensystem eingetragen. Dabei stellte sich heraus, dass bei fast allen betrachteten Fahrzeugen Karosseriegröße und Motorisierung stark positiv korrelierten, d. h., Fahrzeuge mit großer Karosserie verfügten über eine hohe Motorisierung und umgekehrt. Was jedoch offensichtlich fehlte, waren Fahrzeuge mit großer Karosserie und niedriger Motorisierung sowie solche mit kleiner Karosserie und hoher Motorisierung, was offensichtlich mehr Sinn machte. Befragungen potenzieller Autokäufer ergaben bald, dass es durchaus Nachfrage nach einem Fahrzeug mit vergleichsweise kleinen Abmessungen, aber viel PS gab. Und zwar gleich unter mehreren Gesichtspunkten. Da waren die besserverdienenden Alleinstehenden (Singles), die keinen Bedarf nach viel Innen- und Gepäckraum hatten, aber die lahme Motorisierung kleinerer Fahrzeugtypen nicht hinnehmen wollten. Und da waren die jungen Familien, die noch keine Notwendigkeit für vier Türen und fünf Sitze sahen, aber sportlich vorankommen wollen. Dann waren da die »Wolf im Schafspelz«-Anhänger (Understatement), denen es Spaß machte, mit einem kleinen, vermeintlich schwach motorisierten Fahrzeug den viel größeren, schwereren Limousinen an der Ampel das Nachsehen zu geben. Und schließlich waren da die passionierten Sportfahrer, bei denen sich große unübersichtliche Karosserie und hohes Fahrzeuggewicht als eher hinderlich für ihre Rallyeambitionen erwiesen. Also Nachfragepotenzial schien genügend vorhanden, nur mit dem Angebot haperte es. Die angebotenen Kompromisslösungen wurden von Kunden als nicht zufriedenstellend abgetan.

Damit handelte es sich um eine latente Marktnische, deren Nachfrage durch ein auf den Punkt positioniertes Angebot aktiviert werden konnte. BMW entwickelte und baute ab Mitte der 60er Jahre die Modelle 1600 und 2000, später 1602, 1802 und 2002 (als ti und tii), alles Vorläufer der heutigen 3er-Reihe. Die Fahrzeuge waren kompakt, übersichtlich, kantig, dabei muskelbepackt von 105 bis 170 PS. Ihr geringes Gewicht verlieh ihnen für damalige Verhältnisse rasante Beschleunigungs- und Höchstgeschwindigkeitswerte. Der Preis war zwar hoch im Vergleich zur Karosseriegröße, aber niedrig im Vergleich zu den gebotenen Fahrleistungen. Die Modelle waren damit genau im Marktfeld mittelgroßer Karosserie und hoher Motorisierung positioniert und wurden aufgrund ihrer relativen Alleinstellung schnell ein Riesenerfolg. Sie waren zudem die unmittelbare Inspiration zu Kraftzwergen wie dem Golf GTI oder dem Peugeot 205 GTI.

Anfang der 60er Jahre hatte Daimler-Benz noch ein Übernahmeangebot für BMW unterbreitet, um wenigstens die Produktionsstätte zu retten, schon ein Jahrzehnt später konnte davon nicht zuletzt durch präzise Positionierungsarbeit keine Rede mehr sein. In den 90er Jahren stand BMW besser da als je zuvor und übertrumpfte Mercedes erstmals im Erfolg.

3.3.4.4 Partizipation am bestehenden Angebot

Dabei entschließt man sich, an der Sogwirkung erfolgreicher bestehender Angebote teilzuhaben, indem man modifizierte Angebote der gleichen Gattung positioniert. Das bedeutet nicht eine identische Nachahmung des Mitbewerbs, sondern lediglich eine Anlehnung. Man profitiert auf diese Weise jedoch von der generischen Basisarbeit des Pioniers.

Als Beispiel kann Dole gelten. Nachdem Chiquita dramatisierte, dass Banane nicht gleich Banane ist, und klarmachte, woran man bessere Bananen erkennen kann, nämlich am Chiquita-Label, zog Mitbewerber Dole nach und positionierte sich ebenfalls eindeutig in

Richtung Qualität, allerdings jünger und frischer. Deren Identifizierung wurde ebenfalls durch Produktsticker gewährleistet. So konnte Dole an der Aufklärungsarbeit von Chiquita effektiv partizipieren. Ähnliches gilt für die Kombiprodukte aus Shampoo und Spülung im Kielwasser der P&G-Innovationen. So bietet Nivea eine Formel plus auf gleicher Leistungsbasis, jedoch zusätzlich mit Schutz des Haares gegen Umweltbelastungen an, Poly ein 3 in 1, das zusätzlich noch einen Festigerwirkstoff enthält, L'Oreal ein Express mit Nachfüllmöglichkeit etc. Alle hängen sich, freilich jeweils differenziert, an die Pioniertaten von P&G an und partizipieren daran.

3.3.4.5 Nachahmung erfolgreichen Angebots

Dabei entschließt man sich nicht zur differenzierten, sondern zur völligen Nachahmung eines erfolgreichen bestehenden Produkts. Die Spekulation des Anbieters läuft auf die Verwechslungsfähigkeit des imitierten und des zu imitierenden Produkts hinaus. Sofern bei ersterem die Preis-Leistungs-Relation vorteilhafter ist, kann sich die Kopie neben dem Original behaupten. Im Unterschied zur Partizipation handelt es sich hierbei nicht um eine modifizierte, sondern um die identische Übertragung.

> Stollwerck ist besonders durch solche Imitationen aufgefallen. So ist die Position der Alpia Me too zu Milka. Dies betrifft nicht nur die gattungstypischen Merkmale der Tafelschokolade, sondern vor allem auch die Farbanmutung der Packung (lila) und die werbliche Auslobung (Alpenmilch). Bei flüchtiger Betrachtung, Realität häufiger Einkaufssituationen, kann sie mit der höher positionierten Milka verwechselt und aufgrund ihres niedrigeren Preises letztlich gewählt werden. Ähnliche Kopien in Anlehnung an Ritter Sport (Quadro) und Milka Lila Pause (Kleine Pause) wurden jedoch als Schutzrechtsverletzungen untersagt.

3.3.4.6 Subjektive Neuerung

Dabei geht es nicht um die faktische Neuheit eines Angebots, sondern um die Vermittlung einer subjektiven Neuerung im Erlebnis dieses Angebots. Als Mittel dazu wird der gesamte Marketing-Mix eingesetzt, vor allem aber die Kommunikation. Ihre Aufgabe ist es, ein mehr oder minder unverändertes Produkt als neues, interessantes Angebot erleben zu lassen.

> Als Beispiel kann der Premium-Pilsmarkt gelten. Bier, und damit auch die spezielle Sorte Pils, war im Zuge des Edelkonsums der Wohlstandsgesellschaft zunehmend als Grund- und Mengenkonsumprodukt unterer sozialer Klassen stigmatisiert. Statt dessen wurden Wein und Sekt bei besonderen Anlässen eher als angemessen betrachtet. Darauf reagierten die Bierbrauer durch Stilisierung ihrer Pilssorten zu Premium-Pils, das durchaus als Alternative zu Wein und Sekt auch bei besonderen Anlässen positioniert wurde. Marken wie Warsteiner-, Bitburger-, Krombacher- oder König-Pils hoben sich somit aus dem gewöhnlichen Bierumfeld heraus und stellten sich auf eine Stufe mit typischen Edelkonsumgetränken. Umsetzungsmittel dazu waren Werbekampagne, Flaschenausstattung, Gastronomieselektion, Preisniveauanhebung etc. Die neue Position wurde von der Zielgruppe akzeptiert und repräsentiert heute einen großen, wachsenden Markt.

3.3.4.7 Prägnante Fokussierung

Hierbei entschließt sich ein Anbieter zur bewussten Einengung des Geltungsbereichs seines Angebots. Dies bedeutet zunächst den Ausschluss von Nachfragern. Denn sie stellt immer einen Kompromiß dar zwischen möglichst breiter Anlage einerseits, um keine Nachfragepotenziale vermeidbar von der Nutzung des Produkts auszuschließen, und möglichst prägnanter Zuspitzung andererseits, um die Profilierung des Produkts zu unterstützen. Eine spitze Positionierung grenzt aber notwendigerweise Nachfragepotenziale aus, eine breite Positionierung führt beinahe zwangsläufig zur Diffusität. Ausnahmen bestätigen wie immer auch hier die Regel. So ist die Marke Volkswagen in ihrem Anspruch extrem breit angelegt und verfügt dennoch über eine hohe Trennschärfe ihres Profils, umgekehrt fühlt sich von der versnobt eng ausgelegten Positionierung der Marken Schweppes oder After Eight (beide Cadbury) kein Normalverbraucher ausgeschlossen. Dennoch will der latente Konflikt zwischen Potenzial und Profil wohl abgewogen sein. Überwiegt der Zugewinn an emotionaler Prägnanz einen Verlust an Zielgruppenbreite, ist eine Fokussierung der Position sinnvoll. Da die Positionierung aber immer um den eigentlichen Kern ihres Anspruchs herum automatisch angrenzende Segmente mit einsammelt, ist im Zweifel eine prägnante Fokussierung generell vorzuziehen.

Im Unterschied zur Marktnischenpositionierung wird dabei nicht auf ein Randpotenzial des Marktes abgestellt, sondern ein zentrales Segment angesprochen.

> Als Beispiel kann Whiskas Senior gelten. Hier wird gezielt ein Tierfutter für ältere Katzen angeboten, da einleuchtend scheint, dass diese, ähnlich wie beim Menschen, spezifische Ernährungsbedarfe haben. Zugleich werden damit, obgleich keine Altersgrenze genannt wird, junge und mittelalte Katzen von dessen Genuss ausgeschlossen. Im Ergebnis wird dadurch jedoch ein prägnantes Profil im Umfeld der vielfältigen, austauschbaren Katzenfuttersorten erreicht.

3.3.4.8 Omnipotente Generalisierung

Hierbei wird ein Angebot von vornherein so breit angelegt positioniert, dass es unterschiedlichste Bedarfe abzudecken vermag. Die Option besteht damit eigentlich darin, keine spezielle Position zu haben, zugleich aber breit präsent zu sein. Dieser Ansatz ist auf den heutzutage dicht besetzten Märkten kaum mehr erfolgreich durchzusetzen. Jedoch gibt es historische Angebote, die ihr Profil zu Zeiten geschaffen haben, in denen die Märkte noch hinreichend große Freiräume boten, und die diesen Anspruch bis in die Gegenwart hinüberretten konnten. Dazu gehört etwa Uhu-Klebstoff. Dieser wird buchstäblich von jedem für alles eingesetzt und ist bereits zu einem umgangssprachlichen Gattungsbegriff geworden. Ebenso wie Tesa-Film für Klebestreifen. Oder Tempo für Papiertaschentuch. Oder Brandt für Zwieback oder Maggi für Suppenwürze. Wichtig ist dabei, dass das Produkt durch arrondierende Erweiterung um verwandte Derivate stetig aktualisiert wird und keine Patina ansetzt.

3.4 Festlegung des Kampagnenformats

3.4.1 Positioning Statement

3.4.1.1 Angebotsanspruch

Das Kampagnenformat, häufig auch Copy-Strategie genannt, besteht aus zwei Elementen:
- dem Positioning Statement,
- der Creative Platform.

Beim Positioning Statement handelt es sich um die ausformulierte Positionierung, die vor allem zwei Anforderungen unterliegt (Abb. 116):

- **Präzision**, d. h., das Positioning Statement ist vergleichbar einem Gesetzestext zu behandeln. Es kommt auf jede Nuance der Formulierung an, die präzise den intendierten Inhalt wiedergeben muss. Zugleich ist diese Fassung verbindlich für die spätere Beurteilung des inhaltlichen Outputs der Werbung (On Strategy).
- **Kürze**, d. h., das Positioning Statement muss knapp formuliert auf den Punkt kommen. Positionings, die nicht in einen Satz zu fassen sind, sind mit Vorsicht zu genießen. Denn ihnen fehlt es meist an Trennschärfe und Kommunizierbarkeit in der späteren werblichen Umsetzung.

Kernpunkte dieser Definition sind Angebotsanspruch (**Claim**) und Anspruchsbegründung (Reason Why). Der Angebotsanspruch ist die Umschreibung

- der faktischen (produktlichen/objektiven) Basis oder
- der werblichen (emotionalen/subjektiven) Basis.

Bei dessen Formulierung als Konzeptdefinition handelt es sich noch nicht um Werbetext, sondern nur um Sachinhalt, der erst durch kreative Transponierung zu Werbetext wird. Deshalb dürfen auch Alleinstellungen und Vergleiche vorkommen, die später in der werblichen Umsetzung verboten sind. Der Angebotsanspruch findet sich in

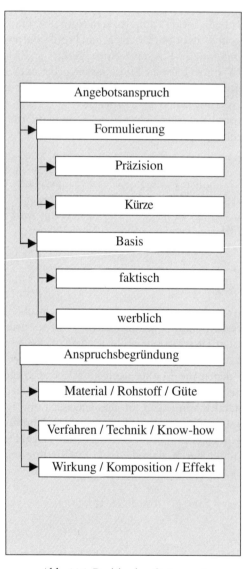

Abb. 116: Positioning Statement

der Werbung oft in Form eines Slogans, also einem bestimmten Absender fest zugeordneten standardisierten Leistungsaussage, die in jedem Werbemittel, meist in Kombination mit einem Logo, vorhanden ist.

3.4.1.2 Anspruchsbegründung

Da man werblichen Aussagen meist nicht so leicht zu glauben geneigt ist, untermauert die Anspruchsbegründung (**Reason Why**) die beanspruchte Position. Dies geschieht durch sachliche Argumentation über:

- **Material, Rohstoff und Güte**, also den Inputfaktoren der Angebotsleistung. Hier kann besondere Sorgfalt und Auswahl angeführt werden (Beispiele: »nur beste Kaffeebohnen«/Tchibo, »spätreife Apfelsinen«/Valensina).
- **Verfahren, Technik und Know-how,** also den Prozessfaktoren der Leistungserstellung. Hier wird auf besondere Erfahrung und Fortschrittlichkeit abgehoben (Beispiele: »die Achse, die aus dem Computer kommt«/Opel, »entcoffeiniert«/Jacobs).
- **Wirkung, Komposition und Effekt**, also den Outputfaktoren des Angebots. Hier wird erhöhte Leistungsfähigkeit argumentiert (Beispiele: »verschafft kalorienarmes Sättigungsgefühl«/Bionorm, »mit lebenswichtigen Vitaminen«/Hohes C).

Die Anspruchsbegründung findet meist im Fließtext geprinteter Werbemittel ihren Ausdruck. Sie eignet sich zwar nicht als Blickfang für die Aufmerksamkeit, gibt aber allen Zielpersonen, die sich für ein Angebot näher interessieren, Stoff zur Beschäftigung. Dies gilt besonders für erklärungsbedürftige Produkte, etwa aus dem High-Tech-Bereich. Bei Low-Involvement-Produkten wird zudem versucht, sie durch ausgefallene Begründungen mit High-Involvement auszustatten (Beispiel: Waschmittel mit TAED System/Sunil).

3.4.1.3 Positionierungsanforderungen

Als Basisanforderungen an den Erfolg einer Positionierung sind zu nennen (Abb. 117):

- Ein **Mindestpotenzial des anvisierten Marktes** muss gegeben sein, da ansonsten die Position wirtschaftlich wohl unvertretbar ist. Volumenanbieter sind ohnehin darauf angewiesen, eine breite Mehrheit des Marktes anzusprechen, denn nur damit kann das erforderliche Absatzniveau geschaffen bzw. gehalten werden. Aber selbst kleine Anbieter können in Nischen immer weniger überleben, da diese zwischenzeitlich meist übersetzt sind und kaum Erfahrungskurveneffekte zulassen. Statt dessen hilft nur, dass Angebot breit anzulegen, um verschiedenste in Betracht kommende Käufergruppen zu integrieren und sich für möglichst wenige von ihnen aufgrund deren Selbstverständnis auszuschließen.
- Die Position muss **zum Imagehintergrund der Marke passen**, sofern diese schon länger am Markt präsent ist, da es ihr ansonsten an Glaubwürdigkeit fehlt. Dabei sollen möglichst vorhandene Imagestärken aufgegriffen werden. Dies erleichtert eine schnelle und kostengünstige Durchsetzung am Markt. Außerdem sind Imageschwächen ausgesprochen remanent. Daher ist es meist effektiver, sie durch komparative Stärken zu überstrahlen als zu versuchen, sie zu revidieren.
- Eine **Unterscheidbarkeit des eigenen Angebots von Mitbewerbern** muss möglich sein. Es ist für keine Marke empfehlenswert, sich in Bereichen anzusiedeln, die historisch bereits von

Abb. 117: Positionierungsforderungen

anderen Anbietern kompetent und nachhaltig besetzt sind. Es sei denn, man verfügt über erheblich mehr Marketingkapazität als diese und stellt sich zudem auf eine beträchtliche Frist bis zur Marktwirksamwerdung eingeleiteter Maßnahmen ein. Dann artet die Positionierung aber oft in eine reine Materialschlacht aus.
- Die Position soll **raumübergreifend und zukünftig tragfähig** sein, denn das Zusammenwachsen von Märkten führt zum Überlappen von Kompetenzfeldern von Marken, die bisher in keinerlei Austauschbeziehung zueinander standen (Global Marketing). Zukunftssicherheit muss gegeben sein, da es viel Aufwand kostet, eine Positionierung am Markt durchzusetzen. Die Position soll sich zudem flexibel dem Wandel der Vermarktungsbedingungen anpassen lassen, ohne dabei an Vitalität und Aussagefähigkeit einzubüßen. Dies scheint problematisch, da Entwicklungen der Zukunft notwendigerweise im Voraus unbekannt bleiben müssen, kann aber im Wege der Markenpflege gelöst werden.
- Die Position soll eine **hohe Nutzenrelevanz** für potenzielle Abnehmer erreichen. Das heißt, es reicht nicht aus, eine zwar alleinstellende, dafür aber nur marginal interessante Nutzenfacette auszuwählen und zu besetzen. Dies erfordert die Auslobung eines zentralen, entscheidungsbedeutsamen Aspekts, dessen Attraktivität größer ist als das dafür aufzubringende Preisopfer. Ansonsten werden die Geldmittel anderweitig eingesetzt.

3.4.2 Creative Platform

3.4.2.1 Nutzenversprechen

Die Creative Platform betrifft den wahrnehmbaren Teil der gesamten Konzeptdefinitionen. Während die Hintergründe abstrakt, komplex und nur für Fachleute interessant sind, geht es hier um die Umsetzung der Kommunikation in Bilder, Worte, Schriften und Zeichen, optional in Farben und Bewegungen. Dies geschieht durch (Abb. 118):

- das Nutzenversprechen (**Benefit**),
- den Nutzenbeweis (**Proof**),
- den Umsetzungsstil.

Das Nutzenversprechen ist das Angebot an prospektive Kunden im Sinne subjektiver Vorteilswirkung aus der Inanspruchnahme des Angebots. Der Benefit ist damit von zentraler Bedeutung in der Werbung. Die einzelnen Benefits lassen sich auf wenige Endbenefits reduzieren. Nimmt man die Parameter internale bzw. externale Vorteilswirkung einerseits und Sicherheit bzw. Unabhängigkeit andererseits, so sind als Kombinationen zu nennen:

- **Leistungsnutzen** (Motto: »Da weiß man, was man hat«).
  Hier geht es um den Nutzen, der aus der Sicherheit um Gebrauchseignung und Qualität eines Produkts entsteht. Es geht aber nicht um dessen Außenwirkungen.
- **Kennernutze**n (Motto: »Mehr sein als scheinen«).
  Hier geht es um den Nutzen, der aus Wissen und Understatement über die Überlegenheit eines Produkts resultiert und der eigenen Befriedigung dient. Wiederum ist die Außenwirkung außen vor.
- **Trendnutzen** (Motto: »Dabeisein ist alles«).
  Hier geht es um den Nutzen, der sich aus Zugehörigkeit und Anerkennung im sozialen Umfeld ableitet, die aus dem Besitz des Produkts erwachsen und willkommene Sicherheit bieten. Qualität ist dabei nur sekundär.
- **Geltungsnutzen** (Motto: »Es allen zeigen wollen«).
  Hier geht es um den Nutzen, der sich aus Profilierung und Prestige ergibt, die der Besitz eines Produktes gewähren. Wiederum ist die Qualität nur von zweitrangiger Bedeutung, obgleich sie als vorhanden unterstellt werden kann.

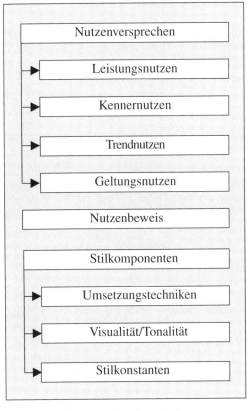

Abb. 118: Creative Platform

Einen anderen Ansatzpunkt bietet die **Means-Ends-Chain-Theorie**. Danach ergibt sich der Endbenefit aus einer aufeinander abfolgenden Kette von Zielen, die ihrerseits wiederum als Mittel zur Erreichung übergeordneter Ziele dienen. Allgemein werden dazu individuelles Wissen und darauf aufbauende selbsterkennende Reflektion unterschieden. Dabei ist etwa folgende Kette (für die Auslobung fettarmer Wurstwaren) denkbar:

a) konkreter Angebotsnutzen, z. B. fettarm,
b) abstrakter Angebotsnutzen, abgeleitet aus a), z. B. wenig Kalorien,
c) persönlicher Angebotsnutzen, abgeleitet aus b), z. B. schlank bleiben/werden,
d) psychosozialer Angebotsnutzen, abgeleitet aus c), z. B. begehrenswert sein,
e) instrumenteller Angebotsnutzen, abgeleitet aus d), z. B. erfolgreich sein,
f) finaler Angebotsnutzen, abgeleitet aus e), z. B. Selbstbewusstsein.

Ein anderes Beispiel (für die Auslobung von Telekommunikationsverbindungen) ist das folgende:

a) konkreter Angebotsnutzen, z. B. schnelle Internet-Verbindung,
b) abstrakter Angebotsnutzen, z. B. Informationsvorteil,
c) persönlicher Angebotsnutzen, z. B. mehr Effizienz bei der Arbeit,
d) psychosozialer Angebotsnutzen, z. B. Karrierechancen,
e) instrumenteller Angebotsnutzen, z. B. Leistungsorientierung im Beruf,
f) finaler Angebotsnutzen, z. B. Selbstverwirklichung.

Eine Ansprache ist nunmehr umso vielversprechender, je höher innerhalb der Ziel-Mittel-Kette der Angebotsnutzen aufgehängt ist. Ein gutes Beispiel ist die Auslobung der fettarmen Produkte von »Du darst« mit Slogans wie »Ich will so bleiben wie ich bin« oder »Ich find' mich gut, so wie ich bin«.

> Wie diese Erkenntnis umgesetzt wird, illustriert eine LBS-Bausparkassen-Kampagne. Man sieht esoterische Bilder von naturnahen Menschen aus wenig entwickelten Völkern. Obwohl es diesen an beinahe allem mangelt, was unserer Ansicht nach moderne Zivilisation ausmacht, haben sie sich doch ein zutiefst menschliches Uranliegen erfüllt, das manchem von uns verschlossen bleibt, ein eigenes »Heim«, sei es nun eine Buschhütte, ein Zelt aus Fellen oder ein Iglu. Dies entspricht offensichtlich einem zentralen Menschheitstraum (dazu der Slogan: Ein Haus zu bauen, liegt in der Natur des Menschen. Mieten zahlen nicht.).
>
> Ein anderes, sehr prägnantes Beispiel stammt von einem amerikanischen Werbetexter. Er berichtet, dass er im Frühjahr morgens immer zu Fuß zur Arbeit geht und auf seinem Weg durch den Central Park in New York regelmäßig an einen blinden Bettler vorbeikommt, der mit einem Schild »Help the blind« um milde Gaben bittet. Beiläufig schaut er auf seinem Rückweg abends ab und an in dessen Sammelbüchse und registriert eine ausgesprochen magere Ausbeute. Eines morgens spricht der Werbetexter den blinden Bettler an und fragt, ob er denn von diesen Einnahmen eigentlich leben könne. Kaum antwortet dieser ihm, die Menschen sind eben hartherzig. Den Werbetexter lässt dieses Schicksal nicht los. Am nächsten Morgen hat er ein neues Schild gebastelt und überredet den blinden Bettler, dieses anstelle seines alten Schildes vorzuzeigen. Am Abend kommt der Werbetexter wieder vorbei und fragt den blinden Bettler interessiert, wie die Tageseinnahmen sich denn heute entwickelt haben. Der Bettler ist begeistert, in seiner Büchse sammeln sich zahllose Silbermünzen. Neugierig fragt er den Texter, was dieser denn auf das Schild geschrieben habe. Er klärt ihn auf: »It's spring, and I'm blind.«

Der Benefit ist deshalb von zentraler Bedeutung, weil er das vordergründige Äquivalent für den zu opfernden Geldbetrag bei der Anschaffung einer Ware darstellt. Nachrangige Argumente haben keine Chance, wenn es bereits hier hapert.

Bei der generell hochstehenden Qualität des Marktangebots kommen zudem fast nur Zusatznutzen als relevant in Betracht (also Sicherheits-, Individual-, Sozial- und Idealnutzen), denn Grundnutzen werden ohnehin als durchgängig erfüllt vorausgesetzt.

Gute Werbung zeichnet sich vor allem dadurch aus, dass sie immer diesen Benefit ebenso ausdrucksstark wie impressiv umsetzt und den Angebotsanspruch wohlgesetzt ins zweite Glied treten lässt. Schlechte Werbung hingegen lässt den Stolz ihrer Macher auf die Produktleistung in der Umsetzung spüren und wirkt damit deutlich an der Nutzenorientierung der Zielpersonen vorbei (Beispiele dafür etwa in der Investitionsgüterwerbung).

3.4.2.2 Nutzenbeweis

Der Nutzenbeweis ist die Dramatisierung des Nutzenversprechens durch unterstützende Überzeugung. Ein Proof ist nicht obligatorisch, macht werbliche Aussagen jedoch spektakulärer. Denn selten ist ein Angebot aus sich heraus spektakulär genug, um nachhaltig wahrgenommen zu werden. Dies gilt leider nicht für die Mehrzahl der Low-Interest-Produkte, deren Aufwertung dann im Rahmen des Nutzenbeweises stattfindet. Dabei lassen sich häufige Techniken ausmachen:

- Systemvergleich als **Side-by-Side-Vergleich** oder als **Before-After-Vergleich**. Im ersten Fall werden anonyme Produkte oder Systeme parallel miteinander verglichen, um dadurch die Überlegenheit des eigenen Produkts zu beweisen. Gleichzeitig führt dies zu einer prägnanten Zuspitzung der Werbebotschaft. Jedoch lockert sich im Rahmen der europäischen Harmonisierung die restriktive deutsche Rechtsprechung zunehmend, die derzeit der Umsetzung noch recht enge Grenzen setzt (Beispiel: Pepsi-Test).
Im zweiten Fall handelt es sich um Vorher-Nachher-Situationen, welche die Leistung der Produktanwendung dramatisieren. Vorher impliziert die Anwendung eines herkömmlichen Produkts, nachher die eines verbesserten, beworbenen Produkts. Dies ist häufig bei Produkten gegeben, deren Leistungsunterschiede nicht ohne weiteres erkennbar sind (z. B. Waschmittel). Die Vorher-Situation zeigt dann das Waschergebnis bei Verwendung des nicht beworbenen, herkömmlichen (oder des eigenen alten) Produkts, die Nachher-Situation zeigt das bessere Waschergebnis bei Verwendung des beworbenen modernen (eigenen) Produkts. Durch diese Gegenüberstellung wird der Leistungsunterschied dramatisiert.
- Härtetest durch Unterwerfung von **Extremanforderungen**. Hier soll bewiesen werden, dass, wenn ein Produkt diesen standhält, es sich erst recht in der ihm eigentlich zugedachten, weniger anspruchsvollen Situation bewährt. Auch dadurch ergibt sich eine willkommene Überhöhung der Werbebotschaft. Zu denken ist etwa an den Knotentest eines Waschmittels bei stark verschmutzter Wäsche (Dash) oder an die Auffahrt eines allradgetriebenen Autos auf einer Skisprungschanze (Audi). Wenn es das beworbene Waschmittel schafft, sogar im Knoten starke Verschmutzungen zu reinigen, dann wird es erst recht in der Lage sein, alltäglichen Schmutz in normalerweise nicht verknoteten Wäschestücken zu beseitigen. Und wenn es das Quattro-Fahrzeug schafft, sogar die steile Steigung einer verschneiten Sprungschanze problemlos hochzufahren, wird es erst recht die leichten Steigungen bei geringem Schneefall bewältigen, mit denen man es alltäglich zu tun hat.
- Beispieltechnik über **Nutzenfacetten** oder **Analogie**. Im ersten Fall wird beispielgebend für den behaupteten Anspruch und Nutzen ein Produkt aus dem Programm hervorgehoben, an dem die Eigenschaften, die für das gesamte Sortiment behauptet werden, exemplarisch beweisbar sind. Durch Induktionsschluss soll sich diese Beweiskraft auf alle, gerade auch die nicht angeführten Produkte, übertragen (Beispiele: TUI, Mercedes-Benz, Erco). Dadurch ergibt sich eine clevere Möglichkeit, die Botschaft in Teileinheiten zu portionieren, wenn es undenkbar ist, alle relevanten Argumente zum Angebot auf einmal überzubringen. Die Vielzahl der Einzelbotschaften addiert sich in der Summe sukzessiv zum gewünschten Gesamtinformationsumfang (Nutzenfacetten).
Im zweiten Fall wird eine Beweisanalogie aus einem anderen Bereich angestrebt, wo die Aussagekraft eindeutig ist. Durch Rückbezug strahlt diese dann auf das beworbene Angebot zurück.

3.4.2.3 Stilkomponente

Die kommunikative Umsetzung ist in keiner Weise standardisierbar. Jede werbliche Aussage muss von Neuem originär entwickelt werden, weil sie ansonsten als kopiert diskriminiert oder als nicht problemlösungsadäquat abgewertet wird. Deshalb führen auch alle Patentrezepte für erfolgreiche Kreativität in die Irre. Als kleinster gemeinsamer Nenner kann gelten, dass gute Werbung immer über eine Dramatisierung oder Verfremdung normaler Situationen erfolgt. Denn das Alltägliche ist langweilig und eignet sich damit nicht als Stopper. Erst das Überhöhte und Überraschende schafft Aufmerksamkeit.

Im Rahmen der Klassischen Werbung begegnet man jedoch immer wieder den gleichen Umsetzungstechniken, die genutzt werden, um werbliche Tatbestände darzustellen. Die Wichtigsten davon sind im Folgenden aufgeführt.

Als **Slice of Life** wird eine Geschichte als Ausschnitt aus dem realen Leben verstanden. Angelo von Nescafé ist dafür ein typisches Beispiel. Ob er Carlotta beim Verlassen des Aufzugs im Hausflur begegnet, oder Carlotta anklingelt, um die Aufhebung ihres blockierten Parkplatzes einzufordern, immer handelt es sich um einen zwar ersichtlich konstruierten, doch so oder zumindest so ähnlich tausendfach vorkommenden Ausschnitt aus dem realen Leben. Damit wird es für die umworbenen Zielpersonen leichter, sich mit dieser Situation und dem mehr oder minder logisch darin eingebundenen Produkt zu identifizieren. Ähnliches gilt für die Kinder, die in völlig verschmutzter Kleidung nach Hause kommen und der Hausfrau und Mutter Kopfzerbrechen bereiten, aber nur solange, bis sie sich des Waschmittels erinnert, das auch den stärksten Schmutz schafft, oder die um Süßigkeiten quengelnden Kids, die nicht mehr mit irgendetwas, sondern nur mit ausgewählten Naschereien befriedigt werden können. All das sind Situationen, die der einkaufenden Person, meist also der Hausfrau, sofort vertraut sind und wo sie eine adäquate Problemlösung zu schätzen weiß.

Eng verwandt damit ist die **Tell-a-Story-Technik**. Dabei wird der Versuch unternommen, eine Dramaturgie aufzubauen. Vielleicht erinnert man sich noch an die Knorr-Familie, die immer wieder kleine, an sich nicht bemerkenswerte, aber eben doch nette Geschichten erlebte, in die sich zur Not die Knorr-Produkte einbinden ließen. Der Nachteil dieser Technik liegt darin, dass sie für einen vernünftigen Aufbau einer gewissen Zeitspanne bedarf, ehe das Produkt ins Spiel kommen kann. Genau diese Sekunden kosten das werbungtreibende Unternehmen aber viel Geld, sodass entweder die Hinführung so fragmentarisch bleibt, dass sie nicht mehr verstehbar ist, oder erkennbar unrealistisch wird, worunter dann der Sinn dieser Technik, nämlich eine ganz sympathische kleine Geschichte zu erzählen, leidet.

Unter **Testimonial** versteht man einen Verbraucherzeugen, der sich der Zielgruppe gegenüber hochzufrieden über das Produkt äußert. In dem Maße, wie diesem Testimonial zudem eine gewisse Kompetenz in der Sache zuzuweisen ist, ist diese Aussage umso überzeugender. Zu denken ist etwa an die Zahnarztgattin, die, mangels werblicher »Verwertbarkeit« des Zahnarztes selbst, auf die reinigende Wirkung einer bestimmten Zahncreme hinweist. Oder die Kindergärtnerin, die schon von Beruf wegen mit Kleinkindern umzugehen weiß und daher für ihr eigenes Baby nur Windeln einer bestimmten Marke verwendet. Oder der Zeugwart von Schalke 04, von dem man zutreffend annehmen kann, dass er sich tatsächlich mit Bergen verdrecktester Wäsche herumzuschlagen hat. Je glaubwürdiger solche Testimonials sind, desto überzeugender wirken sie. Im ersten Fall handelt es sich um ein künstliches Testimonial, in den beiden letzten um authentische Testimonials, die grundsätzlich härter scheinen.

Als Problem haben sich in diesem Zusammenhang **Prominente** (Celebrities) herausgestellt. Zwar haben sie den großen Vorteil des hohen Bekanntheitsgrades und großer Beliebtheit, jedoch ist gerade ihre Glaubwürdigkeit fraglich. So warb etwa Steffi Graf für Jade Kosmetik zu einer Zeit, als sie alles andere als ein Kosmetiktyp war. Oder Franz Beckenbauer stieg in einen Mitsubishi Sportwaren ein, wobei man stillschweigend unterstellt, dass er das nur tut, weil er dafür bezahlt wird. Ilona Christen untergrub ihre Glaubwürdigkeit geradezu dadurch, dass sie als investigative Journalistin den Behauptungen eines Waschmittelherstellers auf den Grund geht und sich am Ende, überwältigt von Kommentaren diverser Experten, geschlagen geben muss. Doch es gibt auch andere Beispiele. Etwa die Stars aus dem Tenniszirkus oder den Trendsportarten für Sportschuhe.

Die große Zeit der **Präsenter** in der Werbung ist wohl vorbei. Zu denken ist etwa an den Camel-Mann, der meilenweit durch den Urwald schweifte, dabei allerlei abenteuerliche Dinge anstellte und sich nach vollbrachter Leistung eine kräftige Zigarette gönnte, seine Füße auf das Gatter legte und dabei seine Stiefelsohlen in die Kamera hielt, erkennbar mit Loch im Schuh. Er fiel dem Werbeverbot im Fernsehen und dem Zeitgeist im Kino zum Opfer. Oder Klementine von Ariel, die patente Waschhilfe, die immer bei wechselnden Nachbarn, Freunden und Verwandten, oder auch wildfremden Frauen, in der Nähe war, um die Vorzüge ihres favorisierten Waschmittels auszuloben. Berühmt war schließlich auch der Persil-Präsenter, der die Zuschauer in ein vergleichsweise ernstes Gespräch über Waschmittel verwickelte, und das zu einer Zeit, als jeder den anderen mit dem noch weißeren Weiß zu übertrumpfen suchte. Er fiel letztlich im privaten Sektor seiner Popularität zum Opfer, wurde aber neuerdings ebenfalls mangels besserer Ideen reaktiviert.

Denkbar sind aber auch **Experten**. Schon legendär ist der berühmte Tchibo-Kaffee-Experte, von dem man annehmen konnte, dass er sich in der Tat in die hinterste Ecke an sich schon abgelegener Anbaugebiete chauffieren ließ, nur um zu prüfen, dass seine Kunden auch nichts als die wirklich besten Kaffeebohnen erhielten. Er musste der Self-Liquidator-Werbung des Tchibo-Shops weichen. Dafür wird uns heute Herr Kaiser, der Mann von der Hamburg-Mannheimer zugemutet, der immer zu irgendwelchen abstrusen Gelegenheiten auftaucht und unpassenderweise seine Dienste anbietet. Ein treffendes Beispiel ist hingegen der sympathische Dr. Best, der auf schlüssige Weise darstellt, dass die bessere Zahnbürste nachgibt und deshalb das empfindliche Zahnfleisch bei der intensiven Zahnpflege nicht beschädigt. In den ersten beiden Fällen handelt es sich wiederum um künstliche Experten, im zweiten um einen authentischen.

Unter einer **Symbolic Demonstration** versteht man die verfremdete Darstellung der Wirkungsweise eines Produkts. So zeigt der Zaubermeister im Kindergarten, wie Essig die Kalkschale eines Eis angreift und weist in diesem Zusammenhang seine bis zum Äußersten gespannten Zuschauer darauf hin, dass so auch die Säuren, die durch Zersetzung von zuckerhaltigen Speisen und Getränken entstehen, im Mund den Zahnschmelz angreifen. Durch die Demonstration von Audi anhand einer Streichholzschachtel, die einen Slalomkurs entlang Pylonen zurücklegt, wird der Systemvorteil des Frontantriebs gegenüber dem in der Mittelklasse verbreiteten Heckantrieb vorgeführt. Auf diese Weise wird es möglich, komplexe, meist chemische oder physikalische Zusammenhänge, die für das Verständnis einer Produktleistung bedeutsam sind, vereinfacht darzustellen, dass sie auch der Zuschauer ohne Abitur versteht und vor allem durch die Reduktion auch behält.

Eine häufige Form werblicher Umsetzung ist auch der **Lifestyle**. Diese Hilfe bietet sich vor allem an, wenn das Produkt von der Sache nur begrenzt viel hergibt oder es auf die Leistung auch viel weniger ankommt als auf die Sozialwirkung. Insofern ist diese Form durchgängig bei Mode- und dekorativen Kosmetik-Artikeln vorzufinden. Hier geht es regelmäßig nicht um die Darstellung bestimmter objektiver Produktvorteile, sondern um die Vermittlung von Trend- und Sozialnutzen. Wobei Avantgarde als Nutzen bevorzugt zu werden scheint, denn die Umsetzungen sind ausgesprochen extravagant.

Eine große Rolle spielt dabei auch die **Musik**. Sie ist neben dem Bildelement Ausdrucksform des Lebensstils, vor allem bei »jungen« Produkten. Oftmals wird die Musik auch als unterscheidungsfähiges Element bei Me-too-Produkten eingesetzt. Zu denken ist an die berühmten Oldie-Spots von Levi's, die es sogar schaffen, längst vergessene Melodien und Interpreten wieder in die Hitparade zu bringen, und damit so ganz nebenbei den Anspruch des Originals unterstrichen. Oder an die hochprämierten Aral-Spots wie »You can get it«. Dabei sah man einem offensichtlich wenig talentierten Fahrschüler mit einem sichtlich genervten Fahrlehrer bei der Arbeit zu. Als der Tankinhalt sich der Reserve nähert, weist der Fahrlehrer auf eine Tankstelle am Straßenrand hin, wo der Fahrschüler aber erstaunlicherweise nicht anhält, weil die falsche Marke signalisiert wird, sondern bis zur richtigen, der Aral-Zapfsäule, durchfährt. Auch Bier-Commercials, von Diebels bis Veltins, nutzen Musik, die teilweise auch als Licensing-Produkt auf CD angeboten wird, zur Differenzierung.

Häufig wird auch **Humor** als wesentliches Element der werblichen Umsetzung in der Werbung eingesetzt. Dies ist zumindest in Deutschland noch ein relativ unbekanntes Phänomen. In Großbritannien ist diese Technik hingegen Legende, zu denken ist etwa nur an Hamlet-Cigars. Hierzulande tritt die Komponente meist in Verbindung mit Tieren auf. So etwa bei der Toyota-Werbung, die Tieren menschliche Ausdrucksweisen in den Mund legte, die besonders witzig wirken. Problematisch ist dabei generell, dass der Witz die Produktbotschaft dominiert, man spricht von einem Bumerang-Effekt. So lachte zwar jeder über die tollen Tiere bei Toyota, doch wenn es darum ging, das dabei beworbene Modell zu nennen oder aus einer Reihe ähnlicher Fahrzeuge wiederzuerkennen, wurde schnell klar, dass die Produktprofilierung unter dem Gag gelitten hat. Nun ist Werbung aber bezahlte Produktinformation und nicht nur Unterhaltung. Die Lacher sind dann also teuer erkauft.

Schließlich ist auch oft, wie halt im täglichen Leben auch, **Erotik** im Spiel, wenn Kreative über Umsetzungen nachdenken. Ein Beispiel dafür ist die Bacardi-Werbung, die eine Gruppe äußerst attraktiver junger Damen und Herren in ungezwungener Freizeitsituation zeigt, die zahlreiche Chancen auf zwischenmenschliche Annäherung bietet, wobei weißer Rum etwaig vorhandene Zurückhaltung bekanntermaßen zu lockern in der Lage ist.

Make the Product the Hero ist eine weitere Technik, die das Produkt in den Mittelpunkt stellt. Das heißt, das Produkt ist Held der Werbedramaturgie. Diese Technik wird meist zur Dramatisierung bei Low-Involvement-Produkten eingesetzt. Bei Spülmitteln etwa wird ein Problem derart dramatisiert, dass trotz intensiven Rubbelns immer noch Schmutzreste am Geschirr haften bleiben, gegen die auch das bis dato beste Spülmittel nichts hilft. Diese verzweifelte Situation wird nur durch das unvermutete Auftauchen des beworbenen Produkts als neuer Problemlösung gerettet, in dem Fall derart, dass selbst die hartnäckigsten Schmutzreste im Wasser gelöst und weggespült werden. Ähnliche Situationen kennt man aus der Waschmittel-Werbung (Schmutzreste, die einfach nicht rauszukriegen sind) oder der Bodenreiniger-Werbung (Streifen und Schlieren, die der spiegelnden Küche entgegenstehen).

Als Gestaltungsmittel werden überall gleichermaßen folgende Elemente eingesetzt:

- Tonalität (Tone of Voice), d. h. Stil der Ansprache der Zielpersonen,
- Visualität (Key Visual), d. h. Kernbilder der Veranschaulichung,
- CD-Konstanten wie
  - Layoutraster,
  - Typografie,
  - Farbstimmung,
  - Fotostil,
  - Logo,
  - Jingle.

Die Definition dieser Elemente ist unter Rücksicht auf Kreationsinteressen nur als strategischer Rahmen zu sehen und keinesfalls als konkrete Gestaltungsfestlegung. Allerdings kann daraus nicht geschlossen werden, dass auf solche Definitionen zu verzichten sei. Ganz im Gegenteil. Denn gerade die Creative Platform hilft, die Unmenge möglicher Inszenierungen der Werbebotschaften auf eine bewältigbare sinnvolle Teilmenge zu konzentrieren. Damit aber stellt sie eben keine Einengung der Kreativität dar, sondern im Gegenteil deren Effektivitätssteigerung durch Vorgabe erfolgversprechender Suchfelder. Nicht mehr das Universum aller Möglichkeiten ist damit Ausgangspunkt kreativer Überlegungen, sondern ein selektierter, chancenreicher Zielkanal. Zwischen Positioning Statement und Creative Platform ergibt sich zugleich die Schnittstelle zwischen Marketing und Kreation in der Werbung bzw. zwischen Kunde (Auftraggeber) und Agentur (Auftragnehmer).

Viele Unternehmen engen jedoch die Umsetzungsmöglichkeiten durch umfangreiche Vorgaben ein. So hat Procter&Gamble über Jahre hinweg auf internationaler Ebene dezidierte Gestaltungsvorgaben für die Werbemittel gekannt.

In Bezug auf TV-Spots, das mit Abstand wichtigste Medium bei P&G, lauteten diese etwa wie folgt:
- Werbung muss wirkungsvoll kommunizieren.
- Das Bild soll die Geschichte erzählen.
- Dazu gehört die Bestätigung des gebotenen Produktnutzens (Proof).
- Der Produktnutzen muss demonstriert werden.
- Die gezeigten Situationen dürfen dem Verbraucher nicht fremd sein.
- Der Verbraucher soll dem Produkt in einer ihm vertrauten Umgebung begegnen.
- Der Markenname muss akustisch und optisch überkommen.
- Der Produktnutzen muss wiederholt festgehalten werden.
- Sorgen über zu viele Worte sind überflüssig (trotz Low Involvement).
- Eigene Autoritäten haben Vorrang vor Prominenten (z. B. Clementine).
- Es ist nicht zwingend zu zeigen, warum das Produkt etwas leistet (Reason Why).
- Außer dem rationalen Vorteil soll auch ein emotionaler Nutzen versprochen werden.
- Der Einsatz bewährter Techniken wie Slice of Life, Verbraucher-Testimonial oder Produkt-Präsenter empfiehlt sich. Slice-of-Life-Geschichten sind besonders bewährt (z. B. Fairy).
- Der Einsatz von Testimonials erhöht die Anteilnahme der Zuschauer und die Glaubwürdigkeit.
- Der einzelne Präsenter kann mit oder ohne Produktdemonstration auftreten.

- Musik zur Untermalung ist erlaubt.
- Vergleichende Werbung darf niemals die Konkurrenzmarke nennen.
- Haben billige Handelsmarken einen hohen Marktanteil, können diese kommunikativ angegriffen werden.
- Das Produkt muss ernsthaft behandelt werden.
- Die Kontinuität erfolgreicher Kampagnen ist wichtig.
- Werbung muss in Tests weiterentwickelt werden.

Nur Werbung, die diese Checklist-Vorgaben erfüllt, ist im P&G-Sinne erfolgversprechende Werbung. Allerdings leidet die geschmackliche Qualität der werblichen Umsetzung ungemein unter dieser Stringenz. Neuerdings sind daher Auflockerungserscheinungen sichtbar (z. B. Clearasil).

Eine bekannte Forderung des hochdekorierten Kreativen Michael Schirner (Ex-GGK) läuft demgegenüber auf einen Primat der Kreation in der werblichen Umsetzung hinaus. Er fordert:

- Ein Kreativer soll Chef der Werbeagentur sein. Denn die Werbeagentur lebt letztendlich vom kreativen Produkt. Und für die flankierende kaufmännische Seite lassen sich vergleichsweise leicht geeignete Spezialisten finden.
- Die Qualität der produzierten Kampagnen muss zum obersten Arbeitsziel der Agentur werden. Denn ebenso wie bei der Güterproduktion gilt auch für die kreative Beratungsleistung der Anspruch vom Total Quality Management.
- Kreative Mitarbeiter sollen bei der Marketingstrategie involviert sein. Mangelndes Fachwissen wird dabei potenziell durch unkonventionelle Sichtweisen, die neue Marktchancen eröffnen, mehr als überkompensiert.
- Kreative Mitarbeiter sollen auch bei der Mediastrategie involviert sein. Denn häufig ist »the Medium the Message« (z. B. Conti-Reifenstapel als Litfaßsäulenmotiv, dreidimensionale Großflächenplakatmotive).
- Die Kreativen, die sich eine Kampagne ausgedacht haben, sollen sie auch beim Auftraggeber präsentieren. Denn es kommt weniger auf geschliffene Rhetorik als vielmehr auf Authenzität in der Überzeugung an.
- Marktforschern soll »Hausverbot« erteilt werden. Der Hintergrund dieser Forderung liegt in der leidvollen Erfahrung, dass viele ungewöhnliche Kampagnen den Mafo-Pretest nicht überstehen und damit gar nicht erst am Werbemarkt erscheinen.

3.4.2.4 Kampagnenabbinder

Von besonderer Bedeutung in der werblichen Umsetzung ist der Abbinder einer Kampagne. Er enthält quasi als Summation die Quintessenz der kommunikativen Aussage. Dabei sind zwei Richtungen zu unterscheiden:

- Der **anspruchsorientierte** Abbinder stellt die selbstbewusste Behauptung der Leistungsfähigkeit des Anbieters in den Vordergrund. Er ist absenderzentriert.
- Der **nutzenorientierte** Abbinder stellt die attraktive Auslobung des Nutzenversprechens des Anbieters in den Vordergrund. Er ist adressatenzentriert.

Dafür im Folgenden einige, willkürlich herausgesuchte Beispiele. Zunächst zu den primär anspruchsorientierten Abbindern:

- Dieser Hersteller bietet überlegte, hochqualitative Dachsysteme:
  Braas. Alles gut bedacht.
- Dieser Hersteller bietet robuste Elektrowerkzeuge für harten Einsatz:
  Black&Decker. Ein starkes Stück Arbeit.
- Dieses Unternehmen verbindet wirtschaftliche Denkweise mit High Tech:
  Unternehmen Zukunft. Die Deutschen Bahnen.
- Hier werden Zuverlässigkeit und Sicherheit in einem Auto vereint:
  Volkswagen. Da weiß man, was man hat.
- Dieser Anbieter ist kompetent in allen Geldangelegenheiten:
  Wenn's um's Geld geht – Sparkasse.
- Eine Tiernahrung, die optimal für die Katze geeignet ist:
  Whiskas. Katzen würden Whiskas kaufen.
- In der Unterhaltungselektronik ein Verbund aus Innovation und Design:
  ITT Nokia. Der Zeit ein schönes Stück voraus.
- Mehr Zahngesundheit durch intelligentere Produktgestaltung:
  Dr. Best. Die klügere Zahnbürste gibt nach.
- Dies ist ein international führendes Mineralwasser:
  Appollinaris. Aus dieser Quelle trinkt die Welt.
- Die umweltbewusste Mobilität mit dem öffentlichen Personen-Nahverkehr:
  Zeit zum Umdenken. Busse & Bahnen.
- Ein Land, das vielfältige Erholungsmöglichkeiten bietet:
  Israel. Urlaub mit einer Dimension mehr.
- Ein internationales Bier, dem Weitgereiste überall begegnen:
  Wer die Welt kennt, kennt Tuborg.
- Ein Stärkungsmittel, das neue Energie spendet:
  Die Kraft der zwei Herzen. Doppelherz.
- Dieser Anbieter ist ein Universalist rund um Küche und Kochen:
  Man nehme Dr. Oetker.
- Viereckige Form, einfache Öffnung, guter Geschmack, alles in Einem:
  Ritter Sport. Quadratisch, praktisch, gut.
- Ein handwerklich orientierter, hochwertiger Spezialhersteller:
  Sabo. Qualitätsschmiede für Rasenmäher.

Dann zu den primär nutzenorientierten Abbindern:

- Diese Sender bedienen bevorzugt mit Information und Unterhaltung:
  Bei ARD + ZDF sitzen Sie in der 1. Reihe.
- Zu erfolgreichen Personen gehört eine adäquate Credit Card:
  Eurocard. Für Leute, die auch sonst gute Karten haben.
- Von diesem Hersteller kommen zweckmäßige, spaßmachende Automobile:
  Renault. Autos zum Leben.
- Ein Universalist bietet jedem passende Produkte zum Hören und Sehen:
  Grundig. Made for you.

- Bausparen verschafft in kurzer Zeit Zugang zu eigenem Wohnraum:
  LBS. Wir geben Ihrer Zukunft ein Zuhause.
- Automobile, deren Nutzung Spaß macht:
  BMW. Freude am Fahren.
- Ein Produkt, das in allen Lebenslagen neue Energie spendet:
  Mars macht mobil bei Arbeit, Sport und Spiel.
- Hier handelt es sich um das Angebot individualistischer Automobile:
  Lancia. Das Gesicht in der Menge.
- Produkte der Ingenieurskunst, die dem Erlebnis des Fahrers dienen:
  Opel. Technik, die begeistert.
- Dieses Land hat stille, unberührte Landschaften zu bieten:
  Finnland. Die reinste Erholung.
- Hier bietet sich eine sympathische, leistungsfähige Organisation an:
  Otto ... find' ich gut.
- Ein Produkt für Tierliebhaber, die ihren Hund verwöhnen möchten:
  Cesar. Für kleine Hunde mit großen Ansprüchen.
- Ein Rotwein, der anders als andere ist, modern und individualistisch:
  Viala. Der andere Rote.
- Ein Bier, das, obgleich kalorienreduziert, besonders gut schmeckt:
  Stade's leicht. Schlankweg genießen.
- Reifen sind für ein Auto so wichtig wie Beine für den Menschen:
  Pirelli. Die Beine Ihres Autos.
- Ein Institut, das Vorteile gegenüber traditionellen Banken bietet:
  Die clevere Alternative. Postbank.

Zur Konstanz von Slogans ist zu sagen, dass sie gar nicht hoch genug bewertet werden kann. Dazu das Beispiel des wohl berühmtesten Markenartikels.
Die Slogans von Coca Cola in Deutschland lauten:

- 1929–34: köstlich-erfrischend, eiskalt, 1935: Durst kennt keine Jahreszeit, 1955: Mach mal Pause, trink Coca Cola, 1962: ...auch eine!, 1968: Besser geht's mit Coca-Cola, Mach mal Pause mit Coca-Cola, 1970: Frischwärts, 1974: Trink Coca-Cola, das erfrischt richtig, 1976: Coke macht mehr daraus, 1981: Zeit für Coca-Cola, 1985: Coca-Cola is it, 1989: You can't beat the feeling, 1993: Always.

Die Slogans von Coke in USA lauten:

- 1886: Delicious and refreshing, 1929: The pause that refreshes, 1936: It's the refreshing thing to do, 1942: It's the real thing, 1944: Global highsign, 1959: Be really refreshed, 1963: Things go better with Coke, 1969: It's the real thing, 1971: I like to buy the world a coke, 1976: Coke adds life, 1982: Coke is it, 1986: Rad, white and you, 1989: Can't beat the feeling, 1990: Can't beat the real thing, 1993: Always Coca-Cola, 2000: Coca-Cola. Enjoy.

Ein anderes Beispiel sind die Slogans von McDonald's:

- 1963: McDonald's is your kind of place, 1971: You deserve a break today, 1975: We do it all for you, 1979: Nobody can do it like McDonald's can, 1981: You deserve a break today, 1983: McDonald's and you, 1984: It's a good time for the great taste of McDonald's, 1988: Good time, great taste, 1990: Food, folks and fun, 1991: McDonald's today, 1992: What you want is what you get, 1995: Have you had your break today?, 1997: Did somebody say McDonald's?, 2000: We love to see you smile.

3.4.3 Konzeptdesign

3.4.3.1 Anlage

Absatzquellen-, Zielgruppen-, Positionierungs- und Kreationsdefinitionen bauen aufeinander auf. Dies muss jedoch nicht unbedingt in gerader Linie erfolgen. Vielmehr ist es eher typisch, dass auf jeder Stufe Verzweigungen stattfinden. So sind nicht nur mehrere Absatzquellendefinitionen möglich, sondern jede von ihnen kann ihrerseits zu mehreren Zielgruppendefinitionen führen, jede Zielgruppendefinition wiederum zu mehreren Positionierungen und jede von diesen schließlich zu mehreren kreativen Umsetzungen. Daraus folgt eine unübersichtliche Vielfalt von Werbemöglichkeiten. Und daraus wiederum folgt die Unerlässlichkeit der konzeptionellen Vorbereitung der Kommunikation, um sich nicht in diesem Dickicht zu verheddern. Die Anlage der Konzeptdefinitionen kann auf drei Designs beruhen (Abb. 119):

– **Einlinienstruktur**, d. h., die Definitionen von Absatzquelle, Zielpersonengruppe, Positionierung und Kampagnenformat folgen singulär aufeinander ab. Dabei können durchaus in Alternativen zwei oder mehr Stränge parallel verfolgt werden.
– **Verzweigungsstruktur**, und zwar
  – mit gemeinsamer Definition der Absatzquelle unter Verzweigung hin zu zwei oder mehr Zielgruppendefinitionen, aus denen in Einlinienform jeweils Positionierung und Kampagnenformat abfolgen,
  – mit gemeinsamer Definition von Absatzquelle und Zielpersonengruppe unter Verzweigung hin zu zwei oder mehr Positionierungen, aus denen in Einlinienform das jeweilige Kampagnenformat abfolgt,
  – mit gemeinsamer Definition von Absatzquelle, Zielpersonengruppe und Positionierung unter Verzweigung hin zu zwei oder mehr Kampagnenformaten.
– **Baumstruktur**, d. h., Absatzquelle, Zielpersonengruppe, Positionierung und Kampagnenformat verzweigen sich nach ihren jeweiligen Definitionsstufen in zwei oder mehr Varianten.

Daraus wird auch die Bedeutung der Konzeptelemente als strategischer Rahmen für die kreative Umsetzung deutlich. Denn gerade diese helfen, die Unmenge möglicher Inszenierungen der gleichen Werbebotschaft auf eine bewältigbare, sinnvolle Teilmenge zu reduzieren. Damit aber stellen sie gerade keine Einengung der Kreativität dar, wie vielfach behauptet wird, sondern im Gegenteil rationalisieren diese durch Vorgabe effizienter Suchfelder. Nicht mehr das Univer-

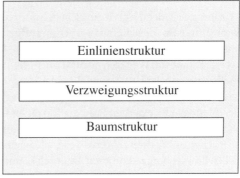

Abb. 119: Konzeptdesign

sum aller Möglichkeiten ist damit Ausgangspunkt kreativer Umsetzung, sondern ein selektierter, von vornherein hoch chancenreicher Zielkanal.

3.4.3.2 Verbund

Abb. 120: Stufen der Werbekonzeption

Die Konzeptdefinitionen sind das Herzstück jeder Werbekonzeption (Abb. 120). Sie bauen auf den vorgelagerten Stufen:

– Darstellung des Angebotsumfelds (2.2),
– Marketingstrategie (2.3),
– Abgrenzung des Marktes (2.4),
– Käuferverhalten (2.5),
– Bestimmung der Werbeziele (2.6),
– Bestimmung der Werbeobjekte 2.7),
– Bestimmung des Werbebudgets (2.8),
– Beurteilungskriterien der Werbung (2.9)

auf und werden auf den nachgelagerten Stufen

– Mediaplanung Klassischer Werbemittel (4.),
– Arten Nicht-klassischer Werbemittel (5.),
– Realisation (6.),

umgesetzt. Gleichzeitig kommen die Konzeptdefinitionen einem Trichter gleich, der die breit angelegten Informationen im Vorfeld präzise verknappt und auf den Punkt bringt. In der weiteren Bearbeitung öffnet sich dieser Konzeptkanal dann wieder im Kreations- und auch Mediabereich. Aber wären die Konzeptdefinitionen nicht so eng und prägnant gefasst, käme es im Weiteren noch zu einem viel breiteren Streubereich und damit zu vermutlichen Ineffizienzen in der Umsetzung. Von der Disziplinierung bei den Konzeptdefinitionen hängt also zu einem Großteil der Grad des Erfolges daraus abgeleiteter Kommunikationsmaßnahmen ab. Bei der internen oder externen Präsentation dieser Überlegungen bietet es sich an, die argumentative Verkettung von Absatzquelle, Zielpersonengruppe, Positionierung und Creative Platform deutlich zu machen und mehrere alternative Möglichkeiten kontrovers zu diskutieren, um dann zur eigentlichen Empfehlung zu kommen. Dadurch können etwaige unausgesprochene Vorbehalte entkräftet werden. Das schafft Stringenz und logisch abgeleitete Glaubwürdigkeit. Letztlich ist die Priorität aber Vertrauenssache, denn Konsequenzen einer Entscheidung fallen immer erst im Nachhinein an und sind zudem gerade im kommunikativer Hinsicht praktisch kaum zurechenbar (Abb. 121).

Folgende Beispiele zeigen die konkrete Ausformulierung der Positionierungsdefinition auf:

- Zahnpflege/-gesundheit kommt Eigenwert zu, zumal in der Familie. Zwar putzen sich Kinder ungern die Zähne, doch weil sie angenehm nach Frucht schmeckt, mögen sie sehr wohl X.-Zahncreme. Die Fluorwirkstoffe in X. können so intensiv auf den Zahnschmelz einwirken und ihn härten. Das Gebiss ist besser gegen Karies geschützt, und die Milchzähne können ihre Statthalterfunktion erfüllen. Damit verringert sich die Gefahr von Fehlstellungen für die zweite Zahngeneration. Zielpersonen sind jeweils die Eltern als Entscheider. Es ergeben sich verschiedene Akzentuierungen der Auslobung:

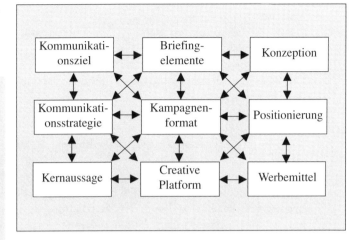

Abb. 121: Botschaftstransfer

Geschmack
  – Angebotsanspruch:
    Mit X. putzen Kinder lieber, d. h. länger und öfter, die Zähne und bewirken damit Kariesprophylaxe.
  – Anspruchsbegründung:
    X. schmeckt angenehm nach Frucht.
  – Nutzenversprechen:
    Die Fluorwirkstoffe in X. wirken intensiver auf den Zahnschmelz ein, härten ihn und beugen damit Karies nachhaltig vor.
Spezifikum
  – Angebotsanspruch:
    X. ist der beste Kariesschutz speziell für Kinder, deshalb ist sie die geeignete Zahncreme zur Pflege der Milchzähne.
  – Anspruchsbegründung:
    X. schmeckt angenehm nach Frucht – damit macht Zahnpflege Kindern Spaß, und dies schafft die Voraussetzungen für gute Zahngesundheit.
  – Nutzenversprechen:
    Gesunde Milchzähne verhindern kariesbedingte Zahnschmerzen und vorzeitigen Verlust der Milchzähne durch Karies.
Verantwortung
  – Angebotsanspruch:
    Verantwortungsvolle Eltern halten ihre Kinder so früh wie möglich zur Zahnpflege an. X. ist dafür die geeignete Zahncreme.

- Anspruchsbegründung:
  Schon die Zahnpflege im frühen Kindesalter ist wesentlich entscheidend für die Zahngesundheit des erwachsenen Menschen.
- Nutzenversprechen:
  Die Eltern können sicher sein, dass sie die besten Voraussetzungen für gesunde Zähne ihres Kindes schaffen.

Kariesbedrohung
- Angebotsanspruch:
  X. bekämpft die allgegenwärtige Kariesbedrohung der Milchzähne, denn X. ist stärker als Karies.
- Anspruchsbegründung:
  Moderne Ernährungsgewohnheiten bedrohen gerade bei Kindern die Zahngesundheit. X. aber hat hochwirksame Fluorverbindungen, die vor Karies schützen. Der angenehme Fruchtgeschmack fördert zudem die Anwendung.
- Nutzenversprechen:
  Keinerlei Sorge der Eltern mehr über den Süßigkeitenverzehr ihrer Kinder hinsichtlich deren Zahngesundheit. Denn der optimale Schutz vor Karies macht es leicht, den Kindern guten Gewissens etwas zu gönnen.

Angst vor dem Zahnarzt
- Angebotsanspruch:
  X. erspart dem Kind die frühe Kariesbehandlung beim Zahnarzt.
- Anspruchsbegründung:
  X. enthält hochwirksame Fluorverbindungen zum Schutz vor Karies, der angenehme Fruchtgeschmack fördert die Anwendung und verlängert dadurch die Einwirkzeit.
- Nutzenversprechen:
  Kindheit frei von Angst vor dem Zahnarzt.

- Z. ist die Automarke, mit der Autofahrer mehr vertraut sind als mit jeder anderen und die eine sehr hohe Sympathie genießt. Imagestärken liegen vor allem bei den Dimensionen Sicherheit, Zuverlässigkeit, Verbrauch, Verarbeitungsqualität und Kundendienst, Schwächen betreffen Komfort und gleicherweise Persönlichkeit. Eine Neupositionierung soll Akzente setzen und lautet wie folgt:
  - Angebotsanspruch:
    Alle Z.-Fahrzeuge verbinden auf intelligente Art erlebbare Funktionalität mit sprichwörtlicher Markensicherheit.
  - Anspruchsbegründung:
    Ausgereifte Technologie als Konzeptbestandteil aller Modellreihen gewährleistet hohe Bedienungsfreundlichkeit und Gebrauchstüchtigkeit.
  - Nutzenversprechen:
    Es ist vernünftig, einen Z. zu fahren. Und es macht außerdem Spaß. Diese Kombination macht Z.-Automobile für die Mehrzahl aller Autofahrer zum besten Kauf.
  - Nutzenbeweis:
    Konzept und Eigenschaften der einzelnen Modellreihen.

- Ein Hersteller von Farbfotopapier, also dem Papier, auf dem Fotos abgezogen werden, will sein Produkt zu einem Markenartikel stilisieren. Fotofreunde sollen beim Entwick-

lungsauftrag im Handel darauf bestehen, dass die Fotos auf Farbfotopapier der Marke F. geprintet werden. Dafür wird ein Mehr an Farbqualität der Fotos ausgelobt und durch eine Garantie auch abgesichert. Dazu ergibt sich folgende Positionierung:
- Angebotsanspruch:
  Garantiert farbgetreue Fotoabzüge bekommt nur, wer bei seinem Händler ausdrücklich nach F.-Markenbildern verlangt.
- Anspruchsbegründung:
  F.-Colorpapier hat als einziges garantierte Markenqualität. Sollte gelegentlich einmal ein Bild nicht voll den farblichen Ansprüchen eines Kunden genügen, wird es unentgeltlich nachgebessert. Ansonsten ist hohe Farbqualität selbstverständlich.
- Nutzenversprechen:
  Nur beim F.-Markenbild gibt es allererste Qualität und die verbürgte Sicherheit, dass die wertvollen Fotoabzüge alles an Farbe bringen, was das Negativ hergibt.

- K. bietet im Bereich der professionellen Fotoausrüstung ein vollständiges Sortiment an. Der Qualitätsstandard ist so hoch, dass er mit Konkurrenzprodukten nicht nur durchaus vergleichbar ist, sondern diese teilweise sogar übertrifft. Einige Produkte sind einzigartig in ihrer Art und Anwendungsform. Daraus ergibt sich für Fotoprofis folgende Positionierung mit Abstrahlwirkung auf ambitionierte Fotoamateure im Wege des Kompetenztransfers:
  - Angebotsanspruch:
    K.-Profimarktprodukte sind so leistungsfähig, dass alle vorhandenen fotografischen Anwendungsfälle, also selbst die schwierigsten, souverän gemeistert werden.
  - Anspruchsbegründung:
    Das Potenzial der K.-Grundlagenforschung und -Produktentwicklung ermöglicht die Bereitstellung innovativer Problemlöserprodukte mit besten Leistungsmerkmalen.
  - Nutzenversprechen:
    K.-Profimarktprodukte bieten höhere fotografische Gestaltungsmöglichkeiten für anspruchsvolle Anwender mit kompromisslosen Leistungsansprüchen.
  - Nutzenbeweis:
    Fotoarbeiten, die für ihre problematische Ausführung bekannt sind (Torture Test).

- T. ist traditioneller Marktführer für Bänder/Cassetten zur Ton- und/oder Bildaufnahme/-wiedergabe. Aggressive Importeure drohen, die Position zu erschüttern. Insofern besteht die diffizile Aufgabe der Festigung der Marktführerschaft auf breiter Basis. Dies wird durch folgende Positionierung erreicht:
  - Angebotsanspruch:
    Alle Produkte des Hauses/der Marke T. bieten höchste Leistungsfähigkeit bei gleichzeitig anspruchslosem Handling.
  - Anspruchsbegründung:
    T. nutzt modernste Technologie und sein gesamtes Know-how mit dem Ziel, Verbraucher von unnötiger Technikbelastung zu befreien, damit sie sich ausschließlich auf den Zweck ihrer Aufnahme/Wiedergabe konzentrieren können und nicht durch dessen Zustandekommen tangiert werden, denn das nehmen ihnen die leistungsfähigen Produkte zuverlässig und besser als der Mensch es könnte ab.

– Nutzenversprechen:
T.-Produkte bieten allen Anwendern die Sicherheit optimaler Bild- und/oder Tonergebnisse, d. h. maximaler Qualität unter der Restriktion problemloser Bedienung. Als Endnutzen ergibt sich mehr Freizeitspaß und damit letztlich ein Mehr an Lebensqualität.
– Nutzenbeweis:
Konkret beispielgebende Produkte des Hauses/der Marke T.

- Es handelt sich um das Angebot von Videospielen, die aus einer Konsole bestehen, zu der beliebige Software, darunter auch Lernprogramme, in Form von Cartridges angeschafft und die an ein handelsübliches Fernsehgerät angeschlossen werden kann. Folgende Positionierungsoptionen ergeben sich für den Hersteller P.:

Adaptivität
– Angebotsanspruch:
Der P.-Videospielcomputer bietet Spiele, die niemals langweilig werden.
– Anspruchsbegründung:
Zur Konsole passt eine Vielzahl von Cartridges, welche die verschiedensten Themenbereiche wie Action, Sport, Spiel und Lernen abdecken. Diese Programme sind raffiniert und variantenreich gestaltet und in Teilnehmerzahl, Schwierigkeitsgrad etc. anpassungsfähig.
– Nutzenversprechen:
Das schafft sowohl jede Menge Spaß und Abwechslung, immer wieder neu auf lange Zeit als auch Unsicherheitsreduktion beim Kaufentscheid. Als Endnutzen ergibt sich Freizeitqualität.
– Nutzenbeweis:
Beispiele aus dem Programmangebot hinsichtlich Sortimentsvielfalt und Aufbau-/Ablaufvarianten der Spiele.

Unterhaltung
– Angebotsanspruch:
Der P.-Videospielcomputer ist mehr als nur ein Kinderspielzeug, vielmehr allerbeste Unterhaltung für die ganze Familie, Freunde, Bekannte etc.
– Anspruchsbegründung:
Unter den Cartridges findet jedermann sein Lieblingsspiel. Es gibt leichte und anspruchsvolle Spiele, die im Schwierigkeitsgrad noch variierbar sind, bekannte und neuartige, Spiele für einen oder mehrere Teilnehmer, zur Übung von Geschicklichkeit, Wissen oder Reaktion.
– Nutzenversprechen:
Spaß, Unterhaltung und Spannung für jedermann, damit Integration der ganzen Familie bis hin zur sozialen Umgebung.
– Nutzenbeweis:
Beispielhafte Spiele aus dem Programmangebot.

Lernhilfe
– Angebotsanspruch:
Der P.-Videospielcomputer ist ein Spielsystem, das Kindern das Lernen leicht macht.
– Anspruchsbegründung:
Im Angebot finden sich zahlreiche Programme, die als interessante Lernspiele die Intelligenz und das Wissen des Kindes erweitern.

- Nutzenversprechen:
  Das Kind lernt letztendlich mehr, weil ihm das Lernen mit Computerhilfe viel Spaß macht. Die Eltern werden ihrer Verantwortung gerecht, ihr Kind bestens auf die Ansprüche in Schule und Ausbildung vorzubereiten. Dadurch verschaffen sie ihm einen individuellen Vorsprung vor anderen.
- Nutzenbeweis:
  Einzelne Lerncartridges etwa für Fremdsprachen, Musikerziehung, Mathematik etc.

- D. stellt höchstwertige Lautsprechersysteme her, die als High-End-Boxen unter HiFi-Freaks ohnehin bekannt sind. Nun sollen zusätzlich gutverdienende Personen, die nicht unbedingt HiFi-Freaks sind, aber von ihrer Preisbereitschaft her als Käufer in Frage kommen, angesprochen werden:
  - Angebotsanspruch:
    Die Qualität der Lautsprecher bestimmt entscheidend die Klangqualität. Daher sind erstklassige Lautsprecher unerlässlich für jede hochwertige Tonanlage. Das eigentliche Positioning Statement: D.-Lautsprecher haben eine überlegene Qualität in Technik, Mechanik und Verarbeitung, allen voran das Top-Modell, aber mit den gleichen Familienmerkmalen die übrigen Modelle der Serie.
  - Anspruchsbegründung:
    Nur beste Lautsprecher sind in der Lage, alle elektrischen Informationen, die vorgeschaltete Anlagenkomponenten erzeugen und verarbeiten, optimal, d. h. ohne etwas hinzuzufügen oder wegzulassen, in Ton umzusetzen. Konstruktive Besonderheiten in Form von Gehäusekorpus, Schallführung, Membranmaterial etc. sorgen bei D.-Lautsprechern für bestmögliche Ergebnisse.
  - Nutzenversprechen:
    Die richtigen Lautsprecher erlauben höchsten Hörgenuss, ausgedrückt in Schönheit, Klarheit, Dynamik, Lebendigkeit, Brillanz und Detailreichtum des Klangs.

- Ein Mineralbrunnen versucht, sein kohlensäurefreies (stilles) Wasser bestmöglich am Markt zu positionieren. Dazu ist es erforderlich, alternative Positionen aufzuzeigen, die danach hinsichtlich ihres Potenzials zur Zielerreichung bewertet werden. Bei diesen generischen Möglichkeiten handelt es sich um folgende:
  Gesundheit
  - Angebotsanspruch:
    Hoher Anteil wertvoller Mineralien und seltener Spurenelemente, die jeder Körper zur Erhaltung der Gesundheit braucht und die ihm durch die übliche Ernährung nicht oder nur in nicht ausreichendem Maße zugeführt werden.
  - Anspruchsbegründung:
    Akzentuierung der Heilmittelkomponente, indem auf die ingredienten Wirkstoffe hingewiesen wird, die Mineralwasser in natürlicher Form bietet. Diese werbliche Auslobung ist absolut glaubwürdig und baut auf vorhandenem Wissen auf.
  - Nutzenversprechen:
    Mehr Gesundheit, größeres Wohlbefinden, längere Virilität durch Mineralwasser.
  Natur
  - Angebotsanspruch:
    Seit Jahrzehnten aus durch und durch naturbelassenen Mineralquellen gewonnen

und ohne jegliche Zusätze oder chemische Bearbeitung quellabgefüllt. Damit also Mineralwasser direkt aus der Natur.
- Anspruchsbegründung:
Die ökologische Bewegung findet immer größere Verbreitung. In allen Lebensbereichen bemüht man sich, auf natürliche Stoffe und Wirkmechanismen zurückzugreifen. Gleichzeitig wächst das Misstrauen gegen Artifizielles, Industrieprodukte. Mineralwasser aus natürlichen Mineralquellen ist nicht versetzt und ohne Fremdstoffe und liegt damit voll im Trend zur Natürlichkeit.
- Nutzenversprechen:
Der Umwelt zuliebe nur Mineralwasser. Denn das ist Natur pur.

Schlankheit
- Angebotsanspruch:
Absolut minimaler Kalorienwert, daher bestens geeignet als figurfreundliches Getränk, das schlank macht und schlank hält.
- Anspruchsbegründung:
Der Trend zur Entschlackung des Körpers, zur Haltung oder Erreichung des Idealgewichts ist ungebrochen. In allen Food-Bereichen haben kalorienarme Produkte hohe Zuwachsraten. Das natürliche Pendant ist Mineralwasser, da es frei von Frucht- und anderen zuckerhaltigen Zusätzen ist.
- Nutzenversprechen:
Soziale Attraktivität und Lebensfreude mit Hilfe von Mineralwasser.

Familie
- Angebotsanspruch:
Schmeckt der ganzen Familie, gleich ob alt oder jung, gleichermaßen gut. Damit erübrigt sich die regelmäßige Beschaffung/Vorratshaltung verschiedener Getränkesorten.
- Anspruchsbegründung:
Jede Hausfrau kennt das Problem in ihrer Familie, dass jeder ein anderes Lieblingsgetränk hat. Die Folge davon: Ständig müssen mehrere Getränkesorten beschafft werden, der Kühlschrank quillt über, das Haushaltsbudget wird strapaziert. Mineralwasser hat den großen Vorteil, dass es jedermann schmeckt und damit das Getränkebeschaffungsproblem zu aller Zufriedenheit löst.
- Nutzenversprechen:
Akzeptierte Kaufvereinfachung bei der Wahlentscheidung für Getränke.

Aktivität
- Angebotsanspruch:
Gedacht für junge Leute und alle, die jung geblieben sind. Als moderne, unkomplizierte Erfrischung für jeden Anlass und Zweck, die entspannt, belebt und gute Laune bringt.
- Anspruchsbegründung:
Mineralwasser hängt gelegentlich noch der Ruch an, für Alte, Kranke, Gesundheitsapostel, Sportlerasketen etc. zu sein. Dies hält viele, vor allem jüngere, Menschen, davon ab, auf Mineralwasser umzusteigen. Dem kann entgegengewirkt werden, indem die aktivierende, dynamische Wirkung des Getränks betont wird. Es hat damit alle Chancen, auch von Jugendlichen akzeptiert zu werden und nutzt den ohnehin

vorhandenen Trend zur Leichtigkeit des Seins. Dadurch wird Mineralwasser für Personen mittlerer und unterer Altersklassen attraktiv.
- Nutzenversprechen:
Wer Mineralwasser trinkt, liegt voll im Trend.

Kinder
- Angebotsanspruch:
Das ideale Erfrischungsgetränk, um den Durst der Kinder zu löschen, denn es ist absolut rein und frei von jeglichen schädlichen Zusätzen (wie Zucker, Coffein etc.) und vor allem: Kinder trinken es gern.
- Anspruchsbegründung:
Jede Mutter will das Beste für ihr Kind: gesunde Speisen und Getränke vor allem. Diese haben jedoch den Nachteil, dass das Kind sie oft ablehnt und stattdessen auf »ungesunde« Getränke ausweicht. Mineralwasser als Getränkeangebot wird vom Kind angenommen und hält gesund, weil es natürlich ist. So sind Mutter und Kind bestens zufriedengestellt.
- Nutzenversprechen:
Kein Risiko eingehen, Mineralwasser wählen.

3.5 Kreative Umsetzung

3.5.1 Ideenquellen

Zunächst einmal ist die Ideenfindung ein kaum steuerbarer, allenfalls anregbarer Prozess, der sehr individuell abläuft. Von daher gibt es keine generellen Aussagen dazu. Gemeinhin besteht jedoch einer der ersten Schritte darin, sich (betriebsextern) zu vergegenwärtigen, wie andere ähnliche Aufgaben in der Vergangenheit gelöst haben. Allein schon, um keine Dopplung zu riskieren (Kupfer). Aber auch, um es möglicherweise selbst besser zu machen. Dazu gibt es Kreativhandbücher mit ausgewählten, prämierten Kampagnen, auch auf internationaler Basis (z. B. das ADC-Handbuch oder Lürzer's Archiv).

Oft wird bei Werbeagenturen (betriebsintern) spekuliert, ob nicht alte, für andere Kunden ausgearbeitete und von diesen abgelehnte Kampagnenansätze nach leichter Modifikation wieder verwendet werden können. Rechtlich ist dies möglich, da die Agentur, sofern vertraglich nicht ausdrücklich anders vereinbart, die Copyrights an solchen Arbeiten behält. Auch qualitativ ist das durchaus denkbar, denn die Archive der Werbeagenturen quellen über mit hervorragenden Kampagnen, die aus mehr oder minder undurchsichtigen Gründen von Auftraggebern letztlich nicht akzeptiert worden sind. Ausschlaggebend sind etwa persönlicher Geschmack, politische Hintergründe oder schlechte Testergebnisse. Faktisch aber scheitert dieses kostengünstige und energiesparende Vorgehen daran, dass eben keine Aufgabenstellung der vorherigen gleicht. Immer gibt es Abweichungen, die ein spezielles Eingehen in der kreativen Umsetzung bedingen.

3.5.2 Kreativitätstechniken

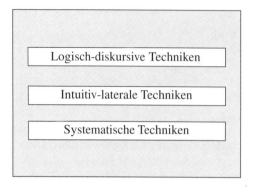

Abb. 122: Kreativitätstechniken

Man unterscheidet allgemein Logisch-diskursive Kreativitätstechniken, Intuitiv-laterale Kreativitätstechniken und Systematische Kreativitätstechniken (Abb. 122).

3.5.2.1 Logisch-diskursive Kreativitätstechniken

Diese zeichnen sich durch einen kombinatorischen Ansatz aus. Es handelt sich im Wesentlichen um den Morphologischen Kasten und die Funktional-Analyse. Weitere Techniken sind die Heuristik, die Progressive Abstraktion, die KJ- bzw. NM-Methode, der Relevanzbaum, die Ablaufanalyse und Hypothesenmatrix.

3.5.2.1.1 Morphologischer Kasten

Dieser schafft die Aufgliederung eines gegebenen Problems hinsichtlich aller Parameter und die Suche nach neuen Kombinationen vorhandener Teillösungen. Das Problem wird dabei in seine Problembestandteile zerlegt, die grafisch in einem Kasten untereinander angeordnet werden. Neben jedes Problemelement werden dann möglichst viele Lösungsmöglichkeiten geschrieben, deren Kombination verschiedene Lösungen des Gesamtproblems ergibt. Allerdings ist es oft schwierig, aus der großen Zahl der Kombinationsmöglichkeiten die beste auszuwählen. Die einzelnen Phasen lauten:

- Genaue Beschreibung und Definition des Werbeproblems mit zweckmäßiger Verallgemeinerung,
- Ermittlung der Dimensionen des Problems, der Aufgabenstellung, diese Faktoren werden in die Kopfspalte einer Matrix eingetragen,
- Aufstellung des morphologischen Kastens mit Eintragung aller Lösungsvorschläge für Problemparameter jeder Zeile der Matrix,
- Auswahl und Bewertung aller möglichen Lösungen auf Grundlage eines geeigneten Bewertungsverfahrens,
- Auswahl und Realisierung der besten Lösung.

Als organisatorische Voraussetzung soll dafür ein interdisziplinärer Arbeitskreis gebildet werden, dessen Sitzungsdauer maximal eine Stunde beträgt, wobei die Gruppengröße maximal zehn Personen umfasst. Die Verallgemeinerung des Problems und die Kombinationen der Lösungsparameter führen zu überraschenden Ergebnissen. Die Suche wird auch nach der ersten befriedigenden Lösung fortgesetzt. Dadurch besteht eine hohe Wahrscheinlichkeit, dass alle wesentlichen Aspekte des Problems erfasst werden. Zugleich ist damit aber auch ein hoher Zeit- und Kostenaufwand zur Durchführung verbunden (fünf Parameter mit je zehn Ausprägungen ergeben ca. 100.000 Lösungsmöglichkeiten).

Das Problem darf jedoch nicht zu eng abgesteckt werden. Die Bestimmung der Parameter ist oft schwierig (Hilfsmittel dazu sind Ablaufreihenfolge, »W«-Fragen, Systematik, Visualisierung etc.). Die Parameter dürfen nicht voneinander abhängen oder gleichartig sein.

Die hohe Anzahl der generierbaren Ideen ist eine der wesentlichen Vorzüge dieser Methode. Die Lösungsvorschläge werden im Anschluss getrennt geprüft und bewertet. Die Sitzungsteilnehmer werden zweckmäßigerweise über das Ergebnis informiert.

Bekannte Varianten des morphologischen Kastens sind die Problemfeld-Darstellung und die Sequentielle Morphologie.

3.5.2.1.2 Funktional-Analyse

Diese betrifft die Aufgliederung eines gegebenen Problems in Einzelfunktionen und die Suche nach denkbaren Alternativen jeder Funktionserfüllung. Für jede einzelne Funktion werden dann Listen mit allen denkbaren und bekannten Funktionsträgern in einer Matrix zusammengestellt und für eine optimale Lösung kombiniert.

Durch mehrfache Kombination ergeben sich wiederum zahlreiche Ideen. Diese werden nachher durch Experten selektiert und evaluiert.

3.5.2.2 Intuitiv-laterale Kreativitätstechniken

Diese entsprechen gemeinhin den als »typisch« angesehenen Kreativitätstechniken. Es handelt sich im Wesentlichen um das Brainstorming, die Methode 6 3 5 und die Synektik. Weitere Techniken sind die Bionik, die Visuelle Synektik, die Synektische Konferenz, das Force fit, die Suchfeldauflockerung, die Problemfeld-Veränderung, die Nebenfeld-Integration, die Semantische Intuition, das Forced Relationship, die Katalog-Technik, die Tilmag-Methode und die Reizwort-Analyse.

3.5.2.2.1 Brainstorming

Dabei handelt es sich um eine spezielle Form einer Gruppensitzung, in der durch ungehemmte Diskussion mit phantasievollen Einfällen kreative Leistungen erbracht werden. Menschen werden dabei ermutigt, spontan und ungehemmt eine große Anzahl von Ideen zu produzieren. Insofern kommen eher Problemstellungen in Frage, die wenig komplex und klar definierbar sind, wie das für die Werbung typisch ist. Dabei sind allerdings einige wenige Regeln zwingend einzuhalten:

– Die Teilnehmer können und sollen ihrer Phantasie freien Lauf lassen. Jede Anregung ist willkommen. Ideen sollen originell und neuartig sein.
– Ideenmenge geht vor Ideengüte. Es sollen möglichst viele Ideen erzeugt werden, auf die Qualität kommt es dabei zunächst nicht an.
– Es gibt keinerlei Urheberrechte. Die Ideen anderer Teilnehmer können und sollen aufgegriffen und weiterentwickelt werden.
– Kritik oder Wertung sind während des Brainstorming streng verboten. Es kommt auf eine positive Einstellung gegenüber eigenen und fremden, selbst abstrus erscheinenden Ideen an.

Das Wissen mehrerer Personen wird damit zur Lösung eines Werbeproblems genutzt. Denkpsychologische Blockaden werden ausgeschaltet. Die Aufhebung gedanklich restriktiver Grenzen zum Problem erweitert die Lösungsvielfalt. Das Kommunikationsverhalten der Beteiligten wird gestrafft und demokratisiert. Unnötige Diskussionen werden vermieden.

Die optimale Teilnehmerzahl liegt erfahrungsgemäß zwischen fünf und acht Personen. Die Zusammensetzung der Gruppe sollte möglichst homogen hinsichtlich der hierarchischen Stufe und möglichst heterogen hinsichtlich Kenntnissen und Erfahrungen sein. Erforderlich ist die Auswahl eines Moderators, der die Gruppe an das Problem heranführt, auf die Einhaltung der Regeln achtet, stille Teilnehmer aktiviert, die Konzentration fördert und ansonsten sachlich zurückhaltend bleibt. Die Sitzungsdauer sollte 20 Minuten nicht unter- und 40 Minuten nicht überschreiten. Vor Beginn sind alle Gruppenmitglieder mit den Regeln vertraut zu machen. Die Aufzeichnung erfolgt durch Protokollant oder Tonband. Auftraggeber und Auswerter sollen nicht in der Gruppe mitarbeiten. Zu einzelnen Lösungsvorschlägen werden ggf. (fern-)mündliche Ergänzungen eingeholt. Die Lösungsvorschläge werden anschließend bewertet und klassifiziert. Das Ergebnis wird den Sitzungsteilnehmern mitgeteilt.

Bekannte Varianten des Brainstorming sind das Anonyme Brainstorming, das Solo-Brainstorming, das Destruktiv-konstruktive Brainstorming, das Didaktische Brainstorming, die Creative Collaboration Technique, das Imaginäre Brainstorming, die Sukzessive Integration von Lösungselementen, die And-also-Methode, die Buzz Session (Diskussion 66), das Reverse Brainstorming und die PMI-Methode.

3.5.2.2.2 Methode 6 3 5

Dieser Ansatz arbeitet mit sechs Gruppenmitgliedern, die jeweils drei Lösungsvorschläge nach neuer Problemdefinition innerhalb von mindestens fünf Minuten in ein Formblatt eintragen und dieses jeweils (insgesamt fünfmal) im Uhrzeigersinn an ihren Nachbarn weiterreichen, der seinerseits drei neue Vorschläge hinzufügt (macht also 108 Vorschläge insgesamt). Dabei gelten folgende Regeln:

– die Problemvorstellung wird zunächst durch den Auftraggeber vorgetragen,
– die Teammitglieder versuchen, das Problem in verschiedener Hinsicht neu zu formulieren, und der Auftraggeber wählt die ihm am interessantesten erscheinende Neuformulierung aus,
– die Neuformulierung wird in ein Formblatt eingetragen (von nun an herrscht in der Gruppe absolutes Stillschweigen),
– jedes Teammitglied trägt in sein Formblatt drei Ideen zur Problemlösung ein (die dafür zur Verfügung stehende Zeitspanne wird oft kontinuierlich verlängert),
– die Formblätter werden an den jeweiligen Nachbarn weitergegeben, und jedes Teammitglied ergänzt die Ideen des Vorgängers um drei neue oder weiterentwickelte eigene Ideen,
– die Formblätter werden danach wiederum weitergegeben, bis jeder Teilnehmer jedes Formblatt bearbeitet hat.

Bekannte Varianten der Methode 6 3 5 sind der Brainwriting-Pool, das Collective Notebook, die Triggertechnik, die Kärtchen-Befragung, das Batelle-Bildmappen-Brainwriting (BBB), das Idea-Engineering und das Ideen-Delphi.

3.5.2.2.3 Synektik

Die Synektik betrifft die gesteuerte Verfremdung einer Aufgabenstellung durch Bildung Ziel gerichteter natürlicher, persönlicher, symbolischer und direkter Analogieketten sowie deren erzwungener Rückbezug auf das definierte Ausgangsproblem. Im methodischen Ablauf wird dabei versucht, den eher unbewusst ablaufenden kreativen Prozess zu simulieren, also nicht sofort Lösungen zu suchen, sondern zunächst Gesichtspunkte zu sammeln und möglichst großen Abstand von Bekanntem zu gewinnen, vergleichbar einer natürlichen Inkubationszeit.

Synektik bedeutet somit das Zusammenfügen von scheinbar unzusammenhängenden Tatbeständen. Das Problem wird zunächst verfremdet, um dann durch Konfrontation voneinander unabhängiger Strukturen eine Verknüpfung zu finden, die neuartig ist. Die Ablaufphasen sind allerdings einigermaßen kompliziert und verlangen ein spezielles Training. Sie lauten im Einzelnen:

- Problemdarstellung und -analyse, d. h. Darlegung des Problems und Vertiefung dessen Verständnisses durch Hilfe eines Experten, der (auch im Detail) erklärt, worauf es ankommt (30 Min.),
- Spontanreaktionen festhalten, um übliche Lösungen zu nennen, zu bewerten und zu rechtfertigen, dies schafft erst eine Atmosphäre, in der außergewöhnliche Ideen gedeihen können (10 Min.),
- neudefiniertes Problem, d. h. nach einer gründlichen Erforschung wird eine Wiederholung der Problemstellung oder auch einer Zielvorstellung des Problems vorgenommen (15 Min.),
- direkte Analogien bilden und auswählen, wenn dabei schon eine erfolgversprechende Lösung gefunden wird, ist der Kreativitätsprozess hier beendet, ansonsten folgen weitere Phasen (20 Min.),
- natürliche Analogien bilden und auswählen (20 Min.),
- persönliche Analogien bilden und auswählen (20 Min.),
- symbolische Analogien bilden und auswählen (10 Min.),
- direkte (problemlösungsbezogene) Analogien bilden und auswählen (20 Min.),
- Analyse der ausgewählten Analogie und deren Erklärung bzw. Beschreibung (20 Min.),
- Projektion auf das Ausgangsproblem (20 Min.),
- Lösungsbezug herstellen, d. h., es werden neue Gesichtspunkte entwickelt, aus denen verschiedene Problemlösungen resultieren (10 Min.).

Als Regeln sind dabei zu beachten:

- keine Kritik und Bewertung während des Kreativprozesses, möglichst stichwortartige Vorschläge bringen, andere Teilnehmer in ihrem Vortrag nicht unterbrechen, Antipathien, Statusprobleme und Aggressionen unterdrücken, Moderatorfunktion von verschiedenen Teilnehmern ausüben lassen, den jeweiligen Status im Phasenablauf allen Teilnehmern sichtbar machen, Lösungsvorschläge visualisieren.

An organisatorischen Voraussetzungen haben sich bewährt:

- interdisziplinärer Teilnehmerkreis verschiedener hierarchischer Ebenen, maximal sieben Teilnehmer, Bekanntheit und Vertrautheit mit den Synektikregeln, Zeitbedarf von 90 Minuten bis zu mehreren Stunden reichend, Einsatz von Hilfsmitteln (Tafel, Stimulanz, Pausen).

Als Vorteile sind die erreichte starke Verfremdung des Problems, die Zerlegung auch komplexer Probleme und die Findung außergewöhnlicher Ideen zu nennen. Nachteile sind die hohe Zeitintensität, die schwierige Ablaufsteuerung und die Erfordernis eines speziell geschulten Moderators. Neue Ideenansätze werden zur technischen Ausarbeitung, Prüfung und Bewertung an Experten weitergeleitet, welche die Sitzungsteilnehmer über das Ergebnis informieren.

3.5.2.3 Systematische Kreativitätstechniken

Diese gehen anhand von Ordnungsschemata vor, scheinen also zunächst untypisch für Kreativitätstechniken. Es handelt sich dabei im Wesentlichen um die Eigenschaftsliste, den Fragenkatalog, die Metaplan-Technik und das Mind Mapping.

3.5.2.3.1 Eigenschaftsliste

Ausgehend von einer bekannten, bestehenden Problemlösung werden alle bzw. ihre wichtigsten Eigenschaften aufgelistet. Dann erfolgt eine schrittweise Modifikation zur Leistungsverbesserung. Der Ablauf ist dabei wie folgt. Zunächst werden alle Merkmale des zu verbessernden Gegenstands (Produkt, Verfahren) systematisch aufgeführt. Diese werden danach hinsichtlich ihrer Eigenschaften beschrieben. Dann wird nach alternativen Gestaltungsmöglichkeiten dazu gesucht. Dies erfolgt durch eine Gruppe von vier bis acht Personen. Darauf folgt die Auswahl und Realisierung der präferierten Lösung.

Ein Vorteil der Methode liegt in der Vielzahl möglicher Ideenansätze, die aus der partiellen (evolutionären) Veränderung eines bereits bestehenden Produkts folgen. Zugleich ist damit jedoch der Weg für revolutionäre Neuerungen womöglich verbaut, d. h., es kommt im Ergebnis eher nur zu marginalen Neuerungen.

3.5.2.3.2 Fragenkatalog

Dieser beinhaltet die gedankliche Modifikation eines Ausgangsproblems durch systematische Infragestellung von Eigenschaften zur Generierung neuer Ideen. Ansatzpunkte zur Modifikation sind dabei:

- Vergrößern?
- Verkleinern?
- Verändern?
- Anders verwenden?
- Adaptieren?
- Ersetzen?
- Kombinieren?
- Umkehren?
- Neu anordnen?
- Autonomes Objekt?

Das Kreativitätspotenzial des Fragenkatalogs-Verfahrens ist eher zurückhaltend einzuschätzen. Dennoch ist eine solche Checklist generell hilfreich und für manche Anregung gut. Aufgrund fehlender Unterstützung im Verfremdungsprozess dürften jedoch eher nahe liegende Lösungen daraus resultieren.

3.5.2.3.3 Mind Mapping

Dies ist eine Ideenfindungstechnik, bei der zu Beginn ein Leitmotiv/Thema in die Mitte eines Blattes/einer Tafel gestellt wird. Da dabei die rechte Gehirnhälfte angesprochen wird, soll das Bild etwas detaillierter ausgemalt werden. Dann werden Schlüsselwörter gesucht, die als Grundlage für das Erinnerungsvermögen und freie Assoziationen dienen. Sie sollen Vorstellungsbilder auslösen. Diese Schlüsselwörter werden dann strahlen- oder fischgrätförmig mit dem Leitmotiv verbunden. Pro Linie gibt es nur ein Schlüsselwort, damit genügend Platz für alle kreativen Assoziationen bleibt. Daraus wird ein Netzwerk angelegt, indem von den Linien zum Leitmotiv Abzweigungen in mehreren Ebenen ausgehen, die mit einzelnen Begriffen versehen werden. In der Assoziationsphase werden so viele Ideen wie möglich gesammelt. Die Gedanken schweifen umher, und die größtmögliche Zahl von Schlüsselwörtern wird jeweils passend zu den Zweigen notiert. In der zweiten Phase werden die Schlüsselwörter dann strukturiert und noch treffender formuliert. Alles Überflüssige wird gestrichen, eine noch bessere Zuordnung wird versucht.

Zu Beginn sollten nur prägnant formulierte Substantive verwendet werden. Während der Erstellung wird der Papierbogen mehrfach gedreht, deshalb sind Blockbuchstaben besser lesbar. Als Arbeitsmittel genügen ein einfacher Papierbogen, Bleistift, Radiergummi und für geübte Anwender Farben. Korrekturen sind Teil des schöpferischen Prozesses. Geübte Anwender können an beliebigen Stellen auch Symbole und Bilder verwenden.

Von Vorteil sind die gleichberechtigte Beteiligung aller Teilnehmer, das einfache Handling bei Umorganisation, die motivatorische Wirkung in der Gruppe, die gute Dokumentation der Vorschläge und der geringe Zeitaufwand. Ein Nachteil ist die Notwendigkeit zu geschulter Moderation.

3.5.2.3.4 Metaplan-Technik

Grundgedanke dieser Ideenfindungstechnik ist es, Problemlösungskonferenzen durch planmäßige Visualisierung aller Arbeitsschritte zu strukturieren. Dies erfolgt durch Arbeitsmittel wie Hefttafeln, Filzstifte und Pappkärtchen in verschiedenen Formen, Farben und Größen. Die Ideenstimulierung erfolgt durch spezielle Gruppenfragen. Alle Diskussionsbeiträge werden schriftlich festgehalten, jeder Teilnehmer notiert dazu seine Aussagen kurz auf eine Karte. Die Karten werden anschließend eingesammelt, vorgelesen und an einer Pinwand nach ähnlichen Inhalten in Sparten gleicher Thematik sortiert.

Dafür bestehen zwei Regeln: Die Butler-Regel besagt, dass jeder Sitzungsteilnehmer genauso Mitdenker ist wie Helfer. Die 30-Sekunden-Regel besagt, dass kein Redebeitrag länger als 30 Sekunden dauern darf.

Der Moderator nennt der Gruppe das zu lösende Problem und teilt das Arbeitsmaterial aus. Die Teilnehmer schreiben in Schlagworten ihre Ideen, Kritiken, Vorschläge, Meinungen etc. auf mehrere Karten. Nach dieser anonymen Ideensammlung werden alle Kärtchen ungeordnet an eine Tafel geheftet. Dann werden für diese Oberbegriffe gesucht und die Kärtchen entsprechend angeordnet. Diese Themenschwerpunkte werden anschließend in kleineren Gruppen bearbeitet und präsentiert. Dabei kann auch eine Gewichtung der Sparten durch die Teilnehmer vorgenommen werden.

3.5.3 Ideenbewertung

Erst nach Abschluss des Kreativprozesses erfolgt mit der Ideenauswahl eine erste Analyse der Ergebnisse, indem alle erarbeiteten Ideen grob auf ihre Realisierbarkeit hin geprüft werden. Die Anzahl der für eine feinere Analyse in Betracht kommenden Ideen wird dadurch drastisch reduziert. Es besteht jedoch die große Gefahr, dass in diesem ersten Filter bereits Ideen hängenbleiben, die, weil sie spontan unrealistisch scheinen, ausgesondert werden, obgleich sie sich bei näherer Prüfung als sehr potenzialstark erweisen würden. Oder zunächst Erfolg versprechend erscheinende Ideen sich später als verfehlt herausstellen.

Die wenigen Ideen, die diese Vorselektion überstehen, werden einem Auswahlverfahren unterzogen. Denkbar sind Verfahren wie Punktwerte, Punktwertindex, Bewertungstafeln, Werteskalen, Produktbewertungsprofile, Polaritätenprofile etc. Die Beurteilung der einzelnen Ideen geschieht dabei meist anhand von Faktoren, deren Ausprägungen jeweils hinreichend verlässlich festgestellt werden können. Die Faktoren, die der Einzelbeurteilung zugrunde gelegt werden, erfassen die Gesamtheit der auf den Erfolg der Idee einwirkenden relevanten Einflussgrößen. Dabei kann von einem vorgegebenen Lastenheft hinsichtlich der Erfüllung relevanter Leistungsdimensionen ausgegangen werden, es kann aber auch frei oder gewichtet bewertet werden.

Denkbare Kriterien zur Bewertung sind vor allem folgende:

- Kosten: Höhe der Realisierungskosten, erforderliche Vorarbeiten, voraussichtliche Produktionskosten, voraussichtlicher Werbeaufwand,
- Kreation: Vorhandenes Entwicklungs-Know-how, vorhandenes Realisierungs-Know-how, Übereinstimmung mit Marketingstrategie, Übereinstimmung mit Unternehmensimage, Nutzung von Synergien,
- Abnehmer/Markt: Übereinstimmung mit Anforderungen der Abnehmer, erzielbare Absatzmengen, Preisbereitschaft der Abnehmer, Markteintrittsbarrieren, Aufnahmebereitschaft des Handels,
- Wettbewerb: Vorhandene Konkurrenz, Reaktionsbereitschaft der Wettbewerber, Schutzmöglichkeit gegenüber Wettbewerbern,
- Recht: Vorhandene rechtliche Einschränkungen, Genehmigungs-/Zulassungsverfahren, mögliche Umsetzungshindernisse.

Die priorisierte Idee wird als erste zur Umsetzung vorgesehen. Danach folgen dann die übrigen Ideen in absteigender Reihenfolge ihrer Priorität. Sofern man es sich leisten kann, werden mehrere Ideen parallel weiterverfolgt.

Allgemein wird der Einsatz von Kreativitätstechniken bei der Entwicklung von Werbung sicherlich erheblich überschätzt. Herausragende kreative Ideen sind weitaus häufiger dem Zusammentreffen von Zufällen zu verdanken als der Stimulierung von Ideen. Dennoch sind in bestimmten Bereichen, z. B. der Verkaufsförderung, der Direktwerbung oder der Öffentlichkeitsarbeit, durch Kreativitätstechniken interessante Ideen zu generieren, die weiterhelfen, wenn andere Wege zur Kreativität versagt haben.

3.6 Anforderungen an »gute« Werbung

3.6.1 Anhaltspunkte

»Gute« Werbung ist in keiner Weise standardisierbar. Jede werbliche Aussage muss vielmehr von Neuem originär entwickelt werden. Deshalb führen auch alle Patentrezepte in die Irre. Und die weitverbreiteten Kreativitätsregeln sind nichts anderes als »Krücken für lahme Kreative« (W. Butter).

Dennoch gibt es einige Anhaltspunkte, die zumindest grobe Fehler zu vermeiden helfen. Dabei sind die folgenden Prinzipien zu nennen.

Gute Werbung funktioniert immer über die **Dramatisierung oder Verfremdung** normaler Situationen. Denn das Alltägliche ist langweilig, erst das Überraschende schafft Aufmerksamkeit. Übertreibungen werden, da es sich um Werbung handelt, von Zielpersonen ohnehin reduziert. Das Publikum ist zwischenzeitlich im Umgang mit Werbung so geübt, dass von der Überhöhung auf die mutmaßliche Realität heruntergeschlossen wird. Dazu ein Beispiel:

Man sieht in die Umkleidekabine der Fußball-Nationalmannschaft. Die Spieler sitzen, bereits im DFB-Trikot gekleidet, schweigend auf ihren Pritschen, um sich offensichtlich auf das unmittelbar bevorstehende Länderspiel zu konzentrieren. Die Kamera fährt über die angespannten Gesichter, Sammer, Klinsmann, Häßler, Köpke, Babbel etc. Dann geht die Kabinentür auf, der Bundestrainer Vogts tritt ein und sagt: »So, Jungs, 17.00 Uhr, auf geht's.« Da kommt Bewegung in die Gruppe. Alle Spieler stehen auf, zücken ihre Handys und führen angeregte Mobilfunkgespräche. Die Stimmung ist mit einem Mal ganz locker und gelöst. Die Absicht des Spots ist, auf die halbierten Gebühren beim Mobiltelefonieren im D 1-Netz nach 17 Uhr hinzuweisen.

Ein anderes Beispiel dazu:

Man sieht eine Wagenkolonne mit Trauergästen langsam eine Straße entlangfahren, in den verschiedenen schwarzen Straßenkreuzern sitzen offensichtlich die Angehörigen des Verstorbenen. Der Off-Sprecher sagt: Ich, Maxwell E. Snavely, verfüge im Vollbesitz meiner geistigen und körperlichen Kräfte folgendes: (Man sieht in Fond eine schmuckbehangene, trauernde Witwe) Meiner Frau Rose, die Geld ausgab, als gäbe es kein Morgen, hinterlasse ich 100 Dollar und einen Kalender. (Man sieht zwei lebenslustige junge Männer, die verschmitzt grinsen) Meinen Söhnen, die jeden Cent, den ich ihnen gab, für verrückte Autos und flotte Frauen ausgaben, hinterlasse ich ... 50 Dollar in 10 Cent-Stücken. (Man sieht einen alten Mann, eingerahmt zwischen drallen jungen Damen) Meinem Geschäftspartner Jules, dessen Motto hieß: Ausgeben, ausgeben, ausgeben, hinterlasse ich nichts, nichts, nichts. (Man sieht wieder die Autokolonne die Straße entlang ziehen). Und meinen anderen Freunden und Verwandten, die auch nie den Wert eines Dollars schätzen lernten, hinterlasse ich ... einen Dollar. (Man sieht ganz am Ende der Kolonne einen kleinen, unscheinbaren VW-Käfer. Darin sitzend ein ebenso unscheinbarer junger Mann, der offensichtlich tief und ehrlich trauert). Letztendlich hinterlasse ich meinem Neffen Harold, der immer sagte: Ein gesparter Pfennig ist ein verdienter Pfennig, ... mein gesamtes Vermögen in Höhe von 100 Millionen Dollar.« Volkswagen-Logo, Slogan, Ende. Dieser Spot stammt übrigens aus der legendären amerikanischen Beetle-Kampagne der 60er Jahre.

Ein weiteres Beispiel lautet wie folgt:

Ein kleiner, hässlicher Junge (Sommersprossen, Brille, Zahnlücke etc.) steht vor einem Elefantengehege im Zoo und streckt seinen Hand mit dem letzten Rolo-Schokobonbon darin weit heraus. Auf der anderen Seite des Grabens steht ein kleiner Elefant, der mit seinem Rüssel angestrengt versucht, an das Rolo-Bonbon zu kommen. Immer, wenn er es fast geschafft hat, zieht der kleine Junge den Arm zurück, schließlich isst er das Bonbon selbst grinsend. Der kleine Elefant trompetet wütend und schüttelt wild seinen Kopf hin und her.

> Dann eine Kippblende, aus dem kleinen Jungen ist ein junger ansehnlicher Mann geworden. Er steht vergnügt am Straßenrand, wo gerade eine Musikparade vorbeizieht. Am Naschwerk erkennt man, dass seine Vorliebe für Rolo-Bonbons die Jahre überdauert hat. Die Köpfe vieler vorbeiziehender Menschen sind zu sehen, man hört Musik, und es herrscht eine ausgelassene Stimmung. Doch plötzlich taucht ein großer Elefantenrüssel auf, hält kurz inne und ohrfeigt dann den verdutzten jungen Mann kräftig links und rechts.

Gute Werbung ist immer **reduziert**, also im Signalumfang soweit eingedampft, bis nichts mehr weggelassen werden kann, ohne dass der Botschaftstransport darunter leidet. Gerade gering involvierte Zielpersonen sind durch informationsgeladene Botschaften leicht überfordert. Dazu wieder ein Beispiel:

> Ein Altauto (Ford Granada) steht wippend vor den Zapfsäulen einer Aral-Tankstelle. Davor ein junger, adrett im blauen Firmenlook gekleideter Mann, der hilfsbereit mit Service zur Seite steht. Er hält einen Reinigungsschwamm für die Windschutzscheibe in der Hand und schaut fragend in den Innenraum. Innen sitzen drei schmuddelig gekleidete, langhaarige Rocker, die ihre Köpfe im Takt zur lauten Rockmusik von Black Sabbath (Paranoid) heftig auf- und abnicken. Die Servicekraft identifiziert dies umgehend als Zustimmung und wischt pflichtbewusst die Windschutzscheibe. Dann hält der junge Mann den Ölmessstab in der Hand und schaut fragend nach innen, ob Öl nachfüllen gewünscht wird. Immer noch nicken die Fahrzeuginsassen ihre Köpfe heftig zum Takt der Rockmusik. Damit ist die Sache für die Servicekraft abermals klar, Ölwechsel ist gewünscht. Währenddessen kommt der vierte Rocker mit einer Tüte aus dem Aral-Shop zum Auto zurück und steigt ein. Der junge Mann hält das Reifendruck-Prüfgerät in der Hand. Mittlerweile ist die Musik beim wilden Gitarrensolo angekommen. Wieder schaut er in den Innenraum, die Passagiere schütteln wild ihre Köpfe im Takt der kreischenden Sologitarre. Für die Servicekraft ist damit klar, Reifendruck prüfen ist diesmal nicht gewünscht. Dann fährt der Ford Granada mit quietschenden Reifen davon. Auf der Heckablage wippt das Dackelmaskottchen mit dem Kopf. Die Servicekraft schüttelt entnervt den Kopf. Das Aral-Logo wird eingeblendet. Während des gesamten Spots wird nicht ein einziges Wort gesprochen, und doch wird sonnenklar, dass Aral ab sofort an seinen Selbstbedienungs-Tankstellen auf Wunsch kostenlose Serviceleistungen rund ums Auto bietet.

Ein anderes Beispiel dazu:

Man sieht eine arktische Landschaft, tief eingeschneit duckt sich ein einsames Haus in die Eiswüste. Zu hören ist nur das monotone Pfeifen eines rauhen Nordost-Sturms. Im Bild erscheinen kurz nacheinander folgende Texttafeln: »5 Kilometer zum Nachbarn.« »18 Kilometer zum Arzt.« »899 Kilometer zur Tochter.« Dann hört man im Off ein Telefon klingeln, Schritte nähern sich, der Hörer wird abgenommen, während immer noch das eingeschneite Haus zu sehen und der peitschende Sturm zu hören sind. Es erscheint die letzte Texttafel: »Und drei Schritte zum Telefon.« Unverkennbar eine Werbung der Telekom zum Serviceangebot Telefonieren. Denn das Telefon kann selbst unter den widrigsten Umständen ganz nah sein.

Ein weiteres Beispiel lautet wie folgt:

Ein junger Mann steht in der sonnendurchfluteten Küche, »bewaffnet« mit einer gerollten Zeitung, um einer Fliege den Garaus zu machen, deren penetrantes Surren selbst einen friedlichen Menschen arg nerven kann. Zu seinem Glück landet die Fliege auf der Fensterscheibe genau vor ihm, eine ideale Gelegenheit zum »Abschuss« also. Man sieht aus der Perspektive des Mannes auf die Fensterscheibe mit der Fliege im Fokus. Draußen, nur unscharf zu erkennen, verläuft eine Landstraße entlang. Der junge Mann visiert die Fliege an und holt zum Schlag aus. Da sieht er, und mit ihm der Zuschauer, im Hintergrund, draußen auf der Straße, einen Wagen vorbeifahren. Der junge Mann ist abgelenkt und rückt dieses sportliche Fahrzeug in seinen Fokus. Es gleitet lautlos und elegant vorbei. Die Fliege hat diesen Moment der Ablenkung allerdings genutzt, um sich aus dem Staub zu machen. Als der junge Mann wieder Anlauf zum Zuschlagen nimmt, bemerkt er, dass die Fliege ihm entwischt ist. Er ist sichtlich konsterniert. Dann sieht man das Fahrzeug, einen silbermetallic-farbenen Volvo V 40, über die Biegungen der Landstraße gleiten. Rundherum blühende Natur. Dazu der Abbinder: »Volvo V 40. Designed to save lives.«

Die beste Werbung ist diejenige, die nicht alles als Botschaft vorgibt, sondern den Rezipienten die Gelegenheit lässt, **fehlende Teile der Botschaft selbst zu ergänzen**. Dadurch sind weitaus nachhaltigere Lern- und Gedächtnisleistungen erreichbar. Auch dazu ein Beispiel:

Ein Rover fährt zunächst durch malerische Landschaften, dann über die engen Gassen eines Dorfes. Vorbei an zwei alten Männern, die Schach spielen und keine Reaktion zeigen. Dann lässt der Windsog des Autos eine Tür hinter ihnen im Scharnier knarren, erstaunt zucken die beiden hoch. Der Rover fährt an einer großen Wiese vorbei. Am Zaun direkt an der Straße weiden mehrere Pferde, völlig unbeeindruckt. Dann kommt ein Radfahrer diese Straße entlanggefahren, erschrocken scheuen die Pferde zurück. Schließlich kommt der Rover auf einem Hof an, auf dem ein großer Laubbaum steht. Alles bleibt ruhig. Als die Autoschlüssel auf einen Tisch gelegt werden, werden aus dem nahelegenen Baum gleich Dutzende von Vögeln aufgescheucht. Der Text dazu: Eine Fahrt in einem Rover 600 ist schon eine aufregende Sache. Sie ist ruhig, ausgeglichen und vor allem entspannend. Rover. A Class of its own. Offensichtlich ist der Rover so laufruhig, dass alltägliche Kleinigkeiten für mehr Unruhe sorgen, als seine souveräne Fahrt.

Ein weiteres Beispiel dazu:

Der ältere Herr macht sich vor dem Spiegel fein zum Weggehen. Als die Umgebungsgeräusche verdächtig dumpf klingen, bemerkt er, dass er sein Hörgerät noch nicht angesteckt hat. Er schaltet es ein und reguliert die Verstärkung, die Umgebungsgeräusche sind in gewohnter Lautstärke zu hören. Er streichelt seine Hunde und geht die große Freitreppe hinunter. Unten ist sein Sohn mit dem neuen Mercedes vorgefahren. Er grüßt ihn mit »Guten Morgen, Vater«. Der geht anerkennend um das Auto herum und steigt ein. Die Fahrt geht los. Über langgezogene Landstraßen, in forciertem Tempo. Der alte Herr ist irritiert, weil er wieder nichts hört. Der Wagen braust weiterhin die Straßen entlang. Der Sohn schaut verunsichert aus den Augenwinkeln zu seinem Vater herüber. Der fingert am Hörgerät hinter seinem Ohr. Rasant geht die Fahrt weiter. Immer noch sind kaum Fahrgeräusche zu hören, er dreht den Lautstärkeregler auf voll. Der Sohn beugt sich besorgt herüber und fragt: »Alles in Ordnung?«. Der zuckt erschrocken zusammen, man hört das harte Pfeifen der Rückkopplung in seinem Ohr, er sieht seinen Sohn mit schmerzverzerrtem Gesicht und vorwurfsvollem Blick an. Der zuckt verlegen mit den Schultern und merkt, dass er wieder mal alles falsch gemacht hat, außer mit seinem Auto natürlich. Dann eine Texttafel: So leise wie kein Diesel, Mercedes-Benz CDI. Die Zukunft des Automobils.

Ein weiteres Beispiel lautet wie folgt:

Ein junges Paar macht sich am Abend fein fürs Ausgehen, sie sitzt vor dem Spiegel im Schlafzimmer und schminkt sich, er zieht sich im Hintergrund an. Es entsteht folgender Dialog:
Er (im Hintergrund): »Ich freue mich schon auf heute abend.«
Sie (am Schminktisch): »Ja, es wird sicher sehr lustig. (Pause) Ich nehme an, Du willst, dass ich fahre?«
Er: »Nein, ist O.K., ich fahre. (Pause) Komm schon, Du kannst ruhig etwas trinken.«
Sie: »Nein, amüsier Dich nur, schließlich ist es Dein Freund. (Pause) Und beim letzten Mal hab' ich etwas getrunken, diesmal bist Du dran«
Er: »Nein, nimm Du nur einen Drink.« (der Ton softet ins Off weg)
Man sieht die Straße vor einem Upper Class-Haus, am Straßenrand ist ein VW Bora geparkt. Dem Haupt-Spot folgt regelmäßig ein kurzer Reminder-Spot:
Man sieht nur das am Straßenrand geparkte Auto, im Off die Stimmen:
Er (besänftigend): »Ich fahre hin und Du zurück, O.K.?«
Sie (schnippisch): »Nein«
Er (beharrend): »Ich hin, Du zurück.«
Sie (kategorisch): »Nein«

Gute Werbung funktioniert insgesamt in Allegorie zum Trojanischen Pferd (nach Jung/von Matt). Sie ist oberflächlich nett anzusehen, aber im Kern unheimlich kämpferisch angelegt. Unterhaltung ist daher keinesfalls Selbstzweck, sondern immer Mittel zu dem Zweck, Informationseinheiten, die ansonsten nicht wirksam überzubringen sind, geschickt zu verpacken.

Auch dazu ein Beispiel:

Sand unter praller Sonne soweit das Auge reicht, stürmischer Wind treibt die Sandkörner vorbei. Es ist heiße Popmusik zu hören. Die Kamera fährt suchend die Wüstenoberfläche ab. Man sieht Reste von Gebrauchsgegenständen, die aus dem Sand herauslugen. Dann kommen skelettierte Gebeine zum Vorschein. Die Popmusik wird immer lauter. Die Kamera fährt das Knochengerüst entlang hoch. Halb zugeweht ist im Sand der Brustkorb zu erkennen. Die Kamera fährt weiter. Auf dem Schädel erkennt man einen Kopfhörer. Die Popmusik wird noch lauter. Die Kamera fährt das Anschlusskabel entlang seitwärts zum Walkman. Das Batteriefach des Geräts ist offen, man erkennt darin zwei Energizer-Batterien. Der Abbinder dieses australischen Spots spricht denn auch von der langen Lebensdauer der Batterien.

Ein weiteres Beispiel dazu:

Ein legendäres Motiv aus der Uniroyal-Regenreifen-Kampagne zeigt, in schwarz-weiß und auf Doppelseitenformat, eine triste Landschaft bei düsterer Witterung. Im Vordergrund ist die Biegung einer Landstraße zu sehen, der Asphalt sehr nass und rutschig. An der Straßenbegrenzung ist die Leitplanke durchbrochen. Auf dem Straßenbelag sieht man noch die Bremsspuren des verzweifelten Kraftfahrers als er versuchte, den Schleuderunfall zu vermeiden, doch vergeblich. Die Headline dazu: Die Leute, die bei Regen die falschen Reifen fahren, werden immer weniger. Slogan: Uniroyal. Der Regenreifen

Ein weiteres Beispiel lautet wie folgt:

Zu sehen ist ein Auto, das am Straßenrand offensichtlich wegen Spritmangels liegen geblieben ist. Der Fahrer schaut erwartungsfroh nach dem Reservekanister im Kofferraum, doch da muss er feststellen, dass dieser, natürlich gerade jetzt, wo es darauf ankommt, leer ist. Ein Blick in die Landschaft zeigt blühende Auen und Felder, nur weit und breit kein Haus, geschweige denn eine Tankstelle. Dem armen Mann bleibt also nichts Anderes übrig, als sich auf den Weg zu machen. Man sieht wie er, anfangs noch recht forsch, später dann deutlich beschwerlicher, weite Wege entlang der Landstraße mit seinem blauen Kanister zurücklegt. Es geht bergan und wieder bergab, an einer Kreuzung muss er sich entscheiden, wie es weitergeht. Dann endlich, weiter vorn ist ein Tankstellenschild zu sehen. Frisch motiviert geht der Mann auf die Tankstelle zu. Da erkennt er bei näherem Hinsehen, dass es sich um eine markenlose Tankstelle handelt. Der Mann steht nun vor der Wahl, soll er das Risiko eingehen, hier seinen Reservekanister aufzufüllen und sich dafür einen weiteren Weg ersparen, oder kommt doch nur die richtige Marke in Frage, so schwer der weitere Weg auch fällt. Ein kurzes Überlegen, dann ist klar, tatsächlich kommt nur Aral Kraftstoff in Frage. Also macht der Mann sich notgedrungen weiter auf den Weg. Doch Rettung scheint nah, denn ein ganzes Stück voraus lugt ein blaues Tankstellenviereck, unverkennbar mit der typischen Aral-Signalisation, über den Baumwipfeln empor. Sein Schritt beschleunigt sind wieder. Slogan: Aral. Alles Super. Während des gesamten Spots liegt die Musik von Fats Domino (Walking) unter dem Bild.
Die Ausführung wurde später durch den Fahrschul-Spot (You can get it, if you really want/ Jimmy Cliff) und den Abschlepp-Spot (Let's work together/Canned Heat) stimmig fortgesetzt.

3.6.2 Umsetzungstechniken

Als Techniken zur bestmöglichen Abstimmung von Bild und Text haben sich, jeweils ausgehend vom Textanteil, die folgenden bewährt:

- **Duplikation**, d. h. der Text sagt, was das Bild ohnehin zeigt. Dies ist zwar nicht besonders einfallsreich (Bild: Farbiger vor Hütte, Text: Farbiger vor Hütte), dient aber in einer allgemein informationsüberfrachteten Gesellschaft der Durchsetzung der Botschaft. Der Zweck heiligt insofern die Mittel. Allerdings ist die Voraussetzung für eine besonders inspirierte Werbung eher nicht als gegeben anzusehen. Dafür sorgt die hohe Redundanz dafür, dass der Botschaftsinhalt auch bei flüchtiger Betrachtung leicht erkannt und gut wahrgenommen werden kann. Das fördert die Lernfähigkeit der Inhalte.
- **Assoziation**, d. h. der Text entsteht im Kopf des Betrachters. Dies führt zu stark textreduzierten Werbemitteln. Dazu ein Beispiel:

Man sieht eine sehr elegante Parfümerie, edles Design und hinter der Bedienungstheke ein ausgesprochen distinguierter Verkäufer. Eine Kundin betritt erhaben den Laden, sie ist wählerisch. Sie riecht hier, schnuppert da, lässt sich zig Düfte bringen. Der Verkäufer steigt treppauf, treppab, bringt Flakon nach Flakon aus den Regalen nach vorn, zunehmend leicht indigniert schauend. Dann endlich scheint alles zur Zufriedenheit der anspruchsvollen Kundin gerichtet. Sie verlässt das Geschäft. Der Verkäufer tritt erleichtert ans Fenster, um ihr hinterherzuschauen. Ganz zu seiner Verwunderung füllt die Wählerische den Flakon-Inhalt in die Scheibenwaschanlage ihres Autos, eines Audi A 4 Avant. Der A 4 Avant sieht damit nicht nur Klasse aus, sondern riecht auch so. Der Verkäufer ist beeindruckt. Swingende Musik unterstützt die Szenenfolge, monochrome Bilder reduzieren den Inhalt. Der Slogan: Schöne Kombis heißen Avant.

- **Präzision**, d. h., der Text wird durch das Bild erklärt. Hierdurch wird ein Aha-Erlebnis beim Betrachter evoziert. Berühmt ist etwa die Anzeige des Modeherstellers Wallis.

Man sieht einen Mann im Frisierstuhl, direkt am Fenster zur Straße sitzend. Der Friseur hat das Gesicht bereits eingeseift und setzt gerade das Messer an, um den Rasierschaum abzuschaben. Er hebt kurz den Kopf, um nach draußen zu schauen, da kommt eine schöne, atemberaubend gut gekleidete Frau vorbei. Der Friseur blickt gebannt, der Kunde sitzt starr im Stuhl, sieht im Spiegel, wie das Rasiermesser an seinem Hals angesetzt wird. Der Text dazu lautet nur: Dressed to kill. Und man ahnt förmlich, was der Friseurkunde denkt, und was er anhebt zu sagen.

- **Gradation**, d. h., der Text wird durch das Bild gesteigert. Dadurch werden selbst spröde Texte zu eindrucksvollen Erlebnissen. Auch dazu ein Beispiel.

Strömender Regen, irgendwo in Indien ist wieder einmal Monsunzeit. Der Maharadscha wartet in seinem prächtigen Palast auf seine Abendgäste. Ungeduldig geht er auf und ab, schaut immer wieder auf die Uhr. Dann klingelt das Telefon. Ein Page meldet, dass der französische Botschafter angerufen hat, er kommt mit seinem Auto nicht durch und muss daher leider fernbleiben. Der Maharadscha ist beunruhigt. Wieder ein Klingeln. Es ist der englische Botschafter, wird gemeldet, er ist von der Straße abgekommen, nichts Schlimmes, aber an eine Weiterfahrt ist nicht zu denken. Man sieht den unbarmherzig heftig niederprasselnden Regen, auf den total matschigen Wegen zieht ein Audi einsam seine Spur. Wieder ein Anruf im Palast. Der Page meldet, es ist der deutsche Botschafter. Er bittet um Entschuldigung, dass er etwas später kommt, aber er musste noch den japanischen Botschafter abholen. Man sieht die beiden Personen in ihrem komfortablen Auto sicher des Wegs fahren. Audi A 4 quattro.

- **Argumentation**, d. h., der Text wird durch das Bild belegt. Dabei handelt es sich um eine textlastige Umsetzung. Dazu ein Beispiel.

Man sieht in die Umkleidekabine einer Fußballmannschaft, große Hektik, unmittelbar vor dem Spiel. Es gibt ein Problem, der Torwart bleibt resigniert sitzen und murmelt: »Ohne Bert spiele ich nicht.« Der Manager sieht verwirrt um sich, ein Spieler erklärt ihm, dass Bert das Maskottchen (Teddy) des Torwarts ist und im Übrigen verschwunden. Der Manager lässt sofort einen ganzen Korb mit Teddybären herbeiholen. Er zeigt dem Torwart den ersten Bären, nein, das ist nicht Bert. Dann der nächste Bär, nein, Bert hat größere Ohren, dann der nächste Bär, wieder nicht. Die übrigen Spieler sinken resigniert auf ihren Bänken zusammen und packen mit starrem Blick ihr Snickers aus (Wenn's mal wieder etwas länger dauert, greif zu Snickers). Nach unzähligen Versuchen hält der Torwart endlich einen Teddy, der wie Bert aussieht, in Händen, große Hoffnung bei allen Beteiligten, dass es nun losgehen kann, aber der riecht nun wieder nicht wie Bert.

- **Synektik**, d. h., der Text ist verfremdet zum Bild. Dadurch kommt eine gewisse Spannung zwischen beiden Modalitäten auf. Dazu wieder ein Beispiel.

Hinter dem Tisch sitzt ein Moderator (Haltung wie Nachrichtensprecher), der in die Kamera sieht, dahinter ist eine gelbe Rückwand aufgestellt. Der Moderator begrüßt seine Zuschauer: »Tach, die Post.« In der Hand hält er die Postkarte eines Zuschauers. Der Moderator liest vor: »Ich habe auf meiner letzten Reise in den Himalaya einen reizenden, wenn auch etwas schüchternen Yeti kennengelernt. (kleine Pause). Nun möchte ich ihm schreiben. Wisst Ihr von der Post seine Adresse, Ihr behauptet doch, dass Ihr jeden findet?« Er schaut erwartungsvoll in die Kamera und sagt: »Klar, die Post ist geradezu spezialisiert auf Yetis. Wie heißt es doch so schön: Jetzt yeti Post ab.«

- **Synekdoche**, d. h., das Bild zeigt nur einen Teil des Ganzen. Durch diesen »Schlüsselloch-Effekt« wird die Spannung der Werbung gesteigert. Dazu ein Beispiel.

Arktische Eiswüste, man sieht zwei Eskimos auf Flechtschuhen durch den Schnee stapfen, der Großvater und sein kleiner Enkel. Der Großvater bleibt stehen und zeigt auf eine Fußspur, er sagt »Bär«. Der Junge nickt. Die beiden stapfen weiter, der Schnee knirscht leise unter den Sohlen. Der Großvater bleibt wieder stehen, zeigt auf eine andere Fußspur und sagt »Wolf«. Der Junge nickt aufmerksam. Die beiden ziehen weiter. Man sieht die Spur von zwei Reifenreihen im Schnee. Der Großvater bückt sich, reibt etwas Schnee zwischen seinen Handschuhfingern, blickt prüfend auf die Spur. Er sagt »Audi«, und dann »Quattro«. Der Junge nickt wieder vielsagend. Dann wird das Audi-Logo eingeblendet. Ein Spot mit nur vier Wörtern, aber einer kompletten, sehr ungewöhnlichen Geschichte.

- **Summation**, d. h., Bild und Text ergänzen sich zum Ganzen. Dies ist eine ideale Kombination, wenn sie geschickt eingesetzt wird. Dazu ein Beispiel.

Ein junger Mann sitzt im Kaffee, von hinten nähert sich eine Frau, die man nur vom Kopf abwärts sieht, speziell ihre Hände, die sie dem Mann auf die Augen legt. Der ist angenehm überrascht und beginnt zu raten: »Julia?, Anna? Christine?« Man hört jeweils ein leises Nein und ein Kichern. Die Frau nimmt ihre Hände von den Augen des jungen Mannes und sagt nur: »Nö.«. Der schaut sich neugierig um, und sagt/fragt irritiert: »Mutter!?«. Die Mutter legt zum Lachen die Hände vor den Mund. Es folgt der Packshot: Atrix Age Control Lotion. Eine Creme für Hände, denen man ihr Alter nicht ansieht.

- **Kausalität**, d. h., Bild und Text stehen in einem Ursache-Wirkungs-Verhältnis zueinander. Sie sind ineinander integriert. Dazu ein Beispiel.

> Ein serviler Verkäufer und ein konservativer Kunde stehen sich bei einem Dialog im T-Punkt gegenüber. Der Verkäufer beginnt: »Noch einfacher ist dieses Telefon. Da können Sie mit Ihrer Stimme wählen.« »Allerhand«, bezeugt der Kunde knapp. Man sieht ein leichtes Zucken in seiner linken Gesichtshälfte. Wieder der Verkäufer: »Wenn ich zum Beispiel Sie zu Hause anrufen will, brauche ich nur Ihren Namen zu sagen. Wie heißen Sie denn?« Darauf der Kunde trocken: »Karl-Heinrich-Gotthold-Leberecht-Rembert von und zum Hoimeringen-Noyne.« Und wieder dieses leichte Zucken im Gesicht. Der Verkäufer stutzt verblüfft, aber nur kurz, dann sagt er: »Das ist nun etwas zu lang.« Der Kunde ergänzt sichtlich stolz: »Meine Freunde nennen mich Putzi.« Der Verkäufer ist erleichtert, spricht ins Telefon: »Also: ›Putzi‹.« Der Kunde daraufhin entrüstet: »Sie nennen mich natürlich nicht Putzi.« Der Verkäufer zieht ertappt den Kopf ein und fragt listig: »... von Putzi?« Beide schauen fragend in die Kamera, die linke Gesichtshälfte des Kunden zuckt. Es folgt das Produktangebot der Telekom, ein Telefon, das auf Zuruf des Namens die zugehörige Nummer selbsttätig anwählt.

- **Kontext**, d. h., die Bilder lassen den Text im Kopf des Betrachters erst entstehen. Diese Werbemittel kommen ganz ohne Text aus. Berühmt ist die Mercedes SLK-Anzeige.

> Man sieht, leicht von oben, auf eine Stadtstraße. Der körnige Belag weist unverkennbar mehrere, schwarzradierte Bremsspuren auf. Alle an derselben Stelle. Man fragt sich, wieso? Ein zweiter Blick schafft Aufklärung. Am Straßenrand sind Autos geparkt. Man sieht drei davon, vorne und hinten nicht näher identifizierbare »Einheitsautos«, dazwischen, leicht schräg eingeparkt, einen offenen Mercedes SLK, die Sonne spiegelt sich im Silbermetalliclack. Genau in Höhe der Bremsspuren abgestellt. Kein weiterer Text, nur das Mercedes-Logo und der Slogan (The new SLK). Die Bilder dazu werden damit klar: Man »sieht« vorbeifahrende Autos. Ein Autofahrer erkennt aus dem Augenwinkel das attraktive Cabrio am Straßenrand. Er will es näher betrachten, tritt auf die Bremse und schaut herüber, dahin wo der SLK geparkt ist. Weitere Autofahrer tun dasselbe, sie alle können einem längeren Blick nicht widerstehen. Daher die Bremsspuren an der gleichen Stelle. Und man selbst hätte wohl auch so reagiert.

- **Analogie**, d. h., Bilder lassen im Kopf des Betrachters ein ähnliches Bild entstehen, z. B. daran, wie es einem selbst in einer ähnlichen Situation auch einmal ergangen ist. Dazu wieder ein Beispiel.

> Man sieht eine Sitzreihe in einem Van. Zwei ältere Leute (die Großeltern) schauen völlig konsterniert drein. In ihrer Hand haben sie jeweils einen Becher Kaffee. Und auf dem schönen weißen Hemd bzw. der schönen weißen Bluse große braune Flecken. Hinter der Sitzreihe lugt der Kopf eines Lausbubs, des Enkels, hervor, breit grinsend. Der Text: Leben in Fahrt, jetzt mit 1,8 l Turbo. Diese Anzeige bewirbt den 150 PS-Volkswagen Sharan, der offensichtlich im Anzug so schnell ist, dass man sich mit seinem Getränk schon sehr in acht nehmen muss.

Als weitere Maßgaben für die **kreative Textarbeit** können etwa folgende gelten (in Anlehnung an R. Siemes):

- Machen Sie vor jeder Arbeit, die Sie angehen, eine gedankliche Reise zu den Menschen, die Ihr Werk wahrnehmen sollen, also den Zielpersonen. Welche Bedürfnisse haben sie, welche Nutzen brauchen sie?
- Arbeiten Sie in der Entwicklungsphase nur mit dem Kopf, die Visualisierung und Verbalisierung folgt erst später. Dazu reichen Konzeptlines, welche die Idee festhalten.
- Wechseln Sie zwischendurch die Rolle und versetzen Sie sich in den Nachfrager (die Zielperson). Was wird sie wohl von einer Idee halten? Findet sie sie spannend?
- Schreiben Sie alles, was Ihnen gefällt, auch das Unsinnige, stichwortartig auf. Damit ist es aus dem Kopf weg und blockiert nicht länger weiterführende Gedanken.
- Entwickeln Sie anschauliche Bilder im Kopf, die Sie dann visualisieren und verbalisieren.
- Fragen Sie sich, ob Ihre Idee auch wirklich sofort verstanden wird. Gehen Sie daher von Zielgruppen bekannten Situationen aus. Bleiben Sie dabei aber auf keinen Fall in der Konvention verhaftet.
- Legen Sie die Arbeiten für drei Tage weg und holen Sie sie dann wieder hervor. Finden Sie sie immer noch gut? Dann haben sie das gewisse Etwas, ansonsten weg damit und neu anfangen.
- Dann graben Sie nach weiteren Fakten, ordnen diese und suchen das große Versprechen. Daraus ergibt sich eine neue Textidee.
- Packen Sie den Leser/Hörer beim ersten Satz, fassen Sie sich kurz, vermeiden Sie verbale Akrobatik, sondern sagen Sie, was Sache ist, und das möglichst merkfähig.
- Legen Sie den Text wieder zur Seite, streichen Sie ein Drittel und gehen neu ran. Lesen Sie den Text zur Kontrolle laut vor. Wenn das nicht reicht, vergessen Sie alle Tips.

Als Hilfsmittel für die Textgestaltung gibt es einige Leitlinien, so die

- Neubildung von Wörtern (z. B. Gefrierbrand/bei Frischhaltefolien),
- Superlativa/Übertreibungen (rechtlich allerdings nicht unproblematisch),
- Periphrase (z. B. Umschreibung wie Service-Center statt Tankstelle),
- Paraphrase (z. B. anderer Ausdruck wie Freisetzung statt Entlassung),
- Metapher (durch Schein-Synonyma),
- Entkonkretisierung (z. B. Hoffnung statt Creme verkaufen/Revlon),
- Personifizierung (z. B. Der Gilb, Der Schmutzkiller/bei Waschmitteln),
- Störung des Satzbaus (Anakoluth, z. B. Persil. Da weiß man, was man hat.),
- Auslassung (Ellipse) (z. B. Darauf einen Dujardin),
- Wortspiele (z. B. Pott sei dank),
- Paradoxa (z. B. Sehen Sie, Sie sehen nichts),
- Wiederholungen (z. B. Der Käfer. Er läuft und läuft und läuft),
- Anapher (durch Wortwiederholung am Beginn aufeinanderfolgender Sätze),
- Alliteration (durch aufeinanderfolgende Worte mit gleichem Anfangskonsonanten),
- Kette (z. B. Dash wäscht so weiß, weißer geht's nicht),
- Sinnbrüche (z. B. Johannesburg ist 1.015 DM entfernt/für eine Fluglinie),
- Gruppierung (z. B. Ritter Sport. Quadratisch. Praktisch. Gut).

Exkurs: Case History Camel

Zigaretten gehören zu den unter Marketinggesichtspunkten faszinierendsten Produkten. Sie sind nutzlos bis schädlich, zunehmend teuer und auf der objektiven Beurteilungsebene mehr oder minder homogen. Auf der subjektiven Ebene aber werden zwischen Marken Welten gesehen, die über Erfolg oder Misserfolg des Produkts entscheiden. Lernziel dieses Exkurses ist es, aufzuzeigen, wie sehr Kommunikation auf den Erfolg oder Misserfolg von Marken einwirkt.

Die Marktgeschichte bei Zigaretten ist gekennzeichnet durch den subjektiven Kampf um die Dissonanz zwischen Genusssucht einerseits und Krankheitsangst andererseits. Auf diese Dissonanz lassen sich alle wesentlichen Segmentzyklen der Vergangenheit bis zum heutigen Tage zurückführen. Oder jedenfalls bis zu einem gewissen Punkt.

Es können grob und etwas vereinfacht betrachtet folgende Trends nachvollzogen werden:

- Der Trend zur Filterzigarette (ca. 1955). War es jahrzehntelang selbstverständlich gewesen, dass Zigaretten als Röllchen vom Strang konfektioniert wurden, so brachte der Filter ein (in der vor allem aus den USA aufkommenden Diskussion um die potenzielle Gesundheitsgefährdung durch Rauchen) willkommenes Alibi. Bei unverminderter Geschmacksfülle wurde leichteres (damit subjektiv weniger gesundheitsgefährdendes) Rauchen möglich. Vorreiter dieser Entwicklung war HB von BAT. Der Erfolg der Gattung ist überwältigend gewesen (über 90% Marktanteil).
- Der Trend zur Leichtzigarette (ca. 1965). Diese Beruhigungswirkung hielt jedoch nicht lange an. Eine Steigerung war überfällig, nämlich gleichbleibend voller Geschmack bei noch leichterem Rauch. Auch hier ging es also darum, die Realisierung des Genussziels bei möglichst geringem empfundenen Gesundheitsrisiko zu erreichen. Da die Leichtzigarette (»im Rauch nikotinarm«) dies in besserem Maße versprach als die Normal Flavor-Zigarette, war der Markterfolg vorgezeichnet. Vorreiter dieses Trends war Lord Extra (Marktanteil ehemals deutlich über 10%, Einführung 1962, Brinkmann).
- Der Trend zur Extraleichtzigarette (ca. 1975). Weil aber auch dieses Angebot noch Ambivalenz ausstrahlte, konnte sich das Segment der Extraleichtzigaretten am Markt etablieren. Sie versprachen, insb. durch neuartige technologische Verfahrensweisen (z. B. Aromaübertragung), den Erhalt des gewünschten vollen Geschmacks bei noch besseren Werten für Nikotin und Kondensate, mithin potenziell noch geringerer Gesundheitsgefährdung. Klar, dass dieses Angebot damit überlegen wirkte. Vorreiter dieses Trends war R 6 (Reemtsma, Einführung 1973).

So könnte diese Entwicklung bis heute weitergehen – hält doch die Diskussion über das Krebs- und Herz-Kreislauf-Risiko des Rauchens unvermindert an. Und ist doch Gesundheit i. S. v. körperlicher Fitness und Natürlichkeit mehr denn je ein Thema, dem die Zigarettenindustrie durch die Kreation neuer Marken superleichter Zigaretten (R 1, Barclays etc.) nachkommt. Marken, die sich im Anspruch leichten Rauchens bei unbeeinträchtigtem Geschmackserlebnis gegenseitig überbieten.

Dennoch war hiermit ein Punkt erreicht worden, der eine gegenteilige Entwicklung induzierte. Völlig unerwartet aufgrund des Langzeittrends, dafür aber umso nachhaltiger, kam es zu einer Spaltung des Zigarettenmarktes.

Es entstand der Trend zur Full-Flavor-Zigarette (ca. 1975). Denn parallel zum Aufkommen der Leichtzigaretten ergab sich, getragen vor allem durch zwei Marken, Marlboro und

Camel, eine erhebliche Verschiebung der Marktstruktur zugunsten stärker schmeckender, teer- bzw. kondensathaltigerer Zigaretten. Das heißt, der bis dahin dominierende Gesundheitstrend bei der Produktwahl erfuhr eine Durchbrechung. Und durchkreuzte damit alle marktforscherischen Erfahrungen. Interessant ist, nachzuvollziehen, vor welchem Hintergrund dies geschah.

Die späten 60er und frühen 70er Jahre waren die Zeit der aufkommenden Eigenständigkeit Jugendlicher als sozialer Gruppe. Jugendliche verfolgten jetzt die Absicht, sich gegenüber den tradierten Werten der Erwachsenenwelt spürbar abzusetzen – auch mit Hilfe von Markenartikeln, wie eben Zigaretten. Marlboro sowohl als auch Camel galten als internationale Marken, anders als die chauvinistischen deutschen Marken, die schon die Väter geraucht hatten. Sie waren ausgestattet mit absolut attraktiven Markenwelten und daher voll akzeptiert von Jugendlichen als Ausdrucksmittel gestiegenen Selbstbewusstseins.

Gesundheitsbedenken sind bei Jugendlichen generell noch geringer ausgeprägt als bei Erwachsenen und von daher nicht relevant bzw. ursächlich für Dissonanzen. Das heißt, die potenziell höhere Gesundheitsgefährdung durch Full-Flavor-Zigaretten wurde gegenüber dem Zugewinn an Prestige, Gruppengeltung und Eigenprofilierung bewusst und gern in Kauf genommen.

Vorreiter waren wie erwähnt Marlboro (Brinkmann 1960, Philip Morris ab 1970) und Camel (Reynolds 1968) mit Marktanteilen von über 30 bzw. über 8 %. Diese Marken der Jugendlichen wurden im Zeitablauf zu Massenmarken; sie erhielten eine breitere Basis, vor allem auch durch Markentreue mit fortschreitendem Lebensalter. Damit jedoch erfüllen sie nicht mehr das Kriterium der positiven Absetzung von der Erwachsenenwelt.

Der Zigarettenmarkt ist ein oligopolistischer Markt, d. h., fünf große Zigarettenkonzerne teilen gut 95% des Marktes unter sich auf. Dabei handelt es sich um (1996):

- Philip Morris, Hauptmarken Marlboro, F 6, Light American, L & M, zusammen ca. 35% Marktanteil,
- Reemtsma, Hauptmarken West, Peter Stuyvesant, Ernte 23, Reval, R 6, R 1, Roth-Händle, Cabinet, zusammen ca. 25% Marktanteil,

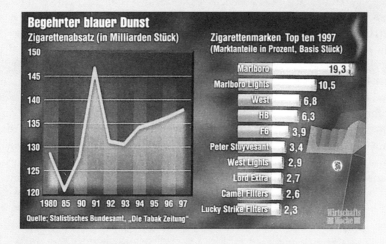

- British American Tobacco, Hauptmarken BH, Prince Denmark, Lucky Strike, Benson & Hedges, zusammen ca. 20 % Marktanteil,
- Rothmans (Brinkmann), Hauptmarken Lord Extra, Golden American, Lux Filter, Marktanteil zusammen ca. 8 %,
- Reynolds Tobacco, Hauptmarken Camel, Winston, Overstolz, Marktanteil zusammen ca. 7 %.

Der Gesamtmarkt Deutschland war 1996 ca. 130 Mrd. Zigaretten p. a. groß. Dieser Markt schrumpft mit ca. 0,5 % p. a. Monetär macht dies knapp 30 Mrd. DM Umsatzvolumen aus. Andererseits bedeutet dies, dass 1 % Marktanteil ca. 1,3 Mrd. Zigaretten repräsentiert. Soviel repräsentiert ungefähr die erfolgreichste Neueinführung der letzten Jahre außerhalb der Derivate der Markenfamilien, die Lucky Strike. Damit wird auch deutlich, dass eher lapidar erscheinende Marktanteilsverluste von 0,1 % für 130 Mio. Stück stehen, um jeden, noch so kleinen Marktanteilspunkt also verbissen gekämpft wird. Rund ein Drittel der Gesamtbevölkerung raucht, davon gut 40 % Männer, mit fallendem Anteil, und 25 % Frauen, mit steigendem Anteil. Bei den unter 14-jährigen mit Raucherfahrung liegen die Anteile bereits bei weniger als 50 % aller Jungen und über 40 % aller Mädchen. Das Rauchen der Frauen ist offenbar ein Zeichen der Emanzipation. Der Anteil der Raucher an der Gesamtbevölkerung sinkt, dafür rauchen die verbleibenden umso heftiger. Daher sinkt das Marktvolumen langsamer als der Raucheranteil an der Bevölkerung.

Im Folgenden soll ein besonderes Augenmerk auf die Marken Camel (Reynolds) und Marlboro (Philip Morris) gelegt werden. Die eine Marke (Camel) liegt aktuell bei ca. 4 % Marktanteil, mit kontinuierlich fallender Tendenz, nach einem Zwischenhoch von ca. 10 % Anfang der 80er Jahre. Die andere Marke (Marlboro) liegt aktuell bei ca. 30 %, mit kontinuierlichem Anstieg, der erst Anfang der 90er Jahre erlahmte. Beide Marken sind etwa zur gleichen Zeit auf dem deutschen Markt gestartet und haben sich lange Zeit parallel erfolgreich entwickelt. Es stellt sich also die Frage: Was ist ursächlich dafür, dass die eine Marke mehr als fünfmal soviel Umsatz erzielt als die andere?

Zigaretten sind eines der seltenen homogenen Produkte. Das heißt, es gibt keine objektiv nachvollziehbaren Produktunterschiede zwischen beiden Marken. Beide sind Full-Flavor-Zigaretten, also eher solche mit höheren Nikotin- und Kondensat- bzw. Teerwerten. Und Blindtests beweisen, dass selbst eingeschworene Camel- bzw. Marlboro-Raucher, die Stein und Bein schwören, ihre Marke unter zig anderen herauszuschmecken, nicht signifikant häufiger ihre eigene Marke wiedererkennen, wenn das charakteristische Label fehlt. Beide Zigaretten haben auch das gleiche (King Size-) Format und beide haben Filter. Insofern sind sie also wirklich hinsichtlich aller wesentlichen Eigenschaften homogen. Auch die Preisstellung ist für beide Marken schon immer die gleiche gewesen. Beide gehören dem oberen Preissegment an, wie gut 50 % der anderen Zigaretten auch. Preiserhöhungen wurden schon immer im Gleichschritt vollzogen, was allerdings weniger an der oligopolistischen Marktstruktur als an der Tatsache liegt, dass die ständig steigende Tabaksteuer, neben dem Werbeaufwand, die Hauptkostenposition ausmacht. Und diese Steuer ist nun einmal für alle Anbieter objektiv gleich hoch. Auch die Distribution ist für beide Marken identisch. Denn für Zigaretten gilt praktisch Ubiquität. Man kann fast überall, wo man sich aufhält, in nahem Umkreis Zigaretten kaufen. Gut ein Drittel des Marktes geht über Automatenverkauf, 20 % über Impulsmärkte, ebenfalls 20 % über den Lebensmittelhandel und 10 % über den

Tabakwarenfachhandel. Überall dort ist Camel sowohl wie Marlboro schon immer vertreten gewesen. Das heißt, potenzielle Käufer haben am POS immer die Wahl zwischen Camel und Marlboro.

Als Fazit bedeutet dies aber, dass nicht nur die Produkte homogen, sondern auch die Preisstellungen gleich und die Verkaufsstellen identisch sind. Dennoch hat die eine Marke (Marlboro) einen mehr als siebenmal so hohen Marktanteil wie die andere (Camel). Dies kann, wenn drei der vier Marketing-Mix-Instrumente völlig gleichartig sind, nur an Unterschieden im vierten Instrument, der Kommunikation, liegen. Damit ist hier einer der seltenen Fälle gegeben, wo der Markterfolg bzw. -misserfolg einer Marke konkret der Werbung zuzuschreiben ist, denn sie ist der einzig differenzierende Faktor zwischen Marlboro und Camel. Dieser Fall ist deswegen so selten, weil meist Unterschiede in mehr als einem Instrument vorhanden sind, also z. B. in der Produktqualität, im Kundendienst, in der Preisstellung, in den Zahlungsbedingungen, in der Platzierung, in der Logistik etc., sodass Unterschiede im Markterfolg nicht eindeutig einem dieser Faktoren zuzurechnen sind. Eben dies ist aber bei Zigaretten nicht gegeben. Übrigens liegt es auch nicht an dem Volumen der Werbeausgaben. Beide Marken sind schon immer etwa gleichstark werblich unterstützt worden, in den 80er Jahren mit ca. 45 Mio. DM p. a., davon ein sinkender Anteil in Klassischer Werbung und ein immer höheres in Below the Line Advertising. Aber auch dies gilt für beide parallel. Insofern lohnt es sich, die Inhalte der Werbemaßnahmen beider Marken näher zu betrachten.

Vorher jedoch noch ein Blick auf das Raucherverhalten. Nun sind Zigaretten eines der wenigen gesundheitsschädlichen Produkte, für die wir bereit sind, immer mehr Geld hinzulegen. Wie kommt man zum Rauchen? Dies ist intensiv psychologisch untersucht worden. Hier die wesentlichen Gründe. Neugier, Erlebnislust, also das Ausprobierenwollen, was dran ist am Rauchen. Dann die Nachahmung von Vorbildern, Idolen aus Sport, Musik, Film, aber auch aus dem engeren sozialen Umfeld. Rebellion, ein Motiv, das im untersuchten Fall von herausragender Bedeutung war, heute aber stark nachlässt. Sozialer Zwang als die Gefahr, von anderen als Nichtraucher nicht akzeptiert zu werden. Und oraler Genuss als Extroversion, die ja schon vom Säuglingsalter an das Verhalten bestimmt. Die Berührung an den Lippen wird als anregend empfunden.

Nun ist hinlänglich bekannt, dass die Kausalität zwischen Rauchen und einer gesteigerten Häufigkeit gewisser Erkrankungen nicht zu leugnen ist. Insofern stellt sich die Frage, warum Raucher trotz dieses Wissens weiterrauchen. Auch dies ist hinlänglich untersucht worden. Hier die wesentlichen Ergebnisse. Rauchen wird zur Gewohnheit, man verbindet damit eine stimulierende Wirkung. Rauchen ist zur Abhängigkeit geworden, die suchtgleichen Charakter hat, d. h., viele können nicht mehr ohne weiteres aussteigen, selbst wenn sie wollen. Dann die Suggestion, dass Rauchen bei der Problemlösung hilft. Dem liegt die Erfahrungstatsache zugrunde, dass Raucher bei Problemen meist zur Zigarette greifen und sich ablenken. Währenddessen wird das Problem aber kognitiv weiterverarbeitet, sodass mit wachsender Zeit die Wahrscheinlichkeit steigt, auf eine Problemlösung zu kommen. Dies ist aber auch ohne Rauchen der Fall. Es handelt sich hier also um eine klassische Scheinkorrelation. Und schließlich der Hedonismus, der Selbstbelohnung nach vollbrachter Leistung für verdient hält. Die Belohnung ist dann die Zigarette, die man sich gönnt.

Es stellt sich weiterhin die Frage, wie Raucher mit dem Problem der ihnen zweifelsfrei bekannten gesundheitsschädlichen Wirkung des Rauchens zurecht kommen. Der Drang zum Rauchen und das Wissen um die Gefahr führt zu Widersprüchen. Es entstehen kognitive Dissonanzen. Der Mensch ist aber bestrebt, solche Dissonanzen zu reduzieren. Wie geschieht das nun bei Rauchern? Dafür gibt es verschiedene Ansätze. Einer ist die Negation der Ursächlichkeit des Rauchens für Krebs-, Herz-Kreislauf- und andere Erkrankungen. Dazu werden immer die Ergebnisse entsprechender, zwischenzeitlich international und in hoher Fallzahl vorliegender, epidemiologischer Studien angezweifelt. So werden mehr oder weniger fadenscheinige Zweifel an den Untersuchungsdesigns angemeldet, gestützt durch die Zigarettenindustrie, die renommierte Gutachter aufbietet, die wissenschaftlich nachweisen, dass diese und jene Untersuchungsbedingung nicht hieb- und stichfest und über jeden Zweifel erhaben ist. Obgleich der bloße Augenschein diese Vermutung widerlegt. Dann wird ein Ausschluss des Risikos für die eigene Person behauptet. Dafür werden anderweitig gesunde Ernährung oder sportliche Freizeitaktivitäten angeführt, die etwaige negative Folgen des Rauchens zu überkompensieren in der Lage sind. Oder es wird auf die geringen Dosen unterhalb der Schädlichkeitsgrenze verwiesen. Viele Raucher gewichten den Genuss auch einfach höher als die Gefahr. Das läuft dann auf lieber kürzer leben, dafür aber mehr erleben als umgekehrt hinaus. Verbreitet ist auch ein Selbstbetrug derart, dass Raucher behaupten, das Rauchen gut unter Kontrolle zu haben. Das heißt, jederzeit aufgeben zu können, wenn es erforderlich sei. Nur sei es eben noch nicht erforderlich. Dann gibt es den Vorsatz, demnächst ganz bestimmt mit dem Rauchen aufhören zu wollen. Die Frist, die man sich dazu stellt, wird aber stillschweigend immer wieder verlängert. Verbreitet ist auch eine dialektische Tatsachenumkehr. Dabei wird auf diese oder jene Person verwiesen, die, obgleich sie starker Raucher ist, sich auch in hohem Alter noch bester Gesundheit erfreut, und auf diese oder jene andere Person, die, obgleich sie zeitlebens Nichtraucher war, schon früh verstorben ist. Das heißt, es werden gezielt Gegenbeweise herangezogen, um das Schuldgefühl beim Rauchen zu verdrängen. Und schließlich gibt es die Personen, für die sich das Aufgeben nicht mehr lohnt, weil sie schon so lange und so intensiv rauchen.

Nun wird immer wieder behauptet, dass Werbung in hohem Maße ursächlich ist für das Rauchen. Und das gilt vor allem angesichts von Jugendlichen, die durch attraktive Inszenierungen der Zigarettenmarken sicherlich auch zum Rauchen verleitet werden. Obwohl die Zigarettenindustrie dies bestreitet, sie argumentiert, dass Werbung lediglich Marktanteilsverschiebungen innerhalb der bestehenden Raucherschaft bewirkt , sah die öffentliche Meinung darin immer schon eine große Gefahr und versuchte, umfangreiche Werbebeschränkungen für Tabakwaren durchzusetzen. Dies war ein perpetuierender Prozess, der zwischenzeitlich zu einer enormen Vielzahl von Verboten geführt hat. Hier nur ein Auszug davon.

So ist jede Werbeäußerung verboten, die sich gesundheitlicher Argumente i. S. v. Unbedenklichkeit des Rauchens bedient. Kontrovers wurde hier die Werbeaussage »Ich rauche gern« von R1/R6 (Reemtsma) diskutiert. Es sind Slogans verboten, die gesundheitliche Unbedenklichkeit des Rauchens suggerieren. So darf HB schon lange seinen legendären Slogan »Frohen Herzens genießen« nicht mehr einsetzen. Jede sich speziell an Jugendliche richtende Werbung ist verboten. Fraglich war deshalb der Auftritt von L&M (Philip Morris) bei einer Rolling Stones-Tournee, weil auf Rockkonzerten fast ausnahmslos Jugendliche anwesend sind, nach Meinung des Zigarettenherstellers aber in diesem Fall eher Oldie-Fans, welche die Rolling Stones noch aus ihren eigenen Jugendtagen kennen. Es ist verboten, Situationen darzustellen, die typisch für Jugendliche sind (z. B. Discos) sowie einen für

Jugendliche typischen Wortschatz zu verwenden, da Jugendliche sich dadurch besonders angesprochen fühlen. Jede Art von Leitbildwerbung, z. B. durch Prominente, ist verboten, obgleich Götz George schon für Camel, aber die Boots, auftrat. Rauchende oder zum Rauchen auffordernde Leistungssportler und die Darstellung von Sportumfeldern sind verboten. Dies führte bei der Fußball-Weltmeisterschaft 1986 in Mexiko zur Kontroverse darüber, ob die Spiele im Fernsehen übertragen werden dürfen, denn Camel war dominanter Bandenwerber. Auch ist die Darstellung sportlicher Freizeitbeschäftigungen verboten. Wobei fraglich ist, was genau darunter zu verstehen ist. Gehören z. B. eine Segelpartie oder ein Eisstockschießen (Lord Extra) schon dazu oder nicht? Es ist verboten, Rauch inhalierende Personen zu zeigen. Es dürfen keine Personen in der Werbung agieren, die jünger als 30 Jahre sind oder dafür gehalten werden können. Hörfunk- und Fernsehwerbung ist generell verboten. Obgleich es TV Commercials für Peter Stuyvesant, den Reiseveranstalter, gibt. Kinowerbung vor jugendfreien Filmen vor 18 Uhr ist verboten. Ebenso Plakatwerbung für Formate größer 18/1 Bogen, also Superposter. Dabei dürfen auch nicht mehrere Großflächen an einem Standort belegt werden, wobei als ein Standort solche Flächen gelten, die weniger als 100 m voneinander entfernt liegen. Es darf je Marke keine höhere Ausdeckung als eine Großfläche auf 3.000 Einwohner vorgenommen werden. An Bahnhöfen, Flughäfen, Haltestellen und anderen häufig frequentierten Stellen darf nicht mehr als eine Großfläche je Marke belegt werden. Außenwerbung in unmittelbarer Umgebung von Zigarettenautomaten ist verboten. Anzeigen in Tages-, Sonntags- und Wochenzeitungen dürfen nicht größer als 1/2 Seite im Format sein. In Zeitschriften sind Formate größer als 1/1 Seite verboten – obgleich es schon Anordnungen wie zwei gegenüberliegende 9/16 Seiten, drei 1/1 Seiten nacheinander in einem Heft o. ä. gab. Beilagen in Zeitungen/Zeitschriften dürfen nicht größer als 1/2 Heftformat sein und sind generell verboten, wenn die gleiche Ausgabe bereits mit einer Anzeige belegt ist. Die Belegung von Jugendpresse-Titeln ist verboten. Verboten sind auch Leucht-, Laufschrift- und Luftwerbung für Zigaretten. Ebenso Verkehrsmittelwerbung an Bussen, Bahnen, Zügen, die innerhalb Deutschlands verkehren. Dies gilt nicht, wenn diese grenzüberschreitend eingesetzt werden. Sportstättenwerbung jeglicher Art ist verboten, also neben Bandenwerbung auch Programmheftanzeigen, Eintrittskartenbedruckung etc. Solche Streuartikel, die erfahrungsgemäß von Kindern bevorzugt werden, wie Wimpel, Ballons, Schirme, Buttons etc., dürfen nicht eingesetzt werden. Auch sind Packungsbeigaben (On Packs) verboten, z. B. Sammelbilder o. ä. Proben dürfen nur an Personen über 18 Jahre und auch nur außerhalb der Verkaufsstellen und in Mengen, die zum Probieren notwendig sind, verteilt werden. Dafür werden drei Zigaretten als angemessen gesehen, dennoch werden in Discos regelmäßig Packungen gesampelt, und per Direct Mailing versendet Marlboro sogar zwei volle Packungen.

Bei den meisten dieser Regelungen handelte es sich ursprünglich um Vereinbarungen der Mitglieder des Tabakindustrieverbandes, der als Zeichen vorauseilenden Wohlverhaltens gegenüber dem Gesetzgeber zahlreiche freiwillige Selbstbeschränkungsabkommen beschloss. Diese wurden später regelmäßig durch gesetzliche Verbote sanktioniert, denn wenn die fünf Hersteller sich ohnehin verpflichten, bestimmte Werbemöglichkeiten für sich nicht mehr zu nutzen, dann traf sie ja auch ein entsprechendes Verbot nicht mehr. Später wurde der Verband angesichts dieser historischen Erfahrung sehr vorsichtig mit weiteren freiwilligen Selbstbeschränkungen. Dennoch stehen weitere Verbote absehbar ins Haus. Die Wirksamkeit dieser Verbote ist übrigens höchst zweifelhaft. Empirische Beobachtungen in zahlreichen Ländern, die sich zu totalen Werbeverboten für Zigaretten entschlossen, wie Italien

(1962), Thailand (1969), Chile (1970), Singapur (1970), Jugoslawien (1972), Norwegen (1975), Finnland (1978) etc. zeigen im Langzeitvergleich, dass der Zigarettenkonsum dort eher noch gegenüber der Zeit vor Verbotseinführung gestiegen ist, Verbote also möglicherweise sogar kontraproduktiv, zumindest aber wenig effizient sind.

Deutschland hat auch nicht die größte Not in diesem Punkt. Im europäischen Vergleich bedeuten 36 % Anteil Raucher an der Gesamtbevölkerung eher einen Mittelfeldplatz, hinter Ländern wie Großbritannien (37 %), Frankreich (38 %), Spanien (41 %), Griechenland (43 %), Niederlande (44 %) und Dänemark (46 %) (1996).

Doch nun ein Blick auf die Markenhistorie von Camel. Über ein Jahrzehnt lang bestimmte der Camel-Mann die Werbung. Er war der klassische Aussteiger, der Eskapist, der durch den Dschungel wanderte und dabei Selbstverwirklichung fern aller Zwänge der Industriegesellschaft betrieb und schon sprichwörtlich »meilenweit für eine Camel« ging. Das Key Visual ist legendär, das Loch in der Schuhsohle. Dieser Camel-Mann war eine hochattraktive Identifikationsfigur, trotz oder gerade wegen seines verwegenen Aussehens. Um das zu verstehen, ist ein Blick in den Zeitgeist der 68er Generation erforderlich. Sie war gänzlich anders als alle Jugendgenerationen zuvor. War vordem Jugend nur eine Vorstufe zum Erwachsensein, wo sozial akzeptiertes Ausflippen mit der Gewissheit hingenommen wurde, dass diese verrückten, jungen Leute mit der Zeit sicher in den Schoß der Gemeinschaft zurückfinden, so war die 68er Generation so entschieden gegen die Werte des Establishments und so radikal in dem Bestreben zu dessen Überwindung, dass »Jugend« zum ersten Mal zu einer eigenständigen Kultur wurde. Dies drückte sich in vielfältigen Einflüssen aus, so in einer eigenen Sprache, die so fremd war, dass sie Erwachsenen verschlossen blieb, in eigener Haartracht, die so extrem war, dass sie Erwachsene abschreckte, und in eigener Kleidung, die so neu war, dass Erwachsene sie als anstößig empfanden. Das heißt, die Jugendkultur schaffte nur ihr wirklich zugehörige Symbole, entwickelte einen originären Lebensstil. Inhalt war dabei gerade auch die Infragestellung der verbreiteten gesellschaftlichen Normen mit ihrem repressiven Lebensstil, ihrer Anonymität und ihren überholt erscheinenden Konventionen. Dagegen sollte rebelliert werden. Wie immer, waren auch Markenartikel Zeichen dieses Protests, so Jeansmarken, Sprituosenmarken und eben auch Zigarettenmarken. Da waren die Marken der Väter selbstverständlich verpönt; statt dessen wurden amerikanische Marken bevorzugt, damals noch ein Land mit Vorbildern, das mit der Post-Kennedy-Ära, Woodstock und Flower Power verbunden wurde. Da musste eine Ansprache wie die von Camel hoch attraktiv wirken. Denn der Camel-Mann hatte schon geschafft, was seine Protagonisten erst noch erreichen wollten: Aussteigen aus den Zwängen, sein eigenes Leben führen, niemandem gegenüber rechenschaftspflichtig sein, sondern die Freiheit haben, tun und lassen zu können, was man wollte. Und das nicht in einer langweiligen Umgebung mit fließend warm und kalt Wasser, allzeit frisch geputzten Schuhen und Vollpension, sondern in freier Natur, mit aufregenden Erfahrungen und Entdeckungen angesichts der Herausforderungen des Dschungels. Zwar war dieses Ziel für Normalsterbliche schwerlich zu erreichen, doch den ersten Schritt dahin konnte man durch den Genuss der gleichen Zigarette, wie der so beneidete Camel-Mann sie rauchte, tun. Vor diesem Hintergrund war der Erfolg der Marke geradezu zwangsläufig programmiert.

Der Marktanteil verbesserte sich von Null allein bis 1975 auf 3,5 %, bis 1982 auf 7,2 %. Doch dann kam eine Korrektur, die noch nicht so gravierend war, weil sie einerseits die gesamte Branche traf und andererseits wieder gutgemacht werden konnte. Die Marke West

(Reemtsma) war gerade trotz aufwendiger Einführungswerbung gefloppt. Die Hintergründe waren klar. In der Suche nach noch unbesetzten, amerikanischen Leitbildern war die Werbeagentur GGK auf die in den USA als Helden bewunderten Trucker verfallen. Sie sind dort Inbegriff von Wagnis, harter Arbeit und Durchsetzung, halten zusammen wie Pech und Schwefel, verständigen sich in einer eigenen Code-Sprache, auch zur Abwehr der Polizei, und durchqueren allein mit ihren chromblitzenden, riesigen Gefährten die Weiten des Landes. Dieses Leitbild wurde für West nach Deutschland adaptiert. Die Werbung war zwar eindrucksvoll umgesetzt, doch fehlte hier eindeutig der Mythos dahinter. Trucker sind hierzulande Lastwagenfahrer, und die gehören nun mal nicht zu den bevorzugten gesellschaftlichen Vorbildern, ganz im Gegenteil, von den Weiten des Landes konnte eh keine Rede sein und die Abenteuer, die es hier im Straßenverkehr zu bestehen galt, waren eher ärgerlich denn bewundernswert. Nach Übernahme von Reemtsma durch die Brüder Herz, Inhaber von Tchibo, wurden von ihnen erfolgreiche Rezepte aus dem preisaggressiven Kaffeemarkt übernommen. West wurde deutlich billiger als zum Konkurrenzniveau angeboten, durchbrach damit die Preisfront und gewann in Folge rasch Marktanteile hinzu. So sahen sich die anderen Hersteller zur Preisreaktion gezwungen, nicht mit ihren Leadmarken, aber mit anderen aus ihrem Portfolio, Reynolds Tobacco z. B. mit Overstolz. In diese Phase der Preissensibilisierung stieß auch noch der Erfolg der No Names und der Gattungswaren, die im Zigarettenmarkt das West-Niveau nochmals unterboten. Da aber die Gesamtzahl der Raucher im Wesentlichen unverändert blieb, kam es nur zu gegenseitiger Kannibalisierung, von den »großen« Marken auf West und Weiße Ware. Diese, für Oligopolmärkte im Übrigen typische, zirkulare Preisabhängigkeit führte bald zu der für Oligopolmärkte ebenfalls typischen Abstimmung und zur Beruhigung des Marktes. West verringerte den Preisabstand nach unten bis zum heutigen Tag auf ein tolerierbares Maß, Weiße Ware konnte sich in einem so hoch emotional aufgeladenen Produktbereich ohnehin nicht auf Dauer durchsetzen.

Die zweite Korrektur war wesentlich gravierender. Nach den diversen Ölkrisen der 70er Jahre kam es Anfang der 80er Jahre zu einer weltweiten Rezession, von der sich die Wirtschaft bis heute noch nicht vollends erholt hat. Die Grenzen des Wachstums wurden drastisch sichtbar, es kam zu Sparmaßnahmen allenthalben, zum ersten Mal überstieg hierzulande die Anzahl der Arbeitsuchenden die der offenen Stellen. Rationalisierung diktierte das Wirtschaftsgeschehen (heute Lean Management genannt). In solchen veränderten Zeiten haben wie immer diejenigen die höchsten Chancen zu bestehen, die sich am besten anpassen. Es kam also zu einer großen Rekursion bei Jugendlichen, die später als Yuppie-Welle bekannt wurde. Denn Angepasste hatten es offensichtlich leichter; das begann schon in der Schule, wo nur die Engagiertesten Aussicht auf gute Noten hatten, das setzte sich in der Berufsausbildung fort, wo nur Karriereorientierte mehr Geld verdienen oder auch nur einen Ausbildungsplatz erhalten konnten, oder an der Hochschule, wo nur die Fleißigsten einen ordentlichen Abschluss schafften, der ihnen Gewähr für gute Beschäftigungschancen bot. Umgekehrt selektierte das Establishment unter dem Vorwand der wirtschaftlichen Zwänge jene Störenfriede aus, die es noch ein Jahrzehnt vorher zähneknirschend hatte hinnehmen müssen. Es kam also zu einem Paradigmawechsel. Nicht mehr Selbstverwirklichung und Aussteigertum waren »in«, sondern Überangepasstheit und clevere Nutzung des Systems zum eigenen Fortkommen.

Die Camel-Werbung blieb währenddessen unverändert. Noch immer streifte der Camel-Mann durch die Dschungel vorzugsweise Südamerikas, tat, was er wollte, meistens nämlich nichts, und lebte in den Tag hinein. Was in der Nach-68er Zeit noch als hochattraktiv gelten musste, war nun angesichts des Paradigmawechsels offensichtlich überholt. Die Jugend stand auf schicke Kleidung, saubere Schuhe und weiße Hemdkragen, der Camel-Mann trug nach wie vor verschlissene Jeans, stand bis zu den Knöcheln im Morast und war bis auf die Haut durchnässt, wie einem das eben im Dschungel auch nicht erspart bleibt. Die Jugend stand auf Karriere, High-Tech-Discos und flotte Autos, der Camel-Mann bevorzugte unverzagt Bambushütten, Jutesäcke und selbst gezimmerte Holzflöße. Es entstanden erhebliche Identitätsprobleme mit dem Camel-Mann, die vorher so nicht aufgetreten waren. War vorher ziemlich problemlos klar, dass der Camel-Mann völlig unabhängig war, so wurde plötzlich die Frage gestellt, was er denn so im Urwald machte, wo er angestellt war und womit er sein Geld verdiente. Plötzlich war auch suspekt, dass der Camel-Mann immer alleine auftrat, was für einen Aussteiger zwar geradezu typisch, nun aber angesichts weit verbreitet angestrebter Sozialkontakte sehr ungewöhnlich schien.

Es bestand also dringender Bedarf zur Strategieänderung. Und zwar als radikale Abkehr von den laufenden Kampagneninhalten. Doch angesichts immer noch 8,3 % Marktanteils (1985) fiel eine solche Entscheidung ausgesprochen schwer, obwohl sie die einzig richtige gewesen wäre. Aber damals bedeutete das rund 10 Mrd. Zigaretten Absatz p. a., die auf dem Spiel standen. So entschied man sich wohl für die andere Alternative, die Optimierung des Auftritts innerhalb der laufenden Kampagne, die sich dann später als völlige Sackgasse herausstellte. Hier waren angesicht der Sozialtrends vor allem drei Ansatzpunkte auszumachen: der Camel-Mann sollte aktualisiert werden, d. h. moderner, glatter und jünger sein, das bedeutete den Austausch von Bob Beck gegen ein neues Model, Peter Warnick, der Camel-Mann sollte berufliche Aufgaben einnehmen, die dem High-Tech-Appeal entsprachen, und vor allem der Camel-Mann sollte Sozialkontakt erhalten. Nun kann man eine Kampagne nicht von heute auf morgen drastisch ändern. Die Folge ist Irritation bei den Zielpersonen über ihr Verständnis der Marke, eine verheerende Wirkung, die unmittelbar in Markenilloyalität mündet. Man muss statt dessen sukzessiv vorgehen, den Auftritt in kleinen Schritten beinahe unmerklich anpassen. Die Wahrnehmung dieser Änderungen braucht sehr lange, da erworbene Images eine hohe Remanenz haben. So agierte Camel in der Kampagne auch völlig zutreffend, indem nur beinahe unmerkliche Änderungen vorgenommen wurden. Zunächst galt es, den neuen Camel-Mann in Portraitmotiven dem Publikum vertraut zu machen. Dann wurden erste Hinweise auf seine Berufstätigkeit eingebaut, z. B. ein Chronometer am Handgelenk, der auf Zeitplanung und Einhaltung von Terminen hinwies, mithin also berufliche Verpflichtungen. Dann wurden die Accessoires nach und nach modernisiert, das Holzfloß wich dem Doppelaußenbordmotor-Powerboot, der klapprige Urwaldflieger einem Hochleistungs-Helikopter, die schlappe Jutetasche einem akkuraten Alukoffer etc. Zugleich wurde auch die Kleidung urbaner: saubere Hemdkragen, saubere Jeans und saubere Lederstiefel. Doch ist ein solcher Auftritt nur um den Preis darstellbar, dass man den Camel-Mann aus dem Dickicht des Urwalds herausholt. So geschah das auch, weil parallel der gesamte POS-Auftritt für hohe Investitionssummen auf die Signalfarben gelb und blau umgestellt wurde, wie heute noch allenthalben zu beobachten. Sollte es zu einer wünschenswerten Wiedererkennbarkeit dieses Auftritts in der Kampagne kommen, sollte also auch dort blau vorkommen (gelb steht für die Packung), musste man zwangsläufig aus dem Urwald heraus. Denn im Urwald ist der Himmel nun einmal grün durch das Blattwerk der Riesenbäume. Der Urwald wurde also in der Folge eher zur Kulisse. Die Inszenierung fand in schickem Stil nurmehr davor statt. Doch dies hatte gravierende Konsequenzen. Denn **vor** dem Dschungel ist fundamental etwas anderes als **im** Dschungel. Die Herausforderung, das Abenteuer und die Omnipotenz des Camel-Mannes sind an den wilden Dschungel gebunden; fehlt dieses Umfeld, wird es zur Tapete, fehlen auch Herausforderung, Abenteuer und Omnipotenz. Damit aber wird die Faszination des Camel-Mannes demontiert, seine Akzeptanz sinkt, und es gibt kaum mehr einen besonderen Grund, ihn als Vorbild anzusehen und nachzueifern. Schließlich hatte jeder bessere Tourist solche Umgebungen schon in seinem letzten Erlebnisurwald gesehen. Zwar waren die Signale auf Berufstätigkeit und Modernität rasch zutreffend interpretierbar (z. B. als vorgeschobener Explorateur bei der Verlegung einer neuen Pipeline-Trasse durch den Urwald), doch zugleich war auch die Nähe zu Pauschaltouristen gegeben. Die Motive suggerierten ungewollt gleich um die Ecke ein Hotel mit Vollpension, fließend warm und kalt Wasser und Schuhputzservice, alles Features also, gegen die der Camel-Mann einmal erfolgreich angetreten war. Ebenso war der Versuch der Etablierung von Sozialkontakt gescheitert. Auch hier ging man berechtigterweise in kleinen Schritten vor, so mit einer aus dem Bildanschnitt herausgehaltenen Zigarettenpackung, die darauf hindeutete, dass eine weitere Person dort eine Zigarette angeboten erhielt, der Camel-Mann also nicht allein war. In einem Motiv war der Camel-Mann sogar mit einem Eingeborenen zu sehen, der ihm half, seinen gewasserten Helikopter zu beladen. Doch musste dies sofort zu gravierenden Irritationen bei den Zielpersonen führen. Wer war dieser andere Mann, in welchem Verhältnis standen beide Personen zueinander, wie waren sie zusammengekommen etc. Zudem fehlte nun das wichtige Medium TV, das zur Dramatisierung wesentlich besser geeignet ist als Print und zugleich eine höhere Breitenwirkung hat als das Kino.

Eine Zwischenbilanz sah also nicht allzu schmeichelhaft aus, die Domestizierung des Camel-Mannes führte unmittelbar zu seiner Deflationierung, der Sozialkontakt war viel zu kompliziert aufzubauen, als dass es sinnvoll gewesen wäre, ihn zu etablieren, und die beruflichen Facetten waren angesichts der objektiven Möglichkeiten eng begrenzt. So musste sogar auf »gute Taten« ausgewichen werden, z. B. als der Camel-Mann als Pilot den Zugführer einer Urwaldeisenbahn zur Vollbremsung angesichts eines hinter einer Gleiskurve verborgenen Hindernisses veranlasst und damit ein Entgleisen und die Verletzung von Passagieren vereitelt. Also kam es zu einem Revirement. Die Szenerie wurde zum Erhalt der Dramatik wieder in den Urwald verlegt. Das bedeutete zwangsläufig auch wieder Morast, Wasser und Staub, damit aber wieder in Mitleidenschaft gezogene Kleidung und Einsamkeit. Zugleich wurden die Hilfsmittel wieder rustikaler: ein Blechboot mit Ruderkraft befördert, ein verdreckter Jeep auf einer Hängebrücke und Lagerfeuerromantik. Damit aber wurden keine neuen Ziele erreicht, sogar ein Bruch zum POS-Auftritt mit grün als dominierender Farbe war wieder gegeben. Da der ursächliche Paradigmawechsel aber nach wie vor stabil war, entfernte man sich damit eklatant vom Selbstverständnis großer Teile der Zielpersonen und bot diesen keine Fluchtmöglichkeit mehr in eine für sie attraktive Markenwelt. Nach einem Zirkelschluss mit hohen Werbeaufwendungen war man also wieder da angekommen, wo man gestartet war, eine Position, die ja damals schon als wenig haltbar erkennbar war. Wenig verwunderlich sanken die Marktanteilszahlen kontinuierlich weiter unter 5 %.

Dabei war die Marke wirklich lange Zeit vorbildlich geführt. Ein großer Coup gelang etwa seit 1980 mit der Einführung der Camel Trophy. Diese zunächst als Promotion gestartete Aktion wurde zu einem regelmäßigen Event, später sogar auf internationaler Ebene. Ausgangspunkt dafür war die Frage, wie die Camel-Markenwelt konkretisiert werden konnte.

Team Werbeagentur kam auf die Idee, ein Rennen zwischen Zweier-Teams mitten durch die Camel-Welt, den Dschungel, zu organisieren. Alle Teams waren mit gleichen Jeeps ausgestattet, alle hatten das gleiche Ziel; welchen Weg sie dazu einschlugen und wie sie die dabei auftretenden natürlichen Hindernissen überwanden, blieb freilich ihnen selbst überlassen. Als Auftakt wurde jeweils eine Medienankündigung geschaltet, in der junge Männer aufgerufen wurden, sich für die Teilnahme zu bewerben. Unter den in die Zehntausende gehenden Rückläufen wurden zwei Dutzend geeignete ausgewählt und in einem Recruitment Center harten Tests unterzogen. Nur die besten Teams erhielten die Chance zur Teilnahme. Später wurden solche Aufrufe nicht nur in Deutschland, sondern auch in anderen europäischen Ländern durchgeführt. Die ausgewählten Teams starteten somit als Vertreter ihres jeweiligen Landes. Das Rennen selbst wurde mit großem Medienaufwand begleitet und erbrachte außerordentlich wertvolle redaktionelle Berichterstattung. Die Trophy-Teilnehmer erfüllten eine wichtige Funktion in der Kampagne, sie waren praktisch die anfassbaren Camel-Men, die bewiesen hatten, dass sie fast so gut waren wie der Camel-Mann selbst, indem sie einige der Abenteuer bestanden hatten, denen er sich Tag für Tag zu stellen hatte. Aber auch diese grandiose Idee wurde durch die Zeitentwicklung entwertet. Denn als Anfang der 80er Jahre die ökologische Bewegung massiv einsetzte, wurde die kaum ausreichend zu beantwortende Frage aufgeworfen, ob es gerechtfertigt ist, ein solches Wettrennen gerade in den entlegensten Teilen dieser Erde durchzuführen, wo die Natur noch unberührt war und möglicherweise kein Mensch zuvor seinen Fuß hingesetzt hat, geschweige denn mit einem tonnenschweren Gefährt durchgebrettert ist. Aber gerade darin bestand ja der Reiz des gesamten Projekts. Zudem wurde die offensichtliche Sinnlosigkeit dieses Tuns diskutiert. Dies veranlasste Reynolds Tobacco wohl, die Rallyeinhalte zu verändern. Fortan wurden die Jeeps mit Medikamenten und allerlei nützlichem Zeug beladen, das auf anzufahrenden Zwischenstationen abgeladen und den Eingeborenen zur weiteren Verfügung überlassen wurde. Dafür gab es ebenso Punkte wie für schnelle Zeiten. Gewinnen konnte also nur, wer neben Schnelligkeit auch Gutherzigkeit unter Beweis gestellt hatte. Damit aber wurde dem Projekt die Härte, der kompetitive Charakter genommen. Gerade dies sind aber generische Zeichen jedes Rennens. Nach der Öffnung Osteuropas wurden sogar Rallyes im Balkan veranstaltet, dessen Bedingungen nun unbedingt nicht der okkupierten Markenwelt gerecht werden. Das heißt, auch die Flankierung durch Events war angegriffen.

Die zahlreichen Licensing-Produkte, Uhren, Schuhe, Reisen etc., konnten unter diesen Bedingungen ebenfalls nicht mehr unterstützend wirken. Alles zusammen führte zum bedauerlichen Niedergang der Marke. Nun wurde eingangs der Vergleich mit der Erfolgsmarke Marlboro angesprochen. Wie kann es kommen, dass diese bei ansonsten vergleichbaren Umfeldbedingungen zwischenzeitlich bei über 30% Marktanteil angekommen ist?

Auch hier ist die Kommunikation das Differential. Marlboro war in den USA in den 30er Jahren als eine der ersten auf Frauen positionierten Zigaretten gestartet und prompt gefloppt. Danach erfand Leo Burnett eine American Hero-Kampagne, mit Düsenpiloten, Tiefseetauchern, Polizisten und eben auch Cowboys. Von diesen diversen Motiven setzte sich schnell der Cowboy als das erfolgversprechendste durch. Diese Cowboy-Kampagne wird bis zum heutigen Tag konsequent verfolgt. Wobei es bei Marlboro nicht den einzigen Cowboy gibt, wie vergleichbar den Camel-Mann, sondern Cowboys als generische Versinnbildlichung der Eigenschaften, die Amerika so groß gemacht haben. Dabei ist es völlig unerheblich, dass der Cowboy nur einen vergleichsweise intellektuell bescheidenen Anspruch verkörpert, er ist schlicht Kuhhirte, denn die Szenerie des Wilden Westens ist durch unendlich viele mehr oder minder grandiose Filme und Fernsehserien glorifiziert. Auf jeden Fall hat der Cowboy aber schon einmal unzweifelhaft einen Beruf, zu dem jedermann charakteristische Merkmale einfallen. Und dieser Beruf ist anstrengend und herausfordernd, man muss dazu früh aus den Federn, hart arbeiten und weit reiten, um erfolgreich zu sein. Das heißt, der Beruf hat eine ausgesprochene Faszination. Außerdem sind Cowboys, wie jeder Kinogänger weiß, immer im Team unterwegs, allein wäre jeder von ihnen verloren. Also auch der Sozialkontakt ist gegeben. Die Modernität des Auftritts braucht nicht über Accessoires geborgt zu werden, schließlich ist der Cowboy eine durch und durch klassische Figur, sondern ergibt sich durch die Gestaltung als solche, kräftige Farben, klare Strukturen, reduzierte Elemente. Für diese Szenerien aber stehen die urwüchsigen Rocky Mountains, endlose weite Steppen und romantische Ranches. Dieses Umfeld strahlt also ein hohes Maß an Faszination aus. Und zwar zu Zeiten des Eskapismus, weil Cowboys ein Höchstmaß an persönlicher Selbstbestimmung für sich erreicht haben, wie auch zu Zeiten der Konvention, weil sie für Law & Order stehen. Berücksichtigt man jetzt noch die exzellente Kampagnenästhetik und die extreme Kontinuität des Auftritts, so wird erkennbar, dass die Werbung hier der Brennsatz unter dem Produkt ist.

Vergleichbares gilt auch für die Promotion. Hier ist es das Marlboro-Adventure Team. Ausgewählte Teilnehmer werden dazu mit identischen Jeeps ausgerüstet und durchqueren die Steppe des Wilden Westens. Dies ist Erlebnis pur, unterliegt aber weitaus geringeren ökologischen Bedenken, da in der Wüste konstitutiv wenig Leben vorhanden ist und deshalb auch kaum welches zerstört werden kann. Dadurch wird die Markenwelt der Marlboro nach wie vor konzeptadäquat unterstützt. Dieses Image überträgt sich dann auch auf die zahlreichen Licensing-Produkte, die deren Käufer, auch wenn sie Nichtraucher sind oder zumindest gerade nicht rauchen, mit den attraktiven Markeninhalten identifizieren.

Ergänzung:

Die EU-Richtlinie zur Tabakwerbung regelt zukünftig im Grundsatz ein vollständiges Verbot der Werbung und des Sponsoring für Tabakerzeugnisse. Das Werbeverbot soll lediglich keine Geltung entfalten bei folgenden Ausnahmetatbeständen:

- Gewerbliche Mitteilungen innerhalb des Tabakhandels,
- Auszeichnung und Aufmachung von Tabakwaren in Tabakverkaufsstellen,
- Laden- und Schaufensterwerbung in Spezialgeschäften für Tabak sowie an griechischen Kiosken,
- Werbung an Spezialtheken zum Verkauf von Tabak in anderen Verkaufsstellen,
- Printmedien aus Drittländern.

Die Mitgliedsstaaten können Werbung für bestehende Nicht-Tabakerzeugnisse oder Dienstleistungen, die unter Tabakbezeichnungen angeboten werden, vom Werbeverbot ausnehmen, soweit dies »guten Glaubens« und unter einem deutlich anderen »Aspekt« (als dem des Werbens für Rauchen) geschieht.

Neue Tabakerzeugnisse dürfen nicht unter Bezeichnungen in Verkehr gebracht werden, die für andere Erzeugnisse oder Dienstleistungen benutzt werden.

Neue Nicht-Tabakerzeugnisse oder Dienstleistungen dürfen Tabakbezeichnungen nur verwenden, sofern dies unter einem vom Tabakprodukt deutlich abweichenden »Aspekt« geschieht.

Die ursprünglichen Fristen zur Umsetzung der Werberegelungen in nationales Recht der Mitgliedsstaaten waren folgende:

- Umsetzung der Bestimmungen durch die Mitgliedsstaaten innerhalb von drei Jahren nach Inkrafttreten der Richtlinie.
- Die Mitgliedsstaaten können längere nationale Auslauffristen vorsehen für Presseerzeugnisse (ein Jahr), Sponsoring (zwei Jahre) sowie unter bestimmten Voraussetzungen für Sponsoring von weltweiten Veranstaltungen (wie Formel 1-Rennen) bis zum 30.9.2006.

4. Mediaplanung für Klassische Werbemittel

Die Mediaplanung soll vor allem

- Anhaltspunkte für das unter Werbeziel- und Wettbewerbsaspekten mindestens erforderliche Werbebudget liefern,
- die zum Einsatz kommende(n) Mediagattung(en) bestimmen, diese Funktion erfüllt der Intermediavergleich,
- eine optimale Verteilung der Finanzmittel innerhalb der Mediagattung(en) nach Träger und Frequenz erreichen, diese Funktion erfüllt der Intramediavergleich.

4.1 Budgetbewertung

4.1.1 Abgrenzung des relevanten Marktes

(Abb. 123). Die Budgetbewertung dient der realistischen Abschätzung des erreichbaren Werbedrucks im Markt. Werbeberater verfolgen zudem damit implizit oftmals das Ziel, über den Nachweis objektiv nicht ausreichenden Werbedrucks eine Budgeterhöhung zu erwirken, von der sie nebenbei über Provision, aber evtl. auch bei Honorar, profitieren. Dazu ist es zunächst erforderlich, den betrachteten relevanten Markt abzugrenzen. Dabei gibt es verschiedene theoretische Ansätze. Für die Praxis ist eine pragmatische Vorgehensweise erforderlich. Die Abgrenzung des relevanten Marktes erfolgt sachlich fast ausschließlich nach der gleichartigen Produktgruppe/Branche. Dabei ist eine eher großzügige Abgrenzung ratsam. Die räumliche Abgrenzung ergibt sich aus dem im Briefing definierten Werbegebiet. Die zeitliche Abgrenzung findet praktisch immer auf Jahresbasis statt. Die personelle Abgrenzung vollzieht sich nach der definierten Zielpersonengruppe.

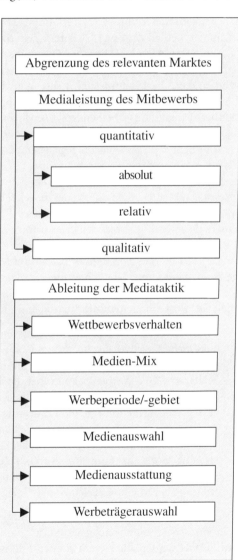

Abb. 123: Mediastrategie

4.1.2 Medialeistung des Mitbewerbs

4.1.2.1 Quantitätsdimension

Geht man von einer gegenseitigen Neutralisierungswirkung der Werbeanstrengungen von Anbietern aus, so ist der erreichbare eigene Anteil auf dem so definierten Markt unmittelbar abhängig von den Werbeanteilen der Mitbewerber dort. Deshalb ist es wichtig, sich Klarheit darüber zu verschaffen, welche absoluten Werbeaufwendungen der Mitbewerb hat. Nun gehören die Werbeaufwendungen zu den streng gehüteten Geschäftsgeheimnissen.

Aber es gibt über die Werbestatistik **Nielsen/Schmidt&Pohlmann** (S&P), Hamburg, die Möglichkeit, Näherungswerte zu erfahren. Dazu beobachtet S&P die Werbeeinschaltungen der wichtigen Medien Zeitung (220 Titel), Zeitschrift (270 Titel), Fachtitel (230 Titel), Fernsehen (15 Sender) und Funk (32 Sender). Diese Einschaltungen werden den entsprechenden Herstellern zugeordnet. Multipliziert man dieses Mengengerüst mit den jeweiligen Tarifpreisen der Werbeträger, die bekannt sind, kann man daraus die Werbeaufwendungen hochrechnen. Gleichzeitig erhält man einen Überblick über die zeitliche und räumliche Verteilung des Werbeaufwands (Ausgabe/Sendetag) sowie über die eingesetzten Werbeträger und Werbemittelausstattungen. Diese Daten werden, mit der Verpflichtung zur Nichtweitergabe verbunden, an Abonnenten dieses Dienstes abgegeben. Allerdings sind die wesentlichen Medien Kino und Plakat, die in bestimmten Produktgruppen, z. B. Konsumgüter, insb. Zigaretten, einen hohen Stellenwert haben, nicht oder nur lückenhaft erfasst. Ebenso ist der große Bereich der Nicht-klassischen Medien nicht erfasst, der in vielen Branchen bereits 50 % und mehr des Werbeaufwands ausmacht. Da die Relation zwischen Klassischen und Nicht-klassischen Werbemitteln innerhalb einer Branche jedoch in etwa konstant ist, kann man von den ausgewiesenen eigenen Werbeaufwendungen und dem bekannten eigenen gesamten Kommunikationsbudget im Analogieschluss auf die Kommunikationsbudgets der Mitbewerber schließen, sodass die geringe Medienabdeckung letztlich weniger ins Gewicht fällt.

Speziell im Bereich elektronischer Medien ist **Spot-Control**, Baden-Baden, hinzugekommen. Die dort erhobenen Informationen umfassen folgende Inhalte:

- TV-Spots-Basics. Wöchentliches Belegexemplar der TV-Werbeschaltungen, Report je Produkt sortiert nach Motiven, chronologische Dokumentation nach Tag und Uhrzeit, Motive mit Produkt/Motivlänge/Motivbezeichnung, Sendetag und Sendezeit des Werbespots, TV-Sender und Gfk-Werbeblocknummer, Position im Block, Summe je Motiv und Produkt.
- TV-Spot-Report. Ausführliche Dokumentation der TV-Werbeeinschaltungen, Auflistung aller Werbeblöcke mit eigenen Einschaltungen, Ausweis aller Spots im Block, Sender und Werbeblocknummer, Programmumfeld mit Sendung vorher/nachher, Reihenfolge der Spots im Block, Ausstrahlungsdauer aller Spots, Sendezeit eigener Spotausstrahlung, ausgestrahltes Motiv aller Spots mit Produkt/Motivlänge/Motivbezeichnung.
- TV-Markt-Report. Werbespots aus allen oder ausgesuchten Märkten, elektronische Übermittlung per Mailbox (Telebox 400) oder ISDN.

Spot Control basiert auf dem TVS-Programm, das stufenweise eine eigene Datenbank aufbaut. Ein Fernsehcomputer zeichnet zunächst das gesamte Fernsehprogramm auf Speicherplatten auf. Dabei werden alle zwei Sekunden Bild und Ton in der Originallänge gespeichert. Diese Daten werden dann mit bereits abgelegten Daten anhand des Audiosignals verglichen. 24 Stunden Fernsehsendung werden in ca. zwei Stunden gescreened. Bei der Wiedererkennung erfasst der Computer die Ausstrahlungszeit/-dauer durch eine interne Uhr. Die so erkannten Daten werden in die Datenbank aufgenommen und verarbeitet. Neue TV-Spots werden als unbekannt gemeldet, dann manuell identifiziert und anhand der charakteristischen Audiosignale ebenfalls abgelegt. Daher sind Vorlagen von TV-Spots nicht notwendig. Ausgewertet werden ARD (national), ZDF, RTL, SAT 1, Kabel 1, DSF, Pro 7, RTL 2, jeweils zwischen 3 und 3 Uhr, montags bis sonntags. Werbeblöcke werden in ihrer Länge ohne Programmtrailer, Unterbrecher und Werbejingles ausgewiesen.

In ähnlicher Weise werden übrigens auch die weit verbreitet verwendeten Airplay-Hitparaden ermittelt, die (allein oder kombiniert mit Verkaufszahlen) auf Airings in Hörfunkprogrammen beruhen (Media Control). Ebenso ist die Erfassung von Sportart/Wettbewerb/Ereignis, Sender, Datum, Uhrzeit, Sendezeit, Zuschauerzahl (GfK-Ratings) und Beitragsdauer (Tele Control) ein wichtiger Anhaltspunkt für die Sportsponsoring-Erfolgskontrolle. Schließlich können auch redaktionelle Beiträge auf diese Weise (etwa nach Suchwörtern, Kernbegriffen etc.) ausgewertet und ausgewiesen werden, was im Rahmen der Öffentlichkeitsarbeit von Bedeutung ist.

Ebenso dient Media Control der Durchführungskontrolle, ob gebuchte Commercials überhaupt und wenn, ob zur gewünschten Zeit, Platzierung etc. ausgestrahlt worden sind. Zwar stellen die Sender dies auch aus eigener Initiative sicher, aber Kontrolle ist eben besser.

Die Aussagefähigkeit steigt noch immens dadurch, dass diese Sendeprotokolle mit den Telemeter-Daten der GfK abgeglichen werden können, sodass sich qualitative Ratings ergeben. Denn GfK wertet über ein Haushaltspanel die Seherschaft je Sender sekundengenau aus. Ist nun anhand der Werbestatistik bekannt, wann exakt eigene und konkurrierende Spots platziert sind, kann nicht nur ein genereller Werbeträgerkontakt, im Sinne von Sender eingeschaltet und als Seher angemeldet, ausgewiesen werden, sondern eine spezifische Werbemittelkontaktchance, die eine weitaus härtere Währung darstellt. Da die GfK-Telemeter-Daten sekundengenau vorliegen, eine Minute bei kürzeren Spotlängen aber zu wenig aussagefähig ist, ist zu erwarten, dass demnächst ein sekundengenauer Abgleich möglich wird. Die immensen, dabei zu verarbeitenden Daten, die derzeit noch ein Hindernis darstellen mögen, sind durch PC leicht handelbar.

Zwar gibt es auch bereits derzeit Einschaltpläne der Sender, die präzise angeben, wann eine Spot-Ausstrahlung vorgesehen ist, doch sind diese Pläne unverbindlich und verschieben sich durch mannigfache Anlässe. Für eigene Spots mag eine Kontrolle dennoch möglich sein, für Konkurrenz-Spots, deren Einschaltpläne notwendigerweise unbekannt sind, war dies jedoch vordem nicht darstellbar. So ergeben sich bessere Möglichkeiten, die unter dem Stichwort Mediaoptimierung gerade in letzter Zeit enorm an Bedeutung gewonnen haben. Dies gilt besonders für werbeintensive Produktgruppen wie Stärkungsmittel (Werbeausgaben machen 35 % des Umsatzes aus), Allzweckreiniger (26 %), Kräuterspirituosen (22 %), Schlankheitsmittel (17 %) oder Schmerzmittel (21 %).

4.1.2.2 Qualitätsdimension

Nun ist nicht nur die Menge der eingeschalteten Werbemittel für die Medialeistung ausschlaggebend, sondern auch deren inhaltliche Aussage. Zu diesem Zweck wird eine **Content-Analyse** angelegt. Die dazu erforderlichen Konkurrenzwerbemittel erhält man im Printbereich aus Ansichtsexemplaren der Zeitungen, Zeitschriften und Fachtitel. Spezialisierte Clipping-Services sammeln für die wichtigsten Branchen kontinuierlich, sodass entsprechende Anzeigenbelege dort abrufbar sind. Im Bereich der elektronischen Medien gibt es über die Werbebeobachtung **Stresemann**, Konstanz, die Möglichkeit, an Muster zu gelangen. Stresemann nimmt das Werbeprogramm der verschiedenen TV-Sender per Videoband sowie mit einer Kamera auf, die in regelmäßigen, kurzen Abständen den jeweiligen Bildschirminhalt abfotografiert. Parallel wird der Ton aufgenommen und auf Manuskript übertragen. Ergänzt man nun noch eine Beschreibung der Bildinhalte, erhält man ein komplettes Storyboard (max. 20 Bilder + Text) (Abb. 124).

Die Storyboards und Fotoabzüge werden vervielfältigt und können gegen vergleichsweise geringes Entgelt von Interessenten bezogen werden. Gleiches gilt für Funktexte, die als komplette Manuskripte mit Angabe von Sender, Sendezeit, Produkt, Spotlänge etc. ausgeführt sind (Textservice). Alternativ sind natürlich auch gleich Video- und Audiocassetten der Spots bestellbar. Im Rahmen von Spot Control werden im Tages- und Wochenservice die Einschaltpläne bestimmter Warengruppen erfasst. Auf Grundlage dieser Werbebeispiele kann dann eine inhaltliche Prüfung durchgeführt werden.

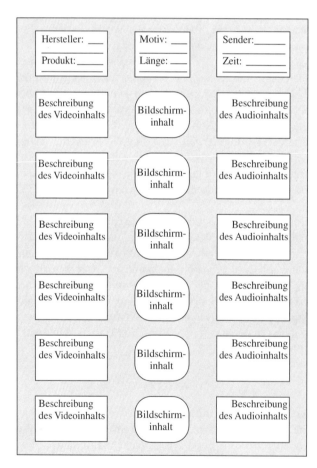

Abb. 124: Storyboard

4.1.3 Ableitung der Mediataktik

4.1.3.1 Wettbewerbsverhalten

Aus diesen Basisdaten gemeinsam mit den im Briefing definierten Zielvorgaben kann nun die Mediataktik abgeleitet werden. Dabei gibt es zwei grundsätzliche Ansätze. Der erste geht von der Hypothese aus, dass das eigene Vorgehen in unmittelbarem Zusammenhang mit den Strategien der definierten Mitbewerber zu sehen ist. Das heißt, das eigene mediataktische Verhalten wird von dem der Mitbewerber beeinflusst oder sogar determiniert. Als Alternativen sind vor allem folgende anzusehen (Abb. 125):

– **Ausweichen**, d. h., man versucht, mit den eigenen Werbeeinschaltungen denen des Mitbewerbs aus dem Weg zu gehen. Dies scheint vor allem dann angezeigt, wenn das eigene Budget stark der Konkurrenz unterlegen ist. Allerdings ergeben sich Probleme, weil für bestimmte, eng abgegrenzte Zielgruppen keine ausreichende Auswahl alternativer Werbemittel besteht, ein Ausweichen also nicht möglich ist, und weil, unterstellt man, dass die Mitbewerber die jeweils effizientesten Werbeträger schon für sich okkupiert haben, dieses Ausweichen also mit mutmaßlich hoher Ineffizienz zu bezahlen ist, was gerade bei kleinen Budgets unerträglich scheint. Möglich bleibt aber ein zeitliches und/oder räumliches Ausweichen des Werbeeinsatzes, allerdings mit den genannten Wirtschaftlichkeitsvorbehalten.

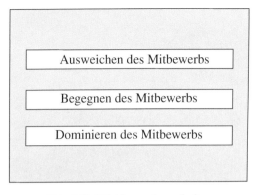

Abb. 125: Wettbewerbsverhalten

- **Begegnen**, d. h., man lässt es nicht zu, dem Mitbewerb auszuweichen, denn dadurch bestimmt dieser letztlich die eigene Mediastrategie, was nicht einsehbar ist. Sondern man stellt sich dem Mitbewerb, versucht aber, Nischen zu finden, besondere Platzierungen zu nutzen oder ganz einfach durch Mediakreativität aufmerksamkeitsstärker zu sein als dieser. Über eine klare inhaltliche und formale Absetzung ist es so möglich, selbst mit unterlegenem Budget eine hohe Wirkung zu erreichen. Für den Fall der bewussten Positionierung gegen Mitbewerber ist eine Begegnungsstrategie hilfreich, weil sie die Überlegenheit des eigenen Angebots dramatisiert.
- **Dominieren**, d. h., man begegnet nicht nur dem Mitbewerb auf offenem Feld, sondern versucht auch, diesen in der Penetration zu übertreffen. Dies kann wiederum durch eine besonders gute Platzierung, z. B. Umschlagseiten oder Werbeuhr, durch eine zeitliche und/oder räumliche Einschränkung des Zusammentreffens oder durch eine besonders augenfällige kreative Mediaumsetzung geschehen. Oder ganz einfach durch Mobilisierung eines höheren Werbeetats.

Durch die wechselseitige Orientierung an Konkurrenzbudgets ist eine Dominanz meist jedoch nur von kurzer Dauer und führt im Effekt zu einem gegenseitigen Aufschaukeln der Penetration, wie sie real zu beobachten ist und zu vermehrter Reaktanz in der Zielgruppe führt. Schließlich kann man kompetitive Überlegungen bei der Findung der eigenen Mediataktik auch völlig außer acht lassen und autonom über mediale Maßnahmen zur Erreichung der Kommunikationsziele entscheiden. Bei der engen wettbewerblichen Verzahnung auf den meisten Märkten, beim intensiven Werbedruck, der oft den letzten offensiv genutzte Konkurrenzparameter darstellt und bei den Wachstumsrestriktionen in vielen Branchen, ist eine solche Souveränität jedoch selten durchhaltbar.

4.1.3.2 Medien-Mix

Die Verwendung des Budgets teilt sich auf die beiden großen Bereiche auf (Abb. 126):
- **Klassische Werbemittel** (i. S. v. Werbemittelgattung/Medium),
- **Nicht-klassische Werbemittel** (i. S. v. Werbemittelgattung/Medium).

Dieser Unterscheidung liegt einerseits ihre historische Entwicklung zugrunde, andererseits ihre Preisberechnung. Bei den Klassischen Werbemitteln handelt es sich um die zuerst entstande-

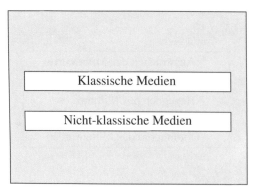

Abb. 126: Medien-Mix

nen. Erst als diese allein als nicht mehr ausreichend angesehen wurden, optimale werbliche Wirkungen zu erreichen, kamen später die Nicht-klassischen Werbemittel hinzu.

Außerdem liegt dieser Unterscheidung zugrunde, dass die Klassischen Werbemittel über fix kalkulierte Preislisten verfügen, anhand derer für eine Vielzahl von Fällen standardisiert abgerechnet wird, während für Nicht-klassische Werbemittel keine festen Preislisten existieren, sondern im Einzelfall individuell abgerechnet wird.

Das zur Verfügung stehende Budget ist nun zunächst so aufzuteilen, welcher Anteil für Klassische und welcher für Nicht-klassische Werbemittel eingesetzt werden soll. Gelegentlich sind diese Bereiche zwar noch getrennt budgetiert, zunehmend löst jedoch die Problemorientierung die Medienorientierung bei Werbungtreibenden ab. Vielmehr wird ein Problem definiert (z. B. Neueinführung, Relaunch, Line Extension) und insgesamt mit Geldmitteln dotiert. Für welche Bereiche diese Geldmittel dann eingesetzt werden, sollte sich an der komparativen Leistungsfähigkeit der einzelnen Medien bemessen und nicht an abstrakt vorgegebenen Budgetgrenzen.

Praktisch keine Kampagne kann mehr allein auf Klassischen oder Nicht-klassischen Werbemitteln basieren, sondern erfordert einen Mix der Kommunikations-Instrumente. Dabei geht es nur um eine grobe Zuweisung der Geldmittel zu diesen beiden Bereichen. Die Feinsteuerung erfolgt erst bei der Realisation. Trotz des starken Trends zu Nicht-klassischen Werbemitteln muss betont werden, dass der Aufbau und die Erhaltung von Markenartikeln als wesentliche Voraussetzung für Marketing-Kommunikation tatsächlich nur durch den Einsatz Klassischer Werbemittel möglich ist.

4.1.3.3 Werbeperiode und Werbegebiet

Für alle Medien, Klassische wie Nicht-klassische, sind sodann die Werbezeit und der Werberaum zu bestimmen. Diese ergeben sich meist logisch aus der Aufgabenstellung heraus. Die gesamte Mediaplanung steht unter dieser Zeit-Raum-Restriktion (nähere Ausführungen im Kapitel Kommunikations-Mix).

4.1.3.4 Medienauswahl (Intermediavergleich)

Innerhalb der Klassischen Medien stellen sich die Alternativen von (Abb. 127):

- **Anzeigen,**
- **Spots,**
- **Plakaten.**

Für jedes dieser Medien ergeben sich spezifische Stärken und Schwächen, die im Leistungsprofil herausgearbeitet werden. Ihre individuelle Eignung ergibt sich, indem diese mit dem sich aus den Werbezielen ergebenden Anforderungsprofil verglichen werden. Die Rangfolge der Medien leitet sich aus dem Grad der Übereinstimmung aus Leistungs- und Anforderungsprofil ab.

Die Budgetzuweisung beinhaltet normalerweise sowohl Streu- als auch Vorkosten. Streukosten sind die Geldmittel, die an die Werbedurchführenden zur Schaltung von Anzeigen, Spots und Plakaten gezahlt werden (und ggf. AE-Provision enthalten). Vorkosten sind die Geldmittel, die zur Produktion der Werbemittelvorlagen, die geschaltet werden, erforderlich sind. In der Mediaplanung werden im Weiteren nur die Streukosten betrachtet.

An dieser Stelle ist nun zu entscheiden, ob nur eine Mediagattung eingesetzt werden soll

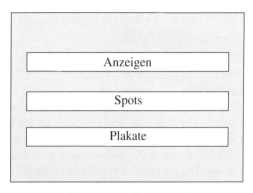

Abb. 127: Medienauswahl

oder eine Kombination aus zwei oder drei Mediagattungen. Dabei ist zu berücksichtigen, dass für die Einschaltung gewisse Media-Leistungswerte mindestens erreicht werden sollen. Dies setzt wiederum eine gewisse Breite, Häufigkeit und Ausstattung des Medieneinsatzes voraus. Wegen der dabei hinzunehmenden hohen Kosten sind nur große Streubudgets in der Lage, mehr als eine Mediagattung zu finanzieren. Man geht in der Praxis von 4 Mio. €/p. a. als Untergrenze dafür aus.

4.1.3.5 Medienausstattung

Die Einflussnahme auf die Kostengestaltung der Einschaltungen geschieht u. a. durch die Medienausstattung. Regelmäßig ist diese durch die Art der kreativen Umsetzung bereits vorgegeben. Es ist jedoch zumindest auch denkbar, dass die Mediaplanung durch fundierte Empfehlung Einfluss auf die Medienausstattung nimmt. Parameter sind (Abb. 128):

– im Printbereich
  – Format,
  – Farbigkeit,
– im Elektronikbereich
  – Länge,
  – Sonderformen.

Bei Anzeigen gibt es folgende **Formate:**

– Ganzseitenformat (1/1 S., angeschnitten oder im Satzspiegel),
– seitenteiliges Format (normalerweise bis zu 1/64 S.),
– seitenüberschreitendes Format (2/1 S. oder Anzeigenstrecken).

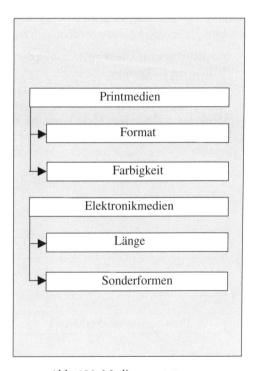

Abb. 128: Medienausstattung

Hinsichtlich der **Farbigkeit** werden angeboten:

- schwarz-weiß (s/w),
- vierfarbig (4-c., entsprechend der Druckfarben für Buntdruck),
- s/w mit Zusatzfarben (evtl. auch Sonderfarben).

Bei Plakaten, die regelmäßig vierfarbig sind, beziehen sich die Formate auf Bogen (1/1 Bogen = DIN A 1 = 59 x 84 cm). Gängige Formate sind ein Vielfaches davon (z. B. 18/1-, 40/1-, 6/1-Bogen). Die Leistung von Plakaten ist im Intramediavergleich nicht quantifizierbar, kann jedoch innerhalb des Mediums durch Leistungsangaben objektiviert werden.

Spots werden in Fernsehen und Hörfunk nach **Länge** in Sekunden bemessen und berechnet. Gängige Längen sind 7, 15, 20, 30, 60 Sekunden. Bei Kino-Spots wird die Länge nach Filmmetern bemessen und berechnet. Dabei entspricht ein Meter ca. 2,2 Sek. Laufzeit. Die Leistung von Kinos ist ebenfalls im Intramediavergleich nicht quantifizierbar, kann jedoch innerhalb des Mediums durch Leistungsangaben objektiviert werden.

Daneben gibt es zahlreiche Sonderformen der Medienausstattung. Sie beziehen sich auf eine andere Gestaltung und/oder Platzierung als gängige Spots. Diese **Sonderformen** gewinnen immer mehr an Gewicht, weil die üblichen Werbeblöcke von Nutzern zunehmend als lästig empfunden und, wenn möglich, gemieden werden. Diese Sonderformen sind weder im Intramediavergleich quantifizierbar noch innerhalb des Mediums objektivierbar.

4.1.3.6 Werbeträgerauswahl (Intramediavergleich)

Nachdem das Wettbewerbsverhalten, der Medien-Mix, die Medienauswahl und die Medienausstattung bestimmt sind, kann nun die der Mediataktik entsprechende Auswahl der Werbeträger erfolgen. Dabei sind folgende Forderungen zu erfüllen (Abb. 129):

- **Möglichst genaue Übereinstimmung der Nutzerschaft der ausgewählten Medien mit der definierten Zielgruppe.** Das heißt, Erreichung möglichst weniger Mediennutzer, die nicht zur Zielgruppe gehören. Diese stellen eine Fehlstreuung dar. Die Messgröße zur Erreichung dieser Vorgabe ist die Affinität.
- **Möglichst vollständige Abdeckung der definierten Zielgruppe durch die ausgewählten Medien.** Das heißt, Auslassen möglichst weniger Zielpersonen, die durch Medien nicht erreicht werden. Dabei handelt es sich um eine Streulücke. Die Messgröße zur Erreichung dieser Vorgabe ist die Reichweite (Abb. 130).
- **Möglichst häufiger Kontakt zwischen den ausgewählten Medien und der definierten Zielgruppe.** Das heißt, Umsetzung vielfältiger Werbemittelanstöße. Die Messgröße zur Erreichung dieser Vorgabe ist die Kontaktintensität.
- **Möglichst kostengünstige Realisierung von Reichweite und Kontaktintensität mit den ausgewählten Medien in der definierten Zielgruppe.** Das heißt, bestes Preis-Leistungs-Verhältnis bezogen auf Mediennutzerschaft

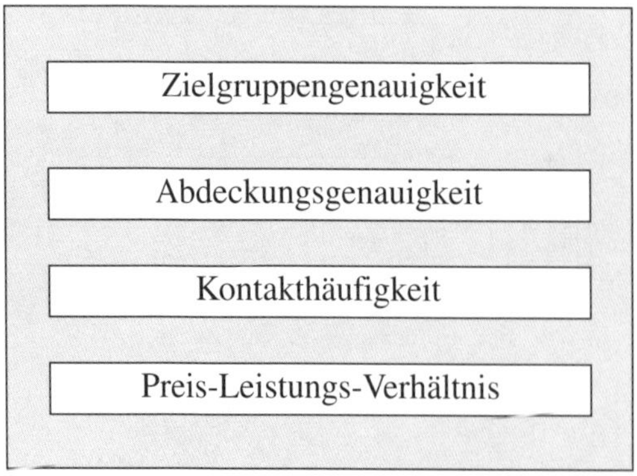

Zielgruppengenauigkeit

Abdeckungsgenauigkeit

Kontakthäufigkeit

Preis-Leistungs-Verhältnis

Abb. 129: Werbeträgerauswahl

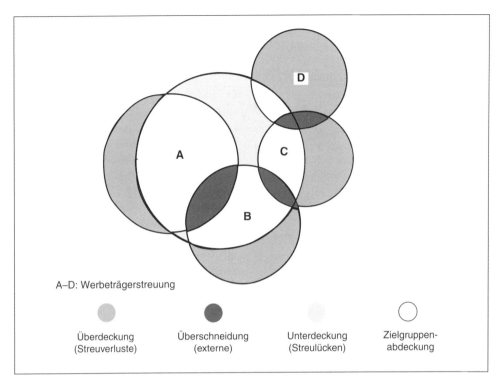

Abb. 130: Überdeckung, Überschneidung und Unterdeckung

und Kontakthäufigkeit. Die Messgrößen zur Erreichung dieser Vorgabe sind 1.000-Nutzer- und 1.000-Kontakt-Preise.

Diese Messgrößen werden Leistungswerte genannt und stehen aufgrund entsprechender repräsentativer Erhebungen mittels computergestützter Zählverfahren zur Auswertung zur Verfügung. Ergebnis ist die Bestimmung der zu belegenden Werbeträger.

4.2 Intermediavergleich

Der Intermediavergleich befasst sich mit der Beantwortung der Frage, welche Mediagattung unter den gegebenen Rahmenbedingungen am besten zur Erfüllung einer werblichen Aufgabe geeignet ist (Abb. 131).

Die Mediaszene stellt sich hinsichtlich der Entwicklung ihrer Mediagattungen, wie in den Abbildungen 132–134 gezeigt, dar.

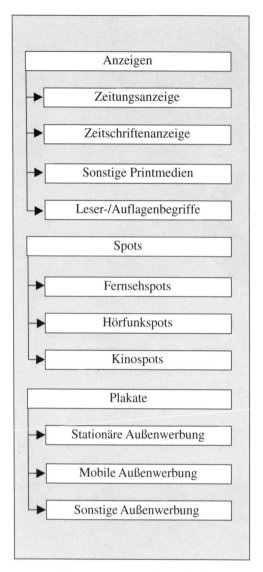

Abb. 131: Intermediavergleich

4.2.1 Mediagattungen

4.2.1.1 Anzeige

4.2.1.1.1 Zeitungsanzeige

Die traditionell größte Mediagattung sind die Anzeigen, weil die BRD das klassische Printland schlechthin ist (siehe Abbildung 135). Quantität und Qualität innerhalb dieser Gattung sind auch international unerreicht. Der größte Bereich innerhalb der Anzeigenwerbung wiederum betrifft die Zeitungen. Die Zeitung vermittelt jüngstes Gegenwartsgeschehen in kürzester regelmäßiger Folge der breitesten Öffentlichkeit. Sie ist durch Aktualität, Periodizität, Publizität und Universalität gekennzeichnet und ein statuarisches Medium. Merkmale sind eine klare Gliederung des redaktionellen Inhalts, der sich immer in gleicher Reihenfolge präsentiert und am selben Platz. Das Format ist größer als das der Zeitschrift, mehrspaltig, mit mehr Text- als Bildanteil, schwarz-weiß und auf Zeitungspapier gedruckt. Redaktionelle Schwerpunkte sind Politik, Wirtschaft, Zeitgeschehen, Kultur, Sport, Lokales. Stetig kommen neue Titel hinzu (z. B. Die Woche, Die Wochenzeitung), andere verschwinden vom Markt (z. B. Ja, Super). Man unterscheidet dabei (Abb. 136):

– solche, die **regional** aufliegen und solche, die **überregional** aufliegen,
– solche, die überwiegend im **Abonnement** (auf Bestellung) bezogen und solche, die im **Einzelverkauf** (auf Nachfrage) vertrieben werden,
– solche die **täglich** und solche, die **wöchentlich** erscheinen.

Aus der Kombination dieser Kriterien ergibt sich die Beschreibung bestimmter Zeitungstypen. So ist die »Bild-Zeitung« eine täglich erscheinende Kaufzeitung mit überregionaler Verbreitung, die »normale« Tageszeitung eine täglich erscheinende regionale Abonnementzeitung, die »Zeit« eine wöchentlich erscheinende, überregionale Kaufzeitung etc. Außerdem unterscheidet man nach dem Inhalt meinungsbildende, politische, wirtschaftliche oder kulturelle Zeitungen, die nach Verbreitungsgebiet, Bezugsart und Erscheinungsweise kombiniert auftreten. Daneben gibt es zahlreiche Unterformen wie Heimatzeitungen, Kirchenzeitungen etc., die im Weiteren vernachlässigt werden. Tageszeitungen erreichen eine schnelle Verbreitung für aktuelle Botschaften, haben

Mediagattung	Netto-Werbeeinnahmen in Mio. DM
Tageszeitung	12.050
Fernsehen	8.163
Publikumszeitschriften	3.830
Anzeigenblätter	3.650
Sonstige Printtitel	2.350
Special Interest-Titel	2.245
Hörfunk	1.230
Außenwerbung	1.140
Wochenzeitungen	500
Kino	345
Supplements	184
Summe:	35.687

Abb. 132: Netto-Werbeeinnahmen der Medien 1999

Land	Print	Fernsehen	Außenwerbung	Hörfunk	Kino
Deutschland	69,5	22,9	3,2	3,4	1,0
Österreich	59,0	24,6	6,6	9,3	0,5
Belgien	39,7	39,7	9,4	9,7	1,5
Dänemark	71,6	22,5	3,2	2,0	0,6
Frankreich	42,6	37,0	12,4	7,2	0,8
Ungarn	32,1	55,5	6,5	5,5	0,4
Italien	39,5	53,8	2,4	3,9	0,4
Niederlande	56,4	29,6	5,5	8,0	0,5
Norwegen	54,5	36,8	2,2	5,4	1,1
Polen	29,1	56,0	7,1	7,7	0,1
Spanien	44,3	40,5	4,6	9,7	0,9
Schweden	70,1	21,3	4,5	3,6	0,5
Schweiz	71,2	12,0	13,0	2,7	1,1
Großbritannien	43,3	44,0	7,0	5,7	0,0

Abb. 133: Media-Mix in Europa in % 1999

in Mio Mark/ ohne Produktionskosten	1985	1986	1987	1988	1989	1990	1991	1992	1993	1994	1995	1996
Tageszeitungen	6.508	6.804	7.023	7.148	7.757	8.063	9.297	10.025	9.973	10.366	10.722	10.679
Publikumszeitschriften	2.640	2.587	2.748	2.818	2.956	3.061	3.246	3.378	3.215	3.307	3.505	3.417
Fachzeitschriften	1.426	1.499	1.568	1.642	1.772	1.861	1.998	2.110	2.031	2.051	2.211	2.300
Hörfunk	527	580	626	793	845	909	948	981	1.005	1.135	1.163	1.187
Fernsehen	1.461	1.496	1.618	1.834	2.257	2.858	3.705	4.328	4.827	5.630	6.342	6.897
Gesamt	12.562	12.966	13.583	14.235	15.587	16.751	19.194	20.822	21.051	22.490	23.943	24.479

Abb. 134: Netto-Werbeeinnahmen der Klassischen Mediengattungen 1985 – 1996 (Quelle: ZAW)

Werbeträger (Anteil in %)	1995	1996	1997	1998	1999
Tageszeitungen	30	29	28	28	28
Fernsehen	17	18	19	19	20
Direktwerbung	14	15	15	15	15
Publikumszeitschriften	10	9	9	9	9
Anzeigenblätter	8	8	8	8	8
Verzeichnisse	6	6	6	6	6
Fachzeitschriften	6	6	6	6	5
Hörfunk	3	3	3	3	3
Außenwerbung	3	3	3	3	3
Wochen/Sonntagszeitungen	1	1	1	1	1
Filmtheater	1	1	1	1	1
Supplements	1	1	1	-	-

Abb. 135: Werbemarktanteile der Medien im Zeitablauf

aber nur eine begrenzte Druckqualität, vor allem in Farbe, sind dafür, vor allem als Abo-Titel, recht genau steuerbar, bieten sehr kurze Buchungsfristen (zwei Tage vor Druckunterlagenschluss) und eignen sich so insbesondere für aktionale und lokale Maßnahmen. Allerdings ist auch kaum etwas so alt wie die Zeitung vom Vortag. Und das gilt ebenso für die darin befindlichen Anzeigen.

Man unterscheidet drei **Zeitungsformate**:

– Nordisches Format: 371 mm breit, 528 mm hoch, 8 Anzeigenspalten, 4.224 Anzeigenmillimeter pro Seite,
– Rheinisches Format: 325 mm breit, 487 mm hoch, 7 Anzeigenspalten, 3.409 Anzeigenmillimeter pro Seite,
– Berliner Format: 278 mm breit, 430 mm hoch, 6 Anzeigenspalten, 2.580 Anzeigenmillimeter pro Seite.

Die Spaltenbreite beträgt allerdings einheitlich jeweils 45 Millimeter. Außerdem gibt es Textteil-Anzeigen (im redaktionellen Teil, meist 1. Produkt überregionale Redaktion, 2. Produkt lokale Redaktion) und Anzeigenteil-Anzeigen (»Anzeigenfriedhof«). Für Erstere werden Mindestformate vorgegeben, Letztere sind zudem erheblich preisgünstiger. Lokale Inserenten erhalten einen um die Mittlerprovision ermäßigten Ortstarif auch für gestaltete Anzeigen. Der Anzeigenpreis berechnet sich nach Millimeter-Höhe je Spalte (mm-Preis). Die Kosten einer Zeitungsanzeige ergeben sich also als Produkt aus Anzahl der belegten Spalten, belegter Höhe in Millimeter und mm-Preis. Da der Anzeigen- und der Textteil der Zeitung unterschiedliche Spaltenbreiten/Spaltenanzahl aufweisen, kann durch einen Umrechnungsfaktor (Anzeigenspaltenanzahl : Textspaltenanzahl) auch bei einem einheitlichen Millimeterpreis auf den tatsächlichen Preis einer Anzeigenteil- bzw. einer Textteil-Anzeige umgerechnet werden.

- Verbreitungsgebiet
- Bezugsart
- Erscheinungsweise
- Heftformat
- Platzierung
- Gestaltung

Abb. 136: Zeitungsanzeige

Fließtextanzeigen sind nicht gestaltet. Sie werden nach Anzahl der verwendeten Worte oder Zeilen (evtl. plus Chiffre-Gebühr) berechnet. Üblich ist die Einteilung nach Rubriken wie Finanzen, Gelegenheiten, Kraftfahrzeuge, Immobilien, amtliche Bekanntmachungen, Familie, Unterricht, Fremdenverkehr etc. Gewerbliche Inserenten sind dabei gesondert zu kennzeichnen (Abb. 138).

Die Titelanzahl und Auflagen von Zeitungen sind aus Abbildung 139 ersichtlich. Die Leserschaftsstruktur von Tageszeitungen ist ziemlich ausgewogen, mit leichter Tendenz zu Männern bzw. höheren Altersgruppen (Abb. 140).

Überregionale Zeitungen:
- Frankfurter Allgemeine Zeitung, Frankfurter Rundschau, Süddeutsche Zeitung, Die Welt, Neues Deutschland, die tageszeitung, Handelsblatt

Überregionale Wochenzeitungen:
- Freitag, Junge Welt, Wochenpost, Allgemeine Jüdische Wochenzeitung, Das Parlament, Rheinischer Merkur/Christ und Welt, Das Ostpreußenblatt, Deutsches Allgemeines Sonntagsblatt, Die Woche, Die Zeit, Bayerische Staatszeitung/Bayerischer Staatsanzeiger, Bayernkurier, Junge Freiheit, Staatsanzeiger Baden-Württemberg

Kaufzeitungen:
- Bild, Abendzeitung, Berliner Kurier, B.Z., Express, Hamburger Morgenpost, Morgenpost für Sachsen, tz

Programmsupplements:
- BWZ Bunte Wochen-Zeitung, Fernseh- und Freizeit-Magazin, Abendzeitung Fernsehjournal, IWZ Illustrierte Wochenzeitung, Prisma, Süddeutsche Zeitung, Telestunde, rtv Das Fernsehmagazin Ihrer Zeitung

Magazinsupplements:
- Süddeutsche Zeitung Magazin, Welt Report, Jetzt, Cocktail

Abb. 137: Große Zeitungen in Deutschland

4.2.1.1.2 Zeitschriftenanzeige

Die Zeitschrift unterscheidet sich von der Zeitung dadurch, dass sie

- mindestens im Wochenturnus,
- in gebundener, gehefteter oder geklammerter Verarbeitung,
- mit eigenständigem Cover,
- höherer Seitenzahl,
- bei kleinerem Format (meist A 4-ähnlich) als bei der Zeitung,
- mit großem Vierfarbanteil,
- auf besserem Papier,
- zumeist zu höherem Preis,

erscheint. Bei Zeitschriften gibt es eine beinahe unüberschaubare Titelvielfalt, die sich in verschiedene Typen rubrizieren lässt wie Frauen-, Eltern-, Kinder-, Jugend-, Männerzeitschriften (**Special-Segment**-Titel/SS), sowie Handarbeits-, Mode-, Sport-, Auto-, Garten-, Gesellschafts-, Gesundheits-, Ernährungszeitschriften etc. (**Special-Interest**-Titel/SI) (Abb. 141). Beide gewinnen aufgrund steigenden Freizeitanteils und intensivierter Hobbies zunehmend an Verbreitung, wohingegen **General-Interest**-Titel (GI) wie aktuelle Illustrierte, Programmzeitschriften etc. kontinuierlich an Bedeutung verlieren. Dies führt bei sinkender Totalauflage zu einer

Preisliste Nr. 41, Blatt **2**
Gültig ab 1. 1. 1995

Erscheinungsort
75172 Pforzheim
Nielsen III b

Technische Angaben:

Satzspiegel (Höhe × Breite in mm): 488 × 323 – **Spaltenzahl:** Anzeigenteil: 7 – Textteil: 6 – **Anzeigenumrechnungsfaktor** (Text- in Anzeigenspalten): 1,16
Panoramaanzeigen (max. Höhe + Breite in mm): 488 × 668
Spaltenbreiten: Anzeigenteil: 1 Spalte 44 mm, 2 Spalten 90 mm, 3 Spalten 135 mm, 4 Spalten 182 mm, 5 Spalten 228 mm, 6 Spalten 275 mm, 7 Spalten 323 mm.
Textteil: 1 Spalte 51 mm, 2 Spalten 105 mm, 3 Spalten 159 mm, 4 Spalten 213 mm, 5 Spalten 267 mm, 6 Spalten 323 mm.
Mindestgröße: Eckfeldanzeigen ¼ Seite, Streifenanzeigen auf Textseite 50 mm
Druckverfahren: Offset
Grundschrift: Anzeigenteil 7 Punkt, Textteil 8½ Punkt

Schwarzweiß-Anzeigen und Anzeigen mit Zusatzfarben*

Druckunterlagen (Art und Anzahl):
– seitenteilige Anzeigen: Fotopapier SR
– ganzseitige Anzeigen: Positivfilm oder Fotopapier SR
Panorama-Anzeigen: Positivfilm SV
Rasterweite: max. 36 l/cm
Tonwertumfang: Lichter Ton 10 %
Zeichnende Tiefe 90 %

4-c-Anzeigen

Druckunterlagen (Art und Anzahl):
– seitenteilige Anzeigen: Positivfilm SR
– ganzseitige Anzeigen: Positivfilm SR
Rasterweite: max. 36 l/cm
Tonwertumfang: Lichter Ton 10 %
Zeichnende Tiefe 90 %
Maximale Farbdeckung: 200 %, Mitteltöne 15–20 % aufhellend

* Diese Angaben erfüllen mindestens die Anforderungen des Bundesverbandes Druck.
Bei Farbanzeigen sind Paßkreuze auf den Druckunterlagen erforderlich. Bei 4-c-Anzeigen werden zusätzlich 2 Andrucke auf Zeitungspapier benötigt.

Preisliste Nr. 41, Blatt **3.1**
Gültig ab 1. 1. 1995

Pforzheimer Zeitung
Meistgelesen in der Region

Erscheinungsort
75172 Pforzheim
Nielsen III b

Grundpreise

s/w-Anzeigen	DM	1 Zusatzfarbe	DM	2 Zusatzfarben	DM	3 Zusatzfarben	DM
Millimeter	2.48	Millimeter	2.85	Millimeter	3.22	Millimeter	3.59
1/1 Seite	8 471.68	1/1 Seite	9 735.60	1/1 Seite	10 999.52	1/1 Seite	12 263.44
Textteil*	8.85	Mindestaufschlag**	404.00	Mindestaufschlag**	796.00	Mindestaufschlag**	1183.00
Titelseite	8.85						

Ermäßigte Grundpreise
für Anzeigen von Firmen aus dem Verbreitungsgebiet

s/w-Anzeigen:	DM	1 Zusatzfarbe:	DM	2 Zusatzfarben:	DM	3 Zusatzfarben:	DM
Millimeter	2.20	Millimeter	2.53	Millimeter	2.87	Millimeter	3.20
1/1 Seite	7 515.20	1/1 Seite	8 642.48	1/1 Seite	9 803.92	1/1 Seite	10 931.20
Textteil*	7.78	Mindestaufschlag**	339.00	Mindestaufschlag**	677.00	Mindestaufschlag**	1 029.00
Titelseite	7.78						

Abweichende Preise:
(ohne weitere Nachlässe)
Familienanzeigen
Stellengesuche
Amtl. Bekanntmachungen 1.33
Private Kleinanzeigen
Vereinsnachrichten 1.76

Nachlässe:

	a) Malstaffel I	b) Mengenstaffel C für Millimeterabschlüsse von mindestens	c) Erweiterte Mengenstaffel (Bonus) nach Ablauf des Abschlußjahres
	12 mal 10 %	5 000 mm 10 %	über 30 000 mm 1 %
	24 mal 15 %	10 000 mm 15 %	über 40 000 mm 2 %
	52 mal 20 %	20 000 mm 20 %	über 50 000 mm 3 %
			über 75 000 mm 4 %
			über 100 000 mm 5 %
			über 150 000 mm 6 %
			über 250 000 mm 7 %

Agentur-Vergütung:
Für Anzeigen, die zum **Grundpreis** abgerechnet werden und deren Auftraggeber und Rechnungsempfänger die Agentur ist.

Satzspiegel: Anzeigenteil: Spaltenbreite 44 mm, Spaltenzahl 7 – **Textteil:** Spaltenbreite 51 mm, Spaltenzahl 6
*) **Textteilanzeigen:** Mindestgröße 15 Millimeter – **) für Anzeigen bis ¼ Seite = 854 mm.

– Alle Preise zzgl. MwSt. –

Abb. 138: Tageszeitungs-Tarif (Beispiel: Pforzheimer Zeitung)

	1985	1986	1987	1988	1989	1990	1991	1992	1993	1994	1995	1996
Tageszeitungen												
Anzahl	395	388	387	389	391	394	419	426	426	420	414	408
verk. Auflage in Mio.	24,7	24,4	24,8	24	24,4	24,9	28,8	30,9	30,7	30,5	30,2	29,9
Wochenzeitungen												
Anzahl	47	46	44	42	37	29	29	31	31	32	30	27
verk. Auflage in Mio.	1,9	1,8	1,8	1,8	1,8	1,8	1,9	2	2,1	2,1	2,2	2,1

Abb. 139: Zeitungen – Titelanzahl und Auflagen 1985 – 1996
(Quelle: A.C. Nielsen Werbeforschung S+P GmbH)

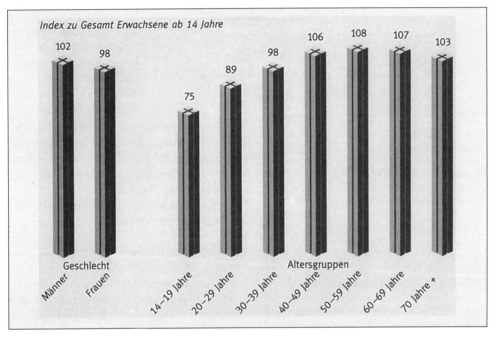

Abb. 140: Leserschaftsstruktur von Tageszeitungen
(Quelle: A.C. Nielsen Werbeforschung S+P GmbH)

Titelinflation. Auch hier kommen stetig neue Titel hinzu (z. B. Focus), während andere floppen (z. B. Viva, Quick) (Abb. 142 und 143).

Die Auflage der Ausgaben schwankt zum Leidwesen der Verlage erheblich, vor allem in Abhängigkeit vom jeweiligen Cover bzw. dem Titelthema (Abb. 144).

Special Segment- und Special Interest-Titel sind durch ein redaktionelles Angebot mit thematischem Schwerpunkt definiert, der in jeder der periodisch erscheinenden Ausgaben durchgängig und im gesamten Inhalt mit klarem Bezug aller Beiträge dazu gegeben ist. Die Nutzung ist dabei, im Gegensatz zu den im Folgenden erwähnten Fachzeitschriften (**Professional Interest**-Titel/PI), nicht berufsbedingt, sondern entspringt dem persönlichen Informations-, Wissens- und Freizeitbedarf im privaten Lebensbereich (Abb. 145, 146 und 147).

Als Sonderform, die sich an Nutzer im gewerblichen Bereich wendet, gelten solche Fachzeitschriften, die es in reicher Zahl für praktisch jede Branche (ca. 350 verschiedene) und in

	monothematische Inhalte	multithematische Inhalte
monosektorale Inhalte	Professional Interest-Titel	Special Segment-Titel
multisektorale Inhalte	Special Interest-Titel	General Interest-Titel

Abb. 141: Zeitschriftenarten

Amtliche Blätter
konfessionelle/parteipolitische/sonstige Arbeitnehmerzeitschriften
Jugend   Konfessionen
Kultur/Kunst
Kunden-/Hauszeitschriften
Politik   Sport
Auto/Motorrad   Reisen/Wandern
Hobbys   Frauen
Männer   Senioren
Homosexuelle/Lesbierinnen
Astrologie/Esoterik/Grenzwissenschaften
Feinschmecker/Genießer/Essen/Trinken
populärwissenschaftliche Zeitschriften
Rätselzeitschriften
Verbraucherzeitschriften/Wirtschaftsmagazine/Geldanlage
Stadt-/Regionalmagazine
Veranstaltungsprogramme
Eltern/Familie
Haus/Wohnung/Garten
Tierfreunde
Gesundheit/Fitness
Unterhaltungselektronik
Fasching/Karneval
Gefangenenzeitschriften
Weiter-/Erwachsenenbildung
Vertriebenenwesen
Haus-/Wohnungswesen
Heimat-/Landes-/Familienkunde
Sozialwesen   Sex/Erotik
Supplements

Abb. 142: Sachgruppen für Special Interest-Titel

professioneller Ausformung gibt (z. B. mit Kennziffernservice, oft durch Vermittlungsgebühr finanziert und ansonsten kostenlos). Dabei wird es Interessenten ermöglicht, unter Bezug auf nummerierte Anzeigen Informationen zum Werbeobjekt über den Verlag anzufragen, der diese Anfragen an die jeweilig Werbungtreibenden weiterleitet. Dadurch ergibt sich die Chance der direkten Kontaktaufnahme und Nachbereitung für diese. Außerdem ist in Maßen eine Resonanzkontrolle der Werbeeinschaltung möglich. Die Auswahl der Fachzeitschriften erfolgt anhand von Empfänger-, Leserstruktur- oder Reichweitenanalysen.

Professional-Interest-Titel lassen sich in mehrere Rubriken unterteilen:

– praxisorientierte branchenübergreifende Fachtitel,
– branchengebundene Fachtitel, d. h. Objekte, deren redaktionelles Programm sich an den Informationswünschen eines abgegrenzten Wirtschaftsbereichs orientiert,
– branchenübergreifende, funktions- oder berufsgruppenorientierte Fachtitel, also solche, die auf Probleme von Funktionsbereichen eingehen und in Betrieben vieler Branchen vorhanden sind,
– Prinzip oder Produkt orientierte Fachtitel, sie orientieren sich an technologischen Prinzipien, Verfahrenstechniken, Produkt- oder Werkstoffanwendungen,
– wissenschaftliche Fachtitel, sie richten sich an Zielgruppen in Forschung und Lehre, finanzieren sich aber weitestgehend nicht über die Schaltung von Anzeigen, sondern über Abonnementeinnahmen,
– Kennziffern-Titel, sie enthalten kurze, prägnante Informationen mit dem Ziel, eine Marktübersicht und die Erleichte-

Ambiente	Holiday	Eltern
Bergsteiger	Mein schöner Garten	Essen&Trinken
Deutscher Alpenverein	Meine Familie&Ich	Flora
Golf-Journal	PC Praxis	Geo
Motorrad-Magazin	Chip	Häuser
Tour-das Rad-Magazin	Bike	Mein Kind und ich
Tours-das Abenteuer-Magazin	Boote	Neues Wohnen
VIF Gourmet-Journal	Gute Fahrt	Schöner Essen
Autozeitung	Snow	Schöner Wohnen
KFT-Kraftfahrzeugtechnik	Surf-Magazin	Sports Life
Kochen&Genießen	Yacht	Computerwoche
Motorrad, Reisen&Sport	Bild der Wissenschaft	Mac-Welt
Selbst ist der Mann	Fit for fun	Blinker
Wohnidee	Kosmos	Fliegenfischen
Das Haus	Art	Golfmagazin
Jäger	Color Foto	Fotomagazin
Reiten und Fahren St. Georg	Flug-Revue	Bellevue
Segeln	Foto&Labor	Mountainbike
Tauchen	Freizeitmobile	Runner's World
Architektur&Wohnen	Modellfahrzeug	Auto-Bild
Der Feinschmecker	TV Spielfilm	Sport-Bild
Merian	Mopped	Bus Tourist International
Selber Machen	Mot	Hifi Mobil
Zuhause Wohnen	MotorKlassik	Stereo
Deutsche Jagd-Zeitung	Motorrad	Camp
Jagen weltweit	Pro mobil	Golf Sport
Aerokurier	Cinema	Rallye Racing
Audio	Sport-Auto	Rute / Rolle
Autohifi	Fisch und Fang	Ski-Magazin
Auto Motor Sport	Wild und Hund	Sprint
Auto	Alpin Bergwelt	Tennis-Magazin
Caravaning	Flieger	Tennis-Revue
Connect	Fly and Glide	Topmobil

Abb. 143: Einige Special Interest-Titel

Focus	verkaufte Auflage	Einzelverkauf	Spiegel	verkaufte Auflage	Einzelverkauf
1/2000	786.945	283.405	1/2000	1.029.088	535.341
2/2000	889.041	389.458	2/2000	1.044.585	550.108
3/2000	857.523	361.865	3/2000	1.101.954	608.668
4/2000	871.949	378.633	4/2000	1.069.351	576.199
9/2000	869.862	373.220	9/2000	999.433	504.962
10/2000	734.236	240.689	10/2000	1.087.469	593.322
11/2000	737.727	241.638	11/2000	1.046.291	549.490
12/2000	750.777	254.629	12/2000	1.020.216	523.731
16/2000	717.024	223.402	16/2000	1.044.793	550.796
17/2000	696.545	205.059	17/2000	1.027.571	533.478
18/2000	721.069	229.713	18/2000	1.016.096	522.364
19/2000	709.230	219.888	19/2000	978.710	487.826

Abb. 144: Heftauflagen Focus und Spiegel im Vergleich

Sozialwesen
Erziehung und Bildung
Gesundheitswesen/Medizin
Wirtschaft
Handel
Verkehr/Transport
Handwerk/Industrie/sonstiges Gewerbe
Land-/Forstwirtschaft/Gartenbau/Tierhaltung/Jagd
Behörden/Militär
Steuer-/wirtschafts-/rechtsberatende Berufe

Abb. 145: Sachgruppen für Professional Interest-Titel

rung der Informationsbeschaffung durch beigefügte Antwortkarten zu bieten,
– Export-Fachtitel, deren Ziel es ist, das Leistungsangebot Abnehmern im Ausland zugänglich zu machen.

Allgemein sind Fachzeitschriften Branchen orientiert (z. B. Mode), funktionsorientiert (z. B. Einkauf) oder themenorientiert (z. B. Werbung). Sie können im Wechselversand nach Themenschwerpunkten, in bestimmten Intervallen, nach Kriterien (wie Berufsgruppe, PLZ) oder auch unsystematisch zugestellt werden. Sie behandeln fachspezifische Themen und sind ihrem Typ nach eher redaktions- oder eher anzeigenorientiert.

Zeitschriften generell (Abb. 148, 149, 150 und 151)

– bauen ihre Verbreitung eher langsam auf,
– bieten eine hohe Wiedergabequalität,

Verlag	Umsatz in Mio. DM
Bertelsmann/Springer	1.343
Holtzbrinck Fachinformationen	1.140
Weka Firmengruppe	712
Süddeutscher Verlag Hüthig	406
Wolters Kluwer	301
Deutscher Fachverlag	256
Verlagsgruppe Haufe	252
Deutscher Ärzte-Verlag	233
IDG Communications	216
Verlagsgruppe Norman Rentrop	198
Vogel Medien	183
W. Kohlhammer	183
Verlagsgruppe Thieme	182
Konradin Verlagsgruppe	180
Landwirtschaftsverlag	130
BLV Verlagsgesellschaft	128
Verlagsgruppe Hoppenstedt	118
Wiley-VCH Verlag	101
Deutscher Apotheker-Verlag	77
Rudolf Müller-Verlag	74

Abb. 146: Größte deutsche Fachverlage 1999 (Quelle: Horizont)

Titel	Werbeumsatz in Mio. DM
Computerwoche	94,5
Lebensmittel-Zeitung	73,0
Deutsches Ärzteblatt	57,8
Ärzte-Zeitung	56,4
Textil-Wirtschaft	54,0
Werben & Verkaufen	47,9
Maschinenmarkt	34,9
Horizont	31,9
Computer Reseller News	29,2
Allg. Hotel- und Gaststättenzeitschr.	26,3
FVW International	25,2
Mecial Tribune	25,2
Deutsche Verkehrs-Zeitung	21,2
Computer-Partner	20,6
Industrie-Anzeiger	20,4
Ärztliche Praxis	20,1
Lebensmittel-Praxis	19,0
Bayer. Landwirtschaftl. Wochenbl.	19,0
Börsenblatt d. dt. Buchhandels	18,2
Markt & Technik	17,6

Abb. 147: Größte deutsche Fachtitel 1999 (Quelle: Horizont)

	1985	1986	1987	1988	1989	1990	1991	1992	1993	1994	1995	1996
Publikumszeitschriften												
Anzahl	369	411	445	484	529	565	596	619	648	703	709	758
verk. Auflage in Mio.	96,2	102	103,8	105,1	106,8	109,7	121,7	121	122,8	123,2	124,8	127,6
Fachzeitschriften												
Anzahl	779	813	828	850	866	901	921	951	958	963	984	983
verk. Auflage in Mio.	13	14,7	15	15,1	14,4	16	16,1	16,7	16,4	17,3	17	16,7

Abb. 148: Zeitschriften – Titelanzahl und Auflagen 1985–1996

TV Hören Sehen

Preisliste Nr. 46
Gültig ab 1. Januar 1997

3
FORMATE/PREISE

Heftformat:
230 × 290 mm

[1] Zu diesen Maßen ist die Beschnittzugabe zuzurechnen: oben, unten 2 mm außen 5 mm

Größe in Seitenteilen		Satzspiegel-Format Breite mm	Höhe mm	mit Anschnitt[1] Breite mm	Höhe mm	Preise in DM vierfarbig	1 oder 2 Skalenfarben	einfarbig (s/w)
1/1		208	278	230	290	71.552,–	59.478,–	44.720,–
3/4	hoch	155	278	166	290			
	quer	208	208	230	214	60.372,–	44.608,–	33.540,–
5/8		208	173	230	179	48.074,–	37.174,–	27.950,–
9/16		155	208	166	214	45.279,–	33.456,–	25.155,–
1/2	hoch	102	278	113	290			
	quer	208	137	230	143	42.484,–	29.739,–	22.360,–
3/8	hoch	102	208	113	214			
	quer	208	102	230	108	30.186,–	23.478,–	16.770,–
1/4	hoch	49	278	59	290			
	zweispaltig	102	137	113	143			
	quer	208	67	230	73	24.596,–	17.888,–	11.180,–
3/16	hoch	49	208					
	quer	155	67					8.385,–
1/8	hoch	49	137					
	zweispaltig	102	67					
	quer	208	32					5.590,–
1/16	hoch	49	67					
	quer	102	32					2.962,–
1/32		49	32					1.481,–
Formate auf Doppelseiten								
2/1		438	278	460	290	138.632,–	118.955,–	89.440,–
1 3/4	(1 S. + 3/4 S. hoch)	385	278	396	290	121.303,–	104.086,–	78.260,–
1 1/2	(1 S. + 1/2 S. hoch)	332	278	343	290			
	(2 × 3/4 S. quer)	438	208	460	214			
	(2 × 3/4 S. hoch)	332	278	332	290	103.974,–	89.216,–	67.080,–
1 1/4	(1 S. + 1/4 S. hoch)	279	278	290	290			
	(2 × 5/8 S. quer)	438	173	460	179	86.645,–	74.347,–	55.900,–
1/1	(2 × 1/2 S. quer)	438	137	460	143	71.552,–	59.478,–	44.720,–

Die gesetzliche Mehrwertsteuer wird auf den Rechnungsbetrag aufgeschlagen.

Abb. 149: Zeitschriften-Tarif

– sind als SI-Titel gut steuerbar,
– haben allerdings lange Buchungsfristen (bei Farbe sechs bis acht Wochen, bei Schwarzweiß drei bis vier Wochen im voraus),
– eignen sich daher besonders für imageaufbauende und lernfähige Botschaftsinhalte.

Der Werbemittelkontakt ist zudem durch die Eigenschaft der Zeitschrift als statuarisches Medium beliebig wiederholbar.

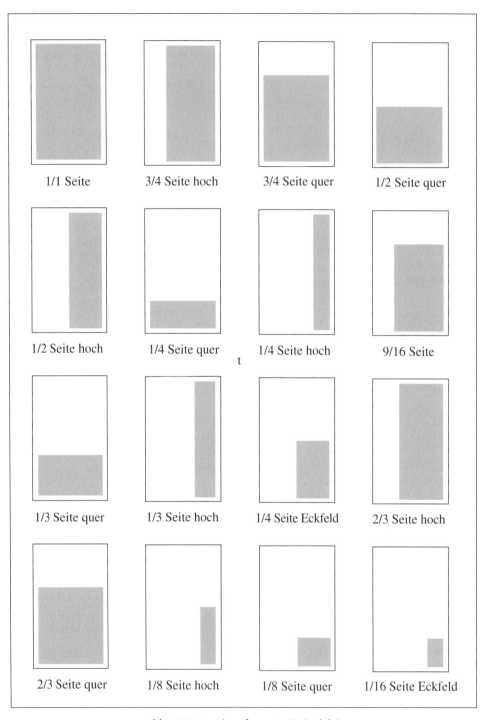

Abb. 150: Anzeigenformate (Beispiele)

Intermediavergleich 443

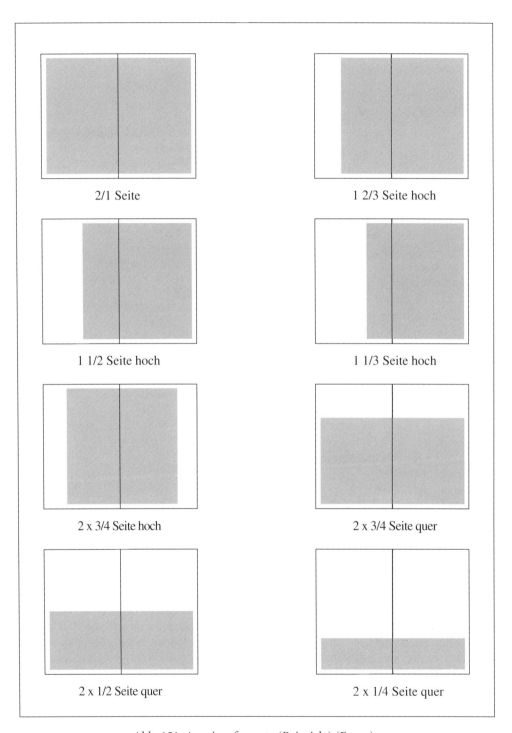

Abb. 151: Anzeigenformate (Beispiele) (Forts.)

4.2.1.1.3 Sonstige Printwerbung

Daneben gibt es zahlreiche Sonderformen der Printwerbung. Als wichtigste sind zu nennen:

- **Supplements**, d. h. die kostenlosen TV/Funk-Programmbeilagen in Zeitungen und Zeitschriften (BWZ, IWZ, RTV, Prisma),
- **Lesezirkelhefte**, d. h. die Sammlung ausgewählter Zeitschriften, die in gebündelter Form angeliefert und regelmäßig ausgetauscht werden, für Aufkleber, Beihefter, lose Beilage oder Sonderheft,
- **Anzeigenblätter**, d. h. die kostenlosen, sich allein aus Anzeigenaufkommen finanzierenden, streng lokalen Mitteilungsdienste,
- **Stadtillustrierte**, d. h. die lokalen Zeitschriften mit Zeitgeistredaktion und Veranstaltungshinweisen, besonders für die junge Generation,
- **Kundenmagazine**, d. h. von Absatzmittlern oder in deren Namen kostenlos an Kunden abgegebene Pressemedien mit Information und Werbung, etwa von Apotheken, Drogerien, Buchhandlungen, Hotels, Ärzten, Film-/Fotogeschäften, Heimwerkerläden, Zoohandlungen, Computerläden, Krankenkassen, Banken, Reisebüros etc. (Abb. 152),
- **Roman-, Rätselhefte, Taschenbücher, Kalender** mit Werbeseiten oder Eindrucken,
- **Standes-, Berufs-, Verbands-, Vereins-, Haus-, Werksmitteilungen** aller Couleur,
- **Zündholzwerbung**,
- **Telefon- und Adressbücher, Romanhefte, Taschenbücher, Stadtpläne, Kulturführer** und sonstige tarifäre Druckerzeugnisse.

Lufthansa Magazin
Leica
BMW Magazin
Pur (Textileinzelhandel)
Q (Compaq Computer)
Cine Chart (Pro 7)
28832 Berlin (Druckindustrie)
Future (Hoechst)
I and C World (Siemens)
direct (Consors)
moneymedia (HypoVereinsbank)
WOM journal
Mercedes
Agenda (RWE)
Consult (Skandia)
Ü (Lührmann Immobilien)
Changes (HypoVereinsbank)
Forum (MLP)
Jazz Echo (Musikfachhandel)
Well (Lancaster)
Audi - Das Magazin
Mercedes-Benz Transport Magazin
Blue Sky (Mazda)
E-Guide (IBM)
Gazette (Swissair)
Yaska (Parfümerie)
CEO (PWC)
Piazza (Jones Long)
Eyes (Menrad)
Expo Magazin

Abb. 152: Große Kundenmagazine

Supplements sind regelmäßig erscheinende, thematisch bestimmte, illustrierte Beilagen zu mindestens einem Trägerobjekt (Zeitschrift, Zeitung) als Ergänzung dieser Trägerobjekte mit zusätzlichen redaktionellen Schwerpunkten, die im Trägerobjekt nicht oder nicht so tief behandelt werden. Sie sind kostenlos und werden als Bestandteil der Trägerobjekte angesehen. Die Einteilung erfolgt nach Trägerobjekten (Zeitschrift, Zeitung), Erscheinungsweise (wöchentlich, monatlich, quartalsweise), redaktionellen Themen, Beziehung Supplement zu Trägerobjekt (gleicher Verlag, ein Trägerobjekt, mehrere Trägerobjekte, mehrere Verlage) und Zielgruppen (national, regional, gehoben, Experten, Alter). In aller Regel handelt es sich um Programm Supplements, Entertainment-Supplements oder Fachzeitschriften-Supplements.

Der Lesezirkel besteht aus festen Abonennten, die sechs bis zehn Exemplare nach individueller Zusammenstellung des Inhalts in einer Mappe erhalten. Der Preis bestimmt sich nach Titelselektion und Aktualitätsgrad. Man unterscheidet die Erstmappe, Zweitmappe, Drittmappe, Viertmappe (ein, zwei, drei Wochen verzögert), die mit zeitlichem Abstand immer preisgünstiger werden.

Anzeigenblätter (Free Sheets) werden kostenlos verteilt, es erfolgt die Belieferung fast aller Privat- und Geschäftshaushalte in regelmäßiger Erscheinungsweise und mit unaufgeforderter Zustellung. Sie haben ausgeprägt lokalen/sublokalen Charakter. Davon zu unterscheiden sind kommunale Wochenblätter (im Auftrag der Gemeinden) und Offertenblätter (Kaufanzeigenblätter). Diese haben einen Copy-Preis und oft Ersatzfunktion für lokale Tageszeitungen, die Erscheinungsweise ist meist zweimal wöchentlich. Inhalte sind Anzeigen, Sponsoring, Coop-Werbung, Bartering, PR-Veröffentlichung, Gemeinschaftsaktion mit Hörfunk etc.

Adressbücher enthalten Daten, die für wirtschaftliche Beziehungen erforderlich sind. Zu denken ist dabei an Einwohner-Adressbuch, Fachadressbuch, Bundes-/Landesadressbücher, Internationale/Export-Adressbücher, amtliche Telefonbücher, Das Örtliche, Gelbe Seiten, Telefaxbücher, Postleitzahlenbuch, Fernschreibverzeichnis, Telegrammadressbuch, Adressbücher für Bevölkerungsdaten, Grundbesitz, Bezugsquellen, Hersteller, Zwischenhändler, Behörden, Verwaltungen etc.

Das Einwohner-Adressbuch enthält Angaben zu Haushalten, Behörden, Unternehmen, Organisationen, im Einzelnen mit Branchen, Namen, Tel.-Nr., Straßenteil, Handelsregisterteil, Stadtplan. Zu den Wirtschafts-Adressbüchern gehören z. B. Wer liefert was? und Bundes-/Landes-Adressbücher (Einkaufsführer).

Bei den Telefonbüchern unterscheidet man: amtliches Telefonbuch, örtliches Telefonbuch, Branchen-Telefonbuch, Bildschirmtext-Teilnehmer, Telefaxbuch, PLZ-Buch, Fernschreibverzeichnis, Telegrammadressbücher. Außerdem gibt es Adressbücher für den privaten Bereich, Adressbücher für den geschäftlichen Bereich, regionale oder branchenspezifische Zielgruppen.

Werbung ist dort im Einzelnen u. a. durch Zeileneintrag mit Hervorhebung, gestaltete Anzeigen, Fußleisten-Anzeigen, Kopfleisten-Anzeigen, Randleisten-Anzeigen, Anzeige auf Umschlagseiten, innere Titelblätter-Anzeigen, Beilagen/Beihefter, Inhaltsverzeichnis, Schnittflächen, Buchrücken, Registerstab, Freiraum-Anzeigen, Deckelseiten und Vorsatzseiten möglich.

Diese Langzeitmedien bieten beachtliche Werbemöglichkeiten:

- Das Einwohneradressbuch wird von 64 lokalen Verlagen in Form von 420 meist lokalen Adressbüchern herausgegeben. Diese erscheinen meist jährlich, ihr Inhalt besteht aus Angaben zu Einwohnern, Firmen, Behörden, Verbänden, Vereinen, evtl. auch Straßen- und Häuserverzeichnissen.
- Das Telefonbuch wird in 34 Mio. Stück Auflage von der Deutsche Telekom Medien herausgegeben.
- Die Gelben Seiten erscheinen mit 39 Mio. Stück Auflage und werden ebenfalls von der Deutsche Telekom Medien herausgegeben, sie enthalten Daten von Gewerbetreibenden und Freiberuflern.
- Das Örtliche enthält alle eingetragenen Telefonanschlüsse eines Orts (Deutsche Telekom Medien).
- Sonstige Telekommunikationsverzeichnisse umfassen vor allem Telefax- und Telexbücher.
- Bei Wirtschaftsnachschlagewerken gibt es ca. 200 Titel, die vom Verband deutscher Adressbuchverleger herausgegeben werden. Sie enthalten Informationen über Unternehmen nach Branchen, Regionen, Märkten, Wirtschaftszweigen, Rechtsformen, Handelsregister, Produktions- und Lieferprogramme, Umsatzgröße, Beschäftigtenzahl etc.

- Alle diese Verzeichnisse sind zunehmend auch als elektronische Medien (Online oder auf Datenträger) erhältlich.

Als Sonderformen der Printwerbung sind folgende zu nennen:

- **Beilagen** werden einem Trägerobjekt lose beigefügt, d. h., sie sind nicht in die buchbinderische Verarbeitung einbezogen. Beilagen sind u. a. Druckerzeugnisse und Postkarten, Gegenstände (Warenproben), elektronische Datenträger, individualisierte Rechnungen. Sie bleiben dann durch die Post ohne Berechnung (immer nur Abo-Auflagenanteil), wenn es sich um Druckerzeugnisse handelt, die vom Verleger stammen. Sie dürfen, mit Ausnahme von Supplements, keine Anzeigen Dritter enthalten. Ein Supplement ist zu unterstellen, wenn nicht mehr als 70 % des Umfangs Anzeigen sind. Oder wenn ausschließlich für den Bezug von Zeitungen/Zeitschriften geworben wird. Beilagen werden durch Umschlag, feste Heftung oder Klebung zusammengehalten oder sind als lose Blätter dennoch als Einheit erkennbar. Mehrere getrennte Beilagen können zu einer gemeinsamen Beilage verbunden werden, die nur einmal durch die Post berechnet wird. Beilagen dürfen nicht schwerer sein als das Trägerobjekt, sie dürfen die Briefzustellung nicht erschweren, und sie dürfen nicht höher als 5 cm je Sendung sein.
- **Beikleber**, der auf eine Anzeige so aufgeklebt ist (auch als Warenprobe), dass er vom Interessenten abgelöst und verwendet werden kann. Tipp on-Karten sind auf eine Trägeranzeige punktgeklebt, Tipp in-Karten sind zusätzlich passgenau in das dort untergedruckte Motiv integriert.
- **Beihefter**, der eine fest mit dem Trägerobjekt verbundene und fertig anzuliefernde Drucksache darstellt (auch Postkarten und Prospekte). Auch hierfür gibt es Format- und Gewichtsbegrenzungen. Je nach Papierwahl (Qualität, Zusammensetzung, Oberfläche, Gewicht) kann ein redaktioneller Eindruck erreicht werden (dann ist der Zusatz »Anzeige« obligatorisch).

Spezielle Sonderwerbeformen betreffen folgende:

- Prospekt-Beihefter, Anzeige mit Postkarten-Beihefter, Titelumbinder/Flyer, geschlossene Anzeigenbeihefter,
- Anzeige mit Postkarte, Anzeige mit gestanztem Beikleber, Anzeige mit Briefumschlag, Anzeige mit Prospekt-Beikleber, Anzeige mit posterähnlichem Beikleber,
- Warenproben und andere Beilagen,
- Sonderformate wie Portalanzeige (Titel-Altarfalz), ausschlagbare Titelseite/Titeldoppelseite, Anzeige mit Postkarten-Titel-Kooperation, Anzeige mit Titelumbinder/Titelklappe, ausschlagbare Innenseite links oder rechts, Alterfalz-Anzeige innen/Panorama-Anzeige, Stufen-Anzeige, Insel-Anzeige, Rätselanzeige, Programmanzeige,
- Druck-Special: Sonderfarben, Metallfarben, Duftlack, Wash Away-Farbe,
- Termin-Special: Last Minute-Anzeigen, Stand by-Anzeigen,
- Split-Special: Anzeigenteilbelegung, mechanischer Split, geografischer Split, House Sharing, Handels-Split,
- Direct Special: Beipack, Versand-Aktion, Journale/Themen-Specials/Heft im Heft, Service Schecks,
- Special Offer: Kooperation für innovative Lösungen (Stanzungen, Falzarten, Rubbel-Anzeigen, 3-D-Holografie-Anzeigen, 3-D-Pop up-Anzeigen, akustische Anzeigen, Prägungen, Schaumdruck, Veredelung, Banderole), Promotions, Gewinnspiele, Produktinformations-Service etc.

Weiterhin gibt es:

- **Titelkuller** als Kleinanzeige auf dem Cover,
- **Programmteilanzeige** in Rundfunkblättern,
- **Flexformatanzeige** mit Abweichung vom Standardformat, evtl. nicht rechteckig, sondern auch asymmetrisch,
- **Inselanzeige** an vier Seiten von Text umschlossen,
- **Schachbrettanzeige**, deren paarweise Platzierung zueinander versetzt ist,
- **Ausklappseite** einfach,
- **Doppelseite zum Ausklappen**, auch Gatefold oder Altarfalz genannt,
- **Geografischer Split** (meist nach Nielsen-Gebieten oder -Ballungsräumen),
- **Mechanischer Split** in Teilauflagen,
- **Sonderfarben** (z. B. Metallic, Gold, Silberbronze, Leuchtfarbe),
- **Rubble Point-Anzeige** für Farb- oder Duftempfinden,
- **Printpromotion** als Anzeigenstrecke im redaktionellen Teil etc.

Begehrt sind auch Platzierungen auf der **1. Umschlagseite** (Cover, primär bei Fachtiteln), der **2. Umschlagseite** (erste Innenseite, gegenüber Inhaltsverzeichnis), der **3. Umschlagseite** (letzte Innenseite) und vor allem der **4. Umschlagseite** (Rückcover). Außerdem sind rechte Seiten beliebter als linke, Platzierungen vorne im Heft beliebter als hinten. Dies beruht auf durchaus anfechtbarer Marktforschung, die auch herausgefunden haben will, dass die durchschnittliche Betrachtungszeit je Anzeige nur zwei bis drei Sekunden beträgt. Bei Schwerpunktthemen kommt auch eine Platzierung in diesem Teil des Werbeträgers in Betracht.

Satzspiegel ist der Teil der Seite, der für den Druck genutzt werden kann. Soll auch der Papierrand an allen vier Seiten bedruckt werden, handelt es sich um **Anschnitt**. Angeschnittene Anzeigen waren früher teurer und verlangen Beschnittzugaben rundum für anschnittgefährdete Anzeigenelemente bei der Vorlagenerstellung.

Im Zeitungsbereich kommen Besonderheiten in Form von **Bunddurchdruck** (Panoramaanzeige), **Griffeckenanzeigen** (unten außen auf jeder Seite), **Titelkopf- oder Eckfeldplatzierungen** (obere Hälfte auf der ersten Seite von Kaufzeitungen bzw. zweiseitig von Redaktion umschlossen) hinzu, außerdem **HiFi- und Insetteranzeigen** als fertig angelieferte Druckprodukte, die vom Verlag komplett verarbeitet werden.

Redaktionelle Werbung erweckt für den unvoreingenommenen Leser den Eindruck der Redaktion. Genauer sind zwei Formen der redaktionellen Werbung zu unterscheiden:

- Redaktionell gestaltete Anzeigen. Dies ist der Abdruck entgeltlicher Veröffentlichungen, die durch Anordnung in Bild und Schrift wie Beiträge des redaktionellen Teils erscheinen, ohne für einen nicht unbeachtlichen Teil der flüchtigen Durchschnittsleser, denn auf diesen kommt es an, bei ungezwungener Auffassung erkennen zu lassen, dass sie bezahlte Wirtschaftswerbung darstellen.
- Redaktionelle Werbehinweise. Dies ist der unentgeltliche Abdruck von journalistischen Beiträgen oder Hinweisen, die mit dem Anschein redaktioneller Objektivität, Waren, Dienstleistungen und Unternehmen erwähnen oder günstig beurteilen und dem privatwirtschaftlichen Erwerbsstreben dienen, ohne diese Absicht deutlich erkennen zu lassen. Dabei kann es sich um aus eigener, journalistischer Initiative und ausschließlich publizistischen Gründen geschriebene Beiträge mit werblich relevanten Aussagen handeln, oder um von

Werbungtreibenden durch Vorgabe entsprechender Informationen veranlasste Werbung durch redaktionelle Berichterstattung (auch durch Druck mit Anzeigenaufträgen).

Redaktionell gestaltete Anzeigen von Werbungtreibenden sind irreführend gegenüber Lesern und unlauter gegenüber Mitbewerbern. Daher haben Verleger die Pflicht, in diesem Fall die Veröffentlichung mit dem Wort »Anzeige« zu kennzeichnen. Dieser Hinweis muss, gemessen am gesamten Erscheinungsbild der Anzeige, nach Platzierung, Schriftart, Schriftgrad, Schriftstärke den Durchschnittsleser bereits bei flüchtiger Betrachtung auf den Anzeigencharakter aufmerksam machen. Ein Hinweis an anderer Stelle (z. B. im Impressum) ist nicht ausreichend. Auch die Namensnennung des Absenders reicht nicht aus. Ebenso reichen andere Begriffe als »Anzeige« nicht aus.

4.2.1.1.4 Leser- und Auflagenbegriffe

In Zusammenhang mit Print-Medien kursieren vielfältige Fachbegriffe, von denen die Wichtigsten im Weiteren kurz erklärt werden.

Hinsichtlich der Leser können verschiedene Kategorien folgendermaßen unterschieden werden:
- **Exklusivleser** sind solche, die nur eine Publikation einer Kategorie lesen.
- **Doppel-/Mehrfachleser** sind hingegen solche, die innerhalb einer Kategorie zwei/mehr als zwei Werbeträger nutzen.
- **Erstleser** sind solche, die eine Publikation erwerben und meist auch hauptsächlich lesen (Hauptleser).
- **Zweit-/Drittleser** sind solche, die einen Printtitel nur mitnutzen, aber nicht selbst kaufen (Mitleser).
- **Kernleser** sind solche, die regelmäßig eine Publikation lesen, operationalisiert durch die Angabe, von 12 Ausgaben mindestens 10 gelesen (oder in der Hand gehalten) zu haben (bei monatlicher Erscheinungsweise).
- **Weitester Leserkreis** beinhaltet alle Leser, die von den letzten 12 Ausgaben einer Publikation angeben, mindestens eine gelesen (oder in der Hand gehalten) zu haben (bei monatlicher Erscheinungsweise).
- **Zufallsleser** sind solche, die durch eine Publikation nur fallweise erreicht werden.
- **A-Leser** sind solche, die einen Printtitel im Abonnement beziehen.
- **E-Leser** sind solche, die einen Printtitel im Einzelverkauf abnehmen.
- **LZ-Leser** sind solche, die einen Printtitel in der Lesezirkelmappe erhalten.

Ebenso unterscheidet man hinsichtlich der Auflage verschiedene Kategorien wie folgt:
- **Druckauflage,** d. h. die Anzahl der Exemplare, die aus der Druckmaschine laufen (abzgl. Makulatur),
- **Abonnementauflage,** d. h. die Anzahl der Exemplare, die im Festbezug verkauft werden (auch als Mitgliederexemplare oder im Sammelbezug),
- **Lesezirkelauflage,** d. h. die Anzahl der Exemplare, die in Lesezirkelmappen verarbeitet werden.
- **Einzelverkaufsauflage,** d. h. die Anzahl der Exemplare, die über Verkaufsstellen verkauft werden,
- **Verkaufte Auflage,** d. h. die Anzahl der Exemplare, die tatsächlich verkauft werden (Einzelverkauf abzgl. Remittenden),

- (tatsächlich)**Verbreitete Auflage,** d. h. die Anzahl der Exemplare, die verkauft und anderweitig verteilt werden,
- **Unentgeltlich verbreitete Auflage,** d. h. die Anzahl der Exemplare, die als Freistücke verteilt, aber nicht verkauft werden,
- **Rest-, Archiv-, Belegauflage**, d. h. die Anzahl der Exemplare, welche die Leserschaft nicht erreichen,
- **Deckungsauflage** (Break Even), d. h. die Anzahl der Exemplare, die der Verlag zur Kostendeckung benötigt
- **Kalkulationsauflage,** d. h. die Anzahl der Exemplare, mit denen der Verlag betriebswirtschaftlich rechnet,
- **Kontrollierte Auflage** (IVW), d. h. Anzahl der Exemplare, die als verkauft/verbreitet ausgewiesen werden,
- **Garantierte Auflage,** d. h. die Anzahl der Exemplare, die der Verlag im Tarif mindestens zusichert (andernfalls gibt es Kostenerstattung oder Gratisschaltung),
- **Bindeauflage**, d. h. die Anzahl der Exemplare, die zur Weiterverarbeitung nach dem Druck gelangen,
- **Leserauflage**, d. h. die Anzahl der Exemplare, die verkaufs-/verbreitungsfähig sind,
- **Remittenden**, d. h. die Anzahl der Exemplare, die im Auflageintervall nicht verkauft werden, als Voll- (Ganzheft), Teil- (Titelseite) oder Kopfremission (Logo).

Die Verbreitung von Verlagsobjekten erfolgt wegen der ubiquitären Distribution (mit Ausnahme der direkt belieferten Bahnhofsbuchhandlungen) zweistufig indirekt über den Presse-Großhandel. Die 82 Pressegrossisten in Deutschland haben sich zur Abgabe aller angebotenen Titel

Titel	1/1-Seite 4c (in Mark)**	Veränd. zu 98 (in Mark)	Titel	1/1-Seite 4c (in Mark)**	Veränd. zu 98 (in Mark)
Bunte	52440	0	Amica	32600	1700
Gala	23580	1123	Prima Carina	17910	-5970
Der Spiegel	87137	1709	Brigitte Young Miss	20500	900
Focus	73000	4900	Fit for Fun	39000	0
Stern	92000	0	GQ*	27500	1000
Das Beste	40000	0	Max	31800	600
Auf einen Blick	60753	-10722	Men's Health	28800	2800
Hörzu	80500	-16400	Auto-Bild	58500	1200
TV Hören & Sehen	60108	-15028	Auto, Motor und Sport	62650	1100
TV Movie	87819	0	Chip	22500	0
TV Spielfilm	92000	2000	Computer-Bild	31000	4000
TV Today	37900	1300	PC Welt	23600	2000
Lisa	25000	2500	Börse Online	21960	5460
Lisa Kochen & Backen	19500	9700	Wirtschaftswoche	33990	990
Laura	24940	959	Guter Rat	19100	1100
Allegra	26500	800	Plus	18600	1700

*vorher Männer Vogue; **mit Anschnitt

Abb. 153: VDZ-Anzeigenpreise 1999

Verlag	Titel	Anzeigenseiten 1999
Gruner & Jahr	32	30.419,4
Burda	20	22.333,7
Axel-Springer	21	19.609,6
Vereinigte Motorverlage	25	18.818,5
Heinrich Bauer	32	16.559,8
IDG	7	10.714,9
Milchstraße Verlag	6	10.061,8
Vogel-Medien	10	9.630,6
Spiegel	5	8.677,6
Weka	7	8.134,8
Handelsblatt	7	7.495,7
Jahreszeiten	10	7.347,9
Delius Klasing	9	5.612,2

Abb. 154: Anzeigenstärkste Verlage in Deutschland 1999
(Quelle: Horizont)

verpflichtet und garantieren somit Pressefreiheit und Meinungsvielfalt. Daher werden sie als Gebietsmonopole geduldet. Diese liefern den Verkaufsstellen mehr Exemplare an, als diese erfahrungsgemäß benötigen, um Leerverkäufe bei höherer Nachfrage zu vermeiden. Und nicht zuletzt, um über Warenvorrat Verkaufsdruck auf die Absatzstellen (etwa durch aktive Empfehlung) auszuüben. Bei Neueinführungen wird gut und gern die doppelte der erforderlichen Warenmenge angeliefert. Remittenden werden den Verkaufsstellen in der Rechnung gutgeschrieben, sodass für diese kein Kostenrisiko besteht. Ebenso werden in Verkaufsautomaten gestohlene Exemplare gutgeschrieben. Gerade hier kann es zur wettbewerbsrechtlich verbotenen Marktverstopfung kommen. Die Überlieferung ist sowohl aus ökologischen als auch wirtschaftlichen Gründen bedenklich. Ökologisch werden der Papierverbrauch und die Abfallmenge erhöht, wirtschaftlich werden Presseartikel dadurch verteuert, dass die Kosten der in der Vergangenheit nicht verkauften Exemplare auf die zukünftig angebotenen umgelegt werden (allerdings sind die Selbstkosten von Fortdrucken in der Auflage aufgrund der hohen Rüstkosten und des geringen Materialwerts eher vernachlässigbar).

4.2.1.2 Spot

4.2.1.2.1 Fernsehspot

Ein anderes wichtiges Werbemittel sind Spots (Abb. 156) im Fernsehen. Das Fernsehen hatte aufgrund der **öffentlich-rechtlichen Trägerschaft** und der staatsvertraglich limitierten Werbezeit von 20 Min. zwischen 18.00 und 20.00 Uhr (ARD + ZDF) an Werktagen (incl. Samstag) jahrzehntelang

Titel	Anzeigenumsatz in Mio DM 1999
Der Spiegel	775,36
Stern	713,79
Focus	665,92
Bild am Sonntag	546,83
TV Spielfilm	428,45
Hörzu	381,97
TV Movie	338,04
Brigitte	299,41
TV Hören und Sehen	245,59
Bild der Frau	239,72
Bunte	231,06
Wirtschaftswoche	225,63
Auto Motor Sport	221,82

Abb. 155: Zeitschriften mit den höchsten Anzeigenumsätzen 1999
(Quelle: Kress)

nur eine vergleichsweise geringe Bedeutung als Werbemedium. Als Folge davon ist die Kultur der Fernsehspots in der BRD weit hinter der benachbarter Länder zurückgeblieben. Doch dies ändert sich jetzt dramatisch. Mit Aufkommen der **privat-wirtschaftlichen Sender**, insb. SAT 1 und RTL, die sich ausschließlich aus Werbeeinnahmen finanzieren, erhalten die tradierten Sender ARD und ZDF harte Konkurrenz. Zum ersten Mal in ihrer Geschichte müssen beide Unterbuchungen ihrer ohnehin knapp bemessenen Werbekontingente hinnehmen. Dies ist beim vorgenommenen Procedere auch nicht weiter verwunderlich.

Bis zum 30.9. eines Jahres müssen bei den öffentlich-rechtlichen Anstalten alle Spots für das gesamte nächste Jahr fest gebucht werden. Ein Rücktritt ist, zumindest offiziell, ebensowenig möglich wie eine Nachbuchung. Die beiden Sender sammeln dann jeweils alle Anmeldungen, die bisher die zur Verfügung stehende Werbezeit mehrfach übertrafen, und teilen Sendezeiten zu. Und zwar bis zur vorgegebenen Platzie-

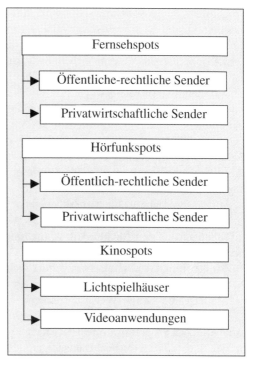

Abb. 156: Spots

rung in Werbeblöcken, wobei allenfalls Konkurrenzausschluss im Block zugesagt wurde. Wobei die meisten Werbungtreibenden aufgrund der Repartierung Einbußen gegenüber ihrem beauftragten Spotvolumen hinzunehmen hatten. Dieses bürokratische Procedere nimmt auf die Flexibilität und Dynamik der Werbung natürlich keine angemessene Rücksicht. Allerdings sind neuerdings Lockerungen zu verzeichnen, sowohl was Werbeformen als auch Platzierungen und Buchungsfristen anbelangt. Schon seit geraumer Zeit hatte sich ein tolerierter grauer Markt ergeben, auf dem Werbungtreibende ihnen zugeteilte Sendezeiten anboten, die sie nicht abnehmen konnten oder wollten, und andere Werbungtreibende Sendezeiten nachfragten, die sie nicht zugeteilt erhielten oder ursprünglich nicht beantragt hatten.

Privatsender sind alleine schon deshalb administrativ weitaus entgegenkommender, weil sie ohne Fernsehgebühren als staatliche Subventionierung auskommen müssen. Deshalb nehmen Werbungtreibende deren Angebot als Alternative dankend an. Die Buchung ist ebenfalls zum 30.9. d.J. als Stichtag für die Jahreserstinbuchung des Folgejahres fällig (ca. 2/3 aller Aufträge werden hier fest platziert). Vier bis sechs Wochen vor Ausstrahlung ist eine Optimierung auf Basis aktueller Programminformationen möglich, danach erfolgt die Umbuchung. Zwei Wochen vor Ausstrahlung muss die Sendekopie des Spots vorliegen, denn dann erfolgen die Prüfung der technischen Qualität und Prüfung auf rechtliche Unbedenklichkeit (freiwillige Selbstkontrolle). Drei bis vier Tage vor Ausstrahlung ist eine Feinplanung der Werbeinseln durch den Sender (dramaturgisch sinnvolle und harmonische Abfolge der einzelnen Spots einer Werbeinsel unter Berücksichtigung der gerechten Verteilung von Erst- und Letztplatzierungen) möglich. Dann erfolgt die elektronische Übermittlung der Daten an die Sendestationen und der Einbau ins

Programm. Die Ausstrahlung selbst wird durch Sendeprotokoll bzw. Sendebestätigung dokumentiert. Seit mit der dramatischen Verbesserung der Programmattraktivität und Verkabelungsdichte Rating (Einschaltquoten) und Verbreitung (erreichbare Haushalte) stimmen, gewinnen Fernsehspots hierzulande erheblich an Bedeutung. Dazu tragen Sonderwerbeformen ebenso bei wie die junge, multimediale Generation. Dies hat allerdings auch zu drastisch steigenden Einschaltkosten bei Privatsendern geführt. Hinsichtlich des Programms wird oft Kritik geübt, die jedoch verkennt, dass die privaten Sender keinen Programm-, sondern vielmehr einen Werbeauftrag erfüllen, d. h., das Programm dient als Vehikel für die eigentlich wichtige Spotausstrahlung. Zuschauer kritisieren zwar immer wieder die scheinbar überbordende Menge an Werbung bei Privatsendern. Tatsächlich jedoch sind die Werbemöglichkeiten vergleichsweise engen rechtlichen Rahmenbedingungen durch die Landesmedienanstalten auf Basis von Rundfunkstaatsvertrag und Werberichtlinien unterworfen.

Aufträge werden nur für namentlich genau benannte Werbungtreibende entgegengenommen. Es besteht ein Rücktrittsrecht bis sechs Wochen vor der ersten Ausstrahlung in begründeten Fällen und auf schriftlichen Antrag hin. Eine Zurückweisung aus rechtlichen oder sittlichen Gründen ist möglich.

Zur Flexibilität der Privatsender gehört auch die weitgehende Möglichkeit zur individuellen Platzierung von Werbespots in Abhängigkeit von redaktionellem Umfeld und mutmaßlicher Zuschauerschaft. Große Werbungtreibende (z. B. P&G) haben dies im Rahmen des Spot Placement derart perfektioniert, dass sie ihre Einschaltungen zwei Tage vorher tagesgenau variabel je nach Programmumfeld vorgeben. Freiwerdende Sendeplätze sind im Stand by mit bis zu 35% Nachlass zu erwerben. Dabei folgen sie den festen Programmschemata aller Sender. Die Ratingwerte der Zuschauerstichprobe erlauben bereits am darauffolgenden Tag eine Kontrolle und ggf. Korrektur für den dann übernächsten Tag.

Ein Vorteil der ARD liegt noch in der Regionalisierung der sieben Programme, die durch lokale »Fenster« der Privatsender nur unvollkommen ausgeglichen werden kann (Ausnahme: Bürgerfernsehen). Von Nachteil ist vor allem der hohe Anteil eher nachfrageinaktiver, sehr alter und junger Zuschauer. Dies ist allein schon aus der Sendezeit des öffentlich-rechtlichen Werbefernsehens bedingt. Am Spätnachmittag bzw. Frühabend sind kaufkräftige Zielgruppen in aller Regel noch an ihrem Arbeitsplatz tätig, befinden sich auf dem Heimweg, erledigen die letzten Besorgungen oder sind mit Hausarbeit beschäftigt. Jedenfalls haben sie überwiegend nicht die Muße, animierende Werbespots zu betrachten. Dies gilt eher für Rentner, Kinder, Arbeitssuchende etc., die vielleicht aus Zeitvertreib fernsehen, aber als Zielgruppen oft weniger relevant sind. Daher rührt auch die Forderung nach dem Fall der 20.00 Uhr-Grenze bei ARD und ZDF. Dagegen wird bereits heute implizit durch Patronatssendungen verstoßen, die Werbungtreibende im Vor- und Nachspann redaktioneller Beiträge (z. B. Sportsendungen) in Bild und Ton ausloben. Das Verbot der Unterbrecherwerbung wird ebenfalls aufgeweicht (z. B. Werbeblock im ZDF zwischen Heute und Wetterbericht). Da gleichzeitig der zulässige Werbeumfang bei Privatsendern limitiert wird (Werbedauer, Blocklänge, Unterbrecherwerbung), kommt es im Ergebnis wohl zu einer Konvergenz. Ein großes Problem stellt allein die Tatsache dar, dass die Anzahl der Programme, die terrestrisch (d. h. über Antenneneingang), leitungsgebunden (d. h. über Kabelsteckdose) oder orbital (d. h. über Satellitenschüssel) zu empfangen sind, sich vervielfacht hat (25 Stationen sind die Regel), die für Fernsehen reservierte Zeit der Zuschauer aber nur weit unterproportional dazu gestiegen ist. Die Folge ist, dass die Betrachtungsdauer je Station sich verkürzt, damit aber auch die Chance, durch Werbung erreicht zu werden, sich verringert. Alternativenzahl und Bedienungskomfort machen es leicht, Werbung zu vermeiden. Da zugleich die Programmkosten explodieren und ganz oder großenteils durch Werbeeinnahmen finanziert werden, steigen die Tarifpreise. Es entsteht eine Schere aus verminderter Leistung zu höheren Kosten. Dadurch relativiert sich der Boom der Privatsender im letzten Jahrzehnt.

Daher ist für die Zukunft mit einer Durchsetzung der ratingbezogenen Preisgestaltung der Sender zu rechnen. Dabei berechnen sich die Einschaltkosten auf Basis der aus der Zuschauerforschung ermittelten Reichweite. Das Preis-Leistungs-Verhältnis bleibt damit konstant, hohe Reichweite bedeutet hohe Spotkosten, die aber durch viele Zuschauer gerechtfertigt sind, und umgekehrt. Ansätze sind bereits zu beobachten, indem Sender (Pro 7) Mindestreichweiten garantieren und andernfalls solange kostenlos nachschalten wie erforderlich. Die ARD garantiert neuerdings einen 1.000-Kontakt-Höchstpreis, dessen Überschreiten durch Ausgleichsschaltung oder Preisermäßigung vermieden wird.

Fernsehwerbung lebt von der Kopplung bewegter Bilder mit Tonunterlegung. Dadurch steigen sowohl Anmutung als auch Erinnerung. Die Blockbildung führt allerdings zu Interferenzen, d. h., impactstarke Spots überlagern impactschwache, was selbst bei gewährtem Konkurrenzausschluss je Block nicht unproblematisch ist. Außerdem sind Spots als transitorische Medien in der Aufmerksamkeit Zeitraum gebunden, eine Wiederholung oder zeitliche Verschiebung der Wahrnehmung auf einen späteren Zeitpunkt ist also nicht möglich. Die Standard-Spotlängen betragen 7, 15, 20, 30, 45 und 60 Sekunden. Es wird jedoch nach effektiver Länge abgerechnet.

Testweise haben die Sender disproportionale Spotpreise eingeführt, d. h., kürzere Spot sind je Sekunde teurer als längere, weil geringere Spotlängen mehr Spots in einem Block bedeuten und von Zuschauern als störender empfunden werden als wenige, lange Spots, sodass die Gefahr des Ausstiegs aus dem Sender größer ist. Der überwiegende Preisindex sieht dabei wie folgt aus:

- 3– 8 Sek. Spotlänge: Index 130
- 9–12 Sek. Spotlänge: Index 120
- 13–16 Sek. Spotlänge: Index 112
- 17–18 Sek. Spotlänge: Index 106
- 19–21 Sek. Spotlänge: Index 103
- 22–29 Sek. Spotlänge: Index 102
- ab 30 Sek. Spotlänge: Index 100.

Ob dies allerdings dauerhaft durchsetzbar ist, darf bezweifelt werden.

Verschärft hat sich die Diskussion um die altersmäßige Ausrichtung des werbefinanzierten Fernsehens (Abb. 157). Die Preiswürdigkeit der Spotkosten wird gemeinhin an den Leistungswerten in der Al-

Sender	Erwachsene ab 50 Jahre	Erwachsene 30 - 49 Jahre	Erwachsene 14- 29 Jahre
RTL	43,5	33,8	16,6
SAT 1	46,4	34,4	15,3
Pro 7	23,8	39,9	25,7
RTL II	23,9	34,9	25,7
Vox	37,2	39,8	18,5
Kabel 1	58,4	30,8	7,8
Super RTL	20,5	22,2	57,3
ARD	62,8	21,5	11,5
ZDF	79,6	15,3	5,1
TV gesamt	50,0	29,4	14,0

Abb. 157: Altersstruktur der Werbeinselzuschauer

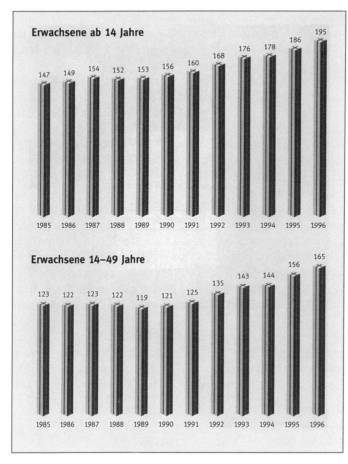

Abb. 158: TV-Sehdauer an einem durchschnittlichen Tag (in Min.) (Quelle: GfK/IP Deutschland)

tersklasse der 14–49jährigen kalkuliert und verglichen. Sender, die hohe Einschaltquoten in diesen Altersklassen haben, können daher höhere Preise für ihre Slots (Werbeblöcke) berechnen, selbst, wenn ihre Seherbeteiligung in den höheren Altersklassen deutlich niedriger liegt. Das hat dazu geführt, dass die Sender ihre Programmgestaltung verstärkt auf junge Nutzer (bevorzugt 14 – 29-Jährige) ausrichten und »alterslastige« Programme (wie etwa Game Shows) aus dem Programm verbannen. Dies scheint insofern bedenklich, als höhere Altersklassen nicht nur erheblich länger fernsehen als jüngere (Abb. 158), sondern auch über nennenswerte, frei verfügbare Haushaltseinkommen verfügen, die sie für Konsum bereitstellen wollen. Allerdings gelten höhere Altersklassen traditionell als werblich deutlich weniger beeinflussbar, sodass bei ihnen ein geringerer Werbeerfolg unterstellt wird. Ob diese Sichtweise der Dinge aber angesichts der »Neuen Alten« noch adäquat ist, ist zu bezweifeln.

Die Sender versuchen darüber hinaus, die einmal gewonnenen Zuschauer über eine komplette Programmschiene hinweg zu behalten (Audience Flow). Dazu werden gleichartige Themen (Programmfarben) zeitlich gebündelt und folgen beinahe nahtlos aufeinander ab. Sehr deutlich ist das bei den Daily Talks zu beobachten, die vom Vormittag bis in den späten Nachmittag hinein, allenfalls durch Nachrichtensendungen unterbrochen, aufeinander abfolgen. Auch im Abendprogramm (Primetime) werden Themen gebündelt, oft in der Verbindung von Filmen und Reportagen. Dabei bestimmt der Massengeschmack die Programminhalte, zunehmend auch bei den öffentlich-rechtlichen Sendern, deren Programmauftrag nach Staatsvertrag immer rudimentärer abgedeckt wird.

Kritiker beklagen das zunehmend populistische Angebot und fordern statt dessen vermehrt anspruchsvollere Programme. Dabei scheint jedoch eine bedenkliche Geisteshaltung durch, die unterstellt, dass das Fernsehen einen Edukationsauftrag habe, um Zuschauer zu »niveauvollerem« Sehverhalten anzuhalten. Oder drastischer ausgedrückt: Die Zuschauer sind unfähig zu erkennen, was für sie gut ist und müssen daher »erzogen« werden. Vielleicht wollen Zuschauer sich am Fernsehen aber auch überwiegend nur unterhalten lassen. Die plebiszitäre Wirkung der Einschaltquoten deutet jedenfalls darauf hin.

Ebenso kritisch wird ein als Übermaß empfundenes Angebot von Werbespots empfunden. Zuschauer reagieren darauf reaktant, was sich vor allem in folgenden Verhaltensweisen dokumentiert:

- **Zapping:** Programmwechsel (auch Herunterregeln von Lautstärke oder Bildhelligkeit), der ausschließlich dazu dient, jegliche Form von Fernsehwerbung zu vermeiden,
- **Physisches Zapping:** Abwesenheit mit Programmverlust ohne vollzogenen Umschaltvorgang, der visuelle und akustische Einflussbereich des Geräts wird dabei verlassen,
- **Zipping:** Werbevermeidung bei Video durch schnelles Vorspulen bei Wiedergabe, Unterbrechung der Aufnahme oder schnitttechnische Nachbehandlung,
- **Zipping über VPS:** Aufnahme von VPS-codierten Sendungen auf VPS-tauglichen Recordern ohne Werbeeinschaltungen vor- und nachher, wohl aber zwischendurch (Unterbrecherwerbeblöcke),
- **Flipping:** Durchschalten der Sender zur Programmselektion zu Beginn des Fernsehkonsums mit anschließender Auswahl eines präferierten Programms,
- **Switching/Grazing:** Stetige Informations- und Selektionsvorgänge während des laufenden Programmangebots, um ein besseres Programm zu finden,
- **Hopping:** Zwei oder mehr Programme werden durch gezielte Umschaltvorgänge verzahnt gleichzeitig verfolgt,
- **Abwesenheit:** TV-Medium dient nur zur Begleitung für andere Tätigkeiten, dies verstärkt während der Werbeunterbrechungen.

Werbeinseln werden zu Preisgruppen zusammengefasst, deren Tarif von Jahreszeit, Wochentag und Tageszeit, in Ausnahmefällen auch vom umgebenden redaktionellen Programm (z. B. Sportveranstaltungen) abhängig ist (Abb. 159).

4.2.1.2.2 Werberichtlinien in TV

Der Rundfunkveranstalter hat organisatorische Maßnahmen zur Einhaltung der gesetzlichen Bestimmungen zur Werbung und der Werberichtlinien zu treffen und zu benennen. Zur Sicherung der Unabhängigkeit der Programmgestaltung darf der Rundfunkveranstalter Werbungtreibenden keinen Einfluss auf die Programmgestaltung einräumen. Vor allem dürfen Einzelheiten des Programms nicht den Vorgaben der Werbungtreibenden angepasst werden. Unzulässig ist auch die Einflussnahme auf die Platzierung von Sendungen im Umfeld der Werbung.

Im Rundfunkstaatsvertrag ist die Werbezulässigkeit für öffentlich-rechtliche und privatwirtschaftliche Sender getrennt geregelt.

Im Ersten Fernsehprogramm der ARD und im ZDF darf die Werbung pro Werktag höchstens 20 Min. betragen. Zur Berechnung wird der Jahresdurchschnitt zugrunde gelegt. Nicht vollständig genutzte Werbezeit darf höchstens bis zu fünf Minuten je Werktag nachgeholt werden. Nach 20 Uhr sowie an Sonn- und bundesweit geltenden Feiertagen dürfen keine Werbesendungen ausgestrahlt werden. In weiteren, bundesweit verbreiteten Fernsehprogrammen von ARD und ZDF und den Dritten Programmen ist Werbung tabu. Hinweise auf eigene

ZDF Programmschema 1995

Zeit	Montag	Dienstag	Mittwoch	Donnerstag	Freitag	Samstag
	WB 01 01 15 01	WB 01 01 15 01	WB 01 01 15 01	WB 01 01 15 01	WB 01 01 15 01	WB 01 01 15 01
15.30	Game Show	Game Show	Game Show	Game Show	Game Show	Game Show
16.05	Serie (1)	Serie (1)	Serie (1)	Serie (1)	Serie (1)	Serie (1)
	WB 02 02 16 02	WB 02 02 16 02	WB 02 02 16 02	WB 02 02 16 02	WB 02 02 16 02	WB 02 02 16 02
	Serie (2)	Serie (2)	Serie (2)	Serie (2)	Serie (2)	Serie (2)
17.00	heute	heute	heute	heute	heute	heute
17.15	Länderjournal	Länderjournal	Länderjournal	Länderjournal	Länderjournal	Länderspiegel
	WB 10 03 17 10	WB 10 03 17 10	WB 10 03 17 10	WB 10 03 17 10	WB 10 03 17 10	WB 10 03 17 10
17.45	Serie (1)	Serie (1)	Serie (1)	Serie (1)	Serie (1)	Serie (1)
	WB 20 04 18 20	WB 20 04 18 20	WB 20 04 18 20	WB 20 04 18 20	WB 20 04 18 20	WB 20 03 18 20
	Serie (2)	Serie (2)	Serie (2)	Serie (2)	Serie (2)	Serie (2)
	WB 30 04 18 30	WB 30 04 18 30	WB 30 04 18 30	WB 30 04 18 30	WB 30 04 18 30	WB 30 03 18 30
	Werbeuhr 80 08 18 80	Werbeuhr 80 08 18 80	Werbeuhr 80 08 18 80	Werbeuhr 80 08 18 80	Werbeuhr 80 08 18 80	Werbeuhr 80 08 18 80
19.00	heute	heute	heute	heute	heute	heute
	WB 60 07 19 60	WB 60 07 19 60	WB 60 07 19 60	WB 60 07 19 60	WB 60 07 19 60	WB 60 07 19 60
19.20	Wetterbericht	Wetterbericht	Wetterbericht	Wetterbericht	Wetterbericht	Wetterbericht
	WB 40 05 19 40	WB 40 05 19 40	WB 40 05 19 40	WB 40 05 19 40	WB 40 05 19 40	WB 40 05 19 40
19.25	Fernsehfilm (1)	Serie (1)	Spielfilm (1)	Serie (1)	Serie (1)	Serie (1)
	WB 50 06 19 50	WB 50 06 19 50	WB 50 06 19 50	WB 50 06 19 50	WB 50 06 19 50	WB 50 06 19 50
	Fernsehfilm (2)	Serie (2)	Spielfilm (2)	Serie (2)	Serie (2)	Serie (2)

GfK-Codierung: Ziffern 1. u. 2: Tarifgruppe, Ziffern 3 u. 4: Uhrzeit, Ziffern 5 u. 6: Block-Nr.

Alle Zeitangaben sind Richtzeiten, Änderungen vorbehalten.
Konkrete Titel entnehmen Sie bitte der monatlichen Programmvorschau.

Stand: August 1994

Abb. 159: Programmschema TV (Beispiel: ZDF)

Programme, Begleitmaterialien, unentgeltliche Beiträge sowie Spendenaufrufe gelten nicht als Werbung. Im öffentlich-rechtlichen Fernsehen gibt es Teleshopping nur in Form von Teleshopping-Spots. Spotwerbung darf innerhalb einer Stunde maximal 20 % der Zeit ausmachen (bei privatwirtschaftlichen Sendern gilt vergleichsweise: Spotwerbung darf höchstens 20 % der täglichen Sendezeit inkl. Teleshopping-Spots und 15 % für reine Werbespots ausmachen). Fernsehsendungen von mehr als 45 Minuten dürfen einmal von Werbung und Teleshopping-Spots unterbrochen werden (bei privatwirtschaftlichen Sendern gilt vergleichsweise: zwischen zwei Werbeunterbrechungen sollen 20 Minuten Abstand liegen). Sendungen mit 90-minütiger Dauer dürfen zweimal unterbrochen werden, bei über 110-minütiger Dauer auch dreimal und ein weiteres Mal je zusätzlicher 45 Minuten Dauer. Serien dürfen doppelt so häufig unterbrochen werden wie Spielfilme, daher ist es strittig, ob einzelne Spielfilme zu Serien verkoppelt werden dürfen, was naheliegt, um die besseren Werbemöglichkeiten nutzen zu können. Der Abstand zwischen zwei Werbeblöcken kann weniger als 20 Min. betragen, allerdings darf sich die Zahl der Unterbrecherinseln insgesamt nicht erhöhen. Hinweise auf Sender eigene Produkte gelten als Werbung und werden daher vollständig auf die Werbezeit angerechnet. Die Berechnung der Dauer einer Sendung richtet sich dabei nach dem Bruttoprinzip, d. h. Sendezeit plus aller Werbezeiten sowie An- und Absagen sowie Erläuterungen, die im Zusammenhang mit der Sendung stehen. Die Dauer der Werbung bestimmt sich nach der tatsächlichen Fernsehsendezeit incl. Programmvorschautafeln und Textangeboten im Nicht-Bewegtbildangebot. Das Testbild gehört jedoch nicht zur berücksichtigungsfähigen Sendezeit. Der Einstundenzeitraum bemisst sich normalerweise nach den vollen Uhrzeitstunden. Reststundenzeiten werden der ersten bzw. letzten vollen Programmstunde zugeordnet.

Die Werbung in Blöcken bleibt zwar die Regel, jedoch sind auch Einzelspots möglich, sofern diese die Ausnahme bleiben. Durch die Einzelspots darf die Zahl der Unterbrecher nicht zunehmen. Exklusive Einzelplatzierungen sind für Sonderaktionen wie Kampagnenstarts, Firmenjubiläen oder Börsengänge in Programm-Highlights möglich. Dies ist besonders für lange Spotformate und als Ergänzung zum Sponsoring sowie als einfachere Umsetzung zum Road-Blocking, d. h. der zeitparallelen Ausstrahlung eines Spots auf mehreren Kanälen, geeignet. Ein solcher wirkungsstarker Exklusivauftritt verringert zudem die Zappingquote, bringt also tendenziell eine höhere Reichweite, allerdings auch zu einem hohen Preis. Mehr noch als ansonsten ist dabei die kreative Umsetzung von Bedeutung. Maximal sind drei Werbeunterbrechungen pro Stunde zulässig, sofern dabei die Werkintegrität der Sendung erhalten bleibt. Dies erlaubt eine flexible und zuschauerfreundliche Platzierung etwa bei Sport- und anderen Live-Sendungen (Spielshows, Talkshows) ohne natürliche Pausen, aber auch eine effektvolle Nutzung von Cliffhangers, d. h. Annäherung an dramaturgische Höhepunkte, etwa in US-Serien und -Sitcoms. Dadurch ergibt sich keine Veränderung der durchschnittlichen Blocklängen und ihrer Reichweiten.

Hinweise auf Merchandising-Produkte des Senders gelten allerdings als Werbung. Durch die Anrechnung auf die Werbezeit wird die Vermarktung Sender eigener Merchandising-Produkte erschwert und verteuert. Ebenso gelten Programm-Trailer, die nicht nur auf eigene Sendungen hinweisen, sondern z. B. auch auf Sendungen anderer Sender der Senderfamilie, als »normale« Werbung.

Der Rundfunkstaatsvertrag sieht derzeit folgende Regelungen zu Sonderwerbeformen vor:

- **Bildschirmteilung** (Split Screen): Bei dieser paralleler Ausstrahlung von redaktionellen und werblichen Inhalten werden Werbung und Programm durch die räumliche Aufteilung des Bildschirms getrennt. Ein Split Screen kann sowohl durch Spotwerbung in einem gesponsorten Fenster als auch durch optisch hinterlegte Laufbandwerbung erfolgen. Eine Teilbelegung des ausgestrahlten Bildes mit Werbung ist zulässig, wenn die Werbung vom übrigen Programm eindeutig optisch getrennt und als Werbung gekennzeichnet ist. Diese Bedingung ist dann erfüllt, wenn das Werbefenster während der Ausstrahlung stets den Schriftzug »Werbung« trägt. Die Split-Screen-Werbung ist auf die Gesamtdauer der Spotwerbung, unabhängig von der Größe der Werbeeinblendung, vollständig anzurechnen. Dies gilt auch für Laufbandwerbung. Eine Bildschirmteilung ist unzulässig bei Sendungen für Kinder sowie bei der Übertragung von Gottesdiensten. Die Teilbelegung des TV-Bilds mit Werbung ist in beliebiger Größe und Proportion erlaubt. Diese Form der Werbung wird jedoch voll auf die Dauer der klassischen Spotwerbung angerechnet. Sie gilt jedoch nicht als Unterbrecherwerbung, ist also nicht von der Abstandsregelung der Werbepausen betroffen. Split Screen-Werbung hat bei entsprechendem Redaktionsinhalt (z. B. Formel 1) eine hohe Akzeptanz bei Zuschauern und lässt einen positiven Imagetransfer erwarten, vor allem aber ist eine geringere Zappingquote im Vergleich zur normalen Vollbildwerbung gegeben. Dem steht jedoch der hohe Preis entgegen. Sie ist nicht in Kindersendungen erlaubt.

- **Virtuelle Werbung:** Sie darf in Sendungen eingefügt werden, wenn am Anfang und am Ende der Sendung darauf hingewiesen wird und wenn die Überblendung eine Werbung ersetzt, die am Ort der Übertragung vorhanden ist. Das heißt, es dürfen virtuell keine neuen, zusätzlichen Werbeflächen geschaffen werden. Der Hinweis, dass Werbung durch nachträgliche Bildbearbeitung verändert wird, muss optisch und akustisch erfolgen. Produkte und Dienstleistungen, für die ein Werbeverbot besteht, sind von virtueller Werbung ausgeschlossen. Virtuelle Werbung ist vor allem bei internationalen Sport-Events von Bedeutung, wo die Vermarktung im nationalen Markt nur ein begrenztes Potenzial bietet und geringere Streuverluste durch nationale Aussteuerung der Werbung möglich sind. Auf diese Weise können die Werbeinvestitionen effizienter gestaltet werden, zumal es sich um eine programmintegrierte Werbung mit permanenter Präsenz handelt, die jedoch hohe technische Anforderungen stellt. Dennoch ist sie bei Sendern derzeit kaum von großem Interesse, da diese meist nicht über die Rechte verfügen und auch medienethische Fragen berührt werden.

- **Dauerwerbesendungen:** In Dauerwerbesendungen ist Werbung redaktionell gestaltet. Die Sendung ist mind. 90 Sekunden lang. Bei Dauerwerbesendungen muss der Werbecharakter erkennbar im Vordergrund stehen. Die Werbung muss einen wesentlichen Anteil der Sendung ausmachen. Der Sender ist verpflichtet, die Dauerwerbesendung vom übrigen Programm deutlich abzugrenzen, indem er sie vor Beginn als »Dauerwerbesendung« ankündigt und sie während des gesamten Verlaufs als solche kennzeichnet. Dazu wird das Wort »Dauerwerbesendung« oder »Werbesendung« permanent am Bildrand eingeblendet. Der Schriftzug muss sich deutlich lesbar vom Hintergrund der laufenden Sendung abheben. Dauerwerbesendungen für Kinder sind nicht erlaubt. Dauerwerbesendungen können auch den Charakter einer regelmäßigen Sendung haben und einen festen Programmplatz einnehmen.

- **Teleshopping:** Teleshopping-Spots müssen als solche klar erkennbar sein und durch optische Mittel eindeutig von anderen Programmteilen abgegrenzt werden. Wie in der Werbung dürfen keine Techniken der unterschwelligen Beeinflussung eingesetzt werden. Teleshopping-Fenster müssen zu Beginn optisch und akustisch und während der gesamten Dauer als »Werbesendung« oder »Verkaufssendung« gekennzeichnet werden. Die Kosten, die dem Zuschauer bei einer Bestellung entstehen, müssen deutlich dargestellt werden. Wie Fernsehwerbung müssen Teleshopping-Spots zwischen den einzelnen Sendungen eingefügt werden. Wenn der Zusammenhang und der Charakter einer Sendung nicht beeinträchtigt werden, können die Spots auch in die Sendung eingefügt werden. Voraussetzung sind auch hier die allgemeinen rechtlichen Bedingungen wie etwa die Einhaltung des Jugendschutzes und die Rechte von Rechteinhabern. Teleshopping darf Minderjährige nicht dazu anhalten, Kauf-, Miet- oder Pachtverträge für Waren oder Dienstleistungen abzuschließen. In einem Programm, das nicht ausschließlich dem Teleshopping dient, müssen Teleshopping-Fenster mindestens 15 Min. ohne Unterbrechung dauern. Es dürfen pro Tag höchstens acht solcher Teleshopping-Fenster gesendet werden, die zusammen nicht länger als drei Stunden dauern dürfen.

4.2.1.2.3 Programm- und Senderarten

Die Fernsehsender können unter verschiedenen Aspekten rubriziert werden. Nach der Programmbreite ergeben sich folgende Unterscheidungsmöglichkeiten:

- **Vollprogramm:** Dies ist ein Programm, das nach dem Muster aktueller Ilustrierter beurteilt wird, also querbeet unterschiedliche redaktionelle Inhalte bringt. Dabei besteht ein Mix aus Information und Unterhaltung.
- **Spartenprogramm:** Dies ist ein Programm, das nach dem Muster von Special Interest- bzw. Special Segment-Zeitschriften beurteilt wird, also nur einen redaktionellen Schwerpunkt aufweist. Beispiele sind nur Musik (Viva), nur Nachrichten (n-tv), nur Sport (DSF) etc. bzw. nur Frauen (tm 3), nur Kinder (Kika) etc.

Nach der Erstellung ergeben sich solche mit:

- **Eigenprogramm:** Darunter versteht man von einem Sender in eigener Regie erstellte Programminhalte. Dies sind immer selbst produzierte Programme, die jedoch zunehmend darunter leiden, dass die Produktionskosten geradezu explodieren (z. B. Stargagen, Tricktechnik, Übertragungsrechte). Durch Outsourcing an selbstständige Produktionsfirmen gegen Festabnahmepreis wird zudem versucht, die Fixkosten der eigenen Organisation abzubauen.
- **Zukaufprogramm:** Darunter versteht man zugekauftes Programm von Dritten, das über den eigenen Sender ausgestrahlt wird. Dieses kann zumindest exklusiv erfolgen, d. h. mit zeitlichem Vorsprung vor der Nutzung durch andere.
- **Mantelprogramm:** Darunter versteht man für Dritte produziertes Programm (Syndication), das über mehrere Sender ausgestrahlt wird. Oft handelt es sich dabei um die Zweitverwertung von Eigenprogrammen in Ausschnitten oder Zeitabschnitten (Fenster).

Nach der räumlichen Abdeckung ergeben sich weitere Unterscheidungsmerkmale:

- **Internationales** Programm: Dieses wird Ländergrenzen übergreifend ausgestrahlt, wegen der besseren Verständlichkeit meist in Englisch. Zunehmend werden jedoch »Sendefenster« eingebaut, die nationalen Werbungtreibenden mit landesspezifischer Produktauslobung unnötige Streuverluste zu vermeiden helfen (z. B. MTV).
- **Nationales** Programm: Dieses wird für die Einwohner innerhalb der Landesgrenzen ausgestrahlt, ist aber im Rahmen von Media-Overspills auch in angrenzenden Regionen zu empfangen, ausnahmsweise auch in anderen Regionen (z. B. Haberler für türkische Gastarbeiter in Deutschland). Dabei wirken dann allerdings transnational mangelhaft aufeinander abgestimmte Werbeinhalte irritierend.
- **Regionales** Programm: Dieses wird für die Einwohner eines Landesteils ausgestrahlt (z. B. ARD-Programme). Meist handelt es sich um mehrere Bundesländer. Typisch ist dafür, dass

es sich um keine eigenständigen Programme handelt, sondern diese in regionalen Fenstern der nationalen Programme stattfinden. Dort können auch regionale Werbungtreibende partizipieren.
- **Lokales** Programm (Ballungsraum-TV): Dieses wird für die Bewohner eines engen Einzugsgebiets, meist Städte oder Oberzentren, augestrahlt. Dabei handelt es sich um einen großen Trend, der durch verbesserte telekommunikative Infrastruktur und immer kostengünstigere technische Ausstattung ermöglicht wird. Dies eröffnet etwa dem Handel neue Perspektiven.

Nach der Dauer wird zwischen Full Time- und Part Time-Programm unterschieden:

- **Full Time-Programm:** Dies ist ein Programm, das 24 Stunden rund um die Uhr sendet. Dies ist die Regel, allein schon wegen der teilweisen Übertragbarkeit von Werbezeiten von einzelnen Stunden auf ganze Tage bei privaten Sendern. Nachts und vormittags werden dabei meist Wiederholungen von Programmen aus der Prime Time ausgestrahlt.
- **Part Time-Programm:** Dies ist ein Programm, das nur zeitweise ausgestrahlt wird. Dies kann sich nach Tageszeiten richten, aber auch nach Jahreszeiten. Dabei können sich auch mehrere Programme einen Kanal zeitlich teilen (Channel Splitting).

Nach der Trägerschaft ergeben sich zwei Möglichkeiten:

- **Öffentlich-rechtliche Anstalten:** Dies sind Sender, die hoheitliche Trägerschaft und Kontrollorgane besitzen, vor allem um Interessenpluralität, wie sie für jede Demokratie unerlässlich und durch Medien latent gefährdet ist, zu erhalten. Sie wurden in Deutschland nach dem II. Weltkrieg nach dem Muster der BBC gegründet und haben einen Grundversorgungsauftrag, d. h., sie müssen ein die Interessen der Bevölkerung repräsentativ spiegelndes Programm bieten, wobei Minderheiteninteressen besonders zu berücksichtigen sind. Dafür muss jeder Bürger, der diese Programme empfangen kann, Rundfunkgebühren für diese entrichten (es kommt dabei nicht auf das tatsächliche Sehen an, sondern nur auf die Möglichkeit dazu).
- **Privat-wirtschaftliche Sender:** Dies sind Sender, die privaten Personen oder Organisationen gehören, welche die Ausstrahlung als Tätigkeit zur Erzielung von Einkommen betrachten. In Deutschland sind sie, um Manipulationsgefahren, wie im Printbereich durch den Springer-Konzern, zu verringern, an rigide Bestimmungen über Inhalt und Form ihrer Programme gebunden (so darf kein Sender höhere Reichweiten als 25% haben, niemand darf mehr als 50% Geschäftsanteile an einem Sender halten etc.). Sanktionsmittel dazu sind die öffentlich zu erteilenden Sendeerlaubnisse und Frequenzzuteilungen. Die Finanzierung erfolgt entweder durch Einnahmen im Gegenzug zur Ausstrahlung von Werbesendungen oder aus Abonnementgebühren.

Nach den Werbemöglichkeiten ergeben sich weitere Unterscheidungsmöglichkeiten:

- **Werbefreies** Programm: Dies sind Programme, die sich ausschließlich aus Gebühreneinnahmen finanzieren. Dabei kann es sich um die allgemeinen Rundfunkgebühren handeln, wie bei den als Bildungsfernsehen gegründeten dritten Programmen der ARD. Oder um Abonnementgebühren, die von Zuschauern im Gegenzug für Programminhalt und Verzicht auf Werbung entrichtet werden. Neuerdings wird auch eine völlige Werbefreiheit bei ARD/ZDF diskutiert.
- **Werbefinanziertes** Programm: Dies sind private Programme, die ihren Sendebetrieb ausschließlich durch Einnahmen für die Ausstrahlung von Werbesendungen erzielen. Sie sind

für die Zuschauer kostenlos. Dies hat zur Folge, dass dort die Redaktion eine völlig andere Funktion erhält, sie ist Rahmenprogramm zur Attrahierung von Zuschauern, die dann auch im Zuge von Werbesendungen (in Deutschland zwingend als Block) erreicht werden, eine Leistung, für welche die Werbung treibende Industrie bereit ist, Einschaltkosten in differenzierter Höhe zu entrichten.
- **Mischformen** (ARD/ZDF): Dies sind öffentlich-rechtliche Programme, die ihre Einnahmen nicht mehr nur aus Rundfunkgebühren rekrutieren können, weil dort nach vielfachen Erhöhungen der Vergangenheit eine Schmerzgrenze erreicht ist, sondern zusätzlich auf Werbeeinnahmen angewiesen sind. Dabei wirken die Restriktionen des Staatsvertrags als erhebliche Bremse, die durch Ausweichlösungen zu umgehen versucht wird (z. B. Head-Placement als Programm-Sponsoring).

Nach den Einnahmen wird zwischen Gebühren- und Beitragsfinanzierung unterschieden:

- **Gebührenfinanziert** (Fee-TV): Dies sind Programme, deren Empfangsmöglichkeit unabhängig von der tatsächlichen Nutzung bezahlt werden muss. Dies trifft etwa für die öffentlich-rechtlichen Sender in Form von hoheitlich erhobenen und eingezogenen Gebühren zu.
- **Beitragsfinanziert** (Pay-TV): Dies sind Programme, die durch privat geforderte Beiträge finanziert werden. Um Trittbrettfahrer-Effekte auszuschließen, muss dabei sichergestellt werden, dass wirklich nur diejenigen, die diesen Beitrag entrichten, von der Ausstrahlung profitieren können. Dies wird dadurch gewährleistet, dass die Programme bei der Ausstrahlung so encodiert (Scrambler) werden, dass eine sinnvolle Nutzung unmöglich ist, es sei denn, es wird ein speziell freizuschaltender Decoder zwischengeschaltet, der diese Daten wieder in erkennbare Bildsignale zurückverwandelt. Der Betrieb eines solchen Decoders ist mit Gebühren bewehrt, aus denen der Sender seinen Betrieb finanziert.

Bei beiden erfolgt ein zeitabhängiges Entgelt (Abonnement/Pay per Channel). Dann gibt es aber auch Programme, deren Entgelt nutzungsabhängig ist (Einzelverkauf/Pay per View). Dabei sind solche

- **senderseitig vorgegeben**. Dies sind Programme, die ein festes Programmgerüst ausstrahlen, das nur bei tatsächlicher Nutzung entgolten werden muss. Das Programm gibt damit Real Time-Nutzungszeiten vor und wird wiederum encodiert ausgestrahlt. Das Signal wird jedoch für Nutzer mit deren Anmeldung beim Sender decodiert. Gleichzeitig werden einmalige Aufschaltbeträge und nutzungsdauer- bzw. programminhaltsabhängige Nutzungsbeträge berechnet. Mit Abmeldung beim Sender stoppen sowohl die Decodierung als auch die Kostenbelastung. Dazu ist allerdings eine Nutzeridentifizierung erforderlich, die wiederum im gleichen Medium (Rückkanal im Breitbandnetz) oder über ein anderes Medium (z. B. Telefon per Audiotex) erfolgen kann.
- **individuell zusammengestellt** (Video On Demand). Dies sind Programme, die über kein festes Programmgerüst verfügen, also eine von der senderseitigen Programmuhr losgelöste Nutzung erlauben. Die Sender bieten dazu eine Programmbibliothek an, aus der nach Belieben der Nutzer, immer gegen differenzierte Kostenbelastung, ein oder mehrere Ausschnitte abgerufen werden können. Diese werden dann in ein um den Festspeicher erweitertes Fernsehgerät überspielt, aus dem sie nach zeitlichem Belieben abgerufen werden können. Damit können z. B. Videofilme per Datenleitung auf den Speicher des Fernsehers überspielt werden, von wo aus sie jederzeit abrufbar sind. Damit kann man sich als Zuschauer praktisch sein eigenes Programm zusammenstellen und ist unabhängig von der Programmgestaltung

von Fernsehsendern. Die Abrechnung erfolgt nach Film/Filmlänge und Datenleitungsgebühren.
- **zeitnah zusammengestellt** (Video Near Demand). Dies sind Programme, die über ein festes Programmgerüst verfügen, das aber zeitversetzt in kurzen Abständen repetitiv ausgestrahlt wird. Insofern ist zwar keine beliebige Programmgestaltung möglich (wie bei VOD), Nutzer sind aber auch nicht an ein starres Schema gefesselt. Vielmehr ist es möglich, sich für den nächsten startenden Programmdurchlauf aufzuschalten. Die Wartezeit wird mit Trailern überbrückt. Das Filmarchiv startet dann z. B. im 15 Minuten-Takt.

Nach der Übertragungsart muss unterschieden werden in

- **Satellitengebundene Sender:** Dies sind Programme, die orbital ausgestrahlt werden. Dabei schickt eine erdgebundene Sendestation Funksignale an die Empfangsantennen eines Satelliten, der sich standortgebunden in konzentrischem Abstand zur Erdoberfläche bewegt. Dort werden die empfangenen Signale in auszusendende umgesetzt. Dabei wird immer ein Ausschnitt der Erdoberfläche abgedeckt, innerhalb dessen ein Empfang möglich ist, sofern eine Empfangsanlage (»Schüssel«) genau auf den Satelliten ausgerichtet wird. Die Signalqualität schwankt je nach Empfangsbedingungen (wichtig ist »Sichtkontakt« zum Satelliten). Dazu sind eine Satellitenschüssel und ein Satellitentuner (eingebaut oder als Zusatzgerät) notwendig. Zum Satellitendirektempfang sind Parabolantennen mit ca. 55 cm Durchmesser erforderlich, die starr auf einen Satelliten ausgerichtet oder drehbar installiert sind, wobei die Ausrichtung durch Fernbedienung über Rotor gesteuert wird. Single-LNB-Antennen haben einen Ausgang für horizontale und vertikale Polarisation, Twin-LNB-Antennen zwei Ausgänge, Dual Output-Antennen je einen Ausgang für horizontale und vertikale Polarisation. Denkbar sind aber auch Gemeinschafts- bzw. Großinstallationen für Wohnanlagen oder Mehrteilnehmeranlagen für Mehrfamilienhäuser, die als gemeinsame Kopfstation dienen. Satellitenkommunikation erfolgt durch über 500 geostationäre Satelliten, die in 36.000 km Höhe über dem Äquator stehen, wo sich Fliehkraft der Umdrehung und magnetische Anziehungskraft der Erde ausgleichen. Die Geschwindigkeit wird dabei so gewählt, dass die Satelliten sich synchron zur Erdoberfläche bewegen. Sie stehen damit scheinbar still im Weltall und können von starren Antennen angepeilt werden. Auf der Erdoberfläche wird eine in etwa keulenförmige Fläche bestrahlt (Global Beam), zukünftig zunehmend schärfer abgegrenzt (Spot Beam). Darüber werden Ton-, Bild- und Dateninformationen gesendet. Eine wesentliche Nutzung besteht in Satelliten-Hörfunk und -Fernsehen, Sonderformen sind z. B. Business Television zur firmeninternen Nutzung.

Die wichtigsten Satelliten sind folgende: Eutelsat bedient den europaweiten interaktiven Übertragungsdienst DAVID für Text- und Datenübertragung, der interessant für Unternehmen mit Filialen in NBL und im europäischen Ausland sowie für Fahrzeugverkehrsflotten ist. Intelsat arbeitet global mit sechs Kontrollstationen. Immarsat bietet mobile Funkdienste über Satellit für Schiff, Flugzeug und mobile Bodenstationen für Telefon, Telefax und Datenübertragung an. Intersputnik schaltet direkte Fernmelde- und Fernsehverbindungen auf globaler Ebene. Kopernikus überträgt Daten und Fernsehfunk sowie den Telefondienst DIVA in NBL. TV-SAT ist ein reiner Hörfunk- und Fernsehsatellit. DELOS wird zur Überbrückung von Telefonlücken nach Osteuropa eingesetzt. FVSat stellt eine Satellitenfestverbindung dar, die permanent und fest verfügbar ist, wobei die Verbindung durch Datex-S hergestellt wird. Meteosat dient für Wetterberichte. Astra deckt fast ganz Mitteleuropa mit den gängigen Fernsehprogrammen ab. Dazu reicht schon eine Parabol-Empfangsantenne

mit 60 cm Durchmesser. TV-Sat und TDF senden mit noch höherer Leistung, sodass kleine 30 cm-Antennen ausreichen, um gängige Programme in der Ausleuchtzone zu empfangen.
- **Antennengebundene Sender:** Dies sind Programme, die terrestrisch ausgestrahlt werden. Dabei wird das Signal von einem Ursprungssendestandort aus netzförmig an weitere Übertrager geschickt, die jeweils ein Gebiet innerhalb eines definierten Umkreises abdecken. Der Empfang erfolgt dann nutzerseitig über eine möglichst genau auf den Standort des Funkturms ausgerichtete Stabantenne, die über oder unter Dach installiert ist. Die Signalqualität ist stark abhängig von den topografischen Gegebenheiten (z. B. Abschattung durch Hügel, Mehrwegeempfang durch Reflektion, Beeinträchtigung durch Witterung). Es ist möglich, mit einer Stabantenne mehrere unabhängige Nutzer zu versorgen, dafür sind Signalverstärker zwischenzuschalten.
- **Leitungsgebundene Sender:** Dies sind Programme, die über Kabelweg ausgestrahlt werden. Dabei wird das Signal von einem Ursprungssendestandort über Satelliten oder Leitungswege an Verteilerstationen übertragen, von wo aus es zwischenverstärkt in Kabelnetze eingespeist wird, die wiederum in den Kellern von Häusern enden, von wo aus eine Anzapfung für mehrere unabhängige Nutzer möglich ist. Die Anzahl der übertragbaren Programme ist dabei von der Kapazität der verwendeten Kabel abhängig. Sender befinden sich zunehmend im Hyperbandbereich für Satellitenprogramme. Die Satellitensignale werden an einer Telekom-Kopfstelle aufgefangen und über Umsetzer ins Kabel eingespeist. Komfortable Empfangsgeräte sind mit zwei Tunern zum Satelliten-Direktempfang sowohl als auch Kabelanschluss ausgestattet.

Nach der Verbreitung ergeben sich zwei weitere Unterscheidungsmöglichkeiten:
- **Öffentliche** Programme: Dies sind Programme, die flächendeckend empfangbar sind. Auch sind sie, evtl. unter limitierenden Voraussetzungen, allgemein zugänglich. Sie qualifizieren sich damit als Massenmedien.
- **Nicht-öffentliche** Programme: Dies sind Programme, die nicht flächendeckend empfangbar sind und auch nicht allgemein zugänglich. Sie richten sich vielmehr an ein räumlich und zeitlich mehr oder minder eng definiertes Publikum und stehen nur diesem zur Verfügung (z. B. als Bord-TV in Verkehrsmitteln, als Hotel-TV, als POS-TV etc.). Diese Ansprache wird im Rahmen fraktionierter Mediennutzung immer bedeutsamer. Bei diesem On Board-TV handelt es sich um die mobile Wiedergabe von Fernsehprogrammen. Beispiele finden sich im Luxus-Pkw's, wo Rückbank oder Mittelkonsole mit Kleinmonitoren zum Fernsehempfang ausgestattet sind, ebenso wie moderne Lkw's, in ICE-Zügen, wo diese Bildschirme in die Rückenlehne des vorderen Sitzes eingebaut sind, ebenso wie in Flugzeugen oder in Schiffen, wo die Kabinen und Gesellschaftsräume mit Monitoren versehen sind. Teilweise wird auch ein gesondertes Videoprogramm für die Passagiere produziert. Hier ist die Platzierung von Werbeeinschaltungen ebenso möglich wie die Lancierung von PR-Beiträgen in der Redaktion. Einen wachsenden Bereich nicht-öffentlicher Programme stellt das unternehmensinterne Fernsehen dar (Company-TV), etwa für Schulungszwecke oder Interne PR. Die Vorteile sind vielfältig. So bei der schnelleren Einführung neuer Produkte oder Prozesse. Mit Schulungssendungen erhalten Mitarbeiter alle Informationen, die sie benötigen, per Rückkanal oder Intranet können zudem Fragen gestellt und auch geklärt werden. Insgesamt entsteht eine höhere Informationsqualität durch den Einsatz des jeweils besten Informationsträgers. Daraus resultieren Wettbewerbsvorteile durch besser informiertes Kundenkontaktpersonal sowie Einsparungen bei anderen Informationsmedien (wie Mitarbeiterzeitschrift). In Krisensituationen können alle Mitarbeiter an allen Standorten schnell und unbürokratisch

informiert werden. Durch Verschlüsselung der Sendeinhalte können Informationen auch gegenüber Unbefugten gesperrt werden. Somit ist eine Selektion der Zielgruppen möglich (z. B. können durch individuelle Freischaltung einzelner Empfangsanlagen bestimmte Sendungen nur für Führungskräfte zugänglich gemacht werden). Nachteile entstehen allerdings durch die große Distanz zwischen Mitarbeitern und Trainer bei komplizierten, schwierigen Lerninhalten oder Arbeitsabläufen. Auch besteht keine Eignung für Themen, die den direkten (Face to Face-)Kontakt erfordern.

Nach der Richtung wird zuletzt unterschieden in:

- **Einwegkommunikation:** Dies sind Programme, die, wie heute noch allgemein üblich, eine Einbahnstraße in der Kommunikation darstellen, der Sender sendet und der Empfänger empfängt. Eine Rückkopplung ist nicht möglich. Da dies im Rahmen wachsenden Selbstbewusstseins (und Zahlung) der Zuschauer aber immer stärker wünschenswert ist, werden Feedbackschleifen durch Medienwechsel ermöglicht (z. B. Telefonanruf in der Redaktion, Faxeingang).
- **Zweiwegkommunikation** (Interactive TV): Dies sind die zukünftig dominanten Programme, die ein Feedback der Zuschauer als Reaktion auf empfangene Sendungen im gleichen Medium erlauben. Dabei kann es sich sowohl um eine Beeinflussung des Programms handeln (z. B. verschiedene Kameraperspektiven beim Fußballspiel oder verzweigte Handlungsabläufe bei Krimis) als auch um Bestellungen von Produkten oder Werbemitteln (Home Shopping, Home Banking etc.).

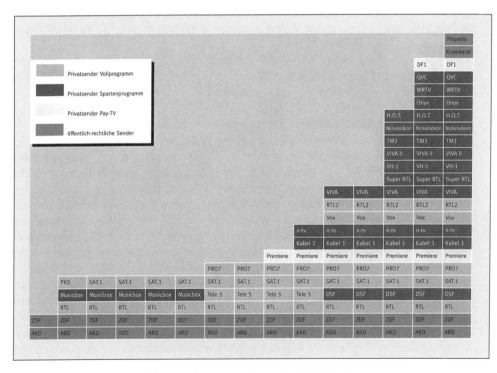

Abb. 160: Sendestart deutscher TV-Sender

Die Digitalisierung der Daten bringt vor allem eine wesentlich bessere Bildauflösung, die größere Wiedergabeflächen zulässt, ohne dass die Wiedergabequalität darunter leidet (hochauflösendes Fernsehen/HDTV). Gleichzeitig erfolgt eine Verbreiterung des Bildes von derzeit 4 : 3 (Verhältnis Breite zu Höhe) auf 16 : 9, d. h., die Bildbreite ist nicht mehr nur 25% größer als die Höhe, sondern 43% größer, sie gleicht damit dem Cinemascope-Format aus dem Kino. Dies entspricht der Physiognomie der Augen, die leichter horizontal zu bewegen sind als vertikal.

Möglicherweise führt dies zu einer Verdopplung der Bildzeilenzahl von 625 auf 1.250. Dadurch wird ein völlig flimmerfreies Bild erreicht. Allerdings bedingt dies eine Vervierfachung der übertragenen Datenmenge, weshalb die Daten komprimiert ausgestrahlt und im TV-Gerät wieder dekomprimiert werden.

Außerdem wird es in Zukunft möglich sein, das TV-Bild gegen Aufpreis zu skalieren, d. h. eine höhere Auflösung (= mehr Zeilen) für große Screens und weniger Auflösung für kleine. Ein Engpass ist dabei die extreme Datenmenge. Einen Ausweg stellt die asynchrone Übertragung dar, d. h., es werden nur die Daten gesendet, die von Bild zu Bild einer Veränderung unterliegen. Diese werden zwischengespeichert, sodass in Zeiten mit wenig Übertragungsbedarf Daten im voraus gesendet werden, die in Zeiten hohen Übertragungsbedarfs später ergänzt werden. Es können bis zu acht Tonkanäle, z. B. für Originalton bei Filmen, übertragen werden.

Sender	Werbeumsatz 1999 in Mio. DM
RTL	3.808,76
SAT 1	3.064,91
Pro 7	2.842,65
RTL 2	740,02
Kabel 1	695,52
Vox	514,07
ZDF	413,37
DSF	328,28
Super RTL	305,93
n-tv	215,94
WDR	144,16
tm 3	138,96
BR	84,04
NRD	77,42
SWR	69,20
MDR	40,66
SFB/ORB	38,81
HR	37,04
Radio Bremen	12,04
Privat-TV Summe:	13.212,58
ARD Summe:	509,99
TV gesamt Summe:	13.578,40

Abb. 161: Werbeumsätze der TV-Sender

Die Anzahl der Fernsehsender ist in jüngster Vergangenheit stark angestiegen (Abb. 161 und 162). Meist sind über 30 Kanäle im Kabel zu empfangen. Ständig kommen neue hinzu (TM 3, Viva 2, Super RTL, VH-1). Weitere werden On Air gehen, sofern sie die dazu erforderliche Genehmigung der Ausstrahlung bzw. Einspeisung erhalten, was in einigen Fällen durchaus anzuzweifeln ist.

4.2.1.2.3 Hörfunkspot

Auch im Hörfunkbereich galt ebenfalls jahrzehntelang ein Monopol der öffentlich-rechtlichen Sendeanstalten, das nur durch RTL als von Luxemburg einstrahlendem Privatsender aufgelockert wurde. Allerdings haben die Programmverantwortlichen bereits viel früher dem Bedarf

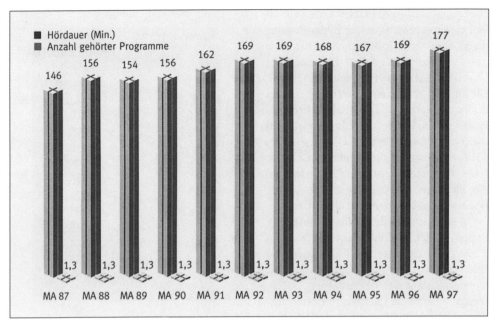

Abb. 162: Durchschnittliche Hördauer und gehörte Programme 1987–1997
(Quelle: MA 87 – 97 Hörer Gestern BRD Gesamt)

breiter Kreise der Bevölkerung nach einem unterhaltsamen, modernen Hörfunkprogramm Rechnung getragen, etwa durch Etablierung der dritten/vierten Programme. Die Vergabe von ebenfalls reglementierten, Werbezeiten, ist jedoch ähnlich umständlich wie beim Fernsehen. Seit einigen Jahren bereits ist eine Liberalisierung der Betreibung privater Radiosender in Kraft. Dies hat dazu geführt, dass zahlreiche Privatstationen auf den Plan treten. Wegen der vergleichsweise niedrigen Investitionen ist jedoch die kaufmännische Basis oft nicht fundiert genug, um eine längere Präsenz am Funkmarkt zu gewährleisten. Die Folge daraus sind rasch wechselnde Besitz- und Frequenzverhältnisse, die eine Planung erschweren. Vor allem ist es großen, national auftretenden Werbungtreibenden kaum möglich, mit einer Vielzahl überwiegend kleiner Privatstationen eine flächendeckende Penetration sicherzustellen. Daher haben sich viele dieser Sender in meist regionalen Vermarktungsgemeinschaften zusammengefunden, um ein geschlossenes Angebotsbündel zu formulieren. Im Funkbereich sind mehr noch als im Fernsehen Sonderwerbeformen aushandelbar, welche die üblichen, durch Indikativ ein- und wieder abgeläuteten Werbeblocks umgehen.

Funkwerbung ist als Basismedium weitgehend ungeeignet und hat zur Hintergrunduntermalung oft nur geringe Aufmerksamkeit (Abb. 163). Vom Inhalt her bieten sich einfache, appellierende Botschaften an, von der Form stimmungs- und schwungvolle Darbietungen. Ohne Optik jedoch fehlt zumeist der Appetite-Appeal. Allerdings wird durch Audio-Visual-Transfer gelernter, optischer Informationen anlässlich Jingle oder Werbetext eine Frequenzanhebung erreicht (auch über Ladenfunk als Sonderform), indem die verinnerlichten Bildsequenzen aus dem Gedächtnis abgerufen werden, zumal die absoluten Einschaltkosten vergleichsweise günstig sind. Die Reichweite schwankt jedoch erheblich nach Tageszeit und Wochentag. So

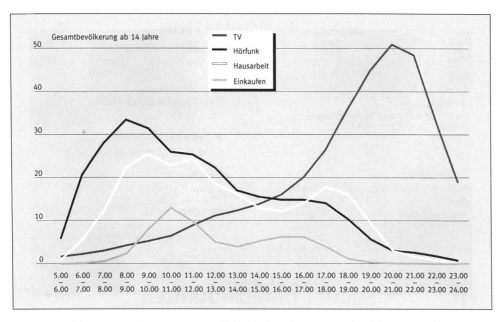

Abb. 163: Mediennutzung und Tätigkeiten im Tagesverlauf (in Prozent)
(Quelle: MA 97/PC#TV Easy)

werden werktags morgens vor allem Familien beim Frühstück und Autofahrer auf dem Weg zur Arbeit intensiv erreicht. Am Vormittag läuft das Radio meist nur als Hintergrunduntermalung bei entsprechend geringer Werbewirkung mit. Zur Mittagszeit ist dann noch einmal ein Hoch zu verzeichnen. Am Nachmittag werden auch Schüler bei Erledigung ihrer Hausaufgaben erreicht. Spätnachmittags ist noch einmal intensiver Empfang im Autoradio gegeben. Abends wird der Hörfunk fast komplett durch das attraktivere Medium Fernsehen verdrängt (Abb. 164). Dementsprechend schwanken die Tarifpreise je nach belegter Uhrzeit, nach Wochentag (Wochenende mit erheblich veränderten Hörbedingungen) und Jahreszeit.

Es gibt verschiedene Systeme moderner Nutzung des Hörfunks. Derzeit werden die Folgenden angeboten:

- **Digitales Satellitenradio** (DSR): Dies ist ein von der Telekom betriebenes System mit 16 Programmen in höchster Audioqualität.
- **Digital Audio Broadcasting** (DAB): Das ist das UKW-Nachfolgesystem mit besserer Klangqualität, höherem Bedienungskomfort und der Möglichkeit, zusätzlich Daten und Grafiken zu übertragen.
- **Astra- und Eutelsat-Digital-Radio:** Hunderte von Radioprogrammen, die zusätzlich zu den Fernsehprogrammen ausgestrahlt werden können.
- **Pay-Radio:** 100 werbefreie Digital-Radioprogramme der Anbieter DMX und MCEurope, die sich aus Abo-Gebühren finanzieren, über Kabel und Astra-Satellit zu empfangen.
- **Audio On Demand/Near Demand:** Datenbanken mit Programmteilen, deren Nutzung verkauft wird.
- **Direktempfangbares Satellitenradio:** Digitales Satelliten-Radio, das mobil im Auto und mit tragbaren Radiogeräten empfangen werden kann.

SENDERINFORMATION
104.6 RTL BERLIN

104.6 RTL BERLIN
Berlins Musiksender für die größten Hits der 70er, 80er und 90er!

Hörerzahlen:
Ø-Std. 6 – 18 Uhr Mo. – Sa.: 188.000
Berlin: 121.000
Brandenburg: 67.000

Technische Reichweite:
ca. 4,5 Mio.

Frequenzen:
UKW 104,6 MHz; Kabel: 104,15 MHz

Sendezeit:
24 Std. täglich

Sendegebiet:
Berlin (Nielsen 5a und 5b) und Teile des Landes Brandenburg

ALLGEMEINE GESCHÄFTSBEDINGUNGEN

Abb. 164: Senderinformation

Der digitale Hörfunk bietet Tonwiedergabe in Digitalqualität, absolut rausch- und störungsfreien Empfang, große Dynamik und hohen Bedienungskomfort. Denn verbunden mit der digitalen statt analogen Übertragung von Hörfunksignalen sind einige Zusatzleistungen. So erlaubt eine Codierung die Anzeige des Sendernamens der gerade eingestellten Frequenz. Außerdem wird die Vielzahl der Sender nach 16 Rubriken (z. B. nach Musikart, Nachrichten) voreingestellt und kann am Empfangsgerät (Digitaltuner) derart segmentiert werden, dass nur

Format	Sender-Beispiele
Adult Contemporary (AC) Leichte, melodische Pop-Musik für 25- bis 49jährige. Gemischt mit Oldies oder europäischen Einsprengseln (European Adult Contemporary, EAC)	– Radio B2, Berlin – Radio Regenbogen, Mannheim – Antenne Bayern, – Radio Charivari, Nürnberg
Soft Adult Contemporary (Soft-AC) Soft-Version von AC mit melodischer Pop-Musik für 25- bis 49jährige.	– Berliner Rundfunk – Soft-Hitradio, Berlin – OK Magic 95, Hamburg
Hot AC Flottere AC-Version für 20- bis 40jährige mit mehr Hits.	– Radio Hamburg – Radio FFN, Isernhagen – Radio RPR Eins, Ludwigshafen – Radio Schleswig-Holstein – 104.6 RTL, Berlin
Rock/Album Orientated Rock (AOR) Rock und Pop für die 18- bis 39jährigen	– Radio Charlie, Berlin – Rock Antenne (DAB-Pilotprojekt Bayern)
Contemporary Hit-Radio (CHR) Hits für die Kids und alle anderen zwischen 14 und 29 Jahren	– Energy München, Berlin, Hamburg – 89 Hit FM, München
Black-Music/Dance Rhythm and Blues und Funk für 14- bis 29jährige	– Jam-FM, Berlin – Radio 2Day, München – Radio N1, Nürnberg – Kiss 99 FM, Berlin
Oldies/Gold Oldies der 50er bis 80er für die 30er bis 50er	– RTL-Radio Der Oldiesender, Luxemburg
News/Talk Nachrichten, Informationen und Talk rund um die Uhr für eine überdurchschnittlich gebildete Zielgruppe jenseits der 30 Jahre	– Radioropa Info, Daun – News-Talk, Berlin – B5 Aktuell, München – MDR Info, Leipzig – Info-Radio, Berlin
Classic Klassische Musik, Opern für Hörer zwischen 40 und 60 Jahren	– Klassic-Radio Hamburg – Bayern 4 Klassik
Schlager Schlager, Evergreens und volkstümliche Musik für 39- bis 60jährige	– Alsterradio, Hamburg – Radio RPR Zwei, Ludwigshafen – WDR 4 – Radio Arabella, München – Spreeradio, Berlin

Abb. 165: Wichtige Programmformate und Anwender (Quelle: PBM/HORIZONT)

die der eingestellten Rubrik entsprechenden Stationen empfangen werden. Der jeweilige Sendername wird in Klarschrift angezeigt (PI = Programme Identification/PS = Programme Service Name). Die empfangenen Sender werden auf gleiche oder unterschiedliche Programme verglichen, selbsttätig wird auf den Sender gleichen Programms mit der höchsten Feldstärke umgeschaltet.

Die Übertragung erfolgt über die Satelliten Kopernikus und TV-Sat oder eine Kopfstation des Kabelnetzes der Telekom. Voraussetzung ist ein durchstimmbarer Tuner für Satellitendirektempfang von 950–1.750 Mhz, der von einer Parabolantenne mit 30–60 cm Durchmesser gespeist wird, sowie ein Tuner für Kabeleingang von 50–855 Mhz.

Es sind jedoch neben dem Hörfunk auch weitere Inhalte wie Texte, Bilder, Mitteilungen etc. transportierbar. Diese werden dann im Gleichwellenbetrieb synchron übertragen oder wiederholt, sind sowohl stationär wie auch mobil zu empfangen. Dienste betreffen im einzelnen Programmname, Länderkennung, Anzeige in Landessprache, Zeitzone, Programmart, alternative Frequenz, Bezeichnung der Sendung, Name der Interpreten bzw. Moderator, Aufnahmedatum, Songtexte im Wortlaut, Sprechertexte, Standbilder der Interpreten, Komponisten, Plattenlabels, Steuerinformation für Zusatzgeräte (Laser, Midi etc.), weiterhin aber auch Verkehrslenk- und -leitsysteme, Verkehrsinformation, Wetterinformation, Personensuchmeldung, Katastrophenalarm, Parkhausinformation, Hotelbettennachweis, codierte Landkarte, Videotextinformation. Das geht bis zur Elektronischen Zeitung mit redaktionellen Inhalten, selektierten Kleinanzeigen, Veranstaltungshinweisen, kommunalen Informationen, interaktiven Produktinformationen, Software/Computerspielen, touristische Informationen, die auf einem Display abgelesen werden können. Denkbar sind aber auch In House-Informationen (an Filiale, Vertreter, Kundendienst etc.), Verteilung von Preisinformationen (Tankstellen, Kaufhausketten etc.), Börseninformation, Sperren gestohlener Kreditkarten, Informationszuführung zu elektronischen Werbeflächen.

4.2.1.2.5 Sonderformen

Sonderformen der Werbung bei privaten Hörfunk- (großenteils auch Fernseh-) sendern sind folgende:

- **Patronat**, d. h. erkennbare Trägerschaft einer Sendung durch einen Werbungtreibenden (mit Werbehinweis, aber ohne direkte redaktionelle Einflussnahme), dabei handelt es sich um Beiträge, die nicht in unmittelbarem wirtschaftlichen Interesse des Patrons liegen.
- **Sponsorsendung**, d. h. Zurverfügungstellung von Sendezeit an Werbungtreibende zur Gestaltung eigener Programme in Abstimmung mit dem redaktionellen Konzept des Senders (oft in Form von Bartering).
- **Tandem-Spots**, d. h. Kopplung von zwei gleichen Werbeausstrahlungen in einem Werbeblock. Denkbar sind zwei Versionen: Erstens Vor- und Hauptspot, d. h., vor einem »normalen« Spot läuft ein Vorspot, der auf den nachfolgenden Hauptspot hinweist, ausnahmsweise auch derart, dass ein kürzerer Spot (Teaser) auf den später folgenden, eigentlichen Werbespot hinweist. Zweitens Haupt- und Nachspot, d. h., die wesentlichen Aussagen des Hauptspots werden in einem Nachspot noch einmal wiederholt/zusammengefasst, normalerweise derart, dass ein längerer Spot (Vollversion) von einem kürzeren, der sich auf diesen bezieht (Kurzversion) gefolgt wird und dazwischen anderweitige Werbung oder Redaktion stattfindet.
- **Dialog-Spot** als Kombination aus Ton-/Bildtonkonserve mit Liveansage durch Sprecher im Studio.
- **Zeitansage** in Kombination mit einer Werbedurchsage durch den Sprecher, analog auch Wetterbericht, z. B. wird an die Zeitansage ein kurzer vorproduzierter Spot angehängt, oder der Moderator weist jeweils auf das Werbeobjekt hin.

- **Live-Werbung**, d. h. Werbung als Moderatorendurchsage live im Studio, Telefon-Promotion, d. h. Spiel für Zuhörer/Zuschauer durch Anruf und Lösungsdurchsage, oft werden auch Firmenveranstaltungen in PSA's (Public Service Announcements) einbezogen.
- **Promotionspiel**, d. h. Kombination aus Werbung und Promotion vor Ort (meist am Handelsplatz, meist im Hörfunk) durch mobile Sendestation für Liveschaltungen, z. B. werden Preisfragen zum beworbenen Produkt gestellt;
- **Game Show**, d. h. aleatorische Aktion in unterhaltende Rahmenhandlung eingebunden (Spiele für Geschicklichkeit, Schlagfertigkeit, Raten, Wissen, Abenteuer etc.). Die Werbung erfolgt vor, während und nach der Sendung durch Platzierung innerhalb der Show als Gewinnerpreise und über stille Sponsoren (z. B. Moderatorenkleidung). Die Zielgruppe ist analog Yellow Press bei Print einzuschätzen (eher älter, eher weiblich, eher schlicht). Hier gelten im Übrigen alle werberechtlichen Richtlinien und Vorschriften.
- **Narrow Casting:** Form der Spotwerbung, bei welcher der Werbespot eine spezielle programmliche Thematik aufgreift bzw. weiterführt und unmittelbar vor bzw. nach diesem themenverwandten Programmereignis ausgestrahlt wird.
- **Programming:** Gezielte Platzierung von Werbespots im Umfeld Zielgruppen interessierender Redaktion, teils auch mit Konkurrenzausschluss.
- **Anmoderierter Spot:** Einleitende Ansage der Werbung durch einen Sprecher live im Studio und außerhalb des regulären Programms.
- **Werbemagazin:** Redaktionelle Aufmachung von Werbespots analog zu Nachrichten (z. B. Schaufenster am Donnerstag).
- **Infomercial:** im Stil der Informations- bzw. Dokumentationssendung aufbereitete Spots.
- **PR-Sendungen** (Video News Release): Bildvorlagen als »Footage« für Berichte bzw. filmische Berichterstattung mit Unternehmensbezug, z. B. Produkte/Marken als Inhalt von Sendungen (z. B. David Copperfield, Disney Club, Camel Trophy).
- **Uhrenpatronat:** Nutzung der Fernsehuhr für werbliche Zwecke (z. B. Tagesschau-Uhr, Spielstand-Uhr bei Sportübertragungen).
- **Videosponsoring:** Unterstützung der Produktion/Herausgabe einer Film-/TV-Produktion auf Video mit Berücksichtigung des Werbungtreibenden auf dem Cover.
- **Licensing:** Das werbungtreibende Unternehmen nutzt das Medium nicht zur Verbreitung einer bestimmten Werbebotschaft, sondern kapitalisiert den durch das Programm geschaffenen Bekanntheitsgrad von Inhalten (Figuren, Serien etc.) durch Verkauf von Nebenrechten.

Eine besondere Produktionsform stellt die **Time Compression Method** dar, die eine um ein Viertel geringere Spotlänge durch Sprachbeschleunigung bei gleichzeitigem Tonhöhenausgleich ermöglicht (diese wird etwa auch beim Warnhinweis für OTC-Präparate im Fernsehen genutzt).

Eine weitere Besonderheit ist die **Syndication**. Darunter versteht man ein Lizenzmodell für regional aufgesplittete Medienmärkte, vor allem im Hörfunk. Bei dieser Zentralvermarktung von Radioprogrammen kann ein Syndicator, der Produzent des Programms, sein Angebot bundesweit verbreiten. Er vergibt dazu aber die Lizenz für sein Programm innerhalb eines Bundeslandes exklusiv nur an eine Radiostation. Der Syndicator vertreibt sein Programm auf Sponsorbasis, dabei bekommt der Sender das Programm kostenlos, nennt dafür aber den Sponsor, oder auf

Barterbasis, dabei erhält der Sender die Sendung kostenlos und stellt dafür Werbezeit zur Verfügung, oder auf Cash-Basis, dabei bezahlt der Sender das Programm regulär. Da der Syndicator Rechte von Tonträgerherstellern in Anspruch nimmt, muss er einen Vertrag mit der IFPI schließen, die deren Interessen insbesondere auf dem Gebiet des Urheberrechts wahrnimmt.

4.2.1.2.6 Kinospot

Das Kino als Werbemedium hat nach einem tiefen Tal mit dem Wiederaufleben der Filmkultur einen neuen Aufschwung geschafft. Dies gilt insb. für die jugendlichen Zielgruppen. Da diese andererseits über TV-Spots nur ungenügend zu erreichen sind und den zielgruppenadäquaten HF-Spots die wichtige Bildkomponente fehlt (Imagery), stellen Kinospots eine hervorragende Alternative dar. Die Perzeptionsbedingungen sind wegen der konzentrierten, überdimensionalen Wiedergabesituation ohnehin ideal. Der hohe Organisationsgrad der Lichtspielhäuser, die mittelfristige Verfügbarkeit, die genaue räumliche Zielung und die vergleichsweise niedrigen Einschaltkosten bieten eine sehr gute Planungsbasis.

Die Kinos lassen sich zudem klar in verschiedene Zielgruppen spezifische Rubriken einteilen:

- **Sex-Kinos** und **Porno-Kinos**: Die Kategorie mit dem eindeutigsten Programm und dem unterschiedlichsten Publikum. Ihre Zahl (50 bzw. 130) nimmt ständig zugunsten clubählicher Kinos ab, bei denen auch Nebenleistungen geboten werden.
- **Programmkinos**: Filmtheater mit Programmen hoher, oft ausgefallener künstlerischer Qualität, die teilweise in einer »Arbeitsgemeinschaft Kino« zusammenarbeiten. Sie sind überwiegend in Universitäts- und Großstädten anzutreffen, mit häufig wechselnden Programmen, die meist für einen Monat im voraus angekündigt und als Vorschau an Interessenten versendet werden. Zielgruppe sind Studenten, Oberschüler, Cineasten (ca. 170 Kinos).
- **Action-Kinos**: Eine Kategorie, die vorwiegend in Großstädten anzutreffen ist und ein ganz spezielles Filmangebot hat: Action-Filme. Das Programm reicht vom Italo-Western über Abenteuer- bis zu Science Fiction-Filmen. Zielgruppenschwerpunkt sind männliche Jugendliche bis 25 Jahre. Diese Kategorie nimmt stark zugunsten der Familientheater ab (ca. 130 Kinos).
- **Truppenkinos**: Dies sind Filmtheater, die innerhalb oder in unmittelbarer Nähe von Kasernen/Fliegerhorsten/Soldatenheimen betrieben werden. Die Vorstellungen können nur von Soldaten und in geringem Umfang auch von zivilen Hilfskräften im Kasernenbereich besucht werden. Zielgruppe sind dementsprechend Männer von 18–25 Jahren (ca. 100 Kinos).
- **Raucherkinos** und **Verzehrkinos**: Dies sind Kinos mit Zusatzleistungen. Sie finden sich bei allen Arten von Kinos, unabhängig von deren Programm und liegen im Trend, der zu mittelgroßen Komfortkinos mit einer Atmosphäre entspannter Kommunikation geht (ca. 700 bzw. 480 Kinos).
- **Autokinos**: Ebenfalls eine programmunabhängige Kategorie, die sehr stark besucht wird. Der Komfort (Heizung in der kalten Jahreszeit), die private Atmosphäre, verbunden mit den Vorteilen des Kinos (große Leinwand, aktuelle Produktionen) sind dafür ursächlich. Zielpersonen sind alle Gruppen, die starken Bezug zum Auto haben (19 Kinos).

- **Studio-Theater** und **Filmkunst-Kinos:** Diese sind in den letzten Jahren immer beliebter geworden und tragen wesentlich zur neuen Attraktivität des Mediums bei. Die Filmkunst-Theater gehören der »Gilde deutscher Filmkunsttheater« an. Gezeigt werden anspruchsvolle Programme aus aller Welt. Zielgruppe sind ambitionierte Filmfreunde, auch über 30 Jahre (300 bzw. 45 Kinos).
- **Familienkinos** und **Normaltheater:** Dies sind Kinos, die ein breitgefächertes Programmangebot haben. Sie sind primär in Großstädten, aber auch in Klein- und Mittelstädten zu finden. Zielgruppe sind Familien.
- **Multiplex-Kinos:** Dies ist eine neue Großform von Kinos, bei der mehrere Vorführsäle in einem Gebäude gemeinsam mit Gastronomie- und weiteren Unterhaltungsbetrieben untergebracht sind. Insofern kann der Freizeitspaß räumlich zentral wahrgenommen werden.
- **Wanderlichtspiele:** Dies sind schließlich Vorführungen, die an wechselnden Standorten mit einem eher anspruchslosen Programm stattfinden, die vor allem Orte abdecken, die ansonsten von Kinos nicht genügend versorgt sind (ländliche Gebiete).

34,4 % der Deutschen (21,68 Mio. Menschen) haben innerhalb der letzten 12 Monate mindestens einmal das Kino besucht. Nach 36 Einschaltwochen sind bereits 23,6 % der Gesamtbevölkerung erreicht. Als Durchschnittskontakt wird bei 14–29 Jährigen der Wert 2,6 nach neun Einschaltwochen erreicht, nach 36 Einschaltwochen liegt dieser Wert bereits bei 7,3 Durchschnittskontakten (Abb. 166).

Jede Werbefilmkopie muss zur Freigabe vorab an die Freiwillige Selbstkontrolle der Filmwirtschaft (FSK) gegeben werden. Die Freigabe ist mit Altersbeschränkung möglich.

90 % aller Filmtheater sind der IVW angeschlossen. Diese teilt die Kinos in Gruppen ein. Gruppe I hat bis zu 500 Besuchern pro Woche, Gruppe 21 hat mehr als 10.000 Besucher pro Woche. Gerechnet wird mediatechnisch mit dem Mittelwert der 500er-Klasse, also in Klasse I mit 750 Besuchern. Die Buchung erfolgt je Leinwand (Vorführraum), gelegentlich auch für mehrere Leinwände gemeinsam.

Die Kosten pro Woche ergeben sich als Produkt aus Grundpreis mal Filmlänge in Metern mal Anzahl der IVW-Stufen, darauf gibt es Längen- und Mengenrabatte.

Der Werbeblock soll 17 Minuten Länge oder die Anzahl von 18 Werbefilmen nicht überschreiten, je mehr zum Ende des Werbeblocks hin ein Film platziert ist, als desto vor-

Männer	111
Frauen	89
14 - 19 Jahre	366
20 - 29 Jahre	276
30 - 39 Jahre	92
40 - 49 Jahre	50
50 - 59 Jahre	26
60 - 69 Jahre	5
70 Jahre und älter	3
in Ausbildung	421
Berufstätig	100
nicht berufstätig	37
Rentner, Pensionär	5
bis 1.000 € HHNE	86
1.000 - 1.250 € HHNE	63
1.250 - 1.500 € HHNE	58
1.500 - 2.000 € HHNE	84
2.000 - 2.500 € HHNE	124
über 2.500 € HHNE	147
unter 5.000 Einwohner am Ort	63
5. - 20.000 Einwohner am Ort	76
20. - 100.000 Einw.. am Ort	92
100. - 500.000 Einw. am Ort	124
über 500.000 Einwoh. am Ort	116
Volks-/Hauptschulabschluss	61
Schulabschluss mit Lehre	40
weiterführende Schule	132
Abitur, Studium	221

Abb. 166: Demografie der Kinobesucher (Quelle: MA)

Veranstalter	Besucher pro Woche	Anzahl Kinos
Ufa-Kinos	1.648.750	1.330
Union Gruppe	1.571.750	1.851
CineCom	464.000	313
Ancora	200.250	263
Europa Film	154.000	181
Relita/Tolirag	78.000	95
Schlemm	34.750	71
3f-Werbung	20.500	37
Werbe-Aktiv	14.500	47
Luxor-Werbung	5.250	19

Abb. 167: Kino-Werbeverwaltungen 1999 (Quelle: WerbeWeischer)

teilhafter ist dies einzuschätzen.

Die Buchung und Organisation erfolgt durch Werbeverwaltungen, die zwischen Werbeagentur und Kinobetreibern zwischengeschaltet sind. Es gilt Konkurrenzausschluss je Werbeblock (außer bei Zigaretten) (Abb. 167).

Sonderwerbeformen werden praktiziert durch Catering, Dekoration, Hostessen-Service, Musikprogramm, Events, Promotions, Displays, Eintrittskartenbedruckung etc. Außerdem ist Product Placement im Film (bei entsprechender Ankündigung im Vorspann) erlaubt.

Das Filmformat hat die Relation 1 : 1,37 (Höhe x Breite), bei Breitwandformat die Relation 1 : 1,85, außerdem gibt es als Zwischenformat 1 : 1,66.

Bei Lichttonfilm dient eine optische Spur auf dem Tonstreifen als Datenträger, die durch Durchleuchtung mit einer Tonlampe und der Phonooptik eines Fotoelements (Solarzelle) in elektrische Impulse zurückversetzt wird.

Zwischenzeitlich selten ist der Monoton, d. h. die einkanalige Tonwiedergabe. Häufiger ist die Codierung in Dolby A/Dolby SR, d. h. Stereoton mit Rauschunterdrückung. Die Lichttonspur des Dolby-Films besteht dazu aus zwei Lichttonkanälen, die über einen Prozessor vier Tonkanäle entschlüsseln. Die Kanäle sind vorne links, vorne mittig, vorne rechts und hinten mono, evtl. mit getrenntem Subwoofer, aufgeteilt.

Die Zukunft gehört aber dem Digitalton, d. h. einer Compact Disc zusätzlich zum Film oder Hell-Dunkelfelder auf der Lichttonspur als Codierung. Dolby Digital erlaubt je eine digitale und analoge Tonspur parallel. Digital Theater Systems besteht darüber hinaus aus sechs Tonkanälen (vorne links, vorne mittig, vorne rechts, hinten links, hinten rechts plus Subwoofer) mit Hilfe synchrongesteuerter CD's. Sony Dynamic Digital Sound verfügt gleich über acht Tonkanäle. Wegen der Intransparenz der Systeme hat sich das THX-Label als Qualitätssiegel (nach Lucasfilm-Anforderungen) etabliert.

Den Transfer von Magnetbandaufzeichnung (MAZ) auf 35-mm-Lichttonfilm nennt man Fazen (29 Sek. MAZ = 30 Sek. Kino).

Die Freigabe der Filme nach Altersklassen ist durch gut sichtbaren Aushang kenntlich zu machen, es dürfen nur Personen eingelassen werden, die das freigegebene Alter erreicht haben (als Klassen gelten: ohne Altersbeschränkung, ab 6 Jahre, ab 12 Jahre, ab 16 Jahre, ab 18 Jahre freigegeben).

Von Nachteil ist die ungünstige Relation von Produktions- und Streukosten, insb. wenn von Magnetaufzeichnung auf Lichtton-Film umgeschnitten und eine große Anzahl von Kopien hergestellt werden muss. Da es sich bei Kinospots jedoch oft um Gemeinschaftsproduktionen mit

Laufzeit in Sek.	35 mm-Film	16 mm Film	8 mm Film	Filmbilder
1	0,47	0,19	0,10	24
2	0,95	0,38	0,20	48
5	2,37	0,95	0,50	120
10	4,74	1,90	1,00	240
20	9,50	3,80	2,00	480
30	14,25	5,70	3,00	720
40	19,00	7,60	4,01	960
60	28,50	11,40	6,02	1.440
120	54,72	21,89	12,1	2.880
180	82,08	32,83	18,2	4.320
240	109,44	43,78	24,2	5.760
300	136,80	54,72	30,3	7.200
360	164,16	65,66	36,3	8.640
420	191,52	76,61	42,0	10.080
480	218,88	87,55	48,1	11.520
540	246,24	98,50	54,2	12.960
600	273,60	109,44	60,0	14.400
900	410,40	164,16	90,5	21.600
1.200	547,20	218,88	120,5	28.800
1.800	820,80	328,32	182,0	43.200
2.400	1.094,40	437,76	241,0	57.600
3.000	1.641,60	547,20	301,0	72.000
3.600	1.368,00	656,64	361,0	86.400

Abb. 168: Laufzeit, Bildzahl und Meterlänge im Film

(kürzeren) TV-Spots handelt, fällt dieser Nachteil tatsächlich selten ins Gewicht. Hinzu kommt die hohe Bedeutung für Branchen, die anderweitigen Werbeverboten unterliegen (Zigaretten).

Als Werbeformen kommen folgende in Betracht:

- **Werbefilm**: Dieser ist mindestens 20 Meter lang (= 44 Sekunden), höchstens 200 Meter (= 7 Min. 20 Sek.). Der Einsatz erfolgt mindestens eine Spielwoche lang (Donnerstag – Mittwoch).
- **Werbekurzfilm**: Dieser ist ab zehn Meter lang (= 22 Sekunden). Der Einsatz erfolgt in mindestens zwei aufeinander folgenden Spielwochen.
- **Kinospot:** Dieser ist mindestens sechs Meter (= 13 Sekunden), höchstens 12 Meter (= 26 Sekunden) lang. Der Einsatz erfolgt mindestens 12 aufeinander folgende Monate lang (ein Zeitjahr), die Schaltkosten liegen zwischen 60 € (Kleinstadt) und 400 € (Großstadt) je Monat bei 20 Sekunden Länge (Abb. 168).

Sonderformen der Kinowerbung sind:

- (stumme) **Diawerbung** mit standardisierter Musikuntermalung, Standzeit höchstens zehn Sekunden, Einschaltzeit mindestens ein Monat je Kino, Schaltkosten zwischen 30 € (Kleinstadt) und 250 € (Großstadt);
- **Tönendes Dia** mit individueller Musik-/Geräuschbegleitung vom Tonträger, Standzeit höchstens 20 Sekunden, Laufzeit mindestens ein Monat, Schaltkosten zwischen 60 € (Kleinstadt) und 450 € (Großstadt);
- **Dia auf Film** als abgefilmtes Standbild mit Text/Ton, falls kein Diaprojektor vorhanden ist, Laufzeit: 10 – 20 Sekunden (= 4,5 – 9 m), Dauer mindestens ein Monat.

Je Vorstellung dürfen höchstens 200 Meter Werbefilm und 30 Diapositive vorgeführt werden. Die Vorführkosten sind abhängig von Einsatzzeitraum und Länge. Die Vorführung erfolgt in Blöcken vor dem Vorprogramm und zwischen Vor- und Hauptprogramm.

Videoanwendungen bieten mit Verbreitung der Videoclips für Musikhits und der dazu erforderlichen Installation von Abspiel- und Projektionstechnik im Lokal eine weitere gute Möglichkeit, jugendliche Zielgruppen intensiv zu erreichen. Hauptanbieter ist MUVI, der zweiwöchentlich max. 100 Min. Videoclips in HiFi-Ton für Großwandprojektion bereitstellt. Oft wird Disco-Werbung von People Promotions begleitet wie Samplings oder Wettbewerben. Zusätzlich werden oft Musikgeschäfte mit Spots beschickt. Deshalb ist auch Werbung auf Multivisions-Medien hier zu nennen.

Als Sonderformen sind noch Hotelfernsehen, Wartezimmervideo und Leihvideos, sämtlich mit Werbetrailer, erwähnenswert.

Zum **Industriefilm** gehören PR-Filme, technische Filme, wissenschaftliche Filme, Unterrichtsfilme und informative Berichterstattung. Die Kosten dafür setzen sich aus mehreren Positionen zusammen:

- Vorkosten (Besprechungen, Recherchereisen),
- Rechte und Manuskripte (Exposé, Treatment, Drehbuch, Musik),
- Gagen für Produktionsstab (Dreh, Produktionsleiter, Regisseur, Schnitt, Endfertigung, Kameramann, Toningenieur, Beleuchter, Skript, Schnittmeister, Cutter, Assistenten),
- Gagen für Sprecher (Kommentar),
- Geräte (Schneidetisch, Material, Video),
- Spesen/Übernachtungskosten, Fahrtkosten, Versicherungen,
- Synchronisation, Mischung (Sprache, Geräusche),
- Bild- und Tonmaterial,
- Kopieranstalt (Negativentwicklung, Bildmuster, Negativschnitt, Farbtonkopie, Magnettonspur),
- Nachbearbeitung (Grafiken, Titel, Effekte).

4.2.1.3 Plakat

4.2.1.3.1 Stationäre Außenwerbung

Die Plakatwerbung erlebt ebenfalls seit gut einem Jahrzehnt eine Renaissance (Abb. 169 und 170). Sie eignet sich vor allem für Produkte, die breiteste Zielgruppen flächendeckend ansprechen sollen. Allerdings ist dabei eine plakattypisch reduzierte, großzügige Gestaltung in Bild und Text Voraussetzung für einen zufriedenstellenden Botschaftstransport. Zu unterscheiden sind Großflächen, Ganz- und Allgemeinstellen:

Intermediavergleich 477

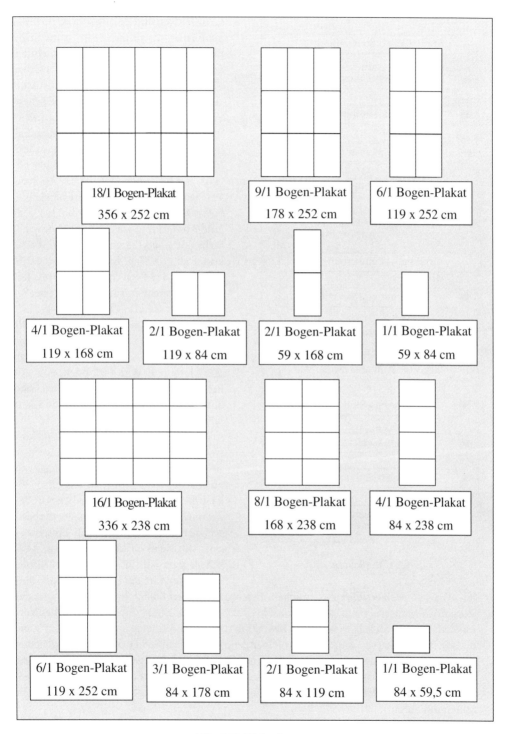

Abb. 169: Plakatformate

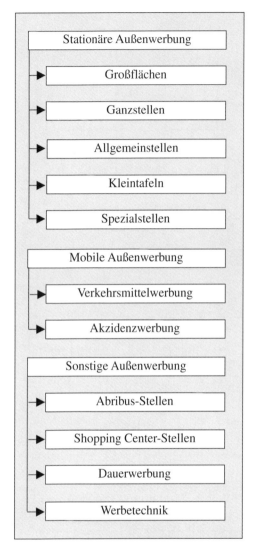

Abb. 170: Plakate

- **Großflächen** sind Plakattafeln im 18/1-Bogenformat, die auf privatem Grund angebracht sind und durch Pachtunternehmen an Werbungtreibende vermittelt werden. Pächter pachten dabei vom Grundstückseigentümer (auch Unternehmen) Flächen/Plätze, um dort Plakatträger anzubringen und zu betreiben. Beides ist in jedem Fall durch die jeweilige Stadtverwaltung genehmigungspflichtig. Die Anschlagdauer beträgt jeweils einer Dekade (= 10 bzw. 11 Tage in drei versetzten Klebeblöcken A, B, C), 32 Dekaden pro Jahr (Abb. 171). Als gute Ausdeckung gilt eine Relation von 1 Stelle auf 3.000 Einwohner. 1 Großfläche kostet ab 10 €/Tag. Ein 1/1-Bogen (DIN A1) ist 59,4 x 84,1 cm (BxH) groß. Die Druckbogen entsprechen 6er-, 8er oder 9er Teilung auf der Großfläche (Abb. 172). Seit geraumer Zeit gibt es zusätzlich die formatproportionalen 40/1 Bogenplakate (**Superposter**), die an selektierten Stellen drei Meter über dem Erdboden, quer zur Fahrtrichtung, sehr gut einsehbar und nachts beleuchtet angebracht sind (5,31 × 3,78 cm).

Alle Stellen sind einzeln belegbar und kosten den gleichen Bogentagpreis, obwohl sie aufgrund ihrer unveränderlichen Lage von unterschiedlicher Aufmerksamkeitsqualität sind. Deshalb werden elaborierte Bewertungsverfahren eingesetzt, um die bestgeeigneten Stellen etwa nach Einsehbarkeit, Infrastruktur, Bebauungstyp, Verkehrslage etc. ausfindig zu machen. Große Werbungtreibende (Zigaretten-, Automobil-, Waschmittelhersteller etc.) buchen diese qualifizierten Stellen bereits im August des Vorjahres fest für das ganze kommende Jahr, indem sie bei Pächtern ein umfangreiches Netz mit den besseren Stellen abnehmen. Dies ruft natürlich den Widerspruch der übrigen Werbungtreibenden hervor, die für die verbleibenden, schlechteren Stellen dennoch den gleichen Bogentagpreis zahlen müssen. Dabei wäre eine Einstufung mit individueller Preiszuordnung durchaus möglich. Dagegen wehren sich naturgemäß eben jene großen Werbungtreibenden, die mit ihren sorgfältig ausgewählten Netzen die besten Stellen belegen und dafür dann mehr zahlen müssten.

Die Berechnung erfolgt nach Bogentagpreis (Ballungsräume sind dabei teurer). Die Anlieferung erfolgt sortiert nach Klebeadressen, -terminen, -motiven, gefalzt und in Eurostan-

Monat	Dekade	Block A	Tage	Block B	Tage	Block C	Tage
Januar	01	30.12 - 12.1	14	2.1. - 15.1.	14	6.1. - 19.1.	14
Januar	02	13.1. - 22.1.	10	16.1. - 26.1.	11	20.1. - 29.1.	10
Februar	03	23.1. - 2.2.	11	27.1. - 5.2.	10	20.1. - 9.2.	11
Februar	04	3.2. - 12.2.	11	6.2. - 16.2.	11	10.2. - 19.2	10
Februar	05	13.2. - 23.2.	11	17.2. - 26.2.	10	20.2. - 2.3.	11
März	06	24.2. - 5.3.	10	27.2. - 9.3.	11	3.3. - 12.3.	10
März	07	6.3. - 16.3.	11	10.3. - 19.3.	10	13.3 - 23.3.	11
März	08	17.3. - 26.3.	10	20.3. - 30.3.	11	24.3. - 2.4.	10
....							
Dezember	33	4.12. - 14.12.	11	8.12. - 17.12.	10	11.12. - 21.12.	11
Dezember	34	15.12. - 28.12.	14	18.12. - 31.12.	14	22.12. - 4.1.	14

Abb. 171: Terminplan Großflächen und Ganzstellen 1998

dard-Reihenfolge gelegt. Rücktrittsfrist ist 90 Tage vor Anschlagbeginn. Aufträge 180 Tage vor Anschlagbeginn werden mit Sondernachlass abgerechnet. Mengenrabatte berechnen sich auf Basis von Tafel-Dekaden, d. h. Anzahl belegter Tafeln und Dekaden.

- **Ganzstellen** befinden sich auf öffentlichem Grund und sind meist Litfasssäulen. Sie werden rundum von einem Werbungtreibenden belegt (Format 18/1- bis 24/1-Bogen). Die Vermittlung der Belegung hat die Gemeinde (Stadt/Kreis) ebenfalls an Pächter abgetreten. Die Gestaltung ist hier wegen der immer nur anteiligen Einsehbarkeit nicht ganz einfach. Abhilfe schafft ein 3-er Rapport eines identischen Motivs, der rundum geklebt wird. Intelligenter sind jedoch pfiffige, spezifische Gestaltungen (wie der Conti-Reifenstapel oder das Diebels-Bierglas).
- **Allgemeinstellen** sind Säulen und Tafeln auf öffentlichem Grund, die von mehreren Werbungtreibenden gemeinsam belegt werden, indem jeder von ihnen Plakate in größenanteiligem Format anbringt. Dazu ist die Abnahme aller Stellen am Ort, in Großstädten auch als Halb-, Drittel- oder Viertelbelegung, erforderlich. Allgemeinstellen eignen sich für Markenartikler nur sehr begrenzt als Medium.
- **Kleintafeln** sind Anschlagstellen im 4/1- oder 6/1-Bogenformat. Sie stehen oft in der Nähe von Einkaufszentren und Verbrauchermärkten, an Häusergiebeln und Verkehrsknotenpunkten. Gängig ist dieses Format vor allem für Zigarettenwerbung.
- **Spezialstellen** sind nicht kategorisierbare Formen an Bauzäunen, auf Messegeländen, an Aufstellreitern, auf Spannbändern und andere 3 D-Stellen.

Insgesamt gibt es ca. 310.000 Anschlagstellen in Deutschland (Abb. 173). Die Buchungsfrist beträgt bei Plakaten 90 Tage im voraus, die Anlieferung hat zehn Tage vor Klebung zu erfolgen. Plakate sind anfällig für äußere Zerstörungseinwirkungen. Mangelhafte Klebung, wie z. B. durch Witterung oder Vandalismus verursacht, wird daher per Gutschrift ausgeglichen oder kostenlos nachgeholt (dazu sind 10% Überlieferung für Reserveplakate vorgesehen). Alternativ können auch Freiaushangtage vereinbart werden. Zur Kontrolle organisieren Mediamittler stichprobenartige Kontrollfahrten. Grundlage ist die Belegungsliste je Stadt, die der Pächter als

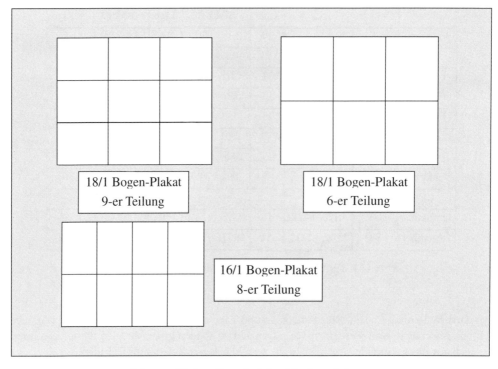

Abb. 172: Klebeteilung bei Großflächenplakaten

Außenwerbungsform	Nettoumsatz (in Mio. DM)
Allgemeinstellen	72,5
Ganzsäulen	80,0
Großflächen	494,0
City Light-Poster	396,1
Verkehrsmittelwerbung	147,4
Superposter	63,0
Dauerwerbung	69,3
Klein-/Spezialstellen	11,0

Abb. 173: Nettoumsätze der Außenwerbung 1999 (Quelle: ZAW)

Abrechnungsbasis angibt. Darauf sind die Standorte einzeln, d. h. mit Straße und Hausnummer, verzeichnet. Zufällig werden dann die Standorte in einer Stadt und Dekade abgefahren und meist als Beleg auch fotografiert. Reklamationen halten sich jedoch aufgrund des Zeitaufwands für Kontrollfahrten in engen Grenzen, sodass die Geschäftssitten gelegentlich undurchschaubar bleiben. Die größten Pächter (Abb. 174) koordinieren Standorte untereinander, sodass ein Pächter als zentraler Ansprechpartner für Werbungtreibende flächendeckend ausreicht. Außenwerbung steht neuerdings im Ruch, ganze Stadtteile zu verschandeln. Insoweit ist es nicht verwunderlich, dass »bessere« Stadtteile oft ohne jegliche Außenwerbung auskommen. Außerdem unterliegt die Quote in Relation zur Wohnbevölkerung einer Höchstgrenze. Vor allem wächst die Kritik, weil Tabakerzeugnisse den Löwenanteil der Plakatwerbung stellen. Da hier Restriktionen erwünscht sind, üben Stadtverwaltungen Druck auf Pächter derart aus, dass sie bestehende Pachtverträge kündigen und neue nur abzuschließen bereit sind, wenn die Pächter sich verpflichten, auf Tabakwerbung zu verzichten.

Das Medium Plakat kann analog zu den einzelnen Planungsschritten anderer Medien geplant, eingekauft und optimiert werden. Für die Rahmenplanung gibt es die Plakat-Media-Analyse (PMA). Dies ist eine Single-Source-Datei auf Basis von 21.000 Interviews, die rollierend jedes Jahr um 7.000 neue Interviews in ihrem Bestand ausgetauscht werden, indem die erinnerten Anschlagstellen (Großfläche, Citylight-Poster, Ganzsäule, Allgemeiner Anschlag) und deren Kontakthäufigkeit erfasst werden. Die klassischen Planungsmaße, wie Nettoreichweite, Kontakthäufigkeit und Bruttoreichweite/GRP's, Tausend-Kontakt-Preis, werden damit sowohl für demografische Zielgruppen als auch für Zielgruppen mit bestimmten Konsumgewohnheiten abgebildet. Möglich ist die Bildung von Teilbelegungen sowie der Nachweis für die Leistung von Pendlerströmen.

Veranstalter	Anzahl Großflächen	Anzahl Citylights
Deutsche Städtereklame	32.813	19.266
AWK	31.287	320
Stroer	23.159	2.312
Moplak	21.549	k.A.
Arge Plakat	20.646	k.A.
GFA Außenwerbung	12.263	k.A.
Deutsche Eisenbahn-Reklame	7.891	k.A.
Schwarz Außenwerbung	7.740	457
Paul Außenwerbung	7.264	k.A.
Westfa-Werbung	4.804	k.A.
Südplakat	3.704	k.A.
Neuwerbung	3.548	k.A.
Ilg Außenwerbung	3.304	k.A.
Degesta	k.A.	17.003
J.C. Decaud (Abribus)	k.A.	16.270
Wall Verkehrswerbung	k.A.	3.550
MGM	k.A.	2.400

Abb. 174: Plakatanbieter in Deutschland 1996 (Quelle: Interpublic)

Einkauf und Optimierung erfolgen meist anhand von Stellenbewertungsverfahren. Hier kommt z. B. das G-Wert-Modell zum Einsatz. Basis des Modells ist ein Plakatmotiv mit durchschnittlichem Aufmerksamkeitswert, aufmerksamkeitsstärkere Plakate erhalten höhere Werte zugeordnet. Auf dieser Basis kann der Werbedruck in jeder Stadt ausgesteuert werden. Zur Maximierung der Reichweite sollten Standorte unterschiedlicher G-Wert-Klassen belegt werden. Auch ist eine Aussteuerung nach soziodemografischen Zielgruppen (Mikrogeografisches Marketing) möglich. Nach dem Plakateinsatz kann eine Kontrolle durchgeführt werden.

4.2.1.3.2 Mobile Außenwerbung

Hierbei handelt es sich in erster Linie um die Verkehrsmittelwerbung. Diese ist bei den städtischen Nahverkehrsmitteln **Straßen-, U-, S-Bahn und Omnibus** möglich. Dazu werden Flächen an den Außenseiten, etwa am Rumpf des Fahrzeugs, an den Stirnseiten oder auf dem Dach, sowie innen, etwa an den Seitenwänden, den Scheiben und an der Decke, bereitgestellt, die von Werbungtreibenden auf mittlere Sicht in Anspruch genommen werden können. Ist man bereit, ein Fahrzeug nach Ende der Werbezeit außen zu renovieren, wird sogar eine Ganzbemalung machbar. Im überregionalen Bereich ist ebenso Werbung in Zügen, Flugzeugen und

Schiffen möglich. Und zwar durch Anbringung von Werbeplakaten, sowie, und dies sei hier subsumiert, durch Auslage von Werbedrucksachen. Außerdem können Arbeitsmittel, wie Fahrscheine, mit Werbeaufdrucken versehen werden.

Ein weiterer Bereich betrifft die **Akzidenzwerbung**. So sind neuerdings auch die Transport-LKW's der Deutschen Post mit Plakaten (annähernd 18/1-Bogen) beklebbar. Hinzu kommt Fremdwerbung auf Taxis.

Verkehrsmittelwerbung (als Dachbegriff) ist trotz sehr hoher Kontaktfrequenz und recht guter raum-zeitlicher Steuerbarkeit lange Zeit vernachlässigt worden. Erst pfiffige Kampagnen (Görtz, Fiat) haben zu einer Belebung geführt.

Außen: Rumpfflächen für langfristige oder auch kurzfristige Werbung. Nutzung durch Lackierung oder mittels Folien.

Innen: Seitenscheiben-, Decken- und Heckscheibenflächen (einseitig bzw. beidseitig bedruckte Folienkleber) vorzugsweise für kurzfristige Werbeeinsätze.

Rumpfflächen an Normal-Omnibussen
ca. 10 qm Werbefläche DM 450,--

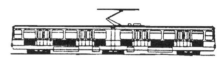

Rumpfflächen an U-Bahn-Wagen
ca. 10 qm Werbefläche DM 160,--

Rumpfflächen an Gelenk-Omnibussen
ca. 15 qm Werbefläche DM 600,--

Seitenscheibenplakate
15 x 50 cm quer DM 6,--

Rumpfflächen an Strb.-Gelenkwagen
(6 Achsen), ca. 12 qm Werbefläche
DM 600,-- bis DM 700,--

Deckenplakate
21 x 59 cm quer DM 6,--

Rumpfflächen an Strb.-Gelenkwagen
(8 Achsen), ca. 18 qm Werbefläche
DM 700,-- bis DM 800,--

Heckscheibenplakate
20 x 120 cm quer DM 30,--

Preise: Durchschnittspreise je Monat und Fahrzeug bzw. Plakat

Abb. 175: Werbemöglichkeiten an und in Straßenbahnen und Omnibussen

Verkehrsmittelwerbung erzielt hohe Reichweiten (durchschnittlich 62 %). Die Prägnanz durch Absetzung vom Umfeld ist hoch und eine Einsatzsteuerung sehr variabel möglich. Vor allem ist eine unmittelbare Nähe zum POS gegeben. Verkehrsmittelwerbung wird akzeptiert und als sympathisch (Unterhaltung) empfunden. Die Werbeerreichten sind mobiler, aktiver und konsumorientierter als andere Personen. Das Preis-Leistungs-Verhältnis der Belegung ist günstig. Es bestehen weite Umsetzungsmöglichkeiten.

Die Belegungsmöglichkeiten sind vielfältig: Bei Rumpfflächenwerbung wird ein 40 bis 60 cm breiter Streifen unter den Fenstern des Fahrzeugs angebracht. Weiterhin ist eine Ganzbemalung/-beklebung möglich, wobei nur die Fensterflächen ausgenommen sind. Alternativ ist eine Halbwagenbemalung möglich (nur die Fläche unter der Fensterlinie). Es können auch die Heckflächen beklebt werden. Oder der Dachkranz. Die Werbeflächen sind von der Fahrzeugart abhängig. Es gibt Normalbusse (2-Achser), Gelenkbusse (3-Achser) und Doppeldecker. Bei Straßenbahnen gibt es Sechsachser und Achtachser, bei S-Bahnen Einheiten zu zwei oder drei Waggons. Die Laufzeit der Werbung beträgt meist ein Jahr, kürzere Zeiten bedingen Aufschläge. Hinzu kommen einmalige Investitionen für die Anbringung und Entfernung der Werbung. Außerdem muss die Beklebung von Zeit zu Zeit erneuert werden. Empfehlenswert sind längere Laufzeiten, zu Beginn auf mehreren Fahrzeugen gleichzeitig.

Dieses Werbemittel bietet sich vor allem für regional und lokal aktive Anbieter an. Wichtigste Branchen sind Getränke, Finanzen, Dienstleistung, Ausbildung/Medien, Haus/Garten, Verkehrsmittel Eigenwerbung, Handel/Versand. Die Gestaltung erfolgt meist bei steigender Fallzahl durch Lackierung, Beschriftung und am häufigsten Weich-PVC-Folien mit Bildmotiven im Siebdruck. Evtl. wird zusätzlich eine Schutzlackierung angebracht (Laminierung). Die Folien müssen mit rückstandsfrei ablösbarem Kleber versehen sein, zudem UV-beständig, schrumpfungsfrei und waschstraßensicher. Lackierungen sind aus Acryl- und Kunstharzlack auszuführen. Bei der Buchung ist mit längeren Vorlaufzeiten zu rechnen (drei Monate), zudem bestehen vielfach Wartezeiten. Für die Auswahl sind Streckenlänge, Fahrgastzahlen, durchschnittliche Fahrzeit, Frequenz, Einwohnerzahl im Einzugsgebiet und Fahrtroute von Bedeutung. Die Mittler sind im FAW (Fachverband Außenwerbung) zusammengeschlossen.

Die Kosten sind eher überschaubar. Hierzu einige Beispiele (s. auch Abb. 175):

- Normalbus: DM 265,– bis 665,– je Wagen und Monat, Anbringung: DM 350,– je Wagen, Entfernung: DM 400,– je Wagen, Ganzbemalung DM 1.600,– je Wagen, Neutralisierung: DM 900,– je Wagen;
- Post-Transporter/Pkw: DM 75,– bis 180,– je Wagen und Monat, Anbringung: DM 40,– bis 60,–, Entfernung: DM 30,– bis 40,–;
- Post-Klein-Lkw: DM 75,– bis 180,– je Wagen und Monat, Anbringung: DM 80,–, Entfernung: DM 50,–;
- Post- Lkw: DM 120,– bis 180,– je Wagen und Monat, Anbringung: DM 80,–, Entfernung: DM 50,–;
- Doppeldeckerbus: DM 530,– bis 710,– je Wagen und Monat, Anbringung: DM 400,–, Entfernung: DM 700,–;
- Gelenkbus: DM 360,– bis 800,– je Waren und Monat, Anbringung: DM 450,–, Entfernung: DM 500,–, Ganzbemalung: DM 1.900,–, Neutralisierung: DM 1.000,–;
- Straßenbahn 6-Achser: DM 600,– bis 800,– je Wagen und Monat, Anbringung: DM 450,–, Entfernung: DM 550,–, Ganzbemalung: DM 1.900,–, Neutralisierung: DM 1.000,–;

- Straßenbahn 8-Achser: DM 660,– bis 1.030,– je Wagen und Monat, Anbringung: DM 500,–, Entfernung: DM 600,–, Ganzbemalung: DM 2.200,–, Neutralisierung: DM 1.000,–;
- S-Bahn (2er-Wagen): DM 750,– je Monat, Anbringung: DM 550,–, Entfernung: DM 550,–, Ganzbemalung DM 3.000,–;
- U-Bahn (3er-Wagen): DM 165,– bis 476,– je Monat, Anbringung: DM 450,–, Entfernung: DM 550,–.

4.2.1.3.3 Sonstige Außenwerbung

Hierunter fallen vor allem alle Plakatwerbeformen, die Besonderheiten unterliegen. So etwa:

- **Abribus-Stellen,** d. h. beleuchtete, hinter Glas geschützte Flächen an den Haltestellen der öffentlichen Nahverkehrsmittel. Diese sind aufgrund ihrer überaus guten Wahrnehmung, sowohl von der Haltestelle aus als auch vom vorüberfahrenden Straßenverkehr, extrem kostspielig und dennoch auf lange Sicht hinaus ausgebucht. Das Format ist 4/1-Bogen, Hauptnutzer ist die Zigarettenindustrie. Das Medium beruht auf der französischen Idee, Stadtverwaltungen anzubieten, Haltestellen kostenlos attraktiv zu überdachen und dafür das Recht zu erhalten, dort eine Werbefläche anzubringen und auf eigene Rechnung zu vermieten. Zwischenzeitlich sind alle größeren Städte mit Abribus-Stellen ausgestattet.
- **Shopping-Center-Stellen,** d. h. Plakatflächen auf den Parkplätzen großer Einkaufszentren und Verbrauchermärkte. Hier kann potenziellen Kunden unmittelbar vor Betreten des Geschäfts der letzte Werbeanstoß zugedacht werden. Dies ist vor allem für spontan gekaufte Produkte bedeutsam.
- **Dauerwerbung** und **Werbetechnik,** d. h. alle Werbemittel, die non-print oder dreidimensional sind. Zu nennen sind vor allem:
    - Luft-, Licht- und Leuchtwerbung, Uhrensäulen, Wetteranzeigen, Vitrinen, Videosäulen etc.,
    - Fassaden-, Dach- und Giebelwerbung sowie sonstige Schilderwerbung als Dauerwerbemittel,
    - Sportstättenwerbung.

Nicht hierzu gehört der Wilde Anschlag als Plakatierung außerhalb der von der Gemeinde genehmigten Flächen, der strafbar ist.

4.2.1.4 Transparenz der Werbemittel

Die Klassischen Werbemittel sind in Bezug auf ihre Art, Anzahl und Verbreitung weitestgehend präsent. Zwar gibt es eine nahezu unüberschaubare Vielfalt von Werbeträgern, gerade im Bereich der Tageszeitungen. Jedoch ist deren Art und Anzahl durch Katalogisierung, z. B. in Media-Daten, beinahe vollständig bekannt. Die Verbreitung, in diesem Fall Auflage, wird durch neutrale Prüfstellen (IVW = Informationsstelle zur Feststellung der Verbreitung von Werbeträgern) erfasst. Gleiches gilt für alle Zeitschriften. Etwas problematischer sind die sonstigen Printtitel zu bewerten. Ihre Verschiedenartigkeit und Dynamik lassen eine vollständige Erfassung kaum zu. Der gewichtet weitaus größte Teil der Werbeträger ist jedoch auch hierbei bekannt.

Die **IVW** ist eine 1950 gegründete neutrale Einrichtung, die von Medien, Werbeagenturen und Werbungtreibenden getragen wird. Sie kontrolliert die Auflagen- und Verbreitungsdaten von periodischen Druckerzeugnissen, außerdem Plakatanschlag, Besucherzahlen im Kino, ordnungsgemäße Hörfunk- und Fernsehspot-Ausstrahlung und Online-Medien.

Sie will objektiv ermittelte Verbreitungsdaten der Werbeträger zur Verfügung stellen und bei elektronischen Medien die Sicherheit über die vertragsgemäße Ausstrahlung von Spots geben sowie außerdem zur Sicherung eines fairen Wettbewerbs der Medien untereinander beitragen.

Die IVW hat 1.630 Mitglieder, davon 1.293 Verlage, 59 Rundfunksender, 35 Plakat-Anschlagunternehmen, 49 Anbieter von Online-Werbung, 86 Werbeagenturen, 27 werbungtreibende Unternehmen und 82 sonstige Mitglieder.

Die Mitgliedsverlage verpflichten sich durch ihren Beitritt, regelmäßig nach Abschluss eines Quartals ihre Auflagenzahlen der IVW zu melden. Diese werden dann vierteljährlich in Auflagenlisten veröffentlicht und periodisch geprüft (durch die Einsicht in Druck- und Vertriebsunterlagen, Buchhaltungsdaten, Vertriebserlöse etc.). Daraus ergibt sich auch eine Verbreitungsanalyse für Tageszeitungen.

Die Plakatanschlagkontrolle wird durch eingereichte Bestandsmeldungen der Plakatanschlagunternehmen (Pächter) und durch Kontrolle des Vorhandenseins der gemeldeten Stellen, der Richtigkeit der Standortbezeichnung und des ordnungsgemäßen Zustands der Stellen erreicht.

Besucherzahlen in Kinos werden durch die Kontrolle verkaufter Eintrittskarten ermittelt. Dazu erfolgt ein Abgleich mit der bei der Filmförderanstalt eingereichten Abrechnung zum Erhalt von Fördermitteln.

Im Elektronikbereich werden Sendeausfälle und Störungen registriert sowie Zeitabweichungen der vereinbarten von der tatsächlichen Ausstrahlungszeit. Dazu erfolgt Einsicht in Störmeldungen, Sendeablaufpläne, Sendeprotokolle und Sendeaufzeichnungen der Sender.

Im Online-Bereich werden Visits und Page Impressions ermittelt. Dazu melden die Anbieter die Summe der Visits und Page Impressions. Diese Daten werden mit den Ergebnissen einer parallel eingesetzen Mess-Software stichprobenartig abgeglichen.

Die **Media-Analyse** (MA) unterscheidet im Einzelnen:

- aktuelle Zeitschriften und Magazine,
- Programmpresse (Zeitschriften/Supplements),
- Frauenzeitschriften,
- Familienzeitschriften,
- Jugendzeitschriften,
- Wohnen und Leben (DIY, Essen, Gesundheit),
- Erotik,
- Lifestyle, Stadtmagazine,
- Motorpresse,
- Sportzeitschriften,
- Kultur, Natur, Wissenschaft (Kino, Video, EDV),
- Wirtschaftspresse,
- Wochenzeitungen (Gesellschaft, Politik).

Innerhalb dieser Rubriken gibt es wiederum genaue Profile jedes Titels, z. B. Ausprägungen bei HörZu (jeweils Index, Index 100 = Durchschnitt):

- Geschlecht: Männer 103, Frauen 98,
- Alter: 14 – 19 Jahre: 100, 20 – 39 Jahre: 92, 40 – 59 Jahre: 111, über 60 Jahre: 95,
- HHNE: bis 1.000 €: 80, 1.000 – 1.500 €: 97, über 1.500 €: 114,
- Haushaltsgröße: 1 – 2 Personen: 98, 3 und mehr Personen: 102,
- Nielsen-Gebiet: 1, 2, 5: 123, 3a, 3b, 4: 76.

Im Bereich der elektronischen Medien gilt der TV-Sektor aufgrund der wenigen Anbieter als besonders gut überschaubar. Jedoch ergeben sich hier im Bereich privater Sender Eigentumsveränderungen (z. B. N-TV, DSF). Die Situation ist ohnehin etwas unübersichtlich, da jeder Betreiber sich nur an je einem Voll- und einem Teilprogramm beteiligen darf. Vollprogramme sind z. B. RTL, SAT 1 und Pro 7, Teilprogramme betreffen die Sparten Sport (DSF, ehemals Sportkanal, Eurosport), Nachrichten (N-TV), Film (Premiere), Musik (MTV) etc. Dadurch soll der Interesseneinfluss auf die Programmgestaltung begrenzt werden. Tatsächlich besteht jedoch zumindest der begründete Verdacht auf Mehrfacheinflussnahme durch die Kirch-Gruppe.

> Es bestehen detaillierte Programminformation zu einzelnen Sendungen (zur Werbeplatzierung), z. B. eine senderseitige Beschreibung von Beverly Hills, 90210 durch RTL:
>
> - Amerikas Kultserie bei RTL mit Brandon, Brenda und Dylon bricht alle Rekorde,
> - 2,256 Mio. Zuschauer erleben die aktuellen Geschichten von Liebes-, Eltern-, Drogen- und Jugendproblemen, 59 % der Zuschauer sind 14 – 19 Jahre, 32 % sind 14 – 29 Jahre, 27 % sind 30 – 49 Jahre alt,
> - 60 % der Zuschauer sind Frauen, ein ideales Umfeld für frauenspezifische Produkte,
> - Drei Werbeblöcke unterschiedlicher Preisgruppen (T 10/T 11), Sendezeit: samstags 19.15 – 20.10 Uhr, ganzjährig außer Februar/März, ca. 40 Folgen p. a. erste Ausstrahlung 1992.

Im Hörfunk-Sektor ist, u. a. aufgrund der niedrigeren Markteintrittsschranken, die Transparenz hingegen geringer. Dennoch sind auch hier die relevanten Sender zum weitaus größten Teil bekannt. Ein ähnlicher Unterschied ergibt sich zwischen Kinos, die überwiegend sehr gut organisiert und damit hochtransparent sind, einerseits sowie Discos andererseits, bei denen hohe Fluktuation und Eigentümlichkeit für eine ungünstigere Planungsbasis sorgen.

Die Plakatsituation ist im stationären Bereich, wiederum wegen des hohen Organisationsgrades über Pächter als Mittler, sehr gut einsehbar. Probleme gibt es allerdings hinsichtlich der Qualitätstransparenz der angebotenen Flächen/Stellen, die Bewertungsverfahren erforderlich machen. In hohem Maße intransparent ist hingegen der Bereich der mobilen und sonstigen Außenwerbung. Hier sind in jedem Einzelfall Technik, Kosten, Qualität etc. zu eruieren. Die Plakat-Media-Analyse liefert Reichweite, Kontakte pro Person, Kontaktverteilung und GRP's für Großflächen bei standardisierten Belegungsdichten (1:2.000, 1:3.000, 1:4.000 und Vollbelegung). Die Daten werden aufgeschlüsselt nach Geschlecht, Alter, Schulbildung, Ortsgrößen etc. und Produktzielgruppen. Allerdings fehlen NBL's, City Light-Poster, Auswertungen auf Bundesländer- und Ortsebene. Die Daten basieren auf 10.063 Interviews (Personen ab 14 Jahre) mit Plakatabfrage anhand erinnerter Wege. Probleme liegen vor allem in der Kontaktchancen-Abfrage (»ab und zu«), der subjektiven Schätzung als Grundlage, darin, dass Ortsgrößen dysproportional erhoben und umgewichtet werden müssen, der Abfrage nach Wochen, die dann erst auf Dekaden umgerechnet wird sowie der Abfrage der Vollbelegung, die dann erst auf Teilbelegungen heruntergerechnet wird.

4.2.2 Kriterien der Bewertung

4.2.2.1 Quantitative Beurteilung

4.2.2.1.1 Technikkriterien

(Abb. 176) Die Kernaufgabe des Intermediavergleichs besteht darin, die verschiedenen zur Aus-wahl stehenden Mediagattungen zu bewerten und in Anbetracht der zu verfolgenden Kommunikationsziele mit Prioritäten zu versehen. Dazu bedarf es eines Kriterienkatalogs. Zunächst zu Kriterien der Technik (Abb. 177):

- **Verfügbarkeit**, d. h. die Möglichkeit des Zugriffs auf ein Medium, die abhängig ist von dessen Angebots- und Besitzsituation. Werbespots in ARD und ZDF sind nur in sehr begrenztem Maße verfügbar, Anzeigen in Publikumszeitschriften sind praktisch unbeschränkt verfügbar, weil der Redaktionsumfang analog dem Anzeigenvolumen angepasst wird. Ebenso sind die Stellen eines festangemieteten Plakatnetzes besser verfügbar als die Vorführzeiten in Kinos oder Discos.
- **Buchungsfristen**, d. h. die Zeitabstände zwischen Buchung und Einschaltung. Sie sind bei TV-Spots in ARD/ZDF sehr lang (bis zu 15 Monate), bei vierfarbigen Illustriertenanzeigen mittellang (6 – 8 Wochen) und bei Tageszeitungsanzeigen sehr kurz (zwei Tage). Diese sind entscheidend für die Flexibilität des Einsatzes.
- **Zielung**, d. h. die Feinsteuerung des Mediums auf die Zielgruppe. Hier ist zwischen hochselektiven Medien, z. B. Fachzeitschriften, breit streuenden Medien, z. B. Funk, und unspezifischen Medien, z. B. Plakat, zu unterscheiden. Die Zielung ist bedeutsam zur Vermeidung von Streulücken, d. h. nicht erreichten Personen der Zielgruppe, und Streuverlusten, d. h. erreichten Personen, die nicht zur Zielgruppe gehören.
- **Periodizität**, d. h. die Dauer des Nutzungszeitraums bis zur Erneuerung des Werbemittels. Hierbei sind regelmäßig sich erneuernde Medien, z. B. täglich bei der Tageszeitung, und unregelmäßig sich erneuernde Medien, z. B. Verkehrsmittelwerbung, zu unterscheiden. Außerdem ist die Laufzeit sehr unterschiedlich. Verkehrsmittelwerbung ist, alleine wegen der Inflexibilität der Verwaltung und des Kostenaufwands zur Anbringung, langlaufend, während

Abb. 176: Bewertung der Mediagattungen

Abb. 177: Technikkriterien zur Medienbewertung

ein TV-Spot mit seiner Ausstrahlung für immer verschwindet.
- **Ortsbestimmung**, d. h. die räumliche Variabilität des Mediums. Plakatstellen sind hier in weiten Grenzen, bis hin zur Einzelstelle, auswählbar, der TV-Spot ist nur vor dem wo immer auch installierten Fernsehgerät aufnehmbar. Eine hohe Ortsfixierung beschränkt mithin die Chancen zur Werbeaufnahme.
- **Streugebiet**, d. h. die räumliche Ausbreitung des Mediums. Hier ist zwischen lokalen Medien, z. B. Tageszeitungen, regionalen Medien, z. B. ARD-Werbeprogramme, nationalen Medien, z. B. Zeitschriften, und internationalen Medien, z. B. Satellitenfernsehen, zu unterscheiden. Zusammenwachsende Kulturräume und steigende Mobilität führen zu immer größeren Overlaps der Streugebiete.
- **Person**, d. h. die typische Nutzerschaft eines Mediums. Hier ist zwischen heterogenen Personentypen, z. B. bei Plakat, und homogenen, z. B. bei Kino/Disco, zu unterscheiden. Bei eng definierten Zielgruppen ist die hohe Homogenität der Nutzerschaft eines Mediums von Vorteil für die Abdeckung.
- **Darbietung**, d. h. Ansprachekanäle und Reproduktionsqualität. Hier ist zwischen monosensorischen Werbemitteln, z. B. Anzeige und Plakat, und multisensorischen Werbemitteln, z. B. Fernseh- und Kino-Spot, zu unterscheiden. Ceteris paribus gilt, dass die mutmaßliche Werbewirkung umso höher einzustufen ist, je mehr Ansprachekanäle genutzt werden. Dabei spielt auch die Güte der Botschaftsübermittlung eine große Rolle. So hält die Vierfarbwiedergabe in Tageszeitungen hohen Ansprüchen selten stand, umgekehrt kommt ein Hörfunkspot über Kabelsender, HiFi-Anlage einmal unterstellt, brillant heraus.

4.2.2.1.2 Ökonomiekriterien

Hier geht es nicht um das Preis-Leistungsverhältnis bestimmter Medien, dieses wird erst im Rahmen des Intramediavergleichs diskutiert, sondern vielmehr um die absolute Kostensituation. Hierbei sind relevant (Abb. 178):

- **Einschaltkosten**, d. h. die Tarifpreise der Medien. Dabei ist eine TZ-Anzeige mit derart niedrigen Kosten bewehrt, dass auch lokale Kleinwerbungtreibende sie sich leisten können. Ähnliches gilt für Hörfunk-, Kino- und Discospots. Die Ausstrahlung eines Fernsehspots in ARD/ZDF würde aber selbst in der kürzesten Fassung (7 bzw. 15 Sec.) die Mittel kleinerer Werbungtreibender schnell erschöpfen. Zugleich entfallen bestimmte Werbeträger allein schon wegen ihrer hohen Tarifpreise.

- **Budgetrahmen,** d. h. der mindestens für die Medien einzusetzende Geldbetrag. Hier macht ebenfalls eine einmalige, z. B. Angebotsanzeige, in der Tageszeitung ebenso Sinn wie eine vereinzelte Plakatstelle an einem wahrnehmungsgünstigen Standort, z. B. Ortseingang. Ökonomisch unsinnig ist jedoch die solitäre Einschaltung einer PZ-Anzeige, da sie isoliert ohne Lernverbund in der Kampagne dasteht. Auf einer anderen Ebene ergibt sich daraus oft der Zwang zur Konzentration auf den Einsatz einer einzigen sinnvollen Mediagattung.
- **Produktionskosten,** d.h die technischen Vorkosten zur Erstellung eines Werbemittels. Diese sind ganz unterschiedlich zu beurteilen. So kosten durchschnittlich aufwendige Fernsehspots leicht 150.000 €, aber auch eine gut fotografierte Anzeige kommt auf gut 25.000 €. Andererseits sind Hörfunkspots relativ kostengünstig zu produzieren, gleiches gilt für Tageszeitungsanzeigen. Beim Plakat werden alleine für Druckvorlagen als Projektionskosten auf 18/1-Bogenformat 15.000 € in Rechnung gestellt.

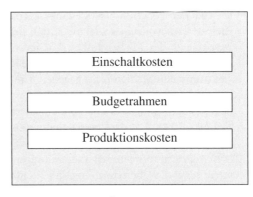

Abb. 178: Ökonomiekriterien zur Medienbewertung

Diese Vorkosten gehen bei gegebenem Budget zu Lasten des Streuvolumens. Insofern verbietet sich unterhalb gewisser Budgetgrenzen der Einsatz bestimmter Werbemittel von selbst. Dies gilt insbesondere für schnellebige Angebote, z. B. Unterhaltungselektronik, oder rasch wechselnde Sortimente, z. B. Einzelhandel.

4.2.2.1.3 Leistungskriterien

Des Weiteren ergeben sich die Kriterien der Leistung. Auf die Leistungswerte der Medien im engeren Sinne wird weiter hinten einzugehen sein. An dieser Stelle seien aber schon einmal genannt (Abb. 179):

- **Menge,** d. h. die Penetration des Werbemittels. Hier haben ARD und ZDF technisch bedingt noch eine höhere Verbreitung und damit potenzielle Zuschauerzahl als etwa Privatstationen. Das Gleiche gilt bei Zeitschriften- im Vergleich zu Tageszeitungsanzeigen.
- **Erreichbarkeit** als Verbreitung innerhalb einer definierten Zielgruppe. Sie hängt

Abb. 179: Leistungskriterien zur Medienbewertung

ab von der Penetrationskraft eines Mediums, d. h. dem potenziellen Werbedruck auf Zielpersonen, von seiner Selektivität, d. h. der Steuerbarkeit des Einsatzes, und der Aufnahmebereitschaft der Mediennutzer, d. h. ihrer Ansprechbarkeit über Medien.

- **Wiederholbarkeit**, d. h. die Chance beliebiger Kontakte. Diese ist prinzipbedingt bei elektronischen Medien nicht gegeben. Die Kontaktchance zum Werbemittel Spot besteht nur im Zeitpunkt der Ausstrahlung und ist nicht nachholbar. Anders bei Anzeigen. Diese liegen beliebig lange auf und können jederzeit nach Wunsch mehrfach genutzt werden.
- **Kontaktdichte**, d. h. die Überschneidung einer Mediagattung mit anderen. Diese ist hoch bei komplementären Medien wie Plakaten und Spots, jedoch niedrig bei substitutiven Medien wie z. B. Anzeigen in mehreren Tageszeitungen des gleichen Orts. In einer Informationsgesellschaft steigt der Überschneidungsgrad tendenziell an.
- **Kumulierung**, d. h. die Möglichkeit des systematischen Aufbaus von Mehrfachkontakten. Diese ist hoch bei Medien, die über einen hohen Anteil regelmäßiger Nutzer verfügen, z. B. bei Tageszeitungsanzeigen, und niedrig bei Medien, die häufig wechselnde Nutzerschaften haben, z. B. Plakate. Bei gleichbleibender Nutzerschaftsstruktur kann durch Mehrfacheinschaltungen eine intensivere Ansprache der Zielpersonen erreicht werden.
- **Aufbautempo**, d. h. die Geschwindigkeit des Kontaktaufbaus. Dieses ist hoch bei sehr kurzlebigen Werbemitteln, z. B. Tageszeitungsanzeigen, und niedrig bei langlebigen Werbemitteln, z. B. Zeitschriftenanzeigen. Kommt es nun darauf an, eine Botschaft schnell in der Zielgruppe zu verbreiten, z. B. bei Neueinführungen, ist dieses Kriterium von hoher Bedeutung.

4.2.2.2 Qualitative Beurteilung

Die genannten Kriterien spiegeln jedoch nur einen Teil der relevanten Entscheidungsfaktoren für den Intermediavergleich wider. Hinzu kommen gerade in neuerer Zeit in verstärktem Maße die qualitativen Kriterien der Werbemittelbeurteilung, d. h. der real sinnlich wahrnehmbaren Erscheinungsform der Werbebotschaft, wie die Folgenden (Abb. 180):

- **Nähe zum Medium** als Entbehrlichkeit des das Werbemittel tragenden Werbeträgers. Im Falle der täglichen Lokalzeitung ist dieser Faktor sicherlich anders einzuschätzen, als im Falle der Plakatstelle. Die Nutzerbindung bemisst sich nach der Bereitschaft zum Verzicht auf das Medium. »Unverzichtbare« Medien weisen eine höhere Autorität auf, die den darin eingebundenen Werbemitteln und damit der Werbebotschaft nutzt.
- **Wahrheitsgehalt** als Glaubwürdigkeit werblicher Aussagen. Vor dem Hintergrund, dass zwischenzeitlich breit bekannt und akzeptiert ist, dass Werbung nicht immer die volle Wahrheit wiedergibt, gilt dieser Vorbehalt für alle dominanten Werbeträger und deren Werbemittel, z. B. Plakat. Umgekehrt kann die Zeitschriftenanzeige von der Kompetenz des redaktionellen Umfelds für ihre Seriosität profitieren.
- **Neuigkeitscharakter** als Aktualität eines Mediums. Dabei veraltet die Tageszeitungsanzeige sehr schnell, wohingegen das Plakat immer die in der Dekade gerade aktuelle Botschaft trägt. Die Hypothese ist, dass Medien, die Neuigkeiten versprechen, sich einer höheren spekulativen Aufmerksamkeit erfreuen.
- **Entspannung** als Unterhaltungswirkung. Hier partizipieren Hörfunk-, Kino-, Disco- und Fernsehspots von der animierenden Wirkung des Umfelds, wohingegen das Plakat als reines Werbemedium dieser Stützung entbehren muss. Gleichzeitig kann dieses Umfeld aber auch von den Werbeinhalten unerwünscht ablenken.

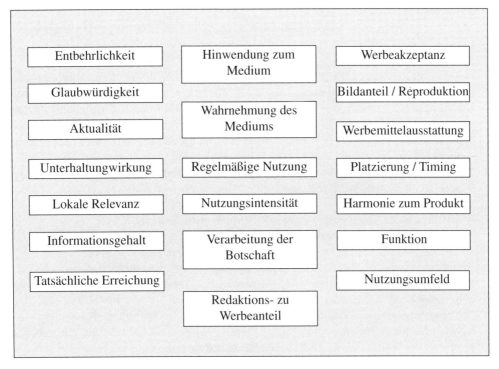

Abb. 180: Kontaktqualität

- **Regionalbezug** als lokale Relevanz. Er korreliert in sehr starkem Maße mit der räumlichen Verbreitung eines Mediums und ist hoch z. B. bei der lokalen Tageszeitungsanzeige, hingegen niedrig beim nationalen TV-Spot. Hoher Regionalbezug muss nicht gleichbedeutend mit adäquatem Werbeumfeld sein, sondern kann »große« Produkte auch eher »klein« machen.
- **Vertrautheit** als Hinwendung zu einem Medium. Je höher die Autorität eines Mediums ist, desto eher wird es wohl, was Werbeaussagen anbelangt, akzeptiert. Dieses Nutzungserlebnis kommt auch in der Bezugsart zum Ausdruck und ist höher bei Vertragskunden im Abo (Print, Pay-TV).
- **Informationsgehalt** als Interpretationsfähigkeit eines Mediums. Die Zeitschriftenanzeige, die aufgrund ihrer längeren, im Zweifel mehrfachen Betrachtung mehr Inhalte transportieren kann als das impulsiv wahrgenommene Medium Plakat, ist hier sicherlich im Vorteil. Unter Berücksichtigung der Bedeutung von Schlüsselreizen (Information Chunks) und unthematischen, atmosphärischen Informationen, die sich an den Bauch, statt an den Kopf wenden, relativiert sich dieses Urteil jedoch.
- **Exposition** als tatsächliche Erreichung von Zielpersonen durch ein Medium. Hier ist der Kinospot mit großen Vorteilen ausgestattet, da es fast unmöglich ist, ihm zu entgehen. Umgekehrt ist nachgewiesen, dass Zuschauer am Fernsehgerät alles mögliche Andere tun als das Werbeprogramm zu betrachten, selbst wenn das Gerät eingeschaltet ist und sie sich im Raum befinden, von Zapping einmal ganz zu schweigen.

- **Perzeption** als Wahrnehmbarkeit eines Werbemittels. Dabei hat das Plakat als »flüchtiges« Medium eine schlechtere Ausgangssituation als wiederum der Kinospot, der in konzentrierter Umgebung, in überdimensionalem Maßstab und über multisensorische Ansprache wirkt.
- **Apperzeption** als tatsächliche Verarbeitung der Werbebotschaft des Mediums. Hierbei ist man weitestgehend auf Hypothesen angewiesen. Die Werbeforschung versucht, vor allem unter Einsatz apparativer Methoden der Marktforschung, aber auch durch Assoziations-, Skalierungs- und Explorationsverfahren, Anhaltspunkte zu gewinnen. Das ungelöste Grundproblem ist dabei jedoch das der Werbeeffizienzmessung. Es ist nicht verlässlich nachweisbar, welche Werbung welche Auswirkungen auf Einstellung (Image) und Verhalten (Kauf) hat.
- **Nutzungsausmaß** als Regelmäßigkeit der Nutzung. Werbemittel, die sich an medientreue Nutzer wenden, weisen hierbei mutmaßlich die höhere Effizienz auf. Dieses ist etwa abhängig von:
    - der Bezugsart (Abonnement-/Lesezirkel-/Einzelexemplarleser),
    - dem Erhalt (Kauf/Einweisung) und
    - dem Copy-Preis (hoher Preis legt intensivere Nutzung nahe).

  Entscheidend ist aber auch der Intervall zur Erneuerung des Werbemittels, denn in Abhängigkeit von den Zeitabständen zwischen neuerlichen Werbeanstößen vollzieht sich ein autonomer Vergessensprozess.
- **Nutzungsintensität** als Mehrfachkontakte. Werbemittel, die mehrfache Kontaktchancen bieten, sind auch hier mit mutmaßlich höherer Effizienz ausgestattet. Dies gilt insb. für Produktbereiche, die extensiven Kaufentscheidungsprozessen unterliegen, weil es sich um geplante Käufe handelt, die der informationellen Absicherung bedürfen.
- **Werbeaufgeschlossenheit** als Akzeptanz von Werbemitteln. Diese ist bei Fernsehspots in Anbetracht von Zapping, also Umschalten auf ein anderes Programm, falls ein Werbeblock erscheint, deutlich niedriger zu bewerten als bei Tageszeitungsanzeigen, die aufgrund ihres Angebotscharakters auf günstige Kaufgelegenheiten hoffen lassen. Generell sind Reaktanzgrenzen in der Bevölkerung sichtbar, die einer weiteren Steigerung des allgemeinen Werbedrucks im Wege stehen. Umgekehrt sorgen Meinungsbildner bereitwillig als amediale Werbeträger für die Botschaftsverbreitung im sozialen Umfeld.
- **Bildanteil** gemeinsam mit Reproduktions-/Empfangsqualität. Erkenntnisse der Imagery-Forschung gewichten die Bedeutung von Bild- weit über die von Textinformationen. Bilder bringen aber nur dann eine Anmutung über, wenn auch gute Wiedergabe vorliegt. Hier sind deshalb Zeitschriften- gegenüber Zeitungsanzeigen im Vorteil. Hörfunkspots sind, mangels optischer Botschaftsübertragung, eher zur Erinnerung und Aktualisierung optischer Lerninhalte in der Lage. Dies wird im Wege des Audio-Visual-Transfer bewusst genutzt.
- Relation von **Redaktions- zu Werbeanteil**. Unterstellt man die genannte generelle Reaktanz gegenüber Werbung, so haben diejenigen Medien eine höhere Chance der Werbemittelnutzung, bei denen als Abfallprodukt der Redaktion auch die Werbung wahrgenommen wird. Dies gilt für alle akzidentellen Medien, nicht aber für das Plakat. Die steigende Konkurrenzdichte der Werbung, etwa in Zeitschriften und Privat-TV, lässt jedoch Kapazitätsbefürchtungen (Information Overload) aufkommen.
- **Ausstattung** als Kriterien von Form, Länge, Farbe, Format etc. Hier sind Plakate oder Kinospots aus eben diesen Gründen a priori sicherlich als eindrucksvoller zu bewerten als etwa Tageszeitungsanzeigen. Die, allerdings veraltete, Elementenpsychologie unterstellt hier funktionale Abhängigkeiten zur Wahrnehmung durch absolute und relative Reizschwellen.

- **Platzierung/Timing** und die Möglichkeit der Einflussnahme darauf. In ARD/ZDF sind diese sehr gering, denn der Sendeplatz wird, zwar unter Beachtung des Konkurrenzausschlusses je Werbeblock, zugeteilt. Andererseits bieten Zeitschriften die Möglichkeit der freien Platzierung von Anzeigen, auch auf Vorzugsplätzen, also Umschlagseiten, Seite gegenüber Inhaltsverzeichnis, Mittelbruch, erste Farbanzeige im Heft, erste rechte Seite etc. In der zeitlichen Anordnung wiederum sind Fernsehspots in Privatsendern ungleich flexibler als Zeitschriftenanzeigen, die an feste Erscheinungstermine gebunden sind. Spot Placement nutzt gezielt nach Vereinbarung ein adäquates Redaktionsumfeld.
- **Produktcharakter** als Harmonie mit dem Mediencharakter. So ist das Angebotsumfeld der Tageszeitung sicherlich zum Stil exklusiver Produkte nicht immer kongruent. Umgekehrt kommen das Umfeld und die Druckqualität von Anzeigen in geeigneten Zeitschriftentiteln einem hohen Anspruch an das Angebotsambiente eher entgegen.
- **Funktion**, also akzidentell vs. dominant. Es wurde bereits mehrfach erwähnt, dass Werbemittel in akzidentellen Werbeträgern bei Reaktanz gegen Werbung, aber Interesse für journalistische Information und Unterhaltung, in ihrer Aufmerksamkeit von dieser profitieren. Plakate hingegen als dominante Werbung müssen ihre Attraktion aus dem werblichen Inhalt und Auftritt selbst schöpfen. Eine weitere Unterscheidung betrifft statuarische oder transitorische Medien. Bei Ersteren wird die Informationsabgabe vom Publikum bestimmt (z. B. Zeitschriften), bei Letzteren vom Medium (z. B. TV/HF).
- **Nutzungsumfeld**. Dies beinhaltet die Elemente des:
  - Nutzungsortes,
  - Nutzungszeitpunkts
  - Nutzungszeitraums.

  Plakate etwa werden regelmäßig nur peripher wahrgenommen, gleiches gilt vielfach für TV- oder HF-Spots im Rahmen der »Hintergrundberieselung«. Zeitschriften andererseits werden nicht zwangsweise in entspannter Atmosphäre zuhause genutzt, sondern durchaus auch unter nervösem Blättern im Zahnarztwartezimmer. Die werbliche Wirkung dürfte mit dem Nutzungsort stark schwanken. Der Zeitpunkt und die Zeitdauer der Nutzung sind bei elektronischen Medien mit der Ausstrahlung vorgegeben. Der Zeitpunkt der Nutzung ist bei Plakat innerhalb eines Dekadenintervalls bestimmbar, bei Printmedien aber grundsätzlich unbegrenzt. Der Nutzungszeitraum ist bei Plakat infolge der Aufnahmeumstände nur kurz, bei Printmedien ist er beliebig ausdehnbar.

Als Problem stellt sich heraus, dass die Wertungen aufgrund der angeführten Kriterien meist gefühlsmäßig, also nach Erfahrung und Plausibilität getroffen werden müssen. Was fehlt, ist eine exakte Messbasis. Die gleichen Kriterien können im Übrigen auch im Rahmen des Intramediavergleichs zu Hilfe genommen werden. Weil dort ursächlich kommerzielle Interessen berührt sind, finden gerade in neuester Zeit verstärkte Bemühungen statt, sie verlässlich zu quantifizieren. Wegen der Komplexität der Thematik ist darüber allerdings ein heftiger Streit zwischen Werbungtreibenden, Werbeberatern und Werbedurchführenden entbrannt. Kontaktqualität wird demnach zumindest im bedeutsamen Printbereich verstärkt zu untersuchen sein.

4.2.3 Medienprofil

Im Folgenden sind die Charakteristika der verschiedenen Medien zum Vergleich aufgeführt. Dazu sind Merkmale von Bedeutung wie

- **Funktion für die Nutzer:**

  - Zeitschrift: Unterhaltung, allgemein interessierende und thematisch fest gebundene Informationen, Meinungsbildung in globalen Themenbereichen, hoher persönlicher und sozial verwertbarer Nutzen durch Lebenshilfe, Hintergrundinformationen, Aktualität,
  - Zeitung: Aktuelle Informationen, Neuigkeiten, auch Berichte aus der Region oder dem lokalen Umfeld,
  - Fernsehen: Unterhaltung und allgemeine, teilweise aktuelle Informationen,
  - Kino: Unterhaltung, Faszination, Vermittlung von Emotionen,
  - Hörfunk: Musik, Unterhaltung, aktuelle Information, evtl. Magazin/Bildungsangebot,
  - Plakat: Außenwerbung, Kurzinformation.

- **Nutzungssituation:**

  - Zeitschrift: Häusliche Atmosphäre, Verkehrsmittel, Lesezirkel, meist gezielte Konzentration, Vorfreude, oft vertiefte, intensive, wiederholte Nutzung, teilweise Sammeleffekt, ungestörtes Leseverhalten,
  - Zeitung: Unterschiedlich im Tagesablauf, zu Hause, im Verkehrsmittel, am Arbeitsplatz, vor dem Einkauf, am Feierabend etc., frei wählbar, bewusste Informationsaufnahme,
  - Fernsehen: In familiärer Atmosphäre, Nebenherbeschäftigung, teils begleitendes Medium,
  - Kino: Im Filmtheater, meist spät nachmittags/abends, meist in Begleitung (Partner/Clique), Streuung, wenngleich Tageszeit-/Wochentagsschwerpunkte,
  - Hörfunk: Häusliche Freizeit- oder Arbeitsplatzatmosphäre, Autoradio, den ganzen Tag über, zeitlich nicht fixiert, selten bewusst,
  - Plakat: Auf der Straße, im Vorübergehen/-fahren, flüchtiger Eindruck, unterschwellig, peripher, zufällig.

- **Funktion als Werbeträger:**

  - Zeitschrift: Auf- und Ausbau, Festigung von Bekanntheitsgrad und Image, durch Detailinformationen gezielte Ansprache der Leser als Meinungsbildner innerhalb einer kommunikativ wichtigen Gruppe möglich, Nutzung der Kompetenz der Zeitschrift für ihre Leser, Platzierungsmöglichkeit, Sympathiegewinn,
  - Zeitung: Nutzung des aktuellen Umfelds durch aktuelle Produktangebote/-informationen, Reaktualisierung von Produkt-/Markennamen, regionaler und lokaler Bezug für Aktionen, glaubwürdig,
  - Fernsehen: Durch multisensorische Ansprache ideale Möglichkeit für Darstellung von Marke und Produkteinsatz, Identifikationsfähigkeit, Impact, emotional aufbereitbar (Dramatisierung),

- Kino: Durch multisensorische Ansprache ideale Möglichkeit, Werbung in entspannter, emotional positiver Atmosphäre aufzunehmen, starker Impact durch kontrollierte, reduzierte Umfeldbedingungen, hohe Konzentration, Konkurrenz durch Hauptfilm,
- Hörfunk: Nutzung der positiven Grundstimmung durch Mix aus Unterhaltung und Information, spontane Appellierung, Unterstützung von Bekanntheit und Vertrautheit, allerdings Konkurrenz zu redaktionellem Programm, eher kein Basismedium, hohe Vergessensgefahr für gesprochenes Wort,
- Plakat: Aufbau und Festigung von Bekanntheit, Kurzinformation über das Produkt, Verstärkung und Steuerung vorhandener Kaufbereitschaft in Richtung einer Marke, »Bigger than Life«.

- **Darstellungsmöglichkeit:**

- Zeitschrift: Statische Darstellung von Bild und Text, Farbe in hoher Druckqualität, direkter Redaktionseinfluss möglich, thematisch orientiertes, positiv erlebtes Umfeld, für vertiefende, Bild orientierte, komplexe Botschaften,
- Zeitung: Statische Darstellung von Bild und Text, vorwiegend schwarz-weiß, evtl. Zusatzfarbe, nur begrenzte Druckqualität, daher eher für aktuelle Angebote und Intensivkampagnen (Aktionen),
- Fernsehen: Bewegtes Bild und Ton, multisensorische Ansprache, Notwendigkeit, wichtige Informationen in kurzer Zeit vorzustellen, für audio-visuelle Minibotschaften, Anwendungsdemonstration, wenig erklärungsbedürftige Thematiken, Appetite Appeal, optische Attraktivität, ein Bild sagt mehr als tausend Worte,
- Kino: Bewegtes Bild und Ton, ideale multisensorische Ansprache, Einbettung in sehr emotionalen Rahmen möglich, auch längere Filme bezahlbar,
- Hörfunk: Nur akustische Werbewirkung, durch Nebenhernutzung Konzentration aufs Wesentliche erforderlich, häufige Marken-/Produktnennung,
- Plakat: Durch flüchtigen Eindruck Konzentration in Bild und Text erforderlich (plakativ), Schlagworte, Slogans, ganzheitliche Gestaltung notwendig, wenig Informationstransport.

- **Zielgruppenumfeld:**

- Zeitschrift: Gute Zielgruppenselektion durch Soziodemografie über Interessenbindung und Meinungsbildung, vor allem bei Special Interest-Titeln, Ansprache von Multiplikatoren möglich, teilweise regionaler Split oder Teilbelegungsmöglichkeit (aber teuer),
- Zeitung: Eng abzugrenzende Gebiete durch gute Gliederung, dort breitstreuende Ansprache,
- Fernsehen: Stark begrenzte Selektionsmöglichkeit, hohe Streuverluste, Nutzung einzelner Sender, auch Regionalprogramme (ARD/Fenster) möglich, Alters- und Jugendlastigkeit,
- Kino: »Junges« Medium, konzentrierte Ansprache einer aktiven, mobilen Zielgruppe, sehr gute regionale und lokale Steuerungsmöglichkeiten,
- Hörfunk: Begrenzte Selektionsmöglichkeiten, Zielgruppenschwerpunkte im Tagesablauf durch Programmumfeld (z. B. Hausfrauen) und Nutzungssituation (z. B. Autofahrer), regionale und lokale Steuerung möglich,

- Plakat: Keine soziodemografische Selektionsmöglichkeit, Ansprache mobiler Bevölkerungsgruppen, feinteilige regionale und lokale Selektion möglich.

- Zeiteinsatz:

  - Zeitschrift: Durch wöchentliche, vierzehntägliche und monatliche Erscheinungsweise kurzfristige Kampagnen mit geringer Frequenz einsetzbar, wiederholte Nutzung, meist mehrere Lesephasen,
  - Zeitung: Nutzung mutmaßlich einmal pro Tag, rasche Veralterung, kurzer Insertionsschluss,
  - Fernsehen: Nur einmalige Betrachtung zur vorgegebenen Sendezeit, grundsätzlich keine Wiederholbarkeit, bei ARD/ZDF kaum Platzierungseinfluss,
  - Kino: Nur einmalige Betrachtung zur vorgegebenen Vorführzeit, Wiederholbarkeit möglich, aber eher unwahrscheinlich,
  - Hörfunk: Einmaliger Kontakt zur vorgegebenen Sendezeit, nicht durch Hörer wiederholbar,
  - Plakat: Mindestlaufzeit 10/11 Tag (= 1 Dekade), Mehrfachnutzung wahrscheinlich, wenngleich nicht beliebig.

- Verfügbarkeit:

  - Zeitschrift: Beliebig zu allen Erscheinungsterminen, teilweise spezielle Platzierung möglich, mittlere Produktionskosten,
  - Zeitung: Beliebig zu allen Erscheinungsterminen, eher niedrige Produktionskosten,
  - Fernsehen: Begrenzung durch maximale Werbezeit bei öffentlich-rechtlichen Sendern, fast beliebig bei Privatsendern, Blockung von Werbesendungen als Nachteil (Interferenz), hohe Produktionskosten,
  - Kino: De facto beinahe beliebig verfügbar, hohe Produktionskosten,
  - Hörfunk: Begrenzung durch maximale Werbezeit pro Tag/Block bei öffentlich-rechtlichen Sendern, fast beliebig bei Privatsendern, Blockung als Nachteil, niedrige Produktionskosten,
  - Plakat: Durch große Nachfrage und begrenzte Stellenzahl Wartezeiten, eher hohe Produktionskosten.

- Reichweite:

  - Zeitschrift: Hohe quantitative Reichweite bei qualitativ interessanten Zielgruppen möglich, hohe Kumulation und Kontaktdichte, bei Special Interest-Titeln allerdings Reichweite begrenzt, bei General Interest-Titeln Zielgruppenselektion begrenzt,
  - Zeitung: Hohe Reichweite bei regionalen, überregionalen und nationalen Titeln, Qualität durch Abo-Anteil repräsentiert, hohe Kontaktdichte,
  - Fernsehen: Reichweite je Einschaltung relativ niedrig, da fluktuierende Zuschauer, aber hohe Kumulation nach wenigen Spots,
  - Kino: Absolut geringe, jedoch qualifizierte Reichweite, wenn junge Zielgruppen interessant sind,

- Hörfunk: Reichweite je Einschaltung relativ niedrig, da fluktuierende Hörer, aber hohe Kumulation nach wenigen Spots, evtl. mehrmals täglich,
- Plakat: Abhängig von Kontaktdichte (Passantenfrequenz) und Kontaktchance (Stellenqualität), daher nicht zu verallgemeinern.

– **Kampagnenaufbau:**

- Zeitschrift: Möglich durch Berücksichtigung interner Überschneidungen (ein Werbeträger mit mehrfachen Einschaltungen) und externer Überschneidungen (mehrere Werbeträger mit einfacher Einschaltung), Einsatz als Basis- oder Ergänzungsmedium, systematischer Aufbau bei hohem Abonnementanteil, aber relativ langsam, Schaffung und Pflege von Image,
- Zeitung: Durch hohe interne Überschneidungen bei Abo-Titeln zeitlich und regional steuerbar, bei Kaufzeitungen schwerer kontrollierbar, vor allem schnell,
- Fernsehen: Nur durch hohe Frequenz und Kontaktkumulation erreichbar, ansonsten Reichweite vordergründig, allerdings hoher Vergessenseffekt durch Interferenzen, Einsatz als Basismedium erfordert hohe Kontaktdosis,
- Kino: Regelmäßig nur als Ergänzung zu anderen Medien sinnvoll,
- Hörfunk: Nur durch hohe Frequenz und Kontaktkumulation erreichbar, Interferenzproblematik, aktuelle Kaufanstöße, Reaktivierung, Visual Transfer,
- Plakat: Regelmäßig nur als Einbettung in Kampagnenbasis sinnvoll, wiederholte, aktualisierende Ansprache, Kaufanstöße je nach Platzierung.

4.3 Intramediavergleich

4.3.1 Datenbasis

Nachdem die potenziell erfolgversprechendsten Mediagattungen selektiert sind, geht es beim Intramediavergleich nun darum, die bestgeeigneten Werbeträger innerhalb jeder Gattung zu bestimmen (Abb. 181). Oft wird die Ansprache über nur eine Mediagattung als nicht ausreichend angesehen oder eine Arbeitsteilung der Medien hinsichtlich der ausgesendeten Botschaftsformen und -inhalte als notwendig erachtet. Dieser Auswahlprozess bezieht sich vornehmlich auf geprintete und elektronische Medien, also Anzeigen und Spots, und weniger auf Plakate. Dort ist eine Planung aufgrund der mediatechnischen Gegebenheiten nur begrenzt möglich. Als Basismedium löst dabei TV zunehmend Print ab.

Zu einer objektivierten Analyse ist zuallererst eine verläßliche Datenbasis erforder-

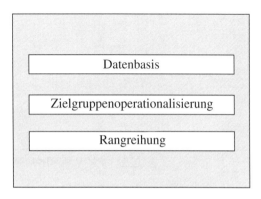

Abb. 181: Intramediavergleich

⟨MA⟩ 99

Pressemedien

Leserschaft pro Ausgabe (LpA)

Reichweite in %

Gesamt

Basis: Pressemedien II

			Geschlecht		Altersgruppen							Ausbildung				Tätigkeit			
		Total	Männer	Frauen	14-19 Jahre	20-29 Jahre	30-39 Jahre	40-49 Jahre	50-59 Jahre	60-69 Jahre	70 Jahre und älter	Volksschule/Hauptschule ohne Lehre	Volksschule/Hauptschule mit Lehre	weiterführende Schule ohne Abitur	Abitur, Hochschulreife, Studium	in Ausbildung Schüler, Student	berufstätig	Rentner, Pensionär	nicht berufstätig
ungewogene Fallzahl		25949	11555	14394	1625	3369	4828	4171	3946	4341	3669	3380	9802	8306	4461	2135	13131	7645	3038
gewogene Fallzahl		25949	12359	13590	1977	3591	4839	4184	4204	3638	3516	3551	9426	8425	4546	2638	13585	6905	2821
BILD am SONNTAG	wö	16.5	20.9	12.6	11.5	13.5	15.8	17.4	20.3	19.6	14.7	15.1	21.6	15.5	9.0	10.1	17.9	17.3	13.8
Bunte	wö	6.3	4.6	7.9	2.9	4.7	5.2	6.0	7.8	8.0	8.5	5.6	7.4	6.4	4.5	2.9	5.8	8.2	7.5
Gala	wö	1.4	0.4	2.3	1.0	1.4	1.8	1.5	1.6	1.1	0.9	0.9	1.3	1.6	1.5	1.1	1.4	0.9	2.3
Neue Revue	wö	3.2	3.8	2.6	1.3	3.7	3.6	3.1	3.6	3.5	2.3	2.5	4.5	2.9	1.5	1.4	3.6	2.9	3.2
Super Illu	wö	4.1	4.0	4.1	4.8	3.3	3.5	4.4	4.4	4.9	3.5	2.9	3.6	5.1	4.0	4.0	4.1	4.6	2.6
Focus	wö	9.1	12.2	6.2	7.1	11.6	11.1	11.2	10.4	5.8	4.2	3.1	5.8	10.1	18.8	10.6	11.4	4.9	6.6
DER SPIEGEL	wö	8.9	11.8	6.1	5.4	10.6	9.7	10.8	10.9	6.7	5.4	2.0	5.3	8.9	21.4	9.7	10.8	5.8	6.0
Stern	wö	11.2	12.5	9.9	8.1	13.8	11.9	13.8	11.8	8.8	7.8	4.9	8.9	13.0	17.4	10.9	13.0	8.2	9.7
Weltbild	14	1.3	1.2	1.4	1.1	0.7	1.3	1.1	1.2	1.7	1.7	1.3	1.3	1.2	1.4	1.2	1.1	1.7	1.3
Das Beste	mo	4.5	4.0	5.0	3.2	2.6	3.2	5.2	5.4	6.2	5.5	3.9	4.2	4.4	6.0	3.4	4.0	5.9	4.9
auf einen Blick	wö	7.0	5.2	8.6	4.6	4.7	5.8	6.2	6.6	9.7	10.9	9.8	9.3	5.5	2.8	3.9	5.6	10.2	8.7
Bild + Funk	wö	2.2	1.9	2.5	0.9	1.5	1.6	1.9	2.9	3.0	3.1	2.4	2.9	1.8	1.3	0.9	1.9	3.1	2.5
BILDWOCHE	wö	1.8	1.5	2.1	1.5	1.2	1.2	1.8	2.2	2.5	2.2	2.6	2.4	1.3	0.8	1.5	1.4	2.4	2.4
Fernsehwoche	wö	5.5	5.3	5.7	3.8	3.9	4.5	5.6	6.3	7.3	6.9	6.9	6.9	4.3	3.8	3.8	5.1	6.9	6.2
FUNKUHR	wö	4.4	4.1	4.6	3.4	2.3	3.0	3.9	5.4	5.5	7.0	5.7	5.5	3.7	2.2	2.7	3.6	6.2	5.2
Gong	wö	2.6	2.5	2.8	1.9	1.9	2.0	2.5	2.9	3.6	3.4	2.6	3.0	2.2	2.6	1.9	2.3	3.3	3.3
Hörzu	wö	10.2	10.0	10.4	6.3	7.1	7.7	9.9	12.5	12.3	14.6	8.8	10.3	10.6	10.6	6.8	9.4	12.9	11.2
super TV	wö	1.5	1.1	1.8	2.3	0.7	1.4	1.7	1.7	1.7	1.2	0.9	1.3	1.8	1.6	1.7	1.4	1.6	1.3
TV Hören und Sehen	wö	7.7	7.5	8.0	6.7	5.8	6.5	6.9	9.5	9.3	9.3	9.3	8.8	7.5	4.9	5.5	7.0	9.4	9.1
TV klar	wö	2.8	2.7	2.9	2.8	2.2	2.8	2.6	3.4	3.0	2.7	3.2	3.3	2.6	1.9	2.0	2.7	3.2	3.0
TV neu	wö	1.8	1.7	1.9	2.1	1.4	1.8	1.6	1.8	2.2	2.0	2.4	2.0	1.7	1.3	2.1	1.6	2.2	1.7
die 2	wö	1.0	0.6	1.3	1.3	0.7	0.9	0.7	0.9	1.3	1.3	1.8	1.2	0.7	0.4	1.1	0.8	1.2	1.4
TV Movie	14	10.2	11.5	8.9	16.8	17.3	15.1	10.9	7.2	3.7	1.7	8.6	8.2	12.4	11.3	16.6	12.4	3.2	10.5
TV Spielfilm	14	12.3	13.9	10.8	19.3	20.0	16.5	13.1	9.7	5.8	3.6	9.3	9.7	14.5	15.9	19.5	15.0	5.1	10.2
TV TODAY	14	4.8	5.3	4.3	6.9	7.3	6.4	5.3	3.5	2.5	1.9	3.2	3.9	5.8	5.8	7.2	5.7	2.4	3.8
Premiere	mo	2.5	3.4	1.8	5.1	4.6	3.1	2.7	2.2	0.7	0.4	2.4	1.8	3.2	3.2	5.1	3.2	0.7	1.7
BWZ Bunte Wochenzeitung	wö	6.0	5.9	6.1	3.9	4.5	5.0	6.0	7.3	7.1	7.3	5.9	7.2	5.4	4.6	4.3	5.4	7.1	7.9
IWZ Illustrierte Wochenzeitung	wö	4.8	4.4	5.1	2.8	3.3	4.0	4.9	4.9	6.3	6.5	5.6	4.9	4.3	4.7	3.2	4.1	6.4	5.2
Prisma Gesamt	wö	13.2	12.7	13.7	12.4	9.5	11.1	14.4	14.7	15.3	15.0	9.9	13.6	13.4	14.7	12.2	12.3	15.0	14.1
rtv	wö	14.1	13.1	15.0	12.4	10.5	12.3	14.5	16.6	15.7	15.9	12.3	13.8	14.3	15.6	11.8	13.5	16.1	13.9
TELESTUNDE	wö	2.3	2.3	2.3	2.4	1.4	1.9	2.4	2.2	2.7	3.3	2.5	2.0	2.2	2.9	2.3	2.1	3.0	1.5
Die Aktuelle	wö	2.4	1.0	3.7	0.6	1.5	1.9	1.8	3.4	3.2	3.9	4.3	3.1	1.7	1.0	0.6	1.9	3.6	3.6
Echo der Frau	wö	1.5	0.5	2.4	0.3	0.7	1.1	1.5	1.5	2.3	2.8	2.2	2.1	1.1	0.5	0.2	1.1	2.4	2.5
Frau aktuell	wö	1.6	0.2	2.8	0.3	0.9	1.0	1.6	1.9	2.4	2.7	2.5	2.0	1.2	0.7	0.4	1.1	2.4	3.3
Frau mit Herz	wö	1.3	0.3	2.2	0.1	0.7	0.9	1.1	1.0	2.2	2.6	2.2	1.8	0.8	0.4	0.3	0.8	2.3	2.0
Freizeit Revue	wö	4.0	2.8	5.2	1.7	2.2	2.7	3.7	5.5	4.6	6.9	5.2	5.4	3.1	1.9	1.4	3.2	5.6	6.6
Glücks Revue	wö	1.4	1.0	1.8	0.8	0.9	1.3	1.2	1.7	1.7	2.0	2.0	1.8	1.1	0.6	0.5	1.2	1.9	2.1
Das Goldene Blatt	wö	2.5	1.1	3.7	0.4	0.7	1.0	1.9	2.3	4.1	6.6	4.6	3.3	1.5	0.8	0.3	1.3	5.0	3.8
Heim und Welt	wö	0.5	0.3	0.7	0.2	0.2	0.2	0.4	0.6	0.7	1.2	0.7	0.7	0.4	0.1	0.2	0.3	0.9	0.4
Mach mal Pause	wö	1.1	0.7	1.4	0.6	0.8	1.2	1.0	1.1	1.6	1.1	1.1	1.3	1.1	0.6	0.6	1.0	1.4	1.3
Mini	wö	0.8	0.3	1.3	0.9	0.9	0.7	0.8	0.7	1.1	0.8	1.3	0.9	0.8	0.5	1.0	0.7	0.9	1.1
Das Neue	wö	0.7	0.5	1.0	0.2	0.4	0.6	0.8	0.6	0.9	1.4	1.1	1.0	0.5	0.2	0.3	0.5	1.1	1.2
DAS NEUE BLATT	wö	3.4	1.5	5.1	0.8	1.3	1.8	2.2	4.2	5.3	7.7	6.6	4.4	2.2	1.0	0.6	2.1	6.1	5.4
NEUE POST	wö	4.3	2.1	6.4	1.2	1.5	2.4	3.3	4.5	7.5	9.4	7.9	5.7	2.8	1.6	0.8	2.6	8.0	6.8
Neue Welt	wö	1.3	0.7	1.9	0.3	0.8	0.9	1.1	1.4	2.0	2.6	2.2	1.9	0.8	0.5	0.2	1.0	2.3	1.9
7 Tage	wö	0.6	0.3	0.8	0.1	0.2	0.3	0.5	0.8	1.1	1.0	1.0	0.9	0.3	0.1	0.0	0.5	1.0	0.9
bella	wö	2.2	0.7	3.7	2.0	2.3	2.1	2.3	2.9	1.8	2.0	2.7	2.4	2.5	1.2	2.2	2.0	2.0	4.3
BILD der FRAU	wö	7.7	2.3	12.6	4.1	5.2	6.4	8.9	9.2	10.3	8.4	10.9	9.1	7.2	3.4	3.6	6.9	9.3	11.9
Frau im Spiegel	wö	3.1	0.9	5.2	0.5	1.3	1.7	2.8	3.7	4.4	6.8	4.6	4.0	2.4	1.4	0.5	2.0	5.4	5.6
Laura	wö	2.0	0.5	3.4	1.8	1.9	2.6	2.6	1.9	1.8	1.3	2.6	2.2	2.1	1.1	1.3	2.1	1.5	3.8
Lisa	wö	2.4	0.7	4.0	2.9	2.7	2.8	2.5	2.2	2.5	1.2	2.7	2.7	2.5	1.2	2.1	2.5	1.8	3.8
tina	wö	5.7	1.9	9.1	3.9	4.8	5.3	6.2	6.1	6.9	5.9	8.3	6.5	5.4	2.5	3.3	4.7	6.2	11.5
Brigitte	14	5.7	1.2	9.7	4.1	6.3	7.0	7.3	5.9	4.5	3.0	4.4	4.6	6.9	6.5	4.7	6.0	3.6	10.0
freundin	14	4.1	0.7	7.2	4.2	6.5	4.8	4.2	3.5	3.0	2.5	3.2	3.4	5.3	4.0	4.4	4.3	2.5	6.8
Für Sie	14	4.3	0.7	7.5	2.6	3.8	4.9	4.7	5.5	3.4	3.7	3.9	4.3	4.8	3.5	2.7	4.2	3.6	7.5
Journal für die Frau	14	2.7	0.4	4.7	1.4	2.4	3.1	3.3	3.1	2.4	2.0	2.7	2.6	2.9	2.2	1.2	2.8	2.1	4.8
Allegra	mo	0.8	0.2	1.3	1.5	2.1	0.8	1.0	0.2	0.1	0.1	0.3	0.4	1.2	1.2	2.0	0.9	0.1	0.8
AMICA	mo	1.3	0.4	2.1	4.0	3.1	1.5	1.0	0.4	0.2	0.1	0.6	0.5	1.9	2.2	4.0	1.4	0.1	0.9
ANNA	mo	0.5	0.1	1.0	0.7	0.5	0.4	0.6	0.7	0.5	0.4	0.5	0.5	0.7	0.3	0.7	0.4	0.5	1.0
Brigitte Young Miss	mo	1.0	0.2	1.7	6.6	1.9	0.5	0.6	0.2	0.0	0.1	1.0	0.3	1.7	1.1	5.2	0.7	0.1	0.7
Burda Mode + Magazin	mo	2.0	0.4	3.4	0.7	1.7	2.5	2.5	2.3	1.8	1.5	1.6	1.9	2.2	2.1	1.2	1.9	1.6	3.8
COSMOPOLITAN	mo	1.6	0.5	2.5	2.4	2.8	2.0	1.7	1.4	0.5	0.3	0.6	0.9	2.1	2.5	2.3	1.9	0.4	1.9
Elle	mo	0.8	0.1	1.5	0.8	1.7	1.2	1.0	0.8	0.3	0.1	0.5	0.6	1.0	1.6	0.9	1.1	0.2	1.1
Frau im Leben	mo	0.9	0.1	1.6	0.1	0.4	0.7	0.9	1.2	1.2	1.4	1.4	1.1	0.8	0.3	0.2	0.7	1.3	1.4
JOY	mo	0.5	0.2	0.7	2.6	1.2	0.4	0.3	0.1	0.0	0.0	0.4	0.3	0.7	0.6	2.1	0.4	0.0	0.5
Madame	mo	0.6	0.1	1.1	0.4	0.7	0.8	0.7	0.5	0.5	0.4	0.3	0.4	0.8	0.9	0.6	0.7	0.4	0.8
Marie Claire	mo	0.7	0.1	1.3	0.8	1.3	0.8	1.1	0.6	0.2	0.1	0.3	0.5	0.9	1.1	0.9	0.9	0.2	0.9
Maxi	mo	1.0	0.2	1.8	3.3	1.5	0.9	1.0	0.8	0.4	0.4	1.1	0.7	1.3	1.2	2.7	0.9	0.4	1.6
Petra	mo	2.0	0.3	3.6	2.2	3.0	2.9	2.4	1.7	1.1	0.7	1.2	1.4	2.9	2.2	2.5	2.2	1.0	3.2
Prima Carina	mo	0.7	0.0	1.2	0.7	1.2	1.0	0.7	0.4	0.2	0.2	0.5	0.6	0.8	0.8	1.2	0.7	0.2	1.0
Ratgeber Frau und Familie	mo	0.9	0.3	1.4	0.5	0.6	0.8	0.8	1.0	1.4	1.2	1.0	1.0	0.8	0.8	0.5	0.7	1.3	1.5
Vital	mo	2.0	1.1	2.8	0.5	1.5	2.1	1.6	2.6	2.7	2.1	1.6	2.1	2.1	1.5	0.6	1.9	2.3	3.0
Vogue	mo	0.8	0.2	1.4	0.9	1.1	1.5	1.1	0.6	0.3	0.1	0.2	0.4	1.2	1.6	1.0	1.0	0.2	1.1
Meine Geschichte	mo	0.6	0.1	1.1	0.5	0.5	0.5	0.7	0.6	0.6	1.0	1.6	0.7	0.5	0.1	0.5	0.5	0.7	1.1
Romanwoche	mo	0.6	0.2	1.0	0.4	0.1	0.4	0.4	0.9	0.9	1.1	0.9	0.9	0.4	0.2	0.3	0.5	0.9	0.8
Eltern	mo	2.8	1.6	3.9	1.3	4.8	7.5	2.6	1.0	0.5	0.2	1.2	1.8	4.2	3.6	1.1	3.3	0.4	8.2
Familie & Co	mo	1.0	0.3	1.6	0.7	1.8	2.4	1.0	0.2	0.1	0.1	0.5	0.7	1.5	0.9	0.6	1.2	0.1	2.6
Leben und erziehen	mo	0.4	0.2	0.6	0.1	0.8	0.9	0.3	0.2	0.0	0.3	0.3	0.3	0.5	0.5	0.0	0.5	0.2	1.0
Spielen und Lernen	mo	0.6	0.2	0.9	0.5	0.7	1.5	0.8	0.2	0.1	0.0	0.3	0.3	0.7	1.1	0.4	0.6	0.1	1.7
Extra Rätsel	mo	1.3	0.9	1.6	0.4	0.6	0.9	0.9	1.4	2.2	2.2	1.4	1.8	0.9	0.6	0.4	0.9	2.3	1.3
Glücks Rätsel	mo	1.4	1.2	1.7	0.6	0.9	0.9	1.5	1.6	2.3	2.1	1.7	2.0	1.0	0.7	0.5	1.2	2.3	1.6

Abb. 182: Reichweite der Pressemedien lt. MA 1999

⟨MA⟩ 99

Pressemedien

Leserschaft pro Ausgabe (LpA)

Reichweite in %

Gesamt

Basis: Pressemedien II

					Haushaltseinkommen monatlich netto						Beruf des Haushaltsvorstandes						Kinder im Haushalt		
		Total	Haushaltführende	Haushaltsvorstand	bis unter 2000 DM	2000 bis unter 2500 DM	2500 bis unter 3000 DM	3000 bis unter 4000 DM	4000 bis unter 5000 DM	5000 DM und mehr	Selbständige: groß / Freiberufler	Selbständige: klein und mittel / Landwirte	leitende Angestellte und Beamte	sonstige Angestellte und Beamte	Facharbeiter	sonstige Arbeiter	Kinder bis unter 6 Jahre	6 bis unter 14 Jahre	Kinder unter 14 Jahre
ungewogene Fallzahl		25949	16352	15575	4063	3061	3246	5782	4725	5072	288	1898	2110	11354	6962	3337	2527	4054	5587
gewogene Fallzahl		25949	14028	14002	3045	2522	3092	5917	5333	6041	365	2108	2136	10787	7208	3346	2600	4353	5952
BILD am SONNTAG	wö	16.5	14.2	18.6	12.9	14.9	19.4	17.7	17.5	15.4	8.0	17.6	12.6	13.3	22.6	16.5	14.3	15.8	15.2
Bunte	wö	6.3	7.8	5.9	5.7	6.4	6.0	6.7	6.0	6.6	8.8	6.3	6.3	6.6	6.7	4.3	4.8	5.2	5.0
Gala	wö	1.4	2.0	0.9	1.5	1.2	0.8	1.3	1.3	1.7	2.4	1.8	2.0	1.6	0.9	0.9	1.7	1.5	1.6
Neue Revue	wö	3.2	3.0	3.6	2.7	3.5	3.2	3.3	3.3	3.1	1.6	2.6	1.8	3.2	4.1	2.6	2.8	2.6	2.7
Super Illu	wö	4.1	3.9	3.9	5.0	4.0	5.1	4.9	4.1	2.2	0.6	2.6	3.3	3.6	5.4	4.4	2.4	4.2	3.8
Focus	wö	9.1	7.1	10.3	4.2	4.2	5.6	7.2	10.1	16.3	22.2	14.5	18.0	10.1	5.5	3.1	9.3	9.3	9.2
DER SPIEGEL	wö	8.9	7.2	10.3	5.1	4.5	5.2	6.9	9.1	16.1	30.1	11.9	19.7	10.4	4.4	2.5	8.1	8.5	8.3
Stern	wö	11.2	10.3	11.7	6.4	7.0	8.2	10.1	12.2	16.9	21.2	12.5	18.9	12.9	8.2	5.0	11.4	11.2	11.2
Weltbild	14	1.3	1.4	1.2	1.3	0.8	1.1	1.2	1.5	1.5	2.1	1.2	1.6	1.2	1.4	1.0	1.1	1.2	1.2
Das Beste	mo	4.5	4.9	4.4	3.3	4.1	3.9	4.0	4.9	5.8	5.9	5.2	8.1	4.8	3.6	3.0	3.4	4.0	3.8
auf einen Blick	wö	7.0	8.2	6.9	10.4	9.0	8.4	6.7	6.1	4.7	2.3	4.9	4.0	6.6	8.6	8.5	7.3	6.1	6.4
Bild + Funk	wö	2.2	2.6	2.2	1.9	1.7	2.7	2.2	2.5	2.0	1.7	2.6	1.7	2.1	2.3	2.1	1.1	1.7	1.5
BILDWOCHE	wö	1.8	2.0	1.7	2.2	1.6	2.6	2.0	1.6	1.3	0.2	1.2	0.7	1.9	2.2	1.9	1.2	1.6	1.5
Fernsehwoche	wö	5.5	5.6	5.6	5.5	5.7	6.1	5.4	6.1	4.9	1.8	5.8	4.4	5.4	6.0	6.1	4.4	4.3	4.6
FUNKUHR	wö	4.4	4.6	4.5	4.9	5.4	3.8	4.9	4.0	3.7	2.2	3.4	3.7	4.3	4.6	5.3	3.2	3.8	3.7
Gong	wö	2.6	2.6	2.6	2.7	2.1	2.5	2.4	2.2	3.5	1.7	3.3	3.3	2.6	2.5	2.2	2.7	2.5	2.5
Hörzu	wö	10.2	10.2	10.4	7.5	9.3	10.6	9.5	10.1	12.7	16.2	12.5	14.0	10.5	8.8	7.8	8.2	7.7	7.8
super TV	wö	1.5	1.6	1.2	1.6	1.2	2.2	1.9	1.3	0.9	2.2	1.9	1.0	1.2	1.9	1.2	1.1	1.5	1.3
TV Hören und Sehen	wö	7.7	8.0	8.0	7.7	7.4	7.7	7.7	8.0	7.7	7.1	6.9	8.0	7.5	8.1	8.0	7.0	6.8	6.8
TV klar	wö	2.8	2.9	2.8	3.3	2.8	3.1	3.2	2.6	2.1	1.4	2.4	1.3	2.5	3.5	3.9	3.3	3.0	3.2
TV neu	wö	1.8	1.8	1.7	2.0	2.2	2.2	2.0	1.6	1.4	2.2	1.6	1.9	1.7	1.8	2.4	2.0	1.6	1.7
die 2	wö	1.0	1.2	0.9	1.8	1.0	0.9	0.9	0.6	1.0	0.0	0.9	0.6	0.9	1.1	1.3	0.8	1.2	1.0
TV Movie	14	10.2	8.9	9.2	7.1	7.8	9.1	10.2	12.8	10.8	8.9	8.5	9.7	10.2	11.4	8.9	14.8	13.6	14.1
TV Spielfilm	14	12.3	10.8	11.7	8.1	9.2	10.3	11.3	14.3	16.0	11.9	10.9	15.2	13.2	12.0	8.8	16.4	14.1	14.9
TV TODAY	14	4.8	4.3	4.4	3.4	3.7	4.0	5.2	4.9	5.8	4.7	4.4	6.1	4.9	4.6	4.3	5.9	5.6	5.9
Premiere	mo	2.5	1.7	2.3	1.5	1.0	1.9	2.4	3.1	3.8	2.7	3.6	3.6	2.3	2.4	2.4	3.8	3.6	3.5
BWZ Bunte Wochenzeitung	wö	6.0	6.3	6.0	5.5	7.1	7.9	5.9	5.8	5.1	4.6	5.2	5.3	5.6	6.9	6.5	4.6	5.8	5.5
IWZ Illustrierte Wochenzeitung	wö	4.8	5.1	4.5	3.6	3.5	3.8	3.9	5.0	7.0	6.4	5.9	5.9	4.9	3.9	4.6	4.3	4.8	4.6
Prisma Gesamt	wö	13.2	13.1	12.3	9.9	11.8	13.1	13.4	13.3	15.2	13.9	13.5	17.6	13.5	12.9	9.9	12.2	12.2	12.2
rtv	wö	14.1	14.5	13.1	14.0	13.9	15.2	13.8	14.2	13.8	11.9	18.4	15.0	13.2	14.3	13.2	12.3	14.2	13.6
TELESTUNDE	wö	2.3	2.2	2.2	2.0	2.2	2.3	2.2	2.6	2.3	1.2	2.6	3.1	2.3	2.4	1.6	1.1	2.2	1.8
Die Aktuelle	wö	2.4	3.6	2.1	4.0	3.2	2.3	2.5	1.7	1.9	1.0	2.0	1.4	2.6	2.4	3.3	2.0	1.9	2.0
Echo der Frau	wö	1.5	2.2	1.2	2.1	2.0	1.7	1.6	1.1	1.1	0.1	1.0	0.9	1.3	2.0	2.0	1.3	1.3	1.3
Frau aktuell	wö	1.6	2.6	1.2	2.3	2.2	2.0	1.6	1.1	1.2	0.2	1.0	1.4	1.6	1.7	2.1	1.4	1.5	1.5
Frau mit Herz	wö	1.3	2.0	1.1	2.5	1.6	1.4	1.1	1.0	0.9	0.6	0.9	0.9	1.4	1.3	1.5	1.3	1.0	1.0
Freizeit Revue	wö	4.0	5.1	3.8	5.0	4.1	4.4	4.7	3.5	3.1	1.6	3.5	3.2	4.0	4.7	3.7	3.0	2.9	2.9
Glücks Revue	wö	1.4	1.8	1.2	2.1	0.9	1.7	1.5	1.2	1.2	0.7	1.0	1.0	1.2	1.9	1.4	1.1	1.3	1.3
Das Goldene Blatt	wö	2.5	3.7	2.5	5.5	3.4	2.6	2.2	1.5	1.5	1.0	2.0	1.2	2.6	2.5	3.0	1.3	1.3	1.4
Heim und Welt	wö	0.5	0.6	0.5	0.7	0.8	0.5	0.4	0.4	0.3	0.1	0.4	0.2	0.6	0.4	0.3	0.2	0.2	0.2
Mach mal Pause	wö	1.1	1.4	1.0	1.2	1.2	2.1	1.2	1.0	0.4	0.6	0.9	0.7	1.1	1.2	1.1	1.3	1.2	1.2
Mini	wö	0.8	1.1	0.5	0.8	1.2	1.1	1.2	0.6	0.4	0.6	0.9	0.6	0.7	0.9	1.0	0.7	0.9	0.9
Das Neue	wö	0.7	1.0	0.6	0.6	0.7	1.0	1.0	0.5	0.6	0.4	0.6	0.5	0.7	0.9	0.6	0.7	0.5	0.6
DAS NEUE BLATT	wö	3.4	4.9	3.2	5.6	4.4	3.8	3.2	2.9	2.3	0.7	3.2	2.1	3.4	3.5	4.3	2.1	2.1	2.1
NEUE POST	wö	4.3	6.2	4.0	6.5	5.7	6.1	4.3	3.7	2.4	1.8	4.2	3.2	4.0	4.8	5.5	2.9	2.7	2.8
Neue Welt	wö	1.3	1.9	1.3	2.4	1.5	1.4	1.4	1.2	0.8	0.4	1.1	0.8	1.2	1.8	1.4	1.3	0.9	1.1
7 Tage	wö	0.6	0.9	0.6	1.3	0.7	0.8	0.5	0.5	0.4	0.5	0.3	0.4	0.5	0.7	0.9	0.5	0.3	0.4
bella	wö	2.2	3.3	1.4	2.2	2.4	1.8	2.1	2.5	2.4	1.7	2.2	2.0	2.4	2.3	1.9	2.2	2.8	2.5
BILD der FRAU	wö	7.7	11.3	5.5	9.3	8.5	8.4	8.1	7.4	6.2	2.3	6.0	4.9	8.0	8.7	8.1	6.4	7.3	7.0
Frau im Spiegel	wö	3.1	4.9	2.7	4.6	3.7	4.2	3.3	2.5	2.0	1.3	2.9	2.4	3.6	2.5	3.5	1.9	1.9	2.0
Laura	wö	2.0	2.9	1.1	1.9	1.6	1.7	2.6	2.0	2.0	0.5	1.4	1.6	2.0	2.6	1.7	2.4	3.0	2.8
Lisa	wö	2.4	3.3	1.2	1.9	2.0	2.2	2.8	2.7	2.1	0.4	2.0	2.1	2.0	3.2	2.4	2.9	3.0	2.9
tina	wö	5.7	8.3	3.7	5.5	6.4	5.6	6.0	5.9	5.1	2.5	5.1	4.0	5.9	6.6	5.1	6.3	6.4	6.2
Brigitte	14	5.7	8.5	3.0	3.8	4.4	4.5	4.9	6.2	8.0	10.2	5.4	8.2	6.9	4.0	3.2	7.1	6.6	6.9
freundin	14	4.1	6.0	2.2	2.8	3.5	3.0	3.8	5.0	5.1	5.9	4.3	5.7	4.8	3.2	2.4	5.3	4.6	4.8
Für Sie	14	4.3	6.6	2.4	3.6	3.6	3.4	4.3	4.0	5.6	5.9	3.9	5.9	4.8	3.6	3.0	4.6	4.2	4.3
Journal für die Frau	14	2.7	4.2	1.5	2.5	2.0	2.7	2.8	2.8	2.7	2.3	3.4	2.6	2.7	2.7	1.9	2.8	2.7	2.8
Allegra	mo	0.8	0.9	0.4	0.7	0.6	0.6	0.5	0.8	1.2	0.5	0.6	1.0	1.2	0.4	0.3	0.7	0.9	0.9
AMICA	mo	1.3	1.3	0.8	1.1	0.9	0.8	0.8	1.1	2.4	2.4	1.0	2.3	1.7	0.7	0.4	1.3	1.4	1.5
ANNA	mo	0.5	0.7	0.2	0.3	0.6	0.4	0.6	0.6	0.6	0.8	0.5	0.7	0.6	0.5	0.3	0.4	0.5	0.5
Brigitte Young Miss	mo	1.0	0.6	0.3	0.4	0.3	0.6	0.6	1.2	2.0	2.7	1.1	2.2	1.1	0.7	0.4	0.5	1.4	1.2
Burda Mode + Magazin	mo	2.0	3.0	1.0	1.4	2.0	1.6	1.8	2.2	2.4	3.9	3.0	2.6	1.9	1.8	1.4	2.5	2.4	2.4
COSMOPOLITAN	mo	1.6	2.0	1.0	1.1	1.0	0.9	1.2	1.8	2.5	5.6	2.2	2.1	2.1	0.6	0.7	1.6	1.6	1.6
Elle	mo	0.8	1.2	0.4	0.8	0.5	0.4	0.7	0.8	1.4	2.6	1.1	1.4	1.0	0.4	0.5	1.0	0.9	1.0
Frau im Leben	mo	0.9	1.5	0.6	1.4	0.9	0.9	0.8	0.7	0.9	0.6	0.9	0.9	0.9	0.8	0.9	0.7	0.7	0.7
JOY	mo	0.5	0.4	0.2	0.5	0.2	0.4	0.4	0.6	0.6	0.7	0.3	0.6	0.6	0.5	0.3	0.5	0.6	0.6
Madame	mo	0.6	0.9	0.3	0.2	0.5	0.3	0.6	0.5	1.1	2.9	0.9	1.1	0.6	0.4	0.3	0.6	0.7	0.7
Marie Claire	mo	0.7	1.1	0.4	0.3	0.4	0.5	0.5	0.9	1.2	1.8	0.9	1.1	0.9	0.4	0.2	0.8	0.7	0.7
Maxi	mo	1.0	1.2	0.5	0.6	0.8	1.0	0.9	1.1	1.4	0.8	0.9	1.1	1.2	0.9	0.7	1.1	1.2	1.1
Petra	mo	2.0	3.0	1.1	1.5	1.7	1.9	1.9	2.0	2.7	2.4	2.0	2.5	2.6	1.4	1.1	2.3	2.3	2.4
Prima Carina	mo	0.7	0.9	0.2	0.3	0.4	0.3	0.6	1.0	0.8	0.4	1.3	0.5	0.7	0.7	0.3	1.0	1.0	0.9
Ratgeber Frau und Familie	mo	0.9	1.3	0.5	0.9	0.8	0.9	0.9	0.9	0.9	1.6	0.9	1.2	0.9	0.9	0.7	0.8	0.8	0.8
Vital	mo	2.0	2.6	1.6	1.7	1.8	1.7	1.9	1.9	2.5	2.4	2.7	3.0	2.0	1.7	1.2	1.4	1.5	1.5
Vogue	mo	0.8	1.2	0.6	0.7	0.5	0.4	0.6	0.8	1.4	3.8	1.2	1.7	1.0	0.3	0.1	1.2	0.8	1.0
Meine Geschichte	mo	0.6	0.9	0.4	1.0	0.5	0.3	0.7	0.7	0.5	0.1	0.5	0.2	0.6	0.8	0.8	0.5	0.7	0.6
Romanwoche	mo	0.6	0.9	0.5	1.3	0.7	0.6	0.4	0.5	0.4	0.9	0.5	0.2	0.5	0.8	0.6	0.3	0.5	0.5
Eltern	mo	2.8	3.6	1.9	1.1	1.3	2.2	3.7	3.8	3.0	4.0	2.1	5.0	3.1	2.6	1.5	16.9	6.7	10.1
Familie & Co	mo	1.0	1.4	0.5	0.5	0.8	0.5	1.1	1.3	1.2	0.3	0.8	1.7	0.9	0.9	1.0	4.6	2.7	3.2
Leben und erziehen	mo	0.4	0.6	0.2	0.3	0.3	0.3	0.5	0.4	0.4	0.3	0.3	0.5	0.4	0.4	0.3	2.5	0.7	1.3
Spielen und Lernen	mo	0.6	0.8	0.3	0.1	0.2	0.4	0.7	0.6	0.9	2.0	0.5	1.1	0.7	0.4	0.2	3.2	1.7	2.0
Extra Rätsel	mo	1.3	1.6	1.3	1.6	1.8	1.7	1.4	1.1	0.7	0.1	0.8	0.5	1.2	1.7	1.5	0.6	0.5	0.6
Glücks Rätsel	mo	1.4	1.7	1.4	2.0	1.5	1.6	1.7	1.5	0.8	0.3	0.9	0.8	1.3	2.1	1.4	1.0	1.0	1.0

© ⟨MA⟩ 99 **Pressemedien II** MEDIA-ANALYSE AG.MA MEDIA-MICRO-CENSUS

Abb. 183: Reichweite der Pressemedien lt. MA 1999 (Forts.)

lich. Hier sind die **Markt-Media-Analysen** hervorzuheben, die umfangreiche und aussagefähige Daten zur Mediennutzung erheben. Deren größte ist die von der AG.MA betreute MA (Media-Analyse). Die Daten werden im Rahmen standardisierter Interviews im Quotaverfahren erhoben und umfassen Angaben zu Medianutzung (sehr ausführlich), Konsumdaten (gering) und Demografie. Die Medienutzung wird durch die Frage nach den im jeweiligen letzten Erscheinungsintervall genutzten Werbeträgern erfasst. Bei Zeitschriften wird nach wöchentlichen, vierzehntäglichen und monatlichen Titeln unterschieden, bei Fernsehen und Hörfunk nach der Nutzung am Vortag der Befragung, wobei viertelstundenweise abgefragt wird. Die Demografie kategorisiert Merkmale wie Altersklasse, Geschlecht, Beruf, Einkommen, Wohnort, Haushaltsführung, Familienstand, Ausbildung, Tätigkeitsgruppe, Haushaltsgröße sowie sonstige konsumrelevante und Besitz-Merkmale (Abb. 182 und 183). In der VA (Verbraucher-Analyse) werden zusätzlich zu Demografie und Medianutzung noch Statementbatterien zu Konsum- und Freizeitverhalten, Einstellungen, Produkt- und Markenbekanntheit und -vertrautheit abgefragt. Bei beiden handelt es sich um **syndikalisierte** Erhebungen, zu denen sich mehrere Initiatoren (meist Verlage und Sender) zusammenfinden. Damit soll ausgeschlossen werden, dass die Ergebnisse in der einen oder anderen Richtung gebiased sind. Außerdem sind die Kosten für jeden Initiator geringer und damit leichter tragbar.

Weitere Gemeinschaftsuntersuchungen sind:

- **Jugend-MA** (Media-Analyse mit 3.000 Interviews dreijährlich), 16 Zeitschriften im Jugendmarkt, Auftraggeber sind die beteiligten Verlage, befragt werden Jugendliche im Alter von 12–21 Jahren;
- **Kinder-LA** (Leser-Analyse mit 3.000 Interviews in unregelmäßigen Abständen), 20 Zeitschriften im Kindermarkt, Auftraggeber sind die beteiligten Verlage, befragt werden Kinder im Alter von 8–14 Jahren;
- **Konpress** (für Konfessionsgebundene Presse mit wechselnder Fallzahl und Erhebung), ca. 30 Wochenzeitschriften der konfessionellen Presse, Auftraggeber sind die beteiligten Verlage, befragt wird ein Querschnitt der Gesamtbevölkerung ab 14 Jahren;
- **KLA** (für Kundenzeitschriften mit 5.000 Interviews dreijährlich), ca. 15 Kundenzeitschriften aus Lebensmittelhandel, Drogerien, Apotheken und Raiffeisenbanken, Auftraggeber sind die beteiligten Verlage, befragt wird ein Querschnitt der Gesamtbevölkerung ab 14 Jahren;
- **AOL** (für Landpresse mit 1.500 Interviews dreijährlich), ca. 25 landwirtschaftliche Fachzeitschriften, Auftraggeber sind die Verlage der organisationsgebundenen Landpresse, befragt wird ein Querschnitt der Gesamtbevölkerung, nur Personen, die in landwirtschaftlichen Vollerwerbsbetrieben leben.
- **KidsVA**: Kids Verbraucher-Analyse des Bastei-Verlags in Kooperation mit der Verlagsgruppe Bauer und dem Axel Springer-Verlag, Grundgesamtheit sind deutschsprachige Kinder und Jugendliche im Alter von 6 bis 17 Jahren (ca. 9,7 Mio. Personen),
- **agla a+b**: Leseranalyse Architektenpresse der Arbeitsgemeinschaft Leseranalyse Architekten und planende Bauingenieure, Grundgesamtheit sind in den letzten 12 Monaten im Hochbau planend tätige oder mehrfach an System-/Produkt- oder Managemententscheidungen beteiligte Architekten und Bauingenieure (ca. 0,1 Mio. Personen),
- **LA Bau**: Leseranalyse Baufachzeitschriften des Arbeitskreises Leseranalyse Baufachzeitschriften, Grundgesamtheit sind über 43.000 Arbeitsstätten im Bauhauptgewerbe in Deutschland sowie über 90.000 Entscheider dort,

- **LAC:** Leseranalyse Computerpresse des Arbeitskreises Leseranalyse Computerpresse, Grundgesamtheit ist die deutschsprachige Wohnbevölkerung ab 14 Jahren, mit besonderem Interesse am Thema Computer und Anwendung von Computern, vor allem Personen, die in ihren Unternehmen an Investitionsentscheidungen beteiligt sind,
- **LAE:** Leseranalyse Entscheidungsträger in Wirtschaft und Verwaltung der GWA-Service Gesellschaft Werbeagenturen, Grundgesamtheit sind Selbstständige ab fünf Beschäftigte/Freie Berufe ab einen Beschäftigtem, Beamte ab Besoldungsstufe A 14, Angestellte ab hochqualifizierter Sachbearbeiter mit persönlichem Nettoeinkommen von über 2.500 € (West) bzw. 2.000 € (Ost) (ca. 1,8 Mio. Personen),
- **LA Med:** Leseranalyse medizinischer Fachzeitschriften der Arbeitsgemeinschaft Leseranalyse medizinischer Zeitschriften, Grundgesamtheit sind die niedergelassenen Praktiker und Internisten (ca. 0,06 Mio. Personen).

Darüber hinaus gibt es Einzeluntersuchungen wie z. B.:

- **EVA** (für Entscheidung, Verbrauch, Anschaffung mit 5.200 Interviews/Spiegel-Verlag),
- **KA** (für Kommunikations-Analyse mit 4.000 Interviews/Gruner + Jahr),
- **Dialoge** (mit 5.500 Interviews/Gruner + Jahr),
- **Soll & Haben** (mit 5.000 Interviews/Spiegel-Verlag, besonders zum Thema Finanzen),
- **Communication Networks** des Focus Magazin Verlags, Grundgesamtheit ist die deutschsprachige Bevölkerung ab 14 Jahren in Privathaushalten,
- **FAME** der Verlagsgruppe Milchstraße, Grundgesamtheit ist die deutschsprachige Bevölkerung ab 14 Jahren in Privathaushalten am Ort der Hauptwohnung,
- **ACTA:** Allensbacher Computer- und Telekommunikations-Analyse des Instituts für Demoskopie Allensbach, Grundgesamtheit ist die deutsche Bevölkerung zwischen 14 und 54 Jahren in Privathaushalten am Ort der Hauptwohnung (ca. 40,1 Mio. Personen),
- **AWAfc:** Allensbacher Werbeträger-Analyse first class des Instituts für Demoskopie Allenbach, Grundgesamtheit ist die deutschsprachige Bevölkerung ab 14 Jahren im gesellschaftlichen Status I (ca. 6,5 Mio. Personen).

Alle **Einzeluntersuchungen** zielen hinsichtlich ihrer Themen auf die Objektschwerpunkte des jeweiligen Verlags, und zwar unter Einbeziehung der Einstellung zu Marken (vertieft), Konsumdaten und Demografie (Abb. 184–189).

Die Typologien gehen noch einen Schritt weiter und erfassen als zusätzliches Kriterium noch Lebensweltmerkmale (AIO-Ansatz für Attitudes, Interests, Opinions oder VALS-Ansatz für Values und Lifestyles). Diese werden operationalisiert durch Freizeitverhalten, Stilpräferenzen, Markenorientierung etc. Zu nennen sind z. B.:

- **Frauentypologie** (Gruner + Jahr),
- **Outfit** (mit 6.000 Interviews/Spiegel-Verlag).

Der große Wert aller Analysen liegt neben diesen Erkenntnisfeldern darin, dass die Erhebungen zur MA kompatibel sind und damit eine Verknüpfung zu deren überlegener Erhebung von Demografie und Mediennutzung zulassen. Dies ist wichtig für die Mediaplanung. So können Angaben über Interessen/Einstellungen und Lebensstil aus den jeweils bestgeeigneten Analysen entnommen und nach Demografie umgerechnet werden. Diese Demografie kann dann wiederum als Input für die MA zum Intramediavergleich dienen.

MA 98
Methoden-Steckbrief

Grundgesamtheit Deutschsprachige Bevölkerung ab 14 Jahre in Privathaushalten in der Bundesrepublik Deutschland
  Personen: 63,25 Mio.
  Haushalte: 33,74 Mio.

Für das Redressement der MA 98 Radio I dient als Basis der MA 97 Tageszeitungsdatensatz. Für die MA 98 Pressemedien/Intermedia und Radio II wird für das Redressement der MA 98 Tageszeitungsdatensatz mit aktualisiertem Gebiets- und Bevölkerungsstand herangezogen.

Auswahlsystem ADM-Stichprobe

Feldmodell Rollierendes Modell der Radio- und Pressemedien-Datei. In der Frühjahrs- bzw. Herbstdatei wird jeweils die Vorjahres- durch die aktuelle Welle ersetzt.

Fallzahlen
Radio I	50.336
Pressemedien / Intermedia	ca. 26.000
Pressemedien Trend '98	ca. 13.000
Tageszeitungsdatensatz	ca. 148.000
Radio II	ca. 50.000

Erhebende Institute

	Basis Research	Emnid	GfK	GfM-Getas	IFAK	Infratest	INRA	Marplan	MMA
Radio I	x	x	x	x	x	–	x	x	x
Presse/Intermedia	x	–	x	–	x	x	x	x	–
Tageszeitungen	x	x	x	x	x	x	x	x	x
Radio II	x	x	x	x	x	–	x	x	x

Erhebungszeiträume
Radio I	05. 01. 97 – 22. 03. 97 und 14. 09. 97 – 12. 12. 97
Pressemedien / Intermedia	12. 01. 97 – 14. 06. 97 und 24. 08. 97 – 14. 02. 98
Pressemedien Trend '98	24. 08. 97 – 14. 02. 98
Tageszeitungsdatensatz	31. 12. 95 – 14. 02. 98
Radio II	14. 09. 97 – 12. 12. 97 und 18. 01. 98 – 30. 05. 98

Erhebungswellen ET = Elektronische Tranche mit Tageszeitungen, PT = Printtranche mit Tageszeitungen

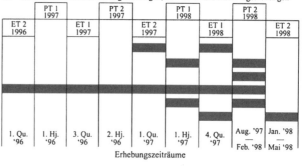

Abb. 184: MA 98 – Methoden-Steckbrief

AWA '98
allensbacher werbeträger analyse

Grundgesamtheit	Deutschsprachige Bevölkerung ab 14 Jahren in Privathaushalten am Ort der Hauptwohnung in der Bundesrepublik Deutschland (rund 64,0 Mio.)
Fallzahlen	ca. 20.000 Fälle
Auswahlsystem	Repräsentative Personenstichprobe nach dem Quotenauswahlverfahren
Erhebungszeitraum	Februar 1997 bis April 1998
Termine	Datensatz: 7. Juli 1998 MDS-Versand: Mitte Juli 1998
Zielgruppen- und Marktinformation	Die AWA '98 informiert über Märkte und Teilmärkten aus den Bereichen: ○ Politik und Gesellschaft ○ Unterhaltungselektronik, Fotografie ○ Einstellungen, Interessen, Werbung ○ Computer und Telekommunikation ○ Sport, Freizeit, Gesundheit ○ Kraftfahrzeuge ○ Geld- und Kapitalanlagen ○ Mode, Körperpflege, Kosmetik ○ Haus und Wohnen ○ Nahrungsmittel, Getränke, Tabakwaren Zu den marktspezifischen Einzeldaten werden als wichtige Ergänzung die gesellschaftlichen und wirtschaftlichen Rahmenbedingungen zur Definition und Prognose von Marktpotentialen erfaßt. Ferner enthält die AWA ein vielfältiges Spektrum von Sonderzielgruppen und Kernzielgruppen. Neuaufnahmen und Erweiterungen bringt die AWA '98 in den Bereichen: Informationsinteresse an kostenlosen Online-Angeboten im Internet, Pkw-Ausstattung, Kosmetik, Bahnreisen, Kameras, rezeptfreie Medikamente, Telekommunikationsgeräte, Computer, Online-Nutzung, erstrebenswerte Lebensziele, Einstellungen, Konsumtypen (z. B. Smart Shopper).
Medien	
Printmedien	Zeitschriften, Stadtillustrierte, Supplements, ausgewählte Kundenzeitschriften, Wochenzeitungen, Tageszeitungen
Fernsehen	7 Zeitabschnitte für die öffentlich-rechtlichen Sender und größeren Privatsender, Tageswerte für Spartensender
Weitere Medien	Hörfunk, Plakatanschlag, Werbung in Telefonbüchern, Anzeigenblätter, Kino, Verkehrsmittelwerbung, Telefonkarte, Online/Internet
Herausgeber:	Institut für Demoskopie Allensbach

AWA '98 »first class«
allensbacher werbeträger analyse fc

Grundgesamtheit	Deutschsprachige Bevölkerung ab 14 Jahren im gesellschaftlichen Status 1 in der Bundesrepublik Deutschland (ca. 6,30 Mio.)
Fallzahlen	ca. 3.300 Fälle
Auswahlsystem	Teilstichprobe der Interviews zur AWA '97 und AWA '98, die nach dem Quotenverfahren durchgeführt wurden.
Erhebungszeitraum	Februar 1996 bis Mai 1998
Termine	Datensatz: Ende August MDS-Versand: Anfang September
Zielgruppen- und Marktinformation	Die AWA '98 »first class« berichtet über den **privaten** Lebensbereich der gesamten »first class«-Zielgruppe und der beruflichen Führungskräfte. **Themen:** Geld und Kapitalanlagen, Computer/Telekommunikation, Haus, Wohnung, Garten, Wohnen und Einrichten, Bücher, Unterhaltungselektronik, Fotografieren, Urlaub und Reisen, Freizeitaktivitäten, Mode, Körperpflege/Kosmetik, Nahrungsmittel, Süßwaren, Getränke, Tabakwaren, Gesundheit, Einstellungen, Interessensstrukturen
Medien	Ca. 80 Zeitschriften und Zeitungen
Herausgeber	Institut für Demoskopie Allensbach

Abb. 185: AWA '98 – Allensbacher Werbeträger Analyse und AWA '98 »First Class«

VA 98
VerbraucherAnalyse

Grundgesamtheit	Deutschsprachige Bevölkerung ab 14 Jahre in Privathaushalten in der Bundesrepublik Deutschland, entsprechend MA 98 Intermedia-Datei
Fallzahl	ca. 28.000
Auswahlsystem	ADM-Stichprobe
Feldmodell	Rollierendes Modell. Jeweils zwei Jahre – das laufende und das Vorjahr – werden zur aktuellen VA zusammengefaßt.
Erhebungszeitraum	September 1996 bis März 1998
Erhebende Institute	Ifak, GFM-Getas
Termine	**Mitte August:** VA 98/1, Zeitschriften und überregionale Zeitungen mit WTK MDS-Versand: Ende August **Mitte September:** VA 98/2, Zeitschriften, überregionale Zeitungen und regionale Zeitungskombinationen mit WTK und WMK und Zusatzmedien mit WTK (Videotext, Telefonbücher, Gelbe Seiten, Romanhefte, CLP) MDS-Versand: Ende September **Ende November:** VA 98/3, Zeitschriften, überregionale Zeitungen und regionale Zeitungskombinationen mit WTK und WMK, Zusatzmedien und elektronische Medien mit WTK MDS-Versand: Ende November
Zielgruppen- und Marktinformation	Informationen über knapp 500 Produktbereiche mit ca. 1.800 Marken, Themeninteressen, Einstellungen, Freizeitverhalten Neue Schwerpunkte und Erweiterungen ○ Marke des Mobilfunk-Telefon/Handy ○ Monatlicher Sparbetrag ○ Besitz eines Pager vom Haushalts-Einkommen ○ Berufliche Nutzung und Kaufeinfluß ○ Last-Minute-Reisen bei PC und PC-Peripherie ○ Reisen zu Sport-/ ○ 10 Direktbanken Musikveranstaltungen, Messen
Medien	
Printmedien	ca. 130 Zeitschriften, 15 Rätsel- und Romanhefte und 20 Tageszeitungen, angepaßt an MA98 Pressemedien Präferenzen für 27 Lesethemen
Fernsehen	16 Sender für durchschnittliche halbe Stunde und ca. 70 Zeitabschnitte, angepaßt an MA98 Intermedia Präferenzen für 26 TV-Genres
Hörfunk	ca. 120 Sender und Senderkombinationen für die durchschnittliche Stunde und 1-Stundenabschnitte, fusioniert aus MA98 Intermedia
Videotext	Neu in der VA: Nutzung von 10 Videotext-Sendern, 9 Videotext-Sparten
weitere Medien	City-Light-Poster, Gelbe Seiten und erstmalig Nutzung von Telefonbüchern / Örtlichen Telefonbüchern
Herausgeber	Axel Springer Verlag AG und Verlagsgruppe Bauer
Beteiligte	32 weitere Medienunternehmen

Abb. 186: VA 98 – Verbraucher Analyse

KidsVA 98
KidsVerbraucherAnalyse

Grundgesamtheit	Deutschsprachige Kinder und Jugendliche im Alter von 6 - 17 Jahren in der Bundesrepublik Deutschland
Fallzahl	Doppelinterviews: 2250 Kids und ihre Erziehungsberechtigten
Auswahlsystem	ADM-Stichprobe
Feldmodell	Single-Source-Erhebung
Erhebungszeitraum	Januar bis März 1998
Erhebende Institute	IFAK, Marplan
Termine	Datensatz: 22. Juni MDS-Versand: Ende Juni
Zielgruppen- und Marktinformation	Konsumdaten für 20 Produktfelder mit über 450 Marken, Verwendungsfrequenzen, Kaufeinfluß, Einkaufsstätten, Freizeitverhalten, Besitz und Wunsch verschiedener Konsumgüter, Taschengeld und Sparverhalten, Aktionsfreiräume
Medien	
Printmedien	28 Kinder- u. Jugendzeitschriften, 6 Programmzeitschriften, Auto Bild, Sport Bild, Familie & Co, Reiter Revue - auf Basis Werbeträgerkontakt
Fernsehen	ARD, ZDF, SAT1, RTL, PRO 7, weitere Sender und Zeitsegmente bei ausreichend großer Seherzahl - auf Basis Werbeträgerkontakt
Herausgeber	Bastei-Verlag in Kooperation mit der Axel Springer Verlag AG und der Verlagsgruppe Bauer

ACTA '98
Allensbacher Computer- und Telekommunikations-Analyse

Grundgesamtheit	Deutsche Bevölkerung zwischen 14 und 64 Jahren in Privathaushalten am Ort der Hauptwohnung in der Bundesrepublik Deutschland (ca. 50,8 Mio.)
Fallzahlen	ca. 9.500 Fälle
Auswahlsystem	Repräsentative Personenstichprobe nach dem Quotenauswahlverfahren
Erhebungszeitraum	Erstes Halbjahr 1998
Termine	Datensatz: Mitte Oktober 1998 MDS-Versand: Ende Oktober 1998
Zielgruppen- und Marktinformation	Die ACTA, die erstmals 1997 erschienen ist, zeichnet auf breiter Befragungsbasis nicht nur die Marktentwicklungen in den Bereichen Computer und Informationstechnologie nach, sondern registriert zugleich auch die Veränderungen der Einstellungen und Gewohnheiten, Wünsche und Interessen der Bevölkerung auf diesem Gebiet. Die ACTA '98 bietet mehrere hundert Merkmale aus folgenden Bereichen: Computernutzung, Computerbesitz im Haushalt, Computer am Arbeitsplatz, Online-Dienste, Internet, Telekommunikation, Unterhaltungselektronik, Fernsehen, interaktives TV, Teleshopping, Kompetenz und Interessen, Gewohnheiten und Einstellungen, Marken (Bekanntheit, Qualitätseinschätzung).
Medien	
Printmedien	ca. 100 Zeitschriften – darunter über 20 Computerzeitschriften, Online- und Spieletitel – und 6 überregionale Tageszeitungen
Fernsehen	ARD, ZDF, RTL Television, SAT.1 und ProSieben, mehrere kleinere Sender, Spartensender
Online-Angebote	ca. 30 größere Online-Angebote
Herausgeber	Institut für Demoskopie Allensbach

Abb. 187: Kids Verbraucher Analyse/Allensbacher Computer- und Telekommunikations-Analyse

Studie	Grundgesamtheit in Mio.		Fallzahl	Repräsentationsfaktor 1:x
AWA '95	63,25	Personen 14 Jahre +	19.721	3.207
Markienprofile	40,20	Personen 14–64 Jahre, BRD West	10.079	3.988
TdW '95	62,97	Personen 14 Jahre +	10.072	6.252
VA '95	62,95	Personen 14 Jahre +	16.034	3.927
»Auto, Verkehr und Umwelt«	93,0	Personen 14 Jahre +	10.975	5.728
Dialoge 4	52,81	Personen 18–70 Jahre, BRD West	7.545	6.999
Kinder VA '95	9,4	Personen 6–17 Jahre	2.193	4.286
Kommunikationsanalyse 6	25,72	Frauen 14–64 Jahre	5.026	5.117
Outfit 3	50,85	Personen 14–64 Jahre, BRD West	8.499	5.983
Prozente 5	59,32	Personen 18 Jahre +	7.711	7.693
Soll und Haben 3	48,84	Personen 14–64 Jahre, BRD West	5.066	9.637
Wohnen und Leben 3	36,93	Personen 18–64 Jahre, BRD West	6.049	6.105
AMP '92	2,2	mittelständ. Unternehmer	5,630	390
»Geschäftsreisen«	5,04	Geschäftsreisende	5.285	954
LAE '95	1,5	Führungskräfte	8.515	176
Zum Vergleich:				
MA '95	62,97	Personen 14 Jahre +	44.226	1.423

Abb. 188: Markt-Media-Studien – Grundgesamtheiten und Fallzahlen

Werden Markt- und Mediadaten gemeinsam erfasst und verarbeitet, spricht man von **Single-Source-Analysen** (z. B. AWA, MA, VA, TdW, LAF). Diese ersparen Umwege über die Demografie zur Anpassung der Ursprungsdaten verschiedener Erhebungen. Diese Markt-Media-Analysen können im Computer in alle denkbaren Richtungen ausgewertet werden, sodass praktisch keine relevante Fragestellung unbeantwortet bleiben muss. Werden zudem mehrere Mediagattungen bzw. sogar alle Mediagattungen abgedeckt, handelt es sich um Multi-Media- bzw. All-Media-Analysen (z. B. **IMMA**/Infratest-Multi-Media-Analyse).

Im Folgenden sind einige Fragebeispiele aus Werbeträger-Analysen (nach ZAW) aufgeführt. Zunächst zur Presse, genauer zur Abfrage von Tageszeitungen:

– »Jetzt gebe ich Ihnen Karten, darauf stehen Namen von Zeitungen. Welche von diesen Zeitungen haben Sie schon einmal in der Hand gehabt, um darin zu blättern oder zu lesen, welche sind Ihnen nur dem Namen nach bekannt und welche kennen Sie überhaupt nicht?«
– »Abgesehen von Tageszeitungen, deren Namen hier auf diesen Karten stehen: Welche weiteren Tageszeitungen gibt es hier in der Stadt, im Ort, in der Gegend?«
– »Und welche von diesen Zeitungen haben Sie schon mal in der Hand gehabt, um darin zu blättern oder zu lesen?«

Für jede schon in der Hand gehabte Zeitung wird weitergefragt:

– »Wann haben Sie die Zeitung zuletzt, den heutigen Tag ausgenommen, in die Hand genommen, um darin zu blättern oder zu lesen? Hier habe ich eine Zeiteinteilung, die

Statistik

Demographie der Wohnbevölkerung
Quelle: MA Stand 1999

	Gesamt in Mio.	in %	Bevölkerung ab 14 Jahre Männer in Mio.	in %	Frauen in Mio.	in %
Gesamt	63,78	100	30,38	47,63	33,40	52,37
Alter						
14 – 19 Jahre	4,86	8,0	2,4	8,0	2,38	7,0
20 – 29 Jahre	8,83	14,0	4,5	15,0	4,33	13,0
30 – 39 Jahre	11,89	19,0	5,98	20,0	5,91	18,0
40 – 49 Jahre	10,28	16,0	5,13	17,0	5,16	15,0
50 – 59 Jahre	10,33	15,0	5,11	17,0	5,22	16,0
60 – 69 Jahre	8,94	14,0	4,24	14,0	4,71	14,0
70 und mehr Jahre	8,64	14,0	2,98	10,0	5,70	17,0
Berufstätigkeit						
Berufstätig	33,39	52,0	19,16	63,0	14,23	43,0
Nicht berufstätig/ keine Angaben	6,93	11,0	0,50	2,0	6,43	19,0
Rentner, Pensionäre	16,97	27,0	7,27	24,0	9,70	29,0
In Ausbildung	6,48	10,0	3,44	11,0	3,04	9,0
Berufe des Haushaltvorstandes						
Selbstständige Großbetriebe, Freiberufler	0,90	1,0	0,48	2,0	0,42	1,0
Selbstständige Klein-/ Mittelbetriebe/Landwirte Leitende	5,18	8,0	2,68	9,0	2,49	7,0
Angestellte/Beamte Sonstige	5,25	8,0	2,69	9,0	2,56	8,0
Angestellte/Beamte	25,18	39,0	10,83	36,0	14,35	43,0
Facharbeiter	17,72	28,0	9,67	32,0	8,04	24,0
Sonstige Arbeiter	8,22	13,0	3,48	11,0	4,75	14,0

	Gesamt in Mio.	in %	Bevölkerung ab 14 Jahre Männer in Mio.	in %	Frauen in Mio.	in %
Gesamt	63,78	100	30,38	47,63	33,40	52,37
Ausbildung						
Volksschule/Hauptschule ohne Lehre	8,73	14,0	2,39	8,0	6,34	19,0
Volksschule/Hauptschule mit Lehre	23,17	36,0	11,98	39,0	11,19	34,0
Weiterführende Schule ohne Abitur	20,71	32,0	9,46	31,0	11,25	34,0
Abitur/Hochschulreife/ Studium	11,17	18,0	6,55	22,0	4,62	14,0
Haush.-Nettoeinkommen pro Monat						
Bis 2000 DM	7,48	12,0	2,33	8,0	5,16	15,0
2001 bis 3000 DM	13,80	22,0	6,17	20,0	7,63	23,0
3001 bis 4000 DM	14,55	23,0	7,29	24,0	7,26	21,0
Mehr als 4000 DM	27,95	43,0	14,6	48,0	13,37	40,0
Anzahl Personen im Haushalt						
1 Person	12,12	19,0	4,56	15,0	7,56	23,0
2 Personen	22,54	35,0	11,13	37,0	11,41	34,0
3 Personen	13,08	21,0	6,61	22,0	6,47	19,0
4 Personen	11,44	18,0	3,84	19,0	5,65	17,0
5 Personen und mehr	4,55	7,0	2,24	7,0	2,32	7,0
Alter des/der Kindes/r im Haushalt						
Bis unter 2 Jahre	1,86	3,0	0,84	3,0	1,02	3,0
2 bis unter 6 Jahre	5,30	8,0	2,45	8,0	2,85	9,0
6 bis unter 14 Jahre	10,70	17,0	5,07	17,0	5,63	17,0
kein Kind unter 14 Jahre	49,15	77,0	23,55	78,0	25,60	77,0

Abb. 189: Demografie der deutschen Wohnbevölkerung 1999

Ihnen vielleicht helfen kann, die richtige Antwort zu finden: Innerhalb der letzten 14 Tage, zwei bis drei Wochen her, noch länger her.«

Für jede innerhalb der letzten 14 Tage gelesene Zeitung kann man weiterfragen:

- »Von dieser Zeitung sind in den letzten zwei Wochen bis zum gestrigen Tag zwölf verschiedene Ausgaben erschienen. Wie viele von diesen zwölf Ausgaben haben Sie in den letzten zwei Wochen nach Ihrer Schätzung durchgeblättert oder gelesen? Schauen Sie bitte auf dieses Blatt hier und sagen Sie mir, was davon für Sie persönlich am ehesten zutrifft.«
- »Sie haben mir vorhin gesagt, Sie hätten die Zeitung innerhalb der letzten 14 Tage in der Hand gehabt. Ich möchte das jetzt noch etwas genauer wissen: Wann haben Sie sie, abgesehen von heute, zuletzt durchgeblättert oder gelesen? Hier habe ich einen Kalender, der Ihnen vielleicht hilft, sich zu erinnern: Gestern, vorgestern, vor drei Tagen, vor vier bis sieben Tagen, länger her.«

Dann zur Abfrage von Zeitschriften:

- »Jetzt gebe ich Ihnen Karten, darauf stehen die Namen von Zeitschriften. Welche von diesen Zeitschriften haben Sie schon mal in der Hand gehabt, um darin zu blättern oder zu lesen, welche sind Ihnen nur dem Namen nach bekannt und welche kennen Sie überhaupt nicht? Am besten sortieren Sie die Karten in drei Häufchen auf dieses Blatt hier.«
- »Für alle wöchentlich neu erscheinenden Titel: Diese Zeitschrift erscheint jede Woche neu. Wann haben Sie zuletzt die Zeitschrift in die Hand genommen, um darin zu blättern oder zu lesen? Hier habe ich eine Zeiteinteilung, die Ihnen vielleicht helfen kann, die richtige Antwort zu finden: Innerhalb der letzten drei Monate, ein viertel bis ein halbes Jahr her, länger her.«

Für alle Zeitschriften, die innerhalb der letzten drei Monate gelesen wurden:

- »Von dieser Zeitschrift sind in den letzten drei Monaten zwölf verschiedene Nummern erschienen. Wie viele von diesen zwölf Nummern haben Sie in den vergangenen drei Monaten nach Ihrer Schätzung durchgeblättert oder gelesen? Schauen Sie bitte auf dieses Blatt hier und sagen Sie mir, was davon für Sie persönlich am ehesten zutrifft.«
- »Sie haben mir vorhin gesagt, Sie hätten die Zeitschrift innerhalb der letzten drei Monate in der Hand gehabt. Ich möchte das jetzt noch etwas genauer wissen: Wann haben Sie sie zuletzt durchgeblättert oder gelesen? Hier habe ich einen Kalender, der Ihnen vielleicht hilft, sich zu erinnern: Innerhalb der letzten sieben Tage, acht bis vierzehn Tage her, zwei bis drei Wochen her, länger her.«

Danach zum Medium Fernsehen und seiner Abfrage:

- »Auf diesen Karten sind Erkennungsfiguren für die verschiedenen Fernsehsender abgebildet. Man kann diese Figuren an allen Werktagen, also montags bis samstags zwischen den Sendungen vor 20 Uhr sehen. Von welchen Sendern haben Sie vor 20 Uhr schon Sendungen gesehen (Kartenvorlage)?«
- »Wann haben Sie zuletzt vor 20 Uhr eine Sendung vom Sender gesehen. Hier habe ich eine Zeiteinteilung, die Ihnen vielleicht helfen kann, die richtige Antwort zu finden: Länger her, zwei bis vier Wochen her, innerhalb der letzten zwei Wochen.«

Falls innerhalb der letzten zwei Wochen ein Sender gesehen wurde:

- »Und nun möchte ich noch einiges über das Fernsehen zu den einzelnen Tageszeiten wissen. Haben Sie persönlich innerhalb der letzten zwei Wochen an irgendeinem Werktag, also montags bis samstags, nachmittags in der Zeit vor 17 Uhr ferngesehen – und wenn auch nur ein paar Minuten? Denken Sie bitte auch daran, dass der Samstag oft anders abläuft als die anderen Werktage. Also wie war das nachmittags vor 17 Uhr in den letzten zwei Wochen? Und zwischen 17 Uhr und 17.30 Uhr, wie war es da in den letzten zwei Wochen? Und zwischen 17.30 Uhr und 18 Uhr/18 Uhr bis 18.30 Uhr, 18.30 Uhr bis 19 Uhr, 19 Uhr bis 19.30 Uhr, 19.30 Uhr bis 20 Uhr?«

Falls innerhalb der letzten zwei Wochen zu irgendeiner dieser Zeiten gesehen wurde:

- »Wenn Sie an eine normale Woche in der letzten Zeit denken: An wie vielen von den sechs Werktagen montags bis samstags sehen Sie im Allgemeinen in der Zeit von/bis Sendungen vom Sender?«
- »Und wie war das gestern (vorgestern, am letzten Werktag)? Und zu welchen Zeiten haben Sie persönlich da ferngesehen – und wenn auch nur ein paar Minuten? Hier habe ich einen Viertelstunden-Plan, der Ihnen vielleicht hilft, sich zu erinnern.«
- »Und welchen Sender, welches Programm haben Sie zu dieser Zeit gesehen? Hier sind noch einmal die Figuren, an denen Sie die Sender erkennen können (alle Viertelstundenintervalle durchgehen).«

Das Medium Hörfunk wird wie folgt abgefragt:

- »Auf diesen Karten stehen die Namen von verschiedenen Hörfunksendern und Radioprogrammen. Welche Sender, welche Programme haben Sie schon mal gehört (Kartenvorlage)?«
- »Wann haben Sie zuletzt den Sender gehört? Hier habe ich eine Zeiteinteilung, die Ihnen vielleicht helfen kann, die richtige Antwort zu finden: Länger her, zwei bis vier Wochen her, innerhalb der letzten zwei Wochen.«

Falls innerhalb der letzten zwei Wochen ein Sender gehört wurde:

- »Und nun möchte ich noch einiges über das Radiohören zu den einzelnen Tageszeiten wissen. Haben Sie persönlich innerhalb der letzten zwei Wochen an irgendeinem Werktag, also montags bis samstags, frühmorgens vor 7 Uhr Radio gehört und wenn auch nur ein paar Minuten? Denken Sie bitte auch daran, dass der Samstag oft anders abläuft als die anderen Werktage. Also wie war das frühmorgens vor 7 Uhr in den letzten zwei Wochen? Und zwischen 7 Uhr und 8 Uhr, wie war es da in den letzten zwei Wochen? Und zwischen 8 Uhr und 10 Uhr/10 Uhr bis 12 Uhr/12 Uhr bis 14 Uhr/14 Uhr bis 16 Uhr/16 Uhr bis 18 Uhr/18 Uhr bis 20 Uhr?«

Falls innerhalb der letzten zwei Wochen jeweils zu einer bestimmten Zeit gehört wurde:

- »Wenn Sie an eine normale Woche in der letzten Zeit denken: An wie vielen von den sechs Werktagen montags bis samstags hörten Sie im Allgemeinen in der Zeit von/bis den Sender?«
- »Und wie war das gestern (vorgestern, am letzten Werktag)? Zu welchen Zeiten haben Sie persönlich da Radio gehört – und wenn auch nur für ein paar Minuten? Hier habe ich einen Stundenplan, der Ihnen vielleicht hilft, sich zu erinnern.«

- »Und welchen Sender, welches Programm haben Sie zu dieser Zeit gehört? Hier sind noch einmal die Namen der Hörfunksender oder Radioprogramme (alle Zeitintervalle durchgehen).«

Schließlich zur Abfrage in Sachen Plakat:

- »Ich zeige Ihnen Fotografien von Straßen und Plätzen im Ort. Bitte geben Sie mir die Fotografien, die Sie erkennen, in die Hand.«
- »Geben Sie mir nun bitte auch die Fotos der Gegenden, die Sie jetzt mit Hilfe der Skizze erkannt haben, in die Hand (nicht erkannte Fotos werden anhand von Lageskizzen erläutert).«
- »Erinnern Sie sich, wann Sie hier zuletzt vorbeigekommen sind? Heute zählt dabei nicht mit. Vielleicht fällt es Ihnen leichter, anhand dieses Kalenderblatts den Wochentag oder das Datum anzugeben.«
- »Wie häufig kommen Sie hier im Allgemeinen vorbei? Also wieviel Mal ist das ungefähr? Zählen Sie bitte jedes Vorbeikommen, Hin- und Rückwege zählen als zwei Wege.«
- »Sind Sie hier zuletzt zu Fuß oder nicht zu Fuß vorbeigekommen? Heute zählt dabei nicht mit.«

4.3.2 Zielgruppenoperationalisierung

4.3.2.1 Validierung

Ziel der Mediaplanung ist es nun, diejenigen Werbeträger zu selektieren, die am besten geeignet scheinen, eine definierte Zielgruppe zu erreichen (Abb. 190). Dazu bedarf es der Bewertung von Werbeträger und Zielgruppe. Letztere kann dabei in mehrfacher Weise definiert werden, am gebräuchlichsten als demografische Definition. Sie bedient sich deskriptiver Kriterien, die durch Kombination zu einer Einengung der Personengruppe führen, an die sich Werbung primär richten soll. Dabei ist ein Kompromiss zwischen möglichst spitzer, restriktiver und notwendiger weiter, umfassender Auslegung erforderlich. Interessanter jedoch als diese formale Definition ist die inhaltliche Abgrenzung nach psychologischen oder soziologischen Kriterien. Erstere bedienen sich dabei vor allem der Erkenntnisse der Motivations-, Lern-, Risiko- und Denktheorie, letztere derer der Bezugsgruppen-, Multiplikatoren-, Diffusions- und Familientypentheorie. Diese Art der Abgrenzung ist oft treffender und aussagefähiger. Vor allem bei Berücksichtigung von Lebensweltmerkmalen bieten sich auch die auf statistischer Reduktion durch Korrelations-, Faktoren- und Clusteranalysen beruhenden Typologieansätze an, etwa als Lifestyle- oder Milieu-Typologie. Deren Ergebnisse stellen zwar Kunsttypen dar, verdichten jedoch effektiv mehrdimensionale Eigenschaften. Eine Validierung kann mithin durch drei Ansätze erfolgen:

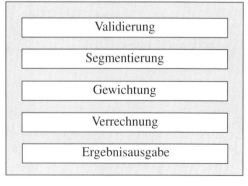

Abb. 190: Zielgruppenoperationalisierung

- unter Zugrundelegung demografischer Kriterien,
- durch Bezug auf Einstellung, Meinung, Interesse und Verhalten,
- auf Basis charakteristischer Persönlichkeitsmerkmale.

Dennoch handelt es sich natürlich dabei nur um Hilfskriterien zur formalen Abbildung der Realität.

4.3.2.2 Segmentierung

Die erhobene Datenbasis hilft zudem, die vorher definierte Zielgruppe zu prüfen und gibt Anhaltspunkte für Korrekturen. Dienen nicht-demografische Merkmale als Kriterien, so kann mit Hilfe des Computerprogramms ein Bild von der Demografie der Zielpersonen gewonnen werden, die damit für die weitere Bearbeitung an Konkretisierung gewinnen. Ebenso können mehrere Teilzielgruppen ausgewählt und untereinander verglichen sowie in Relation zur Grundgesamtheit betrachtet werden. Über die sich dabei ergebenden Ausprägungen ist eine Feinjustierung der Zielgruppendefinition möglich. Segmentierungsläufe können aber auch erst zur Abgrenzung einer Zielgruppe führen. Dazu wertet man verschiedene Fragestellungen von Analysen aus (**Quellenlexikon**) und stellt Schwerpunkte fest, die zu Definitionsmerkmalen erhoben werden. Schließlich ist eine Auswertung als Trendzählung im Zeitablauf möglich, um Anteilsentwicklungen nachzuvollziehen und zu nutzen. Die Ergebnisse können hinsichtlich aller Kriterien in verschiedenen Formen ausgegeben werden. Im engeren Sinne handelt es sich dabei weniger um Media- als vielmehr noch um Marketingplanung.

4.3.2.3 Gewichtung

Um der abweichenden Bedeutung verschiedener Teilzielgruppen gerecht zu werden, kann man diese im Wege der Gewichtung von **Personen** mit unterschiedlichem Anteil in die weitere Berechnung eingehen lassen. In der Praxis erfolgt dies durch Abgewichtung der als weniger relevant angesehenen Zielpersonenmerkmale mit einem Multiplikationsfaktor < 1. Auf diese Weise kann auch nach Entscheider, Käufer, Nutzer und Beeinflusser unterschieden werden. Oft werden Männer unter diesem Gesichtspunkt als nicht-einkaufend heruntergewichtet. Weiterhin kann der abweichenden Bedeutung verschiedener **Mediagattungen** durch deren Gewichtung Rechnung getragen werden. Vor allem wird dadurch versucht, die potenzielle Werbewirkung mehrerer Medien nach Format, Wiedergabequalität, Kontakttiefe, Konzeptharmonie, Content etc. auszugleichen. Dieser Versuch bleibt zwar unvollkommen, ist aber immer noch besser als die Annahme, dass jede investierte Werbemark gleich effektiv ist, egal welches Medium, welche Ausstattung, welches Umfeld etc. man dafür auswählt. Schließlich kann der Werbedruck auch mit einem Schwellenwert (Kontaktdosis) versehen werden, sodass **Werbeträgerkontakte** unterhalb einer gewissen Ansprachefrequenz nicht oder nur mit einem Abwertungsfaktor berücksichtigt werden. So besteht weitverbreitet die Ansicht, dass Frequenzen < 6 keine nachhaltige Wirkung zukommt. Dies ist ebenso umstritten wie die Unterstellung verschiedener Wirkungskurvenverläufe.

Im Einzelnen unterscheidet man dabei folgende Responsefunktionen:

- **linear** unterstellt eine mit der Kontaktzahl stetig steigende Werbewirkung,
- **progressiv** unterstellt eine Werbewirkung, die erst mit hoher Kontaktzahl merklich ansteigt,
- **degressiv** unterstellt eine Werbewirkung, die mit hoher Kontaktzahl kaum mehr ansteigt,

- **logistisch** unterstellt eine mit der Kontaktzahl zunächst progressiv, später dann degressiv verlaufende Werbewirkung,
- **konkav-konvex** unterstellt eine mit der Kontaktzahl zunächst degressiv, später dann progressiv verlaufende Werbewirkung,
- **einstufig** unterstellt eine sich mit einer bestimmten Kontaktzahl unvermittelt einstellende volle Werbewirkung,
- **treppenförmig** unterstellt eine mit der Kontaktzahl diskontinuierlich steigende Werbewirkung.

Oft wird auch ein wirksamer Bereich zwischen einer Wirkungsschwelle und einem Sättigungspunkt definiert. Dem liegt die Hypothese zugrunde, dass Kontakte in der Zielgruppe unterhalb der Wirkungsschwelle dabei infolge Untersteuerung zu keiner Werbewirkung führen, Kontakte oberhalb des Sättigungspunkts aber Verschwendung infolge Übersteuerung darstellen. Dies ist allerdings eine sehr mechanistische Sichtweise der Dinge.

4.3.2.4 Verrechnung

Die Verrechnung der einzelnen Zielgruppenkriterien kann **additiv** (Oder-Verfahren) oder **multiplikativ** (Und-Verfahren) erfolgen. Besonders bei Und-Verknüpfung führt die Kombination mehrerer Auswahlkriterien schnell zu einer Stichproben-Schnittmenge, die nicht mehr genügend aussagefähig ist. Die praktische Untergrenze wird hier bei etwa 200 Fällen absolut gesehen, eine Grenze, die allerdings bereits eine erhebliche Varianz impliziert, sodass eher Anhaltspunkte vorliegen, denn valide Ergebnisse. Aber auch diese sind ungleich wertvoller, als gar keine Daten zu haben. In praktisch allen Fällen ist jedoch zumindest eine **faktorielle Gewichtung** erforderlich, um die Struktur der resultierenden Stichprobe an die der Grundgesamtheit anzupassen. Diese Verrechnung findet automatisch durch das Zählprogramm statt und wird als Fallzahl auch mit ausgewiesen. Die Ursache liegt in nicht erfüllten Quoten bei der Befragung, in Auskunftsverweigerungen, Adressenausfällen, Befragungsfälschungen etc. Dieses Redressement gleicht die Struktur einer Zufallsstichprobe an diejenige der abzubildenden Grundgesamtheit durch (Zellen-)Gewichtung der Fälle an und schöpft damit, ausgehend von der tatsächlichen Stichprobe, durch Extrapolation »künstlicher« Fälle erst die Stichprobengröße voll aus und macht sie damit kompatibel zu anderen repräsentativen Erhebungen.

4.3.2.5 Ergebnisausgabe

Die Ausgabe erfolgt in fünf Formen:

- Erstens **horizontal prozentuiert**, d. h., die Anteilsergebnisse mehrerer Teilzielgruppen addieren sich als Summe für jedes Kriterium je Zeile auf 100 % (Abb. 192).
- Zweitens **vertikal prozentuiert**, d. h., die Strukturergebnisse jeder Teilzielgruppe addieren sich als Zusammensetzung über alle Kriterien je Spalte auf 100 % (Abb. 194).
- Drittens **in absoluten Zahlen**, d. h., die Ergebnisse werden je Zeile/Spalte als reale Fallzahlen angegeben (Abb. 195).
- Viertens **als Hochrechnung**, d. h., die Ergebnisse werden je Zeile/Spalte als hochgerechnete Stichprobenerhebung auf die dahinterstehende Grundgesamtheit ausgewiesen (Abb. 200).
- Fünftens **als Index,** d. h., je Kriterium wird jede Teilzielgruppe in Relation zum Durchschnitt der Grundgesamtheit (= Index 100) als Struktur ausgewiesen (Abb. 201).

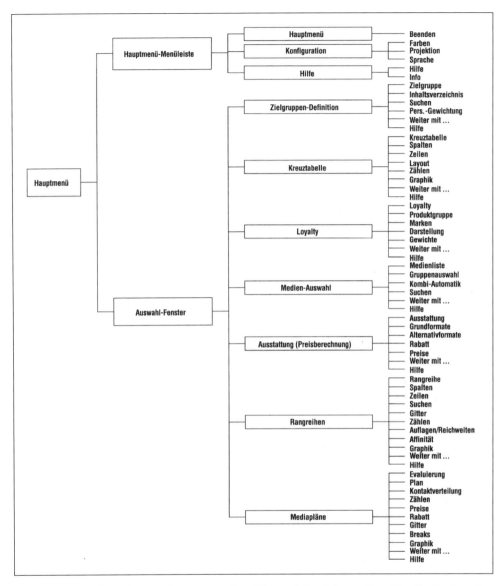

Abb. 191: Struktur der MDS-Programmbereiche und ihre Menüzeilen (Quelle: Springer)

Durch diese verschiedenen Formen der Darstellung kann eine vorhandene Zielgruppe sehr aussagefähig charakterisiert werden. Auswertungen sind (noch) kostenloser Service der Werbedurchführenden, die damit praktisch eine Leistung erbringen, die sich Werbemittler von ihren Kunden stillschweigend oder ausdrücklich honorieren lassen. Im Gegensatz zu früher findet keine zentrale Auszählung mehr statt, sondern die Datensätze werden, auf kopiergeschützten Disketten, Mediaplanern für deren PC zur Verfügung gestellt und in regelmäßigen Abständen aktualisiert.

Eine solche computergestützte Mediaplanungshilfe ist MDS (Springer-Verlag) (Abb. 191).

```
ZG1=GESAMT
ZG2=GESAMT,TRIMMEN/JOGGING MACHE ICH REGELMAESSIG/INTENSIV
ZG3=GESAMT,GYMNASTIK/AEROBIC/TURNEN MACHE ICH REGELMAESSIG/
     INTENSIV
----------------------------------------------------------------
TOTAL......  GESAMT
TABELLENART  PROZENTE HORIZONTAL

                                       ZG1      ZG2      ZG3
                                      ------   ------   ------

GESAMT                                 100.0    11.2     15.5

DEMOGRAFIE
----------
GESAMT                                 100.0    11.2     15.5
MAENNER                                100.0    12.8     11.8
FRAUEN                                 100.0     9.8     18.7
HH.FUEHRENDE                           100.0     9.0     15.0
HH.VORSTAND                            100.0     9.9     10.6

ALTERSGRUPPEN
-------------
14 - 19. JAHRE                         100.0    18.4     31.6
20 - 29 JAHRE                          100.0    15.0     18.0
30 - 39 JAHRE                          100.0    14.4     16.7
40 - 49 JAHRE                          100.0    11.6     14.0
50 - 59 JAHRE                          100.0     7.8     10.5
60 - 69 JAHRE                          100.0     5.4     10.5
70 JAHRE UND AELTER                    100.0     4.9      8.2

BERUF HH.VORSTAND
-----------------
INHABER/LEITER/FREIE                   100.0     7.2      8.8
KL.+MI.SELBST./LANDWIRTE               100.0    13.3     17.4
LEIT.ANGESTELLTE+HOEH.BEAMTE           100.0    16.7     24.5
SONST.A+B/NIE BERUFST.GEW.             100.0    12.0     17.0
FACHARBEITER                           100.0     8.7     12.6
SONSTIGE ARBEITER                      100.0     8.7      9.5

NIELSENGEB.
-----------
NIELSEN 1                              100.0     9.6     13.6
NIELSEN 2                              100.0    10.5     14.1
NIELSEN 3A                             100.0    14.2     19.8
NIELSEN 3B                             100.0    10.3     16.6
NIELSEN 4                              100.0    13.0     16.1
NIELSEN 5                              100.0     6.3      8.5
```

Abb. 192: Horizontal prozentuierte Ergebnisausgabe

4.3.3 Rangreihung

4.3.3.1 Computerverfahren

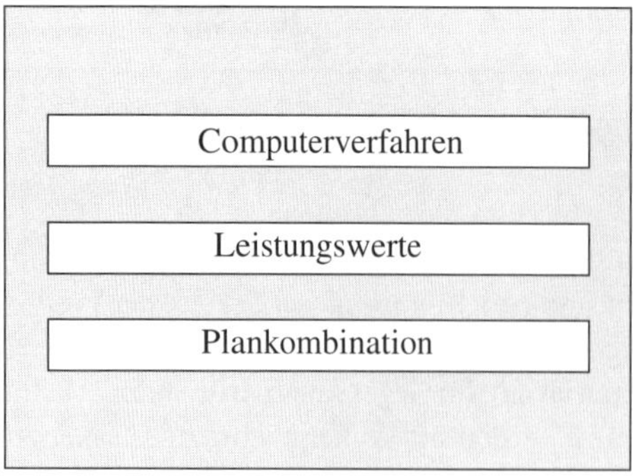

Abb. 193: Werbeträgerauswahl

Es wurde bereits erwähnt, dass die Werbeträgerauswahl auf Basis von Computerzählverfahren erfolgt (Abb. 193). Grundlage sind dabei die verfügbare Datenbasis (Markt-Media-Analyse) und eine operational gefasste Zielgruppendefinition. Über beides sollte die Mediaplanung nach Lage der Dinge nun verfügen. Im nächsten Schritt wird das Datenmaterial entsprechend der Zielpersonenabgrenzung selektiert und hinsichtlich deren Medianutzung bewertet.

Eingabedaten sind Programmart, Auftraggeber, Datum, Datei, Werbemittelausstattung,

```
ZG1=GESAMT
ZG2=GESAMT,TRIMMEN/JOGGING MACHE ICH REGELMAESSIG/INTENSIV
ZG3=GESAMT,GYMNASTIK/AEROBIC/TURNEN MACHE ICH REGELMAESSIG/
     INTENSIV
------------------------------------------------------------
TOTAL......  GESAMT
TABELLENART  PROZENTE VERTIKAL

                                    ZG1     ZG2     ZG3
                                   -----   -----   -----

GESAMT                             100.0   100.0   100.0

DEMOGRAFIE
----------
GESAMT                             100.0   100.0   100.0
MAENNER                             46.5    53.2    35.5
FRAUEN                              53.5    46.8    64.5
HH.FUEHRENDE                        49.0    39.5    47.4
HH.VORSTAND                         51.7    45.8    35.5

ALTERSGRUPPEN
-------------
14 - 19 JAHRE                       12.2    20.0    24.8
20 - 29 JAHRE                       16.3    21.8    18.9
30 - 39 JAHRE                       14.1    18.1    15.2
40 - 49 JAHRE                       17.7    18.4    16.1
50 - 59 JAHRE                       15.0    10.5    10.2
60 - 69 JAHRE                       11.7     5.6     7.9
70 JAHRE UND AELTER                 13.2     5.8     7.0

BERUF HH.VORSTAND
-----------------
INHABER/LEITER/FREIE                 1.6     1.0      .9
KL.+MI.SELBST./LANDWIRTE            10.2    12.1    11.5
LEIT.ANGESTELLTE+HOEH.BEAMTE         9.5    14.2    15.1
SONST.A+B/NIE BERUFST.GEW.          40.3    42.9    44.3
FACHARBEITER                        24.0    18.6    19.4
SONSTIGE ARBEITER                   14.4    11.2     8.9

NIELSENGEB.
-----------
NIELSEN 1                           20.4    17.5    17.9
NIELSEN 2                           27.6    25.8    25.1
NIELSEN 3A                          16.8    21.2    21.4
NIELSEN 3B                          14.5    13.2    15.6
NIELSEN 4                           17.8    20.6    18.4
NIELSEN 5                            3.0     1.7     1.7
```

Abb. 194: Vertikal prozentuierte Ergebnisausgabe

mehrdimensionale Zielgruppenkriterien und Gewichtungen. Ausgabedaten sind Fallzahlen vor und nach Fall- bzw. Personengewichtung, Zielgruppenanteil an der Gesamtbevölkerung, Werbeträger, Einschaltkosten, Sortierkriterium und Rangplätze. Das Ergebnis ist eine Rangreihung der Werbeträger derart, dass der bestbewertete Titel/Sender ganz oben auf dieser Liste erscheint und danach in absteigender Folge die jeweils nächstplatzierten Werbeträger. Auf dieser Basis ist eine klare Bestimmung der/des zu präferierenden Werbeträger(s) möglich. Nun ist der Begriff »beste« mehrdeutig auszulegen. Denn es stellen sich ganz unterschiedliche Erwartungen an die Leistungsfähigkeit eines Werbeträgers. Deshalb gibt es auch verschiedene Leistungswerte zu dessen Beurteilung. Die genannten Leistungswerte sind natürlich nur statistische Anhaltspunkte. Sie können keinesfalls die tatsächliche Leistung der Werbeträger wiedergeben. Vielmehr handelt es sich um aus repräsentativen Erhebungen ermittelte Vergangenheitsdaten.

```
      ZG1=GESAMT
      ZG2=GESAMT,TRIMMEN/JOGGING MACHE ICH REGELMAESSIG/INTENSIV
      ZG3=GESAMT,GYMNASTIK/AEROBIC/TURNEN MACHE ICH REGELMAESSIG,
          INTENSIV
      ---------------------------------------------------------
      TOTAL......  GESAMT
      TABELLENART  FALLZAHLEN

                                        ZG1       ZG2       ZG3
                                       -----     -----     -----

      GESAMT                            8093       908      1254

      DEMOGRAFIE
      ----------
      GESAMT                            8093       908      1254
      MAENNER                           3764       483       445
      FRAUEN                            4330       425       809
      HH.FUEHRENDE                      3967       359       594
      HH.VORSTAND                       4187       416       445

      ALTERSGRUPPEN
      -------------
      14 - 19 JAHRE                      983       181       311
      20 - 29 JAHRE                     1317       198       237
      30 - 39 JAHRE                     1139       164       190
      40 - 49 JAHRE                     1433       167       201
      50 - 59 JAHRE                     1212        95       128
      60 - 69 JAHRE                      943        51        99
      70 JAHRE UND AELTER               1066        52        88

      BERUF HH.VORSTAND
      -----------------
      INHABER/LEITER/FREIE               127         9        11
      KL.+MI.SELBST./LANDWIRTE           827       110       144
      LEIT.ANGESTELLTE+HOEH.BEAMTE       771       129       189
      SONST.A+B/NIE BERUFST.GEW.        3260       390       555
      FACHARBEITER                      1939       168       243
      SONSTIGE ARBEITER                 1169       102       111

      NIELSENGEB.
      -----------
      NIELSEN 1                         1648       159       224
      NIELSEN 2                         2233       234       314
      NIELSEN 3A                        1358       193       268
      NIELSEN 3B                        1172       120       195
      NIELSEN 4                         1438       187       231
      NIELSEN 5                          244        15        21
```

Abb. 195: Ergebnisausgabe in absoluten Zahlen

4.3.3.2 Medialeistungswerte

4.3.3.2.1 Reichweite

Leistungswerte können in mindestens vier Begriffe unterteilt werden. Zunächst zur Reichweite (Abb. 196, 197). Reichweite ist die Anzahl der Zielpersonen, die mindestens einmal die Chance haben, mit einem Werbeträger und damit mit dem sich darin befindlichen Werbemittel, in Kontakt zu geraten (Opportunity to See/OTS, Opportunity to Hear/OTH). Diese Chance berechnet sich dabei auf der sekundärstatistischen Datenbasis der Vergangenheit. Die wirksame Reichweite ergibt sich nur oberhalb einer angegebenen Mindestkontaktfrequenz bzw. zwischen definierter Wirkungsschwelle als Unter- und Sättigungspunkt als Obergrenze. Die absolute Zahl wird auch als Anteil der erreichten an allen Zielpersonen prozentual ausgewiesen (= Reichweite in %).

Hohe Reichweitenwerte bedeuten natürlich eine große Verbreitung der Werbebotschaft in der Zielgruppe. Der **Reichweitenzuwachs** bei Mehrfachbelegung eines Werbeträgers wird auch als K-Wert (= Kumulation) bezeichnet und ist hoch bei hohem Anteil fluktuierender und wenigen Kern-/Exklusiv-Nutzer(n) eines Werbeträgers. Außerdem gibt der Reichweitenzuwachs bei Print an, wie schnell die Leserschaft nach dem Erstverkaufstag eingesammelt wird (z. B. schnell bei

Programm-, langsam bei Hobbytiteln). Dazu wird nach K1- bei einmaliger Einschaltung, K2-Wert bei zweimaliger Einschaltung usw. unterschieden (Abb. 198 und 199).

Leser pro Nummer (LpN) gibt die durch Befragung ermittelte Anzahl der Leser an, die durch eine durchschnittliche Ausgabe eines Titels im letzten Erscheinungsintervall erreicht werden. Analog gibt es Hörer/Seher pro Tag (TV/HF) bzw. Besucher pro Woche (Kino).

Die **technische Reichweite** ergibt sich durch die Anschlussdichte von Empfangsgeräten (Elektronik) bzw. das Verteilungsgebiet von Exemplaren (Print). Rein statistisch errechnet sich hingegen der summarische **Leser pro Ausgabe**-Wert (LpA = durchschnittliche Anzahl der Leser einer Ausgabe, analog durchschnittliche Hörerzahl während einer Stunde Hörfunkprogramm bzw. Seherzahl während 1/2 Stunde Fernsehprogramm). Der **Leser pro Exemplar**-Wert (LpE) gibt die durchschnittliche Zahl der Personen an, die das gleiche (physische) Exemplar einer Zeitung/Zeitschrift lesen.

Interne Überschneidungen entstehen durch Personen, die im Zeitablauf mehrere Ausgaben/Ausstrahlungen des gleichen Werbeträgers nutzen. Dies wird erst bei der Plankombination relevant, da die Rangreihung immer nur auf einer Einschaltung beruht.

Externe Überschneidungen kommen durch Personen zustande, die im Zeitablauf mehrere Werbeträger parallel nutzen. Dies ist bei Tarifkombinationen relevant (Abb. 202). Das sind Kopplungen zweier oder mehrerer zum gleichen Werbedurchführenden gehörigen Werbeträger, die bei gemeinsamer Belegung einen Kombinationsrabatt erzeugen. Durch dessen externe Überschneidungen kommt es zu Mehrfachkontakten. Personen, für die interne und/oder externe Überschneidungen zutreffen, werden in der Nettoreichweite nur einfach berücksichtigt, bei der Bruttoreichweite jedoch mehrfach. Die Bruttoreichweite ist also die Reichweite incl. aller (internen und externen) Überschneidungen.

Abb. 196: Leistungswerte

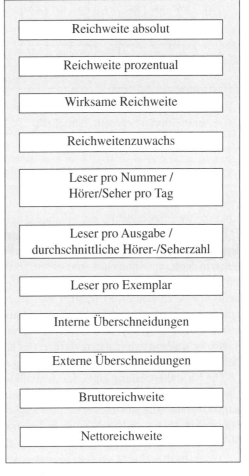

Abb. 197: Reichweitenwerte

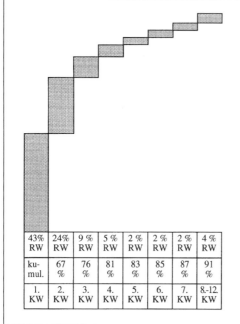

Abb. 198: Typischer Reichweitenzuwachs einer Special-Segment-Zeitschrift (Beispiel: Brigitte)

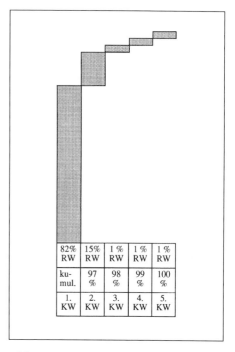

Abb. 199: Typischer Reichweitenzuwachs einer Programm-Zeitschrift (Beispiel: Hör Zu)

4.3.3.2.2 Kontaktintensität

Kontaktintensität bedeutet die gesamte Anzahl der Werbeträgerkontakte mit Zielpersonen (Abb. 203). Diese kann auch als **durchschnittliche Kontaktfrequenz** je Person ausgewiesen werden oder als Summe der absolut erzielten Werbeträgerkontakte innerhalb der Zielgruppe. Sie ist in der Rangreihung nur von begrenzter Bedeutung, nämlich bei Tarifkombinationen, die externe Überschneidungen erzeugen. Dabei liegt deren Reichweite unter ihrer Kontaktsumme, denn der Reichweitenwert versteht sich als Nettoreichweite, also nach Abzug der externen Überschneidungen zwischen den tarifkombinierten Werbeträgern, während die Kontaktsumme den Bruttowert repräsentiert, also die Summe der Kontakte jedes einzelnen der in der Tarifkombination beinhalteten Werbeträger angibt. Von großer Bedeutung ist dieser Effekt bei der Zusammenstellung mehrerer Werbeträger zu Plankombinationen.

Die **Kontaktstreuung** gibt an, innerhalb welcher Zeiträume wieviele Personen angesprochen werden. Sie ist breit z. B. bei Programm- und eng z. B. bei Hobbyzeitschriften. Die **Kontaktverteilung** gibt an, wie sich die Zahl der Kontakte über alle erreichten Personen nach Häufigkeit verteilt und nach Kontaktklassen um den Durchschnittswert streut. So kann der gleiche Wert für den Durchschnittskontakt durch sehr verschiedenartige Verteilung in den Kontaktklassen realisiert werden. Die notwendige Ergänzung dazu stellt daher die Streuung der Kontaktklassen um den Durchschnitt dar. Die **Kontaktdosis** gibt die gewünschte Mindestzahl

```
ZG1=GESAMT
ZG2=GESAMT,TRIMMEN/JOGGING MACHE ICH REGELMAESSIG/INTENSIV
ZG3=GESAMT,GYMNASTIK/AEROBIC/TURNEN MACHE ICH REGELMAESSIG/
     INTENSIV
-----------------------------------------------------------------
TOTAL......  GESAMT
TABELLENART  HOCHRECHNUNG
                                          ZG1      ZG2      ZG3
                                        -------  -------  -------
GESAMT                                   48.22     5.41     7.47

DEMOGRAFIE
----------
GESAMT                                   48.22     5.41     7.47
MAENNER                                  22.42     2.88     2.65
FRAUEN                                   25.80     2.53     4.82
HH.FUEHRENDE                             23.64     2.14     3.54
HH.VORSTAND                              24.95     2.48     2.65

ALTERSGRUPPEN
-------------
14 - 19 JAHRE                             5.86     1.08     1.85
20 - 29 JAHRE                             7.84     1.18     1.41
30 - 39 JAHRE                             6.78      .98     1.13
40 - 49 JAHRE                             8.54      .99     1.20
50 - 59 JAHRE                             7.22      .57      .76
60 - 69 JAHRE                             5.62      .30      .59
70 JAHRE UND AELTER                       6.35      .31      .52

BERUF HH.VORSTAND
-----------------
INHABER/LEITER/FREIE                       .76      .05      .07
KL.+MI.SELBST./LANDWIRTE                  4.93      .65      .86
LEIT.ANGESTELLTE+HOEH.BEAMTE              4.59      .77     1.13
SONST.A+B/NIE BERUFST.GEW.               19.42     2.32     3.31
FACHARBEITER                             11.55     1.00     1.45
SONSTIGE ARBEITER                         6.97      .61      .66

NIELSENGEB.
-----------
NIELSEN 1                                 9.82      .95     1.33
NIELSEN 2                                13.30     1.40     1.87
NIELSEN 3A                                8.09     1.15     1.60
NIELSEN 3B                                6.98      .72     1.16
NIELSEN 4                                 8.57     1.11     1.38
NIELSEN 5                                 1.45      .09      .12
```

Abb. 200: Ergebnisausgabe als Hochrechnung

von Kontakten mit der Zielgruppe an, die für die Werbeerfüllung als Voraussetzung angesehen wird.

4.3.3.2.3 Affinität

Affinität ist der prozentuale Anteil der Reichweite bei Zielpersonen an der gesamten Reichweite eines Werbeträgers und damit ein Maß für dessen Fehlstreuung, d. h. Streuverluste durch Kontakte über den belegten Werbeträger zu Personen, die nicht der definierten Zielgruppe angehören (Abb. 204). Dieser Wert wird auch als **Index** in Relation zum Anteil der Zielgruppe an der Gesamtbevölkerung (= Index 100) ausgewiesen. Hohe Indexwerte bedeuten überproportionale Affinität und umgekehrt, d. h. hohen Anteil definierter Zielpersonen an der tatsächlichen Nutzerschaft eines Werbeträgers et vice versa. Hierbei sind Special Interest-(SI) etwa im Vorteil gegenüber General Interest-Titeln (GI), die zwar absolut vergleichsweise mehr, relativ jedoch auch mehr »irrelevante« Nutzer erreichen. Dies ist vor allem bei kleinteiligen Zielgruppen von hoher Bedeutung. So wird die Anzahl der erreichten Zielpersonen bei Belegung eines GI-Titels sicherlich höher sein als bei einem SI-Titel. Gleichzeitig werden durch den GI-Titel

```
ZG1=GESAMT
ZG2=GESAMT,TRIMMEN/JOGGING MACHE ICH REGELMAESSIG/INTENSIV
ZG3=GESAMT,GYMNASTIK/AEROBIC/TURNEN MACHE ICH REGELMAESSIG/
    INTENSIV
------------------------------------------------------------
TOTAL......  GESAMT

TABELLENART  STRUKTUR-INDIZES

                                    ZG1      ZG2      ZG3
                                    ---      ---      ---

GESAMT                              100      100      100

DEMOGRAFIE
----------
GESAMT                              100      100      100
MAENNER                             100      114       76
FRAUEN                              100       88      121
HH.FUEHRENDE                        100       81       97
HH.VORSTAND                         100       88       69

ALTERSGRUPPEN
-------------
14 - 19 JAHRE                       100      164      204
20 - 29 JAHRE                       100      134      116
30 - 39 JAHRE                       100      128      108
40 - 49 JAHRE                       100      104       91
50 - 59 JAHRE                       100       70       68
60 - 69 JAHRE                       100       48       68
70 JAHRE UND AELTER                 100       44       53

BERUF HH.VORSTAND
-----------------
INHABER/LEITER/FREIE                100       64       57
KL.+MI.SELBST./LANDWIRTE            100      118      112
LEIT.ANGESTELLTE+HOEH.BEAMTE        100      149      158
SONST.A+B/NIE BERUFST.GEW.          100      107      110
FACHARBEITER                        100       77       81
SONSTIGE ARBEITER                   100       78       61

NIELSENGEB.
-----------
NIELSEN 1                           100       86       88
NIELSEN 2                           100       94       91
NIELSEN 3A                          100      126      128
NIELSEN 3B                          100       91      107
NIELSEN 4                           100      116      104
NIELSEN 5                           100       56       55
```

Abb. 201: Ergebnisausgabe als Index

jedoch in großem Maße kommunikativ irrelevante Personen erreicht, während beim SI-Titel die Fehlstreuung geringer ist. Ersterer hat also zwar die höhere Reichweite, aber auch höhere Streuverluste. Diese wiederum wirken sich konkret auf das Preis-Leistungs-Verhältnis aus.

4.3.3.2.4 Wirtschaftlichkeit

Hierbei werden die Leistungswerte Reichweite und Kontaktintensität in Beziehung zu den Einschaltkosten gesetzt (Abb. 205). Dies geschieht durch Berechnung der **Kosten je 1.000 mindestens einmal erreichter Zielpersonen** als Leser, Seher, Hörer **bzw. je 1.000 realisierter Kontakte in der Zielgruppe.**

Die Leistungswerte sind aus dem Datenbestand bekannt. Nimmt man zusätzlich die jeweiligen Tarifpreise nach Abschlussjahr und Nachlässen der Werbeträger für die gegebene Ausstattung hinzu, lässt sich die Wirtschaftlichkeit berechnen. Eine hohe Wirtschaftlichkeit ist bei kleinen Werbebudgets von ausschlaggebender Bedeutung. Werbeträger mit gleicher Reichweite bzw. Kontaktintensität führen somit bei unterschiedlichen Tarifpreisen zu unterschiedlicher Wirtschaftlichkeit. Umgekehrt führen Werbeträger mit gleichen Tarifpreisen bei unterschied-

Tarifkombinationen

ABCombi
- Alpin
- Berge

AD eins Kombi
- Abenteuer & Reisen
- Sielmanns Abenteuer Natur

Aero-Kombi
- Aerokurier
- Flugrevue

AS-Kombination
- Audio
- Stereoplay

AV-Kombination
- Audio
- Stereoplay
- Video

Basis Kombination 4
- Auf einen Blick
- Fernsehwoche
- Neue Revue
- TV Hören und Sehen

Basis Programm
- Fernsehwoche
- TV Hören und Sehen

Basis Programm Plus
- Auf einen Blick
- Fernsehwoche
- TV Hören und Sehen

Bastei 2
- Das Goldene Blatt
- Goldene Gesundheit

Bau- & Umbau-Kombi
- Das Einfamilienhaus
- Umbauen & Modernisieren

Bauherren Kombination 3
- Althaus Modernisieren
- Bauen
- Hausbau Magazin
- Profitips
- Pro Fertighaus

Bravo Kombination
- Bravo
- Bravo Girl

Burda-Freizeit-Kombi
- Freizeit Revue
- Glücks Revue

Burda-Super-Kombi
- Super Illu
- Super TV

Burda Zwei+Zwei Kombi
- Freizeit Revue
- Glücks Revue
- Super Illu
- Super TV

Businesskombi
- Handelsblatt
- VDI nachrichten

Consumer Combination
- Das Neue Blatt
- Neue Post

Fortuna Kombi
- Die Aktuelle
- Die Zwei

Freizeit Sport Combi 2
- Golf Sport
- Tennis Magazin

Freizeit Sport Combi 3
- Golf Sport
- Tennis Magazin
- Tennis Revue

Für Sie/Petra-Kombination
- Für Sie
- Petra

Für Sie/Vital-Kombination
- Für Sie
- Vital

GEO First Class Package
- Geo
- GeoSaison
- Geo Special

Gong plus Bild+Funk
- Bild + Funk
- Gong

Gong Programm Kombi plus
- Bild + Funk
- Die Zwei
- Gong

Gong Trio plus
- Bild + Funk
- Die Aktuelle
- Die Zwei
- Gong

Image-Combination
- Architektur & Wohnen
- Der Feinschmecker

IQ-Kombi
- Bild der Wissenschaft
- Kosmos
- Damals

JM-Frauenkombi 2
- Cosmopolitan
- Joy

JM-Frauenkombi 3
- Cosmopolitan
- Joy
- Mädchen

JM-Jugendkombi 2
- Mädchen
- Popcorn

JM-Jugendkombi 3
- Mädchen
- Popcorn
- Pop Rocky

JM-Musikkombi
- Metal Hammer
- Musikexpress/Sounds

JM-Twenkombi
- Joy
- Musikexpress/Sounds

Klambt Gesundheit Kombi
- 7 Tage
- Frau mit Herz
- Neue Gesundheit

Klambt Zweier Kombi
- 7 Tage
- Frau mit Herz

Kombination HiFi+Musik
- Fono Forum
- Stereo

Männer-Kombination 1
- Auto Motor und Sport
- Mot Autos Test Technik

Männer-Kombination 2
- Auto Motor und Sport
- Motorrad

Männer-Kombination 3
- Auto Motor und Sport
- Mot Autos Test Technik
- Motorrad

Männer-Kombination 4
- Auto Motor und Sport
- Mot Autos Test Technik
- Sport Auto

Männer-Kombination 5
- Auto Motor und Sport
- Mot Autos Test Technik
- Motorrad
- PS Das Sport-Motorrad Mag.
- Sport Auto

Magazin-Team
- Frankfurter Allgemeine Magazin
- Süddeutsche Zeitung Magazin

Maxi Tina Bella Kombination
- Bella
- Maxi
- Tina

Men's Special Interest Combi
- Auto Zeitung
- KFT Die Auto-Zeitschrift
- Motorrad Reisen & Sport
- Selbst ist der Mann

Milchstraßen-Zielgruppe 1
- Amica
- Cinema
- Fit For Fun
- TV Spielfilm

Milchstraßen-Zielgruppe 2
- Cinema
- Fit For Fun
- TV Spielfilm

Milchstraßen-Zielgruppe 3
- Amica
- Cinema
- Fit For Fun

Milchstraßen-Zielgruppe 4
- Amica
- Fit For Fun

Milchstraßen-Zielgruppe 5
- Cinema
- TV Spielfilm

Motor-Profi Kombination 2
- Auto Zeitung
- KFT Die Auto-Zeitschrift

Motorrad-Kombination
- Motorrad
- PS Das Sport-Motorrad Magazin

Motorrad-Kombination 2
- Motorrad
- PS Das Sport-Motorrad Magazin
- Mopped

Outdoor combi
- Bergsteiger
- Deutscher Alpenverein
- Tours

PC-Basis-Kombi
- Chip
- Win

PC-Basis-Kombi 3
- Chip
- Win
- PC Online

Profit Kombination
- Die junge Praline
- Wochenend

Rheinischer Merkur/DS Kombi
- DS Das Sonntagsblatt
- Rheinischer Merkur

Schüler- und Studentenkombi
- Chance
- Unicum

S.I. Combi plus
- Deutsche Jagd Zeitung
- Fisch & Fang
- Reiter Revue international
- Wild und Hund

Spotlight Kombi
- Ecos
- Ecoute
- Spotlight

Super Tandem
- Hörzu
- Funk Uhr
- TV neu

Tandem
- Hörzu
- Funk Uhr

Tennissport Combi
- Tennis Magazin
- Tennis Revue

Tina & Bella Kombination
- Tina
- Bella

Top Men Combi 1
- Rallye Racing
- Rute & Rolle

Top Men Combi 2
- Fotomagazin
- Rallye Racing

Top Quality Combi 1
- Fotomagazin
- Tennis Magazin

Top Quality Combi 2
- Fotomagazin
- Golf Sport

Top Quality Combi 3
- Fotomagazin
- Golf Sport
- Tennis Magazin

Trend-Kombi I
- Boote
- Surf
- Yacht

Trend-Kombi II
- Basket
- Bike
- Surf
- Tour

4c-Kombi Welt/Welt am Sonntag
- Die Welt
- Welt am Sonntag

V.I.P. Combination
- Blinker
- FliegenFischen
- Golf Magazin
- Jäger
- Reiten & Fahren St. Georg
- Segeln
- Tauchen

V.I.P. Combination plus Sports
- Blinker
- FliegenFischen
- Golf Magazin
- Jäger
- Reiten & Fahren St. Georg
- Segeln
- Tauchen
- Sports

Wohnkombination
- SelberMachen
- ZuhauseWohnen

Apotheken Umschau A+B
- Apotheken Umschau A
- Apotheken Umschau B

Ratgeber aus d. Apotheke A+B
- Ratgeber aus der Apotheke A
- Ratgeber aus der Apotheke B

Senioren/Diabetiker Ratgeber Kombi
- Senioren Ratgeber
- Diabetiker Ratgeber

Family + food combi
- Bäckerblume
- Journal für perfektes Haushalten
- Lukullus

Abb. 202: Tarif-Kombinationen (Auswahl)

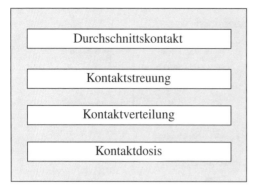

Abb. 203: Kontaktintensitätswerte

licher Reichweite bzw. Kontaktintensität auch zu unterschiedlicher Wirtschaftlichkeit. Zusätzlich gibt es im Printbereich den 1.000 Auflage-Preis als Kosten je 1.000 verbreiteter Exemplare eines Titels bzw. im Elektronikbereich den 1.000 Haushalts-Preis als Kosten je 1.000 durch einen Sender technisch erreichbarer Haushalte (wobei dort durchaus mehrere Geräte installiert sein können).

Weitere Maßzahlen für die Wirtschaftlichkeit sind

- der **Preis pro 1 % Reichweite** in der Zielgruppe (möglichst niedriger Wert),
- die **Kontaktzahl pro 1.000 €** Werbebudget (möglichst hoher Wert),
- die **Kosten pro 1.000 Nutzer** bei wirksamer Reichweite (möglichst niedriger Wert).

4.3.3.2.5 TV-Besonderheiten

In Bezug auf die Leistungswerte ergeben sich zusätzlich einige Besonderheiten bei TV-Werbung, und zwar hinsichtlich folgender Größen:

- **Technische Empfangbarkeit:** Sie ist abhängig von den technischen Voraussetzungen zum Empfang einzelner Sender und abhängig von den Sendern, die im TV-Gerät programmiert sind und mindestens einmal eingeschaltet wurden. Bei terrestrisch empfangenden Haushalten handelt es sich um solche, die weniger als fünf »Satellitensender« empfangen und ohne individuelle Satelliten-Empfangsanlage sind, bei Kabel-Haushalten um solche, die mehr als fünf »Satellitensender« empfangen und ohne individuelle Satelliten-Empfangsanlage sind, bei Satelliten-Haushalten um solche, die über eine individuelle Satelliten-Empfangsanlage verfügen (»Satellitensender« sind alle privat-wirtschaftlichen Sender und öffentlich-rechtlichen Sender, außer 1. 2. und 3. Programm).
- **Reichweite:** Die Brutto-Reichweite (Kontakte/GRP's) ist (wie bei Printwerbung) definiert als Kontakte von Personen mit einem Programm in Mio. oder %. Bei Mehrfachbelegung werden die einzelnen Reichweiten ohne Berücksichtigung interner oder externer Überschneidungen addiert (dies gibt allerdings keinen Aufschluss darüber, wie oft man dieselben Personen erreicht). Die Netto-Reichweite (in Mio./%) ist daher (anders als bei Printwerbung) definiert als die Zahl der TV-Zuschauer, die in einem frei definierten Zeitraum ein Programm mindestens eine Minute konsekutiv gesehen haben.
- **Durchschnittliche Reichweite/Sehbeteiligung:** Dies ist die Anzahl der Personen,

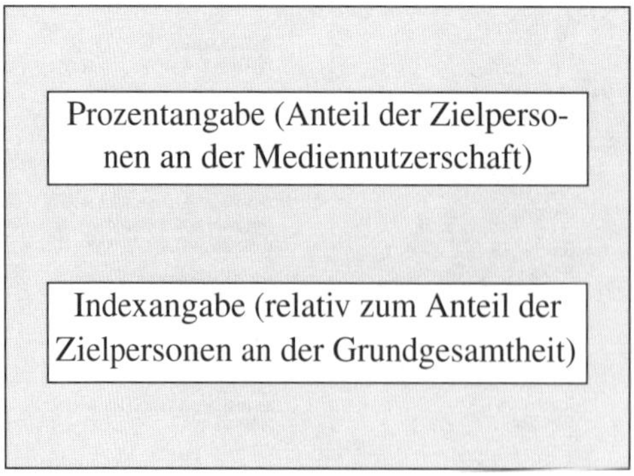

Abb. 204: Affinitätswerte

die während eines Zeitintervalls (durchschnittliche halbe Stunde), einer Werbeinsel oder einer Sendung ferngesehen haben. Dabei wird die konkrete Nutzungsdauer jedes Fernsehzuschauers innerhalb des betrachteten Zeitintervalls/der Werbeinsel/der Sendung berücksichtigt. Die Zuschauer werden entsprechend ihrer Nutzungsdauer gewichtet (Sendung komplett gesehen = 1, Sendung zur Hälfte gesehen = 0,5 etc.).
- **Durchschnittliche Haushaltsquote/Reichweite**: Dies sind Haushalte in Mio./%, die während eines Zeitintervalls (durchschnittliche halbe Stunde), einer Werbeinsel oder einer Sendung ferngesehen haben (analog zur durchschnittlichen Reichweite/Sehbeteiligung). Die Haushaltsquote ist höher als die Personen-Reichweite (außer, wenn alle zum Haushalt gehörenden Personen ferngesehen haben).
- **Durchschnittliche Sehdauer**: Dies ist die durchschnittliche Nutzungsdauer aller Personen eines Zeitintervalls (durchschnittliche halbe Stunde), einer Werbeinsel oder einer Sendung in Minuten. Dabei kommt es nicht darauf an, ob einzelne Personen wirklich ferngesehen haben oder nicht. Es handelt sich lediglich um einen rechnerischen Wert.
- **Marktanteil**: Darunter versteht man den Anteil der Sehdauer für einen Sender oder eine Sendung an der Gesamtsehdauer (Summe der durchschnittlichen Sehdauer) aller Sender im identischen Betrachtungszeitraum.
- **Kontakte**: Dabei handelt es sich (wie bei Printwerbung) um die durchschnittliche Zahl der Werbeanstösse pro erreichter Person bei Mehrfachbelegung (Quotient aus Bruttoreichweite und Nettoreichweite)
- **TKP (1000-Kontakt-Preis)**: Dies ist der Maßstab für die Bewertung der Rentabilität von Sendern, Zeitintervallen oder Werbeinseln. Der Wert wird beeinflusst durch die Reichweite des Senders und den Einschaltpreis je 30 Sekunden. Der TKP kann nach den im GfK-Panel erhobenen demografischen Kriterien aufgesplittet werden (Geschlecht, Alter ab 14 J., Haushaltsnettoeinkommen, Haushaltsführung, Haushaltsgröße, Alter des Haushaltsvorstands, Bildung des Haushaltsvorstands, Kinder unter 14 Jahren im Haushalt, Regierungsbezirk, Bundesland, Gemeindegrößenklasse).
- **Struktur**: Dies ist der Anteil einzelner demografischer Gruppen an der Gesamtnutzerschaft eines Senders in einem Zeitabschnitt, einer Sendung oder einer Werbeinsel. Durch Verknüpfung mit der MA über Fusion der Demografie mit der möglichst gleichartigen Demografie soziografischer und psychografischer Merkmale ist eine Auswertung auch nach psychologischen und soziologischen Kriterien möglich (wenngleich nicht mehr als Single Source-

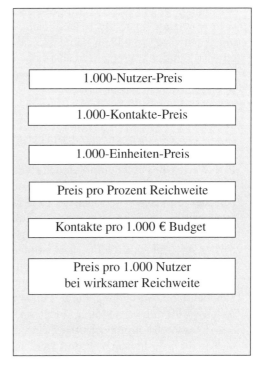

Abb. 205: Wirtschaftlichkeitswerte

Erhebung). Junge Zuschauergruppen gelten dabei als extrem wichtig, weil bei ihnen unterstellt wird, dass ihr Kaufverhalten noch beeinflussbar ist, während bei älteren Gruppen unterstellt wird, dass deren Kaufentscheidungen bereits sehr verfestigt, Eroberungen also schwierig sind. Ein Problem ist allerdings, dass die Kopfzahl Jugendlicher immer geringer wird, zugleich wächst die Kopfzahl Älterer. Ältere haben zudem immer mehr verfügbare Kaufkraft (Rente, Vermögensverbrauch, sich etwas Gönnen), und sie achten beim Einkauf auf Marke und Qualität, der Preis ist nebensächlicher.

– **Affinität**: Dabei handelt es sich (wie bei Printwerbung) um den Anteil einer bestimmten Zielgruppe, die einen Sender nutzt, in Relation zum Anteil der Zielgruppe an der Gesamtheit der Nutzer.
– **PIN-Werte (für Personenindividuelle Nutzerdaten)**: Sie werden aus den sekundengenauen Originaldaten der GfK (TV-Panel) gewonnen und weisen die individuelle Fernsehnutzung der rund 10.800 Personen des TV-Panels aus. Damit lassen sich exakte Umschaltanalysen erstellen oder Spotreichweiten ermitteln. Die PIN's werden erfasst, indem jede Person des Panels pro Zeitintervall einen Nutzungswert zwischen 0 und 1 erhält. 0 heißt, die Person hat den Werbeblock im definierten Zeitintervall nicht verfolgt, 1 heißt vollständige Nutzung. PIN-Werte liegen vor, seit jeder Person innerhalb des Panels eine Personenstammdatei mit allen relevanten personenbezogenen Informationen neben Geburtsdatum, Alter, Geschlecht, Familienstand, Ausbildung, Beruf, Einkommenskategorie auch in Bezug auf Konsumverhalten wie Produktverwendung (100 Items) und Informationswünsche (20 Items) zugewiesen ist. Dadurch können vielfältige Zielgruppen definiert werden. Die Leistungsdaten liegen täglich für jede Person vor und werden dann zur Zielgruppe aggregiert. Durch eine Auswertungssoftware (PC TV) können Werbungtreibende/Werbungsmittler selbstständig Sonderanalysen vornehmen, z. B. hinsichtlich der Überschneidung der Zuschauerschaft zweier Sendungen oder Zeitintervalle (Identitätsanalyse) oder des Nutzungsverhaltens im Tagesverlauf (Herkunfts- und Verbleibanalysen).

4.3.4 Plankombination

4.3.4.1 Qualitätssicht

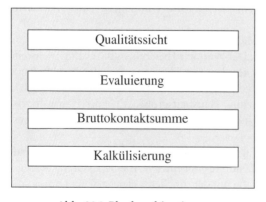

Abb. 206: Plankombination

Meist kann die mediatechnische Zielsetzung nicht durch Einsatz eines Werbeträgers allein realisiert werden, sondern bedarf des parallelen Einsatzes mehrerer Werbeträger (Abb. 206). Dazu werden Plankombinationen erstellt, die neben möglicherweise obligatorischen Werbeträgern aus solchen bestehen, die sich aus der Rangreihung heraus qualifizieren. Dabei bedarf es jedoch neben der rein quantitativen Sicht immer auch der Korrektur unter Anlegung qualitativer Aspekte. So platzieren sich regelmäßig Titel/Sender nach Preis-Leistungs-Gesichtspunkten weit vorn, nicht weil sie eine besondere qualitative Medialeistung erbringen, sondern weil sie durch niedrige Tarifpreise hohe Wirtschaftlichkeit provozieren, z. B. bei Yellow Press. Diese Werbeträger sind ggf. ebenso zu eliminieren wie solche, die aufgrund ihrer redaktionellen Ausrichtung trotz hoher Wirtschaftlichkeit eine ungeeignete interagierende Harmonie mit der Zielgruppe aufweisen. Umgekehrt kann gerade dieses Argument zur Einbeziehung relativ unwirtschaftlicher Titel führen, weil deren rechnerischer Nachteil durch die weitaus größere thematische Nähe überkompensiert wird. Diese Korrekturen verhindern zwar die Optimierung, sind aber aus heuristischer Sicht sehr wertvoll. Letztlich wird dadurch allerdings die mühsame Objektivierung der Markt-Media-Analysen durch subjektive Verzerrung wieder eliminiert.

4.3.4.2 Evaluierung

Auf Basis dieser Erwägungen werden Plankombinationen im Rahmen der Budgetgrenze gebildet und wiederum hinsichtlich ihrer Leistungswerte gezählt. Jede Plankombination erhält so Werte für Reichweite, Kontaktintensität, Affinität und Wirtschaftlichkeit in Bezug auf 1.000 Nutzer/1.000 Kontakte. Per Saldo wird das beste Ergebnis im präferierten Wert ausgewählt. Das Beispiel einer Rangreihung und anschließenden Evaluierung zeigen die Abbildungen 207–209. Dabei ergeben sich Zielgrößen in Bezug auf die Reichweite als (Abb. 210):

- **Einzelreichweite**, d. h. eine einfache Einschaltung in einem einzelnen Werbeträger,
- **Kumulierte Reichweite**, d. h.
  - zwei oder mehr Einschaltungen in einem einzelnen Werbeträger mit Ausweis der Nettoreichweite durch Eliminierung interner Überschneidungen aus der Bruttoreichweite (Kumulation),
  - je eine Einschaltung in zwei oder mehr Werbeträgern mit Ausweis der Nettoreichweite durch Eliminierung externer Überschneidungen aus der Bruttoreichweite (Quantuplikation),
- **Kombinierte Reichweite**, d. h. zwei oder mehr Einschaltungen in zwei oder mehr Werbeträgern. Die Nettoreichweite ergibt sich in diesem real häufigsten Fall durch Abzug der internen und externen Überschneidungen von der Bruttoreichweite.

Der **Einfluss von Mehrfacheinschaltungen**, d. h. Belegung eines Werbeträgers mit multiplen Einschaltungen, führt insofern hinsichtlich:

- Reichweite zur Bevorzugung von Werbeträgern mit hohem Anteil fluktuierender Nutzerschaft, denn Werbeträger mit wechselnden Nutzerschaften erreichen per Saldo mehr Personen als solche mit gleichbleibenden Nutzerschaften.
- Kontaktintensität zur Bevorzugung von Werbeträgern mit hohem Anteil konstanter Nutzerschaft, denn Werbeträger mit gleichbleibender Nutzerschaft generieren in der Summe mehr Kontakte bei denselben Personen als solche mit wechselnder Nutzerschaft.
- Wirtschaftlichkeit zur Entwicklung je nach Bezugsgröße analog Reichweite (1.000 Nutzer-Preis) oder Kontakten (1.000 Kontakte-Preis), beeinflusst durch Mal-/Mengenrabattierung der Verlage/Sender,
- Affinität zum Anstieg, sofern zuwachsende Nutzer Zielpersonen sind und vice versa.

Der **Einfluss von Mehrfachbelegungen**, d. h. Belegung multipler Werbeträger mit jeweils einer Einschaltung, führt damit bei der

```
VORGABEDATEN
------------

ZIELGRUPPE
**********

INFO UEBER MODE:          S.INTERESS

ZG-SEGMENT  1 =
    B. KLEIDUNG MARKE SEHR WICHTIG:         VOLL+GANZ
ODER INTERESSE AN NEUEN MODETRENDS:         VOLL+GANZ
ODER AND.DURCH MEINEN STIL ANGEREGT:        VOLL+GANZ
ODER TRAGE NEUE MODE MIT ALS ERSTER:        VOLL+GANZ
ODER KLEIDUNG KAUFEN MACHT SPASS: VOLL+GANZ
ODER INFO UEB.MODE MEIST A.ZEITSCHR:        VOLL+GANZ
ODER KAUFE HAEUFIG SPONTAN:       VOLL+GANZ
ODER KLEIDE MICH NACH NEUESTER MODE:        VOLL+GANZ

FORMATE: ZEITSCHR. 1/1 SEITE VIERF.ANG. BRUTTO

ORDNUNGSKRITERIUM: TAUSENDKONTAKTPREIS
******************

AFFINITAETSBASIS : GESAMTREICHWEITEN DER MA87

FREQUENZ  =   1

BEMERKUNGEN:
***********
################## ANGEGLICHEN AN DIE MA 87 ##################

ZIELGRUPPENGROESSE    846F =  4.30 MIO   (ZIELGR.+FAKT.GEWICHTUNG)
******************    846F =  4.30 MIO   (FAKT.GEWICHTUNG        )
                      832F =  4.23 MIO   (DURCHGEF.INTERVIEWS    )
*************************************************************

                  AFFIN.    NETTO-         KOSTEN PRO TAUSEND    KOSTEN
WERBETR.                    REICHWEITE     ... IN DM
********          AFF RP.   0/0   MIO RP.  NUTZER RP. KONTAKTE RP. IN DM

EINZELTITEL :
CARINA            368   1   8.4   0.36  34  58.40  1  58.40  2  21000
INGRID            332   4   6.2   0.27  44  62.28  2  62.28  3  16528
JOURNAL           261  11   6.0   0.26  47  71.40  4  71.40  5  18346
FREUNDIN          269   9  15.2   0.65  16  72.76  5  72.76  6  47420
NICOLE            367   2   6.5   0.28  41  73.71  6  73.71  7  20520
```

Abb. 207: Beispiel Rangreihung

– Reichweite zur Bevorzugung von Werbeträgern mit geringen (externen) Überschneidungen zu anderen im Plan befindlichen, d. h. hohem Anteil von Exklusivnutzern, denn die disjunkten Kernnutzerschaften mehrerer Werbeträger addieren sich in der Summe zu einer höheren Nettoreichweite hoch als wenn die Nutzerschaften einander überlappen.
– Kontaktintensität zur Bevorzugung von Werbeträgern mit hohen (externen) Überschneidungen zu anderen im Plan befindlichen, d. h. geringer Anteil von Exklusivnutzern, denn überlappende Nutzerschaften mehrerer Werbeträger erzielen Mehrfachkontakte, die bei disjunkten Nutzerschaften nicht gegeben sind.

BLATT 2

```
FREIZ.REV.   149   29   8.6   0.37   31    74.25    7    74.25    8   27360
BURDA MODE   271    8  13.7   0.59   19    77.18    8    77.18    9   45500
FUER SIE     243   14  14.0   0.60   18    80.03   10    80.03   10   48048
D.AKTUELLE   154   28   6.2   0.27   43    88.29   11    88.29   14   23616
PETRA        341    3   7.9   0.34   37    90.59   12    90.59   15   30704

NEUE MODE    313    5   8.1   0.35   35    90.63   13    90.63   16   31360
BRIGITTE     251   12  21.3   0.92    7    91.16   14    91.16   18   83520
DIE ZWEI     190   19   5.1   0.22   51    92.46   15    92.46   19   20448
GOLD.BLATT   105   50   3.7   0.16   56    96.05   17    96.05   23   15392
BELLA        197   18   5.6   0.24   49    96.93   20    96.93   24   23424

BRAVO        246   13  12.4   0.53   21    97.60   21    97.60   25   51963
GONG         121   37   7.5   0.32   38    98.80   22    98.80   26   32011
TINA         178   21  12.2   0.52   22   100.83   23   100.83   27   52875
FRAU I.SP.   110   48   5.1   0.22   52   103.16   24   103.16   28   22400
ESS.+TRIN.   213   15   6.5   0.28   40   103.34   25   103.34   29   29070

BILDWOCHE    156   27   4.2   0.18   55   104.30   27   104.30   30   18928
NEUE REVUE   131   34   9.2   0.40   30   106.51   28   106.51   32   42253
M.FAM.+ICH   198   17   6.3   0.27   42   107.29   29   107.29   34   29260
QUICK        128   35   8.5   0.36   32   107.40   30   107.40   35   39150
DAS BESTE    112   44   8.4   0.36   33   108.24   31   108.24   36   38940

FERNSEHWO.   116   43  12.6   0.54   20   108.27   32   108.27   37   58854
TV HOER+S.   117   42  15.3   0.66   15   113.30   36   113.30   38   74479
BUNTE        119   39  11.7   0.50   23   114.11   38   114.11   39   57300
BAMS          86   58  16.6   0.71   11   116.97   40   116.97   40   83370
D.NEUE BL.   112   46   5.7   0.24   48   117.90   41   117.90   41   28756

HOER ZU      109   49  23.3   1.00    5   118.63   42   118.63   43  118808
STERN        112   45  16.8   0.72   10   124.25   44   124.25   44   89984
A.E.BLICK    145   30   9.3   0.40   29   126.74   45   126.74   46   50477
BILD D.FR.   160   25  10.7   0.46   24   129.07   46   129.07   47   59600
FUNKUHR       88   57   8.0   0.34   36   136.57   47   136.57   48   47040

BILD+FUNK     91   55   4.8   0.20   53   150.91   49   150.91   49   30880
SCH.WOHNEN   177   22   6.7   0.29   39   150.92   50   150.92   50   43320
ELTERN       174   23   6.0   0.26   46   152.04   51   152.04   51   39066
SPIEGEL       96   54  10.2   0.44   26   152.53   52   152.53   52   67032
COSMOPOLIT   296    7   4.5   0.19   54   155.40   53   155.40   53   30144

NEUE POST     89   56   5.3   0.23   50   156.69   54   156.69   54   36000
DAS NEUE     135   33   2.0   0.09   58   165.22   55   165.22   55   14158
GEO          117   41   6.1   0.26   45   195.44   56   195.44   56   50960
DAS HAUS     120   38  10.3   0.44   25   195.57   57   195.57   57   86272
ZUHAUSE      159   26   2.4   0.10   57   316.74   58   316.74   58   32604


KOMBINATIONEN UND PLAENE :

MODENKOMBI   302    6  20.5   0.88    8    62.61    3    58.05    1   55100
FRAUEN-KOM   263   10  19.4   0.84    9    78.87    9    70.14    4   65884
F.MARKT3K.   206   16  21.8   0.94    6    96.65   18    81.26   11   90373
FORTUNA K.   161   24   9.9   0.43   27    93.63   16    81.93   12   40032
GONG TRIO    139   31  16.5   0.71   12    96.79   19    84.25   13   68460
```

Abb. 208: Beispiel Rangreihung (Forts.)

```
FORMAT    1/1 SEITE 4C MIT ANSCHN.BAMS OHNE ANSCHN

ZIELGRUPPE NR. 2

GESCHLECHT    MAENNLICH      70
              WEIBLICH      100
ALTER         25-29 JAHRE   30-34 JAHRE   35-39 JAHRE   40-44 JAHRE
              45-49 JAHRE   50-54 JAHRE
HH-EINKOMMEN  3000-3500 DM  3500-4000 DM  4000-4500 DM  4500-5000 DM
              5000 U.M. DM


BASIS
              3836 =   9.93 MIO   (PERS+FALL GEWICHTUNG)
              4555 =  11.79 MIO   (      FALL GEWICHTUNG)
              4384 =  11.34 MIO   (      KEINE GEWICHTUNG)
***************************************************************
WERBETRAEGER
                        PLAN 1      PLAN 2
KOSTEN DM             1.655.070   1.654.295
BILD AM SONNTAG             6          -
ADAC MOTORWELT              3          -
BURDA KOMBI.                6          -
BASIS KOMBI.2               6          -
DER SPIEGEL                 -          6
MEINE GESCHICHTE            -          6
SCHOENER GARTEN             -          3
DAS BESTE                   -          3
RATGEBER                    -          3
BASIS KOMBI.4               -          6
WASO FRAUENKOMBI            -          6

REICHW.
    MIO                  7.24       6.64
    O/O                 72.89      66.87
KONTAKTE
    MIO                 42.26      39.87
    K/L                  5.84       6.01
1000-PREISE
    L-P                228.72     249.21
    K-P                 39.17      41.49
  GRP                  426        402
***************************************************************
```

Abb. 209: Beispiel Evaluierung

- Wirtschaftlichkeit s. o., jedoch beeinflusst durch Tarifpreisunterschiede,
- Affinität s. o.

Die Planalternativen können getrennt hinsichtlich aller Zielgruppenkriterien und aller Leistungswerte ausgegeben werden, sodass eine genaue Strukturanalyse der Medialeistung möglich ist. Dies betrifft z. B. Nielsengebiete zum Abgleich mit Distributionsschwerpunkten. Ebenso ist die Einteilung in Kontaktklassen im Rahmen der Kontaktverteilung möglich.

4.3.4.3 Bruttokontaktsumme

Als weiteres Hilfskriterium werden Gross-Rating-Points (GRP's) eingesetzt (Abb. 211). Dabei handelt es sich um das **Produkt aus Reichweite in % und Durchschnittskontakt**. Diese Bruttokontaktsumme je 100 Zielpersonen gibt Anhaltspunkte, um inkonsistente Ergebnisse der Evaluierung vergleichbar zu machen. So hat typischerweise eine Plankombination mit guten Werten in Bezug auf Reichweite und 1.000 Nutzer-Preis gleichzeitig schlechte Werte in Bezug auf Kontaktintensität und 1.000 Kontakt-Preis (Kumulationsgesetz = schwaches Reichweitenwachstum koindiziert mit starkem Kontaktzuwachs). Trifft dies zugleich auf mehrere Plankombinationen zu, kann kein schlüssiges Ergebnis zustandekommen. Die multiplikative Verknüpfung von Reichweite und Kontaktintensität schafft hier Abhilfe, wenn nicht ein Kriterium allein klare Priorität genießt. Die Planalternative mit dem höchsten GRP-Wert stellt die insgesamt zu bevorzugende dar.

	einmalige Schaltung je Medium	mehrmalige Schaltung je Medium
ein belegter Werbeträger	Einzelreichweite	Kumulierte Reichweite (Kumulation)
mehrere belegte Werbeträger	Kumulierte Reichweite (Quantuplikation)	Kombinierte Reichweite

Abb. 210: Reichweitenstruktur

Durch Bezug auf die Budgetsumme kann zudem die Wirtschaftlichkeit errechnet werden. Werbungtreibende definieren dabei oft Benchmarks, um mit dem Werbedruck der strategischen Mitbewerber gleichzuziehen bzw. absolute Preiswürdigkeit zu gewährleisten (**Preis je GRP**). Da aus der Konkurrenzbeobachtung der Mediaeinsatz des Mitbewerbs bekannt ist, können auch dessen Leistungswerte errechnet werden. Als Maß für den Werbedruck gilt das GRP-Produkt. Hält man den eigenen Mediaeinsatz dagegen, kann der relative Werbedruck bezogen auf die Gesamtbevölkerung oder die eigene Zielgruppe festgestellt werden (Share of Voice). Setzt man diesen wiederum in Beziehung zum jeweiligen Marktanteil, ergeben sich Over- oder Underspendings, die bewusst beibehalten oder verändert werden können.

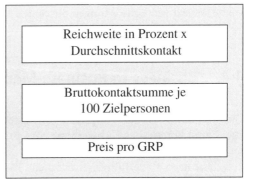

Abb. 211: Gross-Rating-Point-Werte

4.3.4.4 Kalkülisierung

Neben diesen in der Werbewirklichkeit dominanten heuristischen Verfahren gibt es solche der mathematischen Kalkülisierung von Plankombinationen. Dabei werden einzelne Werbeträger nicht subjektiv verplant, sondern die Planung selbst erfolgt durch Computer-Programme. Dazu können einzelne Werbeträger gesetzt und weitere Kandidatentitel nominiert werden. Nach Vorgabe des Inputs durch Prioritätskriterium, Budgetgrenze, Frequenz-, Objektrahmen, Wirkungskurve und Rabattsituation wird danach durch statistische Verrechnung die optimale Kombination der Werbeträger unter den gegebenen Voraussetzungen ermittelt.

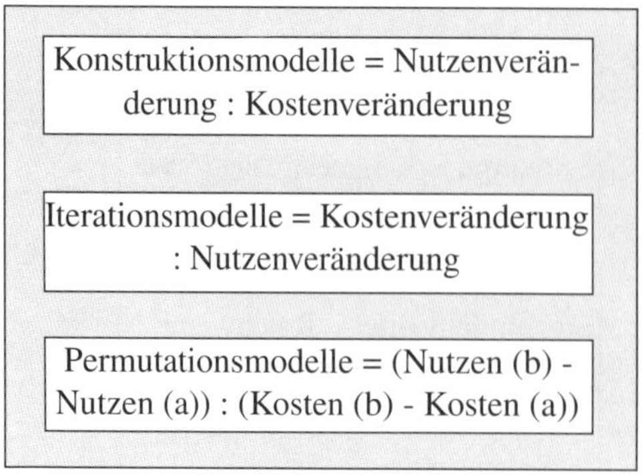

Dazu bieten sich drei im Folgenden genannte Verfahren an (Abb. 212):

- **Konstruktionsmodelle** des Planaufbaus mit wechselseitiger Aufnahme neuer Werbeträger in die Planliste und Prüfung etwaiger Verbesserung im definierten Leistungskriterium (Grenznutzen : Grenzkosten),
- **Iterationsmodelle** der Planverbesserung mit wechselseitiger Hinzunahme neuer Werbeträger zu einem Ausgangsplan mit Prüfung auf Effizienzsteigerung (Grenzkosten : Grenznutzen),
- **Permutationsmodelle** der Umgebungsprüfung eines Ausgangsplans auf Verbesserung der Kosten-Leistungsrelation durch dessen Veränderung.

Konstruktionsmodelle = Nutzenveränderung : Kostenveränderung

Iterationsmodelle = Kostenveränderung : Nutzenveränderung

Permutationsmodelle = (Nutzen (b) - Nutzen (a)) : (Kosten (b) - Kosten (a))

Abb. 212: Optimierungsmodelle

Optimierungsprogrammen kommt in der Praxis noch eine vernachlässigbare Bedeutung zu. Der Grund liegt in den exorbitanten Rechenzeiten, die erforderlich sind, alle kombinatorischen Möglichkeiten durchzurechnen. Dies übersteigt derzeit noch den vertretbaren Rahmen. Im Zuge kürzerer Processor-Rechenzeiten und größerer Speicherkapazitäten ist jedoch schon bald von der Nutzung dieser Programme auszugehen. Ob die derart optimierten Ergebnisse dann so in Einkaufspläne eingehen, bleibt freilich dahingestellt. Sehr wahrscheinlich wird es nach wie vor zu subjektiven Umwertungen durch den Mediaplaner kommen.

4.4 Business to Business-Media

Fachwerbung betrifft die Ansprache von Personen in ihrer Eigenschaft als Berufsverantwortliche. Damit kommt der Fachwerbung eine grundsätzlich andere Bedeutung zu als der Publikumswerbung. Werbung wird in diesem Zusammenhang eher als berufsbedingte Information aufgefasst denn als verführerischer Schein. Dementsprechend sind Anspracheinhalt und -stil auch verschieden von dem der Publikumsansprache. Es werden primär geschäftsrelevante Argumente ausgelobt, wobei von der Stilkomponente her nicht selten die Endabnehmerwerbung, falls vorhanden, aufgegriffen wird. Die Inhalte beziehen sich jedoch auf Leistungsfähigkeit, Verkaufserfolg, Testmarktergebnis, Kostenersparnis etc. Diesen Argumenten kommt in der Fachwerbung eine nicht minder hohe Emotionalität zu, obgleich sie scheinbar rational ausgelegt sind. Dies ist auch völlig in Ordnung so, handelt es sich doch unzweifelhaft nach wie vor um Menschen, die umworben werden, und die eher gefühls- denn verstandesgesteuert sind. Die Mediaplanung stellt sich im Business to Business-Bereich völlig anders als bei Endabnehmeransprache dar. Die Vielfalt der Mediengattungen reduziert sich auf Printmedien, vor allem Zeitungen und Zeitschriften (z. B. Lebensmittelzeitung, Textilwirtschaft). Innerhalb dieser Mediagattung Print wiederum gibt es zwar eine beinahe unüberschaubare Vielzahl von Titeln. Da jedoch der Fachwerbung meist eine Branchengliederung zugrundeliegt, reduziert sich diese Auswahl tatsächlich auf wenige Titel je Branche.

Nun reicht das Fachwerbungsbudget regelmäßig nicht aus, eine Belegung aller Titel einer Branche zu finanzieren. Insofern hat auch hier ein Intramediavergleich stattzufinden. Allerdings liegen nicht wie im Publikumsbereich, aussagefähige Markt-Media-Analysen vor, die im Wege von Computer-Zählungen eine objektivierte Entscheidungsanleitung bieten. Vielmehr gibt es nur werbeträgereigene Daten, die mit Vorbehalten zu betrachten sind.

Ein wichtiger Anhaltspunkt ist, mangels Reichweite, die **Auflagenzahl**. Falls diese IVW-geprüft ist, ist sie verlässlich, ansonsten unterliegen die Zahlen erheblichen Unwägbarkeiten. Gleichfalls ist wichtig, Informationen über die **Leserschaft** einzubeziehen. Und zwar nach Branche, Hierarchiestufe und Funktion getrennt. Daraus ergeben sich Anhaltspunkte darüber, ob die intendierten Zielpersonen auch tatsächlich eine Chance haben, durch einzelne Titel erreicht zu werden. Fachtitel sind wegen ihres arbeitsspezifischen Inhalts meist Pflichtlektüre für Berufsverantwortliche. Sie helfen, Markttrends zu erkennen, Neuheiten gewahr zu werden (Abb. 213), Branchenintressen zu erfassen, die Qualifikation zu steigern etc. Dementsprechend besitzen die Anzeigen darin dann ihrerseits höhere Chancen der Beachtung als im Publikum. Insofern kann Werbeträgerkontakt wohl ausnahmsweise gleich Werbemittelkontakt gesetzt werden. Oft verfügen Verlage über Ergebnisse von Leserbefragungen, über **Copytest-Daten** oder Rücklaufzahlen aus Kennzifferndienst, Dialogangebot des Verlags, Responseelement etc. Daraus lassen sich weitere Anhaltspunkte ableiten. Schließlich sind auch die Insertionskosten von Bedeutung, die sich allerdings überwiegend, in Relation zu den Druckvorlagenkosten, in engen Grenzen halten.

Fachtitel werden meist im Offsetverfahren gedruckt und erfordern 1:1-Lithofilme entsprechend der Farbzahl, die aufgrund der abweichenden Formate und Auflösungen einerseits sowie paralleler Einschaltungen andererseits separat mehrfach zu erstellen sind.

Entscheidenden Aufschluss aber gibt die Durchsicht von **Musterexemplaren** der Fachtitel. Daraus sind Parameter wie Papier- und Reproduktionsqualität, Seitenumfang, Anzeigenanteil, redaktioneller Stil etc. ersichtlich. Meist gibt es je Branche auch Pflichttitel, die von praktisch allen relevanten Entscheidern gelesen werden. Dabei ergibt sich allerdings generell das Problem der Bestimmung von Entscheidungsträgern im Rahmen multipersonaler Entscheidungsprozesse. Insofern geht es nur um die Ergänzung dieser obligatorischen Titel um fakultative. Da von Werbungtreibenden selten mehr als eine Branche angesprochen wird, ergibt sich somit der Mediaplan folgerichtig.

Hinsichtlich des Werbetiming gibt es meist je Branche Saisonhöhepunkte, die allein aus Präsenzgründen (Flagge zeigen) Insertionen zu dieser Zeit erforderlich machen. Dazu zählen nationale und internationale Messetermine. Außerdem gibt es Schwerpunktausgaben, die Themenkreise aufgreifen und sich zur Belegung anbieten. Schließlich gibt es die Orderzeit (z. B. für Süßwaren im Spätsommer), um etwaige Aktualisierung zu bewirken.

Aufgrund einer gewissen Abhängigkeit der Fachtitel von den Branchenwerbungtreibenden sind diese zu weitgehenden Zugeständnissen bereit. So sind erhebliche Nachlässe gegenüber der Preisliste vereinbar. Außerdem sind Platzierungen auf der Titelseite möglich. Auch können unternehmensbezogene Nachrichten als Gegenleistung für Anzeigen im redaktionellen Teil (einer anderen Ausgabe) abgedruckt werden. Hinzu kommt die Möglichkeit zu Interviews, Titelstories oder Unternehmensportraits. Fortdrucke dieser Ausgaben werden den Werbungtreibenden zur Verfügung gestellt. Gelegentlich kommt es sogar zu kostenlosen Mehrfacheinschaltungen, um Anzeigenvolumen vorzuspiegeln.

Eine Erfolgskontrolle ist in engem Rahmen durch den Rücklauf bei Kennzifferntiteln möglich. Dabei werden alle Anzeigen mit **Kennziffern** versehen, die über eine Responsehilfe

```
Titel:        Konstruktionspraxis

Verlag:       Vogel Verlag und Druck KG, Postfach 67 40, 8700 Würzburg 1
Auflage:      Druckauflage:     30.075 Exempl. pro Ausg.
              Vertriebsauflage: 29.784
              Verkaufsauflage:     827                    IVW-geprüft: ja
Erscheinungsweise: monatlich
Leser/Empfänger:  1. Branche: Chemische Industrie          1,8 %
                              Maschinenbau                54,0
                              Fahrzeugbau                  9,7
                              Elektrotechnik              19,0
                              gesamt                      84,5
                  2. Funktion: Forschung/Konstruktion/
                               Entwicklung                90,0
                               gesamt                     90,0
Content:      redaktioneller Teil 53 %, davon 50 % passend
Konkurrenten: Leuze, Omron
Existenz:     2. Jahrgang 1990
Preis:        9.000,-- DM (Einhefter, 2-seitig)


Titel:        Logistik im Unternehmen

Verlag:       VDI-Verlag GmbH, Postfach 10 10 54, 4000 Düsseldorf 1
Auflage:      Druckauflage:     12.246 Exempl. pro Ausg.
              Vertriebsauflage: 12.141
              Verkaufsauflage:   2.225                    IVW-geprüft: ja
Erscheinungsweise: 8 x jährlich
Leser/Empfänger:  1. Branche: Chemische Industrie          7,0 %
                              Maschinenbau                29,0
                              Fahrzeugbau                  2,0
                              Elektrotechnik              10,0
                              gesamt                      48,0
                  2. Funktion: keine Angaben
Content:      redaktioneller Teil 68 %, davon 10 % passend, jedoch
              besonders aus betriebswirtschaftlicher Sicht
Konkurrenten: keine Angaben
Existenz:     6. Jahrgang 1992
Preis:        5.608,-- DM (Einhefter, 2-seitig)
```

Abb. 213: Profil von Professional Interest-Titeln

(Postkarte, Coupon, Beihefter etc.) die Anforderung von Informationen erleichtert. Der Verlag leitet Anfragen an die Werbungtreibenden weiter, die dann ihrerseits direkt mit den Interessenten in Kontakt treten können. Ähnliche Wirkung hat die Angabe von Adresse/Telefonnummer in der Anzeige zur Einholung von Informationen bzw. die Einsendung eines Coupons.

Dennoch kommt der Fachwerbung eher Alibifunktion zu. Sie dient der Aktualisierung des Angebots bzw. Anbieters, der Präsenz im Wettbewerbsumfeld und der Erreichung neuer, nicht im Datenstamm vorhandener Interessenten. Ansonsten bieten die Möglichkeiten der Direktwerbung, der Persönlichen Kommunikation, über Aussendungen oder Telefonansprache, individuellere, bessere Akquisitionschancen. Oft hält Fachwerbung die Kontaktbrücke als Basis zu allen Kunden, wobei A- und B-Kunden zusätzliche Aktivitäten erfahren.

4.5 Problemfelder der Mediaplanung

Wie schon erwähnt, gibt es einen unlösbaren **Zielkonflikt zwischen der Anzahl/dem Anteil erreichter Zielpersonen und der Summe/dem Durchschnitt der Kontakte**, die durch Werbeträger erzielt werden. Damit ist eine Entscheidung zugunsten des einen und zugleich zu Lasten des anderen Kriteriums zu treffen. Ein gewünschter Werbeimpuls kann bei gegebenem Budget alternativ entweder durch die Belegung einer bestimmten Anzahl von Werbeträgern (Reichweite) mit einer Einschaltung oder durch die Belegung eines Werbeträgers über eine bestimmte Anzahl von Perioden (Kontakte) realisiert werden. Oder durch jede mögliche Kombination dazwischen, wobei ein Reichweitenzuwachs zwangsläufig zu Lasten der Kontaktintensität geht. Es sei denn, als einziger Ausweg würde das Werbebudget erhöht, denn nur dann sind beide Teilziele gleichgewichtig realisierbar. Da derartige Steigerungsmöglichkeiten der Finanzmittel aber praxisfern sind, und überdies das Budget bei der Planung als fix unterstellt wird, ist in aller Regel ein Kompromiss mit Prioritätensetzung erforderlich, zumal es Wirkschwellen für Reichweiten und Kontakte gibt, oder die Planungsdaten müssen insofern verändert, d. h. die Zielgruppe enger definiert, der Werbezeitraum gestrafft bzw. die Werbemittelausstattung reduziert, werden. Parallel zu diesem Planungsdilemma von Reichweite und Kontakt verhält sich die Variable Wirtschaftlichkeit. Entweder zeichnet sich ein Plan durch besonders günstigen 1.000 Nutzer-Preis oder durch besonders günstigen 1.000 Kontakt-Preis aus, evtl. aber auch durch einen guten Kompromiss beider Größen. Harmonie besteht hinsichtlich der Beziehung aller anderen Größen zueinander. Die Reichweite wird gegenüber der Kontaktintensität präferiert werden, wenn es dem Werbungtreibenden um die schnelle Verbreitung einer Botschaft geht (z. B. Neuprodukteinführung). Umgekehrt wird die Kontaktintensität gegenüber der Reichweite präferiert werden, wenn es um das nachhaltige Erlernen der Botschaftsinhalte geht (z. B. erklärungsbedürftiges Produkt). Steht keines dieser Ziele eindeutig im Vordergrund, kann als praktischer Kompromiss der GRP-Wert als Maßstab genutzt werden.

Innerhalb des Intermediavergleichs ergibt sich das bislang ungelöste Dilemma des **Wirkungsvergleichs zwischen verschiedenen Werbemitteln**. Um das effizienteste Medium zu bestimmen, wäre es erforderlich, die Werbewirkung jedes Mediums exakt quantifizieren und untereinander vergleichen zu können. Hier steht die Unmöglichkeit der Messung der Werbewirkung im Wege. In der Praxis behilft man sich mit äquivalenten Ausstattungen. Wobei das eigentliche Problem in der hypothetisch ausbalancierten Werbewirkung verschiedener Ausstattungen in den jeweiligen Medien liegt, also etwa 1/1 S., 4-c., PZ-Anzeige = 30 sec. TV-Spot = 1.550 mm TZ Anzeigeninhalt = 2 x 45 sec. HF-Spots. Es ist klar, dass dieses Konstrukt erhebliche Unwägbarkeiten birgt, sofern Pläne mit abweichenden Ausstattungen/Mediengewichten oder schwer bewertbare Medienleistungen gegeben sind, die gar nicht erst in den Intramediavergleich eingehen. Solange dieses Problem im Raum steht und eine Lösung nicht in Sicht ist, sind alle sich auf mehrere Mediagattungen beziehenden Planzählungen angreifbar. Deshalb werden oft Mediaanteile am Budget im vorhinein diskretionär festgelegt.

Der Gesichtspunkt der **Kontaktqualität** stellt eine erhebliche Ausweitung der Mediaplanung dar. Die angeführten, traditionellen Auswertungen beziehen sich einseitig nur auf den Werbeträgerkontakt. Dieser muss aber nicht bedeuten, dass auch ein Kontakt zum Werbemittel stattfindet. Einen Ansatzpunkt in Richtung Kontaktqualität stellt jedoch die Ausweisung von Werbemittel-/Mehrfachkontakten bei Zeitschriften dar.

Für Werbeträger- und Werbemittelkontakt bzw. -kontaktchancen gelten folgende Konventionen:

- Fernsehen:
  Werbeträgerkontakt mit mindestens einer Minute (konsekutiv) in einer Werbung führenden halben Stunde bzw. Werbemittelkontaktchance mit einer durchschnittlichen Minute in einer werbungführenden halben Stunde (SpTZ = Seherschaft pro Tag und Zeitabschnitt). Werbemittelkontakt: Die Werbeinsel des Senders (nicht Redaktion) wird durchschnittlich eine Minute innerhalb eines 30 Minuten-Abschnitts genutzt, ausgewertet werden vier halbe Stunden in der ARD (18.00 – 20.00 Uhr), fünf halbe Stunden im ZDF (17.30 – 20.00 Uhr) und 18 halbe Stunden bei privaten Sendern (15.00 – 24.00 Uhr).
  Als Datei dient die elektronische Medientranche der MA (Media-Analyse), außerdem gibt es den Werbeblockkontakt (GfK Plan-PC TV) für die Seherschaft einer durchschnittlichen Minute innerhalb eines Werbeblocks.
- Hörfunk:
  Werbeträgerkontakt mit mindestens einer Viertelstunde in einer werbungführenden Stunde bzw. Werbemittelkontaktchance mit einer durchschnittlichen Viertelstunde in einer werbungführenden Stunde, (Werbemittel-Kontakt entfällt).
- Zeitschriften/Zeitungen:
  Werbeträgerkontakt mit irgendeiner durchschnittlichen Ausgabe eines Titels (LpA), die innerhalb des letzten Erscheinungsintervalls gelesen oder durchgeblättert wurde bzw. Werbemittelkontaktchance mit einer durchschnittlichen Seite in einer durchschnittlichen Ausgabe, zusätzlich wird der Anteil der genutzten Seiten erfasst.
  Werbemittelkontakt: durchschnittliche Leserschaft einer durchschnittlichen Heftseite pro Ausgabe (LpS).
  Als Datei dient die Pressemedientranche der MA (Media-Analyse). Elektronische Medien und Pressemedientranche sind im Partnerschaftsmodell der Media-Analyse (MA) fusioniert, indem die ähnlichsten Fälle in beiden Dateien ermittelt und deren Daten zusammengefasst werden, wodurch sich der Erhebungsaufwand vermindert.
- Kino:
  Werbeträgerkontakt: innerhalb der letzten Woche ein Kino besucht, Werbemittelkontaktchance und Werbemittelkontakt entfallen.
- Plakat:
  Durchschnittliche Kontaktchance einer Plakatstelle einer Kategorie (Werbeträgerkontakt ist hier gleich Werbemittelkontaktchance).

Dazu wird die statistische Nutzerzahl von Werbeträgern pro Intervall (Leser pro Ausgabe/LpA) in Relation gesetzt zur Anzahl Personen, die angeben, tatsächlich Werbemittelkontakt zu haben (Leser pro Seite/LpS). Ein Index steht für den Abweichungsgrad, um den die Werbemittel-(Anzeigen-) unter der Werbeträger-(Heft-)reichweite liegt, weil zwar der Werbeträger genutzt, das Werbemittel dabei aber nicht wahrgenommen wird. In gleicher Weise wird festgestellt, in welchem Maß der Werbemittel- über dem Werbeträgerkontakt liegt, weil es zu Mehrfachkontakten mit dem Werbemittel in einem Werbeträger gekommen ist. Ausgehend von diesen lassen sich alle anderen Leistungswerte errechnen und nach geringster Unterdeckung (Reichweite) bzw. höchster Überdeckung (Kontaktintensität) rangreihen. Ein Engpass liegt hier in der Wahrnehmungsmessung. Dennoch sind etwa in den USA durchaus Zählungen nach Werbeträger (Vehicle) und Werbemittel (Message) getrennt üblich. Dabei wird zwischen beiden eine feste Relation vorausgesetzt. Denn die Kausalkette lautet Werbeträgerkontakt, Werbemittelkontakt, Werbemittelbeachtung, Werbemittelwirkung, Werbewirkung.

Trotz der allgemeinen Erwünschtheit der Feststellung der Kontaktqualität ist dies heutzutage nur ausnahmsweise der Fall. Dies liegt nicht nur in den umstrittenen Methoden zur Operationalisierung der Daten begründet. Sondern vor allem in den manifesten kommerziellen Interessen der Sender/Verlage. Durch die Abweichung von Werbemittel- und Werbeträgerkontakt-Werten verändert sich auch die Wirtschaftlichkeit der Titel/Sender. Da Rangreihungen aber meist nach dem Wirtschaftlichkeitskriterium (1.000-Nutzer-/1.000-Kontakt-Preis) erfolgen, verändert sich dadurch auch die relative Preis-Leistungs-Position der Werbeträger.

Im Printbereich etwa werden sich Titel, deren Kontaktqualität schlechter bewertet wird, zukünftig auf den hinteren Plätzen wiederfinden. Da aber meist nur die bestplatzierten Titel der Rangreihung zu Plankombinationen verarbeitet werden, unter denen dann der Einkaufsplan ausgewählt wird, werden diese sich nicht mehr qualifizieren. Damit aber wird das Anzeigenvolumen beschnitten, das einen wichtigen Renditefaktor darstellt. Umgekehrt werden sich Titel, deren Kontaktqualität besser bewertet wird, zukünftig auf den vorderen Plätzen wiederfinden, zu Plankombinationen verarbeitet und schließlich mit hoher Wahrscheinlichkeit auch belegt werden. Zur ersten Gruppe sind etwa meinungsbildende Titel (Stern, Spiegel, Zeit etc.) zu zählen. Von deren Leserschaft weiß man, dass sie überdurchschnittlich gebildet, aufgeklärt, aber der Werbung kritisch gegenüber eingestellt ist. Weil sie auch von den Mediaplanern und den Entscheidern bei Werbungtreibenden genutzt werden, finden sie zudem verstärkte Berücksichtigung. Erhebungen zur Kontaktqualität werden demnach eher zu einer Abwertung führen, mit entsprechenden finanziellen Folgen für die dahinterstehenden Verlage. Zur zweiten Gruppe sind etwa Yellow Press-Titel zu zählen. Von deren Leserschaft weiß man, dass sie alle Heftinhalte beinahe ohne Unterschied intensiv nutzt und überdies der Werbung aufgeschlossen gegenüber eingestellt ist. Mediaplaner und Entscheider bei Werbungtreibenden übergehen diese jedoch gern, und das trotz meist großer Preisgünstigkeit. Erhebungen zur Kontaktqualität werden eher zu ihrer Aufwertung führen, ebenso mit entsprechenden finanziellen Folgen.

Stellvertretend für die immer wichtiger werdenden qualitativen Kriterien im Folgenden die Abfrage der Kontaktqualität für Zeitschriften nach GWA:

- Lesemenge: abgestuft von »keinen Beitrag genauer angesehen« bis »fast alle Beiträge genauer angesehen«,
- Lesegewohnheit: sukzessiv abgestuft bis zu »lese für gewöhnlich sämtliche Beiträge«,
- Seitenmehrfachkontakt: abgestuft von »einen Teil der Seiten einmal genutzt« bis »viele Seiten mehr als zweimal genutzt«,
- Nähe zur Zeitschrift: abgestuft von »steht mir sehr nahe« bis »steht mir sehr fern«,
- Mühe um Erhalt der Zeitschrift: sukzessiv abgestuft bis »würde notfalls viel Mühe darauf verwenden, um jede Ausgabe dieser Zeitschrift zu erhalten«,
- Werbeaufgeschlossenheit: abgestuft von »Werbung ist hilfreich« bis »Werbung ist unterhaltsam«.

Weiterhin wird auf die Abfrage der Kontaktqualität nach der Markt-Media-Analyse KQ + VA verwiesen:

- Seiten-Kontaktchance: »Man hat ja nicht immer Zeit und Gelegenheit, eine Zeitschrift so ausführlich anzusehen, wie man vielleicht möchte. In der letzten Ausgabe von …, mit der Sie schon fertig sind oder die Ihnen nicht mehr zur Verfügung steht: Wie viele Seiten von … haben Sie insgesamt aufgeschlagen, um dort etwas anzusehen?«, abgestuft von »fast keine«, »nur wenige«, »etwa ein Viertel«, »etwa die Hälfte«, »etwa drei Viertel« bis »fast alle« und »alle«.

– Seiten-Mehrfachkontaktchance: »Beim Lesen und Blättern schlägt man ja manche Seiten gar nicht auf, manche Seiten sieht man sich nur einmal an und andere Seiten schlägt man vielleicht zweimal oder dreimal auf. Wieviele Seiten von … haben Sie zweimal und öfter aufgeschlagen, um dort etwas anzusehen oder zu lesen?«, abgestuft von »keine Seite«, »nur wenige«, »ein Viertel«, »die Hälfte«, »drei Viertel« bis »fast alle« und »alle«.

Vor allem aber entsteht eine Reaktanz gegen die allgegenwärtige werbliche Beeinflussung. Kaum eine Großveranstaltung in Sport oder Kultur ist mehr ohne Werbung denkbar. Die redaktionellen Programme der Medien sind ohne die Erlöse aus Werbeeinschaltungen gar nicht mehr zu bestreiten. Neben diese offene Werbung tritt zudem verstärkt die ablenkende Werbung durch Mittel wie PR-Artikel, Celebrity-Einsatz etc. Diese hypertrophierte Intensität der Werbung fördert deren bewusste Ablehnung, etwa durch Zapping, Bumerang-Effekte etc. Insofern treten die Grenzen der Möglichkeiten Klassischer Werbemittel merklich in Sichtweite. Diese Entwicklung hat in letzter Zeit zur verstärkten Berücksichtigung neuartiger Medien geführt. Diese werden unter dem Sammelbegriff Nicht-klassischer Werbemittel gefasst. Dabei handelt es sich um eine höchst heterogene Vielzahl unterschiedlichster Medien, denen allein gemein ist, dass sie versuchen, Zielpersonen auf anderem Wege als über die Klassischen Werbemittel allein, deren Tragfähigkeitslimit erreicht scheint, zu kontaktieren. Dabei bedienen sie sich durchaus unterschiedlicher Techniken.

5. Arten Nicht-klassischer Werbemittel

Below the Line Advertising hat in neuerer Zeit gegenüber Above the Line Advertising erheblich an Bedeutung gewonnen. Es handelt sich dabei um einen äußerst heterogen strukturierten Bereich ganz unterschiedlicher Kommunikationsmedien. Im Folgenden werden dargestellt (Abb. 214):

- **Multimedia** (5.1),
- **Schauwerbung** (5.2),
- **Produktausstattung** (5.3),
- **Verkaufsförderung** (5.4),
- **Direktwerbung** (5.5),
- **Öffentlichkeitsarbeit** (5.6),
- **Persönliche Kommunikation** (5.7),
- **Verkaufsliteratur** (5.8).

Aus der Vielzahl und Verschiedenartigkeit der Medien folgt zudem das relativ neue Erfordernis zu deren Abstimmung.

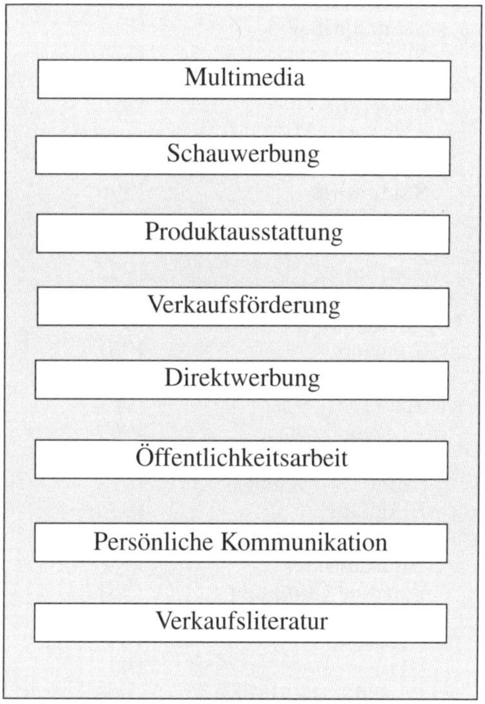

Abb. 214: Nicht-klassische Werbemittel

5.1 Multimedia

5.1.1 Neue Medien-Technik

Unter Neue Medien-Technik im Sinne von Werbeträgern versteht man alle elektronischen Medien, die nicht zu den Klassischen Medien gehören. Sie nutzen technische Möglichkeiten, die erst in jüngerer Zeit erschlossen worden sind (Abb. 215). Ihre Verbreitung schreitet deshalb rasch voran. Eine Abgrenzung und Einteilung ist jedoch ausgesprochen schwierig, da unklar ist, ob es sich im Einzelfall um Kommunikations- oder nur Informationsmedien handelt. Da Letztere aber zumindest auch im immer wichtiger werdenden Bereich der internen Kommunikation Anwendung finden, werden beide berücksichtigt. Multimedia kann in folgende Bereiche unterteilt werden:

- Übertragungsnetze,
- Informationstechniken im Tonbereich, Textbereich, Datenbereich, Grafikbereich, Festbildbereich, Bewegtbildbereich, Animationsbereich,
- Speichermedien.

5.1.1.1 Übertragungsnetze

Grundlage aller Informationstechnik sind Übertragungsnetze. Dabei können verschiedene Formen unterschieden werden.

- Die **Datendirektverbindung** ist eine digitale Standleitung für den professionellen Bedarf. So können selbst große Datenmengen in kürzester Zeit übertragen werden. Die Wirtschaftlichkeit gegenüber Wählleitungen hängt vom Auslastungsgrad ab. Gleichartig sind internationale Mietleitungen einzustufen, die mehrdienstfähig sind, sowie virtuelle private Netze, die im öffentlichen Leitungsnetz separiert werden.
- **Datex-P** (für Paket vermittelt) eignet sich vor allem für die häufige Übertragung kleinerer Datenmengen an Partner mit unterschiedlicher Endgeräteausstattung. Einzelne Daten werden dazu zu Paketen gebündelt und mit Zielangaben versehen über eine virtuelle Leitung übertragen. Die Übertragung ist zeitunkritisch und entfernungsunabhängig. Durch Zwischenspeicherung ist eine Geschwindigkeitsanpassung möglich.
- **Datex-L** (für leitungsvermittelt) schaltet für die Übertragungsdauer zwischen Sende- und Empfangsendgeräten eine physikalische Leitung. Eine Geschwindigkeitsanpassung ist daher nicht möglich. Dies eignet sich eher für wenige, wechselnde Verbindungen im Nahbereich, da die Tarife entfernungsabhängig sind. Es ist auch Dialogbetrieb (Duplex) möglich.
- **ISDN** (für Integrated Services Digital Network) überträgt Daten, Text, Töne und Bilder durchgängig digital, ohne dass dazwischen analog auf digital umgesetzt werden muss. Dadurch wird die Übertragung einfacher, besser, schneller und wirtschaftlicher. Die Tarife sind entfernungs- und zeitabhängig. Neue Leitungen sind dafür nicht erforderlich. Hilfreich ist ISDN bereits heute im Telefonverkehr. Denn ISDN-Telefone bieten Komfortfunktionen. So ist die selbsttätige Anwahl von Telefonnummern aus der Datenbank eines Computers (PC/Laptop/Notebook) möglich, wobei die relevanten Adressendaten zugleich am Bildschirm/im Display abrufbar sind und so eine schnelle, kundenfreundliche Bearbeitung des Anrufs erlauben. Umgekehrt erlaubt der Computer auch die Identifizierung von Anrufern bei eingehenden Telefonaten und deren Zuordnung zu Datenbankinhalten. Zunehmend arbeiten Telefone schnurlos und mit mehreren Handgeräten an einer Feststation (Multilink).

Buchdruck	1452
Zeitung	1609
Zeitschrift	1682
Elektrischer Telegraf	1809
Schnellpresse	1812
Morseapparat	1835
Schreib-Telegraf	1837
Fotografie	1839
Telefon	1872
Stummfilm	1896
Bild-Telegraf	1902
Hörfunk	1916
Tonfilm	1922
Fernsehen	1931
Erdsatelliten	1957
Tonband	1961
Farbfernsehen	1962
Telefax	1967
Arpanet	1969
Satellitenfernsehen	1971
Compact Cassette	1973
Bildplatte	1975
Kabelfernsehen	1978
Bildschirmtext	1980
Personal Computer	1981
Compact Disc	1982
CD-ROM	1985
CD-I	1987
Digitaler Mobilfunk	1990
Mini Disc / DCC	1992
Schmalband-ISDN	1993
Digital-Fernsehen	1995

Abb. 215: Wichtige Kommunikationserfindungen

- **DSL** (für Digital Subscriber Line) steht als Sammelbegriff für Zugangstechnologien, bei denen Daten mit hoher Bandbreite über ein normales Kupferkabel übertragen werden können, das ansonsten nur die Übertragung schmalbandiger Dienste zulässt. Die bekannteste Zugangstechnologie ist ADSL (für Asymmetric Digital Subscriber), das Daten mit sehr hoher Geschwindigkeit empfangen kann (Download), dafür aber nur mit normaler Geschwindigkeit senden kann (Upload).
- Über **Satelliten** erfolgt die Kommunikation durch über 500 geostationäre Satelliten, die in 36.000 km Höhe über dem Äquator stehen, wo sich Fliehkraft der Umdrehungslaufbahn und magnetische Anziehungskraft der Erde ausgleichen. Die Geschwindigkeit wird dabei so gewählt, dass die Satelliten sich synchron zur Erdoberfläche bewegen und scheinbar im Weltall still stehen. So können sie von starren Antennen angepeilt werden. Auf der Erdoberfläche wird eine konzentrische Fläche bestrahlt. Darüber werden Ton-, Bild- und Dateninformationen gesendet. Eine wesentliche Nutzung stellt Satelliten-Hörfunk und -Fernsehen dar. Satelliten-Hörfunk bietet Tonwiedergabe in Digitalqualität. Gleichzeitig sind einige Zusatzleistungen verfügbar. Satelliten-Fernsehen erfolgt ebenfalls digital mit größerer Zeilenzahl im Seitenverhältnis 16 : 9 (Breitwand). Das bringt eine wesentlich bessere Auflösung, die größere Wiedergabeflächen zulässt, ohne dass die Bildqualität darunter leidet. Außerdem wird es möglich, das TV-Bild zu skalieren, d. h. höhere Auflösung (= mehr Zeilen) für große Screens und weniger für kleine. Ein Engpass ist die extreme Datenmenge. Denkbar ist eine asynchrone Datenübertragung, d. h., es werden nur die Daten gesendet, die sich von Halbbild zu Halbbild verändern. Diese werden zwischengespeichert, sodass in Zeiten mit wenig Übertragungsbedarf Daten im voraus gesendet werden, die in Zeiten hohen Übertragungsbedarfs später zum Bild ergänzt werden.
- Mit **privaten Netzen** (LAN) können die verschiedenen Eingabe-, Ausgabe- und Speichermedien über mehrere Arbeitsplätze hinweg vernetzt werden, sodass Daten im Pool austauschbar sind. Das verbreitetste Netzwerk ist Ethernet. Die Schaltung kann nach mehreren Prinzipien ausgelegt sein, so als File&Print, Informations-Management, Workgroup Collaboration oder Remote Network.

5.1.1.2 Informationstechniken

(Abb. 216) Bei der Informationstechnik im **Tonbereich** spielt das Telefon eine überragende Rolle. Neben den grundständigen Leistungen sind dabei vor allem die Value Added Services (Mehrwertleistungen) von Bedeutung. In diesem Zusammenhang sind zu nennen:

- **Service 0800**. Die Gesprächsgebühr wird vom Angerufenen bezahlt (früher als R-Gespräch bekannt, in USA Toll Free Number). Dabei schafft dieser Dienst regional, national und international eine Erreichbarkeit unter einem einheitlichen Anschluss, womit Standortnachteile ausgeglichen werden können. Außerdem besteht Betriebsbereitschaft auch außerhalb der Geschäftszeiten. Der Anrufer bezahlt pauschal nur eine Gebühreneinheit. Es können bis zu drei Stellen für Anrufziele angehängt werden. Im Marketing wird dies etwa für Auskunftsdienste (Hotline o. ä.) genutzt, die eine Interaktion mit Kunden und Interessenten ermöglichen.
- **Vanity-Nummer**. Dabei handelt es sich um eine Wortnummer im Service 0800. Das Wort (z. B. Firmenname, Markenname, Servicebezeichnung) wird durch Antippen der jeder Zifferntaste zugeordneten Buchstaben gebildet. Dadurch kann eine ansonsten nur schwer

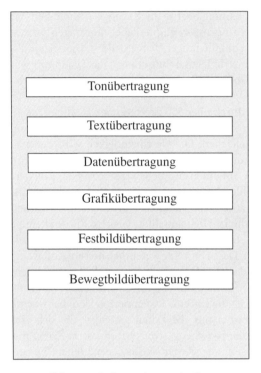

Abb. 216: Informationstechniken

merkfähige Rufnummer als Wort richtig angewählt werden (ABC/2, DEF/3, GHI/4, JKL/5, MNO/6, PQRS/7, TUV/8, WXYZ/9).
- **Service 0137.** Dieser, Televotum genannte, Service registriert Meinungen mittels des öffentlichen Telefonnetzes durch Anhängen einer Rufnummer und einer Antwortcodeziffer. Alle Anrufe unter der jeweiligen Nummer werden beim Netzknoten über einen definierten Zeitraum hinweg gezählt. Durch wiederholte Anrufe kann die Abstimmung allerdings manipuliert werden. Die Kosten des Anrufs betragen eine Gebühreneinheit. Bekannt ist dieser Dienst auch als TED. Im Marketing ist dieser Dienst nur Medien (Fernsehen) vorbehalten.
- **Service 0138.** Dieser, Teledialog genannte, Service beinhaltet die gleichen Leistungen wie der Service 0137. Zusätzlich ist eine Durchschaltung einzelner Anrufer nach dem Zufallsprinzip möglich. Alle anderen Anrufe werden auf einen Ansagedienst umgeschleift.
- **Service 0180.** Hierbei sind verschiedene Standorte (z. B. Filialen eines Unternehmens, Kundendienste) unter einer einzigen Rufnummer erreichbar und werden nach räumlicher Einordnung zugeschaltet. Dabei legt der Angerufene fest, zu welchem Anschluss der Anruf durchgestellt wird, abhängig vom Ort und je nach Zeit des Anrufs. 01802 steht für Gespräche zum Ortstarif, 01803 für Regionaltarif, 01804 und 01805 für Ferntarif. Bei Regional- und Ferntarif zahlt der Angerufene die Differenz zu den effektiven Gebühren. Im Marketing wird so vermieden, Kunden eine Unzahl von Rufnummern für zahlreiche Standorte mitteilen zu müssen.
- **Service 0190.** Hier erfolgt eine externe Anrufumleitung auf einen automatischen Ansagedienst (auch Audiotex genannt). Der Angerufene stellt dabei die Ansagetechnik und trägt die Verantwortung für Inhalt und Programm, die Telekom stellt die vermittlungstechnischen Einrichtungen und übernimmt das Inkasso. Die Kosten betragen bis zu 3,60 DM/Min. Beginnt die Nummer mit 00, handelt es sich immer um einen Auslandsdienst. Gründe dafür sind, dass der Anbieter entweder einen Service offeriert, der nach dem Reglement der Telekom unter einer inländischen Nummer nicht erlaubt ist (z. B. Pornografie, Propaganda) oder der höhere Auslandsgebührensatz abgeschöpft werden soll. Der Service 0190 wird sukzessiv auf 0900 umgestellt.
- **Service 0700.** Hier ist ein Teilnehmer unter einer einheitlichen Endnummer unabhängig von vom Anrufer gerade benutzten oder vom Teilnehmer bereitgestellten (Mobil- oder Fest-) Netz und Endgerät erreichbar, dies auch nach einem Umzug oder nach Ende der Bürozeiten.

- **Service 19...** Dabei können aktuelle Informationen von mehreren Personen gleichzeitig vom Band abgerufen werden, der erste startet das Band, die Weiteren klinken sich ein. Die Maximalzahl der gleichzeitigen Abhörer kann bestimmt werden. 197 steht für regionale, 194 für nationale Ansagen, dazu kommt jeweils noch eine zweistellige Kennzahl und die Rufnummer.
- **Datavox.** Darunter versteht man eine automatische Datenabforderung. Ein Sprachcomputer gibt dabei dem Anrufer Abfragen vor. Auf entsprechende Signale hin werden die Daten vom Anrufer über die Zehnertastatur seines Telefonapparats eingetippt. Der Computer interpretiert die eingegebenen Daten als Reaktion auf die gesprochene Aufforderung. Auf diese Weise können etwa Verkaufsaußendienstmitarbeiter (VADM) zu beliebiger Zeit Daten an die Zentrale übertragen.
- **Anrufweiterschaltung** (GEDAN). Als Alternative zum Auftragsdienst werden hierbei Anrufe von einem Anschluss an einen definierten anderen Anschluss durchgeschaltet. Dies kann ständig, zeitlich flexibel, mit variablem oder festem Ziel oder über Fernprogrammierung erfolgen. Damit ist man immer für Kunden erreichbar.
- **Sprachspeicherdienst** (Voice Box). Hier ist eine Tonübertragung auch ohne Reaktion des Partners möglich, indem die Mitteilung aufgezeichnet und vom Angerufenen nach Belieben abgerufen werden kann. Damit ist eine jederzeitige Erreichbarkeit gewährleistet. Außerdem entstehen keine Informationsverluste bei Weiterleitung von Nachrichten durch Dritte. Es können bis zu 30 zweiminütige Nachrichten erfasst werden. Eingegebene Mitteilungen können (auch zeitversetzt) versendet, abgerufen, ergänzt und weiter geleitet werden. Der Inhalt ist durch Box-Nummer und Passwort vor unbefugtem Zugriff geschützt.
- **Funkruf.** Hierbei können innerhalb eines begrenzten Einzugsgebiets nur empfangsseitig wirksame Meldegeräte im Miniformat (bis hinunter zur Armbanduhr) angewählt werden, die auf einem Display die Anrufernummer (bis 15 Ziffern) oder eine kurze Nachricht (bis 80 Zeichen Klartext) darstellen. Der Anruf wird durch Tonsignal (vier verschiedene Töne), oder falls stumm geschaltet, durch Vibrations- und/oder Lichtsignal angezeigt. Die Rufzonen sind lokal, überregional und international (als Euroruf) einteilbar. Unter Inforuf wird eine spezieller Wirtschaftsdienst im Cityruf angeboten. Unter Scall wird ein für den »Angerufenen« kostenloser Funkrufdienst angeboten.
- **Betriebsfunk.** Dabei handelt es sich um ein Funkrufnetz, das von der Telekom im öffentlichen Netz bereitgestellt wird, jedoch durch Bündelung zu Geschlossenen Benutzergruppen wie ein privates Betriebsfunknetz genutzt werden kann. Teilnehmern werden dabei Funkkanäle zugewiesen, die abhörsicher sind. Dieses Netz, Chekker genannt, ist die zeitgemäße Form des CB-Funks.
- **Mobilfunk.** Hierbei können alle Funktionen eines stationären Telefons auch unterwegs genutzt werden. Dazu stehen derzeit vier digitale Netze zur Verfügung. Im Mobilfunk kommt es zu einer Trennung zwischen Netzbetrieb und Diensteangebot, die bislang von der Telekom immer gemeinsam bereitgestellt wurden. Nunmehr stellt die Telekom nur noch ihre dichten Übertragungseinrichtungen gegen Entgelt weiteren privaten Betreibern (Service Providers), zur Verfügung, die dort Telefondienste und zahlreiche Zusatzleistungen auf eigene Rechnung wiederum gegen Entgelt an Benutzer anbieten. Eine Mobilbox speichert Nachrichten wie ein Anrufbeantworter, wenn das Mobiltelefon nicht empfangsbereit ist. Jeder Nutzer hat über eine individuell codierte Telekarte Gerätezugang, auch für grenzüberschreitendes Telefonieren (International Roaming).
- **Bildtelefon.** Mit jedem Telefonanschluss ist auch Bildtelefonieren möglich. Wort und Bild werden über zwei B-Kanäle übertragen. Die Verbindung kostet das Doppelte einer normalen

Telefonverbindung. Der erforderliche Zweitanschluss ist an jeder Übergabestelle im Haus ohnehin verfügbar. Dazu wird jedes Bildtelefon mit einer Kamera und einem Monitor ausgerüstet, die es auf Wunsch erlauben, den Gesprächspartner, evtl. auch Dokumente, zusätzlich zum Ton parallel zu sehen. Nachteilig ist derzeit noch die mit zehn Einzelbildern/ Sek. sehr niedrige Auflösung (zum Vergleich, die TV-Norm hat 25 Einzelbilder/Sek.). Dies macht sich bei Bewegungsabläufen, die beim Telefonieren aber recht selten sind, störend bemerkbar (Kintopp-Effekt). Besserung bringt eine Breitbandverkabelung.
– **Telefonkonferenz.** Hierbei handelt es sich um die Zusammenschaltung von Telefonteilnehmern derart, dass jeder von ihnen die Beiträge der anderen mithören kann. Eine Telefonkonferenz ist bei der Telekom mit Zeitangabe und -dauer und Teilnehmerrufnummern anzumelden, die dann die eigentliche Konferenzschaltung (auch international) vornimmt. Beim Gesprächsablauf ist hohe Disziplin erforderlich, damit Verwirrung vermieden wird (z. B. gleiche/gekennzeichnete Unterlagen, Namensnennung vor jedem Beitrag, Moderator zur Koordination). Über ISDN-Telefone ist eine Dreierkonferenz auch ohne Anmeldung zusammenschaltbar. Im Marketing lassen sich so ohne viel Zeit- und Kostenaufwand Abstimmungsmeetings organisieren.

Bei der Informationstechnik im **Textbereich** ergeben sich ebenfalls mehrere Möglichkeiten:

– **Telex** (Fernschreiben) ist die älteste Form der Textübertragung, die freilich heute zunehmend verdrängt wird. Neben der geringen Übertragungsgeschwindigkeit (50 bit/Sek.) ist auch der stark begrenzte Zeichensatz (ITA 2) von Nachteil. International ist Telex jedoch noch verbreitet. Zumal alle modernen Leistungsmerkmale und Übergänge zu anderen Mehrwertdiensten verfügbar sind. Hat der Empfänger keinen Telexanschluss, ist immer noch ein Telegramm mit Auslieferung der Nachricht durch Boten möglich.
– Bei **Electronic Mail** handelt es sich um die Übertragung aller Zeichen des ASCII-Codes von PC zu PC. Dies geschieht zudem etwa 30 mal schneller als über Telex. Dazu werden die Daten aus dem Speicher des sendenden PC digital über eine spezielle Schnittstelle (Interface) direkt in den Speicher des empfangenden PC übermittelt. Dort werden sie wie normal eingegebene Texte behandelt, können also über Bildschirm angezeigt, auf Festplatte gesichert oder über Drucker ausgegeben werden. Damit ist eine effektive Text-(neuerdings auch Bild- und Ton-) kommunikation darstellbar.

Bei der Informationstechnik im **Datenbereich** ergeben sich weiterhin mehrere Möglichkeiten:

– Bei der **Telebox** handelt es sich um einen »elektronischen Briefkasten«. Mit diesem können Mitteilungen von und an externe Datenendgeräte eingegeben werden, die für den Telebox-Halter jederzeit abrufbar sind. Beim Versand können gleichzeitig mehrere Telebox-Adressen angesprochen werden. Der Absender erhält darüber eine Empfangsbestätigung. Auch ist die Rücknahme und Korrektur bereits versandter Mitteilungen möglich, solange diese noch nicht entnommen worden sind, ebenso wie eine neue Prioritätensetzung der Informationen (Stack) und eine Antwortaufforderung. Die Inhalte sind durch Passwort geschützt. Damit können gerade im Marketing kurze Informationen schnell übermittelt werden.
– Bei der **Computerkonferenz** (Edifact) werden mehrere PC's außerhalb eines privaten Netzes (LAN) zusammen geschaltet, um untereinander Daten auszutauschen oder zu überspielen (Electronic Data Interchange/EDI). Bei Edifact gibt es international genormte Protokolle für die Übersetzung abgesandter Dateistrukturen in empfangene. Dadurch wird manuelle Arbeit eingespart, das Fehlerrisiko verringert, die Datensicherheit gesteigert, die Verarbeitung beschleunigt, der Papierverbrauch reduziert und der Versandaufwand ganz eingespart.

- **Telemetrie** (Fernwirken) ist der Sammelbegriff für die Überwachung räumlich entfernter Objekte mittels Telefonleitung, d. h. durch Ruf- und Codenummer. Eine Anwendung im Marketing ist die Erfassung des Einschaltzustands bei TV- und HF-Geräten zur Ermittlung der Zuschauer-/Zuhörerzahlen (Ratings) und die Gebührenerhebung bei Pay Per View-TV.
- **Modacom** ist ein Datenfunkdienst für die häufige und wirtschaftlich rentable, zugleich qualitativ hochwertige Übertragung kleinerer Datenmengen und von Statusmeldungen. Die Gebührenberechnung erfolgt nach Datenmenge, nicht nach Übertragungszeit.

Bei der Informationstechnik im **Grafikbereich** ergeben sich ebenfalls mehrere Möglichkeiten:

- Bei **Fernzeichnen** (Textfax) besteht die Möglichkeit der Übertragung von Daten über ein öffentliches Netz von einem PC zum anderen, wie bei Teletex, wobei dies auch Abbildungen sein können, wie beim Telefax. Es können also über eine spezielle Schnittstelle Abbildungen von PC-Arbeitsspeicher zu PC-Arbeitsspeicher über Datenleitung ausgetauscht werden, von wo aus sie wie »normale« Daten behandelt werden können.
- Beim **Internet** handelt es sich um ein interaktives Kommunikationsmedium, das über Telefonnetz funktioniert. Endgeräte sind Keyboard, Bildschirm oder Drucker sowie ggf. Diskette bzw. Festplatte eines PC. Der Zugriff erfolgt online auf ein zentrales Computersystem, in das Anbieter Nachrichten eingeben und dessen Inhalte seitenweise abrufbar sind. Denkbar sind etwa Bestellung von Waren, Abruf von Informationen, Abwicklung von Zahlungsgeschäften, Reisereservierungen etc. Durch Verwendung des ASCII-Codes ist eine direkte Ansteuerung von und zu PC's möglich. Dazu sind nur eine Schnittstelle und ein Modem erforderlich. Das Angebot beinhaltet gewerbliche und private Anwendungen sowie Anbieter- und Anwendungsdienste. Über ein Passwort kann auf geschützte Datenbestände zugegriffen werden. Insofern ist der Aufbau eines EDV-Netzwerkes für jedermann möglich. Gerade darin liegt eine wichtige Anwendung im Marketing. So können VADM's von praktisch jedem Standort aus (auch beim Kunden) mit der Zentrale kommunizieren (z. B. hinsichtlich Lagerbestand, Lieferzeit, Sonderkonditionen, Verkaufsabschlüsse).

Bei der Informationstechnik im **Festbildbereich** ergeben sich ebenfalls mehrere Möglichkeiten:

- **Telefax** ist die Übertragung von Grafiken, Zeichnungen, Abbildungen, Texten etc. über Telefonleitung. Es gibt Geräte bezogene Unterschiede in den Funktionen, der Auflösung und vor allem der Übertragungsgeschwindigkeit. Das sendende Telefax-Gerät tastet Vorlagen zeilenweise ab, zerlegt sie in Daten und übermittelt diese über Netz, wo das empfangende Gerät sie wieder zusammensetzt und ausdruckt. Als Telebrief kann von Postämtern aus gefaxt werden, als Mobilfax auch über Mobilfunk. Die Ausgabe erfolgt auf Thermo- oder zunehmend Normalpapier. Über eine Schnittstelle kann das Faxgerät auch vom PC-Speicher aus beliefert werden. Telefax hat eine extreme Verbreitung und ist im Geschäft gar nicht mehr wegzudenken.
- **Telefax 400** ist ein Auftragsdienst, der über ein Zusatzgerät (NAD) von jedem Faxgerät aus zugänglich ist und mit dem Faxnachrichten per Rundsendung schnellstmöglich an bis zu 9.999 Adressen, die in einer Adressatenliste festgelegt sind, verteilt werden. Und das auch zeitversetzt (um z. B. Billigtarife zu nutzen) und nach Dringlichkeit (Express/Normal/Economy).
- Das **Fernkopieren** entspricht dem Fernzeichnen von PC zu PC, allerdings mit dem Unterschied, dass auch farbige und gerasterte Abbildungen übertragen werden können. Dies erlaubt die Anbindung an intelligente Farbkopierer, welche die abgetasteten Signale ohnehin über Zentraleinheiten (RIP's) zur digitalen Manipulation bereitstellen.

- Bei **Videotext** handelt es sich um ein Informationsangebot im Huckepack zum Fernsehprogramm, das zum Empfang einen speziellen Decoder voraussetzt, wie er allerdings in hochwertigen TV-Geräten meist bereits eingebaut ist. Die Daten werden als farbige Standbilder in der Austastlücke zwischen zwei Halbbildern des Programms übertragen. Diese Daten können als Texttafeln über die Fernbedienung abgerufen werden. Allerdings ist der Bildaufruf recht langsam, für das »Durchblättern« werden daher vor- und nachgelagerte Seiten im Decoder zwischengespeichert. Videotext ist auch für Werbeeinblendungen nutzbar.
- **Buntfax** ist analog zu Telefax im Schwarz-weiß-Bereich die Übermittlung farbiger Vorlagen von einem farbabtastfähigen Gerät zu einem anderen. Voraussetzung ist wegen der dabei zugrunde liegenden Datenmengen Breitbandverkabelung. Auflösung und Gradation schwanken noch erheblich.

Bei der Informationstechnik im **Bewegtbildbereich** ergeben sich ebenfalls mehrere Möglichkeiten:

- Bei der **Videokonferenz** handelt es sich um die Zusammenschaltung von mehreren, dezentralen Studios zu einer gemeinsamen Bewegtbildübertragung. Dies setzt Breitbandverkabelung und/oder Satellitenbetrieb voraus. In jedem Studio sind dazu sowohl Kameras, die auf die dort anwesenden Gesprächsteilnehmer gerichtet sind, als auch Monitore, welche die anderen Gesprächsteilnehmer zeigen, installiert. Durch Zoomen kann der Bildausschnitt gewählt werden. Eine Dokumentenkamera erlaubt die Aufsicht auf Vorlagen. Daneben sind Mikrofone und Lautsprecher zur Tonübertragung notwendig. Optional kommen Videorecorder zum Mitschnitt und elektronisches Flipchart zum Einsatz.
- **Kabeltex** ist ein Informationsangebot ähnlich Videotext, aber auf Bewegtbildbasis. Dazu reicht jedoch nicht mehr die Austastlücke bei der Fernsehübertragung aus, vielmehr ist dafür ein gesonderter Kanal erforderlich. Damit können dann bei Bedarf kurze Filmsequenzen wiedergegeben werden.
- Bei **TV mit Rückkanal** (Interactive Video) handelt es sich um zwei parallele Kanäle, von denen einer der Bewegtbildübertragung dient (wie beim »normalen« TV) und der andere als Datenleitung eine Rückmeldung des Zuschauers ermöglicht. Dies erlaubt dann Echtzeitabstimmungen über Programme/Sendeinhalte, die Wahl alternativer Programmabläufe oder Kameraeinstellungen (z. B. bei Sportveranstaltungen). Anwendungen im Marketing betreffen (Pay Per View)-Programme und Tele Shopping. Bei ersterem wählt der Zuschauer ein individuelles Programmangebot. Dabei werden die Gebühren nicht pauschal, sondern nur nach den tatsächlich abgerufenen Sendungen nach Zeit und Attraktivität berechnet. Bei Letzterem können Warenangebote am Bildschirm angesehen und bei Zustimmung zum Kauf durch Auslösung der Fernbedienung und Bestätigung bestellt werden.
- **Speicher-TV** stellt die Kombination zwischen einem »normalen« Fernsehgerät und einem PC dar. Diese beiden Formen wachsen ohnehin immer enger zusammen (Compunication). Eine Anwendungen im Marketing betrifft Video On Demand. Insoweit können Videofilme per Datenleitung aus einem zentralen Archiv in dem Speicher des Fernsehgeräts überspielt werden, von wo aus sie jederzeit abrufbar sind. Damit können sich Zuschauer ihr eigenes Programm zusammenstellen und sind unabhängig vom Senderangebot. Die Abrechnung erfolgt nach Film/Filmlänge und Datenleitungsgebühren.

5.1.1.3 Speichermedien

Bei den Speichermedien sind eine ganze Reihe von Datenträgern zu nennen:

- Die **Telekarte** ist eine Chipkarte mit unterschiedlichen Berechtigungsklassen und wahlweise fest eingespeicherten Rufnummern. Zu jeder Telekarte gehört eine PIN-Nummer, die unberechtigten Gebrauch verhindert. Sie ist nicht mit der Telefonkarte zu verwechseln, die nur vorbezahlte Gebühreneinheiten speichert. Die Nutzung erfolgt vor allem für Mobiltelefone.
- Auf der **Daten-CD** (CD-ROM) lassen sich ca. 600 MB Daten speichern, dies entspricht ca. 300.000 Druckseiten. Damit eignet sich dieser Datenträger als Ersatz umfangreicher Druckwerke wie Enzyklopädien, oder im Marketing, spezialisierter Nachschlagewerke (wie Adressverzeichnisse).
- Als **Digitale Tonträger** sind mehrere konkurrierende Systeme am Markt. Zu nennen sind die nur abspielbare Compact Disc (CD) sowie Digital Audio Tape (DAT), Mini Disc (MD) und Digital Compact Cassette (DCC). CD und DAT sind voll hifi-tauglich, MD und DCC arbeiten mit Datenreduktionsverfahren, um die Laufzeit bei geringerer Qualität zu verlängern. Dabei werden Töne unterhalb der Hörschwelle, überdeckte Töne und Nebengeräusche weggelassen. Dafür ist ein hoher Handlingkomfort (Statusanzeigen im Gerätedisplay, Schutz gegen mechanische Einflüsse, Kompaktheit etc.) gegeben. Die CD kann auch Standbilder zum Ton aufnehmen, das DAT arbeitet ähnlich wie ein Videorecorder, MD ähnelt funktional einer Diskette und DCC ist als Band zweiseitig bespielbar.
- Die **Photo-CD** hat das Format einer Audio-CD. Darauf lassen sich jeweils 100 Bilder in maximaler Auflösung speichern. Als Vorlage dienen 35 mm-Dias oder Negative, die der Fotohändler entwickeln lässt und in eine Photo-CD einbrennt. Damit besteht die Möglichkeit, in Bilder hinein zu zoomen, sie zu drehen oder unterschiedlich zu positionieren. Außerdem können die Daten in einen PC eingelesen und dort beliebig bearbeitet oder über einen Thermoprinter ausgegeben werden. In der Werbung werden zahlreiche Datenträger mit Stockfotos von Bildarchiven angeboten, die gegen gestaffelte Lizenzgebühr vom Anwender freigeschaltet werden können.
- **CD-I** ist ein digital codierter, berührungslos vom Laser abgetasteter Datenträger, der über intelligente Software eine Interaktion mit dem Benutzer ermöglicht. Dieser kann die Informationsabfolge und -darbietung des Datenträgers abweichend von der Standardreihenfolge gemäß eigenem Ermessen individuell steuern. Das Programm managt logische Verknüpfungen. Die CD-I hat die Größe einer Audio-CD, der CD-I-Player spielt auch Audio-CD's und Photo-CD's ab. Die Bewegtbilddarstellung unterliegt extremer Datenkompression (3,5 MB/Sek.). Ein Problem stellt noch die begrenzte Software dar. Im Marketing sind interaktive POS-Demonstrationen denkbar, deren Ablauf durch Ansteuerung von Dialogfeldern (mit einer Fernbedienung) bestimmt werden kann.
- Der **Videorecorder** (VTR) dient zur Aufnahme von Informations- und Unterhaltungsbändern und zu deren Wiedergabe über Monitor oder Leinwand (Beamer). Vorteilhaft sind sein niedriger Preis und die große Verbreitung. Von Nachteil ist allerdings der hohe Verschleiß der Bänder bei mehrmaligem Durchlauf, worunter die Bildqualität doch arg leidet, sowie der umständliche, sequentielle Zugriff, der eine gewünschte Bandposition erst nach langwierigem Rangieren im Vor- und Rücklauf auffinden lässt. Die Abtastung erfolgt durch elektromagnetische Induktion, d. h., die Magnetisierung der Bandoberfläche induziert in den Videoköpfen eine Spannung, die proportional zur Signalveränderung und als Bildinforma-

tion decodierbar ist. Diese Induktion funktioniert aufgrund der überaus kleinen Spannungen nur bei sehr engem Kontakt zwischen Bandoberfläche und Video-/Tonkopf. Gerade dies aber fördert den Verschleiß. Als Systeme stehen VHS, VHS-C, S-VHS, S-VHS-C, Video 8 und Hi8 zur Verfügung.
- Beim **Bildplattenspieler** (VDP) besteht der Bildträger aus einer Platte mit verschiedenen Durchmessern, die einseitig bespielt ist. Sie trägt unzählige konzentrische Kreise, die aus ebenen und vertieften Stellen bestehen (Pits). Diese repräsentieren den Binär-Code (0/1). Es handelt sich also um ein Digitalsystem, das gegenüber VTR deutlich bessere (Bild- und) Tonqualität ergibt. Die Abtastung des Signals erfolgt durch einen Laserkopf, dieses Verfahren arbeitet berührungslos und damit verschleißfrei, und zwar von innen nach außen mit veränderlicher (sinkender) Geschwindigkeit. Je nach Wahl sind Standbilder (bis zu 54.000 pro Seite) oder Bewegtbilder (bis zu 36 Minuten, im LP-Modus bis zu 60 Minuten) alternativ oder gemischt möglich. Nachteilig sind die hohen Hard- und Softwarekosten bei geringer Verbreitung, welche die Prägung einer Bildplatte erst ab einer höheren Auflage und längeren Nutzungsdauer wirtschaftlich machen. Das Preisniveau fällt jedoch. Für Marketing ist interessant, dass durch eine Kopplung mit Bildschirm-Overlays per T-Online eingetragene Informationen aktualisiert werden können. Zudem können kurze Sequenzen auf der Platte gesperrt werden und durch von der Festplatte eines PC's angelieferte Informationen ersetzt werden. Die Grenze liegt hier in der Festplattenkapazität.

5.1.2 Multimedia-Merkmale

Unter Multimedia versteht man die Integration der o.g. Darstellungsformate in einem Medium. Es ermöglicht somit die simultane Nutzung von (Bewegt-)Bildern, Daten, Text, Sprache und Ton. Dabei soll das simultane Angebot mindestens zwei der genannten Formate umfassen. Multimedia wird allgemein durch folgende Merkmale umschrieben, wobei bei mehreren Darstellungsformaten nur einzelne Merkmale gegeben sein können:

- **Interaktivität:** Dies umschreibt die Fähigkeit zur wechselseitigen Kommunikation zwischen Sender und Empfänger und damit die grundsätzliche Dialog- bzw. Rückkopplungsfähigkeit. Möglich sind sowohl persönliche Dialoge zwischen zwei oder mehreren Nutzern über das Medium als auch Interaktionen mit dem Medium selbst. Dadurch ergibt sich die Möglichkeit des aktiven und individuellen Gestaltens des Kommunikationsprozesses durch den Nutzer bzw. Empfänger unabhängig von vorgegebenen Ablaufmustern.
- **Multifunktionalität:** Dies kennzeichnet die Fähigkeit, je nach Situation unterschiedliche Kommunikationsformen über das Medium abzuwickeln. Die Möglichkeiten reichen von den unterschiedlichen Arten der Individualkommunikation (bilateral/multilateral, synchron/asynchron) bis zur Massenkommunikation mit gleichem Informationsangebot für alle.
- **Aktualität:** Informationen lassen sich dabei über prinzipiell unbegrenzte Distanzen und unabhängig von der zeitlichen Präsenz eines Kommunikationspartners übermitteln und abfragen. Informationen sind damit jederzeit an beliebigen Orten verfügbar.
- **Digitalisierung:** Es erfolgt der Zugriff auf eine Fülle von Daten und Programmen, die auf Rechnersystemen abgelegt sind, wodurch ein bisher ungekanntes Informationspotenzial entsteht. Dies wird erst durch die Darstellung der Daten in digitaler Form machbar.

- **Individualität:** Modularisierte Nachrichten und Informationen können, auch personalisiert, aus vorgefertigen Modulen zusammengestellt bzw. abgerufen werden und schaffen damit eine punktgenaue Ansprachemöglichkeit.

Multimediale Dienste fassen zumeist mehrere Betreiber in einem Mehrwertdienst (VAS) zusammen. Im Einzelnen handelt es sich dabei je nach Anlage um:

- Content-Provider. Sie stellen die Inhalte zur Verfügung und Pakettieren diese.
- Access-Provider. Sie stellen die Zugänge bereit und erbringen Dienstleistungen für die Nutzung der Netzdienste, z. B. Nutzerregistrierung und -verwaltung, Kundenbetreuung und Abrechnung, Navigation.
- Carrier. Sie sorgen für die Installation der Netztechnologie (Leitungen und Vermittlungstechnik bzw. Netzdienste) und die Übertragung der Inhalte über die Netze (Netzbetreiber).
- Hardware-Hersteller. Sie stellen die benötigten Endgeräte zur Verfügung.
- Sonstige Dienstleister wie Techniklieferanten, Werbeagenturen, Systemhäuser, Consultants, Software-Häuser.

5.1.3 Internet-Werbung

5.1.3.1 Funktionale Basis

Die Nutzungsbedingungen im Internet sind durch eine Vielzahl von Kennzeichen und speziellen Begriffen (Abb. 217) charakterisiert:

- Multimedialität, d. h. Integration von Text, Bild, Ton, Bewegtbild,
- Aktualität, Flexibilität, Variabilität und Modularität (daher kurzfristig und flexibel einsetzbar),
- Ubiquität, d. h. Zugang für Jedermann, überall und zu jeder Zeit (Zeit- und Ortsunabhängigkeit),
- Einfachheit, Multioptionalität und Komplexität,
- Linearität oder Nonlinearität nach Wahl, d. h. gezielte oder intuitive, selektive Informationsaneignung,
- Individualität der Kommunikation durch Hypertext zur Verlinkung,
- Interaktivität, d. h. Feedback- und Dialogmöglichkeit, d. h. der Internet-User tritt selbst in Aktion,
- Intensität (Involvement) der Kommunikation,
- Integration von Kommunikation und Transaktion (Kaufabschluss).

Daraus leiten sich wichtige konzeptionelle Anforderungen an die Online-Kommunikation ab. Es gilt, eine klare strategische Perspektive einzuhalten. Die medienadäquat gestalteten und umgesetzten Inhalte bedürfen einer Nutzerführung und Dramaturgie. Bei allen Inhalten steht die Relevanz und Nutzendimension im Vordergrund. Die Online-Kommunikation bedarf der Vernetzung mit anderen Kommunikationsinstrumenten und mit diesen gemeinsam der inhaltlichen, formalen und technischen Weiterentwicklung. Sie muss fest in der Unternehmensphilosophie verankert sein. Als wichtigste Unterscheidung der Online-Werbung gilt jedoch der Pull-Charakter, d. h., der Internet-User entscheidet überwiegend selbst und unabhängig von Raum und Zeit, welche Informationen er nutzen will.

AdClick: Anklicken eines Banners durch einen Internetnutzer, der durch einen hinterlegten Hyperlink direkt auf die Website des Werbungtreibenden führt

AdClick-Rate: Verhältnis der Sichtkontakte (AdViews) zu der Zahl der tatsächlich angeklickten Werbebanner (AdClick)

AdImpression: Anzahl der Sichtkontakte mit einer Werbebotschaft im WWW, zugleich Anzahl der Nutzer, die mit der Werbebotschaft innerhalb eines Zeitraums in Berührung kommen, Graphical AdImpressions: Anzahl der Übertragungen der grafischen Werbebanners, Textual AdImpressions: Übertragung der korrespondierenden alternativen textuellen Werbebotschaft

AdServer: Übernimmt die Verwaltung der Banner für eine oder mehrere Websites, vor allem Rotation und Targeting der Werbung

Animated GIF: Standardformat für animierte Banner, erlaubt das Abspeichern mehrerer Grafiken innerhalb einer Datei, die nacheinander angezeigt werden und einen Animationseffekt erzeugen (Daumenkino), können von Browsers ohne zusätzliche Plug-Ins dargestellt werden

Attachment: Anhang an eine e-mail, dient zur Übertragung beliebiger Dateien per E-Mail. Die Dateien werden auf absenderseitig codiert, um mit der Nachricht versendet zu werden, und beim Empfänger wieder decodiert

Auto-Responder: Programm, das auf eingehende e-mails mit einem automatisch versandten Standardtext antwortet, z.B. aktuelle Preisliste lieferbarer Produkte

Banner: Grafisch gestaltete, rechteckige Werbefläche im WWW, die mindestens einen Hyperlink auf das Web-Angebot des Werbungtreibenden enthält und auf einer Webseite mit redaktionellem Inhalt platziert ist, sie soll Aufmerksamkeit erregen, den Internet-Nutzer von dem ursprünglichen Seiteninhalt ablenken und zu einer Interaktion bewegen, Banner bestehen allgemein aus drei Teilen: Grafik, Alternativtext zur Verwendung bei Browsers, in denen die Grafikübertragung ausgeschaltet oder nicht möglich ist, und Hyperlink

Bannertausch: Teilnehmer schalten hier auf ihren eigenen Webseiten die Werbebanner der anderen Teilnehmer, für eine bestimmte Anzahl von Einblendungen wird im Gegenzug eine Einblendung des eigenen Banners auf den Webseiten der anderen Teilnehmer garantiert

Bookmark: Animiert Besucher dazu, ein "Lesezeichen" auf das eigene Web-Angebot zu legen, so erhöht sich die Wahrscheinlichkeit, dass dieses Angebot regelmäßig besucht wird

Browser: Programm zum Betrachten und Durchblättern von Webseiten. Interpretiert den HTML-Code einer Webseite und stellt den Inhalt dar, Plug-ins erhöhen dabei die Funktionalität

Button: kleine grafische Werbeflächen, meist mit Hyperlink hinterlegt, in standardisierten Größen (75 x 75 Pixels, 125 x 125 Pixels, 137 x 60 Pixels, 130 x 80 Pixels), Sonderform des Banner

Click: Aktivieren eines Hyperlinks oder Banner, besteht eine Seite aus mehreren Elementen, gibt die Anzahl der Hits die Anzahl der Elemente auf dieser Seite an, innerhalb eines Angebots (Website) erfolgt aber nur eine Visit, werden mehrere Seiten eines Angebots aufgerufen, entstehen entsprechend mehrere PageViews

Community: Website, auf der sich Surfer mit ähnlichen Interessen austauschen, offen oder geschlossen (z.B. im B-t-B)

Cookies: Statusinformationen, die von einem entfernten Webserver beim Abruf einer Website auf dem Rechner des Benutzers als Textdatei abgelegt werden, um diesen Rechner zu idenfizieren, sie werden bei einem erneuten Abruf an den Server zurück übertragen und werden zur Erstellung von Nutzerprofilen eingesetzt, Cookies können andere Dateien auf der Festplatte weder löschen oder auslesen

Cost per Click: Kosten pro tatsächlich erfolgter Weiterleitung auf die Webseite des Werbekunden

Abb. 217: Wichtige Begriffe zur Internet-Werbung

Cost per Lead: komplette Kontaktadresse eines Besuchers, etwa anlässlich Gewinnspiel, Umfrage oder allgemeinen Feedback angegeben

Cost per Order: Kostenanteil auf jede tatsächlich auf der Website des Werbekunden getätigte Order

Cross Posting: Versand eines Newsgroup-Artikels in mehrere Newsgroups, verstößt jedoch gegen Netiquette (Benimmregeln im Netz)

Click through Rate: Verhältnis der Sichtkontakte mit einem werbungführenden Element zur Anzahl der Clicks auf dieses Element (erfahrungsgemäß max. ca. 5 %)

Domain: Adresse eines Online-Angebots im WWW, Bestandteil der URL

E-Mail-Account: elektronisches Postfach

Electronic Software Distribution: Verkauf von Software gegen Download

Extranet: geschlossenes Computernetz auf Internet-Basis, in dem registrierte Benutzer nach dem Login spezifische Informationen abrufen können, sind im Ggs. zu Intranets auch von außerhalb des Unternehmens erreichbar, aber nicht frei zugänglich wie das Internet

Frame: jede Webseite kann in mehrere Rahmen aufgeteilt werden, Frames mit Navigationselementen bleiben auch sichtbar, wenn andere Inhalte wechseln

Hit: Anzahl der Zugriffe auf einen Webserver, Jede Anforderung zum Laden einer Datei stellt einen Hit dar, jeder Button, jede Grafik und jedes eingelagerte Objekt erzeugt einen Hit, die Anzahl der Hits ist daher kein valider Indikator für die Anzahl der Besucher einer Website

Interstitial: Unterbrecherwerbung, die zwischen zwei Content-Webseiten geschaltet ist, sie unterbricht die Nutzung einer Webseite unabhängig vom Verhalten des Nutzers

IVW-Verfahren: Leistungsmessung von werbeführenden Elementen im WWW anhand von PageImpressions und Visits

Keyword Advertising: Online-Werbung in Suchmaschinen, bei dem Werbebanner nicht zufällig eingeblendet werden, sondern in Abhängigkeit von entsprechenden Suchbegriffen (Affinität)

Klickrate: Verhältnis von Mausklicks auf ein werbeführendes Element auf einer Webseite zur Anzahl seiner Abrufe, rechnerisch der Quotient aus der Anzeigehäufigkeit eines Banners und der Häufigkeit, mit der es angeklickt wird

Lead: komplette Kontaktadresse eines Besuchers, erhalten im Rahmen eines Gewinnspiels, einer Umfrage oder eines allgemeinen Feedback

Logfile: alle erfassbaren Daten der Nutzer werden in einer Website eingetragen (IP-Adresse, Datum, Uhrzeit, Browser-Typ, Referer-Website, Dateinamen etc.), auf dieser Basis kann das Zugriffsverhalten der Nutzer vom Webserver ausgewertet werden

Mailing-List: E-Mail-Verteiler zu einem spezifischen Thema, oft von einem Postmaster verwaltet, um werbende, vom Thema abweichende oder beleidigende Inhalte auszuschließen

Metatags: HTML-Befehle, die nicht zu einer Darstellung führen, sondern zusätzliche Informationen über das Angebot bereitstellen, z.B. die Einordnung in Suchmaschinen

Microsite: ist in eine andere Webseite eingebunden und oft Anlaufpunkt für Promotions-Maßnahmen

Navigation: Bewegung eines Besuchers auf den Seiten einer Web-Präsenz

Newsgroup: Schwarzes Brett im Internet (Diskussionsforen), Werbung dort verstößt gegen Netiquette

Newsletter: Mailing-Liste an Abonnenten, nicht dialogisch ausgelegt, sondern Einwegkommunikation

PageView: Sichtkontakt mit einer Webseite, also komplette Seitenaufrufe, unabhängig von der Anzahl der enthaltenen Elemente bzw. aufgerufenen Dateien

Plug-In: Erweiterung für Browser zur Darstellung von nicht im HTML-Standard vorgesehenen Daten, z.B. Quicktime für Videos, Acrobat-Reader für PDF-Dateien oder Shockwave für Multimedia, RealAudio/Real Video für Musik/Videos, Plug-Ins lassen sich nicht auf allen Hardwareplattformen und Browsers installieren, dadurch wird die Plattformunabhängigkeit des WWW unterlaufen

Abb. 217: Wichtige Begriffe zur Internet-Werbung (Forts.)

Pop Up: Werbeform, bei der die Werbebotschaft in einem neuen Fenster automatisch geöffnet wird (oft werden gleich mehrere Pop-Ups geöffnet), werden meist von Providern geschaltet, ohne dass der Seitenbetreiber darauf Einfluss hat

Portal: Eingangstor zum Internet, führt zu Market Makers, die am meisten von Internet-Werbung profitieren werden

Profiling: Sammeln von Daten über die Gewohnheiten von Besuchern des WWW mit dem Ziel, ein Kundenprofil anzulegen und dieses zu Marketingzwecken zu nutzen.

Proxy: Computer, der als Zwischenspeicher für häufig benötigte Informationen mit dem Ziel fungiert, die Netzlast zu reduzieren und einen schnelleren Zugriff zu ermöglichen, Proxy-Zugriffe werden bei Hits und PageViews nicht erfasst, da sie im Logfile des Servers nicht auftauchen und führen daher zu Verfälschungen der Statistik

Referer: Eintrag im Logfile, der angibt, von welcher Seite (URL) aus der Surfer auf die abgerufene Webseite gelangt. dient damit zur Erstellung von Kundenprofilen

Rotation: Banner werden in regelmäßigen Abständen ausgetauscht, während der Nutzer die Seite betrachtet. Evtl. wird dabei vom Server berücksichtigt, welche Werbung bereits aufgespielt wurde, sodass diese nicht wiederholt wird

Spamming: Unverlangte Zusendung von Werbebotschaften per E-Mail oder per Posting in Newsgroups (analog Postwurfsendungen in der realen Welt), ist unzulässig, allerdings gibt es keine zuverlässige Lese- und Empfangsbestätigung

Streaming: Übertragung von Multimedia-Inhalten von einem Server zum Client ohne Zwischenspeicherung, d.h. die Anzeige z.B. eines Videos erfolgt sofort nach Anwahl, nicht erst nach Ladung des gesamten Inhalts

Supportforum: Alternative zu Hotline (Call Aviodance) durch Kontaktangebot zu Kunden/Interessenten im Internet

Targeting: Zielgruppen orientierte Werbung zur Vermeidung von Fehlstreuung im WWW

Unique Users: Zahl der einzelnen, eigenständigen Besucher, die ein Web-Angebot aufsuchen, lässt sich nicht ausgewiesen, da nur Adressen (IP-Adressen) erfasst werden, daher kann nur zwischen neuen und wiederholten Besuchen unterschieden werden

ViewTime: Zeit, in der ein potenziell werbungführender Teil einer Webseite während eines Nutzungsvorgangs sichtbar war

Visit: Anzahl der Besuche einer Website, Neu- und Mehrfachkontakte werden dabei nicht differenziert, auch Seitenzugriff eines Browsers auf ein Web-Angebot, der von außerhalb der betreffenden Website erfolgt, zwischen dem letzten und dem neuen Seitenabruf müssen dabei 60 Sek. liegen

Web-Katalog: Übersicht über alle Angebote im WWW, der Eintrag ist meist kostenlos

Web-Ring: verbinden Webseiten verschiedener Anbieter zu demselben Thema miteinander, sodass Synergieeffekte durch Weiterleitung entstehen

Website-Promotion: Maßnahmen, um ein Web-Angebot bekannt zu machen und die Nutzerzahl zu erhöhen, z.B. auch Anzeigen

Zusatz-Werbeformen: Neuere Werbeformen wie Banner im RealPlayer (beim Anklicken des RealPlayer öffnet sich ein Werbefenster), Comet Cursor (verändert seine Form über Banners, z.B. in Logoform), C-Commerce Integration (nicht Banner, sondern Produktabbildungen zum Anklicken), Scroll Ads/Sticky Ads (Banner wandert beim Scrollen mit über den sichtbaren Bildschirmausschnitt), Superstitials (zwischen Webseiten erfolgt Bild- und Tonwerbung), Text-Link (nur Textwerbung), Transactive Banner (Produktinformationen innerhalb des Banner, sodass man auf der aufgerufenen Seite bleiben kann)

Abb. 217: Wichtige Begriffe zur Internet-Werbung (Forts.)

Die **allgemeinen** Ziele des Interneteinsatzes betreffen vor allem folgende:

- Verbesserung des Bekanntheitsgrads, Ansprache neuer Zielgruppen, Realisierung von Wettbewerbsvorteilen, Erschließung neuer Absatzgebiete, Verbesserung des Service, Absatzsteigerung.

Speziell **ökonomische** Ziele der Internet-Präsenz betreffen folgende:

- Neukundengewinnung, Umsatzsteigerung, Aufbau neuer Vertriebskanäle, Abwicklung von Transaktionen, Branchen übergreifende Kooperationen, Kostensenkung in anderen Bereichen.

Speziell **psychografische** Ziele der Internet-Präsenz betreffen hingegen:

- Imagepflege, Interessentengewinnung, Stärkung der Kundenbindung, Ansprache neuer Zielgruppen, Selbstdarstellung, Steigerung des Bekanntheitsgrads, Kundendienstleistungen, Marktforschung.

Die Anzahl der Hosts lässt sich über entsprechende Zählprogramme exakt bestimmen, hingegen nicht die Anzahl der Internet-Nutzer, da je Host stark unterschiedlich viele Nutzer angeschlossen sein können (man geht von 3,5 – 10 Nutzern je Host aus). Insofern ist man auf Marktforschungsangaben angewiesen, dies gilt auch für Prognosen, die aber stark schwanken. Zum einen handelt es sich um noch einen »jungen« Markt, dessen Prognosebasis damit wenig verlässlich ist, zum anderen entfaltet das Medium eine ungeahnte Dynamik, die Prognosen weit auseinander driften lässt. Dies gilt naturgemäß umso mehr, je weiter der Prognosehorizont gesteckt ist. Für Deutschland geht man für das Jahr 2000 von zwischen 13,8 und 15,9 Mio. Nutzern (über 14 Jahren) aus. Zugang zum Internet haben 24,3 Mio. Menschen. Die Nutzerschaft ist immer noch männlich dominiert, wobei die Dominanz der Männer an den Nutzern mit steigender Nutzerzahl immer weiter abnimmt. Man geht von 61 % Männern und 39 % Frauen als Nutzern aus. Die Altersverteilung der Internet-Nutzer gleicht sich immer mehr an die der Gesamtbevölkerung an, wenngleich immer noch mit deutlicher Tendenz zu jüngeren Jahrgängen (13 % im Alter von 14 – 19 Jahren, 26 % 20 – 29 Jahre, 26 % 30 – 39 Jahre, 18 % 40 – 49 Jahre, 14 % 50 – 59 Jahre, 3 % über 60 Jahre). Das Durchschnittsalter liegt bei 35 Jahren. Auch die Bildungsverteilung nivelliert, wenngleich höhere Bildungsabschlüsse noch überrepräsentiert sind (Abitur: 59,8 % Nutzeranteil, Mittlere Reife: 27,8 %, Hauptschule: 10,6 %, ohne Schulabschluss: 2,4 %). Eine entsprechende Verteilung findet sich auch bei den Berufstätigkeiten. Der Einkommensdurchschnitt der Internet-User liegt bei 2.000 € (Haushaltsnettoeinkommen/HHNE) im Vergleich über dem durchschnittlichen HHNE (1.700 €). 26 % der Internet-User verfügen über mehr als 3.000 € HHNE, 13 % über 2.500 – 2.999 €, 15 % über 2.000 – 2.499 €, 15 % über 1.500 – 1.999 €, 9 % über 1.000 – 1.499 € und 6 % über weniger als 1.000 € (jeweils HHNE).

29 % der Internet-User verfügen sowohl Zuhause als auch am Arbeitsplatz über Internet-Zugang, 42 % verfügen nur Zuhause über einen Internet-Anschluss, 29 % nur am Arbeitsplatz. Die hauptsächliche Nutzung betrifft E-Mail-Versand und -Empfang (89 % aller Internet-User), Surfen im Internet (77 %), Downloaden von Dateien (74 %), Reiseinfos (71 %), Hardware-/Software-Infos (65 %), aktuelle Nachrichten (62 %), regionale Infos (58 %), Newsletters (51 %), Newsgroups/Chats (47 %), Wetterinfos (43 %), Homebanking (41 %), Computerspiele (41 %), Kleinanzeigen (39 %), Online-Shopping (35 %), Radio-/Fernsehprogramm (33 %), Buchbestellung (31 %), Sexangebote (26 %). Die durchschnittliche Nutzungsdauer beträgt 58 Minuten (29,5 % 31 – 60 Min. Nutzungsdauer, 23,8 % 11 – 30 Min., 19,9 % über 60 Min.).

33,8 % der Internet-User surfen täglich, 36,2 % mehrmals pro Woche und 40 % einmal oder seltener pro Woche.

5.1.3.2 Technologische Grundlagen

Ist der Computer fest mit dem Internet verbunden, wird er als Host bezeichnet. Dabei wird über einen Netzwerkanbieter (Net Provider) eine Leitung angemietet, die permanent verfügbar und fest verdrahtet ist. Diese Leitung führt zu einer bestimmten Gegenstelle, die ihrerseits ein mit dem Internet verbundenes Netzwerk darstellt. Ein Host wird als Knoten bezeichnet, wenn er dazu verwendet wird, anderen Nutzern Zugang zum Internet zu bieten. In diesem Fall handelt es sich um einen Internet-Provider. Die Rechner, die mit einem Modem oder per ISDN über eine Telefonverbindung mit ihrem Knoten verbunden sind, besitzen keine feste Verbindung zum Internet und werden somit auch nicht als Host bezeichnet, sondern als Terminals.

Die technische und logische Architektur des Internet beruht auf dem Client-Server-Prinzip. Der Server stellt einen Dienst bereit, der von Clients genutzt werden kann. Im Internet können dabei verschiedene Dienste bereitgestellt werden. Dabei kann ein Rechner sowohl als Client als auch als Server funktionieren, wenn er ein Multitasking-Betriebssystem besitzt. Damit die Client-Server-Struktur funktionieren kann, ist entsprechende Software erforderlich. Dabei baut die Anwendung des Client eine Verbindung zur Anwendung des Server auf. Die Übertragung von Daten innerhalb des Client-Server-Prinzips geschieht durch Verbindungen unterschiedlicher Übertragungsbandbreiten. Es gibt dabei Standleitungen (permanente Datenleitungen) mit hohen Übertragungsbreiten sowie Übertragungen per Satellit, Richtfunk oder Telefon mit geringeren Bandbreiten.

Für eine funktionsfähige Kommunikation ist ein Satz von Vereinbarungen, die Vorschriften und Regeln für die Kommunikation zwischen Rechnersystemen festlegen, erforderlich. In diesem Protokoll wird bestimmt, wie Daten von einem Programm zum anderen übertragen werden. Als Standardprotokoll für Internet-Anwendungen hat sich das TCP/IP-Protokoll durchgesetzt. Es gewährleistet eine Unabhängigkeit vom Übertragungsmedium, da es eine Kommunikation über unterschiedliche Medien ermöglicht, z. B. erlaubt es den Aufbau von drahtlosen Kommunikationsstrukturen oder die breitbandige Kommunikation über Glasfaserkabel. Netzwerke mit unterschiedlicher Hardware-Technologie können miteinander kommunizieren, indem sie über TCP/IP verbunden werden. Und die Datenübertragung ist relativ robust in Bezug auf Leitungsstörungen, so werden etwa verloren gegangene Daten neu angefordert.

Zum Verbindungsaufbau schickt der Client eine Anforderung (Request) an den Server. Der Austausch von Daten erfolgt, nachdem der Server die Anforderung akzeptiert und eine Antwort an den Client zurückschickt. Dabei übernimmt das Internet Protocol (IP) die Adressierung, sodass sichergestellt ist, dass die Vermittlungsstellen zwischen Sender und Empfänger wissen, wohin die Daten versendet werden sollen. Die Adressinformationen (Header) des IP garantieren zudem auch die flexible Weitergabe der Datenpakete über alternative Routen, etwa bei Überlastung oder Störung des ursprünglichen Übermittlungswegs. Dazu werden Router zur Verbindung zwischen zwei Netzwerken bzw. Gateways zur Verbindung zwischen verschiedenen Protokollen eingesetzt. Das Transmission Control Protocol (TCP) teilt die zu übertragenden Daten in Datenpakete auf und nummeriert diese, sodass sie beim Empfänger in der richtigen Reihenfolge zusammengesetzt werden können.

Neben Routers und Gateways ist für die Weitergabe von Datenpaketen eine eindeutige Adressierung des Empfängers notwendig. Jeder Rechner im Internet besitzt dazu eine eineindeutige Adresse, die ihn von jedem anderen Rechner aus erreichbar macht. Diese Internet-Adressen sind unverwechselbar und bestehen aus vier durch Punkte getrennte Dezimalzahlen. Die beiden ersten Zahlengruppen geben die Adresse des Netzwerks an, in dem der Rechner steht, die beiden letzten Zahlengruppen stehen für den Rechner innerhalb des Netzwerks. Betreibt man ein lokales Netzwerk, wird der erste Teil der IP-Adresse vom zuständigen Network Information Center zugewiesen, den zweiten Teil der IP-Adresse vergibt der Netzwerkbetreiber selbst. Da die Ziffernkombinationen wenig anwenderfreundlich gestaltet sind, wurde als Spiegelbild ein alphanummerisches Domain Name System (DNS) eingeführt. Diese Domain-Namen beruhen auf einer hierarchischen Struktur, bei der alle an einem Rechner angeschlossenen Benutzer einer Domain angehören, die wiederum an eine Domain angeschlossen ist, die einer höherrangigen Domain angegliedert ist. So entsteht eine Kette von der untersten Hierarchiestufe (Rechnerkennung) bis zur höchsten Domain (Top Level Domain). Als Top Level Domains gelten u. a. .edu (für Bildungseinrichtungen), .com (für kommerzielle Organisationen), .gov (für US-Regierungsstellen), .mil (für militärische Einrichtungen), .net (für Netzwerkbetreiber), .org (für sonstige Organisationen).

Dieses Verwaltungsprinzip hat den Vorteil, dass der Internet-Nutzer das Netzwerk und damit die entsprechende Institution anhand des Domain-Namens erkennt und auch die Verantwortung für die jeweilige Domain ersichtlich wird. Außerdem werden zusätzliche Länderkennungen vergeben (z. B. .de für Deutschland), aus denen die Hoheit über die Netzwerk deutlich wird. Um die eigentlichen Daten zu übertragen, wird der Domain-Name in den spiegelbildlichen nummerischen Code übertragen, indem die Domain-Adresse von rechts (Top Level Domain) nach links (Rechnerkennung) aufgelöst wird. Durch die rapide Ausweitung des Internet werden die Domain-Namen rasch knapp, da jeder Name nur ein einziges Mal vergeben werden kann. Nicht verwunderlich ist es daher, dass bereits zahlreiche Rechtsstreitigkeiten stattgefunden haben.

Die einzelnen Pakete einer Anfrage müssen dabei nicht alle den gleichen Weg zwischen Server und Client zurücklegen, sondern können unterschiedliche Wege einschlagen, je nach Auslastungsgrad des Netzes. Diese Steuerung erfolgt durch Router. Alle Standards und Protokolle sind Hardware unabhängig formuliert, können also sowohl auf DOS/Windows-Basis als auch auf Apple- oder Unix-/Linux-Basis etc. genutzt werden. Die Struktur des Internet ist auch in Geschlossenen Benutzergruppen als **Extranet** oder **Intranet** darstellbar. Dabei handelt es sich um die Zusammenschaltung einer definierten Anzahl von Rechnern in einem Netz, beim Extranet unter Nutzung des Internet, jedoch mit Zugangskontrolle, beim Intranet über ein unternehmenseigenes Netzwerk auf Browserbasis.

Die Geschwindigkeit des Datenaustauschs hängt entscheidend von der Bandbreite der Leitungen und der entsprechenden Leistungsfähigkeit der Modems ab. Im ISDN-Standard werden 128.000 Bit pro Sekunde transportiert. Als Leitungen dienen die Telekommunikationsleitungen, an der Schnittstelle zwischen diesen Leitungen und dem Rechner wird ein Modem (Kunstwort als Modulator/Demodulator) eingesetzt, das die Datenpakete Computer aufbereitet. Gateway-Rechner übernehmen den Transfer zwischen verschiedenen Netzen bzw. Providers.

Die technischen Anforderungen auf Nutzerseite sind eher überschaubar. Sie bestehen im Einzelnen aus:

> Personal Computer, möglichst auf dem aktuellen technischen Stand, Modem (auch intern), das die digitalen Computersignale in analoge Tonsignale der Telefonie und wieder zurück übersetzt, Telefonanschluss (möglichst auf ISDN-/DSL-/ADSL-Basis), Internet-Provider (für den Zugang zum Internet, wie Comundo), alternativ auch Online-Dienst (bei T-Online, AOL), Zugangs-Software (Internet-Browser) sowie Plug ins als Ergänzungsprogramme zum Browser, die man einmal herunterlädt, und die es dann erlauben, spezielle Dateiformate zu lesen, Musik abzuspielen, Videos anzuschauen oder Animationen laufen zu lassen. User-ID und Password für die erstmalige Einwahl, die man vom Provider-Dienst erhält

Das reicht für den Einstieg in das Internet-Zeitalter zunächst völlig aus.

5.1.3.3 Internet-Dienste

Das Internet stellt verschiedene Dienste zur Verfügung, deren Nutzung relativ einfach ist, da für jeden dieser Dienste entsprechende Programme am Computer aufgerufen werden können. Der am Weitesten verbreitete Dienst ist sicherlich die Electronic Mail (**E-Mail**). Sie wird genutzt, um Nachrichten und Informationen zeitversetzt zwischen zwei oder mehreren Kommunikationspartnern zu übermitteln. Wie beim Versenden herkömmlicher Briefe ist durch den Absender eine Nachricht zu erfassen, diese ist mit der Anschrift des Empfängers (E-Mail-Adresse) zu versehen und abzuschicken. Sie gelangt zum »Postamt« (Mail-Server) des Absenders, das die elektronische Post zum Mail-Server des Empfängers versendet. Dort wird sie zwischengelagert, bis der Empfänger seine E-Mail-Software startet und damit praktisch in seinen Briefkasten schaut. Neben dem Versenden von Nachrichten an Einzelpersonen oder Gruppen ist es auch möglich, Texte, digitale Daten (Grafiken, Bilder, Sound-Dateien etc.) und elektronische Newsletters per E-Mail zu verschicken.

Der Kopfteil der E-Mail enthält den Adressaten, Kopie-Empfänger und Betreff. Diese Angaben dienen dem Transport. Der Textteil der E-Mail enthält die eigentliche Nachricht. E-Mails sind extrem schnell. Die Nachrichten landen durch die Umgehung des herkömmlichen Postversands (Snail Mail) innerhalb weniger Minuten beim Empfänger, unabhängig von dessen physischem Standort. Mit gleicher Geschwindigkeit ist es möglich, eine Antwort zu erhalten. E-Mails sind kostengünstig, die Gebühren für das Mailing sind zumeist in den Gebühren für den Internetzugang enthalten und liegen daher weit unter den Portokosten des herkömmlichen Postverkehrs. Zudem spart man Papierkosten und entlastet die Umwelt. Der Versand einer E-Mail ist für den Absender bequem, Versand und Zustellung können rund um die Uhr (24/7) erfolgen. Und es besteht die Möglichkeit, weitere Dateien als Anlage an die E-Mail anzuhängen.

Allerdings muss man berücksichtigen, dass E-Mails nicht datengeschützt sind. Theoretisch kann ein Systemverwalter (Postmaster) die E-Mail an jedem Knoten, den sie während des Versands passiert, lesen. Daher sollten vertrauliche Daten verschlüsselt werden. Es wird noch geraume Zeit dauern, bis auch nur die Mehrheit der Menschen per E-Mail erreichbar ist. Die genaue Zahl der E-Mail-Adressen ist nicht bekannt, da die Betreiber den Namen Server-Adressen über Wildcards für einzelne Buchstaben/Ziffern vergeben, die es erlauben, aus sämtlichen Zahlen- und Ziffernkombinationen Adressen zu generieren. So dürften an jeder Domain zwei bis drei E-Mail-Adressen hängen, wobei jedoch nicht bekannt ist, ob diese tatsächlich aktiv genutzt werden. Hinzu kommt, dass ungewiss ist, welche der den Nutzern zugewiesenen Adressen wirklich genutzt werden und welche nur stillliegen.

Diskussionsgruppen (**Newsgroups**) sind automatische Verzeichnissysteme für Diskussionsbeiträge. In diesen Gruppen kann man mit Personen kommunizieren, die sich gerade mit bestimmten Themen welcher Art auch immer beschäftigen, um dadurch an Informationen zu gelangen bzw. Informationen mit Gleichgesinnten auszutauschen. Häufig unterhalten diese Listen auch ein Archiv, in dem man ältere Diskussionen nachverfolgen kann. Die Kommunikation erfolgt per E-Mail.

Bei offenen Listen ist es jedermann möglich, an der Diskussion teilzunehmen. Um als Teilnehmer aufgenommen zu werden, schickt man eine E-Mail an die Listserver-Adresse und bezieht sich auf eine bestimmte Diskussionsgruppe. Damit ist man dort angemeldet. Um einen Beitrag zur Diskussionsgruppe zu leisten, sendet man eine E-Mail mit seinem Beitrag an die Listenadresse. Alle in einer Diskussionsliste angemeldeten Teilnehmer erhalten nun diese E-Mail durch Weiterleitung über die Listenadresse.

Bei moderierten Listen werden die Diskussionsbeiträge zuerst an einen Moderator geschickt, der sie im Hinblick auf bestimmte Grundsätze der Diskussionsliste und auf ihre inhaltliche Eignung zum relevanten Thema hin prüft. Fachlich ungeeignete oder uninteressante E-Mails werden nicht weiter geleitet. Dadurch ist eine höhere Qualität der veröffentlichten Beiträge zu vermuten, zugleich besteht aber auch die Gefahr einer gewissen (wenn auch nur unbewussten) Zensur.

Bei nicht-öffentlichen Listen werden Teilnehmer nicht ohne weiteres in die Diskussionsgruppe aufgenommen. Vielmehr ist an den Listenverwalter ein Aufnahmeschreiben zu richten. Dieser bestimmt dann über die Aufnahme, wodurch die Anzahl der Diskussionsmitglieder kleiner und das mutmaßliche Niveau deren Beiträge höher gehalten werden kann.

Das File Transfer Protocol (**FTP**) ist ein Betriebssystem übergreifendes Protokoll zur Übertragung von Text- und Binärdaten zwischen verschiedenen Rechnern, die an das Internet angeschlossen sind. Durch die Nutzung dieses Protokolls ist es möglich, Dateien und Programme über das Internet auf den eigenen Computer herunter zu laden oder auf fremden Computern abzuspielen. FTP steht damit in Konkurrenz zum WWW, das ebenso zur Verbreitung von Informationen geeignet, diesem aber hinsichtlich seiner multimedialen Fähigkeiten überlegen ist. Dateien oder Software werden über FTP-Server, die ein immenses Archiv verwalten, herunter geladen. Teilweise ist vorher die Eingabe eines Password erforderlich. Dann muss der Nutzer nur noch die gewünschte Datei/Software anklicken und das Verzeichnis angeben, in das er diese zu kopieren wünscht.

Um die gewünschten Dateien/Software zu finden, dient **Archie** als Suchdienst. Dieser Server verfügt über ein Archiv aller FTP-Server und deren jeweiliger Inhalte, sodass man über Archie Auskunft darüber erhalten kann, wo sich eine gewünschte Quelle befindet.

Terminalemulation (**Telnet**) erlaubt dem Anwender die Anmeldung und Nutzung von entfernten Rechnern (Hosts), deren Programme gestartet und genutzt werden können. Der eigene Rechner arbeitet dabei als Terminal am entfernten Rechner, ohne dass dieser dort an dessen Server installiert wäre. Der Bildschirminhalt des entfernten Rechners wird vielmehr auf den eigenen Rechner geschickt, dort verarbeitet und dargestellt. Zur Nutzung ist eine entsprechende Software sowohl am eigenen als auch am entfernten Rechner erforderlich. Teilweise wird für den Zugriff ein Passwort verlangt. Telnet eröffnet große Möglichkeiten für Teleworking, allerdings ist die Nutzung rein befehlsorientiert und damit wenig Benutzer freundlich. Insofern kommt es auch hier zu einer Verdrängung durch das WWW.

Die zeitgleiche Kommunikation im Internet (realtime) ist durch den Internet Relay Chat (**IRC**) möglich. Dazu loggen sich Nutzer mittels eines Client unter einem Pseudonym oder auch unter ihrem richtigen Namen in einen IRC-Server ein, eröffnen dort ein neues Gespräch oder klinken sich in ein gerade laufendes Gespräch ein. Dieser zeitgleiche Dialog findet rund um die Uhr statt, weil Menschen aller Zeitzonen daran teilnehmen können. Dabei kann man sich auch Dateien zusenden.

Internet Phone and Video (**IP&V**) ermöglicht zusätzlich das gleichzeitige Sprechen, Hören und Sehen der Kommunikationspartner. Dazu loggen sich Nutzer bei einem Internet-Phone-Server ein und erhalten alle ebenfalls präsenten Benutzer auf einem Bildschirm angezeigt. Die Kommunikation wird gestartet, indem der gewünschte Teilnehmer angeklickt wird. Zur Übertragung wird ein Datenkompressionsverfahren benutzt, um Sprache und Videobild digitalisiert durch das Internet zu schicken. Neben der Sichtbarkeit des Partners liegt der Vorteil auch in den vergleichsweise niedrigen Kosten, da sich der Internetzugang meist im Ortsbereich der Nutzer befindet, man also zum Ortstarif Ferngespräche führen kann. Allerdings ist die Verbindungsqualität deutlich begrenzt, die Bildübertragung weist eine geringe Wiederholfrequenz auf, und infolge Überlastung kommt es immer wieder zu Übertragungsunterbrechungen.

Beim Teleconferencing/Teleteaching können mehr als zwei Teilnehmer miteinander kommunizieren. Alle Konferenzteilnehmer sind durch Videobild präsent, der Dialog erfolgt wahlweise über eine Textbox oder über Audio.

Das World Wide Web (**WWW**) ist eine grafikfähige, multimediale und Dienste integrierende Oberfläche des Internet. Es ermöglicht über seine universelle Benutzeroberfläche den Zugriff auf das gesamte Informationsangebot des Internet. Unterschiedliche Informationen in Texten, Grafiken, Bildern, Videos, Datenbanken etc. werden zu einem Ganzen verbunden. Das Hypertext Transfer Protocol (HTTP) des WWW regelt die Kommunikation zwischen den Programmen, die Hypertext-Dokumente darstellen können (Browsers), und den Webserver. Per Hypertext können Informationen strukturiert im Internet angeboten werden, um die Fülle an Informationen übersichtlich zu gestalten. Dabei können hinter einzelne Worte (im Text unterstrichen) oder andere Bildelemente Wegweiser (Links innerhalb der Website bzw. Hyperlinks zu anderen Websites) unterlegt werden. Über einen Mausklick wird eine Verbindung zum Rechner hergestellt, auf den die Adresse des Links (Uniform Resource Locator/URL) hinweist. Jedes Objekt im Internet ist durch seine URL eineindeutig bestimmt. Dies vereinfacht die Navigation im Internet und lässt das WWW sehr Benutzer freundlich werden. Als weiterer Vorteil kommt die Fähigkeit zur Gestaltung einer grafischen Benutzeroberfläche hinzu. Die Popularität des WWW ist mittlerweile so hoch, dass es häufig mit dem Internet schlechthin gleichgesetzt und nicht, wie tatsächlich, als ein Dienst unter mehreren gesehen wird.

Die Seitenbeschreibungssprache des WWW ist die Hypertext Markup Language (HTML). Damit werden die logischen Strukturelemente einer Seite wie Überschriften, Absätze etc. festgelegt und die Integration von Grafiken, Bildern, Tabellen etc. bestimmt. Das Seitenlayout entsteht daraus durch Interpretation auf der Client-Seite mittels eines Web-Browser (Netscape Navigator/Internet Explorer/Opera).

Darüber hinaus sind weitere Dienste verfügbar. Push-Dienste bringen Inhalte nach vorher vereinbarten Regeln auf den Bildschirm bzw. auf die Festplatte des Nutzers, ohne dass der Nutzer diese vom Anbieter des Informationsdienstes abholen müsste (dazu gehören z. B. Börsen-Ticker, Datenbank-Inhalte oder Browser-Updates). **Gopher** unterstützt den Nutzer dabei, auf die verschiedenen Ressourcen des Internet zuzugreifen. Die Suche nach diesen Informationen beginnt dabei an einem Einstiegspunkt im Suchraum (Gopherspace), von dort aus geht es über Links zu weiteren Gopher-Servers, die potenzielle Informationen bereithalten. Dieser Dienst ist ebenfalls durch das WWW verdrängt worden. Die Volltextsuche durchleuchtet ganze Dokumente nach einem Suchbegriff, nicht nur Titel oder Dateinamen. Dabei können durch Wide Area Information Servers (**WAIS**) nicht nur Textdokumente, sondern auch multimediale Dokumente (Bilder, Videos etc.) zugänglich gemacht werden.

5.1.3.4 Präsenzen im Internet

Absender, die sich entschließen, im Internet präsent zu sein, gehen dabei zumeist in mehreren Stufen vor. **Prestige Sites** sind Internet-Auftritte, die ohne exakte Kosten-Nutzen-Berechnung aus Gründen des Dabeiseins erfolgen. Vor allem zu Beginn des neuen Medienzeitalters galt es vielen Unternehmen schon als Errungenschaft, überhaupt im Netz der Netze präsent zu sein. Eine Prestige-Site signalisiert Aufgeschlossenheit gegenüber moderner Informationstechnologie, sodass hier Imageaspekte dominant sind. Man kann dies mit der Imagewerbung in Klassischen Medien vergleichen, die keine quantitativen, sondern nur qualitative Ziele verfolgt.

Bei durchdachteren Formen der Prestige-Sites ist zudem eine Interaktion über E-Mail-Funktion möglich, sodass Besucher und Anbieter in einen Informationsaustausch eintreten können. Die Site-Inhalte beziehen sich auf die Unternehmensdarstellung und allgemeine werbliche Auslobungen, sodass dadurch die Funktion einer Firmenbroschüre oder eines Produktprospekt übernommen wird. Die Möglichkeiten des Internet sind jedoch durch diese Nutzung krass unterfordert.

Zunehmend sind Unternehmen deshalb auf **wertschöpfende** Internet-Präsenzen umgestiegen, d. h., auf den Sites werden Produkte/Dienstleistungen verkauft (Abb. 218). Dabei kann es sich um standardisierte Angebote handeln, zunehmend aber auch um maßgeschneiderte Angebote (Customization), die Besucher nach individuellen Vorstellungen an einem Konfigurator für sich zusammen stellen. Die Vorteile liegen auf der Hand. Der ohnehin vorhandene Kontakt kann in Umsatz liquidiert werden. Der Zugriff auf das Angebot ist ohne zeitliche Begrenzung (»24/7«) möglich. Die Angebote sind immer topaktuell. Und die Handlingkosten je Auftrag liegen weitaus niedriger als bei herkömmlicher Bestellung. Problematisch sind derzeit noch die Bezahlmechanismen, hier konkurrieren verschiedene Systeme, die alle noch Internet-typische Sicherheitslücken aufweisen. Die Ausführung des Auftrags und dessen physische Distribution können herkömmlich eingesteuert werden.

Ausnahme sind lediglich digitalisierte Produkte, wie Software, Musik, oder E-Services wie Telemetrie, Übersetzungen. Für diese Produkte eröffnet sich ein völlig neuartiger Absatzkanal. Bei allen anderen Produkten tritt der Internet-Absatzkanal (E-Commerce) in der Regel neben bestehende Absatzkanäle oder löst diese ab. Wegen der eklatanten Vorteile des E-Commerce hat dieses vor allem im Business to Business-Bereich eine enorme Bedeutung erreicht.

Produkt	Anteil an allen Online-Käufen (1999. in %)
Bücher	42,8
EDV-Software	37,4
Kleidung	21,5
EDV-Hardware	17,7
CD's	17,7
Reisen	17,2
Eintrittskarten	12,3
Videos	6,4
Blumen	3,6
Lebensmittel	2,3
Sportgeräte	2,1
Sonstiges	22,8

Abb. 218: Meistverkaufte Produktarten im Internet (Quelle: ZAW)

Dieser Sektor (meist E-Business genannt) ist mit ca. 85 % Umsatzanteil der weitaus Bedeutsamere gegenüber dem Business to Consumer-Bereich (meist E-Shopping genannt).

Außerdem gibt es **weiterleitende Präsenzen**, die sich meist aus Einnahmen aus Werbeflächen (Banners, Buttons) finanzieren. Es handelt sich um häufig aufgerufene Präsenzen, die sich daher gut als Werbeträger eignen. Dies beruht auf einem symbiotischen Effekt. Der Eigner der weiterleitenden Präsenz bewirkt durch entsprechende Bekanntmachung Traffic auf seiner Site und schafft damit die Plattform für Werbebuchungen, deren Einnahmen ihm die Bekanntmachung seiner Site finanzieren. Die Werbungtreibenden auf dieser Site profitieren von dem generierten Traffic und schaffen über Links die Anbindung zu ihrer eigenen Internet-Präsenz. Die daraus resultierenden Besuche machen wiederum den Werbeaufwand auf der weiterleitenden Präsenz lohnend.

Die Bekannteste und Professionellste weiterleitende Präsenz ist sicherlich der Suchdienst Yahoo. Yahoo bietet eine kostenlos zu benutzende Suchmaschine als Portal an und finanziert sich ausschließlich durch Werbeeinnahmen auf ihrer Site und Provisionen aus weiterleitenden Kontakten, die zu Transaktionen dort führen. Der Auktionsdienst E-Bay hat eine minimale Gebühr für Versteigerungsobjekte nicht eingeführt, um sich daraus zu finanzieren, das übernehmen vielmehr die Werbeeinnahmen, sondern um die Qualität der auktionierten Objekte zu steigern. Diese weiterleitenden Präsenzen sind zudem meist national basiert, sodass auch nur national vermarktete oder international differenziert vermarktete Produkte beworben werden können.

Bei Suchmaschinen besteht die weiterleitende Funktion aber auch im Ausweis der gefundenen Quellen, an die durch Hyperlinks weitergeleitet werden kann. Häufig ist in der dann erreichten Präsenz wiederum eine, diesmal Site-interne, Suchmaschine aufrufbar, die den Besucher in der eigenen Präsenz hält.

Eine große Bedeutung als Portal haben auch **Online-Publikationen**. In Deutschland erzielt der Internet-Auftritt der Zeitschrift Focus die weitaus meisten Besuche. Auf den Sites werden sinnvollerweise Zusatzinformationen angeboten, die nur im Internet verfügbar sind. Von dort kann wiederum durch Hyperlinks weiter geleitet oder Interaktion (E-Mail) angeboten werden. Der Weg zeigt hier in Richtung individuell zusammen gestellter Online-Publikationen, bei der Nutzer nicht nur Art und Umfang der Beiträge, sondern auch Werbeanteil und Bild-/Tonumfänge justieren können.

Im Bereich des B-t-B haben **Branchen- und Spartendienste** eine große Bedeutung. Hier werden virtuelle Marktplätze aufgemacht, auf denen Anbieter der betreffenden Branchen bzw. Sparten ihre Sites platzieren und potenzielle Nachfrager der dort angebotenen Produkte sich einklinken können. Auf diese Weise werden Geschäftspartner kommunikativ zusammen gebracht. Diese Marktplätze werden von Veranstaltern betrieben, die für den Unterhalt dieser Präsenz von Anbietern und/oder Nachfragern eine Zutrittsgebühr und/oder Abschlussprovision verlangen. Branchen bezogene Marktplätze präsentieren Produkte einer Branche für verschiedene Funktionen, Sparten bezogene Marktplätze Produkte einer Funktion für verschiedene Branchen. Auf diese Weise ist ein effizienter Zugriff auf Lieferquellen möglich. Immer häufiger werden dort auch Internet-Ausschreibungen initiiert, bei denen ein Nachfrager seinen Bedarf ausschreibt und potenzielle Lieferanten auffordert, ihre Preisforderung dafür zu nennen. Dies setzt freilich voraus, dass alle anderen Angebotsparameter normierbar sind, was bei Standardprodukten aber durchaus der Fall ist.

Cyber Malls sind virtuelle Kaufhäuser, unter deren »Dach« sind verschiedene Anbieter versammeln, um ihr jeweiliges Angebot zu offerieren, indem sie sich in diese virtuelle Einkaufszeile einmieten. Der Vermieter (Veranstalter) kassiert dafür eine Mietzahlung und/oder Provision von den Verkäufen/Käufen. Die Attraktivität folgt aus der Agglomerationswirkung der Angebote. Für Traffic sorgt der Veranstalter.

Regional Sites sind regional begrenzte Angebote (etwa für Standortmarketing).

5.1.3.5 Website als Werbeträger

Die Website gilt als Plattform zur direkten Ansprache der Zielgruppen durch Ausweis Produkt und/oder unternehmensspezifischer Informationen in Form von Texten, Grafiken, Videos etc. Die Gestaltung der Website hängt von der Zielgruppe und der intendierten Botschaft ab. Neben der Grafik kommt es besonders auf die Funktionalitäten an, so z. B. die Einbindung einer E-Mail-Möglichkeit. Die Einstiegsseite, die zugleich einen Überblick über das Website-Angebot gibt, nennt man Homepage. Sie ist häufig entscheidend für den Verbleib in der Website oder das Weiterwandern zu anderen Sites. Die Website gliedert sich zumeist in verschiedene Teilbereiche, die auf der Homepage angezeigt werden.

> Die Porsche-Website besteht z. B. aus folgenden Teilbereichen:
> - Porsche aktuell (aktuelle Informationen über Fahrzeuge und Unternehmen),
> - Das Unternehmen (Unternehmensphilosophie und -geschichte, virtuelle Betriebsbesichtigung),
> - Veranstaltungen und Clubs,
> - Zubehör und Accessoires,
> - Motorsport (Rennsportereignisse und -geschichte),
> - Porsche Unlimited (Downloaden von Tönen, z. B. Motorengeräusch, oder Bildschirmschonern, oder Spiele),
> - Dialog (E-Mail, Chats, Newsletter).

Wichtig ist dabei ein Führung der Nutzer durch die Website (Navigation), damit diese sich nicht im Angebot verlieren. Dazu dient etwa eine Navigationsleiste mit Steuerbefehlen. Auch ist eine vorgegebene Verkettung der Seiten zweckmäßig, um didaktische Aspekte bei der Nutzung zu berücksichtigen. Die Bekanntmachung der eigenen URL erfolgt in klassischen Medien, in Werbemitteln des Unternehmens und in der Geschäftsausstattung (Stationary).

Eine der wichtigsten Entscheidungen betrifft dabei die Wahl der richtigen Domain. Diese muss nicht notwendigerweise mit der Firma übereinstimmen, aber einprägsam, positiv assoziierend und eindeutig schreibbar sein. Bei der Registrierung sollte man evtl. variierende Schreibweisen mit reservieren lassen und dann eine Umleitung zur richtigen URL einrichten. Dies gilt auch für verschiedene »Enddomains« (.de, .com).

Damit der Name gefunden werden kann, ist der Eintrag in Suchmaschinen erforderlich. Dies erfolgt entweder manuell bei jedem einzelnen Suchmaschinenanbieter oder, rationeller, durch Eintrag in eine Registrierungs-Software. Diese meldet die Domain dann bei den verschiedenen Suchmaschinen an. Oder man beauftragt einen Registrierungsdienst mit der Eintragung in die einschlägigen Suchmaschinen. Das bietet den Vorteil, dass man den Eintrag im Ranking der Treffer beeinflussen kann. Ansonsten besteht die Gefahr, dass gleich lautende Mehrfacheinträge den Spam-Filter von Suchmaschinen aktivieren und die URL's nicht mehr ausgewiesen werden. Wichtig ist dabei die Wahl der Suchwörter, hier müssen nicht unbedingt die im Text der Website benutzten Begriffe verwendet werden, wenn andere aussagefähiger scheinen.

Basis für die Gestaltung eines WWW-Auftritts ist die Zugrundelegung eines geeigneten Nutzermodells, also eines Profils der mutmaßlichen Besucher der Präsenz. Die Besucher sind allgemein anonym, allerdings gibt es über **Cookies** (»elektronische Post it-Zettel«) die Möglichkeit der sukzessiven Profilierung jedes einzelnen Nutzers. Dazu werden Informationen über den jeweiligen Besuch auf der Festplatte des Nutzer-PC's abgelegt und bei einem erneuten Zugriff auf dieselbe Präsenz durch den Browser wieder aktiviert. Auf diese Weise werden Informationen kumuliert, die einen immer besseren Eindruck des Nutzerprofils erlauben. Ab einer gewissen Schwelle sind auf dieser Basis individualisierte Informationsangebote generierbar, die den manifestierten Interessen aus dem Nutzerprofil entsprechen.

Bei der Internet-Präsenz handelt es sich um einen typischen Pull-Kanal der Kommunikation, d. h., es sind nur Teilnehmer erreichbar, die sich schon irgendwo im Netz befinden. Daher muss ein Anbieter konstitutiv zunächst die Aufmerksamkeit der Teilnehmer wecken und auf seine eigene Präsenz lenken. Dafür gibt es mehrere Möglichkeiten. Erstens kann über andere Kommunikationskanäle auf die Präsenz hingewiesen werden (etwa Anzeigen, TV-Spots, Prospekte, Geschäftspapiere etc.). Zweitens kann in anderen Präsenzen auf die eigene Präsenz hingewiesen werden (meist geschieht dies im Tausch gegenseitig). Damit erreicht man schon einmal die Nutzer dieser Sites. Und zwar umso mehr, je stärker diese Sites von Nutzern frequentiert werden. Daraus bezieht sich die Stärke der sog. Portals, der häufigst genutzten Eingangsseiten in das Internet. Denn diese schaffen durch hohen Traffic vielfache Kontakte. Und drittens muss man für eine ordentliche Vertretung in den Suchmaschinen sorgen, dies durch entsprechend indexierte Stichwörter.

Dennoch wird eine Internet-Präsenz nur aufgesucht werden, wenn Besucher sich einen konkreten Nutzen davon versprechen. Im Kern geht es um zwei Nutzenangebote: Wissen oder Unterhaltung. Entsprechend müssen im Kern die Informationen der Anbieter zugeschnitten sein.

Nun ist der einmalige Besuch einer Internet-Präsenz zwar schon ganz gut, aber wirklich nutzbringend ist erst der wiederholte Besuch durch ein und denselben Nutzer. Dafür kann man im Browser Adressen, zu denen man wiederkehren will, als Lesezeichen (**Bookmarks**) kennzeichnen. Dazu bedarf es aber einer Motivation zur Wiederkehr. Diese wird vor allem durch Serviceangebote erreicht, auf die ein mehrfacher Zugriff lohnend erscheint. Denkbar ist aber auch die Verteilung von Mitteilungen an identifizierte Nutzer per E-Mail, das undifferenzierte Versenden von Nachrichten (Spamming) ist jedoch, zumindest gegenüber Privatpersonen, verboten und verstößt auch gegen die selbst gesetzten Verhaltensregeln im Internet (Netiquette).

Es wird zunehmend deutlicher, dass die pure Faszination an der modernen Technik (das ziellose, zufällige Surfen) von der zielgerichteten Suche nach bestimmten Sites abgelöst wird. Insofern steht das Vertrauen auf Zufallskontakte mit der eigenen Präsenz auf immer schwächeren Beinen. Vielmehr ist eine bewusste Kanalisierung des Zugriffs erforderlich.

Allgemein sind folgende Kriterien für die **Online-Werbeträger-Auswahl** von großer Bedeutung:

- **Niveau**, d. h., Inhalt und Optik der werbeführenden Webseiten sollten sich auf hohem Niveau befinden. Werbeträger, die auf gehobene Zielgruppen setzen, zeigen seriöse und fundierte Inhalte in einem ansprechenden Design. Das garantiert einen positiven Imagetransfer zwischen Werbung und redaktionellen Inhalten.
- **Aktualität**, d. h., Neues sollte schnell, zuverlässig und übersichtlich dargeboten werden. Je aktueller die Informationen, desto größer und regelmäßiger werden die werbeführenden Webseiten genutzt. Das garantiert Kontakt intensive Umfelder für Werbebanner.

- **Kompetenz**, d. h., die thematische Kompetenz des werbeführenden Online-Angebots soll ein optimales Umfeld für Werbung bieten. Daraus ergibt sich die Möglichkeit einer Themen orientierten, maßgeschneiderten Platzierungsplanung. So entsteht die Synergie zu redaktionellen Inhalten, die Online-Werbung erst effizient werden lässt.
- **Affinität**, d. h., die Chemie sollte stimmen, und zwar zwischen den Usern, den redaktionellen Inhalten und der Werbezielgruppe. Dabei sollte sich das werbeführende Angebot an konsumstarke Internet-User wenden und entsprechende Nutzungsprofile vorweisen können.
- **Leistung**, d. h., das werbeführende Angebot sollte hohe Zugriffszahlen aufweisen, gemessen an Visits wie auch an Page Impressions. Alternativ kann eine besonders hohe Zielgruppen-Affinität durch Special Interest-Content vorteilhaft sein. Das sorgt für einen hohen Wirkungsgrad der Werbebanner.
- **Transparenz**, d. h., die Leistungswerte sollten IVW-gemeldet sein, auch für einzelne Belegungseinheiten. Das Reporting sollte bis ins Detail klar sein und sowohl Visits als auch Page Impressions nennen, ebenso die Tarifstruktur. Wichtige Angaben umfassen die Abrechnung, den Tausend-Kontakt- oder Festpreis.
- **Handling**, d. h., die Buchung soll schnell und einfach funktionieren. Banner-Formate nach dem VDZ-Standard sind obligatorisch, die Belegung sollte Themen orientiert und flexibel sein. Wichtige Angaben betreffen das Handling des Banneraustauschs nach Fristigkeit und Häufigkeit.

5.1.3.6 Funktion der Suchmaschinen

Damit eine Website gefunden werden kann, ist ihr Eintrag in Suchmaschinen unerlässlich. Diese werden intensiv genutzt, um sich im unübersichtlichen Geflecht des Internet diejenigen Informationen heraus zu fischen, die man gerade benötigt. Nutzer geben dazu den oder die Suchbegriff(e) in eine Datenbank ein, die daraufhin alle Eintragungen durchsucht und die Adressen ausweist, in denen der/die Suchbegriff(e) vorkommt oder die damit in Verbindung stehen.

Volltextsuchmaschinen (z. B. Lycos, Fireball, Alltheweb) durchwühlen automatisch 24 Stunden am Tag alle erreichbaren Websites und speichern deren Überschriften und Teile der dort jeweils abgelegten Texte Wort für Wort und legen diese auf einem Server ab. Bei einem Suchauftrag durchforstet die Suchmaschine diesen Server-Vorrat und weist die entsprechenden Treffer aus. Dies erfordert eine möglichst exakte Definition des Suchfeldes, weil ansonsten erheblich viele Treffer zustande kommen. Daher ist es zweckmäßig, bei der Suche eingrenzende Formulierungen (z. B. durch AND) vorzunehmen. Besonders geeignet sind Volltextsuchmaschinen für die Detailsuche nach speziellen Informationen, sofern die Eingrenzungen und Spezifizierungen zweckmäßig gewählt werden.

Web-Kataloge (z. B. Yahoo, Web, Allesklar) werden von Redakteuren zusammengestellt, die Webseiten indizieren, also den Inhalten Stichwörter zuordnen, die sie in einen Katalog einstellen. Dieser Katalog ist hierarchisch aufgebaut. Bei einem Suchauftrag wird dann dieser Web-Katalog von Stichwörtern durchsucht. Entsprechend kann die Suche sehr effizient gestaltet werden. Es gibt kaum irrelevante Treffer, dafür sind aber auch längst nicht alle Schlagwörter erfasst, sodass nicht alle relevanten Websites wirklich ausgewertet werden können. Dennoch ist dies die beste Wahl, um sich an ein Sachgebiet heranzutasten.

Meta-Suchmaschinen (z. B. Metager, Metacrawler, Metaspinner) führen keinen eigenen Datenbestand, sondern durchsuchen parallel mehrere Volltextsuchmaschinen, Web-Kataloge und andere Spezialdatenbanken. Dadurch kann auf einen riesigen Informationsbestand zugegriffen werden, allerdings hängt die Nutzbarkeit der Angaben von der zweckmäßigen Eingrenzung des Suchbegriffs ab. Um einen ersten Überblick über ein Sachgebiet zu erhalten, sind diese Dienste aber sehr gut geeignet.

Beim Indizieren des Textes durch Suchmaschinen wird zunächst der Titel einer Seite durch die Suchmaschine erfasst und ausgewertet. Dieser bildet das wichtigste Kriterium bei der Bestimmung der Relevanz eines Suchergebnisses für die Anfrage des Nutzers und entscheidet darüber, ob man mit seiner Adresse oben oder unten in einer Suchliste ausgewiesen wird. Auch die folgenden Abschnitte des Textes werden durch die Suchmaschine erfasst. Dabei wird die Inhaltsangabe, die bei der Ausgabe der Adressenliste mitgeliedert wird, automatisch erstellt. Somit ist die Formulierung des ersten Absatzes einer Seite wichtig, da die Suchmaschine nach dem einfachen Prinzip »je höher auf der Page, desto wichtiger« vorgeht. Dabei muss diese Formulierung nicht unbedingt auf dem Bildschirm sichtbar sein. Durch Mega-Tags, die eine Seite inhaltlich beschreiben, aber durch den Browser nicht sichtbar gemacht werden, können Schlüsselwörter als relevanter als vielleicht tatsächlich im Text gegeben, ausgewiesen werden.

Verzeichnisse erlauben den Eintrag von Website-Inhabern in entsprechenden Kategorien. Dazu gibt es meist ein Anmeldeformular, das neben den Inhalten auch eine Charakterisierung der Seite erlaubt. Dazu sollten Anmelder eine kurze Beschreibung des Seiteninhalts hinterlegen, die zusammen mit der Adresse nach Anfrage in einer Ergebnisliste des Verzeichnisnutzers ausgegeben wird. Um möglichst weit oben auf der Ergebnisliste platziert zu sein, ist es hilfreich, wenn der Titel einer Website das vom User vorgegebene Suchwort enthält. Eine Platzierung weit oben auf der Ergebnisliste macht die tatsächliche Nutzung wahrscheinlicher, da Nutzer sehr wahrscheinlich die Liste oben beginnend anwählen werden und ihre Suche einstellen, wenn sie die ihnen geeignet erscheinende Information gefunden haben. Je weiter unten ein Eintrag daher auf der Liste platziert ist, desto wahrscheinlicher ist es, dass er nicht mehr aufgerufen wird, weil das zugrunde liegende Informationsproblem bereits gelöst ist. Die Anmeldung wird durch die Mitarbeiter des Verzeichnisanbieters geprüft und dann in das Verzeichnis aufgenommen. Neue Sites werden meist in einer getrennten Rubrik zeitlich begrenzt ausgewiesen.

Hybride Suchmaschinen bieten zusätzliche Verzeichnisse mit den Seiten aus dem Hauptindex an. So wird vermieden, dass Inhalte deshalb nicht gefunden werden, weil sie dem falschen Index zugewiesen worden sind. In hybriden Suchmaschinen kann man daher zwischen Verzeichnissen wechseln und dort jeweils erneut suchen.

Der Eintrag in die diversen Verzeichnisse ist zeitaufwendig. So bieten Dienstleister die Übernahme des Eintrags in die gängigen Suchmaschinen an. Möglich ist auch die automatische Anmeldung durch entsprechende Registrierungs-Software, dabei ist allerdings kein Feintuning des Eintrags möglich, sodass erhebliche Chancen vergeben werden. Dafür können Zeit und Geld eingespart werden.

5.1.3.7 Internet-Werbeformen

5.1.3.7.1 Häufigste Formen

Banner sind Anzeigen im WWW, die mit den Seiten einer Website verknüpft sind. Nach Anklicken des Banner wird eine Verknüpfung zur Website des Werbungtreibenden hergestellt. Banner sind ausgesprochen beliebt und zwischenzeitlich in unterschiedlichen Formen entwickelt. Allen Bannerformen ist gemein, dass sie sich in eine Website integrieren lassen, ein rechteckiges Format besitzen und die Möglichkeit der Interaktion durch User bieten.

Die Größe der Banner hat sich durch Geschäftssitten international auf folgende Formate vereinheitlicht:

- Vollbanner: 468 x 60 Pixels,
- Halbbanner: 234 x 60 Pixels,
- Drittelbanner: 156 x 60 Pixels,
- OMS-Banner: 400 x 50 Pixels,
- Großes Quadrat: 125 x 125 Pixels,
- Kleines Quadrat: 75 x 75 Pixels,
- Großer Button: 130 x 90 Pixels,
- Kleiner Button: 137 x 60 Pixels.

Buttons sind die kleinere Variante der Banner und auch in den Größen 150 x 50 Pixel und 125 x 175 Pixel vertreten. Noch kleiner sind Logos mit einer Größe von 50 x 50 Pixel.

Aufgabe der Banner ist es, die Aufmerksamkeit des Website-User vom eigentlichen Inhalt der Website abzulenken und auf den Banner zu ziehen, um ihn dort zur Interaktion zu bewegen (anklicken). Dabei unterscheidet man verschiedene Arten von Banner:

- **Statische** Banner erlauben nur das Anklicken, woraufsich die Website des Werbungtreibenden öffnet. Da auch Banner zunehmend durch Missachtung bestraft werden, werden sie teilweise getarnt, z. B. in Form eines Windows-Systemmeldungsfensters mit Scrollbar. Ein Betätigen der Scrollpfeile wird als Klick interpretiert und führt zur Webseite.
- **Animierte** Banner bestehen aus verschiedenen Einzelbildsequenzen, die eine Animation erlauben. Dadurch kann mehr Aufmerksamkeit erzielt werden, dennoch bleibt auch hier nur das Anklicken.
- **HTML-Banner** erlauben demgegenüber den Einsatz von Auswahlboxes und Pull Down-Menüs. Dadurch können bestimmte Informationsangebote innerhalb des Banner angewählt werden. Dabei ist auch die Erweiterung um Gewinnspiele o. ä. möglich.
- **Nanosite-Banner** sind praktisch Web-sites im Kleinformat. Sie enthalten verschiedene Elemente, die getrennt angeklickt werden können. Alle Inhalte werden im Bannerfenster dargestellt. Die einzelnen Elemente sind durch Links untereinander verbunden. Allerdings ist die Programmierung recht aufwendig.
- **Transactive Banner** erlauben die Nutzung der Banner-Informationen, ohne dass die Website des Anbieters, der die Banner-Werbung schaltet, verlassen werden muss. Dadurch sind umfangreiche Funktionalitäten in den Banner einzubauen, ähnlich wie bei einer richtigen Website.
- **Rich Media Banner** erlauben die Einbeziehung multimedialer Elemente in Banner, wie 3-D, Video, Audio o. ä.

Zur Verbreitung der eigenen Werbebotschaft hat sich der Banner-Tausch bewährt. Dabei stellt ein Werbungtreibender einem anderen Werbefläche auf der eigenen Website zur Verfügung, wenn dieser im Tausch die Schaltung eigener Werbung auf seiner Website zulässt. Sofern dabei eine Agentur zur Mittlung zwischen geschaltet ist, erfolgt deren Honorierung entweder in Honorar oder verkaufsfähigem Werbeplatz. Dieser Tausch kann bilateral zwischen zwei Werbungtreibenden oder multilateral in Tauschringen erfolgen. Die Organisation solcher Ringe erfolgt meist durch Werbeagenturen. Dabei können Themen spezifische Ringe zusammen geschaltet werden, sodass Nutzern ein echter Mehrwert aus der angebotenen Werbung erwächst. Dazu melden sich Interessenten bei einer Agentur an, welche das Angebot prüft und es einer bestimmten Kategorie bedarfsverbundener anderer Angebote zuweist. Diese Werbungtreibenden stellen sich in einer Navigationsleiste gegenseitig Werbeflächen zur Verfügung.

Interstitials unterbrechen den Internet-User unabhängig von seinem Besuchsverhalten auf einer Website. Beim Aufruf einer bestimmten Seite erscheint diese »Unterbrecherwerbung« als HTML-Seite auf dem Bildschirm, bevor sich die eigentlich angeforderte Seite aufbaut. Dabei erscheint allein der Inhalt des Interstitial im Fenster, wobei dieses Fenster das komplette Bildschirmformat in Anspruch nehmen kann. Die Werbung kann allenfalls durch Anklicken während des Ladens der Daten unterdrückt werden. Je umfangreicher die Daten, etwa bei Einbindung von Grafiken, Animationen etc., desto mehr verlängern sich dadurch die Ladezeiten. »**Echte**« Interstitials werden dort eingeblendet, wo der User nach dem Klick auf den Link die angeforderte Seite im bereits geöffneten Fenster erwartet. Die Einblendung verschwindet dann entweder nach einer gewissen Standzeit selbsttätig oder muss weggeklickt werden. Vorteilhaft wirkt die Erwartungshaltung des User, die angeforderte Information zu erhalten, wo dann tatsächlich Werbung erscheint. **Pop-Up**-Interstitials öffnen ein neues Fenster, tangieren also nicht die beabsichtigte Navigation auf der Website. Allerdings kann bei längeren Ladezeiten das Fenster bereits weggeklickt worden sein, bevor dessen Inhalt fertig aufgebaut ist.

Comet Cursors verändern ihre Form, wenn sie über Websites und Banners bewegt werden. Zum Beispiel kann der Cursor dabei die Gestalt des Logos des Werbungtreibenden annehmen. Dadurch sollen höhere Erinnerungswerte erreicht werden, allerdings ist dafür vom User zuvor ein Installationsprogramm herunterzuladen.

5.1.3.7.2 Andere Werbeformen

Von **Crossmedia** spricht man, wenn mehrere Kommunikationsinstrumente sowohl in klassischen wie in Internet-Medien gemeinsam eingesetzt werden. So können Botschaften von Werbungtreibenden sowohl über TV-Spots oder Printanzeigen verbreitet werden, gleichzeitig aber auf der Website des Werbeträgers, also des Website-Betreibers, integriert sein. Der Werbungtreibende profitiert so von einer mehrkanaligen Ansprache, der Werbeträger kann seinen Kunden ein interessantes Crossmedia-Angebot machen, und die Zielpersonen können sich medienübergreifend ergänzende Informationen einholen.

Bei **Web-Promotions** gibt ein Website-Betreiber Inhalte seiner Website kostenlos an andere Website-Betreiber ab, um erstens seine Inhalte stärker zu verbreiten und zweitens dem Empfänger der Web-Promotion zur Aufwertung seiner Präsenz zu verhelfen. Bei solchen Inhalten handelt es sich zumeist um Datenbanken in Form von Gästebüchern oder um Diskussionsgruppen oder Veranstaltungskalender. Dazu setzt der Übernehmer einen Link auf den entsprechenden Content des Anbieters, die grafische Aufmachung der übernommenen Inhalte kann dabei seiner Präsenz angeglichen werden. Werbungtreibende klinken sich dabei nun als Sponsoren ein, d. h. zahlen dem Anbieter eine Gebühr für die Übernahme seiner Inhalte.

Bei **Affiliate-Programmen** platziert ein Website-Betreiber den Werbebanner eines Unternehmens, das seinerseits über E-Commerce Produkte verkauft. Seine Bezahlung erfolgt als Provision für die über diesen Werbebanner verkauften Produkte. Auf diese Weise kann der Website-Betreiber bei attraktiven Produkten weitaus höhere Einnahmen erzielen als durch Bezahlung für Banner-Werbung. Der Versender Amazon zahlt etwa fünf Prozent Provision und liegt damit eher am unteren Ende der Skala. Die Inhalte der Werbebanner sind zweckmäßigerweise auf den Inhalt der Website abgestimmt. Dem Website-Betreiber entstehen weiter keine

Kosten. Allerdings muss der Partnerprogramm-Anbieter bei der Auswahl seiner Partner auf deren Seriosität achten, da es zu Überstrahlungseffekten kommt.

Cyber Coins sind eine Währung, die den Besuch von Webseiten mit virtuellem Geld belohnt. Die Beträge werden auf einem Kreditkartenkonto gutgeschrieben und können für den Kauf von Produkten, die dem Programm angeschlossen sind, eingesetzt werden. Die Bezahlung erfolgt wiederum durch Werbungtreibende, die sich für den Besuch von Seiten mit ihrer Werbung erkenntlich zeigen.

Newsletters sind eine Form der E-Mail-Werbung, bei der Empfänger vorher ihr Einverständnis für die Adressierung von Botschaften geben (ansonsten rechtlich problematisch). Newsletters sind regelmäßig verschickte E-Mails, die Informationen zu bestimmten Themen enthalten und gleichzeitig als Werbeträger für die Schaltung von Anzeigen genutzt werden können. Der Internet-User abonniert einen Newsletter, indem er ein Anmeldeformular des Newsletter-Anbieters auf dessen Website mit seinen Daten ausfüllt und sein Einverständnis zum Versand der Newsletters an seine Adresse gibt (Permission). Da nur Interessierte sich für solche Nachrichten anmelden werden, kann im Zweifel eine sehr genaue Zielgruppenstreuung erreicht werden. Durch die eigenständige Anmeldung des User brauchen die E-Mail-Adressen nicht selbst generiert oder gekauft zu werden. Werbungtreibende können durch Banner auf der E-Mail-Seite einen Link zu ihrer Homepage herstellen.

5.1.3.8 Chancen und Risiken der Internet-Werbung

Die Informationen des Unternehmens im Internet sind unabhängig von Geschäftszeiten und Filialnetz global abrufbar. Der Aktualisierungsgrad der Informationen ist durch das Unternehmen selbst bestimmbar, ohne Vorlaufzeiten, Redaktions- und Erscheinungstermine oder langwierige Produktionszeiten. Die Aktualisierung von Informationen kann jederzeit erfolgen, die Änderungen sind augenblicklich für Interessenten sichtbar. Die Kommunikation per E-Mail steht als extrem schnelles Instrument zur Verfügung. Damit kann man verzögerungsfrei auf geänderte Marktgegebenheiten, Anfragen, Bestellungen reagieren. Ein direkter Unternehmenskontakt wird möglich, allerdings ist keine Low Involvement-Situation mehr gegeben. Internet-Surfer akzeptieren kaum reine Werbeseiten.

Die dialogische Kommunikation erfordert Vorbereitungen auf Seiten des Absenders, da anstelle der Push-Werbung nunmehr eine Pull-Werbung vorliegt. Push bedeutet in diesem Zusammenhang, dass die Aktion vom Anbieter/Werbungtreibenden ausgeht, der Empfänger wird »berieselt«. Pull bedeutet hingegen, dass die Aktion allein vom Nutzer ausgeht, dieser selektiert bewusst und bricht bei Nichtgefallen die Kommunikation ab. Daher sind reine Werbebotschaften normalerweise denkbar ungeeignet, statt dessen sind individuelle Anreize für die Kontaktaufnahme und Mehrwerte aus dem Kontakt anzubieten.

Als wesentliche Risiken sind die Folgenden zu nennen:

- Obwohl die Anzahl der Internet-User in den letzten Jahren sprunghaft angestiegen ist, ist die Reichweite absolut dennoch gering. Insofern kann sie auf absehbare Zukunft wohl nur eine Ergänzungsfunktion zur klassischen Werbung haben.
- Technische Probleme wie lange Ladezeiten bei hoher Belastung der Übertragungswege sowie qualitativ schlechte Bild- und Tonübertragungen bei multimedialen Anwendungen sind große Hindernisse bei der Nutzung des Internet.

– Zwar ist die technische Nutzung seit Einführung des WWW relativ einfach, trotzdem braucht der Nutzer beim Surfen immer noch gewisse »Computerfähigkeiten«. An deren Verbreitung mangelt es ebenso noch weithin.

Dagegen stehen folgende wesentlichen Chancen:

– Online-Werbung kann die multimedialen Dienste des Internets nutzen. Die Werbeaussagen werden in Form von Texten, Grafiken, Video und Audio in digitalisierter Form dargestellt und können somit zielgruppengerechter gestaltet werden. Die Zielgruppen werden besser erfasst, und der Kontakt zwischen Verkäufer und Käufer ist enger.
– Eine weitere Chance liegt im interaktiven Charakter der werblichen Kommunikation. Der Internet-User hat die Möglichkeit zur Selektion der von ihm gewünschten Informationen, z. B. über den Gebrauch der Hyperlinks. Durch diese gewollte Auseinandersetzung mit den Informationen entsteht ein qualitativ intensiver Kontakt mit der Werbebotschaft, aus dem eine höhere Werbewirkung resultiert. Zudem besteht durch die Interaktivität des Mediums Internet die Möglichkeit, das gewünschte Produkt sofort zu bestellen.
– Das Internet und die dadurch bereitgestellten Informationen stehen 24 Stunden am Tag, 7 Tage pro Woche zur Verfügung. Ist der Internet-User an bestimmten Produkten interessiert, so ist er nicht an die Öffnungszeiten des Handels gebunden. Die Werbung ist somit rund um die Uhr präsent und kommt den individuellen Gewohnheiten des Internet-User entgegen.
– Gleichzeitig wird die geografische Reichweite der Online-Werbung durch den Einsatz im Internet vergrößert, die Werbebotschaft ist weltweit präsent. Somit verfügen auch kleinere und mittlere Unternehmen über die Möglichkeit, global zu werben, indem sie z. B. auf ihrer Homepage verschiedene Sprachalternativen zur Anwahl stellen.
– Online-Werbung kann jederzeit aktualisiert werden. Änderungen im Preis oder in der Art des Angebots können sofort an den Kunden über die Aktualisierung der Website weitergegeben werden, während bei anderen Mediagattungen größere zeitliche Verzögerungen durch Buchung und Produktion der Werbung entstehen.
– Die Nutzung der Online-Werbung kann direkt erfasst und kontrolliert werden, da die Herkunft der kontaktierten Server und die Nutzung der Dateien elektronisch protokolliert werden kann. Somit ist der Werbungtreibende bei der Kontrolle der Reichweite z. B. nicht auf Panels oder Posttests angewiesen. Auf Basis dieser Kontrollmöglichkeiten ist eine Optimierung der Online-Werbung in Bezug auf das Nutzerverhalten möglich.

MindShare, Frankfurt
Plan.net, München
IQ Interactive, Düsseldorf
pilot 1/10, Hamburg
Mediacom, Düsseldorf
Team BBDO, Düsseldorf
Panmedia/HMS, Frankfurt
Cross Media, Düsseldorf
Carat Interactive, Wiesbaden
Jaeschke OM, Hamburg
Sinner&Schrader, Hamburg
IMP, Hamburg
ID, Hamburg
Universal McCann, Frankfurt
More Interactive, Düsseldorf
Pixelpark, Berlin
Y&R Media Edge, Frankfurt
Pixel-Factory, Offenbach
Popnet, Hamburg
Virtual Identity, Karlsruhe

Abb. 219: Große Online-Agenturen 1999 (Quelle: ZAW)

5.1.3.9 Erfolgsmessung der Internet-Werbung

5.1.3.9.1 Messbasis

Wichtigstes technisches Hilfsmittel zur Kontrolle des Internet-Auftritts ist das Logfile des Servers als Protokoll, das die IP-Adresse des anfragenden Servers, das Datum und die Uhrzeit des Zugriffs, die Namen und Dateiformate der abgerufenen Objekte und die übertragene Datenmenge aufzeichnet. Dadurch lässt sich im Rahmen des Webtracking bestimmen, wann und wie das eigene Angebot im Internet genutzt wurde. Darüber hinaus liefern die Logfiles die Basisdaten zur Formulierung der Online-Kennzahlen. Allerdings gilt es, verschiedene Online-Nutzungsvorgänge zu differenzieren. Vor allem ist zu unterscheiden, ob sich der Online-Nutzungsvorgang auf die komplette Website, auf eine einzelne Seite, auf eine Datei oder auf eine personelle Interaktion bezieht. Außerdem ist die zeitliche Dimension des Nutzungsvorgangs zu beachten, also der Zeitpunkt der Nutzung, der Zeitraum der Nutzung und die Reihenfolge der Nutzung einzelner Elemente.

Nutzt ein Internet-User die komplette Website eines Unternehmens im WWW, handelt es sich um einen Site-bezogenen Nutzungsvorgang. Lädt der Internet-User die Homepage als Startseite des gesamten Webauftritts auf seinen Computer herunter, ist dies ein Initialkontakt. Die Zugriffe auf die Homepage werden über Homepage Impressions (häufiger: Page Views) erfasst. **Page Views** sind die Zahl der qualifizierten (technisch einwandfreien und vollständigen) Zugriffe auf eine WWW-Seite, unabhängig von der Menge der darin eingebundenen Ressourcen (z. B. Grafiken). Im Logfile wird ein solcher Kontakt ausgewiesen, wenn der User die Homepage anfordert. Nutzt der Internet-User aber nicht nur die Homepage eines Werbungtreibenden sondern auch weitere Seiten innerhalb dieses WWW-Angebots, ist differenzierter von Visits auszugehen. Eine **Visit** ist ein zusammenhängender Nutzungsvorgang (Besuch) eines WWW-Angebots. Eine Visit ist unter Werbeerfolgsgesichtspunkten höher als ein Page View einzustufen, da dabei nicht nur die Homepage des Werbungtreibenden aufgerufen wurden, sondern konkret einzelne Inhaltsseiten. Eine Visit gilt als abgeschlossen, wenn zehn Minuten lang keine weitere Seite aufgerufen wird. Wird nach dieser Zehn-Minuten-Frist erneut eine Seite des Angebots aufgerufen, wird dies als neue Visit gezählt.

Die Zugriffsdauer zwischen dem ersten und dem letzten Zugriff auf eine Datei einer Website gibt die zeitliche Dimension eines Site-bezogenen Nutzungsvorgangs an. Außerdem wird im Logfile auch die zeitliche Abfolge des Aufrufs einzelner Seiten erfasst, sodass ausgewiesen werden kann, in welcher Reihenfolge und in welchem Zeitabstand einzelne Seiten aufgerufen worden sind.

Da jedoch weiterhin die Möglichkeit besteht, eine Bildschirmseite aus einzelnen HTML-Seiten aufzubauen, die wiederum verschiedene Multimediaelemente enthalten können, ist der Ausweis eines Site-bezogenen Nutzungsvorgangs erforderlich. Diese Elemente werden durch die Erfassung von Page Impressions operationalisiert. Sind auf einer Bildschirmseite Werbeanteil und eigentlicher Inhalt (Content) getrennt, gilt jeder Sichtkontakt mit einer Content-Seite als zusätzlicher Page View für den dazugehörigen Werbeanteil. Als Content-Seite gilt wiederum eine Seite, bei der es sich nicht um eine reine Werbe- oder Navigationsseite handelt. Die Operationalisierung erfolgt dann über Content Page Views. Auch bei der Nutzung der einzelnen Seiten sind die Zeitpunkte der Zugriffe und die Dauer der Nutzung feststellbar.

Der Kontakt zu einer einfachen Datei wird als Hit bezeichnet. Fordert ein Internet-User also eine bestimmte Datei an, die werbetragend ist, weist der **Hit** den Datei bezogenen Nutzungsvorgang aus. Problematisch ist die Erfassung dieser Werte bei Verwendung eines Ad Server, der für die Verwaltung der werbetragenden Datei zuständig ist, während ein zweiter Server für die Bereitstellung des eigentlichen Inhalts (Content) einer Website zuständig ist. Bei Anforderung einer Seite platziert der Ad Server die Werbung auf die dafür vorgesehene Stelle der Seite. Die Erfassung dieses Datei bezogenen Nutzungsvorgangs erfolgt über **Ad Impressions**, wenn eine Werbung tragende Seite angefordert wird. Wird hingegen das Abschicken einer werbetragenden Datei über Ad Server gemessen, handelt es sich um einen **Ad Request**. Klickt ein Internet-User einen Werbebanner an und tritt somit in Interaktion, sind **Ad Clicks** das gegebene Maß. Auch bei den Datei bezogenen Nutzungsvorgängen besteht die Möglichkeit, Zugriffszeitpunkt und Zugriffsdauer (**Ad View Time**) zu messen.

Damit ergeben sich folgende von der Zeitdauer unabhängige Maßzahlen:

- Der Besuch einer Site (bestehend aus mehreren Seiten) wird durch Visits erfasst.
- Der Besuch einer einzelnen Seite wird durch Page Views (auch Page Impressions) erfasst.
- Der Aufruf einer Datei wird durch Hits (auch Ad Requests/Ad Clicks) erfasst.

Als Zeitdauer abhängige Maßzahlen ergeben sich:

- Die Zugriffsdauer auf eine Site wird als Session Length (auch Visit Duration Time) erfasst.
- Die Zugriffsdauer auf eine einzelne Seite wird als Page View Time (auch Webpage Duration Time) erfasst.
- Die Zugriffsdauer auf eine Datei wird als Ad View Time (auch Banner Ad Duration Time) erfasst.

5.1.3.9.2 Online-Kennzahlen

Daraus lassen sich vielfältige Online-Kennzahlen ermitteln. Absolute Kennzahlen entstehen durch Aggregation gleichartiger Nutzungsvorgänge. Die Gesamtzahl der Zugriffe auf eine Homepage der Website innerhalb eines Betrachtungszeitraums wird als Bruttoreichweite (I) ausgewiesen. Dieser Wert entsteht durch Aufaddieren der Anzahl der einzelnen Homepage Impressions, der Initialkontakt entsteht durch Herunterladen der Homepage durch den Internet-User.

Die Nettoreichweite (I) gibt die Anzahl der unterschiedlichen Nutzer einer Homepage an. Sie ist interessant, weil ein Internet-User während eines Nutzungsvorgangs wiederholt auf eine Homepage zugreifen kann. Die Nettoreichweite (I) errechnet sich, indem aus der Bruttoreichweite (I) die Zugriffe auf die Homepage heraus gerechnet werden, die von den gleichen Users mehrfach erfolgen. Diese Differenz stellen User dar, die eine Homepage mehrfach anfordern und somit zu Mehrfachkontakten (I) kommen.

Die Anzahl der Personen, die auf die Homepage einer Site zugegriffen haben, entspricht der Zahl der User. Im Logfile erscheint nur die Anzahl der verschiedenen Hosts, also der ans Internet angeschlossenen Rechner, die von mehreren Nutzern verwendet werden, als Nettoreichweite (I), nicht aber die konkrete Anzahl der Personen, die sich die Homepage heruntergeladen. Um diese Zahl der Nutzer zu ermitteln, sind zusätzliche Informationen erforderlich, wie Namen, E-Mail-Adresse etc. In dem Maße, wie es gelingt, diese zusätzlichen Informationen zu erhalten, werden aus Usern Identified User. Der Zusammenhang ist demzufolge wie folgt:

Bruttoreichweite (I) der Site (= Gesamtzahl der Zugriffe auf die Homepage)
./. Mehrfachkontakte (I) mit der Site
= Nettoreichweite (I) der Site (= Anzahl der Besucher der Homepage)

./. nicht als Nutzer identifizierbare Homepage Impressions
= Nutzer
./. nicht durch demografische Zusatzinformationen identifizierbare Homepage Impressions
= demografisch identifizierbare Nutzer (= Identified Users).

Darüber hinaus weist die Bruttoreichweite (II) die Summe der Visits auf einer Homepage aus. Dadurch werden auch Kontakte auf hinter der Homepage liegende Seiten erfasst. Zieht man von dieser Bruttoreichweite (II) die Anzahl der Mehrfachkontakte (II) ab, so ergibt sich analog die Nettoreichweite (II).

Problematisch ist allerdings die Berechnung der Reichweite über Hits. Indem die Hits sämtlicher Dateien der Website aufaddiert werden, wird eine zu hohe Abrufrate (Hit Rate) vorgetäuscht, da die meisten Websites aus mehreren Dateien bestehen, die bei jedem Aufruf einzeln mitgezählt werden. Eine Relativierung erreicht man, indem man die Anzahl der Hits durch die Anzahl der von Nutzern aufgerufenen einzelnen Dateien dividiert. Dies führt zu einer realistischen Ermittlung auf Hit Rate-Basis. Weitere absolute Kennzahlen sind die durchschnittlich während einer Visit aufgerufenen Seiten und die durchschnittliche Dauer einer Visit.

Für den Ausweis der einzelnen Seite der Internet-Präsenz lässt sich eine absolute Kennzahl durch die Summe der Page Views als Maßzahl für die Kontakte ausweisen. Zieht man davon die Anzahl der Mehrfach-Page Views ab, ergibt sich die Nettoreichweite einer einzelnen Seite. Weiterhin lassen sich durchschnittliche Zugriffszeiten der einzelnen Seiten berechnen.

Für den Ausweis einzelner Dateien wird die Summe der Hits erfasst. Besteht eine Seite nur aus einer Datei, ist diese Zahl identisch mit den Page Views. Reichweitenwerte lassen sich auch für die einzelnen Dateien ermitteln.

Neben diese absoluten Kennzahlen treten notwendigerweise relative Kennzahlen. Dazu können zwei unterschiedliche absolute Kennzahlen in Beziehung zueinander gesetzt werden oder zwei Ausprägungen derselben absoluten Kennzahl. Zudem kann danach unterschieden werden, ob die Wirksamkeit im Mittelpunkt der Analyse steht oder das Kosten-Leistungs-Verhältnis.

Entsprechend dieser Überlegungen ergeben sich Effektivitätskennzahlen und Effizienzkennzahlen. Zunächst zu den **Effektivitätskennzahlen**, die sich auf die Nutzung der kompletten Website beziehen:

- Maschinelle Interaktionsinduktion = Bruttoreichweite II dividiert durch Bruttoreichweite I (hierbei geht es um den Ausweis der Computer-Interaktion),
- Personelle Interaktionsinduktion = Zahl der Online-Erstbestellungen dividiert durch Bruttoreichweite II (dies weist das Erreichen des ökonomischen Kommunikationsziels aus),
- Bindungsvermögen = Zahl der Online-Wiederholungsbestellungen dividiert durch Zahl der Online-Erstbestellungen (dies weist die Fähigkeit zur Generierung von Wiederkäufen aus),
- Systembindung = Zahl der Mehrfachkontakte (I) oder (II) dividiert durch Bruttoreichweite (I) oder (II) (dies weist die Verbundenheit zu einem Angebot aus),
- Kontaktfrequenz der Website = Bruttoreichweite (I) oder (II) dividiert durch Nettoreichweite (I) oder (II) (dies weist die Kontaktfrequenz aus).

Wenn es um die Nutzung der einzelnen Seiten oder Dateien einer Website geht, handelt es sich um folgende relative Kennzahlen:

- Seitenattraktivität = Bruttoreichweite der Seite dividiert durch Nettoreichweite (I) der Website (dies sagt etwas über die Attraktivität der einzelnen Seite),

- Kontaktfrequenz der Seite = Bruttoreichweite der Seite dividiert durch Nettoreichweite der Seite (dies weist die Kontaktfrequenz für eine einzelne Seite aus),
- Platzierungsattraktivität = Anzahl der Hits für eine bestimmte Datei dividiert durch Bruttoreichweite (I) der Website (dies weist die Attrahierung von Nutzern aus),
- Link-Zugriffsrate = Zahl der Ad Clicks von einer fremden Website dividiert durch Bruttoreichweite (I) der eigenen Website (dies weist den Anteil der über einen Link von einer anderen Website zu Stande gekommenen Kontakte an der Anzahl der Gesamtzugriffe auf die eigene Website aus),
- Ad Click Rate = Zahl der Ad Clicks für eine bestimmte Datei dividiert durch Bruttoreichweite der Trägerseite (in %) (dies ist ein Maßstab für den Erfolg einer bestimmten werbetragenden Datei).

Bei den **Effizienzkennzahlen** handelt es sich um folgende:

- Tausend-Kontakt-Preis/TKP = Kosten der Platzierung dividiert durch Reichweitenkennzahl auf Website-, Seiten- oder Dateiebene (x 1.000) (dies gibt das Verhältnis zwischen den Kosten für die Platzierung und der Zahl der Kontakte an),
- Tausend-Kontakt-Preis/TKP = Belegungskosten je Zeiteinheit dividiert durch Ad Impressions je Zeiteinheit (dies gibt die quantitative Effizenz für eine Bannerschaltung an),
- Tausend-Kontakt-Preis/TKP = Belegungskosten je Zeiteinheit dividiert durch Ad Clicks je Zeiteinheit (dies gibt ebenfalls die diesmal qualitative Effizenz für eine Bannerschaltung an),
- Pay per Lead = Kosten der Platzierung dividiert durch Zahl der nach Name, Adresse etc. identifizierbaren Ad Clicks (damit ist ein Ausweis der Effizenz für Zugriffe möglich),
- Cost per Sale/Cost per Order = Kosten der Platzierung dividiert durch Zahl der Online-Bestellungen über die Website (dies ist analog zum klassischen Direktmarketing zu sehen).

Diese Kennzahlen können beliebig in Beziehung zueinander gesetzt werden, z. B. als Ausprägung der Kennzahl für Unternehmen 1 dividiert durch Ausprägung derselben Kennzahl für das vergleichbare Unternehmen 2

5.1.3.9.3 Grenzen und Konventionen der Ermittlung

Für die Ermittlung der Online-Kennzahlen ergeben sich allerdings verschieden Hürden. Eine wesentliche technische Hürde ist der Einsatz von **Proxy-Cache**-Servern, die vorgesehen werden, um die vorhandenen Netzbandbreiten besser ausnutzen zu können. So können Datentransferkosten eingespart werden, indem Cache-Server oft angeforderte Seiten zwischenspeichern. Wenn ein an einen Proxy Server angeschlossener Internet-User eine Website anfordert, prüft der Cache-Server zunächst, ob er die Seite bereits zwischen gespeichert hat. Ist die Website noch nicht im Zwischenspeicher des Cache-Server abgelegt worden, wird die Anfrage an den Server des Anbieters weiter gegeben. Entsprechend erscheint ein Eintrag im Logfile des Anbieters. Ist die Website aber bereits im Speicher abgelegt, so wird diese vom Zwischenspeicher an den Internet-User weitergegeben. Der Server erhält für diesen Fall keine neue Seitenanforderung, folglich erscheint auch kein neuer Eintrag im Logfile des Server.

Ein ähnlicher Effekt ergibt sich durch den Einsatz von **lokalen Cache**-Speichern. Dies sind auf den Rechnern der Internet-User installiert, um die Darstellung bereits durch die Browser übertragener Seiten zu beschleunigen. Praktisch wird z. B. eine werbetragende Homepage eines Anbieters nur einmal angefordert, obwohl der User mehrmals auf diese Seite zugreift. Dies ist etwa bei Nutzung der Rücksprungfunktion gegeben und führt ebenfalls zu einer Verfälschung der Bruttoreichweiten (I) und (II).

Weiterhin wirkt der Einsatz von **Firewalls** verzerrend auf den Ausweis von Online-Kennzahlen. Firewalls sind Sicherheitssysteme, die eine Absicherung des internen Netzes (LAN) von unerwünschten Einflüssen des Internet erreichen sollen (z. B. gegen Computerviren), indem die Firewalls sämtliche interne IP-Adressen auf eine einzige externe IP-Adresse umsetzen. Diese externe IP-Adresse erscheint beim Zugriff auf die Webserver im Logfile, auch wenn verschiedene Angehörige des Intranets auf das Angebot zugegriffen haben.

Außerdem ergeben sich Verzerrungen dadurch, dass mehrere verschiedene User einen Rechnernamen bzw. eine IP-Adresse nutzen können, wie dies im Rahmen der Zuweisung **dynamischer Internet-Adressen** durch Online-Provider erfolgt. Den gerade aktiven Usern wird dabei vereinfachend eine Adresse aus einem Pool an Adressen zugewiesen, sodass auch ein Provider mit relativ wenigen Adressen dennoch eine große Zahl an Nutzern bedienen kann. Zudem arbeiten auch die Online-Dienste mit Cache-Servern, sodass ein korrekter Ausweis von Visits für User einer solchen Gruppe praktisch nahezu unmöglich ist.

Aus der dynamischen Zuweisung von Internet-Adressen resultiert zudem ein Problem der Nutzeridentifikation. Die Messgrößen erfassen zumeist nur die Nutzungsvorgänge der Hosts, der aber wiederum mehrere Nutzer bedient. Zum Ausweis der Anzahl demografisch identifizierter Nutzer ist es jedoch notwendig, eindeutige Informationen über die Nutzer zu generieren. Dagegen steht weiterhin das weit verbreitete Bedürfnis nach Wahrung einer gewissen Anonymität im Netz. Weiterhin kann es innerhalb von Gruppen zu einer Umverteilung von IP-Adressen kommen (etwa bei der Restrukturierung eines Unternehmens).

Aber auch bei der Messung der Zeit bezogenen Online-Kennzahlen sind Verzerrungen gegeben. So können werbetragende Seiten auch betrachtet werden, wenn der User, z. B. aus Gründen der Kostenersparnis, nicht mehr online ist, sondern statt dessen aus dem Arbeitsspeicher seines Computers bedient wird. Damit kann die in Logfiles berechnete Nutzungsdauer einer Seite erheblich kürzer sein als die tatsächliche View Time. Ebenso ist ungewiss, ob der Nutzer sich während der im Logfile erfassten Nutzungsdauer tatsächlich mit der Website befasst.

Außerdem ist eine Verzerrung der Brutto- (I) wie auch der Nettoreichweite (I) dadurch wahrscheinlich, dass Nutzer nicht unbedingt über die Homepage bzw. die dort eingebundenen Links auf eine Website zugreifen, sondern unmittelbar die gewünschte Seite anwählen, wie das etwa bei wiederholtem Besuch und Kenntnis der URL möglich ist oder bei Zuweisung aus den Ergebnissen einer Suchmaschine heraus.

Ebenso ist der Kontakt zu werbetragenden Dateien verzerrungsgefährdet, und zwar immer dann, wenn der Aufbau einer Seite das Herauf- bzw. Herunterscrollen der Inhalte erfordert bzw. ermöglicht. Dies ist bei vorauszusetzenden unterschiedlichen Bildschirmgrößen, etwa bei Laptops, nicht unwahrscheinlich. Bedingt durch die Aufbauzeit der einzelnen Dateien bzw. Texte kann der Nutzer bereits auf einen weiterführenden Link geklickt haben, bevor die werbetragende Datei vollständig aufgebaut ist. Dann wird ein Kontakt zu einer werbetragenden Datei zwar im Logfile angezeigt, ohne dass der User diese aber komplett auf seinem Bildschirm gesehen hat.

Besteht eine Seite aus mehreren Elementen, erscheint der Abruf dieser Elemente (z. B. Multimediaelemente) wie der Abruf der eigentlichen Seite im Logfile. Insofern generiert eine Seite mit vielen solcher Elemente immer eine höhere Anzahl von Hits als eine Seite mit weniger Elementen. Ähnlich ist die Problematik der Frames, wobei für die Auswertung sichergestellt werden muss, dass die Frames zu einer Seite zusammengefasst werden und nicht jeder einzelne Frame als HTML-Seite im Logfile des Servers gezählt wird.

Abhilfe wird durch das **IVW-Messverfahren** zu erreichen gesucht. Dazu haben sich Zeitschriftenverleger (VDZ), Multimedia-Anbieter (DMMV), Zeitungsverleger (BDZV) und Rundfunk- bzw. Telekommunikationsanbieter (VPRT) auf ein einheitliches Messverfahren verständigt, das höheren Ansprüchen genügen soll. Es soll so genau wie möglich messen, d. h. die Effekte der Proxy-Cache-Servers berücksichtigen, also verlässlich das messen, was es vorgibt zu messen (Reliabilität). Gleichzeitig soll das Messverfahren leicht verständlich und transparent bleiben. Alle Werbeplatz-Anbieter sollen darin gleich behandelt werden. Um vertrauenswürdig zu sein, soll es einer gemeinsamen Kontrollinstanz unterliegen, der IVW. Die Belange des Datenschutzes sollen einbezogen werden. Und es soll kostengünstig ausgelegt sein. Als Messwerte werden sowohl Page Views als auch Visits ausgewiesen. Die Summe der Page Views wird als Indikator für die Einschätzung der Attraktivität einer Web-Präsenz zugrunde gelegt. Für den Fall, dass eine Seite aus mehreren Frames zusammen gesetzt ist, gilt jeweils der Inhalt eines Frame als Content, um eine Inflationierung zu vermeiden. Es ist geplant, zeitbasierte Messwerte dafür aufzunehmen, z. B. die Anzahl der Nutzerminuten, während derer ein dynamischer Inhalt sichtbar war.

Die zweite »Währungseinheit« im IVW-Messverfahren sind Visits. Um die Verzerrung durch Proxy-Cache-Server zu minimieren, wird eine Teildynamisierung der HTML-Seiten einer Web-Präsenz vorgenommen, indem ein CGI-Programm bei jedem Seitenzugriff die Übertragung einer ein Pixel großen Grafik vom Webserver des Anbieters erzwingt. Dann wird jeder Seitenzugriff im Logfile protokolliert, ohne dass erkennbar längere Aufbauzeiten entstehen. Außerdem werden die Aktionen des Nutzers im Clickstream sortiert, indem aufeinander folgende Seitenabrufe eines Browser erfasst werden. Dazu werden Zusatzinformationen ausgewertet, die als Header vorliegen (z. B. Forwarded, Via oder User-Agent). Dies identifiziert Browser, die ansonsten im normalen Logfile nicht erscheinen würden. Durch Identifikation der Startpunkte innerhalb eines Clickstream entstehen Visits als Seitenabrufe, die von außen und nicht über einen internen Link erfolgen. Diese Unterscheidung wird durch eine Referer-Variable vorgenommen, die angibt, von welcher Seite auf eine Präsenz zugegriffen worden ist. Nur externe Zugriffe werden als neue Visits gezählt. Damit können allerdings nicht Mehrfachzugriffe aus Firewall-Systemen ausgewiesen werden.

Eine Visit innerhalb eines Clickstream ist beendet, wenn zwischen dem letzten internen Zugriff und einen neuem externen Zugriff mindestens 60 Sek. liegen. Daher erzeugen kurze Besuche anderer Angebote und die anschließende Rückkehr zur ursprünglichen Seite keine neue Visit. Dadurch gehen für die Zählung allerdings Visits »verloren« (es ist von 10–15 % auszugehen). Dies gilt aber für alle IVW-angeschlossenen Werbungtreibenden, insofern ist eine interne Vergleichbarkeit durchaus gegeben. Wer teilnehmen möchte, muss Mitglied in der IVW sein und für jedes teilnehmende Online-Angebot einen nutzungsintensitätsabhängigen Mitgliedsbeitrag entrichten. Die größten Werbung treibenden Anbieter sind dem IVW-Messverfahren zwischenzeitlich beigetreten.

Insofern ergeben sich zahlreiche Erschwernisse in der Analyse. Andererseits sind die Logfiles aber auch kostengünstiger auszuwerten als klassische Formen der Mediaforschung. Außerdem kommt es nicht zu Verzerrungen durch die Wahrnehmung einer Testsituation durch Nutzer. Ebenso beschränken sich die ermittelten Daten nicht auf die Stichprobe.

Die Anzahl der Users einer Website, einer Homepage oder auch einzelner Seiten kann somit sehr wohl als eine Entscheidungsgrundlage für den Einsatz der Online-Werbung dienen.

Tendenziell weist eine hohe Nettoreichweite auf eine relative hohe Zahl verschiedener Hosts hin, eine hohe Kontaktfrequenz weist tendenziell auf eine hohe Zahl wiederholter Kontakte zu einem Host hin. Diese Werte lassen sich dann zu Effizienzkennzahlen relativieren. Allerdings sind dabei die unterschiedlichen Bannergrößen, die abweichenden Preismodelle der Anbieter etc. zu beachten.

Aus der Attraktivität der Internet-Präsenz lassen sich Hinweise auf die Optimierung der Gestaltung gewinnen. Geringe Reichweiten einer Seite weisen etwa darauf hin, dass diese Seite als wenig attraktiv empfunden wird oder zuwenig Links innerhalb der Website oder auf anderen Websites auf diese Seite hinweisen. Niedrige Dateireichweiten weisen deutlich darauf hin, dass die betreffenden Dateien zu lange Ladezeiten haben und womöglich zu aufwendig gestaltet sind. Weist eine Seite eine relativ geringe Zahl an Mehrfachkontakten auf, ist dies ein Indiz für eine möglicherweise mangelnde Aktualität der Inhalte. Eine im Zeitablauf sinkende Zahl von Ad Clicks weist auf eine zu lange Schaltdauer des Banner hin.

Der Vergleich eigener Werte mit denen der Konkurrenz, sofern zugänglich, weist zudem auf noch nicht ausgeschöpfte Potenziale hin.

5.1.3.10 Rechtsaspekte der Internet-Werbung

Als Rechtsbasis der Internet-Werbung sind das Informations- und Kommunikationsdienstgesetz und der Staatsvertrag über Mediendienste anzusehen.

Besteht der Inhalt einer Website im Wesentlichen aus Firmen- und Produktinformationen mit entsprechenden Waren- und Dienstleistungsangeboten, so ist der Anbieter einer Website deutlich zu kennzeichnen, und für die dort vertriebenen Produkte ist eine weitere Markenkennzeichnung vorzunehmen. Inhaltlich sind Websites mit Firmenbroschüren, Katalogen oder Werbeprospekten der klassischen Werbung zu vergleichen, für deren Inhalt das Unternehmen als Anbieter verantwortlich ist. Wie bei der klassischen Werbung auch bemisst sich die Zulässigkeit des Inhalts nach dem Wettbewerbsrecht sowie nach den allgemeinen Gesetzen. Rein redaktionelle und unabhängige Publikationen der Website dürfen keine getarnte Werbung enthalten.

Setzt der Anbieter einer Website Meta-Tags ein, die zu falschen Suchergebnissen führen, so ist dies wettbewerbswidrig. Es dürfen keine irreführenden Suchbegriffe oder gar fremde Firmennamen oder Marken erscheinen.

Erscheint Bannerwerbung auf einer Website mit redaktionellem Inhalt oder auch in einer Suchmaschine, so ist diese als Werbung zu kennzeichnen. Somit soll deutlich gemacht werden, dass es sich nicht um ein weiteres Dienstleistungsangebot des Anbieters der Website handelt. Taucht ein Banner an für eine Werbung gängige Stelle wie am oberen oder unteren Rand der Website auf, so kann auf die Kennzeichnung verzichtet werden. Taucht ein Werbebanner in einem Fließtext auf, so ist ein kurzer Hinweis wie z. B. »Anzeige« nötig. Handelt es sich bei dem Banner um einen Link auf eine werbungführende Website des Werbungtreibenden, so muss dies für den User ersichtlich sein. Außerdem ist wie bei der Website die Irreführung des Nutzers verboten.

Werbungtreibende, die Unterbrecherwerbung einsetzen, haben darauf zu achten, dass der Nutzer nicht den Eindruck erhält, er sei bereits auf der gewünschten Website angekommen. Dies gebietet das Trennungsgebot von Redaktion und Werbung.

Rechtlich problematisch ist das Spamming, d. h. das massenhafte Aussenden von Werbemails, ohne dass diese im Betreff als Werbung gekennzeichnet sind, da somit ein Aussortieren ohne Kenntnisnahme des Inhalts durch den Adressaten nicht möglich ist. Außerdem entstehen dem User Provider- und Telekommunikationskosten, sodass es zu einer nicht unerheblichen Beeinträchtigung für den User kommt. Insofern hat der Empfänger einen Unterlassungsanspruch.

5.1.3.11 Richtlinien für Internet-Werbung

Wegen der rapiden Entwicklung des Internet als Werbemedium hat man sich auf die nun folgenden wichtigen Richtlinien zu dessen sachverständiger Nutzung geeignet, wobei allerdings fraglich ist, ob und inwieweit diese Beachtung finden.

Es ist bekannt, dass derzeit das Usenet der einzige öffentliche »Versammlungsplatz« ist. Es ist daher ein legales und angemessenes Forum, um Werbung zu präsentieren. Die Verbreitung von Werbung an News Groups im Usenet wird aufgrund der demografischen Merkmale und/oder der Interessen der Benutzer der jeweiligen News Group geschehen. Dadurch wird sichergestellt, dass es sich bei den ausgewählten News Groups um diejenigen handelt, die von Personen benutzt werden, die wahrscheinlich an bestimmter Werbung interessiert sind. Alle kommerziellen Nachrichten sollten als solche zu erkennen sein, sodass die User, bevor sie diese lesen, darüber informiert sind (z.B. durch das Kennzeichen »Ad« im Header aller kommerziellen Nachrichten). Inserenten sollten das Recht jedes einzelnen Internet-Users respektieren, dass sie durch den Einsatz von bereits vorhandenen oder in der Entwicklung befindlicher Technologien kommerzielle Nachrichten herausfiltern können. Jeder Internet-Provider sollte es unterlassen, diese Entscheidung für seine Kunden zu treffen, alles andere ist Zensur. Werbung sollte nur dann verbreitet werden, wenn man davon überzeugt ist, dass die Informationen für Internet-User wirklich nützlich sind. Die Aufnahme nützlicher Informationen in die Werbung sollte gefördert werden.

Werbung sollte wahr sein und alle signifikanten Fakten darlegen, durch deren Verschweigen die Öffentlichkeit ansonsten irregeführt würde. Werbeagenturen und Inserenten sollten dazu bereit sein, die von ihnen erhobenen Behauptungen auch zu beweisen. Werbung soll von Aussagen, Illustrationen oder Andeutungen frei sein, die im Gegensatz zum guten Geschmack und zur öffentlichen Moral stehen. Werbeaussagen sollen durch Beweise erhärtet werden können, die sich im Besitz des Inserenten oder der Werbeagentur befinden, bevor diese Aussagen gemacht werden. Eine Werbung als Ganzes kann evtl. irreführend sein, auch wenn jeder einzelne Satz, für sich betrachtet, der Wahrheit entspricht. Eine ungenaue Darstellung kann nicht nur aus den gemachten Aussagen, sondern auch durch das Weglassen oder Verbergen elementarer Tatsachen entstehen. Inserenten, die Empfehlungsschreiben und/oder Referenzen in ihre Werbung aufnehmen, sollten sich dabei auf Sachverständige beschränken, deren Meinung ehrlich ist oder ihre Erfahrungen reflektiert. Die Zusammenstellung und das Layout einer Werbung sollten so gestaltet sein, dass mögliche Missverständnisse minimiert werden. Inserenten sollten nicht wissentlich Werbung entwerfen, die irreführende Preisangaben enthält. Werbung sollte den Einsatz übertreibender oder nicht zu beweisender Behauptungen vermeiden. Inserenten sollten nicht wissentlich eine Werbung verbreiten, die Behauptungen enthält, die durch die Aussagen von Fachleuten oder wissenschaftlichen Autoritäten nur unzureichend unterstützt werden, oder welche die wahre Bedeutung dieser Aussagen sogar in ihr Gegenteil verkehren. Werbung mit Garantien sollte eindeutige und ausreichende Informationen enthalten, sodass Konsumenten die Laufzeit ebenso wie die Einschränkungen abschätzen können. Falls zeitliche Einschränkungen oder Platzprobleme solche Mitteilungen ausschließen, sollte die Werbung jedoch deutlich machen, wo der vollständige Text der Garantie vor dem Kauf zu lesen ist. Werbung sollte keine Produkte oder Dienstleistungen zum Kauf anbieten, solange sich der Anbieter nicht ernsthaft darum bemüht, auch tatsächlich diese Produkte oder Dienstleistungen zu verkaufen, sondern diese lediglich dazu dienen, Kunden zu anderen Gütern oder Dienstleistungen hinzuführen, die in der Regel einen höheren Preis aufweisen.

Als allgemeine Hinweise ohne verbindlichen Anspruch gelten folgende: Online-Werbung sollte nur auf aktuellen und nutzbringenden Sites platziert werden. Sie sollte unaufdringlich sein und eine Überfrachtung der Seiten vermeiden. Die Kontrollmechanismen zur Analyse und Optimierung der Werbeflächen sollten genutzt und die dazu gebotenen technischen Möglichkeiten ausgeschöpft werden (z.B. dynamische Banner, Sponsored by ...). Eine interessante Gestaltung der Sites versteht sich von selbst, ebenso das Angebot von Responsemöglichkeiten und die Differenzierung nach Zielgruppen. Die Werbeflächen sollten regelmäßig aktualisiert und optimiert werden. Wichtig ist zu vereinbaren, dass nur tatsächliche Kontakte bezahlt werden. Möglichst ist die Online-Werbung in die klassische Medienwerbung zu integrieren.

5.2 Schauwerbung

5.2.1 Abgrenzung

Unter Schauwerbung werden jene Formen der Werbung verstanden, die sich ortsgebunden im Rahmen von Veranstaltungen oder dauerhaft an eine Vielzahl physisch präsenter Personen wenden (Abb. 220). Deren Aufmerksamkeit soll mit Hilfe spezieller Werbemittel erreicht und ihre Involvierung durch Überzeugung intensiviert werden. Schauwerbung hat die Inszenierung des Angebots zum Ziel.

Abb. 220: Schauwerbung

5.2.2 Arten der Schauwerbung

5.2.2.1 Messen und Ausstellungen

5.2.2.1.1 Bedeutung

Die **Messe** ist ein organisierter Markt als zeitlich begrenzte Veranstaltung, die im Allgemeinen regelmäßig am gleichen Ort mit bestimmtem Platz oder zusammenhängender Fläche stattfindet. Sie wird von einer natürlichen oder juristischen Person als Veranstalter durchgeführt und hat eine Vielzahl von Ausstellern, vornehmlich aus dem produzierenden Gewerbe sowie Großhandels- und Dienstleistungsunternehmen. Sie stellt das wesentliche (nahezu umfassende) Angebot eines oder mehrerer Wirtschaftszweige, mindestens aber das nationale Angebot überwiegend anhand von Mustern vor. Die Waren werden tatsächlich ausgestellt oder in beschränktem Umfang nach Katalog vertrieben. Die Leistung wird dann nach Beschreibung, Katalog oder Modell spezifiziert. Zugang besteht regelmäßig nur für Fachbesucher, gelegentlich auch für private Besucher in begrenztem Umfang während bestimmter Öffnungszeiten. Der Vertrieb erfolgt an gewerbliche Wiederverkäufer, gewerbliche Verbraucher aller Wirtschaftsbereiche, Großabnehmer, gelegentlich auch Letztverbraucher. Der Eintritt erfolgt im Allgemeinen gegen Entgelt.

Die **Ausstellung** zeigt ein repräsentatives Angebot oder mindestens einen charakteristischen Ausschnitt eines oder mehrerer Wirtschaftszweige oder Wirtschaftsgebiete durch die Präsentation von Waren sowie die Information über das Angebot zum Zweck der Absatzförderung. Daneben findet auch ein Handverkauf nach Muster, Modell, Beschreibung, Katalog oder sonstiger Abbildung statt. Regelmäßig ist der Zugang nur für private Besucher und den Vertrieb an Letztverbraucher (evtl. mit Beschränkung auf bestimmte Zeiten) gegeben. Ein Eintrittsgeld wird normalerweise nicht erhoben.

Deutschland ist durch seine geografische Lage im Herzen Europas und durch seine wirtschaftliche Bedeutung vor allem im Außenhandel ein wichtiger Messe- und Ausstellungsplatz. Die Information wird ein zunehmend wichtiger Rohstoff (4. Produktionsfaktor), die Angebotsvielfalt steigt und erschwert sachgerechte Entscheidungen. Erfahrungsaustausch und persönliches Vertrauensverhältnis werden dadurch immer wichtiger. Gleichzeitig nimmt auch die Erklärungsbedürftigkeit von Produkten zu. Diese Entwicklung kommt dem Messe- und Ausstellungswesen entgegen. Diese Veranstaltungen nehmen ihrer Natur nach Funktionen in der Distributions- und Kommunikationspolitik wahr. Die Mehrzahl der Teilnehmer sieht die Messe- und Ausstellungsbeteiligung als integrierten Bestandteil des Marketing-Mix, denn sie ist multifunktional einsetzbar und verbindet die Unternehmenspräsentation nach gewünschter Breite und Tiefe mit dem persönlichen Kontakt zu Zielpersonen. Darüber hinaus kommt es zum wirksamen Feedback von Markt und Interessenten zum Aussteller. Messen und Ausstellungen sind damit anders als viele Medien unmittelbar wirksam und bieten eine direkte Responsemöglichkeit. Auch moderne Kommunikationstechnologie kann diese Funktion nicht ersetzen, denn der persönliche Kontakt zu Kunden wird immer mehr zum strategischen Erfolgsfaktor im nationalen und internationalen Wettbewerb. Die besondere Effizienz, etwa im Vergleich zum individuellen Besuch bei potenziellen Kunden vor Ort, liegt aber darin, dass nirgendwo sonst so viele und so kompetente Fachleute eines Gebiets in so kurzer Zeit erreicht werden können wie auf Messen und Ausstellungen. Weiter von Vorteil ist die Pflege des Kontaktes zum Kundenstamm, Treffs dort frischen Kontakte auf und intensivieren sie.

Messe- und Ausstellungsbeteiligungen lassen sich zudem bestens mit anderen Kommunikationsmaßnahmen kombinieren, insbesondere der Vor- und Nachbereitung von Käufen. Sie bieten ein Konzentrat der Situation ausgewählter Märkte. Deshalb sind sie für gewöhnlich für alle ernstzunehmenden Anbieter Pflichtveranstaltungen, ebenso wie für engagierte private und gewerbliche Nachfrager.

Messen und Ausstellungen haben einen hohen Erlebnischarakter und sprechen alle menschlichen Sinne an. Sie fördern damit einen ungleich engeren Kontakt als jegliche andere Medien, mit Ausnahme des Handelsplatzauftritts. Die Kontaktintensität korreliert unmittelbar mit dem Ausmaß kommunikativer Beeinflussung, sodass angenommen werden darf, dass hiervon eine hohe Überzeugungswirkung ausgeht.

Messen und Ausstellungen gewährleisten und vergrößern die Markttransparenz. Sie schaffen eine aussagefähige Marktübersicht und ermöglichen es, die Akzeptanz der Abnehmer für Neuprodukte zu testen. So werden auch neue Märkte erschlossen. Durch die Präsenz innerhalb des angestrebten Umfelds und die Kontaktchance zu Zielpersonen gelingt es Anbietern, in neue Märkte einzudringen.

Messen und Ausstellungen ermöglichen schließlich einen direkten Vergleich von Preis und Leistung für Einkäufer, da einerseits die unmittelbare Demonstrationsmöglichkeit für Nutzen besteht und andererseits dieses Preis-Leistungs-Verhältnis mit dem anderer Anbieter effektiv verglichen werden kann.

Der Prozess der Kommunikation als Austausch von Nachrichten kann auch für die Messe- und Ausstellungsveranstaltung nachvollzogen werden. Der Aussteller mit seiner Präsentation, seinen Produkten und seinem Standpersonal tritt vorrangig als Informationssender auf, der Besucher hat die Rolle des Informationsempfängers, und die Veranstaltung selbst dient als Medium.

Messen und Ausstellungen können aufgrund ihres Ereignis- und Erlebnischarakters viel intensiver und aktiver Informationen über ein Angebot vermitteln als die meisten anderen Kommunikationsinstrumente. Deshalb kommt ihnen eine ziemlich einzigartige Stellung zu. Als Nachteil wirkt allerdings die geringe Disponibilität dieser Veranstaltungen infolge ihres institutionalisierten Charakters mit turnusmäßigen Abständen, festen Austragungsorten und langen Anmeldefristen.

Messen und Ausstellungen können wegen ihrer Multifunktionalität individuell genutzt werden und führen zu gezieltem Kontakt entsprechend der Informationsbedürfnisse der Interessenten. Produktvorteile können durch Demonstration hervorgehoben werden. Die Unternehmenskultur wird durch Standgestaltung, -lage und -infrastruktur dargestellt.

Messen und Ausstellungen helfen, die eigene Stellung am Markt in Relation zum relevanten Mitbewerb besser einschätzen zu können. Messen bieten Lerneffekte aus dem Verhalten der Konkurrenz, dem man sich anpassen oder von dem man sich absetzen kann. Sie sind vor allem interessant für Anbieter von technischen Gebrauchsgütern und Spezialprodukten, die ein hohes Maß an Erklärungsbedürftigkeit aufweisen, außerdem immer dann, wenn Neuheiten effektvoll vorgestellt werden sollen.

5.2.2.1.2 Ausprägungen

Eine Beteiligung sollte mindestens auf drei Teilnahmezyklen ausgelegt sein, da eine nur einmalige Teilnahme das Bild verzerrt und vor allem die Chance vertan wird, die einmal geknüpften Erstkontakte in Folge zu vertiefen.

Als mögliche **Ziele** der Aussteller können neben anderen genannt werden:

- Kennenlernen neuer Märkte und entdecken von Marktnischen,
- Überprüfung der Konkurrenzfähigkeit des eigenen Angebots,
- Erkundung von Exportchancen,
- Orientierung über die Branchensituation,
- Austausch von Erfahrungen mit Partnern der gleichen und der gegenüberliegenden Marktseite,
- Anbahnung von Kooperationen,
- Beteiligung an Fachveranstaltungen im Rahmenprogramm,
- Erkennen von Entwicklungstrends,
- Kopplung mit ergänzenden, individuellen Maßnahmen,
- Abschluss bzw. Abschlussvorbereitung anlässlich der Veranstaltung,

- Ausbau persönlicher Kontakte zu bestehenden Kunden,
- Kennenlernen neuer Abnehmergruppen,
- Steigerung der Anbieterbekanntheit bei potenziellen Kunden,
- Feedback über Wünsche und Ansprüche von Abnehmern,
- Sammlung von Marktinformationen durch persönlichen Eindruck und Werbemitteleinsicht,
- Ausloten von Preissetzungsspielräumen,
- Terminvereinbarung für Follow up-Gespräche,
- Akzeptanzprüfung des eigenen Angebots,
- Vorstellung von Produktinnovationen, auch durch Prototypen.

Als mögliche Ziele der Besucher können genannt werden:

- Marktüberblick auch über benachbarte Fachbereiche,
- Abschätzung der konjunkturellen Situation und Perspektive,
- Vergleich von Preisen und Konditionen,
- Identifizierung von Anbietern bestimmter Produkte,
- Anregungen durch neue Produkte und deren Anwendungsmöglichkeit,
- Frühzeitige Erkennung von Branchentrends,
- Orientierung über die technische Funktion und Beschaffenheit von Produkten,
- Besuch von Tagungen und Sonderschauen im Rahmenprogramm,
- Persönliche Weiterbildung,
- Schaffung und Ausbau von Geschäftskontakten,
- Abschlussverhandlungen bzw. -vorbereitungen.

Universalveranstaltungen fassen Wirtschaftsgüter aller Art zusammen. Aufgrund der wachsenden Breite des Angebots und der gleichzeitig steigenden Tiefe sind diese jedoch kaum mehr darstellbar. Allenfalls gibt es Mehrbranchenveranstaltungen, d. h. solche, die das wesentliche, gut gegliederte Angebot mehrerer Industrie-, Handels-, Dienstleistungs- und Handwerksbereiche zeigen. Demgegenüber dominieren Fachveranstaltungen. Dabei erfolgt eine Einengung des ausgestellten Programms hinsichtlich klar definierter Kriterien. Dies sind meist Produktmerkmale, es kann aber auch nach Abnehmern, Techniken, Verfahren, Themen etc. gegliedert werden. Kongressveranstaltungen besitzen neben der Messe- und Ausstellungsfunktion einen ergänzenden Konferenzteil. Einen Boom erleben Verbraucherveranstaltungen in Bereichen wie Freizeit, Garten, Tourismus, Auto, Hauswirtschaft, Bauen etc. Die zunehmende internationale Verflechtung führt zur Entwicklung europäischer oder gar globaler Ereignisse. Im Gegenzug entwickeln sich regionale oder auch lokale Ereignisse mit entsprechend interessierten Teilnehmern und Besuchern.

5.2.2.1.3 Beurteilung

Die Vielzahl der Messen und Ausstellungen erzwingt eine Bewertung und Auswahl von Veranstaltungen, damit der Finanzrahmen nicht gesprengt wird (Abb. 221). Als Auswahlkriterien dienen u. a.:

- Übereinstimmung von Veranstaltungsumfeld und eigenen Beteiligungszielen,
- Repräsentatives Angebot,
- Erreichung der Zielgruppe (aktuelle Kunden/neue Interessenten).

Basisinformationen vermitteln die Handbücher des AUMA (Ausstellungs- und Messe-Ausschuss der Deutschen Wirtschaft e.V.) und der FKM (Gesellschaft zur freiwilligen Kontrolle von Messe- und Ausstellungszahlen). Erstere geben eine komplette Übersicht über die nationale und internationale Messelandschaft, Letztere erfassen zuverlässig Ausstellungsflächen, Aussteller- und Besucherzahlen. Des Weiteren stellt der DIHT (Deutscher Industrie- und Handelstag) Informationen zur Verfügung. Schließlich sind auch Messegesellschaften selbst, Handwerkskammern, Wirtschaftsverbände und Außenhandelskammern behilflich. Zum Informationsmaterial gehören:

- Katalog zu vormals gelaufenen Veranstaltungen,
- Angebotsgliederung und Nomenklatur (Warengruppengliederung),
- Entwicklung der Aussteller- und Besucherzahlen,
- Besucherstrukturangaben,
- Ergebnisse von Teilnehmerbefragungen,
- Markt- und Branchenanalysen.

Hannover Messe
CeBIT, Hannover
Buchmesse, Frankfurt
Int'l Tourismus-Börse, Berlin
ANUGA, Köln
AMBIENTE, Frankfurt
Tendence, Frankfurt
Achema, Frankfurt
Automechanika, Frankfurt
Eisenwarenmesse, Köln
BAUMA, München
Möbelmesse, Köln
IAA-Nutzfahrzeuge, Hannover
EMO, Hannover
ISH, Frankfurt
IAA-Pkw, Frankfurt
Grüne Woche, Berlin
Funkausstellung, Berlin
Drupa, Düsseldorf
boot, Düsseldorf

Abb. 221: Große Messen in Deutschland (Quelle: AUMA)

Messen und Ausstellungen sind ausgesprochen kostenträchtig. Daher ist eine genaue Budgetplanung unerlässlich (Abb. 222).

Als **Kostenpositionen** sind vor allem die folgenden wichtig:

- Kostenbeitrag an den Veranstalter. Dieser berechnet sich nach den belegten Quadratmetern und der bestellten Standart. Diese Position umfasst neben der Standmiete Serviceleistungen (Energieversorgung, Sicherheit, Zutrittskontrolle etc.) und vorverkaufende Maßnahmen (Werbung, Pressemitteilung etc.).
- Kosten für Exponate. Hierbei handelt es sich um Vorführmodelle und deren Transport bzw. Installation.
- Standbaukosten und Standversorgung. Hier ergeben sich die Möglichkeiten des allgemeinen Systemstands, d. h. vorgefertigter, genormter und daher universell einsetzbarer Teile, des eigenen Systemstands, der individuell angepasst und mehrfach verwendbar ist, sowie des gänzlich individuellen Standbaus. In jedem Fall ist die Standausstattung zu stellen (incl. Technik).
- Kosten für unterstützende Maßnahmen wie Werbung, Presse, Verkaufsförderung. Die Werbung des Veranstalters bringt die Besucher auf das Gelände, erst die Werbung des Ausstellers bringt sie aber womöglich an den Stand.
- Personalkosten für Vorbereitung, Organisation, Nachbereitung, aber auch Unterkunft, Verpflegung, Transport während der Veranstaltung, Standauf- und -abbau, Kleidung etc.

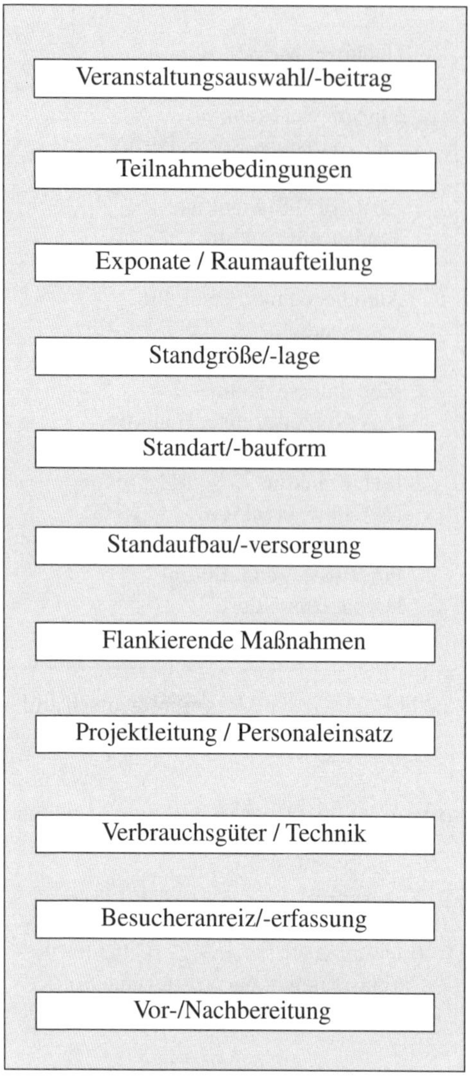

Wichtige weitere Positionen bei Messekosten sind hier im Einzelnen genannt.

- Flächen-/Raumkosten: Standmiete, Werbebeitrag an Messeorganisation, AUMA-Beitrag (im Inland), Einschreibegebühren, Miete für Tagungsräume und Nebenkosten;
- Exponatkosten: Herstellkosten des Exponats (sofern nicht zum Verkauf bestimmt), Modell, Verpackung, Transport, Zwischenlagerung, Leergut, Fracht/Zoll, Hebezeuge, Montage, Demontage, Versicherung, Displays;
- Standbaukosten: Standentwurf, Standmodell, statische Berechnung, Messestand (Fundament, Unterkonstruktion, Podest, Teppichboden, Bodenbelag, Wandkonstruktion, Deckenkonstruktion, Einbauten, Treppen, Beleuchtung, Grafik/Übersetzung, Klimatisierung, AV/Video/Film, Aufbauleitung, Montage, Demontage, Transport, Zoll/Carnet, Verpackung, Zwischenlagerung der Verpackung, Dekoration, Bereitschaft, Zusatzleistung und Änderung, Honorar nach HOI);
- Standausstattung: Möblierung (Miete, Bau), Küchenausstattung, Lagerausstattung, Pflanzen, Büromaterial, Bürogeräte, Rufanlage, Beschallung, Transportkosten;
- Standversorgung: Strom (Anschluss, Verbrauch), Wasser, Druckluft, Gas, Telefon (Anschluss, Verbrauch), Telex (Anschluss, Verbrauch), TV-Anschluss, Datenleitung, Reinigung, Bewachung, Versicherung;

- Veranstaltungsauswahl/-beitrag
- Teilnahmebedingungen
- Exponate / Raumaufteilung
- Standgröße/-lage
- Standart/-bauform
- Standaufbau/-versorgung
- Flankierende Maßnahmen
- Projektleitung / Personaleinsatz
- Verbrauchsgüter / Technik
- Besucheranreiz/-erfassung
- Vor-/Nachbereitung

Abb. 222: Messen und Ausstellungen

- Personalkosten: Standbesetzung (evtl. Freizeit), Spesen (Reisekosten, Übernachtungen, Tagesspesen), Lohnkosten (Dolmetscher, Hostessen, Bedienung, Küche, Reinigung), Messekleidung (Anschaffung, Reinigung), Personalessen, Ausstellerausweise, Parkausweise, Namensschilder, Schulungskosten;
- Werbekosten: Direct Mail, Eintrittsgutscheine, Werbegeschenke (Insertion, Katalogeintrag, Außenwerbung, Sonderdrucksachen, Give Aways), PR-Kosten (Presseinformation, Pressekonferenz, Presseempfang, Pressemappen, Pressegeschenke, Bewirtung), Aktionen am Stand (Gewinnspiele, Darbietungen).

Zur Beteiligung an Messen und Ausstellungen gibt es, vor allem im Ausland, öffentliche Fördermittel. Dabei sind auch Gemeinschaftsbeteiligungen durch Bundesländer, Branchen etc. möglich. Der Anmeldeschluss liegt sechs bis achtzehn Monate vor der Veranstaltung. Die Beteiligungsunterlagen umfassen gemeinhin Geländeplan, Hallenplan, Anmeldeformular, Serviceangebot, Platzangebot, Standbedingungen, Vorschriften. Die Abfrage umfasst die Positionen:

- Mindest- bzw. Maximalgröße des Stands, Breite und Tiefe,
- Lage in der Halle oder im Freigelände,
- Standart (Reihen-, Eck-, Kopf-, Blockstand),
- Bauweise (Geschosszahl),
- Gewünschte Abweichungen von Aufteilungsraster oder Standbauweise,
- Ausgestellte Produkte (zur Branchengliederung),
- Unteraussteller.

In den Teilnahmebedingungen werden die Vertragskonditionen wie Zulassung, Standmiete, Zahlungsbedingungen, Vertragsrücktritt, Auf- und Abbauzeiten, Angaben über Baumaterialien, Standhöhe, Bodenbelastbarkeit, technische Installationen (Infrastruktur), Bestimmung über Feuerschutz, Unfallverhütung, Sicherheitsvorschriften, Haftung, Versicherung etc. geregelt. Dienstleistungen des Veranstalters umfassen Vermietung von Ständen, Möbeln, Bodenbelägen, Küchen, Beleuchtungen, AV-Technik, Logistikleistungen, Lagerflächen, Zimmerreservierungen, Standreinigung und -überwachung, Installationen, Versicherungen, Telecom-Anschlüsse, Aushilfskräfte, Fotos, Dekomaterialien etc. Dazu gehören auch Ausstellerausweise, kostenlose Eintrittskarten, Parkausweise etc. Wichtig sind auch die Eintragungsformulare für Katalog und Informationssystem. Die Eintragung erfolgt meist alphabetisch nach Firmenname, nach Warenverzeichnis und nach Hallen. Anzeigen sind dort ebenso möglich wie eine Beteiligung am Rahmenprogramm. Der Veranstalter stellt umfangreiche Werbemittel für Aussteller zur Verfügung, z. B. Presseverteiler für Fachzeitschriften, Druckvorlagen für Signets und Lagepläne, Besucherprospekte, Siegelmarken für Briefaufkleber, Eintrittskarten-Gutscheine, Messekalender etc. Zur Besucherwerbung dienen Briefaufkleber, Einladungsbriefe und -prospekte, Gewinnspiele, Anzeigenwerbung, Katalogeintrag und -anzeigen, Eintragung in Besucherinformationssysteme sowie Außenwerbung. Hinzu kommen Pressemitteilungen.

5.2.2.1.4 Organisation

Die organisatorische Abwicklung sieht zunächst einen Termin- und Ablaufplan vor, der sämtliche Tätigkeiten in ihrer zeitlichen Reihenfolge festlegt (Netzplan). Der Stand selbst gliedert sich in die eigentliche Präsentationsfläche, die Besprechungsbereiche und Nebenräume (wie Lager, Garderobe, Technik, Büro).

Hinsichtlich der **Standart** unterscheidet man:

- den Reihenstand, der einseitig nur nach einem Gang hin offen ist und neben weiteren Reihenständen steht,
- den Mittelstand, der zweiseitig offen zu zwei parallel verlaufenden Gängen ist,
- den Eckstand, der am Ende einer Reihe steht und nach zwei Seiten hin offen ist, zum Haupt- und zum Quergang,
- den Kopfstand, der am Ende einer Reihe steht und nach drei Seiten offen ist, zu zwei Hauptgängen und einem Quergang,

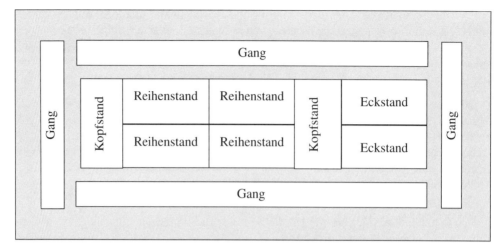

Abb. 223: Messestand

- den Blockstand, der nach allen Seiten hin offen ist (gut und teuer),
- den Freigeländestand.

Außerdem ist die Lage des Stands innerhalb einer Halle von Bedeutung (Abb. 223). Der **Standbau** beinhaltet Entscheidungen über:

- Miete, Leasing oder Kauf des Stands. Damit sind unterschiedliche organisatorische Aufwendungen verbunden.
- Standbauweise (System- oder konventioneller Bau). Die Vorteile des Systembaus liegen in preisgünstigen, vorgefertigten, passgenauen Teilen, guter Transport- und Lagerfähigkeit, geringem Personal- und Werkzeugbedarf bei Auf- und Abbau, großer Stabilität, Vielseitigkeit und Anpassungsfähigkeit.

Nach den **Bauformen** unterscheidet man:

- Offene Standbauweise, d. h. keine sichtbehindernden Außenflächen,
- Halboffene Standbauweise, d. h. teilweise werden Außenflächen vorgesehen,
- Geschlossene Standbauweise, d. h. nur Außenflächen als Sichtsperren. Die Standfläche ist dann weiter untergliedert (Raumteiler, Dekowände, Kabinen etc.).
- Erstellung des Stands in Eigenleistung, Einsatz einer Messebaufirma als Generalunternehmer, Einsatz von Architekt und Messebaufirma gemeinsam, Einsatz von Architekt mit Ausschreibung für Bau. Dafür sind die Parameter Kostenhöhe, Arbeitsumfang, Erfahrung und Vertrauen ausschlaggebend.
- Standaufbaubestimmungen (Standhöhe, Abstände, Standprofil etc.), technische Bedingungen (Feuerschutz, Sicherheitsbestimmungen, Strom, Wasser, Gas, Druckluft, Telekommunikation, AV-Medien, Bürotechnik) und Lage (Besucherstromrichtungen, Halleneingänge, Standnachbarn, Funktionsbereiche etc.).

Die **Standarchitektur** berücksichtigt:

- ein Ordnungsschema für die Messebesucher zu deren Orientierung,
- ein verbales und visuelles Informationsangebot und Präsentationskonzept,
- die Möglichkeit zum praktischen Kennenlernen der Exponate,
- die Möglichkeit zu persönlichem Kontakt mit Beratern.

Dazu sind Faktoren zu beachten wie Raumaufteilung, Bauweise, Fußbodenbelag, Deckengestaltung, Blenden und Verkleidungen, Stand- und Objektbeleuchtung, technische Aufbauten, Standausstattung, Farbgestaltung, Einrichtung etc. Dabei lassen sich die Tischebene (Besprechung, Bewirtung), die Podestebene (Information, Demonstration), die Schriftebene (Tafel, Display) und die Kennzeichnungsebene (Firma, Abteilung) unterscheiden. Bei der Identifikation ergeben sich dementsprechend die Fern-, die Nah- und die Detailerkennung.

5.2.2.1.5 Vor- und Nachbereitung

Die **Personalplanung** und -auswahl im Standbetrieb erfordert vor allem:

- ausgeprägte theoretische und praktische Fachkenntnisse zur kompetenten Erläuterung,
- Kontaktfreudigkeit und Aufgeschlossenheit zur Herstellung von Kundenverbindungen,
- sicheres und gewandtes Auftreten als Repräsentant des vertretenen Unternehmens,
- guten sprachlichen Ausdruck zur differenzierten Darstellung der Angebotsvorteile, möglichst Fremdsprachenkenntnisse,
- Anpassungsfähigkeit an ungewohnte und ungewöhnliche Situationen, möglichst Veranstaltungserfahrung,
- Belastbarkeit, da Messen und Ausstellungen gemeinhin mit einigem Stress verbunden sind.

Zum Standpersonal selbst gehören:

- Unternehmensrepräsentanten der Führungsebene,
- Standleiter, der verantwortlich für den Standbetrieb ist,
- Technisches Personal für Vorführungen, Anschlüsse etc.,
- Kaufmännisches Personal für Beratung, Verkauf etc.,
- Länderreferenten und Dolmetscher,
- Auskunftspersonen zur Repräsentanz und Information,
- Servicepersonal für Büro, Bewirtung, Bedienung, Bewachung, Reinigung etc.

Zur Einstimmung bietet sich eine Schulung oder ein Event-Training an. Kerninhalte, die dabei vermittelt werden, sind Kenntnisse über das eigene Produkt- und Diensteangebot, über Entgelte und Konditionen, Wettbewerber und Wettbewerbsangebote, Zielgruppen, Besucherstruktur der Veranstaltung, wichtige Kunden und Interessenten, schriftliche Erfassung von Besucherkontakten, Standordnung und Dienstplan, Messeplatz und -gelände etc. Fertigkeiten, die dabei vermittelt werden, betreffen vor allem Interessentenansprache und Gesprächsführung.

Dem Standleiter kommen besondere Aufgaben zu wie die Standabnahme vor Beginn der Veranstaltung, die Aufgabendelegation an Mitarbeiter, die Überwachung des Dienst- und Anwesenheitsplans, der Empfang wichtiger Besucher (VIP's) und die Berichterstattung an die Unternehmensleitung über Ergebnisse. Außerdem bietet sich eine tägliche Lagebesprechung am Stand an. Falls erforderlich, ist zudem ein Verhaltenskodex zu vereinbaren. Auf einem gut organisierten Stand ist gewährleistet, dass dieser zu jeder Tageszeit sauber und ordentlich aussieht, dass keine Engpässe bei Verbrauchs- und Verzehrgütern entstehen, dass alle technischen Einrichtungen am Stand reibungslos funktionieren, dass die Standordnung und die

Dienstzeiten exakt eingehalten werden, dass die Stimmung durchweg freundlich und entspannt sowie stets eine umfassende Besuchererfassung und kompetente Besucherberatung gegeben ist. Im Übrigen kann die Veranstaltung auch zur Marktforschung genutzt werden, indem Art und Umfang der Präsenz von Mitbewerbern, deren Exponate und Werbematerialien sowie die Besucherfrequenz beobachtet und ausgewertet werden.

> Praktische Details, an die bei der Messestandsausstattung zu denken ist, sind etwa:
> – Aschenbecher, Besen, Blumen, Vasen, Bürsten, Ersatzlampen, Fensterleder, Feuerlöscher, Fleckentferner, Feuerzeuge, Gerätestecker, Handtücher, Handwerkszeug, Heftpflaster, Heizgeräte, Isolierband, Klebebänder, Kleiderbügel, Kleiderbürsten, Luftreiniger, Medikamente, Nähzeug, Papierkörbe, Reinigungsmittel, Sicherungen, Schaufeln, Scheren, Schutzhüllen, Spiegel, Staubsauger, Staubtücher, Taschenlampen, Ventilatoren, Verlängerungskabel, Anwesenheitsliste, Auftragsblöcke, Berichtsbögen, Schreibmittel, Briefbogen, Büroklammern, Diktiergeräte, Farbstifte, Firmenstempel, Formulare, Gummiringe, Hefter, Leim, Lieferverzeichnis, Locher, Namensschilder für Standpersonal, Notizblocks, Ordner, Quittungsblocks, Taschenrechner, Schnellhefter, Schreibmaschinen, Stadtplan, Telefonverzeichnis, Terminkalender, Umschläge, Visitenkarten, Abfallcontainer, Besteck, Büchsenöffner, Filterpapier, Flaschenöffner, Geschirrtücher, Gläser, Kaffeemaschine, Kochplatte, Kochtöpfe, Korkerzieher, Kühlschrank, Müllbeutel, Papierservietten, Seife, Spülmittel, Tabletts, Tassen, Teller, Unterteller, Zuckerdosen, Salzsteuer, belegte Brote, Bier, Cola, Fertiggerichte, Fruchtsäfte, Gebäck, Kaffee, Mineralwasser, Salzgebäck, Sekt, Suppen, Tee, Wein, Zigaretten, Besucherliste, Erfrischungstücher, Gästebuch, Streuartikel, Werbegeschenke etc.

Wichtig ist auch die **Nachbearbeitung** der Veranstaltung. Dazu gehört im Einzelnen:
- die Auswertung der Gesprächsinhalte hinsichtlich Produkten, Anwendungen, Verfahren, Kundenwünschen etc.,
- die Erfassung der Gesprächsschwerpunkte nach technischen, kaufmännischen Inhalten, allgemeiner Unternehmensinformation, weiterem Beratungsbedarf, Angebotsabgabe, Bemusterung, Akquisition etc.,
- der Nachfass durch Dankschreiben an wichtige Kunden, schnelle Zusendung von Unterlagen, Gesprächsvermittlung im eigenen Haus, Informationsanrufe, Anfragebearbeitung.

Bestehen Erfassungsbögen, kann auf Informationsschwerpunkte und Termine eingegangen werden. Kunden/Interessenten, die nicht erschienen sind, können über das Ausstellungsprogramm schriftlich informiert werden. Daraus ergibt sich schließlich die Möglichkeit zu einer gewissen **Erfolgskontrolle** durch:

- Ermittlung aller Teilnahmekosten,
- Dokumentation über Abschlüsse, Kontakte, Informationsgewinnung,
- Auswertung der Besuchererfassung,
- Vergleich der Besucherstruktur am Stand mit den angestrebten Zielgruppen, mit früheren Beteiligungen sowie den allgemeinen Strukturerkenntnissen,
- Auswertung der Teilnehmerbefragung des Veranstalters,
- Berücksichtigung der Branchenkonjunktur,
- Eigene Veranstaltungswerbung und Einladungsaktionen,

- Beurteilung der Standlage, -größe und -ausstattung,
- Bewertung von Motivation und Qualifikation des Standpersonals,
- Ergebnisse der Manöverkritik am Stand und subjektive Einschätzungen des Standpersonals,
- Analyse der Präsentation der Mitbewerber,
- Presseresonanz der Beteiligung.

Dies dient als Entscheidungsgrundlage für weitere Beteiligungen.

5.2.2.2 Handelsplatzauftritt

Ein anderer wichtiger Bereich der Schauwerbung ist der POS-Auftritt. Er dient der Identifizierung, Information und Auslobung des Angebots durch Innenarchitektur und findet im Verkaufslokal des Händlers statt. Und zwar dort im Schaufenster oder Eingangsbereich des Geschäfts mit dem Ziel, dabei Aufmerksamkeit zu erregen und Interesse zu erzeugen, das Geschäft zu betreten. Damit gelangt der potenzielle Kunde in die direkte Einflusssphäre des Händlers. Bedeutsam ist dabei für Hersteller, dass durch Dekorationsmittel wie Lichtaccessoires, Aufsteller, Aufkleber etc. kein generisches Ambiente geschaffen wird, sondern die eigene Markenpersönlichkeit dominiert, und der Handel nur als Location dafür dient. Ebenso ist die Fassadengestaltung von Einfluss auf die Anmutung.

Nach dem **Inhalt** handelt es sich bei der Schaufensterwerbung um:

- Stapelfenster, d. h. Primat der gezeigten Warenvielfalt,
- Bedarfsfenster, d. h. orientiert an konkretem Nachfragebündel,
- Fantasiefenster, d. h. kreative, freie Gestaltung,
- Anlassfenster, d. h. spezifisch thematisierte Auslegung,
- Puppenfenster, d. h. mit Schaufensterpuppen,
- Luxusfenster, d. h. nur wenige exponierte Objekte,
- Warenhausfenster, d. h. ohne Rückwand.

Nach der **Anordnung** der präsentierten Produkte kann es sich handeln um:

- Reihe, d. h. mengendominiert, endlos,
- Chaos, d. h. bewusst willkürlich,
- Geometrie, d. h. systematisch geordnet,
- Szene, d. h. kontextbezogen.

Nach den angesprochenen **Zielpersonen** kann es sich handeln um:

- Fernstrom, d. h. andere Straßenseite betreffend,
- Nahstrom, d. h. von rechts das Schaufenster passierend,
- Gegenstrom, d. h. von links das Schaufenster passierend,
- Fahrstrom, d. h. im Fahrzeug vorbeifahrend.

Ebenso ist die Werbung im Innenraum bedeutsam. Eine Vielzahl von Kaufentscheidungen findet erst in der unmittelbaren Nähe der Warenplatzierung statt. Dabei können nur wahrgenommene Warenofferten in diese Entscheidung einbezogen werden. Deshalb ist es unerlässlich, für die deutliche Präsenz der Marke am Handelsplatz zu sorgen. Dies geschieht durch der Produktpräsentation dienende Einrichtungsmittel wie Displays, Warenregale, Schütten etc. Die autonomen Ziele der Absatzmittler erschweren jedoch die Umsetzung der Handelsplatzwerbung durch Hersteller.

Akustisch kann hinsichtlich Schnelldurchsagen, d. h. vorproduzierter oder live gesprochener Ansagen, sowie Sales Commercials (Ladenwerbespots) unterschieden werden. Verbreitet, wenngleich ökologisch angreifbar, ist die Werbung auf Tragetaschen. Neu werden die Transportbänder an den Kassen und die Fußböden als Werbeflächen entdeckt.

Eine ganz neue Funktion wird dem Handelsplatz angesichts drohender Werbeverbote zukommen. Diese werden nämlich nur die Mediawerbung betreffen, nicht aber die POS-Werbung.

5.2.2.3 Events

Bei Events handelt es sich um eigeninszenierte Ereignisse ohne Verkaufscharakter in Form erlebnisorientierter firmen- oder produktbezogener Veranstaltungen, die den Zielpersonen emotionale und physische Reize darbieten, die zu einem starken Aktivierungsprozess führen. Events sind also für die Rezipienten meist besondere, außergewöhnliche oder einmalige Ereignisse, die in begrenztem zeitlichen und räumlichen Umfang stattfinden und von einem Unternehmen inszeniert werden.

Event-Marketing umfasst demnach die Planung, Organisation, Durchführung und Kontrolle sämtlicher Maßnahmen, die in begrenztem zeitlichen und räumlichen Umfang stattfinden, die von seiten des Unternehmens veranstaltet werden, die für den Rezipienten ein Erlebnis darstellen, die der Kundeninteraktion und dem Kundendialog dienen und durch die in einem zielgruppengerechten Umfeld die Kommunikationsziele des Unternehmens erreicht werden sollen.

Dazu gehören alle Bestandteile moderner Kommunikation, die dazu beitragen, eine Erlebnisstrategie zu entwickeln und zu vermitteln wie interaktive Präsentation, Abenteuer, Wettbewerb, Show/Unterhaltung etc. in Natur, Sport, Kultur, Hobbybereich etc. mit den Elementen Dramatisierung, Objektivation und Publikumsplattform. Events unterscheiden sich bewusst von der Alltagswirklichkeit der Zielgruppe. Sie setzen Werbebotschaften in tatsächlich erlebbare Ereignisse um, d. h. inszenierte Markenwelten. Sie werden zielgruppenfokussiert als Bestandteil eines Konzepts integrierter Unternehmenskommunikation ausgerichtet und stehen für eine hohe Kontaktintensität. Dabei werden die Teilnehmer aktiv einbezogen.

Beispiele für Events sind arbeitsorientierte Veranstaltungen (z. B. Schulung, Seminar, Symposium, Kongress), Infotainment (z. B. Kick Off-Meeting, Road Show, VADM-Konferenz) oder Freizeit orientierte Veranstaltungen (z. B. Party, Incentive-Reise). Sie sind im Einzelnen durch die Merkmale der Einmaligkeit, Erlebnisorientierung, Mobilisierung, Interaktion, Unterhaltung, Aktivierung, Informationsaufnahme, Planungsaufwendungen und Internalisierung gekennzeichnet.

Weiterhin gibt es anlassbezogene Events (z. B. Jubiläum, Festakt, Gala, Aktionärsversammlung), Anlass und Marken orientierte Events (z. B. Neueinführung, Pressekonferenz) und Marken orientierte Events (z. B. Händlerpräsentation/Hospitality). Sie sind im Einzelnen durch die Merkmale der Konzentration, Integration, Variabilität, Einsatzhäufigkeit, Abnutzung, Exklusivität, Streuverluste, Wirkungspersistenz und Kooperationseignung gekennzeichnet.

Schließlich kann man nach dem Zusammenhang zwischen Event und zugrunde liegendem Zweck nach produktaffinen Events, anlassaffinen Events, imageaffinen Events, zielgruppenaffinen Events und auf das Know-how bezogene Events unterscheiden.

Zur Realisierung werden Prominente, attraktive Locations und aufwendige Caterings eingebunden. Die Präsentation erfolgt meist über Multimedia und Effekte wie Beleuchtung, Dekoration, Musik, Ausrüstung etc.

Events verlangen nach vielfältigen Vorbereitungen, die etwa folgende Elemente betreffen:

- Art der Veranstaltung (öffentlich/privat), Ziel der Veranstaltung, Termin der Veranstaltung (Werktag/Wochenende), Dauer der Veranstaltung (stundenweise, ganztägig, mehrtägig), Ort der Veranstaltung (innerhalb, im Freien, Räumlichkeiten, Anforderungen), Festlegung der inhaltlichen und zeitlichen Abläufe (Vorbereitung, Aufbauten, Begrüßung, Reden, Essen, Rahmenprogramm, Aufräumen etc.), Beantragung von Genehmigungen (Feuerwerk, Sperrstunde etc.), Festlegung der Personenzahl (VIP's, Erwachsene, Kinder, Presse etc.), Sponsoren-Suche, Treffen von Vorsichtsmaßnahmen, Gestaltung und Herstellung relevanter Drucksachen (Einladungen, Anzeigen, Plakate etc.), Festlegung weiterer werblicher Maßnahmen, Auswahl und Festlegung von Art und Umfang der Bewirtung (kostenlos, warm/kalt, Getränkeauswahl etc.), Organisation von Aushilfspersonal (Service, Garderobe etc.), Gestaltung der Räumlichkeiten (Inventar, Dekoration, Beleuchtung, Beschallung etc.), Gestaltung des Rahmenprogramms (Musik, künstlerische Darbietung, Tombola etc.), Gestaltung des Kinderprogramms, Redner und Referenten.

5.3 Produktausstattung

5.3.1 Packung

Die Produktausstattung erhält kaufentscheidende Bedeutung vor allem im Bereich der ungeplanten Käufe (Abb. 224). Oft profiliert sie ein Angebot auch erst zum Mitbewerb und gegenüber Nachfragern. In diesem Zusammenhang werden mindestens fünf Begriffe teilweise synonym verwendet, die sich dennoch mehr oder minder deutlich gegeneinander abtrennen.

Die **Packung i.e.S.** hat als Kennzeichen, dass sie untrennbar mit dem Produkt verbunden ist. Als Wechselvokabeln werden auch Design und Styling benutzt. Beispiele sind die Shampoo-Flasche, ohne die eine Lotion nicht verwendbar scheint. Oder die Cola-Büchse, ohne die das Getränk nicht verfügbar wird. Oder die Spray-Dose, ohne die der Haarlack nicht brauchbar ist. Insofern ist die Packung das Ergebnis der dauerhaften Vereinigung von Packgut (Produkt) und Packmittel. Die Packung umschließt das Packgut und wird von Abnehmern als Verkaufseinheit angesehen.

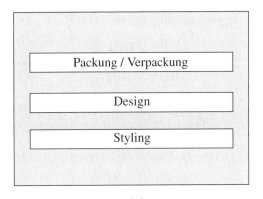

Abb. 224: Produktausstattung

Die **Verpackung** ist im Gegensatz dazu dadurch gekennzeichnet, dass sie nur abtrennbar mit dem Produkt verbunden ist und vor dessen Ge- bzw. Verbrauch entfernt werden kann/muss. Beispiele sind das Einschlagpapier einer Schokoladentafel, die Stanniolhülle bei portioniertem

Speiseeis oder die Cellophanierung bei abgepacktem Obst. Kombinationsverpackungen sind aus verschiedenen Werkstoffen (Verbundstoffe) hergestellt (z. B. bei Schokolade).

Die **Umverpackung** hat logistische Gründe. Sie ist also nicht Bestandteil des Produkts, sondern dient der leichteren Lagerung und dem besseren Transport bereits abgepackter Produkte sowie für Werbezwecke und zur Erschwerung von Diebstahl. Beispiele sind die Blisterhülle um mehrere kleine Schokoladenriegel, die ansonsten nur schwer zu handeln sind. Oder die Kartonage um den Sixpack-Bierdosen, der damit mit einem Griff zu tragen ist oder der Stangeneinschlag für zehn Zigarettenpackungen. Man spricht hier auch vom Packstück, das lager- und versandfähig ist.

Die **Ausstattung** dient der werblichen Aufmachung des Produkts. Denn zweifellos kommt dem Produktäußeren eine hohe akquisitorische Wirkung zu. Beispiele sind die Etikettierung der Obststeige zur Absenderkennzeichnung. Aber auch die Bauch-, Hals- und Kronkorkenetiketten bei Getränkeflaschen sowie die Aufkleber und Deckelbedruckungen auf Joghurtbechern.

Die **Aufmachung** ist die anlassbezogene Gestaltung eines Produkts. Darunter versteht man also Produktzusätze, die auf Besonderes hinweisen. Beispiele sind Sticker zur Kennzeichnung eines Sondergebindes oder Neuprodukts. Oder die spezielle Geschenkaufmachung anlässlich Ostern, Muttertag oder Weihnachten. Oder der Zusatzhinweis auf ein positives Testergebnis.

Der Packung kommen vielfältige Funktionen beim Warenweg zwischen Hersteller und Handel, beim Verkaufsvorgang im Handel und beim Ge- bzw. Verbrauch durch Abnehmer zu. Im Einzelnen handelt es sich um die **Rationalisierungs-**, die **Kommunikations-** und die **Verwendungserleichterungsfunktion**. In der Summe dienen diese Funktionen der Ermöglichung bzw. Steigerung der Verkehrsfähigkeit eines Produkts, sind also grundlegend für dessen potenziellen Markterfolg.

Die Rationalisierungsfunktion der Packung drückt sich aus in Bezug auf Logistik, Dimensionierung und Information. Der Reihenfolge nach zur:

- **Logistik.** Hierzu gehören die:
  - **Transportverbesserung** durch Manipulationserleichterung bzw. -reduzierung. Dies betrifft die Anforderungen der Stabilität, Greifbarkeit, Kippsicherheit etc. Da immer mehr Produkte über immer weitere Entfernungen transportiert werden, kann hier durch schlüssige Berücksichtigung bereits die Grundlage für Absatzmittler- bzw. -helferakzeptanz und niedrige Ausfallrate gelegt werden.
  - **Verbesserung der Lagerfähigkeit/Lagerkontrolle.** So ist etwa die Scanning-Fähigkeit zu nennen. Dazu bedarf es einer glatten, gut zugänglichen Fläche zum Auftrag des Strichcodes. Oder die Sicherheit vor versehentlicher Öffnung, vor Schwund und Diebstahl. Dies wird durch Öffnungssicherungen, durch Abschluss der Ware vom Umfeld oder durch Flächen-/Volumenvergrößerung erreicht.
  - **Robustheit der Packung/Schutz.** Hierzu gehört der Schutz vor Außeneinwirkungen wie Hitze, Kälte, Staub, Nässe etc. Aber auch der mechanische Schutz vor Stoß, Erschütterung, Druck etc. Logistische Rationalisierung führt oft zu wenig feinfühliger Manipulation der Ware. Dabei muss die Packung den Inhalt vor Einschränkung der Gebrauchseignung wirksam schützen.
  - **Stapelbarkeit der Packung.** Dies gilt sowohl im Lager als auch im Verkaufsraum, da moderne Betriebstypen des Handels praktisch lagerlos arbeiten. Dies beinhaltet eine günstige Relation zwischen Standfläche und Packungshöhe, Materialverstärkungen an den Kanten und Ecken und dichte Füllung mit Ware.

- **Dimensionierung**. Hierzu gehören die:
  - **Mengeneinteilung.** So sorgen verschiedene Inhaltsgrößen für die bedarfsgerechte Portionierung von Produkten. Der Käufer kann die ihm jeweils sinnvoll erscheinende Menge wählen, wobei sich ein Widerspruch zwischen dem Trend zu Einpersonenhaushalten auf der einen und Großpackungen mit Ersparnisvorteil auf der anderen Seite ergibt.
  - **Gebindegröße**. Hierunter sind Multipacks zu verstehen, die mehrere (selbstständige) Einzelprodukte zu einer Einheit verbinden. Dies geschieht meist, um den Absatz zu forcieren, da gekaufte Produkte nun mal auch verbraucht werden, oder um den Eindruck besonderer Preisgünstigkeit zu suggerieren. Problematisch ist allerdings der dabei meist auftretende Doppelpackungsaufwand.
  - **Abfüllungsnormierung**. Das Eichgesetz schreibt einheitliche Abfüllgrößen vor bzw. die deutliche Kennzeichnung der Abfüllung auf der Packung. Damit soll der Gefahr einer Irreführung des Publikums dadurch vorgebeugt werden, dass unterschiedliche Füllmengen/Gewichte keinen überschaubaren Preisvergleich mehr zulassen.
  - **Regalflächennutzung.** Zum Beispiel nutzen quaderförmige Joghurtbecher den ohnehin äußerst knappen Platz in der Kühltruhe besser aus als die herkömmlichen kegelstumpfförmigen Behältnisse. Dies trifft vor allem auf besonders aufwendige, maschinell unterstützte Präsentationen zu. Runde Behältnisse führen bei Gefriertruhen dann dazu, dass viel ungenutzter Raum gekühlt wird.
- **Information**. Hierzu gehören die:
  - **Warenwirtschaft**. Dies betrifft technische Angaben, vor allem den unvermeidlichen Strichcode für die Scanner-Einlesung. Entsprechender Platz muss auf allen Packungen vorgesehen sein. Außerdem gehören dazu Angaben über Bestellnummer, Packungskonsistenz, Recyclingfähigkeit etc.
  - **Anwendungssphäre.** In diesem Zusammenhang geht es um Hinweise betreffend Einsatz (z. B. Indikation bei Arzneimitteln), Nutzung (z. B. Hauttyp bei Kosmetika), Mischung (z. B. Blend bei Kaffees), Intensität (z. B. Dosierung bei Waschmitteln) etc. des Produkts. Aber auch für dessen Zubereitung (z. B. bei Fertigsuppen), Zutaten (z. B. bei Speiseeis), Servierung (z. B. bei Kuchenmischungen) oder Aufbewahrung (z. B. bei Lebkuchen).
  - **Pflichtangabe**. Hierzu gehören die Texte für Inhaltsangabe (z. B. Nährwerte, chemische Analyse), Haltbarkeit/Verfallsdatum, Gefahrenzeichen bei gefahrengeneigten Produkten, Warenzeichen bzw. Lizenznehmer. Einfluss darauf nehmen zahlreiche Gesetze.

Bei den bisher genannten handelt es sich um originäre Packungsleistungen, die zwar vielfältige, letztlich aber begrenzte Möglichkeiten der Leistungsdifferenzierung bieten. Dieser Funktion kommt nun, wie immer, die Kommunikation nach.

Die Kommunikationsfunktion der Packung drückt sich aus in Bezug auf die

- **Präsentation**. Hierzu gehören die:
  - **Anmutung** in der Zielgruppe. Hierbei kommt der Packung eine besonders wichtige Funktion zu. Bei objektiv oder subjektiv neuen Produkten wird mangels eigener oder anderweitiger Erfahrung von der Packung auf das darin befindliche Produkt geschlossen. Deshalb ist es entscheidend, dass die Packung die Anmutung vermittelt, die mit dem Produkt gemeint ist, statt missverständliche oder falsche Signale zu geben.
  - **Differenzierung/Identifizierung** durch Farbgebung, Schrifttyp, Oberfläche, Material etc. Nun muss die Packung nicht nur den zutreffenden Wertausdruck vermitteln, sondern darüber hinaus noch die Absetzung vom Mitbewerb erreichen. Einerseits sind

dafür zahlreiche Restriktionen gegeben, andererseits aber auch beinahe unendliche Möglichkeiten.
- **Verkaufserleichterung**. Hierzu gehören die:
  - **Auffälligkeit** zur Selbstverkäuflichkeit. Große Teile des Angebots, vor allem Konsumprodukte, werden heute über Selbstwahl durch den Kunden entschieden. Von daher kommt der Packung eine extreme akquisitorische Bedeutung zu (Kaufaufforderung selbst bei vielfältigen Ablenkungen).
  - **Werbeaussage**. Diese ist besonders bei durch Massenkommunikation beworbenen Produkten wichtig. Sie stellt die Verbindung zwischen gelernter Botschaft aus den Medien und dazugehörigem Produkt am POS her. Im Rahmen der kommunikativen Verkettung gehören Auslobungen über Material, Rohstoff, Güte, Verfahren, Technologie, Know-how, Wirkung, Komposition, Effekt etc. zu wesentlichen Argumenten.
- **Qualitätsauslobung**. Hierzu gehören die:
  - **Markierung**. Dies meint die deutliche Absenderkennzeichnung in Form eines Markenzeichens und -namens, dem überragende akquisitorische Wirkung zukommen kann, indem von der bekannten/vertrauten Marke auf die Qualität des diese Marke tragenden Produkts geschlossen wird. Dem liegt zugleich eine Konditionierung der Entscheidung zugrunde.
  - **Herkunftskennzeichnung**. Dies meint die technische Herstellerangabe mit Firmierung, Ort etc. Diese ist im Gegensatz zur Marke nur von untergeordneter Bedeutung. Oft wirkt sie auch regelrecht desillusionierend, wenn z. B. die Alpenvollmilchschokolade aus Bremen kommt, statt wie ausgelobt aus dem Schweizer Alpenhochland.
  - **Produktbezeichnung**. Damit wird die Wiedererkennbarkeit aus dem Relevant Set der Gedächtnisleistung erreicht sowie auch die relative Position innerhalb einer Produkthierarchie oder -varietät. Dies gilt etwa für semantisch bedeutsame Zusätze wie Krönung, Gala, Super etc. oder Light, Extra, Normal etc. Somit können mehrere Einzelprodukte gegeneinander differenziert werden.

Die Verwendungserleichterungsfunktion (Convenience) der Packung drückt sich aus in Bezug auf die:
- **Dosierung** für Verbrauch oder Entnahme. So geben Packungen teilweise die Portionierung vor und vereinfachen damit die Nutzung bzw. das Öffnen und Verschließen. Zu denken ist etwa an Perforierung oder Ausstanzung einzelner Produkteinheiten (z. B. bei Tabletten), an Bruchstege (z. B. bei Schokoladetafeln) oder Messbehältnisse (z. B. bei Flüssigwaschmitteln). Dadurch wird der praktische Gebrauchsnutzen konkret gesteigert.
- **Mehrfachnutzung** durch Schutz und Aufbewahrung. Dies gilt z. B. für alle Packungen, die wiederverschließbar sind und damit nach Entnahme eine leichte spätere Nutzung ermöglichen. Dazu dienen etwa Adhäsionsverschlüsse, Verschlussklappen, Schraubkappen, aufklappbare Deckel etc. Dies gilt für alle Produkte, die nicht in einem Zug, sondern zeitlich gestreckt verbraucht werden und ist konstitutiv wichtig bei verderblichen Waren.
- **Sichtbarkeit des Inhalts**. Damit kann nicht nur der Füllstand kontrolliert werden, sondern auch der Zustand des Innern. Daraus ergibt sich das Signal zur Ersatzbeschaffung oder zum forcierten bzw. verlangsamten Verbrauch bzw. der Nachfüllung. Die Sichtbarkeit wird meist über transparente Folien, über Sichtöffnungen oder durchscheinendes Material erreicht.
- **Entsorgung**. Diese Funktion rückt dramatisch in den Mittelpunkt der Diskussion. Hier gilt die Rangfolge der Vermeidung vor der Verringerung und vor der Verwertung von

- Packstoffen (z. B. Kunststoff), d. h. Materialien,
- Packmitteln (z. B. Holzkisten), d. h. Behältnissen,
- Packhilfsmitteln (z. B. Füllstoffe), d. h. Beilagen.

Per Gesetz wird hier Vorsorge für die Retrodistribution getroffen (Duales System Deutschland GmbH/»Grüner Punkt«).

5.3.2 Design und Styling

Design betrifft die Entwicklung neuer (Innovationsdesign) und die Optimierung bestehender (Redesign), industriell gefertigter bzw. zu fertigender Produkte und Produktsysteme für die physischen und psychischen Bedürfnisse der Benutzer-(Ziel-) gruppen auf Grundlage ästhetischer, wirtschaftlicher und ergonomischer Analysen mit Hilfe der Gestaltungsmittel Form, Farbe, Material und Zeichen. Die Ästhetik von Produkten ist im Rahmen der Lebensstilgesellschaft ein wichtiger Differenzierungsfaktor und bringt die eigenen kulturellen Ansprüche an das Umfeld zum Ausdruck. Anders als bei dieser dominanten Leistungsdimension geht es bei der Ökonomie um die effiziente Gestaltung von Aufwand und Nutzen durch Design. Es handelt sich damit eher um eine Funktion der Wertanalyse. Die Anforderung der Ergonomie tritt schließlich in den Vordergrund, seit nicht mehr die Form der Funktion folgt, sondern die Miniaturisierung eine zunehmend eigenbestimmte Gestaltung von Produkten erlaubt.

Design meint in diesem Zusammenhang die geschmackliche Gestaltung einer Warenhülle als Verpackung, die vom Produkt abtrennbar ist, als Umverpackung, die logistischen Zwecken dient, und als Aufmachung, die Anlass bezogen erfolgt. Dazu gehören auch On Packs wie z. B. Zugaben. Aufwendige Ausstattung fördert einerseits die Kaufbereitschaft, ist allerdings andererseits in Zeiten zu schonender Ressourcen gerade bei schwer abbaubaren Materialien bedenklich, da sie das Entsorgungsproblem nur weiter erhöht.

Beispiel für Design-Grundsätze bei Braun:
- Gutes Design ist innovativ.
- Gutes Design verbessert den Produktnutzen.
- Gutes Design ist ästhetisch.
- Gutes Design zeigt die logische Struktur des Produkts, die Form folgt der Funktion.
- Gutes Design ist klar.
- Gutes Design ist ehrlich.
- Gutes Design ist langlebig.
- Gutes Design ist durchgehend konsistent bis ins letzte Detail.
- Gutes Design ist ökologisch bewusst.
- Gutes Design beschränkt sich auf das Notwendigste.

Vom Handwerk grenzt sich Design durch die Trennung von Entwurf und Realisation sowie industrielle, serielle Generalität ab, von der Kunst durch seine ge- oder verbrauchstechnische Funktionalität. Angestrebt wird das fortgeschrittenste, gerade noch akzeptierte Design, das verfügbar ist (Most Advanced Yet Available/MAYA). Dadurch kommt es zu einer Evolution des Geschmacksempfindens.

Styling beinhaltet die geschmackliche und sachliche Gestaltung der Ware als Packung, die untrennbar mit dem Produkt verbunden ist. Dabei handelt es sich um den Korpus nach Größe,

MetaDesign plus, Berlin
Frogdesign, Altensteig
Peter Schmidt Studios, Hamburg
DMC, Hamburg
Meiré&Meiré, Wiesbaden
Team Peter M. Scholz, Berlin
wir Design, Braunchschweig
Kroehl Identity Consultants, Frankfurt
Hesse Designstudios, Düsseldorf
Windi Winderlich Design, Hamburg
Büro X, Hamburg
Design for Business, Düsseldorf
Alexander Demuth, Frankfurt
Brösske, Meyer&Ruf, Düsseldorf
Factor Design, Hamburg
Kuhn, Kammann&Kuhn, Köln
Via 4 Design, Nagold
Xplicit, Frankfurt
Baumann&Baumann, Schwäbich-Gmünd
Lothar Böhm, Hamburg
Trust Corporate Culture, Frankfurt
Sec Kommunikation, Osnabrück

Abb. 225: Große Designagenturen in Deutschland

Form, Material, Oberfläche, Farbe, Symbolik und deren Kombinationen. Ästhetische Anforderungen werden hierbei oft von funktionellen determiniert. Die Ausstattung erhöht nun idealerweise gleichzeitig den Gebrauchswert. Zu Zeiten computerintegrierter Fertigung sind zudem kostengünstige Kleinserien, z. B. als Sondermodelle, möglich. Eine Individualisierung kann aber auch durch **Labelling** erreicht werden, wie das etwa bei Modeartikeln geschieht. Wiederum wird dadurch die Identifizierungs- und Differenzierungsfunktion von Produkten unterstützt.

5.4 Verkaufsförderung

5.4.1 Absatzkanal

Distribution umfasst ganz allgemein alle Aktivitäten, welche die körperliche und/oder wirtschaftliche Verfügungsmacht über materielle oder immaterielle Güter von einem Wirtschaftssubjekt auf ein anderes übergehenlassen. Diese Definition impliziert, dass es mindestens zweier Beteiligter zur Distribution bedarf, des Lieferanten, z. B. Hersteller, und des Abnehmers, z. B. Handel oder Verbraucher. Diese stehen nun in Austauschbeziehungen zueinander. Dieses System nennt man Absatzkanal. Der Absatzkanal ist definiert als eine bestimmte Kombination aus Lieferant auf der einen und untereinander oft homogenen Abnehmern auf der anderen Seite sowie einem Übergang von Ware, Geld und Information zwischen beiden Seiten.

Der Absatzkanal gliedert sich in mehrere Stufen, auf denen **Beteiligte** aktiv sind:

- Hersteller eigene, interne Absatzorgane (Marketingabteilung),
- Hersteller eigene, externe Absatzorgane (Reisende) und Hersteller fremde Absatzorgane (Handelsvertreter),
- Händler eigene Beschaffungsorgane (Einkäufer) oder Händler fremde Beschaffungsorgane (Beschaffungshelfer),
- Händler eigene, interne Absatzorgane (Verkaufsinnendienst),
- Händler eigene, externe Absatzorgane (Reisende) und Händler fremde Absatzorgane (Handelsvertreter),
- Endabnehmer fremde Beschaffungsorgane (Beschaffungshelfer) oder Endabnehmer eigene Beschaffungsorgane (Haushaltsführung).

Der Absatzkanal kann vom Hersteller auf der Handelsstufe in zwei Richtungen gestaltet werden:

− in der Breitendimension hinsichtlich der Anzahl der Akteure, mit denen auf einer Stufe interagiert werden soll,
− in der Tiefendimension hinsichtlich der Anzahl der Stufen, auf denen mit Akteuren interagiert werden soll.

Eine wesentliche Aufgabe der Distributionspolitik besteht nun in der Festlegung dieser Dimensionen. Bei den Akteuren handelt es sich in erster Linie um Absatzmittler (Groß-/Einzelhandel), in zweiter um Absatzhelfer (gewerblich/privat).

Nach der Breite der Aktivitäten kann generell unterschieden in:

− Ubiquitäre Distribution. Dabei sollen alle objektiv überhaupt in Frage kommenden Akteure in den Absatzkanal einbezogen werden (Überallerhältlichkeit).
− Intensive Distribution. Dabei sollen möglichst viele, mit vertretbarem Aufwand zu erfassende Akteure in den Absatzkanal einbezogen werden (zahlreiche Absatzstellen).
− Selektive Distribution. Dabei sollen bewusst nur ausgewählte Akteure in den Absatzkanal aufgenommen werden (also definierte Absatzstellen, die bestimmten Auswahlkriterien genügen).
− Exklusive Distribution. Dabei soll ein Absatzgebiet so aufgeteilt werden, dass es zur relativen Monopolstellung der Akteure kommt. Zu unterscheiden ist weiterhin zwischen realisierter und gewünschter Distribution.

In Bezug auf den bedienten Absatzkanal sind neben der eingleisigen (Mono-)Distribution mit nur einem ausschließlich bedienten Absatzkanal homogener Abnehmer weitere Alternativen der Paralleldistribution denkbar:

− Zweigleisige (Dual-)Distribution mit zwei bedienten Absatzkanälen jeweils interner Homogenität bei externer Heterogenität,
− Mehrgleisige (Poly-)Distribution mit mehr als zwei bedienten Absatzkanälen interner Homogenität und externer Heterogenität.

Nach der Tiefe der Distributionsaktivitäten kann unterschieden werden in:

− Direktabsatz vom Hersteller unmittelbar an Endabnehmer, also unter Ausschaltung zwischengestufter Absatzmittler, und zwar
  − intern direkt, d. h. über unternehmenseigene Absatzorgane,
  − extern direkt, d. h. über unternehmensfremde Absatzorgane (Absatzhelfer),
− Indirektabsatz vom Hersteller mittelbar an Endabnehmer, also unter Einschaltung selbstständiger Absatzmittler (Händler), und zwar
  − einstufig indirekt vom Hersteller über Einzelhändler (Großbetriebsformen) an Endabnehmer als Regelfall.
  − zweistufig indirekt vom Hersteller über Großhandel und Einzelhandel an Endabnehmer als Regelfall.

Zwischen den Stufen des Absatzkanals bestehen vielfältige Beziehungen. Als Beziehungen für Ware, Geld und Information sind vorhanden:

− **Push** als Hineinverkaufsdruck vom Hersteller an den Handel bzw. von der vor- an die nachgelagerte Handelsstufe zu Endabnehmern. Dadurch soll ein Lagerdruck ausgeübt werden, der dazu führt, dass die derart bevorrateten Absatzmittler verstärkte Abverkaufsbemühungen unternehmen, wodurch sich der Absatz erhöht, das Lager leert und damit die Chance zu erneutem Push bietet.

- **Pull** als Herausverkaufssog von Endabnehmern beim Handel bzw. von der nach- an die vorgelagerte Handelsstufe. Dadurch soll ein Überbedarf erzeugt werden, der Absatzmittler dazu veranlasst, sich verstärkt mit dem nachgefragten Produkt zu bevorraten. Das erhöht den Ab-Werk-Verkauf (Ex Factory Sales), da der Handel bestrebt ist, Fehlverkäufe zu vermeiden.
- **Durchverkauf** mit gleichzeitigem Hineinverkaufsdruck vom Hersteller und Herausverkaufssog von Endabnehmern innerhalb derselben Pipeline. Um zu vermeiden, dass sich gepushte Ware im Absatzkanal staut und in Verstopfung resultiert bzw. gepullte Ware sich verknappt und zu Vorratslücken führt, sind beide Aktivitäten parallel anzulegen. Sonst entsteht eher Frustration, weil der Handel feststellt, dass die reinverkaufte Ware offensichtlich nicht ausreichend abfließt bzw. er sich Endabnehmern gegenüber, die gezielt nach bestimmten Produkten fragen, als nicht ausreichend bevorratet zu erkennen geben muss.

Die Absatzmethode gliedert sich, nicht ganz überschneidungsfrei, nach Absatzform, Absatzweg und Vertriebssystem. Die Absatzform kann eigengestaltet, fremdgestaltet, gebundengestaltet sein.

Eigengestaltung liegt vor beim Persönlichen Verkauf im:
- Residenzprinzip. Dabei findet der Verkauf in den Räumlichkeiten des Verkäufers statt. Der Käufer begibt sich dazu an den Ort des Verkaufs. Dies gilt als Innenverkauf bei jedem Ladengeschäft, aber z. B. auch beim Verkauf großer Mengen/hoher Werte (Investitionsgüter) durch das Top-Management im Unternehmen.
- Domizilprinzip. Dabei findet der Verkauf in den Räumlichkeiten des Käufers statt. Der Verkäufer begibt sich also an den Ort des Verkaufs. Dies gilt als Außenverkauf bei den meisten Formen des Business to Business-Kontakts, z. B. durch Handlungsgehilfen des Unternehmens für die Akquisition.
- Treffprinzip. Dabei findet der Verkauf in »neutralen« Räumlichkeiten statt. Sowohl der Verkäufer als auch der Käufer begeben sich dazu an diesen dritten Ort. Dies gilt z. B. für Marktveranstaltungen, auf denen formalisierte oder ungeplante Transaktionen ablaufen. Daneben gibt es den unpersönlichen (medialen) Verkauf im
- Distanzprinzip. Dabei finden die Willenserklärungen zu Verkauf und Kauf über Anzeigencoupon, Mailing, Katalog etc., also mit Hilfe geprinteter Medien, statt oder über Telekommunikation, also mit Hilfe elektronischer Medien wie Telefon, Telefax, Teletex etc.

Fremdgestaltung ist beim Absatz über wirtschaftlich und rechtlich selbstständige Absatzmittler der Handelsstufe oder Absatz begleitend tätige, ebenfalls rechtlich und wirtschaftlich selbstständige Absatzhelfer gegeben. Die Absatzfunktion wird dabei vom Ersteller der Leistung abgetrennt und an externe Absatzorgane delegiert.

Gebundene Gestaltung ergibt sich als Zwischenform durch weder völlige Ausgliederung noch Eigenwahrnehmung der Absatzfunktion. Diese wird vielmehr an wirtschaftlich und/oder rechtlich verbundene Unternehmen vergeben. Drei wichtige Formen sind dabei Verkaufsholding, Verkaufssyndikat und Kontraktmarketing.

Der Absatzweg kann (intern oder extern) direkt, d. h. einstufig vom Hersteller zum Endabnehmer, oder indirekt, d. h. ein- oder zwei-(mehr-)stufig über Absatzmittler und -helfer angelegt sein. Ein **indirekter Weg** liegt vor bei Absatz über:
- Großhandel als Handel unter Kaufleuten (ausnahmsweise auch mit großen Endabnehmern, Freiberuflern, Handwerkern),

- Einzelhandel als Handel mit Konsumtivgütern für Endabnehmer,
- Verbindungshandel als Handel mit Produktivgütern für Produzenten/Weiterverarbeiter,
- Außenhandel als grenzüberschreitender Im-/Export.

Ein **direkter Weg** liegt vor beim Absatz über:

- interne Absatzorgane (Betriebsangehörige),
- externe Absatzorgane (betriebsfremde Absatzhelfer),
- geprintete Medien (z. B. Katalog),
- elektronische Medien (z. B. Online).

Infolge der Machtkonzentration auf der Absatzmittlerstufe, gestiegener Kosten der Distribution durch Ausweitung der Sortimente und größerer Absatzgebiete sowie Nutzung technischen Fortschritts ist eine Tendenz zu zunehmend direkterem Absatzweg deutlich erkennbar.

Das **Vertriebssystem** kann:

- zentral,
- dezentral,
- ausgegliedert,

wahrgenommen werden.

Ein zentrales Vertriebssystem ist z. B. beim Absatz über die eigene Marketingabteilung gegeben. Alle Absatztransaktionen werden zentral initiiert, durchgeführt und koordiniert. Dieses System impliziert eine relativ große Marktferne und ist daher vor allem in Branchen zu finden, in denen sich die Marketingdenkhaltung noch nicht massiv durchgesetzt hat, so etwa bei Investitionsgütern.

Ein dezentrales Vertriebssystem ist z. B. beim Absatz über eigene Niederlassungen gegeben. Diese akquirieren Aufträge eigenständig, organisieren deren Abwicklung und sorgen auch für eine entsprechende Nachbereitung. Dieses System ist durch räumliche Aufgliederung meist marktnäher und hat, zumal wenn andere Spezialisierungen hinzukommen, hohe Marketingadäquanz.

Ein ausgegliedertes Vertriebssystem schließlich zeigt die größte Marktferne, da die Marketingfunktion abgegeben wird. Dies war früher durch Syndikate oder Verkaufskontore üblich, die im Gegenzug über Absprachen zur Konkurrenzberuhigung beitrugen. Heute wird dies angesichts verschärfter Wettbewerbsgesetzgebung und außenstehender internationaler Anbieter schwierig, wobei Ersteres eher geringere Hindernisse auftürmt als Letzteres.

Absatzmittler sind im Absatzkanal zwischen Hersteller und Endabnehmer zwischengeschaltet. Sie werden dabei Eigentümer, nicht unbedingt jedoch Besitzer der Ware. Sie sind wirtschaftlich und rechtlich selbstständig. Die Absatzmittler lassen sich nach ihrer Stellung im Distributionsfluss in zwei große Gruppen unterteilen:

- Einzelhandel,
- Großhandel.

Es gibt umfangreiche Kriterien, nach denen Betriebstypen des Einzelhandels rubriziert werden können. Dies sind praktisch häufig vorkommende Kombinationen dieser Kriterien in Form von Fachgeschäft, Spezialgeschäft, Warenhaus, Kaufhaus, Gemischtwarenladen, Verbrauchermarkt, Supermarkt, SB-Geschäft, Discounter, Fachmarkt, Einkaufszentrum, Ladenpassage, Universalversandhandel, Fachversandhandel etc.

Die Funktion des Großhandels liegt in der Weitergabe eingekaufter Ware ohne wesentliche Be-/Verarbeitung an Wiederverkäufer, auch Weiterverarbeiter/Handwerker und private Großabnehmer.

Für diese Leistungen behält die Großhandelsstufe einen Distributionsgewinn in Form von Kalkulationsaufschlag/Handelsspanne ein, der den Preis der Ware auf dem Endabnehmermarkt verteuert und damit deren Wettbewerbsfähigkeit schwächt bzw. die Gewinnmarge des Herstellers verkürzt und damit dessen Rendite belastet. Deshalb besteht ein Trend zur Ausschaltung der Großhandelsstufe, sofern die dadurch zuwachsenden Distributionskosten niedriger sind als die zusätzliche Gewinnaussicht (= Anreiz-Beitrags-System).

In der Praxis lassen sich Betriebstypen des Handels als häufig vorkommende Kombinationen von Aktivitätenmerkmalen feststellen. Tatsächlich verändern sich Betriebstypen im Zeitablauf aber durch Umfeldeinflüsse (Nachfrage, Wettbewerb, Recht etc.) sowie durch Lernvorgänge (Trial&Error) unabänderlich. Handelsbetriebe unterliegen damit einem Lebenszyklus ähnlich Produkten, der von Entstehung und Aufstieg neuer Typen bis zu deren Reife und Assimilation geht (Wheel of Retailing). Neue Betriebstypen entstehen und alte verschwinden vom Markt bzw. passen sich Wandlungen an (Dynamik der Betriebsformen). Dieser Wandel kann nach übereinstimmender Meinung in mindestens zwei Richtungen erfolgen, als Trading Up oder Trading Down. Trading Up bedeutet Imagedominanz durch Verbesserung der betriebsindividuellen Leistungsstandards bei Sortiment, Personal, Ausstattung, Zusatzleistung etc. Aber auch ein Trading Down, d. h. Preisdominanz durch Senkung der Kosten und Spannen bei Verminderung der betriebsindividuellen Leistungsstandards, führt zu interessanten Perspektiven. Side Trading bedeutet die Koevolution des Handels mit einem Nachfragesegment und ist die dritte, interessante Möglichkeit der dynamischen Anpassung. Aus dem hybriden Verhalten vieler Verbraucher mit sowohl emotionalem als rationalem Einkauf resultiert eine Zweiteilung des Handels in Erlebnis- und Versorgungshandel.

Die Distribution im Absatzkanal stellt sich für Hersteller zunehmend als Engpass für den Markterfolg heraus. Vor allem kennzeichnet der Kampf um den Regalplatz die Marktsituation. Wobei dieser Regalplatz hier nicht konkret, sondern abstrakt als Punkt der gedanklichen Konfrontation prospektiver Kunden mit der eigenen Ware zum Zwecke der Umsatzerzielung von Hersteller und Händler zu verstehen ist. Die Realität im Absatzkanal ist durch ausgeschöpfte Kapazitäten beschreibbar, sodass die Etablierung eines neuen Angebots beinahe zwangsläufig mit der Verdrängung eines anderen verbunden ist. Da es nur ausnahmsweise Sinn macht, ein eigenes Produkt zurückzunehmen (Elimination), zielt diese Bemühung in erster Linie auf die Ausgrenzung von Konkurrenzangeboten ab. Weil diese Konstellation für den Mitbewerb gleichermaßen gilt, wird der Kampf um den Regalplatz mit äußerster Verbissenheit geführt. Dies gilt besonders für Plätze, die ihrer Natur nach nicht ohne weiteres auszudehnen sind (z. B. Kühltruhe).

Gründe für die **Regalplatzknappheit** liegen im Einzelnen folgende:

- Die zunehmende Bedürfnisdifferenzierung im Publikum resultiert in Angebotsdifferenzierung und damit verstärkter Nachfrage nach Regalplatz.
- Wandlungen im Einkaufsverhalten durch Bequemlichkeitsstreben führen zur Erwartung der Überallerhältlichkeit von Gütern des täglichen Bedarfs (One Stop Shopping) und zur Impulskaufneigung.
- Zunehmende Warenvielfalt, bedingt durch zunehmende Anzahl von Anbietern auch aus dem Ausland, führt zur Ausweitung des Warenangebots durch Innovation, Diversifizierung, Produktdifferenzierung und Markentransfer.

- Es besteht das Bestreben nach hoher Distributionsdichte zur Liquidierung von Vorverkaufsaufwendungen durch universelle Warenverfügbarkeit.
- Wachsende Verkaufsflächenbeanspruchung für das einzelne Produkt resultiert in Bemühungen um eine Vergrößerung der Ausstellungsfläche je Platzierung (Facing) und Mehrfachplatzierungen.
- Die Grenzen der Vermehrbarkeit von Regalplatz sind erreicht durch hohe Kosten von Fläche und Personal sowie geringer werdende Zahl interessanter Standorte.
- Es erfolgt eine Konzentration der Regalplatzvergabe, d. h. Vergabe von vergleichsweise viel Verkaufsfläche für wenige Marken/Lieferanten, durch den Konzentrationsprozess auf der Industrieseite.
- Verdrängungskonkurrenz durch steigende Zahl von Handelsmarken und deren Bevorzugung bei der Regalplatzvergabe führen zu vergrößertem Eigenbedarf der Händler an Regalplatz.

Überlegt man, wie man diesen Restriktionen entgegenwirken kann, so ist es hilfreich, den Absatzkanal als Pipeline zu begreifen, die durch ihre Abmessung gleichzeitig den Markterfolg begrenzt. Innerhalb dieser Pipeline sind Absatzmittler und -helfer als Ventile installiert, die den Warendurchsatz steuern. Die Beseitigung daraus resultierender **Pipeline-Effekte** ist möglich durch:

- Substitution der Pipeline durch Wechsel in einen neuen Absatzkanal, evtl. mit direkterem Vertrieb.
- Erweiterung der Pipeline durch Paralleldistribution in zwei oder mehreren Absatzkanälen.
- Vergrößerung des Durchmessers der vorhandenen Pipeline durch Aufnahme neuer Absatzmittler. Hier ist zwischen Steigerung der nummerischen und der gewichteten Distribution zu unterscheiden.
- Vergrößerung des eigenen Anteils an der Pipeline durch Ausdehnung des Regalplatzes. Allerdings sinkt die Zahl der Absatzmittler seit Jahrzehnten, gleichzeitig gibt es kaum mehr Genehmigungen zur Eröffnung neuer Großbetriebsformen. Hinzu kommt die interne Konkurrenz profitabler Handelsmarken und die Rechenbarkeit des Handelserfolgs in Form der Direkten Produkt-Profitabilität (DPP).
- Verringerung des Fließwiderstands bzw. Erhöhung der Durchsatzgeschwindigkeit über Anreize durch Druckerzeugung in die Pipeline hinein (Push) bzw. Sogerzeugung aus der Pipeline hinaus (Pull). Hierfür kommen alle Akteure im Absatzkanal in Betracht, also eigene Verkaufsmannschaft, Einkäufer und Verkäufer des Handels sowie Endabnehmer. Anreize nutzen sich jedoch im Zeitablauf ab und machen immer stärkere Anreize zur Erzielung der gleichen Wirkung erforderlich.
- Aufbau eigener Absatzstellen. Dies ist nur in Einzelfällen ein Ausweg.

Die vertikale, also stufenverschiedene und branchengleiche Kooperation kann vertragsfrei oder vertragsgebunden erfolgen. Letztere Form nennt man auch Kontraktmarketing. Dies ist die vertikale oder vertikal-horizontale Kooperation rechtlich selbstständig bleibender Unternehmen im Absatzkanal unter Einschränkung deren wirtschaftlicher Selbstständigkeit zur Effizienzsteigerung bei Absatz, Organisation und Beschaffung. Es ergeben sich dabei verschiedene Integrationsformen wie (nach Ahlert) Rahmenvereinbarung, Wettbewerbsregeln, herstellergestützter Mittelstandskreis, Shop-in-the-Shop-System, Store-in-the-Store-System, Rack Jobber, Konzession, Agenturvertrieb, Kommissionsvertrieb, Gesplitteter Vertrieb, Depotsystem im Eigenhandel, Vertriebslizenz, Franchising, Vertragshändler, Freiwillige Kette, Einkaufsverbund. Eine starke Unternehmenskonzentration hat zur Bildung von Großbetriebsformen mit Nachfragemacht auf der Handelsstufe geführt. Der Markt wandelt sich zu einem, wettbewerbspolitisch unerwünschten, engen Oligopol, die Beziehungen bleiben durch Gruppenwettbewerb gekennzeichnet. Verbunden damit sind Geschäftsschließungen vor allem bei Klein- und Mittelbetrieben des Handels, mit der Tendenz zur Unterversorgung gerade in Landstrichen außerhalb der Ballungsräume. Die Baunutzungsverordnung limitiert die Neueröffnung von Großbetriebsformen zugunsten alteingesessener City-Händler.

Vor allem aber haben Hersteller einerseits und Handel andererseits vielfältige, voneinander abweichende Interessen, die im Absatzkanal zu Konflikten führen. Diese erstrecken sich auf alle vier Instrumente des Marketing-Mix.

Bei **Machtkonflikten** im Absatzkanal übernimmt die Handelsstufe zunehmend die Kanalführerschaft zur Forderung ungerechtfertigter Vorteile. Sind solche antinomischen Relationen unvermeidbar, stellt sich die Frage, wie man der Absatzmittlerstufe erfolgversprechend gegenübertritt. Dazu gibt es gleich mehrere situative Strategien:

– Dominanz des Herstellers bei Subordination des Händlers als Umgehungsstrategie unter Nutzung neuer Absatzwege mit besserer Kontrollmöglichkeit seitens des Herstellers.
– Dominanzstreben des Herstellers bei Dominanzstreben des Händlers als Konfliktstrategie zur Durchsetzung der eigenen Interessen.
– Dominanz des Händlers bei Subordination des Herstellers als Abgabe der Kanalführerschaft an den Handel.
– Subordination des Herstellers und Subordination des Händlers als Kooperation und Interessenintegration.

5.4.2 Abgrenzung

Weitgehende Einigkeit besteht zudem über die Abgrenzung der Verkaufsförderung zur Werbung. Beide verfolgen die grundsätzlich gleichen Ziele. Nämlich die verkaufspolitischen Zwecken dienende, absichtliche und zwangfreie Einwirkung auf Menschen durch Kommunikationsmittel unter eindeutiger Absenderidentifikation zur Erfüllung der Werbeziele. Beide unterscheiden sich allerdings durch die Dimensionierung. Während Werbung kontinuierlich, breit und umfassend angelegt ist, wird Verkaufsförderung als zeitlich, räumlich und/oder sachlich begrenzt angesehen.

Doch auch hierbei gibt es ungelöste Abgrenzungsprobleme:

– Der zeitliche Einsatz der Werbung muss nicht durchgängig erfolgen. Für den Fall, dass zeitlich begrenzt geworben wird, ist die Abgrenzung zur Verkaufsförderung fließend.
– Der räumliche Einsatz der Werbung muss nicht flächendeckend erfolgen. Er kann sich auch auf regionale oder lokale Gebiete beschränken. Dann ist der Übergang zur Verkaufsförderung fließend.
– Der sachliche Inhalt der Werbung muss nicht immer konstitutiv sein, er kann sich auch auf Argumentationsfacetten beschränken. In diesem Fall ist der Übergang zur Verkaufsförderung wiederum fließend.

Die Abgrenzung zur Öffentlichkeitsarbeit ergibt sich, indem diese nicht die Auslobung eines konkreten Angebots zum Ziel hat, sondern die Auslobung des Absenders. Doch auch dabei ergeben sich Abgrenzungsprobleme.

– Ist die Marke, also der Name eines Produkts/Dienstes gleich der Firma, also dem Namen eines Unternehmens, so hat jede Verkaufsförderung für die Herstellermarke zugleich PR-Wirkung. Man spricht von Product Publicity.
– Ist die Marke ungleich der Firma, hat Verkaufsförderung keine PR-Wirkungen für den Herstellerabsender. Dies gilt in absteigender Reihenfolge der Stärke des Zusammenhangs für Hausmarken (z. B. Persil von Henkel, Aspirin von Bayer), Monomarken (z. B. Jägermeister/Mast), unechte Rangemarken (z. B. Milka, Nivea), echte Rangemarken (Procter & Gamble-Marken).

Die Abgrenzung zum Persönlichen Verkauf ergibt sich aus der Tatsache, dass dieser immer der mündlichen oder fernmündlichen Kontaktaufnahme/Verkaufsabwicklung bedarf. Insofern gibt es aber einige Verkaufsförderungsmaßnahmen, die den Tatbestand des Persönlichen Verkaufs erfüllen, nämlich alle solche, die People Promotions sind.

In diesem Stadium kann nun eine Definition der Verkaufsförderung gewagt werden. Sie lautet: **Verkaufsförderung umfasst alle Maßnahmen der punktuellen Aktivierung zur Erhöhung von Absatzerfolg und Absatzchancen mit Bezug auf Vertriebsmannschaft, Absatzmittler (Reinverkauf/Abverkauf) und Endabnehmer** (Abb. 226). Dabei sind folgende Elemente von Bedeutung:

– Es handelt sich bei Verkaufsförderung um die Planung, Organisation und Kontrolle von Maßnahmen, d. h., Verkaufsförderung ist ganz wesentlich durch einen Handlungsaspekt gekennzeichnet.
– Es geht um die punktuelle Aktivierung von Zielpersonen, d. h., die Aktivierung ist begrenzt und soll einen Zustand vorübergehend erhöhter innerer Erregung und Spannung bei diesen erzeugen.
– Es soll Absatzerfolg bewirkt werden, d. h. vollzogene Kauf-/Verkaufstransaktionen bzw. die Wahrscheinlichkeit dazu soll erhöht werden (Absatzchancen), indem wichtige Voraussetzungen für den Absatzerfolg verbessert werden.
– Zielgruppen sind Vertriebsmannschaft, Absatzmittler und Endabnehmer.

Als Nächstes ist zu definieren, welche Aufgaben der Verkaufsförderung dabei konkret zukommen. Diese bestehen, in Anlehnung an traditionelle Stufenmodelle der Werbewirkung, aus den Funktionen:

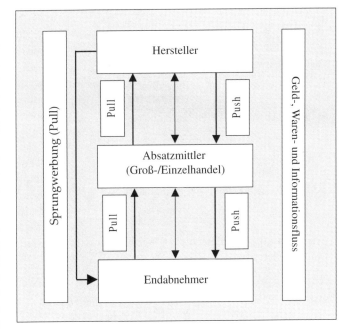

Abb. 226: Absatzkanal

- **Erzeugung von Aufmerksamkeit/Kontakt,** und zwar zur:
  - Etablierung neuer Angebote und
  - Aktualisierung bestehender Angebote.
- **Ausbau von Interesse/Motivation,** und zwar bei:
  - eigenen Mitarbeitern,
  - (fremden) Absatzhelfern.
- **Auslöser/Umsetzung des Kaufakts,** und zwar bei:
  - Einzelpersonen und
  - Gruppen (Familie, Buying Center).

5.4.3 Maßnahmengliederung

Hinsichtlich der Ziele der Verkaufsförderung können, in Anlehnung an die traditionellen Stufenmodelle der Werbewirkung, folgende Inhalte genannt werden:

- die Erzeugung von Aufmerksamkeit/Kontakt, und zwar zur Etablierung neuer Angebote und zur Aktualisierung bestehender Angebote,
- der Ausbau von Aufmerksamkeit/Kontakt zu Interesse/Motivation, und zwar bei eigenen Mitarbeitern und bei (fremden) Absatzhelfern,
- der aus Interesse/Motivation folgende Auslöser/die Umsetzung des Kaufakts, und zwar bei Einzelpersonen und Gruppen (Familie/Buying Center).

Nimmt man nunmehr die Zielgruppen der Verkaufsförderung hinzu (Abb. 227), nämlich

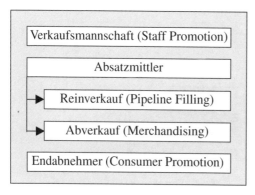

Abb. 227: Zielgruppenoperationalisierung

- Vertriebsmannschaft (Staff Promotion). Als Verfeinerung kann nach dem Abgabeprinzip zwischen Innenverkauf (Residenzprinzip) und Außenverkauf (Domizilprinzip) unterschieden werden.
- Absatzmittler im Reinverkauf (Trade Promotion – Pipeline Filling). Dabei kann es sich um Maßnahmen gegenüber dem Einzelhandel (Handel mit Endabnehmern) oder dem Großhandel (Handel unter Kaufleuten) handeln.
- Absatzmittler im Rausverkauf (Trade Promotion – Merchandising).
- Endabnehmer (Consumer Promotion). Dabei kann nach Konsumgütern oder Investitionsgütern unterschieden werden, da dafür Abweichungen im Käuferverhalten zu unterstellen sind.

so ergeben sich daraus (3 x 4 =) 12 Kombinationen für Aktivitätenbereiche der Verkaufsförderung. Diese sollen im Folgenden kurz vorgestellt werden.

5.4.3.1 Erzeugung von Aufmerksamkeit/Kontakt

Zur Erzeugung von Aufmerksamkeit/Kontakt bei der **Vertriebsmannschaft** dienen z. B. folgende Verkaufsförderungsmaßnahmen:

- Veranstaltungen als motivierende Events zur Vermittlung von Gruppendynamik dienen zur Erreichung von mehr Involvement und verbesserter Leistungswilligkeit. Dabei geht es in erster Linie um die Vermittlung von Teamerlebnissen, die in ihrer Summe mehr repräsentieren als die addierten Einzelerlebnisse der jeweilig Beteiligten. Dazu muss ein adäquater Rahmen gefunden werden. Dieser drückt sich in der Wahl des Veranstaltungsorts, im dort ablaufenden Programm und der Einbindung exponierter Teilnehmer aus dem Unternehmen (Geschäftsleitung) oder auch von außerhalb (Celebrities) aus. Wichtig ist, dass es gelingt, dennoch die eigentliche Auftragsbotschaft nachhaltig überzubringen (kein Vampire-Effekt). Einem gelungenen Event kommt jedenfalls große motivatorische Langzeitwirkung zu.
- Durch das Arbeitsgespräch als Vertriebsmannschafts-Meeting oder -Konferenz sollen die Mitarbeiter auf ein gemeinsames Ziel eingeschworen werden. Dies setzt voraus, dass ihnen die Zielstruktur transparent gemacht wird, sie Mittel zur Zielerreichung an die Hand gegeben erhalten und sie an dieser Zielerreichung auch tatsächlich partizipieren. Im mehrstufigen Vertrieb erfolgt diese Information oft nur an die hierarchisch höheren Stufen, die ihrerseits dann als Multiplikatoren innerhalb der Organisation wirken sollen, zugleich aber immer auch eine subjektive Filterfunktion ausüben. Gleichzeitig kann diese Veranstaltung auch als Stimmungsbarometer und Quelle für Verbesserungsvorschläge genutzt werden. Im Unterschied zum »normalen« Event steht dabei der sachliche Inhalt der Veranstaltung im Vordergrund.
- Eine interne Mitteilung als spezielles Mailing oder Infomaterial bietet sich an, wenn es nicht möglich oder wirtschaftlich nicht vertretbar ist, die Mitarbeiter zu einem persönlichen Gespräch zusammen zu führen. Allerdings ist diese Form deutlich schwächer als die Face to Face-Kommunikation. Daher werden oft regelmäßige Statusberichte zugestellt oder moderne Formen der Präsentation (Mailbox, Datenprojektion etc.) genutzt. Denkbar ist dabei auch eine Privilegierung der Adressaten durch abgestufte oder mit mehr oder minder Hintergrundwissen versehene Informationen, z. B. speziell an Führungskräfte oder High Potentials.

Zur Erzeugung von Aufmerksamkeit/Kontakt bei **Absatzmittlern im Reinverkauf** dienen z. B. folgende Verkaufsförderungsmaßnahmen:

- Die Präsentation im Händlergespräch (beim Zentraleinkäufer der Handelsorganisation) ist nicht ganz einfach zu bewerkstelligen, weil der Gegenüber meist nur gering involviert ist und daher einer Präsentation nur in seltenen Fällen genügend Aufmerksamkeit widmet, um eine optimale akquisitorische Wirkung zu erreichen. Die meisten Verkaufstrainings gehen insofern fehl als sie von solchen optimalen Präsentationsvoraussetzungen ausgehen, tatsächlich jedoch ist die Situation durch beeinträchtigende Merkmale wie Zeitdruck, räumliche Enge, betriebsbedingte Unterbrechungen durch Mitarbeiter, Telefonate etc. gekennzeichnet. Im Übrigen sind Handelsentscheider routiniert darin, die Präsentation abzukürzen und gleich zum Wichtigsten zu kommen, und das sind aus deren Sicht immer noch die Konditionen.
- Das Jahresgespräch als Rahmenvereinbarung hat hingegen für den Handel eine große Bedeutung, weil dabei die Bedingungen der Zusammenarbeit mit den wichtigsten Herstel-

lern für das kommende Jahr vereinbart werden. Teilnehmer sind meist Personenmehrheiten in Form eines Buying Center auf Seiten des Handels und eines Selling Center auf Seiten des Herstellers, vertreten durch Chefeinkäufer der betreffenden Warengruppen und Key Account-Manager aus dem Absatzbereich. Dabei prallen nicht selten die Meinungsgegensätze aufeinander, wobei, abhängig von der Kanalführerschaft, der Handel, wie generell jeder Abnehmer im Käufermarkt, am längeren Hebel sitzt. Neuerdings wird zunehmend versucht, durch Identifikation gemeinsamer Interessenfelder eine funktionale Ausgestaltung im Rahmen des planvereinbarten Marketing zu erreichen.

− Ein Salesfolder als vorverkaufende Dokumentation dient einerseits als Reminder im Nachgang zur Präsentation und ermöglicht die Reaktivierung von Informationen sowie deren Ergänzung im Detail beim Ansprechpartner und andererseits gegenüber Einkaufsgremien, die letztlich die Entscheidung über Aufnahme und Weiterführung von Produkten im Sortiment treffen. Ihm kommt damit eine zentrale Bedeutung zu. Standardinhalte sind meist der Hinweis auf Markterfolge des Herstellers/Produkts in der Vergangenheit, die Vorstellung neuer Produkte, die Referenz positiver Markttestergebnisse, der geplante Medieneinsatz, bereitgestellte POS-Werbemittel etc. Salesfolder werden vom Verkaufsmitarbeiter zu seiner Präsentation beim Handelspartner abgegeben oder dem Handel im Rahmen von Aussendungen zugestellt. Sie sind meist kurzlebig und wechseln neuerdings zunehmend von Print- in Elektronikform.

Zur Erzeugung von Aufmerksamkeit/Kontakt bei **Absatzmittlern im Rausverkauf** dienen z. B. folgende Verkaufsförderungsmaßnahmen:

− Dem Verhaltenstraining für die Verkaufsgesprächsführung kommt große Bedeutung zu, weil der Handel oft mit gering qualifizierten, weil kostengünstig einsetzbaren Arbeitskräften agiert, welche die Feinheiten ihres Berufs nur zu einem Mindestmaß beherrschen. Dies war zu Zeiten der Übernachfrage verschmerzbar. Heute allerdings entstehen daraus gravierende Probleme, zumal die weit überwiegende Zahl der Kaufentscheide erst am POS zugunsten einer Marke fällt, weil vorher meist nur Produktkategorien als Kaufobjekte geplant sind. Der Handel reagiert dennoch eher zurückhaltend, weil Trainings für ihn selbst bei kostenloser Teilnahme Arbeitszeitausfall, Transfer- und Übernachtungskosten bedeuten und die hohe Fluktuation der Branche eine solche Investition spekulativ erscheinen lässt. Eine verhängnisvolle Fehlentscheidung, wie es scheint, denn die Opportunitätskosten (Gewinnentgang) aus suboptimalen Verkaufs- und Beratungsgesprächen dürften schon nach kurzer Zeit den Arbeitszeitausfall und die pagatorischen Kosten übertreffen.

− Der Wissensschulung über Angebotsbesonderheiten (vor allem bei erklärungsbedürftigen Produkten) kommt angesichts raschen technischen Fortschritts und zunehmender Proliferation der Sortimente ein hoher Stellenwert zu, um den Überblick über Sortimente zu behalten. Damit besteht die Gefahr, dass im Einzelfall für Endkunden bedürfnisgerechte Produkte nicht als solche erkannt oder nicht bedürfnisgerechte Produkte empfohlen werden. Beides führt zu eklatanten Nachteilen, weil zum einen mögliche Verkäufe nicht realisiert werden und zum anderen Unzufriedenheit riskiert wird. Hinzu kommt, dass Verkäufer sich immer mehr mit branchenfremden Produkten auseinanderzusetzen haben (Produktgruppen fremde Absatzkanäle), die zudem komplex und erklärungsbedürftig sind. Da ist Wissensschulung überaus wertvoll.

− In der Anleitung durch Argumenter/Argumentationshilfe oder Verkaufshandbuch geht es sowohl um die Vermittlung von Kenntnissen zur Verkaufsgesprächsführung als auch um das bessere Verständnis der Produktleistung. Problematisch ist die Beachtung dieser Anleitungen durch Verkäufer und die Abrufbarkeit der damit vermittelten Informationen zum erforderlichen Zeitpunkt. Daher bedarf es spezieller verkaufsfördernder Maßnahmen wie programmierter Unterweisungen mit Kontrollfragen oder didaktische Formen spielerischer Informationsvermittlung, die Erfolgserlebnisse vermitteln. Zunehmend können dafür auch elektronische Datenträger genutzt werden (z. B. Audiocassette zum Abhören im Autoradio-Player, Diskette/CD-ROM zum Abspielen im Computer). Es handelt sich damit letztlich um eine Hilfe zur Selbsthilfe.

Zur Erzeugung von Aufmerksamkeit/Kontakt bei **Endabnehmern** dienen z. B. folgende Verkaufsförderungsmaßnahmen:

– Die Anpreisung über Demonstration, Degustation oder Sampling durch Propagandisteneinsatz oder Leihaußendienst ist eine vor allem für Food-Produkte Erfolg versprechende Form der Promotion. Denn das unmittelbare Erleben der Produktleistung durch Probieren, Anfassen, Zeigen etc. überzeugt immer noch am meisten. Allerdings lässt die Akzeptanz solcher Maßnahmen angesichts zunehmender Einkaufshektik meist zu wünschen übrig. Zudem handelt es sich um eine ausgesprochen kostspielige Promotion, da neben den zur Verfügung gestellten Produkten vor allem die Personalkosten incl. aller Nebenkosten wie Versicherung, Spesen, Ausrüstung etc. ins Gewicht fallen. Man kann von ca. 250 €/Manntag ausgehen. Allerdings stehen dem auch sensationell höhere Abverkäufe am Handelsplatz gegenüber. Oft findet zudem eine Kopplung mit Gewinnspielen, Beratungen, Sonderpreisangeboten etc. statt.
– POS-Werbemittel in Schaufenster und/oder Innenraum sind besonders bedeutsam, weisen sie doch Angebote am Ort des Verkaufs aus, wo überwiegend erst die Kauf- zumindest aber die Markenentscheidung fällt. Nur dadurch ist es jenseits aller medialen Werbemittel möglich, in der konkreten Einkaufssituation präsent zu sein. Meist handelt es sich dabei um gedruckte Werbemittel (wie Plakate, Deckenhänger, Regalstopper, Folder etc.), zunehmend aber auch um elektronische (wie Ladenfunk, Ladenfernsehen, elektronische »Kioske« etc.). Ein Konflikt ergibt sich dabei insofern, als zwischen der Corporate Identity des Handels und jener der Hersteller Abweichungen vorliegen, die meist zu Lasten des Handels gelöst werden. Dies führt für Hersteller zur Einschränkung in der Geschlossenheit ihres Auftritts. In neuerer Zeit wird weiterhin der Erlebnischarakter dieser Werbemittel betont.
– Beim Hinweis auf die Produktausstattung (On Pack) handelt es sich weniger um Zugaben des gleichen Produkts, hier setzt auch das Wettbewerbsrecht enge Grenzen, als vielmehr um Zugaben anderer eigener, ausnahmsweise auch fremder Produkte, die ein Cross Selling provozieren sollen, oder um Zugabe von Werbegeschenken, die zum Sammeln anreizen oder geeignet sind, Goodwill und Beschäftigung mit dem Produkt zu generieren, wobei diese wiederum aus rechtlichen Gründen geringwertig sein müssen. Problematisch ist allerdings der höhere Handlingaufwand solcher Sondergebinde in der Herstellung und seitens des Handels.

5.4.3.2 Ausbau von Interesse/Motivation

Zum Ausbau von Interesse/Motivation bei der **Vertriebsmannschaft** dienen z. B. folgende Verkaufsförderungsmaßnahmen:

– Bei Wettbewerben/Incentives im Verkauf mit Hilfe von Prämienkatalogen wird das Anreizsystem auf eine Zielgröße (meist Verkaufsumfang, Besuchsanzahl, Neukundengewinnung etc.) ausgerichtet. Üblicherweise werden dazu Punkte gesammelt, die wiederum einzeln oder kumuliert zum Bezug vorher ausgelobter Prämien (meist Sachprämien, aber auch Reisen oder Erlebnisinhalte) berechtigen. Erstaunlicherweise sind immer wieder auch Banalitäten noch in der Lage, solche Anreizwirkungen zu zeitigen. Allerdings ergibt sich ein Abnutzungseffekt, zudem gehen die Prämien subjektiv als Besitzstand in die Entlohnung der Verkäufer über. Problematisch ist auch die Zurechnung solcher Prämien in Abhängigkeit von Teamleistungen, Potenzial von Verantwortungsgebieten, Verkaufsmix der Produkte etc. Hinzu kommt neuerdings eine steuerlich nachteilige Behandlung dieser Incentives. Zur Betreuung solcher Aktionen gibt es daher spezialisierte Dienstleister.
– Unter der Installation von Verkaufsrunden versteht man die Aufteilung eines Verkaufszeitraums in Einzelaktionen derart, dass in einzelnen Zeiträumen bestimmte Produkte besonders forciert werden. Dazu wird ein gesondertes Anreizsystem installiert. Die entsprechende Auslobung vorab stellt sicher, dass den Verkäufern die jeweiligen Zielprodukte bekannt sind. Dabei ist die zeitliche Steuerung von Bedeutung, also die Länge und die Abfolge solcher Aktionsrunden. Werden die Zeiträume zu lang gewählt, erschöpft sich die Zusatzwirkung durch Sättigungseffekte, werden sie zu kurz gewählt, entsteht eine übertriebene Hektik im Vertrieb. Die Abfolge wiederum kann prozyklisch, also Absatztrend unterstützend, oder antizyklisch, also Absatztrend ausgleichend, erfolgen.
– Die Vorbereitung durch Vorverkauf im Handel (z. B. durch Fachanzeigen mit Absatzmittler spezifischer Argumentation über Appell an den Geschäftssinn) wird intensiv betrieben. Fachzeitschriften (Professional Interest-Titel) forcieren dabei zusätzlich durch redaktionelle Beiträge die Bekanntmachung neuer Angebote und die Aktualisierung bestehender. Die Nutzung dieser Titel ist aufgrund ihres geschäftsbezogenen Charakters vergleichsweise hoch einzuschätzen. Allerdings wird überwiegend eine rationale Argumentation genutzt, obgleich doch bekannt ist, dass Gefühle die besseren Argumente darstellen. Oft wird auch eine Anlehnung an den Auftritt der Publikumswerbung gesucht (integrierte Kommunikation). Eine weitere Möglichkeit sind Teaser, die Aufmerksamkeit und Interesse beim Händler erzeugen sollen und meist durch Mailings erfolgen. Sie erleichtern den Vertriebsmitarbeitern die Arbeit.

Zum Ausbau von Interesse/Motivation bei **Absatzmittlern im Reinverkauf** dienen z. B. folgende Verkaufsförderungsmaßnahmen:

– Das häufigste Argument der Absatzmittlerstufen übergreifenden Sprungwerbung in Medien direkt an Endabnehmer ist allerdings zweischneidig, da es auch als Drohung missverstanden werden kann. Denn durch Sprungwerbung beabsichtigt der Hersteller schließlich, sein Produkt zur Pflichtmarke des Handels zu machen, der dann nicht mehr umhin kann, die betreffende Ware zu ordern. Die Auslobung muss also immer in die Richtung gehen, dass Sprungwerbung dem Vorverkauf des Produkts dient und damit dem Handel eine ihm zugute kommende, kostspielige Aufgabe abnimmt. Tatsächlich ist Sprungwerbung eine der allerletzten Möglichkeiten der Hersteller, der Nachfragemacht des Handels, die durch unverminderte Konzentrationsbewegungen noch zunimmt, zu entgehen. Denn wenn der Handel davon ausgehen muss, dass demnächst eine nennenswerte Anzahl von Kunden markenkonditioniert sein Geschäft betritt und enttäuscht ist, wenn das an sich gewünschte Produkt nicht vorgefunden wird, dann besteht die Gefahr, dass diese Kunden zu Konkurrenzhändlern abwandern und dort nicht nur ihren Bedarf hinsichtlich des ursprünglich nicht vorgefundenen Produkts, sondern auch hinsichtlich aller anderen, im gleichen Besuchsvorgang eingekauften Produkte stillen. Dadurch fällt der Bon nicht nur um den Betrag dieses Produkts geringer aus, sondern hat womöglich sogar den Wert Null.

- Das Angebot von Regalpflege und Werbekostenzuschüssen (WKZ) stellt die Präsenz von Produkten in der äußerst knappen Regalfläche des Handels sicher. Dabei muss mehrstufig vorgegangen werden. Zunächst ist der Zentraleinkäufer der Handelsorganisation zu überzeugen, das Produkt in die Listung seines Zuständigkeitsbereichs aufzunehmen oder gar nicht erst auszulisten. Damit ist aber nur die objektive Bestellbarkeit sicher gestellt. Dann sind die einzelnen Marktleiter vor Ort zu überzeugen, dieses Produkt auch tatsächlich oder verstärkt zu ordern. Danach ist sicherzustellen, dass das Produkt am POS auch angemessen präsentiert wird, wobei die unterschiedlichen Wertigkeiten von Regalflächen und -standorten im Laden zu berücksichtigen sind. Dies übernehmen Merchandiser, die herstellerseitig beauftragt oder zumindest bezahlt, die Entpaketierung, Preisauszeichnung, Manipulation, Einräumung und Werbeausstattung der Produkte übernehmen. Dabei erfolgt zunehmend eine artikelgenaue Platzierungsvorgabe, d. h. der frühere »Positionskampf« der Merchandiser um die beste Platzierung ist durch auf Optimierungsverfahren beruhende Regalspiegel beendet. Basis dazu sind Geschlossene Waren-Wirtschafts-Systeme und Efficient Consumer Response-Systeme (ECR).

- Bei betriebswirtschaftlicher Beratung handelt es sich um das Angebot von Herstellern, ihr Vermarktungs-Know-how dem Handel derart zur Verfügung zu stellen, dass dieser in der Betriebsführung beraten wird. Teilweise werden Expertenteams für diese Betreuungsaufgabe eigens bereitgestellt. Auf diese Weise sollen eine verstärkte Bindung des Handels an den Hersteller und eine weniger harte Verhandlungsführung erreicht werden, eine Hoffnung, die sich allerdings meist nicht erfüllt. Zu denken ist etwa an Customer Business Development Teams, wie sie große Markenartikler zur Entwicklung ihrer Kunden, und damit indirekt zum eigenen Geschäftsausbau, einrichten. Zudem ist der Handel heute selbst mit genügend hoch qualifizierten eigenen Spezialisten ausgestattet, um seine dringlichen Probleme gut lösen zu können. Sinnvoll ist jedoch unbedingt die Optimierung der Schnittstelle zwischen Hersteller und Handel (z. B. Logistik, Abrechnung, Reklamation).

Zum Ausbau von Interesse/Motivation bei **Absatzmittlern im Rausverkauf** dienen z. B. folgende Verkaufsförderungsmaßnahmen:

- Durch den Hinweis auf erfolgreiche Markttests soll einem wesentlichen Risiko des Handels entgegengewirkt werden. Denn dieser übernimmt es bei Neuprodukten, für dessen Hersteller den Markt zu bereiten. Bei der weithin sehr hohen Floprate (über 80 %) ist dies eine wenig erstrebenswerte Situation, vor deren negativen Folgen der Handel sich nach Möglichkeit zu schützen sucht. Dies geschieht durch hinhaltendes Abwarten, sodass der Distributionsaufbau gehemmt wird, oder durch Forderung von geldlicher Kompensation für die Risikoübernahme. Daher kann der Hinweis auf erfolgreich absolvierte Markttests, idealerweise als elektronischer Mikromarkttest, ein überzeugendes Argument sein. Denn Erfahrung zeigt, dass Produkte, die sich dort durchsetzen, auch bei nationaler Ausbreitung Bestand haben. Daher handelt es sich in der Tat um ein äußerst wirkungsvolles Argument.

- Eine weitere Form der Risikoabschwächung beim Handel ist die Betonung der Marktstellung bzw. der Erfolge in der Vergangenheit, die dem Hersteller zu einer marktführenden Position verholfen haben. Dies macht dessen Kompetenz deutlich. Zudem neigt der Handel dazu, in

Ergänzung seines Handelsmarkensortiments sein Einkaufsvolumen zur Erzielung von Mengeneffekten auf wenige Anbieter je Produktgruppe zu konzentrieren. Und zwar auf die Bedeutendsten von ihnen. Im Effekt kommt es somit zu zweiseitigen Oligopolen, die wettbewerbspolitisch zweifelhaft sind und eine Tendenz zur Ambivalenz zwischen Kollusion und Konflikt haben sowie zu leistungsfremden Ergebnissen tendieren, die nicht selten zu Lasten Dritter (hier der Endabnehmer) gehen können.
– Oftmals werden auch Warenmuster zur persönlichen Überzeugung der Verkaufsberater eingesetzt. Denn wenn diese überzeugt sind, fällt es ihnen leichter, ihrerseits Endabnehmer zu überzeugen. Dies entspricht im Übrigen auch der Argumentation des Handels, neue Produkte selbst, also durch Mitarbeiter, oder vorübergehend im Regal testen zu wollen. Tatsächlich verbergen sich dahinter oft Mengen, die es zweifelhaft erscheinen lassen, ob sie wirklich dem vereinbarten Zweck zugeführt werden. Vielmehr handelt es sich überwiegend lediglich um eine Verbilligung des Einstandspreises, indem die kostenlosen Warenmuster wie die käuflich erworbene Ware aus dem Regal verkauft werden.

Zum Ausbau von Interesse/Motivation bei **Endabnehmern** dienen z. B. folgende Verkaufsförderungsmaßnahmen:

– Mittels des Hinweises auf ein Warentestergebnis steht die Risikoreduktion bei Abnehmern im Mittelpunkt, denn deren Beurteilungsvermögen ist bei komplexen und neuen Produkten leicht überfordert. Die Auslobung von Testergebnissen unterliegt jedoch in der Praxis engen Vorgaben. In neuerer Zeit ist zudem hinderlich, dass stets große Teile des Testfeldes mit guten oder sogar sehr guten Ergebnissen abschneiden, sodass eine positive Absetzung vom Mitbewerb selbst bei gutem/sehr gutem Ergebnis nicht mehr eindeutig gelingt. Dies ist übrigens zugleich Beleg für das durchgängig überaus hohe Qualitätsniveau des Warenangebots am Markt, womöglich allerdings auch nur für unzweckmäßige Testmethoden.
– Das Angebot von Warenrückgabe, Warenwertgutschein, Umtausch oder Probeeinheit zur Risikoreduktion kann nur als Ultima ratio angesehen werden, denn diese massive Einschränkung der Transaktion stellt ihren Erfolg latent in Frage. Dennoch gehören diese Optionen heute vielfach bereits zum Standard. Die Absicht besteht meist darin, Erstkäufer zu generieren, die infolge des gering eingeschätzten subjektiven Risikos ihrem bisherigen Produkt/ Hersteller untreu werden. Bei ausgeglichen hohem Qualitätsniveau am Markt ist es sehr wahrscheinlich, dass dieser provozierte Erstkauf zur Zufriedenheit führt und im Rahmen der Suche nach Abwechslung oder vielleicht sogar wegen partieller Überlegenheit für die Zukunft so beibehalten wird.
– Durch Mehrfachplatzierungen auf Vorzugsplätzen (z. B. Kasse im LEH) oder Off Shelf (z. B. Display) wird beabsichtigt, neben dem Stammplatz in der Warengruppe zusätzliche Kontaktchancen außerhalb zu erreichen. Denn solche Zweit- oder Mehrfachplätze sind meist aufmerksamkeitsstark gestaltet. Dabei sind sie regelmäßig mit Sonderpreisaktionen verbunden, für die seitens des kooperierenden Handels Konditionenzugeständnisse eingefordert werden. Was für Hersteller durchaus akzeptabel ist, zeigen doch Erfahrungen, dass auf diese Weise erhebliche Umsatzsteigerungen realisierbar sind, deren zusätzliche Gewinne die Platzierungskosten mehr als kompensieren und zudem zu Erstkäufen mit der Chance auf Kundentreue führen. Allerdings etablieren Dauerniedrigpreise ein unrealistisches Preisniveau im Markt und verhindern so das Erreichen eines auskömmlichen Preisniveaus auch ohne diese Mehrfachplatzierungen.

5.4.3.3 Auslösung und Umsetzung des Kaufakts

Zur Auslösung und Umsetzung des Kaufakts bei der **Vertriebsmannschaft** dienen z. B. folgende Verkaufsförderungsmaßnahmen:

- Durch ein Bonussystem als Geldanreiz wird eine Gratifizierung am Ende der Verkaufsperiode bezogen auf das gesamte getätigte Abschlussvolumen geschaffen. Dies hat den Vorteil, dass sich der Initiator nicht im Vorhinein hinsichtlich der Beträge festlegen muss (fixe Kosten), sondern den Geschäftsumfang abwarten kann (variable Kosten). Die Bemessung der Verkaufsperiode kann so erfolgen, dass sie zur Jahresmitte (Urlaubszeit) oder zum Jahresende (Festtage) ausläuft. Dennoch ist ein solcher Geldanreiz eher profan und phantasielos, es sei denn, die Beträge sind so hoch, dass schon wieder Phantasie in ihnen ist, dann rechnen sie sich aber meist nicht mehr sinnvoll betriebswirtschaftlich.
- Zunehmend erfolgt daher eine Ablösung von Geldanreizen durch die Inaussichtstellung von Sachprämien. Diese können preisgünstig bei entsprechenden Bezugsquellen/-mengen eingekauft werden, repräsentieren also mehr an Wert als sie tatsächlich kosten. Denkbar ist auch ein Warentausch im Gegengeschäft. Außerdem können diese Sachprämien so gewählt werden, dass sich in ihnen Stil und Anspruch des Absenders widerspiegeln. Häufig handelt es sich um Reisen, wobei auch nicht nur die bloße Reise Gegenstand der Aktion ist, denn irgendwann war man schon überall, wo es interessant sein könnte, sondern die Reise plus einem Erlebnis. Dieses kann im Treffen von Prominenten während der Fahrt oder am Zielort bestehen oder auch in besonderen Aufgaben (z. B. Überlebenstraining) vor Ort. Gerade Teamerlebnisse sind besonders hilfreich für eine integrative Arbeitskultur.
- Viel mehr noch als Geld- oder Sachwerte, die jedermann zugänglich sind, schafft die Privilegierung im Kollegenkreis mit sozialer Profilierung eine hohe Anreizwirkung. Selbst zu Zeiten flacher Hierarchien ist man sehr erfindungsreich in der Auslegung vielstufiger Organisationen, die eine feinziselierte Abstufung der Betriebsangehörigen erlauben. Anreize bestehen daher oftmals aus Beförderung oder Ernennung, die mit dem Zugang zu bestimmten Privilegien verbunden sind und damit eine willkommene Abhebung von Anderen bewirken. Gleichzeitig werden diese Anderen angereizt, es dem Vorbild gleichzutun, damit sie auch in den Genuss der Privilegierung kommen. Oftmals ist damit nicht einmal ein finanzieller Vorteil verbunden.

Zur Auslösung und Umsetzung des Kaufakts bei **Absatzmittlern im Reinverkauf** dienen z. B. folgende Verkaufsförderungsmaßnahmen:

- Durch die Offerte von Rabatten, Valutierung oder Bestellschluss soll ein gewisser Bestelldruck ausgeübt werden. Problematisch ist dabei allerdings, dass Rabatt und Valuta unmittelbar als Erlösschmälerungen wirken. Anders sieht das mit dem Bestellschluss aus, sofern es plausible Gründe für eine solche zeitliche Limitierung gibt. Insgesamt muss man jedoch zugestehen, dass Einkäufer im Handel in aller Regel so erfahren und clever sind, sich durch derartige Maßnahmen nur dann zu promptem Handeln veranlasst zu fühlen, wenn sie darin einen konkreten betriebswirtschaftlichen Nutzen für sich erkennen und nicht nur eine Promotions-Maßnahme des Herstellers.
- Individuelle Koop-Aktionen entsprechen einem wichtigen Bedürfnis des Handels. Denn im Rahmen des Geschäftsstättenwettbewerbs muss jedem einzelnen Händler daran gelegen sein, sich gegenüber seinem Kundenpotenzial von anderen Händlern positiv zu differenzieren. Dies ist aber nur durch Maßnahmen möglich, die kostenintensiv sind. Daher scheinen

einheitlich angelegte Aktionen der Hersteller wie auch individuelle eigene Aktionen wenig sinnreich. Sehr wohl jedoch individuelle Aktionen, die durch Kostenbeteiligung der Hersteller (direkt durch Geldmittel oder indirekt durch Sachmittel) gestützt werden und sich insofern besser rechnen. Hier liegt ein großes Betätigungsfeld, das allerdings recht handlingaufwendig ist.

– Geschenke an Einkaufsentscheider sind zwar als Bestechungen im Handel strikt verboten. Einkäufer müssen alle erhaltenen Geschenke zentral melden oder deren Entgegennahme verweigern, weil zurecht befürchtet wird, dass ihre Entscheidung für oder gegen einen Lieferanten ansonsten nicht mehr nur aus objektiven Erwägungen heraus gefällt wird, sondern zumindest auch persönliche Vorteile dabei im Spiel sind. Dies ist ja auch gerade Zweck der Übung. Das bedeutet aber nun mitnichten, dass solche Geschenke nicht stattfinden. Die Übergabe erfolgt womöglich vielmehr am Rande der Arbeitsstelle (dazu reicht schon der Kundenparkplatz aus) oder im privaten Bereich (durch Zustellung). Allerdings unterliegt die Wirkung solcher Geschenke der Abnutzung, sodass zweifelhaft ist, inwieweit sie in vernünftigem Rahmen noch geeignet sind, den Begünstigten wirklich im eigenen Sinne zu verpflichten. Hinzu kommt eine restriktive steuerliche Behandlung.

Zur Auslösung und Umsetzung des Verkaufakts bei **Absatzmittlern im Rausverkauf** dienen z. B. folgende Verkaufsförderungsmaßnahmen:

– Die Belohnung der Geschäftsstättentreue liegt hier nahe. Früher wurde dazu das klassische Instrument der Rabattsammelmarken eingesetzt, das in verwandter Form heute ab und an wieder auflebt. Allerdings war der Rabatt gegenüber Endabnehmern gesetzlich auf 3 % des Verkaufspreises begrenzt, sodass die Anreizwirkung überschaubar bleibt. Ganz ähnlichen Zwecken dient die Ausstellung von Kundenkarten bei Geschäftsstättentreue, etwa bei Warenhäusern oder auch Geschäftsstätten übergreifend (z. B. Payback-Card).

– Für die Bereitstellung von Dekodienst und POS-Material liegt die Überlegung zugrunde, dass der Handelsplatzauftritt vom Handel selbst nur durch kontinuierlichen Einsatz qualifizierter Mitarbeiter, und damit sehr kostenaufwendig, zu bewältigen ist und daher häufig unterbleibt. Will also ein Hersteller Inhalt und Form seiner Warenpräsentation sicherstellen, bleibt ihm ohnehin kaum etwas Anderes übrig, als dies in eigener Regie zu übernehmen. Daher kann dies auch in Form einer Zusatzleistung im Rahmen der Verkaufsförderung angedient werden. Problematisch ist dabei der Konflikt zwischen der Handels-Identity und der Hersteller-Identity, der im Zweifel zu Lasten Letzteren entschieden wird, was unmittelbar aus der verbreiteten Nachfragemacht des Handels resultiert.

– Der Unterstützung beim Kompetenzaufbau bzw. -ausbau des Handelsbetriebs liegt die Überlegung zugrunde, dass die Profilierung des Händlers in seinem Einzugsgebiet gegenüber dort konkurrierenden Händlern bei ansonsten wenig differenzierten Leistungen wohl ausschlaggebend für seinen Geschäftserfolg ist. Hersteller können dabei insofern hilfreich sein, als sie die Kompetenz durch eigenes Commitment unterstützen (etwa durch verschiedene Arten von Partnerschaftsaktionen, im einfachsten Fall durch vertikale Gemeinschaftswerbung). Denn der größte Konkurrent des einzelnen Händlers ist immer noch der gleichartige Händler »um die Ecke«.

Zur **Auslösung und Umsetzung des Kaufakts** bei Endabnehmern dienen z. B. folgende Verkaufsförderungsmaßnahmen:

- Dabei sind Sonderkonditionen die mit Abstand am weitesten verbreitete Form der Verkaufsförderung. Dies liegt vor allem darin begründet, dass große Teile des Handels aus ihrer Mentalität heraus immer noch dem Instrument Preis den Primat vor allen anderen einräumen. Dabei werden als Zeigerwaren hochwertige Produkte bevorzugt, die, subventioniert durch eben diese Sonderkonditionen, sogar unter regulären Selbst-/Einstandskosten angeboten werden. Dies führt im Zuge des One Stop Shopping zu hoher Attraktivität bei breiten Nachfragerkreisen und damit zum Aufsuchen der Geschäftsstätte, weil sie allgemeine Preisgünstigkeit suggeriert, wobei dann dort nicht nur die Zeigerware, sondern auch alle anderen Produkte des Haushaltsbedarfs eingekauft werden. Diese sind jedoch so hoch kalkuliert, dass per Saldo doch noch die angestrebte Rendite realisiert werden kann. Dies fördert allerdings das Preisinteresse im Publikum und schadet mittelfristig der Markenanmutung.
- Die Idee der auflagebegrenzten Sonderserie folgt dem Prinzip der Verknappung, das immer geeignet ist, eine erhöhte Nachfrage zu generieren und sogar höhere Preise am Markt durchsetzbar zu machen. Zu denken ist an Produkte in limitierter Stückzahl, mit begrenzter Bezugszeit oder in Extraausführung. Dadurch kann oftmals die verbreitete Lethargie des Markts überwunden werden, um verkaufsfördernde Effekte auszulösen. Allerdings führt dies zumeist auch zu einer »Verstopfung« der Nachfrage für reguläre Ware, denn der Bedarf ist entweder erst einmal gedeckt oder wird spekulativ aufgeschoben (in der mehr oder minder berechtigten Hoffnung auf weitere Sonderserien) oder vorgezogen (Austausch von regulären gegen promotionale Absätze).
- Auch der Selektion der beteiligten Verkaufsstellen liegt das Prinzip der Verknappung zugrunde. Diesmal allerdings nicht in der Ware selbst, sondern in deren Erhältlichkeit. Davon profitieren dann die berücksichtigten Absatzmittler ganz besonders, indem sie Nachfrage von ihren lokalen Konkurrenten abziehen, die ein bestimmtes Angebot nicht machen können. Insofern sind, je nach Attraktivität des Angebots, mehr oder minder starke verkaufsfördernde Effekte zu erwarten. Über den Kontakt zum Kunden kann, Zufriedenheit immer vorausgesetzt, ein wichtiger Anlass für eine wiederholte oder gar dauerhafte Kundenbeziehung gegeben werden. Ein solcher Customer Lifetime Value rechtfertigt sogar Deckungsbeitragssubventionen beim Einstieg.

Hinsichtlich des Begriffs **Merchandising** gibt es eine leichte Verwirrung. Allgemein bezeichnet es die verkaufsfördernden Maßnahmen der Hersteller gegenüber der Handelsstufe, um den Abverkauf der eigene Produkte dort zu forcieren. In dieser Weise wird der Begriff auch hier verwendet. Allerdings wird speziell im deutschsprachigen Raum der Begriff Merchandising häufig eingeengt auf alle Maßnahmen, die zur Förderung der Ware am Regalplatz dienen. Dazu gehören dann die Warenpräsentation selbst, die Anbringung von Werbemitteln dort und die Aufgaben der Warennachfüllung, -auszeichnung und -überprüfung, die durch Merchandiser vorgenommen wird. Schließlich gibt es noch eine dritte Bedeutung für Merchandising, nämlich als Unterpunkt des Begriffs Licensing, also der Vermarktung von durch Medien im Rahmen deren Redaktion geschaffenen Inhalten, z. B. Figuren, Serien, durch Verkauf von Nebenrechten daran an Dritte, die diese dann im Merchandising mit marktfähigen Produkten kapitalisieren.

Hinsichtlich der **Besteuerung** in Zusammenhang mit Verkaufsförderungsmaßnahmen sind vor allem Incentives einschlägig. Dabei muss geklärt werden, inwieweit es sich bei Incentives um Arbeitslohn bzw. um eine Betriebseinnahme handelt, wenn die Geschäftspartner an Verkaufswettbewerben teilnehmen und in Geschäftsbeziehung im Rahmen einer gewerblichen Tätigkeit treten.

§ 19 EStG definiert den Arbeitslohn als Gehälter, Löhne, Gratifikationen, Tantiemen etc., also laufende oder einmalige Bezüge, egal, ob darauf ein Rechtsanspruch besteht oder nicht. Die LSt-DurchführungsVO besagt, dass alle Güter, die in Geldeswert bestehen (Sachbezüge) und aus dem Dienstverhältnis gewährt werden, zum Arbeitslohn zählen, wenn erstens der Arbeitnehmer durch die Zuflüsse objektiv bereichert wird – diese Bereicherung kann entweder durch steigende Einnahmen oder durch die Übernahme von Aufwendungen seitens des Arbeitgebers zustande kommen – wenn zweitens die Einnahme durch das individuelle Dienstverhältnis veranlasst ist – die Einnahme muss also als Belohnung für geleistete Arbeit verstanden werden – wenn drittens der Arbeitslohn dem Arbeitnehmer mit Wissen und Wollen des Arbeitgebers zugeflossen ist – der Arbeitnehmer muss die wirtschaftliche Verfügungsmacht über die Zuwendung erhalten – und wenn viertens der Arbeitnehmer über die Zuwendung frei verfügen kann.

Incentives sind damit in aller Regel ein steuerpflichtiger Sachbezug. Die Geldbewertung von Sachbezügen ist mit den üblichen Endpreisen am Abgabeort anzusetzen und als geldwerter Vorteil zu versteuern. Bei Incentive-Reisen wird wegen der eingeschränkten Disposition der Teilnehmer darüber ein Abschlag von ca. 1/3 gemacht. Eine pauschale Umlage von Kosten auf die Teilnehmer ist nicht zulässig. Der Transport zum Zielort gehört jedoch zu den Reisekosten, ebenso Mahlzeiten und Übernachtungen auf dem Weg zum Zielort.

Bei Selbstständigen (Handelsvertreter etc.) stellen Incentives umsatzsteuerpflichtige Entgelte dar, allerdings nicht als Eigenverbrauch. Bei Absatzmittlern werden Incentives als eine Art Preisnachlass des Lieferanten verstanden, daher muss der Vorsteuerabzug entsprechend berichtigt werden. Insofern ist zunehmend fraglich, ob Incentives den Teilnehmern den zu versteuernden geldwerten Vorteil überhaupt Wert sind. Ansonsten entfällt die Anreizwirkung.

Eine Aufsplittung in einen steuerpflichtigen und einen steuerfreien Teil (etwa für Tagungen) ist nicht zulässig. Entscheidend ist nur, dass der Vorteil angenommen wurde, auch eine Verpflichtung zur Teilnahme wirkt nicht befreiend. Incentive-Reisen sind auch keine Betriebsversammlungen (weil sie nicht allen Mitarbeitern zugänglich sind).

Für das veranstaltende Unternehmen stellen Incentives eine Betriebsausgabe dar, die sich auf den steuerlichen Gewinn vermindernd auswirkt. Außer, das Incentive wird als Geschenk ohne Gegenleistung gewährt, dann dürfen diese Geschenke einen Anschaffungswert von 75 DM pro Empfänger und pro Kalenderjahr nicht überschreiten, damit sie noch als Betriebsausgabe veranschlagt werden dürfen.

5.4.4 POS-Werbung

Am Handelsplatz kommen vielfältige Medien zum Einsatz. Beispielhaft werden im Folgenden POS-Radio, Monitor Journal und Informations-Center näher erläutert.

POS-Radio hat ein für den Einzel- und Großhandel produziertes Programm zum Inhalt, das systematisch mit Wort- und Musikbeiträgen als Werbeträger eingesetzt wird. Es strahlt ein exakt auf die distribuierte Produktpalette der einzelnen Handelskette abgestimmtes Werbeprogramm aus, das zudem die tageszeitlich verschiedenen Zielgruppen berücksichtigt. Die von Werbungtreibenden vorproduzierten Spots werden dazu zusammen mit der Live-Moderation und Musik via Satellit an die angeschlossenen Märkte übertragen. Die Information, wann welche Spots an welche Handelskette gesendet werden, ist auf einem MOD-Datenträger codiert. Die Musik wird nach Vorgaben wie Zielgruppenorientierung, Tageszeiten, Stilrichtungen etc. auf der Basis von Meinungsumfragen ausgesucht und nach einem Zufallsverfahren zusammengestellt. An jedem

Handelsplatz ist dazu auf dem Ladendach eine Satellitenantenne installiert, welche die Signale von einem angemieteten Satellitentransponder erhält, der wiederum von einem zentralen Sendestudio angepeilt wird, und an eine eigens an der Ladendecke montierte, breitabstrahlende Beschallungsanlage weitergibt. Dabei ist jede einzelne Filiale durch einen dort angebrachten Spot-Selector adressierbar. Auf diese Weise werden 15 % der Gesamtsendezeit (= 108 Stunden) mit Werbung ausgedeckt. Es sind ebenso eigene Ladendurchsagen möglich wie auch haus-/kettentypische Hörfunkprogramme mit eigener Moderation und Senderkennung (z. B. Radio Hertie etc.).

POS-Radio tritt so zunehmend an die Stelle tradierter, eher handgestrickter Ladendurchsagen als Hörfunkprogramm aus Information und Unterhaltung, das analog »normaler« Hörfunkprogramme auch Werbespots sendet. Da die Lautstärke zugunsten der Bequemlichkeit stark zurückgedreht ist, werden Werbebotschaften eher beiläufig wahrgenommen. Dabei ist eine aussagefähige Werbeerfolgskontrolle möglich, indem die Verkäufe im Geschäft vor und nach Ausstrahlung eines entsprechenden Spots ausgewiesen werden. Dies ist in modernen Scanner-Outlets technisch problemlos darzustellen.

Tests haben gezeigt, dass Steigerungen der Abverkäufe um bis zu 250 % möglich sind. Allerdings ist fraglich, in welchem Ausmaß wirklich der während des Ladenaufenthalts ausgestrahlte Werbespot ursächlich für einen Kauf ist oder inwieweit nur geplante Käufe oder solche, die durch vorher rezipierte Werbebotschaften konditioniert wurden, ausgeführt werden, die dann mehr oder minder zufällig zum gerade übertragenen Werbespots korrespondieren.

Ebenso wie POS-Radio möglich ist, ist naturgemäß auch POS-TV möglich. Ein Problem stellt dabei jedoch die Wahrnehmbarkeit von Bildern dar. Denn diese verlangen im Gegensatz zu Tönen gerichtete Aufmerksamkeit (bewusstes Hinsehen) und weitaus größere räumliche Nähe (Betrachtungsabstand). Hinzu kommt die Raumhelligkeit, welche die Bildwiedergabe beeinträchtigt. Insofern ist die Umsetzung derzeit noch nicht gelöst. Aber es gibt Ersatzformen.

Monitor Journal ist eine elektronische Wochenzeitschrift, die in den Kassenzonen der größten Einkaufszentren ausgestrahlt wird. Redaktion und Anzeigen (Bildschirmseiten) wechseln sich in zweiseitigen Kurzmeldungen ab. Der dynamische Text- und Bildaufbau über Computeranimation bietet die Möglichkeit, die Blickführung in gewünschter Weise zu steuern. Die Kontaktermittlung ergibt sich aus der Gesamtzahl registrierter Kassenzettel, wenn man einmal davon ausgeht, dass man der geballten Präsenz des Monitor Journals am Flaschenhals Kassen-Check Out kaum entgehen kann. Das Warten vor den Kassen wird als besonders langweilig empfunden. Unterhaltsame und informative Ablenkung genießt daher hohe Akzeptanz. Dadurch besteht eine starke Fokussierung auf das Medium. Durch kurze und prägnante Informationen wird die Forderung eines komprimierten Informationsangebots erfüllt. Da das Einkaufsverhalten stark gewohnheitsmäßig geprägt ist, kommt es zu einer gleichmäßigen, intensiven Kontaktverteilung. Eine Werbeerfolgsmessung ist nur möglich für alle Artikel, die im Kassenbereich angeboten werden. Für andere Artikel ist sie nicht möglich, weil die Ansprache prozessual zu spät erfolgt.

Informations-Center (Kioske) am POS (dann Point of Interest/POI genannt) sind Multimedia-Stationen, zumeist bestehend aus Festplattenspeicher, Farbbildschirm, Lautsprecher, Eingabetastatur und Computersteuerung. Sie bieten ebenfalls kaufrelevante Information an. Ihre Vorteile sind folgende:

– individuelle Kommunikation auf das Interesse des einzelnen Nutzers fokussiert,
– direkter und schneller Zugriff auf Informationen durch selektive Abfragemöglichkeiten,
– flexible und übersichtliche Zusammenstellung von Informationen,

- während der kompletten Ladenöffnungszeiten zugänglich,
- gibt Anregungen für bisher nicht beachtete Interessengebiete,
- großes Informationsangebot an einem Ort verfügbar (Nachschlagwerk-Funktion),
- Information und Bestellung in einem Vorgang sparen Zeit,
- umfangreiche und attraktive Informationsvermittlung an Interessenten,
- intensiviert die Beschäftigung der Kunden mit dem Angebot des Anbieters,
- Multimedia ermöglicht attraktive und ausdrucksstarke Botschaften,
- Information über zusätzliche Angebote erhöht Zusatz- und Impulskäufe,
- große Anschaulichkeit des Angebots durch Mix von Wort, Bild, Film und Ton,
- gute Vorbereitung des Verkaufsgesprächs bei beratungsintensiven Produkten.

Eine einfache Form der Werbeerfolgsmessung im Handel betrifft die Abfrage des Postleitzahl-Gebiets bei einkaufenden Kunden an der Kasse. Durch Abgleich mit den Verbreitungsgebieten von mit Werbung belegten Tageszeitungsausgaben kann deren Effizienz ermittelt werden. Dies bezieht sich sowohl auf die Analyse beizubehaltender als auch aufzugebender bzw. hinzuzunehmender Werbegebiete. Die Abfrage muss zudem nicht dauerhaft erfolgen, sondern kann sich auf repräsentative Zeitabschnitte beschränken, sofern alle Kunden durchgängig befragt werden. Ebenso können dadurch Haushaltsverteilungen effizient gesteuert werden, die über Reaktionsmittel (z. B. Preisausschreiben) zu Adressrückläufen führen, die wiederum in eine Datenbank aufgenommen und in Kontaktprogrammen zur Kundenbindung bearbeitet werden können. Für Großbetriebsformen des Handels bietet sich auch eine Erfassung der Kfz-Kennzeichen auf dem Kundenparkplatz an. Dadurch werden auch Besucher erfasst, die nicht kaufen, allerdings sind die Zulassungsgebiete groß und lassen nicht unbedingt einen Rückschluss auf den Wohnort der Halter zu.

Es steht zu erwarten, dass in verstärktem Maße intelligente Handelsplatz bezogene Werbemittel (neben den tradierten Formen wie Deckenhänger, Fensterstreifen, Regalwipper etc.) eingesetzt werden, zum einen, weil die massenmediale Beeinflussung an deutliche Grenzen stößt, zum anderen, weil angesichts zunehmender Austauschbarkeit der Angebote dem letzten Impuls vor dem Kaufentscheid gerade bei gering involvierten Produkten erhöhte Bedeutung zukommt.

5.5 Direktwerbung

5.5.1 Abgrenzung

Die Distanz in Werbung und Verkauf wächst. Die Ursachen liegen darin, dass sich Abnehmer einer Reizüberflutung mit Nachrichten aus verschiedensten Kanälen und zu unterschiedlichsten Themen gegenübersehen. Weite Teile des Publikums haben aber bereits einen hohen Sättigungsgrad ihrer Bedürfnisse erreicht. Die Vermarktungsbedingungen werden dadurch immer restriktiver. Je näher ein Hersteller nun am Abnehmer ist, desto schneller kann er reagieren und desto besser kann er auf dessen Bedürfnisse eingehen. Dies hat zum Boom für Direktwerbung geführt, weil man sich gerade diese Wirkung davon verspricht.

Unter Direktmarketing versteht man alle Aktivitäten, die der Direktansprache und dem Direktverkauf dienen. DM bedient sich übergreifend neben der Kommunikation auch der Distributionspolitik im Marketing. An dieser Stelle ist aber primär der Bereich der Direktansprache relevant. Dies besonders im Business to Business-Sektor, wo auch fernschriftliche/

elektronische Kommunikationsmittel eingesetzt werden. Ziel ist die Herstellung eines Dialogs mit (potenziellen) Marktpartnern und deren Involvement. Es sind jedoch auch bereits erste Reaktanzen bemerkbar. Wesentliche Vorteile sind die individuelle Ansprache, die engere Streuung, der beliebige Platz für Botschaften, die freie Wahl der Aufmachung, die ungeteilte Aufmerksamkeit, die gute Testmöglichkeit, der Kostenvorteil und die Antwortaufforderung.

Direktwerbung bedeutet:

- Kommunikation, die sich **an individuelle Adressaten richtet und/oder ein Reaktionsmittel beinhaltet** (beim Individualkontakt reicht bereits ein Informationsangebot zur Qualifizierung als Direktansprache aus),
- bei disperser Kontaktaufnahme, dass die **Reaktion gegenüber dem Botschaftsabsender mit Hilfe des Werbemittels** oder auf andere definierte Art erfolgt und sich auf ein Angebot bezieht (also nicht Gewinnspiel o. ä.).

Der Unterschied zur Klassischen Werbung liegt in der gezielten Ansprache mehr oder minder ausgewählter Empfänger.

Direktwerbung zielt auf die Interaktion mit Zielpersonen ab. Diese kann durch bidirektionale Anlage der Medien (Vollduplex), durch Zug-um-Zug-Anlage der Medien (Halbduplex) oder im schwächsten Fall durch ein Interaktionsangebot (Simplex) zustande kommen. Dabei kommen keine gesonderten Direktmedien zum Einsatz, vielmehr ist jedes Medium so ausgestaltbar, dass es für Direktwerbung geeignet ist. Wann genau ein Medium nun Direktmedium ist oder nicht, unterliegt einer graduellen Betrachtung. So kann typischen Direktmedien das Interaktionsmoment fehlen, etwa wenn ein Mailing eine bloße Informationsmitteilung enthält. Doch kann auch ein Klassisches Medium zum Direktmedium werden, etwa wenn eine Anzeige einen Postkartenaufkleber zur Bestellung trägt. Welches Ausmaß an Interaktion erforderlich ist, ist dabei Ansichtssache. Die Direktmarketer sind daran interessiert, alle Werbung, die bereits das geringste Interaktionsangebot enthält (z. B. die hervorgehobene Angabe einer Telefonnummer zur Informationseinholung oder Bestellabgabe) als Direktwerbung zu qualifizieren. Klassische Werber hingegen betrachten nur persön-

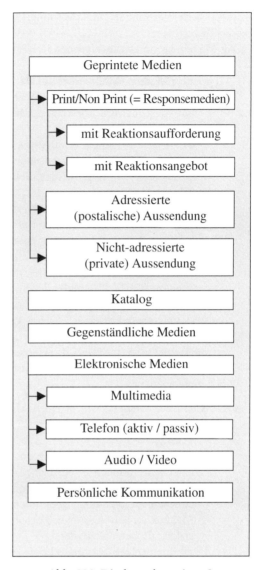

Abb. 228: Direktwerbung i. w. S.

lich adressierte Werbung als Direktwerbung. Dadurch schrumpft deren Bedeutung dann jedoch beträchtlich.

Als Medien kommen die folgenden in Betracht (Abb. 228):

- **Geprintete Medien** (Mailmarketing) als
  - Pressemarketing (Massenmedien über Anzeige, Spot, Plakat),
    - mit Reaktionsaufforderung (schreiben, anrufen, kommen, mit Adressangabe/Telefonnummer etc.),
    - mit Reaktionselement (Coupon, Antwortpostkarte, Gutschein etc.),
  - (adressierte, postalische) Aussendung (Postwurf), z. B. Brief, Prospekt, Faltblatt,
  - (nicht-adressierte, privatwirtschaftliche) Zustellung, z. B. Haushalts- oder Straßenverteilung,
  - Katalog als Sonderform des Direktverkaufs,
- **Gegenständliche Medien**, z. B. Warenproben, Aufkleber, Gadgets, Werbegeschenke. Diese Werbeartikel bieten folgende Vorteile: Keine Streuverluste, dreidimensionale Anlage, emotionale Dialogbasis, persönliche Übergabe, Inbesitznahme durch Zielperson, praktischer Nutzen, individuelle Gestaltung, alleinige Aufmerksamkeit, Originalität, zielgruppenspezifische Auswählbarkeit.

  Als weitere Vorteile des Werbeartikeleinsatzes sind stichwortartig zu nennen: Multisensorische, anfassbare Botschaft, privater Vorteil des Partners, lange Wirkungszeit, mnemotechnische Effekte, entzieht sich der Konkurrenzbeobachtung, keine Streuverluste, extrem kurze Einwirkungszeit, direkte Verstärkung sonstiger Werbemaßnahmen, einfache/schnelle Kontrolle, erzeugt Dankbarkeit, schafft Reaktionen, der Empfänger kann sich nicht entziehen.

- **Elektronische Medien** (Neue Medien) als
  - Netzmarketing (fernschriftlich)
    - Telex,
    - Teletex als vorlagengetreue Übermittlung von Texten, die auf dem Zeichenvorrat einer Schreibmaschine beruhen,
    - Telefax als Übertragung von Unterlagen in Text- und Grafikform von einem Fax zu einem anderen über Telefonnetz,
    - Mailbox als Austausch von Mitteilungen über eine zentrale Datenbank in einen elektronischen Briefkasten,
  - **Telefonmarketing** (fernmündlich)
    - aktiv, d. h. mit Kontaktaufnahme durch Anbieter (Business to Consumer, Business to Business),
    - passiv, d. h. mit Kontaktaufnahme durch Nachfrager (Service 0130, Anrufbeantworter, Gerät für dezentrale Anrufweiterschaltung, Mehrfachanschluss, Sprachbox etc.),
  - **Audio-Video-Marketing**
    - Einweg, d. h. rezeptiv (VTR, DVD, Videotext etc.),
    - Zweiweg, d. h. interaktiv,
      - Internet,
      - Kabel-TV mit Rückkanal,

  Dieser Bereich ist im Rahmen des Multimedia bereits erfasst.

- **Persönliche Medien**, und zwar
  - aktiv, d. h. im Domizilprinzip, z. B. Haus-zu-Haus-, Partyverkauf, Heimdienst, -vorführung,
  - interaktiv, d. h. im Treffprinzip, z. B. Messen/Ausstellungen,
  - passiv, d. h. im Residenzprinzip, z. B. Verkaufsfilialen.

  Dieser Bereich wird im Rahmen der Persönlichen Kommunikation erfasst.

Es ist durchaus strittig, ob **Anzeigen** mit Direktreaktionsmöglichkeit der Klassischen Werbung zuzurechnen sind, weil es sich um das Medium Anzeige handelt, oder aber der Nicht-klassischen Werbung, weil es sich um ein Response-Angebot handelt. Dafür ist letztlich der Charakter der Anzeige entscheidend. Handelt es sich um eine klare Direktansprache, für die anstelle anderer Medien nur die Anzeige gewählt wird, ist eine Zuordnung zur Direktwerbung gegeben. Handelt es sich jedoch lediglich um die Ergänzung einer Pressemedienwerbung durch ein Reaktionsangebot, ist eine Zuordnung zu Pressemedien sinnvoll. Zumeist ist jedenfalls ein Medienwechsel erforderlich, nämlich von Printwerbung zu postalischen Medien (Postkarte, Brief) oder telekommunikativen Medien (Telefon, Telefax, e-mail). Am Deutlichsten handelt es sich um eine Reaktionselement in Form von Coupon (zum Ausschneiden), Beikleber (zum Abnehmen), Beihefter (zum Heraustrennen) oder Beileger (zum Herausnehmen). Dadurch können dann Bestellungen (Produkte oder Werbemittel) adressiert und Informationen angefordert werden. Je nach Ausprägung können diese mehr oder minder differenzierte Bestellangaben aufnehmen. Sinnvollerweise wird dabei eine Codierung der Reaktionsträger vorgenommen, um eine Zuordnung von Rückläufen zu Werbeträgern vornehmen zu können. Dabei sind auch verschiedene Ausgaben, Werbemotive, Platzierungen etc. identifizierbar.

Die Effizienz einer Direktwerbeanzeige nur an der Zahl der Rückläufe, Informationseinholungen oder Bestellungsabgaben, je nach Lage der Dinge (Werbeziel) zu messen, ist allerdings irreführend. Denn der Handlungsanstoß kann aus vielfältigen anderen Ursachen resultieren als aus der Wahrnehmung der Anzeige. Dies gilt nur dann nicht, wenn ein völlig neues Angebot erstmals in einem einzigen Anzeigendurchgang beworben wird. Aber dies ist fern der Realität der Märkte.

DR-TV befindet sich noch im Anfangsstadium. Pioniere sind hier Anbieter wie Time Life, MDM Münze, Quelle Versicherungen, Best Direct, Dominion, Bertelsmann Fachzeitschriften, Göde Briefmarken/Münzen, Legion, Vier Jahreszeiten, Tele Shop etc. Die Budgets erreichen jedoch bereits hohe zweistellige Millionenbeträge, und das mit stark steigender Tendenz. Das wesentliche Handicap besteht darin, dass derzeit noch ein Medienwechsel zum Ablauf erforderlich ist. Der Empfang der Botschaft erfolgt also über Fernsehen, die Reaktion darauf hat über Telefon (Fax, Brief etc.) zu erfolgen. Dieser Medienwechsel dürfte die Effizienz nicht unerheblich beeinträchtigen. Eine eingeblendete und/oder angesagte Rufnummer ist freigeschaltet, um Bestellungen (Produkte oder Werbemittel) per Nachnahme oder Kreditkarten-Akzeptierung anzunehmen. Die Abwicklung erfolgt meist über Telefonmarketing-Agenturen, die eine gewisse, meist jedoch zu kleine Anzahl von Annahmeplätzen rund um die Uhr bereitstellen. Dort werden die Bestelldaten erfasst und das Order Fulfillment eingeleitet. Regelmäßig handelt es sich um Angebote, die exklusiv nur über DR-TV, nicht jedoch im stationären Handel, erhältlich sind. Insofern ist aus der Anzahl der Aufträge eine gute Erfolgskontrolle möglich. Es gibt jedoch das systembedingte Problem, dass es unmittelbar nach Ausstrahlung der Werbedirektsendung zu einer zeitlichen Ballung von Anrufen kommt (erfahrungsgemäß 80 % Response innerhalb von 15 Minuten nach Ausstrahlung), die durch die bereitgestellten Annahmeplätze regelmäßig nicht zu bewältigen sind. Daher werden Warteprozeduren aufgerufen. Im einfachsten Fall erfolgt eine Durchsage mit der Bitte um Geduld, meist unterlegt mit einer beruhigenden Musik. Dann ist allerdings die eingegangene Gesamtzahl der Anrufe nicht feststellbar. In fortgeschritteneren Systemen werden auflaufende Anrufe chronologisch auf Stapel genommen (Stack), wobei »abgearbeitete« Besteller ausscheiden und alle folgenden Anrufer entsprechend nachrücken. In Abständen wird jedem Anrufer mitgeteilt, an welche Stelle im Stack er vorgerückt ist. Durch das damit verbundene Erfolgserlebnis soll verhindert werden, dass Anrufer frustriert auflegen. Damit ist dann auch die Gesamtzahl der Anrufe feststellbar. Bei Bestellungen liegt der Break Even-Punkt bei nur 0,01 % aller Anrufer.

Vorteile liegen sowohl in der Zeitersparnis/Wegeersparnis auf Seiten der Besteller als auch der Vermeidung von Falschlieferungen (Retouren). Außerdem ist keine Störung durch andere Kunden bei der Auswahl gegeben. So sind auch Zusammenstellungen (Setgedanke) möglich, also heute das Hemd im Angebot, morgen die dazu passende Krawatte. Ein Ticketdrucker am TV-Gerät gibt dann womöglich später einmal Rabattmarken als Belohnung für das Spotansehen aus, denkbar sind auch differenzierte Preise für Fernsehprogramme mit Werbung und ohne Werbung (dann billiger).

Zukünftig wird es im Rahmen von Breitband-Übertragungssystemen (LWL) mit Interaktivem Fernsehen möglich sein, schmalbandige Rückkanäle einzubeziehen, auf denen jeder Nutzer Anbieter adressieren kann, umso, z. B. durch Betätigung einer Bestätigungsfunktion auf der normalen Fernbedienung des TV-Geräts, Bestellungen (Produkte oder Werbemittel) abgeben zu können, vor allem aber, um Programmabläufe individuell zu definieren (wie z. B. Kameraeinstellungen eines Fußballspiels wie im digitalen Fernsehen). Diese bedürfen dann nicht mehr der persönlichen Auftragsannahme, umgehen also den Engpass der Warteschleifen, und werden durch die Vermeidung eines Medienwechsels dem spontanen Entscheidungsverhalten der meisten DR-TV-Angebote weitaus besser gerecht. Auf diese Weise lassen sich dann neben Pay-TV-Angeboten auch Home Shopping, Home Banking etc. bewerkstelligen, was dem Trend zum Cocooning gerecht wird.

Bis dahin sind Überbrückungslösungen notwendig. Zu denken ist an die absendergesteuerte Computerabfrage über Datavox. Auf entsprechende Signale hin werden dabei Daten über die Zehnertastatur eines Mehrfrequenzwahl-Telefons eingetippt. Der beim Empfänger oder einem Service Provider angeschlossene Computer interpretiert die eingegebenen Daten als Reaktion auf eine zuvor gesprochene Aufforderung. Die verschiedenen Ziffern sind anhand der Tonhöhe des Bestätigungssignals unterscheidbar. Dadurch können aber nur standardisierte Informationen erfasst werden (z. B. verschiedene Produktversionen oder verschiedene Informationspakete). Zur Erfassung der Adressdaten ist eine Sprachidentifikation erforderlich. Dazu fordert das System den Anrufer nacheinander auf, seinen Nachnamen, Vornamen etc. zu buchstabieren. Das System wiederholt die Aufsprache, ist diese nicht richtig, kann der Identifizierungsvorgang wiederholt werden. Allerdings liegen hier erhebliche Bedienungstücken. Für den Fall, dass das System die Sprache des Anrufers nicht identifizieren kann, wird das Gespräch auf einen personenbesetzten Telefonannahmeplatz umgeleitet. Durch entsprechend viele Kanäle kann damit, zumindest theoretisch, die Zahl der angenommenen Bestellungen, und damit auch die Werbeeffizienz, erhöht werden. Praktisch funktioniert dieses System derzeit nur bei Spracherkennung von Zahlen hinlänglich gut.

Alternativ kann auf den Sprachspeicherdienst (Voice Mail) zurückgegriffen werden. Damit ist eine Tonübertragung, etwa zur Bestellung, auch ohne Einschaltung des Angerufenen möglich. Dabei werden Mitteilungen im Telekom-Computer elektronisch aufgezeichnet und können vom Anbieter jederzeit nach Belieben auf seinen Platz abgerufen werden.

Direktwerbung ist selbstverständlich auch über **Hörfunk** möglich. Die Hörfunksender lassen sich dabei grob in nationale, regionale und lokale unterscheiden. Aus ihrem Sendegebiet ergibt sich die räumliche Abgrenzung der Zielgruppe. Die technische Reichweite gibt über die tatsächliche Empfangbarkeit Aufschluss. Als Wege dafür kommt terrestrischer Empfang (Antenne), Kabelempfang und Satellitenempfang (»Schüssel«) in Betracht. Dabei gibt es noch verschiedene technische Umsetzungen (DSR, DAB, DR etc.). Außer acht bleiben werbefreie Umsetzungen (Pay-Radio, Radio on Demand), die sich allein durch Teilnehmergebühren finanzieren. Die verbleibenden Hörfunksender lassen sich wiederum grob in solche mit primärem Informationsprogramm (News/Talk) und solche mit primärem Unterhaltungsprogramm aufteilen. Für Werbung genutzt werden weitestgehend nur Letztere. Der Unterhaltungscharakter ist mit mehr oder minder großem Informationsanteil durchsetzt. Er bestimmt sich aber im Wesentlichen durch die Musikauswahl (Format). Diese wiederum ist wichtig für die Selektion der Zielgruppe.

Dementsprechend werden in DR-R auch vorwiegend Spots für bespielte Tonträger (CD's, MC's, Platten) ausgestrahlt. Regelmäßig handelt es sich um Angebote, die nur über Home Order erhältlich und telefonisch zu bestellen sind. Ein medienbedingtes Handicap liegt in der Beschränkung der Kommunikation auf Audiosignale. Diese werden vor allem durch Einsatz signalhaft wirkender Musik genutzt, die allerdings zumindest derzeit noch eher reklamig wirkt.

Grundsätzlich sind auch die anderen Klassischen Medien zur Direktwerbung geeignet:

– Kinospots sind ebenfalls als Direktwerbemedium einsetzbar. Man denke nur an die legendären Langnese-Spots unmittelbar vor der Unterbrechung zum Hauptfilm. Jeder Spot endet mit der Aufforderung, gleich hier im Kino nach dem tollen Langnese-Eis zu verlangen. Abgesehen davon, dass der Werbeeinfluss aufgrund der spezifischen Aufnahmesituation im Kino (überdimensionale Darbietung, abgedunkelte Umgebung, voller Sound etc.) prima vista als sehr gut anzusehen ist, kann durch den Abverkauf auch eine unmittelbare Werbeerfolgskontrolle stattfinden.
– Selbst Außenwerbung ist als Direktwerbemedium einsetzbar. So gab es z. B. für die Stern-Brauerei, Essen, oder Dole, Hamburg, Plakate, die aus lauter perforierten Gutscheinen bestanden, die, im Rahmen der gesetzlichen Möglichkeiten, dazu berechtigten, eine Warenprobe im Handel oder beim Hersteller abzufordern. Dadurch ergab sich die Möglichkeit einer unmittelbaren Kontrolle des Werbeerfolgs durch das Einlösen dieser Vouchers.

Videotext ist ein Einweginformationsmedium, das zusätzlich zum Fernsehprogramm angeboten wird zum Empfang einen speziellen Videotext-Decoder voraussetzt (wie er allerdings in modernen TV-Geräten bereits eingebaut ist). Die Daten werden als farbige Standbilder in der Austastlücke zwischen zwei Halbbildern des Programms übertragen. Da 625 Zeilen vorhanden sind, die abwechselnd als je 50 Halbbilder/Sekunde geschrieben werden, bleiben pro Sekunde 25 Zeilen übrig, die nicht für den Bildaufbau verwendet werden. Diese stehen dann für Videotext zur Verfügung. Die Aussendung erfolgt zyklisch, daher ergeben sich Wartezeiten beim Zugriff auf einzelne Tafeln. Es sei denn, sie werden von intelligenten Videotext-Decodern (Top Text o. ä.) vorgespeichert (z. B. unmittelbar vorhergehende/folgende Seiten, Übersichtsseiten für Themenbereiche). Videotext überträgt auch fernsehbegleitende Informationen wie Untertitel für Gehörgeschädigte oder Übersetzungen nicht synchronisierter Filme und hat Back up-Funktion durch Verweis im TV-Spot auf Videotext-Tafeln. Außerdem befinden sich zahlreiche aktuelle Informationen im Angebot, das über Texttafeln abgerufen werden kann.

Derzeit bestehen die folgenden Werbemöglichkeiten:

- Streifenwerbung auf Übersichtsseiten, teilweise interaktiv,
- komplette Werbeseiten,
- Rollseiten (nach 15 Sekunden automatisches Weiterblättern),
- interaktive Seite (0190/Audiotex über Telefon zu Sprachcomputer) für gesonderte, transparente Texttafeln mit Zugriff über die Fernbedienung,
- dynamischer Videotext (Daten über Telefon eingegeben, Antwort vom Werbungtreibenden im System, auf zugeteilten Seiten für andere unsichtbar, auch Kunden individuell (Datenschutz).

Vorteile von Videotext liegen in der hohen Aktualität der Mitteilungen sowie der Möglichkeit zur Verknüpfung von Werbespot und Videotexttafeln. Von Nachteil sind vor allem die begrenzte Gestaltung und der erforderliche Medienwechsel (von TV auf andere Endgeräte).

Beim **Telefaxeinsatz** sind Abruftechniken einsetzbar:

- Beim **Fax Polling** stellt der Angerufene sein Faxgerät auf Abruf um. Er wählt die Rufnummer des Dienstes am Faxgerät und erhält auf der gleichen Leitung ein Fax zurück. Eine Auswahl oder Interaktion findet dabei nicht statt. Die Kosten trägt der Anrufer. Der Anrufer benötigt keine Tonwahlverfahren, um die Nachricht auszuwählen. Verschiedene Informationsanbieter können im Systemverbund arbeiten, ohne dass der Anrufer dies bemerkt. Allerdings kann immer nur eine Faxinformation je Anruf gepollt werden. Außerdem verfügen viele Faxgeräte über keine Polling-Funktion. Bei umfangreichen Daten ist Fax Polling nur über ISDN-Leitung sinnvoll.
- Beim **Fax on Demand** kann der Anrufer per Spracheingabe oder über die Tasten seines Telefons die Auswahl von Informationen, die ihm dann per Telefax auf derselben Leitung zugesandt werden, bestimmen. Die Kosten trägt wiederum der Anrufer. Der Anrufer kann sich anonym informieren und bleibt dem Informationsanbieter unbekannt.
- Beim **Fax Back** wählt sich der Anrufer ein und trifft eine Auswahl der verfügbaren Dokumente. Er gibt seine Faxnummer an, auf welche die Informationen übertragen werden sollen. Den Anruf zahlt der Anrufer, die Übertragung des Telefax der Informationsanbieter. Diesen Dienst können auch Anrufer ohne eigenes Faxgerät nutzen. Zudem verfügt der Informationsanbieter über die Faxnummer seines Anrufers und kann diese daher nachbearbeiten.

Nach der Zielgruppe handelt es sich dabei um:

- Privatpersonen (Business to Consumer) oder
- (potenzielle) Geschäftspartner (Business to Business).

Dabei erforderliche Nebentätigkeiten betreffen:

- Adressenhandling (vor allem Generierung, Konzept, Pflege, Aktualisierung etc. von Adressen),
- Werbemittelproduktion (so die Kreativentwicklung, Druckvorlagenerstellung, Realisation etc.),
- Mediaabwicklung (in kaufmännischer und technischer Hinsicht).

Das Adressenhandling wird durch die Datenbank erleichtert (Database Marketing). Sie enthält Angaben über:

- Namensdaten (wie Firma, Branche, Kundennummer, Größenordnung, Ansprechpartner, Titel, Anrede, Funktion etc.),
- Adressdaten (wie Straße, Postfach, PLZ, Ort, Datum für letztes Update, Telefon),
- Auftragsdaten (wie Auftragsweg, Bestellwert, Artikelwahl, Preisklasse, Zahlungsart etc.),
- Bestellstammdaten (wie Bestelltermine, Retouren etc.),
- Bonitätsdaten (wie Schufa-Auskunft, Mahnungen etc.),
- Werbedaten (wie Werbeart, Anzahl, Zeitraum etc.),
- Betreuungsdaten (wie Reklamationen, Besuchshäufigkeit etc.).

Im Business to Business-Bereich sind vor allem folgende Detailangaben sinnvoll:

- Namensblock mit Name, Titel, Anredeart, Position im Unternehmen, erreichbar in Zweigniederlassung, Interesse-Code, Entscheidungsbefugnis, Tätigkeitsbereich, Verweildauer in Funktion,
- Adressblock mit Unternehmensfirmierung, Straße, Postfach, PLZ, Ort, Zweigniederlassung, Außendienstregion, Datum der letzten Modifikation,
- Allgemeine Information (Telefon-Nr., Telex-Nr., Telefax-Nr., Beschäftigtenzahl, Branchenschlüssel, Bonitätsdaten),
- Interaktionsblock (Korrespondenz, Kontaktursache, Datum des Erstkontakts, Anfrage, Beschwerde, Werbemittelkontakte, Umsatzzahlen kumuliert/einzeln, Betreuer, Besuchszeiten).
- Profildaten (Gründungsdatum des Unternehmens, Unternehmensgröße nach Umsatz, Beschäftigtenzahl, Besitzverhältnisse, Beteiligungen, Zweigniederlassungen, Bonitätsdaten, Branche, Produktprogramm, Innovationsfreudigkeit des Unternehmens, Buying Center-Struktur),
- Profildaten Entscheidungsträger (Name, Titel, Telefon, Stellung im Unternehmen, Tätigkeits- und Verantwortungsbereich),
- Aktionsdaten (Art und Zeitpunkt des Erstkontakts über Außendienst, Mailing, Telefon, Couponanzeige, Art und Zeitpunkt der werblichen Ansprache, Betreuer, zuständiger Verkäufer),
- Reaktionsdaten (Zeitpunkt und Art der Reaktion u. a. Reklamationsverhalten, Dauer der Kundenbeziehung, Umsatzzahlen kumuliert und nach Einzelaufträgen, Stufe der Loyalitätsleiter, Klassifizierung bzgl. Kundenattraktivität und -zugänglichkeit).

Im Business to Consumer-Bereich sind vor allem folgende Detailangaben sinnvoll:

- Namensblock mit Name, Vorname, Titel, Anredeart,
- Adressdaten mit Straße, Postfach, PLZ, Ort, Geschäftsstelle, Außendienstregion, Datum der letzten Modifikation,
- Allgemeine Information (Interessen-Kennziffer, Geschlecht, Alter, Beruf, Familiengröße, Bonitätsbeurteilung, Telefon-Nr. Freundschaftswerber, Multiplikator für, Verweildauer unter Anschrift, Banktyp, Kreditkarte, Regional-Typ),
- Interaktionsdaten (Werbeart, Kontaktzahl, Zeitpunkt der letzten Bestellung, Umsatz kumuliert/einzeln, Zahlungsart, Mahndaten, Mail-Order-Index).
- Profildaten (wie Alter, Geburtsdatum, Familienstand, Haushaltsgröße, Kinderzahl, Familienlebenszyklus, Ausbildung, Beruf, Einkommen, Meinungsführer, Meinungsfolger,

Regio-Typ basierend auf mikrogeografischer Segmentierung, Hobbies, Interessen, Einstellungen, Zahlungsverhalten),
- Aktionsdaten (Art und Zeitpunkt des Erstkontakts über Außendienst, Mailing, Telefon, Couponanzeige, Freundschaftswerbung, Art und Zeitpunkt der werblichen Ansprache, Betreuer, zuständiger Verkäufer),
- Reaktionsdaten (Zeitpunkt und Art der Reaktion u. a. Reaktionsverhalten, Dauer der Kundenbeziehung, Umsatzzahlen kumuliert und nach Einzelaufträgen, Stufe der Loyalitätsleiter, Klassifizierung bzgl. Kundenattraktivität und -zugänglichkeit).

Als Adressenquellen kommen dafür folgende in Betracht: Adressbücher, Telefonbücher, Gelbe Seiten, Außendienstinformation, Innendienstnotizen, Messenotizen, eigene Interessentenwerbung, Anfragen auf Presseveröffentlichungen, Adressen aus Verkaufsförderungsaktionen, Telex-Verzeichnisse, IHK-Verzeichnisse, Handwerkskammernverzeichnisse, Botschaften, Konsulate, Messekataloge, Ausstellerverzeichnisse, Teilnehmer von Seminaren und Tagungen, Handelsregistereintragungen, Tausch/Kauf/Miete von Adressen von Direktwerbeunternehmen/Adressverlagen/Brokern/Fachverlagen etc., Ausschnittdienst, Händlerinformation, persönliche Befragung, Empfehlung, Freundschaftswerbung, öffentliche Bekanntmachungen.

Zu Bezugsquellen für Adressen sind folgende Anmerkungen hilfreich:

- Adressvermieter aus eigenem Bestand (Beate Uhse etc.): Unternehmen dürfen aber nicht selbst mit Adressen »handeln«, sondern müssen neutrale Dritte (z. B. Lettershop) damit beauftragen, die Adressen zur einmaligen Nutzung zu vermieten.
- Spezialanbieter (Broker wie Hoppenstedt, Kompass etc.): Dies sind Originalquellen aus direktem Kontakt und externer Sammlung. Es handelt sich eher um kleine Mengen, jedoch in großer Selektionstiefe mit Zusatzinformationen zur Adresse. Dies bedeutet zwar geringe Streuverluste, aber auch geringe Abdeckung.
- Adressverlage (Schober, Koop, AZ etc.): Diese bedienen sich bei Sekundärquellen, deren Daten in großen Mengen, aber geringer Selektionstiefe bereitstehen. Es werden keine Zusatzinformationen zur Adresse geboten. Die Folge ist zwar hohe Abdeckung, aber auch hoher Streuverlust (Abb. 231).
- Auskunfteien (Creditreform, Schimmelpfeng etc.): Dies sind Originalquellen, meist zur Auftragsrecherche. Daten liegen dort in großen Mengen und großer Selektionstiefe vor, incl. Zusatzinformationen zur Adresse. Dies bedeutet geringe Streuverluste bei gleichzeitig hoher Abdeckung. Es dürfen aber max. drei Merkmale (z. B. Name, Anschrift, Beruf) kombiniert werden.
- Online-Firmendatenbanken (ABCD, BDI, D&B Deutschland, Hoppenstedt, Kompass, VC, Wer liefert was, Wer gehört zu wem): Die Kosten betreffen Telefongebühren bis zum Datex-P-Rechner, mengenabhängige Gebühren, die Anschaltzeit für die Nutzung von Rechner und Datenbank sowie eine Informationsgebühr je Firma.
- Offline-Datenbanken (CD-ROM von ABC, AZ Bertelsmann, Büro Contact, Creditreform, Hoppenstedt, Industriedatenbank, liefern + leisten, Kompass, Markus, Wer liefert was): Dies ist nur eine spezielle Form der Adressvorlage auf Datenträger anstelle von Papier.

Die Adressen aus eigenem Bestand bedürfen der ständigen Pflege und Aktualisierung, neue Adressen müssen kontinuierlich generiert werden. Adressen können jedoch auch fremd angemietet werden. Dieses List Broking beinhaltet die Vermittlung des Nutzungsrechts betriebsinterner Adressen anderer Unternehmen über Adressenmakler. Dabei dürfen die Adressen nicht an Konkurrenten des Eigentümers vergeben werden. Sofern Adressverlage eingeschaltet sind, vermieten diese eigene Adressen zur einmaligen Nutzung. Zur Kontrolle gegen Missbrauch sind Dummyadressen eingebaut, die bei wiederholten Gebrauch zu Rückläufern beim Verlag führen. Die Qualität der so gemieteten Adressen ist jedoch trotz aller Optimierungen oft zweifelhaft (Abb. 230).

Die Kommunikation stellt sich besonders schwierig bei Gruppenprozessen dar. Dabei kann es sich sowohl um professionelle wie private Kaufentscheidungen handeln. Im betrieblichen Bereich erfolgt der Kaufakt bei bedeutsamen Positionen meist durch Key Account-Manager gegenüber einem Buying Center, das mit verschiedenen Funktionen besetzt ist, so dem Einkäufer, Entscheider, Beeinflusser, Torwächter und Verwender. Der Verkauf wird dabei durch zusätzliche gruppendynamische Effekte erschwert. Im familiären Bereich ergeben sich ebenso individuelle Kompetenzen nach Produktbereichen.

Direktmarketingagentur	Bruttoumsatz (in Mio. DM 1997)
BBDO Dialogmarketing	473,70
Wunderman Cato Johnson	306,56
Ogilvy One Worldwide	192,56
Heller&Partner	162,00
Gremmer Direkt	144,68
Bozell Direct Friends	127,40
Fritsch Heine Rapp Collins	95,40
Heine, Reitzel und Partner	88,33
SAZ Dialog Marketing	83,38
M&V	69,66
Peter Reincke Direkt-Marketing	69,26
Publicis Dialog Marketing	68,14
Scherer Team	67,80
BAS Direct	67,60
More Sales Agentur	62,04
Wolff&Partner	61,30
MHI Partners	57,77
Grey Direct	54,20
Dorfer Dialog	44,00
Fritsche Werbeagentur	40,08

Abb. 229: Direktmarketingagenturen in Deutschland 1997 (Quelle: Horizont)

5.5.2 Mikrogeografische Segmentierung

Die Direktwerbung ist Voraussetzung für eine Marktsegmentierung bis hinunter zum One to One Approach. Als Hilfsmittel dazu dient die mikrogeografische Segmentierung nach Kriterien wie Wohngebiet, Einwohnerzahl, Einkommen, Haustyp, Siedlungslage, Alter der Bebauung, Eigentümerstatus, Beruf, Pkw-Besitz etc. (als weitere Kriterien sind etwa möglich: Anzahl der Haushalte, Anzahl der Autos pro Haushalt, Altersklassen, Wahlverhalten). Diese Daten sind jeweils sekundärstatistisch erheb- und auswertbar. Im Ergebnis kommt man dann zu einer Kennzeichnung der einzelnen Segmente wie folgt:

- **Wohlhabende**: Wohngebiete mit hohem Status, in großen Städten und Gebieten mit hohem Einkommen, überwiegend Ein-, Zwei- oder Reihenhäuser, Doppelhaushälften in Stadtnähe, Errichtung der Gebäude zwischen 1945 und 1970, gute Wohngegenden, hoher Anteil an Eigentümern, hohe Anzahl von Titelträgern, Führungskräften und hoher Ausbildungsgrad, überdurchschnittlicher Anteil neuer Mittelklasse- und Oberklasse-Pkw.

Best.-Nr.	Stückzahlen Ⓓ gesamt	West	Ost	Bezeichnung	Preis Ⓓ gesamt
A					
29200 001 1	69	67	2	Aal-, Kaviar-, Echtlachsverarbeitende-F.	102,-
30209 006 7	2.273	1.524	749	Abbruchunternehmen .... p.T.	87,-
30209 706 4	1.068	756	312	❏ werbeaktive in Adressenverzeichnissen ... p.T.	281,-
29701 015 6	139	123	16	Abdeckereien, Tierkörperverwertung, Fischmehl-F.	102,-
81300 017 8	65	65		Abendgymnasien	102,-
81300 021 5	88	88		Abendrealschulen	102,-
42870 000 3	4.263	3.533	730	Abfallstoff- u. Altmaterialhdl., ges. .... p.T.	187,-
92006 154 0	3.734	3.155	579	– ein Entscheider pro Adresse .... p.T.	281,-
92006 454 8	2.322	2.200	122	– weitere Entscheider pro Adresse .... p.T.	281,-
				❏ Untergruppen siehe Altmaterial	
84001 202 6	43	43		Abfall- und Wasserwirtschaftsbauämter	66,-
96100 100 1	3.956	3.956		Abfallwirtschaft: Industrie und Dienstleister .... p.T.	281,-
96100 101 5	2.000	2.000		❏ Abfallwirtschaft / Entsorgung Top 2000, gesamt .... p.T.	281,-
96100 102 0	564	564		❏❏ Beratung, Planung, Analyse	255,-
96100 103 9	191	191		❏❏ Güter, Verfahren	153,-
96100 104 4	25	25		❏❏ Instandhaltung, Schadensbekämpfung, Reparatur	99,-
96100 105 8	402	402		❏❏ Lagerung, Entsorgung	215,-
96100 106 3	383	383		❏❏ Recycling, Verwertung	215,-
96100 107 7	165	165		❏❏ Transporte, Containerdienste	153,-
96100 108 2	54	54		❏❏ Sonstiges	153,-
20005 001 2	498	471	27	Abflussrohrhersteller	143,-
23350 036 0	22	22		❏ Aluminiumrohre	66,-
22237 033 6	198	197	1	❏ Betonrohre	102,-
20005 051 6	38	37	1	❏ Dränrohre	66,-
23350 037 9	24	24		❏ Kupferrohre	66,-
21000 110 1	289	277	12	❏ Kunststoffrohre	143,-
23400 014 9	113	102	11	❏ Rohre, Eisen und Stahl	102,-
22310 004 6	16	15	1	❏ Steinzeugröhren	66,-
78980 001 9	482	443	39	Abfüllbetriebe	143,-
21350 068 6	46	44	2	Absatz- und Sohlen-F., Gummi	66,-
51290 001 2	2.627	1.911	716	Abschleppdienste, Auto- .... p.T.	187,-
51290 701 8	679	426	253	❏ werbeaktive in Adressenverzeichnissen ... p.T.	255,-
90200 001 3	3.350	3.276	74	Abteilungsdirektoren .... p.T.	281,-
78437 063 7	610	564	46	Abwasser- und Wasserwirtschafts-Sachverständige	170,-
23200 001 4	56	53	3	Achsen-F.	102,-
24230 001 2	30	30		Ackerschlepper-F.	66,-
20010 001 2	286	284	2	Acrylglasverarbeitungs-F.	143,-
81411 059 5	1.068	1.036	32	ADAC Ortsclubs .... p.T.	187,-
78437 043 0	136	119	17	ADAC Sachverständige	102,-
76015 000 8	205	189	16	Adressbuchverlage	143,-
78719 020 4	603	519	84	Adressverlage und Direktwerbeunternehmen ..	170,-
84001 223 4	19	18	1	Ämter für Denkmalpflege	66,-
84001 148 0	43	41	2	Ämter für Naturschutz	66,-
27610 002 6	632	557	75	Änderungsschneidereien	170,-
75587 019 7	1.992	1.883	109	Aerobic- und Fitness-Center .... p.T.	187,-
				Ärzte Durch den hohen gesellschaftlichen Status eine der soziologischen Primärgruppen. Ärzte sind Meinungsbildner und Multiplikatoren für die im Besitz befindlichen Produkte. Hohe Kaufkraft; wegen überdurchschnittlicher beruflicher Beanspruchung für Angebote per Post prädestiniert. Wichtig! Wählen Sie bei niedergelassenen Ärzten einen oder alle Entscheider je Adresse.	
77111 000 6	141.901	106.203	35.698	Ärzte aller Gruppen, ohne Tier- und Zahnärzte .... p.T.	112,-

Abkürzungen: F. = Fabriken • Eh. = Einzelhandel

Abb. 230: Beispiel für Mietadressen

Best.-Nr.	Stückzahlen ⒹD gesamt	West	Ost	Bezeichnung	Preis Ⓓ gesamt
77111 100 1	115.945	94.257	21.688	❑ niedergelassene Ärzte, gesamt .... p.T.	112,-
77111 991 2	23.261	19.822	3.439	❑❑ Ärzte mit Gemeinschaftspraxis .... p.T.	176,-
77111 200 5	14.189	11.663	2.526	❑ Krankenhausärzte nach Fachrichtung, gesamt .... p.T.	176,-
77111 300 0	5.180	4.988	192	❑❑ Chef- und leitende Ärzte .... p.T.	264,-
77111 400 9	2.688	2.248	440	❑❑ Oberärzte .... p.T.	281,-
77111 500 4	4.515	4.514	1	❑❑ Krankenhausärzte mit Fachrichtung (Stationsärzte) .... p.T.	187,-
77111 001 1	48.255	36.641	11.614	❑ Allgemeinmediziner, gesamt .... p.T.	160,-
77111 034 6	2.127	1.747	380	❑ Anästhesisten, gesamt .... p.T.	187,-
77111 134 1	784	640	144	❑❑ Anästhesisten, ndgl.	185,-
77111 234 5	1.219	1.152	67	❑❑ Anästhesisten, Kliniker .... p.T.	187,-
77111 334 0	567	556	11	❑❑❑ Anästhesisten, Chefärzte	170,-
77111 434 9	242	240	2	❑❑❑ Anästhesisten, Oberärzte	143,-
77111 534 4	390	390		❑❑❑ Anästhesisten, Stationsärzte	143,-
77111 003 0	5.092	4.093	999	❑ Augenärzte, gesamt .... p.T.	176,-
77111 103 9	4.488	3.742	746	❑❑ Augenärzte, ndgl. .... p.T.	187,-
77111 203 4	355	325	30	❑❑ Augenärzte, Kliniker	143,-
77111 303 8	71	70	1	❑❑❑ Augenärzte, Chefärzte	102,-
77111 403 3	28	23	5	❑❑❑ Augenärzte, Oberärzte	66,-
77111 503 7	236	236		❑❑❑ Augenärzte, Stationsärzte	143,-
77111 007 3	7.698	5.926	1.772	❑ Chirurgen, gesamt .... p.T.	176,-
77111 107 7	5.181	4.238	943	❑❑ Chirurgen, ndgl. .... p.T.	176,-
77111 207 2	2.024	1.815	209	❑❑ Chirurgen, Kliniker	187,-
77111 307 6	898	880	18	❑❑❑ Chirurgen, Chefärzte	185,-
77111 407 1	534	493	41	❑❑❑ Chirurgen, Oberärzte	170,-
77111 507 5	482	482		❑❑❑ Chirurgen, Stationsärzte	143,-
77111 259 5	22	21	1	❑❑ Kinderchirurgen, Kliniker	66,-
77111 060 0	153	146	7	❑❑ Neurochirurgen, gesamt	102,-
77111 160 9	91	86	5	❑❑❑ Neurochirurgen, ndgl.	102,-
77111 260 4	39	37	2	❑❑❑ Neurochirurgen, Kliniker	66,-
77111 257 6	110	110		❑❑ Chirurgen, plastische Chirurgie, Kliniker	102,-
77111 261 8	89	89		❑❑ Unfallchirurgen, Kliniker	102,-
77111 008 7	3.394	2.596	798	❑ Dermatologen, gesamt .... p.T.	187,-
77111 108 2	2.943	2.446	497	❑❑ Dermatologen, ndgl. .... p.T.	187,-
77111 208 6	146	98	48	❑❑ Dermatologen, Kliniker	102,-
77111 308 1	33	31	2	❑❑❑ Dermatologen, Chefärzte	66,-
77111 408 5	26	21	5	❑❑❑ Dermatologen, Oberärzte	66,-
77111 508 0	43	43		❑❑❑ Dermatologen, Stationsärzte	66,-
77111 037 0	107	74	33	❑ Endokrinologen, gesamt	102,-
77111 137 9	91	58	33	❑❑ Endokrinologen, ndgl.	102,-
77111 237 4	17	17		❑❑❑ Endokrinologen, Kliniker	66,-
77111 012 9	10.995	8.562	2.433	❑ Gynäkologen, gesamt .... p.T.	176,-
77111 112 4	9.305	7.586	1.719	❑❑ Gynäkologen, ndgl. .... p.T.	176,-
77111 212 8	1.242	981	261	❑❑ Gynäkologen, Kliniker .... p.T.	187,-
77111 312 3	397	374	23	❑❑❑ Gynäkologen, Chefärzte	143,-
77111 412 7	239	177	62	❑❑❑ Gynäkologen, Oberärzte	143,-
77111 512 2	425	424	1	❑❑❑ Gynäkologen, Stationsärzte	143,-
77111 041 2	114	98	16	❑ Hämatologen	102,-
77111 013 4	4.636	3.679	957	❑ Hals-, Nasen- Ohrenärzte, gesamt ...... p.T.	187,-
77111 113 8	3.767	3.100	667	❑❑ HNO, ndgl. .... p.T.	187;-
77111 213 3	595	538	57	❑❑ HNO, Kliniker	170,-
77111 313 7	95	93	2	❑❑❑ HNO, Chefärzte	102,-
77111 413 2	28	24	4	❑❑❑ HNO, Oberärzte	66,-
77111 513 6	416	416		❑❑❑ HNO, Stationsärzte	143,-
77111 015 1	1.392	1.351	41	❑ Homöopathen, gesamt .... p.T.	187,-
77111 115 7	1.295	1.257	38	❑❑ Homöopathen, ndgl. .... p.T.	187,-
77111 016 7	21.676	17.006	4.670	❑ Internisten, gesamt .... p.T.	176,-
77111 116 2	16.670	14.392	2.278	❑❑ Internisten, ndgl. .... p.T.	176,-
77111 216 6	3.608	2.741	867	❑❑ Internisten, Kliniker .... p.T.	187,-
77111 316 1	1.075	997	78	❑❑❑ Internisten, Chefärzte	187,-
77111 416 5	938	741	197	❑❑❑ Internisten, Oberärzte	185,-
77111 516 0	1.023	1.023		❑❑❑ Internisten, Stationsärzte	187,-
77111 039 4	380	356	24	❑ Gastro-Enterologen, gesamt	143,-
77111 139 8	336	313	23	❑❑❑ Gastro-Enterologen, ndgl.	143,-

Gh. = Großhandel • Hdl. = Handel • U. = Unternehmen

Abb. 230: Beispiel für Mietadressen (Forts.)

- **Geld und Wissenschaft:** Wohngebiete mit hohem Status in Vorstadtgebieten, Ein- oder Zweifamilienhäuser, überwiegend Neubauten von Eigentümern mit hohem Bildungsgrad, Besitz von Kleinwagen (oft Zweitwagen) und Mittelklasse-Pkw.
- **Obere Arbeiterschicht:** Neue/bessere Wohngebiete in Vorstädten, Ein- oder Zweifamilienhäuser (ab 1960), durchschnittliche Ausbildung, Besitz von neueren Kleinwagen.
- **Obere Stadtbevölkerung:** Bessere Wohngegenden innerhalb großer Städte, unterschiedliche Gebäudetypen aus den Jahren 1945 – 1970, teilweise gute Ausbildung, Besitz von neuen Kleinwagen und Mittelklasse-Pkw.
- **Mittelschicht in Vorstädten:** Gute Wohngegenden in Städten, Ein- oder Zweifamilienhäuser seit 1945, hoher Anteil an Pensionären mit Mittelklasse-Pkw und durchschnittlicher Ausbildung.
- **Ländliche Oberschicht:** Ländliche Wohngegenden mit hohem Status, ältere, renovierte Gebäude, überwiegend Selbstständige und berufstätige Bewohner, viele ältere Pkw und durchschnittliche Ausbildung.
- **Wohlhabende Landwirte:** Bessere Wohngegenden in kleinen Städten und ländlichen Gebieten, ältere Wohnhäuser und überwiegend Kleinwagen, durchschnittliche Ausbildung.
- **Mittelschicht:** Gute Wohngegenden in kleinen Städten und ländlichen Gebieten, Ein- oder Zweifamilienhäuser, ältere Gebäude, ältere Kleinwagen, durchschnittliches Einkommen, überwiegend Arbeiter.
- **Städtische Mittelschicht:** Wohngebiete in großen Städten, Mehrfamilienhäuser, ältere Gebäude, durchschnittliche Ausbildung, durchschnittliche Pkw.
- **Städtische Unterschicht:** Wohngegenden am Großstadtrand, Ein- oder Zweifamilienhäuser, ältere Gebäude, unterdurchschnittliche Ausbildung, Arbeiter, ältere Kleinwagen.
- **Unterschicht in Vorstädten:** Unterdurchschnittliche Wohngebiete in großen Städten, meist Mehrfamilienhäuser, ältere Gebäude in armen Wohngebieten, hoher Anteil an Ausländern und Studenten, alte Pkw.
- **Unterschicht in Kleinstädten:** Unterdurchschnittliche Wohngebiete in Kleinstädten und ländlichen Gebieten, meist Ein- oder Zweifamilienhäuser aus den Jahren 1945 – 1970, hoher Anteil an Ausländern, ärmere Wohngebiete, durchschnittliche Ausbildung.
- **Strukturschwache Gebiete:** Ärmere Wohngebiete in der Umgebung von Großstädten, meist Reihenhäuser, Gebäude aus der Zeit vor dem zweiten Weltkrieg, überwiegend Arbeitslose und Arbeiter, unterdurchschnittliche Ausbildung.
- **Staatlich unterstützte Gebiete:** Arme Wohngebiete in Großstädten, dicht bebaute Wohnviertel, Gebäude aus der Nachkriegszeit, überwiegend Arbeiter und Arbeitslose, alte Pkw, niedriger Ausbildungsgrad.

Das bekannte Programm »Regio Select« geht dabei von folgender Einteilung aus:

- Upper Class, bestehend überwiegend aus Haus- bzw. Eigentumswohnbesitzern, sehr häufig mit Garten, überdurchschnittliche Neigung zu hochwertigen und hochpreisigen Produkten, überwiegend Singles oder kinderlose Paare, verfügen über überdurchschnittlich gute Ausstattung mit Freizeit-Equipment, sind sehr reisefreudig, besonders für Fernreisen sowie sehr aktiv in Politik und Gesellschaft.
- Konservative, bestehend aus Eigenheim- oder Wohnungsbesitzern in 2- bis 4-Familienhäusern, mit deutlicher Tendenz zu hochpreisigen Produkten, auch zu Familienartikeln, überwiegend Ehepaare mit Kindern, sind Kulturkonsumenten und weisen überdurchschnittlich viele Vereinsmitgliedschaften auf.

- Gehobene Mitte, bestehend aus Eigentums- und gehobene Mietwohnungsbesitzern in attraktiver Lage, sind Prestige orientiert (ausgeprägtes Markeninteresse), kaufen aber auch im Discounter, überwiegend Singles oder kinderlose Paare, sind urlaubsfreudig und kulturell interessiert.
- Klassische Bürger, bestehend aus Einfamilienhausbesitzern in gewachsenen Wohnvierteln, sind qualitätsorientiert, aber preisbewusst, überwiegend Ehepaare mit Kindern, weisen überdurchschnittlich häufig Haustierbesitz auf, haben deutliches Interesse an Heimwerkern und Vereinstätigkeiten.
- Kleinbürger, bestehend aus Besitzern älterer Reihenhäuser bzw. Mietwohnungen in größeren Häusern, sind sehr preisbewusst, überwiegend Ehepaare mit Kindern, sind reisefreudig, jedoch vorwiegend innerhalb Deutschlands.
- Traditionelle Arbeiter, bestehend aus Besitzern von Mietwohnungen in Wohnblocks, haben die Neigung zu preiswerten Handelsmarken, Ehepaare mit höchstens zwei Kindern, ebenso überdurchschnittlich viele Schrebergartenbesitzer.
- Randgruppen, bestehend aus Besitzern von Mietwohnungen in Wohnblocks, haben eine deutliche Neigung zu billigen Produkten, überwiegend Singles oder kinderlose Paare, sind Kneipenbesucher und Sportfans.

Die entsprechenden Selektionskriterien bestehender Kunden oder der Zielpersonen können nunmehr definiert werden, indem aus Datenbanken (z. B. AZ Direct Marketing, CCN, Pan-Adress) alle Personen mit Adressen selektiert, die diesen Kriterien entsprechen. Diese Adressen können dann gezielt angeschrieben werden, die Identifizierung darf allerdings nicht unter fünf Haushalte gehen (Datenschutz).

Außerdem ist diese Segmentierung sinnvoll zur Einteilung von Haushaltsverteilungsgebieten (zur Konzentration auf die potenzialstärksten Gebiete aus Kostengründen) und zur Mischung von adressierter und unpersonalisierter Werbung. Letztere wird über Standortverteilung durch Schüler, Hausfrauen, Rentner etc. mit guter Ortskenntnis in einem kleinen Verteilgebiet kostengünstig abgegeben. Allerdings sind diese Verteiler zeitlich weniger flexibel und fluktuieren stark (Qualitätsproblematik). Als Alternative kommen Verteilergruppen in Betracht, die ganztags einsetzbar, zeitlich flexibel und besser kontrollierbar sind. Sie erfordern jedoch eine Supervision (Gruppenführer) und sind daher teurer, zumal sie nicht über eine entsprechend hohe Ortskenntnis verfügen.

Als günstigste Tage für die Verteilung haben sich Wochenanfang (Montag) und -ende (Freitag) herausgestellt.

Data Mining bezeichnet die durch Rechnersysteme automatisierte, nicht-triviale Extraktion von implizitem, vorher unbekanntem und potenziell nützlichem Wissen, das aus Daten in Datenbanken gewonnen werden kann. Dies ist z. B. wichtig, wenn aus einer Database Ziel genaue Direktwerbemaßnahmen gesteuert werden sollen.

Data Mining identifiziert autonome Muster in Daten, d. h., es ist nicht erforderlich, die Datenstrukturen vorab zu definieren, sondern das Computerprogramm definiert selbstständig sinnfällig erscheinende Datenstrukturen. Der Prozess erfolgt abfolgend durch Planung, Vorbereitung, eigentliche Datenanalyse und Auswertung. Bei den Methoden des Data Mining handelt es sich um Folgende:

- **Neuronale Netze** sind informationsverarbeitende Systeme, die aus einer großen Anzahl einfacher Einheiten (Neuronen) bestehen, die sich Informationen in Form der Aktivierung der Neuronen über gerichtete Verbindungen zusenden. Die Forschung im Bereich der

Neuronalen Netze ist zum einen motiviert durch die teilweise Ähnlichkeit dieser zu den Gehirnen von Säugetieren, meist stehen jedoch andere Gesichtspunkte im Vordergrund, vor allem die Eigenschaften Neuronaler Netze als massiv parallele Algorithmen, ihre Selbstorganisation und Lernfähigkeit anhand von Beispielen sowie die erheblichen Freiheitsgrade der sehr allgemeinen mathematischen Darstellung. Wesentliche Problemfelder in der Anwendung liegen in ihrer begrenzten Erklärungskomponente sowie dem heuristischen Vorgehen zur Wahl der Netztypologie und der damit verbundenen Gefahr einer suboptimalen Modellspezifikation.

— **Entscheidungsbäume** sind Verfahren des induktiven maschinellen Lernens, die aus gegebenen Datenmengen, bei denen die Klassen der Elemente vorgegeben sind, Regeln ableiten, um unbekannte Objekte zu klassifizieren. Die weite Verbreitung von Entscheidungsbäumen liegt vor allem in der intuitiv verständlichen Darstellung komplexer Regelwerke begründet. Des Weiteren kann die Generierung eines Entscheidungsbaumes vergleichsweise schnell durchgeführt werden. Allerdings reagiert die Methode sensibel auf fehlende Datenwerte und Inkonsistenzen in den Daten und stellt vergleichsweise hohe qualitative Anforderungen. Außerdem ist es nicht möglich, von Attributsauswahlmaß und Pruning-Verfahren unabhängig einen eindeutigen Entscheidungsbaum zu generieren.

— **Assoziationsverfahren** sind Mittel, um häufig gemeinsam auftretende Objektpaare (Assoziationen) aus dem Datenbestand zu extrahieren. Die Suche nach solchen Assoziationen basiert mathematisch auf der Häufigkeitsbetrachtung von Attributskombinationen, wobei die algorithmische Umsetzung mit dem Träger einer Attributsmenge und der Konfidenz einer Assoziation zwei verschiedene Maße verwendet. Mit diesen Maßen kann durch die Vergabe von Minimalwerten gesteuert werden, ab wann eine Assoziation als interessant angesehen wird. Wesentlicher Vorteil bei der Verwendung von Assoziationsverfahren ist die leichte Bedienbarkeit und Anschaulichkeit der Verfahren. Des Weiteren ist der Aufwand der Modellbildung als gering einzustufen. Nachteilig ist die Notwendigkeit einer besonderen Codierung, denn dies bedingt ein umfangreiches Preprocessing.

— **Clusterverfahren** sind Verfahren zur Gruppenbildung, die unter Einbeziehung aller vorliegenden Eigenschaften homogene Teilmengen (Gruppen) in einer insgesamt heterogenen Gesamtheit erkennen. Unter den Clusterverfahren haben die partitionierenden und die hierarchischen Verfahren besondere Bedeutung erlangt. Wesentlicher Vorteil der Clusterverfahren ist ihre weite Verbreitung. Clusterverfahren gehören zu den am längsten eingesetzten Verfahren zur Segmentierung. Außerdem ist der Einsatz von Clusterverfahren im Vergleich zu den für Segmentierungsfragestellungen grundsätzlich ebenso einsetzbaren Neuronalen Netzen weniger komplex. Wesentlicher Nachteil ist, dass bei Clusterverfahren eine komplexe Variablenstruktur nur unzureichend approximiert werden kann.

5.5.3 Arten der Direktwerbung

5.5.3.1 Mailing

5.5.3.1.1 Konzipierung

Die Direktwerbung nutzt verschiedene Medien zur Kontaktherstellung mit Zielpersonen (Abb. 231). Ein Weg ist der über Mailings. Dabei handelt es sich um die anlassbezogene Aussendung von Werbemitteln auf dem Postweg an Adressaten, die vorher anhand von

Auswahlkriterien als Erfolg versprechend selektiert wurden. Entsprechende Adressen sind über Adressverlage zu mieten oder werden der eigenen Database entnommen. Dabei sind vielfältige Gewichts-, Format- und Anordnungsbegrenzungen der Poststücke zu beachten, um Portokosten zu minimieren. Das gleiche Ziel erfüllt die Vorsortierung der Poststücke bei Auflieferung. Der Inhalt besteht meist aus mehreren Teilen, von denen eines der Rückantwort (Information/Bestellung) dient und deren Prozess oft in mehreren Phasen abläuft (Teaser/Roll Out/Reminder). Moderne Laserprint- und Inkjet-Drucker ermöglichen personalisierte, mit Tinte unterzeichnete Anschreiben. Im Rahmen von Kunden-Kontakt-Programmen wird Klienten systematisch Nachkaufbetreuung zur Überbrückung bis zum nächsten Bedarfszeitpunkt gewährt. Die Reaktionsquote soll dabei durch Einsatz von Aktivierungstechniken gesteigert werden, wie:

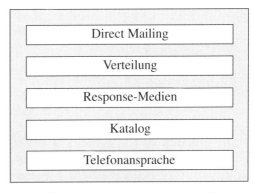

Abb. 231: Direktwerbung (i. e. S)

– Early Bird (Subskriptionspreis),
– Free Gift (Werbegeschenk),
– Free Trial (Ware zur Ansicht),
– Limitierung nach Zeit und/oder Menge,
– Sweepstake (Preisausschreiben mit vorbestimmten Gewinnern),
– Teilzahlung und/oder Valuta,
– negative Option (Nichtabschluss nur bei Widerruf).

Ein Direct Mailing-Package besteht meist aus Kuvert, Werbebrief, Antwortschein, Antwortumschlag, Folder/Flyer, Prospekt/Katalog.

Bei dem Werbebrief kann es sich technisch um einen Standardbrief ohne Adresse und ohne Anrede handeln, der allerdings zu vermeiden ist. Spezialbriefe erlauben das nachträgliche Einsetzen der Adresse in einen vorgedruckten Brief, sodass für den Leser kein Unterschied mehr feststellbar ist. Schreibautomatenbriefe werden einzeln geschrieben, sind also »echte« Briefe, deren Ausdruck aber lange dauert. Einzelblatt-Laserbriefe sind schneller und ermöglichen darüber hinaus die Verwendung einer Vielzahl von Schriften. Endlos-Laserbriefe werden von einer Papierrolle aus belichtet und anschließend geschnitten, ihre Qualität ist etwas schlechter als die von Einzelblatt-Laserbriefen.

Der Stuffer ist ein kleines Prospektblatt, mit dem man das Angebot im Umschlag ergänzt, um Portogrenzen auszunutzen, sofern dies im Sinne des Werbeziels Sinn macht.

Der Antwortschein ist die Reaktion des Umworbenen, sein Auftrag, seine Bestellung, seine Anforderung etc. Man spricht von Rücklauf oder Response. Dafür kommen in Betracht Bon, Infoscheck, Subskriptionskarte, Teilnehmerkarte, Bestellschein, Reservierungskarte, Informationsgutschein, Einladung, Vorzugskarte, Gewinnanrechtskarte etc. Sofern dabei Daten eingetragen werden müssen, ist dafür genügend Platz zum deutlichen und übersichtlichen Schreiben zu lassen. Es soll klar werden, welche Verpflichtung dabei eingegangen wird. Wichtig ist ein Hinweis auf sofortiges Abschicken des Antwortscheins, denn im Zeitablauf sinkt die Chance auf Response deutlich. Hilfreich ist ein Beleg zur Erinnerung, der z. B. vom Antwortschein abgetrennt werden kann. Eine voradressierte Antworthilfe ist wichtiger Bestandteil des Package, weil sie die Rücklaufquote steigert. Ebenso erzielen personalisierte Werbemittel eine höhere Wirkung.

Die Übertragung von Texten und Adressen auf geeignete Vordrucke ist durch Lasertechnik problemlos machbar. Die Reproduktion kann einseitig oder zweiseitig erfolgen (Zwillingssysteme). Der Druck erfolgt in Endlos- oder Seitendruckern. Im Laserprinter können ca. 300 Schriften angewählt und gleichzeitig in mehreren Schriftarten und -größen verarbeitet werden. Angeschlossene Stationen übernehmen die Weiterverarbeitung (z. B. Falzen). Seiten-Drucker drucken bis zu DIN A 3, in hoher Auflösung, mit horizontaler und vertikaler Anordnung, unterschiedliche Papiergewichte, auch zweifarbig, in leicht, normal, halbfett und fett. Oft werden sie zum Andruck eingesetzt, während die Auflage auf Endlosdruckern erfolgt. Endlosdrucker haben Führungslochränder und brauchen am oberen und unteren Blattrand ca. 10 mm unbedruckte Fläche.

Flüchtige Leser springen bei der Nutzung vom Briefkopf und der Anrede zum P.S. Wichtig sind in Direktwerbebriefen kurze Sätze, wobei die Grenze bei etwa 20 Wörtern je Satz liegt. Aktive Formulierungen wirken lebendiger als passive, außer dies ist wirklich angebracht oder das Subjekt der Handlung nicht von Interesse. Adjektive, die Füllwörter sind, sollen vermieden werden, zumal sie Tautologien produzieren, oft bürokratisch klingen und zu törrichten Superlativa führen. Ebenso sollen substantivierte Wörter vermieden werden. Die Hauptinhalte müssen im Satz deutlich zum Ausdruck kommen. Schachtelsätze behindern den Lesefluss. Hilfreich ist oft das laute Vorlesen des Textes, auch zur Kontrolle von Logik und Dramaturgie.

Bei der werbewirksamen Gestaltung des Anschreibens sind einige Hinweise zu beachten:

– Der Briefkopf ist von unnötigen, nicht die Botschaft betreffenden Angeboten freizuhalten (wie Bankverbindung, Bezugszeichen etc.). Der Text soll übersichtlich und gut strukturiert sein.
– Der Absender soll deutlich hervortreten. Außerdem ist der Grund klarzumachen, warum man sich an den Leser wendet, welche Vorteile man ihm bieten kann. Ebenso ist die erforderliche Reaktion vorzugeben.
– Der Schreibstil muss adressatenbezogen sein (Sie, Ihr). Kunden/Interessenten sollen nicht geduzt werden (obgleich dies Zielgruppen abhängig ist).
– Sofern das Anschreiben über mehr als eine Seite geht, was tunlichst zu vermeiden ist, soll die erste Seite mit einem weiterführenden Satz enden, damit auf der nächsten Seite (oder Rückseite) weitergelesen wird. Mehr als zwei Seiten sind nicht zumutbar.
– Eine nichtssagende Anrede ist zu vermeiden, dann ist es besser, gleich mit dem Text einzusteigen.
– Beim Seitenaufbau ist die Lesekurve zu beachten. Der Blickverlauf geht dabei nach verbreiteter Ansicht von oben rechts nach unten links, dann z-förmig über den gesamten Text, dann zum Textanfang zurück, dann vom Briefkopf zur Anrede zum P.S. (Abb. 232)

Ein wichtiges Element ist der Reaktionsträger. Denkbar sind dafür eine Antwortkarte wegen erleichterter Reaktionsmöglichkeit, preiswertem Handling und Gewichtsvorteil, oder ein Coupon/Umschlag wegen größerer Vertraulichkeit, wertigeren Eindrucks und mehr Platz (dabei ist eine Abstimmung auf das Format des Brieffensters wichtig). Evtl. kann eine Faxantwort zugelassen werden. Auch das Kuvert kann als Werbemittel genutzt werden, etwa um Aufmerksamkeit zu erregen und Interesse zu wecken oder bereits konkrete Angebote, etwa auf der Innenseite, zu tragen.

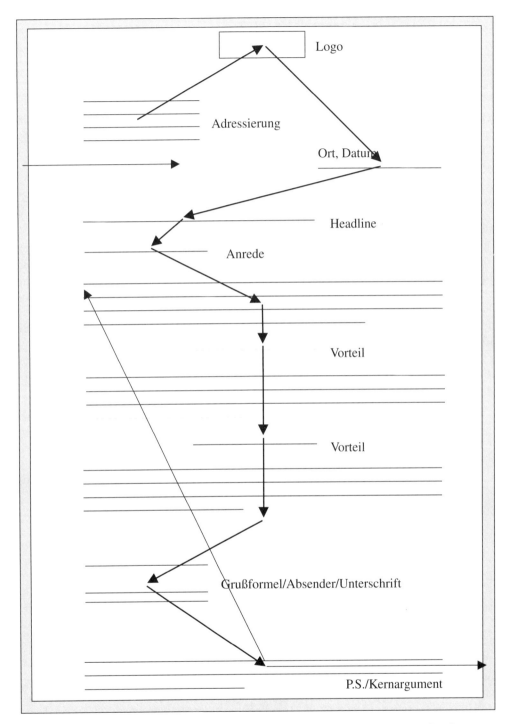

Abb. 232: Typischer Blickverlauf auf einem Anschreiben (wie er durch Blickaufzeichnungskameras ermittelt wird und als gültig und zuverlässig zu unterstellen ist)

Für den erforderlichen Rücklauf gilt die Formel:

– Direktwerbekosten je 1.000 Aussendungen dividiert durch Werbekostenlimit, dividiert durch 10 ergibt den für die Kostendeckung erforderlichen Rücklaufprozentsatz.

Zur Verbesserung des Rücklaufs kann ein Nachfass-Mailing vorgesehen werden.

Die Adressgewinnung kann durch unterschiedliche Maßnahmen erfolgen, so Couponanzeigen, Gewinnspiele, Freundschaftswerbung etc. Der Wert dieser Leads ist jedoch zweifelhaft. Auch die eigene Ermittlung von Fremdadressen anhand von Sekundärquellen ist zeitaufwendig und wenig Erfolg versprechend (z. B. veraltete Adressen). Daher werden Adressverlage eingeschaltet.

5.5.3.1.2 Abwicklung

Adressverlage übernehmen verschiedene Services wie Zielgruppenberatung, Adressenauswahl, Optimierung, Selektion, Aufbereitung, Dublettenabgleich, Kompilierung etc. (Full Service). Für »veraltete« Adressen wird meist eine Gutschrift oder Rückvergütung geboten. Neben diesen Adressverlagen, die eigene Adressen vermieten, gibt es auch Adressmittler (Listbroker), die fremde Adressen im Auftrag vermieten. Hilfreich ist dabei deren Marktübersicht und Erfahrungsschatz. Adressen werden mit Adressstatus (Kunde, Interessent, Abonnent, Mitglied etc.) ausgewiesen. Ebenso ist ausgewiesen, welche Produkte/Produktarten gekauft wurden, wann die Adresse aufgenommen wurde, ob sie selbst zugekauft wurde etc.

Zu einer Adressbestellung gehören folgende Angaben: Zielgruppenbezeichnung, Adressenanzahl, Region, Adressenlieferform, Adressenschrift, evtl. Zusatzzeile und Mehrfachanmietung. Adressen werden meist in folgenden Formen angeliefert:

– Endloslisten sind vierbahnig, ungummiert, zur Weiterverarbeitung auf Klebeautomaten geeignet,
– Selbstklebeetiketten sind vierbahnig, auf Trägerfolie montiert, zum manuellen Adressieren geeignet,
– Cheshire-Etiketten werden als vierbahnige Endloslisten auf maschinengeeignete Adressenträger (wie Umschläge, Postkarten etc.) geschnitten und aufgeklebt,
– Inkjet-Adressierung erfolgt als Direktdruck auf vorgedruckte Antwortkarten und Umschläge,
– Drei-Wege-Etiketten sind dreiteilig, ein Teil wird über Klebeautomaten auf das Mailing aufgetragen, ein Teil wird auf die adressierte Antwortkarte vom Kunden zur Bestellung, Informationsanforderung etc. aufgeklebt, ein Teil bleibt als Beleg beim Anbieter,
– Direktadressierung erfolgt auf vorgedruckte Endlos-Formulare,
– Datenträger wie Magnetband, Diskette, CD-ROM dienen der computerisierten Weiterverarbeitung.

Bei größeren Mailing-Aktionen kann es durchaus vorkommen, dass Adressdateien aus unterschiedlichen Quellen auf unterschiedlichen Datenträgern mit unterschiedlichen Formaten zum Einsatz kommen. Dann ist zunächst eine Datenkonvertierung erforderlich, d. h., alle Adresselemente werden identifiziert, auf ihre Richtigkeit und Aussagefähigkeit hin untersucht und ggf. ergänzt bzw. korrigiert. Dazu gehören etwa die Zuordnung der Vornamen zur Anrede Herr/Frau, die Reihenfolge der Adresselemente, abgekürzte oder ausgeschriebene Vornamen, Ansprechpartner mit Titel, regionale und strukturelle Streuung etc. Daraus ergeben sich interessante Aussagen für die Adressenanalyse. Im nächsten Schritt ist dann ein Adressenabgleich (Matching) erforderlich. Zunächst geht es um die postalische Prüfung der Adressen auf Schreibweise, Übertragungsfehler, Schlüssigkeit etc. Dazu dienen umfangreiche Datenverzeichnisse, die fehlerhafte Angaben erkennen und entweder richtig ergänzen, ausweisen oder eliminieren. Danach werden Dubletten, d. h. Adressen, die im Datenbestand mehr als einmal vorhanden sind, geprüft. Der Abgleich erfolgt dabei innerhalb eines Adressbestands, zwischen mehreren (angemieteten) Adressbeständen und zwischen eigenen und fremden Adressen.

Positive Dubletten entstehen, wenn Adressen zurecht mehr als einmal im Datenbestand vorkommen, etwa weil sie Kunde in verschiedenen Divisions oder Auftraggeber in verschiedenen Branchen sind. Negative Dubletten entstehen durch Schreib-, Hör- und Lesefehler und führen zur Mehrfachzustellung, widersprechen also der Kostenminimierung. Dieser Abgleich erfolgt manuell, was jedoch nur bei kleineren Aktionen praktikabel ist. Beim Matchcode-Verfahren werden die Datenstämme miteinander verglichen. Dazu werden Parameter eingestellt, die aussagen, dass, sobald eine gewisse Anzahl der verglichenen Kriterien identisch ist, eine solche Adresse ausgewiesen wird. Dabei werden jedoch nur »Quasi-Clones« entdeckt. Daher sind phonetische Abgleichsysteme erforderlich, die auch abweichende Datenstämme als übereinstimmend erkennen. Basis ist dabei die Lautbildung und Aussprache. Von Overkill spricht man, wenn dieser Abgleich so »scharf« eingestellt ist, dass auch tatsächlich nicht übereinstimmende Daten als identisch qualifiziert und damit eliminiert werden. Von Underkill spricht man, wenn der Abgleich so »weich« ist, dass tatsächlich übereinstimmende Daten als nicht identisch qualifiziert und daher beschickt werden.

Nach diesen Abgleichstufen ergibt sich die Nettoadresszahl, nur diese muss bezahlt werden. Personen, die keine Direktwerbung wünschen, können sich in die vom DDV geführte Robinson-Liste eintragen lassen (derzeit ca. 300.000 Eintragungen). Der Sinn liegt einmal im Schutz dieser Personenkreise vor unerwünschter werblicher Ansprache, andererseits in der wohl berechtigten Vermutung, dass sich deren postalische Aktivierung ohnehin äußerst schwierig gestalten wird. Werden Adressdaten in Datenbanken systematisch aufbereitet, spricht man von Database Marketing. Die (meist relationale) Datenbank enthält dabei Feldzuweisungen für bestimmte absatzbedeutsame Kriterien und ist mit Informations- und Entscheidungsunterstützungssystemen für die Auswahl vernetzt. Der Vorteil liegt vor allem in der intensiveren, kundenindividuellen Ansprachemöglichkeit.

Lettershops sind Dienstleister, die Direktwerbemittel zu kompletten Aussendungen konfektionieren, aufliefern und versenden. Hauptaufgabe ist jedoch das Zusammentragen der Mailing-Elemente und deren Kuvertierung. Dazu bedarf es vielfältiger technischer Vorkehrungen und Voraussetzungen. Allein bei der Falzung gibt es viele verschiedene Arten (Einbruch-, Parallel-, Wickel-, Leporello-, Kreuz- Altarfalz etc.).

Die Briefpost verlangt die Portozahlung bei Auflieferung, sodass Lettershops von ihren Kunden vorab diesen durchlaufenden Posten, der dann mehrwertsteuerfrei ist, abfordern. Auch hierbei gibt es zahlreiche Bestimmungen. Da ist zunächst der Leitbereich, d. h. die Folge mehrerer Postleitzahlen. Oft sind sie identisch mit Städten, Gemeinden etc., Großstädte haben jedoch mehrere Leitbereiche. Die einzelnen Bunde und Gebinde sind zudem mit Verteilkennzahlen, d. h. dem Zielgebiet, zu kennzeichnen. Ein Bund ist ein mit haltbaren Schnüren zusammengebundenes Paket von Infopost-Sendungen. Mehrere Bunde ergeben ein Gebinde, das mit Kennzahlen versehen wird. Infopost ist die moderne Form der Massendrucksache, die aus dem Monopol der Briefpost herausfällt und auch privaten Versendern zum Angebot freisteht. Als Infopost sind vervielfältigte schriftliche Mitteilungen desselben Absenders zulässig. Sie müssen bis 100 gr. Gewicht inhaltsgleich sein, dürfen auch Proben, Muster, Werbeartikel etc. enthalten. Inhaltsgleich sind auch Sendungen, die sich durch innere Aufschrift, Anrede, bis zu zehn Ordnungs-, Codier- und Steuerzeichen, Ort und Tag der Absendung, Absenderangaben und Überschriften unterscheiden. Jedoch ist die Auflieferung von entweder mindestens 1.000 Sendungen, von denen mindestens 10 für denselben Leitbereich, Postort oder Postleitzahlbereich oder 50 für denselben Leitbereich, Postort oder Postleitzahlbereich bestimmt sind, erforderlich. Selbst bei Unterschreitung dieser Grenzen ist der Versand möglich, wenn die Differenz als Ausgleichszahlung beglichen wird. Infopost-Sendungen können verschlossen sein, dürfen aber zur Inhaltsprüfung von der Briefpost geöffnet werden. Ohne Hülle kann nur versandt werden, wenn die Sendung links geheftet oder gefaltet ist, zwischen 30 und 1.000 gr. wiegt, nicht über 23,5 x 12,5 cm groß ist, nach Orten und Zustellämtern vorsortiert und bar bezahlt wird. Die Aufschriftseite muss automationsgerecht gegliedert und maschinenlesbar sein. Daneben gibt es auch Groß- und Maxibriefe mit höheren gestaffelten Gebühren als Infopost. Für Sortierungen nach Postorten (Zustellämtern) und fünfstelligen Postleitzahlen werden Entgeltermäßigungen gewährt.

Für den Freimachungsvermerk sind Position, Formen und Farben vorgeschrieben. Absender gestempelte Briefmarken sind nur nach Vereinbarung zugelassen. Die Aufschriftseite einer Standardbriefsendung ist in Zonen unterteilt. Dadurch wird sichergestellt, dass Angaben, die für die maschinelle Briefverteilung bedeutsam sind, in der Zone stehen, die vom Anschriftenleser erfasst und ausgewertet wird, und alle übrigen Angaben so angebracht sind, dass sie das Erfassen der Aufschrift nicht erschweren. Die entsprechenden Bestimmungen für Aufschriften-, Codier-, Freimachungs- und Angabenzonen sind den jeweilig geltenden Vorgaben zu entnehmen. Bei Fensterumschlägen muss im Fenster die Anschrift deutlich erkennbar sein, daneben dürfen Absenderangaben, Sendungsart, Versendungsform, Vorausverfügung, Freistempelabdruck und vorgestempelte Briefmarken dort positioniert sein. Das Fenster ist nach Form, Position und Größe normiert. Für Werbeantworten wird das Entgelt vom Rückempfänger eingezogen.

Als allgemeine Sendungen gelten Briefe, Postkarten, Infopostsendungen, Büchersendungen, Warensendungen und Wurfsendungen. Eingeschriebene Briefe, Postkarten, Wertbriefe und Blindensendungen gelten als nachzuweisende Briefsendungen.

Unzustellbare Infopost-Sendungen (wegen Annahmeverweigerung, Versterben, Umzug etc.) werden (kostenpflichtig) nur zurückgesandt, sofern eine entsprechende Vorausverfügung besteht (»Wenn unzustellbar, zurück«, genaue Formulierung siehe Postbestimmungen), ansonsten wird im Bereich des Postzustellamtes nachgesandt, sofern ein Nachsendeauftrag des Empfängers vorliegt und er der Weitergabe seiner Adresse an Dritte nicht widersprochen hat. Die (kostenpflichtige) Nachsendung wird dann dem Absender mittels Anschriftenberechtigungskarte mitgeteilt, sofern eine entsprechende Vorausverfügung erfolgt ist (»Wenn unzustellbar, nachsenden«, genaue Formulierung siehe Postbestimmungen) und der Empfänger nicht beantragt hat, seine Adresse nicht weiterzugeben. Ebenso werden Anschriftenfehler dort zur Korrektur mitgeteilt. Ist keine Zustellung möglich, wird die Sendung nur bei entsprechender Vorausverfügung zurückgesandt. Die Rücksendung trägt ansonsten die neue Anschrift, sofern bekannt und aus Datenschutzgründen zulässig. Hüllenlose Sendungen werden ebenso wie Infopost-Sendungen aus dem Ausland, bei denen kein Inlandsabsender angegeben ist, nicht zurückgesandt.

Für die Gestaltung unterscheidet man drei **DIN-Formate**: DIN A für Werbebriefe, Prospekte, Broschüren, Kataloge, Antworthilfen und andere unabhängige Papiergrößen, DIN B + C für Briefumschläge, Mappen, Aktendeckel und andere abhängige Papiergrößen (Abb. 233–236). Ein Kurzzeichen gibt an, wie oft das DIN 0-Format geteilt werden kann, (z. B. DIN A 4 =

16 x). Lang-DIN entspricht 1/3 Normal-DIN (Briefumschläge haben Lang-DIN-Format). Im Endlosdruck wird die Höhe in Zoll ("), die Breite jedoch in cm/mm angegeben.

Ein wichtiger Aspekt ist die **Portooptimierung**, die sich wiederum nach den Format- und Gewichtsbegrenzungen der Briefpost richtet. Das Papiergewicht wird in gr./qm angegeben. Ein 80 gr.-Papier, üblich als Fotokopierpapier, wiegt also im Quadratmeter 80 gr., als Einzelseite DIN A 4 jedoch 2,5 gr. Eine Langformat-Hülle in 80 gr.-Papier wiegt 4,6 gr., eine Antwortpostkarte in 170 gr.-Papier 2,7 gr. Nimmt man nun die Gewichte aller zu einem Mailing-Package gehörenden Bestandteile und addiert sie hoch, kennt man das Gesamtgewicht und dessen Relation zu Portogrenzen. Entsprechend kann das Package abgestrippt werden (weniger Elemente, dünneres Papier, kleinere Formate) oder aufgefüllt werden (Stuffer). Die Gewichtsberechnung allgemein erfolgt als Produkt aus Papiergewicht/qm x Höhe in cm x Breite in cm x Blattzahl, dividiert durch

DIN A 0 =	841 x 1.189 mm
DIN A 1 =	594 x 841 mm
DIN A 2 =	420 x 594 mm
DIN A 3 =	297 x 420 mm
DIN A 4 =	210 x 297 mm
DIN A 5 =	148 x 210 mm
DIN A 6 =	105 x 148 mm
DIN A 7 =	74 x 105 mm
DIN A 8 =	52 x 74 mm
DIN A 9 =	37 x 52 mm
DIN A 10 =	26 x 37 mm

Abb. 233: Papierformate nach DIN A (Hauptreihe)

DIN B 0 =	1.000 x 1.414 mm
DIN B 1 =	707 x 1.000 mm
DIN B 2 =	500 x 707 mm
DIN B 3 =	353 x 500 mm
DIN B 4 =	250 x 353 mm
DIN B 5 =	176 x 250 mm
DIN B 6 =	125 x 176 mm
DIN B 7 =	88 x 125 mm
DIN B 8 =	62 x 88 mm
DIN B 9 =	44 x 62 mm
DIN B 10 =	31 x 44 mm

Abb. 234: Papierformate nach DIN B (Nebenreihe)

DIN C 0 =	917 x 1.297 mm
DIN C 1 =	648 x 917 mm
DIN C 2 =	458 x 648 mm
DIN C 3 =	324 x 458 mm
DIN C 4 =	229 x 324 mm
DIN C 5 =	162 x 229 mm
DIN C 6 =	114 x 162 mm
DIN C 7 =	81 x 114 mm
DIN C 8 =	57 x 81 mm

Abb. 235: Papierformate nach DIN C (Nebenreihe)

Papierqualität	Gewicht je qm in gr	Gewicht eines Bogens DIN A 4
Luftpostpapiere, dünnes Seidenpapier	17 - 18	1
Ungeglättetes Dünndruckpapier, dünnes Durchschlagpapier, Florpostpapier	30 - 40	2
Einseitig glattes Zellulosepapier, Transparentpapier, stärkeres Durchschlagpapier	40	2,5
Pergaminpapier	40 - 42	2,5
Ungeglättetes Druckpapier (Zeitungspapier)	48 - 50	3
Hartpostpapier	50 - 100	3 - 6
Geglättetes Papier für Briefumschläge	50 - 80	3 - 5
Geglättetes Druckpapier	53	3
Schreibpapier (gut satiniert)	60 - 100	4 - 6
Illustrationspapier (hochsatiniert), Naturkunstdruckpap.	80 - 120	5 - 7
Maschinengestrichene Papiere und Kartons, wie Zeitschriften, Prospekte, Kataloge	60 - 170	3 - 10
Gussgestrichene Papiere und Kartons wie Etiketten, Schokoladenpapier, Verkaufskartons	70 - 420	4 - 20
Gestrichene, glänzende Papiere, halbmatte und matte Kunstdruckpapiere	80 - 135	6 - 8
Sehr gut gestrichene, glänzende Kunstdruckpapiere	80 - 135	6 - 8

Abb. 236: Papiersorten

10.000. Bei Kuverts ist dieser Wert übrigens zu verdoppeln. Es empfiehlt sich, auf dieses Gewicht ca. 5% aufzurechnen, die für Klebstoff, Druckfarbe, Versiegelung etc. gelten, sofern nicht zusätzliche Gewichtselemente vorhanden sind (wie Klammern, Rubbelfelder), die dann getrennt hinzuzurechnen sind.

Ein wesentlicher Bestandteil eines solchen Mailing-Packages ist die Gewichtsberechnung. Dazu werden die einzelnen Bestandteile durchgerechnet, z. B.: personalisierter Brief: 8,0 gr., Prospekt: 9,5 gr., Versandhülle: 4,4 gr., Antworthülle: 2,3 gr., Etikett: 0,7 gr., Stuffer: 0,9 gr., Plastikkarte: 2,0 gr., zusammen: 29,8 gr. Ebenso werden die technischen Einzelheiten für jedes Mailingstück festgelegt, z. B. Raster/Strich, Arbeiten wie Gummierung, Rubbelmasse, Etikett spenden etc. (Abb. 237–239).

Ein Mittel zur Gewichtsabstrippung sind Dünndruckpapiere (LWC's). Sie gehen bis zu 40 gr./qm hinab. Um dennoch eine ordentliche Stabilität zu gewähren, sind besondere technische Vorkehrungen beim Papierguss erforderlich, die zu hohen Preisen führen. Dennoch bleiben

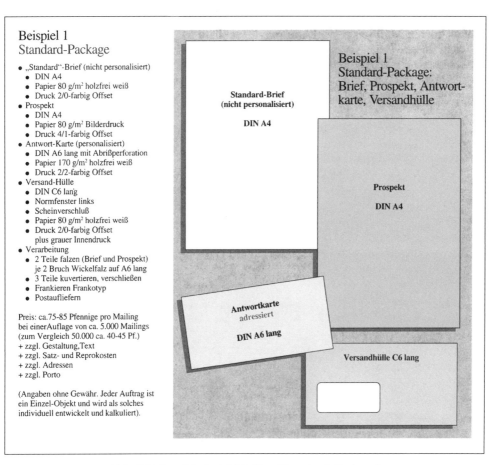

Abb. 237: Praxisbeispiel Mailing (Standard-Package)

Probleme beim Druck und vor allem der Weiterverarbeitung (rillen, stanzen, perforieren, doppeln, aufspenden, falzen, schneiden, prägen, kleben, gummieren etc.). Doch die Portoersparnis gleicht dies mehr als aus. Weitere Veredelungen bestehen aus Durchnummerieren, Beduften, Befenstern etc.

Bei Recycling-Papieren kann es sich um unbedruckte Papierabfälle (wie sie etwa bei der Papierherstellung entstehen) oder bedruckte Papierabfälle handeln, dann ist eine chemische Entfärbung erforderlich. Da dies nicht rückstandslos gelingt, kommt es zu der typischen grauen Färbung einfacher Recycling-Papiere. Insgesamt lässt die Qualität des Papiers mit wachsendem Anteil von Recycling-Papier beim Recyceln nach, sodass irgendwann eine tolerable Qualitätsgrenze unterschritten wird. Holzfreies Papier besteht aus Zellstoff und enthält so gut wie keinen Holzschliff, ist daher gegenüber holzhaltigem Papier hochweiß und opazitiv, d. h. durchscheinend, zumal wenn funktionale Füllstoffe zugesetzt sind. Holzschliff sind gemahlene Holzabfälle (Bruch- und Schwachholz), Zellstoff ist aufbereitetes Fasermaterial. Bilderdruckpapier ist zweiseitig gestrichen und geglättet. Es erlaubt eine besonders fein auflösende Bedruckung (bis 70er Raster, d. h. 70 einzeln unterscheidbare Linien je cm). Ungestrichene (Natur-)Papiere

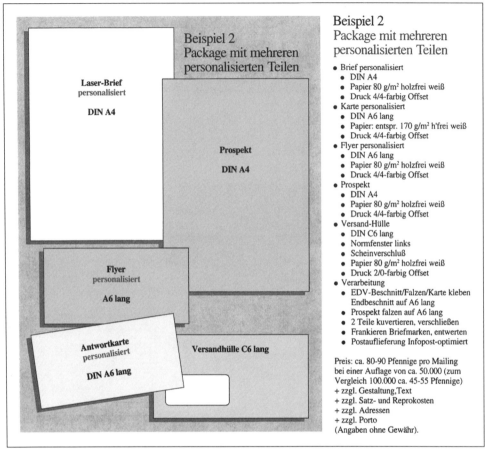

Abb. 238: Praxisbeispiel Mailing (Package mit mehreren personalisierten Teilen)

liegen bei ca. 54 Linien, Zeitungspapiere bei 48 Linien. Kunstdruckpapier ist zweiseitig doppeltgestrichen und daher auch für höchste reprografische Ansprüche geeignet. Die Aufhellung, auch hochweißer, Papiere erfolgt heute überwiegend chlorfrei, zumindest aber chlorarm oder elementarchlorfrei. Satinierte Papiere sind durch Druck-, Wärme- und Feuchtigkeitsbehandlung glänzend. Im Rollenoffset können Papiere zwischen 30 und 150 gr./qm problemlos verarbeitet werden. Wichtig ist jedoch die Laufrichtung des Papiers, da ansonsten Verarbeitungsprobleme auftreten können. Dies gilt auch bei geringer Verdruckbarkeit infolge möglichen Reißens, rauher, rupfender oder staubender Oberfläche etc.

Direct Mailings bieten eine Reihe von bedeutsamen Vorteilen. Dazu gehören folgende:
- Es besteht die Möglichkeit zur persönlichen Ansprache der Umworbenen, was deren Aufmerksamkeit und Interesse steigert.
- Eine enge Streuung mit dementsprechend geringen Streuverlusten ist möglich, die ansonsten allenfalls durch Special- oder Professional Interest-Printmedien erreicht wird.

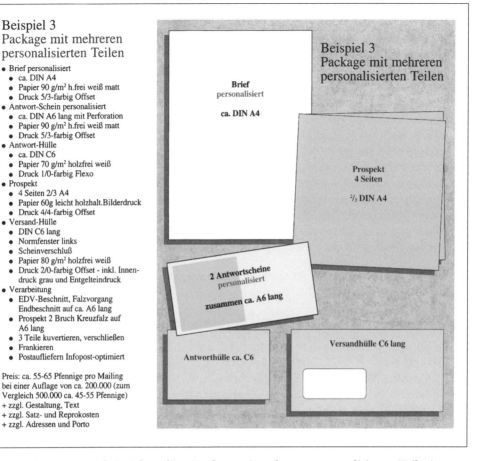

Abb. 239: Praxisbeispiel Mailing (Package mit mehreren personalisierten Teilen)

- Es besteht eine freie Wahl von Umfängen und Ausstattungen der Werbemittel, vor allem ist die Aufmachung frei wählbar.
- Es kann von einer ungeteilten Aufmerksamkeit ausgegangen werden, so diese Aufmerksamkeit erst einmal erworben ist.
- Inhalte und Angebote können vor dem Wettbewerb besser geheimgehalten werden, indem nur eine gezielte Ansprache erfolgt.
- Es ergeben sich umfangreiche Test- und Kontrollmöglichkeiten, sodass die mutmaßlich wirksamste Gestaltung genutzt werden kann.
- Mailings sind im Vergleich zu Pressemedien bezogen auf die intendierte Zielgruppe zumeist kostengünstiger.
- Durch entsprechende Reaktionsmittel ist ein unmittelbares Feedback von potenziellen Kunden möglich, vor allem in Form von Informationsanforderung oder Bestellung.
- Das Timing ist frei wählbar, da es in weitesten Grenzen selbst bestimmt werden kann.

Dem stehen allerdings auch einige Nachteile gegenüber:

- Mailings sind für Low Interest-Produkte ungeeignete, da davon auszugehen ist, dass diese nicht in der Lage sind, die erforderliche Aufmerksamkeit zu erreichen.
- Soll eine sehr breite Zielgruppe angesprochen werden, entstehen absolut hohe Kosten, die vor allem durch Porto bedingt sind.
- An »kalte« Adressen gerichtet, ist die Wirksamkeit von Mailings eher skeptisch zu beurteilen, weil die Absenderbekanntheit/-vertrautheit fehlt.
- Es gibt vielfältige Begrenzungen postalischer Art durch Format, Gewicht etc., teilweise auch technischer Art in Druck und Verarbeitung.
- Eine ansprechende Gestaltung angesichts dieser Begrenzungen ist schwierig darzustellen und wird, wie Augenschein beweist, auch selten erreicht.
- Die Nutzungswahrscheinlichkeit ist angesichts überbordender Intensität von Direktwerbungstücken immer schlechter einzuschätzen.
- Die Adressenauswahl ist problematisch, und zwar in Bezug auf die Abgrenzung ebenso wie auf die Qualität der Adressen.

Wichtig ist ein Vergleich der Direktansprache mit dem herkömmlichen Reisendenbesuch. Dazu ein Rechenbeispiel.

Es werden folgende Ausgangsdaten ohne Direktansprache unterstellt:
- A-Kunden (Wert 4) erhalten sechs Besuche p. a. je 1.500 €, bei 50 Kunden = 75.000 €,
- B-Kunden (Wert 2) erhalten zwei Besuche p. a. je 500 €, bei 80 Kunden = 40.000 €,
- C-Kunden (Wert 1) erhalten einen Besuch p. a. je 250 € bei 150 Kunden = 37.500 €,
- zusammen also 152.500 € (für 610 Kontakte/6x50 + 2x80 +1x150 einfach bzw. 1.670 Kontakte/300x4 + 160x2 + 150x1 gewichtet, = 91,32 € je Kontakt).
- Die gesamten Kosten belaufen sich auf 152.500 € bei 1670 gewichteten Kontakten.

Durch eine Kombination von Reisendenbesuch und Direktansprache ergeben sich folgende Ausgangsdaten:
- A-Kunden: vier Besuche (Wert 4) p. a. je 1000 € + acht Anrufe (Wert 2) p. a. je 200 € + acht Mailings (Wert 1) p. a. je 40 € bei jeweils 50 Kunden = 62.000 €,
- B-Kunden: ein Besuch (Wert 4) p. a. je 250 € + vier Anrufe (Wert 2) p. a. je 100 € + acht Mailings (Wert 1) p. a. je 40 € bei jeweils 80 Kunden = 31.200 €,
- C- Kunden: kein Besuch, dafür vier Anrufe (Wert 2) p. a. je 100 € + vier Mailings (Wert 1) p. a. je 20 € bei jeweils 150 Kunden = 18.000 €,
- zusammen also 111.200 € (für 3.240 Kontakte/4x50 + 8x50 + 8x50 + 1x80 + 4x80 + 8x80 + 4x150 + 4x150 einfach bzw. 5.400 Kontakte/4x4x50 + 8x2x50 + 1x8x50 + 1x4x80 + 4x2x80 + 8x1x80 + 4x2x150 + 4x1x150 gewichtet, = 20,59 € je Kontakt).
- Die gesamten Kosten belaufen sich auf 109.200 € bei 5.400 gewichtigen Kontakten.

5.5.3.2 Verteilung

Hierbei erfolgt der Übergang der Sendung durch private Zustelldienste oder Verteilerkolonnen als Abgabe in Briefkästen im Haus oder an Passanten auf der Straße. Damit kann wahlweise eine Erläuterung verbunden sein. Inhalt der Verteilung können Werbedrucksachen, Warenproben,

Werbegeschenke oder Streumittel (Gimmicks) sein. Auf diese Weise wird vor allem im lokalen Einzugsgebiet Präsenz und Sympathie erreicht. Etwas problematisch ist allerdings die Zuverlässigkeit der Verteilung und die Nichterreichung durch Einwurfverbot/Annahmeverweigerung zu beurteilen. Eine solche Verteilung ist meist nur bei undifferenzierter Marktbearbeitung sinnvoll. Postalisch sind Postwurfsendungen zu günstigen Tarifen möglich.

Eine besondere Form der Verteilung erfolgt durch Felicitas. Im Einzelnen sind dort mehrere Angebote im Programm:
- Metty kommt: Samplingpaket für Kinder im Alter von 3 – 13 Jahre, 400.000 Übergaben p. a.,
- Studentenpaket: Samplingpaket für Erstsemester Studenten, 300.000 Übergaben p. a.,
- Weg ins Leben: Samplingpaket für werdende Mütter, 50.000 Übergaben p. a. über Hebammen, Gynäkologen und Apotheker,
- Junge Paare: Präsentationspaket für Frischvermählte, 210.000 Übergaben p. a.,
- Junge Familie: Präsentationspaket für Erstgeburtenhaushalte, 400.000 Übergaben p. a.,
- Aktiv genießen: Präsentationspaket 40 – 55 jährige, 200.000 Übergaben p. a.,
- Aktive Senioren: Präsentationspaket für 55 – 70 jährige, 100.000 Übergaben p. a.

Geeignete Hersteller stellen für diese Pakete kostenlos Produkte zur Verfügung, um neue Zielpersonen mit ihrem Angebot bekannt zu machen und als Wiederkäufer zu gewinnen.

5.5.3.3 Responsemedien

Kontakte können auch im Wege des Response aus Klassischen Medien hergestellt werden. Zu denken ist an Coupons oder Postkartenbeikleber/-einhefter in Verbindung mit Anzeigen sowie die Angabe einer Hotline für telefonische Nachfragen. Derartige Ansprachen können mit Incentives bewehrt sein. Insofern ist ein disperses Publikum mit aktuellen Angeboten oder Anforderungen kontaktierbar. Dies gilt vor allem bei Verkauf im Distanzprinzip und Informationsvolumina, die traditionelle Werbemittel ansonsten überfrachten.

Unter dem Begriff **Direct Response-TV** (DR-TV) werden alle Werbeformen im Fernsehen zusammengefasst, bei denen Zuschauer Produkte oder Dienstleistungen über eingeblendete Rufnummern/Adressen (später über einen schmalbandigen Rückkanal) bestellen können. Es nimmt besonders die Funktionen der Kundenakquisition und der Gewinnung von Interessentenadressen zum Aufbau einer Kundendatenbank wahr. Daher weist DR-TV hohe Zuwachsraten auf.

DR-TV kann parallel zum Absatz über den stationären Handel eingesetzt werden oder auch als alleiniger Absatzkanal. Voraussetzung für ein Erfolg versprechendes Angebot ist jedoch ein einfach erklärbares alleinstellendes Angebot, eine emotionale Produktvermittlung, die Einhaltung erkennbarer Qualitätsstandards und ein attraktives Preis-Leistungs-Verhältnis. Vor allem die multisensorische (visuelle und akustische) Auslobung und die Chance zum unkomplizierten, spontanen Response sind Erfolgsfaktoren.

Seit Mitte der 80er-Jahre in Deutschland privatwirtschaftlich finanzierte Fernsehsender Verbreitung fanden, wird DR-TV eingesetzt (1987 Eureka TV, 1988 SAT 1, beide jedoch Anfang der 90er Jahre eingestellt).

Zu Beginn diente die Dauerwerbesendung vor allem der Füllung der damals noch nicht ausverkauften Kontingente an Werbezeit, die Begrenzung auf max. eine Stunde je Tag wurde später eingeführt. Diese Begrenzung war das hauptsächliche Hindernis für eine weitere Verbreitung von DR-TV im Free-TV. Die Nachfrage nach Werbezeit bei den privat-wirtschaftlich finanzierten Fernsehsendern stieg infolge erhöhter Reichweiten drastisch. Die Dauerwerbezeiten wurden daher entweder erheblich reduziert oder auf kleine Sender mit absolut niedrigeren Preisen oder reichweitenschwache Sendezeiten verlagert.

1995 ging H.O.T. mit eigenen Verkaufsshows on air (Zusammenschluss von Pro 7 und Quelle), 1996 folgte QVC ebenfalls mit eigenen Verkaufsshows.

Der große Durchbruch für Verkaufen über Fernsehen ist in Deutschland bislang jedoch versagt geblieben. Vor allem die marktschreierischen Präsentationen zu Beginn, die durch einfache Übertragung der US-amerikanischen Präsentationen kostengünstig entstanden, haben das Image für Verkaufen über Fernsehen nachhaltig beeinträchtigt. Insofern mussten zunächst eigenständige, auf deutsche Seh- und Kaufgewohnheiten abgestimmte Präsentationsstile entwickelt werden, um eine Grundakzeptanz zu erreichen.

Pionier des Teleshopping war HSN (Home Shopping Network) in USA. Die Gründer (Paxson/Speer) waren Eigentümer einer lokalen Radiostation und hatten aus der Konkursmasse eines Werbekunden einige Waren gerettet, die sie in ihrem Programm anboten. Das funktionierte so gut, dass sie 1982 einen regionalen Kabelsender mit 24 Stunden-Verkaufsprogramm gründeten, der 1985 national verbreitet wurde. Die Konkurrenten QVC (Quality Value Convenience) und CVN (Cable Value Network) entstanden erst später.

Die Bestellung ist gebührenfrei, die Entgegennahme erfolgt durch computergesteuerte Spracherkennungs- und Bestellannahmesysteme oder durch Call Centers zur manuellen Bearbeitung mit automatischem Fulfillment. Anrufer werden in Warteschleifen geführt. Die Offerten sind nur wenige Minuten während der Präsentation in der Sendung verfügbar.

Im Low Road Shopping werden eher gering qualitative Waren unter Zeitdruck präsentiert. Wer zuerst kommt, mahlt zuerst. Die Dauer der Präsentation richtet sich nach der Vorratsmenge. Lässt die Nachfrage nach, wird das Produkt sofort abgesetzt. Live-Präsentationen neuer Artikel vermitteln zudem einen gewissen Unterhaltungseffekt. Die Zustellung erfolgt innerhalb von max. zwei Tagen.

Beim High Road Shopping werden eher hochwertige Produkte ohne akuten Verkaufsdruck angeboten. Gelegentlich werden die Produkte von Prominenten präsentiert.

In Europa sind praktisch alle Länder im Teleshopping weiter als Deutschland, in Italien gibt es Versteigerungssendungen für Gemälde, Teppiche etc., bei denen Zuschauer mitbieten. In Großbritannien wird Wert auf die Bedienung sozial Benachteiligter gelegt, deren Konsumbedarf auf diese Weise befriedigt werden soll. In Frankreich war vor allem das Minitel-System (Online-Dienst-Vorläufer) für die Verbreitung vorteilhaft.

Neben kompletten Kanälen, die nur elektronische Einkaufsangebote bieten, gibt es spezielle Shopping-Angebote innerhalb der Werbezeiten »normaler« Sender.

Die Artikelpräsentation besteht zumeist aus fünf Produkten pro Sendefolge, etwa Haushaltswaren, Tonträger/Verlagsprodukte, Kosmetikprodukte, Textilien, Freizeit-/Fitnessprodukte, Spielwaren, und vor allem Schmuckwaren. Dabei hat sich ein Mix aus hochpreisigen und niedrigpreisigen Produkten bewährt. Die Showteile und Werbefilme sind vorproduziert und werden zu einer kompletten Sendung montiert. Für die Zufriedenheit der Zuschauer ist vor allem die rasche und einwandfreie Lieferausführung wichtig.

Als wesentliches Hemmnis wirken eingeschätzte Probleme bei Reklamationen und Retouren. Zudem ist für viele Käufer das taktile Erlebnis der Produktmusterung und -prüfung von hoher Bedeutung. Auch ist eine Preisschwelle bei ca. 100 € festzustellen. Der Wunsch nach

Risikoreduktion drückt sich auch in der bevorzugten Wahl standardisierter, risikoloser Produkte wie Musikträger, Münzen, Videofilme etc. aus. Imageschädigend war auch das früher anzutreffende Angebot gering qualitativer Produkte zu optisch niedrigen Preisen.

Wichtig ist vor allem, die Schwelle zum erstmaligen Bestellen zu überwinden. Nach erlebtem Erfolg, d. h. sauberer Bestellabwicklung, rascher Anlieferung und guter Ware, sind Wiederholungskäufe wahrscheinlich. Ein wichtiger Kritikpunkt ist das oftmals unzureichende Handling der Telefonanrufe. So rufen unmittelbar nach der Präsentation attraktiver Produkte zahlreiche Interessenten dann, die dann auf lange Warteschleifen treffen, die sie zum Abbruch des Kontaktversuchs und zur Verärgerung veranlassen. Zudem berichten die Medien immer wieder über unzufriedene, enttäuschte Kunden, die DR-TV-Angebote genutzt haben und damit abschreckend auf weitere Kaufinteressenten wirken.

Über das aktuelle Volumen des DR-TV-Marktes liegen kaum Veröffentlichungen vor. H.O.T. prognostizierte für seinen Sender 2000 ein Umsatzvolumen zwischen 150 – 250 Mio. €. Das Marktpotenzial wird von H.O.T. im deutschsprachigen Raum auf 0,5 – 1 Mrd. € geschätzt. QVC werden für das Jahr 2000 Umsätze von 250 Mio. € zugetraut.

Alternativ zu DR-TV werden auch die Begriffe Infomercial und Homeshopping verwendet. **Infomercials** sind Verkaufsshows mit einer Mischung aus Information und Commercial. Man unterscheidet dabei zwei Arten, kurze Shows mit bis zu sieben Minuten Dauer, die sich meist auf die Präsentation eines einzigen Produkts konzentrieren. Und längere Shows mit bis zu 30 Minuten Dauer, die mehrere (meist verwandte) Produkte nacheinander vorstellen. Der Aufbau der Sendung ähnelt Informations- bzw. Dokumentationssendungen, in denen Zuschauer ausführlich über Eigenschaften und Nutzen der offerierten Produkte informiert werden. Der Einstieg erfolgt meist über Probleme des Alltags, zur Unterstützung werden häufig zufriedene Anwender als Testimonials zitiert. Insofern ist diese Art der Präsentation vor allem für erklärungsbedürftige und höherpreisige Produkte geeignet, da eine eingehende Argumentation, auch im Detail, möglich ist.

Vorteile von Infomercials liegen in der Möglichkeit zur ausführlichen Erläuterung der Alleinstellungsmerkmale, in der Demonstrationsmöglichkeit, die sich auch für erklärungsbedürftige Produkte eignet sowie in Synergieeffekten für parallel im traditionellen Handel befindliche Produkte. Nachteile liegen in der Begrenzung der täglichen Sendezeit im Free-TV, in der Notwendigkeit zur Erzeugung eines emotionalen Umfelds und der geringen Reichweite bei budgetbedingter Schaltung in Randzeiten des Programms und bei kleinen Sendern wie auch in der Vorgabe bestimmter Sendeplätzen.

Bei **Homeshopping** handelt es sich hingegen um 24-stündige Verkaufskanäle, die rund um die Uhr in Live-Sendungen Produkte zum direkten Kauf anbieten. Das gesamte Programm wird dabei in meist einstündige Sendeformate unterteilt, in denen unterschiedliche Produktgruppen von Moderatoren präsentiert werden. Je Produkt werden meist 8–15 Minuten investiert. Die Produkte werden großformatig gezeigt und detailliert erläutert, zusätzlich werden Artikelbezeichnung, Artikelnummer, Preis und Telefonnummer zur Bestellung eingeblendet. Zuschauer können sich z. T. per Telefonanruf mit Fragen in die Sendung einwählen, ein Experte des Herstellers gibt dann Auskunft.

Vorteile von Homeshopping liegen in der generell zu unterstellenden Akzeptanz dieser Werbeform in der Bevölkerung, in der Möglichkeit, rund um die Uhr auf Sendung zu sein und in der Herbeiführung bewussten Interesses, das ein aufwendiges, ablenkendes emotionales Umfeld erübrigt. Nachteile liegen in der immer noch begrenzten Reichweite der entsprechenden Sender über Kabel oder Satellit bei derzeit bestehender rundfunkrechtlicher Reglementierung sowie in der Notwendigkeit zur Bindung des Zuschauerinteresses möglichst über die gesamte Sendezeit eines Verkaufsblocks hinweg.

Zum Spektrum des DR-TV gehören auch **DR-TV-Spots**, die als Response-Spots in den allgegenwärtigen Werbeblöcken eingestreut sind. Bevorzugte Platzierungen sind wochentags außerhalb der Primetime. DR-TV-Spots haben meist eine Länge von 45 bis 90 Sekunden, sie weisen gegenüber unidirektionalen Spots vor allem ein verstärktes Aufforderungselement zur telefonischen Kontaktaufnahme mit dem Anbieter auf. Häufig weisen ein Teaser-Spot vorab oder ein Reminder-Spot danach zusätzlich auf das angebotene Produkt hin. Die Kontaktaufnahme bezieht sich zumeist auf die Bestellung des angebotenen Produkts, denkbar ist aber auch die Aufforderung zum Abruf von Informationen oder die Teilnahme an Gewinnspielen (in diesen Fällen steht die Adressgenerierung im Vordergrund).

Vorteile liegen in der vielfältigen Platzierbarkeit innerhalb des Programms/Werbeblocks, in der Kostengünstigkeit durch begrenzte Dauer, in der Möglichkeit zur gezielten Platzierung im Programmumfeld (Programming), in Synergieeffekten zu im traditionellen Handel befindlichen Produkten, in der Realisierbarkeit hoher Reichweiten und der umfassenden Interesseweckung. Nachteile liegen in der Spot typischen niedrigen Beachtungschance (Zapping), in der nur kurzen zur Verfügung stehenden Zeitspanne zur Zuschaueraktivierung und der Notwendigkeit der Schaffung eines stark emotionalisierenden Umfelds.

Zukünftig kommt noch **interaktives DR-TV** hinzu. Diese Form des Direktvertriebs nutzt das Zusammenwachsen von Telekommunikation, Informationstechnologie, Multimediaangebot und Entertainment (TIME-Industries). Voraussetzung ist Interaktives Fernsehen (I-TV) als Ergänzung des linearen (üblichen) Programms um digitale, multimediale Dienste, die durch einen Rückkanal gesteuert, beeinflusst und/oder übertragen werden. Über diesen Rückkanal können Zuschauer mit dem Sender interagieren, z. B. durch individuelle Programmzusammenstellung (Video on Demand), Home Services (Tele-Banking) oder eben TV-Shopping.

Rein rechtlich gibt der Zuschauer unter der während der Sendung eingeblendeten Telefonnummer sein Angebot zum Abschluss eines Vertrags gegenüber einem Verkäufer ab, der nicht identisch mit dem Sender sein muss. Er erhält allerdings nur kurze Angaben über Materialbeschaffenheit, Menge, Qualität und Preis. Abzahlungsgeschäfte können im Teleshopping nicht getätigt werden. Denn dazu bedarf es der schriftlichen Willenserklärung des Käufers, damit aber würde die telefonische Bestellmöglichkeit entfallen. Ebenso ist eine wirksame Einbeziehung der AGB's schwierig. Eine Verpflichtung zur Einräumung eines Widerrufrechts bzgl. der auf den Vertragsabschluss gerichteten Willenserklärung besteht nicht. In der Praxis räumen Anbieter aber auf Kulanzbasis eine Widerrufsmöglichkeit von zwei Wochen ein. Die ausstrahlenden Sender sind für den Inhalt der Teleshopping-Sendung direkt wettbewerbsrechtlich verantwortlich. Sie haben (im Werbeprogramm) vor allem auf eine hinreichende Trennung von Werbung und redaktionellem Teil sowie auf die Einhaltung Verbraucher schützender Vorschriften zu achten.

5.5.3.4 Katalog

Der Katalog ist ein schriftliches Verkaufsgespräch. Er dient als selbstverkäuferische Anbietbasis im Versandgeschäft.

Der Katalog bietet einige wichtige Vorteile:

- Er schafft über personalisierte Form eine Möglichkeit zur individuellen Ansprache von Zielpersonen.
- Über selektierte Adressen ist ein gezielter Kontakt wirtschaftlich darstellbar.
- Ein Katalog verfügt als Werbemittel über ein großzügiges Platzangebot und ist in seiner zeitlichen Bestimmung unabhängig. Er ist damit aktuell und schnell steuerbar.
- Es besteht die freie Wahl der Aufmachung (Papierart, Druckverfahren, Format, Umfang etc.).
- Bei der Nutzung des Katalogs hat das Angebot die ungeteilte Aufmerksamkeit des Lesers (fraglich ist allerdings, inwieweit bei der bekannten Papierflut Kataloge noch genutzt werden).
- Es besteht ein Schutz vor Konkurrenzreaktionen durch frühzeitiges Bekanntwerden eigener Aktionen.
- Die Wirksamkeit des Katalogs kann unbegrenzt in kleinen Gruppen vorgetestet und optimiert werden.
- Bei kleinteiligen Zielgruppen entstehen nur geringe Kosten und wenig Streuverluste bei deren Konfrontation mit einem Angebot.
- Die Reaktion der Zielpersonen kann durch Response-Elemente erleichtert werden. Dazu dienen auch Auslöser wie Free Trial, Sweepstake etc.
- Es besteht die Möglichkeit zu einer echten Erfolgskontrolle durch direkte Kosten- und Erlöszurechnung bzw. Deckungsbeitrag je Werbeplatz.
- Durch mehr oder minder lange Auflagezeit entsteht eine nachhaltige Werbewirkung.

Weitere Vorteile des Katalogs sind folgende: Aufmerksamkeit für Sonderangebote, Ruhe beim Studium der Angebote, Preisangaben im Werbemittel, Vergleich von Angeboten verschiedener Anbieter, Neuigkeiten kennenlernen, Adresse des Herstellers ist verfügbar, man kann Angebote aufheben und jederzeit darauf zugreifen, anderen zeigen und mit ihnen diskutieren, bequeme Reaktion durch Bestellung, ausführliche Beschreibung der Angebotsvorteile, persönlich adressiert bzw. angesprochen, farbige Abbildungen, übersichtliche Gestaltung, interessanter Text, originelle Aufmachung, hochwertige Anmutung, größeres Format.

Die Funktionen des Katalogs liegen vor allem in Markterschließung, Neukundenakquisition, Kundenpflege/-aktivierung und VADM-Unterstützung bzw. -Ersatz bei C-Kunden. Der Katalog trägt konkrete Warenofferten, die unter Bezugnahme auf Bestellhilfen geordert werden können. Die Aufmachung eines Katalogs unterliegt zahlreichen wichtigen Vorgaben. Er soll Information, Beratung, Kunden-/Imagepflege und Verkaufshilfe sein. Er soll das Warenangebot beschreiben, die Kompetenz des Unternehmens darstellen und Qualitätszusicherung leisten. Schließlich soll eine Optimierung hinsichtlich der Zuteilung der Seiten und der Anordnung der Artikel erfolgen.

Von Bedeutung sind dabei vor allem:
- die Titelseite. Sie bietet die Gelegenheit, spektakuläre Neuheiten oder andere Knüllerangebote zu platzieren (Hot Spots). Die Headline gibt ein Nutzenversprechen, das Logo signalisiert den Absender dieser Leistung. Bei alledem darf die Titelseite jedoch nicht überladen wirken.

- die Rückseite (4. Umschlagseite). Sie bietet ebenfalls die Chance zur Platzierung von Hot Spots, weil ein Katalog oft von hinten nach vorn durchgeblättert wird und er häufig mit dem Cover nach unten aufliegt. Insofern entsteht damit eine hohe verkäuferische Wirkung. Außerdem sind Absender und Adresse hier vorgesehen.
- die 3. Umschlagseite (letzte Innenseite). Sie kann für differenzierende Serviceleistungen ebenso genutzt werden wie für die technische Bestellanleitung/-hilfe, also Bestellkarte/-formular, Zweigstellenverzeichnis, Adressen für Selbstabholer und Allgemeine Geschäftsbedingungen. Evtl. können die Verkaufsmannschaft oder Ansprechpartner im Unternehmen im Bild gezeigt werden. Wichtig ist dabei eine durchweg positive Formulierung der Konditionen.
- die Seiten 2 und 3 (2. Umschlagseite und gegenüberliegende Seite) und die Katalogmittendoppelseite (falls geklammert). Ihnen kommt ebenfalls gesteigerte Aufmerksamkeit zu. Hier sind etwa ein Anschreiben der Geschäftsleitung (mit Foto) oder eine Aufnahme des Firmengebäudes/-geländes denkbar.

Wichtig ist auch die Bedeutung weiterer Hot Spots, z. B. Response- und Auslöseelementen, Hervorhebung von Schlüsselartikeln, Blickfolge auf Einzel- und Doppelseiten, Bebilderung nach Farbigkeit oder Größe, gestaffelt flexible und doch straffe Seitenaufteilung, Piktogramme als Orientierungshilfen, Stopper für wichtige Argumente etc. Außerdem bietet sich die Einrichtung einer Hotline für telefonische Direktbestellung an. In der Blickfolge gilt:

- Bild vor Text, großes Bild vor kleinem Bild, Bildsequenz vor Einzelbildern, Menschen vor Sachen, Headline vor Copytext, Farbe vor Schwarzweiß.

Je mehr Artikel auf einer Seite platziert werden, desto kostengünstiger ist dies zwar, aber auch desto unübersichtlicher. Zudem kommt es zu gegenseitiger Konkurrenz der Artikel um die Aufmerksamkeit des Lesers. Die beste Platzierung ist erfahrungsgemäß im oberen Drittel rechts auf der Seite, mit Artikelbeschreibung rechts von der Abbildung. Eine Absicherung (durch Gütezeichen, Testergebnis, Referenz etc.) ist ebenso wichtig wie Detailfotos für wichtige Eigenschaften (dreidimensionale Grafiken, Tabellen etc.), Handhabung oder Einstellung. Bildunterzeilen dienen der Erläuterung und werden häufig genutzt. Die Warenbeschreibung sollte dabei nutzenbezogen erfolgen, nicht nur technisch und physikalisch-chemisch. Die Textgröße sollte nicht unter acht Punkt, mit durchgängig einheitlicher Typo, allenfalls variiert nach Schriftgröße und -stärke, liegen.

Die Erfolgsprognose ist durch Tests in Kleinauflagen und die Erfolgskontrolle anhand von Kennziffern wie DB je Seitenanteil möglich. Vorkehrungen zur angemessenen Rücklaufbearbeitung sind unerlässlich. Der Direktverkauf gewinnt zudem durch Umgehung der nachfragemächtigen Handelsstufen weiter an Attraktivität.

Ein weiterer Vorzug des Katalogangebots wird in der weitgehenden Effizienzmessung gesehen. Dafür gibt es vielfältige Prognoseformen:

- Ein Listentest gibt Auskunft über die mutmaßliche Qualität der Adressbasis.
- Ein Produkttest gibt Auskunft über die Akzeptanz der Produktleistung.
- Ein Zielgruppentest gibt Auskunft über das mutmaßliche Zutreffen der Zielgruppendefinition.
- Ein Werbemitteltest gibt Auskunft über die Wirkung der Gestaltung der Direktwerbung.

- Ein Regionaltest gibt Auskunft über die mutmaßlich zweckmäßige Abgrenzung des Werbebudgets.
- Ein Timingtest gibt Auskunft über den mutmaßlich besten Zeitraum für die Direktwerbung.

Wichtige **Formen der Effizienzüberprüfung** sind die folgenden:

- Der Streuerfolg umfasst das Verhältnis der absoluten Zahl der Aussendungen zur Anzahl der eingegangenen Bestellungen/Informationsanforderungen.
- Die Werberendite ergibt sich als Anzahl der Bestellungen multipliziert mit dem Gewinn je Bestellung dividiert durch die Anzahl der Adressaten, multipliziert mit den Werbekosten je Adressat.
- Der Kritische Streuerfolg bezeichnet die Anzahl der Besteller/Anforderer dividiert durch die Anzahl der Adressaten.
- Die Kosten je Antwort ergeben sich als gesamte Kosten der Aussendung dividiert durch die Anzahl der (positiven oder negativen) Reaktionen.
- Die Reaktionsart wird durch die Anzahl der positiven (oder negativen) Reaktionen (x 100) dividiert durch die gesamte Anzahl der Aussendungen ermittelt.

Die Effizienzwerte lassen sich durch eine geschickte Kundensegmentierung stetig verbessern. Meist erfolgt dies auf Basis eines Punktbewertungsmodells als **RFMR-Methode**. Dies steht als Akronym für folgende Größen (die Quantifizierung dient nur als Beispiel):

- R = Recency, d. h. letztes Kaufdatum, z. B. Bestellung im letzten Quartal (20 Punkte), innerhalb des letzten Halbjahres (13 Pkt.), innerhalb der letzten neun Monate (8 Pkt.), innerhalb des letzten Jahres (4 Pkt.).
- F = Frequency, d. h. Kaufhäufigkeit innerhalb des letzten Jahres, z. B. absolute Anzahl multipliziert mit dem Faktor 3.
- MR = Monetary Ratio, d. h. Umsatzhöhe der einzelnen oder kumulierten Bestellungen, z. B. je 100 € Bestellwert 5 Punkte.

Die Addition der einzelnen sich ergebenden Punktwerte gibt dann Auskunft über die relative Bedeutung des jeweiligen Kunden (Kundenwert). Nimmt man das Kriterium der Kundentreue hinzu, ergibt sich dabei folgende Einteilung für Maßnahmen:

- Hoher Kundenwert bei niedriger Kundentreue: Heranführen der Kunden durch Generierungsmaßnahmen wie Kundenkarten, Hauszeitschriften etc.
- Hoher Kundenwert bei hoher Kundentreue: Halten dieser Kunden durch Bindungsmaßnahmen wie VIP-Service, Hotline, Außendienstbesuch etc.
- Niedriger Kundenwert bei hoher Kundentreue: Wertsteigerung der Kunden durch Intensitätsmaßnahmen wie Sonderprospekt, Katalogverteilung, Verkaufsförderung etc.
- Niedriger Kundenwert bei niedriger Kundentreue: Bereinigung der Kunden durch Mitnahmeeffekte wie Beilagen, Rundfunkwerbung, Sponsoring.

5.5.3.5 Telefonwerbung

Im Verkauf entstehen wachsende Effizienzprobleme aus dem Zusammentreffen mehrerer Faktoren. So steigen die Personal- und Personalnebenkosten für qualifizierte Mitarbeiter schnell an. Dem steht eine nur unvollkommen steuerbare Leistungskontrolle gegenüber. In der Persönlichen Kommunikation verstreicht viel Zeit, die nicht dem unmittelbaren Absatz dient, sondern mit Warten, Fahren und Plaudern vergeht. Der wachsende Konkurrenzdruck schließlich erfordert einen häufigeren Kontakt zum Kunden, der durch persönlichen Besuch allein nicht mehr gewährleistet werden kann. Daher kommt Telefonwerbung ins Spiel.

Aktive Telefonwerbung (Outbound) eignet sich vor allem für die Kontaktanbahnung mit Interessenten/Neukundenakquisition, zur Aktivierung von Altkunden, zur Kundenbindung auch nach dem Kauf und zum Zusatzverkauf.

Die Kontaktaufnahme zu Interessenten erfolgt etwa durch Reagierer auf Aktionen (Informationsanforderer), Rückläufe aus aleatorischen Maßnahmen, direkte Neukundenansprache im gewerblichen Bereich, sofern das Angebot dem Gewerbezweck entspricht und der Impuls vom Interessenten ausgeht (Letzteres gilt auch für den privaten Bereich, wobei strenge verbrauchergesetzliche Anforderungen gestellt werden, z. B. bestehende Geschäftsbeziehung).

Die Aktivierung und Bindung von Stammkunden erfolgt etwa durch Restposten-, Saison- oder Ersatzangebote, technische Produkt-, Verwendungs-, Lagerungs-, Einsatz- oder Gebrauchshinweise, Bedarfsermittlung, Neuproduktvorstellung, Einladung zu Veranstaltungen, Auslieferungsterminavis, Erläuterung der Geschäftsbedingungen, Werbe- und Verkaufsförderungstips.

Passive Telefonwerbung (Inbound) beinhaltet u. a. die Entgegennahme von Aufträgen, die Vereinbarung von Terminwünschen und die Kurzinformation bei Nachfragen. Als Hilfsmittel kommen dafür Service 0130, Anrufbeantworter-/weiterschaltung und zunehmend auch die computergestützte Bearbeitung in Betracht. Oft findet eine personale Trennung zwischen Sales Lead-Generierung und Monetarisierung des Kontakts statt, oder das Telefon dient nur der Kontaktherstellung, nicht jedoch dem eigentlichen Verkauf.

Meist ist bei der Telefonwerbung ein **Call Center** eingeschaltet. Dabei handelt es sich um die organisatorische Zusammenfassung von Telefonarbeitsplätzen, mit dem Ziel der Erhöhung des Servicegrads und der wirtschaftlichen Optimierung durch systematisierten und formalisierten Einsatz modernster Informations- und Telekommunikationstechnologien, incl. Daten und Sprache, um Teile der Geschäftsfunktionen (Kundenservice, Marketing, Bestellannahme) zu automatisieren und zu verbessern. Das Call Center kann unternehmensintern oder als externer Dienstleister tätig werden. Als Ziel wird verfolgt, einen Service orientierten und effizienten telefonischen (Massen-)Dialog mit Kunden und Interessenten unter Wahrung von Marketing-, Kommunikations- und Vertriebszielen zu ermöglichen durch Einsatz. Die Erfolgsfaktoren von Call Center bestehen im Wesentlichen aus drei Faktoren:

- Telekommunikationsstrukturen, vor allem externe Leitungen, Servicenummern, interne Leitungen, Belastbarkeit, Arbeitsgeschwindigkeit, Programmierung, Voicemail-System, Teletex-Ausstattung, Datenanalysen, Servicequalität, Kapazitätsauslastung, »Überlaufmanagement« (ACD), technisches Reporting,
- Umfeld/Arbeitsplatz/Personal, vor allem Arbeitsplatzbeleuchtung, Schallpegel, Umfeldgeräusche, Ergonomie der Stühle, Tischbreiten und -höhen, Bildschirmqualität, Sprechgarnituren, Luftfeuchtigkeit, Klima, Ausbildung, Motivation, Fachwissen, Einsatzprognosen und -planung, Arbeitsvorschriften, »Überlaufteams« (Teilzeit),
- eingesetzte DV-Systeme, vor allem Standard-Hardware, Standard-Software, Standard-Datenbanken, Netzwerksystem, E-Mail-Handling, Datenschutz, Zugriffssicherheit, Datensicherung, elektronische Faxsysteme, projektbezogene Programme, Systempflege, Marktanalysen/-verhalten, Zielgruppenprofile, Reklamationshäufigkeit, Marketingreports.

Die Auswahl eines leistungsfähigen Call Center ist nicht ganz einfach. Auf diesem noch vergleichsweise jungen Markt tummelt sich eine Vielzahl von Anbietern, unter ihnen auch zahlreiche, wenig seriös arbeitende. In der Außensicht ist es schwierig, sich ein Bild von der Leistungsfähigkeit und Seriosität der jeweiligen Anbieter zu machen. Es gibt jedoch einige Anhaltspunkte, die hierbei hilfreich sind:

- Die Abrechnung erfolgt nach Netto-Anrufen, d. h. nur nach solchen Anrufen, in denen das Ziel des Anrufs auch tatsächlich erreicht wurde.
- Die anfallenden Telefonkosten werden separat abgerechnet.
- Anfallende Schulungskosten in Vorbereitung der Auftragsabwicklung werden einzeln ausgewiesen.
- Eine leistungsorientierte Bezahlung wird akzeptiert oder sogar gefordert.
- Eigene Testanruf bei Hotline-Nummern des Call Center erbringen positive Ergebnisse.
- Die Mitarbeiter des Call Center werden regelmäßig geschult.
- Das Call Center ist im Branchenverband Mitglied (allerdings ist dies nur von begrenzter Aussagefähigkeit).
- Ein persönlicher Besuch im Call Center erbringt einen positiven Eindruck.

Die erfolgreiche Kontaktaufnahme und -erhaltung erweist sich bei der Telefonwerbung als ausgesprochen schwierig, da einerseits das Spektrum der Kommunikationsmöglichkeiten neben dem Inhalt auf die Akustik reduziert ist und andererseits diese beiden Dimensionen auch nur als Kontrollmöglichkeit für Erfolge zur Verfügung stehen.

Herzstück der Technik zur Telefonwerbung sind **Automatic Call Distribution (ACD)-Systeme**. Diese verteilen die eingehenden Anrufe automatisch nach vorher spezifizierten Vorgaben an frei werdende Arbeitsplätze. Ein Supervisor kann auf einem Bildschirm das aktuelle Geschehen verfolgen und bei Engpässen zusätzlich eingreifen. Auch werden Systemprotokolle über alle Anrufe erstellt. Dabei werden die durchschnittliche Gesprächsdauer sowie die Nachbearbeitungszeit registriert, die Anzahl der angenommenen Anrufe, die Wartezeiten für Anrufer und Operator, die Anzahl der »Aufleger« und Überläufe in andere Warteschleifen.

Hör-Sprech-Garnituren (monaural/binaural) gewährleisten für Operators die Variation der Körperhaltung, eine bessere Verständlichkeit des Anrufers, bei schnurloser Version sogar freies Bewegen im Raum. Hinzu kommen weitere technische Merkmale:

- **Interactive Voice Response (IVR)**: Der Anrufer wird mit einem Sprachcomputer verbunden und von ihm durch das Gespräch geführt, die Steuerung erfolgt durch den Anrufer über Sprache oder Tastendruck am Telefon.
- **Fax-Server**: Fax on Demand, Fax-Polling, wobei eine Verbindung zum Sprachserver oder Telefonkontakter jederzeit möglich ist.
- **Automatic Number Identification (ANI)**: Bei eingehenden Gesprächen wird die Telefonnummer angezeigt, dazu werden vom Computer automatisch alle wichtigen Kundendaten auf den Bildschirm geholt.
- **Dialing-Systeme**: Möglich in zwei Varianten, als Preview Dialing werden die Nummern aus einer Liste ausgewählt, und der Operator startet den Wählvorgang, beim Predictive Dialing selektiert das System und wählt automatisch, die Kundendaten erscheinen jeweils auf dem Bildschirm.
- **Audiotex**: Kombination der Audiotext-Werbung mit einer 0190-Nummer zum Abruf von Zusatzinformationen. Dabei handelt es sich um ein Computersystem, das der Anrufer mittels Tonwahl oder Sprache steuert. Es informiert, erklärt, antwortet, und das mit einer großen Zahl von Anrufern gleichzeitig (Interactive Voice Response).

- **Computer Telephony Integration**: Der Computer wählt selbsttätig nach vorgegebenen Kriterien Rufnummern an. Bei eingehenden Gesprächen erkennt das System den Teilnehmer und gibt die entsprechende Datei auf den Bildschirm.
- **Power/Predictive Dialing**: Der Power Dialer wählt automatisch Listen an und gibt nur die zustande gekommenen Gespräche an Telefonagenten weiter. Der Predictive Dialer versucht zusätzlich einzuschätzen, wann ein Operator frei wird.

5.5.4 Direktwerbung und Recht

Telefonwerbung unterliegt strengen juristischen Einschränkungen.

Gerichtsentscheide zur Telefonwerbung gegenüber privaten Endabnehmern:

BGH AZ I ZR 55/88: Eine Telefonwerbung gegenüber Privatpersonen ist nur zulässig, wenn der Angerufene zuvor ausdrücklich oder konkludent sein Einverständnis erklärt hat, zu Werbezwecken angerufen zu werden. Bei der schriftlichen Bitte einer Privatperson um Übersendung von Informationsmaterial liegt ein solches Einverständnis in der Regel nicht vor.

BGH AZ I ZR 189/92: Es ist nicht zulässig, im geschäftlichen Verkehr zu Zwecken des Wettbewerbs Endverbraucher, mit denen bereits ein Versicherungsvertrag besteht, ohne deren Einverständnis anzurufen oder anrufen zu lassen, wenn der Telefonanruf der Versicherung eines weiteren Risikos dient (Allianz-Fall).

BGH AZ XI ZR 76/98: Es ist unzulässig, eine Einwilligung zum Einverständnis von Telefonwerbung und Datenweitergabe an Dritte in den AGB's eines Vertrags zu »verstecken«. Selbst dann, wenn diese Klauseln in der Ich-Form abgefasst sind und vom Kunden gesondert unterschrieben werden müssen. Dies könnte eine unangemessene Benachteiligung des Verbrauchers darstellen.

Gerichtsentscheide zur Telefonwerbung gegenüber Gewerbetreibenden:

OLG Koblenz AZ 6 U 512/86: Es entspricht nicht den Gepflogenheiten von Rechtsanwälten, aus bestimmten Anlässen ihren Mandanten Präsente wie z. B. Wein zu überreichen. Deshalb ist es wettbewerbswidrig, wenn ein kaufmännisches Unternehmen unaufgefordert mit Rechtsanwälten wegen des Verkaufs von Waren telefonisch Kontakt aufnimmt, sofern bisher keine Bestellung erfolgt ist.

OLG Düsseldorf AZ 2 U 210/87: Es ist verboten, zu Wettbewerbszwecken gegenüber Gewerbetreibenden, die nicht der Versicherungsbranche angehören, unaufgefordert telefonisch für Versicherungsberatungsdienste zu werben, wenn der Anrufer vorher mit dem Gewerbetreibenden noch keine geschäftliche Beziehung unterhalten hat. Ein Einverständnis kann nicht bereits dann angenommen werden, wenn der Werbende allein meint, er habe dem anzurufenden Gewerbetreibenden ein für diesen günstiges Angebot zu unterbreiten.

BGH AZ I ZR 133/89: Es ist verboten, im geschäftlichen Verkehr zur Förderung des Absatzes von Kraftfahrzeugen zu Gewerbetreibenden telefonischen Kontakt aufnehmen zu lassen, ohne dass deren Einverständnis vorliegt oder zu vermuten ist. Das Verbot erstreckt sich nicht auf Anrufe, die den eigentlichen Geschäftsgegenstand betreffen, auch wenn es insoweit an einem konkreten Umstand fehlt, der ein Einverständnis mit einem werbenden Anruf

> vermuten lässt. Ein bloßer allgemeiner Sachbezug zu einem Geschäftsbetrieb vermag für sich allein ein ausreichend großes Interesse insoweit noch nicht zu begründen. Hinzu kommen muss ein konkreter, aus dem Interessenbereich des Anzurufenden herzuleitender Grund, der diese Art der Werbung rechtfertigt und der regelmäßig nur dann in Betracht gezogen werden kann, wenn der Anzurufende ausdrücklich oder konkludent sein Einverständnis mit derartigen Anrufen erklärt hat oder wenn aufgrund konkreter tatsächlicher Umstände ein sachliches Interesse des Anzurufenden daran vom Anrufer vermutet werden kann.

Eine Privatperson gibt mit der Einrichtung eines häuslichen Telefonanschlusses nicht sich selbst und ihre Privatsphäre unbeschränkt der Öffentlichkeit preis. Dem Schutz der Individualsphäre gebührt daher Vorrang gegenüber dem wirtschaftlichen Gewinnstreben Einzelner. Der unerbetene Werbeanruf verletzt damit die verfassungsrechtlich geschützte Privatsphäre des Angerufenen.

Wer jedes Risiko einer Abmahnung im Zusammenhang mit einer Telefonaktion gegenüber Privaten ausschließen will, darf diese nur anrufen, wenn zuvor das ausdrückliche oder stillschweigende Einverständnis dazu erteilt wurde. Das ausdrückliche Einverständnis kann schriftlich, mündlich oder fernmündlich erteilt werden, es kommt allerdings im Zweifelsfall auf die Beweisfähigkeit der Erteilung des Einverständnisses an. Möglich ist auch das Ankreuzen auf einem Antwortcoupon o. ä.

Das stillschweigende Einverständnis ist umstritten, so gilt etwa das Ausfüllen der Telefonnummer auf einer vorgedruckten Anforderungskarte (sofern dabei nicht allzu bedeutende Vertragsabschlüsse vorliegen), nicht ausreichend ist die Anforderung von Informationsmaterial allgemein oder die schriftliche Vorankündigung eines abfolgenden Telefonanrufs.

Bestehende Geschäftsbeziehungen rechtfertigen darüber hinaus keinen Anruf. Auch darf bei Kündigungen (Zeitschriften-Abo) nicht wegen der Gründe nachtelefoniert werden. Allerdings darf nachtelefoniert werden, um den eigenen Vertrieb zu kontrollieren. Alle Einschränkungen gelten nicht, wenn der Kunde bei Vertragsabschluss sein Einverständnis gegeben hat, angerufen zu werden. Dieses ist daher in Formularverträgen meist von vornherein berücksichtigt.

Bei Dauerschuldverhältnissen (Versicherung) ist der Einsatz der Telefonwerbung für die Akquisition eines weiteren Risikos (konkret Krankenversicherung eines bereits Unfallversicherten) unzulässig. Fraglich ist, ob eine andere Person der Familie durch Telefonanruf angeworben werden darf oder dieselbe Person für einen Nachverkauf (z. B. höhere Deckungssumme).

Auch Gewerbetreibende und ihre Mitarbeiter werden im gewerblichen Bereich durch Werbeanrufe gestört und belästigt. Denn der Telefonanschluss der Gewerbetreibenden wird für die Dauer des Werbeanrufs für die eigentlichen Zwecke blockiert. Wer einen gewerblichen Telefonanschluss hat, möchte damit zwar seine täglichen Geschäfte abwickeln und seine Unternehmensziele fördern, d. h. mit Kunden und Lieferanten in Geschäftkontakt treten. Angebote, die nicht in diesem Bereich gehören, erwartet er allerdings schriftlich zu erhalten.

Zulässig ist B-t-B-Telefonmarketing, wenn der Angerufene sich ausdrücklich oder konkludent mit dem Anruf einverstanden erklärt hat oder ein vermutetes Einverständnis unterstellt werden kann. Diese Vermutung ist zulässig, wenn zwischen den Parteien bereits eine Geschäftsbeziehung besteht oder aus dem Interessenbereich des Angerufenen herzuleitende Gründe vorliegen, die eine Annahme rechtfertigen, dass dieser einem Anruf positiv gegenübersteht.

Das betrifft nicht nur den eigentlichen Geschäftsbereich, sondern auch Hilfsgeschäfte. Schwer nachzuvollziehen ist in diesem Zusammenhang, warum Vertreterbesuche im B-t-B-

Bereich unangekündigt jederzeit möglich sind, nicht aber Telefonanrufe, wo ein Vertreterbesuch doch eine mutmaßlich viel größere Störung des Geschäftsbetriebs darstellt als ein Telefonanruf (argumentiert wird hier mit der »Sozialverträglichkeit« des Vertreterbesuchs durch »historische Gegebenheiten«).

Die unbeschränkte Freigabe der Telefonwerbung würde aus Konkurrenzgründen viele Unternehmen veranlassen, dieses Mittel der direkten Kommunikation im Wettbewerb einzusetzen. Deshalb trägt die unbeschränkte Erlaubnis den »Keim des Umsichgreifens« dieses Werbemittels in sich und kann zu einer »Verwilderung der Wettbewerbssitten« führen.

Im Rahmen der EU-Harmonisierung dürfte es jedoch zu einer Lockerung dieser restriktiven Rechtsprechung kommen, da im europäischen Ausland weniger restriktive Usancen gelten.

Telefaxwerbung ist sowohl gegenüber Gewerbetreibenden wie auch Privaten regelmäßig unzulässig. Beim Telefax entstehen unabhängig vom Zeitpunkt der Sendung Kosten in Form von Stromkosten, Papierkosten, Wartungskosten, Inanspruchnahme der Arbeitszeit des Empfängers oder seiner Angestellten (Sortieren etc.). Das Empfangsgerät muss auch nachts empfangsbereit sein (z. B. muss ein Papierstau oder ein Ablaufen der Papierrolle vermieden werden). Der Anschlussinhaber hat ein berechtigtes Interesse daran, seine Anlage von jeder Inanspruchnahme freizuhalten, die deren bestimmungsgemäße Funktion beeinträchtigt, weil die Anlage zur selben Zeit immer nur jeweils eine Sendung empfangen oder absenden kann.

Ausnahmen gelten, wenn der Angefaxte sein Einverständnis mit der Werbemaßnahme erklärt hat. Gegenüber Gewerbetreibenden ist auch ein entsprechendes Bedürfnis des Adressaten oder eine sachlich zu vermutende Erwägung ausreichend, allerdings muss dann eine besondere Eilbedürftigkeit der Sendung vorliegen.

Ähnliche Einschränkungen gelten für unverlangte E-Mails an Privatpersonen. Denn »Junk Mail« muss vom Posteingangsrechner ins Internet übertragen werden, bevor der Nutzer es im PC hat, das kostet den Empfänger Telefongebühren und Online-Zeit. Unverlangte E-Mails verstoßen daher gegen das Verbot des unlauteren Wettbewerbs und der guten Sitten, Abhilfe schaffen im Übrigen ein Posteingangs-Assistent, der E-Mails nach Absender sortiert oder eine Verschlüsselung der eigenen E-Mail-Adresse, sofern erbetene Absender die Verschlüsselung erkennen können.

Online-Werbung ist im Angebots- und im Mitteilungsdienst möglich. Der Angebotsdienst ist eine Einwegkommunikation, werbliche Inhalte sind hier durch »W« zu kennzeichnen. Ohne diese Kennzeichnung ist die Werbung als Vorteilserschleichung und Vorsprungserlangung unlauter. Der Hinweis gilt sowohl für Registerübersichten, die zu Werbeseiten führen als auch für Verweise von werbefreien auf werbeführende Angebotsseiten. Die Werbeinhalte sind deutlich vom übrigen Inhalt zu trennen. Im Mitteilungsdienst lassen sich Seiten ohne vorherigen Abruf und Bildschirmaufbau löschen, stellen also keine unzulässige Belästigung dar. Dies wäre nur anzunehmen, wenn der Inhalt des »elektronische Briefkastens« unter Aufwand an Zeit und Mühe dahingehend auszusortieren wäre, bei welchen Nachrichten es sich um unerwünschte Werbung handelt und dies erst nach Abruf und Bildschirmaufbau möglich wäre.

Briefwerbung ist grundsätzlich zulässig, da sie leicht, von außen oder nach Öffnen, als Werbung erkannt und ggf. entsorgt werden kann. Es sei denn, der Werbebrief ist getarnt, sodass dessen Charakter erst nach näherem Befassen damit klar wird. Auch müssen Widersprüche gegen eine Zusendung beachtet werden (Robinson-Liste), dies folgt sowohl aus dem Persönlichkeitsrecht des Adressaten als aus seinen Eigentums- und Besitzrechten. Außerdem kann der Adressat seinen Widerspruch direkt an den Absender richten. Dieser ist bei zumutbarem Aufwand an Zeit und Kosten an eine solche Verfügung gebunden. Bloße Organisationswidrigkeiten reichen dagegen nicht aus. Werbung in Postgirobriefen ist unabhängig davon als zulässig erkannt worden, weil die Einnahmen daraus der Gesamtheit der Postnutzer zugutekommen. Eine weitere Möglichkeit besteht in Briefkastenaufklebern wie »Keine Wurfsendungen«, »Keine Werbung einwerfen«. Diese hat die Post ebenso zu beachten wie private Verteildienste. Nicht verhindert werden kann dadurch allerdings der Einwurf von Anzeigenblättern, da diesen kein überwiegender Werbecharakter zugemessen wird. Soll der Einwurf dennoch verhindert werden, muss auf Anzeigenblätter ausdrücklich hingewiesen werden (Hinweise wie »Werbewurfsendungen und Prospekte unerwünscht« reichen nicht aus). Bei Verteildiensten sind einzelne Ausreißer hinzunehmen, soweit zumutbare Gegenmaßnahmen von diesen getroffen worden sind. Nicht betroffen sind dadurch Beilagen in Zeitungen, da hier ein Vertragsverhältnis zwischen Adressaten und Verlag (Abonnement) vorliegt. Ist der Abonnenent mit der Verfahrensweise nicht einverstanden, kann er diesen Vertrag jederzeit aufkündigen. Er erhält dann keine Beilagenwerbung mehr, allerdings auch keine Zeitung.

Der **Datenschutz** soll das Persönlichkeitsrecht natürlicher und juristischer Personen wahren. Es gibt das Recht zur informationellen Selbstbestimmung, sodass die Verwendung personenbezogener Daten engen und konkreten Zweckbindungen unterliegt (Datenverwendung nur für dem zugestimmten Zweck, keine Datenspeicherung auf Vorrat, wohl aber im Zuge eines vertragsähnlichen Vertrauensverhältnisses bei Vertragsanbahnung). Weiterhin gibt es die Computerethik, d. h. Selbstbeschränkung aufgrund nicht mehr wertfrei einsetzbarer Technik.

Ausnahmen von diesem Grundprinzip sind nur bei Allgemeininteresse möglich. Einige Bundesländer haben den Datenschutz als Grundrecht in ihrer jeweiligen Landesverfassung formuliert. Datenschutzbeauftragte sind auf Landes-, Bundes- aber auch Unternehmensebene tätig, sie haben allerdings nur beratende Funktion. Im Unternehmen ist ein Datenschutzbeauftragter notwendig, wenn mindestens fünf Arbeitnehmer personenbezogene Daten automatisiert oder mindestens zwanzig Personen anderweitig verarbeiten. Der Datenschutzbeauftragte untersteht direkt der Geschäftsleitung, arbeitet weisungsfrei und darf wegen der Erfüllung seiner Aufgaben nicht benachteiligt werden.

Spezialgesetze wie in den Bereichen Gesundheitswesen, Meldewesen, Amtsstatistik, Steuer- und Finanzwesen, Polizei, Verfassungsschutz, Schulwesen, Umweltschutz, Personalverwaltung etc. gehen dem Datenschutzgesetz vor.

Das Bundesdatenschutzgesetz (BDSG) ist in fünf Abschnitten aufgebaut: Allgemeine Bestimmungen, Datenverarbeitung öffentlicher Stellen, Datenverarbeitung nicht-öffentlicher Stellen und öffentlich-rechtlicher Wettbewerbsunternehmen, Sondervorschriften zu Berufs- oder besonderen Amtsgeheimnissen, für Forschungseinrichtungen und Medien, Straf- und Bußgeldvorschriften.

Datenschutz wird als originäres Persönlichkeitsrecht verstanden. Im öffentlichen Bereich ist der datei- und aktenbasierte, im privaten Bereich lediglich der dateibasierte Datenumgang erfasst. Personenbezogene Daten setzen Einzelangaben voraus, die Zusammenfassung aggregierter Daten unterliegen hingegen nicht dem Datenschutz, obgleich von ihnen auf Einzelpersonen heruntergerechnet werden könnte (etwa durch Rasteranalysen). Anonymisierte Daten sind Einzelpersonendaten, die gar nicht oder nur mit unverhältnismäßig großem Aufwand auf Einzelpersonen rückbezogen werden können. Automatisierte Dateien stellen die Sammlung personenbezogener Daten mit verschiedenen, die automatisierte Auswertung erlaubenden Merkmalen dar. Das BDSG bezieht sich auf die Erhebung (gezielte Beschaffung), Verarbeitung (Speicherung, Änderung, Übermittlung, Sperrung, Löschung) und Nutzung personenbezogener Daten.

Als speichernde Stelle gilt jede Person oder Organisationseinheit, die personenbezogene Daten für sich selbst speichert oder im Inland durch andere speichern lässt. Die Verarbeitung und Nutzung (nicht Erhebung) personenbezogener Daten ist unzulässig, soweit sie nicht durch BDSG oder eine andere Rechtsvorschrift erlaubt oder durch Einwilligung des Betroffenen sanktioniert (z. B. Schufa) ist. Datensicherungen betreffen im Einzelnen die Zugangs-, Benutzer-, Zugriffs-, Übermittlungs-, Eingabe-, Auftragsverarbeitungs-, Transport- und datenschutzkonforme Organisationskontrolle.

Werden personenbezogene Daten automatisch verarbeitet, sind zur Ausführung der Vorschriften des Datenschutzgesetzes Maßnahmen zu treffen, die je nach Art der zu schützenden personenbezogenen Daten geeignet sind,

- Unbefugten den Zugang zu Datenverarbeitungsanlagen, mit denen personenbezogene Daten verarbeitet werden, zu verwehren (Zugangskontrolle),
- Personen, die bei der Verarbeitung personenbezogener Daten tätig sind, daran zu hindern, dass sie Datenträger unbefugt entfernen (Abgangskontrolle),
- die unbefugte Eingabe in den Speicher sowie die unbefugte Kenntnisnahme, Veränderung oder Löschung gespeicherter, personenbezogener Daten zu verhindern (Speicherkontrolle),
- die Benutzung von Datenverarbeitungssystemen, aus denen oder in die personenbezogene Daten durch selbsttätige Einrichtungen übermittelt werden, durch unbefugte Personen zu verhindern (Benutzerkontrolle),
- zu gewährleisten, dass die zur Benutzung eines Datenträgersystems Berechtigten durch selbstständige Einrichtungen ausschließlich auf die ihrer Zugriffsberechtigung unterliegenden personenbezogenen Daten zugreifen können (Zugriffskontrolle),
- zu gewährleisten, das überprüft und festgestellt werden kann, an welche Stellen personenbezogene Daten durch selbsttätige Einrichtungen übermittelt werden können (Übermittlungskontrolle),
- zu gewährleisten, dass nachträglich überprüft und festgestellt werden kann, welche personenbezogenen Daten zu welcher Zeit von wem ins Datenverarbeitungssystem eingegeben worden sind (Eingabekontrolle),
- zu gewährleisten, dass personenbezogene Daten, die im Auftrag verarbeitet werden, nur entsprechend den Weisungen des Auftraggebers verarbeitet werden können (Auftragskontrolle),
- zu gewährleisten, dass bei der Übermittlung personenbezogener Daten sowie beim Transport entsprechender Datenträger diese nicht unbefugt gelesen, verändert oder gelöscht werden können (Transportkontrolle),
- die innerbetriebliche Organisation so zu gestalten, dass sie den besonderen Anforderungen des Datenschutzes gerecht wird (Organisationskontrolle).

5.6 Öffentlichkeitsarbeit

5.6.1 Abgrenzung

Öffentlichkeitsarbeit (PR) zielt auf die Gewinnung öffentlichen Vertrauens ab und verfolgt damit psychografische Werbeziele anstelle direkt produkt- oder markenbezogener. Mittelbar werden damit letztlich ebenso ökonomische Werbeziele verfolgt. Aufgrund dieses Umgehungscharakters sind PR-Maßnahmen nur schwer gegenüber Werbung abgrenzbar. Merkfähig scheint, dass Öffentlichkeitsarbeit Ver-

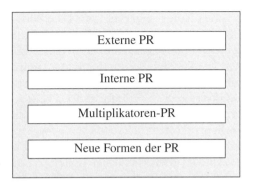

Abb. 240: Öffentlichkeitsarbeit

trauensgewinnung für eine Organisation oder Person ist. Damit grenzt sie sich gegenüber der Werbung ab, die auf ein Angebot/eine Leistung gerichtet ist. Im Marketing ist am häufigsten der Fall der Öffentlichkeitsarbeit als Werbung für ein Unternehmen (Firma) anzutreffen. Daneben sind auch Aktivitäten der Werbung für nicht kommerzielle Organisationen und Personen vorhanden, von denen im Folgenden jedoch abstrahiert werden soll. Man unterscheidet Externe PR, Interne PR, Multiplikatoren-PR und vielfältige Neue Formen der PR (Abb. 240).

Die **Definitionen** der Öffentlichkeitsarbeit sind durchaus vielfältig. So ist Öffentlichkeitsarbeit die Unterrichtung der Öffentlichkeit oder ihrer Teile über das Unternehmen selbst, mit dem Ziel, dabei um Vertrauen zu werben (*Hundhausen* 1957). Öffentlichkeitsarbeit ist somit das bewusst geplante und dauerhafte Bemühen, gegenseitiges Verständnis und Vertrauen in der Öffentlichkeit aufzubauen und zu pflegen. Das Wort Öffentlichkeitsarbeit als die deutsche Wortverbindung für Public Relations drückt ein Dreifaches aus: Arbeit in der Öffentlichkeit, Arbeit für die Öffentlichkeit, Arbeit mit der Öffentlichkeit (*Oeckl* 1964).

In Anlehnung daran definiert die DPRG PR als das bewusste, geplante und dauerhafte Bemühen um ein Vertrauensverhältnis zwischen Unternehmen, Institutionen oder Personen und ihrer Umwelt. Öffentlichkeitsarbeit meint vor allem aktives Handeln durch Information und Kommunikation auf konzeptioneller Grundlage. Sie ist darum bemüht, Konflikte zu vermeiden oder bereinigen zu helfen. Aus moderner Sicht handelt es sich um ein Kommunikationsinstrument, das die Planung, Organisation, Durchführung sowie Kontrolle aller Aktivitäten eines Unternehmens beinhaltet, um bei ausgewählten Zielgruppen (extern und intern) um Verständnis sowie Vertrauen zu werben und damit gleichzeitig Ziele der Unternehmenskommunikation zu erreichen (*Bruhn* 1997).

5.6.2 Inhalte der Öffentlichkeitsarbeit

Öffentlichkeitsarbeit konkretisiert die Organisationsphilosophie und bestimmt die Unternehmensidentität. Dabei können vier Interpretationsrichtungen unterschieden werden (nach Meffert). Der **strategieorientierte** Ansatz hebt auf den Fokus des Organisationszwecks und die Leitstategie der diesen darstellenden Kommunikation ab (Mission Statement). Die Mission besagt, wofür eine Organisation, Institution oder Unternehmung im Kern steht, was ihre Vision ist und woher sie ihre Marktberechtigung bezieht. Die Initiatoren großer, erfolgreicher Gemeinschaften hatten seinerzeit noch klare Basisannahmen und ein konsistentes Vorstellungsbild über ihre Position in der Gesellschaft. Mit zunehmender Ausweitung und zeitlicher Ferne von diesem Gründungsstadium droht diese Vision jedoch verloren zu gehen, weil operative Anliegen wie Rentabilität, Produktivität, Liquidität etc. in den Vordergrund treten. Unter den zunehmend restriktiven Bedingungen eines komplexen Umfelds stellt sich jedoch heute ganz selbstverständlich die Frage nach der gesellschaftlichen Legitimation von öffentlichen Gemeinschaften. Und dafür reichen Gewinnerzielungs- oder Bestandssicherungsziele allein nun nicht mehr aus. Es stellt sich vielmehr die Frage nach der Vermittlung der exakt definierten strategischen Ausrichtung bei einem zunehmend kritischen, informationsüberfrachteten Publikum. Defizite im gesellschaftlichen Rollenspiel wirken sich somit verheerend auf die Vermarktung von Ideen und Produkten aus. Daher geht der Trend zunehmend dahin, die ursprüngliche Vision einer Organisation wieder freizulegen und daraufhin zu prüfen, inwieweit sie mit dem aktuellen Umfeld kompatibel ist oder nicht. Im letzteren Fall muss sie behutsam aktualisiert und nach innen und außen überzeugend ausgelobt werden, damit die Gesellschaft ihre sinnstiftenden Inhalte wahrnimmt und durch Akzeptanz honoriert. Und damit die Mitarbeiter sich wieder der Sinnhaftigkeit ihres Tuns bewusst werden und motiviert zu Werke gehen.

Der **führungsorientierte** Ansatz versteht Öffentlichkeitsarbeit vor allem als Prozess der Willensbildung und -durchsetzung nach innen, um eine einheitliche Bewusstseinsbildung und Identifikation der Mitarbeiter zu erreichen, die dann auch nach außen zur zielkonformen Orientierung der Organisation wirken. Er basiert auf den kollektiven Werten und Normen des Absenders. Dadurch entstehen verlässliche Orientierungsmaximen, die als Ideologie eine unsichtbare, wenngleich sehr wirksame Steuerungsgröße der »Miniaturgesellschaft« Unternehmen darstellen. Die dabei zugrunde liegenden Basisannahmen und Raster bleiben zwar verborgen. Sie können jedoch anhand von Indikatoren erhoben werden, die sich in sichtbaren, also im Bereich von Aktivitäten und Verhalten, sowie Gestalten und Symbolen, manifestieren. Insofern entstehen dann interindividuell einheitliche Reaktionsmuster. Solche Indikatoren sind Weltbild und Philosophie, Rituale und Zeremonien, Sprachsystem und Jargon, Helden und Geschichten.

Dies mündet in einer starken Organisationskultur (Corporate Culture). Ihre Vorteile sind frappierend. Es entsteht ein geringer formaler Regelungsbedarf in der Organisation, da alle Beteiligten den gleichen, einheitlichen Mustern folgen. Es kommt zu einer raschen Entscheidungsfindung, da hohe Akzeptanz und mehr oder minder blindes Verständnis füreinander herrschen. Eine schnelle Entscheidungsumsetzung ist darstellbar, da alle Beteiligten sich in Konsens mit der getroffenen und von ihnen auszuführenden Entscheidung befinden. Eine hohe Motivation ist gegeben, da alle Beteiligten sinnstiftenden Nutzen in ihrer Organisationszugehörigkeit sehen, deren Leitbild eine hohe Prägnanz hat. Das stabile Gerüst der Normen und Werte schafft willkommene Sicherheit und Vertrauen in eine erfolgreiche, gemeinsam erarbeitete Zukunft. Ein hohes Maß an Identifikation mit dem Organisationszweck ist gegeben, das aus tiefer Überzeugung für die Sache ganz ungeahnte Kräfte freisetzt. Allerdings bestehen auch implizite Gefahren. Zu nennen sind die Gefahr von Betriebsblindheit und Wirklichkeitsverzerrung, von Einseitigkeit und Vereinfachung der Umwelt ohne neue Impulse, das Festhalten an Tradition und Konformität, mangelndes Anpassungsvermögen, begrenztes Suchfeld mit Blockade gegen neue Strategien und Widerstand gegen Kooperation und Konzentration mit anderen Organisationen (»Kulturschock«).

Der **imageorientierte** Ansatz geht von der Koordination von Erscheinungsbild und Verhaltensweisen, von Aktivitäten im Innen- und Außenverhältnis unter einer einheitlichen Konzeption aus. Dies enthält die Ist-Identität, den Entwurf einer Soll-Identität, die Festlegung deren Umsetzung und ihre Kontrolle. Dabei geht es sowohl um die Selbsteinschätzung der Organisation (=

Corporate Personality) als auch ihre Fremdeinschätzung (= Corporate Image). Die Selbsteinschätzung drückt die unverwechselbare Identität einer Organisation als Selbstbild aus. Sie verfügt über Ausprägungen und Charaktereigenschaften vergleichbar einer vertrauten menschliche Persönlichkeit. Und wie diese ist sie in einer stetigen Entwicklung begriffen. Merkmale zu ihrer Umschreibung sind Geschlecht, Alter, Milieu, Psychografie, Gruppengröße, Freunde/Feinde, Förderer, Leistungen etc. Jede Gemeinschaft lässt sich nun hinsichtlich dieser und anderer Kriterien beschreiben. Sich diese bewusst zu machen, sie gezielt zu steuern und zu stabilisieren, ist allererste Voraussetzung für ein klares Profil. Die Fremdeinschätzung einer Organisation betrifft ihr Image in den Augen ihrer Zielpersonen. Absicht ist es, die Fremdeinschätzung mit der Selbsteinschätzung zur Deckungsgleichheit zu bringen. Dazu bedarf es zunächst der Marktforschung als Istbestandsanalyse. Aus dem Vergleich mit den Imagezielen ergeben sich Leitlinien des Agierens im Markt (Corporate Behavior) und in der Kommunikation (Corporate Communications). Damit ist ein Programm zur Sicherstellung der Erkennung/Wiedererkennung und der Einstellungsänderung bei Zielpersonen anvisiert. Als Mittel dazu werden differenzierte Werbemittel eingesetzt.

Der **designorientierte** Ansatz (Corporate Design) stellt auf die formalen Erscheinungsformen des Absenders ab. Sie sind das sichtbare Pendant der Kultur. Sie umfassen die Mittel zur Bestimmung des Auftritts, die Tonalität der Ansprache, die zentralen Bildelemente wie Layoutraster, Typografie, Fotostil, Farbstimmung und Logo bzw. Kernaussage (Slogan). Corporate Design definiert somit die Erscheinungsmerkmale der Organisation in ihrer Umwelt, die sich als Gestaltungskonstanten durch alle Maßnahmen ziehen. Diese sind daraufhin zu untersuchen, ob sie die Werte und Normen des Botschaftsabsenders angemessen widerspiegeln. Ist dies nicht der Fall, muss vom »Charakter« des Absenders ausgehend bestimmt werden, ob Werte und Normen, Gestalten und Symbole oder beides neu justiert werden müssen.

Im Ergebnis aller Ansätze sollen sich Sympathie und Kompetenz als Eckpfeiler herausbilden. Denn eine gesellschaftliche Instanz, die nur kompetent ist, wird zwar respektiert, aber nicht unbedingt geliebt. Und eine solche, die nur sympathisch ist, wird zwar gemocht, aber strahlt keine Souveränität aus. Erst beide Größen gemeinsam sind in der Lage, öffentliches Vertrauen zu generieren. Und eben dieses ist das Ziel der Öffentlichkeitsarbeit.

5.6.3 Arten der Öffentlichkeitsarbeit

5.6.3.1 Externe PR

Zur Externen PR gehören alle Maßnahmen, die sich auf solche Märkte richten, in denen ein Unternehmen aktiv ist (Abb. 241). Diese Märkte umfassen:

- Akteure auf dem **Beschaffungsmarkt** wie:
    - Lieferanten von Roh-, Hilfs- und Betriebsstoffen, Halb- und Fertigerzeugnissen, Handelswaren, Anlagen etc. (Purchase Relations),
    - Kapital- und Kreditgeber, Banken, Anlageberater (Investors Relations),
    - Gewerkschaften, Betriebsrat (Employee Relations), sonstige Beschaffungsmittler und -helfer.
- Akteure auf dem **Absatzmarkt** wie:
    - Händler, Distributoren (Trade Relations),
    - Ge- und Verbraucher von Sach- und Dienstleistungen (Consumer Relations),

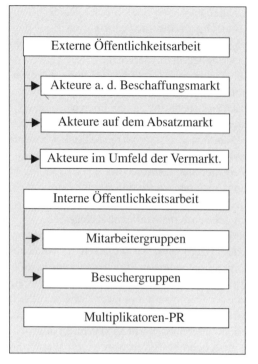

Abb. 241: Zielgruppen der Öffentlichkeitsarbeit

- Interessengruppen wie Verbraucherschützer, Entscheidungsträger in Wirtschaft und Verwaltung, Hobbyisten (Opinion Leader Relations).
- Akteure im **Umfeld der Vermarktung** wie:
  - Lobbies bei Bund, Ländern, Gemeinden (Governmental Relations),
  - Öffentliche Verwaltungen, private Institutionen, Verbände (Political Relations),
  - Anwohner, Protestgruppen, Jugendgruppen, Betriebsrentner, Kirchen, Vereine etc. (Social Relations),
  - Ausbildung, Wissenschaft, Forschung und Lehre, Studenten (Educational Relations).

Als weitere PR-Teilöffentlichkeiten sind denkbar: Abgeordnete, Aktionäre, Aktionärsvereinigungen, Allgemeine Presse, Arbeitskreise, Ausschüsse, Behörden, Berufsverbände, Buchhandel, Bürgerinitiativen, Bundesregierung, Bundestag, Bundeswehr, Bahn, Post, Depotbanken, diplomatische Vertretungen, europäische und internationale Zusammenschlüsse, Fachpresse, Fernsehen, Finanzwelt, Forschungsstellen, Gemeinde, Gemeinschaften, Genossenschaften, Gewerkschaften, Hochschulen, Informationsstellen, Institute, Institutionen, Interessengemeinschaften, Journalisten, Jugendgruppen, Justiz, Kammern, kommunale Verbände, konsularische Vertretungen, Kreisverwaltungen, Kultureinrichtungen, Landesregierungen, Landschaftsverbände, Ministerien, Nachbarschaft, Organisation, Pensionäre, politische Parteien, Presseabteilungen, Pressestammtische, Pressestellen, Religionsgemeinschaften, soziale und karitative Einrichtungen, Schulen, Stadtverwaltung, Stiftungen, Universitäten, Verbände, Verbindungsstellen, Vereine, Vereinigungen, Verlage, Wirtschaftsprüfer, Zentralstellen.

Maßnahmen für spezielle Zielgruppen umfassen u. a. Management Round Table, Finanzanzeigen, PR-Anzeigen, Broschüren, Faltblätter etc., Börsenzulassungsbericht/Unternehmensbericht, Geschäftsbericht, Jahresbericht, Bilanz-Pressekonferenz, Zwischenbericht, Aktionärsbrief, Präsentationen, Aktionärsmesse, sowie Betriebsbesichtigungen, Firmenpräsentationen, Fachvorträge, Lehraufträge, Sommerakademien, Hochschulmessen, Vergabe von Stipendien, Forschungsprojekte, Ausschreibung von Preisen, Hochschultage, Aushänge, Mitarbeiter in öffentlichen Gremien (Secondments), Unterstützung von Diplomarbeiten/Dissertationen, Praktikantenplätze, Schenkungen, Patenschaften für Fachbereiche, Messeeinladungen.

5.6.3.2 Interne PR

Zur Internen PR gehören alle Maßnahmen, die im direkten Einflussbereich des Anbieters stattfinden. Sie können sich an die eigene **Belegschaft** richten oder an **interessierte Besucher** des Unternehmens. Denkbar sind dabei Aktivitäten im Rahmen von:

- Publikumsveranstaltungen als Einladung, Besichtigung, Präsentation etc.,
- Fachveranstaltungen als Forum, Kongress, Tagung, Studienreise etc. sowie
- Mitarbeiterinformation und -motivation durch Firmenereignis, z. B. als Feier, Besucherarrangement, Firmenanlass.

Maßnahmen gegenüber der Belegschaft umfassen

- Aushang bzw. Schwarzes Brett, Betriebsrats-/Vertrauensleute-Information, Rundschreiben/Offener Brief.

Manager/Führungskräfte werden durch

- Chefbrief, Gesprächskreis, bevorzugte Information

kontaktiert. Formelle Gruppen wie Abteilungen, Qualitätszirkel etc. werden durch

- Unternehmens- oder Standpunktstellungnahme

angesprochen. Informelle Gruppen sind schwer systematisch zu erfassen, vor allem wenn es sich um Problemgruppen handelt.
Von Bedeutung ist hier gerade auch die persönliche Kommunikation, etwa über

- Betriebsversammlung (Belegschaft),
- Führungskreissitzung (Management) oder
- Hearing (Betriebsrat).

> Als weitere PR-Teilöffentlichkeiten sind denkbar: Aufsichtsrat, Auslandsstützpunkte, Auszubildende, Beirat, Beteiligungsgesellschaften, Betriebsrat, Direktoren, Empfang, Familienangehörige, Filialen, Geschäftsbereiche, leitende Angestellte, Außendienstmitarbeiter, Niederlassungen, Pensionäre, Pförtner, Telefonzentrale, Verbindungsstellen, Verkaufsniederlassungen, Vertrauensleute, Vorstand, Vorstandssekretariat, Zweigwerke.

Ein wichtiges Medien der internen Kommunikation ist die **Mitarbeiterzeitschrift**. Sie soll Zentrum der innerbetrieblichen Kommunikation sein, daneben stiften weitere Mitteilungsblätter nur Verwirrung und binden finanzielle Mittel ebenso wie Arbeitsleistung. Die Mitarbeiter sollen sich in den Themen, den Bildern und der Sprache der Mitarbeiterzeitschrift wiederfinden. Die Akzeptanz kann gesteigert werden, indem ein klar erkennbares Corporate Design, eine regelmäßige Erscheinungsweise und möglichst große Aktualität angestrebt werden. Die Mitarbeiterzeitschrift soll ein Podium für Meinungen bilden und zu Diskussionen anregen. Die Artikel im Heft müssen abwechslungsreich gestaltet sein, Interviews, Reportagen, Kommentare, Streitgespräche etc. machen neugierig. Journalistische Aufgaben für das Erstellen sind sorgfältige Recherche, objektive Berichterstattung, Trennung zwischen Nachricht und Kommentar sowie das Bestreben, alle Beteiligten zu Wort kommen zu lassen. Feste Rubriken im Heft erleichtern dabei die Orientierung. Eine Stärkung der Leser-/Blattbindung kann durch Abdruck von Leserbriefen oder Leserbefragungen erreicht werden. Ein breites Meinungsspektrum ist die

Voraussetzung für eine große Akzeptanz bei Lesern. Fachwissen von Experten soll dazu eingeholt werden, mit der Zeit entsteht so ein wertvolles Register.

5.6.3.3 Multiplikatoren-PR

Hierzu gehören in erster Linie **Journalisten, Prominente und Lehrende**. Zur Presse werden Kontakte mit dem Ziel von Anbahnung, Ausbau und Stabilisierung von Kontakten sowie der Beeinflussung der Berichterstattung gepflegt, deren unmittelbare Erfolgskontrolle sich aus Clippings ergibt. Mittel sind:

– Wort- und Bildbeiträge, Nachrichten- und Bilderservices, Referenzen, Pressedienste etc.,

außerdem die Verteilung von

– Rundbriefen, Newsletters, Literaturversand, Warenproben etc.

Anlässe werden über:

– Pressekonferenz/-gespräch und Redaktionsbesuch gesucht.

Die Gefahr wachsender Abhängigkeit der Redaktionen ist jedoch nicht zu leugnen.

> Als weitere PR-Teilöffentlichkeiten sind denkbar: Anzeigenleiter, Auslandskorrespondenten, Bildjournalisten, Blattmacher, Chefs vom Dienst, Chefredakteure, Fachjournalisten, Fernsehjournalisten, Feuilletonredakteure, freie Journalisten, Leiter der Abteilung Presse und Öffentlichkeitsarbeit, Lokalchefs, Medienexperten, Politiker, Publizisten, Reporter, Praktikanten, Pressereferenten, Pressesprecher, PR-Agenturen, Romanredakteure, Rundfunkjournalisten, Sportredakteure, Studenten, Volontäre, Werbeagenturen, Wissenschaftsredakteure.

Der Kontakt zu anderen Meinungsbildnergruppen wird über spezielle Veranstaltungen und eigene redaktionelle Veröffentlichungen im Wege der Standpunktwerbung (Selbstdarstellung/ Stellungnahme) gepflegt. Weitere Möglichkeiten stellen Literaturmittel dar, so:

– obligatorische und fakultative Veröffentlichung, FFF-Produktion, AV-Technik/Tonbildschau, Unternehmenswerbung etc.

Spezialthemen der Öffentlichkeitsarbeit betreffen:

– Gemeinnützigkeit, Personal-/Arbeitsmarktwerbung, Krisen-/Konflikt-PR und sektorale PR.

5.6.3.4 Neue Formen der PR

5.6.3.4.1 Networking

Zu den Neuen Formen der PR gehören insbesondere fünf Ausprägungen, auf die im Folgenden näher eingegangen wird. Zunächst zum Networking.

Networking ist eigentlich nur ein neues Wort für einen alten Trend in der Öffentlichkeitsarbeit, nämlich Abnehmer von Leistungen in Clubs zusammenzufassen. Das bringt gleich mehrere Vorteile. Erstens werden Kunden enger an das Unternehmen gebunden. Sie entwickeln eine emotionale Beziehung zu diesem, die sich dann über erhöhte **Markentreue** in ökonomi-

Agentur	Umsatz 1999 (in Mio. DM) (Honorar)	Mitarbeiterzahl
KK Kohtes Klewes	57,00	310
Sponsor Partners	23,56	90
Moritz Hunzinger PR	18,35	61
Trimedia Reporter Communications	16,30	65
ABC Agentur für Kommunikation	15,78	103
GCI-Gruppe	14,10	55
Media Concept	12,61	62
Media Consulta	11,50	32
Edelman PR	11,20	54
Koob & Partner	10,80	52
Leipziger & Partner	10,70	45
Ahrens&Behrent	10,20	53
Fink & Fuchs	9,80	38
Deekeling Kommunikation	8,90	28
MPC	8,70	42
Oliver Schott Kommunikation	7,78	36
Master Media	7,51	36
Jeschenko Kommunikation	7,50	46
BSMG Worldwide	7,20	35
Public Relations Partners	6,17	25

Abb. 242: PR-Agenturen in Deutschland 1999

schen Erfolgen niederschlägt. Als Kommunikationsmittel kommen Clubzeitung/-magazin, Mailing, Veranstaltung, Sonderangebot, VIP-Behandlung etc. in Betracht.

Inhalt des Clubgedankens ist die Privilegierung der Network-Mitglieder gegenüber anderen, außenstehenden Verbrauchern. Hierzulande ist es zwar nicht erlaubt, dabei Preisnachlässe auf angebotene Waren zu offerieren. Aber statt dessen werden Special Offers bereitgestellt, die anderweitig nicht erhältlich und ausdrücklich nur Club-Mitgliedern vorbehalten sind. Oder die durch Besonderheiten, oft auch auflagenmäßige Limitierung, eine willkommene Rarität aufweisen. Die Bevorzugung kann auch in besonderer Information liegen, die geboten oder abgefordert wird (Hotline), und die nicht jedermann ohne weiteres zugänglich ist. Die Legitimierung dazu erfolgt meist durch Ausgabe von Ausweiskarten, die obligatorisch mit einem mehr oder minder symbolischen Mitgliedsbeitrag bewehrt sind oder einen Mindestorderumfang voraussetzen. Solche Karten sind Service Cards, Kundenkarten mit Zahlungsfunktion, Kundenkreditkarten, Rabattkarten, Co-Branding-Karten (gestützt durch weitere Anbieter) etc.

Zweitens besteht auf diese Weise die Möglichkeit, geschickt verbrämte **Markttests** zu fahren. Neue Angebote können versuchsweise in das Network der Klientel eingegeben und dort auf ihre Akzeptanz und prospektiven Absatzchancen hin geprüft werden. Die Erfolgsmessung erfolgt entweder durch Auswertung der Bestellzahlen oder durch begleitende Befragung und Fremdbeobachtung. Dadurch verkürzen sich Reaktionszeiten im Marketing entscheidend. Das ist auf immer kompetitiveren Märkten und bei immer größerem Investitionsrisiko von hohem Nutzwert und wird der Forderung des Turbo-Marketing (Kotler) nach schnellerem Feedback auf Marketingaktivitäten gerecht.

Weitere Zwecke von Kundenclubs sind folgende:

- Stärkung der Wettbewerbssituation durch zusätzliche Leistung, Aufbau eines persönlichen Verhältnisses zum Kunden, Verbesserung und Steigerung der Zielorientierung der Kommunikation, Steigerung der Kundenbindung, Verkaufsfördernde Wirkung und Möglichkeit der Neukundengewinnung bei Clubaktivitäten, Möglichkeit zur Entwicklung maßgeschneiderter Leistungen für den Kunden, Beobachtung der Kundenzufriedenheit und Möglichkeit der Kundenbefragung, Datenermittlung für Leistungsentwicklung oder -verbesserung, solide Grundlage für Datenmanagement und weiterführende Aktionen, Verbesserung des Images durch emotionale Bindung, insb. bei Gestaltung von Freizeitaktivitäten.

Die Clubleistungen bestehen im Einzelnen aus einem oder mehreren der folgenden Elemente:

- Geldwerte Vorteile, materielle Vorteile, öffentlichkeitswirksame Veranstaltungen, Sonderaktionen, Clubartikel, zusätzliche branchenfremde Services, spezielle produktspezifische Services, individuelle Beratung, Garantien, Erlebnisberichte, Tests, Clubkarte, Freizeitaktivitäten.

Der **Kundenclub** ist eine virtuelle Zusammenfassung von Personen oder Organisationen mit einem Anbieter. Er wird von diesem Anbieter initiiert und von ihm oder in seinem Auftrag betrieben. Zu den Clubmitgliedern wird dabei regelmäßiger Kontakt gesucht und gehalten. Mittel dazu ist ein Package von Zusatzleistungen mit hohem, sozial und individuell wahrnehmbaren Nutzen (nach Butscher).

Der Kundenclub deckt die Teilmenge der (besonders ertragreichen) Kunden innerhalb der Zielgruppe ab. Er bietet ein Bündel exklusiver Leistungen, die ihn attraktiv machen und basiert auf einer dauerhaften, intensiven dialogorientierten Kommunikation. Dadurch sollen die Mitglieder aktiviert und durch Aufbau und Unterhalt einer emotionalen Beziehung an den Anbieter gebunden werden.

Kundenclubs werden von einem Organisator, und nicht von Kunden selbst, initiiert, geplant und unterhalten (im Unterschied etwa zu Verbraucherclubs, Fanclubs etc.). Kundenclubs bieten hohe wahrgenommene Nutzen für ihre Mitglieder durch ein Package unterschiedlicher Maßnahmen, die geldwerte Vorteile bieten. Sie leben vom Dialog zwischen Anbieter und Mitgliedern. Die dabei anfallenden Daten können im Rahmen von Database Marketing genutzt werden, um stetig bedarfsgerechtere Angebote bereitzustellen.

Die Ziele von Kundenclubs liegen in der Kundenbindung, der Gewinnung von Neukunden, dem Aufbau einer effizienten Database zur Versorgung aller Unternehmensbereiche mit Kunden relevanten Informationen und der Schaffung einer institutionalisierten Kommunikationsbasis zwischen Kunde und Unternehmen. Diese Beziehungspflege lohnt sich vor allem mit Kunden, die bereits derzeit Intensivkäufer sind oder für die Zukunft Intensivkäufer zu werden versprechen bzw. dahin gebracht werden können. Evtl. können durch die Clubvorteile auch Extensivkunden intensiviert werden bzw. derzeitige Nicht- oder Konkurrenzproduktkäufer zu Kunden gemacht werden.

Zweckmäßig ist auch eine Abstufung der Aktivitäten oder Inhalte nach Kundenwerten, wobei dies allerdings zu einer erheblichen Komplizierung der Anlage führt. Dies gilt vor allem, weil mehr oder weniger viele Kunden ihren Status im Verlauf des Programms ändern und dann up- oder downgegradet werden müssen.

Das Clubkonzept kann offen oder geschlossen ausgelegt sein. **Geschlossene** Clubs sind mit Aufnahme- und Mitgliedschaftsgebühren bewehrt. Die Aufnahme in den Club ist von der

Erfüllung bestimmter Kriterien abhängig (z. B. Prämien- oder Vielfliegerprogramme). **Offene** Clubs sind hingegen ohne Vorbedingungen für jedermann zugänglich, der Kunde ist oder werden will. Allerdings ist dann die Gewährung von Vorteilen wettbewerbsrechtlich beschränkt.

Eine weitere Unterscheidung betrifft die Ausgestaltung des Programms mit **gleichbleibenden** Leistungen oder mit aktuell **wechselnden** Leistungen. Nach den **Inhalten** handelt es sich zumeist um Travel&Entertainment-Clubs oder um Clubs mit Privatsphäre-/Freizeitorientierung. Der **Art** nach handelt es sich im Wesentlichen um VIP-Clubs, Empfehler-Clubs oder Lifestyle-Clubs. Dabei gilt jedoch immer das Anreiz-Beitrags-System, d. h., der von Kunden empfundene Vorteil (monetär oder ideell) muss größer sein als die Kosten zur Aufrechterhaltung der Mitgliedschaft.

Für das konkrete Leistungsangebots des Kundenclubs sind häufig bereits die im Unternehmen ohnehin vorhandenen, bislang eher unsystematisch eingesetzten Mittel ausreichend. Sie müssen im Sinne der Fokussierung meist nurmehr zu Bündeln kombiniert und entsprechend konsistent ausgelobt werden. Dabei ist häufig eine Ergänzung bzw. Abrundung des Programms durch einzelne Dienstleistungen erforderlich.

Wichtig ist, dass es sich dabei ausschließlich um Kundennutzen stiftende Leistungen handelt. Was genau Kundennutzen stiftend ist, muss durch Pretests erhärtet werden. Leistungen, die keine oder nur geringe Nutzenrelevanz haben, schaden dem Club, denn sie verursachen Kosten, denen keine Kundenbindung gegenübersteht. Wichtig ist auch, dass die Clubleistungen die Positionierung des Angebots unterstützen, also sein Profil schärfen und stärken. Dabei ist durchaus an Chancen des Markt-Pretest neuer Angebote in dieser Kernzielgruppe zu denken sowie an Cross Selling-Potenziale mit eigenen Angeboten (oder auch fremden, nicht konkurrierenden Angeboten gegen Provisionseinzug).

Jedoch sind hohe Aufwendungen zur Führung eines Kundenclubs einzurechnen. Dabei sind die Initialaufwendungen noch gut überschaubar, weitaus stärker ins Gewicht fallen die laufenden Aufwendungen für Ausbau und Unterhalt des Clubs. Vor allem die Pflege des Adressbestands und die gewünschte Interaktion mit Kunden sind kostentreibend. Evtl. können aber einmalige (Aufnahmegebühr) und laufende Einnahmen dagegen gestellt werden (wie z. B. Provisionen von externen Partnern, Insertionseinnahmen aus Club-Publikationen, Rückvergütungen aus Kreditkartenumsätzen).

Kernstück ist die Kommunikation zwischen Anbieter und Clubmitgliedern. Dazu werden meist regelmäßig erscheinende Clubmagazine sowie anlassbezogene Newsletters und Direct Mailings genutzt. Zum Standardangebot gehören auch eine Club-Hotline bzw. eine Club-Website im Internet. Hinzu kommen in mehr oder minder großen Abständen stattfindende Clubtreffen und -Events. Evtl. können sogar eigene Clubverkaufsstellen eingerichtet werden (wie z. B. bei Buch- oder Musikclubs). Dazu bedarf es freilich einer innerbetrieblichen Infrastruktur oder der Auslagerung dieser Ressourcen an Service Providers.

Letzteres ist vor allem zu überlegen, weil Kundenclubs recht schnell zu komplexen Gebilden heranwachsen, die neben dem Unternehmen auch externe Partner, Finanzpartner und Clubmitglieder verschiedener Cluster umfassen. Zwischen diesen Beteiligten finden zahlreiche Interaktionen statt, die Informationen, Sachmittel und Geldmittel betreffen. Nur eine reibungslose Abwicklung der Clubaktivitäten wirkt jedoch bei den Mitgliedern kundenbindend. Denkbar ist auch eine Aufteilung in konzeptionelle Kernleistungen, die unternehmensintern, und administrative Stützleistungen, die extern vergeben werden.

Von zentraler Bedeutung ist die Kundendatenbank, denn Wissen über Kunden ist ein zentraler Erfolgsfaktor. Dies setzt freilich voraus, dass die Kundendaten in geeigneter Form erfasst und entscheidungsbezogen aufbereitet sind. Dies ist leider sehr viel schwieriger als zu vermuten und großenteils praktisch noch nicht hinreichend gelöst.

Kundenclubs können nicht nur im Nachkaufmarketing des Business-to-Consumer-Bereichs eingesetzt werden, sondern auch im Business to Business-Bereich, z. B. gegenüber Wiederverkäufern. Die Nutzenanforderungen dieser Zielgruppe unterscheiden sich freilich erheblich von denen privater Endnachfrager. Vor allem ist die partnerschaftliche (beiderseitig Ziel gerichtete) Anlage zu betonen.

Häufig ist eine **Kundenkarte** zentraler Bestandteil des Clubkonzepts. Dabei stehen die Zahlungsvorteile im Vordergrund, verkörpert durch eine vom Unternehmen herausgegebene Plastikkarte als Ausweis der Zugangsberechtigung für anbieterseitige Serviceleistungen. Die Kundenkarte dient auch der Gewinnung Kunden relevanter Informationen (z. B. Kauffrequenz, Kaufvolumen) und erleichtert damit die gezielte Kundenansprache. Die Kundenkarte wird durch weitere Clubleistungen ergänzt (z. B. Kundenzeitschriften).

Ein Unternehmen oder eine Organisation bietet Kunden damit einen »Mehrwert«. Kundenkarten identifizieren den Halter als berechtigt, bestimmte Leistungen des Kartenherausgebers in Anspruch zu nehmen. Sie enthalten meist neben dem Absender und dem Berechtigten eine Kartennummer, unter der die persönlichen Daten des Kunden abgespeichert sind.

Kundenkarten **ohne Zahlungsfunktion** (auch Image-, Bonus-, Rabatt- oder Clubkarten genannt) sind kostengünstig herstellbar. Sie »verbriefen« etwa Serviceleistungen, Anspruch auf Barzahlungsrabatt, Bonuspunkte oder Spezialangebote. Kundenkarten **mit Zahlungsfunktion** erlauben die bargeldlose Zahlung beim Karteneditor, meist verbunden mit erweitertem Zahlungsziel, kostenloser Kontoführung, Guthabenverzinsung etc. Kundenkarten **mit Kreditfunktion** (meist im Co-Branding) erlauben den universellen Einsatz auch bei anderen Anbietern als dem Karteneditor. Ein Kreditinstitut sorgt dabei für die Anbieter übergreifende Anerkennung der Zahlungsverpflichtung.

Kundenkarten haben für den Anbieter verschiedene Funktionen. Primär dienen sie der Informationsgewinnung für Kundendaten. So können Präferenzen (Preis, Produktart, Zeitpunkt etc.) festgestellt und durch gezielte Angebote bedient werden. Dadurch ist eine geplante Kundenansprache möglich (One to One-Marketing). Die Zusatzleistungen sorgen für eine akquisitorische Wirkung im Publikum. Durch die Zahlungsfunktion können zudem Impulskäufe initiiert werden.

Dafür ist es erforderlich, dass die Kundenkarte relevante Vorteile für Besitzer bietet. Außerdem muss ein konzeptioneller Zusammenhang zur Kernleistung des Angebots bestehen. Voraussetzung für die Auswertung ist ein leistungsfähiges Database Management. Dieses muss nicht selbst geleistet, sondern kann durchaus an externe Dienstleister outgesourced werden. Schließlich bedarf es der internen Implementierung des Programms und seiner Konsequenzen in der Organisation.

Ein Eckpunkt des Konzepts ist der Zugang von Kunden zu Kundenkarten. Denkbar sind die Extreme der breiten Streuung an alle Kunden oder der gezielten Abgabe nur an bestimmte Kunden. Denkbar ist aber auch eine Abstufung der Karten nach Leistungsbeiträgen der Kunden (z. B. als Standard-, Gold-, Exklusivkarten).

Zum Network hin kann außerdem durch dialogische Werbemittel im Rahmen von **Kundenkontaktprogrammen** (KKP) kommuniziert werden. Dabei handelt es sich um systematische Aussendungen, Telefonkontakte, soweit erlaubt, und Einladungen, durch welche die Beziehung der Kunden zum Unternehmen aktualisiert und mit Leben erfüllt werden soll, ohne dass diese notwendigerweise mit Clubmitgliedschaften und Kundenkarten ausgestattet werden. Leistungsfähige Datenverarbeitung bietet auch dabei die Möglichkeit der Anlage umfangreicher Datenbanken, die eine vollständige Erfassung und individuelle Steuerung der kundenrelevanten Daten erlauben. Durch Kreuzauswertungen (Matching) können zudem aussagefähige Schlussfolgerungen extrahiert werden.

Weiterhin sind in diesem Zusammenhang **Interessenkontaktprogramme** (IKP) zu nennen, welche die Aufgabe haben, potenzielle Kunden an das Unternehmen heranzuführen und zu aktuellen Kunden werden zu lassen. Allerdings ist hinsichtlich der Akquisitionsinhalte eine gewisse Vorsicht geboten, um nicht Erwartungen zu schüren, die beim tatsächlichen Kauf nicht eingelöst werden können und so beinahe zwangsläufig zur Unzufriedenheit und damit zum erneuten Anbieterwechsel der Neukunden führen. Dann stehen den hohen Vorverkaufsaufwendungen nur geringe effektive Erlöse gegenüber, die eine solche Kontaktanbahnung zum Verlustgeschäft werden lassen.

Als Beispiel eines Kundenclubs sei hier der IKEA-Club angeführt. Als Ziele werden angestrebt:
- Erhöhung der Besuchsfrequenz, z. B. durch Sonderangebote, Aktionen (Midsommer-Fest, Krebsessen, Weihnachtsfest),
- Erhöhung des Durchschnittsumsatzes, z. B. Mitnahmeartikel (im Family-Automaten),
- Erhöhung der Kundenbindung.

Mittel dazu sind lokales Marketing, z. B. das Anschreiben des Haus-Chefs, und eine Clubkarte, die gegen eine Gebühr von zehn Mark abgegeben wird (nicht kostenlos möglich). Elemente des Clubsystems sind im Einzelnen:

- Mitgliederakquisition (Erneuerung der Mitgliedschaft einmal jährlich am POS), Clubkarte, Clubvorteile, Begrüßungspaket (Haushaltsplanungsordner für Haushaltsführung, Finanzplanung, Steuern, Versicherungen etc., Familienbuch, Gartenbuch, Werkzeugset, Getränkegutschein für Restaurant, Schlüsselanhänger mit Mitgliedsnummer und Zusendung bei Verlust), Family-Automat (mit Kartenleser) für Sonderangebote und Gutscheine, Telefon-Hotline etc., Family-Menü (mit Preisvorteil), Katalog per Post, Geburtstagsüberraschung (zum Abholen am POS), z. B. Sammlerbuch, Transportversicherung (Umtausch für transportbeschädigte Ware), Family-Shop (ca. 50 qm, ca. 200 Artikel) mit Dauersonderangeboten, Family-Reisen (z. B. mit Eurocamp oder Center Parcs, Schwedenpaket mit Übernachtungsgutschein, Landkarte, Reiseführer, Sprachführer, Wanderkarte, Reisetagebuch etc.), Events (Filmpremiere, Gewinnspiele).

Ein Dialog mit Mitgliedern erfolgt über das Club-Magazin (Einblick in die IKEA-Welt, Aktivitätenplan bei IKEA, praktische Anleitungen und Tips zum Einrichten und zur Vermittlung von IKEA-Design-Geist, mit personalisiertem Anschreiben, 7x p. a., im Einzelnen 4x mit IKEA-Magazin Hallo Family, Einladungen jeweils zum Winter- und zum Sommerschlussverkauf und Geburtstagsgruß).

Weiterhin gibt es vielfältige Formen und Inhalte von Networking-Clubs. Dazu einige Beispiele:
- Airport Club (Frankfurter Flughafen): Bargeldlose Nutzung der Service-Einrichtungen, Arbeits-, Konferenz-, Bankett- und Restauranträume, Kommunikations- und Präsentations-Service, Lobby mit Bar, Empfangssalons, Badesuiten, Club-Sekretariat mit Mail-

Service, Telefon-Service mit 40 tragbaren und stationären Apparaten, Finanz-Informations-Service, Mitgliederforum/Club-Veranstaltung, Check-in an Lufthansa First Class Senator Schaltern auf allen deutschen Flughäfen, Nutzung der Senator Lounges an Wochenenden.

- Aktionärs-Club der Bank Austria: Einladung zu Wertpapier-Informationsveranstaltungen sowie Führungen durch die Wiener Börse und das Kunstforum der Bank Austria, Exklusivveranstaltungen, Reisen zu den wichtigsten Börsenplätzen, frühzeitige Information durch die Zeitschriften Focus und Report, regelmäßige Aktionärsbriefe und viele weitere Informationsdienste zum Finanzmarkt. (Mitglied kann werden, wer Bank Austria Anteilspapiere von mind. 5.500 € auf einem Wertpapierdepot der Bank Austria hält, die Mitgliedschaft verlängert sich periodisch.)
- ART-Club (Zeitschrift Art): Versicherungswertschätzung von Kunstobjekten, Literaturhinweise und Sammlertips, Adressenvermittlung von Experten und Restauratoren, Informationen über Kunstauktionstermine, spezielle Galerie- und Ausstellungstips, Beratung bei der Planung von Ausbildungswegen für künstlerische Berufe.
- Auto Club Europa (ACE): Inlands- und Auslandsschutz, Pannenhilfe und Beteiligung an Fremdkosten, Erstattung von Abschleppkosten, Übernahme von Bahnkosten, Ersatzteileversand, Fahrzeugrückführung bei Krankheit oder Unfall, Rücktransporte aller Art, Krediterleichterung, Beteiligung an Schäden aus Wildunfall und Glasbruch, Unterstützung bei Sachschäden durch Hilfeleistung, ACE-Lenkrad (Autozeitschrift), verschiedene Versicherungsleistungen, vor allem Rechtsschutz.
- Bertelsmann-Club: Bücher, Musik, Videos, Spiele mit bis zu 40 % Preisersparnis, 4x p. a. Gratiskatalog, Treueprämien, Foto-Service.
- BHW-Dispo-Club (BHW-Bausparkasse): Club-Zeitschrift, Reiseangebote, Gewinnspiele, Dispo-Shop-Angebote.
- Clubmaster-Club (Zigarillos): Club-Zeitungen, Club-Produkte/-Editionen, Grußkarten.
- Chip Club (Computerzeitschrift): Club-News (4x p. a.), Club-Katalog (4x p. a.), Chip-Hotline, Online-Service, Mailbox.
- Colette-Club (Zapf-Puppen): Zugang zu limitierter Sonderkollektion, Gewinnspiele, Fachhändlerschulung, Workshops, Sonderwerbemittel, Club-Kollektion nur für Mitglieder, drei Jahre Garantie auf Puppen (Zugang bei Umsatz über 2.500 €.)
- DAB-Club (Brauerei): Exklusive Reiseangebote über Thomas Cook-Reisebüros, Sonderkonditionen in Scandic Crown-Hotels, spezieller Club-Tarif bei Sixt Budget-Autovermietung, Unfallversicherung durch Signal Versicherung bei Club-Reisen, Aufenthalt in Scandic Crown-Hotels und in Sixt Budget-Kraftwagen, spezielle Veranstaltungsangebote, Shopping-Kataloge mit zum Teil speziellen DAB-Club-Produkten, Ticket-Service, Gewinnspielteilnahme, Mitglieder-Magazin, Service-Telefon.
- Davidoff-Club (Zigarren): Ausweis für exklusiven Zutritt auf die Davidoff Club-Yachten oder ins Davidoff Club-Gästehaus auf Sylt, bevorzugter Eintritt in Top Discos und Clubs der europäischen Metropolen, Karten-Service für Messen und Veranstaltungen, Sonderpreis für bestimmte Hotelketten, für Lifteln, Golfspielen, Beauty-Farmen.
- Dimple-Club (Whisky): Dimple-Report 2x p. a., »genussvolle Events«, Austausch von wissenswerten Daten und Fakten, Dimple Design-Edition, Genießer-Reisen, gelegentliche Wettbewerbe.

- FFO Reiseclub (Kreuzfahrten): Reisekatalog, Club-Briefkasten, Reisevideo-Bestellung, monatliche Club-Information, vergünstigte Abos für Familienzeitschriften, Club Shopping, persönliche Geburtstagsgrüße.
- GEckKO (Schwäbisch Gmünder Ersatzkasse): Eintrittsgeschenk (Hörspielkassette), Reiseangebote speziell für Jugendliche, Eintrittskarten für regionale Live-Konzerte, Club-Infos via Club-Zeitschrift.
- Heine-Club (Versandhaus): Günstigere Abwicklungspauschale bei Bestellbeträgen unter 75 €, Club-Karte mit 20 Gebühreneinheiten im Wert von 3 €, Mietwagen zu Sonderkonditionen, Upgrading in Spitzenhotels, Lady's First Versicherung, Kurzreiseangebote, günstige modische Angebote, Club-Magazin, Katalog-Abo im Blitzversand, Kofferanhänger.
- Holiday Club (Reiseveranstalter): Insider-Magazin (4x p. a.), aktuelle Reiseangebote, Länderinformationsdienst, Club-Shop, Autovermietung (Sixt Budget).
- IBM Help Club: 24 Stunden Helpline, Mailbox, Gewinnspiele für Club-Mitglieder, kostenlose Seminare, Help-Magazin, Begrüßungspaket incl. Begrüßungsgeschenk, drei Monate kostenlose Probemitgliedschaft.
- Interdata Business Club: Airtours-Preise für Geschäftsreisen, Pkw-Leasing, Sonderkonditionen in 13.000 Hotels, Neuwagenkauf mit Nachlässen, Kfz-Versicherung zu günstigen Tarifen, Geschäftsbedarf unter Listenpreisen, Kreuzfahrten, Kultur- und Golfreisen zu Sonderkonditionen, Delikatessen- und Weinversand zu Sonderkonditionen, Führerscheinentzugsversicherung günstig zu Gruppentarifen, Club-Letter.
- Kodak Pro Card: Telefon-Service rund um die Uhr, Zugang zu Veranstaltungen, Messen, Festivals, Informationsservice, jährlich aktualisiertes Adressenverzeichnis aller Kodak-Häuser, Bezug der Zeitschrift Kodak Fotografie International.
- Light Life: Light Life Magazin 4x p. a., Light Life Center mit exklusiven Produkt- und Servicevorschlägen, 4x p. a. Light Life Center Card, Light Life Center-Scheckheft, Light Life Center-Saison-Paket, kostenlos 1x p. a. eine LP/MC/CD, Sonderpreise bei mehr als 140 Friseursalons der Ryf-Kette, Preismäßigung bei renommierten Fitness-Centers in Deutschland, Übernachtungen zum Vorzugspreis in der Hotelkette Maritim, Schönheitsfarmen zum Spezialpreis.
- Management Circle (Seminarveranstalter): 10 % Rabatt auf jede Veranstaltung des Management Circle, kostenlose Umbuchung auf andere Veranstaltungen, regelmäßige Veranstaltungsübersicht, Exklusivveranstaltung 1x p. a. für Mitglieder zu Sonderkonditionen, jährlich ein Club-Geschenk.
- Manager Magazin Club (Zeitschrift): Exklusivreisen, Hotelreservierung, Last Minute-Service, Veranstaltungen, Individual- und Business-Reisen, Nachlass bei Fahrzeuganmietung (Europcar), Umzugs-Service, Newsletter Manager unterwegs.
- Magic Kingdom Club: Themenpark-Einladung, Restaurant-Einladung, Luxus-Restaurant-Einladung, Show-Einladung, Hotel-Einladung, Boutique-Einladung.
- 1. FC Märklin/Märklin Insider (Modelleisenbahn): Club-Karte, Prospektmaterial, Märklin Magazin 6x p. a. Club-Jahreswagen, 1. FC Club-Magazin 4x p. a., Märklin Hauptkatalog.
- Dr. Oetker Back Club: Club-Zeitschrift »Gugelhupf«, Ratschläge von der Versuchsküche, Back-Shop.
- Pool-Club: Reiseangebote, verschiedene Seminare, Veranstaltungskarten-Service, Sicherheitstraining für Motorrad und Auto, bei Pool-Reisen und -Veranstaltungen automatisch kostenloser Unfall-Versicherungsschutz.

- Radio Hamburg Club: Verbilligter oder kostenloser Eintritt für Konzerte, Freizeitparks, Discotheken, Musicals, Theater, Sport etc., kostenlose Teilnahme an Kinopremieren, Sonderreisen, Angebot spezieller Produkte zu Sonderpreisen.
- Sales Profi Club (Zeitschrift): Ausgesuchte Produkte zu günstigen Preisen, Kurzinformationen von Leser zu Leser im Club-Forum, Sales Profi-Meeting.
- Service Club der VDI-Nachrichten: Einladungen zum alljährlichen VDI-Nachrichten-Forum »Ingenieur-Personalmarkt«, Einladungen zu Kundenseminaren, Mitarbeit beim VD-Kongress »Chancen im Ingenieurberuf« während der Messe, Referent bei der VDI-Veranstaltungsreihe »Berufseinstieg für Ingenieurstudenten«, Informationsservice zum Selbstkostenpreis, 25 % Preisnachlass auf jeden Band der »weißen Reihe« Führungswissen sowie Bestellservice für Bücher aller Art von allen Verlagen, persönliche Telefonkarte (Mitgliedschaft nur für leitende Personalentscheider möglich).
- Sigikid-Club: Limitierte Sammlerstücke, Club-Zeitschrift, Gewinnspiele (Jahresverlosung), Club-Karte.
- Swatch-Club: Swatch-Katalog, Jahresuhr, Club T-Shirts, Club Mountain-Bike.
- SWR 3 Club: Abo für Club-Magazin, Club-Meetings, Club-Edition, Veranstaltungen.
- Steiff-Club (Spielwaren): Club-Magazin 4x p. a., Club-Edition, Sammelbox als Erstausstattung.
- Golfy Club Card (Reiseveranstalter): Nachlass für Golfplatzgebühren (20 – 50 %), Vergünstigungen in Hotels (mind. 15 %), Flug- und Leihwagenvergünstigungen, Fährvergünstigungen, günstiges Abo des Golf World Magazine, Golf-Ferien in 15 Regionen des Golf Clubs.
- Grohe Profi (Sanitärarmaturen): Kostenlose Teilnahme an Praxis-Seminaren, Hörfunkspot wird produziert, kostenlose Praxis-Software, Expertenberatung vor Ort, Mitarbeiterschulung, VIP-Besuch bei Fußballveranstaltungen (alle Leistungen werden durch Gegenleistung auf Punktebasis gesammelt, Mitgliedschaft nur für Sanitär- und Installateur-Gewerbe.)
- Journal Club: 8x p. a. Haushaltsjournal, Proben von Markenartikeln für Haushalt und Küche kostenlos, Essen-Gutscheine bei 27 Maredo-Steak&Salatrestaurants (5 €), Preisnachlass auf Eintrittspreis bei Hagenbecks Tierpark, in Ufa-Kinos kostenlos das Eis des Jahres von Mövenpick, 8 % Preisnachlass auf Eintrittspreise für Phantom der Oper, Starlight Express, Cats, Preisnachlass im Serengeti-Park Hodenhagen, im Spree-Park Berlin, im Panorama-Park Sauerland, Club-Sonderservice bei allen 30 Novotels in Deutschland, Preisnachlass bei Messen in Nürnberg, Preisnachlass bei der Studiotour Babelsberg, Club- und Reiseservice.

5.6.3.4.2 Programm-Bartering

Beim Programm-Bartering handelt es sich um ein relativ neues Phänomen. Man versteht darunter den Tausch von vorproduziertem Sendeprogramm gegen Werbezeiten, vorläufig nur bei privaten Sendern. In den USA ist seit langem die Verbindung von Redaktions- und Werbezeiten sehr eng. Beliebte Sendereihen werden wegen ihrer hohen Einschaltquoten von großen Werbungtreibenden für die Platzierung von Werbespots genutzt. Vorreiter auf diesem Gebiet ist Procter&Gamble gewesen, ein großer Waschmittel- und Körperpflege-Hersteller, weshalb diese Serien auch den Namen »Soap Operas« erhielten.

Von da war es nur noch ein kleiner Schritt, sich bei der Platzierung von Werbespots nicht mehr von der Attraktivität des redaktionellen Programms der privaten Sender abhängig zu machen, sondern dieses selbst zu produzieren und den Sendeanstalten zur Verwertung anzudienen. Freilich im direkten Warentausch gegen Werbezeit, die auf Basis der Tarifpreise nach Abzügen gerechnet die Herstellungskosten im Wert übersteigt. Damit wird einem beiderseitigen Interesse entsprochen. Die privaten Sender haben das Problem, täglich viele Stunden Sendezeit mit möglichst interessanten Programmen zu füllen. Eigenproduktionen sowohl wie zugekaufte Sendungen sind infolge des hohen Anspruchsniveaus und des scharfen Wettbewerbs erheblich im Preis gestiegen. Da ist die Füllung bestimmter Programmplätze durch vorproduzierte Sendungen willkommen. Werbungtreibende haben das Problem Werbezeiten günstig einzukaufen, um die Penetration ihrer Kampagnen bei steigenden Einschaltkosten und limitierten Budgets zu gewährleisten. Da kommt der Naturaltausch Programm gegen Umgehung der üblichen Tarifbedingungen gerade recht. Insofern darf vorausgesetzt werden, dass auch hierzulande die Bedeutung von Programm-Bartering steigen wird.

> Beispiele für Bartering: Springfield Story (P&G/RTL), California Highschool (P&G/RTL 2), Bingo (P&G/SAT 1), Passengers (Pepsi/SAT 1), Heiter weiter (Kraft Jacobs Suchard/SAT 1), Klargestellt (Kraft Jacobs Suchard/DSF), Kino News (McDonald's/SAT 1), World's Sport Special (Gilette/DSF), Max Snowboard Weekend (Pepsi/DSF), Riviera (Unilever/NDR), Der Krypton-Faktor (Kraft Jacobs Suchard/SAT 1).

Natürlich findet Programm-Bartering nicht nur im Fernsehen, sondern auch im Hörfunk statt (z. B. TDK-Hitparade auf RTL). Und eine Ausweitung über elektronische Medien hinaus auf den Printbereich ist möglich. So spricht nichts dagegen, dass redaktionelle Beiträge in Zeitungen und Zeitschriften, vor allem soweit sie nicht aktualitätsbezogen sind, durch Werbungtreibende verfasst und den Verlagen im Tausch gegen überproportionale Anzeigenfläche angeboten werden. Denn die Problemstellung im Printbereich ist durchaus ähnlich. Auch hier wird es immer schwieriger, einerseits attraktive Redaktion zu bieten und andererseits Werbedruck zur Konkurrenzneutralisierung aufzubauen. Abzugrenzen ist Programm-Bartering von Sponsorsendungen, bei denen ein Werbungtreibender zwar das Patronat für eine Sendung übernimmt, diese aber vom Sender selbst produziert wird und ein vereinbartes Entgelt dafür fließt. Sowie von PR-Anzeigen, die gegen Entgelt, und PR-Beiträgen, die ohne Gegenleistung, geschaltet werden.

Zwischenformen, deren Reiz in der Vergünstigung im Einschaltpreis liegt, sind mit Werbungtreibenden kooperativ vorproduzierte Sendeprogramme, sowie Programme, die im Auftrag von Werbungtreibenden durch den Sender produziert werden, wobei dieser gegenüber der Preislistenbasis günstigere Produktionskosten in Ansatz bringt. Die Gestaltung von Barter-Programmen bietet exzellente Möglichkeiten, öffentlichkeitswirksame Botschaften außerhalb der Werbeblocks unbewusst an Empfänger überzubringen. Möglichkeiten des Placement können zudem im Rahmen der gesetzlichen Möglichkeiten genutzt werden. Werbespots hingegen dürfen Barter-Sendungen nur einrahmen, nicht aber unterbrechen.

5.6.3.4.3 Licensing

Eine weitere Form der Individualisierung ist das Licensing. Dieses bietet sich nach interner Prüfung der Affinität des Charakters zum Produkt, der Gefahr der Kannibalisierung, der Verkäuflichkeit der entstehenden Zusatzkosten gegenüber dem Handel und der Zielgruppe der

Charaktere an. Sofern es sich um aus elektronischen Medien bekannte Charaktere handelt, ist weiterhin zu prüfen auf welchem Kanal gesendet wird, in welchem Sendeumfeld dies stattfindet, welche Einschaltquoten zu erwarten sind und wie lange die Sendung/Serie bereits läuft.

Licensing bezeichnet die kommerzielle Nutzung von Schutzrechten für Produkte und Dienstleistungen durch Dritte. Man unterscheidet einerseits Produktlizenzen, bei denen ein Rechteinhaber (Lizenzgeber) Dritten (Lizenznehmer) das Recht gewährt, für Dekoration, Gestaltung, Verpackung, Namensgebung etc. eines bestimmten Produkts das Schutzrecht zu erwerben und zu nutzen (Markentransfer), und andererseits Werbelizenzen, bei denen es enger um das Recht geht, bestimmte Namen und/oder Bilder für eine Produktwerbung unverändert einzusetzen, und zwar für bis dato noch markenlose Produkte oder zum Relaunch bestehender Markenprodukte, als Zugaben (On Packs), Self Liquidators (Cross Promotions), zur Verkaufsförderung (Handelsmarketing) etc.

Die Lizenznutzung zieht immer Lizenzgebühren nach sich, diese können fix oder variabel gestaltet sein. Die Kosten einer Lizenz setzen sich aus Minimumgarantien und Umsatz-/Werbebudgetbeteiligung zusammen. Hinzu kommen Kosten für Beratungsleistungen der vermittelnden Agenturen wie Konzeptberatung, Kreativberatung, Marketingberatung, Themensupport, Vermittlung von Transparenz über das gesamte Themenspektrum und Gewährleistung einer Option auf Lizenzverlängerung.

Für diese Art der Lizenzierung, die vornehmlich auf die Vermarktung von Figuren aus der Unterhaltungswelt (Film, Comic etc.) abzielt, d. h. Figuren, die durch die Medien breit bekannt sind, werden vor allem gegenüber Kinderzielgruppen als Kommunikationsvehikel gegen Entgelt an den Schutzrechtshalter genutzt, wird gelegentlich auch der Begriff Merchandising verwendet. Dies bezeichnet aber besser alle Maßnahmen, die zur Förderung der Ware am Regalplatz dienen. Dazu gehören die Warenpräsentation selbst, die Anbringung von Werbemitteln dort sowie die Aufgaben der Warennachfüllung, -auszeichnung und -überprüfung.

Im Einzelnen gibt es verschiedene Formen von Licensing. Brand Licensing ist der klassische Markentransfer durch Vergabe von (Mit-)Benutzungsrechten an populären Marken durch Hersteller von Produkten/Diensten, die nicht mit den Produkten/Diensten des Markeninhabers konkurrieren, sondern möglichst Synergien mit diesen schaffen.

Celebrity Licensing betrifft VIPs, Stars und Legenden durch Vergabe von Nutzungsrechten an Namen und/oder Abbildungen von Stars, die Persönlichkeitsrechte und Bildrechte beinhalten. Ein Persönlichkeitsschutz besteht mindestens zehn Jahre über den Tod hinaus, auch dann schützt er vor entehrender Nutzung für Marketingzwecke. Verstöße ziehen hohe Strafen nach sich und betreffen Auskunftsrecht, Unterlassungsanspruch, Vernichtungsanspruch der Ware, Schadenersatz, Gewinnherausgabe etc. Daher ist eine umfangreiche Absicherung erforderlich. Auch der Einsatz von Look Alikes ist ohne Zustimmung der »Originale« und bei Verwechslungsfähigkeit (auf die aber ja gerade abgezielt wird) verboten.

Unter Character Licensing versteht man Figuren aus Film, Fernsehen, Literatur durch Vergabe von Urheberrechten (Name und/oder Abbildung) an imaginären Figuren (Comics) zur Nutzung für passende Produkte (z. B. Mickey Mouse/Nestlé, Kleidung von Little Tramp Charlie Chaplin/IBM).

Zu Event Licensing zählen Veranstaltungen wie Jubiläen, Tourneen, Ausstellungen durch Nutzung deren meist aktualitätsbezogenen Popularität incl. Logo (z. B. Berlin 2000).

Zu Sport Licensing gehört die Vermarktung von Namen/Logo und Popularität von Sportveranstaltungen bzw. Sportvereinen, vornehmlich für artverwandte Produkte.

Charity Licensing geschieht zugunsten wohltätiger Institutionen mit anerkannt gemeinnützigen Zielen durch Nutzung von Namen, Popularität und Kompetenz einer solchen Organisation (z. B. Unicef-Grußkarten). Social/Cultural Licensing betrifft Urheberrechte an sozialen oder kulturellen Einrichtungen.

Design Concept Licensing übernimmt Designs, Motive, imaginäre Figuren für neuartige Produkte und Trends. Toy Licensing bezieht sich enger nur auf Spielwaren (z. B. Barbie).

Film- und TV-Licensing betrifft die Verwertung von Kinofilmen und TV-Serien inclusive Verlagserzeugnissen und anderen Lizenzformen als Nebenprodukte. Dies ist ein äußerst wachstumsstarker Bereich (z. B. Merchandising-Produkte als TV-Privatsender).

Licensed Publishing sind gedruckte oder elektronische Verlagsprodukte sowie Publikationen von/über Prominente, auch in Form von Tonträgern, Videospielen etc. Music Licensing betrifft die Nutzung von hochbekannten Musikstücken zu Werbezwecken oder auf Compilations (z. B. Songs aus der Werbung auf Tonträger).

5.6.3.4.4 Placement

Beim Placement handelt es sich um die Integration von Produkten, oder auch nur Werbemitteln, in den redaktionellen Ablauf von Unterhaltungsprojekten. Dies umfasst die zielgerichtete (werblichen Zwecken dienende) Integration von werbefähigen Gütern und Diensten in den Handlungsablauf eines Medienprogramms, vornehmlich in Kino-, Fernseh- und Videofilmen, seltener in Hörfunk und Print (z. B. in Frauenzeitschriften für Mode, Schmuck, Kosmetika). Einen der frühesten Coups dürfte Harvey's Bristol Cream gelandet haben, der von Agatha Christie in einen ihrer Krimis integriert wurde. Auffällig waren auch die Fahrten von Dustin Hoffmann mit seinem roten Alfa Cabrio in The Graduate. Spektakulärer sind die neueren Auftritte von Sony im Film Rain Man oder von Hershey Reese Peeces als Lieblingsnaschwerk von E.T. Ganz zu schweigen von den Automarken, die in den Fernsehserien um Kommissar Schimanski (Citroën), Prof. Brinkmann aus der Schwarzwaldklinik (Audi), Hotelier Berger im Schlosshotel am Wörthersee (Volkswagen), »dem« Kommissar (BMW) und, und, und, in Erinnerung treten.

> Weitere bekannte Placements in Film und Fernsehen betreffen folgende:
> - Tatort (Aspirin, Paroli, Ford), Rocky III (Wheaties), 007 James Bond (Whiskas, Apple, Sony, Texas Instruments, Cartier, Montblanc, Seiko, Louis Vuitton, Michelin, Renault, Nikon, Bollinger, Martini, BMW), Dallas (Adidas), Rocky IV, Miami Vice (Hugo Boss), Schöne Ferien (TUI), Traumschiff (Lacoste, Puma, Lufthansa), Otto II (Bauknecht, Marlboro, Moet et Chandon), Lindenstraße (Miele, Nesquik), Ghostbusters (Panasonic, Coke), Zurück in die Zukunft (PanAm, Toyota, Pepsi), Beverly Hills Cop (American Express, Mercedes Benz), Ein Fall für Zwei, Magnum (Ferrari), Susan: Verzweifelt gesucht (Polaroid).

Über Agenturen ist es heute möglich, die gerade in Realisation befindlichen Film- und TV-Projekte abzufragen und aufgrund von Drehbuchexcerpten die Integrierbarkeit bestimmter Produkte zu prüfen (Script Breakdown). Aufgrund der hohen, steigenden Produktionskosten sind Drehbuchautoren zunehmend auch dazu bereit, Szenen so umzugestalten, dass gewünschte Produkte darin wie zwangsläufig vorkommen (Product Plugging). Für diese Aktivitäten gibt es Preislisten, die sich auf Basis ausgehandelter Sendetermine oder Aufführungsrechte errechnen.

Nach der Art des Placement (Abb. 243) unterscheidet man Generic Placement, d. h. die Forcierung einer Warengattung bzw. eines Markenprodukts, ohne dass dessen Markierung erscheint (z. B. Perrier), Corporate Placement, d. h. die Forcierung einer Organisation durch die Handlung, z. B. der Nasa in »Bezaubernde Jeannie«, und Product Placement, d. h. die Forcierung eines Produkts durch gezielte Platzierung als reales Requisit. Weiterhin gibt es Innovation Placement zur Forcierung von Neuprodukten und Message (Idea) Placement zur Forcierung eines übergreifenden (Produktions-)Themas. Location Placement stellt die Reize eines Ortes oder einer bestimmten Region in den Vordergrund und wird daher besonders von Reiseveranstaltern genutzt (z. B. Traumschiff). Als Drama Placement wird die übertriebene Platzierung von Produkten in der Handlung bezeichnet (z. B. Paroli-Hustenbonbons bei Kommissar Schimanski).

Nach der Form des Placement unterscheidet man On Set Placement durch Requisiten (ohne Rollenzuweisung) und Creative Placement durch Handlungsrollen. Außerdem Visual Placement (bildliche) und Verbal Placement (sprachliche Erwähnung eines Leistungsinhalts). Placements sind hierzulande grundsätzlich verboten, denn Werbung soll vom Programm getrennt, zeitlich beschränkt und im Block ausgestrahlt werden. Als Rechtsgrundlagen kommen das Urheberrecht (etwa bei der filmischen Bearbeitung der Literatur), das Irreführungsverbot im UWG (Objektivität/Neutralität der Medien) und der Verstoß gegen die guten Sitten im UWG (durch Erlangung eines ungerechtfertigten Wettbewerbsvorteils) in Betracht. Deshalb besteht die Pflicht zur Kennzeichnung als Werbung und zur Nichtbeeinflussung des Programms. Eine Zwitterstellung nehmen insofern Game Shows ein, bei denen Produkte als Preise oder Mitwirkendenausstattung platziert werden.

Placements in Kinofilmen hingegen sind zwischenzeitlich erlaubt, wenn ein entsprechender Hinweis im Vorspann auf die Werbung aufmerksam macht. Begründung ist die Freiheit der Kunst, die anderweitig beschränkt würde. Probleme entstehen allerdings bei der späteren Ausstrahlung in TV, wo Placements nach wie vor verboten ist (weil TV den Mediengesetzen unterliegt). Problematisch sind weiterhin Eigenproduktionen von Fernsehsendern, die gegenüber Kinoproduktionen benachteiligt sind. Die Platzierung von Produkten ist allerdings immer erlaubt, wenn dafür keine Geldzahlung erfolgt, sondern diese nur als Requisite dienen. Ansonsten verstoßen Placements gegen das Gebot der Trennung von Werbung und Programm, die Pflicht zur Kennzeichnung von Werbung, das Verbot der

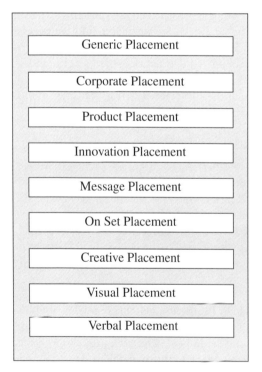

Abb. 243: Formen und Arten des Placement

Programmbeeinflussung (Neutralitätsgebot), das Gebot zur Blockwerbung und gegen zeitliche Werbebeschränkungen (Uhrzeit/Dauer). Als Basis dienen Rundfunkstaatsvertrag, Landesrundfunk- und -mediengesetze, ZDF-Staatsvertrag, Richtlinien der Sender zur Zusammenarbeit mit Dritten sowie Grundsätze der Trennung von Werbung und Programm.

Es gibt Placement-Agenturen, die als Vermittler oder Lizenzgeber (für Merchandisingprodukte) agieren sowie Ausstatter, die große Warenlager zur Requisitenauswahl unterhalten und deren Transportkoordination übernehmen. Zu deren wesentlichen Aufgaben gehört es, geeignete Produktionen auszuwählen, Drehbücher auf Placement-Chancen durchzusehen, die Verfügbarkeit von Placement-Produkten zu sichern und deren Einsatzdramaturgie zu überwachen. Die Vorgehensweise zur Planung des Placement ist wie folgt:

- Bestimmung eines platzierungsfähigen Produkts,
- Vorgabe des Platzierungs-Ziels,
- Planung der Placement-Zielgruppe,
- Planung des Placement-Budgets,
- Recherche eines placement-fähigen Projekts,
- Bestimmung der Art/Gestaltung des Placement,
- Prognose der zielgruppenspezifischen Reichweite,
- Verhandlungen über das zu zahlende Entgelt,
- Entscheidung über Einsatz.

Es wurde bereits erwähnt, dass, da bezahltes Placement sittenwidrig ist, entsprechende Verträge damit im Zweifel nichtig sind. Dies ist bei Beurteilung vertraglicher Inhalte zu berücksichtigen.

Dennoch ein Vertragsbeispiel (dessen Quelle aus verständlichen Gründen nicht genannt werden kann):
- Die Filmproduktion garantiert der Agentur, die Marke X exklusiv als Zigarettenmarke in dem Film Y zu präsentieren. Das heißt, keine andere Zigarettenmarke darf durch Werbemittel oder Packungen namentlich erkennbar werden. Die Präsentation der Marke erfolgt ausschließlich durch den Darsteller der Rolle Z, der die Marke im Film raucht. In jedem Fall gilt es, die Marke positiv zu präsentieren. Einstellungen, in denen Packungen in Zusammenhang mit übervollen Aschenbechern gezeigt werden, sind zu vermeiden. In jedem Fall gilt es, die Marke im Film als selbstverständlich integriert und kreativ zu präsentieren. Dies geschieht hauptsächlich durch das Produkt, d. h. durch die Präsentation von Zigarette, Zigarettenschachteln und Zigarettenstangen. Diese sollte hauptsächlich durch den Darsteller der Rolle Z stattfinden, außer in einer Ambientesituation, d. h., Z bietet einer anderen Person eine Zigarette an. Allgemein gilt, dass in mindestens drei bis vier handlungsbezogenen Einstellungen der Markenname voll und deutlich im endgeschnittenen Film sichtbar werden muss. Handlungsbezogene Einstellungen sind solche, die den Markennamen länger als zwei Sekunden erkennbar werden lassen. Insgesamt ergibt sich aber eine Gesamtzeit von mindestens 45 Sekunden, während derer der Markenname voll und deutlich erkennbar bleibt.

Wichtige Vorteile des Placement sind die folgenden:
- Es besteht die Möglichkeit der emotionalen Ansprache der Konsumenten, das Produkt wird selbstverständlicher Teil einer realen Handlung.

- Ein hohes Aktivierungspotenzial durch dramaturgisch bedingte Verankerung des Artikels in der sinnlichen Wahrnehmung ist gegeben.
- Die Aufmerksamkeit des Betrachters kann durch Einbindung in emotionale Erlebniswelten, Selektion von Leitfiguren und Zielgruppen gesteuert werden.
- Es besteht die Möglichkeit zur Erhöhung der Akzeptanz von Werbung, dadurch gibt es hohe Reichweiten, auch außerhalb von Werbezeiten.
- Das gefürchtete Zapping wird durch Handlungseinbindung vermieden.
- Es sind eine hohe Glaubwürdigkeit der Produktanwendung und zum Teil Leitbildfunktion des Kommunikators gegeben.
- Die Vermeidung von Reaktanz bei guter Integration ist möglich, wenn Zuschauer durch die Platzierung nicht gestört werden.
- Die Einstellungsänderung durch Transferpotenziale wird möglich.
- Markenexklusivität ist gegeben (keine ungewollte Konkurrenzwerbung im Umfeld).
- Es handelt sich um eine tolerierte Umgehung von Werbeverboten.
- Eine zeitliche Erweiterung des Werbeangebots bei beschränkten Werbezeiten wird möglich.
- Eine hohe räumliche Verbreitung des Werbeträgers durch z.T. internationale und mehrfache Auswertung ist gegeben.
- Eine Zielgruppenselektion über die Kategorie ist bedingt möglich, das bedeutet geringe Streuverluste.
- Placement ist die einzige mögliche Werbeform bei Pay-TV.
- Es können Verbrauchergruppen erreicht werden, die durch TV-Werbung ansonsten immer weniger erreicht werden.
- Placement ist glaubwürdiger als Werbung.
- Es erfolgt ein Imagetransfer aus der Szene, daher besteht Eignung für Markenartikel mit hohem Imagetransferpotenzial und zum Aufbau eines Zusatznutzens.
- Eine Steigerung der Markenbekanntheit, Variation und Stabilisierung des Markenimages, die Bestärkung des Publikums in ihrer Nutzersituation und die Suggestion von Verwendungswünschen sind möglich.
- Es besteht eine günstige Kostenstruktur (Kostenermittlung = Tausenderpreis x zeitliche Produkt-Präsenz x Einschaltquote). Entscheidend sind letztlich Zielgruppe (Streuverluste), Reichweite (Einschaltquote), Zeitraum (Aktionen, Einkaufstage) und Programm (redaktionelles Umfeld).

Wichtige Nachteile des Placement sind die folgenden:

- Es entstehen große Risiken durch schlechte Platzierung oder schlechte handwerkliche Umsetzung.
- Der kommerzielle Erfolg eines Films/einer Übertragung ist durchaus fraglich.
- Es besteht keine Garantie der Platzierung bei unseriösen Partnern.
- Es gibt keine festgelegten Preisrichtlinien, insofern sind die Konditionen reine Verhandlungssache.
- Der Zeitverzug bei Wiederholungen kann zu Imageproblemen führen.
- Es ist nur eine geringe Kontaktintensität, damit wenig Lernwirkung und Erinnerungsleistung gegeben.
- Eine Einschränkung in der informativen Botschaftsgestaltung ist durch die Inszenierung unvermeidlich.

- Es handelt sich im Vergleich zu Mediawerbung um eine einigermaßen unpräzise Zielgruppenselektion.
- Die Zusammenarbeit ist reine Vertrauenssache, da Verträge sittenwidrig und damit nichtig sind.

5.6.3.4.5 Sponsoring

5.6.3.4.5.1 Kultur-, Sozio- und Umweltsponsoring

Sponsoring ist allgemein die zielbezogene Zusammenarbeit zwischen einem Sponsor und einem Gesponsorten auf Gegenseitigkeit. Der Sponsor gibt Geld, Sachzuwendungen oder Dienstleistungen, der Gesponsorte gewährt eine objektivierbare Gegenleistung. Sponsoring ist demnach die »Planung, Organisation, Durchführung und Kontrolle sämtlicher Aktivitäten, die mit der Bereitstellung von Geld, Sachmitteln oder Dienstleistungen durch Unternehmen zur Förderung von Personen und/oder Organisationen im sportlichen, kulturellen und/oder sozialen Bereich verbunden sind, um damit gleichzeitig Ziele der Unternehmenskommunikation zu erreichen.« (*Bruhn* 1991, S. 21) (Abb. 244). Dabei steht jedoch einseitig nur die Förderabsicht im Vordergrund. Daher gibt es auch andere Definitionen, z. B.: Sponsoring ist »die Zuwendung von Finanz-, Sach- und/oder Dienstleistungen von einem Unternehmen (Sponsor) an eine Einzelperson, eine Gruppe von Personen oder eine Organisation bzw. Institution aus dem gesellschaftlichen Umfeld des Unternehmens (Gesponsorte) gegen die Gewährung von Rechten zur kommunikativen Nutzung von Personen bzw. Organisationen und/oder Aktivitäten des Gesponsorten auf der Basis einer vertraglichen Vereinbarung« (*Hermanns*).

Das Sponsoring hat sich aus dem Mäzenatentum durch Privatpersonen und Stiftungen entwickelt, das noch aus altruistischen Zielen, vornehmlich im Bereich der Kultur und des Sozialen, jedoch ohne konkrete Gegenleistung des Unterstützten, motiviert war und dem keine Medienwirkung zukam. Eine solche selbstlose Einstellung ist heutzutage rar. Zum Beispiel investierte der Bauunternehmer Sir John Hall zwischen 1992 und 1996 ca. 175 Mio. DM aus seinem Privatvermögen in den britischen Erstliga-Verein Newcastle United, ohne dass eine unternehmens- oder angebotsbezogene Gegenleistung zumindest bekannt geworden wäre. Diese Form legt eher schon die steuerreduzierend oder gemeinnützig intendierte Spende (Corporate Giving) durch Privatpersonen und Unternehmen nahe, die jedoch aus moderner Sicht unbedingt der Kommunikation in der Öffentlichkeit bedarf (Tue Gutes und rede darüber, d. h. hohe Medienwirkung).

Wesentliche Ziele des Sponsoring sind:

- der Imagetransfer, d. h. die Veränderung und/oder Stabilisierung des Image,
- die Erhöhung oder Stabilisierung des Bekanntheitsgrads,
- die Mitarbeiter-/Absatzmittler-Motivation,

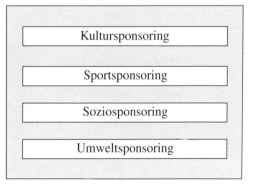

Abb. 244: Formen des Sponsoring

- die Markenaktualisierung, die Leistungsdemonstration in der Öffentlichkeit,
- die Erschließung neuer Absatzpotenziale,
- die Unterstützung von Klassischer Werbung, Öffentlichkeitsarbeit, Verkaufsförderung,
- die Kontaktfindung und -pflege mit neuen Zielgruppen und Meinungsbildnern.

Bezogen auf alle Sponsoringausgaben sind 80 % aller Ausgaben auf Sportsponsoring bezogen, ca. 15 % auf Kultursponsoring, nur ca. 3 % auf Soziosponsoring und nur ca. 2 % auf Ökosponsoring (Abb. 246). Der Sponsor leiht sich also fremde Leistungsvorteile durch Investitionsmittel. Die Abgrenzung des Sponsoring von Mäzenatentum liegt darin, dass dieses vornehmlich altruistisch ist, keine konkreten Nutzenerwartungen des Mäzens bestehen und zumeist keine vertraglichen Vereinbarungen erfolgen. Die Abgrenzung zum Spendenwesen (Corporate Giving) liegt in der Gegenleistung einer dritten Partei (Staat) in Form von steuerlichen Vorteilen (max. 10 % des Einkommens, 20 % des Jahresumsatzes). Die Abgrenzung zu Public Relations besteht darin, dass diese dem Aufbau und der Pflege von Beziehungen zu Teilöffentlichkeiten im globalen gesellschaftlichen Umfeld dienen.

Der Bereich des **Kultursponsoring** betrifft

- Bildende Kunst wie Malerei, Plastik, Grafik, Architektur, Fotografie,
- Bühnenkunst wie Schauspiel, Oper, Operette, Ballett,
- Musik im E- (ernst) und U-Genre, (unterhaltend),
- Literatur wie Belletristik, Sachbücher,
- Film, Funk, Fernsehen,
- Denkmalpflege etc.

Beispiele für Hochschulsponsoring in den USA finden sich etwa an der University of South Carolina (Darla Moore School of Business), der University of Pennsylvania (Wharton School of Business), dem Dartmouth College (Amos Tuck School of Business) oder der Northwestern University (Kellogg University).

Sponsoring umfasst dort die Bereitstellung

- finanzieller Mittel, etwa für Tourneen, Ausstellungen, Projekte,
- von Sachmitteln, etwa Materialhilfe,
- Ausschreibung von Wettbewerben,
- Vergabe von Stipendien,
- Übernahme organisatorischer Aufgaben, etwa die Vermarktung von Veranstaltungen.

• Art der Sponsorenleistung:	Finanzmittel, Sachmittel, Dienstleistungen
• Art der Gegenleistung:	aktiv (selbst organisiert), passiv
• Art des Geförderten:	Kulturschaffende, -einrichtungen, -projekte
• Leistungsklasse des Geförderten:	Elitekunst, Populärkunst, Massenkunst
• Initiator des Sponsoring:	eigeninitiiert, fremdinitiiert
• Anzahl der Sponsoren:	exklusiv, kooperativ

Abb. 245: Dimensionen des Kultursponsoring

Nutznießer sind

- Einzelkünstler wie Autoren, Solisten, Sänger,
- Kulturgruppen wie Orchester, Chöre, Ensembles,
- Kulturorganisationen wie Museen, Galerien, Verlage,
- Kulturveranstaltungen.

Dabei kann es sich um

- Spitzen-, Breiten- oder Nachwuchskunst

handeln. Der Sponsor kann

- exklusiv oder als Co-Sponsor auftreten.

Die dabei verfolgten Ziele sind ökonomischer und/oder psychografischer Natur wie Image, Bekanntheit, Kontakt, Goodwill, Motivation etc. Bei den Zielgruppen sind die des

- Sponsors, d. h. Sponsoringobjekte und -subjekte, und die des
- Gesponsorten, d. h. die durch ihn erreichten Personengruppen,

zu unterscheiden (Abb. 245).

Dementsprechend findet Sponsoring in der Werbung des Gesponsorten, z.B durch Namensnennung, Danksagung, Botschaftsauslobung, und des Sponsors Eingang, z. B. durch Label/Logo, Testimonial, Hervorhebung. Wichtig ist dabei die Verzahnung mit der Gesamtkommunikation und zwar nach Inhalt, Form, Zeit und Raum.

Die bekanntesten Sponsoren	Angaben in Prozent
1 Adidas	42
2 Opel	40
3 Telekom	37
4 Marlboro	31
5 Mercedes-Benz	26
6 Nike	23
7 Puma	20
8 Coca-Cola	18
9 Hasseröder	15
10 Shell	13

Ungestützte Bekanntheitswerte von Sponsoren bei insgesamt 17 Sportarten. Sponsor-Check Jan. bis Dez. '97. Repräsentativbefragung (face to face). Basis: 12 000 Personen ab 14 Jahren. Quelle: Inra Deutschland. ▷ Kontakt: Folkert Lammers, Telefon 0 45 42/80 10.

Die häufigsten Logos	Anzahl der TV-Werbeeinblendungen
1 Coca-Cola	30 282
2 Warsteiner	26 544
3 Adidas	26 138
4 Mercedes-Benz	26 105
5 König Pilsener	21 422
6 Opel	19 835
7 Taxofit	18 742
8 Hasseröder Pils	17 953
9 Marlboro	16 091
10 Telekom	15 817

Im redaktionellen Umfeld. Basis: ARD, ZDF, RTL, Sat.1 (01. 01. 97–31. 12. 97). Quelle: IFM-Medienanalysen 1997. ▷ Kontakt: Heinz Abel, Telefon: 07 21/9 12 60-0.

Die Sponsoren im Branchenvergleich	Angaben in Prozent
1 Automobil/Motorrad	59
2 Sportausrüster/-artikel	52
3 Bier/Brauereien	44
4 Telekommunik./Netzbetr.	36
5 Tabakwaren/Zigaretten	33
6 Süßwaren/Knabberartikel	22
7 Alk.-freie Erfrischungsgetr.	22
8 Mineralöl	21
9 Reifen	17
10 Mode/Textilien/Kleidung	16

Sponsor-Check Jan. bis Nov. '97. Repräsentativbefragung (face to face). Basis: 11000 Personen ab 14 Jahren. Quelle: Inra Deutschland. ▷ Kontakt: Folkert Lammers, Telefon 0 45 42/80 10.

Die aktivsten Branchen	Anzahl der TV-Spots
1 Biere	153 948
2 Automobil	104 350
3 Sportausrüstung	64 290
4 Mineralöl	63 106
5 Zigaretten	58 511
6 Erfrischungsgetr.	51 934
7 Bekleidung	50 501
8 Bau	35 469
9 Pharma	34 606
10 Telekommunik.	29 249

Im redaktionellen Umfeld. Basis: ARD, ZDF, RTL, Sat.1 (01. 01. 97–31. 12. 97). Quelle: IFM-Medienanalysen 1997. ▷ Kontakt: Heinz Abel, Telefon: 07 21/9 12 60-0.

Abb. 246: Botschaftstransfer

Stärken des Kultursponsoring liegen in der Breite des möglichen Spektrums, in der Erzielung attraktiver Imagewerte, in den vielfältigen Gestaltungsmöglichkeiten und im steigenden Interesse bei anspruchsvollen Zielgruppen. Schwächen liegen in der geringen Breitenwirkung im Publikum, in der Zurückhaltung von Medien und Kulturschaffenden gegenüber Sponsoring und in den fließenden Grenzen zum Mäzenatentum. Die Chancen des Kultursponsoring sind damit im Wesentlichen in der Imagepflege zu suchen.

Das **Soziosponsoring** ist die zukunftsweisende Form des Sponsoring in Sozialbereichen wie Gesundheit, Wissenschaft, Ausbildung etc. über Institutionen. Die Aufgabenerfüllung im sozialen Bereich soll durch die Bereitstellung von Geld-/Sachmitteln oder Diensten durch Unternehmen, die damit direkt oder indirekt Wirkungen für ihre Unternehmenskultur und -kommunikation anstreben, verbessert werden. Stärken des Soziosponsoring liegen in den vielfältigen Ansatzpunkten, in der eigenständigen Konzeption und Darstellungsmöglichkeit, in der Vermittlung von Sympathie und gesellschaftlichem Verantwortungsbewusstsein und in der vernünftigen Preis-Leistungs-Relation. Schwächen liegen in der geringen Transparenz möglicher Sponsorangebote, in der geringen Werbewirkung durch Zurückhaltung der Medien, in Glaubwürdigkeitsproblemen und den fließenden Grenzen zum Spendenwesen. Derzeit dominieren damit noch der Fördergedanke und die Dokumentation gesellschaftlicher Verantwortung (Abb. 247).

Das **Umweltsponsoring** betrifft die Tätigkeitsbereiche Natur- und Landschafts-, Tier- und Artenschutz, ökologische Forschung, Umwelterziehung und Informationsdienste. Voraussetzungen für die Durchführung sind ein öffentliches Bekenntnis des Unternehmens zur Übernahme von Verantwortung für definierte Aufgabenstellungen, ein entsprechend konsequentes Unternehmensverhalten im Sinne dieser Ziele, eine starke innerbetriebliche Motivation zu dem geförderten Thema, eine offene und glaubhafte Identifikation mit Ökologiefragen und der Wille zu einem langfristigen, nachhaltigen Engagement. Die Stärken des Umweltsponsoring liegen im hohen Interesse und der großen Akzeptanz in der Bevölkerung, in der daraus folgenden Sympathie und den wirkungsvollen Ansatzpunkten für die Unternehmenskommunikation. Schwächen liegen in der zentralen Rolle der Glaubwürdigkeit des Engagements, das ein »sauberes« Unternehmen voraussetzt, und in der Gefahr der Überstrapazierung des Themas. Die wesentlichen Ansatzpunkte liegen daher in der Dokumentation der gesellschaftlichen Verpflichtung und Verantwortung sowie in der positiven Integration in die Unternehmenskultur.

- Art der Sponsorenleistung: Finanzmittel, Sachmittel, Dienstleistung
- Anzahl der Sponsoren: exklusiv, kooperativ
- Initiator des Sponsoring: fremdinitiiert, eigeninitiiert
- Art der Nutzung: isoliert, integriert
- Art der Gegenleistung: aktiv, passiv
- Träger der Sponsorship: Gruppen bezogene, Projekt bez., eigene Organisation
- Art der Projekte: Veranstaltungen, Aktionen, Wettbewerbe
- Art des Prädikats: Titelvergabe, Lizenzierung

Abb. 247: Dimensionen des Sozio- und Ökosponsoring

5.6.3.4.5.2 Sportsponsoring

Unter **Sportsponsoring** ist allgemein »die Bereitstellung von Geld, Sachmitteln, Know-how und organisatorischen Leistungen für Sportler, Sportvereine und Sportveranstaltungen mit dem Ziel, eine wirtschaftlich relevante Gegenleistung zu erhalten« zu verstehen (Roth 1990, S. 44). Beim Sponsoring von Einzelsportlern werden aktive Sportler bei der Ausübung ihrer Sportart sowohl finanziell als auch materiell unterstützt. Dafür tragen sie auffällige Werbesignets an Revers, Hemdkragen oder Kopfbedeckung, auf ihrer Ausrüstung (z. B. Taschen) und auf ihrem Trikot. Hinzu kommt meist ein Package mit verkaufsfördernden Aktionen, z. B. Autogrammstunden, und Testimonial-Werbung. Das ist jedoch nicht ganz risikofrei, wie Einsätze von Katrin Krabbe (Drogen) oder Toni Schumacher (Ausraster) zeigen. Dementsprechend werden »umstrittene« Sportler, wie Mario Basler oder Lothar Matthäus, kaum für Sponsorings genutzt. Auf internationaler Ebene werden hingegen gleich ganze Teams (wie von Nike im Good vs. Evil-Spot von Joe Pytka mit Paolo Maldini, Eric Kantona u. a.) eingesetzt.

Das Sportsponsoring basiert auf der wirtschaftlichen Abhängigkeit des Sports, vor allem im Spitzenbereich, und ist historisch gesehen die erste Form des Sponsoring gewesen. Sie wurde vor allem durch die Tabakindustrie forciert, die sich in vielen Ländern verschärften Werberestriktionen gegenübersieht und nach Auswegen sucht. Vorteile des Sportsponsoring liegen in der Möglichkeit des Imagetransfers von der Sportart bzw. dem Sportler, in der Zielgruppen spezifischen Kommunikation, die keinem Desinteresse, wie oft bei Klassischer Werbung, unterliegt, im nicht-kommerziellen Umfeld und in der weitgehenden Umgehung von Werbeverboten.

Gegenstand des Sponsoring sind

— Produkte ersten Grades, wie Sportartikel,
— Produkte zweiten Grades, wie sportnahe Artikel,
— Produkte dritten Grades, wie umfeldnahe Produkte,
— Produkte vierten Grades, die sportfremd sind.

Weiterhin kann nach der

— gesponsorten Sportart,
— der Art der Sportveranstaltung, z. B. lokale, nationale, internationale Bedeutung,
— der Leistungsebene, z. B. Spitzen-, Breiten-, Behindertensport,
— der organisatorischen Einheit, z. B. Vereine, Verbände, Einzelsportler, Teams,

unterschieden werden.

Werbung kann dabei am Sportler und in klassischen Medien mit Sportlern erfolgen. Als Kosten fallen der Sponsorbetrag, die Personalkosten zur Organisation, Aktionskosten, Nachbereitungskosten und Provisionen für Vermittler an (Abb. 248).

Stärken liegen in der hohen Multiplikatorwirkung über die Medien, in der großen Vielfalt der Sportarten mit ganz unterschiedlichen Imagemerkmalen und im allgemeinen Interesse der Bevölkerung am Thema Sport. Schwächen liegen in der Konzentration des Medieninteresses auf relativ wenige Sportarten, in der schon starken Besetzung dieser Sportarten durch Sponsoren mit teilweise hohen Beträgen und in aktuellen Imageproblemen (wie Doping, Hooligans etc.). Besondere Eignung scheint damit für Bekanntheitsgradsteigerung und Imagepflege gegeben. Insofern besteht ein enger Zusammenhang mit klassischen Werbemaßnahmen.

Sport ist längst nicht mehr nur eine der schönsten Nebensachen der Welt, er ist vielmehr für viele zur Hauptsache geworden. Immerhin 70 % der Bundesbürger geben an, Sport zu treiben

- Arten des Sponsoring: Geld, Sachmittel, Dienstleistungen
- Anzahl der Sponsoren: exklusiv, Co-Sponsoring
- Art des Sponsors: Leistungssponsoren (Ausstatter), Unternehmen als Sponsoren, Stiftungen als Sponsoren
- Initiator des Sponsoring: fremdinitiiert, eigeninitiiert
- Vielfalt des Sponsoring: konzentriert (nur ein Bereich), differenziert
- Art der Nutzung: isoliert (keine Verwertung in anderen Medien), integriert
- Gegenleistung des Gesponsorten: Werbung während der Veranstaltung, Nutzung von Prädikaten (offizieller Lieferant o.ä.), Einsatz der Gesponsorten in der Unternehmenskommunikation
- Art der gesponsorten Individuen/Gruppen: Profi-Sportler, halb-professionelle Sportler, Amateure
- Leistungsklasse: Breitenebene, Leistungsebene (z.B. Nachwuchs), Spitzenebene
- Art der gesponsorten Organisation: Verbände, Vereine, Stiftungen, öffentliche/gemeinnützige Organisationen
- Art der gesponsorten Veranstaltung: offiziell, inoffiziell (z.B. Schaukämpfe), eigenkreiert

Abb. 248: Dimensionen des Sportsponsoring

(lt. DAK-Umfrage). Der Deutsche Sportbund hat aktuell knapp 24 Mio. Mitglieder, sein Anteil am Bruttosozialprodukt ist mit 1,4 % so groß wie der der gesamten Landwirtschaft oder der Mineralölwirtschaft. Rund 64 Mrd. DM geben Bundesbürger pro Jahr für Sport im weitesten Sinne aus (nach einer Studie des Instituts für Freizeitwirtschaft) und immerhin knapp 600.000 Menschen gibt die Sportbranche Arbeitsplätze. Den größten Anteil an diesem sportlichen Geschehen hat zweifelsfrei der Fußball.

Fast 40 Mio. Deutsche (über 14 Jahre) (= 62 % der Bevölkerung) interessieren sich für diesen Sport (nach UFA-Studie). Es gibt an die 27.000 Vereine im Deutschen Fußball-Bund (DFB). Der DFB ist damit der mitgliederstärkste Sportverband überhaupt (immerhin 7 % der Bundesbürger, d. h. 5,6 Mio. Personen, waren 1996 im DFB organisiert). Rund 9,3 Mio. Zuschauer besuchten die Fußballspiele der 1. Bundesliga in der Saison 1995/96 (d. h. 273.000 pro Wochenende), allein Schalke 04 hat über 650.000 Zuschauer (38.300 pro Heimspiel).

Sowohl die Bundesliga-Berichterstattung im Fernsehen, zunächst in der ARD-Sportschau und im ZDF-Sportstudio für zuletzt (1987/88) 18 Mio. DM jährlich, dann bei RTL-Sport für 51 Mio. DM jährlich (1989/90–1991/92) und seit 1992/93 mit Ran auf SAT 1 für 140 Mio. DM jährlich (erst kürzlich verlängert gegen den Pool ARD/ZDF/RTL bis zur Saison 2000/2001), als auch die Spiele der Nationalmannschaft haben ein Millionenpublikum als TV-Zuschauer (insg. 1.001,15 Std. TV-Übertragung in 1995). Hinzu kommen spezialisierte Sportkanäle (wie DSF in Deutschland, Super Sport in den Niederlanden, Euro-Sport in Großbritannien). Insgesamt kommen so hierzulande 5.150 Std. Fußballberichterstattung zustande (1995) (es folgen Autorennen/2.961 Std., Tennis/2.082 Std. und Boxen/1.418 Std.) (Erhebung IFM). Die höchste Einschaltquote der deutschen Fernsehgeschichte stammt vom Fußball-Europameisterschafts-Endspiel

1996 (Deutschland-Tschechien/ARD) mit 28,57 Mio. Zuschauern. Für 91 % der Deutschen ist das Fernsehen denn auch die hauptsächlich genutzte Sportinformation, 57 % sehen regelmäßig Ran/SAT 1. Diese Personen sind mehrheitlich männlich und zwischen 14 und 49 Jahre alt.

Fußball ist damit ganz einfach die beliebteste Sportart. Das kommt auch in den Auflagen der Fußballzeitschriften zum Ausdruck (Kicker als »Zentralorgan« ist das größte Fußballmagazin Europas mit 325.000 Exemplaren Auflage, hinzu kommen Sport-Bild, Sport-Kurier, Revier-Sport u. v. a. m.).

Fußball-Spitzensport ist längst professionelles Show-Business geworden, das nach Stars und Skandalen verlangt und eine immer steigende Erwartungshaltung bei Zuschauern herbeiführt. Und das will finanziert sein. So sind Bundesliga-Vereine durchaus als mittelständische Unternehmen mit hohem Cash-flow-Bedarf für den Spielbetrieb zu betrachten. Gemessen daran ist übrigens das Management, meist durch ehemalige Fußballspieler, stark verbesserungsfähig. Neben dem Kartenverkauf sind die Sponsoring-Einnahmen zur wichtigsten Finanzierungsquelle geworden. Der Sponsor setzt dabei üblicherweise voraus, dass die Gegenleistung des Gesponsorten nicht nur darin besteht, dass dieser z. B. ein Trikot mit dem Logo des Förderers trägt oder im Stadion Banden mit einer Werbeaufschrift aufstellt, sondern dass diese für das breite Publikum intendierten Botschaften vor allem über die Berichterstattung in elektronischen und geprinteten Medien Beachtung finden. Dennoch ist die Einführung neuer, erst recht erklärungsbedürftiger Produkte durch Sponsoring nicht zu leisten.

Fußball wird dabei überwiegend mit positiven Attributen wie »kämpferisch, unterhaltend, spannend« assoziiert. Deshalb werden auch TV-Werbespots im Umfeld von Fußballübertragungen gern gebucht und teuer bezahlt. Der Bekanntheitsgrad kann zumindest u. a. durch Sportsponsoring gesteigert werden (entsprechende Aussagen liegen von Kärcher/Schalke 04, TV-Spielfilm/Hamburger SV und ehemals Commodore/Bayern München vor). Als Ziele werden aber auch die schwer messbare Kaufstimulierung und die jedoch ebenso diffuse Demonstration gesellschaftlicher Verantwortung durch Verbundenheit zum Sport genannt.

Das Sport-Sponsoring hatte wohl seine Geburtsstunde 1966, als Staatspräsident Tito bei der Ruder-WM in Jugoslawien seine Zustimmung zur Aufstellung von Werbeschildern und Anbringung von Werbeplakaten entlang der Rennstrecke gab und dafür harte Devisen von ISL, einer Schweizerischen Sportmarketing-Agentur, erhielt. Die Breitenwirkung kam dann durch das Formel-1-Sponsoring der großen Zigaretten-, Mineralöl- und Reifenkonzerne. Vor allem für die Tabakindustrie, die sich bereits früh heftigen Werbebeschränkungen (z. B. keine Fernseh- und Hörfunkwerbung, limitierte Anzeigen- und Plakatwerbung) gegenübersah, war dies ein Ausweg, um dennoch mit ihrer Marke ins Fernsehen mit seiner medialen Breitenwirkung und die Berichterstattung von Printmedien zu gelangen. Der Fußball zog relativ spät nach. Erst als die horrenden Gehälter und Transfersummen für internationale Stars über die reinen Eintrittsgelder nicht mehr finanzierbar waren, brachen die Dämme. Die erste Trikotwerbung der Bundesliga wurde ab 24.3.1973 bei Eintracht Braunschweig eingesetzt, der Hirschkopf des Jägermeister-Logos, für anfänglich 500.000 DM jährlich.

Sponsoring ist aber nicht nur auf eine allgemeine öffentliche Kommunikation ausgerichtet, sondern vor allem auf eine konkrete Gegenleistung des Gesponsorten. Besonders deutlich wird diese Gegenleistung beim Programm-Sponsoring vor und nach Sport-Fernsehsendungen, z. B. Beck's für Ran (SAT 1), OBI für Aktuelles Sport-Studio (ZDF) oder Veltins für Sportschau (ARD). Hinzu kommen Einzel-Sponsorings für Übertragungen von (Europa-/Landes-)Pokal- und Länderspielen (z. B. Bitburger, Krombacher, Warsteiner). Dabei handelt es sich aber nur um indirektes Sport-Sponsoring, weil die Gelder nicht dem Sport, sondern den Fernsehanstalten zufließen, die diese jedoch wieder an Verbände und Vereine für Übertragungsrechte zurückzahlen. Immerhin die häufigsten Airings in allen deutschsprachigen TV-Programmen wies 1995 Bayern München auf (239,8 Std.) vor Werder Bremen (187,4 Std.), Karlsruher SC (182,2 Std.) und Borussia Dortmund (155,2 Std.). Am Sympathischsten werden dabei Bayern München, Borussia Dortmund, Schalke 04 und Borussia Mönchengladbach empfunden (Umfrage GFM-Getas 1994).

Dennoch reichen selbst diese Erweiterungen offensichtlich nicht aus, Fußballübertragungen zu einem lohnenden Geschäft für die privat-wirtschaftlichen Fernsehsender zu machen (öffentlich-rechtliche Fernsehanstalten wären auf eine solche Rentabilität infolge Zwangseinnahmen durch Rundfunkgebühren nicht angewiesen). So sagt man der Sendung Ran/SAT 1 trotz Spotpreisen von (samstags) ca. 120.000 DM für 30 Sek. und kompletter Ausbuchung der Unterbrecherinseln einen Verlust mit dieser Programmfarbe nach. Und das bei durchschnittlich 6,83 Mio. Zuschauern allein samstags, dazu noch einmal 4,81 Mio. freitags bzw. 4,41 Mio. sonntags (jeweils 1995/96). So fordern viele die Erlaubnis für zusätzliche Werbeeinblendungen (etwa als Laufschrift am Bildrand), bis hin zu Viertelpausen (oder auch Time Out) während des Spiels oder Zeitverzögerungen für Werbeeinblendungen vor Standardsituationen (wie Elfmeter, Freistoß etc.), um dadurch die extremen Kosten der Übertragungsrechte finanzieren zu können. Im Stadion könnten währenddessen Events ablaufen wie Verlosungen, Cheer-Leader-Auftritte, Fallschirm-Zielspringen etc. (alles ohnehin schon praktiziert). TV-Spielfilm organisiert im Volkspark-Stadion in den Halbzeitpausen etwa Go Cart-Rennen von Zuschauern gegen Prominente oder Bungee-Springen vom Turmkran.

Als Ausweg bleibt ansonsten wohl nur Pay-TV, also die verschlüsselte Übertragung von Fußballspielen gegen Gebühr, wie das im Ausland bereits üblich ist. Der Niederländische Fußballverband KNVB hat etwa die Übertragungsrechte für die Spiele der Ehren-Divisie für 936 Mio. DM an den neuen Sportkanal Sport 7 verkauft. Im Free-TV sind diese Spiele erst deutlich zeitversetzt oder nur in Ausschnitten zu sehen. In Deutschland überträgt der Pay per Channel-Sender Premiere zwei Spiele der Woche nur in verschlüsselter Form für Decoder-Abonnenten. Ob die Übertragungen der WM 2002 wirklich Realtime erfolgen, bleibt abzuwarten, seit sich ein Kirch-Konsortium (Träger des Fee-TV-Kanals DF 1) die Übertragungsrechte für Europa sicherte. Zumindest für die Erstverwertung ist davon eher nicht auszugehen. Denn zu den wenigen Programminhalten neben Spielfilmen und Erotik, für die Zuschauer zusätzlich zu zahlen bereit sind, dürfte Sport, vor allem Fußball, gehören.

Das Sponsoring von Vereinsmannschaften erlaubt eine Vielzahl von Kommunikationsaktivitäten, neben Trikot- und Bandenwerbung auch Lautsprecherdurchsagen im Stadion (so ertönt nach jedem Tor von Borussia Mönchengladbach am Bökelberg, allerdings selten genug, die »Welch ein Tag«-Fanfare von Diebels Alt), Anzeigen in der Stadionzeitschrift und auf Eintrittskarten, Ehrenlogen und VIP-Räume für den Sponsor und seine Gäste, Pausenaktionen, Außenwerbung an Mannschafts- und Spielerfahrzeugen (so überlässt Opel den Spielern des FC Bayern München Dienstwagen im Wert von je ca. 70.000 DM zur freien Nutzung) und die Ausstattung der Mannschaft mit Freizeitbekleidung. Im VIP-Sektor stellt etwa der belgische Club RSC Anderlecht 1.600 Business-Sitze und 400 Ehrenlogen zur Verfügung. Werder Bremen betreibt seit 1991 37 VIP-Logen mit Bewirtungsservice im Weser-Stadion (die Kosten für eine Loge betragen zwischen 30.000 und 60.000 DM/Saison). Das Stadion von Arminia Bielefeld (Alm) verfügt über 43 VIP-Logen (Erlös: 2 Mio. DM). Der PSV Eindhoven bietet für VIP's sogar Restaurant, Frisiersalon und Boutique im Stadionraum. Hinzu kommt noch eine Vielzahl von Kontakten, etwa im Konferenz- und Interviewbereich, bei Szeneschilderungen (etwa Anfahrt des Mannschaftsbusses in TV), bei den Zuschauern im Stadion insgesamt und die Multiplikation durch Merchandising-Artikel mit Sponsorenaufdruck.

Die verbreitetste Form der Gegenleistung ist jedoch die Trikotwerbung. Sie galt dem DFB anfänglich noch als »unmoralisch« und »sportethisch verwerflich« und »schade dem Ansehen des Sports« (DSH 1974). Jahrelang wurden daher Übertragungen von Fußballspielen (aber auch von anderen Sportarten) wegen im Umfeld platzierter Werbung durch das öffentlich-rechtliche Fernsehen boykottiert. Noch 1981 wurde beim Europokal-Spiel Benfica Lissabon gegen Bayern München die Übertragung erst vorgenommen, nachdem portugiesische Soldaten die Werbeflächen weitgehend verdeckt hatten. Die Übertragung der Fußball-WM 1970 in Mexiko wäre fast nicht erfolgt, hätte der Bundestag einem Antrag stattgegeben, diese wegen der optischen Präsenz des Hauptsponsors Camel zu boykottieren (die deutsche Nationalmannschaft wurde immerhin 3. und absolvierte dabei bis heute legendäre Spiele mit Verlängerung gegen die Nationalmannschaften von England/Viertelfinale und Italien/Halbfinale).

Die offizielle Zustimmung des DFB kam erst am 30.10.1973 für die Spielzeit 1974/75. Damals starteten neben Eintracht Braunschweig mit Jägermeister (Spirituose) noch Bayern München mit Adidas (Sportartikel), MSV Duisburg mit Brian Scott (Freizeitmode), Eintracht Frankfurt mit Remington (Elektrokleingeräte), Hamburger SV mit Campari (Spirituose) und Fortuna Düsseldorf mit Allkauf (Einzelhandel) als Trikotwerber. 1979 hatten mit 1. FC Köln (Pioneer/Unterhaltungselektronik) und Schalke 04 (Trigema/Freizeitkleidung) alle Erst-Bundesliga-Fußball-Clubs eine Trikotwerbung (ab 1982 wurde dies auch für Frauen- und Jugend-Fußball erlaubt). Die Einnahmen lagen damals bei ca. 5,5 Mio. DM, 1983 schon bei 26 Mio. DM und 1996 bei 50 Mio. DM. Andere Sportarten (z. B. Tennis, Handball) und Länder (z. B. Österreich) zeigen jedoch, dass dies, wie so vieles, durchaus reformbedürftig scheint.

Zu diesen Einnahmen kommen Leistungsprämien für Einsätze in europäischen und nationalen Pokalspielen. Umgekehrt fallen bei nachhaltigem Misserfolg die Sponsoren aber oft auch weg. So erhielten die schweizerischen Vereine FC Zürich und Young Boys Bern nach spätem Ligaerhalt erst über die Abstiegsrunde keinen neuen Trikotsponsor mehr. Das Reinigungsunternehmen Kärcher wechselte nach dem Abstieg des MSV Duisburg in die 2. Bundesliga sofort zu Schalke 04. Die Hauptsponsoren KLM und NBI des englischen Erstligavereins Queens Park Rangers haben wegen der nega-

Klub	Sponsor Spielzeit 2000	Vertragssumme (in Mio. €)
Bayern München	Opel	8
Borussia Dortmund	S.Oliver	6
Bayer Leverkusen	Bayer (Aspirin)	5
Hertha BSC	Die Continentale	4
VfL Wolfsburg	Volkswagen	4
Eintracht Frankfurt	Viag Interkom	3
FC Kaiserslautern	Dt. Vermögensberat.	3
VfB Stuttgart	Debitel	3
Schalke 04	Veltins	2,75
Werder Bremen	Otelo	2,25
SC Freiburg	BfG-Bank	2.25
1860 München	Frosch Touristik	2.25
Arminia Bielefeld	Herforder Pils	2
MSV Duisburg	Thyssengas	2
Hansa Rostock	Kia	2
Hamburger SV	Hyundai	1,75
Spvgg. Unterhaching	Consumer Eletronic	1,5
SSV Ulm	Gardena	1

Abb. 249: Sponsoren der Fußball-Bundesliga 1999/2000 (Quelle: Horizont)

tiven Schlagzeilen über deren Fans (Hooligans) ihr Fußball-Sponsoring-Engagement ganz eingestellt. Der Hauptsponsor des Hamburger SV, TV-Spielfilm/Milchstraße-Verlag, untersagte 1995 sogar der Mannschaft das Tragen der gesponsorten Trikots im Spiel gegen den 1. FC Kaiserslautern wegen andauernder Erfolglosigkeit. Man befürchtete einen negativen Imagetransfer von einer Verlierer-Mannschaft auf einen Verlierer-Sponsor. Kärcher zögerte lange, Schalke 04 zu sponsorn, hing der Mannschaft doch noch der Ruch des Bestechungsskandals Anfang der 70 er Jahre (ein für Arminia Bielefeld wichtiges Spiel wurde gegen Zahlung von 40.000 DM für mehrere Schalker Spieler absichtlich 0 : 1 verloren) und der daraus folgenden Meineide, Spielsperren und Geldstrafen für einzelne Spieler an. Erst die äußerst erfreuliche Entwicklung in der Spielzeit 1995/96 (UEFA-Pokal-Teilnahme) wirkte nachhaltig positiv.

Inwieweit Trikotsponsoring in der Lage ist, einen Bekanntheitsgrad für den Absender zu schaffen oder diesen zu steigern, ist fraglich. Marktforschungsergebnisse zeigen nur hohe Werte (alle ungestützt erhoben) für Trikotwerber, die auch anderweitig hochbekannt sind (wie Opel 46 %, Südmilch 10 %, Adidas 10 % etc.) und niedrige Werte für solche, die auch anderweitig geringbekannt sind (wie Portas 2 %, Kärcher 2 %, Faber Lotto 3 % etc.).

Bandenwerbung zählt ebenfalls zu den Haupteinnahmequellen der Vereine. Neben stationären und aufwendigeren Dreh-/Wechselbanden werden bei wichtigen Spielen zusätzliche Werbereiter aufgestellt. Die Effizienz dieser Werbung hängt jedoch von der Platzierung der Werbeflächen und der Kameraführung, die wiederum vom Spielverlauf abhängt, ab. Damit ist vorab die Dauer der Fernsehpräsenz nicht absehbar (obgleich eine bestimmte On Screen-Zeit oft vertraglich garantiert wird, bei Unterschreiten gibt es dann eine Rückvergütung). Von der umstrittenen Beachtung der Werbung ganz zu schweigen. So war Okidata der Hauptsponsor des 1. FC Kaiserslautern in dessen Meisterschaftsjahr. Es steht jedoch sehr zu bezweifeln, ob die bloße Namensnennung ausgereicht hat, den Absender mit zutreffenden inhaltlichen Botschaften anzureichern. Und darauf käme es anstelle der bloßen formalen Präsenz ganz entscheidend an. Problematisch sind auch Gemeinschaftswerbungen einzuschätzen. So bleibt unklar, inwieweit der ehemalige Hauptsponsor Erdgas von Borussia Mönchengladbach wirklich zu einer Verbreitung und Akzeptanz dieser Energieform beigetragen hat. Dennoch liegen die durchschnittlichen Bandenpreise extrem hoch, z. B. 1995/96 bei Borussia Dortmund 89.500 DM, Werder Bremen 81.000 DM, Bayern München 107.500 DM, VfB Stuttgart und Karlsruher SC je 94.500 DM. Die Preise sind freilich nach Standort differenziert und hinter den Toren und neben den Eckfahnen, betrachtet aus den Kameraposition an der Längsseite der Tribüne, am Höchsten.

Hier sind noch Optimierungen möglich, und zwar aufgrund der Internationalisierung des Sports. So wurde das UEFA-Pokal-Spiel PSV Eindhoven gegen Werder Bremen von der einen Seite des Stadions vom niederländischen Fernsehen aufgenommen, gegenüberliegend war entsprechend landesspezifische Bandenwerbung platziert, und von der anderen Seite des Stadions vom deutschen Fernsehen, gegenüberliegend die deutsche Bandenwerbung. Damit kann der Verein die Einnahmen aus Bandenwerbung erheblich steigern (das gleiche galt für das Europapokal-Halbfinalspiel Rapid Wien gegen Feyenoord Rotterdam).

Allerdings ist nicht jeder Sponsor gleichermaßen sinnvoll. So wollte der Fußballverein FC Hanau 93 1994 der Republikanischen Partei Bandenwerbefläche zur Verfügung stellen. Oder der Wiener SC schloss einen Vorvertrag mit dem Sexartikel-Versender Beate Uhse ab, der ohne Vollzug blieb. Der FC Homburg trat 1987/88 mit der Trikotwerbung des Kondomherstellers London auf, was vom spröden DFB als unsittlich angesehen wurde. Verbraucherverbände sprechen sich zudem gegen Spirituosen-Werbung in Zusammenhang mit Sportsponsoring aus (vor allem Bier), um Suchtgefahren vorzubeugen. Zum Eklat kam es auch bei der Übertragung des Spiels Karlsruher SC gegen Girondins Bordeaux beim Bandenwerber Süddeutscher Rundfunk (das Spiel wurde vom DSF übertragen).

Eine weitere Form der Außenwerbung im Stadion könnte die Rasen- und Tornetzwerbung des Sponsors sein. Die Rasenwerbung ist (noch) verboten, weil das Spielfeld das Kernstück jeder Fußballveranstaltung ist und werbefrei bleiben muss. Wie wenig dies allerdings haltbar sein dürfte, zeigen Spielfeldmarkierungen beim Eishockey, Basketball, Handball etc. Die Aufmerksamkeitswirkung dürfte enorm sein, da das Spielfeld praktisch immer im Mittelpunkt der Bildübertragung steht. Gleichfalls ist eine Bedruckung der Tornetze verboten. Doch auch das dürfte nicht haltbar sein, zum einen, weil schon derzeit in Deutschland die Fangnetze hinter den Toren bedruckt sind, und zum anderen, weil im europäischen Ausland die Tornetzwerbung durchaus üblich ist (z. B. in Frankreich). Die Hintertorkamera-Perspektive lässt hier erhebliche Aufmerksamkeitswerte erwarten.

Besonders wichtig ist noch die Ausrüstungswerbung, d. h. die Ausstattung der Vereine mit Trikots, Schuhen, Trainingsanzügen, Bällen etc., die sämtlich mit Werbesignets/-logos versehen sind. Diese Form der Schleichwerbung ist weit verbreitet. Der englische Premier-League-Club Manchester United hat mit dem Sportartikelhersteller Umbro immerhin einen Ausrüstervertrag über sechs Jahre für rund 100 Mio. DM abgeschlossen. Adidas hat praktisch die gesamte Bundesliga in Bezug auf die Fußballschuhe (die mit den drei Streifen) unter Vertrag. Matthias Sammer (immerhin Europa-Fußballer des Jahres 1996) hat denn auch so seine Probleme mit seinem Testimonial für Nike (Fire Head).

Weithin verbreitet ist auch die Kopplung von Sportveranstaltungen an einen Sponsor, etwa durch Namensgebung, die dann in der Medienberichterstattung verbreitet wird. In Deutschland wurde dies erstmals beim Bundesligaspiel Werder Bremen gegen Waldhof Mannheim (18.3.1989) vom französischen Automobilhersteller Citroën praktiziert. Der Sponsoringbetrag von 250.000 DM erlaubte die Senkung der Eintrittspreise um 75 % und brachte 40 % der Zuschauer erstmals in das Fußballstadion. Ein aktuelleres Beispiel ist das Sponsoring des Abschiedsspiels von Rudi Völler durch Neckermann-Reisen (21.5.1996). Bekannt sind auch der Fuji-Cup der Bundesliga-Besten des Vorjahrs zu Beginn der neuen Saison oder der vergleichbare Umbro-Cup in Großbritannien.

Darüber hinaus gibt es zahlreiche Sonderformen des Fußball-Sponsoring. Am weitreichendsten ist sicherlich das Liga-Sponsoring. Dabei erfolgt die Umbenennung von nationalen Liga- und Pokalwettbewerben im professionellen Fußball. Dadurch kann eine herausragende Meinungsposition in der medialen Berichterstattung erreicht werden. Die Geldmittel gehen allerdings zu einem großen Teil an die nationalen Fußballverbände. Beispiele sind der Coca Cola-League Cup (Erfrischungsgetränk) in England anstelle des League Cup, die FA Carling Premiership (Bier) in England anstelle der Premier League, der Skol Cup (Bier) in Schottland anstelle des Scottish League Cup, die Smirnoff Irish League Championship (Spirituose) in Irland anstelle der Irish League, der Littlewoods Pools FA Cup in England anstelle des Football Association Cup oder der Amstel-Cup (Bier) in den Niederlanden anstelle des KNVB-Pokals.

Das Stadion-Sponsoring erfolgt hingegen durch Namensgebung für eine Fußballarena. Zu denken ist an das Gottlieb Daimler-Stadion in Stuttgart, wobei die Generalrenovierung und Komplettüberdachung des vormaligen Neckarstadions durch Mercedes-Benz wesentlich finanziert wurde. In Bremen übernahm Mercedes-Benz zudem die Finanzierung der Installation einer Multivisionswand, und erhielt dafür im Gegenzug eine überdimensionale Abbildung des Firmenlogos. Erstmals wurde ein Stadion-Sponsoring von Philips für den niederländischen Renommier-Club PSV Eindhoven übernommen (Ort der Firmenzentrale). In Middlesborough wurde der Stadionneubau nach dem Sponsor Cellnet Riverside Stadium benannt, das Stadion des RSC Anderlecht nach dem Generalumbau in Constant von den Stock Stadion (Präsident des Hauptsponsors) umbenannt. Vergleichbares passierte in Deutschland weniger spektakulär bei den Stadien der Oberligisten Kickers Emden und VfL Osnabrück.

Möglich ist auch der Sponsorhinweis durch Monitorwände am Stadiondach oder Laufbänder in den Stadionecken (wie im Highbury Stadion von Arsenal London). Da sich diese Medien vor allem an die im Stadion anwesenden Besucher wenden, eignen sie sich besonders für lokale und regionale Sponsoren, für welche die Aussicht auf eine nationale oder gar internationale Übertragung wenig sinnvoll ist. Dadurch können neue Geldmittel aktiviert werden.

Das Vereinsnamen-Sponsoring ist beim Fußball zwar hierzulande (noch) verboten, bei anderen Sportarten aber schon lange gang und gäbe (z. B. Basketball: SSV Ratiopharm Ulm, Tally Oberelchingen, Brandt Hagen). In Deutschland gilt der Likörfabrikant Günter Mast als Pionier. Er versuchte, die Umbenennung des damaligen Bundesligisten Eintracht Braunschweig in SV Jägermeister Braunschweig durchzusetzen, was ihm jedoch per einstweiliger Verfügung vom DFB untersagt wurde, obwohl eine außerordentliche Mitgliederversammlung am 14.12.1983 mit 96,3 % der Stimmen für die Umbenennung und die Änderung der Vereinsfarben in orange bzw. des Vereinslogos in einen Hubertushirschkopf votierte. Im Gegenzug erklärte sich Mast dazu bereit, dem heftig verschuldeten Verein jährlich über 2 Mio. DM zufließen zu lassen. Die alten Herren des DFB sehen jedoch nach wie vor im Vereinsnamen-Sponsoring die Gefahr, dass »der einzelne Verein zum Instrument der Werbung treibenden Wirtschaft und eines bestimmten Werbung treibenden Unternehmens gemacht wird.« Der Verein bedient sich dann »nicht mehr der Werbung, sondern wird selbst zum Gegenstand der Werbung ...«, ist also nicht mehr gleichberechtigter Partner, sondern völlig abhängig von ihr. »Zu befürchten ist insbesondere, dass ... der Name lediglich für einen begrenzten Zeitraum verwandt wird und nach Erfüllung des Zwecks als Werbeträger der Vereinsname erneut geändert und von dem nunmehr zu bewerbenden Unternehmen oder Produkt abgeleitet wird.« (LG Frankfurt). Dieses Urteil wurde damals vom OLG Frankfurt 1986 bestätigt, wegen eines Formfehlers vom BGH jedoch 1987 aufgehoben. Mast verzichtete aber danach auf einen erneuten Anlauf. Der vorläufig letzte vergebliche Versuch stammt vom 1. FC Markkleeburg, der sich in FC Auroflex Markkleeburg umbenennen wollte. Der Hauptsponsor Auroflex war bereit, dafür über fünf Jahre hinweg insgesamt 2,6 Mio. DM zu investieren.

Im europäischen Ausland ist das Vereinsnamen-Sponsoring längst kein Problem mehr. Dazu das Beispiel des benachbarten, gewiss nicht als sonderlich progressiv geltenden Österreich. Der Erstliga-Verein Wacker Innsbruck nannte sich ab 1986 FC Swarovski Tirol-Innsbruck, um dadurch die Region, etwa in Sachen Fremdenverkehr, zu unterstützen. Der Erstliga-Verein Admira Wacker Wien heißt aus ähnlichen Gründen seit 1996 FC Niederösterreich. Rein kommerzielle Beispiele sind hingegen FC Bluna Salzburg (vorher FC Salzburg), Vaillant VfB Mödling (vorher VfB Mödling) oder SV Casino Salzburg (vorher SV Austria Salzburg). In Deutschland gibt es allenfalls die Ausnahme historisch gewachsener Clubnamen, wie Bayer Leverkusen.

Vielfach dient das Sportsponsoring aber auch nur dem Ego von Managern, die Unterstützung abhängig von der Übertragung von Funktionärsämtern auf sie machen. Nur unter dieser Bedingung kaufte etwa der Inhaber des Hauptsponsors Reflecta dem 1. FC Nürnberg die Spieler Bustos, Olivares und Rösler. Wegen sportlicher Unerfahrenheit und Überlastung durch das zusätzliche Amt führen diese Egomanen die Clubs, die sie vorgeben, retten zu wollen, aber nicht selten erst in den Ruin (z. B. Günter Eichberg bei Schalke 04, der einen Schuldenberg von 15 Mio. DM hinterließ als er sich entfernte), ähnlich bei Olympique Marseille (Unternehmer und Kurzzeit-Politiker Bernard Tapie), das infolge Unregelmäßigkeiten sogar einen Zwangsabstieg in die 2. Liga hinnehmen musste.

In jedem Fall verlangt das Sportsponsoring, soll es seine ganze, wie auch immer geartete und gemessene, Wirkung zeitigen, die volle konzeptionelle Einbindung in die übrigen kommunikationspolitischen Maßnahmen des Sponsors. Hinzu kommt, dass zum eigentlichen Sponsoringbetrag noch einmal ungefähr der gleiche Betrag hinzukommen muss, um das Sponsoring spürbar zu stützen. So schenkte die Brauerei Diebels mehrere tausend Liter Freibier nach (!) dem Heimspiel von Borussia Mönchengladbach gegen 1860 München an die Zuschauer aus. Evtl. kann diese Begleitung auch durch andere (Neben-)Sponsoren erledigt werden. So sponsorte die Firma Energizer (Batterien) den Trainerstuhl von Aleksandar Ristic (allerdings längst entlassen). Beim SC Freiburg ließ sich die Mannschaft zusammen mit einem (dekorativen?) Badheizkörper von Zehnder ablichten. Die Mannschaftsbank des 1. FC Kaiserslautern besteht aus orthopädisch förderlichen Sport-Autositzen von Recaro. Der FC Schalke 04 hat neben Kärcher (Hauptsponsor) und Adidas (Ausrüstung) noch Warsteiner, Coca-Cola, Rheinfels-Quelle, Stöver, Tjareborg, Peacock und diverse lokale Unternehmen als Sponsoring-Partner unter Vertrag.

Die wichtigste Einnahmequelle der Zukunft dürfte jedoch das Merchandising sein, d. h. die Vermarktung von Fanartikeln in clubeigener Regie. Führend ist hier in Deutschland wiederum Bayern München (federführend Ex-Spieler Hansi Pflügler). Gern genommen wurden zuletzt vor allem die Trikots mit den Rückennummern 18 (Klinsmann) und 8 (Scholl), wenngleich diese an Beliebtheit eingebüßt haben dürften. Aber auch alle anderen Arten von Gebrauchs- und Freizeitartikeln mit Vereinslogo oder in Vereinsfarben sind besonders bei Kids sehr beliebt. Dies zeigt den Trend vom Fremd-Sponsoring zum Eigen-Sponsoring oder besser, zum gewerbsmäßigen Verkauf. Da ist der Schritt zur nach betriebswirtschaftlichen Maßstäben geführten Aktiengesellschaft (wie in Großbritannien, wo die Vereine ihre riesigen Cash-flows in der Creme de la Creme internationaler Fußball-Stars anlegten, wie Ruud Gullit, Gianlucca Vialli, Anthony Geboah, Dennis Bergkamp etc.). Der nächste logische Schritt ist dann die eigene TV-Vermarktung, was naturgemäß die nationalen Fußballverbände irritiert, die aber, wie üblich, kein schlüssiges Konzept und auch noch die Kartellbehörde gegen sich haben.

Durch das Zusammenwachsen der europäischen Wirtschaftssysteme entstehen für die Vereine völlig neue Vermarktungsdimensionen, da ausländische Konzerne ein hohes Interesse an der Steigerung des Bekanntheitsgrads und der Aufwertung des Images im wichtigen deutschen Markt haben. Angesichts der hohen Akzeptanz des Fußballsports in der Bevölkerung, wird Fußball als Forum immer mehr zu einem gesellschaftlichen Ereignis mit spannungs- und emotionsgeladener Atmosphäre. Insofern entwickelt er sich von einem »proletarischen« Ereignis zu einem Event für gehobene Zielgruppen. Das bedeutet aber weit mehr als nur elf Freunde auf dem Platz. Welches Potenzial darin liegt, zeigt die Entwicklung des Boxsports bis in die jüngere Vergangenheit. Dazu müssen jedoch die engen satzungsmäßigen und verbandsorientierten Bestimmungen dringend geändert werden. Um den Vorstellungen der Sponsoren zu entsprechen, wird in hochentwickelte Informations- und Kommunikationstechnologie investiert werden müssen (Beispiele sind CD-ROM's mit Liga-Daten, Internet-Sites mit aktuellen Ergebnissen, Call Centers zum Telefonkontakt mit Spielern etc.). Daraus erwachsen wiederum neue Möglichkeiten für Fußball-Sponsoring, sodass das Ende der Fahnenstange noch lange nicht erreicht sein dürfte.

Allgemein werden als wesentliche **Vorteile** des Sponsoring genannt:

- Ansprache in einem attraktiven, nicht-kommerziellen Umfeld,
- Teilweise hohe Reichweiten (z. B. bei Sportveranstaltungen),

- Vergleichsweise günstige Kostenwirtschaftlichkeit bei nicht-exklusiven Zielgruppen, Tarife sind zudem frei aushandelbar,
- Nutzung des Multiplikatoreffekts der Massenmedien,
- Umgehung von Zapping bei Werbeblöcken im Fernsehen,
- Oft grenzüberschreitende Imagewirkung,
- Partizipation am erlebnisorientierten Umfeld des Sponsoringereignisses bzw. -objekts/-subjekts,
- Hohe Akzeptanz in der Zielgruppe,
- Ausweichmöglichkeit bei Ablehnung und/oder Verbot klassischer Werbung für bestimmte Produktgruppen,
- Intensive Bearbeitungsmöglichkeit der Zielpersonen im direkten Interessenumfeld,
- Untermauerung des Anspruchs klassischer Werbung durch begleitendes Sponsoring,
- Nutzung für anschließende Verkaufsförderungsaktivitäten,
- Instrumentaleignung zur Kundenbindung und -gewinnung,
- Große Vielfalt der sachlichen, räumlichen und zeitlichen Aktionsmöglichkeiten,
- Schnell und flexibel an veränderte Vermarktungsbedingungen anpassbar, insb. wenn selbst initiiert,
- Hohe Selektivität der Zielgruppe möglich, dadurch kostengünstig,
- Etablierung und Betonung neuer Imagefacetten,
- Insb. bei Meinungsbildnern einsetzbar.

Als wesentliche **Nachteile** des Sponsoring sind hingegen zu erwähnen:

- Hohes Risiko bei Abhängigkeit von Einzelpersonen und Ereignissen,
- Kaum Erfolgskontrollmöglichkeiten, da äußerst indirekte Form der Ansprache,
- Schwierige Zielgruppenabgrenzung durch fremdgesteuerte Medien,
- Weder kurzfristig noch als isolierte Maßnahme sinnvoll einsetzbar,
- Keine Möglichkeit der exakten Kostenerfassung und -zurechnung,
- Nur eingeschränkte Gestaltungsmöglichkeit der kommunikativen Botschaften um Unternehmens- bzw. Produktnamen/-zeichen herum,
- Eingeschränkte Verfügbarkeit von Sponsoringobjekten/-subjekten,
- Risiko negativer Synergien bei Co-Sponsoring,
- Negative Einstellung der Öffentlichkeit gegenüber Sponsoring wächst,
- Hohe Anforderungen an spezialisierte Mitarbeiter, auch extern,
- Setzt gewisse Bekanntheit des Sponsors voraus, da sonst ohne Effekt,
- Probleme in der Glaubwürdigkeit des Sponsors in Zusammenhang mit dem Gesponsorten und beider Zielgruppen möglich,
- Konstitutiv nebensächlicher Charakter der Sponsoringbotschaft.

Voraussetzung für den Erfolg ist ein Bekenntnis zum Sponsoring. Sponsoring basiert auf Leistung und Gegenleistung, Nutzen und Aufwendungen müssen deshalb in angemessenem Verhältnis zueinander stehen. Wobei auf jeden Euro Sponsoring erfahrungsgemäß zwei Euro für Rahmenbedingungen kommen. Sponsoring darf nicht isoliert gesehen und eingesetzt werden, sondern muss in die Kommunikationsplanung des Unternehmens voll integriert und ausgenutzt werden. Sponsorthema und -bereich müssen in plausiblem, glaubwürdigem Zusammenhang mit dem Kommunikationskonzept stehen. Alle Sponsoringmaßnahmen müssen unter ein einheitliches Konzept gestellt werden, um ein Verzetteln zu vermeiden. Für die nachhaltige Wirkung ist eine Kontinuität des Engagements erforderlich. Die Durchführung der Maßnahmen bedarf einer exakten Vorbereitung und detaillierten Abstimmung. Schließlich müssen Zuständigkeiten und Befugnisse für Sponsoring unternehmensintern klar abgegrenzt und formuliert werden. Arbeitsschritte dazu können etwa folgende sein:

– Vorgabe des Sponsoring-Ziels,
– Planung der Sponsoring-Zielgruppe,
– Planung des Sponsoring-Budgets,
– Wahl der Sponsoring-Art,
– Wahl des Sponsoring-Bereichs,
– Wahl der Sponsoring-Leistungsebene,
– Suche nach geeigneter Sponsoring-Trägerorganisation,
– Auswahl des Sponsoring-Objekts,
– Prognose der Sponsoring-Effizienz,
– Verhandlungen über Leistungen und Gegenleistungen,
– Entscheidung über Einsatz.

5.6.3.4.5.3 Programmsponsoring

Eine weitere Form des Sponsoring ist das Programmsponsoring. Darunter versteht man den Beitrag einer natürlichen oder juristischen Person oder einer Personenvereinigung, die an Rundfunktätigkeiten oder der Produktion audiovisueller Werke nicht beteiligt ist, zur direkten oder indirekten Finanzierung einer Sendung, um den eigenen Namen, die eigene Marke, das Erscheinungsbild der Person/Vereinigung, ihre Tätigkeit oder ihre Leistungen zu fördern (Abb. 250).

Es handelt sich somit um die systematisch geplante Verbindung eines unternehmensspezifischen Zeichens oder eines Marken- bzw. Produktnamens mit einer Sendung oder ihrer Promotion in elektronischen Medien auf Basis einer Bereitstellung von Geld, Sachmitteln oder Dienstleistungen an Sendeanstalten, um damit eigene Kommunikationsziele zu erreichen.

Faktisch stellt dies eine (legale) Umgehung von Werbevorschriften dar, im eigentlichen Sinne handelt es sich jedoch um kein Sponsoring, da hier der Fördergedanke fehlt. Dennoch hat sich dieser Begriff etabliert. Man unterscheidet:

– externes Programmsponsoring, d. h., der Sponsor ist in die Sendung nicht mit einbezogen (Programmsponsoring i.e.S.) und
– internes Programmsponsoring, d. h., der Sponsor ist durch Sonderwerbeformen in die Sendung mit einbezogen (Programmsponsoring i.w.S.).

Als solche Sonderwerbeformen im Rahmen des internen Programmsponsoring sind vor allem denkbar:

– Programming, d. h. das Bereitstellen von Produktionsmitteln für eine Sendung oder die Sender unabhängige Vorproduktion eines Programms, dessen Ausstrahlungsrechte einem Sender vom Sponsoringgeber angeboten werden,
– Placement, d. h. die zulässige Platzierung »realer Requisiten«, aus denen der Sponsoringgeber hervorgeht.
– Patronat, d. h., Name/Logo des Sponsoringgebers sind für eine bestimmte Zeit im Bild eingeblendet (z. B. Spielzeit/-stand bei Sportübertragungen).

ARD		ZDF	
Sendung	**Sponsor**	**Sendung**	**Sponsor**
Herzblatt	Yes	Aspekte	Focus
Mr. Bean	Kit-Kat	Das literarische Quartett	Focus
Nicht von schlechten Eltern	Alete	Geo-Expedition	Brauerei Licher
Orden wider den tierischen Ernst	Zentis	Gesundheitsmagazin Praxis	Gerolsteiner Brunnen
Sonntagsfilm	Iduna Nova	Live Talkshow	Fürst von Metternich
Tatort	Krombacher Brauerei	Montagskino im ZDF	Bitburger Brauerei
Tier- und Natursendungen	Brauerei Licher	Musik-Zeit	RWE Energie AG
Verstehen Sie Spaß?	Seitenbacher Müsli	Naturzeit	Brauerei Licher
Vorabend-Wettershow	Center Parks	Neujahrskonzert 1995	Siemens
		Unvergeßliches Wochenende	Merci
		Wetten, daß …?	Ehrmann
		Willemsen Woche	Brauerei Holsten
Alpin Ski-Weltcup + WM	Warsteiner Brauerei	Das aktuelle Sportstudio	Brauerei Beck's
ARD Sport Extra	Mercedes-Benz	Eishockey-WM	Warsteiner Brauerei
ARD Sport Extra	Warsteiner Brauerei		
ATP-Turnier – Hamburg	Panasonic		
DFB/UEFA-Spiele	Krombacher Brauerei		
Eishockey-WM	Warsteiner Brauerei		
EM-Qualifikation	Bitburger Brauerei		
Fußball-Länderspiele	Bitburger Brauerei		
Sportschau	Brauerei Hannen		
Sportschau-Telegramm	Hyundai		
Vier-Schanzen-Tournee	Warsteiner Brauerei		
Weltcup-Skispringen (Willingen)	Spark.- und Giroverband		

UNTERHALTUNG/INFO / SPORT

RTL		Sat 1	
Sendung	**Sponsor**	**Sendung**	**Sponsor**
100.000 Mark Show	König Pilsener	Alles Liebe oder was?	Julia
Action Pack !	Bitburger Brauerei	Bergdoktor	Doppelherz
Das große TV-Drama	Bitburger Brauerei	Deutschland Heute Morgen	Abtei
David Copperfield-Special	Jade	Div. Spielfilme	TV-Spielfilm
Gottschalk Late Night Show	Haribo	Früh-TV Gewinnspiel	Süddt. Klassenlotterie
Hans Meiser	Funk Uhr	Gut drauf	Sanostol
Mini-Playback-Show	Böklunder	Heute leben	Figura Fit
Mini-Playback-Show 2. Staffel	Sindy	Kommissar Rex	Frolic
Oster-Spielfilme	TV-Spielfilm	Terra Magica	Licher Pils
Prinzengarde	Taxofit		
RTL Samstag Nacht	Flying Horse		
Siegfried & Roy	Condor		
Sonntagsfilm	Bitburger Brauerei		
Tierärztin Christine	Tosca		
Traumhochzeit	Ehrmann		
Wie bitte?!	Funk Uhr		
Boxen	Ralston-Energizer	ran – Fußball-Bundesliga	Brauerei Beck's
Champions League	Ford/Reebok/Continental	ranissimo	Brauerei Beck's
D1-ADAC-Tourenwagen-Cup	DETE Mobil	Täglich ran – Fußball	Brauerei Beck's
DFB-Hallenmasters	Hasseröder Brauerei	jump ran – Basketball	Nutella
Formel 1	Bauhaus/Beru/Goodyear	Fußball-Europapokal	Krombacher Brauerei
Fußball-Europapokal	Krombacher Brauerei		
Wimbledon	Hasseröder Brauerei		

Quelle: Media Control, IPA-plus, gesponserte Sendungen Januar bis April 1995 (ohne Regionalprogramme), ohne Anspruch auf Vollständigkeit

Abb. 250: Programmsponsoring bei ARD, ZDF, RTL und Sat 1 1995

– Gewinnspiel, d. h. die Bereitstellung von Gewinnpreisen mit Erwähnung des Sponsoringgebers durch den Moderator und bis zu 10 Sek.-Einblendungslänge.

Beim externen Programmsponsoring handelt es sich um die Einspielung von Trailern mit max. sieben Sekunden Länge. Als Trailerinhalt sind die Nennung des Sponsors (präsentiert von …), jedoch keine Werbeslogans erlaubt. Erlaubt sind außerdem die Einblendung der Marke, des Logos und des Firmennamens. Eine Bewegtbilddarstellung ist zwar erlaubt, sie darf jedoch nicht den Charakter eines Werbespots annehmen. Der Sponsorhinweise muss kurz sein und darf nur so lange dauern, bis die Fremdfinanzierung deutlich erkennbar wird. Weder im Bild noch im Text darf auf spezielle Vorzüge oder Eigenschaften des Produkts hingewiesen werden.

Außerdem darf der Sponsoringgeber keinerlei Einfluss auf den Programminhalt nehmen, sodass die Verantwortung oder redaktionelle Unabhängigkeit des Rundfunkveranstalters beeinträchtigt wird. Während der Sendung darf kein weiterer Hinweis auf den Sponsor erfolgen, jedoch darf er in den Werbepausen »normale« Werbespots schalten. Wer nach dem Staatsvertrag oder nach anderen gesetzlichen Bestimmungen nicht werben darf oder wer überwiegend Produkte herstellt oder verkauft oder wer Dienstleistungen erbringt, für die Werbung verboten ist, darf Sendungen nicht sponsorn (z. B. politische und weltanschauliche Vereinigungen, religiöse Gemeinschaften, Zigarettenhersteller). Nachrichtensendungen, Sendungen zum politischen Zeitgeschehen und Dauerwerbesendungen müssen von Programmsponsoring frei bleiben. Alle gesponsorten Sendungen dürfen nicht zum Kauf, zur Miete oder Pacht von Erzeugnissen oder Dienstleistungen des Sponsoringgebers oder eines Dritten anregen. Daher ist eine umfangreiche Einzelfallprüfung zur Einhaltung dieser Rahmenbedingungen erforderlich. Hingegen ist ein Titelsponsoring jederzeit möglich, d. h. der Name von Unternehmen und Produkten wird als Sendungstitel eingesetzt. Dadurch ist ein Programm integrierter Auftritt möglich, wenngleich auch die Gefahr der Inflationierung besteht.

Programmsponsoring ist als Exklusiv-Sponsoring oder als Co-Sponsoring möglich, also in Verbund mit einem oder mehreren anderen Sponsoringgebern. Auch können mehrere Sendungen nacheinander gesponsort werden (z. B. Kulmbacher Filmnächte). Öffentlich-rechtliche Sender sind hinsichtlich des Programmsponsoring den privat-wirtschaftlichen gleichgestellt.

Für die Beziehung zwischen der Sponsoring-Botschaft und der sie umgebenden Redaktion sind verschiedene Hypothesen entwickelt worden, die einander allerdings gravierend widersprechen. Im Einzelnen handelt es sich um folgende:

– Der Übertragungseffekt geht davon aus, dass Programmumfelder mit positiver Stimmung das Behalten, Erinnern und Bewerten der Spots fördern und umgekehrt.
– Der Kontrasteffekt geht davon aus, dass Programmumfelder mit negativer Stimmung das Behalten, Erinnern und Bewerten der Spots fördern und umgekehrt
– Der Kongruenzeffekt geht davon aus, dass ähnliche Stimmung von Programmumfeld und Spot die Werbewirkung fördert und umgekehrt.
– Der Divergenzeffekt geht davon aus, dass unterschiedliche Stimmung von Programmumfeld und Spot die Werbewirkung fördert und umgekehrt.
– Die Kurvilinearität geht davon aus, dass ein mittleres Erregungsniveau des Programmumfelds die Werbewirkung fördert, besonders geringe und besonders hohe Erregung sind hingegen hinderlich.

Welcher dieser Hypothesen die größte Bedeutung zukommt, ist ungewiss. Als wesentliche Vorteile des Programmsponsoring sind jedoch summarisch folgende zu nennen. Es ermöglicht den schnellen Aufbau von Bekanntheit, ist im Umfeld einer attraktiven Sendung platziert, erlaubt eine Alleinstellung mitten im Programmteil und außerhalb des Werbeblocks, lässt sich im Gegensatz zu Werbeblöcken nicht so leicht wegzappen, hat eine höhere Akzeptanz im Publikum als Werbung und ermöglicht die Verbindung zu anderen Sponsoringmaßnahmen (z. B. Trikotwerbung).

Als wesentliche Nachteile des Programmsponsoring gelten jedoch, dass der Eindruck erweckt wird, dass alles im Programm kommerzialisiert ist und evtl. auch Inhalte beeinflusst werden können (z. B. Unterdrückung kritischer Berichterstattung). Außerdem ist keine Vermittlung unmittelbarer Produktinformationen möglich. Auch darf keine Anregung zum Kauf gegeben werden.

5.7 Persönliche Kommunikation

5.7.1 Einflussfaktoren

5.7.1.1 Käufer- und Verkäuferprofile

Man kann verschiedene Käufer- und Verkäufertypen in der Persönlichen Kommunikation unterscheiden. Zunächst zu den Käufertypen.

– Der **Aggressive** ist provozierend und ständig schlecht gelaunt. Hier ist es hilfreich, Verständnis zu signalisieren und Übereinstimmung zu erreichen.
– Der **Schüchterne** ist unsicher und leicht zu irritieren. Hier ist es sinnvoll, eher keine Alternativen aufzuzeigen, Vertrauen zu gewinnen und Garantieerklärungen abzugeben.
– Der **Vielredner** ist egozentrisch und weitschweifig. Hier gilt es, ihn auf den Punkt zu bringen, den Sprachschwall zu reduzieren und Klarheit zu schaffen.
– Der **Schweiger** ist misstrauisch und einsilbig. Hier ist es wichtig, Vertrauen zu gewinnen und das Gespräch aufzulockern.
– Der **Rechthaberische** ist leicht erregbar, besserwisserisch und energisch. Hier soll man als Verkäufer nicht widersprechen und ihn durch geschlossene Fragen (Ja/Nein) steuern.
– Der **Nervöse** ist unkonzentriert und eilig. Hier hilft eine knappe Beratung und der sichtbare Respekt vor der Terminnot des Kunden.
– Der **Arrogante** schließlich ist überlegen und eitel. Hier werden Suggestivformulierungen und Referenzaussagen sinnvoll eingesetzt.
– Für den Verkäufer sind entscheidende Erfolgsfaktoren im Verkaufsgespräch die Dimensionen der Sympathieausstrahlung (Mögen des Verkaufsberaters) und der Kompetenzbeeindruckung (Achten des Verkaufsberaters). Geht man jeweils von den ordinalen Ausprägungen gering und hoch aus, ergeben sich vier Kombinationen.
– Verkäufer mit sowohl geringer Sympathieausstrahlung als auch Kompetenzbeeindruckung sind für den Beruf leider ungeeignet. Bei ihnen ist daher zu prüfen, inwieweit eine sozialverträgliche Freisetzung vorgenommen werden kann.
– Verkäufer mit geringer Sympathieausstrahlung und hoher Kompetenzbeeindruckung wirken meist als unsensible Technokraten. Bei ihnen ist zur Erfolgssteigerung dringend eine Qualifizierung durch Verhaltenstraining notwendig.
– Verkäufer mit hoher Sympathieausstrahlung und geringer Kompetenzbeeindruckung kommen eher als nette Kumpel über, was für den Verkaufserfolg aber nicht ausreicht. Daher ist eine Qualifizierung durch Wissensschulung notwendig.

- Verkäufer mit sowohl hoher Sympathieausstrahlung als auch Kompetenzbeeindruckung sind die idealen Verkäufer. Bei ihnen kommt es für den Betrieb darauf an, Motivierung und Bindung an das Unternehmen zu erreichen.

Verkäufer nehmen verschiedenartige Funktionen ein. Zu unterscheiden sind:
- Verkäufer, welche die nur physische Distribution von Waren zur Aufgabe haben, also reine Lieferanten sind, und bei denen ein aktives Bemühen um Umsatz allenfalls sehr gering ausgeprägt ist (Produktanlieferung),
- Verkäufer, die in erster Linie im Innenverkauf Aufträge entgegennehmen bzw. Interessenten Produkte demonstrieren und übergeben, die Umsatzbeeinflussung ist auf die zum Verkäufer kommenden Interessenten begrenzt (Präsentation),
- Verkäufer, die im Außenverkauf in erster Linie Aufträge entgegennehmen, aber nicht als Berater oder Problemlöser auftreten, dabei führen auch geringe Problemlösungsfähigkeiten zum Umsatz (Orderaufnahme),
- Verkäufer, die im Prinzip reine Berater sind, von ihnen wird eine Auftragsentgegennahme nicht erwartet, manchmal ist sie ihnen auch verboten, ihre Aufgabe ist vielmehr in erster Linie, gegenwärtige und potenzielle Produktverwender zu informieren, zu beraten und Goodwill aufzubauen (Kundenkontaktpflege),
- Verkäufer, bei denen die Problemlösung für bzw. mit dem Kunden im Vordergrund steht, an sie werden technische Anforderungen gestellt, nur wenn der Interessent sieht, dass seine Probleme besser als vordem gelöst werden, wird er auch zum Kunden (Problemlöser),
- Verkäufer, die beim Verkauf eines konkreten Objekts in erster Linie kreativ vorgehen müssen, um den potenziellen Kunden zu überzeugen, dass das Produkt eine bessere Problemlösung erbringt (Neukundengewinnung),
- Verkäufer, die Dienstleistungen verkaufen müssen, was meist die abstrakte Demonstration des Produktnutzens erforderlich macht und deshalb als problembeladen angesehen werden muss.

Zu den Aufgaben der Verkaufsaußendienstmitarbeiter (VADM) gehören vor allem folgende:
- Verkaufsvorbereitung, dazu gehört die Prüfung der Vollständigkeit und Richtigkeit aller Verkaufsunterlagen, die Planung von Kundenbesuchen und die Zielsetzung für solche Gespräche;
- Anmeldung beim Kunden, denn die Terminvereinbarung ist in den meisten Fällen zweckmäßig (dazu gehören auch die Absprache der Dauer und ggf. des Zwecks des Gesprächs);
- Fahrt zum Kundenstandort, die Anfahrt ist so zu wählen, dass vereinbarte Termine pünktlich eingehalten werden können;
- Eröffnung des Verkaufsgesprächs, dies ist die »Eisbrecherphase«, für die es sich schickt, nicht gleich »mit der Tür ins Haus zu fallen«, sondern allgemeine Einstiegsthemen zu finden;
- Problem qualifizieren/Informationssammlung, denn jedes Gespräch muss kundenorientiert geführt werden, und das setzt zunächst die Identifizierung des Kundenproblems voraus;

- Problemlösung anbieten/Beratung, hier werden die Nutzenkomponenten des angebotenen Produkts dargelegt;
- Leistungen demonstrieren/Vorführung (noch besser ist es, den Kunden selbst Nutzen stiftende Tätigkeiten mit dem Produkt ausführen zu lassen, da dies zu unmittelbaren Aha-Erlebnissen bei ihm führt);
- Einwände beseitigen, denn Einwände sind Kaufbarrieren, die, wenn es nicht gelingt, sie zu überwinden, einem Abschluss unverrückbar im Weg stehen;
- Konditionen aushandeln/Verkaufsabschluss erzielen, zuerst kommen immer die Leistungen und erst dann die Aufwendungen, um in deren Genuss zu kommen;
- Bestätigung des Kunden zur wirksamen Reduktion unvermeidlich nach dem Abschluss auftretender kognitiver Dissonanzen;
- Verabschiedung zur stilvollen Beendigung von Verkaufsgesprächen, um beim Kunden nicht das Gefühl aufkommen zu lassen, dass man nur am Abschluss, nicht aber an seiner Person interessiert ist;
- Rückfahrt, die je nach Lage der Dinge bereits zu ersten Handlungen genutzt werden kann, wenn z. B. besondere Dringlichkeit gegeben ist;
- Besuchsbericht schreiben, um wichtige Eckdaten des Gesprächs für sich selbst zu dokumentieren und dem Arbeitgeber bzw. beauftragenden Unternehmen hinlängliche Transparenz über die Tätigkeiten zu geben;
- Auftragsabwicklung veranlassen, um die unverzügliche Leistungsausführung zu gewährleisten, denn Schnelligkeit ist ein wichtiger Wettbewerbsparameter;
- Sonderwünsche erledigen: gerade diese sind, angesichts zunehmend austauschbarer Basisleistungen am Markt, noch in der Lage, Präferenzen und damit akquisitorisches Potenzial aufzubauen;
- Reklamationen bearbeiten/Wiedergutmachung, dies ist eine heikle Aufgabe, die jedoch, richtig behandelt, zu hoher Kundenzufriedenheit führen kann und sogar zur Chance auf Zusatzabschlüsse;
- Werbemittelbevorratung/-anbringung/VKF-Aktionen, die als ergänzende Tätigkeiten verlangt werden, wobei sich jedoch die Frage stellt, ob die dafür aufgebrachte Zeit nicht für aktive Verkaufstätigkeit besser eingesetzt ist;
- Handlagerführung/Neuproduktmuster/Warenplatzierung, zu denken ist vor allem an das Merchandising, das ebenfalls oftmals vom Verkauf übernommen wird.

Kernaufgabe ist und bleibt jedoch die Verkaufsgesprächsführung als Element werblicher Information.

Persönliche Kommunikation bedeutet die Planung, Organisation, Durchführung und Kontrolle sämtlicher unternehmensinterner und -externer Aktivitäten, die mit der wechselseitigen Kontaktaufnahme bzw. -abwicklung zwischen Anbieter und Nachfrager in einer durch die Umwelt vorgegebenen Face to Face-Situation verbunden sind, in die bestimmte Erfahrungen und Erwartungen durch verbale und non-verbale Kommunikationshandlungen eingebracht werden, um damit gleichzeitig vorab definierte Ziele der Unternehmenskommunikation zu erreichen.

Es gibt keine Patentrezepte für die optimale Führung eines Informations- oder Verkaufsgesprächs. Es wird vielmehr so sein, dass jeder Gesprächspartner mit seinem persönlichen Stil, mit dem er intuitiv sicher agiert, am besten fährt. Das Gespräch ist eine Informations- und

Verkaufsform durch unmittelbaren Kontakt mit Kunden zum Zwecke der Verkaufsanbahnung und letztlich des Abschlusses des Kaufvertrags. Als personengebundene Einflussfaktoren der Kommunikation kommen in Betracht

- **kommunikative Zeichen**. Diese sind:
  - Hörbar in Form von vokalen und nicht-vokalen Zeichen. Vokale, auch aurale, Zeichen sind z. B. Stimmlage, Sprachbegleitung (wie Lachen, Schreien, Hüsteln, Seufzen etc.), Melodie (wie Betonung, Kadenz, Pause etc.), Phonetik, Syntax,
  - Sichtbar, in Form von Gestik (wie Mimik, Haltung etc.), Eindruck (wie Kleidung, Haartracht, Kosmetik etc.), Zuneigung (wie Blickkontakt, Körperwendung etc.).
- **indirekte Zeichen**. Diese betreffen:
  - Physiognomie, Aussehen, Statur etc.,
  - Verhalten, Bewegung, Reflex etc.

Je mehr Kongruenz dabei bezüglich dieser Zeichen zwischen Sender (Kommunikator/Verkäufer) und Empfänger (Kommunikant/Käufer) herrscht, desto eher und besser kommt Kommunikation zustande. Das Informations- und Verkaufsgespräch ist ein (zielgerichtetes) Sach- oder Zweckgespräch, für das sich hilfreiche Techniken feststellen lassen. Für die Anlage des Gesprächs sind mehrere Einflussfaktoren bedeutsam, so z. B.

- **Körperbau**. Hier unterscheidet man:
  - Leptosome. Sie gelten stereotyp als vornehm, feinsinnig, eher weltfremd, idealistisch, distanziert, trocken, träge.
  - Pykniker. Sie gelten stereotyp als tatkräftige Praktiker, gutmütig, ruhig, schnell zufriedenzustellen, eher sentimental.
  - Athletiker. Sie gelten stereotyp als bedächtig, pedantisch, nüchtern, hartnäckig, jähzornig.

  Dabei geht es um den angeborenen, nicht antrainierten Körperbau. Diese Stereotype sind jedoch höchst umstritten und halten einer empirischen Validierung kaum stand.
- **Sprache**. Hier lassen sich mehrere Sprachcodes unterscheiden:
  - Restringiert. Dies beinhaltet einfache, kurze Sätze, einfache Satzverknüpfungen, überwiegend Hauptsätze, konkrete Sprache, oft Dialekt, kleiner Wortschatz, kaum Fremdwörter, fehlerhafte Grammatik, Gesten als Ersatz für fehlende Wörter, direkt ausgerichtet.
  - Elaboriert. Dies beinhaltet komplexe, komplizierte Sätze, Personen orientierte Formulierung, logische Argumentation, abstrakt, hochdeutsch, großer Wortschatz, Gebrauch von Fremdwörtern, richtige Grammatik, wenige, gezielte Gesten, durch Analogie, Vergleich, Beispiel arbeitend.

  Aus der Sprache lassen sich gute Anhaltspunkte für das soziale Beziehungsfeld des potenziellen Kunden ableiten.
- **Sprachvariable**. Diese können im Vortrag eingesetzt werden. Es handelt sich dabei um (in Klammer jeweils beste Ausprägung):
  - Stimmklang (eher sonor),
  - Lautstärke (nicht aufdringlich, nicht schüchtern),
  - Pausensetzung (dramaturgisch),
  - Sprechtempo (eher engagiert, dynamisch, initiativ),
  - Modulation/Rhythmus (akzentuiert),

- Atemtechnik (nicht kurzatmig),
- Aussprache (deutlich, hochdeutsch),
- Wortwahl (eher verbisch als substantivisch),
- Satzbau (keine Schachtelsätze),
- Ablauf (logische Verkettung).
- **Mimik.** Dies betrifft alle Ausdrucksformen des Gesichts. So z. B. Stirnrunzeln, Augenbrauen heben, Mundwinkel senken, Lippen zusammenpressen, Lippen kauen. Da es sich dabei um unwillkürliche Reaktionen handelt, lassen sich daraus gute Rückschlüsse auf die psychische Situation des Gesprächspartners ziehen.
- **Gestik.** Dies umfasst alle Ausdrucksformen des Körpers. So z. B. Hände ballen, Handflächen nach unten, Armbewegungen, Nase reiben, Kinn streicheln, Kleidung glattstreichen, Hände in den Hosentaschen, Hände in die Hüfte gestemmt, Fingerspitzen aneinandergelegt, überkreuzte Beine, mit den Füßen wippend, breitbeiniges Stehen, Hände hinter dem Kopf verschränkt.
- **Kopfhaltung.** Hierbei gibt es z. B. Kopf zur Seite geneigt, Kopf betont erhoben, zwischen den Schultern eingezogen, gesenkt, seitlich hin- und herwiegend. Dabei kann auch die Blickhaltung aufschlussreich sein, so z. B. seitlich aus den Augenwinkeln, am anderen vorbeischauend, in die Augen schauend, durch den anderen hindurch.
- **Körpersprache.** Dies bezeichnet die Kombination der Einflussfaktoren Mimik, Gestik, Kopf- und Blickhaltung. Es gilt das jeweils dazu erwähnte.
- **Distanzen.** Sie betreffen das instinktive Revierverhalten des Menschen und sind keulenförmig um den Körper nach vorn gerichtet. Zu unterscheiden sind Intimdistanz (ca. 70 cm), (persönliche) Gesprächsdistanz (ca. 120 cm), (gesellschaftliche) Wahrnehmungsdistanz (ca. 220 cm) und öffentliche Distanz (ca. 400 cm Abstand zum Partner). Distanzen werden auch schon durch die Platzierung persönlicher Gegenstände verletzt (z. B. Aktentasche auf dem Schreibtisch).

5.7.1.2 Transaktionsanalyse

Die Transaktionsanalyse beschäftigt sich mit dem Denken, Fühlen und den Äußerungen von Personen in der Kommunikation zwischen Sender und Empfänger. Dafür gibt es verschiedene Unteransätze.

Die **Strukturanalyse** unterstellt drei Kategorien von Ich-Zuständen:

- Ich-Zustände, die dem Ich-Zustand einer elternähnlichen, elternhaft handelnden Person entsprechen und Unterstützung oder Strukturierung bieten, dies ist das **Eltern-Ich (EL)**. Es enthält alle gespeicherten, unüberprüft übernommenen Normen, Ge- und Verbote, Prinzipien und Maximen sowie die damit zusammenhängenden Erfahrungen. Der Eltern-Ich-Zustand entspricht also in den Verhaltensweisen den Einstellungen und der Art, auf Andere einzugehen, wie wir es als Kind bei den elterlichen Vorbildern erlebt und dann übernommen haben, etwa kritisch, fürsorglich, strafend, belehrend.
- Ich-Zustände, in denen sich das Individuum mit der Realität seiner Umwelt objektiv auseinandersetzt, bedacht und sachlich überlegt entscheidet, dies ist das **Erwachsenen-Ich (ER)**. Es dient der Realitätsüberprüfung, der Wahrscheinlichkeitsabschätzung und der objektivierten Informationssammlung, ist an der Realität ausgerichtet, geordnet, intelligent und anpassungsfähig. Der Erwachsenen-Ich-Zustand entspricht also dem Erleben der

Diskrepanz zwischen den Aussagen der Eltern und den eigenen Gegebenheiten der Wirklichkeit. Dies ist eine eher objektive Sichtweise, sachlich und rational.
- Ich-Zustände, die regressiv sind und Gemeinsamkeiten mit dem Verhalten von Kindern verschiedener Altersstufen aufweisen, dies ist das **Kindheits-Ich (KI)**. Es enthält alle Impulse, die während der Kindheit angelegt worden sind, ist natürlich, entweder intuitiv angepasst oder rebellisch ausgelegt. Der Kindheits-Ich-Zustand verkörpert also diejenige Gefühlslage, in der sich all das manifestiert, was uns an Spontaneität und Stimmung mitgegeben ist, wir fühlen uns wie einst als Kinder, spontan, emotional, unkontrolliert, unüberlegt, verspielt, wütend.

Jeder dieser Ich-Zustände bildet eine geschlossene Einheit. Sie differenzieren sich durch Mimik, Gestik, Artikulation, Vokabular etc. Nun besteht die Möglichkeit, in Transaktionen aus den verschiedenen Ich-Zuständen heraus mit einer anderen Person in kommunikative Beziehung zu treten. Diese andere Person wiederum kann aus den verschiedenen Ich-Zuständen heraus reagieren. Dabei unterscheidet man im wesentlichen drei Transaktionstypen (Abb. 251):

- Bei **Komplementärtransaktionen** laufen Stimulus (Reiz) und Response (Reaktion) parallel zwischen den Ich-Zuständen ab. Diese Art der Interaktion ist problemlos, allerdings relativ selten gegeben (1. Kommunikationsregel). Beispiel:
Chef zum Mitarbeiter: »Warum haben Sie den Kunden Müller nicht auch besucht? Sie vernachlässigen den offensichtlich.« (EL an KI),
Mitarbeiter zum Chef: »Es tut mir leid, das habe ich ganz vergessen. Ich werde das schnellstmöglich in Ordnung bringen.« (KI an EL).
Chef an Mitarbeiter: »Wann besuchen Sie den Kunden Müller?« (ER an ER),
Mitarbeiter zum Chef: »Ich habe mich für nächsten Mittwoch bei ihm angemeldet.« (ER an ER).

- Bei **Überkreuztransaktionen** verläuft der Stimulus auf einer anderen Ebene als die Reaktion, die Reaktion erfolgt also nicht aus dem vom Absender intendierten Ich-Zustand heraus, sondern aus einem anderen. Dies resultiert in gefährlichen Kommunikationsstörungen, wenn nicht sogar in Zusammenbruch der Kommunikation (2. Kommunikationsregel). Beispiel:
Chef an Mitarbeiter: »Ich brauche dieses Angebot bis heute 16.00 Uhr. Können Sie das für mich vorbereiten?« (ER an ER),

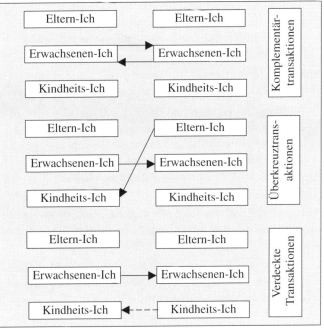

Abb. 251: Botschaftstransfer

Mitarbeiter zum Chef: »Sie haben wirklich Glück, dass ich mich immer so für Sie einsetze.« (KI an EL).
- Bei **verdeckten Transaktionen** bestehen parallele Austauschbeziehungen zeitgleich auf zwei Ebenen und dienen dazu, latente Konflikte auf einer anderen Ebene auszutragen und derart zu gewinnen, dass der Transaktionspartner psychisch verletzt wird. Es sind also immer zwei Ich-Zustände zugleich betroffen. Die Transaktionen, die auf der verdeckten Beziehungsebene ablaufen, sind zentral für den Ausgang der Interaktion, dazu gehören vor allem psychologische Spiele, deren Gewinn (Pay Off) ist, dass der Andere sich schlecht fühlt. Ein Ausweg besteht in der Vermeidung oder der Unterbrechung solcher Spiele. Verdeckte Transaktionen finden immer auf zwei Ebenen statt, einer »offiziellen« und einer »verdeckten«. Beispiel: Chef an Mitarbeiterin: »Darf ich Sie noch auf ein Glas Wein einladen?« (ER an ER), Die Mitarbeiterin weiß, dass damit eigentlich etwas ganz Anderes gemeint ist (KI an KI). Verkäufer an Kunde: »Das ist ein wirklich sportliches Modell. Aber vielleicht wollen Sie ja gar nicht so einen rassigen Wagen?« (ER an ER und verdeckt ER an KI), Kunde zum Verkäufer entweder: »Ja, wo kann man heute schon noch schnell fahren?« (ER an ER) oder
»Doch, doch, das ist schon genau der richtige für mich.« (KI an ER).

Wichtig ist es daher, auf parallele Transaktionen zu achten bzw. verdeckte Transaktionen zu vermeiden (oder zumindest bewusst einzusetzen). Dazu ein Beispiel:

Aussage auf Eltern-Ich-Basis (EL) des reklamierenden Kunden an den Verkäufer (Kindheits-Ich/KI): »Sie haben wieder vergessen, das Büromaterial rechtzeitig zu liefern!«

- Antwort des Verkäufers auf Eltern-Ich-Basis (EL): »Sie haben doch wohl auch schon mal das eine oder andere vergessen, oder etwa nicht?«
- Antwort auf Erwachsenen-Ich-Basis (ER): »Ich warte noch auf das Fotokopierpapier, sobald die Lieferung komplett ist, geht sie sofort an Sie raus.«
- Antwort auf Kindheits-Ich-Basis (KI): »Entschuldigung, eine Verspätung kommt bestimmt nicht wieder vor.«

Aussage auf Erwachsenen-Ich-Basis (ER) des Kunden an den Verkäufer (Erwachsenen-Ich/ER): »Denken Sie übrigens daran, wieder das chlorfreie Fotokopierpapier zu liefern.«

- Antwort des Verkäufers auf Eltern-Ich-Basis (EL): »Sie tun aber nun gerade so, als ob ich das dauernd vergessen würde, dabei ist das gar nicht der Fall.«
- Antwort des Verkäufers auf Erwachsenen-Ich-Basis (ER): »Natürlich, denn unnötige Umweltbelastungen sollte man nun wirklich vermeiden.«
- Antwort des Verkäufers auf Kindheits-Ich-Basis (KI): »Ich verspreche, dass ich ganz bestimmt daran denken werde, chlorfreies Fotokopierpapier an Sie zu liefern.«

Aussage auf Kindheits-Ich-Basis (KI) des Kunden an den Verkäufer (Eltern-Ich-Basis/EL): »Würden Sie mir als gutem Kunden den Gefallen tun und meine Büromaterial-Lieferung bitte vorziehen?«

- Antwort des Verkäufers auf Eltern-Ich-Basis (EL): »Das ist doch selbstverständlich, Sie brauchen mich da durchaus nicht noch zusätzlich zu drängen.«
- Antwort des Verkäufers auf Erwachsenen-Ich-Basis (ER): »Natürlich, Sie sagten ja, dass Ihr Vorrat zur Neige geht, und ohne Büromaterial wird's nun mal eng.«
- Antwort des Verkäufers auf Kindheits-Ich-Basis (KI): »Vielen Dank für Ihren Hinweis, ich verpflichte mich, die Bestellung sofort zu bearbeiten und bin dankbar für Ihren Auftrag.«

Die Reaktionen hängen weiterhin aber auch vom Lebenskonzept ab. Dem liegen zwei Grundeinstellungen zugrunde. Sie sind die Lebensanschauungen oder Grundpositionen zu uns selbst und unserer Umwelt. Nur die erste Grundeinstellung ist problemfrei in der Kommunikation, bei allen anderen sind Konflikte unvermeidlich:

- nicht O.K.: Wer so denkt, steht unter dem bedrückenden Gefühl von Hilflosigkeit, Unfähigkeit, Unbeholfenheit, Versagertum,
- O.K.: Diese Personen halten Menschen im Allgemeinen hingegen für klug, erfolgreich, korrekt, tüchtig, selbstsicher.

Daraus ergeben sich vier Kombinationen zwischen Sender und Empfänger:

- Ich bin O.K. – Du bist O.K.: Diese Menschen sind konstruktiv und positiv eingestellt, sie kommunizieren aus dem Erwachsenen-Ich-Zustand heraus und lösen Probleme. Dies ist die angestrebte Relation. Beispiel:
  Chef an Mitarbeiter: »Sie haben da einen Fehler gemacht, aber wer ist schon fehlerlos, das könnte mir wohl genausogut passiert sein.«
- Ich bin O.K. – Du bist nicht O.K.: Diese Menschen kommunizieren weitgehend aus dem Eltern-Ich-Zustand heraus und versuchen, Umfeldprobleme zu steuern und Beziehungen zu manipulieren. Sie sind kontaktabweisend. Beispiel:
  Chef an Mitarbeiter: »Sie haben das ganz schlecht gemacht, das könnte mir nicht passieren.«
- Ich bin nicht O.K. – Du bist O.K.: Diese Menschen haben Minderwertigkeitskomplexe, sie kommunizieren meist aus dem Kindheits-Ich-Zustand heraus.
  Chef an Mitarbeiter: »Also ich bewundere Ihre Ausdauer bei der Arbeit, ich könnte das nicht, so ohne Pause durchmachen.«
- Ich bin nicht O.K. – Du bist nicht O.K.: Diese Menschen haben das Zutrauen in das Leben verloren, sie resignieren und haben aufgehört zu kämpfen.
  Chef an Mitarbeiter: »Also es hat gar keinen Zweck, dass wir uns hier abmühen, in diesem Laden wird man schon durch den kleinsten Fehler zurückgeworfen.«

5.7.2 Gesprächseinstieg

Bevor es zum Gespräch kommen kann, muss zunächst einmal eine Terminvereinbarung dafür getroffen werden. Diese Terminvereinbarung wird regelmäßig vom Verkäufer ausgehen und zumeist telefonisch erfolgen. Man spricht dann von Aktivem Telefonieren (Outbound). Wichtig ist, dass kein Besuch ohne **Terminvereinbarung** erfolgen sollte, außer dies ist in einer Branche oder bei einem Kunden ausnahmsweise so üblich. Denn ohne Gesprächsterminierung riskiert der Verkäufer, dass seine Zielperson keine Zeit für ihn hat. Das bedeutet nicht nur ein vergebener Kontakt, sondern auch der Verlust der geleisteten Aufwendungen, z. B. für Anfahrt oder Gesprächsvorbereitung, und der Ausfall von Abschlusschancen in anderen Gesprächen, die während dieser Zeiten hätten geführt werden können. Außerdem kann es sich kaum ein Gesprächspartner leisten, trotz Terminvereinbarung keine Zeit für den Verkäufer zu haben, insofern steht der Verkäufer zumindest psychologisch in einer günstigen Position.

Leider wird weitverbreitet unvorteilhaft telefoniert, denn, obwohl sich kaum einer dessen bewusst ist, muss man Telefonieren genauso lernen wie alle anderen Dinge im Verkauf. Mehr noch, das Telefonverhalten ist die »Visitenkarte« des Betriebs. Dies fängt bereits mit der

Begrüßung an. Häufig erlebt man hier als Anrufer unqualifizierte Äußerungen wie »Hallo?« oder »Ja bitte?« oder »Worum geht es denn?«. Dies kann nicht den Ansprüchen der Persönlichen Kommunikation entsprechen. Eine korrekte Begrüßung besteht vielmehr aus folgenden Elementen:

- Grußformel (Tageszeit),
- Nennung des Nachnamens,
- Nennung des Vornamens und Wiederholung des Nachnamens,
- Firma (hier reicht die Kurzform),
- Ort (zur näheren Orientierung).

Also z. B.:

»Guten Morgen, mein Name ist Schmitt, Wolfgang Schmitt von der Firma Wohnungsbau in Karlsruhe.«

Eine etwas kürzere Form besteht aus den Elementen:

- Vorname, Nachname,
- Firma, Grußformel.

Also z. B.:

»Wolfgang Schmitt von der Firma Wohnungsbau, guten Morgen.«

Oft wird eine personenbezogene Trennung zwischen bloßer Kontaktgenerierung (Sales Leads) und eigentlichem Verkaufsgespräch (durch den Verkäufer selbst) vorgenommen. Denn die Verkaufsanbahnung über Telefon ist ausgesprochen schwierig, da das Spektrum der Kommunikationsmöglichkeiten auf Inhalt und Akustik reduziert ist und kein Einblick in die spezifische Umfeldsituation des Angerufenen besteht.

Im Falle des Distanzverkaufs, also bei Versand von Unterlagen auf postalischem oder telekommunikativem Weg, gilt es, immer nachzufassen, wenn Unterlagen versandt worden sind. Dies erfolgt regelmäßig telefonisch. Bei jedem Anruf sollte man zunächst fragen, ob Zeit vorhanden ist (»drei Minuten« dient hier als Anhaltspunkt). Ist dies nicht der Fall, wird alternativ ein neuer Termin für den Anruf festgemacht.

Viele Chefs haben allerdings immer noch nicht mitbekommen, dass sie im Kommunikationszeitalter leben und weisen ihre Sekretärinnen nach Alters her an, jeden Anrufer zu »filtern«. So ärgerlich das im Einzelfall auch sein mag, sollte man Sekretärinnen nicht übergehen, sondern subtiler vorgehen. Denkbar ist Folgendes:

- zunächst Anwesenheitscheck (»Ist Herr XYZ im Haus?«),
- dann Aufwertung (»Sie sind doch seine persönliche Sekretärin?«),
- aber danach Kompetenzdruck (»Darf ich fragen, inwieweit Sie mit den Einkaufsentscheidungen befasst sind?« »Nein, dann verbinden Sie mich bitte mit Herrn XYZ!«).

Der Gesprächseinstieg sollte intelligent gewählt sein, also nicht: »Haben Sie die Unterlagen erhalten?«, sondern: »Sie interessieren sich für das von uns angebotene Produkt. Was gefällt Ihnen daran besonders gut?«

Strikt ist dabei zu beachten, dass keine Schuldzuweisung an Interessenten erfolgt, denn Diskussionen kennen immer nur einen Verlierer: den Verkäufer. Auch dürfen Interessenten nicht unterbrochen werden. Ebenso ist zu vermeiden, ein »muss« zu verwenden, denn der Interessent muss gar nichts. Hilfreich ist zudem eine Adressaten bezogene (»Sie«-)Argumentation.

Der Nachfass sollte nicht zu schnell erfolgen, das erweckt womöglich Misstrauen, dass man es wohl nötig hat. Selbstverständlich sollte es sein, alle relevanten Unterlagen beim Gespräch immer in Griffweite zu haben und das angebotene Produkt genau zu kennen (wirklich in allen Details). Häufig wird zudem im Gespräch der Hinweis auf eine Preissenkung eingestreut. Dies ist hochproblematisch, steigert dies doch geradezu das Preisinteresse des Adressaten. Aus dem gleichen Grund sind alle Hinweise auf schlechte Geschäftslage o. ä. zu unterlassen. Unbedingt soll vor jedem Gespräch ein Ziel definiert und nach dem Gespräch kontrolliert werden, ob es erreicht wurde und warum evtl. nicht. Maximalziel ist naturgemäß der Abschluss, Minimalziel eine Etappe dorthin, also Vorvertrag/Reservierung/Demonstrationstermin etc.

Eine Ablehnung darf am Telefon nicht hingenommen, sondern muss nach Gründen hinterfragt werden (Warum?). Aus den damit gewonnenen Informationen kann dann erneut argumentiert werden. Wichtig ist dabei zu bedenken, dass am Anfang immer die Absage des Kunden steht, daher kann das Ergebnis nur besser werden, nicht aber schlechter.

Ebenso können **Terminanfragen** durch passives Telefonieren (Inbound) erfolgen. Für planvolles Telefonieren sind hier jedoch einige Voraussetzungen zu schaffen. So ist der Telefonplatz stets besetzt zu halten. Eine weitverbreitete Unsitte ist es, Anrufbeantworter aufzuschalten. Hier lautet die Empfehlung, keinen Anrufbeantworter während normaler Geschäftszeiten anzuschließen, dies führt evtl. zu Kontaktabbruch wegen Aufsprechhemmung, zumindest aber zu einem schlechten Eindruck über die Betriebsbereitschaft. Zumal es vielfältige andere Möglichkeiten wie Anrufweiterschaltung (Gedan) oder Umleitung auf Mobiltelefon (Anrufer zahlt allerdings höhere Mobilfunkgebühren) gibt. Zur Vermeidung von Besetztzeichen bei Anruf empfiehlt es sich, mehrere Leitungen zu schalten (Nebenstellenanlage). Auch sollen die Leistungsmerkmale von Komforttelefonen genutzt werden.

Eine »funktionierende« Telefonzentrale ist hier von hoher Bedeutung. Sie leitet jedes Gespräch nach Zuständigkeit weiter. Ist die Zuständigkeit ausnahmsweise unklar oder ist der durchgestellte Telefonplatz nicht erreichbar, muss unbedingt die Rufnummer des Anrufers notiert und ein Rückruf angekündigt (und dieses Versprechen auch einhalten) werden. Nach Möglichkeit soll eine Notiz als »Gesprächsaufhänger« für den Angerufenen angefertigt werden. Wichtig ist es auch, Anrufer anzuhören, bevor man durchstellt, und dabei mitzuteilen, zu wem man weiterleitet (Name/Funktion) und warum. Im Verkauf sollte es selbstverständlich sein, dass sich Nebenstellen vor Verlassen des Platzes an der Zentrale abmelden oder auf einen anderen Platz, an dem sie zu erreichen sind, umstellen. Die in letzter Zeit inflationär verbreiteten Musikbänder, die beim Durchstellen endlos ablaufen, sind äußerst umstritten, denn sie stören die Konzentration und wirken leicht nervig. Häufig erlebt man, dass der Angerufene während des Telefonierens weiterarbeitet, man erkennt dies an Zwischenrufen von anderen oder am Klappern der PC-Tastatur. Dies ist völlig inakzeptabel.

Zum allgemeinen Telefonverhalten ist zu sagen, dass häufig im Übereifer bereits zuviele Informationen über Verkaufsobjekte abgegeben werden. Dies ist, außer beim Telefonverkauf natürlich, zu unterlassen. Vielmehr soll der Anrufer nur neugierig gemacht (Teasen) werden. Denn zuviel Information verwirrt nur, die positiven Argumente treten in der Erinnerung in den Hintergrund, die negativen gewinnen an Bedeutung.

Wichtig ist auch, Kunden öfter mit Namen anzusprechen (richtige Aussprache vorausgesetzt). Dazu gilt es, sich den oft nicht einfachen Namen des Anrufers zu merken. Eine entsprechende Nachfrage ist zu Beginn des Gesprächs zweckmäßig (allerdings nicht durch: »Wer spricht da?«, sondern durch »Verzeihung, ich habe Ihren Namen nicht verstanden.«).

Das Sprechtempo soll eher langsam sein. Auch ist eine normale Lautstärke einzuhalten. Für das Verständnis sind kurze Sätze, keine Fremdwörter und bildhafte Sprache hilfreich. Insgesamt gilt es, die Emotionalität zu betonen. Dabei sollte man möglichst im Stehen telefonieren (größeres Atemvolumen) oder zumindest aufgerichtet sitzen. Wichtig ist auch eine freundliche Stimme, das »Lächeln« am Telefon (Profis stellen sich zur Kontrolle einen Spiegel an ihren Telefonarbeitsplatz). Zum Aufbau einer persönlichen Beziehung ist eine positive Stimmung zum Kunden unerlässlich. Ein wichtiger Merksatz dazu lautet: »Der Kunde stört uns nicht bei der Arbeit, der Kunde ist unsere Arbeit!«

Hinsichtlich der Terminvereinbarung werden vielfache Fehler gemacht. So finden sich häufig Formulierungen wie: »Wann hätten Sie denn Zeit?«, »Machen Sie einen Vorschlag, ich richte mich da ganz nach Ihnen.«, »Wann passt es Ihnen am Besten?«. Dies ist ganz falsch verstandene Kundenorientierung. Statt dessen sind Alternativtermine abzufragen, zunächst als Alternativtage, dann als Alternativuhrzeiten (»Passt es Ihnen besser am 26. nachmittags oder am 28. vormittags?«, »Wie wäre es gleich morgens um 9 Uhr oder besser erst so gegen 11 Uhr?«). Wichtig ist auch, den gemeinsamen Treffpunkt zu verabreden. Es hat sich zudem bewährt, Termin und Ort zu wiederholen, um ärgerliche Missverständnisse zu vermeiden (»Dann also bis übermorgen, 16.00 Uhr, bei Ihnen.«). Hilfreich ist auch eine kleine Motivation zum Abschluss der Terminvereinbarung (»Ich freue mich darauf, Sie kennenzulernen.« oder »Ich bin schon gespannt, was Sie zum tollen neuen Produkt sagen werden.«).

Bereits hinsichtlich der Terminvereinbarung ist mit **Kontaktwiderständen** zu rechnen. Wenn diese nicht überwunden werden können, droht das Verkaufsgespräch bereits im Ansatz zu scheitern. Im Folgenden einige typische Kontaktwiderstände und Ansätze zu ihrer Überwindung:

»Ich habe keine Zeit für ein Gespräch.«

- »Gerade weil Ihre Zeit so knapp ist, sollte Ihnen daran gelegen sein, sich so effektive Informationen wie möglich zu verschaffen. Im persönlichen Gespräch kann ich alle Ihre Fragen gleich an Ort und Stelle klären.«

»Warum sollte ich mir Ihr Produkt erst ansehen?«

- »Ich nehme an, Sie wollen für Ihr Unternehmen die besten Lieferanten nutzen. Können Sie mein Angebot da wirklich guten Gewissens ungeprüft lassen?«

»Ich brauche zunächst mehr Informationen.«

- »Das kann ich gut verstehen, aber in unserem Gespräch erhalten Sie ungleich mehr Information als durch jeden, noch so toll aufgemachten Verkaufsprospekt.«

»Ich kann mir doch nicht jeden Verkäufer anhören.«

- »Das sollen Sie auch gar nicht, aber so wie sich mir Ihr Bedarf darstellt, passen die Leistungsmerkmale meines Produkts optimal auf Ihr Anforderungsprofil, sodass sich ein Gespräch wirklich für Sie lohnt.«

»Andere Anbieter schicken mir doch auch zuerst ihre Prospekte.«

- »Na ja, wenn ein Produkt schwer verkäuflich ist, ist der breite Prospektversand tatsächlich oft noch der einzige Weg zur Absatzförderung.«

»Ich möchte zuerst ausführliche Produktunterlagen.«

– »Ich bringe zum Gespräch aussagefähige Pläne, Detailzeichnungen und ein Produktmodell mit, sodass Sie sich in jeder Hinsicht das beste Bild machen können.«

»Das können Sie mir doch auch am Telefon sagen.«

– »Ein Produkt dieser Bedeutung kann man nur durch Demonstration erfassen, Zuhören reicht da erfahrungsgemäß nicht aus. Sie wollen doch sicher keinen unnötigen Informationsverlust hinnehmen?«
– »Ihnen als Kunde steht in jeder Hinsicht die bestmögliche Information zu, da ist der Telefonweg nur begrenzt geeignet.«

»Sie wollen mir doch nur etwas verkaufen.«

– »Natürlich lebe ich vom Verkaufen, aber ich weiß ganz genau, dass mir das bei Ihnen nur gelingen wird, wenn Sie von den gebotenen Produktvorteilen hundertprozentig überzeugt sind.«

»Ich habe doch gerade erst gekauft.«

– »Es ärgert mich, dass Sie noch nicht mein Kunde sind. Deshalb möchte ich Ihnen mein Produkt jetzt vorstellen, damit ich beim nächsten Mal die Chance habe, von Ihnen in die nähere Auswahl gezogen zu werden.«

Zum Ablauf des Verkaufsgesprächs (Abb. 252) gibt es die verschiedensten Patentformeln, die allesamt mit äußerster Vorsicht zu genießen sind, gleichwohl in der Praktikerliteratur häufig angeführt werden:

– AIDA (Aufmerksamkeitserregung, Interesseweckung, Drang zum Kauf, Abschlussdurchführung),
– BEDAZA (Begrüßung, Eröffnung, Demonstration, Abschluss, Zusatzverkauf, Abschiedstechnik),
– DIBABA (Definition des Kundenwunsches, Identifizierung der Offerte, Beweisführung zum Kunden, Annahme durch Kunden, Begehren des Kunden, Abschluss durchführen),
– KOALA (Kontakt, Orientierung, Argumentation, Lösung, Abschluss),
– VERKAUFSPLAN (Verkaufsgesprächskonzept, Erfassung der Daten, Referenzanführung, Kontaktaufnahme, Appell an Motivation, Untersuchung der Wünsche, Fassung des Bedarfs, Spezifizierung des Angebots, Prüfung der Argumente, Liquidierung von Einwänden, Abschlussvorgang, Nachbereitung).

Von Bedeutung ist zunächst die Vorbereitungsphase. Darin macht sich der Verkäufer klar, worauf es im Gespräch ankommt:

– Einfachheit. Am Besten, man spricht ganz natürlich, frisch, nicht zu leise, nicht zu langsam. Klare, überschaubare wirkungsvolle Formulierungen. Kurze Sätze, einfache Darstellung, geläufige Wörter, erklärte Fachtermini, anschaulicher Ausdruck.
– Prägnanz. Das bedeutet kurz, auf das Wesentliche beschränkt, komprimiert. Auf das Lehrziel konzentriert, so wenig Worte wie möglich, unterstreichende Gesten, Glaubwürdigkeit durch Identifizierung mit der gemeinsamen Sache.
– Ordnung. Das heißt, gegliederter Vortrag, folgerichtige Argumentation, übersichtlich, We-

sentliches von Unwesentlichem getrennt, mit rotem Faden im Vortrag, in sachlogischer Reihenfolge, deutliche Aussprache mit verstärkender Betonung.
- Stimulanz. Hier sind ein anregender Vortrag, interessante Darstellung, abwechslungsreiche Anschauung und persönliches Involvement gemeint, außerdem Sicherheit vermittelnder Blickkontakt und Zuwendung signalisierende Mimik.

Der **Gesprächseinstieg** erfolgt durch die Kontaktphase. Anerkennung des Gesprächspartners und Rücksichtnahme auf sein Geltungsbedürfnis fördern hier den erfolgreichen Anlauf des Gesprächs. Dies erreicht man durch kurze Anerkennungsbemerkungen, die sich leicht in die Gesprächseröffnung einstreuen lassen. Gesichtsausdruck und Haltung strahlen Einfühlung und Verständnis aus.

Jeder Mensch fühlt sich beachtet, wenn er mit seinem Namen (richtige Aussprache vorausgesetzt) angeredet wird. Vielen Menschen schmeichelt es, wenn man ihre Titel kennt und diese Kenntnis im Gespräch geschickt durchblicken lässt, sie zumindest aber mit ausgesuchter Höflichkeit anspricht. Vorsicht ist allerdings bei unangenehmen Gesprächen in Gegenwart Dritter geboten. Dann führt die Personifizierung leicht zu einer Verhärtung der Atmosphäre. Das Gleiche gilt für Tabuthemen (Politik, Moral, Religion etc.), die man tunlichst meiden sollte. Ein gepflegtes Äußeres fördert das Gesprächsklima. Frauen achten mehr auf zeitgemäße modische Kleidung ihres Gesprächspartners als Männer. Als gutes Aussehen wirken gepflegter Haarschnitt, gepflegtes Gesicht, gepflegte Kleidung.

Abb. 252: Phasen der Persönlichen Kommunikation

Kleider machen auch im Verkauf Leute, d. h., die Kleidung soll seriös und ordentlich sein, gleichzeitig aber nicht zu auffällig und fein. Der Augenkontakt zwingt den Gesprächspartner, sich dem Gesprächsthema zuzuwenden. Ein offener, lebhafter Augenkontakt intensiviert die Wirkung des gesprochenen Wortes. Starren hingegen wirkt unangenehm. Ein unsteter, den Augen des Partners ausweichender Blick wird häufig als Unsicherheit gedeutet und führt zu einem Verlust an Wirkungskraft. Störend wirken u. a. Fingertrommeln, Spielen mit Gegenständen, Floskeln, Dauerreden, sprunghafter Themenwechsel, zu große Nähe, Anfassen. Die Mimik des Sprechers unterstützt dabei das gesprochene Wort. Zugleich ist sie verräterisch, wenn er es nicht ehrlich meint. Die mimische Begleitung ist vom Kulturkreis abhängig, außerdem von Geschlecht, sozialer Schicht und Abstammung. Gleichermaßen unterstützt die Gestik das gesprochene Wort. Gesprochene Worte unterliegen Missverständlichkeiten, wenn ihr Verständnis verschieden ist. Deshalb sind Wörter vorsichtig auszuwählen. Zu große Aufmerksamkeit auf den Sprechakt erschwert jedoch zugleich das Reden. Man sollte Fremdwörter nur sparsam einsetzen. Zur Gesprächseröffnung also am besten sofort Augenkontakt suchen, ein freundliches Gesicht zeigen, den Gesprächspartner möglichst mit Namen ansprechen, mit dem Entgegenstrecken der Hand warten, bis der Andere die Hand reicht (kann sonst aufdringlich wirken). Den Händedruck weder zu lasch noch zu kräftig ausfallen lassen. Ein leichter Diener bei der Begrüßung von Frauen, aber keine Verbeugung, ist angebracht. Weiterhin sollte man sich mit Namen vorstellen, die Funktion erläutern, eine positive Ausstrahlung vermitteln und aufrechte Körperhaltung einnehmen, keine Standardphrasen verwenden, auch nicht mit Kollegen herumstehen und schwatzen. Kleine Höflichkeitsbezeugungen (wie Platz anbieten, Türe schließen helfen, Regenschirm abnehmen etc.) wirken gut.

Es ist sehr wichtig, den Kunden die Ware nach Möglichkeit anfassen, in die Hand nehmen zu lassen. Eine Demonstration soll wirkungsvoll, rasch und ohne Ablenkung erfolgen. Parallel muss der Verkäufer verständlich erläutern, was er tut. Dabei am besten die Reihenfolge vom Einfachen zum Komplizierten, vom Bekannten zum Unbekannten, vom Detail zur Ganzheit beachten. Den Kunden mitarbeiten lassen, Aha-Erlebnisse fördern, das begünstigt die innere Beziehung zum Produkt. Immer nur zwei Alternativen vorführen, bei größerer Auswahl sukzessiv vorgehen und Produkte in jedem Fall liebevoll behandeln. Vor allem ist eine positive Einstellung zum Kunden als Partner wichtig. Denn die Einstellung spiegelt sich untrüglich im Verhalten, und wer den Kunden nicht als Partner akzeptiert, wird dies früher oder später im Gespräch verraten und damit seine Chancen verspielen. Vor allem darf der Kunde nicht das Gefühl erhalten, dass ihm etwas verkauft werden soll. Er erhält vielmehr die Chance, einen subjektiven Vorteil (= Nutzen) zu erwerben. Produktvorteile sind bewusst festzuhalten, weil man nicht davon ausgehen kann, dass Selbstverständlichkeiten ausreichend erkannt und gewürdigt werden. Außerdem sollte immer eine partnerbezogene Argumentation erfolgen (Sie). Die Nutzen aus den Angebotseigenschaften sind zentral in den Mittelpunkt zu stellen, denn letztlich rechtfertigt nur dieser subjektive Nutzen jegliche Geldausgabe. Bei der Gesprächseröffnung ist es wichtig, die Motivation des potenziellen Käufers anzusprechen.

5.7.3 Fragetechniken

Durch Fragen kann das Verkaufsgespräch gesteuert werden, wenngleich diese nicht übertrieben eingesetzt werden sollten. Denn von daher müssen keine Behauptungen aufgestellt werden, die zu beweisen bleiben. Der Gesprächspartner wird durch Antworten aktiviert. Dabei werden dessen Einstellungen und Meinungen sowie allgemeine Informationen bekannt. Dies führt zu Übereinstimmungen und Problemlösungen, die eine positive Atmosphäre erzeugen und den Verkauf stützen.

Fragen sind das mächtigste Werkzeug, dessen man sich im Verkaufsgespräch bedienen kann. Dazu ein Beispiel aus der Immobilienbranche:

- »Wann möchten Sie spätestens einziehen?«
- »Worauf legen Sie bei Ihrem Immobilienwunsch besonderen Wert?«
- »In welcher Lage genau suchen Sie denn ein Haus?«
- »Wie lange suchen Sie schon?«
- »Was haben Sie bisher alles unternommen, um ein passendes Haus zu finden?«
- »Wieviele Objekte haben Sie bereits besichtigt?«

- »Welche Hinderungsgründe waren denn bei diesen Objekten gegeben?«
- »Wieviel Eigenmittel wollen Sie einsetzen?« (nicht: »Wieviel Eigenkapital haben Sie?« oder »Wieviel verdienen Sie?«)

Diese Daten werden erfasst und dienen nachher als Grundlage für eine Verkaufsargumentation, die passgenau den Bedürfnissen des Interessenten entspricht. Darüber hinausgehend können zahlreiche spezielle Fragetechniken eingesetzt werden. Dazu gehören folgende (als Beispiele werden hier Schmuckwaren und Immobilien angeführt):

Bei der **Alternativfrage** sind zwei für den Verkäufer jeweils positive Antwortreaktionen möglich:

- »Möchten Sie denn lieber einen Ring in Rotgold- oder Platin-Ausführung?«
- »Bevorzugen Sie eine Wohnung, die langfristig vermietet ist und hohe Mieteinnahmen bringt, oder eine solche, die frei ist, sodass Sie neue Mietkonditionen aushandeln können?«

Ziel der **Ergänzungsfrage** ist es, präzisere Informationen über die Idealvorstellung eines Angebots zu ermitteln:

- »Denken Sie bei Ihrem Wunsch an eine Uhr mit Analoganzeige?«
- »Wenn Sie sagen, Sie möchten die Sonne auch in Ihrer Wohnung genießen, meinen Sie da einen Balkon oder eine Loggia?«

Durch die **Fangfrage** sollen unbewusste Kaufgründe angesprochen werden:

- »Besitzen Sie schon weitere Schmuckstücke in dieser Preisklasse?«
- »Ist Ihnen eigentlich bewusst, wie hoch Ihr derzeitiger persönlicher Steuersatz in der Progressionsspitze schon liegt?«

Mit Hilfe der **Gegenfrage** gewinnt man die Initiative zurück und erreicht einen besseren Wissensstand, sie ist allerdings vorsichtig einzusetzen:

- *»Ist Ihre Auswahl nicht etwas gering?«* – »Was vermissen Sie denn ganz konkret in diesem Sortiment?«
- *»Immobilien sind doch immer eine zweischneidige Sache.«* – »Wann haben Sie denn zuletzt schlechte Erfahrungen mit einer Immobilienanlage gemacht?«

Durch die **Informationsfrage** sollen objektive Daten über die Bedarfslage des Interessenten ermittelt werden:

- »Um welches Schmuckstück möchten Sie Ihre Kollektion denn ergänzen?«
- »Wie groß sollte das Grundstück sein, das Sie sich zum Erwerb vorstellen?«

Auf **Ja-Fragen** gibt es ein Ja als einzig sinnvolle Antwort, sie bringen das Gespräch konstruktiv voran:

- »Ein Schmuckstück ist doch wirklich eine der schönsten Arten, Geld anzulegen, nicht wahr?«
- »Die eigenen vier Wände sind nun mal viel besser als lebenslang Miete zu zahlen, oder nicht?«

Die **Kontrollfrage** stellt eine bereits erreichte Übereinstimmung fest:

- »Ich habe Sie doch recht verstanden, dass Sie ein erstklassig verarbeitetes Schmuckstück suchen?«
- »Können Sie sich denn eine Immobilienanlage unter den genannten Voraussetzungen für sich vorstellen oder nicht?«

Die **Motivationsfrage** zielt auf die Offenlegung ungenannter Beweggründe ab:

- »Soll es sich bei diesem Armreif um ein Geschenk handeln?«
- »Ist Ihnen bei einer Immobilie die Möglichkeit zur sofortigen Steuerersparnis wichtiger oder die langfristige Wertsteigerung?«

Die **Provozierende Frage** dient zur emotionalen Anheizung, doch ist Vorsicht vor Überaktivierung geboten:

- »Ist Ihnen auch bewusst, dass es sich bei dieser Uhr um ein wertvolles Einzelstück handelt?«
- »Soll man denn dem Vermieter wirklich immer höhere Monatsmieten abführen, ohne dass er den Wohnwert entsprechend steigert?«

Die **Rhetorische Frage** beantwortet sich von selbst, sie hat instrumentellen Charakter:

- »Wer kennt nicht den Ärger mit teuren, aber schlecht verarbeiteten Schmuckstücken? Bei diesem Collier hier versichere ich Ihnen, dass es ganz erstklassig verarbeitet ist, auch da, wo man es auf den ersten Blick nicht sieht.«
- »Ist eine Anlageform für Sie interessant, bei der Sie ab sofort X % Steuern sparen und dabei noch Vermögen aufbauen?«

Durch die **Suggestivfrage** soll eine Beeinflussung des Gesprächspartners erreicht werden, sie ist allerdings vorsichtig einzusetzen:

- »Sie sind sicherlich auch der Meinung, dass eine Armbanduhr immer auch den Lebensstil ihres Besitzers zum Ausdruck bringt.«
- »Sie stimmen mir doch zu, dass der Steuervorteil heute ein ganz wichtiges Argument für die Geldanlage in Immobilien ist?«

Fragen sind, geschickt gestellt, eine der wichtigsten Voraussetzungen für die anschließende Kundennutzen-Argumentation. Ehrlich interessiertes Fragen gibt dem Gesprächspartner das Gefühl, auf ihn einzugehen und schafft damit die nötige Vertrauensbasis. Fragen sind auch nötig, um den Gesprächspartner und seine Bedürfnisse bzw. Kaufmotive besser einzuschätzen. Durch Fragen kann die Gesprächsrichtung vorgegeben werden, denn »Wer fragt, der führt«. Fragen sind hilfreich, um Kaufwiderstände schneller zu erkennen und die Kaufentscheidung zu forcieren. Sie bringen zusätzliche Informationen und Zeitgewinn in der Defensive. Fragen ermöglichen zudem ein konfliktfreies Korrigieren des Gesprächspartners. Sie schaffen es, vom Monolog zu einem partnerschaftlichen Dialog zu gelangen. Durch Fragen kann man den Gesprächspartner besser einbeziehen und sicherstellen, dass er wirklich zuhört. Außerdem wird die Übereinstimmung laufend abgeprüft. Freundliche Fragen dienen der Präzisierung. Ohne die Fähigkeit, aktiv zuzuhören, nützt allerdings auch die beste Fragetechnik nichts. Gutes Zuhören muss man lernen. Wer den anderen über sich reden lässt, gewinnt Sympathie (»Denn Reden ist ein Bedürfnis, Zuhören aber eine Kunst« (Goethe)). Intensives Zuhören stärkt das Selbstwertgefühl des Partners und zeigt ihm, dass man ihn ernst nimmt und schätzt. So fühlt er sich verpflichtet, auch die eigenen Worte ernst zu nehmen. Nur wer zuhört, lernt. Aktives Zuhören erfordert somit Disziplin und Konzentration. Aber dadurch wird Verkaufen leichter.

Für die sich anschließende Phase der **Demonstration** und **Präsentation** gelten einige grundlegende didaktische Prinzipien:

– vom Einfachen zum Komplizierten,
– vom Bekannten zum Unbekannten,
– vom Detail zur Ganzheit.

Für die Wahrnehmung kann man festhalten, dass

– Selbermachen (90 %) vor Sehen plus Hören (50 %) vor nur Sehen (30 %) vor nur Hören (20 %) vor nur Lesen (10 %) kommt,
– die Produktdemonstration so erfolgen soll, dass dabei erläutert wird, was man tut,
– die Nutzen ausdrücklich ausgelobt und Produkte pfleglich behandelt werden sollen,
– nicht direkt auf Konkurrenzprodukte Bezug genommen werden soll,
– Aha-Erlebnisse gefördert werden, indem Kunden möglichst »Selbermachen«,
– nur zwei Alternativen gleichzeitig präsentiert werden sollen.

Zur Planung einer Verkaufspräsentation gehören umfangreiche Überlegungen. Zunächst geht es darum, die Teilnehmer auf der Kundenseite zu antizipieren. Dies betrifft mehrere Bereiche:

– Anzahl der angemeldeten oder zu erwartenden Teilnehmer (großer Kreis/kleiner Kreis); eine Information darüber ist äußerst wichtig, weil sie die gesamte Anlage und den Ablauf von Verkaufsgesprächen beeinflusst.
– Struktur dieser Teilnehmer (homogen hinsichtlich Aufgabe und Stufe oder heterogen); dies lässt Rückschlüsse darüber zu, inwieweit von Interessenidentität auf der Kundenseite auszugehen ist oder Divergenzen dort wahrscheinlich sind.
– Wortführer, die positiv oder negativ einwirken (aus formalem Status/informeller Position); diese zu identifizieren, ist wichtig, um sie verstärkt in die Argumentation einzubinden (etwa durch persönliche Ansprache).
– Einstellung der Beteiligten (etwa in Bezug auf Abteilungsräson/Unabhängigkeit); dies gibt Anhaltspunkte für Art und Inhalt der Argumentation und ist daher von hoher Bedeutung.

Dann gilt es, die Teilnehmer auf der Verkäuferseite zu betrachten. Auch dafür bieten sich mehrere Bereiche an:

– Anzahl der Mitwirkenden (generell gilt, so wenig wie möglich, so viel wie nötig); insofern soll Fachkompetenz überall dort angeführt werden, wo dies hilfreich erscheint, zugleich sollen aber keine »überflüssigen« Personen involviert werden.
– Zusammensetzung nach relevanten Arbeitsbereichen (direkt angesprochen oder zu vermuten); nur für solche antizipierten Punkte kann eine Erfolg versprechende Argumentationslinie vorbereitet werden.
– Gesprächsaufteilung (Abfolge, Übergabe nach Stichworten/Inhalten); diese Dramaturgie gewährleistet eine gewisse Struktur im Gesprächsablauf und verhindert, das wichtige Punkte zu kurz kommen oder Chaos entsteht.
– Platzanordnung; hier sind mehrere Prinzipien denkbar: frontal nach Auftraggeber und -nehmer, gemischt zur Auflockerung oder runder Tisch als Zeichen der Gleichberechtigung, über Eck, was generell am sinnvollsten erscheint.

Zudem ist der Anlass des Verkaufsgesprächs von hoher Bedeutung. Denkbar sind hier:

- Routinemeeting (also turnusmäßige Zusammenkunft, Jour fixe); dieses erfordert ein geringes Ausmaß an spezifischer Vorbereitung, da es sich im Wesentlichen um routinisierte Inhalte handelt.
- Einmalgespräch (zur Vorbereitung oder Nachbearbeitung); dies ist oft genug entscheidend für den Verkaufserfolg, denn sowohl eine passende Einstimmung als auch Nachbehandlung gewährleisten erst Kundenzufriedenheit.
- Situation; hier sind wiederum verschiedene Situationen denkbar – eigeninitiiert oder aufgefordert, allgemein oder konkret, allein oder im Wettbewerb. Davon hängt entscheidend das Gesprächsverhalten ab.
- Außerplanmäßige Zusammenkunft (anlassbezogen, Review); hier kommt besonders aus Krisengründen initiierten Terminen höchste Beachtung zu, denn diese bedeuten zumeist besonderen Stress.

Danach richtet sich die konkrete Gesprächsvorbereitung. Zu berücksichtigen sind hierbei vor allem:

- Pünktlichkeit (rechtzeitige Anfahrt, Verkehrsmittelwahl, Route, Lageplan, Übernachtung, Zeitreserve); kaum etwas ist peinlicher, als sich schon zu Beginn des Gesprächs für eine Verspätung entschuldigen zu müssen oder schon, bevor es eigentlich richtig losgeht, abgespannt zu sein.
- Kleidung (Business Like, aber nicht »Overdressed«); hier gilt der alte Ausspruch, wonach Kleider Leute machen. Heute kommt es allerdings vor allem auf die Adäquanz der Kleidung an.
- Rehearsal, d. h. Probelauf zur Zielvereinbarung, Festlegung der Dramaturgie, Rollenaufteilung, Ortsbesichtigung, Durchspielen des Ablaufs; dies dient über die eigentliche Einübung hinaus der Vermittlung von Sicherheit für alle Beteiligten.
- Gesprächsumfeld (Raum, Klima, Licht, Ausstattung); weder zu große, noch erst recht zu kleine Räume werden als angenehm empfunden, frische Luft ist immer willkommen, ausreichende, eher helle Beleuchtung steigert die Konzentrationsfähigkeit.
- Service (Getränke, Gebäck, Telekommunikation, Freiheit von Störungen); dabei geht es mehr um die Vermittlung eines angenehmen Gesprächsumfelds als darum, konkrete Handlungsbedürfnisse zu befriedigen.

Hinsichtlich Zeitpunkt und Dauer des Gesprächs geht es um folgende Aspekte:

- Termin-/Ortsbestätigung für das Gespräch; es kommt durchaus immer wieder vor, dass sich beide Gesprächsparteien auf dem Weg zur jeweilig anderen Residenz befinden oder Termine versehentlich auf falsche Tage oder Uhrzeiten eingetragen werden.
- Fixierung des Zeitrahmens (fest/variabel); dabei dient eine fixierte Zeitdauer der Disziplinierung aller Beteiligten, auch wenn sie im Einzelfall großzügig überschritten wird.
- Ankündigung der Teilnehmer (wechselnd/konstant anwesend); wohl jeder hat schon »Brieftauben-Meetings« erlebt, wo ständig neu hinzu- oder zurückkommende Teilnehmer über den aktuellen Gesprächsstand zu informieren sind.
- Vereinbarung von Pausen/Business Lunch; dies dient nicht nur der Erfrischung oder körperlichen Stärkung, sondern vor allem auch dem informellen Austausch über Zwischenergebnisse und Ziele zwischen den Teilnehmern.

- Berücksichtigung von Mentalitätsbesonderheiten (ethnisch bedingte Erwartungen/Firmenkultur); dies gilt vor allem für Gespräche im Ausland oder mit inlandsansässigen ausländischen Unternehmen.
- Zeitliche Aufteilung Vortrag/Diskussion; dies ist wichtig, weil die Diskussion die eigentlich zu gewinnende Schlacht bleibt und dafür in jedem Fall genügend Zeit zu reservieren ist.

Dann geht es um den Ablauf des Gesprächs. Dabei sind folgende Aspekte zu berücksichtigen:

- Begrüßung/Vorstellung der Teilnehmer; dies ist nicht nur ein Zeichen der Höflichkeit, sondern dient auch der gegenseitigen Einordnung von Positionen und Funktionen einzelner Personen in der Organisation.
- Anlass des Gesprächs/Inhaltsvereinbarung; dies wäre an sich vermeidbar, dient jedoch vor allem der Einstimmung der Beteiligten auf den Gesprächsinhalt.
- Agenda/Procedere; jedem Gespräch sollte unbedingt ein Plan über die abzuarbeitenden Gesprächsschritte zugrunde liegen.
- Vortrag nach Booklet; in vielen Fällen dienen schriftliche Ausarbeitungen als Gesprächsgrundlage. Dann ist es empfehlenswert, dieses Booklet so aufzubereiten, dass es zugleich als Gesprächsunterlage dient.
- Vorlagen (OHP, Pinwand, Dia, Video, Audio, Flipchart, PC-Beamer etc.); dies ist Standard in Präsentationen und zugleich Zeichen für die Ernsthaftigkeit der Vorbereitung.

Hinsichtlich der Form des Gesprächs sind eine ganze Reihe von Aspekten zu berücksichtigen:

- Wahl eines Stils, der straff im Inhalt, aber locker in der Form ist; dazu gehört, nicht flapsig/distanziert/besserwisserisch aufzutreten, sondern sympathisch und kompetent zu wirken.
- Einbeziehung aller Teilnehmer in das Gespräch; dazu gehört die Suche von Augenkontakt und die Beobachtung von Mimik und Gestik der jeweiligen Teilnehmer.
- Sprechtempo eher engagiert als schleppend, denn dies trägt den Schwung der Präsentation; darunter darf jedoch nicht die Deutlichkeit der Aussprache leiden, daher ist auf Modulation und Betonung zu achten.
- Lautstärke nicht aufdringlich, aber deutlich vernehmbar; gerade bei wichtigen Passagen bietet es sich an, die Aufmerksamkeit der Zuhörer durch höheren Tonlevel zu provozieren.
- Tonhöhe möglichst sonor, weil ansonsten besonders lautere Passagen eher schrill klingen; um dies zu vermeiden, hilft bereits das Aufstehen beim Sprechen.
- Wortwahl durch erklärte Fremdwörter und Einsatz von Fachwörtern; oft wird versucht, durch komplizierte Ausdrucksweise zu beeindrucken, ein Unterfangen, das regelmäßig ins Gegenteil des Beabsichtigten umschlägt.
- Satzlänge eher kurz, wegen der besseren Verständlichkeit; gerade im Vortrag führen verschachtelte Sätze dazu, dass am Satzende vergessen ist, worum es am Satzanfang eigentlich ging, ein verheerender Effekt im Verkauf.
- Auftritt bescheiden, aber selbstbewusst; Luther hatte hier die Weisheit: »Tritt keck auf, mach's Maul auf, hör bald auf!«. Dem ist kaum etwas hinzuzufügen.
- Einsatz unterstützender Gestik und Mimik, ein Funke soll überspringen; die Körpersprache bringt eine Vielzahl von Informationen über, die in vergleichbarer Deutlichkeit und Differenzierung durch Sprache allein nicht zu transportieren sind.
- Unterbrechung für Verständnisfragen sofort, für andere Fragen erst in der Diskussion; dies ist sinnvoll, um einerseits den Präsentationsfluss nicht allzu häufig zu unterbrechen, andererseits aber sicherzustellen, dass alle Beteiligten ihm folgen können.

Die Diskussion ist die entscheidende Phase der Verhandlung. Hier gilt Folgendes:

- Zuhören/Hinterfragen, Versuchen, Einwände zu entschlüsseln; diese stehen ansonsten einem Erfolg unverrückbar im Wege.
- Erwiderung mit Kompromiss aus Nachgiebigkeit und Entschlossenheit, d. h., es gilt, nicht durch Bockigkeit negativ aufzufallen, doch flexibel den eigenen Standpunkt zu verteidigen.
- Bei Meinungsverschiedenheiten auf der Kundenseite gilt strikte Neutralität, bei solchen zwischen Präsentator und Zuhörern gilt Verteidigung bis an die Grenze des Widerstands (verbindlich im Ton, aber hart in der Sache).
- Fachkompetenz im Selling Center ansprechen; ebenso wie im Buying Center ist auch das Selling Center regelmäßig entsprechend zusammengesetzt.

Das Gespräch wird erst durch die Nachbereitung abgeschlossen. Dazu gehört Folgendes:

- Zusammenfassung der Diskussionsergebnisse, Protokoll; dies stellt sicher, dass die gemeinsam verhandelten Inhalte von den Teilnehmern auch gleichermaßen verstanden worden sind; dies ist allein aus Gründen der Rechtssicherheit sinnvoll.
- Timing für Entscheidungen und nächste Schritte festlegen; es gilt, die Interaktion nicht auslaufen zu lassen, denn »nach dem Kauf ist vor dem Kauf«.

5.7.4 Einwandbehandlung

Jeder Einwand signalisiert einen Kaufwiderstand. Deshalb ist es sinnvoll, den Kunden ausreden zu lassen, ihm aufmerksam zuzuhören, keinen echten Einwand zu übergehen. Der Verkäufer sollte auf keinen Fall verärgert reagieren, Einwände bagatellisieren, tabuisierte Themen ansprechen oder den Kunden versuchen, überreden zu wollen. Auf jeden Fall sollte er diplomatisch reagieren.

Kaufwiderstände sind entscheidende Hürden beim Verkauf. Einwände sind zugleich Hilferufe des Kunden. In dieser heiklen Phase des Verkaufsgesprächs gilt es, überzeugend zu argumentieren. Dazu ist es hilfreich, alle möglichen Einwände gegen ein Produkt zu sammeln und Gegenargumente bereitzulegen, sodass man gar nicht erst in Verlegenheit kommt. Dazu stehen eine Reihe von Gesprächstechniken bereit (dazu wiederum Beispiele für Schmuckwaren und Immobilien):

> Durch die **Entlastung** sollen die mit dem Einwand verbundenen Probleme entkräftet werden, dies ist jedoch vorsichtig einzusetzen:
>
> - »Selbst, wenn eine Verharzung im Uhrwerk auftreten sollte, ist unser Kundendienst zur Stelle, um Ihnen sofort zu helfen.«
> - »Ihnen ist also der Tiefgaragenplatz nicht geheuer? Da kann ich Sie beruhigen, die tatsächlichen Gefahren liegen viel eher im immer dichteren Straßenverkehr als in einem Abstellplatz.«
>
> Die **Isolierung** hilft durch Klärung des »letzten« Einwands gegen endloses Hinauszögern im Gespräch:
>
> - »Kann ich denn davon ausgehen, dass außer der Klärung des Liefertermins aus Ihrer Sicht nichts mehr gegen einen Abschluss spricht?«

- »Wenn meine Vergleichsrechnung zeigt, dass dieses Objekt anderen in der Summe seiner Eigenschaften überlegen ist, sind Sie dann vom Kauf überzeugt?«

Die **Ja, aber-Technik** signalisiert scheinbare Zustimmung, allerdings mit Verkehrung ins Gegenteil:

- »Das ist in der Tat ein wichtiger Punkt, den Sie da ansprechen, der sich aber relativiert, wenn man bedenkt, dass ...«
- »Ja, es kommt vor, dass viele Einheiten in der Wohnanlage nicht ohne Probleme sind. Aber bedenken Sie bitte, egal, wie groß oder klein ein Gebäude ist, Sie haben es immer nur mit maximal vier Nachbarn zu tun, zwei links und rechts, einer unten und einer oben.«

Der **Korkenzieher** dient dazu, unterliegende Einwände hervorzulocken:

- »*Gold ist nicht sonderlich wertbeständig.*« – »Welche Bedenken haben Sie gegen einen seit Jahrtausenden im internationalen Handel verwendeten Wertmesser?«
- »*Die Wohnung liegt zu weit außerhalb.*« – »Warum ist es für Sie wichtig, in unmittelbarer Nähe der Stadt zu wohnen?«

Die **Kompensation** besteht darin, einen Nachteil einzugestehen, um größere Vorteile dagegen zu stellen:

- »Dieses Bedenken ist in der Tat ernstzunehmen, aber unumstößlich bleibt doch der Vorteil, dass ...«
- »Nun haben Sie endlich eine Wohnung gefunden, die Ihren Wünschen fast perfekt entspricht. Wollen Sie da Ihre Entscheidung wirklich von einem nicht vorhandenen Gäste-WC abhängig machen?«

Die **Papageientechnik** besteht darin, den Einwand zu wiederholen, damit erkennbar ernst zu nehmen und vor allem Zeit zu gewinnen:

- »*Dieses Armband ist zu protzig.*« – »Dieses Armband ist Ihnen also zu protzig. Können Sie mir bitte erläutern, warum Sie das so empfinden?«
- »Sie sind also, wenn ich das recht verstehe, der Meinung, dass Ziegel ein besserer Baustoff sind als Beton? Nun, dazu möchte ich Ihnen Folgendes sagen: ...«

Als **Referenz** dient der Bezug auf Kunden-Autoritäten, evtl. auch leicht »geschönt«:

- »Einer meiner anspruchsvollsten Kunden hat sich erst letztens für ein ähnliches Schmuckstück entschieden. Und ist hoch zufrieden damit.«
- »Die anderen Einheiten sind bereits von Kunden gekauft worden, die schon das zweite oder dritte Mal mit uns zusammenarbeiten. Das würden die ja nicht tun, wenn sie nicht vollauf zufrieden wären.«

Mit der **Salamitechnik** wird ein komplexer Einwand zergliedert und einzeln abgearbeitet:

- »*Die Qualität ist ja wohl nicht so toll.*« – »Zunächst sollte man die exzellente Verarbeitung dieses Stücks betrachten. Schauen Sie nur, wie ....« – »Dann bedenken Sie bitte die ausgesuchten Rohmaterialien, die hier verarbeitet werden.« – »Auch die ausgesprochen geschmackvolle Gestaltung ist bestechend. Nehmen Sie nur einmal ...«

- »*Die Ausstattung der Wohnung ist schlecht.*« – »Gut, da schauen wir uns doch einmal gemeinsam die Ausstattungsmerkmale der einzelnen Räume genauer an. Da ist zunächst ...«

Bei der **Seitlichen Arabeske** wird ein Nachteil stillschweigend hingenommen aber sogleich übersprungen:

- »*Der Stein ist mir zu klein.*« – »Andererseits sollten Sie bedenken, dass dieser Ring eine hervorragende Verarbeitung hat, wie man sie nur selten findet.«
- »*Ein Aufzug im Haus verursacht hohe Nebenkosten.*« – »So ein Aufzug steigert aber auch ganz nachhaltig den Mietwert, und das zahlt sich aus.«

Durch die **Transformation** wird die Begründung für einen Einwand abgefragt, doch Vorsicht, dabei ist an die Höflichkeit denken:

- »*Die Stoppzeitfunktion fehlt ja auch.*« – »Können Sie mir ein Beispiel dafür geben, wann Ihnen die Stoppzeitfunktion an einer Armbanduhr zuletzt gefehlt hat?«
- »*Der Grundriß der Wohnung ist langweilig.*« – »Was genau würden Sie denn an diesem Grundriss (gern) interessanter gestaltet sehen?«

Die **Umkehrung** bedeutet, aus einem vermeintlichen Nachteil einen Vorteil zu machen:

- »Eben weil das Design, wie Sie sagen, so ausgefallen ist, geht es im alltäglichen Durchschnittseinerlei nicht unter.«
- »Die Wohnung ist zwar vermietet, aber dadurch können Sie sie auch um ca. 20 % günstiger erwerben als eine vergleichbare, freie Wohnung.«

Mit Hilfe einer **Umformulierung** kann ein harter Einwand abgeschwächt werden:

- »Vereinfacht gesagt, vertreten Sie also die Meinung, dass ...«
- »*Das soll mein Anwalt erst mal richtig prüfen.*« – »Es bleibt Ihnen natürlich unbenommen, sich hinsichtlich der Vertragsinhalte noch mit Ihrem Anwalt zu besprechen. Aber er wird Ihnen bestätigen, dass ...«

Bei der **Unbeantworteten Frage** ergänzt der Kunde die Antwort im Kopf:

- »Ist eine glückliche Ehefrau nicht das Wertvollste, was man als Mann haben kann?«
- »Wer weiß schon, wie lange die steuerlichen Abschreibungsmöglichkeiten noch in diesem Umfang gewährt werden?«

Im **Vergleich** sollen abstrakte Angebotsvorteile konkret anschaulich gemacht werden:

- »Bei gesellschaftlichen Anlässen stellt man doch immer wieder fest, welche Bedeutung hochwertigem Schmuck zugemessen wird.«
- »Wenn Sie sagen, alle Makler sind unseriös, dann ist das geradeso, als wenn Sie behaupten, alle Arbeitslosen sind arbeitsscheu. Natürlich gibt es hier und da schwarze Schafe, aber man darf das Kind doch nicht mit dem Bad ausschütten.«

Bei der **Vorwegnahme** gilt es, Einwände proaktiv zu entschärfen, doch gilt Vorsicht, dadurch keine »schlafenden Hunde« zu wecken:

- »Eine Frage, die in diesem Zusammenhang oft gestellt wird, ist die Folgende: ....«

- »Nun könnte man einwenden, dass die Bausubstanz dieses Hauses zu alt ist. Aber damals hat man sich zum Bauen noch viel mehr Zeit genommen und auch wesentlich mehr Material verarbeitet als heute üblich.«

Durch die **Zurückstellung** lässt sich Zeit gewinnen, evtl. wird der Einwand sogar ganz vergessen:

- »Das sollten wir uns gleich nachher in der Ausstellung genauer ansehen.«
- »Darf ich Ihren Hinweis auf die Ihrer Meinung nach zu kleine Küche noch einmal aufnehmen, nachdem wir uns die anderen Räume angeschaut haben?«

5.7.5 Konfliktüberwindung

Auf das Erreichen der Abschlussphase deuten mehrere Signale hin, sowohl Verhaltenssignale wie Kopfnicken, Anfassen des Produkts etc. als auch Sprachsignale wie Kaufwunschäußerung, Frage nach Details wie Kundendienst, Garantie, Referenz etc. Wiederum können eine Reihe von Gesprächstechniken eingesetzt werden (dargestellt an den Beispielen Schmuckwaren und Immobilien).

Bei **Alternativen** geht es noch nicht um die grundsätzliche Entscheidung, sondern um die Wahl zwischen so oder so:

- »Möchten Sie den Ring denn lieber in der Weißgold- oder in der Rotgoldausführung?«
- »Was entspricht denn nun mehr Ihren Vorstellungen, ein höheres Disagio bei geringerer laufender Belastung oder eine kürzere Laufzeit ohne Disagio?«

Die **Annahme** setzt die hypothetische Zustimmung des Kunden schon einmal voraus:

- »Wenn Sie bei diesem Ring hier bleiben, könnte ich Sie zu Ihrer Entscheidung nur beglückwünschen.«
- »Unterstellen wir im folgenden einmal, Sie entscheiden sich für diese Wohnung, wie sieht dann Ihre ganz persönliche Renditerechnung dafür aus? Nun ...«

Bei der **Empfehlung** erfolgt eine Wahl des Verkäufers im Urteil des Käufers, quasi objektiv:

- »Als Fachmann sage ich Ihnen da nur, mit XYZ können Sie einfach nichts falsch machen.«
- »Aus meiner langjährigen Erfahrung rate ich Ihnen, auf jeden Fall die Wohnung mit den höheren Mieteinnahmen und den weitaus größeren Steuervorteilen zu nehmen.«

Die **Entscheidungseinschränkung** bleibt nur als letzte Möglichkeit, wenn alles andere versagt:

- »Da es sich um ein Geschenk handelt, kann ich Ihnen ausnahmsweise eine Umtauschmöglichkeit dafür einräumen.«
- »Ich nehme für Sie schon einmal eine Kaufoption in meine Unterlagen auf, und Sie sagen mir dann bitte bis nächsten Montag, ob Sie bei Ihrer Präferenz für dieses Objekt bleiben.«

Die **Falsche Wahl** führt durch deren Ablehnung indirekt auf die eigentlich gewünschte Alternative zu:

- »Wenn Sie Standard-Schmuckware suchen, liegen Sie bei diesem Set hier genau richtig.«
- »Warum nutzen Sie nicht das vermeintlich billigere Konkurrenzangebot und warten ab, ob Sie damit im Endeffekt wirklich so gut bedient sind wie es Ihnen versprochen wird?«

Die **Feststellung** zielt auf eine Ja-Verkettung ab:

- »Sie wollen eine sichere Wertanlage?« – »*Ja.*« – »Das bedingt erstklassige Verarbeitung?« – »*Ja.*« – »Sie wollen aber auch blendendes Aussehen, nicht wahr?« – »*Ja.*« – »Dann kommt für Sie nur XYZ in Betracht.«
- »Die Lage sagt Ihnen also zu? Der Preis ist für Sie finanzierbar? Sie legen Wert auf steigende Mieteinnahmen? Dann ist das hier genau das richtige Objekt für Sie.«

Im **Praktischen Vergleich** wird vor allem der Erlebniswert betont:

- »*Die Einstellung der Uhrzeit ist sicher kompliziert.*« – »Das mag auf den ersten Blick so scheinen, aber die Einstellungen erfolgen automatisch. Drücken Sie nur einmal diesen Knopf hier, Sie sehen, dass ...«
- »Nehmen Sie nur einmal auf der Terrasse Platz und genießen den Blick auf den herrlichen alten Baumbestand, wie man ihn heutzutage nur mehr ganz selten findet.«

Durch **Pro-Contra** wird die Bilanz aller Argumente gezogen, natürlich mit mehr Pros als Cons:

- »Was also spricht für einen Kauf dieses Schmuckstücks – und was dagegen? Nun, ziehen wir doch einmal Bilanz, da ist zunächst ...«
- »Die Wohnung liegt zwar im Parterre, aber dafür sichern Sie sich quasi auch die Gartenwohnung im Haus.«

Reserveargument bedeutet das Nachschieben eines wichtigen Arguments:

- »Ach, fast hätte ich noch vergessen, Ihnen zu sagen, dass ...«
- »Es versteht sich eigentlich von selbst, aber ich sollte noch erwähnen, dass Sie als Ersterwerber natürlich provisionsfrei kaufen.«

Durch **Trägheit** werden die beständig gleichen Produktvorteile wiederholt:

- »Wie ich schon sagte, handelt es sich bei diesem Stück um eine handwerkliche Einzelanfertigung, wie sie heute kaum mehr zu finden ist.«
- »Ich darf noch einmal daran erinnern, Fertighäuser sind heute genauso dauerhaft wie konventionell gebaute Häuser.«

Bei der **Übertreibung** wird ein vorsichtiger, nicht unverschämt überzogener Vorschlag gemacht:

- »Möchten Sie gleich das ganze Schmuck-Set erwerben?« – »*Nein, nein, das Armband reicht für den Anfang völlig aus.*«
- »Was halten Sie davon, wenn wir anstelle der Parterre-Einheit einmal die Maisonette-Wohnung kalkulatorisch durchgehen?« – »*Nein, wenn schon, dann lieber die Parterre-Wohnung.*«

Ein **Vorschlag** dient dazu, das Gespräch voranzubringen:

- »Was halten Sie davon, dieses Collier hier mit diesen Ohrclips zu kombinieren? Das sieht wirklich phantastisch aus.«

– »Nehmen wir nur einmal diese Wohnung hier und schauen uns deren Grundrissplan etwas genauer auf Ihre Anforderungen hin an.«

Vorteilhaftigkeit stellt auf die gute Gelegenheit ab, die man sich verscherzen kann:

– »Bedenken Sie bitte, dass es sich dabei um ein Einzelstück aus einer Serie handelt, die nicht mehr hergestellt wird.«
– »Diese Wohnung ist deshalb so preisgünstig, weil wir sie preiswert erworben haben und diesen Kostenvorteil nun voll an Sie als unseren Kunden weitergeben.«

Die **Zusammenfassung** dient als Resümee der Verankerung von Argumenten im Gedächtnis:

– »Was bleibt denn unter dem Strich? Wichtig ist für Sie doch vor allem, dass Sie ...«
– »Halten wir also fest, die Fußbodenheizung erübrigt störende Heizkörper an der Wand, spart zudem Heizkosten und kann problemlos auf alternative Energieformen umgerüstet werden.«

5.7.6 Preisargumentation

Das größte Abschlusshindernis bildet erfahrungsgemäß der Preis. Da dieser erst in einem fortgeschrittenen Stadium des Verkaufsgesprächs eingebracht wird, ist er besonders gefährlich. Der stets zu hohe Preis stellt damit zweifelsfrei das größte Abschlusshindernis dar. Da der Preis aber ohnehin immer zu hoch ist, braucht man ihn nicht weiter zu entschuldigen. Statt dessen stehen zahlreiche Gesprächstechniken zur Verfügung (dargestellt am Beispiel Schmuckwaren und Immobilien):

Der **Appell** spricht das Sicherheitsgefühl an:

– »Sagen Sie selbst, wann sind Sie schon einmal mit der schlechteren Qualität besser bedient gewesen?«
– »Was meinen Sie, wie Ihre Kinder sich über ihre eigenen Zimmer freuen werden, da hat man als Vater ja auch eine gewisse Fürsorgepflicht.«

Bei der **Differenz** ist nur der Mehrpreis zum Standard zu argumentieren:

– »Für dieses Stück hier, das unverhältnismäßig besser verarbeitet ist als jenes dort, zahlen Sie damit nur X Euro mehr.«
– »Per Saldo kostet dieses schicke Loft nur X € mehr nach Steuern pro Monat als eine langweilige 08/15-Eigentumswohnung, wie es sie an jeder Ecke gibt.«

»**Do ut des**« macht ein Preiszugeständnis von einer Gegenleistung abhängig:

– »Na gut, ich bin bereit, Ihnen eine verlängerte Valuta zu gewähren, wenn Sie das komplette Sortiment abnehmen.«
– »Ich biete Ihnen einen Preisnachlass an, aber der gilt dann nur hier und jetzt.«

Der **Nachteil** bezieht sich auf billigere Alternativen:

– »Das Laufwerk der Uhr dort kommt von einem koreanischen Hersteller. Das Werk dieser Uhr ist aus schweizerischer Produktion.«

- »Ich mache Sie nur darauf aufmerksam, dass die andere Wohnung weder über Balkon noch Garagenplatz verfügt. Das läuft auf eine schlechtere Vermietbarkeit hinaus.«

Der **Nutzen** stellt klar, dass vor allem die Qualitätsforderung des Kunden den Preis bestimmt:

- »Wenn Sie bereit sind, Abstriche an Ihren Ansprüchen zu machen, kann ich Ihnen natürlich auch Ware zeigen, die einen niedrigeren Preis hat.«
- »Vielleicht wird es tatsächlich etwas teurer als ursprünglich geplant, aber dafür wird man Sie ganz sicher auf Jahre hinaus um die hochwertige Ausstattung Ihrer Wohnung beneiden.«

Der **Nutzenentgang** betont die Konsequenzen des Nichtkaufs:

- »Sie sollten selbst beurteilen, ob Sie mit einem Konsumstandard unter Ihrem Anspruchsniveau auf Dauer glücklich sein werden oder nicht.«
- »Bedenken Sie nur, was Sie allein dieses Jahr wieder an Steuern zahlen. Dieses Geld könnte schon der erste Baustein für Ihr eigenes Haus sein.«

Die **Qualität** hebt auf höhere Leistung für höheren Preis ab:

- »Wie oft im Leben kauft man schon ein hochwertiges Collier?«
- »Bedenken Sie nur, was höher wiegt, die momentane Kosteneinsparung bei weniger Qualität oder eine dauerhafte, ärgerliche Komforteinbuße für Sie und Ihre Familie.«

Die **Relativierung** erfolgt durch Vergleich mit anderen, gewöhnten Ausgaben:

- »Wenn man bedenkt, was man heute schon für ein verlängertes Wochenende ausgeben muss, erscheint der Preis doch gleich in einem ganz anderen Licht.«
- »Die laufenden Nebenkosten betragen X €, aber das wendet ein durchschnittlicher Raucher auch leicht für seine monatliche Zigarettenration auf.«

Beim **Sandwich** wird der Preis durch Produktvorteile vorher und nachher eingerahmt:

- »Die Vorteile dieses Angebots liegen in .... Der Preis dafür ist X €. Dafür erhalten Sie dann aber auch folgende Komplettleistung: ...«
- »Die Lage ist I a, da ist der Preis von X € fast schon traumhaft, zumal auch die Bauausführung erstklassig ist.«

Bei der **Verkleinerung** wird der Preis pro Einzeleinheit oder Zeitspanne ausgedrückt:

- »Diese High Tech-Uhr kostet nur bescheidene X €, inclusive poliertem Stahlgliederarmband.«
- »Die Darlehenssumme wird in für Sie gut verkraftbaren Monatsraten von X Euro über die Jahre verteilt getilgt.«

Bei der **Vergrößerung** wird die beinhaltete Stückzahl oder Ausstattung eingebracht:

- »Für diesen Preis erhalten Sie einen Chronometer mit vielseitigen Funktionen wie ...«
- »Allein für die eingebauten Zusatzausstattungen müßten Sie bei einer anderen Wohnung leicht X € mehr Miete p. a. einkalkulieren.«

Die **Verzögerung** besteht darin, zunächst die Produktvorteile und dann erst den Preis zu nennen:

- »Dieses Armband ist hochwertig verarbeitet, mit Brillanten besetzt und von edlem Design. Es kostet X €.«
- »Die Lage ist I a, der Grundriss einfallsreich und die Bauausführung erstklassig, und das alles kann ich Ihnen zum Preis von X € anbieten.«

In der **Zerlegung** wird die Gesamtleistung auf Einzelleistungen bezogen:

- »Bedenken Sie bitte, dass allein der Brillantenbesatz dieses Colliers schon beinahe ein halbes Carat ausmacht.«
- »Die Summe setzt sich zusammen aus X € Grundstücksanteil, Y € für den Garagenplatz und Z Euro, die für die eigentliche Wohnfläche bleiben.«

Die **Zugabe** erfolgt durch Angebot geldwerter Vorteile:

- »Eine Namensgravur auf der Rückseite kann ich Ihnen bei diesem Stück kostenlos anbieten.«
- »Wenn Ihnen der Teppichboden nicht gefällt, lasse ich ihn auf unsere Kosten bis zu Ihrem Einzugstermin gegen eine gleichwertige Ware Ihrer Wahl austauschen.«

5.7.7 Abschlussphase

Für die Abschlussphase ist es wichtig, den »Sack zuzumachen«, marketingtechnisch spricht man vom Closing. Hier werden von Kunden oftmals Vorwände eingebracht, die aus Angst um die Endgültigkeit des Abschlusses entstehen. Solche Vorwände darf man im Verkauf nicht gelten lassen. Dazu einige Beispiele:

»Ich rufe Sie dieser Tage wieder an.« (Abschluss durchsetzen)

- »Welche Informationen fehlen Ihnen noch, um sich zu entscheiden?«
- »Welche Situation hat sich denn bis übermorgen für Sie entscheidend verändert?«
- »Warum sollte Ihre positive Beurteilung von jetzt übermorgen anders ausfallen?«
- »Ich bin viel unterwegs, sodass Sie mich vielleicht nicht erreichen, daher rufe ich Sie übermorgen an. Wann passt es Ihnen besser, ...«

»Ich habe keine Zeit, mich damit zu beschäftigen.« (Abschluss schaffen)

- »Ich bin dafür da, Ihnen zu helfen, eine für Sie optimale Entscheidung trotz Zeitmangels zu treffen. Machen Sie davon Gebrauch, wo kann ich Ihnen Entscheidungshilfen bieten?«

»Ich habe kein Interesse.« (unbedingt näher hinterfragen)

- »Welche Gründe sind dafür ausschlaggebend, dass Sie ein leistungsfähiges Produkt wie dieses nicht interessiert?«
- »Habe ich Sie da richtig verstanden, dass Sie kein Interesse an einer Lösung haben, die Ihnen einen Kostenvorteil von annähernd 20% pro Jahr bringt?«

»Ich will erst noch andere Angebote prüfen.« (Präferenz schaffen)

- »Das ist verständlich, daher biete ich Ihnen an, Sie im Folgenden noch auf entscheidende Knackpunkte hinzuweisen, auf die es bei einem solchen Produkt ankommt, damit Sie anschließend sachgerecht vergleichen können.«

»Für eine Entscheidung ist es jetzt noch zu früh.« (Zeitdruck erhöhen)

- »Je früher Sie mit der Anschaffungsplanung beginnen, desto weniger kommen Sie nachher unter Zeitdruck.«
- »Aber bedenken Sie bitte, dass Sie jetzt unter mehreren Sondermodellen frei auswählen können, später sind diese vielleicht so nicht mehr verfügbar.«

»Aber ich habe doch gar kein Budget frei.« (Lösungen aufzeigen)

- »Ist dieses Produkt für Sie denn interessant, wenn ich Ihnen Wege und Mittel aufzeige, es zu finanzieren?«
- »Könnte es sein, dass Sie nur deshalb zur Zeit weniger Budgetmittel freihaben, weil Ihre laufenden Kosten zu hoch sind?«
- »Bei einem Gespräch über eine maßgeschneiderte Finanzierungsmöglichkeit können Sie nur gewinnen, denn Nein sagen können Sie doch jederzeit, oder?«

»Ihnen geht es doch nur um Ihren Umsatz, meine Probleme sind Ihnen völlig egal.« (sachlich gegenhalten)

- »Ich habe Sie nicht gerade als jemand kennengelernt, dem man so ohne weiteres etwas verkaufen kann.«

»Ich habe mich für einen anderen Anbieter entschieden.« (Nachhaken)

- »Darf ich fragen, ob der Vertrag schon unterschrieben ist?«, wenn nein: »Sie können doch nur gewinnen, wenn Sie mein Angebot zum Vergleich hinzuziehen.«
- wenn ja: »Meinen herzlichen Glückwunsch und viel Glück mit Ihrem neuen Lieferanten. Darf ich fragen, aus welchem Grund Sie sich gegen unser Angebot entschieden haben?«

»Ich will das Angebot erst mit meinem Controller besprechen.« (Offensive)

- »Das ist eine gute Idee. Ich schlage Ihnen vor, dass wir den Termin gemeinsam wahrnehmen, so kann ich Ihnen bei der Prüfung auftauchende Fragen gleich beantworten.«
- »Ihr Controller kann Sie nur beraten, die Entscheidung liegt nach wie vor bei Ihnen. Es kommt darauf an, ob Sie von meinem Produkt überzeugt sind, nicht Ihr Controller.«

»Mein Controller hat mir abgeraten.« (Hinterfragen)

- »Erlauben Sie mir aus Interesse die Frage, welche bessere Lösung er denn parat hat, damit Sie in Ihrem Kostenblock wettbewerbsfähig bleiben und die Preise der japanischen Anbieter kontern können?«
- »Sind Sie sicher, dass er wirklich alle relevanten Einzelheiten kennt und berücksichtigt hat. Ich helfe da gern weiter, wenn Sie Zweifel daran haben.«

»Es sind doch keine Kosteneinsparungen mehr möglich.« (Anzweifeln)

- »Auf welche Erkenntnisse stützt sich Ihre Ansicht?«
- »Erlauben Sie mir eine Frage: Hat man das beim Kostenniveau von vor drei Jahren nicht auch gesagt, und wieviel liegt Ihr Betrieb heute darunter.«

»Ihr Produkt ist zu teuer.« (Preis ist immer relativ)

- »Im Verhältnis wozu zu teuer« (dann mit Nachteilen billigerer Produkte argumentieren und den eigenen Preis dadurch relativieren)
- »Auf die berühmten Ringeltäubchen spekuliert man doch im Endeffekt vergebens, da ist ein reelles Angebot schon besser.«

»Sie sind der erste Anbieter, mit dem ich in dieser Sache gesprochen habe.«

- »Es kommt nicht darauf an, das wievielte Angebot es ist, das Sie besprechen, es kommt nur darauf an, ob Ihnen das Angebot zusagt. Und es ist doch ein Glücksfall, dass Sie Ihre knappe Zeit jetzt für andere Dinge einsetzen können.«
- »Bedenken Sie bitte, bis Sie mit weiteren Anbietern gesprochen haben, die Ihnen womöglich doch nicht weiterhelfen können, ist wahrscheinlich mein Produkt, das Ihren Bedarf ja offensichtlich sehr gut befriedigt, nicht mehr zu den heutigen Konditionen zu haben.«

5.7.8 Nachbereitung

Hier soll vor allem kognitiven Dissonanzen vorgebeugt und Kundenbindung generiert werden. Dissonanz bedeutet ein empfundenes Ungleichgewicht, das den Menschen beschleicht, sobald er eine Entscheidung gefällt hat und das er, da ihm die Tendenz zur Konsonanz innewohnt, zu reduzieren sucht. Kognitiv bedeutet, dass die Dissonanz sich aus der Verarbeitung widersprüchlicher Informationen ergibt. Als reales Phänomen treten so im Nachhinein Zweifel an der Richtigkeit einer getroffenen Entscheidung auf, die ausgeräumt werden sollen. Dies geschieht über einige Techniken des Selbstbetrugs. Kognitiven Dissonanzen kann außerdem proaktiv vorgebeugt werden.

Der Verkäufer kann kognitive Dissonanzen bereits im Ansatz reduzieren, indem er bestätigend auf den Käufer einwirkt. In Gebrauchsanleitungen wird dieser Effekt wiederholt, indem dem Leser zunächst zum Kauf seines hochwertigen, modernen, leistungsfähigen etc. Produkts gratuliert wird. Diese Kaufnachbereitung kann auch in festen Betreuungs- und Nachfassprogrammen (KKP's) institutionalisiert werden. Denn aus Kundenzufriedenheit ergeben sich Chancen für Zusatzverkäufe (z. B. Zubehör) und für die markentreue Wahl beim Wiederkauf.

In den meisten Fällen empfiehlt sich ein Nachfassanruf nach Vertragsabschluss, wo möglich, besser noch ein persönlicher Kontakt. Als Inhalte kommen in Betracht: die Gratulation zur Bestätigung, die Wiederholung wichtiger Kaufargumente zur Dissonanzreduktion und die Abfrage von Irrationen (bevor diese kumuliert als Beschwerde hochkommen).

Unzufriedene Kunden reklamieren nicht notwendigerweise beim Anbieter, sie meiden ihn einfach zukünftig, gleichzeitig wirken sie als negative Multiplikatoren im sozialen Umfeld (schlechte Nachrichten sind gute Nachrichten zum Erzählen). Daher gilt es, Beschwerdegründe zu minimieren bzw. Beschwerdeäußerungen zu stimulieren und auch Querulanten zuvorkommend zu behandeln.

Die Kaufnachbereitung soll vor allem die Kundenzufriedenheit sicherstellen. Diese ist in neuerer Zeit als zentraler Erfolgsfaktor entdeckt worden. Zu Zeiten des Marktwachstums lag es nahe, Erfolge vor allem über die Kundenakquisition zu erreichen, was bestehende Kunden in ihrer Bedeutung zurücksetzte. Nun jedoch, bei stagnierenden oder gar schrumpfenden Märkten, genießt die Kundentreue Vorrang, denn »nach dem Kauf ist vor dem Kauf«. Zumal es weitaus aufwendiger ist, neue Kunden zu akquirieren als die bestehenden zu halten. Und unzufriedene Kunden eine verheerende negative Multiplikationswirkung in ihrem sozialen Umfeld haben können. Um dies zu vermeiden, setzt das Nachkaufmarketing zur Erzielung hoher Marken- bzw. Geschäftsstättenloyalität ein.

Für die Realisierung der Kundenzufriedenheit ergeben sich vor allem folgende Diskrepanzen zwischen:

- dem, was ein Kunde für wichtig hält und dem, was der Betrieb glaubt, dass für ihn wichtig ist,
- den Betriebsauffassungen über Kundenerwartungen und der Spezifikation der Qualitätsstandards in Ware und Service,
- Spezifikation und Leistungsausführung (z. B. infolge Überlastung, Unfähigkeit etc.),
- an Kunden gerichteter Kommunikation und der Leistungsausführung des Betriebs,
- der erwarteten und der wahrgenommenen Leistung.

Wichtiger Indikator für die **Kundenzufriedenheit** ist das Beschwerdeverhalten. Dabei ist der Verkaufsberater wichtigster Sensor, da er den direkten Draht zum Kunden hat. Ein wichtiges Element seiner Arbeit ist daher die Reklamationsabwicklung. Diese bildet sicherlich eine der unangenehmeren Verkäuferpflichten. Hier wird die Kundenbindung auf eine harte Probe gestellt. Um so wichtiger ist es, diese Klippe elegant zu umschiffen. Hilfreich dabei sind einige Tips:

- Kunden austoben lassen! Ein verärgerter Kunde will sich zuerst Luft machen, bevor er für Erklärungen aufnahmefähig ist. Das bedeutet für den Verkäufer, sich zu beherrschen, ruhig und höflich zu bleiben, aufmerksam zuzuhören, nicht zu unterbrechen, Anteilnahme und Mitgefühl zu signalisieren, bis dieser sich abreagiert und sein Pulver verschossen hat. Streitgespräche sollten immer unter vier Augen stattfinden. Im Sitzen streitet es sich übrigens schwerer. Reklamiert ein Kunde und braucht er dabei böse Worte, meint er das in aller Regel nicht persönlich. So kann man das Befreiungsgefühl des Kunden aus guter Deckung abwarten.
- Reuegefühl als Verkäufer zeigen! Sind Fehler gemacht worden, muss der Verkäufer bereit sein, dafür einzustehen. Nachgeben und eine Entschuldigung ohne Schuldeingeständnis (»Es tut mir leid, dass Sie verärgert sind.«) sowie Dank für das Verständnis führen auch zu Reue beim Kunden. Und wenn man Details erfragt, stellt sich die Sache meist ohnehin als nicht mehr so schlimm heraus. Dennoch sollten Probleme keinesfalls als »Peanuts« hingestellt werden. Mitschreiben von Klagen führt übrigens zu gemäßigtem Ausdruck.
- Wiedergutmachung anbieten! Der Verkäufer sollte zusagen, alles Nötige schnellstens zu veranlassen, dabei nicht kleinlich sein und versprechen, sich dafür persönlich einzusetzen. Dazu gehört bereits ein konkreter Vorschlag, wie die Angelegenheit zu bereinigen ist. Das Ergebnis sollte man auch selbst »verkaufen«. Auf jeden Fall muss die Kontaktbrücke zum Kunden erhalten bleiben, denn zufrieden stellend erledigte Reklamationen sind eine ausgezeichnete Basis für weitere Geschäfte.

Eine große Chance schließlich, die nur beim Kaufabschluss gegeben ist, ist die Einholung von Empfehlungsadressen (**Referenzen**). Dazu zwei Beispiele:

– »Für welche Ihrer Freunde und Verwandten ist denn eine Information über effektive Altersvorsorge durch Immobilieneigentum ebenso interessant wie für Sie?«
– »Wenn Sie einmal an Ihre Kollegen in der Firma oder Bekannte im Verein denken, wer beschäftigt sich da mit ähnlichen Vermögensbildungsfragen wie Sie?«

Hilfreich ist eine solche Empfehlung nur als aktive Referenz mit Nennung des Kundennamens als Empfehler (»Bitte nennen Sie meinen Namen nicht.«, – »Aber was haben Sie dagegen einzuwenden, Sie sind doch mit meiner Leistung zufrieden, oder nicht?«)

Ansonsten entstehen unvermeidlich Probleme: »Mir wurde gesagt, ...« – »Ich habe erfahren, ...« provoziert als Gegenfrage: »Von wem wissen Sie das?« – »Wer sagt sowas?« Damit wird die Referenz jedoch wertlos oder sogar kontraproduktiv.

5.8 Verkaufsliteratur

5.8.1 Abgrenzung

Unter Verkaufsliteratur sind alle Anwendungs-, Anmutungs-, Überzeugungs- und Bestätigungsinformationen in gedruckter Form zu verstehen. Sie können sich dabei an zwei verschiedene Zielgruppen richten, Endabnehmer oder Absatzmittler/-helfer. Im ersten Fall spricht man von Dokumentation, im zweiten von Vorverkauf (Abb. 253).

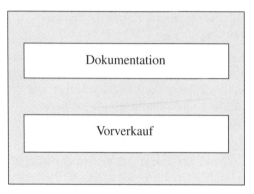

Abb. 253: Verkaufsliteratur

5.8.2 Gestaltung

Für die Gestaltung der Verkaufsliteratur ergeben sich eine Reihe von Maßgaben, die beachtenswert erscheinen. Zunächst zu den **Gestaltungshinweisen**:

– Bilder gelten als reizintensiver als Texte, große Bilder sind besser als kleine, farbige Bilder besser als schwarzweiße.
– Menschen haben generell eine höhere Aufmerksamkeitswirkung als Sachen, dynamische Motive eine höhere als statische.
– Vor allem sind Bildausschnitte zusätzlich oder anstelle von Vollprofilen hilfreich.
– Es sind möglichst kurze Wörter und Sätze zu verwenden, außerdem kurze Absätze.
– Gerahmte Textblöcke führen dabei den Leser.
– Bei gestalteten Flächen sind diagonale besser als senkrechte, senkrechte besser als waagerechte, Kreisflächen besser als Rechteckflächen einzuschätzen.
– Bei Abbildungen ist zudem die richtige Wahl des Bildausschnitts bedeutsam. Umfeld ist nur insofern sinnvoll, als es die Botschaft unterstützt (z. B. Ambiente für Lebensstil), ansonsten verwirrt es nur.

- Wichtig ist auch eine kontrastreiche Darstellung sowohl des Produkts in der Umgebung als auch der Schrift über dem Bild.
- Antiquaschriften sind lesefreundlicher als Groteskschriften (serifenlose Schrift).
- Großbuchstaben (Versalien) werden langsamer gelesen, weil die Ober- und Unterlängen fehlen.
- Gemischte Schriftstile (wie gesperrt, kursiv, gefettet etc.) vermindern ebenfalls die Lesegeschwindigkeit.
- Schriften vor unruhigem oder dunklem Hintergrund (negativ-weiß) sind generell schwer zu lesen.
- Im Fließtext ist mindestens 8 – 12 Punkt Schriftgröße einzuhalten, jede Zeile sollte nicht mehr als 40 – 45 Zeichen haben, denn bei längeren Zeilen verliert man leicht den Überblick und kürzere Zeilen führen zu ungünstigen Umbrüchen.
- Der Zeilenabstand sollte 10 – 20 % größer sein als der Schriftgrad.
- Am Besten lesbar ist linksbündiger Flattersatz.
- Kürzere Absätze sind für den Leser schneller auswertbar als lange.
- Weiterhin ist eine Orientierung am gesprochenen Wort beim Text hilfreich.
- Die Sätze sollen idealerweise aus nicht mehr als 15 Worten bestehen. Jeder neue Gedanke macht dabei einen neuen Satz aus.
- Kurze Wörter sind verständlicher als lange, und eine aktive Wortwahl wirkt emotionaler.
- Hilfreich sind bildhafte Adjektive, Metaphern und Vergleiche. Abkürzungen hingegen bremsen den Lesefluss.
- Der Text sollte insgesamt »mühelos« zu lesen sein. Betonte Textstellen strukturieren dabei den gesamten Textumfang.
- Verstärkend wirken auch Referenzen (als Zitate, Adressen oder fiktive Personen).
- Bei alledem darf die Strukturierung/Gliederung des Werbemittels nicht leiden. Ein klarer didaktischer Aufbau soll dem Leser logische Lernschritte und somit Erfolgserlebnisse ermöglichen.
- Für die Ausgewogenheit des Inhalts ist eine Unterteilung in in etwa gleichlange Kapitel hilfreich.
- Knappe Formulierungen mit nicht mehr als zwei Prädispositionen pro Satz erleichtern das Verständnis.
- Ein gewisses Maß an Redundanz ist ebenso hilfreich, z. B. in Form von Zusammenfassungen, Merksätzen, Übersichten.
- Farben können gezielt um ihrer psychologischen Wirkung willen eingesetzt werden oder um wichtige Passagen zu kennzeichnen.
- Handlungsabläufe sollen tabellarisch dargestellt werden, um eine größere Transparenz, selektives Lesen, bessere Orientierung und das Erkennen von Zusammenhängen zu erleichtern.
- Die Tonalität soll naturgemäß keine autoritäre, sondern eine kooperative Einstellung signalisieren.
- Fachwörter sind so weit wie möglich zu vermeiden, unvermeidbare Fachwörter zumindest zu erklären (wobei von der Zielgruppe abhängt, was als Fachwort zu gelten hat und was nicht).
- Bei komplexen Beschreibungen kann eine Liste der verwendeten Begriffe beigefügt werden (dies gilt auch für verwendete Abkürzungen).

- Für gleiche Dinge oder Tätigkeiten sollen dabei stets gleiche Begriffe verwendet werden.
- Bild- und Textinhalte müssen aufeinander abgestimmt sein.
- Tabellen, Graphiken, Diagramme etc. lockern die Darstellung auf und sind zahlreich einzusetzen,
- Arbeiten mit Hervorhebungen, um wichtige Passagen deutlich zu kennzeichnen,
- Abkürzungen vermeiden oder zu Beginn erklären,
- Substantive wirken glaubwürdiger und verknappen Textumfänge, jedoch substantivierte Verben vermeiden,
- Aktive Formulierungen wirken lebendiger als passive,
- Adjektive als Füllwörter sollen vermieden werden.

Die Verständlichkeit verbaler Kommunikation ist:

- abhängig von soziokulturellen Bezügen wie Kultur, soziale Klasse, soziale Situation, geistigen Bezügen wie Intellekt, linguistisches Können, Bildungsgrad, Vorinformation, psychologischen Bezügen wie kommunikatives Engagement, Motivation, Interesse, Wahrnehmungssensibilität.
- abhängig von formalen Faktoren wie typografische Bezüge (Schriftart, Schriftcharakter, Schriftgröße, Gliederung) und grammatikalischen Bezügen (Satzart, Satztiefe, Satzlänge), inhaltlichen Faktoren wie Vokabular (Wortlänge, Wiederholungen, Termini) und Text (semantische Deduktion und Übergänge).

Der Bereich der Grammatik betrifft im Einzelnen:

- die Satztiefe: Hier gilt es, Schachtelsätze zu vermeiden, da der Lesefluss behindert wird.
- die Satzlänge: Eher kurze Sätze, lange Sätze sollen in mehrere kurze Sätze aufgetrennt werden.
- das Vokabular. Hier sind mehrere Einflussfaktoren bedeutsam, so die:
- Wortwahl (leicht verständliche, häufig verwendete, kurze, bildhafte Worte),
- Wortlänge (möglichst kurze Worte, ansonsten Worttrennung durch Bindestrich/Device),
- Wiederholungen (sie sollen vermieden werden, da sie stilistisch stören),
- Fachwörter (sind abhängig von der Zielgruppe einzusetzen, im Zweifel immer erklären, da oft eine abweichende Verwendung selbst unter Fachleuten gegeben ist).

Hinsichtlich der Satzarten werden ebenfalls verschiedene Formen unterschieden:

- Beim Blocksatz sind alle Zeilen einer Spalte gleich lang, dies wirkt zwar übersichtlich, aber auch etwas statisch.
- Beim Flattersatz sind alle Zeilen unterschiedlich lang, es gibt keine Trennungen, dies wirkt zwar lebhaft, aber auch leicht unübersichtlich.
- Beim Rauhsatz sind die ebenfalls Zeilen unterschiedlich lang, Trennungen dienen zum Ausgleich, dies stellt einen guten Kompromiss dar.
- Beim Formsatz folgt der Textlauf Figuren, dies resultiert in schwieriger Lesbarkeit, auch wegen der Trennungen/Wortzwischenräume.
- Beim Zentralsatz flattert der Text beidseitig um die Mittelachse, dies ist dann meist sehr schlecht lesbar und wirkt zu verspielt.

Hinsichtlich der Zeilenbreite sollen möglichst nicht mehr als 60 Zeichen pro Zeile vorgesehen werden. Bei schmalerem Zeilenfall sind viele Trennungen und Wortzwischenräume nötig, bei breiterem Zeilenfall leidet die Lesbarkeit. Der Durchschuss betrifft den Abstand zwischen den Zeilen. Er soll immer einen Punkt mehr als die Punktgröße des Textes betragen. Ein größerer Durchschuss wirkt zerrissen, weil zu viel »Luft« zwischen den Zeilen ist, ein kleinerer Durchschuss erschwert die Lesbarkeit, weil die Zeilen zu eng stehen. Für den Satzspiegel, also die für die Gestaltung nutzbare Fläche auf einer Seite, gilt meist das Verhältnis des Goldenen Schnitts (8 : 5).

Innerhalb des Layouts unterscheidet man verschiedene **Schriftklassen** der Typografie:

- Gebrochene Schriften (Gothik) wie Gotisch, Schwabacher, Rundgotisch, Fraktur, Kanzlei,
- Renaissance-Antiqua (Old Style) wie Venezianische Renaissance-Antiqua, Französische Renaissance-Antiqua, kalligraphische Schriften,
- Barock-Antiqua (Latines) wie Englische Antiqua, Barock-Antiqua, Holländische Antiqua,
- Klassizistische Antiqua (Modern) wie Neoklassizistische Antiqua, Klassizistische Antiqua,
- Serifenbetonte Linear-Antiqua (Square Serifs) wie Clarendon, Egyptienne, Italienne, Tuscan, Latin,
- Serifenlose Linear-Antiqua (Grotesques) wie Serifs, Lapidar, Ältere Grotesk, Jüngere Grotesk,
- Antiqua-Varianten (Decoratives) wie Jugendstil, Fancy, Pop, Stencil, Computer, Outline, Shaded,
- Schreibschriften (Scripts) wie handschriftliche Antiqua, Pinselschriften, Federschriften, Kurrent,
- Nichtlateinische Schriften (Non Latins) wie Griechisch, Kyrillisch, Arabisch, Hebräisch.

Renaissance-Schriften wirken sehr zurückhaltend und harmonisch, Barock-Schriften wirken stärker betont, Klassizistische Schriften sind rational anmutend, Antiqua-Schriften spiegeln eher abstrahierte Formen, Gebrochene Schriften sind eckig und sperrig.

Für jede Klasse gibt es wiederum mehrere **Schriftfamilien**, d. h. Stilarten, so etwa:

- light, light italic, roman, italic (kursiv), bold, bold italic, black, black italic, ultra black.

Ebenso werden mehrere unterschiedliche Schriftgrade eingesetzt. Ihre Bemessung erfolgt in Punktgröße (1 Punkt = 0,376 mm/1 mm = 2,66 Punkt). Die Punktgrößen 6, 7 und 8 stellen als Konsultationsgrößen die Untergrenze für normalen Lesetext dar. Die Punktgrößen 9, 10, 11 und 12 werden als Lesegrößen bezeichnet, die Punktgrößen 14, 16, 20, 24, 36 etc. als Schaugrößen für Headlines. Wichtig ist zu beachten, dass möglichst ein einheitlicher Schriftcharakter durchgehalten wird, also keine verschiedenen Schriften gemischt und nicht mit Schriften gespielt wird.

Für den Text unterscheidet man verschiedene **Schriftarten**:

- nach der Laufweite: extraschmal, schmal, normal, breit, extrabreit,
- nach der Stärke: ultraleicht, extraleicht, leicht, mager, buch, normal, halbfett, fett, extrafett, ultrafett,
- nach der Hervorhebung: normal, kursiv, unterstrichen, konturiert, schattiert, hochgestellt, tiefgestellt.

In Bezug auf die **Typografie** lassen sich folgende Leitlinien feststellen:

- Fette Schriften sind schlechter lesbar als normale Schriftstärken.
- Schmallaufende Schriften sind schlechter lesbar als Schriften mit normaler Weite.
- Kursive Schriften eignen sich nicht für längere Texte.

- Kleine Schriften sind schwerer lesbar als größere Schriftgrade.
- Falsche Buchstabenabstände schaffen unlogische Wortverbindungen oder zerstören Zusammenhänge.
- Schlecht gewählte Zeilenabstände ermüden den Leser vorzeitig.
- Die optimale Satzbreite ermöglicht es dem Leser, mühelos vom Ende einer Zeile zum Anfang der nächsten zu gelangen.
- Blocksatz und Flattersatz arbeiten gleich gut, vorausgesetzt, es wird linksbündig begonnen.
- Mittelachsensatz ist für lange Texte ungeeignet.
- Versalien werden schlechter gelesen als normale Groß- und Kleinbuchstaben-Schriften.
- Negative Schriften sind schlechter lesbar als positive, also schwarze Schrift auf weißem Fond.
- Texte auf Bilduntergründen werden weit weniger wahrgenommen als Texte, die schwarz auf weiß stehen.
- Farbige Schriften haben schlechtere Lesewerte und wirken leicht unseriös.
- Viele Schriftgrade verderben für gewöhnlich die Typografie.
- Lange, ungegliederte Texte schrecken den Leser ab.
- Abbildungen können einen Text interessanter machen oder aber sinnentstellend wirken.
- Hinweise in Igeltechnik (Pfeile in eine Abbildung hinein) machen den Leser neugierig.
- Typografische Spielereien wirken unseriös und gehen meist ins Auge.

Für den **Text** gilt jeweils der Primat

- der Einfachheit, d. h., einfache Darstellung, kurze, einfache Sätze, geläufige Wörter, konkret und anschaulich, gegenüber der Kompliziertheit, d. h., komplexe Darstellung, lange, verschachtelte Sätze, wenig gebräuchliche Wörter, abstrakt und diffus,
- der Gliederung/Ordnung, d. h., gegliedert, folgerichtig, übersichtlich, sichtbarer roter Faden, gegenüber der Ungegliedertheit/Zusammenhanglosigkeit, d. h., unübersichtlich, ohne roten Faden,
- der Kürze/Prägnanz, d. h., knapp, aufs Wesentlichste beschränkt, jedes Wort ist notwendig, gegenüber der Weitschweifigkeit, d. h., lang, viel Unwesentliches, ausführlich, vieles kann man weglassen,
- der Stimulanz, d. h., anregend, interessant, abwechslungsreich, persönlich gegenüber der fehlenden Stimulanz, d. h., nüchtern, farblos, neutral, unpersönlich.

Bei der **Argumentation** befinden sich mehrere Alternativen in der Anwendung:

- Einseitige Argumentation vs. zweiseitige Argumentation: Letztere nur, wenn Gegenargumente bereits bekannt sind bzw. damit gerechnet werden muss, dass sie bekannt werden, sowie wenn die Zielpersonen ursprünglich nicht mit dem Werbenden übereinstimmen, also eine Einstellungsänderung erforderlich ist, und wenn die Zielpersonen eine überdurchschnittlich hohe Bildung haben.
- Implizite Schlussfolgerungen vs. explizite Schlussfolgerungen: Letztere sind erforderlich, wenn eine geringe Produktbetroffenheit (Low Involvement) gegeben, das Risiko keiner oder einer oberflächlich falschen Schlussfolgerung auf Seiten der Rezipienten also groß ist.

Zum **Bildanteil/-inhalt** ist zu sagen, dass im Rahmen der Imagery-Forschung, die sich mit den Prozessen der nicht-verbalen, gedanklichen Entstehung, Verarbeitung und Speicherung von inneren Bildern beschäftigt, angenommen wird, dass Bilder ganzheitlich verstanden und weitgehend automatisch verarbeitet werden. Dies führt zu einer schnelleren, besseren Aufnahme, Verarbeitung und Speicherung von bildlichen gegenüber textlichen Informationen. Insofern kommunizieren Bilder präziser und prägnanter als Texte. Dies gilt vor allem für emotionale Sachverhalte und Konsumerlebnisse. Für die Verständlichkeit visueller Kommunikation sind folgende Effekte bedeutsam:

- Der Reihenfolgeeffekt besagt, dass Bilder in der Regel vor dem Text betrachtet werden, ihr Inhalt wird somit zuerst erfasst, besser gelernt und in Erinnerung behalten.
- Der Aktivierungseffekt besagt, dass Bilder eine stärkere innere Aktivierung auslösen als Texte und dadurch die Wirkung der jeweiligen Werbung verbessern.
- Der Gedächtniseffekt besagt, dass Bilder besser in Erinnerung behalten werden als Worte, das hängt mit der Abspeicherung in den Gehirnhälften zusammen, links sprachlich-logisch, rechts bildlich-emotional.
- Der Manipulationseffekt besagt, dass Bilder besser zur Verhaltenssteuerung geeignet sind, weil ihre Wirkung schwerer durchschaubar und kontrollierbar ist.

Bilder können Informationen schneller, wirksamer und mit weniger kognitiver Kontrolle als Sprache vermitteln und fiktive Wirklichkeiten und Emotionen besser als Sprache erzeugen. Werbebilder werden von wenig ebenso wie von stark involvierten Personen vor dem Text und länger als der Text betrachtet, das bedeutet, dass Bilder meist besser als Texte kommunzieren. Bilder werden im Gedächtnis in der rechten Hirnhälfte gleichzeitig und wenig bewusst verarbeitet. Das bedeutet, dass Bildinformationen die kognitive Prüfung unterlaufen können. Sie werden nach einer räumlichen Grammatik verarbeitet und besser gespeichert als sprachliche Informationen.

Innere Gedächtnisbilder können durch äußere Reize unterschiedlicher Modalitäten (wie Melodien, Situationen, Geräusche, Gerüche etc.) sowie durch innere Suchvorgänge aktiviert und gefunden werden. Die schnelle Aufnahme und Verarbeitung von Bildinformationen werden durch einen schematischen Wahrnehmungsvorgang möglich, der automatisch abläuft. Beim Betrachten eines Bildes greift man unbewusst auf gespeicherte und verfestigte typische Merkmale des relevanten Sachverhalts zurück (Schemata) und vergleicht diese mit dem aktuellen Bild. Interaktive und dynamische Abbildungen unterstützen die Einprägsamkeit eines Bildes.

Der Blick wird von den Bildelementen angezogen, die durch das Bildmotiv ein inhaltliches Ereignis oder durch ihre Gestaltung ein visuelles Ereignis schaffen. Konkrete Bilder mit mehr Details und emotionaler Tönung sind einprägsamer (Gedächtniswirkung) als einfache Zeichnungen. Bildmotive, die persönliche Betroffenheit auslösen und assoziationsreich sind, verstärken die Einprägsamkeit. Bilder haben besondere Manipulationswirkungen, sie werden meist als wahr beurteilt, da Bilder real vor Augen sind und ihr Zustandekommen nicht oder wenig bewusst kognitiv kontrolliert wurde.

> Eine wichtige Rolle spielen **Farbbedeutungen**. Dabei können folgende Interpretationen als erprobt gelten:
> - Rot ist die aktivste und attraktivste Signalfarbe, sie fällt sofort ins Auge und will auch gesehen werden. Rot entspricht psychologisch dem Willensmenschen, dem leicht erregbaren Choleriker. Sie steht symbolisch für kraftvolle Männlichkeit, Eroberung, Macht und Herrschaftsanspruch, ist aktiv, heiß, kräftig, laut, fest, stark, nah, warm, erotisch, bedeutet aber auch Stop, Blut, Feuer, Gefahr, Reiz, Liebe. Weitere Kennzeichnungen sind rauh, würzig, knusprig, herausfordernd.

- Purpur wirkt erhaben, mächtig, würdig, pompös, ist die Farbe für König, Richter, Amt, Anspruch, Feierlichkeit und Wert.
- Rosa ist zart, scheu, mädchenhaft, süßlich, duftend, leise, fein, mild, weich, leicht. Wichtige Assoziationen sind Mädchenhaftigkeit, Unterwäsche, Frühlingsblume, Ballett, Kosmetik.
- Orange wirkt herzhaft, leuchtend, satt, reif, lebendig, warm, nah, glimmend, trocken, herbstlich, gesellig, jugendlich, herzlich, heiter, anregend, freudig und zuweilen mürbe.
- Gelb ist die Farbe, die das auf die Oberfläche treffende Licht am Stärksten reflektiert, Gelb scheint nicht zu haften, sondern über die Oberfläche zu gleiten und sich nach allen Seiten hin strahlend auszubreiten. Gelb repräsentiert das psychologische Grundbedürfnis, sich zu entfalten und wird von Menschen bevorzugt, die veränderte, befreiende Verhältnisse suchen, um ihre Spannung in der erhofften Weise zu lösen. Assoziationen sind leicht, weich, süß, warm, fröhlich, sehnsüchtig, frei, glatt, hell, aber auch Vorsicht, Feigheit und Neid.
- Reingelb wirkt klar, bewegt, sauer, sehr leicht, lichthaft, lustig, stark. Es steht für Neugier, Nervosität, Virtuosität und Vorsicht.
- Goldgelb ist strahlend, sonnig, anregend, wärmend, leicht, glattseidig, lichthaft, heiter, gehaltvoll und aufmerksamkeitserregend. Es bedeutet gute Laune, Weite und Offenheit.
- Grün hat die psychologische Wirkung von Beharrung, Willenskraft und schlummernder Macht, aber auch Ruhe und Harmonie, Grün ist ergeben, beruhigend, erfrischend, knospend, kühlend, grasigsauer, saftig, feucht, gedämpft, giftig, weich, drohend, bitter, salzig, frisch, jung, gelassen, friedlich, fruchtig. Wichtige Assoziationen betreffen Rasen, Wasser, Saatgut, Urlaub, Erholung, Schuld, Wald, Sicherheit, Natur.
- Gelbgrün wirkt anregend, heiter, fast aufdringlich, warm, natürlich, hell, unbeschwert und harmlos.
- Grünblau wirkt wäßrig, klar, dunkel, kalt, glatt, eisig, unpersönlich, eigenwillig, durchsichtig, hygienisch und reserviert.
- Blau ist eine tiefgründige und feminine Farbe, die eine ruhige, entspannte Atmosphäre schafft. Sie wird von Erwachsenen bevorzugt und drückt eine gewisse Reife aus, die jedoch an Kindheitserinnerungen hängt. Die physiologische Wirkung von Blau ist Ruhe, die psychologische ist mit Zufriedenheit zu umschreiben. Blau wirkt leicht, weich, kühl, frisch, kalt, passiv, zurückgezogen, sicher, beruhigend, nass, glatt, fern, leise, ruhig, bedeutet Autorität.
- Reinblau ist passiv, zurückgezogen, steht für nass, fern, leise, sauber, nachdenklich. Es bedeutet auch kaltes Licht, Himmel, Sehnsucht, Ferne, Traum und Glücksvertrauen.
- Ultramarin wirkt fest, tief, dunkel, herb, ernst, tönend, sachlich, konstruiert. Es steht für Tiefe, Vernunft, Gedanke und Bedrückung.
- Violett ist die Geheimnisvollste, Rätselhafteste aller Farben, sie ist gleichbedeutend mit meditativem, mystischem Denken, das eifersüchtig sein Geheimnis wahrt. Violett ist traurig, melancholisch und würdevoll, düster, tief, zwielichtig, narkotisch, samtig, fauligsüß, mythisch, geheim, mächtig, intim, unglücklich, bedeutet Magie, Maske, Sorge, Mollklang, Einsamkeit und Trauer.
- Hell-lila steht für schwächlich, zart, schimmernd, dekadent, kosmetisch, bedeutet auch intime Zärtlichkeit, Einsamkeit, Verzweiflung und Lavendelduft.
- Grau ist weder farbig noch hell noch dunkel, es ist vollkommen erregungslos und frei von jeder psychischen Tendenz. Grau hat etwas mit Altwerden, Verblassen und Absterben zu

tun, eine Farbe also, die bewusst eingesetzt, nützlich zur Tarnung sein kann, überwiegend aber negative Aspekte besitzt. Grau steht für Neutralität, Theorie, Stellvertretung, Sorge, Hunger, Schwäche, Esel, Nebel, Schatten, Dämmerung, Alter, Gespenst, Ermüdung. Als Silbergrau kann es jedoch auch eine gewisse Eleganz ausdrücken.
- Braun suggeriert vollen Geschmack, kraftvolle Ausgereiftheit, Volumen und solide Herkunft. Es wirkt leicht hausbacken, langweilig, erdig, stabil, fest, undurchsichtig, trocken, bröselig, schokoladig, zuchtvoll, streng, ungeistig, mütterlich, bürgerlich, steht für Arbeit, Hausfrau, Nahrung, Nahrungsausscheidung und Braten.
- Neben Schwarz kommt jegliche andere Farbe stärker zum Tragen, Schwarz »erhöht«, es lässt die bunten Farben neben sich leuchten. Gerade durch den Negativeffekt wirkt Schwarz auch auffallend und interessant, bis hin zur bewussten Provokation. Es steht für Tod, Beerdigung, Nacht, Loch, Formzwang, Konflikt, Protest, Besonderheit, Ansehen, Würde, Reife, Distanziertheit. Häufige Assoziationen sind schwarzer Peter, Rabe, Angst, Pfarrer, Richter. Schwarz ist edel, zwingend, tief, erschreckt und steht für anders sein.

5.8.3 Arten der Verkaufsliteratur

5.8.3.1 Dokumentation

Die technische Dokumentation dient der vertieften, aussagefähigen Erläuterung eines Angebots. Sie enthält eine Informationsfülle, wie sie in der Klassischen Werbung nicht überzubringen wäre. Oft ist es sinnvoll, eine ganze Serie von Broschüren, Prospekten oder Leaflets aufzulegen, die von der Programmübersicht bis zum Detaileinblick reichen. Von besonderer Bedeutung ist dies bei Produkten, die extensiven Kaufentscheidungsprozessen, also hoher Komplexität, unterliegen wie technische Gebrauchsgüter, Kapitalanlagen, High Touch-Produkte etc. Eine wichtige Form der Dokumentation ist die Gebrauchsanleitung. Erfahrungen legen Zeugnis davon ab, dass hier erhebliche Fehler gemacht werden. Zwar beginnen alle mit der einschlägigen Glückwunschformel zur Reduzierung etwaiger kognitiver Dissonanzen. Aber danach sind sowohl sprachliche als auch didaktische Mängel häufig.

Die **Gebrauchsanleitung** soll Verwendern erklärungsbedürftiger Produkte schnell und unkompliziert eine sichere Gebrauchsfähigkeit, den zuverlässigen, langfristigen Gebrauchserhalt des Produkts und Möglichkeiten seiner umweltfreundlichen Entsorgung erschließen. Ihr kommt eine Aktivierungs-, Motivations-, Informations- und Bestätigungsfunktion zu. Damit ist auch eine Reduktion von Service-, Garantie- und Beschwerdeabwicklungskosten beabsichtigt. Gleichfalls können Folgekäufe in Zusatz- und Sonderausstattungen initiiert werden. Die Verwenderlogik im Aufbau ist abhängig von Produkterfahrung, Nutzungsintensität und Lernvermögen.

Hilfreich ist es, sich über die Optionen zum Aufbau einer Gebrauchsanleitung klar zu werden. Hier gibt es verschiedene Ansätze:

- Bei der Produktorientierung stehen das Produkt und seine Komponenten im Vordergrund der Gliederung. Aus der Beschreibung der einzelnen Bedienungselemente erfährt der Nutzer nur dann etwas über die Anwendungsmöglichkeiten, wenn er das Manual von vorne bis hinten durcharbeitet. Gleichzeitig ergibt sich daraus aber auch ein ausgezeichneter Überblick über die Ausstattung eines Produkts.

– Bei der Anwendungsorientierung stehen die Funktionen des Produkts im Vordergrund der Gliederung. Unter den einzelnen Anwendungen ist die Handhabung des Produkts erklärt. Dadurch ist dieser Ansatz deutlich benutzerfreundlicher, schließlich kauft man nicht Bedienungselemente, sondern Problemlösungen.
– Der sachlogische Ansatz stellt die Chronologie des Einsatzes in den Vordergrund der Gliederung. Der Benutzer wird Schritt für Schritt in die Handhabung des Produkts eingeführt. Dadurch werden das System und die Abfolge von Arbeitsschritten transparent. Der Nutzen des Anwenders wird besonders betont.
– Der lernlogische Ansatz schließlich stellt die Erwartungen des Nutzers in den Vordergrund der Gliederung. Informationen sind nach Bedarfsbündeln sortiert, Wichtiges ist von Unwichtigem, häufig Gebrauchtes von wenig Gebrauchtem getrennt. Wichtiges und häufig Gebrauchtes stehen am Anfang, Unwichtiges und selten Gebrauchtes werden im Anhang untergebracht.

Für die Konzipierung der Inhalte ist wichtig zu unterscheiden, dass es verschiedene **Wissenstypen** gibt, die abweichende Anforderungen stellen. Prototypisch können folgende unterschieden werden:

– Der **Anfänger** ist naiv bei der Beschäftigung mit einem für ihn neuen Gebiet. Er ist völlig unerfahren und orientierungslos und befasst sich aufgrund eines gewissen Interesses erstmalig mit einer Warengruppe. Er hat keine eigene Anwendungserfahrung, ist aber von seiner Grundeinstellung zumindest positiv aufgeschlossen. Er informiert sich bei Meinungsführern und wird durch sie zum Kauf animiert. Zunächst wird er oft über emotionale Werbung dazu angeregt, sich erstmalig Gedanken zu machen. Dann sucht er nach einfachen Warenerläuterungen, um sich langsam mit der entsprechenden Thematik vertraut zu machen, dann wird er sich im Geschäft nach den für ihn wichtigsten Inhalten erkundigen. Das Kaufrisiko wird dadurch vermindert, dass er zunächst eine kostengünstige Alternative auswählt, später, bei Gefallen, steigt er auf höherpreisige Alternativen um. Im Zeitablauf wird so aus ihm ein Laie.
– Der **Laie** hat gewisse Vorkenntnisse und eine geringe Erfahrung. Er hat sich mit der entsprechenden Warengruppe schon einmal auseinandergesetzt und verfügt über Grundkenntnisse der Verwendung bzw. Zusammensetzung eines Produkts. Die Warengruppe ist ihm inzwischen geläufig, jedoch verfügt er nicht über umfassende Informationen. Er informiert sich weiterhin bei Meinungsführern und wird durch sie zum weiteren Kauf (Einstieg in eine bessere Klasse) animiert. Informative Werbung wird für ihn immer interessanter, obwohl er nicht alles versteht. Er sucht nach einfachen und inzwischen Aussage fähigen Warenerläuterungen, um sich stärker mit der entsprechenden Thematik vertraut zu machen. Dann wird er sich im Geschäft nach allen Vor- und Nachteilen erkundigen. Das Kaufrisiko ist dadurch vermindert, dass er immer noch kostengünstige Alternativen auswählt, später, bei Gefallen, steigt er auf höherpreisige Alternativen um. Im Zeitablauf wird aus ihm ein Amateur.
– Der **Amateur** gehört bereits zu den Heavy Users und kennt die Einsatzgebiete eines Produkts ebenso gut wie die marktgängigen, bekanntesten Alternativen. Er kennt die wichtigsten Informationen und verfügt über ausgesprochen intensive Erfahrung mit seinem favorisierten Produkt. Eine allumfassende Marktkenntnis hat er jedoch nicht. Sein emotionales Interesse an der Branche ist überdurchschnittlich. Er tauscht sich gern mit Gleichgesinnten und Profis aus. Er wird über emotionale Werbung dazu angeregt, sich noch stärker mit seinem Produkt auseinander zu setzen. Er sucht nach aussagefähigen Warenerläuterungen,

um sich nach den Raffinessen und Feinheiten zu erkundigen. Das Kaufrisiko wird stark erhöht, da er sich inzwischen für teure Varianten entschieden hat, für ihn gelten alle Spielregeln der Dissonanzreduktion, er sucht selektiv nach Informationen, die ihn in seiner Wahl bestärken. Er nimmt vor allem die Sonderplatzierung von renommierten Marken wahr. Schaufenster bekommen eine höhere Faszination, die stimmige Art der Präsentation beeinflusst sein Wohlbefinden und er sucht nach Bestätigung.

- Der **Profi** schließlich hat aus beruflichen Gründen mit dieser Branche sehr viel zu tun und kennt die Schliche und Tricks beim Umgang mit verschiedenen Produktalternativen. Ihm sind nicht nur die marktgängigen Alternativen bekannt, sondern auch die weithin eher unbekannten »Insider«-Artikel. Seine Informationen reichen weit über die gängigen Infos hinaus. Meist zählt er zu den Meinungsführern mit ausgesprochen intensiver Nutzung der entsprechenden Produkte. Ihm macht keiner mehr etwas vor. Sein Interesse hat professionellen Charakter, d. h., er muss sich auskennen. Er informiert sich daher über Fachpublikationen, Testzeitschriften, Messen und Ausstellungen. Er reagiert vor allem auf informative Werbung, die ihn dazu anregt, Anwendungsgebiete neu zu überdenken, er sucht nach detaillierten Warenerläuterungen. Das Kaufrisiko wird dadurch vermindert, dass er sich vor der Kaufentscheidung bestens mit den Alternativen auseinandergesetzt hat, ihn kann also so schnell nichts überraschen. Schaufenster oder ähnlich dekorative Produktpräsentationen werden kaum noch beachtet, er weiß, was er will und braucht keine zusätzliche Stimulationen.

Entsprechend gibt es verschiedene Personentypen, die sich nach der Art ihrer Auseinandersetzung mit der Gebrauchsanleitung unterscheiden:

- Der **Spieler** verlässt sich auf seinen gesunden Menschenverstand. Wenn er mit einem Gerät umgehen lernen will, dann spielt er ein bißchen mit den Bedienelementen und beobachtet, was geschieht.
- Der **Ängstliche** hingegen ist in solchen Sachen ganz unsicher und fürchtet, etwas kaputt zu machen. Deshalb hält er sich streng an die Anleitung.
- Der **Macher** ist neugierig darauf, was das neue Gerät ihm zu bieten hat. Deshalb will er es möglichst schnell nutzen. Von lästigem Papierkram lässt er sich dabei nicht abhalten.
- Der **Frustrierte** hat schlechte Erfahrungen mit Gebrauchsanleitungen gemacht. Er bemüht sich zwar immer wieder, damit zurecht zu kommen, aber das gelingt ihm doch nicht ganz.
- Der **Besserwisser** behauptet, soviel vom Gerät zu verstehen, dass er nur kurz in die Gebrauchsanleitung reinschaut, etwa um zu vergleichen, wie der Hersteller denn ein Problem gelöst hat.
- Der **Planvolle** geht systematisch an die Sache heran und sucht sich gezielt die Informationen heraus, die er gerade braucht. Dafür muss alles schön übersichtlich und kurz dargeboten sein.
- Der **Genügsame** schließlich gibt sich damit zufrieden, die wichtigsten Funktionen zu kennen und verzichtet freiwillig auf die Aufklärung allzu komplizierter Zusammenhänge.

5.8.3.2 Vorverkauf

Der Vorverkauf soll die zielgerichtete Beeinflussung der Absatzmittler/-helfer im Sinne des Angebotserfolgs erreichen. Er argumentiert in ökonomischen Dimensionen, um der eigenen Ware im Absatzkanal die Bedeutung zu verschaffen, die der Absender ihr zugedenkt und setzt dazu auch Anreize unter Hinweis auf Werbekampagne, Promotions, Testergebnis, Marktstellung, Markenkompetenz etc. ein. Dies geschieht in Form von Salesfolder, oder weniger aufwendig als Ordersatzbeilage.

Der **Salesfolder** ist meist ein Leaflet, selten ein aufwendigeres Werbestück, in welchem dem Handel die Vorteile eines Produkts verargumentiert werden. Dabei sind harte betriebswirtschaftliche Daten ausschlaggebend, nicht etwa Images o. ä. wie in der Endabnehmerwerbung. Vielfach erfolgt jedoch ein Hinweis auf diese mit dem Ziel des Vorverkaufs, aber auch dem Hintergedanken, dass der Handel es sich gar nicht leisten können wird, auf ein Produkt in seinem Sortiment zu verzichten, das seine Kunden aufgrund der werblichen Ansprache durch den Hersteller (Pull) verlangen. Der Salesfolder dient neben dem Versand an Einkaufsentscheider auch als Aufhänger für das Verkaufsgespräch des Außendienstmitarbeiters (VADM). Tatsächlich ist dies jedoch weitgehend Makulatur, da nur immense Initialinvestitionen den Handel zur Sortimentsaufnahme bewegen können.

Der **Ordersatz** ist die Bestellunterlage im Handel, anhand derer geordert wird. Neben der detaillierten Produktbezeichnung (Größe, Geschmack, Packungseinheit etc.) trägt sie den EAN-Code, der vom Disponenten nach Durchsicht des entsprechenden Warenvorrats mit einem Handscanner eingelesen und mit der benötigten Stückzahl ergänzt wird. Produkte, die sich nicht in diesem Ordersatz befinden, können somit nicht bestellt werden. In der Handelszentrale kann nun nur erreicht werden, dass neue, differenzierte oder variierte Produkte gegen meist hohes Entgelt zum nächstmöglichen Termin in den erneuerten Ordersatz aufgenommen werden. Auf die tatsächliche Order in den Verkaufsstellen hat dies aber kaum Einfluss. Also bedarf es gesonderter Beilagen des Herstellers, die darauf hinweisen. Auch hier stehen ausschließlich kommerzielle Argumente im Vordergrund der Auslobung.

5.9 Vergleich der Werbemittelgattungen

Es gibt also eine ganze Reihe, stark unterschiedlicher Mittel nicht-klassischer Werbung. Analog zur Auswahl klassischer Medien stellt sich daher auch hier, bei begrenzten Ressourcen, die Frage nach der Auswahl im Intermediavergleich nicht-klassischer Werbung. Dazu bietet sich wiederum an, Beurteilungskriterien zur Charakterisierung jeder Form zugrunde zu legen. Dabei kann es sich etwa um folgende handeln:

- Das Kriterium **Produktvorteile** meint, inwieweit ein Medium in der Lage ist, die spezifischen Vorteile eines Angebots darzustellen und auszuloben. Dies ist auch wichtig für seine Eignung zur Positionierung eines Angebots.
- Das Kriterium **Interaktivität** meint, ob das Medium eine Zweiwegkommunikation erlaubt oder nur eine Einwegkommunikation zulässt. Dabei wird unterstellt, dass eine Zweiwegkommunikation per se wirkungsvoller ist.
- Das Kriterium der **multisensorischen Ansprache** meint, ob das betreffende Medium parallel mehr als einen Wahrnehmungssinn anzusprechen in der Lage ist oder nicht. Dabei wird unterstellt, dass die parallele Ansprache mehrerer Wahrnehmungssinne wirkungsvoller ist.

Stärken: + Schwächen: –	1 Produkt-vorteile	2 Inter-aktivität	3 multi-sensorische Ansprache	4 Verbindung zum Kaufentscheid	5 Emotionalität im Umfeld	6 Gestaltungs-fläche/-zeit	7 Zwangsläufigkeit des Kontakts	8 Selektivität	9 Flexibilität im Einsatz	10 Demonstration	11 Aktualität/ Reagibilität	12 Vorverkauf
Persönliche Ansprache	++	++	+	++	+	+	–	++	++	++	++	+
Merchandising	+	– –	–	++	+	–	– –	+	–	+	–	+
Beziehungspflege	–	+	–	– –	++	++	+	++	+	–	+	–
Sponsoring	– –	– –	– –	– –	+	–	+	+	–	– –	–	– –
Placement	– –	– –	– –	– –	++	–	+	–	–	–	–	– –
Networking	++	++	–	– –	++	+	+	+	+	+	+	+
Licensing	–	– –	–	– –	+	–	–	+	–	–	–	–
Übertragungsmedien	+	–	+	– –	–	– –	– –	+	++	– –	+	–
Multimedia	+	+	++	– –	++	+	–	+	++	+	+	–
Speichermedien	+	– –	–	– –	+	+	– –	–	++	+	–	– –
Messe/Ausstellung	++	++	++	+	++	++	–	++	+	++	++	++
Handelsplatzauftritt	+	–	++	++	+	–	–	–	– –	+	–	++
Event	++	+	+	–	++	++	+	++	++	++	++	++
Design/Styling	–	– –	–	+	+	–	– –	+	+	–	– –	– –
Aussendung/Verteilung	+	+	–	+	–	–	– –	+	+	–	+	+
Werbeartikel/Zugabe	–	–	+	–	+	–	–	–	+	– –	–	+
Telefonansprache	–	–	– –	– –	– –	– –	– –	– –	–	– –	–	–
Prospekt	++	– –	–	– –	+	+	– –	+	–	–	++	–
Salesfolder	+	– –	–	+	–	–	–	+	+	–	–	+
Katalog	++	–	–	–	+	++	–	+	++	–	++	–

Abb. 254: Intermediavergleich Nicht-klassischer Werbung
(Quelle: Pepels, Werner: Einführung in die Kommunikationspolitik, Stuttgart 1997, S. 219)

++ sehr gut
+ gut
– unterdurchschnittlich
– – unzureichend

- Das Kriterium **Verbindung zum Kaufentscheid** meint, wie nahe das Medium sachlich, formal, räumlich und zeitlich einem Kaufentscheid zugunsten des beworbenen Produkt ist. Je näher, als desto wirkungsvoller wird es eingeschätzt.
- Das Kriterium der **Emotionalität im Umfeld** bezieht sich darauf, inwieweit ein Medium eine erlebnisorientierte Gestaltung der Werbebotschaft zulässt oder nicht. Je emotionaler das Umfeld ist, als desto besser wird ein Medium eingeschätzt.
- Das Kriterium der **Gestaltungsfläche/-zeit** bezieht sich auf die Menge der in einem Medium einsetzbaren Informationen und Gefühle. Je freizügiger dieser Rahmen ist, desto besser kann er für eine wirkungsvolle Werbung genutzt werden.
- Das Kriterium der **Zwangsläufigkeit des Kontakts** erfasst, in welchem Maße es möglich ist, das Medium bewusst zu vermeiden oder in welchem Maße es geradezu unausweichlich ist. Je weniger man ihm ausweichen kann, desto besser.
- Das Kriterium der **Zielgruppensteuerbarkeit/-ausschöpfung** bezieht sich auf die Zielung des Mediums auf eine abgegrenzte Zielgruppe. Je besser die Zielung und je weiter die Abdeckung, als desto besser ist das Medium generell einzuschätzen.
- Das Kriterium der **Flexibilität im Einsatz** bezieht sich auf die Verfügbarkeit des Mediums für den werblichen Einsatz. Je mehr Freiheitsgrade die Einsatzgestaltung dabei erlaubt, als desto besser wird es insofern angesehen.
- Das Kriterium der **Demonstration** zielt auf die Möglichkeit eines Mediums ab, ein Produkt bzw. seine Vorteile »begreifbar« zu machen (Hands on Experience). Je unmittelbarer dieses Demonstrationserlebnis möglich ist, desto besser.
- Das Kriterium der **Aktualität/Reagibilität** bezieht sich auf die Fähigkeit eines Mediums, auf aktuelle Entwicklungen flexibel einzugehen. Dies hängt vor allem von den Vorlaufzeiten des Einsatzes ab, je kürzer diese sind, desto besser.
- Das Kriterium des **Vorverkaufs** bezieht sich nicht auf die Endabnehmer eines Angebots, sondern auf die Mittler im Absatzkanal. Es ist zu prüfen, inwieweit ein Medium speziell zur Ansprache dieser Absatzmittler in der Lage ist oder nicht.

Geht man diese Kriterien durch, kann man die nicht-klassischen Medien hinsichtlich jedes dieser Kriterien beurteilen. Naturgemäß ist eine solche Beurteilung kaum generalisierbar, sondern von den konkreten Umständen des Einzelfalls (Sachleistung, Dienstleistung, Konsumgut, Investitionsgut, Sozialgut etc.) abhängig und immer subjektiv. Zumindest tendenziell sind jedoch Aussagen zu folgenden Medien möglich (Abb. 254):

- Persönliche Ansprache, Merchandising, Beziehungspflege, Sponsoring, Placement, Networking, Licensing, Übertragungsmedien, Multimedia, Speichermedien, Messe/Ausstellung, Handelsplatzauftritt, Event, Design/Styling, Aussendung/Verteilung, Werbeartikel/Zugabe, Telefonansprache, Prospekt, Salesfolder, Katalog.

6. Kommunikations-Mix

6.1 Medieneinsatz

6.1.1 Medienspektrum

Bis hierher wurden die folgenden Medien eingehend vorgestellt:
- Klassische Werbung
    - Anzeigen in Zeitungen, in Zeitschriften, in sonstiger Printwerbung,
    - Spots in Fernsehen, in Hörfunk, in Kino/Disco,
    - Plakate als stationäre Außenwerbung, als mobile Außenwerbung, als sonstige Außenwerbung,
- Nicht-klassische Werbung
    - Multimedia im Kabel, aus Speicher, über Funk, zur Information,
    - Schauwerbung als Marktveranstaltungen, am Point of Sale, zu Events,
    - Produktausstattung als Design, als Styling,
    - Verkaufsförderung an Mitarbeiter, Absatzmittler, Endabnehmer, im Rahmen der Kommunikationspolitik, im Rahmen der Distributionspolitik, im Rahmen der Angebotspolitik (Produkt/Preis),
    - Direktwerbung durch Mailing, durch Verteilung, durch Responsemedien, durch Katalog, durch Telefonansprache,
    - Öffentlichkeitsarbeit durch Interne PR, durch Externe PR, durch Multiplikatoren-PR, durch Neue Formen der PR,
    - Persönliche Kommunikation,
    - Verkaufsliteratur zur Dokumentation, zum Vorverkauf.

Beim Einsatz der Medien geht es jetzt darum, festzulegen, welche dieser Medien im Einzelnen genutzt werden. Dazu bieten sich verschiedene Analysemethoden an, die im Folgenden dargestellt werden.

Da der Werbeetat von Unternehmen regelmäßig durch den Einsatz mehrerer Medien nicht größer wird, findet eine Verlagerung des Mitteleinsatzes vom Klassischen in den Nicht-klassischen Bereich statt, der heute teilweise schon über 50 % ausmacht. Dabei stellt sich die Frage der optimalen Mittelverteilung. Theoretische Lösungswege sind zwar exakt, leider aber in praxi nicht nachvollziehbar. So müssten nach den Grenznutzengesetzen so viele Medien eingesetzt werden, bis die Hinzunahme eines weiteren Mediums durch den verstärkten Einsatz eines bestehenden Mediums übertroffen wird und diese so dotiert werden, dass der Grenznutzen aller »letzten« Medieneinheiten gleich ist. Dies scheitert erstens an der unzulänglichen Beurteilungsfähigkeit der Werbung und zweitens an der mangelnden Teilbarkeit der Werbemittel. Daher erfolgt der Einsatz der Medien entweder unter Erfahrungsgesichtspunkten oder im Trial&Error-Verfahren. Jede einzelne Mediagattung wird dabei hinsichtlich ihres Zielbeitrags geprüft und bewertet. Daraus ergibt sich eine Prioritätenfolge der Medien. Jede Mediagattung wird sodann innerhalb einer praktikablen Bandbreite dotiert. Das Ergebnis wird mit dem zur Verfügung stehenden Budget gespiegelt. Selten können alle wünschenswerten Kommunikationsinstrumente realisiert werden. Meist müssen einzelne Medien gestrichen oder alle Medien linear solange gekürzt werden, bis die Budgetgrenze ausreicht.

Im Folgenden werden dafür operationale Ansatzpunkte untersucht. Die dabei zugrundeliegenden Wertungen **beruhen auf subjektiver Einschätzung aus der Berufserfahrung des Autors und sind nicht durch empirische Untersuchungen gestützt.** Sie sollen vielmehr als Checklist für eine eigene Einschätzung des Lesers im konkreten Umfeld seiner Entscheidungssituation dienen.

6.1.2 Kommunikative Marktspezifika

Jeder Kommunikations-Mix ist zweifelsfrei abhängig von der Marktkonstellation, innerhalb derer er wirksam werden soll. Dabei ist auf die jeweiligen Marktbesonderheiten Rücksicht zu nehmen. Zu unterscheiden sind mindestens folgende sechs **Markttypen**:
- der Konsumentenmarkt für den privaten Ge- und Verbrauch von Waren und Diensten,
- der Produzentenmarkt für den gewerblichen Ge- und Verbrauch von Waren und Diensten,
- der Wiederverkäufermarkt für die gewerbliche Weitergabe von Konsumtiv- und Produktivgütern,
- der Institutionenmarkt für öffentliche Güter institutioneller Anbieter,
- der Idealgütermarkt für nicht-wirtschaftliche Leistungen nicht -öffentlicher Anbieter,
- der Dienstleistungsmarkt für Verrichtungen gegen Entgelt auf privatwirtschaftlicher Basis.

Auf die Besonderheiten dieser Märkte ist der Medieneinsatz abzustimmen. Dies gilt vor allem für die Budgetanteile, mit denen die einzelnen Medien berücksichtigt werden sollen. Tendenziell gilt dafür folgende Gewichtung (in absteigender Reihenfolge) (Abb. 255):

Medien / Bewertung (Abstufung von 9 Punkte = »extrem wichtig« bis zu 1 Punkt = »völlig unwichtig«)	Konsumgüter- (Ge) anbieter	Industriegüter- (Pr) anbieter (In)	Handelsanbieter	Dienstleistungsanb.	Öffentliche Anbieter	Soziale Anbieter
Klassische Werbung	9	9	4	3	6	8	7	3
Multimedia	1	3	2	1	1	3	2	2
Schauwerbung	3	7	6	7	9	2	1	7
Produktausstattung	8	8	1	4	5	1	3	1
Verkaufsförderung	7	6	3	2	8	4	5	4
Direktwerbung	2	2	8	6	4	5	6	5
Öffentlichkeitsarbeit	4	5	5	5	2	6	9	9
Persönliche Komm.	5	1	9	9	7	9	4	8
Verkaufsliteratur	6	4	7	8	3	7	8	6

Ge = Gebrauchsgut / Ve = Verbrauchsgut / Pr = Produktionsgut / In = Investitionsgut

Abb. 255: Kommunikative Marktspezifika

- Konsumentenmarkt:
  Klassische Werbung, Produktausstattung, Verkaufsförderung, Verkaufsliteratur, Persönliche Kommunikation, Öffentlichkeitsarbeit, Schauwerbung, Direktwerbung, Multimedia.
- Produzentenmarkt:
  Persönliche Kommunikation, Verkaufsliteratur, Schauwerbung, Direktwerbung, Öffentlichkeitsarbeit, Klassische Werbung, Verkaufsförderung, Produktausstattung, Multimedia.
- Wiederverkäufermarkt:
  Schauwerbung, Verkaufsförderung, Persönliche Kommunikation, Klassische Werbung, Produktausstattung, Direktwerbung, Verkaufsliteratur, Öffentlichkeitsarbeit, Multimedia.
- Dienstleistungsmarkt:
  Persönliche Kommunikation, Klassische Werbung, Verkaufsliteratur, Öffentlichkeitsarbeit, Direktwerbung, Verkaufsförderung, Multimedia, Schauwerbung, Produktausstattung.
- Institutionenmarkt:
  Öffentlichkeitsarbeit, Verkaufsliteratur, Klassische Werbung, Direktwerbung, Verkaufsförderung, Persönliche Kommunikation, Produktausstattung, Multimedia, Schauwerbung.
- Idealgütermarkt:
  Öffentlichkeitsarbeit, Persönliche Kommunikation, Schauwerbung, Verkaufsliteratur, Direktwerbung, Verkaufsförderung, Klassische Werbung, Multimedia, Produktausstattung.

Da im Folgenden nicht immer auf alle Ausprägungen von Märkten gesondert eingegangen werden kann, wird stillschweigend der Konsumentenmarkt als der typischste Vertreter seiner Gattung zugrundegelegt. Selbst dort aber variiert der Einsatz der Medien je nach Produkttyp.
Im Folgenden sei beispielhaft (nach Aspinwall) unterschieden in:

- rot-orange Produkte (Fast Moving Packaged Goods),
- gelb-orange Produkte (High Tech/High Touch Goods).

Für Erstere entsteht tendenziell die folgende Reihenfolge:

- Klassische Werbung, Produktausstattung, Schauwerbung, Verkaufsförderung, Öffentlichkeitsarbeit, Verkaufsliteratur, Multimedia, Direktwerbung, Persönliche Kommunikation.

Für Letztere entsteht tendenziell die folgende Reihenfolge:

- Klassische Werbung, Produktausstattung, Verkaufsförderung, Verkaufsliteratur, Persönliche Kommunikation, Öffentlichkeitsarbeit, Schauwerbung, Direktwerbung, Multimedia.

Im Zuge der **ABC-Analyse** ergibt sich für einen Konsumgüteranbieter eine entsprechende Budgetgewichtung für die einzelnen Medien (Abb. 256). Dabei liegt der Anteil der Klassischen Werbung selten noch über 50 %, d. h. mehr als die Hälfte der Werbeaufwendungen werden bereits im Nicht-klassischen Bereich (Below the Line) investiert.

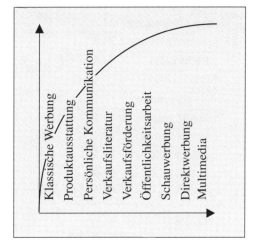

Abb. 256: ABC-Analyse

6.1.3 Chancen-Risiken-Analyse

Die Chancen-Risiken-Analyse betrachtet die Merkmale von Medien unter dem Gesichtspunkt zukünftig zu erwartender Marktentwicklungen. Entwicklungen, die Merkmalen entgegenkommen, werden als Chancen betrachtet, solche, die Merkmalen zuwiderlaufen, als Risiken. Für die einzelnen Medien ergeben sich tendenziell die folgenden Chancen und Risiken (Abb. 257):

- Klassische Werbung.
  - Chancen: Die große, wachsende Vielfalt der Werbeträger sichert den zielgerichteten Einsatz von Botschaften. Die wachsende Freizeit führt zu erhöhtem Medienkonsum für Ablenkung und Überbrückung. Es sind kaum Alternativen zur breit abdeckenden Erreichung des Publikums vorhanden. Imageaufbau ist mit Hilfe anderer Medien als Klassischer Werbung nur schwerlich möglich.
  - Risiken: Es droht eine allgemeine Informationsüberlastung, weil viel mehr Nachrichten die Menschen erreichen als früher. Steigende Budgets führen zur Werbeüberfrachtung mit Reaktanz bei den Zielpersonen. Es drohen Werbebeschränkungen für zahlreiche, gerade werbeintensive Produktbereiche. Aufwendigere Verbreitung sorgt für steigende Einschaltkosten mit geringerer Wirtschaftlichkeit.
- Multimedia.
  - Chancen: Sie bieten ein überaus großes Entwicklungspotenzial, das erst ansatzweise bekannt und genutzt ist. Es entsteht eine große Vielfalt der Einsatzmöglichkeiten in allen denkbaren Werbebereichen. Die Aufgeschlossenheit gegenüber Multimedia ist in der nachwachsenden Generation größer. Die erforderliche Technik ist bei steigender Leistung immer kostengünstiger verfügbar. Geringere Mobilität forciert den »berührungslosen« Einkauf.
  - Risiken: Dennoch werden Berührungsängste bestehen bleiben, die aus Technikscheu resultieren. Medien ersetzen nicht das persönliche Gespräch und Erleben von Angeboten. Die Notwendigkeit aufwendiger Hardware wirkt limitierend auf die Verbreitung und Nutzung.
- Schauwerbung.
  - Chancen: Arbeitsbelastung und kürzere Einkaufszeiten führen zu einem steigenden Anteil ungeplanter Käufe am POS. Erlebnisumfeld und Interaktion wirken stimulierend auf Zielpersonen. Bei sich rasch veränderndem Angebot ist eine räumlich konzentrierte Transparenz wünschenswert.

Abstufung von 6 Punkte = »sehr chancenreich / sehr risikoreich« bis zu 0 Punkte = »sehr chancenarm/ sehr risikoarm«					
Medien / Bewertung	Chancen	Risiken	Saldo	Chance überwiegt	Risiko überwiegt
Klassische Werbung	3	4	-1		X
Multimedia	5	2	+3	X	
Schauwerbung	2	4	-2		X
Produktausstattung	3	2	+1	X	
Verkaufsförderung	4	3	+1	X	
Direktwerbung	2	3	-1		X
Öffentlichkeitsarbeit	2	3	-1		X
Persönliche Komm.	1	3	-2		X
Verkaufsliteratur	1	2	-1		X

Abb. 257: Chancen-Risiken-Analyse

- Risiken: Schauwerbung ist im Vergleich zu anderen Medien eher kostenungünstig, da personalintensiv. Marktveranstaltungen weisen wegen steigender Kosten der Teilnahme kaum mehr Repräsentanz auf. Je stärker ihr Einsatz, desto größer ist die Gefahr von Abnutzungserscheinungen. Einflussnahmemöglichkeiten von Herstellerseite gegenüber dem Handel werden weiter eingeengt.
- Produktausstattung.
  - Chancen: Die Packung stellt eine der wenigen Möglichkeiten zur wirksamen Differenzierung immer gleichartigerer Angebote dar. Produktdarbietungen werden als Ausdruck des Lebensstils kultiviert.
  - Risiken: Ökologische Erfordernisse machen die Abfallproblematik im Rahmen der Packungsgestaltung immer gravierender. Art und Umfang kommunizierbarer Dimensionen bleiben aufgrund ihrer akzidentellen Natur begrenzt.
- Verkaufsförderung.
  - Chancen: Eine spitze Aktivierung der Zielpersonen wird ermöglicht, wo andere Maßnahmen im allgemeinen Aktivitätsniveau untergehen. Variabilität und Flexibilität von Maßnahmen im Umfeld immer weitreichenderer Reglementierungen bleiben erhalten.
  - Risiken: Es besteht die Gefahr von Wear Out-Effekten mit zunehmender Nutzung. Mit steigendem Einsatz öffnet sich die Ertragsschere zwischen zusätzlichem Umsatz und dafür aufzuwendenden Kosten.
- Direktwerbung.
  - Chancen: Hierdurch bleibt die unmittelbare Erreichbarkeit der Zielpersonen gewährleistet. Die Gestaltung wird durch ihre hohe Variabilität dem Individualisierungstrend gerecht.
  - Risiken: Schon heute entsteht eine wahre Flut von Direktwerbestücken, die in Zukunft eher noch zunehmen wird. Es besteht eine Ertragsproblematik infolge steigender Kosten der Erreichbarkeit von Zielpersonen. Die Gestaltungsmöglichkeiten werden weiter begrenzt und sind bereits weitgehend ausgereizt.
- Öffentlichkeitsarbeit.
  - Chancen: Hier bestehen probate Mittel zur Unterwanderung von Reaktanzen im Publikum. Es ist eine große Variabilität möglicher Maßnahmen gegeben.
  - Risiken: Die Gefahr zunehmender rechtlicher Restriktionen gegen geschickt angelegte Kampagnen ist wahrscheinlich. Die Botschaftswirkung ist nur sehr indirekt und damit ökonomisch schwer bewertbar. Die Beeinflussungswirkung sinkt infolge wachsender Glaubwürdigkeitsprobleme der Botschaftsabsender ab.
- Persönliche Kommunikation.
  - Chancen: Individueller Ansprache kommt innerhalb eines immer anonymeren Umfelds steigende Bedeutung zu. Die Vermittlung Kauf entscheidender Sympathiewerte gelingt hier am besten.
  - Risiken: Der hohe Kostenaufwand durch Personalintensität konzentriert den Einsatz auf Großkunden (Key Accounts). Es ist immer weniger Zeit vorhanden für persönliche Kontakte infolge höherer Arbeitsbelastung. Die Medienleistung ist abhängig von der schwankenden Leistung der Verkaufsberater.
- Verkaufsliteratur.
  - Chancen: Aus ehemals problemlosen werden zunehmend erklärungsbedürftige Güter, die der informationellen Abstützung bedürfen.
  - Risiken: Informationsüberlastung und mangelndes Verständnis reduzieren den Informationsbedarf auf eine Alibifunktion. Eine Effizienzproblematik ist durch mangelnde Zielung und hohe Kosten gegeben.

Die **Strategische Bilanz** ist ein probates Instrument, die Aktiva und Passiva der Medienleistung in einem relativierenden Saldo auszudrücken. Ein positiver Saldo deutet auf überwiegende Chancen des entsprechenden Mediums hin, ein negativer auf überwiegende Risiken. Die Werte sind im Einzelnen die Folgenden (ohne Gewichtung):

- Klassische Werbung: -1,
- Multimedia: $+3$,
- Schauwerbung: -2,
- Produktausstattung: $+1$,
- Verkaufsförderung: -1,
- Direktwerbung: -1,
- Öffentlichkeitsarbeit: -1,
- Persönliche Kommunikation: -2,
- Verkaufsliteratur: -1.

Per saldo ergibt sich also ein nicht so zuversichtliches Bild. Die Marketing-Kommunikation ist wohl insgesamt auf dem Höhepunkt ihres Potenzials angelangt. Lediglich Multimedia lässt eine positive Entwicklung erwarten. Bei allen anderen Medien steht zu erwarten, dass die Entwicklung stagniert oder leicht negativ verläuft, gerade auch bei der Klassischen Werbung, der Schauwerbung und der Persönlichen Kommunikation.

6.1.4 Stärken-Schwächen-Analyse

Hierbei wird die spezifische Leistungsfähigkeit der einzelnen Medien in Bezug auf die Erreichung verschiedener Kommunikationsziele untersucht. Dazu bedarf es zunächst der Definition solcher partiellen Kommunikationsziele. Denkbar ist dazu eine Stufenfolge:

- **Weckung der Aufmerksamkeit.** Dies erfolgt im Einzelnen durch:
    - Setzung eines Reizsignals als notwendiger Voraussetzung jeder werblichen Zielverfolgung,
    - Bereitschaft zur Informationsaufnahme für die Botschaft des Werbungtreibenden.
- **Aufbau von Akzeptanz und Sympathie** für das Werbeobjekt. Dies erfolgt im Einzelnen durch:
    - Entwicklung eines positiv differenzierenden Images im Wege werblicher Beeinflussung,
    - Penetration dieses Images in der Zielgruppe zur Verfestigung von Wertvorstellungen über das Werbeobjekt.
- **Generierung von Interesse.** Dies erfolgt im Einzelnen durch:
    - Darlegung des Angebotsanspruchs zur Profilierung gegenüber der Zielgruppe und zur Absetzung vom Mitbewerb,
    - Darlegung der Anspruchsbegründung zur Unterstützung des angeführten Angebotsanspruchs.
- **Schaffung von Überzeugung** zugunsten des Angebots. Dies erfolgt im Einzelnen durch:
    - Darlegung des Nutzenangebots, das allein als Äquivalent den geforderten Preis rechtfertigt,
    - Darlegung des Nutzenbeweises als unterstützende Argumentation zum Beleg der Angebotsleistung,

– **Verkettung zum Kaufakt**. Dies erfolgt im Einzelnen durch:
  – Konkretisierung der Angebotsleistung hinsichtlich objektiver und subjektiver Dimensionen,
  – Abschluss des Vertrags gemäß Verhandlungsangebot als finalem Ziel der Kommunikation.
– **Nachbereitung des Kaufs**. Dies erfolgt im Einzelnen durch:
  – Bestätigung der Richtigkeit der Kaufentscheidung zur Reduktion etwaiger kognitiver Dissonanzen,
  – Halten des Kontakts zu Käufern, denn nach dem Kauf ist zugleich immer auch vor dem Kauf.
– **Kontakt zu Kunden**. Dies erfolgt im Einzelnen durch:
  – Angebot von Dienstleistungen im Nachverkauf, die den Kaufwert je Kunden zu steigern imstande sind,
  – Information zur Angebotsleistung im gleichen oder in verwandten Kaufbereichen.
– **Reaktivierungswirkung**. Dies erfolgt im Einzelnen durch:
  – Aktualisierung der Angebotsleistung im Bewusstsein der Kaufentscheider,
  – Kapitalisierung des Vertrauens, das für diese Angebotsleistung bereits aufgebaut worden ist.
– **Vorverkaufswirkung** im Absatzkanal. Dies erfolgt im Einzelnen durch:
  – Verhandlungsangebot an Absatzmittler, die dermaßen ausgelobte Ware in ihr Sortiment aufzunehmen,
  – Handlungsaufforderung zur Umsetzung der Kaufentscheidung für mehr geschäftlichen Erfolg.

Der Medieneinsatz ist nun u. a. davon abhängig, welches der genannten Teilkommunikationsziele vordergründig erreicht werden soll, denn jedes Medium hat in Bezug auf jedes Teilziel relative Vor- und Nachteile. Und eben diese werden im Rahmen eines Punktbewertungsverfahrens aufgedeckt. Dazu wird wiederum der Konsumentenmarkt (rot-orange Produkte) zugrunde gelegt. Die besondere Eignung eines Mediums zur Erreichung eines Teilziels wird dabei mit einer hohen Punktzahl versehen, und umgekehrt (Abb. 258). Aus der Summe aller Punktzahlen je Medium lässt sich das insgesamt bestgeeignete Medium ermitteln.

Die **SWOT-Analyse** ist die Zusammenfassung des Stärken-Schwächen-Profils und der Chancen-Risiken-Analyse. Dabei ergeben sich vier Felder, denen zugleich Empfehlungscharakter zukommt (Abb. 259):

– Das Feld **Forcieren** trifft auf die Produktausstattung zu. Hier überwiegen die Chancen die Risiken und sind ausgeprägte Stärken gegeben. Dies gilt naturgemäß nur für Angebote, bei denen Produktausstattung, in Form von Packung oder Produkthülle, überhaupt eine akquisitorische Rolle spielt.
– Das Feld **Aufholen** trifft auf Multimedia und Verkaufsförderung zu. Bei Ersterem überwiegen die Chancen die Risiken, allerdings sind ausgeprägte Schwächen vorhanden. Die Chancen resultieren vor allem aus den ungeahnten Zukunftsmöglichkeiten der Kommunikationstechnik, die Schwächen sind dadurch bedingt, dass, zumindest derzeit noch, die Nutzung dieser Möglichkeiten eng begrenzt bleibt. Bei Letzterem überwiegen ebenfalls die Chancen die Risiken, die Schwächen sind jedoch nicht so stark ausgeprägt. Hier liegen vor allem bei eher gering reflektierten, ungeplanten Käufen erhebliche Steigerungspotenziale veranlagt, wobei der Botschaftsinhalt und -umfang allerdings an enge Grenzen stößt.

Medien / Bewertung	Aufmerksamkeitsweckung / Reizsignal. / Info.-bereitschaft	Akzeptanzaufbau / Imageschaffung / Penetration	Interessegenerierung / Angebotsanspruch / Anspruchsbegründ.	Überzeugungsschaffung / Nutzenversprechen / Nutzenbeweis	Kaufaktverkettung / Konkretisierung / Abschluss	Kaufnachbereitung / Bestätigung / Kaufzufriedenheit	Kundenkontakt / Dienstleistung / Erinnerung	Reaktivierungswirkung / Aktualis. / Vertrauenskapitalisierung	Vorverkaufswirkung / Verhandlungsang. / Handlungsaufford.
Klassische Werbung	5	9	8	3	2	9	8	4	6
Multimedia	2	2	2	2	4	2	2	2	1
Schauwerbung	3	5	6	5	7	3	4	6	4
Produktausstattung	8	7	9	9	8	7	1	5	3
Verkaufsförderung	9	1	1	4	6	1	3	9	8
Direktwerbung	6	3	5	7	5	4	9	7	5
Öffentlichkeitsarbeit	1	8	4	1	1	5	6	1	5
Persönliche Komm.	7	4	3	8	9	6	7	8	9
Verkaufsliteratur	4	6	7	6	3	8	5	3	2

Abstufung von 9 Punkte = »extrem wichtig« bis zu 1 Punkt = »völlig unwichtig«

Abb. 258: Stärken-Schwächen-Profil

– Das Feld **Absichern** trifft auf Klassische Werbung, Direktwerbung und Persönliche Kommunikation zu. Die Klassische Werbung hat ausgeprägte Stärken, birgt jedoch auch Risiken. Diese ergeben sich vor allem daraus, dass dieses Medium bereits weitestgehend ausgeschöpft ist und daher zunehmend an Widerstandsgrenzen stößt. Das Gleiche gilt für die Direktwerbung, das zwar erst wesentlich kürzer, dafür aber umso intensiver eingesetzt wird. Die Persönliche Kommunikation hat noch ausgeprägtere Stärken, aber auch höhere Risiken. Denn obwohl der gelungene persönliche Kontakt die höchste akquisitorische Wirkung haben dürfte, ist die Kostenentwicklung so ungünstig zu beurteilen, dass die Nutzung wohl eher zurückgefahren werden muss.

	Stärken	Schwächen
Chancen	Produktausstattung	Multimedia Verkaufsförderung
Risiken	Klassische Werbung Direktwerbung Persönliche Komm.	Schauwerbung Öffentlichkeitsarb. Verkaufsliteratur

Abb. 259: SWOT-Analyse

- Das Feld **Verringern** trifft auf Schauwerbung, Öffentlichkeitsarbeit und Verkaufsliteratur zu. Die Schauwerbung hat sowohl ausgeprägte Schwächen als auch hohe Risiken. Hier dürften Ansätze selektiven Einsparens von Budgetmitteln, abgesehen von »Pflichtveranstaltungen« zum »Flagge zeigen«, am ehesten unschädlich möglich sein. Dies gilt gleichermaßen für die Öffentlichkeitsarbeit, die schon immer eher flankierenden Charakter hatte, denn Speerspitze in Kampagnenfeldzügen zu sein. Die Verkaufsliteratur zeigt bei etwas weniger ausgeprägten Schwächen geringere Risiken als diese. Teilaufgaben der Verkaufsliteratur werden aber zunehmend durch andere Mediagattungen übernommen (wie Multimedia, Direktwerbung etc.).

6.1.5 Potenzial-Analyse

Die einzelnen Kommunikationsmedien sind, abhängig vor allem von ihrem Lebenszyklusstadium, derzeit in höchst unterschiedlichem Maße bereits ausgeschöpft. Es scheint daher sinnvoll zu klären, wie hoch der Zuwachsspielraum für Reserven bei den einzelnen Medien ist. Dazu dient die Potenzial-Analyse. Diese bietet zwei Aussagen:

- die relative Leistung im gegebenen und im potenziellen Zustand bei jedem der Medien,
- die relative Ausschöpfung der potenziellen Leistung im gegebenen Zustand bei jedem der Medien.

Hinsichtlich der einzelnen Medien gelten tendenziell folgende Aussagen (Abb. 260):

- Die Klassische Werbung ist allgemein bereits auf einem sehr hohen Niveau angelangt, wo ihr Potenzial jedenfalls bereits weitgehend ausgeschöpft scheint.
- Multimedia ist bislang kaum in seinem Potenzial, das als hoch einzuschätzen ist, ausgeschöpft. Insofern bieten sie weiterhin hohe Entwicklungsreserven.

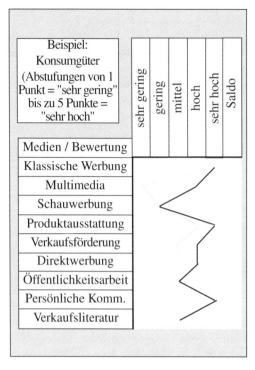

Abb. 260: Potenzial-Analyse

– Die Schauwerbung bietet wohl allenfalls ein geringes Potenzial, das zudem bereits weitgehend ausgeschöpft scheint. Das bedeutet nicht, dass sie weiterhin für definierte Aufgaben unverzichtbar ist.
– Die Produktausstattung verfügt über ein sehr hohes Potenzial, das allerdings ebenfalls als bereits weitgehend ausgeschöpft zu betrachten ist.
– Die Verkaufsförderung repräsentiert ein hohes Potenzial, das infolge der Intensivierung in neuerer Zeit jedoch bereits in starkem Maße ausgeschöpft ist und Verschleiß (Wear Out) unterliegt.
– Die Direktwerbung repräsentiert ebenfalls ein hohes Potenzial, das noch einigen Raum zur weiteren Ausschöpfung lässt. Dies betrifft vor allem mit dem Direktverkauf kombinierte Aktivitäten.
– Die Öffentlichkeitsarbeit verharrt in ihrem Potenzial aufgrund ihrer sehr indirekten Wirkung auf mittlerem Niveau, lässt allerdings noch einige Entwicklungsreserven, vor allem bei den neuen Formen, offen.
– Die Persönliche Kommunikation bietet aufgrund der Kombination aus »Telling & Selling« ein sehr hohes Potenzial, das im Vergleich zum Istzustand noch Verbesserungsspielraum zulässt.
– Die Verkaufsliteratur schließlich bleibt auf mittlerem Potenzialniveau, das bereits weitestgehend ausgeschöpft ist, wenngleich dieses Instrument unverzichtbar scheint.

Der Ausschöpfungsgrad ist direkt abhängig von der Entwicklungsreife des jeweiligen Mediums. Als Maßstab dafür kann das erreichte **Lebenszyklus-Stadium** gelten. In der Reihenfolge ihres zeitlichen Fortschritts sind hier zu nennen (Abb. 261):

– Produktausstattung. Dies ist das älteste Medium, ohne das eine Angebotspräsentation meist gar nicht möglich ist. Zu den Anfängen der Packungsgestaltung gehören Legenden wie Maggi, Persil, Erdal etc.
– Verkaufsliteratur. Auch dies ist ein konstitutives Element der Auslobung, zusätzlich oder anstelle des Produkts. Dies gilt vor allem im Produktiv- und Investitionsgüterbereich.
– Persönliche Kommunikation. Die persönliche ist die älteste Form der Kommunikation, die im Marketing zum Verkauf genutzt wird. Sie bleibt, ungeachtet technischen Fortschritts, unersetzlich.
– Öffentlichkeitsarbeit. Formen allgemein vertrauensbildender Kommunikation werden ebenfalls schon sehr lange angewendet. Sie kann als der direkte Vorläufer der Klassischen Werbung gelten.
– Klassische Werbung. In systematischer Form wird sie erst seit Aufkommen der Massenmedien betrieben, denn diese sind als Träger Voraussetzung für die Botschaftsverbreitung.

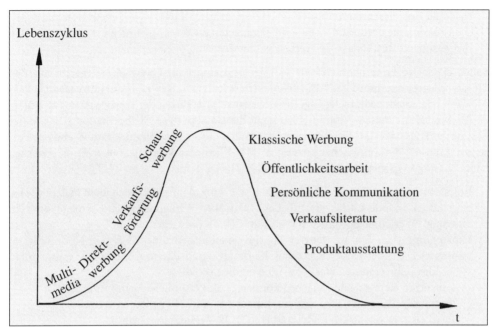

Abb. 261: Lebenszyklus-Stadium

- Schauwerbung. Sie ist seit Erhöhung der Warenvielfalt zur Verbesserung der Markttransparenz kommunikativ bedeutsam, hat jedoch ihren Höhepunkt nunmehr erreicht.
- Verkaufsförderung. Als typisches Zeichen gesättigter (Käufer-)Märkte wird sie erst in neuerer Zeit intensiv eingesetzt. Dabei nimmt die Vielfalt der Formen erheblich zu.
- Direktwerbung. Als typisches Zeichen der Informationsüberlastung wird sie ebenfalls erst in neuerer Zeit eingesetzt. Auch hierbei ist eine wachsende Formenvielfalt zu verzeichnen.
- Multimedia. Diese sind vom technischen Fortschritt abhängig und daher erst in neuester Zeit von Bedeutung, die insgesamt jedoch nicht überschätzt werden darf.

6.1.6 Kommunikations-Instrumental-Matrix

Die Effizienz der Kommunikation lässt für die Zukunft bei Einsatz der Klassischen Werbung allein eher pessimistische Erwartungen zu. Denn Klassische Werbung stößt zweifellos an die Grenzen ihrer Leistungsfähigkeit. Dies hat gleich mehrere Gründe:

- Die für klassische Werbemittel zur Verfügung stehenden Werbeträger sind ihrer Anzahl nach begrenzt. Dies bewirken schon die Marktgesetze, die eine weitere Ausdehnung des Werbeträgerangebots über die Nachfrage hinaus nicht zulassen.
- Die Natur der klassischen Werbemittel setzt den Ansprache-, Gestaltungs- und Interaktionsmöglichkeiten enge Grenzen, die auf den medialen Charakter, die zweidimensionale Struktur und die vorwiegend unidirektionale Anlage zurückzuführen sind.

– Nachteile aus diesen Limitationen scheinen nur durch intensivere Penetration auszugleichen zu sein, die wiederum zu einem Überangebot an Werbung und zur Reaktanz bei den Zielpersonen führt, sodass die Werbewirkung weiterhin begrenzt bleibt.

Sollen expansive Unternehmensziele verfolgt und eingehalten werden, so macht dies den Einsatz weiterer Kommunikationsinstrumente erforderlich. Denn Klassische Werbung allein ist, wie gezeigt, nicht mehr in der Lage, bei der Realisierung steigender Werbewirkung zu helfen.

Als Modell für diesen Zusammenhang gilt die **Gap-Analyse**. Sie beschäftigt sich mit der Lösung der Frage, wie die Lücke zwischen steigenden Zielen (hier Werbewirkung) und nachlassender Effizienz herkömmlicher Lösungen (hier Klassische Werbung) überwunden werden kann. Dafür gibt es vier Möglichkeiten (Abb. 262):

– Immer intensiverer Einsatz der Klassischen Werbung, der freilich noch nicht in der Lage ist, eine aufkommende Lücke zu schließen, denn ihre Wirkgrenzen sind erreicht und ein Übermaß an erlebter Beeinflussung schlägt leicht in das Gegenteil um.
– Hinzu kommt der Einsatz weiterer Kommunikationsinstrumente, dessen Notwendigkeit unbestritten ist, der jedoch meist aus Kapazitäts- und Finanzgründen sukzessiv erfolgt. Nicht-klassische ergänzen klassische Medien dort, wo diese
  – konstitutiv kein Angebot machen können (z. B. Persönliche Kommunikation),
  – leistungsmäßig unterlegen sind (z. B. Interaktion mit Rezipienten),
  – ihre Leistung verstärken und liquidieren (z. B. Verkaufsförderung).

Dabei stellt sich die Frage, welche Abfolge sich dazu anbietet. Aufschluss gibt die Kommunikations-Instrumental-Matrix. Sie hat zwei Dimensionen:

– Kommunikationsziele, unterteilt in primär psychografische (imagebezogene) und primär ökonomische (absatzbezogene),
– Ansracheformen, unterteilt in unidirektional und bidirektional.

Dabei wird unterstellt, dass psychografische ökonomischen Kommunikationszielen ebenso vorgelagert sind wie unidirektionale bidirektionalen Ansracheformen. Daraus ergeben sich vier Felder für folgende Kommunikationsinstrumente (Abb. 263):

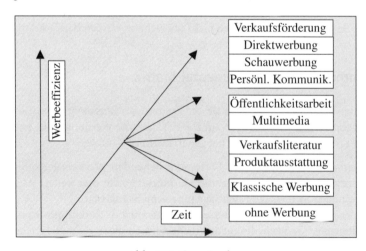

Abb. 262: Gap-Analyse

	Kommunikations-ziel (psychografisch)	Kommunikations-ziel (ökonomisch)
Anspracheform unidirektional	Klassische Werbung	Verkaufsliteratur Produktausstattung
Anspracheform bidirektional	Öffentlichkeitsarbeit Multimedia	Direktwerbung Verkaufsförderung Schauwerbung Persönl. Komm.

Abb. 263: Kommunikations-Instrumental-Matrix

- **Feld 1**: Psychografisches Kommunikationsziel mit unidirektionaler Anspracheform: Klassische Werbung. Diese stellt, wie dargelegt, den Ausgangspunkt intensivierter Kommunikationsaktivitäten dar, ohne dass dies schon ausreichend sein kann.
- **Feld 2**: Ökonomisches Kommunikationsziel mit unidirektionaler Anspracheform: Verkaufsliteratur, Produktausstattung. Diese vergleichsweise tradierten Medien sind die logische Ergänzung zur Klassischen Werbung, vernachlässigen jedoch noch die verstärkende Wirkung der Interaktion und bleiben damit in ihrem Leistungspotenzial begrenzt.
- **Feld 3**: Psychografisches Kommunikationsziel mit bidirektionaler Anspracheform: Öffentlichkeitsarbeit, Multimedia. Nunmehr können aufgrund der Interaktion höhere Effizienzziele erreicht werden, jedoch ist die Verkettungswirkung zur Monetarisierung der Kommunikation in Käufe noch zu indirekt, um anspruchsvolle Zielsetzungen erfüllen zu können.
- **Feld 4**: Ökonomisches Kommunikationsziel mit bidirektionaler Anspracheform: Direktwerbung, Verkaufsförderung, Schauwerbung, Persönliche Kommunikation. Erst diese aktiven Formen der Kommunikation sind in der Lage, durch Kombination von Interaktion und Absatzeffekt die gesetzten Maßstäbe zu realisieren und die Lücke zwischen steigenden Zielen in der Werbung und nachlassender Effizienz der Medien hinlänglich zu schließen.

Im Zeitablauf entwickeln sich die Kommunikationsaktivitäten nun typischerweise von Feld 1 (Istfeld) zu Feld 4 (Zielfeld), d. h. die Klassische Werbung wird sukzessiv zunächst um stärker absatzbezogene Ziele, danach um bidirektional wirkende Formen ergänzt. Am Ende steht dann ein mehr oder minder kompletter Kommunikations-Instrumental-Mix.

6.1.7 Vorteils-Kurve

Eine weitere Möglichkeit besteht in der Analyse analog zur Porter-U-Kurve. Diese befasst sich mit der Position von Merkmalseinheiten (hier Medien) innerhalb der Dimensionen:

- Kommunikationsziele primär psychografischer oder ökonomischer Art,
- Werbepotenzial nach positiver oder negativer relativer Entwicklung.

Untersucht man die verschiedenen Kommunikationsinstrumente nun unter diesen Gesichtspunkten, so ergeben sich drei Gruppen von Medien:

- solche mit eher ökonomischer Zielerfüllung und hohem Werbepotenzial (analog zur Rechts oben-Position bei Porter, hier Verkaufsposition),
- solche mit eher psychografischer Zielerfüllung und hohem Werbepotenzial (analog zur Links oben-Position bei Porter, hier Imageposition),
- solche mit sowohl mittlerer ökonomischer als auch psychografischer Zielerfüllung bei daraus resultierendem niedrigen Werbepotenzial (analog zur Zwischen den Stühlen-Position bei Porter).

Die Zuordnung der einzelnen Kommunikationsinstrumente zu diesen Gruppen ergibt sich tendenziell wie folgt (Abb. 264):

- **Rechts oben-(Verkaufs-)Position** mit Persönlicher Kommunikation, Verkaufsförderung, Schauwerbung, Direktwerbung, Produktausstattung.
  Bei diesen Medien steht die ökonomische Zielerfüllung des Verkaufs im Vordergrund. Zugleich bieten sie die Chance auf hohes Werbepotenzial.
  Die Persönliche Kommunikation ist wohl in dieser Hinsicht das effizienteste Medium. Es stößt jedoch an die Grenzen der Kostentragfähigkeit, die bereits weitgehend erreicht sind.

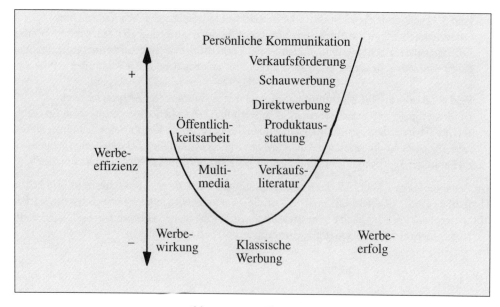

Abb. 264: Vorteils-Kurve

Die Verkaufsförderung ist ebenfalls sehr potenzialstark. Mit zunehmender Aktivierung treten hier jedoch Abnutzungseffekte auf, die den Einsatz limitieren.
Die Schauwerbung hat zwar nur ein geringeres, dafür aber gesichertes Werbepotenzial.
Die Direktwerbung ist wieder als sehr durchsetzungsstark einzuschätzen, stößt jedoch sowohl an rechtliche wie auch an kostenmäßige Grenzen.
Die Produktausstattung hat schließlich ein zwar hohes, aber schon weit gehend ausgereiztes Potenzial, das des Vorverkaufs bedarf.
- **Links oben-(Image-)Position** mit Öffentlichkeitsarbeit.
Die Öffentlichkeitsarbeit betrifft klar die psychografische Zielerfüllung. Da diese in konditionalem Verhältnis zur ökonomischen steht, ist ihre Bedeutung hoch und unverzichtbar, leider jedoch wohl zu indirekt, um allein auszureichen.
- **Zwischen den Stühlen-Position** mit Verkaufsliteratur, Multimedia, Klassischer Werbung.
Bei diesen Medien ist ein relativer Mangel an Werbeerfolg zu verzeichnen. Dies hat freilich unterschiedliche Gründe.
Die Verkaufsliteratur hat von vornherein nur unterstützenden Charakter und kann daher allein nur begrenzte akquisitorische Wirkungen hinterlassen.
Multimedia ist in seiner Entwicklung immer noch nicht weit genug fortgeschritten, als dass sie für sich genommen ausreichend sein können. Es bleibt abzuwarten, wie sich dies in Zukunft entwickelt.
Die Klassische Werbung schließlich wird im Preis-Leistungs-Verhältnis immer ungünstiger und verliert damit an Boden.

Es sei jedoch betont, dass auch in Zukunft die Klassische Werbung unverzichtbar für den Aufbau von Markenartikeln, die wiederum Voraussetzung für jegliches Marketing sind, bleibt. Jedoch büßt sie ihre Monopolstellung ein und muss Finanzmittel an Nicht-klassische Medien abtreten. Diese können die Klassische Werbung jedoch keinesfalls ganz verdrängen, sie können sie nur in ausgewählten Bereichen ergänzen, partiell ersetzen oder vervollständigen. Below the Line-Maßnahmen waren, von Ausnahmen, welche die Regel bestätigen, abgesehen (z. B. Fisherman's Friend), nur höchst selten in der Lage, Marken zu machen. Das schafft nach wie vor, zumindest wenn es um den Publikumsmarkt geht, verläßlich nur die Klassische Werbung.

6.1.8 Portfolio-Analyse

Die Portfolio-Analyse befasst sich mit der Zuordnung von betrieblichen Entscheidungsgrößen im Spannungsfeld Markt determinierter und unternehmensdeterminierter Faktoren. Jede Matrix mit dieser Konstellation trägt den Begriff Portfolio. Folglich gibt es sehr verschiedenartige Portfolios, je nach der Zweckmäßigkeit der Kombination von Faktoren. In diesem Fall bieten sich die beiden folgenden Dimensionen an:

- Verkettung zur Kaufentscheidung (mit den ordinalen Ausprägungen niedrig, mittel, hoch) im Sinne der Absatzargumentation,
- Anpreisung der Vorteilswirkung (mit den ordinalen Ausprägungen niedrig, mittel, hoch) im Sinne der Medieninteraktion.

Unterstellt man eine Einteilung analog zum bekannten McKinsey-Portfolio, so ergeben sich tendenziell folgende Positionen der Kommunikationsinstrumente innerhalb der einzelnen Zonen (Abb. 265):

	Absatzargumentation niedrig	Absatzargumentation mittel	Absatzargumentation hoch
Medieninteraktion niedrig	Klassische Werbung	Verkaufsliteratur	Produktausstattung
Medieninteraktion mittel	Öffentlichkeitsarbeit	Schauwerbung	Verkaufsförderung
Medieninteraktion hoch	Multimedia	Direktwerbung	Persönliche Kommunikation

Abb. 265: Portfolio-Analyse

- **Grüne Zone** für Zusatzinvestitionen bei Persönlicher Kommunikation, Direktwerbung, Verkaufsförderung.
  Die Persönliche Kommunikation schafft sowohl eine hohe Kaufentscheidungsverkettung als auch ein hohes Maß zur Anpreisung der Vorteilwirkung. Beides beruht auf der Möglichkeit zu individueller Ansprache mit sowohl intensiver Medieninteraktion als auch Absatzargumentation.
  Die Direktwerbung schafft bei mittlerer Kaufentscheidungsverkettung ein hohes Maß zur Anpreisung der Vorteilwirkung. Ersteres begründet sich aus der nur mittelbaren Absatzargumentation, Letzteres begründet sich aus der unmittelbaren Medieninteraktion.
  Die Verkaufsförderung bietet bei hoher Kaufentscheidungsverkettung ein mittleres Maß zur Anpreisung der Vorteilwirkung: Ersteres infolge der verkaufsorientierten Argumentation, Letzteres infolge der meist medienbegrenzten Interaktion.
- **Gelbe Zone** für Selektion hinsichtlich Zusatz- oder Desinvestition bei Schauwerbung, Produktausstattung, Multimedia.
  Die Schauwerbung schafft sowohl ein mittleres Niveau bei der Kaufentscheidungsverkettung als auch bei der Vorteilwirkungsanpreisung. Beides beruht auf den durchschnittlichen Möglichkeiten zur Medieninteraktion und Absatzargumentation.
  Die Produktausstattung schafft eine hohe Kaufentscheidungsverkettung, weil sie in unmittelbarem Zusammenhang mit dem Kauf wirksam wird, aber nur eine niedrige Vorteilwirkungsanpreisung, die erstens auf die Packungsgröße beschränkt und zweitens nicht interaktiv angelegt ist.
  Multimedia bietet bei niedriger Kaufentscheidungsverkettung durch überwiegend Image bezogene Argumentation eine gleichzeitig hohe Vorteilwirkungsanpreisung durch medientypische Interaktion.
- **Rote Zone** für (relative) Desinvestition bei Öffentlichkeitsarbeit, Verkaufsliteratur, Klassischer Werbung.

Die Öffentlichkeitsarbeit gewährleistet bei niedriger Kaufentscheidungsverkettung durch beinahe ausschließliche Imageargumentation eine mittlere Vorteilwirkungsanpreisung über Chancen zur Interaktion.

Die Verkaufsliteratur zeichnet eine mittlere Kaufentscheidungsverkettung bei niedriger Vorteilwirkungsanpreisung aus. Ersteres beruht auf der sowohl absatz- als auch imagebezogenen Argumentation, Letzteres auf der eher passiven Auslegung der Kommunikation.

Die Klassische Werbung schließlich kennzeichnet sowohl eine niedrige Kaufentscheidungsverkettung als auch Vorteilwirkungsanpreisung, da sie üblicherweise imagebezogene Argumentation bei passiver Auslegung der Kommunikation bietet.

Die Finanzmittelausstattung sollte daher unter diesen Gesichtspunkten eher zugunsten der Medien Persönliche Kommunikation, Direktwerbung und Verkaufsförderung und zu Lasten der Medien Öffentlichkeitsarbeit, Verkaufsliteratur und Klassische Werbung erfolgen. Multimedia sollte eher forciert, Schauwerbung und Produktausstattung eher zurückgenommen werden. Auf diese Weise ergibt sich ein finanziell ausgeglichen besetztes Portfolio. Setzt man im Zeitablauf steigende Budgets voraus, können die Medien in der roten Zone beibehalten, die in der gelben Zone leicht und die in der grünen Zone stark forciert werden. Dieser Effekt wird jedoch real womöglich durch die Kostensteigerung der Medieneinschaltungen wieder neutralisiert.

6.1.9 Marktabdeckung

Hinsichtlich ihrer Gestaltungsbandbreite sind die einzelnen Kommunikationsinstrumente als unterschiedlich variabel einzuschätzen. Dabei ist eine Untersuchung in zwei Dimensionen darstellbar:

- nach den innerhalb der Gattung eingesetzten Medien,
- nach den erreichbaren Zielpersonensegmenten der
    - aktuellen und potenziellen Kunden,
    - Mitarbeiter in absatzverbundenen Funktionen,
    - betrieblich relevanten Marktumfelder.

Entsprechend ergibt sich eine Zuordnung der Medien und Segmente wie folgt (Abb. 266):

- Klassische Werbung:
  Die Medien Anzeige, Spot und Plakat werden eingesetzt für die Zielgruppen der Kunden, Mitarbeiter und des Marktumfelds.
- Multimedia:
  Multimedia in Kommunikation und Information wird eingesetzt für die Zielgruppen der Kunden und Mitarbeiter.
- Produktausstattung:
  Das Medium Packung wird eingesetzt für die Zielgruppen der Kunden, Mitarbeiter und des Marktumfelds.
- Direktwerbung:
  Die Medien Print-Werbemittel, Telefon und Katalog werden eingesetzt für die Zielgruppe der Kunden.
- Öffentlichkeitsarbeit:
  Die Medien der traditionellen und neuen Formen der PR werden eingesetzt für die Zielgruppen der Kunden, Mitarbeiter und des Marktumfelds.

Klassische Werbung	Anzeige	Spot	Plakat
Publikum	■	■	■
Mitarbeiter			
Umfeld	■	■	■

Multimedia	Kommunikation	Information	
Publikum	■	■	
Mitarbeiter	■	■	

Produktausstattung	Packung		
Publikum	■		
Mitarbeiter			
Umfeld	■		

Direktwerbung	Mailing	Katalog	Telefon
Publikum	■	■	■

Öffentlichkeitsarbeit	Trad. Formen	Neue Formen	
Publikum	■	■	
Mitarbeiter	■	■	
Umfeld			

Persönliche Kommun.	Verkauf		
Publikum	■		

Schauwerbung	Marktveranstaltung	POS	
Publikum	■	■	

Verkaufsförderung	Kommunikation	Distribution	Angebot
Publikum	■	■	■
Mitarbeiter	■	■	■

Verkaufsliteratur	Literaturstück		
Publikum	■		
Mitarbeiter	■		

Abb. 266: Marktabdeckung der Kommunikationsinstrumente

- Persönliche Kommunikation:
  Das Medium der Verkaufsberater wird eingesetzt für die Zielgruppe der Kunden.
- Schauwerbung:
  Die Medien der Marktveranstaltung und des POS werden eingesetzt für die Zielgruppe der Kunden.
- Verkaufsförderung:
  Die Medien Kommunikation, Distribution und Angebot (Produkt/Preis) werden eingesetzt für die Zielgruppen der Kunden und Mitarbeiter.
- Verkaufsliteratur:
  Das Medium Literaturstück wird eingesetzt für die Zielgruppen der Kunden und Mitarbeiter.

Entsprechend dieser Analyse ergeben sich die Möglichkeiten der Marktabdeckung für die einzelnen Medien wie folgt:

- Klassische Werbung: breite Abdeckung sowohl hinsichtlich aller Mediagattungen als auch aller Zielgruppensegmente.
- Multimedia: mittlere Abdeckung sowohl hinsichtlich der Mediagattungen als auch der Zielgruppensegmente.
- Produktausstattung: enge Abdeckung hinsichtlich der Mediagattung, breite Abdeckung hinsichtlich der Zielgruppensegmente.
- Direktwerbung: breite Abdeckung hinsichtlich der Mediagattungen, enge Abdeckung hinsichtlich des Zielgruppensegments.
- Öffentlichkeitsarbeit: mittlere Abdeckung hinsichtlich der Mediagattungen, breite Abdeckung hinsichtlich der Zielgruppensegmente.
- Persönliche Kommunikation: enge Abdeckung sowohl hinsichtlich der Mediagattung als auch des Zielgruppensegments.
- Schauwerbung: mittlere Abdeckung hinsichtlich der Mediagattungen, enge Abdeckung hinsichtlich des Zielgruppensegments.
- Verkaufsförderung: breite Abdeckung hinsichtlich der Mediagattungen, mittlere Abdeckung hinsichtlich der Zielgruppensegmente.
- Verkaufsliteratur: enge Abdeckung hinsichtlich der Mediagattung, mittlere Abdeckung hinsichtlich der Zielgruppensegmente.

Nach ihrem Potenzial in absteigender Folge gerangreiht ergibt sich daher Klassische Werbung, Öffentlichkeitsarbeit und Verkaufsförderung, Multimedia, Produktausstattung und Direktwerbung, Verkaufsliteratur und Schauwerbung, Persönliche Kommunikation als Reihenfolge zur Marktabdeckung.

6.1.10 Wettbewerbspositions-Matrix

Die Wettbewerbspositions-Matrix nach Porter enthält, appliziert auf die spezielle Fragestellung des Kommunikations-Mix, die beiden Dimensionen

- **kommunikationsstrategischer Vorteil** (Einstellungsbeeinflussung/Image oder Verhaltensbeeinflussung/Kauf),
- **kommunikationsstrategisches Objekt** (Gesamtmarktabdeckung/Branche oder Teilmarktabdeckung/Nische).

Entsprechend dieser beiden Dimensionen mit jeweils zwei ordinalen Merkmalen ergeben sich vier Felder, in denen die Kommunikationsinstrumente eingeordnet werden können. Tendenziell gilt dabei folgende Aussage (Abb. 267):

- Einstellungsbeeinflussung/Image kombiniert mit Gesamtmarktabdeckung/Branche: Öffentlichkeitsarbeit, Klassische Werbung.
  Die Öffentlichkeitsarbeit richtet sich für gewöhnlich an die gesamte Zielbranche, wobei einzelne Aktivitäten immer wieder auch nur Teile der Zielgruppe ansprechen sollen, sich in einem stimmigen Konzept aber so ergänzen, dass keine Teilzielgruppe vernachlässigt wird. Dabei geht es weit überwiegend um imagebezogene Kommunikationsinhalte.
  Die Klassische Werbung richtet sich ebenfalls, überwiegend mit imagebezogenen Botschaften, an die gesamte Branche. Dies ist schon allein wegen der mangelnden Steuerbarkeit vieler Mediagattungen unvermeidlich. Tatsächlich werden dabei zusätzlich strategische Teilzielgruppen mit spezifischem Schwerpunk angesprochen.
- Verhaltensbeeinflussung/Kauf kombiniert mit Gesamtmarktabdeckung/Branche: Produktausstattung, Verkaufsförderung.
  Auch die Produktausstattung richtet sich an die gesamte Zielgruppenbranche. Jedoch liegt die Absicht eindeutig im Bereich der Kaufhandlung. Dies ist von besonderer Bedeutung bei allen Produkten, die zumindest auch ihrer Außenwirkung wegen und solchen, die im Wege der Selbstbedienung eingekauft werden.
  Das Verkaufsförderung beabsichtigt meist ebenfalls die Ansprache der gesamten Branche, und sei es über einzelne Aktivitäten für verschiedene Teile der Zielgruppe, mit verhaltensbezogenen Kommunikationsinhalten. Dabei kann durch geschickte Abstimmung immer auch eine Korrektur oder Aktualisierung des Angebotsimages erreicht werden.
- Einstellungsbeeinflussung/Image kombiniert mit Teilmarktabdeckung/Nische: Multimedia, Verkaufsliteratur.
  Multimedia zielt auf eine Nischen orientierte Teilmarktabdeckung ab, wobei die imagebezogenen Kommunikationsinhalte dominieren. Dies kommt allein schon durch den High

	Beeinflussung der Einstellung	Beeinflussung des Verhaltens
Gesamtmarktabdeckung	Öffentlichkeitsarbeit / Klassische Werbung	Produktausstattung Verkaufsförderung
Teilmarktabdeckung	Multimedia Verkaufsliteratur	Schauwerbung Direktwerbung Persönl. Komm.

Abb. 267: Wettbewerbspositions-Matrix

Tech Appeal der genutzten Medien zum Ausdruck. Im Einzelfall können mit Hilfe von Verkaufsberatern oder durch die Zielpersonen selbst auch Kaufhandlungen bewirkt werden. Die Verkaufsliteratur zielt ebenfalls auf eine Kaufkraft bewehrte Marktnische mit primär einstellungsorientierten Kommunikationsinhalten ab. Da diese Voraussetzung für den Kauf sind, handelt es sich um eine in vielen Fällen unerlässliche Ergänzung im Kommunikations-Mix.
- Verhaltensbeeinflussung/Kauf kombiniert mit Teilmarktabdeckung/Nische:
Schauwerbung, Direktwerbung, Persönliche Kommunikation.
Bei der Schauwerbung handelt es sich überwiegend um eine teilmarktbezogene Aktivität, die den Bereich der Kaufhandlung anspricht. Ausgenommen davon ist der POS-Auftritt, der sich normalerweise an die, mehr oder minder umfangreich abgegrenzte, gesamte Branche wendet, jedoch auch dabei den Absatzaspekt in den Vordergrund stellt.
Die Direktwerbung wendet sich ebenfalls überwiegend als teilmarktbezogene Aktivität mit der Absicht der Verhaltensbeeinflussung an Zielpersonen. Andere Absichten scheitern meist am dann nicht mehr vertretbaren Kosten-Leistungs-Verhältnis. Zudem besteht eine recht ordentliche Erfolgskontrollmöglichkeit.
Dies gilt auch für die Persönliche Kommunikation als ebenfalls teilmarktbezogene Aktivität mit Absatzwirkung. Selten bestehen die betriebswirtschaftlichen Chancen zur Gesamtmarktabdeckung oder zum nicht-absatzbetonten persönlichen Gespräch. Der Zielgruppenumfang ist hier zwar am geringsten, die Anspracheintensität aber zugleich am höchsten.

6.1.11 Strategisches Spielbrett

Das Strategische Spielbrett nach McKinsey enthält, wiederum auf die spezielle Fragestellung des Kommunikations-Mix appliziert, die beiden Dimensionen
- **Art des Wettbewerbsverhaltens** (nach bekannten Regeln/Old Game oder nach neuen Regeln/New Game),
- **Ausrichtung am Wettbewerbsverhalten** (Begegnen der Konkurrenz/Head on oder Ausweichen der Konkurrenz/Avoid).

Entsprechend dieser beiden Dimensionen mit jeweils zwei ordinalen Merkmalen ergeben sich vier Felder, in denen die Kommunikationsinstrumente eingeordnet werden. Tendenziell gilt dabei folgende Aussage (Abb. 268):
- Begegnen nach bekannten Regeln:
Klassische Werbung, Persönliche Kommunikation, Schauwerbung, Verkaufsliteratur.
Die Klassische Werbung wird als Medium von praktisch allen Markenartiklern schwerpunktmäßig eingesetzt. Die Unterschiede liegen mehrheitlich in der Höhe der Budgets. Durch die Strategie der Begegnung kommt es dabei weniger auf deren absolute, als vielmehr auf die relative Höhe an. Da die Möglichkeiten zur Erzielung eines Vorsprungs, von Ausnahmen besonders kreativer Kampagnen einmal abgesehen, begrenzt bleiben, liegt darin letztlich der Schlüssel für Werbeerfolg oder -misserfolg. Dabei wirken für gewöhnlich nur die Finanzspitzen, da sich der Unterbau gegenseitig weitgehend neutralisiert. Zugleich kommt es durch dieses Share of Advertising-Denken zu einem Wettlauf um Budgethöhen bis an die Grenze der individuellen finanziellen Leistungsfähigkeit.
Die Persönliche Kommunikation wird ebenso von praktisch allen Markenartiklern, mit Ausnahme der Versender, intensiv genutzt. Bei objektiv immer austauschbareren Angebo-

	Bekannte Regeln des Wettbewerbs	Neue Regeln des Wettbewerbs
Wettbewerbsverhalten durch Begegnen	Klassische Werb. / Persönl. Komm. / Schauwerbung / Verkaufslteratur	Öffentlichkeitsarbeit
Wettbewerbsverhalten durch Ausweichen	Produktausstattung Verkaufsförderung	Multimedia Direktwerbung

Abb. 268: Strategisches Spielbrett

ten liegen die Unterschiede hier eher im persönlichen Bereich. Verkaufen geht zu einem großen Teil über den Bauch, über Sympathie. Diese muss über lange Zeit mühsam aufgebaut werden. Dort wo das nicht reicht oder nicht schnell genug vonstatten geht, kann zwar durch kleine Aufmerksamkeiten nachgeholfen werden. Dies aber um den Preis des Gewöhnungseffekts daran. Da dies für alle Anbieter gilt, kommt es wiederum zu einem Wettlauf, der kaum dauerhafte Konkurrenzvorsprünge zulässt.

Die Schauwerbung gehört allein schon deshalb in dieses Feld, weil sie bewusst als Begegnung unter Wettbewerbern angelegt ist (Ausnahme: Events) und die Bedingungen dazu durch Veranstalter und Absatzmittler eng reglementiert sind. So ist eine wirksame Differenzierung kaum anders möglich als über puren Mitteleinsatz. Gerade dieser Effekt führt dazu, dass der Stellenwert der Schauwerbung zunehmend zurückhaltend beurteilt wird. Zumal der Werbeerfolg eine eher unbekannte Größe bleibt, die Kosten dafür aber sehr konkret zu Buche schlagen. Daher geht ein starker Trend zur Etablierung eigener Anlässe unter Ausschluss oder zumindest Zugangsbeschränkung der Konkurrenz (eben Events).

Die Verkaufsliteratur wird ebenfalls durch zunehmende Komplizierung des Kaufs für immer mehr Anbieter unverzichtbar. Dies gilt ohnehin für gewerbliche Kaufentscheide, aber auch für private, sofern dabei soziale, funktionale oder finanzielle Risiken involviert sind. Zumindest im Bereich der Dokumentation bestehen kaum andere Möglichkeiten als die der dramatischen Darstellung (Produkterotik) und Erläuterung (Fachchinesisch) des Angebots in Print-Werbemitteln. Dabei ist jedoch höchst ungewiss, ob die richtigen Personen zum richtigen Zeitpunkt mit den richtigen Botschaften tangiert werden.

– Ausweichen nach bekannten Regeln:
Produktausstattung, Verkaufsförderung.
Die Produktausstattung bietet a priori in recht großem Umfang die Möglichkeit zur Differenzierung vom Üblichen. Dabei können zwar Mindestanforderungen aufgrund der Funktionserfüllung von Design und Styling nicht unterschritten werden. Dennoch bleibt

genügend Raum zum Ausweichen in Teilmärkte und zur intelligenteren statt der teueren Kommunikation. Vielfach, vor allem im Bereich des Styling, ist die Produktausstattung eher der Produktpolitik zuzuordnen denn der Kommunikation, weil die Gestaltung als konstitutives Funktionsmerkmal des Produkts angesehen wird. Dann ergibt sich die Kommunikationsstrategie des Ausweichens nach bekannten Regeln schon aus der Angebotswahrnehmung.

Die Verkaufsförderung ermöglicht aufgrund ihrer variablen Anlage ebenfalls eine Abhebung von Mitbewerb. Zwar sind die Grundregeln der Verkaufsförderung festgeschrieben, sie bieten jedoch durch immer neue Kombination beinahe unendlich viele Umsetzungsmöglichkeiten. Diese werden noch dadurch verstärkt, dass eine vielfältige Zielgruppenselektion darstellbar ist. Die dadurch erreichten Differenzierungspotenziale bleiben jedoch letztlich eng begrenzt. Und ihnen fehlt es durch die konstitutiv punktuelle Anlage meist an Kontinuität und Nachhaltigkeit. Aber auch eine Vielzahl kleinerer Wettbewerbsvorteile addiert sich, zumal durch die verkaufsorientierte Auslegung, zu einem ansehnlichen Gesamtvorteil.

– Begegnen nach neuen Regeln:
Öffentlichkeitsarbeit.
Die Öffentlichkeitsarbeit stellt, zumindest was ihre neuen Formen anbelangt, eine Chance zur Nutzung fundamental neuer Ansätze dar. Zu denken ist etwa an das Sponsoring, das, erst seit relativ kurzer Zeit systematisch betrieben, neuartige Wege zur effizienten Erreichung von Zielpersonen eröffnet. Gleiches gilt für das Networking zur Bildung von Kundenclubs. Oder für Placement und Programm-Bartering. Erfahrungsgemäß dauert es eine gewisse Zeit, bis diese Chancen nennenswert genutzt werden. In dem Maße wie dies geschieht, werden allerdings die neuen Regeln alt und es kommt zur Begegnung mit Wettbewerbern. Doch bringt gerade die Kommunikation immer wieder neue Formen hervor, die den einen oder anderen Wettbewerbsvorsprung ermöglichen.

– Ausweichen nach neuen Regeln:
Multimedia, Direktwerbung.
Multimedia stellt ebenfalls ein Potenzial dar, das fundamental neue Ansätze ermöglicht. Aufgrund der Vielfalt der dabei sich ergebenden Alternativen ist hierbei jedoch eine Differenzierung darstellbar. Diese ergibt sich aus der Art der eingesetzten Hardware und Software sowie aus dem Spektrum der Nutzung der daraus sich bietenden Anwendungen. Diese eröffnen die Chance zur Innovation und damit zum Einsatz neuer Regeln. Durch die Zukunftssicht ist notwendigerweise unbekannt, welche dies im Einzelnen sein werden. Aber es steht zu vermuten, dass derzeit erst der Anfang einer neuen Generation der Kommunikation gegeben ist.

Die Direktwerbung bietet ebenfalls, wenngleich in geringerem Maße, dafür schon konkreter abgreifbar, Ansätze zur vielfältigen Nutzung von Differenzierungsvorteilen durch Einsatz neuer Regeln in der Kommunikation. Direktwerbung kann spezifisch und ohne große Streuverluste auf die Belange von Teilzielgruppen eingehen und diese in beinahe individueller Weise betreuen. Vor allem das Telefon- und Katalogmarketing scheinen in dieser Hinsicht entscheidend ausbaufähig. Damit werden neue Formen der Kundeninformation und -akquisition geschaffen, die strategische Wettbewerbsvorteile konstituieren, solange sie noch nicht von der Mehrzahl der Anbieter genutzt werden.

6.1.12 Wettbewerbsvorteils-Matrix

Die Wettbewerbsvorteils-Matrix nach Boston Consulting enthält die beiden Dimensionen
- **Anzahl der Profilierungsoptionen** (mit den Ausprägungen viele/wenige),
- **Ausmaß des Alleinstellungswirkungspotenzials** (mit den Ausprägungen hoch/gering).

Ausgangspunkt ist dabei vor allem die Frage nach der adäquaten Strategie, wenn nur wenige Wettbewerbsvorteile gegeben bzw. erreichbar sind.

Dies ist eben typisch für das Angebot der heutigen Märkte, das weitgehend ausgeglichen und vielfältig ausgeprägt ist. Entsprechend ergeben sich durch Kombination die folgenden vier Felder:
- Viele Vorteile in hohem Ausmaß (Specialised):
  Profilierung im Branchenangebot. Dieses Feld bietet viele Möglichkeiten, sich positiv zum Mitbewerb zu differenzieren. Jede dieser Möglichkeiten hat ein großes Wirkungspotenzial. Dies macht die strategische Kommunikation vergleichsweise leicht.
- Wenige Vorteile in hohem Ausmaß (Volume):
  Konzentration zu Massengeschäft. Dieses Feld bietet nur wenige Möglichkeiten der positiven Differenzierung. Jedoch verfügt jede dieser Möglichkeiten über ein großes Wirkungspotenzial. Hier heißt es, mit Bedacht auszuwählen und dann im großen Stil umzusetzen.
- Viele Vorteile in geringem Ausmaß (Fragmented):
  Fokussierung zu Nischenangebot. Dieses Feld bietet zwar viele Möglichkeiten zur Absetzung vom Mitbewerb. Aber jede dieser Möglichkeiten verschafft potenziell nur einen geringen Vorsprung. Damit wird die gezielte Ansprache von Segmenten zur Differenzierung erforderlich.
- Wenige Vorteile in geringem Ausmaß (Stalemate):
  Ambivalenz zwischen Konflikt oder Kooperation. Dieses Feld bietet für die Kommunikation die schwierigste Ausgangslage. Die Möglichkeiten zur Differenzierung sind begrenzt und haben auch dann nur eine beschränkte komparative Hebelwirkung. Es kommt zur Patt-Situation.

Die Zuordnung der einzelnen Kommunikationsinstrumente zu diesen Feldern erfolgt tendenziell wie folgt (Abb. 269):
- Specialised: Direktwerbung, Verkaufsförderung.
  Die Direktwerbung bietet sowohl eine Vielzahl von Differenzierungsmöglichkeiten als auch potenziellen kommunikativen Alleinstellungen: Ersteres resultiert aus der Art der bei diesem Medium einsetzbaren Werbemittel, Letzteres aus der Prägnanz der dabei möglichen kreativen Umsetzungen.
  Für die Verkaufsförderung gilt genau das gleiche. Allerdings gelingt es nur selten, allein darauf gestützt ein Marktangebot erfolgreich aufzubauen. Werbebeispiele sind etwa der Verlag 2001, der Bofrost-Tiefkühlservice oder die Versandhäuser für den erstgenannten Bereich bzw. der Autovermieter Sixt, der Computerhändler Vobis oder die Kaffeefilialisten für den letztgenannten Bereich.
- Volume: Produktausstattung, Persönliche Kommunikation, Klassische Werbung.
  Die Produktausstattung bietet medienbedingt relativ wenige Differenzierungsmöglichkeiten, die dafür aber in hohem Maße alleinstellend wirken können. Ersteres erschöpft sich in

	viele Profilierungs-optionen	wenige Profilierungsoptionen
geringes Alleinstellungswirkungspotenzial	Direktwerbung Verkaufsförderung	Produktausstattung Persönliche Komm. Klassische Werbung
hohes Alleinstellungswirkungspotenzial	Multimedia Verkaufsliteratur	Öffentlichkeitsarbeit Schauwerbung

Abb. 269: Wettbewerbsvorteils-Matrix

den Produkt- und Packungsparametern, Letzteres ergibt sich aus den vielfältigen kreativen Umsetzungsmöglichkeiten. Werbebeispiele sind Konsumgüter wie Maggi, Underberg, Odol etc., die Zeitschrift Twen oder die Armbanduhren von Rolex.

Auch die Persönliche Kommunikation bietet medienbedingt wenige Differenzierungsmöglichkeiten (nämlich nur in der Person des Verkaufsberaters), dafür aber ein hohes Maß an Alleinstellung (durch dessen Kompetenzzutrauen und Sympathiewirkung). Werbebeispiele betreffen etwa Vorwerk, Tupperware, Otto-Versand.

Diese Situation ist aber auch für die Klassische Werbung typisch. Die Rahmenbedingungen der Werbemittel begrenzen die Differenzierung, innerhalb jedes Werbemittels bieten sich jedoch fantastische Chancen zur werblichen Alleinstellung. In vielen Fällen basiert der Erfolg eines Angebots sogar viel weniger auf dem Produkt selbst als vielmehr auf dessen Kommunikation. Viele Produkte waren bei ihrem Markterscheinen spektakulär oder zumindest neuartig. Dort wo gewerbliche Schutzrechte nicht greifen, haben aber nur solche überlebt, die sich kommunikativ einen Wettbewerbsvorteil aufbauen konnten, der noch wirkt, nachdem die produktliche Besonderheit längst vergangen ist. Je gleichartiger das Marktangebot und je kürzer die Reaktionszeiten, desto bedeutsamer wird gerade werbliche Profilierung.

– Fragmented: Multimedia, Verkaufsliteratur.

Multimedia bietet eine Vielzahl von Differenzierungsmöglichkeiten, die aber nur relativ wenig alleinstellend wirken. Ersteres ergibt sich schon aus der Varietät der zur Verfügung stehenden Werbemittel, Letzteres liegt darin begründet, dass Multimedia, zumindest auf absehbare Zeit, allein keine Profilierungseignung zukommen kann. Dies ändert sich erst mit zunehmender Verbreitung der Technik und damit einhergehend höherer Akzeptanz für diese. Für die Verkaufsliteratur gilt genau das gleiche. Allerdings gelingt es wiederum nur selten, darauf ein Marktangebot durchgreifend erfolgreich aufzubauen. Werbebeispiele sind hier die IBM-Bibliothek, die Ferrari-Broschüren oder der IKEA-Prospekt.

– Stalemate: Öffentlichkeitsarbeit, Schauwerbung.
Die Öffentlichkeitsarbeit gibt sowohl nur vergleichsweise wenige Möglichkeiten zur Differenzierung als auch zur Alleinstellung frei. Dies liegt zum einen in der letztlich eng begrenzten Anzahl alternativer werblicher Ansätze begründet und zum anderen in der mangelnden Tragfähigkeit für eine wirksame Profilierung im Markt.
Gleiches gilt für die Schauwerbung, die letztendlich auch wenig differenzierend und alleinstellend wirkt. Daher kommt es gleichsam zur Kooperation ganzer Branchen, vor allem, wenn diese sich einer gemeinsamen äußeren Bedrohung gegenübersehen (z. B. Chemie-, Pharma-, Mineralöl-, Tabakindustrie) oder zum Kampf.

6.1.13 Positionierung

Die Positionierung zeigt die relative Einordnung von Elementen innerhalb eines Beurteilungsraumes an. Bei den Elementen handelt es sich in diesem Fall um die Kommunikationsinstrumente, beim Beurteilungsraum um die Anforderungen an deren Wirkung. Reduziert man die Vielfalt der Anforderungsdimensionen auf die beiden wichtigsten Größen

– Kosteneinsatz, der mit der Nutzung der jeweiligen Medien verbunden ist,
– Leistungspotenzial, das die Nutzung der jeweiligen Medien verspricht,

so ermöglicht dies die zweidimensionale Darstellung in Form einer Matrix. Dabei ergeben sich wiederum tendenziell folgende Positionen, wenn jede der beiden Dimensionen ordinal in hoch bzw. niedrig unterteilt wird (Abb. 270):

– Quadrant I (hoher Kosteneinsatz/hohes Leistungspotenzial):
  – Persönliche Kommunikation. Diese ist alleine schon deshalb kostenaufwendig, weil der Einsatz von Menschen als Kommunikatoren vorgesehen ist. Zugleich kann damit jedoch auch eine hohe Effizienz erreicht werden. Denn im Zweifel ist die persönliche der

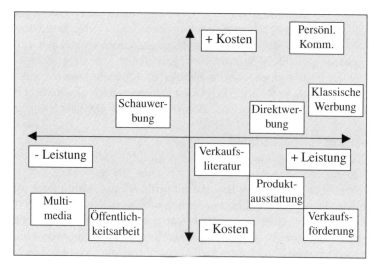

Abb. 270: Positionierung

unpersönlichen (medialen) Ansprache überlegen. Jedoch setzt die Kostentragfähigkeit hier rasch enge Grenzen.
  - Klassische Werbung. Die Tarife der Publikumsmedien explodieren durch steigende Kosten der Programmerstellung sowie durch wachsende Nachfrage infolge mangelnder Verfügbarkeit alternativer, breitstreuender Medien und nachlassender Effizienz des Werbeeinsatzes durch Informationsüberlastung. Zugleich gibt es im Marketing kaum Ersatz für die Klassische Werbung.
  - Direktwerbung. Hohe Kosten resultieren hier aus der aufwendigen technischen Realisierbarkeit der möglichst individuellen Erreichung einzelner Zielpersonen. Dies betrifft oft sogar weniger die Werbemittel selbst als vielmehr den Aufwand zum Transfer dieser Werbemittel zu ihren Adressaten.
- Quadrant II (hoher Kosteneinsatz/niedriges Leistungspotenzial):
  - Schauwerbung. Diese Form der Kommunikation wird zunehmend aufwendiger, allein schon, um im Konkurrenzumfeld angemessen Flagge zu zeigen. Zugleich neutralisieren sich dadurch die Angebote und drohen, in der Inflation der Schauwerbung unterzugehen. Dies begrenzt die Wirkung, je standardisierter der Kaufentscheid getroffen wird.
- Quadrant III (niedriger Kosteneinsatz/niedriges Leistungspotenzial):
  - Öffentlichkeitsarbeit. Dabei handelt es sich überwiegend um Goodwill-Maßnahmen, bei denen es eher auf die Idee als auf den Geldaufwand ankommt. Da sie in aller Regel jedoch nur locker mit dem Produkt selbst verbunden sind, bleiben auch die Wirkeffekte eher beiläufig. Diese Aussage leidet allerdings unter der mangelnden Erfolgszurechnung von PR-Maßnahmen.
  - Multimedia. Zwar sind hierbei Investitionen in die Hardware der Signalübertragung unerlässlich, doch der rapide technische Fortschritt sorgt über weitere Verbreitung für ständig sinkende Einstiegskosten. Insofern sorgen Zeit und Auflage für Kostenreduktion. Die Kommunikationswirkung ist dabei als durchschnittlich anzusehen.
- Quadrant IV (niedriger Kosteneinsatz/hohes Leistungspotenzial):
  - Produktausstattung. Das hohe Leistungspotenzial ergibt sich allein aus ihrer unmittelbaren Wirksamwerdung beim Kaufentscheid. In den meisten Fällen ist eine Produktausstattung zudem ohnehin unumgänglich. Dann liegen die Kosten für eine geschickt gestaltete, werbewirksame Umsetzung meist nicht signifikant über denen einer weniger geschickt gestalteten.
  - Verkaufsförderung. Auch hierbei ist die Kaufverkettung hoch einzuschätzen, da die Leistung in unmittelbarer zeitlicher und räumlicher Nähe zum Kaufzeitpunkt einsetzt. Zudem kann bereits mit relativ bescheidenen Mitteln eine hohe Wirkung erreicht werden. Jedoch ist wiederum von einer Abnutzung bei steigendem Einsatz auszugehen.
  - Verkaufsliteratur. In höheren Losgrößen hergestellt, ergeben sich je Einheit eher niedrige Kosten. Allerdings bleibt auch die Beeinflussung im begrenzten Rahmen. Gerade bei erklärungsbedürftigen Produkten und in hart umkämpften Märkten ist Verkaufsliteratur jedoch zur Pflicht geworden, der man sich nur unzulänglich entziehen kann.

6.2 Werbegebiet

Eine weitere wichtige Determinante zur Realisation der Kommunikation ist die Festlegung des Werbegebiets, d. h. der räumlichen Erstreckung, innerhalb derer Werbung wirksam werden soll. Für gewöhnlich ist das Werbegebiet im Briefing festgelegt oder ergibt sich aus der Aufgabenstellung von selbst. Meist handelt es sich um die Nationalstaatsgrenzen. Zunehmend stellt sich jedoch infolge internationaler Integration die Frage nach der veränderten oder unveränderten Übertragung der Maßnahmen über Nationalstaatsgrenzen hinweg. Dabei ergeben sich verschiedene Abstufungen.

6.2.1 Intranationale Marktbearbeitung

Hierbei ist das Werbegebiet innerhalb der Nationalstaatsgrenzen definiert. Es ergeben sich folgende Abstufungen:

– **Punktuelles Angebot**.
  Ein punktuelles Angebot erfolgt in unmittelbarer räumlicher Umgebung des potenziellen Kaufakts. Dies gilt z. B. für Handels- und Handwerksbetriebe mit einem Verkaufsort, an dem sie ihre Waren anbieten. Für die Bewerbung kommen ausschließlich Medien in Betracht, die punktuell steuerbar sind. Alle anderen werden der gestellten Aufgabe nicht gerecht.
– **Lokales Angebot**.
  Ein lokales Angebot erfolgt mit enger räumlicher Limitierung infolge begrenzten Einzugsgebiets. Dies gilt z. B. für klein- und mittelständische Betriebe, die ihr Angebot nur in einem überschaubaren räumlichen Umfeld machen können. Für die Bewerbung kommen damit nur solche Medien in Betracht, die auch lokal steuerbar sind. Alle anderen Medien verursachen ineffiziente Fehlstreuungen.
– **Regionales Angebot**.
  Ein regionales Angebot erfolgt mit weiterer räumlicher Ausdehnung, jedoch nicht national. Meist liegt der Grund der Begrenzung im Wert der Transportkosten in Relation zum Warenwert. Dies gilt etwa für Mineralwasser. Für die Bewerbung kommen hierbei alle Medien in Betracht, die sowohl regional als auch lokal steuerbar sind. Letztere sind mit Effizienzproblemen belastet.
– **Nationales Angebot**.
  Ein nationales Angebot erfolgt innerhalb der Grenzen eines Landes. Als Beispiel ist der Duden als Nachschlagewerk zur Vereinheitlichung der deutschen Rechtschreibung anzusehen. Für die Bewerbung kommen dabei alle Medien in Betracht, die sowohl national als auch regional oder lokal steuerbar sind. Regionale und lokale Medien stellen sich jedoch leicht als unökonomisch heraus.

6.2.2 Supranationale Marktbearbeitung

Hierbei ist das Werbegebiet über Nationalstaatsgrenzen hinweg international definiert. Es ergeben sich folgende Abstufungen (Abb. 271):

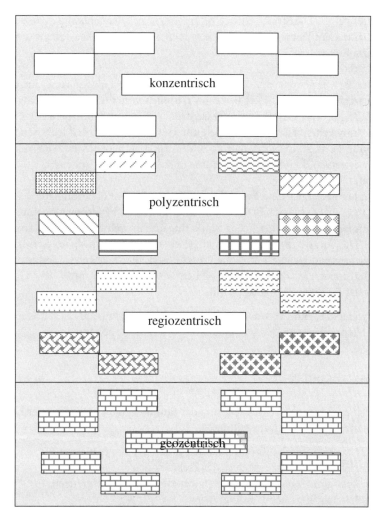

Abb. 271: Alternativen supranationaler Werbung

- **Ethnozentral**
  Ethnozentral kennzeichnet eine Einstellung, bei der eine Fokussierung auf den Heimatmarkt erfolgt. Das Ursprungsland wird als geografischer Mittelpunkt der Unternehmenstätigkeit angesehen. Alle anderen Märkte werden gleichartig bearbeitet. Dies ist z. B. bei den drei großen Chemieunternehmen BASF, Bayer und Hoechst zu beobachten. Im Ausland kommen daher die gleichen Medien wie im Inland zum Einsatz, ohne Rücksicht darauf, ob dies dort adäquat ist oder nicht.
- **Polyzentral**
  Polyzentral kennzeichnet eine Einstellung, bei der eine Fokussierung auf Gastmärkte erfolgt. Das Unternehmen wählt seine Ausrichtung in Abhängigkeit von den Gegebenheiten des jeweiligen Auslandsmarktes. Das führt zu einer individuellen Anpassung. Als Beispiel mag

Mc Donald's gelten. Die Strategie des Unternehmens ist allein abhängig von den jeweiligen Marktverhältnissen. Dementsprechend kommen auch je nach Landesmarkt abweichende Medien zum Einsatz.

- **Regiozentral.**
Regiozentral kennzeichnet eine Einstellung, bei der eine Fokussierung auf geschlossene Wirtschaftsregionen erfolgt. Hier bestehen räumlich verteilte Aktivitätsstützpunkte, etwa analog zur Triade (Ohmae). Jedes dieser Zentren wird getrennt bearbeitet. Als Beispiel mag die Marke Sony gelten. Hier sind deutlich unterschiedliche Vermarktungsstrategien in der Heimatregion Fernost, in Nordamerika und Europa zu beobachten. Die Medien werden gemäß dieser verwandten Wirtschaftsräume jeweils einheitlich gesteuert.
- **Geozentral.**
Geozentral kennzeichnet eine Einstellung, bei der eine Fokussierung auf den Weltmarkt erfolgt. Dabei wird der Geschäftstätigkeit ohne räumliche Fixierung global nachgegangen. Im Ergebnis besteht ein einheitlicher Marketingauftritt weltweit. Als Standardbeispiel gilt hier Coke. Die von der Produktphysis abgehobene Lebenswelt dieses Softdrinks vermag grenzüberschreitend gleiche Emotionen auszulösen, die es erlauben, weltweit die gleiche Vermarktungsstrategie anzuwenden. Folglich werden Medien unter dem Gesichtspunkt ihrer globalen Einsetzbarkeit ausgewählt.

Dabei gibt es widerstrebende Trends zwischen Global Advertising und Local Advertising, deren Präferenz wohl vor allem von der vertretenen Produktgruppe abhängt.

6.2.3 Einsatzbandbreite

Hierbei handelt es sich um die Untersuchung der räumlichen Steuerbarkeit der Kommunikationsinstrumente. Dabei wird unterteilt nach:

- punktueller Ausrichtung im unmittelbaren Umfeld der Kaufsituation,
- lokaler Ausrichtung im Einzugsgebiet der Zielpersonen,
- regionaler Ausrichtung nach Landesteilen innerhalb von Staatsgrenzen,
- nationaler Ausrichtung nach Landesgrenzen,
- ethnozentrischer Ausrichtung mit mediengetreuer Adaptation jenseits der Landesgrenzen (Pattern Campaign),
- polyzentrischer Ausrichtung nach eigenständiger medialer Umsetzung je Land variierend, gemeinsam mit regiozentrischer Ausrichtung nach einheitlicher medialer Umsetzung in hinlänglich homogenen, übernationalen Ländergruppen variierend,
- standardisierter Ausrichtung mit international gleicher Umsetzung in Medien.

Nach der Variabilität der räumlichen Steuerbarkeit kann in absteigender Reihenfolge wie folgt unterteilt werden (Abb. 272):

- Verkaufsförderung kann in voller räumlicher Bandbreite vom punktuellen, Handelsplatz bezogenen Auftritt bis zum international standardisierten Auftritt mit allen möglichen Abstufungen dazwischen eingesetzt werden.
- Multimedia lässt sich vom punktuellen Auftritt bis zur eigenständigen Ausrichtung je Land variieren. Gegen eine wirtschaftsraumbezogene und international standardisierte Umsetzung sprechen, zumindest derzeit noch, abweichende technische Standards.

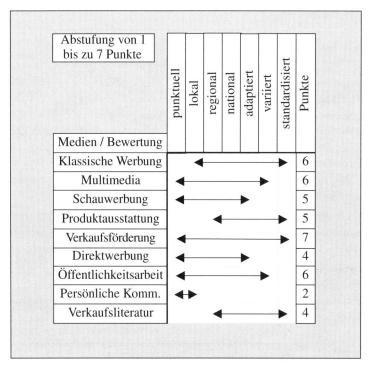

Abb. 272: Einsatzbandbreite

- Klassische Werbung kann von lokaler Ebene in allen Abstufungen bis zur international standardisierten Umsetzung ausgerichtet werden. Lediglich der handelsplatzbezogene Auftritt bleibt (noch) versperrt.
- Öffentlichkeitsarbeit kann vom punktuellen Einsatz, etwa im Unternehmen, bis zur einheitlichen Umsetzung je Wirtschaftsraum variiert werden. Gegen eine weitergehende, international standardisierte Ausrichtung sprechen abweichende Kulturen.
- Schauwerbung kann vom punktuellen Einsatz, ihrer ausgesprochenen Stärke, bis zur Adaptation im Ausland einheitlich ausgerichtet werden. Darüber hinaus sprechen abweichende kulturelle Bedingungen gegen eine allgemeine Übertragung.
- Produktausstattung kann vom regionalen Einsatz bis zur internationalen Standardisierung durchdekliniert werden. Rentabilitätsgründe lassen eine lediglich punktuelle und lokale Ausrichtung, obgleich wünschenswert, nur selten möglich werden.
- Direktwerbung kann vom punktuellen bis zum nationalen Einsatz variiert werden. Eine übernationale Ausrichtung wird allerdings durch abweichende technische Bedingungen der Informationsübermittlung erschwert.
- Verkaufsliteratur ist innerhalb einer Bandbreite zwischen regionaler und polyzentrischer Ausrichtung variierbar. Unterhalb ist sie meist nicht rentabel umsetzbar, oberhalb hindern kulturelle, vor allem sprachliche, Abweichungen daran.
- Persönliche Kommunikation ist punktuell und lokal umsetzbar. Darüber hinaus setzt die mangelnde räumliche Reichweite Grenzen. Darin liegt zugleich aber auch ihre große Stärke gegenüber anderen, eher unpersönlichen Kommunikationsformen.

6.2.4 Raumabdeckung

Innerhalb des definierten Werbegebiets kann eine unterschiedliche Intensität des Medieneinsatzes vorgesehen werden. Dabei kann man unterscheiden in (Abb. 273):

- **raumkonstante Abdeckung**, d. h., das gesamte Werbegebiet wird gleichmäßig mit einem oder mehreren Medien abgedeckt,
- **raumausgedünnte Abdeckung**, d. h., ausgehend von einer gewünschten Medienabdeckung werden Teilräume ausgelassen. Dies wird meist erforderlich, wenn das Budget nicht ausreicht, das gesamte intendierte Gebiet gleichmäßig zu erreichen.
- **raumverdichtete Abdeckung**, d. h., ausgehend von einer gewünschten Medienabdeckung werden Teilräume mehrfach abgedeckt. Dies erfolgt meist, wenn Zielpersonen bzw. deren Kaufkraft räumlich konzentriert auftreten (= Ballungsgebiete).

Als Kriterium für die Auswahl ausgedünnter bzw. verdichteter Gebiete kommt vor allem die unternehmensspezifische Marktausschöpfung in Betracht. Diese zeigt an, wie eine Marke in einem bestimmten Absatzgebiet relativ zum Gesamtmarkt steht. Entsprechend können:

- überproportionale Gebiete verdichtet werden. Dies bietet sich an, um die in Potenzial starken Gebieten ohnehin vorhandene Hebelwirkung voll auszunutzen.
- überproportionale Gebiete ausgedünnt werden. Dies bietet sich an, wenn aufgrund der bereits starken Ausschöpfung von fehlenden Zuwachsreserven dort auszugehen ist.

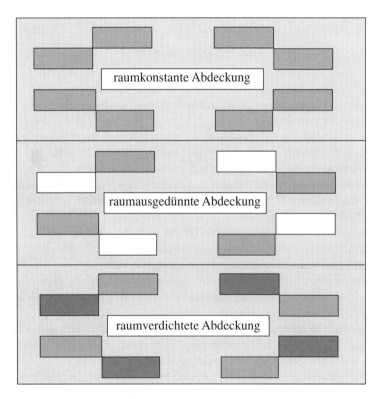

Abb. 273: Raumabdeckung

- unterproportionale Gebiete verdichtet werden. Dies bietet sich an, wenn man davon ausgeht, dass dort noch Nachholbedarf gegeben ist, der bislang nicht ausreichend ausgeschöpft ist.
- unterproportionale Gebiete ausgedünnt werden. Dies bietet sich an, wenn zu befürchten ist, dass fehlende Akzeptanz den Markterfolg erheblich beeinträchtigen wird.

6.3 Werbeperiode

Als weitere Determinante zur Realisation der Kommunikation ist die Festlegung der Werbeperiode zu nennen, d. h. der zeitlichen Erstreckung, während derer Werbung wirksam werden soll. Für gewöhnlich ist die Werbeperiode im Briefing festgelegt oder ergibt sich aus der Aufgabenstellung von selbst. Meist handelt es sich um ein Budgetjahr oder, unterjährig, um Halbjahre, Tertiale und Quartale. Da die Zeit zunehmend zum Wettbewerbsfaktor wird, stellt sich immer mehr die Anforderung der Flexibilität des Einsatzes hinsichtlich des Zeitraums zwischen Initialisierung und Wirksamwerdung der Medien. Hierbei ergeben sich verschiedene Abstufungen.

6.3.1 Operative Aktivierbarkeit

Hierbei ist eine kurzfristige Aktivierung der entsprechenden Medien gegeben. Dabei sind zweckmäßigerweise folgende Einsatzabstufungen unterscheidbar:

- **Tagesgenau**
  Dies impliziert eine extrem kurzfristige Reaktionszeit. Voraussetzung sind entsprechende Konzepte, die diesen schnellen Einsatz möglich machen. Dagegen ist auch nichts einzuwenden, da der strategische Rahmen eine fallweise Detailanpassung zulassen muss, um rasch, wenngleich planmäßig, auf veränderte Umfeldbedingungen reagieren zu können.
- **Wochengenau**
  Hier geht die Reaktionszeit über einen Tag hinaus. Dies ist darin begründet, dass entsprechende produktionstechnische Vorkehrungen vor dem Einsatz erforderlich sind (z. B. Druckvorlagen) oder auf die Reaktionszeit von Werbedurchführenden Rücksicht genommen werden muss (z. B. Verlage). Beides verringert die Flexibilität der Disponierbarkeit und verlängert den Time Lag zwischen Entscheidung und Umsetzung.
- **Monatsgenau**
  Dabei geht die Reaktionszeit über eine Woche hinaus. Dies liegt an komplizierteren produktionstechnischen Vorkehrungen (z. B. dreidimensionale Werbemittel) oder an längeren Einsatzintervallen der Werbemittel (z. B. Erscheinungstermin). Entsprechend ist die Flexibilität der Disponierbarkeit eingeschränkt und erfordert eine vorausschauende Planung.

6.3.2 Taktische Aktivierbarkeit

Hierbei ist eine mittelfristige Aktivierung der entsprechenden Medien gegeben. Dabei sind zweckmäßigerweise folgende Einsatzabstufungen unterscheidbar:

- **Quartalsgenau**
  Dabei ist eine eher mittelfristige Reagibilität der Medien gegeben. Dadurch wird ein Eingehen auf veränderte Umfeldbedingungen schon nur recht eingeschränkt möglich. Gründe dafür liegen sowohl in der Notwendigkeit zur internen organisatorischen Vorbereitung wie auch zur Anmeldung der externen Verfügbarkeit von Maßnahmen.
- **Halbjahresgenau**
  Hier ist die zeitliche Verfügbarkeit sehr gering. Zu dieser Reaktionszeit kann es aber leicht kommen, wenn für Änderungen der Umfeldbedingungen keine strategischen Rahmenpläne bereitliegen, sondern diese erst noch zu erarbeiten sind. Dann verhilft auch eine schnelle Reaktion in der Realisation nicht zu größerer Flexibilität. Diese Aufgabe nehmen das Kommunikations-Auditing und die strategische Revision wahr.
- **Jahresgenau**
  Dieser Intervall entspricht dem der üblichen Mediaplanung. Er erlaubt einen konsistenten, effizienten und wohlüberlegten Media-Mix. Auf veränderte Umfeldbedingungen kann dabei keine Rücksicht genommen werden. Dies bleibt den operativen Medien vorbehalten. Dafür können Planziele systematisch verfolgt werden.

6.3.3 Einsatzreagibilität

Hierbei handelt es sich um die Untersuchung der zeitlichen Steuerbarkeit der Kommunikationsinstrumente. Dabei wird wie vorgenannt unterteilt nach:

- tagesgenauer Ausrichtung,
- wochengenauer Ausrichtung,
- monatsgenauer Ausrichtung,
- quartalsgenauer Ausrichtung,
- halbjahresgenauer Ausrichtung,
- jahresgenauer Ausrichtung.

Nach der Flexibilität der zeitlichen Steuerbarkeit kann in absteigender Reihenfolge folgendermaßen unterschieden werden (Abb. 274):

- Persönliche Kommunikation erlaubt, ja erfordert sogar manchmal, die tagesgenaue Reaktion auf veränderte Umfeldbedingungen. Ein Großteil des Erfolgs beruht auf schneller Reaktion und einem richtigen Angebot zum richtigen Zeitpunkt. Das bedeutet freilich nicht, dass nicht auch hier eine strategische Orientierung erforderlich ist.
- Verkaufsförderung bezieht seine Berechtigung ebenfalls zu einem Großteil aus kurzfristiger, zumindest wochengenauer Reaktionsfähigkeit. Damit keine Aktionitis aufkommt, ist jedoch die Einbettung in einen strategischen Zielkanal unerlässlich. Dies erfordert schon allein die Abstimmung mit Marktpartnern (z. B. dem Handel bei Rahmenvereinbarungen).
- Öffentlichkeitsarbeit muss, falls erforderlich, wochengenau eingesetzt werden. Dies gilt vor allem für Krisen-PR (z. B. Produkterpressung), wo es auf schnelle Reaktion ankommt. Ansonsten aber ist eher planerische Vorausschau angezeigt, die auf hektische, möglicherweise unbedachte, Aktionen verzichtet und statt dessen die strategische Kommunikationswirkung betont.
- Direktwerbung kann allenfalls monatsgenau eingesetzt werden, da immer Kapazitäten zur unmittelbaren Ansprache von Zielpersonen bereitgestellt werden müssen. Diese können

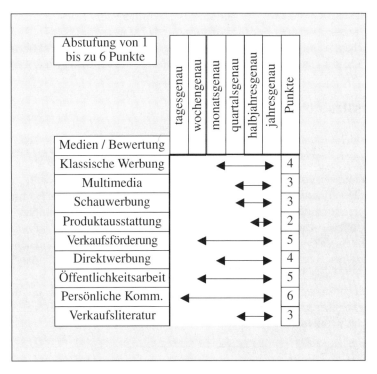

Abb. 274: Einsatzreagibilität

medialer Natur sein (z. B. Printwerbemittel) oder technischer (z. B. faktische Erreichbarkeit). In jedem Fall ist auch hier eine strategische Verkettung der Aktivitäten vonnöten.
- Klassische Werbung lässt sich allenfalls monatsgenau, meist aber nur mit noch längeren Fristen steuern. Dies liegt in der Reaktionszeit der für die Publikumsansprache unerlässlichen Werbeträger begründet. Zu deren Verbreitung sind umfangreiche technische Vorkehrungen erforderlich (z. B. Tiefdruckverfahren), die lange Rüst- und Planungszeiten bedingen.
- Multimedia ist aufgrund seiner Software-Voraussetzungen nur mit gehörigem Vorlauf einsetzbar. Dazu bedarf es meist mehr oder weniger aufwendiger Editierungen (Produktion/Programm), die wiederum durch rare Spezialisten vorzunehmen sind. Hinzu kommt meist noch die Schaffung der entsprechenden Hardware-Konstellation und die Vervielfältigung der Vorlagen. Das kostet Zeit.
- Schauwerbung ist ebenfalls nur sehr begrenzt reagibel. Dies hängt von den Vorlaufzeiten der beteiligten Veranstalter ab. Das gilt für Messen/Ausstellungen ebenso wie für den Handel, der Dekorationszyklen weit im Voraus plant. Selbst eigeninitiierte Anlässe bedürfen wegen ihres großen organisatorischen Aufwands geraumer Zeitspannen zur Planung.
- Verkaufsliteratur ist allenfalls quartalsgenau disponierbar. Denn auch hierbei sind technische Vorlaufzeiten, gerade bei großen Auflagen, unvermeidlich. Zudem handelt es sich meist um längerauflegende Werbemittel, die den Anspruch erheben, im Timing gut geplant, im Inhalt durchdacht und in der Ausführung perfekt zu sein.

– Produktausstattung ist konstitutiv von allen Werbemitteln am wenigsten flexibel handelbar. Dies liegt zum einen in ihrer hohen Bedeutung für den Markterfolg, zum anderen in den dazu erforderlichen technischen Vorkehrungen begründet. Kurzfristige Aktionen sind hier geradezu fehl am Platz, vielmehr bleiben Kontinuität und Konsistenz unerlässlich.

6.3.4 Einsatzabfolge

Innerhalb der definierten Werbeperiode kann eine unterschiedliche zeitliche Abfolge des Medieneinsatzes vorgesehen werden. Dabei kann man unterscheiden in (Abb. 275):

– **parallel**, d. h., zwei oder mehr Kommunikationsinstrumente werden völlig zeitgleich nebeneinander herlaufend eingesetzt. Dies ist gegeben, wenn ein Mix von Kommunikationsinstrumenten für einen gemeinsamen Zeitraum fest miteinander verbunden genutzt wird.
– **ablösend**, d. h., ein nachfolgendes Kommunikationsinstrument wird unmittelbar eingesetzt, nachdem das vorhergehende ausgelaufen ist. Dies ist gegeben, wenn den eingesetzten Medien vor- bzw. nachbereitende Aufgaben zugewiesen werden, die aufeinander aufbauen.
– **versetzt**, d. h., zwei oder mehr Kommunikationsinstrumente laufen jeweils gleich lang, setzen jedoch zu verschiedenen Zeitpunkten ein, überlappen einander und laufen zu verschiedenen Zeitpunkten aus. Dabei erfolgt der Einsatz des nachfolgenden Mediums, während das vorausgehende noch am Markt präsent ist.

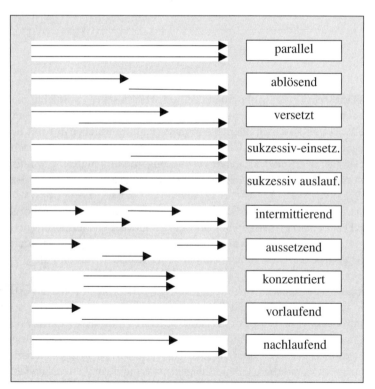

Abb. 275: Einsatzabfolge

- **sukzessiv einsetzend**, d. h., im Zeitablauf nimmt die Intensität eines bzw. die Anzahl mehrerer Kommunikationsinstrumente fortwährend zu, indem diese nacheinander einsetzen und zum gleichen Zeitpunkt auslaufen. Dies verfolgt etwa dramaturgische Ziele, die in einem Kampagnenhöhepunkt kulminieren (Recency-Effekt).
- **sukzessiv auslaufend**, d. h., im Zeitablauf nimmt die Intensität eines bzw. die Anzahl mehrerer Kommunikationsinstrumente fortwährend ab, indem diese nacheinander auslaufen, nachdem sie zeitgleich eingesetzt haben. Auch hierbei liegen dramaturgische Ziele zugrunde, die jedoch auf dem Primacy-Effekt aufbauen (Höhepunkt am Anfang der Kampagne).
- **intermittierend**, d. h., zwei oder mehr Kommunikationsinstrumente wechseln einander beim Einsatz fortlaufend und ohne Unterbrechung ab. Dies ist gegeben, wenn Ziele zwar parallel verfolgt werden sollen, das Budget aber zum parallelen Einsatz der Medien nicht ausreicht.
- **aussetzend**, d. h., zwei oder mehr Kommunikationsinstrumente wechseln einander beim Einsatz diskontinuierlich und mit Unterbrechung ab. Auch hierbei sollen Ziele parallel verfolgt werden, jedoch reicht das Budget nicht zur fortlaufenden Ausdeckung der Kampagnenlaufzeit aus.
- **konzentriert**, d. h., der Einsatz der Kommunikationsinstrumente findet nur limitiert während eines Zeitausschnitts der Werbeperiode statt. Dabei ist eine Kombination mit allen anderen Alternativen möglich. Insofern steht die dramaturgische Wirkung eines kommunikativen Höhepunkts im Vordergrund.
- **vorlaufend**, d. h., zwei oder mehr Kommunikationsinstrumente laufen derart ablösend oder versetzt zueinander, dass das eine Medium nur eine zeitliche Vorlauffunktion für das andere wahrnimmt. Hier steht das Announcement einer Kampagne (Teaser) im Vordergrund.
- **nachlaufend**, d. h., zwei oder mehr Kommunikationsinstrumente laufen derart ablösend oder versetzt zueinander, dass das eine Medium nur eine zeitliche Nachlauffunktion (Tag) für das andere wahrnimmt. Hier steht die Kapitalisierung einer Kampagne im Vordergrund.

Experimente haben zwischenzeitlich nachgewiesen, dass ein kontinuierlicher Werbeeinsatz auf niedrigerem Ausgabenniveau eine höhere Erinnerungswirkung zeitigt als ein fallweiser Einsatz selbst auf weitaus höherem Ausgabenniveau.

6.3.5 Einsatzzeitpunkt

Dies betrifft den Einsatz nach Uhrzeit, Wochentag, Woche und Monat. Hier gibt es verschiedene Postulate. So sollte der Einsatz **antizyklisch** zum Unternehmenserfolg vorgenommen werden. Das Problem dabei ist nur, dass in der Krise meist auch kein Geld für Werbung verfügbar ist, und im Boom die Bereitstellung von Werbebudget leicht fällt, sodass der Einsatz realiter meist doch **prozyklisch** erfolgt. Entsprechend saisonaler Schwerpunkte sollte zudem prosaisonal geworben werden, wobei ein Verzögerungseffekt der Werbung gegenüber der Verkaufswirkung dazu führt, dass die Werbesaison der Verkaufssaison zeitlich vorgelagert ist. Schließlich können weitere Nachfragebesonderheiten Berücksichtigung finden. Dies sei am Beispiel der Funkwerbung erläutert, wo der Schwerpunkt zur Rush Hour für die Erreichung Berufstätiger, am Vormittag für Hausfrauen und am Nachmittag für Schüler liegt (Abb. 276–278).

In Relation zum Kaufakt kann es sich um Vorverkaufs- oder Nachverkaufswerbung handeln, Erstere dient primär der Akquisition, Letztere der Bestätigung von Kunden. Dabei spielt die Erkenntnis eine Rolle, dass die Nachverkaufsphase eigentlich die Vorverkaufsphase des nächsten Bedarfszyklus ist.

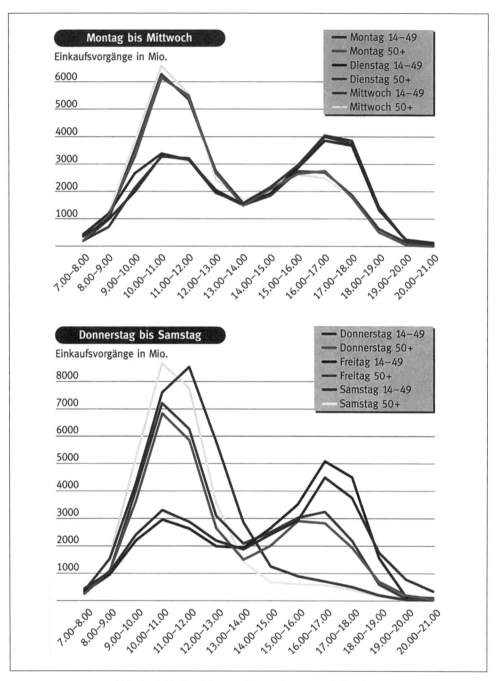

Abb. 276: Einkaufskurve: Wer geht wann einkaufen?
(Quelle: MA 96/IP Deutschland)

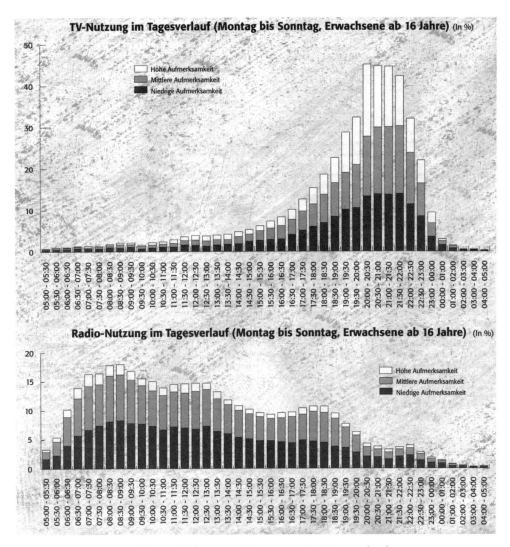

Abb. 277: TV- und Radionutzung im Tagesverlauf

6.4 Werbeintensität

Die Intensität der Abdeckung kann durch Variation des Einsatzes eines Mediums und/oder in Kombination mehrerer Medien erreicht werden. Als Messgrößen sind dabei zwei Ansätze denkbar:

- eingesetztes Werbebudget (Share of Advertising) je Werbegebiet/-periode,
- realisierter Werbedruck (Share of Voice) je Werbegebiet/-periode.

Beide Messgrößen sind problematisch. Erstere berücksichtigt nicht die unterschiedliche Effizienz der verschiedenen Medien, ist dafür aber operational. Letztere leidet unter mangelnder

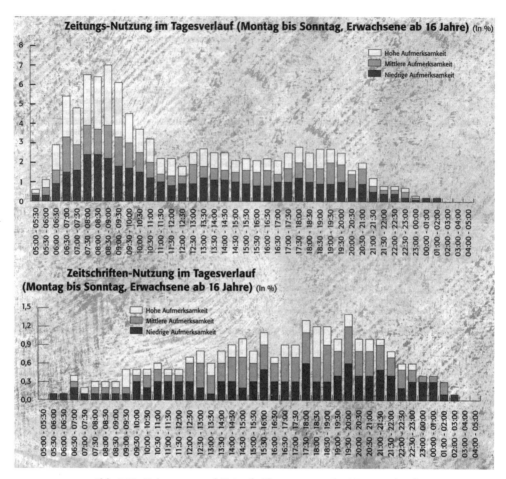

Abb. 278: Zeitungs- und Zeitschriftennutzung im Tagesverlauf

Beurteilung der Werbung in Wirkung und Erfolg, hat dafür aber die richtige Zielgröße im Visier. Hinsichtlich der Intensität können nun verschiedene Ausprägungen unterschieden werden. Dabei ist immer von gegebenem Werbegebiet und gegebener Werbeperiode auszugehen (Abb. 279):

- **Gleichbleibende Werbeintensität**, d. h., der Medieneinsatz erfolgt im gesamten Werbegebiet während der gesamten Werbeperiode mit konstantem Niveau.
- **Veränderliche Werbeintensität**, d. h., der Medieneinsatz erfolgt auf kontinuierlich steigendem oder fallendem Niveau, abgestuft nach Werbeteilgebieten oder Werbeteilperioden. Als Kampagnenbeispiele gelten:
    - der Start in Ballungsräumen und die Ausweitung auf Landgebiete,
    - der nationale Start mit Fortführung nur in den Ballungsräumen,
    - der gestreckte Start mit weiterer Intervallverkürzung der Werbung,
    - der verdichtete Start mit Intervallverlängerung des Werbeeinsatzes.

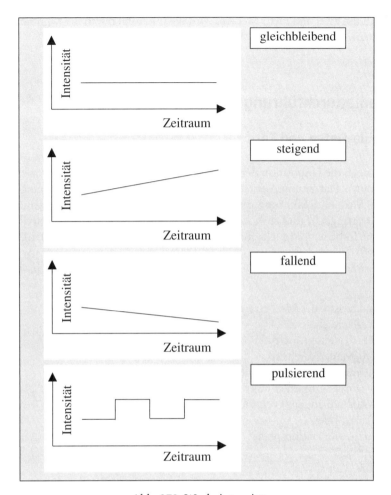

Abb. 279: Werbeintensität

- **Pulsierende Werbeintensität**, d. h. der Medieneinsatz erfolgt in regelmäßig oder unregelmäßig wechselnden Intervallen auf regelmäßig und/oder unregelmäßig wechselndem Niveau. Kampagnenbeispiele sind:
  - gleichmäßig verteilte Werbeanstöße in Kampagnenschüben,
  - ungleichmäßig verteilte Werbeanstöße zu vorgegebenen Anlässen,
  - gleichbleibend dotierte Werbeanstöße in Kampagnenschüben,
  - veränderlich dotierte Werbeanstöße je nach Bedarfsvorgabe.

Alle Möglichkeiten können sowohl mit Hilfe nur eines oder durch mehrere Medien realisiert werden. Handelt es sich um ein Medium, stehen dafür zwei Dimensionen zur Auswahl:

- die Breite der Ansprache (z. B. Anzahl der eingeschalteten, verschiedenartigen Werbemittel),
- die Tiefe der Ansprache (z. B. Häufigkeit der eingeschalteten, gleichartigen Werbemittel).

Handelt es sich um zwei und mehr Medien, wird die Intensität durch die Kombination dieser Medien gesteuert.

6.5 Mediadurchführung

6.5.1 Media-Daten und Tarif

Nunmehr ist noch die Disposition der Medien erforderlich. Diese umfasst Dimensionen wie Buchungsvolumen, Platzierung, Ausstattung, Konditionen und Zusatzvereinbarungen. Zugleich erfolgt in der Mediadurchführung die Maßnahmenkoordination und Kostenüberwachung sowie die kaufvertragliche und abwicklungstechnische Kontrolle der Mediaaktivitäten.

Wesentliche Informationsquelle für die Mediadurchführung sind die **Media-Daten**.

> Dort finden sich für klassische Werbemittel, etwa für Print, folgende Informationen aufgeschlüsselt:
> - Kurzcharakteristik des Werbeträgers,
> - Organ (Verband etc.),
> - Herausgeber (Name/Anschrift),
> - Redaktion (Name/Anschrift),
> - Anzeigenleitung (Name/Anschrift),
> - Aktueller Jahrgang/Erscheinungsweise,
> - Verlag/Postanschrift, Bankverbindung,
> - Telefon/Telex/Telefax,
> - Erscheinungs-/Redaktionsplan,
> - Erstverkaufstag,
> - Bezugspreis (Copypreis),
> - Umfangs-Analyse (Redaktion/Anzeigen),
> - Inhalts-Analyse,
> - Anzeigenkontrolle (IVW),
> - Druckauflage,
> - (tatsächlich) Verbreitete Auflage,
> - Verkaufte Auflage,
> - Abonnierte Auflage,
> - Einzelverkaufsauflage,
> - Freistücke,
> - Rest-, Archiv-, Belegexemplare,
> - Geografische Verbreitungs-Analyse,
> - Empfänger-Analyse nach
>   - Branche, Wirtschaftszweig, Fachrichtung, Berufsgruppe,
>   - Größe der Wirtschaftseinheit,
>   - Stellung im Betrieb, betriebliche Funktion, Beruf,
>   - Schulbildung, berufliche Vorbildung,

- Alter,
- Gemeindegrößenklasse.

Die AMF-Karte legt die genormte Darstellung der Media-Daten fest:
- Karte 1: Inhalt: Redaktion/Verlag, Umfangsanalyse, Inhaltsanalyse,
- Karte 1a: Fortsetzung Inhaltsanalyse (detaillierte Angaben zur Struktur des Redaktions- und Anzeigenteils),
- Karte 2: Auflagen- und Verbreitungsanalyse,
- Karte 2a: Fortsetzung Verbreitungsanalyse (Darstellungsmöglichkeiten für ständige und wechselnde Empfänger),
- Karte 3: Strukturanalyse Empfänger,
- Karte 3a: Strukturanalyse Leser (u. a. Weitester Leserkreis, Kontakt 1, Leser pro Ausgabe, Leser pro Nummer),
- Karte 3b: Reichweiten,
- Karte 4: Leser-Blatt-Bindung.

Eine weitere wichtige Informationsquelle ist der **Tarif**, den jeder klassische Werbeträger besitzt (Abb. 280).

Auch dort finden sich, hier wieder dargestellt am Beispiel Print, zahlreiche Daten angegeben:
- Laufende Nummer der Preisliste, Gültigkeit,
- Allgemeine Geschäftsbedingungen,
- Grundpreise der wichtigen Formate,
- Aufschläge (z. B. für Anschnitt, Schmuckfarbe, Sonderformat),
- Nachlässe als Mal- und Mengenrabatte in Staffeln,
- Preise für Mehrfarbanzeigen,
- Spaltenbreite/-zahl je Seite,
- Höhe, Breite, Satzspiegel des Formats,
- Seiteninhalt in Millimeter, Beschnittzugabe,
- Bruttopreis pro Seite/pro Millimeter,
- Anzeigenschluss für Buchung einer Ausgabe,
- Druckunterlagenschluss für Vorlageneinreichung,
- Druckverfahren/Rasterung, Druckunterlagen,
- Rücktrittstermin,
- Themenplan,
- Teilbelegungsangaben, Expressbelegung, Ortstarif,
- Preis/Auflage/Platzierung für Beilagen, Beikleber, Beihefter,
- Technische Daten für Beilagen, Beikleber, Beihefter,
- Zahlungsbedingungen,
- Skonto,
- Erscheinungsort,
- Verlagsanschrift,
- Anzeigenverwaltungsanschrift,
- Garantierte verkaufte Auflage,

DER SPIEGEL
DAS DEUTSCHE NACHRICHTEN-MAGAZIN

PREISLISTE 48
Gültig ab 1. Januar 1994
BLATT 1

Garantierte verkaufte Auflage	980.000 Exemplare	
Schwarz-weiß-Anzeigen	1/1 Seite DM 48.000,–	
Vierfarb-Anzeigen/Innenteil	1/1 Seite DM 87.320,–	
Umschlag	1/1 Seite DM 90.373,–	

Farbanzeigen
Der Verzicht auf eine Farbe bei der Anlage von Farbanzeigen ist ohne Einfluß auf die Berechnung der Anzeigen.

Sonderfarben werden aus der Vierfarbskala aufgebaut. Einzelheiten auf Anfrage.

Farbzuschläge werden für jede mit Schmuckfarben belegte Seite extra berechnet. Die Anzahl der Schmuckfarb-Anzeigen in einer Ausgabe ist aus technischen Gründen begrenzt.

Geringe Farb-/Tonwertabweichungen sind durch das Druckverfahren bedingt.

Angeschnittene Anzeigen bzw. Satzspiegel-Überschreitungen
Formate siehe untenstehende Tabelle. Der Anschnitt und der Druck über den Bund werden nicht berechnet.

Anzeigenschluß, Druckunterlagen- und Rücktrittstermine
siehe Blatt 3 der Preisliste

Beikleber
siehe Blatt 5 der Preisliste

Postkarten-Beihefter
siehe Blatt 6 der Preisliste

Beilagen
siehe Blatt 7 der Preisliste

Sonderproduktionen
auf Anfrage

Verlag	SPIEGEL-Verlag Rudolf Augstein GmbH & Co. KG
Postanschrift	Postfach 11 04 13, 20404 Hamburg
Hausanschrift	Brandstwiete 19, 20457 Hamburg
Telefon	(040) 30 07-0
Fax	(040) 30 07-829
Bankverbindungen	BHF-Bank, Hamburg, Konto-Nr. 500 07 327, BLZ 201 202 00
	Marcard, Stein & Co., Hamburg, Konto-Nr. 1 413 004, BLZ 200 304 00
Postgirokonto	Hamburg 7137-200, BLZ 200 100 20
Erscheinungsweise	wöchentlich (siehe Terminplan)
Erstverkaufstag	Montag
Lesezirkel-Auflage	ja Abo-Preis: DM 130,– halbjährlich
EV-Preis	DM 5,– DM 260,– jährlich
Zahlungsbedingungen	Rechnungen sind am Erscheinungstag der Ausgabe des SPIEGEL fällig, in der die Anzeige veröffentlicht wird, bei besonderer Vereinbarung spätestens 30 Tage nach dem Erscheinungstag. Bei Vorauszahlung werden 2% Skonto gewährt, sofern der Rechnungsbetrag spätestens am Erscheinungstag auf einem der Konten des Verlags eingeht und keine älteren Rechnungen fällig sind.
Mehrwertsteuer	Auf die Nettopreise wird die Mehrwertsteuer aufgeschlagen.

Nachlässe

Malstaffel		Mengenstaffel			
		1 Seite	3%	36 Seiten	22%
3 Anzeigen	3%	3 Seiten	5%	48 Seiten	23%
6 Anzeigen	5%	6 Seiten	10%	60 Seiten	24%
12 Anzeigen	10%	9 Seiten	15%	75 Seiten	25%
24 Anzeigen	15%	12 Seiten	20%	100 Seiten	26%
52 Anzeigen	20%	24 Seiten	21%	150 Seiten	27%

Technische Angaben

Druckverfahren	Rotations-Kupfertiefdruck
Druckunterlagen	Reproduktionsreife, möglichst einteilige Vorlagen ohne Raster. Die Vorlagen müssen farb- und tonwertverbindlich sein. Farbvorlagen, die aus mehr als drei separaten Bildteilen bestehen, verursachen in der Reproduktion Mehrkosten.
Beschnittzugaben	5 mm an allen vier Seiten. Anschnittgefährdete Text- und Bildelemente sollten außerdem wegen möglicher Beschnitt-Toleranzen oben und unten mindestens 5 mm und wegen der Verjüngung der Seiten zur Heftmitte hin seitlich mindestens 10 mm vom beschnittenen Endformat (212 x 280 mm) nach innen gelegt werden.
Allgemeine Geschäftsbedingungen	Anzeigenaufträge werden ausschließlich gemäß den Allgemeinen Geschäftsbedingungen des Verlags ausgeführt. Siehe Blatt 8 der Preisliste.

Anzeigenformate und -preise

DER SPIEGEL
DAS DEUTSCHE NACHRICHTEN-MAGAZIN

Heftformat: 212 mm x 280 mm – Satzspiegel: 178 mm x 252 mm

Bruttopreise (ohne Mehrwertsteuer) in DM

Grundformate	Satzspiegelformat		Anschnittformat (Heftformat)		Schwarz-weiß	Schmuckfarbe(n) (SPIEGEL-Rot, Skalengelb, -rot, -blau)		Vierfarbig
	Breite	Höhe	Breite	Höhe		1 Schmuckfarbe	2 Schmuckfarben	
1/1 Seite Umschlag, vierfarbig	178	252	212	280	–	–	–	90.373,–
1/1 Seite Innenteil, vierfarbig	178	252	212	280	–	–	–	87.320,–
1/1 Seite	178	252	212	280	48.000,–	62.400,–	76.800,–	87.320,–
2/3 Seite	116	252	136	280	32.000,–	46.400,–	60.800,–	–
3/6 Seite, 2spaltig	116	186	–	–	24.000,–	38.400,–	52.800,–	–
1/3 Seite, 1spaltig	54	252	–	–	16.000,–	30.400,–	44.800,–	–
1/3 Seite, 2spaltig	116	124	–	–	16.000,–	30.400,–	44.800,–	–
1/6 Seite, 1spaltig	54	124	–	–	8.000,–	22.400,–	–	–
1/6 Seite, 2spaltig	116	62	–	–	8.000,–	22.400,–	–	–
Zusammenhängende Formate mit Bunddurchdruck und/oder Anschnitt								
2/1 Seite	384	252	424	280	96.000,–	124.800,–*	153.600,–*	174.640,–
1 2/3 Seite	322	252	342	280	80.000,–	108.800,–*	137.600,–*	–
1 1/3 Seite	260	252	280	280	64.000,–	92.800,–*	121.600,–*	–
2x 2/3 Seite, auf Mitte gestellt	260	252	260	280	64.000,–	92.800,–*	121.600,–*	–
Kombinationen mit Vierfarb-Seiten								
1/1 Seite vierfarbig { + 1/1 Seite	384	252	424	280	135.320,–	149.720,–	164.120,–	–
+ 2/3 Seite	322	252	342	280	119.320,–	133.720,–	148.120,–	–
+ 1/3 Seite.	260	252	280	280	103.320,–	117.720,–	132.120,–	–

*Wird Schmuckfarbe nur auf einer der beiden Heftseiten genutzt, so wird auch der Schmuckfarb-Zuschlag nur für eine Seite berechnet.

Abb. 280: Zeitschriften-Tarif (Beispiel: Anzeigenformate und Preise Der Spiegel)

DER SPIEGEL
DAS DEUTSCHE NACHRICHTEN-MAGAZIN

PREISLISTE 48
Gültig ab 1. Januar 1994
BLATT 3

Terminplan 1994 (1. Halbjahr)

Ausgabe	Nr.	Erscheinungstag	Anzeigenschluß-, Druckunterlagen- und Rücktrittstermin	
			Schwarz-weiß-Anzeigen* und Anzeigen mit SPIEGEL-Rot	Vierfarb-Anzeigen, Anzeigen mit Skalengelb, -rot, -blau**
Januar	1	3. 1. 94	14. 12. 93	16. 11. 93
	2	10. 1. 94	20. 12. 93	24. 11. 93
	3	17. 1. 94	29. 12. 93	1. 12. 93
	4	24. 1. 94	7. 1. 94	8. 12. 93
	5	31. 1. 94	14. 1. 94	14. 12. 93
Februar	6	7. 2. 94	21. 1. 94	20. 12. 93
	7	14. 2. 94	28. 1. 94	29. 12. 93
	8	21. 2. 94	4. 2. 94	7. 1. 94
	9	28. 2. 94	11. 2. 94	14. 1. 94
März	10	7. 3. 94	18. 2. 94	21. 1. 94
	11	14. 3. 94	25. 2. 94	28. 1. 94
	12	21. 3. 94	4. 3. 94	4. 2. 94
	13	28. 3. 94	11. 3. 94	11. 2. 94
April	14	4. 4. 94	16. 3. 94	16. 2. 94
	15	11. 4. 94	23. 3. 94	23. 2. 94
	16	18. 4. 94	30. 3. 94	2. 3. 94
	17	25. 4. 94	8. 4. 94	9. 3. 94
Mai	18	2. 5. 94	15. 4. 94	16. 3. 94
	19	9. 5. 94	22. 4. 94	23. 3. 94
	20	16. 5. 94	27. 4. 94	30. 3. 94
	21	23. 5. 94	4. 5. 94	8. 4. 94
	22	30. 5. 94	11. 5. 94	13. 4. 94
Juni	23	6. 6. 94	18. 5. 94	20. 4. 94
	24	13. 6. 94	27. 5. 94	27. 4. 94
	25	20. 6. 94	3. 6. 94	4. 5. 94
	26	27. 6. 94	10. 6. 94	11. 5. 94

Terminplan 1994 (2. Halbjahr)

Ausgabe	Nr.	Erscheinungstag	Anzeigenschluß-, Druckunterlagen- und Rücktrittstermin	
			Schwarz-weiß-Anzeigen* und Anzeigen mit SPIEGEL-Rot	Vierfarb-Anzeigen, Anzeigen mit Skalengelb, -rot, -blau**
Juli	27	4. 7. 94	17. 6. 94	18. 5. 94
	28	11. 7. 94	24. 6. 94	27. 5. 94
	29	18. 7. 94	1. 7. 94	3. 6. 94
	30	25. 7. 94	8. 7. 94	10. 6. 94
August	31	1. 8. 94	15. 7. 94	17. 6. 94
	32	8. 8. 94	22. 7. 94	24. 6. 94
	33	15. 8. 94	29. 7. 94	1. 7. 94
	34	22. 8. 94	5. 8. 94	8. 7. 94
	35	29. 8. 94	12. 8. 94	15. 7. 94
September	36	5. 9. 94	19. 8. 94	22. 7. 94
	37	12. 9. 94	26. 8. 94	29. 7. 94
	38	19. 9. 94	2. 9. 94	5. 8. 94
	39	26. 9. 94	9. 9. 94	12. 8. 94
Oktober	40	3. 10. 94	16. 9. 94	19. 8. 94
	41	10. 10. 94	23. 9. 94	26. 8. 94
	42	17. 10. 94	30. 9. 94	2. 9. 94
	43	24. 10. 94	7. 10. 94	9. 9. 94
	44	31. 10. 94	14. 10. 94	16. 9. 94
November	45	7. 11. 94	21. 10. 94	23. 9. 94
	46	14. 11. 94	28. 10. 94	30. 9. 94
	47	21. 11. 94	2. 11. 94	5. 10. 94
	48	28. 11. 94	9. 11. 94	12. 10. 94
Dezember	49	5. 12. 94	18. 11. 94	19. 10. 94
	50	12. 12. 94	25. 11. 94	26. 10. 94
	51	19. 12. 94	2. 12. 94	2. 11. 94
	52	26. 12. 94	7. 12. 94	9. 11. 94

*Aktionsanzeigen; Termine und Abwicklung siehe Blatt 4.
**Nachtermine für Schmuckfarb-Anzeigen auf Anfrage.

Technisch bedingte Veränderungen in Produktion, Verarbeitung und Erscheinungsweise behält sich der Verlag bei allen Ausgaben vor.

Abb. 280: Zeitschriften-Tarif (Beispiel: Anzeigenformate und Preise Der Spiegel) (Forts.)

DER SPIEGEL
DAS DEUTSCHE NACHRICHTEN-MAGAZIN

PREISLISTE 48
Gültig ab 1. Januar 1994
BLATT 5

Beikleber

Beikleber sind Postkarten sowie andere rechtwinklige Drucksachen, die auf eine Basisanzeige so aufgeklebt werden, daß sie von Interessenten abgelöst und verwendet werden können. Inhalt und Gestaltung der Beikleber müssen vor Drucklegung mit dem Verlag abgestimmt werden.

Beikleberpreise (ohne Nachlässe)

Preis bis 25 g DM 65,– für tausend Exemplare. Mehrgewicht DM 1,– pro Gramm und tausend Exemplare. Der Preis kann sich erhöhen, wenn die Beschaffenheit der Beikleber Mehrkosten bei Verarbeitung oder Entsorgung verursacht. Leporellos und andere Drucksachen nur nach Abstimmung mit dem Verlag.

Beikleber, die Angebote mehrerer Werbungtreibender enthalten (Verbundwerbung) sind nach besonderer Vereinbarung möglich. Für solche Beikleber werden Zuschläge auf die Grundpreise berechnet: bei bis zu drei Werbungtreibenden DM 20,–, bei vier und mehr Werbungtreibenden DM 40,– für tausend Exemplare.

Bei Belegung der Postauflage werden die geltenden Postgebühren zusätzlich berechnet. Für Postgebühren kann weder Provision noch Skonto gewährt werden.

Auf die angegebenen Preise wird die Mehrwertsteuer aufgeschlagen. Im übrigen gilt für Beikleber die Anzeigenpreisliste.

Auflage

Die tatsächlich benötigte Anzahl von Beiklebern muß rechtzeitig abgesprochen werden, um Auflagenschwankungen berücksichtigen zu können.

Auftrags- und Rücktrittstermin

8 Wochen vor Erstverkaufstag. Aus technischen Gründen ist eine rechtzeitige Terminfestlegung erforderlich.

Anzeigen-Mindestabnahme

1/1 Seite schwarz-weiß; Berechnung nach Preisliste.

Technische Daten

Format: 105 x 148 mm (DIN A6)
andere Formate: nach Absprache
Papiergewicht: nach Absprache

Bei eventuell auftretenden Verarbeitungsschwierigkeiten hat die Fertigstellung der Auflage Vorrang gegenüber der Beiklebung.

Plazierung

Beikleber können nur auf einer rechten Seite veröffentlicht werden. Stand des Beiklebers innerhalb des Anzeigenmotivs nach Absprache. Die Beiklebetoleranz kann bis zu 10 mm nach allen Seiten betragen.

Anlieferung

Beikleber müssen einwandfrei verpackt und maschinell verarbeitungsfähig sein. Die einzelnen Paletten sind mit der jeweiligen Mengenangabe zu versehen und frühestens 21 Tage, spätestens 14 Tage vor Erstverkaufstag frei zu liefern an:

Gruner Druck
Gruner + Jahr AG & Co
Abt. Weiterverarbeitung
Am Voßbarg
25524 Itzehoe

maul-belser
Abt. Weiterverarbeitung
Breslauer Str. 300
90471 Nürnberg

Aufsplittung der Teilauflagen nach Absprache.

Eine Wareneingangskontrolle (Qualität und Menge) kann bei der Druckerei nicht durchgeführt werden.

Muster

Der Verlag benötigt bei Auftragserteilung für einen Probelauf mindestens 500 Blindmuster vorab.

DER SPIEGEL
DAS DEUTSCHE NACHRICHTEN-MAGAZIN

PREISLISTE 48
Gültig ab 1. Januar 1994
BLATT 6

Postkarten-Beihefter

Postkarten-Beihefter sind fest mit der Zeitschrift verbundene Postkarten, die zusammen mit einer/mehreren Basisanzeige(n) von einem oder mehreren Partnern genutzt werden können.*

Inhalt und Gestaltung der Postkarten-Beihefter müssen vor Drucklegung mit dem Verlag abgestimmt werden.

Beihefterpreise (ohne Nachlässe)

DM 65,– für tausend Exemplare. Bei mehreren Partnern werden die Beihefterpreise anteilig berechnet. Auf die angegebenen Preise wird die Mehrwertsteuer aufgeschlagen. Im übrigen gilt für Postkarten-Beihefter die Anzeigenpreisliste.

Auflage

Die tatsächlich benötigte Anzahl von Postkarten-Beiheftern muß rechtzeitig abgesprochen werden, um geringfügige Auflagenschwankungen berücksichtigen zu können.

Technische Daten

Format: vorderer Heftteil – 107 mm breit x 280 mm hoch
hinterer Heftteil – 118 mm breit x 280 mm hoch
5 mm Beschnitt sind am Kopf und Fuß des Postkarten-Beihefters vorzusehen; Höhe unbeschnitten 290 mm.
Papiergewicht: 150 g/qm

Die Anlieferung muß im unbeschnittenen Format erfolgen.

Bei eventuell auftretenden Verarbeitungsschwierigkeiten hat die Fertigstellung der Auflage Vorrang gegenüber der Beiheftung.

Auftrags- und Rücktrittstermin

8 Wochen vor Erstverkaufstag. Aus technischen Gründen ist eine rechtzeitige Terminfestlegung erforderlich.

Anzeigen-Mindestabnahme

1 oder 2 Partner: 2 Seiten s/w
3 oder 4 Partner: 2 1/3 Seiten s/w
Berechnung nach Preisliste

Anlieferung

Postkarten-Beihefter müssen einwandfrei verpackt und maschinell verarbeitungsfähig frühestens 21 Tage, spätestens 14 Tage vor Erstverkaufstag frei geliefert werden an:

Gruner Druck
Gruner + Jahr AG & Co
Abt. Weiterverarbeitung
Am Voßbarg
25524 Itzehoe

maul-belser
Abt. Weiterverarbeitung
Breslauer Str. 300
90471 Nürnberg

Aufsplittung der Teilauflagen nach Absprache.

Eine Wareneingangskontrolle (Qualität und Menge) kann bei der Druckerei nicht durchgeführt werden.

Beschaffenheit

Postkarten-Beihefter müssen gefalzt angeliefert werden. Der Falz muß in Laufrichtung des Kartons liegen. Die Maschinen können den einzelnen Postkarten-Beihefter nur greifen und weiterverarbeiten, wenn ein Nachfalz vorhanden ist. Auf sorgfältige und gleichmäßige Falzung ist deshalb zu achten.

Muster

Der Verlag benötigt bei Auftragserteilung für einen Probelauf 500 Blindmuster vorab.

*Die eine Hälfte des Postkarten-Beihefters liegt im vorderen, die andere im hinteren Heftteil.

Abb. 280: Zeitschriften-Tarif (Beispiel: Anzeigenformate und Preise Der Spiegel) (Forts.)

DER SPIEGEL
DAS DEUTSCHE NACHRICHTEN-MAGAZIN

PREISLISTE 48
Gültig ab 1. Januar 1994
BLATT 7

Beilagen

Beilagen sind der Zeitschrift lose beigefügte Drucksachen. Inhalt und Gestaltung der Beilagen müssen vor Drucklegung mit dem Verlag abgestimmt werden.

Beilagenpreise

Preis bis 25 g DM 140,– für tausend Exemplare.

Beilagen, die Angebote mehrerer Werbungtreibender enthalten (Verbundwerbung) sind nach besonderer Vereinbarung möglich. Für solche Beilagen werden Zuschläge auf die Grundpreise berechnet: bei bis zu drei Werbungtreibenden DM 40,–, bei vier und mehr Werbungtreibenden DM 80,– für tausend Exemplare.

Bei Belegung der Postauflage werden die geltenden Postgebühren zusätzlich berechnet. Für Postgebühren kann weder Provision noch Skonto gewährt werden.

Mehrgewicht DM 1,– pro Gramm und tausend Exemplare.

Auf die angegebenen Preise wird die Mehrwertsteuer aufgeschlagen. Im übrigen gilt für Beilagen die Anzeigenpreisliste.

Auflage

Gesamtauflage oder Teilauflagen (auf Anfrage). Die tatsächlich benötigte Anzahl von Beilagen muß rechtzeitig abgesprochen werden, um geringfügige Auflagenschwankungen berücksichtigen zu können.

Auftrags- und Rücktrittstermin

6 Wochen vor Erstverkaufstag. Aus technischen Gründen ist eine rechtzeitige Terminfestlegung erforderlich.

Technische Daten

Mindestformat: 105 mm breit x 148 mm hoch
Höchstformat: 192 mm breit x 260 mm hoch
Papiergewicht: für zweiseitige Beilagen (1 Blatt) mindestens 120 g/qm;
für vierseitige Beilagen mindestens 70 g/qm;
umfangreichere Beilagen mindestens 60 g/qm.

Bei eventuell auftretenden Verarbeitungsschwierigkeiten hat die Fertigstellung der Auflage Vorrang gegenüber der Beilegung.

Anlieferung

Beilagen müssen einwandfrei verpackt und maschinell verarbeitungsfähig sein. Die einzelnen Paletten sind mit der jeweiligen Mengenangabe zu versehen und frühestens 21 Tage, spätestens 14 Tage vor Erstverkaufstag frei zu liefern an:

Gruner Druck
Gruner + Jahr AG & Co
Abt. Weiterverarbeitung
Am Voßbarg
25524 Itzehoe

maul-belser
Abt. Weiterverarbeitung
Breslauer Str. 300
90471 Nürnberg

Aufsplittung der Teilauflage nach Absprache.

Eine Wareneingangskontrolle (Qualität und Menge) kann bei der Druckerei nicht durchgeführt werden.

Muster

Der Verlag benötigt bis spätestens vier Wochen vor Erscheinen des Heftes verbindliche Muster. Kompliziert gearbeitete Beilagen müssen vor Auftragserteilung von uns auf ihre Verarbeitungsfähigkeit geprüft werden.

DER SPIEGEL
DAS DEUTSCHE NACHRICHTEN-MAGAZIN

PREISLISTE 48
Gültig ab 1. Januar 1994
BLATT 2b

Zusammenhängende
Formate –
Formate mit
Bunddurchdruck

1 1/3 Seite
S: 260 x 252 mm
A: 280 x 280 mm

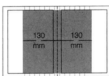
2 x 2/3 Seite, auf Mitte gestellt
S: 260 x 252 mm
A: 260 x 280 mm

1 2/3 Seite
S: 322 x 252 mm
A: 342 x 280 mm

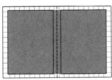
2/1 Seite
S: 384 x 252 mm
A: 424 x 280 mm

S: Satzspiegelformat
A: Anschnittformat

Beschnittzugaben 5 mm an allen vier Seiten. Anschnittgefährdete Text- und Bildelemente sollten außerdem wegen möglicher Beschnitt-Toleranzen oben und unten mindestens 5 mm und wegen der Verjüngung der Seiten zur Heftmitte hin seitlich mindestens 10 mm vom beschnittenen Endformat (212 x 280 mm) nach innen gelegt werden.

Abb. 280: Zeitschriften-Tarif (Beispiel: Anzeigenformate und Preise Der Spiegel) (Forts.)

- Lesezirkelauflage,
- Einzelverkaufspreis (Copy-Preis).

6.5.2 Streuplan

Die Mediadurchführung baut auf der Mediaplanung auf. Die Mediaplanung stellt in den computergestützten Arbeitsschritten, wie dargestellt, folgende Informationen zur Verfügung:

- Segmentationslauf mit der Operationalisierung der Zielgruppenbeschreibung,
- Rangreihungslauf mit einer Auflistung der Werbeträger nach den ausgewählten Leistungskriterien und der Auswahl der »Kandidaten«,
- Evaluierungslauf mit der Bewertung alternativer Plankombinationen hinsichtlicher aller Kriterien,
- Optimierungslauf mit selbsttätiger Ermittlung des bestmöglichen Plans nach Vorgabedaten.

Der so entstandene Mediaplan wird durch den Werbungtreibenden verabschiedet und enthält nun technische Angaben über:

- Ausgewählte Werbeträger,
- Anzahl der Einschaltungen je Werbeträger,
- Timing der Einschaltungen je Werbeträger,
- jeweils eingeschaltete Ausstattungen,
- jeweils eingeschaltete Motive,
- Hinweise auf Sondervereinbarungen,
- Kosten der Einschaltungen (einzeln und gesamt).

Daraus ergibt sich die Notwendigkeit der Bestimmung des zeitlichen Einsatzes. Dies erfolgt im Streuplan. Der Streuplan ist eine optische Darstellung der zeitlichen Verteilung der Einschaltungen in Werbeträgern. Dazu enthält der Streuplan folgenden Aufbau (Abb. 281–283):

- Kopfzeile mit Kalendarium, meist nach Wochen eingeteilt und mit den Daten der Montage jeder Woche versehen,
- Kopfspalte mit Angabe der Werbeträger,
- Endspalte mit Angabe der Kosten je Werbeträger und der Summe der Kosten,
- Überschrift mit Angabe von Werbungtreibendem, Marke, Produkt, Budgetjahr,
- Einteilung für Motive, Ausstattungen, Aktionen.

Die Kennzeichnung der Einschaltungen erfolgt durch Kreuze in der Woche des Erscheinungstermins bzw. Balken für die Dauer der Werbeträgerauflage. So gibt der Streuplan einen Überblick über alle Einschaltungen in allen Werbeträgern und deren Verteilung. Damit wird auch das Werbetiming deutlich, bei dem oft wie folgt verfahren wird:

- Da die Ausdeckung angesichts begrenzter Budgets oft nicht eine hohe Penetration über das ganze Jahr erlaubt, wird eine Sommerpause eingelegt. Dem liegt die Erfahrung zugrunde, dass sich in den Sommerferien der Schulen und Betriebe zahlreiche Personen nicht im Streugebiet der belegten Werbeträger aufhalten. Die zeitliche Streckung der Ferien infolge zahlreicher Urlaubstage führt jedoch dazu, dass sich über das ganze Jahr mehr oder minder

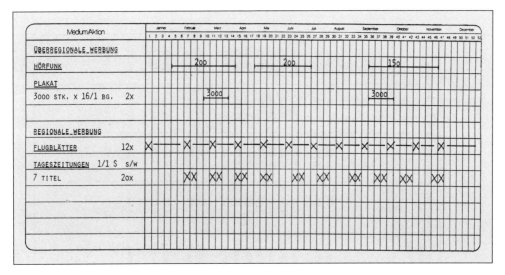

Abb. 281: Streuplan (Beispiel)

Kostenübersicht RTL Television					
Kunde:					
Zeitraum:	14.03.–10.04.1994					
Datum	Werbeblock	Uhrzeit	Umfeld	Kosten	
				brutto	netto incl. MwSt
Mo 14.03.1994	101810	18.42	vor RTL aktuell	57.390	64.678,53
Di 15.03.1994	152040	20.10	vor Columbo	85.580	96.448,66
Di 15.03.1994	182241	20.10	Quincy Unterbrecher	139.100	156.765,70
Mi 16.03.1994	101810	18.42	vor RTL aktuell	57.390	64.678,53
Mi 16.03.1994	162055	20.10	vor Fußball	103.360	116.486,72
Mi 16.03.1994	502251	22.15	Werder Bremen : AC Mailand	184.800	208.269,60
Do 17.03.1994	202262	22.20	TV Movie (Spielfilm) Unterbrecher	177.740	200.312,98
Fr 18.03.1994	101810	18.42	vor RTL aktuell	57.390	64.678,53
Fr 18.03.1994	162273	22.10	vor Wie bitte?!	103.360	116.486,72
Sa 19.03.1994	152013	20.10	vor Spielfilm	85.580	96.448,66
Sa 19.03.1994	162110	21.55	vor Action Spielfilm	103.360	116.486,72
Di 22.03.1994	152040	20.10	vor Columbo	85.580	96.448,66
Di 22.03.1994	182241	20.10	Quincy Unterbrecher	139.100	156.765,70
Mi 23.03.1994	152051	20.10	vor Spielfilm	85.580	96.448,66
Do 24.03.1994	202262	22.40	TV Movie (Spielfilm) Unterbrecher	177.740	200.312,98
Fr 25.03.1994	101810	18.42	vor RTL aktuell	57.390	64.678,53
So 27.03.1994	421904	19.20	Formel 1 Brasilien Unterbrecher	61.300	69.085,10
Mo 28.03.1994	101810	18.42	vor RTL aktuell	57.390	64.678,53
Di 29.03.1994	192040	20.35	Columbo Unterbrecher	154.560	174.189,12
Zwischensumme					2.224.348,63

Abb. 282: Kostenübersicht (fiktives Beispiel)

Kommunikations-Mix

Kunde:
Produkt: Dach- und Informationskampagne
Medium: TV und Print

Monat	Januar				Februar				März				April				Mai				Juni				Einsatz Wochentag	ET	1. Ausgabe			Rücktritt
Woche	1	2	3	4	5	6	7	8	9	10	11	12	13	14	15	16	17	18	19	20	21	22	23	24	25	26			AS	DU	
Wochenstart (Montag)	3	10	17	24	31	7	14	21	28	7	14	21	28	4	11	18	25	2	9	16	23	30	6	13	20	27					
Dekadenbeginn (Bl. A.)	2		3		4	5		6		7		8		9		10		11	12		13	14		15	16	17	18				
Medium	Fre.																														
TV																															
RTL	27											27																			
SAT 1	25											25																			
Sonntagszeitungen																															
Bild am Sonntag	6					X	X				X	X		X													Sonntag	13.02.	01.02.	01.02.	01.02.
Welt am Sonntag	6					X	X		X	X	X	X		X													Sonntag	13.02.	09.02.	09.02.	09.02.
Überregionale Ztg. (West)																															
FAZ	8					X	X	X	X	X	X	X	X															Freitag	11.02.	08.02.	08.02.	08.02.
Süddeutsche Zeitung	8					X	X	X	X	X	X	X	X															Mittwoch	16.02.	11.02.	11.02.	11.02.
Frankfurter Rundsch.	8					X	X	X	X	X	X	X	X															Freitag	11.02.	08.02.	08.02.	08.02.
Die Welt	8					X	X	X	X	X	X	X	X															Donnerstag	17.02.	14.02.	14.02.	14.02.
Die Zeit	4					X		X		X		X																Freitag	11.02.	08.02.	08.02.	08.02.
Die Woche	4					X		X		X		X																Freitag	17.02.	09.02.	11.02.	09.02.
Rheinischer Merkur	4					X		X		X		X																Freitag	11.02.	04.02.	04.02.	04.02.
Überregionale Ztg. (Ost)																															
Neue Zeit	8					X	X	X	X	X	X	X	X															Dienstag	15.02.	09.02.	09.02.	09.02.
Wochenpost	4					X		X		X		X																Donnerstag	17.02.	01.02.	07.02.	01.02.
Regionale TZ																															
Bonner Generalanz.	9					X	X	X	X	2	X	X	X	X														Dienstag	15.02.	11.02.	11.02.	11.02.
Tagesspiegel Berlin	8					X	X	X	X	X	X	X	X															Mittwoch	16.02.	14.02.	14.02.	14.02.
Kaufzeitungen																															
BILD Gesamtausgabe	4					X		X		X		X																Montag	14.02.	08.02.	08.02.	08.02.
Zeitschriften																															
HörZu	5							X	X	X	X	X																	11.03.	11.02.	11.02.	11.02.

Abb. 283: Streu- und Projektplan (fiktives Beispiel)

gleichmäßig verteilt Personen in organisierter Freizeit befinden. Auch lässt sich ein Sommerloch nicht in den Absätzen der Produkte verifizieren.
- Bei Produktneueinführungen oder Relaunches ist sicherzustellen, dass die Werbung erst einsetzt, wenn das neue oder variierte Produkt auch wirklich zur Verfügung steht. Evtl. ist ein gewisser Vorlauf sinnvoll, um als Teaser Neugier für das Produkt zu provozieren. Die tatsächliche Nichtverfügbarkeit kann dabei allerdings leicht in Badwill umschlagen. Oft werden gesonderte Eröffnungsmotive bzw. bessere Werbemittelausstattungen eingesetzt, um den Erstauftritt zu dramatisieren. Ebenso wird in der Einführungsphase oft die Kontaktdosis gegenüber der Restlaufzeit erhöht.
- Da externe Überschneidungen zwischen Werbeträgern bestehen, können die Einschaltungen so verschachtelt werden (»auf Lücke gesetzt«), dass aufgrund des Auflagezeitraums der Werbeträger in jedem Zeitpunkt eine Präsenz gewährleistet ist. Oft ergeben sich auch konkrete Anlässe für eine Einschaltung aus externen Terminvorgaben wie Geschenkanlässe (Ostern, Muttertag, Weihnachten etc.), Messetermine, Ereignisse (z. B. Sport-, Kultur-, Sozio-Sponsoring), Schwerpunktthemen der Werbedurchführenden (aus Themenkatalog der Werbeträger, z. B. Frühjahrsdiät).

Die Übersicht der Einschaltungen darf jedoch nicht darüber hinwegtäuschen, dass der Eindruck des Streuplans nicht die reale Situation wiedergibt, sondern nur von Werbungtreibenden oder Werbeagenturen so gesehen wird. Oft wird dann davon allerdings unzulässigerweise auf eine öffentliche Werbepenetration geschlossen.

6.5.3 Einkaufspläne

Als nächste Unterlage des Einkaufs innerhalb der Mediadurchführung ergibt sich der **Kostenplan.** Dieser spiegelt die finanzielle Kampagnensituation wider (Abb. 284). Er enthält im Einzelnen:

- alle belegten Werbeträger,
- die Ausstattungen (Format, Farbigkeit, Zeit/Dauer, Anschnitt, Art etc.) der Werbemittel,
- die Belegungsfrequenz,
- die regulären Kosten laut Preisliste (= Bruttopreise),
- die individuellen Rabatte, die abhängig sind von
  - Kombination bei Schaltung in zwei oder mehr in einer Tarifkombination zusammengefassten Werbeträgern. Damit setzt der Werbedurchführende einen Anreiz, anstelle von konkurrierenden weitere eigene Werbeträger aufzunehmen.
  - Abschlussjahr, für das die Höhe der Mal- und Mengennachlässe gültig vereinbart wird. Dabei handelt es sich jeweils um ein Zeitjahr, dessen Beginn der Auftraggeber nach eigenem Ermessen bestimmen kann. Die Nachlässe berechnen sich nach der
    - Malstaffel aus Anzahl der avisierten Einschaltungen pro Abschlussjahr,
    - Mengenstaffel aus Umfang der avisierten Einschaltungen pro Abschlussjahr.
  Weichen am Ende des Abschlussjahres die gewährten von den berechtigten Nachlässen ab, kommt es zur Gutschrift oder Nachbelastung durch den Werbedurchführenden.
  - organ-rechtlicher Zugehörigkeit des Werbungtreibenden. Ein Konzernrabatt wird durch gemeinsame Rabattierung verschiedener Kampagnen eines Auftraggebers bei einem Werbedurchführenden gewährt.

Kunde: Medium: **Fachzeitschriften**					Datum: Seite:	
Titel/ Vertriebsauflage	Format/ Ausstattung	Brutto- Preis DM	Rabatt %	Netto- Preis DM	Frequenz	Gesamt- netto DM
1. Fördertechnik/Materialfluß/Logistik						
Der Konstrukteur 20.930	Einhefter, 2-seitig, 5/5c, Anschn.	6.680,–	15	5.678,–	3 x	17.034,–
Elektro-Anzeiger 20.256		7.900,–	15	6.715,–	3 x	20.145,–
Elektrotechnik 17.080		8.125,–	20	6.500,–	3 x	19.500,–
Fördern u. Heben 11.850		5.460,–	20	4.368,–	3 x	13.104,–
KEM 25.107		8.030,–	10	7.227,–	3 x	21.681,–
Konstruktions- praxis 29.784		9.000,–	20	7.200,–	3 x	21.600,–
MSR Magazin 14.895		4.420,–	20	3.536,–	2 x	7.072,–
Und-oder-nor 16.840		5.700,–	20	4.560,–	3 x	13.680,–

Abb. 284: Kostenplan (Beispiel)

- Einzelverhandlungen. Ein solcher Sonderrabatt muss offiziell auf Gegenleistungen beruhen.
- die Nettopreise je Werbeträger nach den genannten Rabatten (1. Netto),
- ggf. die Netto-Netto-Preise nach Abzug der (AE-)Mittlerprovision (15 %) (2. Netto),
- die Summe der Kostenpositionen aller Werbeträger,
- der bei Vorauszahlung abziehbare Skontobetrag (üblich sind 2 %) (3. Netto),
- die hinzukommende, anfallende Mehrwertsteuer (derzeit 16 %) (4. Netto).

Behält der Werbemittler die AE-Provision, wie ursprünglich vorgesehen, ein, ergeben sich folgende Nettobeträge:

- Preise je Werbeträger nach den genannten Rabatten (1. Netto),
- Preise nach Abzug des Skontobetrags bei Vorauszahlung (2. Netto),
- Preise nach Aufschlag der gesetzlichen Mehrwertsteuer (3. Netto).

Wird auch auf die Vorauszahlung verzichtet, ergeben sich folgende Nettobeträge:
- Preise je Werbeträger nach den genannten Rabatten (1. Netto),
- Preise nach Aufschlag der gesetzlichen Mehrwertsteuer (2. Netto).

Der Kostenplan enthält normalerweise die Daten eines Einschaltjahres, ausnahmsweise auch die einer Kampagne. Er ist Voraussetzung für die **Vorauszahlungsübersicht**. Diese wiederum stellt sicher, dass die für die Schaltung jeweils erforderlichen Geldmittel auch wirklich verfügbar sind, falls es sich um die Abwicklung über eine Werbeagentur handelt. Dazu muss bedacht werden, dass die Werbeagentur in ihrer Stellung als Treuhänder gegenüber den Verlagen, Sendern, Pächtern auch als Schuldner für deren Leistung geradesteht. Ist nun nicht sichergestellt, dass der eigentliche Auftraggeber (Kunde der Werbeagentur) zahlungsfähig und -willig ist, besteht die Gefahr, dass sie für Beträge herangezogen wird, die sie gar nicht zu vertreten hat. Deshalb ist es sinnvoll, sicherzustellen, dass die benötigten Geldmittel rechtzeitig zur Verfügung stehen. Dabei gibt es die Deadline des Rücktrittstermins bei Werbungdurchführenden. Eine Stornierung nach der Deadline ist nicht mehr möglich. Bei Anzeigen ist der Anzeigenschluss meist identisch mit dem Rücktrittstermin, bei TV-/HF-Spots gibt es einen Anmeldeschluss bis zu 450 Tagen vor Einschaltung bzw. bei Kino-Spots bis zu 30 Tagen vorher, bei Plakaten 90 Tage vor Plakatierung.

Die Vorauszahlungsübersicht informiert den Kunden, meist monatlich, über die demnächst fällig werdenden Budgetbeträge. Sie ist aufgeschlüsselt nach Werbeträger, Ausstattung, Frequenz, zahlbares Netto je Werbeträger, zahlbares Netto je Werbedurchführendem, abgedeckter Zeitraum, Zahlungsdatum. Der Werbeberater legt dem Auftraggeber bis spätestens am 10. eines jeden Monats Vorauszahlungsanforderungen für den folgenden Monat vor, die Vorauszahlungen müssen bis spätestens zum 25. des gleichen Monats beim Mittler eingegangen sein. Dabei bezahlt der Auftraggeber alle für den folgenden Monat fällig werdenden Beträge in einer Summe. Diese Frist liegt in jedem Fall vor der Deadline. Nur wenn die erforderlichen Geldmittel auf dem Konto des Werbemittlers auch wirklich zur Verfügung stehen, wird die beabsichtigte Einschaltung belassen. Andernfalls wird beim Kunden nachgefragt, ob ein Versehen vorliegt oder die Einschaltung gecancelt werden soll. Ggf. wird die Einschaltung vom Werbungsmittler selbst rechtzeitig storniert. Diese Problematik entsteht auch daraus, dass Buchungen immer frühestmöglich abgegeben werden, um günstige Platzierungen zu erreichen. Nur eine lückenlose Termin- und Kostenverfolgung schützt so vor teuren Pannen, die etwa auch entstehen, wenn ein Kunde überraschend zahlungsunfähig wird. Andererseits stehen damit der Agentur große Geldbeträge liquide zur Verfügung, denn zu zahlen ist unter Erhaltung von Skontovorteilen erst bei Einschaltung. Da die Buchungsfristen respektabel lang und die Budgets mehrerer Kunden kumuliert sind, können durch Anlage der Geldmittel zusätzliche neutrale Zinserträge erwirtschaftet werden.

Der dritte Plan schließlich, der den kaufmännischen Bereich nur noch streift, ist der **Produktionsplan**. Dabei handelt es sich um eine Übersicht der zu erstellenden (Druck- und Sende-)Vorlagen. Im Einzelnen sind dazu aufgeführt (Abb. 285):
- die Werbeträger, die belegt werden sollen,
- bei Print das Format und die Farbigkeit, bei Elektronik die Zeitdauer/Meterlänge der Werbemittel,
- die Einschalttermine,
- bei Print die Druckverfahren, bei Elektronik die Abspielverfahren,
- die erforderlichen Einschaltvorlagen,

Titel/Anschrift	Heft Nr.	Erscheinungs-termin	1. Anz.schluß-/ 2. Druckunterlagen-termin	Format/Ausstattung A = Anschnitt Sp. = Satzspiegel	Breite x Höhe in mm	Druckverfahren/ Druckunterlagen	Thema/Motiv
Fördern und Heben Vereinigte Fachverlage GmbH Anzeigenabteilung Lise-Meitner-Straße 2 Postfach 27 60 6500 Mainz Tel. 0 61 31/9 92 01	1-2 4 6	23.01.92 01.04.92 01.06.92	1. 08.01.92 2. 08.01.92 1. 10.03.92 2. 10.03.92 1. 11.05.92 2. 11.05.92	Einhefter, 2-seitig, 5/5c, A.	210 x 297 + allseitig 3 mm Beschnitt	Offset/ Filme, seitenglatt	Identifikations-Systeme Ident-Systeme/ Materialfluß Materialfluß/ Fördertechnik
KEM Konradin Verlag Robert Kohlhammer GmbH Anzeigenabteilung Ernst-Mey-Straße 8 Postfach 10 02 52 7022 Leinfelden-Echterd. Tel. 07 11/75 94-0	3 4 5	02.03.92 06.04.92 13.05.92	1. 10.02.92 2. 17.02.92 1. 16.03.92 2. 23.03.92 1. 22.04.92 2. 29.04.92		210 x 297 + Beschnitt: Kopf: 5 mm Fuß: 3 mm R.re: 3 mm R.li: 2 mm		Opto-Sensoren Sensoren allg. Ultraschall-Sen./ Meßtechnik
Konstruktionspraxis Vogel Verlag u. Druck KG Anzeigenabteilung Konstruktionspraxis Max-Planck-Straße 7/9 Postfach 67 40 8700 Würzburg 1 Tel. 09 31/4 18-20 77	2 3 6	12.02.92 04.03.92 17.06.92	1. 21.01.92 2. 28.01.92 1. 11.02.92 2. 18.02.92 1. 22.05.92 2. 29.05.92		210 x 297 + Beschnitt: Kopf: 6 mm Fuß: 3 mm R.re: 3 mm R.li: 3 mm		Meßtechnik Sensoren allg. Sensoren allg./ Näherungsschalter

Abb. 285: Produktionsplan (Beispiel)

- die Motive,
- die Versandadresse (ggf. mit Versandart),
- bei Print der Druckunterlagenschlusstermin, bei Elektronik der Vorlagenschlusstermin.

6.5.4 Mediaoptimierung

Die herkömmlichen Möglichkeiten der Mediaplanung stehen allen Werbungtreibenden und Werbemittlern zur Verfügung. Sie vermögen also nicht mehr, einen individuellen Vorsprung am Markt zu konstituieren. Im Zuge der Ausweitung der Alternativen im Medienmarkt haben Sender, Verlage und Pächter ebenfalls das Problem ihrer individuellen Profilierung im Wettbewerbsumfeld. Diese beiden Interessen führen in neuerer Zeit zu einer flexibleren Handhabung der Mediaplanung und -durchführung. Damit bieten die Werbungdurchführenden ihren Kunden Spielräume zur Erreichung von Wettbewerbsvorteilen und diese nutzen dies in vielfältiger Weise. Diese Aktivitäten laufen unter dem Begriff der Mediaoptimierung. Sie vollzieht sich bei den Mediagattungen unterschiedlich, wobei private Medienanbieter vorangehen und öffentlich-rechtliche mehr oder minder nachziehen.

Im Privatfernsehen, hier als Beispiel dargestellt, gibt es die Möglichkeit, Spots nachzubuchen, umzubuchen oder zu stornieren. Die Nachbuchung ist bis sechs Wochen vor Ausstrahlung in dem Maße möglich, wie Spotbuchungen storniert werden oder freie Werbezeiten verfügbar sind, denn die gesamte Werbezeit ist ja auf 12 Minuten pro Stunde begrenzt.

Mediaagentur	Bruttoumsatz 1999 (in Mio. DM)	Anteil TV (in %)
Mediacom	4.483,0	70,0
HMS & Carat-Gruppe	4.200,0	57,0
Best of Media	2.406,2	44,0
GFMO.OMD	1.900,0	39,0
Universal Media	1.810,0	56,0
Mindshare	1.700,0	65,0
Initiative Media	1.690,0	56,0
More Media	1.125,0	41,0
CIA Medianetwork	976,0	66,8
Media Direction	875,0	91,0
Media Plus	810,0	41,5
BBDO Media Team	806,0	60,0
Optimedia	798,0	52,0
Zenith Media	750,0	52,0
Starcom	707,0	45,0
Thomas Koch Media	686,0	38,0
Mediavest	608,0	67,0
Equmedia	580,0	30,0
Schmitter Media	510,0	61,0
Concept Media	450,0	55,0
Ariston Media	407,0	4,0
Heye Media	390,0	53,0
S&J Media	330,0	48,0
Promediapart GFMD	280,0	11,8
Dr. Pichutta	280,0	47,7

Abb. 286: Mediaagenturen in Deutschland 1999

Dadurch kann auf aktuelle Entwicklungen beim Werbungtreibenden, in dessen Konkurrenzumfeld, bei dessen Kunden oder im Umsystem eingegangen werden. So können Budgetkürzungen aufgefangen und Budgeterhöhungen umgesetzt werden.

Eine weitere Möglichkeit besteht in der Umbuchung von Spots, die bis neun Mal machbar ist. Dabei wird versucht, die optimale Platzierung in Abhängigkeit von Zuschauern, Tageszeit und Redaktionsumfeld zu finden. Deshalb erfolgt bei Einbuchung nur eine Reservierung der Sendezeit, die jedoch eine Anpassung offenlässt. Da sich das Programmraster der Sender wöchentlich, zum Teil auch täglich wiederholt, ist feststellbar, wie viele Personen zu einer bestimmten Tageszeit bzw. bei einem bestimmten redaktionellen Inhalt fernsehen. Diese Werte werden von GfK jeweils halbstündlich rubriziert als Ratings pro Sender ausgewiesen. Von Nachteil ist allerdings, dass GfK keine kleinteiligere Rubrizierung ausweist, obwohl Daten für jede Sekunde des Programms vorliegen. Als Argument dient der dabei entstehende Datenwust.

Hinzu kommt, dass zwar die Demografie der Personen im GfK-Panel bekannt ist, nicht jedoch deren Einstellung und Verhalten als qualitative Daten. Zumindest aber ist die absolute Anzahl und die deskriptive Struktur der Zuschauer, hochgerechnet aus dem Paneldaten, bekannt. Da sich das Programmraster nun weitgehend wiederholt, liegen Aussagen über die mutmaßlichen Seher im gesamten Programmablauf vor. Diese werden mit der definierten Zielgruppe verglichen und dahingehend abgeglichen, zu welcher Tageszeit und in welchem Redaktionsumfeld die geringsten Abweichungen zwischen beiden gegeben sind. Dorthin wird der Spot eingebucht. Da der Wissensstand ständig wächst, können neuere Erkenntnisse dazu führen, ursprünglich beabsichtigte Platzierungen zu verschieben. Ebenso kann dies aus aktuellen Programmerfordernissen heraus erforderlich werden. Das Ergebnis der Platzierung kann dann am nächsten Tag wiederum aus den Ratings abgelesen werden und führt zur Beibehaltung gewählter Plätze oder zur weiteren Umbuchung. Da die Tarife der Einschaltungen zudem zeitlich variieren, sind dabei immer auch Wirtschaftlichkeitsberechnungen erforderlich, d. h. verändert sich die Leistung über- oder unterproportional zu den Kosten.

Nun ist bekannt, dass gemessener Werbeträgerkontakt (= ferngesehen) nicht gleich beabsichtigtem Werbemittelkontakt ist (= Spot gesehen). Zugleich müssen Spots als Blockwerbung ausgestrahlt werden. Daraus ergibt sich die Frage, wie durch eine geschickte Platzierung im Werbeblock eine möglichst hohe Chance des Werbemittelkontakts erreicht werden kann. Diese ist bei der Ausstrahlung als erster Spot im Block am höchsten, weil dieser noch wahrgenommen wird, bevor etwaiges Zapping einsetzt. So besteht die Mediaoptimierung in der Präferenz dieses Platzes. Da mehrere Werbungtreibende dies anstreben, sind entsprechende Verhandlungen mit den Sendern ausschlaggebend.

6.6 Produktion

6.6.1 Druckvorlagen

Wegen der großen Bedeutung der Anzeigenwerbung hierzulande, soll im Folgenden auf die traditionelle Druckvorlagenerstellung bei Printwerbemitteln näher eingegangen werden. Ausgangspunkt ist dabei die Reinzeichnung. Sie besteht aus einem Tableau, auf dessen Vorderseite die Formatbegrenzung des reinzuzeichnenden Werbemittels durch Passermarkierungen vermerkt ist. Dabei handelt es sich um horizontale und vertikale Markierungen an allen Seiten des Formats. Innerhalb des Formats sind zwei Bestandteile zu unterscheiden:

- Bildteil(e),
- Textteil(e).

Die Bildteile beinhalten lediglich den Stand der Bildelemente als Umrisszeichnungen zur genauen Einspiegelung von Bildvorlagen. Diese liegen separat bei in Form von:

- Durchsichtsvorlagen (Dia),
- Aufsichtsvorlagen (Fotoabzug, Dye Transfer, Illustration, Ausdruck).

Textteile werden von einem verabschiedeten Textmanuskript abgesetzt und direkt reprofähig aufgebracht. Dazu werden Satzabzüge an den entsprechenden Stellen in der entsprechenden

Größe montiert. Logos oder ähnliche Elemente können ebenfalls direkt aufgeklebt oder separat beigelegt werden. Das Reinzeichnungstableau wird durch einen Pergamentbogen bedeckt. Auf diesem Decker sind Angaben zur Erläuterung eingetragen. Zum Beispiel wird angegeben, dass eine Abbildung nach Stand von einer separaten Durchsichts- oder Aufsichtsvorlage einzuziehen ist. Oder dass alle Texte schwarz drucken. Oder dass das Logo in einer bestimmten HKS-/Pantone-Farbe zu drucken ist. Diese Auszeichnung ermöglicht erst die Bearbeitung der Reinzeichnung.

Als Oberseite wird ein Schutzpapier montiert. Dieses trägt ein Etikett/Feld mit Angaben zu Auftraggeber, Produkt, Motiv, Auftragsnummer und Datum, sodass im geschlossenen Zustand sofort ersichtlich ist, um welche Art von Reinzeichnung es sich handelt. Auf der Rückseite des Tableaus ist ein Imprimaturstempel aufgebracht. Diesen haben alle Verantwortlichen der Reinzeichnung freizuzeichnen. Wichtig ist, dass das Tableau erst herausgegeben werden darf, wenn alle Unterschriften vorliegen. Grafik zeichnet für die gestalterische Richtigkeit der Vorlage ab, Text für die Korrektheit des Satzes laut letzter Korrektur, Kontakt für die Richtigkeit der Inhalte, Reinzeichnung für die technische Exaktheit der Ausführung und der Auftraggeber für die Genehmigung der Arbeit. Erst danach darf die Reinzeichnung weiterverarbeitet werden. Nun werden oft verschiedene Exemplare der Reinzeichnung zeitgleich benötigt. Deshalb wird eine Mutterreinzeichnung angelegt, die im Format einer gängigen Proportion entspricht. Nach deren Freigabe werden entsprechende Korrektostate als Formatadaptationen für verschiedene Werbeträger gezogen. Das Original verbleibt im Archiv.

Der Text wird für gewöhnlich zunächst als Satzfahne ausgegeben. Dieser Satz wird von einem Korrektor auf orthografische und interpunktionelle Richtigkeit geprüft. Gleichzeitig werden der Umbruch, die Laufbreite/-länge und die Typografie vom Grafiker geprüft bzw. korrigiert. Der Texter checkt den Inhalt und Stil gegen, der Kontakter die Berücksichtigung vorangegangener Korrekturen. Alle Beteiligten zeichnen die Satzfahne ab. Danach wird der Reinsatz erstellt. Traditionell handelt es sich um Fotosatz. Eine Buchstabenschablone wird dabei in schneller Folge entsprechend der Buchstabenreihenfolge mit Licht durchstrahlt, das einen Film belichtet (Abb. 287).

Die Schrift wird nach Headline, Subline, Copy, Sonderzeichen getrennt ausgezeichnet. Dabei sind auch Hervorhebungen gekennzeichnet (wie Unterstreichung, Fettung, Sperrung etc.). Der Form nach kann der Satz linksbündig, rechtsbündig, zentriert als Flatter- oder als Blocksatz erfolgen, evtl. auch mit Einzügen. Danach beginnt die Realisation in Form von Reprografie und Druck.

Beim Drucken sind durch Mischung der drei Grundfarben Cyan (Blau), Magenta (Purpurrot) und Yellow (Gelb) alle Farbnuancen darstellbar, zur Verbesserung des Kontrasts kommt Tiefe (Kontrast) hinzu (CMYK-Drucken). Beim Drucken werden viele kleine Farbpunkte (Rasterpunkte) auf der zu bedruckenden Fläche nebeneinander aufgebracht. Das Verhältnis der einzelnen Farbpunkte zueinander bestimmt die Farbe. Jede Farbe wird für sich zwischen 0 und 100 % eingesetzt (Sättigung). Beides zusammen, Anzahl der Farbpunkte und Sättigung je Farbpunkt, ermöglicht die Wiedergabe jeder beliebigen Farbe. Die Raster-

Abb. 287: Schriftlinien (Beispiel: Times)

Projekt-Nummer	Bezeichnung des Projekts	Status des Projekts	Next Steps	Projektzuständigkeit	Terminierung
001	Fachanzeige mit Coupon	Schaltung W&V 3.3.01	Auswertung Rücklauf	(Name Mitarbeiter)	11. KW
002	Einführungsanzeige XYZ	Entwurf Anzeige	Freigabe	(Name Auftraggeber)	12. KW
003	Gelegenheitsanzeige	Kostenplan	Budgetfreigabe	(Name d.Kd.-mitarbeiters)	14. KW
....	....	....	....	....	....
00N					

Abb. 288: Muster einer Projektliste

punkte werden durch einen Fadenzähler sichtbar. Je Farbe wird ein Farbauszug erstellt. Zusätzliche Farben sind als Schmuckfarben einsetzbar. Für den Druck selbst werden verschiedene Druckverfahren eingesetzt, u. a. Tiefdruck, der sich jedoch erst ab großen Auflagenhöhen lohnt. Endlosdruck ist erforderlich, wenn eine Weiterverarbeitung vorgenommen werden soll (z. B. in Form der Adressierung). Die Druckpapiere werden im Gewicht nach gr/qm berechnet. Probleme, die beim Druck auftauchen, beziehen sich vor allem auf Passerprobleme, d. h., die Farbpunkte liegen nicht exakt nebeneinander, Farbabweichungen, d. h., der erzielte weicht vom gewünschten Farbton ab, oder Unschärfen, d. h., Farben fransen am Rand einer Abbildung aus.

Eine immer größere Bedeutung erhält das digitale Drucken. Dabei handelt es sich um den Einsatz hochwertiger Farbdrucker für Kleinauflagen (Short Run Color), aktuelle Druckerzeugnisse (Just in Time Printing) oder bedarfsgerechten Vorrat (Printing on Demand). Die Vorteile liegen auf der Hand. Es gibt keine langen Rüstzeiten für Druckaufträge, damit entfallen wesentliche Fix- und Anlaufkosten. Die Auflagenverkleinerung spart Lagerfläche und damit Lagerkosten. Die Seiteninhalte sind bei Bedarf ohne Produktionsstopp von Druck- zu Druckexemplar veränderbar. Dies ist ideal für variierte farbige Drucke (Anschreiben, individualisierte Mailings, Dokumentationen in verschiedenen Sprachen/Preisen etc.) und zeitkritische Drucke (Publishing on Demand). Jeder Prospekt wird individuell zusammengestellt, jeder Prospekt ist damit ein Unikat. Die Anforderung von Interessenten kann über Telefon (mit Abfrage der Daten über Tastatureingabe) erfolgen.

Die Übersicht wird durch die Anlage einer Projektliste erreicht (Abb. 288).

6.6.2 Desktop Publishing

In neuerer Zeit hat das Desktop Publishing (DTP) dramatisch an Bedeutung gewonnen. Mit Hilfe leistungsfähiger PC's und komfortabler Programme ist damit eine computergestützte Werbevorlagenerstellung möglich. Dies gilt zunehmend sogar für den Bereich elektronischer Medien (etwa bei der Nachbearbeitung). Zum leistungsfähigen DTP-System gehören computergestützte Ausstattungsmerkmale (Abb. 289).

Ein Computer besteht aus Steuerwerk, Rechenwerk, Arbeitsspeicher, Festwertspeicher und Ein- und Ausgabesteuerung. Das Steuerwerk steuert das Zusammenspiel von Rechenwerk und Arbeitsspeicher. Im Rechenwerk werden die Daten (Operanden) in Registern verarbeitet. Der Arbeitsspeicher dient zum Ablegen der verarbeiteten Daten. Aus dem Festwertspeicher können nur Daten ausgelesen werden. Die Ein- und Ausgabesteuerung stellt die Schnittstelle zum Benutzer dar. Der Informationsaustausch zwischen den Teilsystemen wird durch Taktgeber angegeben.

Bei den internen Speichern werden Schreib-Lese-Speicher (RAM) und Festwertspeicher (ROM) unterschieden. RAM's (für Random Access Memory) werden auch Arbeitsspeicher genannt. Waren am Anfang nur 640 KB Arbeitsspeicher verwaltbar, sind es heute bis zu 1.000 GB. Der RAM wird von Speicherchips gebildet. Die Information bleiben nur bei anliegender Spannung erhalten. ROM's (für Read Only Memory) enthalten nicht veränderbare Programmteile, die beim Einschalten des PC's ausgelesen werden. Daneben gibt es auch PROM's (Programmable Read Only Memory), die einmal vom Anwender programmiert (»gebrannt«) werden können und EPROM's (Erasable Programmable Read Only Memory), die gelöscht und neu programmiert werden können (die Löschung erfolgt durch Bestrahlung mit UV-Licht durch eine kleine Fensteröffnung, bei EEPROM's durch Elektrizität). Cache-Speicher sind extrem schnell arbeitende Bausteine, die Waitstates im Prozessor vermeiden.

Innerhalb des Computers sind folgende Datenleitungen vorhanden: der Adressbus zur Übertragung der Adressen an den Arbeitsspeicher, der Steuerbus zur Übertragung der Steuersignale zwischen Steuerwerk und den anderen Teilsystemen, der Datenbus zum Transport der Daten zwischen den Teilsystemen. Das Bussystem ist neben der Taktfrequenz ursächlich für die Verarbeitungsgeschwindigkeit (gemessen in MIPS/ Million Instructions Per Second). Dafür ist auch ein reduzierter Befehlssatz (RISC) verantwortlich. Ein Pentium-Prozessor schafft ca. 100 MIPS. Lokale Bussysteme (etwa von und zur Grafikkarte) sind wesentlich schneller. Man unterscheidet verschiedene Generationen von Bus-Systemen, so ISA, EISA, VLB, PCI, MCA etc.

Controller steuern den Betrieb externer Speicher-

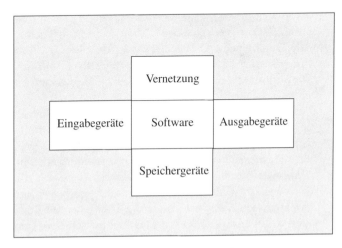

Abb. 289: Elemente des DTP-Systems

medien. Dafür gibt es verschiedene Verfahren. Das Bekannteste ist SCSI (Small Computer Device Interface). Über die SCSI-Karte wird die gesamte Kommunikation mit der Peripherie gesteuert. Es können bis zu sieben externe Speicher angeschlossen werden.

Eingabegeräte
- **Tastatur:** Sie ist notwendig, um alphanummerische Texte einzugeben. Als Standard gelten 102 Tasten mit separatem Ziffernblock, Pufferung und Funktionsleiste. Die Tastatur besteht aus vier Blöcken: Schreibtastatur, Cursor-Steuerblock, Zahlenblock und Funktionstasten. Eine Pufferung durch Federn verursacht das typische Klickgeräusch als Bestätigung der Funktionsausführung.
- **Maus:** Sie erlaubt das leichte Ansteuern von Elementen auf dem Bildschirm (ansonsten über die Cursor-Steuertasten der Tastatur nur recht umständlich möglich). Sie kann mechanisch mit Rollkugel an der Unter- bzw. Oberseite (Trackball) oder optisch (auf Koordinatenunterlage) ausgelegt sein.
- **Grafiktablett:** Dieses funktioniert wie ein elektronischer Zeichenstift und ermöglicht das freihändige Führen des Cursors proportional zur ausgeführten Handbewegung mit dem Laserstift (Pointer). Dazu ist eine jederzeitige Koordinierung der Position des Pens und der Bildschirmposition des Cursors erforderlich.
- **Berührungsempfindlicher Bildschirm:** Er ermöglicht das direkte Antippen von Funktionsfeldern auf dem Bildschirm mit dem Finger. Dabei nehmen Sensoren am Bildschirmrand die Koordinaten des jeweils aktivierten Feldes ab und sorgen für die Ausführung der entsprechenden Funktion. Der Bildschirm ist dazu in frei definierbare Felder unterteilt. Touch Screen ist für normale Monitore nachrüstbar.
- **Mikrofon:** Dieses wird an den entsprechenden Eingang des PC angeschlossen, etwa um Kommentare als gespeicherte Nachrichten aufzusprechen.
- **Scanner:** Dies ist ein Gerät zum Abtasten von Bild- und Textvorlagen, die für gewöhnlich als Aufsicht oder Durchsicht vorliegen. Der Scanner ist eine Mischung aus elektronischer Kamera und Fotokopierer. Dabei werden Abbildungen und Texte durch Digitalisierung in ein computerverwertbares Format umgewandelt. Dazu projiziert der Scanner Licht auf die abzutastende Vorlage, das von dieser reflektiert wird. Im Scanner selbst sind Fotodioden angebracht, die das von der Vorlage reflektierte Licht und die reflektierte Farbe (falls es sich um einen Farbscanner handelt) aufzeichnen und in (analoge) elektrische Impulse umwandeln. Durch einen A/D-Wandler werden diese in binäre Daten codiert. Je mehr Fotodioden in den Scanner eingebaut sind, desto größer ist die Auflösung, die der Scanner liefern kann. Die Auflösung wird in Bildpunkten je Inch (dpi) gemessen. Je höher die Auflösung, desto genauer die Reproduktion.
Scanner arbeiten wie Fotokopierer, nur dass sie keine Kopie erstellen, sondern die Informationen in Bits darstellen. Das Dokument wird beim Flachbettscanner auf eine Glasplatte gelegt und mit einem flexiblen Deckel angepasst, der zugleich Schutz vor Fremdlichteinfall ist. Die Aufsichtsvorlage wird dann von einer Aufnahmeeinheit, dem Scanner selbst oder meist einem Spiegelsatz, die mit einem Motor unter der Vorlage vorbeigeführt wird, abgetastet. Handscanner arbeiten nach dem Prinzip des Flachbett-Scanners, jedoch wird der Scanner von Hand über eine Vorlage geführt. Der Vorteil liegt im wesentlich günstigeren Preis, der Nachteil im kleineren Format und der größeren Ungenauigkeit in der Längeneinheit. Einzugsscanner arbeiten ähnlich wie Telefaxgeräte (auch in die

Tastatur eingebaut). Eine Papierführung hilft beim Ausrichten der Vorlage, die dann von motorgetriebenen Rollen an einem Fenster vorbeigeführt wird. Hinter diesem Fenster befinden sich die Beleuchtungseinrichtung, die Optiken und der Detektor. Der Vorteil liegt hier vor allem in den dadurch möglichen geringen Abmessungen, etwa für den mobilen Einsatz. Diascanner sind in der Lage, Dias oder Fotonegative, also Durchsichtsvorlagen, mit sehr hoher Auflösung abzutasten. Trommelscanner haben eine röhrenförmige Glasfläche mit innenliegendem Abtastarm, jeweils mit Strich- oder Farbabtastung und jeweils schwarz-weiß oder farbig.

Spezielle Texterfassungs-Software (OCR/Optical Character Recognition) erlaubt optische Zeichenerkennung, allerdings nur bestimmte Schriften und das nicht fehlerfrei. Handschrifterkennung ist sehr schwierig (z. B. Apple Newton). Bilder werden als TIFF- (Top Image File Formate) oder EPS-(Encapsulate Postscript Formate)Dateien erfasst. Weitere Formate sind DXF (Drawing Exchange Formate), PICT (Apple-Format), CCITT (für Fax), IGES (für CAD/CAM). Color Management-Systeme standardisieren die Farbwiedergabe auf verschiedenen Systemen. Dabei werden additive und subtraktive Farbmischung unterschieden. Bei ersterer (RGB für Rot, Grün, Blau als echte Primärfarben) wird von schwarz ausgehend zu weiß vorgegangen. Wenn man in einem dunklen Raum ein blaues, grünes und rotes Lichtbündel auf eine weiße Wand richtet, ergibt sich daraus bei gleichmäßiger Mischung ein weißes Licht, denn die weiße Wand wirft alle auftreffenden Strahlen zurück (daher additive Farbmischung). Grün plus Rot ergibt Gelb, Blau plus Rot ergibt Magenta, Blau plus Grün ergibt Cyan, Gelb plus Blau, Magenta plus Grün oder Cyan plus Rot ergeben alle Weiß. Parameter sind die Größen HSV (Hue für Farbton, Saturation für Sättigung und Value für Wert). Bei letzterer (CMYK für Cyan, Magenta, Yellow, Black als subtraktive Farbmischung) wird von weiß ausgehend zu schwarz vorgegangen. Dies ist die Basis für den Druckprozess. Die Farbvergleichsmessung erfolgt bei standardisiertem Licht von 5.000 Kelvin durch Densitometer.

- **Modem:** Für analoge Netze (hybride Technik) setzt ein Modem (Modulator-Demodulator) die digitalen Signale von Datenendgeräten in analoge Signale für den Übertragungsweg um. Es handelt sich also um einen D/A-Wandler. Ein zweites Modem am anderen Ende der Leitung setzt die analogen Leitungs- wieder in digitale Verarbeitungssignale um, es arbeitet als A/D-Wandler. Dies kann in beide Richtungen simultan (vollduplex) oder wechselweise nur in eine Richtung (halbduplex) erfolgen, zudem synchron oder asynchron. Zusammengeschaltete Modems müssen mit derselben Übertragungsgeschwindigkeit und demselben Modulationsverfahren arbeiten. Modems sind dabei oft anpassungsfähig, erhöhen durch Datenkompression den Durchsatz, sichern die Übertragung durch Protokolle und passen die Geschwindigkeit der Leitungsqualität an. Sie arbeiten als Tischgeräte, Einsteckkarten in Computer oder Baugruppen. Sie können gekauft oder gemietet werden.

Ausgabegeräte
- **Bildschirm:** Hier sind Schwarzweiß-Bildschirm (höhere Schärfe) und Farbbildschirm (bis zu 256 Farbstufen) zu unterscheiden. Erstere arbeiten (bei DOS) mit Hercules-Karte, letztere nach CGA-, EGA- oder VGA-Standard. Dies erfordert entsprechende Videokarten im PC. Bildschirme dienen auch als stationäre Wiedergabeeinheiten (Dock) für Portable PC's (Laptops, Palmtops). Wichtig ist die WYSIWIG-(What you see is what you

get)Darstellung aller Elemente auf dem Bildschirm. Zu unterscheiden sind weiterhin LCD-Bildschirme (in aktiver und passiver Version) und Bildröhren-Monitore.

Üblich sind Formate von 14 Zoll (1024 x 768 Bildpunkte/Pixels) bzw. 17 Zoll Bildschirmdiagonale, zur Abbildung von DIN A 4-Doppelseiten in Originalgröße ist ein 21 Zoll-Format erforderlich. Man unterscheidet einfarbige (monochrome) und farbige Monitore. Monochrome Farben sind grün, bernstein und weiß. Die Bildwechselfrequenz sollte 60 bzw. 70 Hz/Sek. betragen, um Flimmereffekte zu vermeiden. Monitore mit Analogeingang verarbeiten RGB-Signale (rot, grün, blau), Monitore mit Digitaleingang TTL-Signale (Transistor Transistor Logic). Monitore strahlen Röntgenstrahlen und elektromagnetische Felder (Smog) aus. Sicherheit geben Geräte gemäß MPR 1-, TÜV Rheinland- und TCO-Richtlinien.

- **Drucker:** Man unterscheidet Impact- und Non Impact-Drucker, außerdem Punktmatrix- und Vollzeichendrucker.

Tintenstrahldrucker (Non Impact) setzen Zeichen aus Punktmatrizen zusammen. Dabei werden Tintentröpfchen durch elektrische Impulse aus Düsenkanälen auf das Papier gebracht. Sie sind recht leise, schnell, können verschiedene Zeichensätze darstellen und vor allem auch farbig drucken. Problematisch ist das Eintrocknen von Tintenresten bei langen Standzeiten und die fehlende Wischfestigkeit unmittelbar nach dem Ausdruck.

Thermodrucker (Impact) setzen Zeichen ebenfalls aus Punktmatrizen zusammen. Dabei werden Heizstifte auf hitzeempfindliches Spezialpapier aufgebracht, das teuer und umweltschädlich ist. Zudem sind die Drucker langsam. Faxgeräte arbeiten noch überwiegend mit dieser Technik.

Laserdrucker (Non Impact) arbeiten nach dem Fotokopiererprinzip. Pulverförmiger Toner wird auf eine elektrostatisch aufgeladene Drucktrommel aufgetragen. Ein Laserstrahl malt pünktchenweise Zeichen auf Papier. An den belichteten Stellen bleibt der Toner haften, die Trommel wird erhitzt (daher die Anlaufzeit) und der Toner auf das Papier geschmolzen. Es handelt sich um Seitendrucker, sie sind leise, schnell und hochwertig im Druckbild. Das Tonerpulver ist allerdings als Sondermüll zu behandeln.

Noch einen Schritt weiter gehen drei, abgestufte Ansatzpunkte. Erstens können digitale Daten vom DTP-PC aus über einen Filmbelichter unmittelbar auf Lithos übertragen werden, von denen dann gedruckt wird. Zweitens können digitale Daten unmittelbar zur Erstellung der Druckplatten genutzt werden, indem deren metallische Oberfläche »gebrannt« wird (Direct to Plate). Und drittens kann unmittelbar vom PC auf leistungsfähige Ganzseitendrucker ausgegeben werden (Printing on Demand). Diese letzte Ausbaustufe funktioniert wie hochwertige Fotokopierer und ist für Kleinauflagen (Short Run) oder aktuelle Drucke (Just in Time Printing) oder Drucken nach Bedarf geeignet. Vorteile liegen darin, dass keine Rüstzeiten für Druckaufträge anfallen, damit entfallen alle Fix- und Anlaufkosten, dass Großauflagen in kleinere Auflagen gesplittet werden können, dies spart Lagerfläche und Kapitalbindungskosten und dass Seiten ohne Produktionsstopp von Druck zu Druck veränderbar sind (z. B. für personalisierte Kataloge/Bücher, aber auch für Neuauflagen von Büchern wie diesem). Dies bietet sich für variierte farbige Drucke (Anschreiben, individualisierte Mailings, Dokumentationen in verschiedenen Sprachen/mit verschiedenen Preisen) sowie generell für alle zeitkritischen Drucke an. Damit entfallen traditionelle Arbeiten wie Umbruchsystem, Seitenmontage, Filmbelichter, Bogenmontage, Plattenkopie, Redigierung/Retuschierung, Satz/Repro etc. Vielmehr

geht es unmittelbar vom Umbruch zur Plattenkopie oder vom Umbruch über Color-Management, einheitliche Systemsteuersprache, Plattenkopie zur Druckmaschine.
- **Plotter:** Er dient der Ausgabe großflächiger, grafischer Darstellungen. Der Zeichenstift wird dabei punktuell oder zeilenweise gesteuert. Man unterscheidet Flachbett- (waagerechte Fläche) und Trommelplotter (rotierende Trommel).
- **Photobelichter:** Sie dienen der Ausgabe reproduktionsfähiger Filme und erfordern zur Ansteuerung einen Rasterbildprocessor (RIP) und Laserrecorder (Linotype-Standard). Die Daten werden zunächst auf einen lichtundurchlässig in einer Trommel aufbewahrten Negativfilm übertragen, der dann in einem separaten Arbeitsgang (bei Farbe in vier separaten Arbeitsgängen) entwickelt wird. Dabei ist zugleich eine Qualitätskontrolle vor Ausdruck des Werbemittels möglich.
- **Diabelichter:** Damit können konventionelle Kleinbilddias direkt aus den digital zur Verfügung stehenden Daten belichtet werden. Dies ist etwa für Multivisions-Präsentationen hilfreich.
- **Lautsprecher:** Hier ist an aktive Kleinlautsprecher zu denken, die aus zwei Kleinstboxen, manchmal ergänzt um einen Subwoofer, bestehen. Diese nehmen das Kopfhörersignal auf und geben es über eingebaute Verstärker wieder.

Interne Speicher
- **Arbeitsspeicher:** Er ist das ständige Zwischenspeichermedium bei der DTP-Arbeit. Da hochauflösende, großformatige Grafiken, zumal in Farbe, enorm viel Speicherplatz beanspruchen, ist auf eine genügend große Auslegung zu achten, da ansonsten keine komplette Dokumentdatenbearbeitung möglich ist. Ein Cache-Speicher reserviert Speicherparzellen für Daten, auf die ständig Zugriff genommen werden muss. Standard sind Power- oder Pentium-Prozessoren. Die Kapazität sollte nicht unter 32 MB liegen, moderne PC's sind bis 512 MB hochrüstbar.
- **Festplatte:** Sie ist stationär im PC installiert und hat eine möglichst hohe Kapazität, da bei feinaufgelöster, farbiger Darstellung rasch ein enormer Speicherbedarf entsteht. Zudem werden Reserven für Back-Dateien und den Arbeitsspeicherinhalt gehalten, sodass nicht die gesamte Kapazität zur Verfügung steht. Die Kapazität sollte nicht unter 4 GB liegen, bis zu 64 GB sind technisch problemlos verfügbar.
Die Laufwerke bestehen aus zwei und mehr übereinander angeordneten Platten, deren Oberflächen einzeln parallel abgetastet werden. Das Format ist heute meist 3,5 Zoll, bei Laptops/Notebooks/PDA's bis zu 1 1/3 Zoll hinunter. Festplattenlaufwerke sind extrem schnell, sie tasten berührungsfrei auf einem Luftpolster zwischen Kopf und Plattenoberfläche ruhend ab. Das Laufwerk ist gekapselt, eintretende Luft wird gefiltert. Festplatten sind in Spuren und Sektoren aufgeteilt. Die Sektoren sind nicht fortlaufend nummeriert, sondern überspringend (Interleave). Die Zugriffsgeschwindigkeit ist von der Laufwerksmechanik abhängig, die Datenübertragungsrate vom Interleave-Faktor. Zur Pflege sind vor allem Stöße zu vermeiden, sie führen zum Head Crash, der Schreib-Lese-Kopf berührt dabei die Plattenoberfläche und beschädigt die Magnetschicht. Deshalb wird der Schreib-Lese-Kopf vor dem Abschalten des Laufwerks auf einer Rampe geparkt.
- **Wechselfestplatte:** Sie ist eine mobile Festplatte, die wie eine Diskette zu handhaben ist, aber wesentlich mehr Speicherplatz aufweist. Damit ist es möglich, Daten in großem Umfang zu transportieren. Sie wird extern angeschlossen oder am Gerätesystem angedockt.

Es können zwei Klassen unterschieden werden. Die Bernoulli-Box ist eine flexible Diskette in einem starren Gehäuse. Sie kann mit 40 bzw. 80 MB beschrieben werden. Sie wird in Wechsel-Plattenlaufwerken (z. B. Pro Drive) abgespielt. Wechsel-Festplattenlaufwerke werden komplett mit Datenträger und Laufwerk ausgetauscht und erhalten daher alle Vorteile der Festplatte.

Die Magnetooptische Diskette ermöglicht die Speicherung und Löschung von bis zu 1.000 MB Daten. Sie ist allerdings langsamer als normale Festplatten. Zudem sind die Laufwerke teurer, allerdings die Medien, also Disketten, billiger, sodass Rentabilität bei großen Datenmengen besteht. Bei der Aufzeichnung von Daten erhitzt ein stark gebündelter Laserstrahl einen winzigen Bereich des magnetooptischen Materials. Die magnetisierten Stellen werden im Laufwerk wieder mit einem Laserstrahl gelesen. Dadurch ist dieses Medium verschleißfrei.

Externe Speicher
- **Diskette:** Sie hat sich im 3,5 Zoll-Format durchgesetzt und dient der Portabilität von Daten in begrenztem Umfang sowie der Datensicherung. Die Kapazität ist für DTP-Verhältnisse allerdings sehr begrenzt (1,44 MB). Eine Metallmanschette öffnet den Schreib-/Lesespalt erst innerhalb des Laufwerkschachts. Dadurch ist die Diskettenoberfläche gegen Staub und Kratzer weitgehend geschützt. Ein stabiles Kunststoffgehäuse schützt gegen Verknicken.

  Disketten können ein- oder zweiseitig beschrieben werden. Zwar sind immer beide Seiten magnetisiert, aber teilweise ist nur eine Seite auf Funktionstüchtigkeit hin geprüft und damit hinlänglich sicher. Sie ist in konzentrische Spuren (40 bzw. 80) und innerhalb der Spuren in Sektoren (9 bzw. 15/18) eingeteilt. Diese Aufteilung wird beim Formatieren durchgeführt. Jeder Sektor ist einzeln adressierbar und kann 512 KB fassen. Die Ansteuerung erfolgt durch einen Controller. Je nach Dichte des magnetisierbaren Materials werden DD- (Double Density) und HD-Formate (High Density) unterschieden. Zum Handling ist wichtig, dass die Magnetfläche auf keinen Fall mit dem Finger berührt werden bzw. Staub oder mechanischen Beschädigungen ausgesetzt sein darf. Disketten sind mind. 30 cm von Magnetfeldern (Monitor/Lautsprecher) entfernt aufzubewahren, sie dürfen keinen extremen Temperaturen ausgesetzt sein.
- Die **Floptical** ist ein Zwitter aus optischem und magnetischem System. Das Medium wird als 3,5 Zoll-Disketten verwendet. Dabei erfolgt die Abtastung optisch, die Speicherung jedoch magnetisch. Je nach Polrichtung (Nord/Süd) der magnetisierten Metallpartikel auf der Diskettenoberfläche wird ein Lichtstrahl unterschiedlich reflektiert. Die Abweichung wird als digitales Signal ausgewertet.
- Der **Streamer** ist ein Bandlaufwerk, das zwar nur sequentiellen Datenzugriff erlaubt, dafür aber enorme Datenmengen zu speichern vermag. Es bietet sich daher an, Bänder als Sicherheitskopien im Hintergrund anzufertigen und aufzubewahren. Der Streamer arbeitet analog zum Cassettenrecorder, allerdings mit breiterem Band und höherer Geschwindigkeit.

  Weitere Möglichkeiten der externen Speicherung bestehen durch DAT-Bänder mit einer Kapazität bis zu 1,2 GB als serielle Speicher oder CD-ROM's mit 650 MB Kapazität sowie in Mikroverfilmung durch optische Datenspeicherung.

Software
- **Betriebssystem:** Dieses definiert aus Sicht des Anwenders vor allem die Benutzeroberfläche. Dabei haben sich Apple (ikonengesteuerte, intuitive Benutzerführung) und Windows (Adaptation auf IBM- oder IBM-Clone-MS-DOS-Standard) durchgesetzt. Die grafische Benutzeroberfläche seit Vorstellung des Apple Lisa stellt eine Revolution gegenüber den befehlsgesteuerten Betriebssystemen der Vorzeit dar. Von besonderer Bedeutung ist dabei der Processor (Pentium X bzw. PowerMac).
MS-Windows hat eine komfortable Benutzeroberfläche, die durch die Apple-Icon-Steuerung inspiriert ist. Dazu gehören ein Programm-Manager, Rechner, Uhr, Editor, Karteikasten, Kalender, Terminal, Paintbrush- und Write-Programm sowie Medienwiedergabe und Klangrecorder. Windows ist multitasking-fähig, d. h., es kann zwischen Programmfenstern (über Zwischenablage) hin- und hergeschaltet werden bzw. ein Programm (z. B. Kalkulation) läuft im Hintergrund weiter, während im Vordergrund (z. B. Text) gearbeitet wird. Dieses Betriebssystem erfährt eine sehr hohe Verbreitung. Windows NT ist ein Betriebssystem, das die Möglichkeiten neuerer PC's durch 32 bit-Ausführung voll nutzt. Das System ist abwärtskompatibel und netzwerkfähig. OS/2 (für Operating System 2) ist ebenfalls eine Weiterentwicklung von DOS, allerdings fehlt die Abwärtskompatibilität. DOS-Programme werden unterstützt, ebenso Windows-Programme. UNIX (Bell Laboratories) ist als Mehrplatz-System ausgelegt (Master & Slave-Technik). Dabei gibt es einen leistungsstarken Zentralrechner und mehrere Terminals. »Einfache« Terminals bestehen nur aus Tastatur und Monitor, »intelligente« Terminals verfügen über eigene Rechnerkapazität vor Ort. Windows NT, OS/2 und Unix sind weitgehend Hardware und Software unabhängig, erlauben also offene Rechnerstrukturen.
- **Anwendungsprogramme: Textverarbeitung** dient zur Erfassung, Formatierung und Ausgabe von Texten und hat folgende wichtige Funktionen: Sofortkorrektur, Positionsanzeige, horizontales und vertikales Scrollen, automatischer Zeilenumbruch, Tabulatorsetzung, Textbausteinspeicher, automatische Silbentrennung, Rechtschreibüberprüfung, Blocksatz, Zentrieren, links- und rechtsbündiger Flattersatz, WYSIWYG, Unterstreichen, Fettdruck, Kursivdruck, unterschiedlicher Zeilenabstand, unterschiedliche Schriftbreite, unterschiedliche Schrifttypen und -größen, Sonderzeichen, Umrandungen, Einbinden von Grafik, Ersetzen, Kopieren, Umstellen und Löschen von Texten, Suche nach Begriffen, Suchen und Ersetzen, Bausteinkorrespondenz, Serienbrieferstellung, automatische Paginierung, automatische Erstellung von Fuß- und Kopfzeilen sowie Inhaltsverzeichnissen, automatische Durchnumerierung von Überschriften, Fußnoten und Abbildungen, Fußnotenverwaltung, Archivieren, Löschen, Kopieren und Umbenennen von Dokumenten, Drucken im Hintergrund.
Datenbank-Programme (Database) sind geeignet, große Mengen von Daten in geordneter Weise aufzunehmen, zu verwalten und auszugeben. Sie sind hierarchisch organisiert, d. h., die Daten stehen in Unter-Überordnungs-Verhältnissen zueinander, netzwerkorganisiert, d. h., die Daten stehen matrixartig zueinander in Beziehung, oder relational-organisiert, d. h., die Daten sind in Kontingenztabellen zueinander in Beziehung gesetzt. Eine Tabelle wird Relation genannt, die Spalten heißen Attribute, die Zeilen Tupel, an den Kreuzungspunkten ergeben sich Datenfelder (Arrays). Relationale Operationen sind Select, d. h. Auswählen bestimmter Zeilen und Erstellung einer neuen Tabelle, Project,

d. h. Auswählen bestimmter Spalten und Erstellen einer neuen Tabelle, und Join, d. h. Verbindung zweier Tabellen mit gemeinsamen Spalten oder Zeilen. Die Datenbankabfrage erfolgt durch eine spezielle Sprache (SQL für Structured Query Language). Das meistverwendete Programm ist dBASE mit eigener Abfragesprache.

Tabellenkalkulations-Programme sind geeignet, Rechenalgorithmen zu erfassen und auf eingegebene Werte anzuwenden, was die Verkettung von Rechenpositionen zur leichten Verfolgung der Auswirkungen von Inputänderungen auf deren Output ermöglicht. Sie stellen horizontale (Zeilen) und vertikale Einteilungen (Spalten) eines Arbeitsblattes (Spreadsheet) miteinander in Beziehung. Dabei werden die einzelnen Zeilen (mit Zahlen) und Spalten (mit Buchstaben), aber auch Zellen (mit Feldkoordinaten), durchnummeriert. Die Kapazität kann leicht 8.000 Zeilen und 256 Spalten betragen, auf bis zu 256 verschiedenen Arbeitsblättern, die gleichzeitig bearbeitet werden können. Die Zeilen und Spalten bzw. die Zellen werden miteinander durch Rechenvorschriften (Algorithmen) verbunden. Werden einzelne Werte darin verändert, errechnet das Programm, wie sich gemäß der Algorithmen alle anderen Werte verändern. Man unterscheidet im Wesentlichen finanzmathematische und statistische Funktionen. Das meistverwendete Programm ist Excel.

Grafik-Programme dienen der Grafikerstellung und Ausschmückung beliebiger Bildelemente für Illustration oder Business-Grafik. Sie lassen sich in analytische Grafik, Präsentationsgrafik und Zeichengrafik unterscheiden. Analytische Grafik erlaubt die Darstellung von Zahlenwerten in Diagrammen (als Linien-, Balken-, Kuchendiagramm etc.). Präsentationsgrafik dient der Vorstellung von Ergebnissen in optisch ansprechender Form. Zeichengrafik betrifft Malprogramme, die pixel- oder vektororientiert arbeiten (Erstere lässt keine spätere Änderung mehr zu, Letztere schon).

Public-Domain-Software ist frei von Urheberrechten, sie kann verwendet und verändert werden. Freeware-Software ist vom Autor unter bestimmten Auflagen freigegeben, Shareware-Software wird kostenlos zur Probe bereitgestellt, für die endgültige Nutzung ist eine Registrierungsgebühr zu bezahlen.

Bildbearbeitungsprogramme dienen zur Veränderung beliebiger Bildelemente durch Freistellen, Schärfen/Unschärfen von Konturen, Abdecken, Verändern von Farben/Rastern etc.

Ganzseitenlayoutprogramme ermöglichen die geschlossene Darstellung von Bild- und Textelementen. Sie vereinen also Textverarbeitungs- und Grafik-Programm-Funktionen.

Integrierte Programme beinhalten Textverarbeitungs-, Datenbank- und Tabellenkalkulations-Module, wobei alle Daten zwischen diesen Modulen voll portabel und gelegentlich auch Kommunikations- und Präsentations-Module vorgesehen sind.

- **Hilfsroutinen** (Tools): Diese betreffen komfortable Arbeitserleichterungen und Sicherungsverfahren. Auch Bildschirmschoner (Screen Saver) gehören hierzu.
- **Animationen:** Damit lassen sich Trickfilme selbst am PC erstellen und Bewegungsabläufe am Bildschirm berechnen. Da die Animation aus einzelnen Bildern zusammengesetzt ist, ergeben sich die gleichen Bearbeitungsmöglichkeiten wie bei den Zeichenprogrammen, also im Einzelbildbereich.
- **Sprachen:** Hierbei handelt es sich um weitere Programmiersprachen für spezielle Anwendungen. Die erste Generation besteht aus Maschinensprachen (mit Bináranweisungen),

die zweite Generation aus Assemblersprachen (mit Mnemotechnischer Unterstützung), die dritte Generation aus höheren Computersprachen, die durch Compiler oder zeilenorientierte Interpreter in Maschinencode übersetzt werden (z. B. einsteiger-orientiertes Basic, wissenschaftlich-orientiertes Fortran, wirtschaftlich-orientiertes Cobol, bedienerorientiertes Pascal), die vierte Generation aus Makrosprachen (Zusammenfassung längerer Befehlsketten in Makrobefehlen) und die fünfte Generation aus Künstliche Intelligenz-Sprachen (wie LISP und PROLOG). Die Programmierung selbst kann prozedural, d. h. durch Blockstruktur und Unterprogramme, oder neuerdings verstärkt objektorientiert, d. h. durch Nachbildung realer Objekte im Programm, erfolgen.

Erweiterungen
- **Mathematischer Co-Processor:** Er beschleunigt die Bearbeitung bei rechenintensiven Anwendungen, indem er den Hauptprozessor vom »Number Crunching« entlastet.

Audio
- **Spracherkennung:** Damit ist der Computer in der Lage, gesprochenes Wort zu verstehen. Dann kann anstelle des Eintippens der Texte über Tastatur die Spracheingabe über Mikrofon erfolgen. Hier gibt es aber noch erhebliche Probleme.
- **Soundprozessoren:** Sie haben verschiedene Standards und werden meist als Soundkarten in das Computergehäuse gesteckt. Sie erlauben es, Musik, Geräusche, Effekte etc. desktop nachzubearbeiten. Die Veränderung bezieht sich auf Tonfrequenzspektrum, Stereoortung zwischen links und rechts (Panpot), Nachhall/Echo etc. Zugleich können beliebige Tondaten über Monitor abgebildet werden. Über den Audio-Eingang erhält die Soundkarte analoge Schwingungsimpulse, die durch den A/D-Wandler auf der Soundkarte digitalisiert werden. Dabei werden die gelieferten elektrischen Impulse in einzelne Strecken unterteilt, die dann digital messbar sind. Auf diese Weise ist die Amplitude digital wiedergebbar. In Verbindung mit der zeitlichen Komponente ergibt sich so eine digitalisierte Sinuskurve. Je höher die Abtastfrequenz (11,025 kHz, 22,05 kHz oder 44,1 kHz), desto größer die Genauigkeit der Abbildung und damit auch die Qualität der Audiodaten. Neben der Aufnahme ist natürlich auch die Wiedergabe von Tondaten über einen Audioausgang möglich. Eigene Tongeneratoren sorgen dafür, dass die Erzeugung elektronischer Musik möglich ist. Der AdLib-Standard ist der älteste, inzwischen kaum mehr gebräuchliche, der SoundBlaster-Standard ist weit verbreitet, aktuell ist der Roland-MT-32-Standard.

Hier sind vor allem drei digitale Bearbeitungsmöglichkeiten zu nennen:
- Digitale parametrische Equalizer erlauben eine gezielte Pegelkorrektur im hörbaren Frequenzband, wobei die Besonderheit darin besteht, dass neben den Pegeln auch die Einsatzfrequenzen und die Flankensteilheiten frei wählbar sind. Dies erlaubt die Kompensation negativer Raumeinflüsse, die Korrektur von Frequenzgangverbiegungen, die Aufbereitung älterer Aufnahmen und die beliebige Verfremdung von Tonsignalen.
- Digitale Raumprozessoren erlauben die Simulation unterschiedlichster Abhörräume und Klangfelder nach vorgegebenen oder frei wählbaren Parametern. Außerdem können vorgegebene Klangfelder individuell verändert werden.
- Digitale Kompander erlauben die Veränderung der Dynamik. Dynamik ist der Unterschied zwischen den lautesten und leisesten Tönen. Es ist möglich, laute Passagen im Pegel abzusenken und leise anzuheben. Dies bietet sich etwa an, wenn

Analogcassetten für mobilen Einsatz bespielt werden, um einerseits eine Bandübersteuerung zu verhindern und andererseits zu vermeiden, dass leise Toninformationen von Umfeldgeräuschen und nicht zuletzt vom Bandrauschen verdeckt werden. Erfolgt diese Funktion nur bei Aufnahme, handelt es sich um Kompressoren. Erfolgt bei Wiedergabe eine Anhebung der lauten Passagen, etwa für Live-Eindruck, und eine Absenkung der leisen Passagen, handelt es sich um Expander. Werden beide Funktionen spiegelbildlich eingesetzt, spricht man von Kompandern.

Der MIDI-Standard (für Musical Instruments Digital Interface) ist eine Schnittstelle zwischen Steuergerät (Sequencer) und elektronischen »Musikgeräten« (z. B. Synthesizer, Drumcomputer, Sampler). Damit können externe Instrumente über eine MIDI-Adapterbox angesteuert, aber auch am Computer selbst Effekttöne erzeugt werden. Damit ist Komponieren am Computer möglich.

Bei DSP (Digital Signal Processing) wird das Tonsignal mit künstlich erzeugten Schallreflexionen angereichert und auf bis zu fünf Lautsprecher verteilt. Der Wiedergaberaum klingt so wie der Aufnahmeraum, z. B. Konzertsaal, Kirchenschiff, Livebühne, oder nach eigenem Wunsch verzerrt, z. B. Disco-, Hallen-, Opernhaus-, Kirchen-, Jazzclub-, Stadion-, Live-, Theater- oder Kinoatmosphäre.

Bei letzterem kommt der Surround Sound zum Einsatz. Damit ist das für Lichtspielhäuser entwickelte Fünfkanal-System (links, rechts, mitte, doppelt hinten) auch im Heimvideobereich einsetzbar. Solche Tonsysteme werden von Premiere-Pay-TV ausgestrahlt und sind auf vielen Videocassetten vorhanden. Neben passiven Systemen, die nur die aufgenommene Ortung reproduzieren, ist es auch möglich, durch aktive (Pro Logic-)Systeme eine eigene bildschirmbezogene Raumortung zu erzeugen. Dies ist immer dann wichtig, wenn die Aufstellung der Bild- und Tonboxen nicht in Originalanordnung erfolgt. Raumsimulationen sind individuell programmierbar und fest abspeicherbar.

Zudem ist die Nutzung von Dolby-Surround zur optimalen Rauschunterdrückung und Raumcodierung in HiFi-Stereo-Qualität möglich. Dolby-Surround ist eine Entwicklung zur Verbesserung der Tonwiedergabe in Kinos. Durch eine realistische Tonatmosphäre soll jeder Zuschauer in die Handlungsabläufe einbezogen werden. Dazu werden alle Kanäle verschlüsselt aufgezeichnet. Der Raumeffekt entsteht dann bei Decodierung und Wiedergabe über verschiedene Lautsprecher. Zur Wiedergabe benötigt man zwei Stereoverstärker, von denen einer einen Summenausgang für den Frontmittenlautsprecher haben muss. Mikrofonaufnahmen berücksichtigen die Aufnahmecharakteristik als Kugel, Niere, Doppelniere oder Keule.

Standbild
- **Grafikkarte:** Grafikkarten arbeiten im Text- oder Grafikmodus. Der Textmodus wird durch den MDA-Adapter dargestellt und hat 256 Zeichen (ASCII-Code) bei 720 x 348 Bildpunkten. Im Grafikmodus werden mehrere Standards angewendet: VGA-Grafik arbeitet mit bis 640 x 350 Pixels mit 256 von 262.144 Farben. Monochrome können bis zu 65 Graustufen abgebildet werden. Super-VGA-Grafik arbeitet bei 1.024 x 768 Pixels mit 16 Farben bzw. 640 x 480 Pixels mit 256 Farben. XGA-Grafik arbeitet mit bis zu 1.280 x 1.024 Pixels mit 256 von 262.144 Farben bzw. 640 x 400 Pixels mit 65.536 Farben. TIGA-Grafik arbeitet mit 1.280 x 1.024 Pixels mit 16 Mio. Farben. Die Standards sind untereinander abwärtskompatibel.

- **Frame-Grabber-Karte:** Damit können einzelne Bilder aus einer Folge analoger Videosignale, also Fernsehen oder Videorecorder/Camcorder, herausgegriffen, eingefroren und zur Bearbeitung im PC digitalisiert und auf Festplatte abgespeichert werden. Da die Grafikkarte normalerweise nicht schnell genug ist, das Videobild vollformatig in Echtzeit abzubilden, ergibt sich ein ruckweiser Bildwechsel.
- **Videoschnittstelle** (Digitizer): Sie erfasst digitalisierte Standbilder, die von einer Videokamera zugespielt werden, und erlaubt damit deren Bearbeitung und Abspeicherung. Die digitale Verarbeitung von Bewegtbildern ist erst noch in Sicht.
- **Photoschnittstelle:** Sie erfasst digitale Photos auf entsprechendem Datenträger (z. B. Photo-CD von Kodak). Es kann sich aber auch um eine Diskette als Datenträger handeln (z. B. Still Video-Kamera von Canon oder Apple).
- **Genlock-Karte:** Dabei können zwei Video-Signale zu einem einzigen gemischt werden, wobei eine der beiden Signalquellen ein Zuspiel-PAL-Signal liefert und die andere ein zu PAL gewandeltes VGA-Signal. Dadurch ist es etwa möglich, eine Computergrafik in einen Videofilm einzublenden, z. B. für die Titelgestaltung.

Bewegtbild
- **Desktop Video:** Dieser, auch Digital Video Interactive/DVI oder Electronic Imaging genannte Ansatz erlaubt es, Daten aus analogen (und natürlich auch digitalen) Video- und Audioquellen über Computer zu bearbeiten. Dazu ist wegen der immensen Datenmenge eine Komprimierung der Daten um den Faktor 50 erforderlich. Analogdaten werden durch einen A/D-Wandler in digitale umgewandelt und sind dann digital bearbeitbar. Damit bildet DVI eine Plattform übergreifende Basis für die digitale Speicherung von Video- und Audiodaten sowie deren Bearbeitung und Aktualisierung. Dazu gibt es auch vom PC aus ansteuerbare Videorecorder.

Die Bilder werden aus einer CCD-Kamera (für Charge Coupled Device) über einen Digitalprocessor in Echtzeit auf einen Monitor übertragen. Damit kann das Aufnahmeergebnis sofort überprüft werden. Der Vorteil gegenüber der Photo-CD besteht in der Vermeidung von Bearbeitungszeiten, der Vorteil gegenüber der Still Video-Kamera in der Vermeidung eines zwischengeschalteten Datenträgers.

Wichtige Begriffe sind in diesem Zusammenhang:

- **Videokarte:** Sie unterstützt die Wiedergabe von bewegten Bildfolgen in einem Fenster auf dem Monitor. Auf diese Weise ist etwa das laufende Fernsehprogramm dort abbildbar. Dabei wird das PAL-Signal (Phase Alternating Line), das von einem normalen Fernseher oder Videorecorder kommt (800 Pixels/Zeile, 625 Zeilen, Bildwechselfrequenz 25 mal/Sekunde), in ein RGB-Signal, wie es Computer benötigen, umgewandelt und ist auf Festplatte abspeicherbar. VGA-PAL-Konverter werden meist auf Steckkarten montiert und fest eingebaut.
- **Live Video Overlay:** Dabei wird das RGB-Videosignal in das VGA-Signal als kleines Fenster eingeblendet, ohne die Rechnerleistung zu belasten. Damit ist die kombinierte Darstellung von realen Videosequenzen und Computergrafiken möglich, indem die Animationen in Videosignale umgewandelt und vorhandenen Videosignalen zugemischt werden. Das Videosignal wird in ein Fenster eingestanzt am PC-Monitor in Echtzeit und True Color, also ohne Datenreduktion, dargestellt.

- **Videomanipulations-Karte:** Dabei handelt es sich um Videokarten, die nicht nur das PAL-Signal von Fernseher/Videorecorder in ein RGB-Signal umwandeln, sondern auch umgekehrt dieses RGB-Signal wieder in ein PAL-Signal zurückverwandeln können, sodass sich Videobilder wieder ausgeben lassen.
- **TV-Tuner:** Damit ist der Fernsehempfang am PC möglich. Der Tuner wird dazu am FBAS-Eingang angeschlossen, die Senderwahl erfolgt am Tuner selbst.
- **Movie Grabbing:** Dabei werden zusammenhängende Videosequenzen auf Festplatte gespeichert und von dort als digitales AVI-File wieder abgespielt. Dazu ist allerdings eine Datenreduktion erforderlich, das bedeutet weniger Frames/sec, Farbtiefe und Auflösung. Daher werden Accelerator Boards eingesetzt (DVI, JPEG, MPEG).
- **Harddisk Editing:** Hier erfolgt die Nachbearbeitung von Videobildern auf der Festplatte (Nonlinear Editing, z. B. Morph). Allerdings müssen alle Effekte von der CPU gerechnet werden, das kostet viel Zeit und Speicherplatz.
- **Tape Editing**: Hier wird von Videoband zu Videoband überspielt, wobei der PC Mischung, Effekte, Titel etc. hinzufügt. Dabei müssen allerdings 2 x 22 MB/sec. in Echtzeit verarbeitet werden. Dafür erfolgt keine Datenreduktion (bessere Bildqualität), es entstehen keine Wartezeiten für Rechnungen und der billige, weit verbreitete und hochkapazitative Speicher Videoband kann genutzt werden.
- **Video Out**, d. h. Ausgabe digitaler Movies auf Band. Dabei werden bearbeitete, digitale Videosignale von der Festplatte auf Videoband ausgegeben. Dazu ist die Umwandlung in analoge Signale erforderlich, die auf einen HF-Träger moduliert und so im Fernsehgerät wiedergegeben werden können.
- **MPEG** (Video-Kompressionsstandard). Die Datenreduktion erfolgt hier mit Raten zwischen 80 : 1 und 200 : 1. Die Umwandlung ist nicht in Echtzeit möglich, sondern benötigt Faktor 5 bis 400. Die Bildqualität liegt auf VHS-Standard, die Tonqualität auf LP-Niveau. Die Nettobitrate beträgt 1,2 Mbit/sec.
- Der **Time Code** ist ein Zeitsignal, das auf Videoband die Vollbilder digital nummeriert. Dadurch ist jede Schnittposition exakt gekennzeichnet und verschiebt sich auch nach mehreren Umspulvorgängen nicht mehr. Die Frames sind nach Stunde, Minute, Sekunde und Vollbild nummeriert. Bei S-VHS/VHS wird das VITC-Verfahren, bei Video 8/Hi8 das RCTC-Verfahren eingesetzt.
- Der **Schnittcomputer** sucht ausgewählte Videosequenzen auf dem Abspielband auf und überspielt sie in der gewünschten Länge und Reihenfolge auf ein Zuspielband. Die Sichtkontrolle ist auf einen angeschlossenen Monitor möglich. Eine Probelauffunktion erlaubt einen Test. Die Time Codes werden über Displays angezeigt und sind bildgenau anfahrbar. Neben diesem Kopieren können die Sequenzen aber noch verfremdet werden. Hierzu gehören Farbkorrekturen durch Solarisation, Schiebeblenden, progressive und retrograde Mosaikfunktionen, Multibild, Blue-Box-Effekt durch Chroma Key (Hintergrundfarbe), weiche Überblendung, Weichzeichner, Bildausschnitt und Rotation des Bildausschnitts. Außerdem sind kreative Mal- und Mustereffekte möglich. Über einen Titelgenerator lassen sich Schrifttitel in verschiedenen Schriftarten und Symbole eingeben, auch als Rolltitel. Ein Standbildspeicher erlaubt die Speicherung eines Vollbildes. Bei Anschluss mehrerer Geräte ist ein Kreuzschienenverteiler erforderlich.

Verbindung
- **Cinch** ist eine einfache Steckverbindung für Bild- und Tonsignale mit Innenleiter (für die Signalübertragung) und Außenleiter (für die Erdung des Schirmgeflechts). Diese Steckverbindung ist z. B. an HiFi-Anlagen zu finden. Im Videobereich sind drei Anschlüsse vorhanden, gelb für das Videosignal, Rot und Schwarz (oder Weiß) für das Stereo-Tonsignal.
- **Hosiden** ist eine vierpolige Steckverbindung für die Übertragung von Y/C-(Bild-)Signalen. Es handelt sich um den Anschluss von S-VHS-Videorecordern. DIN ist eine kreisförmige drei- bzw. fünfpolige Steckverbindung mit einem Massestift (Erdung) und zwei bzw. vier Stiften für Leiter. Sie ist z. B. bei vielen älteren Radiogeräten zu finden.
- **Klinke** ist eine Steckverbindung mit einem 6,3 bzw. 3,5 mm langem Verbindungsstift der ein bzw. zwei Signale plus Erdung übertragen kann. Die Klinke rastet in der Buchse fest ein (z. B. Kopfhöreranschluss an Verstärker oder Walkman).
- **Phonenet** ist ein von Western für den Telefonanschluss genormter Anschluss, wie er für TAE-Dosen vorgesehen ist (diese haben wiederum eine TAF- oder TAN-Codierung).
- Der **Control-L**-Anschluss ist eine Schnittstelle für den Datenaustausch zwischen verschiedenen Videogeräten. Die Daten werden bidirektional übertragen, wodurch zurückgemeldete Betriebsfunktionen erkannt und auf Displays angezeigt werden können. Der Anschluss ist als fünfpolige Mini-DIN oder dreipolige Mini-Klinke ausgelegt.
- Der **S-Video**-Anschluss überträgt Schwarzweiß- und Farbsignale getrennt, wie dies für hochwertige Videosysteme (S-VHS/Hi8) erforderlich ist. Dadurch wird die Gefahr der Vermischung der Signale vermieden. Der Anschluss ist in Hoside oder Scart ausgelegt.
- **BNC** ist ein Bajonett-Anschluss mit Drehverschluss für Zugentlastung und Stabilität bei Datenverkabelung.
- Der **TNC**-Anschluss hat aus den gleichen Gründen ein Schraubgewinde mit Überwurfmutter.
- **Euro-AV** ist ein Scart-Anschluss mit 21 Polen. Dadurch ist die Übertragung von Video-, Stereo-Audio, S-Video- und RGB-Signalen in beiden Richtungen möglich. Es handelt sich um den Standardanschluss für Videorecorder, SAT-Empfänger, Pay-TV-Decoder etc.

6.6.3 Sendevorlagen

Wegen der steigenden Bedeutung von TV/Kino sei an dieser Stelle auch die Sendevorlagenerstellung für Elektronikwerbemittel dargestellt. Am Beginn steht wie immer möglichst eine schöpferische, tragende Idee, die filmisch umsetzbar ist. Sie sollte sich durch verständliche Originalität und Ungewöhnlichkeit auszeichnen und eine dramaturgische Überhöhung aufweisen. Man spricht auch vom SIRV-Prinzip (für Simple, Interesting, Relevant, Visual). Ist die Idee gefunden, wird der mögliche Handlungsablauf des geplanten Spots textlich kurz beschrieben. Es entsteht das Exposé. Daraus wird dann ein ausführlicher Konzeptentwurf mit grober Aufteilung des Handlungsablaufs in einzelne Szenen mit verbalen Angaben zum bildlichen und textlichen Inhalt des Films. Es handelt sich nun um ein Treatment. Ist die Idee genehmigt, wird daraus ein Storyboard. Dieses ist ein konkretisierter Ablauf mit einzelnen Bildausschnitten sowie jeweils zugeordneter, exakter Beschreibung der Handlung und des Tons (Sprache, Musik,

Geräusche). Jede Szene des Films ist optisch aufgerissen, zu jeder Szene gibt es erste Regieanweisungen, evtl. werden Angaben zu Darstellern, Szenerie und Timing ergänzt. Oft wird ein Layout-Spot erstellt, d. h. die einzelnen Bildausschnitte werden video-aufgezeichnet, soft überblendet und provisorisch vertont (Animatic). Auf dieser Basis wird die FFF-Produktion ausgeschrieben. Meist werden gewünschte Produktionsfirmen gezielt angesprochen. Diese geben ihre Kostenvoranschläge (KVA's) ab, das Günstigste unter meist drei Angeboten erhält den Zuschlag. Danach entsteht schließlich das Drehbuch als Arbeitsanweisung zur Produktion eines Films mit operationalisierten Vorgaben zum kompletten Procedere für Technik, Darsteller, Mitarbeiter, Kamerafahrten, Tonelemente, Location, Requisiten etc. Vor Arbeitsbeginn kommt es zum Pre Production Meeting (PPM). Dies ist eine Konferenz aller Beteiligter an einer FFF-Produktion (Werbeagentur, Produktionsfirma, Auftraggeber) zur detaillierten Festlegung der Anforderungen und Erwartungen an die Produktion, incl. Organisation und Kosten. Das PPM ist außerordentlich wichtig, da nachlässige Verabredungen später hohe Zusatzkosten involvieren können, die zu Unstimmigkeiten zwischen den Beteiligten führen.

Auf dieser Basis wird ein exakter Drehplan für die Produktion erstellt:

- Unter Location versteht man die Wahl des Drehorts (im Studio oder außen).
- Kameraeinstellungen betreffen total, halbtotal, halbnah, amerikanisch, nah, groß, en detail.
- Kameraperspektiven sind Frosch-, Bauch-, Augen- oder Vogelwarte.
- Kamerabewegungen sind Stand, Schwenk, Fahrt, Zoom oder Subjektivität.
- Casting nennt man die Sichtung von Darstellern auf ihre Eignung durch Videoaufnahmen oder anhand von Set Cards.
- Models, Sprecher, Komparsen etc. werden kaufmännisch meist durch Agenten vertreten.

Dann erfolgen die eigentlichen Dreharbeiten, die aufgrund der Vorbereitungen reibungslos verlaufen sollten, wenngleich das selten der Fall ist. Im Studio beginnt danach das Entwickeln, Schneiden und Mischen des Films, sowie die Einkopierung und Vertonung (Off-Sprecher und Nachvertonung). Aus dem insgesamt abgedrehten Material werden die jeweils präferierten Sequenzen verarbeitet. Außerdem werden Effekte, Animationen, Textsuper (Einblendung von Text über durchlaufendem Bild) etc. produziert. Blue-Box-Sequenzen können nachträglich auf elektronischem Wege in beliebige Szenen einprojiziert werden, durch Abkaschen können Bildteile elektronisch freigestellt werden. Als Ergebnis entsteht eine Arbeitskopie, die auch zur Freigabe dient. Danach erfolgt der Feinschnitt (Blenden, Titel, Effekte etc.). Sind Bild und Ton getrennt aufgenommen, erfolgt dann die Zweibandabnahme, ansonsten entsteht eine Nullkopie auf MAZ (magnetische Bildaufzeichnung). Dies ist die endgültige, freizugebende Version. Davon werden Sendekopien gezogen, die zur Ausstrahlung beim Sender bestimmt sind. Die Anlieferung hat ca. eine Woche vorab zu erfolgen (Grund: freiwillige Selbstkontrolle). Die Nullkopie wird sicher archiviert.

7. Mehrwertleistungen der Kommunikation

Mehrwertleistungen der Kommunikation gehen über deren reine Basisfunktion hinaus und bieten zusätzliche Funktionen. Dazu gibt es drei Ansatzpunkte:

- Die Markteinsatzdimension. Sie berücksichtigt die vielfältigen Besonderheiten der unterschiedlichen Märkte, auf die Marketing-Kommunikation gerichtet sein kann.
- Die Raumeinsatzdimension. Sie berücksichtigt das verstärkte Zusammenwachsen der internationalen Märkte und die Reaktionen der Marketing-Kommunikation darauf.
- Die Medieneinsatzdimension. Sie berücksichtigt die zunehmende Vielzahl von Kommunikationsinstrumenten und die Notwendigkeit zu deren Integration.

7.1 Marktbesonderheiten

7.1.1 Konsumentenmarkt

(Abb. 290). Für gewöhnlich werden Aussagen zur Kommunikation auf den Konsumentenmarkt bezogen. Dorthin fließt in der Tat die Mehrheit der Werbeaufwendungen. Dennoch scheint dieser Markt nicht in jeder Hinsicht typisch, denn er ist durch eine Reihe von Besonderheiten gekennzeichnet, die im Folgenden näher beleuchtet werden.

Der Konsumentenmarkt (K-Markt) ist der Markt für den privaten Konsum von Ge- und Verbrauchsgütern. Als Einkaufsziele sind hier neben Bedürfnisbefriedigung und Nutzenmaximierung zahlreiche irrationale Motive zu verzeichnen. Die Kaufentscheidung erfolgt durch Einzelpersonen oder in der Gruppe (Familie). Sie vollzieht sich als Impuls- oder Routinekauf bzw. als echter Entscheidungsprozess. Dabei gibt es besondere Kennzeichen.

Es handelt sich hier um einen **originären Bedarf**, d. h. Käufer fragen Produkte für sich bzw. ihren Haushalt als Endabnehmer nach. Damit unterscheidet sich der Konsumgüterbereich von den Märkten für Weiterverarbeiter oder Wiederverkäufer, wo Produkte für fremde (derivative) Bedarfe als Teile oder Ganzes nachgefragt werden.

Es besteht ein **hoher Anteil von Individualentscheidungen**, bei denen Einzelpersonen

Abb. 290: Marktbesonderheiten

für sich oder ihre Angehörigen Kaufabschlüsse tätigen. Dies steht etwa im Gegensatz zu Kaufentscheidungen auf Industrieseite, bei denen mehrere Personen involviert sind. Allerdings gibt es solche multipersonalen Prozesse ebenso im Privatbereich bei Familienentscheiden.

Weil es sich um Endabnehmer handelt, ist eine relativ **große Zahl von Bedarfsträgern** gegeben. Damit ist es einem Unternehmen regelmäßig nicht möglich, alle diese Bedarfsträger unmittelbar akquisitorisch zu kontaktieren. Vielmehr werden dessen Produkte überwiegend im mehrstufigen, indirekten Vertrieb vermarktet. Dies impliziert zusätzliche Probleme, da die eingeschalteten Absatzmittler als selbständige Unternehmen eigenständige Ziele verfolgen, die nicht in allen Punkten mit denen der Produzenten übereinstimmen.

Insofern wird verstärkt darauf abgestellt, eine **handelsgerichtete Marketingkonzeption** umzusetzen, weil nur diese den Zugriff auf Endabnehmer hat. Daher wird nach Feldern gemeinsamer Interessen geforscht, auf denen sich die Ziele von Produzent und Handel decken. Nicht zuletzt auch, um von dysfunktionalen Konflikten, wie sie lange Zeit die Regel waren, wegzukommen.

Es bestehen weitgehend **anonyme Marktkontakte**, d. h., dem Produzenten sind seine Endabnehmer unbekannt, da diese über Absatzmittler von ihm nur indirekt bedient werden. Damit ist aber auch die Bindung der Endabnehmer an den Produzenten mehr oder minder locker. Mit der emotionalen Entfernung wächst die subjektive Austauschbarkeit der Angebote und die Versuchung zu deren rationaler Bewertung.

Um genau dies zu verhindern, betreiben Unternehmen **intensive Werbeanstrengungen** im Rahmen einer konsequenten Markenpolitik. Damit wird eine Monopolisierung des Marktes zugunsten des eigenen Angebots angestrebt. De facto führt dies zu einer gegenseitigen Neutralisierung der Akquisitionswirkungen innerhalb eines relevanten Marktes. Dem glauben sich Produzenten nur entziehen zu können, indem sie ihre Werbeanstrengungen weiter erhöhen. Da dies reihum durch alle Anbieter erfolgt, kommt es im Ergebnis zu einer gegenseitigen Aufschaukelung der Werbeaufwendungen.

Der Werbeeinsatz wird auch erforderlich, weil es sich de facto überwiegend um **Me-too-Produkte** handelt. Diese sind im Hinblick auf ihre objektiven Leistungsmerkmale weitgehend austauschbar. Um dennoch zu einer Bindung der Abnehmer an das eigene Produkt zu gelangen, ist eine kommunikative Differenzierung unverzichtbar. Dabei wird mittels einer die Realebene (Evidenzinformation) überlagernden Auslobung von Botschaften (Surrogatinformation) eine Alleinstellung angestrebt. So kommt es zum Phänomen, dass an sich gleichartige Angebote erstaunlich abweichende Images aufweisen.

Erst wenn diese vergleichsweise soften Instrumente nichts fruchten, kommen **Preiskämpfe** in Betracht. Diese werden meist nur kurzfristig ausgetragen, da sie direkt den Unternehmenserfolg tangieren und angesichts der ausgeprägten Machtmittel vieler der am Markt präsenten Großbetriebsformen ausgesprochen risikoreich sind. So setzt sich oft bald das Streben nach wirtschaftsfriedlichem Verhalten durch.

Zur erfolgreichen Bearbeitung ist es schließlich erforderlich, den amorphen Gesamtmarkt nach geeigneten Kriterien in einzelne **Segmente** aufzuteilen, die intern homogen genug sind, um sie mit einheitlichen Maßnahmen bearbeiten zu können. Gleichzeitig soll die Möglichkeit gegeben sein, diese Segmente parallel zu bearbeiten, ohne dass es zu Irritationen im Publikum kommt. Dies wiederum ist nur durch differenzierten Einsatz der Marketinginstrumente machbar, die auf das jeweilige Segment hin optimiert werden.

Diese komplexen Konzepte erfordern **adäquate organisatorische Voraussetzungen**, wie sie etwa im Product-, Key Account- oder Area-Management gegeben sind. Dabei drückt sich die Marketingphilosophie auch darin aus, dass die Zieleinheiten, also zu vermarktende Produkte bzw. zu bedienende Märkte, in den Mittelpunkt der internen Arbeitsabläufe rücken. Dadurch wird eine optimale Ausrichtung des Unternehmens auf den Markterfolg möglich.

7.1.2 Produzentenmarkt

Oft wird behauptet, dass die Kommunikation für den Produzentenmarkt in keiner Weise vergleichbar ist mit der für den Konsumentenmarkt. Auch wenn dem keineswegs zuzustimmen ist, gibt es doch eine Reihe von Besonderheiten, die zu Konsequenzen für die Werbung führen.

Der Produzentenmarkt (P-Markt) ist der Markt für den gewerblichen Ge- und Verbrauch von Produktions- und Investitionsgütern. Kaufobjekte sind hier Betriebsmittel, Roh- bzw. Hilfsstoffe, Halbfabrikate, Teile, Zubehör, Immobilien etc. Einkaufsziele sind Gewinnmaximierung sowie unternehmensspezifische Subziele.

Der Kaufentscheid erfolgt oft durch ein **Kollektiv im Wege gruppendynamischer Prozesse** mit organisiertem, meist kollektivem Kaufentscheid wie er im Buying Center gegeben ist. Dabei sind mehrere Beteiligte involviert (Buyer, User, Influencer, Decider, Gatekeeper).

Es handelt sich um eine überschaubare Anzahl von Anbietern und eine beschränkte Zahl von Nachfragern mit der Folge eines nicht-anonymen Marktes. Oftmals bestehen bereits **langjährige Geschäftsbeziehungen**. Diese hohe Transparenz führt zweifellos zur Disziplinierung im Marketing. Anders als in anonymen Märkten, wo das quantitative Verhältnis beider Marktseiten sehr ungleichgewichtig ist, besteht hier eine engere Bindung der Marktteilnehmer mit der Folge zur Selbstbeschränkung.

Charakteristisch ist, dass es sich um **stabile Marktpartnerbeziehungen** handelt. Dies liegt zum einen darin begründet, dass Ausweichmöglichkeiten auf weitere Anbieter bzw. Kunden meist eng begrenzt sind. Zum anderen aber auch darin, dass bei der Bedeutung des jeweils anstehenden Kaufentscheids die Erfahrung aus bereits erfolgreich abgewickelten Geschäftsbeziehungen der Vergangenheit angestrebte Sicherheit vermittelt.

Überwiegend sind stark **formalisierte Willensbildungsprozesse** anzutreffen. Deshalb sind die Ergebnisse wohl abgewogen und werden unter mehreren Gesichtspunkten von verschiedenen Personen beleuchtet. Allerdings spielen immer wieder auch irrationale Faktoren eine Rolle. Außerdem ist der Anteil der einzelnen Beteiligten am Endergebnis schwierig zu steuern oder nachzuvollziehen und wechselt von Fall zu Fall.

Es sind **lange, harte Entscheidungsprozesse** mit ökonomischer Bewertung gegeben. Das heißt, das Angebot eines Investitionsgüterherstellers wird selten unverhandelt akzeptiert oder abgelehnt. Vielmehr liegt wegen der Komplexität der Materie meist das Erfordernis der Nachverhandlung und Erläuterung vor. Dazu treffen sich die Mitglieder des Buying Center auf Abnehmer- und des entsprechenden Selling Center auf Lieferantenseite, um gemeinsam Details eines Angebots zu diskutieren.

Investgüter sind für gewöhnlich erst nach relativ **großen Zeitabständen** erneuerungsbedürftig, sodass die Chance, dem selben Kunden die gleiche Ware erneut zu verkaufen, von Erweiterungsinvestitionen einmal abgesehen, eher gering ist. Dementsprechend wichtig ist es, einen Geschäftsabschluss jetzt zu erreichen. Gleichzeitig kommt jedem Kauf durch seinen bloßen Warenwert große Bedeutung zu, sodass nicht erreichte Kaufabschlüsse hart auf das Unternehmensergebnis durchschlagen.

Gleichfalls repräsentiert das Kaufobjekt einen **hohen Projektwert** im Budget des Nachfragers. Damit lohnt sich für ihn eine umfangreiche Informationssuche, um Angebote gründlich zu vergleichen und sorgfältig das für ihn vorteilhafteste auszuwählen. Gleichzeitig ist damit eine hohe Bindungsdauer gegeben, d. h. die einmal festgelegte Entscheidung gilt für eine nennenswerte Zeitspanne und kann so schnell nicht revidiert werden.

Es ist ein **kurzer Absatzweg** vorhanden, meist erfolgt der Absatz sogar im Direktvertrieb, also im unmittelbaren Kontakt zwischen Hersteller und Endabnehmer. Dies hat den Vorteil, dass der Hersteller seine Marketingaktivitäten ohne die Gefahr negativer Beeinflussung durch autonome Handelsstufen steuern kann. Andererseits benötigt er umfangreiche Kapazitäten vor allem im technischen Vertrieb zur Beratung und Betreuung seiner Kunden.

Unterliegen Primärmärkte **konjunkturellen Schwankungen**, so schlagen jene auf die Nachfrage nach Investgütern durch. Können Betriebsmittel in mehreren Branchen gleichermaßen eingesetzt werden, kann es zur gegenseitigen Kompensation der Schwankungen, aber auch zu deren Aufschaukelung kommen. Die Nachfrage nach Investgütern ist damit eine abgeleitete Größe aus konsumnäheren Märkten und verstärkt deren Zyklus.

Es erfolgt regelmäßig eine **kundenindividuelle, einmalige Leistungserstellung**. Damit handelt es sich bei Investgütern weniger um standardisierte, gleichartige Produkte, sondern um Angebote, die gemäß jeweiliger Spezifikation speziell für diesen Einsatzzweck zusammengestellt oder zumindest modifiziert werden.

Das Angebot besteht aus **komplexen Hardware-Software-Kombinationen** (Systems Selling). Immer bedeutsamer wird es dabei, neben der reinen Gerätelösung auch die notwendigen anwendungsbezogenen Hilfen zu geben, um im harten internationalen Wettbewerb zu bestehen. Darin drückt sich ganz konkret bereits eine kundenorientierte Denkweise dieses Sektors aus. Während es früher nicht selten vorkam, dass das Investgut geliefert bzw. aufgestellt und dann der Abnehmer mit den üblichen Problemen der Inbetriebnahme allein gelassen wurde, gehört es heute zu den Selbstverständlichkeiten, auch die Implementierung der Anlage zu übernehmen.

Die endgültige Ausgestaltung der Anlage erfolgt oft unter **Abnehmereinfluss.** Spezifikationen sind nicht immer so eindeutig, dass sich daraus allein bereits ein befriedigend operationales Lastenheft ableiten lässt. Insofern kommt es zu einem engen Feedback mit dem Abnehmer. Umgekehrt ist sich der präsumptive Auftraggeber keineswegs immer so klar über Art, Umfang, Auslegung etc. der Anlage, dass sich auf dieser Basis schon ein verbindliches Angebot erstellen lässt. Hier wird dann das Know-how des Anbieters erforderlich, um zu einer praktikablen Lösung zu gelangen.

Typisch sind auch **Anbieterkoalitionen** mit einem Generalunternehmer und Subkontraktoren. Dabei fungiert ein Unternehmen als zentraler Kontakt für das Projektteam aus selbstständigen Spezialisten. Dies bietet dann den Vorteil, dass der Abnehmer nur einen Ansprechpartner hat. Andererseits versorgt dieser sich mit dem jeweils notwendigen Know-how durch Vergabe von Unteraufträgen an weitere Unternehmen. Man spricht in diesem Fall auch von Konsortien.

Ebenso typisch ist der **Drittparteieneinfluss** durch Architekten, Betriebsingenieure, Berater etc. Diese nehmen qua Fachkompetenz Einfluss auf die Entscheidung über Art, Umfang, Auslegung etc. des Investguts und damit auch auf die Anbieterwahl. Oft werden diese Berater auch erst genau zu jenem Zweck engagiert. Da sie über fremdes Geld befinden, bedürfen sie ihrerseits eines hohen Verantwortungsbewusstseins.

Von großer Bedeutung als Vorqualifikation sind **Referenzen**. Diese beziehen sich auf bereits erfolgreich abgewickelte vergleichbare Projekte des Anbieters und bieten damit willkommene Risikoreduktion. Dadurch wird aber zugleich der Markteintritt neuer Anbieter erschwert, die an referenzfähige Projekte nicht herankommen, weil ihnen eben die Referenzen dazu fehlen.

Der Zuschlag von öffentlichen Aufträgen erfolgt meist durch **Ausschreibung** mit Ausschlussfristen, nur ausnahmsweise auch durch freihändige Vergabe. Dies unterstreicht die formalisierte Anbahnung von Kaufabschlüssen und führt zu einer besseren Vergleichbarkeit der Offerten. Dabei muss das Lastenheft in jedem Fall erfüllt werden, davon abweichende Spezifikationen können nur zusätzlich angeboten werden.

Aufgrund dieser Umfeldbedingungen herrscht weitgehender **Preiskonservatismus** vor. Dies bezieht sich weniger auch die Preishöhe, denn diese gerät angesichts zunehmend internationaler Konkurrenz erheblich unter Druck. Sondern vielmehr auf die Preis- und Konditionentaktik, die Nachlässe von Gegenleistungen abhängig macht.

7.1.3 Wiederverkäufermarkt

Der Wiederverkäufermarkt (W-Markt) ist der Markt für den Weiterverkauf von Ge- und Verbrauchs-, Produktions- und Investitionsgütern an Gewerbetreibende und Verbraucher. Der Kaufentscheid erfolgt je nachdem individuell oder kollektiv. Bei diesem Weiterverkauf handelt es sich um eine produktunverbundene Dienstleistung des Handels. Es ergeben sich jedoch eine Reihe weiterer Besonderheiten.

Bei genauer Betrachtung liegt hier eine Mischung aus Warenprozess- und Dienstleistung vor. Da es sich bei ersteren um physische Vorgänge handelt, stellt die Wiederverkäufertätigkeit einen eher untypischen Service dar. In einigen Fällen ist Letzterer kaum mehr wahrnehmbar (z. B. im Selbstbedienungsgeschäft). In anderen Fällen ist der Mensch als Dienstleister zentraler Faktor der Geschäftstätigkeit. Dieser ist einerseits in der Lage, erhebliches akquisitorisches Potenzial aufzubauen, andererseits ist er aber auch nur schwer steuerbar.

Der W-Markt ist die **Drehscheibe** zwischen Hersteller (Vorverarbeiter) und Abnehmer (Weiterverarbeiter oder Endabnehmer). In diesem Knotenpunkt laufen die Warenofferten und Bedarfe verschiedener Anbieter und Nachfrager zusammen. Für Erstere ergibt sich dabei eine Multiplikator-, für Letztere eine Konzentrationswirkung des Angebots.

Die dort tätigen **selbstständigen Absatzmittler** übernehmen damit wichtige Funktionen für den Absatzerfolg von Waren. Da die Waren selbst dabei meist unverändert bleiben, wurde diese Produktivität lange Zeit in Zweifel gezogen. Es ist jedoch zwischenzeitlich unzweifelhaft, dass ohne die gesamtwirtschaftliche Mittlerfunktion der Warenaustausch und der ökonomische Erfolg am Markt erheblich erschwert sind.

Wiederverkäufer sind in ihrem Markterfolg wesentlich von dem ihnen durch Zulieferer **zur Verfügung gestellten Warenangebot abhängig**. Denn ihre Attraktivität bei Kunden hängt direkt von der Sogwirkung des Sortiments ab. Von daher üben Absatzmittler Druck auf ihre Lieferanten aus, damit diese ihnen vielversprechende Produkte geben. Ergänzend vollzieht sich eine Rückwärtsintegration (z. B. durch Handelsmarken).

Es herrscht eine **latente Konfliktsituation** zwischen Hersteller- und Handelsstufe. Als selbstständige Absatzmittler verfolgen Wiederverkäufer eigene Marketingziele, die zu denen der Vorverarbeiter nicht nur nicht zwangsläufig kongruent, sondern tatsächlich in vielfältiger Weise konfliktär sind.

Der W-Markt ist durch einen **hohen Konzentrationsgrad** gekennzeichnet. Die daraus resultierende Nachfragemacht ermöglicht es dem Handel, seine Vorstellungen gegenüber seinen Zulieferern wirksam geltend zu machen. Riesige Handelshäuser bestimmen so das weltweite Marktgeschehen mit.

Der W-Markt ist durch eine äußerst **heterogene Struktur** gekennzeichnet. Sie ergibt sich aus unterschiedlichsten Abnehmer- und Bezieherrelationen, aus verschiedensten Branchen, der Erbringung abweichender Teilleistungen etc.

Überwiegend herrscht jedoch eine Orientierung am **Preiswettbewerb** vor, d. h., vor allen anderen Marketinginstrumenten wird der Preis dominant und offensiv eingesetzt. Dies impliziert die Notwendigkeit zur Durchsetzung günstiger Einstandskonditionen (Der Gewinn liegt im Einkauf). Denn bei Preisdruck ist die Marge ansonsten schnell erschöpft.

Das Wettbewerbsumfeld des Handels bildet der übrige Handel, d. h., an die Stelle des Markenwettbewerbs der Hersteller rückt der **Geschäftsstättenwettbewerb** des Handels (Intrabrand Competition). Ist eine Markenpräferenz aufgebaut, treten die diese Marke führenden Absatzmittler in Konkurrenz um den Vollzug des Kaufakts.

Ausschlaggebend für den Erfolg des Betriebs ist dabei die **betriebswirtschaftliche Kennziffer** der Warenumschlaggeschwindigkeit, die Kapitalbindungskosten und Flächenproduktivität bestimmt. Je höher der Warenumschlag, desto kürzer die Kapitalbindung und desto besser die Flächennutzung.

7.1.4 Institutionenmarkt

Seit geraumer Zeit nutzen auch institutionale Anbieter die Chancen der Kommunikation. Tatsächlich gehören einige der größten Werbungtreibenden dazu (z. B. Deutsche Post, Deutschen Bahnen). Hier gelten wiederum andere Bedingungen, die im Folgenden aufgeführt werden.

Der institutionale Markt der öffentlichen Hand (Ö-Markt) ist der Markt für Güter der hoheitlichen Verwaltung. Kaufobjekte sind dazu Investitions-, Gebrauchs-, Verbrauchsgüter und Dienstleistungen. Einkaufsziel ist die Befriedigung der sozialen Bedürfnisse der Bürger. Der Einkaufsentscheid erfolgt systembedingt durch ein Kollektiv im Wege hierarchischer Prozesse.

Anbieter oder Nachfrager öffentlicher Güter nehmen oft eine **Monopol- bzw. Teilmonopolstellung** ein. So ist der Staat auf einigen Märkten alleiniger Anbieter bzw. Nachfrager. Die dort stattfindenden Marktprozesse unterliegen daher keiner wettbewerblichen Sanktionierung. Tatsächlich liegt dann das Leistungsniveau öffentlicher Märkte regelmäßig unter dem privater und damit auch der Grad an Bedarfsbefriedigung durch die dort verfügbaren Güter.

Es handelt sich bei Abschlüssen nicht ausschließlich um eine privatrechtliche Kontrahierungsbasis wie sie zwischen Unternehmen bzw. Unternehmen und Privaten gegeben ist. Vielmehr liegt **auch öffentliches Recht** zugrunde. Von daher ist die Vertragsausgestaltung nur in engen Grenzen frei wählbar.

Die **finanziellen Mittel** zum Betrieb der Organisation werden meist nicht ausschließlich durch die Abnehmerschaft bereitgestellt. So können viele der Angebote, die nur Minderheiten in Anspruch nehmen, nicht allein aus den Verkaufserlösen aufrechterhalten werden. Aus Gründen von Interessenpluralismus oder sozialen Erfordernissen werden diese daher von Staat/Ländern/Gemeinden über deren Steuer- und Abgabeneinnahmen subventioniert.

Die Ziele der Organisation sind **nicht auf Gewinn abgestellt**. An die Stelle einer Formalzieldominanz tritt vielmehr die Sachzieldominanz der Bedarfsdeckung. Dementsprechend sind Preise kostendeckend kalkuliert. Die völlige Marktabdeckung impliziert überproportionalen Aufwand für seltene Extremfälle, deren Einbeziehung durch alle anderen Beteiligten zu finanzieren ist.

Als Grundlage für das Angebot öffentlicher Güter dienen **Gesetze und Verordnungen**. Insofern steuert nicht die Nachfrage das Marktgeschehen, sondern eine zentrale Planungsinstanz. Es handelt sich also um administrierte Märkte, die im Ergebnis allen Unwägbarkeiten des planwirtschaftlichen Systems unterliegen.

In vielen Fällen besteht eine **Inanspruchnahmepflicht** seitens der Abnehmer. Oft entfällt damit nicht nur die Auswahl unter verschiedenen Anbietern, sondern auch die Bestimmung der individuellen Nutzung. So werden im öffentlichen Gütermarkt wirtschaftliche Prinzipien zugunsten mehr oder minder berechtigter gesamtgesellschaftlicher Anliegen verdrängt.

Die Willensbildung über das Angebot erfolgt **multipersonal**. Das liegt nicht nur im Wert der behandelten Güter begründet, sondern auch in der behördlichen Struktur der Anbieter. So sind meist mehrere Dienststellen und dort wiederum mehrere Hierarchiestufen in Entscheidungsprozesse involviert.

Der Betrieb der Organisation wird oft durch **öffentliche Bedienstete** übernommen. Dies liegt in der Wahrnehmung hoheitlicher Aufgaben begründet, die ein besonderes Loyalitätsverhältnis der Ausführenden zu ihrem Dienstherrn implizieren. Im Gegenzug verpflichtet dieser sich zu besonderer Fürsorgepflicht (Beamtentum).

7.1.5 Idealgütermarkt

Ideelle Güter, oder Idealdienste, betreffen die Erfüllung gesellschaftlicher Anliegen, die von Staat und Wirtschaft vernachlässigt werden oder gezielt autonom organisiert werden sollen.

Dabei handelt es sich vor allem um religiöse, kulturelle, akademische, karitative, politische und visionäre Anliegen. Sie betreffen nicht wirtschaftliches (Social) Marketing, werden daher von mehr oder minder formalisierten Gruppen getragen und heben sich durch markante Kennzeichen wie folgt ab.

Die Anbieter haben **keine Gewinnerzielungsabsicht**. Dabei kann es sich um Pressure Groups handeln, die ihre gruppenegoistischen Ziele promoten und dafür auch Benachteiligungen außenstehender Dritter billigend in Kauf nehmen. Oder um Lobbies, die stellvertretend die ganze oder zumindest Teile der Gesellschaft betreffende Ziele verfolgen und dafür selbst persönliche Nachteile hinnehmen.

Die Gruppen werden **von Leitbildern getragen**. Damit eint sie eine gemeinsame Mission, von der eine hohe motivationale Wirkung ausgeht. Diese Motivation wiederum verursacht den nachdrücklichen Einsatz der Mitglieder für ihr Sachanliegen. Dies kann in Übersteigerung bis zu Formen des Fanatismus führen.

Die **finanziellen Mittel sind meist eng begrenzt**, da die Leistungen nur teilkostendeckend abgegeben werden. Dabei handelt es sich oft um einen eher symbolischen Betrag, der als Kostendeckungsbeitrag zu verstehen ist. Absicht ist von daher, möglichst wenige Betroffene von der Inanspruchnahmemöglichkeit des ideellen Gutes oder Dienstes aus finanziellen Gründen auszuschließen und diesem möglichst hohe Verbreitung zukommen zu lassen, um dem dahinterstehenden Anliegen zu genügen.

Die Teilkostendeckung wird auch deshalb möglich, weil für die Organisation andere **subsidiäre Einnahmequellen** bestehen. Solche Einnahmen resultieren außer aus der Leistungsabgabe oft aus Spenden und Mitgliedsbeiträgen. Dafür werden umfangreiche mediale oder personale Werbemaßnahmen initiiert. Darüber hinaus bestehen noch Subventionen oder Abgabenbefreiungen, die staatlicherseits das ideelle Anliegen fördern sollen.

Die Organisationen haben häufig Mitglieder, die auch **ehrenamtlich** arbeiten. Dadurch kann eine organisatorische Infrastruktur aufrecht erhalten werden, die ansonsten sowohl Glaubwürdigkeit als auch ökonomische Basis belastet. Dort, wo angestellte Manager arbeiten, erhalten diese ihre Entlohnung aus dem kollektiven Entgelt der Mitglieder, deren Interessen sie vertreten und wahren.

Die Struktur der Gruppen ist meist **demokratisch** angelegt und unterscheidet sich damit signifikant von Unternehmen. Ziele von Einzelpersonen oder Kleingruppen werden von der Mehrheit dominiert. Das Management der Gruppe wird aus dem Kreis der Mitglieder für eine bestimmte Zeit gewählt und hat sich der Mitgliederversammlung gegenüber zu verantworten (Ausnahme: Religionsgemeinschaften).

Ideelle Güter sind **nicht frei zugänglich und immer verfügbar**. Ihre Nutzung ist oft auf Mitglieder begrenzt und raum-zeitlichen Einschränkungen unterworfen, wenn sie etwa nur der Eigenbedarfsdeckung dient. Dennoch ergibt sich das Problem der Nutznießung ohne Beitrag durch andere (Trittbrettfahrer) immer dann, wenn die Inanspruchnahme von Leistungen nicht genügend trennscharf ausgegrenzt werden kann.

Das Angebot ideeller Güter unterliegt nicht dem harten **Steuerungsrahmen** des Wettbewerbs. Damit ist auch dessen Effizienz in Erstellung und Verteilung fraglich. Allerdings ist diese oft nicht einmal Zielkriterium, sondern es geht darum, unabhängig davon ein Engagement bzw. Angebot sicherzustellen, das anderweitig nicht ohne weiteres darstellbar ist.

7.1.6 Dienstleistungsmarkt

Mit besonderem Blick auf die Werbebranche selbst ergeben sich auch erhebliche Besonderheiten für Dienstleistungen. Diese werden im Folgenden betrachtet.

Dienste sind als solche **abstrakt und immateriell**, d. h., sie sind nicht stofflich fassbar, wie bei anderen Produkten, sondern flüchtig. Daraus resultieren ganz erhebliche Probleme in der Vermarktung. Denn die physische Präsenz eines Produkts allein wirkt aufmerksamkeitsfördernd und interesseweckend. Zugleich bietet sie die willkommene Möglichkeit der Absicherung durch Begutachtung von Form, Farbe, Stoff, Qualität etc., um vorab festzustellen, ob ein Angebot zur subjektiven Bedarfsdeckung fähig ist. Diese Absicherungsfunktion fehlt jedoch bei Diensten.

Dienste sind zudem **personen- und kundenpräsenzgebunden**, d. h., sie werden für und unter Beteiligung des Kunden vollzogen. Es bedarf zu ihrer Wirksamwerdung der Mitarbeit des Kunden, an dem die Dienstleistung individuell erbracht wird. Insofern sind Dienste einmalig bzw. schwer standardisierbar. Von daher bedarf es rigider Kontrollmechanismen, um eine einigermaßen gleichbleibende Qualität zu gewährleisten.

Die **Qualifikation und Motivation der Mitarbeiter** ist von entscheidender Bedeutung, denn davon hängt die Qualität des geleisteten Dienstes ab. Insofern ist es wichtig, dass die Mitarbeiter in die Lage versetzt werden, die bestmögliche Leistung zu erbringen und dieses Niveau auch zuverlässig bereitzustellen. Außerdem ist es erforderlich, durch Anreiz- und Belohnungssysteme den Willen der Mitarbeiter zur Ausschöpfung ihrer Leistungsgrenzen aufrecht zu erhalten.

Dienste sind **nicht lager- und nur ausnahmsweise transportfähig**. Das heißt, im Gegensatz zu anderen Produkten können Dienste nicht zur Zeitüberbrückung auf Vorrat produziert und nur selten zur Raumüberbrückung verbracht werden. Dies macht sie weitgehend standort- und zeitgebunden.

Dienste müssen also dort und dann erbracht werden, wo die Nachfrage anfällt, nicht vorher oder nachher und auch nicht anderswo. Daraus ergibt sich, dass sich **Kapazitäten**, sollen sie nicht selbstbeschränkend wirken, an der Maximalauslastung orientieren. Gerade dies bewirkt durch hohen Fixkostenanteil eine Ergebnisbelastung.

Produktion und Konsumtion von Dienstleistungen erfolgen immer **synchron** (Uno actu-Prinzip), also zeitlich parallel oder unmittelbar aufeinander abfolgend. Daher müssen Dienste sofort verbraucht bzw. können nur angeboten werden, wenn und soweit Nachfrage vorhanden ist.

Dienstleistungen sind darüber hinaus **nicht wiederverkäuflich** und verlieren mit ihrer Bereitstellung an Marktfähigkeit. Von daher beinhalten sie einen sofortigen Wertverlust. Zumal sie regelmäßig im Nachhinein nicht rückgängig zu machen sind.

Im Ergebnis ist damit der **Arbeitsanfall fremdbestimm**t. Im Gegensatz zu Produkten, bei denen ein Hersteller die Produktionsmodalitäten relativ autark gestalten kann, werden diese bei Diensten durch die Abnehmer determiniert. Dies macht es erforderlich, eine stetige Leistungsbereitschaft vorzuhalten, um Dienste in vertretbarer Frist und auf hohem Niveau anbieten zu können.

Eine **konstante Produktqualität** ist schwierig zu gewährleisten. Denn die Parameter der Leistung wechseln von Mal zu Mal mit den daran beteiligten Personen. Da Dienste sich aber nur in diesen verkörpern, wechseln auch diese von Mal zu Mal und zeichnen sich durch ein hohes Maß an Individualität aus. So ist jede Leistungssituation immer wieder neu und anders. Zwar wiederholen sich gewisse Grundmuster, aber deren konkrete Ausgestaltung weicht in jedem Einzelfall von allen vorherigen ab.

Ob ein Kunde sich gut bedient fühlt, hängt daher entscheidend davon ab, wie das **Anforderungs- und Leistungsprofil der Mitarbeiter** miteinander übereinstimmen. Neben diesen objektiven Kriterien spielen aber auch subjektive eine wichtige Rolle, so etwa die »Chemie« zwischen Kunde und Berater, aber auch ganz einfach die Tagesform. Von daher ist eine Homogenität der Leistung schwerlich zu erreichen.

Hinter Diensten verbergen sich aber vor allem **komplexe, erklärungsbedürftige, objektiv kaum nachprüfbare Qualitätsdimensionen**. Selbst wer sich der Mühe unterzieht, Angebotsmerkmale zu katalogisieren und zu vergleichen, bleibt stets in weiterer Verwirrung zurück, dann nur auf höherer Ebene. Insofern müssen Imagemerkmale als kaufbestimmend gelten, weil die objektive Leistung oft genug nicht nachprüfbar ist.

Damit herrscht ein **auffälliger Informationsmangel** über Dienstleistungen vor, der deren Vermarktung erschwert. Da Angebote nur bedingt messbar und bewertbar sind, leidet etwa die Feststellung des Preis-Leistungs-Verhältnisses als Basisinformation und implizite Kaufvoraussetzung. Dienstleistungen müssen also nach Glaubwürdigkeit des Anbieters eingekauft werden. Dies betrifft so bedeutsame Arbeitsbereiche wie Timing und Kosten, bei denen sich erst im Nachhinein herausstellt, ob die Auslobungen von Pünktlichkeit und Wirtschaftlichkeit zutreffen oder nicht.

7.2 Global Advertising

7.2.1 Konzept des Global Advertising

Zu den Protagonisten von Global Advertising zählen praktisch alle großen Werbeagenturketten. Die Gründe dafür sind offensichtlich, bietet doch das Dogma des Global Advertising eine willkommene Argumentationsstütze, um Kunden und Prospects die Dienste der Agenturkette nicht nur im eigenen Lande anzudienen, sondern darüber hinaus auch nachhaltig im ganzen Network, oder zumindest wesentlichen Teilen davon.

Dem Global Advertising liegen einige allgemein betriebswirtschaftliche Hypothesen zugrunde (Abb. 291):

- **Mit hohen Produktionsauflagen ist Kostendegression verbunden.** Niedrige Kosten bedeuten zugleich hohe Wettbewerbsfähigkeit.
- Dieser Effekt tritt jedoch nur ein, sofern das **Produktprogramm in hohem Maße homogen (standardisiert) ist**.
- Standardisierung wiederum bedarf einer **Zentralisation der Betriebsfunktionen**, vor allem der Führung.

Davon abgesehen, lassen sich die Thesen in Bezug auf die Kommunikation auf zwei weitere Bereiche wie folgt zurückführen.

Grenzüberschreitende Kommunikation lässt sich danach aufgrund moderner Übertragungstechniken (vor allem Satelliten) überhaupt nicht mehr verhindern. Bislang stellten nationalstaatliche Grenzen wirksame Barrieren für den Informationsfluss zwischen Märkten dar. Insofern war auch die Kommunikation national ausgerichtet. Dies ist nunmehr in erhöhtem Maße nicht mehr der Fall. Seit extraterrestrische Sendestationen in Betrieb sind, seit die Verkabelung mit deutlich erweitertem Programmangebot ausländischer Rundfunk- und Fernsehsender progressiv fortschreitet, wird auch der Informationsfluss über Ländergrenzen hinweg begünstigt (Media Overspill). Dadurch treten teilweise autonom gewachsene Kulturen in verstärkten informatorischen Kontakt zueinander und folglich auch unterschiedliche, weil autonom entwickelte Werbekonzepte. Daraus kann, leicht einleuchtend, der Nachteil erwachsen, dass der Käufer einer Marke in einem Land nun für ihn überraschend mit der mehr oder minder abweichenden Botschaft der gleichen Marke, die eigentlich für ein anderes Land bestimmt ist, konfrontiert wird. Daraus können Irritation und Verunsicherung des Käufers über sein ihm vertrautes Markenbild entstehen. Dies mag, hinreichende Penetration und Nachhaltigkeit vorausgesetzt, sogar in Kaufabstinenz (Markenwechsel) durch kognitive Dissonanz münden. Ein Szenario, das für jeden Markenartikler alarmierend wirken muss. Tatsächlich sind grenzüberschreitender Kommunikation noch einige Limitationen gesetzt, vor allem durch das technisch noch nicht befriedigend

| Kostendegression durch Großauflagen |
| Standardisierung der Erzeugnisse |
| Zentralisation der Entscheidungen |
| unvermeidlicher Media Overspill |
| konvergente Sozialstrukturen |

Abb. 291: Konzept des Global Advertising

gelöste Sprachübertragungsproblem, die beschränkten Sendekapazitäten der Satelliten, die ebenso beschränkten Empfangsmöglichkeiten bei TV/HF, vor allem aber durch das limitierte Potenzial global vermarktbarer Angebote, z. B. durch abweichende Markennamen.

Der zweite Bereich betrifft die immer günstiger werdenden Voraussetzungen **grenzüberschreitender Kommunikation durch konvergente Sozialstrukturen**. Die modernen Industriegesellschaften der westlichen Welt haben nach dem 2. Weltkrieg fast parallel einen enormen Aufschwung erlebt. Damit einhergegangen ist eine im Wesentlichen gleichartige Entwicklung der nationalen Sozialstrukturen. So sollen heutzutage die jungen Leute, die Manager, die Hausfrauen etc. verschiedener Länder einander nach Einstellung und Verhalten mehr ähnlich sein als innerhalb eines Landes jeweils untereinander. Damit wird es für Hersteller, die sich international an eine einigermaßen trennscharf eingrenzbare Zielgruppe wenden, was regelmäßig wohl der Fall ist, möglich, innerhalb verschiedener Länder dennoch gleiche Ansprachformen und -inhalte einzusetzen. Daraus erwächst als Vorteil eine günstige Relation von Entwicklungs- und Produktionskosten einerseits zu damit verbundenem Schaltvolumen andererseits. Denn für eine Marke müssen nicht mehr unbedingt länderspezifische Werbekonzepte und zugehörige Umsetzungen erarbeitet und bezahlt werden. Stattdessen wird einmal gedacht und gefinisht, das aber umso gründlicher und von vornherein generalisierend, umfassend und einheitlich. Dadurch verbessert sich das Verhältnis von Vor- zu Streukosten. Selbst aufwendige Umsetzungen rechnen sich somit, weil sich deren Kosten auf mehr Einschaltungen verteilen.

Zusammengefasst lauten die kommunikativen Kernvorteile des Global Advertising also:

– Vermeidung von Irritationen über die Markenkernaussage infolge transnational divergierender Botschaften nach Inhalt und Form,
– Günstige Relation von Entwicklungs-/Produktionsaufwand zu Einschaltkosten durch Mehrfachnutzung der Vorlagen bzw. Realisierung bestimmter Werbemittel und Finishlevels erst durch die Möglichkeit der Umlage von Kosten auf verschiedene, nationale Budgets.

Allerdings bietet auch das vordem praktizierte Domestic Advertising handfeste Vorteile. Denn trotz der möglichen Annäherung internationaler Kulturstrukturen, die im Detail durchaus umstritten bleibt (Multi Options Society nach Naisbitt), gibt es in Abhängigkeit vom Angebotsumfeld durchaus noch genügend signifikante Unterschiede, die nach nach Inhalt und Form verschiedenartiger Ansprache verlangen. Diese Marktspezifika sind nun für den Anbieter umso besser nutzbar, je treffender, markanter, spitzer Konzept und Umsetzung eine Marke werblich profilieren und abgrenzen. Oder umgekehrt, etwaige unvermeidliche oder beabsichtigte Generalisierungen in der Kommunikation führen beinahe zwangsläufig zu Effizienzeinbußen, die bei gegebenen nationalen Vermarktungsbedingungen eben nur durch jeweils spezifisch darauf abgestimmte Werbemaßnahmen optimal genutzt und beeinflusst werden können. Das bedeutet, dass den genannten Vorteilen des Global Advertising zumindest der bedeutsame Nachteil geringerer Effizienz gegenübersteht, was umso schwerwiegender ist, als dies die Kernanforderung an jede Kommunikationsleistung darstellt. Im Grunde dreht sich die Diskussion um Global Advertising denn auch um die Abwägung dieser Vor- und Nachteile gegeneinander. Die Befürworter gewichten die potenziellen Vorteile der Botschaftskonsistenz und Realisationskosten-Einsparung höher als den möglichen Nachteil der Einbuße an kommunikativer Effizienz. Und bei den Gegnern ist diese Wertung genau entgegengesetzt.

Bedeutsam ist weiterhin zu berücksichtigen, dass »Advertising« eine Funktion von »Marketing« ist und sinnvoll nicht isoliert davon betrachtet werden kann. Gleiche oder zumindest stark ähnliche Vermarktungsbedingungen auf verschiedenen nationalen Märkten für das gleiche

Produkt lassen die berechtigte Hoffnung zu, dass dieselbe Marketingstrategie überall gleichermaßen gewünschte Ergebnisse zeitigt. Von daher sind die Voraussetzungen für Global Marketing und damit auch Global Advertising gegeben. Zeigen die nationalen Märkte hingegen relevante Unterschiede hinsichtlich ihrer Vermarktungsbedingungen, und sind diese entweder nicht ohne weiteres korrigierbar oder sollen nicht korrigiert werden, so ist Domestic Marketing angezeigt und damit auch Domestic Advertising. Damit aber ist die Beantwortung der Frage nach der Einschätzung von Global Advertising keineswegs eine nur auf die Kommunikation gerichtete, sondern muss unerlässlich den ganzheitlichen Marketing-Background mit einbeziehen. Zugleich wandelt sich die Lösung von einem Dogma zu einer individuellen Entscheidung, bei der es auf die Einzelfallumstände ankommt. Begünstigend wirken Tatsachen wie die Präsenz einer Weltmarke, homogene Zielgruppen, ähnliche Medienstrukturen, problemlose Produkte oder Herkunftslandhinweis.

Global Advertising ist daher immer dann zu empfehlen, wenn zu erwarten ist, dass die Nachteile aus einem übergeordneten, allgemeinen Kommunikationskonzept aufgrund der geringen Abweichungen der zwischenstaatlichen Vermarktungsbedingungen von der Vorteilen einheitlichen Auftritts und gemeinsamer Werbemittelproduktion überkompensiert werden. Und immer dann nicht, wenn die national unterschiedlichen Vermarktungsbedingungen den Verdacht einer Effizienzeinbuße in der Werbewirkung erhärten, die höher einzuschätzen ist als mögliche Vorteile aus übereinstimmender werblicher Ansprache und Verbundproduktion.

Häufig wird der Kompromiss in Form eines **Lead-Country-Konzepts** gesucht. Die Grundidee ist dabei, dass für eine größere regionale Einheit bzw. für den Weltmarkt insgesamt ein Land und damit eine Niederlassung bzw. das Stammhaus selbst die Position des Koordinators und Primus inter pares übernimmt. Alle anderen Länder adaptieren dann diese Aktivitäten. Damit wird ein Kompromiss aus hinlänglicher Einheitlichkeit (Unité de doctrine) der Vermarktung einerseits und Berücksichtigung marktspezifischer Besonderheiten andererseits angestrebt. Lead Countries werden zumeist nach dem Inlandsmarktvolumen bestimmt, es können auch mehrere Schlüsselmärkte gemeinsam ein Leitkonzept erarbeiten, das dann für die übrigen Länder adaptiert wird (Pattern Campaign).

Vorteile einer solchen Lead-country-Strategie sind vor allem folgende. Es wird sichergestellt, dass der wichtigste Markt/die wichtigsten Märkte mit einer Strategie bearbeitet wird/werden, die dort eine maximale Marktanpassung erlaubt. Der Erfolg in diesem zentralen Markt sichert bereits ein Mindestmaß an Erfolg für die gesamte Strategie und wirkt insofern Risiko reduzierend. Das Handling, d. h. die Konzipierung und Ausführung, der Markt bezogenen Maßnahmen wird durch die Homogenität eines zugrunde liegenden Marktes wesentlich erleichtert.

Nachteile der Lead-Country-Strategie sind hingegen folgende. Die Ausrichtung auf das/die Lead Country/Countries bedeutet für alle anderen Märkte eine mehr oder minder große Fehljustierung der Strategie. Wenn das Leitkonzept atypisch für die angebundenen Märkte ist, können die Misserfolge auf diesen Märkten den Erfolg auf dem Kernmarkt überkompensieren. Tendenziell sträuben sich die angebundenen Märkte gegen eine unveränderte Übernahme der Strategie und bestehen auf spezifischen, d. h. abwandelnden, Adaptationen, dann aber gehen die Wirtschaftlichkeitsvorteile der Lead-Country-Strategie gerade wieder verloren.

Die Beschreibung von kulturellen Gegebenheiten ist wegen deren Komplexität außerordentlich schwierig. Der verbreitetste, allerdings auch umstrittene Ansatz stammt von Hofstede. Er identifiziert fünf Dimensionen als aussagefähig für die **Kultur**. Dabei handelt es sich um folgende:

- Die Machtdistanz betrifft die Akzeptanz/Erwartung von ungleicher Machtverteilung durch schwächere Mitglieder der Gesellschaft/Organisation.
- Individualismus beschreibt Gesellschaften, in denen die Bindungen zwischen den Individuen locker sind. Der Kollektivismus beschreibt umgekehrt Gesellschaften, in denen der Mensch von Geburt an in starke, geschlossene Wir-Gruppen integriert ist, die ihn sein Leben lang schützen und dafür weitreichende Loyalität verlangen. Individualismus bedient sich des Mehrheitsentscheids, legt geringen Wert auf Beziehungen und bezieht Motivation aus hoher Entlohnung. Kollektivismus legt Wert auf Konsensentscheide, auf enge Beziehungen und bezieht Motivation aus Anerkennung durch andere.
- Maskulinität/Feminität beschreibt die Bestimmtheit/Dominanz bzw. Bescheidenheit/Fürsorglichkeit im menschlichen Verhalten. Maskuline Gesellschaften sind insgesamt konkurrenzbetonter als feminine, der Unterschied zwischen männlichen und weiblichen Wertvorstellungen ist anders als im feministischen Gesellschaften sehr groß.
- Die Unsicherheitsvermeidung betrifft den Grad, in dem sich die Mitglieder der Gesellschaft durch ungewisse oder unbekannte Situationen bedroht fühlen und wohlstrukturierte Zustände anstreben.
- Bei Langfristigkeit dominieren Wertvorstellungen wie Ausdauer, Ordnung der Beziehungen nach dem Status, Sparsamkeit. Bei Kurzfristigkeit stehen Werte wie persönliche Standhaftigkeit, Festigkeit, Wahrung des »Gesichts«, Respekt vor Tradition im Vordergrund.
- In Bezug auf die Raumvorstellung bestehen interkulturell erhebliche Unterschiede über die Bedeutung der Platzierung von Gegenständen im Raum wie auch über die räumlichen Verhältnisse von Individuen untereinander (soziale Distanz).
- Für die Kontextualität ist besonders die Kommunikation von Bedeutung. Dabei gibt es Kulturen, für die der Stil der Kommunikation deren Inhalt interpretiert (fernöstlich), und solche, bei denen der Inhalt expliziert wird (westlich).
- Kognitive Prozesse betreffen die Art zu denken, zu urteilen und Schlussfolgerungen zu ziehen sowie die Wahrnehmung der Realität und Kausalität. Westliche Kulturen sind eher analytisch, deduktiv, rational/systematisch, subordinierend und hierarchisch veranlagt, fernöstliche eher synthetisch, induktiv, intuitiv/analogisierend, koordinierend und ganzheitlich.
- Religiöse Vorstellungen spielen aufgrund der vor allem historisch bedingten Bedeutung immer noch eine große Rolle. Für die wirtschaftliche Entwicklung Europas war etwa das protestantische Leistungsdenken einflussreich.

Weitere Unterscheidungen setzen bei der Mentalität und Kultur an. Unter **Mentalität** versteht man eine typische allgemeine Einstellung von Menschen zu ihrer Umwelt oder allgemein eine Grundhaltung, die Menschen einnehmen und ihre Weltanschauung verkörpert. Sie beinhaltet spezifische Wertvorstellungen und zu erwartende Handlungsweisen (Verhaltensnormen). Unter Kultur versteht man gemeinsame Wertvorstellungen und ein Gemeinschaftsgefühl, das aus Geschichte, Sprache und Religion gewachsen ist. Zur Beschreibung internationaler Mentalitäts- und Kulturunterschiede in Bezug auf Kommunikation dienen etwa folgende Kriterien:

- Ein neutrales Verhalten ist durch hohe Selbstkontrolle charakterisiert. Die Intensität der Kommunikation ist gleichbleibend, ebenso wie die Distanz in der Kommunikation. Ein emotionales Verhalten ist durch geringe Selbstkontrolle gekennzeichnet, außerdem durch schwankende Intensität und die Suche nach Nähe zum Kommunikationspartner.
- Ein wirtschaftsspezifisches Verhalten zeichnet sich durch die Trennung von Privatem und Geschäftlichem aus, bedient sich der expliziten Darstellung von Sachverhalten und legt ein

wortgetreues Vertragsverständnis zugrunde. Ein wirtschaftsdiffuses Verhalten setzt stillschweigend die Einheit von Privatem und Geschäftlichem voraus, es bedient sich der impliziten Darstellung von Sachverhalten und interpretiert Vertragsinhalte aus dem Kontext heraus (sinngemäß).
- Eine sequentielle Zeitorientierung macht sich eine lineare Denkweise zueigen, die Beurteilung des Kommunikationspartners erfolgt nach seiner letzten Leistung, hohe Termintreue wird notwendig unterstellt. Eine synchrone Zeitorientierung impliziert eine zyklische Denkweise, die Beurteilung des Kommunikationspartners erfolgt aufgrund seiner Gesamtentwicklung, und die Termintreue ist eher gering ausgeprägt.

Ein interessanter Aspekt kann durch den Anthropologie-Ansatz von E.T. Hall hinzugefügt werden. Er unterscheidet bei seinem Kulturansatz u. a. zwischen »High Context Cultures« und »Low Context Cultures«. Danach haben situative und externe Faktoren einen hohen Einfluss auf die Kommunikation. High Context Cultures sind insofern sehr stark von diesen Faktoren abhängig, wenn es darum geht, zielgerichtete Kommunikation aufzubauen bzw. zu unterhalten. Das heißt, situative und externe Faktoren haben großen Einfluss auf die Kommunikationswirkung. Low Context Cultures hingegen sind in ihrer Kommunikation weitgehend unbeeinflusst von diesen Faktoren.

Eine typische Low-Context-Umgebung ist in diesem Zusammenhang das Internet. Es wird daher mutmaßlich erfolgreicher in solchen Kulturen sein, die ohnehin auf kommunikationsbegleitende Signale eher verzichten können (z. B. USA) als in solchen Kulturen, in denen diesen Signalen vielfältige Bedeutung zukommt (z. B. Japan/China). Insofern ist auch die Funktion von Emoticons in Chats einleuchtend.

High Context Cultures lassen sich durch folgende Merkmale umschreiben:

- Die zwischenmenschlichen Beziehungen sind langlebig und tiefgreifend. In Alltagssituationen ist die Kommunikation unprätentiös und präzise. Vorgesetzte fühlen sich persönlich für ihre Mitarbeiter verantwortlich. Das gesprochene Wort zählt mehr als schriftliche Verträge. Es gibt ein starkes Gruppenzugehörigkeitsgefühl und innerhalb der Gesellschaft. Es gibt große Widerstände gegen die Änderung des kulturell geprägten Verhaltens.

Zu den High Context Cultures zählt Hall tendenziell u. a. Japan, die arabischen Nationen, China, Korea, Vietnam, mediterrane Länder sowie Länder im mittleren und nahen Osten. Hier gibt es ausgeprägte soziale Netzwerke innerhalb von Familien, mit Bekannten, Arbeitskollegen, Freunden etc., sodass Vieles ohne nähere Erläuterung der Umstände klar und unmissverständlich ist (»goes without saying«). Die Randbedingungen der Kommunikation sind allen Beteiligten weitgehend vertraut, sodass sich nähere Auslassungen dazu erübrigen.

Low Context Cultures sind hingegen durch folgende Merkmale gekennzeichnet:

- Die zwischenmenschlichen Beziehungen sind eher kurzlebig und beiläufig. Die Kommunikation ist sehr detailreich und selbstreferenziell. Jeder ist für sich selbst verantwortlich, das System bleibt anonym. Schriftliche Verträge sind wichtiger als das gesprochene Wort. Die Gesellschaft ist individualistisch gestaltet. Das kulturell geprägte Verhalten kann leicht und rasch geändert werden.

Zu den Low Context Cultures zählt Hall tendenziell u. a. USA, Großbritannien, Schweiz und die skandinavischen Länder. Hier ist es erforderlich, bei jedem Kommunikationsanlass zusätzlich zur eigentlichen Botschaft auch die Botschaftsabsicht bzw. die näheren Umstände, unter denen diese Botschaft gelten soll, zu explizieren. Nur dadurch ist sichergestellt, dass Verständnisverzerrungen weitgehend, wenngleich mitnichten auch nur annähernd komplett, vermieden werden.

Low Context Cultures werden von Hall auch als überwiegend monochron bezeichnet. Sie weisen damit eine lineare Zeitauffassung auf. Darunter versteht man die sequentielle Ausrichtung von Tätigkeiten, d. h., es wird möglichst nur eine Sache zur Zeit getan, man konzentriert sich auf eine anliegende Aufgabe. Vereinbarte Fristen und Deadlines werden als gegenseitig verbindlich erachtet und sind in jedem Fall einzuhalten. Effizientes Zeitmanagement hat daher hohe Priorität. Dominierend ist die Gegenwartssicht, d. h. der Fokus auf den Augenblick, der nach Erledigung durch den nächsten Augenblick abgelöst wird. Die Zeit ist somit ein dominierendes Ordnungssystem des täglichen Lebens. Dies ist etwa für westliche Kulturen typisch, z. B. Länder in Nord- und Mitteleuropa.

Im Unterschied dazu herrscht in polychronen Kulturen ein synchrones Zeitverständnis vor. Sie weisen damit eine zyklische Zeitauffassung auf. Das heißt, es können durchaus verschiedene Dinge zur gleichen Zeit gemacht werden, z. B. indem eine Arbeit für die Erledigung einer anderen, durchaus nicht immer wichtigeren, unterbrochen wird. Vereinbarte Fristen und Deadlines werden eher nur als unverbindliche Orientierungen betrachtet, auf deren Einhaltung es nicht so genau ankommt. Das Handeln wird immer im Kontext aus Vergangenheit und Zukunft betrachtet. Heute unproduktiv verloren gegangene Zeit kommt daher morgen wieder, insofern ist ein Zeitmanagement eher nachrangig. Dies ist für fernöstliche und arabische Länder sowie mittel- und südamerikanische Länder typisch.

Nationale Abweichungen ergeben sich realiter gleich in mehrerlei Weise:
- Nationale Besonderheiten in der **Medienstruktur**. So gilt Großbritannien als klassisches Zeitungsland, Italien als klassisches Fernsehland und Deutschland als klassisches Zeitschriftenland. Ergebnisse der Mediaplanung lassen sich daher nicht ohne weiteres übertragen.
- Nationale **Werbebeschränkungen** für Produkte. So gibt es in Frankreich Werbebeschränkungen für Versandhandelswerbung, in Irland für Sanitärprodukte, in den Niederlanden für Diätnahrung. Vorhandene Kampagnenumsetzungen können daher nicht unmittelbar übertragen werden.
- National abweichende **Markennamen** für dasselbe Produkt. So heißt der Haushaltsreiniger Meister Proper von Procter&Gamble in Spanien Mister Proper, in Großbritannien Mister Clean, in Italien Maestro Lindo und in Frankreich Monsieur Proper. Dies erfordert im Einzelnen individuelle Packshots, Printmotive und Nachvertonungen.
- National abweichendes **sprachliches Verständnis** von Markennamen. So scheiterte die Einführung des führenden irischen Whiskeys Irish Mist in Deutschland, weil dieser als irischer Mist im Regal stand (heute Tellamore Dew). Gleiches gilt für den japanischen Whisky Nikka bei der Einführung in den USA (englischsprachige Aliteration zu Farbiger). Der Chevrolet Nova war im spanisch-sprachigen Mexiko als No va (funktioniert nicht) unterwegs. Die spanische Übersetzung für Ford Pinto führt sogar zu einem nicht jugendfreien, stehenden Ausdruck. Ebenso wie die für den Mitsubishi Pajero, einen Geländewagen.
- National abweichende **Kulturräume**. So gilt die weibliche Achselhöhle, die hierzulande bedenkenlos bei entsprechenden Produkten in der Werbung gezeigt wird, in Afrika als

> absolute Tabuzone. Oder die Farbe Weiß in Japan als Farbe der Trauer, was dem bleichgesichtigen McDonald's Clown, Ronald McDonald, dort gar nicht gut bekam. Konsequenterweise ist dann Schwarz die Farbe der Freude.

Es gibt jedoch neben stark abweichenden Werbeaufwendungen (Abb. 292 + 293) auch zahlreiche, je nach Land voneinander abweichende Werbebeschränkungen. Dazu einige Beispiele:

- Belgien: Vergleichende Werbung ist untersagt, Tabakwerbung in TV ist verboten;
- Deutschland: Werbeverbot für verschreibungspflichtige Heilmittel, Tabakwaren in TV/HF, vergleichende Werbung ist limitiert, Tabakwaren sind mit staatlichem Hinweis auf Gesundheitsschädigung zu versehen;
- Dänemark: Werbeverbot für verschreibungspflichtige Heilmittel, Tabakwaren und Alkohol in TV, Tabakwaren sind mit staatlichem Hinweis auf Gesundheitsschädigung zu versehen;
- Finnland: Werbeverbot für Tabakwaren und Alkohol, vergleichende Werbung ist untersagt;
- Frankreich: Werbeverbot für Tabakwaren, Alkohol, Heilmittel, sofern sie von der Sozialversicherung zurückerstattet werden;
- Griechenland: Werbeverbot für Heilmittel (auch OTC), Tabakwaren in TV, Alkohol vor 20.00 Uhr in TV;
- Irland: Werbeverbot in TV für Tabakwaren und Spirituosen, Tabakwaren sind mit staatlichem Hinweis auf Gesundheitsschädigung zu versehen;
- Italien: Werbeverbot für Tabakwaren, Toilettenpapier/Monatshygiene in TV zwischen 12.00 und 14.00 Uhr und 20.00 bis 21.00 Uhr, vergleichende Werbung ist untersagt;
- Niederlande: Werbeverbot für Tabakwaren in TV, vergleichende Werbung ist untersagt, freiwillige Selbstkontrolle der für alkoholische Produkte werbenden Unternehmen, Tabakwaren sind mit staatlichem Hinweis auf Gesundheitsschädigung zu versehen;
- Norwegen: Werbeverbot in TV für Tabakwaren, Alkohol und Heilmittel (auch OTC), vergleichende Werbung ist untersagt;
- Österreich: Werbeverbot in TV für Tabakwaren, Spirituosen (mit Ausnahme von Wein und Bier) sowie verschreibungspflichtige Medikamente, Tabakwaren sind mit staatlichem Hin-

Land	Werbeaufwendungen (in Mrd. US-$)
USA	112,4
Japan	29,9
Deutschland	19,9
Großbritannien	17,4
Frankreich	9,8
Italien	6,5
Brasilien	6,4
Kanada	4,9
Spanien	4,8
Australien	4,4
Niederlande	3,7
China	3,7
Taiwan	3,6
Argentinien	3,5
Russland	3,4
Kolumbien	2,9
Mexiko	2,8
Hongkong	2,7
Schweiz	2,4
Südkorea	1,9

Abb. 292: Internationale Werbeaufwendungen 1998

Nationen	1996	1997	1998	1999
	(Werbeausgaben in Mio. US-$)			
USA	101.220	105.991	110.784	115.487
Kanada	4.207	4.289	4.408	4.535
Deutschland	81.749	86.424	91.389	96.850
Großbritannien	22.977	24.356	25.939	27.755
Frankreich	10.478	10.731	10.925	11.087
Italien	5.819	6.165	6.481	6.817
Spanien	4.889	5.080	5.284	5.519
Niederlande	3.778	3.973	4.158	4.345
Schweiz	3.115	3.195	3.279	3.422
Schweden	1.704	1.681	1.696	1.747
Österreich	1.667	1.697	1.772	1.847
Belgien	1.566	1.620	1.696	1.796
Japan	77.906	85.441	93.064	102.055
Südkorea	45.907	48.108	49.936	51.977
China	6.995	8.054	9.109	10.205
Australien	4.617	4.958	5.342	5.761
Taiwan	3.978	4.376	4.814	5.295
Indonesien	2.082	2.858	3.918	5.485
Hongkong	2.010	2.171	2.366	2.611
Thailand	1.937	2.132	2.451	2.819
Indien	1.740	2.182	2.627	3.330
Brasilien (geschätzt)	7.466	8.200	9.100	10.200
Mexiko	4.206	5.080	6.234	7.480
Argentinien	2.717	2.815	2.906	3.000
Kolumbien	2.372	2.798	3.498	4.372
Venezuela	1.033	1.185	1.348	1.786

Abb. 293: Internationale Werbeaufwendungen im Zeitablauf

weis auf Gesundheitsschädigung zu versehen, Werbung für pharmazeutische Heilmittel ist genehmigungspflichtig;
- Portugal: Werbeverbot für Tabakwaren, verschreibungspflichtige Heilmittel, Alkohol zwischen 7.00 und 21.30 Uhr in TV, Tabakwaren sind mit staatlichem Hinweis auf Gesundheitsschädigung zu versehen;
- Schweden: Werbeverbot für alkoholische Getränke über 2,8 Promille, Tabakwaren in TV, Tabakwaren sind mit staatlichem Hinweis auf Gesundheitsschädigung zu versehen;
- Schweiz: Werbeverbot in TV für Tabakwaren und Alkohol;
- Spanien: Werbeverbot für verschreibungspflichtige Heilmittel, Tabakwaren und stark alkoholische Getränke in TV, ebenso Getränke mit geringem Alkoholgehalt vor 22.00 Uhr, Werbung für Heilmittel (OTC) ist genehmigungspflichtig, Tabakwaren sind mit staatlichem Hinweis auf Gesundheitsschädigung zu versehen.

Weitere Werbeschränkungen sind u. a. folgende:
- politische Inhalte in Belgien, Schweiz (TV/HF), Dänemark, Schweden, Finnland (TV); politische Parteien in Österreich (TV/HF), Irland (TV); religiöse Inhalte in Belgien, Irland, Schweiz (TV/HF), Dänemark, Schweden, Finnland (TV); Werbung mit Kindern in Deutschland, Frankreich, England, Finnland; an Kinder gerichtete Werbung in Österreich, Dänemark (TV/HF), Deutschland (TV); Kosmetikprodukte in Belgien; Lebensmittel in Belgien; Süßigkeiten in Belgien (TV); Automobile in Portugal; empfängnisverhütende Mittel in Irland; Schwangerschaftstests in Irland; Abtreibungskliniken in Irland; Alkoholismus-Kuren in Irland; Haarkliniken; Haarstudios in Irland (TV); Waffen in Italien (TV), Frankreich; Spielzeug in Griechenland (TV); Energie in Frankreich; Finanzdienstleistungen in Finnland (TV); geschäftliche Kreditvermittlung in Italien (TV/HF), Irland (TV); private Kreditangebote in Österreich (TV/HF); Glücksspiele, Lotterien in Norwegen (Print), Finnland (TV); Wettbüros in Italien, Irland (TV/HF); Erziehung, Ausbildung in Finnland (TV); Heiratsangebote in Österreich (TV/HF); Bestattungsinstitute in Italien, Irland (TV/HF), Finnland (TV); Detektiv-Büros in Italien (TV/HF); Zeitungen, Zeitschriften, Bücher in Frankreich (TV); Videokassetten in Österreich (Kino); Einzelhandelsangebote in Frankreich (TV).

7.2.2 Zuordnung

Unterscheidet man hinsichtlich der Angebote nach Globalisierungs- und Lokalisierungsvorteilen, beide jeweils in der Ausprägung niedrig und hoch, so ergibt sich eine Matrix mit folgender Zuordnung (Abb. 294):

- Sowohl die Globalisierungs- als auch die Lokalisierungsvorteile sind niedrig: **ethnozentrale**, d. h. stammlandorientierte, Kommunikation. Als Beispiel kann die Werbung für Low-Interest-Produkte wie Nahrungsmittel gelten. Für ethnozentrisch orientierte Unternehmen gilt: Die Organisationskomplexität ist in der Muttergesellschaft hoch, in den Tochtergesellschaften jedoch niedrig. Autorität und Entscheidungsfindung sind bei der Muttergesellschaft zentralisiert. Steuerungs- und Kontrollgrößen entsprechen den Standards des Heimatlandes. Die Leistungsanreize und -sanktionen sind hoch bei der Muttergesellschaft, aber gering bei den Tochtergesellschaften. Die Kommunikationsintensität und der Informationsfluss sind einsei-

	Lokalisierungsvorteile niedrig	Lokalisierungsvorteile hoch
Globalisierungsvorteile niedrig	ethnozentral	polyzentral
Globalisierungsvorteile hoch	geozentral	regiozentral

Abb. 294: Supranationale Marktbearbeitung

tig von der Muttergesellschaft an die Tochtergesellschaften gerichtet. Die geografische Identifikation erfolgt mit der Nationalität der Muttergesellschaft. Die Besetzung von Führungspositionen wird mit Stammhausdelegierten vorgenommen.

- Der Globalisierungsvorteil ist niedrig, aber der Lokalisierungsvorteil hoch: **polyzentrale**, d. h. gastlandorientierte, Kommunikation. Als Beispiel kann die Werbung für Industriegüter wie Zement oder Stahl gelten. Für polyzentrisch orientierte Unternehmen gilt: Die Organisationskomplexität ist je nach Dependance unterschiedlich hoch und voneinander unabhängig. Autorität und Entscheidungsfindung sind weitgehend dezentralisiert. Als Steuerungs- und Kontrollgrößen dienen die jeweiligen lokalen Bestimmungen. Leistungsanreize und -sanktionen wirken in unterschiedlichem Maße auf die Tochtergesellschaften ein. Die Kommunikationsintensität und der Informationsfluss einer Tochtergesellschaft sind gering sowohl mit der Muttergesellschaft als auch zu den anderen Tochtergesellschaften. Die geografische Identifikation erfolgt mit der Nationalität des Gastlandes. Die Besetzung der Führungspositionen wird dementsprechend mit Mitarbeitern des Gastlandes vorgenommen.
- Sowohl der Globalisierungs- als auch der Lokalisierungsvorteil sind hoch: **regiozentrale**, d. h. gruppiert variierte, Kommunikation. Als Beispiel kann die Werbung für Telekommunikationsdienste gelten. Für regiozentrisch orientierte Unternehmen gilt: Die Organisationskomplexität ist durch gegenseitige Abhängigkeit auf regionaler Ebene hoch. Autorität und Entscheidungsfindung werden auf die regionalen Subzentralen übertragen, wo eine enge Zusammenarbeit zwischen den Tochtergesellschaften einer Region erfolgt. Als Steuerungs- und Kontrollgrößen dienen regionale Bestimmungen. Leistungsanreize und -sanktionen beziehen sich auf das Erreichen regionaler Zielvorgaben. Die Kommunikationsintensität und der Informationsfluss einer Tochtergesellschaft sind gering mit der Muttergesellschaft, aber hoch mit der jeweiligen regionalen Subzentrale und zwischen den einzelnen Tochtergesellschaften einer Region. Die geografische Identifikation erfolgt als regionales Unternehmen. Die Besetzung der Führungspositionen wird mit Mitarbeitern aus der jeweiligen Region vorgenommen.
- Der Globalisierungsvorteil ist hoch, aber der Lokalisierungsvorteil niedrig: **geozentrale**, d. h. standardisierte, Kommunikation. Als Beispiel kann die Werbung für hocherklärungsbedürftige, technische Gebrauchsgüter wie Flugzeuge oder Computer gelten. Für geozentrisch orientierte Unternehmen gilt: Die Organisationskomplexität nimmt stark zu und bewirkt eine global hohe gegenseitige Abhängigkeit. Autorität und Entscheidungsfindung liegen bei weltweiter Zusammenarbeit gemeinsam bei der Muttergesellschaft und den Tochtergesellschaften. Als Steuerungs- und Kontrollgrößen dienen universale und lokale Standards. Leistungsanreize und -sanktionen beziehen sich auf das Erreichen internationaler und lokaler Zielvorgaben. Die Kommunikationsintensität und der Informationsfluss einer Tochtergesellschaft sind hoch und gegenseitig sowohl mit der Muttergesellschaft als auch mit anderen Tochtergesellschaften. Die geografische Identifikation erfolgt als weltweites Unternehmen unter Wahrung nationaler Interessen. Die Besetzung der Führungspositionen wird mit den besten Mitarbeitern ohne Rücksicht auf deren Nationalität vorgenommen.

7.2.3 Internationale Marktbearbeitung

Die Internationalisierung der Marktbearbeitung vollzieht sich in drei Schritten:
- Marktwahl
- Markteintritt
- Marktführung

Hier geht es um die Generalisierung oder Fokussierung von Marketingaktivitäten, eine Entscheidung, die nicht unumstritten ist. Als Gründe für eine **Generalisierung**, und damit gegen eine Fokussierung, werden genannt:

- Reduzierung der Forschungs- und Entwicklungskosten auf eine Version, die absatzraumübergreifend vermarktet werden kann,
- Schaffung eines einheitlichen Produkt-/Firmenimages auf allen bearbeiteten Märkten durch gleiche Positionierung,
- Erleichterung effizienter Planung durch einheitliche Zielsetzung, die nicht der Berücksichtigung divergierender Interessen bedarf,
- Ähnlichkeiten zwischen den distribuierten Gebieten, die zu einer Konvergenz der Vermarktungsbedingungen führen,
- Vereinfachung der Koordination und Kontrolle durch bessere Übersichtlichkeit und Reduktion der Anzahl der Strategien,
- Ausnutzung von Know-how-Transfer durch ähnliche Umsetzungen auf taktischer und operativer Ebene,
- Zentralisation des Management, das zu effizienterer Steuerung des gesamten Marketing-Mix und der damit betrauten Stellen führt,
- Internationalisierung des Wettbewerbs, wobei nicht mehr Einzelmärkte, sondern Marktzusammenhänge entscheidungsrelevant werden,
- Ausnutzung des Media-Overlapping bzw. nicht zu verhindernde grenzüberschreitende Kommunikation infolge Satellitenfernsehens und -hörfunks bzw. ausländischer Printtitel.

Als Gründe für eine **Fokussierung**, und damit gegen eine Generalisierung, werden genannt:

- Mangelnde Berücksichtigung länderspezifischer Besonderheiten, die Absatzerfolge negativ tangieren können,
- Erhebliche Unterschiede in der Medienlandschaft nach Struktur und Nutzung, z. B. in Bezug auf Print- oder TV-Dominanz,
- Abweichende Produktgebrauchsbedingungen, die sich nur aus dem kulturellen und mentalen Zusammenhang heraus erklären,
- Unterschiedliche Phasen im Marktlebenszyklus, die einen abweichenden Marketing-Mix erfordern, da verschiedene Personengruppen im Diffusionsprozess angesprochen werden sollen,
- Zentrale Kontrolle und Koordination ist letztlich nicht praktikabel, da davon demotivatorische Wirkungen und inakzeptable Entscheidungsverzögerungen ausgehen,
- Not Invented Here(NIH)-Syndrom, das die Übernahme fremder Lösungen behindert und auf verständlichen Landesegoismen basiert,
- Imagedefizite der multinationalen Konglomerate in der Öffentlichkeit, die durch standardisierte Marketingmaßnahmen bestärkt werden,
- Unterschiedliche Absatzmethoden (Distributionsformen, -wege, -systeme) lassen unterschiedliche Approaches erforderlich werden,

– Kosteneinsparungen fallen bei näherem Hinsehen geringer aus als vielfach unterstellt, sodass sie durch Effizienznachteile überkompensiert werden,
– Unterschiedliche Preisstruktur (Nachfrage, Wettbewerb, Kosten) erfordert abweichende preisliche Positionierung von Angeboten,
– Zielgruppendaten weichen erheblich voneinander ab, sodass auch die Ansprache individuell gehalten werden muss.

7.3 Integrierte Kommunikation

7.3.1 Von der Medien- zur Problemorientierung

Integrierte Kommunikation ist die harmonische Abstimmung aller Einzelmaßnahmen der Kommunikationspolitik, die real wahrnehmbar sind (= Werbemittel) bzw. der Gesamtheit intern relativ homogener und extern zugleich heterogener Instrumente (= Medien) zur besseren Erreichung angestrebter Vorzugszustände bei Personen (auch als Repräsentanten von Organisationen), die als relevante Kommunikationserfüller durch den Botschaftsabsender gemeint sind, im Wege inhaltlicher, formaler und raum-zeitlicher Angleichung. Es handelt sich damit um ein gedankliches Konstrukt zur Gesamtheit der Darstellung des Unternehmens und seiner Leistungen aus differenzierten Quellen der Kommunikation zu einem für die Zielpersonen konsistenten Erscheinungsbild durch gemeinsame Ausrichtung aller Kommunikationsinstrumente.

Die medienorientierte Spezialisierung in der Kommunikation ist historisch gewachsen. Die Klassische Werbung schritt dabei voran und die weiteren Kommunikationsinstrumente folgten im Rahmen gewandelter Erkenntnisse über Meinungsbeeinflussungsprozesse. Nun haben sich die Kommunikationsbedingungen zunehmend verschärft, die Märkte sind enger geworden, der Wettbewerb ist härter und die Informationsflut größer. Dies erfordert eine zweifache Reaktion: vertikal hinsichtlich der Qualität der Kommunikation und horizontal hinsichtlich der Breite ihrer Einsatzmöglichkeiten. Damit geht die Tatsache einher, dass die Wirkungsbereiche der Medien einander zunehmend überlappen. Dabei kann so manches gegebene Vermarktungsproblem durchaus sowohl durch Klassische als auch durch Nicht-klassische Werbemittel auf hohem Niveau gelöst werden. Insb. aber durch den abgestimmten, eben integrierten Einsatz mehrerer Werbemittel im Medienverbund.

Die Medienorientierung der Kommunikation muss damit als überholt gelten, denn die einzelnen Instrumente sind nicht mehr isoliert definierbar. Vielmehr geht es in Richtung der Problemorientierung der Kommunikation. Dies stellt einen ganz wesentlichen Schritt dar, denn der Mittelbezug weicht dem Zielbezug. Die seither eher gefühlsmäßig gebildete Meinung über den Medieneinsatz wird ersetzt durch die rationale Analyse. Die Mittelentscheidung ist nicht mehr länger Vorgabe, sondern vielmehr Ergebnis des Kommunikationskonzepts. Vorgabe ist allein das zu lösende Vermarktungsproblem, aus dem der sinnvollste Medieneinsatz dann erst sachlogisch resultiert (Abb. 295).

Diese Veränderung der Denkweise ist die wohl einzige Chance, Materialschlachten in der Werbung durch Intelligenz und Effizienz zu ersetzen. Wer das Angebot der integrierten Kommunikation konsequent anwendet und schlüssig umsetzt, verschafft sich einen Wettbewerbsvorsprung am Markt. Zu überzeugend sind nämlich seine Vorteile.

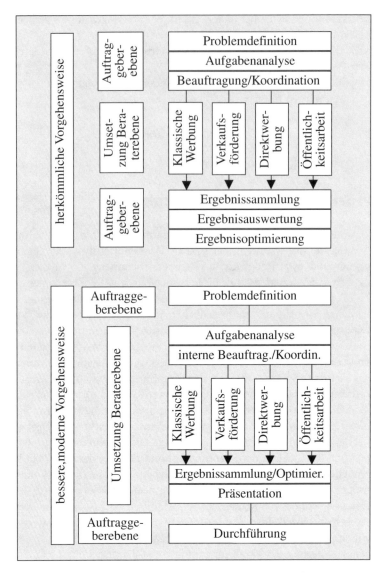

Abb. 295: Problemorientierung in der Kommunikation

7.3.2 Absenderidentität

Identität ist die Gleichheit einer Person oder eines Objekts mit sich selbst aus eigener Sicht (Selbstbild) und Sicht Dritter (Fremdbild). Jedes Angebot hat qua Präsenz ihm zugeschriebene Identitätsfaktoren und kann weitere durch kommunikative Maßnahmen erwerben oder übernehmen.

Diese Maßnahmen betreffen die **Corporate Identity** (CI). CI ist ein außerordentlich schillernder Begriff. Definitionen betreffen u. a.

- die Unternehmensphilosophie sowie das durchgängige inhaltliche und visuelle Erscheinungsbild eines Unternehmens,
- die zentrale Kommunikationsstrategie des Unternehmens,
- die Höchstform der Selbstdarstellung eines Unternehmens,
- die erkennbare und wirksame Ausstrahlung einer Firmenpersönlichkeit in ihre Umwelt,
- die Summe aller Kommunikationsmittel und -möglichkeiten zur Unternehmensdarstellung,
- die Einheit und Übereinstimmung von Erscheinung, Worten und Taten eines Unternehmens mit seinem formulierten Selbstverständnis,
- den einheitlichen Auftritt eines Unternehmens und seiner Teile gegenüber Dritten.

Abzugrenzen ist CI von

- der Unternehmensphilosophie, welche die grundsätzlichen ökonomischen, gesellschaftspolitischen und sozialen Wert-, Ziel- und Kompetenzvorstellungen eines Unternehmens in Bezug auf sich selbst und seine Stellung in der Umgebung ausdrückt,
- der Unternehmenskultur, welche die Gesamtheit der Normen und Wertvorstellungen, der Denkhaltungen und Überzeugungen umfasst, die dem Verhalten und den Entscheidungen der Menschen im Unternehmen zugrunde liegen,
- dem Unternehmensimage als der Vorstellung von einem Gegenstand, die sich mit der Wirklichkeit womöglich nur zum Teil deckt. Dieses ist der emotional gefärbte Ausdruck der Identität innerhalb eines Meinungsraumes.

Als Grundregeln für die Einführung eines Corporate-Identity-Programms können folgende Empfehlungen gelten. Das Management muss deutlich machen, dass es sich für ein CI-Programm entschieden hat und voll hinter diesem steht. An der Ausformulierung der CI-Grundsätze müssen alle Unternehmensbereiche beteiligt sein. Über den Fortschritt des CI-Programms muss kontinuierlich berichtet werden. Die Anlaufzeit eines CI-Programms soll zur Sensibilisierung der Mitarbeiter für die zu entwickelnde CI genutzt werden, weil so geschaffenes Problembewusstsein und Defizitempfinden die Realisierungsphase beschleunigt. Die CI-Grundsätze müssen in Wort und Bild festgehalten werden. Je jünger das CI-Programm, desto mehr muss es auf die einzelnen Funktionen im Unternehmen hin interpretiert, muss also die Bedeutung der CI für die einzelnen Bereiche erklären. Die Anleitungen für die CI-Praxis sollten von den Mitarbeitern ausgedacht werden, damit es ihnen leichtfällt, sich dafür zu engagieren und die CI zu leben. Das CI-Programm muss zwingend bei Schulungen Anwendung finden, da hier das Verhalten der Mitarbeiter unmittelbar beeinflusst wird. Es muss verbindlich Anwendung finden bei Entwurf und Einsatz aller zur Verfügung stehenden Kommunikationsmittel des Unternehmens. Um dies zu gewährleisten, muss eine Controlling-Instanz geschaffen werden, über welche die CI-Interessen mit den einzelnen Ressorts beständig abgeglichen werden.

Das Selbstverständnis eines Unternehmens, das Voraussetzung für eine Ziel gerichtete Kommunikation ist, ist zumeist in Unternehmensleitsätzen niedergelegt.

Die Business Mission hebt auf die Identität eines Absenders hinsichtlich seiner kommunizierten Geschäftsinhalte ab. Identität ist dabei generell die Gleichheit einer Person oder eines Objekts mit sich selbst aus eigener Sicht (Selbstbild) und Sicht Dritter (Fremdbild). Jedes Angebot hat qua Präsenz ihm zugeschriebene Identitätsfaktoren und kann weitere durch kommunikative Maßnahmen erwerben oder übernehmen.

Der Corporate-Identity-Mix besteht aus den folgenden Instrumenten:

- **Corporate Mission** ist das Leitbild des Unternehmens, das allein seinen Geschäftszweck bestimmt. Hier definieren fortschrittliche Anbieter anspruchsvolle Ziele, die Maßgabe deren ethischer Wertungen in der Geschäftstätigkeit sind.
- **Corporate Personality** ist die Persönlichkeit des Unternehmens, die durchaus analog zur Persönlichkeit des Menschen zu begreifen ist (ihr steht das Corporate Image als Fremdbild dieser Persönlichkeit bei Zielpersonen gegenüber).
- **Corporate Culture** sind die dem kollektiven Wertesystem entsprechenden Normen, die Toleranzgrenzen für eine konforme Unternehmenspolitik innerhalb der Gesellschaft darstellen und je nach Raum- und Zeiteinbindung erheblich variieren können.
- **Corporate Design** stellt spezifische, das visuelle Erscheinungsbild der Unternehmenspersönlichkeit betreffende Symbole dar, die durch das einheitliche Zusammenspiel von Architektur-, Grafik- und Produkt-Design zu optimaler Geschlossenheit avancieren.
- **Corporate Behavior** ist das Verhalten des Unternehmens bzw. der Menschen im Unternehmen untereinander und in Bezug auf die diversen Zielgruppen wie Kunden, Lieferanten, Geldgeber oder allgemeine Öffentlichkeit.
- **Corporate Communications** ist die Gesamtheit der Kommunikations- und Informationsmaßnahmen, mit denen auf strategischer Basis das Selbstverständnis des Unternehmens nach innen und außen transparent gemacht werden soll.

Im Rahmen des Corporate Identity-Mix geht es nun darum, das Selbstbild des Absenders als Ziel zu sehen und über geeignete Maßnahmen das Fremdbild, das er bei relevanten Zielgruppen hat, mit diesem in Übereinstimmung zu bringen, also zu einer Einheit von Charakter und Auftritt, von Worten und Taten eines Absenders zu gelangen. Am Anfang steht dabei die Findung einer Corporate Mission, welche die Wurzeln des Geschäfts betont (Wofür steht der Absender? Was ist seine Vision? Woher bezieht er seine Marktberechtigung?). Hier werden die grundlegenden ökonomischen, politischen und sozialen Wert-, Ziel- und Kompetenzvorstellungen in Bezug auf sich selbst und auf die Stellung im Umfeld ausgedrückt. Wegen der immensen Bedeutung fassen gut geführte Unternehmen ihr **Mission Statement** in Unternehmensgrundsätzen zusammen (z. B. Ellen Betrix: The Care Company/Pflege, genauer Körperpflege), oder Rank Xerox: The Document Company, nicht nur Fotokopierer).

Daraus ergibt sich die praktische Ausführung des Leitbilds, das jeden einzelnen Mitarbeiter betrifft und jedem zur strikten Beachtung an die Hand gegeben wird. Gegen Unternehmensgrundsätze wird allerdings oft massiv eingewandt, dass sie als Leerformeln wirken, unter mangelnder Operationalität leiden, ihnen bloßer Papiercharakter zukommt, sie sich dem Trivialitätsvorwurf aussetzen, eine vordergründige Harmonietäuschung provozieren und als Mittel der Werbung missbraucht werden.

Dann sind die Erhebungen des Selbstbilds (= Corporate Personality) und des Fremdbilds (= Corporate Image) erforderlich. Corporate Personality drückt die unverwechselbare Identität einer Organisation/Institution als Absender aus. Sie verfügt über Ausprägungen und Charaktereigenschaften wie eine vertraute menschliche Persönlichkeit. Und wie diese ist sie in einer stetigen Entwicklung begriffen. Als Merkmale zur Umschreibung dienen etwa folgende:

- Geschlecht, Ausbildung/Beruf, Einkommen, Alter, Sozialstellung, Aktivierung, Interessen, Stilempfinden, Wesensmerkmale, Freunde/Förderer, Gegner/Behinderer, größte Leistung/ größte Niederlage, Hauptstärken/-schwächen, Entwicklungschancen/-risiken etc.

Jede Gemeinschaft lässt sich nun hinsichtlich dieser oder anderer Kriterien beschreiben. Sich diese bewusst zu machen, sie verantwortungsvoll zu steuern und zu stabilisieren, ist allererste Voraussetzung für ein klares Profil. Denn ohne Klarheit über sich selbst bleibt jeder Kommunikationserfolg bei anderen dem Zufall überlassen.

Corporate Image ist die **Fremdeinschätzung**, die ein Objekt in den Augen seiner Zielpersonen hat. Ziel ist es nunmehr, die Fremdeinschätzung mit der Selbsteinschätzung zur Deckungsgleichheit zu bringen. Hilfsmittel zur Feststellung der Fremdeinschätzung ist eine vorwiegend qualitative Marketingforschung. Ganz wichtig sind auch Mitarbeitermeinungen (Belegschaft, Vertrauensleute, Betriebsräte, Führungskräfte, Kundenkontaktmitarbeiter, informelle Gruppen, Problemgruppen etc.). Die so gewonnene Fremdeinschätzung des Botschaftsabsenders wird dann mit der vorher definierten Selbsteinschätzung abgeglichen.

Corporate Culture (= **Unternehmenskultur**) stellt das Ergebnis von Interaktionen dar und schafft einheitliche Reaktionsmuster. Sie ist gleichsam die gelebte Geschichte einer Organisation, auf dem Humus einer Business Mission und Persönlichkeit gewachsen und schafft als »unsichtbare Hand« verlässliche Orientierungsmuster für alle Personen innerhalb der Organisation und alle, die außerhalb mit ihr zu tun haben. Sie drückt die gemeinsamen Werte- und Normenvorstellungen und geteilten Denk- und Überzeugungsmuster aus, die das Unternehmen und seine Prozesse leiten. Dies dient vornehmlich der Erklärung von Markterfolgsunterschieden zwischen Anbietern, die nicht allein durch objektive Tatbestände (Hard Factors) erklärt werden können, aber zweifelsfrei vorhanden sind. Die Kultur wird meist anhand von Symbolen, Helden, Ritualen und Werten zu interpretieren gesucht. Symbole sind Worte, Objekte und Gesten, deren Bedeutung auf Konventionen zurückgeführt werden. Helden sind tatsächliche oder erfundene Menschen, tot oder lebendig, die als Verhaltensvorbilder innerhalb einer Kultur fungieren. Rituale sind kollektive Aktivitäten, die zwar rein technisch überflüssig, aber innerhalb einer Kultur aus sozialen Gründen dennoch notwendig sind. Werte stehen für breitgefächerte Gefühle, derer man sich häufig nicht bewusst ist und über die man auch nicht sprechen kann. Sie bestimmen aber meist das Verhalten. Der Kulturwandel betrifft die bewusste, zielgerichtete, systematische Veränderung einer nicht mehr als adäquat angesehenen Unternehmenskultur in eine andere Richtung. Er vollzieht sich generell in den Phasen des Auftauens (Unfreezing) der verfestigten Strukturen, der eigentlichen Erreichung eines neuen Gleichgewichtszustands (Change/Moving) und des Stabilisierens dieses Zustands (Freezing/Refreezing).

Corporate Design ist das sichtbare Pendant zur Kultur als visuelle **Gestaltung** der Artefakte. Es ist die Gesamtheit der Erscheinungsmerkmale, mit denen sich ein Unternehmen in der Öffentlichkeit präsentiert, um Wiedererkennung zu ermöglichen. Es umfasst alle Mittel zur Bestimmung des Auftritts, so als Objektdesign die Gestaltung der Produkte oder Verkörperung von Ideen, als Architekturdesign die Gestaltung von Gebäude, Einrichtung und Ausstattung, als Grafikdesign die Gestaltung zentraler Bildelemente (Fotostil, Farbstimmung, Layoutraster, Typografie) und als Sprachdesign die Gestaltung der Tonalität der Ansprache in der Werbung.

Die Einstellung bestimmt das **Verhalten und Handeln** des Unternehmens (= Corporate Behavior). Diese stellen die Leitlinien des Agierens im Markt dar, also gegenüber Lieferanten, Abnehmern, Wettbewerbern, Mitarbeitern und sonstigen Interessengruppen. Zu nennen sind hier Eigentümer, Finanzmittelgeber, Anlieger, Verbände, Parteien/Politik, öffentliche Verwaltung, Gewerkschaften/Betriebsrat, Manager, Meinungsbildner wie Lehrer, Journalisten etc.

Kommunikationsprogramme dienen dann zur Erkennung und Beeinflussung bei Zielgruppen (= Corporate Communications). Diese wirken über Signale nach außen und innen zur Sicherstellung der Erkennung/Wiedererkennung und der Einstellungsänderung. Als Mittel werden dazu differenzierte Werbemaßnahmen eingesetzt. Diese betreffen sowohl Klassische als auch Nicht-klassische Werbung.

In der Summe ergeben sich so Sympathie und Kompetenz, Akzeptanz und Vertrauen in den Absender (= **Corporate Goodwill**). Sympathie und Kompetenz sind dabei die Eckpfeiler der Akzeptanz. Ein Anbieter, der nur kompetent ist, wird zwar respektiert, aber nicht unbedingt geliebt. Und ein solcher, der nur sympathisch ist, wird zwar gemocht, aber strahlt keine Sicherheit aus. Erst beide Größen gemeinsam sind in der Lage, öffentliches Vertrauen zu generieren. Und dieses ist das Finalziel allen strategischen Informations- und Kommunikations-Management. Nur reichen ungezielte Sympathie und sporadische Kompetenz wiederum nicht aus, sondern es kommt entscheidend darauf an, dass Akzeptanz im Sinne der formulierten Corporate Mission erzielt wird.

In der Kommunikation ist dabei der Begriff Corporate Design (CD) von zentraler Bedeutung. Dieser ist ebenso vielschichtig definiert. Hier einige Beispiele. CD ist u. a.:

– das bewusst geplante und umfassende Designprogramm, das alle Objekte, Dienste und Einrichtungen eines makro-sozialen Systems einheitlich mit prägnanten Gestaltungsmerkmalen kennzeichnet,
– die Summe aller visuellen Informationen und Kommunikationen eines Unternehmens,
– ein nach firmenspezifischen Leitlinien geformtes Erscheinungsbild von Architektur, Medien, Produkten, Präsentationsweisen, die gemeinsam den Eindruck eines Firmenstils vermitteln,
– die Gesamtheit der optischen Erscheinungsmerkmale, mit denen sich ein Unternehmen in der Öffentlichkeit präsentiert, mit dem Ziel, in der Vielfalt der Kommunikationsprogramme Erkennbarkeit und Wiedererkennbarkeit zu erreichen.

Corporate Communications (CC) schließlich ist nach verbreiteter Definition:

– die strategisch aufgebaute Kommunikation mit dem Ziel, die Einstellung der Öffentlichkeit gegenüber einem Unternehmen zu beeinflussen oder zu verändern,
– die Übersetzung der Identität des Unternehmens in Kommunikation und bildet damit das strategische Dach für die unterschiedlichsten Kommunikationsaktivitäten nach innen und außen.

7.3.3 Arbeitsteilung der Medien

7.3.3.1 Medienangebot

Nur eine effiziente Arbeitsteilung der Medien führt zur optimalen Erreichung der Kommunikationsziele. Die Vielfalt der Medien ist in neuerer Vergangenheit erheblich gestiegen. Dazu noch einmal die Übersicht:

(I.) Klassische Werbemittel, vor allem
 – Anzeige: Zeitschriften, Zeitungen, sonstige Printmedien,
 – Spot: Fernsehen, Hörfunk, Kino/Disco,
 – Plakat: stationär, mobil, sonstige Außenwerbung.
(II.) Nicht-klassische Werbemittel, vor allem
 – Neue Medien, Online-Dienst, Videorecorder/Bildplattenspieler, Videotext,
 – Schauwerbung: Marktveranstaltungen (Messen/Ausstellungen), Handelsplatzauftritt (POS), Events,

- Produktausstattung: Design, Styling,
- Verkaufsförderung: Staff Promotions, Pipeline Filling, Merchandising, Consumer Promotions,
- Direktwerbung: Mailing, Verteilung, Telefonansprache, Massenmedien mit Reaktionselement, Katalog, gegenständliche Medien,
- Öffentlichkeitsarbeit: Externe PR, Interne PR, Multiplikatoren-PR, Neue Formen der PR,
- Persönliche Kommunikation,
- Verkaufsliteratur: Dokumentation, Vorverkauf.

7.3.3.2 Medienprogramm

Aus der Kombination Klassischer (I.) und Nicht-klassischer Werbemittel (II.) ergibt sich folgende Media-Mix-Matrix (Abb. 296):

- Kein Einsatz Klassischer Werbemittel und kein Einsatz Nicht-klassischer Werbemittel bedeutet den hier leicht zu ignorierenden Fall, dass keine Kommunikationspolitik vorgenommen wird.
- Der Einsatz eines Klassischen Werbemittels und kein Einsatz Nicht-klassischer Werbemittel bedeutet den Fall des Klassischen Mono-Media-Einsatzes. Dieser reichte über lange Zeit hinweg als Standard kommunikativer Bemühungen völlig aus.
- Der Einsatz mehrerer Klassischer Werbemittel und kein Einsatz Nicht-klassischer Werbemittel bedeutet den Fall des Klassischen Mono-Media-Mix. Eine Abstimmung kommunikativer Aktivitäten ist hier nur insofern erforderlich, als Anzeigen, Spots und Plakate zu integrieren sind.
- Kein Einsatz Klassischer Werbemittel und Einsatz eines Nicht-klassischen Werbemittels ergibt den Fall des nicht-klassischen Mono-Media-Einsatzes. Dieser kommt eher für spezialisierte Werbungtreibende in Betracht, so z. B. bei Direktvertrieb über Katalog (Direktwerbung).

		Einsatz klassischer Medien		
		nein	ein Medium	mehrere Medien
Einsatz nicht-klassischer Medien	nein	Keine Kommunikationspolitik	Klassischer Mono-Media-Einsatz	Klassischer Mono-Media-Mix
	ein Medium	Nicht-klassischer Mono-Media-Einsatz	Dualer Media-Mix	Above the Line-Multi-Media-Mix
	mehrere Medien	Nicht-klassischer Mono-Media-Mix	Below the Line-Multi-Media-Mix	Multipler Multi-Media-Mix

Abb. 296: Medienprogramm

- Kein Einsatz Klassischer Werbemittel und Einsatz mehrerer Nicht-klassischer Werbemittel ergibt den Fall des nicht-klassischen Mono-Media-Mix. Dabei sind dann mehrere Below-the Line-Werbemittel hinsichtlich ihres Einsatzes zu integrieren.
- Der Einsatz eines Klassischen Werbemittels und der Einsatz eines Nicht-klassischen Werbemittels ergibt den Fall des dualen Multi-Media-Mix. Dies kommt eher in Ausnahmefällen vor, da die Arrondierung innerhalb der Werbemittelgattung näher liegt als ein übergreifender Einsatz.
- Der Einsatz mehrerer Klassischer Werbemittel und der Einsatz eines Nicht-klassischen Werbemittels ergibt den Fall des Above-the-Line-Multi-Media-Mix. Dies ist eine typische Zwischenstufe auf dem Weg von Klassischen Werbemitteln zu Nicht-klassischen.
- Der Einsatz eines Klassischen Werbemittels und der Einsatz mehrerer Nicht-klassischer Werbemittel ergibt den Fall des Below-the-Line-Multi-Media-Mix. Dies ist z. B. bei Werbungtreibenden gegeben, deren Aktivitäten eher aktionaler Art sind.
- Der Einsatz mehrerer Klassischer Werbemittel und der Einsatz mehrerer Nicht-klassischer Werbemittel ergibt den Fall des Multiplen Multi-Media-Mix. Dies ist sicherlich die Entwicklung der Zukunft, in der es nicht mehr ausreicht, einzelne Werbemittelarten einzusetzen, sondern wo systematische Marktkommunikation unerlässlich wird.

Nun besteht ein starker Trend vom Mono-Media-Mix Klassischer Werbemittel hin zum Multi-Media-Mix aus der Integration Klassischer und Nicht-klassischer Werbemittel. Setzt ein Werbungtreibender auch nur einige dieser Medien parallel ein, erwächst daraus die Forderung nach Integrierter Kommunikation.

7.3.3.3 Medienelemente

Die Integrierte Kommunikation befasst sich mit folgenden Elementen:

- **Integration von Inhalt/Aussage**, d. h., die Werbebotschaften sollen eine zentrale Aussage beinhalten, die über alle Medien, zwar in medienadäquater Form abgewandelt, im Kern aber doch unverändert, übergebracht wird. Denkbar ist eine komplementäre Ergänzung, eine völlige oder teilweise Wiederholung (Redundanz).
- **Integration von Form/Auftritt**, d. h., für alle Maßnahmen in den verschiedenen Medien soll eine gestalterische Klammer erreicht werden, welche die gemeinsame Verwendung formaler Elemente erforderlich macht. Dazu gehören Schrifttyp, Logo, Layoutraster, Jingle, Farbstimmung, Bildduktus, Tonalität etc. Die Form kann medienadäquat adaptiert oder konstant ausgeführt sein.
- **Integration von Zeit/Raum**, d. h., die Maßnahmen sollen auch zeitlich koordiniert ablaufen. Nach der Intensität kann dabei unterschieden werden in
    - konzentrierten, d. h. nur in begrenztem Zeitraum aktivierten,
    - initialen, d. h. parallelen, aber unterschiedlich lang laufenden,
    - sukzessiven, d. h. parallelen, aber zeitversetzt laufenden,
    - pulsierenden, d. h. begrenzten, nacheinander versetzten,
    - konstanten, d. h. kontinuierlichen, gleich intensiven,
    - steigenden, d. h. im Zeitablauf zunehmenden,
    - fallenden, d. h. im Zeitablauf abnehmenden,

Einsatz. Das Mix kann dabei gleichbleibend oder veränderlich gestaltet sein. Auch die Einsatzgebiete der Maßnahmen müssen aufeinander abgestimmt sein. Zu unterscheiden ist hier nach

- regionalem/lokalem,
- nationalem,
- internationalem/globalem

Einsatz. Außerdem kann eine geografische Verdichtung des Einsatzes stattfinden.

7.3.3.4 Medienauswahl

Nachdem die Entscheidung zugunsten des Medienprogramms, hier nur relevant im Bereich des Mono- und Multi-Media-Mix, gefallen ist, stellt sich als nächstes die Frage nach der Auswahl der aktivierten Werbemittel. Bei Klassischem Mono-Media-Einsatz löst der Intermediavergleich diese Aufgabe. Hier kann nun ein ähnliches Medienprofil zugrunde gelegt werden. Es besteht aus den folgenden Kriterien (Abb. 297):

- Funktion für die Nutzer: zur Information, als Unterhaltung, nur Werbeträger etc.,
- Nutzungssituation/Erreichbarkeit: am POS, Non-POS, Uhrzeit/Zeitdauer etc.,

Kriterien/Medien (1 = sehr gut, 2 = gut, 3 = mittel)	Anzeige	Spot	Plakat	Multimedia	Schauwerbung	Produktausstattung	Verkaufsförderung	Direktwerbung	Öffentlichkeitarbeit	Persönliche Komm.	Verkaufsliteratur
Funktion für die Nutzer	3	3	3	1	2	1	3	1	2	1	1
Nutzungssituation/Erreichbarkeit	3	3	3	2	2	1	2	3	3	1	2
Darstellungsmögl./Darbiet./Multisensorik	2	1	3	1	2	3	2	3	3	2	2
Zielgenauigkeit/Zielgruppenumfeld	2	3	3	2	2	1	2	1	3	1	2
Zeiteinsatz/Periodizität	3	3	3	2	2	1	2	3	3	3	3
Verfügbarkeit/Buchungszeitraum	2	3	3	3	3	3	1	2	1	1	2
Reichweite/Verbreitung	1	1	1	3	2	2	2	3	1	3	3
Nutzerschaft	2	3	3	2	2	3	3	1	3	1	3
Ortsbestimmung/Streugebiet	1	2	1	2	1	3	2	1	2	1	2
Kampagnenaufbau/Aufbautempo	2	1	1	3	3	3	2	3	3	2	3
Wiederholbark./Kontaktdichte/Kumulierung	1	3	2	2	3	1	2	3	3	3	2
Einschaltkosten/Budgetrahmen	2	3	3	3	2	3	2	3	2	3	3
Produktionskosten	2	3	2	3	3	3	2	2	1	2	3

Abb. 297: Medienauswahl

- Darstellungsmöglichkeit/Darbietung/Multisensorik: Textmenge, Farbigkeit, Standbild, Bewegtbild, Qualität, Mehrdimensionalität etc.,
- Zielgenauigkeit/Zielgruppenumfeld: Selektivität der Ansprache etc.,
- Zeiteinsatz/Periodizität: Wirkungsdauer, Wiederholbarkeit etc.,
- Verfügbarkeit/Buchungszeitraum: Disposition, Vorlauffristen etc.,
- Reichweite/Verbreitung: Menge/Breite etc.,
- Nutzerschaft: Personen nach Demografie, Soziologie, Psychologie, Typologie etc.,
- Ortsbestimmung/Streugebiet: stationär, mobil, lokal, regional, national, international etc.,
- Kampagnenaufbau/Aufbautempo: Ausbreitung, Imagewirkung etc.,
- Wiederholbarkeit/Kontaktdichte/Kumulierung: einmalig, mehrmalig, Frequenz, Intensität etc.,
- Einschaltkosten/Budgetrahmen: Tarifpreise, Mindesteinsatz etc.,
- Produktionskosten: Vorkosten etc.

Nun lässt sich jede Werbemittelart hinsichtlich dieser genannten Kriterien bewerten. Dabei kommt es, wie immer, auf die zugrunde liegende Marktart an. Insofern sind nur Tendenzaussagen möglich.

7.3.3.5 Mediengewichtung

Nach der Auswahl der Medien stellt sich nunmehr die Frage der Mediengewichtung. Diese wird durch zwei Grenzen definiert:

- Nach unten ergibt sich ein **Mindestumfang** des Einsatzes. Absolut nach der für eine hinreichende Werbewirkung als mindestens erforderlich gehaltenen Frequenz und Ausstattung von Werbemitteln, relativ nach dem vertretbaren Verhältnis von Vorkosten zu Schaltkosten bzw. einer hinreichenden Größendegression der Kosten. Eine Gewichtung unterhalb dieser Grenze ist dann nicht mehr sinnvoll.
- Nach oben ergibt sich ein **Höchstumfang** des Einsatzes. Absolut durch die Obergrenze der Teilbudgets, die einen Mono- bzw. Multi-Media-Mix im Gesamtbudget zulassen, relativ durch die Gefahr der Übersteuerung, die theoretisch entsteht, sobald der Grenzertrag zusätzlichen Einsatzes geringer ist als die damit verbundenen Grenzkosten. Eine Gewichtung oberhalb dieser Grenze ist dann nicht mehr sinnvoll.

Das Problem des exakten Intermediavergleichs ist schon nur innerhalb der Klassischen Medien weitgehend ungelöst, die an sich noch vergleichsweise gut rechenbar sind. Erst recht gilt dies für den Vergleich innerhalb der Nicht-klassischen Medien und den Vergleich zwischen Klassischen und Nicht-klassischen Medien. Eben dies wäre aber erforderlich, um zu einer angemessenen Mediengewichtung zu gelangen.

Heuristisch erfolgt eine Gewichtung meist derart, dass zunächst für jedes Werbemittel ein Mindestbudget definiert wird, das sich aus den Unternehmens-, Marketing- und Kommunikationszielen, der daraus abgeleiteten Strategie und der Maßnahmenplanung ergibt. Sind zumindest zwei addierte Teilbudgets kleiner als das zur Verfügung stehende Gesamtbudget, kann es zur Integrierten Kommunikation kommen.

Ist dies nicht der Fall, hat man sich zugunsten der einen oder der anderen Werbemittelgattung zu entscheiden. Welcher Gattung und welcher Werbemittelart innerhalb der Gattung dabei der Vorzug zu geben ist, ergibt sich sodann. Zumeist werden dabei die Klassischen Medien höher gewichtet werden als die Nicht-klassischen, sofern Markenziele im Vordergrund stehen und umgekehrt, sofern Absatzziele im Vordergrund stehen.

7.3.3.6 Medienanzahl

Aus den Erkenntnissen der Medienauswahl und -gewichtung folgert die eingesetzte Medienanzahl. Im dargestellten System beträgt die Anzahl der Mediengattungen mindestens zwei und höchstens elf Innerhalb jeder Mediengattung können dann nochmals eine oder mehrere Werbemittel eingesetzt werden. Dabei können wiederum **obligatorische** und **fakultative** Medien unterschieden werden. Obligatorisch sind solche, auf die ein Werbungtreibender nicht verzichten kann, fakultativ sind solche, die je nach Bedarf genutzt werden können oder auch nicht. Welche Medien im Einzelnen welcher Kategorie angehören, hängt von den Umständen des Einzelfalls ab, vor allem vom Markttyp. Dabei kann man obligatorische Medien noch in solche, die **objektiv zwingend** sind und solche, die als **subjektiv wünschenswert** angesehen werden, unterscheiden. Umgekehrt gibt es auch Elemente, die normalerweise **nicht zum Einsatz kommen**.

So ist es z. B. für einen Verbrauchsgüter-Anbieter objektiv zwingend, das Element Produktausstattung zu beherrschen, da nur dies, zumindest bei Packaged Goods, die Verkäuflichkeit sichert, subjektiv wünschenswert, Verkaufsförderung einzusetzen, um den Absatz zu forcieren, und fakultativ, Direktwerbung zu nutzen, um Endabnehmer zu identifizieren und zu kontaktieren. Verkaufsliteratur kommt hingegen im Allgemeinen nicht in Betracht, weil es sich weitgehend um problemlose Produkte handelt.

Für einen Anbieter technischer Gebrauchsgüter ist es z. B. objektiv zwingend, Verkaufsliteratur zur Erläuterung der Produktleistung einzusetzen, subjektiv wünschenswert, durch Persönliche Kommunikation eine sinnvolle Beratung sicherzustellen, und fakultativ, Öffentlichkeitsarbeit zum breiten Vertrauensaufbau einzusetzen. Weiterhin kommen auch alle anderen Medien für ihn in Betracht, sodass die gesamte Klaviatur gespielt werden kann.

Für einen Handelsanbieter wiederum ist z. B. Schauwerbung an seinem Handelsplatz zwingend, Verkaufsförderung zur punktuellen Absatzförderung wünschenswert und Öffentlichkeitsarbeit fakultativ, um Sympathie und Kompetenz im Einzugsgebiet zu gewinnen. Verkaufsliteratur kommt hingegen regelmäßig nicht in Betracht, da Erläuterungen hier meist unergiebig sind.

Für einen Dienstleistungsanbieter ist z. B. die Persönliche Kommunikation zwingend, da Services sich nur in den anbietenden Personen verkörpern, Verkaufsliteratur wünschenswert, um die abstrakten Leistungsinhalte zu konkretisieren, und Multimedia fakultativ, um ein komplexes Angebot interaktiv maßzuschneidern. Andererseits hat Schauwerbung nur sehr geringe Bedeutung, da es an der Tangibilität des Angebots mangelt.

Für einen öffentlichen Anbieter ist z. B. die Öffentlichkeitsarbeit zwingend, um über ein Angebot zu informieren, die Verkaufsliteratur wünschenswert, um Angebotsinhalte lernfähig zu gestalten, und Direktwerbung fakultativ, immer dann, wenn konkrete Teilgruppen der Bevölkerung betroffen sind. Verkaufsförderung hingegen kann keinerlei Bedeutung zukommen, da ohnehin oft Bedarfsdeckungsmaxime und Zwangskontrahierung vorliegen.

Für einen sozialen Anbieter ist z. B. ebenfalls die Öffentlichkeitsarbeit zwingend, um das Anliegen breit publik zu machen und Anhänger zu finden, persönliche Kommunikation wünschenswert, um im Wege der Mund zu Mund-Propaganda die Beeinflussung zu steigern, und Verkaufsliteratur fakultativ, um Inhalte interpersonell gestützt übermitteln zu können. Multimedia hat jedoch im Allgemeinen keine Bedeutung, da sie dem Charakter des akquisitorischen Anliegens meist nicht entsprechen.

Für alle Werbungtreibenden aber ist unerlässlich, so sie anspruchsvolle Marktziele verfolgen, Klassische Werbung als Basiskommunikation zu unterlegen. Es dürfte kaum möglich sein, ohne diese eine nennenswerte Marktbedeutung zu erlangen. Daher kommt es de facto für gewöhnlich zu einem Etatsplit. Klassische Werbemittel einerseits (Above the Line) als unverzichtbare Basis und Nicht-klassische Werbemittel andererseits (Below the Line) in wechselnder Auswahl, Anzahl und Gewichtung, also als Multi-Media-Mix.

7.3.4 Integration der Medien

7.3.4.1 Teilzielgruppen

Relevante Teilzielgruppen sind:

- (private) Endabnehmer, diese können wiederum nach vielfältigen demografischen, soziologischen, psychologischen und typologischen Kriterien differenziert werden,
- Absatzmittler und -helfer, diese können wiederum nach ökoskopischen Kriterien differenziert werden,
- (gewerbliche) Weiterverarbeiter, also im Business-to-Business-Bereich,
- institutionelle Organisationen,
- Verkaufsmannschaft, sowie weitere interne Absatzzielgruppen,
- (informelle) Meinungsbildner,
- (professionelle) Meinungsbildner.

Diese Teilzielgruppen können einzeln auftreten oder kombiniert. Es ist nicht immer erforderlich, alle Teilzielgruppen zugleich anzusprechen.

Für die Ansprache eignen sich wiederum ganz unterschiedliche Medien. So kann das Publikum der privaten Endabnehmer praktisch nur über klassische Werbemittel effizient erreicht werden, es sei denn, es handelt sich um sehr feinteilig (mehrstufig) definierte Teilzielgruppen, die dann auch im Wege aller Nicht-klassischen Werbemittel zugänglich sind, wobei im Einzelfall die Vorteilhaftigkeit einzelner Werbemittel abzuwägen ist.

Absatzmittler und -helfer sind hingegen im klassischen Bereich nur durch Fachanzeigen erreichbar, ansonsten allerdings sehr gut über Multimedia (Informationstechnik), Schauwerbung (Messen und Ausstellungen), Verkaufsförderung (Trade Promotion), Direktwerbung, Persönliche Kommunikation und Verkaufsliteratur (Vorverkaufsmaterialien).

Zu weiteren gewerblichen Abnehmern (Weiterverarbeiter) kann auf den gleichen Wegen Kontakt aufgenommen werden. Bei beiden Gruppen, Wiederverkäufer und Weiterverarbeiter, ist in der Gestaltung und Aufmachung von Botschaften auf deren besondere Interessenlage Rücksicht zu nehmen, was jedoch emotionale Inhalte ausdrücklich einschließt.

Institutionelle Organisationen als Teilzielgruppe sind vor allem über Öffentlichkeitsarbeit und Direktwerbung ansprechbar. Ersteres schließt auch Klassische Werbung (z. B. als Imageanzeigen) ein, Letzteres betrifft in erster Linie (personifizierte) Mailings.

Zur Verkaufsmannschaft kann vor allem über Multimedia (Informationstechnik), Schauwerbung (Events), Verkaufsförderung (Staff Promotion), Öffentlichkeitsarbeit (Interne PR) und Verkaufsliteratur (Vorverkaufsmaterialien) Kontakt aufgenommen und gehalten werden. Erleichternd wirkt dabei der direkte Zugriff in der eigenen Organisation.

Informelle Meinungsbildner (Neophile, Induktoren) werden über spezielle Informationsangebote kontaktiert. Dazu gehören Special-Interest-Anzeigen in der Klassischen Werbung sowie Multimedia (z. B. Internet), Schauwerbung (z. B. Fachmessen), Direktwerbung (z. B. personalisierte Mailings), Öffentlichkeitsarbeit (z. B. Wissensvermittlung) und Verkaufsliteratur (z. B. Nachschlagewerke) in der Nicht-klassischen Werbung.

Professionelle Meinungsbildner werden ebenfalls durch Multimedia, Schauwerbung, Direktwerbung, Öffentlichkeitsarbeit und Verkaufsliteratur als Nicht-klassische Werbemittel erreicht, außerdem durch Fachanzeigen als klassische Werbemittel.

Insofern ergeben sich ganz unterschiedliche Ausprägungen für einzusetzende Medien, je nachdem, welche Teilzielgruppe erreicht werden soll. Bei medialen Überschneidungen können jeweils getrennte Werbemittel für jede Teilzielgruppe vorgesehen oder die Inhalte im gemeinsamen Werbemittel kombiniert werden. Bei mehreren anzusprechenden Teilzielgruppen entsteht so rasch ein Teppich an Kommunikationsaktivitäten, der der integrativen Abstimmung bedarf.

7.3.4.2 Integrationsfähigkeit

Hinsichtlich der Integrationsfähigkeit bestehen folgende Möglichkeiten:

- Harmonie der Medien. Als harmonisch gelten Medien, die parallel gleiche oder verwandte Kommunikationsziele anstreben.
- Autonomie der Medien. Als indifferent gelten Medien, die parallel unverbundene oder neutrale Kommunikationsziele anstreben.
- Konflikt der Medien. Als konfliktär gelten Medien, die parallel ausschließende oder verschiedene Kommunikationsziele anstreben.

Diese Unterscheidung kann vereinfacht als Folge abnehmender Komplementarität interpretiert werden. Unter diesem Gesichtspunkt ist es nun möglich, die Beziehungen der Medien untereinander dahingehend zu untersuchen, inwieweit sie sich komplementär, neutral oder substitutiv zueinander verhalten. Dies erfolgt hinsichtlich der materiellen Dimensionen:

- Inhalt/Aussage,
- Form/Auftritt,
- Zeiteinsatz,
- Raumeinsatz.

Dabei kann wiederum nur von einer verallgemeinernden Sichtweise aus-

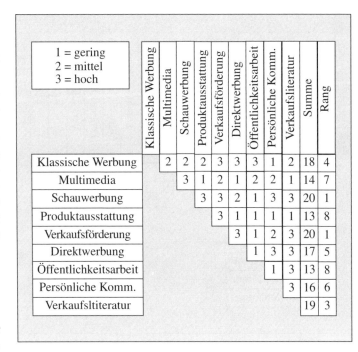

	Klassische Werbung	Multimedia	Schauwerbung	Produktausstattung	Verkaufsförderung	Direktwerbung	Öffentlichkeitsarbeit	Persönliche Komm.	Verkaufsliteratur	Summe	Rang
Klassische Werbung		2	2	2	3	3	3	1	2	18	4
Multimedia			3	1	2	1	2	2	1	14	7
Schauwerbung				3	3	2	1	3	3	20	1
Produktausstattung					3	1	1	1	1	13	8
Verkaufsförderung						3	1	2	3	20	1
Direktwerbung							1	3	3	17	5
Öffentlichkeitsarbeit								1	3	13	8
Persönliche Komm.									3	16	6
Verkaufsltiteratur										19	3

(1 = gering, 2 = mittel, 3 = hoch)

Abb. 298: Komplementarität nach dem Inhalt

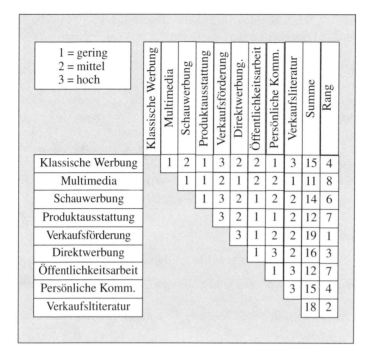

1 = gering 2 = mittel 3 = hoch	Klassische Werbung	Multimedia	Schauwerbung	Produktausstattung	Verkaufsförderung	Direktwerbung.	Öffentlichkeitsarbeit	Persönliche Komm.	Verkaufsliteratur	Summe	Rang
Klassische Werbung	1	2	1	3	2	2	1	3		15	4
Multimedia		1	1	2	1	2	2	1		11	8
Schauwerbung			1	3	2	1	2	2		14	6
Produktausstattung				3	2	1	1	2		12	7
Verkaufsförderung					3	1	2	2		19	1
Direktwerbung						1	3	2		16	3
Öffentlichkeitsarbeit							1	3		12	7
Persönliche Komm.								3		15	4
Verkaufsltiteratur										18	2

Abb. 299: Komplementarität nach dem Auftritt

1 = gering 2 = mittel 3 = hoch	Klassische Werbung	Multimedia	Schauwerbung	Produktausstattung	Verkaufsförderung	Direktwerbung.	Öffentlichkeitsarbeit	Persönliche Komm.	Verkaufsliteratur	Summe	Rang
Klassische Werbung	2	2	2	1	1	3	3	2		16	2
Multimedia		2	2	3	1	2	2	1		15	5
Schauwerbung			2	3	2	1	3	1		16	2
Produktausstattung				1	1	1	2	3		14	8
Verkaufsförderung					3	1	2	1		15	5
Direktwerbung						1	3	2		14	8
Öffentlichkeitsarbeit							3	3		15	5
Persönliche Komm.								3		21	1
Verkaufsltiteratur										16	2

Abb. 300: Komplementarität nach dem Zeiteinsatz

gegangen werden, die in jedem Einzelfall nach Branche, Produktart, Zielsetzung etc. entsprechend abweicht. Es ergeben sich jedoch folgende Tendenzen:

– In Bezug auf die Komplementarität nach Inhalt/Aussage sind Schauwerbung, Verkaufsförderung und Verkaufsliteratur am verträglichsten zu allen anderen Werbemittelgattungen. Bei Multimedia, Öffentlichkeitsarbeit und Produktausstattung kann es am ehesten zu Divergenzen kommen (Abb. 298).
– In Bezug auf die Komplementarität nach Form/Auftritt sind Verkaufsförderung und Verkaufsliteratur am verträglichsten zu allen anderen Werbemittelgattungen. Bei Öffentlichkeitsarbeit, Produktausstattung und Multimedia kann es am ehesten zu Divergenzen kommen (Abb. 299).
– In Bezug auf die Komplementarität nach dem Zeiteinsatz ist Persönliche Kommunikation am verträglichsten zu allen anderen Werbemittelgattungen. Bei Multimedia, Verkaufsförderung, Öffentlichkeitsarbeit, Produktausstattung und Direkt-

werbung kann es am ehesten zu Divergenzen kommen (Abb. 300).
- In Bezug auf die Komplementarität nach dem Raumeinsatz sind Klassische Werbung und Schauwerbung am verträglichsten zu allen anderen Werbemittelgattungen. Bei Öffentlichkeitsarbeit kann es am ehesten zu Divergenzen kommen (Abb. 301).
- Versucht man, die Ergebnisse über alle vier Beurteilungsdimensionen zusammenzufassen, so kommt man zu dem Ergebnis, dass Verkaufsförderung, Schauwerbung und Persönliche Kommunikation am verträglichsten zu allen anderen Werbemittelgattungen sind, und es bei Öffentlichkeitsarbeit, Produktausstattung und Multimedia am ehesten zu Divergenzen kommen kann (Abb. 302).

Das bedeutet dann, dass Integrierte Kommunikation mit anderen Medien am leichtesten bei Verkaufsförderung, Schauwerbung und Persönliche Kommunikation zu bewerkstelligen ist. Diese lassen sich vergleichsweise gut mit anderen Medi-

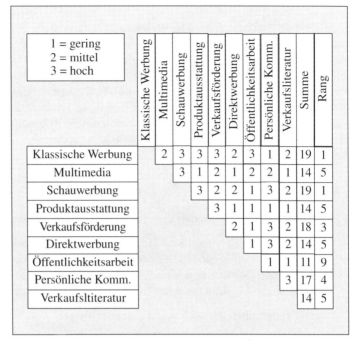

	Klassische Werbung	Multimedia	Schauwerbung	Produktausstattung	Verkaufsförderung	Direktwerbung	Öffentlichkeitsarbeit	Persönliche Komm.	Verkaufsliteratur	Summe	Rang
Klassische Werbung		2	3	3	3	2	3	1	2	19	1
Multimedia			3	1	2	1	2	2	1	14	5
Schauwerbung				3	2	2	1	3	2	19	1
Produktausstattung					3	1	1	1	1	14	5
Verkaufsförderung						2	1	3	2	18	3
Direktwerbung							1	3	2	14	5
Öffentlichkeitsarbeit								1	1	11	9
Persönliche Komm.									3	17	4
Verkaufsltiteratur										14	5

1 = gering
2 = mittel
3 = hoch

Abb. 301: Komplementarität nach dem Raumeinsatz

	Inhalt	Auftritt	Zeiteinsatz	Raumeinsatz	Summe	Rang
Klassische Werbung	18	15	16	19	68	4
Multimedia	14	11	15	14	54	7
Schauwerbung	20	14	16	19	69	2
Produktausstattung	13	12	14	14	53	8
Verkaufsförderung	20	19	15	18	72	1
Direktwerbung	17	16	14	14	61	6
Öffentlichkeitsarbeit	13	12	15	11	51	9
Persönliche Kommu.	16	15	21	17	69	2
Verkaufsltiteratur	19	18	16	14	67	5

Abb. 302: Komplementarität nach Medien

en derart verknüpfen, dass synergetische Effekte entstehen. Dies mag nicht zuletzt an der hohen Flexibilität des Einsatzes dieser Medien liegen. Hingegen ist die Integrierte Kommunikation mit anderen Medien relativ problematisch bei Öffentlichkeitsarbeit, Produktausstattung und Multimedia. Dies mag dann mit der hohen Spezialisierung dieser Medien zusammenhängen. Die anderen Medien, also Klassische Werbung, Verkaufsliteratur und Direktwerbung, liegen im Ergebnis dazwischen, sind also durch einen mittleren Grad der Integrationsfähigkeit gekennzeichnet.

Diese Überlegungen spielen vor allem eine Rolle, wenn es darum geht, zu einem bereits bestehenden Kommunikations-Mix neue Werbemittelgattungen hinzuzunehmen oder auszutauschen. Je verträglicher diese zu den bestehenden Medien sind, desto höher ist die mutmaßliche Effizienz.

7.3.4.3 Integrationsgrad

Hinsichtlich des Integrationsgrads lassen sich vier Fallgruppen unterscheiden (Abb. 303):

- Keine Integration von Medien und Teilzielgruppen, sondern jeweils individuelle Ausrichtung,
- Integration der Medien nach Teilzielgruppen bei individueller Ausrichtung der Teilzielgruppen,
- Integration der Teilzielgruppen nach Medien bei individueller Ausrichtung der Medien,
- Volle Integration sowohl von Medien als auch von Teilzielgruppen.

Jede dieser Fallgruppen lässt sich näher charakterisieren:

- **Keine Integration**, d. h., alle Teilzielgruppen und alle Medien werden kommunikativ verschiedenartig behandelt und wechseln jeweils nach Inhalt/Aussage, Form/Auftritt und/oder Zeit/Raum. Diese Strategie verzichtet auf die Nutzung synergetischer Effekte in der Kommunikation. Die Elemente der anvisierten Zielpersonengruppe, der eingesetzten Mediagattungen, der ausgelobten Werbebotschaften, der kreativen Umsetzung und von Werbezeit und -raum stehen unverbunden nebeneinander und können somit zu Irritationen über den Absender führen.
- **Integration nach Teilzielgruppen**, d. h., über alle Medien hinweg werden die Teilzielgruppen kommunikativ gleichartig behandelt, von Teilzielgruppe zu Teilzielgruppe wechseln jedoch die Elemente Inhalt/Aussage, Form/CD und/oder Zeit/Raum. Diese Strategie hat zum Ansatz, eine Homogenisierung des Einsatzes der Medien dadurch zu erreichen, dass alle damit angesprochenen Teilzielgruppen aufeinander abgestimmte Werbebotschaften, Umsetzungen und Werbezeit/-räume betreffen. Dadurch addiert sich die Werbewirkung und führt in der Summe zu synergetischen Effekten. Die Integra-

	individueller Medieneinsatz	intergrierter Medieneinsatz
individuelle Zielgruppenansprache	Medien und Zielgruppen heterogen	Medien homogen/ Zielgruppen heterogen
integrierte Zielgruppenansprache	Zielgruppen homogen/ Medien heterogen	Medien und Zielgruppen heterogen

Abb. 303: Integrationsgrad

tion nach Teilzielgruppen kann dabei unterschiedliche Taktiken verwenden (Abb. 304):

- **Konstanz von Inhalt/Aussage** bei allen Teilzielgruppen, unter Wechsel von Form/Auftritt und/oder Zeit/Raum. Hierbei bleibt die Werbebotschaft bei allen angesprochenen Teilzielgruppen identisch, jedoch werden die jeweiligen Stärken der eingeschalteten Medien durch eine spezifische Adaptation in kreativer Umsetzung und taktischem Einsatz genutzt.
- **Konstanz von Form/Auftritt** bei allen Teilzielgruppen, unter Wechsel von Inhalt/Aussage und/oder Zeit/Raum. Hierbei bleibt die kreative Umsetzung bei allen angesprochenen Teilzielgruppen identisch, jedoch werden die jeweilige Stärken der eingeschalteten Medien durch eine spezifische Adaptation in Werbebotschaft und taktischem Einsatz genutzt.
- **Konstanz von Zeit/Raum** bei allen Teilzielgruppen, unter Wechsel von Inhalt/Aussage und/oder Form/Auftritt. Hierbei bleibt der taktische Einsatz bei allen angesprochenen Teilzielgruppen identisch, jedoch werden die jeweiligen Stärken der eingeschalteten Medien durch eine spezifische Adaptation in Werbebotschaft und kreativer Umsetzung genutzt.
- **Konstanz von Inhalt/Aussage und Form/Auftritt** bei allen Teilzielgruppen, unter Wechsel von Zeit/Raum. Hierbei bleiben sowohl die Werbebotschaft als auch die kreative Umsetzung bei allen angesprochenen Teilzielgruppen identisch, jedoch werden die jeweiligen Stärken der eingeschalteten Medien durch eine spezifische Adaptation im taktischen Einsatz genutzt.
- **Konstanz von Inhalt/Aussage und Zeit/Raum** bei allen Teilzielgruppen, unter Wechsel von Form/Auftritt. Hierbei bleiben sowohl die Werbebotschaft als auch der taktische Einsatz bei allen angesprochenen Teilzielgruppen identisch, jedoch werden die jeweiligen Stärken der eingeschalteten Medien durch eine spezifische Adaptation in der kreativen Umsetzung genutzt.
- **Konstanz von Form/Auftritt und Zeit/Raum** bei allen Teilzielgruppen, unter Wechsel von Inhalt/Aussage. Hierbei bleiben sowohl die kreative Umsetzung als auch der taktische Einsatz bei allen angesprochenen Teilzielgruppen identisch, jedoch werden die jeweiligen Stärken der eingeschalteten Medien durch eine spezifische Adaptation in der Werbebotschaft genutzt.
- **Konstanz von Inhalt/Aussage, Form/Auftritt und Zeit/Raum** bei allen Teilzielgruppen. Hierbei bleiben kumulativ die Werbebotschaft, die kreative Umsetzung und der taktische Einsatz bei allen angesprochenen Teilzielgruppen identisch, weichen aber von Medium zu Medium untereinander ab.

	Inhalt / Aussage	Form / Auftritt	Zeit / Raum
Konstanz	X	-	X
Konstanz	-	X	-
Konstanz	-	-	X
Konstanz	X	X	-
Konstanz	-	-	X
Konstanz	-	X	X
Konstanz	X	X	X

Abb. 304: Integration nach Teilzielgruppen

Es stellt sich jedoch die Frage, inwieweit sichergestellt sein kann, dass einzelne Medien wirklich trennscharf nur die für sie jeweils intendierten Teilzielgruppen ansprechen. Ist dies nicht gewährleistet, kommt es dennoch zur Dissonanz mit der Folge minderer Werbewirkung. Realiter kann diese Trennschärfe wohl nicht vorausgesetzt werden, daher reicht eine Integration nach Teilzielgruppen allein nicht aus.

— **Integration nach Medien**, d. h., über alle Teilzielgruppen hinweg werden die Medien kommunikativ gleichartig behandelt, von Mediagattung zu Mediagattung wechseln jedoch die Elemente Inhalt/Aussage, Form/Auftritt und/oder Zeit/Raum. Diese Strategie hat zum Ansatz, eine Homogenisierung der Ansprache von Teilzielgruppen dadurch zu erreichen, dass alle auf diese ausgerichteten Medien aufeinander abgestimmte Werbebotschaften, Umsetzungen und Werbezeit/-räume erhalten. Dadurch addiert sich die Werbewirkung und führt in der Summe zu synergetischen Effekten. Die Integration nach Medien kann dabei unterschiedliche Taktiken verwenden (Abb. 305):
  — **Konstanz von Inhalt/Aussage** in allen Mediagattungen, bei Wechsel in Form/Auftritt und/oder Zeit/Raum. Hierbei bleibt die Werbebotschaft in allen eingeschalteten Medien identisch, jedoch werden die jeweiligen Besonderheiten der angesprochenen Teilzielgruppen durch eine spezifische Adaptation in kreativer Umsetzung und taktischem Einsatz berücksichtigt.
  — **Konstanz von Form/Auftritt** in allen Mediagattungen, bei Wechsel in Inhalt/Aussage und/oder Zeit/Raum. Hierbei bleibt die kreative Umsetzung in allen eingeschalteten Medien identisch, jedoch werden die jeweiligen Besonderheiten der angesprochenen Teilzielgruppen durch eine spezifische Adaptation in Werbebotschaft und taktischem Einsatz berücksichtigt.
  — **Konstanz von Zeit/Raum** in allen Mediagattungen, bei Wechsel in Inhalt/Aussage und/oder Form/Auftritt. Hierbei bleibt der taktische Einsatz in allen eingeschalteten Medien identisch, jedoch werden die jeweiligen Besonderheiten der angesprochenen Teilzielgruppen durch eine spezifische Adaptation in Werbebotschaft und kreativer Umsetzung berücksichtigt.
  — **Konstanz von Inhalt/Aussage und Form/Auftritt** in allen Mediagattungen, bei Wechsel von Zeit/Raum. Hierbei bleiben sowohl die Werbebotschaft als auch die kreative Umsetzung in allen eingeschalteten Medien identisch, jedoch werden die jeweiligen Besonderheiten der angesprochenen Teilzielgruppen durch eine spezifische Adaptation im taktischen Einsatz berücksichtigt.
  — **Konstanz von Inhalt/Aussage und Zeit/Raum** in allen Mediagattungen, bei Wechsel von Form/Auftritt. Hierbei bleiben sowohl die Werbebotschaft als auch der taktische Einsatz in allen eingeschalteten Medien iden-

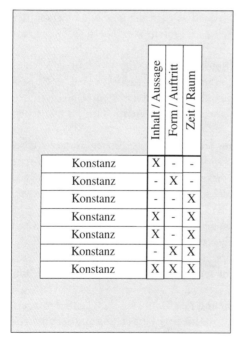

	Inhalt / Aussage	Form / Auftritt	Zeit / Raum
Konstanz	X	-	-
Konstanz	-	X	-
Konstanz	-	-	X
Konstanz	X	-	X
Konstanz	X	-	X
Konstanz	-	X	X
Konstanz	X	X	X

Abb. 305: Integration nach Medien

tisch, jedoch werden die jeweiligen Besonderheiten der angesprochenen Teilzielgruppen durch eine spezifische Adaptation in der kreativen Umsetzung berücksichtigt.
- **Konstanz von Form/Auftritt und Zeit/Raum** in allen Mediagattungen, bei Wechsel in Inhalt/Aussage. Hierbei bleiben sowohl die kreative Umsetzung als auch der taktische Einsatz in allen eingeschalteten Medien identisch, jedoch werden die jeweiligen Besonderheiten der angesprochenen Teilzielgruppen durch eine spezifische Adaptation in der Werbeaussage berücksichtigt.
- **Konstanz von Inhalt/Aussage, Form/Auftritt und Zeit/Raum** in allen Mediagattungen. Hierbei bleiben kumulativ die Werbebotschaft, die kreative Umsetzung und der taktische Einsatz in allen eingeschalteten Medien identisch, weichen aber von Teilzielgruppe zu Teilzielgruppe untereinander ab.

Es stellt sich jedoch die Frage, inwieweit sichergestellt sein kann, dass einzelne Teilzielgruppen wirklich trennscharf nur durch die für sie jeweils intendierten Medien angesprochen werden. Ist dies nicht gewährleistet, kommt es dennoch zur Dissonanz mit der Folge minderer Werbewirkung. Realiter kann diese Trennschärfe wohl nicht vorausgesetzt werden. Daher reicht eine Integration nach Medien allein nicht aus.

- **Volle Integration** nach Medien und Teilzielgruppen, d. h. homogenisierte Kommunikation mit gleichartiger Behandlung aller Mediagattungen und Teilzielgruppen nach Inhalt/Aussage, Form/Auftritt und/oder Zeit/Raum. Diese Strategie setzt auf die Nutzung synergetischer Effekte in der Kommunikation. Die Elemente der anvisierten Zielpersonengruppe, der eingesetzten Mediagattungen, der ausgelobten Werbebotschaften, der kreativen Umsetzung und von Werbezeit und -raum sind zueinander verzahnt und führen so zur Konsonanz in Bezug auf den Absender.

7.3.4.4 Kommunikations-Mix

Aus der bisherigen Darstellung ergibt sich die Möglichkeit der Bestimmung der Elemente eines Mix zur integrierten Kommunikation. Die einzelnen Stellgrößen sind dabei (Abb. 306):

- das Werbegebiet/die Einsatzbandbreite, mit den Ausprägungen intranational und supranational, jeweils mit entsprechenden Unterteilungen,
- die Raumabdeckung, mit den Ausprägungen konstant, ausgedünnt und verdichtet,
- die Werbeperiode/die Einsatzreagibilität, jeweils mit verschiedenen Ausprägungen,
- die Einsatzabfolge, wiederum jeweils mit verschiedenen Ausprägungen,
- die Werbeintensität, mit den Ausprägungen gleichbleibend, steigend, fallend und pulsierend,
- die Medienelemente, mit einer Integration nach Inhalt/Aussage, Form/Auftritt und Zeit/Raum,
- die Mediengewichtung, mit Mindest- und Höchstzahl,
- der Einsatzzeitpunkt/-raum, prozyklich und antizyklisch,
- das Medienprogramm, mit verschiedenen Ausprägungen,
- die Medienanzahl, mit den Ausprägungen obligatorisch und fakultativ,
- die Integrationsfähigkeit mit den Ausprägungen Harmonie, Neutralität und Konflikt,
- der Integrationsgrad, jeweils mit verschiedenen Ausprägungen.

Aus der Kombination dieser Elemente lässt sich ein vollständiger Kommunikations-Mix definieren.

Werbegebiet / Einsatzbandbreite			
intranational		supranational	
punktuell	regional	adaptiert	variiert (regioz.)
lokal	national	variiert (polyz.)	standardisiert

Raumabdeckung		
raumkonstant	raumausgedünnt	raumverdichtet

Werbeperiode / Einsatzregiabilität			
tagesgenau	wochengenau	monatsgenau	quartalsgenau
halbjahresgenau		jahresgenau	

Einsatzabfolge				
parallel	ablösend	versetzt	einsetzend	auslaufend
intermettier.	aussetzend	konzentriert	vorlaufend	nachlaufend

Medienintensität			
gleichbleibend	steigend	fallend	pulsierend

Medienelemente	
Integration nach Inhalt/Aussage	Integration nach Form/Auftritt
Integration nach Zeit / Raum	

Mediengewichtung (mindestens/höchstens)

Einsatzzeitpunkt/-raum (prozyklisch/antizyklisch)

Medienprogramm	
Mono-Media-Einsatz (klass./nicht-klass.)	Dualer Media-Mix
Mono-Media-Mix (klassisch/nicht-klassisch)	
Multipler Multi-Media-Mix (klassisch/nicht-klassisch)	

Medienanzahl	
obligatorisch	fakultativ

Integrationsfähigkeit		
Harmonie	Neutralität	Konflikt

Integrationsgrad	
keine Integration	nur nach Medien
nur nach Teilgruppen	volle Integration

Abb. 306: Kommunikations-Mix und Integrierte Kommunikation

7.4 System der Mehrwertleistungen

Die Marketing-Kommunikation sieht sich einer zunehmend komplexen Situation ausgesetzt. Diese erfordert eine eingehende Strukturierung. Eindimensionale Aktivitäten reichen da nicht mehr aus. Vielmehr müssen alle Dimensionen der Marketing-Kommunikation berücksichtigt werden. Eben dies macht das moderne Kommunikations-Management aus. Nur, wer seine Position in diesem System kennt, kann davon ausgehen, effizient zu handeln. Gemeinsam ergibt dieses System aber auch die Möglichkeit, entscheidende Marktvorsprünge mit Hilfe der Kommunikation herauszuarbeiten, die als Mehrwertleistungen bezeichnet werden können (Abb. 307).

In Anlehnung an Abell kann man die drei folgenden Dimensionen der Mehrwertleistungen der Kommunikation unterscheiden:

- die **Produktmärkte**, auf denen Kommunikation wirksam werden soll, so
  - Konsumentenmarkt,
  - Produzentenmarkt,

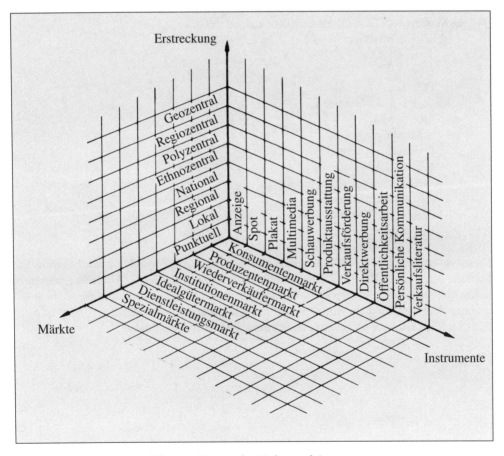

Abb. 307: System der Mehrwertleistungen

- Wiederverkäufermarkt,
- Institutionenmarkt,
- Idealgütermarkt,
- Dienstleistungsmarkt,
- Spezialmärkte z. B. für Finanzdienste, High-Tech-Produkte, Pharmazeutika, Sportprodukte etc.
- die **Raummärkte**, für welche die Kommunikation gelten soll, so
  - intranational
    - punktuell,
    - lokal,
    - regional,
    - national,
  - supranational
    - ethnozentral (adaptiert),
    - polyzentral (individuell variiert),
    - regiozentral (gruppiert variiert),
    - geozentral (standardisiert).
- die **Medien**, welche die Kommunikation dabei nutzt, so
  - Klassische Werbung
    - Anzeige,
    - Spot,
    - Plakat,
  - Nicht-klassische Werbung
    - Multimedia,
    - Schauwerbung,
    - Produktausstattung,
    - Verkaufsförderung,
    - Direktwerbung,
    - Öffentlichkeitsarbeit,
    - Persönliche Kommunikation,
    - Verkaufsliteratur.

Dieses System ist der Orientierungsrahmen für jede mehrwertschöpfende Kommunikation. Die Marktbesonderheiten führen zu einer zunehmenden Spezialisierung der Ansprache, die räumlichen Abhängigkeiten nehmen verstärkten Einfluss auf die Maßnahmen, und die Medienintegration schafft ganzheitliche Auftritte. Nur gemeinsam und aufeinander abgestimmt ist demnach noch ein Erfolg versprechendes Kommunikationskonzept denkbar.

8. Organisation der Werbung

8.1 Interne Werbeabteilung

8.1.1 Aufbauorganisation

8.1.1.1 Organisationsformen

In Bezug auf die Organisationsformen ist zu unterscheiden zwischen den Dimensionen der Unterordnung (hierarchisch/bedingt-hierarchisch) und des Zeitraums (dauerhaft/temporär). Aus deren Kombination ergeben sich drei verschiedene Grundtypen (Abb. 308):

- Hierarchisch-dauerhafte Formen der Linienorganisation,
- Bedingt-hierarchisch dauerhafte Organisationsformen,
- Bedingt-hierarchisch bedingt-dauerhafte Organisationsformen.

Die größte Bedeutung in der Werbung kommt dabei dem **Einliniensystem** zu. Dieses ist dadurch charakterisiert, dass die Weisungsbefugnis der jeweils vorgesetzten Stelle in einer Person gebündelt ist. Es besteht also Einheit der Leitung und Einheit des Auftragsempfängers (One man, one boss). Zu den charakteristischen Eigenheiten des Systems gehören:

- Die Linie ist der Dienstweg für Anordnungen, Anrufungen, Beschwerden und Informationen. Wege außerhalb der Linie entsprechen nicht der formalen Organisation.
- Die Linie ist auch der Delegationsweg. Es herrscht also ein streng hierarchisches Denken vor, das keine Spezialisierung bei der Leitungsfunktion vorsieht. (Praktisch besteht jedoch die Tendenz zur Angliederung von Stäben und Komitees, die zu einer Verwässerung der Linientypik führt.)

In Unternehmen ist die Werbeleitung zumeist der Marketingleitung unterstellt, die ihrerseits wiederum der Geschäftsleitung untergeordnet ist. Dem liegt die zutreffende Unterstellung zugrunde, dass Werbung ein wichtiges Instrument des Marketing darstellt, und dieses wiederum ein wichtiges Instrument der Unternehmensführung. Unterhalb der Werbeleitung finden sich dann weitere ausführende Stellen, die unmittelbar von der Werbeleitung ihre Anweisungen erhalten und kontrolliert werden.

Mehrliniensysteme können ebenfalls nach den o.g. Kriterien ausgerichtet sein. Die Beson-

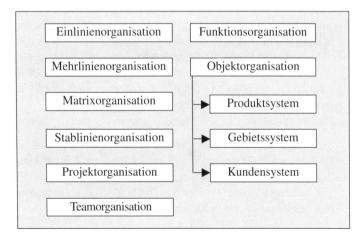

Abb. 308: Organisation der internen Werbeabteilung

derheit besteht jedoch darin, dass Weisungs- und Folgebeziehungen untereinander vielfältig vernetzt sind. Das heißt, jeder Mitarbeiter hat mehrere Vorgesetzte. Zu den charakteristischen Eigenheiten des Systems gehören:

– Übereinstimmung von Fachkompetenz und Entscheidungsfähigkeit,
– Spezialisierung, direkte Wege und Mehrfachunterstellung. (Praktisch besteht jedoch die Tendenz zur unechten Funktionalisierung über Dienststellen.)

In der Praxis ergibt sich eine solche Konstellation immer dann, wenn Marketing- und Vertriebsleitung nebeneinander fungieren. Marketing beinhaltet dann zumeist Produkt- und Preisverantwortlichkeit, Vertrieb die Distributionsverantwortung. Werbung aber dient dabei sowohl dem Marketing als auch dem Vertrieb. Da die Ziele und Maßnahmen beider Bereiche oft erheblich divergieren, wollen beide häufig abweichenden Zugriff auf die Werbung nehmen. Die Folge daraus sind normalerweise mehr oder minder faule Kompromisse und Effizienzeinbußen.

Schließlich gibt es noch das **Matrixsystem**. Dabei handelt es sich um die Spezialisierung nach Organisationsdimensionen und die Gleichberechtigung dieser Dimensionen innerhalb der Organisation. Damit ist die Matrixorganisation so etwas wie die moderne Ausprägung des Mehrliniensystems. Im Unterschied zu ihm laufen die Fäden jedoch nicht bei einer Person für zwei/mehrere Sachgebiete, sondern für ein Sachgebiet bei zwei/mehreren Personen zusammen. Zu den charakteristischen Systemeigenschaften gehören:

– Perfektionierung der Mehrlinienorganisation,
– Systematische Regelung von Kompetenzkreuzungen,
– Pflicht zur Teamarbeit der Dimensionsleiter. (Praktisch besteht jedoch die Tendenz zur Gewichtung einzelner Dimensionsleiter als Primus inter pares.)

Denkbar ist etwa eine Werbeleitung, die für alle kommunikativen Aktivitäten im Hause zuständig ist. Es besteht also für alle Bereiche die Pflicht zur Abstimmung mit dieser. Damit ist eine wesentliche Voraussetzung für Corporate Identity erfüllt, denn diese kommt nur zustande, wenn wirklich alle Signale des Unternehmens koordiniert an die Öffentlichkeit abgegeben werden.

Organisationslayouts mit mehr als zwei Dimensionen nach dem Matrixprinzip werden auch Tensororganisationen genannt. Deren praktische Relevanz ist deshalb gering.

Stabliniensysteme sind dadurch gekennzeichnet, dass es neben dem direkten Linienweg noch Stellen ohne Weisungsbefugnis gibt. Diese haben beratende Aufgaben und können nur durch überzeugende Arbeit wirksam werden. Oder, und das ist in praxi überwiegend der Fall, durch enge Zuordnung zu einer weisungsbefugten Stelle, die als Instanz den Empfehlungen der Stabsstelle zur Durchsetzung verhilft.

Zu den charakteristischen Eigenschaften des Systems gehören:

– Trennung von Entscheidungs- und Fachkompetenzen durch Spezialisierung der Stäbe auf Leitungshilfsfunktionen ohne Kompetenz gegenüber der Linie.
– Aufteilung des Willensbildungsprozesses durch systematische Entscheidungsvorbereitung und Leitungseinheit. (Praktisch besteht jedoch die Tendenz zur Ausbildung eigener Stabshierarchien sowie zur Etablierung zentraler Dienststellen.)

Die Werbung ist dabei oft als Stab der Marketing- oder Vertriebsleitung zugeordnet. Dies wird vor allem von Unternehmen praktiziert, die der Werbung keine zentrale Bedeutung als Erfolgsfaktor zumessen (z. B. Investitionsgüter-Branche) und deshalb meinen, auf eine durchgreifende Werbeleitung verzichten zu können. Gelegentlich wird dabei sogar nur von Öffentlichkeitsarbeit gesprochen, da der Begriff Werbung als verpönt gilt. Die Zuordnung des Stabs ist dann meist bei der Geschäftsleitung zu sehen.

Bei der **Projektorganisation** (Task Force) handelt es sich um eine zeitlich befristete, sachlich limitierte Gruppenarbeit zwischen mehreren Abteilungen meist einer Stufe zur Bearbeitung eines gemeinsamen Projekts. Die Projektgruppe hat einen Projektleiter und auf ihren Sektor beschränkte Befugnisse und Verantwortungen. Dies ist eine für die Kommunikationsbranche typische Konstellation. Werbeagenturen etwa bilden bei der Neugeschäftsakquisition aus spezialisierten Mitarbeitern verschiedener Fachrichtungen eine Projektgruppe, die nur für die Problemlösung eines prospektiven Auftraggebers zuständig ist. Die Projektgruppe löst sich mit dem Pitch um den neuen Auftraggeber auf, die kontinuierliche Bearbeitung wird im Falle des Zugewinns für die Dauer der Betreuung von der Projektgruppe fortgesetzt, oder die Projektgruppe übernimmt eine neue Akquisition. Dadurch sind klare Prioritäten gesetzt. Ebenso ist eine eindeutige Erfolgszumessung möglich. Im Zeitablauf wird zudem ein hohes Maß an Abwechslung für die Mitarbeiter machbar.

Bei der **Teamorganisation** werden Arbeitsteams gebildet, deren Mitglieder nur zeitanteilig einem Team angehören. Charakteristisch ist hingegen, dass jedes Teammitglied mehreren Arbeitsteams zeitgleich angehören kann, um in diesen ganz verschiedenartige Aufgaben zu lösen. Auch dies ist eine typische Konstellation für die Kommunikationsbranche. Werbeagenturen etwa sind so organisiert, dass jeder Mitarbeiter parallel für mehrere Auftraggeber zuständig ist. Für diese arbeitet er in von Kunde zu Kunde wechselnd besetzten Arbeitsgruppen zusammen. Dies schafft ein hohes Maß an Abwechslung, da unterschiedliche Auftraggeber ganz unterschiedlicher Begabungen der Mitarbeiter zur Problemlösung bedürfen. Jedoch kann es zu Prioritätskonflikten kommen, wenn zwei oder mehr Auftraggeber zeitgleich Leistungen abfordern. Bei wechselnder Zusammensetzung der Teams sind solche Konflikte bei einem oder mehreren der Mitglieder wahrscheinlich. Zudem kommt es eher zu Abstimmungsproblemen.

8.1.1.2 Funktions- und objektorientierte Einteilungen

Die funktionsorientierte Kommunikationsorganisation stellt eine Zentralisation nach dem Verrichtungsprinzip dar. Dies bedeutet die Bildung einer Werbeabteilung, die ggf. noch nach Unterfunktionen (z. B. Werbeplanung, Werbemittelproduktion, Mediaeinschaltung) unterteilt ist.

Die objektorientierte Kommunikationsorganisation stellt eine Zentralisation nach den Kriterien Produkt, Gebiet oder Kunde dar.

Die **produktorientierte** Kommunikationsorganisation stellt eine solche Zentralisation nach dem Objektprinzip dar. Dabei wird die Werbung meist als wesentliche Aufgabe vom Produkt-Manager (PM) wahrgenommen. Dies allein schon deshalb, weil oft die übrigen Marketing-Mix-Parameter weitgehend entfallen bzw. fixiert sind. Das Produkt, weil international standardisiert, der Preis, weil durch die Kostenstruktur determiniert, und die Distribution, weil vom Vertrieb dominiert. So bleibt denn als wichtige Einflussgröße immer noch die Kommunikation.

Die **gebietsorientierte** Kommunikationsorganisation stellt eine objektorientierte Zentralisation nach dem Raumprinzip dar. Die Werbeleitung ist dabei geografisch aufgeteilt. Denkbar sind die Alternativen:

- ethnozentrisch, d. h. am Stammland orientiert, die Werbung wird also vom Heimat- auf Auslandsmärkte transferiert,
- polyzentrisch, d. h. am Gastland orientiert, die Werbung wird also voll auf die Belange des jeweils bearbeiteten Marktes zugeschnitten,
- regiozentrisch, d. h. wirtschaftsraumorientiert, die Werbung wird also an ökonomischen Oberzentren ausgerichtet (z. B. Triade-Konzept),
- geozentrisch, d. h. global orientiert, die Werbung wird also einheitlich für alle Märkte konzipiert.

Kundenorientierte Kommunikationsorganisation stellt ebenfalls eine Zentralisation nach dem Objektprinzip dar. Allerdings wird hier nicht das Produkt, sondern der Abnehmer als Objekt marketinggerichteter Tätigkeiten gesehen. Das gilt dann auch für die Werbung. Dies erfolgt etwa im Rahmen von Customer Business Development Teams, die Markenartikler (z. B. P & G) eigens für große Handelskunden einrichten und die eine integrierte Betriebsberatung, incl. Werbung, ermöglichen (meist gegen Zusicherung auf WKZ-Verzicht und Weitergabe von Einstandspreisnachlässen im Abgabepreis).

8.1.2 Ablauforganisation

Die Ablauforganisation umfasst die Erfassung der Arbeitsabläufe, Feststellung deren Häufigkeiten, Bearbeitungs- und Durchlaufzeiten sowie Arbeitsmittel und Kosten mit dem Ziel deren effizienter Gestaltung. Am Beginn der Ablauforganisation steht die **Aufgabenanalyse** in der Kommunikation als Istaufnahme der Arbeitsabläufe. Sie erfolgt nach den Kriterien:

- Verrichtung, d. h. Art der Tätigkeit in der Kommunikation,
- Objekt, d. h. Kommunikationsgegenstand, an dem verrichtet wird,
- Rang i. S. v. dispositiver Entscheidung oder exekutiver Ausführung in der Kommunikation,
- Phase i. S. v. Planung, Durchführung oder Kontrolle in der Kommunikation,
- Zweckbeziehung i. S. v. administrativem oder operativem Kommunikationsinhalt.

Unterstützend kommen die Bestimmungselemente

- Raum, d. h. Ort der Verrichtung,
- Zeit, d. h. dauerhafte oder nur befristete Anlage,
- Sachmittel, d. h. Arbeitsgeräte, an denen die Leistung erbracht wird,

hinzu. Nach diesen Kriterien kann jede Tätigkeit umfassend bestimmt werden.

Daran schließt sich die **Aufgabensynthese** in der Kommunikation als bewusste Zentralisation zugunsten eines Kriteriums und damit Dezentralisation hinsichtlich aller anderen Kriterien an. So führt die Zentralisation hinsichtlich:

- Verrichtung zur Funktionsorientierung,
- Objekt zur Produkt- oder Kundenorientierung,
- Raum zur Gebietsorientierung,
- Zeit zur Projektorientierung,
- Rang zur Divisionsorientierung,
- Phase zur Holdingorientierung.
- Zweckbeziehung zur Stab-Linienorientierung,
- Sachmittel zur Lernstattorientierung (hier nicht behandelt).

Innerhalb dieses Rahmens erfolgt dann die Stellenbildung mit Eingliederung jeder Stelle in ein Organigramm, das die Beziehungen der Stellen zueinander veranschaulicht. Das Organigramm ist die grafische Darstellung der Organisationsstruktur eines Unternehmens (Aufbauorganisation). Es stellt die Art der Aufgabengliederung dar (Stellenbildung) und deren hierarchische Über- bzw. Unterordnung. Daraus ergibt sich der normalerweise einzuhaltende Dienstweg (Ablauforganisation). Stellen mit Leitungsbefugnis sind Instanzen. Wegen der kolossalen Ausmaße moderner Konzerne ergeben sich insofern lange Dienstwege, die angesichts zunehmend schnelllebigerer Märkte zu Reaktionsverlusten führen. Deshalb geht die Entwicklung hin zu flachen Organisationsstrukturen mit wenigen Stufen und weitgehender Entscheidungsfreiheit (Divisionalisierung). Die jeweiligen Division Heads verfügen über eine große Leitungsspanne, d. h., der von ihnen zu verantwortende Geschäftsbereich hat einen großen Umfang. Damit ist die Leitungsbreite hoch, die Leitungstiefe gering. Das heißt, die langen Wege tiefgegliederter Organisationen mit ihren Verzerrungen und Verzögerungen werden aufgebrochen und ergebnisverantwortliche, separierbare und steuerbare strategische Geschäftseinheiten gebildet, die direkt der Unternehmensleitung berichten und in sich weitgehend Gruppen orientiert sind (oft wird dazu der Vergleich des Schlachtschiffs mit einem Verband wendiger Kreuzer verwendet). Mittel dazu ist dann die Spartenorganisation. Im Effekt arbeiten diese Abteilungen wie kleine selbstständige Unternehmen, und die Unternehmensleitung nimmt eine Holdingfunktion wahr (z. B. Benckiser).

Als **Organisationsprinzipien** zur Gestaltung der Entscheidungsfindung kommen in Betracht:

- die Top-Down-Planung, d. h. retrograd von der Unternehmensspitze an die Basis,
- die Bottom-Up-Planung, d. h. progressiv von der Basis an die Unternehmensspitze,
- das Gegenstromprinzip, d.h vom Topmanagement an die Basis und von dort wieder zurück, dabei kann die Initiative von der Unternehmensspitze oder von der Basis ausgehen,
- das Keilprinzip vom Middle Management nach oben und unten ausgehend,
- das Kerneprinzip, d. h. von verschiedenen Stellen in der Organisation ausgehend.

Die Anforderungen an den jeweiligen Stelleninhaber in der Kommunikation sind in der **Stellenbeschreibung** festgehalten. Die Stellenbeschreibung eines Werbeleiters enthält nach traditioneller Ansicht folgende Inhalte, die hier als Beispiel angeführt sind:

- Name des Stelleninhabers, Inhaber der vorgesetzten Stelle, Inhaber der unterstellten Stelle,
- Zielsetzung der Stelle: Ausbau, Weiterentwicklung und Sicherung der produktbezogenen Kommunikation, Verbesserung der Wirtschaftlichkeit des Unternehmens und Unterstützung der Marketingzielsetzungen,
- Organisation: Der Werbeleiter ist Vorsitzender der Werbekonferenz. Er ist ordentliches Mitglied von Marketingkonferenzen. Er ist fachbezogenes Mitglied des Planungsausschusses. Er ist offizieller Gesprächspartner für externe Kommunikationsdienstleister. Er vertritt in Abwesenheit den Leiter der Marktforschung. Er wird in Abwesenheit vom Leiter der Marktforschung sowie vom stellvertretenden Werbeleiter vertreten.
- Aufgaben: Der Werbeleiter meldet Informationsbedürfnisse der Werbung beim Marketingleiter, beim Marktforschungsleiter sowie beim Außendienstleiter an. Er analysiert die Konkurrenzwerbung hinsichtlich der eigenen Zielsetzungen. Er informiert sich kontinuierlich über Veränderungen auf dem Markt und behält immer den Aktualitätsaspekt im

Auge. Er formuliert aufgrund der Marketingzielsetzung Werbeziele und legt sie zur Genehmigung vor. Er operationalisiert die Werbeziele in Abstimmung auf einzelne Produkte und werbliche Mitarbeiter. Er erarbeitet ein Rahmenkonzept für die gesamte Kommunikation des Unternehmens. Er erarbeitet eine Werbekonzeption mit genauer Budgetierung und Terminierung in Abstimmung mit dem Produktmanagement und legt sie zur Genehmigung und Integration in das Marketingkonzept dem Marketingleiter vor. Er stimmt das Werbesubinstrumentarium mit den anderen Marketinginstrumenten ab. Er steht bei der Erstellung von Produkt- und Vertriebs-Marketingkonzeptionen hinsichtlich der synergetischen Verzahnung von Zielen und Maßnahmen der Werbung beratend zur Seite. Er ist Gesprächspartner der PR-Abteilung und wirkt bei entsprechenden Aktivitäten beratend und koordinierend mit. Der Werbeleiter verabschiedet die Werbedetailpläne wie Mediaplan, Gestaltungsplan, Textplan etc. Er ist der verantwortliche Veranlasser aller Produktionen im werblichen Bereich. Er legt den Zeitplan für den Einsatz der einzelnen Maßnahmen fest und übernimmt die Überwachung. Er organisiert die Präsentationen von Werbeagenturen. Er beauftragt in Abstimmung mit dem Produktmanagement, unter Berichterstattung an die Marketingleitung, die Werbeagentur. Er ist Gesprächspartner der Werbeagentur und erstellt das Umsetzungs-Briefing, sofern diese Aufgabe nicht vom Produktmanagement federführend übernommen wird. Er sorgt für eine konstruktive und effiziente Zusammenarbeit mit der Werbeagentur. Er beurteilt die verbale und visuelle Gestaltung sowie die Wirkung der einzelnen operativen Maßnahmen auf Basis seines Fachwissens. Er holt in Zusammenarbeit mit der Beschaffungsabteilung bei wichtigen Großaufträgen drei unabhängige Angebote bei der Vergabe von Werbeaufträgen ein und bewertet sie kostenmäßig, qualitativ und zeitlich. Er vergibt über die Einkaufsabteilung eigenverantwortlich im Rahmen seines Budgets die Aufträge. Der Werbeleiter veranlasst die juristische Überprüfung der werblichen Aktivitäten hinsichtlich der Wettbewerbsgesetze. Er sorgt u. U. für die Durchführung von Pretests hinsichtlich Werbung, Packungsgestaltung etc. Er sorgt für eine detaillierte Effektivitätsanalyse im Post-Stadium der Werbemaßnahmen hinsichtlich der Faktoren Impact, Kosten, Umsatz und Image und legt die Ergebnisse der Marketingleitung vor. Er veranlasst innerhalb seiner Abteilung die Vorbereitung der Präsentation von Konzepten und/oder Werbemaßnahmen gegenüber der Geschäftsleitung, dem Außendienst etc. Er berät alle Stellen des Hauses in kommunikationsspezifischen Fragen. Er ist zuständig für die Produktion und Entwicklung von Messeständen sowie die diesbezügliche Organisation. Der Werbeleiter übernimmt die Organisation von Werksbesichtigungen, Tagen der offenen Tür oder Sonderaktionen, sofern keine PR-Abteilung hierfür vorhanden ist. Er wirkt bei der Gestaltung und Durchführung von Außendiensttagungen mit. Er berät die Personalabteilung bei der Abfassung von Personalanzeigen und veranlasst die Mediaplanung und -beauftragung. Er verwaltet die Werbegeschenke und gibt sie nach einem Verteilerschlüssel an die Abteilungen oder direkt nach außen weiter. Er gibt periodisch eine Kundenzeitschrift und eine Mitarbeiterzeitschrift heraus und leitet die Redaktionen. Er ist zuständig für die Archivierung sämtlicher Werbematerialien und -konzepte und übernimmt die Aufsicht über die Lagerung. Der Werbeleiter koordiniert die Arbeit innerhalb seiner Abteilung und sorgt für effiziente und zielgerichtete Arbeitsprozesse. Er stellt qualifizierte Mitarbeiter in Zusammenarbeit mit der Personalabteilung ein. Er übermittelt selbstentwickelte Gehaltsvorschläge für seine Mitarbeiter an den Marketingleiter. Er sorgt

für ein motivationsförderndes Arbeitsklima innerhalb seiner Abteilung. Er hält seine Mitarbeiter zur ständigen Weiterbildung an. Er pflegt den persönlichen Kontakt zu anderen Werbeleitern, Kommunikationsfachverbänden sowie Werbefachschulen. Er macht in Abstimmung mit dem Außendienstleiter sporadische Informationsbesuche bei Kunden und im Handel. Er sichert seine persönliche Weiterbildung durch Belegung entsprechender Seminare nach Budgetvorgabe. Er repräsentiert das Unternehmen nach außen.
- Verantwortlichkeiten: Der Werbeleiter trägt Ergebnisverantwortung für die Erreichung der Kommunikationsziele mit den verabschiedeten Mitteln. Er trägt Mitverantwortung für das Image von Unternehmen und Produkt. Der Werbeleiter trägt Realisierungsverantwortung für die Einhaltung der Führungsgrundsätze sowie die Umsetzung der Werbekonzeption nach Genehmigung. Der Werbeleiter trägt Führungsverantwortung gegenüber seinen Mitarbeitern.
- Befugnisse: Der Werbeleiter hat Handlungsvollmacht.

Personen mit entsprechendem Leistungsprofil sind im Rahmen der Mitarbeiterbeschaffung für die Kommunikation zu gewinnen. Dies erfolgt über Suchanzeige, Personalberatung, Leasing oder Arbeitsamt. In Frage kommen auch interne Stellenausschreibungen und vorliegende Blindbewerbungen. Dazu gehört die Auswahl der am besten geeigneten Mitarbeiter, einmalig durch Test oder Assessment Center sowie kontinuierlich durch Vorgesetztenbeurteilung, sowie deren Qualifizierung für die speziellen Anforderungen des Unternehmens durch Training, Schulung oder Praxis (On the Job). Bedeutsam sind dabei Motivatoren (Satisfiers), welche die Arbeitsfreude steigern und in direktem Zusammenhang mit dem Arbeitsinhalt stehen (intrinsisch). Dazu gehören Selbstbestätigung, Verantwortung, Beförderung, Anerkennung, Leistung, Selbstentfaltung etc. Gleichzeitig sind Hygienefaktoren (Dissatisfiers) auszuschalten, die aus der Arbeitsumgebung resultieren (extrinsisch) und Unzufriedenheit stiften, wie unternehmenspolitische Querelen, schlechter Führungsstil, mangelnde Arbeitsbedingungen, Statusprobleme, Arbeitsplatzunsicherheit, Entlohnung etc. Eine weitere Möglichkeit besteht in Motivation durch die Arbeit selbst als

- Job Enrichment, d. h. Aufwertung des Arbeitsinhalts,
- Job Enlargement, d. h. Ausweitung des Aufgabenumfangs,
- Job Rotation, d. h. zyklischer Wechsel der Arbeit.

8.2 Externe Werbeberatung

8.2.1 Geschäftsdefinition

Die Funktionen der Werbeabteilung nimmt extern die Werbeagentur wahr. Der Begriff der Werbeagentur ist nur sporadisch definiert. So etwa als »Erwerbsunternehmen ..., die gegen Entgelt auf Grund ständiger Betrauung andere Unternehmen oder Institutionen (Werbungtreibende) in Fragen der Werbung und Absatzförderung beraten und für diese die einheitliche Planung, Gestaltung, Streuung und Kontrolle ihrer Werbung übernehmen.« (*Behrens* 1996)
    Werbeagenturen sind also Dienstleistungsunternehmen. Sie sind in drei Richtungen tätig:

- in Richtung der Werbungtreibenden (Kunden) als deren ausgelagerte Betriebsabteilung für alle Belange der Werbung,

- in Richtung der Werbedurchführenden (Medien) als ausgelagerte Akquisitionsabteilung für Anzeigen, Spots und Plakate,
- in Richtung der Werbemittelproduzierenden als ausgelagerte Akquisitionsabteilung für die Werbemittelerstellung.

Werbeagenturen sind ihrer Rechtsbeziehung nach als Absatzhelfer tätig.

8.2.2 Rechtsbeziehung

Absatzhelfer begleiten den Marktprozess zwischen den Absatzorganen durch akquisitorische, logistische oder leistungsergänzende Tätigkeiten. Absatzhelfer werden im Gegensatz zu Absatzmittlern nicht Eigentümer einer Ware, sind also nicht direkt in den Waren-, Geld- und Informationsstrom im Absatzkanal einbezogen, sondern parallel dazu selbstständig tätig.

Akquisitorische Absatzhelfer sind etwa:

- Handelsvertreter. Sie sind in fremden Namen und auf fremde Rechnung tätig. Zu unterscheiden sind nach der Ermächtigung zum Kaufabschluss:
  - Vermittlungsvertreter, die keine Geschäftsabschlüsse tätigen dürfen,
  - Abschlussvertreter, die verbindlich Geschäftsabschlüsse für den Auftraggeber tätigen dürfen,

  nach der Zahl der Vertretungen:

  - Einfirmenvertreter, die nur für einen Auftraggeber tätig sind,
  - Mehrfirmenvertreter, die für mehrere produktlich nicht konkurrierende Auftraggeber zugleich tätig sind, was die Regel ist,

  nach dem Umfang der Rechte:

  - Alleinvertreter, die für das vertretene Unternehmen in einem Bezirk ausschließlich allein tätig sind,
  - Bezirksvertreter, die Anspruch auf Provision aus allen Geschäftsabschlüssen im Bezirk, unabhängig von ihrem Tätigwerden, haben,
  - Generalvertreter, die als Alleinvertreter die Vermittlungstätigkeit durch Untervertreter ausüben lassen.

  Handelsvertreter sind als selbstständige Gewerbetreibende ständig damit betraut, Geschäfte für ein anderes Unternehmen zu vermitteln oder in dessen Namen abzuschließen. Grundlage ist ein Dienstvertrag über eine Geschäftsbesorgung. Handelsvertreter können typischerweise ihre Tätigkeit frei gestalten (kein vorgegebener Tagesarbeitsplan) und ihre Arbeitszeit selbst bestimmen (keine Mindestarbeitszeit). Außerdem verfügen sie gewöhnlich über eigene Geschäftsräume, eigene Betriebseinrichtungen und Buchführung sowie eigene Kostentragung. Handelsvertreter müssen bei ihrer Tätigkeit das Interesse des(der) vertretenen Unter-nehmen(s) wahren und haben Anspruch auf Provision, die durch Bucheinsicht nachgeprüft werden kann. Diese ist unabhängig von der Mängelfreiheit der gelieferten Ware, allerdings bringen »faule« Kunden keinen Provisionsanspruch. Für das Einziehen von Forderungen wird Inkassoprovision fällig (Delkredere).
- Kommissionäre. Sie sind in eigenem Namen und auf fremde Rechnung tätig. Die Entlohnung erfolgt über Provision und Auslagenersatz durch den Auftraggeber (Kommittent).

Meist wird ein Konsignationslager unterhalten, das sich im Eigentum des Auftraggebers befindet. Nach Abschluss eines Geschäfts wird eine Ausführungsanzeige erstellt und an den Kontrahenten weitergeleitet, da Kommissionäre ansonsten für dessen Erfüllung selbst haften. Gleichfalls werden dabei ohne Widerspruch Abweichungen von der Preisbestimmung als genehmigt angesehen. Kommissionäre sind verpflichtet, die Interessen der Kommittenten wahrzunehmen und deren Weisungen zu befolgen. Andernfalls besteht Schadenersatzpflicht. Der Erlös von Geschäftsbesorgungen steht voll den Kommittenten zu. Kommissionäre sind für den Verlust und die Beschädigung der in ihrer Verwahrung befindlichen Güter regelmäßig verantwortlich, ebenso wie für das Delkredere der Erlöse.
- Handelsmakler. Sie sind mit der fallweisen Vermittlung von Abschlüssen befasst, ohne selbst in den Warenfluss eingeschaltet zu sein. Sie sind ohne Dauervertragsverhältnis im Interesse beider Parteien, Verkäufer wie Käufer, tätig. Dabei halten sie Kontakte zu mehreren potenziellen Verkäufern und Käufern. Die Entlohnung erfolgt über Courtage in Abhängigkeit vom vermittelten Warenwert bei Akquisitionsnachweis, und zwar durch beide Parteien je zur Hälfte. Über vermittelte Geschäfte werden Schlussnoten erstellt, die unterzeichnet sind und alle wichtigen Einzelheiten enthalten. Außerdem wird ein Tagebuch geführt, dessen Eintragungen als Nachweis der Tätigkeit bei Streitigkeiten zur Erhärtung von Entgeltansprüchen dienen. Handelsmakler sind für gewöhnlich nicht ermächtigt, Zahlungen oder andere Vertragsleistungen entgegenzunehmen.

Logistische Absatzhelfer sind Transport- und Lagerunternehmen wie Spedition, Paketdienst, Verkehrs- und Lagerbetriebe etc. Dieser Bereich kommt in diesem Zusammenhang jedoch nicht in Betracht.

Leistungsergänzende Absatzhelfer sind in Bereichen wie Finanzierung und Absicherung als Kreditanstalt, Versicherung etc. sowie Information und Beratung als Auskunftei, Übersetzungsbüro, Marktforschungsinstitut etc. oder eben als Werbeagentur engagiert. Sie sind parallel zum Warenfluss selbstständig tätig, meist in diesen aber nicht einbezogen, sondern nur durch Geld- und Informationsfluss tangiert. Da diese jedoch unverzichtbares Komplement zum Warenfluss sind, kommt ihnen dabei hohe Bedeutung zu. Daher sind dort fähige und verlässliche Partner unverzichtbar.

8.2.3 Werbeagenturvertrag

Der Werbeagenturvertrag beinhaltet im Kern drei unterschiedliche Vertragstypen:

- Bei **Unterverträgen** handelt die Werbeagentur in eigenem Namen und für fremde Rechnung, und erbringt Leistungen, die unter Umständen auch ohne Inanspruchnahme Dritter ausgeführt werden können. Dies betrifft alle Bereichen, in denen die Werbeagentur als »verlängerter Schreibtisch« des Kunden Arbeiten selbst übernimmt und ausführt, die dieser aus seiner Werbeabteilung ausgelagert hat.
- Bei **Regieverträgen** übernimmt die Werbeagentur Vermittlung und Abschluss des Vertrags, Überwachung seiner ordnungsgemäßen Erfüllung und Abwicklungstätigkeit »in Regie« in enger Abstimmung mit dem Kunden. Sie agiert hier als Stellvertreter des Kunden. Dies betrifft alle Aufgaben, welche die Agentur nicht selbst wahrnimmt, sondern zu deren Wahrnehmung sie sich Dritter bedient (z. B. Mafo-Institut, Fotograf, Drucker).

Abb. 309: Werbeagenturvertrag

– Bei **Durchführungsverträgen** handelt die Werbeagentur in eigenem Namen, aber für eigene Rechnung. Dies betrifft die Einschaltverträge mit klassischen Medien (Werbedurchführende).

Die Vorschriften des Handelsvertreterrechts sind auf die Werbeagentur nicht anwendbar, denn sie ist nicht damit betraut, dem Kunden beim Warenabsatz einen Kundenstamm zu gewinnen oder zu erhalten. Vielmehr ist die Werbeagentur auf der Beschaffungsseite des Unternehmens tätig. Das Maklerrecht ist gleichfalls auszuschließen, denn die Werbeagentur besorgt keine Waren- oder Wertpapiergeschäfte, sie stellt auch nicht auf den Nachweis von Vertragsabschlüssen ab. Zudem ist sie meist nicht fallweise, sondern regelmäßig für den Kunden aktiv. Das Kommissionärsrecht könnte für Werbedurchführungsverträge zum Zuge kommen, denn dort wird in eigenem Namen und für fremde Rechnung abgeschlossen, allerdings fehlt es am Fracht- oder Speditionsgut als Inhalt.

Tatsächlich handelt es sich beim Werbeagenturvertrag denn auch um einen Vertragstypus ganz eigener Art. Er enthält Elemente einer Geschäftsbesorgung aus Dienst- oder Werkvertrag und eines Kommissionsvertrags. Er ist formfrei abzuschließen, jedoch empfiehlt sich auf jeden Fall Schriftform. Wesentliche Inhalte sind (Abb. 309):

- **Aufgabenstellung und Leistungen der Agentur.** Ein grober Abriss der Aufgabenstellung reicht hier aus. Dabei wird ein Rahmen abgesteckt, für den Bereich, in dem die Agentur tätig werden soll, d. h. für den die Agentur erklärt, dass sie dafür die sachliche und fachliche Kompetenz besitzt. Weiterhin für den Bereich, in dem die Agentur tätig werden darf, d. h. innerhalb dessen die Agentur zu einem Tätigwerden für ihren Kunden berechtigt und verpflichtet ist. Und für den Bereich, in dem die Agentur tätig werden kann, d. h. für den die Agentur als die einzige beauftragte des Kunden anzusehen ist.
  Die Leistungen selbst bereiten oft Schwierigkeiten bei der Formulierung. Denkbar sind etwa folgende Inhalte:
  - Beschaffung von Informationen, Daten und Unterlagen für die Planung, die Gestaltung und den Einsatz von Werbemaßnahmen, in Abstimmung mit dem Auftraggeber auch durch eigene Erhebungen, Erfassung, Zusammenstellung und Aufbereitung aller zugänglichen primär- und sekundärstatistischen Daten, Beobachtung und Analyse

der Konkurrenzwerbung, beratende, vorbereitende und überwachende Mitwirkung bei der Anlage und Auswertung von Forschungsaufträgen, Mitarbeit bei der Produktgestaltung und -ausstattung, Erarbeitung der Werbekonzeption in Übereinstimmung mit Marketingplan und Briefing,
- Erarbeitung der Gestaltungskonzeption als Verbalisierung und Visualisierung der Werbekonzeption, Entwicklung von Ideenskizzen, Layouts, Entwürfen, Treatments und Storyboards der Werbemittel und Verkaufshilfen in Bild, Text und Ton, Koordination der Gestaltung auf allen Ebenen, Herstellung der Grundmotive unter Berücksichtigung aller technischen Anforderungen der Weiterverarbeitung, Durchführung von Pre- und Post-Tests zur Wirkungskontrolle in Abstimmung mit dem Auftraggeber,
- technische Beratung über Verfahren und Lieferanten im Bereich der Werbemittelherstellung, Lieferung der benötigten Art und Anzahl fachlich wie technisch einwandfreier Reproduktionsvorlagen nach den genehmigten Entwürfen, Lieferung der Gestaltungskonzepte, Drehbücher und Textmanuskripte für die Film-, Funk- und Fernsehproduktion nach genehmigten Entwürfen, Abwicklung der Produktionsaufgaben mit Angebotseinholung, Kostenvoranschlagserstellung, Produktionsauftragserteilung, Herstellungsüberwachung und eigenverantwortlicher Abnahme des Produktionsergebnisses und der Rechnungskontrolle,
- objektive und neutrale Beratung in allen Fragen des Einsatzes von Werbemitteln, vor allem auch der Eignung von Werbeträgern, Erarbeitung der Mediakonzeption und -planung nach den jeweils vorliegenden neuesten Erkenntnissen der Mediaforschung und unter Berücksichtigung bewährter Optimierungs- und Selektionsprogramme, Durchführung der Werbemittelstreuung nach vom Auftraggeber genehmigten Plänen zu den jeweils günstigsten Bedingungen der Werbeträger (z. B. Konzernrabatt, Konditionen, sonstige Nachlässe), Überwachung und Kontrolle der ordnungsgemäßen Durchführung der Werbemittelstreuung, Abrechnung der Streuung und Abwicklung des Zahlungsverkehrs mit Beleglieferung.
- Vergütung der Agenturleistungen. Nach welchem System und in welcher Höhe die Leistungen der Agentur vergütet werden, ist ausschließlich Verhandlungssache. In der Praxis gibt es vielfältige Kombinationen. Vor allem sind offene Rückvergütungen der Mittler-Provision legal, nicht hingegen »Geheimvergütungen«, die das treuhänderische Agieren der Agentur behindern.
- **Grundsätze für den Arbeitsablauf.** Hierzu gehören vor allem folgende Punkte:
- Protokolle, die von der Agentur unverzüglich und fortlaufend von jeder Besprechung mit dem Auftraggeber angefertigt und verteilt werden. Der Inhalt dieser Protokolle gilt als verbindliche Arbeitsgrundlage, soweit er innerhalb einer Frist unwidersprochen bleibt. Die Protokolle dienen damit der Information aller Beteiligter und gelten als Ermächtigung für die Agentur, danach so zu verfahren wie dort niedergeschrieben.
- Die externe Auftragserteilung durch die Agentur bedarf der ausdrücklichen Zustimmung des Auftraggebers sowie bei Herstellung und Einsatz von Werbemitteln des vollständigen Genehmigungsumlaufs dort. Eine stillschweigende Zustimmung reicht nicht aus, da diese Aufträge eine (direkte oder weiterberechnete) Zahlungsverpflichtung nach sich ziehen.
- Die Werbemittel-Herstellung bedarf zur Beauftragung der Einholung von (normalerweise drei) Konkurrenzangeboten. Branchenübliche Mehr- oder Minderlieferungen werden entgegen etwaig bestehenden AGB's nicht akzeptiert.

- Zur sorgfältigen und pfleglichen Verwahrung von Werbematerial im Eigentum des Auftraggebers ist die Agentur verpflichtet. Die Dauer der Verwahrung ist mit ihm anhand einer Inventurliste in regelmäßigen Zeitabständen abzustimmen.
- Nebenpflichten, insb. Haftung, Geheimhaltung und Konkurrenzausschluss. Der Konkurrenzausschluss ergibt sich allein schon aus der Branchenüblichkeit. Zu seiner Aufhebung bedarf es der ausdrücklichen Einwilligung des Auftraggebers. Jedoch ist die Abgrenzung des relevanten Marktes schwierig. Die Vertreter einer restriktiven Regelung finden sich vornehmlich auf Auftraggeberseite, die Vertreter einer eher flexiblen Regelung verständlicherweise auf Agenturseite. In jedem Fall soll eine Interessenkollision bei der Agentur vermieden werden. Die Geheimhaltungspflicht bezieht sich auf Geschäfts- und Betriebstatbestände, die nach dem bekundeten oder erkennbaren Willen des Auftraggebers geheim bleiben sollen und an deren Geheimhaltung er ein berechtigtes wirtschaftliches Interesse hat. Auch diese Regelung ist branchenüblich. Sie verpflichtet die Agentur zu nötigen Vorkehrungen (z. B. Übernahme dieser Verpflichtung in die Verträge der festen und freien Mitarbeiter, Sicherung der Schadenersatzansprüche auch gegen ehemalige Mitarbeiter). Oft ist eine »Abtretung« der pflichtwidrig handelnden Mitarbeiter der Agentur an den Auftraggeber vorgesehen, damit dieser Unterlassungs- und Schadenersatzansprüche selbst geltend machen kann. Eine Agentur, die diesen Namen verdient, verfügt immer über einen nach Art und Umfang in kaufmännischer Weise eingerichteten Geschäftsbetrieb, fällt also immer auch unter die Sorgfaltspflicht eines ordentlichen Kaufmanns. Vor allem muss man von ihr die spezifischen Fachkenntnisse der Wirtschaftswerbung verlangen. Für gewöhnlich ist die Agentur über Bestimmungen und Grundsätze in ihrem Metier besser informiert als der Kunde, haftet also auch für alle Arbeiten. Dies gilt nicht für Anregungen, Ideen, Vorschläge etc., auf denen der Auftraggeber besteht, wohl aber für solche, die von ihm nur als unverbindlicher Beitrag deklariert werden. Als Äquivalenz verpflichtet sich der Auftraggeber, die Agentur bei allen Werbeaufgaben im definierten Markt als einzigen Berater einzuschalten. Dies gilt vor allem für Aufgaben, die Vergütungsbasis sind. Ausnahmen stellen allenfalls Gefälligkeitsdispositionen dar.
- Rechtsübergang, insb. urheberrechtliche Nutzungsrechte. Gewerbliche und urheberrechtliche Rechte und Befugnisse (z. B. Weitergabe), die sich aus der Arbeit der Agentur oder eines von ihr beauftragten Dritten im Rahmen der Zusammenarbeit ergeben, gehen üblicherweise räumlich, zeitlich und inhaltlich uneingeschränkt auf der Auftraggeber über. Abweichend davon sind die räumliche, zeitliche oder inhaltliche Beschränkung sowie deren Außerkraftsetzen gegen zusätzliche Honorierung ausdrücklich zu vereinbaren. Dies gilt auch für Leistungen von Dritten, die im Auftrag der Agentur gearbeitet haben. Auch ist die Anmeldung und Eintragung in einem Register für den Auftraggeber als Inhaber der Rechte zulässig. Das Eigentum an allen Werkstücken, Texten, Entwürfen, Fotografien, Vorlagen, Retuschen, Druckunterlagen, Kopien, Ausarbeitungen, Mustern, Modellen etc., die von der Agentur oder einem von ihr beauftragten Dritten in Erfüllung des Vertrags hergestellt worden sind, geht mit dem Zeitpunkt der Genehmigung an den Auftraggeber über. Dieser wird dadurch Eigentümer und kann mit der Sache nach Belieben verfahren (z. B. Herausgabe, Überlassung an einen Dritten, Schenkung, Vernichtung, Aufbewahrung). Arbeiten, die nicht genehmigt werden, sind frei zum anderweitigen Einsatz für die Agentur, sofern damit Geheimhaltungspflichten nicht verletzt werden.

- **Zahlungsverkehr.** Es können vereinbart werden:
  - Vorauszahlung zwischen Auftragserteilung und Rechnungsdatum. In diesem Fall stellt der Auftraggeber der Agentur Finanzmittel zur Verfügung, die diese bis zur Fälligkeit wie eigene behandeln kann (z. B. Anlage, Rechnungszahlung an Dritte).
  - Vorauszahlung auf Ziel bis vor Fälligkeit der Rechnung des Auftragnehmers. In diesem Fall ist sichergestellt, dass die Agentur über die liquiden Mittel zur Zahlung verfügt, ohne vorfinanzieren zu müssen.
  - Nachzahlung auf Ziel bei oder nach Fälligkeit der Rechnung des Auftragnehmers. Hier leistet die Agentur vor und läuft vor allem hinsichtlich der Zahlungsfähigkeit des Auftraggebers Gefahr. Bei Vorauszahlungen wird dem Auftraggeber der Skontonachlass, den die Agentur im Einzelfall tatsächlich erzielt, eingeräumt. Alternativ kann ein pauschaler Skontosatz vereinbart werden. Wichtig ist, dass der Werbedurchführende sich für die Gegenleistung seiner Leistung nur an die Agentur als Vertragspartner wenden wird und kann. Rechtsbeziehungen zwischen dem Werbedurchführenden und dem Werbungtreibenden (Auftraggeber der Agentur), die diesen zur Zahlung verpflichten könnten, bestehen nicht. Ist die Gegenleistung für seine Leistung an die Agentur durch diese nicht erfolgt, entstehen Ansprüche nur bei Kreditsicherungsmitteln, die selten vereinbart werden.
- **Vertragsdauer.** Der Agenturvertrag kann auf unbestimmte Dauer, auf eine bestimmte Mindestzeit hin oder von vornherein befristet abgeschlossen werden, oder in jeder Kombination daraus (z. B. Befristung mit automatischer Verlängerung oder Befristung mit Verlängerungsoption). Üblich ist eine Vertragsverlängerung um jeweils ein Jahr mit einer Kündigungsfrist von mindestens sechs Monaten. Die Kündigung soll schriftlich erfolgen (evtl. durch Einschreiben), und zwar eingehend bis zum letzten Tag der Frist beim Vertragspartner.
- **Eingangs- und Schlussbestimmungen.** Hier sollen die Vertragspartner mit ihrem vollen Namen bezeichnet werden, also in der Form, mit der sie im Handels-/Vereinsregister eingetragen sind. Die Angabe der Adresse ist nicht erforderlich, da sie sich leicht ändern kann und für die Identität der Firma ohne Belang ist. Die Angabe der bevollmächtigten Vertreter hingegen ist zweckmäßig, weil dadurch die Vertretungsbefugnis dokumentiert wird und Streitigkeiten vorgebeugt wird. Änderungen und Ergänzungen des Vertrags sind zweckmäßigerweise in Schriftform gehalten. Als Erfüllungsort und Gerichtsstand wird meist der Firmensitz des Auftraggebers vereinbart. International ist damit gleichzeitig entschieden, welches Landesrecht zur Anwendung kommt. Die salvatorische Klausel verhindert, dass der ganze Vertrag ungültig ist, wenn nur Teile von ihm ungültig sind. Außerdem wird meist eine Schiedsklausel zur endgültigen außergerichtlichen Entscheidung vorgesehen. Der Vertrag tritt vereinbarungsgemäß in Kraft mit Ort, Datum und Unterschrift der Vertragspartner.

Als Musterinhalte eines Werbeagenturvertrags kommen etwa die folgenden in Betracht:

- **Auftrag:** Der Kunde beauftragt die Agentur mit der umfassenden werblichen Betreuung von XYZ im Gebiet der Bundesrepublik Deutschland. Die Agentur nimmt diesen Auftrag an und sichert engste Zusammenarbeit mit dem Kunden zu.

- **Zusammenarbeit**: Die Agentur wird die Interessen des Kunden nach besten Kräften wahrnehmen. Der Kunde seinerseits wird im Sinne einer vertrauensvollen Zusammenarbeit alle benötigten Markt-, Produktions- und Verkaufzahlen und sonstige für die Leistung der Agentur wesentliche Daten zur streng vertraulichen Behandlung zur Verfügung stellen.
- **Werbevorbereitung**: Analyse der Marktposition und der Konkurrenzsituation der zu betreuenden Produkte, Untersuchung der Verbraucherstruktur und der Konsumgewohnheiten auf der Grundlage vorhandener Studien oder sonstiger, allgemein zugänglicher Sekundärmaterialien, Erarbeitung von Vorschlägen für ergänzende Markt-, Produkt- und Verbraucheruntersuchungen und Empfehlungen geeigneter Marktforschungsinstitute für ihre Durchführung.
- **Werbeberatung**: Formulierung der Werbeziele auf der Grundlage der mit dem Kunden abgestimmten Marketingziele, Entwicklung der Kommunikationsstrategien und Werbekonzeption, Auswertung der Werbemittel- und Werbeträgerforschung zur Optimierung des Werbeeinsatzes.
- **Werbegestaltung**: Gestaltung von Werbetexten für Anzeigen, TV- und Kino-Filme, Hörfunk und Fernsehen, Gestaltung von Entwürfen (in Scribbleform) für Anzeigen und Plakate sowie Storyboards und Drehbücher für Film-, Funk- und Fernsehwerbung.
- **Werbeplanung und -einschaltung**: Erstellung der Mediastrategie und Ausarbeitung von Einschaltplänen für den Einsatz in tariflich gebundenen und sonstigen Werbeträgern incl. entsprechender Kostenvoranschläge, Vergabe der Einschaltaufträge zu den für den Kunden günstigsten Bedingungen entsprechend den Tarif- und Geschäftsbedingungen der Medien, Abschluss der Einschaltverträge (Weisungen an und Verkehr mit den Werbeträgern werden nur über die Agentur abgewickelt), termingerechte Auslieferung der einschaltfähigen Vorlagen und Werbemittel an die Werbeträger, Überwachung und Kontrolle der Auftragsabwicklung, finanztechnische Abwicklung der Aufträge mit den Werbeträgern in eigenem Namen und für eigene Rechnung der Agentur auf der Grundlage der vom Kunden genehmigten Mediapläne.
- **Werbemittelherstellung**: Ermittlung der kostengünstigsten Methoden unter Berücksichtigung qualitativer Aspekte für die Herstellung der Werbemittel, Auswahl der erforderlichen Spezialisten bzw. Lieferanten wie Grafiker, Retuscheure, Druckereien und Reproanstalten, Filmproduzenten, Tonstudios, Sprecher, Modelle etc., Einholen von Lieferantenangeboten, deren Auswahl und Überwachung, Auftragserteilung nach Genehmigung durch den Kunden, Überwachung der sach- und termingerechten Ausführung bzw. der Regie und Herstellung bei den Dreh- und Aufnahmearbeiten im FFF-Sektor incl. der Rechnungs- und Zahlungsabwicklung sowie Kontrolle, Klärung der Künstlersozialversicherungspflicht und Überwachung ausländischer Lieferanten und zollrechtlicher Fragen (Abgaben, die nachträglich entstehen, werden vom Kunden übernommen).
- **Sonstige Leistungen der Agentur**: Auf besonderen Wunsch des Kunden kann die Agentur neben den genannten Leistungen die folgenden Aufgaben gegen ein gesondert zu vereinbarendes Honorar übernehmen: **Research**: Durchführung aller Research-Maßnahmen wie Copytests, Pre- und Posttests, Recall-Erhebungen; **Corporate Design**: Entwicklung von Packungen, Markensignets und Firmenzeichen; **Spezialkarte**: Erarbeitung von Fachtexten und Fremdsprachentexten; **Direktwerbung**: Gestaltung von Texten

und Layouts für Prospekte, Werbebriefe, Gebrauchsanweisungen etc. sowie Vorschläge für Werbeaktionen und Musterverteilungen; **Sales Promotion**: Beratungs-, Planung- und Durchführungsarbeiten im Bereich der Verkaufsförderung, Außendiensttagungen, Fachveranstaltungen, Symposien, Messen etc. sowie die Gestaltung von Display-Material, Prospekten und sonstigen Verkaufshilfen; **Public Relations**: Planung, Kontrolle und Durchführung von PR-Aktionen; **Produktentwicklung**: Beratung und Mitwirkung bei der Entwicklung neuer oder verbesserter Produkte; **laufende Wettbewerbsbeobachtung**: Store Checks, Interpretation von Handels- und Verbraucher-Paneldaten sowie Werbeaufwandserhebungen entsprechender Institute, internationale Koordination der Werbemaßnahmen; **Sonstiges**: Beschaffung rechtlicher Absicherung durch juristische und/oder wirtschaftswissenschaftliche Fachgutachten oder Produktion von audiovisuellen und sonstigem Material (Filme, Videos, Bildplatten, Multivisionen, Online etc.).
- **Angaben zum Werbebudget**: Der Kunde wird der Agentur für das Geschäftsjahr die geplanten Maßnahmen und das zur Verfügung stehende Budget mitteilen.
- **Auftragserteilung über die Agentur**: Der Kunde leitet Aufträge für die Einschaltung in tarifgebundenen und nicht tarifgebundenen Medien für das betreute Produkt ausschließlich über die Agentur. Er überträgt der Agentur außerdem die Herstellung der für die Durchführung der Werbemaßnahmen notwendigen Unterlagen.
- **Genehmigungen**: Der Kunde verpflichtet sich, Genehmigungen rechtzeitig zu erteilen, damit der Arbeitsablauf der Agentur nicht beeinträchtigt wird und die Agentur in der Lage ist, die Folgearbeiten ohne Mehrkosten und Qualitätsrisiko zu erbringen.
- **Agenturprovision**: Die Basis der Agenturvergütung bildet ein Entgelt von X % des Werbeetats des Kunden. Für die mediengebundenen Leistungen der Agentur berechnet sie ein Honorar von X % (+ MWSt) auf das Kundennetto der über tarifgebundene Werbeträger abgewickelten Media-Umsätze (das Kundennetto ist der Rechnungsbetrag der Werbeträgerunternehmen vor MWSt nach Rabatt, jedoch ohne Skonto). Für alle medienfreien Leistungen berechnet die Agentur ein Honorar von X % auf die Rechnungen Dritter.
- **Reinzeichnungen**: Werden Reinzeichnungen in der Agentur hergestellt, berechnet die Agentur ihre jeweils geltenden Vergütungssätze nach Preislisten bzw. Stundensätzen.
- **Honorar für sonstige Leistungen**: Für alle sonstigen Leistungen wird das Honorar von Fall zu Fall im voraus zwischen Kunde und Agentur vereinbart. Falls im Voraus keine Vereinbarung getroffen ist, gelten die aktuellen Vergütungssätze der Agentur. Rechnungen Dritter im Rahmen dieser sonstigen Leistungen werden mit einem Honorar von X % auf den Nettopreis an den Kunden weiterberechnet.
- **Änderungen oder Abbruch der Arbeiten**: Wenn der Kunde Aufträge, Arbeiten, umfangreiche Planungen o. ä. außerhalb der laufenden Betreuung ändert und/oder abbricht, wird er der Agentur alle angefallenen Kosten ersetzen (incl. anfallender Provisionen, Honorare und angefallener Zeitkosten) und sie von allen Verbindlichkeiten gegenüber Dritten freistellen.
- **Werbung im Ausland**: Falls die von der Agentur entwickelte und gestaltete Werbung im Ausland geschaltet wird, erhält die Agentur ein Honorar von X % für Schaltung und Abrechnung auf das Kundennetto.
- **Sonstige Kosten**: Barauslagen und besondere Kosten, die der Agentur auf ausdrücklichen Wunsch des Kunden entstehen, werden zum Selbstkostenpreis berechnet. Hierzu zählen z. B. außergewöhnliche Kommunikations-, Versand- und Vervielfältigungskosten. GEMA-

- **Reisekosten:** Kosten für Reisen zum Firmensitz des Kunden im Rahmen der normalen Betreuung werden nicht berechnet. Alle sonstigen Reisen, z. B. zur Überwachung von Film-, Funk- und Fernseharbeiten, Drucküberwachung und Druckabnahmen, Reisen im besonderen Auftrag des Kunden etc. werden dem Kunden berechnet.
- **Mehrwertsteuer:** Sämtliche Leistungen der Werbeagentur verstehen sich zuzüglich der gesetzlich gültigen Mehrwertsteuer.
- **Zahlungsweise und Skonti:** Die von der Agentur dem Kunden ausgestellten Rechnungen sind nach Erhalt ohne Abzüge fällig. Bei Vorauszahlung werden dem Kunden alle erreichbaren Skontoabzüge vergütet. Es gilt folgende Rechnungsstellung: Für Werbeeinschaltungen fordert die Agentur zu den auf den Mediarechnungen angegebenen Zahlungsterminen Zahlungen so rechtzeitig und vollständig an, dass alle erreichbaren Vorauszahlungsskonti an den Kunden weitergegeben werden können. Im Bereich der Werbemittelherstellung erstellt die Agentur nach Abschluss eines Auftrags die Abrechnung. Bei größeren Aufträgen oder solchen, die sich über einen längeren Zeitraum erstrecken, ist die Agentur berechtigt, Zwischenabrechnungen bzw. Vorausrechnungen zu erstellen und a conto-Zahlungen abzurufen. Skonti auf Agenturvergütungen werden nicht gewährt.

Für die Formulierung **Allgemeiner Geschäftsbedingungen** (AGB's) von Werbeagenturen empfiehlt der Zentralverband der Deutschen Werbewirtschaft (ZAW) folgende Inhalte:

Die allgemeinen Geschäftsbedingungen gelten für alle Verträge, deren Gegenstand die Erteilung von Rat und Auskünften bei der Planung, Vorbereitung und Durchführung werblicher Maßnahmen ist. Die Geschäftsbedingungen des Auftraggebers finden nur Anwendung, wenn dies ausdrücklich schriftlich vereinbart wurde.
Gegenstand des Auftrags ist nur die im Angebot/Auftrag beschriebene Tätigkeit.
Die Basis der Agenturarbeit bildet das Briefing des Kunden. Wird das Briefing mündlich erteilt, wird der entsprechende schriftliche Kontaktbericht zur verbindlichen Arbeitsunterlage.
In der Regel sind dem Auftraggeber vor Beginn jeder kostenverursachenden Arbeit Kostenvoranschläge in schriftlicher Form zu unterbreiten. Die Agentur vergibt Aufträge an Dritte im eigenen Namen und für eigene Rechnung nur nach der Genehmigung durch den Auftraggeber. Film- und Fotoaufträge werden im Namen und für Rechnung des Auftraggeber erteilt.
Kleinere Einzelaufträge bis zu max. X € sowie Aufträge im Rahmen laufender Arbeiten, wie z. B. Zwischenaufnahmen, Satzkosten, Retuschen o. ä., bedürfen nicht der Einholung von Kostenvoranschlägen und keiner vorherigen Genehmigung.
Die Agentur übergibt innerhalb von Y Arbeitstagen nach jeder Besprechung mit dem Auftraggeber Kontaktberichte. Diese Kontaktberichte sind für die weitere Bearbeitung von Projekten bindend, sofern ihnen nicht innerhalb einer Frist von weiteren Y Arbeitstagen widersprochen wird.

Die Agentur wird alle zu ihrer Kenntnis gelangenden Geschäftsvorgänge des Auftraggebers, wie überhaupt dessen Interna, streng vertraulich behandeln.

Die Agentur wird alle Unterlagen (Reinzeichnungen, Filmkopien, Tonbänder, Andrucke etc.) für die Dauer von zwei Jahren aufbewahren und anschließend dem Auftraggeber zur Verfügung stellen. Die entsprechenden Lizenzrechte verbleiben bei der Agentur.

Die Haftung der Agentur beschränkt sich auf grobe Fahrlässigkeit und auf den Ausgleich typischer und voraussehbarer Schäden. Die Agentur verpflichtet sich, die ihr übertragenen Arbeiten mit fachlicher und kaufmännischer Sorgfalt nach bestem Wissen und unter Beachtung der allgemein anerkannten Grundsätze des Werbewesens durchzuführen. Sie wird den Auftraggeber rechtzeitig auf für einen ordentlichen Werbekaufmann erkennbare gewichtige Risiken hinweisen. Der Auftraggeber stellt die Agentur von Ansprüchen Dritter frei, wenn die Agentur auf ausdrücklichen Wunsch des Auftraggebers gehandelt hat, obwohl sie dem Auftraggeber ihre Bedenken im Hinblick auf die Zulässigkeit einer Werbemaßnahme mitgeteilt hat. Erachtet die Agentur für die durchzuführenden Maßnahmen eine wettbewerbsrechtliche Prüfung durch eine besonders sachkundige Person oder Institution für erforderlich, so trägt der Auftraggeber nach Abstimmung die Kosten.

Der Auftraggeber erwirbt mit der vollständigen Zahlung für die Dauer und im Umfang des Vertrags die Urhebernutzungsrechte an allen von der Agentur im Rahmen dieses Auftrags gefertigten Arbeiten, soweit die Übertragung nach deutschem Recht oder den tatsächlichen Verhältnissen (besonders für Musik-, Film- und Fotorechte) möglich ist, für die Nutzung im Gebiet der Bundesrepublik Deutschland. Zieht die Agentur zur Vertragserfüllung Dritte (Erfüllungsgehilfen) heran, wird sie deren Urhebernutzungsrechte erwerben und im gleichen Umfang an den Auftraggeber übertragen. Die Agentur wird den Auftraggeber jeweils vorher über etwaige Beschränkungen der Urhebernutzungsrechte informieren. Auf bestehende GEMA-Rechte und solche anderer Verwertungsgesellschaften wird die Agentur hinweisen.

Die Agentur erbringt eine über die rein technische Arbeit hinausgehende geistig-kreative Gesamtleistung. Wenn der Auftraggeber Agenturarbeiten außerhalb des Vertragsumfangs nutzt, wie außerhalb des genannten Gebiets, nach Beendigung des Vertrags, in abgeänderter, erweiterter oder umgestellter Form oder beim Einsatz in anderen Werbeträgern, tritt eine besondere Vereinbarung über das Lizenzhonorar in Kraft. Das Lizenzhonorar beträgt Z % des Agenturhonorars. Kommt eine Einigung über das Lizenzhonorar nicht zustande, gilt ein Mindesthonorar von X % des Autorenentgelts des letzten Vertragsjahres.

Dieser Vertrag tritt nach Unterzeichnung in Kraft. Er wird auf unbestimmte Zeit geschlossen und kann mit einer Frist von sechs Monaten zum Jahresende gekündigt werden, erstmals zum Y. Die Kündigung hat schriftlich zu erfolgen.

Soweit die Agentur Verpflichtungen gegenüber Dritten gemäß diesem Vertrag eingegangen ist (Festaufträge), erklärt sich der Auftraggeber bereit, diese Verpflichtungen auch nach Vertragsende unter Einschaltung der Agentur zu erfüllen. Die Agentur ist bereit, Reservierungen in tarifgebundenen Werbeträgern für die Zeit nach Vertragsende auf den Auftraggeber oder Dritte dann zu übertragen, wenn der Auftraggeber oder der Dritte die bei der Agentur bereits entstandenen Kosten übernimmt. Die Übertragung hat zur Voraussetzung, dass die Agentur aus jeglicher Haftung, auch von Dritten, entlassen wird.

Über Streitigkeiten aus dem Vertrag soll unter Ausschluss des ordentlichen Rechtswegs ein Schiedsgericht entscheiden. Schiedsgericht ist das »Schiedsgericht der Werbung« in

Frankfurt a.M. Zusammensetzung und Verfahren richten sich nach der Schiedsordnung dieses Gerichts.

Änderungen und Ergänzungen dieses Vertrags bedürfen der Schriftform. Sollte eine Bestimmung dieses Vertrags unwirksam sein oder werden, so wird die Gültigkeit des Vertrags im Übrigen hiervon nicht berührt. Anstelle der unwirksamen Bestimmung soll eine Regelung treten, die im Rahmen des rechtlich Möglichen dem Willen der Parteien am nächsten kommt.

8.2.4 Historische Entwicklung

(Abb. 310). Nach der industriellen Revolution stieg das Niveau der Wirtschaftstätigkeit in Westeuropa steil an. Drastisch erhöhte Produktionskapazitäten ließen die rentable Fertigung eines stark erweiterten Angebots zu. Gleichzeitig expandierte das Beschäftigungsniveau. Die vermehrten Einkommenszahlungen wurden in kaufkräftige Nachfrage umgesetzt. Große Absatzmärkte entstanden. Voraussetzung für diese Multiplikationseffekte war, dass das Angebot bekannt war. Voraussetzung dafür wiederum war der Einsatz werblicher Maßnahmen. Zunächst vollzog sich diese »Reklame« noch auf lokaler Ebene in wenigen Medien (Affichen, Reklameschilder etc.). Die Kontaktpersonen der Medien waren bekannt und die Abwicklung der Werbeeinschaltung erfolgte relativ problemlos. Im Rahmen des Wachstumspfads schritt die Produktion fort. Zu deren Absatz mussten räumlich weiter entfernte Gebiete erschlossen werden. Dazu war die Bekanntmachung des eigenen Angebots erforderlich. Nur, dass das vorgegebene Werbeumfeld weitaus weniger vertraut war. Die Medien und deren Bedingungen waren daher risikobehaftet. Zur gleichen Zeit veränderte sich der Zeitungsmarkt von einem elitären Zirkel für Intellektuelle immer mehr zu einem Massenmarkt. Die Anzahl der Titel stieg sprunghaft, Auflagenzahlen und Verbreitungsgebiete änderten sich rasch. »Neue« Medien kamen hinzu, Plakatflächen, Lichtspielhäuser, später Illustrierte. Die Medienlandschaft wurde dadurch immer unübersichtlicher.

Parallel dazu intensivierten sich die Konkurrenzbeziehungen der Anbieter, deren Distribution sich nun in den Stammgebieten überlappte. Dies galt auch für die Verlagshäuser, die in eine verstärkte Konkurrenzsituation gerieten. Immer mehr Blätter wurden gegründet, die lokale Monopole in Frage stellten. Damit stiegen die Anforderungen an redaktionelle Inhalte und Aufmachung als wesentliche Wettbewerbsparameter. Dies erforderte hohe Aufwendungen, die nur zum Teil über steigende Auflagenzahlen (bei allerdings fallenden »Copy«-Preisen) finanziert werden konnten. Die Unterdeckung musste durch Annoncen ausgeglichen werden. Insofern waren die Verlage auf die Einschaltung von Anzeigen mindestens ebenso angewiesen wie die Hersteller. Nun traf die Akquisition von Werbevolumen leider nicht unbedingt das Interesse der Redakteure. Diese sahen sich

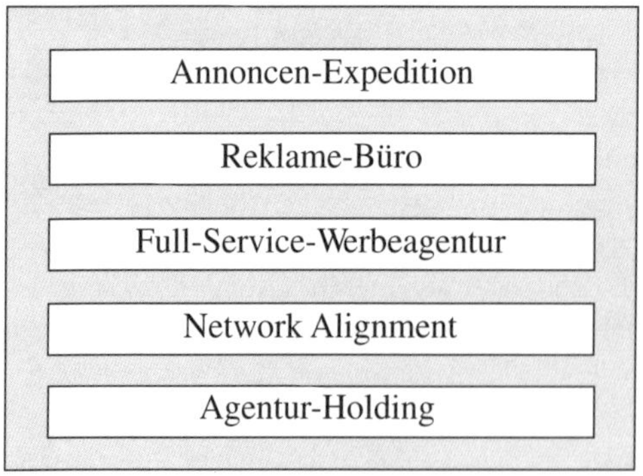

```
┌─────────────────────────────┐
│  ┌───────────────────────┐  │
│  │  Annoncen-Expedition  │  │
│  └───────────────────────┘  │
│  ┌───────────────────────┐  │
│  │     Reklame-Büro      │  │
│  └───────────────────────┘  │
│  ┌───────────────────────┐  │
│  │ Full-Service-Werbeagentur │
│  └───────────────────────┘  │
│  ┌───────────────────────┐  │
│  │   Network Alignment   │  │
│  └───────────────────────┘  │
│  ┌───────────────────────┐  │
│  │    Agentur-Holding    │  │
│  └───────────────────────┘  │
└─────────────────────────────┘
```

Abb. 310: Agenturentwicklung

vielmehr ihrem Informationsauftrag verpflichtet. So kamen Vermittler auf, die den Verlagen anboten, in ihrem Namen und Auftrag Reklame zu akquirieren und dafür einen Anteil an deren Werbeeinnahmen verlangten. Einnahmen, die sich aus den Listenpreisen ergaben, welche die Verlage für Insertionen vorsahen. Diese Mittlerprovision wurde auf 15 % fixiert und gleich in den Listenpreis fest miteingerechnet. Die Vermittler nannten sich **Annoncen-Expediteure**, die meist für Tageszeitungen Anzeigenaufträge warben und die Druckvorlagen (damals noch Klischees) beim Werbungtreibenden abholten und dem Verlagshaus übergaben (also expedierten). Die Provision wurde danach AE-Provision (für Annoncen-Expedition) benannt. Die Mittler boten sich Werbungtreibenden als Kenner der regionalen Tageszeitungsszene an und versorgten diese mit Informationen über Markt- und Mediengegebenheiten. Damit empfahlen sie sich als Berater in Sachen Werbemitteleinsatz, zumal für die Auftraggeber kostenlos, da sie ihre Provision ja aus den Tarifpreisen erhielten. Den Verlagen dienten die Annoncen-Expediteure somit als Akquisiteure für das ungeliebte, wirtschaftlich aber unverzichtbare Werbevolumen, das anderweitig nur mit hohem Aufwand zugänglich gewesen wäre. Und für die Werbungtreibenden waren sie Ansprechpartner zur Orientierung in der immer schnellebigeren Medienlandschaft.

Schließlich boten die Vermittler auch die Betreuung der Abwicklung der Werbung an, also das Handling der Anzeigenaufträge von der Auftragsannahme, Platzierung, Rechnungserstellung bis zu Belegkontrolle und Delkredere. Und der nächste Schritt war geradezu unausweichlich. Da sich der Wettbewerb unter den Annoncen-Expeditionen verschärfte, musste Geschäftsausweitung gesucht werden. Diese ergab sich durch die Mediaplanung. Werbungtreibende wurden also dahingehend beraten, welche von mehreren Titeln aufgrund der vorgegebenen Zielsetzung als optimal zweckgeeignet anzusehen waren, bis hin zur zeitlichen und räumlichen Erstreckung der Werbemaßnahmen. Dazu mussten sich die Vermittler aber von ihrer Bindung an Verlagshäuser lösen, denn anders war eine neutrale und seriöse Beratung nicht möglich. Die Werbungsmittler wurden also selbstständig und nahmen fortan eine Maklerfunktion zwischen Herstellern und Verlagen ein, später mit Ausweitung auf andere Mediagattungen. In ihrer Beratungsfunktion waren die Vermittler nun nicht mehr nur Auftragsempfänger, sondern konnten Werbevolumen beeinflussen und lenken. Auch die weitere Entwicklung war zwangsläufig. Denn es lag nahe, dass neben der Frage der Media-Vermittlung auch die der Werbemittelgestaltung auftauchen musste. So wurden Gebrauchsgrafiker und Texter in Ateliers beschäftigt, welche die kreative Gestaltung übernahmen. Die Vermittler nannten sich nun zutreffend **Reklamebüros.** Dieser anfängliche Zusatzumsatz wurde später zum Basisgeschäft. Denn den Werbungtreibenden, die eher in Produktion, Finanzierung und Beschaffung zu Hause waren, war der kreative Bereich eigentlich immer schon suspekt gewesen. Sie bedienten sich zwar freier Mitarbeiter im Reklamebereich, der für sie jedoch immer exotisch blieb. Nun, da die Bedeutung der Werbung wuchs, begrüßten sie das Angebot kompetenter Beratung. Dies zog weitere Services nach sich. Denn wer anders sollte die vorgeschlagenen Werbemittel realisieren als die Reklamebüros. Und zwar von der Auftragserteilung bis zur Vorlagenerstellung. Damit entwickelten sich dann Spezialistenberufe wie Reinzeichner, Produktioner oder Skizzeure (Layouter). Dieser Aufgabenumfang konnte nur noch arbeitsteilig organisiert werden. Das erforderte wiederum einen zentralen Ansprechpartner für den Kunden, den Kontakter. Dieser kannte zwangsläufig bald die Kundenprobleme und -ziele besser als jeder andere im »Team«, sodass ihm binnen kurzer Zeit zentrale Bedeutung zukam.

Zugleich entwickelten sich aus sporadischen Einzelaktionen kontinuierliche, schlagkräftige Kampagnen, denn die Verhältnisse waren vom Verkäufer- zum Käufermarkt umgeschlagen.

Der Arbeitsumfang und das geforderte Qualitätsniveau verlangten seitens der Reklamebüros nach guter »fester« Manpower. Dies bedeutete aber eine erhebliche Fixkostenbelastung, der ungewisse Erlöse gegenüberstanden. Denn die Beauftragung der Werbungtreibenden bezog sich immer nur auf einzelne Werbemaßnahmen. Diese Situation gefährdete den Bestand. So lag es nahe, dass Mittler den Auftraggebern das Angebot machten, sie auf vertraglich fixierter Grundlage permanent zu beraten. Und zwar im Full Service, also von der Auftragsentgegennahme (»Briefing«) bis zur Durchführung und Kontrolle der Maßnahmen. Im Gegenzug mussten sie dafür den Werbungtreibenden einen Anreiz bieten. Sie entschlossen sich, Konkurrenzausschluss zu gewähren. Das machte für beide Seiten Sinn. Werbungtreibende konnten sich auf diese Weise qualifizierter Berater dauerhaft versichern und diese auf elegante Weise für Wettbewerber sperren. Die Berater, zwischenzeitlich **Werbeagenturen** zu nennen, erhielten ein kalkulierbares Arbeitsfundament. Die Idee kam aus den USA und ist in Deutschland untrennbar mit dem Namen Hubert Strauf verbunden. Damit waren die ersten klassischen Werbeagenturen entstanden, die nicht mehr nur Mediaberatung boten, sondern Full Service.

Deutschland war zwischenzeitlich zu einem der wichtigsten Konsumgütermärkte geworden. Ausländische, vor allem amerikanische, Unternehmen begannen mit massivem Export, später mit Direktinvestitionen. Da lag es für die ausländischen Anbieter nahe, ihre »vertraute« Agentur aus der Heimat mitzunehmen, die Produkte und Managementmethoden kannte. Und sei es, mit sanftem Druck. So kamen die großen US-Agenturen nach Deutschland. Sie arbeiteten mit überlegenem Marketing-Know-how und entwickelten sich so sehr erfolgreich. Da sich diese Entwicklung nicht nur hierzulande vollzog, sondern auch anderweitig, wuchsen bald große internationale Agenturkonzerne heran. Die **Networks** waren geboren. Da sich auch die Industrieunternehmen internationalisierten und einem heftigen Konzentrationstrend unterlagen, entstanden diversifizierte Konzerne mit vielfältigen Konkurrenzbeziehungen zueinander. Diese Konzerne übertrugen Networks die internationale Betreuung ihrer Produkte. Es kam zur Alignment Policy. Und schon machte sich der Nachteil der Konkurrenzausschlussklausel bemerkbar. Denn diese wurde zur Wachstumsbremse für ansonsten aggressiv akquirierende, global agierende Agenturketten.

Diese versuchten dieser Fessel durch die Konstruktion von **Holdings** zu entgehen, unter deren Dach mehrere Networks operativ unabhängig voneinander nebeneinander tätig wurden. Mit dem Ziel, unterschiedliche Werbungtreibende aus einer Branche konfliktfrei parallel betreuen zu können. Japanische Agenturholdings sind hier Vorreiter, aber auch amerikanische (Interpublic Group of Companies, Omnicom etc.) oder britische (Saatchi&Saatchi, WPP etc.). Glaubwürdigkeitsprobleme auf Seiten der Kunden konnten dadurch aber nicht ganz behoben werden. Danach fusionierten dann Networks miteinander und bildeten noch größere Networks (Publicis-FCB, Eurocom-RSCG, D'Arcy Mac Manus-Benton & Bowles etc.). Jedes dieser Networks kaufte auf nationaler Ebene wiederum Erfolg versprechende Agenturen auf (Ted Bates-Scholz&Friends, Eurocom-Eggert, BBDO-Team, Ogilvy& Mather-Heumann, Grey-Gramm, Publicis-BMZ, Leo Burnett-Lürzer/Conrad, Campbell-Ewald-Troost etc.). Dies hatte eine Veränderung der Agenturlandschaft mit einer klaren Zweiteilung zur Folge. Auf der einen Seite die Networks und ihre nationalen Ableger, die vorwiegend internationale Großkunden betreuen, und auf der anderen mittelständische (deutsche) Agenturen, denen Teilaufgaben bei Großkunden, vor allem aber kleinere bodenständige Klientel bleiben.

Derzeit erfolgt die nächste große Veränderung dadurch, dass erkannt wird, dass Werbung nur ein Instrument im Konzert der Kommunikation ist und es daneben viele weitere gibt, die bestimmte Marketingziele partiell sogar besser zu erreichen imstande sind. Zwar hatte sich schon in der Vergangenheit eine leistungsfähige Infrastruktur von Dienstleistern (z. B. für Öffentlichkeitsarbeit, Direktwerbung, Packungsgestaltung, Verkaufsförderung) herausgebildet. Doch als Krone galt immer noch die Klassische Werbung. Viele Hersteller verlagern jedoch angesichts verschärfter Wettbewerbsbedingungen und erkennbarer Grenzen der Werbewirkung ihre Investitionen in den nicht-klassischen Bereich (Below the Line). Dieser repräsentiert längst den größeren Teil der Kommunikationsaufwendungen. Auf der Suche nach Wachstumspotenzial gliedern sich Werbeagenturen zunehmend Dienstleister der genannten und anderer Bereiche an oder gründen diese selbst. Die Kommunikationsagentur entsteht. Dort bearbeiten Spezialisten die Problemlösung ihrer Kunden, welche die Medienorientierung hinter sich gelassen haben und unabhängig von den dazu erforderlichen Medien eine Lösung aus einer Hand und aus einem Guss beraten. Denn Großagenturen verfügen heute selbstverständlich über das gesamte Instrumentarium der Kommunikation. So erhält der Begriff »Full Service« eine neue Dimension.

8.2.5 Besonderheiten des Werbeagenturgeschäfts

Die Werbeberatung unterliegt einer Reihe von branchentypischen Besonderheiten (Abb. 311). So ist die kreative Leistung, die das Kernangebot jeder Werbeagentur ausmacht, ihrem Wesen nach **nicht voraussehbar** und erschwert damit jeden Planungsversuch. Wenn aber ungewiss ist, wann ein angestrebtes Ergebnis eintritt oder vielleicht ob überhaupt, steht jede Rentabilitätsrechnung auf wackligem Boden. Sind nicht einmal alle Basis-Inputdaten sicher, bleibt der unternehmerische Erfolg fraglich.

Agenturen haben in aller Regel nur **wenige Kunden**, d. h., jeder Kunde vereint selbst in großen Beratungsunternehmen ein vergleichsweise hohes Geschäftspotenzial auf sich. Dieses ist zudem durch permanente Kündigungsgefahr bedroht und damit immanent gefährdet. Oft sind die Restlaufzeiten der Verträge kürzer ausgelegt als die Möglichkeiten zur personellen und materiellen Anpassung des Betriebs an ein geringeres Geschäftsvolumen. Kostenremanenz verlängert somit die Bremsspur.

Viele Kunden wünschen lediglich eine **Betreuung auf Projektbasis**, also ohne feste vertragliche Bindung an eine Agentur. Gleichzeitig erwarten sie mit großer Selbstverständlichkeit prompte, qualitativ hochstehende Dienstleistung, was umso schwieriger zu bewerkstelligen ist, als das Arbeitsvolumen und dessen zeitlich verteilter Anfall naturgemäß schwankt, und in Ermangelung festen Einkommens eine kontinuierliche Kapazitätsbereitstellung schwerfällt. Wird ein solches Projekt vom prospektiven Kunden als eine Art Probearbeit avisiert, kommt für die Agentur der Zwang hinzu, besonders gute Leistungen zu erbringen, um sich für einen in Aussicht gestellten Zeitvertrag zu empfehlen.

Werbeagenturen repräsentieren ein äußerst **personalintensives Geschäft**. Mit der persönlichen Anbindung zum Kundenunternehmen steht und fällt oft genug der Etat, wie das für die Dienstleistungsbranche durchaus üblich ist. Hinzu kommt, dass die Personalkosten den größten Einzelposten ausmachen und durch ebenso hohe Qualifikation wie Belastbarkeit der Mitarbeiter gerechtfertigt werden. Da die Branche durch ungewöhnlich starke Mobilität und damit Fluktuation gekennzeichnet ist, steigt dieser Kostenblock tendenziell durch Einkauf immer neuen Personals, der nicht selten sogar unter akutem Zeitdruck zu erfolgen hat. So windet sich die Pay-Roll-Spirale unaufhaltsam nach oben.

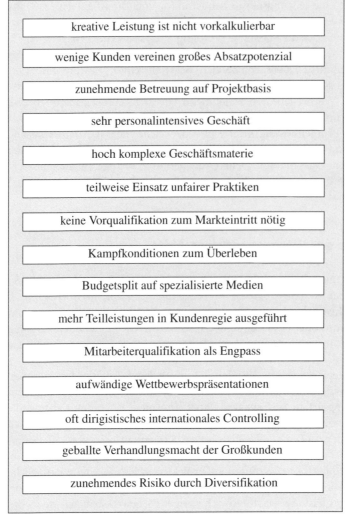

Abb. 311: Besonderheiten des Werbeagenturgeschäfts

Werbung ist eine sehr **komplexe Materie**, deren Regeln nicht ohne weiteres rational erklärbar sind und sich einer objektiven Prüfung weitgehend entziehen. Dementsprechend scheint eine operationale Werbeerfolgskontrolle problematisch und gewinnen eher emotionale Dimensionen die Überhand. Dies erschwert die Unternehmensplanung ungemein und birgt erhebliche Gefahrenmomente.

Der verstärkte Leistungsdruck in der Branche initiiert und fördert teilweise **unfaire Praktiken**. Die Grenzmoral setzt sich wie überall durch und bestimmt das mäßige Image der Werbung in der Öffentlichkeit. Dazu gehören etwa die Einwilligung zu unbezahlten Präsentationen, Personalabwerbung und ruinöses Preisdumping. Diese Auswüchse werden dadurch mitverursacht, dass de facto keine Marktzutrittsschranken für Werber vorhanden sind.

Jedermann, der Lust und Laune hat, oder besser den Mut dazu, kann sich mit nur unwesentlichen Investitionen Agentur nennen. Die gebotenen Leistungen halten dann nach Umfang und Qualität oft genug nicht das Versprochene, dominieren aber in ihrer Breitenwirkung die überschaubaren Spitzenanbieter der Branche. Es **fehlt völlig am Erfordernis des Nachweises** von Zulassung (wie bei Gaststätten, Privatkliniken, Versteigerern etc.), der Sachkunde (wie durch Kaufmannsgehilfenbrief etc.), der Befähigung (wie bei Apothekern, Notaren, Wirtschaftsprüfern, Steuerberatern etc.) oder der Kapitalbasis (wie bei Banken etc.), noch wird nach Bedarfsvolumen (wie bei Taxis etc.) oder Anbieterzahl (wie bei Schornsteinfegern etc.) selektiert. Erschwerend kommt hinzu, dass Werbung leider oft als »Showgeschäft« missverstanden wird und deshalb zuweilen sogar zweifelhafte Elemente anzieht. Deshalb sind Berufsverbände unerlässlich.

Die heterogene Struktur des Marktes führt gleichzeitig dazu, dass Grenzunternehmen zur Erhaltung ihrer zumindest vorübergehenden Existenz bereit und willens sind, um fast jeden Preis anzubieten und damit ein unrealistisch niedriges Preisniveau etablieren, das kostendeckenden oder gar Gewinn bringenden Erlösen nicht entspricht. Kunden wie Prospects berufen sich jedoch gern auf diese **Kampfangebote**, um bessere Qualität zu günstigeren Preisen durchzusetzen. Infolge mangelnder Solidarität kann keine Werbeagentur sicher sein, dass Mitbewerber nicht auf dieses Ansinnen eingehen und sieht sich zunehmend veranlasst, selbst betriebswirtschaftlich unsinnigen Konditionen zuzustimmen.

Da im Gegenzug aber die Aufwendungen im Personalbereich und bei den technischen und administrativen Kosten steigen, klafft bald eine Rentabilitätslücke. Kunden neigen verstärkt dazu, ihr Gesamtbudget aufzuteilen, um die **Spezialistenleistungen** mehrerer Agenturen in Anspruch zu nehmen. Dies entspricht einerseits den immer differenzierteren Leistungsanforderungen der Auftraggeber sowie andererseits dem immer vielfältiger werdenden Angebot von Spezialservices am Markt. Die Kunden werden infolge Konkurrenzdruck immer anspruchsvoller und überfordern damit partiell das Arbeitsniveau vieler Full-Service-Agenturen alten Zuschnitts. Da Werbeagenturen außerdem selbst rechtlich und wirtschaftlich verbundene Branchen- und Funktions-Spezialisten nur schwer in ihre Arbeit integrieren können, ist eine Etatfraktionierung beinahe unvermeidlich.

Aus Kostengründen werden zudem mehr Aufgaben unter Kunden-Supervision an freie Dienstleister (wie Grafiker, Drucker, Modellbauer und Hot Shops aller Couleur) vergeben oder lediglich Teilleistungen (wie Typoskizze, Vkf-Konzept etc.) beauftragt, die dann **in eigener Regie** von Zentraleinkauf oder Produktmanagement realisiert werden. Oft spricht dafür auch ein verminderter Zeit- und Abstimmungsaufwand. Im Ergebnis stellen sich jedoch Erlösausfälle und Ertragseinbußen in erheblichem Ausmaß gerade bei großen Budgets ein, die an sich noch am ehesten profitabel zu führen sind.

Die **Mitarbeiterqualität** steigt nicht in gleichem Maße wie Kunden ihre Anforderungen hochschrauben. Der Grund liegt in fehlenden Bemühungen um bessere, quantitativ umfassendere Ausbildung des Berufsnachwuchses und mangelnder Attraktivität der Werbung bei Karrieristen. Das Ausbildungsdilemma hat bei Agenturen Tradition, ließ sich doch schon in der Vergangenheit bei hohen Wachstumsraten der zusätzliche Personalbedarf nicht aus eigenem Ausbildungsreservoir decken, sondern nur durch ergänzendes Headhunting. Eben dieses Phänomen führt zur rapiden Rotation von Mitarbeitern innerhalb der gleichen Agenturzirkel, allerdings auf spiralförmig sich erhöhendem Gehaltsniveau bis an die Grenze der individuellen Zahlungsfähigkeit von Agenturen.

Kunden sehen sich aufgrund interner Anlässe, die mit Werbung meist nichts zu tun haben, wie Managementwechsel, Importdruck, Eigentumsübergang etc., des öfteren veranlasst, die Wahl ihrer Agenturbeziehung durch **Wettbewerbspräsentation** zu überprüfen. Da viele Agenturen kostenlose Präsentationsbeteiligung offerieren, wähnen Unternehmen sich bereits großzügig handelnd, sofern überhaupt ein Präsentationshonorar gezahlt wird. Der regelmäßig für erforderlich gehaltene Vorbereitungsaufwand für einen solchen Anlass auf Agenturseite wird aber nicht entfernt durch das Honorar gedeckt, sodass nicht nur im Misserfolgsfall, sondern selbst bei Vertragsverlängerung erst einmal Verluste auflaufen.

Die meisten maßgeblichen Agenturen gehören internationalen Agenturketten an, die wiederum meist amerikanischen, ausnahmsweise auch britischen, französischen oder japanischen Ursprungs sind. Dort werden auf bekannt pragmatische Art durch die Zentrale **Leistungskennziffern** vorgegeben, die indem sie nur schwerlich zu erreichen sind, die Arbeitsplatzsicherheit von Management und Belegschaft belasten. Vor diesem Hintergrund sehen sich immer mehr Agenturen zu hektischem Handeln veranlasst, was die Bizarrheit der Szene weiter steigert.

Immer weniger Werbungtreibende vereinen im Zuge fortschreitender Konzentration in allen Teilen der Wirtschaft immer höhere Etatvolumina auf sich. Die damit einhergehende **Verhandlungsmacht** wird ausgespielt, um gleiche Leistung zu geringeren Kosten oder mehr Leistung zum gleichen Preis einzukaufen. Die Chancen zur Durchsetzung solcher günstigeren Vertragsbedingungen stehen gut, ist die Solidarität der Werbebranche doch gering.

Die Zunahme der Bedeutung neuartiger Kommunikationsformen zwingt klassische Agenturen dazu, ihren angestammten Arbeitsbereich zu verlassen oder, um keine Einnahmequelle zu verlieren, in fremde Bereiche zu diversifizieren. Das erhöht das **Unternehmensrisiko** weiter, ist doch externe Akquisition mit der Konsequenz hohen Kapitaldienstes erforderlich oder aber Eigengründung mit allen daraus folgenden Unwägbarkeiten jedes neuen Marktes.

8.2.6 Leistungsgrundsätze von Werbeagenturen

Die führenden Werbeagenturen Deutschlands (zusammengeschlossen im GWA) haben für sich selbst folgende Leistungsgrundsätze definiert (Abb. 312). **Die Interessen des Auftraggebers werden in allen Belangen zu Eigeninteressen gemacht**, d. h., die Agentur versteht sich als loyaler Treuhänder für Kundenziele. In praxi ergeben sich jedoch gelegentlich Interessenkonflikte, etwa wenn es gilt, zwischen einer »richtigen«, aber eher unscheinbaren und einer spektakulären, für den Kunden aber riskanten Kampagnenempfehlung zu entscheiden.

Die Beratung erfolgt objektiv und neutral, d. h., die Agentur unterlässt jeden Versuch, die Kundenmeinung zu manipulieren. Auch hierbei ergeben sich Anfechtungen, etwa wenn die Agentur ihrem Kunden einen präferierten Zulieferer (z. B. Fotograf) empfiehlt, dieser aber aus Kostengründen abgelehnt wird.

Konkurrenzausschluss wird gewährt, d. h., die Agentur verpflichtet sich, aus einer Branche jeweils nur einen Kunden zu betreuen. Dabei stellt sich allerdings das Problem der Marktabgrenzung. So gibt es Kunden, die Pils- und Export-Biere als verschiedene Märkte tolerieren, aber auch solche, die ihre sehr verschiedenartigen Geschäftsfelder als verbunden definieren (z. B. P&G).

Die **Kosten und Vergütungen je Auftrag werden offengelegt**, vor allem werden keine Provisionen von Dritten angenommen. Leider zahlen Zulieferer nicht selten verdeckte Rückvergütungen für die Auftragsvermittlung an die Agentur, die dem Kunden keineswegs immer gutgeschrieben werden.

Es erfolgt **keine Bindung an einzelne Werbungdurchführende** (Verlage, Sender, Pächter) oder Zulieferer, d. h., Aufträge werden (normal dreifach) ausgeschrieben und Angebote gesichtet. Allerdings gibt es eine Tendenz zu Gefälligkeitsaufträgen außerhalb dieser Norm, z. B. wenn Wiedergutmachung für Agenturfehler, die der Zulieferer ausgebügelt hat, erforderlich wird.

Durch **souveräne Kapital- und Personalausstattung** soll eine Abhängigkeit vom Auftraggeber ausgeschlossen werden. So fordern große Werbungtreibende von ihren Agenturen eine hohe Mindestgröße, um z. B. internationale Präsenz zu gewährleisten. Allerdings unterliegt die Personaldecke angesichts erodierender Erlöse und steigender (überwiegend Personal-) Kosten einer Ausdünnung, was die Beratungskapazität weiter beansprucht (Indiz: stark steigender Pro-Kopf-Umsatz).

Ziel ist die Gesamttatbetreuung des Kunden. Dazu wird ein Full-Service-Angebot vorgehalten, d. h., vom Briefing bis zur Erstellung sämtlicher Werbevorlagen und deren Schaltung werden alle Funktionen aus einer Hand angeboten. Dies scheint den verbreiteten Spezialisierungsvorteilen zu widersprechen, bietet aber den Nutzen einer integrierten Leistungserstellung über alle Medien und Aufgaben hinweg. Es ist jedoch fraglich, ob die Mehrzahl vor allem großer Kunden noch des Full-Service-Gedankens bedarf.

Probepräsentationen erfolgen nur gegen Bezahlung. Es gibt keine unentgeltlichen Vorleistungen. Hier sind viele Agenturen allerdings bereit, spekulative Investitionen zu leisten. Soweit dies Fremdkosten betrifft, wird dadurch die Liquidität belastet. Manche Kunden ziehen aus dieser Lage Vorteil, um diesbezügliche berechtigte Preisforderungen von Agenturen gegeneinander auszuspielen.

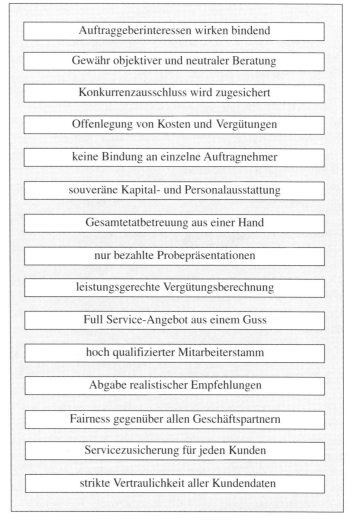

Abb. 312: Leistungsgrundsätze von Werbeagenturen

Es erfolgt eine leistungsgerechte Honorarberechnung, d. h., es werden keine Leistungen subventioniert, aber auch keine »vergoldet«. Bei der verursachungsgerechten Kostenzurechnung ergeben sich allerdings aufgrund des hohen Fixkostenanteils Probleme. Für eigene und zugekaufte Leistungen soll eine bestmögliche Preis-Leistungs-Relation erreicht werden, d. h., Arbeiten sind so anzulegen, dass die Preiswürdigkeit maximiert wird. Das ist in praxi schwierig, denn wer weiß schon im Vorhinein, ob z. B. die teure Filmproduktion ihren Aufpreis auch durch bessere Qualität mehr als wieder einspielt.

Kernfunktionen des Angebots sind Werbeberatung, -planung, -gestaltung und -durchführung, angegliedert werden jedoch zunehmend ergänzende, vor allem Nicht-klassische Werbung betreffende Services im Bereich von Branchenspezialitäten angeboten.

Kenntnisse, Fähigkeiten und Arbeitstechniken der Mitarbeiter werden ständig verbessert. Dies betrifft im Allgemeinen Learning by Doing, denn Agenturen wenden für die Weiterbildung ihrer Mitarbeiter traditionell eher wenig auf, weil eine hoch arbeitsbelastete Branche sich Ausfallzeiten durch Ausbildung kaum leisten will. Obwohl dies eine recht kurzfristige Sichtweise der Dinge darstellt.

Es werden **nur Erfolg versprechende, zieladäquate Maßnahmen empfohlen** und realistische Leistungs-, Termin- und Kostenschätzungen abgegeben. Dies soll Kunden davor schützen, im Vertrauen auf Kompetenz und Willen der Agentur Maßnahmen zuzustimmen, die nach ihrer Art und Anlage unrealistisch sind. Auch hier sind weite Grenzen gesteckt, denn der Nachweis, dass Werbemaßnahmen Erfolg versprechend sind, ist äußerst flexibel zu führen.

Fairness gilt als oberstes Gebot gegenüber allen Geschäftspartnern, d. h., die Sorgfalt eines ordentlichen Kaufmanns wird angelegt. Dieser Hinweis ist erforderlich, weil einige Grenzanbieter der Branche ein solches Geschäftsgebaren nicht immer und überall an den Tag legen.

Der Service für einen Kunden darf nicht zu Lasten anderer Kunden gehen. Hier besteht die Versuchung, bei Kapazitätsengpässen die wirtschaftlich bedeutenderen Kunden bevorzugt zu behandeln. Deshalb fühlen sich kleinere Werbungtreibende oft auch in kleineren Agenturen besser aufgehoben, da sie unterstellen können, dass sie dort »wichtig« sind.

Strengste Vertraulichkeit aller Kundeninformationen wird gewährleistet. Dies gilt vor allem gegenüber möglichen Mitbewerbern. In praxi ist dies nur schwer darstellbar, da Werbung Kommunikationsgeschäft ist und von der Weitergabe und Verarbeitung des Rohstoffs Information lebt. Jedenfalls ist die Weitergabe von Auftragsunterlagen an Dritte ausgeschlossen.

8.2.7 Vergütung von Werbeagenturen

Für die Vergütung der Werbeagentur stellen sich verschiedene Alternativen (Abb. 313). Die traditionelle Vergütung stellt das **Provisionssystem** dar. Die Werbeagentur ist im Namen und für Rechnung ihres Kunden als Mittler zwischen Werbungtreibendem und Werbedurchführendem tätig. Erstaunlicherweise erhält sie dabei ihre Vergütung nicht von ihrem Auftraggeber, dem werbungtreibenden Unternehmen, sondern von ihrem Auftragnehmer, dem Verlag, Sender oder Pächter. In deren Tarifen sind nämlich 15 % (AE-)Mittlerprovision eingerechnet. Das heißt, der Werbungtreibende zahlt den vollen Tarifpreis der Werbemittel, die Werbeagentur erhält vom Werbedurchführenden auf diesen Preis 15 % Provision als Entgelt für ihre Vermittlungstätigkeit. Nun weicht die 15 %-Grenze infolge verstärkten Wettbewerbs zunehmend auf, sodass es zu Rückvergütungen der Werbeagenturen an ihre Auftraggeber kommt. Dieses System hat als Vorteil eine hohe Transparenz der gegenseitigen Konditionen. In dem Maße, wie nicht-klassische Werbemittel, die keinen festen Tarifpreisen unterliegen, sondern individuell ausgehandelten Konditionen, vordringen, erweist sich diese Form der Vergütung jedoch als ungerecht, weil sie nur die klassischen Werbemittel abdeckt (Anzeige, Spot, Plakat).

Häufig wird das Provisionssystem degressiv ausgelegt (Sliding Scale Commission), d. h., der Provisionssatz ist umso geringer, je höher das betreute Schaltvolumen ausfällt. Dabei kann durchgerechnet oder angestoßen vorgegangen werden. Ersteres bedeutet, dass bei Überschreiten einer Schwelle der niedrigere Provisionssatz auf das gesamte Schaltvolumen angewendet wird (und umgekehrt), Letzteres bedeutet, dass bei Überschreiten einer Schwelle der niedrigere Provisionssatz nur auf das überstehende Volumen angewendet wird, wohingegen die bis dahin aufgelaufenen Beträge zum bis dahin geltenden höheren Satz abgerechnet werden.

Daher erfolgt zunehmend eine Umstellung auf **Honorarbasis**. Die Werbeagentur erhält dabei eine Pauschalzahlung für ihre Arbeitsleistung und leitet dafür die von Medien erhaltene Provision voll an den Kunden zurück. Ist der Arbeitsaufwand vorübergehend gering, werden dadurch temporär Zusatzgewinne auf Seiten der Agentur realisiert, ist der Arbeitsaufwand vorübergehend hoch, werden analog Zusatzverluste eingefahren. Wichtig ist nur, dass per Saldo der Arbeitsaufwand und die Honorarzahlung zueinander passen.

Häufig wird auch eine Kombination aus **Service-Fee-Aufschlag** und Provisionssystem praktiziert. Dabei werden die provisionsfähigen Werbemittel traditionell abgerechnet. Der Systemnachteil bei nicht-klassischen Werbemitteln wird durch einen Aufschlag von 17,65 % auf die Fremdkosten beseitigt. Dieser Aufschlag entspricht Auf-Hundert gerechnet 15 % In-Hundert. Fremdkosten (Out of Pocket Expenses) sind durchlaufende Posten in der Werbeagenturabrechnung. Sie entstehen durch Rechnungen von Zulieferern (Druckerei, Fotograf, Lithograph, Setzerei etc.), die per Originalbeleg an Kunden weiterberechnet werden. Als Vergütung für den mit der Auftragsdurchführung verbundenen Aufwand rechnet die Werbeagentur vorher allerdings 17,65 % Service-Fee-Aufschlag hinzu. Dadurch werden auch Arbeiten für an sich nicht provisionsfähige Medien umsatzabhängig entlohnbar.

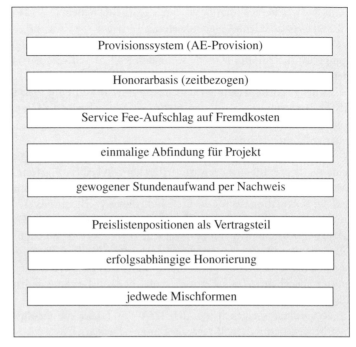

Abb. 313: Vergütung einer Werbeagentur

Gerade bei sporadischen Arbeiten von Werbeagenturen für Auftraggeber kommt es auch zur Vereinbarung einer **einmaligen Abfindung** als Vergütung. Diese beruht auf einer individuellen Vorkalkulation und wird für jedes Projekt erstellt. Da letztlich kein Projekt dem nächsten gleicht, kann damit sehr genau auf die spezifischen Arbeitsgegebenheiten eingegangen werden. Der Preis gilt als vereinbart, wenn der Kunde einem entsprechenden Kostenvoranschlag zugestimmt hat. Erst danach sollte mit Arbeiten begonnen werden. Am Ende geht das Arbeitsergebnis einschließlich aller Rechte (meist auf BRD begrenzt) gegen Rechnungsbegleichung auf den Kunden über.

Gelegentlich wird auch nach **Stundenaufwand** abgerechnet. Damit wird der Tatsache Rechnung getragen, dass kreative Arbeit im Vorhinein nur äußerst schwer zu kalkulieren ist und Arbeitszeit nun einmal den wesentlichen Kostenfaktor der Werbeagentur darstellt. Dazu füllen alle Mitarbeiter täglich Stundenzettel aus, in die sie eintragen, für welche Kunden bzw. welche

Aufträge welcher Kunden sie wie lange gearbeitet haben. Jeder Mitarbeiter hat einen (internen) Stundensatz aus Gehalt, Nebenkosten, Overheads, Gewinn und Kosten der seinem Arbeitsplatz zurechenbaren technischen Einrichtungen. Addiert man alle aufgeschriebenen Stunden (Mengengerüst) und multipliziert diese mit den gewichteten Stundensätzen, ergibt dies den investierten Zeitaufwand für einen Kunden bzw. Auftrag (Wertgerüst). Diese Aufstellung (Computerausdruck) wird dem Kunden als Abrechnung zur Verfügung gestellt. Nachteilig ist für Kunden, dass Mitarbeiter dazu tendieren, mehr Zeit aufzuschreiben als sie tatsächlich geleistet haben und diese Überschreibungen meist zu Lasten der großen Etats gehen, weil diese dies vermeintlich eher verkraften können.

Eine weitere Möglichkeit besteht darin, nach **Preislistenpositionen** abzurechnen. Dafür hat eine Werbeagentur eine Preisliste, in der für jede Teilleistung feste Positionen ausgewiesen sind. Meist handelt es sich um Werbemittel als Ergebnis der Arbeit. Die angegebenen Beträge beruhen auf der Kalkulation des für die Erstellung dieses Werbemittels erfahrungsgemäß erforderlichen Aufwands einschließlich aller Nebenarbeiten und Overheads. Die Beträge werden gemäß der aktuellen Kostenentwicklung fortgeschrieben. Der Vorteil liegt hier vor allem in der klaren, einfachen Angebotskalkulation und der leichten Nachprüfbarkeit der Abrechnung. Schließlich werden nur die im Rahmen der Zusammenarbeit gelieferten Werbemittel mit den Rechnungsposten abgeglichen. Dieses Procedere gleicht dann durchaus dem in anderen Einkaufsbereichen des Unternehmens.

Neuerdings setzt sich aus den USA der Trend zur **erfolgsabhängigen Vergütung** der Werbeagentur durch (z. B. Gervais-Danone, Henkel). Dabei wird das Entgelt gesplittet, in einen vergleichsweise hohen, erfolgsunabhängigen Teil und einen geringeren, erfolgsabhängigen Teil. Dadurch soll ein verstärkter Leistungsanreiz auf die Werbeagentur ausgeübt werden. Bemessungsgrundlage sind ökonomische Erfolgsgrößen (z. B. Ex Factory Sales, Marktanteil, Preisniveau bei Gervais-Danone). Bei Henkel kommen weitere Phasenkriterien hinzu, die zur Basishonorierung von 9,5 % des Etats (ohne Media und Marktforschung) zusätzlich 2 % Bonus generieren können:

– 1. Phase: Kampagnenentwicklung (Briefing, Ideenfindung, Umsetzung). Maßgeblich sind Idee, Eigenständigkeit, internationale Verwertbarkeit, Qualität der Realisierung, Kostenbewusstsein, Zeitbedarf.
– 2. Phase: Testbatterien (vor allem qualitativer Recall und Marktsimulation).
– 3. Phase: Marktbewährung. Die Durchschnittshonorierung liegt bei ca. 10,5 % des Etats.

Dem liegt die Hypothese zugrunde, dass Werbung verkauft. Allerdings lässt sich die Ursächlichkeit der Werbung für ökonomischen Erfolg praktisch nicht feststellen. Sowohl Werbeerfolgsprognose als auch -kontrolle unterliegen starken Bedenken. Das bedeutet aber in der Konsequenz ein Va banque-Spiel für die Werbeagentur. Denn ihre Vergütung ist von Einflussgrößen abhängig, die sie selbst gar nicht steuern kann.

Letztlich ist auch jede Kombination aus diesen Vergütungssystemen denkbar. Denn die Werbeagenturbranche zeichnet sich durch ein Höchstmaß an Flexibilität in der Entgeltfrage aus, wenn es dadurch erst einmal zu einer Beauftragung kommt.

8.2.8 Auswahl einer Werbeagentur

8.2.8.1 Agenturtypen

Im Rahmen der Auswahl einer Werbeagentur sollte man zunächst nach dem Agenturtyp unterscheiden. Welcher Typ dabei in Frage kommt, hängt von der zu lösenden Aufgabe ab.

- Es gibt **Full-Service-Werbeagenturen**, die Marketingberatung, Kreationsberatung, Mediaberatung und Produktionsberatung für alle anfallenden Werbemittel, Above the Line und Below the Line, aus einer Hand und aus einem Guss leisten. Daneben gibt es auf bestimmte Arten Nicht-klassischer Werbemittel spezialisierte Agenturen.
- **Multimedia-Agenturen** kümmern sich nur um den Einsatz von Werbemitteln in Online-Diensten (wie T-Online, Internet etc.) und Offline-Medien (wie Bildplatte, Videoband etc.). Gerade für diesen Bereich ist eine rasch wachsende Bedeutung zu erwarten. Allerdings verhindert die grundsätzliche Andersartigkeit dieser Medien eine bloße Adaptation bereits vorgefertigter Lösungen anderer Medien.
- **Packaging-Agenturen** kümmern sich nur um die marketingorientierte Gestaltung von Packungen (Design) und Produkthüllen (Styling). Dies ist von erheblicher Bedeutung überall dort, wo Produkte selbstverkäuferisch arbeiten müssen. So weiß man etwa aus der Lebensmittelbranche, dass 60 % der Einkäufe geplante Spontankäufe sind, also zwar der Warengruppe nach beabsichtigt, aber in Bezug auf die Produktwahl erst impulsiv am Ort des Verkaufs (POS) entschieden, wo die physische Präsenz wichtig ist.
- **PR-Agenturen** übernehmen alle Arten von Aufgaben in der Öffentlichkeitsarbeit, noch spezialisierter als Sponsoring-Agenturen, Placement-Agenturen oder Networking-Agenturen. Letztlich ist eine überschneidungsfreie Abgrenzung zum Arbeitsbereich der Klassischen Werbeagentur jedoch kaum möglich. Vor allem die genannten Neuen Formen der PR gewinnen dramatisch an Boden, scheinen sie doch geeignet, die zunehmende Reaktanz von Zielpersonen gegenüber allgemeiner werblicher Beeinflussung zu unterlaufen.
- **VKF-Agenturen** übernehmen hingegen alle Arten von Aufgaben in der Verkaufsförderung gegenüber der eigenen Verkaufsmannschaft, im Rein- bzw. Rausverkauf des Handels und zu Endabnehmern hin. Zwar werden dazu ähnliche Medien eingesetzt wie bei der Klassischen Werbung, jedoch wird den Klassischen Werbeagenturen weithin eine gewisse Lieblosigkeit im Umgang mit Verkaufsförderungs-Projekten nachgesagt. Insofern kann es sinnvoll sein, dafür ambitionierte Promotion-Freaks zu engagieren, die sich auch für einen Regal-Wobbler nicht zu schade sind.
- **Direktwerbung-Agenturen** befassen sich mit der Direktansprache von Zielpersonen über Medien, meist schriftlich oder telefonisch, neuerdings jedoch auch mit elektronischen Medien (Direct Response-TV, Online-Werbung etc.). Direktwerbung erfreut sich erheblicher Zuwachsraten, wird darin doch eine Erfolg versprechende Möglichkeit gesehen, die Flüchtigkeit von Medien gegenüber Zielpersonen zu überwinden. Allerdings sind hierzulande, vielleicht gerade deshalb, enge rechtliche Grenzen gesteckt.
- **Event-Agenturen** übernehmen die Konzipierung, teilweise auch Ausführung von Präsentationen auf internen oder externen Veranstaltungen sowie am Handelsplatz (etwa durch Propagandisten, Merchandiser etc.). Vor allem interne Events, etwa gegenüber Mitarbeitern, Handelspartnern etc., stellen eine fatale Möglichkeit dar, sich zu blamieren und wollen daher hochprofessionell vorbereitet und umgesetzt sein. Denn Erlebnissen wird eine nachhaltige Verhaltenswirkung nachgesagt.

- **Verkaufsliteratur-Agenturen** nehmen sich neuerdings der, vor allem im After-Sales-Bereich immer wichtigeren, Konzipierung und Gestaltung von Bedienungsanleitungen, aber auch Prospekten, Salesfolders etc. an. Diese Werbemittel wurden in der Vergangenheit oft eher lieblos umgesetzt und stellten sich damit als Quellen vermeidbarer Unzufriedenheiten heraus. Zu denken ist etwa an die zweifelhaften Übersetzungen fernöstlicher Gebrauchsanweisungen, die gleich nach dem Kaufentscheid heftige kognitive Dissonanzen beim Erwerber erregen.

Alle diese spezialisierten Agenturen kümmern sich in ihrem jeweiligen Werbemittelbereich sowohl um die Marketingberatung, die Kreationsberatung, die Mediaberatung und die Produktionsberatung. Darüber hinaus gibt es zahlreiche Werbeagenturen, die sich, historisch gewachsen, um vermeintlich besondere Märkte kümmern, wie Finanzdienstleistungen, Pharmazeutika, Sportprodukte etc. Inwieweit diese behaupteten Besonderheiten wirklich bestehen, darf jedoch sehr bezweifelt werden. Denn letztlich funktionieren alle Märkte nach den gleichen Mechanismen, und die handwerklichen Unterschiede können rasch erlernt werden.

- Es gibt allerdings zunehmend auch eine funktionale Teilung der Aufgaben. So haben **Unternehmensberatungen** immer schon die Aufgabe der Marketingberatung für werbungtreibende Unternehmen übernommen. Da liegt es nahe, nicht mit dem formulierten Konzept aufzuhören, sondern auch für dessen schlüssige kreative Umsetzung, den Einsatz in Werbeträgern und die Erstellung von Produktionsunterlagen zu sorgen. Dabei kommt ihnen zugute, dass sie durch ihre Vorarbeiten bereits die Strukturen und Prozesse der beratenen Unternehmen sehr gut kennen und über hochqualifizierte Consultants verfügen, wie sie in Werbeagenturen nur vereinzelt zu finden sind.
- Eigentlich immer schon gab es hingegen Agenturen, die ihre Spezialisierung ausschließlich in der gestalterischen Konzipierung und Umsetzung von Werbeideen auf Basis eines komplett formulierten Marketingbriefing sahen und diese nur bis zur konkreten Umsetzung (in abgesetztes Text, Fotoaufnahme, Illustration, Animation, Video, Film etc.) begleiten. Meist handelt es sich dabei um Kreative, die sich auf ihre Kernkompetenz konzentrieren und von anderem »Ballast« befreien wollen (**Hot Shops**). Ihnen wird jedoch eine gewisse Kurzlebigkeit nachgesagt, d. h., es ist fraglich, ob sie die verantwortliche kreative Betreuung langfristig angelegter Markenartikel wirklich zu leisten vermögen. Oftmals betreuen sie denn auch eher »untypische« Warengruppen wie Kosmetik, Mode, Medien etc.
- Ein starker Trend geht bereits seit einigen Jahren in Richtung spezialisierter **Mediaagenturen**, die sich entweder um Mediaplanung und Mediaeinkauf oder auch nur um den Mediaeinkauf kümmern. Dies liegt in den geradezu explodierenden Werbebudgets und der Komplexität der Medienlandschaft begründet, die hohe Verantwortung und Expertise erfordern. Bedenklich ist dabei allerdings das Auseinanderfallen zwischen kreativer und medialer Umsetzung. Oft sind die Mediaagenturen jedoch Schwesterunternehmen großer Full-Service-Agenturen, sodass von einer engeren Zusammenarbeit ausgegangen werden kann. Innerhalb der Mediaagenturen ist heutzutage wiederum eine Spezialisierung nach Mediagattungen, also Printwerbung (Anzeigen), TV- und HF-Werbung, Kinowerbung und Plakatwerbung anzutreffen. Für alle Medien werden vor allem die vielfältigen Formen der Mediaoptimierung genutzt.
- Eher wenig verbreitet sind hingegen **Produktions-Agenturen**, die im Print- und/oder Elektronik-(FFF-)Bereich dafür Sorge tragen, dass aus den Werbevorlagen reproduktions- bzw. ausstrahlungsfähige Materialien werden. Auch hier ist die Komplexität der Realisierung

rapide angewachsen und kann viel Ineffizienz verursachen, welche die Einbindung fachlich entsprechend geeigneter Produktioner unbedingt ratsam macht. Zumal dort auch sehr kostenintensive Arbeiten anfallen, die bei falscher Ausführung neben Aufwand auch jede Menge Ärger einbringen können.

8.2.8.2 Auswahlkriterien

Hat man sich für einen Agenturtyp entschieden, ist es in der nächsten Stufe erforderlich, innerhalb der Vertreter dieses Typs weiter zu selektieren (Abb. 314). Dazu werden verschiedene Entscheidungskriterien herangezogen. Im Folgenden die wichtigsten von ihnen.

– Internationalisierung
 Eine wichtige Entscheidung betrifft die einer für notwendig erachteten Internationalisierung. In vielen Fällen sind deutsche werbungtreibende Unternehmen Teil internationaler Konzerne oder selbst internationalisiert. Für diesen Fall stellt sich die Frage, ob die Werbung international mehr oder minder vereinheitlicht eingeschaltet werden soll oder nicht. So gibt es große Werbungtreibende, die sich weltweit von einer (oder wenigen ausgewählten) Agenturketten betreuen lassen und ihren jeweiligen Landesniederlassungen per Alignment Policy vorgeben, mit welcher Agentur vor Ort sie zusammen zu arbeiten haben (z. B. IBM mit Ogilvy & Mather), aber auch Werbungtreibende, die, obgleich sie transnational operieren (wie Sony), individuelle Vereinbarungen mit verschiedenen Partnern jeweils vor Ort haben. Oder auch Werbungtreibende, die ihre Stammland-Agentur veranlassen, sich zu internationalisieren (z. B. Scholz & Friends in der WPP-Group für Reemtsma) oder zumindest zu losen Ketten (Patchworks) zu verbinden (z. B. ehedem Jung v. Matt für Audi zum Audi Agency Network).
 Dabei findet sich eine Abstufung der Internationalisierung von Agenturen mit steigender Stringenz. Am Anfang steht die fallweise Kooperation mit ausländischen Agenturen für einzelne Kunden. Dies hat sich in der Praxis jedoch als keine tragfähige Konstruktion erwiesen. Einen Schritt weiter geht die Verbindung rechtlich

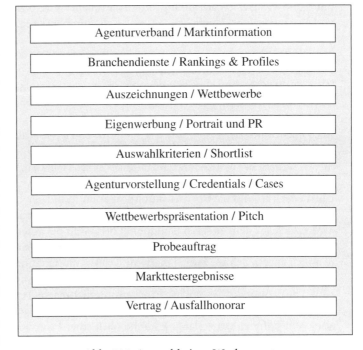

Abb. 314: Auswahl einer Werbeagentur

und wirtschaftlich selbstständiger Agenturen zu losen Agenturketten, die gegenseitig Geschäft akquirieren. Auch dies ist weithin erfolglos geblieben. Dann folgt logisch die anteilige kapitalmäßige Einbringung des nationalen Geschäfts in eine Dachagentur. Oft treffen dabei allerdings Agenturkulturen aufeinander, von denen rasch und drastisch klar wird, dass sie nicht zueinander passen. Falls doch kann daraus eine mehrheitliche Kapitalübernahme durch die Dachagentur werden. Dies ist die erste wirklich sichere Basis für eine straffe Koordination internationalisierter Werbung. Die schließlich in einem Aufgehen der Agentur in der Dachagentur (meist verbunden mit Namensverlust) endet.

- Agenturgröße
Dann stellt sich die Frage der Agenturgröße. Auch darüber gibt es kontroverse Ansichten. Eine Meinung ist die, dass große Agenturen (d. h. ab ca. 50 Mitarbeitern) sich durch Arbeitsteilung und Anziehungskraft einen qualifizierteren Mitarbeiterstamm und die leistungsfähigeren Infrastrukturen aufbauen können und daher in ihrer Professionalität überlegen sind. Dafür spricht zumindest der erste Anschein, denn diese großen Agenturen sind ja zumindest u. a. deshalb groß, weil sie offensichtlich erfolgreich sind, und wären kleinere Agenturen auch so erfolgreich, blieben sie ja nicht so klein. Andererseits fühlen sich gerade Werbungtreibende mit kleinen und mittleren Budgets dort oft unter Wert repräsentiert. In der Tat liegt es nahe, anzunehmen, dass ein Auftraggeber umso mehr Aufmerksamkeit des Agenturmanagements und der Mitarbeiter gewidmet erhält, je höher sein Werbebudget ist. Das entspricht durchaus kaufmännischer Denkweise. Und bei gegebenem Budget bleibt damit die Aufmerksamkeit umso geringer, je größer die Agentur ist. Andererseits kann diese geringere Aufmerksamkeit durch eventuell höhere Professionalität mehr als wieder ausgeglichen werden. Für kleine Agenturen spricht vor allem, dass dort eine unmittelbarere und damit engagiertere Betreuung (durch die Inhaber) zu erwarten ist. Dies mag dann etwaig vorkommende Unzulänglichkeiten mehr als kompensieren. Generell ist allerdings ein deutlicher Trend zu Großagenturen nicht zu übersehen. Zumal diese sich angesichts härteren Wettbewerbs auch bereits um Etathöhen von 250.000 €, die sie vor noch gar nicht so langer Zeit für despektierlich hielten, intensiv bemühen. Daher spricht a priori viel für die Wahl einer Großagentur. Auch sollte aus Sicherheitsaspekten der Anteil des eigenen Etats am Etatvolumen (Billings) der Werbeagentur 25 – 30 % nicht überschreiten.

- Agenturstandort
Auch hinsichtlich der Bedeutung des Standorts einer Werbeagentur gehen die Meinungen auseinander. Die Befürworter einer im lokalen Einzugsgebiet ansässigen Werbeagentur führen zumeist die Notwendigkeit zur unkomplizierten, d. h. schnellen und kostengünstigen Abstimmung angesichts eines zunehmend hektischeren Vermarktungsumfelds ins Feld. Und in der Tat stößt die Überbrückung großer Entfernungen bei einer immer unübersichtlicheren Verkehrssituation an die Zumutbarkeitsgrenze. Gerade diese Ad hoc-Abstimmung wird jedoch aus dem anderen Standpunkt heraus als bei guter Arbeitsplanung hinlänglich vermeidbar angesehen. Damit wäre es dann weitgehend gleichgültig, wo eine Agentur räumlich angesiedelt ist. Zumal moderne Telekommunikation (etwa Videoschaltung, Datenfernübertragung, Telefonkonferenz etc.) zur Abstimmung nicht mehr unbedingt die physische Präsenz der Gesprächspartner erforderlich macht. Letztlich kommt es wohl auf die Art der zu leistenden Arbeit an. Handelt es sich um punktuelle Aktivitäten, ist eine räumliche Nähe sehr hilfreich (so verlangt Eduscho nach einer Promotion-Agentur vor Ort, also in Bremen), geht es hingegen um die Betreuung langfristig laufender Kampagnen, ist diese durchaus zu erübrigen (so wird der BMW-Etat/München schon seit Jahren von Hamburg

aus betreut). Ein Sonderfall ist in diesem Zusammenhang bei Pattern Campaigns gegeben. Dabei ist die betreuende Agentur nicht einmal im eigenen Land ansässig, sondern nur jenseits der Grenzen (z. B. bei Nike). Die Werbemittel werden dort zentral konzipiert und erstellt und erfahren im Einsatzland lediglich eine landesspezifische Adaptation (Übersetzung, rechtliche Hinweise, Adresse etc.).

− Branchenerfahrung
Häufig wird auch Wert auf bereits vorhandene Branchenerfahrung bei der Auswahl der Werbeagentur gelegt. Dem liegt die Überlegung zugrunde, dass vor allem die Einarbeitungszeit der Werbeagentur erheblich verkürzt wird, wenn Mitarbeiter dort bereits über branchenspezifische Erfahrung verfügen, sei es, weil sie selbst in der nunmehr zu bearbeitenden Branche tätig waren oder weil die Werbeagentur zuvor bei einem Mitbewerber des zu betreuenden Unternehmens unter Vertrag war. Dafür spricht in der Tat, dass die Vermarktungssituationen immer komplexer werden, sodass es aus dem Stand heraus kaum mehr möglich scheint, einem werbungtreibenden Unternehmen, das vielleicht schon Jahrzehnte in dieser Branche vertreten ist, Verbesserungshinweise zu geben. Anderseits sind es gerade die Scheuklappen der Branche, die oftmals innovative Lösungen verhindern. Und bei näherem Hinsehen stellt man zudem fest, dass die von Auftraggebern gern behaupteten fundamentalen Besonderheiten (meist Probleme) ihrer Branche so besonders gar nicht sind, denn alle Märkte funktionieren generell nach den gleichen Prinzipien und sehen sich alle den grundsätzlich gleichen Herausforderungen gegenüber, sodass gerade der Transfer von Erfahrungen aus anderen Branchen fruchtbar sein kann. Im Übrigen hat nicht die Werbeagentur Branchenerfahrung, sondern sie hat allenfalls einzelne Mitarbeiter, die branchenerfahren sind. Bei der doch überdurchschnittlichen Fluktuationsrate in Werbeagenturen sollte man allein darauf jedoch nicht bauen. Zudem veraltet Branchenwissen infolge des raschen Wandels ausgesprochen schnell.

− Agenturalter
Zuweilen wird auch die Marktbestandsdauer einer Werbeagentur als Auswahlkriterium zugrunde gelegt. Dies ist insofern nicht von der Hand zu weisen, als Kommunikationsberatung a priori mittel- bis langfristig angelegt sein sollte und nicht auf schnelle Effekte abheben darf, das Agenturgeschäft aber durch rapiden Wandel gekennzeichnet ist. Insofern bietet eine längere Marktpräsenz eine höhere Gewähr, dass die betreffende Werbeagentur auch noch in einigen Jahren am Markt präsent sein wird und als Betreuer zur Verfügung steht. Im Übrigen indiziert eine längere Marktpräsenz zudem einen gewissen Mindesterfolg. In diesem Zusammenhang ist auch interessant, einmal die Betreuungsdauer der gehandelten Etats zu betrachten. Eine hohe Konstanz in der Zusammenarbeit indiziert hier ein hohes Maß an Zufriedenheit, während rasche Fluktuation zumindest den Verdacht aufkommen lässt, dass dies auch auf mangelnde Qualität der Betreuung zurückzuführen ist, wenngleich Werbeagenturen dies mit Hilfe zahlreicher Argumente von sich weisen werden (in der Tat sorgen etwa internationale Konkurrenzkonflikte oder Alignment Policies für unverschuldete Verluste nationaler Etats).

− Termintreue und Kostenbewusstsein
Bei Werbungtreibenden nehmen diese Kriterien, ganz entgegen der Erwartung der meisten Werbeagenturen, einen sehr hohen Stellenwert ein. Denn was hilft die beste Kreation, wenn sie nicht »Just in Time« verfügbar oder letztlich unbezahlbar ist. Inwieweit dahingehende Versprechungen von Werbeagenturen berechtigt sind, lässt sich a priori jedoch kaum feststellen. Hilfreich ist vor allem zweierlei. Zum ersten das Einholen von Referenzen bei von

der betreffenden Werbeagentur schon betreuten Kunden. Meist gibt es ohnehin informelle Kontakte oder man hat da noch einen Freundschaftsdienst gut. Zweitens die Beauftragung mit einer begrenzten Probearbeit. So kann »live« die Zuverlässigkeit und Effizienz der Agenturarbeit verfolgt werden, obgleich der Verdacht gerechtfertigt ist, dass sich Werbeagenturen gerade bei solchen Probearbeiten keine Blöße geben und nahezu perfekt sind, wohingegen die relative Sicherheit einer Etatübertragung den Fokus später eher auf Probearbeiten anderer Kunden wandern lässt. Von daher ist dieses Kriterium mangels Beurteilung nur eingeschränkt zur Auswahl tauglich (Abb. 315).

- Qualifikation der Agenturmitarbeiter
  Agenturarbeit ist »People Business«, damit unterscheiden sich Werbeagenturen nicht von allen anderen Dienstleistungsbranchen. Insofern verkörpern in erster Linie die diensteerbringenden Mitarbeiter die Qualität der Arbeit. Es ist jedoch ausgesprochen problematisch, deren Qualifikation zu objektivieren. Erstens, weil es keine geregelten Ausbildungsgänge für viele der qualitätsentscheidenden Funktionen in der Werbeagentur gibt, aus denen, wie in anderen Berufszweigen, auf eine formale Qualifikation geschlossen werden könnte, zweitens, weil im Detail ungewiss ist, wer im Einzelnen in einer Werbeagentur in welchem Ausmaß für einen Kundenetat tätig ist, und drittens, weil ebenso ungewiss bleibt, wielange diese Mitarbeiter der betreuenden Werbeagentur noch erhalten bleiben. Schließlich herrscht ein extremes Maß an Fluktuation. Insofern ist dieses Kriterium kaum entscheidensrelevant zu beurteilen.
- Agenturphilosophie
  Schließlich kann auch die verbreitete Agenturphilosophie als Entscheidungskriterium auf Übereinstimmung mit der Unternehmensphilosophie des Werbungtreibenden herangezogen werden. Jede Werbeagentur, die auf sich hält, leistet sich Philosophie-Statements (wie »It's not creative, unless it sells«/Bates, »Disruption«/BDDP, »Truth well told«/McCann, »Orchestration«/O&M etc.). Es bleibt jedoch fraglich, wie generell bei solchen Business Missions, inwieweit diese wirklich gelebt werden oder nur dem »Window Dressing« dienen. Außerdem sind diese Statements meist so universell, dass sie ganz verschiedenartige Konsequenzen sanktionieren (wie ja auch die Beispiele unterschiedlicher Kampagnen einer Werbeagentur beweisen, die, ganz im Gegenteil,

Termintreue	99,1 %
Kostenbewusstsein	96,9 %
Kreativität	95,6 %
Persönliche Betreuung	93,1 %
Effizienzorientierung	89,7 %
Flexibilität bei geänderter Rahmenbeding.	86,9 %
Fähigkeit zur Entwicklung integrierter Kommunikationskonzepte	81,6 %
Branchenkenntnis	77,8 %
Kreativität und Realisierung a. e. Hand	76,9 %
Strategische Planung	74,1 %
Geringe Fluktuation bei Mitarbeitern	73,8 %
Konkurrenzausschluss	65,6 %
Empfehlungen für die Werbeträgerauswahl	56,9 %
Kreative Lösungen für Online-Werbung	45,6 %
Durchführung von Werbemittel-Pretests	25,3 %
Internationale Network-Anbindung	23,4 %

(Werbeentscheider / Mehrfachnennungen möglich)

Abb. 315: Beurteilungskriterien bei der Auswahl einer Werbeagentur

keinen Agenturstil haben sollte). Und außerdem ist Werbung so komplex und abstrakt, dass sie sich kaum in gängige Statements gießen lässt. Insofern ist auch dieses Kriterium kaum entscheidensrelevant.

Dennoch sollte es anhand der anderen Kriterien gelingen, den Kreis der möglichen Agenturpartner auf eine überschaubare Größenordnung zu reduzieren. Auf jeden Fall muss man der Versuchung widerstehen, alle diese Werbeagenturen zur Präsentation aufzufordern. Denn »viel hilft nicht viel«, sondern stiftet nur viel Verwirrung. Viele Werbeagenturen lehnen auch eine Beteiligung ab, sofern sie den Teilnehmerkreis für unzumutbar groß halten (in einigen Ländern gibt es sogar einen entsprechenden Agenturkodex). Daher ist für die Vorgehensweise eine weitere Einengung unerlässlich.

8.2.8.3 Vorgehensweise

8.2.8.3.1 Shortlist

Darunter versteht man eine Sichtung der Werbeagenturen, die den gegebenen Anforderungskriterien entsprechen. Dazu ist zunächst eine Übersicht über alle in Frage kommenden Agenturen erforderlich. Dafür gibt es viele Quellen:

- Das **GWA-Handbuch** (Gesamtverband Werbeagenturen, Frankfurt) erscheint jährlich und enthält alle erforderlichen Angaben zu den ca. 160 »besseren« Werbeagenturen, die bestimmte Aufnahmekriterien erfüllt haben. Dazu gehören etwa die wirtschaftliche Unabhängigkeit der Agentur von ihren Auftraggebern, das Leistungspotenzial, der Bonitätsanspruch, die Informationspflicht über betriebswirtschaftliche Verhältnisse, die Aus- und Weiterbildung der Mitarbeiter, die Marktbewährung und das faire Wettbewerbsverhalten. Außerdem stellen sich die meisten der Werbeagenturen mit Arbeitsbeispielen, Unternehmenskenndaten und Statements zur Arbeitsweise in diesem Handbuch vor.
- Das **Markenhandbuch** (Karlstein) ist ein Nachschlagewerk mit Informationen über Werbeagenturen, Spezialmittler und auch werbungtreibende Unternehmen. Die Werbeagenturen sind nach Orten gegliedert mit ihren Kenndaten (Inhaber/Gesellschafter, Geschäftsführung, Leitende Mitarbeiter, Gründungsdatum, Filialen im Inland, Niederlassungen in Europa, Klientenliste etc.) aufgeführt. Dadurch erhält man einen guten ersten Überblick über mögliche Agenturkandidaten.
- **Agenturen + Marken** ist ein Nachschlagewerk des Media Daten Verlags (Wiesbaden), der ansonsten noch detaillierte Werbeträgerinformationen veröffentlicht. Auch hier finden sich die einschlägigen Kenndaten von Werbeagenturen, allerdings nur sofern sie sich zu einem Eintrag anmelden.
- Spezialagenturen der **Direktwerbung** sind im **Deutschen Direktmarketing Verband (DDV/ Wiesbaden)** zusammengeschlossen. Auch dieser Verband gibt eine Information über die ihm angeschlossenen Agenturen heraus, aus der sich ein erstes Profil der Kandidaten erstellen lässt.
- Im Bereich der **Öffentlichkeitsarbeit** gibt es ein vergleichbares Portrait, das von der **Deutschen Public Relations-Gesellschaft (DPRG/Bonn)** herausgegeben wird. Auch hier finden sich konkrete Angaben zu potenziellen Agenturpartnern.
- Bei der **Verkaufsförderung** gibt es zwar keine Agenturen als Verbandsmitglieder, wohl aber Einzelpersonen, die im **Bund Deutscher Verkaufsförderer und Trainer (BDVT/Köln)**

zusammengeschlossen sind. Deren Mitglieder sind an einem entsprechenden Namenszusatz erkennbar.
- In anderen Spezialbereichen sind Verbände meist noch in der Entwicklung befindlich oder weniger straff organisiert. Es gibt übrigens noch einen Weg, nämlich den, einen Broker mit der Auswahl der richtigen Agentur zu betrauen. Inwieweit dies seriös und angemessen ist, kann allerdings bezweifelt werden. Aber das **Advertising Agency Register (AAR/Düsseldorf)** übernimmt nach Vorgabe von Anforderungskriterien die Sichtung und Auswahl der bestgeeignet erscheinenden Agentur, freilich nur aus dem Stamm derjenigen Agenturen, die ihre Präsensationen gegen nicht geringes Entgelt dem AAR zur Verfügung gestellt haben. Damit ist die Auswahl schon einmal beschränkt (zumal die meisten Agenturen rundweg abstreiten, sich dieser Vermittlung zu bedienen, auch wenn es dafür im Einzelfall immer wieder Indizien gibt) und sie basiert auf eher formalen Kriterien, die den materiellen Belangen der Agenturauswahl nicht genügend Rechnung tragen. Schließlich ist ein weiterer Weg der der Beauftragung eines neutralen Gutachters, gern genommen werden Wissenschaftler, wie ehedem Kroeber-Riel, der bei der Auswahl beratend zur Seite stand. Es scheint jedoch fraglich, warum gerade ein Externer, der weder Unternehmen noch Werbeagentur authentisch kennt, in der Lage sein soll, hier hilfreich einzugreifen. Daher handelt es sich bei diesem Ansatz nicht selten um ein taktisches Alibi (Gefälligkeitsgutachten).

Eine etwas andere Vorgehensweise empfiehlt sich, wenn es, was häufig der Fall ist, darauf ankommt, eine möglichst kreativstarke Werbeagentur zu verpflichten. Denn wirtschaftliche Kenndaten sagen nur sehr begrenzt etwas über das kreative Potenzial aus. Doch auch dafür gibt es hervorragende Informationsquellen:

- Das **ADC-Jahrbuch** (Art Directors Club, Frankfurt) enthält jährlich eine Zusammenstellung der besten kreativen Arbeiten von ADC-Mitgliedern bzw. ihren Agenturen, auch als Videocassette erhältlich. Der ADC vergibt jährlich goldene, silberne und bronzene Preise für als herausragend erachtete (und von ihren Erfindern eingereichte) Werbung. Agenturen, die dort überproportional häufig auftauchen (wie Jung v. Matt, Hamburg, Springer&Jacoby, Hamburg, Ogilvy&Mather, Frankfurt etc.) darf mit Fug und Recht ein hohes kreatives Potenzial zugebilligt werden.
- International angelegt hingegen ist das **Cannes-Werbefilm-Festival,** bei dem jährlich die besten Werbemittel, vor allem Spots, unter weltweit eingereichten Bewerbungen von einer kritischen Jury ausgewählt und mit goldenen, silbernen und bronzenen Löwen, sowie einem Grand Prix, prämiiert werden. Allerdings tauchen deutsche Werbeagenturen unter den Preisgewinnern eher selten auf, sodass die Aussagefähigkeit doch auf international tätige Networks begrenzt ist.
- Das sind aber nur die beiden wichtigsten von beinahe unüberschaubar vielen **Kreativwettbewerben**, die Anhaltspunkte für das kreative Potenzial bieten. Dazu gehören die Berliner Klappe und die Berliner Type (des BDW Deutscher Kommunikationsverband, Bonn), der Clio Award (New York), der Cresta Award (New York), »Die Anzeige« und »Das Plakat« (Kommunikationsverband Bayern, München), der Echo Award (New York), der Epica Award (Suresnes), Eurobest (London), Gewinnende Werbung (Akademie für Marketing/Kommunikation, Frankfurt), die New York Festivals (Print&Radio, Non Broadcast, TV&Kino, Hamburg), die »Zeitungsanzeigen« des Monats und Jahres und die »Zeitungskampagne« des Jahres (Regionalpresse, Frankfurt). Darüber hinaus gibt es unzählige Spezialpreise, so den Comprix für innovative Pharma-Communication (BDW, Bonn), Creative Radiowerbung

(ARD, Frankfurt), Deutscher Business to Business Award für Industriegüterwerbung (Heilbronn), Deutscher Directmarketing Preis (DDV, Wiesbaden), Deutscher Plakat Grand Prix (FAW, Frankfurt) und Internationaler Plakat Grand Prix (Frankfurt) etc. Allerdings muss man wissen, dass die Veranstalter sich aus den Anmeldegebühren finanzieren, also nur prämiiert werden kann, was angemeldet ist, und dass in den meisten Fällen die Kreativen sich gegenseitig mit Lorbeerkränzen behängen, was doch einen etwas zwiespältigen Eindruck hinterlässt.

- Nun ist unstreitig, dass hohes kreatives Niveau einer Kampagne vor wirtschaftlichem Misserfolg beim Auftraggeber nicht schützt. Es kommt also nicht so sehr auf vordergründig »tolle« Kreation, sondern vor allem auf die »richtige« Kommunikation an. Diese Absicht verfolgt der **Effie** (GWA, Frankfurt). Das heißt, hierbei steht der Markterfolg im Vordergrund, wobei dieser (aus theoretischer Sicht durchaus großzügigerweise) vor allem auf die eingeschaltete Werbung zurückgeführt wird. Inwieweit das wirklich haltbar ist, steht auf einem anderen Blatt. Dennoch sind Agenturen, denen es wiederholt gelungen ist, den Effie zu erringen (wie Borsch, Stengel, Partner, Frankfurt, Grey, Düsseldorf etc.) gewiss als Könner ihres Fachs anzusehen.

- Das **Jahrbuch der Werbung** (Econ Verlag, Düsseldorf) stellt weiterhin die von einer Experten-Jury für spektakulär gehaltenen Kampagnen jedes Jahres vor. Dabei erwähnte Agenturen kann man daher entsprechend auch andere spektakuläre Arbeiten zutrauen.

- Ganz pragmatisch kann man sich auch die Werbung, die in der Vorentscheidungsphase in den Medien eingeschaltet wird, bewusst daraufhin vor Augen führen, ob man sich vorstellen kann, mit einer Werbeagentur, die derartige Werbemittel kreiert, zusammenarbeiten zu können. Oftmals entdeckt man ja eine Seelenverwandschaft zwischen dieser bereits realisierten Werbung und den eigenen, rein gefühlsmäßig basierten Vorstellungen darüber, wie Werbung angelegt sein sollte. Häufig sind Anzeigen am Rand klein mit einem Agenturhinweis versehen, bei Spots und Plakaten kann man aufgrund der o.g. Verzeichnisse leicht die Werbeagentur ausfindig machen, der sie entstammen. Allerdings muss man dabei immer darauf achten, dass Werbeagenturen sich ihren bestehenden Kunden gegenüber zum Konkurrenzausschluss verpflichten. Insofern kommen regelmäßig keine Werbeagenturen in Betracht, die bereits für direkte Mitbewerber arbeiten. Allerdings ist die Fassung des Konkurrenzausschlusses immer Verhandlungssache, sodass sich eine Nachfrage durchaus lohnt. Und das größere Budget schlägt, wie meist im Leben, das kleinere.

- Eine weitere wichtige Informationsquelle sind **Branchentitel** (wie Werben &Verkaufen/München, Horizont/Frankfurt, Kontakter/Hamburg, New Business/Hamburg etc.). Dort finden sich wöchentlich (montags oder freitags) detaillierte Berichte über die Werbebranche, d. h. Werbeagenturen, Werbungtreibende und Werbungdurchführende. Verfolgt man einige Ausgaben hintereinander, erhält man einen recht guten Eindruck von Szene und Trends. Man lernt Agenturadressen mit Fallbeispielen, Interviews ihrer Top-Manager, Etatgewinnen und -verlusten etc. kennen und kann daraus erste Schlussfolgerungen ziehen. Vom eher enttäuschenden journalistischen Niveau dieser Titel sollte man sich dabei allerdings nicht abschrecken lassen.

- Eine gut organisierte Marketingabteilung sollte ohnehin über eine **laufende Erfassung von Agenturkontakten** verfügen. Dazu gehören die, im Übermaß anzutreffenden, unaufgefordert zugesandten Blindbewerbungen der Werbeagenturen, in denen diese mehr oder minder geschickt behaupten, dass man als Werbungtreibender mehr aus seinem Budget herausholen könne als das in der bestehenden Agenturverbindung geschieht. Obwohl das nicht weniger bedeutet, als einem potenziellen Auftraggeber verminderte Fähigkeiten zuzusprechen. Diese

Aussendungen kann man zumindest archivieren, um dann bei Bedarf auf sie zurückzugreifen. Gleiches gilt für die Verfolgung von PR-Maßnahmen wie Eigenwerbungs-Anzeigen oder Veranstaltungen. Bei Letzteren muss man sich als Teilnehmer aber immer darüber im Klaren sein, dass der Veranstalter nur peripher an der Person als Mensch interessiert ist, sondern vor allem an ihr als potenziellem Auftraggeber. Dies hinterlässt bei einiger Sensibilität zumindest einen schalen Nachgeschmack. Weiterhin kann man, genügend Zeit vorausgesetzt, durchaus auch Werbeagenturen, die sich in unvorbereiteten Telefonanrufen anbieten, ihr Haus zu präsentieren, einladen. Allerdings sollte man sich im Klaren sein, dass wirklich gute Berater so etwas nicht nötig haben dürften. Daher kann dies allenfalls für Speziallösungen sinnvoll sein.

- Schließlich bleibt auch noch der Weg der Einholung von **Referenzen**. In Unternehmen, für die eine näher ins Auge gefasste Werbeagentur arbeitet, kennt man vielleicht den einen oder anderen ehemaligen Arbeits- oder Studienkollegen, Vorgesetzten oder Mitarbeiter, bei dem man sich kurz in Erinnerung bringen kann. Einmal im Gespräch vertieft, kann man auch wie zufällig auf die Zusammenarbeit mit der Werbeagentur zusteuern und erhält so wertvolle, vor allem atmosphärische Hintergrundinformationen. Die umso vertrauenswürdiger sind, als der Referenzgeber in aller Regel keinen Vorteil aus seiner Informationsabgabe zieht, also auch kein Interesse an einer Schönfärberei hat.

Auf diese Weise sollte es gelingen, den Kreis der potenziellen Werbeagenturen auf eine überschaubare Anzahl einzuengen. Sinnvoll sind bis zu zehn Werbeagenturen, wenn es um eine Kampagnenpräsentation geht bzw. bis zu fünf Werbeagenturen, wenn es sich um ein Projekt handelt.

8.2.8.3.2 Kontaktaufnahme

In einer zweiten Phase beginnt nun die Sondierung. Dazu werden die relevanten Werbeagenturen kontaktet und um eingehendere Information über ihr Haus angegangen. Dabei sollte man allerdings nicht zu konkret den Wunsch nach einer Zusammenarbeit durchscheinen lassen, denn dann wird man die Geister, die man rief, so schnell nicht wieder los. Vielmehr sollte man eher den Eindruck erwecken, es gehe um eine nur routinemäßige Aktualisierung der Sekundärunterlagen. Für diese Zwecke halten alle Agenturen eine Stelle vor, die für New Business zuständig ist. In Großagenturen ist dies oftmals eine eigenständige Funktion (für Mitarbeiter mit besonders hohem Frustationsniveau), in kleineren Agenturen wird diese Aufgabe regelmäßig vom Chef selbst wahrgenommen. Werbeagenturen halten jedenfalls, im Gegensatz zur Industrie, immer noch Neugeschäft für ihre wichtigste Geschäftsquelle, sodass man davon ausgehen kann, dort auf besonders qualifizierte Mitarbeiter zu treffen.

Den Anruf sollte man übrigens selbst erledigen und nicht der Sekretärin überlassen. Denn aus diesem ersten Kontakt kann man bereits wertvolle Informationen gewinnen. Das beginnt mit dem Telefonverhalten des Empfangs, geht über die Erreichbarkeit des als zuständig angegebenen Mitarbeiters bis zum eigentlichen Gesprächseindruck mit ihm. So kann man sich ein grobes Bild von Arbeitsweise und Kultur der Agentur machen (Ist das Auftreten seriös? Wird ein versprochener Rückruf eingehalten? etc.).

Auf keinen Fall sollte man sich zu diesem Zeitpunkt auf einen Besuch durch das Management der Werbeagentur einlassen. Natürlich wird man dort, wenn man nur halbwegs auf Draht ist, und das sind die meisten Manager von Werbeagenturen durchaus, versuchen, die »Falle« gleich zuschnappen zu lassen. Dafür ist es aber, wenn überhaupt, noch viel zu früh. Vielmehr geht es um aussagefähige Unterlagen zur Agenturarbeit. Meist finden diese in Form eindrucksvoller, großformatiger, reichlich bebilderter Agenturbroschüren statt. Dadurch sollte man sich aber nicht blenden lassen. Natürlich wird sich jeder für das erste Kennenlernen besonders schön herausputzen und nur seine allerbesten Seiten zeigen. Und ebenso natürlich hat jeder auch seine Schattenseiten, die bei diesem ersten Blick verborgen bleiben und nach Bekanntwerden für eine rasche Abkühlung der Euphorie sorgen. Das ist ganz menschlich, und ganz so ist das auch mit Werbeagenturen.

Anhand der eingeholten formalen und informellen Informationen kann nun eine Nutzwertanalyse durchgeführt werden. Darunter versteht man eine Aufstellung der (meist qualitativen) Anforderungskriterien, die womöglich nach Bedeutung gewichtet sein können, und eine Punktverteilung für die graduell abgestufte Erfüllung dieser Kriterien durch die einzelnen Agenturkandidaten. Dann wird jede Werbeagentur hinsichtlich aller dieser Kriterien bewertet. Die Addition der (gewichteten) Punktzahlen weist dann ein Ranking der Kandidaten nach der Papierform aus.

Nun weiß jeder aus dem täglichen Leben, dass eine zu große Auswahl eher verunsichert als bei der Entscheidung hilft. Daher muss der Kreis der Kandidaten nochmals verkleinert werden. Sinnvoll sind drei bis fünf Werbeagenturen bei Kampagnen bzw. zwei bis drei Werbeagenturen bei Projekten. Dabei ist noch die Frage nach dem Schicksal des Etathalters zu klären. Meist handelt es sich bei der Etatvergabe ja nicht um ein völlig neues Produkt, sondern um ein solches, das auch schon bisher in Zusammenarbeit mit einer Werbeagentur dotiert wird. Daher ist es üblich, den Etathalter in jedem Fall in diesen engen Kandidatenkreis mit aufzunehmen, es sei denn, er ist indiskutabel schlecht und scheint auch unverbesserlich oder er signalisiert eindeutig (oft aus verletztem Stolz) ein fehlendes Interesse an weiterer Zusammenarbeit, etwa weil die Beziehung sich im Lauf der Zeit verschlissen hat oder irreparabel zerrüttet ist. Selbstverständlich ist dabei zunächst ein Blick in die Vertragsgestaltung mit der bestehenden Werbeagentur zu werfen, um dort vereinbarte Kündigungsbedingungen, vor allem Fristen, einzuhalten. Meist wird der Vertrag vorsorglich gekündigt.

Allerdings sollte man sich ernsthaft fragen, ob ein Wechsel von der bestehenden Werbeagentur überhaupt notwendig ist. Denn oft entspringt der Wunsch danach nur einer spontanen Unzufriedenheit, wie sie immer wieder vorkommt, wenn Menschen unter kompetitiven Bedingungen hart miteinander arbeiten. Oder dem Wunsch des Umworbenseins, das man ansonsten selten genug erleben mag. Auf jeden Fall bedeutet ein Agenturwechsel aber immer einen erheblichen Zeitaufwand in Vorbereitung, Durchführung und Nachbereitung. Und einen erheblichen Kostenaufwand, bei dem in bewerteten Mannstunden enorme Beträge auflaufen. Vor allem aber bedeutet ein Beraterwechsel einen enormen Know-how-Verlust, denn eine neue Werbeagentur bedingt immer auch, den gesamten Wissenstransfer, der mit der alten Werbeagentur bereits erbracht wurde, von Neuem zu bewältigen. Selbst bei Werbeagenturen, die branchenerfahren sind, ist eine Einstellung auf die betriebs- oder markenspezifischen Hintergrundinformationen erforderlich. Und schließlich bedeutet jeder Beraterwechsel auch immer das Risiko, dass die »neuen Besen« nicht ganz so gut kehren, wie man sich das vorab versprochen hat, zumindest nicht erkennbar sauberer als die alten.

Daher ist es in jedem Fall sinnvoll, zunächst mit der bestehenden Werbeagentur ein Krisengespräch zu führen. Darin sollte der Werbungtreibende die Gründe seiner Unzufriedenheit deutlich machen und die Werbeagentur zur Stellungnahme auffordern. Gelegentlich geht, vor allem in Großbetriebsformen von Werbeagenturen, die Kontrolle über Job-Unzulänglichkeiten in der Hektik des Tagesgeschäfts schon einmal verloren. Was zwar nicht vorkommen sollte, aber mit etwas gutem Willen auf beiden Seiten kann diese Schieflage meist leicht wieder geradegerückt werden. Schließlich ist eine Werbeagentur keine anonyme Fabrik, sondern es arbeiten Menschen dort, und diesen ist nun einmal zueigen, dass sich leicht ein »Schlendrian« einschleicht. Macht der Auftraggeber dann seine Unzufriedenheit deutlich, sind erhebliche Verbesserungen auch ohne Agenturwechsel darstellbar.

Es ist auch durchaus legitim, seine Werbeagentur von Zeit zu Zeit auf den Prüfstand zu stellen und eine formale Präsentation abzufordern, um ihren aktuellen Leistungsstandard zu verifizieren. Werbeagenturen spüren schnell, dass sie sich bei dieser Gelegenheit keine Blöße geben dürfen und werden sich ordentlich ins Zeug legen, um eine drohende Ablösung zu vermeiden. Denn sie wissen um die verlockenden Hochglanzbroschüren und die beeindruckenden Vorstellungen der Konkurrenz, schließlich agieren sie bei deren aktuellen Auftraggebern im Vorfeld selbst so, und sie wissen auch um den enormen Aufwand von Materialschlachten, bei denen höchstens einer gewinnen kann und alle anderen verlieren.

8.2.8.3.3 Agenturbesuch

Nun ist die Zeit gekommen, die Kandidaten näher unter die Lupe zu nehmen. Dafür ist es unbedingt empfehlenswert, sich der Mühe zu unterziehen, die Werbeagenturen vor Ort zu besichtigen. Als Teilnehmer für die Agenturbesuchsrunde kommen alle Entscheider in Betracht, wenngleich man vermeiden sollte, mit einer Armada von Managern einzufallen. Aber ein Blick vor Ort sagt tatsächlich mehr als tausend Worte.

Zumal Werbeagenturen auf solche Besuche alles andere als unvorbereitet sind. Gemeinhin empfangen sie potenzielle Auftraggeber in einer repräsentativen Rezeption, führen sie auf kurzem Weg unter Auslassung der Räumlichkeiten der neugierigen Blicken ausgesetzten Kreation in einen nicht minder repräsentativen Konferenzraum und bewirten sie dort mit Delacre-Keksen und Pellegrino-Mineralwasser. Nach kurzem gegenseitigen Bekanntmachen spult jede Werbeagentur dann mit beeindruckender Präzision ihre Credentials-Präsentation ab. Darunter versteht man die Vorstellung der Werbeagentur (meist über Diaprojektor oder PC-Overhead-Display) in Bezug auf Agenturhistorie, Agenturphilosophie, Geschäftsentwicklung, internationale Anbindung, Mitarbeiterstruktur, Kundenliste etc. Daran schließt sich regelmäßig eine Vorstellung von Arbeitsbeispielen an.

Die Credentials-Präsentation wird für gewöhnlich vom Agentur-Top-Management vorgenommen (Chairman, Managing Director, Chief Creative Officer o. ä. sind deren beeindruckende Titel) und mit großer Souveränität vorgetragen. Dabei darf man nicht vergessen, dass Werbeagenturen ständig solche Credentials-Präsentation vollziehen und ihr Gewerbe nahe dem Showgeschäft angesiedelt ist. Auch sollte man nicht vergessen, dass man den Präsentator dabei in aller Regel zum drittletzten Mal in seinem Leben sieht (danach nur noch für die Wettbewerbspräsentation und die Vertragsverhandlungen). Dadurch relativiert sich die Situation doch sehr. Zumal man, ordentliche Vorbereitung vorausgesetzt, auch wenig gravierend Neues dabei erfahren dürfte.

Viel entscheidender als diese formale Ebene ist die informale. Denn die Agenturkultur drückt sich vor Ort in unzähligen Elementen, wie Symbolen, Ritualen, Helden und Jargons, aus. Zu den Symbolen gehören etwa Gestik, Kleidung, Haartracht, Statusinsignien der Beteiligten und anderer Mitarbeiter. Dazu gehören aber auch Kunst an der Wand und im Raum, Mobiliar, Boden- und Wandbeläge, Beleuchtung etc. Für gewöhnlich sind weiß gestrichene Rauhfaser-

Wände, schwarzer Teppichboden und Alu-Büroausstattung vorherrschend. Zu den Ritualen gehören die Begrüßung, Ehrerbietungen, Zeremonien etc., die man bei genauer Beobachtung gewahr wird. Daraus lässt sich etwa auf die hierarchische oder teamorientierte Aufbauorganisation der Werbeagentur schließen. Viele Werbeagenturen kennen Helden, also Personen (tot, wie Bill Bernbach, oder lebendig, wie Konstantin Jacoby), echt oder fiktiv, die hochangesehene Eigenschaften besitzen und den Agenturtypus in idealer Weise verkörpern. Daraus können Rückschlüsse auf die Tradition der Werbeagentur gezogen werden. Jargons hingegen sind nicht nur in Werbeagenturen, sondern auch bei vielen Markenartiklern verbreitet. Sie sagen zumindest etwas über die Professionalität und Internationalität des betriebenen Geschäfts aus. All diese Signale sind wichtig für die Prüfung der qualitativen Frage, ob die vermutete Chemie zwischen Auftraggeber und Werbeagentur stimmen dürfte. Dies lässt sich schwerlich aus formalen Informationen allein ableiten, ist aber für die Dauer und Effektivität einer Zusammenarbeit von entscheidender Bedeutung.

An dieser Stelle sollte auch die Chance zu kritischen Fragen genutzt werden. Vielleicht ist bei der Vorrecherche der eine oder andere »weiße Fleck« aufgetaucht, den es jetzt mit Informationen zu füllen gilt. Vielleicht sind auch Fragen über die Präsentation hinaus offengeblieben. Sicher hat man als potenzieller Auftraggeber auch einige Restriktionen für eine mögliche Zusammenarbeit vorzugeben. Dann ist jetzt der Zeitpunkt zu klären, ob und inwieweit diese akzeptiert werden. Schließlich kann man auch näher beschreiben, um welches Produkt es sich beim zu bewerbenden handelt (aber Vorsicht, Werbeagenturen haben offene Türen). Jedenfalls sollte man versuchen, die Präsentatoren in ein Gespräch zu verwickeln und von ihren eingefahrenen, selbstsicheren Credentials abzubringen. Dabei sollten vor allem die Behauptungen der Werbeagentur (Branchenerfahrung, qualifizierte Mitarbeiter, Qualitätsmanagement etc.) auf den Prüfstand gestellt werden.

8.2.8.3.4 Wettbewerbspräsentation

Nach einer internen Bewertung dieser Agenturkontakte ergeben sich dann zwei Alternativen. Die erste Alternative ist, dass man glaubt, die Werbeagentur seiner Wahl bereits aufgrund der bislang gesammelten Eindrücke gefunden zu haben. Dann wird man im Folgenden nur mit dieser Werbeagentur in Kontakt bleiben und die Kampagne/das Projekt briefen. Dies ist freilich leider nur selten der Fall und nicht ganz risikolos. Häufiger ist daher der zweite Fall, dass man zwei bis drei Werbeagenturen evtl. plus Etathalter zu einer Wettbewerbspräsentation einlädt. Bei einem solchen **Pitch** wird das Briefing für die Kampagne/das Projekt nicht nur an eine, sondern gleichlautend an mehrere Werbeagenturen gegeben. Übrigens ist es stillos (und bringt auch für die Sache nichts), das Briefing an alle Teilnehmer der Präsentationsrunde gemeinsam zu geben.

Das Briefing hat immer sowohl schriftlich als auch mündlich zu erfolgen. Es sollte, je nach Komplexität der Aufgabe, möglichst kurz gehalten werden und die Werbeagentur nicht bereits vorab in ihrer Arbeit festlegen. Zum Briefing gehört eine Beschreibung der Vermarktungssituation, also Marktumfeld, Konkurrenz, Absatzmittler, Werbesituation und etwaige Restriktionen. Dann eine Beschreibung des Werbeobjekts, also des Produkts, das es zu bewerben gilt, sowie eine Definition des Werbeziels und eine Festlegung des Werbebudgets. Ausnahmsweise kann es auch sinnvoll sein, Werbeobjekt, Werbeziel und Werbebudget der Beratung durch die Werbeagentur zu überlassen, etwa um abzuchecken, ob sie zu ähnlichen Ergebnissen kommt wie eigene interne Überlegungen. Weiterhin gehören die Definition der Absatzquelle (Source of Potential Demand, also die Kaufkraft, von der das Angebot leben soll), die Definition der Zielpersonengruppe (Target Group, also die Personen, die diese Kaufkraft verkörpern) und die Definition der Positionierung (als Angebotsanspruch/Claim und Anspruchsbegründung/Reason Why) dazu. Auch hier kann es wieder ausnahmsweise sinnvoll sein, dies der Beratung der Werbeagentur zu überlassen. Allerdings muss man sich darüber im Klaren sein, dass, je offener das Briefing gehalten ist, desto weniger die Ergebnisse der Kandidaten miteinander vergleichbar sind.

Die Teilnahme an einer Wettbewerbspräsentation ist grundsätzlich vom Auftraggeber zu honorieren. Für eine Kampagne werden 10.000 € für angemessen erachtet, für ein Projekt 2.500 €. Dies ist jedoch im beinharten Wettbewerb zu bloßem Wunschdenken verkommen. Selbst öffentliche Auftraggeber, die diesem Druck nicht unterliegen und höheren ethischen Anforderungen genügen sollten, schreiben Etats zunehmend wie Preisausschreiben aus, d. h. teilnehmen kann jeder, honoriert wird hingegen nur der Beste, und das mit schmalem Betrag. Oder das Honorar des Gewinners besteht in der Übertragung des Etats, für alle Anderen war es dann zumindest nett, sie kennengelernt zu haben. Offiziell streiten praktisch alle ernstzunehmenden Werbeagenturen die Beteiligung an solchen honorarfreien Wettbewerbspräsentationen ab. Bei genauerem Hinsehen stellt sich jedoch bald heraus, dass praktisch jede ernstzunehmende Werbeagentur zu einer Ausnahme bereit ist. Die finanziellen Konsequenzen sind umso gravierender als für eine solche Präsentation hohe Eigen- und vor allem auch Fremdkosten (von externen Zulieferern/Freelancers) anfallen. Man kann davon ausgehen, dass sie die o.g. Beträge locker um das Fünffache übersteigen. Zumal der Gewinner kein Präsentationshonorar erhält, sondern den Zuschlag für die Betreuung der Kampagne/des Projekts.

Als Argument für niedrige oder gar entfallende Honorierung führen Werbungtreibende gern an, dass es ihnen nicht um eine Materialschlacht geht, also um aufwendig gestaltete »Pappen« und »Animatics«. Schließlich sei man ja unter Profis, und da reiche ein Maling (Illustration) oder ein Scribble (Entwurfsskizze) zum gegenseitigen Verständnis völlig aus. Und dafür könne man schließlich nicht viel Honorar hergeben. Werbeagenturen, die sich auf diese unprofessionelle Argumentation einlassen, belassen es aber letztlich keineswegs bei Malings und Scribbles, sondern versuchen, einen Präsentationsvorteil allein schon dadurch zu erreichen, dass sie die schöneren »Pappen« und die lebendigeren »Animatics« vorführen, in der irrigen Annahme, ihre Konkurrenten kämen darauf nicht. Und die sind wiederum nur zu (Fremd-)Kosten zu erstellen, die ein Vielfaches dessen betragen, was als Honorar in Aussicht gestellt wird.

Ähnlich vertrackt ist die Lage beim Zeitrahmen der Wettbewerbspräsentation. Für eine Kampagne werden vier bis sechs Wochen als absolute Untergrenze angesehen, für ein Projekt zwei bis drei Wochen. Die Realität sieht hingegen im Allgemeinen so aus, dass im Vorfeld der Entscheidung bereits soviel Zeit vergangen ist, dass nun an der an sich wichtigen Zeit zur kreativen Inkubation gespart werden muss. Zugleich wird dies von Auftraggebern gern auch als erster Beweis für die erwartete Flexibilität (»Schnellschuss«) angesehen. Die Folgen sind insofern verheerend, als man bereits aus der industriellen Produktion weiß, dass Unzulänglichkeit im Entwicklungsstadium später kaum mehr oder nur sehr kostspielig zu korrigieren sind. Und gerade so verhält es sich mit der Entwicklung von Werbung auch.

Neuerdings werden auch verkürzte Präsentationen abgenommen. Denkbar ist etwa nur eine Konzeptpräsentation, also über die verbalisierte Strategie für eine spätere kreative Umsetzung in Nutzenversprechen (Benefit) und Nutzenbeweis (Proof), jedoch noch ohne diese Umsetzung selbst. Dadurch kann zwar die konzeptionelle Fähigkeit der Werbeagentur getestet werden, ohne dass dies in eine Materialschlacht ausartet. Jedoch ist das Entscheidende allein eben diese kreative Umsetzung, das eigentlich Produkt der Werbeagentur, das es zu erstehen gilt. Insofern besteht die Gefahr, dabei die »Katze im Sack« zu kaufen. Daher wird teilweise auch nur eine Umsetzungspräsentation abgenommen, d. h. das kreative Produkt in Wort, Text, Bild und Ton, ohne den konzeptionellen Hintergrund vorzustellen. Das vordergründige Argument ist dabei, dass schließlich die Zielpersonen der Werbung auch nicht die Chance hätten, dieses Konzept kennenzulernen, sondern sie allein mit der kreativen Umsetzung des Konzepts konfrontiert würden. Insofern käme es auch nur auf dessen Beurteilung an. Diese Ansicht ist jedoch unter professionellen Anforderungen recht fragwürdig. Denkbar ist schließlich auch eine mehrstufige Präsentation, in der z. B. zunächst die verbalisierte Strategie vorgetragen und diskutiert wird. Auf Basis dieser Ergebnisse wird dann erst die kreative Umsetzung angegangen und erneut diskutiert. Und danach erfolgt dann erst die Mediaempfehlung. Wegen der engen Verzahnung dieser Bereiche ist ein solches Vorgehen jedoch meist unzweckmäßig und widerspricht auch der üblichen Arbeitsdisziplin, ganz abgesehen vom involvierten Zeitaufwand.

8.2.8.3.5 Ergebnisse

Für die Wettbewerbspräsentation ist es zweckmäßig, die Teilnehmer zum gegebenen Termin am gegebenen Ort nacheinander präsentieren zu lassen. Als Dauer sollten zwei Stunden je Präsentation ausreichen. Dabei ist darauf zu achten, dass neben dem reinen Vortrag genügend Zeit zur Diskussion eingeplant wird. Es ist nötig, dass alle Verantwortlichen, die mit Werbung im Unternehmen zu tun haben, bei dieser Präsentation persönlich und durchgängig anwesend sind. Zum einen, weil nur dieser unmittelbare Eindruck eine zuverlässige Entscheidungsgrundlage bildet, zum anderen, weil nur dann eine unverzügliche Entscheidungsfindung, die im Interesse aller Beteiligten liegt, möglich ist. Gleichzeitig sollte der Teilnehmerkreis aber so klein wie möglich gehalten werden.

Bei den Präsentationen empfiehlt es sich, zunächst nur aufmerksam zuzuhören und Verständnisfragen zu stellen. Man kann davon ausgehen, dass jede Präsentation einer wohl durchdachten Dramaturgie folgt, die man auf sich wirken lassen sollte. In der anschließenden Diskussion sind dann durchaus kritische, rigorose Fragen erlaubt, schließlich geht es um eine Entscheidung, die viel Geld kostet, und da kann niemand hartnäckiges Nachfragen verübeln.

Alle Entscheider sollten für die Präsentation eine Kurzinformation über die jeweilige Werbeagentur vorliegen haben, aus der die wesentlichen Eckdaten des Geschäfts und die Gründe für eine Aufnahme in den Kandidatenkreis hervorgehen. Gleichfalls sollte allen Entscheidern das Briefing, das auch die Werbeagenturen erhalten haben, vorliegen. Schließlich ist eine Kriterienliste zur Bewertung jeder Präsentation unmittelbar nach deren Ende hilfreich, dafür ist jeweils eine kurze Pause zwischen den Präsentationen einzuplanen (die auch Gelegenheit gibt, sich einmal kurz die Füße zu vertreten). Denn erfahrungsgemäß verwischen die Eindrücke am Ende eines Präsentationstags, sodass die Entscheidung unsicherer wird.

Welche Kriterien für die Beurteilung ausschlaggebend sind, hängt von der jeweiligen Prioritätensetzung des Auftraggebers ab. Häufig werden in diesem Zusammenhang genannt: Entwicklung durchdachter, fundierter Kommunikationsstrategien, problem- und ergebnisorientierte Arbeit, pünktliche und zuverlässige Tagesarbeit, hohes Kostenbewusstsein, qualifizierte Kundenberatung, außergewöhnliches kreatives Potenzial, kreative Werbekonzeption, strategische Orientierung, aktives, dynamisches Management, funktionsfähige Organisationsstruktur, durchdachte Marketingstrategien, Stärke in Verkaufsförderung und Handelsmarketing, sicheres, seriöses Auftreten, professionelle Mediaplanung, effizienter Mediaeinkauf, geringe Mitarbeiterfluktuation, internationales Know-how, qualifizierte Marktforschung, Stärke in Direktwerbung (Rangfolge nach J. Kellner). Inwieweit dies wirklich objektivierbare Beurteilungskriterien sind, muss dahingestellt bleiben.

Wie dem auch sei, die Werbeagenturen sollten über das weitere Procedere in Kenntnis gesetzt werden. Dazu gehört vor allem die Frist bis zur Mitteilung der Entscheidung. Einerseits sind Werbeagenturen nach einer Menge Blut, Schweiß und Tränen naturgemäß begierig zu wissen, ob ihr Einsatz Früchte getragen hat, andererseits braucht die Übernahme eines Etats eine angemessene Vorlauffrist zur Bereitstellung von Kapazitäten und Infrastruktur. Zumutbar sind Fristen bis zu zwei Wochen, üblich hingegen Fristen bis zu sechs Monaten.

Das Ergebnis der Entscheidung kann der Zuschlag des Etats für einen Kandidaten sein. Nur mit dieser Werbeagentur werden dann die Verhandlungen fortgesetzt, die anderen Kandidaten erhalten ihr vereinbartes Honorar, verbunden mit heißem Dank für ihr Engagement. Üblich ist eine kurze Erläuterung der Entscheidungsgründe, möglichst im (fern-)mündlichen Gespräch, und die Versicherung, dass der Ausgang des Rennens tatsächlich äußerst knapp war, weil alle Kandidaten bemerkenswerte Leistungen gezeigt hätten. Ein weiteres Ergebnis kann ein »totes Rennen« sein, d. h., zwei oder mehr Werbeagenturen haben vergleichbare Leistungen gezeigt oder keine der Präsentationen konnte befriedigen. Dann ist ein Nach-Briefing üblich, um im zweiten Durchgang zu einer entscheidungsfähigen Basis zu gelangen. Meist jedoch wird die von den Entscheidern präferierte Umsetzung in einen Pretest gegeben, d. h., ein Marktforschungsinstitut erhält den Auftrag, die mutmaßliche Werbewirkung einer präsentierten Umsetzung im Wettbewerbsumfeld gegenüber Abnehmern der beworbenen Leistung zu prüfen. Ein solcher Pretest dauert, je nach Anlage (dafür gibt es eine breite Varietät von Verfahren), bis zu neun Monaten. Meist ist dafür die Erstellung/Überarbeitung von Testvorlagen erforderlich, die bereits von der präferierten Werbeagentur vorgenommen wird. Das Testergebnis kann ein »Go« sein, d. h., die Werbemittel werden als erfolgversprechend erachtet, ein »On«, d. h., sie sind zunächst noch einmal gemäß Pretest-Ergebnissen zu überarbeiten, oder ein »No«, d. h. ,die Werbemittel scheinen ungeeignet zur Zielerreichung. Dann geht das Spiel von vorne los.

Bei etwas mehr Aufwand ist es auch möglich, die Umsetzungen aller präsentierenden Werbeagenturen gegeneinander im Pretest zu prüfen. Und den Etatzuschlag von den dabei erzielten Ergebnissen abhängig zu machen. Dies ist allenfalls sinnvoll, wenn es keinem der Kandidaten gelungen ist, anderweitige Präferenzen aufzubauen. Letztlich zeigt dieses Vorgehen auch Entscheidungsschwäche, denn fachkundigen Beurteilern sollte es möglich sein, die Übereinstimmung vorgeschlagener Lösungen mit ihren Marketingzielen und dem Vermarktungsumfeld selbst zu bewerten. Dies ist allerdings angreifbar, weil vorgeblich jeder im Unternehmen etwas von Kommunikation versteht und weil subjektive Maßstäbe zugrunde liegen, über die sich trefflich streiten lässt. Insofern verstecken sich gerade angestellte Manager gern hinter dem »Voice of Customer«, nicht wissend oder nicht beachtend, dass Marktforschungsergebnisse auch auf ganz andere Art und Weise zustande kommen.

Gerade für den Fall der Betreuung neuer Produkte bietet sich eine andere Vorgehensweise an, die des progressiven Kennenlernens. Man beauftragt z. B. eine Werbeagentur zunächst nur mit der Situationsanalyse eines intendierten Marktes und diskutiert anschließend mit ihr die Ergebnisse. Oder man beauftragt sie zur Formulierung von Marketingzielsetzungen für diesen Markt und diskutiert die Ergebnisse. Oder man beauftragt nur einzelne Kommunikationsinstrumente, um daraus auf die gesamte Arbeitsweise zu schließen. Die Vergütung erfolgt jeweils auf Projektbasis. So kann im Lauf der Zeit unter realistischen Bedingungen festgestellt werden, ob ein Agenturpartner passt oder nicht. Für bestehende Produkte (Running Business) ist dies jedoch meist nicht möglich.

Hat man sich zugunsten einer Werbeagentur entschieden, müssen vor einer weiteren Zusammenarbeit unbedingt die vertraglichen Bedingungen festgezurrt werden. Dabei ist wichtig zu wissen, dass es keine Pauschalregelungen gibt, sondern jeder Vertrag so individuell ist, wie die Agentur-Kunden-Beziehung. Daher kommt es auf das Verhandlungsgeschick an, wie man sich einigt (Abb. 316–317).

8.2.9 Wertschöpfung einer Werbeagentur

Das kreative Produkt einer Werbeagentur impliziert im Allgemeinen folgende, chronologisch aufgeführten Arbeitsschritte:

- Grobplanung des Werbeprojekts hinsichtlich Arbeitsumfang, Terminierung, Kosten, Kommunikationsinstrumenten, Medieneinsatz,
- Basisdatenbedarf durch Ermittlung/Beschaffung, Auswertung/Verdichtung, Aufbereitung/Interpretation,
- Analyse der Briefinginhalte und Ausgangsfakten, Schlussfolgerungen daraus,
- Marketingkonzept und Konzeptdefinitionen, Prüfung der Maßnahmenbereiche,
- Feinplanung des Projekts hinsichtlich Kommunikationsstrategie, Mitteleinsatz und Einzelstrategien der Kommunikationsinstrumente,
- Abstimmung des Marketingkonzepts mit dem Kunden durch Präsentation und Korrekturen/Verabschiedung,
- Internes Briefing,
- Kreativkonzept mit Entwicklung einer Basisidee, Verbalisierung/Visualisierung, interner Zwischenabstimmung, Korrektur und interner Verabschiedung,
- Implementierung der Ausführung durch Adaptation auf Kommunikationsinstrumente und interne Einzelaufträge.

Im Printbereich kommt dann hinzu:

- Rohlayout mit Ausführung, interner und externer Präsentation, Korrekturen/Freigabe,
- Reinlayout nach Kostenvoranschlagserstellung (KVA) und -freigabe mit Ausführung, interner und externer Präsentation, Freigabe,
- Textentwicklung mit interner und externer Präsentation, Korrekturen/Genehmigung,
- Realisation durch Ausschreibung, Angebotseinholung und -auswahl, Pre Production Meeting (PPM), KVA-Erstellung und -freigabe, Durchführungsorganisation, Aufnahme (Foto)/Anlage (Illustration), Freigabe,
- Fotolayout nach KVA-Erstellung und -freigabe, Ausführung, interne und externe Präsentation, Freigabe.

Im Elektronikbereich kommt stattdessen hinzu:

- Storyboard nach KVA-Erstellung und -freigabe, Ausführung, interne und externe Präsentation, Korrekturen/Freigabe,
- Realisation durch Ausschreibung, Angebotseinholung und -auswahl, PPM, KVA-Erstellung und -Freigabe, Durchführungsorganisation, Aufnahme bzw. Animation,

KOSTENBEISPIEL 1
TV-Kampagne zur Einführung eines neuen Produkts im Konsumgütermarkt

Arbeitsphase	Zeitbedarf in Wochen	Stundenaufwand	Kosten in DM
Briefing der Agentur	1	50	10 000
– Direkt im Meeting durch Kunde			
– Rebriefing			
Strategische Planung	3,5	250	50 000
– Analysephase: Verständnis von Produkt/Marke, seinen Leistungen und Vorteilen (USP?). Analyse und Vergleich mit Marktsituation und Wettbewerbsangeboten. Positionsbestimmung des eigenen Angebots.			
– Strategieentwicklung Kommunikation, inkl. Positionierung.			
– Strategieentwicklung Media.			
Konzeptentwicklung	6	1100	220 000
– Briefing Kreation			
– Konzeptionsphase: Entwicklung erster Basisideen, zunächst verbal. Arbeitsprozeß in Breite. Dann Weiterentwicklung ausgewählter Ansätze. Abstimmung mit der Produktionsabteilung FFF (Film, Funk, Fernsehen). Umsetzung in Storyboards. Präsentation an Kunde, Diskussion, Auswahl zur Weiterentwicklung bzw. Auftrag für zusätzliche Ansätze.	3		
– Mehrere Überarbeitungs-/Weiterentwicklungsschritte in Zusammenarbeit mit dem Kunden.	2		
– Auswahl verschiedener konzeptioneller Ansätze/Richtungen für Verbrauchertest.	1		
Konzept-Test	4	100	20 000
– Ziel: Ermittlung der Eignung konzeptioneller Richtungen, des Verständnisses der Botschaften, Spotideen, der Verbraucherakzeptanz, Gewinnung zusätzlichen Inputs.			
– Dafür Auswahl/Abstimmung eines geeigneten Testverfahrens.	1		
– Erstellen der Textvorlagen, hier Animatics auf Video.	1		
– Qualitativer Test/Konzeptcheck hier via Gruppendiskussionen.	1		
– Je nach Testverfahren Pause bis Vorlage der Ergebnisse (max. 4 Wochen).	2		
– Auswertung/Analyse der Ergebnisse und Festlegung nächster Schritte.	1		
Realisation	6	350	70 000
– Überarbeitungs-/Finishphase: Umsetzung letzter Erkenntnisse/Ideen.	1		
– Verabschiedung und Freigabe durch Kunden.			
– Auswahl Produktionsfirmen/Regisseure,	1,5		
– Angebotseinholung (auf Briefingbasis des Storyboards), Auftragserteilung.			
– Preproduction (Locationsuche, Casting, FX).	2		
– Preproduction-Meeting (PPM): Produktion präsentiert Directors' Board (Umsetzungsvorschlag des Regisseurs) und Vorbereitungsergebnisse an Agentur und Kunde. Freigabe zum Dreh.			
– Dreh (Aufwand je nach Idee sehr unterschiedlich), hier Studiodreh.	0,5		
– Postproduction: Rohschnitt, Schnittabnahme durch Kunde und Agentur, ggf. mehrere Überarbeitungsphasen, dann Endfertigung mit Bildbearbeitung und Vertonung.	2		
– Endabnahme erst durch Agentur, dann durch Kunden.	0,5		
– Herstellung Sendekopien (bis ca. 1 Woche vor ET) und Versand.	1		
Gesamtaufwand	20,5	1850	370 000

Anmerkungen: Die Wochen bedeuten Dauer des Arbeitsprozesses, nicht effektive Arbeitszeit. Die Summe der Einzelnennungen „Wochen" ist nicht deckungsgleich mit der Gesamtdauer (fett). Grund: Überschneidungen durch parallele Arbeitsprozesse. Stundenleistungen sind Teamleistungen. Kosten: Stundenaufwand x 200 DM.

KOSTENBEISPIEL 2
Kampagne für den Relaunch einer Damen-Duschgel-Marke

Arbeitsschritte	Agenturleistung	Fremdleistung
Strategie		
Generierung von Consumer Insights	Analyse vorliegender Sekundärstudien. Zeitaufwand: 25–50 Stunden Kosten: DM 5000–10 000	
Strategieentwicklung	Entwicklung unterschiedlicher strategischer Optionen. Zeitaufwand: 25–50 Stunden Kosten: DM 5000–10 000	Evaluierung der Strategieoptionen in quantitativem Konzepttest. 3 Optionen n = 300 ca. DM 45 000
Verabschiedung Strategie		
Kreative Umsetzung	Entwicklung von Storyboards und Layouts (inkl. Text) Zeitaufwand: 200–600 Stunden Kosten: DM 40 000–120 000	Illustrationskosten bei drei Storyboards DM 2000–4000
Mediastrategie	Ausarbeitung einer Mediaempfehlung Zeitaufwand: 25–40 Stunden Kosten: DM 5000–8000	
Kundenpräsentation		
Ggf. Abstimmung und Überarbeitung von Konzept und kreativer Umsetzung	Überarbeitung von Layouts, Storyboard Zeitaufwand: 50–100 Stunden Kosten: DM 10 000–20 000	Illustrationskosten DM 1000–2000
Erstellung von Testvorlagen	Animaticproduktion Zeitaufwand: ca. 40 Stunden Kosten: ca. DM 8000	Studiokosten inkl. Vertonung DM 5000–10 000
Kundenfreigabe		
Überprüfung des Animatic im Werbemittel-Pretest	Analyse und Zusammenfassung der Ergebnisse Zeitaufwand: ca. 10 Stunden Kosten: ca. DM 2000	Qualitativer Pretest mit n = 120 Fällen DM 20 000
Kundenfreigabe		
Realisation		
Produktion aller Werbemittel	TV-Spot: Supervision Zeitaufwand: 100–150 Stunden Kosten: DM 20 000–30 000	TV-Produktion DM 300 000–500 000
	zwei Anzeigen: Erstellung der Druckvorlagen, exkl. Litho Zeitaufwand: ca. 50 Stunden Kosten: ca. DM 10 000	Print: Shooting und Litho DM 15 000–30 000 inkl. Buyouts für 2 Jahre
	6seitiger Salesfolder: Erstellung der Druckvorlagen exkl. Litho Zeitaufwand: ca. 50 Stunden Kosten: ca. DM 10 000	6seitiger Salesfolder 5000 Stück inkl. Litho DM 20 000–30 000
	drei Hörfunk-Spots: Supervision Zeitaufwand: 15–25 Stunden Kosten: DM 3000–5000	Hörfunk-Studio DM 8000–12 000
Mediaeinkauf	Einkauf von Media Provision: DM 50 000–250 000	Schaltvolumen DM fünf Millionen
Gesamtaufwand		436 000 bis 877 000

In diesem Beispiel hat die Agentur bei den meisten Arbeitsschritten eine Spanne von Stundenaufwand und Kosten angegeben, innerhalb derer sich der Aufwand erfahrungsgemäß bewegen kann. Bei einem Stundensatz von DM 200 kostet die Agenturleistung für die Kampagnenentwicklung hier zwischen DM 118 000 und DM 233 000. Die Fremdkosten liegen zwischen DM 416 000 und DM 653 000. Für den Mediaeinkauf rechnet die Agentur mit DM 50 000 bis 250 000 Provision bei einem Schaltvolumen von DM fünf Millionen - das entspricht also ein bis fünf Prozent.

Abb. 316: Kostenbeispiele für Kampagnen (Quelle: W&V)

KOSTENBEISPIEL 3
Kampagnen-Entwicklung für die Einführung eines OTC-Präparats

Arbeitsphasen	Zeitbedarf in Wochen	Stundenaufwand	Kosten
Information/Orientierung			
- Briefing/Sekundärstatistisches Material ggf. qualitativer Research (Focus-Groups) Strategische Planung „Menschen/Marken/Medien" - Rebriefing	2-4	ca. 300 Teamstunden	60 000
Kreativer Prozess mit Präsentation	2-4	ca. 600 Teamstunden	120 000
Research-Fahrplan ab Market-Entry erarbeiten: - Werbung/Marke	1		
Pretest-Vorbereitung/Animatics/Reinlayouts	2	ca. 300 Teamstunden	60 000
Test/Ergebnisse (z.B. GfK AdVantage)	3-4		
Überarbeitung/Freigabe	bis 2	ca. 150 Teamstunden	30 000
Realisationsphase			
- Vorbereitung/Casting	2		
- Dreh/Shooting	1		
- Postproduction/Vorlagen	1	ca. 450 Teamstunden	90 000
Auslieferung	1		
Gesamtaufwand	ca. 18	ca. 1 800 à DM 200	360 000

KOSTENBEISPIEL 4
Kalkulationsplan für die Betreuung eines Business-to-business-Etats (1 Jahr)

	B	T	AD	IK	P	M
Jahresplanung/-betreuung, Basisberatung						
Monatlicher Jour-fixe (12 x 8 Stunden)	96			96		
Abstimmungsmeetings (Briefing, Rebriefing etc.) im Hause und beim Kunden (pro Mitarbeiter 3 Tage im Jahr)	24	24	24	24	24	24
Projekte						
Media (Planung, Einkauf, Kontrolle, Abrechnung)	5			5		70
Anzeigen-Serie (Konzept, Kreation), 20 Motive	8	32	32	20	20	
1 Imagebroschüre (Konzept, Kreation; 48 Seiten)	24	144	144	48	24	
4 Produktprospekte (Konzept, Kreation; à 16 Seiten)	32	192	192	24	24	
3 Ausgaben Hauszeitschrift (Konzept, Kreation; à 12 Seiten)	18	108	108	18	18	
Mailings (Konzept, Kreation): 4 Zielgruppenmailings	32	16	32	8	16	
Messe (Strategie, Konzept, Kreation, Projektleitung): 1 Hauptmesse, 5 Spezialmessen	80	20	80	50	50	
Pressearbeit: 8 Fachberichte, 4 Unternehmensberichte	16	24		12		
Kleinjobs	8	16	16	32	8	
Taktische Reserve						
für Planabweichungen, unvorhergesehene Projekte, Handling, Administration	16	16	16	16	16	16
	359	592	644	353	200	110

Gesamt 2258 = gerundet 2300 Stunden à DM 220 durchschnittlicher Stundensatz = DM 506 000

Anmerkung: Die Buchstaben am Kopf der Tabelle bedeuten B = Berater, T = Texter, AD = Art Director, IK = Innenkontakter, P = Produktioner, M = Mediaspezialist. Angaben in Stunden.

Abb. 317: Kostenbeispiele für Kampagnen (Quelle: W&V) (Forts.)

- Post Production für besondere Bild- und/oder Toneffekte,
- Zweiband-/MAZ-Abnahme durch interne und externe Präsentation, Korrekturen/Freigabe,
- Nullkopieaufnahme, interne und externe Präsentation, Freigabe, Folgekopien zum Versand an Sender/Mittler.

Begleitend dazu erfolgen außerdem:

- Testplanung nach Ziel/Mittel, Ausschreibung, Angebotseinholung und -auswahl, KVA-Erstellung und -freigabe, Testanlage/Leitfaden, Vorlagenerstellung,
- Testdurchführung mit Erhebung, Auswertung und Bericht, Schlussfolgerungen/Empfehlung, Konkretisierung,
- Korrekturvorschlag durch Konzeptüberprüfung/-evaluierung, Lösungsansatz, interne und externe Präsentation, Feinjustierung und Revision,
- Abwicklung und Organisation durch Rechnungsprüfung, Zwischen-/Endabrechnung, Zahlungsüberwachung/Vertrag und Archivierung,
- Allgemeine Arbeitsvorbereitung zur Disposition von Kapazitäten in Bezug auf Personal, Raum, Zeit, Material etc.,
- Mediaplanung und -einkauf mit den verschiedenen Arbeitsstufen.

In Anlehnung an die Wertschöpfungskette von Porter können als wertschöpfende Bereiche in der Werbeagentur die Folgenden identifiziert werden (Abb. 318):

- **Primäre Aktivitäten:**
    - Marketingberatung, unterteilt nach Strategie und Kontakt,
    - Kreationsberatung, unterteilt nach Grafik und Text,

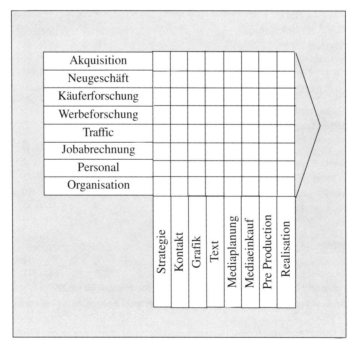

Abb. 318: Wertschöpfungskette der Werbeagentur

– Mediaberatung, unterteilt nach Planung und Einkauf,
– Produktionsberatung, unterteilt nach Vorlagenerstellung und Realisierung,
- **Sekundäre Aktivitäten:**
  – Akquisition/Neugeschäft,
  – Käufer-/Werbeforschung,
  – Traffic/Abrechnung,
  – Personal/Organisation.

Bei jeder dieser Aktivitäten bieten sich Möglichkeiten zur Steigerung der Wertschöpfung. Hierzu im Folgenden einige Beispiele:

- **Marketingberatung**: Einsatz von mehr Beratern, Einsatz qualifizierterer Berater, Ausstattung mit technischen Hilfsmittel (z. B. MAIS), Ausstattung mit personeller Infrastruktur (z. B. Assistenz),
- **Kreationsberatung**: Einsatz von mehr Kreativen, Einsatz qualifizierterer Kreativer, Ausstattung mit technischen Hilfsmittel (z. B. DTP, Farbkopierer), Ausstattung mit personeller Infrastruktur (z. B. Juniors),
- **Mediaberatung**: Einsatz von mehr Beratern, Einsatz qualifizierterer Berater, Ausstattung mit technischen Hilfsmittel (z. B. PC-Support), Ausstattung mit personeller Infrastruktur (z. B. Assistenz), Verhandlungen mit Werbedurchführenden (z. B. Nicht-Preis-Konditionen),
- **Produktionsberatung**: Einsatz von mehr Produktionern, Einsatz qualifizierterer Produktioner, Ausstattung mit technischen Hilfsmitteln (z. B. EBV, Filmentwickler), Ausstattung mit personeller Infrastruktur (z. B. Sekretariat), Verhandlungen mit Zulieferern (z. B. Angebote),
- **Akquisition/Neugeschäft**: Schaffung personeller Zuständigkeit, Kontaktpflege zu Entscheidern, aussagefähige Selbstdarstellung, Aufzeigen von Beratungsbedarf,
- **Käufer-/Werbeforschung**: Schaffung personeller Zuständigkeit, qualifiziertere Zulieferer, Nutzung aller Informationsquellen,
- **Traffic/Abrechnung**: Einsatz von mehr Trafficern, bessere interne Information, Ausstattung mit technischen Hilfsmitteln (z. B. PC-Netz, Projekt-Software), lückenlose Aufwandserfassung und Belegkontrolle,
- **Personal/Organisation**: Maßnahmen zur Qualifizierung der Mitarbeiter, Maßnahmen zur Senkung der Fluktuation, aktives Personalmarketing.

8.2.10 Werbeagenturanbindung

Unterscheidet man wiederum nach den vier primären Wertschöpfungsstufen, Beratung in Marketing, Kreation, Media und Produktion, so können diese alternativ vom Werbungtreibenden oder auch der Werbeagentur wahrgenommen werden. Dementsprechend ergeben sich für die Anbindung einer Werbeagentur an den Werbungtreibenden mehrere Möglichkeiten (Abb. 319). Die fünf häufigst vorkommenden Ausprägungen werden im Folgenden kurz dargestellt.

Die Konstellation einer **hauseigenen Werbeagentur** war früher weiter verbreitet als heute. Deren Funktion entspricht der einer Werbeabteilung des Unternehmens. Da jedoch nur Mittler Anspruch auf 15 % AE-Provision der Medien haben, nicht aber direkte Auftraggeber, behält die

Typ	Marketing	Kreation	Media	Produktion
1	intern	extern	extern	extern
2	intern	intern	extern	extern
3	intern	intern	intern	extern
4	intern	extern	intern	intern
5	intern	extern	extern	intern
6	intern	intern	extern	intern
7	extern	intern	intern	intern
8	extern	extern	intern	intern
9	extern	extern	extern	intern
10	extern	extern	extern	extern
11	intern	intern	intern	intern
12	extern	intern	extern	extern
13	extern	intern	intern	extern
14	intern	extern	intern	extern
15	extern	intern	extern	intern
16	extern	extern	intern	extern

Abb. 319: Arbeitsteilung zwischen Werbeabteilung und Werbeagentur

Werbeagentur dabei einen rechtlich selbständigen Status. Dies trifft z. B. auf die Situation bei Daimler und Mannesmann zu, früher auch für Siemens (MC&D), Oetker (Omnia) und Unilever (Lintas). Die Werbeagentur übernimmt sowohl die absatzwirtschaftliche als auch die kreative Betreuung des Hausetats. Fallweise werden sogar externe Auftraggeber akzeptiert (Typ 11).

Im Unterschied dazu können der absatzwirtschaftliche und der kreative Part aber auch **getrennt** werden. So mögen Marketing und Kreation im eigenen Haus erfolgen, etwa weil dort bei stark erklärungsbedürftigen Produkten mehr technisches Know-how vorhanden ist, während Realisation und Schaltung der Werbung nach außen vergeben werden, etwa wegen der dort vermuteten größeren Kompetenz in den komplexen Bereichen Produktion und Media (Typ 2).

Umgekehrt können aber auch gerade die hochsensiblen Bereiche Marketing und Kreation an externe Zulieferer, die frei von innerbetrieblichen Scheuklappen sind, vergeben und die Media- und Produktions-Parts intern abgewickelt werden. Extern kann es sich neben der Dauerbetreuung durch eine Werbeagentur auch um die einzelfallabhängige Vergabe an Freelancer handeln (Typ 8).

Schließlich können auch alle werbebedingten Arbeiten nach außen vergeben werden. Hierbei ist eine Dauervergabe an eine **Full-Service-Agentur** denkbar oder wiederum die wechselnde, projektabhängige Beauftragung einzelner Zulieferer für das gesamte Package. Große Werbungtreibende binden heute eine oder mehrere internationale Agenturketten (Networks) als feste Partner an sich und beauftragen diese global mit ihren Werbeaufgaben (Alignment Policy). Dafür verlangen sie die Berücksichtigung eines oftmals exzessiven Konkurrenzausschlusses (Typ 10).

Hinsichtlich der externen Vergabe überträgt sich aus dem Ausland in Zukunft wohl der Trend zur Trennung von Marketing-, Kreations- und Produktions-Parts einerseits sowie Media-Part andererseits. Für Letzteres kaufen **Media-Agenturen** in eigenem Namen und für eigene Rechnung Werbeplätze (Anzeigenseiten, Spotsekunden, Plakatflächen) in großem Umfang ein und handeln dafür mit den Sendern, Verlagen und Pächtern großzügige, die ausgewiesene Rabattstaffel weit überschreitende Nachlässe aus. Dann bieten sie Werbungtreibenden eben diese Werbeplätze als Blockangebote zu gewinnbringenden Konditionen an (Brokerage). Der Vorteil für die Werbungdurchführenden liegt in der Hebelwirkung großer Absatzmengen in

Werbeagentur	Bruttoumsatz (in Mio. DM 1999)	Mitarbeiterzahl
BBDO Gruppe Deutschland	3.036,4	2.154
Grey Gruppe	1.502,7	1.010
Publicis Gruppe Deutschland	1.471,0	1.004
Young&Rubicam	999,1	654
Ogilvy&Mather Gruppe	984,1	564
McCann-Erickson Gruppe	834,5	480
Scholz&Friends Group	821,9	542
Springer&Jacoby	818,8	505
J. Walther Thompson	715,9	395
FCB Deutschland	685,7	465
DDB Gruppe	669,9	517
Ammirati Puris Lintas	650,1	400
Michael Conrad&Leo Burnett	640,6	379
TBWA Deutschland	551,4	313
D'Arcy	549,1	361
Serviceplan	448,2	262
Heye&Partner	397,0	268
Citigate Spiess Ermisch&Andere	388,2	188
Jung v. Matt	380,4	290
Euro RSCG	368,2	290
Saatchi&Saatchi	283,1	166
Lowe Deutschland	269,4	153
KNSK	230,8	140
Draft Worldwide	226,1	122
Rempen&Partner	222,6	163
Select Communications	213,4	148
Economia	203,7	141
Heller&Partner	196,8	129
Bates Germany	177,2	113
von Mannstein	150,1	94
Eggert Group	136,7	75
Barten&Barten	135,8	124
WOB	131,9	78
WGS	130,9	45
Friendship Die Gilde	130,8	81
G.V.K.	123,1	71
Lüders BBDO	120,5	30
White Lion Gruppe	115,0	40
Meiré und Meiré	112,8	61
Schindler, Parent & Co	105,4	86
Cayenne Gruppe	102,0	71
Böning&Haube	100,6	49
Flad&Flad	100,1	51
Karius&Partner	100,0	59

Abb. 320: Werbeagenturen in Deutschland 1999

wenigen Transaktionen, der Vorteil der Werbungtreibenden in den daraus resultierenden günstigeren Konditionen, die sie selbst mit ihrem begrenzten Werbevolumen nicht erreichen können. Dieses Verfahren führt allerdings zur Gigantomanie, da die Nachlässe seitens der Werbedurchführenden umso höher ausfallen, je größer das Abnahmevolumen an Werbeplätzen ist. Außerdem fördert es die Intransparenz der Werbebranche, da Konditionen nicht mehr fest sind, sondern Verhandlungssache werden (Typ 6).

8.2.11 Erfolgsfaktor Beratungsqualität

In neuerer Zeit wird besonders der Begriff der Qualitätssicherung (TQM) diskutiert. Er umfasst sämtliche Maßnahmen, die sich auf die Erfüllung von Kundenanforderungen an die Leistungserstellung beziehen, und das über die gesamte Wertschöpfung (Total), mit dem Primat der Qualität (Quality) und als Führungsstil (Management). Nun ist unstreitig, dass professionell geführte Werbeagenturen umfassende Leistungen auf sehr hohem Level anbieten. Damit aber wird die Dienstleistungsqualität zwischen ihnen immer ausgeglichener. Kleine Ausreisser bewirken da nicht selten bereits große Irritationen auf Kundenseite, zumal Mitbewerber parallel dazu ein gleichermaßen hohes Leistungsniveau ohne Ausreißer versprechen. Daher wird die Null-Fehler-Produktion (Zero Defect Management) für bestehende Kunden auch für Werbeagenturen immer wichtiger. Der Weg dahin führt über den kontinuierlichen Verbesserungsprozess der Dienstleistungsproduktion (mit dem japanischen Begriff Kaizen benannt).

Daher ist interessant zu betrachten, was Dienstleistungsqualität im Kern ausmacht, denn nur so ist diese zu steigern und zu sichern. Qualität ist dabei immer eine relative Größe im Vergleich zur Mitbewerbsleistung (gleiche Marktseite) und im Vergleich zu Kundenansprüchen (andere Marktseite). Dies wird auch bei der Erfolgsfaktoren-Forschung (z. B. PIMS-Projekt) berücksichtigt. Und sie ist entwickelbar, d. h. unterliegt Lernprozessen, die bewusst gefördert werden können, und kompetitiv wirken. Daraus folgt, dass die Dienstleistungsqualität mit den Mitarbeitern in der Agentur als bestimmender Leistungsengpass steht und fällt, mit ihren Kenntnissen und Fertigkeiten, ihrem Wollen und Können. Doch zunächst ein Blick auf die Erfassbarkeit der Dienstleistungsqualität. Hier gibt es verschiedene Indikatoren. Folgende Anhaltspunkte sind denkbar:

- das Potenzial des Dienstleistungsanbieters, also Größe und Ausstattung der Werbeagentur, Anzahl und Qualifikation der Mitarbeiter etc.,
- der Prozess der Leistungserstellung selbst, also die Konzeption der Kampagne, die Strategie des Mediaeinsatzes etc.,
- das Ergebnis des Leistungsprozesses als Output, also die Gestaltung der Werbemittel, deren Prämierung bei Contests etc.,
- der Umfang des Leistungsprogramms, also abgedeckte Beratungsbereiche, diversifizierter Medieneinsatz etc.,
- die Art der Leistungswahrnehmung durch Kunden, also Sympathie, Akzeptanz der Agenturrepräsentanten etc.,
- die Zusatzleistungen, die angeboten werden, also Mediaoptimierung, Verkaufstraining etc.

Weitere Indikatoren sind u. a. das äußere Erscheinungsbild des Leistungsstandorts (Empfang, Meeting-Raum, Möblierung etc.), die ausgewiesene Erfahrung aus vergleichbaren Beratungsfällen (Referenz, Informationsaustausch unter Kunden etc.), die Reaktionsfähigkeit auf spezifische Bedarfe (Standorteröffnung in Kundennähe etc.), die Persönlichkeit des Top-Management (Kompetenz, Führungsqualität etc.) und die Einfühlung in die Kundenproblematik (individuelle Lösungen, strategische Früherkennung etc.).

Alle diese und weitere Faktoren können von Werbeagenturen einzeln analysiert und optimiert werden, ganz so wie bei der Produktion tangibler Wirtschaftsgüter. Insofern sind Maßnahmen zur Sicherung der Dienstleistungsqualität dort ebensogut möglich wie überall in der Industrie auch. Mehr noch, je weiter die werbungtreibenden Unternehmen selbst sich gegenüber ihren Kunden solchen Qualitätssicherungsprüfungen unterwerfen müssen, um im Geschäft zu bleiben, desto selbstverständlicher wird es für sie sein, diese Maßstäbe auch an ihre Lieferanten, hier die Werbeagentur, anzulegen.

Eine einfache Übertragung der Maßnahmen in Bezug auf die Dienstleistungsqualität aus dem industriellen Sektor ist jedoch nicht möglich. Vor allem müssen anstelle »harter«, objektivierter hier eher »weiche«, subjektive Kriterien treten. Denn das einzig zulässige objektive Beurteilungskriterium, die Werbeeffizienz, stellt sich bei genauerer Betrachtung immer noch nicht als hinreichend fassbar heraus. Dieses Schicksal teilt die Werbeberatung aber durchaus mit anderen Branchen, etwa dem Handel. Dort wird daher von der Wissenschaft hilfsweise ein theoretisches Konstrukt, die Kundenzufriedenheit, als intervenierende Variable herangezogen.

Doch zunächst noch ein Blick auf dennoch mögliche objektive Kriterien der Dienstleistungsqualität. Diese sind vor allem auf der operativen Ebene messbar, etwa wenn es um die Einhaltung von Kosten- und Terminvorgaben geht. Auf strategischer Ebene ist dies jedoch eher selten möglich, etwa wenn es sich um Neugeschäft bei bestehenden Kunden handelt. Aber dies gibt nur bedingt Hinweise auf Kundenzufriedenheit, denn solche Entscheidungen werden de facto oft genug auch mangels Alternativen oder Markttransparenz trotz vorhandener Unzufriedenheit getätigt, wiegen also leicht in falscher Selbstzufriedenheit.

In all diesen Fällen sind bei vorauszusetzendem durchgängig sehr hohem Leistungsniveau, das aber, gerade auch wegen der Komplexität und Intangibilität von Dienstleistungen, weitgehend austauschbar und damit von mehr oder minder willkürlichen Glaubwürdigkeiten abhängig ist, die Mitarbeiter der entscheidende Inputfaktor für jede Dienstleistungsqualität. Der Erfolgsfaktor hinter dem Erfolgsfaktor Dienstleistungsqualität ist damit jeder einzelne Mitarbeiter, der qualifiziert und weitergebildet werden kann. Für die Steigerung des Anspruchs in diesem Bereich bleiben im branchenweiten Vergleich durchaus noch genügend Reserven.

Qualität ist immer eine relative Größe. Man kann sie auf die gleiche Marktseite beziehen, also im Vergleich zur Mitbewerbsleistung, oder auf die andere Marktseite, also im Vergleich zu den Kundenansprüchen. Außerdem ist Qualität entwickelbar, unterliegt somit Lernprozessen, die bewusst gefördert werden können und in der Lage sind, Wettbewerbsvorteile zu erbringen. Aus der Tatsache, dass Dienstleistungen Verrichtungen gegen Entgelt sind, folgt zudem, dass sie in diesem Fall von den Mitarbeitern in der Agentur getragen wird, die den bestimmenden Leistungsengpass darstellen.

Zweifellos ist die Sicherung der Dienstleistungsqualität noch schwieriger als die der Qualität tangibler Wirtschaftsgüter. Umso mehr ist aber eine Qualitätssicherung erforderlich, wie sie durch die Zertifizierung nach ISO-Norm vorgenommen wird.

Durch Zertifizierung verbürgte Qualität ist jedoch nicht Selbstzweck, sondern ihrerseits Mittel zur Erreichung eines übergeordneten Ziels, nämlich der Kundenzufriedenheit. Und diese wird in steigendem Maße bedeutsam. Was andere Branchen schon lange praktizieren, wird auch für Werbeagenturen zunehmend wichtig werden. Denn die Zeiten des Marktwachstums, als es nahe lag, Erfolge vor allem über die Kundenakquisition zu erreichen, was bestehende Kunden in ihrer Bedeutung zurücksetzte, sind selbst für die expansive Kommunikationsbranche vorbei.

Nunmehr, bei stagnierenden oder gar schrumpfenden Marktumfeldern, muss Kundentreue Vorrang genießen, zumal es weitaus aufwendiger ist, neue Kunden zu akquirieren als die bestehenden zu halten oder auszubauen.

Vor diesem Hintergrund aber erscheint es immer fraglicher, warum praktisch jede Agentur, die etwas auf sich hält, sich Neugeschäfts-Manager und ganze New-Business-Teams leistet, aber keine Agentur bekannt ist, die einen Qualitätsmanager für erforderlich hält. In Produktionsunternehmen wäre es undenkbar, heute noch wettbewerbsfähige Produkte anzubieten, deren Prozessqualität nicht ein Qualitätssicherer komplett oder zumindest stichprobenartig geprüft und für gut befunden hat. Das Risiko, dass infolge Prozessmängeln Qualitätseinbußen entstehen und damit bediente unzufriedene Kunden ihre Beschwerden nicht äußern, sondern gleich den Anbieter wechseln, ist viel zu groß.

Was liest man nicht alles von Account Planners und Effizienzern, von Trendforschern und Spot Placers, kein noch so Erfolg versprechend erscheinender Randbereich wird ausgelassen, aber der Kern allen Erfolgs, die Qualität und ihre Sicherung, wird vernachlässigt. Vielleicht schwingt dabei die Befürchtung mit, auf diese Weise solle der kreative Output der Werbeagentur normiert werden. Und da reagieren die ohnehin sensiblen Kreativen umso sensibler. Aber genau dies ist ja nicht der Fall, sondern Prozesse, die erfahrungsgemäß oder faktisch geeignet sind, Qualität eher zu bewirken, sollen als solche erkannt und als tatsächlich auch angewendet bestätigt, eben zertifiziert, werden.

Dabei werden eine Reihe brisanter Fragen aufgeworfen. Zu denken ist etwa an folgende:

– Hat die Agentur ein Mitglied in der Geschäftsleitung benannt, das die Aufgabe übernimmt, in festen Zeitabständen nach festen Regeln dafür zu sorgen, dass die Standardanforderungen in jedem Bereich der Agentur anhand messbarer Kriterien beachtet und erfüllt und die Qualitätssysteme regelmäßig überprüft werden? Hat die Geschäftsleitung jedem betroffenen Mitarbeiter seine Verantwortung und seine Befugnisse innerhalb des Qualitätssystems bekanntgemacht und dafür gesorgt, dass sie entsprechend trainiert sind? Kann die Agentur sicher sein, dass alle Agenturverträge und -vereinbarungen eindeutig formuliert und in allen Punkten erfüllbar sind? Wendet die Agentur schon in der Entwurfsphase Verfahren und Kontrollen an, die sicherstellen, dass die Kunden- und die eigenen Anforderungen an das Agenturprodukt erfüllt werden? Gibt es eine inhaltliche, personelle, terminliche Jobplanung? Ist gewährleistet, dass anhand fester Evaluierungskriterien nur die geeignetsten Lieferanten und Freelancer beschäftigt werden? Sind die Aufträge eindeutig spezifiziert? Werden zugelieferte Produkte oder Dienste beim Eingang adäquat kontrolliert? Nutzt die Agentur ihren Service oder die Kundenpflege zum Informationsrückfluss über die Qualitätssicherung? Werden alle betrieblichen Systeme dokumentiert, die das Traffic oder die Produktion der Endprodukte beeinflussen, z. B. Arbeitsanweisungen, Standardverfahren, Formulare, Checklists? Sorgt die Agentur dafür, dass alle betrieblichen Systeme sowie sämtliche Dokumente und die Software aktuell gehalten und ständig auf ihre Effektivität hin überprüft werden? Hat die Agentur sichergestellt, dass dort, wo qualitätsrelevante Prozesse in Entwurf oder Realisierung stattfinden, diese unter kontrollierten und konstanten Bedingungen ablaufen? Besitzt die Agentur ein System, das verhindert, dass fehlerhafte Zwischenprodukte (Entwürfe, Repros, Texte, Druckvorlagen etc.) versehentlich verwendet werden? Kann die Agentur ein Verfahren sowie eine Person oder Institution benennen, die Fehler systematisch erfasst, Ursachen ergründet und Korrekturmaßnahmen einleitet? Werden die vom Kunden zusammengestellten Leistungen, die in das Agenturprodukt eingehen, genauso kritisch beurteilt wie Fremdlieferungen? Ist in der Agentur jeder Job in jedem Stadium identifizierbar und zurückverfolgbar? Stellt die Agentur sicher, dass eine Qualitäts-Eingangsprüfung durchgeführt und der Arbeitsprozess von Stadium zu Stadium so überprüft wird, dass der Job nur nach erfolgter Zwischenprüfung die nächste Stufe erreicht und alle Leistungen, die zum Kunden gehen, einer Endkontrolle im Hinblick auf die Erfüllung der Kundenanforderungen unterzogen werden? Ermöglicht das Qualitätssystem jederzeit die Identifikation des O.K.-Status eines Jobs? Hat die Agentur ein geeignetes Verfahren zur Dokumentierung von job- oder projektbezogenen Qualitätsaufzeichnungen installiert? Nur dann scheint Kundenzufriedenheit gewährleistet.

8.2.12 Kundenzufriedenheits-Management

Als Anhaltspunkte für Kundenzufriedenheit kommen nur wenige, objektivierte Kriterien in Betracht. So etwa auf der operativen Ebene die Einhaltung von Kosten- und Terminvorgaben, oder auf strategischer Ebene das Neugeschäft mit bestehenden Kunden.

Allerdings besteht eine fatale Tendenz zur Vertuschung von Unzufriedenheiten. Es ist noch gar nicht so lange her, da galten geringe Reklamationsquoten als Maßstab für gute Leistung als erstrebenswert, mit der Folge, dass berechtigte Reklamationen missachtet oder zurückgedrängt wurden, um die schöne Statistik nicht zu belasten. Das führte dann unmittelbar zur Frustation der derart Abgewiesenen und zu ihrem Wechsel zum Mitbewerb. Ein großes Problem ist darin zu sehen, dass nicht einmal alle Unzufriedenen wirklich reklamieren, weil sie die geringen Erfolgschancen ahnen oder den kognitiven oder emotionalen Aufwand einer Auseinandersetzung scheuen. Diese entschließen sich vielmehr geradewegs, zum Mitbewerb zu wechseln.

Das Fatale daran ist heute dreierlei. Erstens bieten diese Unvoiced Complainers keine Chance der Nachbesserung, weil sie sich, bevor ihre Unzufriedenheit offensichtlich wird, bereits anderweitig gebunden haben. Zweitens wirken unzufriedene Kunden als negative Multiplikatoren in ihrem Umfeld, ohne dass man dies als Betroffener verhindern oder auch nur merken könnte. Die neuen Kunden, die nicht kommen, weil sie Adressaten negativer Referenzen von alten Kunden geworden sind, vermag man nicht einmal wahrzunehmen. Und drittens sind die Märkte heute so eng, dass man nicht mehr davon ausgehen kann, dass für jeden verlorenen Kunden zwei oder mehr neue nur darauf warten, angesprochen zu werden. Statt dessen sind schon seit langem die bestehenden Kunden Ansatzpunkt für Akquisitionsmaßnahmen von Mitbewerbern.

Aus den genannten Gründen müsste nun Werbeagenturen besonders intensiv daran gelegen sein, Kundenzufriedenheit zu erreichen. Diesem Ziel stehen jedoch gelegentlich Eigeninteressen von Mitarbeitern entgegen. So wird es sich der karrierebewusste Berater sehr gut überlegen, ob er Anzeichen für Unzufriedenheiten seines Kunden in der Organisation wirklich nach oben weitergibt oder nicht. Denn liegen die Ursachen dieser Unzufriedenheiten in der Sache, könnte man dort unterstellen, dass der Berater dieser Sache nicht gewachsen ist, und liegen sie in der Person, kommt man erst recht auf den Gedanken, dass diese ursächlich für das Problem ist. Daher wird der Berater meist daran interessiert sein, die Unzufriedenheit seines Kunden zu vertuschen, indem er Beschwerden abwiegelt, auf Zeit spielt oder halbherzige Zugeständnisse macht. Das führt dann dazu, dass eine Unzufriedenheit zur nächsten kommt, diese sich beim Kunden aufstaut und er angesichts der hochglänzenden Broschüren anderer Agenturen der Versuchung erliegt, seinen Etat anderweitig zu vergeben.

Die Top-Manager der Agentur erfahren davon dann oft erst durch das Kündigungsschreiben, das sie, subjektiv berechtigt, objektiv jedoch unberechtigt, völlig unvorbereitet trifft, denn schließlich hätte der Kunde allein schon aus Gründen der Fairness erst einmal eine Vorwarnung geben können. Oder die Situation ist schon so verfahren, dass auch letzte im persönlichen Einsatz gefahrene Rettungsversuche der Top-Manager nichts mehr fruchten. Selbst, wenn Berater Unzufriedenheitsbekundungen ihres Kunden in der Hierarchie weitergeben, ist fraglich, ob nicht schon die nächstfolgende Stufe, Agenturen haben da ja erstaunlicherweise recht tiefe Organisationsstrukturen, zur Vertuschung ansetzt. Mit den gleichen bedauerlichen Folgen.

Es gibt nur wenige Agenturen, die Kundenzufriedenheitsmessungen, allerdings auf erstaunlich niedrigerem Niveau, vollziehen. Meist erfolgt dies durch Befragungen, bei denen jedoch eine Tendenz zur Rationalisierung der Qualitätsurteile gegeben ist, wohingegen im Arbeitsalltag weit überwiegend komplexe, emotional basierte Urteile getroffen werden. Außerdem besteht die Tendenz zu Gefälligkeitsbewertungen, so aus Konfliktscheu oder weil man niemand anderen schaden will. Eine andere Möglichkeit ist der Ausweis qualitätsrelevanter Diskrepanzen zwischen erwarteter, womöglich sogar versprochener, und dann tatsächlich abgelieferter Leistung. Solche Urteile sind jedoch viel zu global und werden damit der differenzierten Konstellation von Dienstleistung und Zufriedenheitsstatus kaum gerecht. Zudem muss zur Aussagefähigkeit eine genügend große Zahl von Fällen zugrunde liegen, eine Anforderung, die für die meisten Agenturen nur schwierig einzuhalten ist. Auch die Anzahl von Beschwerden ist kein valider Maßstab. Denn diese repräsentieren, wie gesehen, nur den Anteil der Kunden, die von sich aus aktiv werden, was ja an sich bereits ein positives Zeichen ist, und von diesen wiederum nur die Beschwerden, die auch bis zu Entscheidern durchdringen. Schließlich gibt es, zumindest theoretisch, noch den Ansatz, qualitätsrelevante Kontaktereignisse zwischen Agentur und Kunde, wie Sozialkompetenz in der Beratung, Agentur-Ambiente, Präsentations-Stil etc., zu erfassen. Die Erhebung dürfte allerdings in praxi außerordentlich schwierig sein und ist beinahe nur durch persönliche Interviews darstellbar, mit allen verzerrenden Folgen, wie dargestellt. Dabei muss es das Ziel des Management sein, unvermeidliche Beschwerden zu maximieren, denn nur daraus kann die Organisation lernen, sofern man freilich die eingegangenen Beschwerden als Anregungen für einen kontinuierlichen Verbesserungsprozess annimmt. Um das Ziel der Total Quality anzustreben, die dann Anlässe zu Beschwerden erübrigt. Aber davon ist man in der Branche noch einen weiten Schritt entfernt.

Insofern ergibt sich in einer Mehrzahl der Fälle eine nicht unerhebliche Kluft zwischen der Bedeutung der Kundenzufriedenheit als strategischem Erfolgsfaktor in übersetzten Märkten einerseits und der Bedeutung, die diesem Faktor durch effektive Werbeagenturmaßnahmen zugemessen wird andererseits. Die Auftraggeber der Agenturen haben längst erkannt, dass die Bindung bestehender Kunden strategisch weit vor der Akquisition neuer rangiert. Dies drückt sich durch vielfältige, arbeits-, zeit- und damit kostenintensive Maßnahmen, wie etwa Kunden-Clubs, Kunden-Kontakt-Programme, Kundenzufriedenheits-Panels etc., aus, die nur vor diesem Hintergrund Sinn machen. Werbeagenturen haben diese Zeichen der Zeit eher noch nicht in voller Konsequenz erkannt. Bei ihnen sind Neugeschäftserfolge immer noch höher angesehen als Kundenloyalität. Dies wird alle Jahre wieder anlässlich der Bilanzpressekonferenzen sehr deutlich, voran stehen immer die Neugeschäftserfolge. Dahinter kommen dann kleinlaut die verlorenen Etats, und als Erfolg wird gewertet, wenn die zuwachsenden Billings um, zwischenzeitlich oftmals nur geringe, Beträge größer ausfallen als die verlorenen Billings.

Beinahe jede Agentur leistet sich einen Neugeschäfts-Manager, oftmals im Range eines New Business Director als Geschäftsleitungsmitglied. Ganze Teams arbeiten mit Hochdruck an

Neugeschäftspräsentationen, da Agenturen normalerweise keine zusätzliche Manpower vorhalten, fragt man sich, wie das zu schaffen ist, ohne dass dabei bestehende Kunden dahinter zurückstehen. Oft wird sogar die Neugeschäfts-Arbeit als Motivation an die Mitarbeiter gegeben, um ihnen endlich wieder einmal etwas Aufregendes zu bieten und sie aus dem Trott des Alltags der Etatabwicklung herauszuholen. Als wenn es nicht Motivation genug wäre, für bestehende Kunden aufregende Kampagnen zu machen. Und es gibt kaum eine neue, noch so marginale Erkenntnis, die von Werbeagenturen nicht unmittelbar organisational umgesetzt wird, um damit einen, wenngleich meist verschwindend geringen, Wettbewerbsvorteil zu erhaschen. Das galt für das Account-Planning-System, für das Divisions-Prinzip und für das Trend-Scouting.

Aber von keiner Agentur wäre bekannt, dass sie sich einen Kundenzufriedenheits-Manager leistet. Dabei ist wohl unbestritten, dass diesem Faktor im Wettbewerb mindestens soviel Bedeutung zukommt, wie allen vorgenannten zusammen. Die Auftraggeber der Agenturen haben übrigens längst Beschwerdeabteilungen, Ombudsmen für Kundenanliegen, Customer-Satisfaction-Teams etc. eingerichtet, die nichts anderes zum Ziel haben als Kundenzufriedenheit, sind also in der Entwicklung bereits viel weiter. Die Kundenzufriedenheit kann demnach auch nicht durch die Mitarbeiter on the Job sichergestellt werden, weil diese viel zu sehr im Alltagsgeschäft engagiert sind, weil sie nicht objektiv urteilen können, denn das Urteil betrifft dann ihre eigene Arbeit, und weil sie zu befangen sind, Frühzeichen von Unzufriedenheiten, also dann, wenn der Konflikt noch problemlos geheilt werden kann, zu erkennen.

9. Spezialaspekte der Kommunikation

9.1 Informationserhebung für die Werbung

Für eine professionelle Marketing-Kommunikation ist es von entscheidender Bedeutung, alle Informationen aus dem Marktumfeld, die in irgendeiner Weise Einfluss auf die Gestaltung der Kommunikation oder deren Erfolg nehmen können, zeitnah, umfassend und sachgerecht zu erheben. Insofern nimmt die Informationserhebung für die Werbung eine zentrale Rolle ein. Dem wird Rechnung getragen, indem im Folgenden die Gewinnung von Informationen näher spezifiziert wird (Abb. 321).

9.1.1 Grundlagen

9.1.1.1 Arbeitsphasen zur Informationsgewinnung

Die einzelnen Arbeitsphasen zur Ermittlung der Informationsbasis der Werbung betreffen bei professioneller Vorgehensweise im Allgemeinen die folgenden:

- Die **Anregungsphase** dient der Identifizierung von Informationsbedarf und der Themenstrukturierung. Die Anregung kann durch Märkte verursacht sein oder durch betriebsinterne Überlegungen, sie kann aus der Marktforschungsabteilung selbst kommen oder aus dem Topmanagement.
- Die **Definitionsphase** betrifft die Formulierung des Untersuchungsziels und dessen Umsetzung in ein Forschungsproblem. Auf dieser Basis erst können operationale Erhebungsziele definiert werden. Daraus ergibt sich der Set der erforderlichen Variablen und ob diese in funktionalen Beziehungen zueinander stehen und ausreichend kontrollierbar sind. Häufig machen erkennbare Informationslücken eine Pilotstudie zur Klärung des eigentlichen Informationsbedarfs erforderlich.
- Bei der **Forschungsphase** geht es um die Erstellung eines detaillierten Forschungskonzepts, in dem Datengewinnung, -verarbeitung und -auswertung dargelegt sind. Dazu werden Hypothesen gebildet und an der Realität überprüft. So ergeben sich ein Abriss der Entscheidungsfrage, eine Kurzbeschreibung des Forschungsproblems, eine Kennzeichnung des Informationsstands, die Formulierung von Forschungshypothesen, die Kurzdarstellung der einzusetzenden Methoden, von Dauer und Zeitbedarf des Projekts sowie dessen Finanzaufwand. Hierzu gehören im Falle der Feldarbeit auch der Fragebogentext, -aufbau, die Auswahl und Entwicklung der Erhebungsmethode, die abstrakte Bestimmung der Erhebungseinheiten etc.
- Die **Datenerhebungsphase** umfasst die unmittelbare Datengewinnung durch eigene Felderhebung, durch Organisation Externer (Marktforschungs-Institut) oder durch Schreibtischrecherche (Sekundärquellen).
- Die **Aufbereitungsphase** betrifft die Dokumentation der Daten und ihre Kontrolle auf Schlüssigkeit sowie die Datenträgerverschlüsselung. Diese Phase beginnt mit der Paginierung von Unterlagen und deren Überprüfung auf Vollständigkeit und Verwertbarkeit. Es folgt die grobe Überprüfung der Ergebnisse auf logische Konsistenz. Bei Computerauswertung sind die Daten in Maschinen lesbarer Form zu verschlüsseln und auf Datenträger zu

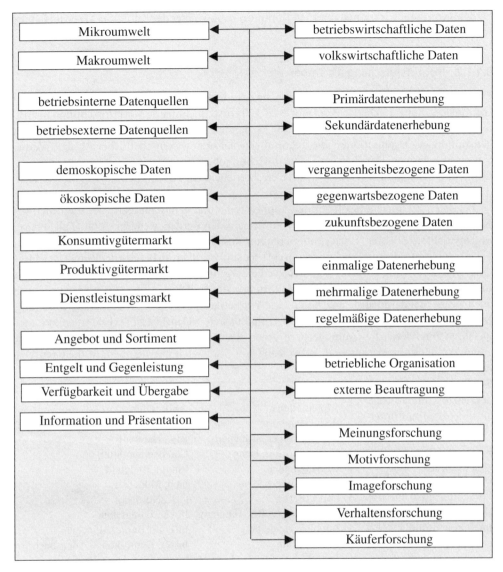

Abb. 321: Inhalte der Marketingforschung

übertragen. Codierungsfehler sind zu kontrollieren und zu beseitigen. Im Rahmen der Auswertung werden anspruchsvolle rechnerische Verfahren eingesetzt.
- Die **Interpretationsphase** stellt die eigentliche Denkleistung durch Analyse und Schlussfolgerung der gewonnenen Daten dar. Dabei kommt es zugleich wieder zu einer Subjektivierung der objektiven Forschung.
- Die **Kommunikationsphase** betrifft die Präsentation von Empfehlungen auf Basis der gewonnenen Erkenntnisse. Wichtig ist die Zielgruppen gerechte Darstellung der Resultate,

denn von einer wirksamen internen Kommunikation hängt der Erfolg der Marktforschung in hohem Maße ab.

9.1.1.2 Institutsforschung als Träger

Die Werbeforschung kann durch betriebliche oder Institutsforschung erfolgen. Zunächst zur Institutsforschung. In Deutschland gibt es ca. 150 ernstzunehmende Marktforschungs-Institute, die Träger der Fremdforschung sind. Es handelt sich um erwerbswirtschaftliche oder gemeinnützige Organisationen, die in kommerzieller oder wissenschaftlicher Absicht Werbeforschung betreiben. Daneben wird Marktforschung aber auch von Unternehmensberatungen, Marketing-Consultants, Werbeagenturen etc. betrieben. Hinzu kommen Informationsbroker, die Datenbanken betreiben (Abb. 322).

Bei den Marktforschungs-Instituten können reine und gemischte Betriebe (die neben der Forschung auch andere Services anbieten) unterschieden werden, weiterhin Voll- (Full Service) und Spezial-Dienstleister (Letztere offerieren nur Ausschnitte des Leistungsspektrums, z. B. nur Feldorganisation oder nur Erhebungskonzept). Sie sind vor allem im Bereich der Primärforschung tätig, weil dort häufig auf fixkostenintensive Feldorganisationen zurückgegriffen werden muss und spezifisches Know-how für die Durchführung unabdingbar ist. Außerdem werden von ihnen auch eigene Standarddienste angeboten (wie Werbetracking, Panels, TV-Zuschauerforschung, Media-Analyse, Konsumklima, Markttests, Omnibusse etc.). Daneben gibt es Feldorganisationen, die ihren Interviewerstab Auftraggebern gegen Rechnung zur Verfügung stellen. Sofern sie außerdem die Konzipierung und Auswertung von Aktivitäten übernehmen, ist die Grenze zu klassischen Instituten fließend. Meist werden auch begrenzte Unteraufträge an andere Institute untervergeben. Umsatzschwerpunkt sind Ad hoc-Studien (einmalige Durchführung) und kontinuierliche Forschungsinstrumente. Weit überwiegend wird noch eine mündliche Ergebnispräsentation vorgenommen. Das Telefoninterview hat bei der Erhebung die größte Bedeutung aller Befragungsarten. Als Verbände der Marktforschung fungieren auf nationaler Ebene der ADM (Arbeitskreis Deutscher Marktforschungsinstitute) und der BVM (Berufsverband Deutscher Markt- und

Alpha, Mainz,	AMR, Düsseldorf
ASK, Hamburg	Basisresearch, Frankfurt
Roland Berger, München	BIK, Hamburg
Bonner Institut, Bonn	Compagnon, Stuttgart
Czaia, Bremen	Emnid, Bielefeld
Enigma, Wiesbaden	facit, München
Forsa, Berlin	GfK, Nürnberg
GFM-Getas/WBA, Hamburg	IFAK, Taunusstein
Impulse, Heidelberg	Infratest Burke, München
Infra, Mölln	Inst. f. Demoskopie, Allensbach
Inst. f. Marktforsch., Leipzig	Intermarket, Düsseldorf
Ires, Düsseldorf	IVE, Hamburg
Dr. von Keitz, Hamburg	Link+Partner, Frankfurt
Mafo-Institut, Schwalbach	Marplan, Offenburg
mc markt-consult, Hamburg	MMA, Frankfurt
A.C.Nielsen, Frankfurt	polis, München
psyma, Rückertsdorf	RMM, Hamburg
Schaefer Marktf., Hamburg	Sinus, Heidelberg
USUMA, Berlin	

Abb. 322: Marktforschungsinstitute im Arbeitskreis Deutsche Markt- und Sozialforschungs-Institute (ADM)

Sozialforscher), auf internationaler Ebene die WAPOR (World Association for Public Opinion Research) und die ESOMAR (European Society for Opinion and Marketing Research).

Vorteile aus der Einschaltung Externer bei der Werbeforschung sind vor allem folgende. Es ist **keine Betriebsblindheit** der Forscher gegeben. Externe Forscher können unvorbelastet an die Problemlösung herangehen. Sie brauchen weniger Rücksichten auf interne »Politik« zu nehmen. Sie können im positiven Sinne naiv Altbekanntes und scheinbar Bewährtes in Frage stellen.

Es besteht Zugang zu **leistungsfähigen Erhebungsinstrumenten**, die kostspielig zu installieren und unterhalten sind. Viele, technisch aufwendige Erhebungsinstrumente, wie z. B. Panels, sind nur von Instituten aufrechtzuerhalten, sodass ein Rückgriff auf deren Fremdforschung unverzichtbar ist. Dies gilt auch für den Unterhalt eines ausgebildeten Interviewerstab im Feld.

Die Gefahr **interessengefärbter Auskünfte** und tendenziöser Meinungen ist mutmaßlich geringer. Zwar sind externe Auftragnehmer auch in gewisser Weise ökonomisch abhängig, aber ihre organisatorische Unabhängigkeit erlaubt es ihnen leichter, Wege einzuschlagen, die intern auf Missfallen stoßen.

Höhere **Objektivität** ergibt sich durch mehr Sachverstand als Herzblut bei der Aufgabe. Ein hohes Maß an Involvement ist nicht immer nützlich bei der neutralen Untersuchung von Sachverhalten. Externe, die weniger emotional und mehr rational an die Sache herangehen, sehen Probleme unvoreingenommener und härter.

Es besteht die Möglichkeit des Einsatzes von Spezialisten und der Nutzung von **Expertenwissen**. Ein Serviceunternehmen kann durch die Vielzahl seiner Auftraggeber und Aufträge Experten beschäftigen, deren Auslastung im Betrieb nicht gewährleistet ist. Dadurch wird zusätzliches Wissen aus der Lösung ähnlicher Probleme bereitgestellt.

Aktuelle **Methodenkenntnis** in Beschaffung, Verarbeitung und Auswertung von Informationen ist verfügbar. Und es kann vorausgesetzt werden, dass Spezialisten über fundierteres Wissen um die besten Mittel und Wege zur Lösung komplexer Forschungsprobleme verfügen.

Ergebnisvergleiche mit Erfahrungen aus anderen Untersuchungen sind realisierbar. Dadurch ist eine Relativierbarkeit des Datenoutput gegeben. Es können Benchmarks für »gute« Ergebnisse festgelegt und »Best in Class«-Maßstäbe für exzellente Ergebnisse herausgefiltert werden.

Es ist die Möglichkeit von **Kosteneinsparungen** (Outsourcing) oder zumindest -flexibilisierungen gegeben. Gemessen an einer Vollkostenrechnung ist die externe Auftragsvergabe infolge dort vorherrschender Degressionseffekte meist kostengünstiger als die Eigenleistung. Hinzu kommt, dass Fremdkosten für den Auftraggeber variablen Charakter haben, also nur bei Inanspruchnahme anfallen, Eigenkosten aber meist fix sind. Oft kommt es auch zur Beschleunigung der Erhebungsdurchführung, was kostendämpfend wirkt.

Nachteile aus der Einschaltung Externer sind hingegen im Wesentlichen folgende.

Es besteht eine höhere **Liquiditätsbelastung**, gemessen an der pagatorischen Kostenrechnung. Denn viele Leistungen, die ansonsten extern gesondert berechnet werden, sind im Unternehmen ohnehin vorhanden und im Rahmen besserer Auslastung auszuschöpfen. Zu denken ist hier vor allem an die administrative Infrastruktur.

Briefing und **Einarbeitungszeit** sind erforderlich. Das Briefing ist zwar auch bei Eigenforschung unerlässlich, kann jedoch wegen des höheren bereits vorhandenen Vorinformationsstands meist kürzer gehalten werden. Hinzu kommt eine Zeitspanne zur Vertrautmachung mit den spezifischen Einflussgrößen auf eine gegebene Problemstellung.

Wenn man an unseriös arbeitende Institute gerät, besteht die Gefahr **unsolider Auftragserfüllung**. Dagegen kann man sich durch Einschaltung von Mitgliedsinstituten einschlägiger

(Marktforschungs-)Branchenverbände weitgehend schützen. Dennoch ist die Marktforschungsbranche von grauen und schwarzen Anbietern durchsetzt.

Die **Geheimhaltung** kann trotz strikter Verpflichtung zur Vertraulichkeit gefährdet sein. Denn in einer Branche, die von der Informationsweitergabe lebt, bleibt ein gewisses Unbehagen hinsichtlich möglicher Indiskretionen über im Rahmen der Beauftragung bekanntgewordene Geschäftsgeheimnisse bestehen. Insofern werden Berührungsängste gefördert.

Oft sind **mangelnde Branchenkenntnisse** zu beklagen. Allerdings ist bei Zentralisation der Forschungsfunktion in weit verzweigten Konzernstrukturen der Überblick in allen Bereichen auch nicht leicht zu behalten. Dennoch dürfte die Vertrautheit mit den zu lösenden Problemen extern geringer sein.

Es entstehen **Kommunikationsprobleme**, die unausweichlich sind, wenn Menschen zusammenarbeiten. Ergebnis- und Verfahrenseigenheiten sind oft unbewusster und manifester Bestandteil der Unternehmenskultur, stellen jedoch praktisch erhebliche Hindernisse bei der Koordination externer Dienstleister dar.

Es kommt zu **keiner Wissensakkumulation** über Werbeforschung im Betrieb. Jede extern ausgeführte Forschung erhöht insofern die Abhängigkeit von externen Zulieferern, wohingegen im anderen Fall ein Potenzial an Erfahrung angesammelt werden kann, das leistungssteigernd und kostenreduzierend wirkt.

Es besteht die Gefahr der schematisierten **Routinisierung** von Projekten, ohne hinreichend auf die spezifischen Belange des Auftraggebers einzugehen. Dies gilt vor allem für den Einsatz von Standarderhebungsinstrumenten und -informationsdiensten. Wenngleich die behaupteten Eigenheiten jeder Branche eher weniger glaubwürdig sind.

Hat man sich für die Einschaltung eines Marktforschungsinstituts entschieden, sind für dessen **Auswahl** folgende Kriterien bedeutsam:

- Erfahrung bzw. Spezialisierung in relevanten Märkten bzw. Erhebungstechniken sind vorteilhaft, jedoch nicht immer Bedingung,
- Leistungsfähige personelle und sachliche Ausstattung, ausgewiesen durch Indikatoren wie z. B. Fluktuationsrate, Unterhalt eines eigenen Interviewerstabs, EDV-Anlage,
- Mitgliedschaft in einem der Fachverbände (ADM/BVM), da dort Mindestanforderungen für die Aufnahme gestellt werden,
- Institutseigene Vorkehrungen zur Wahrung von Vertraulichkeit und Sicherung der Ergebnisqualität.
- Konkurrenzausschluss für die Erhebung des Projekts, allerdings realistisch nur für den Zeitraum der Projektbearbeitung zu fordern,
- Kontrollmöglichkeiten des Auftraggebers bei der Durchführung (Termine/Kosten), dazu ist eine laufende Projektdokumentation hilfreich,
- Referenzen anderer Auftraggeber, Beraterkompetenz, Organisationszuordnung etc., diese und andere Indikatoren helfen zumindest, das Risiko zu limitieren,
- Erfahrungen in bisheriger Zusammenarbeit, soweit vorhanden, denn Lieferantentreue zahlt sich vielfältig aus.

Je nach Intensität der Zusammenarbeit ist es auch sinnvoll, auf räumliche Nähe, Sympathie mit den Beratern etc. zu achten. Ebenso ist es im Einzelfall abhängig, ob man wechselweise mit mehreren Instituten, etwa auf Grund individueller Kostenvoranschläge (KVA's), zusammenarbeitet oder mit einem »Stamminstitut«. Für Letzteres spricht vor allem die zunehmende Problemvertrautheit und die zusätzliche Leistung »kostenloser« Services.

Nach der Entscheidung für ein Forschungsprojekt ist eine Ausschreibung sinnvoll. Dazu bedarf es eines Pflichtenhefts für die **Angebotsanforderung**. Dieses sollte folgende Inhalte umfassen:

- Exakte Problembeschreibung, z. B. durch Fragenkatalog, den es zu klären gilt, wobei das vermutete Problem gelegentlich das tatsächliche eher verdeckt denn freilegt,
- Eigene methodische Überlegungen, z. B. über Stichprobengröße, Auswahlverfahren, Instrumentarium etc., die als Anregung dienen können,
- Angaben über die zu befragende Zielgruppe, evtl. mit Beschreibung der vorhandenen Unterlagen zur Stichprobenauswahl, sofern freilich vorhanden,
- Angabe einer detaillierten Kostenkalkulation mit Aufgliederung der Positionen in Vorarbeiten, Pretest, Feldarbeit, Auswertung, Präsentation etc.,
- Angaben über die Tätigkeiten der Marktstudie, die der Auftraggeber selbst durchführen oder beisteuern will,
- Durchführungstermine, aufgegliedert nach Zwischenterminen, Berichtsabgabe, Ergebnisvorstellung etc.,
- Gewünschter Angebotsabgabetermin, der als verbindlich aufzufassen ist, da davon meist Folgearbeiten abhängen,
- Evtl. Sonderbedingungen, die vom Normalen abweichen und zu berücksichtigen sind, damit es später nicht zu unliebsamen Überraschungen kommt.

9.1.1.3 Betriebliche Forschung als Träger

Die betriebliche Marktforschung kann als Linien- oder Stabsstelle verankert sein. Als Linienstelle ist eine Einordnung im Rahmen der Funktions- oder Objektorganisation möglich. Im Rahmen der Funktionsorganisation ist wiederum eine Anbindung an Marketing, Absatz, Vertrieb, Verkauf o. ä. sinnvoll. Im Rahmen der Objektorganisation ist eine Anbindung an Produkt-Management, Gebiets-Management oder Kunden-Management sinnvoll. In diesen Bereichen kann jeweils auch eine Anbindung als Stabsstelle vorgenommen werden. Dabei ist häufig ein Marketing-Service-Bereich anzutreffen, der neben Marktforschung meist noch das Kommunikationsmanagement umfasst. Denkbar ist aber auch eine Anbindung im Bereich Information, Wirtschaftsinformatik, EDV o. ä. Oder sogar im Bereich Beschaffung oder Unternehmensführung, Auditing o. ä.

Als **Vorteile** der Eigenforschung sind im Wesentlichen folgende zu nennen. Es besteht eine größere **Vertrautheit** mit dem Forschungsproblem durch Kenntnisse im Vorfeld. Über den Auftrag hinaus ist meist bekannt, zu welchen spezifischen Zwecken die gewonnenen Informationen genutzt werden sollen. Entsprechend kann bereits im Vorfeld das Design gestaltet werden, und eine gesonderte Einarbeitungszeit entfällt.

Eine bessere Möglichkeit der Einflussnahme und **Kontrolle** während des Forschungsprozesses ist gegeben. Es besteht jederzeitige Transparenz über den Status der Arbeiten, und es kann jederzeit darauf in zielgerichteter Weise Einfluss genommen werden. Oder es besteht zumindest die Illusion dazu.

Es kommt zur Gewinnung von **Forschungserfahrungen** sowie zum Verbleib dieser Erkenntnisse im Betrieb. Durch die Beschäftigung mit der Materie wird Wissen akkumuliert, das Sekundärnutzen in anderen Bereichen zeitigt und das Wissenspotenzial stetig anreichert.

Das Risiko von **Indiskretionen** über Interna ist geringer. Oft werden Externen im Verlaufe der Arbeit Inhalte bekannt, die nicht für die Öffentlichkeit bestimmt sind. Das Risiko der unbefugten Weitergabe solcher vertraulicher Informationen ist jedoch nicht auszuschließen. Dies betrifft auch den Informations- und Datenschutz nach Projektabschluss.

Kommunikationsprobleme, wie sie bei der Zusammenarbeit mit Externen immer wieder gegebenen sind, entfallen. Eine komplexe Materie erfordert intensiven Meinungsaustausch zur Nutzung aller Potenziale und zur problemgerechten Bearbeitung. Das kostet im Betrieb Zeit, zumeist die der Entscheider, und damit Geld.

Es gibt eine bessere Möglichkeit zur Nutzung **spezifischer Kenntnisse** der Entscheidungsträger. Da nur ein geringer Teil der Aktivitäten auf objektivierter Grundlage abläuft, kann das Briefing intern um »Bauchgefühl« ergänzt werden, das Externen nur schwer vermittelbar ist.

Als **Nachteile** der Eigenforschung sind hingegen vor allem zu nennen. Eine eigene Erhebung ist oft nicht möglich, sofern eine hohe **forscherische Infrastruktur** erforderlich ist (z. B. Panel, Wellenerhebung, Mehrthemenbefragung). Deren Aufbau und Unterhalt ist zu aufwendig, als dass sie sich selbst für forschungsintensive Unternehmen lohnen würde.

Es besteht die Gefahr der **Betriebsblindheit**, die oft nahe liegende Problemlösungen nicht erkennen lässt. An diesen fundamentalen Gaps sind bereits viele Marketingaktivitäten gescheitert. Die Einschaltung vom Externen bietet hingegen die Chance, eingefahrene Gleise zu verlassen und neue Einsichten zu gewinnen.

Das Phänomen der **Self Fulfilling Prophecy** ist nicht von der Hand zu weisen, d. h., das Forschungsprojekt erbringt merkwürdigerweise genau die Ergebnisse, die das Management schon vorher unterstellt hat. Denn interne Mitarbeiter wissen um die möglichen Konsequenzen ihrer Erhebungsergebnisse und sind daher trotz ihres Bemühens um Neutralität zumindest unbewusst geneigt, Aspekte, welche die gewünschte Konsequenz begünstigen, stärker zu berücksichtigen bzw. Aspekte, welche die gewünschte Konsequenz beeinträchtigen, nicht weiter zu verfolgen. Dies führt zu erheblichen Verzerrungen im Output.

Es besteht die Gefahr der **subjektiven Prägung** der Forschung. Denn der Forscher geht meist mit einem eigenen oder von seinem Arbeitgeber geprägten Werturteil an eine Problemstellung heran. Trotz allen Willens zur Objektivität sind dann die Antworten dennoch entsprechend, da unbewusste Lenkungsmechanismen einsetzen.

Experten und fachorientierte Mitarbeiter fehlen oft in der Abteilung. Für spezialisierte Aufgaben, die infolge der Professionalisierung der Marktforschung immer breiteren Raum einnehmen, kann intern keine adäquate Manpower vorgehalten werden. Insofern ist eine gewisse methodische Rückständigkeit nicht ausgeschlossen.

Die Durchführung der **Feldarbeit** ist normalerweise nicht selbst möglich. Sofern es sich um Primärerhebungen handelt, die flächendeckend durchgeführt werden, ist eine Interviewerorganisation erforderlich, die nur von Instituten unterhalten werden kann.

Längere **Bearbeitungszeiten** durch Kostendruck und Kapazitätsengpässe sind wahrscheinlich. Dies ist nicht zuletzt dadurch begründet, dass Unternehmen im Rahmen der Rationalisierung ihren Mitarbeiterstamm auf das unerlässliche Maß zurückgeschraubt haben, sodass für Spitzenbelastungen keine Reserve mehr bleibt.

Es entstehen meist **höhere Kosten** gegenüber einem Outsourcing. Dies gilt zumindest, wenn die kalkulatorischen Kosten der eigenen Mitarbeiter mit effektiven Stundensätzen und nicht nur deren pagatorische Kosten angesetzt werden.

In vielen Fällen ist eine **Kombination** von Eigen- und Fremdforschung sinnvoll, etwa derart, dass die Grundlagenarbeit außer Haus und die Durchführung in eigener Regie vorgenommen wird oder umgekehrt.

Oft wird die Datenerhebung auch von **Verbänden** für die ihnen angeschlossenen Unternehmen übernommen. Dabei sind verschiedene Abstufungen denkbar. Zunächst kann es um die Verarbeitung von Fundstellenverzeichnissen für die wichtigsten, die Branche betreffenden Statistiken gehen. Weitergehend können diese Statistiken verbandsseitig auch ausgewertet und interpretiert werden. Ebenso können eigenständige Forschungsprojekte im Rahmen der Verbandsarbeit durchgeführt werden. Dies kann bis zur Gründung und Führung eines selbstständigen Instituts gehen, das fallweise oder laufend mit der Durchführung von Untersuchungen befasst ist. Dabei ergeben sich jedoch auch enge Grenzen. So können die Ergebnisse immer nur auf die Branche, nicht aber auf einzelne Betriebe bezogen werden, sie bedürfen also der Ergänzung und Verfeinerung. Sie schaffen zudem einen Informationsgleichstand, also keinen individuellen Wettbewerbsvorsprung. Gerade in hoch kompetitiven Branchen ist dieser Informationsvorsprung jedoch ein unschätzbarer Erfolgsfaktor. Sofern die Abdeckung der Branche durch einen Verband gering ist, sind die Ergebnisse nicht einmal hinreichend.

Ebenso ist eine **Verbund**-Marktforschung denkbar. Sie besteht darin, dass Unternehmen zum Zweck der gemeinsamen Werbeforschung kooperieren. Handelt es sich um substitutiv tätige Unternehmen, gleicht die Situation der Verbandsmarktforschung. Wegen der Besonderheiten jedes Betriebs und des gleichen Informationsstands aller Beteiligter ist die Ergänzung um eigene betriebliche Forschung erforderlich. Handelt es sich um komplementär tätigte Unternehmen, kann die individuelle Forschung dadurch möglicherweise weitgehend ersetzt werden.

9.1.2 Datengewinnung

9.1.2.1 Anforderungen an Daten

Bei der Bedeutung von Informationen ist es sinnvoll, Anforderungen an deren Leistungsmerkmale zu definieren. Wichtige Anforderungen im Marketing betreffen zwei Aspekte, die Informationsstruktur (qualitativer Aspekt) und den Informationsumfang (quantitativer Aspekt). Zunächst zur Informationsstruktur.

9.1.2.1.1 Informationsstruktur

Der **Informationsgrad** ist der Anteil der tatsächlich verfügbaren Information an den vorhandenen oder notwendigen Informationen, also die Vollständigkeit. Je höher der Informationsgrad ist, desto besser sind die Voraussetzungen erfolgreicher Marketingforschung. Der Informationsgrad ist optimal, wenn die Kosten der zusätzlichen Informationssammlung gleich hoch sind wie der daraus erwartete zusätzliche Nutzen. Messgrößen sind dabei die Vollständigkeit und Relevanz von Informationen. Die Realität der betrieblichen Entscheidung ist meist durch unvollkommene Information gekennzeichnet, d. h., der Informationsgrad ist kleiner Eins. Dies bedeutet, dass die tatsächlich vorhandene Information geringer ist als die für eine Entscheidung als notwendig erachtete Information. Bei den Grenzwerten 0 und 1 liegt der eher hypothetische Fall der völligen Uninformiertheit bzw. der vollständigen Information vor. Ziel muss es nun sein, einem Informationsgrad = 1 möglichst nahe zu kommen.

Der subjektive Informationsgrad ist geringer als der objektive, da Informationsverluste auf dem Weg vom Markt zum Betrieb entstehen. Das Ausmaß dieser Verluste ist von der Güte der Marketingforschung abhängig. Der effektive Informationsgrad ist geringer als der subjektive, da auch Informationsverluste auf dem Weg vom Betrieb zum Entscheider entstehen. Das Ausmaß dieser Verluste ist von der Komplexität der Organisation abhängig. Die Differenzen zwischen objektivem und subjektivem sowie zwischen subjektivem und effektivem Informationsgrad sollen jeweils minimiert werden. Die zwangsläufigen Unsicherheiten der Zukunft erschweren darüber hinaus die Entscheidungssituation.

Außerdem ist die **Kosten-Nutzen-Relation** zu berücksichtigen. Informationen sind umso nützlicher, je gravierendere Folgen bei einer Fehlentscheidung ohne die relevanten Informationen vermieden werden können. Dazu ist interessant zu erfahren, ob der Nutzen zusätzlich beschaffter Informationen höher einzuschätzen ist als die Kosten zu ihrer Beschaffung. Dies entspricht im Kern einer Kosten-Nutzen-Analyse. Die Kosten sind relativ leicht einzugrenzen. Die Nutzenbewertung ist allerdings hoch problematisch. Denn wieviel Informationen Wert sind, die man nicht hat, lässt sich erst beurteilen, wenn man sie besitzt. Genau darin liegt das Dilemma. Analytisch lässt sich eine Lösung im **Bayes**-Ansatz finden. Er versucht zu klären, welche Handlungsalternativen bestehen, welche Ereignisse mit welcher Wahrscheinlichkeit eintreten und welche monetären Konsequenzen sich bei Eintritt bestimmter Ereignisse einstellen. Diese Abwägungen werden in einer Pay-Off-Matrix zusammengefasst. Daraus ergeben sich zwei Entscheidungen:

- Die **A priori**-Analyse befasst sich mit der Ermittlung der optimalen Entscheidung vor der Beschaffung zusätzlicher Informationen, also bei derzeitigem Informationsstand. Dabei werden diejenigen Informationen beschafft, welche die höchsten Gewinnerwartungswerte aufweisen.
- Die **Präposteriori**-Analyse befasst sich mit der Beantwortung der Frage, ob zusätzliche Informationen und wenn ja, in welchem Umfang, beschafft werden sollen oder ob es günstiger ist, darauf zu verzichten und die Entscheidung allein auf Grund der vorliegenden Informationen zu fällen.

Die Obergrenze für die Beschaffungskosten der zusätzlichen Informationen liegt beim Erwartungswert vollkommener Information. Daraus wiederum lässt sich der Erwartungswert einer Information ableiten, der auf einer Wahrscheinlichkeitsverteilung basiert, denn der Erwartungswert ist seinerseits wiederum vom Informationswert abhängig, kann also mangels besseren Wissens nur nach Normalverteilung bestimmt werden. Eine zusätzliche Information ist dann nützlich, wenn der Erwartungswert des Informationsgehalts dieser Information deren Kosten bei der Beschaffung übersteigt. Dieser Ansatz hilft zwar praktisch nicht viel weiter, zwingt jedoch dazu, sich über den Informationsgrad und seine mögliche Veränderung im Klaren zu werden.

Der **Detaillierungsgrad** von Informationen ist insofern bedeutsam, als im Marketing Informationen umso wertvoller sind, je detaillierter sie auf bestimmbare Aussagen Bezug nehmen und damit spezifische Auswertungen zulassen. Er bestimmt also die Aussagekraft.

Die **Relevanz** von Informationen ist nur schwer abschätzbar. Dies liegt vor allem in der Tatsache verursacht, dass es selten gut strukturierte Problemstellungen gibt. Diese liegen vor, wenn alle Einflussfaktoren zur Problemlösung transparent sind, die Zusammenhänge zwischen Faktoren bekannt sind, Lösungsprozesse verfügbar, sicher und logisch sind und nur eine richtige Lösung (Optimierung) möglich ist. Davon ist man im Marketing jedoch weit entfernt.

Die **Aktualität** von Informationen ist insofern bedeutsam, als Informationen umso wertvoller sind, je aktueller sie sind. Insofern ist Aktualität ein Wert in sich in einer sich rapide verändernden Umwelt. Die **Rechtzeitigkeit** als weiteres Kriterium der Informationsverfügbarkeit hängt auch eng damit zusammen.

Die Zuverlässigkeit und Genauigkeit machen die Informationsbestimmtheit aus. Der **Sicherheitsgrad** von Entscheidungen ist unterschiedlich zu bewerten:

- **Deterministische** Informationen sind völlig sicher. Alle in Hinblick auf die Entscheidungsfindung erforderlichen Informationen sind hierbei exakt und vollständig vorhanden. Diese Situation ist im Marketing leider so gut wie überhaupt nicht anzutreffen, allenfalls in Bezug auf vergangenheitsbezogene Datenmengen.
- **Objektiv-stochastische** Informationen sind immerhin statistisch berechenbar wahrscheinlich. Damit können Risiken, die vorhanden sind, rational eingegrenzt und gegeneinander abgewogen werden. Diese Situation ist im Marketing eher selten. Zumal sich die Frage nach der zugrunde gelegten Wahrscheinlichkeitsverteilung stellt.
- **Subjektiv-stochastische** Informationen sind solche, die auf Erfahrung beruhen. Die Entscheidung ist schlecht strukturiert und oft wenig rational begründet. Diese Situation ist jedoch im Marketing am häufigsten anzutreffen. Man spricht auch Heuristiken zur Entscheidungsfindung.
- **Indeterministische** Informationen sind solche, deren Sicherheitsgrad völlig ungewiss ist. Hier liegen keinerlei Anhaltspunkte vor, die entscheidungsabstützend wirken könnten. Diese Situation ist im Marketing auch eher selten gegeben, etwa bei externen Daten, die Strukturbrüchen unterliegen.

Von großer Bedeutung ist auch die Genauigkeit der Information. Hier ist in aller Regel von unvollkommener Genauigkeit auszugehen. Dieses Manko kann subjektiv verursacht sein, man spricht dann von unvollständiger, unbestimmter und unsicherer Information, oder objektiv verursacht, man spricht dann von ungewisser Information. In jedem Fall ist die Aussagepräzision begrenzt.

9.1.2.1.2 Informationsumfang

Der Informationsumfang umfasst folgende Bereiche:

- alle **betriebsinternen** Tatbestände, die für die Forschung bedeutsam sind,
- Tatbestände aus dem **Unternehmensumfeld**. Dabei kann es sich um Daten- oder Instrumentalinformationen handeln. Die **Dateninformationen** bestehen wiederum aus ökonomischen und außerökonomischen Daten. **Ökonomische** Daten sind solche zu gesamtwirtschaftlichen Größen wie volkswirtschaftliches Wachstum, Einkommensentwicklung, Außenwirtschaftsanteil etc. Diese wirken auf einzelwirtschaftliche Größen ein und betreffen meist einen ganzen Wirtschaftszweig in mehr oder minder gleichem Maße. Weiterhin gibt es Branchendaten wie Marktzutrittsschranken, Marktspielregeln, Innovationstendenzen etc., die innerhalb eines Wirtschaftszweigs positionsindividuell einzuordnen sind. Dann gibt es Daten des relevanten Marktes. Dazu gehören Nachfragerinformationen in Bezug auf Bedarf, wie Zahl der aktuellen und potenziellen Bedarfsträger, tatsächliche oder mutmaßliche Bedarfsintensität, Entscheidungs- und Kaufverhalten etc., in Bezug auf Kaufkraft, wie mittleres Preisempfinden, Anteil am Haushaltsnettoeinkommen, Streubreite der Preisklasse etc., und in Bezug auf das Bindungsverhältnis, wie Markenloyalität, Geschäftsstättentreue, Kundenzufriedenheit etc. Schließlich sind Konkurrenzinformationen zu nennen, wie aktuelle oder potenzielle Mitbewerber, aktuelle oder mutmaßliche Konkurrenzintensität, Marktverhalten etc. Dies wird durch das Zusammenwachsen von Märkten immer bedeutsamer.

Instrumentalinformationen betreffen Unternehmensreaktionen auf Umweltaktivitäten, von Abnehmern, Lieferanten, Absatzmittlern/-helfern, Konkurrenten, Anspruchsgruppen, Staat etc., Umweltreaktionen auf Unternehmensaktivitäten, also Produkt- und Programmpolitik, Preis- und Konditionenpolitik, Distributions- und Verkaufspolitik, Kommunikations- und Identitätspolitik im Marketing-Mix, und Entwicklungen der Extraumwelt, also aus Technik, Politik, Recht, Physik, Soziokultur, Ökologie etc.

Der Ausweis dieser Daten kann im Rahmen der Querschnittanalyse, als Erhebung mehrerer Datenmengen in einem Zeitpunkt, oder der Längsschnittanalyse, also Erhebung einer Datenmenge zu mehreren Zeitpunkten, erfolgen. Dabei ist auch die Fristigkeit der Daten (strategisch, taktisch, operativ) von Bedeutung.

9.1.2.2 Sekundärerhebung

9.1.2.2.1 Bewertung

Für die Erhebung von Daten gibt es zwei Möglichkeiten, die originäre Erhebung als Primärforschung oder die derivative Erhebung als Sekundärforschung. Diese Erhebung von Informationen aus bereits vorhandenem Datenmaterial wird als Sekundärforschung bezeichnet. Diese Daten können selbst- oder fremderhoben sein, ursprünglich für ähnliche oder gänzlich andere Zwecke gedient haben. Jedenfalls werden sie unter den speziellen Aspekten der anstehenden Fragestellung neu gesammelt, analysiert und ausgewertet. Insofern handelt es sich um Back-Data-Informationen, denn jede Sekundärinformation ist erst durch Primärerhebung zustande gekommen. Bei jeder Art der Informationsbeschaffung sollte zunächst nach möglichen Sekundärquellen gesucht werden. Dazu sollten die zugrunde liegenden Fragestellungen sowie die dafür in Frage kommenden Informationsquellen systematisch aufgeführt und recherchiert werden, um ein ökonomisches Vorgehen zu gewährleisten. Bei sorgfältiger Sichtung erledigt sich so manches nervenaufreibende Primärerhebungsprojekt von selbst, weil man feststellt, dass ausreichend gute Daten bereits verfügbar sind.

Wesentliche **Vorteile** der Sekundärerhebung sind folgende. Es entstehen deutlich **geringere Kosten** als bei einer Primärerhebung. Dies ergibt sich unmittelbar aus der Art der Erhebung, hier Schreibtischarbeit, dort Feldarbeit, hier konzentrierte Daten, dort disperse Daten, hier aufbereitete Ergebnisse, dort unstrukturierte Realität etc.

Es besteht ein **schnellerer Zugriff** auf die Daten als bei Primärmaterial. Im Rahmen der Ton-, Text-, Sprach-, Daten-, Grafik-, Festbild- und Bewegtbild-Übertragungstechnik besteht, entsprechende Endgeräte, Leitungen und Software vorausgesetzt, rasche Verfügbarkeit.

Die Ermittlung von Daten, die **primär nicht zu erheben** sind (z. B. gesamtwirtschaftliche Daten) ist darstellbar. Das heißt, in vielen Fällen, etwa in der Investitionsgüterbranche, stellt sich die Frage der Wahl überhaupt nicht, sondern es kann nur auf sekundärstatistische Ergebnisse zurückgegriffen werden.

Es ergibt sich eine Hilfe bei der **Einarbeitung** in eine neue Materie. Selbst, wenn man feststellt, dass der verfügbare Datenbestand nicht ausreicht, hat man auf diese Weise doch wertvolle Hinweise und Anregungen dahingehend bekommen, was für die Primärerhebung alles relevant ist.

Die Ergänzung zu Primärdaten dient als **Abrundung** des Bildes. Ideal ist eine Kombination aus Primär- und Sekundärdaten derart, dass Erstere eher die spezifischen Informationsbedarfe ermitteln, Letztere aber eher die generalistischen Rahmenbedingungen klären und aufzeigen.

Nachteile sind hingegen folgende. Es mangelt meist an der dringend notwendigen **Aktualität**. Viele Daten sind oft bereits zum Zeitpunkt ihrer Veröffentlichung veraltet und umso weniger verwendbar, je mehr Dynamik von den dahinter stehenden Bewegungsgrößen ausgeht und je älter diese Daten sind.

Die **Sicherheit und Genauigkeit** der verfügbaren Daten ist zweifelhaft. So fehlen Einblicke in die Art und Weise des methodischen Vorgehens bei der Erhebung und damit der Objektivität der vorliegenden Daten. Es sei denn, man kann Einblick in die Erhebungsplanung gewinnen.

Die Daten sind, wenn sie aus mehreren Erhebungen stammen, untereinander **nicht vergleichbar**. So finden sich häufig abweichende definitorische Fassungen einzelner Größen, die eine direkte Gegenüberstellung erschweren. Für eine Bereinigung fehlt es dann oft an den notwendigen Klassifikationserläuterungen oder an der Kenntnis des Umfangs der aus den aggregierten Größen zu eliminierenden Teilgrößen.

Die zutreffende **Abgrenzung** der Daten ist problematisch. So werden Themen nach den spezifischen Bedarfen des jeweiligen Auftraggebers definiert, die nicht übereinstimmen müssen mit denen des Sekundärnutzers. Wenn die Vollständigkeit nicht ersichtlich ist, besteht sogar die Gefahr von Fehlinformation.

Die **Detailliertheit** der Daten reicht oft nicht aus. Bezogen auf die eigenen spezifischen Anforderungen genügen Sekundärdaten oft in Breite, Tiefe und Sachzusammenhang nicht den Ansprüchen. Dann vermögen sie zwar immer noch, einen Überblick zu geben, tragen jedoch wenig zur Problemklärung bei.

Das Auseinanderfallen von Erhebungs- und Verwendungszweck erschwert eine sinnvolle **Umgruppierung und Verknüpfung** der Daten. Von daher können die Mängel in Abgrenzung oder Detailliertheit auch nicht geheilt werden, indem mit den Daten »jongliert« wird.

Auch **Wettbewerber** haben Zugriff auf diese Informationsquelle, sodass sie keinen Vorsprung begründet. Darauf kommt es aber gerade an. Allerdings ist fraglich, ob alle Konkurrenten auf die gleichen Informationen stoßen und daraus die gleichen Schlussfolgerungen ziehen.

Wichtige praktische Hilfsmittel auf dem Weg zur Vereinheitlichung von Informationen sind **Nomenklaturen**. Dies sind Nummernverzeichnisse für die Einteilung von Auskunftseinheiten. Sie beziehen sich auf Produktion, Außenhandel, Branchen etc. und sind meist international standardisiert. Die Kennzeichnung erfolgt durch mehrstellige Kennziffern, z. B. nach Kapitel, Tarif, Ware.

Als Grundsätze zur Durchführung der Sekundärerhebung gelten folgende:

– Die Heranziehung und Ausnutzung aller verfügbaren sekundären Quellen sollte am Anfang jeder Marktforschung stehen. Dies ist eine Pflichtaufgabe der Recherche. Dazu müssen Sekundärquellen laufend gesichtet (Screening) und ausgewertet (Monitoring) werden, um im Bedarfsfall auf diese Daten zugreifen zu können.
– Primärerhebungen sollen erst nach Ausschöpfung aller sekundären Quellen in Erwägung gezogen werden. Dies spart Zeit und Geld.
– Im Interesse der Steigerung der Arbeitseffizienz empfiehlt sich die betriebliche Aufgabenspezialisierung in einer entsprechenden funktionalen Abteilung. Dabei können durchaus Beobachtungsfelder vorgegeben werden. Wichtig ist, dass alle Informationen zentral erfasst werden und geeignet verfügbar sind.
– Verbreitete Schwachstellen sind Doppelinformationen, zu allgemein gehaltene Daten oder fehlerhafte Unterlagen, Überinformation oder Fehlinformation, fehlende Auswertung und Aufbereitung. Dies ist durch entsprechende Arbeitsanweisungen vermeidbar. Davon ist vor allem die Interpretierbarkeit von Daten unter verschiedenen Aspekten betroffen.

- Eine umfassende Kenntnis der in Betracht kommenden Quellen und der Möglichkeiten ihrer Ausnutzung ist Voraussetzung für jede erfolgreiche Marktforschung. Die rationelle Auffindung und Ausnutzung der Quellen erfordert ihrerseits wiederum eine Transparenz über die Verfügbarkeitsorte (Bibliotheken, Archive etc.).
- Tatsacheninformationen dürfen nicht vorbehaltlos als wahr interpretiert werden. Jede sekundäre Quelle sollte daher sorgfältig auf ihre Brauchbarkeit hin geprüft werden. Scheint diese nicht gegeben, wird eine verifizierende Primärerhebung erforderlich.

9.1.2.2.2 Datenquellen

Als Datenquellen für Sekundärinformationen kommen interne und externe in Betracht. **Interne** Datenquellen betreffen etwa Belege aus Rechnungswesen, Produktionsstatistik, allgemeine und Kunden-Statistiken über Auftragseingang und Versand, Geschäftsart, Abnehmergruppen, Export, regionale Marktbedeutung, Qualitäten, Abmessungen, Reklamationen etc., Außendienstberichte, Messe- und Ausstellungsberichte, frühere eigene Primärerhebungen, Buchhaltungs- und Vertriebskostenrechnungsunterlagen, Forschungs- und Entwicklungsnachrichten etc. Ein Problem besteht hier vor allem in einer für die Auswertung geeigneten Aufbereitung der vorhandenen Daten, die meist nicht gegeben ist.

Externe Datenquellen betreffen:

- Amtliche Statistiken (Statistisches Bundesamt, Statistische Landesämter, Statistische Gemeindeämter),
- Veröffentlichungen von sonstigen amtlichen und halbamtlichen Stellen wie Ministerien, kommunalen Verwaltungsstellen, Kfz-Bundesamt, Bundesbank, Industrie- und Handelskammern, Handwerkskammern, Körperschaften etc.,
- Veröffentlichungen von Wirtschaftsverbänden, -organisationen etc. und von wirtschaftswissenschaftlichen Instituten und Hochschulen,
- Veröffentlichungen von Kreditinstituten und deren Sonderdienste sowie aus der Medienwirtschaft, vor allem zur Mediaforschung,
- Veröffentlichungen firmenspezifischer Art wie Geschäftsberichte, Firmenzeitungen, Kataloge, Werbemittel etc.,
- Informationsmaterial von Adressverlagen, Informationsmaklern, Beratungsunternehmen, Internationalen Organisationen, Marktforschungsinstituten, Messeveranstaltern, Spezialverlagen etc. Diese Quellen bieten ihre Dienste auf rein kommerzieller Basis an.

Problematisch bleibt allerdings die schwierige Abgrenzung der Erhebungsbereiche und -einheiten, die mangelnde Vergleichbarkeit von Daten vor allem auf internationaler Ebene, deren zweifelhafte Repräsentanz im Einzelfall und die meist sehr hohe Aggregationsebene. Hinzu kommt die fehlende Aktualität infolge langer Erhebungszyklen und verzögerter Veröffentlichung.

9.1.2.3 Primärerhebung

Die Primärerhebung betrifft die Ermittlung originär neuer Daten und kann als Befragung, Beobachtung oder Experiment angelegt sein. Diese Formen sind jeweils wieder in zahlreichen Ausprägungen vertreten. Welches Erhebungsverfahren eingesetzt wird, ist von mehreren Faktoren abhängig, so dem Untersuchungsziel, der Auskunftsquelle, der Häufigkeit etc., die im Folgenden erläutert werden. Zunächst zur Befragung.

9.2 Informationsgewinnung durch Befragung

9.2.1 Informationen aus mündlicher Befragung

Die Befragung ist das am häufigsten angewandte und wichtigste Erhebungsverfahren der Primärforschung. Es lassen sich mehrere Befragungsmethoden unterscheiden so nach (Abb. 323):

- dem **Standardisierungsgrad** in absteigender Abstufung als vollstandardisiert, strukturiert, teilstrukturiert oder frei,
- der **Kommunikationsform** in mündlich, fernmündlich, schriftlich, computergestützt, mediengestützt,
- der **Art der Fragestellung** in direkt oder indirekt bzw. offen oder geschlossen,
- dem **Befragungsgegenstand** in Einthemen-(Spezial-)befragung und Mehrthemen-(Omnibus-)befragung,

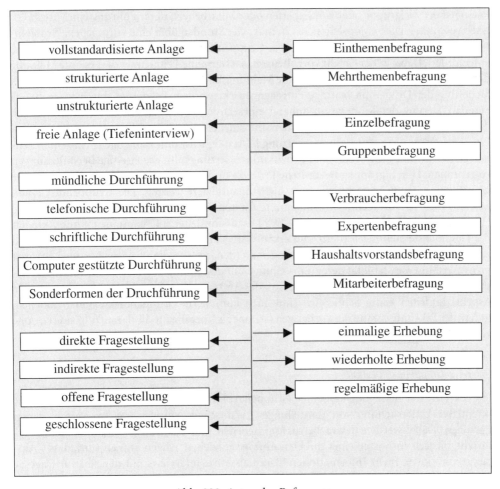

Abb. 323: Arten der Befragung

- der **Befragtenanzahl** in Einzelinterview, also nur eine Person gleichzeitig, oder Gruppeninterview, also mehrere Personen zugleich,
- dem **Befragtenkreis** in Verbraucher, Experten, Haushaltsvorstände, Mitarbeiter etc.,
- der **Befragungshäufigkeit** in einmalig, wiederholt, regelmäßig.

Diese Kriterien lassen sich beinahe beliebig miteinander kombinieren. Demnach gibt es eine nicht zu überblickende Vielzahl von Befragungsformen. Die im Folgenden dargestellte Gruppendiskussion etwa ist ein strukturiertes, mündliches Gespräch meist zu einem Thema in einer Gruppe unterschiedlicher Zusammensetzung und einmalig angelegt.

9.2.1.1 Gruppeninterview

9.2.1.1.1 Gruppendiskussion

Die Gruppendiskussion ist eine explorative Methode der Befragung und dient oft zu Beginn eines Forschungsprojekts zur Aufklärung. Dazu diskutiert eine Fokusgruppe von sechs bis acht Personen der Zielgruppe oder von Experten oder Mitarbeitern unter Führung eines psychologisch geschulten Diskussionsleiters bis zu max. vier Stunden über eine vorgegebene Problemstellung, die einleitend erläutert wird. Die Gruppendiskutanten werden zur Stellungnahme aufgefordert. Dabei ist der Gefahr vorzubeugen, dass einzelne Teilnehmer die gesamte Meinung dominieren oder der Diskussionsleiter die Meinungsbildung beeinflusst. Ersterem kann durch Steuerung der Diskussionsbeiträge entgegengewirkt werden, Letzterem durch weitgehende Standardisierung der Moderation anhand eines Diskussionsleitfadens. Die Diskussion soll dabei die Meinungsbildung im alltäglichen, informellen Gespräch verknappt nachempfinden. Eine heterogene Gruppenzusammensetzung hilft, möglichst unterschiedliche Ansichten kennen zu lernen, eine homogene Gruppenzusammensetzung hilft, gegenseitige Beeinflussungen zu erkennen. Durch gruppendynamische Prozesse und mangelnde Repräsentanz der Gruppe können die Gesprächsergebnisse zwar nicht quantifiziert werden. Die Gruppendiskussion liefert jedoch hervorragende Anhaltspunkte für relevante Problemaspekte und brauchbare Hinweise auf marktliche Umsetzungen. Der Diskussionsleiter soll Spontaneität und Aktivität der Gesprächsteilnehmer fördern und erkennbare Verzerrungen ausgleichen. Als Sonderfall kann eine Person in die Gruppe einbezogen werden, welche die übrigen Personen bewusst provoziert, um die Stabilität deren Einstellungen und Meinungen zu testen (= kontradiktorische Gruppendiskussion). Oder eine Person des Auftraggebers, die gezielt auf interessierende Aspekte hinleiten kann. Schließlich sind auch kumulierte Gruppendiskussionen möglich, indem der Erkenntnisstand der vorherigen Gruppe als Vorgabe für die darauf folgende Gruppe verwendet wird.

9.2.1.1.2 Gruppenexploration

Je nach Tiefe der Befragung kann eine Gruppenexploration entstehen, d. h. die gleichzeitige, interaktive Untersuchung von Einstellungen, Wünschen, Motiven etc. bei verschiedenen Personen. Dabei werden tiefere Bewusstseinsebenen und emotionale Zusammenhänge erforscht, die sich ansonsten einer direkten Abfrage entziehen. Angenommen wird, dass Gruppenexplorationen mehr Informationen liefern als Einzelinterviews mit derselben Befragtenzahl, dass sie alltägliche Kommunikationsstrukturen besser nachbilden als Einzelgespräche und dass sie zu tiefergehenden Erkenntnissen führen als diese. Vorausgesetzt wird allerdings die freie

Interaktion der Gruppe ohne soziale Hemmungen und Konformitätsdruck. Dazu ist in jedem Fall ein psychologisch geschulter Moderator erforderlich, ebenso sind adäquate Räumlichkeiten und Atmosphäre zu schaffen. Eine Variante sind Gruppen-Workshops mit stärkerer Interaktion als bei einer Gruppenexploration. Teilweise werden dabei kreative Ideen generiert.

Die Gruppe wird vom Forscher zusammengestellt oder besteht bereits als formelle oder informelle Gruppe. Die Aufzeichnung erfolgt durch Video- oder Tonbandmitschnitt, um verbale und non-verbale Äußerungen zu erfassen. So kann sich der Moderator voll auf den Gesprächsverlauf konzentrieren. Die Fragen werden vollständig erfasst, sodass Gedanken- und Assoziationsketten sichtbar werden. Es gehen keine Informationen verloren. Alternativ sind Transcripts denkbar, d. h. vollständige Mitschriften des Gesprächsinhalts durch eine dritte Person. Voraussetzung für den Erfolg sind eine intensive Auseinandersetzung mit der Aufgabenstellung, Szenarien relevanter Aspekte durch vorherige Hypothesenbildung, aufgabenspezifisch differenzierte Leitfäden, sorgfältige Auswahl der Gesprächsteilnehmer, systematische Auswertung, sorgfältige Interpretation und umfassende Dokumentation.

9.2.1.1.3 Bewertung

Vorteile des Gruppeninterviews sind vor allem folgende. Die **unmittelbare Beobachtbarkeit** der spontanen Reaktionen der Beteiligten ist möglich. Diese Reaktionen gehen bei Einzelinterviews bei meist hohen Standardisierungsgrad für gewöhnlich verloren, sind jedoch unschätzbare Hilfen, um einen Eindruck der Auseinandersetzung von relevanten Gruppen mit dem Meinungsobjekt zu gewinnen.

Die entstehende **intensive Auseinandersetzung** schafft vielfältige Einsichten. Es wird eine weitaus größere Tiefe der Beschäftigung mit dem Meinungsobjekt erreicht, als dies ansonsten bei einer eher passiven Befragung zu erreichen ist. Dadurch wird der Informationstransfer zum Auftraggeber begünstigt.

Durch **Interaktion** in der Gruppe kommt es zu einer großen Vielschichtigkeit der Auseinandersetzung. Durch Rede und Gegenrede, durch gegenseitige Anregung und Präzisierung ist das Ergebnis des Gruppeninterviews zumindest in dieser Hinsicht wertvoller als die Summe einer entsprechenden Zahl von Einzelinterviews.

Die Verfolgung der **Adaptation von Argumenten** ist möglich. Dadurch wird der andernfalls verborgen bleibende Meinungsbildungsprozess im sozialen Umfeld nachvollziehbar. Zugleich ergeben sich damit Hinweise auf besonders häufig vorkommende oder wirksame Argumente zur Verunsicherung oder Überzeugung.

Ein unmittelbares, **ungefiltertes Hören** der Zielgruppensprache entsteht geradezu zwangsläufig. Dies ist umso wertvoller, je weiter die betrieblichen Entscheider sich de facto bereits von ihrer Zielgruppe entfernt haben. Ausdrücke, die später durch Forschersprache verschüttet werden, bleiben auf diese Weise erhalten und sind verwertbar.

Eine hohe **Schnelligkeit** in der Vorbereitung und Durchführung wirkt begünstigend. Gruppeninterviews brauchen keine langen Vorlaufzeiten. Auch die Organisation ist unkompliziert. Ort und Zeit sind weitgehend flexibel wählbar. Darin liegen allerdings auch Tücken, die zu mangelnder Vorbereitung und nachlässiger Rekrutierung verleiten.

Eine **beliebige Wiederholbarkeit** durch Aufzeichnung ist machbar. Erst im Verlaufe der weiteren Beschäftigung bedeutsam werdende Gesprächspassagen lassen sich in Bild und/oder Ton und/oder Schrift nachvollziehen. Der Informationsverlust durch Übertragung bleibt dadurch gering.

Es besteht eine **absolute Kostengünstigkeit**. Werden allerdings zur besseren Validierung der Ergebnisse mehrere Gesprächsrunden veranstaltet, was in jedem Fall empfehlenswert ist, laufen bald dennoch hohe Informationsgewinnungskosten auf.

Das Verfahren schließt die Berücksichtigung **gruppendynamischer Aspekte** ein. Dadurch können etwa soziale Aspekte des Käuferverhaltens ansatzweise erfasst werden. Die Verzerrung durch Meinungsbildner ist nicht so gravierend wie es scheint, ist doch auch das reale Umfeld durch solche Personen gekennzeichnet.

Die **Interviewsituation** wird in den Hintergrund gerückt, im Vordergrund steht das gemeinsame Gespräch. Dadurch wird der kognitive Anteil der Meinungsäußerung zurückgedrängt, der meist auch in der späteren Marktsituation, selbst im B-t-B-Bereich, nur eine begrenzte Rolle spielt.

Das Gespräch kann zu **weitergehenden Informationen** genutzt werden, z. B. einem Werbemitteltest. Dies dient einer weiteren Rationalisierung. Allerdings darf dabei nicht vergessen werden, dass es zu Ausstrahlungseffekten zwischen den behandelten Themen kommt, von denen ungewiss ist, ob sie real auch so stattfinden.

Auch **Nachteile** sind allerdings zu erwähnen. Die **Suggestibilität des Eindrucks** kann zu verzerrter Wirklichkeitssicht führen. Das hautnah miterlebte Gespräch hat erfahrungsgemäß eine sehr viel stärkere normative Kraft als die eher abstrakte Datenauswertung von nicht präsenten Einzelgesprächen. Doch der Eindruck des Gruppengesprächs kann gravierend täuschen.

Die Ergebnisse sind **interpretationsbedürftig**. Die Meinungsäußerung unterliegt situationsbedingt sozialer Kontrolle und weist daher immanente Verzerrungen auf. Es bedarf großen Sachverstands, die Gesprächsergebnisse um diese Verzerrungen zu bereinigen und nicht dem spontanen Eindruck zu erliegen.

Das Verfahren ist kein Ersatz für **eigene Recherche** auf breiter Basis. Denn der Output ist durch den definitionsgemäß limitierten Input eng begrenzt. Gruppeninterviews sind wertvoll als Einstieg in Entscheidungssituationen, sie sind aber keineswegs für diese als Informationsgrundlage ausreichend.

Es ergibt sich eine **fehlende Repräsentanz** und damit Hochrechenbarkeit auf die Zielgruppe. Das Gruppeninterview kann aufgrund seiner Anlage (geringe Fallzahl) keinerlei Anspruch auf Strukturidentität zur Grundgesamtheit erheben. Damit ist es auch nicht zulässig, dessen Ergebnisse in irgendeiner Weise hochzurechnen.

Die **Vergleichbarkeit** zwischen mehreren Veranstaltungen ist wegen mangelnder Standardisierung nicht gegeben. Jedes Gruppengespräch hat nur Gültigkeit für sich selbst, weil prinzipbedingt auf die jeweiligen Besonderheiten jeder Gruppe eingegangen wird. Erfahrungswerte sind dabei mit Vorsicht zu behandeln.

Die **Relevanz** von genannten und ungenannten Aspekten ist schwer einschätzbar. Der Gesprächsverlauf ist in gewisser Weise willkürlich, sodass es vorkommen kann, das wichtige Argumente nicht genannt, unwichtige hingegen vertieft werden. Dem kann durch eine Checklist in jedem Fall anzusprechender Aspekte vorgebeugt werden.

Meinungsführer können die Ergebnisse erheblich beeinflussen, ohne dass dieser Verzerrungseffekt exakt zu isolieren ist. Durch den Gesprächsleiter ist dieser Einfluss nur begrenzt neutralisierbar. Hier sind vor allem Männer als Gesprächsteilnehmer anfällig für Dominanzstreben.

Die **Kosten** sind relativ hoch (wenngleich absolut niedrig). Es ist von ca. 200 € je Teilnehmer bei einem Gruppeninterview auszugehen, gegenüber ca. 50 € je Einzelinterview. Dieser relative

Mehraufwand ist nur durch einen mindestens entsprechenden Informationszuwachs zu rechtfertigen.

Die Gesprächsteilnahme und -intensität korrelieren meist mit dem **Bildungsgrad**. Da vor allem auf die sprachliche Ausdrucksfähigkeit abgestellt wird, sind solche Personengruppen überpräsent, die aufgrund ihrer Ausbildung oder Berufstätigkeit damit vertraut sind, ihre Meinung im Kreis meist Fremder zu äußern.

Erfasste Verhaltensäußerungen sind **nicht immer eindeutig** interpretierbar. Dazu ist eine Nachfrage erforderlich, die allerdings im Gesprächskontext wiederum nicht möglich ist. Allerdings hat die Wissenschaft hier Methoden entwickelt (z. B. Facial Action Coding Technique), um Verhalten Meinungen recht sicher zuordnen zu können.

Die Anwendung **quantitativer Auswertungsmethoden** bleibt versagt. Aufgrund des qualitativen Charakters der Erhebung sind alle Datenverdichtungsversuche sinnlos. Gerade diese geben jedoch wichtige Hinweise für die aus der Erhebung notwendig folgenden Entscheidungserfordernisse.

Schließlich kommt es meist auch zu recht **oberflächlichen** Ergebnissen. Dies hat mit der spezifischen Gesprächssituation und dem eher unreflektierten Behandeln des Untersuchungsthemas zu tun. Dadurch wird hinsichtlich des Erkenntnishintergrunds oft »zu kurz« gesprungen.

9.2.1.2 Einzelinterview

Das Interview ist die am Weitesten verbreitete Methode der Marketingforschung. Vorsicht ist jedoch vor seiner unreflektierten Bewertung geboten. Es scheint zwar auf den ersten Blick einfach in der Anwendung, ermöglicht die Erfassung großer, repräsentativer Stichproben und kommt der natürlichen Gesprächssituation recht nahe. Antworten auf Fragen sind jedoch höchstens mehr oder minder gute Indikatoren für Meinungen, Einstellungen, Wünsche etc. und keineswegs identisch mit der Realität. Vor allem führen die Formulierung der Fragen und der Aufbau der Befragung ebenso zu erheblichen Verzerrungsgefahren wie situative Faktoren, die im Interview selbst begründet liegen und externe Faktoren, die im Umfeld des Interviews liegen. Daher gilt auch hier das Gebot einer professionellen Herangehensweise. Im Folgenden werden die Aspekte der Interviewart, der Frageart, der Frageformulierung, der Fragefunktion, der Fragetaktik und der Interviewerbedeutung näher beleuchtet.

9.2.1.2.1 Interviewarten

9.2.1.2.1.1 Abstufungsgrade

Es lassen sich mehrere Ausprägungen hinsichtlich des Standardisierungsgrades des mündlichen Interviews unterscheiden. Beim **standardisierten Interview** liegt ein genauestens ausformulierter Fragebogen vor, der die Reihenfolge der einzelnen Fragen exakt vorgibt, ebenso wie jede erlaubte Erklärung. Es ist vorgegeben, ob diese Erläuterung in jedem Fall gegeben werden muss und ob weiterführende Erläuterungen gegeben werden dürfen. Der Interviewer muss sich jeglichen Kommentars enthalten, darf bei den Antworten weder Überraschung, noch Zustimmung oder Missbilligung zeigen. Er soll jedoch Interesse an der Meinung des Befragten bekunden.

Die **Vorteile** liegen in folgenden Aspekten. Es besteht eine Kontrolle über Form und Ablauf des Interviews, die eine Quantifizierung der insgesamt durchgeführten Erhebungen und damit deren Vergleichbarkeit erlaubt. Dies wiederum ist zwingende Voraussetzung für die Generalisierbarkeit gewonnener Informationen und deren datenverdichtende Auswertung.

Der Interviewereinfluss wird auf ein Mindestmaß begrenzt, da die Fragen bei sämtlichen Auskunftspersonen den gleichen Wortlaut haben und in derselben Reihenfolge gestellt werden. Allerdings sind nach wie vor alle non-verbalen Beeinflussungsgefahren, etwa durch Auftreten, Aussehen, Umgebungssituation etc, gegeben.

An Interviewer werden vergleichsweise geringe Anforderungen gestellt, sodass zugleich eine Interviewerüberlastung vermieden wird. Betriebswirtschaftlich erlaubt dies den Einsatz weitgehend ungeschulter Interviewer. Darunter leidet aber zugleich die Professionalität der Erhebung.

Die Auswertung der Fragebögen ist relativ einfach zu bewerkstelligen. Alle Fragen können gleichartig verarbeitet werden. Dies wirkt vor allem bei der Codierung und Dateneingabe rationalisierend. Gleichzeitig wird die Fehlerquote durch Übungseffekte bei der Übertragung verringert.

Nachteilig ist jedoch die mangelnde Anpassung an individuelle Situationen. Dies kann nur durch eine Lockerung des strikten Standardisierungsgrades erfolgen.

Beim **strukturierten Interview** liegt ein ausformulierter Fragebogen vor, der die Reihenfolge der Fragen und deren Wortlaut vorgibt. Die Reglementierung ist jedoch nicht so streng wie beim standardisierten Interview, sodass Freiräume für das Eingehen auf Einzelfälle bestehen bleiben. Darunter leidet natürlich die Vergleichbarkeit der Befragungsergebnisse untereinander. Jedoch kann dadurch besser auf die Individualität des Befragten eingegangen werden. Dies ist wichtig zur Steigerung dessen Auskunftsfähigkeit und -willigkeit. Von non-direktiver Technik spricht man, wenn sich der Interviewer bei der Befragung stark zurückhält und nur unauffällig lenkt, von semi-direktiver Technik, wenn der Interviewer flexibel und durchaus auch straffer im Sinne des Ergebnisziels führt, und von direktiver Technik, wenn der Interviewer das Gespräch dominiert und vorgibt, wo es lang geht. Ziel ist in jedem Fall die Ermittlung hypothetischer, unzugänglicher und normativer Sachverhalte.

Beim **unstrukturierten Interview** liegt dem Interviewer nur ein Leitfaden vor, der die wichtigsten Punkte enthält, die im Interview angesprochen werden sollen. Formulierung und Reihenfolge der Fragen sind nicht festgelegt. Der Interviewer kann nach eigenem Ermessen Fragen auslassen und/oder Zusatzfragen stellen, er kann eigene Erklärungen abgeben und auf die verschiedenen Aspekte mehr oder minder vertieft eingehen. Damit wird die natürliche Gesprächssituation simuliert. Im Unterschied zum Gruppeninterview ist jedoch nur eine antwortende Person einbezogen, dafür wirken Schweiger und Meinungsbildner nicht ergebnisverzerrend.

Als **Nachteile** beider Ansätze sind jedoch folgende Aspekte zu nennen. Gruppendynamische Prozesse unterbleiben, da nur eine Einzelperson involviert ist. Dadurch können Prozesse im sozialen Umfeld kaum nachempfunden werden, wie dies im Gruppeninterview der Fall ist.

Es ist kein Vergleich der Ergebnisse mehrerer Befragungen unterschiedlicher Personen möglich. Denn jedes Interview ist individuell auf die Befragungsperson zugeschnitten und läuft anders als das nächste.

Der Interviewer hat als alleinige und dominante Bezugsperson einen starken Einfluss auf Gesprächsverlauf und -inhalt. Insofern kommt es bei Interviews verschiedener Befrager zu weiteren Verzerrungen.

Eine Auswertung ist nur über Tonbandprotokoll oder Mitschrift durch eine zweite Person möglich, wobei beides Verzerrungsgefahren birgt, im ersten Fall durch mindere Aufmerksamkeit, im zweiten durch Ablenkung der Befragten.

Beim freien **Tiefeninterview** erfolgt eine psychologische, offene Exploration in kleinen Fallzahlen, bei der von der Auskunftsperson neben der Antwort die Lösung und Behandlung vorgegebener Problem- und Aufgabenstellungen erwartet wird. Deshalb steht hier nur das Thema der Befragung fest, der Ablauf des Interviews liegt jedoch vollständig beim geschulten Psychologen. Ein Tiefeninterview ist also ein besonders intensiv geführtes Gespräch, bei dem dem Befragten erheblicher Freiraum für die Einbringung seiner Gedanken und Gefühle gelassen wird. Ziel ist dabei die Gewinnung von Einblicken in die Motivstruktur der Befragten. Oft wird dieses Verfahren auch als Pilotstudie eingesetzt, wenn nur wenig anwendbar vorhandene Kenntnisse vorliegen und neue Einsichten gewonnen werden sollen. Dies erlaubt die Konkretisierung, Präsierung und Priorisierung von Tatbeständen, die dann später durch eher standardisierte Verfahren erhoben werden. Dazu sind 20–30 Interviews vollauf ausreichend.

Vorteile liegen in folgenden Aspekten. Es kann auf die Individualität des Befragten mühelos eingegangen werden. Dadurch entsteht eine gewisse Vertrauensbeziehung zwischen Befrager und Befragtem, die weitergehende Erkenntnisse ermöglicht.

Die Reihenfolge der getätigten Äußerungen sowie deren Art und Intensität geben wichtige Erkenntnishinweise. Diese Möglichkeiten bleiben bei stärker vorgegebenen Interviewabläufen verschlossen.

Es kommt zu einer gesteigerten Aussagewilligkeit, zu spontanen Äußerungen und vielfältigen Einsichten in die Denk-, Empfindungs- und Handlungsweise der Befragten. Damit entstehen wertvollere Hinweise.

Als **Nachteile** sind folgende Aspekte zu nennen. Es sind psychologisch geschulte Fachleute für das Interview erforderlich. Dies bedingt einen höheren Kosteneinsatz für die Erhebung. Amateurpsychologen reichen dafür regelmäßig nicht aus.

Die Vergleichbarkeit von Aussagen aus verschiedenen Interviews ist eng begrenzt. Im Grunde genommen handelt es sich um monadische, untereinander nicht bezugsfähige Fallstudien, die wenig valide sind.

Die Protokollierung der Aussagen parallel zur Führung des Interviews ist schwierig. Nachträgliche Aufzeichnungen sind unvollständig und verzerrend. Wörtliche Protokolle sind aufwendig. So kommt eigentlich nur der Tonbandmitschnitt in Betracht.

Die Auswertung ist schwierig. Sie impliziert Deutungsspielräume. Vor allem ist das begrenzte Formulierungs- und Ausdrucksvermögen der Testpersonen zu berücksichtigen. Hinzu kommt deren nur mehr oder minder ausgeprägte Kommunikationsfreudigkeit.

Das Verfahren ist recht kostenaufwendig (ca. 100 €/Befragtem). Zudem ist ein erheblicher qualitativer Spielraum in Untersuchungsanlage, -abwicklung und -auswertung gegeben, sodass Angebote verschiedener Veranstalter kaum vergleichbar sind.

Die Ergebnisse sind statistisch nicht repräsentativ und valide. Als Mindestgröße werden 60 befragte Personen angesehen. Dies reicht dann immer noch nicht zur Validierung von Angaben, impliziert aber bereits Kosten von über 6.000 €.

Sonderformen des Einzelinterviews sind die **Think-Aloud**-Technik, bei der Personen in Zusammenhang mit Entscheidungsprozessen (z. B. beim Einkauf) dahingehend befragt werden, die Gedanken, die ihnen gerade durch den Kopf gehen, auszudrücken. Die Aufzeichnung erfolgt dabei durch Mitschrift oder Tonbandaufzeichnung. Allerdings sind die Ergebnisse eher unsicher. Und die Technik **verdeckter Interviews**. Diese werden unter einem Vorwand eingeleitet und lassen den Auskunftspersonen nicht bewusst werden, dass es sich um ein Interview handelt. Forscherisch ist dies wünschenswert, man spricht von einer biotischen Situation, berufsethisch ist dies jedoch problematisch, weil Auskunftspersonen dabei instrumentalisiert werden.

9.2.1.2.1.2 Bewertung

Allen genannten Ausprägungen des mündlichen Interviews sind die im Folgenden dargestellten Vorteile und Nachteile gemein. Zunächst zu den **allgemeinen Vorteilen.** Die Identität der Befragungsperson lässt sich mühelos feststellen. Dies ist durchaus nicht bei allen Befragungsarten so. Dadurch kann, was entscheidend ist, von den Aussagen auf die dahinter stehende Person rückgeschlossen werden.

Durch mehrmaliges Besuchen und durch Erläuterung des Untersuchungszwecks kann die Verweigerungsquote niedrig gehalten werden. Insofern kommt es zu einer guten Stichprobenausschöpfung und zu vergleichsweise geringen, verweigerungsbedingten Verzerrungen.

Spontane Reaktionen der Probanden bei der Fragestellung können durch den Interviewer beobachtet und entsprechend vermerkt werden. Dies bietet interessante Aufschlüsse.

Die Umfeldeinflüsse sind, wenn schon nicht kontrollierbar, so doch zumindest feststellbar. Insofern handelt es sich um eine, wenngleich nur in Grenzen, kontrollierte Erhebungssituation.

Bei Nichtverstehen von Fragen können vom Befragten Rückfragen gestellt werden, bei ungewollten Mehrdeutigkeiten kann der Interviewer aufklärende Erläuterungen zur Zielrichtung von Fragen geben.

Visuelle Hilfsmittel wie Vorlagen, Muster, Skalen etc. können problemlos eingesetzt werden. Dies vereinfacht und präzisiert die Befragungsinhalte. Damit ist eine differenzierte Fragestellung möglich.

Der Umfang der Befragung kann größer angelegt sein, da dem Befragten notwendigerweise der Überblick darüber fehlt. Somit sind auch Zusatzfragen einzubeziehen. Dies führt ansonsten leicht zur Antwortverweigerung.

Sofern Ermüdungserscheinungen auftreten, sind diese erkennbar, und es kann ihnen gezielt durch Motivation entgegen gewirkt werden. Dazu ist eine gewisse Flexibilität der Befragung hilfreich.

Durch den Aufbau einer Vertrauensbasis können ehrlichere Antworten erreicht werden, selbst zu heiklen Themen. Begünstigt wird dies durch die natürliche Umgebung der Befragungsperson. Dadurch erhöht sich ihre Bereitschaft zur Mitteilung.

Interviewer-Einstufungen des Befragten und seines Umfelds sind möglich und liefern wichtige Kontextdaten. Wenngleich dabei Vorsicht geboten ist, weil es meist an einer einheitlichen Bezugsbasis mangelt.

Es ist eine genaue Steuerung der Fragenreihenfolge und, in Maßen auch, der Beantwortungszeit möglich. Dies kommt unmittelbar der Vergleichbarkeit von Antworten zugute.

Als **allgemeine Nachteile** sind folgende zu nennen. Es ist eine relativ große Zahl von Interviewern erforderlich. Dadurch gestalten sich die Personalkosten der Erhebung recht hoch. Dies gilt besonders, soll eine ordentliche räumliche Streuung der Erfassung gewährleistet sein.

Es ist eine intensive, fachkundige Schulung der Interviewer erforderlich, damit diese sich komplexen Befragungssituationen gewachsen zeigen. In der Praxis werden hier jedoch aus Ersparnisgründen oft ungeschulte, unqualifizierte Interviewer eingesetzt.

Oft sind mehrmalige Kontaktaufnahmen erforderlich, ehe eine Auskunftsperson tatsächlich erreicht werden kann. Selbst dann sind Ausschöpfungsquoten von mindestens 70 %, wie wünschenswert, nur mit großem Zeit- und Kostenaufwand realisierbar.

Der Anteil schwer erreichbarer Personengruppen steigt, z. B. Singles, berufliche mobile Personen, Doppelverdiener-Haushalte. Damit kommt es aber zu systematischen Verzerrungen bei der Probandenauswahl.

Interviewer können leicht einzelne Fragen oder den gesamten Fragebogen fälschen. Eine Interviewerkontrolle stößt an enge Praktikabilitätsgrenzen und ist zudem recht kostenaufwendig. So kommt es allenfalls zu Stichprobenkontrollen.

Durch den Interviewer selbst können Verzerrungen in den Antworten der Befragten auftreten. Seine Gegenwart stört die Anonymität der Befragung und provoziert evtl. Antworten gemäß sozial erwünschtem Verhalten oder bloße Gefälligkeitsantworten.

9.2.1.2.2 Fragearten

9.2.1.2.2.1 Einteilung

Will man eine mündliche Umfrage initiieren, so ist es wichtig, einige Hinweise in Bezug auf Fragenarten und Fragetaktik zu berücksichtigen. Zunächst zu den Fragearten.

Hier lassen sich zwei Gruppen unterscheiden:

- offene oder inkategoriale Fragen,
- geschlossene oder kategoriale Fragen.

Kategoriale, **geschlossene Fragen** lassen sich wiederum in solche mit

- zwei Antwortalternativen als Alternativfragen,
- mehr als zwei Antwortalternativen als Selektivfragen,

unterteilen. **Alternativfragen** haben nur ein »Ja« oder »Nein« als Antwortmöglichkeit. Eine Kategorie »Weiß nicht« ist problematisch, weil sie Ausweichbewegungen provoziert und bei der späteren Auswertung Probleme bereitet. Außerdem besteht eine latente Ja-Tendenz bei den Antworten. **Selektivfragen** bieten eine Mehrfachauswahlmöglichkeit (Multiple Choice). Dabei sind Mehrfachnennungen nur bei einander ausschließenden Alternativen vermeidbar.

Kategorialneutral sind solche Fragen, die alle denkbaren Antworten abdecken. Allerdings ist hier zu bezweifeln, dass alle denkbaren Antworten auch wirklich ausgewiesen werden können. **Kategorialinneutral** sind solche Fragen, die nicht alle denkbaren Antworten abdecken. Darin liegt eine erhebliche Gefahr für Verzerrungen allein daraus, dass nicht alle Antwortmöglichkeiten wählbar sind.

Werden die Antwortvorgaben dabei innerhalb der Befragung rotiert, handelt es sich um **sequenzneutrale** Fragen, erfolgt keine Rotation der Antwortvorgaben, handelt es sich um **sequenzinneutrale** Fragen. Auch darin liegt eine Verzerrungsgefahr insofern, als es zu Positionseffekten und gegenseitiger Überstrahlung zwischen Fragen kommen kann. So beeinflussen vorhergehende Antwortalternativen nachfolgende.

Weiterhin kann bei Mehrfachnennungen eine bestimmte **Zahl** vorgegeben werden. Diese kann:

- **fixiert** sein, d. h. eine vorgegebene Anzahl beinhalten. Dabei soll aus einer vorgegebenen Liste eine definierte Anzahl von Antwortalternativen ausgewählt werden.
- **einseitig** begrenzt sein, d. h. Mindest- oder Höchstangaben enthalten. Dabei soll aus einer vorgegebenen Liste eine nach unten oder oben begrenzte Anzahl zulässiger Nennungen ausgewählt werden (mindestens/höchstens).
- **zweiseitig begrenzt** sein, d. h. Angaben zwischen Minimum und Maximum enthalten. Dabei soll aus einer vorgegebenen Liste eine Bandbreite zulässiger Nennungen ausgewählt werden (von/bis).

Die Erfassung der Antworten kann durch wörtliche **Niederschrift** (vornehmlich bei offenen Fragen), **Feldverschlüsselung** durch Markierung der Antworten auf Codierbogen (vornehmlich bei geschlossenen Fragen) oder durch **Feldbewertung** durch den Interviewer erfolgen. Letzteres wird als **Soziale Fremdeinstufung** (SFE) bezeichnet und wird bei Verweigerung der Angaben (z. B. zum Haushaltsnettoeinkommen) angewandt.

Eine weitere Unterscheidung betrifft die in direkte oder indirekte Fragearten. Bei **direkten** Fragen gibt die Auskunftsperson offenkundig und für sie erkennbar ihre eigene Meinung wieder. Die Antworten lassen direkt auf die interessierenden Sachverhalte schließen. Bei heiklen, tabuisierten und Normen beladenen Themen treten dabei allerdings oft Hemmungen auf. Dann werden **indirekte** Fragen eingesetzt, die sich projektiver Techniken bedienen. Die Auskunftsperson gibt dabei scheinbar nicht Auskunft über sich selbst, sondern über Dritte. Dadurch kann ihre Antwortbereitschaft und -fähigkeit gesteigert werden. Allerdings muss der Zusammenhang zwischen nachgefragtem Indiz und eigentlichem Frageobjekt eindeutig sein. Häufig angewandte Formen sind dabei folgende:

- Die interviewte Person wird als Experte befragt (»Wie beurteilen Sie als erfahrene Hausfrau die Tatsache, dass ...«).
- Es werden Satzergänzungs- oder Wortassoziationsverfahren angewendet (»Welche Begriffe fallen Ihnen zur Werbekampagne der Marke X ein?«).
- Eine dritte (fiktive) Person soll anhand ihrer Einkaufsliste charakterisiert werden.
- Bestimmte Personentypen werden bestimmten Produkten zugeordnet.

9.2.1.2.2.2 Offene Fragen

Offene Fragen sind solche, die eine vom Befragten frei formulierte Antwort zulassen (W-Fragen, z. B. Was, Wer, Welche, Wann, Wo, Wie). Scheinbar offene Fragen haben Suggestivcharakter und weisen daher eine deutliche Ja-Tendenz auf (z. B. die Frage: »Ist das Fahrzeug wendig im Stadtverkehr?« bei einem Kleinwagen).

Vorteile offener Fragen sind dabei folgende. Die Auskunftsperson wird in ihrer Informationsabgabe und -bereitschaft nicht eingeschränkt und hat daher mehr Entfaltungsmöglichkeiten für aussagefähige Ergebnisse. Dadurch kommt es zu einer genaueren Erfassung von Antworten.

Die Auskunftsperson wird nicht durch vorgegebene Antwortkategorien zu einer teilweise unpassenden oder gar falschen Antwort veranlasst. Dies gilt umso mehr, je komplexer und differenzierter ein Befragungsgegenstand ist.

Antworten werden nicht durch Vorgaben »programmiert«, d. h. in eine bestimmte Richtung verzerrt. Darin liegt eine große Gefahr, etwa durch Formulierung oder Anzahl vorgegebener Antwortalternativen.

Es erfolgt keine Überbetonung durch überschneidende Mehrfachformulierungen einer Antwortart im Antwortkatalog. Denn dadurch steigt automatisch die Wahrscheinlichkeit ihrer Nennung.

Der Befragungsgegenstand wird vollständig abgebildet, weil keine Gefahr durch ausgelassene Antwortkategorien besteht. Damit können alle Facetten eines Objekts erfasst werden.

Nachteile offener Fragen sind hingegen folgende. Der Einfluss des Interviewers macht sich in vielfältiger Weise auf die Art der Antworten bemerkbar. Dies liegt etwa schon in der Betonung der Frageformulierung und seiner physischen Anwesenheiten begründet.

Die Antworten der Auskunftspersonen hängen stark von deren Ausdrucksvermögen ab. Dies erfordert mehr geistige Anstrengung und führt zu überlegteren Antworten oder auch zur Antwortverweigerung.

Die Ausführungen der Auskunftsperson treffen oft nicht den Kern der Frage und schweifen in irrelevante Nebenbereiche ab. Ihre Verwertbarkeit ist dann mehr oder minder stark eingeschränkt.

Bei der späteren Klassifizierung von Antworten entstehen Schwierigkeiten hinsichtlich ihrer Zuordnung. Denn die Vielzahl differenzierter Antworten muss zur Auswertung letztlich wieder in passenden Kategorien zusammengefasst werden. Dies induziert Fehlinterpretationen.

Der Vergleich von Antworten untereinander gestaltet sich schwierig, wenn die Klassifizierung nicht einwandfrei gelingt.

Eine maschinelle Auswertung ist erst nach aufwendiger Codierung möglich. Dazu müssen die Antworten zunächst einmal alle gesichtet und dann nach passenden Gesichtspunkten gruppiert werden.

Antworten werden nur unvollständig oder verkürzt aufgezeichnet, wenn es sich um lange, wortreiche Einlassungen der Befragten handelt. Damit geht aber ein Teil der gewünschten Differenzierung wieder verloren.

9.2.1.2.2.3 Geschlossene Fragen

Geschlossene Fragen sind generell nur nach Vorstudien mit offenen Fragen empfehlenswert, da ansonsten entscheidende Antwortaspekte mangels angebotener Kategorie verloren gehen können.

Vorteile geschlossener Fragen sind folgende. Die Antwortvorgabe reduziert die erforderliche Denk- und Arbeitsleistung der Auskunftsperson und erleichtert damit die Antwort. Die Ergebnisse liegen besser auf dem Punkt als bei offenen Fragen.

Es sind keine besonderen Ansprüche an das Ausrucksvermögen der Auskunftsperson zu stellen. Denn dieses limitiert oft die aussagefähige Verwertung von Antworten und führt zu Fehlinterpretationen.

Ebenso sind keine besonderen Anforderungen an die Interviewer im Hinblick auf deren Schreib- und Aufnahmekapazitäten zu stellen. Sie können sich vielmehr voll auf die Gesprächsführung konzentrieren.

Eine schnelle Protokollierung der Ergebnisse ist gewährleistet. Das verkürzt Befragungszeiten und führt zu geringerer Abbruchquote bzw. zu mehr bearbeitbaren Inhalten je Interview.

Bei der Auswertung ist eine Rationalisierung durch Zeit- und Kostenersparnisse erreichbar. Die Antworten können unmittelbar, evtl. schon im Fragebogen, für die maschinelle Erfassung codiert werden.

Die Auswertung kann schnell und unter Einsatz technischer Hilfsmittel erfolgen. So erlaubt bereits ein rascher Blick über die Fragebogen einen ersten Eindruck von der Tendenz der Ergebnisse.

Die Antworten verschiedener Auskunftspersonen können problemlos miteinander verglichen werden, da sie alle auf denselben, vorformulierten Antwortkategorien beruhen.

Fehlinterpretationen sind weitestgehend ausgeschlossen. Allerdings kann es zum Fehlverständnis bei den Verständnis der Antwortvorgaben kommen, das dann zu Verzerrungen führt.

Nachteile geschlossener Fragen sind hingegen folgende. Es besteht die Gefahr, dass einzelne Antwortalternativen unbemerkt weggelassen werden. In diesem Fall ist eine erhebliche Verzerrung gegeben, da Auskunftspersonen ihre tatsächliche Position gar nicht repräsentiert sehen.

Die Anzahl der zur Auswahl stehenden Alternativen ist oft nicht ausgewogen. Überwiegen positive oder negative Statements, kommt es zwangsläufig zu einer Verlagerung der Gesamtaussagen in diese Richtung.

Die Formulierung der Antwortalternativen ist nicht neutral gehalten. Es fällt leichter, etwas zu bejahen als zu verneinen. Zudem weisen Suggestivfragen eine explizite Ja-Tendenz auf.

Die Reihenfolge der Nennung der Antwortalternativen führt zu gegenseitiger Überstrahlung. Dadurch werden Antworten verzerrt.

Dennoch spielen geschlossene Fragen die größte Rolle in jeder mündlichen Erhebung. Die genannten Nachteile können dabei durch die Beachtung einiger **Regeln** weitgehend vermieden werden:

- Die Alternativenzahl soll nicht zu klein sein, um dem Antwortenden genügend Entfaltungsspielraum zu belassen. So kann trotz der Vorgaben eine differenzierte Meinungserfassung erfolgen.
- Die Antwortkategorien sollen alle realistisch denkbaren Antortmöglichkeiten abdecken. Vor allem ist wichtig, dass die Antwortvorgaben aus der Sicht der Befragten tatsächlich zur Frage passen.
- Die Antwortalternativen sollen sich möglichst in der gleichen Dimension bewegen. Sollen mehrere Dimensionen abgedeckt werden, sollen diese annähernd ausgewogen oder auf mehrere geschlossene Fragen verteilt sein.
- Seltene Antwortkategorien sollen in einer Kategorie »Sonstiges« zusammengefasst werden. Diese wird dann als offene Kategorie betrachtet und in wörtlichen Formulierungen vermerkt.
- Eine offene Antwortalternative soll Raum für Antworten lassen, die durch die Vorgaben nicht abgedeckt sind. Dadurch gehen vom Befragten als wichtig erachtete, jedoch nicht vorgegebene Antworten nicht verloren.
- Bei der Reihenfolge der Antwortpositionen sind Verzerrungen durch Rotation der Reihenfolge zu vermeiden. So können Überstrahlungseffekte, wenn schon nicht verhindert, so doch zumindest ausgeglichen werden.

9.2.1.2.3 Frageformulierung

Bei der Frageformulierung sind die Grundsätze der Einfachheit, Eindeutigkeit und Neutralität zu beachten. **Einfachheit** bedeutet, dass der Fragebogen mit einem minimalen Wortschatz auskommen sollte. Die Fragen sollen kurz und einfach gehalten sein. Dabei sollte ein allgemein verständlicher Stil beachtet werden, wobei sich das sprachliche Niveau immer an der Umgangs- bzw. Fachsprache der jewilgen Befragtengruppe ausrichtet. Fragen sollen Wissensstand, Bildungsniveau und Erinnerungsfähigkeit der Befragten nicht überfordern. Fremdwörter, Abkürzungen, Eigennamen etc. sind zu vermeiden oder zu erläutern.

Eindeutigkeit meint, dass eine Frage so gestellt sein sollte, dass sie von mehreren Befragten gleichartig verstanden werden kann. Mehrdeutigkeiten sind zu vermeiden, auch in Bezug auf Orts- und Zeitangaben. Dazu bedarf es einer präzisen, semantisch eindeutigen und logisch klaren Formulierung. Es darf dabei zu keiner Vermischung verschiedener Frageaspekte kommen.

Neutralität bedeutet, dass jede Beeinflussung der Antwort durch die Fragestellung ausgeschlossen sein sollte. Suggestionen entstehen bereits bei unterschiedlichen Formulierungslängen von Alternativantworten, durch den Einsatz wertender Wörter, durch Ungleichheit positiver und negative Ausprägungen der Antworten, durch Betonung in Text oder Vortrag etc.

Allgemein gilt, dass die Fragen nicht als lästig empfunden werden dürfen und leicht verständlich sein sollen. Es sollen so wenig Fragen wie möglich gestellt werden, diese müssen klar formuliert sein. Sie sollen so kurz und präzise wie möglich sein und dürfen keinen inquisitorischen Charakter haben. Der Fragenablauf soll eine motivierende Dramaturgie aufweisen und jegliche Monotonie vermissen lassen. Es sind sowohl Aufwärmphase (Eisbrecherfragen etc.) als auch zwischenzeitliche Motivation für den Probanden erforderlich (Themenwechsel etc.).

9.2.1.2.4 Fragefunktionen

Im Fragebogenablauf nehmen einzelne Frage bestimmte Funktionen wahr. Man unterscheidet Instrumental-, Ergebnis- und Sonderfragen. Innerhalb der Instrumentalfragen sind Analytische, Ablaufordnungs- und Methodische Fragen zu unterscheiden. Innerhalb der Ergebnisfragen sind Unmittelbare und Mittelbare Präzisions- sowie Maßstabsfragen zu unterscheiden. Zu der leicht verwirrenden Vielzahl der Ausprägungen in Folge einige Erläuterungen.

9.2.1.2.4.1 Instrumentalfragen

Die Gruppe der Instrumentalfragen beinhaltet Fragen, die keine unmittelbare Aussage über bestimmte Sachverhalte zulassen, aber für den Erfolg der Erhebung entscheidend sind. Dazu gehören die im Folgenden aufgeführten Fragearten.

Analytische Fragen sind solche, die den Befragungsgegenstand betreffen. Zu unterscheiden ist in:

- **Korrelationsfragen**. Sie bilden die Grundlage für Untergruppen und Kreuztabellierungen. Dies betrifft vor allem die Soziodemographie der Befragten, die in Zusammenhang mit auswertbaren Ergebnisfragen gestellt wird.
- **Erhebungskontrollfragen**. Sie stellen die Sorgfalt der Interviewdurchführung sicher. Meist handelt es sich um Fälscherfragen, die feststellen sollen, ob Antworten an verschiedenen Stellen des Fragebogens einander widersprechen. Dies deutet vermutlich auf Fälschungen hin.
- **Auskunftskontrollfragen**. Sie stellen Inkonsistenzen in den Antworten der Befragten fest. Die Ergebnisse der betreffenden Personen sind dann kritisch zu durchleuchten. Es steht zu vermuten, dass bei den Antworten nicht immer die Wahrheit angegeben worden ist.

Ablaufordnungsfragen sind solche, die den Befragungsvorgang steuern. Zu unterscheiden ist in:

- **Filterfragen**. Sie beenden die Befragung bzw. scheiden Personen aus der weiteren Befragung zu einem Thema aus. Damit werden unsinnige Fragestellungen vermieden. Zum Beispiel richten sich Fragen zur Werbung von Tierfutter nur an Personen, von denen vorher erhoben wurde, dass sie ein Haustier halten. Alle Anderen überspringen diesen Fragenkomplex.
- **Gabelungsfragen**. Sie steuern den Ablauf, indem je nach Antwortkategorie an einer anderen Stelle im Fragebogen weitergearbeitet wird. Somit werden Untergruppen der Befragungsgesamtheit definiert und dann mit jeweils spezifischen Fragefolgen bedient. Zum Beispiel werden gewerbliche und private Nutzer von Elektrowerkzeugen getrennt nach ihren jeweiligen Anforderungen an eine Werbekampagne für den Gerätetyp befragt.

Methodische Fragen sind solche, die dem Bereich der Fragetaktik zuzurechnen sind. Zu unterscheiden ist in:

- **Kontaktfragen** (auch Eisbrecherfragen genannt). Sie bauen die Scheu des Befragten gegenüber dem Interview ab und schaffen günstige Voraussetzungen für einen konstruktiven Befragungsablauf. Sie dienen der Auflockerung der Atmosphäre und der Überbrückung anfänglicher Befangenheit. Den Ergebnissen kommt meist »Wegwerf«-Charakter zu.
- **Unterweisungsfragen**. Sie sichern die notwendige Grundeinstellung und sensibilisieren Auskunftspersonen für den betreffenden Gegenstand. Sie werden auch Lern- oder Trainingsfragen genannt. So kann ein angeführtes Beispiel den Befragten helfen, besser zu verstehen, wie eine Frage gemeint ist.
- **Füllfragen** (auch Pufferfragen genannt). Sie grenzen Themenkomplexe innerhalb einer Befragung gegeneinander ab und verhindern so eine gegenseitige Beeinflussung dieser Komplexe durch Haloeffekte, d. h. Überstrahlungen vom vorherigen Thema auf das nachfolgende.
- **Ablenkungsfragen**. Sie sollen den eigentlichen Fragebogeninhalt verdecken. Dadurch soll eine nicht-durchschaubare Fragesituation erreicht werden, in der die Befragungsperson keine Auskunftsverzerrungen einbringen kann, weil ihr verborgen bleibt, was das eigentliche Ziel der Frage ist.
- **Ausgleichsfragen**. Sie sind für den Teil der Befragten gedacht, die nach einer Filterfrage von einem Fragenkomplex freigestellt sind. Damit soll verhindert werden, dass Befragte lernen, welche Antworten zur eher unliebsamen Verlängerung des Interviews über weitere Fragen und welche zur willkommenen Verkürzung durch Frageauslassung führen.

9.2.1.2.4.2 Ergebnisfragen

Die Gruppe der Ergebnisfragen beinhaltet Fragen, die unmittelbar auf bestimmte Sachverhalte und funktionelle Verknüpfungen schließen lassen.

Präzisionsfragen sind solche, die zu erhebende Tatbestände **unmittelbar** durch direkte Befragung erfassen oder **mittelbar** durch:

- **Assoziationsfragen**, die auf die mit einem Untersuchungsgegenstand verknüpften Vorstellungen abzielen oder
- **Projektionsfragen**, welche die Auskunftsperson veranlassen sollen, Informationen abzugeben, die sie bei direkter Befragung nicht offenbaren kann oder will.

Maßstabsfragen sind solche, die Unterschiede zwischen verschiedenen Befragten festhalten sollen.

9.2.1.2.4.3 Sonderfragen

Die Gruppe der Sonderfragen beinhaltet mehrere Formen:

- **Vorlagenfragen**. Sie verbinden Text-, Bild- oder Originalvorlagen mit der Frageformulierung. Oft dienen diese als zusätzliche Gedächtnisstütze. Dies ist etwa bei der Abfrage in der Media-Analyse durch Vorlage von Setkarten mit den Logos von Werbeträgern zur Erfassung deren Nutzung der Fall.
- **Vortragsfragen**. Sie werden ohne stützende Vorlagen gestellt und führen somit zu »härteren« Ergebnissen. Damit kann z. B. die aktive Bekanntheit von Werbekampagnen erfragt werden, die spontan in Zusammenhang mit der Frage präsent sind.

- **Zitatfragen**. Sie beinhalten die wörtliche Äußerung einer fiktiven oder realen Person, zu welcher der Befragte Stellung nehmen soll. Häufig handelt es sich um Personen des öffentlichen Lebens, deren Aussagen durch die Medien bereits bekannt sind.
- **Dialogfragen**. Sie geben einen Gesprächsaustausch zweier fiktiver Personen wieder und fordern die Befragungsperson auf, einer von ihnen zuzustimmen. Dies wird vor allem bei komplexen Sachverhalten angewandt, die das Ausdrucksvermögen von Probanden ansonsten überfordern.
- **Personenfragen**. Sie werden für gewöhnlich am Ende des Interviews gestellt und dienen der Erfassung soziodemographischer Daten, die dann mit anderen Ergebnissen korreliert werden können.
- **Indikatorfragen**. Sie dienen der Operationalisierung von theoretischen Konstrukten (z. B. Motive, Wünsche, Bedarfe) und sollen Hinweise auf das Vorhandensein und die Ausprägung dieser Konstrukte geben.
- **Skalierungsfragen**. Sie bedienen sich Skalen, um Einstellungen, Beurteilungen, Meinungen oder andere verdeckte Inhalte zu messen. Ihr Ziel ist die Quantifizierung qualitativer Sachverhalte.

9.2.1.2.5 Fragetaktik

Die Fragetaktik dient vor allem der motivierenden Dramaturgie des Fragebogens und soll jegliche Monotonie vermeiden. Die Auskunftswilligkeit soll durch thematische Abwechslung und Variation der Fragetechniken gesteigert werden. Auch sollen Störeffekte ausgeschaltet werden, die etwa durch Überstrahlung von Antwortalternativen zustande kommen. Dabei handelt es sich um:

- Präsenzeffekte, d. h. vorangegangene Fragen aktualisieren bestimmte Vorstellungen und Denkraster und engen dadurch den Antwortspielraum für nachfolgende Fragen ein,
- Konsequenzeffekt, d. h. der Befragte sieht seine Antwort in Zusammenhang und bemüht sich um interne Widerspruchsfreiheit, obgleich er ansonsten anders antworten wollte,
- Lerneffekte, d. h. vorangegangene Fragen vermitteln Wissen, etwa über den Fragenablauf, und verzerren Antworten durch mangelnde Unvoreingenommenheit.

Hilfreich ist auch eine einigermaßen konstante Befragungssituation, um Ungleichheiten in der Erhebung vorzubeugen.

Die Länge des Fragebogens ist abhängig von Befragungsgegenstand, erwartetem Interesse der Befragten, Interviewergeschick, erwarteter Befragungssituation und Honorierung. Letztere ist höchst umstritten, provoziert sie doch womöglich Gefälligkeitsantworten, um das Honorar nicht zu gefährden. Realistisch ist, sofern es sich nicht um professionelle Zielgruppen handelt, eine Dauer von 30 – 45 Minuten je Interview, das bedeutet ca. 15 – 25 Fragen und ca. 30 – 45 € Kosten pro Interview.

Fragetaktische Elemente betreffen die:

- Themenkomposition bei Mehrthemenbefragungen, d. h. Art und Inhalt der in einer Mehrthemenbefragung eingebrachten Themen. Dadurch kann es zu einer Auflockerung der Befragung kommen.
- Fragetypenkomposition im Befragungsablauf, d. h. Art der überhaupt eingesetzten Fragetypen im Fragebogen. Hier ist eine Abwechslung durch Einsatz unterschiedlicher Fragetypen sinnvoll, um Ermüdungserscheinungen und Lerneffekten vorzubeugen.

– Themensequenzen bei Mehrthemenbefragungen, d. h. Abfolge der einzelnen Themen in einem Fragebogen. Bei ungeschickter Zusammenstellung kann es hier zu einer gegenseitigen Überstrahlung der Themen kommen.
– Fragetypensequenzen im Befragungsablauf, d. h. Abfolge der einzelnen Fragetypen im Fragebogen. Häufig kommt es zur sozialen Erwünschtheit, d. h. Personen antworten so, wie sie glauben, dass es von ihnen erwartet wird, und Prestigeantworten, d. h. Personen überzeichnen ihren Status im realen Leben.

Abhilfe für daraus entstehende Probleme kann gleich mehrfach geschaffen werden. So decken Vorstudien vermeidbare Fehlermöglichkeiten auf. Die Begründung für Antworten kann zur Erläuterung abgefragt werden. Dadurch werden Motivzusammhänge offenkundig.

Die Frageformulierung wird mit konkretem Bezug ausgestattet, damit kein sozial erwünschtes Verhalten wiedergegeben wird (also nicht: »Welche Fernsehprogramme sehen Sie normalerweise so an Ihren Feierabend?«, sondern: »Welche Fernsehprogramme haben Sie am gestrigen Abend gesehen?«).

Die Antwortvorgaben werden möglichst bestimmt formuliert, um Interpretationsspielraum zu nehmen (also nicht: »Fernsehen Sie selten, gelegentlich, häufig, regelmäßig?«, sondern »Fernsehen Sie täglich, 3 – 5 mal pro Woche, seltener als 3-mal pro Woche oder überhaupt nicht?«).

Es werden eindeutige Frageformulierungen verwendet (also nicht: »Welche Süßwaren essen Sie?«, sondern: »Essen Sie Tafelschokolade, Schokoriegel, Pralinen?« bzw. »Welche Marken verwenden Sie bevorzugt bei diesen Süßwaren?«).

Bei Tabuthemen werden gezielt suggestive Formulierungen verwendet (also nicht: »Haben Sie jemals Soft-Pornos im Fernsehen gesehen?«, sondern: »Haben Sie sich auch schon einmal in der Stimmung gefühlt, einen etwas härteren Sexfilm im Nachtprogramm des Fernsehens anzuschauen?«).

9.2.1.2.6 Interviewerbedeutung

9.2.1.2.6.1 Interviewerauswahl

Der Interviewer hat eine hohe Bedeutung für die Qualität der Befragungsergebnisse. Eine unerlässliche Voraussetzung ist somit die Auswahl hochgeeigneter Interviewer, konkrete Vorgaben für deren Arbeitseinsatz und ihre Schulung. Hilfreiche Charaktermerkmale sind dabei Kontaktfähigkeit, ein gesundes Maß an Pedanterie, Interesse für Menschen und moralische Widerstandskraft. Interviewer müssen zur ungezwungenen Führung eines präzisen Gesprächs fähig sein. Bei der Auswahl sind Extremtypen zu vermeiden. Was als extrem anzusehen ist, ist abhängig von der sozialen Norm der Befragten, z. B. Alter, Klassenzugehörigkeit, Erscheinungsbild, Bildungsgrad, Gebaren, Sprache. Ebenso sind soziale Randgruppen (wegen der Verweigerungsgefahr) zu vermeiden. Auch sollte keine persönliche Betroffenheit durch das Befragungsthema vorliegen (z. B. ausländische Interviewer zu Gastarbeiterthemen). Wichtig ist die Beherrschung der situativen Faktoren des Interviews und die Induzierung sozialer Interaktion zwischen Interviewer und Befragtem. Zu den situativen Faktoren gehören etwa Zeitdruck bei Interviewer oder Befragtem oder die Anwesenheit Dritter bei der Befragung. Beides sollte unbedingt vermieden werden. Ausgleichend wirkt hier meist die Zufälligkeit der Erhebungsumstände. Zur sozialen Interaktion gehört die Gesprächsentwicklung, die zu Beginn ein bestimmtes Bild vom jeweils Anderen vermittelt, das zu Vorurteilen führen kann, die verzerrend wirken. Ausgleichend arbeiten hier in gewissem Rahmen Fragetaktik und Interviewanweisung.

9.2.1.2.6.2 Interviewereinsatz

Für den Fall, dass eine mündliche, standardisierte Befragung durchgeführt werden soll, umfasst eine Intervieweranweisung für den Einsatz sinnvollerweise Vorgaben in folgenden Bereichen:

- Ungefragte und exakte Ausweisung der Person, alle Marktforschungsinstitute stellen dazu Interviewerausweise aus,
- Interview nur mit fremden Personen, also keine Freunde, Bekannte, Verwandte, Interviews auch nicht räumlich geballt vornehmen,
- Freundliches Auftreten und sympathische Ausstrahlung vermitteln,
- Entspannte Durchführung des Interviews ohne Zeitdruck, dem Befragten Zeit zum Nachdenken und Antworten lassen, nicht hetzen,
- Wörtliches Vorlesen von Fragen und genaue Vorlage von Hilfsmitteln, keine Fragen selbst interpretieren, bei Unverständlichkeit nochmals vorlesen und von der Auskunftsperson selbst interpretieren lassen,
- Genaue Einhaltung der Fragereihenfolge,
- Die Antworten immer wörtlich aufnehmen, nicht mit eigenen Worten wiedergeben,
- Antworten leserlich vermerken und exakt eintragen, immer in der richtigen Rubrik,
- Auch unaufgeforderte Antworten zur Sache notieren,
- Das Interview an Ort und Stelle auf Vollständigkeit und Gültigkeit überprüfen und keine Kompromisse in Bezug auf die Qualität eingehen,
- Keine Interviewbögen selbst vervollständigen,
- Keine persönlichen Ansichten in die Befragung einbringen,
- Immer nur ein Befragungsprojekt zu gleicher Zeit durchführen,
- Befragungen nicht mit anderen Tätigkeiten kombinieren, z. B. Verkauf, Beratung, wie das gelegentlich für Nebeneinnahmen der Interviewer üblich ist,
- Keine dritten Personen mitnehmen,
- Nicht von der vorgegebenen Stichprobenstruktur abweichen,
- Jede Person immer nur einmal befragen,
- Beim Ausfüllen nicht von der Befragungsperson »über die Schulter schauen« lassen, die Auskunftsperson auch nicht den Fragebogen und die Antworten lesen lassen.

9.2.1.2.6.3 Interviewerkontrolle

Zur Kontrolle der Einhaltung dieser Anweisungen und Vermeidung von Fälschungen dienen vor allem folgende Maßnahmen:

- Einbau von Fangfragen in das Interview, um Widersprüchlichkeiten zwischen früheren und späteren Angaben im Verlauf des Fragebogens festzustellen, allerdings sind auch »echte« Interviews nicht frei von Widersprüchen.
- Quittierung des Interviews durch den Befragten, allerdings besagt dies nichts über den tatsächlichen Ablauf des Interviews, zudem führt dies leicht zu Misstrauen bei Befragten (nichts unterschreiben wollen).
- Telefonischer Nachfass in Anschluss an das Interview, allerdings kann dabei kaum die Vollständigkeit der Befragung nachgeprüft werden, außerdem sind nicht alle Personen telefonisch erreichbar.

- Einstreuung gefälschter Adressen in die Erhebungsdaten, kommen von diesen Dummy-Adressen Fragebögen zurück, liegt eindeutig eine Fälschung vor, dies ist noch eine der wirksamsten Kontrollmaßnahmen.
- Durchführung echter Nachinterviews mit gleichartigen Fragen, allerdings ist damit ein hoher Zeit- und Geldaufwand verbunden, es besteht keine Gewähr, dass das Nachinterview zuverlässiger ist, und es kommt zu einer hohen Verweigerungsquote beim Zweitbesuch.
- Auswahl motivierter Interviewer, Beschränkung deren Zeitdrucks und leistungsfördernde Honorierung, die Praxis ist hier jedoch durch starke Konkurrenz und Rentabilitätsproblematik gekennzeichnet.
- Ausschluss unzuverlässiger oder »übererfahrener« Interviewer, wobei allerdings ein Identifizierungsproblem besteht und hohe laufende Kosten für Schulung und Training neuer Interviewer anfallen, die die Wettbewerbsfähigkeit vermindern.
- Beschränkung der Anzahl der Interviews je Interviewer, um etwaige Verzerrungen durch große Zahl zu neutralisieren (erfahrungsgemäß sind nur 3 % der Interviews als Fälschung erkennbar, doch die Dunkelziffer liegt wesentlich höher).

9.2.1.2.6.4 Interviewerqualifizierung

Die Qualifizierung der Interviewer bezieht sich auf folgende Bereiche:

- Erläuterung des Erhebungsziels, ohne allerdings zu genau auf die Hintergründe der Befragung einzugehen. Bei Kenntnis des allgemeinen Umfrageziels kann der Interviewer besser und sachkundiger auftreten. Eine zu genaue Einweisung ist jedoch zu vermeiden, weil sie das Ergebnis verzerren kann.
- Übungsinterviews, vor allem bei neuen Interviewern. Dabei werden wichtige Fertigkeiten eingeübt, wie immer nur eine Person zur gleichen Zeit interviewen, nur ein Interview pro Adresse, wörtliches Vorlesen der Fragen etc.
- Erläuterung der Auswahlmethoden und evtl. der Quotenmerkmale. Die Auswahlmethode muss zweifelsfrei genannt sein, ebenso ist der zu befragende Personenkreis abzugrenzen.
- Räumliche Abgrenzung des Arbeitsgebiets, möglichst außerhalb des Wohnsitzes des Interviewers, sodass die Voraussetzungen für Verzerrungen verringert werden.
- Zeitliche Abgrenzung der Erhebung, incl. Empfehlung günstiger Erhebungstage oder Tageszeiten, damit wird nicht nur ein einheitlicher Erhebungszeitraum erreicht sondern durch Erfolgserlebnisse auch eine gesteigerte Motivation der Interviewer.
- Art und Weise der Vorstellung, Bekanntmachung und des Gesprächseinstiegs. Hier sind bereits die entscheidenden Faktoren zum Gelingen eines Interviews angelegt.
- Art und Umfang der festzuhaltenden Beobachtungen bei Personen, Haushalten etc. Dies schärft die Aufmerksamkeit der Interviewer und erhöht die Aussagefähigkeit der Ergebnisse.
- Feststellung der Angaben zur befragten Person, da ansonsten wichtige Auswertungsmöglichkeiten entfallen.
- Hinweis auf die Überwachung der Interviewertätigkeit durch den Einsatzleiter. Er fungiert aber nicht nur als Kontrolleur, sondern steht auch als professioneller Partner für Erläuterungen zur Verfügung.
- Modalitäten der Vergütung. Hier ist die Normierung einer Mindestzahl erforderlicher Interviews denkbar, um eine schnellere zeitliche Durchführung zu erreichen (einheitlicher Erhebungsstichtag).

9.2.2 Informationen aus telefonischer Befragung

Das Interview per Telefon hat durch die weite Verbreitung von Fernsprechanschlüssen mittlerweile praktisch Repräsentanzanspruch. Die Mehrzahl der Befragungen wird denn auch bereits heute via Telefon durchgeführt, zunehmend auch mit Computerunterstützung. Folgende Faktoren begünstigen das Telefoninterview: Die Auftraggeber setzen immer knappere Termine und verlangen besonders zeitsparende Erhebungsmethoden. Die Auskunftsbereitschaft des Publikums steigt dadurch, man ist eher bereit, am Telefon zu antworten als Face to Face. Die Telekommunikationstechnologie hat erhebliche Komfortfortschritte in der Nutzung gebracht. Die Fernsprechgebühren sind langsamer gestiegen als Post- und Personalkosten bzw. infolge der Deregulierung deutlich gefallen.

Die wesentlichen **Vorteile** der telefonischen Befragung sind die folgenden. Sie ist schnell und damit kostengünstig (zumindest im Nahbereich) durchführbar. Sie eignet sich insofern besonders für Blitzumfragen und zur Nachbefragung bei Unklarheiten mündlicher Umfragen, aber auch zur effektiven Interviewerkontrolle.

Es besteht eine höhere Teilnahmebereitschaft durch Wahrung einer gewissen Anonymität seitens der Befragten. Auch ist es wahrscheinlicher, dass der Hörer abgenommen als dass die Tür geöffnet wird.

Durch ein neutralisierendes Medium werden offenere und ehrlichere Antworten wahrscheinlich. Die Befragungsperson muss sich weniger offenbaren und hat daher eine höhere Auskunftsbereitschaft.

Es entsteht ein geringerer Interviewereinfluss als bei mündlicher Befragung, da z. B. das äußere Erscheinungsbild des Befragers keine Rolle mehr spielt. Allerdings wirken noch Stimme, Betonung, Dialekt etc. als Einflussfaktoren.

Das direkte Gespräch ermöglicht Rückfragen, also einen Dialog. Dadurch kann beiderseitigen Missverständnissen vorgebeugt werden, und die Aussagefähigkeit des Interviews ist höher.

Der Interviewer kann die befragte Person, den Befragungszeitpunkt und die Fragenreihefolge bestimmen. Bei Nichtzustandekommen einer Verbindung entstehen keine Wegekosten und keine Zeitverluste für Fehlversuche.

Auch können mehrere Versuche der Kontaktaufnahme erfolgen, ohne dass die Kosten wesentlich steigen. Damit kommt es zu einer höheren Ausschöpfungsquote der Stichprobe und damit zu weniger systematischen Verzerrungen.

Es reichen vergleichsweise weniger Interviewer aus, sodass ein hohes Maß an Wirtschaftlichkeit im Personalbereich erreicht wird. Zudem ist eine weitgehend freie Zeiteinteilung (Nebenberuf) möglich. Oft ist sogar ein Anruf außerhalb der Arbeitszeit wegen der Erreichbarkeit der zu Befragenden sinnvoller.

Es wird eine Tonbandaufzeichnung von Gesprächen darstellbar, die eine intensivere Auswertung und Kontrolle ermöglichen. Dadurch entfällt das Mitschreiben und eine volle Konzentration auf den Gesprächsablauf ist gegeben.

Außerdem ist nur auf diese Weise ein nahezu einheitlicher Erhebungsstichtag realisierbar. Dies bedingt dann aber eine größere Anzahl von Interviewern, die parallel eingesetzt werden.

Wesentliche **Nachteile** der telefonischen Befragung betreffen hingegen folgende Aspekte. Sie ist begrenzt in der Dauer des Interviews und damit in der Anzahl abzufragender Inhalte. Durch die Distanz wird Unmut schneller ausgedrückt, weil die Hemmschwelle sinkt. Das kann zum vorzeitigen Interviewabbruch durch Belästigung oder Überforderung führen.

Die Anonymität führt weiterhin zu einer leichteren Antwortverweigerung, vor allem bei tabuisierten Themen. Daher ist die Fragethematik, die fernmündlich abfragbar ist, eingeschränkt.

Es sind keine unterstützenden Abbildungen, Skalierungen etc. einsetzbar. Visuelle Hilfsmittel fördern aber entscheidend die Aufklärung von Informationen und dienen der Klarheit und Eindeutigkeit von Themeninhalten.

Als Kommunikationsmittel dient nur der Ton, genauer die Stimme, non-verbale Reaktionsindikatoren können nicht registriert werden. Diese belegen jedoch die geäußerte Meinung überzeugender als die Sprachsignale.

Situative Einflüsse, wie Anwesenheit Dritter, häusliche Verhältnisse etc., sind nicht feststellbar. Damit können auch entsprechende Einwirkungen weder neutralisiert noch überhaupt registriert werden. Ebenso ist es nicht möglich, die Auskunftsdaten durch Angaben über den persönlichen Eindruck des Befragten und seines Umfelds zu ergänzen.

Der Anruf erfolgt womöglich zu unpassender Zeit, sodass der Befragte ihn als Störung empfindet oder abgelenkt ist. Dann ist ein Interview nur schwerlich durchführbar. Ein Wiederholungsanruf wird oft abgeblockt.

Eine eindeutige Legitimation des Interviewers ist nicht möglich. Damit bleiben Zweifel an der Seriosität der Untersuchung auf Seiten des Befragten bestehen. Zumal Misstrauen gegenüber unbekannten, zudem noch unsichtbaren Anrufern besteht.

In Einzelfällen ist die Gesamtheit der Telefonbesitzer nicht repräsentativ für die Grundgesamtheit, etwa nicht bei Studierenden, NBL-Einwohnern etc. Dann kommt es zu einer systembedingten Verzerrung der Befragungsergebnisse.

Das Auswahlmaterial ist nicht vollständig und aktuell. So fehlen oft die Eintragungen von Neuanschlüssen bzw. die Löschung von Altanschlüssen. Einige Telefonnummern hingegen sind doppelt aufgelistet (z. B. geschäftlich und privat, Doppelnamen, Erst- und Zweitwohnung), andere gar nicht (Geheimnummer).

Die zunehmende Verbreitung von Telefonanrufbeantwortern im privaten Bereich behindert zudem die Kontaktaufnahme. Man dringt erst gar nicht mehr zur Befragungsperson durch.

9.2.3 Informationen aus schriftlicher Befragung

9.2.3.1 Bewertung

Die schriftliche Befragung bedient sich, wie die mündliche, verbaler Statements als Stimuli, um Stellungnahmen zu erzeugen. **Vorteile** liegen dabei in folgenden Aspekten. Es entstehen vergleichsweise geringe Kosten, da ein erheblicher Zeitaufwand bei geografisch weit verstreuten Erhebungseinheiten vermieden werden kann. Insofern spielt die räumliche Entfernung keine Rolle (z. B. Auslandsmarktforschung). Allerdings muss die Kosteneinsparung durch die weitaus geringere Rücklaufquote relativiert werden.

Außerdem entfällt die Verzerrungsmöglichkeit durch fehlenden Interviewereinfluss. Damit entfallen auch Antwortfälschungen. Damit sind zwei wesentliche Verzerrungsquellen neutralisiert.

Die Zustellung der Fragebögen erhöht die Erreichbarkeit der Auskunftspersonen. So können auch schwer erreichbare Personen, die ansonsten leicht als Stichprobeneinheiten ausfallen, kontaktiert werden (z. B. Schichtarbeiter, Landwirte, Reisende).

Die befragten Personen haben genügend Zeit, die einzelnen Fragen zu beantworten. Die Auskunft wird damit überlegter und präziser, was meist im Sinne des Auftraggebers ist, jedoch auch kognitiv bedingte Verzerrungen impliziert.

Bei Zeitmangel kann die Bearbeitung unterbrochen und zu einem späteren Zeitpunkt wieder aufgenommen werden. Damit wird das Problem der Befragungsunterbrechung vermieden.

Die Zusicherung der Anonymität der Auskunftspersonen steigert deren Auskunftsbereitschaft. Wenngleich immer versteckte Kennzeichnungen auf dem Fragebogen vermutet werden.

Es sind sehr hohe Fallzahlen mit begrenztem Aufwand erreichbar. Die Abwicklung des Versand der Fragebögen ist weitgehend mechanisierbar, sodass selbst große Aussendungen schnell und kostengünstig handelbar sind.

Nachteile liegen hingegen in folgenden Aspekten. Unvollkommenheiten im Fragebogen, die ein Interviewer ausgleichen könnte, bleiben ohne Korrekturmöglichkeit. Der Gegenstand der Befragung beschränkt sich somit auf einfache, klare und leicht verständliche Sachverhalte.

Es ist eine gewisse Schreibgewandtheit der Auskunftspersonen vorauszusetzen, was nicht in allen Bevölkerungsschichten ohne weiteres selbstverständlich ist. Außerdem ist die Lesbarkeit bei Antworten offener Fragen oft zweifelhaft.

Fehlinterpretationen durch falsch verstandene Sachverhalte können nicht aufgeklärt werden und führen so zu unkontrollierten Falschantworten oder Ausfällen, welche die Repräsentativität gefährden.

Die Reihenfolge der Beantwortung der Fragen ist nicht kontrollierbar. Von daher können auch keine Kontrollfragen gestellt werden. Umgekehrt sind Fragen, deren Beantwortung von anderen Fragen abhängig ist, nur schwerlich einsetzbar. Dadurch ist die Fragebogentaktik stark eingeschränkt.

Es fehlt an Stimuli zur Erhöhung der Auskunftsbereitschaft. Dazu ist allenfalls das Fragebogenlayout in begrenztem Maße in der Lage. Insofern kommt es leicht zu Ermüdungserscheinungen.

Ebenso fehlt die Beobachtung von Reaktionen der Probanden beim Ausfüllen des Fragebogens (z. B. in Form von Spontanreaktionen) sowie die Registrierung von Umfeldeinflüssen. Dabei ist vor allem die mögliche Anwesenheit Dritter nicht kontrollierbar.

Evtl. wird der Fragebogen nicht von der Zielperson, sondern durch diese Dritten, oder zumindest gemeinsam mit diesen, ausgefüllt. Damit ist die Repräsentanz der Antworten nicht mehr gegeben. Es entsteht ein Identitätsproblem.

Allgemein werden überlegtere Antworten gegeben, damit ist ein höherer kognitiver Anteil verbunden, der zu Verzerrungen gegenüber der Realität, die eher durch affektive Einschätzungen geprägt ist, führt.

Sofern in einer Voranfrage die Bereitschaft zur Teilnahme an einer schriftlichen Befragung abgeklärt wurde, besteht die Gefahr systematischer Fehler, wenn zu vermuten ist, dass reagierende und nicht-reagierende Personen sich in Bezug auf die zu untersuchenden Merkmale systematisch unterscheiden.

Der Umfang des Fragebogens ist begrenzt, da eine unmittelbare Konfrontation mit dem gesamten Fragenumfang stattfindet. Je mehr Fragen man dabei gegenwärtig wird, desto wahrscheinlicher ist die zögerliche Bearbeitung.

Es können keine verschleiernden Zielsetzungen angestrebt werden, da der gesamte Fragebogen von Befragten genutzt wird.

Das Adressmaterial kann unvollständig sein und allein schon dadurch eine Einschränkung der Grundgesamtheit darstellen. Verzerrungen entstehen durch verzögerte Wohnsitzmeldung, Umzug, Auslandsaufenthalt, Zweitwohnsitz etc.

Der Zeitpunkt der Beantwortung eines Fragebogens kann meist weder bestimmt werden noch ist er einheitlich. Dies ist bei stichtagsbezogenen Erhebungen sehr hinderlich. So können kurzfristige Einflüsse auf die Beantwortung einwirken (etwa bei politischen Themen).

Komplizierte und aufwendige Nachfassaktionen machen den Kostenvorteil der schriftlichen Befragung ganz oder teilweise wieder zunichte, wenn die erwartete Rücklaufquote nicht erreicht wird.

9.2.3.2 Rücklauf

Trotz dieser Probleme ist die schriftliche Befragung eine wichtige Form der Primärforschung. Daher ist der Praxis daran gelegen, deren Nachteile abzumildern. Dies geschieht durch sorgfältige Gestaltung des Fragebogens, eine klare Strukturierung mit leichten Einstiegsfragen, einfachem Fragenablauf und ansprechender optischer Aufbereitung. Besonderes Augenmerk gilt dabei der Steigerung der **Rücklaufquote**, die bestenfalls 15–40 % beträgt, regelmäßig aber weit darunter liegt. Die Halbwertzeit des Rücklaufs beträgt erfahrungsgemäß 10–14 Tage, d. h. bis dahin ist etwa die Hälfte des insgesamt zu erwartenden Rücklaufs erfolgt. Gründe für ein **Rücklaufproblem** sind, dass

- der Fragebogen abwesende, verreiste, verzogene, verstorbene Adressaten erst gar nicht oder außerhalb des Erhebungszeitraums erreicht,
- eine Verwechslung der Erhebungsunterlagen mit unverlangt zugesandten Werbesendungen vorliegt, die ungelesen entsorgt werden,
- die Auskunftsperson nur gering involviert ist (Desinteresse, Misstrauen, Bequemlichkeit) und sich als Nichtbetroffen bzw. Nichtzuständig erachtet,
- die Auskunftsperson antwortunfähig ist (geistig behindert, sprachunkundig etc.),
- ein weit verbreitetes Misstrauen gegen eine personenbezogene Informationsabgabe, gerade auch aus Gründen des Datenschutzes, besteht,
- in der Befragung Tabubereiche angesprochen werden, zu denen man sich nur ungern äußert, wenn es sich denn vermeiden lässt,
- der formale Aufbau des Fragebogens und die Gestaltung der Fragen einen erhöhten Schwierigkeitsgrad vermuten lassen, dem man sich nicht gewachsen glaubt oder aussetzen will,
- Befragungsunterlagen verloren gehen oder verlegt werden, wie das im täglichen Durcheinander leicht passieren kann,
- der Ergebniseintrag aufgeschoben und schließlich vergessen bzw. das Abgabedatum überschritten wird, weil Zeitmangel vorliegt oder vorgeschoben werden.

Möglichkeiten für Maßnahmen zur **Rücklaufverbesserung** sind etwa folgende:

- Glaubwürdige und neutrale Berichte über das entsprechende Forschungsvorhaben, welche die Seriosität unterstreichen,
- Handgeschriebene Zusätze, die von Individualität zeugen, sodass nicht unbedingt der Eindruck einer Massenaussendung entsteht,
- Zugabe positiv wirkender Fotos über das Projekt, denn Bilder wirken informativ und motivierend,
- Versand trotz Kostenvorteil nicht als Drucksache, da damit eine Aussonderungsgefahr bereits im Posteingang besteht, sondern als »normaler« Brief,
- Versand an postschwachen Tagen (montags), nicht zu Stresszeiten (Jahresende) oder in der Ferienzeit, um eine erhöhte Beachtung zu erreichen,

- Wahl von Sonderbriefmarken zum Portofreimachen, anstelle von Freistempler oder »normalen« Briefmarken,
- Nachfassaktion über Telefon oder schriftlicher Nachfass als Reminder, auch mehrmalig, wenn es erforderlich scheint,
- evtl. nochmaliger Versand des gleichen Fragebogens mit geändertem Anschreiben, um die Bearbeitungschance zu erhöhen,
- »Androhung« eines Interviewerbesuchs, falls eine Beantwortung nicht erfolgt, sodass Probanden das kleinere Übel zu wählen geneigt sind,
- Setzung einer relativ knappen Deadline zur Rücksendung (problematisch bei Überschreiten der Deadline, da die Rücksendung selbst ausgefüllter Fragebögen dann als nicht mehr sinnvoll erachtet wird),
- Telefonische oder schriftliche Vorankündigung und Angabe einer Kontakttelefonnummer zur Rückfrage bei Unklarheiten, um vermeidbare Abbruch- oder Zurückweisungsquellen zu beheben,
- Begleitschreiben mit persönlicher Anrede (Zusicherung der Anonymität, Vorausdank, Erklärung des Befragungszwecks), evtl. von einer »Autorität«, die abhängig von der intendierten Auskunftsgruppe ist, verfasst,
- Optisch ansprechende Fragebogengestaltung, dies ist heute durch DTP-Gestaltung eigentlich eine Selbstverständlichkeit,
- Beifügung eines freigemachten Rückumschlags oder Gebühr-bezahlt-Empfänger-Vermerks, sodass Kosteneinwendungen aufgefangen werden können,
- Genaue Angabe des Rückempfängers, möglichst durch Eindruck, sodass das Ausfüllen der Adresse erspart bleibt,
- Kopplung mit kleinen Geschenken oder Gewinnanreizen (allerdings ist dies umstritten, weil dadurch Gefälligkeitsantworten wahrscheinlich sind und die Anonymität des Befragten verloren geht),
- Zusage der Ergebnisberichterstattung als Feedback, damit der Befragte von der gesammelten Information profitiert,
- Kombination mit Garantiekartenrücksendung oder Produktbeilage bei Käufern.

9.2.4 Informationen aus computergestützter Befragung

9.2.4.1 Bildschirmbefragung

Die computergestützte Befragung kann in mehreren Versionen stattfinden. Als Bildschirmbefragung (Computer Assisted Personal Interviewing/CAPI) bezeichnet man eine Form, bei der der Fragebogen durch ein PC-Display ersetzt wird und der Eintrag durch eine PC-Tastatur. Dabei liest der Interviewer Fragen vom Bildschirm ab und tippt die Antworten der Auskunftsperson über ein alphanummerisches Keyboard ein. Dabei sind zahlreiche Verfeinerungen denkbar. So ist neben Sprachausgabe der Fragen auch Spracheingabe der Antworten möglich. Der Interviewer kann auch mehreren Personen im Teststudio eine Frage vortragen, und diese geben ihre Antworten parallel selbst an PC's ein. Auch können die Antwortalternativen auf eine vorgetragene Frage als Strichcodes auf einem Vordruck ausgewiesen sein, die mit einem Lesestift abgetastet und dadurch eingegeben werden (Scanning).

Diese Form der Befragung bietet eine Reihe von **Vorteilen.** Es sind durch leichte Handhabung auch komplizierte und komplexe Befragungsformen möglich, ebenso wie längere Befragungen. Die Befragungsdurchführung kann zudem individuell auf die Auskunftsperson zugeschnitten werden.

Splits und Filterführungen werden automatisch vollzogen. Abhängig von der jeweils gegebenen Antwort wählt das Programm die Folgefrage. Dadurch sind auch kompliziertere Abläufe darstellbar.

Offene Fragen sind einsetzbar, denn ausführliche Antworten können vollständig aufgenommen werden. Eine Kürzung des Antworttextes aus Platzgründen ist nicht erforderlich und die Eingabe über die PC-Tastatur leicht vorzunehmen.

Die Antworten auf offene Fragen können automatisch kategorisiert und codiert werden. Die Codepläne zur Auswertung werden parallel zur Befragung entwickelt und lassen sich sukzessiv vervollständigen.

Signifikanzkriterien können laufend beachtet werden. Stichproben sind sequentiell ziehbar und Zwischenauswertungen jederzeit abrufbar. Über Datenstabilitätsprüfungen kann ermittelt werden, ob die vorliegende Fallzahl bereits für ein gesichertes Ergebnis ausreicht, selbst wenn die Stichprobe noch nicht vollständig ausgeschöpft ist.

Eine relativ schnelle Datenverarbeitung mit automatischer, integrierter Auswertung der Ergebnisse ist gegeben. Die Kosten für eine manuelle Übertragung der Daten entfallen.

Dabei ist die Datenerfassung zugleich sicherer, da Übertragungsfehler entfallen, wie sie bei der Vercodung durch Nachlässigkeiten leicht vorkommen können.

Außerdem werden bei vollstandardisierten Fragen weniger Interviewer benötigt. Eine hohe Aussageeffizienz ist darstellbar. Zudem lässt sich die Interviewdauer verkürzen.

Es ist ein mobiler Einsatz machbar. Denn kompakte Laptops oder Notebooks sind portabel und ohne großen Aufwand arbeitsfähig.

Der Interviewer-Bias wird minimiert. Der Interviewer wird entlastet und kann sich stärker auf den Interviewpartner konzentrieren, da ihm wesentliche Arbeiten durch den PC abgenommen werden.

Es sind ständige Plausibilitätskontrollen (auf Fehler, Inkonsistenzen etc.) möglich. Dies erfolgt durch programmierten Rückgriff auf vorangegangene Antworten. Widersprechende Ergebnisse werden so erkannt, ungültige Eingaben zurückgewiesen und Zusatzfragen zur Korrektur erzeugt.

Parallel können weitere Testsysteme über Datenbus angeschlossen werden. Es ist eine unmittelbare, integrierte Auswertung der Ergebnisse möglich. Die Datenauswertung wird damit beschleunigt.

Die Fragen- und Antwortkategorien können randomisiert werden, wodurch Positionseffekte ausgeschaltet werden. Dies erfolgt durch zufallsgesteuerte Rotation von Interview zu Interview.

Bildvorlagen können durch Einscannen eingebunden werden. Peripherie wie Beamer, Bildplatte/DVD etc. können befragungssynchron gesteuert werden. Allerdings entsteht dabei ein hoher Handlingaufwand für Inbetriebnahme und Vernetzung.

Als **Nachteile** sind hingegen zu nennen. Es entstehen relativ hohe Investitionskosten. Zwar fallen die Preise kontinuierlich, doch zugleich verkürzt sich auch der Lebenszyklus der Technologien, sodass zügige, dann aber wieder teure Neuanschaffungen erforderlich sind, um up to date zu bleiben.

Eine intensive Interviewerschulung ist erforderlich, um eine kompetente, persönliche Betreuung zu ermöglichen. Die Technik muss so sicher beherrscht werden, dass sie möglichst wenig Aufmerksamkeit in der Durchführung bindet.

Ein hoher Stromverbrauch ist gegeben (mobil entsprechend ein hoher Batterieverbrauch). Dadurch ist der Aktionsradius des Einsatzes begrenzt. Dies gilt vor allem für optische und mechanische Bauteile.

Die Geräte sind empfindlich in Transport und Einsatz. Daher sind nicht selten Operator-Kenntnisse beim Interviewer vorauszusetzen, um Störungen zu beheben.

Eine komplexe Datenübertragungskoordination ist erforderlich. Dabei können Datenträger (offline) oder Datenleitungen (online) genutzt werden, in jedem Fall ist eine perfekte Kompatibilität erforderlich. Bislang ist nur begrenzte Software verfügbar. Und diese ist durchaus noch nicht als ausgereift zu betrachten, sodass systembedingte Limitationen in Kauf zu nehmen sind.

Für jeden Fragebogen entsteht ein hoher Programmieraufwand. Die Programmierung betrifft die Eingabe von Fragen und Antwortkategorien, die Festlegung der Filterführung, die Rotation und Randomisierung, die Planung von Rückgriffsequenzen auf Vorantworten, die Eingabe von Intervieweranweisungen und Hilfsinformationen, die Gestaltung von Bildschirmlayout, Hintergrund und Hervorhebungen.

Es sind weitgehend nur standardisierte Fragen anwendbar. Denn offene Fragen erfordern durch ihren nach wie vor hohen Eingabeaufwand Zeit und Aufmerksamkeit, die für die eigentliche Interviewführung fehlen.

Die bisher durchgeführten Untersuchungen sind noch nicht hinreichend validiert. Dazu bedarf es erst ausgiebiger Vergleiche mit herkömmlichen Befragungen (extern) und zahlreicher mit Bildschirmbefragung durchgeführter Interviews (intern). Es steht jedoch zu befürchten, dass die Auskunftsfreudigkeit und -ehrlichkeit durch die Tatsache der Tastatureingabe nicht gerade gesteigert wird.

Allerdings dürften diese und andere technischen Probleme im Zeitablauf immer geringer werden. Dafür sorgt schon der technische Fortschritt.

9.2.4.2 Computerbefragung

Als Computerbefragung (Computer Assisted Self Interviewing/CASI) bezeichnet man eine Form, bei der der Interviewer durch einen PC ersetzt wird. Auskunftspersonen lesen Fragen also selbst auf dem PC-Display ab und geben ihre Antworten selbst, oder durch Helfer unterstützt, über die Tastatur ein. Auch hier sind zahlreiche Verfeinerungen denkbar. So können Abfrageplätze derart vernetzt sein, dass ein Zentral-Computer die Fragen ausgibt und mehrere Personen dezentral (an einem oder mehreren Orten), aber parallel ihre Antworten eingeben. Die Antworterfassung kann auf Datenträger erfolgen, der dann eingesendet wird oder überspielt wird (offline), oder über Datenleitung (online), also Datex-P-Wähl- oder Standleitung.

Diese Form bietet eine Reihe von **Vorteilen.** Eine Kostenersparnis ist sowohl im Vergleich zur herkömmlichen Befragung als auch zur stationären Bildschirmbefragung gegeben. Dies liegt vor allem in der weitgehenden Ersparnis der Personalkosten für Interviewer begründet.

Es entsteht kein Interviewerbias. Der Interviewerstab kann zudem minimiert werden. Der Einfluss von sozialer Erwünschtheit und Prestige bei Antworten wird merklich reduziert, denn der Computer ist ein anonymer Gesprächspartner.

Eine schnelle Verarbeitung und Zentralkoordination bzw. Auswertung wird möglich. Dies betrifft die datenverarbeitungstypischen Vorteile.

Der Spieltrieb bzw. der Spaß an der Bedienung des elektronischen Geräts wird gefördert. Bei der Beantwortung herrscht dabei durch die eigenständige Bedienung autonome Entscheidungsfreiheit.

Fragen können in sämtlichen Sprachen und Schriften dargeboten werden. Damit sind einmal erstellte Programme auch international einsetzbar, sowie in einem Land auch ausländische Bewohner erreichbar.

Der Proband kann die Befragungsgeschwindigkeit selbst bestimmen. Insofern spielen unterschiedliche Ausbildungs- und Persönlichkeitsmerkmale, wie die Auffassungsgabe der Befragten, keine Rolle mehr.

Bei Bedarf können zu einzelnen Fragen erläuternde Informationen aufgerufen oder aber Kommentare und Anmerkungen eingegeben werden. Dazu gibt es eine entsprechende Hilfe-Funktion.

Reihenfolgeeffekte können durch Randomisierung oder systematische Rotation vermieden werden. Dies gilt sowohl für Themen als auch für Fragen und Antwortkategorien.

Es können keine Fragen versehentlich übergangen werden, da der Fragenabruf automatisch gesteuert ist. Dadurch wird eine optimale Standardisierung und damit Vergleichbarkeit des Befragungsablaufs erreicht.

Die Quoteneinhaltung kann laufend überwacht werden, indem Quotenstichproben noch während der Erhebung auf ihren Erfüllungsgrad hin überprüft werden. Der Abbruch bei Ergebnisstabilisierung ist möglich.

Die Zulässigkeit von Antworten kann sofort überprüft und ggf. Fehlermeldung gegeben werden. Zur korrekten Erfassung von objektiven Informationen (Hersteller, Marke etc.) können Hintergrunddateien angelegt werden, die eine automatische Antwortprüfung vornehmen und falsche Antworten zurückweisen.

Die Antwortzeit einzelner Fragen lässt sich ermitteln, wodurch Rückschlüsse zur Interpretation der Ergebnisse möglich sind. Dazu misst die interne Uhr den Zeitabstand zwischen Fragenaufruf am Bildschirm und Antworteingabe auf der Tastatur.

Das Interview kann jederzeit und beliebig oft unterbrochen und an jeder Stelle wieder aufgenommen werden. Vorausgegangene Antworten können dabei wieder vorgelegt und Falscheingaben korrigiert werden, der Befragungsverlauf wird dann entsprechend angepasst.

Die Dokumentation des Befragungstages, des Interviewbeginns und -endes und der Unterbrechungen schließt Fragebogenfälschungen nahezu aus. Die Interviews haben also tatsächlich stattgefunden.

Als **Nachteile** sind hingegen zu nennen. Die Beantwortung erfolgt unter weitgehend unkontrollierten Bedingungen, vor allem kann der Spieltrieb auch überzogen werden. Er führt dann zur Ablenkung von der eigentlichen Thematik und zur Unübersichtlichkeit des Ablaufs.

Das Lesen der Fragen zwingt den Befragten zur Konzentration auf die Frageninhalte, was zu gegenstandsbezogeneren Antworten führt. Die ganze Atmosphäre ist sachlicher, rationaler, weniger spontan und emotional.

Vor allem besteht ein Identitätsproblem bei der Befragung, da ungewiss ist, welche Person im Einzelnen die Antworteingaben vorgenommen hat.

Die Komplexität der Befragung kann Antwortschwierigkeiten bei weniger versierten Probanden hervorrufen. So geht der Kontext der Fragen leichter verloren und ein einfaches Vor- oder Zurückblättern ist nicht möglich.

Es ist eine reduzierte Lesbarkeit der Fragen bei Sehproblemen gegeben. Dies gilt zumal für die relativ kleinen Displays portabler Computer (Laptop). Hier können die Schriftenwahl und das Seitenlayout Abhilfe schaffen.

Die Befragungsdauer ist begrenzt, was bei differenzierten Themen hinderlich ist. Bei Unverständnis oder Zeitproblemen kommt es zum Befragungsabbruch, denn es besteht keine Möglichkeit des Nachfragens bei nicht verstandenen Fragen sowie ein hoher Eingabeaufwand bei offenen Fragen.

Es entstehen psychologische Konflikte durch Akzeptanzprobleme. Dies gilt vor allem bei Berührungswiderständen mit Technik allgemein und Elektronik im Besonderen.

Es sind weitgehend nur standardisierte Fragen möglich, wenn keine Fingerfertigkeit in der Eingabe besteht. Dies wird sich erst mit Verbreitung der Spracheingabe oder der Handschrifterkennung ändern.

Die Validität dieser Form durch Vergleich mit herkömmlichen Befragungen ist nicht hinreichend gesichert.

Noch auf lange Zeit hin besteht nur eine eingeschränkte Repräsentanz für Massenumfragen aufgrund unzureichender Verbreitung von Hardware und Datenleitungen. Zudem gibt es Probleme mit Chip-Generationen und Betriebssystemebenen.

Für Bewegtbild-Darbietung ist die Kopplung an ein Bildplattensystem/DVD erforderlich, was das Handling und die Kosten erhöht. Auch hier führt der technische Fortschritt zu weiterer Miniaturisierung.

9.2.4.3 Telefonbefragung

Computergestützte Telefonbefragung (Computer Assisted Telephone Interviewing/CATI) ist eine Sonderform der allgemeinen telefonischen Befragung. Dabei liest der Interviewer die Fragen von einem Bildschirm ab und gibt die Antworten der Auskunftsperson über eine alphanummerische Tastatur in einen PC ein. Der Computer übernimmt danach auch die Steuerung des Ablaufs der Befragung bzw. zuvor die Anzeige der Telefonnummer oder die automatische Anwahl der Personen über Modem. Nicht erreichte Anschlüsse werden entweder vermerkt oder neu angezeigt/angewählt. Abgebrochene Interviews werden gespeichert und zu einer vereinbarten Fortsetzungszeit aufgerufen/neu angewählt. Unzulässige Antworteingaben werden reklamiert, Verzweigungen im Fragenablauf in Abhängigkeit von Antworten automatisch eingeschlagen.

Die **Vorteile** von CATI sind vor allem folgende. Es ist eine schnelle Durchführung von Befragungen möglich. Die modernen technischen Hilfsmittel erleichtern hier die Abwicklung erheblich und ermöglichen eine volle Konzentration auf den eigentlichen Befragungsinhalt.

Das Adressenmaterial ist über entsprechende Verzeichnisse auch in Form von Datenträgern leicht zugänglich. Allerdings muss berücksichtigt werden, dass immerhin annähernd 20 % der Telefonanschlüsse in diesen Verzeichnissen nicht mehr erfasst sind.

Die Stichprobe kann relativ exakt ausgeschöpft werden, indem Personen automatisch angewählt und ihr Anschluss bei Nichterreichung zwischengespeichert wird. Außerdem können Telefonnummern durch Zufallsgeneratoren erzeugt werden.

Der Untersuchungsleiter kann jederzeit den Befragungsablauf durch Aufschalten auf die Verbindung kontrollieren. Allerdings unterliegt dies erheblichen datenschutzrechtlichen Bedenken, wenn es denn bekannt wird und nachweisbar ist.

Als **Nachteile** sind hingegen folgende zu nennen. Für eine effiziente Untersuchung sind relativ hohe Investitionskosten erforderlich. Dies betrifft die komplexe technische Infrastruktur, die zur Abfrage erforderlich ist. Und zwar sowohl hinsichtlich Hardware und Software wie auch Übertragungsleitungen.

Mit steigender Interviewdauer besteht eine steigende Abbruchgefahr, die durch die Anonymität der Befragung erhöht wird. Im Übrigen handelt es sich um eine eher distanzierte Kommunikationsform ohne menschliche Bindung.

Fragethematiken können nur begrenzt (bis gar nicht) durch Bilder, Karten, Produktmuster etc. unterlegt werden. Von daher fehlt die Möglichkeit der Präsentation von Stimuli, zu denen Reaktionen erfasst werden können. Die verbleibenden Reaktionen sind zudem auf verbale begrenzt.

Auch ist die Verwendung von Bewegtbildern und Animationen nicht möglich. Dies engt die Präsentation von Stimuli weiter ein. Selbst unter der Voraussetzung von Bildtelefonen ist dieser Mangel, zumindest derzeit, nicht akzeptabel zu beheben.

9.2.4.4 Internetbefragung

Die Internetbefragung (Computer Assisted Web Interviewing/CAWI) kann zur Primär- und zur Sekundärforschung eingesetzt werden. Die Sekundärforschung erfolgt vor allem unter Nutzung von Suchmaschinen, wobei die sich daraus ergebende Qualität der Ergebnisse allerdings gelegentlich fraglich bleibt. In der Primärforschung können neben internetspezifischen Daten auch allgemeine Erhebungen für Unternehmen (z. B. Kundenzufriedenheit) und Wissenschaft (z. B. Delphiforen) durchgeführt werden. Für die Informationseinholung entstehen nur geringe Kosten (Fragebogenerstellung, Server-Bereitstellung, Einbindung in Pull-Mechanik). Die Teilnehmer können im Internet nur ungezielt angesprochen werden (eine gezielte Ansprache ist jedoch über andere Dienste möglich).

Die ungezielte Ansprache erfolgt etwa über Werbebanner auf häufig frequentierten Seiten. Durch Anklicken gelangt man so per Link auf den Fragebogen. Der Eintrag von Umfragen in Suchmaschinen ist hingegen wenig ergiebig, da kaum jemand nach ihnen suchen wird. Der Fragebogen befindet sich zumeist auf der Homepage des Veranstalters. Denkbar ist dabei, dass zufallsgesteuert jeder n-te Besucher der Homepage mit dem Fragebogen und der Bitte zur Beantwortung konfrontiert wird. Eine gezielte Ansprache über Newsgroups oder E-Mails verstößt gegen die Netiquette. Anders ist der Sachverhalt zu beurteilen, wenn vorher die Genehmigung (Permission) von Adressaten zu einer solchen Ansprache eingeholt wurde. Sollen nur bestimmte Zielgruppen angesprochen werden, kann der Zugang durch Passwords für Andere gesperrt werden. Allerdings hat die Rekrutierung der Probanden erheblichen Einfluss auf die Zusammensetzung und Repräsentativität der Stichprobe, dessen man sich bewusst sein muss.

Das Ausloben von Belohnungen (etwa als Entschädigung für Zeitaufwand und Übertragungskosten) ist bedenklich. Wenn, dann kommen nur geringwertige Anreize in Frage, z. B. digitalisierte Produkte wie Musik, oder Verlosungen. In Fachkreisen ist auch das Angebot des Zugriffs auf die Auswertungsergebnisse beachtlich. Unerlässlich ist hingegen die Motivation der Probanden während der Bearbeitung des Fragebogens (z. B. verbal oder visuell), um Abbrecher zu vermeiden.

Die Kontrolle des Befragtenkreises ist neben der Auswahl der Teilnehmer durch Plausibilitätsprüfungen während der Beantwortung und durch den Ausweis von Antwortdauer und -zeiten möglich. Problematisch ist aber die Kontrolle, ob die gleiche Person von mehreren Rechnern aus den Fragebogen ausgefüllt hat oder auch mehrere Personen vom gleichen Rechner aus. Dadurch bestehen erhebliche Verzerrungsgefahren. Denkbar ist hingegen der Ausweis der Kontaktrate des Fragebogens mit potenziellen Nutzern, der Ausweis der Aufrufrate des Fragebogens durch diese Nutzer, der Ausweis der begonnenen und der zu Ende geführten Bearbeitung durch Nutzer.

CAWI erbringt generell Vorteile in Bezug auf die räumliche Freizügigkeit, die Erhebungskosten und das weitgehende Fehlen eines Interviewereinflusses. Nachteile entstehen in Bezug auf die Gefahr von Missverständnissen und eine geringe Antwortquote. Es besteht nur ein eingeschränkter Anwendungsbereich (Modem). Die Haushaltsabdeckung für Massenumfragen ist bei Weitem noch nicht ausreichend und wird dies auch auf absehbare Zeit nicht sein. Ambivalent ist die Beurteilung in Bezug auf den einheitlichen Erhebungsstichtag, die Antwortzeitmessung, den fehlenden Einfluss Dritter, den größeren Umfang des Fragebogens, die Übertragung komplexer Informationen und die Erreichung mobiler Personenkreise. Gleichermaßen sind die freie Zeitwahl und die Flexibilität bei der Beantwortung zu nennen sowie die mutmaßlich höhere Akzeptanz der Befragung bei interessierten Zielpersonen (Andere sind ohnehin nicht erreichbar).

9.2.5 Sonderform Omnibusbefragung

Die Omnibusbefragung ist eine Mehrthemenbefragung, d. h., in einem einzigen Erhebungszyklus werden mehrere Themen, meist von verschiedenen Auftraggebern, abgefragt. Sie steht damit im Gegensatz zur Spezialbefragung, die nur ein Thema beinhaltet. Es wird zwischen Verbraucher-, Haushalts-, Handels- und Sonder-Omnibussen unterschieden. Oft werden solche Omnibusse turnusmäßig selbstständig von Instituten »abgefahren«, wobei die Ergebnisse nachher potenziellen Interessenten zur Verwertung angeboten werden.

Marktforschungsinstitute starten regelmäßig selbstständige Erhebungszyklen (Standard-Omnibusse), deren Ergebnisse an Interessenten verkauft werden. Es kann sich aber auch um individuell zusammengestellte Themenkomplexe handeln (Beteiligungsuntersuchung) oder um ein einheitliches Fragegerüst, das durch Auftraggeber spezifische Sonderfragen ergänzt wird (Eingliederungsuntersuchung). Zu diesen wird durch Subskription eingeladen, der Ergebnisbericht ist dann mit wesentlichem Preisnachlass zu beziehen.

Die wesentlichen **Vorteile** liegen in folgenden Aspekten. Die Abwicklung wird durch die weitgehende Standardisierung der Befragungsanlage wesentlich beschleunigt und erlaubt eine schnelle und unkomplizierte Durchführung. Dies gilt vor allem für den Fall nicht allzu spezifischer Erhebungsinhalte und nicht zu spezieller Erkenntniserwartungen.

Ein Kostenvorteil entsteht, da sich die technischen Kosten auf mehrere Beteiligte verteilen (man kann von einem Faktor 50 gegenüber der Einthemenbefragung ausgehen). Damit steht auch Klein- und Mittelunternehmen die Chance zu einer repräsentativen Massenumfrage offen. Dies gilt vor allem, wenn nur wenige Fragenkomplexe zu behandeln sind, die den Aufwand einer eigenen Erhebung kaum rechtfertigen.

Der Untersuchungsablauf kann abwechslungsreicher gestaltet werden. Daraus folgt ein geringerer Ermüdungseffekt und eine erhöhte Auskunftsbereitschaft. Außerdem werden Lerneffekte wie bei Spezialisierung auf ein Thema gemindert. Von daher werden Spezialbefragungen gern eine oder mehrere, weitere Themen zugemischt, sodass diese zu unechten Omnibussen werden.

Nachteile sind im Folgenden aufgeführt. Die Anzahl der Fragen je Themenbereich ist beschränkt und abhängig von der gesamten Fragebogenlänge und der Anzahl der Teilnehmer an der Befragung. Damit bleibt der Erkenntnisumfang begrenzt. Sollen weitergehende Erkenntnisse erreicht werden, steht nur der Weg zur Spezialbefragung offen.

Es dürfen keine Themenbereiche kombiniert werden, die eine gegenseitige Beeinflussung vermuten lassen. Allerdings können verschiedene Fragenkomplexe durch Pufferfragen getrennt werden. Dabei ist schwierig einzuschätzen, welche Themenbereiche einander wie stark beeinflussen und ob die Puffer ausreichend trennen oder nicht.

Der Auftraggeber ist im Timing an den Erhebungsturnus des Omnibusses gebunden. Befragungen können nur zu den dort festgesetzten Terminen stattfinden. Allerdings sind die Abstände zwischen den einzelnen Runden so gering, dass daraus keine Probleme entstehen sollten. Zudem sind immer mehrere Anbieter mit zu verschiedenen Zeitpunkten startenden Omnibussen unterwegs.

9.3 Informationsgewinnung durch Beobachtung

9.3.1 Beobachtungsarten

Eine weitere Form der Primärerhebung ist die Beobachtung. Man unterscheidet die naive Beobachtung, die eher unsystematisch, planlos und ohne klar erkennbares Erkenntnisziel bleibt. Sie ist unprofessionell zu nennen, wenngleich sie wichtige erste Eindrücke eines Sachverhalts vermittelt (so gibt ein Store Check ein beinahe unverzichtbares Stimmungsbild bei FMCG's). Und die wissenschaftliche Beobachtung, die einen genau umschriebenen Forschungszweck betrifft, ein planmäßiges Vorgehen zeigt und ein bestimmtes Erkenntnisziel verfolgt. Sie wird systematisch aufgezeichnet und auf allgemeinere Urteile bezogen, statt auf Einzelfälle abzustellen. Außerdem wird sie wiederholten Prüfungen auf Gültigkeit, Zuverlässigkeit und Genauigkeit unterworfen. Dabei können verschiedene Varianten der Beobachtung eingeteilt werden.

Hinsichtlich des **Standardisierungsgrads** lassen sich Beobachtungen unterscheiden, die nur Sachverhalte erfassen, die in angegebene Kategorien fallen, also z. B. Vornahme eines Preisvergleichs am Regal, und solche, die vom Beobachter subjektiv ausgewählte Kategorien erfassen, also z. B. erkennbarer Ablauf einer Kaufentscheidung.

Nach dem **Beobachtungssubjekt** kann zwischen Fremdbeobachtung und Selbstbeobachtung unterschieden werden. Erstere untersucht Vorgänge, die außerhalb der Person des Beobachters liegen, also z. B. Verweildauer vor einem Schaufenster, Letztere untersucht Vorgänge, welche die eigene Person betreffen, also z. B. Wahrnehmung und Einfluss von POS-Werbemitteln. Dabei wirken allerdings vielfältige subjektive Wertungen auf das Erhebungsergebnis ein.

Nach der **Beobachtungsform** kann zwischen persönlicher und unpersönlicher (apparativer) Beobachtung unterschieden werden. Erstere erfolgt durch die Person des Beobachters selbst. Letztere bedient sich zur Kategorisierung der Art, Dauer und Intensität von Reaktionen und zur Erfassung seelischer Erregungszustände technischer Hilfsmittel, die intrapersonale oder interpersonale Tatbestände aufzeichnen und speichern. Dabei handelt es sich um Audio-, Video-, Foto-Ausrüstungen oder spezielle Apparaturen, die allerdings in ihrer Anwendung sehr umstritten sind. Zudem gibt es rechtliche Restriktionen, wonach es sowohl unzulässig ist, unbefugt ein Bild von einem Anderen anzufertigen, als auch das nicht-öffentlich gesprochene Wort unbefugt aufzunehmen, zu verwenden und weiterzugeben.

Nach der **Partiziptation des Beobachters** unterscheidet man die teilnehmende und die nicht-teilnehmende Beobachtung. Bei der teilnehmenden Beobachtung bewegt sich der Beobachter auf einer Ebene mit den beobachteten Vorgängen. Eine aktive Teilnahme liegt vor, wenn der Beobachter auf die am Beobachtungsort zur Beobachtungszeit stattfindenden Abläufe

Einfluss nimmt (damit ist allerdings die Gefahr der Verzerrung durch die Interaktion des Beobachters gegeben). Denkbar sind Scheinberatungen und -käufe durch Mystery Shopper etwa als Außendienstler in der Investgüterbranche bzw. als Kunden im Konsumgüterhandel. Eine passive Teilnahme liegt vor, wenn der Beobachter zwar am Ort und zur Zeit der stattfindenden Abläufe anwesend ist, auf diese aber keinerlei Einfluss ausübt.

Nach der **Beobachtungsumgebung** unterscheidet man die Feld- und Laborbeobachtung. Bei der Feldbeobachtung erfolgt die Aufzeichnung der Vorgänge und Verhaltensweisen in der gewohnten, natürlichen Umgebung des Probanden, bei der Laborbeobachtung erfolgt die Erfassung in einer künstlich geschaffenen Situation. Daraus resultieren dann mögliche Beobachtungseffekte. Bei der Bestandsaufnahme werden physische Erhebungen durchgeführt, z. B. als Pantry Check oder Basket Check, bei der Spurenanalyse werden Indikatoren für Ge- und Verbrauch erhoben, z. B. weggeworfene Zigarettenpackungen nach einem Pop-Konzert.

Bekannte Beobachtungsverfahren betreffen:

- Zählverfahren, z. B. bei Passantenströmen für die Standortanalyse in der Außenwerbung,
- Kundenlaufstudien über die Konfrontation von Personen mit am POS angebotenen Waren,
- Einkaufsverhaltensbeobachtungen im Hinblick auf Kauf- und Nichtkaufentscheidungen,
- Verwendungsbeobachtungen, die Teil- oder Vor- und Nachbereitungshandlungen in Zusammenhang mit der Produktverwendung betreffen, z. B. bei Handhabungstests.

9.3.2 Bewertung

Vorteile der Beobachtung liegen in folgenden Aspekten. Geschehnisse können während ihres spontanen Vollzugs beobachtet und dabei gleichzeitig auf die spezifische Umweltsituationen bezogen werden. Von daher wird deutlich, in welchem Kontext sich bestimmte Beobachtungen ergeben.

Die Beobachtung ist zudem unabhängig von der Auskunftsbereitschaft der Versuchspersonen. Damit lassen sich selbst ohne Zustimmung Auskünfte erheben, weil die beobachtete Person entweder nicht um die Beobachtung weiß oder ihre ablehnende Haltung nicht durch ein völlig anderes Verhalten äußern kann. So treten sogar Sachverhalte zutage, die ihr selbst nicht bewusst sind.

Es entsteht (bei verdeckter Beobachtung) kein Erhebungseinfluss auf Ergebnisse. Dadurch entfällt eine große Verzerrungsquelle, die etwa bei Befragungen gegeben ist. Zu denken ist z. B. an tabuisierte Sachverhalte.

Beobachtungen lassen sich unabhängig vom Ausdrucksvermögen des Beobachters und der beobachteten Person durchführen. Damit können z. B. Sprachbarrieren problemlos überwunden werden, Formulierungen und Wortwahl sind ohne Bedeutung.

Beobachtungen können andere Erhebungsmethoden ergänzen oder verifizieren. Damit kommt es zu einer Kontrolle deren Ergebnisse oder zu einer zusätzlichen Datenermittlung. Denkbar ist die Erfassung durch Beobachtung während einer mündlichen Befragung.

Bestimmte Sachverhalte sind nur durch Beobachtung feststellbar, z. B. die Blickbewegung. Auch können auf diese Weise non-verbale Äußerungen (Gestik, Mimik etc.) erfasst werden. Diese sind oft sogar aussagefähiger als verbale Äußerungen, da sie ehrlicher sind.

Es lassen sich Sachverhalte erheben, die sich auf mehrere Personen beziehen. Gruppenverhalten ist für viele marketingrelevante Vorgänge typisch, etwa bei Buying Centers im gewerblichen oder Familienentscheiden im privaten Bereich.

Nachteile der Beobachtung liegen hingegen in folgenden Aspekten. Es treten Beobachtungseffekte auf, die aus dem Wissen um die Erhebung entstehen. Weitere Verzerrungen ergeben sich bei aktiver Teilnahme, etwa als Mystery Shopper beim Testeinkauf.

Die Erfassung subjektiver Sachverhalte wie Einstellungen, Meinungen, Präferenzen, Kaufabsichten und anderer innerer Vorgänge, ist kaum möglich, denn diese sind durch äußere Inaugenscheinnahme nicht feststellbar, dennoch aber ausschlaggebend für Kauf- bzw. Nichtkaufentscheide. Diesen Mangel können auch apparative Hilfsmittel nicht heilen.

Es sind nur gegenwartsbezogene Gegebenheiten erfassbar. Vorgeschichten und Konsequenzen bedürfen der zusätzlichen Beobachtung zu den danngegebenen Zeitpunkten oder bleiben verborgen.

Die beobachteten Merkmale sind unterschiedlich interpretierbar. So kann ein und dasselbe Verhalten in mehrere Richtungen gedeutet werden und führt damit zu mehrwertigen Ergebnissen. Hilfreich ist ein standardisiertes Erfassungssystem (Notationssystem).

Es besteht die Gefahr, dass die Vorstellungen des Beobachters in die Interpretation der Ergebnisse mit einfließen. Insofern ist keine Objektivität in der Erhebung gegeben. Dies gilt auch für die Auswertung apparativer Ergebnisse.

Die Beobachtungskapazität von Personen ist, vor allem bei komplexen Sachverhalten, beschränkt, da nur vergleichsweise wenige Merkmale zugleich erfasst werden können. Daher sind Arbeitsteilung oder Systembeschränkung erforderlich, um alle relevanten Sachverhalte simultan festzuhalten.

Die Beobachtungsmerkmale sind in der durch die Beobachtungssituation gegebenen zeitlichen Reihenfolge determiniert und können nicht anders angeordnet werden, auch wenn dies aus Gesichtspunkten des Forschungsdesign wünschenswert ist.

Die Beobachtung muss im Zeitpunkt des Geschehens erfolgen. Dies ist vor allem misslich, wenn es sich um selten eintretende Phänomene handelt, die eine lange Zeit der temporären Inaktivität bedingen.

Eine identische Beobachtungssituation ist nicht wiederholbar. Damit sind auch Ergebnisse mehrerer Beobachtungen untereinander nicht ohne weiteres vergleichbar. Es sei denn, die Einflussfaktoren des Umfelds werden künstlich reduziert.

Repräsentanz ist bei der Beobachtung nur schwierig herbeizuführen, da man auf die Personen angewiesen ist, die in der Beobachtungssituation agieren. Insofern ist keine Zufallsauswahl, sondern nur eine systematische, bewusste Auswahl möglich.

9.3.3 Sonderform Panel

Unter Panel-Erhebungen versteht man Untersuchungen, die bei einem bestimmten, gleichbleibenden Kreis von Untersuchungseinheiten, z. B. Personen, Haushalten, Handelsgeschäften, Unternehmen, in regelmäßigen zeitlichen Abständen wiederholt zum gleichen Untersuchungsgegenstand vorgenommen werden. Das Panel stellt damit eine Längsschnittanalyse in der Zeit dar. Das Kriterium des gleichbleibenden Personenkreises darf allerdings nicht zu eng ausgelegt werden. Ausfälle und Grundgesamtheitsveränderungen haben kontinuierliche Anpassungen in der Stichprobe zur Folge, sodass nach einem Jahr Laufzeit nur noch rund 80 % der ursprünglichen Teilnehmer unverändert dabei sind. Gleiches gilt für das Kriterium des gleichen Erhebungsgegenstands. Denn Veränderungen im Marktangebot führen dabei zwangsläufig auch zu Veränderungen im Zeitablauf.

Ein Panel bedarf laufender Kontrolle und Betreuung. Für die Qualität der Daten sind der Grad der Repräsentanz, die Genauigkeit der Erhebung bzw. Bearbeitung und die Schnelligkeit der Auswertung ausschlaggebend. Die Untersuchungsintervalle richten sich nach der Marktdynamik und den Erhebungskosten. Gleiches gilt für die Stichprobengröße. Aufgrund der meist erheblichen organisatorischen Vorkehrungen und des hohen Kosteneinsatzes werden sie von großen Marktforschungsinstituten getragen. Und sind für diese laufende Einnahmequelle durch Verkauf der jeweils aktuellen Daten an beliebig viele Auftraggeber.

Panels lassen sich nach verschiedenen Kriterien unterscheiden. Panel zum Fernsehverhalten, wie das **AGF/GfK-Panel**, sind für die Werbung von zentraler Bedeutung. Dabei können nicht mehr nur soziodemografische Daten, sondern Soziale Milieus zugrunde gelegt werden. Diese erfassen alle wichtigen, tagtäglichen Erlebnisbereiche einer Person, welche die Einstellungen, Werthaltungen und Verhaltensmuster prägen. Als Indikator für die TV-Nutzungsintensität (Reichweite der Werbung) in den einzelnen Milieus wird die Affinität herangezogen. Dazu wird der jeweilige Abdeckungsgrad in Bezug zur Grundgesamtheit der Erwachsenen ab 14 Jahren gesetzt (= Index 100). Kernergebnisse sind folgende:

- Etabliertes Milieu: 10 % Bevölkerungsanteil, die erfolgsorientierte Konsumelite mit ausgeprägten Exklusivansprüchen, sie bevorzugt die öffentlich-rechtlichen Anbieter vor den privaten Vollprogrammen.
- Intellektuelles Milieu: 10 % Bevölkerungsanteil, die aufgeklärte, postmateriell orientierte Werte-Avantgarde, sie bevorzugt die öffentlich-rechtlichen Anbieter und die privaten Vollprogramme,
- Postmodernes Milieu: 6 % Bevölkerungsanteil, die individualistische, multi-optionale Lifestyle-Avantgarde, sie sieht deutlich lieber RTL, SAT 1 oder Pro 7 als die öffentlich-rechtlichen Programme.
- Traditionelles bürgerliches Milieu: 14 % Bevölkerungsanteil, die sicherheits- und Status quo-orientierte Kriegsgeneration, die an traditionellen Werten festhält, sie sieht vornehmend bei ARD und ZDF.
- Traditionelles Arbeitermilieu: 4 % Bevölkerungsanteil, die an den Lebensnotwendigkeiten ausgerichtete traditionelle Arbeiterkultur der Eckkneipen und Vereine, diese Personen präferieren klar ARD und ZDF.
- Adaptives Milieu: 8 % Bevölkerungsanteil, der gut ausgebildete, mobile und pragmatische Mainstream der jungen modernen Mitte, sie bevorzugt mehrheitlich die Privatsender mit dem größten Anteil der Spartensender.
- Status orientiertes Milieu: 18 % Bevölkerungsanteil, die beruflich und sozial aufstrebende untere Mitte, welche die Erfolgsinsignien der Konsumgesellschaft im Blick hat, die Privatsender liegen bei ihnen erheblich vor den öffentlich-rechtlichen Sendern.
- Modernes bürgerliches Milieu: 8 % Bevölkerungsanteil, die konventionelle neue Mitte, die nach einem harmonischen, behüteten Leben in gesicherten Verhältnissen strebt, hier besteht ein knapper Vorsprung der privaten Sender vor ARD und ZDF.
- Hedonistisches Milieu: 12 % Bevölkerungsanteil, die unangepasste junge Unterschicht, die Spaß haben will und sich den Konventionen und Verhaltenserwartungen der Leistungsgesellschaft verweigert, sie bevorzugt Privatsender vor ARD und ZDF.
- Konsum-materialistisches Milieu: 11 % Bevölkerungsanteil, die stark konsumgeprägte Unterschicht, die Anschluss an die Konsumstandards der breiten Mitte haben will, hier liegen die Privatsender deutlich vorn.

9.4 Informationsgewinnung durch Experiment

9.4.1 Testverfahren

Es können verschiedene Testverfahren unterschieden werden. Nach dem **Zeitpunkt** relativ zur Marktwirksamwerdung kann es sich um einen Pretest, also vor der Marktpräsenz (z. B. einer neuen Werbekampagne), oder um einen Posttest handeln, also nach der Marktpräsenz.

Nach der **Anzahl** der untersuchten Objekte kann es sich um einen Einzeltest (nur eine einbezogene Kampagne) oder einen Vergleichstest handeln (zwei und mehr einbezogene Kampagnen).

Nach dem **Umfang** der Beurteilung von Objekten handelt es sich um einen Test zur Untersuchung der Gesamtleistung oder einzelner Teilleistungen (wie Bild, Text, Slogan etc.).

Nach der **Art** der Versuchspersonen kann es sich um Experten, Zielpersonen, aktuelle Kunden oder Interessenten handeln.

Nach der **Identifizierbarkeit** des untersuchten Objekts hadelt es sich um einen Blindtest, bei dem das Untersuchungsobjekt anonym bleibt, oder um einen Brandingtest, bei dem es als Marke ausgewiesen ist.

Nach dem **Testablauf** handelt es sich um einen

- monadishen Test, bei dem die Untersuchungsobjekte einzeln im Abgleich mit Kenntnissen und Erfahrungen des Probanden beurteilt werden,
- alternierenden Test, bei dem sie meist paarweise abechseln beurteilt werden (dies ist häufige Voraussetzung für multivariate Auswertungsverfahren),
- simultanen Test, bei dem sie gleichzeitig beurteilt werden. Beim Triadevrgleich werden drei Objekte (z. B. Kampagnen) sukzessiv verglichen.

Nach dem **Zeitraum** handelt es sich um eine Prüfun des Eindrucks (Kurzzeittest) oder der Erfahrung (Langzeittest). Ersterer erfolgt meist im Teststudio, auch mobil, Letzterer meist im Haushalt der Probanden.

Nach dem **Ergebnis** können folgende Größen unterschieden werden:

- Beim **Präferenztest** werden Bevorzugungsurteile über Objekte im Vergleich abgegeben, d. h. Probanden geben an, ob, in welchem Maße und aus welchen Gründen sie die Testkampagne gegenüber Kampagnen vergleichbarer Produkte bevorzugen oder auch nicht.
- Beim **Deskriptionstest** werden Ausprägungen beschrieben, oft im Vergleich zu einem gedachten Idealobjekt, d. h. Probanden geben an, welche Ausprägungen und Intensitäten der Testkampagne sie wahrnehmen, wie wichtg diese ihnen sind und wie sie sich zum gedachten Idealobjekt verhalten.
- Beim **Akzeptanztest** werden Kaufabsichten abgefragt, d. h. Probanden äußern, ob und inwieweit sie eine Kaufabsicht für das beworbene Prdukt hegen und welchen Preis sie bereit sind, dafür zu zahlen.
- Beim **Diskriminationstest** werden wahrgenommene Unterschiede zwischen Objekten angegeben, d. h. Probanden teilen mit, ob und welche Unterschiede sie bezüglich der Testkampagne als Ganzes oder in ihren einzelnen Eigenschaften sehen.
- Beim **Evaluationstest** werden einzelne oder alle Eigenschaften bewertet, d. h. Probanden geben Noten für die Testkampagne als Ganzes oder in ihren einzelnen Eigenschaften ab.

Die häufigsten Anwendungen von Tests sind Konzepttests, welche die Überprüfung der Aufmerksamkeitsweckungs-, Interessegenerierungs- und Überzeugungswirkung mit dem Ziel testen, zu klären, ob eine Werbung gegenüber dem Abnehmer bestehen kann, Kommunikationstests, welche die Werbewirkung von Maßnahmen testen, um eine Werbewirkungs- und Werbeerfolgsprognose und -kontrolle zu ermöglichen, und Markttests, die den probeweisen Verkauf von Produkten auf einem räumlich mehr oder minder abgegrenzten Markt mit dem Ziel der Gewinnung von Erkenntnissen über die mutmaßliche Marktgängigkeit eines Produkts bzw. die Wirksamkeit von Werbemaßnahmen vor deren großflächiger Einführung testen.

9.4.2 Konzepttest

9.4.2.1 Einteilung

Die potenziellen Marktchancen einer Kampagne werden vor Einführung, bei Veränderung oder auch laufend zur Sicherheit abgetestet. Nach dem **Inhalt** kann man Tests von Idee (Name, Packung, Geschmack etc.), Objekt (Leistung, Funktion, Qualität etc.) und Nachfrage (Akzeptanz, Preisbereitschaft, Kaufappetenz etc.) unterscheiden.

Nach der **Art** kann man je nach Grad der noch verbleibenden Beeinflussbarkeit einteilen in den Entwurfs-, den Final- und den Markttest.

Nach der **Anzahl** unterscheidet man den Einzeltest und den Mehrfachtest. Beim Einzeltest wird nur ein Objekt (monadisch) bewertet. Eine Gefahr besteht darin, dass die Testperson das Objekt (z. B. Werbekampagne) infolge einer gewissen Voreingenommenheit besser beurteilt als es in Wirklichkeit ist. Beim Mehrfachtest werden daher mehrere Objekte (parallel oder nacheinander) bewertet.

Nach dem **Umfang** hanelt es sich um einen Volltest oder einen Partialtest. Beim Volltest interessiert die Akzeptanz der gesamten Kampagne mit all ihren Konzeptelementen. Beim Partialtest sind nur einzelne Komponenteninteressant (z. B. Bild, Text). Allerdings besteht dabei das Problem, dass einzelne Komponenten auf andere überstrahlen (z. B. die Fabe auf die Einstellung).

Nach der **Vorgehensweise** unterscheidet man Eliminationsverfahren und Substitutionsverfahren. Beim Eliminationsverfahren wird ein Objekt sukzessiv anonymisiert, bis im Blindtest nur noch ein Element (z. B. der »nackte« Packshot) zu beurteilen ist, ohne einen Hinweis auf Marke und/oder Hersteller zu geben. Beim Substitutionsverfahren wird die Anzahl der Komonenten nicht verringert, sondern variiert. Das jeweils interessierende Element wird den Testpersonen in mehreren Versionen zur Begutachtung vorgelegt.

9.4.2.2 Werbemittel-Pretests

Eine zentrale Rolle innerhalb der Konzepttests nehmen die Werbemittel-Pretests ein. Zum einen, weil hinsichtlich der Leistungsfähigkeit von Werbemitteln eine weitverbreitete Unsicherheit besthst, zum anderen, weil nur vor dem Einsatz im Markt noch kostenverträglich gegengesteuert werden kann. Daher haben sich im Laufe der Zeit unterschiedlichste standardisierte Pretestverfahren herausgebildet, die von spezialisierten Instituten angeboten werden. Im Folgenden werden einige wichtige dieser Verfahren näher vorgestellt:

- **Adplus**/Icon. Dieser Werbemittel-Pretest findet durch persönliche Einzelinterviews im Teststudio statt. Der Testzweck wird dazu verschleiert (Vorabendprogrammtest). Die Einbettung des Testspots erfolgt in einen Werbeblock mit neun Commercials. Die Produktkategorieposition ist dabei standardisiert. Der Werbeblock wird zwischen zwei Programmteilen eingebunden. Die Größe der Standardstichprobe (Quoten-Sample) beträgt n = 150, falls Splitergebnisse gewünscht werden, ansonsten n = 100, die Zielgruppe ist dabei individuell gemäß Kundenbriefing definierbar. Eine kundenspezifische Erweiterung des Fragenprogramms ist möglich. Der Test ist auf Fernsehen, Print, Kino, Hörfunk und Plakat anwendbar. Es besteht eine breite Datenbasis für alle Produktkategorien zu Kernkriterien (Learnings aus der Werbeforschung), zur Überprüfung der Markenadäquatheit eines Werbemittels (Brand Fit) und zur Markenstatuserhebung. Die Kosten betragen je nach Leistungsmodul zwischen 11.900 € (n = 100) und 13.400 € (n = 150). Dabei werden die besonderen Verhältnisse zwischen Werbemittel, Produkt und Marke berücksichtigt. Ein Vergleich zur Konkurrenzwerbung erfolgt indirekt über Referenzwerte, Awareness/Uniqueness, Einstellung (Preference Shift), ungestützten/gestützten Recall (Relevant Set, First Choice). Auch werden individuelle Attraktivitätsdimensionen (Likes/Dislikes, Produktprofile) in Einzelinterviews erfasst. Hinzu tritt eine Blickaufzeichnung mit Augenkamera zur Feststellung der Kommunikationsleistung bei Print- und Plakattests. Es handelt sich um eine quasi-biotische Testsituation, die Werbemittel werden unter Berücksichtigung des Kommunikationsziels und der Markensituation diagnostiziert.
- **Ad*vantage**/GfK. Dies ist ein kombiniertes System für qualitative und quantitative Fragestellungen. Testpersonen werden dazu aus dem Telefonbuch zufällig ausgesucht und in ein Teststudio eingeladen. Vorwand ist dabei die bekundete Absicht, mit Hilfe der Probanden die Qualität des redaktionellen Umfelds von Werbeträgern zu steigern (quasi-biotische Testsituation). Als Dankeschön wird ein Warenkorb verlost. Die Probanden sollen angeben, welche der selektierten Produkte sie im Falle eines Gewinns erhalten möchten (Pre Choice). Der Ad*vantage-Test ist je nach eingesetzten Medien als Ad*vantage TV-, Print-, Cinema-, Radio- oder Plakattest angelegt. Ad*vantage Eye Track sieht zusätzlich eine Blickaufzeichnung vor. Im Printbereich wird bei den Probanden dann das Leseverhalten bei drei speziell mit Testanzeigen aufgemachten Testheften, die Zeitschriften nachempfunden sind, beobachtet. Bei der Hälfte der Personen erfolgt dies mit Hilfe eines Blickaufzeichnungsgeräts. Ablenkende Fragen testen dabei während der Wahrnehmung die Durchsetzungsfähigkeit der Werbung und deren zutreffende Inhaltserkennung. Die Erinnerung wird bei einem Nachinterview durch Fragen nach Inhalten gemessen, die Einstellung durch Likes/Dislikes ermittelt. Außerdem können die Probanden auch noch einmal ihren Warenkorb zusammenstellen. Entscheidend ist der Attitude Shift, d. h. die Veränderung der Einstellung zwischen Erstkontakt und Nachinterview. Denn diese wird auf die kommunikative Beeinflussung zurückgeführt.
Im TV-Bereich wird Probanden erklärt, dass der Testzweck die subjektive Beurteilung von Fernsehprogrammen ist. Der Programmtest wird mit Monitor und Videoplayer durchgeführt, wobei jeder Proband für sich allein ein Videoband zu sehen bekommt. In einem Eingangsinterview werden die Probanden unter anderem auch gefragt, welche Marke sie bei der interessierenden, ihnen als Test unbekannten, Warengruppe bevorzugen. Anschließend wird den Testpersonen ein der Realität nachempfundenes 1,5 stündiges Fernsehprogramm per Videoband vorgespielt. Zunächst sehen sie einen Kurzfilm, an welchen sich ein Werbeblock mit sieben Spots anschließt, in den das zu testende Commercial eingebunden ist. Dabei

werden sie auf Video gefilmt, um unwillkürliche Reaktionen zu erfassen. Danach wird ein weiterer Film gezeigt. Dieser bezweckt, ebenso wie die folgenden Fragen zum Programm, die Kurzzeiterinnerung an die Werbung zu löschen. Es folgt ein Memory-Spiel, indem die Testpersonen gefragt werden, an welche Spots sie sich noch erinnern können. Der Anteil der Erinnerer liefert ein erstes Maß für die Qualität der Werbung, die Durchsetzungsfähigkeit. Dieses repräsentiert die Inputvariable Aufmerksamkeitsstärke im Advertising-Response-Model. Außerdem wird zur Ablenkung nach der persönlichen Meinung zu den redaktionellen Beiträgen gefragt. Nach einem weiteren Programmteil werden die Testspots ein zweites Mal vorgeführt, um eine intensive Auseinandersetzung mit dem Spot zu erzeugen. Es schließt sich wiederum ein Kurzfilm an. Danach werden die Testpersonen gebeten, anhand vorgegebener Markenlisten die Marken zu bestimmen, die sie in ihrem Geschenkkorb haben wollen, den sie zum Schluss des Tests gewinnen können (Post Choice). Aus der Zahl der Testpersonen, die für den Geschenkkorb die beworbene Marke bevorzugen, obwohl sie im Eingangsinterview eine andere Marke angegeben haben, errechnet sich die motivationale Schubkraft des Werbespots. Diese repräsentiert die Inputvariable Markenpräferenz im Advertising Response-Model. Abschließende diagnostische Fragen zur Werbung liefern Hinweise, welche Aspekte der TV-Werbung zum Erfolg oder Misserfolg beitragen. Der Test schließt mit der Verlosung von zwei Geschenkkörben.

In ähnlicher Weise funktioniert der Ad*vantage Cinema-Test. Allen Varianten ist gemein, dass es sich um eine Monitorbefragung im Teststudio handelt, die den Testzweck verschleiert. Als Standardstichprobengröße sind 150 Personen vorgesehen, die Zielgruppe ist dabei jeweils individuell gemäß Kundenbriefing definierbar. Kundenspezifische Erweiterungen des Fragenprogramms sind möglich. Zwischenzeitlich besteht eine breite Datenbank, auf die zurückgegriffen werden kann und die Testwerbung anhand von über 50 Kriterien klassifiziert. Die Kosten betragen 12.000 €. Der Vergleich mit der Konkurrenzwerbung erfolgt indirekt über Referenzwerte.

- **Pre*vision**/Inra. Dabei handelt es sich um einen Konzepttest und Kampagnencheck unter verschleiertem Testzweck (Vorabendprogrammtest). Die Einbettung des Testspots wird in einen Standardwerbeblock mit zwölf Commercials vorgenommen. Der Werbeblock ist zwischen zwei Programmteilen eingebunden. Die Stichprobe hat je nach Testzweck eine unterschiedliche Basis, bei Produktpräferenz beträgt sie n = 300, bei Diagnose n = 150 und bei Recall n = 100. Damit handelt es sich um ein geplittetes Sample, sodass keine Single-Source-Daten und keine Verbindung zwischen Recall und Diagnose möglich, denn die Hälfte der Stichprobe wird in einem zweiten Teil des Tests zu Details interviewt, die andere Gruppe nach drei Tagen am Telefon nachbefragt. Die wöchentliche Standardstichprobe umfasst haushaltsführende Frauen (18–65 Jahre), ggf. ist eine Aufstockung möglich. Erhoben wird die spontane Werbemittelbeurteilung (Gefallens- und Missfallenselemente), eine Kurzdiagnostik mit Schwerpunkt auf Awareness und Kaufmotivation, d. h. dem »wie«, weniger auf der Diagnose des »warum« der Werbewirkung. Der Pretest ist nur für TV-Spots geeignet. Die Kosten betragen ca. 15.000 €. Die Leistung besteht in der Überprüfung der Wirksamkeit von TV-Spots in Form eines standardisierten Pretests. Der Vergleich mit Konkurrenzwerbung ist indirekt über Referenzwerte möglich. Erhoben werden die Durchsetzungskraft, die Markenpräferenzveränderung, der ungestützte Recall, der 3-Days-After-Recall und der gestützte Recall. In Einzelinterviews wird die Ausprägung und Stabilität der Kommunikationsleistung anhand der gestützten Markenbekanntheit, der Prägnanz der Spotinhalte, des Verständnisses der Botschaft und den Likes/Dislikes erhoben. Die Präferenzveränderung wird durch Pre-Post-Choice-Messung erfasst. Ein Par-Shift gilt dabei als Benchmark aus einer ständig aktualisierten, produktfeldspezifischen Datenbank. Außerdem wird der Related Recall (= Anzahl der korrekt genannten Spot bzw. markenspezifischen Elemente) mit Referenzwerten aus einer umfangreichen, internationalen Datenbank verglichen (die allerdings im Wesentlichen aus den Spots eines Kunden besteht).

- **The Buy Test**/Sample. Dieser Pretest wird durch persönliche Interviews erhoben, wobei der Testzweck verschleiert wird. Dazu wird eine High Involvement-Kontaktsituation herbeigeführt, optional auch als verschleierter Test für eine »harte« Recallmessung. Die Einbettung der Testspots erfolgt in einen Werbeblock zwischen zwei Programmteilen. Die Quotastichprobe hat eine Größe von n = 130 Personen, die Zielgruppe ist dabei individuell gemäß Kundenbriefing definierbar (ausnahmsweise ist auch eine Random-Stichprobe möglich). Ein Ausweis individueller Attraktivitätsdimensionen und eine kundenspezifische Erweiterung des Fragenprogramms sind möglich. Der Test ist auf Fernsehen, Print und Hörfunk übertragbar und beruht auf einer breiten Datenbasis. Die Kosten betragen 12.300 € (für »harten« Recall) oder 9.800 € (für konventionellen Recall). Ziel ist die Überprüfung der Wirksamkeit beliebiger Werbemittel auf Basis von Stufenwirkungsmodellen. Der Vergleich zur Konkurrenzwerbung erfolgt indirekt über Referenzwerte, Verständnis und ungestützten Recall (Durchsetzungskraft). Für die als Wirkungskomponenten identifizierten Variablen werden Einzelinterviews zur Erfassung von Verständnis, zur Beeindruckung und Überzeugung durchgeführt. Zur Messung wird eine Guttman-Skala eingesetzt. Daraus ergeben sich im Einzelnen vier Gruppen, die Überzeugungsgruppe (mit sowohl Verständnis als auch Beeindruckung als auch Überzeugung), die Beeindruckungsgruppe (mit sowohl Verständnis als auch Beeindruckung), die Verständnisgruppe (ohne Beeindruckung und Überzeugung) und die Error-Gruppe (mit weiter nicht verwertbaren Ergebnissen). Die Diagnostik der Werbemittel beruht auf Einzelinterviews mit explizitem Ausweis inkonsistent antwortender Testpersonen (Error-Gruppe), die Verständnis zeigen und auf Überzeugung deutende Antworten geben, ohne beeindruckt zu wirken.
- **Ad-Visor II**/Infratest. Die differenzierte Kontrolle der Werbeeffizienz von Spots erfolgt unter den Aspekten der Zielgruppenerreichung und -überzeugung. Die Testgruppe weist n = 130 Personen und die Kontrollgruppe n = 100 Personen auf. Sie wird in einem offenen Labortest mit einer telefonischen Nachbefragung 24 Std. später erhoben. Die Auswahl erfolgt als Random Sample. Ein Vergleich mit der Konkurrenzwerbung ist indirekt über Referenzwerte möglich. Die Kommunikationsleistung wird in Abgleich mit der Kreativstrategie (emotionales und kognitives Potenzial), mit Recognition (Reichweite), ungestütztem (Werbepräsenz) und gestütztem Recall (Produkt- und Markenstützung) durchgeführt. Einzelinterviews dienen zur Erhebung von Kommunikationsleistung, Likes/Dislikes und Kaufbereitschaft. Dabei wird eine quasi-biotische Untersuchungssituation zugrunde gelegt. Es erfolgt eine Gegenüberstellung von Werbeaufwand und Werbewirkung, sodass eine Effizienzbetrachtung möglich wird. Die Wirkgröße Persuasion (Überzeugung) wird unter Berücksichtigung der Marktstellung/marktbestimmender Faktoren ausgewiesen, der Related Recall als überprüfter Recall bezogen auf ein konkretes Werbemittel. Außerdem ist der Vergleich mit dem hauseigenen BPI Burke Persuasion Index (Wahrscheinlichkeit für einen Kauf der Testmarke) sowie eine Verrechnung mit Marketingdaten möglich. Es ist sowohl eine Off-Air- als auch eine On-Air-Messung darstellbar. Denn alternativ ist es auch möglich, vorangeworbene Personen dahingehend zu motivieren, zu einer bestimmten Zeit fernzusehen. Dadurch kann zwar eine höhere Effizienz der Erhebung erreicht werden, jedoch leidet

die Unbefangenheit der Probanden. Zudem schwanken die Angaben mit Blockplatzierungen, -zusammensetzungen, -zeiten, Rahmenprogramm, Programmen anderer Sender, Witterung etc.
- **Link-Test**/Millward-Brown. Dies ist ein Pretest, der insb. auf einfache, direkte Fragen an die Versuchspersonen vertraut und deren Involvement dabei berücksichtigt. Es wird eine Quotenstichprobe (zielgruppengerecht mit n = 100 Personen) zugrunde gelegt. Der Vergleich mit der Konkurrenzwerbung erfolgt indirekt über Referenzwerte. Einzelinterviews dienen zur Erfassung von Awareness, Kommunikationsleistung, Involvement, Verständlichkeit, Likes/Dislikes, Interesse, Kernaussagen und Glaubwürdigkeit. Die Wirkgröße Involvement wird per Programmanalysator gemessen. Weiterhin wird eine Stärken-Schwächen-Analyse vorgenommen. Dies ermöglicht eine Prognose der Verhaltenswirkungen und eine langfristige Prognose der Durchsetzungsfähigkeit (wie steigt die Werbebekanntheit bei Erhöhung der GRP's?). Der Pretest ist international einsetzbar.

Weitere, häufig eingesetzte Werbepretests sind folgende:
- **Adlap**/IVE. Probanden sehen dabei in Zehnergruppen gemeinsam Werbespots aus einer Produktkategorie. Sie geben eine individuelle Bewertung durch Laptop-Interviews ab. Im zweiten Teil des Tests wird eine Gruppendiskussion über die Ergebnisse der Bewertungen durchgeführt. Die Standardstichprobe beträgt acht Gruppen. Die Ergebnisse lassen eine Prognose über die zu erwartende Awareness eines TV-Spots zu. Die Kosten betragen 25.000 €.
- **Psychometer**/Imas. Dabei handelt es sich um ein standardisiertes Pre- und Post-Messverfahren für alle Werbemedien. Es ist als Omnibus-Untersuchung mit 120 Probanden angelegt und wird auf Wunsch exklusiv durchgeführt. Die Erhebung beruht auf einer offenen Testsituation.
- **AdJust**/Emnid. Dies ist ein verdeckter monadischer Werbemitteltest, der exklusiv nur für einen Kunden in einem Test durchgeführt wird. Die Grundstichprobe beträgt 120 Personen, wobei die Testzielgruppe auf die jeweilige Mediazielgruppe abgestimmt wird. Die Kosten betragen 13.700 €.
- **AdLife**/RSG. Dies ist ein verdeckter Werbemitteltest für Fernsehen, Hörfunk und Print mit der Besonderheit, dass die Probanden sich das Testmaterial zu Hause anschauen können und dazu einen oder mehrere Tage später interviewt werden. Die Stichprobe umfasst mindestens 200 Personen, 100 in einer Testgruppe mit dem Testspot und 100 in einer Kontrollgruppe ohne Spot. Die Kosten betragen 18.000 €.
- **Pictures AdPlus for Kids**/Icon. Dieser standardisierte TV-Spot-Test ist speziell auf die Wahrnehmungsfähigkeiten von Kindern im Vorschulalter (4–6 Jahre) bzw. im Schulalter (7–10 Jahre) zugeschnitten. Die Kosten betragen 9.800 €.
- **Spotlight**/ISM. Dies ist eine Kombination aus klassischem Pretest mit »normalen« Probanden und dem Urteil von Experten aus Marketing, Werbung und betrieblicher Marktforschung.
- **Activity**/von Keitz. Dabei handelt es sich um einen Standardtest für TV-Spots mit der Besonderheit, dass optional ein Aktivierungstest mittels Hautwiderstandsmessung integriert werden kann, sofern der Aufmerksamkeit eine besondere Bedeutung im Test zukommt. Es gibt Pretest-Abwandlungen auch für andere Medien. Die Kosten betragen 16.000 €.
- **TrendTest**/GAD. Dabei handelt es sich um einen Pretest durch apparative Blickaufzeichnung mit mobilen Augenkameras. Die Kosten belaufen sich auf 17.500 €.
- **Spot-Pretest**/Steinweg. Hierbei werden tiefenpsychologische, morphologische Analysen für die Beurteilung zugrunde gelegt. Die Kosten betragen 4.500 €.

9.5 Auswahl von Informationseinheiten

9.5.1 Vollerhebung

Das Auswahlverfahren bestimmt, welche Auskunftselemente für die Erhebungsmethoden bei der Informationsgewinnung herangezogen werden. Für eine möglichst große Aussagefähigkeit der Ergebnisse ist es wünschenswert, alle Elemente, auf die definierte Untersuchungskriterien zutreffen, also die **Grundgesamtheit**, auch tatsächlich zu untersuchen. Nur so kann abgesichert werden, ein möglichst exaktes Bild von deren Untersuchungsdaten zu erhalten. Man spricht in diesem Fall von einer Vollerhebung, wie es z. B. die Volkszählung ist. Allerdings stellt nicht selten die zutreffende Abgrenzung der Grundgesamtheit ein Problem dar, das dann sowohl für die Voll- als auch für die Teilerhebung gilt.

Praktisch machen vor allem finanzielle, zeitliche und organisatorische Restriktionen eine an sich wünschenswerte Vollerhebung ökonomisch meist unmöglich. Dann, und wenn das Objekt bei der Erhebung untergeht (z. B. Crashtest), ist es erforderlich, die Untersuchung auf ausgewählte Teile der Grundgesamtheit zu beschränken. Der damit einhergehende Informationsverlust soll jedoch möglichst gering gehalten werden. Man spricht dann von einer Teilerhebung, wie sie in der Marketing-Kommunikation typisch ist. Dazu sind dann Auswahlverfahren erforderlich, die bestimmen, welche Elemente der Grundgesamtheit stellvertretend für diese näher untersucht werden und welche nicht. Ziel ist dabei, möglichst nahe an die Leistung einer, nicht praktikablen, Vollerhebung heranzukommen, gleichzeitig aber von den Kostenersparnissen einer Teilerhebung zu profitieren.

Bei der **Teilerhebung** werden also nicht alle Elemente der Grundgesamtheit ausgewählt und mit ihren vom Untersuchungsziel her relevanten Merkmalsausprägungen erfasst. Um dennoch zu aussagefähigen Ergebnissen zu gelangen, müssen diese Fälle, welche die **Stichprobe** ausmachen, die Verhältnisse der Grundgesamtheit möglichst exakt abbilden. Das heißt, die Stichprobe muss repräsentativ in Bezug auf alle untersuchungsrelevanten Merkmale für die Grundgesamtheit sein. Dies ist dann gegeben, wenn die Verteilung aller interessierenden Merkmale in der Stichprobe der in der Grundgesamtheit entspricht, die Teilmasse also ein zwar verkleinertes, ansonsten jedoch wirklichkeitsgetreues Abbild der Gesamtmasse darstellt. Man spricht dann von **Repräsentanz**.

Man unterscheidet zur Auswahl Verfahren der zufälligen und der bewussten Auswahl. Zunächst scheint es einleuchtend, dass man am ehesten ein getreues Abbild der Grundgesamtheit erhält, indem man aus dieser beliebige Elemente herauszieht und untersucht. Dies entspricht der zufälligen Auswahl. Praktisch stehen dem jedoch einige Hindernisse im Weg. Daher kann es sinnvoll sein, zunächst die durchschnittliche Struktur der Grundgesamtheit zu untersuchen und dann gezielt solche Elemente daraus auszuwählen, die dieser Struktur am ehesten gleichen. Dies entspricht der bewussten Auswahl.

Bei der reinen Zufallsauswahl haben alle Elemente der Grundgesamtheit, z. B. alle als Zielgruppen angehörig definierte Personen, die gleiche, von Null verschiedene Chance, die zudem berechenbar ist, in die Stichprobe zu gelangen. Bei der systematischen Zufallsauswahl und verwandten Verfahren haben alle Elemente der Grundgesamtheit eine voneinander verschiedene Chance, die größer Null und berechenbar ist, in die Stichprobe zu gelangen. Bei der Bewusstauswahl haben alle Elemente der Grundgesamtheit eine voneinander verschiedene Chance, die nicht mehr berechenbar ist, in die Stichprobe zu gelangen.

9.5.2 Teilerhebung

9.5.2.1 Zufallsauswahl

Der Zufallsauswahl liegt also das Prinzip zugrunde, dass jedes Element der Grundgesamtheit (z. B. Zielperson der Werbekampagnen) eine berechenbare und von Null verschiedene Chance haben soll, in eine Stichprobe einbezogen zu werden. Die Exaktheit der Aussage nimmt zwar mit zunehmender Varianz des interessierenden Merkmals in der Grundgesamtheit ab, jedoch mit zunehmender Stichprobengröße wieder zu. Fehler sind bei der strukturgleichen Abbildung der Grundgesamtheit dann berechenbar. Es gibt verschiedene Ausprägungen der Zufallsauswahl.

9.5.2.1.1 Reine Zufallsauswahl

Die Reine (uneingeschränkte) Zufallsauswahl wird durch das Urnenmodell versinnbildlicht. Die Elemente der Stichprobe (Erhebungspersonen) werden unmittelbar aus der Grundgesamtheit (Zielgruppe) gezogen. Voraussetzung dafür ist, dass diese Grundgesamtheit zumindest symbolisch, z. B. in Form von Karteikarten, vollständig beim Auswahlprozess vorliegt, d. h. auf jedes Element beliebig zugegriffen werden kann, und dass diese so gut durchmischt ist, dass jedes Element wirklich die gleiche Chance hat, gezogen zu werden. Möglich ist das Auslosen/Auswürfeln nur bei vollständig vorliegender, durchnummerierter Grundgesamtheit (z. B. durch 10-seitigen AWF-Würfel). Dabei kann es sich um verbundene Stichprobenelemente handeln, die ohne Zurücklegen sukzessiv aus der Grundgesamtheit gezogen werden oder um unabhängige Stichprobenelemente, die mit Zurücklegen simultan aus der Grundgesamtheit gezogen werden.

In der Praxis scheitert die Durchführbarkeit der Reinen Zufallsauswahl zumeist am hohen Aufwand. Zu denken ist an unzureichendes statistisches Grundlagenmaterial, an die Größe der zu untersuchenden Grundgesamtheit und die Streuung ihrer Merkmale. Auch dürfen ausgewählte, aber nicht erreichte Erhebungseinheiten nicht mehr nachträglich ausgetauscht werden. Darunter leidet die Ausschöpfungsquote. Daher wird auf Verfahren der Systematischen Zufallsauswahl zurückgegriffen. Das bedeutet, dass die Auswahlchancen jedes Elements der Grundgesamtheit zwar nicht mehr gleich sind, wohl aber berechenbar, d. h., man kann den Grad der Repräsentanz messen.

9.5.2.1.2 Systematische Zufallsauswahl

Bei der Systematischen Zufallsauswahl gibt es mehrere Verfahren, denen gemein ist, dass ihnen ein Auswahlsystem zugrunde liegt, das sich nach der Anzahl für erforderlich gehaltener Fälle richtet. Dieses ersetzt das in der Praxis nicht realisierbare Urnenmodell. Vorauszusetzen ist jeweils, dass alle Elemente, die zur Grundgesamtheit gehören, anwählbar sind und alle anwählbaren Elemente zur Grundgesamtheit gehören. Dabei handelt es sich dann um die folgenden Verfahren:

- Beim **Schlussziffern**-Verfahren werden alle Elemente der Grundgesamtheit durchnummeriert und jene Elemente als Stichprobe entnommen, die eine bestimmte, ausgewählte Endziffer aufweisen. Dies ist recht effizient.
- Beim **Zufallszahlen**-Verfahren wird die vorliegende Grundgesamtheit ebenfalls durchnummeriert. Die auszuwählenden Nummern werden jedoch durch einen Zufallszahlen-Algorithmus (Zufallszahlentabelle/Zufallszahlengenerator) bestimmt.

- Beim **Anfangsbuchstaben**-Verfahren wird die Stichprobe aus allen Elementen gebildet, deren (Nach-)Namen mit einem bestimmten Anfangsbuchstaben/einer Anfangsbuchstabenkombination beginnen.
- Beim **Zufallsstart**-Verfahren wird innerhalb der katalogisierten Grundgesamtheit zunächst per Zufallsauswahl ein Startpunkt bestimmt und davon ausgehend durch Abzählen jedes x-te Element gezogen.
- Beim **Geburtsdatum**-Verfahren werden aus der Grundgesamtheit all jene Elemente entnommen, die an einem bestimmten Datum (Tag oder Monat, nicht Jahr) geboren wurden oder z. B. im Haushalt als Erste im Jahr, am Tag mit der niedrigsten Zahl, als Letzte vor bzw. als Nächste nach der Erhebung Geburtstag feiern.
- Beim **Schweden-Schlüssel**-Verfahren wird für jedes Interview durch Abzählen vorgegeben, die wievielte Person zu befragen ist. Dies erfolgt z. B. durch Permutation der Ziffern 1 bis 3.

Zur **Beurteilung** dieser Verfahren ist Folgendes zu sagen. Die Vorteile der Systematischen Zufallsauswahl liegen darin, dass keine Kenntnis der Merkmalsstruktur in der Grundgesamtheit erforderlich ist. Verzerrungen durch unzureichende Auswahl treten daher nicht auf. Vor allem ist eine Fehlerwahrscheinlichkeit berechenbar. Nachteile liegen darin, dass die Grundgesamtheit vollständig vorliegen muss. Diese Voraussetzung lässt sich in der Praxis oft nicht erfüllen. Auch können Stichprobenelemente ohne Auskunft (Verweigerung, Nichterreichbarkeit etc.) nicht durch andere, gleichartige Elemente ersetzt werden, da dann die Berechnung des Zufallsfehlers nicht mehr möglich ist. Daher kommen andere Verfahren zum Einsatz.

9.5.2.1.3 Geschichtete Zufallsauswahl

Bei der Geschichteten Zufallsauswahl (Stratified Sampling) wird die Grundgesamtheit in mehrere Teilmassen zerlegt, aus denen jeweils die dann in die Stichprobe eingehenden Elemente unabhängig nach dem Prinzip der Reinen Zufallsauswahl gezogen werden. Es handelt sich also um ein geschichtetes Vorgehen. Dies ist vor allem dann hilfreich, wenn die Grundgesamtheit zwar verschiedenartig (heterogen) ist, sich aber anhand von Untersuchungsmerkmalen aus relativ gleichartigen (homogenen) Teilmassen zusammensetzen lässt. Die Schichtung bewirkt dann eine Reduzierung des Stichprobenfehlers und des Stichprobenumfangs, weil die Streuung (Varianz) zwischen den Schichten entfällt und innerhalb jeder Schicht sinkt. Voraussetzung ist dabei allerdings wieder, dass die Verteilung der interessierenden Merkmale bekannt ist. Allerdings kommt es umso eher zu einem Schichtungseffekt, je gleichartiger jede Schicht in sich und je verschiedenartiger sie zugleich zu allen anderen Schichten ist. Mögliche Schichtungskriterien sind Beruf, Einkommen, Ausbildung, Vermögen, Abstammung, Entscheidungsmacht, Interaktion mit Anderen etc. Die Schichtenbildung kann unterschiedlich vorgenommen werden:

- **Proportionale** Schichtung bedeutet, dass jede Schicht in der Stichprobe in ihrem Anteil an der Grundgesamtheit vertreten ist. Die jeweiligen Stichprobenwerte können damit linear aufaddiert werden. Dies ist die einfachste Vorgehensweise, leidet jedoch unter den Problemen der Merkmalsstreuung und der Stichprobengröße.
- **Dysproportionale** Schichtung bedeutet, dass die einzelnen Schichten stärker oder schwächer als es ihrem Anteil an der Grundgesamtheit entspricht, vertreten sind. Dies bietet sich an, wenn kleinen Schichten (z. B. Großbetriebsformen des Handels bei Panels) hohe Bedeutung zukommt. Die Stichprobenwerte müssen dann mit dem umgekehrten Anteil ihrer Schicht gewichtet aufaddiert werden, damit es nachher zu keinen Auswertungsverzerrungen kommt.

– **Optimale** Schichtung bedeutet, dass versucht wird, durch die Schichtung den Zufallsfehler für eine gegebene Stichprobengröße bzw. bei gegebenem Zufallsfehler die Stichprobengröße zu minimieren. Aus homogenen Teilmassen werden dabei kleinere, aus heterogenen größere Stichproben gezogen. Dies setzt freilich die Kenntnis der Merkmalsverteilung in den Schichten voraus, die aber oft erst erhoben werden soll. Es sei denn, es wird ein anderes als das der Auswahl zugrunde liegende Merkmale erhoben.

9.5.2.1.4 Klumpenauswahl

Die Klumpenauswahl (Cluster Sampling) ist ein hybrides Auswahlverfahren, d. h. eine Kombination aus Auswahl und Vollerhebung. Dabei wird die Grundgesamtheit in Teilmassen zerlegt, z. B. Betriebe, Haushalte, Vereine. Von diesen wird dann nach dem Zufallsprinzip eine bestimmte Anzahl zur Auswahl gezogen. Diese Klumpen werden einer Vollerhebung unterzogen, d. h. alle Elemente werden erhoben. Der Vorteil ist dabei, dass weder die Grundgesamtheit vollständig vorliegen, noch deren Struktur im Einzelnen bekannt sein muss. Die Auswahlbasis ist vergleichsweise einfach zu beschaffen und die klumpenweise Erfassung wenig aufwendig. Ein großer Nachteil liegt allerdings in der Gefahr von Klumpeneffekten. Diese treten immer dann auf, wenn ausgewählte Klumpen in sich zwar gleichartig, gleichzeitig aber verschiedenartig von der Struktur der Grundgesamtheit sind. Außerdem ergeben sich Probleme, wenn ein Element mehreren Klumpen angehört oder Klumpen in sich inhomogen sind.

Bei der **Flächenstichprobe** (Area Sampling), die eine Unterform der Klumpenauswahl darstellt, werden die Klumpen geografisch definiert, z. B. als Nielsengebiete, Bezirke, Kreise, Gemeinden. Aus diesen Teilflächen werden dann die Stichprobenelemente bestimmt, die ihrerseits vollständig erhoben werden. Die relative räumliche Konzentration der Erhebungseinheiten senkt dabei die Kosten drastisch. Selbst wenn nur eine Landkarte oder ein Stadtplan vorhanden sind, kann damit noch eine Stichprobe bestimmt werden. Die Grundgesamtheit wird dabei in Teilflächen (Planquadrate, Häuserblocks etc.) aufgeteilt. Allerdings gelten die bei der Klumpenauswahl erwähnten Nachteile (z. B. Auswahl eines Villenviertels als Erhebungscluster).

9.5.2.1.5 Sonderformen

Aufgrund unzureichenden statistischen Materials oder wegen der Größe und Streuung der zu untersuchenden Grundgesamtheit ist es häufig nicht möglich, die Stichprobenelemente unmittelbar mittels Zufallsauswahl zu bestimmen. Dann sind Sonderformen einzusetzen.

Bei der **mehrphasigen Auswahl** (Sequential Sampling) werden mehrere Zufallsauswahlverfahren hintereinander geschaltet, die dem gleichen Auswahlprinzip folgen. Damit handelt es sich in der folgenden Phase jeweils um eine Unterstichprobe der vorhergehenden Phase. Entsprechend kann der Erhebungsaufwand in jeder Phase gestaffelt werden. Es muss nicht die Grundgesamtheit im Detail komplett vorliegen, sondern jeweils nur die Unterstichprobe, die zur weiteren Auswahl verwendet wird. Die Stichprobe wird vorher in ihrer Größe nicht definiert, sondern ergibt sich durch parallel anzusetzende Gütekriterien.

Bei der **mehrstufigen Auswahl** (Multistage Sampling) werden mehrere zufällige und bewusste Auswahlverfahren kombiniert eingesetzt. Jeweils wird aus der Grundgesamtheit eine systematisch ausgewählte Primärstichprobe gezogen, aus der dann wiederum Sekundäreinheiten systematisch (rein mehrstufig) oder zufällig (kombiniert mehrstufig) gezogen werden. Die

Vorgehensweise ist also vertikal (im Unterschied zur geschichteten Auswahl). Dazu zwei praktisch häufig vorkommende Beispiele:

- Beim **Random Route**-Verfahren sind die Flächenstichprobe zur Bestimmung der Sampling Points, die Systematische Zufallsauswahl zur Bestimmung der Haushalte und daraus folgend der Zielpersonen nacheinander geschaltet. Ausgangspunkt ist eine streng nach Zufall ausgewählte Startadresse, von wo aus Interviewer nach strikt vorgegebenen Regeln bezüglich Gehrichtung, Abständen, Stockwerken, Straßenseiten etc. einen stochastischen Auswahlprozess von Stichprobenelementen simulieren. Vorteile liegen in der räumlichen Konzentration der Erhebungsarbeit, den guten Kontrollmöglichkeiten und geringen Kosten. Nachteilig ist jedoch, dass kein Stichprobenfehler berechenbar ist und größere Stichprobenumfänge für eine gegebene Validität und Reliabilität erforderlich sind.
- Beim **ADM-Master Sample** erfolgt in der ersten Stufe die Auswahl von amtlichen Stimmbezirken (Area Sampling). Daraus wird eine Stichprobe von 210 solcher Sampling Points gezogen und angeordnet. Die Auswahlchance ist proportional zur Haushaltszahl dort. In der zweiten Stufe erfolgt eine uneingeschränkte Zufallsauswahl der zu erhebenden Haushalte in den gezogenen Sampling Points. In der dritten Stufe schließlich werden die zu befragenden Personen in den angewählten Haushalten systematisch zufallsausgewählt (etwa alle Haushaltsmitglieder, jede n-te Person im Haushalt, ein Mitglied je Haushalt etc.). Die Musterstichprobe kann dabei im Baukastensystem verschiedenen Forschungsdesigns angepasst werden.

Bei der Auswahl nach dem **Schneeballverfahren** wird von einer Startadresse ausgehend jeweils die nächste Zieladresse nach einem Zufallsmechanismus bestimmt usw. Dadurch sollen Leerinterviews vermieden werden, z. B. bei Produkten mit niedrigem Marktanteil oder Erhebung von Bevölkerungsminderheiten, wobei Kostenvorteile entstehen. Es besteht jedoch die große Gefahr, dass der Stichprobenfehler ansteigt, weil Verzerrungen kumulieren.

Bei der **Auswahl mit ungleichen Wahrscheinlichkeiten** haben größere Erhebungseinheiten eine höhere Chance, in die Stichprobe einzugehen als kleinere, z. B. erfolgt die Auswahl nach der Anzahl der im Haushalt lebenden Personen und nicht nach der Anzahl der Haushalte selbst. Bei der Hochrechnung wird diese Verzerrung dann wieder durch reziproke Gewichtung gegengerechnet.

Bei der **Auswahl mit Anordnung** werden die Elemente zunächst in Bezug auf bestimmte Merkmale sortiert und dann systematisch ausgewählt. Die Wirkung ist damit ähnlich einer Schichtung, jedoch ist vorher keine getrennte Gruppenbildung notwendig, wodurch Klumpungseffekte entfallen. Allerdings können auch keine unterschiedlichen Auswahlsätze realisiert werden.

9.5.2.2 Bewusstauswahl

Bei der Bewusstauswahl handelt es sich um ein bei Teilerhebungen häufig angewendetes Auswahlverfahren, bei dem das Forschungsdesign darüber entscheidet, welche Einheiten der Grundgesamtheit in die Stichprobe gelangen und welche nicht. Abzugrenzen ist dabei besonders von der willkürlichen Auswahl.

9.5.2.2.1 Quota-Verfahren

Dem Quota-Verfahren liegt der Gedanke zugrunde, dass, wenn die Verteilung aller Merkmalsausprägungen auf allen Merkmalsdimensionen einer Grundgesamtheit bekannt ist, es möglich wird, ein bewusstes, verkleinertes Modell dieser Grundgesamtheit zu erstellen. Das heißt, es kann eine Stichprobe entwickelt werden, die in allen untersuchungsrelevanten Merkmalen für die Grundgesamtheit repräsentativ ist. Die Verteilung dieser Merkmale nennt man Quoten. Diese Quoten kann man dann exakt auf die Stichprobe übertragen. Dazu ist aber selten die Kenntnis aller Merkmale erforderlich, sondern nur der für die Untersuchung sachrelevanten. Beim Quota-Verfahren werden also einige offensichtliche Merkmale, deren Verteilung in der Grundgesamtheit bekannt ist und von denen man weiß oder annehmen kann, dass sie für das Untersuchungsziel relevant sind, als Auswahlkriterien für die Stichprobenbestimmung ausgewählt. Mit diesen Merkmalen wird ein Quotenplan erstellt, der die Quotenanweisung enthält. Innerhalb der vorgegebenen Quotierung ist es nun unerheblich, welches Element der Grundgesamtheit in die Stichprobe aufgenommen wird, solange es nur in seinen Merkmalen der Quotenanweisung entspricht, und in der Kumulation aller Erhebungseinheiten der vorgegebene Quotenplan eingehalten wird. Das bedeutet aber, Interviewer wählen ihre Auskunftspersonen selbst (bewusst) aus. In der Summe entsteht so eine Stichprobe, die zumindest, was die quotierten Merkmale anbelangt, exakt der Grundgesamtheit entspricht. Der **Ablauf** dieses, in der Praxis am häufigsten eingesetzten Auswahlverfahrens ist folgender:

- Festlegung der jeweils erhebungsrelevanten Merkmale wie Alter, Geschlecht, Wohngebiet, Beruf, dabei sind als realistische Begrenzung selten mehr als drei Merkmale zugleich kombinierbar,
- Festlegung der möglichen Ausprägungen der einzelnen Merkmale, z. B. beim Alter nach Altersklassen wie 14–25 J., 26–35 J., 36–45 J., 46–55 J., 56–65 J., über 65 J,
- Ermittlung der relativen Häufigkeiten der verschiedenen Merkmalsausprägungen eines jeden relevanten Merkmals in der Grundgesamtheit, die dazu aus zuverlässigen Unterlagen heraus bekannt sein muss,
- Vorgabe dieser objektiven und zugleich spezifischen Quoten für die Stichprobe als exaktes Abbild der Grundgesamtheit,
- Auswahl der einzelnen Auskunftspersonen durch jeden einzelnen Interviewer, dem wiederum derart Quoten vorgegeben werden, dass in der Addition aller Interviews die Quotierung repräsentativ ist.

Es sind zwei Formen der Quotierung zu unterscheiden:

- Bei **unkorrelierten Quoten** werden Merkmale vorgegeben, bei denen die Relationen einzeln erfüllt werden müssen. Dadurch bleiben dem Interviewer gegen Ende immer geringere Freiheitsgrade bei der Auswahl, weil erfahrungsgemäß zunächst die leicht zu kombinierenden Quotenmerkmale abgearbeitet werden. Dies ist zwar theoretisch exakt, aber praktisch leidet darunter die Stichprobenausschöpfung.
- Bei **korrelierten Quoten** werden bestimmte Merkmalskombinationen als fest kombiniert vorgegeben, zu denen Personen in entsprechender Anzahl interviewt werden sollen. Dies erschwert praktisch das Auffinden entsprechender Personen für die gesamte Erhebung, macht jedoch, zumindest theoretisch, eine vollständige Stichprobenausschöpfung möglich.

Vorteile aus der Anwendung der Quota-Verfahrens liegen in folgenden Aspekten. Die Durchführung ist vergleichsweise kostengünstig. Dies ist Resultat der Wegerationalisierung bei der

Auswahl. Denn die Interviewer wählen ihre Auskunftspersonen, im Rahmen der Quoten, selbst aus.

Der Zeitaufwand zur Durchführung ist vergleichsweise gering, sodass eine schnelle Realisation möglich wird. Dies ist ebenfalls unmittelbare Konsequenz der Wegerationalisierung.

Die Übereinstimmung zwischen Stichprobenmerkmalen und Grundgesamtheitsmerkmalen ist vollständig gegeben. Denn die Stichprobe ist erst als exaktes Abbild aus der Grundgesamtheit entwickelt worden.

Das Verfahren ist flexibel zu handhaben. So kann eine nachträgliche Anpassung der Stichprobe an die Grundgesamtheit durch Redressement erfolgen, d. h. unterschiedliche Gewichtung einzelner Quotenmerkmale.

Es kommt zu einer vollständigen Stichprobenausschöpfung, da die Auswahl solange fortgesetzt wird, bis die Stichprobengröße erreicht ist. Die Übereinstimmung zwischen Stichproben- und Grundgesamtheitsmerkmalen ist vollständig gegeben.

Der Auswahlmechanismus ist unkompliziert. Insofern sind keine spezialisierten Interviewer erforderlich. Dies erhöht die Effektivität. Zumal den Quoten offensichtliche Merkmale zugrunde liegen.

Es sind keine Wiederholungsbesuche von Stichprobenteilnehmern bei Nichtantreffen erforderlich. Vielmehr können andere, quotenkonforme Einheiten erhoben werden. Dadurch wird eine höhere Effektivität erreicht.

Die Anonymität der Auskunftsperson kann gewährleistet werden, falls dies gewünscht oder erforderlich ist. Denn sie muss nur hinsichtlich ihrer Quotenmerkmale identifizierbar sein.

Nachteile sind hingegen folgende. Es ist keine mathematisch fundierte Fehlerberechnung möglich, da keine Zufallsauswahl vorliegt. Auch die meisten statistischen Testverfahren sind demnach nicht anwendbar. Dies wird nur zu gern beim Einsatz elaborierter Analyseverfahren übersehen.

Viele relevante Merkmale entziehen sich einer Quotierung, vor allem solche qualitativer Natur. So sind nur äußere Merkmale zur Quotierung geeignet, nicht jedoch Einstellungen, Meinungen, Motive etc.

Der zugrunde gelegte Zusammenhang zwischen Untersuchungs- und Quotierungsmerkmalen kann täuschen. Damit ist bereits zu Beginn der Arbeit ein Wissensstand erforderlich, wie er eigentlich erst an dessen Ende seriöserweise bereitstehen kann.

Das der Quotenbildung zugrunde liegende Basismaterial kann fehlerhaft, vor allem veraltet, sein. Unzuverlässige Unterlagen führen aber zu unspezifischen Quoten und damit zu weitgehend wertlosen Ergebnissen.

Die Kombination quotierbarer Merkmale ist aus Praktikabilitätsgründen begrenzt. Die Grenze wird hier bei max. fünf Merkmalsgruppen gesehen. Allerdings können sich auch ohne Quotierung annähernd repräsentative Verhältnisse einstellen.

Das Auffinden von zutreffenden Probanden bei Restquoten wird immer schwieriger, da zuerst leichte Merkmalskombinationen bevorzugt werden. So können gegen Ende Quotierungen »großzügig« ausgelegt werden.

Verzerrungen durch Ausfälle, Verweigerungen etc. bleiben unerkannt, da für diesen Fall quotenkonforme Ersatzelemente einspringen. Dies verursacht systematische Fehler, wenn Stichprobenausfälle nicht nur zufällig von den erhobenen Einheiten abweichen, was hochwahrscheinlich ist.

Die willkürliche Bevorzugung bestimmter Auswahlelemente der Quotierung ist nicht ausgeschlossen, z. B. Freundeskreis, Parterrewohnungen, Heimatbezirk. Dies liegt gerade bei Zeit- und Wegeeinsparung nahe.

Gleiches gilt für die Mehrfachbefragung gleicher Personen, obgleich dies in den Anweisungen ausgeschlossen wird. Es wird deshalb in der Praxis je Interviewer nur eine beschränkte Anzahl von Interviewaufträgen vergeben.

Es können keine hochspezialisierten Themen erhoben werden, deren zugehörige Quotenmerkmale nicht offensichtlich sind. Damit werden aber wichtige Erkenntnisse des Käuferverhaltens vernachlässigt.

Das Interview leicht erreichbarer Personen benachteiligt mobile Bevölkerungsschichten. Umgekehrt werden gut erreichbare Personenkreise überrepräsentiert. Dadurch kommt es zu systematischen Verzerrungen.

Es kommt zu einer subjektiven Vorauswahl von Auskunftspersonen, etwa infolge unbewusster Sympathien oder Antipathien auf Interviewerseite. Diese Filterung ist nicht erfassbar, nicht kontrollierbar und nicht vermeidbar.

Abhilfe der genannten Nachteile wird durch mehrere Maßnahmen geschaffen:

– Die Quotenmerkmale werden eng mit dem Untersuchungsgegenstand korreliert und zwingen den Interviewer aus seinem gewohnten Umfeld (Vermeidung von Klumpungseffekten und von Mehrfachinterviews).
– Es sollten keine speziellen Themen vorgegeben sein, die Interviewer dazu verleiten, sich an vermeintliche Experten zu wenden, oder sich selbst zu spezialisieren. Dies erfolgt meist in gutem Glauben an die werthaltigere Information dieser Personen.
– Die Anzahl der Erhebungsaufträge je Interviewer wird eng begrenzt (max. 10). Insofern gleichen sich Verzerrungen und Fälschungen, von denen man getrost ausgehen kann, im Rahmen einer repräsentativen Erhebung gegenseitig aus.

In der Praxis haben sich Zufalls- und Quota-Auswahl als gleichwertig hinsichtlich der Qualität ihrer Ergebnisse erwiesen. Diese schwanken eher mit der Professionalität der Untersuchungsanlage, -durchführung und -auswertung als mit dem zugrunde gelegten Auswahlverfahren. Dies wird auch sofort einsichtig, wenn man bedenkt, welche vielfältigen Fehlermöglichkeiten bei einer Erhebung insgesamt gegeben sind, sodass die Fehler, die aus dem Auswahlverfahren resultieren, anteilig eher gering sind.

9.5.2.2.2 Konzentrationsverfahren

Beim Konzentrationsverfahren (Cut Off) wird eine Vollerhebung für solche Elemente der Grundgesamtheit vorgenommen, denen für den Untersuchungszweck besondere Bedeutung zukommt. Alle anderen werden vernachlässigt. Dies ist nur dann sinnvoll, wenn diese Elemente einen extrem hohen Erklärungsbeitrag für die zu untersuchenden Sachverhalte leisten, also ein starkes Ungleichgewicht der Elemente gegeben ist und wenigen Elementen ein extrem hoher Erklärungsbeitrag zukommt.

9.5.2.2.3 Typische Fälle

Bei den Typischen Fällen werden nach Ermessen des Interviewers solche Personen aus der Zielgruppe ausgewählt, die von ihm als charakteristisch erachtet werden. Es ist jedoch höchst gefährlich, von den derart erzielten Ergebnissen hochzurechnen, denn Fehlerquellen liegen nicht nur in der deutlichen, individuellen Abweichung darüber, was subjektiv als typisch anzusehen ist und was nicht, sondern auch in der unzulässigen Verallgemeinerung der Aussagen von diesen auf alle Fälle. In der Marketingpraxis etwa dem Pufra-Test eine solche typische Auswahl zugrunde. Dabei werden im Rahmen von Meetings spontan unbeteiligte Mitarbeiter, meist Sekretärinnen, Assistenten oder eben Putzfrauen – daher die Abkürzung – zu Kampagnen befragt und von deren Aussagen unzulässige Verallgemeinerungen hinsichtlich der Zielgruppe gezogen. Ein völlig unsinniges Procedere, das dennoch immer wieder angewandt wird.

9.5.2.2.4 Auswahl aufs Geratewohl

Die Auswahl aufs Geratewohl, auch Willkürprinzip genannt, wird unter Laien oft als Verfahren der Zufallsauswahl betrachtet. Dazu werden zu gegebener Zeit in gegebenem Raum aufs Geratewohl, also nach freiem Ermessen, Auskunftseinheiten ausgewählt. Da jedoch dabei nicht sichergestellt ist, dass alle Elemente der Grundgesamtheit eine von Null verschiedene Chance haben, in die Stichprobe einzugehen, handelt es sich dabei gerade nicht um eine zufällige, sondern vielmehr um eine willkürliche Auswahl. Diese lässt allen Freiraum für Verzerrungen. Eine Stichprobenauswahl aufs Geratewohl bürgt geradezu für unbrauchbare Ergebnisse. Diese sind aber etwa beim Baggern von Probanden in der Fußgängerzone vor dem Teststudio gegeben, sodass bereits daran die Aussagefähigkeit elaborierter Marktforschungsverfahren zu scheitern droht.

9.5.3 Stichprobengüte

Ist die Frage der Auswahl der Stichprobenfälle geklärt, stellt sich die Frage der Güte der Stichprobe. Für deren Bestimmung ist entscheidend,

– welchen Fehler man akzeptiert, d. h., wie genau die Ergebnisse sein sollen,
– mit welcher Irrtumswahrscheinlichkeit die Aussagen gemacht werden sollen.

Eine Stichprobe kann umso besser die Struktur der Grundgesamtheit widerspiegeln, je größer ihr Umfang ist. Am besten ist die Übereinstimmung, wenn die Stichprobe im Umfang der Grundgesamtheit entspricht, am Schlechtesten, wenn sie nur ein Element umfasst. Dazwischen liegt die reale Bandbreite. Die optimale Stichprobengröße hängt vom geforderten Sicherheitsgrad des Stichprobenergebnisses, vom Fehlerintervall und der Varianz der Einzelwerte ab. Der **Sicherheitsgrad** gibt an, mit welcher Wahrscheinlichkeit erwartet werden kann, dass ein Ergebnis zutrifft, wie hoch also der maximal als vertretbar angesehene Fehler ist. Das **Fehlerintervall** gibt an, innerhalb welcher Bandbreite ein Ergebnis bei der ausgewiesenen Wahrscheinlichkeit erwartet werden kann, wie hoch also die Schätzsicherheit ist. Die **Varianz** gibt an, wie weit Einzelwerte um ihren Mittelwert streuen, dies erfordert eine hinreichend begründbare Schätzung der Standardabweichung. Die optimale Stichprobengröße soll bei Einhaltung dieser Mindestwerte minimal groß sein.

Nunmehr stellt sich die Frage, wie groß eine Stichprobe sein sollte, d. h. wie viele Elemente sie enthalten sollte, um bestimmte Aussagen zuzulassen. Nach dem Gesetz der großen Zahl wird die Wahrscheinlichkeit, dass ein Ereignis eintritt, sich einem Wert = 1 nähern, je häufiger das Ereignis unter gleichen Bedingungen bereits eingetreten ist. Mit zunehmender Stichprobengröße sinkt also die Wahrscheinlichkeit für große Abweichungen. Die Wahrscheinlichkeit eines mit Gewissheit eintretenden (deterministischen) Ereignisses ist = 1, die Wahrscheinlichkeit eines unmöglich eintretenden Ereignisses ist = 0.

Nur bei zufallsgesteuerten Auswahlverfahren ist ein Repräsentationsschluss von der Stichprobe auf die dahinterstehende Grundgesamtheit möglich, indem von den aus der Stichprobe ermittelten Ergebnissen auf die unbekannten Parameter der Grundgesamtheit geschlossen und dafür eine Fehlergrenze angegeben werden kann. Infolge des Zufallsfehlers ist nämlich nur eine Intervall-, nicht jedoch eine Punktschätzung möglich. Eine Stichprobe muss umso größer sein, je höher die Wahrscheinlichkeit angesetzt wird, mit der ein Ergebnis erwartet werden kann, je geringer die Bandbreite angesetzt wird, innerhalb derer das Ergebnis schwanken kann, und je höher die Varianz bereits in dem Ursprungswert ist. Umgekehrt darf eine Stichprobe umso kleiner sein, je geringer der Sicherheitsgrad und je größer das Fehlerintervall angesetzt werden und je geringer die Varianz ist. Eine solche Aussage kann z. B. sein, dass mit einer Wahrscheinlichkeit von 95 % die tatsächliche durchschnittliche Kaufmenge einer Zielperson, die das Motiv einer Werbekampagne gesehen hat, zwischen zwei und drei Packungen pro Woche liegen.

Die Güte einer Stichprobe ist vom Umfang der Grundgesamtheit unabhängig, wenn diese Grundgesamtheit groß genug ist (> 2.000 Elemente). Die Güte wird dann also nicht mehr von der Relation der Stichprobe zur Grundgesamtheit, sondern nur von ihrem absoluten Umfang bestimmt.

Die auswertbare Netto-Stichprobe (= Ausschöpfungsquote in Relation zur Bruttostichprobe) ergibt sich nach Abzug der (unechten) Stichproben neutralen Ausfälle und der echten (nicht-neutralen) Ausfälle von der Bruttostichprobe. Diese Abzüge ergeben gemeinsam die Ausfallquote in Relation zur Bruttostichprobe. Die Ausschöpfung ergibt sich insgesamt wie folgt:

– Ausgangspunkt ist das Total der Erhebungsadressen, davon fallen die ungültigen Adressen aus, es bleiben die gültigen Adressen.
– Davon fallen die nicht-ansprechbaren Einheiten aus. Gründe für die Nichtansprechbarkeit sind Eigenschaften wie Ausländer/Fremdsprachler, Alkoholiker/Kranker etc., es bleiben die ansprechbaren Adressen.
– Davon fallen die abwesenden oder nicht-kontaktierbaren Personen aus. Gründe für Nichtanwesenheit sind Dienstreise, Urlaub, auswärtige Tätigkeit, Wehrdienst, Kur etc., für Nichtkontaktierbarkeit Türsicherung, Pförtner, Wachhund, Hemmungen etc., es bleiben die anwesenden, ansprechbaren Adressen.
– Davon fallen die Antwortverweigerungen der Auskunftspersonen aus. Nur der verbleibende Rest stellt die Netto-Stichprobe dar. Aussagen können sich immer nur auf diese Anzahl tatsächlich durchgeführter Interviews beziehen. Daher ist bei der Erhebung eine Reserve für mögliche Ausfälle zu berücksichtigen.

Die Stichprobengröße verändert sich umgekehrt proportional zum Quadrat der Fehlerspanne, d. h., eine Erhöhung des Sicherheitsgrads oder eine Senkung des Fehlerintervalls erfordert eine weit überproportionale Erhöhung des Stichprobenumfangs. Die notwendige Stichprobengröße ist von der tatsächlichen Verteilung bzw. Streuung der Untersuchungsmerkmale in der Grundgesamtheit abhängig. Werden mehrere Merkmale zugrunde gelegt, bestimmt das am ungünstigsten verteilte Merkmal die Größe der gesamten Stichprobe.

Bei der **Hochrechnung** der Stichprobenergebnisse auf die Grundgesamtheit (wie sie etwa im Rahmen der Strukturzählung der Mediaplanung erfolgt) unterscheidet man zwischen freier Hochrechnung ohne Heranziehung zusätzlicher Informationen nur mittels der aus der Stichprobe selbst gewonnenen Daten und gebundener Hochrechnung unter Heranziehung zusätzlicher Informationen aus früheren Erhebungen. Erstere geschieht durch Differenzen-, Verhältnis- oder Regressionsschätzung, Letzteres durch Redressement. Dabei ergeben sich zwei Möglichkeiten:

- **Doppeln und Streichen** bedeutet, dass zufällig herausgegriffene, untererfasste Elemente gedoppelt werden, während zufällig herausgegriffene übererfasste Elemente weggestrichen werden. Dabei wird allerdings die Fallzahl um künstliche Fälle verändert.
- **Faktoriell** bedeutet, dass die Werte der über- bzw. untererfassten Elemente durch Multiplikation mit einem Veränderungssatz angepasst werden. Dadurch bleibt die absolute Fallzahl unverändert, aber die Struktur der Stichprobe wird der Realität angepasst.

9.5.4 Auswahlverzerrungen

Hinsichtlich der Fehlermöglichkeiten gibt es Stichprobenausfälle und Stichprobenfehler. Bei **Stichprobenausfällen** sind **unechte Ausfälle**, die Stichproben neutral sind und daher nicht verzerren, und **echte Ausfälle**, die zu Ergebnisverzerrungen führen, zu unterscheiden. Leider ist die Realität durch echte Fehler bei Stichprobenausfällen gekennzeichnet.

Bei **Stichprobenfehlern** sind zufällige und systematische zu unterscheiden, beide ergeben gemeinsam den Gesamtfehler. **Zufällige Fehler** treten nur bei Teilerhebung mit Zufallsauswahlverfahren auf und haben zumindest den Vorteil, dass Abweichungen der Ergebnisse der Stichprobe gegenüber einer Vollerhebung in der Grundgesamtheit statistisch ausgewiesen werden können. Man unterscheidet dabei genauer in zufallsähnliche Messfehler und Stichprobenfehler i.e.S.

Systematische Fehler treten auch bei Vollerhebung und bewusster Auswahl auf und sind nicht wahrscheinlichkeitstheoretisch erfassbar, da sie in Unzulänglichkeiten in der Versuchsanlage begründet sind. Man unterscheidet genauer Auswahlfehler und sonstige, nicht Stichproben bedingte Fehler. Sie haben mehrere Ursachen. Durch den **Träger der Untersuchung** hervorgerufene Fehler entstehen bei der:

- Erhebungsplanung, u. a. bei unpräziser Definition des Untersuchungsziels, falsche Formulierung des Untersuchungsgegenstands, unklarer Abgrenzung der Grundgesamtheit, aus der Verwendung unkorrekter, veralteter Unterlagen, aus unzweckmäßiger Auswahl und Kombination der Methodenelemente, mangelhaftem Fragenprogramm,
- Erhebungstaktik, u. a. durch falsche Zusammensetzung des Interviewerstabs, unzweckmäßige Fragebogengestaltung, unklare Instruktionen zur Erhebung, unangemessene Operationalisierung der zu erhebenden Sachverhalte, nicht valide und reliable Messinstrumente,
- Anwendung ungeeigneter Auswahlverfahren mit Strukturungleichheit von Grundgesamtheit und Auswahlgrundlage, lückenhafte Auswahlbasis,
- Verfahrensumsetzung selbst, z. B. durch Rechen- und Rundungsfehler, Auswertungs-, Darstellungs- und Interpretationsfehler, Codierfehler, falsch angewandte Analyseverfahren.

Fehler bei der **Erhebungsdurchführung** entstehen u. a. aus mangelhafter Organisation der Feldarbeit und deren ungenügender Kontrolle, ungünstigen Zeitumständen, verspäteter Ausführung.

Durch den **Interviewer** hervorgerufene Fehler entstehen u. a. infolge Verzerrung des Auswahlplans durch Manipulation und Falschauswahl (Quotenfehler) und Verzerrung der Antworten bei Beeinflussung der Auskunftspersonen durch Erscheinungsbild und soziale Differenz zwischen Befrager und Befragtem (Auftrittsfehler), durch suggestives Vorbringen von Fragen, Betonung, Stimmlage und durch selektive/nachlässige Antwortregistrierung bzw. Falscheintrag (Übertragungsfehler).

Durch **Probanden** hervorgerufene Fehler entstehen u. a. durch Non-Response-Fälle, etwa zu interviewende Person wird nicht angetroffen, Antwort wird verweigert, Person ist antwortunfähig etc., und Falschbeantwortung, z. B. Überforderung, Prestige, Affekt, Erinnerungslücke, Drittbeeinflussung. Hinzu tritt das Problem, dass Teilausfälle infolge nur teilweiser Beantwortung einzelner Fragen gegeben sind (Missing Values).

Kommen kumulativ mehrere dieser Fehlerquellen zusammen, also unvollständige Ausgangsdaten oder ungültige Adressen, Verzicht auf Ansprache abwesender Bevölkerung, Verweigerungsquote etc., leidet die Aussagefähigkeit der Forschung extrem. Insofern ist es wichtig zu berücksichtigen, dass Marktforschungsdaten trotz elaborierter Verfahren nur mehr oder minder gute Anhaltspunkte sind, keineswegs jedoch bis auf die Kommastelle genau genommen werden dürfen. Ihre Berechtigung ziehen sie eigentlich aus der Ermangelung besserer Daten. Daher ist vor Entscheidungen immer eine Plausibilitätskontrolle wichtig, und wenn »Bauchgefühl« und Daten einander widersprechen, sollte man dem Bauchgefühl gehorchen oder die Daten noch einmal kritisch hinterfragen.

9.6 Wahrheitsgehalt von Aussagen

9.6.1 Kriterium Reliabilität

Hinsichtlich des Wahrheitsgehalts von Informationen sind die Kriterien der Zuverlässigkeit (Reliabilität) und der Gültigkeit (Validität) von Bedeutung.

Unter Reliabilität versteht man den Grad der formalen Genauigkeit, mit dem ein bestimmtes Merkmal gemessen wird, unabhängig davon, ob dieses Merkmal auch tatsächlich gemessen werden soll. Ein Messinstrument ist unter der Voraussetzung konstanter Messbedingungen dann reliabel, wenn die Messwerte präzise und stabil, d. h. bei wiederholter Messung reproduzierbar sind. Zum Beispiel kann eine Entfernung durch Augenschein gemessen werden, was wenig reliabel ist, durch Abschreiten, was mäßig reliabel ist, oder durch Maßband, was sehr reliabel ist. Dabei bleibt dann außen vor, ob das gemessen wird, was tatsächlich gemessen werden soll. Letztlich bleibt immer ein Messfehler, der **Standardfehler**, als Abweichung, der von der **Konstanz der Messung** abhängig ist. Diese gilt in drei Richtungen:

- Bedingungskonstanz bedeutet, dass gleichbleibende äußere Einflüsse bei der Messung gegeben sind,
- Merkmalskonstanz bedeutet, dass eine möglichst standardisierte Erhebung vorliegt, die Fehler beim Auskunftsobjekt ausschließt,
- Instrumentalkonstanz bedeutet, dass eine gleichbleibende Präzision des Messinstruments gegeben ist.

Der Standardfehler setzt sich aus Zufallsfehler, infolge spontaner, unsystematischer Unachtsamkeiten, durch Raten erzielter Antworten, kurzzeitiger Schwankungen der Umfeldbedingungen und ungenauen Angaben zur Messdurchführung bzw. -bewertung, sowie Systemfehler, infolge Design-, Gewinnungs- und Analyseunzulänglichkeiten, zusammen. Die Reliabilität weist nur den **Zufallsfehleranteil** aus. Die Feststellung erfolgt durch verschiedene Verfahren:

- Bei der **Parallel-Test-Reliabilität** wird eine Vergleichsmessung bei gleicher Ausführung in einer identischen Stichprobe mit einem äquivalenten Messinstrument zum gleichen Zeitpunkt vorgenommen. Hier erhebt man also an einer Stichprobe von Versuchspersonen zwei streng vergleichbare Messinstrumente und berechnet anschließend die Korrelation zwischen ihnen.
- Bei der **Test-Retest-Reliabilität** wird zu verschiedenen Zeitpunkten in der gleichen Stichprobe gemessen, um die Korrelation der Wiederholungsmessung zu bestimmen. Hier erhebt man also die Daten an der gleichen Stichprobe mit dem gleichen Messinstrument zu zwei verschiedenen Zeitpunkten und ermittelt anschließend die Korrelation der Ergebnisreihen.
- Bei der **Interne-Konsistenz-Reliabilität** wird in verschiedenen Anteilen der gleichen Stichprobe gemessen, um die Einheitlichkeit eines geteilten Instruments nachzuweisen. Hier wird vorausgesetzt, dass sich ein Messinstrument in zwei gleichwertige Hälften zerlegen lässt. Die Konsistenz wird dann entweder nach der Split-Half- oder der Konsistenzanalyse ermittelt.

Der Reliabilitätskoeffizient ist ein Gütemaß zur Beurteilung der Zuverlässigkeit. Er gibt das Verhältnis der wahren Varianz zur Gesamtvarianz einer Variablen an. Was aber die »wahre« Varianz ausmacht, ist sehr zweifelhaft, denn die exakte Reproduzierbarkeit der Ergebnisse kommt durch unendlich viele Randbedingungen zustande, von denen fraglich ist, welche relevant sind und demnach konstant gehalten werden müssen.

9.6.2 Kriterium Validität

Zur Prüfung von Systemfehlern, also der materiellen Genauigkeit, dient die Validität. Unter Validität versteht man die Gültigkeit einer Messung bzw. eines Messinstruments in Bezug auf charakteristische Eigenschaften des Messobjekts. Sie gibt damit den Grad der Genauigkeit an, mit dem man dasjenige Merkmal misst, das angegeben wird, gemessen zu werden. Zum Beispiel ist eine Personenwaage ein sehr valides Instrument zur Ermittlung des Körpergewichts, zur Ermittlung der Körpergröße ist es eher mäßig valide, zur Bestimmung der Haarfarbe ist es nur wenig valide. Dabei bleibt dann außen vor, was jeweils gemessen werden soll. Man unterscheidet weitergehend externe und interne Validität.

Externe Validität bezieht sich auf die Übertragbarkeit spezifischer Marktforschungsergebnisse auf andere Außenbedingungen. Sie erlaubt eine Hochrechnung von Erhebungsergebnissen auf die sie repräsentierende Grundgesamtheit, andere Bevölkerungsgruppen, veränderte Situationen, andere Zeitpunkte etc. Dies ist etwa bei Feldexperimenten eher der Fall als bei Laborexperimenten. Man unterscheidet nach der Strenge der zu erfüllenden Kriterien eine ganze Reihe von Validitätsarten.

Interne Validität bezieht sich auf die Ausschaltung von Störeinflüssen auf den Untersuchungsplan und die Erhebungssituation. Es geht also um die Eindeutigkeit der Messung im Experiment. Sie wird erzielt, wenn durch den Untersuchungsplan und die Erhebungssituation alle unerwünschten Störeinflüsse ausgeschaltet werden, sodass die Veränderungen in der abhängigen Variablen allein auf die Manipulation der unabhängigen Variablen zurückgeführt werden können. Dies trifft z. B. auf Laborexperimente zu, auf Feldexperimente aber nicht.

Beide Größen, externe und interne Validität, stehen in einem Spannungsverhältnis zueinander. Bemühungen um eine möglichst hohe interne Validität führen dazu, dass die Forschungsbedingungen immer künstlicher, also realitätsferner, werden. Bemühungen um eine möglichst hohe externe Validität führen dazu, dass unerwünschte Störeinflüsse kaum mehr Kausalitätsaussagen zulassen. So hat z. B. der Studiotest eine hohe interne Validität, weil er im Labor, also unter kontrollierten Bedingungen stattfindet. Seine externe Validität ist aber gerade deswegen recht gering, da die artifizielle Bedingungslage von der realen im Feld abweicht. Umgekehrt hat der Feldtest eine geringe interne Validität, weil er für alle möglichen unkontrollierbaren Einflussfaktoren anfällig ist. Zugleich ist seine externe Validität aber hoch, da es sich um reale Marktbedingungen handelt und nicht um eine Laborsituation.

9.6.3 Kriterium Objektivität

Die Objektivität von Informationen bedeutet, dass diese frei von subjektiven Einflüssen und damit intersubjektiv nachprüfbar sind. Sie ist Ausdruck dafür, ob Unterschiede in der Realität in den Marktforschungsergebnissen angemessen zum Ausdruck kommen. Anfälligkeiten dafür bestehen bei der Durchführung, Auswertung und Interpretation. Sofern Subjektivität offen ausgewiesen ist, z. B. in Form von Empfehlungen des Forschers an den Auftraggeber, ist dagegen auch nichts einzuwenden. Gefährlich aber sind Verzerrungen, die, ohne dass sie als subjektiv ausgewiesen werden, in die Ergebnisse eingehen. Man unterscheidet drei Objektivitätsarten:

– Nach der **Durchführungsobjektivität** ist ein Messvorgang umso objektiver, je weniger die Auskunftspersonen durch äußeres Erscheinungsbild und Bedürfnis-, Ziel- und Wertestruktur beeinflusst werden. Hier ist die Objektivität der mündlichen Befragung stark in Zweifel zu ziehen.
– Nach der **Auswertungsobjektivität** ist ein Messvorgang umso objektiver, je weniger Freiheitsgrade bei der Auswertung der Messergebnisse bestehen, also je standardisierter die Erhebung ist. Hier ist die Objektivität des Tiefeninterviews in Zweifel zu ziehen.
– Nach der **Interpretationsobjektivität** ist ein Messvorgang umso objektiver, je weniger Freiheitsgrade bei der Interpretation der Messergebnisse bestehen. Hier ist die Objektivität bei der Analyse qualitativer Daten in Zweifel zu ziehen.

9.6.4 Kriterium Signifikanz

Die Signifikanz von Informationen bedeutet, dass Ergebnisse sich nicht nur auf Grund von Zufallsmechanismen einstellen, sondern auf überzufällige Zusammenhänge zurückzuführen sind. Dies ist wichtig für die Übertragbarkeit von Aussagen von einer untersuchten Stichprobe auf die Grundgesamtheit. Grundgesamtheit sind alle überhaupt zur Auswahl stehenden Elemente, Stichprobe ist eine kleinere Zahl dieser Elemente, welche die Grundgesamtheit möglichst vollkommen repräsentieren. Die Signifikanz wird durch spezielle Tests überprüft. Dem liegt die Wissenschaftsrichtung des kritischen Rationalismus zugrunde. Danach ist die wissenschaftliche Erkenntnissuche ein fortwährender Prozess des Aufstellens, Überprüfens und Verbesserns von Hypothesen. Eine Hypothese ist eine nur vorläufig geltende Aussage, die Objekten bestimmte Merkmale zuschreibt und so beschaffen ist, dass ihre empirische oder logische Überprüfung möglich ist. Jede Hypothese bleibt nur vorläufig nicht widerlegt, es gibt keine endgültige Verifikation. Deshalb ist Induktion logisch auch nicht möglich. In diesem Sinne sind alle praktizierten Problemlösungen im Grunde Provisorien und damit als revidierbar zu betrachten, auch wenn sie stark verankert scheinen.

Die Kriterien der Signifikanz, Objektivität, Reliabilität und Validität sind eng miteinander verknüpft. So ist Signifikanz Voraussetzung für Objektivität, Objektivität ist Voraussetzung für Reliabilität und Reliabilität ist wiederum Voraussetzung für Validität. Innerhalb der Validität ist interne Validität dann noch Voraussetzung für externe Validität.

9.7 Relevante Rechtsvorschriften der Werbung

9.7.1 Formale Bestimmungen

Da die werbliche Auslobung meist auf ein Ausreizen des juristisch Zulässigen abhebt, ist es unerlässlich, alle Werbeaussagen vor der Veröffentlichung rechtlich prüfen zu lassen. Denn Deutschland hat eine der rigidesten Wettbewerbsgesetzgebungen, die der Durchsetzung von Ansprüchen entgegenkommt. Unabhängig von den materiellen Konsequenzen ist dabei allerdings eine formelle Systematik einzuhalten.

Dabei kommt dem **Unterlassungsanspruch** große Bedeutung zu, sofern eine wettbewerbswidrige Handlung erfolgt oder ansteht. Zielrichtung ist hier, vom Mitbewerber deren Unterlassung zu fordern. Zur Forcierung dient das Verfahren der **Einstweiligen Verfügung**. Sofern dem Anspruchsinhaber ein Schaden entstanden ist, muss dieser ersetzt werden. Dazu kann Auskunft über die ursächlichen Handlungen, Beseitigung des eingetretenen Zustands und Widerruf von Behauptungen verlangt werden. Anspruchsgrundlage ist das Gesetz gegen unlauteren Wettbewerb (UWG). Mögliche Anspruchssteller sind direkt oder indirekt betroffene Konkurrenten und Verbände zur Förderung gewerblicher Interessen und zum Verbraucherschutz. Mögliche Anspruchsgegner sind neben dem Werbenden auch seine Helfer wie Verlage/Sender/Pächter, Werbeagenturen, sowie natürliche Personen als leitende Mitarbeiter oder Vertreter juristischer Personen.

In der Mehrzahl der Fälle ist es sinnvoll, zunächst außergerichtlich eine **Abmahnung** mit der Aufforderung zur Unterlassung der gerügten Werbung einzuleiten. Dafür ist Schriftform üblich, jedoch nicht vorgeschrieben. Die Inhalte betreffen die Nennung des konkret gerügten Verhaltens, deren rechtliche Grundlage, die Forderung einer Unterlassungserklärung, die Androhung einer Vertragsstrafe bei künftiger Zuwiderhandlung und eine Erklärungsfrist. Der Verwarnte kann nun eine fristgemäße (möglichst eng formulierte) strafbewehrte Unterlassungserklärung abgeben oder sich dem Risiko einer einstweiligen Verfügung stellen. Durch Hinterlegung einer Schutzschrift kann dazu präventiv bei Gericht Stellung bezogen werden. Die Kosten einer berechtigten Abmahnung oder einstweiligen Verfügung trägt der Abgemahnte/ Betroffene. Eine unberechtigte Abmahnung berechtigt regelmäßig nicht zum Auslagenersatz (z. B. Rechtsanwalt). Bei schuldhaftem Verstoß wird die vereinbarte Vertragsstrafe fällig. Allerdings gibt es oft eine Aufbrauchfrist für erstellte Werbemittel. Der Einsatz von Werbemitteln, über die der Betroffene nicht mehr verfügen kann, gilt nicht als Verstoß. Dem gerichtlichen Verfahren der einstweiligen Verfügung kommt nur vorläufiger Charakter zu. Die endgültige

Entscheidung erfolgt, falls erforderlich, in der Hauptsacheklage. Voraussetzung sind Dringlichkeit und Verfügungsanspruch. Inhalt ist ein konkretes Verhalten, das genau formuliert ist (z. B.: Der Antragsgegner wird verurteilt, es zu unterlassen, im geschäftlichen Verkehr zu Zwecken des Wettbewerbs mit folgender Aussage zu werben: ...). Gerichtsstand ist der Bezirk des Werbenden oder der einer beanstandeten Handlung. Die Entscheidung erfolgt durch Beschluss oder nach mündlicher Verhandlung als Urteil. Kostenbasis ist meist der im Antrag bezifferte Streitwert. Die Kosten können auch aufgeteilt werden. Eine Streitwertbegünstigung bei Existenzgefährdung ist möglich. Die Entscheidung tritt erst mit Zustellung der Einstweiligen Verfügung durch den Antragsteller beim Gegner in Kraft. Der Gegner muss zur Sache nicht gehört werden, er kann jedoch Widerspruch oder Berufung einlegen, außerdem Eröffnung der Hauptsacheklage oder Aufhebung des Entscheids mit Schadenersatz fordern. Oder er kann ein Abschlussschreiben zur Beendigung der Auseinandersetzung anerkennen. Bei Verstoß drohen weitere Sanktionen im Wege des Ordnungsmittelverfahrens. Im Klageverfahren spielt oft die aufwendige forensische Marktforschung zur Erhebung der Auffassung der durch die Werbung angesprochenen Verkehrskreise über die mögliche Irreführung einer Werbeaussage eine Rolle. Der Urteilstenor darf zudem vom Kläger auf Kosten des Beklagten einschlägig veröffentlicht werden.

9.7.2 Materielle Bestimmungen

Die §§ 1, 3 des UWG (Gesetz gegen unlauteren Wettbewerb) enthalten zwei Generalklauseln, die das gesamte deutsche Werberecht beherrschen, nämlich das **Verbot von Handlungen, die gegen die guten Sitten verstoßen** (ethisches Mindesterfordernis) und das **Verbot der Irreführung über die geschäftlichen Verhältnisse** (Werbewahrheit).

Schon bei der Art der Kontaktaufnahme mit dem prospektiven Kunden ist zu berücksichtigen, ob dessen freie Willensentscheidung beeinträchtigt wird. So ist das gezielte Ansprechen von Passanten in der Öffentlichkeit unzulässig, erlaubt ist das Verteilen von Werbematerial. Ebenso ist es verboten, wenn Geschäftsleute unaufgefordert bei Privatpersonen anrufen, um Waren oder Leistungen anzubieten. Dies gilt auch, wenn der Anruf zuvor schriftlich angekündigt worden ist, und nur dann nicht, wenn der Kunde den Anruf erbittet. Werbung per Telex und Telefax ist ebenso grundsätzlich unzulässig, sofern nicht ein besonderes Interesse des Adressaten naheliegt (wie z. B. im Fall einer Kundenbeziehung). Gründe sind die Unzumutbarkeit für und die finanzielle Belastung von Adressaten. Briefwerbung ist zulässig, sofern sie nicht als persönliche Nachricht getarnt ist. Der Adressat kann allerdings die Zusendung weiterer Werbematerials untersagen. Hausbesuche sind generell zulässig, sofern sich der Vertreter nicht den Zutritt zur Privatwohnung zu erschleichen oder erzwingen sucht. Außerdem kann ein Auftrag nach dem Haustürwiderrufgesetz innerhalb einer Woche nach Abschluss widerrufen werden. Es sei denn, der Vertreterbesuch war vom Kunden bestellt. Schneeballsysteme und progressive Kundenwerbung sind grundsätzlich wettbewerbswidrig, teils sogar strafbar. Laienwerbung (durch Bekannte, Verwandte, Freunde etc.) ist zulässig, es sei denn, es besteht die Gefahr, dass der Werber die prospektiven Kunden unzulässig beeinflusst. Dies ist immer dann anzunehmen, wenn unverhältnismäßig hohe Werbeprämien in Aussicht gestellt werden (deren Beurteilung einzelfallabhängig ist). Die Zusendung unbestellter Ware ist sowohl im Privat- wie im Geschäftsbereich unzulässig (abgesehen von geringwertigen Waren). Waren brauchen auch nicht zurückgeschickt zu werden, selbst wenn Rückporto vom Absender beigefügt ist. Placement ist insofern unzulässig, als Verbraucher über den Werbecharakter von Objekten und über die Entgeltlichkeit der Platzierung getäuscht werden. Entsprechende Verträge sind daher sittenwidrig und nichtig. Unentgeltliches Platzieren stellt hingegen keinen Wettbewerbsverstoß dar. Analog ist die redaktionelle Erwähnung von Waren, ohne dass dafür ein Entgelt gezahlt wird, zulässig, nicht jedoch die bezahlte Berichterstattung, die eine unsachliche Einflussnahme darstellt. Redaktionell gestaltete Beiträge müssen deutlich als Werbung gekennzeichnet werden. Dies gilt auch für den Ausweis des Placement (etwa im Vorspann eines Kinofilms) sowohl für Print- als Elektronikmedien. Angaben über den Preis müssen wahr und für den Kunden eindeutig erkennbar sein (Preiswahrheit und -klarheit). Die Preisangabenverordnung bestimmt, dass nur Letztverbrauchern gegenüber ausschließlich Endpreise incl. gesetzl. MwSt. genannt werden dürfen. Jedoch besteht keine Pflicht zur Preisangabe. Bei Aufgliederung muss der Endpreis hervorgehoben sein. Dadurch sollen Preisvergleiche erleichtert werden. Das Rabattgesetz bestimmte lange Zeit einen Barzahlungsnachlass von max. 3 % gegenüber Letztverbrauchern. Eine generelle Preisherabsetzung ist kein Preisnachlass im Sinne des Gesetzes. Der Rabatt kann durch Preisabzug (bar) oder Ausgabe von Gutscheinen erfolgen, die in Geld getauscht werden. Ausnahmen bestehen bei Mengenrabatt und Funktionsrabatt. Sonderangebote betreffen immer einzelne Waren, nicht jedoch Warengruppen/Sortimente, für die die rigideren Bestimmungen von Sonderveranstaltungen gelten. Sonderangebote dürfen auch nicht zeitlich, persönlich oder mengenmäßig limitiert sein. Problematisch ist die Auslobung in zeitlicher Nähe (+/− zwei Wochen) zu zugelassenen Saisonschlussverkäufen. Branchenfremde Produkte dürfen, auch zu besonders günstigen Preisen, angeboten werden, allerdings darf ihr Erwerb nicht an den Kauf der eigentliche Ware gekoppelt sein. Ein Gesamtangebot branchenverschiedener Waren ist nur bei Nennung der Einzelpreise erlaubt. Der Verkauf unter Selbst-/Einstandskosten ist zulässig, solange dadurch nicht der Eindruck erweckt wird, das gesamte Angebot des Werbenden sei ebenso preisgünstig und keine Mitbewerber damit gezielt verdrängt werden sollen (GWB). Eine unverbindliche Preisempfehlung muss dem voraussichtlich tatsächlich geforderten Preis am Markt entsprechen. Es darf damit geworben werden, dass der geforderte unter dem empfohlenen Preis liegt. Geschieht dies in einer breiten Mehrzahl von Fällen, ist die Preisempfehlung vom Hersteller nach unten dem Marktpreis anzupassen (GWB). Es ist verboten, in der Preiswerbung eigene Preise früher verlangten höheren Preisen gegenüberzustellen (z. B. durchgestrichene frühere Preise). Zulässig sind die allgemeine Ankündigung von Preisreduzierungen und die nicht blickfangmäßig herausgestellte Preisgegenüberstellung (z. B. am Handelsplatz). Der Hinweis auf eine Preissenkung ohne Preisgegenüberstellung ist immer zulässig.

Sonderveranstaltungen sind Verkaufsveranstaltungen, die außerhalb des regulären Geschäftsverkehrs stattfinden, einem beschleunigten Warenabsatz dienen und mit denen der Eindruck der Gewährung besonderer Kaufvorteile erweckt wird. Diese sind bis auf drei Ausnahmen verboten. Bei den Ausnahmen handelt es sich um Saisonschlussverkäufe, Jubiläumsverkäufe und Räumungsverkäufe. **Saisonschlussverkäufe** dienen dem Zweck, die Lager von veralteten Warenbeständen freizumachen und so Platz für neue, der Jahreszeit und der Mode entsprechende Waren zu schaffen. Der Winterschlussverkauf beginnt am letzten Montag im Januar, der Sommerschlussverkauf am letzten Montag im Juli. Der Zeitraum beträgt 12 Werktage. Die Vorwegnahme des Saisonschlussverkaufs durch Sonderangebote außerhalb dieser Zeit ist bei bestimmten Voraussetzungen unzulässig. Im Schlussverkauf dürfen nur Textilien, Bekleidungsgegenstände, Schuhwaren, Lederwaren und Sportartikel angeboten werden, die aus früheren Verkaufsabschnitten stammen. Die Einbeziehung neuer oder eigens angeschaffter Waren ist unzulässig. Rechtlich selbstständige Unternehmen dürfen nach Ablauf von jeweils 25 Jahren tatsächlicher Tätigkeit zur Feier des Bestehens **Jubiläumsverkäufe** veranstalten. Die Dauer ist auf 12 Tage begrenzt. Andere Jubiläen dürfen nicht mit Sonderverkäufen verbunden werden. Ein Räumungsverkauf ist durch Räumungszwangslage wie Feuer-, Wasser-, Sturm- oder vergleichbaren Schaden gerechtfertigt, der die Räumung des vorhandenen Warenlagers unvermeidlich macht. Außerdem vor Durchführung eines anzeige- und genehmigungspflichtigen Umbauvorhabens, das die übliche Präsentation und ordnungsgemäße Abwicklung des Verkaufs unmöglich macht. In beiden Fällen ist die Zeitdauer auf 12 Werktage begrenzt. Auf max. 24 Werktage ist ein **Räumungsverkauf** wegen Aufgabe des gesamten Geschäftsbetriebs begrenzt. Derselbe Veranstalter darf normalerweise nur alle drei Jahre einen Räumungsverkauf durchführen. Sämtliche Räumungsverkäufe sind vor ihrer erstmaligen Ankündigung bei der zuständigen amtlichen Vertretung von Handel, Industrie und Handwerk anzuzeigen, jedoch nicht genehmigungspflichtig. Die Werbung muss den Grund des Räumungsverkaufs angeben. Unzulässig sind das Nach- und Vorschieben von Waren, was allerdings nur schwerlich nachweisbar ist. Auch die vorherige Preisheraufsetzung für optisch dramatischere Reduzierungen ist unzulässig.

Beschaffenheitsangaben über Produkte, die nach Auffassung der angesprochenen Verkehrskreise zur Irreführung geeignet sind, sind unzulässig, selbst wenn sie objektiv richtig sind. Dies betrifft auch die Nennung des geografischen Herkunftsorts, wenn mit diesem eine besondere Wertschätzung verbunden ist. Nicht jedoch, wenn es sich um eine generische Beschaffenheitsangabe handelt (zweifelsfrei: Kölnisch Wasser, Wiener Schnitzel, zweifelhaft: Dresdner Christstollen). Außerdem kann eine Täuschung über die betriebliche Herkunft erfolgen. Alterswerbung setzt voraus, dass das Unternehmen während des gesamten Zeitraums tatsächlich im beworbenen Geschäftszweig tätig gewesen ist. Alleinstellungswerbung ist immer zulässig, wenn eine deutliche und dauerhafte Spitzenstellung gegeben ist. Problematisch sind hier Messmaßstab und Beweislast. Kritisierende vergleichende Werbung, die eine Herabsetzung der Konkurrenten impliziert, ist grundsätzlich verboten. Ausnahmen sind möglich, wenn ein Grund für die Durchführung des Vergleichs besteht (z. B. unsachlicher Angriff des Konkurrenten, Interesse der Allgemeinheit an Klarstellung, ausdrücklicher Kundenwunsch) und sich die Kritikäußerung in sachlichen Grenzen bewegt. Wichtig ist, dass auch dann der Vergleich immer wahr sein muss (also nicht nur die Nachteile des Mitbewerbs und die eigenen Vorteile aufführen darf). Hier zeichnet sich jedoch eine zunehmende Lockerung der Beurteilung ab. Die Werbung mit Selbstverständlichkeiten ist dann irreführend, wenn ein nicht unerheblicher Teil der angesprochenen Verkehrskreise den Eindruck gewinnt, es handele sich dabei um eine Besonderheit des beworbenen Produkts. Die Werbung mit positiven Testergebnissen unabhängiger Tester, die korrekt ermittelt wurden, ist erlaubt. Allerdings muss auch das Gesamturteil des Tests mitgeteilt werden (z. B. Abschneiden weiterer Produkte). Außerdem muss der Test noch aktuell sein. Die Stiftung Warentest, Berlin, hat Richtlinien herausgegeben, wie mit Testergebnissen geworben werden darf. Die Werbung mit Gewerblichen Schutzrechten muss die Art des Schutzrechts deutlich machen. Der Begriff Markenware darf nur für Produkte, auf welche die Markenartikel-Kennzeichen zutreffen, verwendet werden. Ebenso müssen Betriebsbezeichnungen korrekt eingesetzt werden. Bezeichnungen wie Umwelt, Bio, Natur, Öko etc. dürfen nur unter strengen Voraussetzungen genutzt werden. Hinzu kommen gesonderte Bestimmungen für Arzneimittel, Lebensmittel, Heilmittel, Bedarfsgegenstände, Weine, Fertigpackungen etc.

Es ist verboten, menschliche Schwächen und die Unerfahrenheit bestimmter gesellschaftlicher Gruppen durch unfaire Werbemethoden auszunutzen. Dies gilt etwa für die Überrumpelung, für die Ausübung moralischen Drucks und die Ausnutzung menschlichen Mitleids. In jedem Fall soll der Kunde durch Motive zum Kaufentschluss verleitet werden, die nichts mit der sachlichen Entscheidung zu tun haben. Der Kunde wird so psychologischem Kaufzwang ausgesetzt, dass er den Kauf nur abschließt, um diesem Druck zu entgehen. Zu denken ist auch an Werbung, die sich an Kinder richtet. Darin dürfen Kinder nicht direkt zum Kauf aufgefordert werden oder Dritte zum Kauf bestimmter Waren auffordern. Die Teilnahme an Gewinnspielen darf nicht vom Warenkauf abhängig gemacht oder moralischer Druck zum Warenkauf ausgeübt werden (z. B. Abholen von Teilnahmekarten oder Gewinnen im Ladengeschäft). Es darf auch kein übertriebenes Anlocken vorliegen (z. B. durch extrem hohe Gewinne oder durch vermeintlich große Gewinnchancen). Auch dürfen Werbegeschenke nicht übertrieben groß ausfallen und Probegaben den zur Probe erforderlichen Umfang nicht überschreiten (z. B. drei Zigaretten). Beides ist als übertriebenes Anlocken oder Behinderung der Konkurrenz (Marktverstopfung) einschlägig.

Zugaben, also Nebenleistungen, die unentgeltlich neben der Hauptleistung gewährt werden und von deren Abgabe abhängig sind, sind unzulässig. Ausnahmen gelten für geringwertige Reklamegegenstände, Kundenzeitschriften, Auskünfte etc. Die Umsonstlieferung entgeltlicher Presseerzeugnisse ist ebenso verboten (Marktverstopfung).

Konkurrenzbehinderung findet statt durch eine Preisunterbietung, die lediglich zu dem Zweck erfolgt, Mitbewerber zu ruinieren. Dabei ist allerdings der Nachweis des Motivs äußerst schwierig. Auch ist es unzulässig, Kunden oder Mitarbeiter der Konkurrenz aufzufordern, bestehende Verträge zu verletzen. Vertriebsbindungssysteme hingegen sind zulässig, sofern sie lückenlos sind. Ein Boykott, d. h. die Aufforderung an Dritte, Mitbewerber aus dem geschäftlichen Verkehr auszuschalten (z. B. Liefer-/Bezugssperren), ist wettbewerbswidrig. Das gilt auch für die Absatzbehinderung, also die Beeinträchtigung des Zugangs von Konkurrenten zum Markt. Die Verbreitung geschäftsschädigender Äußerungen über Mitbewerber ist unzulässig und kann zu Schadenersatz selbst bei wahren Behauptungen führen.

Grundsätzlich dürfen fremde Arbeitsergebnisse nachgebildet werden, sofern nicht Sonderrechte dagegen sprechen (z. B. Produktpirateriegesetz). Verboten ist jedoch die sklavische Nachahmung eines eigentümlichen Erzeugnisses (z. B. bestimmte Herkunftsstätte). Die veränderte Nachahmung ist regelmäßig nicht rechtswidrig. Dies gilt auch für die Ausbeutung fremder Werbung, sofern die Kunden Produkte bzw. Hersteller nicht verwechseln können. Immer verboten ist die unbefugte Verwertung im geschäftlichen Verkehr anvertrauter Unterlagen.

9.7.3 Schutzgesetze

9.7.3.1 Markengesetz

Schutzgegenstand des Markengesetzes sind Marken (Waren und Dienstleistungen), geschäftliche Bezeichnungen (Firmierung und Werktitel) und geografische Herkunftsangaben. Diese müssen geeignet sein, Waren oder Dienstleistungen eines Unternehmens von denjenigen anderer zu unterscheiden. Weiterhin muss das Zeichen eine selbständige geistige Leistung neben der eigentlichen Ware darstellen. Nicht schutzfähig sind damit Zeichen, die ausschließlich aus einer Form bestehen, die durch die Art der Ware selbst bedingt ist, zur Erreichung einer technischen Wirkung erforderlich ist oder der Ware einen wesentlichen Wert verleiht.

Der Schutz kann auf drei Wegen erlangt werden, durch Eintragung in das beim Patent- und Markenamt geführte Markenregister (präventiv), durch Benutzung und Erlangung von Verkehrsgeltung (reaktiv) und durch notorische Bekanntheit (reaktiv). Dabei gilt das Grundprinzip der Priorität, d. h. ältere Schutzrechte genießen Vorrang vor jüngeren.

Die Eintragung der Marke ist nicht mehr an das Vorhandensein eines Benutzungswillens und eines Gewerbebetriebs gebunden. Das heißt, nicht nur Betriebsinhaber, sondern auch Privatpersonen können jedes Zeichen schützen lassen. Regelmäßig ist aber wohl ein kaufmännischer Bezug Voraussetzung. Es gibt absolute und relative Eintragungshindernisse. Erstere betreffen Marken, denen für die Waren und Dienstleistungen jegliche Unterscheidungskraft fehlt, die ausschließlich aus Zeichen oder Angaben bestehen, die im Verkehr zur Bezeichnung der Art, Beschaffenheit, Menge, Bestimmung, Bewertung, geografischen Herkunft, Herstellungszeit oder sonstigen Merkmalen von Waren oder Dienstleistungen dienen, die ausschließlich aus Zeichen oder Angaben bestehen, die im allgemeinen Sprachgebrauch oder in Verkehrsgepflogenheiten üblich geworden sind, die geeignet sind, das Publikum über die Art, Beschaffenheit oder geografische Herkunft der Waren oder Dienstleistungen zu täuschen, die gegen die öffentliche Ordnung oder die guten Sitten verstoßen, die Staatswappen, Staatsflaggen oder andere Hoheitszeichen enthalten und die amtliche Prüf- und Gewährzeichen enthalten. Letztere betreffen Marken, die mit früher angemeldeten oder eingetragenen Marken für identische Waren oder Dienstleistungen identisch sind, bei denen die Gefahr von Verwechslungen oder gedanklichen Verbindungen besteht oder die zwar nicht ähnliche Waren oder Dienstleistungen umfassen, aber im Inland bekannt sind und deren Benutzung ihre Unterscheidungskraft oder Wertschätzung ohne dies rechtfertigenden Grund in unlauterer Weise ausnutzen (Rufausbeutung) oder beeinträchtigen würden (Verwässerung).

Diese Hindernisse können nur überwunden werden, wenn die Marke eine Verkehrsdurchsetzung erlangt hat (mind. 50 % Bekanntheitsgrad in der Zielgruppe). Drei Monate nach Veröffentlichung der Eintragung im Markenblatt kann von Besitzern identischer oder verwechselbarer Zeichen Widerspruch erhoben werden, die Darlegungslast liegt bei absoluten Eintragungshindernissen beim Deutschen Patent- und Markenamt, München. Es gibt insgesamt 33 Klassen für Waren und acht für Dienstleistungen. Klassegebühren sind für die Zahl der Warenklassen fällig, für die Schutzrechte beansprucht werden. Die Schutzrechte haben eine Laufzeit von zehn Jahren, sind aber beliebig häufig um weitere zehn Jahre verlängerbar.

Geschützt sind aber auch solche Marken, die in einem Land zwar nicht eingetragen, in einem anderen Land, das der Pariser Verbandsübereinkunft beigetreten ist, aber notorisch bekannt sind. Dabei wird ein Bekanntheitsgrad von über 60 % vorausgesetzt. Nicht zu verhindern ist die Benutzung für originäre Marken (die unter dieser Bezeichnung in den Verkehr gebracht worden sind) oder bei Zustimmung des Markenhalters. Die Markennutzung darf jedoch aus berechtigten Gründen versagt werden (etwa bei Verschlechterung der Markenware, fraglich ist, ob dies für »Schweinebauch-Anzeigen« des Handels zutrifft).

Berühmte Marken werden nicht nach Markengesetz, sondern nach BGB geschützt. Voraussetzungen sind eine überragende Verkehrsgeltung, die auf hohem Bekanntheitsgrad basiert (über 85 %), die Alleinstellung des betreffenden Zeichens, eine gewisse Eigenart des Zeichens i. S. v. Originalität und eine besondere Wertschätzung beim Publikum.

Wegen mangelnder Benutzung kann ein Anspruch auf Löschung der Eintragung geltend gemacht werden. Im Grundsatz ist dies nach fünf Jahren der Fall. Der Markenschutz gilt nicht nur für eingetragene, sondern auch für benutzte Kennzeichnungen.

Alle zur Unterscheidung geeigneten Zeichen sind zur Eintragung als Marke zugelassen. Dreidimensionale Gestaltungen (z. B. Verpackungen) können ebenso geschützt werden wie Hörzeichen (z. B. Jingle wie Königs Pils), sofern sie die Funktion einer Marke erfüllen und vom Konsumenten als Hinweis auf den Hersteller verstanden werden.

Bei gleichlautenden Bezeichnungen zweier Waren oder Dienstleistungen hat die ältere Marke absoluten Vorrang. In den übrigen Fällen muss im Einzelfall geprüft werden, inwieweit die gegenüberstehenden Waren oder Dienstleistungen Ähnlichkeit (nicht mehr Gleichartigkeit) oder Identität (nicht mehr Übereinstimmung) besitzen.

9.7.3.2 Urheberrechtschutz in der Werbung

Das Urheberrecht schützt den Urheber gegen unbefugte wirtschaftliche Auswertung seiner eigenen schöpferischen Leistung und gibt ihm die ausschließliche Verfügungsgewalt über sein Werk. Urheber kann nur eine natürliche Person sein. Das Urheberrecht ist nicht übertragbar, nur die wirtschaftliche Auswertung daran kann übertragen werden. Voraussetzung ist das Bestehen eines Werkes, in der Werbung z. B. eines Werbemittels. Urheberrechte daran stehen also nicht dem Werbungsmittler, sondern dessen Mitarbeitern zu. Deren Recht ist unveräußerlich. Jedoch kann er verlangen, die Nutzungsrechte am Werk, das in Erfüllung der arbeitsvertraglichen Pflichten geschaffen wurde, übertragen zu erhalten. Bei Arbeiten mehrere Urheber gemeinsam, wie das bei Werbung häufigst der Fall ist, sind alle Beteiligten gleichberechtigte Miturheber und können nur einstimmig über ihre Arbeit verfügen. Es sei denn, die einzelnen Schöpfungsanteile sind auseinanderzuhalten (z. B. Text und Grafik). Dann ist jeder Beteiligte Urheber für seinen Werkteil. Die bloße Ausführung nach Anweisung erhebt nicht zur Miturheberschaft. Zur Abtretung sind Nutzungsart, zeitlicher und räumlicher Umfang etc. zu definieren.

Werbung genießt nur Urheberrechtsschutz, soweit sie Individualität und geistigen Gehalt im Sinne der Rechtsprechung aufweist. Allerdings sieht die Realität des Rechtschutzes eher düster aus. Ein Werbekonzept ist als bloße Idee, die noch nicht konkretisiert ist, überhaupt nicht schutzfähig. Zwar sind die Niederlegungen in Text und Bild, die aus der Idee folgen, geschützt, nicht aber die Idee als solche. Es sei denn, sie hat eine erhebliche Eigentümlichkeit und Schöpfungshöhe. Daran werden aber rigide Anforderungen gestellt. So ist eine eher tatsachenorientierte Umsetzung (z. B. Produktabbildung, Produktbeschreibung) nicht geschützt, ebenso die verändernde Adaptation einer präsentierten Idee. Gleiches gilt für einen Werbeslogan. Allerdings ist dieser evtl. als Ausstattung schutzfähig, zumal wenn er von relevanten Kundenkreisen als mit einem Produkt fest verbunden angesehen wird. Gleiches gilt für Werbemotive und -figuren. Eine gewisse Rechtsicherheit kann nur durch gegenseitige Verträge der Urheber, z. B. Fotograf, Texter etc., des Werbungsmittlers und des Werbungtreibenden über die genauen Nutzungsrechte erreicht werden.

Die bisherige Rechtsprechung macht hinsichtlich der urheberrechtlichen Schutzfähigkeit einen Unterschied zwischen der reinen zweckfreien Kunst und der angewandten Kunst, zu der auch die Werbung gehört. Letztere ist nicht schutzwürdig. Fraglich ist allerdings, ob eine solche Unterscheidung operational ist (Abgrenzungsprobleme). Werbung kann auch als komplexes Werk eigener Art angesehen werden (wie ein Filmwerk). Wenn kein urheberrechtlicher Schutz besteht, kann eine Werbekonzeption nachempfunden werden. Die Werbebranche wünscht, dass zukünftig nur die Werbekonzeption geprüft wird, unabhängig von der (womöglich abgewandelten) äußeren Form. Zur Konzeption können auch Key Visual oder Slogan gehören.

Gegenwärtig gilt jedoch, dass Werbekonzeptionen hinsichtlich ihrer konzeptionellen Elemente grundsätzlich keinen urheberrechtlichen Schutz genießen, weil sie von der Formgebung losgelöst sind. Dabei spielt es keine Rolle, ob sich die abstrahierten Elemente einer Konzeption in Werbemitteln niedergeschlagen haben oder nicht. Auch wo eine persönliche geistige Schöpfung vorliegt (die schutzwürdig ist), versagt der Schutz, wenn jemand dieses Werk lediglich frei benutzt hat, d. h., bei Nachempfindung geht die Eigenständigkeit der Neuschöpfung vor der ursprünglichen Werbeleistung. Auch nach Beendigung der Zusammenarbeit mit einer Werbeagentur bestehen bei Neugestaltung von Werbemitteln auf Basis der bisherigen Konzeption weder Unterlassungs- noch Vergütungsansprüche. Nur klare Plagiate sind verboten. Daher sind Urheberrechte vertraglich abzusichern, andernfalls besteht kaum eine Chance zur Interessendurchsetzung.

Urheber kann nur eine natürliche Person sein, nicht hingegen eine juristische Person. Der Urheber hat ein unveräußerliches Recht an seinem geistigen Eigentum, er kann dafür allerdings die Nutzungsrechte übertragen. Dies geschieht durch Vertrag mit Darlegung des zeitlichen und räumlichen Umfangs der Übertragung und der konkreten Nutzungsart.

9.7.4 Werbeverbote

Werbung ist ein Thema, das wie nur wenige andere polarisiert. Dementsprechend wächst der politische Druck von interessierter Seite, die Möglichkeiten der Werbung zunehmend einzuschränken. Wobei diese interessierte Seite quer durch alle politischen Gruppierungen verläuft. Auch innerhalb der EU werden Werbeverbote oder zumindest -einschränkungen diskutiert. Im Fokus stehen dabei Problembranchen wie Zigaretten, Spirituosen oder OTC-Präparate. Dabei ist die Werbung wegen ihrer vermeintlich ethisch anfechtbaren Wirkungen national und international bereits extrem vielfältigen Beschränkungen unterworfen.

> So ist Werbung für Tabakerzeugnisse in Frankreich, Italien, Portugal, Norwegen, Finnland, Ungarn, Polen etc. völlig verboten. In allen anderen Ländern ist die Zigarettenwerbung in Fernsehen und Rundfunk verboten. Plakatwerbung etwa ist verboten in Belgien, Dänemark, Irland und Schweden, beschränkt in Großbritannien, Niederlanden und Schweiz. Die Werbung für alkoholische Getränke ist ebenfalls erheblich eingeschränkt. Sie ist total verboten in Norwegen, Schweden, Finnland, Polen, Ungarn, weitreichend beschränkt in Frankreich. In elektronischen Medien bestehen Teilverbote in Dänemark, Großbritannien, Italien, Niederlanden, Portugal, Spanien und Österreich. Die Publikumswerbung für freiverkäufliche Arzneimittel ist ebenfalls beschränkt in Belgien, Schweiz, Dänemark, Italien, Finnland, verboten in Belgien.

Dort, wo diese Werbung noch erlaubt ist, bestehen Auflagen hinsichtlich der Gestaltung (Zu Risiken und Nebenwirkungen lesen Sie die Packungsbeilage oder fragen Sie Ihren Arzt oder Apotheker). Aber auch andere sensible Bereiche sind bereits in zahlreichen Ländern der EU Restriktionen (Verboten/Auflagen) unterworfen.

> Dies gilt u. a. für politische Themen, Parteienwerbung, religiöse Inhalte, Werbung vor und an Kinder(n), Kosmetika, Süßigkeiten, Automobile, Empfängnisverhütungsmittel, Schwangerschaftstests, Kliniken für Abtreibung, Alkoholkur und Haartransplantation, Waffen, Spielzeug, Energiewirtschaft, Finanzdienstleistungen, Kreditvermittlung/-angebote, Lotterien, Wettbüros, Privatschulen, Heiratsvermittler, Bestattungsinstitute, Detekteien, Verlag-

serzeugnisse, Videocassetten etc. In Frankreich darf für Immobilien, Presseerzeugnisse und Versandhandel nicht im Fernsehen geworben werden, in Irland nicht für Kontaktlinsen oder sanitäre Produkte, in Italien nicht für Arbeitsvermittlung oder Waffen. Werbebeschränkungen bestehen etwa für diätetische Nahrungsmittel in Frankreich, für chemische Produkte in Griechenland, für Tourismus in Großbritannien, für Ausbildung/Erziehung in Niederlande etc.

Konkrete neue Verbote betreffen möglicherweise folgende Bereiche. Bei Tabakwaren droht ein totales Verbot direkter und indirekter Werbung (Ausnahme am POS), incl. Sponsoring von Veranstaltungen. Die Gestaltung soll sich auf die Packungsabbildung der Marke beschränken. Der Warnhinweis, wonach Rauchen ursächlich für Krebs ist, soll auf 10 % der Gestaltungsfläche anwachsen. In Gemeinden kommt die Außenwerbung für Tabakwaren schon jetzt unter Verbotsdruck. So werden Pachtverträge für Anschlagstellen aufgekündigt und erst mit einem entsprechenden Verbotspassus versehen wieder neu offeriert. Bei Alkohol drohen weitere einschneidende inhaltliche Beschränkungen der Werbeaussagen und Auflagen für Warnhinweise. Verboten werden soll u. a. Werbung, die nach Genuss alkoholischer Getränke sexuellen oder sozialen Erfolg verspricht. Bei Automobilen ist ein Verbot des Hinweises auf Höchstgeschwindigkeit, kW/PS, Beschleunigung und Dynamik vorgesehen, sowie Auflagen für Warnhinweise. Hier gibt es bereits ein freiwilliges Selbstbeschränkungsabkommen der Automobilindustrie, wonach Werbeaussagen nicht geeignet sein dürfen, zu aggressivem Fahrverhalten, vor allem Rasen, aufzufordern. Ein Warnhinweis mag durchaus beinhalten, dass Autos Menschen verletzen oder töten können. Bei Süßwaren droht ein Verbot der Fernsehwerbung für stark zuckerhaltige Lebens- und Genussmittel. Bei Spielwaren sollen massive inhaltliche Einschränkungen und Auflagen für die Werbung gegenüber Kindern gelten. Sie dienen dem Schutz der stark verminderten Kritikfähigkeit von Kindern gegenüber Konsum. Durch Werbung für OTC-Präparate wird vorgeblich der Medikamentenmissbrauch angeheizt, da die Werbung zu unkritischem Konsum verleite. Andererseits entlastet verstärkte Selbstmedikation mit vergleichsweise harmlosen Präparaten den strapazierten staatlichen Gesundheitsetat von Bagatellfällen. Zudem wird immer wieder die Diskriminierung der Frau in der Werbung beklagt, obgleich dies eine Folge der Gesellschaft ist, die Bekämpfung der Werbung in diesem Fall also nur ein Kurieren an Symptomen darstellt.

9.7.5 Vergleichende Werbung

Werbung ist allgemein nur dann erlaubt, wenn sie als solche erkennbar, sachlich und nicht irreführend ist. Vergleichende Werbung insb. ist dann zulässig, wenn sie

– nicht irreführend ist, Waren oder Dienstleistungen des gleichen Bedarfs oder Zwecks, also Gleiches mit Gleichem vergleicht, objektiv eine oder mehrere wesentliche, relevante, nachprüfbare und typische Eigenschaften dieser Waren oder Dienstleistungen vergleicht, zu denen auch der Preis gehören kann, sich durch den Vergleich keine Verwechslung zwischen dem Werbenden und dem gegenüber gestellten Mitbewerber oder dessen Marken, Handelsnamen, anderen Unterscheidungszeichen, den Waren oder den Dienstleistungen ergeben, durch sie weder Marken, Handelsnamen, andere Unterscheidungszeichen, Waren, Dienstleistungen oder die Verhältnisse eines Mitarbeiters herabgesetzt, verunglimpft oder verächtlich gemacht werden, den Ruf einer Marke, eines Handelsnamens oder anderer Unterscheidungszeichen nicht unlauter ausnutzt, eine Ware oder Dienstleistung nicht als Imitation oder Nachahmung einer Ware oder Dienstleistung mit geschützter Marke oder geschütztem Handelsnamen darstellt, bei Sonderangeboten der Geltungszeitraum angegeben wird und bei Waren mit Ursprungsbezeichnung innerhalb des gleichen Ursprungs verglichen wird.

Preisvergleiche sind bei vergleichbarer Qualität, und zwar auch unter direkter Bezugnahme auf den Mitbewerber, gestattet. Die anlehnende vergleichende Werbung ist ebenfalls grundsätzlich zulässig, wenn sie das eigene Produkt mit dem guten Ruf des Konkurrenzprodukts bewirbt. Dabei ist jedoch wichtig, dass zunächst das Eigenprodukt beworben und dieses erst am Schluss mit der Konkurrenz verglichen wird.

Vergleichende Werbung ist grundsätzlich auch bei nicht identischen Produkten erlaubt, sofern diese nur funktionsidentisch sind und aus der Sicht der angesprochenen Kreise als Substitutionsgüter in Betracht kommen. Vergleichende Werbung mit Namensnennung bzw. visueller Darstellung der Konkurrenten ist grundsätzlich zulässig.

Werden in der vergleichenden Werbung Ergebnisse von Dritten durchgeführter vergleichender Tests angeführt oder wiedergegeben, gelten die internationalen Vereinbarungen zum Urheberrecht und die innerstaatlichen Bestimmung über vertragliche und außervertragliche Haftung. Vergleichende Werbung darf aber nicht gegen die guten Sitten verstoßen, sie muss zum Leistungswettbewerb beitragen. Sobald sie den Wettbewerb durch Diskriminierung, falsche Behauptung und unpassende Vergleiche behindert, ist sie verboten. Eingriffskriterien dafür sind

> die Irreführung der Allgemeinheit, Pauschalvergleiche, rein subjektive Wertungen (dazu kann auch der Geschmack gehören), Verwechslungsgefahr mit dem Wettbewerb, Herabsetzung und Verunglimpfung (sachliche Kritik ist jedoch erlaubt), Nichtberücksichtigung der Ursprungsbezeichnung, Rufausbeutung, Imitation und Nachahmung sowie fehlende Angaben über den Zeitraum von Sonderangeboten.

Zusätzlich gelten alle Regelungen aus dem Gesetz gegen unlauteren Wettbewerb (insb. die §§ 1, 3, 14 UWG) und das Grundgesetz (insb. Art. 51 GG).

Preisvergleiche sind zwar grundsätzlich zulässig, aber unterscheiden sich die Nebenleistungen bzw. -kosten, muss der Werbungtreibende diese erkennbar machen, denn diese sind Bestandteil des Preises. Ein Preisvergleich ist auch dann wettbewerbswidrig, wenn der Verbraucher die Vollständigkeit des Preisvergleichs nicht nachprüfen kann und er daher nur eine scheinbare Objektivität und Marktübersicht vermittelt erhält. Der fälschliche Eindruck, es handele sich um einen Gesamtvergleich der angebotenen Waren und Dienstleistungen, ist unzulässig. Auch die persönliche vergleichende Werbung ist nach wie vor wettbewerbswidrig. Das ist solche Werbung, die nicht die Waren oder Dienstleistungen des Konkurrenten vergleicht, sondern allein den Konkurrenten/sein Unternehmen selbst, indem sie auf persönliche Eigenschaften, Verhältnisse oder Geschehnisse Bezug nimmt (wie Staatsangehörigkeit, Konfession, Vorstrafen etc.). Schließlich darf ein Vergleich die Konkurrenten nicht unnötig verletzen, z. B. durch wettbewerbsfremde Vergleichskriterien oder unnötige negative Äußerungen. Unlauter ist es insb., einem Wettbewerber pauschal unfaire Preise, mindere Qualität oder unsorgfältige Ausführung zu unterstellen. Pauschal bedeutet dabei nicht, dass die Mitbewerber allgemein herabgesetzt werden, sondern dass die Kritik schlagwortartig erfolgt oder nicht so dargestellt wird, dass der Verbraucher die genannten Angaben nachprüfen kann. Bei rechtswidriger Verletzung kann der verletzte Konkurrent Unterlassung und/oder Schadenersatz fordern.

Zu den unstreitig erlaubten Formen vergleichender Werbung gehören folgende:

- der **Systemvergleich** zur Gegenüberstellung der Vor- und Nachteile zweier Systeme (z. B. Trocken- und Nassrasieren, Einzel- und Großhandel),
- der **Warenartvergleich**, bei dem Produktarten miteinander verglichen werden (z. B. Dachsteine und Ziegel, Binden und Tampons),
- der **Fortschrittsvergleich** zur Darstellung eines technischen oder wirtschaftlichen Fortschritts des eigenen Produkts gegenüber dem Wettbewerb (z. B. Mercedes: Das erste Auto mit Beifahrer-Airbag),
- der **Abwehrvergleich** zur Abwehr der Angriffe eines Konkurrenten,
- der **Vergleich zur Richtigstellung** falscher Auskünfte eines Anderen über die eigenen Produkte,
- der **Auskunfts- bzw. Aufklärungsvergleich**, der die Marktpartner oder die Allgemeinheit aufklären soll,
- der Vergleich mit eigenen Waren und Dienstleistungen (**Fortschrittsvergleich** innerhalb des eigenen Programms, z. B. Persil wäscht jetzt noch weißer),
- der **Kategorievergleich** zum Vergleich der Marke mit anderen Produkten der Kategorie, wenn der Vergleich allgemein gehalten und der Wettbewerber nicht genannt wird (Persil wäscht weißer), oder man sich auf nicht identifizierbare, fremde Produkte bezieht und das eigene Produkt vorgeblich rational und/oder emotional dem Wettbewerber überlegen ist,
- der **Marktpartnerschaftsvergleich**, bei dem das beworbene Produkt mit einem Marktpartner gemeinsam ausgelobt wird, sofern dessen Ruf nicht ausgebeutet wird (dann greifen andere gesetzliche Bestimmungen).

Nach aktueller Rechtslage kommen folgende Vergleichsmöglichkeiten hinzu:

- die vergleichende Werbung mit Namensnennung bzw. visueller Darstellung des Wettbewerbers,
- der **Preisvergleich** zwischen dem eigenen und dem vergleichbaren Wettbewerbsprodukt (z. B. Bahn vs. Fluggesellschaft, Sixt vs. andere namentlich genannte Autovermieter). Dies ist solange zulässig, wie der Inhalt der Werbeaussage dabei der Wahrheit entspricht,
- der **Unterlegenheitsvergleich**, bei dem eine eigene Schwäche (z. B. weniger Luxus) mit der Schwäche eines Konkurrenten (z. B. höherer Preis) verglichen wird, wobei das eigene Produkt besser wegkommt als der Wettbewerb,
- der **Paritätsvergleich**, der gegeben ist, wenn die beworbene Marke als genauso gut dargestellt wird wie die Wettbewerbsmarke (dies bietet sich für Marktherausforderer an),
- die anlehnende vergleichende Werbung, die gegeben ist, wenn der Werbungtreibende das eigene Produkt mit dem guten Ruf eines Konkurrenzprodukts vergleicht (die Bezugnahme erfolgt hier also in positiver Form, dies bietet sich ebenfalls für Marktherausforderer an),
- der **Warentestvergleich**, bei dem auf ein Warentestergebnis Bezug genommen wird (sofern dieses vollständig und mit Quellenangabe versehen oder anderweitig nachprüfbar ist, z. B. Kohlenwasserstoff-Ausstoß).

Vergleichende Werbung darf den Konkurrenten oder dessen Waren oder Dienstleistungen nicht herabsetzen, verunglimpfen oder Verbraucher irreführen. Unzulässig sind demnach insb. folgende Formen:

- der unzulässige Kategorie- bzw. Überlegenheitsvergleich, wenn die Produkte des Wettbewerbs pauschal herabgesetzt werden.

– der unzulässige Unterlegenheits- bzw. Kombinationsvergleich, wenn die Unterlegenheitsaussage zum Wettbewerb zugleich herabsetzend ist.
– der unzulässige Paritätsvergleich, wenn Marken bzw. Produkte in allen Punkten wirklich gleiche Eigenschaften aufweisen.
– der unzulässige anlehnende Vergleich, wenn dadurch ein erheblicher Eingriff in die Rechte des Konkurrenten erfolgt (Eingriff in die Position im Wettbewerb, Rufausbeutung, Herabwürdigung),
– der unzulässige Warentestvergleich, wenn dieser z. B. auf individuellem Geschmack beruht (Geschmackstest).

Vergleichende Werbung bietet sich besonders an, wenn ein unbekannter Marktherausforderer oder eine verstaubte Marke durch den Vergleich zur Belebung ihres Markenimages kommen, ein relevanter Unterschied visuell und nachvollziehbar dramatisiert werden kann, die Werbung dadurch einen klaren Fokus erhält, nicht gegen bestehende Verbraucherüberzeugungen argumentiert werden muss und neutrale Quellen glaubwürdiger sind als eigene Werbeaussagen.

Hingegen gibt es nicht zu vernachlässigende Risiken vergleichender Werbung. Denn Vergleiche sind oft inhaltlich überladen und verwirrend, wenn sie auch noch Informationen zu Wettbewerbern geben, zusätzlich zu den ja ohnehin erforderlichen Informationen zum eigenen Produkt. Vergleiche wirken auch leicht unglaubwürdig, wenn die Kriterien des Vergleichs nicht nachvollziehbar oder für die Marke unpassend sind. Die Relevanz der Produktvorteile gegenüber dem Wettbewerb aus Verbrauchersicht darf nicht überschätzt werden. Letztlich ist vergleichende Werbung auch immer Werbung für die genannten Wettbewerber, mit der Gefahr, dass es zu Verwechslungen über den eigentlichen Botschaftsabsender kommt. Erfahrungen zeigen zudem, dass mit vergleichender Werbung in erhöhtem Maße die Gefahr Zeit und Kosten intensiver Rechtsstreitigkeiten verbunden ist. Kurzfristig relevante Verkaufsargumente können möglicherweise den Markenkern negativ beeinflussen.

Zu den Konsequenzen vergleichender Werbung lassen sich folgende vorsichtige Hypothesen aufstellen.

Die Neuartigkeit einer vergleichenden Werbung erzeugt mehr Aufmerksamkeit als eine »normale« Auslobung. Vergleichende Werbung wird bei Verwendern erwähnter Marken mehr Aufmerksamkeit erregen als bei Verwendern nicht genannter Marken. Die verstärkte Hervorhebung der konkurrierenden Marke wird sowohl die Aufmerksamkeit der Verwender erhöhen als auch die Fehlidentifikation der beworbenen Marke steigern. Das Niveau der Erinnerungswerte von vergleichender Werbung wird im Unterschied zu »normaler« Werbung höher sein.

Die Begegnung mit einer vergleichenden Werbung wird im Unterschied zu einer üblichen zu einem »klareren Markenimage« führen. Konsumenten werden vergleichende Werbung im Unterschied zu »normaler« Werbung als »informativer« und »interessanter« beurteilen. Verwender der genannten konkurrierenden Marke nehmen die beworbene Marke eher in ihr Erinnerungsrepertoire auf, als dies Verwender nicht erwähnter Marken tun. Verwender der beworbenen Marke werden den Umfang des Erinnerungsrepertoires im Falle vergleichender Werbung eher verringern, als sie dies im Fall einer »normalen« Werbung tun würden.

Aussagen, die in einer vergleichenden Werbung gemacht werden, werden wahrscheinlich eher als »richtig« angesehen als das bei einer »normalen« Werbung der Fall ist. Die Nennung der konkurrierenden Marke wird sowohl die Wirkung der Pro-Argumente bei Verwendern der beworbenen Marke als auch die der Con-Argumente bei Verwendern der konkurrierenden Marke steigern. Niveau und Umfang der Gegenargumentation stehen in einer negativen

Beziehung zu Veränderungen der Markenpräferenz. Vergleichende Werbung erzielt im Unterschied zu »normaler« Werbung eine größere Varianz in den Markenpräferenzen. Im Mittel ist vergleichende Werbung, im Gegensatz zu »normaler« Werbung, effektiver hinsichtlich der Erhöhung der Präferenzen für die beworbene Marke.

Die weitverbreitete Reglementierung der Werbung rührt vor allem aus einem unterstellten oder tatsächlich vorhandenem Unwerturteil über Werbung her. Letzteres belegen auch einige Zahlen (Quelle: VA 1994):

- So halten 41 % (ABL) bzw. 18 % (NBL) Werbung für meist ganz unterhaltsam.
- 45 % bzw. 26 % glauben, das Werbung eigentlich ganz hilfreich ist.
- 52 % bzw. 39 % erhalten aus Werbung manchmal ganz nützliche Hinweise über neue Produkte.
- 42 % bzw. 19 % sehen sich Werbung im Fernsehen, 40 % bzw. 35 % Anzeigen in Zeitschriften eigentlich ganz gerne an.

Trotz der geradezu windelweichen Abfragen sind alle Ergebnisse doch recht ernüchternd für die Werbebranche. Darauf deutet auch hin, dass Werbefachleute bei der Abfrage meistgeschätzter Berufe (Quelle: IfD Allensbach 1988: Hier sind einige Berufe, welche davon schätzen Sie am meisten?) beständig auf den letzten Plätzen landen (9 %), weit hinter vergleichsweise so hochangesehenen Berufen wie Atomphysiker (29 %), Journalist (17 %), Politiker (12 %) und Offizier (11 %), ganz zu schweigen von wirklich geschätzten Berufen wie Arzt (76 %), Geistlicher (47 %), Professor (38 %), Rechtsanwalt (33 %), Diplomat (33 %), Ingenieur (30 %) oder Apotheker (26 %).

Eine der hauptsächlichen Vorhaltungen gegen Werbung ist, dass sie die Waren unnötig verteuert. Von der Wertung über nötig oder unnötig einmal abgesehen, ist es tatsächlich so, dass die gewaltigen für Mediawerbung investierten Beträge naturgemäß dauerhaft erst einmal verdient werden müssen. Und das bewerkstelligen Werbungtreibende logischerweise über deren Einrechnung im Preis. So war bereits 1991 (Quelle: Nielsen) jedes gekaufte Volkswagen-Fahrzeug mit DM 120,58 an Werbekosten, wohlgemerkt nur aus Klassischen Medien, also Zeitungen, Zeitschriften, Fernsehen, Hörfunk und (eingeschränkt) Plakat, belastet. Dies ist jedoch der mit Abstand niedrigste Wert der Branche. Er entspricht in Bezug auf den Kennwert Share of Advertising/Share of Market einem krassen Underspending von 0,29, d. h. im Verhältnis zum Marktanteil (20,1 % der Neuzulassungen) liegt der Werbeanteil nur bei 5,8 % der Branche (der Quotient aus 5,8 durch 20,1 lautet dann 0,29). Im mittleren Bereich lagen damals Opel (SoA/SoM-Quotient: 0,61), BMW (0,81), Ford (0,81) Daimler-Benz (0,92) und Audi (0,99). Im Falle von Audi bedeutet dies bereits bei Werbeaufwendungen von DM 84.500.000 (= 5,9 %) eine Belastung von DM 414,93 je neuzugelassenem Fahrzeug. Dies ist aber nachgerade nichts im Vergleich etwa zu Citroen (DM 1,052,47), Volvo (DM 1.101,87), Lancia (DM 1.151,43), Alfa (DM 1.588,27) oder Saab (DM 3.393,11). Zwar betrug das Budget von Saab vergleichsweise eher bescheidene DM 19.300.000 (= 1,3 % Werbeanteil), doch dem standen gerade mal 5.688 neuzugelassene Fahrzeuge gegenüber (= 0,16 % Marktanteil). Daraus resultiert dann ein SoA/SoM-Quotient von immerhin 8,1, d. h., der Werbeanteil von Saab ist mehr als achtmal höher als der Marktanteil, ein deutliches Overspending. Das macht selbst beim teuersten Saab-Modell gut 3,9 % des Listenpreises aus, beim billigsten sogar 8,5 % (denn es handelt sich ja um einen ungewichteten Durchschnittswert). Die aktuellen Werbeausgaben der Automarken pro Neuwagen ergeben sich aus Abbildung 324. Ähnliche oder gar höhere Zahlen finden sich auch in anderen Branchen, so etwa bei Waschmitteln, Tierfutter oder Zahncremes.

In der Spitze liegen die Werte über 20 % Werbeanteil am Verkaufspreis. Dort befinden sich z. B. Stärkungsmittel (35 %), Allzweckreiniger (26 %), Kräuterspirituosen (22 %), Schmerzmittel (21 %) oder Schlankheitsmittel (17 %). Und ein Ende ist nicht absehbar.

9.7.6 TV-AGB's

In den Allgemeinen Geschäftsbedingungen finden sich folgende Regelungen. Der Vertrag kommt durch schriftliche Bestätigung des Sendeauftrags oder durch Ausstrahlung der Werbesendung, was immer zeitlich vorhergeht, zustande. Mündliche oder telefonische Bestätigungen können eine schriftliche Bestätigung nicht ersetzen. Konkurrenzausschluss kann in keinem Fall wirksam vereinbart werden. Der Vertrag kommt mit der schriftlichen Bestätigung in dem im Auftrag gegebenen Umfang zustande, auch wenn die Platzierung der Werbesendung noch nicht festgelegt wurde. Die Platzierung wird in Einvernehmen mit dem Auftraggeber, ansonsten nach billigem Ermessen unter größtmöglicher Berücksichtigung der Interessen des Auftraggebers vorgenommen. Für sämtliche Sendeaufträge gelten ausschließlich die Allgemeinen Geschäftsbedingungen, die Geltung der Allgemeinen Geschäftsbedingungen des Auftraggebers wird ausdrücklich ausgeschlossen. Werbesendungen werden normalerweise in Werbeinseln platziert, und

Hersteller	Werbeausgaben pro Neuwagen in DM
1. Saab	2.774
2. Citroen	2.572
3. Honda	1.916
4. Daewoo	1.877
5. Chrysler	1.542
6. Peugeot	1.437
7. Toyota	1.330
8. Porsche	1.249
9. Hyundai	1.195
10. Kia	1.193
11. Rover	1.182
12. Volvo	1.067
13. Renault	1.032
14. Mitsubishi	962
15. Mazda	922
16. Fiat	887
17. Nissan	804
18. BMW	521
19. Opel	518
20. Ford	371
21. Mercedes	356
22. Volkswagen	307

Abb. 324: Werbeaufwendungen je Neuwagen 1999

zwar entweder in Scharnierinseln, also in Werbeinseln, die zwischen zwei redaktionellen Sendungen liegen, oder in Unterbrecherinseln, das sind Werbeinseln, die eine redaktionelle Sendung unterbrechen. Bei Werbesendungen, für welche die Platzierung in einem bestimmten besonderen programmlichen Umfeld, z. B. Sportübertragungen, zugesagt wurde, gelten zusätzlich die besonderen Bedingungen für die jeweilige Werbesendung. Aufträge von Werbeagenturen werden nur für namentlich genau bezeichnete Werbungtreibende angenommen. Mit der Bestätigung wird der Sendeauftrag als Festauftrag angenommen. Im Einzelnen begründeten Fällen kann dem Auftraggeber jedoch bis zu sechs Wochen vor der ersten Ausstrahlung der Werbesendung nach eigenem Ermessen eine Rücktrittsmöglichkeit eingeräumt werden, in ganz besonderen Fällen auch noch bis drei Wochen vor Ausstrahlung. Ein Rücktrittsantrag ist schriftlich zu stellen. Der Rücktritt ist nur wirksam, wenn und sobald ihm ausdrücklich und schriftlich zugestimmt wird. Innerhalb der letzten drei Wochen vor der Ausstrahlung der

Werbesendung ist ein Rücktritt in keinem Fall mehr möglich. Für Werbesendungen mit einer Dauer von drei Minuten und länger sowie für Programm-Sponsoring besteht keine Rücktrittsmöglichkeit. Es besteht keine Verpflichtung des Senders, die Werbung vor Annahme des Sendeauftrags anzusehen und zu prüfen. Daher gelten auch rechtsverbindlich angenommene Sendeaufträge nur vorbehaltlich rechtlicher, sittlicher oder ähnlicher Gründe der Zurückweisung. In diesen Fällen hat der Auftraggeber Anspruch auf Rückzahlung des Grundpreises. Die Geltendmachung weiterer Ansprüche wird ausgeschlossen. Im Fall der Zurückweisung hat der Auftraggeber das Recht, über die Gründe hierfür informiert zu werden. Der Grundpreis ist die Vergütung für die Ausstrahlung der Werbesendung. Er enthält keine Produktionskosten, diese gehen immer zu Lasten des Auftraggebers. Verbundwerbung bedarf der ausdrücklichen Vereinbarung, dabei ist die Erhebung eines Verbundzuschlages möglich. Aufträge werden innerhalb eines Jahres abgewickelt. Vertragsjahr ist das Kalenderjahr. Der Auftraggeber bestätigt mit der Auftragserteilung, dass er sämtliche zur Ausstrahlung in Hörfunk, Fernsehen und sonstigen Medien erforderlichen Nutzungsrechte der Inhaber von Urheber-, Leistungsschutz- und sonstigen Rechten an den von ihm gestellten Tonträgern, Videobändern oder sonstigen Sendeunterlagen erhalten hat. Der Sender ist von sämtlichen, wie auch immer gearteten Ansprüchen Dritter freigestellt, vor allem von presserechtlichen, wettbewerbsrechtlichen und urheberrechtlichen Ansprüchen. Der Auftraggeber verpflichtet sich, Sendeunterlagen und Sendematerial für die jeweiligen Sendungen rechtzeitig zur Verfügung zu stellen. Wenn Sendungen nicht oder falsch zur Ausstrahlung kommen, weil Unterlagen, Texte oder Sendekopien nicht rechtzeitig, mangelhaft oder falsch gekennzeichnet geliefert wurden, wird die vereinbarte Sendezeit in Rechnung gestellt. Dem Auftraggeber stehen keine Ersatzansprüche zu. Der Auftraggeber trägt auch die Gefahr bei der Übermittlung von Sendeunterlagen und Sendematerial. Die vereinbarten Sendezeiten werden nach Möglichkeit eingehalten. Eine Verschiebung der Sendezeit innerhalb einer bestimmten, in der Preisliste aufgeführten Preisgruppe ist jedoch, soweit nichts Anderes schriftlich vereinbart wurde, möglich. Die Werbesendung wird in der gebuchten Werbeinsel platziert. Die Werbeinseln sind zu Preisgruppen zusammengefasst. Bei einer geringfügigen zeitlichen Verlagerung einzelner Inseln, etwa aus programmlichen oder technischen Gründen, bliebt der Inselpreis der jeweiligen Preisgruppe bestehen. Eine Gewähr für die Ausstrahlung der Werbesendung in bestimmter Reihenfolge wird nicht übernommen. Dies gilt auch dafür, dass neben den im Programmschema ausgewiesenen Werbeinseln keine weiteren Werbeinseln angeboten werden. Fällt eine Werbesendung aus programmlichen oder technischen Gründen, wegen höherer Gewalt, Streik oder aufgrund gesetzlicher Bestimmungen etc. aus, so wird die Werbesendung nach Möglichkeit entweder vorverlegt oder nachgeholt. Sofern es sich dabei nicht um eine unerhebliche Verschiebung handelt, wird der Auftraggeber informiert. Dies gilt auch, wenn die Werbesendung in ein anderes als das im Programmschema angegebene programmliche Umfeld eingebettet wird. Die Verlegung betrifft vor allem die kurzfristige Änderung des vorgesehenen Programmablaufs wegen aktueller Geschehnisse, Sportübertragungen oder ähnlich bedeutenden Ereignissen. Sofern der Auftraggeber darauf nicht schriftlich widerspricht, gilt dies als Einverständnis. Ist weder eine Vorverlegung noch Nachholung möglich oder widerspricht der Auftraggeber dem, hat er Anspruch auf Rückzahlung des Grundpreises. Weitere Ansprüche sind ausgeschlossen. Preisänderungen sind jederzeit möglich, sofern sie für vereinbarte und bestätigte Sendeaufträge mindestens einen Monat vor Ausstrahlung angekündigt werden. Dabei steht dem Auftraggeber innerhalb von fünf Tagen nach Erhalt der Mitteilung ein Rücktrittsrecht zu. Haftung auf Schadenersatz gilt nur wegen Verzugs, Nichterfüllung, Schlechterfüllung oder Delikt bei Vorsatz und grober Fahrlässigkeit.

Die Haftung ist auf den üblicherweise und typischerweise in derartigen Fällen voraussehbaren Schaden begrenzt.

9.7.7 Verhaltensstandards in der Direktwerbung

Die Direktwerbebranche hat sich angesichts vieler Anfeindungen auf einige Verhaltensstandards geeinigt, die angesehene Unternehmen der Branche freiwillig einhalten. Dabei handelt es sich um folgende.

> Die Unternehmen bzw. ihre Außendienstmitarbeiter werden den Verbraucher in geeigneter Weise und so umfassend informieren, dass er noch während laufender Widerrufs- bzw. Rückgabefristen die Möglichkeit hat, seine Kaufentscheidung in Ruhe zu überlegen. Diese Informationspflicht erstreckt sich auf die Elemente wahrheitsgemäßer Angaben über Verwendungszweck, Verwendung und Beschaffenheit der angebotenen Ware, Umfang der angebotenen Leistung incl. des Kundendienstes, Bar- und ggf. Teilzahlungspreise sowie evtl. Nebenkosten, Zahlungsbedingungen, das gesetzliche Widerrufs- bzw. Rückgaberecht nach dem Verbraucherkreditgesetz, das gesetzliche Widerrufs- bzw. Rückgaberecht nach dem Gesetz über den Widerruf von Haustürgeschäften und ähnlichen Geschäften, den Umfang der Garantie bzw. Gewährleistung und Haftung.
> Die Unternehmen bzw. ihre Außendienstmitarbeiter unterlassen bei Kontaktaufnahme mit dem Verbraucher alles, was Missverständnisse über den Zweck des Kontakts herbeiführen könnte.
> Die Außendienstmitarbeiter werden sich im persönlichen Kontakt mit dem Verbraucher zu Beginn mit Namen vorstellen, auf Wunsch sich in geeigneter Weise ausweisen und über Name und Anschrift der Mitgliedsfirma informieren.
> Die Außendienstmitarbeiter werden auf ausdrücklichen Wunsch des Verbrauchers hin auf das Unterbreiten des Angebots verzichten oder das Unterbreiten des Angebots auf einen späteren Zeitpunkt verschieben oder ein bereits begonnenes Verkaufsgespräch abbrechen.
> Die Unternehmen bzw. ihre Außendienstmitarbeiter werden alles unterlassen, was den Verbraucher bestimmen könnte, das unterbreitete Angebot lediglich deshalb anzunehmen, um dem Anbieter einen persönlichen Gefallen zu tun oder ein unerwünschtes Gespräch zu beenden oder in den Genuss eines Vorteils zu kommen, der nicht Gegenstand des Angebots ist oder um sich für die Zuwendung eines solchen Vorteils erkenntlich zu zeigen.
> Die Unternehmen bzw. ihre Außendienstmitarbeiter werden dem Verbraucher spätestens bei Vertragsabschluss eine schriftliche Unterlage aushändigen, aus der sich das Folgende entnehmen lässt: Name und Anschrift des Vertragspartners, Art und Umfang der Bestellung, ggf. Lieferfristen, Bar- und ggf. Teilzahlungspreise sowie evtl. Nebenkosten, Zahlungsbedingungen, Rechte auf Vertragsauflösung und Art und Weise der Ausübung dieses Rechts, Umfang der Garantie bzw. Gewährleistung der Haftung und sonstiger gleichgerichteter Ansprüche des Verbrauchers.
> Die Unternehmen bzw. ihre Außendienstmitarbeiter werden bei Kontakten zu sozial schwachen oder fremdsprachigen Bevölkerungsgruppen die gebotene Rücksicht auf deren finanzielle Leistungsfähigkeit und deren Einsichts- und sprachliche Verständnisfähigkeit

nehmen und insb. alles unterlassen, was die Angehörigen solcher Gruppen zu ihren Verhältnissen nicht entsprechenden Bestellungen veranlassen könnte.

Die Unternehmen werden den Verbrauchern, die den Willen zum Abschluss eines Vertrags über eine entgeltliche Leistung erklären, über die Bestimmungen des Verbraucherkreditgesetzes und des Gesetzes über den Widerruf von Haustürgeschäften und ähnlichen Geschäften hinaus das Recht einräumen, sämtliche auf einen Vertragsabschluss gerichteten Willenserklärungen binnen einer Frist von mindestens einer Woche schriftlich rückgängig zu machen. Sie werden über dieses Recht, seinen Umfang, seine Folgen und die Art seiner Ausübung nach dem Gesetz belehren.

Die Unternehmen werden ihre Außendienstmitarbeiter umfassend und wahrheitsgemäß über die gegebenen Verdienstchancen und Modalitäten informieren, ausreichend über die rechtlichen Voraussetzungen der Ausübung ihrer Tätigkeit aufklären, sowie nicht zu Warenbezügen und anderen Aufwendungen im Zusammenhang mit der Ausübung ihrer Tätigkeit veranlassen, die im Hinblick auf die zu erwartenden Verdienstmöglichkeiten unangemessen hoch sind.

Der **Ehrenkodex** des Deutschen Direktmarketing-Verbands (DDV) in Wiesbaden sieht speziell für Direktwerbung folgende Regelungen vor. Die verbandsangeschlossenen Unternehmen verpflichten sich danach,

- die Gesetze zum Schutz der Verbraucher und die des lauteren Wettbewerbs zu achten und die Verantwortung für ihre Verteiler zu übernehmen,
- die Hinweisschilder »Bitte keine Werbung« zu beachten,
- Namen und Adressen von Personen, die der Zustellung widersprochen haben, zu erfassen und ihre Verteiler entsprechend zu informieren,
- Werbematerial nur in Briefkästen einzuwerfen und dabei den Grundsatz »1 x pro Haushalt« einzuhalten,
- aktuelle Haushaltsstatistiken zu führen, die mind. 1 x jährlich belegbar aktualisiert werden,
- Verteilpersonen so auszuwählen, dass die Einhaltung der Vergabekriterien gewährleistet ist, und sie auch stichprobenartig zu kontrollieren,
- fremdsprachigem Verteilpersonal die Richtlinien in ihrer Landessprache auszuhändigen,
- ihre Ortsverteiler durch Unterlassungserklärung zur Beachtung des Aufklebers »Bitte keine Werbung« zu verpflichten,
- die ordnungsgemäße Verteilung durch unabhängige Kontrolleure stichprobenartig überprüfen zu lassen,
- den Kontrolleur mit Listen der Haushalte auszustatten, die bereits einmal reklamiert haben,
- Reklamationen durch Kontrolleure prüfen zu lassen, Reklamationen aufzulisten und einem Sachverständigen vorzulegen,
- für Verstöße von Subunternehmen oder Fremdfirmen einzustehen und sich als eigene Verstöße zurechnen zu lassen.

9.7.8 Werbegebote

9.7.8.1 Richtlinien

Die Anbieter einer Branche vereinbaren gelegentlich freiwillige Selbstbeschränkungen, in denen sie sich verpflichten, bestimmte Werbemaßnahmen nicht mehr zu nutzen, um damit zu verhindern, dass diese durch entsprechende gesetzliche Verbotsregelungen betroffen werden. Solche Abkommen gelten vor allem für Branchen, deren Werbung kontrovers diskutiert wird. Im Brennpunkt steht hier z. B. zunehmend die Tabakwarenindustrie.

In anderen Branchen gelten ähnliche, wenngleich nicht so weitgehende Beschränkungen. So hat sich die deutsche Automobilindustrie freiwillig verpflichtet, in ihrer Werbung keine direkten oder indirekten Appelle zu rücksichtslosem Verkehrsverhalten zu geben. Angaben über Höchstgeschwindigkeiten dürfen nicht an auffälliger Stelle platziert oder hervorgehoben sein. Dennoch werden Rufe nach Warnhinweisen in der Automobilwerbung laut.

Die **Werbung vor Kindern** soll sich nicht die natürliche Leichtgläubigkeit der Kinder oder den Mangel an Erfahrung von Jugendlichen zunutze machen oder ihr Anhänglichkeitsgefühl ausnutzen. Werbung, die sich an Kinder und Jugendliche wendet, soll in Text oder Bild nichts enthalten, was geeignet ist, ihnen geistigen, moralischen oder physischen Schaden zuzufügen. Deshalb gelten einige Verhaltensregeln. Werbung soll keinen Vortrag von Kindern über besondere Vorteile und Eigenarten des Produkts enthalten, der nicht den natürlichen Lebensäußerungen des Kindes gemäß ist. Werbung soll keine direkten Aufforderungen zu Kauf oder Konsum an Kinder enthalten. Werbung soll keine direkten Aufforderungen von Kindern und/oder an Kinder enthalten, andere zu veranlassen, ein Produkt zu kaufen. Werbung soll nicht das besondere Vertrauen, das Kinder bestimmten Personen entgegenzubringen pflegen, missbräuchlich ausnutzen. Aleatorische Werbemittel sollen die Umworbenen nicht irreführen, nicht durch übermäßige Vorteile anlocken, nicht die Spielleidenschaft ausnutzen oder nicht anreißerisch belästigen. Werbung soll strafbare Handlungen oder sonstiges Fehlverhalten, durch das Personen gefährdet werden können, nicht als nachahmenswert oder billigenswert darstellen oder erscheinen lassen.

Alkoholische Getränke sind alle Getränke mit Alkoholgehalt, unabhängig von dessen Grad. Die Hersteller und Importeure von alkoholischen Getränken erkennen ungeachtet ihres Bekenntnisses zu einem freien, gesunden und lauteren, eine unmittelbar an den Verbraucher gerichtete Ansprache für ihre Erzeugnisse unumgänglicherweise einschließenden Wettbewerb und ungeachtet der Überzeugung, dass ihre Erzeugnisse, sinnvoll und in Maßen genossen, eine positive Wirkung haben und das Leben der Menschen bereichern, die Verpflichtung an, die Werbung für ihre Erzeugnisse so zu gestalten, dass diese nicht geeignet ist, missbräuchlichen und aus diesem Grunde unerwünschten Alkoholgenuss zu fördern. Deshalb wollen sie verhindern, dass Darlegungen oder Aussagen in der Werbung für ihre Erzeugnisse als Aufforderung zum Alkoholmissbrauch oder zum übermäßigen Genuss von alkoholischen Getränken missverstanden werden können, dass Werbung für ihre Erzeugnisse als Ansprache Jugendlicher missverstanden werden kann und dass alle gesetzlichen Bestimmungen eingehalten werden. Dies gilt für die Deutsche Spirituosenindustrie, Mittelstandsbrauereien, Obstverschlussbrenner, Kornbrenner, Wein- und Spirituosenhandel bzw. -import, Brauerbund, Weinbauverband, Markenverband, Frucht- und Schaumweinindustrie, Perlwein und ähnliche Erzeugnisse, Weinbrennereien und Sektkellereien. Sie beachten die nachfolgenden Grundsätze bei der Gestaltung und Durchführung von Werbemaßnahmen: In der Werbung soll nicht zu übermäßigem oder missbräuchlichem Konsum alkoholischer Getränke aufgefordert und ein solcher Konsum nicht als nachahmenswert dargestellt oder verharmlost werden. Es soll nicht durch Hinweise auf einen niedrigen Alkoholgehalt der Eindruck erweckt werden, dass ein Missbrauch ausgeschlossen ist. Es sollen keine Aufforderungen zum Trinken an Jugendliche ergehen und keine trinkenden oder zum Trinken auffordernden oder aufgeforderten Jugendliche dargestellt werden. Es sollen keine Aussagen erfolgen, in denen Jugendliche als noch nicht reif genug für den Genuss alkoholischer Getränke angesprochen und dadurch zum Trinken provoziert werden, oder die besagen, dass eine dargestellte Person schon als Jugendlicher alkoholische Getränke genossen hat. Es sollen keine trinkenden oder zum Trinken auffordernden Leistungssportler dargestellt werden. Es sollen keine Aufforderungen zum Trinken an Kraftfahrer und keine trinkenden oder zum Trinken auffordernden Kraftfahrer dargestellt oder in anderer Weise eine Assoziation zwischen Trinken und Führen von Kraftfahrzeugen hergestellt werden. Es sollen keine gegen Sicherheitsbestimmungen verstoßenden Situationen dargestellt werden. Es sollen keine Hinweise auf ärztliche Empfehlungen oder ärztliche Gutachten und keine bildlichen Darstellungen von Personen in der Berufskleidung oder bei der Ausübung der Tätigkeit von Angehörigen der Heilberufe, des Heilgewerbes oder des Arzneimittelhandels verwendet werden. Es sollen keine Aussagen gemacht werden, die sich auf die Beseitigung, Linderung oder Verhütung von Krankheiten beziehen. Es sollen keine Aussagen erfolgen, die alkoholischen Getränken Wirkungen eines Arzneimittels beilegen. Es sollen keine Aussagen erfolgen, die auf enthemmende Wirkungen alkoholischer Getränke abstellen. Es sollen keine Aussagen oder Darstellungen erfolgen, die auf Beseitigung oder Linderung von Angstzuständen abstellen. Es sollen keine Aussagen oder Darstellungen erfolgen, die auf die Beseitigung oder Überwindung von psychosozialen Konflikten abstellen. Es sollen keine Darstellungen erfolgen, welche die Enthaltsamkeit im Allgemeinen oder in besonderen Fällen abwerten.

Um die Bemühungen zur Förderung der Arbeitssicherheit und zur Bekämpfung und **Verhütung von Arbeitsunfällen** zu unterstützen, fordert der Deutsche Werberat alle Werbungtreibenden, Werbeagenturen und Werbeträger auf, in der Werbung für Maschinen, Arbeitsgeräte und ähnliches keine Situationen oder Verhaltensweisen darzustellen, die den Unfallverhütungsvorschriften widersprechen oder mit dem Gedanken der Arbeitssicherheit nicht vereinbar sind, sofern nicht in oder mit ihnen vor solchen Situationen gewarnt werden soll.

Anzeigen, die wie **redaktionelle Mitteilungen** gestaltet sind und nicht erkennen lassen, dass sie gegen Entgelt abgedruckt sind, erwecken beim unvoreingenommenen Leser den Eindruck unabhängiger redaktioneller Berichterstattung, während sie in Wirklichkeit Werbung darstellen. Wegen dieses irreführenden Charakters verstoßen sie gegen die Grundsätze lauterer Werbung und gefährden das Ansehen und die Unabhängigkeit der redaktionellen Arbeit, sie sind daher auch presserechtlich untersagt. Wahrheit und Klarheit der Werbung fordern die klare Unterscheidbarkeit von redaktionellem Text und Werbung. Eine Anzeige in einem Druckwerk, die durch ihre Anordnung, Gestaltung oder Formulierung wie ein Beitrag des redaktionellen Teils erscheint, ohne den Anzeigencharakter, d. h. den Charakter einer entgeltlichen Veröffentlichung, für den flüchtigen Durchschnittsleser erkennen zu lassen, ist irreführend gegenüber Lesern und unlauter gegenüber Mitbewerbern. Der Charakter der Anzeige kann durch eine vom redaktionellen Teil deutlich abweichende Gestaltung und durch die Anordnung des Beitrags im Gesamtbild oder Gesamtzusammenhang einer Druckseite kenntlich gemacht werden. Hat der Verleger eines Druckwerks direkt oder indirekt ein Entgelt erhalten, gefordert oder sich versprechen lassen und ist der Anzeigencharakter der Veröffentlichung für den flüchtigen Durchschnittsleser nicht erkennbar, ist die Anzeige mit dem Wort »Anzeige« zu kennzeichnen. Maßgebend ist der Eindruck, den ein nicht völlig unbeachtlicher Teil der Leser, an die sich die Druckschrift richtet, bei ungezwungener Auffassung gewinnt. Ferner ist die Verwechslungsfähigkeit vom Standpunkt eines flüchtigen Lesers aus zu beurteilen. An die Aufmerksamkeit des Lesers, seine Erfahrung und Sachkunde ist ein Durchschnittsmaßstab anzulegen. Ausschlaggebend ist der Gesamteindruck, der bei ungezwungener Gesamtwürdigung durch den flüchtigen Durchschnittsleser entsteht. Demgemäß muss der Hinweis »Anzeige« nach Platzierung, Schriftart, -grad und -stärke den Durchschnittsleser bereits bei flüchtiger Betrachtung auf den Anzeigencharakter der Veröffentlichung aufmerksam machen. Ein Hinweis lediglich im Impressum oder an anderer Stelle genügt nicht. Auch die namentliche Nennung des werbenden Unternehmens, seiner Erzeugnisse oder Leistungen im redaktionell gestalteten Text genügt für sich allein nicht zur Kennzeichnung. Die Worte PR-Anzeige, PR-Mitteilung, Public Relations, Werbereportage, Verbraucherinformation und ähnliche Ausdrücke genügen ebenfalls nicht zur Kennzeichnung.

Jede Verwendung von Urteilen der **Stiftung Warentest** sollte so geartet sein, dass beim Verbraucher keine falschen Vorstellungen über die von der Stiftung Warentest vorgenommene qualitative Beurteilung des beworbenen Produkts entstehen kann. Dazu gehört, dass die Aussagen in der Werbung, die sich auf den Test beziehen, abgesetzt sind von anderen Aussagen des Werbenden, dass die Testaussagen der Stiftung vom Werbungtreibenden nicht mit eigenen Worten umschrieben werden, dass die die Urteile der Stiftung kennzeichnende Terminologie nicht auch bei solchen Werbeaussagen verwendet wird, die sich nicht auf Testaussagen der Stiftung beziehen, dass günstige Einzelaussagen nicht isoliert angegeben werden, wenn andere weniger günstig sind, dass in jedem Fall auch das Gesamturteil mitgeteilt wird. Der Test sollte nicht mit Produkten in Zusammenhang gebracht werden, auf die er sich nicht oder nicht mehr bezieht. Dazu gehört, dass der Test nicht durch einen neueren Test oder durch eine erhebliche Veränderung der Marktverhältnisse überholt ist, dass das Produkt sich seit dem Test nicht in Merkmalen geändert hat, die Gegenstand des Tests waren, dass das Testurteil für ein baugleiches Produkt, welches vom Testbericht nicht erfasst war, nicht ohne Erwähnung des getesteten Produkts verwendet wird, dass die Übertragung eines Testurteils auf nicht getestete Produkte weder vorgenommen noch dem Verbraucher nahegelegt wird. Die Angaben über Testurteile sollten leicht und eindeutig nachprüfbar sein. Dazu gehört, dass in der Werbung Monat und Jahr der Testveröffentlichung angegeben wird. Der Rang des Urteils des beworbenen Produkts im Test sollte erkennbar gemacht werden.

Zur Verwirklichung freiwilliger Selbstverantwortung der Werbewirtschaft hat das Präsidium des ZAW den **Deutschen Werberat** eingesetzt. Seine Aufgabe ist es, durch geeignete Maßnahmen die Werbung im Hinblick auf Inhalt, Aussage und Gestaltung weiterzuentwickeln, verantwortungsbewusstes Handeln zu fördern, Missstände im Werbewesen festzustellen und zu beseitigen sowie als ständiges Ansprechorgan für verbraucherbezogene Werbeprobleme zur Verfügung zu stehen. Dazu gehört die Gesprächsführung mit der Arbeitsgemeinschaft der Verbraucher, u. a. die Entwicklung von Leitlinien selbstdisziplinären Charakters sowie die Aufstellung von Wettbewerbsregeln, die Durchführung organisatorischer Einzelmaßnahmen, die geeignet sind, werbliche Aussagen und Darstellungen zur Verbraucherbezogenheit zu fördern und Fehlerscheinungen entgegenzutreten. Zu den Mitgliedern des Deutschen Werberats gehören Delegierte der werbungtreibenden Wirtschaft, der werbungdurchführenden Wirtschaft, der Werbeagenturen und der Werbeberufe. Sie werden vom Präsidium des ZAW gewählt und müssen ihm angehören. Die Sitzungen des Deutschen Werberats sind vertraulich. Personen, deren Unternehmen oder Interessen durch Beratungen berührt werden oder gegen die sich ein Antrag oder eine Beschwerde richtet, dürfen bei der Beschlussfassung nicht anwesend sein. Minderheitenmeinungen müssen im Gutachten auf Wunsch mitgeteilt werden. Der Deutsche Werberat ist bei der Bildung seiner Meinung frei und an Weisungen nicht gebunden. Er hat die gesetzlichen Vorschriften, die Richtlinien des ZAW und die internationalen Verhaltensregeln für die Werbepraxis zu berücksichtigen.

> Der Deutsche Werberat will einem den Grundsätzen des lauteren oder der Wirksamkeit eines leistungsgerechten Wettbewerbs zuwiderlaufenden Verhalten im Wettbewerb entgegenwirken und ein diesen Grundsätzen entsprechendes Verhalten im Wettbewerb anregen. Er setzt sich für die Einhaltung der Internationalen Verhaltensregeln für die Werbepraxis ein.
>
> Jedermann ist berechtigt, dem Deutschen Werberat Beschwerden über Werbemaßnahmen vorzulegen. Er kann auch von sich aus ein Verfahren einleiten. Die Tätigkeit ist auf den Bereich der Wirtschaftswerbung beschränkt. Eine Weiterleitung zum Verein für lautere Heilmittelwerbung bzw. zur Zentrale zur Bekämpfung unlauteren Wettbewerbs ist möglich. Ist der Beschwerdeführer Konkurrent, so soll er seine Rechte selbst geltend machen, es sei denn, private Endverbraucher sind betroffen. Vorprüfungen von Werbemaßnahmen werden nicht vorgenommen. Beschwerden sind schriftlich unter Angabe des Beschwerdeführers und unter Vorlage oder Beziehung auf das Werbemittel an den Deutschen Werberat zu richten. Telefonische Beschwerden werden nur bearbeitet, wenn der Beschwerdeführer identifizierbar ist, anonyme Beschwerden werden nicht bearbeitet. Der Name des Beschwerdeführers wird auf Wunsch vertraulich behandelt. Das Verfahren ist kostenlos. Hält der Deutsche Werberat eine Beschwerde für offensichtlich unbegründet, weist er sie zurück, dagegen kann der Beschwerdeführer Einspruch einlegen. Nach Eingang der Beschwerde fordert der Deutsche Werberat den Werbungtreibenden und/oder die verantwortliche Werbeagentur auf, sowie evtl. den Werbeträger, innerhalb einer bestimmten Frist eine Stellungnahme zur Beschwerde abzugeben. Erklärt der Werbungtreibende und/oder die Werbeagentur, dass die beanstandete Werbemaßnahme geändert oder nicht mehr fortgesetzt wird, unterrichtet der Deutsche Werberat den Beschwerdeführer darüber schriftlich. Halten diese hingegen die Beschwerde für völlig oder teilweise unbegründet und ändern die Werbemaßnahme nicht oder stellen sie nicht ein, oder wird keine fristgemäße Stellungnahme abgegeben, trifft der Deutsche Werberat eine Entscheidung mit einfacher Mehrheit der Stimmen der Mitglieder. Weist der Deutsche Werberat die Beschwerde zurück, ist der Beschwerdeführer davon schriftlich zu unterrichten. Beanstandet der Deutsche Werberat die Werbemaßnahme, unterrichtet er zunächst den Werbungtreibenden und/oder die Werbeagentur mit der Aufforderung, innerhalb einer bestimmten Frist mitzuteilen, ob die Werbemaßnahme geändert oder eingestellt wird. Erklärt dieser daraufhin, die beanstandete Werbemaßnahme zu ändern oder nicht mehr fortzusetzen, unterrichtet der Deutsche Werberat darüber schriftlich den Beschwerdeführer, evtl. auch den Werbeträger. Erklärt dieser jedoch, die Werbemaßnahme nicht zu ändern oder einzustellen oder erfolgt innerhalb einer Frist keine Äußerung, unterrichtet der Deutsche Werberat den Beschwerdeführer, evtl. auch den Werbeträger. Dann kann der Deutsche Werberat die Öffentlichkeit, nach vorherigem Hinweis an Werbungtreibenden und/oder Werbeagentur von seiner Beanstandung unterrichten. In allen anderen Fällen kann der Deutsche Werberat das Ergebnis seiner Intervention ebenfalls veröffentlichen. Gegen die Zurückweisung einer Beschwerde kann der Beschwerdeführer schriftlich Einspruch einlegen. Gegen die Beanstandung einer Werbemaßnahme kann der Werbungtreibende und/oder die Werbeagentur schriftlich Einspruch einlegen. Über den Einspruch entscheidet der Deutsche Werberat.

Von zentraler Bedeutung ist dabei die Bekämpfung unlauterer und irreführender Werbung.

Dazu einige Beispiele von Rügefällen:
- Die Headline »Verschleißteile« zu einer Abbildung von Autoersatzteilen eines Anbieters, gemeinsam mit einer leichtbekleideten Frau.
- Die Headline »Scharf auf Höhepunkte« zur Anzeige eines Autozubehör-Anbieters, der Spitzenprodukte zu Spitzenpreisen offeriert, mit halbnackter Frauenabbildung.
- Die Headline »Ich trinke vor der Schule« als Werbung für ein Mineralwasser, das sich vornehmlich an Jugendliche wendet.
- »Es kam einst ein Mädchen aus Franken, bei X auf die schönsten Gedanken, sie guckte ins Glas, denn es macht ihr Spaß, und das spürte sie bis in die Flanken« Dieser zweifelhafte Reim galt der Bewerbung einer Spirituose.
- »Renntechnik für die Straße freigegeben«. Dies war die Aussage einer Pkw-Werbung für ein sportliches Modell, in der eine Aufforderung zu aggressivem Fahren im Straßenverkehr gesehen wurde.
- »Schnelle Zeiten für Sportfans« (hier gilt das gleiche).
- »Etwas Scharfes aus Holland« Diese Werbung zeigte eine junge Frau, die für Zwiebeln warb, was leicht zu Missverständnissen führen kann.
- »Hinreißend. 40 Prozent weniger Fett. Eine Frage Liebster: Was ist eigentlich Prozent?« Dies war der Text einer weiblichen Stimme in einem Hörfunkspot für ein kalorienreduziertes Molkereiprodukt. Darin wurde zurecht eine Diskriminierung von Frauen gesehen.
- »Ich habe 10 Millionen Kontakte pro Tag« Dies war die Eigenwerbung eines Außenwerbungsunternehmens mit der Abbildung einer jungen, im übrigen leichtbekleideten Frau unter dieser Headline auf einem Plakat.
- »Was ist das für ein Spiel, bei dem eine Jungfrau keinen Stich bekommt?« Dies war die Headline einer Anzeige für ein modernes Gesellschaftsspiel, die wegen ihrer Doppeldeutigkeit abgemahnt wurde.
- »Ich kenne keine weit und breit, die es billiger macht« Dies war die Headline der Anzeige einer Tuning-Werkstatt, die ansonsten noch eine junge, leichtbekleidete Frau zeigte.
- »Berufskleidung zu Arbeitslosenpreisen« Dies war die Headline der Sonderangebotsanzeige eines Supermarkts, darin wurde eine Diskriminierung von Beschäftigungslosen gesehen.
- »Grabsteine zu Discountpreisen« Dieses zweifelhafte Angebot eines Steinmetzbetriebs wurde als das sittliche Empfinden verletzend empfunden.
- Aus einer Anzeigenserie: 15 Gründe, warum Bier besser als eine Frau ist, u. a.: Wenn Du mit einem Bier fertig bist, ist die Flasche immerhin noch 50 Pfennig Pfand wert.
- Anzeigenmotiv mit farbiger Frau, die eine Weißweinflasche hält, Headline: Mein erster Weißer.

Angesichts dieser und anderer Fehlentwicklungen wird der Ruf nach weitergehender Reglementierung der Werbung immer lauter. Um darauf aufmerksam zu machen, dass dieses dirigistische Element marktwirtschaftsfremd ist, hat die Deutsche Wirtschaft 1999 eine Deklaration zur Werbefreiheit verfasst. Sie lautet im Kern wie folgt:

- Werbung für Waren und Dienstleistungen ist ein unverzichtbares Element des Wettbewerbs, ohne den das System der sozialen Marktwirtschaft nicht funktionsfähig wäre. Deshalb müssen legal hergestellte und vertriebene Produkte auch legal beworben werden dürfen.

- Werbung ist insoweit ein wesentliches Instrument des Absatzes von produzierten Waren und deshalb auch ein entscheidender Faktor des Umsatzes eines Unternehmens.
- Werbung schafft und sichert Arbeitsplätze, indem sie die Unternehmen marktfähig hält. Neue Arbeitsplätze entstehen insb. durch Ausweitung und Entwicklung neuer Märkte sowie durch Innovationen, die mit Hilfe von Werbemaßnahmen den Marktteilnehmern bekannt gemacht werden können.
- Werbung ist eine allen Konsumenten zugängliche Information über Produkte und Dienstleistungen und eine Orientierungshilfe für Kaufentscheidungen. Die Konsumenten profitieren durch Werbung vom Wettbewerb, der für Produktvielfalt, Produktinnovationen und für Preisregulierung durch den Markt sorgt.
- Neben ihrem primären betriebswirtschaftlichen Zweck erzielt Werbung einen für offene Gesellschaften äußerst wichtigen Effekt: die Finanzierung des Mediensystems. Werbeausgaben der Wirtschaft sind Werbeeinnahmen der Medien. Werden Werbemaßnahmen eingeschränkt, kann dies auch die finanzielle Stabilität der Medien durch Entzug von Werbegeldern gefährden.
- Werbung ist schließlich ein unentbehrliches Mittel zur Belebung des globalen Freihandels. Sie wirkt Handelshemmnissen entgegen, da sie für Transparenz des Angebots sorgt und direkte Zugangsmöglichkeiten zu Waren und Dienstleistungen eröffnet. Beschränkungen der Werbung behindern den Welthandel und dienen vielfach der protektionistischen Abschottung nationaler Märkte gegen unerwünschte Konkurrenz.

9.7.8.2 Internationale Verhaltensregeln

Weiterhin gibt es anerkannte internationale Verhaltensregeln der ICC (International Chamber of Commerce). Sie lauten sinngemäß wie folgt.

> Werbung soll grundsätzlich zulässig, mit den guten Sitten vereinbar, redlich und wahr sein. Werbeaussagen sollen vom Grundsatz sozialer Verantwortung geprägt sein und den Grundsätzen des lauteren Wettbewerbs, wie sie im Wirtschaftsleben anerkannt sind, entsprechen. Werbeaussagen dürfen das Vertrauen der Allgemeinheit in die Werbung nicht erschüttern.
>
> Die Werbung soll in Text und Bild nichts enthalten, was gegen die allgemein anerkannten guten Sitten verstößt. Die Werbung soll nicht das Vertrauen oder den Mangel an Erfahrung oder Kenntnissen des Verbrauchers missbrauchen.
>
> Die Werbung soll nicht ohne rechtfertigenden Grund Angstgefühle nutzen oder wecken. Die Werbung soll nicht den Aberglauben ausnutzen. Die Werbeaussagen dürfen nichts enthalten, was Gewalttaten fördert oder sie unterstützt. Die Werbung soll jede Diskriminierung aufgrund der Rasse, der Religion oder des Geschlechts vermeiden.
>
> Die Werbung soll in Text und Bild nichts enthalten, was unmittelbar oder durch Andeutungen, Weglassungen, Doppeldeutigkeiten oder übertriebene Tatsachenbehauptungen geeignet ist, den Verbraucher irrezuführen, insb. im Hinblick auf
>
> - geschäftliche Verhältnisse, wie z. B. Beschaffenheit, Zusammensetzung, Herstellungsart, Herstellungszeitpunkt, Nützlichkeit, Verwendbarkeit, Menge, geschäftliche oder geografische Herkunft, den Wert des Erzeugnisses und den tatsächlichen zu zahlenden Gesamtpreis, andere Zahlungsbedingungen wie Mietkauf, Leasing, Ratenkauf und Kreditkauf, Ablieferung, Umtausch, Rückgabe, Nachbesserung und Kundendienst, Garantiebedin-

gungen, Urheberrecht und gewerbliches Schutzrecht wie Patente, Gebrauchsmuster, Geschmacksmuster und Warenzeichen, offizielle Anerkennung oder Empfehlung, Gewährung von Medaillen, Preisen und Diplomen, das Ausmaß der Unterstützung für wohltätige Zwecke.

Die Werbung soll Forschungsergebnisse oder Zitate aus fachlichen und wissenschaftlichen Veröffentlichungen nicht missbrauchen. Statistiken sollen nicht so dargestellt werden, als wenn sie größeren Aussagewert als vorhandene besäßen. Wissenschaftliche Fachausdrücke sollen nicht missbraucht werden, wissenschaftliche Ausdrucksweisen und scheinwissenschaftliche Begriffe sollen nicht für den Zweck verwendet werden, Tatsachenbehauptungen einen wissenschaftlichen Charakter zu geben.

Werbemaßnahmen, die Vergleiche enthalten, sind so zu gestalten, dass für den Vergleich im Rahmen der Grundsätze des lauteren Wettbewerbs hinreichende Veranlassung besteht und der Vergleich nicht zur Irreführung geeignet ist. Einzelangaben des Vergleichs dürfen nicht in wettbewerbswidriger Weise ausgewählt werden, sie müssen auf Tatsachen beruhen, die erläutert werden können.

Die Werbung soll Gutachten und Zeugnisse nur dann enthalten oder auf sie Bezug nehmen, wenn sie echt und durch Erfahrungen ihrer Urheber gerechtfertigt sind. Gutachten und Zeugnisse, die inhaltlich veraltet oder aus anderen Gründen nicht mehr brauchbar sind, sollen nicht verwendet werden.

Die Werbung soll weder direkt noch indirekt herabsetzende Bezugnahmen auf Unternehmen, industrielle oder kommerzielle Tätigkeiten/Berufe oder Erzeugnisse enthalten, weder durch Verdächtigungen oder durch Verächtlichmachung oder in ähnlicher Weise.

In der Werbung sollen ohne vorherige Erlaubnis Personen in ihrer privaten oder öffentlichen Funktion nicht abgebildet oder durch sonstige Bezugnahme erwähnt werden, in Werbemaßnahmen darf das Eigentum anderer Personen nicht zu dem Zweck abgebildet werden, um den Eindruck persönlicher Unterstützung herbeizuführen.

In der Werbung soll der Name oder die Bezeichnung anderer Unternehmen, Gesellschaften oder Institutionen nicht in unberechtigter Weise verwendet werden. Die Werbung soll den guten Ruf von Namen einer Person oder Bezeichnungen und Kennzeichen anderer Unternehmen und ihrer Erzeugnisse sowie den von anderen durch eine Werbekampagne erworbenen Ruf nicht als Vorspann für eigene wirtschaftliche Zwecke ausnutzen.

In der Werbung sollen Layout, Text, Slogans, bildliche Darstellungen, Musik und Geräuscheffekte etc. anderer Werbeeinschaltungen nicht in einer Weise nachgeahmt werden, die zu Irreführung oder Verwechslung geeignet ist. Hat ein internationaler Werbungtreibender eine markante Werbekampagne in einem oder mehreren Ländern eingeführt, sollen andere Werbungtreibende seine Kampagne in den anderen Ländern, in denen er tätig ist, nicht sklavisch nachahmen und ihn so daran hindern, seine Kampagne innerhalb einer angemessenen Frist auf diese Länder auszuweiten.

Alle Werbemaßnahmen, gleichgültig in welcher Form oder in welchem Werbeträger sie veröffentlicht werden, sollen als solche erkennbar sein, werden sie in Werbeträgern veröffentlicht, die gleichzeitig Nachrichten und Meinungen publizieren, sollen sie so gestaltet oder gekennzeichnet sein, dass sie klar als Werbeeinschaltung erkannt werden können.

Die Werbung soll nicht ohne rechtfertigende Gründe oder Erziehung oder Fürsorge Abbildungen oder Texte in Bezug auf gefahrverursachende Unsitten oder Situationen enthalten, die Sicherheitsrücksichten außer Acht lassen. Bei der Werbung gegenüber Kindern oder bei der Werbung unter Abbildung von Kindern oder Jugendlichen ist besonders vorsichtig zu verfahren.

Die Werbung soll sich nicht die natürliche Leichtgläubigkeit der Kinder oder den Mangel an Erfahrung von Jugendlichen zunutze machen oder ihr Anhänglichkeitsgefühl ausnutzen. Werbung, die sich an Kinder und Jugendliche wendet, soll in Text oder Bild nichts enthalten, was geeignet ist, ihnen geistigen, moralischen oder physischen Schaden zuzufügen.

Es obliegt dem Werbungtreibenden, dem Werbefachmann oder der Werbeagentur und dem Verfügungsberechtigten über das Werbemedium, die in diesen Verhaltensregeln aufgestellten Vorschriften zu beachten: Den Werbungtreibenden trifft diese Obliegenheit für seine Werbung im Allgemeinen, der Werbefachmann oder die Werbeagentur soll die erforderliche Sorgfalt bei der Vorbereitung der Werbeeinschaltung wahren und alle erforderlichen Maßnahmen verwirklichen, die es dem Werbungtreibenden ermöglichen, seine Obliegenheiten zu erfüllen. Dem Verfügungsberechtigten über das Werbemedium, der die Werbeeinschaltung vornimmt, obliegt es, angemessene Sorgfalt bei der Annahme der Werbung und ihrer Veröffentlichung zu wahren.

Jeder, der in einem Unternehmen der vorgenannten drei Gruppen tätig ist und an der Planung, Gestaltung, Veröffentlichung oder Weiterverbreitung einer Werbemaßnahme beteiligt ist, soll im Rahmen seiner, durch seine Stellung charakterisierten Obliegenheiten, für die Einhaltung der in diesen Richtlinien niedergelegten Verhaltensregeln sorgen und dementsprechend handeln.

Die Obliegenheit zur Beachtung der Richtlinien umfasst die Werbung nach Form und Inhalt in ihrer Gesamtheit einschließlich der in der Werbung enthaltenen Gutachten und Tatsachenbehauptungen oder bildlichen Darstellungen aus anderen Quellen. Die Tatsache, dass Form und Inhalt ganz oder teilweise aus anderen Quellen stammen, kann nicht als Entschuldigung für die Nichteinhaltung der Regeln angesehen werden.

Eine den Richtlinien zuwiderlaufende Werbemaßnahme kann nicht dadurch gerechtfertigt werden, dass der Werbungtreibende oder der für ihn Handelnde den Verbraucher in der Folgezeit zutreffend unterrichtet.

Beschreibungen, Tatsachenbehauptungen oder Abbildungen, die sich auf überprüfbare Tatsachen beziehen, müssen erläutert werden. Werbungtreibende sollen die Erläuterungen verfügbar machen, um unverzüglich vor der für die Anwendung dieser Richtlinien verantwortlichen selbstdisziplinären Einrichtung hierfür den Beweis antreten zu können.

Werbungtreibende, Werbeagenturen, Werbefachleute, Verleger oder sonstige Verfügungsberechtigte über Werbeträger sollen sich nicht an der Veröffentlichung von Werbeeinschaltungen beteiligen, die von der zuständigen selbstdisziplinären Einrichtung, die diese Regeln anwendet, mißbilligt werden.

Mitglieder der American Marketing Association/AMA haben sich zu einem ethischen und professionellen Verhalten verpflichtet, indem sie sich an den folgenden Kodex binden.

Marketer müssen die Verantwortung für die Konsequenzen ihrer Handlungen übernehmen und richten ihre ganze Anstrengung darauf, sicherzustellen, dass ihre Entscheidungen, Empfehlungen und Aktivitäten es ermöglichen, die relevanten Gruppen (Kunden, Organisationen, Gesellschaft) zu identifizieren, ihnen zu dienen und sie zufrieden zu stellen.

Das professionelle Verhalten der Marketer muss geleitet sein von der Grundregel der Berufsethik (z. B. nicht wissentlich jemanden zu schädigen), alle relevanten Gesetze und Regelungen zu befolgen, ihre Ausbildung und berufliche Erfahrung korrekt darzustellen und diesen Verhaltenskodex aktiv zu unterstützen, anzuwenden und zu fördern.

Marketer sollen Integrität, Ehre und Würde der Marketingprofession aufrecht erhalten und voranbringen, und zwar durch ehrlichen Umgang mit Kunden, Mitarbeitern, Lieferanten, Distributoren und der Öffentlichkeit, nicht wissentlich im Interessenkonflikt zu handeln, ohne die beteiligten Parteien zuvor darüber zu informieren, gerechtfertigte Gebührenstrukturen anzuwenden, welche die Bezahlung oder den Empfang üblicher und/oder legaler Vergütungen beinhalten.

Beteiligte an einem Austauschprozess im Marketing sollten erwarten können, dass die angebotenen Produkte sicher und für die vorgesehene Nutzung geeignet sind, Aussagen über die angebotenen Produkte nicht irreführend sind, alle Beteiligten ihre finanziellen und anderen Verpflichtungen nach Treu und Glauben erfüllen, geeignete interne Verfahren für gerechten Mangelausgleich und/oder Beilegung von Kaufbeschwerden existieren.

Es gilt als vereinbart, dass das bisher Gesagte folgende, nicht vollständige, Verpflichtungen des Marketers beinhalten:

- Bekanntmachung aller wesentlichen Risiken, die mit der Produktnutzung verbunden sind,
- Kennzeichnung jeder Produktveränderung, die das Produkt wesentlich verändert und die Kaufentscheidung des Käufers beeinflussen würde,
- Kennzeichnung von kostenpflichtigen Zusatzausstattungen,
- Vermeidung falscher oder missverständlicher Werbung,
- Vermeidung aggressiver, manipulativer oder missverständlicher Verkaufsaktivitäten,
- Vermeidung von irreführenden oder manipulierenden Verkaufsförderungsmaßnahmen,
- Keine Manipulation der Produktverfügbarkeit zum Zwecke der Übervorteilung,
- Keine Zwangsmaßnahmen im Distributionskanal,
- keine unzulässige Beeinflussung der Vermarktungsaktivitäten der Handelspartner,
- Keine Preisabsprachen mit Wettbewerbern,
- keine Kampfpreise, um Wettbewerber aus dem Markt zu drängen,
- Offenlegung des vollständigen Preises, der mit einem Kauf verbunden ist.
- Verbot von Verkaufsaktivitäten oder Spendensammlung unter dem Vorwand von Marktforschungsaktivitäten,
- Wahrung der Forschungsintegrität durch Vermeidung von täuschender Darstellung oder Verschweigen zur Sache gehörender Forschungsergebnisse,
- faire Behandlung von Lieferanten und Kunden anderer Unternehmen.

Marketer sollen sich darüber bewusst sein, wie ihr Verhalten das Verhalten Anderer im Rahmen organisatorischer Beziehungen beeinflussen kann. Sie sollen keine Zwangsmaßnahmen verlangen, fördern oder anwenden, die zu unethischem Verhalten in ihren Beziehungen mit Anderen (z. B. Mitarbeitern, Lieferanten, Kunden) führen. Dazu gehört:

- Gewährleistung von Vertraulichkeit und Anonymität in Bezug auf sensible Informationen,
- fristgemäße Erfüllung der in Verträgen oder Vereinbarungen festgelegten Verpflichtungen,
- keine vollständige oder teilweise Übernahme der Leistungen Anderer und Darstellung als eigene Leistung oder geschäftliche Verwertung ohne Zustimmung oder angemessene Vergütung der jeweiligen Urheber,

- Vermeidung manipulativer Maßnahmen zur Maximierung des persönlichen Wohlergehens, die in unfairer Weise andere Organisationen übervorteilen oder schädigen.

Jedem Mitglied der American Marketing Association, das die Regeln dieses Verhaltenskodex verletzt, kann die Mitgliedschaft ausgesetzt oder entzogen werden.

9.7.9 PR-Gebote

Für die Öffentlichkeitsarbeit hat der Berufsverband, die Deutsche Public Relations Gesellschaft (DPRG), bereits 1964 entsprechende Richtlinien vereinbart. Nach der Auffassung der DPRG sind Public Relations das bewusste und legitime Bemühen um Verständnis sowie um Aufbau und Pflege von Vertrauen in der Öffentlichkeit auf der Grundlage systematischer Erforschung. Die Mitglieder der DPRG verpflichten sich, bei der Wahrnehmung ihrer Public-Relations-Aufgaben folgende Grundsätze einzuhalten.

Sie übernehmen nur Aufgaben, die mit dem Grundsatz und den Gesetzen der Bundesrepublik Deutschland in Einklang stehen. Sie unterlassen jeden Versuch einer unlauteren Beeinflussung der Öffentlichkeit und ihrer Repräsentanten und respektieren die Freiheit und Unabhängigkeit der Presse. Sie vertreten keine widerstrebenden oder miteinander konkurrierenden Interessen ohne die ausdrückliche Einwilligung der Beteiligten. Sie leiten vertrauliche Sachverhalte aus den Wirkungsbereichen früherer oder gegenwärtiger Auftraggeber nicht weiter, solange nicht alle Beteiligten anders beschlossen haben. Sie setzen niemals vorsätzlich das Ansehen oder die Arbeit eines anderen Mitgliedes herab. Sie nehmen für ihre Dienstleistungen ohne ausdrückliche Einwilligung des direkten Auftraggebers keine Honorare, keine Vergünstigungen oder Ähnliches von Dritten an. Sie schlagen Auftraggebern weder ein nach bestimmten Publikationsergebnissen gestaffeltes Vergütungssystem vor, noch treffen sie dem gleichen Zweck dienende Honorarvereinbarungen oder werben Kunden durch Zusicherung unerfüllbarer Leistungen.

Jedes Mitglied anerkennt die DPRG als Organ der Selbstkontrolle im Sinne der vorstehenden Grundsätze. Die DPRG gewährt Ehrenschutz nach ihren Möglichkeiten allen Mitgliedern, die wegen Einhaltung dieser Grundsätze in berufliche oder persönliche Schwierigkeiten geraten.

Diese Richtlinien sind auf internationaler Ebene zu einem europäischen Kodex der Verhaltensgrundsätze erweitert worden, der von allen Mitgliedern der DPRG befolgt wird. Er hat folgende Inhalte.

> In der Ausübung ihres Berufs respektieren die Public-Relations-Fachleute die Grundsätze der »Allgemeinen Erklärung der Menschenrechte«, insb. die Grundsätze der Freiheit der Meinungsäußerung sowie der Unabhängigkeit der Medien, soweit sie nicht die Rechte des Individuums verletzen.
>
> In der Ausübung ihres Berufs beweisen die Public Relations-Fachleute Aufrichtigkeit, moralische Integrität und Loyalität. Insb. dürfen sie keine Äußerungen und Informationen verwenden, die nach ihrem Wissen oder Erachten falsch oder irreführend sind. Im gleichen Sinn müssen sie vermeiden, dass sie – wenn auch unbeabsichtigt – Praktiken oder Mittel gebrauchen, die mit diesem Kodex unvereinbar sind.
>
> Public-Relations-Aktivitäten müssen offen durchgeführt werden. Sie müssen leicht als solche erkennbar sein, klare Quellenbezeichnungen tragen und dürfen Dritte nicht irreführen.

In ihrer Beziehung zu anderen Berufsständen und zu anderen Bereichen der sozialen Kommunikation respektieren Public-Relations-Fachleute die dort geltenden Regeln und Praktiken, sofern diese mit den ethischen Grundsätzen ihres eigenen Berufsstands vereinbar sind. Public-Relations-Fachleute respektieren die nationalen Berufskodizes und die geltenden Gesetze in allen Ländern, in denen sie tätig sind.

Public-Relations-Fachleute sind zurückhaltend in ihrer Eigenwerbung. Sie dürfen ohne ausdrückliche Zustimmung der betroffenen Auftrag- oder Arbeitgeber keine sich widersprechenden oder miteinander konkurrierenden Interessen vertreten.

Bei der Ausübung ihres Berufs bewahren Public-Relations-Fachleute absolute Diskretion. Sie respektieren gewissenhaft das Berufsgeheimnis und geben insb. keine vertraulichen Informationen weiter, die sie von früheren, gegenwärtigen oder potenziellen Auftrag- oder Arbeitgebern erhalten haben. Die Wiedergabe solcher Informationen ist nur mit ausdrücklicher Zustimmung der betreffenden Auftrag- oder Arbeitgeber zulässig.

Vertreten Public-Relations-Fachleute Interessen, die denjenigen ihres Auftrag- oder Arbeitgebers zuwiderlaufen könnten, so müssen sie ihn zum frühestmöglichen Zeitpunkt darüber unterrichten.

Public-Relations-Fachleute dürfen ihrem Auftrag- oder Arbeitgeber die Dienste einer Gesellschaft oder Organisation, an der sie ein finanzielles oder anderes Interesse haben, nur dann empfehlen, wenn sie diese Interessen vorher offengelegt haben.

Public-Relations-Fachleute dürfen keine vertraglichen Vereinbarungen eingehen, in denen sie ihrem Auftrag- oder Arbeitgeber messbare Erfolgsgarantien angeben.

Sie dürfen die Vergütung für ihre Dienstleistungen nur in Form eines Honorars oder Gehalts entgegennehmen. Sie dürfen auf keinen Fall eine Bezahlung oder eine sonstige Gegenleistung entgegennehmen, deren Höhe sich nach dem messbaren Erfolg der erbrachten Dienstleistung richtet.

In der Ausführung von Dienstleistungen dürfen Public-Relations-Fachleute ohne Zustimmung des jeweiligen Auftrag- oder Arbeitgebers keine Entgelte wie Rabatte, Provisionen oder Sachleistungen von Dritten entgegennehmen.

Falls die Ausführung eines Public-Relations-Mandates nach aller Voraussicht ein gravierendes Fehlverhalten und eine den Grundsätzen dieses Kodex widersprechende Vorgehensweise bedingen würde, müssen Public-Relations-Fachleute ihren Auftrag- oder Arbeitgeber unverzüglich unterrichten und ihn mit allen gebührenden Mitteln zu einer Respektierung der Grundsätze im Kodex veranlassen. Selbst wenn der Auftrag- oder Arbeitgeber weiter an seinem Vorsatz festhält, sind Public-Relations-Fachleute ohne Rücksicht auf persönliche Konsequenzen verpflichtet, gemäß diesem Kodex zu handeln.

Die in diesem Kodex festgehaltene Geisteshaltung beinhaltet die ständige Respektierung des Rechts auf Information durch die Public-Relations-Fachleute sowie die Pflicht zur Bereitstellung von Informationen, soweit es die Wahrung des Berufsgeheimnisses zulässt. Sie umfasst ferner die Respektierung der Rechte und der Unabhängigkeit der Informationsmedien.

Jeder Versuch, die Öffentlichkeit oder ihre Repräsentanten zu täuschen, ist nicht zulässig.

Falls es unter Beachtung der Grundsätze in diesem Kodex erforderlich sein sollte, zur Wahrung der Initiative oder Kontrolle über die Verbreitung von Informationen Anzeigenraum oder Sendezeit zu kaufen, können dies Public-Relations-Fachleute in Übereinstimmung mit den jeweils geltenden Regeln, Praktiken und Gepflogenheiten tun.

Public-Relations-Fachleute haben jeden unlauteren Wettbewerb mit Berufskollegen zu unterlassen. Sie haben sich jeder Handlung oder Äußerung zu enthalten, die dem Ansehen oder der Arbeit eines Berufskollegen schaden könnte.

Sie haben sich auch jeder Verhaltensweise zu enthalten, die dem Ansehen ihres Berufsstands schaden könnte. Insb. dürfen sie der DPRG, ihrer Arbeit und ihrem Ansehen keinen Schaden zufügen, sei es durch böswillige Angriffe oder durch Verstöße gegen ihre Statuten und Reglements.

Die Wahrung des Ansehens des Berufsstands ist ein Pflichtgebot für alle Public-Relations-Fachleute. Sie sind nicht nur verpflichtet, den Kodex selbst einzuhalten, sondern auch dazu beizutragen, dass der Kodex möglichst weit verbreitet sowie besser bekannt und verstanden wird und alles in ihrer Macht Stehende zu unternehmen, um sicherzustellen, dass die Entscheidung dieser Disziplinarstelle über die Anwendung des Kodex befolgt und dass verhängte Sanktionen durchgesetzt werden.

Public-Relations-Fachleute, die einen Verstoß gegen den Kodex zulassen, verstoßen dadurch selbst gegen den Kodex.

9.8 Ethik in der Werbung

Kommunikationsaktivitäten stehen zunehmend in der Kritik der Öffentlichkeit. Und in der Tat sind neben wichtigen Vorzügen eben auch erhebliche Problemfelder der Werbung in Kauf zu nehmen. Im Folgenden sind einige wesentliche davon aufgezeigt (Abb. 325).

Werbung fördert allgemein die **Markttransparenz** durch Verbesserung des Informationsstandes der Nachfrage und vor allem durch die Möglichkeit zum Vergleich zwischen verschiedenen Angeboten. Dies kommt ganz unmittelbar der Erhaltung hoher Wettbewerbsintensität zugute. Jedoch hat die wachsende Informationsüberflutung im Effekt eine Verschleierung der Markttransparenz zur Folge. Die interessengesteuerte Informationsabgabe der Anbieter in der Werbung kann daher zur subjektiven Fehlinformation führen und eine Beschränkung des individuellen Informationsstands mit der Gefahr der Ausnützung der damit verbundenen Unwissenheit bewirken. Dies setzt letztlich die Wettbewerbsintensität herab. Zunächst ist jedenfalls eine zu hohe Markttransparenz auch überhaupt nicht wünschenswert.

Das wettbewerbliche Leitbild in Deutschland geht von einem mittleren Grad an Marktunvollkommenheiten im Rahmen weiter Oligopole aus, weil das klassische Modell des vollkommenen Wettbewerbs zu einer »Schlafmützenkonkurrenz« führt und auch sonst nicht realistisch scheint. Ein mittlerer Grad an Intransparenz ist insofern wünschenswert, als zu geringe Marktvollkommenheit ausgeprägte Wettbewerbsbeziehungen über Ausbildung von Präferenzen erschwert und zu hohe Marktvollkommenheit dynamische Wettbewerbsprozesse von Vorstoß und Verfolgung behindert. Werbung ist also nur insofern dem Wettbewerb förderlich, als der Bereich mittlerer Transparenz dabei nicht verlassen wird. Hohe Markttransparenz kommt allerdings nach allgemeiner Meinung vor allem neuen Anbietern zugute, die sich dadurch erst gegenüber potenziellen Nachfragern bemerkbar machen können. Die hohen, weiter steigenden Werbeausgaben führen aber realiter eher zum Ausschluss neuer Anbieter, sofern sie sich nicht hohe interne Subventionen aus vertikaler und diagonaler Diversifikation zunutze machen können. Das heißt, wenn überhaupt, so erhöht Werbung im Effekt die

Markttransparenz tendenziell eher zugunsten bestehender Anbieter.

Aber ausgesprochen wenigen Anbietern ist daran gelegen, eine Markttransparenz im Sinne der besseren Vergleichbarkeit von Angeboten herbeizuführen. Denn ein Angebot hat eine umso größere Chance der Akzeptanz am Markt, je mehr es aus der direkten Vergleichbarkeit zum Mitbewerb herausgenommen wird. In Zeiten der Meetoo-Produkte ist nur die Generierung von Präferenzen geeignet, eigene Absatzchancen zu erhöhen. So werden denn ursprünglich mehr oder minder gleiche Angebote im Wege der Kommunikation nachträglich profiliert. Im Ergebnis wird damit die Angebotsübersicht verringert. Schließlich ist die Informationsbotschaft bestimmter Low-Involvement-Produkte doch recht bescheiden. Aber selbst bei Produktgruppen, die erklärungsbedürftig sind, beschränkt sich Werbung zunehmend auf Emotion. Die

Abb. 325: Umstrittene Argumente für die Werbung

Gründe dafür liegen in der kurzen, unkonzentrierten Betrachtungszeit von Werbemitteln und der Unmöglichkeit, Produkterläuterung unter dieser Limitation angemessen überzubringen. Allerdings setzt dies voraus, dass Werbung auch tatsächlich sachdienliche Informationen zum Inhalt hat. In vielen Branchen gerade intensiv beworbener Angebote baut Werbung aber überwiegend oder ausschließlich auf (unthematische) affektive Stimmungen, eben pure Emotionalität. Dieser kommt, da wenig aussagefähig über das Angebotsprofil selbst, nur geringer Nachrichtenwert zu. Dies trifft insbesondere auf homogene Güter zu (wie Zigaretten), auf Low-Interest-Produkte (wie Rasierapparate) und problemlose Waren (wie Hygienepapiere). Deren hoher Werbeeinsatz scheint damit unter diesem Gesichtspunkt nicht gerechtfertigt. Zudem nennt jeder Werbungtreibende natürlich nur die Vorzüge seines Angebots, nicht aber dessen Nachteile, was absolut legitim ist. Dadurch kommt erst gar keine objektive Informationslage zustande. Denn diese erforderte ja die ehrliche Nennung aller, auch der nachteiligen Aspekte, um dann als Zielperson qualifiziert unter jenen abwägen zu können. Dies finanziert aber verständlicherweise kein Werbungtreibender. Insofern ergibt sich nur ein eingeschränkter Informationsstand aus der Werbung. Diese Funktion wird also nur wenig zuverlässig erfüllt. Die interessengesteuerte Informationsabgabe der Anbieter in der Werbung kann zur subjektiven Fehlinformation führen und eine Beschränkung des individuellen Informationsstands mit der Gefahr der Ausnützung der damit verbundenen Unwissenheit bewirken. Dies setzt letztlich die Wettbewerbsintensität herab.

Die Chance der werblichen Bekanntmachung verschiedener Angebote führt zur Erhöhung der **Auswahlmöglichkeiten** am Markt infolge kommunikativer Differenzierung und bietet damit konkret ein Stück Lebensqualität. Jedoch entsteht die ernstzunehmende Gefahr unrationeller Sortimentsproliferation, die im Ergebnis eine Reduktion der subjektiven Auswahlmöglichkeiten durch Verwirrung der Informationslage infolge objektiv kaum nachvollziehbarer Angebotsunterschiede zur Folge haben mag. Mangels faktischer USP's werden kommunikative UAP's aufgebaut, die jedoch nichts daran ändern, dass Angebote zunehmend austauschbar sind. Dieses Argument kann allerdings nur für den seltenen bis ausgeschlossenen Fall Gültigkeit haben, dass erstens alle Anbieter am Markt Werbung betreiben und zweitens dies auch noch mit gleicher Intensität. Doch das ist realiter keineswegs der Fall. Nur vergleichsweise wenige Anbieter einer Branche setzen überhaupt Werbung ein, und das in sehr unterschiedlichem Ausmaß. Dabei kann sogar die schwierige Lösung der Probleme dahingestellt bleiben, ob die Werbung im Verhältnis der Marktanteile oder egalitär erfolgen und wie deren Wirksamkeit dann bewertet werden soll. Daher wird die Marktvielfalt nur verzerrt wiedergegeben, bestimmte Anbieter dominieren, andere treten überhaupt nicht in Erscheinung. Der Eindruck aus der Werbung entspricht also nicht der Marktrealität. Die Auswahlmöglichkeiten werden dadurch jedenfalls kaum erhöht.

Eine entscheidende **Vereinfachung des Einkaufs** durch Unsicherheitsreduktion und Zeitersparnis bei der Auswahl wird erst durch die Zusicherung definierter, allgemein bekannter Angebotseigenschaften als quasi Qualitätsgarantie aus der Werbung ermöglicht. Jedoch führt gerade dies unter Umständen zur Unsicherheitserhöhung durch künstliche »Komplizierung« des Einkaufs bei Einbringung sozialer und psychologischer Nebenleistungen, die über die Vor- und Nachteile der reinen Produktleistung hinaus abzuwägen sind. Das subjektiv empfundene Risiko eines Kaufs steigt mit dessen durch Werbung reklamierter Außen- und Egowirkung.

Erst Werbung ermöglicht durch massenmediale Ansprache mit breitestmöglicher Bekanntmachung die **Realisierung von Preissenkungen** über höhere Stückzahlen aus Massenproduktion, -beschaffung und -absatz (Economies of Large Scale). Jedoch besteht die Gefahr der Preisremanenz und der Einrechnung von Werbekosten im Preis durch Umlage. Fehlt der Zwang zur Weitergabe etwaiger Kostensenkungen, z. B. bei prozessualen Monopolen, abgestimmten Oligopolen etc., können solche Preise am Markt auch durchgesetzt werden. Werbeintensive Branchen fördern damit ggf. Ineffizienzen durch Einbehalt von Nichtleistungsmargen. Im Übrigen führt Werbung durch den Aufbau von Meinungsmonopolen über Präferenzen ganz allgemein zum Abbau der primären Preiskonkurrenz und zur Senkung der Preisreagibilität. Die stillschweigende Voraussetzung dieser Behauptung ist zudem, dass Werbung per se mehr Absatz zu schaffen imstande ist. Eben diese Wirkung bleibt aber durchaus umstritten. So ist kaum schlüssig nachzuweisen, welchen Anteil welche Werbemaßnahmen am Markterfolg eines Angebots haben, oder auch nicht. Ein eindrucksvolles, leichtsinnigerweise von der Werbebranche gern angeführtes, Argument ist die Konstanz oder gar Steigerung des Tabakabsatzes in Ländern mit Werbeverbot für Tabakwaren nach dessen Einführung. Diese zweifellos stimmigen Ergebnisse legen die Vermutung nahe, eine eher nur lose Kausalität zwischen Werbung und marktweitem Absatzerfolg zu unterstellen. Selbst wenn man eine direkte positive Korrelation voraussetzt, gilt dieses Argument nur für kompetitive Märkte, d. h. solche, auf denen starker Wettbewerb zur Weitergabe von Kosteneinsparungen im Preis zwingt. Die Realität in hohem Maße konzentrierter Märkte spricht allerdings dagegen. So können etwaige Kosteneinsparungen ebensogut voll oder teilweise vom Hersteller als Gewinnzuwachs einbehalten werden.

Insbesondere die Absatzmittlerwerbung dient der **Erschließung neuer Einkaufsquellen** für Verbraucher. Damit wird eine Ausweitung von Nutzungsalternativen im bestehenden Markt erreicht sowie der Eintritt neuer Anbieter, z. B. unter Umsetzung der aus technischem Fortschritt resultierenden Innovatorenrente, gefördert. Jedoch wirken hohe Werbeaufwendungen zugleich als Marktschranken für neue Anbieter, die diesen Initialausgaben noch nicht gewachsen sind. Dazu sind allenfalls integrierte Konzerne durch interne Alimentation ihrer Geschäftsbereiche fähig. Daraus folgt eine Tendenz zur Zementierung von Marktverhältnissen und womöglich eine Hemmung der Fortschrittswirkung funktionsfähiger Märkte. Das kann in Verzerrung des Wettbewerbs und Fehlallokation knapper Ressourcen resultieren.

Konsumanimierende Werbung weitet Märkte aus und beeinflusst damit den Konjunkturverlauf positiv. Im Ergebnis werden somit das **gesamtwirtschaftliche Wachstum** sowie die individuelle und folglich allgemeine Wohlstandsanmutung gefördert. Jedoch bewirkt Werbung auch die Verleitung zu unnötigen Ausgaben (Overbuying) durch Aufbau eines Sozialklimas, das zur stetigen quantitativen wie qualitativen Steigerung des Konsumniveaus stimuliert. Daraus folgt evtl. eine soziale Unzufriedenheit in den Teilen der Bevölkerung, die mit diesen Erwartungen nicht mithalten können. Inwieweit solche Verhaltensweisen angesichts schrumpfender Ressourcen noch vertretbar sind, bleibt zweifelhaft.

Eine maßgeschneiderte Bedarfserfüllung infolge feiner Marktsegmentierung erhöht die **Käuferzufriedenheit** durch die Chance zur Wahl genau derjenigen Angebote, die zum präferierten Lebensstil am besten passen. Vorzüge, die erst durch entsprechende Werbung ausgeformt werden können. Jedoch besteht die Tendenz zur Hypersegmentierung mit daraus folgender geringerer Markttransparenz und Kaufsicherheit. Insbesondere aber besteht die Gefahr der Manipulation der Abnehmer durch eine ausgefeilte »Sozialtechnik«, der man sich nicht mehr entziehen kann, egal ob man will oder nicht, die demnach also zwanghaft wirkt (außengeleiteter Konsument) und dem liberalen Element der Marktwirtschaft entgegenläuft. Nur ein subjektiv empfundener Nutzen gleicht als Äquivalent die mit der Kaufentscheidung verbundene Geldausgabe aus. Tatsache ist, dass Werbung solche Nutzenerwartungen allerdings oft erst generiert. So werden zur Differenzierung der Angebote etwa unnötige, die Ware verteuernde Zusatzleistungen als unverzichtbar dargestellt, soziale oder psychologische Mechanismen zum Aufbau eines subjektiv empfundenen Kaufzwangs genutzt oder künstlicher Veralterung unterliegende Produkte zur Neuanschaffung suggeriert. Das heißt, Nutzenerwartungen werden nicht konkretisiert, sondern kreiert, um damit Absatzpotenzial für das eigene Angebot zu schaffen.

Die Stabilisierung der Nachfrage durch Präferenzbildung (Markentreue) und Monopolisierung am Markt (Preisruhe) ist Voraussetzung zur **Planbarkeit des Marktgeschehens** durch Unternehmen. Diese wiederum ist aufgrund der steigenden Fixkostenbelastung der Leistungserstellung unerlässlich. Werbung stellt dafür das einzige wirksame Instrument dar. Jedoch bauen Werbeaufwendungen gerade prozyklisch eine zusätzliche Fixkostenbelastung auf und erhöhen insofern weiter das Anbieterrisiko. Außerdem verleitet diese Marktmacht orientierte Einstellung zur Etablierung von Angeboten am Markt über pure Penetration sowie Generierung erst künstlich zu schaffender Bedarfe, um damit dann wenigstens Teile inflexibler Investitionen zu retten.

Werbemaßnahmen führen zu einer **Qualitätssteigerung** innerhalb des Marktangebots über die Bekanntmachung und Dominanz der jeweils vorteilhaftesten Offerten in Bezug auf Leistung, Preis oder Preis-Leistungs-Verhältnis. Jedoch verringern sich die Marktchancen für hochleistungsfähige Angebote, die gerade zu Beginn ihrer Marktexistenz und vor allem bei neuen Anbietern den hohen Werbeaufwand nicht tragen, durch niedrigen Share of Advertising. Das heißt, Werbung wirkt primär strukturerhaltend, solange sich nicht alle Anbieter den gleichen Werbedruck leisten können. Insofern ist denkbar, dass es, entgegen der Ordnungsphilosophie, zur Dominanz leistungsunterlegener Angebote kommt, zumal wenn deren Fehlqualitäten nicht offensichtlich oder nachprüfbar sind. Die ordnungspolitisch wichtige Funktion zur Förderung des Leistungsbewusstseins der Anbieter scheint auf den ersten Blick einleuchtend. Tatsächlich dienen Werbeausgaben aber wohl zum allergrößten Teil eher der (unproduktiven) Wettbewerbsneutralisierung und wirken damit marktzutrittsbeschränkend. Letztlich kann nur der Saldo der Werbeinvestitionen akquisitorisch wirken, die Masse stellt makroökonomisch Mittelverschwendung dar und sperrt neue Anbieter wirkungsvoll von attraktiven Märkten aus, sofern diese nicht interne Subventionierungsvorteile aus Diversifikation nutzen und mehr oder minder lange Phasen von Anfangsverlusten hinnehmen können. Letztlich mag Werbung insofern sogar zu schlechteren Marktergebnissen führen, als deren Kosten von den Anbietern nach dem Tragfähigkeitsprinzip im Preis weiterkalkuliert werden.

Werbung erleichtert die **Diffusion neuer Produkte** im Markt durch Angebotsbekanntmachung, -differenzierung und -profilierung. Damit mindert sie das Einführungsrisiko und forciert Innovationen im Sinne der Chance auf schnelleren Return on Investment auf Seiten der Unternehmen. Jedoch ist die Gefahr der Produkthektik am Markt durch extrem kurze Lebenszyklen infolge physiologischer und/oder psychologischer Obsoleszenz nicht zu verkennen. Ebenso fördert die zwanghafte Produktdifferenzierung an sich gleichartiger Produkte (Me too) eine künstliche Anheizung der Nachfragebeeinflussung.

Die Steuerung des Werbeeinsatzes nach zeitlicher, räumlicher, personeller und sachlicher Dimension erlaubt die **reibungslose Anpassung** der Absatz- an die Bereitstellungsbedingungen bei Produktion und Dienstleistung. Jedoch wird damit gerade die Nachfrage dem Angebot angepasst und nicht, wie für eine emanzipierte Marktwirtschaft wünschenswert, umgekehrt das Anbieterpotenzial zur Befriedigung von auf Verbraucherwünschen basierenden Mangelzuständen genutzt. Wobei allerdings anzumerken ist, dass Nachfrage aus sich heraus nicht kreativ sein, sondern immer nur auf marktpräsentes Angebot reagieren kann.

Durch Werbung werden in der Werbebranche zahlreiche spezialisierte und damit hoch wertschöpfende **Arbeitsplätze geschaffen**. Und nicht nur dort, sondern auch in den serviceergänzenden Branchen (Zulieferer). Der ZAW (Zentralausschuss der Werbewirtschaft) spricht von über 300.000. Jedoch stellt Werbung zumindest im Rahmen von Neutralisierungsaufwendungen, die heutzutage deren weitaus größten Anteil ausmachen, Verschwendung gesellschaftlicher Mittel dar, die durch ihren unproduktiven Einsatz positive Beschäftigungseffekte überkompensieren und somit makroökonomisch betrachtet eher eine Wohlstandsminderung herbeiführen können. Dass Werbung also, wenn auch nur eine vergleichsweise begrenzte Zahl, zudem hochspezialisierter und damit sachlich immobiler Arbeitsplätze schafft, kann nicht zu deren ethischer Rechtfertigung angeführt werden. Dasselbe gilt ebenso etwa für die Rüstungsindustrie, ohne dass sich daraus für diese oder andere Branchen schon ein Wertanspruch ableiten ließe. Das heißt, ein positiver Arbeitsplatzbeitrag kann ebenso nicht als ausreichendes Argument für Werbung angesehen werden.

Der Werbeeinsatz fördert die **Medienvielfalt** durch seinen Kostendeckungsbeitrag zur Unterstützung des redaktionellen Programms. Durch »tragbare« Einzelverkaufspreise werden

Medien damit breiteren Bevölkerungsschichten überhaupt erst zugänglich gemacht. Jedoch ist damit schattengleich die Gefahr der finanziellen Abhängigkeit der Redaktionen von den Interessen großer Werbungtreibender infolge nicht auszuschließender Einflussnahmeversuche auch auf die nicht-werblichen Inhalte der Werbeträger verbunden. Eine solche Abhängigkeit hat durchaus politische Dimensionen. Insofern stimmt diese Behauptung in der Tat. Viele spektakuläre Medienangebote sind überhaupt nur noch durch den offenen oder verdeckten Verkauf von Werbeplätzen zu finanzieren. Angesichts der zunehmend penetranten Durchdringung von Print- und Sendeprogrammen fragt sich jedoch, ob der Preis dieses erweiterten und interessanteren Medienangebots nicht bald hypertrophiert und eine sinnvolle Grenze erreicht ist. Erfreuen können sich an diesen attraktiven Programmen wirklich nur Leser und Zuschauer, die den damit untrennbar verbundenen, auf archetypischen Beeinflussungsmechaniken beruhenden Werbedruck in Kauf nehmen.

Marktforschungsstudien fördern immer wieder zutage, dass Verbraucher Werbung zu großen Teilen als **informierend und unterhaltend** begrüßen. Offensichtlich gibt es also eine publikumsgewünschte Funktion der Werbung, und sie wird nicht als bloßes Hard Selling betrachtet (wenngleich dazu das Forschungsdesign zu prüfen wäre). Jedoch bieten werbliche Aussagen nicht unbedingt Objektivität, halten natürlich gewisse Informationen zurück oder nutzen die Unwissenheit der Verbraucher aus. Hier entsteht immer wieder der Eindruck der Manipulation. Diese ist gegeben, falls jemand Einfluss um des eigenen Vorteils willen unter Auslassung des Vorteils des Rezipienten ausübt, sofern er dabei Techniken einsetzt, die für diesen schwer durchschaubar sind und dort den Eindruck erwecken, über seine Handlung frei entscheiden zu können (v.Rosenstiel/ Neumann). Erstes Merkmal ist dabei, dass der Beeinflussende seinen Einfluss bewusst und um des eigenen Vorteils willen ausübt. Dies ist bei der Werbung ganz zweifellos der Fall. Sie wird planvoll eingesetzt und soll im Vorhinein bestimmte, ökonomische und/oder außerökonomische Ziele erreichen, welche die Leistungs- und Wettbewerbsfähigkeit des Werbungtreibenden erhöhen. Zweitens übt der Beeinflussende diesen Einfluss ohne Rücksicht auf den Vorteil des Beeinflussten aus. Auch wenn die Nutzenversprechen der Werbung immer wieder suggerieren, dass die Wahrnehmung eines Angebots letztlich nur dem Besten der Umworbenen dient, bleibt die Vorteilswirkung doch recht relativ. So ist Werbung keineswegs in der Lage, dem Verbraucher die objektiv beste Problemlösung zu empfehlen, sondern natürlich wird nur das eigene Angebot, selbst wenn es Konkurrenz unterlegen ist, ausgelobt. Dass die Konkurrenzbedingungen der Marktwirtschaft implizit zu bestmöglichen Gesamtergebnissen in der Bedarfsbefriedigung der Nachfrager führen, ist offensichtlich. Aber dieses hohe Leistungsniveau kommt eben aus einer Mischung mehr oder minder guter Angebote zustande, vor allem, wenn deren objektive Qualität für gewöhnlich schwer oder erst im Nachhinein feststellbar ist. Drittens wählt der Beeinflussende bewusst Techniken, die vom Beeinflussten nicht oder nur schwer durchschaubar sind. Hier steht die unbewusste Werbung im Fokus. Abzugrenzen davon ist die Kontroverse zur subliminalen Perzeption. Nachgewiesen wurde zwischenzeitlich zur Genüge, dass mechanistische Formen der unterschwelligen Beeinflussung Fiktion bleiben. Zweifelsfrei ist jedoch, dass selbst von wahrgenommener Werbung eine mehr oder minder intensive unbewusste Beeinflussung ausgeht, die assoziativ wirkt und damit wiederum gedankliche Prozesse in Gang setzt, die sich der kognitiven Kontrolle weitgehend entziehen. Die Mehrheit der Werbebotschaften ist geradezu darauf angelegt, indem sie sich unthematischer Inhalte bedient. Schließlich muss der Beeinflusste das Gefühl behalten, über sein Urteil und seine Handlung frei entschieden zu haben. Auch dies ist typisch für Werbung, die konditioniert und auf Lernergebnisse abzielt, die Handlungserfolge bei subjektiver Autonomie der Zielpersonen bewirken. Beispiele sind die Nutzung des Herdentriebs, das Verknappungsgesetz oder die Betonung von Gemeinsamkeiten. Gute Verkäufer wenden diese und andere Techniken zielstrebig an. Damit handelt es sich bei Werbung wohl zweifelsfrei um Manipulation. Wichtig ist jedoch zu erinnern, dass Manipulation auch Verführung bedeutet. Und das ist etwas durchaus Positives. Denn wer lässt sich nicht gerne verführen. Und Werbung verführt, etwa zum Kauf eines schönen Autos, mit dem man bequemer und sicherer ans Ziel kommt, zum Kauf einer neuen HiFi-Anlage, die den Lieblingsplatten erstmals gehörte Finessen entlockt, zum Kauf einer Packung Zigaretten, deren Rauch genussvoll entspannend und anregend wirkt, zum Kauf einer Armbanduhr, welche die Zeit zu einem ganz neuen Erlebnis werden lässt etc. Es entspricht ja nicht der Realität, dass man sich als Verbraucher nach jeder Kaufentscheidung von der Werbung hereingelegt fühlt. Die Regel ist, dass Kauferlebnisse aufgrund von Werbeanstößen stimulierend wirken. Und wer wendet nicht auch im Privatleben Verführungskünste an, um egoistische Ziele zu erreichen, ohne dass dies gleich verwerflich ist.

Verbraucher können schließlich denken und sind im marktwirtschaftlichen System kraft **Nachfrage freier Souverän**, sodass keine Rede davon sein kann, dass Manipulation Tür und Tor geöffnet ist. Jedoch sind Verbraucher traditionell schlecht organisiert und rein atomistisch, sodass das Problem des Machtmissbrauchs durch ein Lebensstil-Diktat, das den Konsum zur zentralen, selbstwertbestimmenden Form der Lebensgestaltung macht, nicht zu leugnen ist. Zumal die fehlende Rationalität ihres Verhaltens dabei erschwerend hinzukommt. So werden denn auch umfangreiche Grundrechte von Verbrauchern reklamiert. So die Bildung von Verbraucherorganisationen und -beratungen, die Schulung des Konsumentenverhaltens, die Durchführung neutraler Warentests, die Mitsprache bei Wirtschaftspolitik und Gesetzgebung sowie eine Missbrauchsaufsicht über Unternehmen und deren Haftung. Weitere Rechte betreffen das Recht auf Sicherheit, den Schutz vor schädlichen Produkten, die objektive Produktinformation, die freie Wahl zwischen mehreren Substitutionsprodukten sowie die Anhörung bei Produktkonzipierung und -vermarktung. Davon ist man jedoch noch weit entfernt, und die Werbung ist keinerlei Ersatz dafür, noch hilft sie sonderlich, die eingeforderten Rechte zu unterstützen. Es scheint unrealistisch, das Rad der Kommunikationsentwicklung zurückschrauben zu wollen. Doch angesichts der nicht unerheblichen Bedenken gegen die Nebenwirkungen und Mechanismen der Werbung bleibt der Wunsch, deren unkontrolliertes Ausufern zu verhindern. Wobei sie derzeit allerdings bereits vielfältigen Kontrollen unterliegt. Ein Blick nach Amerika und die Erfahrung, dass amerikanische Verhältnisse in aller Regel mit Time Lag nach Europa überschwappen, zeigt, dass eine extreme Kommerzialisierung der Meinungsäußerung schnell penetrant wirkt. Die Hoffnung auf Vermeidung dieser Zustände bleibt jedoch gering. Denn staatliche Sanktionen sind zur Lösung dieses Problems allenfalls als Ultima ratio anzusehen. Und Appelle an die werbungtreibende Wirtschaft (Hersteller Dienstleister), an Werbungsmittler (Agenturen) und Werbeträger (Verlage/Sender/Pächter) müssen angesichts der gegebenen manifesten ökonomischen Interessen weitgehend wirkungslos bleiben.

Im Bereich der Öffentlichkeitsarbeit, also einem sehr exponierten Teil der Kommunikation, bestehen explizite ethische Richtlinien, die sich an alle in dieser Branche Tätigen richten. Sie lauten:

– Mit meiner Arbeit diene ich der Öffentlichkeit. Ich bin mir bewusst, dass ich nichts unternehmen darf, was Öffentlichkeiten zu irrigen Schlüssen und falschem Verhalten veranlasst. Ich habe wahrhaftig zu sein.
Mit meiner Arbeit stehe ich in den Diensten eines Arbeits- oder Auftraggebers. Ich verpflichte mich, ein redlicher Anwalt seiner Interessen zu sein und ihn vor Schaden zu bewahren.

> Mit meiner Arbeit bin ich in das Wirken einer Organisation eingebunden. Ich stehe loyal zu ihren Zielen und ihrer Politik, solange sich beide mit der Würde des Menschen, seinen Grundrechten und mit darauf gründendem Recht und Gesetz vereinbaren lassen.
>
> Eine Organisation, die es durch ihr Kommunikationsverhalten an Achtung für Menschen und Fairness zu anderen Organisationen fehlen lässt, werde ich, falls ich für sie arbeite, nach Kräften zu Korrekturen anhalten. Nötigenfalls werde ich den Auftrag zurückgeben.
>
> Ich informiere nach bestem Wissen und Gewissen. Gegenüber Journalisten und anderen Trägern öffentlicher Verantwortung wende ich keine unlauteren Mittel an. Ich verleite sie nicht zur Vorteilsnahme.
>
> Die Unabhängigkeit und die Freiheit meiner Gesprächspartner werde ich achten und daher ihnen gegenüber keine Machtmittel einsetzen. Ich enthalte mich insbesondere jeder Nötigung.
>
> Öffentlichkeitsarbeit sehe ich als eine notwendige Aufgabe an, um Vertrauen zu schaffen, Öffentlichkeit herzustellen und ggf. auch das eigene Verhalten zu überprüfen. Ich werde daher dem Ansehen meines Berufsstands absichtlich keinen Schaden zufügen.

9.9 Verbände der Werbung

Es gibt vielfältige Verbände in der Werbung, von denen die wichtigsten im Folgenden aufgeführt sind:

- **ADC** (Art Directors' Club für Deutschland). Der ADC ist eine Vereinigung von Kreativen aus der Werbung und mit der Werbung verbundenen Bereichen (wie Redaktion, Film, Funk, Fernsehen, Fotografie, Illustration). Er setzt sich für die ständige Verbesserung der Qualität von Werbung, Produkt, Marketing und Redaktion ein und will Maßstäbe zur Beurteilung dieser Qualität schaffen. Der ADC regt diese Ziele an und fördert sie durch die jährliche Prämierung hervorragender Arbeiten sowie durch Ausstellungen, Wettbewerbe, Vorträge, Broschüren, Gedankenaustausch etc. Prämiiert werden ausgewählte Arbeiten in den Bereichen Print, Promotion, TV, Film, Funk, Editorial, Foto, Design, die zur Jurierung eingesandt worden sind. Diese erscheinen dann im ADC-Jahrbuch. Die Geschäftsstelle des ADC ist in Frankfurt. Dem ADC Europe gehören 14 Landesverbände an.
- **ADD** (Allianz Deutscher Designer). Die ADD ist ein Serviceverband für freischaffende Designer (ca. 1.600). Leistungen betreffen Honorar- und Urheberrechtsfragen sowie alle kaufmännischen Belange und solche der Auftragspraxis und Verkaufstechnik. Hinzu kommt eine Rechts- und Steuerberatung. Die Geschäftsstelle ist in Braunschweig.
- **ADM** (Arbeitskreis Deutscher Marktforschungs-Institute e.V.). Ziel des ADM ist die Förderung der Marktforschung in der Wirtschaft, die Wahrung deren Ansehens und die Einhaltung deren Berufsgrundsätze. Die Öffentlichkeit soll vor unzulänglichen Untersuchungen geschützt, der unlautere Wettbewerb bekämpft, die Zusammenarbeit mit der Wissenschaft gefördert und der Erfahrungsaustausch gepflegt werden. Die Geschäftsstelle ist in Nürnberg.

- **ADRA** (Adressbuchausschuss der Deutschen Wirtschaft). Das Ziel des ADRA ist die Herausgabe zuverlässiger und zweckmäßiger Adressbücher. Die werbungtreibende Wirtschaft soll vor unseriösen Adressbuchvorhaben geschützt und die Auskunftsfähigkeit der Mitgliedsunternehmen verbessert werden. Die Geschäftsstelle ist in Bonn.
- **ADV** (Allgemeiner Direktwerbe- und Direktmarketing Verband). Der ADV ist die Vertretung aller Anbieter, die Adressen und Dienstleistungen für die direkte Kommunikation per Post oder auf ähnlichem Wege aufbereiten und kreativ umsetzen. Ein Ehrenkodex soll die Einhaltung seriöser Lieferungs- und Leistungsbedingungen mit Mindestqualität gewährleisten. Mitglieder sind nur Unternehmen, die vorgegebene Standards erfüllen (z. B. drei Jahre Marktpräsenz, geordnete finanzielle Verhältnisse). Auf Kongressen wird alle zwei Jahre der Erfahrungsaustausch gefördert. Ebenso werden die jeweils besten Direktwerbekampagnen ausgezeichnet. Bekannt ist die Robinson-Liste des ADV, in die sich Verbraucher eintragen lassen können, die am Erhalt von Werbesendungen nicht interessiert sind. Deren Adressen werden aus den Adressdateien der Mitgliedsunternehmen gelöscht. Derzeit sind knapp 50.000 Adressen eingetragen. Die Geschäftsstelle ist in Wiesbaden.
- **AGMA** (Arbeitsgemeinschaft Media-Analyse). Sie hat die Erforschung der Massenmedien zur Hauptaufgabe, deren Daten jährlich in der Media-Analyse (MA) zusammengefasst werden. Es handelt sich dabei um Leser-, Seher- und Hörerdaten, die im Rahmen einer 18.000 Interviews (BRD-West) umfassenden repräsentativen, standardisierten Primärforschung (Bevölkerung über 14 Jahre) im Jahresablauf erhoben werden. Die Daten umfassen neben Mediainformationen zunehmend auch Konsumangaben. Die Erhebung wird durch die ca. 130 Mitglieder anteilig finanziert. Diese rekrutieren sich aus Werbungtreibenden, Werbeagenturen, Verlagen, Sendeanstalten, Lesezirkel- und Kinowerbedurchführenden. Allgemein geht es um die Sicherung eines hohen Leistungsstandards derartiger Untersuchungen. Sitz der Geschäftsstelle ist Frankfurt.
- **AIW** (Arbeitskreis Industrie-Werbeagenturen). Dem AIW gehören selbstständige Werbeberater und unabhängige Werbeagenturen an, die auf dem Industriewerbesektor tätig sind. Die Leistungen umfassen Schulung und Training zu Agentur-Management, Organisation, Medien etc. sowie die Herausgabe von Fachveröffentlichungen. Sitz des AIW ist Pfungstadt.
- **AKW** (Arbeitskreis Werbefernsehen der deutschen Wirtschaft). Der AKW vertritt die Interessen der werbungtreibenden Wirtschaft beim Werbefernsehen, vor allem in Richtung von mehr Werbesendezeiten und besseren Preis-Leistungs-Verhältnisses. Mitglieder sind große Werbungtreibende sowie der Bundesverband der Deutschen Industrie, der Markenverband, der Hauptverband des deutschen Einzelhandels und die Centrale Marketinggesellschaft der Agrarwirtschaft. Sitz des AKW ist Wiesbaden.
- **AUMA** (Ausstellungs- und Messe-Ausschuss der Deutschen Wirtschaft). Dem AUMA gehören Verbände und Organisationen der ausstellenden und besuchenden Wirtschaft sowie die Messe- und Ausstellungsgesellschaften an. Ziel der Arbeit ist die Wahrung der gemeinsamen Belange der Wirtschaft beim Messe- und Ausstellungswesen, aktiv und passiv im Inland, aktiv im Ausland. Mitglieder sind die Spitzenverbände der Industrie, des Handwerks und des Handels, industrielle Fachverbände, Messe- und Ausstellungsgesellschaften und Durchführungsgesellschaften für Messebeteiligungen, sowie Veranstalterverbände (IDFA, FAMAB). Zahlreiche Publikationen schaffen Transparenz in diesem

komplexen Werbebereich. Dies gilt vor allem für die aussagefähige Erfassung von Besucher- und Ausstellerzahlen. Damit soll ein möglichst hoher Informationsstand aller Beteiligten erreicht werden. Die Geschäftsstelle ist in Köln.
- **BDG** (Bund Deutscher Grafik-Designer). Dem BDG gehören Gebrauchsgrafiker und Gestalter an, deren Interessen in Wirtschaft und Kultur vertreten werden. Vor allem werden berufsständische Veränderungen und deren Auswirkungen auf den Berufsstand beobachtet und analysiert, z. B. bei Rechtsprechung und Gesetzgebung. Außerdem wird die Ausbildung des beruflichen Nachwuchses gefördert. Sitz des BDG ist Düsseldorf.
- **BDS** (Bund Deutscher Schauwerber). Der BDS ist die Berufsorganisation der hauptberuflich tätigen Schauwerber und bezweckt die Wahrnehmung deren beruflicher, rechtlicher und sozialer Interessen. Mitglieder sind Berufsangehörige mit abgeschlossener Ausbildung, Auszubildende und Förderer dieses Bereichs. Ziele sind die Förderung der beruflichen Aus- und Fortbildung, die fachliche Information und berufliche Beratung, die Erstattung von beruflichen Auskünften und Gutachten, die Vertretung der Berufsinteressen bei Wirtschaft, Behörden, Institutionen und in der Öffentlichkeit, die Rechts- und Steuerberatung, Studienreisen und Fachbibliotheksdienste. Die Geschäftsstelle ist in Ettlingen.
- **BDVT** (Bund Deutscher Verkaufsförderer und Verkaufstrainer). Der BDVT will dem Beruf des Verkaufsförderers und Verkaufstrainers die Bedeutung verschaffen, die ihm im modernen Wirtschaftsleben gebührt. Eingetragene Mitglieder werden in eine Berufsrolle aufgenommen und dürfen die Buchstaben BDVT zu ihrem Namen führen. Offizielles Organ ist das Marketing Journal, das monatlich erscheint. Die Geschäftsstelle ist in Köln.
- **BDW** (Deutscher Kommunikationsverband, vormals Bund Deutscher Werbeberater und Werbeleiter). Er hat ca. 2.700 Mitglieder vornehmlich aus den Bereichen Marketingberatung, Text, Design, Verkaufsförderung, Verkaufstraining, Marktforschung und Öffentlichkeitsarbeit. Hauptaufgabe ist die fachliche Information und berufliche Förderung der Mitglieder, die Vertretung gemeinsamer Interessen bei Wirtschaft, Öffentlichkeit und Behörden, die Kontaktpflege zu Hochschulen, Akademien und Werbefachschulen sowie die generelle Förderung des Ansehens der Werbung. Mitglieder müssen beratend, kreativ, organisatorisch oder wissenschaftlich im Bereich Absatzkommunikation tätig sein und zwei schriftliche Referenzen über fachliche und menschliche Qualifikation nachweisen. Zudem erfolgt der Eintrag in eine Berufsrolle, die zur Führung des Namenszusatzes BDW berechtigt. Die Organisation erfolgt auf regionaler Ebene in über 20 Clubs, besonders für den Berufsnachwuchs (so wird eine Neuordnung des Ausbildungsberufs Werbekaufmann angestrebt). Die Leistungen des Verbands umfassen die kommunikative und juristische Fachberatung, die steuer- und versicherungsbezogene Auskunftserteilung sowie Fachveranstaltungen (Referate, Symposien, Workshops, Seminare) zur Weiterbildung. Die Geschäftsstelle befindet sich in Bonn.
- **BDZV** (Bundesverband Deutscher Zeitungsverleger). Der BDZV ist die Dachorganisation der deutschen Zeitungsverlage, Mitglieder sind die Landesverbände. Ziel ist die Wahrung und Vertretung der gemeinsamen ideellen und wirtschaftlichen Interessen. Dies gilt auch für die Tarifpolitik. Der Sitz ist in Bonn.
- **BFF** (Bund Freischaffender Foto-Designer). Der BFF ist die Standesorganisation der Werbe-, Mode-, Industrie- und Journalistik-Fotografen sowie der entsprechenden Hochschullehrer. Seine Ziele sind der kollegiale Gedankenaustausch und das ausführliche Fachgespräche. Jährlich erscheint ein Mitglieder-Handbuch. Sitz ist in Stuttgart.

- **BVD** (Bundesverband Druck). Der BVD ist der Arbeitgeber- und Wirtschaftsverband der deutschen Druckindustrie. Zweck ist die Förderung und Vertretung aller Arbeitgeber bezogenen, beruflichen, wirtschaftlichen und fachlichen Belange und Interessen der Mitglieder, die Landesverbände sind. Sitz ist in Wiesbaden.
- **BVDA** (Bundesverband Deutscher Anzeigenblätter). Dem BDVA gehören die deutschen Anzeigenblatt-Verlage an (über 200 Unternehmen, über 500 Titel, rund 35 Mio. Exemplare Auflage). Ziel ist die Interessenvertretung gegenüber Politik und Verwaltung, die Marktförderung und Beratung. Der Sitz ist in Bonn.
- **BVM** (Berufsverband Deutscher Markt- und Sozialforscher). Der BVM ist die Berufsvereinigung der selbstständigen und angestellten Marktforscher in Institutionen und Industrie. Ziel ist die Förderung des Ansehens der Marktforschung und der Qualifikation der Marktforscher (z. B. durch Nachwuchsausbildung und -auslese). Sitz ist in Offenbach.
- **BVPA** (Bundesverband der Pressebild-Agenturen). Der BVPA ist der Interessenverband von Bilderdiensten und Bildarchiven. Zentrales Anliegen ist die Regelung von Bildhonoraren und Copyrights. Die entwickelten Standards sind weitgehend zu Handelsbräuchen geworden. Der Sitz ist in Berlin.
- **DDV** (Deutscher Direktmarketing Verband). Der DDV fördert die Direktwerbung und das Direktmarketing, nimmt die Interessen seiner Mitglieder wahr, arbeitet mit anderen Fach- und Berufsverbänden zusammen und tauscht wirtschaftliche, technische und berufliche Informationen aus. Zu den Leistungen zählen die DIMA, die Robinson-Liste, der Deutsche Direktmarketing-Preis, das Qualitätssiegel Telemarketing, das Prüfsiegel Haushaltswerbung und die Tele-Stop-Liste. Der Sitz ist in Wiesbaden.
- **Deutscher Kommunikationstag.** Er ist das Forum für alle an der Kommunikation interessierten Berufe, Verbände, Institutionen, Körperschaften, Interessengruppen und Unternehmen. Er stellt die Bedeutung professioneller Kommunikationsarbeit für das Funktionieren eines freiheitlich-demokratischen Staatswesens, in pluralistischen Gesellschaftsformen, von marktwirtschaftlichen Systemen als Voraussetzung für politische, gesellschaftliche, wissenschaftliche, technologische, wirtschaftliche, kulturelle und soziale Evolution dar und ist das Plenum für Erfahrungsaustausch, Weiterbildung, Wissenstransfer, Standortanalyse, Bestandsaufnahme etc. Der Sitz ist in Bonn.
- **Deutscher Werberat.** Dieser ist eine Institution innerhalb des ZAW und stellt eine Selbsthilfeeinrichtung der Werbewirtschaft dar, wie sie in der EG in allen Ländern empfohlen ist. Hauptaufgabe ist die Förderung der Selbstdisziplin in der Werbewirtschaft sowie die Vermeidung unlauterer Werbung, um beanstandenswerte Werbung von Industrie, Handel und Agenturen zu verhindern bzw. zu beseitigen. Beanstandete Fälle aus der Spruchpraxis des Deutschen Werberats werden veröffentlicht und sollen das Unrechtsbewusstsein in der Branche schärfen. Es bestehen jedoch keine Sanktionsmittel. Vielmehr wird auf die Wirkung moralischer Überzeugung und freundschaftlichen Kontakts unter Kollegen gesetzt. Die Ergebnisse sind dementsprechend begrenzt. Weitere Aufgaben umfassen die Entwicklung von Verhaltensregeln als Leitlinien der Werbung und die Information nach innen und außen. Die Geschäftsstelle ist in Bonn.
- **DPRG** (Deutsche Public Relations Gesellschaft). Sie ist der Zusammenschluss der PR-Fachkräfte und bemüht sich, die Bedeutung von PR in Wirtschaft und Gesellschaft zu verbreiten, die berufliche Qualifikation von Mitgliedern zu fördern und diese in berufsständischen Fragen zu unterstützen. Zur Ausbildung gibt es ein anerkanntes Trainings-

programm beim DIPR-Institut. Ein Ehrenrat wacht über die Einhaltung der Berufsgrundsätze und die ethischen Richtlinien der Öffentlichkeitsarbeit. Die Geschäftsstelle ist in Bonn.
- **DWG** (Deutsche Werbewissenschaftliche Gesellschaft). Die DWG vertritt und fördert die Interessen der Werbewissenschaft bei Forschung und Problemtransfer zwischen Wissenschaftlern und Praktikern. Der Sitz ist in Bonn.
- **DWV** (Deutscher Werbefachverband). Der DWV ist die Vertretung der regionalen Werbefach- und Kommunikationsverbände. Er fördert die berufliche Aus- und Weiterbildung in Einrichtungen und durch Materialien. Der Sitz ist in Bonn.
- **FAMAB** (Fachverband Messe- und Ausstellungsbau). Mitglieder des FAMAB sind Messebauunternehmen, Architekten, Designer, Systemhersteller/-vertreiber, Regieunternehmen und Zulieferanten im Bereich des Messebaus. Diese sollen in ihren gemeinsamen wirtschaftlichen, fachlichen und sozialpolitischen Interessen vertreten und gefördert werden. Aufgaben umfassen die tätige Mitarbeit in allen Fragen des Fachgebiets, die Förderung der Zusammenarbeit mit Gesellschaften und Organisationen, die Messen und Ausstellungen veranstalten und durchführen sowie mit allen beteiligten Behörden, Instituten, Verbänden und dem Gesetzgeber, die Beratung und Begutachtung in Fach- und Rechtsfragen, die Schulung und Weiterbildung, die Wahrung von Grundsätzen des sauberen Geschäftsgebarens in der Branche und nach außen sowie die bessere Zusammenarbeit mit den anderen Organisationen der Werbewirtschaft. Die Geschäftsstelle befindet sich in Rheda-Wiedenbrück.
- **FAW** (Fachverband Außenwerbung). Er vertritt und fördert die Interessen seiner Mitglieder zu Sicherung und Ausbau der Marktposition bei technischer und wirtschaftlicher Weiterentwicklung. Dazu dienen Innovationsförderung, qualitative Verbesserung der Werbeträgerangebote und Werbeträgerforschung. Mediaplanern und sonstigen Interessierten sollen immer präzisere Mediadaten zu außenwerbungsbezogenen Forschungs-Ergebnissen, Marktgeschehen und Werbeträgerentwicklungen gegeben werden. Dies erfolgt u. a. durch Publikationen. Der Sitz ist in Frankfurt a.M.
- **FDW** (Werbung im Kino). Der FDW ist die berufsständische Organisation der kinowerbungdurchführenden Unternehmen. Dieses Medium soll gefördert, vertreten und vorverkauft werden. Wichtig ist ferner die Schlichtung bei Konflikten zwischen Mitgliedern und die Sicherung lauterer Konkurrenzmethoden. Ca. 80% aller Filmtheater sind angeschlossen. Sitz ist in Hamburg.
- **FFW** (Fachverband Freier Werbetexter). Der FFW will eine stärkere Anerkennung und Würdigung der Arbeit freier Texter erreichen. Die Leistungen umfassen u. a. Interessenvertretung, Honorarberatung, Rechtsberatung, Fortbildung, Akquisitionshilfe. Freie Texter sind hauptberuflich Selbstständige, die im Auftrag von Werbungtreibenden oder Werbungsmittlern Konzeptions- und Textarbeiten gegen Honorar leisten. Sitz ist in Freudenstadt.
- **FVL** (Fachverband Lichtwerbung). Der FVL nimmt die gemeinsamen Interessen der Hersteller von Lichtwerbeanlagen jeder Art gegenüber Behörden und Gesetzgebungsorganen wahr und fördert sie, vor allem auf rechtlichem, wirtschaftlichem und technischem Gebiet. Sitz ist Heidelberg.
- **GIK** (Gesellschaft für innerbetriebliche Kommunikation). Die GIK ist der berufsständische Zusammenschluss von Journalisten und innerbetrieblichen Kommunikationsspe-

zialisten in Industrie, Handel, Bank, Versicherung, Dienstleistung, Verband und Institution. Sitz ist in Rodenberg.
- **GPRA** (Gesellschaft Public Relations Agenturen). Der GRPA gehören die führenden PR-Agenturen an. Verlangt werden für die Mitgliedschaft Qualifikationsnachweis der verantwortlichen Durchführung zahlreicher unterschiedlicher PR-Aufgaben für verschiedene Auftraggeber, Leistungsfähigkeit als Full Service, erfahrene Geschäftsführung und mindestens fünf feste Mitarbeiter. Weiterhin sind erforderlich zwei Auftraggeber als Referenzen, die Verpflichtung zur vertragsgebunden Arbeit, betriebswirtschaftlich transparente Abrechnung und Anerkennung der einschlägigen ethischen Normen. Sitz ist in Bonn.
- **GWA** (Gesamtverband Werbeagenturen). Der GWA ist die Vereinigung der bedeutenderen und umsatzstärkeren, handelsregistereingetragenen Full Service-Werbeagenturen in Deutschland. Er ist aus dem Zusammenschluss der GWA (Gesellschaft Werbeagenturen) und des WDW (Wirtschaftsverband Deutscher Werbeagenturen) hervorgegangen. Sein Ziel ist die Förderung eines fairen Wettbewerbs in der Agenturbranche und die Stärkung des öffentlichen Ansehens der Werbeagenturen und ihrer Arbeit. Die Mitgliedsagenturen verpflichten sich, die Klarheit und Wahrheit in der Werbung gemäß den Vorschriften des Gesetzgebers zu fördern und mit ihrer Arbeit nicht gegen den guten Geschmack und das sittliche Empfinden der Allgemeinheit zu verstoßen, Aufträge abzulehnen, die geeignet sein können, Verbraucher irrezuführen oder zu täuschen und die Werbung unglaubwürdig erscheinen zu lassen sowie die Inhalte der Werbeaussagen eigenständig zu prüfen und damit Schaden für Verbraucher zu verhindern. Die Leistungen umfassen betriebswirtschaftliche Studien (z. B. Betriebs- und Gehaltsvergleiche), Managementhilfen (z. B. Standortanalysen, Branchenentwicklungen), die Zusammenfassung von Gemeinschaftsinteressen (z. B. Marktforschungs-, Versicherungs- und Reise-Service), Media- und Produktions-Aktivitäten (z. B. Media-Analyse, technische Information), Schulungskurse und Workshops, Recht und Öffentlichkeitsarbeit. Besonders sind Fragen des Arbeitsvertrags und der Vermögensschadens-Haftpflicht abgedeckt. Jährlich wird vom GWA der Effie für besondere werbliche Leistungen vergeben. Die Geschäftsstelle ist in Frankfurt.
- **IDFA** (Interessengemeinschaft Deutscher Fachmessen und Ausstellungsstädte). Hier sind zehn gleichberechtigte Messegesellschaften zusammengeschlossen, um das Qualitätsbewusstsein im Messewesen weiterzuentwickeln. Sitz ist in Hamburg.
- **IDZ** (Internationales Design Zentrum). Das IDZ versteht sich als Mittler zwischen Wirtschaft und Kultur, als internationale Schnittstelle für alle, die an der Gestaltung der Umwelt interessiert sind. Geboten werden Ausstellungen, Präsentationen, Veranstaltungen, Weiterbildungsprogramme, Projekte etc. Sitz ist in Berlin.
- **IVW** (Informationsgemeinschaft zur Feststellung der Verbreitung von Werbeträgern). Die IVW gehört zum ZAW und soll zur Sicherung des Leistungswettbewerbs vergleichbare und objektiv ermittelte Unterlagen über die Verbreitung von Werbeträgern beschaffen und bereitstellen. Dazu prüft die IVW in regelmäßigen Abständen die Auflagen der ihr angeschlossenen Druckerzeugnisse bei Zeitungen, Zeitschriften, Kalendern, Adressbüchern und Branchen-Fernsprechbüchern. Dies betrifft ca. 1.700 Titel mit ca. 2.800 Belegungseinheiten. Außerdem wird die Belegung von Anschlagstellen bei Unternehmen der Plakat-, Verkehrsmittel- und Großflächenwerbung und deren Zustand ebenso ge-

prüft wie die Besucherzahl bei Lichtspielhäusern. Diejenigen Werbungdurchführenden, die sich der IVW-Satzung unterwerfen, sind berechtigt, das IVW-Zeichen zu führen. Dieses hat damit Gütesiegel-Charakter. Von Bedeutung sind auch die IVW-Verbreitungsanalyse für Tageszeitungen, welche die regionale und lokale Tageszeitungs-Mediaplanung erleichtert, und die IVW-Analysenprüfung für Fachzeitschriften, die eine soziodemografische Aufschlüsselung der Fachzeitschriften-Leserschaft bei angeschlossenen Titeln (kenntlich durch IVW-APF-Zeichen) ausweist. Die Geschäftsstelle ist in Bonn.
- **Markenverband.** Der Markenverband vertritt 250 deutsche Markenartikler aus über 40 Branchen. Ziel ist die Erhaltung und Erweiterung von Freiräumen für den Markenartikel. Interessen liegen in den Bereichen Warenzeichenrecht, Beziehungen Industrie zu Handel und Werbe- und Medienpolitik. Sitz ist Wiesbaden.
- **Standortpresse.** Sie ist eine Serviceeinrichtung des Verbands der Lokalpresse für verlegerische und redaktionelle Belange lokaler Tageszeitungen. Die Aufgaben umfassen auch Verkaufsförderung, Vertriebswerbung, Mitarbeiterschulung und Informationsservice. Sitz ist Bonn.
- **TDP** (Trägerverein des Deutschen Presserats). Zu seinen Aufgaben gehört es, Missstände im Pressewesen zu beseitigen, Beschwerden über Presseunternehmen nachzugehen und ggf. zu rügen, Empfehlungen für die publizistische Arbeit zu geben und die freie Information und Meinungsbildung zu verteidigen. Trägerorganisationen sind der Bundesverband Deutscher Zeitungsverleger, der Deutsche Journalisten-Verband, die IG Medien und der Verband Deutscher Zeitschriftenverleger. Veröffentlichungen der Spruchpraxis des Presserats dokumentieren seine Arbeit. Sitz ist Bonn.
- **VDA** (Verband Deutscher Adressbuchverleger). Ziel des VDA ist die Förderung der Interessen der Verleger von Amtlichen Telefonbüchern, Branchen-Telefonbüchern, Bundes-/Landes-Adressbüchern, Einwohner-Adressbüchern, Fach-Adressbüchern, Örtlichen Telefonbüchern, Internationalen und Export-Adressbüchern. Ein Verbandssignet weist die Lauterkeit und Leistung der Mitglieder aus. Die Geschäftsstelle ist in Düsseldorf.
- **VDL** (Verband Deutscher Lesezirkel). Ziel des VDL ist die Förderung von Lesezirkelbetrieben, vor allem die anwendungsbezogene Weiterbildung des Management. Außerdem werden gemeinsame berufliche Belange bei gesetzgebenden Körperschaften, Körperschaften des öffentlichen Rechts, sonstigen Vereinigungen, Verlagen etc. wahrgenommen und die Lauterkeit des Wettbewerbs gefördert. Dazu finden umfangreiche Aktivitäten statt. Sitz ist Düsseldorf.
- **VPRT** (Verband Privater Rundfunk und Telekommunikation). Mitglieder sind hier private Anbieter von Hörfunk, Fernsehen und anderen elektronischen Medien, Unternehmen der Telekommunikationsbranche, der Rundfunkverteiltechnik auf nationaler, europäischer und internationaler Ebene. Politische Ziele sind die Förderung des Privaten Rundfunks und die Liberalisierung der Märkte für Handwerk und Industrie. Sitz ist Bonn.
- **ZAW** (Zentralausschuss der Werbewirtschaft). Der ZAW widmet sich allen Angelegenheiten der Wirtschaftswerbung und bezweckt dadurch, eine etwaige staatliche Werberegelung und -aufsicht entbehrlich zu machen. Dazu haben sich alle in der Werbewirtschaft tätigen Gruppen freiwillig zu dieser Dachorganisation der Werbung zusammengeschlossen. Die Aufgaben umfassen die Unterstützung aller Bestrebungen, die der Wirtschaftswerbung eine volle Entfaltung ihrer Anwendungsmöglichkeiten sichern, die Beseitigung

von Hindernissen, die sie beeinträchtigen oder ihre Durchführung erschweren, die Schaffung von Selbstdisziplin in den eigenen Reihen, um auf eine in Form und Inhalt lautere, vorbildliche Werbung hinzuwirken und Auswüchse und Missbräuche zu vermeiden, die Förderung der volkswirtschaftlichen und kulturellen Bedeutung der Wirtschaftswerbung und ihrer wissenschaftliche Erforschung, ihre Vertretung gegenüber Behörden und Gesetzgebungsorganen, die Veranstaltung von Ausstellungen, Kongressen, Studienreisen und Besichtigungen sowie der Erfahrungsaustausch mit gleichgerichteten Organisationen im Ausland. Mitglieder des ZAW sind Organisationen der Werbungtreibenden, Werbe- und Marktforschungsberufe, Werbungdurchführenden und Werbemittelhersteller, Werbeagenturen und Mediamittler. Der ZAW veröffentlicht zahlreiche Publikationen im Rahmen seiner Kommunikationsarbeit. Dazu gehört auch die intensive Aufklärungsarbeit an Schulen. Die Geschäftsstelle befindet sich in Bonn.

9.10 Ausbildungswege in der Werbebranche

Die Werbung ist eine der Branchen, die stetig über zu wenig oder zumindest zu wenig praktisch qualifizierten Nachwuchs klagt. Der Aspekt der zu wenigen Nachwuchskräfte liegt sicherlich in der mangelnden Attraktivität der Werbebranche begründet. In Umfragen nach dem Ansehen von Berufsständen landet der Werbefachmann beständig auf einem der allerletzten Plätze. Dies hat sich die Branche wohl selbst zuzuschreiben, denn jeder hat schließlich das Image, das er verdient. Dass allerdings gerade eine Branche, die für sich in Anspruch nimmt, andere hinsichtlich des Aufbaus und der Pflege eines positiven Images zu beraten oder dieses durchzusetzen, selbst mit erheblichen Imagedefiziten zu kämpfen hat, ist schon verwunderlich. Und auch wieder nicht, denn wie man weiß, haben die Söhne des Schusters immer die schlechtesten Schuhe.

Der Aspekt der zu wenig qualifizierten Nachwuchskräfte liegt sicherlich in den mangelnden Aktivitäten der Werbebranche begründet, Mittel für die Qualifizierung aufzuwenden. Die Gründe dafür sind mannigfach. Zum einen gibt es für bestimmte Tätigkeiten in der Branche einfach kaum spezifische Ausbildungen, etwa für Texter oder Art Buyer in Werbeagenturen. Zum anderen ist für die Branche typisch, dass sie sich aus Quereinsteigern aus anderen Branchen rekrutiert, Wissen und Können also eher kasuistisch erworben werden. Und vor allem ist Job Hopping typisch, d. h., das einzelne Unternehmen muss befürchten, dass Aufwendungen in die Ausbildung von Mitarbeitern früher oder später direkten Wettbewerbern zugutekommen, so wie man sich selbst aus dem Pool ausgebildeter Nachwuchskräfte anderer bedient.

Betrachtet man nun die Ausbildung in der Werbung, so ergeben sich drei Wege. Da ist zum einen der klassische Weg der dualen Berufsausbildung zum Werbekaufmann (oder zur Werbekauffrau, im Folgenden wird auf die geschlechtsspezifische Unterscheidung verzichtet). Die offizielle Ausbildungszeit beträgt drei Jahre, da jedoch praktisch Abiturienten bevorzugt werden, sind zwei Jahre die Regel. Die Ausbildung richtet sich nach der Verordnung über die Berufsausbildung. Dual bedeutet in diesem Zusammenhang, dass die Ausbildung aus Besuch der Berufsschule und begleitender praktischer Ausbildung bei einem Werbungtreibenden oder einer Werbeagentur besteht. Die Praxis zeigt jedoch, dass diese zumeist dankend auf diese Berufsausbildung verzichten, weil das Potenzial, das derartig qualifizierte Nachwuchskräfte bieten, angesichts der extremen qualitativen Anforderungen in der Branche doch sehr begrenzt ist. Selbst im Bereich der werbedurchführenden Wirtschaft, also bei Verlagen, Sendern und Pächtern, wo es zumindest die Ausbildung zum Verlagskaufmann gibt, gilt diese Regel. Im kreativen Bereich bestehen Ausbildungspläne für Dekorateure, Fotografen, Druckvorlagenhersteller etc., die aber meist eher den handwerklichen Bereich abdecken.

Zum Vergleich muss man sich dazu vergegenwärtigen, dass der Qualifikationsstatus der Marketing-Manager auf Seiten der werbungtreibenden Wirtschaft einen überaus hohen Standard erreicht hat. Die zunehmende Käufermarktsituation, die engen, übersetzten Märkte führen dazu, dass heute nur noch ausgeklügelte Vermarktungsstrategien greifen, die in ihren Anforderungen an Know-how und Background das Potenzial von Werbekaufleuten doch merklich überschreiten. Für Werbeagenturen gilt dies im besonderen Maße, denn wenn die Werbungtreibenden schon solche hohen Anforderungen stellen, dann gilt das erst recht für die Berater der Werbungtreibenden, die ja eher besser ausgestattet sein sollen. Wer Werbekaufleute einstellt, tut dies denn auch meist im Hinblick auf limitierte Aufgabenbereiche.

Daher ist auch die zweite Ebene der Ausbildung in Werbefachschulen und Werbeakademien eher begrenzt zu sehen. Diese ist im Allgemeinen als Weiterbildung für Berufstätige angelegt, läuft also über Unterricht nach Feierabend und samstags. Insgesamt werden so ca. 1.000 Stunden abgewickelt. Die Träger sind zumeist private Institute, sodass die Zahlung hoher Studiengebühren erforderlich wird. Teils werden diese jedoch von Arbeitgebern übernommen. Da zudem die Qualität dieser Institute breit streut, ist die verbriefte Qualifikation äußerst differenziert zu betrachten. Was wohl mehr zählt, ist das Persönlichkeitsmerkmal, das aus einer solchen Aktivität ersichtlich wird. Das heißt, es geht weniger um das tatsächlich Erlernte, dies reicht wiederum meist eher nur für mittelmäßig angelegte Tätigkeiten aus, als um den Nachweis von Ehrgeiz, Belastbarkeit und Durchhaltevermögen. Wer Absolventen von Werbefachschulen o. ä. einstellt, schätzt also weniger das Wissen, als den Menschen dahinter.

Solche Institute, zumeist im Arbeitskreis Werbefachliche Bildung zusammengeschlossen, gibt es in Bremen (Akademie für Werbung), Dortmund (Werbefachliches Lehrinstitut Marquardt), Düsseldorf (Akademie für Marketing-Kommunikation), Essen (Werbefachliches Zentrum der DAG), Frankfurt (Akademie für Marketing-Kommunikation), Hamburg (Kommunikations-Akademie und Norddeutsche Akademie für Marketing + Kommunikation), Kassel (Akademie für Absatzwirtschaft und Akademie für Kommunikation), Köln (Werbefachliche Akademie), München (Deutscher Werbe-Unterricht), München (Bayerische Akademie der Werbung), Nürnberg (Bayerische Akademie der Werbung) und Stuttgart (Werbefachliche Akademie B-W).

Darüber hinaus gibt es aber auch noch weitere Werbefachschulen unterschiedlicher Provenienz, so in Berlin (Privates Institut für Marketing und Kommunikation), Düsseldorf (DAG Bildungswerk), Frankfurt (Deutsches Media Institut und Akademie für Druck), Kassel (Institut für Marketing-Kommunikation), Lahr (Bundesfachschule für Werbetechnik), Nürnberg (Akademie für Absatzwirtschaft der Uni) und Ravensburg (Berufsakademie), die sich zumindest auch auf die eine oder andere Weise mit der Weiterbildung im Werbebereich beschäftigen. Wer als Aspirant auf Präsenzveranstaltungen verzichten muss, dem stehen immer noch Fernlehrgänge zur Verfügung, so Institut für Lernsysteme und Axel Anderson Akademie (beide Hamburg), Deutscher Werbe-Unterricht (München), Studiengemeinschaft Kamprath (Pfungstadt) und AKAD (Stuttgart). Die Verwertbarkeit der dabei vermittelten Kenntnisse und Fertigkeiten streut allerdings erheblich. Sofern man an diesen Veranstaltungen teilnimmt, sollte man berücksichtigen, dass eine hohe Abbrecherquote davon zeugt, dass das Ausmaß der zeitlichen, qualitativen und intensitätsmäßigen Inanspruchnahme doch oft unterschätzt wird. Zudem fällt es vielen Menschen schwer, allein zu lernen, sich dazu zu disziplinieren und zu motivieren.

Schließlich haben auch die Werbungtreibenden bzw. Werbeagenturen selbst Qualifizierungsinitiativen ergriffen. Die Vorgehensweise lässt jedoch vermuten, dass dabei PR-Aspekte mindestens ebenso eine Rolle spielen wie die eigentliche Weiterbildung selbst. So rühmt sich beinahe jede Werbeagentur eines zusätzlichen Trainingsprogramms, nicht nur für Einsteiger, sondern auch für Aufsteigewillige. Wenn man jedoch die ausgelobten Pläne im Detail anschaut, stellt man zuweilen fest, dass diese Veranstaltungen wenig substanziiert sind oder auch gar nicht besucht werden. Deshalb werden Programme zunehmend institutionalisiert, so etwa bei Grey, ABC oder Springer&Jacoby. Die vermittelten Inhalte sind jedoch oft eher unsystematisch, aus der Praxis für die Praxis eben, nur dass diese Praxis erstens von Fall zu Fall verschieden aussieht und daher eine Übertragung erworbenen Wissens auf andere, nicht unmittelbar vergleichbare Fälle nur begrenzt zulässt und zweitens die Theorie eine Reihe von Erkenntnissen anzubieten hat, die kaum berücksichtigt werden.

Teilweise werden auch nur Talente dahingehend abgecheckt, ob sie bereits alle Anlagen zur erfolgreichen Tätigkeit mitbringen und nur noch des Feinschliffs bedürfen. Dies gilt besonders für Texter, die dafür Copy Tests durchlaufen. Dabei geht es dann wahlweise darum, eine bestehende, ohnehin gute Anzeige zu verbessern, ein Mailing für ein neues, tatsächlich aber langweiliges Produkt zu entwerfen, einen Funkspot für Kinder zu texten, aber auch eine Ansprache an Besucher vom Mars zu halten oder die Inhaltsangabe für Dosengemüse zu beschreiben. Andere Aufgaben drehen sich um eine Liebeserklärung an Gummibärchen und ein Märchen alternierend erzählt im Bild-Zeitungs- oder FAZ-Stil. Auf diese Weise kann dann zumindest der handwerkliche Part als vorhanden unterstellt werden, wie es um das strategische Verständnis aussieht, bleibt allerdings im Dunkeln.

Da bleibt eigentlich als ernstzunehmende Alternative nur der Weg der Ausbildung an Universitäten und Fachhochschulen. Im Rahmen des immer höheren Anteils von Abiturienten je Altersjahrgang wird dieser Weg in der Tat gern beschritten. Betriebswirtschaftslehre ist ohnehin eines der beliebtesten Fächer, weil es vermeintlich als eher leicht, breit umsetzbar und zum Geldverdienen geeignet angesehen wird. Fast jede Hochschule mit BWL-Fakultät hat einen Schwerpunkt Marketing (oder Absatz o. ä.) anzubieten. Die Regelstudienzeit beträgt fast durchgängig acht Semester (an Fachhochschulen sind darin zwei Praxissemester eingeschlossen), die Abschlüsse lauten Dipl.-Kaufmann, Dipl.-Ökonom, Dipl.-Betriebswirt o. ä. An Fachhochschulen sind solche Schwerpunkte etwa in Aachen, Bielefeld, Bochum, Düsseldorf, Heilbronn, Köln, Lüneburg, Mainz, Münster, Nürnberg, Offenburg, Osnabrück, Pforzheim, Regensburg, Reutlingen, Rosenheim, Saarbrücken, Stuttgart, Trier und Wiesbaden eingerichtet (ABL). Eine gewisse Sonderstellung nimmt dabei die FH Pforzheim ein, die als einzige einen betriebswirtschaftlichen Studiengang Werbewirtschaft anbietet. In der Praxis wird zwischen FH- und Uni-Abschluss meist nicht weiter unterschieden; allenfalls kann bei hohen Bewerberzahlen der Uni-Abschluss ein wahrscheinlicheres Eintrittsticket sein als der FH-Abschluss. Oder es gibt ein paar Mark mehr pro Monat zum Start. Die Gehaltsentwicklung danach ist ohnehin nicht mehr ausbildungs- sondern ausschließlich leistungsabhängig. Zu berücksichtigen ist jedoch, dass FH-Absolventen eine Promotion, obgleich de jure möglich, de facto durch rigide Universitäts-Procederes beinahe verunmöglicht wird, außerdem gibt es kaum sinnvolle Aufbaustudien zur Zusatzqualifikation. Bei Übergang an eine Universität wird der FH-Abschluss bestenfalls als Zwischenprüfungsäquivalent (Vordiplom) anerkannt, meist nicht einmal das.

Neben dieser eher anwendungsorientierten Ausbildungslinie besteht die eher theorieorientierte an Universitäten. Auch hier gibt es eine breite Auswahl an Lehrstühlen, so in Aachen, Augsburg, Bamberg, Bayreuth, Berlin, Bielefeld, Bochum, Bonn, Braunschweig, Bremen, Chemnitz, Darmstadt, Dortmund, Dresden, Düsseldorf, Duisburg, Essen, Frankfurt a.M., Frankfurt a.d. O., Freiburg, Gießen, Göttingen, Halle, Hamburg, Hannover, Hohenheim, Ilmenau, Ingolstadt, Jena, Kaiserslautern, Karlsruhe, Kassel, Kiel, Koblenz, Köln, Leipzig, Lüneburg, Magdeburg, Mainz, Mannheim, Marburg, München, Münster, Nürnberg, Oestrich-Winkel, Oldenburg, Osnabrück, Paderborn, Passau, Potsdam, Regensburg, Saarbrücken, Siegen, Stuttgart, Trier, Würzburg und Wuppertal. Eine gewisse Sonderstellung nimmt wieder die Hochschule der Künste (HdK) Berlin ein, die ein spezielles kommunikationswirtschaftliches Studium (mit kreativem Schwerpunkt) anbietet. Allgemein sind die individuellen Studienbedingungen aufgrund des Trends zur Massenuniversität schlechter als an Fachhochschulen. Die Studienzeiten liegen in praxi bei ca. elf Semestern, eine Promotion ist mit weiteren zwei bis sechs Jahren zu veranschlagen. Von einer besonderen Spezialisierung auf Werbung in der Studienausrichtung ist nichts bekannt. Damit fehlt es vor allem an den praktischen Fähigkeiten, die durch Learning by Doing schnellstmöglich überkommen müssen.

Wenn auch hier kein Präsenzstudium möglich ist, bleibt immer noch der Ausweg über die Fernuniversität Hagen, die neugegründete Fernfachhochschule Hagen oder die AKAD (Hochschule für Berufstätige). Daneben stehen im Grafikbereich zahlreiche Ausbildungsgänge an Fachhochschulen zur Verfügung (so in Aachen, Augsburg, Berlin, Bielefeld, Braunschweig, Bremen, Darmstadt, Dortmund, Düsseldorf, Frankfurt, Freiburg, mehrfach in Hamburg, Hannover, Hildesheim, Kiel, Köln, Konstanz, Krefeld, Mainz, Mannheim, mehrfach in München, Münster, Nürnberg, Pforzheim, Saarbrücken, Schwäbisch Gmünd, mehrfach in Stuttgart, Trier, Wiesbaden und Würzburg/ABL). Außerdem gibt es diese Ausbildungsmöglichkeit auch auf Universitätsniveau, so in Essen oder Wuppertal. Der Abschluss nach meist acht Semester Regelstudienzeit (an Fachhochschulen incl. Praxissemester) lautet auf Dipl.-Designer.

Die klassischen Einstiegspositionen für Betriebswirte sind Trainee-Stellen oder, besser noch, Trainings on the Job als Junior-Produkt-Manager, Junior-Kontakter o. ä. Die klassische Einstiegsposition für Grafiker ist als Druckvorlagenhersteller, oder besser, als Junior-Art-Director. Interessenten für eine Tätigkeit im Berufsfeld Werbung sollten sich allerdings einige Aspekte vergegenwärtigen.

Zunächst ist da die Frage, wo Werbung stattfindet. Dafür sind vor allem vier Bereiche zu nennen. Die Werbeabteilungen bei Industrie, Dienstleistung (hier vor allem Handel) und Organisationen, bei den Medienhäusern (also Verlagen, Sendern und Werbemittelpächtern), in den Werbeagenturen oder Spezial-Servicers (für Direktwerbung, Öffentlichkeitsarbeit, Verkaufsförderung, Sponsoring, Events, Multimedia etc.) und bei Zulieferern zu diesen Branchen wie Film-, Ton- und Fotostudios, Messe und Messebau, Druckerei etc. In der werbungtreibenden Wirtschaft wiederum sind Tätigkeiten in der Werbeabteilung, sofern diese noch als klassische Form der Funktionsorientierung besteht, oder der moderneren Marketing-Service-Abteilung denkbar, die neben Werbung auch noch Marktforschung, Planung etc. abdeckt, oder im Produkt-Management als objektorientierter Marketingorganisation. Bei den Medienhäusern kommen vor allem zwei Bereiche in Betracht, der Verkauf von Werbeplätzen und -zeiten, also von Seiten, Sekunden, Metern und Flächen, und die Repräsentanz als Service Providers für Zeitungen, Zeitschriften, Fernseh- und Hörfunksender, Kino- und Plakatbetreiber. In der Werbeberatung sind dann sechs Bereiche zu unterscheiden, die Marketingberatung (für Strategie und Kontakt), die Kreativberatung (für Konzept, Grafik und Text), die Produktionsberatung (für Print, Film/Funk/Fernsehen, Pre und Post Production), die Mediaberatung (für Planung und Einkauf), die Administration (also Traffic und interne Verwaltung) und Spezialistentätigkeiten für bestimmte Medien. Bei Zulieferern kommt sowohl der kaufmännische Bereich, im wesentlichen Akquisition, Kosten- und Terminplanung, Betreuung, als auch der kreative Bereich handwerklicher Tätigkeiten in Betracht.

Wichtig sind dabei folgende, werbetypischen Kompetenzen: Hohe Belastbarkeit, sowohl physisch (Arbeitszeit) als auch psychisch (Stress), ästhetisches Empfinden und Sensibilität für Gestaltung, Kenntnisse des Käuferverhaltens und der Marktmechaniken, geistige Flexibilität und schnelles Kombinieren, gute Rhetorik und Präsentationstechnik, Extraversion und hohe Sozialkompetenz, Aufspüren und Umsetzen von Zeitgeisttrends, präzise Kreativität und Denken in strategischen Dimensionen sowie solide kaufmännische und technische Grundkenntnisse. Vor allem aber ist wichtig, Werbung für das Spannendste überhaupt zu halten, sonst dürfte es an der Einsicht zur Inkaufnahme vielfältiger persönlicher Einschränkungen mangeln.

Was kann man nun von jemanden erwarten, der sich auf die Tätigkeit in der Werbebranche vorbereitet? Da gibt es eine Reihe von Maßnahmen. Zunächst natürlich Werbung aufmerksam verfolgen, d. h. Werbeblöcke im Fernsehen nicht wegzappen, Anzeigen intensiv betrachten (z. B. im Stern), Werbeblöcke im Kino nutzen, spezielle Sendungen wie »Die dicksten Dinger« auf RTL 2, die Cannes-Rolle etc. ansehen. Dann sollten alle Werbekontakte, die das Leben so bietet, intensiv ausgewertet werden, z. B. Mailings im Briefkasten, Handelsplatzwerbemittel, Gewinnspielmechaniken, Prospekte, Packungsgestaltungen etc. Im Kreativbereich gibt es dann noch das ADC Annual (Art Director's Club), das Jahrbuch der Werbung (Econ Verlag) oder Lürzer's Archiv als Periodikum. Auch sollte man sich Transparenz über die Markenartikler, Werbeagenturen, Medien etc. verschafft haben, mit denen man es so zu tun hat, wobei Nachschlagewerke, wie Marken und Mittler, GWA-Jahrbuch, Media-Daten etc., helfen. Wichtig ist es, die Fachpresse zu verfolgen, etwa Werben&Verkaufen, Horizont, Absatzwirtschaft. Die einschlägigen Fachbücher geben einen ersten Einblick in die Materie des Marketing, sinnvoll sind da Autoren wie Meffert, Nieschlag/Dichtl/Hörschgen, Kotler, Weis, Berndt. Interessenten können auch jederzeit Vorlesungen oder Seminare an Fachhochschulen und Universitäten besuchen, wobei man sehr gut den Kontakt zu Studenten, Assistenten und Professoren aufbauen, Lehrmittel einsehen und Atmosphäre schnuppern kann. Ebenso sollten stil- und trendsetzende Medien für Zeitgeistgespür genutzt werden, wie Die Woche, Max, Focus, MTV etc. Die Buchhandlungen halten viel Literatur aus der Werbepraxis bereit, Autoren, auf die man da zugreifen kann, sind z. B. Ogilvy, Domizlaff, Dichtl/Eggers, Packard, Dichter, Stein u. a. Für Gestalter bietet sich die Anschaffung von Fotobüchern an (Oyne, Wolf). Hinzu kommt der gesamte DTP-Bereich mit der Möglichkeit, Satzschriften kennen zu lernen und Layoutübungen zu machen (geeignete Software sind die Programme Pagemaker und QuarkXpress, geeignete Hardware kommt normalerweise von Apple). Dort, wo Aufnahmeprüfungen absolviert werden müssen (etwa an den Kunstakademien), können Interessenten die Zeit der Vorbereitung nutzen, ihre »Mappe« zu erstellen, die meist aus Aktzeichnungen und Naturstudien, Still Life- und People-Photos oder Textproben besteht. Schließlich kann man auf verschiedenen Veranstaltungen Kontakt zu Werbeleuten suchen, die diese Foren in Sachen eigener PR häufig nutzen.

Wenn alle diese Aktivitäten den Eindruck bestärken, dass man in der Werbung richtig aufgehoben ist, erwartet einen eine abwechslungsreiche, spannende und anspruchsvolle Tätigkeit wie kaum eine andere, die, wenn sie einen einmal gepackt hat, ein Leben lang nicht mehr los lässt, nie langweilig wird, immer herausfordernd ist und jeden Tag neue Triumphe und Katastrophen bereithält.

9.11 Jobeinstieg in die Werbeagentur

Werbeagenturen sind relativ unkonventionell organisiert, jedenfalls wenn man das mit traditionellen Unternehmensmaßstäben vergleicht. Daraus folgen ein paar Besonderheiten, deren Beachtung es Bewerbern erleichtern kann, sich innerhalb dieses Umfelds so positiv wie nur möglich darzustellen. Zunächst wäre dieses Umfeld näher zu beschreiben. Ratsam für alle besser ausgebildeten Bewerber erscheint in erster Linie eine Bewerbung in einer der Top-20-Agenturen. Nicht, dass damit ein Unwerturteil für kleine und mittlere Agenturen ausgedrückt werden sollte, aber sowohl das Spektrum als auch das Niveau der Projekte in diesen großen Agenturen sind nun einmal den kleinerer Einheiten überlegen. Der weit überwiegende Teil der werbeintensiven Kunden vergibt Budgets heute nur noch an große Agenturen. Allein schon aus dem Grunde, weil Industrie- und Dienstleistungsunternehmen zunehmend international organisiert sind und ihre Produkte dementsprechend auch nur von internationalen Agentur-Networks betreuen lassen. Außerdem kommen bestimmte Arbeitsaufgaben nur bei großen Etats vor. So rechtfertigt sich die Produktion eines TV-Spots wegen der hohen Produktionskosten (sechsstellig) nur bei großen Budgetvolumina, die aber sind weit überwiegend bei großen Agenturen platziert. Ähnliches gilt für bestimmte andere Werbeformen, wie Kinofilm, mediengestützte Promotions, nicht-klassische Werbemittel etc.

Da diese Gründe, wenngleich in geringerem Ausmaß, bereits auch in der Vergangenheit Gültigkeit hatten, finden sich zudem durchweg in den Großagenturen die professionell arbeitenderen Kollegen, von denen man besser lernen kann. Zumindest aber sind es schon einmal mehr. Diese hohe Mitarbeiterzahl ist zwar positiv zu werten, weil man durch den Kontakt zu vielen Kollegen gerade als Berufseinsteiger vom Erfahrungsaustausch besonders profitiert, allerdings die damit verbundene vermeintliche Anonymität liegt nicht jedermann. Doch selbst den Aspiranten, die eigentlich kleinere Agentureinheiten bevorzugen, sei angeraten, in einer Großagentur zu starten, weil man dort eher ein fundiertes Arbeitslevel erreicht als anderswo. Und es allemal einfacher ist, später von einer der Staragenturen in die gewünschte kleinere Größenordnung zu wechseln als umgekehrt. Schließlich sei auch angeführt, dass nur die Großagenturen auf Grund ihrer internationalen Anbindung die Chance eines networkinternen Auslandsaufenthalts bieten können, wenngleich sich das in der Praxis doch nur ziemlich schwer materialisiert.

Die empfohlenen großen Agenturen wiederum befinden sich historisch bedingt an wenigen Standorten, und zwar in Frankfurt, Düsseldorf und Hamburg, mit deutlichen Abstrichen in München und Stuttgart. Ein klarer Trend spricht für Hamburg. Wer also in einer Großagentur starten will, muss sich wohl damit abfinden, in eine der genannten Städte überzusiedeln. Kaum hat man sich darauf eingestellt, ergibt die Frage, welche dieser Agenturen denn besonders in Frage kommt. Dafür gibt es zwar keine Patentlösung, aber recht zahlreiche Informationsquellen. Zunächst schaue man sich Anzeigen, die man besonders interessant findet, genau an, am Rand findet sich immer häufiger der Name der stolzen Urheber. Der nächste Weg führt zum Marken- oder Europa-Handbuch in der Bibliothek. Dort ist die betreffende Agentur mit Größenangaben, Klientenetats, Geschäftsführung, Adresse/Telefon, Networkanbindung, Gründungsjahr, Tochtergesellschaften und allem Drum und Dran ausgewiesen.

Ein anderer Weg mit Hilfe des Marken- oder Europa-Handbuchs vollzieht sich über dessen Gliederung nach Städten und die Durchsicht der Agenturen am gewünschten Standort. Auf Basis der angegebenen Daten kann man dann leichter abschätzen, welchen Agenturen eine hohe

Priorität dort zukommt. Schließlich wird jedes Jahr zu Beginn eine Top 100-Hitliste der größten Werbeagenturen in den Branchenfachblättern veröffentlicht, aus der man klar die relative Position einer Agentur mit Billings (Umsatz), Mitarbeiterzahl und Entwicklung zum Vorjahr ablesen kann.

Dann gibt es ebenfalls jedes Jahr noch das ADC-Annual (Art Directors' Club) und das Jahrbuch der Werbung, wo die besseren Werbekampagnen mit Agenturangabe und Ausweis der daran beteiligten Mitarbeiter vorgestellt werden, sodass man die den eigenen Vorstellungen mutmaßlich am ehesten entsprechenden Agenturen herausfinden kann. Eine weitere exzellente Quelle stellt das GWA-Handbuch dar (Gesamtverband Werbeagenturen). Voraussetzung für den Beitritt von Agenturen dort ist die Erfüllung bestimmter Bewertungskriterien (wie Kapitalausstattung, Mitarbeiterzahl, Geschäftsvolumen etc.). Das bürgt dafür, dass nur die besseren Agenturen sich mit dem GWA-Kürzel hinter ihrer Firmierung schmücken dürfen. Es gibt allerdings auch durchaus einige wenige Agenturen, die, aus welchen Gründen auch immer, nicht im GWA und dennoch sehr empfehlenswert sind, wie es auch einige GWA-Agenturen gibt, deren Profil eher schwächlich ist.

Der GWA ist zugleich Interessenvertretung der Branche und veröffentlicht jedes Jahr das besagte Handbuch mit aufwendigen Kurzportraits jeder einzelnen Mitgliedsagentur, die das will. Daraus ersieht man neben allen technischen Daten auch jeweils einige konkrete Arbeitsbeispiele, die Stil und Niveau des jeweiligen Hauses repräsentieren. In jedem Fall ist man gut beraten, darauf zu achten, zuförderst GWA-Agenturen ins Auge zu fassen, denn das ist eine Art Gütesiegel (so auch gemeint) und schützt vor vermeidbaren Enttäuschungen.

Nicht unberechtigt sind auch Warnungen vor Spezialagenturen (etwa für Promotions, Pharma, Allfinanz etc.), wenn man darin nicht einen dauerhaften Arbeitsschwerpunkt sieht. Ansonsten legt man seine beruflichen Perspektiven von vornherein zu eng an. Natürlich empfiehlt es sich auch, Kontakte zu Bekannten zu nutzen, von denen man weiß, dass sie in einer der großen Agenturen abgeblieben sind. Hier erfährt man dann aus erster Hand, wie diese Unternehmen praktisch einzuschätzen sind. Unterstellt, man hat sich durch diese Vorbereitung eine relative Marktübersicht geschaffen, stellt sich die Frage der konkreten Vorgehensweise. Zunächst sollte man für sich eine persönliche Rangordnung aufstellen und im ersten Schritt nur diejenigen Agenturen angehen, die zur individuellen Top 5 gehören. Dies kann wiederum auf durchaus verschiedene Art geschehen.

Selten werden Einstiegspositionen bei Agenturen in Form von Personalanzeigen offeriert (das provoziert nur Berge unqualifizierter Einsendungen, die mühsam retourniert werden müssen). Und auch Personalberater, die nachher abzuschütteln eher zum Problem wird, interessieren sich mangels Honorarpotenzial noch nicht für Berufsanfänger. Also erscheint es ziemlich chancenlos, darauf zu warten, dass gerade eine der Lieblingsagenturen eine Stelle in genau dem Bereich ausschreibt, den man wünscht. Demnach muss man selbst aktiv werden (Initiativbewerbung). Die einfachste und schnellste Form ist die der telefonischen Voranfrage. Man ruft die Agenturen seiner Wahl an und lässt sich mit einem leitenden Agenturmitarbeiter des Bereichs verbinden, dessen Name man vorher recherchiert hat. Nun klingt das einfacher als es wirklich ist, stellt für einen im Bewerbungsdschungel erfahrenen Kämpen aber letztlich kein wirkliches Problem dar.

Zunächst muss man sich dafür die verschiedenen Arbeitsbereiche der Agentur vor Augen führen. Kernangebote sind Kontakt (Marketingberatung), Grafik/Text (Kreativberatung) und Mediaberatung. Darüber hinaus gibt es diverse Spezialistenberufe, die aber zum Start weniger in Frage kommen (wie Art Buyer, Print-Producer, FFF-Produktioner etc.). Im kaufmännischen Bereich verkürzt sich diese Auswahl meist auf Kontakt und Media.

Noch ein kurzes Streiflicht auf die Hierarchie scheint nötig, damit man erkennen kann, wer ein leitender Mitarbeiter ist und wessen Titel nur danach klingt. Klassische Einstiegsposition ist die des Junior-Kontakters (auch Kontaktassistent), im Mediabereich parallel die des Junior-Planers. Im Zuge der beruflichen Entwicklung folgt im Kontaktbereich der Aufstieg zum Kontakter (Kundenberater, Account Executive), Etatdirektor (Kontaktgruppenleiter, Account Supervisor) und Kontaktdirektor (Management Supervisor). Vorläufiges Ende auf der nach oben offenen Agenturskala ist der Geschäftsführer (Managing Director, Chief Executive Officer).

Wichtig ist außerdem zu wissen, dass die allerwenigsten Agenturen über eine funktionsspezialisierte Personalabteilung verfügen. Sondern im Gegenteil darauf Wert legen, dass Personen aus dem Kreis der operativen Verantwortung sich ihr Urteil über einen prospektiven Kollegen bilden. Insofern wären also der Medialeiter oder der Management Supervisor die richtigen Ansprechpartner. Nun sind diese Personen recht selten erreichbar und werden durch ihre Vorzimmer gut abgeschirmt. Ein Trick, dennoch an sie heranzukommen, liegt darin, die Durchwahlnummer zu erfragen und es frühabends direkt unter diesem Anschluss zu versuchen. Die Telefonzentrale ist dann meist nicht mehr besetzt, und die Sekretärin hat sich bereits in den Feierabend verabschiedet. Das Ziel eines solchen Anrufs muss darin liegen, sein Leistungspotenzial (Ausbildung, praktische Erfahrung, Studium, Sprachkenntnisse etc.) in kürzestmöglicher Form darzustellen und anzufragen, an wen eine Bewerbung zu richten ist.

Hier kommt es jetzt auf den Stil der Agentur an. Es gibt genügend Agenturen, die wenig Wert auf formelle, schriftliche und ausgefeilte Bewerbungsunterlagen legen, sondern viel mehr am Menschen selbst und deshalb an einem persönlichen Gespräch interessiert sind. Wenn man es richtig anstellt und/oder das nötige Quentchen Glück hat, kommt es so gleich zu einer Terminvereinbarung. Diese Art von Agenturen ist sehr informell eingestellt, sodass es ratsam ist, ein Höchstmaß an zeitlicher und räumlicher Flexibilität für einen solchen Besuchstermin aufzubringen. Man muss davon ausgehen, dass das Werbeagenturgeschäft durch erheblichen Leistungs-, Kosten- und Termindruck geprägt ist, wie nur wenige andere Branchen. Nimmt sich ein leitender Mitarbeiter daher die Zeit zu einem Gespräch, ist das ein eindeutiges Indiz für weit überdurchschnittliches Interesse. Deshalb sollte man die Entwicklung nicht dadurch belasten, dass man unbeweglich agiert.

Meist aber wird der nächste Schritt im Erfolgsfall die Aufforderung zur Einsendung einer schriftlichen Bewerbung sein. Hier gibt es keine Regelvorgaben. Die Bewerbungsunterlagen sollten auf jeden Fall den persönlichen Stil widerspiegeln und nicht gekünstelt wirken. Insofern sind sie individuell zu halten. Aber es gibt einige allgemeingültige Hinweise. Zunächst einmal sind professionelle Agenturen ziemlich sachlich, nüchtern und cool eingestellt. Kreativität wird dort nicht durch ausgeflipptes Gehabe zum Ausdruck gebracht, sondern durch intelligentes, reduziertes Auftreten. Und mit an Sicherheit grenzender Wahrscheinlichkeit ist der langhaarige, buntgekleidete, mit Sonnenbrille und Sneakers versehene Werber neulich aus der Disco nicht einer, der in einer ernstzunehmenden Agentur arbeitet, sondern sich außerhalb der Disco allenfalls für die Florpostbeilage der ortsansässigen Malermeisterinnung produzieren darf. Deshalb ist vor übertrieben »kreativen« Bewerbungen zu warnen, fundierte, aussagefähige Bewerbungsunterlagen sind allemal angebrachter, weil sie professioneller wirken. Und wenn schon Gags, dann wenigstens zielgerichtete, stimmige und keine, bei denen, wie so oft, der Effekt nur Selbstzweck ist.

Beruhigend ist, dass nach den Studienzeugnissen, ist man erst einmal in der Branche verankert, ohnehin keiner mehr fragt. Die längere Ausbildung/besseren Noten dienen also in erster Linie als Mittel im vertikalen/horizontalen Verdrängungswettbewerb um den Einstieg. Zumal es kaum eine formalisierte Berufsvorbereitung gibt, denn die Werbung steckt, nach tradierten Maßstäben bemessen, voller schräger Typen. David Ogilvy, einer der Urväter professioneller Werbung (»Das lauteste Geräusch, das Sie bei Tempo 90 in einem Rolls Royce hören, ist das Ticken der Uhr«) ist stolz darauf, gelernter Koch zu sein. Werner Butter, einer der absoluten Topkreativen Deutschlands, war wenigstens Zeitungsvolontär. Und so begegnet man auf den Fluren der Werbeagenturen einer Vielfalt von Charakteren.

Die Bewerbung sollte immer ein individuelles Original je Agentur sein (Anschreiben, Unterschrift) und nur einwandfreie Fotokopien enthalten (Zeugnisse, Referenzen etc.). Als Klarsichthüllen verwendet man neu gekaufte, Gleiches gilt für Einstecklaschen etc. Es ist durchaus nicht mehr üblich, sondern eher nur mühsam für den Empfänger, den Lebenslauf handgeschrieben abzuliefern. Statt dessen ist eine tabellarische Aufstellung besser (übersichtlich, sauber). Bei allem sollte man daran denken, dass die Bewerbung schon das erste Stück Arbeit ist, das man dem prospektiven Arbeitgeber abliefert. Und genauso sorgfältig sollte sie aufbereitet sein. Ein Foto hilft, einen persönlichen Bezug aufzubauen (dafür beim Photografen ein paar Mark investieren, keine Automatenabzüge). Laserdruckerqualität im Finish ist heute zudem Standard.

Bei der Anzahl der Unterlagen gilt die alte Regel: soviel wie nötig, so wenig wie möglich. Alles, was irritierend wirken kann, lieber weglassen oder erst mündlich argumentieren. Im Inhalt sollte, ähnlich wie bei der Bewerbung eines neuen Produkts, zum Ausdruck kommen, wo die alleinstellende Besonderheit liegt, die man besser in seiner Person anbieten kann als andere, und womit man diesen Anspruch begründet. Das können z. B. die Ausbildung als Werbekaufmann, Praktika in renommierten Agenturen, Arbeitserfahrung auf Kundenseite, Fremdsprachen- oder besondere Branchenkenntnisse, aber auch Auslandsaufenthalte oder soziale Engagements sein. Englisch ist übrigens Standard in großen Agenturen und sollte auch nur entsprechend als Selbstverständlichkeit ausgelobt werden. Gut macht sich auch immer eine Erklärung, warum man sich gerade an diese Agentur wendet und nicht an irgendeine der anderen. Die Erwähnung eines bevorzugt zu bearbeitenden Etats engt hingegen die Möglichkeiten nur unnötig ein. Gehaltswünsche, so wichtig das Thema persönlich auch sein mag, haben in einer Erstbewerbung nichts zu suchen. Schließlich sollte man eine Transportverpackung wählen, die den wohl aufbereiteten Inhalt auch auf dem harten Postweg konserviert und die Sendung ausreichend frankieren.

Aber damit ist es dann immer noch nicht getan. Man muss sich vorstellen, dass Agenturmanager im harten Wettbewerb um die optimale Betreuung ihrer Kunden stehen und deren Belange daher unbedingten Vorrang genießen. Das heißt, alles andere, und Personalangelegenheiten gehören nun einmal bedauerlicherweise dazu, hat im Zweifel zweite Priorität. Das bedeutet, dass die Bewerbung nur allzuleicht in Vergessenheit geraten kann. Außerdem ist die Werbeberatung eine extrem schnellebige Angelegenheit, das macht sie ja gerade so spannend. Das heißt, Situationen, die gestern noch unter den Nägeln gebrannt haben mögen, stellen sich heute schon ganz anders dar. Auch dadurch wird mancher Kontakt unverschuldet bald obsolet. Also tut man als engagierter Bewerber gut daran, sich in Erinnerung zu bringen. So etwa zwei Wochen nach Übersendung ist es durchaus legitim, nachzufragen, ob die eingeschickten Unterlagen denn auch angekommen oder vielleicht sogar schon durchgesehen sind und wenn ja, mit welchem Ergebnis. Da man jetzt einen konkreten Kontaktanlass hat, fällt die Gesprächsanbahnung schon wesentlich leichter. Für den Fall, dass die Unterlagen noch nicht eingesehen worden sind, darf man freundlich darum bitten, diese doch zu prüfen, für den Fall, dass das anvisierte Interview als nicht aussichtsreich angesehen wird, kann man getrost nach den

Gründen fragen. Vielleicht hat man banale Fehler gemacht, die beim nächsten Mal leicht zu verhindern sind. Falls die Unterlagen an einen Kollegen weitergegeben worden sind, kann man darum bitten, zu ihm/ihr weiterzuverbinden oder sich dessen Durchwahl geben lassen und dort erneut nachfassen.

Falls alle Bemühungen bei den Top Five-Agenturen fruchtlos geblieben sind, die nächsten fünf angehen und dort alle genannten Arbeitsschritte mit frischem Elan wiederholen, so mühsam das im Einzelfall auch ist, aber es geht schließlich um nicht mehr und nicht weniger als den gelungenen Einstieg in das Berufsleben. Falls auch dort kein Erfolg winkt, die nächsten fünf angehen. Oder nach einiger Zeit bei den Agenturen, die aus nicht in der Person des Bewerbers liegenden Gründen abgesagt haben, nachfragen, ob diese anderen Gründe noch gegeben sind oder sich zwischenzeitlich zu eigenen Gunsten verändert haben. Insofern merkt man schon, dass es in der Agenturbranche extrem wichtig ist, daran zu denken, dass man sich immer zweimal sieht. Also stets für faires Verhalten sorgen.

Für den positiven Fall eines Gesprächstermins hat man die erste Hürde schon einmal sicher genommen, nämlich aus der Vielzahl von unaufgeforderten Bewerbungen zu den wenigen zu gehören, denen man die Zeit für ein Interview widmen will. Das sollte Selbstvertrauen geben. Denn die nächste Hürde ist sicherlich noch etwas höher.

Das fängt bei der Empfangsdame im Foyer an. Während in Industrieunternehmen dort bei der Auswahl oft nach Dienstalter oder sonstigen eher unerfindlichen Kriterien vorgegangen wird, befleißigen Werbeagenturen sich hier zu einer absoluten Positivauswahl. Gute Häuser sind auch daran zu erkennen, dass die Wände weiß gestrichen, der Boden schwarz ausgelegt und der Besuchersessel von klassischem Design ist. Gibt es dann noch ein zeitgenössisches Originalkunstwerk oder alueingerahmte Arbeitsbeispiele mit Awards zur wohlgefälligen Betrachtung, darf man sich darin bestärkt fühlen, schon einmal bei einer richtigen Adresse angekommen zu sein. Auf solche Selbstverständlichkeiten wie genügend Zeit zur Fahrt und zum Zurechtfinden in einer womöglich fremden Stadt, die zu einem verwirrenden Labyrinth von Baustellen und Einbahnstraßen mutieren kann, einzuplanen, damit man nicht ebenso entnervt wie verspätet eintrifft und sich bestimmt unter Normalform präsentiert, braucht wohl nicht näher eingegangen zu werden.

Werbeagenturmitarbeiter sind für gewöhnlich außerordentlich jung und aufgekratzt. So sollte man sich nicht weiter wundern, wenn der erwartete Topmanager sich als drahtiger Mitdreißiger herausstellt, und die Sekretärin eher verwirrend denn hilfreich ist. Die Büros sind meist mit runden, weißen Tischen eher karg ausgestattet. Reduktion ist einer der vielen Schlagworte, die Agenturen vorleben. So ist denn in einer Agentur nichts dann perfekt, wenn nichts mehr hinzugenommen, sondern erst, wenn nichts mehr weggelassen werden kann. Der verbleibende Rest strahlt umso höheren Wert aus. Je weniger Arbeitsmaterial im Zimmer herumliegt, desto fortgeschrittener dürfte die Position des Gesprächspartners sein. Vorsicht ist allenfalls bei den wunderschönen, aber etwas unpraktischen Designer-Kaffeekannen geboten, die dazu neigen, beim Eingießen ihren Deckel in die Tasse abzuwerfen. Das macht immer etwas nervös, abgesehen von den häßlichen Flecken. Daher besser jemand anderen da heranlassen.

Das alles ist normalerweise beeindruckend genug, darf einen aber nicht weiter einschüchtern. Das Auftreten des Bewerbers sollte mit bescheiden, aber selbstbewusst charakterisiert werden können. Ganz wichtig ist in der Werbung die Kommunikationsfähigkeit. Deshalb sollte man versuchen, schnell einen informellen Draht zum Gegenüber aufzubauen, was von diesem regelmäßig nicht schwer gemacht wird. Aber nicht schwätzen, sondern versuchen, intelligent und pfiffig zu sein, keine Witze machen, sondern Humor ausstrahlen, nicht angeben, sondern kompetent wirken. Er wird daraus schließen, dass man sich seinem Kunden gegenüber später auch so darstellen wird. Und die meisten Etats werden bei zunehmend ausgeglichenem Leistungsniveau der Topagenturen auf der menschlichen Ebene gewonnen und gehalten. Das setzt voraus, dass die Kundenmitarbeiter den Agenturrepräsentanten sozial akzeptieren und fachlich schätzen. Vor allem sollte man sich nicht verstellen, denn das hält man auf Dauer schwerlich durch, und sympathisch darstellen, denn auf der anderen Seite sitzt ja meist kein ausgebuffter Personalmanager, sondern jemand, dessen Position man in überschaubarer Ferne einnehmen möchte (ohne ihm das mitzuteilen).

Zur Kleidung ist zu sagen, dass Werber immer modisch gewandet auftreten, dabei aber auf Qualität achten, was ihnen aufgrund ihres meist überdurchschnittlichen Gehaltsniveaus nicht weiter schwer fällt. Gerade im Kontaktbereich ist korrektes Auftreten absolute Voraussetzung, also mitnichten Jeans und Lederjacke, wie man sich das vielleicht so vorstellt. Bei Springer&Jacoby etwa herrscht Anzug- und Krawattenzwang für Mitarbeiter ab einer gewissen Hierarchiestufe bei Kundenbesuchen, und das ist immerhin eine superkreative Agentur. Am besten ist, man stellt sich vor, dass der Gesprächspartner der spätere Kunde ist und verhält sich so, wie man sich einem Kunden, von dem man einen Auftrag erhalten oder behalten will, eben verhält. Dabei gilt es, unbedingt zu berücksichtigen, dass Werbeberater Dienstleister sind und damit letztlich nur Zulieferer, Kunden aber ein Höchstmaß an Know-how und Engagement erwarten, was beides im Auftritt zum Ausdruck kommen sollte.

Das Gespräch selbst beginnt normalerweise mit einer Aufwärmrunde, d. h. Small Talk. Hier kommt es darauf an, nicht verbissen und jederzeit auf Hinterhalte gefasst zu reagieren. Denn ein solcher Gesprächsauftakt ist vom Partner immer ehrlich gemeint, deshalb unbefangen bleiben. Wenn man dabei in das Licht blinzeln muss, ist das gewiss nicht Absicht, also einfach fragen, ob man sich etwas zur Seite setzen darf. Am runden Tisch erübrigt es sich auch, die strategisch beste Sitzordnung zu eruieren. Gutarzogene sprechen dem dargebotenen Gebäck übrigens nur zurückhaltend zu.

Danach wird meist die Aufforderung folgen, etwas über sich selbst, über seinen Werdegang zu berichten. Ziel ist dabei nicht die Informationsübermittlung, denn alles Wesentliche sollte ohnehin schon aus den Bewerbungsunterlagen hervorgegangen sein. Vielmehr geht es darum, wie man sich darstellt. Deshalb keine gestelzten Sätze, keine vermeidbaren Fremdwörter, nicht zu schnell sprechen und darauf achten, dass man die für wichtig erachteten Punkte gut überbringt. Ein fairer Gesprächspartner, und davon sollte man immer ausgehen, wird als Nächstes kurz die Agentur vorstellen und genauer auf das zu besetzende Arbeitsfeld eingehen (Größe der Gruppe, Etatvolumen, Aufgabenbereihe etc.). Dies leitet dann zum ernsteren Teil des Interviews über.

Hier zahlt sich jetzt eine gute Vorbereitung aus. Denn natürlich sollte man nicht unvorbereitet in ein solch wichtiges Gespräch gehen, das würde man einem Kunden ja auch nicht zumuten. Die erforderliche Recherche ist aber recht aufwändig. So sollte man sich genauestens informieren, welche Etats die betreffende Agentur betreut und wie die dazugehörigen Kampagnen aussehen. Hat man vorher einen Hinweis, um welchen Etat es beim Gespräch geht, lohnt es sich unbedingt, etwas Zeit in die Informationssammlung zu stecken. Geeignet dafür ist ein Store Check, zumal es sich recht gut macht, wenn man so beiläufig durchblicken lässt, dass man erst neulich im Handel noch eine sehr ungünstige Platzierung des betreffenden Produkts in der Bückzone links ausgemacht hat. Ebenso sollte man eine Copy-Analyse der Werbemittel vornehmen und versuchen, herauszufinden, wie die werbliche Positionierung des Angebots lauten mag und wodurch es sich gegenüber seinen Mitbewerbern abgrenzt. Vorteilhaft ist, wenn man sich etwas mit der Markenhistorie der Neuzeit auskennt oder zumindest überlegt hat, wie zukünftige Einflussfaktoren auf die Werbebotschaft einwirken und welche Schlüsse daraus folgen. Hilfreich ist dabei auch immer die Kenntnis einschlägiger Verkaufsliteratur. Das alles versetzt einen in die Lage, nicht allzusehr ins Schwimmen zu geraten, wenn es um die Diskussion einer Werbekonzeption geht. Und viel mehr kann kaum jemand auf Anhieb erwarten. Auch sollte man gewappnet sein, einige markante Sätze in Englisch von sich zu geben, denn Werber überzeugen sich aus guten Gründen gerne sofort von den Angaben, und Englisch gilt in der Branche nicht als Fremdsprache, sondern als selbstverständlich.

Beliebt sind auch Fragen nach der Einschätzung der eigenen Stärken und Schwächen. Kommt eine solche Frage unvorbereitet, gelingt es kaum, einige vernünftige Merkmale aufzuzählen. Hat man aber vorher überlegt, welche Schwächen einigermaßen harmlos und damit leicht zuzugeben sind und welche Stärken ein zukünftiger Vorgesetzter wohl an seinem Mitarbeiter schätzt, kommt man auch dabei ganz gut weg. Schließlich ist da noch die Frage, warum gerade Werbung, aber die hat man sich ja schon vor der Ausbildung gestellt und zur Genüge beantworten können. Sowie die Frage nach den Vorstellungen über die berufliche Zukunft (besonders bei weiblichen Aspiranten). Hier nicht übertrieben verbissen, aber keineswegs auch gleichgültig reagieren. Man sollte zudem wissen, dass die Werbebranche die Emanzipation der Frau im Beruf in einem Maße vorantreibt wie kaum eine andere. Harmloser ist da schon das Interesse an Hobbies (allerdings sollte man Freizeitbeschäftigungen nicht allzu sehr betonen, dafür bleibt in der Werbung ohnehin kaum Musse). Gibt es Strukturbrüche im Werdegang, tut man gut daran, sich dafür plausible Argumente zurechtzulegen, die, sofern es nicht weiter auffällt, nicht zwangsläufig voll der Wahrheit entsprechen müssen.

Dann kommt meist die Frage, ob man selbst noch Fragen hat. Dafür sollte man immer ein paar Reservefragen parat haben (etwa nach der technischen Ausstattung des Arbeitsplatzes, dem Altersdurchschnitt der Kollegen, den Parkmöglichkeiten etc.). Das Gehalt spielt im gesamten Gespräch, das zwischen 30 und 60 Minuten dauern sollte, normalerweise keine große Rolle. Es ist bekannt, dass die Dotierung für Startpositionen in der Werbung um ca. 35.000 € p. a. liegt. Das ist zwar im Vergleich zur Industrie eher unterdurchschnittlich, aber dafür kann man sein Gehalt in mehreren Stufen auch binnen fünf Jahren locker verdoppeln, wenn man richtig gut ist, sogar ohne dafür ein einziges Mal nachfragen zu müssen. Am Anfang seiner Karriere ist es zudem viel wichtiger, auf die richtige Adresse zu achten als auch ein paar hundert Mark mehr oder weniger. Diese im Nachhinein, zumal netto, lächerliche Differenz holt man als reüssierender Werber schnell wieder auf. Eine falsche Startadresse hingegen ist schwerlich wieder gutzumachen.

Nicht verschwiegen werden darf allerdings, dass amerikanisch harte Sitten dafür sorgen, dass man schon wesentlich früher wieder »outplaced« sein kann, wenn es einem nicht gelingt, sich aus dem Stand heraus mit der dafür notwendigen Beschleunigung auf ein Arbeitstempo zu steigern, das wenigstens halbwegs geeignet ist, dem Agenturrennen zu folgen. Hoffnungen auf stark ausgeprägtes Mitgefühl oder starke Anwandlungen sozialer Fürsorglichkeit sind gewiss Fehl am Platz. Allzu leicht wird auch vergessen, dass mit dem Gehaltsbetrag praktisch alle Leistungen der Agentur abgegolten sind. Das heißt, die Frage nach zusätzliche Sozialleistungen, so selbstverständlich sie in der Industrie auch sein mag, wird nur mit ungläubigem Kopfschütteln quittiert. Rechnet man das Gehalt, das freilich exorbitante Höhen erreichen kann, zudem auf die zu erwartende Stundenzahl an Arbeitsleistung um, relativiert sich die Bezahlung zusätzlich. Gleiches gilt für den Urlaubsanspruch bzw. dessen partielles Fehlen. Aber dagegen steht immerhin eine der aufregendsten Tätigkeiten überhaupt.

Ist dieser Punkt des Gesprächs erreicht, bleibt meist nur noch die Verabschiedung und der Hinweis, dass die Agentur sich innerhalb der nächsten Tage melden wird und man eine gute Rückfahrt wünscht. Immerhin hat man danach etwas zu erzählen, wenn man gefragt wird, was man denn so am Tag gemacht hat. Manche Agenturen haben ein formalisiertes Sichtungssystem, das mehrere Interviews mit voneinander unabhängigen Bewertungen verschiedener Mitarbeiter vorsieht. Dies soll die Objektivität der Auswahl erhöhen. Für diesen Fall geht das Spiel, vorausgesetzt, man ist nicht schon in der ersten Runde ausgeschieden, ein paar Tage später von neuem los. Danach geht dafür dann alles wie von selbst. Entweder fliegt ein Brief ins Haus mit der bedauernden Absage und vielem Dank für das gesteigerte Interesse, das man dem Haus entgegengebracht hat, sowie der Aufforderung zur Angabe der Spesenauslagen. Oder es kommt ein rein äußerlich nicht viel anders aussehender Brief mit einem einseitig vorunterschriebenen Arbeitsvertrag in doppelter Ausfertigung an. Oft lassen Agenturen es sich nicht nehmen, ihren ausgewählten Bewerber noch einmal einzuladen, und sei es nur, um etwaige letzte Zweifel zu zerstreuen und ihm die Erfolgsnachricht persönlich zu übermitteln. Zumindest aber am Telefon. Dabei gibt es übrigens keine Standardeinstellungstermine, sondern eingestellt wird, wenn Bedarf ist, nicht früher, aber auch nicht später. Und der kann sich ziemlich kurzfristig einstellen.

Dann gilt es, sich schnell zu entscheiden. Denn Agenturen sind nicht gewöhnt, lange zu warten. Das kann unerwartete Interessenkonflikte mit sich bringen, wenn man plötzlich zwei unterschriebene Verträge vor sich liegen hat oder die terminliche Koordination mit einer anderen, an sich favorisierten Agentur nicht so funktioniert, wie jetzt eigentlich dringend erforderlich. Eine Warnung ist vor allem dahingehend auszusprechen, zwei Verträge zu unterschreiben und danach von einem von ihnen zurückzutreten. Das ist unter Umständen teuer, zumindest aber kompliziert, immer aber peinlich. Man halte sich dazu nur vor Augen, dass die Werbewelt noch viel kleiner ist als manche andere. Denn kaum irgendwo erreicht die Fluktuationsrate solche Höhen. Oft reichen schon drei Jahre bei einer Agentur, um nicht nur zu den dienstältesten dort zu gehören, sondern währenddessen auch die meisten Werber der Stadt kennengelernt und informelle Stützpunkte in allen wesentlichen Agenturen aufgebaut zu haben. Da spricht sich unprofessioneller Stil unabwendbar rasch herum. Professionalität aber glücklicherweise genauso rasch.

Literaturverzeichnis

Aaker, Donald A.: Strategisches Markt Management, Wiesbaden 1989
Ahlert, Dieter: Grundzüge des Marketing, 4. Auflage, Düsseldorf 1992
ders.: Distributionspolitik, 2. Auflage, Stuttgart 1991
Albers, Sönke: Entscheidungshilfen für den Persönlichen Verkauf, Berlin 1989
Althans, Jürgen: Klassische Werbeträger, in: Berndt, Ralph/Hermanns, Arnold (Hrsg.): Handbuch Marketing-Kommunikation, Wiesbaden 1993, S. 393–419
Antonoff, Roman: Corporate Identity, Frankfurt 1983
ARD (Hrsg.): ABC der ARD, Baden-Baden 1994
Auer, Manfred/Kalweit, Udo/Nüßler, Peter: Product Placement, Düsseldorf 1991
Avenarius, Hans: Public Relations. Die Grundlagen der gesellschaftlichen Kommunikation, Darmstadt 1995

Backhaus, Klaus: Messen als Institution der Informationspolitik, in: Strothmann, Karl-Heinz/Busche, Manfred (Hrsg.): Handbuch Messemarketing, Wiesbaden 1992, S. 83–96
ders.: Industriegütermarketing, 6. Auflage, München 1999
ders. u. a.: Die allgemeine Theorie der Kaufentscheidung, Opladen 1979
ders./Erichson, Bernd/Plinke, Wulff: Multivariate Analysemethoden, 4. Auflage, Berlin 1990
Bänsch, Axel: Verkaufspsychologie und Verkaufstechnik, 4. Auflage, München – Wien 1990
ders.: Persönlicher Verkauf (Personal Selling), in: Diller, Hermann (Hrsg.): Vahlens Großes Marketing Lexikon, München 1992, S. 868
ders.: Charakterisierung und Arten von Sales Promotions, in: Bernd, Ralph/Hermanns, Arnold (Hrsg.): Handbuch Marketing-Kommunikation, Wiesbaden 1993, S. 563–576
ders.: Einführung in die Marketing-Lehre, 3. Auflage, München 1991
ders.: Käuferverhalten, 6. Auflage, München 1995
Bandzauner, Gerald: Internet, Wien 1996
Bauer, Erich: Markt-Segmentierung, Stuttgart 1987
Bauer, Kurt/Giesriegl, Karl: Druckwerke und Werbemittel herstellen, Wien 1995
Bebié, Axel: Käuferverhalten und Marketingentscheidung, Wiesbaden 1978
Becker, Helmut: Messe, in: Dallmer, Heinz (Hrsg.): Handbuch des Direct-Marketing, 5. Auflage, Wiesbaden 1993
Becker, Jochen: Marketing-Konzeption, 6. Auflage, München 1998
Behrens, Gerold: Werbewirkungsanalyse, Opladen 1976
ders.: Konsumentenverhalten, 2. Auflage, Heidelberg 1991
ders.: Werbepsychologie, 3. Auflage, München 1991
ders.: Werbung, München 1996
Behrens, Karl Christian: Absatzwerbung, 2. Auflage, Wiesbaden 1991
ders. (Hrsg.): Handbuch der Werbung, Wiesbaden 1970
ders. (Hrsg.): Handbuch der Marktforschung, Wiesbaden 1976
ders. : Begrifflich-systematische Grundlagen der Werbung und Erscheinungsformen der Werbung, in: Behrens, Karl Christian (Hrsg.): Handbuch der Werbung, Wiesbaden 1970, S. 3–11
ders. (Hrsg.): Handbuch der Werbung, 2. Auflage, Wiesbaden 1975
Beike, Peter u. a.: Werbewörter (Heinrich Bauer Stiftung), Velbert 1976
Bekmeier, Sigrid: Nonverbale Kommunikation, in: Diller, Hermann (Hrsg.): Vahlens Großes Marketing Lexikon, München 1992, S. 821–824

Berekoven, Ludwig: Grundlagen der Absatzwirtschaft, 4. Auflage, Herne – Berlin 1989
ders.: Erfolgreiches Einzelhandelsmarketing, München 1990
ders.: Internationales Marketing, 2. Auflage, Herne – Berlin 1985
ders./Eckert, Werner/Ellenrieder, Peter: Marktforschung, 8. Auflage, Wiesbaden 1991
Berndt, Ralph: Optimale Werbeträger- und Werbemittelselektion, Wiesbaden 1978
ders.: Marketing 1, 2, 3, 2. Auflage, Berlin et al 1992
ders.: Product Placement, in: Berndt, Ralph/Hermanns, Arnold (Hrsg.): Handbuch Marketing-Kommunikation, Wiesbaden 1993, S. 673–694
ders./Hermanns, Arnold (Hrsg.): Handbuch Marketing-Kommunikation, Wiesbaden 1993
ders.: Kommunikationspolitik im Rahmen des Marketing, in: Berndt, Ralph/Hermanns, Arnold (Hrsg.): Handbuch Marketing-Kommunikation, Wiesbaden 1993, S. 3–18
ders.: Konsumentscheidung und Informationsüberlastung, München 1983
ders./Fantapié Altobelli, Claudia/Sander, Matthias: Internationale Marketing-Politik, Berlin u. a. 1997
Bidlingmaier, Johannes: Marketing, Bd.1 + 2, 10. Auflage, Wiesbaden 1983
ders.: Festlegung der Werbeziele, in: Behrens, Karl Christian (Hrsg.): Handbuch der Werbung, Wiesbaden 1970, S. 403–416
Bieberstein, Ingo: Dienstleistungs-Marketing, 2. Auflage, Ludwigshafen 1998
Birkigt, Klaus: Angewandte Verkaufsförderung, Hamburg 1983
ders./Stadler, Marinus M: Corporate Identity, 7. Auflage, München 1994
Bleicher, Kurt: Organisation, 2. Auflage, Wiesbaden 1991
Böcker, Franz: Marketing-Kontrolle, Stuttgart 1988
ders. u. a.: Grundzüge des Marketing, München 1976
ders.: Marketing, 5. Auflage, Stuttgart u. a. 1995
ders.: Der Distributionsweg einer Unternehmung, Berlin 1972
Böhler, Heymo: Methoden der Marktsegmentierung, Stuttgart 1973
ders.: Marktforschung, 2. Auflage, Stuttgart 1992
Böhme-Köst, Peter: Tagungen – Incentives – Events, Hamburg 1992
Bodenstein, Gerhard: Der Annahme- und Verbreitungsprozeß neuer Produkte, Frankfurt a.M. 1972
Brockhoff, Klaus: Prognoseverfahren für die Unternehmensplanung, Wiesbaden 1977
Brauer, Günter.: Econ Handbuch der Öffentlichkeitsarbeit, Düsseldorf u. a. 1993
Bruhn, Manfred: Integrierte Unternehmenskommunikation, 2. Auflage, Stuttgart 1995
ders. (Hrsg.): Handbuch des Marketing, München 1989
ders. (Hrsg.): Internes Marketing, Wiesbaden 1995
ders./Dahlhoff, Hans-Dieter (Hrsg.): Effizientes Kommunikationsmanagement, Stuttgart 1993
ders.: Sozio- und Umweltsponsoring, München 1990
ders.: Kommunikationspolitik, München 1997
ders./Dahlhoff, Hans-Dieter (Hrsg.): Kulturförderung – Kultursponsoring, Frankfurt a.M.-Wiesbaden 1989
ders./Mehlinger, Rudolf: Rechtliche Gestaltung des Sponsoring, 2 Bände, München 1994
ders.: Marketing, 3. Auflage, Wiesbaden 1997
ders. (Hrsg.): Handbuch Markenartikel, Band 1, 2, 3, Stuttgart 1994
ders.: Sponsoring, 2. Auflage, Frankfurt 1991
ders.: Integrierte Unternehmenskommunikation, 2. Auflage, Stuttgart 1995
ders./Meffert, Heribert/Wehrle, Friedrich (Hrsg.): Marktorientierte Unternehmensführung im Umbruch, Stuttgart 1994
ders.: Konsumentenzufriedenheit und Beschwerden, Frankfurt a.M. 1982
Bruns, Jürgen: Direktmarketing, Ludwigshafen 1998

Christofolini, Peter M./Thies, Gerhard: Verkaufsförderung–Strategie und Taktik, Berlin – New York 1979

Dahlhoff, Hans-Dieter: Kaufentscheidungsprozesse von Familien, Frankfurt 1980
Dallmer, Heinz (Hrsg.): Handbuch Direkt-Marketing, 6. Auflage, Wiesbaden 1990
Derieth, Axel: Unternehmenskommunikation, Opladen 1995
Deutscher Werbekalender, Taschenbuch für Marketing und Werbung 1995, Düsseldorf 1994
Dichtl, Erwin: Der Weg zum Käufer, 2. Auflage, München 1991
ders./Walter Eggers (Hrsg.): Marke und Markenartikel, München 1992
Dill, Paul: Unternehmenskommunikation, Bonn 1986
Diller, Hermann (Hrsg.): Vahlens Großes Marketing-Lexikon, München 1992
ders. (Hrsg.): Marketingplanung, München 1980
ders. (Hrsg.): Vahlens' großes Marketing-Lexikon, München 1992
Dohmen, Jochen: Planung von Werbemaßnahmen, in: Autorenteam (Hrsg.): Werbung, 5. Auflage, Landsberg 1993, S. 111–146
Domizlaff, Hans: Die Gewinnung des öffentlichen Vertrauens, Neuausgabe Hamburg 1992
Dommermuth, William P.: Promotion, 2nd edition, Boston 1989
Drees, Norbert: Sportsponsoring, 3. Auflage, Wiesbaden 1993

Edler, Fritz: Werbetheorie und Werbeentscheidung, 2. Auflage, Wiesbaden 1975
Eggert, Ulrich: Mega-Trends im Verkauf, München 1995
Eirich, Dietmar: Desk Top Publishing, München 1990
Evers, Johann: Der Vertrieb, Würzburg – Wien 1979

Felser, Georg: Werbe- und Konsumentenpsychologie, Stuttgart 1997
Festinger, Leon: A Theory of Cognitive Dissonance, Stanford 1962
Fließ, Sabine: Industrielles Kaufverhalten, in Kleinaltenkamp, Michael/Plinke, Wulff: Technischer Vertrieb, 2. Auflage, Berlin u. a. 2000, S. 251–369
Francke, Lothar: Erlaubtes und Unerlaubtes in der Verkaufsförderung und in der Werbung von A-Z, München 1987
Freter, Hermann: Mediaselektion, Wiesbaden 1974
ders.: Marktsegmentierung, Stuttgart u. a. 1983
Frey, Ulrich D.: Das Management von Sales Promotions, in: Berndt, Ralph/Hermanns, Arnold (Hrsg.): Handbuch Marketing-Kommunikation, Wiesbaden 1993, S. 579–592
Freyer, Werner: Handbuch des Sport-Marketing, Wiesbaden 1990
Funke, Karl: Messeentscheidungen, Frankfurt a.M.-Bern-New York 1987

Geisbüsch, Hans-Georg/Geml, Richard/Lauer, Hermann (Hrsg.): Marketing, 2. Auflage, Landsberg 1991
Geise, Wolfgang: Einstellung und Marktverhalten, Frankfurt a.M. 1984
Geschka, Heinz/Reibnitz, Ute von: Vademecum der Ideenfindung, 4. Auflage, Frankfurt a.M. 1981
Gierl, Heribert: Marketing, Stuttgart-Berlin-Köln 1995
Godefroid, Peter: Business to Business-Marketing, 2. Auflage, Ludwigshafen 2000
Goehrmann, Klaus E.: Verkaufsmanagement, Stuttgart u. a. 1984
Goschmann, Kurt: Die erfolgreiche Beteiligung an Messen und Ausstellungen von A–Z, Landsberg 1988
Gotta, Manfred: Brand News, Hamburg 1988 (Spiegel-Verlag)
Greff, Günther/Töpfer, Armin (Hrsg.): Direktmarketing mit neuen Medien, 3. Auflage, Landsberg/Lech 1993

Großklaus, Rainer: Checkliste USP, Wiesbaden 1982
Gruner&Jahr (Hrsg.): Media-Planung, Band 6, Hamburg 1981
Gutjahr, Gert: Markt- und Werbepsychologie, Heidelberg 1974

Haase, Volkmar: Die Technik der neuen Medien, Mannheim u. a. 1983
Hack, Gerhard: Grundlagen der Werbung, in: Autorenteam (Hrsg.): Werbung, 5. Auflage, Landsberg 1993, S. 25–68
Haedrich, Günther: Werbung als Marketinginstrument, Berlin – New York 1976
ders.: Operationale Entscheidungshilfen für die Marketingplanung, Berlin – New York 1977
ders./Tomczak, Torsten: Strategische Markenführung, Bern – Stuttgart 1990
ders./Barthenheimer, G./Kleinert, H. (Hrsg.): Öffentlichkeitsarbeit, Berlin-New York 1982
Henze, Arno: Marktforschung, Stuttgart 1994
Hermanns, Arnold: Sponsoring, in: Berndt, Ralph/Hermanns, Arnold (Hrsg.): Handbuch Marketing-Kommunikation, Wiesbaden 1993, S. 627–648
ders. (Hrsg.): Sport- und Kultursponsoring, München 1989
ders./Flegel, Volker (Hrsg.): Handbuch des Electronic Marketing, München 1992
ders.: Konsument und Werbewirkung, Bielefeld – Köln 1979
ders./Wißmeier, Urban Kilian (Hrsg): Internationales Marketing-Management, München 1995
Heuer, Gerd: Elemente der Werbeplanung, Köln – Opladen 1968
Hill, Wilhelm: Marketing I + II, 5. Auflage, Bern – Stuttgart 1982
Hilke, Wolfgang (Hrsg.): Direkt-Marketing, Wiesbaden 1993
Hinterhuber, Hans H.: Strategische Unternehmensführung, Bd. 1 + 2, 5. Auflage, Berlin – New York 1992
ders.: Wettbewerbsstrategie, 2. Auflage, Berlin 1990
Hofe, Klaus G.: Praktisches Werbe- und Marketing ABC, Freiburg 1993
Holland, Heinrich: Direktmarketing, München 1992
Hooffacker, Gabriele: Online – Telekommunikation von A bis Z, Reinbek 1995
Hovstadt, Klaus: Multimedia leicht gemacht, Bergisch-Gladbach 1994
Huckemann, Mathias/ter Weiler, Dieter S.: Messen meßbar machen, Neuwied-Kriftel-Berlin 1995
Hünerberg, Reinhard: Internationales Marketing, Landsberg 1994
ders.: Online-Kommunikation, in: Hünerberg, Reinhard/Heise, G./Mann, A. (Hrsg.): Handbuch Online-Marketing, Landsberg 1996
ders./Heise, G. (Hrsg.): Multi-Media und Marketing, Wiesbaden 1995
Hüttner, Manfred: Grundzüge der Marktforschung, 5. Auflage, Wiesbaden 1997
ders./Pingel, Anette/Schwarting, Ulf: Marketing-Management, München-Wien 1994
Hugo-Becker, Annegret/Becker, Henning: Psychologisches Konfliktmanagement, München 1992
Huth, Rupert/Pflaum, Dieter: Einführung in die Werbelehre, 6. Auflage, Stuttgart et al 1996

Irle, Manfred (Hrsg.): Handbuch der Psychologie, 12. Band, 2. Halbband: Methoden und Anwendungen in der Marktpsychologie, Göttingen-Toronto-Zürich 1993

Jeschke, Kurt: Nachkaufmarketing, Frankfurt a.M. u. a. 1995
Johannsen, Udo: Das Marken- und Firmen-Image, Berlin 1971

Kaas, Klaus P.: Diffusion und Marketing, Stuttgart 1973
Käseborn, Hans G./Siekerkötter, Reiner/Fehn, Thomas: Wirtschaftswerbung, Rinteln 1993
Kaiser, Andreas: Werbung – Theorie und Praxis werblicher Beeinflussung, München 1980
Kaiser, Ulrich: Internet, München 1996
Kalt, Gero (Hrsg.): Öffentlichkeitsarbeit und Werbung, 5. Auflage, Frankfurt a.M. 1994

Katz, Dieter: Gestaltpsychologie, 4. Auflage, Basel-Stuttgart 1969
Kellner, Jochen: Promotions, Landsberg 1983
Kinnebrock, Wolfgang: Integriertes Eventmarketing, Wiesbaden 1993
ders.: Marketing mit Multimedia, Landsberg/Lech 1994
Kirchner, Gerhard: Prospekt- und Katalogoptimierung, Landsberg 1988
ders.: Direktmarketing-Kommunikation, Wiesbaden 1992
ders./Sobeck, Stefan: Lexikon des Direktmarketing, Landsberg 1989
Klenger, Franz/Krautter Jürgen: Simulation des Käuferverhaltens, Wiesbaden 1972
Klimsa, Paul: Multimedia, Reinbek 1995
Kloss, Ingomar: Werbung, München-Wien 1998
Köhler, Richard: Beiträge zum Marketing-Management, Planung, Organisation, Controlling, 2. Auflage, Stuttgart 1991
Koeppler, Karlfritz: Opinion Leaders, Hamburg 1984
Koschnick, Wolfgang J.: Standard-Lexikon für Marketing, Marktkommunikation, Markt- und Mediaforschung, München et al 1987
ders.: Standard-Lexikon für Mediaplanung und Mediaforschung, München et al 1988
Kotler, Philip/Bliemel, Friedhelm: Marketing-Management, 7. Auflage, Stuttgart 1992
Krais, Alexander: Lernpsychologie und Markenwahl, Frankfurt a.M. 1971
Kraus-Weysser, Folker: Fachbegriffe der Kommunikation, Stuttgart o.J.
Kreuz, Adolf: Der Produkt-Manager, Essen 1975
Kreuzhof, Hans-Dieter/Politis, Friederico (Hrsg.): Plakatwerbung in Deutschland, Köln 1986
Kroeber-Riel, Werner: Bildkommunikation, München 1993
ders./Weinberg, Peter: Konsumentenverhalten, 6. Auflage, München 1999
ders.: Strategie und Technik der Werbung, 4. Auflage, Stuttgart et al 1993
ders./Meyer-Hentschel, Gundolf: Werbung – Steuerung des Konsumentenverhaltens, Würzburg 1982
Kuhlmann, Ernst: Das Informationsverhalten der Konsumenten, Freiburg 1970
Kunczik, Michael: Public Relations, Köln-Weimar-Wien 1993
Kuß, Alfred: Käuferverhalten, Stuttgart 1991

Lang, Rainer/Haunert, Fritz: Handbuch Sozial-Sponsoring, Weinheim-Basel 1995
Lehr, Georg: Katalogresponse, in: Greff, Günther/Töpfer, Armin (Hrsg.): Direktmarketing mit neuen Medien, 3. Auflage, Landsberg 1993, S. 167–188
Leitherer, Eugen: Betriebliche Marktlehre, 3. Auflage, Stuttgart 1989
ders.: Werbelehre, 3. Auflage, Stuttgart 1988
Leu, Olaf: Corporate Design, München 1992
Link, Joachim/Hildebrand, Volker: Database Marketing und Computer Aided Selling, München 1993
Linneweh, Klaus: Kreatives Denken, 5. Auflage, Karlsruhe 1991
Lippert, Werner: Lexikon der Werbebegriffe, Düsseldorf 1993
Lötters, Christine: Werbung als Marketinginstrument, in: Autorenteam (Hrsg.): Werbung, 5. Auflage, Landsberg 1993, S. 1–24
dies.: Grundlagen des Marketing, Köln-Wien-Aarau 1998
Loock, Fritz: Kunstsponsoring, Wiesbaden 1988

Maletzke, Georg: Einführung in die Massenkommunikationsforschung, Berlin 1972
Maslow, Abraham H.: Motivation und Persönlichkeit, Reinbek 1984
Mayer, Anneliese/Mayer, Ralf Ulrich: Imagetransfer, Hamburg 1987

Mayer, Hans: Werbepsychologie, 2. Auflage, Stuttgart 1993
Mayerhofer, Wolfgang: Werbemitteltests, Wien 1990
Mazanec, Josef: Strukturmodelle des Konsumverhaltens, Wien 1978
ders.: Objekte der Wirtschaftswerbung, Stuttgart 1985
Meffert, Heribert: Marketing-Management, Wiesbaden 1994
ders.: Marketing, 8. Auflage, Wiesbaden 1998
ders.: Marketingforschung und Käuferverhalten, 2. Auflage, Wiesbaden 1992
ders.: Strategische Unternehmensführung und Marketing, Wiesbaden 1988
ders./Bruhn, Manfred: Dienstleistungsmarketing, 2. Auflage, Wiesbaden 1997
ders./Steffenhagen, Hartwig/Freter, Hermann (Hrsg.): Konsumentenverhalten und Information, Wiesbaden 1979
ders.: Markenstrategien im Wettbewerb, Wiesbaden 1984
Meyer-Hentschel, Gundolf: Aktivierungswirkung von Anzeigen, Würzburg-Wien 1983
Meyer, Paul W./Herrmanns, Arnold: Theorie der Wirtschaftswerbung, Stuttgart 1981
Müller-Hagedorn, Lothar: Das Konsumentenverhalten, 2. Auflage, Wiesbaden 1991
ders.: Handelsmarketing, Stuttgart u. a. 1984
Müller, Udo: Messen und Ausstellungen als expansive Dienstleistungen, Berlin 1985
Mussler, Dieter: Sponsoring, in: Kalt, Gero (Hrsg.): Öffentlichkeitsarbeit und Werbung, Frankfurt a.M. 1994, S. 83–100

Neske, Fritz: PR-Management, Gernsbach 1977
Neibecker, Bruno: Konsumentenemotionen: Messung durch computergestützte Verfahren, Würzburg-Wien 1985
Nieschlag, Robert/Dichtl, Erwin/Hörschgen, Hans: Marketing, 16. Auflage, Berlin – München 1994

Obermaier, Ernst: Grundwissen Werbung, München 1988
Oeckl, Adolf: Handbuch der Public Relations, Hamburg 1964
Oehme, Wolfgang: Handels-Management, München 1993
ders.: Handels-Marketing, 2. Auflage, München 1992
Oenicke, J.: Online-Marketing, Stuttgart 1996
Ohmae, Kenichi: Die Macht der Triade, Wiesbaden 1985

Pepels, Werner: Industrielles Marketing: Einführung, in: Altmann, Jörn/Auerbauch, Heiko/Pepels, Werner: Spezielles Marketing, Köln 2000
ders.: Organisationales Beschaffungsverhalten, in: Felser, Georg/Kaupp, Peter/Pepels, Werner: Käuferverhalten, Köln 1999
ders.: Marketing, 3. Auflage, München 2000
Perlitz, Manfred: Internationales Management, 2. Auflage, Stuttgart-Jena 1995
Peter, Ulf: Psychologie der Marketing-Kommunikation, Savosa 1991
Petermann, Günter: Absatzwirtschaft, Stuttgart 1979
Pflaum, Dieter/Eisenmann, Hartmut: Einführung in die Handelswerbung, Stuttgart et al 1992
diess: Verkaufsförderung, Landsberg 1993
ders./Pieper, Wolfgang (Hrsg.): Lexikon der Public Relations, 2. Auflage, Landsberg 1993
ders./Bäuerle, F. (Hrsg.): Lexikon der Werbung, 6. Auflage, Landsberg 1995
Porter, Michael E.: Wettbewerbsstrategie, 6. Auflage, Frankfurt 1990
ders.: Wettbewerbsvorteile, Frankfurt 1986
Poth, Ludwig G.: Grundlagen des Marketing, 2. Auflage, Neuwied – Frankfurt 1990
ders. u. a.: Praktisches Lehrbuch der Werbung, 4. Auflage, Landsberg 1988
Preißner, Andreas/Engel, Stefan: Marketing, 2. Auflage, München 1995

Püttmann, Michael: Das Management von Sponsoring, in: Berndt, Ralph/Hermanns, Arnold (Hrsg.): Handbuch Marketing-Kommunikation, Wiesbaden 1993, S. 649–672

Quack, Helmut: Internationales Marketing, München 1995

Raffée, Hans: Marketing und Umwelt, Stuttgart 1979
ders./Sauter Bernd/Silberer, Günter: Theorie der kognitiven Dissonanz und Konsumgüter-Marketing, Wiesbaden 1973
ders./Fritz, Wolfgang/Wiedmann, Peter: Marketing für öffentliche Betriebe, Stuttgart-Berlin-Köln 1994
ders./Wiedmann, Klaus P. (Hrsg.): Strategisches Marketing, Stuttgart 1985
ders./Silberer, Günter (Hrsg.): Informationsverhalten der Konsumenten, Wiesbaden 1981
Rehorn, Jörg: Markttests, 2. Auflage Neuwied 1991
ders.: Werbetests, Neuwied 1988
Reim, Jürgen: Die Praxis der Werbeplanung, Sindelfingen 1986
Reiter, Wolfgang Michael (Hrsg.): Werbeträger, 8. Auflage, Frankfurt 1994
Rogge, Hans-Jürgen: Werbung, 2. Auflage, Ludwigshafen 1992
Rosenstiel, Lutz von: Psychologie der Werbung, Rosenheim 1969
ders./Ewald, Gerhard: Marktpsychologie, Bd. 1 + 2, Stuttgart 1979
ders./Neumann, Peter: Einführung in die Markt- und Werbepsychologie, Darmstadt 1991
Rota, Franco P.: PR- und Medienarbeit im Unternehmen, München 1992
Roth, Gerold D.: Messen und Ausstellungen verkaufswirksam planen und durchführen, Landsberg/Lech 1981
Ruland, Josef (Hrsg.): Werbeträger, 3. Auflage, Bad Homburg 1972
Rutschmann, Martin: Werbeplanung – ein entscheidungsorientierter Ansatz, Bern – Stuttgart 1976

Sabisch, Helmut: Produktinnovationen, Stuttgart 1991
Salcher, Dieter F.: Psychologische Marktforschung, Berlin et al 1985
Schaller, Georg: Direktmarketing-Management, Landsberg 1986
Scharf, Andreas/Schubert, Bernd: Marketing, Stuttgart 1995
Scheuch, Fritz: Marketing, 4. Auflage, München 1993
ders.: Investitionsgütermarketing, Wiesbaden 1990
Schlicksupp, Helmut: Produktinnovation – Wege zu innovativen Produkten und Dienstleistungen, Würzburg 1988
Schmalen, Helmut: Kommunikationspolitik, 2. Auflage, Stuttgart 1992
ders.: Marketing-Mix für neuartige Gebrauchsgüter, Wiesbaden 1979
Schmidt-Vogel, Alexander: Neue Medien, Düsseldorf 1985 (Burda-Verlag)
Schneider, Karl/Pflaum, Dieter: Werbung in Theorie und Praxis, Waiblingen 1993
Schub von Bossiatzky, Gerhard: Psychologische Marketingforschung, München 1992
Schulz, Roland: Kaufentscheidungsprozesse des Konsumenten, Wiesbaden 1972
Schweiger, Günter: Mediaselektion – Daten und Modelle, Wiesbaden 1975
ders./Schrattenegger, Gertraud: Werbung, 3. Auflage, Stuttgart – New York 1992
Schwendemann, Ursula: Markenrecht in der Praxis, Stuttgart 1988
Selinski, Hannelore: Messe- und Kongreßmarketing, Berlin 1983
dies./Sperling, Ute A.: Marketinginstrument Messe, Köln 1995
Seyffert, Rudolf: Werbelehre, Bd. 1 + 2, Stuttgart 1975
Silberer, Günter (Hrsg.): Marketing mit Multimedia, Stuttgart 1995
ders.: Werteforschung und Werteorientierung, Stuttgart 1990
Simon, Hermann: Goodwill und Marketingstrategie, Wiesbaden 1985

Specht, Günter/Silberer, Günter/Engelhardt, Werner Hans (Hrsg.): Marketing-Schnittstellen, Stuttgart 1989
Spiegel, Bernt: Die Struktur der Meinungsverteilung im sozialen Feld, Stuttgart 1961
ders.: Werbepsychologische Untersuchungsmethoden, Berlin 1970
Staehle, Wolfgang: Management, 7. Auflage, München 1995
Steffenhagen, Hartwig: Marketing, 2. Auflage, Stuttgart et al 1991
ders.: Konflikt und Kooperation in Absatzkanälen, Wiesbaden 1975
ders.: Werbewirkungsmessung, in: Tietz, Bruno/Köhler, Richard/Zentes, Joachim (Hrsg.): Handwörterbuch des Marketing, 2. Auflage, Stuttgart 1995, Sp. 2678–2692
ders.: Kommunikationswirkung, Hamburg 1984
Strauch, Rolf: Das Marketinglexikon, München 1996
ders.: Das Werbelexikon, München 1997
Strothmann, Karl Heinz/Busche, Hermann (Hrsg.): Handbuch Messemarketing, Wiesbaden 1992
Sundhoff, Edmund: Die Werbekosten als Determinante der Wirtschaftswerbung, Stuttgart 1976
Swoboda, Bernhard: Interaktive Medien am Point of Sale, Wiesbaden 1996

Taeger, Martin: Messemarketing, Göttingen 1993
Tietz, Bruno (Hrsg.): Die Werbung, Bd. 1, 2, 3, Landsberg 1982
ders.: Grundlagen des Marketing, Bd. 1, 2, 3, 2. Auflage, München 1975
ders./Köhler, Richard/Zentes, Joachim (Hrsg.): Handwörterbuch des Marketing, 2. Auflage, Stuttgart 1995
ders./Zentes Joachim: Die Werbung der Unternehmung, Reinbek 1980
Tolle, Elisabeth: Product Placement, in: Tietz, Bruno/Köhler, Richard/Zentes, Joachim (Hrsg.): Handwörterbuch des Marketing, 2. Auflage, Stuttgart 1995, Sp. 2095–2101
Tomczak, Torsten/Müller, F./Müller R. (Hrsg.): Die Nichtklassiker der Unternehmenskommunikation, St. Gallen 1995
Trommsdorff, Volker: Konsumentenverhalten, 2. Auflage, Stuttgart u. a. 1998
Trauth, Peter J. (Hrsg.): Werbeleiterhandbuch, München 1973
Troost, Hubert: Berufe in einer Werbeagentur, Düsseldorf 1961

Unger, Fritz: Taschenbuch für Marketing, 2. Auflage, Heidelberg 1994
ders.: Werbemanagement, Heidelberg 1989
ders. (Hrsg.): Konsumentenpsychologie und Markenartikel, Heidelberg u. a. 1986
ders./Dögl, Rudolf: Taschenbuch Werbepraxis, Heidelberg 1995

Wage, Jan L.: Arbeitsbuch Planung, Organisation, Kontrolle im Verkauf, Landsberg/Lech 1981
Wagner, Lutz: Der Kommunikationsprozeß im Absatz, Göttingen 1978
Weeser-Krell, Ludwig: Praxis des Marketing, 2. Auflage, München 1988
Weinberg, Peter: Nonverbale Marktkommunikation, Heidelberg 1986
ders.: Das Entscheidungsverhalten der Konsumenten, Paderborn u. a. 1981
ders.: Erlebnismarketing, München 1992
Weis, Hans Christian: Marketing, 7. Auflage, Ludwigshafen 1990
ders.: Verkaufsgesprächsführung, Ludwigshafen 1992
ders.: Verkauf, 3. Auflage, Ludwigshafen 1993
Wieselhuber, Norbert: Konzeption und Realisation von Produktdesign in der Konsumgüterindustrie, Berlin 1981
ders./Töpfer, Armin (Hrsg.): Handbuch des strategischen Marketing, Landsberg 1984
Windhorst, Karl-Georg: Wertewandel und Konsumentenverhalten, Münster 1985
Winkelmann, Peter: Marketing und Vertrieb, München-Wien 1999

Wiswede, Gerhard: Soziologie des Verbraucherverhaltens, Frankfurt a.M. u. a. 1972
Wolf, Jacob: Markt- und Imageforschung im Handel, Stuttgart 1981
Wyss, Werner: Marktforschung von A-Z, Adligenswil 1992

Zentes, Joachim: Grundbegriffe des Marketing, 3. Auflage, Stuttgart 1992
ders.: Außendienststeuerung, Stuttgart 1980
ders.: EDV-gestütztes Marketing, Berlin u. a. 1987
Zentralausschuss der Werbewirtschaft (ZAW) (Hrsg.):Werbung in Deutschland 1996, Bonn 1996
Zey, René: Neue Medien – Informations- und Unterhaltungselektronik von A bis Z, Reinbek 1995
Zillessen, Rolf/Rahmel, Dieter (Hrsg.): Umweltsponsoring, Wiesbaden 1991

Stichwortverzeichnis

A-Leser 448
Abbinder
– anspruchsorientierte 382
– nutzenorientierte 382
ABC-Analyse 735
Abdeckung mit Werbung
– raumausgedünnte 764
– raumkonstante 764
– raumverdichtete 764
Abfindung 873
Abfolge des Medieneinsatzes
– ablösend 768
– aussetzend 769
– intermittierend 769
– konzentriert 769
– nachlaufend 769
– parallel 768
– sukzessiv auslaufend 769
– sukzessiv einsetzend 769
– versetzt 768
– vorlaufend 769
Abfüllungsnormierung 589
Abgrenzung 575, 598, 915
– demografische 292
– der Werbewirkung 199
– der Werbung im Kommunikations-Mix 199
– des relevanten Marktes 45, 64, 65, 67, 69, 71, 361, 423
Ablaufordnungsfrage 929
Ablauforganisation 850
Ablehnung, spontane 204
Ablenkungsfrage 930
Abmahnung 970
Abnehmer 45, 49
Abnehmereinfluss 808
Abonnementauflage 448
Abribus-Stellen 484
Absatzhelfer, akquisitorische 854
Absatzkanal 592
Absatzmarkt 655
Absatzmittler 49
– im Rausverkauf 604, 605, 608
– im Reinverkauf 603, 604, 607
– selbstständiger 809

Absatzquelle 40, 208, 209, 211, 213, 215, 217, 219
Absatzrationalisierung 62
Absatzweg, kurzer 808
Abschlussphase 716
Absender 22
Absender-Identität 826
Absender/Marke-Beziehung 97
Abweichungen des Angebots 71
Accept Set 227
Accomodating 347
Achievers 257
ACTA 501
Action-Kino 472
Activity 956
Actualizers 257
Ad Clicks 568
Ad Impressions 568
Ad Request 568
Ad View Time 568
Ad*vantage 952
Ad-Effect 180
Ad-hoc-Erhebung 174
Ad-Visor II 954
ADC 1005
– Jahrbuch 882
ADD 1005
AdJust 955
Adlap 955
AdLife 955
ADM 1005
ADM-Master Sample 960
Adoptionsmodell 122
Adplus 952
ADRA 1006
Adressbücher 445
AdTREK 176
AdTrek 180
AdTrend 179
ADV 1006
AdvarTimer 180
Advertising Agency Register 882
Advertising Sell-Test 198
Advertising Workshop 170

Advisor Campaign Evaluation (ACE) 198
AFAP 197
Affiliate-Programm 564
Affinität 519, 524
Agenturen + Marken 881
Agenturprovision 861
Agevis-Studie 123
AGF/GfK-Panel 949
agla a+b 500
AGMA 1006
AIO-Ansatz 257
AIW 1006
Akquisition/Neugeschäft 895
Aktionswerbung 18
Aktionsziele 83
Aktivierungszustand 15
AKW 1006
Akzeptanz 27
Akzeptanz und Sympathie 738
Akzeptanz/Identifikation 126
Akzidenzwerbung 482
Alfelder-Ansatz 243
Alleinstellung 354
Alleinstellungswirkungspotenzial 756
Alleinwerbung 21
Allgemeine Geschäfts-Bedingungen (AGB's) 862
Allgemeinstelle 479
Alpha-SRT 198
Alternativfrage 704, 925
AMF-Karte 775
Amstutz-Ansatz 329
Anbieterkoalitionen 808
Anfangsbuchstaben-Auswahl 958
Angebot 50
– beworbenes 46
Angebotsanforderung 909
Angebotsanspruch 372
Angebotsattribute 81
Angebotsdimensionen 361
Angebotsinteresse 77
Angebotsnutzen 20
Angebotsumfeld 45
Angebotswahrnehmung 75
Angebotswerbung 18
Angebotswerte 256
Anglemeter 160
Animationen 798
Ankündigungs- und Vorrats-Effekte 282

Anmutung 125, 589
Annoncen-Expediteur 865
Anrufweiterschaltung 541
Ansatz der CI
– behavioristischer 229
– designorientierter 655
– einstufiger 333
– führungsorientierter 654
– imageorientierter 654
– mehrstufig simultaner 334
– mehrstufig sukzessiver 334
– mono- und dualthematischer 243
– monolateraler 333
– multilateraler 333
– neo-behavioristischer 229
– objektiv-stochastischer 231
– organisationaler 333
– personaler 333
– prozessualer 333
– quasi-deterministischer 231
– situativer 237
– strategieorientierter 653
– struktureller 333
Anschnitt 447
Ansprache, multisensorische 730
Anspruchsbegründung 373
Antwortzeitmessung 166
Anwendungsprogramme 797
Anzeige 428, 432, 615
Anzeigen-Copytest 123
Anzeigenbeachtung in regionalen Abonnementzeitungen 124
Anzeigenblätter 444, 445
Anzeigenmodell, faktorielles 122
Anzeigenwirkung 124
API-Formel 195
Appell 714
Appellationsebene 7
Apperzeption 492
Appetenz-Appetenz-Konflikt 241
Appetenz-Aversions-Konflikt 241
Arbeitsspeicher 795
Arbeitsteilung der Medien 830
Arbitron 194
Archie 555
Architects 268
Argumente
– Adaptation von 919

Argyris-Ansatz 244
Arten Nicht-klassischer Werbemittel 2, 537
Assoziation 125, 405
Assoziationsfrage 930
Assoziationspsychologie 284
Assoziationsverfahren 626
Astra- und Eutelsat-Digital-Radio 467
Atemvolumen 163
ATP 178
Attitude towards the Ad Model 286
Attribut-Dominanzregel 79
Attributdominanz 280
Attributionstheorie 256
Attributtheorie 284
Audience Involvement in Advertising Model 285
Audience-Effekt 280
Audimeter 192
Audio
– On Demand/Near Demand 467
– Video-Marketing 614
Audiotex 647
Aufbauorganisation 847
Aufgabenanalyse 850
Aufgabenstellung und Leistungen der Agentur 856
Aufgabensynthese 850
Auflage
– garantierte 449
– kontrollierte 449
– unentgeltlich verbreitete 449
– verbreitete 449
– verkaufte 448
Auflagenzahl 531
Aufmachung 588
– einheitliche 91
Aufmerksamkeit 27, 124
Aufmerksamkeitswirkung 201
Aufstiegskäufer 89
Auftragnehmer
– Anzahl 35
Auftragserteilung über die Agentur 861
AUMA 1006
Ausbildungswege in der Werbebranche 1012
Ausfälle in der Erhebung
– echte 966
– unechte 966
Ausgabegeräte 793

Ausgleichsfrage 930
Ausklappseite 447
Auskunftskontrollfrage 929
Auslöser/Umsetzung des Kaufakts 600
Auslösung/Umsetzung des Kaufakts 608
Ausrichtung am Wettbewerbsverhalten 753
Ausschaltung dissonanter Kognitionen 254
Ausschreibung 809
Außenwerbung 188
– mobile 481
– sonstige 484
Ausstattung 492, 588
Ausstellung 576
Auswahl 908
– mehrstufige 959
– einer Werbeagentur 875
– mehrphasige 959
– mit Anordnung 960
– mit ungleichen Wahrscheinlichkeiten 960
– strategische Mitbewerber 362
Auswahlfehler
– systematische 966
– zufällige 966
Auswahlmodell 79
Auswahlmöglichkeiten 1000
Auswertungsobjektivität 969
Autokino 472
Automatic Number Identification (ANI) 647
Automatic-Call-Distribution (ACD)-System 647
Available Set 226
Aversions-Aversions-Konflikt 241
Avoiding 347
AWAfc 501
Awareness Set 226
Axiome der Kommunikation 7, 8

Bandwagon-Effekt 76
Banner 562
– animierte 563
Bayes-Ansatz 912
BDG 1007
BDS 1007
BDVT 1007
BDW 1007
BDZV 1007
Bedarfsbefriedigung 92
Bedarfsträger 806

Beeinflusser 340
Beeinflussungseffekt 304
Before-After-Vergleich 377
Befragtenanzahl 918
Befragtenkreis 918
Befragung 157
Befragungs-Experiment 138
Befragungsgegenstand 917
Befragungshäufigkeit 918
Behavior Scan 149
Beilagen 446
Beispielprodukte 96
Bekanntheit 91
Believers 258
Benefit 374
Beobachtungsform 946
Beobachtungssubjekt 946
Beobachtungsumgebung 947
Bereichsziele 83
Beschaffung
– gewerbliche 331
Beschaffungsmarkt 655
Beschaffungsmerkmale 334
Beschaffungsverhalten, organisationales 228
Beschaffungswerbung 16
Bestellung unter Bezugnahme auf Werbung 132
Besteuerung von Incentives 609
Besucherbefragung 188
Beteiligung von Kindern am Kaufentscheid 297
Betriebsfunk 541
Betriebsgrößeneffekt 63
Betriebssystem 797
Beurteilungskriterien der Werbung 45, 114, 361
Beurteilungsmodell 79
Bewegtbildbereich 544, 801
BFF 1007
Bildanteil/-inhalt 492, 724
Bildbearbeitungsprogramme 798
Bildplattenspieler 546
Bildschirm
– berührungsempfindlicher 792, 793
Bildtelefon 541
Bindeauflage 449
Black Box 229
Blickregistrierung 164
– unbewusste 165

Blutanalyse 163
Blutdruckanalyse 163
BNC 803
Bolstering-Effekt 281
Bookmarks 560
Botschaft 10
Botschaftsabhängigkeit 252
Branchentitel 883
Brand Fact Book 53
Brand Processing Model 285
Brand Review Meeting 43
Briefing
– Abfolge 42
– Anlage 33
– Art 36
– Durchführung 36
– Erteilung 37
– Inhalte 38
– mündlich 37
– schriftlich 37
– Teilnehmer 36
Briefingelemente 1
Bruttokontaktsumme 528
Buchungsfrist 487
Budgetbewertung 423
Budgetentscheidung 73, 220
Budgetierung
– nach Weinberg 103
Budgetierungstechniken
– erfahrungsbasierte, monovariable 100
– erfahrungsbasierte, polyvariable 104
– Modell gestützte, monovariable 106
– Modell gestützte, polyvariable 108
Budgetrahmen 489
Bumerangeffekt 281
Bund Deutscher Verkaufsförderer und Trainer (BDVT) 881
Bunddurchdruck 447
Bündelungskampagne 113
Bundling 215
Buntfax 544
Burke Persuasion Index 198
Business to Business-Media 530, 531
Buygrid-Ansatz 336
BVD 1008
BVDA 1008
BVM 1008
BVPA 1008

C-Box 194
CAAS 170
Cache, lokaler 570
Call Center 646
Camel Case 410
Cannes Werbefilm-Festival 882
Carry-Over-Effekt 140, 280
Cashing-Out 275
CD-I 545
CD-Konstanten 366
CEDAR-Test 175
Chancen-Risiken-Analyse 736
Checkboard 199
Chevron-Studie 123
Cinch 803
Claim 372
Clarifier 343
Claus und Claudia 260
Clubs
– geschlossene 660
– offene 661
Clusterverfahren 626
Cocooning 267, 275
Collaborating 347
Comet Cursor 564
Communication Network 501
Communicator-Effekt 281
Competing 347
Compromising 347
Computer Telephony Integration 648
Computerkonferenz 542
Content-Analyse 425
Control-L 803
Convenience Goods 74
Cookies 560
Copy-Test 182
Copytest-Daten 531
Corporate Behavior 828
Corporate Communication 828
Corporate Culture 828
– inhaltlich 114
Corporate Design 828, 860
– formal 114
Corporate Goodwill 830
Corporate Mission 828
Corporate Personality 828
Creative Platform 374
Cross-Selling 211

Crossmedia 564
Cyber Coin 565
Cyber Mall 558

Dach-/Firmenmarke 92
Dachkampagne 113
Daktyloskop 166
Data Mining 625
Datavox 541
Daten-CD 545
Datenauswertung und -darstellung 363
Datenbank 797
Datendirektverbindung 538
Dateninformation 913
Datenquellen 53
– externe 916
– interne 916
Datenschutz 651
Datex-L 538
Datex-P 538
Dauerwerbung 484
DDV 1008
Deckungsauflage 449
Decodierung 10
Degenerationsphase 57
Delegationsmodell 345
Demonstration 706, 732
Design 591
designorientierter Ansatz 655
Desintegration von Firma und Marke 98
Desktop Video 801
Determinanten
– einzelpersönliche 351
– Gruppen strukturelle 350
– Umwelt bedingte 350
Deutsche Public-Relations-Gesellschaft
 (DPRG) 881
Deutscher Direktmarketing Verband (DDV)
 881
Deutscher Kommunikationstag 1008
Deutscher Werberat 989, 1008
Dia auf Film 476
Diabelichter 795
Dialing-Systeme 647
Dialog-Spot 470
Dialoge 501
Dialogfrage 931
Dialogwerbung 18

Diawerbung 476
Dienstleistungsmarkt 812
Dienstleistungsqualität 898
Differenzierung zu Wettbewerbsangeboten 92
Differenzierung/Identifizierung 589
Differenzregel
– additive 80
Diffusion 1002
Digital Audio Broadcasting (DAB) 467
Digitale Tonträger 545
Digitaler Hörfunk 468
Digitales Satellitenradio (DSR) 467
DIN-Formate 632
Direct Response-TV 639
Direktbefragung 133
Direktempfangbares Satellitenradio 467
Direktmarketing 612
Direktwerbe-Agenturen 875
Direktwerbung 537, 626, 860, 881
Disjunktionsregel 80
Diskette 796
Distanzen 694
Distribution
– breite 62
– dichte 91
– selektive 61
Diversifikation 55
– diagonale 55
– heterogene 55
– homogene 55
– horizontale 55
– laterale 55
– mediale 55
– vertikale 55
Do ut des 714
Dokumentation 727
Dominanz bestehenden Angebots 367
Doppel-/Mehrfachleser 448
Doppeln und Streichen 966
Doppelseite zum Ausklappen 447
Down Aging 275
DPRG 1008
DR-TV 615
– interaktives 642
DR-TV-Spot 642
Drama Placement 670
Drittmarke 94
Drittparteieneinfluss 808

Druckauflage 448
Drucker 794
Druckvorlagen 788
DSL 539
Durchdringungsmodelle 331
Durchführungsobjektivität 969
Durchführungsvertrag 856
durchschnittliche Kontaktfrequenz 518
Durchverkauf 594
DWG 1009
DWV 1009

E-Leser 448
E-Mail 554
E-V-Hypothese 246
Easy-Going 267
Echte Interstitials 564
Eckfeldplatzierungen 447
Eddi 261
Effektivität der Werbung 122
Effektivitätskennzahlen 569
Effie 883
Effipub 180
Effizienz 128
– der Werbung 123
Effizienzkennzahlen 570
Effizienzüberprüfung 645
Egonomics 275
Eigeneffekt 304
Eigengestaltung der Absatzform 594
Eigenprogramm 459
Eigenschaftszusage 91
Eigenwerbung 24
Einflüsse
– personenbedingte 324
– produktbedingte 324
– umfeldbedingte 324
Einflussfaktoren 690
Einflussgrößen 58
– adoptionsexogene 325
Eingabegeräte 792
einheitlicher Code 14
Einkäufer 340
Einkaufslisten-Test 169
Einkaufspläne 783
Einkaufsstättenentscheidung 74, 221
Einkaufsverhalten 123
Einkaufszeitpunkt 77

Einkommen 292
– persönliches 82
Einlinienstruktur 385
Einliniensystem 847
Einsatzabfolge 768
Einsatzbandbreite 762
Einsatzreagibilität 766
Einsatzzeitpunkt 769
– antizyklisch 769
– prozyklisch 769
Einschaltkosten 488
Einstellung 15
Einstellungs-Modell 121
Einstellungskomponente
– affektive 246
– kognitive 246
– konative 246
Einstweilige Verfügung 970
Einwandbehandlung 709
Einwegkommunikation 10, 464
Einwegspiegel 166
Einzelmarkenstrategie 93
Einzelner Elternteil 298
Einzelprodukt/-marke 95
Einzelreichweite 525
Einzelverkauf 432
Einzelverkaufsauflage 448
Elaboration Likelihood Model 285
Electronic Mail 542
Elektromyographie 164
Elektronikbereich 189
Elektronische Medien 614
Elektronischer Mikro-Markttest 148
Elementenpsychologie 283
Elementenverringerung 161
Elimination, aspektweise 81
Eliminationsregel 80
– sequenzielle 80
Eltern-Ich (EL) 694
Emnid Recall- und Recognition-Test 198
Empfangbarkeit, technische 522
Empfangsgerät 10
Empfangskanäle 25
Empfehlungskäufer 89
Encodierung 10
Endabnehmer 92, 604, 605, 606
Endkunden 49
Entscheider 340

Entscheidungen vom Typ A–C 337
Entscheidungsbaum 626
Entscheidungseinschränkung 712
Entscheidungskollektiv 334
Entsorgung 590
Entwicklungs-Effekt 140
Ereigniswerbung 17
Erfolgskontrolle 584
Ergänzungsfrage 704
Ergebnisausgabe der Mediazählung 512
– als Hochrechnung 512
– als Index 512
– horizontal prozentuiert 512
– in absoluten Zahlen 512
– vertikal prozentuiert 512
Erhebungsdurchführung 966
Erhebungsinstrumente
– leistungsfähige 907
Erhebungskontrollfrage 929
Erhebungsmethoden, apparative 204
Erika 259
Erinnerungskäufe, impulsive 223
Erlebniseigenschaften 226
Erlebniskauf 77
Eroberung 216
Erreichbarkeit 489
– tatsächliche 71
Erstkauf 335
Erstkäufer 89
Erstleser 448
Erstpositionierung 358
Erwachsenen-Ich (ER) 694
Erwartungsregel 79
Erwin 260
Eskin 331
Established Intellectuals 265
Ethik in der Werbung 998
Ethnozentralität 761
Euro Socio Styles 266
Euro-AV 803
EVA 501
Evaluierung 525
Event-Agentur 875
Events 586
Evoked Set 227
Exklusivkäufer 89
Exklusivleser 448
Experiencers 257

Experiment, formales 140
Experimentalists 265
Experten-Gutachten 199
Expertensysteme 170
Expertenwissen 907
Exposition 491
Externe PR 655
Externer Speicher 796
Extranet 553
Extremalziele 84

Fachopponent 342
Fachpromotor 341
Fachwerbung 22
Faktoren
– situative 334
Faktorielle Gewichtung 966
Fallzahl 202
FAMAB 1009
FAME 501
Familien-/Rangemarke 93
Familien-Kino 473
Fangfrage 704
Fantasy Adventure 275
Farb-Test 168
Farbbedeutungen 725
FAW 1009
Fax-Server 647
FDW 1009
Fehlerintervall 964
Feldarbeit 910
Feldbewertung 926
Feldtheorie 282
Feldverschlüsselung 926
Fernkopieren 543
Fernsehen
– beitragsfinanziert 461
– gebührenfinanziert 461
Fernzeichnen 543
Festbildbereich 543
Festplatte 795
FFW 1009
Figur-Grund-Differenzierung 283
Filmkunst-Kino 473
Filterfragen 929
Final-Pretest-Studio-Test 198
Finanzmarkt-Datenservice 181
Firewall 571

Firmenmarke 92
Fixationsziel 85
Fixkostendegression 63
Flächenstichprobe 959
Flexformatanzeige 447
Floptical 796
Foggy Set 227
Folgewerbung 24
Formalists 268
Formatierung 161
Fourt/Woodlock-Ansatz 331
Frage
– analytische 929
– direkte 926
– geschlossene 925
– indirekte 926
– methodische 930
– provozierende 705
– rhetorische 705
– sequenzinneutrale 925
– sequenzneutrale 925
– unbeantwortete 711
Fragetechniken 703
Frame-Grabber-Karte 801
Frank und Franziska 260
Frauentypologie 501
Free-Thinkers 268
Freiburger Persönlichkeitsinventar 168
Fremdeinschätzung 829
Fremdeinschätzungsebene 6
Fremdeinstufung
– künstliche 73
– soziale 926
Fremdgestaltung 594
Fremdwerbung 24
FTP 555
Führungsorientierter Ansatz 654
Fulfills 257
Full-Service-Agentur 896
Full-Time-Programm 460
Füllfrage 930
Funkruf 541
Funktion für die Nutzer 494
Funkwerbung 187
FVL 1009

G-Wert 195
Gabelungsfrage 929

Gain&Loss-Analyse 155
Game Show 471
Ganzheitspsychologie 284
Ganzseitenlayoutprogramm 798
Ganzstelle 479
Gap-Analyse 744
Gattungsware 94
Gebiets-Verkaufstest 142
Gebietsausdehnung 215
Gebindegröße 589
Gebrauchsanleitung 727
Gebührenfinanziertes Fernsehen 461
Gebundene Gestaltung der Absatzform 594
Gegenfrage 704
Gegenständliche Medien 614
Gehirnstrommessung 162
Gelbe Zone 748
Geltungsnutzen 375
Gemeinschaftswerbung 21
General-Interest-Titel 435
Generalisierung 824
Genlock-Karte 801
Geografischer Split 447
Geozentralität 762
Geprintete Medien 614
Geschäftsstättenwettbewerb 810
Gesprächseinstieg 697, 702
Gesprächsvorbereitung 707
Gestaltpsychologie 283
Gestaltung 720, 829
Gestaltungsbriefing 36
Gestaltungsfläche/-zeit 732
Gestik 694
GETAS-Impact-Profil 180
Gewichtung 90, 511
– faktorielle 512
Gewinnpriorität 59
Giffen-Effekt 77
GIK 1009
Global Advertising 814
Globalwerte 256
Gopher 557
GPRA 1010
Gradation 406
Grafik-Programme 798
Grafikkarte 800
Grafiktablett 792
Gratifikation 131

Grenzgänger 348
Griffeckenanzeige 447
Gross Rating Points 528
Großfläche 478
Großgruppe 294
Großhirn 312
Grundaufforderungswert 364
Grundgesamtheit 956
Grundlagen der Kommunikation 3, 5, 7, 9, 11, 13, 15
Grundnutzenargumentation 62
Grüne Zone 748
Gruppe 337
– dauerhafte 294
– formelle 294
– informelle 294
– temporäre 294
Gruppen-Effekt 140
Gruppendiskussion 158
Gruppeneffekt 140
Gruppenwerbung 22
Gruppenwettbewerb 362
Guardians 267
Gütertypen 74
GWA 1010
GWA-Handbuch 881

Halbduplexkanal 11
Halo-Effekt 279
Hand-Test 168
Handelsmarke 94
Handelsplatzauftritt 585
Handelswerbung 22
Händlerempfehlung 81
Harddisk Editing 802
Härtetest 377
Hauptziele 90
Haushaltsnetto-Einkommen 82
Haushaltstheorie 230, 235
Headline 366
Hedonistic Modern Workers 266
Hemisphärentheorie 310
Herkunftskennzeichnung 590
Herstellerwerbung 22
Herzberg 244
Heterogenität
– externe 66
Heuristic Systematic Model 285

Heuristiken
- kompensatorische 79
- nicht kompensatorische 80
HiFi-Anzeigen 447
High Interest Goods 75
High Tech Goods 74
High Touch Goods 74
High-Involvement-Käufe 249
Hilfsroutinen 798
Hit 567
Hochrechnung 965
Hoffnungseigenschaften 226
Hold Set 227
Holding 866
Homeshopping 641
Homogenität
- interne 66
Honorar 861
Honorarbasis 873
Hörfunk 617
Hörfunkspot 465
Horizontale Einordnung von Zielen 84
Hosiden 803
Hoyer-Brown-Studie 123
HTML-Banner 563
Humanist Culture 265
Humor 380
Hybrider Verbraucher 78

Idealgütermarkt 811
Ideenquellen 393
Ideenwerbung 18
IDFA 1010
IDZ 1010
Image-Modell 121
Imageorientierter Ansatz der CI 654
Imagery-These 3
IMAS-Studie 123
IMMA 506
Impact-Modell 121
Impact-Test 170
Impulskäufe
- geplante 223
- reine 223
- suggestive 223
Impulsmarketing 592
In Supplier 336
In-Home-Befragung 188

Inbound 646
Indikatorfrage 931
Individualansprache 24
Individualkommunikation 15
Indulgent Players 266
Industriefilm 476
Inertia-Effekt 281
Inferiore Güter 75
Infomercials 641
Information
- deterministisch 913
- indeterministische 913
- objektiv-stochastische 913
- subjektiv-stochastische 913
Informations-Center 611
Informations-Display-Matrix 224
Informationseffekt 31
Informationsfrage 704
Informationsgrad 911
Informationsmangel
- auffälliger 813
Informationssuche 81
Informationsverhalten 123
Informative Werbung 25
InfoScan 137
Infrarotmessung 166
Infratest, Foldertest 199
Ingo und Inge 261
Inmarkt 191
Innovationsphase 56
Innovator 326
Inputvariable 319
Inselanzeige 447
Insetteranzeige 447
Institutionenmarkt 810
Integration der Medien 832, 836, 837, 840, 842
Integrative Attitude Formation Model 286
Integrierte Kommunikation 825, 827, 829, 831, 833, 835, 837, 839, 841, 843
Intensitätssteigerung 209
Intensivkäufer 89
Intention 15
Interactive Voice Response (IVR) 647
Interaktivität 730
Interesse 28
Interesse/Motivation 600
Interessenkontaktprogramme 663
Interferenztheorie 315

Intermarket 198
Intermediavergleich 428, 431, 433, 435, 437, 439, 441, 443, 445, 447, 449, 451, 453, 455, 457, 459, 461, 463, 465, 467, 469, 471, 473, 475, 477, 479, 481, 483, 485, 487, 489, 491, 493, 495
Internationale Verhaltensregeln 992
Interne PR 657
Interne Werbeabteilung 847, 849, 851, 853, 855, 857, 859, 861, 863, 865, 867, 869, 871, 873, 875, 877, 879, 881, 883, 885, 887, 889, 891, 893, 895, 897, 899, 901, 903
Interne-Konsistenz-Reliabilität 968
Internet 543
Internet-Adressen
– dynamische 571
Internet-Präsenzen
– wertschöpfende 557
Interpretationsobjektivität 969
Interrollen-Konflikt 299
Intersender-Konflikt 299
Interstitial 564
Interview
– standardisiertes 921
– strukturiertes 922
– unstrukturiertes 922
– verdecktes 923
Interviewer 966
Interviewsituation 920
Intramediavergleich 430, 497, 499, 501, 503, 505, 507, 509, 511, 513, 515, 517, 519, 521, 523, 525, 527, 529
Intranet 553
Intrasender-Konflikt 299
IP&V 556
IRC 556
Irradiation 279
Irreproachables 268
ISDN 538
Isolated 267
Isolierte 348
Iterationsmodelle 530
IVW-Messverfahren 188, 484, 572, 1010

Ja, aber-Technik 710
Ja-Fragen 704
Jahrbuch der Werbung 883
Jubiläumsverkäufe 973

KA 501
Kabeltex 544
Kalkulationsauflage 449
Kamera-Lesebeobachtung 165
Kampagne
– laufende 34
– neue 34
Kampagnen-Resonanz-Analyse 124
Kampagnenaufbau 497
Kampagnenformat 208, 372
Kampfangebote 869
Kannnormen 288
Katalog 614, 642
Kategorialinneutrale Frage 925
Kategorialneutrale Frage 925
Kauf
– Entscheidungssituation 220
– habitualisierter 222
– impulsiver 223
Kaufakt 28
Kaufbereitschaft 126
Kaufdurchführung 81
Kaufeintrittsmodell 331
Kaufentscheidung 15, 228
– extensive 223
– limitierte 223
Kaufentscheidungsmodell
– allgemeines 318
Käufer- und Verkäufertypen 690
Käufer-/Werbeforschung 895
Käuferverhalten 45, 73, 75, 77, 79, 81, 83, 85, 87, 89, 228
Käuferzufriedenheit 1001
Kaufkraft 81, 228
– diskretionäre 82
– disponible 81
Kaufkraftkennziffer 82
Kaufnachbereitung 28
Kaufphasen 338
Kaufprotokoll 323
Kaufregeln
– generalisierende 81
Kauftypologie 225
Kaufvereinfachung 81
Kaufverhalten
– in Organisationen 331
Kennernutzen 375
Kennzeichnung

– durchgängige 91
Kennziffer, betriebswirtschaftliche 531, 810
Kernaussage 20
Kernleser 448
Key Visual 366
KidsVA 500
Kieler LEH-Anzeigen Test 123
Kindheits-Ich (KI) 695
Kinospot 472, 475
KLA 500
Kleingruppe 294
Kleintafel 479
Klenger/Krautter-Ansatz 328
Klinke 803
Kollektivwerbung 21
Kombination 910
Kommunikation 46, 50
– Anforderungen 18
– Anlässe, Formen, Inhalte der 17
– Dynamisierung der 28
– formale 300
– grenzüberschreitende 814, 815
– informelle 300
– Kategorien der 21
– persönliche 537
– sachorientierte 16
– zweckorientierte 16
Kommunikations-Instrumental-Matrix 743
Kommunikations-Mix 2, 733, 843
Kommunikationsbeziehungen 300
Kommunikationseffekt 31
Kommunikationsform 917
Kommunikationskanäle 14
– apersonale 14
– personale 14
Kommunikationsmaßnahmen, systematische 91
Kommunikationsorganisation
– gebietsorientierte 849
– kundenorientierte 850
– produktorientierte 849
Kommunikationsprobleme 908, 910
Kommunikationsprogramme 829
Kommunikationstest 169
Kommunikationsvoraussetzungen 1, 3
Kommunikationswirkung 27
Kommunikationsziel 10
Komplementärtransaktion 695

Konditionierung
– instrumentelle 232
– klassische 232
Konfliktsituation
– latente 809
Konfliktüberwindung 712
Kongruenz 82
Konjunktionsregel 80
Konkurrenzverdrängung 212
Konsistenz 82
Konsolidierung 85
Konstrukt, hypothetisches 320
Konstruktionsmodelle 530
Konsumentenmarkt 805
Konsumentenverhalten 228
Kontaktanalyse 181
Kontaktdichte 490
Kontaktdosis 518
Kontaktfrage 930
Kontaktfrequenz, durchschnittliche 518
Kontaktintensität 518
Kontaktqualität 533
Kontaktstreuung 518
Kontaktverteilung 518
Kontaktwiderstände 700
Kontextualität 277
Kontrollfrage 705
Konzentration auf Produktereignisse 113
Konzentrationsgrad 809
Konzept 814
Konzeptdesign 385
Konzeptelemente 1
Korkenzieher 710
Körperbau 693
Körpersprache 694
Korrelationsfrage 929
Kosten 920
– pro 1.000 Nutzer 522
Kosten-Nutzen-Relation 912
Kostenführerschaft 64
Kostengünstigkeit
– absolute 920
Kostenplan 783
Kostenwirtschaftlichkeit 62
Kreationsberatung 895
Kreativwettbewerb 882
Kreuzpreiselastizität der Nachfrage 65
Kuller-Kombinationsverfahren 161

Kulturräume 819
Kultursponsoring 674
Kumulierung 490
Kundenbindung 208
Kundenclub 660
Kundenkarte 662
Kundenkontakt 28
Kundenkontaktprogramm 662
Kundenmagazin 444
Kundenrückgewinnung 213
Kundenzufriedenheit 719, 901
Kurzzeitgedächtnis 308

LA Bau 500
LA Med 501
Labelling 592
Laborsituation, künstliche 203
LAC 501
LAE 501
Laie 728
Lancaster-Modell 236
Langzeitgedächtnis 309
Lap-Over-/In-Effekt 280
Launch 358
Lavington-Ansatz 328
Lead-Country-Konzept 816
Lebensabschnittgemeinschaft 297
Lebenszyklus-Analyse 55
Lebenszyklusstadium 742
Ledige 297, 298
Leeres Nest 298
Leistungsempfinden, mittleres 75
Leistungserstellung, kundenindividuelle, einmalige 808
Leistungsführerschaft 64
Leistungsgrundsätze von Werbeagenturen 870
Leistungsgünstigkeit 75
Leistungskenntnis
– bewusste 75
Leistungskennziffern 869
Leistungskriterien 489
Leistungsnutzen 375
Leistungswerbung 18
Leitbild 811
Leitprodukt 96
Leitungsgebundene Sender 463
Lernen
– durch Einsicht 306

– durch Rezeption 307
Lernerfahrung 63
Lernkonstrukte 320
Lernmodelle 229
Lerntheoretisches Modell 330
Leser pro Ausgabe 517
Leser-/Auflagenbegriffe 448
Leserauflage 449
Leserschaft 531
Lesezirkel 445
Lesezirkelauflage 448
Lesezirkelhefte 444
Lettershop 631
Lexikografieregel 80
Licensing 667
Lichtschranke 165
Lichtspielhauswerbung 188
Lidschlag 163
Lifestyle 379
Link-Ad-Track 181
Link-Test 955
Links oben-(Image-)Position 747
Live Video Overlay 801
Live-Werbung 471
Lizenzmarke 95
Location Placement 670
Locke-Ansatz 245
Logistik 588
Lokales Angebot 760
Lokales Programm 460
Low-Interest Goods 75
Low-Involvement-Käufe 249
Lückentext-Test 169
LZ-Leser 448

Macht
– soziale 300
Machtbeziehungen 300
Machtkonflikt 598
Machtopponent 342
Machtpromotor 341
Madakom 138
Mailing 626
Main Benefit 365
Main Claim 365
Make the Product the Hero 380
Makers 258
Mantelprogramm 459

Marke 20, 59
Markenartikel 91
Markenbindung und Markentreue 92
Markeneigenschaften 92
Markenentscheidung 74, 220
Markengesetz 974
Markenhandbuch 881
Markeninhalte 91
Markenname 365, 819
Markenpflege 95
Markenpiraterie 95
Markenprofile 122
Markenstrategie 92
Markentreue 658
Markenverband 1011
Markenwahlmodell 153, 330
Markenzuordnung 95
Marketing-Kommunikation, integrierte 35
Marketingberatung 895
Marketingstrategie 45, 54, 55, 57, 59, 61, 63
Markierung 590
Markt 45, 46
Markt-Media-Analysen 500
Marktabdeckung 66, 749
– partielle 66
– totale 66
Marktanteil 523
Marktausweitung 54
Marktbearbeitung 65
– differenzierte 65
– undifferenzierte 65
Marktdurchdringung 54
Marktdurchdringungsmodelle 155
Markteintritt 824
Markterfassung
– differenzierte partielle 69
– differenzierte totale 68
– undifferenzierte partielle 67
– undifferenzierte totale 66
Marktfeld 54
Marktführung 824
Marktpolarisierung 63
Marktschaffung 218
Marktsegmentierung 71, 363
Marktspezialisierung 69
Marktstimulierung 58
Markttest 659
Markttransparenz 998

Markttypen 734
Marktunifizierung 67
Marktwachstum 218
Marktwahl 824
Maslow'sche Bedürfnishierarchie 241
Massenansprache 24
Massenbedarf, differenzierter 91
Massenkommunikation 15
Maßstabsfrage 930
Mathematischer Co-Processor 799
Matrixsystem 848
Maus 792
Mayo-Ansatz 244
McClelland-Ansatz 245
Me-too-Produkte 355, 806
Means-Ends-Chain-Theorie 243, 375
Mechanikansätze des Käuferverhaltens 229
Mechanischer Split 447
Media and Advertising Diagnosis System 181
Media Observer 179
Media-Analyse 485
Media-Daten 774
Mediaagentur 876
Mediaberatung 895
Mediabriefing 36
Mediadurchführung 774, 775, 777, 779, 781, 783, 785, 787
Mediagattungen 432, 511
Medialeistung des Mitbewerbs 424
Mediaoptimierung 786
Mediaplanung für Klassische Werbemittel 2, 423
Mediascanner 192
Mediataktik
– Ableitung der 426
Mediawerbung 60
Medien 846
– fakultative 835
– objektiv zwingend 835
– obligatorische 835
Medienangebot 830
Medienanzahl 835
Medienauswahl 833
Medieneinsatz 733, 735, 737, 739, 741, 743, 745, 747, 749, 751, 753, 755, 757, 759, 761, 763
Mediengesellschaft 3
Mediengewichtung 834

Medienlandschaft 3
Medienprofil 494
Medienstruktur 819
Medienumfang & Werbewirkung 124
Medienvielfalt 1002
Mehrfachbelegung 525
Mehrfacheinschaltung 525
Mehrfachkäufer 89
Mehrfachnutzung 590
Mehrheit
– frühe 326
– späte 326
Mehrliniensystem 847
Mehrmarkenstrategie 93
Mehrwertleistungen 845
– der Kommunikation 2, 805
Meinungsführer 349, 920
Mengenentscheidung 74, 221
Message-Effekt 280
Messe 575
Messekosten 580
Messestandsausstattung 584
Messung von Emotionen
– motorisch 238
– physiologisch 239
– subjektiv-verbal 239
Meta-Ebene 9
Meta-Suchmaschinen 561
Metamedien 3
Metaziele 87
Methodenkenntnis 907
Michael und Michaela 260
Mikrofon 792
Mikroökonomik 235
Milieu
– adaptives 264
– etabliertes 263
– intellektuelles 263
– modernes bürgerliches 264
– post-modernes 264
– Status orientiertes 264
– traditionelles bürgerliches 264
Milieugestützte Typologie 269
Mimik 694
Mini-Marktest 147
Mission Statement 828
Mitarbeiterqualität 869
Mitarbeiterzeitschrift 657

Mitteilungen, redaktionelle 988
Mittelschicht 624
– obere 290
– untere 291
MMPI-Test 168
Mobilfunk 541
Modacom 543
Modell
– des Beurteilungsraums 317
– psychoanalytisches 122
– zur Messung der Werbeeffizienz 121
Modem 793
Modern Elite 265
Modern Lower Class 265
Modern Mainstream 265, 266
Monika 261
Monitor Journal 611
Mono Segment 70
Monopolstellung 810
Monoprodukt/Range 365
Motivation 15
Motivationsfrage 705
Motivationsmodell 122
Motivationspsychologie 284
Motivationstheorie, athematische 243
Motive
– bewusste (manifeste) 240
– extrinsische 240
– Intensität der 240
– Interdependenz der 240
– intrinsische 240
– Planbarkeit der 240
– primäre (physiologische) 240
– Realisierungschance der 240
– unbewusste (latente) 240
– Zahl der 240
Movie Grabbing 802
MPEG 802
Multi Segments 71
Multi Segments-Abdeckung 71
Multimedia-Agentur 875
Multioperativität 332
Multiorganisationalität 332
Multipersonalität 332
Multiplex-Kino 473
Multiplikatoren-PR 658
Multitemporalität 332
Mussnormen 287

Nachahmung erfolgreichen Angebots 371
Nachbearbeitung 584
– des Kaufs 718, 739
Nachfrageeffekte 76
Nachricht 11
Nachzügler 326
Nähe zum Medium 490
Nanosite-Banner 563
Nationales Angebot 760
Nationales Programm 459
Nebenziele 90
Net Impression 366
Netapps-Modell 135
Network 866
Netze
– private 539
Neue Formen der PR 658
Neue Medien 537
Neuheitsbewertung 324
Neuheitserkennung 323
Neuheitsinteresse 323
Neuheitsumsetzung 324
Neuheitsversuch 324
Neuigkeitscharakter 490
Neuronale Netze 625
Newsgroup 555
Newsletter 565
Nielsen Preis-Promotion-Modell 138
Nielsen Scan*Pro 138
Nielsen/Schmidt&Pohlmann 424
Niko-Werbeindex 178
Normverhalten 81
Nutzen 715
Nutzenbeweis 377
Nutzenentgang 715
Nutzenfacetten 377
Nutzenrelevanz 374
Nutzenversprechen 374
Nutzungsausmaß 492
Nutzungsintensität 492
Nutzungssituation 494
Nutzungsumfeld 493
Nyktoskop 161

Obere Arbeiterschicht 624
Obere Stadtbevölkerung 624
Oberschicht
– obere 290

– untere 290
Oberziele 83
Objekt 21
– kommunikationsstrategisches 751
Objektbezug 246
Objektivität 907
Öffentlich-rechtliche Anstalten 460
Öffentlichkeitsarbeit 537, 653, 881
Online-Publikation 558
Online-Werbeträger-Auswahl 560
Optimalziele 85
Optimists 268
Ordersatz 730
Organisation der Werbung 97, 581, 847
Organisation/Firma 97
Organisationsprinzipien 851
Organismus 229
Ortsgröße 292
Out Supplier 336
Outbound 646
Outfit 501
Outputvariable 319
Overreporting 131

Paar
– junges 297
– ohne Kinder 297
Packaging-Agentur 875
Packung 60, 587
Page View 567
Paneleffekt 131
Panelrotation 131
Panelroutine 130
Panelsterblichkeit 130
Papageientechnik 710
Parallel-Test-Reliabilität 968
Part Time-Programm 460
Partialmodelle des Käuferverhaltens 230
– einfache soziologische 237
– horizontale 344
– komplexe 238, 317, 347
– vertikale 339
Partizipation des Beobachters 946
Patronat 470
Pay-Radio 467
Peer Group 295
Penetrationsphase 57
People Meter 194

Perimeter 160
Periodizität 487
Permutationsmodelle 530
Person-Rolle-Konflikt 299
Personenfrage 931
Personenidentität 221
Personenzuordnungs-Test 167
Persönliche Medien 615
Perzeption 492
Pförtner 349
Phonenet 803
Photo-CD 545
Photobelichter 795
Photoschnittstelle 801
Picture Frustration-Test 167
Pictures AdPlus for Kids 955
PIN-Werte 524
Pipeline-Effekte 597
Pitch 887
Plakat 195, 428, 476
Plakat-Media-Analyse 486
Plakatdiashow 188
Plankombination 524
Platzierung/Timing 493
Plotter 795
Polygraphie 164
Polyzentralität 761
Pop Up 564
Porno-Kino 472
Portfolio-Analyse 747
Portooptimierung 633
POS-Radio 610
Positionierung 40, 208, 354, 758
Positionierungsanforderungen 373
Positioning Statement 372
Positionsaktualisierung 359
Positionsanlässe 358
Positionsbeziehungen 299
Positionseffekte 281
Positionsentwicklung 361
Positionsoptionen 367
Positionsverstärkung 360
Posttest 199
Potenzial-Analyse 52, 741
Power/Predictive Dialing 648
PR-Agenturen 875
PR-Gebote 996
PR-Teilöffentlichkeiten 656

Präferenz-Position 59
Präferenzumwertung 365
Präferenzurteil 362
Pragmatik 12
Prägnante Fokussierung 371
Praktische Werbeeffizienzforschung 197
Prämienpreissetzung 59
Präposteriori 912
Präsentation 589, 706
Präsenter 379
Präsenzen, weiterleitende 558
Präsenzstreckung 210
Präzisionsfrage 930
– mittelbare 930
– unmittelbare 930
Pre*vision 953
Preference Goods 74
Preis je GRP 529
Preis pro 1 % Reichweite 522
Preis-Leistungs-Quotient 76
Preis-Leistungs-Verhältnis 62, 77
Preis-Mengen-Position 61
Preisargumentation 714
Preiskämpfe 806
Preiskonservatismus 809
Preislistenpositionen 874
Preisspielraum
– monopolistischer 59
Preisstellung 91
Preiswettbewerb 810
Preiswettbewerbskonzept 61
Premiummarke 94
Prestige Sites 557
Pretest 201
Primärgruppe 294
Print-Day After Recall 174
Printpromotion 447
Printwerbung, sonstige 444
Privat-wirtschaftliche Sender 460
Pro-Contra 713
Probandengruppe 202
Probierkäufer 89
Problemweckung 217
Processed Set 227
Produkt-Monomarke 93
Produkt-Multimarke 93
Produkt-Personifizierung 168
Produktausstattung 537, 587

Produktausweitung 54
Produktbezeichnung 590
Produkte
– erklärungsbedürftige 75
– kurzlebige 75
– langlebige 75
– problemlose 75
Produkte vom Typ 1–4 338
Produktentwicklung 861
Produktgruppe/Rangemarke 95
Produktgruppenentscheidung 74, 220
Produktion 788, 789, 791, 793, 795, 797, 799, 801, 803
Produktions-Agentur 876
Produktionsberatung 895
Produktionskosten 489
Produktionsplan 785
Produktmärkte 845
Produktmarktraum 363
Produktqualität 60
– konstante 813
Produktspezialisierung 69
Produktunifizierung 67
Produktvorteile 730
Produktwechsel 216
Produzentenmarkt 807
Professional Interest-Titel 437, 438
Profilierungsoptionen
– Anzahl der 756
Programm 96
– individuell zusammengestelltes 461
– integriertes 798
– internationales 459
– lokales 460
– nationales 459
– nicht-öffentliches 463
– öffentliches 463
– regionales 459
– senderseitig vorgegebenes 461
– werbefinanziertes 460
– werbefreies 460
– zeitnah zusammengestelltes 462
Programm-Kino 472
Programm-Sponsoring 983, 984
Programmanalysator 166
Programmkampagne 113
Programmsparte/Division 95
Programmsponsoring 687

Programmteilanzeige 447
Projektionsfrage 930
Projektorganisation 849
Promotionspiel 471
Proof 366, 374
Propaganda 16
Provisionssystem 872
Proxy-Cache 570
Prozessmodelle 230, 236
Prozessopponent 342
Prozesspromotor 342
Psychogalvanometer 162
Psychologische Image-Studien 198
Psychometer 955
Psyma 198
Psyma Anzeigentest 198
Public Domain-Software 798
Public Relations 16, 861
Publikum, disperses 15
Publikumswerbung 22
Pull 594
Pulsfrequenz 163
Punktuelles Angebot 760
Pupillometer 162
Push 593

Qualität 425, 524, 715
– gleichbleibende 91
– verbesserte 91
Qualität trägt Werbung 124
Qualitätsauslobung 590
Qualitätsbeurteilung, preisabhängige 81
Qualitätsdimensionen 813
Qualitätssteigerung 1002
Quantitative Auswertungsmethoden 921
Quartalsgenau 766
Quasi-Experiment 139
Quasimarke 95
Quellenlexikon 511
Quoten in der Erhebung
– korrelierte 961
– unkorrelierte 961
Quoter 194

Random Route 960
Randomized Response Model 166
Rangreihung 514
Rationalisierungsvorsprünge 63

Raucherkino 472
Raumabdeckung 764
Raumerstreckung 86
Räumungsverkauf 973
Reaktanz 278
Reaktionsneutraler 343
Reaktivierungswirkung 739
Real-Ebene 9
Reason Why 365, 373
Recall-Test 174
Rechts oben-(Verkaufs-)Position 746
Rechtsvorschriften 970, 971, 973, 975, 977, 979, 981, 983, 985, 987, 989, 991, 993, 995, 997
Recognition-Test 181
– kontrollierter 182
Redaktionelle Mitteilung 988
Redaktionelle Werbung 447
Reduktion 254
Referee 268
Referenz 710, 719, 808, 884
Reflexeffekt 31
Regalflächennutzung 589
Regalplatzknappheit 596
Regievertrag 855
Regional Sites 559
Regionalbezug 491
Regionales Angebot 760
Regionales Programm 459
Regiozentralität 762
Reichweite 496, 516, 522
– kombinierte 525
– kumulierte 525
– technische 517
Reichweitenzuwachs 516
Reinzeichnung 861
Reizschwelle
– minimale 277
– relative 278
Reklame 16
Reklame-Modell 121
Reklamebüro 865
Relationenansatz
– dyadisch-organisationaler 345
– dyadisch-personaler 344
– multilateral-organisationaler 345
– multilateral-personaler 345
Relaunch 58

Remanenz 248
Remittenden 449
Repräsentanz 956
– fehlende 920
Reserveargument 713
Responsediskriminierung 234
Responsefunktionen
– degressiv 511
– einstufig 511
– konkav-konvex 511
– linear 511
– logistisch 511
– progressiv 511
– treppenförmig 511
Responsegeneralisierung 234
Responsemedien 639
Ressourcen-Analyse 52
Rest-, Archiv-, Belegauflage 449
RFMR-Methode 645
Rich Media Banner 563
Richtlinien für Internet-Werbung 574
Richtung 85
RISC-Typologie 268
Risiko
– finanzielles 253
– funktionales 253
– physisches 253
– psychologisches 253
– soziales 253
Rituale 289
Rohrschach-Test 168
Rolle im Haushalt 292
Rollenspiel 168
Roman-, Rätselhefte, Taschenbücher, Kalender 444
Rote Zone 748
Rub-Off-Effekt 281
Rubble Point-Anzeige 447
Rücklaufproblem 938
Rücklaufquote 938
Rücklaufverbesserung 938

S-Video 803
Sachinhaltsebene 6
Sachziele 87
Safety-Oriented 267
Saisonschlussverkäufe 972
Salamitechnik 710

Sales Promotion 861
Salesfolder 730
Same Day Recall 175
Sammelwerbung 21
Sandwich 715
Satellitengebundene Sender 462, 539
Satisfaktionsziel 85
Saturationsphase 57
Satz-Ergänzungs-Test (SET) 169
Satzspiegel 447
Save our Society 276
Scanner 792
Schablonentheorie 284
Schachbrettanzeige 447
Schauwerbung 537, 575
Schichtung
– dysproportionale 958
– optimale 959
– proportionale 958
Schlüsselinformanten 304
Schlüsselinformationen 278
Schlüsselreize
– affektive 238
– kognitive 238
– physische 238
Schlussziffernauswahl 957
Schneeballverfahren 960
Schnellgreifbühne 161
Schnittcomputer 802
Schriftarten 723
Schriftfamilien 723
Schriftklassen 723
Schutzfähigkeit, urheberrechtliche 976
Schutzgesetze 974
Schweden-Schlüssel 958
Segmentierung 66, 511
Segmentierungskriterium 71, 72
Segmentierungsvoraussetzungen 71
Sehdauer, durchschnittliche 523
Seitliche Arabeske 711
Sekundärgruppe 294
Selbsteinschätzungsverfahren 305
Selbsteinstufung, künstliche 73
Selbstoffenbarungsebene 6
Selektive Wahrnehmung 282
Selektivfrage 925
Self Fulfilling Prophecy 910
Semantik 12

Semiometrie 258
Sendegerät 10
Sender 10
– antennengebundene 463
– privat-wirtschaftlicher 451
Sendevorlagen 803
Service Fee 873
Set-Alternative 214
Sex-Kino 472
Shopping Goods 74
Shopping-Center-Stelle 484
Sicherheit beim Kauf 92
Sicherheitsgrad 913, 964
Sichtspaltdeformation 160
Side by Side-Vergleich 377
Sigmatik 12
Signale 10, 11
Simplexkanal 10
Simplifier 343
Simulation 188
Simulationsansätze 230
Single-Source-Analysen 506
Skalierungsfrage 931
Sleeper-Effekt 280
Slice of Life 378
Slogan 365
Small Indulgences 276
Snob-Effekt 76
Software 797
Soll & Haben 501
Sollnormen 287
Sonderfarben 447
Sonderwerbeformen 446
Soundprozessor 799
Source-Effekt 280
Sozialpsychologie 284
Sozialstrukturen, konvergente 815
Soziometrie 304
Soziosponsoring 676
Spartenprogramm 459
Special-Interest-Titel 435
Special-Segment-Titel 435
Speciality Goods 74
Speichelfluss-Messung 163
Speicher-TV 544
Spezialaspekte der Kommunikation 2, 904
Spezialstellen 479
Spill Over-Effekt 140, 280

Sponsorsendung 470
Sportsponsoring 677
Spot 428, 450
Spot-Control 424
Spot-Pretest 956
Spotlight 955
Spracherkennung 799
Sprachspeicherdienst 541
Sprachvariable 693
Sprinter-Modell 329
Sprungwerbung 24
Stabliniensystem 848
Stadtillustrierte 444
Städtische Mittelschicht 624
Städtische Unterschicht 624
Stammhirn 311
Standarchitektur 582
Standardfehler 967
Standardisierungsgrad 917, 946
Standart 581
Standbau 582
Standbild 800
Standortpresse 1011
Stärken-Schwächen-Profil 50
STAS-Potenzial 185
Statischer Banner 563
Staying Alive 276
Steam 330
Stefan und Stefanie 260
Stellenbeschreibung des Werbeleiters 851
Stichprobe 956
Stichprobenausfälle 966
Stichprobenfehler 966
Stiftung Warentest 989
Stilkomponente 378
Stilkonstante 41
Stimmfrequenz 163
Stimulusdiskriminierung 234
Stimulusgeneralisierung 233
Storetest 146
Storyboard-Test 170
Straßenbefragung 188
Strategiebriefing 36
Strategieorientierter Ansatz 653
Strategische Bilanz 738
Strategische Lücke 54
Strategisches Spielbrett 753
Streamer 796

Stresemann 426
Streugebiet 488
Streuplan 780
Strivers 258
Strugglers 258
Strukturanalyse 694
Strukturbeeinflussung 210
Studio-Test 169
Studio-Theater 473
Stufenmodelle der Werbung 26
Stufigkeit 24
Stundenaufwandsabrechnung 873
Styling 591
Subjektivität 277
Substitutionsgutanbieter 48
Substitutionszeitkurve 58
Sucheigenschaften 225
Suggestionseffekt 31, 920
Suggestivfrage 705
Superiore Güter 75
Superposter 478
Supplement 444
Supranationale Marktbearbeitung 760
Swifters 268
SWOT-Analyse 51, 739
Symbole 289
Symbolic Demonstration 379
Syndication 471
Synekdoche 407
Synektik 407
Syntaktik 12
Systemcharakter 246
Systemmodelle des Käuferverhaltens 229, 236
Systemwechsel 214

Tabellenkalkulation 798
Tachistoskop 159
Tacho-Akustoskop 161
Tandem-Spots 470
Tape Editing 802
Tarif 775
Tastatur 792
TDP 1011
Teamorganisation 849
Technocratic Elite 265
Teilerhebung 956
Teilmärkte 71
Teilmonopolstellung 810

Teilzielgruppen 836
Telebox 542
Telefax 543, 618
Telefonkonferenz 542
Telefonmarketing 614, 645
Telefonmehrwertdienste 539, 540, 541
Telefonverkauf
– aktiver 646
– passiver 646
Telekarte 545
Telemeter 194
Telemetrie 543
Telerim 148
Telex 542
Tell a Story-Technik 378
Telnet 556
Test-Retest-Reliabilität 968
Testablauf 119, 950
Testimonial 378
Testmarkt-Ersatzverfahren 144
Testmarktsimulation 144
Testverfahren 172
– aktualgenetisches 159
– figurale 167
– verbale 168
Testverfahren, explorative 157
Testverfahren, figurale 167
Text-/Bild-Beurteilung 126
Textarbeit, kreative 409
Textbereich 542
The Buy Test 954
Theatre-Test 169
Thematischer Apperzeptions-Test 167
Theorie der Haushaltsproduktion 236
Theorie der Verarbeitungsebenen 310
Theorie des autonomen Verfalls 315
Thermographie 163
Think Aloud 158, 923
Tiefeninterview 923
Tim und Tina 260
Time Code 802
Titelkopfplatzierung 447
Titelkuller 447
TKP (1000-Kontakt-Preis) 523
TNC 803
Tonalität 41, 366
Tonbereich 539
Tönendes Dia 476

Torsionsstereoskop 161
Totalmodelle des Käuferverhaltens 230
Tracking-Studie 176
Traditional Popular Culture 265
Traditional Segment 265
Traditional Working Class 265
Traditionelles Arbeitermilieu 265
Traffic 895
Transactive Banner 563
Transaktionen
– gewerbliche 332
– verdeckte 696
Transaktionsanalyse 301
Transfermarke 95
Transmissionskanal 10
Transmissionswerbung 17
Trendnutzen 375
TrendTest 956
Trickle-Down-Effekt 282
Truppenkino 472
TV mit Rückkanal 544
TV-DAR 175
TV-Tuner 802
Typographie 723

Überbrückungswerbung 17
Überkreuztransaktionen 695
Überlapper 348
Übernehmer
– frühe 326
– späte 326
Überschneidungen
– externe 517
– interne 517
Überzeugung 28
Ubiquität 91
UCP 356
Ultrakurzzeitgedächtnis 308
Umfeld der Vermarktung 656
Umgruppierung 915
Umkehrung 711
UMP 354
Umpositionierung 360
Umsetzungsleitlinien
– formal 40
– materiell 41
Umverpackung 588
Umweltsponsoring 676

Unawareness Set 226
Unbundling 215
Underreporting 131
Unterlassungsanspruch 970
Unternehmensberatung 876
Unternehmensdarstellung 39
Unternehmenskultur 829
Unternehmensrisiko 870
Unternehmensumfeld 913
Unterschicht 624
– obere 291
– untere 291
Unterweisungsfrage 930
Unterziele 83
Upright 267
Uprooted Proletarian Culture 265
Urheberrechtsschutz in der Werbung 976

Validierung 510
Validität
– externe 968
– interne 968
VALS-(für Value and Lifestyle-)Ansatz 257
Vanity-Nummer 539
Varianz 964
VDA 1011
VDL 1011
Veblen-Effekt 77
verbale Testverfahren 168
Verbände 911
Verbinder 348
Verbraucher-Panel 129
Verbreitungsgebiete 91
Verbund 386, 911
Verbundwerbung 22
Vereinfachung des Einkaufs 1000
Verfremdung 401
Vergleich 711
– praktischer 713
Vergütung, erfolgsabhängige 874
Vergütung von Werbeagenturen 872
Verhaltensstandards in der Direktwerbung 985
Verhandlungsmacht 870
Verkaufsförderung 537, 881
Verkaufsliteratur 537, 720
Verkaufsliteratur-Agentur 876
Verkehrsmittelwerbung 483
Verkettung zum Kaufakt 739

Vermittlungseffekt 304
Verpackung 587
Verrichtungsprinzip 849
Versorgungskauf 77
Verständnis 125
Verteilung 638
Vertriebsmannschaft 601, 605, 607
Vertriebssystem 595
Verwender 339
Verzehrkino 472
Verzögertes volles Nest 298
Verzweigungsstruktur 385
Video Out 802
Videoanwendungen 476
Videokarte 801, 802
Videokonferenz 544
Videorecorder 545
Videoschnittstelle 801
Videotext 544, 617
Viligant Consumer 276
Visit 567
Visualität 41
Vitaport-System 164
Volles Nest 297, 298
Vollprogramm 459
Volltextsuchmaschine 561
Vorauszahlungsübersicht 785
Vorbereitungsphase 56
Vorlagenfrage 930
Vorselektierer 339
Vorteilhaftigkeit 714
– ökonomische 71
Vorteils-Kurve 746
Vortragsfrage 930
Vorverkauf 730, 732
Vorverkaufswirkung 739
Vorwegnahme 711
VPRT 1011
Vroom-Ansatz 244

Wahl der Einkaufsstätte 77
Wahl großer Gebindegrößen 77
Wahlentscheid 73
Wahrheitsgehalt 490
Wahrnehmung 125, 239
– selektive 255
Wahrnehmung/Wiedererkennung/Erinnerung 29

Wahrnehmungsdimensionen 361
Wahrnehmungskonstrukte 320
Wahrnehmungssinne 24
Wahrnehmungsurteile 362
WAIS 557
Wanderlichtspiele 473
Warengruppe 130
Warenwirtschaft 589
Warenzeichen 91
Wartegg-Test 169
Wear Out-Effekt 281
Web-Katalog 561
Web-Promotions 564
Wechselfestplatte 795
Weckung der Aufmerksamkeit 738
Wege
– erinnerte 195
Weitester Leserkreis 448
Wellenerhebung 176
Werbeagentur 866
– hauseigene 895
Werbeagentur-Anbindung 895
Werbeagenturgeschäft 867
Werbeagenturvertrag 855
Werbeaktivitäten
– Arten 34
– Umfang 35
Werbeartikel 614
Werbeaufgeschlossenheit 492
Werbeaussage 590
Werbeberatung 860
Werbebeschränkungen 819
Werbebudget 45, 861
– Bestimmung 98
Werbebudgetdarstellung 39
Werbeelastizität 134
Werbeerfolg 117
Werbeerfolgskontrolle 128, 129
Werbeerfolgsprognose 129, 138
Werbefilm 475
Werbefinanziertes Programm 460
Werbefreies Programm 460
Werbegebiet 428, 760, 761, 763
Werbegestaltung 860
Werbeindikator 177
Werbeintensität 771, 773
– gleichbleibende 772
– pulsierende 773

– veränderliche 772
Werbekampagne 202
Werbekurzfilm 475
Werbemittel
– klassische 427
– nicht-klassische 427
Werbemittelherstellung 860
Werbemittelkontakt 202
Werbemonitor 177
Werbeobjektdarstellung 39
Werbeobjekte 45, 91
Werbeperiode 428, 765, 767, 769
Werbeplanung und -einschaltung 860
Werbestatistik 424
Werbetechnik 484
Werbetracking Versicherungen 181
Werbeträger 494
Werbeträgerkontakte 511
Werbewert-Formel 186
Werbewirkung 115, 124
Werbewirkungsfaktoren in Zeitschriften 124
Werbewirkungskompass 178
Werbewirkungskontrolle 129, 174
Werbewirkungsmodell 181
Werbewirkungsprognose 129, 157
Werbezieldarstellung 39
Werbeziele 45, 82, 83, 85, 87, 89
– ökonomische 87
– psychographische 89
Werbung 25, 122
– auffallende 20
– eigenständige 18
– flexible 19
– im Ausland 861
– im Marketing-Mix 123
– kontinuierliche 19
– multisensorische 25
– suggestive 25
– unisensorische 25
– unverwechselbare 18
– vor Kindern 987
Werte 289
Wertschöpfung einer Werbeagentur 891
Wettbewerb 45, 47, 915
– aktueller 47
– potenzieller 48
Wettbewerbsbeobachtung, laufende 861
Wettbewerbspositions-Matrix 751

Wettbewerbspräsentation 869
Wettbewerbsverhalten 753
Wettbewerbsvorteils-Matrix 756
Wiedererkennbarkeit und Wiederholungskaufchance 92
Wiederholungskauf
– modifizierter 335
– reiner 335
Wiederkäufer 89
Wiederkaufmodell 331
Wiederverkäufermarkt 809
Wilhelmine 260
Willensbildungsprozesse, formalisierte 807
Wirkung 25
– kommunikative 31
Wirkungsvergleich zwischen verschiedenen Werbemitteln 533
Wirtschaftlichkeit 520
Wirtschaftswerbung 16
Wissensakkumulation
– keine 908
Wissenstypen 728
Wort-Assoziations-Test (WAT) 168
WWW 556

Zahl der Antwortvorgaben 925
– einseitig 925
– fixiert 925
– zweiseitig begrenzt 925
Zahlungsverkehr 859
Zahlungsweise und Skonti 862
ZAW 1011
Zeichen 11
– indirekte 693
– kommunikative 693
Zeichen-Test 168
Zeichenrepertoire 14
Zeitansage 470
Zeiteinsatz 496
Zeitentscheidung 74, 221
Zeitungsformate 434
Zielantinomie 84
Zieldimensionen 83
Ziele 577
– allgemeine 551
– alternierende 84
– intermittierende 84

– internationale 86
– intranationale 86
– kurzfristige, operative 84
– langfristige, strategische 84
– mittelfristige, taktische 84
– ökonomische 551
– parallele 84
– psychografische 551
– sukzessive 84
Zieleinheit 83
Zielgruppe 40
– Typus 366
Zielgruppenmarketing 92
Zielgruppenoperationalisierung 510
Zielgruppensteuerbarkeit/-ausschöpfung 732
Zielgruppenumfeld 495
Zielharmonie 84
Zielidentität 84
Zielindifferenz 84
Zielkonflikt 84
Zielmaßstab 85
Zielneutralität 84
Zielpersonen 585
Zielpersonengruppe 208, 220, 221, 223, 225, 227, 229, 231, 233, 235, 237, 239, 241, 243, 245, 247, 249, 251, 253, 255, 257, 259, 261, 263, 265, 267, 269, 271, 273, 275, 277, 279, 281, 283, 285, 287, 289, 291, 293, 295, 297, 299, 301, 303, 305, 307, 309, 311, 313, 315, 317, 319, 321, 323, 325, 327, 329, 331, 333, 335, 337, 339, 341, 343, 345, 347, 349, 351, 353
Zielpositionierung 364
Zielsetzung 13
Zitatfrage 931
Zufallsfehleranteil 968
Zufallsleser 448
Zufallsmodelle des Käuferverhaltens 229
Zufallsstart 958
Zufallszahlen 957
Zugabe 716
Zukaufprogramm 459
Zündholzwerbung 444
Zusammenarbeitsmodell 345
Zusatzaufforderungswert 365
Zusatzverkäufe 211
Zuwendung und Werbewirkung 124

Zweit-/Drittleser 448
Zweitmarke 94
Zweiwegkommunikation 10, 464

Zwischen den Stühlen-Position 64, 747
Zwischenabnehmer 92
Zwischenhirn 311